saur

D1701958

Für Herrn

Thomens

von

Th.-S——

16.3.92

Marianne Buder, Werner Rehfeld
und Thomas Seeger (Hrsg.)

Grundlagen der praktischen Information und Dokumentation

Ein Handbuch zur Einführung
in die fachliche Informationsarbeit

Begründet von Klaus Laisiepen,
Ernst Lutterbeck und
Karl-Heinrich Meyer-Uhlenried

3. völlig neu gefaßte Ausgabe

K·G·Saur
München · London · New York · Paris 1991

Die Originalausgabe erschien 1990 als Band 9 der DGD-Schriftenreihe, herausgegeben von der Deutschen Gesellschaft für Dokumentation (DGD), Vereinigung für Informationswissenschaft und -praxis e.V. Frankfurt am Main

CIP-Titelaufnahme der Deutschen Bibliothek

Grundlagen der praktischen Information und Dokumentation :
ein Handbuch zur Einführung in die fachliche
Informationsarbeit / Marianne Buder ... (Hrsg.). Begr. von
Klaus Laisiepen ... – 3., völlig neu gefasste Ausg. – München ;
London ; New York ; Paris : Saur, 1991
    ISBN 3-598-11048-0
NE: Buder, Marianne [Hrsg.]; Laisiepen, Klaus [Begr.]

Gedruckt auf säurefreiem Papier
Printed on acid-free paper

Printed in the Federal Republic of Germany

Druck/Binden: grafik & druck gmbh, München
ISBN 3-598-11048-0

Geleitwort

Zur ersten Auflage schrieben noch zwei Bundesminister Geleitworte (Genscher/Inneres; Leusching/Wissenschaft und Forschung), zur zweiten Auflage begnügten wir uns mit einem Geleitwort eines der Hauptautoren, desselben, der die Freude und die Ehre hat, nun auch die vollkommen neu gestaltete dritte Ausgabe auf den Weg zu geleiten. Er ist inzwischen in der Lage, das, was zwei Jahrzehnte lang einer der Hauptinhalte seines Lebens gewesen war, in aller Gelassenheit (und mit progressiv wachsendem Verständnisabstand zu den neuen Entwicklungen) aus der Vogelperspektive beobachten und bestaunen zu können. Der Unterzeichner gehört zwar bei weitem nicht zur ,,Gründergeneration''. Aber er hat doch die meisten der ehemals ehrfürchtig betrachteten ,,Alten'' noch gekannt und dann die Entwicklung der ,,Information und Dokumentation'' − von den Anfängen der ,,Dokumentation'' als einer Mischung aus Bibliographie, Normung und weiterentwickeltem Bibliothekswesen, über die ,,Dokumentation und Information'' mit Beginn der Bundesförderungsprogramme bis zum heutigen Stand, der i.d.R. wohl mit ,,Fachinformation'' und ,,Informationsvermittlung'' bezeichnet wird − miterlebt.

Dieser heutige Stand mit seinen neuen, revolutionären Informationstechniken ist in der endlich vorliegenden dritten Ausgabe, wie ich meine, eindrucksvoll dokumentiert. Sie wäre nicht zustandegekommen ohne den unerhört zähen, aufopferungsvollen und kenntnisreichen Einsatz von Marianne Buder, schon seit Jahren Präsidiumsmitglied der Deutschen Gesellschaft für Dokumentation e.V., in deren Auftrag alle drei Auflagen herausgegeben wurden. Frau Buder, ihren Herausgeber-Kollegen und auch dem Verlag, der soviel Geduld aufgebracht hat, ist es zu verdanken, daß der ,,LaiLuMU'' nun radikal erneuert in Gestalt und Inhalt wieder vorgelegt werden kann.

An dieser Stelle möchte ich in herzlicher Erinnerung Klaus Laisiepens, der im vergangenen Herbst plötzlich verstarb, gedenken. Von ihm ging im Jahre 1965 der allererste Anstoß zur Herausgabe eines ,,Dokumentations-Lehrbuches'' aus.

So möge nun mit einem herzlichen Dank an alle Herausgeber und Autoren sowie an den Verlag dieses Standardwerk seinen Weg in die Hände der alten ,,Dokumentalisten'' (wenn es solche noch gibt), der ,,praktischen'' Dokumentare, Archivare und Bibliothekare mit und ohne Diplom, der Informations-Wissenschaftler, -Spezialisten, -Vermittler, -Manager, -Politiker, -Ökonomen, -Juristen und nicht zuletzt -Benutzer und Entscheidungsträger finden und ihnen gute Dienste leisten. Denn im offenbar gegebenen Gegensatz zur Meinung der heute insbesondere für die finanzielle Förderung zuständigen Ministerialbürokratie hat die ,,Information und Dokumentation'', haben die Informationswissenschaften auch und gerade in der Zukunft wichtige Funktionen für Gesellschaft, Staat, Kultur und Wirtschaft wahrzunehmen. Dazu möge dieses Werk weiterhin ein unentbehrliches Handwerkszeug sein.

Ernst Lutterbeck

Vorwort der Herausgeber

Mit der vorliegenden dritten Ausgabe hat sich ein neues Herausgeberteam darum bemüht, die aktuellen „Grundlagen der praktischen Information und Dokumentation" darzustellen. 44 Autoren aus den verschiedenen Spezialgebieten der IuD konnten für die Mitarbeit gewonnen werden. Um die vielen neueren Entwicklungen berücksichtigen zu können, mußte auf das ursprüngliche Konzept der ausführlichen ‚Einführung' verzichtet werden. Stattdessen wurde ein Handbuch angestrebt, das einerseits den Einstieg in ein Teilgebiet der IuD ermöglicht, andererseits einen insgesamt umfassenden Überblick über das inzwischen sehr breite Spektrum professioneller Informationstätigkeit bietet.

Das als „LaiLuMU" bekannt gewordene Standardwerk erschien erstmals 1976, herausgegeben und zu großen Teilen selbst verfaßt von Klaus Laisiepen (Lai), Ernst Lutterbeck (Lu) und Karl-Heinrich Meyer-Uhlenried (MU). 1980 folgte die unter Mitwirkung zahlreicher Autoren völlig überarbeitete 2. Auflage.
Bereits drei Jahre später regten die Begründer und der Verlag eine aktualisierte Fassung an. Anfang Dezember 1983 wurden gemeinsam von Marianne Buder, Thomas Seeger und Gernot Wersig erste Vorschläge für eine Neustrukturierung zusammengetragen. Teile dieses Entwurfes dienten noch als Anregung für die Konzeption, mit der schließlich 1987 die 3. Ausgabe in Angriff genommen werden konnte. Im Unterschied zu den früheren Versionen liegt ihr nicht mehr ein institutionenbezogener Ansatz, sondern eine funktionale Betrachtungsweise zugrunde.

Die beiden ersten Auflagen beschrieben die historische Entwicklung der IuD sowie ihre methodischen und organisatorischen Grundlagen. Sie zeigten die Information und Dokumentation der 70er Jahre, wie sie sich als eigenständiges Tätigkeitsfeld etabliert hatte, geprägt durch eine fortschreitende Institutionalisierung und ein vor allem für die Literaturdokumentation hoch entwickeltes Methodeninstrumentarium. Die Darstellung der Historie und der intellektuellen Methoden hat weitgehend noch immer Gültigkeit, so daß Aktualisierung weniger Ersatz als Fortschreibung der 2. Auflage bedeutet.

Die 3. Ausgabe zeigt den heutigen Stand der Informationsarbeit in seinen vielfältigen Ausprägungen und Funktionen. Sie knüpft an die klassische IuD an, die Ausgangs- oder Bezugspunkt für die Darstellung der neueren Entwicklungen ist. Bis in die späten 80er Jahre hat sich das Tätigkeitsfeld ständig erweitert. Die modernen Methoden, Techniken und Systeme bieten zusätzliche Anwendungsmöglichkeiten. Bezeichnungen wie Fachinformation und Informationsvermittlung sind Ausdruck für veränderte Aufgabenstellungen der fachlichen Informationstätigkeit.

So sind zu der Beschreibung der bewährten IuD-Methoden moderne Themen hinzugekommen wie die Neuen Formen der Wissensrepräsentation und die automatischen Verfahren der Inhaltserschließung; Fragen der Bürokommunikation werden ebenso behandelt wie klassische und moderne Diensteformen, Aspekte der Datendokumentation, der elektronischen Informationsproduktion und -publikation und der Informationsvermittlung. Anhand verschiedener Beispiele werden die methodischen, inhaltlichen, institutionellen und funktionalen Zusammenhänge von Informationsdiensten und -systemen dargestellt.

Obwohl weitgehend in die methodischen Zusammenhänge integriert, ist der Informationstechnik noch ein gesondertes Kapitel gewidmet, in dem auf neuere Entwicklungen für den IuD-Bereich eingegangen wird. Zum Bereich Infrastruktur gehören u.a. Informationspolitik, -management, -ökonomie und Informationsrecht. Am Beispiel der Informationswissenschaft wird gezeigt, welcher Probleme der Informationsarbeit sich Forschung und Entwicklung annehmen. Und schließlich wird auf Tendenzen aufmerksam gemacht, die in den beginnenden 90er Jahren die praktische IuD-Tätigkeit kennzeichnen werden.

Für die Darstellung all dieser Aspekte und Grundlagen der heutigen IuD wurde folgende Struktur gewählt:

A. Gegenstand der IuD
B. Methoden und Verfahren der IuD
C. Informationsdienste
D. Informationssysteme
E. Informationstechnik
F. Infrastruktur der IuD
G. Informationswissenschaft an Hochschulen
H. Tendenzen der IuD.

Bei diesem Konzept, das den Schwerpunkt auf die Funktionen der praktischen Informationsarbeit legt, mußte zugunsten der neueren Themenbereiche auf eine Beschreibung der geschichtlichen Entwicklung und der institutionellen Verflechtung der ‚IuD-Landschaft' verzichtet werden. Analog dazu bleiben die internationalen und ausländischen Aktivitäten unberücksichtigt. Ebenso entfällt die Vorstellung benachbarter Tätigkeitsfelder wie Archiv- und Bibliothekswesen; dafür sind Beispiele für das Hineinreichen in verschiedene Arbeitsbereiche und Anwendungsfelder gegeben. Um einen Überblick über IuD-Entwicklungen zu ermöglichen, sind in einer abschließenden Zeittafel Daten und Ereignisse zusammengefaßt.

An eine Tradition der ersten beiden Auflagen wurde unfreiwillig angeknüpft. Auch die 3. Ausgabe erscheint später als beabsichtigt und angekündigt. Die Beiträge sind 1988 und 1989 geschrieben worden; einige Aktualisierungen konnten noch in den Korrekturphasen vorgenommen werden. Autoren und Leser müssen um Verständnis gebeten werden, daß es bei der Koordinierung der Beiträge und dem Aufwand der redaktionellen Arbeiten zu Verzögerungen kam. An dieser Stelle sei den Mitarbeitern und Mitarbeiterinnen im Verlag für Geduld, Hartnäckigkeit und Unterstützung gedankt.

Die Idee des einheitlichen Handbuches konnte bei fast 60 Einzelbeiträgen nicht ganz konsequent durchgehalten werden. Trotz konzeptioneller Vorgaben lag die Entscheidung für Schwerpunkte und Darstellungsform bei den Autoren. Thematische Überschneidungen waren nicht auszuschließen, zum Teil sogar vorgesehen. Einige Lücken mußten in Kauf genommen werden, zumal der geplante Gesamtumfang Grenzen setzte. Verbindungen zwischen den Kapiteln sind durch Verweisungen gekennzeichnet. Die Literaturangaben befinden sich am Ende jedes Beitrages, so daß gezielt auf themenspezifische Literatur zugegriffen werden kann.

Als Orientierungshilfe enthält die Ausgabe weitere redaktionelle Teile. Dem Band ist eine Gliederungsübersicht und jedem Hauptkapitel eine einführende Zusammenfassung vorangestellt. Einen weiteren Einstieg ermöglicht das Sachregister, das von Thomas Seeger und Dietmar Strauch erstellt wurde. Die Abkürzungsverzeichnisse und das Autorenverzeichnis lagen in der Obhut von Werner Rehfeld.

Den Freunden und Kollegen, die bei den Redaktionsarbeiten geholfen haben, sei Dank gesagt. An vielen Korrekturvorgängen und der Endredaktion beteiligte sich Wilfrid Kschenka; ihm gilt für seine unentbehrliche fachkundige und zuverlässige Unterstützung ganz besonderer Dank.
Gedankt sei schließlich allen Autoren, die an dieser 3. Ausgabe mitgewirkt und damit erst die Herausgabe ermöglicht haben.

Marianne Buder
Werner Rehfeld
Thomas Seeger

Gesamtübersicht

Inhaltsverzeichnis

A   GEGENSTAND DER INFORMATION UND DOKUMENTATION

A 1   Thomas Seeger:
Grundbegriffe der Information und Dokumentation

A 2   Thomas Seeger:
Zur Entwicklung der Information und Dokumentation

**B   METHODEN UND VERFAHREN
        DER INFORMATION UND DOKUMENTATION**

B 4 Gerhard Knorz:
Indexieren, Klassieren, Extrahieren

B 5 Margarete Burkart:
Dokumentationssprachen

B 15 **Dietmar Strauch:**
Bildschirmtext

C INFORMATIONSDIENSTE

C 1 **Einleitung und Überblick**

C 2 **Marlies Ockenfeld:**
Klassische Informationsdienste

E   INFORMATIONSTECHNIK

E 1   Einleitung und Überblick   673

E 2   Klaus Löns:
EDV – Mittel- und Großrechner/Multi-User-Systeme

E 3   Klaus-Erich Rieseberg:
Die Technologie der Personal Computer

E 7   Klaus Löns:
Datenkommunikation

F INFRASTRUKTUR DER INFORMATION UND DOKUMENTATION

F 5   **Elisabeth Vogel:**
            Informationsmanagement. Stand und Perspektiven des
            Managements von Informationsressourcen

F 6   **Werner Schwuchow:**
            Informationsökonomie

F 7   **Heinz W. Kemmler:**
                Öffentlichkeitsarbeit

F 8   **Ingegerd Schäuble:**
                Benutzerforschung

**G   INFORMATIONSWISSENSCHAFT
             AN HOCHSCHULEN**

G 2   **Gernot Wersig:**
Informationswissenschaft an der Freien Universität Berlin

G 3   **Gerhard Lustig:**
**Informationswissenschaftliche Lehre und Forschung im
Fachgebiet Datenverwaltungssysteme II der Technischen
Hochschule Darmstadt**

DRITTES KOMMUNIKATIONSSTUDIUM IM CAMPUS K

Johannes Walter Zweifel

Schlussbemerkung

Gliederungsübersicht

Abkürzungsverzeichnis

4GL 4th Generation Language

ABD Bereich Archiv, Bibliothek, Dokumentation

ACM Association of Computing Machinery

ADAM Automatic Document Abstracting Method

ADP Automated Data Processing

ADV Arbeitsgemeinschaft für Datenverarbeitung

AFI Arbeitsgemeinschaft Fachinformation e.V.

AHD Audio High Density

AKP-Staaten Assoziierte Staaten Afrikas, der Karibik und des Pazifiks

ALU Arithmetic and Logical Unit

ANSI American National Standardization Institute

ARTEMIS Automatic Retrieval of Text from Europe's Multinational Information Service

ASB Allgemeine Systematik für öffentliche Bibliotheken

ASCII American Standard Code for Information Interchange

AT Advanced Technology (IBM!)

AV Audiovisuell

BDI Bundesverband der Deutschen Industrie

BDSG Bundesdatenschutzgesetz

BGB Bürgerliches Gesetzbuch

BISp Bundesinstitut für Sportwissenschaft, Köln

BMFT Bundesminister für Forschung und Technologie

BMJFFG Bundesministerium für Jugend, Familie, Frauen & Gesundheit

BPI Bytes per Inch

BSP Bruttosozialprodukt

BTX Bildschirmtext

BVerfGE Betriebsverfassungsgericht

C Programmiersprache

CAD Computer Aided Design

CAE Computer Aided Engineering

CAM Computer Aides Manufacturing

CAP Computer Aided Publishing

CAS Chemical Abstracts Service

CASSI Chemical Abstracts Service Source Index

CAT Computer Aided Translation

CAV Constant Angular Velocity

CBS Columbia Broadcasting System

CBT Computer Based Training

CCF Common Communication Format

CCITT Comité Consultatif International Telegraphique et Telephonique

CCL Common Command Language

CD-ROM Compact Disk Read Only Memory

CDI CD-Interface

CECC CENELEC Electronic Components Committee

CEM Clearinghouse on Educational Management

CEN Comité Européen de Normalisation

CENELEC Comité Européen de Normalisation Electrotechnique

CEP Corporate Electronic Publishing

CEPT Conference of European Post and Telecommunications

CGA Color Graphics Adapter

CHIN Canadian Heritage Information Network

CIDOC Comité International pour la Documentation

CIP Cataloguing in Publication

CLV Constant Linear Velocity

COBOL Common Business Oriented Language

COM Computer Output Microfilm

CP/M Control Program for Microcomputers

CPU Central Processing Unit

CRC Cyclic Redundancy Check

CSMA/CD Carrier Sense Multiple Access/Collision Detect

CSO Commonwealth Standards Organization

CUU Computerunterstützte Unterrichtssysteme

DAG Documentation Advisory Group

DBE Dokumentarische Bezugseinheit

DBI Deutsches Bibliotheksinstitut, Berlin
DBMS Database Management System
DBP Deutsche Bundespost
DBS Deutsche Bibliotheksstatistik
DCB Disk Coprocessor Boards
DDC Dewey Decimal Classification
DE Dokumentationseinheit
DECHEMA Deutsche Gesellschaft für chemisches Apparatewesen e.V.
DEE Datenendeinrichtung
DETEQ Dechema Environmental Technology Equipment Databank
DFG Daten-Fernschaltgerät
DFG Deutsche Forschungsgemeinschaft
DFR Document filing and retrieval
DFÜ Datenfernübertragung
DFV Datenfernverarbeitung
DGD Deutsche Gesellschaft für Dokumentation e.V., Vereinigung für Informationswissenschaft und -praxis
DIANE Direct Information Access Network for Europe
DIMDI Deutsches Institut für medizinische Dokumentation und Information, Köln
DIN Deutsches Institut für Normung, Berlin
DITR Deutsches Informationszentrum für technische Regeln im DIN
DK Dezimalklassifikation
DKI Deutsches Kunststoffinstitut, Darmstadt
DOAM Distributed office application model
DOPAED Leitstelle Dokumentationsring Pädagogik, Frankfurt/Main
DOR Digital Optical Recording
DPA Deutsches Patentamt, München
dpi dots per inch
DRA Deutsches Rundfunkarchiv, Frankfurt/Main
DRAW Direct Read After Write
DSSSL Document style semantics and specification language
DTAM Document Transfer and Manipulation
DTP Desktop Publishing
DÜ Datenübertragung
DV Datenverarbeitung
DVGW Deutscher Verein des Gas- und Wasserfaches e.V.
DVS Datenverwaltungssystem

e/a Ein- und Ausgabewerk
EBCDIC Expanded Binary-Coded Decimal Interchange Code
EDD Electronic Document Delivery
EDV Elektronische Datenverarbeitung
EG Europäische Gemeinschaft
EGA Enhanced Graphic Adapter
EIDOS Electronic Information Delivery Online System
EISA Enhanced Industry Standard Architecture
ELD Electrolumiscent Display
EN Europäische Norm
EOM Erasable Optical Memory
EP Elektronisches Publizieren
EPA Electronic Publishing Abstracts der PIRA und des IEPRC
ES-FAKT Expertendatenbanksystem für Faktenretrieval
ESA European Space Agency
ETP Electronic Technical Publishing

F + E Forschung und Entwicklung
FAT File Allocation Table
FAZ Frankfurter Allgemeine Zeitung
FEP Front End Processor
FI Fachinformation
FID Fédération Internationale de Documentation
FIS Fachinformationssystem
FIZ Fachinformationszentrum
FORTRAN Formula Translator
FTAM File transfer, access and management
FTZ Fernmeldetechnisches Zentralamt

GATT General Agreement on Tariffs and Trade
GB Gigabyte
GBDL Gesellschaft für Bibliothekswesen und Dokumentation des Landbaus
GdT Gemeinschaftsausschuß der Technik
GE General Electric
GG Grundgesetz
GI Gesellschaft für Informatik e.V.
GID Gesellschaft für Information und Dokumentation mbH
GMD Gesellschaft für Mathematik und Datenverarbeitung mbH

GMDS Deutsche Gesellschaft für medizinische Dokumentation, Informatik und Statistik e.V.
GREMAS Genealogisches Recherchieren durch Magnetbandspeicherung
GUT Gesellschaft für Umwelttechnologie

HDFD High Density Floppy Disk
HDTV High Definition Television

I/O Input, Output
IAB Institut für Arbeitsmarkt- und Berufsforschung, Nürnberg
IAI Institut der Gesellschaft zur Förderung der Angewandten Informationsforschung
IASA International Association on Sound Archives
IBM International Business Machines Corporation
ICOM International Council of Museums
IDC Internationale Dokumentationsgesellschaft für Chemie
IDW Institut für Dokumentationswesen
IFI Information for Industry/Plenum Data Corporation
IFLA International Federation of Library Associations
IFRA International Research Association for Newspaper Technology
IGMGRAF Inventaire Général des Monuments et Richesses Artistiques de la France
IKT Informations- und Kommunikationstechnologie
IM Information Management
INID-Codes ICIREPAT Numbers for the Identification of Data
INPADOC Internationales Patentdokumentationszentrum, Wien
INSEE Institut National de la Statistique et des Études Économiques
IPC International Patents Classification
IR Information Retrieval
IRB Informationszentrum Raum und Bau, Stuttgart
IRED Infrarot Emittierende Dioden
IRM Information Resource Management
IS&R Information Storage & Retrieval
IS&RS Information Storage & Retrieval Systems
ISA Information Science Abstracts der IFI/Plenum Data Corporation

ISBD International Standard Bibliographic Description
ISBN International Standard Book Number
ISDN Integrated Services Digital Network (Diensteintegrierendes Digitales Nachrichtennetz)
ISI Institut für Systemtechnik und Innovationsforschung, Karlsruhe
ISI Institute for Scientific Information
ISO International Standardization Organisation
ISSN International Standard Serial Number
IuD Information und Dokumentation
IUPAC International Union of Pure and Applied Chemistry
IVS Informationsvermittlungsstelle
IVS-PAT Informationsvermittlungs- und Patentstelle
IW Informationswesen

JURIS Juristisches Informationssystem GmbH, Saarbrücken
JVC Victor Company of Japan

KB Kilobyte
KI Künstliche Intelligenz
KL-ONE Knowledge Representation Language One
KRL Knowledge Representation Language
KTK Komitee Technische Kommunikation
KWIC Key Word in Context
KWID Komitee Wirtschaftlichkeit der Information und Dokumentation

LAN Local Area Network
LCD Liquid Crystal Display
LCS Liquid Crystal Shutter
LD Laserdioden
LID Lehrinstitut für Dokumentation
LIM-EMS Lotus Intel Microsoft Expanded Memory Specification
LISA Library and Information Science Abstracts der British Library Association
LISP List Processing Language

MAB Maschinelles Austauschformat für Bibliotheken
MAN Metropolitan Area Network
MB Megabyte
MDA Monochrome Display Adapter
MDA Museum Documentation Association

MDT Mittlere Datentechnik
MHS Message Handling System
MIPS Million Instructions per Second
MOTIS Message oriented text interchange system
MS-DOS Microsoft-Disk-Operation System
MT Maschinelle Übersetzung

NABD Normenausschuß Bibliotheks- und Dokumentationswesen
NBM Non Book Materials
NIMEXE Warenverzeichnis für die Statistik des Außenhandels der Gemeinschaft und des Handels zwischen den Mitgliedsstaaten
NLM United States National Library of Medicine
NTIS National Technical Information Service
NTSC National Television Standard Code

OCLC Online Computer Library Center
ODA Office Document Architecture
ODIF Office document interchange format
OECD Organisation for Economic Cooperation and Development
OOP Object Oriented Programming
OS Operation System

PAD Packet Assembly/Disassembly
PAL Phase Alternation Line
PC Personal Computer
PIRA Paper and Board, Printing and Packaging Industries Research Association
PL/1 Program Language 1
PR Public Relations
PROLOG Programming in Logic

RAK Regeln für die alphabetische Katalogisierung
RAM Random Access Memory
RCA Radio Corporation of America
RIP Raster Image Processing
RKW Rationalisierungskuratorium der Deutschen Wirtschaft
ROM Read-OnlyMemory

SAA System Application Architecture
SCI Science Citation Index
SDI Selective Dissemination of Information
SEED Self Electrooptic Effect Device
SFL Synopse Frame Language

SGML Standard Generalised Markup Language
SITC Standard International Trade Classification
SPDL Standard page description language
SSCI Social Science Citation Index
STN Scientific & Technical Information Network
SWP Stiftung Wissenschaft und Politik, Ebenhausen

TBP Themenbeschreibungsparagraphen
TMS Truth Maintenance System
TP Teleprocessing

UDC Universelle Dezimalklassifikation
UDI Utility Data Institute
UNESCO United Nations Educational, Scientific and Cultural Organisation
UNIBID Unisist International Centre for Bibliographic Descriptions
UNIMARC Universal MARC Format
UNISIST Universal System for Information in Science and Technology
UNIX Betriebssystem für Kleinrechner/Mikrorechner
UrhG Urhebergesetz

VDD Verein Deutscher Dokumentare, Berufsverband Dokumentation, Information und Kommunikation e.V.
VDE Verband Deutscher Elektrotechniker
VDI Verein Deutscher Ingenieure
VDMA Verein Deutscher Maschinen- und Anlagebau e.V.
VdTÜV Verein der technischen Überwachungsvereine
VGA Video Graphics Array
VHD Very high density
VINITI Vsesojuznyi Institut Naucnoj i Tehniceskoj Informacii

WAN Wide Area Network
WEFA Wharton Econometric Forecasting Associates Ltd.
WLN Wiswesser Line-Formula-Notation
WORM Write Once Read Many Memory
WTI Wissenschaftlich-Technische Information
WTID Wissenschaftlich-Technische Information und Dokumentation

WYSIWYG What you see is what you get

ZADI Zentralstelle für Agrardokumentation und -information, Bonn

ZDF Zweites Deutsches Fernsehen

ZE Zentraleinheit

ZIV Zentrale Informationsstelle für Verkehr, Köln

ZMD Zentralstelle für Maschinelle Dokumentation

ZSK Zentrale Schallplattenkatalogisierung

A Gegenstand der Information und Dokumentation

A 1 Grundbegriffe der Information und Dokumentation

Thomas Seeger

A 1.1 Information und Dokumentation als Tätigkeit und System

Dokumentation (Lit. 95.) – Dokumentation und Information (Lit. 86.) – Information und Dokumentation (Lit. 18.) – Fachinformation (Lit. 17.) – Informationsvermittlung (Lit. 06.; Lit. 07.): Mit diesen in chronologischer Reihenfolge ihrer Entstehung aufgeführten Bezeichnungen wird seit Anfang dieses Jahrhunderts ein Bereich praktischer und professioneller Tätigkeit beschrieben. Neben dem Archiv- und Bibliothekswesen tritt also eine dritte „Spezialität" der Informationsarbeit auf den Plan, die es sich zum Ziel setzt, andere Menschen mit fachlichem Wissen zu versorgen. Umgangssprachlich nennt man dieses fachliche Wissen oft auch „Information". Daß diese Gleichsetzung nicht trennscharf ist, wird in Kap. A 2 erläutert; ebenso wird dort eine knappe Skizzierung der Aufgaben von Bibliotheks- und Archivwesen und verwandter Bereiche gegeben. Im folgenden soll der hier gemeinte Tätigkeitsbereich mit Information und Dokumentation (abgekürzt IuD) bezeichnet werden, wenn er allgemein angesprochen wird.

Um fachliches Wissen (d.h. Fakten, Erkenntnisse, Gedanken über Prozesse der Natur und Gesellschaft) an andere Personen weiterleiten zu können, sind spezielle Methoden, Verfahren, Instrumente und Regeln, sowie Techniken und Technologien notwendig, mit deren Hilfe die Aufgabe des „Informierens" bewältigt werden kann.

Dieses Verständnis einer praktischen Tätigkeit, die zweckdienlich das „Wissen der Welt" anderen verfügbar macht, wird deutlich in den inzwischen klassischen Definitionen der Dokumentation, wie sie die internationale Dachorganisation FID (anfänglich Fédération International de Documentation, in den 80ger Jahren dann International Federation of Information and Documentation genannt) formuliert hat:

Documentation c'est reunir, classer et distribuer des documents de tout genre dans tout les domaines de l'activité humaine. (Um 1930)
Documentation ist the collection and storage, classification and selection, dissemination and utilisation of all types of information. (1960)

Obwohl das Wort Dokumentation vielerlei umgangssprachliche Bedeutungen annehmen kann (wie etwa in dem Wort Fernsehdokumentation u.ä.), ist jedoch aus der Sicht der professionell Tätigen von Anfang an deutlich gemacht worden, daß es sich um Tätigkeiten handelt.

Ganz allgemein kann man diese Tätigkeiten in drei Tätigkeitsbereiche einteilen:

– **Input:** Tätigkeiten des Sichtens, der Auswahl, der Beschaffung, der eineindeutigen formalen und inhaltlichen Erschließung und der Speicherung der Wissenquellen.

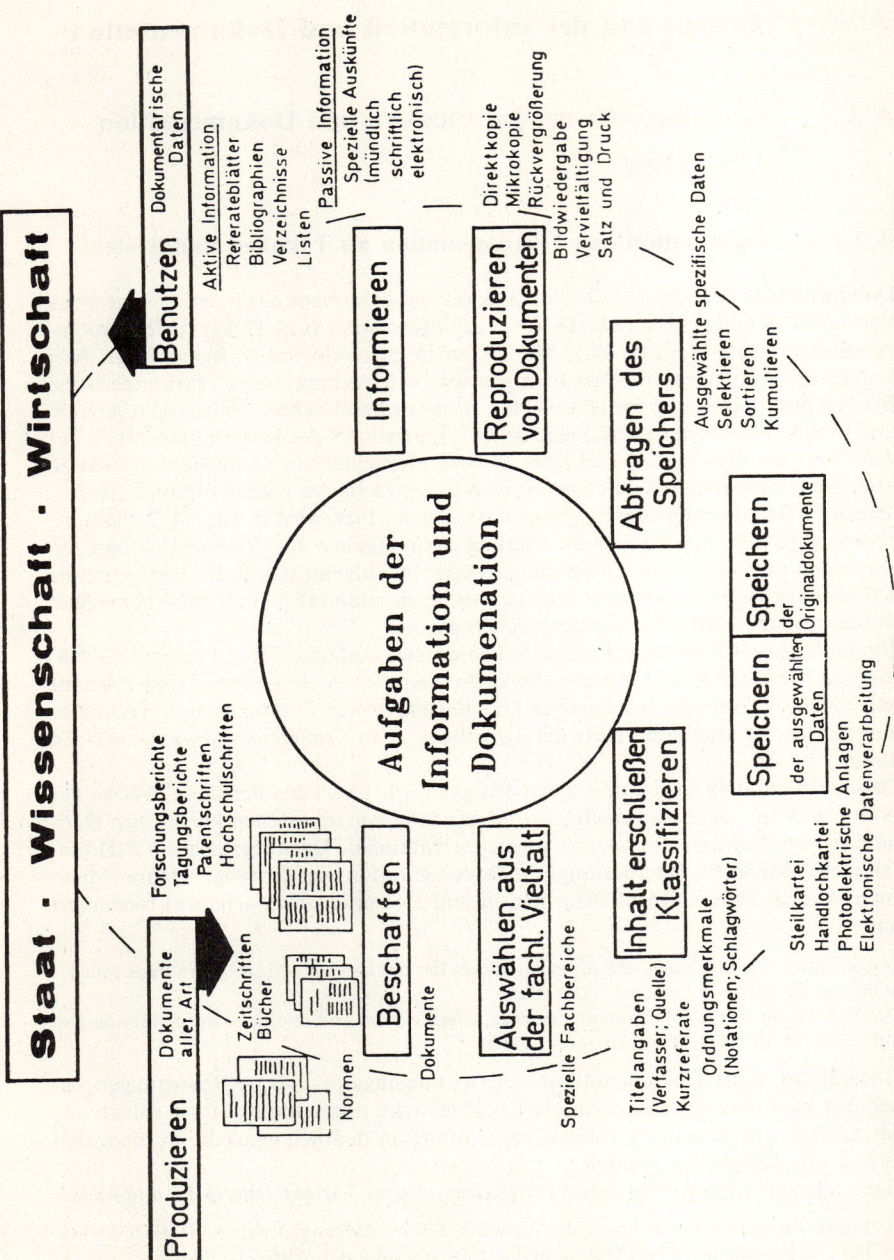

Abb. 1: Information und Dokumentation als Tätigkeiten (Lit. 79.: S. 18)

- **Aufbereitung:** interne Aufbereitung von einzelnen Quellen im Sinne der Zusammenfassung, Veredelung, Straffung, sowie der Umsetzung der Wissensquellen in andere Darstellungsformen. Diese internen Tätigkeiten können als das Hinzufügen von ,,informationellem Mehrwert'' (Lit. 133.) verstanden werden.
- **Output:** Nutzung, Verteilung, aktive Vermittlung und Vermarktung der durch die Bearbeitungsprozesse entstandenen neuen Dienstleistungen, die wenig trennscharf ,,Informationsdienstleistungen'' genannt werden.

Die *Abb. 1* stellt diesen Ablauf von typischen Bearbeitungsschritten als Kreislauf dar.

Da sich professionelle Tätigkeiten auch immer in einer organisatorischen Umgebung abspielen, kann mit der Bezeichnung IuD auch ein Institutionentyp ausgedrückt werden. Dies finden wir z.b. in der Gattungsbezeichnung Informations- und Dokumentationsstellen, kurz IuD-Stellen (Lit. 42.). Diese können organisatorisch selbstständige Organisationen sein, wie z.b. ein Fachinformationszentrum, oder ein Datenbankanbieter, sie können als innerbetriebliche Informationsabteilungen (Lit. 74.) eine abgrenzbare Einheit im Gesamtbetrieb bilden, es können wiederum mit einer davon verschiedenen Organisationsform Informationsvermittlungsstellen (Lit. 05.; Lit. 07.) sein. Darüber hinaus sind selbständige Informationsvermittler und -berater (Information-broker) möglich, denkbar und auch schon existent, sowie − als neueste Entwicklung schon recht genau beobachtbar − Funktionen im organisationsübergreifenden Zusammenhang, wie etwa das ,,strategische Informationsmanagement'' (Lit. 105.).

Dieser organisationsbezogene Blickwinkel auf die IuD wird angesichts der rapiden Fortschritte in der telekommunikativen Vernetzung von Instanzen der IuD und der funktionalen Arbeitsteilung zunehmend komplizierter, weil die Informierungsfunktionen sich nicht mehr eindeutig mit der Organisation in Deckung bringen lassen (Stichwort: virtuelle Organisation von Informierungsprozessen). Dennoch kann man − blickt man auf die IuD heute − mit Fug und Recht vom IuD-Wesen sprechen, der Summe aller Institutionen, Organisationen und deren Untergliederungen, in denen die Funktion des Informierens wahrgenommen wird.

Als dritte Betrachtungsmöglichkeit kann die IuD in einer abstakteren, systemtheoretischen Auffassung betrachtet werden.

Ein IuD-System in diesem Sinne besteht aus materiellen und konzeptionellen Elementen, die so aufeinander abgestimmt sind, daß eine optimale Informierung der Benutzer gewährleistet ist.

Unabhängig von der jeweiligen organisationellen Einbindung ist ein IuD-System beschreibbar durch den Zusammenhang von technisch-apparativen (d.h. materiellen) Resourcen, dem Personal und den konzeptionellen Elementen (d.h. Methoden, Instrumente, Regeln). Das Zusammenwirken dieser Einzelelemente bildet Voraussetzung und gewährleistet optimale Informierung.

Diese dritte Betrachtungsart, die nicht mehr von einer direkten Entsprechung der Organisationsform im Sinne der festgefügten Institution und der Informierungsfunktion ausgeht, ist in der Lage, Informationsflüsse, wie sie beispielsweise durch den Zugriff einer innerbetrieblichen Informationsvermittlungsstelle auf externe online Datenbanken eines anderen Landes in Gang gesetzt werden, zu beschreiben. Da das Geflecht der Informationsflüsse durch die Möglichkeiten der elektronischen Übermittlung von Daten zunehmend undurchsichtiger wird, hat diese ,,systemische'' Betrachtungsweise Vorteile, weil sie flexibler ist und den neueren Entwicklungen Rechnung trägt.

Somit ist IuD beschreibbar als
- Funktion im Sinne zweckgerichteter Tätigkeiten (IuD-Tätigkeiten)
- eine Menge von Organisationen und/oder Institutionen (IuD-Wesen)
- das Zusammenwirken von Technik, Methoden, Regeln und Menschen (im Sinne des ,,virtuellen'' IuD-Systems).

A 1.2   Daten – Dokument – Dokumentationseinheit

Von zentraler Bedeutung für das Verständnis der IuD-Tätigkeit sind Allgemeinbegriffe, wie Daten, Dokument, dokumentarische Bezugseinheit, Dokumentationseinheit. Sie für Zwecke der IuD und ihrer typischen Arbeitsroutinen zu bestimmen, ist wegen der Mehrdeutigkeit nötig.

Anders als beispielsweise in der Datentechnik ist die Bedeutung des Wortes **Daten** in der IuD nicht formal gefaßt, etwa im Sinne einer beliebigen Folge von Zeichen, sondern inhaltlich nach dem möglichen Aussagewert der Zeichen (Lit. 93.; S. 48.).

,,Daten sind die kleinsten realisierbaren Repräsentationen von Sachverhalten, die in einem gegebenen kommunikativen Zusammenhang für sich interpretiert werden können''

Um diesen Sinn deutlich zu machen, wird vorgeschlagen, als Singular ,,Dateneinheit'' und nicht ,,Datum'' zu verwenden.

Daten sind also eine Menge von zusammengehörigen Zeichen, die in einem gegebenen Kontext Sinn machen (z.B. eine bestimmte Zahl mit der Angabe, was diese Zahl aussagt: XY-Stadt: 1,4 Mio. Einwohner). Daten müssen ferner, um für Zwecke der IuD nutzbar zu sein, auf seinen Datenträger dauerhaft fixiert sein. Der sinnstiftende Inhalt muß haltbar auf Papier etwa, elektronischen und/oder magnetischen Aufzeichnungsstoffen oder ähnlichen Trägern verfügbar sein, die ihrerseits dann als Dokumente in den weiteren Verarbeitungs- und Veredelungsprozeß eingehen.

Dokumente sind zunächst ,,die Einheit eines Trägers dokumentarischer Daten'' (Lit. 93.) und bilden den ,,Rohstoff'', aus dem dann dokumentarische Daten gewonnen werden, die in Form von Informationsdienstleistungen an den Benutzer weitergegeben werden.

Innerhalb des Reichtums an Dokumentarten und -typen kann unterschieden werden nach:
- Aufzeichnungsstoffen (etwa audio-visuelle, elektronische, u.s.w.)
- nach Zweckbestimmungen (etwa Verzeichnis)
- nach Inhaltscharakterisierung (etwa Wörterbuch, Atlas)

Dokumente können aber auch nach dem Stellenwert innerhalb des IuD-Prozesses eingeteilt werden:

- Primärdokument ist ein Dokument, das nicht Ergebnis eines IuD-spezifischen Bearbei-

tungsprozesses ist. Oft wird es gleichbedeutend mit ,,Originalquelle'' oder ,,Quelle'' bezeichnet.
– Sekundärdokument stellt das Ergebnis eines IuD-spezifische Bearbeitungsprozesses dar, dessen Bezugspunkt das Primärdokument, ein Teil dessen, oder mehrere Dokumente bilden. (Beispiel: Literaturdatenbank)
– Tertiärdokument ist wiederum eine Stufe weiter; das Resultat eine IuD-spezifischen Bearbeitungsprozesses dar, dessen Bezugspunkt Sekundärdokumente bildeten. (Beispiel: Datenbankführer über Literaturnachweise)

Eine dokumentarische Bezugseinheit (DBE) ist nicht notwendigerweise identisch mit einem Dokument, sondern stellt das Objekt (d.h. den Sachverhaltsausschnitt) dar, dessen Merkmale im IuD-spezifischen Bearbeitungsprozess als Einheit behandelt wird. So kann eine DBE beispielsweise als ein Produkt aus einem Warenkatalog, oder im umgekehrten Falle eine Sammlung von Schriftstücken, die als Konvolut inhaltlich zusammengehörend aufgefaßt werden. Dies zu entscheiden und entsprechende Regeln für die Festlegung dessen zu definieren, was als DBE anzusehen ist, ist Aufgabe der Informationsspezialisten und wird in der Regel aus den Informationsbedürfnissen des Benutzerkreises abgeleitet.
Aus der DBE wird die **Dokumentationseinheit** (DE) erzeugt. Sie ist Stellvertreter der DBE und bildet die Grundlage für Informationsdienstleistungen. Die DE stellt deshalb die ,,die Datenmenge (dar), die stellvertretend für die dokumentarische Bezugseinheit in den IuD-Prozess eingeht'' (Lit. 93.; S. 51.).
Mit der Erstellung von Dokumentationseinheiten beginnt im Sinne des in *Abb. 1* dargestellten Kreislaufes der IuD-Prozess.

A 1.3   Nationale Vereinigungen der Information und Dokumentation

Der Tätigkeitsbereich Information und Dokumentation verfügt über eine Reihe von Zusammenschlüssen, in denen die professionellen Belange der IuD-spezifisch Tätigen aufgegriffen werden.
Es werden im folgenden lediglich diejenigen Vereinigungen und Verbände kurz erwähnt, die im Kernbereich der IuD anzusiedeln sind; bibliothekarische und archivalische Verbände werden hier weitgehend nicht berücksichtigt. Die ehemalige staatliche Infrastruktureinrichtung Gesellschaft für Information und Dokumentation (GID) und ihre Nachfolgeeinrichtungen werden im Kap. F3 Informationspolitik behandelt.

Ihrem Selbstverständnis nach ist die **DGD** e.V. (Deutsche Gesellschaft für Dokumentation, seit 1984 mit dem Untertitel: Vereinigung für Informationswissenschaft und -praxis benannt) eine wissenschaftliche Gesellschaft. Sie ist als eingetragener Verein gemeinnützig; ihre Gründung läßt sich bis ins Jahr 1941 bzw. 1948 nachvollziehen. (Lit. 99.). Die DGD veranstaltet den jährlichen ,,Dokumentartag'', der an wechselnden Orten abgehalten wird. Darüber hinaus ist diese Gesellschaft Organisatorin verschiedener Spezialveranstaltungen, die in der Regel von den Kommitees der Gesellschaft initiiert werden (z.B. das Online-Frühjahrstreffen in Verbindung mit INFOBASE, oder die Tagungen des Kommitees ,,Wirtschaftlichkeit in der IuD'' KWID).

Die Aufgaben der DGD sind – vergleichbar anderer wissenschaftlich-praxisorientierter Vereinigungen – darauf gerichtet, den professionell Tätigen ein Forum des Austausches von Erfahrungen und Erkenntnissen zu geben, wobei die folgenden Aufgaben besonders hervorgehoben werden:
- die Entwicklungen in Informationswissenschaft und -praxis zu verfolgen und zu präsentieren,
- sich für die Erarbeitung neuer Arbeitsmethoden einzusetzen,
- Forschung und Entwicklung in der IuD, und dort insbesonders technologische Entwicklungen zu fördern.
- die Terminologiearbeit weiter zu entwickeln.
- Die Arbeit der Kommitees zu unterstützen (etwa Reprografie, Rechtsfragen, Wirtschaftlichkeit, On-line Benutzergruppe, innerbetriebliche Informationsvermittlung u.a.)
- Aus- und Forbildung durch das bei der DGD institutionalisierte Lehrinstitut für Dokumentation (LID) in Frankfurt durchzuführen.

Die DGD ist Herausgeber einer gleichnamigen Schriftenreihe und ist als Institution auch Herausgeber einer Fachzeitschrift und eines Newsletters.
Adresse: DGD, Westendstr. 19, 6000 Frankfurt a.M. 1

Die im engeren Sinne beruflichen Fragen behandelt der **VDD** e.V. Der 1961 gegründete Verband wurde zunächst ,,Verein deutscher Dokumentare'' benannt und trägt seit 1985 den Namen ,,VDD-Berufsverband Dokumentation, Information, Kommunikation e.V.'' mit Sitz in Bonn. Als Berufsvereinigung widmet sich der VDD vordringlich zwei Aufgabenfeldern:
- Ausbildungsfragen, wobei es im Interesse einer jeden Berufsvereinigung liegt, die Qualifikationen für das Berufsfeld nach den Anforderungen der Berufspraxis auszurichten.
- Tariffragen, wobei in diesem Feld das Interesse in einer gerechten und angemessenen Entlohnung liegen muß. Besonders zu erwähnen sind die Arbeiten zur Festlegung der Tätigkeitsmerkmale für IuD-spezifisch Tätige.

Adresse: VDD, Postfach 2509, 5300 Bonn 1

Fachgruppe 7: Presse-, Rundfunk-, Filmarchivare im Verein deutscher Archivare.
Adresse: c/o Eckart Lange, SWF, Postfach 820, 7570 Baden-Baden

Deutsches Institut für Normung **(DIN)**, Normenausschuß für Bibliothekswesen und Dokumentation (NABD)
Adresse: DIN, Burggrafenstr. 4 – 10, 1000 Berlin 30

Gesellschaft für Bibliothekswesen und Dokumentation des Landbaus **(GBDL)**
Adresse: Paracelsusstr. 2, 7000 Stuttgart 70

AFI Arbeitsgemeinschaft Fachinformation e.V.
Adresse: Untermainkai 83, 6000 Frankfurt a. M. 1

Branchenspezifische professionelle Vereinigungen existieren unter anderem:
Informationsring Kreditwirtschaft e.V.
Adresse: Postfach 111141, 6000 Frankfurt a.M. 11

Abteilung **Chemie-Information und -Dokumentation** in der Gesellschaft Deutscher Chemiker.
Adresse: Carl-Bosch-Haus, Hamburger Allee 26 – 28, 6000 Frankfurt a.M. 97

Deutsche Gesellschaft für Medizinische Dokumentation, Informatik und Statistik e.V. **(GMDS)**
Adresse: Haedenkampfstr. 1, 5000 Köln 41

Deutscher Verband Medizinischer Dokumentare e.V.
Adresse: Kirchenweg 22, 8011 Forstinning

Gesellschaft für Klassifikation e.V.
Adresse: Woogstr. 36a, 6000 Frankfurt a.M. 50

A 1.4 Veröffentlichungen

Verzeichnis deutscher Informations- und Dokumentationsstellen. Bundesrepublik Deutschland und Berlin (West). Ausgabe 5-1989. Hrsg. Ges. f. Mathematik u. Datenverarbeitung mbH (GMD). München u.a.: Saur 1990.

Einige Fachzeitschriften aus der IuD (deutschsprachig)

ABI-Technik. Zeitschrift für Automation, Bau und Technik im Archiv-, Bibliotheks- und Informationswesen. Wiesbaden.
Erscheint seit ca. 1980 in 4 Ausgaben pro Jahr.
Cogito. Neue Wege zum Wissen der Welt. Zeitschrift für die Nutzung elektronischer Medien. Darmstadt.
Erscheint seit 1985 in 4 Ausgaben pro Jahr.
Der Reprograf.
Hrsg. vom Fachverband Reprografie e.V., Düsseldorf
Erscheint in 12 Ausgaben pro Jahr.
DFW Dokumentation, Information. Hannover.
Erscheint seit ca. 1979 in 6 Ausgaben pro Jahr.
Info 7. Informationen aus der Fachgruppe Presse-, Rundfunk-, und Filmarchive. Baden-Baden. Hrsg. vom Vorstand der Fachgruppe 7 des VdA.
Erscheint seit 1986 in mindestens 2 Ausgaben pro Jahr.
Nachrichten für Dokumentation (NfD)
Hrsg. von der DGD-Gesellschaft für Informationswissenschaft und -praxis, Frankfurt a.M.;
Erscheint seit 1951 in 6 Ausgaben pro Jahr.
öDV Online/ADI Hrsg. vom Verband für Informationsverarbeitung e.V., Köln (enthält Online-ADI-Nachrichten)
Erscheint in 10 Ausgaben pro Jahr.
Informatik
Hrsg. vom Zentralinstitut für Information und Dokumentation (ZIID) Berlin, DDR.
Erscheint seit 1953 in 6 Ausgaben pro Jahr.

Englischsprachige Fachveröffentlichungen

Journal of Information Science. Principles and Practice. Hrsg. von Institute of Information Scientists, London.
Erscheint seit 1976 in 6 Ausgaben pro Jahr.
Journal of Documentation, London. Hrsg. von ASLIB, London.
Erscheint in 4 Ausgaben pro Jahr.
Journal of the American Society for Information Science.
(Abgekürzt: Journal ASIS) Hrsg. von der American Society for Information Science, Washington D.C.
Erscheint seit 1951 in 6 Ausgaben pro Jahr. (früher unter dem Titel American Documentation)
Parallel zu dem Journal ASIS erscheint in gleicher Erscheinungsweise ein aktuelles Mitteilungsblatt unter dem Titel ,,Bulletin of the ASIS'' ebenfalls 6 mal im Jahr.
Information Processing & Management. Libraries and Information Retrieval Systems and Communication Networks. Oxford, UK.
(Früher unter dem Titel: Information Storage and Retrieval)
Erscheint seit 1964 in 6 Ausgaben pro Jahr, seit einigen Jahren ist die Fachzeitschrift ,,Information Technology: Research, Development, Application'', London, darin aufgegangen.
International Forum on Information and Documentation.
Hrsg. von International Federation for Information and Dokumentation (FID), Den Haag.
Erscheint in 4 Ausgaben pro Jahr seit 1976 in Moskau.
Online. The Magazine of Online Information. Weston, CT. (USA)
Erscheint seit Mitte der 70ger Jahre in 6 Ausgaben pro Jahr.
On-line review. Learned Information.
Erscheint in 6 Ausgaben pro Jahr seit Mitte der 70ger Jahre.
Abschließend sei noch auf einen jährlich erscheinenden Überblicksbericht hingewiesen, der die aktuellen Fortschritte in einzelnen Gebieten der IuD und der Informationswissenschaft referiert:
Annual Review of Information Science and Technology.
Hrsg. von der American Society of Information Science, Washington, D. C.
Hrsg. von Martha Williams (früher von C. Cuadra).
Es erscheint seit 1966 einmal pro Jahr ein Band.

A 2   Zur Entwicklung der Information und Dokumentation

Thomas Seeger

A 2.1   Information als grundlegende Kategorie

,,Information ist Information, nicht Stoff, nicht Energie. Ein Materialismus, der dieses nicht berücksichtigt, kann heute nicht lebensfähig sein'' (Lit. 144.; S. 192). Mit Sätzen und Aussagen dieser Allgemeinheit wird von Seiten der Philosophie, Biologie, Publizistik, Nachrichtentechnik, Informatik und nicht zuletzt der Informationswissenschaft versucht, die zunehmende gesellschaftsbestimmende Kraft von Information selbst und der Informationsflüsse zu erklären. Dies ist in einer Vielzahl von theoretischen Abhandlungen geschehen, und hat in den vergangenen 20 – 25 Jahren eine Vielfalt von Ansätzen, Diskussionen und Theorien hervorgebracht (z.B. Lit. 141.).

Wenn man unterstellt, daß jeder Journalist, Nachrichtentechniker, Informatiker, Biologe mit jeweils begründetem Anspruch einen Aspekt des Begriffes Information für sein Erkenntnisinteresse oder seine Berufsorientierung herausgegriffen hat, dann ist es in diesem praktischen Zusammenhang nur wichtig zu verstehen, was die Bedeutungen jeweils sind und wovon sie sich von anderen unterscheiden. Dies soll besonders hinsichtlich des Verständnisses des Wortes ,,Information'' für das Tätigkeitsfeld IuD geschehen.

Gehen wir davon aus, daß Information immer die Übermittlung (von etwas zunächst nicht näher Beschreibbarem) von einer aussendenden (S) zu einer empfangenen Instanz (E) ist, dann kann man dies leicht in ein ganz einfaches Kommunikationsmodell übertragen *(Abb. 2)*:

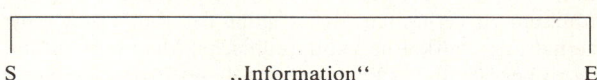

S   ,,Information''   E

Abb. 2: Informationsaustausch zwischen Sender und Empfänger

Damit ,,Informationen'' zwischen Sender und Empfänger ausgetauscht werden können, bedarf es eines Kanals *(Abb. 3)*.

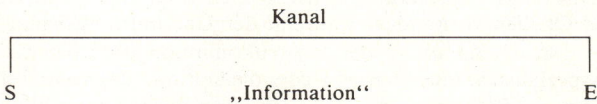

Kanal

S   ,,Information''   E

Abb. 3: Informationsaustausch zwischen Sender und Empfänger über Kanal

Dies sehr einfache Grundmodell kann von verschiedenen Arbeitszusammenhängen verwendet werden, wie etwa in der

- Nachrichtentechnik
- Informatik
- Publizistik
- Information und Dokumentation.

Dies liegt vor allem daran, daß nicht ausgeführt wird, was an ,,Information'' eigentlich zwischen Sender und Empfänger ausgetauscht wird und wie die sendenden und empfangenden Instanzen beschaffen sind. Sind es etwa Menschen, technische Gerätekonfigurationen, Institutionen oder mündliche Mitteilungen? Oder liegt es vielleicht daran, daß die Bedeutung des Wortes ,,Kanal'' verschieden ist?
Nachrichtentechniker/innen oder Informatiker/innen einer bestimmten Spezialisierung beispielsweise würden nach diesem Modell in der praktischen Anwendung der Frage nachgehen, wie ,,Informationen'' im Sinne von meßbaren Signalen in einem technisch-definierten System (etwa Telefon) oder die über die physikalische Leitungen (,,Kanal'') optimal von Sender und Empfänger hin- und hertransportiert werden, ohne daß es zu Störungen kommt (dem ,,Rauschen im Kanal'').
In diesem technischen Zusammenhang werden Informationen als physikalische Signale, genauer: die Darstellung physikalischer Signalen von Daten (Lit. 107.; S. 531) aufgefaßt. Dies schließt eine semantische d.h. inhaltsbezogene Interpretation der übermittelten Daten weitgehend aus. Sender und Empfänger werden gleichermaßen technisch-naturwissenschaftlich als Signalquelle und Signalempfänger verstanden; ebenso ist der ,,Kanal'' in diesem Sinne zu verstehen.
Journalisten/innen würden in diesem Modell ebenfalls wesentliche Merkmale der journalistischen Arbeit wiedererkennen können, da Sender als Informanden oder textliche Informationsstellen verstanden werden können, von denen ,,Informationen'' zu erhalten sind (etwa Personen des öffentlichen Lebens, Nachrichtendienste, Zeugen, Betroffene). Diese auch so genannten ,,Informationen'' zu sammeln, journalistisch aufzubereiten und sie über die Massenmedien (Kanäle der Massenmedienkommunikation) wie etwa Radio, Fernsehen, Presse usw. an ein allgemeines (disperses) Publikum zu verbreiten, ist Aufgabe der Publizistik. Dies jedoch mit dem Ziel, Unterhaltung, Aufklärung und (politische) Meinungsbildung für die breite Bevölkerung zu bewirken. Zur Beschreibung dieses Prozesses wird oft die inzwischen betagte publizistische Formel: ,,Wer sagt was zu wem über welchen Kanal in welcher Absicht'' (Laswell) herangezogen.
In diesem Zusammenhang ist es wichtig, daß ,,Information'' inhaltlich aufgefaßt werden muß und sich damit deutlich von der oben genannten Auffassung unterscheidet.
Sender und Empfänger werden als gesellschaftlich vorfindbare Einrichtungen und Personen und Quellen verstanden, während der Übermittlungskanal sich auf die ,,Medien'' – d.h. die Kanäle – der Massenkommunikation bezieht.
Informationsspezialisten/innen hatten weder die Optimierung technischer Kommunikationssysteme im Sinn, noch das Anliegen, etwa die Meinungsbildung der breiten Bevölkerung zu ermöglichen, oder als aufklärende Instanz zu wirken. Sie sehen ihre Aufgabe darin, Informationen (im Sinne von Wissen, etwa im Gegensatz zu Meinung), welches in einer Vielzahl von unterschiedlichen Dokumenten enthalten ist, so aufzubereiten und zu vermitteln, daß es zielgerichtet an fachlich Tätige weitervermittlungsfähig ist. Der dabei verwendete Informationsbegriff ist thematisch

(vom Inhalt der Quelle her) bestimmt. Andererseits ist nicht das allgemeine (disperse) Publikum angesprochen, sondern der fachlich Tätige, den durch die Vermittlung von Informationen (im Sinne Wissen), die außerhalb seines Kopfes verfügbar sind, geholfen werden kann, ein Problem in der Arbeit, des Alltags, oder des Interesses zu bewältigen.

Aus dieser grob umrissenen Aufgabenstellung des/der Informationsspezialisten/innen kann die Notwendigkeit abgeleitet werden, daß sowohl über die Beschaffenheit des Senders, als auch des Empfängers nähere Aussagen notwendig sind, sowie über den „Kanal".

In Abgrenzung zum Bereich der Publizistik wird hier von faktischem Wissen als Spezialfall von „Information" ausgegangen, welches in Form einer Fixierung (z.B. in Form eines Dokumentes) verfügbar ist. Das verfügbare Dokument (z.B. in Form einer Patenschrift, eines Video-Films, einer amtlichen Statistik, eines wissenschaftlichen Meßwertes oder in den vielfältigen Formen der elektronischen oder gedruckten Literatur) ist Ausgangspunkt der Informationsarbeit.

Zielrichtung dieser Informationsarbeit ist die „Veränderung des Wissens beim Problemlöser" (Lit. 77., Lit. 78.) und orientiert sich deshalb an Lebensbereichen, die (in sehr unscharfer Absetzung der Publizistik) mit der Bewältigung von faktischen Problemen der Arbeitswelt und der Welt des Interesses zu tun haben.

In Bezug auf die Kanäle, über die Wissen und Wissenswertes vermittelt werden, sind Besonderheiten feststellbar, die in den Kriterien formeller Informationskanäle (z.B. on-line-Datenbank-Abfrage) und informeller Informationskanäle (z.B. Gespräch mit Experten, Fachtagungen, usw.) beschreibbar sind.

A 2.1.1 „Information" im Tätigkeitsfeld Information und Dokumentation

Information im Sinne von Wissen ist für Zwecke der Informationsarbeit im Hinblick auf seine Wirkung beim Informationsaufnehmer beschrieben worden:
Information ist die Verringerung von Ungewißheit aufgrund von fachlichen Kommunikationsprozesses (Lit. 93.; Lit. 141.).

Über dieses Grundverständnis von „Information" hinaus ist noch darauf hinzuweisen, daß die auf das Individuum gerichtete, durch Wissenzuführung verringerte Ungewißheit eingebettet ist in ein Problemlösungsprozeß, der zumeist aus sog. „problematischen Situationen" (Lit. 77.; Lit. 35.) erwächst und eine Entscheidung verlangt (Lit. 01.; Lit. 44.).

Informierung im faktischen Sinne steht also im systematischen Zusammenhang von

- fachlich motivierten Kommunikationsprozessen,
- Wirkungen bei den Individuen,
- problematischen Situationen, die sehr komplex sind,
- Problembehandlungs- und -bewältigungsprozessen,
- Entscheidungsfindung unter verschiedenen Handlungs- und Lösungsalternativen.
- Wiederholbarkeit und Mehrmaligkeit des Informierungsprozesse.

Information kann charakterisiert werden, als die schrittweise und wiederholte Beseitigung von Ungewißheit in Problembehandlungs- und -bewältigungsprozessen, in denen die Zuführung externen Wissens (d.h. beim Problemlösen nicht verfügbaren Wissens) notwendig ist. Dies beruht auf Kommunikationsprozessen, die technisch unterstützt sein können, in der Absicht, den internen Zustand des Wissens beim Akteur so verändern, daß eine begründbare Entscheidung ermöglicht wird. Diese vielleicht recht abstrakt anmutende Charakterisierung des IuD-spezifischen Informationsbegriffes ist jedoch durch Alltagserfahrung belegbar.

Jede(r) hat sicher schon einmal die Erfahrung gemacht, daß er/sie eine Aufgabe oder ein Problem auf Anhieb nicht zur Zufriedenheit mit den individuell verfügbaren Mitteln lösen konnte. Der natürlichste, wenngleich unbefriedigenste Weg wäre, das Problem/die Aufgabe zu verdrängen oder als Problem nicht zu beachten. Sollte das Problem jedoch als solches erkannt und akzeptiert sein, dann stellt sich beim Individuum zumeist Unsicherheit oder Ungewißheit ein; etwa in der Art: Wie soll ich eine Lösung finden, für welche der vermuteten Lösungsmöglichkeiten soll ich mich entscheiden? Wie viele Möglichkeiten zum Anpacken des Problems gibt es eigentlich? Wie strukturiere ich das Problem? Wie soll das aussehen, was danach als Ergebnis vorliegt? Gibt es Hilfsmittel, die eine gute Lösung ermöglichen?

Dieser Ausdruck der Ungewißheit kann nun bezogen werden auf bestimmte Aspekte des Problemlösens bzw. der Entscheidungsfindung. In ein sehr einfaches und formales Modell umgesetzt, kann bei dem (ansonsten sehr vielschichtigen und komplizierten) Problembewältigungsprozess unterschieden werden (Lit. 35.):

Aspekt/Stufe

ANFANGSZUSTAND	TRANSFORMATION	ENDZUSTAND

Sind alle Stufen bekannt und herrscht ein entsprechender Bekanntheitsgrad über den IST-Zustand (Anfangszustand), über den SOLL-Zustand (Endzustand) und seine Zielkriterien, sowie über Regeln, Methoden, Verfahren wie IST in SOLL überführt werden kann (Transformation), so liegt keine „Problemmatische Situation" vor, also ein Fall von Alltagsbewältigung, eine Entscheidungsfindung stellt also keine Schwierigkeit dar.

Fehlt jedoch in einer oder mehreren Stufen ein hinreichender Bekanntheitsgrad der Zustände oder Transformationen, dann stellt sich Ungewißheit ein, die durch Hinzuführung von Wissen außerhalb des eigenen Kopfes verringert werden kann. Nun sieht der Anknüpfungspunkt für das informationelle Wissen im Modell vielleicht überzeugend aus, jedoch wissen wir aus Erfahrung, daß eine Vielzahl von psychologischen Mustern (etwa Verdrängung des Problembewußtseins, Reduzierung von Komplexität des Problems auf eine handhabbare Größe usw.) es oft verhindert, daß von der Nachfrage-Seite her sich ein aktives Informationsbewußtsein bildet. Auf der Anbieter-Seite muß ebenfalls vermutet werden, daß die Art/der Umfang und vielleicht auch die Qualität des informationellen Wissens nicht so beschaffen sind, daß es für „Problembewältiger" im oben skizzierten Sinne schnell und einfach zugänglich und nutzbar ist.

Spielt man die Komponenten der problematischen Situation einmal durch, dann sind z.B. folgende Konstellationen denkbar:
- Unerwünschter Anfangszustand A.
- Unerwünschter Endzustand E.
- Transformationen von A nach E oder E nach A.

Dabei ergeben sich Umsetzungsschwierigkeiten, die auch als Barrieren bezeichnet werden. Dies hat nun zu einer Klassifikation von Barrieren im idealtypischen Problembewältigungssprozeß geführt, die verdeutlicht, wo die Schwierigkeiten − aus psychologischer Sicht − verborgen liegen. (Lit. 35.)

Klarheit der Zielkriterien

		hoch	gering
Bekanntheitsgrad der Mittel (,,Wissen'' über . . . .)	HOCH	Interpretationsbarriere	Didaktische Barriere
	GERING	Synthesebarriere	Didaktische und Synthesebarriere

Wenn die Mittel vollständig bekannt sind, ebenso die Zielkriterien für einen erwünschten Endzustand, dann müssen beide Zustände interpoliert werden, d.h. in Einstimmung zueinander gesetzt werden und Handlungspläne der schrittweisen Umsetzung ausgearbeitet werden.

Sind die Mittel nur unvollständig bekannt, die Zielprojektionen dagegen klar, dann liegt eine Synthesebarriere vor, die eine systematisch-analytische Durchdringung des Anfangszustandes erfordert!

Auch von anderer Seite wird in diesen Zusammenhang oft auch von ,,Informationsbarrieren'' gesprochen (Lit. 39), die durch Nutzung und Anbieten von Informationsdiensten aufgebaut sind und werden.

Der Informationsbegriff, wie er sich im IuD-Bereich entwickelt hat, knüpft also an die Vermittlung von externen (fremden) Wissen für Zwecke der individuellen Problembewältigung an und gewinnt dadurch seine Exklusivität und Rechtfertigung.

Weil die Vermittlung von Wissen − ausgehend vom Dokument − nicht an zeitliche oder räumliche Distanzen gebunden oder begrenzt wird, kann man vereinfachend zusammenfassen, daß Informationsarbeit bedeutet:

Die Vermittlung von Wissen über die Grenzen Zeit und Raum für Zwecke der individuellen Problembewältigung.

A 2.1.2 Sender und Empfänger von Information

Für Zwecke der IuD wird der sehr allgemeine Begriff **Sender** präzisiert durch den Begriff ,,Urheber''. Mit dieser Präzisierung wird erreicht, daß lediglich Aussagen/Mitteilungen/Wissen von persönlichen oder institutionellen Urhebern betrachtet werden sollen. Als weitere Einschränkung kommt hinzu, daß nur solches Wissen Eingang in die Informationsarbeit findet, welches in Form eines Dokuments vorliegt.

Der **Empfänger** des informationellen Wissens wird Benutzer genannt. Er ist Empfänger oder Nachfrager von Informationen in Form von bestimmten Dienstleistungen. Neben dem Ausdruck „Benutzer" finden wir oft auch die Bezeichnung Nutzer (N) (DDR und Österreich vorwiegend), oder vereinzelt auch das Wort Rezipient (R). Sie bezeichnen jedoch dieselbe Rolle.

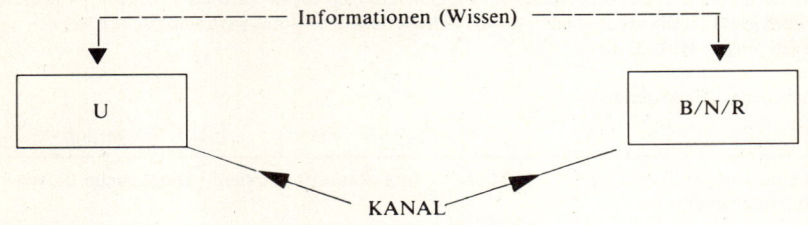

Abb. 4: Urheber − Benutzer − Modell

A 2.1.3   „Kanal" in der Informationsarbeit

Damit der Urheber und der Benutzer einander in Beziehung treten können, bedarf es eines sog. Kanals.

Zunächst soll Kanal verstanden werden als eine Strecke zur Überwindung einer räumlichen und/oder zeitlichen Distanz zwischen mindestens zwei Partnern, wobei das Übermittelte Information im Sinne von Wissen ist.

Der Kanal stellt also unter kommunikativen Gesichtspunkten die notwendige Verbindung zwischen einem Urheber von Wissen und dem Nutzer her. Dies kann sehr vielfältig geschehen:

- Etwa in Form eines mündlichen Gespräches (Kanal wären hierbei die Schallwellen der Luft, über die die kommunikative Verbindung hergestellt wird).
- Etwa in Form eines Telefonats (Kanal ist die Telefonleitung).
- Etwa in Form einer Abfrage aus einem elektronischen Speicher (Kanal ist die physikalische Leitung zu einem Computer; der Partner ist demzufolge nicht mehr ein Mensch, sondern eine Maschine).
- Etwa in Form einer Dokumentbenutzung (Ausleihe oder Kauf), wobei der Kanal im Produkt des Dokuments manifestiert ist, z.B. durch den Druck und die Distribution der Zahl der Exemplare.

An diesen Beispielen wird deutlich, auf welchen Wegen ein Nutzer an Information gelangen kann. Aus diesem Grund wird in der Informationsarbeit oft auch von verschiedenen Informierungskanälen gesprochen, die entweder ergänzend oder konkurrierend zueinander stehen.

In einer ersten Näherung können wir zwischen
- formellen Informationskanäle,
- informellen Informationskanälen
unterscheiden.

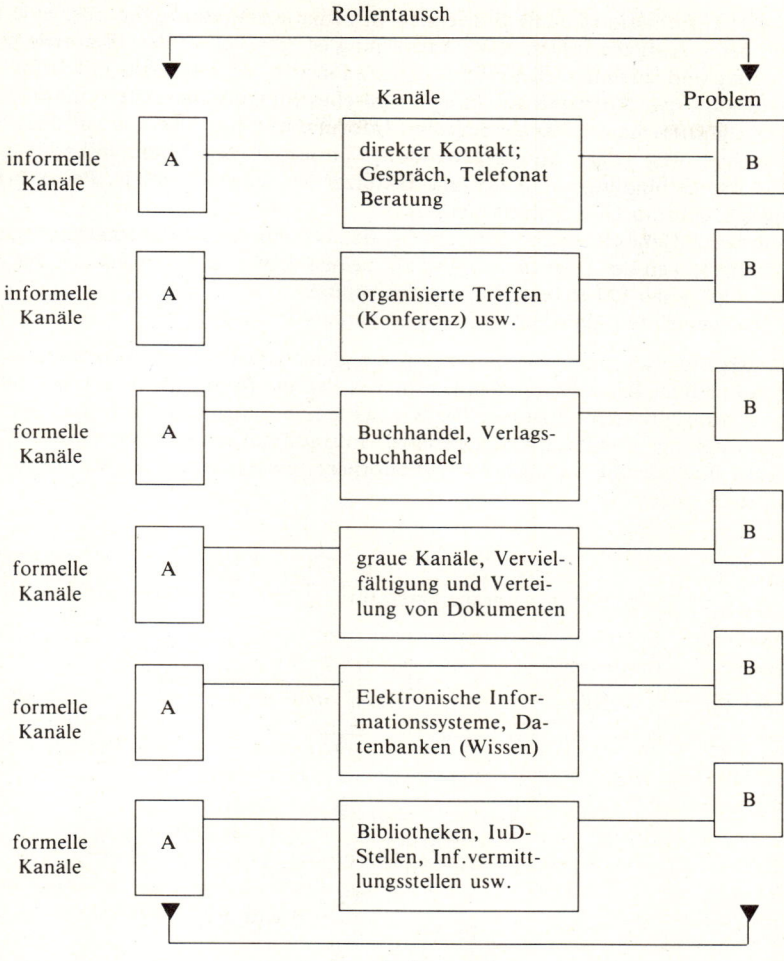

Abb. 5: Informierungskanäle

Merkpunkt: Kanäle im hier gemeinten Sinne stehen gleichberechtigt nebeneinander. Bei der Wahl des Kanals ist aus der Sicht des Benutzers ausschlaggebend, welcher am schnellsten, effektivsten und der Problemlage am angemessensten das Informationsbedürfnis befriedigen kann.

A = Personen, die etwas vermitteln: Sender, Urheber, Autor.
B = Personen, die etwas wissen wollen (sollen, sollten): Empfänger, Rezipient, Benutzer, Nutzer.

Formelle Informationskanäle bezeichnen Informationsprozesse, die über eine Instanz, deren Aufgabe Informationsvermittlung ist, geführt werden (Beispiele hierzu: Verlag und Buchhandel, Bibliothek, IuD-Einrichtung, professionelle Informationsvermittlung, Anfragen an ein elektronisches Informationssystem, usw.).

Informelle Informationskanäle bedeuten Informierungsprozesse, die auf direktem Vermittlungsweg – ggf. unter Verwendung von technischen Kommunikationsmitteln – die Verbindung von Autor und Benutzer herstellen (Beispiele: Persönliches Gespräch, Austausch auf Konferenzen).

Die hier getroffene Unterscheidung erweist sich bei näheren Hinsehen als nicht ganz trennscharf, weil der Übermittlungsinhalt, seine Form und der Charakter der Kanalbeschaffenheit näher bestimmt werden müßten.

Den hier gemeinten globalen Unterschied verdeutlicht *(Abb. 5)*.

Impliziert diese schematische Darstellung ein gleichberechtigtes Nebeneinander, so wird bei näherer Betrachtung deutlich, daß es sich um Segmente bei den formellen Informierungsprozessen handelt. Die Segmente haben sich historisch oder logisch als eigenständige Instanzen herausgebildet. In traditioneller Sichtweise würden die Bereiche Buchhandel, Verlagswesen, Bibliothek, IuD-Stelle usw. in der folgenden Abstufung stehen:

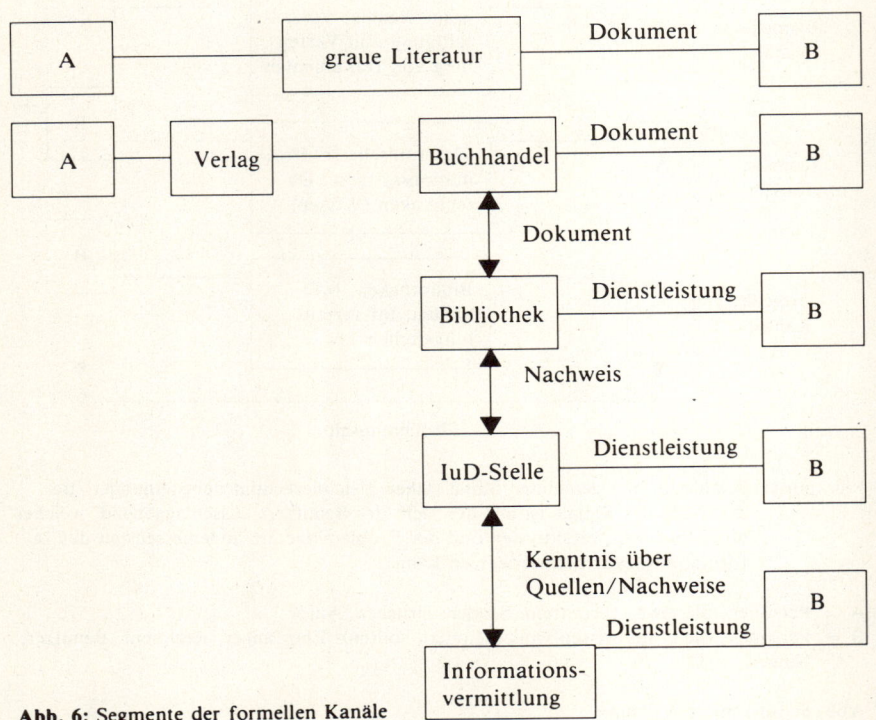

Abb. 6: Segmente der formellen Kanäle

Es wird später gezeigt, daß diese arbeitsteilige Aufteilung in dem Informationsprozess im wesentlichen hervorgerufen wurde durch die enorme Produktionsrate an Wissen und den damit verbundenen Sichtungs- und Vermittlungsproblemen. Dabei ist es hier wichtig, daß den Bibliotheken, IuD-Stellen und sonstigen Vermittlungsstellen eine zusätzliche Funktion zueigen ist, die sonst in keinem der genannten „Kanäle" vorfindbar ist.

Die Funktion des systematischen, kontinuierlichen Speicherns von Wissen, welche diese Institutionen wahrnehmen, indem sie Wissen über die Kriterien von Zeit und Raum verfügbar und öffentlich nutzbar halten, unterscheidet sie von anderen. Es wird noch darauf einzugehen sein, daß moderne Informations- und Kommunikationstechnik diesen historisch gewachsenen Prozeß der institutionellen Aufsplitterung in der Informationskette aufzulösen in der Lage ist.

Der grundlegende Unterschied zwischen formellen und informellen Informierungskanälen wird durch die Zwischenschaltung des Dokumentes in der kommunikativen Kette von A zu B verursacht.

Das heißt, daß Informationen, die über informelle Kommunikationskanäle laufen, ohne die Fixierung auf einen materiellen Träger, direkt an den Benutzer gelangen: die Kommunikationsform ist zumindest zeitgleich, oft auch anwesenheitsgebunden (z.B. beim mündlichem Vortrag). In formellen Kommunikationskanälen wirkt das Prinzip der Zeitungleichheit und der nicht notwendigen Präsenz des Nutzers, da das Dokument die physischen Anwesenheit und Zeitgleichheit nicht erforderlich macht. Ein weiterer Unterschied besteht in der angestrebten bzw. verwirklichten kommunikativen Wirkung, die in den Kommunikationsformen bestehen.

Die folgende Übersicht versucht diesen Zusammenhang hinsichtlich der Reichweite der kommunikativen Wirkung zu qualifizieren (Lit. 58.).

Wirkungen der Kommunikationskanäle (Reichweiten)

Informelle Informationskanäle

Auditiv				Reichweite
Urheber	———	Gespräch: Beratung	——— Nutzer	1 : 1
Urheber	———	Teamgespräch/Gruppensitzung	——— Nutzer	1 : 10 – 20
Urheber	———	Konferenz/Fachtagung	——— Nutzer	1 : 100 – 500
Urheber	———	Massenmedien (Radio)	——— Nutzer	1 : 10.000 – 10 Mio.

Audio-Visuell				
Urheber	———	Ausstellung	——— Nutzer	1 : 1.000 – 100.000
Urheber	———	Demonstration Vorführung	——— Nutzer	1 : 20
Urheber	———	Lehrfilm	——— Nutzer	1 : 500 – 1.000
Urheber	———	Massenmedien (Film)	——— Nutzer	1 : 10.000 – 10 Mio.

Wirkungen der Kommunikationskanäle (Reichweiten) (Fortsetzung)

Formelle Informationskanäle

Dokumentbezogen

Urheber	———	Bücher	———	Nutzer 1 : 500 – 20.000
Urheber	———	Schallplatten/Tonband	———	Nutzer 1 : 1.000 – 50.000
Urheber	———	Fachzeitschriften	———	Nutzer 1 : 500 – 5.000
Urheber	———	Graue Literatur	———	Nutzer 1 : 50 – 500
Urheber	———	Hochschulschriften	———	Nutzer 1 : 150
Urheber	———	Firmenschriften	———	Nutzer 1 : 50 – 5.000

Nachweisbezogen (Informationsdienstleistungen)

Urheber	———	Bibliographien	———	Nutzer 1 : 300 – 1.000
Urheber	———	Referate-Organe	———	Nutzer 1 : 100 – 3.000
Urheber	———	Informationsauskunft	———	Nutzer 1 : 1
Urheber	———	Standardprofil (SDI)	———	Nutzer 1 : 5 – 50

Bei der Durchsicht der Kommunikationsformen wird deutlich, daß Massenmedien eine große Reichweite haben, während die Beratungsformen (aller Erfahrung nach wirksam und zielgerichtet) sehr aufwendig sind. Einschränkend sei noch einmal angemerkt, daß massenmediale Vermittlungsformen wie Radio und Fernsehen nicht primär auf Informationsvermittlung im eingangs beschriebenen Sinne zugeschnitten sind.

A 2.1.4   Wahl des Informierungskanals

Aus Benutzersicht stellt sich die Wahl der Informierungskanäle nun spiegelbildlich dar. Zwei empirische Untersuchungen sollen dafür als Fallbeispiele herangezogen werden. Befragt wurden deutsche Ingenieure nach der Nutzungshäufigkeit ihrer Informierungsquellen. 21 % der Befragten gaben an, daß sie zumeist keine Quellen benutzen; nur 5 % der Befragten nutzen Bibliotheken und IuD-Stellen regelmäßiger (Lit. 56.; Lit. 62.).

Informationsquellen	Nutzung % Mehrfachnennung	Rangfolge	Nutzungs- bewertung Rang
Kollegen	96	1	1
Zeitschrift	92	2	3
F + E-Berichte	86	3	4
Vorgesetzter	85	4	2
Bibliothek	84	5	5
Seminare	68	6	8
Tagungen	63	8	13
Abstracts (Referate)	62	9	12
Anfragen bei Herstellern	59	11	7
Eigenes Material	54	13	9
Inf. Zentren	21	23	21
Datenbanken	20	24	22

Abb. 7: Nutzungshäufigkeit von Informationsquellen bei deutschen Ingenieuren

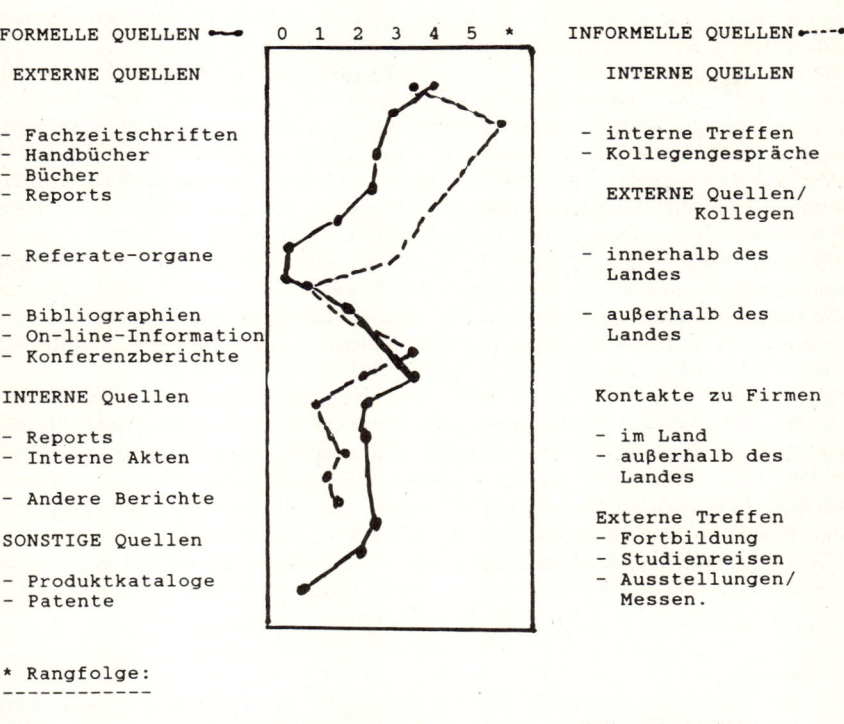

NUTZUNGSHÄUFIGKEIT

FORMELLE QUELLEN ●—● 0 1 2 3 4 5 * INFORMELLE QUELLEN ●----●

EXTERNE QUELLEN — INTERNE QUELLEN

EXTERNE QUELLEN:
- Fachzeitschriften
- Handbücher
- Bücher
- Reports

- Referate-organe

- Bibliographien
- On-line-Information
- Konferenzberichte

INTERNE Quellen

- Reports
- Interne Akten

- Andere Berichte

SONSTIGE Quellen

- Produktkataloge
- Patente

INTERNE QUELLEN:
- interne Treffen
- Kollegengespräche

EXTERNE Quellen/
    Kollegen

- innerhalb des
  Landes

- außerhalb des
  Landes

Kontakte zu Firmen

- im Land
- außerhalb des
  Landes

Externe Treffen
- Fortbildung
- Studienreisen
- Ausstellungen/
  Messen.

* Rangfolge:
----

0 = keine   , 1 = einige Male/Jahr   , 2 = einige Male/Monat

3 = 1-2 Mal/Woche   , 4 = 3-4 Mal/Woche   , 5 = täglich

Abb. 8: Nutzung von Informationsquellen in der angewandten Technologie (Lit. 62.)

Beide Studien, die aus verschiedenen Ländern stammen, belegen, daß die Nutzung von informellen Kanälen/Quellen deutlich gegenüber den formellen im Vorteil ist: Dies liegt — nach allen Erkenntnissen, die in der empirischen Benutzerforschung gewonnen wurden — daran, daß

- Formelle Kanäle zumeist mit Zeitaufwand und Verlassen des Arbeitsplatzes verbunden sind.
- Formelle Kanäle Benutzerbarrien aufweisen (Benutzerordnung; Benutzungszeiten, Kosten, usw.).
- Die Verfügbarkeit von Information oft unangemessen lange Zeit dauert und die Orientierung in den Quellen als umständlich empfunden wird.
- Informelle Kanäle dagegen dem Bedürfnis nach zielgerechter Auskunft über bestimmte Probleme besser, schneller und persönlich angenehmer nachkommen können.

Die recht eindeutige Bevorteilung flexibler und schnellerer informeller Informationsquellen und -kanäle führt oft dazu, daß gerade innerbetriebliche Informationsstellen einen schweren Stand haben, ihre Bedeutung für das Unternehmen unter Beweis zu stellen und ihre Existenz zu legitimieren.
Häufig wird in entsprechenden empirischen Untersuchungen auch auf das wenig ausgeprägte ,,Informationsbewußtsein" hingewiesen, welches bei vielen dann angeblich vorliegt, wenn sie keine formellen Kanäle benutzen und nicht oder in geringem Umfang nur formelle Informationsdienstleistungen abfragen. Dies ist so oder so nicht belegbar, denn die Abstinenz von formellen Informationsdienstleistungen kann nichts darüber aussagen, ob eine Person durch seine persönlichen Kontakte nicht hinreichend und umfassend informiert wird.
Nun sind diese – den formellen Informationskanälen anhaftenden Benutzungs- und Zugangsnachteile – dabei, aufgehoben zu werden durch eine Technologie, für die man als Sammelbegriff die Bezeichnung ,,Informations- und Kommunikationstechnologien" verwenden sollte (IuK-Technologien) (Lit. 57.; Lit. 72.; Lit. 84.; Lit. 94.; Lit. 123.; Lit. 126.; Lit. 129.; Lit. 143.).
Ohne hier auf die sehr komplexen und technisch äußerst komplizierten Einzelheiten eingehen zu können, sollen jedoch einige Merkmale dieser technologischen Konfigurationen dargestellt werden, um deutlich zu machen, daß die bislang im Gefüge der institutionalisierten Informationsquellen noch bestehenden Barrieren von Zeitverzug und räumlicher Distanz von Information, die ja die wesentlichen Zugangs- und Benutzerbarrieren ausmachen, überwunden werden können.
IuK-Technologien zeichnen sich dadurch aus, daß in den verschiedenen Systemkonfigurationen mindestens drei Elemente vereint sind:

– Das Endgerät, den Bildschirmarbeitsplatz als Schnittstelle von Benutzer oder Bildschirmarbeiter und der weiteren technischen Welt, die (zumeist unsichtbar) sich hinter dieser Oberfläche verbirgt.
– Einen je nach Zuschnitt des Systems größeren Rechner, der elektronisch gespeicherte Informationsbanken vorhält oder für die vielen angeschlossenen Endgeräte die arbeitsteilige Benutzung von Anwender-Software ermöglicht. (s. dazu Teil E Informationstechnik)
– Die telekommunikative Vernetzung der beiden vorgenannten Elemente zu einem ständig interagierenden Gesamtsystem. Dabei werden die Telekommunikationsnetze der Post, beispielsweise Telefonleitungen, Telex, Datex P und L, benutzt, um den Datenaustausch (und die Datenübertragung) zwischen Endgerät und Großrechner zu ermöglichen. (Lit. 52.; Lit. 61.; Lit. 22.; und Kap. E7 von K. Löns)

In diesen Systemkonfigurationen kommt es nun darauf an, inwieweit die in Software gegossene ,,Intelligenz", die dem Anwender die Durchführung von bestimmten Arbeiten erlaubt, auf die Endgeräte oder auf den in der kommunikativen Verbindung irgendwo zwischengeschalteten größeren zentralen Rechner gelegt wird. (Lit. 37)
Die Entscheidung, inwieweit die Endgeräte oder die größeren (zentral für alle Benutzer bestimmten) Rechner mit ,,Intelligenz" ausgestattet werden sollen, ist nur durch die Analyse des Anwendungszusammenhanges zu treffen. Je nach Anlage spricht man deshalb von Systemen mit ,,dezentraler Intelligenz" dann, wenn viele Anwender-Software direkt am Arbeitsplatzrechner (also dem Endgerät, in welchem sich in der Regel auch ein kleiner Computer befindet) verfügbar ist. Von Systemen

mit „zentraler Intelligenz" spricht man umgekehrt in den Fällen, in denen das Endgerät nicht mit diesen Leistungsmerkmalen ausgestattet ist („Dumme Terminals") und alles, was an Datenaustausch und Anwendersoftware benutzt wird, im zentralen Rechner vorgehalten wird.

Für die Informationsarbeit wichtig und betrachtenswert sind derzeit drei solcher Systemkonfigurationen, mit denen Informationsvermittlung im allgemeinsten Sinne bereits jetzt schon real durchgeführt wird:

– On-line-Systeme, dem inzwischen schon klassisch gewordenen Zugriff auf elektronisch gespeicherten Datenbases (Informationsquellen). Hierbei ist anzumerken, daß der Trend immer mehr verstärkt wird, die Endgeräte mit mehr „dezentraler Intelligenz" auszustatten, um die Ergebnisse von on-line-Recherchen am Bildschirmarbeitsplatz weiterverarbeiten zu können (hier spricht man von „downloading", Lit. 81.; Lit. 97.; Lit. 103.; Lit. 135. u.a.).
  Abspeichern der Recherche im Massenspeicher des Arbeitsplatzrechners und deren Weiterverarbeitung (im Sinne Veredelung, der Umwandlung und des Zusammenführens mit anderen, bereits im Arbeitsplatzrechner gespeicherte Informationen zu einem neuen Endprodukt, wie dies bei Taylor (Lit. 132.; Lit. 133.) entwickelt wird.

– Bildschirmtext (BTX) als Beispiel für eine Systemkonfiguration mit mehrheitlich „zentraler Intelligenz", in dem zunehmend stärker Informationen für besondere (und oft auch geschlossene) Nutzergruppen durch einfachste Abfrage-Routinen geboten werden (Lit. 117.).

– Bürokommunikationssysteme, in denen sowohl intern erarbeitete Informationen wie auch extern verfügbare Informationen zusammengeführt werden, um sie im innerorganisatorischen Zusammenhang an die Funktions- und Entscheidungsebenen elektronisch weiterleiten zu können, für die sie bestimmt sind.
  Hier werden in der Regel Systeme mit „dezentraler Intelligenz" entwickelt, da diese Systeme auf die jeweiligen Bedürfnisse und Anwender der einzelnen Arbeitsplätze zugeschnitten sein müssen. (vgl. etwa Lit. 101.; Lit. 131.)

Allen drei hier kurz vorgestellten Beispielen gemeinsam ist die Tatsache,

– daß auf Informationsquellen in verschiedener Art und Ausgestaltung zugegriffen wird,
– daß Information selbst erzeugt und weitervermittelt werden kann, dies fast zeitgleich (d.h. ohne Zeitverzug) geschieht,
– daß sowohl über kleine als auch über riesige Entfernungen empfangen und gesendet werden kann.

Im Rahmen der jetzt schon bestehenden und künftig noch zu entwickelnden Systeme der IuK-Technologien ist also jetzt schon möglich, daß von jedem einigermaßen leistungsfähigen Endgerät, welches mit entsprechender „dezentraler Intelligenz" (d.h. entsprechender Verarbeitungssoftware sowie Telekommunikationssoftware) ausgestattet ist und das sich in der Nähe eines beliebigen telekommunikativen Kanals befindet, der interaktive Zugang zu anderen Endgeräten oder zentralen Datenbanken ermöglicht wird. Die noch vor Jahren als Utopie belächelte Formel, daß bald jeder mit jedem über beliebige Kanäle auf der Grundlage einer mächtigen technischen Infrastruktur zeitgleich und ortunabhängig beliebige Daten empfangen und aussenden kann, ist der Wirklichkeit erheblich näher gerückt. – Ob dies alles wünschenswert ist, ist bezweifelbar; daß dies erhebliche Auswirkungen im Recht, in der Politik und in der Gesellschaft hat, ist nicht von der Hand zu weisen (Lit. 124; Lit. 125.; Lit. 113.; Lit. 127.; Lit. 85.; Lit. 94.; Lit. 104.).

Für die Informationsarbeit haben diese Entwicklungen eine Chance geboten, die stabilen und jahrzehntelang in der praktischen Informationsarbeit ausgetesteten Methoden und Techniken der Auswahl, der Strukturierung, der inhaltlichen Beschreibung, der Ablage und des Wiederfindens von sehr verschiedenen Daten, sie zusammenzuführen und der Benutzung zugänglich zu machen, in diese nun technisch bestimmte Welt einzubringen. Mit guten Durchsetzungschancen, wie zu hoffen ist.

A 2.2   Fachliche Kommunikation und formelle Informierungsprozesse

Die Existenz formeller Informierungsprozesse, so, wie sie uns heute und in Form der Bibliotheks- oder Archivbenutzung, der Inanspruchnahme der Dienstleistungen von Informations- und Dokumantationsstellen, der on-line-Abfrage von Datenbanken und ähnlichen Quellen begegnen, läßt sich aus der zunehmenden Komplexität fachlicher Kommunikationsprozessen erklären. Ganz vordergründig betrachtet sind fachliche Kommunikationsprozesse aus dem Bedürfnis der Gesellschaft nach Austausch und Vermittlung von Wissen über Natur und Gesellschaft zur Bewältigung und vor allem der Verbesserung der jeweils geltenden Lebenssituationen entstanden. Zu wissen, wie man etwas verbessern kann, intelligentere Lösungen für anstehende Probleme zu finden, oder neue, innovative Techniken und Verfahren zur Effektivierung der Produktion zu ersinnen, fungierte schon immer als Motor für den wissenschaftlich-technischen Fortschritt.

Zunächst soll aber die Besonderheit des Stoffes **Wissen** kurz erläutert werden, um deutlich machen zu können, daß dem ,,Wissen'' selbst und in seiner vermittelten Form als ,,Information'' zwei verschiedene Eigenarten anhaften.

,,Wissen'' im Sinne der fachlichen Erkenntnis (Lit. 78.) hat kumulativen Charakter; d.h. daß neues Wissen, neuere Erkenntnisse in der Regel nur gewonnen werden können, wenn sie auf dem bis dahin Gedachten und Gewußten aufbauen. Die Besonderheit in der Entstehung neuen Wissens bedeutet auch, daß das Prinzip des Austausches des Wissens wirksam ist auf der internationalen Ebene. Dies verlangt, daß es in entwickelten Gesellschaften eine Instanz geben muß, die die Funktion des ,,Historischen Gedächtnisses'' und der Verteilung des Wissens wahrnimmt, über Länder- und Blockgrenzen hinweg.

Über viele hunderte von Jahren hindurch haben das Bibliotheks- und Archivwesen die Funktionen übernommen, den immer größer werdenden Berg des zu kumulierenden Wissens zu ordnen, zu verwalten und im Falle der Nachfrage dieses Wissen an andere weiterzuleiten. Da es sich ohne Schaden wohl keine Gesellschaft auf Dauer leisten kann, den materiellen und ideellen Wert, der in diesen Bemühungen steckt, Natur und Gesellschaft zu ergründen und zu erforschen, zu vernachlässigen, haftet dieser kumulierenden und bewahrenden Funktion im Wissensumgang das Merkmal des Kulturschaffens (z.B. Lit. 82.; Lit. 143.) an.

Wissen – aus der Warte des Individiums – ist andererseits auch kein jeweils vollständig zu verzehrendes Gut, wie dies bestimmte Waren sein können, die nach Gebrauch oder Verzehr eben aufgebraucht sind. Identisches Wissen wird immer wieder – auch wenn es von neueren Erkenntnissen laufend und in immer schnelle-

ren Innovationszyklen aktualisiert wird – von Menschen nachgefragt werden, weil
diese eben sich je nach ihrer individuellen Sozialisation, ihren Berufanforderungen
oder ihren Interessen Wissen laufend aneignen.

Dies aber angesichts der immer größer werdenden Menge an Wissen in Bezug auf
die Vielzahl der nachfragenden Individuen zu organisieren und zu gestalten, stellt
an die kommunikative Vermittlung dieses Wissens immer höhere Ansprüche. Wissen als solches wird also in immer wieder veränderten Zusammenhängen und Erscheinungsformen mehrfach und wiederholt benutzt und verwendet, und dadurch
in neue Erkenntnisse umgeformt und weiterentwickelt.

Die Notwendigkeit, sich ständig neues Wissen anzueignen, ist plausibel begründbar
zum einen in der Bevölkerungsdynamik; es wachsen immer neuere Generationen
nach, die sich vorliegende Erkenntnisse aneigenen müssen (Stichwort: Bildung,
Qualifikation). Zum anderen ist sie pauschal begründbar durch das Schlagwort der
ständig komplexer werdenden Lebenszusammenhänge, die allem Anschein nach
das hervorstehende Merkmal der postindustriellen Gesellschaften sind. Hoch ar-
beitsanteilig organisierte Gesellschaften erzeugen durch ihr zunehmendes Spezia-
listentums eine Komplizierung der Lebensumstände und damit die Gefahr der zunehmenden Intransparenz von Verwaltungs- und Entscheidungsprozessen. Dies
wirkt nicht nur in die hochspezialisierte Arbeitswelt hinein, sondern erfaßt auch immer mehr die breite Bevölkerung und wirkt zunehmend in das ,,Alltagsleben''
hinein.

Beide Seiten des Charakters von Wissen, zum einen als historisch kumuliertes Kulturgut und zum anderen als Organisationsproblem der bedarfsgerechten Vermittlung an die Nachfrager, bildeten eigentlich von Beginn an die Legitimation für die
Existenz von Bibliothekswesen, Information und Dokumentation, dem Archivwesen und den angrenzenden Bereichen, auf die später noch eingegangen wird.

Unter quantiativen Gesichtspunkten ist einerseits versucht worden, die Wissens-
und Erkenntnisproduktion anhand der Menge der Veröffentlichungen, des Zuwachses an Produzenten von Wissen und anderen Einflußgrößen zu belegen. Qualitativ dagegen ist der Aspekt zu bewerten, wie die Kommunikationsbeziehungen, die
bei der Vermittlung des Wissens, gestaltet sind.

A. 2.2.1   Die Messung des Wissens und seiner Konsumenten

Es wird also immer mehr vom Einzelnen an Wissen, Kenntnissen und Flexibilität
abverlangt, um sich im Arbeits- und Alltagsleben orientieren und mit den Veränderungen Schritt halten zu können. Die Lebenswelt des Einzelnen wird erst mit der
Aufnahme von ,,Neuem'' transparent, beherrschbar und strukturierbar.

Die Befürchtungen, daß nicht alle Gruppen in den entwickelten Gesellschaften an
diesem ständigen Wissens- und Kenntnisvermittlungsprozess teilhaben werden und
daß große Teile der Bevölkerung daraus ,,ausgeblendet'' werden könnten, hat zu
der These des zunehmenden Auseinanderfallens der Bevölkerungsgruppen in die
sog. ,,information-rich'' und ,,information-poor'' geführt. Neben der Teilhabe am
Erwerbsleben scheint also in der ,,Informationsgesellschaft'' (Lit. 104.) die Teilhabe an Information eine zunehmend größere Rolle zu spielen (Lit. 142.).

Die für die Begründung der Information und Dokumentation so häufig angeführte
quantitative Analyse von Publikationen, − auch unter den Stichworten: ,,Infor-
mationslawine" und ,,Literaturflut" bekannt geworden −, hat ihre Ursprünge in
der Wissenschaftssoziologie der 50ger Jahre. Sie ist verbunden mit zwei prominen-
ten Namen: Derek J. de Solla Price (Lit. 122.) für die USA und G. M. Dobrov
(Lit. 32.) für die UdSSR. Beide Autoren haben mit Hilfe statistischer Analysen die
sog. Output-Indikatoren der Wissensproduktion gemessen und sich dabei auf den
engeren Bereich der Wissenschaft und Technik beschränkt. Hinter diesen sehr aufwendigen Bemühungen stand die Erkenntnisabsicht, den Bereich der wissenschaftlich-technischen Forschung und Entwicklung, einer der Eckpfeiler der Erkenntnis-
und Wissensproduktion, in seiner gesellschaftsveränderten Kraft und seiner Leistungsfähigkeit zu untersuchen (und dies auch im Vergleich der Supermächte).
Im Verlauf der Weiterführung dieser Arbeiten hat sich ein recht umfassendes Bild
der ,,Vermessung der Forschung" (Lit. 138.) ergeben, welches im Ablauf des Zu-
sammenhanges wie folgt dargestellt werden kann *(Abb. 9)*.

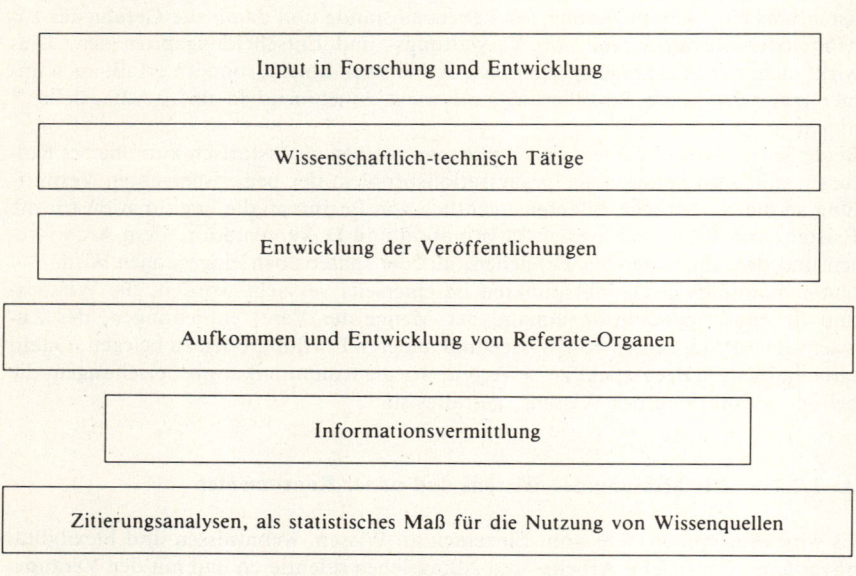

Abb. 9: Wissensproduktion (quantitative Indikatoren)

Obwohl die wissenschaftlich-technische Erkenntnisproduktion lediglich einen Teil
der Quellen der Fachinformation ausmacht, und so wichtige Fachinformationsbereiche wie etwa publizistische Information, Medien-Information, Wirtschaftsinformation, Produkt- und Herstellerinformation u.ä. unberücksichtigt läßt, so können
wir doch an diesem Ausschnitt der Erkenntnisproduktion die Notwendigkeit für die
Existenz formeller Informierungsinstanzen demonstrieren.

Kursorisch werden im folgenden einige Belege für das Anwachsen im Bereich Erkenntnisproduktion, -vermittlung und -verwertung dargestellt:

(a) Input-Indikatoren für Forschung und Entwicklung (F + E)

In der Bundesrepublik Deutschland allein haben sich im Berichtszeitraum 1962 – 1981 die Aufwendungen für Forschung und Entwicklung verneunfacht.

Jahr	Mio. DM (gerundet)	% Anteil vom BSP*	davon öffentlich finanziert (absolut)	in % Anteil von Gesamt
1962	4.450	1,3	2.270	51,1
1964	6.570	1,6	3.190	48,5
1966	8.840	1,8	4.220	47,7
1968	10.550	2,0	4.960	47,0
1970	14.800	2,2	6.900	46,6
1972	19.250	2,3	9.600	49,8
1974	22.290	2,3	11.350	50,5
1976	25.740	2,3	12.300	47,8
1978	29.850	2,3	13.770	47,5
1980	39.270	2,6	16.940	44,3
1981	41.320	2,7	17.820	43,1

*BSP (Bruttosozialprodukt = Die Summe des Umsatzes aller Waren und Dienstleistungen in einer nationalen Volkswirtschaft eines Jahres).

Abb. 10: Forschungs- und Entwicklungsausgaben der Bundesrepublik Deutschland und ihre Finanzierung. 1962 – 1981. (Lit. 138.; Lit. 15.)

Neben dem stattlichen Zuwachs in absoluten Zahlen, die wegen des Geldwertverfalls vielleicht nicht allzu aussagekräftig sind, ist an dieser Zusammenstellung auffällig, daß sich der Anteil der Aufwendungen für F + E gemessen am Bruttosozialprodukt in knapp 20 Jahren verdoppelt hat. Diese Bezugsgröße ist in der Lage, die stärker werdende Bedeutung der F + E für die nationale Volkswirtschaft zu belegen.
Aus der dritten und vierten Spalte wird deutlich, daß F + E eine Gemeinschaftsaufgabe von öffentlicher Hand (Förderungspolitik) und Wirtschaft (Umsetzung der Ergebnisse der Erkenntnisproduktion in Produktion) ist; die Lasten (d.h. Aufwendungen) sind etwa gleich verteilt.

Ein Blick über die Grenzen des eigenen Landes macht deutlich, daß vergleichbare Anstrengungen auch in anderen Ländern gemacht werden.

Andere Nationen, allen voran die USA und − soweit dies durch die verschiedenen Bezugsgrößen bedingt überhaupt vergleichbar ist − die UdSSR, wenden absolut und in Anteilen vom Bruttosozialprodukt mehr Mittel als andere Länder mit vergleichbarem technologischen Stand auf.

Folgende Übersicht (*Abb. 11*) illustriert das Gefälle zwischen einzelnen Ländern:

%/o Anteil vom BSP

Jahr	Frankreich	BRD	U.K.	U.S.A	UdSSR
1961	1.3	n.v.	2,46	2.73	n.v.
1965	2.1	1.73	n.v.	2.89	2.85
1969	1.94	2.05	2.22	2.71	3.03
1973	1.76	2.22	n.v.	2.29	3.64
1979	1.76	2.32	2.11	2.37	n.v.
1981	n.v.	n.v.	n.v.	2.37	n.v.

n.v. = Zahlen nicht verfügbar. (Lit. 138., S. 80)

Abb. 11: Ausgaben für F + E nach Anteilen des BSP nach Ländern 1961 − 1981

(b) Wissenschaftlich-technisch Tätige

Obwohl mit dem nicht sehr präzisen Begriff des ,,Wissenschaftlich-technisch Tätigen'' nur ein kleiner Teil (aber durchaus wichtiger Teil) der Nachfrager der Fachinformation erfaßt wird, ist es doch beeindruckend, wie der Anteil dieser Berufsgruppen, die in ihrer Arbeit zunehmend von den Erkenntnissen profitieren, proportional zu anderen Berufsgruppen angewachsen ist.

Sehr deutlich bei allen hier betrachteten Ländern ist der Trend, daß in dem Berichtszeitraum 1965 − 1980 eine wesentliche Zunahme des Anteils wissenschaftlich-technisch Tätiger an der Erwerbsbevölkerung zu verzeichnen ist (s. *Abb. 12.*).

Dies bedeutet auch , daß diese absolut steigende Zahl der Menschen als potentielle Nachfrager von Fachinformation angesehen werden müssen (Lit. 08.).

Daß nun nicht alle Nationen den gleichen Anteil an der Forschung und Entwicklung und unterschiedlichen Anteil an veröffentlichten Erkenntnissen haben, kann durch eine Tabelle (*Abb. 13*) belegt werden.

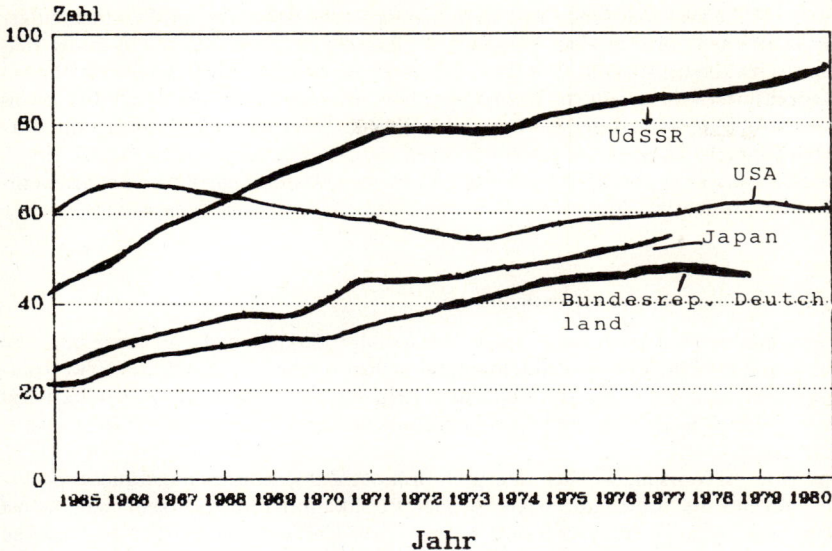

Abb. 12: Anteil der Wissenschaftler und Ingenieure im Bereich der F + E pro 10.000 Einwohner nach Ländern (Lit. 138.).

Land	% Anteil der Weltbevölkerung	BSP in % von der Weltproduktion	Anteil der wissenschaftlichen Autoren an der Weltproduktion
U.S.A.	5.9	32.8	41.5
UdSSR	7.0	15.6	8.0
Japan	2.9	3.6	4.1
U.K.	1.6	4.8	8.1
Frankreich	1.4	4.5	5.4
Leiteinamerika	7.0	3.7	0.9
Nahost (ohne Israel)	2.5	0.85	0.4

Abb. 13: Anteil in % der Weltbevölkerung, des Bruttosozialproduktes und der wissenschaftlichen Autoren (Lit. 121., S. 34)

Ohne auf die systematischen und statistischen Unschärfen hier im einzelnen eingehen zu können, wird an dem Vergleich der Länder deutlich, wie ungleich der Beitrag der Erkenntnisproduktion (hier gemessen an der Zahl der wissenschaftlichen
Autoren) weltweit verteilt ist. Indirekt kann aus diesem Zahlenwerk auch der jeweilige Entwicklungsstand der F + E grob eingeschätzt werden, wobei jedoch die Barrieren (Sprache, Zugang zu internationalen Veröffentlichungen) des Publikationssystems und der Organisationsgrad der jeweiligen „wissenschaftlichen Fachgemeinschaften" (scientific communities) angemessen zu berücksichtigen wären.

(c) Entwicklung der Veröffentlichungen

Wenn immer größere Anteile des Bruttosozialproduktes in die Erforschung von
Natur und Gesellschaft fließen, ein immer größer werdender Anteil der Erwerbsar-
beit im Bereich Erkenntnisproduktion stattfindet, dann kann diese Produktivität
spiegelbildlich ihren Niederschlag in der Zahl der Veröffentlichung von Erkenntnissen finden.
Doch hier ist Vorsicht bei der Interpretation des Zahlenwerkes angebracht. So beeindruckend die Informationslawine oder Publikationsflut auch sein mag, selbst
wenn man sie auf die Veröffentlichungsorgane der wissenschaftlich-technischen
Welt begrenzt, so wenig schlüssigen Beweis gibt es dafür, daß dies nun direkt die
Menge des neuen Wissens anzeigt.
Zunächst einmal ist eine wissenschaftliche Veröffentlichung noch kein Indiz dafür,
daß neue Erkenntnisse vorliegen. Es kann ebenso sein, daß eine Veröffentlichung
im wesentlichen bereits Bekanntes noch einmal nachvollzieht. Zum anderen kann
plausibel gemacht werden, daß die große Zahl der Mehrfachveröffentlichungen
(über die gerade in den 60ger Jahren sehr viel empirische Studien unternommen
wurden) nicht nur dem innerwissenschaftlichen Publikationszwang (etwa im Sinne
„publish or parish") entspringen, sondern der Notwendigkeit, verschiedene Publikationsorgane und -kanäle zu benutzen, um die Erkenntnis in das weite Geflecht
der verschiedenen organisierten „scientific communities" einmünden zu lassen.
Überspitzt ausgedrückt könnte man die These aufstellen, daß das Publikationswesen nicht primär wegen der Zunahme der Erkenntnisse diese Ausmaße angenommen hat, sondern vor allem, weil es schwieriger und äußerst kompliziert geworden
ist, die Erkenntnisse im Sinne der kommunikativen Vermittlung an die Nachfrager
heranzubringen. Schließlich haben Publikationsorgane, die in der Regel engere
Fachgrenzen nicht überschreiten und auf eine zumeist hochspezialisierte Fachgemeinschaft zugeschnitten sind, nur eine begrenzte Reichweite. Erkenntnisse auch in
andere Diziplinen oder Fachgemeinschaften hinein bekannt zu machen erfordert
demzufolge, sie mehrfach zu veröffentlichen.
Ist die Beziehung von Erkenntnisproduktion und Anwachsen der Publikationen zumindest keine direkte, so stellt aus der Sicht der Informationsarbeit das Mengenproblem und die Tatsache der Mehrfachveröffentlichungen immer größere Anforderungen an die Bewertung, Einordnung, Selektion und Kontrolle der Informierungsquellen, die in dem Zwang zu immer differenzierteren Methoden und Techniken der Information und Dokumentation ihren Ausdruck findet.

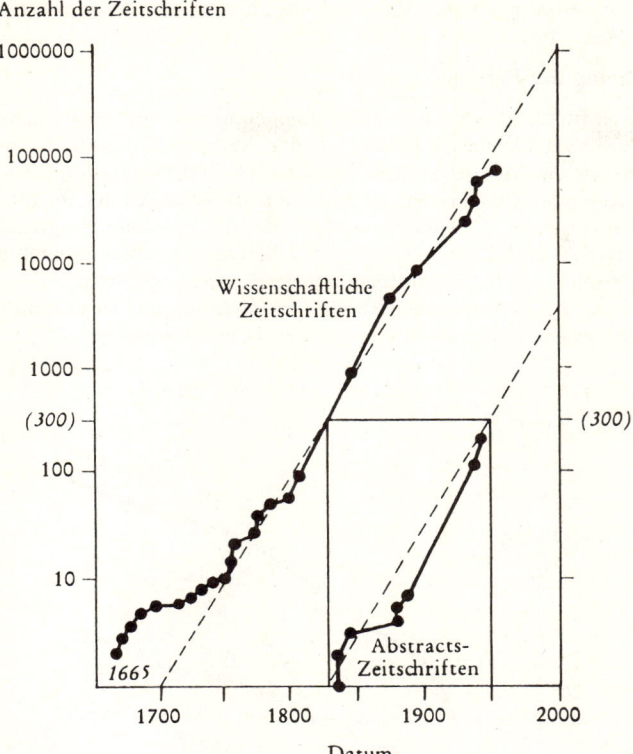

Anzahl der Zeitschriften

Abb. 14: Gesamtzahl der Gründungen wissenschaftlicher Zeitschriften und Referateorgane (Lit. 122.).

An dem für wissenschaftliche Erkenntnisse wohl immer noch wichtigsten Dokumententyp Zeitschrift zeigt die Abbildung, daß seit Aufkommen dieser Publikationsform im 17. Jahrhundert ein exponentielles Anwachsen zu verzeichnen ist, deren Menge sich durchschnittlich alle 15 Jahre verdoppelt. 1950 war bereits die Schwelle von 100.000 Fachzeitschriften der Naturwissenschaft und Technik überschritten. Zahlenwerke, die die Buchproduktion quantitativ erfassen, und spezielle Untersuchungen zu dem Typus der besonders wissenschaftsrelevanten Forschungsberichte belegen Größenordnungen von über 500.000 Buchtitel pro Jahr weltweit (für das Jahr 1970 beispielsweise) und mehrere hunderttausend Forschungsberichte pro Jahr weltweit.

Andere statistische Untersuchungen (etwa Lit. 68) weisen beispielsweise nach, daß zwischen 1960 und 1974 sich die Zahl der Abonnenten der Fachzeitschriften von durchschnittlich 3.900 auf 6.000 gesteigert hat, während andererseits die Abonnements an Fachzeitschriften sich durchschnittlich von 3,0 auf 3,6 pro Wissenschaftler steigern konnten.

(d) Entwicklung der Referate-Organe

In *Abb. 15* ist (maßstabsgerecht verkleinert) die mengenbezogene Entwicklung der Referateorgane verzeichnet. Auffällig ist, daß Referate-Zeitschriften zu einer Zeit aufkommen, als die Zahl der Fachzeitschriften ca. 300 erreicht hat. Das Veröffentlichen von Referate-Zeitschriften wird deshalb zu Recht als der Beginn der klassischen Dokumentation angesehen. Kommt darin doch zum Ausdruck, daß die Erkenntnismenge, die bereits zu der Zeit auf die Welt zufloß, eine sammelnde systematisierende und qualitative Umformung des Wissens verlangte.

Ein Blick in die Entwicklung der Referate-Organe (Zeitschriften und on-line verfügbare Datenbasen) der jüngeren Vergangenheit zeigt, daß der Anfall von Veröffent-

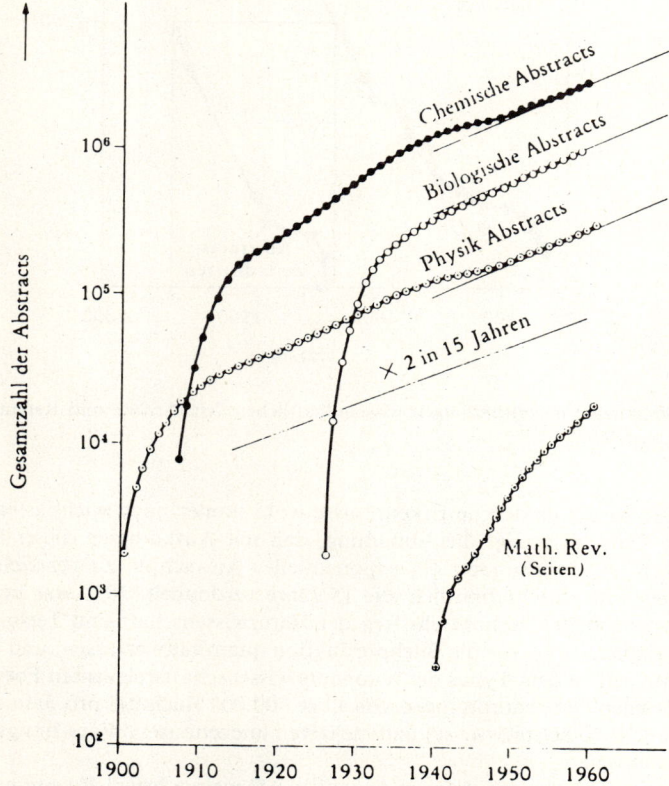

Abb. 15: Kumulative Gesamtzahl der Referateorgane verschiedener Wissenschaftsdisziplinen seit ihrer Entstehung (Lit. 122.)

lichungen in einzelnen Naturwissenschaften sehr unterschiedlich groß ist — unbestritten jedoch ist, daß die Chemie den stärksten Zuwachs zu verzeichnen hat (1987 waren es allein in ,,Chemical Abstracts'' knapp 500.000 Dokumentationseinheiten, von denen ca. 75 % Zeitschriftenaufsätze waren).

(e) Informationsvermittlung

Waren Referate-Zeitschriften, deren Größenordnung heute vorsichtig mit 1.500 beziffert wird (Lit. 09.), eine Antwort auf die zunehmende Unübersichtlichkeit im Veröffentlichungswesen, so markieren rechnergestützte Informationssysteme den nächsten Entwicklungssprung, der in den späten 50ger Jahren einsetzte. Diesen strukturellen Zusammenhang verdeutlicht *Abb. 16.*

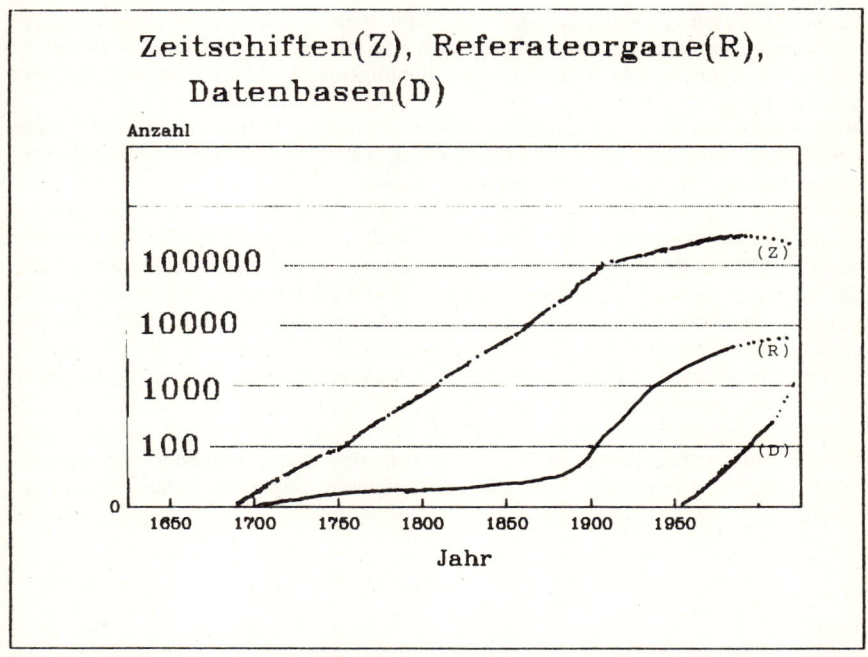

Abb. 16: Veröffentlichungen, Referierung und Datenbanken in zeitlicher Abhängigkeit voneinander (Lit. 09., S. 25)

Die Verfügbarkeit von Informationen durch zeitgleichen Zugriff auf on-line Datenbasen ist in den 70ger und 80ger Jahren vorangetrieben worden. Weltweit wurde 1987 die Zahl der verfügbaren on-line Datenbasen (unter ihnen befinden sich natürlich auch die elektronisch gespeicherten Referateorgane) auf 3.500 − 4.000 geschätzt. Durch den enormen Zuwachs an Datenbasen aus dem Wirtschaftsbereich etwa und sonstigen Gebieten des menschlichen Wissens ausserhalb der engen Grenzen wissenschaftlich-technischer Erkenntnisse, hat die elektronische Informationsvermittlung einen enormen Ausschwung erfahren. Sie ist zu großen Anteilen bereits ein eigenständiges Marktsegment geworden. Was zumindest in den westlichen Ländern sich unter dem Vorzeichen der marktwirtschaftlichen Betrachtungsweise auch als Erwerbszweig dargestellt, ist nun nicht mehr als nachgeordnete Größe des engeren F + E-Bereich zu verstehen. Inwieweit sich die Bereiche der wissenschaftlichtechnischen Information (WTI-Inf.) und der sonstigen Information sich unter den Vorzeichen der eigenständigen Vermarktung der Informierungsprodukte entwickelt haben, wird in einem späteren Abschnitt behandelt.

(f) Zitierungsanalysen

Unter den verschiedenen Bezeichnungen: Bibliometrie, Scientometrie und Informetrie werden Bemühungen zusammengefaßt, wie mit Hilfe statistischer Analysemethoden die Kenntnisnahme von Veröffentlichungen über die Zeit festgehalten werden kann (Lit. 28.; Lit. 29.).
Hinter diesen statistisch teilweise sehr aufwendigen Untersuchungen, die die Genese wichtiger wissenschaftlicher Erkenntnisse oder Durchbrüche in einer Diziplin darstellen können, steht ein recht einfaches Muster:
Wer zitiert in einer Veröffentlichung wen und umgekehrt, wer wird bei einer bestimmten Forschungsfrage von wem zitiert? In der Kumulation solcher Einzeluntersuchungen kann dann die „Prominenz" einzelner Autoren an der Zahl der Zitate, der Zitierung dieses Autors über Länder- und Diziplinengrenzen hinweg abgelesen werden. Darüberhinaus sind Veralterungszyklen von wissenschaftlichen Erkenntnissen zumindest im statistischen Sinne ermittelbar, die Auskunft darüber geben, in welchem Zeitraum eine ehemals aktuelle wichtige Veröffentlichung nicht mehr zitiert wird, weil diese von neueren Veröffentlichungen ersetzt wurde, die diese Erkenntnisse bereits berücksichtigt. Über diese Autoren-bezogenen Fragestellungen hinaus sind auch allgemeinere Aussagen über den Wissenstransfer (auf statistischer Basis) zu gewinnen, wie z.B. die folgende Gegenüberstellung illustriert (Lit. 28.; Lit. 29.).

Gattung Quelle	Zeitschrift %	Monographie %	Graue Lit. %	zus. %
Informetrie-Lit.	46.0	23.1	30.9	100.0
J. ASIS	46.8	26.5	26.7	100.0
Nachr. Dok.	42.8	23.0	34.2	100.0
Gesamthäufigkeit	45.2	24.2	30.6	100.0

Abb. 17: Verteilung der Zitate in Veröffentlichungen nach Dokumentengattungen

Am Beispiel zweier Fachzeitschriften und der Literatur über informetrische Fragestellung kann deutlich gemacht werden, daß Zeitschriftenliteratur und sog. graue

Literatur (das sind z.B. Forschungsberichte, Firmenschriften usw.) eine größere
Rolle spielen als etwa Monographien.

Sprache / Quelle	Englisch %	Deutsch %	Übrige %	zus. %
J. ASIS	98.0	0.5	1.5	100.0
Informetrie-Lit.	89.2	7.0	3.8	100.0
Nachr. Dok	25.9	71.0	2.7	100.0

Abb. 18: Sprachenverteilung der in verschiedenen IuD-Zeitschriften zitierten Literatur

Nicht überraschend das Ergebnis, das englisch-sprachige Zeitschriften bei den Zitaten fast ausschließlich im eigenen Sprachbereich bleiben, während der Anteil
englisch-sprachiger Zitate in nicht englisch-sprachigen Zeitschriften erheblich höher liegt. Dies unterstreicht u.a. die Bedeutung des Englischen für den Wissenschaftsbetrieb und deutet auf das Problem der Sprachbarrieren in der Erkenntnisproduktion hin.

A 2.2.2   Die fachlichen Kommunikationsbeziehungen

Wiederum die schon erwähnte Wissenschaftssoziologie (allerdings in einer anderen
Ausprägung und zeitlich nachfolgend) hat ein wenig Licht in das Geflecht der Kommunikationsbeziehungen innerhalb der Fachgemeinschaften gebracht. Hierbei lag
das Schwergewicht auf den Untersuchungen der Mechanismen des Erfolges im Wissenschaftsbetrieb, der Anerkennung der F + E-Leistung und der zumeist informellen Kommunikationsbeziehung innerhalb der ,,scientific communties''. Daneben
spielten auch die Probleme der Forschungsorganisation (Stichwort: Hinwendung
zur Großforschung) eine große Rolle sowie die Auswirkungen der neueren Organisationsformen der Forschung und Entwicklung auf Informationsversorgung und
-vermittlung (Lit. 02.; Lit. 47.; Lit. 146.).
Aus der Sicht der Informationsarbeit ist an den vielen empirischen Einzelbelegen
interessant, inwieweit die interne Beschaffenheit der einzelnen Fachgemeinschaften, die unsichtbar zumeist informelle Kommunikationsgemeinschaften bilden,
Rückschlüsse auf das Informationsverhalten und die Nachfrage nach Information
zu lassen (Lit. 73.; Lit. 25.; Lit. 26.).
Merton (Lit. 89.) z.B. faßt die Essenz seiner Beobachtungen von Anerkennungs- und
Belohnungsmechanismen in den wissenschaftlichen Gemeinschaften in dem von
ihm so bezeichneten ,,Mattheus-Effekt'' zusammen. Getreu dem Bibel-Zitat (Matt-
heus), wonach dem gegeben werden soll, der bereits hat und dem genommen werden soll, der nicht hat, ist die Anerkennung von Arbeiten bereits bekannter und
hochgeschätzter Wissenschaftler weitaus höher als etwa von Unbekannten. Diese
ungleichen Anerkennungsmechanismen sagen wenig über die Qualität der Arbeiten

aus. Dies kommt etwa dadurch zustande, daß bekannte Personen im informellen
Geflecht des Erkenntnisaustausches besser und reicher durch die Mitglieder ihrer
Gemeinschaft mit neueren Informationen versorgt werden, während Unbekanntere
diesen Informationsreichtum durch die Nutzung formeller Informationskanäle auszugleichen haben. In diesem Zusammenhang sind die informellen Rollen des ,,invi-
sible Colleges'' und ,,linkage agents'' (Lit. 24.) innerhalb dieser Gemeinschaften
von besonderer Bedeutung, die, ohne daß dies verlangt oder bestimmt ist, einen
großen Anteil an der Diffusion der Erkenntnisse in die Fachgemeinschaften hinein
haben. Sie nehmen somit sehr zielgerichtet und bedarfsgerecht informell die Funktionen der Informationsvermittlung wahr.
,,Invisible Colleges'' (unsichtbare Kollegen) ebenso wie ,,linkage agents'' (informationsorientierte Verbindungsleute) und ,,gatekeeper'' (informationelle Schleusen-
wärter) gewährleisten durch ihre Vermittlungsfunktion effektive Informationsversorgung zu den anderen ,,unsichtbaren'' Mitglieder dieser Fachgemeinschaft, andererseits erzeugen sie erst durch ihr ,,ehrenamtliches Tun'' den informellen Zusammenhalt der Fachgemeinschaft (Lit. 147.).
Unabhängig von der gruppeninternen Betrachtung wissenschaftlicher Fachgemeinschaften gibt es ein allein plausibles Argument für die zunehmende Komplexität
fachlicher Kommunikationsprozesse. Und dies ist ein einfaches Rechenexempel.
(Lit. 09.; S. 27)
Treten 3 Personen in kommunikative Verbindung, so ergibt dies 3 Berührungs-
punkte (Knoten); sind dies 30 Personen, so sind das bereits 435 Knoten, . . . u.s.w.

A 2.3   Typologie der formellen Organisationen
der Informationsvermittlung

Es mag durch den vorangegangenen Abschnitt der Eindruck entstanden sein, daß
sich fachliche Informierungsprozesse aus der wissenschaftlich-technischen Entwicklung allein und seiner zunehmenden Bedeutung für die gesellschaftliche Entwicklung ableiten ließen. Obwohl schon an anderer Stelle darauf hingewiesen
wurde, soll hier deutlich gemacht werden, daß der Prozeß der Informationsvermittlung nicht nur den engen Bereich der wissenschaftlich-technischen Erkenntnisproduktion einschließt, sondern alle Gebiete des Wissens einschließt und in enge-
rem Zusammenhang mit allen Formen des menschlichen Handelns (Arbeit, Beruf,
Interesse usw.) gesehen werden muß.
Dies geht aus der inzwischen klassisch gewordenen Charakteristik des Begriffes
,,Dokumentation'' hervor, die von Paul Otlet bereits 1905 in die Fachdiskussion
eingeführt wurde (Lit. 95; Lit. 36). Dokumentation ist demnach das ,,Sammeln,
Ordnen und Verfügbarmachen von Dokumenten jeder Art auf allen Gebieten des
menschlichen Handelns''.
Die Dokumentation hat also seit ihrer Begründung am Anfang dieses Jahrhunderts
die Fülle und Vielfalt des Wissenswerten zur Gundlage ihrer Tätigkeit gemacht, sich
dabei jedoch zunächst auf das Statische und Passive des Sammelns und Erschlie-
ßens beschränkt, bis durch das Hinzufügen der aktiven informationsvermittelnden
Komponente die kommunikative Kette von Autor und Benutzer geschlossen wurde.

Dieser langwierige Prozess der klassischen, dokumentorientierten Dokumentation zu der Hinwendung auf den Benutzer und seinen Informationsbedürfnissen hat das Begriffspaar ,,Dokumentation und Information'' in den 60ger Jahren aufkommen lassen (Lit. 86).

Mit der Loslösung von der ausschließlich bewahrenden und sammelnden Funktion der klassischen Dokumentation konnte der Bereich, der nun ,,Information und Dokumentation'' genannt wurde, aus dem Schatten der anderen Institutionen der formellen Information heraustreten und durch die intelligente Anwendung der Informations- und Kommunikationstechnologien ein eigenes Profil gewinnen. Daß dies – vordringlich in den 70ger Jahren – durch staatliche Förderungsprogramme (Lit. 16.; Lit. 17.; Lit. 18.) angestoßen und vorangetrieben wurde, soll hier nur am Rande erwähnt werden.

Will man den gesamten Bereich der Institutionentypen erfassen, die arbeitsteilig die Funktionen des ,,Gedächtnisses des Wissens'' und der kommunikativen Vermittlung von Fachinformation ausmachen, so müssen die sich jetzt sehr deutlich abzeichnenden Entwicklungsstufen unterschieden werden.

Zum einen die Entwicklung der eigenständigen Institutionen und zum anderen die Strukturveränderungen, die im Gefüge der Institutionen durch die massenweise Einführung von Informations- und Kommunikationstechnologien beobachtbar sind.

A 2.3.1   Die Institutionen der Informationsaufbereitung und -vermittlung

Bis in die 70ger Jahre hinein war es möglich, recht genau die Funktionen und Aufgaben der formellen Information in einer übergreifenden Typologie darzustellen – oft auch verkürzt als ABD-Bereich (Archiv, Bibliothek, Dokumentation) bezeichnet. Das Informationswesen ließ sich mit allen Überschneidungen und unscharfen Abgrenzungen etwa in folgende Teilbereiche aufteilen:

Das Informationswesen (IW) (hier gleichgesetzt mit dem BID-Bereich) ist eingebettet in das System der Publizistik (Massenkommunikation), des Buchhandels und Verlagswesens, der Bildung und praktischen Auskunfts- und Buchungsfunktionen. Es besteht aus den folgenden Teilgliedern, die untereinander in Beziehung stehen oder gegenseitig voneinander abhängig sind und hier ganz kurz charakterisiert werden:

MDSDV: Medizinische Statistik, Dokumentation und Datenverarbeitung. Dieser Fachinformationsbereich ist aus dem Bereich der Medizin und des Gesundheitswesens entstanden und hat die Aufgabe, medizinische Information (z.B. Literatur, Patientendaten usw.) für die Forschung und die Gesundheitspflege aufzubereiten.

BI.: Betriebliche Information (Lit. 74) stellt einen wichtigen Informationsbereich dar, der Informationsflüsse im innerbetrieblichen Zusammenhang organisiert und den verschiedenen Funktionsebenen (Sachbearbeiter bis Management) bedarfsgerecht mit innerbetrieblichen und externen Informationen vermittelt.

R.A.: Registraturen und Archive. Vornehmlich mit der Funktion der Ablage von Schriftstücken befaßt, dient der Be-

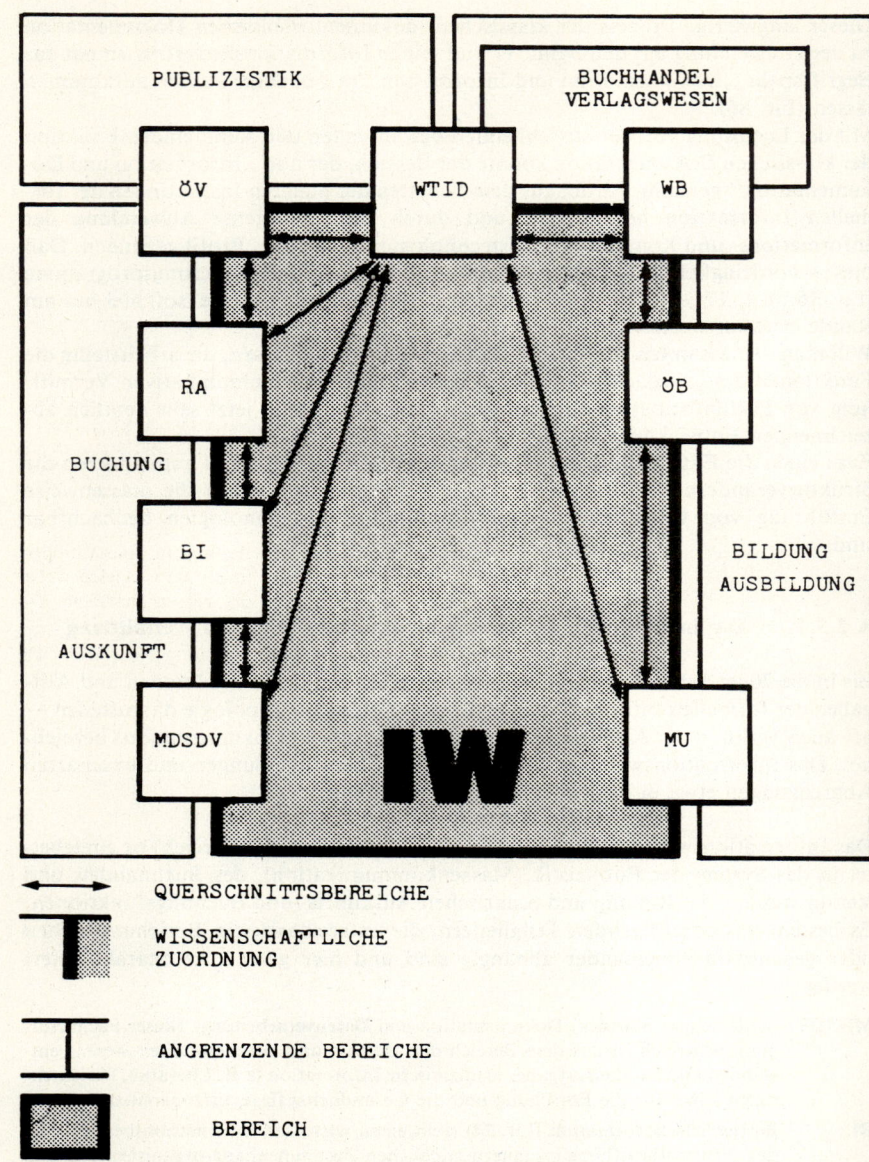

Abb. 19: Die Teilbereiche des Informationswesens (IW) (Lit. 13., S. 43)

reich wesentlich dem historischen Nachvollziehen von Abläufen, die sich aus dem Archivgut rekonstruieren lassen. Archivalien haben hinsichtlich des Dokumenttypes eine Besonderheit; sie sind meist sog. Unikate, d.h. Schriftstücke, die nicht vervielfältigt sind und zumeist nur in einem Exemplar existieren (z.B. Urkunden, Briefe, Erlasse, usw.).

ÖV: Informationssysteme der öffentlichen Verwaltung. Hierunter sind sehr verschiedene Informationsinstanzen zu fassen, die etwa in der Breite Personenauskunftssysteme über Vorgangsdokumentation, Parlamentsinformationssysteme bis hin zu Presse- und Informationsabteilungen für Regierungen und Verwaltungen beinhalten.

WTID: Wissenschaftlich-technische Information und Dokumentation. Hierunter sind die klassischen IuD-Stellen zu fassen, die den Kern der eigenständigen Informationsvermittlung ausmachen. Zunächst beschränkt auf wissenschaftlich-technische Erkenntnisse und lange Zeit beschränkt auf die Vermittlung von Nachweisen aus der wissenschaftlichen Literatur, hat die Information und Dokumentation im letzten Jahrzehnt eine erhebliche Verbreiterung in der Methodik und Technik erfahren. Faktenbanken, Produktinformation, direkter Zugriff auf Informationen, die rechnergestützt vorgehalten werden, Projekt, Personen, Institutionen und vieles mehr hat die anfängliche Orientierung auf einen Typus von Wissen erheblich erweitert. Über die Institutionenentwicklung wird genauer im folgendem Abschnitt eingegangen.

WB: Das Wissenschaftliche Bibliothekswesen mit seiner Unterteilung in Spezialbibliothekswesen und Universalbibliothekswesen. Ungleich größer als der vergleichsweise kleine Bereich der Information und Dokumentation ist das wissenschaftliche Bibliothkekswesen − auch aus seiner langen, bis ins Altertum zurückreichenden Tradition − als Hüter der menschlichen Erkenntnis anzusehen. Ihre traditionellen Funktionen liegen in der Literaturversorgung und -bereitstellung. Dabei war notwendigerweise das Hauptaugenmerk auf die sammelnde und nachweisende Funktion zu richten, die in den klassischen Arbeitsvorgängen Bestandsaufbau, Katalogisierung, bibliographisch-systematische Aufbereitung und Ausleihe ihren Ausdruck fand. Die Strukturveränderungen der Technologien läßt jedoch eine solche eindeutige Funktionszuordnung nicht mehr zu.

ÖB: Öffentliches Bibliothekswesen.
Vergleichbaren bibliothekarisch-bewahrenden Funktionen verpflichtet, ist das öffentliche Bibliothekswesen in seiner fast flächendeckenden Struktur auf einen algemeinen Bildungsbegriff ausgerichtet, der zumindest dem Anspruch nach die Allgemeinheit − also jedem Bürger und jede Bürgerin − betrifft. Sind im wissenschaftlichen Bibliothekswesen die Ansprüche der wissenschaftlich-technischen Tätigen an Literatur zu befriedigen, so sind es im öffentlichen Bibliothekswesen alle Alters- und Bildungsstufen. Dies rückt die Arbeit öffentlichen Bibliothekswesens in die Nähe eines allgemeinen Bildungsauftrages. Um diesen einzulösen, sind eine Reihe von Spezialisierungen in dem Bereich entstanden: Schulbibliotheken, Musikbibliotheken, Videotheken, Artotheken, spezielle Kinder- und Jugendbibliotheken beispielsweise unterstreichen das Bemühen, für besondere Zielgruppen und spezielle Interessenlagen ein differenziertes Angebot zur Verfügung zu stellen.

MU: Museen sind hier nur der Vollständigkeit als weiterer Typus der formellen Information angeführt worden, auf deren Besonderheiten, der Darstellung von Objekten ästhetischen, historischen oder technischen Interesses, hier nicht näher eingegangen werden soll.

Die hier lediglich im Überblick dargestellte Typologie kann verdeutlichen, daß jeder analytisch separierbare Teilbereich besondere Funktionen erfüllt (z.b. ÖB, WB), einen besonderen Wissensausschnitt (z.b. MDSDV) oder bestimmte Gattungen von Quellen (z.b. RA) berücksichtigt, oder in einem besonderen organisatorischen Zusammenhang (z.b. BI, ÖV) informatorisch wirkt. Allen gemeinsam ist jedoch, daß diese Institutionen arbeits- und funktionsbezogen differenziert Informierungsprozesse professionell so organisieren, daß Wissenstransfer in die Gesellschaft hinein vollständig, systematisch und kontinuierlich ermöglicht wird.

A 2.3.2   Institutionenentwicklung der Information und Dokumentation

Im folgenden soll etwas genauer auf die Entwicklung des Teilbereiches wissenschaftlich-technische Information und Dokumentation eingegangen werden; die im vorangegangenen Abschnitt genannten weiteren Teilbereiche werden also nicht weiter berücksichtigt.
Ohne hier auf die Geschichte der Dokumentation speziell eingehen zu können, weil sie lediglich in wenigen Aspekten aufbereitet ist (Lit. 11.), sollen unter quantifizierenden Gesichtspunkten einige − sehr formal gefaßte − Entwicklungen festgehalten werden.
Bereits in den 20ger Jahren sind Dokumentationsbestrebungen festzustellen. Die Institutionen der frühen Dokumentationsbewegung wurden häufig auch unter der Bezeichnung: ,,Schrifttumsauskunftsstellen'' geführt.
Etwas klarer wird der Überblick über die Dokumentation dann nach dem 2. Weltkrieg (Lit. 04.).

Zeit	Zahl
vor 1945	67
1945 − 49	62
1950 − 55	158
1956 − 61	70
Summe	357

Abb. 20: Gründungen von IuD-Stellen in der Bundesrepublik Deutschland bis 1961

In einer Institutionenerhebung konnte bis Ende 1961 die Zahl von 357 IuD-Stellen ermittelt werden. Auffällig ist in dieser Graphik, daß im Zeitraum 1950 − 1955 (den Anfängen des Wirtschaftsaufschwunges also) der größte Anteil von Neugründungen feststellbar ist. Nun ist das bloße Zählen von organisatorischen Einheiten nicht sehr aussagekräftig, weil damit nichts über Größe, Personal, Aufgaben und das Ausmaß der Vermittlungsleistung gesagt wird. Zudem muß man bei solcherart empirischer Erhebungen in Rechnung stellen, daß nur diejenigen Insitutionen reagiert haben, die aus ihrem jeweiligen Selbstverständnis sich als IuD-Stelle verstanden. D.h. also, daß nur diejenigen berücksichtigt werden konnten, die sich dem IuD-Bereich zugehörig fühlten und angeschrieben wurden; andere, die möglicherweise gleichartige Tätigkeiten verrichten, wurden nicht erfaßt, weil das professionelle Selbstverständnis im Bibliothekswesen etwa oder im Archivwesen oder gar der Fachdisziplin, in der dokumentiert und informiert wurde, verankert war. Diese definitorischen und subjektiven Unschärfen treten bei allen empirischen Institutionenanalysen auf; sie sind jeweils zu berücksichtigen. Wenngleich methodisch anzweifelbar, sind diese flächendeckenden Untersuchungen erstmals in der Lage gewesen, das Berufs- und Tätigkeitsfeld Information und Dokumentation zu erfassen und global zu beschreiben.

Ein gutes Jahrzehnt später (1974) ist die Zahl der ausgewiesenen IuD-Stellen auf 507 angewachsen, die sich auf die einzelnen Fachinformationsbereiche wie folgt verteilen (Lit. 12).

Fachinformationsbereich	Stellen	% von Gesamt
1 Gesundheitswesen	53	10.46
2 Ernährung	42	8.28
3 Chemie	50	9.87
4 Physik, Mathematik	24	4.73
5 E-Technik	52	10.27
6 Hüttenkunde	42	8.28
7 Rohst.-Geowiss.	20	3.94
8 Verkehr	24	4.73
9 Bauwesen, Raumordnung	24	4.73
10 Verbrauchsgüter	14	2.76
11 Wirtschaft	29	5.72
12 Recht	34	6.71
13 Bildung	14	2.76
14 Sozialwiss.	36	7.10
15 Geisteswiss.	17	3.35
16 Auslandskunde	14	2.76
17 Andere	18	3.55
	= 507	100.00

Abb. 21: IuD-Einrichtungen in der Bundesrepublik Deutschland 1974

Von 507 ermittelten IuD-Stellen hatten ca. 55 % nur einen Personalbestand zwischen 1 und 5 Mitarbeiter; 27 % verfügten über 6 bis 20 Mitarbeiter und lediglich knapp 9 % verfügten über mehr als 20 Mitarbeiter. Diese Stellen nach ihrem Status betrachtet, ergibt, daß knapp 40 % den privaten Unternehmen zuzurechnen sind ca. 50 % dem Bereich der Wissenschaft und Forschung und gut 10 % der öffentlichen Verwaltung.

Die Struktur der IuD-Stellen stellt sich im Jahre 1974 − also kurz vor dem Anlaufen der staatlichen Förderprogramme (Lit. 18.) − folgendermaßen dar:
Viele kleine und kleinste Einheiten − mit zumeist sehr speziellem Wissensausschnitt − stehen wenigen größeren Einheiten gegenüber, die eine gewisse Leisungsfähigkeit und einen breiteren thematischen Bereich abzudecken in der Lage sind.
Zudem ist der IuD-Bereich − zumindest in seinem institutionellen Gefüge − dadurch gekennzeichnet, daß die Mehrheit der Stellen im öffentlichen Dienst angelagert ist, ein kleinerer Anteil in der Privatwirtschaft verankert ist.
Dies bildete auch die wesentlichen Probleme, die bei Neuordnung der IuD-Landschaft durch die staatlichen Förderprogramme anzugehen waren.
Wiederum knapp 10 Jahre später (1983) wird die Zahl der IuD-Stellen mit ca. 650 beziffert (Lit. 42.), die sich thematisch wie folgt verteilen:

	Summe
1. Medizin	45
2. Landwirtschaft	41
3. Chemie	44
4. Physik, Energie	29
5. Hüttenkunde, Metallverarbeitung	32
6. Rohstoffe, Geowissenschaften	22
7. Verkehr	19
8. Raumordnung	23
9. Verbrauchsgüter	17
10. Wirtschaft	35
11. Recht	32
12. Bildung	28
13. Sozialwissenschaften	58
14. Geisteswissenschaften	40
15. Staatenkund, Interne Beziehungen	31
16. Technik	45
17. Patente	20
18. Umwelt	10
19. Technische Regeln	2
20. Informationswissenschaft	3
21. Sonstige	20
22. Informationsvermittlung	48
	650

Abb. 22: IuD-Einrichtungen der Bundesrepublik Deutschland 1983

Durch die Auswirkungen der Förderungsmaßnahmen wird bei der differenzierten Betrachtung der Einrichtungen des Jahres 1983 deutlich, daß sich die Größe der Stellen − gemessen in Personal, Arbeitsleistung usw. − durchschnittlich erhöht hatte. Des weiteren ist erwähnenswert, daß sich besonders die Technologie-Ausstattung der Stellen, die noch in den 70ger Jahren nur in ganz geringem Umfang vorhanden war, zu diesem Zeitpunkt erheblich verbessert hatte und der Zugriff zu den IuK-Technologien fast in allen Einrichtungen in irgendeiner Form realisiert war.

Die hier in groben Umrissen angezeigte Institutionenentwicklung verwendete in ihren Analysen durchgehend das Konzept der IuD-Einrichtung oder IuD-Stelle, welches nahelegte, daß nur und ausschließlich organisatorisch selbständige oder zumindest organisatorisch gut isolierbare Einheiten in Betracht gezogen wurden.

Diese starre, auf einen Typus von Organisationsstruktur gerichtete Betrachtungsweise, ließ eine Reihe von informationellen Tätigkeiten unberücksichtigt, die eben nicht über diese oben beschriebenen Organisationsmerkmale verfügten: z.b. den gesamten Bereich der Informationsvermittlung im innerbetrieblichen Zusammenhang, die man unter der Bezeichnung Informationsvermittlungsstellen (Lit. 07.) zusammenfassen kann; sowie den Bereich der Technologie-Transferstellen oder Innovations-Beratungsstellen, den Aufgabenbereich des Informations-Managements in organisationellen Umgebungen (Lit. 92.; Lit. 136.; Lit. 137.) und den neuen − auf die Vermarktung von Informationen ausgerichteten − Berufsrollen wie etwa Information Broker, Informations-Berater, den Möglichkeiten qualifizierter Informationsarbeit bei Datenbank-Anbietern, im System Bildschirmtext etwa oder in der informationsvermittelnden Tätigkeit anderer technologischer Konfigurationen.

Diese erweiterte Sichtweise der Informierungsfunktionen in ganz verschiedenen Organisationszusammenhängen ist einerseits durch die Leistungsfähigkeit der IuK-Technologien bedingt, andererseits zeigt sie auf, daß die Vielgestaltigkeit der Informierungstätigkeiten als Funktion und als Methoden und Techniken der Verarbeitung von Information geschehen werden muß und nicht etwa aus der kurzen Sicht einer historisch urwüchsig gewachsenen Organisationsform bzw. eines Institutionentypus. Diese notwendig gewordene breitere Betrachtungsweise hat Anlaß gegeben, den wenig deutlich strukturierten Teil der Informationsvermittlung zu beleuchten (Lit. 05, Lit. 06).

In einer wiederum flächendeckenden empirischen Bestandserhebung der sog. Informationsvermittlungs- und beratungsstellen im Jahre 1980 kommt diese Studie zu dem Ergebnis, daß es im weiteren (definitorischen) Sinne ca. 2.500 Informationsvermittlungsstellen, und im engeren IuD-Sinne ca.. 1.300 ,,klassische" Informationsvermittlungsstellen gebe. Wie sich diese auf Branchen und Arbeitsbereiche verteilen, zeigt *Abb. 23.*

Zusammenfassend können wir festhalten, daß der historische Kern der Informationsarbeit wohl eindeutig auf die qualifizierte, methodisch abgesicherte Arbeit in den eigenständigen IuD-Einrichtungen beschränkt war. Dieser institutionalisierte Kern der Informationsarbeit hat nach dem 2. Weltkrieg in der Quantität eine beachtliche Ausweitung erfahren. Er hat durch die Entwicklung stabiler Methoden und die Anwendung komplexer Technologien den Wissenstransfer professioneller gestaltet und damit den Grundstein für eine Verbreiterung der Informationsarbeit in allen denkbaren Tätigkeits- und Arbeitsbereichen gelegt. Diese gilt es nun weiter voranzutreiben. Aber dabei sollen die oft mühsamen und oft wenig eindrucksvollen Entwicklungsetappen nicht aus den Augen verloren werden.

Branche/Zahl der Stellen	Klassische „IVS" nach enger Def.	IVS nach weiterer Def.
IUD-Stellen	187	347
Handwerk	141	197
Handel	133	173
Nichtöffentliche Spezialbibliotheken	128	358
Presseämter, Städte, Statistische Landesämter	103	296
Öffentliche Spezial-Bibliotheken	88	202
Verbraucher, Interessen-Verbände	78	109
Bundesverband der Deutschen Industrie	67	101
Forschung	67	161
Presse- u. Informationsdienste	64	128
Arbeitnehmerorganisationen	52	78
Sonstige Wirtschaft (ohne BDI)	46	69
Banken, Versicherungen	45	77
Arbeitgeberverbände, Berufsgenossenschaften	42	71
Institutionen der Odin-Befragung	41	57
Verlagswesen	34	85
PR-Berater, Agenturen	29	49
Sonstige Wissenschaftliche Bibliotheken	29	78
Hochschulbibliotheken	16	59
Gewerbeämter	12	30

Abb. 23: Informationsvermittlungsstellen (IVS) in einigen ausgewählten Branchen 1980 (Lit. 05.)

A 2.4 Die Bedeutung der Kommunikationsinstrumente für die Entwicklung der IuD

Unter prägnanten Formeln, wie etwa „informierte Gesellschaft", „Informatisierung der Gesellschaft" (Lit. 10.; Lit. 140.; Lit. 88.; Lit. 143.) oder „kommunikative Revolution", wird seit gut einem Jahrzehnt versucht, die Bedeutung der Informations- und Kommunikationstechnologien (IuK-Technologie) deutlich zu machen. Breit angelegte Konzepte, wie etwa das von Nora und Mink (Lit. 94.), die bereits in den 70ger Jahren ausgearbeitet wurden, versuchen aufzuzeigen, wie und in welchem Umfang diese Technologien in allen Bereichen der Lebenswelt Strukturveränderungen erzwingen werden und welche Arbeits- und Lebensbereiche aller Wahrscheinlichkeit nach mit welchen Wirkungen davon betroffen sein werden.

Diese bereits Legion gewordenen Argumentationen können hier aus Platzgründen nicht dargestellt werden. Es soll vielmehr versucht werden, aus einer strukturellen Betrachtung dieser Technologien als Kommunikationsinstrumente die Wirkungen der zunehmenden Verbreiterung der IuK-Technologien für die Information und Dokumentation in Umrissen begreifbar zu machen. Daß dabei zunächst als Strukturierungsmittel das Augenmerk auf die Entwicklung der Kommunikationsinstrumente gelegt wird, ist allein damit zu begründen, daß sich die Information und Dokumemtation immer auch als ein Anwender bzw. Verwerter dieser Instrumente verstand. IuK-Technologien markieren in dieser Linie einen gravierenden, qualitativen Entwicklungssprung, der in den Konsequenzen bislang kaum erfaßt werden kann. Auf die Wirkungen für die IuD soll im nächsten Abschnitt eingegangen werden.

Kommunikationsinstrumente sind − ganz vereinfacht ausgedrückt − alle Verfahren, Techniken und Technologien, die bei Austausch von Daten (im Sinne einer Nachricht) verwendet werden. Als Betrachtungsaspekte werden hier die folgenden Dimensionen ausgewählt, wobei das Grundmodell ,,Sender − Empfänger'' weiterhin Gültigkeit hat (Lit. 143.):

Transport: Hier werden nur zwei technologisch wichtige Unterscheidungen getroffen:
− Elektronischer Transport (etwa über Telefon, Telex, Datenbanken usw.)
− Physikalischer Transport (in materialler Form, z.B. in Form eine gedruckte Dokuments).

Räumliche Distanz: Diese kann je nach der eingesetzten Technik klein, mittel oder groß sein.

Zeitliche Distanz: Diese kann zeitpunktabhängig sein, d.h., daß Kommunikationspartner zeitgleich präsent sein müssen, oder zeitpunktunabhängig, d.h., die Kommunikationspartner müssen nicht zeitgleich verfügbar sein, sondern können durch entsprechende Aufzeichnungstechnologien (z.B. Mail-Box) den Kommunikationsprozeß zeitversetzt wieder aufnehmen.

Möglicher Streuungsgrad: Hier wird die Zahl und die Zielgruppengenauigkeit bei der Ansteuerung der Empfänger in Kriterien von gering, mittel und groß gefaßt.

Mögliche Wechselseitigkeit: Interaktivität der Austauschbeziehungen, die in Kriterien von vorhandenen und nicht vorhandenen gefaßt werden soll.

Sehen wir einmal ab von frühen Formen der gesellschaftlichen Kommunikation und der allmähligen Durchsetzung der Schriftkultur (Lit. 55.) als der überwiegend verwendeten Kommunikationsform − etwa im Gegensatz zu Kulturformen, die überwiegend oral-bestimmte Kulturtradition haben − dann markiert die Erfindung des Buchdrucks am Ende des 15. Jahrhundert eine entscheidene Wende. Diese sog. Gutenberg-Galaxie hat über Jahrhunderte hinweg einen großen Teil des gesellschaftlichen Kommunikationsaufkommens bewältigt, zumindest den Teil, der textlich oder bildlich auf ein Trägermedium (z.B. Papier) fixiert wurde.

Wesentliche Erleichterungen bot dieses Kommunikationsinstrument in folgender Hinsicht:

− Materieller Transport gesichert (Nachricht − Rezipient), daher zeitpunktunabhängig, aber zeitlich versetzt.
− Größere räumliche Reichweite (abhängig von Transporttechnik und der Organisation der Distribution (Verlagswesen, Buchhandel)).
− Größerer Streuungsgrad (annähernd zeitgleiche Verteilung identischer Nachrichten).
− Abnahme der Interaktivität durch Verteilung (Distribution).
− Erhöhung der Bandbreite (Darstellungsvielfalt, wie etwa Bild, Text usw.).

Der Siegeszug dieses sog. ,,Gutenberg-Zeitalters'' wurde unterstützt durch folgende
Faktoren:
- Verfeinerung der Druck-Techniken (Rotationsdruck, Farbdruck, Papierherstellung).
- Breitere Beteiligung der gesellschaftlichen Klassen und Schichten (Lesefähigkeit, Kultur).
- Ausweitung der Transporttechnik (Post, Eisenbahnwesen).
- Schrittweises Aufkommen von besonderen Reprographischen Verfahren für die Speicherung und das Reproduzieren von Zeichen.
- Kostenreduzierung.

Mit Beginn dieses Jahrhunderts etwa ist eine Verzweigung in zwei Stränge nachvollziehbar:

a) Neue Verteilkonzepte
- Ersetzung der physischen Transporttechnik durch elektronischen Transport (Nachrichtentechnologie: drahtgebundene, drahtlose Übertragung).
- Ergänzung der relativ einseitigen Print-Medien durch
  - Auditive Formen: Radio, Schallplatte,
  - Piktoral-Auditive Formen: Fernsehen, Ton-Film,
  - Piktorale Formen: Stehende oder laufende Bilder.

Merkmale
- Energetische Übermittlung (zumeist), oder Verlängerungstechnologie (Video).
- Zeitpunktabhängig oder -unabhängig durch Verlängerungstechnologie.
- Räumliche Distanz praktisch unbegrenzt.
- Größere Streuungsmöglichkeit (flächendeckend).
- Als Verteilmedium nicht interaktiv.
- Erheblich größere Bandbreite.

Vorteil: Einbeziehung jedes Gesellschaftsmitgliedes.

Nachteil: Gesellschaftssteuerung zentral (Manipulationsverdacht)

b) Neue interaktive Konzepte (als Gegenentwicklung zu a).
- Elekronischer Transport der Signale.
- Ergänzung der reinen einkanaligen Verteilung durch zielpunktgenaue interaktive Systeme mit den breitbandigen Darstellungsmöglichkeiten.
  - Telegraph (Texte, Schriftzeichen); Telex,
  - Telefon (Auditive Signale),
  - Telefax (Texte und Bilder).

Merkmale
- Energetische Übermittlung; keine physische Transportmöglichkeit.
- Zumeist zeitpunktabhängig (Telex, Telefax unabhängig).
- Optimale Wechselseitigkeit.
- Geringste Streuung (optimale Zielgenauigkeit).
- Größte räumliche Reichweite.
- Größere Breitbandigkeit.

Neuere Entwicklungen seit den 70er Jahren
Zeitpunktunabhängig durch Aufzeichnungstechnologie oder Verlängerungstechnologie.
- Überwindung der zeitlichen Distanz durch
  - Aufzeichnungstechnologien (Mailbox, Anrufbeantworter).
  - Verlängerungstechnologien (Tonband, Video).

- Vergrößerung des Streuungsgrades der interaktiven Systeme.
  - Auditiv (Telefonkonferenzen).
  - Auditiv-Piktoral (Videokonferenzen).
  - Textlich (Telex, Telefax).
- Verbreiterung der Interaktivität der (ehemaligen) Printmedien, durch „kleinere" Vervielfältigungstechnologien (z.B. Kopierer). On-line-Abruf; Publishing on Demand; Desktop-Publishing.

In der kommunikativen Kette von Sender-Empfänger sind schrittweise an den verschiedensten Einwirkungspunkten Rationalisierungen vorgenommen worden, die sich dem Ideal der Verfügbarkeit von Informationen/Unterhaltung zu jedem Zeitpunkt an jedem Ort in jeder Kommunikationsform (interaktiv – nicht interaktiv), in möglichst breiten Darstellungsformen (breitbandig) annähern, ohne dieses jedoch total miteinander zu integrieren.

Als wesentliche Schnittpunkte, an die die Technologieentwicklung bislang immer nur partiell ansetzte, können angesehen werden:

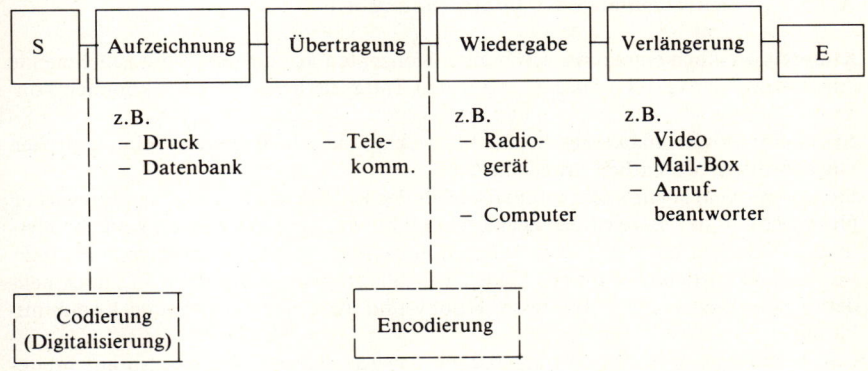

Durch die zunehmende Digitalisierung und kommunikative Vernetzung verschiedener Digital-arbeitender Geräte (mit dezentraler Verarbeitungsintelligenz) sind neue Dimensionen sichtbar.

Sie sind in der Lage, an allen Punkten der bislang separierten Einzeltechnologie-Entwicklung zugleich anzusetzen und bestimmte Glieder der Kette zu überspringen, oder sie überflüssig zu machen.

Bei Vorhandensein der technologischen Infrastruktur (vollständige Digitalisierung der Input-Prozesse und flächendeckende breitbandige Vernetzung) könnte das (formale) Kommunikationsangebot total sein:

Jeder nach seinen Bedürfnissen kann zu jedem Zeitpunkt, an jedem Ort über verschiedene technisch-vermittelte Kommunikationsformen auf alle Kommunikationsinhalte zugreifen und gleichzeitig von allen anderen Kommunikationsteilnehmern zeitpunktabhängig oder -unabhängig ansprechbar sein.

Ob diese Perspektive, die hier ausschließlich unter dem Imperativ des technisch Realisierbaren gesehen wird, wünschenswert ist, ist zumindest zweifelhaft.
Als Korrektur der technologischen Projektionen sei hier angemerkt, daß es historisch gesehen wohl kein Beispiel gibt, daß ein Kommunikationsinstrument vollständig unterging. Alle Kommunikationsmittel und -formen sind vertreten und müssen lediglich in ihrer Bedeutung für die gesellschaftliche Kommunikation relativiert werden, wenn neuere − in bestimmten Aspekten leistungsfähigere und schnellere − Kommunikationsinstrumente aufkommen. Es ist, trotz aller Nachrichtentechnik immer noch so, daß einige Armeen der Welt einen Teil der Nachrichtenvermittlung in der Form von Brieftauben abwickeln.

A 2.5   Strukturveränderungen der IuD durch die IuK-Technologien

A 2.5.1   Die Qualitäten der Informationsarbeit

Knüpfen wir noch einmal an den breiten Konzepten an, die durch die zunehmende Anwendung der IuK-Technologien auf den Tätigkeitsbereich IuD zukommen können.
IuK-Technologien haben ein Merkmal, welches sie von früheren technologischen Durchbrüchen wesentlich unterscheidet:
Sie wirken nicht mehr allein in den Bereich der Produktion hinein, sondern wirken gleichzeitig in den Bereich der Diensleistung hinein. Ihre Wirkungen sind darüberhinaus nicht nur auf die Arbeitswelt gerichtet (innerhalb derer ganz grob Produktion und Dienstleistung unterschieden wurde), sondern bestimmen in zunehmendem Maße auch Freizeit, Interesse, Hobby und die Form der privaten Kommunikation.
IuK-Technologien in ihren verschiedenen Ausgestaltungen setzten also auf breitester Front und gleichzeitig an allen Lebensbereichen an. Das allein ist schon ein kaum noch begreifbarer Prozeß.
Betrachtet man andererseits die Veränderungen, die sich − verglichen mit früherer Zeit − durch das Anwenden dieser IuK-Technologien beobachten lassen, so sind diese Technologien im Stande, körperliche Arbeit mit maschineller Intelligenz auszustatten. Andererseits sind sie in der Lage, aus der geistigen Arbeit Anteile herausziehen und diese zu mechanisieren. In großem Umfang steht also das Arbeitsfeld der ,,geistigen Arbeit'' − der Dienstleistungssektor also − vor einer Rationalisierung, die tief in die Domäne der dem menschlichen Denken vorbehaltenen Arbeit eingreift. IuK-Technologien − mit entsprechender Ausstattung − sind also in der Lage, aus den geistigen Arbeitsprozessen bestimmte Anteile geistiger Tätigkeiten herauszuziehen und diese in die Maschine zurück zu verlagern (Lit. 124.; Lit. 126.).
Bestimmte Anteile geistiger Arbeit, ob dies nun im trivialen Fall Sortierfunktionen, oder Funktionen der Ablage, oder des Auffindens von Informationen, oder Entscheidungsfunktionen sind, werden aus dem Arbeitsprozeß herausgezogen und von der Maschine übernommen. Dies hat folgerichtig nun erhebliche Auswirkungen auf

die Qualifikationsstruktur der Menschen, die mit diesen Technologien umgehen (Lit. 112.; Lit. 113.).
Zudem ist die Rückverlagerung von Teilen geistiger Arbeitsprozesse damit verbunden, daß mit der Verlagerung auf die Maschine eine Reduktion an Komplexität einhergeht.
Dinge, die die menschliche Wahrnehmung in Beziehung zu anderen sieht, sie ganzheitlich und etwa im Verwertungszusammenhang erkennt, sind eben – auch wenn man die neuesten Ansätze der sog. künstlichen Intelligenz (Lit. 60.; Lit. 108.) hier berücksichtigt – nur ausschnitthaft und unvollkommen im Computer abbildbar.
Auch dies hat Folgen für die Arbeit und die Qualifikation, die zur professionellen Gestaltung der Arbeit notwendig ist.
Aus der Sicht der Industriesoziologie sind diese Folgen für die Qualifikation vielfältig beschrieben worden.
Unter dem Gesichtspunkt der Qualifikationsveränderungen haben sich jedoch drei Modelle herauskristallisiert, in denen Qualifikationsveränderungen (abgesehen von dem arbeitsplatzeinsparenden Effekt der Rationalisierung) abbildbar sind:

– **Dequalifikation**
Arbeitsinhalte werden derart durch die Wirkungsweise der Technologien eingeschränkt und von den inhaltlichen Anfoderungen her ausgehöhlt, daß sie insgesamt dequalifizierend wirken und im Regelfall zu Routinearbeiten werden.

– **Polarisierung**
Arbeitsinhalte werden durch die sog. Taylorisierung (arbeitsteilig differenzierte Zerlegung ehemals zusammengehöriger Arbeitsprozesse) aufgespalten. Durch den Trennungsprozeß werden also von ehemals geschlossenen und zusammengehörigen Arbeitsprozessen inhaltlich anspruchsvollere Tätigkeiten von inhaltlich weniger anspruchvollen getrennt und auf dann verschiedene Arbeitsplätze neu verteilt. Dies hat zur Folge, daß ein Teil der Arbeitsplätze, bei denen anspruchsvollere Tätigkeiten neu gebündelt werden, höhere inhaltliche Anforderungen stellt; d.h. also aufgewertet wurde, der andere Teil der Arbeitsplätze, bei denen sich die weniger anspruchsvollen Tätigkeiten massieren, eine Abwertung erfährt.

– **Reintegration**
Strukturell als Umkehrung der Taylorisierung zu verstehen, beschreibt dies Modell das Zusammenlegen kleinerer Arbeitsschritte zu größeren und inhaltlich breit gefächerten Arbeitsverrichtungen, die in ihrer Konsequenz in der Lage sind, teilautonome Arbeitsbereiche neu zu gestalten und somit die inhaltlichen Aufgaben anspruchsvoller zu gestalten.

Zweifellos haben die IuK-Technologien in der IuD Auswirkungen auf die konkrete Gestaltung des Arbeitsplatzes. Es sind auch die qualifikatorischen Anforderungen zur Ausfüllung bestimmter professioneller Arbeitsplätze verändert worden. Über das Ausmaß und den Umfang jedoch liegen keine abgesicherten empirischen Erkenntnisse vor.
Dennoch sind die hier kurz vorgestellten Modelle der Arbeitsveränderungen auch anwendbar auf die Informationsarbeit in der Praxis der IuD und müssen – neben anderen Faktoren – berücksichtigt werden, wenn IuK-Technologien eingeführt werden. Daß andererseits mit der intelligenten Anwendung von IuK-Technologien erhebliche Leistungssteigerungen und Qualitätsverbesserungen der Dienstleistungen und der effizienten Informationsvermittlung erst ermöglicht werden, ist wohl selbsterklärend.

A 2.5.2   Die Organisationsstruktur der Informationsvermittlung

Außerhalb der qualifikatorischen und arbeitsplatzbezogenen Dimension der IuK-Technologien, ist eine strukturelle – über die Einwirkungsmöglichkeit des Einzelnen hinausgehende – Tendenz absehbar. Dieser strukturell wirkende Trend ist in der These der drohenden „Entinstitutionalisierung" der klassischen IuD-Stellen zusammengefaßt worden (Lit. 112). In dem folgenden Schaubild werden drei Stufen der Entwicklung recht vereinfachend dargestellt, an denen dieser Prozeß verdeutlicht werden kann:

A) Traditionelle Struktur

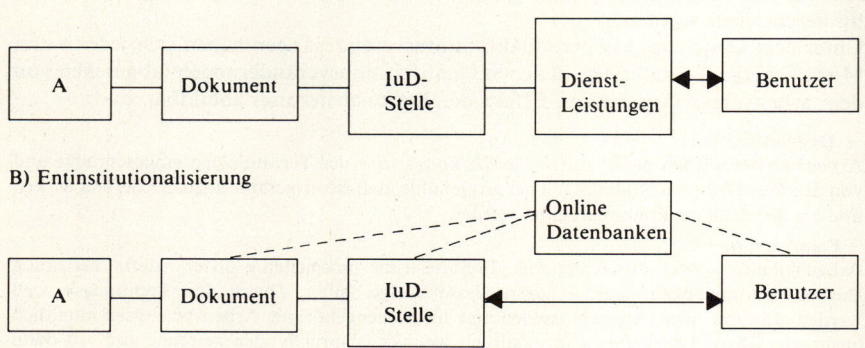

B) Entinstitutionalisierung

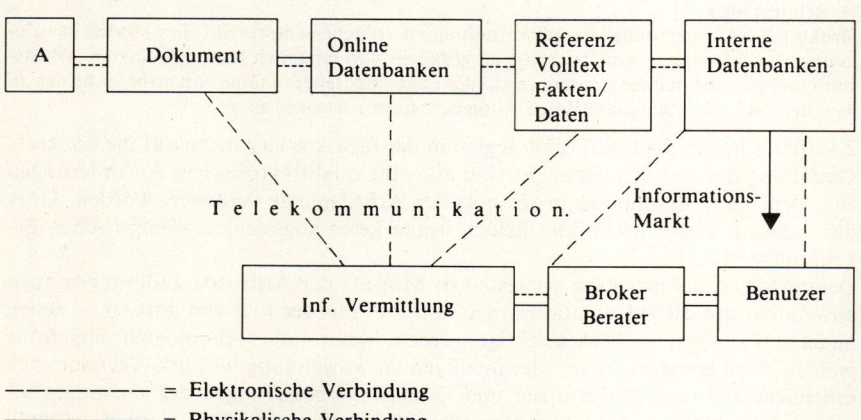

C) Herausbildung von neuen Instanzen der Informationsvermittlung

— — — — — — = Elektronische Verbindung

—————— = Physikalische Verbindung

Abb. 24: Instanzen der Informationsvermittlung in der Entwicklung

In dem obersten Schaubild (A) wird verdeutlicht, daß der Benutzer durch seine physische Präsenz die Dienstleistungen abfragt, die eine IuD-Stelle (im weitesten Sinne) aktiv oder passiv anbietet. Er/Sie muß als Nachfrager von Informationsdienstleistungen sich entweder selbst zur IuD-Stelle bemühen, oder etwa telefonisch nachfragen und sich die Rechercheergebnisse per Post zuschicken lassen. Dieses charakterisiert die übliche Arbeitsweise der IuD-Stellen bis in die 60er Jahre hinein. Die Dienstleistungen, sind es nun Nachweise über Literatur, die Dokumente selbst oder sonstige Daten (Adressen, Projekte, Objekte, Vorgänge, Patente, Meßdaten), werden durch die Arbeit in den IuD-Stellen erst für die zielgerichtete Abfrage so aufbereitet, daß der Benutzer sie auf seine Anfrage hin thematisch zusammengehörig und in einheitlicher Form benutzen und weiterverarbeiten kann.

Mit dem Aufkommen der on-line-zugreifbaren Datenbanken (Schaubild B) setzt nun eine Entwicklung ein, die nicht mehr notwendigerweise die Organisationsstruktur einer fest installierten IuD-Stelle verlangt. Dokumente und Daten können nun – durch die zeitgleiche Eingabe von unterschiedlichen Orten aus – direkt, ohne die Filterfunktion einer etablierten IuD-Stelle eingegeben werden. Verleger, Datenbank- und Datenbasen-Anbieter, die nicht notwendigerweise identisch sind mit Bibliotheken und IuD-Stellen, treten jetzt als Anbieter elektronisch gespeicherter Information auf den Plan. Andererseits ist der Benutzer durch die flexible Verfügbarkeit der elektronisch gespeicherten Information nicht mehr gezwungen, seinen Bedarf an Informationsdienstleistungen durch die IuD-Stelle abzudecken.

Er/Sie hat die Möglichkeit durch die Telekommunikation erhalten, von fast jedem Ort diese Informationen abzurufen, wenn er/sie über eine entsprechende technologische Ausstattung verfügt, das know-how hat, und die Kosten zu übernehmen gewillt ist. Der Gang zur IuD-Stelle, auch immer mit zeitlichen Aufwendungen verbunden, ist somit tendenziell überflüssig geworden, die IuD-Stellen selbst verlieren in diesem Prozeß der zunehmenden Auflösung des physikalischen Zugangs zu den Informationsdienstleistungen einen Teil ihrer Out-put-gerichteten Funktionen in der Informationsvermittlung. Andererseits werden sie – im Verhältnis zu anderen Datenbanken- und Datenbasenanbietern – diesen schrittweisen Wegfall der Funktionen dadurch wettmachen können, wenn sie das Informationsangebot durch die Neu-Konzeption neuer Dienste und neuer (direkt auskunftsgebender) Datenbasen qualitativ bereichern.

Die zunehmende Verfügbarkeit von elektronisch gespeicherten Informationen, zu der nun nicht mehr nur der Teil der wissenschaftlich-technischen Fachinformation gehört, sondern auch eine Vielzahl von wirtschaftlichen, statistischen, publizistischen, verwaltungsbezogenen und sonstigen Daten, deren Verfügbarkeit an vielen Arbeitsplätzen zur Problemlösung und Entscheidungsfindung strategische Bedeutung zukommt, hat nun andererseits den Bereich der Informationsvermittlung differenziert.

Im Schaubild (C) ist die zunehmende Herausbildung neuer Funktionsrollen in der Informationsvermittlung schematisch dargestellt. Das nun um eine Vielzahl von Typen angereicherte Datenbasen-Angebot, das von klassischen Nachweissystemen (Referenz-Sytemen) über Volltext-Datenbanken zu statistisch-numerischen und sonstigen Faktendatenbanken bis hin zu aktuellen Produkt-, Hersteller- und Firmeninformationen reicht, und die große Gruppe der real-time-Wirtschaftsdatenbanken nicht ausklammert, verlangt nun professionellere und differenziertere Vermittlung zu den jeweiligen Benutzerkreisen und ihren besonderen Informationsbedürfnissen. Im Jahre 1988 ist die Zahl der verschiedenen Datenbasen, auf die öffentlicher Zugriff ermöglicht ist, auf ca. 4.000 geschätzt worden. Dieses riesige Wissenspotential, auf das nun in kürzester Zeit zugegriffen werden kann, bedarf der professionellen Vermittlung von Personen, die im Bereich der Informationsarbeit Methoden und Techniken beherrschen und sich in die spezifischen Interessenlagen der Abnehmer von Information hineindenken können. Dieses Vermittlungspotential ist durch die Rollen Informationsvermittlung und Information-Broker im Schaubild angedeutet, unterschlägt jedoch weitgehend die wichtige Rolle der innerbetrieblichen Informationsvermittlung und der neu aufkommenden Funktion des Information-Managements (Lit. 105.; Lit. 96.; Lit. 136.; Lit. 128.), die durch den Überschneidungsbereich Interne Datenbanken angedeutet ist.

Die Profilierung der Informationsvermittlung als weitgehend selbständiger Arbeitsbereich und des Verkaufs von Datenbank-Abfragen hat dazu geführt, daß immer häufiger von einem Informationsmarkt – im Sinne eines eigenständigen privatwirtschaftlich verfaßten Erwerbssektors – gesprochen wird. Unter dem Gesichtspunkt der strategischen Bedeutung der Information für die Unternehmen wird heute auch von der ,,Produktivkraft Information'' (Lit. 98.) gesprochen, die das Bild eines neu aufkommenden Marktes von der Abnehmerseite her abrundet.

A 2.5.3   Das Aufkommen eines Informationsmarktes

Die Umrisse dieses Informationsmarktes, der Vermarktung der Information zeichnen sich erst langsam ab. Unbestritten ist, daß die Bundesrepublik Deutschland als Datenbank- und Datenbasenproduzent ein vergleichsweise schmales Angebot aufweisen kann (Lit. 119.).

Typ	Zahl
Sonstige	39
Volltext	6
Projeke	12
Institutionen	19
Daten	39
Literatur	52
Abstract	58
Σ	225

Abb. 25: Zahl der online-Datenbanken, die in der Bundesrepublik Deutschland erstellt werden) nach Typen (Stand: Ende 1985)

Insgesamt 225 Datenbankangebote konnten ermittelt werden, von denen die Hälfte etwa dem Typus der Referenz-Datenbanken zuzurechnen sind. Hier beginnen offenbar die Ablösungsprozesse der ehemals staatlichen Verantwortung für den IuD-Bereich zugungsten des Marktes zu wirken (Lit. 54.). Betrachtet man dagegen den Umsatz von on-line-Datenbank-Abfragen, der in den Vergleichsjahren 1984 und 1987 allein für die Bundesrepublik Deutschland erzielt wurde, dann ist auffällig, daß im Berichtszeitraum von drei Jahren eine Verdoppelung der Umsätze geschätzt wurde, dies allerdings ausgehend von einer kaum betrachtenswerten Ausgangsgröße.

Noch auffälliger ist die Tatsache, daß die wissenschaftlich-technische Information im Vergleich zur Vermarktungsfähigkeit der sog. Wirtschaftsinformation ein Zwerg ist. (Lit. 16.) Während 1984 der Gesamtumsatz der Wissenschaftlich-technischen Information 5.9 Mio. DM betrug und sich 1987 auf ca. 10.9 Mio. steigerte, betrug der Umsatz in der Wirtschaftsinformation 1984 schon 75.6 Mio DM und erreichte 1987 bereits 148.7 Mio. (weitere Ausführungen zum „Informationsmarkt" bringt das Kapitel F 6 von W. Schwuchow im 2. Band).

Unter Berücksichtigung der erhebungstechnischen und auf Definitionszuwächse zurückzuführenden Unschärfen, die solchen Schätzungen (und Erhebungen) nun einmal eigen sind, stabilisiert sich die Tendenz des erheblichen Zuwachses des on-line-Marktes. Dieser Markt ist − bei einem nur geringfügigen zentraleuropäischen Anteil − nun eindeutig von anglo-amerikanischen Datenbasen-Angeboten dominiert.

Ein internationaler Vergleich des identischen Berichtszeitraumes verdeutlicht, daß auch international (geschätzt) ein kräftiger Zuwachs zu verzeichnen ist; und daß Europa als Wirtschafts- und Marktregion etwa im Vergleich zu den U.S.A. ein Zwerg geblieben ist. Ob dieser Unterschied in einem höher entwickelten Informationsbewußtsein der U.S.-Amerikaner erklärt werden kann, oder allein durch den Erfahrungsvorsprung in der Verfügbarkeit der Systeme, kann hier nicht entschieden werden.

Land/Region	Jahr	
	1984	1987
Japan	312	589
Europa	454	896
U.S.A.	3.445	6.672

Abb. 26: Vergleich der Weltumsätze mit online-Information nach Ländern/Regionen 1984 und 1987 in Mio. $ (Lit. 16.)

A 2.5.4   Rückwirkungen der Strukturveränderungen auf die Informationsarbeit

Die in den vergangenen Abschnitten dargelegten Entwicklungslinien haben vielleicht deutlich gemacht, was sich faktisch oder einigermaßen stabil voraussagbar ändern wird. Über die Triebkräfte, die diese Entwicklung nun angeregt, beschleunigt in eine besondere Richtung gedrängt haben, oder bestimmte Richtungen nun verhindert haben, ist an dieser Stelle nichts ausgesagt. Dies wird im Kapitel über Informationspolitik geschehen, in dem sich, weitaus differenzierter als dies in diesem Zusammenhang möglich ist, mit den Maßnahmen der staatlichen Förderungspolitik seit den 60ger Jahren beschäftigt wird (Lit. 16.; Lit. 17.; Lit. 18.; Lit. 75.; Lit. 85.; Lit. 64.; Lit. 33.; Lit. 53.; Lit. 83.).

An dieser Stelle sollen − auf der Grundlage der hier aufgezeigten Entwicklungen − die Befürchtungen und realistische Zukunftsprojektionen über die Entwicklung des IuD-Bereiches noch einmal kurz zusammengefaßt werden. Dies besonders in der Absicht, um deutlich zu machen, welchen Anforderungen die qualifizierte Informationsarbeit künftig ausgesetzt sein wird.

Dies macht strategische und zukunftsgerichtete Überlegungen zur Qualifikation notwendig (Lit. 31.; Lit. 63.; Lit. 96.; Lit. 118.; Lit. 112.).

So sind in den letzten Jahren viele Befürchtungen laut geworden, die besagen, daß der „klassische" Bereich Bibliothek und IuD überflüssig werde. Dieser Tendenz könne nur entgegengewirkt werden, wenn der institutionelle Kernbereich seine enge Orientierung auf das wissenschaftlich-technische Klientel erweitere und neue Benutzerkreise erschließe.

Andererseits bieten die IuK-Technologien ein breiter werdendes Betätigungsfeld (im Sinne der vielen Verständnisse von dem, was Informationsmanagement bedeuten könnte). Dies erfordert jedoch ein breiteres Verständnis der innerorganisationellen Informationsflüsse (und deren Inhalte), sowie ein stärkeres technisches Verständnis für diese Technologien.

Im folgenden werden die wesentlichen (angenommenen) Entwicklungen, die das Tätigkeitsfeld IuD berühren können, kurz zusammengefaßt:

Allgemeine Entwicklungen
− Benutzerfreundliche Abfragesysteme erlauben mehr Endbenutzern den direkten Zugang.
− Entwicklungen elektronischer Publikationsformen mit andersgearteten Anforderungen an Darstellung und Strukturierung der Inhalte schaffen neue Angebote (Markt).
− Stärkere Nachfrage nach Daten/Fakten und Volltexten (keine Referenzen).
− Stärkere Nachfrage nach bewerteten, aggregierten problemspezifischen Informationen („value-added" Informationsangebote Lit. 133.).
− Aufbau von Fakten- und Dateninformationssystemen, die speziellen Bedürfnissen entsprechen.
− Innerbetriebliche Integration verschiedener Informations-Technologien mit der Wirkung, bislang getrennte Informationsflüsse in einem System zusammenzubinden (IuD-Stelle, Bibliothek, Textverarbeitung, Bürokommunikation, Numerische Datenverarbeitung).

– Integration und zusammenwachsen der verschiedenen elektronischen Medien zur Informationsbereitstellung und zur Kommunikation (BTX, Information-Retrieval, elektronische Nachrichtenvermittlung, etc.).
– Zunehmende Zahl von Tätigkeitsfeldern mit Anteilen von Arbeiten der Informationsverwaltung, -strukturierung, -recherche.

Einzelne Entwicklungstrends

– Indexieren, Referieren (Abstracts) wird längerfristig durch automatische Volltextanalyse und Autoren-Referate ersetzt werden.
– Bedarf an geschulten on-line-Rechercheuren wird mit der Entwicklung benutzerfreundlicher Dialogsysteme künftig zurückgehen.
– Derzeit tätige On-line-Fachkräfte (in Kombination mit Fachanteil) werden ihre Kenntnisse in die Entwicklung von Expertensystemen einbringen und sich auf Arbeiten im Bereich Knowledge-Engineering (Suchhilfen, Wörterbuch, begriffliche Repräsentationen) zurückziehen.
– Wachsender Bedarf an Fach- und Informationsspezialisten, die die Problemanalyse des Endbenutzers analysieren und informationell umsetzen und beschaffen (Broker).
– Informationsvermittler/-Manager wird an Bedeutung gewinnen, wenn er/sie Fachwissen hat.
– Neue Berufsfelder: Online-vermitteltes Telematic Publishing, Technische Dokumentation, Produktinformation, (DBMS) Datenadministration, Informationsmanagement, Informationsberatung, Informationsbroker.

Literatur

01. Abel, B.: Problemorientiertes Informationsverhalten. Individuelle und organisatorische Gestaltungsbedingungen innovativer Entscheidungssituationen. Darmstadt: Toechte-Mittler 1977. 231 S.
02. Allen, T. J.: Organizational aspects of information flow in technology. In: ASLIB-Proc. vol. 20, 1968. S. 433 – 453.
03. Augstin, S.: Versagt die marktwirtschaftliche Koordinierung- der Wettbewerb im IuD-Bereich?
In: Nachrichten für Dokumentation. Vol. 29, 1978. S. 61 – 67.
04. Barlen, S.: Der Stand der Dokumentation in Deutschland 1961. In: Nachrichten für Dokumentation, 13, 1962. S. 30 – 36.
05. Bernhardt, U.: Bestandaufnahme der in der Bundesrepublik Deutschlands existierenden Stellen mit Informationsvermittlungs- und – beratungsfunktion. Karlsruhe: BMFT 1980. 149 S.
06. Bernhardt, U.; Jungjohann, K.: Bestandsaufnahme von Stellen mit Informationsvermittlungs- und -beratungsfunktion. In: Nachrichten für Dokumentation, 31, 1980. S. 155 – 159.
07. Beyer, W.: Informationsvermittlung in der Bundesrepublik Deutschland. Frankfurt: IDD Verl. 1982. 70 S.
08. Bick, W.; Müller, P. W.: Informationssysteme und Informationsverhalten. Karlsruhe: BMFT Aug. 1978. 389 S.
09. Bonitz, M.: Wissenschaftliche Forschung und wissenschaftliche Information. Berlin: Akademie Verl. 1979. 199 S.

10. Borrois, J.: Aufbruch in die Informatisierung. Sindelfingen: expert Verl. 1986. 154 S.
11. Buder, M.: Das Verhältnis von Dokumentation und Normung von 1927 bis 1945 in nationaler und internationaler Hinsicht. Berlin: Beuth 1976. 144 S.
12. Buder, M. et al: FIABID TAGEBUCH. Arbeitsverrichtungen in Spezailbibliotheken und Informations- und Dokumentationsstellen . . . Berlin: Freie Universität Berlin 1977. 116 S.
13. Buder, M.; Skalski, D.; Wersig, G.; Dopheide, R.; Neveling, U.; Seeger, T.; Windel, G.: Bibliothek, Information und Dokumentation als gegenwärtiger und künftiger Berufs- und Tätigkeitsbereich. Karlsruhe: BMFT 1980. 393 S.
14. Bullinger, H. J.; Niemeier, J.; Schäfer, M.: Aufbauorganisation des Informationsmangements. In: Nachrichten für Dokumentation. Vol. 38, 1987. S. 193 – 199.
15. Bundesministerium für Forschung und Technologie (BMFT). Bundesbericht Forschung 1979/1980. Bonn: BMFT 1980. S. 44
16. Bundesministerium für Forschung und Technologie (BMFT). Fachinformationsprogramm 1985 – 1988 der Bundesregierung. Bonn: BMFT 1985. 127 S.
17. Bundesministerium für Forschung und Technologie (BMFT). Leistungsplan-Fachinformation. Bonn: BMFT 1982. 77 S.
18. Bundesministerium für Forschung und Technologie (BMFT). Programm der Bundesregierung zur Förderung der Information und Dokumentation 1974 – 1977. Bonn: BMFT 1974. 147 S.
19. Bundesrechnungshof. Gutachten über die Fachinformation in der Bundesrepublik Deutschland. Bonn: 1983. 105 S.
20. Business-Week (Zsch). Leitartikel über Wirtschaftsdatenbanken. In: Business-Week, 1986 v. 25. 08. 1986. S. 48 – 53.
21. Butzek, E.; Windel, G.: Zum Verhältnis von Staat und IuD in der Bundesrepublik Deutschland. In: Buder, M. u. G. Windel (Hrsg): Zum Verhältnis von Staat, Wissenschaft zu IuD. München: Verl. Dokumentation 1978. S. 65 – 136.
22. Cawkell, A. E. (Ed): Handbook of Information Technology and Office Systems. Amsterdam: North Holland 1986. 996 S.
23. Ciganik, M.: Die Informationsfonds in Wissenschaft, Technik und Ökonomie. 2. Aufl. Berlin: Verl. Die Wirtschaft 1973. 624 S.
24. Crane, D.: Invisible Colleges. Diffusion of knowledge in scientific communities. Chicago, London: Univers. of Chicago Press 1972. 264 S.
25. Crawford, S.: Communication centrality and performance. In: ASIS-Proceedings. Vol. 7. Washington/D.C.: ASIS 1970. S. 45 – 48.
26. Crawford, S.: Informal communication among scientists in sleep-research. In.: Journal of ASIS. Vol. 22, 1971. S. 301 – 310
27. Debons, A. (Ed): Information Science. Search for Identity. New York: Dekker 1974. 491 S.
28. Deutsche Gesellschaft für Dokumentation (DGD). Sektion Informationswissenschaft. Zitatenanalyse und verwandte Verfahren. Vorträge anl. der 32. Jahrestagung der DGD. Bielefeld: idis 1979. 192 S.
29. Deutsche Gesellschaft für Medizinische Dokumentation, Informatik und Statistik. (GMDS). Scientometrie und Bibliometrie in Planung und Forschung. Vorträge anl. des 20-jährigen Bestehens des idis. Bielefeld: idis 1976. 234 S.
30. Diebold, S. A.: Arbeiten wir morgen zuhause? Chancen und Risiken der Telearbeit. In: Diebold Management Report, 1986, No 5. S. 7 – 12.
31. Diebold, S. A.: Schlechte Zeiten für Dokumentare? In: Diebold Management Report, 1983, No 6. S. 18 – 19.
32. Dobrov, G. M.: Das Potential der Wissenschaft. Berlin: Akademie-Verl. 1971. 157 S.

33. Donth, H. H.: Das Programm der Bundesregierung zur Förderung von IuD. In: Gutenberg- Jahrbuch, 56, 1981. S. 21 – 45.
34. Dreyfus, H. L.: Die Grenzen künstlicher Intelligenz. Frankfurt/M.: Athenäum 1985. 373 S.
35. Dörner, D.: Problemlösen als Informationsverarbeitung. Stuttgart: Kohlhammer 1976. 151 S.
36. Duyvis, F. Donker: Die Entstehung des Wortes Dokumentation im Namen der FID. In: FRANK 1978. S. 99 – 102.
37. Dyer, H.; Brookes, A.: A Directory of Library and Information Retrieval Software for Microcomputers. 2nd Edition. Aldershot/Hants: Gower 1986 S. 145 S.
38. Endres-Niggemeyer, B. (Hrsg): Neue Informations- und Kommunikationstechnik. München: Saur 1984. 175 S.
39. Engelbert, H.: Der Informationsbedarf in der Wissenschaft. Leipzig: Bibliograph. Institut 1976. 150 S.
40. Eppelsheimer, H. W.: Bibliotheken und Dokumentation. In: FRANK 1978. S. 416 – 429.
41. Foskett, D. J.: Pathways for communication. Books and libraries in the Information age. London: Bingley 1984. 140 S.
42. Frahn, S. (Red): Verzeichnis deutscher Informations- und Dokumentationsstellen. 4. Ausgabe. München: Saur 1982. 586 S.
43. Frank, P. R.: Von der systematischen Bibliographie zur Dokumentation. Darmstadt: Wiss. Buchgesellschaft 1978. 556 S.
44. Freier, W.; Schmidt, H. D.: Information und Entscheidung. In: Zeitschrift für Psychologie. Bd. 180/1981, 1973. S. 341 – 366.
45. Frenzel, U.; Blüm, A.: Approximate Quantitative Forecast of the Needs in Information Science Specialists . . . in 1985. Frankfurt: Batelle 1976. 65 S.
46. Frenzel, U.; Schubert, I.: Vom Büroboten zum Inhouse-Netz. 2. Aufl. Eschborn: RKW 1986. 132 S.
47. Garvey, W. D.; Griffith, B. C.: Scientific communication. Its role and conduct of research and creation of knowledge. In: Griffith, B. C. (Hrsg): Key papers in information science. White Plains, N. Y.: Knowledge Ind. 1980. S. 38 – 51.
48. Garvey, W. D.; Lin, N.; Nelson, C. E.: Some Comparisions of Communication Activities in the Physical and Social Sciences. In: Nelson, C. E. (Ed); Pollok, D. K. (Ed) Communication among Scientists and Engineers. Lexington/Mass Heath Lexington 1970. S. 61 – 84.
49. Gaus, W.: Dokumentations- und Ordnungslehre. Heidelberg: Springer 1983. 504 S.
50. Gebhardt, F.: Dokumentationssysteme. Heidelberg: Springer 1981. 331 S.
51. Gensch, F.; Otremba, G. et al: Telekommunikation in Hessen. Bd. 1 – 2. Frankfurt: GID 1986. 187 S. u. Anh.
52. Güntsch, F. R.: Informationstechnik und Gesellschaft. In: IBM-Nachrichten, No 256, 1982. S. 51 – 58.
53. Güntsch, F. R.: Zur Fortschreibung des IuD-Programms aus der Sicht des BMFT. In: Deutscher Dokumentartag 1979. München: Saur 1980. S. 273 – 294.
54. Goebel, J. W.; Schadt, D.; Schwuchow, W.: Zum Verhältnis von Staat und Privatwirtschaft im Bereich der Fachinformation. Frankfurt: IDD Verl. 1985. 39 S.
55. Goody, J.; Watt, I.; Gough, K.: Entstehung und Folgen der Schriftkultur. Frankfurt/M.: Suhrkamp 1986. 161 S.
56. Grossman, H.: Die Fachzeitschriften. In: Der Journalist, 1974. S. 68.
57. Halloran, J. D.: Information and communication. In: ASLIB-Proceedings, Vol. 31, 1979. S. 21 – 28.
58. Hansen, C. W.: Introduction to Science Information Work. London: ASLIB 1973. 189 S.

59. Helm, B.; Adler, G.; Schöpflin, U.: Der Bedarf an Informationswissenschaftlern und Dokumentaren. Karlsruhe: BMFT 1978. 63 S.

60. Hennings, R. D.; Munter, H.: Artificial Intellegence. 1. Expertensysteme. Berlin: Mathware Verl. 1985. 351 S.

61. Hennings, R. D.: Neue Aufzeichnungs-, Wiedergabe- und Einzelverarbeitungstechnologien. In: Wersig G. (Hrsg) 1983 S. 31 – 117.

62. Höglund, L.; Persson, O.: Information use within applied technical field. Umea: Univers. Umea 1976. 28 S.

63. Hofer, P.; Wolff, H.; Franzen, D.; Glazer, R.; Kertesz, J.: Informations- und Kommunikationstechnologien für die wissenschaftliche Informationsversorgung in den 80ger Jahren. Karlsruhe: BMFT 1982. 182 S.

64. Institut für Systemtechnik und Innovationsforschung (ISI). Informationsbrief zum Modellversuch Informationsvermittlung. No 1/87. Karlsruhe: ISI 1987. 20 S.

65. Jungjohann, K.: Strukturdaten potentieller Benutzer der Fachinformationssysteme. Karlsruhe: BMFT 1980. 184 S.

66. Kemp, D. A.: The Nature of Knowledge. London: Bingley 1976. 199 S.

67. King, D. W.; Palmour, V. E.: User Behaviour. In: Changing Patterns in Information Retrieval. Washington/DC: ASIS 1974. S. 23 ff.

68. King, D. W. Statistical Indicators of Scientific and Technical Communication. 1960 – 1980. Vol. 1. Summary Report. Rockville/Md: King Reasearch 1981. 99 S.

69. Klaus, H. G.: Fachinformation und Informationstechnologie in den Vereinigten Staaten. Frankfurt: IDD Verl. 1986. 60 S.

70. Klaus, H. G.: Informationspolitik und Informationsmarkt in den Vereinigten Staaten. Frankfurt: IDD Verl. 1985. 110 S.

71. Klaus, H. G.; Wattenberg, U.: Elektronisches Publizieren in den Vereinigten Staaten und Japan. Frankfurt: IDD verl. 1986. 72 S.

72. Knoche, M.; Seufert, W.: Prognosen der Kommunikations-Infrastruktur in den Ländern der EG. In: Media Perspektiven, 1987, No 2. S. 111 – 129.

73. Korfhage, R. R.: Informal Communication of Scientific Information In: Journal of ASIS. Vol. 24, 1974. S. 25 – 33.

74. Kroll, H.: Informationsvermittlung in der Industrie. Eschborn: RKW 1985. 135 S.

75. Kuhlen, R.: Die Verwissenschaftlichung von Information . . . In: Buder, W (Hrsg): Forschungs- und Technologiepolitik in der Bundesrepublik Deutschland. Köln. Westdeutscher Verl. 1986. S. 264 – 291.

76. Kuhn, T. S. Die Struktur wissenschaftlicher Revolution. Frankfurt: Suhrkamp 1973. 342 S.

77. Kunz, W.; Rittel, H.: Die Informationswissenschaften. Heidelberg/Berkeley 1969. 176 S.

78. Kunz, W.: Wissen und Information. In: Informationswissenschaft. Dokumentation eines Kolloquiums am 7. Juli 1978. Konstanz: Universität Konstanz 1978. S. 33 – 52.

79. Laisiepen, K.; Lutterbeck, E.; Meyer-Uhlenried, K. H. (Hrsg): Grundlagen der praktischen Information und Dokumentation. 2. Aufl. München: Saur 1980. 826 S.

80. Lambert, J.: Scientific and technical journals. London: Bingley 1985. 191 S.

81. Löcher, W.; Schuhmacher, F.: Einführung in die Praxis der elektronischen Recherche. Düsseldorf: Verl. Wirtschaft und Finanzen 1985. 310 S.

82. Leach, E.: Kultur und Kommunikation. Frankfurt/M.: Suhrkamp 1978. 128 S.

83. Lechmann, H.: Leitsätze für eine nationale Dokumentations- und Informationspolitik im Bereich der Wissenschaft und Technik. In: Nachrichten für Dokumentation, 18, 1967. S. 16 – 19.

84. Lenk, K.: Fachinformationsversorgung im Zeichen des technischen Wandels. In: Nachrichten für Dokumentation, 33, 1982. S. 3 – 8.

85. Lenk, K.: IuD als öffentliche Aufgabe. In: Schwuchow, W. (Hrsg): Ökonomische Aspekte der Fachinformation. München: Saur 1981. S. 37 – 54.

86. Lutterbeck, E. (Hrsg): Dokumentation und Information. Auf dem Weg ins Informationszeitalter. Frankfurt: Umschau Verl. 1971. 322 S.

87. Lutterbeck, E.: Von ,,Systemherren'', ,,Verwaltern'' und anderen Computergefahren. In: Aus Politik und Zeitgeschichte. B 51/77 v. 24. Dez. 1977.

88. Mayer, R. A.M.: Medienumwelt im Wandel. München: Deutsches Jugendinstitut 1984. 141 S.

89. Merton, R. K.: The Matthew-Effect in Science. In: Science, Vol. 159, 1968. S. 56 – 63.

90. Michajlov, A. I.; Cernyi, A. I.; Giljarevskij, R. S.: Informatik. Bd. 1 – 2. Berlin: Staatsverl. d. DDR 1970.

91. Müller, M.: Benutzerverhalten beim Einsatz automatisierter betrieblicher Informationssysteme. München: Oldenbourg 1986. 328 S.

92. Modellversuch: Neue Berufsbilder. Information in organisationellen Umgebungen. Zwischenbericht 01. 07. 85 – 31. 12. 86. Konstanz: Univ. Konstanz 1987. ca. 80 S.

93. Neveling, U.; Wersig, G. (Red): Terminologie der Information und Dokumentation. München: Verl. Dokumentation 1975. 307 S.

94. Nora, N. S.; Mink, A.: Die Informatisierung der Gesellschaft. Frankfurt: Campus Verl. 1979. 278 S.

95. Otlet, P.: Die Dokumentation. In: FRANK 1987. S. 353 – 362.

96. Otremba, G.: Tätigkeitsfelder des Informationsmanagement. In: Nachrichten für Dokumentation, 38, 1987. S. 201 – 203.

97. Pichler, H. R.: Online Recherchen für Chemiker. Weinheim: Verl. Chemie 1986. 257 S.

98. Pieper, A.: Produktivkraft Information. Köln: Grewen 1986. 115 S.

99. Pietsch, E.: 25 Jahre DGD. In: Nachrichten für Dokumentation. Vol. 24, 1973. S. 145 – 152.

100. Rahlenbeck, E.: Fallstudien zu Entwicklung bedarfsgerechter und benutzernaher Informationsbereitstellung für Journalisten. Karlsruhe: BMFT 1981. 172 S.

101. Rauch, W. D.: Informatisierung des Büro. In: Wersig, G. (Hrsg.) 1983. S. 163 – 179.

102. Rowley, J. E.: Organizing Knowledge. An Introduction to Information Retrieval. Aldershot/Hants: Gower 1987. 454 S.

103. Salton, G.; McGill, M.: Information Retrieval. Grundlegendes für Informationswissenschaftler. Hamburg: McGraw-Hill 1987. 461 S.

104. Schiller, H. I.: Die Verteilung des Wissens: Information im Zeitalter der großen Konzerne. Frankfurt: Campus Verl. 1984. 222 S.

105. Schmidt-Reindl, K. M: Strategisches Informationsmanagement. In: Nachrichten für Dokumentation. Vol. 37, 1986. S. 104 – 107.

106. Schmitz-Esser, W.: Der Computer in den Archiven der Massenmedien. Darmstadt: ifra 1986. 462 S.

107. Schneider, H. J.: Lexikon der Informatik und Datenverarbeitung. 2. Aufl. München: Oldenburg 1986. 734 S.

108. Schnupp, P.; Leibrandt, U.: Expertensysteme. Heidelberg: Springer 1986. 140 S.

109. Schober, H. W.; Wersig, G.: Informations- und Dokumentationswissenschaft. In: Nachrichten für Dokumentation, 19, 1968. S. 116 – 124.

110. Schürmeyer, W.: Aufgaben und Methoden der Dokumentation. In: FRANK 1978. S. 385 – 397.

111. Schulte-Hillen, H.; Wietersheim, B. von: IuD-online Datenbankbenutzung in der Bundesrepublik Deutschland. München: Saur 1984. 146 S.

112. Seeger, T.: Changes in the Occupation and Profession of Information-work. In: Social Science Information Studies, 3, 1983. S. 199 – 208.

113. Seeger, T.: Dehumanisierung der Arbeitswelt? In: Wersig, G. (Hrsg.) 1983. S. 218 – 239.
114. Seeger, T.: Grundfragen der Prognostik im Tätigkeitsfeld Information und Dokumenta-
    tion. In: Seeger, T.; Schoepflin, U. (Hrsg): FIABID-Workshop 22. – 24. 11. 1976.
    Frankfurt, Berlin: IDW 1977. S.78 – 106.
115. Seeger, T.: Problems of forecasting educational needs in information and documenta-
    tion. In: Seeger, T.; Wersig, G. (Hrsg): Common features of Training of information
    specialists. Frankfurt/M.: DGD 1977. S. 5 – 24.
116. Seeger, T.; Strauch, D.: Aufgaben und Möglichkeiten von Informationsunternehmen.
    In: Nachrichten für Dokumentation. Vol. 30, 1979. S. 5 – 10.
117. Seeger, T.; Strauch, D.: Bildschirmtext- ein Medium für die Information und Dokumen-
    tation. In: Deutscher Dokumentartag 1980. München: Saur 1981. S. 155 – 165.
118. Seeger, T.; Wersig, G.: The Communicative Revolution = Technology Integration . . .
    In: Brown, K. R. (Ed): The Challenge of Information Technology. The Hague: FID
    1983. S. 151 – 161.
119. Simon, H. R.: Die Bundesrepublik Deutschland als Datenbank- und Produzentenland.
    In: Umschau, 1986, No 12. S. 622 – 628.
120. Simon, H. R.: Fortbildung On-line 1986. In: Info On-Line Benutzergruppe. Vol. 2,
    1987. S. 36 – 40.
121. Sklair, L.: Organized Knowledge. London: Paladin Books 1976. 284 S.
122. Solla Price D. J. de: Little Science, Big Science. Frankfurt: Suhrkamp 1974. 126 S.
123. Steinbuch, K.: Information und Kommunikation. In: Technik und Gesellschaft: Innova-
    tion durch Information. Stuttgart: IBM 1982. S. 59 – 67.
124. Steinmüller, W.: Die zweite industrielle Revolution hat eben begonnen. In: Kursbuch.
    Vol. 66, 1981. S. 152 – 188.
125. Steinmüller, W.: Informationstechnologie und Informationsrecht, Teil 1 – 4. In: Nach-
    richten für Dokumentation. Vol. 32 – 33, 1981 – 1982. S. 66 – 77, 190 – 199, 235 – 245,
    19 – 28.
126. Steinmüller, W.: Soziale Auswirkungen und Gestaltungen der Informationstechnologie.
    In: Informationstechnik und Liberalität. Symposion V. Stuttgart: G. Fischer 1980.
    S. 87 – 128.
127. Stevenson, M. B: Information and the academic community. In: ASLIB-Proc. Vol. 32,
    1980. S. 78 – 81.
128. Stibic, V.: The information manager – his role, functions, profile and education. In:
    Nachrichten für Dokumentation. Vol. 37, 1986. S. 259 – 264.
129. Strauch, D.: Neue kabelgebundene Technologien und Dienstleistungen. In: Wersig, G.
    (Hrsg.) 1983. S. 118 – 139.
130. Strauch, D.: Zur Rolle von IuD innerhalb der Wissenschaftsentwicklung. In: Buder, M.
    u. G. Windel (Hrsg): Zum Verhältnis von Staat, Wissenschaft zu Information und Do-
    kumentation. München: Verl. Dokumentation 1978. S. 13 – 27.
131. Szyperski, N.: Bürosysteme der Zukunft. In: Technik und Gesellschaft: Innovation
    durch Information. Stuttgart: IBM 1982. S. 115 – 122.
132. Taylor, R. S.: Value-added processes in the information life cycle. Journal of ASIS.
    Vol. 33, 1982. S. 341 – 346.
133. Tylor, R. S.: Value-Added Processes in Information Systems. Norwood, N. J.: Ablex
    Publ. 1986. 257 S.
134. Turley, R.: Understanding the Structure of Scientific and Technical Literature. Mün-
    chen: Saur 1980. (In Komm.) 173 S.
135. Umstetter, W.; Rehm, M.: Einführung in die Literaturdokumentation und Informa-
    tionsvermittlung. Medizin, Biologie, Chemie, Physik. München: Saur 1981. 208 S.
136. Vogel, E.: Informationsmanagement und informationswissenschaftliche Ausbildung. T.
    1 – 2. In: Nachrichten für Dokumentation. Vol. 37, 1986. S. 79 – 85 und 151 – 159.

137. Vogel, E.: Informationsmanagement und informationswissenschaftliche Ausbildung. Konstanz: Uni Konstanz 1985. 123 S.

138. Weingart P.; Winterhager, M.: Die Vermessung der Forschung. Frankfurt: Campus 1984. 263 S.

139. Weingart, P.: Wissensproduktion und soziale Struktur. Frankfurt a.M.: Suhrkamp 1976.

140. Wersig, G. (Hrsg): Informatisierung und Gesellschaft. München: Saur 1983. 300 S.

141. Wersig, G.: Information – Kommunikation – Dokumentation. 2. Aufl. München: Saur 1974. 356 S.

142. Wersig, G.: Informationssysteme und die menschliche Komponente. In: Technik und Gesellschaft: Innovation durch Information. Stuttgart: IBM 1982. S. 85 – 91.

143. Wersig, G.: Informatisierung und kommunikative Revolution. In: Wersig, G. (Hrsg.) 1983. S. 10 – 30.

144. Wiener, N.: Kybernetik. Düsseldorf: Econ 1963. 345 S.

145. Wissenschaftsrat. Stellungnahme zur Gesellschaft für Information und Dokumentation (GID). Berlin Nov. 1984. 83 S.

146. Yovits, M. C.; Foulk, C. R.; Rose, L. L.: Information flow and analysis. Part 1 – 2. In: Journal of ASIS. Vol. 32, 1981. S. 187 – 202 u. 203 – 210.

147. Zaltman, G.: A Note on an International Invisible College for Information Exchange. In: Journal of ASIS. Vol. 24, 1974. S. 113 – 118.

B   Informationsmethoden und -verfahren

B 1   Einleitung und Überblick

In diesem Hauptkapitel werden sowohl die intellektuellen als auch die technik-
gestützten Methoden und Verfahren der Informationsarbeit im weiteren Sinne vorgestellt. Als Leitlinie für die Aneinanderreihung der einzelnen Kapitel fungiert hierbei die immer noch schlüssige Abfolge der Bearbeitungsschritte im Dokumentationsprozess (vgl. Kap. A 1).
Dabei werden systembezogene Verbindungen zu anderen Komponenten der Informationsarbeit (z.b. Publizieren, Übersetzen, Transformieren) ebenso abgehandelt
wie die Verwendung IuD-spezifischer Methoden und Verfahren in neueren Systemumgebungen (wie etwa Bürokommunikation oder Bildschirmtext).
Nirgendwo sonst wird die Notwendigkeit von eineindeutigen und präzisen (bis in
kleinste Details gehenden) Anweisungen so deutlich wie bei der formalen Analyse
und Erfassung von dokumentarischen Daten, in oft riesigen Datenspeichern, die
teilweise über 10 Mio. Dokumentarische Bezugseinheiten gespeichert haben *(B 2:
Uta Krischker: Formale Analyse (Erfassung) von Dokumenten)*.
Die Methoden der Inhaltserschließung: *Referieren/Abstracting (Kap. B 3: Rainer
Kuhlen)* und *Indexieren, Klassieren und Extrahieren (B 4: Gerhard Knorz)* sind
durch die Entwicklungen automatischer (d.h. EDV-gestützter) Verfahren nicht
mehr die ausschließliche Domäne menschlicher Abstraktionsleistungen.
Margarete Burkart stellt anschließend *(B 5: Dokumentationssprachen)* die Instrumente der Inhaltserschließung: Klassifikation und Thesaurus dar, die Grundlage
für Indexieren und Klassieren bilden.
Neue Formen der Wissensrepräsentation (B 6: Ulrich Reimer), die in den Bereich
der Künstlichen Intelligenz hineinreichen, bilden in dem Ablauf den letzten Punkt
im Erschließungsbereich.
Den Input-Bereich schließt dann der Beitrag *B 7 (Wolfrudolf Laux: Speicherung)*
mit der Darstellung von Speicherverfahren. Nicht behandelt werden in diesem Zusammenhang reprografische Verfahren, denen im Hauptkapitel Informationstechnik ein eigener Beitrag (E 5) gewidmet ist.
Der Beitrag von *Wolfgang Ratzek (B 8: Zugangsverfahren)* bildet die ,,Brücke'' sowohl zu anderen System-Konfigurationen als auch zu der Abfrage-Seite von
Informations-Systemen. Hier sind Reichweiten, Barrieren und Ansätze zur Verbes-
serung der Informationsarbeit aus Benutzer- bzw. Anwendersicht zusammenge-
faßt.
Verbesserung im Zugang (aus Benutzersicht gesehen) zu Wissensquellen sind in der
Weiterentwicklung der Methodik der *Expertensysteme* zu erwarten *(B 9: Ralf-Dirk
Hennings)*, ebenso wie Methoden der maschinellen Übersetzung *(B 10: Harald H.
Zimmermann: Linguistisch-technische Aspekte der maschinellen Übersetzung)* den
Zugang zu Wissensquellen erleichtern werden.
Mit den Kapiteln *B 11: Knud Böhle: Elektronisches Publizieren, B 12: Wolfgang
Hilbig: Elektronische Textverarbeitung* und *B 13: Achim Oßwald: Electronic Do-*

cument Delivery werden Verfahren und Methoden vorgestellt, wie der Output von Wissensquellen in Kriterien von Zeit, Kosten und ästhetischer Güte optimaler gestaltet werden kann. Diese Verfahren und Vorgehensweisen sind in der Lage, den Zugang zu Wissensquellen zu erleichtern und zu beschleunigen.

Die Kapitel *B 14: Joachim Kind: ,,Bürokommunikation''* und *B 15: Dietmar Strauch: ,,Bildschirmtext''* geben Zeugnis von neuen Formen von Informationssystemen, in denen sich die bis dahin abgehandelten Methoden und Verfahren (Formalerfassung, Inhaltserschließung und -darstellung, sowie Speicherung und Zugang) in veränderter System-Umgebung wiederfinden.

Die Informationsdienstleistungen, die diese Informationssysteme erzeugen bzw. die unter Anwendung der beschriebenen Methoden und Verfahren erstellt werden, sind im anschließenden Hauptkapitel C dargelegt.

B 2 Formale Analyse (Erfassung) von Dokumenten

Uta Krischker

Die formale Analyse von Dokumenten ist komplex und vielschichtig. Um sie beschreiben zu können, muß sie unter verschiedenen Gesichtspunkten betrachtet werden. Zu untersuchen ist, welchen Zweck die formale Analyse erfüllen soll, wem sie nützt und wer sie durchführt, welche Methoden zur Verfügung stehen, welche technischen Hilfsmittel eingesetzt werden können bzw. welche Verfahren es beim Einsatz von Datenverarbeitungsanlagen gibt.

B 2.1 Zweck der formalen Analyse

Die formale Analyse von Dokumenten ist seit alters her eine der Hauptaufgaben der Bibliotheken und Archive, in neuerer Zeit auch der Dokumentationsstellen. Die gesammelten und ausgewerteten Dokumente müssen identifizierbar und wieder auffindbar sein. Die formale Analyse bietet die Möglichkeit, die formalen Charakteristika von Dokumenten zu beschreiben. Damit können die Dokumente unter mehreren, aber immer den formal gleichen Such- und Ordnungsmerkmalen in Katalogen, Datenbanken, Bibliographien o.ä. nachgewiesen werden. Hierzu werden nach festgelegten Regeln die verschiedenen formalen Charakteristika zu ,,Auswertungselementen'' zusammengefaßt, die jeweils eine sinnvoll nicht weiter zu unterteilende Klasse zusammengehöriger Charakteristika bilden (z.B. ist ein Datum, bestehend aus Tag, Monat, Jahr nicht weiter zu unterteilen und bildet deshalb ein Auswertungselement). Alle bei der formalen Analyse ermittelten Auswertungselemente für die Beschreibung eines Dokumentes werden in festgelegter Form und Reihenfolge niedergeschrieben. Aus der vollständigen Menge von Auswertungselementen wird nur ein bestimmter Teil als Ordnungs- oder Suchmerkmale ausgewählt. Das Ergebnis der formalen Analyse wird gemeinhin ,,Titelaufnahme'' oder ,,Fundstelle'' oder ,,Zitat'' genannt.

B 2.2 Dokumenttypen und ihre Auswertungselemente

Die Angaben zu den Auswertungselementen werden möglichst der Vorlage selbst entnommen. Diese Vorlage kann jedoch zu ganz unterschiedlichen Dokumenttypen gehören, z.B. zu
- Druckschriften,
- audiovisuellen Dokumenten,
- Bilddokumenten,
- dreidimensionalen Dokumenten (z.B. ein Globus, ein Denkmal),
- Filmdokumenten,
- maschinenlesbaren Dokumenten für die Datenverarbeitung,
- Handschriften,
- Tondokumenten

oder auch zu Kombinationen mehrerer Dokumenttypen (z.B. ein Sprachlehrbuch mit Tonbandkassette).

Jeder Dokumenttyp hat eigene Merkmale, die sich aus
- der Publikationsform,
- der Materialart des Datenträgers und der äußeren Erscheinungsform
- sowie auch aus Zweck und Anliegen seines Erscheinens

ergeben. Es gibt allerdings auch Auswertungselemente, die eine gleichartige Funktion bei allen Dokumenttypen erfüllen, z.B. das Entstehungsjahr oder der Name des für das Zustandekommen eines Dokumentes Verantwortlichen.

Aus der Vorlage ergeben sich, je nach Dokumenttyp, charakteristische Angaben, die für die formale Analyse besonders wichtig sind. Beispielsweise werden bei Druckschriften die Haupttitelseite oder andere Teile des Dokumentes mit Angaben zur „Titelei" wie Rückentitel, Rückseite der Haupttitelseite, letzte Seite der Druckschrift oder auch Vorwort, Nachwort und sogar Textteile für die Analyse der formal beschreibenden Merkmale herangezogen. Bei Bedarf kann auch auf Quellen außerhalb der Vorlage wie z.B. Bibliographien oder Verlagsprospekte zurückgegriffen werden, um fehlende Angaben zu ergänzen.

Bei allen anderen Dokumenttypen wird entsprechend verfahren. Bei Schallplatten können beispielsweise die formalen Merkmale der Plattenhülle oder dem Etikett entnommen werden. Bei Bilddokumenten werden die Maße, Herkunft, Entstehungsjahr usw. erfaßt und bei audiovisuellen Dokumenten werden die Angaben der Beschriftung einer Filmrolle und dem Vorspann oder Nachspann entnommen und durch technische Angaben (z.B. Beschreibung der Materialart, der Bearbeitungsstufe von kinematographischen Materialien, der Angabe von Schäden, der Aufzeichnungs- und Übertragungsart) ergänzt.

Die oben angeführten Dokumenttypen können weiter unterteilt werden, meist ist der Anlaß oder Zweck, zu dem ein Dokument hergestellt wird, für die weitere Unterteilung bestimmend. Auch diese Dokumenttypen haben oft zusätzliche Charakteristika, die bei der formalen Analyse berücksichtigt werden müssen. Beim Dokumenttyp „Druckschriften" können z.B. viele weitere Unterteilungen unterschieden werden (Lit. 21., hier DIN 31, 631 Teil 4), dazu zählen Dokumenttypen wie „Dissertation", „Patentschrift", „technische Norm" oder „Gesetzentwurf". Beim Dokumenttyp „audiovisuelle Dokumente" können z.B. Unterteilungen wie „Life-Sendung" oder „Magazin-Sendung", „Unterrichtsfilm" oder „Spielfilm" unterschieden werden.

Zu Auswertungselementen, die in fast allen Dokumenttypen vorkommen, kommt also eine Fülle an speziellen Charakteristika hinzu. Aufgabe der formalen Analyse ist es deshalb auch, Regeln zu entwickeln, die festlegen,
- welche Auswertungselemente eine gleichartige Funktion bei allen Dokumenttypen erfüllen (z.B. „Verfasser" bei Druckschriften und „Maler" bei einem Bilddokument),
- welche speziellen Auswertungselemente bei bestimmten Dokumenttypen zu berücksichtigen sind (z.B. „Konferenzort" bei Konferenzschriften oder „Offenlegungsdatum" bei Patentschriften),
- in welcher Form (Ansetzungsform, Vorlageform, normierte Form) die Angaben zum Auswertungselement aus dem Dokument erfaßt werden sollen

– und: in welcher einheitlichen Reihenfolge die Auswertungselemente aller Dokumenttypen zu erfassen sind.

B 2.3   Die Rolle der Regelwerke

Einheitliche Regeln für die formale Analyse von Dokumenten werden in sogenannten ,,Regelwerken/Instruktionen/Anweisungen" zur Verfügung gestellt. Ihre Zahl
ist unübersehbar. Einige haben jedoch eine hervorragende Rolle übernommen, indem sie entweder eine internationale, eine mehrere Staaten umfassende, nationale
oder regionale Geltung gewonnen haben.
Einen internationalen Geltungsbereich hat z.B. die Reihe der International Standard Bibliographic Description(s) (ISBD),

– ISBD (G)   allgemeines Rahmenwerk
– ISBD (M)   für Monographien
– ISBD (S)   für Serien, Periodika
– ISBD (NBM)   für audiovisuelle Materialien
– ISBD (CM)   für kartographisches Material
– ISBD (PM)   für Noten
– ISBD (A)   für ältere Bücher und Rara
– ISBD (CP)   für Aufsätze o.ä. aus Zeitschriften und Büchern.

Auch die im Rahmen des UNISIST-Programms der UNESCO herausgegebenen
Regelwerke für die formale Erfassung beim Einsatz von Datenverarbeitung haben
einen internationalen Geltungsbereich (Lit. 04.; Lit. 37.; Lit. 38.)
Einen mehrere Staaten umfassenden Geltungsbereich haben die Anglo-American
Cataloguing Rules (Lit. 01.). Dieses Regelwerk findet u.a. in den USA, in Kanada
und dem Vereinigten Königreich Anwendung.
Von nationaler Geltung sind z.B. folgende Regelwerke:

– Frankreich: Guide pratique du catalogueur (Lit. 05.)
– Schweiz: Katalogisierungsregeln (Lit. 07.)
– BR Deutschland: Regeln für die alphabetische Katalogisierung RAK (Lit. 30. – Lit. 35.).

Letztere sind für unseren Sprachraum von besonderer Bedeutung. Die RAK verwenden im beschreibenden Teil einer Titelaufnahme die ISBD (Lit. 02.) als Grundlage. Zur RAK gibt es – ähnlich wie bei der ISBD – mehrere Ergänzungsteile für
bestimmte Aufgabenbereiche oder auf bestimmte Dokumenttypen bezogen, z.B.:

– RAK (Grundwerk)
– KRAK Kurzfassung der Regeln für die alphabetische Katalogisierung
– RAK-Anwendung in der Deutschen Bibliothek
– RAK-WB für wissenschaftliche Bibliotheken
– RAK-ÖB für öffentliche Bibliotheken
– RAK-AV für audiovisuelle Materialien, Mikromaterialien und Spiele
– RAK-UW für unselbständig erschienene Werke
– RAK-Karten für kartographische Materialien
– RAK-Musik für Musikalien und Musiktonträger
– RAK-PB für Parlaments- und Behördenbibliotheken
(weitere Teile sollen folgen, eine Einführung bietet Lit. 06.).

Die ,,Regeln für die alphabetische Katalogisierung – RAK'' ersetzen seit 1966 in zunehmendem Maße die 1899 eingeführten ,,Instruktionen für die alphabetischen Kataloge der preußischen Bibliotheken (PI)'' und beeinflußten die formale Analyse im Dokumentationswesen. Hierzu wird in den folgenden Abschnitten eine Übersicht gegeben.

Für Zwecke der Dokumentation erschien 1932 ein Regelwerk von nationaler Geltung, die Norm DIN 1505 ,,Titelangaben von Schrifttum''. In kompakter, einfacher Form führte sie Regeln auf für ausführliche und gekürzte Titelaufnahmen und zwar hauptsächlich für Dokumente wie Bücher, Patentschriften, Normen und Aufsätze aus Zeitschriften oder Sammelwerken. Nach Erscheinen der RAK wollten die Vertreter des Bibliotheks- und Dokumentationswesens im zuständigen Normenausschuß des DIN Deutsches Institut für Normung die formale Erfassung in Bibliotheken und Dokumentationsstellen auf eine gemeinsame Grundlage stellen. Deshalb wurde DIN 1505 revidiert und in allen wichtigen Punkten an RAK angeglichen. Auch zu DIN 1505 gibt es mehrere Teile, von denen einige noch in Vorbereitung oder geplant sind (Lit. 10.). Die Regeln dieser Norm werden durch eine Beispielsammlung (Lit. 11.) erläutert.

Alle Sonderfälle zu regeln ist nicht möglich. Der Versuch es so weit wie möglich zu tun, führt zu einer Fülle von Regeln in dem Gesamtregelwerk. Wegen der Auslegbarkeit einzelner Regeln, wegen des Mangels an Eindeutigkeit und Einheitlichkeit werden Titelaufnahmen desselben Dokuments durch mehrere Bibliotheken immer Unterschiede aufweisen.

Einen vereinheitlichenden Effekt hat der beginnende Datenaustausch mit Hilfe von Austauschformaten oder Datenbanken (Lit. 08.; Lit. 36.; Lit. 03.; Lit. 26.) oder der in der BR Deutschland 1974 eingeführte Cataloguing in Publication-Dienst (CIP). Für diesen Dienst liefern die Verlage noch vor Erscheinen des Dokumentes die entsprechenden Daten an die Deutsche Bibliothek. Diese fertigt eine Titelaufnahme an, die als ,,CIP-Kurztitelaufnahme'' im Dokument selbst veröffentlicht wird.

B 2.4   Die Reihenfolge der Auswertungselemente

Die Regelwerke sehen eine feste Reihenfolge der Auswertungselemente vor. Zur leichteren Handhabung und aus Gründen der Übersichtlichkeit werden mit zusammengehörigen Auswertungselementen Gruppen gebildet und sowohl die Reihenfolge der Gruppen als auch der Auswertungselemente innerhalb jeder Gruppe festgelegt. Diese Reihenfolge ist unabhängig von der Reihenfolge in den vielfältig gestalteten Vorlagen (z.B. auf den Titelblättern von Büchern), jedoch ganz entscheidend abhängig von dem Informationsmedium, in dem eine Titelaufnahme gespeichert werden soll. Unter ,,Informationsmedium'' wird in diesem Zusammenhang sowohl ein Bibliothekskatalog als auch eine Kartei, eine Bibliographie, Literaturangaben zu einem Werk, ein Verlagsprospekt oder eine Datenbank verstanden. In ,,Grundtitelaufnahmen'' (oder Einheitsaufnahmen) von Schrifttum werden z.B. die einzelnen Gruppen von Auswertungselemeneten wie folgt angeordnet:

- Sachtitel- und Verfasserangaben
  (mit dem Sachtitel, Parallelsachtitel (= weiterer Sachtitel in einer anderen Sprache) und Zusätzen zum Sachtitel sowie Angaben zu den persönlichen und körperschaftlichen Urhebern)
- Ausgabebezeichnung
  (mit Angabe der Auflage)
- Erscheinungsvermerk
  (mit dem Erscheinungsort, Verlag oder Drucker, Erscheinungsjahr)
- Kollationsvermerk
  (mit der Umfangsangabe, Illustrationsangabe, Formatangabe)
- Gesamttitelangabe
  (mit Titel der Schriftenreihe und Bandzählung)
- Ergänzende Angaben
  (mit zusätzlichen Angaben zu den einzelnen Gruppen der Titelaufnahme)
- ISBN, Einbandart, Preisangabe.

Diese Gruppen von Auswertungselementen werden entweder jeweils auf einer neuen Zeile begonnen oder fortlaufend hintereinander geschrieben und dabei durch festgelegte Deskriptionszeichen oder unterschiedliche Drucktypen voneinander abgesetzt. Zur Unterscheidung von normalen Interpunktionszeichen werden die Deskriptionszeichen von Leerzeichen (Spatien) begrenzt, z.B. xxx / yyy.
Für die Reihenfolge der Auswertungselemente in Bibliothekskatalogen und Karteien vgl. Abschnitt B 2.5.
In Bibliographien, Literaturangaben und Prospekten werden zur Verkürzung der Titelaufnahme oft einzelne Auswertungselemente oder auch Gruppen von Auswertungselementen fortgelassen wie z.B. Parallelsachtitel, ergänzende Angaben, Verlag. Auch werden vielfach die Verfasserangaben zuerst aufgeführt.
In Datenbanken werden die einzelnen formalen Beschreibungselemente mit Feldkennungen oder Steuerzeichen versehen, sodaß ihre Bedeutung für die weitere Verarbeitung und Interpretation durch ein Programm und einen Rechner eindeutig ist.
Die Reihenfolge ist hierbei im Prinzip beliebig, lediglich bei der Ausgabe auf einem Bildschirm oder einem Ausdruck, ist eine Standardreihenfolge vorzusehen, die derjenigen der herkömmlichen Informationsmedien gleichen kann.

B 2.5   Arten von Eintragungen in Katalogen oder Karteien

In alphabetische Verzeichnisse, Kataloge und Karteien können die Grundtitelaufnahmen (= Einheitsaufnahmen) anhand mehrerer Auswertungselemente, die damit eine Ordnungs- und Suchfunktion übernehmen, aufgenommen/abgestellt werden. In die Reihenfolge der Angaben in der Einheitsaufnahme wird dafür eine Ordnungszeile mit dem jeweiligen Ordnungs- bzw. Suchmerkmal eingefügt. Dabei entstehen folgende Arten von Eintragungen:
- Haupteintragungen - Nebeneintragungen - Verweisungen.
Für Haupt- und Nebeneintragungen werden dieselben Titelaufnahmen benutzt (= Einheitsaufnahme). Zum Bestandteil dieser Einheitsaufnahmen werden auch Hinweise auf Ordnungsmerkmale, unter denen Nebeneintragungen zu finden sind.

B 2.5.1 Haupteintragungen

Die Haupteintragung ist der vollständigste Nachweis eines Dokumentes, in ihr werden auch Nachträge und Ergänzungen (z.B. bei Periodika, Serien) vorgenommen. Die Haupteintragung erhält eine Ordnungszeile mit einem Ordnungselement nur dann, wenn sie nicht unter dem Sachtitel eingeordnet werden soll.

Beispiel für eine Haupteintragung (aus Beispielsammlung zu DIN 1505)

Lohberg, Rolf:
Was denkt sich ein Elektronengehirn? : e. verständl. Einführung in d. Arbeitsweise d. Elektronenrechner / Rolf Lohberg; Theo Lutz. – Stuttgart: Franckh, 1963. – 190 S.: 86 Ill. u. graph. Darst.

NE: Lutz, Theo: Was denkt sich. . .

Es wird unterschieden zwischen:
– Haupteintragungen unter dem ersten Verfasser (bei Schriften von ein bis drei Verfassern);
– Haupteintragungen unter einem Sachtitel (bei Schriften ohne oder mit mehr als drei Verfassern, oder solchen, die mehrere Werke unter einem übergeordneten Sachtitel enthalten);
– Haupteintragungen unter dem ersten körperschaftlichen Urheber (bei Schriften, die ein oder mehrere körperschaftliche Urheber als Bestandteil des Sachtitels enthalten, oder die zu einem unspezifischen Sachtitel zu ergänzen sind).

B 2.5.2 Nebeneintragungen

Nebeneintragungen sind zusätzliche Nachweise eines Dokumentes. Sie besitzen immer eine Ordnungszeile mit einem zusätzlichen Ordnungsmerkmal, z.B. werden bei einem Dokument mit mehreren Verfassern, Nebeneintragungen für jeden Verfasser angelegt.

Beispiel für eine Nebeneintragung (aus Beispielsammlung zu DIN 1505)

Lutz, Theo: Was denkt sich. . .

Lohberg, Rolf:
Was denkt sich ein Elektronengehirn? e. verständl. Einführung in d. Arbeitsweise d. Elektronenrechner / Rolf Lohberg; Theo Lutz. – Stuttgart: Franckh, 1963. – 190 S. : 86 Ill. u. graph. Darst.

NE: Lutz, Theo: Was denkt sich. . .

Es wird unterschieden zwischen:
– Nebeneintragungen unter dem zweiten und dritten Verfasser (bei Schriften mit mehr als einem Verfasser);
– Nebeneintragungen unter sonstigen beteiligten Personen wie Herausgeber, Bearbeiter, Übersetzer u.ä.
– Nebeneintragungen unter gefeierten Personen
(bei Festschriften);

- Nebeneintragungen unter körperschaftlichen Urhebern
  (bei Schriften mit mehr als einem körperschaftlichen Urheber, deren Haupteintragung unter dem ersten körperschaftlichen Urheber angelegt wird, oder bei Schriften mit der Haupteintragung unter dem Sachtitel);
- Nebeneintragungen unter Sachtiteln
  (bei Schriften, deren Verfasser nicht auf der Haupttitelseite stehen, oder deren Haupteintragung unter einem körperschaftlichen Urheber angelegt wird);
- Nebeneintragungen unter weiteren Titeln
  (bei Schriften mit mehreren Werken, die entweder auf der Haupttitelseite genannt sind, oder die eine eigene Titelseite im Innern der Schrift haben);
- Nebeneintragungen unter abweichenden Titeln
  (bei Schriften mit Parallel-, Neben-, oder Originaltiteln, deren Haupteintragung unter dem Sachtitel angelegt wird);
- Nebeneintragungen unter dem Gesamttitel
  (bei Stücktitelaufnahmen für einzelne Bände von Schriftenreihen).

B 2.5.3 Verweisungen

Durch Verweisungen werden weitere Suchhilfen geboten, die entweder unabhängig von einer konkreten Titelaufnahme, z.B. bei unterschiedlichen Schreibweisen, auf die für den Katalog als Suchmerkmal gültige Schreibweise hinweisen oder die abhängig von einer Titelaufnahme Nebeneintragungen ersetzen. In letzterem Fall besteht das Ziel, auf das verwiesen wird, aus denAngaben, die für die Einordnung der Haupteintragung maßgeblich sind.

Beispiele für Verweisungen:
- Deutsche Gesellschaft für Sozialforschung
  später s. Deutsche Gesellschaft für Sozialwissenschaft
- Verhandlungen. . .
  s. auch unter der herausgebenden Körperschaft
- Müller, Fritz: Neuer Aufbruch
  s. Herold, Wilhelm: Neuer Aufbruch

B 2.6 Darstellung formaler Angaben

In den Regelwerken wird festgelegt, wie die konkreten Einträge zu einem Auswertungselement dargestellt werden sollen. Es wird dabei zwischen Vorlageformen, Ansetzungsformen und Formatierungen oder Normierungen von Daten unterschieden:

B 2.6.1 Vorlageform

Vorlageformen werden in Informationsmedien benutzt, die besonderes Gewicht auf eine möglichst originalgetreue Wiedergabe bestimmter Auswertungselemente der Vorlage legen. Diese Tradition ist vor allem in Bibliothekskatalogen sichtbar. Hier werden Vorlageformen insbesondere bei der Wiedergabe der Gruppe der Auswertungselemente ,,Sachtitel, Zusätze zum Sachtitel, Verfasserangabe'' benutzt. Alle auf der Haupttitelseite genannten Auswertungselemente zu dieser Gruppe werden in der vorliegenden Form einschließlich einleitender oder verbindender Wendungen, die z.b. den Sachtitel mit der Verfasserangabe verbinden, übernommen.

Beispiel (aus Beispielsammlung zu DIN 1505):

Der Arbeitsunfall / von Werner Gunkel u. Horst Jegust (bis zur 3. Aufl.); in d. 4. völlig neubearb. Aufl. fortges. von Horst Jegust.

An diesem Beispiel wird auch deutlich, daß die Übernahme der Vorlageform nicht deckungsgleich, sondern ebenfalls nach bestimmten Regeln erfolgt:
- die Reihenfolge der Angaben wird vereinheitlicht, z.b. folgt die Verfasserangabe der Sachtitelangabe, auch wenn dies auf dem Titelblatt umgekehrt der Fall ist,
- Abkürzungen werden außerhalb der Sachtitel für bibliographisch-technische Bezeichnungen vorgenommen,
- Deskriptionszeichen werden zwischen die einzelnen Bestandteile der Titelaufnahme eingefügt,
weiterhin ist möglich:
- die Angaben durch weitere Auswertungselemente aus anderen Teilen der Vorlage (z.b. Rückseite des Haupttitelblattes) zu ergänzen,
- einzelne Angaben aus vorlagenfremden, anderen Quellen in eckigen Klammern der Vorlageform hinzuzufügen,
- nichtlateinische Schriftarten zu transliterieren.
Dieses Verfahren bedingt wiederum eine Fülle von Einzelregelungen, durch deren Anwendung versucht wird, die Vielfalt der Veröffentlichungsformen einerseits abzubilden und andererseits zu vereinheitlichen. In den meisten Dokumentationssystemen, vor allem solchen, die maschinengestützt sind, wird deshalb auf die Reproduktion der Vorlageform verzichtet.

B 2.6.2   Ansetzungsform

Ansetzungsformen müssen für alle Auswertungselemente gebildet werden, die eine Ordnungs- oder Suchfunktion übernehmen. Dies sind vor allem Sachtitel, Namen von Personen und Körperschaften sowie Gesamttitel (z.b. Titel einer Zeitschrift oder Serie).
Als Ansetzungsformen können vor allem bei Sachtiteln oder Gesamttiteln die Vorlageformen gelten, auch wenn dadurch unterschiedliche Schreibweisen innerhalb eines Informationsmediums auftreten. Durch Verweisungen sollte auf diese Schreibweisen hingewiesen werden.

Beispiel: Bulletino s. auch Bollettino

Es ist allerdings auch vorgesehen, unterschiedliche Schreibweisen − unabhängig von der Vorlage − zu vereinheitlichen. Dies geschieht im allgemeinen bei Zahlen,

die in ausgeschriebener Form übernommen werden und bei Abkürzungen, die ohne
Spatien oder Abkürzungspunkte zwischen den einzelnen abgekürzten Wörtern angesetzt werden.

Beispiel:

Vorlageform	Ansetzungsform
O8/15	Null acht fünfzehn
U.N.E.S.C.O	UNESCO

Darüber hinaus gibt es für die Ansetzung von Sachtiteln Regeln über die Schriftart,
typographische und orthographische Besonderheiten, Schreibweisen von Symbolen, Personen- und Körperschaftsnamen als Bestandteile des Sachtitels, einleitenden Wendungen u.ä.

Weiterhin wird die Ansetzung solcher Sachtitel, die aus mehr als einer Ordnungsgruppe bestehen, geregelt. Eine Ordnungsgruppe bei Sachtiteln enthält im allgemeinen den für die Einordnung gültigen Sachtitel. Bei Sachtiteln zu einem Gesamtwerk
mit Unterreihen, Abteilungen oder fortlaufenden Beilagen, können eigene Titelaufnahmen für die einzelnen Gliederungseinheiten gebildet werden. Jede dieser Gliederungseinheiten von hierarchisch gegliederten Gesamtwerken bildet eine weitere
Ordnungsgruppe.

Zur Ansetzung der Namen von Personen gibt es eine Fülle von Regeln, die sich danach richten, aus welchem Sprachkreis ein Personenname stammt (Lit. 09.). Im allgemeinen wird jedoch der Familienname – wahlweise mit oder ohne Präfixen wie
,,von", ,,du" – an erster Stelle erfaßt, gefolgt von Vornamen, die ggf. durch ein
Komma von Familiennamen abgetrennt werden (bei chinesischen Namen kann z.B.
das Komma entfallen, weil die gebräuchliche chinesische Namenfolge (ohne Kommata) dieser Schreibweise entspricht).

Beispiel:

Vorlageform:	Ansetzungsform:
Wernher von Braun	*Von Braun, Wernher*
Daphne du Maurier	*Du Maurier, Daphne*
Pieter 't Hoen	*Hoen, Pieter 't*
Henry McArthur	*MacArthur, Henry*
Mao Tse Tung	*Mao Tse Tung*
Fürst Otto von Bismarck	*Bismarck, Otto Fürst von*
	oder
	Bismarck, Otto von
Joao dos Santos	*Santos, Joao dos*

Personennamen sollen innerhalb eines Informationsmediums immer gleich angesetzt werden. Entweder werden abgekürzte Namensbestandteile (z.B. Vornamen)
möglichst ergänzt (hierzu können evtl. Nachschlagewerke herangezogen werden),
oder es werden generell nur die Initialen der Vornamen erfaßt.

Gleiche Namen verschiedener Personen können durch Hinzufügung von Zusätzen
wie Lebensdaten, Berufsbezeichnungen, ,,junior", oder, im Parlament sehr häufig,
durch Ortsnamen unterschieden werden.

Die Ansetzung von Körperschaftsnamen ist ebenfalls eingehend geregelt. Körperschaften werden im allgemeinen unter ihrem vollen offiziellen Namen angesetzt.
Bei untergeordneten Körperschaften ist u.a. zu beachten: Eine untergeordnete Körperschaft kann selbständig angesetzt werden, wenn dadurch eine ausreichende

Identifizierung möglich ist. Sie muß aber nach der Bezeichnung der übergeordneten Institution angesetzt werden, wenn eine Identifizierung nur im Zusammenhang mit der übergeordneten Körperschaft möglich ist, vor allem dann, wenn eine eindeutige Unterordnung nur durch allgemeine Bezeichnungen wie ,,Abteilung'', ,,Zweigstelle'', ,,Sparte'' zum Ausdruck gebracht ist.

Beispiele:	Vorlageform:	Ansetzungsform
	Referat Frauenpolitik der Sozialdemokratischen Partei Deutschlands	*Sozialdemokratische Partei Deutschlands / Referat Frauenpolitik*
	Arbeitsgemeinschaft Kavalier der Straße im Deutschen Verkehrssicherheitsrat	*Deutscher Verkehrssicherheitsrat / Arbeitsgemeinschaft Kavalier der Straße*
	aber:	
	Herder-Institut der Karl-Marx-Universität Leipzig	*Herder-Institut < Leipzig >*

Universitäten, Technische Hochschulen u.ä. werden einheitlich mit diesen allgemeinen Bezeichnungen unter Hinzufügung des Ortssitzes angesetzt. Der Ortssitz oder die Region wird einem Körperschaftsnamen immer dann hinzugefügt, wenn sie im Namen der Körperschaft nicht bereits vorkommen.

Beispiel:	Mainzer Volksbank
aber	Institute of Research < London >

Weiterhin gibt es Ansetzungsregeln für Gebietskörperschaften, d.h. Staaten, Gliedstaaten, Gemeinden sowie regionale Verwaltungseinheiten und deren Dienststellen und Behörden. Gebietskörperschaften werden im allgemeinen unter ihrer geographischen Bezeichnung oder der gebräuchlichen Kurzbezeichnung angesetzt.

Beispiele:	Offizielle Form:	Ansetzungsform:
	Kongeriget Danmark	*Danmark*
	Sojuz Sovetskich Socialisticeskich Respublik	*SSSR*
	Republic of South Africa	*South Africa*
	Kanton Graubünden	*Graubünden*
	Landkreis Bad Dürckheim	*Dürckheim < Landkreis >*
	Bad Reichenhall	*Reichenhall*
	Aix-en-Provence	*Aix-en-Provence*
	Polizeidirektion Bonn	*Nordrhein-Westfalen/ Polizeidirektion < Bonn >*
	Landtag Nordrhein-Westfalen	*Nordrhein-Westfalen/ Landtag*

B 2.6.3   Formatierung und Normierung von Daten

Insbesondere in DV-gestützten Systemen werden die Daten zur formalen Beschreibung von Dokumenten häufig formatiert bzw. normiert. In den Regelwerken werden hierzu verschiedene Anweisungen gegeben, z.B. werden Abkürzungen festgelegt und vorgeschrieben; die Zeichenlänge einer Angabe wird begrenzt (z.B. soll ein Datum immer 10 Zeichen lang sein und in der Form 1987 − 12 − 01 angegeben werden); Codierungen anstelle von Einträgen im Volltext werden vor allem für den Datenaustausch festgelegt (Lit. 17. − Lit. 24.) (s.a. Abschnitt B 2. 9.2).

B 2.7 Besonderheiten der formalen Analyse bei Einsatz von Datenverarbeitung

Voraussetzung für den Einsatz von Datenverarbeitung ist eine formale Datenstruktur, die alle im Dokumentationsprozeß auftretenden Auswertungselemente für die maschinelle Weiterverarbeitung identifizierbar macht.

Während bisher lediglich über die formale Erfassung vorhandener, insbesondere bibliographischer, Daten von dokumentarischen Bezugseinheiten, referiert wurde, erweitert sich der Aufgabenbereich der formalen Analyse unter Einsatz von Datenverarbeitung erheblich. An neuen Arbeitsschritten kommen deshalb hinzu:

− Erhebung aller Auswertungselemente für die Beschreibung der zu dokumentierenden Einheiten. Auch inhaltsbeschreibende Auswertungselemente wie Schlüsselwörter, Abstract, Klassifikationsangaben u.ä. müssen mit berücksichtigt werden (s. Abschnitt B 2.8)

− Zuordnung der Auswertungselemente zu Kategorien. Dabei müssen sowohl der Zweck des Informationssystems, der sich auf die Funktion jeder einzelnen Kategorie auswirkt, als auch die Art der zu erwartenden Daten bedacht werden (s. Abschnitt B 2.9)

− Charakterisierung der Kategorien durch Zuweisung ihrer Funktion im Informationssystem (s. Abschnitt B 2.9).

Die Erledigung aller o.a. Arbeitsschritte ist Voraussetzung für den sinnvollen Einsatz von Datenverarbeitung. Nur eine gründliche formale Analyse der zu dokumentierenden Objekte liefert die erforderlichen Angaben für die Anforderungen an ein Informationssystem, für seine Planung, seine Programmierung und seinen Aufbau.

B 2.8 Erhebung und Kategorisierung von Auswertungselementen

Die oben kurz skizzierten Regeln für die formale Analyse von dokumentarischen Bezugseinheiten sind sowohl in manuellen als auch in maschinellen Informationssystemen von grundlegender Bedeutung. Aus ihnen lassen sich alle Auswertungselemente, die im Dokumentationsprozeß zur Beschreibung und zum Wiederfinden dokumentarischer Bezugseinheiten notwendig sind, ableiten sowie die Art und Weise, in der formale Angaben erfaßt, formatiert und umgesetzt werden sollen. Weiterhin kann die Reihenfolge der Auswertungselemente und ihre Ordnung in einem Gesamtsystem abgeleitet werden.

Entweder stützt sich ein Informationssystem auf ein bereits vorhandenes Regelwerk oder entwickelt seine Regeln neu. Im Dokumentationsprozeß werden alle erforderlichen Auswertungselemente anhand des Regelwerks zusammengestellt und, um diese datenverarbeitungsgerecht zu kennzeichnen, Datenkategorien zugewiesen. Eine Datenkategorie kann mehrere Auswertungselemente enthalten, wenn diese inhaltlich eng zusammengehören. Dieser Punkt ist besonders kritisch, da eine zu feine Aufteilung von Auswertungselementen auf Kategorien ebenso hinderlich sein kann wie das zu grobe ununterschiedene Zusammenfassen mehrerer Auswertungselemente in einer einzigen Kategorie.

Meist ist das Ziel und der Zweck eines Informationssystems bestimmend für den Feinheitsgrad, in dem seine Auswertungselemente einzeln oder zu mehreren zusammengefaßt den Kategorien zugeteilt werden. Beispielsweise sollte ein Personenname, der aus den Auswertungselementen ,,Nachname, Vorname'' besteht, als Einheit einer einzigen Kategorie zugeordnet werden, da die einzelnen Bestandteile für sich allein nicht sinnvoll verwendbar sind. Dagegen sollten Auswertungselemente wie ,,Gesamttitel'' und ,,Zählung zum Gesamttitel'' zwei verschiedenen Kategorien zugeordnet werden, da die Zählung auch für weitere Verarbeitungszwecke (Sortierung, Suche, Auflistung) von Bedeutung sein kann.

Jede Datenkategorie erhält eine Feldkennung, durch die sie in einem Datenverarbeitunssystem identifizierbar wird, sowie eine Benennung und eine Definition über den inhaltlichen Umfang der zugeordneten Auswertungselemente (Beispiel s. Abschnitt B 2.10.1).

Jahrelang wurden Auswertungselemente nach systeminternen Bedürfnissen Kategorien zugeordnet und diese zu ,,Datenerfassungsschemata'' zusammengestellt. Bedingt durch die unterschiedlichen Aufgabenstellungen der Institutionen wurden Kategorien gebildet, die entweder nur ein Auswertungselement oder mehrere in unterschiedlichen Kombinationen enthielten. Auch wenn damit die gleichen Dokumenttypen beschrieben und erfaßt werden sollten, zeigt ein Vergleich der verschiedenen Datenerfassungsschemata deutlich, daß durch den unterschiedlichen Begriffsumfang einer Kategorie, in der mehrere Auswertungselemente ununterschieden zusammengefaßt sind, ein Datenaustausch zwischen den einzelnen Systemen erschwert oder nur unter Verlust einer spezifischen Identifizierbarkeit der einzelnen Auswertungselemente möglich ist.

Geht man jedoch davon aus, daß DV-gestützte Informationssysteme den Datenaustausch mit allen Möglichkeiten wie
– Abspeicherung fremder Dokumentationseinheiten im eigenen System,
– on-line-Abfragen,
– Ausleihe und Beschaffung von Dokumenten
eröffnen, so ist auf jeden Fall die feinste logisch sinnvolle Aufgliederung der Auswertungselemente allen anderen Einteilungen vorzuziehen, weil sie Systemunabhängigkeit herstellt.

Dieser Zusammenhang wurde bereits Anfang 1970 erkannt und in der Normungsarbeit des Normenausschusses für Bibliothekswesen und Dokumentation im DIN berücksichtigt. Ziel von Normung in diesem Bereich ist es, nicht-systemgebundene Kategorienkataloge für verschiedene Aufgaben aufzustellen. Aus ihnen können individuelle Datenerfassungsschemata abgeleitet werden, deren Kategorien dann aber einen verbindlichen und definierten Begriffsumfang haben und somit zumindest auf einer logisch-inhaltlichen Ebene reibungslos ausgetauscht oder auch gegenseitig online abgefragt werden können. Um den unterschiedlichen Anforderungen an die Detailliertheit eines Datenerfassungsschemas Rechnung zu tragen, wurden Methoden entwickelt, die es gestatten, entweder den hierarchisch gegliederten Kategorienkatalog bis zur untersten, feinsten Stufe anzuwenden, oder sich auf einer höheren, gröberen Stufe zu bewegen. Dabei muß stets die Identifizierbarkeit des einzelnen Auswertungslementes erhalten bleiben.

Bei der Aufstellung systemunabhängiger Kategorienkataloge hat sich folgende Struktur bewährt, sie enthält in hierarchischer Folge:

- **Kategoriensätze:**
  Sie enthalten Kategorien und Kategoriengruppen, die aufgrund ihrer Funktion im Dokumentationsprozeß zusammengehören, z.B.
  - Angaben zur Person
  - Angaben zur Körperschaft
  - Sachtitel
  - Veröffentlichungsvermerk
  - Angaben zur übergeordneten Einheit

- **Kategoriengruppen:**
  Sie enthalten Kategorien, die begrifflich und sachlich zusammengehören,
  - Abmessungen
    mit den Kategorien:
    - Länge
    - Breite
    - Durchmesser   oder
  - Gesamttitel
    mit den Kategorien:
    - Gesamttitel eines begrenzten Werkes
    - Gesamttitel mehrbändiger begrenzter Werke
    - Serientitel
    - Gesamttitel zeitschriftenartiger Reihen
    - Zeitschriftentitel
    - Zeitungstitel   usw.

- **Kategorien:**
  Sie umfassen ein oder mehrere zueinander gehörende Auswertungselemente, deren weitere Aufteilung auf mehrere Kategorien nicht mehr sinnvoll wäre, z.B. besteht ein Datum aus den Auswertungselementen ,,Jahr, Monat Tag'', diese gehören gemeinsam zu einer Kategorie ,,Datum''.
  Eine Kategorie bildet die unterste Gliederungseinheit, sie wird für die maschinelle Weiterverarbeitung durch eine eindeutige Feldkennung gekennzeichnet. Bei der formalen Erfassung werden einer Kategorie die zugehörigen Einträge (Daten) zugeordnet.

- **Spezifikation der Kategorie:**
  Sie kennzeichnet den Inhalt einer Kategorie näher und stellt eine hierarchische Alternative vor. Entweder benutzt ein System eine Kategorie mit Spezifikation oder nur die allgemeinere Kategorie, z.B.
  Kategorie = Angaben über die Schrift des Dokuments
  Spezifikationen =   - Schrift des Haupttextes
                        - Schrift der Zusammenfassung

Bisher sind, erarbeitet von Normenausschuß für Bibliothekswesen und Dokumentation im DIN, genormte Kategorienkataloge für die Beschreibung von Dokumenten, Institutionen und Projekten erschienen. (Lit. 17. – Lit. 24.)
Auch in der internationalen Normung beschäftigt man sich in zunehmendem Maße mit der Zusammenstellung von ,,Data Element Directories". Bisher erschienen, erarbeitet von TC 46 (Documentation) in der ISO – International Organization for Standardization – Normen mit Kategorien für den Leihverkehr zwischen Bibliotheken und die Erwerbung von Dokumenten, sowie ein Directory für die Beschreibung von Bibliotheken, Archiven, Informations- und Dokumentationsstellen und ihren Datenbasen zur Erstellung entsprechender Nachschlagewerke. Ein Directory mit Kategorien, die für den Information-Retrieval-Prozeß benötigt werden, ist in Vorbereitung (Lit. 27. – Lit. 29.).

B 2.9   Kategorienkataloge und Datenerfassungsschemata

Genormte Kategorienkataloge bieten eine gute Ausgangsposition für die Erstellung eigener, systeminterner Kategorienkataloge. Anhand ihrer feinen Gliederung kann jeder Anwender die für seine Aufgabenstellung passenden Kategorien zu seinem systeminternen Kategorienkatalog zusammenstellen.
Systeminterne Kategorienkataloge verzeichnen alle in einem Informationssystem verwendeten Kategorien mit ihren Feldkennungen, Benennungen und Definitionen. Daraus werden systeminterne Datenerfassungsschemata entwickelt, die im allgemeinen die Kategorien nur zu bestimmten Dokumenttypen oder Gruppen von Dokumenttypen enthalten. Die Aufteilung der Kategorien auf mehrere Erfassungsschemata empfiehlt sich immer dann, wenn sich ein beträchtlicher Teil der Kategorien nur für die Erfassung bestimmter Dokumenttypen eignet, z.B. für Tonträger oder Landkarten oder Zeitschriftenaufsätze.
Im Kategorienkatalog oder Datenerfassungsschema wird jeder Kategorie zusätzlich zu ihrer Benennung und der systeminternen Feldkennung eine genaue Beschreibung ihrer Eigenschaften, die in den folgenden Abschnitten behandelt werden, hinzugefügt.

B 2.9.1   Fakultative und obligatorische Kategorien

Die Charakterisierung einer Kategorie muß die Aussage enthalten, ob sie in einer Dokumentationseinheit immer vorhanden sein muß (= obligatorisch ist) oder ob sie ggf. fehlen kann (= fakultativ ist).
Aufgrund dieser Eigenschaft kann eine automatische Plausibilitätsprüfung durchgeführt werden, die prüft, ob eine obligatorische Kategorie tatsächlich vorhanden ist.

B 2.9.2   Normierte Einträge zu einer Kategorie

Einzelne Kategorien können dafür vorgesehen sein, ausschließlich normierte Einträge oder Einträge aus einer festgelegten Code-Liste zu enthalten. Diese Einträge lassen sich ebenfalls über eine maschinelle Plausibilitätsprüfung prüfen. Hierfür werden die möglichen Einträge in Vergleichstabellen abgespeichert und über das Programm mit den aktuellen Daten verglichen.
In den Normen (Lit. 17. – Lit. 24.; Lit. 27. – Lit. 29.) sind Codes für bestimmte Einträge vorgesehen, die dort vor allem für den Datenaustausch wegen ihrer Sprachunabhängigkeit und Kürze entwickelt wurden.

B 2.9.3   Mehrfache Einträge zu einer Kategorie einer Dokumentationseinheit

In der Beschreibung der Eigenschaften einer Kategorie muß berücksichtigt werden, ob sie jeweils nur einen Eintrag oder mehrere Einträge enthalten darf (z.B. mehrere Verfasser, mehrere Verlagsorte). Die Kennzeichnung wiederholter Einträge ist zu regeln. Immer dann, wenn Kategorien mit anderen verkettet sind, weil sie allein einen Sachverhalt nicht vollständig wiedergeben können und hierzu Wiederholungen von Einträgen auftreten, muß sowohl die Zuordnung der Kategorie zu ihrer Verkettung als auch die Kennzeichnung eines einzelnen Eintrags eindeutig sein.

Beispiel:
– Möglichkeiten der Erfassung mehrerer Einträge zu einer nicht verketteten Kategorie:
  a) Wiederholung der Feldkennung bei jedem Eintrag:
     pn Müller, Fritz
     pn Schmitz, Helmut
  b) Verwendung von Trennzeichen (hier: ;):
     pn Müller, Fritz; Schmitz, Helmut
– Möglichkeiten der Erfassung mehrerer Einträge zu verketteten Kategorien:
  a) Wiederholung der Feldkennungen und Kennzeichen der Verkettung durch Index
     (= gleichlautende laufende Nummer für jede Verkettung)
     Beispiel: Zu einer Institution sollen zwei Adressen erfaßt werden:
     st1 Bismarckstr. 16   (1. Adresse)
     or1 1000 Berlin 33
     st2 Königstr. 10   (2. Adresse)
     st2 5000 Köln 1
  b) Wiederholung der Feldkennung und Kennzeichnung der Verkettung durch feste Reihenfolge (ggf. durch Verwendung von Auslassungszeichen, hier: *)
     st Bismarckstr. 16   (1. Adresse)
     pf Postfach 33 10 75
     or Berlin 33
     st Königstr. 10   (2. Adresse)
     pf *
     or 5000 Köln 1

Die Möglichkeiten für die Kennzeichnung der Wiederholungen von Einträgen, Kategorien und Verkettungen von Kategorien werden in der Norm DIN 31 631 Teil 4 (Lit. 22.) geregelt.

B 2.9.4   Suchbare Kategorien in einem Information-Retrieval-System

Einträge zu Kategorien können Texte oder Suchmerkmale zum Inhalt haben. Diese Eigenschaft muß in der Beschreibung der Kategorie aufgeführt werden. Suchbare Kategorien werden in einem Retrievalsystem invertierten Suchregistern oder Tabellen zugeordnet, die auf die maschineninternen Adressen der zugehörigen Dokumentationseinheiten verweisen können.
Wenn eine Datenbank einer breiteren Öffentlichkeit über einen Datenbank-Host zugänglich gemacht wird, werden sowohl die systeminternen Feldkennungen als auch die Suchregister der normierten Datenbankstruktur des Host angepaßt. Dies geschieht umso reibungsloser, je enger sich das systeminterne Datenerfassungsschema an einen genormten Kategorienkatalog anlehnt.

B 2.9.5   Kategorien für die Ausgabe

Üblicherweise bestimmen entsprechende Programmvorgaben in einem System die Kategorien, deren Einträge als Ergebnis einer Suche ausgegeben / ausgedruckt / auf dem Bildschirm gezeigt werden. Können diese Kategorien nicht eindeutig formuliert werden, oder werden die Daten an ein anderes System übergeben bzw. ausgetauscht, muß die Kennzeichnung der auszugebenden Kategorien explizit erfolgen. Die Ausgabe von Dokumentationseinheiten in einem Retrieval-Dialog oder von Teilen, z.B. nur Verfasser, Titel und Veröffentlichungsvermerk, kann vom Benutzer über Ausgabe-Kommandos individuell gesteuert werden.
Aufgrund der Vorgaben in dem Austauschformat DIN 1506 (Lit. 16.), ist ein 9stelliger Indikator vorgesehen, der die Verarbeitung der Daten steuern soll. In dem in Vorbereitung befindlichen Teil 3 von DIN 31 631 werden die 3., 4. und 5. Indikatorstelle mit Kennungen für die Ausdrucksteuerung genormt. Hierdurch kann z.B. auch gekennzeichnet werden, mit welcher Kategorie eine Haupt- oder Nebeneintragung erzeugt werden soll.

B 2.9.6   Ordnungsfunktion einer Kategorie

Bei der Ausgabe von Dokumentationseinheiten können einer oder mehreren Kategorien bestimmte Ordnungsfunktionen ggf. mit hierarchischen Ordnungsstufen zugewiesen werden. In einem System geschieht dies üblicherweise durch entsprechende Programmvorgaben.
Die Ordnung von Dokumentationseinheiten in einem Retrieval-Dialog kann dagegen vom Benutzer über Sortier-Kommandos individuell gesteuert werden.

B 2.9.7   Datenaustausch

Als Programmvorgabe werden alle Kategorien zusammengestellt, die für einen Datenaustausch vorgesehen sind. Programme können auch die Umsetzung der systeminternen Datenstruktur in ein Austauschformat regeln. Solange es keinen international genormten Datenaustausch gibt, werden Daten bisher nur innerhalb fester Interessengruppen über einheitliche Austauschformate wie MAB (Lit. 08.) oder UNIMARC (Lit. 36.) ausgetauscht. Es handelt sich dabei jeweils um ,,geschlossene" Systeme, die nur untereinander einen Datenaustausch zulassen. Deshalb hat sich auch die UNESCO im Rahmen ihres General Information Programme und UNISIST um die Herausgabe eines ,,Common Communication Format (CCF)" für bibliographische Daten bemüht (Lit. 03.). Im CCF wird ein Minimal-Set von Kategorien für die Beschreibung von Monographien und Serien angeboten, die einigen wichtigen Datenformaten oder Titelaufnahme-Regelwerken gemeinsam sind. Für den Datenaustausch wird dabei auf das Austauschformat in der internationalen Norm ISO 2709 (Lit. 26.) Bezug genommen.

Immerhin ist bereits für die Bereiche ,,Leihverkehr zwischen Bibliotheken" und ,,Erwerbung" ein internationaler Normentwurf (Lit. 27.; Lit. 28.). vorhanden. In diesen Normentwürfen wird u.a. festgelegt, welche Typen von messages (Nachrichten) in einem Kommunikationssystem vorkommen können und welche Kategorien zu diesen message-Typen gehören.

Im Beispiel ,,Leihverkehr" kann es sich um folgende message-Typen handeln:

- Leihanfrage
- Antwort auf die Leihanfrage
- Absendevermerk: Nachricht, daß das gewünschte Dokument abgesendet wurde
- Hinweis auf anderen Leihgeber
- Verzögerungshinweis: Nachricht, daß das gewünschte Dokument erst zu einem späteren Termin verfügbar ist
- Bedingungen: Nachricht, unter welchen Bedingungen ein Dokument ausgeliehen werden kann
- Aufforderung zur Wiederholung einer Leihanfrage zu einem späteren Zeitpunkt
- Verlängerung der Leihfrist: Nachfrage, ob Leihfrist verlängert werden kann
- Antwort zur Verlängerung der Leihfrist
- Hinweis, daß Leihfrist überschritten wurde
- Nachricht, daß das Dokument beim Ausleiher angekommen ist
- Rücksendevermerk: Nachricht, daß das Dokument zurückgesendet wurde
- Hinweis, daß es sich um eine wiederholte Leihanfrage handelt
- Löschung einer Leihanfrage
- Nachricht, daß das ausgeliehene Dokument verlorengegangen oder zerstört ist
- Angaben zum Ersatz eines verlorengegangenen Dokuments
- Anfrage zum Stand einer Ausleihe
- Antwort zum Stand einer Ausleihe
- Reservierung eines Dokuments für eine spätere Ausleihe
- Antwort auf die Reservierung eines Dokuments für eine spätere Ausleihe
- Anfrage zu Kopierkosten
- Angabe der Kopierkosten
- Nachricht über Ankunft des geliehenen Dokuments beim Entleiher

Bei der Erwerbung von Dokumenten werden folgende message-Typen unterschieden:

- Erwerbungsvorschlag
- Bestellung zur Ansicht
- Mitteilung der Verkaufsbedingungen

– feste Bestellung
– Anfrage über den Stand der Bestellung
– Antwort auf die Anfrage über den Stand der Bestellung
– Information des Benutzers/Leser, der den Erwerbungsvorschlag eingereicht hat, über Ankunft des Dokumentes
– Anfrage über zusätzliche Informationen, z.b. Verfügbarkeit, Periodizität einer Veröffentlichung, letzte Ausgabe einer Serie
– Antwort mit zusätzlichen Informationen
– Antrag auf Streichung der Bestellung
– Antwort, ob Bestellung gestrichen ist
– Antrag auf Rückgabe eines ausgelieferten Dokuments
– Antwort auf Antrag auf Rückgabe eines ausgelieferten Dokuments
– Antwort auf Kreditantrag
– Anfrage auf Zusendung eines Depositar-Exemplars an eine Nationalbibliothek
– Antwort auf Zusendung eines Depositar-Exemplars
– Bestätigung des Eingangs eines Depositar-Exemplars
– Antrag auf Schenkung eines Dokuments
– Antwort auf Antrag auf Schenkung eines Dokuments
– Zusendung der Rechnung
– Mahnung
– Antwort auf Mahnung
– Rechnung der Transportkosten
– Erneuerung einer Subskription
– Antwort auf Erneuerung einer Subskription

Jedem message-Typ müssen bestimmte Kategorien des Kategorienkataloges zugeordnet werden. Die Beschreibung der Funktion der Kategorien muß also auch diese Eigenschaft berücksichtigen.

B 2.9.8   Regeln für die Gestaltung der Einträge zu Kategorien

Hiermit schließt sich der Kreis zu den in den Abschnitten B 2.3 bis B 2.6 beschriebenen Regeln für die formale Erfassung. Diese Regeln lassen sich sinngemäß auf die Gestaltung von Einträgen zu Kategorien anwenden. Darüberhinaus werden in den Normen (Lit. 17.-Lit. 24.; Lit. 25.; Lit. 27.-Lit. 29.) Codes für Einträge zu einigen Kategorien festgelegt, die insbesondere beim Datenaustausch statt der Einträge im Volltext verwendet werden können (s.a. Abschnitt B 2.9.7 und Beispiel in Abschnitt B 2.10.3). Für DV-gestützte Systeme muß zusätzlich die maximal zulässige Zeichenlänge und der Wertebereich (= numerisch/alphabetisch/alphanumerisch) eines Eintrags zu einer Kategorie festgelegt werden.

B 2.10   Beispiel eines systeminternen Kategorienkatalogs,
daraus abgeleiteter Datenerfassungsschemata und der zugehörigen Regeln für die Gestaltung der Einträge

Zur Erläuterung der o.a. Prinzipien soll als einfaches Beispiel ein Informationssystem dienen, das Normen und Zeitschriftenaufsätze dokumentiert und diese in einer Datenbank für online-Abfragen zur Verfügung stellt, jedoch keinen Zettelkatalog führt (hierdurch entfallen z. b. Kennzeichnungen für Haupt- und Nebeneintragungen). Die Zusammenstellung der Kategorien wird in Anlehnung an die Norm DIN 31 631 Teil 2 (Lit. 18.) vorgenommen.

B 2.10.1   Systeminterner Kategorienkatalog
für Normen und Zeitschriftenaufsätze

Feld-kennung	Kategorie	Bedeutung
id	*Identifikationsnummer*	Die Identifikationsnummer kennzeichnet eine Dokumentationseinheit innerhalb des Systems eindeutig und unverwechselbar
si	*Signatur*	Standort des Originaldokuments
ad	*Datum der Aufnahme*	Datum der Eingabe/Aufnahme einer Dokumentationseinheit in das System
vd	*Datum der Veränderung*	Datum der Verbesserung/Änderung einer Dokumentationseinheit
do	*Dokumenttyp*	Dokumenttypen kennzeichnen eine Menge von Dokumenten, die durch Kriterien der formalen Beschreibung sowie durch den Anlaß und/oder Zweck ihres Entstehens von anderen unterschieden werden und die auf gleichartigen Datenträgern fixiert sind
pn	*Personenname in Ansetzungsform*	Name der für das Zustandekommen der dokumentarischen Bezugseinheit verantwortlichen Person
kn	*Körperschaftsname in Ansetzungsform*	Name der für das Zustandekommen der dokumentarischen Bezugseinheit verantwortlichen Körperschaft
js	*Juristischer Sitz der Körperschaft*	Angabe des Ortes, wo die Körperschaft ihren offiziellen Sitz hat
ht	*Hauptsachtitel in Vorlageform*	Hauptsachtitel ist die erste oder hervorgehobene Benennung einer dokumentarischen Bezugseinheit
pt	*Parallelsachtitel in Vorlageform*	Parallelsachtitel sind Fassungen des Hauptsachtitels in einer anderen Sprache und/oder Schrift
ab	*Ausgabebezeichnung in Vorlageform*	Ausgabenvermerk, in dem sachliche Aussagen über Abweichungen/Veränderungen eines wiederholten Publikationsvorgangs enthalten sind und/oder in dem Angaben über die Anzahl der Publikationsvorgänge eines Dokuments gemacht werden

(Fortsetzung)

Feld-kennung	Kategorie	Bedeutung
vo	*Verlagsort*	Sitz des Verlags
ve	*Verlag*	Angabe der juristischen Person, die für die Veröffentlichung und Verbreitung eines Dokuments verantwortlich ist
er	*Erscheinungsdatum*	Zeitangabe, die den Zeitpunkt bzw. den zeitlichen Rahmen der Veröffentlichung eines Dokuments benennt
um	*Umfangsangabe*	Angaben zur Blatt-, Spalten- bzw. Seitenzählung
zt	*Zeitschriftentitel in Kurzform*	Ein Zeitschriftentitel ist der Titel einer Veröffentlichung von unbegrenzter Periodizität, deren einzelne Teile bibliographisch unselbständig sind und keinen eigenen Stücktitel aufweisen
jg	*Jahrgangszählung in Ansetzungsform*	Eine Jahrgangszählung ist die laufende Nummer oder Jahreszahl, die mehreren Teilen einer fortlaufenden Publikation innerhalb eines Zeitraums gemeinsam ist
hz	*Heftzählung in Ansetzungsform*	Eine Heftzählung ist eine Angabe über die laufende Nummer einer Zeitschrift oder einer Zeitung meist innerhalb eines Jahrgangs
bg	*Beigabenvermerk*	Ein Beigabenvermerk ist ein Kollationsvermerk, der eine (meist numerische) Angabe über in einer dokumentarischen Bezugseinheit enthaltene Darstellungsformen, die nicht fortlaufender Text sind, enthält
tn	*Technische Normnummer*	Eine technische Normnummer ist ein an ein System gebundenes Identifizierungskennzeichen für technische Normen
gs	*Schlüsselwörter; gebundene Schlagwörter*	Schlüsselwörter sind Elemente von Dokumentationssprachen auf der Basis natürlich-sprachlicher Benennungen, deren Art durch das spezifische Dokumentationssystem bestimmt wird. Ein gebundenes Schlagwort ist ein Schlüsselwort, das einer verbindlichen Liste von Benennungen entstammt
kr	*Kurzreferat*	Ein Kurzreferat ist die nicht wertende Angabe des für Informations- und Dokumentationszwecke wesentlichen Inhalts einer dokumentarischen Bezugseinheit, die das Ziel hat, dem Benutzer die Beurteilung der Relevanz des Dokuments zu erleichtern

B 2.10.2 Datenerfassungsschemata für Normen und Zeitschriftenaufsätze

Die für die formale und inhaltliche Beschreibung von Normen einerseits und Zeitschriftenaufsätzen andererseits erforderlichen Kategorien werden auf der Grundlage des systeminternen Kategorienkatalogs (s. Abschnitt B 2.10.1) zu zwei verschiedenen Datenerfassungsschemata zusammengestellt. Programme zur Plausibilitätsprüfung beziehen sich meistens auf die Kategorien eines Datenerfassungsschemas und deren inhaltlich-logische Zusammenhänge. Beispielsweise kann durch die Angabe des Dokumenttyps ,,Norm'' oder ,,Aufsatz'' automatisch geprüft werden, ob zunächst die zu prüfende Dokumentationseinheit tatsächlich nur die zum Dokumenttyp gehörenden Katgorien und dann außerdem, ob sie alle oblitgatorischen Kategorien enthält.

In der Beschreibung des Datenerfassungsschemas sind alle für die maschinelle Weiterverarbeitung notwendigen Eigenschaften einer Kategorie anzugeben (s.a. Abschnitt B 2.9). Die folgenden Beispiele sollen dies verdeutlichen.

Für die Anwendung eines Datenerfassungsschemas in der Praxis werden im allgemeinen vorgedruckte Formulare (sog. Auswertungsbogen) oder entsprechend gestaltete Bildschirmmasken vorgesehen, die alle Kategorien mit ihren Feldkennungen und zulässigen Feldlängen enthalten.

Datenerfassungsschema für Normen

Feld-kennung	Kategorie	obligatorisch /fakultativ (o/f)	wiederholbar /Trenner (w/T)	Suchmerkmal Text (S/T)
id	Identifikationsnummer	o		S
si	Signatur	f		S
ad	Datum der Aufnahme	o		S
vd	Datum der Veränderung	f		S
do	Dokumenttyp	o		S
kn	Körperschaftsname in Ansetzungsform	o		S
js	Juristischer Sitz der Körperschaft	o		S
ht	Hauptsachtitel in Vorlageform	o		T
pt	Parallelsachtitel in Vorlageform	f		T
ab	Ausgabebezeichnung in Vorlageform	f		T
vo	Verlagsort	o	w = 3 mal T = ;	T
ve	Verlag	o		T
er	Erscheinungsdatum	o		S
um	Umfangsangabe	o		T
bg	Beigabenvermerk	f	w = 10 mal T = ;	S
tn	Technische Normnummer	o		S
gs	Schlüsselwörter; gebundene Schlagwörter	o	w = 10 mal T = ;	S
kr	Kurzreferat	o		T

Datenerfassungsschema für Zeitschriftenaufsätze

Feld-kennung	Kategorie	obligatorisch /fakultativ (o/f)	wiederholbar /Trenner (w/T)	Suchmerkmal /Text (S/T)
id	*Identifikationsnummer*	o		S
si	*Signatur*	f		S
ad	*Datum der Aufnahme*	o		S
vd	*Datum der Veränderung*	f		S
do	*Dokumenttyp*	o		S
pn	*Personenname in Ansetzungsform*	f	w = 3 mal T = ;	S
kn	*Körperschaftsname in Ansetzungsform*	f	w = 3 mal T = ;	S
js	*Juristischer Sitz der Körperschaft*	f		S
ht	*Hauptsachtitel in Vorlageform*	o		T
pt	*Parallelsachtitel in Vorlageform*	f		T
er	*Erscheinungsdatum*	o		S
um	*Umfangsangabe*	o		T
zt	*Zeitschriftentitel in Kurzform*	o		S
jg	*Jahrgangszählung in Ansetzungsform*	f		S
hz	*Heftzählung in Ansetzungsform*	f	w = 2 mal T = –	S
bg	*Beigabenvermerk*	f	w = 10 mal T = ;	S
gs	*Schlüsselwörter; gebundene Schlagwörter*	o	w = 10 mal T = ;	S
kr	*Kurzreferat*	o		T

B 2.10.3 Regelwerk zum systeminternen Kategorienkatalog

Zusätzlich zur Beschreibung der Bedeutung und der Eigenschaften einer Kategorie müssen alle für die Gestaltung der Einträge zu beachtenden Regeln angegeben werden. In dem Regelwerk können auch genormte Einträge zu einigen Kategorien vorgesehen werden, die über ein Plausibilitätsprüfungsprogramm abgeprüft werden können.

Beispiel:

Kategorie „id": Identifikationsnummer
Die Identifikationsnummer wird von System automatisch vergeben, sie ist 10 Stellen lang.

Kategorie „si": Signatur
Die Signatur besteht aus 10 alphanumerischen Zeichen.

Kategorie „ad": Datum der Aufnahme
Das Aufnahmedatum wird für Zwecke des Information-Retrieval formatiert erfaßt:
Jahr (zweistellig) Monat (zweistellig) Tag (einstellig)
Beispiel: 871201

Kategorie ,,vd'': Datum der Veränderung
Das Datum wird für Zwecke des Information-Retrieval formatiert erfaßt:
Jahr (zweistellig) Monat (zweistellig) Tag (einstellig)
Beispiel: 871201

Kategorie ,,do'': Dokumenttyp
Es sind folgende Codes für die Dokumenttypen vorgesehen:
N = Norm
A = Zeitschriftenaufsatz

Kategorie ,,pn'': Personenname in Ansetzungsform
Die Ansetzung des Personennamens erfolgt gemäß DIN 1505 (Lit. 10.). Ein Personenname
darf 80 Zeichen lang sein.

Kategorie ,,kn'': Körperschaftsname in Ansetzungsform
Die Ansetzung des Körperschaftsnamens erfolgt gemäß RAK (Lit. 31.). Ein Körperschaftsname darf 200 Zeichen lang sein.

Kategorie ,,js'': Juristischer Sitz der Körperschaft
Die Ortsbezeichnung wird in der vorliegenden Form erfaßt, sie kann bis zu 60 Zeichen lang
sein.

Kategorie ,,ht'': Hauptsachtitel in Vorlageform
Der Hauptsachtitel wird in der vorliegenden Form erfaßt. Er kann 400 Zeichen lang sein.

Kategorie ,,pt'': Parallelsachtitel in Vorlageform
Parallelsachtitel werden in der vorliegenden Form erfaßt. Sie können 400 Zeichen lang sein.

Kategorie ,,ab'': Ausgabebezeichnung in Vorlageform
Die Ausgabebezeichnung (z.B. ,,Entwurf'') wird in der vorliegenden Form erfaßt. Sie kann
60 Zeichen lang sein.

Kategorie ,,vo'': Verlagsort
Verlagsorte werden in der vorliegenden Form erfaßt, mehrere Orte werden durch ,,; Spatium''
voneinander getrennt. Der Eintrag kann 80 Zeichen lang sein.

Kategorie ,,ve'': Verlag
Der Verlag wird gem. DIN 1505 (Lit. 10.) erfaßt. Er kann 30 Zeichen lang sein.

Kategorie ,,er'': Erscheinungsdatum
Das Erscheinungsdatum wird für Zwecke des Information-Retrieval formatiert erfaßt:
Jahr (vierstellig)-Monat (zweistellig) -Tag (zweistellig)
Beispiel: 1987-12-01

Kategorie ,,um'': Umfangsangabe
Die Zählungseinheiten werden wie folgt abgekürzt:
Seiten = S.
Spalten = Sp.
Blätter = Bl.
Erstreckungen (von-bis) werden mit Bindestrich dargestellt.
Aufzählungen werden durch Kommata getrennt.
Der Eintrag kann 40 Zeichen lang sein.

Kategorie ,,zt'': Zeitschriftentitel in Kurzform
Zur Kürzung des Zeitschriftentitel wird DIN 1502 Beiblatt 1 ,,Kürzungen der Titel von Zeitschriften und ähnlichen Veröffentlichungen; Abkürzungen von Wörtern aus Sprachen mit lateinischen und kyrillischen Schriftzeichen'' vom Dezember 1975 verwendet.
Der Eintrag kann 100 Zeichen lang sein.

Kategorie „jg": Jahrgangszählung in Ansetzungsform
Die Jahrgangszählung wird in arabischen Ziffern angegeben. Einleitende Worte wie „Vol.",
„Jg." o.ä. entfallen.
Der Eintrag kann 10 Zeichen lang sein.

Kategorie „hz": Heftzählung in Ansetzungsform
Die Heftzählung wird in arabischen Ziffern angegeben. Mehrere zusammengefaßte Hefte
(von-bis) werden mit Bindestrich dargestellt. Einleitende Worte wie „H." entfallen. Beilagen
oder Supplemente werden im Anschluß an die Heftnummer in Klammern angeführt.
Der Eintrag kann 10 Zeichen lang sein.

Kategorie „bg": Beigabenvermerk
Es werden Anzahl und Art der Beigaben erfaßt, folgende Abkürzungen sind dabei zulässig:
Abbildung = Abb.
Diagramm = Diagr.
Graphische Darstellung = Graph. Darst.
Illustration = Ill.
Karte = Karte(n)
Literaturangabe = Lit.
Register = Reg.
Der Eintrag kann 15 Zeichen lang sein. Mehrere Einträge werden durch „; Spatium" vonein-
ander getrennt.

Kategorie „tn": Technische Normnummer
Der Normnummer wird immer die Abkürzung des Normeninstituts vorangestellt, z.B.
DIN 1505, ISO 1423.
Der Eintrag kann 30 Zeichen lang sein.

Kategorie „gs": Schlüsselwörter; gebundene Schlagwörter
Es sind nur Schlagwörter aus der Schlagwortliste xyz zugelassen. Mehrere Schlagwörter werden durch „; Spatium" voneinander getrennt. Ein Schlagwort kann 120 Zeichen lang sein.

Kategorie „kr": Kurzreferat
Das Kurzreferat darf bis zu 700 Zeichen lang sein.

Der Wertebereich der Kategorien id, ad, vd, jg, hz ist numerisch, in den übrigen
Kategorien alphanumerisch.

**B 2.10.4   Beispiel für Einträge zu den Kategorien der Datenerfassungsschemata
für Normen und Zeitschriftenaufsätze**

Formale und inhaltliche Beschreibung einer Norm

id 8700038571
si   DIN 31631 T2/85
ad 871201
do N
kn DIN Deutsches Institut für Normung / Normenausschuß Bibliotheks- und Dokumenta-
     tionswesen (NABD)
js   Berlin
ht Kategorienkatalog für Dokumente. Systematischer Teil
pt Data element catalogue for bibliographic data; systematic part
vo Berlin
ve Beuth

er 1985-05
um 116 S.
bg 1 Reg.; 35 Lit.
tn DIN 31631 Teil 2
gs Kategorienkatalog; formale Erfassung; Datenaustausch; Dokumenttyp
kr Systematische Zusammenstellung von Kategorien für die formale Erfassung und inhaltliche Erschließung von Dokumenttypen aller Art. Zu jeder Kategorie werden Erläuterungen, Definitionen, genormte Einträge und Feldkennungen für den Datenaustausch angegeben.

Formale und inhaltliche Beschreibung eines Zeitschriftenaufsatzes

id 87309100293
si NFD1987-05
ad 871201
do A
pn Heske, Dieter; Walla, Wolfgang
ht Landesinformationssystem Baden-Württemberg (LIS)
er 1987-10
um S. 299 – 303
zt Nachr. f. Dok.
jg 38
hz 5
bg 2 Abb.
gs Landesinformationssystem; Planungsinformationssystem; Datenbank; Statistikdatenbank; Baden-Württemberg; Sprachbarriere; BTX
kr Informationsvermittlung aus unterschiedlichen Datenbanken wie die Parlamentsdokumentation des Landtags Baden-Württemberg, die Dokumentation der Veröffentlichungen des Statistischen Landesamtes und deren Struktur- und Regionaldatenbank. Konzept zur Integration der Datenbanken in einem Landesinformationssystem.

Literatur

01. Anglo-American cataloguing rules / prep. by the American Library Association, Ed. by Michael Gorman & Paul W. Winkler. – 2.ed – London: The Library Association, 1978. – XVII, 620 S.
02. An annotated bibliography of the international standard bibliographic description / Internat. Fed. of Library Assoc. and Institutions. Compiled by the IFLA Internat. Office for UBC. – London: Internat. Office for UBC, 1977. – (The IFLA International Office for UBC occasional papers 2)
03. CCF: The Common Communication Format / 2nd ed. by Peter Simmons and Alan Hopkinson. – Paris: General Information programme and UNISIST. UNESCO, 1988. – III, 196 S. (PGI-88/WS/2)
04. Dierickx, Harold: Reference manual for machine-readable bibliographic descriptions. – second rev. ed. – Paris: UNESCO, 1981. – V, 341 S.
05. Guide pratique du catalogueur: repertoire alphabetique pour le catalogage des monographies / par M. Pelletier avec la collab. de. . . . – Paris, 1977. – 396 S.
06. Haller, Klaus: Titelaufnahme nach RAK / in Zus.arb. mit Mechthild Bonse, Ursula Gailer, Rupert Hacker, Hans Pobst und Rainer Schöller; Hrsg. v. d. Generaldirektion der Bayerischen Staatlichen Bibliotheken. – 3. durchges. Auflage. – München: Saur, 1979. – X, 251 S.

07. Katalogisierungsregeln / Vereinigung Schweizerischer Bibliothekare. – Dt. Fassung. – Bern, 1977 – 1979. -- Losebl.-Ausg.

08. MAB 1: Maschinelles Austauschformat für Bibliotheken, Version 1/ Zusammenstellung: Ernst Kohl; Deutsche Forschungsgemeinschaft, Bibliotheksausschuß, Unterausschuß für Datenverarbeitung. – Berlin: Deutsches Bibliotheksinstitut, 1980. – Losebl.-Ausg.

09. Names of Persons: National usages for entry in catalogues. – 3rd ed. – London: IFLA International Office for UBC, 1977. – X, 193 S.

10. Norm DIN 1505 Teil 1 Vornorm Mai 1984. Titelangaben von Dokumenten; Titelaufnahme von Schrifttum

11. Norm DIN 1505 Teil 1 Vornorm Mai 1984. Titelaufnahme von Schrifttum; Beispielsammlung zur DIN 1505 Teil 1

12. Norm DIN 1505 Beiblatt 1 Entwurf März 1978. Titelangaben von Schrifttum; Abkürzungen

13. Norm DIN 1505 Teil 2 Jan. 1984. Titelangaben von Dokumenten; Zitierregeln

14. Norm DIN 1505 Teil 3 Entwurf April 1988. Titelangaben von Dokumenten; Verzeichnisse zitierter Dokumente (Literaturverzeichnisse)

15. Norm DIN 1505 Teil 4 in Vorbereitung. Titelangaben von Dokumenten. Titelaufnahme von av-Materialien

16. Norm DIN 1506 März 1978. Format für den Austausch von bibliographischen Daten.

17. Norm DIN 31 631 Teil 1 Jan. 1984. Kategorienkatalog für Dokumente. Begriffe und Gestaltung

18. Norm DIN 31 631 Teil 2 Mai 1985. Kategorienkatalog für Dokumente. Systematischer Teil

19. Norm DIN 31 631 Teil 2 Beiblatt 1 Mai 1985. Kategorienkatalog für Dokumente. Alphabetisches Register zum systematischen Teil

20. Norm DIN 31 631 Teil 3 in Vorbereitung. Kategorienkatalog für Dokumente. Indikator zur Verarbeitungssteuerung von Kategorien

21. Norm DIN 31 631 Teil 4 Mai 1987. Kategorienkatalog für Dokumente. Codes für Einträge zu Datenkategorien

22. Norm DIN 31 631 Teil 5 Sept. 1988. Kategorienkatalog für Dokumente. Behandlung von Datenkategorien mit einem Eintrag oder mehreren Einträgen in Datenformaten

23. Norm DIN 31 631 Teil 6 Sept. 1988. Kategorienkatalog für Dokumente. Beschreibung von Institutionen. Systematischer Teil

24. Norm DIN 31 631 Teil 7 Okt. 1989. Kategorienkatalog für Dokumente. Beschreibung von Projekten. Systematischer Teil

25. Norm ISO 2146 Second edition 1988-07-01. Documentation – Directories of libraries, archives, information and documentation centres and their data bases

26. Norm ISO 2709 Second edition 1981-10-01. Documentation – Format for bibliographic information interchange on magnetic tape

27. Norm ISO 8459/1 1988-07-01. Documentation – Bibliographic data elements in manual and machine systems. Bibliographic data element directory – part 1: Interloan applications

28. Norm ISO/DIS 8459/2 1987. Documentation – Bibliographic data elements in manual and machine systems. Bibliographic data element directory – part 2: Acquisitions applications

29. Norm ISO 8459/3 in Vorbereitung. Documentation – bibliographic data elements in manual and machine systems. Bibliographic data element directory – part 3: Information retrieval

30. RAK-Anwendung in der Deutschen Bibliothek/ Hrsg.: Dt. Bibliothek. – 2. Aufl. – München: Saur, 1980. – Losebl.-Ausg.

31. Regeln für die alphabetische Katalogisierung: RAK/ red. Bearb.: Irmgard Bouvier. –
    Autoris. Ausg. – Wiesbaden: Reichert, 1980 – XL, 418 S.
    Bd. 1. Regeln für wissenschaftliche Bibliotheken: RAK-WB. – 1983. – XXXI, 374 S.
    Bd. 2. Regeln für öffentliche Bibliotheken: RAK-ÖB. – 1986. – XXXII, 433 S.
    Bd. 4. Sonderregeln für kartographische Materialien: RAK-Karten. – 1987. – XII, 66
    S.
    Bd. 5. Regeln für die Ansetzung von Körperschaftsnamen: RAK-Körperschaften. –
    1988. – XIII, 169 S.
32. Regeln für die alphabetische Katalogisierung. Sonderregeln für audiovisuelle Materialien,
    Mikromaterialien und Spiele. – Vorabdruck. – Berlin: Dt. Bibliotheksinstitut, 1985. –
    55 S.
33. Regeln für die alphabetische Katalogisierung. Sonderregeln für Musikalien und Musikton-
    träger: RAK-Musik. – Vorabdruck. – Berlin: Dt. Bibliotheksinstitut, 1983. – 98 S.
34. Regeln für die alphabetische Katalogisierung. Sonderregeln für unselbständig erschienene
    Werke: RAK-UW/ Einf., red. Bearb. u. Anl.: Hans Popst. – Entwurf. – Berlin: Dt.
    Bibliotheksinstitut, 1986. – XII, 50 S.
35. Regeln für die alphabetische Katalogisierung in Parlaments- und Behördenbibliotheken:
    RAK-PB; RAK-Anwendungsregeln unter Berücksichtigung d. RSWK/Hrsg.: Bibliothek
    d. Dt. Bundestages. – 1. Ausg., Stand: 23. 5. 1985. – Bonn, 1985. – XXIIX, 225 S.
    (Arbeitshefte/Arbeitsgemeinschaft der Parlaments- und Behördenbibliotheken; 35)
36. UNIMARC: Universal MARC format. – 2nd ed. rev. – London: IFLA International
    Office for UBC, 1980. – XI, 131 S.
37. UNISIST Reference manual: Draft extension for standards. – London: UNIBID, 1979.
    (UNIBID/ST/79/01)
38. UNISIST Reference manual for machine-readable bibliographic descriptions: Fields for
    information relating to translations. – London: UNIBID, 1979. (UNIBID/AC/79/09:
    Annex 2).

B 3   Abstracts – Abstracting – Intellektuelle und maschinelle Verfahren

Rainer Kuhlen

B 3.1   Grundbegriffe

B 3.1.1   Abstracts

Was ein **Abstract** (im folgenden *synonym mit Referat* gebraucht) ist, legt das *American National Standards* Institute in einer Weise fest, die sicherlich von den meisten Fachleuten akzeptiert werden kann: ,,An abstract is defined as an abbreviated, accurate representation of the contents of a document'' (Lit. 03., S. 19); fast genauso die deutsche Norm DIN 1426 (Lit. 25.): ,,Das Kurzreferat gibt kurz und klar den Inhalt des Dokuments wieder''. Abstracts gehören zum wissenschaftlichen Alltag. Weitgehend allen Publikationen, zumindest in den naturwissenschaftlichen, technischen, informationsbezogenen oder medizinischen Bereichen, gehen Abstracts voran, ,,preferably prepared by its author(s) for publication with it'' (Lit. 03., S. 19). Es gibt wohl keinen Wissenschaftler, der nicht irgendwann einmal ein Abstract geschrieben hätte. Gehört das Erstellen von Abstracts dann überhaupt zur dokumentarischen bzw. informationswissenschaftlichen Methodenlehre, wenn es jeder kann? Was macht den informationellen Mehrwert aus, der durch Expertenreferate gegenüber Laienreferaten erzeugt wird? Dies ist nicht zu leicht zu beantworten, zumal geeignete Bewertungsverfahren fehlen, die Qualität von Abstracts vergleichend ,,objektiv'' zu messen. Abstracts werden in erheblichem Umfang von Informationsspezialisten erstellt, oft unter der Annahme, daß Autoren selber dafür weniger geeignet sind. Vergegenwärtigen wir uns, was wir über Abstracts und Abstracting wissen.

Ein besonders gelungenes Abstract ist zuweilen klarer als der Ursprungstext selber, darf aber nicht mehr Information als dieser enthalten: ,,Good abstracts are highly structured, concise, and coherent, and are the result of a thorough analysis of the content of the abstracted materials. Abstract my be more readable than the basis documents, but because of size constraints they rarely equal and never surpass the information content of the basic document'' (Lit. 19., S. 3). Dies ist verständlich, denn ein ,,Abstract'' ist zunächst nichts anderes als ein Ergebnis des Vorgangs einer Abstraktion. Ohne uns zu sehr in die philosophischen Hintergründe der Abstraktion zu verlieren, besteht diese doch ,,in der Vernachlässigung von bestimmten Vorstellungs- bzw. Begriffsinhalten, von welchen zugunsten anderer Teilinhalte abgesehen, ,,abstrahiert'' wird. Sie ist stets verbunden mit einer Fixierung von (interessierenden) Merkmalen durch die aktive Aufmerksamkeit, die unter einem bestimmten pragmatischen Gesichtspunkt als ,,wesentlich'' für einen vorgestellten bzw. für einen unter einen Begriff fallenden Gegenstand (oder eine Mehrheit von Gegenständen) betrachtet werden'' (Lit. 02.). Abstracts reduzieren weniger Begriffsinhalte, sondern Texte bezüglich ihres proportionalen Gehaltes. Borko/Bernier haben dies sogar quantifiziert; sie schätzen den Reduktionsfaktor auf 1:10 bis 1:12 (Lit. 12., S. 5). Wir wollen für das Folgende aus dieser Eingangsdiskussion zweierlei festhalten:

a) Die Reduktion (die Abstraktion) kann nicht objektiv sein; wäre sie es, dann müßte es im Durchschnitt einen etwa zehnprozentigen Bedeutungskern in Texten (nehmen wir diese einmal als primäre Referenz von Abstracts) geben, der in 90 % Redundanz eingebettet wäre. Das aber ist nicht sehr plausibel. Wenn man Abstracts schreibt, selektiert man. Der Philosoph oben erwähnte den ,,pragmatischen Gesichtspunkt'', der die Abstraktion bzw. die Selektion steuert. Dokumentare würden vom Benutzerinteresse sprechen. Diese Forderung nach einem pragmatischen Primat (vgl. Lit. 61.) bei der Erstellung von Abstracts ist allerdings bislang kaum einlösbar. Abstracts sind in der Regel vorfabrizierte, d.h. auf ein Fachgebiet und auf einen weitgehend anonymen Benutzer hin erstellte Abstraktionen. Ein Gegenbeispiel findet sich bei Borko/Bernier (Lit. 12., S. 18 ff.), in dem einem Text drei verschiedene ,,special-purpose'' Abstracts, aus medizinischer, biologischer und chemischer Sicht, zugeteilt wurden; aber dies ist eher eine Ausnahme und löst auch nicht das Anonymitätsproblem (vgl. allerdings den Typ des ,,slanted abstracts'', s. Abschnitt B 3. 2.2). Erst die heutigen Diskussionen um das ,,dynamische Buch'' (vgl. Lit. 101.), Hypertexte (vgl. Lit. 17.), multimediale Datenbanken (vgl. Lit. 13.), Wissensbanken (Lit. 65.; Lit. 67.) oder um pragmatisch gesteuerte Verfahren der automatischen Abstract-Generierung (Lit. 89.; Lit. 64.) lassen eine aktive Mitwirkung von Benutzern als möglich erscheinen. Trotz der bisherigen Beschränkungen wollen wir daher einen pragmatischen Primat an die Erstellung von Abstracts, zumindest als Programm, formulieren.

b) Durch die unter a) angedeuteten, heute möglichen ,,Abstraktionsleistungen'' wird ersichtlich, daß das einmalige, in der Regel vertextete Abstract keine quasi naturgegebene Form der informationellen Abstraktion sein muß. DIN 1426 bleibt bei den Texten und unterscheidet zwischen Inhaltsverzeichnis, Auszug, Zusammenfassung, Annotation, Kurzreferat (Abstract), Sammelreferat, Rezension bzw. Sammelrezension und Literaturbericht, während Borko/Bernier ihrer Phantasie freieren Spielraum lassen. Sie schlagen als ,,document surrogates'' vor: ,,abridgement, annotation, aphorism, axiom, brief, code, command, compendium, conclusion, databook, epitome, excerpt, extract, maxim, precept, précis, resumé, review, selection, summary, summation, synopsis, and terse conclusion'' (Lit. 12., S. 5). Für diese Variabilität ist möglicherweise der neutralere, auch für multimediale Formen offene Begriff des Kondensierens bzw. des Kondensats geeignet, und wir wollen am Schluß dieses Beitrags ein Konzept des kaskadierten Kondensierens vorstellen (vgl. Lit. 59.; Lit. 64.), mit dem im automatischen Prozeß der Anspruch des pragmatischen Primats, konkreter die Flexibilisierung und Individualisierung von Information, annäherungsweise eingelöst werden kann. Neue Formen von Abstracts bzw. Kondensaten sollten sich flexibel an variable Benutzerbedürfnisse anpassen können.

Bleiben wir aber zunächst noch bei den klassischen Abstracts. Was sind ihre wesentlichen Vorteile? Ihre Beliebtheit erklärt sich wohl dadurch, daß sie in ihrer Indikations- bzw. Referenzleistung, nämlich auf einschlägige Originaltexte hinzuführen und dabei die nicht-einschlägigen zu diskriminieren, anderen Referenzformen, z.B. Titeln von Dokumenten, eindeutig überlegen sind (vgl. Lit. 84.). *Abb. 1* beschreibt diese Leistungen als referentielle Textakte. Abstracts, wie auch die anderen Formen, haben per se in gewissem Umfang pragmatische Eigenschaften, sie fordern zum Handeln auf, entweder die Originaltexte zu ignorieren oder sie genauer zur Kenntnis zu nehmen (,,Abstracts assist readers in deciding whether they should consult the full text of the material that is abstracted"; Lit. 19., S. 4). Die Funktion von Abstracts erlischt, wenn Leser anfangen, sich mit dem Originaltext auseinanderzusetzen.

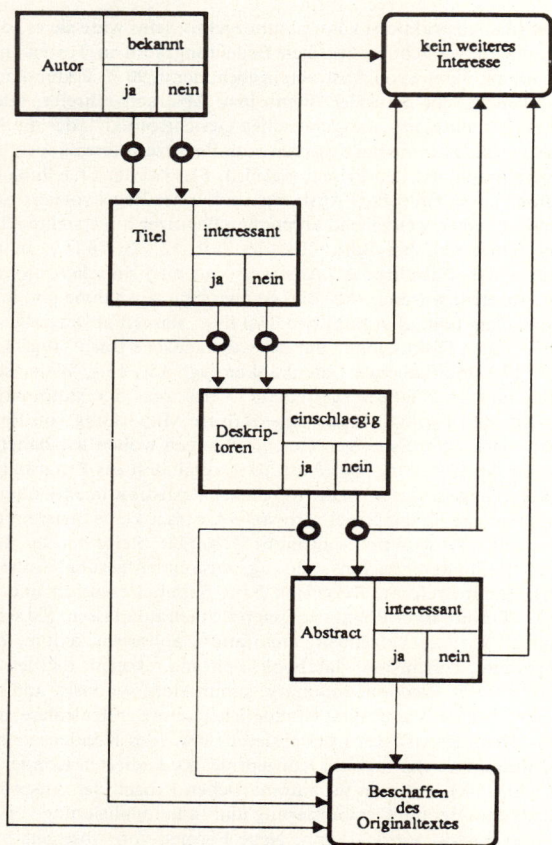

Abb. 1: Referentielle Textakte

Wir halten die Referenzfunktion für die wesentliche Eigenschaft von Abstracts. Zu einer Zeit, in der die Primärproduktion von Texten immer noch stark ansteigt und zunehmend mehr Volltexte in maschinellen Speichern aufbewahrt werden, in denen man nicht so leicht „browsen" kann, sind dokumentarische Verfahren, die den Zugang zur Primärinformation offenhalten, sehr wichtig. Borko/Bernier (Lit. 12., S. 6 ff) führen insgesamt die folgenden Vorteile an:

a) Abstracts ersparen Lesezeit. Borko/Bernier erwähnen erneut den durchschnittlichen Faktor von 1:10 Einsparung.

b) Abstracts erlauben ein besseres Assimilieren und Integrieren des Gelesenen in die eigenen Wissensbestände, weil die Originaltexte zu umfänglich sind: ,,for putting words to work, condensations may be better vehicles than originals" (Lit. 12., S. 7).

c) Abstracts gestatten besser als andere Formen, z.b. Titel, die Selektion von relevanten Originaltexten (dies ist identisch mit der oben angeführten Referenzfunktion).

d) Abstracts sind ein nützliches Hilfsmittel, Sprachbarrieren zu senken. Da viele der internationalen Referateorgane bzw. Datenbasen in englischer Sprache produziert werden, reichen einfache Englischkenntnisse aus, um zumindest (im Sinne der Referenzfunktion) die relevanten von den irrelevanten Originaltexten zu trennen und gegebenenfalls die ersteren übersetzen zu lassen. Abstracts (darin vergleichbar Titeln) mit ihren in der Regel reduzierten syntaktischen Formen und beschränkten terminologischen Variationen sind auch schon bei dem heutigen Stand der Technik auf akzeptablem Niveau automatisch übersetzbar (vgl. die Beispiele in der zweiten Auflage (1980) dieses Handbuchs, Kap. M 14.5 Maschinelle Übersetzung, S. 536-539).

e) Abstracts verbessern die *Indexing*-Qualität, sicherlich aber die Geschwindigkeit des Indexierens (Lit. 12.; Faktor 2:4), falls − was in der Dokumentationspraxis häufig der Fall ist − nicht mehr auf den Originaltext zurückgegriffen wird. In der Informationswissenschaft wird daher verschiedentlich das Erstellen von Abstracts als fundamentaler angesehen; in den meisten Gesamtdarstellungen wird zuerst das Abstracting beschrieben (z.b. Lit. 86. 2. Aufl.). Auch automatische Verfahren des Indexing stützen sich häufig eher auf die Abstracts als auf die Volltexte ab (vgl. Lit. 69.). Dies ist zwar zunächst historisch bedingt (geringe Verfügbarkeit von maschinenverarbeitbaren Volltexten bis in die siebziger Jahre), ist aber auch systematisch, z.b. aus Konsistenz-/Kohärenz-Gründen erklärbar, bzw. negativ aus dem Fehlen geeigneter Volltextverfahren (vgl. Lit. 58.; Lit. 52.).

f) Abstracts erleichtern die Erstellung von Übersichtsartikeln (*reviews, state-of-the-art reports*) und Bibliographien.

B 3.1.2   Abstracting

Abstracting (im folgenden synonym mit *Referieren* benutzt) ist ohne Zweifel im Bewußtsein derjenigen, die sich professionell und praktisch damit beschäftigen, eher eine Kunst als ein regelgeleiteter Routineprozeß. Nicht umsonst nennt Edward T. Cremmins, mit der Erfahrung einiger tausend produzierter Abstracts im Hintergrund, sein ISI-Buch *The art of abstracting*: ,,The art of abstracting demands the application of extensive reading, thinking, writing, and editing skills" (Lit. 19., S. 3). Vermutlich ist die Zubilligung von ,,Kunst" etwas übertrieben (im englischen ist 'art' ja auch eher die Kunst des Handwerklichen), wenn man sich die Millionen in der Regel unter Zeitdruck produzierten Abstracts in den großen Referateorganen bzw. entsprechenden *Online*-Versionen anschaut: *Chemical Abstracts* mit zur Zeit ca. 11 Mio Dokumentationseinheiten (DE) und mit einem Zuwachs von ca. 450.000 DE/Jahr; *Biological Abstracts* mit ca. 7,5 Mio DE bzw. 250.000/Jahr Zuwachs. Auf jeden Fall − so die einhellige Meinung − setzt der Vorgang des Abstracting in hohem Maße Kompetenz im Fachgebiet der zu referierenden Texte voraus. Abstracts ,,can only be made by persons fully aware of . . . research problems, and, if possible, should be made by scientists and engineers" (Lit. 50., S. 18).

Der Ausdruck ‚Kunst' wird wohl auch deshalb gerne gebraucht, um die Skepsis bezüglich einer Automatisierbarkeit des Vorgangs des Referierens auszudrücken. Diese Skepsis spiegelt sich in der Stellungnahme eines Dokumentars wider, der anläßlich einer Erhebung von Abstract-Regeln seine Meinung zum automatischen Abstracting darlegte (vgl. Lit. 62., S. 134): Zur Analyse von ,,technisch/wissenschaftlichen Texten gehört Sachverstand, Berufserfahrung und Kenntnis vom Benutzerbedarf . . . Der mechanische . . . Prozeß kann die Texte immer nur in einer Ebene auswerten, die dem Wert wissenschaftlicher Arbeit oder Industrieerfahrung nicht gerecht wird. Hier ist der Einsatz des Rechners nach unserer Auffassung einmal tatsächlich so gefährlich, wie er in polemischen Darstellungen so oft beschrieben wird''. Der mechanische Prozeß wird der Kunst gegenüber gestellt. Wir wollen uns im dritten Teil dieser Darstellung mit vergangenen, aber vor allem mit gegenwärtigen Verfahren des automatischen Abstracting beschäftigen. Nicht zuletzt die Forschungsansätze der Künstlichen Intelligenz (KI) scheinen den Schluß zu erlauben, daß der mechanische Prozeß vielleicht nicht mehr so mechanisch sein muß, sondern auf Verfahren beruhen kann, die der oben angeführten intuitiven Beschreibung des Dokumentars gar nicht so fernstehen: Dem Sachverstand wird durch leistungsstarke Wissensbasen mit Fakten und Regeln Rechnung getragen; Kenntnisse vom Benutzerbedarf können in entsprechende Benutzermodelle oder durch Auswertung von Anfrageinformationen eingebracht werden. Berufserfahrung kann ein Rechner natürlich nicht erwerben, aber man kann ihm Lernstrategien, z.B. Verfahren der Analogiebildung und des induktiven und deduktiven Schließens, beibringen, mit der er so etwas wie ,,Erfahrung'' gewinnen kann (vgl. Lit. 65.).

Wie dem auch sei, ob Kunst oder Mechanik, Abstracting, sei es intellektuell oder automatisch, wird nur dann Gegenstand dokumentarischer oder informationswissenschaftlicher Ausbildung sein können, wenn Aussagen darüber gemacht werden können, wie Abstracts von Dokumentaren oder Rechnern angefertigt werden können (vgl. Abschnitt B 3.2.3). Daß über dieses z.B. in Regeln bzw. Handlungsanweisungen formulierte Wissen hinaus noch etwas als menschliche Leistung hinzukommen kann, was man dann eben als Kunst oder Begabung bezeichnet, sei unbestritten. Besonders Cremmins stellt darauf ab, daß Abstracting nicht bloß eine Kopier- und *Extracting*-Funktion ist, sondern in hohem Maße eine produktive intellektuelle Funktion ist: ,,Abstractors must have a good grasp of and be able to apply the principles of analytical reading, logical thinking, informative writing, and concise editing'' (Lit. 19., S. 13). Die Abhängigkeit von der individuellen intellektuellen Leistung bringt natürlich auch Probleme mit sich. Schon in frühen Studien (z.B. Lit. 81.; Lit. 77.) hat man eine geringe Konsistenz zwischen verschiedenen Abstractern bei der Selektion von Sätzen aus Texten für Abstracts festgestellt, allerdings eine gewisse Präferenz für sogenannte *topic*-Sätze (vgl. Abschnitt B 3.3.3). Ähnliche Ergebnisse liegen aus dem *Indexing*-Bereich vor, so daß die etwas makabre These naheliegt, daß automatische Verfahren (des Abstracting oder Indexing) möglicherweise schlechtere Leistungen als entsprechende intellektuelle erbringen, dafür aber verläßlicher, da konsistenter, sind.

Zu der Frage der Kunst des Abstracting gehört sicherlich auch die Qualifikation des Abstracters. Die Qualität des Abstracts hängt von der Vertrautheit des Referierers mit der Sprache des Originaldokuments, aber entscheidender wohl von seinem Wissen über den Gegenstandsbereich ab. Untersuchungen haben nach Mathis/Rush (Lit. 77.) ergeben, daß Experten dazu neigen, zu wenig Information aus Texten herauszuholen, Laien dagegen nur unzureichend zwischen wichtigen und bekannten Daten unterscheiden können. Am besten scheint eine mittlere Qualifikation zwischen den Extremen ,,of expertise and passing knowledge" (Lit. 77., S. 111) zu sein. Vielleicht ist es leichter, Experten das Referieren als Referierern Expertenwissen beizubringen. Entsprechend auch die Einstellungspraxis von Dokumentationszentren und Abstract-Diensten − ob berechtigt oder nicht −, zuerst auf die Fachqualifikation und dann erst auf die informationsmethodische und literarische Qualifikation zu achten.

B 3.2   Entwicklung und Stand des Abstracting

B 3.2.1   Historische Entwicklung

Historisch gesehen ist das Entstehen von Kondensierungsverfahren, zu denen prominent das Referieren zählt, Ausdruck der Notwendigkeit, die seit der Ausdifferenzierung der Bürgerlichen Gesellschaft in allen Fachgebieten ständig ansteigende Produktion von Texten überschaubar zu halten (vgl. Lit. 63.; auch für das Folgende). Den Überblick müssen sowohl diejenigen behalten, die an der Produktion neuen Wissens arbeiten (Wissenschaftler) und dabei nicht mehr die Zeit haben, alles zu lesen, sondern nur noch das Relevante, als auch diejenigen, die Wissen anwenden und dabei nicht riskieren wollen, daß ihnen Wesentliches entgeht (z.B. Techniker, Journalisten, Politiker, Verwaltungsfachleute, Manager).
Nach allgemein anerkannter Meinung (vgl. Lit. 12.; Lit. 77.; Lit. 88.) leiten sich verstärkte Anstrengungen, wissenschaftliche Untersuchungen in einen organisierten Zustand zu bringen, aus dem 17. Jahrhundert ab. Als wesentlicher Einschnitt wird Bacons Vorschlag zur Gründung eines ,,college of research" angesehen. Der Gründung der ,,Royal Society of London" (1665) folgten viele weitere europäische Gesellschaften. Die ersten ,,Proceedings" (,,The Philosophical Transactions") als Überblicksleistungen erschienen schon im Gründungsjahr der ,,Royal society". Zu Beginn des 19. Jahrhunderts (1821) ist mit der Publikation der ,,Jahresberichte über die Fortschritte der physischen Wissenschaften" durch Berzelius eine neue Systematisierungsform gefunden. Auch schon im 18. Jahrhundert gab es ähnliche Anstrengungen, z.B. das ,,Berlinische Jahrbuch für die Pharmacie und die damit verbundenen Wissenschaften", das bis 1840 erschien. Dies waren allerdings Jahrbücher bzw. *State-of-the-Art*-Berichte.
Der erhöhte Bedarf nach kontinuierlicher Information in einem Fachgebiet findet seinen Niederschlag in den Abstracts des ,,Pharmaceutischen Centralblattes" (1830). Danach steigt die Zahl der Referateorgane kontinuierlich an. Bis in die Mitte des 20. Jahrhunderts sind Referateorgane die beliebteste und vorherrschende Form der Referenzinformation (Lit. 04.). Die Schätzungen über die Anzahl der regelmäßig produzierten Referateorgane schwanken so beträchtlich, daß genaue Angaben schwierig auszumachen sind. Gaus legt sich auf eine Zahl von 3 500 Referatezeitschriften zum Zeitpunkt 1983 fest (Lit. 39.); dazu kommen sicherlich noch eine Vielzahl an organisationsinternen Referateblättern. Vickery/Vickery Lit. 96., S. 305) führen allein für das Jahr 1979 für Großbritannien 339 Indexing- und Abstracting-Dienste mit insgesamt 157 Verlegern an.

B 3.2.2   Typen von Abstracts

DIN 1426 (Oktober 1988) (Lit. 25., S. 2) stellt Abstracts in den allgemeinen Kontext der Inhaltsangaben als ,,verkürzte Darstellung[en] des Inhalts [von] Dokument[en]'' und unterscheidet, wie schon erwähnt, zwischen:

a) Inhaltsverzeichnis
b) Auszug
c) Zusammenfassung
d) Annotation
e) Kurzreferat (Abstract)
f) Sammelreferat
g) Rezension und Sammelrezension
h) Literaturbericht

In diesem Zusammenhang sind vor allem die Formen b, c, d, e einschlägig, so daß deren Beschreibungen nach DIN 1426 hier wiedergegeben werden sollen:

Auszug
Ein Auszug ist die verkürzte Wiedergabe eines Dokuments durch ausgewählte, repräsentative Teile. Hierbei können auch Teile ausgewählt werden, die im Originaldokument nicht direkt aufeinander folgen (Sätze, Abschnitte, bei Filmen: Schnittfolgen).

Zusammenfassung
Eine Zusammenfassung ist die Darstellung der wesentlichen Ergebnisse und Schlußfolgerungen eines Dokuments oder von Teilen eines Dokuments und steht meist am Ende des Textes, den sie im allgemeinen zu ihrem Verständnis voraussetzt. Dadurch unterscheidet sie sich vom ,,Kurzreferat''; die Benennungen ,,Zusammenfassung'' und ,,Kurzreferat'' sollten daher nicht synonym benutzt werden.

Annotation
Die Annotation ist eine möglichst kurze allgemeine Charakterisierung eines Dokuments. Sie ist bestimmt durch folgende Merkmale:
a) Sie ist möglichst redundanzfrei, d.h., sie enthält keine Angaben, die aus dem Titel eines Dokuments oder in Verbindung mit dem Titel erschlossen werden können.
b) Sie dient dem weiteren Verständnis des Titels eines Dokuments unabhängig von bestimmten Benutzerbedürfnissen und soll den Hauptgegenstand des Dokuments verdeutlichen.
c) Sie ist rein deskriptiv, braucht nicht aus vollständigen Sätzen zu bestehen und darf nur Angaben enthalten, die aus dem Dokument erschlossen werden können.

Kurzreferat (Abstract)
Das Kurzreferat gibt kurz und klar den Inhalt des Dokuments wieder. Das Kurzreferat soll informativ ohne Interpretation und Wertung (Ausnahme siehe kritisches Referat) und auch ohne die Originalvorlage verständlich sein. Der Sachtitel soll nicht wiederholt, vielmehr, wenn nötig, ergänzt oder erläutert werden. Es müssen nicht alle Inhaltskomponenten des Dokuments dargestellt, sondern es können diejenigen ausgewählt werden, die von besonderer Bedeutung sind.

Da das Abstract hier im Vordergrund steht, wollen wir seine Hauptformen und später seine Merkmale (Abschnitt 2.3) weiter diskutieren.
Bezüglich des Verfassers wird allgemein zwischen Autoren- und Fremdreferaten unterschieden. Cremmins (Lit. 19., S. 5) nennt die letzteren Access-Abstracts, die in der Regel von Informationsspezialisten geschrieben, einen besseren Einstieg in

Publikationsdienste bzw. Online-Datenbanken ermöglichen. Autorenreferate sind nach Rowley Lit. 86., 2. Aufl.) zu den „homotopic abstracts" zu rechnen, welche dadurch charakterisiert sind, daß sie zur gleichen Zeit wie die Originaltexte publiziert werden. Daher sind „homotopic abstracts" meistens Autorenreferate. DIN 1426 legt besonderen Wert darauf, daß ein Autorenreferat deutlich als solches zu kennzeichnen sei. Die Mehrheit der Fachleute ist skeptisch bezüglich des Informationswertes von Autoren-Abstracts (vgl. auch Lit. 12., S. 13), auch wegen der rechtlich schwierigen Situation bei der Übernahme von Autorenreferaten in Referateorgane bzw. Online-Banken. Allerdings spricht der Zeitvorteil („homotopic") zugunsten der Autorenreferate.

Nach dem inhaltlichem Bezug wird unterschieden nach
- informativen Referaten
- indikativen Referaten
- informativ-indikativen Referaten als Zwischenform.

DIN 1426: „Das informative Kurzreferat gibt so viel Information wieder, wie Typ und Stil des Dokuments zulassen. Es gibt insbesondere Auskunft über das behandelte Gebiet, Zielsetzungen, Hypothesen, Methoden, Ergebnisse und Schlußfolgerungen der im Originaldokument enthaltenen Überlegungen und Darstellungen, einschließlich der Fakten und Daten.
Das indikative Referat gibt lediglich an, wovon ein Dokument handelt. Es weist den Leser auf die im Dokument behandelten Sachverhalte hin und deutet die Art der Behandlung an, aber gibt nicht konkrete Resultate der im Dokument enthaltenen Überlegungen oder dargestellten Untersuchungen wieder.
Das informativ-indikative Referat ist eine Mischform, die den Benutzer über ausgewählte Sachverhalte informiert und andere Sachverhalte nur erwähnt.
Im Normalfall soll informativ referiert werden. In begründeten Fällen, z.B. bei längeren Texten, wie Übersichtsdarstellungen, Literaturberichten und vollständigen Monographien, kann ein indikatives Referat verwendet werden. Für das informativ-indikative Referat soll man sich insbesondere dann entscheiden, wenn Beschränkungen bezüglich der Länge des Kurzreferats oder Typ und Stil des Dokuments ein informatives Referat nicht möglich machen. Dabei können Sachverhalte exemplarisch oder nach spezifischen Benutzerbedürfnissen oder wegen ihres Neuigkeitswertes herausgehoben werden".

Beispiele für diese drei Typen von Kurzreferaten sind in der Norm auf S. 6 angeführt. Wir wollen hier ein Borko/Bernier (Lit. 12.) entnommenes Beispiel für ein modulares Abstract anführen *(Abb. 2)*, da in ihm die wesentlichen Formen (auch der Typ des kritischen Referats) zusammengeführt worden sind.

Wir haben eingangs erwähnt, daß Abstracts in der Regel mit Blick auf einen anonymen Benutzerkreis hin produziert werden. Eine Ausnahme stellen die sogenannten „slanted abstracts" dar, die meistens für betriebsinterne Zwecke auf einen genau definierten Benutzerkreis hin erstellt werden. Dabei ist das Abstraktionskriterium das Benutzerprofil der Zielgruppe (vergleichbar damit der SDI-Dienstleistung). Solche Abstracts müssen also keine Zusammenfassungen von Texten sein, sondern filtern die Texte gezielt nach bestimmten Informationen. Ähnliche Ansätze sind auch in der Yale-Schule der KI beim automatischen Textverstehen und -zusammenfassen verwendet worden (vgl. Lit. 22.), bei denen Texte „überflogen" („skimming") werden und eine detailliertere Analyse von Textpassagen erst dann unternommen wird, wenn es Hinweise dafür gibt, daß sie für vorabdefinierte Interessen relevant sein

---

Ablation of fiberglass-reinforced phenolic resin. R. E. Rosensweig and N. Beecher. *American Institute of Aeronautics and Astronautics Journal* 1, 1802 – 9 (1963). –

Annotation:
A model is developed for charring and melting a composite material with glassy ablation combined with char-layer-molten-glass reactions.

Indicative:
Variables in ablation of a fiberglass-phenolic-resin composite include glass ablation and plastic pyrolysis, flow of melt, mass loss, reaction-heat absorption, mass injection, and coupling between pressure and chemical reaction. Mathematical development and approximations are discussed. Parametric examinations are made.

Informative:
Melting and pyrolysis and other chemical reactions are considered in this theory of ablation of phenolic-resin-fiberglass composite. In this theory, reaction occurs in a surface film in which carbon from pyrolysis of the resin reacts with the glass. For IRBM reentry, there is little temperature drop in the reaction zone, usually less than 1 % and 6 % maximum. Depth of the reaction zone was one-thousandth that of the thermal thickness. The unreacting runoff in the melt was 40 – 80 % and was a function of the possible reaction-enthalpy level. More than 99 % of the material reaching the reaction zone was affected. At $1400 – 2000°C$ the reaction assumed was: $SiO_2 + 3 C = SiC + 2 CO$. Up to a 25 % increase in the ablation rate appeared only at lower reaction rates. Changing reaction enthalpy three times changed the reaction rate less than 10 %. The value calculated according to this theory for peak reentry ablation rate was 38 % below the experimental value.

Critical:
This theory of ablation of carbon-contaminated glass extends the work of Bethe and Adams (Cr. Avco-Everett Research Laboratory, Research Report No. 38, Nov. 1985) on glasses. Experimental ablation was 38 % greater than that calculated by this theory. Thorough error analysis was not included. Spalding (Aero Quarterly 237 – 74 (Aug. 1961)) and Scala (General Electric Co. MSVD, report R59SD401 (July 1959); ARS Journal 917 – 24) have treated similar problems.

Abb. 2: Modulares Abstract (Quelle: Figure 1.4 aus Lit. 12., S. 17)

könnten. Rowley rückt diese ,,slanted abstracts`` in die Nähe von ,,mission-oriented abstracts`` (,,an abstract which is prepared for a mission-oriented abstracting service, or an abstracting service that has been charged to cater for the application of a specific branch of knowledge``; Lit. 86., 2. Aufl., S. 16) oder von ,,findings-oriented abstracts``, bei denen nicht spezielle Gruppeninteressen als Filter dienen, sondern das Interesse an Forschungsergebnissen. Weitere Formen sind leicht vorstellbar. In eher populären Fachzeitschriften kommen auf Titelseiten oder bei Inhaltsverzeichnissen häufiger sogenannte ,,highlight abstracts`` (vgl. Lit. 86., S. 17) zum Einsatz, die in Ergänzung zum Titel von Beiträgen oder zu systematischen Stichwörtern mit einigen ,,highlights`` aus den Artikeln das Interesse der Leser erwecken sollen. Dabei wird auf eine Zusammenfassung des gesamten Originalbeitrags in der Regel aber kein Wert gelegt.
Zur Vervollständigung sei noch auf das Strukturreferat hingewiesen, das allerdings in der Praxis trotz seines hohen Informationswertes bislang sehr wenig zum Einsatz

kommt, da die Erstellung im intellektuellen Prozeß aufwendig ist. Das Strukturreferat, auch Positionsreferat, ist „einheitlich nach vorgegebenen Kategorien in einer meist vorgebenen Reihenfolge gegliedert. Beispiele solcher Kategorien sind: Zielsetzung, Gegenstand, Verfahren und Methode, Ergebnis, Anwendung, Zeitraum, geographischer Raum" (DIN 1426). Die einzelnen Kategorien können, falls das Originaldokument dies erlaubt, mit Texten, aber auch mit Deskriptoren oder anderen informationellen Einheiten gefüllt werden. Nützlich ist diese Form sowohl aus Sicht des Herstellers des Abstracts (vorgegebene Kontrollstruktur) als auch des Rezipienten (erleichtert die Orientierung). *Abb. 3* zeigt ein weitgehend formal gehaltenes Strukturreferat, wie es z.B. für die Beschreibung von *Proceedings*-Beiträgen verwendet werden könnte. Wie man am Eintrag 'Vortragender' erkennt, können die Strukturen auf weiteren Ebenen ausdifferenziert werden. Die lineare Darstellung stößt allerdings dann bald auf Grenzen.

VORTRAG	
Thema	Graphische und textuelle Erzeugung flexibler Kondensate aus Textwissensstrukturen. Die Systemleistung von TWRM-TOPOGRAPHIC als Prototyp eines neuartigen Informationssystems
Anlass	Deutscher Dokumentartag
Zeit	29.9.1988
Ort	Aachen
Vortragender	Name : Rainer Kuhlen
	Institution : Universitaet Konstanz, Fachgruppe Informationswissenschaft
	Adresse : D-7750 Konstanz, Postfach 5560
	Qualifikation : Hochschullehrer
Zielgruppe	Dokumentare, Informationswissenschaftler, KI-ler, Informatiker, Linguisten, Datenbasisproduzenten, Datenbankanbieter
Veroeffentlichung	vermutlich in den Proceedings des Dokumentartags
Honorar	nicht vorgesehen

Abb. 3: Strukturreferat für Beiträge zu einem Proceedings-Band

Die Form von Strukturreferaten erinnert an Strukturen, wie sie aus der Wissensrepräsentationstechnik bei *Frame*-Sprachen oder Skripts üblich sind (vgl. Kapitel
B6). Eine prinzipielle Erweiterung des Strukturreferates ist dann möglich, wenn bei
einer Organisation von Kondensierungsstrukturen als Hypertexte (vgl. Lit. 17.) die
Einträge in Tiefe und Umfang variabel und multimedial gestaltet werden können.
Aber damit löst sich prinzipiell die textuell-diskursive Struktur von Referaten/Kon-
densaten auf (wie auch schon in *Abb. 3* angedeutet). Dieser Fall ist in der Norm
1426 noch nicht vorgesehen (vgl. Abschnitt B 3.1).
Zum Abschluß der Typendiskussion sei noch daran erinnert, daß Textzusammenfassungen nicht naturgegeben textueller Art sein müssen (vgl. auch Abschnitt
B 3.3). In der Geschichte des *Information Retrieval* ist verschiedentlich mit graphischen Darstellungs- und Ausgabeformen experimentiert worden (Lit. 44.; Lit. 63.).
Vor allem angesichts der referentiellen oder indikativen Funktion des Retrieval (also auf die einschlägigen Texte zu verweisen) spricht einiges dafür, neben Texten
auch Graphiken einzusetzen. Auch empirisch gestützte Ergebnisse (vgl. Lit. 55.) legen nahe, daß strukturierte graphische Darstellungen den Verständnisprozeß fördern können.
Wir weisen hier nur auf zwei Stationen in der Entwicklung hin, deren Möglichkeiten wegen des fortgeschrittenen Technologiestandes erst heute voll ausgeschöpft
werden können. Schon in den frühen Arbeiten von Doyle (Lit. 27.; Lit. 27.) wurde
versucht, Wissen in Assoziationsnetzen/-karten graphisch darzustellen, wobei die
dermaßen kondensierte Darstellung gleich auf ganze Bibliotheken abzielen sollte.
Die ,,Wissens‘‘netze sollten entsprechend dem damaligen Stand der statistischen
Linguistik nach Assoziationsmaßen auf der Basis von Kookkurrenzen berechnet
werden, wobei die Intensität einer relationalen Beziehung durch Entfernung der
Knoten bzw. durch gewichtete und unterschiedlich graphisch gestaltete Kanten dargestellt wurde. Dienten die Netze zunächst beim Retrieval der Orientierung über
den Beständen, also der Unterstützung der Frageformulierung, wobei auch hierfür
einfache Stilmittel, wie unterschiedliche Fonts für die Konzepte darstellenden Knoten, benutzt wurden, so sollten sie auch zu diagrammatischen Repräsentationen individueller Dokumente (Lit. 27., S. 385) oder in einer Endstufe zu kondensierten
Darstellungen ganzer Bibliotheken führen. Mehr Linguistik wurde von Strong
(Lit. 91.) im Kontext des ADAM-Projektes der Ohio State University (s. Abschnitt
B 3.3) eingebracht, wobei sowohl eine vollständige Syntaxanalyse zum Einsatz kam
als auch semantische Relationen auf der Basis der Fillmore'sche Kasusgrammatik,
angereichert durch semantische Merkmale, verwendet und graphisch dargestellt
wurden. Hierbei wurden als Stilmittel vor allem unterschiedliche Kantentypen verwendet. Allerdings beruhen die bei Strong (Lit. 91.) angeführten graphischen Surrogate der Texte (vgl. *Abb. 4*) zwar wohl auf algorithmischen Verfahren, sind aber
graphisch nicht automatisch generiert (vgl. auch Lit. 93.).

Appendix: "Larry's Trip to Tragedy"

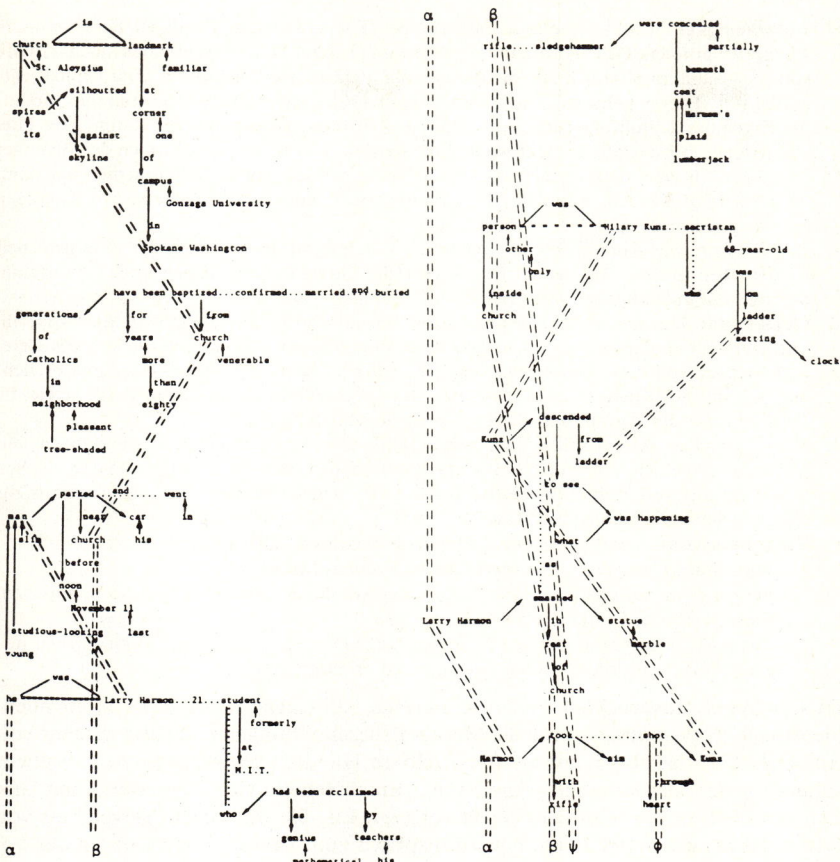

Abb. 4: Beispiel für ein graphisches Text-Kondensat (Quelle: Lit. 91., Anhang)

B 3.2.3 Merkmale von Abstracts und Regeln zu ihrer Erstellung

Die allgemeinen Merkmale von Referaten sind in der Fachliteratur weitgehend unbestritten, auch wenn Einigkeit darüber besteht, daß sie nur annäherungsweise zu realisieren sind (z.B. Konflikte zwischen Vollständigkeit und Kürze). Die Ausprägungen dieser allgemeinen Merkmale variieren natürlich je nach Abstract-Typ (vgl. Abschnitt B 3.2.2), so daß die Norm zur Vermeidung von Mißverständnissen vorschlägt, die Bezeichnung „Referat" nur in Komposita und Zusammensetzungen zu benutzen (z.B. indikatives Referat). Wir folgen auch hier der Formulierung der Norm:

a) **Vollständigkeit.** Das Kurzreferat muß für den Fachmann des jeweiligen Bereichs ohne Rückgriff auf das Originaldokument verständlich sein. Alle wesentlichen Sachverhalte sollen — auch im Hinblick auf die maschinelle Recherche — im Kurzreferat explizit enthalten sein. Hierzu gehören: Hypothese, Zielsetzung, Gegenstand, Verfahren und Methode, Ergebnis, Schlußfolgerung, Anwendung, Zeitraum, geographischer Raum. Der Titel soll jedoch im Kurzreferat nicht wiederholt werden. Um Fehlinformationen der Benutzer und Ballast bei der maschinellen Recherche zu vermeiden, sollen Nebenthemen nur dann berücksichtigt werden, wenn das Originaldokument ausreichend informative Aussagen enthält und ein besonderer Grund vorliegt.

b) **Genauigkeit.** Das Kurzreferat soll genau die Inhalte und die Meinung der Originalarbeit wiedergeben, d.h. es soll weder die Akzente des Originals verschieben noch im Original nicht enthaltene Angaben bringen.

c) **Objektivität.** Das Kurzreferat soll sich jeder Wertung enthalten. Zwar bedeuten Auswahl und Darstellung der referierten Sachverhalte immer einen subjektiven Einfluß des Referenten, doch soll dieser soweit wie möglich reduziert werden. Deshalb empfiehlt es sich, den Aufbau des Kurzreferats am Aufbau des Originaldokuments auszurichten sowie die Terminologie des Autors und direkte Zitate zu übernehmen.

d) **Kürze.** Das Kurzreferat soll so kurz wie möglich sein. Überflüssige Redewendungen sind daher zu vermeiden. Allgemein bekannte Abkürzungen sowie — in einigen Fachbereichen — der Einsatz von graphischen Hilfsmitteln (z.B. Strukturformeln) können ebenfalls zur Kürzung der Inhaltsangabe beitragen.

e) **Verständlichkeit.** Das Kurzreferat soll verständlich sein. Dies ist zu erreichen durch:
- Verwendung möglichst weit verbreiteter Fachausdrücke
- Verwendung national oder international eingeführter Nomenklaturen, Maßangaben, Formelzeichen, Symbole und Abkürzungen
- Vermeidung ungebräuchlicher Fachausdrücke (Vom Verfasser der Originalarbeit neu eingeführte Ausdrücke sollen erwähnt und erläutert werden).

DIN 1426 regt ausdrücklich an, im konkreten Fall eigene Regelwerke zu erstellen, die je nach Verwendungszweck die Merkmalsbeschreibungen eindeutig machen sollen. DIN 1426 ist also nicht als unmittelbare Handlungsanweisung zu verstehen, sondern bedarf der jeweiligen Anpassung. Entsprechend viele Regelwerke mit zum Teil detaillierten Anweisungen liegen vor (vgl. Lit. 62. mit einem Verzeichnis von Regelwerken, die in der Dokumentationspraxis zum Einsatz kommen). In der angelsächsischen Welt wird ISO 214 (Lit. 51.) häufiger direkt als Regelwerk verwendet. Nach Rowley Lit. 86., 2. Aufl., S. 30 f. sollten Verfasser von eigenen neuen Regelwerken auf die folgenden Merkpunkte achten:

(a) instructions on the way in which abstracts are to be presented, e.g. typing, paper, layout, spacing
(b) style and length of abstracts
(c) language of the abstract and the treatment of foreign-language materials
(d) abstracting procedures (how to go about the preparation of abstracts)
(e) special approaches to abstracting for various types of material
(f) form of bibliographic reference or citation
(g) lists of standard abbreviations, including those of journal titles and standard forms of quoting chemical nomenclature and mathematical expressions

(h) introduction to the abstracting service and an explanation of the nature and use of abstracts
(i) indexing instructions, especially if the abstractor and indexer are one and the same person. These instructions may include index terms and classified headings or notation
(j) sample forms for completing and submitting abstracts, including instructions for conformity with computer processing
(k) examples of abstracts in various fields of interest to the abstracting organization
(l) the criteria to be used in selecting items for abstracting, e.g. subject, form, source
(m) transliteration and the practices to be adopted when citing items in languages with non-Roman alphabets
(n) proofreading procedures and marks.

Daß Regelwerke manchmal ganz knapp gehalten werden können, wird bei Borko/Bernier (Lit.12., S. 47) belegt (*Abb. 5*).

DDC Rules for Preparing Abstracts
Outline
In brief:
1. Always an informative abstract if possible
2. 200 – 250 words
3. Same technical terminology as in report
4. Contents
   a. Objectives or purpose of investigation
   b. Methods of investigation
   c. Results of investigation
   d. Validity of results
   e. Conclusions
   f. Applications
5. Numerals for numbers when possible
6. Phrases for clauses, words for phrases when possible
7. No unconventional or rare symbols or characters (. . .)
8. No uncommon abbreviations
9. No equations, footnotes, preliminaries
10. No descriptive cataloging data
11. Security Classification
12. Dissemination controls, if any
13. Review it.

Abb. 5: Regelwerk für die Erstellung von Abstracts (Quelle: Lit. 12., S. 47)

In Form von Handlungsanweisungen faßt Cremmins (Lit. 19., S. 10) seine langen Erfahrungen (und die des ANSI) bei der Herstellung von Abstracts wie folgt zusammen:

– Prepare an abstract that access services can reproduce with little or no change, copyright permitting.
– State the purpose, methods, results, and conclusions presented in the original document, either in that order or with initial emphasis on results and conclusions.
– Make the abstract as informative as the nature of the document will permit, so that readers may decide, quickly and accurately, whether they need to read the entire document.

- Unless otherwise instructed, use fewer than 250 words for most papers and portions of monographs and fewer than 100 words for notes and short communications. For long reports and theses, do not exceed 500 words.
- Avoid including background information or citing the work of others in the abstract, unless the study is a replication of their work.
- Do not include information in the abstract that is not contained in the textual material being abstracted.
- Verify that all quantitative information or qualitative information used in the abstract agrees with the information contained in the full text of the document.
- Use standard English and precise technical terms, and follow conventional grammar and punctuation rules.
- Give expanded versions of lesser known abbreviations and acronyms, and verbalize symbols that may be unfamilar to readers of the abstract.
- Omit needless words, phrases, and sentences.

Regelwerke betonen meistens lediglich die formalen Eigenschaften von Abstracts (z.B. Umfang, Syntaxmuster). Man kann ihnen kaum entnehmen, woraus denn der eigentliche intelligente Prozeß (die Kunst) besteht, der zu einem guten Abstract führt. Wir haben schon auf die vier Prinzipien Cremmins des analytischen Lesens, des logischen Denkens, des informierenden Schreibens und des konsistenten Editierens hingewiesen, die er detailliert ausführt (vgl. auch Lit. 20.). In *Abb. 6* sind die wesentlichen Einsichten zusammengefaßt:

Stages:	Techniques:	Results:
1. Focusing on the basic features of the materials to be abstracted	Classifying the form and content of the materials	Determination of the type of abstract to be written, the relative length, and the degree of difficulty
2. Identifying relevant information (sometimes done simultaneously with Stage 1)	(a) Searching for cue or function words and phrases, structural headings and subheadings, and topic sentences; (b) expanding the search based on the results of (a)	Identification of a representative amount of relevant information for extraction
3. Extracting, organizing, and reducing the relevant information	Organizing and writing the extracted relevant information into an abstract, using a standard format	Preparation of a concise, unified, but unedited abstract
4. Refining the relevant information	Editing or review of the abstract by the originator or editorial or technical reviewers	Completion of a good informative or indicative abstract

Abb. 6: Stufen im menschlichen Abstracting-Prozeß (Quelle: Lit. 19., S. 17)

Erst in letzter Zeit ist man darauf aufmerksam geworden (vgl. Lit. 33.; Lit. 34.), daß für den Prozeß der Erstellung von Abstracts sowohl die Ergebnisse der eher praktisch bzw. deskriptiv ausgerichteten Schreib- und Leseforschung (Lit. 01.; Lit. 35.; Lit. 46.; Lit. 05.; Lit. 78.) und der theoretischen Textlinguistik (vor allem Kintsch/van Dijk Lit. 56.) für das Abstracting einschlägig sind. Es muß allerdings noch näher untersucht werden, inwieweit Aussagen über die allgemeine Produktion von Texten auf den Spezialfall der Produktion von informierenden Texten, der beim Abstracting gegeben ist, angewendet werden können. Es scheint jedoch sinnvoll zu sein, die bislang überwiegende Beachtung der Fachkompetenz von Abstractern durch stärkere Berücksichtigung der kognitiven und sprachlichen Momente des Texterstellungsprozesses und seiner Rahmenbedingungen (z.B. Benutzung von technischen Hilfsmitteln, integrierte Autorenarbeitsplätze, informationelle Absicherung durch Zugriff auf externe Ressourcen, Kontakte mit Autoren und Distributoren) zu ergänzen. Das Schreiben von Abstracts ist eine hochwertige kognitive und sprachliche Leistung und sollte in seinem Umfeld entsprechend dem Stand des technisch und methodisch Möglichen unterstützt werden. Aus der Textlinguistik scheint vor allem das von Kintsch/van Dijk 1983 (Lit. 56.) vorgelegte Modell zum Verstehen und Zusammenfassen von Texten für das Abstracting produktiv zu sein. Texte werden in diesem Modell aus einer allgemeinen semantischen Struktur (macrostructure) abgeleitet:

,,The result of the comprehension process is a well-organized text base in the memory of the reader. For every reader, the macrostructure may be different, depending on goals and strategies of comprehension. The reduction process is performed by macrostrategies. They cooperate with other supporting strategies of text comprehension. At each level of reduction, they produce a coherent text, consisting of macropropositions. The derived text is shorter and more abstract and may − at a certain point of reduction − correspond to an informative abstract'' (Lit. 34.).

Eine explizit informationswissenschaftliche Theorie des Abstracting bzw. der ,,Aboutness'' hat unter dem Einfluß der Prager Textlinguistik (vor allem unter Verwendung der textuellen Progressionsmuster von Danes (Lit. 21.)) Hutchins (Lit. 48.) vorgelegt (vgl. auch die Ausführungen zur Textlinguistik mit Blick auf automatisches Generieren und Kondensieren in Abschnitt B 3.3).

Im weiteren Sinne zu den Regeln des Abstracting gehören auch Kriterien, nach denen Originaldokumente zum Zwecke des Abstracting ausgewählt werden (Abstract-Würdigkeit). Rowley (Lit. 86., 2. Aufl. S. 22 f) hat die folgenden Punkte (a − g) zusammengestellt:

(a) pertinent to the interests of clients
(b) novel contributions to a given field of endeavour
(c) final reports, or other reports well supported by sound methodology and convincing evidence
(d) those which convey information that is likely to be difficult to access, such as foreign documents or internal reports and memoranda and other documents with a limited circulation
(e) significant advances and reviews
(f) those which contain information located in sources known to be reliable, such as the information in professional and technical journals with an established reputation
(g) sources, in particular journals or reports issued by a specific organization, for which the abstracting agency has undertaken to give comprehensive coverage.

B 3.2.4   Abstracting und Online-Banken

Interessanterweise hat das Aufkommen der *Online*-Informationsbanken die informationsmethodische Beschäftigung mit Referaten nicht eingeschränkt. Zwar mag
es sein, daß *Online*-Informationsbanken das sukzessive Ende von Referateorganen
in ihrer gedruckten Form bedeuten können, der angesprochene referentielle Informationswert von Abstracts beim Überfliegen von Retrievalergebnissen scheint den
Nutzern von Informationssystemen jedoch nach wie vor hoch zu sein. Entsprechend wird auch heute noch viel methodische Energie beim Formulieren von Regeln
zum Referateerstellen aufgebracht. Viele Regeln aus der Dokumentationspraxis
sind erst neueren Datums (vgl. Lit. 60.). Zunehmend wird bei diesen Regeln der
Tatsache Rechnung getragen (auch in der neuen Version von DIN 1426 von 10/88),
daß Abstracts beim *Online-Retrieval* zum Einsatz kommen.
In diesem Zusammenhang sind die Empfehlungen einschlägig, die Fidel (Lit. 36.)
aufgrund einer Untersuchung an 57 Datenbasen zusammengestellt hat (*Abb. 7*).
Diese 57 Datenbasen waren eine Teilmenge aus insgesamt 123 Datenbasen, die alle
im Online-Betrieb recherchierbare Abstracts enthielten. Lediglich bei diesen 57 Datenbasen enthielten die Abstracts-Richtlinien der dafür zuständigen 36 Datenbasenproduzenten ausdrückliche Freitext-Anweisungen, die darauf abzielen, den Informationswert von im Freitext-Retrieval invertierten Dateien möglichst hoch zu halten (vgl. auch Lit. 97.), vor allem durch die Verwendung von Begriffen aus einem
kontrollierten Vokabular für das Formulieren von Referatetexten.
Die fortschreitende Automatisierung von Informationssystemen ist laufend Anlaß,
den Wert von klassischen dokumentarischen Techniken neu zu bedenken. In mittlerer Perspektive scheinen dabei die Produkte des automatischen Textkondensierens
noch keine realistische Konkurrenz zum intellektuell erstellten Referat zu sein. Eine
solche Konkurrenz sind aber offenbar für viele Datenbankanbieter des internationalen Informationsmarktes die Verfahren des Freitextretrievals, die wegen der fort-
fallenden Kosten der intellektuellen Arbeit attraktiv zu sein scheinen. Beruht die
dafür erforderliche Invertierung der Textwörter auf den Referatetexten, so ergibt
sich eine beim Retrieval zuweilen nützliche Koalition zweier Verfahren. Beruht sie
auf den Volltexten selber, so entsteht eine in der Regel zuungunsten der Abstracts
ausgehende Konkurrenzsituation. Volltextdatenbanken sollen – so die Annahme
der Anbieter – die Diskriminierungs- und Referenzleistung von Abstracts übernehmen und sie dadurch sogar übertreffen, daß die Referenz dann tatsächlich zu den
vollen Texten führt. Volltextdatenbanken werden nicht zuletzt auch durch den zunehmenden Einsatz von CD-ROM (Volltextdaten mit entsprechender Retrievalsoftware auf optischen Speichern) attraktiv (vgl. Lit. 46 a). Obgleich man sich in der
Forschung einig ist (vgl. Lit. 75.; Lit. 53.; Lit. 10.; Lit. 61.; Lit. 94.; Lit. 79.), daß
durch eine bloße Volltextinvertierung keine zufriedenstellenden Retrievalergebnisse
zu erzielen sind, mag die Einschätzung und das Verhalten der Datenbankanbieter
verständlich sein: fehlen doch nach wie vor entsprechende einsatzbereite Verfahren
der Wissensrepräsentation von Volltexten oder der flexiblen automatischen Text-
kondensation.
Die intellektuelle Arbeit der Inhaltserschließung, hier bezogen auf das Referieren,
erweist sich nach wie vor als Engpaß des *Information Retrieval*. Offenbar besteht

THE CONTENT OF ABSTRACTS

General statements
Use ‚important' concepts and terms (e.g. those which will enhance free-text retrieval, those for which a document gives enough information, or key words).

Index terms
Co-ordinate concepts used in abstracts with assigned descriptors.
(a) Assign concepts in abstracts that are identical to descriptors.
(b) Assign concepts in abstracts that complement descriptors (e.g. relevant terms that are missed in descriptor indexing and in titles, terms that are more specific than descriptors, or a particular type of term that is important to the subject area, such as geographic names).
(c) Assign concepts in abstracts that both complement and are identical to descriptors.
Enhance indexing independent of any index language used.

Check lists
Follow a list of retrieval-related elements that should be included in abstracts.
Forms of check lists:
(a) Categories that should be included in abstracts (e.g. materials, properties and processes) and the conditions under which they should be included (e.g. only when they are discussed elaborately, or whenever mentioned).
(b) Specific and particular guidelines (e.g. ‚whenever dealing with a new product, mention the company name').

THE LANGUAGE OF ABSTRACTS

Use of author language
Use author language.
Do not use author language.
(a) Use standardised and concrete terms specific to a subject area.
Use both author language and synonyms.

Relationship to index language used
Co-ordinate terms in abstracts with descriptors.
Complement descriptors with terms in abstracts (e.g. use synonyms or more specific terms).
Use specific and well-accepted terms for particular categories (such as materials, processes and products).

Practices to avoid
Do not use the negative (e.g. use *sick* instead of *not healthy*).
Do not list terms which have a common last word as a series (such as 'upper, middle, and working class').

Word forms
Follow local language practices (e.g., change American spelling for British databases).
Always spell out terms in certain categories (such as processes, materials, products).
When a term and a descriptor are the same, record the term in the form used by the descriptor.
Express terms both in their abbreviated form and in their complete form.

Abb. 7: Empfehlungen zur Erstellung von Abstracts mit Blick auf ihren Einsatz in Online-Banken (Quelle: Lit. 36., S. 15)

hier ein tatsächlicher Bedarf nach automatisierten Verfahren. Wir wollen daher im
nächsten Abschnitt auf den Stand des automatischen Abstracting bzw. des automatischen Textkondensierens ausführlicher eingehen, in dem Bewußtsein, daß diese
Verfahren zur Zeit noch nicht derart robust sind, daß sie in der realen Dokumentationspraxis sehr bald zum Einsatz kommen könnten. Jedoch sind die Konzepte so
weit entwickelt und die experimentellen Arbeiten so weit vorwärts getrieben (vgl.
Lit. 40.; Lit. 44.; Lit. 64.), daß sich die Fachleute in der Dokumentationspraxis eine Meinung über die Leistungsmöglichkeit dieser Verfahren bilden und entsprechende Maßnahmen für einen sinnvollen Transfer des Wissens in die Praxis einleiten können. Die Zeit scheint reif zu sein für größere Entwicklungsprojekte des
automatischen Textkondensierens, das — in Ergänzung zu den Arbeiten im Umfeld
der KI — im weiteren Kontext des Information Retrieval eingebettet bleibt.

B 3.3   Automatische Verfahren des Abstracting

Nicht unumstritten in der Literatur ist die These von Mathis/Rush: ,,Before any
attempt is made to automate the process of abstracting, it is important to under-
stand how humans produce abstracts'' (Lit. 77., S. 113), da weder die Äquivalenz
in der Leistung eine Identität der dafür verwendeten Methoden/Algorithmen notwendig bedingt (dies wird in der KI unter dem Gesichtspunkt der kognitiven Plausibilität von Verfahren diskutiert) noch es als gegeben angenommen werden kann,
daß die menschliche Leistung beim Referieren dergestalt befriedigend ist, daß sie
für maschinelle Verfahren als Vorbild und Anregung dienen müßte (vgl. Lit. 60.).
Wir haben auf pragmatische Defizite, Starrheit in der Präsentationsform und auf
Inter-Abstracter-Inkonsistenzen hingewiesen, so daß man argumentieren kann:
,,such emulation would lead simply to a faster rate of production of consistently
poor abstracts'' (Lit. 77., S. 117). Wir folgern daraus, daß es nicht viel Sinn macht,
menschliche und maschinelle Abstracting-Leistungen zu vergleichen. Der Wert des
maschinellen Abstracting besteht vermutlich nicht in der Nachahmung menschlicher Leistung, sondern im Angebot neuer, flexibler Formen des Textkondensierens
und des Reagierenkönnens auf variable Bedürfnisse. Dies war allerdings außerhalb
der Reichweite der frühen, weitgehend auf statistischen Verfahren beruhenden Ansätze. (Für eine Darstellung dieser frühen Verfahren vgl. Lit. 102.; Lit. 77.; ein
Gesamtüberblick bei Lit. 40. und Lit. 63.).
Techniken des automatischen Abstracting waren bis Ende der siebziger Jahre weitgehend Extracting-Verfahren. Borko/Bernier stellten 1975 (Lit. 12., S. 14) in ihrer
Untersuchung zum computer-gestützten Abstracting fest, ,,that the computer may
select representative sentences, but it does not yet prepare abstracts — merely ex-
tracts''. Seit dem ersten Experiment mit dem Luhn-Algorithmus (Lit. 68.) konzentrieren sich die Verfahren darauf, relevante Sätze im Gesamttext aufgrund
vorgegebener Kriterien erkennen und in eine Rangfolge bringen zu können und in
einer Sequenz auszugeben. Aus historischen Gründen sei das mit dem Luhn-
Algorithmus erste automatisch produzierte Abstract angeführt (*Abb. 8*):

Exhibit I

Source: The Scientific American. Vol. 196, No. 2, 86 – 94, February, 1957
Title: Messengers of the Nervous System
Author: Amodeo S. Marrazzi

Editor's Sub-heading: The internal communication of the body is mediated by chemicals as well as by nerve impulses. Study of their interaction has developed important leads to the understanding and therapy of mental illness.

Auto-Abstract

It seems reasonable to credit the single-celled organisms also with a system of chemical communication by diffusion of stimulating substances through the cell, and these correspond to the chemical messengers (e.g. hormones) that carry stimuli from cell to cell in the more complex organisms. (7.0)

Finally, in the vertebrate animals there are special glands (e.g., the adrenals) for producing chemical messengers, and the nervous and chemical communication systems are intertwined: for instance, release of adrenalin by the adrenal gland is subject to control both by nerve impulses and by chemicals brought to the gland by the blood. (6.4)

The experiments clearly demonstrated that acetylcholine (and related substances) and adrenalin (and its realtives) exert opposing actions which maintain a balanced regulation of the transmission of nerve impulses. (6.3)

It is reasonable to suppose that the tranquilizing drugs counteract the inhibitory effect of excessive adrenalin or serotonin or some related inhibitor in the human nervous system. (7.3)

Abb. 8: Erstes automatisch produziertes Abstract (Extrakt) (Quelle: Lit. 68.)

Als Kriterien für die Erkennung von relevanten Sätzen können z.B. dienen:

- Konzentration von Wörtern (laufende Textwörter, Grundformen, Stammformen) mit hoher absoluter oder relativer Häufigkeit (wobei die Wörter in der Regel mit einfachen morphologischen Verfahren der Reduktion auf Stamm- oder Grundformen normalisiert werden)
- Konzentration von „sprachlichen Einheiten" mit bestimmten syntaktischen Merkmalen (Wortklassenzugehörigkeit, bevorzugt Substantive; Grundmuster von Nominalphrasen, z.B. Nominalgruppen mit angehängten Präpositionalphrasen (NP(art n) PP (präp NP))
- Konzentration von „sprachlichen Einheiten", die mit Einträgen in einer Positiv-Wortliste oder auch mit Titelwörtern übereinstimmen.

Berücksichtigt werden können dabei auch die Position des Vorkommens relevanter Sätze. Als relevant werden häufig sogenannte *topic*-Sätze angesehen, also Sätze, die bevorzugt am Anfang oder am Ende einer größeren textuellen Einheit (Absatz, Abschnitt, Kapitel) vorkommen. Die zugrundeliegende Hypothese für die *topic*-Sätze-Präferenz ist, daß am Anfang einer größeren textuellen Einheit das Thema bzw. Unterthema angesprochen wird und am Ende eben dieser Einheit eine Zusammenfassung stehen sollte.

Der erste Schritt solcher *Extracting*-Verfahren besteht also aus dem Identifizieren von potentiell relevanten Sätzen. Der zweite Schritt besteht aus der Gewichtung der Abstract-Kandidaten-Sätze. Auch hier kann die volle Bandbreite statistischer Assoziations- und Clustering-Verfahren zum Einsatz kommen. In wieweit sie kognitiv plausibel sind, ist umstritten; sie sind jedoch hervorragend geeignet, durch Einstel-

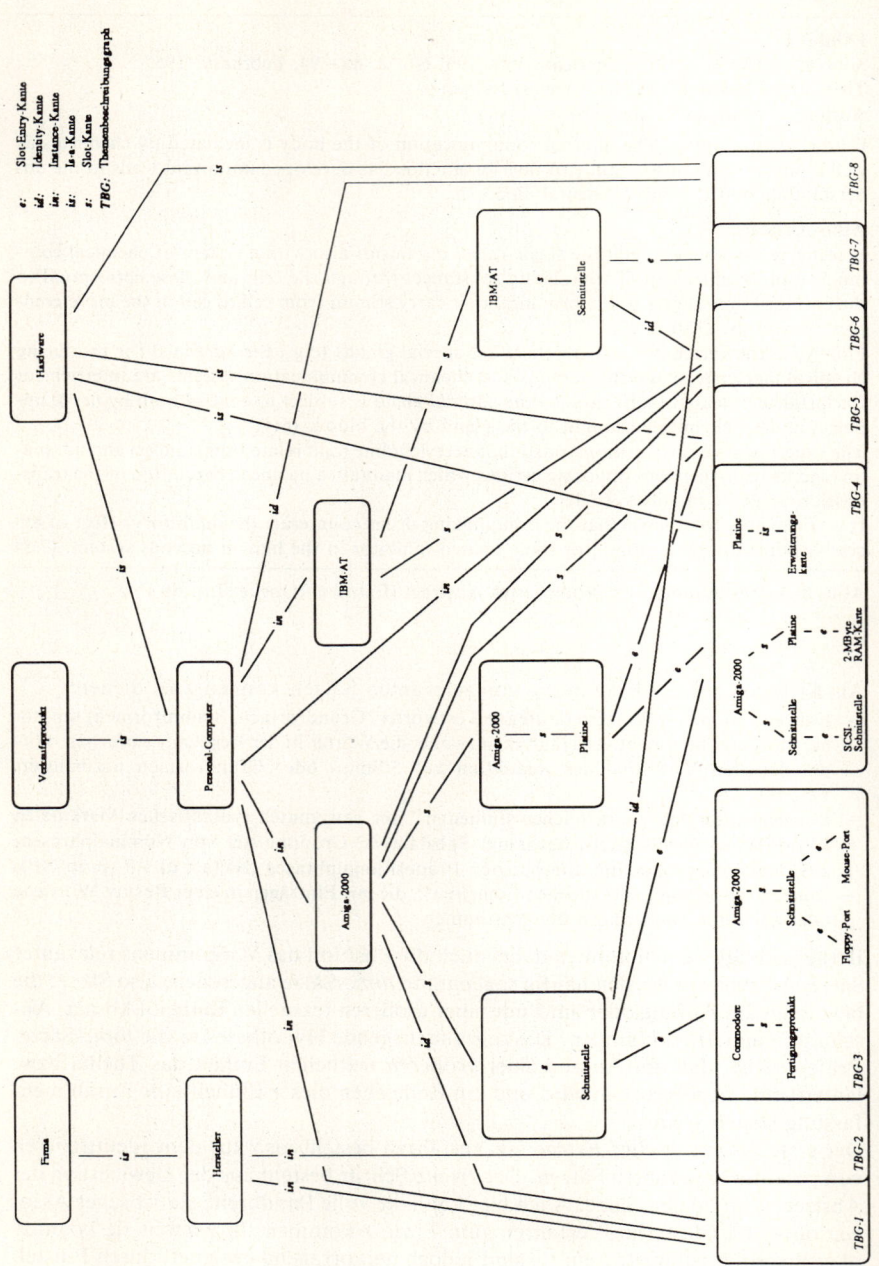

Abb. 9: Textgraph (Lit. 44.)

len verschiedener cut-off-Werte unterschiedlich lange Abstracts zu produzieren. Die relevantesten Sätze werden dann in der Reihenfolge ihres Vorkommens im Originaltext ausgegeben.

Einen repräsentativen Überblick über diese statistischen und oberflächenlinguistischen Ansätze des automatischen Abstracting gewinnt man durch die verschiedenen Darstellungen des an der *Ohio State University* von verschiedenen Autoren (z.b. Mathis, Rush, Salvador, Zamora, später auch Strong) in den siebziger Jahren entwickelten ADAM-Systems. Hier sind auch zum ersten Mal (weitgehend auf strukturalistischen Grammatiken beruhende) textsyntaktische Experimente (Lit. 76.) aufgrund der Einsicht durchgeführt worden, daß eine Auflistung extrahierter Sätze aus Lesbarkeitsgründen zumindest einer kohäsiven Aufbesserung bedarf. Abstracts sind eben auch Texte, deren Sätze nicht unverbunden sind, sondern intersententiell verknüpft werden müssen, z.b. durch Koreferenzen oder Konjunktionen (Beispiele für automatisch produzierte Abstracts des ADAM-Systems bei Cremmins (Lit. 19.)). Wir können hier nicht die vollständige Geschichte des automatischen Abstracting nachzeichnen (vgl. Lit. 63.), wollen jedoch
a) darauf hinweisen, daß parallel mit dem Interesse der KI an Textzusammenfassungen als Modell zur Simulation intelligenter Leistungen (z.B. DeJong (Lit. 22.); Hobbs (Lit. 47.); Lehnert/Black/Reiser (Lit. 66.); Cook/Lehnert/McDonald (Lit. 18.) sich ein Paradigmenwechsel vollzogen hat und
b) diesen Paradigmenwechsel exemplarisch an einem aktuell entwickelten Prototypen (TOPIC/TWRM-TOPOGRAPHIC) darstellen.
In der KI ist unumstritten, daß hochwertige Leistungen der Analyse von natürlicher Sprache nicht nur durch sprachimmanente Verfahren der Grammatik und Semantik zu erreichen sind, sondern zusätzlich durch Wissen um den in dem jeweiligen Sprachfragment angesprochenen Kontext (in der KI spricht man von Weltwissen; in der Informationspraxis von Fachinformation). Dies angewendet auf Verfahren des automatischen Abstracting bedeutet, daß das Erstellen von Abstracts sich nicht nur auf die Texte selber beziehen kann, sondern Weltwissen heranziehen muß – weniger, um zusätzliches Wissen in den Abstracts unterzubringen (was ja nach der Abstract-Theorie untersagt ist, s. oben), sondern um das in den Texten niedergelegte Wissen überhaupt erst einmal durch Rechner identifizieren zu können. Dies macht den Paradigmenwechsel aus: Nicht länger sind Grundlage des Abstracting die als relevant extrahierten Sätze von Texten, sondern mit Hilfe von Weltwissen erkannte Textwissensstrukturen. Abstracts werden nicht mehr aus Texten direkt abgeleitet, sondern aus Wissensstrukturen generiert (vgl. Lit. 37.; Lit. 73.; Lit. 92.; Lit. 71.; die Beiträge in Lit. 54.; vor allem Lit. 85.; und Lit. 74.; Lit. 89.; Lit. 64.). Dabei überwiegen zur Zeit konzeptorientierte *Frame*-Modelle (vgl. Kapitel B6 in diesem Handbuch).

Exemplarisch wollen wir im folgenden Systemkomponenten und den Leistungsstand des Systems TOPIC/TWRM-TOPOGRAPHIC vorstellen (ausführlicher: Lit. 44.), da an ihm die Möglichkeiten heutiger pragmatisch konzipierter und flexibler Textkondensierungssysteme dargestellt werden können. Verarbeitet werden dort Texte der VDI-Volltextdatenbank aus dem Fachgebiet der Informationstech-

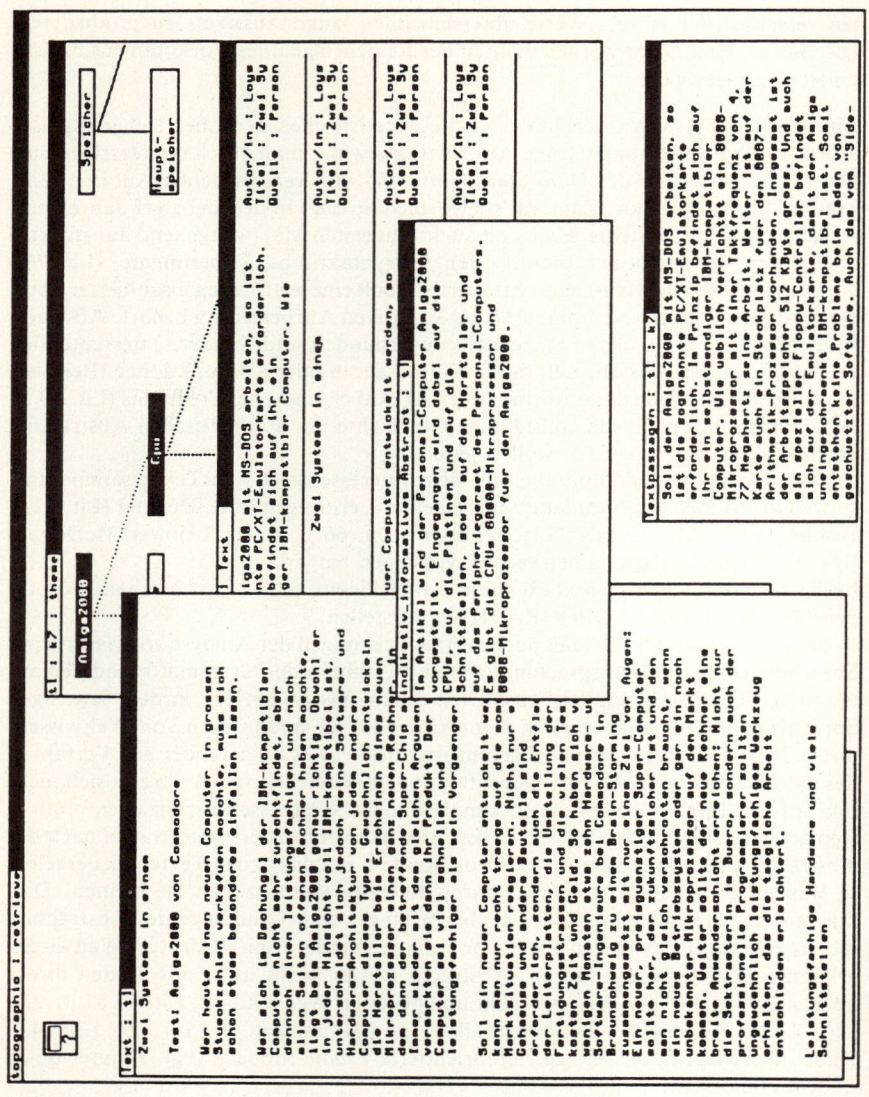

Abb. 10: Systemleistungen von TWRM-TOPOGRAPHIC (Lit. 44.)

nologien. Das System hat also Weltwissen über den angegebenen Domänenbereich und kann nur nach dem Aufbau einer Wissensbasis aus einem anderen Bereich auf andere Fachgebiete angewendet werden.

Auf die Prinzipien der Textanalyse des TOPIC-Systems gehen wir hier nur insoweit ein, als es zum Verständnis der Outputleistung von TWRM-TOPOGRAPHIC notwendig ist (vgl. Lit. 43.; Lit. 83.). Die Textanalyse, basierend auf einem Frame-Modell (Lit. 82.) und einem Wortexperten-Parser (Lit. 41.), überführt die im Text als zentral identifizierten sprachlichen Einheiten in die Wissensrepräsentationsstruktur des Frame-Modells. Als Ergebnis von TOPIC wird ein konzeptueller Textgraph bereitgestellt *(Abb. 9)*, welcher die Basis für die weitere Verarbeitung in TWRM-TOPOGRAPHIC darstellt. Textgraphen sind als hierarchische Netze aufgebaut und repräsentieren die Textthemen eines Ausgangstextes auf verschiedenen Abstraktionsniveaus. Die unterste Ebene eines Textgraphen besteht aus sogenannten Basis-Textkonstituenten. Eine Basis-Textkonstituente spiegelt die kleinste thematisch zusammengehörige Texteinheit wider, graphisch realisiert in Form eines hierarchischen Netzes (vgl. *Abb. 9*). Wir nennen Basis-Textkonstituenten deshalb auch Themenbeschreibungsgraphen (TBS). In einer gewissen Vereinfachung kann man unter einer Basis-Textkonstituente die semantische Darstellung eines Textabschnitts, z.B. eines Absatzes, verstehen.

Ein Textgraph ist somit ein Beispiel für eine Textwissensstruktur, aus der bei einem wissensbasierten Ansatz Kondensate abgeleitet werden. TWRM-TOPOGRAPHIC bietet dem Benutzer auf der Basis dieser durch TOPIC bereitgestellten Analyseergebnisse beim Retrieval flexible Outputmöglichkeiten an. Für diese Outputleistung haben wir den Begriff des kaskadierten Kondensierens geprägt (vgl. Lit. 59.), durch das über verschiedene Stufen, angefangen von relativ generischen Konzepten der Wissensbasis bis hin zu den konkreten Ausgangstexten, Welt-, aber vor allem Textwissen präsentiert werden kann. Dabei ist versucht worden, weitgehend mit graphischen Strukturen zu arbeiten. Der Generator von TWRM-TOPOGRAPHIC erzeugt also auf der Basis der Information der Textgraphen graphische Objekte als Ausprägungen informationeller Objekte. Informationelle Objekte werden in den unterschiedlichen Phasen einer Retrievalsitzung als graphische Objekte nach einer Benutzeranfrage realisiert. *Abb. 10* gibt einen Überblick über einige mögliche Systemleistungen während einer Retrievalsitzung.

In *Abb. 10* erkennt man oben rechts eine auf die Frageformulierung passende Textkonstituente in graphischer, darunter in textueller Form. Der Benutzer kann in den als relevant ermittelten Textkonstituenten „browsen", wobei für diese wegen der Möglichkeiten von gewichteten Frageformulierungen ein *Ranking* nach Bedeutung bzw. Einschlägigkeit möglich ist. Ebenfalls sind auf dieser Ebene bilbiographische Informationen erhältlich (angedeutet in der Gesamtübersicht in *Abb. 10*). Wenn sich eine Textkonstituente als besonders einschlägig erweist, so kann die entsprechende Textpassage in ihrer originalen textuellen Gestalt angeschaut werden (im unteren rechten Fenster von *Abb. 10*). Kommen im betreffenden Textabschnitt Graphiken vor, so können diese in „gescannter" Form ebenfalls abgerufen werden. Häufen sich die relevanten Textpassagen in einem Text, so wird dies sicherlich als Indikator für einen besonders einschlägigen Text interpretiert. Da das System auf

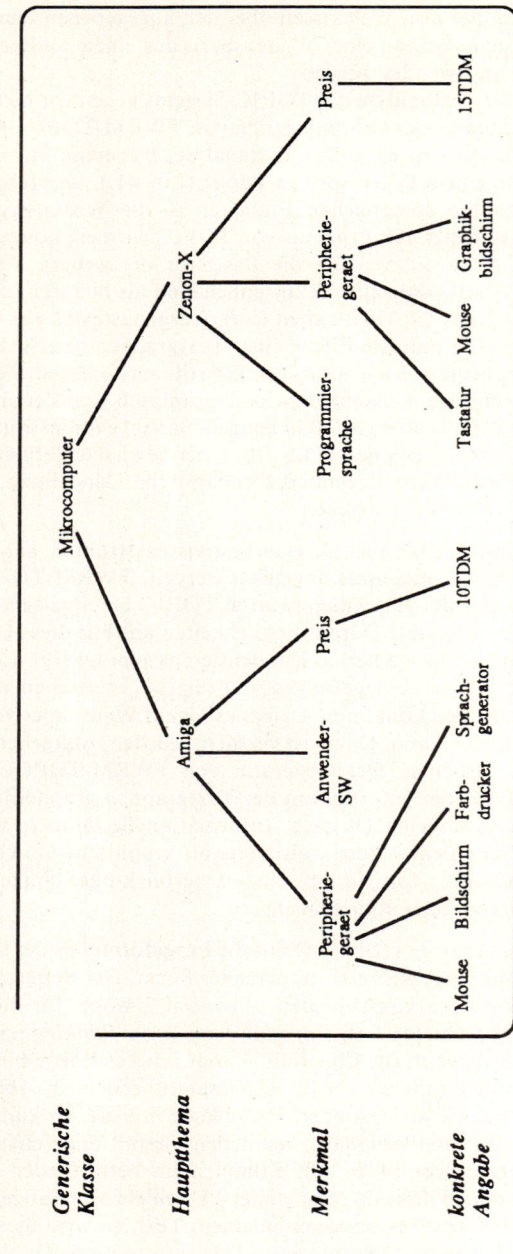

Abb. 11: Klassifiziertes Textfragment (Lit. 44.)

die Volltexte zurückgreifen kann (bei einem realistischen Einsatz sollte ein Kondensierungssystem auf einer Volltextdatenbank aufsetzen), kann der Benutzer in den Volltexten der als relevant ermittelten Textkonstituenten blättern, wobei die Passagen, die als Basis der als relevant erkannten Textkonstituenten fungiert haben, invertiert dargestellt werden können.

Wir sehen also, daß sich die Kondensierungsleistung in eine Vielzahl möglicher Ausgabeangebote ausdifferenziert. Zusätzlich ist eine klassische Abstract-Ausgabe möglich. In der Mitte von *Abb.* 10 erkennt man noch ein Fenster mit dem Titel „indikativ-informatives Abstract". Diese Abstracts sind nicht vorfabriziert abgespeichert, sondern werden im Augenblick des *Retrieval* aufgrund der speziellen Frageformulierung aus den Textwissensstrukturen „in time" generiert. Die Generierung beruht auf einem Modell, das gleichermaßen Ergebnisse der Textlinguistik (thematische Progressionsmuster, Diskursstrategien) und der Wissensrepräsentationstechnik berücksichtigt.

Ausgangspunkt des Generierens ist eine aktuelle individuelle Benutzerfrage, die auf die Textwissensbasis abgebildet wird. Aus der Menge der für die Frage als relevant identifizierten Basis-Konstituenten (die untere Ebene eines Textgraphen), die zu einem Text gehören, werden zunächst die zentralen Textthemen (die Hauptthemen, im *Frame*-Modell die Instanz-Frames), deren generische Klassen (im Frame-Modell die Prototype-Frames) und ihre Merkmale (im Frame-Modell die *Slots*) nebst ihren Ausprägungen (im Frame-Modell die Slot-Einträge) bestimmt. *Abb. 11* zeigt ein solchermaßen klassifiziertes Textgraphenfragment, das als einschlägig für eine Benutzeranfrage identifiziert wurde.

Dieses Textgraphenfragment wird nun auf ein mögliches Textgenerierungsmuster hin überprüft. Diese Muster gehen davon aus, daß Texte, vor allem in fachsprachlichen Umgebungen, häufig entsprechend ihrer Art der Themenentwicklung strukturiert werden. Entsprechend können auch Abstracts strukturiert werden. In dem folgenden Beispiel ist das Muster „vergleichende Gegenüberstellung mehrerer verwandter Hauptthemen" als adäquat für die Konstituente aus *Abb. 11* erkannt worden, da Aussagen zu zwei Hauptthemen auf dem gleichen hierarchischen Niveau (zu „Amiga" und „Zenon-X") gemacht werden. Zur Generierung wird dann noch eine Diskursstrategie benötigt. Diese besteht aus Regeln (z.B. „Nenne die Hauptthemen des Textes und deren gemeinsame generische Klasse!" oder „Nenne die Merkmale, die allen Hauptthemen gemeinsam sind!"), mit denen die Produktion eines realen Textes entsprechend dem Muster gesteuert werden kann. Da aus dem Textgraphenfragment kein vollkommen natürlichsprachiges Abstract generiert werden kann (das in *Abb. 11* dargestellte Textwissen ist syntaktisch nicht differenziert genug strukturiert), kommen standardisierte Syntaxmuster, sogenannte „Templates" zum Einsatz. Templates bestehen aus vorgegebenen Syntaxfragmenten mit Variablen, in welche die durch die Textanalyse ermittelten aktuellen Werte eingesetzt werden. Beides zusammen – standardisiertes Fragment und aktuelle Werte – ergeben dann einen (quasi-) natürlichsprachigen Satz. Die oben angegebene erste Regel der hier relevanten Diskursstrategie kann in einer *Template*-Struktur wie folgt dargestellt werden:

Der Artikel handelt über (ART) (GENERISCHE KLASSE) (HAUPTTHEMEN).

Entsprechend müssen die Platzhalter im *Template*, die hier durch Großbuchstaben gekennzeichneten Variablen, mit den aktuellen Werten aus dem Textgraphenfragment gefüllt und noch morphologisch und oberflächen-syntaktisch angepaßt werden. Der erste Satz eines zu generierendes Abstracts kann wie folgt generiert werden:

Der Artikel handelt über die Mikrocomputer [GENERISCHE KLASSE] Amiga [HAUPTTHEMA-1] und Zenon-X [HAUPTTHEMA-2].

Unter Anwendung sämtlicher Regeln der hier einschlägigen Diskursstrategie bzw. der ihnen zugeordneten Templates kann das folgende vollständige Abstract aus dem Teilgraph von *Abb. 11* generiert werden (die aktuellen Werte aus *Abb. 11* sind hervorgehoben):

(1) Der Artikel handelt über die *Mikrocomputer Amiga* und *Zenon-X*. (2) Die *Peripheriegeräte* und die *Preise der Mikrocomputer* werden vergleichend gegenübergestellt. (3) Für den *Amiga* gibt es die *Peripheriegeräte Mouse, Bildschirm, Farbdrucker* und *Sprachengenerator*; für den *Zenon-X Tastatur, Mouse* und *Graphik-Bildschirm*. (4) Der *Amiga* kostet *10.000,- DM*, während der *Zenon-X 15.000,- DM* kostet. (5) Außerdem wird auf die *Anwendersoftware* des *Amiga* und die *Programmiersprache* des *Zenon-X* eingegangen.

Wollte ein Benutzer anstelle des informativen Referats ein indikatives anschauen, dann würde die Generierung auf der unteren Ebene entfallen, d.h. es blieben die Sätze bzw. *Templates* ausgespart, in denen die Variablen mit konkreten Angaben (aktuelle Slot-Einträge) gefüllt werden. Aus dem obigen Beispiel-Abstract blieben die Sätze 3 und 4 unberücksichtigt. Automatisch produzierte Abstracts als ,,in time‘‘-Reaktionen auf konkrete Benutzeranfragen lösen auf besonders plastische Weise die Forderung nach Flexibilisierung und Individualisierung von Information ein. Wir sind aber im Sinne des Prinzips des kaskadierten Kondensierens der Ansicht, daß gegenwärtige Kondensierungssysteme nicht auf klassische textuelle Produkte beschränkt bleiben müssen, sondern variable Optionen bereitstellen sollten, um Wissen aus Texten in Formen aufzubereiten und zu präsentieren, die unterschiedlichen Rezeptions- und Informationsverarbeitungsgewohnheiten von unterschiedlichen Benutzern entgegenkommen können. Bislang liegt zu wenig empirisch gesichertes Wissen darüber vor, unter welchen Bedingungen welche mediale Form oder welche Aggregationsstufe für welchen Benutzer angemessen ist.
Trotz zum Teil eindrucksvoller Ergebnisse der gegenwärtigen Forschung zur Textgenerierung und zum automatischen Kondensieren sind die automatischen Verfahren in mittlerer Perspektive noch nicht robust genug, um den Bedarf nach Referenzprodukten in gedruckten oder elektronischen Informationsdienstleistungen abdecken zu können. Dagegen sprechen vor allem die Quantitätsanforderungen der Informationspraxis und die nach wie vor bestehenden Barrieren zur *automatischen Akquisition von Wissen*, auf die wissensbasierte Verfahren angewiesen sind. Die Richtung

ist aber eindeutig vorgezeichnet, und wichtiger als die bloße Automatisierung scheint uns die damit möglich werdende Flexibilisierung und Individualisierung von Information zu sein, die immer wieder in den Theorien des Abstracting „angemahnt" worden sind.

Literatur

01. Adler, M. J. / van Doren, C. (1972): How to read a book: the classic guide to intelligent reading. New York: Simon and Schuster, Inc. –
02. Acham, K. (1971): Artikel „Abstraktion IV". In: J. Ritter (Hg.): Historisches Wörterbuch der Philosophie, Bd. 1 A – C. Basel/Stuttgart: Schwabe & Co, Spalten 59 – 63. –
03. ANSI (1979): American National Standards Institute, Inc. American National Standard for Writing Abstracts. ANSI Z39.14 – 1979. New York: American National Standards Institute, Inc. –
04. Baker, D. B. / Horiszny, J. W. / Metanomski, W. V. (1980): History of abstracting at chemical abstracts. Journal of Chemical Information and Computer Sciences 20, 4, 193 – 201. –
05. Beaugrande, R. de (1984): Text production. Toward a science of composition. Norwood, NJ: Ablex. –
06. Beghtol, C. (1986): Bibliographical classification theory and text linguistics: aboutness analysis. Intertextuality and the cognitive act of classifying documents. Journal of Documentation 42, 2, 84 – 113. –
07. Bely, N. / Borillo, A. / Siot-Decauville, N. / Virbel, J. (1970): Procédures d'analyse sémantique appliquées à la documentation scientifique. Paris: Gauthier-Villars. –
08. Bernier, C. L. (1985[1968]): Abstracts and abstracting. In: Dym (1985), 423 – 444. –
09. Berzon, V. E. / Brailovskii, A. B. (1979): The classification of connectors and conversational systems for automatic abstracting. Automatic Documentation and Mathematical Linguistics 13, 6, 32 – 40. –
10. Blair, D. C. / Maron, M. E. (1985): An evaluation of retrieval effectiveness for a full-text document-retrieval system. Communications of the ACM 28, 3, 289 – 299. –
11. Borko, H. / Chatman, S. (1963): Criteria for acceptable abstracts: a survey of abstracters' instructions. American Documentation 14, 2, 149 – 160. –
12. Borko, H. / Bernier, C. L. (1975): Abstracting concepts and methods. New York/London: Academic Press, Inc. –
13. Christodoulakis, S. / Ho, F./ Theodoridou, M. (1986): The multimedia object presentation manager of MINOS: a symmetric approach. SIGMOD Record 15, 2, 295 – 310. –
14. Cleveland, D. B. / Cleveland, A. D. (1983): Introduction to indexing and abstracting. Littleton: Libraries Unlimited. –
15. Climenson, W. D. / Hardwick, N. H. / Jacobson, S. N. (1961): Automatic syntax analysis in machine indexing and abstracting. American Documentation 12, 3, 178 – 183. –
16. Collison, R. L. (1971): Abstracts and abstracting services. Santa Barbara, CA: A.B.C.-Clio, Inc. (ISA 72 – 1627). –
17. Conklin, J: (1987): Hypertext: a survey and introduction. IEEE Computer 20, 9, 178 – 241. –
18. Cook, M. E. / Lehnert, W. G. / McDonald, D. D. (1984): Conveying implicit content in narrative summaries. In: COLING 84: Proceedings of the 10th International Conference on Computational Linguistics & 22nd Annual Meeting of the Association for Computational Linguistics. Stanford Univ., CA, July 2 – 6: ACL, 5 – 7. –
19. Cremmins, E. T. (1982): The art of abstracting. Philadelphia, PA: ISI Press. –

20. Cremmins, E. T. / Trachtman, M. (1981): Writing good quality human and machine abstracts using the three r's of reading, rules, and relationships. In: L. F. Lunin et al. (eds): The Information Community. Proceedings of the 44th ASIS Annual Meeting, Washington, October 25 – 30, 1981. White Plains, NY: Knowledge Industry Publ., 157 – 159. –
21. Danes, F. (1974): Functional sentence perspective and the organization of the text. In: F. Danes (ed): Papers on Functional Sentence Perspective. Prague: Academia, 106 – 128. –
22. DeJong, G. F. (1979): Skimming stories in real time: an experiment in integrated understanding. Yale Univ. (Ph.D.Diss.). –
23. Dijk, T. A. van (1979): Recalling and summarizing complex discourse. In: W. Burghardt, K. Hölker (eds): Text Processing: Papers in Text Analysis and Text Description. Berlin etc.: de Gruyter, 49 – 118 [= Research in Text Theory 3]. –
24. Dijk, T. A. van (1980): Macrostructures: an interdisciplinary study of global structures in discourse, interaction, and cognition. Hillsdale/NJ: Erlbaum. –
25. DIN 1426 (1988): Inhaltsangaben von Dokumenten. Kurzreferate, Literaturberichte. Deutsche Norm. Normenausschuß Bibliotheks- und Dokumentationswesen (NABD) im DIN Deutsches Institut für Normung e. V. Berlin: Beuth Verlag. –
26. Doyle, L. B. (1961): Semantic road maps for literature searchers. Journal of the ACM 4, 553 – 578. –
27. Doyle, L. B. (1962): Indexing and abstracting by association. American Documentation 4, 378 – 390. –
28. Dym, E. D. (ed.) (1985): Subject and information analysis. New York etc.: Dekker. –
29. Earl, L. L. (1970): Experiments in automatic extracting and indexing. Information Storage and Retrieval 6, 4, 313 – 334. –
30. Edmundson, H. P. (1969): New methods in automatic extracting. Journal of the ACM 16, 2, 264 – 285. –
31. Edmundson, H. P./Wyllis, R. E. (1961): Automatic abstracting and indexing – survey and recommendations. Communications of the ACM 4, 226 – 234. –
32. Endres-Niggemeyer, B. (1985): Referierregeln und Referate – Abstracting als regelgesteuerter Textverarbeitungsprozeß. Nachrichten für Dokumentation 36, 1, 38 – 50. –
33. Endres-Niggemeyer, B. (1988a): Informationsorientiertes Schreiben oder die Produktion von textuell dargestelltem Wissen. LDV-Forum 5, 4, 21 – 37. –
34. Endres-Niggemeyer, B. (1988b): Modelling content analysis as a task-oriented writing process. Proceedings ,,Writing – an international workshop". Padova, 1. – 2. Dez. –
35. Faigley, L. / Cherry, R. D. / Jollife, D. A. / Skinner, A. M. (1985): Assessing writer's knowledge and processes of composing. Norwood, NJ: Ablex. –
36. Fidel, R. (1986): Writing abstracts for free-text searching Journal of Documentation 42, 1, 11 – 21. –
37. Fum, D./Guida, G./Tasso, C. (1986): Forward and backward reasoning in automatic abstracting. In: J. Horecky (ed.): COLING-82: Proceedings of the 9th International Conferenz on Computational Linguistics, Prague, 1982. Prague: Akademia, 83 – 88. –
38. Fum, D. / Guida, G. / Tasso, C. (1985): Evaluating importance: a step towards text summarization. In: IJCAI – 85: Proceedings of the 9th International Joint Conference on Artificial Intelligence. Los Angeles, CA, USA, August 18 – 23, 1985. Los Altos, CA: Kaufmann, 840 – 844. –
39. Gaus, W. (1983): Referate. Lektion 6 von: Dokumentations- und Ordnungslehre. Berlin etc.: Springer-Verlag, 43 – 47. –
40. Hahn, U. (1986): Methoden der Volltextverarbeitung in Informationssystemen. Ein State-of-the-Art-Bericht. In: Kuhlen (1986), 195 – 216. –
41. Hahn, U. (1987): Lexikalisch verteiltes Text-Parsing; Eine objektorientierte Spezifikation eines Wortexpertensystems auf der Grundlage des Aktorenmodells. Universität Konstanz, Informationswissenschaft [Dissertation]. –

42. Hahn, U. / Reimer, U. (1986a): TOPIC essentials. In: COLING-86: Proceedings of the 11th International Conference on Computational Linguistics. Bonn, FRG, August 25 – 29, 1986, 497 – 503. –

43. Hahn, U./Reimer, U. (1986b): Semantic parsing and summarizing of technical texts in the TOPIC system. In: Kuhlen (1986), 153 – 193. –

44. Hammwöhner, R. / Kuhlen, R. / Sonnenberger, G. / Thiel, U. (1988): TWRM-TOPOGRAPHIC. Ein wissensbasiertes System zur situationsgerechten Aufbereitung und Präsentation von Textinformation in graphischen Retrievaldialogen. Universität Konstanz, Informationswissenschaft. Bericht TOPOGRAPHIC-12/88, (gekürzt erschienen in: Informatik. Forschung und Entwicklung, 4, 1989, 2, 89 – 107). –

45. Harbeck, R. / Lutterbeck, E. 1986: Inhaltsangaben in der Dokumentation. Nachrichten für Dokumentation 19, 2, 15 – 18. –

46. Hayes, J. R. / Flower, L. S. (1980): Writing as problem solving. Visible Language 14, 4, 388 – 399. –

46a Helgerson, L. W. (1986): CD-ROM search and retrieval software: the requirements and realities. Library Hi Tech 4, 4, 69 – 77. –

47. Hobbs, J.R. (1982): Towards an understanding of coherence in discourse. In: W. G. Lehnert / M. H. Ringle (eds): Strategies for natural language processing. Hillsdale, NJ etc.: Erlbaum, 223 – 243. –

48. Hutchins, W. J. (1977): On the problem of 'aboutness' in document analysis. Journal of Informatics, 1, 1, 17 – 35. –

49. Hutchins, W. J. (1987): Summarization: some problems and methods. In: Jones, K. P. (ed.): Informatics 9, Proc. of a Conference. . . King's College Cambridge, March 26 – 27, 1987, London: Aslib, 151 – 173. –

50. IRRD (1982): Working rules. International Road Research Documentation (IRRD), Chap. IV.2: Preparation of abstracts. January, 18 – 20. –

51. ISO 214 (1976): International Organisation for Standardisation: Documentation: Abstracts for publication and documentation. Genf: ISO. –

52. Jonak, Z. (1984): Automatic indexing of full texts. Information and Management 20, 5/6, 619 – 627. –

53. Karlgren, H./Walker, D. E. (1983): The polytext system: a new design for a text retrieval system. In: F. Kiefer (ed.): Questions and Answers. Dordrecht etc., 273 – 294 [= Linguistic Calculation 1]. –

54. Kempen, G. (ed.) (1987): Natural language generation. New results in artificial intelligence, psychology and linguistics. Dordrecht: Nijhoff. –

55. Kennedy, A. (1983): On looking into space. In: Rayner, K. (ed.): Eye movement in reading perceptual and language processing. New York etc, 237 – 250. –

56. Kintsch, W. / van Dijk, T. A. (1983): Strategies of discourse comprehension. Orlando, FLA: Academic Press. –

57. Koblitz, J. (1972): Referieren von Informationsquellen. Lehrbrief. Berlin: Institut für Bibliothekswissenschaft und wissenschaftliche Information. –

58. Kuhlen, R. (1983). Volltextanalyse zum Zwecke des Abstracting. In: Deutsche Gesellschaft für Dokumentation (DGD) (ed.): Deutscher Dokumentartag 1982: Fachinformation im Zeitalter der Informationsindustrie. 27. – 30. 9. 1982, Lübeck-Travemünde. München etc.: Saur KG, 300 – 312. –

59. Kuhlen, R. (1984): A knowledge-based text analysis system for the graphically supported production of cascaded text condensates. Universität Konstanz, Informationswissenschaft, Bericht TOPIC-10/84. –

60. Kuhlen, R. (1984/1986): Some similarities and differences between intellectual and machine text understanding for the purpose of abstracting. In: H. J. Dietschmann (ed.): Representation and exchange of knowledge as a basis of information processes. Proceedings

von IRFIS5 Heidelberg 5.–7. Sept. 1983. Amsterdam u.a., North-Holland, 87–109 [auch in Kuhlen 1986, 133–151]. –

61. Kuhlen, R. (1985): Verarbeitung von Daten, Repräsentation von Wissen, Erarbeitung von Information. Primat der Pragmatik bei informationeller Sprachverarbeitung. In: B. Endres-Niggemeyer, J. Krause (eds): Sprachverarbeitung in Information und Dokumentation. Proceedings der Jahrestagung der Gesellschaft für Linguistische Datenverarbeitung (GLDV) in Kooperation mit der Fachgruppe 3 ,,Natürlichsprachliche Systeme'' im FA 1.2 der Gesellschaft für Informatik (GI). Hannover, 5.–7. März, 1985. Berlin etc.: Springer, 1–22 (= Informatik Fachbericht 114; Subreihe KI). –

62. Kuhlen, R.(1986): Informationslinguistik. Theoretische, experimentelle, curriculare und prognostische Aspekte einer informationswissenschaftlichen Teildisziplin. Tübingen: Niemeyer. –

63. Kuhlen, R. (1989a): Information Retrieval: Verfahren des Abstracting. In: Bátori, I. S. / Lenders, W. / Putschke (eds.): Computational linguistics. An international handbook on computer oriented language research and applications. Berlin etc.: de Gruyter. –

64. Kuhlen, R. (1989b): Graphische und textuelle Erzeugung informationeller Objekte als ein Beitrag zur Flexibilisierung und Individualisierung von Information [eingereicht für: Nachrichten für Dokumentation]. –

65. Kuhlen, R. / Reimer, U. / Sonnenberger, G. (1988): Automatischer Aufbau von Wissensbanken durch Wissensakquisition aus Texten. Universität Konstanz, Informationswissenschaft, Bericht 4/88. –

66. Lehnert, W. G. / Black, J. B. / Reiser, B. J. (1981): Summarizing narratives. In: IJCAI-81: Proceedings of the 7th International Joint Conference on Artificial Intelligence. Vancouver, Canada. August 24–28, 1981, Vol 1. Menlo Park, CA: AAAI, 184–189. –

67. Lenat, D. / Prakash, M. / Shepherd, M. (1986): CYC: Using common knowledge to overcome brittleness and knowledge acquisition bottlenecks. The AI Magazin, 65–85. –

68. Luhn, H. P. (1958): The automatic creation of literature abstracts. IBM Journal April, 159–163. –

69. Lustig, G., (ed.), (1986): Automatische Indexierung zwischen Forschung und Anwendung. Hildesheim etc.: Olms (= Sprache und Computer 5). –

70. McGirr, C. J. (1978): Guidelines for abstracting. Technical Communication 2, 2–5, –

71. McKeown, K. R. (1986): Language generation. Applications, issues, and approaches. In: Proceedings of the IEEE 74, 7, 961–968. –

72. Maizell, R. E. / Smith, J. F / Singer, T. E. R. (1971): Abstracting scientific and technical literature. New York: Wiley-Interscience (ISA 72–2147). –

73. Mann, W. C. (1984): Discourse structures for text generation. In: COLING-84: Proceedings of the 10th International Conference on Computational Linguistics. Stanford, CA, 367–375. –

74. Mann, W. C. / Thompson, S. A. (1987): Rhetorical structure theory: description and construction of text structures. In: Kempen (1987), 85–96. –

75. Maron, M. E. (1982): Problems with full-text searching. In: Office Automation Conference, April 5–7. Moscone Center, San Francisco, 379–384. –

76. Mathis, B. (1972): Techniques for the evaluation and improvement of computer-produced abstracts. OSU-CISRC-TR-79-15. The Computer and Information Science Research Center, The Ohio State University, Columbus. –

77. Mathis, B. A. / Rush, J. E. (1985[1975]): Abstracting. The nature and definition of abstracting. In: Dym (1985), 445–484. –

78. Molitor, S. (1984): Kognitive Prozesse beim Schreiben. DIF: (Deutsches Institut für Fernstudien). Tübingen: Universität Tübingen, Forschungsbericht 31. –

79. PADOK (1986): PADOK: Test und Vergleich von Texterschließungssystemen für das

Deutsche Patent- und Fachinformationssystem. Endbericht. 1.1.1985 − 31.3.1986. Regensburg: Univ. Regensburg, Linguistische Informationswissenschaft. −
80. Pfeiffer-Jäger, G. (1980): Referat und Referieren: Linguistische Beiträge zu ihrer Applikation in der Information und Dokumentation. Germanistische Linguistik 1/2, 1 − 180. −
81. Rath, G. J. / Resnick, A. / Savage, T.R. (1961): The formation of abstracts by the selection of sentences. Part I: Sentence selection by men and machines. American Documentation 12, 139 − 141. −
82. Reimer, U. (1987): FRM: Ein Frame-Repräsentationsmodell und die formale Beschreibung seiner empirischen Semantik. Universität Konstanz, Informationswissenschaft [Dissertation]. −
83. Reimer, U. / Hahn, U. (1988): Text condensation as knowledge base abstraction. In: Proceedings of the 4th IEEE Conference on Artificial Intelligence Applications, San Diego, CA. Washington, D. C. Comp. Soc. of the IEEE, 338 − 344. −
84. Resnick, A. (1961): Relative Effectiveness of document titles and abstracts for determining relevance of dokuments. Science 134 (3484), 1004 − 1005.
85. Rösner, D. (1987): The automated news agency: SEMTEX a text generator for German. In: Kempen (1987), 133 − 148. −
86. Rowley, J. (1988; 1982): Abstracting and indexing. London: Clive Bingley. −
87. Schwartz, C. / Eisenmann, L. M. (1986): Subject analysis. In: M. E. Williams (ed.): Annual Review of Information Science and Technology (ARIST) 21, 37 − 61. −
88. Skolnik, H. (1979): Historical development of abstracting. Journal of Chemical Information and Computer Science 19, 4, 215 − 218. −
89. Sonnenberger, G. (1988) Flexible Generierung von natürlichsprachigen Abstracts aus Textrepräsentationsstrukturen. In: Wiener Workshop ,,Wissensbasierte Sprachverarbeitung''. 4. Österreichische Artificial Intelligence Tagung, Wien 29. − 31. August 1988. Berlin etc.: Springer, 72 − 82 (= Informatik Fachberichte 176; Subreihe KI). −
90. Stibic, V. (1985): Printed versus displayed information. In: Nachrichten für Dokumentation 36, 4/5, 172 − 178. −
91. Strong, S. M. (1974): An algorithm for generating structural surrogates of English text. Journal of the ASIS 1, 10 − 24. −
92. Tait, J. I. (1985): Generating summaries using a script-based language analyzer. Cambridge: Acorn Computers. −
93. Taylor, S. L. / Krulee, K. (1977): Experiments with an automatic abstracting system. Proceedings of the ASIS. Vol. 14. White Plains, NY: Knowledge Industry Publ. −
94. Tenopir, C. (1985): Full-Text databases. In: M. E. Williams (ed.): Annual Review of Information Science and Technology (ARIST) 20, 215 − 246. −
95. Travis, I. L.; Fidel, R. (1982): Subject analysis. In: M. E. Williams (ed.): Annual Review of Information Science and Technology (ARIST) 17, 123 − 157. −
96. Vickery, B. C./Vickery, A. (1987): Information science in theory and practice. London etc.: Butterworths. −
97. Wagers, R. (1983): Effective searching in database abstracts. Online 7, 5, 60 − 77. −
98. Weil, B. H./Zarember, I./Owen, H. (1963): Technical-abstracting fundamentals II. Writing principles and practices. Journal of Documentation 3, 2, 125 − 132. −
99. Wellisch, H. H. (1980): Indexing and abstracting. An international bibliography. Santa Barbara, CA: ABC-Clio. −
100. Wellisch, H. H. (1984): Indexing and abstracting: an international bibliography. Teil 2 (für den Zeitraum 1977 − 1981). Santa Barbara, CA: ABC-Clio. −
101. Weyer, S. A. (1982): The design of a dynamic book for information search. International Journal of Man-Machine Studies 17, 87 − 107. −
102. Wyllis, R. E. (1967): Extracting and abstracting by computer. In: Borko, H. (ed.): Automated Language Processing. New York etc., 127 − 179. −

B 4   Indexieren, Klassieren, Extrahieren

Gerhard Knorz

B 4.1   Einleitung

Konventionelle Textkondensierung, wie sie Kurzreferat (und Titel) darstellen, können nur mittelbar einen inhaltsorientierten Zugriff auf Dokumente ermöglichen. Ein unmittelbarer Zugriff auf den Inhalt eines Dokumentes über ein entsprechendes Retrievalsystem (im weitesten Sinne) soll dagegen durch Indexieren und Klassieren angelegt werden.

Die *Abb. 1* einer Dokumentationseinheit aus der Datenbasis PHYS illustriert den Gegenstandsbereich dieses Kapitels.

AN	87(17):81072 PHYS
TI	Oxygen content of superconducting Ba2YCu 306.5 + x.
AU	Hauck, J.; Bickmann, K.; Zucht, F. (Inst. für Festkörperforschung, Kernforschungsanlage Juelich (Germany, F. R.))
SO	Z. Phys., b. (Jul 1987) v. 67(3) p. 299 – 302
	ISSN 0722-3277; CODEN ZP880
CY	GERMANY, FEDERAL REPUBLIC OF
DT	Journal
TC	Experimental
LA	English
AB	Single-phase non-stoichiometrie Ba2YCu306.5 + x with $-0.248 < = x < = 0.300$ can be obtained by annealing prereacted samples at 0.01-1 bar oxygen parial pressure. Samples with $X = -0.248$ are semiconducting, samples at $0.239 < = x < = 0.300$ are metallic with Tc increasing from 92.2 to 94.0 K for annealing in 0.02-1 bar 02. (orig.)
CC	★7470; 7410; 8140
CT	★BARIUM OXIDES; ★ YTTRIUM OXIDES; ★COPPER OXIDES; QUATERNARY COMPOUNDS; CUPRATES; STOICHIOMETRY; ANNEALTING; ELECTRIC CONDUCTIVITY; ★SUPERCONDUCTIVITY; TRANSITION ‘TEMPERATURE; LOW TEMPERATURE; X-RAY DIFFRACTION; THERMAL GRAVIMETRIE ANALYSIS; TEMPERATURE DEPENDENCE; QUANTITY RATIO
ET	Ba★Cu★O★Y; Ba sy 4; sy 4; Cu sy 4; O sy 4; Y sy 4; Ba2YCu306.5 + x; Ba cp; cp; Y cp; Cu cp; O cp; 02

Abb. 1: Eine Dokumentationseinheit aus der Datenbasis PHYS

Es interessieren hier nicht die formalen Kategorien AN, AU, SO, CY, DT, und LA (siehe dazu Kapitel B 2), sondern zunächst die Kategorien CC und CT:

CC: Jedes Dokument wird in einige wenige Klassen (hier: durchschnittlich in 2 bis 3) eingeordnet, die durch eine Klassifikationsnotation bezeichnet werden. Grundlage ist ein 3-stufiges monohierarchisches Klassifikationssystem, bestehend aus der ersten, der zweiten und den beide folgenden Dezimalen. Insgesamt stehen über 500 verschiedene Klassen zur Verfügung.

CT: Jedem Dokument werden nach den für die Datenbasis zuständigen Indexierungsregeln (hier) durchschnittlich ca. 12 Deskriptoren aus einem Thesaurus mit über
20.000 Begriffen zugeordnet.

Das CT-Feld ist demnach das Ergebnis des Indexierens, bei dem Index-Termini einer dokumentarischen Bezugseinheit nach einem vorgegebenem Indexierungsverfahren zugeordnet werden (Lit. 14.).

Das CC-Feld ist das Ergebnis des Klassierens, bei dem Elemente (hier: Dokumente)
Klassen (hier: benannt durch Klassifikationsnotationen) zugeordnet werden
(Lit. 14.).

Drei Eigenschaften des hier gezeigten CT-Feldes sind für das weitere bemerkenswert:

– Die Index-Termini, die Deskriptoren, entstammen aus einem kontrollierten, verbindlichen
  Vokabular (siehe das zu das Kapitel über Thesauri). Sie müssen im Text des Dokumentes
  nicht notwendigerweise explizit vorkommen („Additonsmethode").
– Die zugeteilten Deskriptoren stehen offensichtlich völlig gleichrangig und ohne gegenseitige Bezüge nebeneinander (gleichordnende Indexierung). Tatsächlich ist es hier jedoch so,
  daß (hier nicht sichtbar) einige Deskriptoren als sogenannte „Main Headings" ausgezeichnet sind, denen jeweils noch ein anderer Deskriptor als „Qualifier" zugeordnet ist. Diese
  reduzierte und in der Form komplexere Indexierung hat jedoch nur für ein zusätzlich gedrucktes Register Bedeutung.
– Die Deskriptoren werden in einem 2-stufigen Prozess zugeteilt: Ein Programm (das AIR-
  System; siehe dazu Lit. 12.) analysiert Titel und Abstract und ermittelt auf der Grundlage
  eines umfangreichen Regel-Wörterbuchs die potentiell relevanten Deskriptoren. Ein Indexer kontrolliert die automatisch erzeugte Indexierung anhand des Orginaldokumentes und
  modifiziert sie gegebenenfalls. Ziel dieses *maschinell gestützten Vorgehens* ist in erster Linie die Verbesserung der Qualität gegenüber rein automatischer oder manueller Bearbeitung (siehe dazu Lit. 13.)

Als Ergebnis einer speziellen Art automatischer Indexierung kann das ET-Feld aufgefaßt werden: Es enthält die im Titel oder Abstract vorkommenden Formeln in einer standardisierten und damit besser recherchierbaren Form. Im Gegensatz zum
CT-Feld entstammen die Index-Termini direkt aus dem Text („Extraktionsmetho-
de"), und die zugeteilten Ausdrücke haben auch eine syntaktische Struktur.

Der Treatment-Code im CT-Feld ordnet die Arbeit in die Klasse der experimentellen, theoretischen oder sonstigen Dokumente ein.

Die Tatsache, daß alle sinntragenden Textwörter im Titel (TI) und in der Kurzfassung (AB) recherchierbar sind, kann ebenfalls als eine vom Verfahren her triviale,
wenngleich zweifellos effektive Art von „automatischer Indexierung" aufgefaßt
werden.

Die für dieses Kapitel B 4 einschlägigen Normen sind die 3 Teile der DIN 31623
(Lit. 06.), auf die sich Terminologie und Darstellung im folgenden abstützen. Auf
eine Zitierung im einzelnen wurde verzichtet, allerdings auch auf eine vollständige
Abdeckung der in der Norm dargestellten Inhalte. Stattdessen wird den Möglichkeiten (und Grenzen) automatischer Indexierungsverfahren größerer Raum gegeben. Die zusätzliche Lektüre der Norm DIN 32623 wird dem Leser daher sehr
empfohlen. Darüber hinaus soll auf folgende Literatur hingewiesen werden (gerade
auch im Hinblick auf das eher konventionelle Indexieren): (Lit. 18.; Lit. 03.;
Lit. 11.; Lit. 08.). Weitere Zitate folgen im Text.

B 4.2   Indexieren ist zweckbestimmt

Indexieren ist stets nur Mittel zum Zweck (im folgenden soll, wo Mißverständnisse ausgeschlossen sind, ,,Indexieren" auch ,,Klassieren" und ,,Extrahieren" subsumieren). Dies hat u.a. zur Folge, daß eine Definition von ,,guter Indexierung" notwendigerweise unbefriedigend bleiben muß, solange nicht der aktuelle Zweck genau spezifiziert ist: Indexierung für ein Retrieval (etwa Patent-, Produkt- oder Forschungsrecherche), für ein gedrucktes Register oder für sonstige Spezialauswertungen (z.b. die Erstellung spezieller Reports, wie etwa über den aktuellen Stand eines komplexen Vorhabens).
Für die Auswahl und Ausgestaltung des anzuwendenden Indexierungsverfahren sind die (Retrieval-)Operationen in Rechnung zu stellen, die auf dem Indexierungsergebnis ausgeführt werden sollen (bzw. können):

- gezieltes Auffinden eines Dokumentes aufgrund *eines* zugeteilten Indexterms (gegebenenfalls weiteres lineares Suchen in der ,,Nähe" der vermuteten Fundstelle).
- Kombination verschiedener zugeteilter Indextermini während der Recherche mit Hilfe aussagenlogischer Operatoren und/oder einer Gewichtung.
- Möglichkeit der Einbeziehung von syntagmatischen (Roles und Links) oder paradigmatischen (Taxonomie im Begriffssystem) Relationen zwischen Suchbegriffen während der Recherche.
- Möglichkeiten zur Trunkierung, Anwendung von Kontextoperatoren oder spezieller Suchtechniken wie der phonetischen Recherche bei der Suche im Indexierungsergebnis.
- Möglichkeit, die Suche in verschiedenen Arten von Indexierungsergebnissen miteinander zu kombinieren.

Wird heute für eine Online-Datenbank indexiert, kann davon ausgegangen werden, daß jede Art angebotener Inhaltserschließung unter Nutzung aller üblichen Retrievaloperationen bei der Recherche in Kombination genutzt wird. Es gibt (noch) PC-Systeme, speziell für den Bibliotheksbereich, die diesen Leistungsumfang nicht bieten; Karteikartensysteme und gedruckte Register sind in ihren Möglichkeiten grundsätzlich sehr beschränkt.
Entscheidend für Auslegung eines Indexierungsverfahrens sind die Anforderungen, die an das aufzubauende Informationssystem gestellt werden:

- Welchen Stellenwert hat die Aktualität der nachgewiesenen Dokumente?
- Gibt es a priori Präferenzen hinsichtlich Precision (Toleranz gegenüber Ballast) oder Recall (Toleranz gegenüber unvollständigen Suchergebnissen)?
- Gibt es spezielle Problemklassen für die Formulierung von Suchfragen? Beispielsweise Schulen-abhängige Begriffsysteme (wie etwa u.a. in der Politikwissenschaft), sehr präzise definierte Sachverhalte (die auch entsprechend präzise selektiert werden sollen) wie u.a. in der Kernphysik oder der Chemie), oder aber unscharf definierte Zielinformation (wie etwa bei der Recherche nach Namen, die nur lautsprachlich bekannt sind)

B 4.3   Indexieren ist von Randbedingungen abhängig

Wichtige Gesichtspunkte bei der Auswahl eines Indexierungsverfahrens liefern *Eigenschaften der zugrundeliegenden* (bzw. der zu erwartenden) *Dokumentenmenge:*

– die Größe und vor allem die inhaltliche Heterogenität der Sammlung: Sie bestimmt wesentlich die Trennschärfe, mit der bei der Indexierung gearbeitet werden muß.
– Heterogenität bezüglich der Sprache: mehrsprachige Sammlungen machen Inhaltserschließung (beginnend mit Titelübersetzung und Referieren) unumgänglich
– die Art der Darstellung der interessierenden Sachverhalte: sprachlich (s.u.), in 1- oder 2-dimensionalen Formeldarstellungen (z.b. in der Chemie), in Tabellen (in empirischen Wissenschaften), in Graphiken (z.b. in einer Konstruktionsdatenbank), in Bildern (z.b. in Pressedatenbanken) oder (häufig) in Mischformen. In der Regel muß man sich bei nichtsprachlicher Vorlage mit sprachlich codierter Inhaltserschließung behelfen: z.b. Beschreibung eines Bildes durch Schlagwörter.
– der Stellenwert, den Probleme sprachlicher Benennung in dem vorgegebenen Textmaterial haben: Homonymie, Polysemie, Wortformen-Varianten (z.t. sprachabhängig), Formulierungsvarianten, Abkürzungen (speziell: ad-hoc-Abkürzungen!), implizite Darstellungen, verschleiernde Darstellungen (wie z.t. etwa im Patentbereich), besonders standpunktabhängige Beschreibungen (z.b. in den Sozialwissenschaften)
– die Selbständigkeit des einzelnen Dokumentes: Bürodokumente beispielsweise sind häufig durch vielfältigen Bezug auf andere Dokumente gekennzeichnet.

Weiterhin ist nach den *verfügbaren Ressourcen* zu fragen:

– Sind qualifizierte Indexierer(innen) vorhanden? Soll bei akzeptabler Qualität ein hoher Durchsatz erreicht werden, so muß die personelle Fluktuation niedrig gehalten werden. Inwieweit kann bei Einsatz maschineller Verfahren der anfallende Pflegeaufwand geleistet werden?
– Inwieweit ist eine manuelle Indexierung vom Zeitaufwand und der organisatorischen Einbettung her überhaupt möglich?
– Inwieweit ist maschinelle Unterstützung (für Wörterbuchzugriff, Eingabe, Ergebniskontrolle, Vorbereitung der Indexierung) verfügbar?
– Welche Werkzeuge (Thesauri, Klassifikationssysteme, Wortlisten) sind vorhanden?
– Welche Teile des Dokumentes sind zur Indexierung aktuell verfügbar? Automatische Indexierungsverfahren müssen sich in der Regel mit Titel und Abstract als Ausgangsbasis begnügen.

Die neben allen fachlichen Aspekten entscheidende Frage nach dem insgesamt akzeptiertem Aufwand für Inhaltserschließung schließt den Kreis: Inhaltserschließung ist Mittel zum Zweck, und wenn der resultierenden Informationsdienstleistung geringe Bedeutung zugemessen wird, kann beim Input nur entsprechend knapp kalkuliert werden.

B 4.4   Entwurfsentscheidungen bei der Auslegung eines Indexierungsverfahrens

Welches sind nun die methodischen Freiheitsgrade, mit denen auf unterschiedliche Zweckbestimmungen und Ausgangsvoraussetzungen reagiert werden kann?

(1)   Prä- und Postkoordination

Der Benutzer heutiger Literaturdatenbanken versucht, seine Suchfrage als Kombination einzelner Indextermini auszudrücken. Damit setzt er den komplexen Suchbegriff zum Retrievalzeitpunkt aus einfacheren zusammen: Post-Koordination. Die Alternative ist, die einzelnen Index-Termini bereits zum Indexierungszeitpunkt zu komplexen Themenbeschreibungen zusammenzusetzen: Prä-Koordination. Sind solche Themenbeschreibungen bereits im Vokabular verankert (als Komposita oder Nominalgruppen), so spricht man von Prä-Kombination.

- Ein Beispiel präkombinierter Systeme ist die monohierarchische Klassifikation, die in allen Fällen, in denen ein einheitlicher Einteilungsgesichtspunkt gefunden werden kann, durch ihre einfache und effiziente Struktur besticht. Die zugeteilten Klassifikationsnotationen lassen sich in eine lineare Ordnung bringen (Anwendung: Bücheraufstellung!) und ein gedrucktes Klassifikationssystem ist die einzige technische Zugangsvoraussetzung. Wenn ein Weltausschnitt jedoch, was die Regel ist, tatsächlich vielschichtiger ist, dann wirken sich die Unbeweglichkeit und die praktisch nicht vermeidbaren inneren Widersprüche eines solchen Systems negativ aus.
- Bei Facettenklassifikationen handelt es sich um präkoordinierte Systeme. Ein ganz anderes Beispiel sind komplexe Nominalgruppen zur Darstellung der in Dokumenten behandelten Themen. Der Weg von einer Suchfrage zu einer zugeteilten Nominalgruppe kann aber wegen der größeren Flexibilität und des größeren Variantenreichtums natürlicher Sprache nicht ganz so einfach sein wie der zu einer zugeteilten Klassifikationsnotation.

Das Prinzip der Postkoordination wurde in den frühen 50'er Jahren als Reaktion auf die zu dieser Zeit gebräuchlichen Klassifikationssysteme und deren grundsätzlichen Beschränkungen vom Mortimer Taube eingeführt. Er entwickelte für Forschungsberichte der US ASTIA ein System von elementaren Basisbegriffen („Uniterms"), von denen einem Dokument etwa 10 – 20 zugeordnet wurden. Für Speicherung und spätere Postkoordination war eine spezielles Karteikartensystem notwendig. Daß der Rechner das geeignete Instrument für die Anwendung und Weiterentwicklung dieses Ansatzes war, liegt auf der Hand. Die Nachteile des puristischen Uniterm-Verfahrens sind ebenfalls leicht einzusehen: Eine auf elementaren Basiskonzepten beruhende Indexierung ohne zusätzliche syntaktische Ausdrucksmittel muß notwendigerweise bei steigender Dokumentenanzahl eine unzumutbare Zahl von Fehl-Koordinationen provozieren. {Maschine, Übersetzung, Text} läßt völlig offen, ob es sich um „maschinelle Übersetzung von Texten" oder um „Übersetzung von Texten über Maschinen" handelt.

(2)   Art der Indexierungssprache

Wenn, wie z.B. bei Registern, eine primär manuelle Suche stattfindet, können Nominalgruppen, Titel oder auch Kurzfassungen durchaus als Indexierungsergebnisse mit natürlichsprachigem Vokabular und natürlicher Syntax angesehen werden. Wird dagegen maschinell recherchiert, wird also das Indexierungsergebnis von einem formalen System manipuliert und „interpretiert", so ist es zweckmäßiger (bzw. realistischer), das Ergebnis des Indexierens als einen Ausdruck einer formalen Sprache zu betrachten, der aus lexikalischen Einheiten zusammengesetzt ist und eine (künstliche) Syntax besitzt.

Beim *Vokabular* einer Indexierungssprache ist ein kontrolliertes, verbindliches von einem offenen, freien Vokabular zu unterscheiden. Ein kontrolliertes Vokabular, wie es etwa die Notationen eines Klassifikatonssystems oder die Deskriptoren eines Thesaurus darstellen, vermeidet viele Probleme offener Systeme, die sich etwa der in den Dokumenten vorkommenden Fachbegriffe bedienen: die Form der Benennung und die systembezogene Bedeutung kann grundsätzlich soweit erforderlich festgelegt werden (vgl. dazu das Kap. B 5). Andererseits muß jedes Mehr an Kontrolle (beispielsweise in Form einer Relationierung von Deskriptoren) mit z.T. enormen Aufwand für Erstellung und Pflege bezahlt werden. Die Analyse von Indexierungsfehlern zeigt, daß bei Verwendung umfangreicher Thesauri auch der erfahrene und spezialisierte Indexierer ohne Nachschlagen in keinem Falle auskommt. Die Nachteile aus fachlicher Sicht zeigen sich, wenn zur Indexierung eines Sachverhalts keine adäquaten Deskriptoren zur Verfügung stehen: Dies geschieht schon deshalb zwangsläufig, weil die fachliche Entwicklung eines Gebietes auch dem aktuellsten (verbindlichen) Vokabular (mindestens) einen Schritt voraus ist. Es empfiehlt sich daher, neben verbindlichem Vokabular auch freies Vokabular ergänzend zuzulassen. Die Formulierung der freien Indextermini sollte sich an die vorgefundene Formulierung im Text anlehnen sowie prägnant, reproduzierbar und eindeutig sein. In DIN 31623, Abs. 3.3.2 und 4 sind detaillierte Richtlinien für die Begriffs- und Benennungsanalyse bei der Formulierung freier Deskriptoren angegeben.

Die *Syntax* (zur Darstellung syntagmatischer Beziehungen) ist bei den meisten Indexierungssprachen sehr schwach ausgeprägt. Der Einsatz syntaktischer Sprachmittel dient primär der präziseren Darstellung von Themen und damit (beim Retrieval) der Reduzierung von Ballast. Er erfordert ein tieferes Verständnis des Dokumentinhalts und eine besondere Sorgfalt, wenn ein in sich konsistentes Indexierungsergebnis erreicht werden soll, das den erhöhten Aufwand rechtfertigt. Die Erfahrungen mit syntaktischer Indexierung sind recht uneinheitlich.

Bei der ,,gleichordnenden Indexierung'' (coordinate indexing) fehlt jede Art von (syntagmatischen) Beziehungen zwischen Deskriptoren: Die Indexierung besteht aus einer *Menge* (im mathematischen Sinn) von gleichberechtigten Indextermini. Ist ein Text im ,,Freitext'' unter Verwendung von Kontextoperatoren recherchierbar, ist also jedes bedeutungtragende Wort ein suchbares Stichwort, so besteht die Indexierung aus einer *Reihe* von Index-Termini: die Nachbarschaftsbeziehungen der einzelnen Wörter bleiben erhalten und können bei der Suche berücksichtigt werden.

Eine andere Art von Reihung liegt vor, wenn Index-Termini nach ,,Wichtigkeit'' geordnet sind. Vor allem automatische Indexierungsverfahren ordnen Deskriptoren oft Gewichte zu, was man ebenfalls als ein syntaktisches Ausdrucksmittel deuten kann:

> Indexierung, Linguistische Verfahren, Evaluierung
>
> **oder:**
>
> Indexierung (1.00), Linguistische Verfahren (0.8), Evaluierung (0.4)

Genauso wie man in der natürlichen Sprache über die Neubildung zusammengesetzter Wörter (Präkombination) hinaus komplexe Begriffe als Teilsätze konstruieren kann, so können mehrere Index-Termini durch syntaktische Mittel zusammengesetzt werden, um den gemeinten Begriff präziser zu benennen:

{Bedarf, Technik, Information} als gleichordnende Indexierung läßt offen, ob es um Informationen über den Bedarf an Technik oder aber um Bedarf an Informationstechnik geht. Mit einer Klammerstruktur, die die Abhängigkeitsstruktur nachzeichnet, läßt sich das Gemeinte klarlegen:

> (Information ← (Bedarf ← Technik))
> (Bedarf ← (Technik ← Information))

Diese Art der Darstellung gibt an, welcher Begriff durch welchen anderen Begriff spezifiziert wird. Sie geht bereits über solche einfache Varianten hinaus, mit denen mittels sogenannter „links" (Kopplungsindikatoren) markiert wird, welche Index-Termini inhaltlich zusammengehören:

> (manuell, natürlichsprachlich, Indexierung)
> (automatisch, Grundformenreduktion, Evaluierung)

In der Regel sind die so abgegrenzten Deskriptor-Teilmengen nicht disjunkt.

Das (technische) Zusammenfassen und Abgrenzen verschiedener Teilmengen von Indexierungsergebnissen kann auf unterschiedliche Weise erfolgen. Etwa, indem mehrere separate Indexierungsfelder angelegt werden, oder aber indem bei jedem Deskriptor über eine Nummer vermerkt wird, zu welchem Deskriptorsatz er gehört. Es soll hier auf solche Details nicht eingegangen werden. Siehe dazu DIN 31623, Teil 3, Abs. 7.3.

Andererseits reicht die obige Darstellung einer Abhängigkeitsstruktur für die Präzisierung von Fällen wie „Lösung in Wasser" vs. „Lösung mit Wasser" nicht aus. Die natürliche Sprache, deren Syntax hier mit Präpositionen arbeitet, stellt das Problem der nahezu unerschöpflichen Formulierungsvarianten mit der Schwierigkeit, die Übereinstimmug bzw. semantische Nähe verschiedener Formulierungen formal bestimmen zu lassen (wässrige Lösung, in Wasser gelöste X, eine mit Wasser hergestellte Lösung, wird zunächst unter Verwendung von Wasser gelöst, wird in Alkohol oder in Wasser vorsichtig gelöst, eine Lösung für Wasser oder vergleichbare Flüssigkeiten ist nicht bekannt, . . .).

Speziell bei Registerindexierungen bietet es sich oft an, Paare von Index-Termini zu bilden, wobei der eine Term (Qualifier) den anderen (Main Heading) präzisiert. Wenn einige (wenige) Index-Termini nahezu mit jedem anderen kombiniert werden können, empfiehlt es sich, diese aus dem Vokabular herauszunehmen und stattdessen syntaktisch (als Rollenindikator) zu repräsentieren.

Beispiel: **Italien (E):** Ausfuhr nach Italien
Italien (I): Einfuhr von Italien
Berillium (T): Berillium als Target in einer Reaktion
Berillium (O): Berillium als Reaktionsergebnis

Es ist offensichtlich, daß das Problem einer präzisen Benennung von Begriffen z.T. sowohl auf syntaktischem wie lexikalischem Niveau gelöst werden kann. In einem System, das aus diesem Grund immer komplexere Index-Termini in sein Vokabular aufnimmt, wird die Auswahl der „richtigen" Index-Termini (und damit sowohl Indexierung als auch das Retrieval) immer schwieriger.

Die *Indexierungsregeln* sind Bestandteil der Indexierungssprache. Sie sind ein wichtiges Instrument, die Indexierung für das Retrieval effektiv zu machen. Zu den allgemeinen Indexierungsregeln gehört, daß von mehreren konkurrierenden Index-Termini stets der am meisten spezifische auszuwählen ist und daß Deskriptoren nur für solche Themen zugeteilt werden, die im Dokument tatsächlich behandelt (nicht nur berührt) werden.

Spezielle Indexierungsregeln müssen sich am systemspezifischen Bedarf ausrichten und legen fest, in welcher Weise Klassen von Sachverhalte durch Index-Termini auszudrücken sind.

Beispiel: – Deskriptoren in der Rolle als Werkzeug sollen nicht indexiert werden
– Firmennamen stets indexieren

Geregelt werden die Behandlung spezieller Phänomene (Zahlenangaben, Formeln, Namen), der Gebrauch von Werkzeugen, die Verwendung und Bildung freier Deskriptoren, Annahmen über den Informationsbedarf der Benutzer und organisatorische Maßnahmen zur Qualitätssicherung.
Ziel ist es, die Konsistenz der Indexierung und damit die Vorhersehbarkeit und den Gebrauchswert bei der Benutzung zu erhöhen.

(3)   Art der Zuordnung:
Die Index-Termini können dem zu indexierenden Text entnommen sein (Stichwörter, geliefert von einem Extraktionsverfahren) oder frei zugeteilt sein (Schlagwörter, Deskriptoren, Klassifikationsnotationen, geliefert von einem additiven Verfahren).
Läßt man dasselbe Dokument testweise parallel indexieren (vgl. Abschnitt B 4.6), so ist Konsistenz zwischen konkurrierenden Extraktionsverfahren offensichtlich leichter sicherzustellen als zwischen Additionsverfahren. Dies wird (oft auch in Zusammenhang mit maschineller Indexierung) mißverständlicherweise als Qualitätsargument vorgebracht. Zwar ist es richtig, daß schlechte Konsistenz sich negativ beim Retrieval auswirken muß. Gute Konsistenz wirkt sich aber nur dann positiv auf das Retrieval aus, wenn damit gemeint ist, daß ähnliche Sachverhalte in verschiedenen Dokumenten konsistent indexiert sind. Ob die systembedingte gute Konsistenz bei Extraktionsverfahren dieses Ziel erreicht, oder aber wegen der Anlehnung an den Sprachgebrauch der verschiedenen Autoren eher verfehlt, kann nicht allgemein entschieden werden. Als die einfachere Methode hat das Extrahieren in jedem Fall den Vorteil der schnellen Bearbeitung für aktuelle Informationsdienste.

(4)   Prozessor
Wenngleich automatische Indexierungsverfahren manuelles Indexieren imitieren können und im Prinzip jedes automatische Indexierungsverfahren auch manuell durchgeführt werden kann, handelt es sich doch bei der Entscheidung zwischen manuellem oder automatischem Indexieren um eine Grundsatzentscheidung. Ein manuelles Indexieren lohnt sich für Retrievalzwecke nur dann, wenn nach der Additionsmethode gearbeitet wird oder aber eine syntaktische Indexierung benötigt wird. Ohne ein Verständnis des Dokumentinhaltes, ohne ein Erkennen der für das Retrieval wesentlichen Begriffe kann auf (aufwendiges) manuelles Arbeiten zugunsten einfacher maschineller Verfahren in jedem Falle verzichtet werden. Die Tätigkeit des Indexierens mit dem (abschließenden) Aussuchen bzw. Formulieren passender Deskriptoren gleichzusetzen, wäre unzulässig verkürzt gesehen.
Von maschinell unterstütztem Indexierung spricht man, wenn ein automatisches Verfahren Index-Termini vorschlägt, die in einer manuellen Nachbearbeitung noch bestätigt werden müssen.

(5)   Grundlage des Indexierens
Für (maschinelle) Extraktionsverfahren stehen in der Regel Titel und Kurzfassung bzw. speziell ausgewählte Dokumentkategorien als textuelle Basis zur Verfügung. Zukünftig werden vermehrt auch Volltexte bearbeitet werden.
Manuelle Indexierung arbeitet zumeist mit dem Anspruch, die Orginalarbeit das

Grundlage heranzuziehen. Dies kann in der Routinesituation kaum ein vollständiges Lesen der Arbeit bedeuten, wohl aber ein zielgerichtetes Suchen nach relevanten Informationen im Dokument, speziell in Autoren-Kurzfassung, Einleitung, Schluß, in und unter Abbildungen und Tabellen. In jedem Fall macht die Orginalarbeit das Indexieren unabhängig(er) von der Qualität der Kurzfassung.

(6) Werkzeuge

Die Werkzeuge, die zur Verfügung stehen, erstellt werden müssen, und/oder zu pflegen sind, sind für die Auswahl eines Indexierungsverfahrens ein entscheidender Faktor. Die Werkzeuge manueller Indexierung sind Thesaurus, Klassifikationssysteme und Indexierungsregeln. Automatische Verfahren arbeiten mit Regelwerken (zum Beispiel zur Wortformennormierung), mit Morphemwörterbüchern, mit Wortlisten oder mit komplexeren Wissensdarstellungen (siehe dazu das Kapitel über neue Formen der Wissensrepräsentation). Der Pflegeaufwand von Regeln ist (in diesem Kontext) geringer einzuschätzen als der von Listen, Wörterbüchern oder Wissensbasen, soweit diese den Wortschatz vollständig abdecken sollen.

B 4.5   Extraktionsmethoden

Die im Prinzip einfachsten Indexierungsverfahren entnehmen die Index-Termini direkt dem Text.

(1) Manuelle Stichwortindexierung

Manuelle Stichwortextraktion wird in Zukunft kaum eine Rolle mehr spielen. Sie kann leicht während der Texterfassung als zusätzliche Markierung von Textwörtern etwa zur Aufnahme in ein Register mit erledigt werden (angeboten als Option eines Textverarbeitungssystems) und enthält, im Gegensatz zu gängigen maschinellen Alternativen, eine tatsächliche dokumentbezogene Relevanzentscheidung. Ein für den Dokumentinhalt nebensächliches oder gar irreführendes Wort wird man in keinem Fall indexieren.

(2) Freitext-Verfahren

Das Aufkommen von billigen Massenspeichern schuf eine historisch völlig neue Situation in der Dokumentation: Die Reduktion auf Wesentliches wurde teurer als das Anbieten aller Textwörter als Suchbegriffe. Da die Invertierung aller im Text vorkommenden Wortformen (ausgenommen das kleine Inventar an Funktionswörtern und banalen Wörtern) völlig unabhängig von der Art der (Text-)Dokumente und deren Sprache ist und auch keine manuelle Pflege erfordert, handelt es sich hier aus der Sicht von Datenbankproduzenten um die ideale Erschließungsmethode. Der Freitext in Zusammenhang mit Booleschem Retrieval ist auch dann die Basistechnik, wenn weitere Formen der Inhaltserschließung integriert sind (z.B. läßt sich im CT-Feld mit Trunkierung und mit Abstandoperatoren recherchieren).

(3) Linguistische wortorientierte Verfahren

Die Tatsache, daß das Freitext-Retrieval keine wirkliche Inhaltserschließung anbietet, sondern den Erschließungsaufwand eigentlich nur auf den Suchenden verlagert, hat die Entwicklung von maschinellen Verfahren herausgefordert, die die sprachlichen Probleme der Freitextrecherche mit linguistisch motiviertem Handwerkszeug angehen. Auf der Wortebene handelt es sich hier speziell um Probleme der Wortformenvarianten und der Wortbildung (Komposita). Typischerweise werden zunächst anhand einer Negativliste die häufigen nicht-bedeutungstragenden Wörter von der weiteren Verarbeitung ausgeschlossen. Solche Listen enthalten ca. 100 bis 200 Wortformen wie z.B. (siehe dazu den letzten Satz) *werden, zunächst, anhand, einer, die, von, der* und ersparen in bis zu 50 % aller laufenden Wortformen (Token) weiteren Verarbeitungsaufwand. Folgende weitere Analysestrategien stehen zur Auswahl:

— *einfache Verfahren* untersuchen die Wortendung und ersetzen unter bestimmten Bedingungen die flektierte Endung durch eine Standardendung. Basis des Verfahrens sind String-Ersetzungsregeln der folgenden Art:

    ,,es''   → ,, ''
    ,,s''   → ,,'' /außer vor ,,a''
    mit der Wirkung: ,,rooms''   → ,,room''
                     ,,glas''   → ,,glas''
                     ,,glasses'' → ,,glas''

Diese Regeln werden nach einer vorgegebenen Abarbeitungsvorschrift (iterativ, oder ,,von längeren Regeln zu den kürzeren Regeln'', genannt ,,longest Match'') angewandt. Im Englischen reichen solche einfachen Verfahren für viele Zwecke bereits aus. Der Vorteil des Verfahrens liegt in der Effizienz und dem geringen Pflegeaufwand.

— Bei *Verfahren mit Wortformen-Wörterbüchern* wird jede Wortform aus dem Text im Wörterbuch gesucht, wobei die zu indexierende standardisierte Form als Teil des Wörterbucheintrags angegeben ist. Die korrekte Behandlung von Umlautungen und unregelmäßigen Formen ist ohne Zusatzaufwand möglich:

    Umlautungen → Umlautung
    Wörter → Wort
    gesucht → suchen

Besonders wichtig bei Sprachen wie dem Deutschen ist eine Behandlung der *Komposita*, die sich wörterbuchabhängig ebenfalls recht einfach realisieren läßt:

    Wörterbucheintrags → Wörterbucheintrag, Wort, Buch,
                         Wörterbuch, Eintrag

Der Anbieter eines solchen wörterbuchabhängigen Verfahrens wird ein Basiswörterbuch zur Verfügung stellen, das durch den Anwender um die fachsprachlichen Ausdrücke zu erweitern ist. Listen mit unbekannten Wortformen, die bei der laufenden Verarbeitung zusammengestellt werden können, unterstützen die Wörterbuchpflege. Es gibt Systeme dieser Art, die sich in laufenden Anwendungen praktisch bewährt haben (siehe z.B. Lit. 10., Kap. 2).

— Der Umfang eines Wörterbuches kann in der Größenordnung Faktor 10 reduziert werden, wenn nicht Wörter, sondern die *Wortbausteine*, die *Morpheme*, gespeichert werden. Zusammen mit einem Regelwerk, das die zulässigen Kombinationen der Morpheme beschreibt, ergibt sich ein erheblich flexibleres Analyseinstrument von Wortformen:

Mit den Einträgen
trag (. . .), e (. . .), en (. . .), ein (. . .), wort (. . .), buch (. . .), er (. . .)
lassen sich reduzieren:
tragen → tragen, Einträge → Eintrag,
Wörter → Wort,
Wörterbücher → Wörterbuch + Wort + Buch
(Die Auslassungszeichen (. . .) sollen hier andeuten, daß zu jedem Morphem zusätzliche Information gespeichert ist.)

Die Beschreibung eines solchen Verfahrens findet sich in Lit. 22., S. 157 – 216.

– Neben den bisher angesprochenen kontextunabhängigen Verfahren existieren auch *kontextsensitive*, die auch die links und rechts neben der betrachteten Wortform stehenden Wörter zur Wortartenbestimmung mit einbeziehen.

Im Kontext ,,Die Höhe der Wogen wurde . . . ''
ist ,,Wogen'' auf ,,Woge'' zu reduzieren,
im Kontext ,,Wogen sie vor dem Versuch noch . . .''
dagegen auf ,,wiegen''

Einfache kontextsensitive Verfahren betrachten nur direkte Wortnachbarschaften und berücksichtigen die Wahrscheinlichkeiten, mit der eine Wortart auf eine andere folgen kann. Die sicheren ,,Stützpunkte'' dieses Vorgehens bilden die Funktionswörter. Aufwendigere Verfahren arbeiten mit einer partiellen oder vollständigen syntaktischen Analyse (vgl. z.B. Lit. 24.).

(4) Kollektions- und retrievalorientierte Verfahren

Ein vollständig anderer Weg wird (mit guten Argumenten, s.u.) von der Information Retrieval-Forschung der letzten 20 Jahre vorgeschlagen (siehe dazu Lit.21.; Lit. 16.). Nicht Retrievalsysteme mit logischen Verknüpfungsoperationen stehen hier im Mittelpunkt des Interesses, sondern Systeme, die Fragerepräsentationen und Dokumentrepräsentationen in Form gewichteter Index-Termini miteinander vergleichen und als Antwort eine Dokumentreihenfolge liefern. Sortierkriterium ist die vom System geschätzte Wahrscheinlichkeit bzw. Plausibilität von Relevanz auf eine gestellte Frage. Da das Retrievalverfahren nicht von manueller Suchstrategie abhängt, sondern fest vorgegeben ist, besteht die Aufgabe darin, die Parameter des Verfahrens (Gewichtungen, Rechenvorschriften) zu optimieren.

Ausgangspunkt der Überlegungen ist der einfache Vergleich der sowohl in Frage als auch im Dokument vorkommenden Index-Termini (ermittelt etwa durch ein einfaches Extraktonsverfahren). Es ist allerdings naheliegend, daß die so ermittelte ,,Trefferzahl'' kein besonders guter Indikator für Dokument-Relevanz ist, wenn ein Treffer etwa mit ,,Wörterbuch'' genau soviel zählt wie ein Treffer mit ,,Information''. Eine Lösungsmöglichkeit besteht darin, das Vokabular sorgfältig(er) auszuwählen. Es wurden daraufhin wortstatistische Modelle entwickelt, die die Eignung eines Terms, Dokumente zu charakterisieren, entscheidbar machen (diese Modelle gehen stets davon aus, daß eine Dokumenten-Kollektion fest vorgegeben ist). Die differenziertere Lösung besteht darin, die Index-Termini geeignet zu gewichten. Eine besonders einfache und gleichzeitig effektive Formel bestimmt das Gewicht g_t eines Index-Terms t zu:

$$g_t = \frac{\textit{Häufigkeit, mit der t im Dokument vorkommt}}{\textit{Anzahl der Dokumente, in denen t vorkommt}}$$

Das Gewicht eines Dokumentes in Bezug auf eine Frage, bestehend aus Index-Termini t_1, t_2, . . . t_n, errechnet sich dann als Summe der Gewichte g_{ti} von den jeweils im Dokument gefundenen Terms t_i. Solche Gewichtungsformeln sollen Dokumente, die der Frage „ähnlich" sind, hoch bewerten.

Indem man darüber hinaus Ähnlichkeiten zwischen Dokumenten oder auch zwischen Index-Termini berechnet und einbezieht, kann man als Suchergebnis auch solche Dokumente erhalten, in denen keiner der Suchfragen-Terms vorkommt.
Man bezeichnet Modelle, die vom „Ähnlichkeitsbegriff" ausgehen, oft als „Vektormodelle" (s. *Abb.2*), weil sie sich Frage und Dokumente als Punkte in einem vieldimensionalen Raum vorstellen (Jedem Index-Terminus ist eine Koordinate zugeordnet). Ähnlichkeit bedeutet dann „räumliche" Nähe der Punkte.

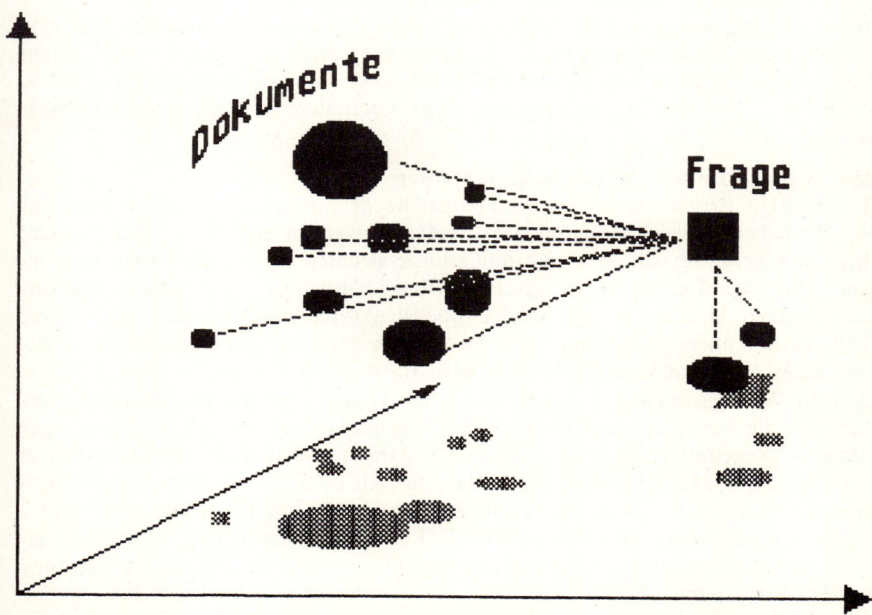

Abb. 2: 3-dimensionale Illustration eines Vektorraum-Modells. Die Dokumente werden in bezug auf ihre räumliche Nähe zur Frage bewertet. Tatsächlich müßte der Vektorraum soviele Dimensionen besitzen, wie es Index-Terms gibt.

Dieses heuristische Modell bietet viele Ansatzpunkte für differenzierte Ausgestaltungen. Die Plausibilität einer Formel ist jedoch weder notwendige noch hinreichende Bedingung für ihre Wirkung beim Retrieval. Nur das Experiment kann hier entscheiden. Dies gilt selbstverständlich auch für alle anderen Verfahren von Inhaltserschließung und Retrieval.

Ein alternativer Ansatz der Retrievalforschung ist wahrscheinlichkeitsorientiert: Relevanz eines Dokumentes ist ein Ereignis, das es auf der Basis der verfügbaren Information über das Vorkommen und die Verteilung der Index-Termini abzuschätzen gilt. Dieser Ansatz hat sich insbesondere bei sogenannten „Relevanz Feedback" bewährt, bei dem die Index-Termini Gewichte bekommen, die von deren Verteilung auf relevante und nicht-relevante Dokumente abhängen. Solche Verteilungen können (in Ansätzen) automatisch ermittelt werden, wenn der Benutzer die in einem ersten Suchschritt erhaltenen Dokumente auf Relevanz beurteilt. Da es sich hier aber eindeutig um eine Retrievaltechnik handelt, soll hier nur auf die oben angegebene Literatur verwiesen werden.

Mittlerweile wurden verschiedene Ansätze entwickelt, das „konventionelle" Boolesche Retrieval und ein auf Gewichtung beruhendes Retrieval miteinander verträglich zu machen. Der Benutzer kann über einen Systemparameter stufenlos den Übergang von einer zur anderen Retrievalvariante umregeln.

In der Dokumentationspraxis haben sich die Verfahren des Information Retrieval bislang nicht etablieren können. Sie sind aber nach allen vorliegenden empirischen Bewertungen zumindest in einem Teilbereich aller Anwendungen eine ernsthafte, effiziente, effektive und benutzerfreundliche Alternative zur gängigen Praxis (vgl. Abschn. B 4.7).

(5) Syntaxorientierte linguistische Verfahren

Lingustische Problemfelder bei der Freitext-Recherche beschränken sich nicht auf die Wortebene. Der Kontextoperator ist das konventionelle (postkoordinierende) Instrument, die verschiedenen Formulierungsvarianten und Paraphrasierungen eines komplexen Begriffes zu fassen. In der Regel handelt es sich bei den in Fachtexten in dieser Hinsicht interessanten Sprachstrukturen um Nominalgruppen. Mit Hilfe einer syntaktischen Analyse lassen sich hier die in der Sprache realisierten Beziehungen zwischen Wörtern herausfinden für die Indexierung verwenden.

Auf die Werkzeuge einer Syntaxanalyse (Parser) kann hier nicht eingegangen werden. Für die Zwecke des Information Retrieval erscheint eine Analyse vollständiger Sätze im Regelfall unnötig aufwendig (Mit nahezu vollständiger Analyse arbeitet CTX, vgl. Lit. 24.). Eine partelle Analyse, die sich auf Teilstrukturen in Texten (etwa auf Formeln, Nominalstrukturen, Zahlenangaben mit Einheiten) beschränkt, reicht dann völlig aus. Das System DETECT (Lit.17.) beispielsweise arbeitet mit einer Grammatik für nominale Ausdrücke, um diese etwa in Volltexten zu erkennen und zu extrahieren. (Da der Entwickler die Grammatik selbst entwickelt, könne auch beliebige andere syntaktische Strukturen aus Texten herausgefiltert werden.) Man könnte dann etwa mit einem neu einzuführenden Kontextoperator „samephrase" suchen. Einen Schritt weiter geht ein Verfahren wie COPSY (Lit. 22.), das versucht, die Abhängigkeitsstruktur („Dependenzstruktur") nominaler Ausdrücke zu erkennen und abzuspeichern (s. *Abb. 3*): beispielsweise haben die Wörter Technik, Information und Bedarf in den Phrasen

(a) Information über den Technikbedarf
(b) Information über den Bedarf an Technik

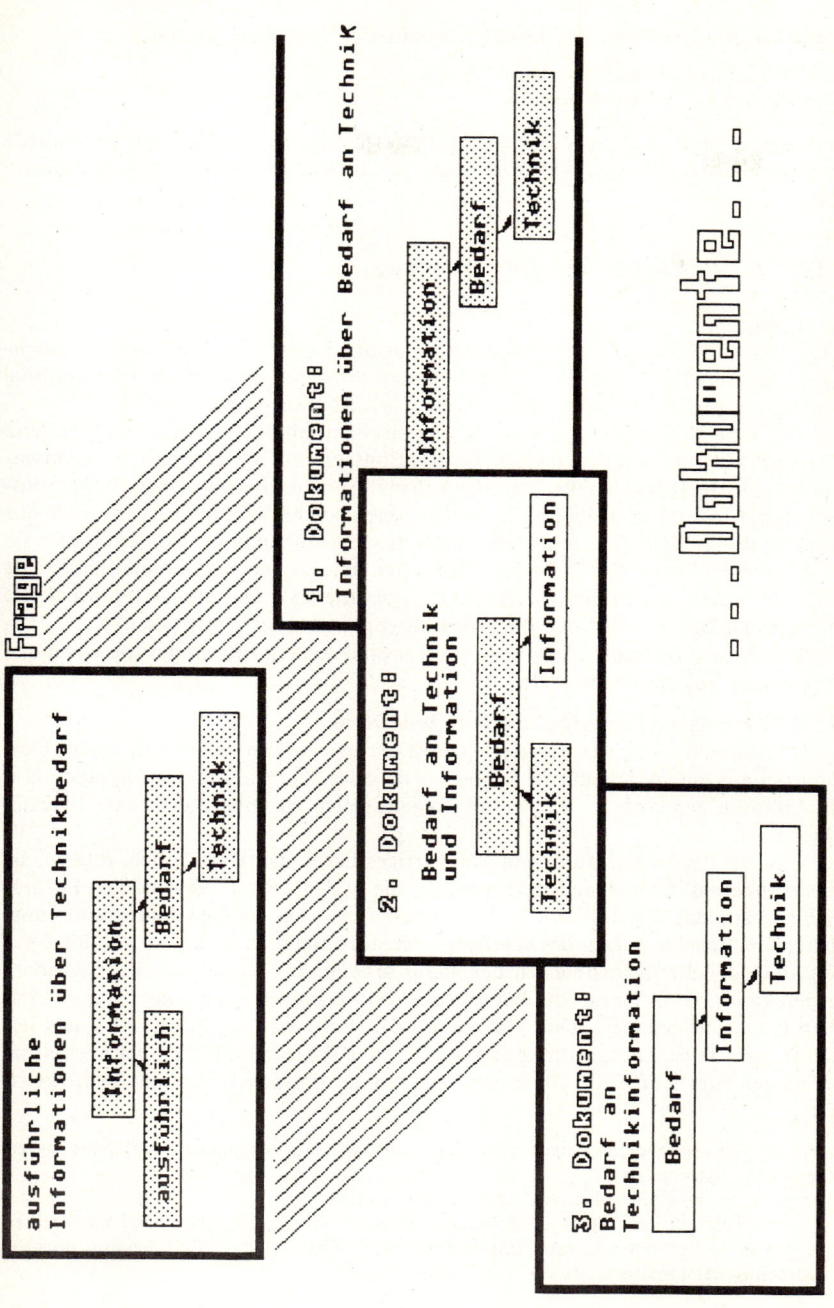

Abb. 3: Suche mit Dependenzstrukturen. Die Dokumente werden nach dem Grad der strukturellen Übereinstimmung zwischen Textformulierung und Formulierung in der Fragestellung geordnet.

untereinander dieselben ,,Spezifikationsrelationen''. Anders jedoch in

(c) Bedarf an Informationen über Technik
(d) Bedarf an Technikinformation.

Eine Anfrage mit (d) würde bei Strukturvergleich feststellen, daß das Dokument mit (c) am besten paßt und daß Dokumente mit (a) und (b) eigentlich nicht adäquat sind.

B 4.6   Zuteilende Inhaltserschließung

(1)   Klassieren
Sollen einem Dokument Klassifikationsnotationen oder sonstige Klassenbezeichnungen zugeordnet werden, so handelt es sich notwendigerweise um eine additive Indexierung (siehe dazu das Kapitel über Klassifikationssysteme B 5.2).
Automatische Verfahren in diesem Bereich arbeiten überlicherweise insofern ganz anders als Menschen, als sie das ,,Klassifikationssystem'' als Ergebnis einer Datenanalyse (Clusteranalyse) selbst erzeugen (Eine sehr umfassende Darstellung automatischer Klassifikation in Lit. 15.). Sie fassen solche Dokumente, die sich nur wenig im Wortschatz unterscheiden, zu Klassen zusammen und erzeugen, indem sie auf höherem Niveau auch Klassen zusammenfassen, eine Klassenhierarchie. Oft wird jede Klasse durch ein synthetisches ,,gemitteltes'' Dokument repräsentiert. Ein neues Dokument wird mit allen Klassenrepräsentanten verglichen und der ähnlichsten Klasse zugeordnet. Solche Verfahren sind Anwendungen des (bereits angesprochenen) Vektorraummodells.

(2)   Gleichordnende begriffsorientierte Indexierung
Bei der manuellen begriffsorientierten Indexierung werden einem Dokument Deskriptoren aus einem Thesaurus, Schlagwörter oder als freie Indexierung auch Nominalphrasen zugeordnet. Indexierungsregeln sollen für eine konsistente Indexierung sorgen.
Wenn automatische Verfahren ein gleichartiges Ergebnis liefern sollen, müssen sie (neben anderem) über Regeln verfügen, die die in den Texten verwendeten Formulierungen auf das kontrollierte Vokabular abbilden. Da die Gewinnung eines ausreichenden Regelinventars notwendigerweise aufwendig ist und erst anschließend die grundsätzliche Brauchbarkeit des damit arbeitenden Verfahrens nachgewiesen werden kann, hat es lange von den ersten Laborversuchen bis hin zu ersten praktischen Einsätzen gedauert. Das Verfahren AIR (Beschreibung in Lit. 12.), das seit 1985 für eine maschinengestützte Indexierung der Datenbasis PHYS bei Fachinformationszentrum Karlsruhe eingesetzt wird, ist in dreifacher Hinsicht bemerkenswert:

– Es kann die verwendeten Regeln selbst aus bereits vorhandenen manuellen Indexierungsergebnissen extrahieren
– es ist in einem großen Retrievaltest evaluiert worden
– Es gehört zu den ersten eingesetzten Verfahren dieser Art mit dem am meisten ausgefeilten Konzept für die Verwendung der zugrundeliegenden Regeln und die Entscheidung über die Zuteilung der Deskriptoren.

Wo immer kontrolliertes Vokabular benutzt wird bzw. ein wörterbuchbasiertes Verfahren eingesetzt wird, muß eine z.t. aufwendige Systempflege einkalkuliert werden.

(3) Indexierungen mit syntaktischen Ausdrucksmitteln
Eine Indexierungssprache, die in einer Vielfalt von Anwendungen zur Registerindexierung eingesetzt wird, ist PRECIS ((Preserved Indexing System; Lit. 01.; Lit. 07.). Es handelt sich um ein präcoordinierendes System, dem man die Facettenklassifikatio als Hintergrund leicht ansieht.

Beispiel: Die Diagnose von Greif-Funktionsstörungen bei Industrierobotern durch Prüfprogramme

Indexierung: action term: Diagnose
        objekt: Industrieroboter (part-of) Greifarm
        (part-of) Funktionsstörung
        technique: Prüfprogramm

Aus der Indexierung abgeleitete Registereinträge:

(1) INDUSTRIEROBOTER
Greifarm. Funktionsstörung. Diagnose. Prüfprogramm
(2) GREIFARM. Industrieroboter
Funktionsstörung. Diagnose. Prüfprogramm
(3) FUNKTIONSSTÖRUNG. Greifarm. Industrieroboter
Diagnose. Prüfprogramm
(4) DIAGNOSE. Funktionsstörung. Greifarm. Industrieroboter
Prüfprogramm
(5) PRÜFPROGRAMM. Diagnose. Funktionsstörung. Greifarm. Industrieroboter

Auch die präzise Speicherung chemischer Strukturformeln ist als eine syntaktische Indexierung aufzufassen. Da der zugrundeliegende Gegenstandsbereich diese Form der Wissensdarstellung selbst hervorgebracht hat, wird eine Schwierigkeit vermieden, die syntaktischen Indexierungen ansonsten anhaftet: Sie sind in Erstellung und Benutzung aufwendig und oft fehleranfällig.

B 4.7   Qualität von Indexierung

Wenn Indexierungsergebnisse verbindlich bewertet werden sollen, kann es keinen anderen Maßstab geben als die damit erreichbare Retrievalqualität. Die Tatsache, daß Retrievaltests einen enormen Aufwand verlangen und auch methodisch längst nicht abschließend geklärte Probleme aufwerfen, hat für viele grundlegende Fragen des Indexierens über lange Zeit hinweg spekulative Antworten auf der Basis lokaler Kriterien zugelassen (Diese Situation hat sich auch heute noch nicht endgültig geändert). Wenn die Indexierung einzelner Dokumente (etwa in einer Lehrsituation) beurteilt werden soll, stehen ohnehin nur Möglichkeiten ohne Retrievalbewertung zur Verfügung.

(1) Fehlerstatistiken und Konsistenzbewertungen
Wenn eine Indexierungsmethode so beschaffen ist, daß ein ,,ideales'' Indexierungs-

ergebnis (im Sinne der Methode) verbindlich vorgegeben werden kann, kann die
Abweichung von diesem vorgegebenen Standard in einer Fehlerstatistik erfaßt wer-
den. Durch Klassifikation der Fehler kann die Bewertung differenziert und eine
Fehlerbehebung unterstützt werden.

Beispiel:
Soll ein Indexierungsverfahren eine Grundformreduktion und Wortzerlegung durchführen, so
werden die fehlerhaften Indexierungsergebnisse manuell ermittelt und ausgezählt (Beispiele
aus Lit. 10.):
Einbaukochmulde → Einbau + Koch + Mulde
  1 Fehler: Koch statt Kochen
Antriebsachse → Antrieb + Sachse
  1 Fehler: Sachse statt Achse
Ein- und Ausgang → Ein, Ausgang
  1 Fehler: Ein statt Eingang

Die zusammenfassende Beurteilung könnte aussagen, daß in ca. 2 Prozent aller
Fälle (Zerlegung, Grundformenbildung) Fehler auftreten. Ein solches Ergebnis
wurde beispielsweise bei der Beurteilung zweier automatischer, wörterbuchabhän-
giger Indexierungsverfahren auf ca. 2000 deutschsprachigen Patentdokumenten
(Titel und Kurzfassung) ermittelt (Lit. 10., Kap. 3).
Wenn ein Indexierungs-Standard nicht mit letzter Verbindlichkeit vorgegeben werden kann, sollte man nicht von Fehlern, sondern nur von Abweichungen sprechen.
Diese Abweichungen werden ausgezählt und zu einer formalen Bewertung der Konsistenz mit dem Standard umgerechnet.

Sei S die Menge der einzelnen Elemente im Indexierungsergebnis des Standards (Deskriptoren,
syntaktische Relationen, . . .),
I die Menge der Elemente im zu bewertenden Indexierungsergebnis.
Die Konsistenz **k** zwischen **S** und **I** berechnet sich üblicherweise wie folgt:

$$k = \frac{|\ S\ schnitt\ I\ |}{|\ S\ vereinigt\ I\ |}$$

Der Wert k schwankt zwischen K = 0 (keine Gemeinsamkeit) und K = 1 (vollständig
identisch).

Konsistenzbewertungen sind vielfach als (vorläufige) Bewertung automatischer Indexierungsverfahren (mit manueller Indexierung als Standard) verwendet worden.
Beispielsweise wird in Lit. 19. als Evaluierungsergebnis für ein automatisches Verfahren für eine präkoordinierende syntaktische Indexierung festgestellt, daß auf
ausschließlich syntaktischer Basis eine Konsistenz von 0.75 mit manuell ermittelten
Abhängigkeitsstrukturen in englischen Nominalgruppen erreicht wird. In Lit. 09.
werden Indexierungstests beschrieben, bei denen eine automatische Indexierung auf
englischsprachigen Dokumenten eine Konsistenz von 0.5 mit einer thesaurusbasier-
ten manuellen Indexierung aufweist.
Das Konsistenzmaß ist symmetrisch bzgl. S und I und kann deshalb auch für den
Vergleich zweier beliebiger (vergleichbarer) Indexierungsergebnisse von gleichen
Dokumenten verwendet werden. Inter-Indexierkonsistenz sagt aus, wie konsistent
verschiedene Indexierer arbeiten, Intra-Indexerkonsistenz mißt, wie konsistent ein
Indexierer dassselbe Dokument zu verschiedenen Zeiten bearbeitet.

Schlechte Konsistenz läßt in jedem Falle auf Mängel der Dokumentationssprache und/oder der Bearbeitung schließen. Da auch aussagekräftige Konsistenztests für die Beurteilung von Informationssystemen aufwendig sind (und negative Aussagen geschäftsschädigend), existieren nur wenige verläßliche Testergebnisse. Inter-Indexerkonsistenz, abhängig von zahlreichen Parametern (insbesondere von der Dokumentationssprache und der Spezialisierung der Indexierer), kann realistischerweise zwischen 0.4 bis 0.6 angenommen werden. Gute Konsistenz ist allerdings keine hinreichende Bedingung für effektives Retrieval.

(2) Indexierungstiefe

Wenn Indexierung den Inhalt eines Dokumentes für das Retrieval erschließen soll, dann ist die Genauigkeit der Wiedergabe (mit den Mitteln der Dokumentationssprache) der verbindliche Maßstab. Dieses Bewertungskriterium der Indexierungstiefe ist allerdings nur schwer zu operationalisieren. Man betrachtet deshalb Indexierungstiefe als Kombination zweier unabhängiger Kriterien, die sich leichter fassen lassen: Indexierungsbreite und Indexierungsspezifität.

Indexierungsbreite ist das Ausmaß der Abdeckung des fachlichen Inhalts des Dokumentes. Üblicherweise wird als Indikator für die Indexierungsbreite die durchschnittliche Anzahl der vergebenen Index-Termini pro Dokument verwendet. Eine Steigerung der Indexierungsbreite läßt einen Zuwachs an Recall beim Retrieval erwarten (vgl. den folgenden Abschnitt (3)).

Eine hohe Indexierungstiefe liegt dann vor, wenn die vergebenen Index-Termini die Themen des Dokumentes sehr spezifisch treffen. Als Indikator für Indexierungstiefe werden üblicherweise die Dokumenthäufigkeit der der Termini herangezogen (Anzahl der Dokumente in der Datenbasis, die diesen Index-Terminus enthalten), die Anzahl der Lexeme einer komplexen Begriffsbenennung oder (wenn ein Thesaurus vorliegt) das generische Niveau des Deskriptors. Eine Steigerung der Indexierungstiefe läßt einen Zuwachs an Precision beim Retrieval erwarten (vgl. den folgenden Abschnitt)

(3) Retrievaltestbewertung

Eine Indexierung ist genau dann besser als eine andere, wenn die damit erzielten Retrievalergebnisse besser sind. Schon bei oberflächlicher Betrachtung werden die Schwierigkeiten sichtbar, vor der eine Umsetzung dieser einfachen Erkenntnis in konkrete Testergebnisse steht, wenn verschiedene Indexierungsverfahren vergleichend bewertet werden sollen:

– Retrievalergebnisse sind nicht nur von gewählten Indexierungsverfahren abhängig, sondern von einer Vielzahl anderer Parameter (Sprache, Fachgebiet, Größe und „Dichte" der Datenbasis, Art der Retrievalfragen, verfügbare Retrievaloperationen, Ausgestaltung der Benutzerschnittstelle, Status und Kompetenz des Rechercheurs, Art der Relevanzbeurteilung)

– Ein Retrievaltest muß, wenn er verallgemeinerungsfähige Aussagen liefern soll, möglichst viele Dokumente und repräsentative Fragen einbeziehen. Es ist dementsprechend aufwendig, konkurrierende Indexierungen zu erzeugen und die Rechercheergebnisse im einzelnen zu bewerten und auszuwerten.

– Nicht nur die Konzeption eines Retrievaltests (s.o.), sondern auch seine Auswertung wirft beachtliche methodische Probleme auf. Die Standardmaße der Bewertung von Retrievalantworten sind Precision und Recall (siehe *Abb.* 4). Wie diese Maße zu mitteln sind, wie

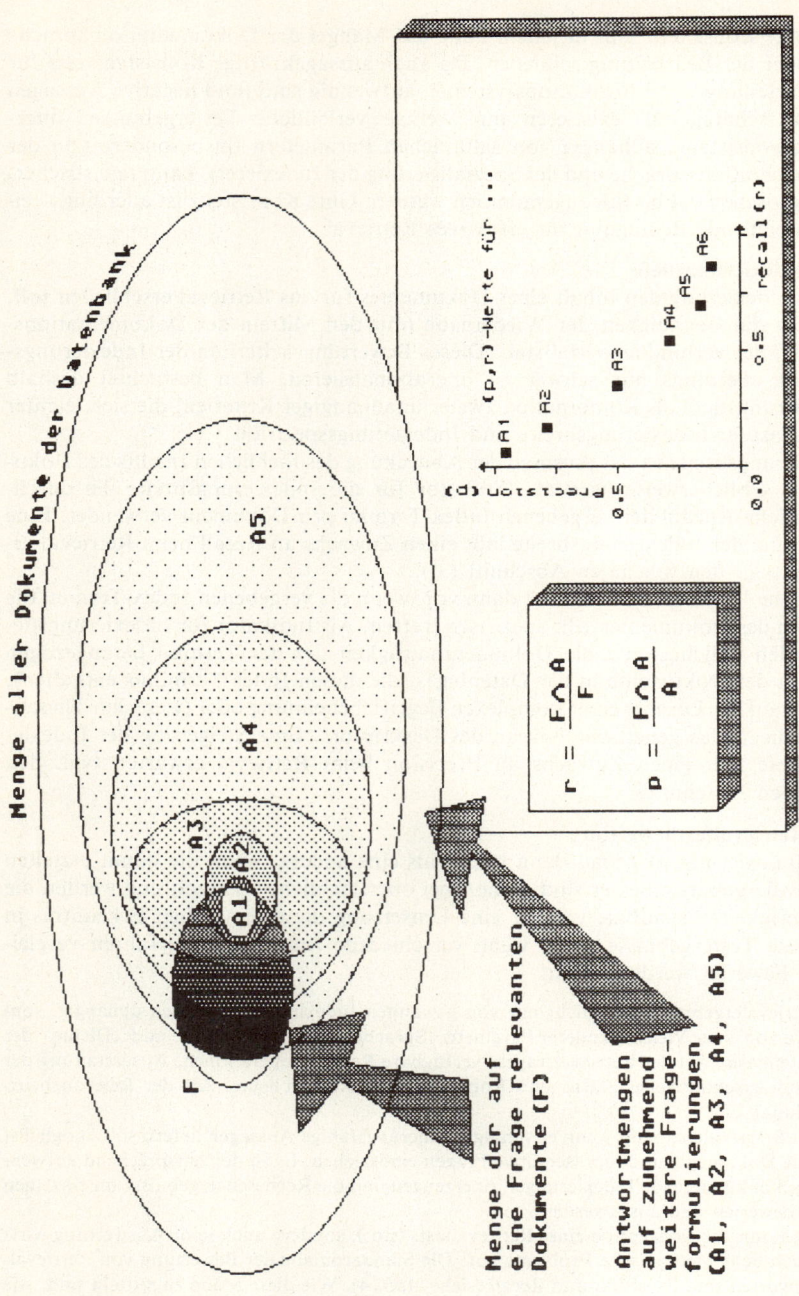

Abb. 4: Precision als Trefferquote, Recall als Vollständigkeitsmaß. Im (schematischen) Precision-Recall-Diagramm wird deutlich, wie der Ballast bei zunehmend vollständigeren Antwortmengen zunimmt.

man Antworten ohne bekannte relevante Dokumente behandelt, wie man Antworten vergleicht, bei denen ein Precision-Vorteil einem Recall-Vorteil gegenübersteht, wie man die gefundenen Qualitätsdifferenzen statistisch absichert, sind nur einige der Fragen, bei denen Ermessensentscheidungen gefordert sind.

Das Thema Retrievaltest kann hier nicht ausführlich behandelt werden (siehe dazu Lit. 10., Kap. 5; Lit. 21., Kap. 5; Lit. 12., Kap. 3; Lit. 02.; Lit. 23). Viele Ergebnisse von Tests haben eingeschränkte Aussagekraft, weil die Testgröße (Anzahl von Fragen und Dokumenten) zu beschränkt ist, weil zuviele Tests mit denselben Kollektionen durchgeführt wurden (und damit eine nicht-kontrollierte Optimierung auf die Kollektion eingetreten sein kann) oder weil spezielle Randbedingungen vorliegen. Es sollen hier nur einige grundsätzliche Aussagen über die Brauchbarkeit von Indexierungsverfahren zusammengestellt werden, wie sie aus den verfügbaren Testdaten abgeleitet werden können:

- Am Beispiel von deutschen Patent-Texten konnte gezeigt werden, daß linguistische Verfahren zur Wortformennormierung und Kompositazerlegung dem Freitextretrieval überlegen sind (Testgröße: 10.000 Dokumente, 300 Aufgaben; Lit. 10.)
- Eine automatische thesaurusbasierte (additive) Indexierung konnte in einem Retrievaltest mit 15.000 englischen Physikdokumenten und 300 Fragen Retrievalergebnisse erzielen, die trotz systemimmanenter Vorteile der manuellen Routineindexierung nur graduell ungünstiger, in Teilbereichen sogar günstiger waren als diese (Lit. 12.).
- Eine Reihe von Tests zum Vergleich zwischen manueller (thesaursbasierter) Indexierung und automatischer Indexierung (Freitextretrieval bzw. Termgewichtung) legen den Schluß nahe, daß diese automatische Indexierung ebenbürtig ist bzw. vermutlich sogar die besseren Retrievalergebnisse bringt (Lit. 20.). (Tests: 44.000 Dokumente, 40 Fragen, technisch-wissenschaftliche, englischsprachige Dokumente; siehe Lit. 04. 1.400 Dokumente, 221 Fragen, technisch-wissenschaftliche, englisch-sprachige Dokumente; siehe Lit. 05.).

Literatur:

01. Austin, D.: PRECIS: a manual of Concept analysis and subject indexing. 2. Aufl. London: British Library Division, 1984.
02. Bollmann, Peter: Untersuchung von Effektivitätsmaßnahmen für Dokument-Retrieval-Systeme. Diss. Berlin, 1977.
03. Cleveland, D. B.; Cleveland, A. D.: Introduction to Abstracting and Indexing. Littleton: Libraries unlimited, 1983.
04. Cleverdon, C. W.: A computer evaluation of searching by controlled language and natural language in an experimental NASA data base. Rep. ESA 1/432, European Space Agency, Frascati, Italy, July 1977.
05. Cleverdon, C. W.; Keen, E. M: Aslib Crainfield Research Project. Bd. 2, Test Results. Cranfield Institute of Technology. Cranfield 1966.
06. DIN 31623: Indexierung zur inhaltlichen Erschließung von Dokumenten. Teil 1: Begriffe, Grundlagen (Sept. 88, 5 S.); Teil 2: Gleichordnende Indexierung mit Deskriptoren (Sept. 88, 16 S.); Teil 3: Syntaktische Indexierung mit Deskriptoren (Sept. 88, 4 S.). Berlin: Beuth, 1988.
07. Dykstra, M.: PRECIS: a Primer. London: British Library Division, 1985.
08. Greiner, G.: Allgemeine Ordnungslehre, Frankfurt, 1978.

09. Knorz, G.: Automatisches Indexieren als Erkennen abstrakter Objekte. Linguistische Datenverarbeitung, Tübingen: Niemeyer, 1983. 243 S.
10. Krause, Jürgen. (Hg.): Inhaltserschließung von Massendaten. Linguistische Datenverarbeitung, Hildesheim: Olm, 1987. 248 S.
11. Lancaster, F. W.: Vocabulary control for information retrieval. 2. Aufl. Arlington: Information Resources Press, 1986.
12. Lustig, Gerhard (Hg.): Automatische Indexierung zwischen Forschung und Anwendung. Linguistische Datenverarbeitung. Hildesheim: Olms, 1986. 182 S.
13. Lück, W.: Erfahrungen mit dem automatischen Indexierungssystem AIR/PHYS. S. 340 – 352 in: Strohl-Goebel, H. (Hg.): Deutscher Dokumentartag 1987. München: Saur, 1988.
14. Neveling, Ulrich (Red.); Werdig, Gernot (Red.); KTS/DGD (Hrsg.): Terminologie der Information und Dokumentation. DGD-Schriftenreihe, München: Verlag Dokumentation, 1975. 307 S.
15. Panyr, Jiri: Automatische Klassifikation und Information Retrieval: Anwendung und Entwicklung komplexer Verfahren in Information-Retrieval-Systemen und ihre Evaluierung. (Sprache und Information, Bd. 12). Tübingen: Niemeyer, 1986, 416 S.
16. Van Rijsbergen, Keith: Information Retrieval. 2. Aufl., London: Butterworth, 1979.
17. Rostek, Lothar: Methoden des partiellen Parsing für das automatische Indexing – Syntaxgraphen zur Analyse von Sprachmustern. S. 251 – 282 in: Kuhlen, Rainer (Hrsg.): Datenbasen, Datenbanken, Netzwerke. Praxis des Information Retrieval. Bd. 1: Aufbau von Datenbasen. München et al.: Saur 1979.
18. Rowley, Jenipher: Abstracting and Indexing. 2. Aufl., London: Clive Bingley Limited, 1988. 181 S.
19. Ruge, Gerda: Strategien zur Entwicklung effizienter Analyseverfahren für die Massentextverarbeitung. In: LDV-Forum 5 (1988) H. 4: 3 – 11.
20. Salton, Gerard: Another Look at Automatic Text-Retrieval Systems. Communications of the ACM. 29 (1986) H. 7: 648 – 656.
21. Salton, Gerard; Mc.Gill, Michael J.: Information Retrieval – Grundlegendes für Informationswissenschaftler. (Deutsche Bearb: Wolfgang von Keitz). Hamburg: McGraw-Hill Company 1987. 465 S.
22. Schwarz, Christoph; Thurmaier, Gregor (Hrsg.): Informationslinguistische Texterschließung. Linguistische Datenverarbeitung, Hildesheim: Olms, 1986. 281 S.
23. Sparck Jones, Kareen.: Information Retrieval Experiments. London: Butterworths, 1981.
24. Zimmermann, Harald; Kroupa, Edith; Keil, G.: CTX – Ein Verfahren zur computergestützten Texterschließung. BMFT-Forschungsbericht D 83-006, 1983.

B 5 Dokumentationssprachen

Margarete Burkart

B 5.1 Einführung

Die dokumentarische Informationserschließung ist primär darauf ausgerichtet, Kommunikation oder ein Fließen von Information zu ermöglichen zwischen Partnern, die am selben Problem interessiert sind, aber nicht in einen direkten Kommunikationsprozeß miteinander treten können, bzw. einmal positiv erfolgte Informationsvermittlung so aufzuzeichnen, daß sie bei Bedarf reproduziert werden kann. Menschliche Kommunikation erfolgt wesentlich über Sprache, die aber eingebettet ist in eine Vielfalt anderer Äußerungs-/Wahrnehmungsmöglichkeiten nonverbaler Art, pragmatisches, situatives, kontextspezifisches Vorwissen. Trotz dieser günstigen Rahmenbedingungen kann es zu Miß- oder Nichtverstehen kommen. Bei der dokumentarischen Informationserschließung, die in der Kommunikation nicht direkt zwischen zwei Partnern, sondern über mehrere Stufen vermittelt erfolgt, vervielfachen sich auch die potentiellen Mißverständnisse und es bedarf besonderer Vorkehrungen, diese zu minimieren.

Zur Erfüllung dieser Aufgabe werden Dokumentationssprachen verwendet.

Die Dokumentationssprache ,,Klassifikation'' basiert vorwiegend darauf, eine Konvention bezüglich einer inhaltlichen Strukturierung oder Rasterung zu erstellen. In dieses Raster werden Informationen eingebracht und können entnommen werden (Ordnungsfunktion).

Die Dokumentationssprache ,,Thesaurus'' ist dagegen mehr darauf ausgerichtet, die verschiedenen Encodierungs- und Decodierungsmöglichkeiten, die die natürliche Sprache bereitstellt, für ihren Anwendungsbereich zu vereinheitlichen und vereindeutigen und so verbindliche Bezugseinheiten zu schaffen (Kommunikationsfunktion).

Unter Encodierung wird dabei die Transformation Objekt → Begriff → Bezeichnung verstanden. Decodierung umfaßt die umgekehrte Transformation Bezeichnung → Begriff → Objekt.

Der sprachliche Reichtum der natürlichen Sprache wird dabei bewußt beschnitten. Deshalb ist ein Thesaurus zwar eine natürlich-sprachlich basierte Sprache, da er Bezeichnungen der natürlichen Sprache verwendet, trotzdem aber wie die Klassifikation eine künstliche Sprache, weil die Auswahl und Bedeutung der Bezeichnungen systemspezifisch festgelegt sind und nicht den Bedeutungen in der natürlichen Sprache entsprechen müssen.

Wie ,,Klassifikation'' wird auch die Bezeichnung ,,Thesaurus'' nicht nur im Rahmen von Information und Dokumentation gebraucht.

Die griechisch/lateinische Grundbedeutung von Thesaurus ist ,,Schatz'' oder ,,Schatzkammer'' (vgl. das daraus abgeleitete Wort ,,Tresor'').

– In übertragener Bedeutung wurde Thesaurus zuerst (seit dem Mittelalter) verwendet für wissenschaftliche Sammelwerke, insbesondere umfangreichere Wörterbücher oder ,,Wortschätze'' bzw. enzyklopädische Kompilationen.

- In der Datenverarbeitung wurde Thesaurus im Sinne von „Wörterbuch, Wortschatz" aufgegriffen und meint dort meistens Wortlisten sinntragender bzw. inhaltserschließender Wörter, die durch Invertierung und Eliminierung von Stopwörtern oder auch durch Zuordnung von kontrollierten oder unkontrollierten Schlagwörtern gebildet sein können.

Beiden Anwendungsbereichen von Thesaurus ist gemeinsam, daß sie die Vielfalt auffächern wollen (zeigen, „was es alles gibt").

Im Rahmen von Information und Dokumentation wird Thesaurus quasi entgegengesetzt verwendet. Die Vielfalt der Bezeichnungen, die für einen Begriff existiert, soll zusammengefaßt werden zu einer Einheit, die als solche adressierbar ist.

Der Thesaurus hat also die Aufgabe, natürlich-sprachliche Vielfalt zu filtern oder zu kanalisieren. Dieser Gebrauch der Bezeichnung Thesaurus ist etwa seit Ende der 40er, Anfang der 50er Jahre im Bereich der Information und Dokumentation nachzuweisen (Mooers, Luhn), wobei die eigentliche Urheberschaft nicht endgültig geklärt ist (ausführlicher dazu vgl. Lit. 35.).

B 5.2   Klassifikation

B 5.2.1   Typologie und Anforderungen

Der Wunsch, Ordnung zu erfassen oder zu schaffen, mittels Ordnung Überblick zu erlangen, Sinn zu erkennen bzw. zu begreifen sowohl in der Form des abstrakten Verstehens als auch als konkretes „in den Griff bekommen" eines Problems, scheint zu den Grundbedürfnissen des Menschen zu gehören. Ein gewisser Drang zum Ordnen läßt sich bereits bei Adam konstatieren, wenn er den Tieren Namen gibt (vergl. Mose 2, 19). Nach Sokal (Lit. 21.) ist eine gewisse Fähigkeit zum Klassifizieren sogar bereits vor dem Menschen in der Evolution nachweisbar.

Unter den verschiedenen Formen von Ordnung meint Klassifikation, um die es hier geht, die Ordnung durch Klassenbildung. Entsprechend den Zielsetzungen, die der Mensch bei seinen Ordnungsbestrebungen verfolgt, wurden „Ordnung" und auch „Klassifikation" von Anfang an in verschiedenen Zusammenhängen und verschiedener Bedeutung gebraucht:

A Erkenntnis-/Wissensorientiert

A1   als Mittel zur Suche nach und Darstellung von Wahrheit, von der Natur der Dinge und ihren (wahren) Beziehungen (z.B. bei Aristoteles).

A2   um Wissenslücken aufzudecken und neues Wissen zu finden (z.B. Periodensystem der chemischen Elemente).

A 3   pädagogisch-didaktisch zur Wissensvermittlung (z.B. bei den Enzyklopädisten oder bei Stoffgliederungen).

B Pragmatisch/dokumentarisch orientiert

B 1   als Mittel zur Organisation des sortierten, geordneten Ablegens oder Aufbewahrens von Gegenständen (z.B. die Aufstellungssystematik einer Bibliothek).

B 2   als Mittel, das die Beschreibung der Inhalte von physisch oder auch nur virtuell vorhandenen Elementen und deren Reidentifikation bei einer späteren Suche ermöglicht. In diesem Sinn entspricht Klassifikation dem Konzept der Dokumentationssprache.

(Ausführlicher dazu s. Lit. 25.; Lit. 28.; bei Lit. 05. findet sich eine noch weiter differenzierende Typologie, die 8 Formen unterscheidet.) Diese unterschiedlichen Orientierungen führen zu zumindest formal sehr ähnlichen Ergebnissen, weshalb einige Autoren (z.B. Lit. 07.) dem Unterschied zwischen den Typen **A** und **B** widersprechen. Tatsächlich laufen bei einer konkreten Klassifikation oft mehrere Intentionen zusammen. So spiegelt eine primär für dokumentarische Zwecke entwickelte Klassifikation, gewollt oder ungewollt, immer auch etwas von der Weltsicht (oder Sicht des Gegenstandsbereichs) ihrer Urheber wider. Obwohl Multifunktionalität als eine grundsätzlich positive Eigenschaft gerade auch für Klassifikation zu sehen ist, darf man nicht außer Acht lassen, daß – je mehr Aufgaben gleichzeitig erfüllt werden sollen – es um so schwieriger wird, eine Aufgabe wirklich gut zu lösen. Vor dem Hintergrund dieses Dilemmas wird hier der Weg der Beschränkung gewählt. Die nachfolgenden Ausführungen beziehen sich nur auf Klassifikation im Sinne von **B2**.

Neue Anforderungen an Klassifikation, etwa bei der Ausweitung dokumentarischer oder informationserschließender Tätigkeiten auf Bereiche außerhalb der Fachinformation oder die Umorientierung von der Literaturerschließung in Richtung Wissensrepräsentation, lassen eine stärkere Annäherung der verschiedenen Ansätze (**A** und **B**) notwendig erscheinen. Auch wenn es erste Denkansätze in diese Richtung gibt (Lit. 01.; Lit. 18.), muß sich das methodische Instrumentarium hier erst herausbilden bzw. konsolidieren. Die ,,klassische'' Methodik des Bereichs **B2** kann hingegen als verhältnismäßig gefestigt angesehen werden und dürfte daher gerade für die mit den Problemen der täglichen Dokumentationspraxis konfrontierten Leser am ehesten als Einstieg in den Gegenstandsbereich geeignet sein.

Neben den verschiedenen Zielsetzungen von Klassifikation hat weiter zur Begriffsverwirrung beigetragen, daß im Terminus Klassifikation Prozeß und Produkt miteinander vermengt wurden. Es ist hier grundsätzlich zu unterscheiden zwischen

- dem Prozeß der Klassifikationserstellung, d.h. der Klassenbildung
- dem Klassifikationssystem, das als Produkt am Ende des Klassenbildungsprozesses vorliegt,
- dem Prozeß des Klassifizierens, d.h. dem Zuordnen von Elementen (z.B. Dokumentationseinheiten) zu Klassen eines Klassifikationssystems.

Klassifikation als Dokumentationssprache war lange Zeit dem Konkurrenzdruck mit den natürlich-sprachlich basierten Dokumentationssprachen ausgesetzt. Noch bis in die siebziger Jahre hinein wurden zu diesem Thema heftige Glaubenskriege ausgetragen. Inzwischen scheinen die Kriegsbeile weitgehend begraben zu sein. Eine 1980 – 1982 durchgeführte Untersuchung zur Nutzung von Klassifikationssystemen zeigte, daß inzwischen beide Typen erstaunlich oft gemeinsam eingesetzt werden (Lit. 04.). Neben dem bezüglich der Dienste, für die sie eingesetzt wurden, komplementären Einsatz der beiden Dokumentationssprachen, waren bereits damals Fälle nachweisbar, in denen die eine Sprache zur besseren Erschließung oder Handhabung der anderen benutzt wurde. Dieser Trend dürfte sich in der Zwischenzeit weiter fortgesetzt haben. Da auch die technischen Möglichkeiten zur Handhabung von Dokumentationssprachen verbessert und – insbesondere durch die starke Verbreitung von PC's – selbst für kleinere Anwender verfügbar sind (vergl. Lit. 19.), werden sich in Zukunft möglicherweise Dokumentationssprachen herausbilden, die die Trennung künstlich- bzw. natürlichsprachlich basiert dadurch überwinden, daß sie Elemente von beiden benutzen und wahlweise der eine oder andere Typ im Vordergrund (bzw. an der Oberfläche) erscheinen kann.

Um diesen Tendenzen Rechnung zu tragen, werden im folgenden zuerst die wichtigsten Grundsätze und Grundelemente von Klassifikationssystemen beschrieben mit dem Ziel, dadurch eine Art Baukasten zur Verfügung zu stellen, aus dem das für den speziellen Einsatzfall am ehesten geeignete System zusammengesetzt werden kann. (Zur Begriffsdefinition der meisten dieser Baukastenelemente s. Lit. 23.).

Im Anschluß daran werden als prototypische Klassifikationssysteme die Internationale Dezimalklassifikation (DK) und die Facettenklassifikation (Colon Classification) näher beschrieben, da sich bei diesen Klassifikationssystemen eine sehr große Bandbreite des klassifikatorischen Instrumentariums in Anwendung zeigen läßt und diese Systeme − für den deutschsprachigen Raum insbesondere die DK − sehr wesentlich nicht nur die Entwicklung von Klassifikation geprägt, sondern die Geschichte der Information und Dokumentation mitbestimmt haben.

B 5.2.2   Strukturelemente und -eigenschaften von Klassifikationssystemen

Ein Klassifikationssystem entsteht durch den mehrfach nacheinander durchgeführten Prozeß der Klassenbildung oder Untergliederung. Bei der Bildung von Klassen wird Gleiches/Ähnliches zusammengefaßt. Um eine Klasse (= Menge von Elementen) in mehrere Unterklassen (= Untermengen) zerlegen zu können, muß pro Teilungsschritt ein zusätzliches unterscheidendes Merkmal herangezogen werden. So enthält jedes Element einer untergeordneten Klasse alle Merkmale der Elemente der übergeordneten Klasse plus ein weiteres Merkmal. Dieses System der stufenweisen Spezifizierung kann auch als Hierarchie bezeichnet werden.

B 5.2.2.1   Monohierarchie − Polyhierarchie

Von Monohierarchie wird gesprochen, wenn eine Klasse nur einer anderen Klasse untergeordnet werden darf. Im Falle von Polyhierarchie kann eine Klasse mehreren anderen Klassen untergeordnet werden.

Beispiel 1: Monohierarchie (Baumstruktur)

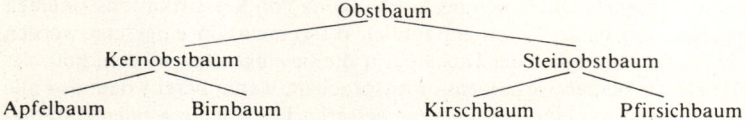

Beispiel 2: Polyhierarchie

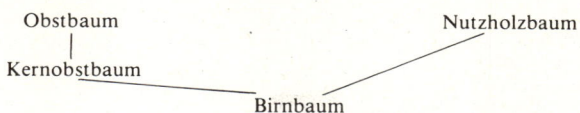

Beim Typ der hierarchischen Klassifikation ist Polyhierarchie praktisch nicht darstellbar. Eine Beschränkung auf rein monohierarchische Strukturen wird auch notwendig, wenn das Klassifikationssystem zur physischen Anordnung von Objekten verwendet werden soll, da ein Objekt nur an einer Stelle untergebracht werden kann. Um die real doch recht häufig auftretenden Fälle von Polyhierarchie auch in monohierarchischen Systemen zumindest ansatzweise darstellen zu können, muß zu Hilfskonstruktionen gegriffen werden, denen aber oft eine gewisse Umständlichkeit und Schwerfälligkeit anhaftet. Es handelt sich um
- das Einarbeiten von Verweisungen
- die Mehrfacheinordnung oder Duplizierung einer Klasse

Beispiel 3: XA Obstbaum   YB Nutzholzbaum
        XA1 Kernobstbaum   YB1 Birnbaum
        XA11 Birnbaum

In diesen Fällen ist ein alphabetisches Register zur Klassifikation besonders wichtig, um die alternativen Einbindungen der Klassen auffinden zu können.
- das mehrfache Wiederholen des gleichen Unterteilungsmerkmals ist dem Prinzip der Mehrfacheinordnung sehr ähnlich

Beispiel 4: Apfelbaum   Birnbaum
        – Hochstämmiger Apfelb.   – Hochstämmiger Birnb.
        – Halbstämmiger Apfelb.   – Halbstämmiger Birnb.
        – Niederstämmiger Apfelb.   – Niederstämmiger Birnb.

Der häufige Gebrauch dieses Prinzips macht ein Klassifikationssystem umfangreich und schwerfällig. Andererseits können die wiederholten gleichartigen Untergliederungen einen positiven Effekt für die Merkbarkeit und Überschaubarkeit haben.

B 5.2.2.2 Monodimensionalität – Polydimensionalität

Eng gekoppelt mit der hierarchischen Struktur ist die Dimensionalität. Sie zielt auf die Anzahl der als ,,base de division (Unterteilungskriterien)'' (Lit. 10.) herangezogenen Merkmale: Monodimensionalität erlaubt zur Untergliederung einer Klasse nur die Heranziehung eines einzigen Unterteilungsmerkmals, bei Polydimensionalität werden auf der gleichen hierarchischen Stufe mehrere Merkmale zur Untergliederung benutzt.

Beispiel 5:   Polydimensionalität

    Obstbaum
    - Kernobstbaum
    - Steinobstbaum
    - Hochstämmiger Obstbaum
    - Halbstämmiger Obstbaum
    - Niederstämmiger Obstbaum

Zur Darstellung dieser Strukturen in monodimensionalen Systemen behilft man sich zum Teil mit einer Aufteilung der übergeordneten Klasse in mehrere Klassen entsprechend der verschiedenen Unterteilungsmerkmale.

Beispiele 6:   Aufgelöste Polydimensionalität

    Obstbaum
    - nach Fruchtart
    - - Steinobstbaum
    - - Kernobstbaum
    - nach Stammbildung
    - - Hochstämmiger Obstbaum
    - - Halbstämmiger Obstbaum
    - - Niederstämmiger Obstbaum

Dadurch entsteht eine zusätzliche hierarchische Ebene, die zwar eine übersichtlichere, weil logischere Struktur schafft, aber auch die Komplexität erhöht und wegen ihrer Künstlichkeit nicht unproblematisch ist.

Solange Klassifikationssysteme vorwiegend manuell aufgebaut, geführt und benutzt wurden, war eine Beschränkung auf monohierarchische und monodimensionale Strukturen schon aus Gründen des Aufwands und der Handhabbarkeit meist unvermeidlich. Eine rechnergestützte Erstellung oder Benutzung von Klassifikationssystemen erlaubt einen größeren Spielraum. So können etwa die auch bei Expertensystemen angewendeten semantischen Netze als polyhierarchische/polydimensionale Klassifikationssysteme aufgepaßt werden.

B 5.2.2.3   Klassifikatorische Ketten und Reihen

Klassifikatorische Ketten und Reihen bilden das Koordinatensystem, auf dem das hierarchische und dimensionale Gefüge eines Klassifikationssystems abbildbar ist. Die klassifikatorische Kette entspricht dabei der Abszisse und umfaßt die hierarchischen Stufen des Systems. Die klassifikatorische Reihe (Ordinatenfunktion) faßt die Klassen, die gemeinsam einer Klasse untergeordnet sind, zusammen. Idealtypisch sollte ein Klassifikationssystem vollständig sein sowohl in der Kette, d.h. keine hierarchische Ebene überspringen, als auch in der Reihe, d.h. alle Merkmalsausprägungen eines Merkmals aufführen. Außerdem sollen nur disjunkte Klassen gebildet werden. In der dokumentarischen Praxis, die sich primär an Nützlichkeit und Praktikabilität orientieren muß, können diese Postulate jedoch nicht immer streng eingehalten werden.

Verschiebungen in der Kette ergeben sich, wenn eine Ebene übersprungen wird, z.B. weil hierfür kein Material anfällt, oder eine zusätzliche Stufe dazwischengeschoben werden muß (vgl. Beispiel 6). Verschiebungen in der Reihe entstehen, wenn mehr Merkmalsausprägungen vorhanden sind, als in der Struktur des Klassifikationssystems darstellbar sind (vgl. B 5.2.5) oder der Materialanfall zu den einzelnen Merkmalsausprägungen sehr unterschiedlich ist und daher nicht für jede Ausprägung eine eigene Klasse gerechtfertigt erscheint.

Der Umfang von klassifikatorischen Ketten und Reihen verhält sich zueinander umgekehrt proportional. Wie bei der Konstruktion eines Rechtecks mit fest vorgegebener Fläche eine größere Höhe geringere Breite erfordert, führt eine tiefere hierarchische Untergliederung zu kürzeren klassifikatorischen Reihen und vice versa. Weishaupt (Lit. 27.) gibt zur Berechnung eines Klassifikationssystems nach Anzahl der Ebenen, Anzahl der Klassen und Anzahl der Klassen pro Ebene verschiedene Formeln an, die jedoch nur für monohierarchische Systeme mit gleichbleibender Zahl der Klassen pro Ebene gelten.

Die in einem Klassifikationssystem real darstellbare Anzahl an Hierarchieebenen und Klassen pro Ebene ist abhängig von der Wahl des Notationssystems (s.u.). Ein Klassifikationssystem, das zu starr an den formalen logischen Unterteilungen ausgerichtet ist, wird eine gewisse Sperrigkeit in der Benutzung aufweisen. Bei einem Klassifikationssystem, das diese Prinzipien allzu unbekümmert mißachtet, liegt die Vermutung nahe, daß die klassifikatorische Struktur oder die zur Untergliederung herangezogenen Merkmale nicht für den Gegenstandsbereich adäquat gewählt wurden. Als Maxime könnte gelten: so korrekt wie möglich und so pragmatisch wie nötig.

B 5.2.3 Analytische und synthetische Klassifikation

Die oben angeführte Definition von Klassifikation als wiederholtem Untergliederungsprozeß bezieht sich zunächst nur auf den Typ der hierarchischen, analytischen Klassifikation, der − im europäischen Raum zumindest − lange Zeit vorherrschend war. In der analytischen Klassifikation wird deduktiv von oben nach unten bzw. vom Allgemeinen zum Speziellen untergliedert, wobei die klassifikatorischen Ketten entstehen, die häufig auch als Baumstruktur dargestellt werden (s.o. Beispiel 1). Die analytische Klassifikation ist im wesentlichen enumerativ, d.h. jeder Unterteilungsschritt wird bei der Darstellung des Klassifikationssystems aufgeführt. Zur Klassifizierung darf nur verwendet werden, was explizit im Klassifikationssystem aufgezählt ist, ,,vergessene'' oder neue Sachverhalte können nicht oder nur unter einer übergeordneten Klasse klassifiziert werden. Um für alle Eventualitäten gefeit zu sein, wird in enumerativen Systemen häufig als Hilfskonstruktion eine Klasse ,,Sonstige . . .'' oder ,,Andere . . .'' eingeführt. Das führt zu folgenden Problemen:

– Der Bedeutungsumfang dieser Klasse ist nur in der Abgrenzung zu den übrigen Klassen der klassifikatorischen Reihe erkenntlich und kann außerhalb des Kontextes der Klassifikationstafeln nicht benutzt werden.

– Beim Klassifizieren wird diese Klasse häufig als bequeme Sammelschublade mißbraucht, die sich zunehmend zur black box entwickelt. Spätestens dann, wenn ein Großteil des zu erschließenden Materials in solchen Klassen landet, empfiehlt es sich, das Untergliederungsprinzip des Klassifikationssystems neu zu überdenken.

Im Gegensatz zur analytischen geht die synthetische Klassifikation von den einzelnen Merkmalen oder Aspekten der Objekte aus, die im Klassifikationssystem zusammengestellt werden. Die synthetische Klassifikation ist kombinatorisch, d.h. die einzelnen Klassen werden durch Zusammenfügen der Merkmale der Objekte gebildet. Da dieser Vorgang mit dem Wahrnehmungsvorgang beim Facettenauge der Insekten vergleichbar ist, wurde dafür in Anlehnung an Ranganathan der Ausdruck facettierte oder Facetten-Klassifikation geprägt.

Beispiel 7:   Facettenklassifikation Obstbäume

Facette A Fruchtart	Facette B Stammart	Facette C Erntezeit
A1 Apfel	B1 hochstämmig	C1 früh
A2 Birne	B2 halbstämmig	C2 mittel
A3 Kirsche	B3 niederstämmig	C3 spät
A4 Pfirsich		
A5 Pflaume		

Mit A1B3C1 würde dann ein niederstämmiger Frühapfelbaum klassifiziert.
Die Funktionsfähigkeit einer Facettenklassifikation hängt wesentlich von der geeigneten Auswahl der Merkmale ab, die zur Facettenbildung herangezogen werden. Die Facetten müssen disjunkt sein, innerhalb der Facette sollte monodimensional untergliedert werden. In den Klassifikationstafeln werden meist die wichtigsten Klassen enumerativ aufgelistet, daneben können aber aus den vorhandenen Merkmalen beliebig neue Kombinationen gebildet werden. Kombinatorische Schlüsselsysteme, die als Grenzfall der synthetischen Klassifikation aufzufassen sind, beschränken sich in der Regel darauf, nur die entsprechenden Merkmalsausprägungen aufzulisten.
In jedem Fall sind synthetische Klassifikationssysteme durch Regeln zu ergänzen, die festlegen, auf welche Weise die einzelnen Teile miteinander kombiniert werden dürfen. Wenn eine eindeutige und fixe Notation entstehen soll oder bei den verschiedenen Merkmalsarten zeichengleiche Notationsteile entstehen könnten, muß auch die Reihenfolge der Merkmale verbindlich vereinbart werden. Diese Vereinbarung wird auch als Facettenformel bezeichnet. Die Vorteile dieses Klassifikationstyps lassen sich eigentlich nur bei EDV-gestützten Systemen voll ausschöpfen, in denen durch Rotation der Notation alle Varianten einfach erzeugt werden können. Bei manueller Führung muß man sich zumeist auf eine Teilmenge der prinzipiell möglichen Rotationen beschränken. Beispiel 7 könnte durch weitere Facetten etwa für Blütezeit, Klima- oder Standortanforderungen ergänzt werden. Es ist jedoch zu berücksichtigen, daß mit steigender Zahl der Merkmale oder Facetten das System unübersichtlicher und fehleranfälliger wird. Rein synthetisch aufgebaute Klassifikationssysteme sind verhältnismäßig selten, häufiger ist die Mischform der analytisch-synthetischen Klassifikation, bei der eine grobe hierarchische Gliederung vorgenommen wird, innerhalb der Grobgruppen wird dann nach dem synthetischen Prinzip verfahren. Auch die Colon Classification (s.u.) ist diesem Typ zuzuordnen.

Durch die Verwendung von Modifikatoren oder die Kopplung von Klassen können auch in analytisch/hierarchisch konzipierten Systemen bis zu einem gewissen Grad facettierende/kombinatorische Elemente integriert werden. In Anlehnung an die DK (s.u.) werden Modifikatoren in hierarchischen Klassifikationssystemen meist als Anhängezahlen bezeichnet, da sie an die Grundnotation einer Klasse ,,angehängt'' werden können. Zur Ausgliederung aus dem eigentlichen Klassifikationssystem und Festschreibung als Anhängezahlen eignen sich besonders Aspekte, die
– an vielen Stellen der Klassifikation relevant werden können
– selbst keine zu komplexen hierarchischen Beziehungen aufweisen und daher linear darstellbar sind.
(Typische Beispiele für Anhängezahlen s. Abschnitt B 5.3.1.1)
Werden mehrere Modifikatoren nebeneinander benutzt, muß – vergleichbar der Facettenformel – ihre Abfolge verbindlich geregelt werden.
Neben den Modifikatoren besteht die Möglichkeit, zur Wiedergabe eines Sachverhaltes mehrere Klassen miteinander zu koppeln, d.h. in Beziehung zu setzen. Zur Kopplung wird zwischen die Notationen der beiden Klassen ein Kopplungszeichen eingefügt. Durch unterschiedliche Zeichen können verschiedene Beziehungsarten differenziert werden.
Von ihrem Grundprinzip her werden Klassifikationssysteme auf der paradigmatischen Ebene wirksam. Paradigmatisch bedeutet in diesem Zusammenhang, daß die Elemente (hier die Klassen) fest vorgegeben sind und unverbunden nebeneinander stehen. Durch die Einbeziehung kombinatorischer Ansätze wird zusätzlich bis zu einem gewissen Grad eine Ausdrucksmöglichkeit auch auf der syntagmatischen Ebene, auf der Beziehungen zwischen Elementen ad hoc formuliert werden können, eröffnet.

B 5.2.4   Aufbau und Elemente der Klassen

Eine Aufgabe, die Klassifikation erfüllen soll, ist es, Gedächtnis einzusparen (Lit. 21.) und damit auch effizientere Kommunikation zu ermöglichen. Dieser Einsparungseffekt setzt bereits innerhalb der Klasse ein und wird erreicht, indem ,,zur Abkürzung'' Wissenseinheiten abgeleitet werden (vgl. Lit. 08.) bzw. als gleich oder ähnlich Wahrgenommenes zusammengefaßt wird (Lit. 29.). Dieser Vorgang der Begriffsbildung (d.h. die Abstraktion vom Objekt zum Begriff) ist bereits ein klassifizierender Prozeß, da er auf dem Prinzip der Klassenbildung beruht. Um über Begriffe kommunizieren zu können, ist eine weitere Abstraktion nötig: der Begriff muß bezeichnet werden. Hinter jeder Klasse eines Klassifikationssystems verbirgt sich also bereits ein dreistufiger Abstraktionsprozeß: Objekt → Begriff → Bezeichnung.
Innerhalb von Klassifikationssystemen werden üblicherweise (nicht ausschließlich) zwei Bezeichnungsarten nebeneinander verwendet:
– die künstliche Bezeichnung in Form der Notation,
– die verbale Bezeichnung oder Benennung in Form der Klassenbeschreibung.
Ergänzend hinzutreten kann eine Klassenerläuterung oder -definition.
Ranganathan (vgl. Lit. 15.) behandelt Klassenbeschreibung und Notation als ge-

trennte Ebenen, da er andererseits Objekt und Begriff zusammenfaßt, kommt er ebenfalls zu einer dreistufigen Einteilung. Wenn im folgenden – auf der Bezeichnungsebene operierend – Notation und Klassenbeschreibung erläutert werden, sollte nicht vergessen werden, daß diese nur die Oberflächenrepresentationen der tieferliegenden Schichten von Begriff und Objekt sind.

B 5.2.4.1   Notation und Notationssystem

Spiegelbildlich zu Klasse und Klassifikationssystem ist zwischen der eine Klasse bezeichnenden und repräsentierenden Notation und dem Notationssystem, das neben den Notationen selbst auch die Regeln zum Aufbau der Notationen enthält, zu unterscheiden. Im Gegensatz zur natürlichsprachlichen Klassenbeschreibung, die den Bedeutungsumfang einer Klasse nur mehr oder weniger genau umschreibt, ist die künstlichsprachliche Notation und damit auch die Relation zwischen Notation und Klasse eindeutig. Von der Kapazität und Mächtigkeit des Notationssystems hängen die Ausdrucksmöglichkeiten der klassifikatorischen Ketten und Reihen ab. Bestimmende Faktoren sind dabei:
– Zeichenvorrat der Notation
– Unterteilungsmöglichkeiten der Notation pro Ebene.
(Eine ausführliche Behandlung der Notationsproblematik findet sich in Lit. 14.)

B 5.2.4.2   Zeichenvorrat

Notationen können gebildet werden aus Buchstaben, Ziffern und Sonderzeichen sowie Kombinationen dieser Zeichen. Bei den eigentlich notationslosen Klassifikationssystemen wird ein Teil der Notationsfunktionen von graphischen Elementen wie Einrückungen, Schrift- oder Druckart übernommen. Es können verschiedene Alphabete, die Unterscheidung zwischen Groß- und Kleinbuchstaben, arabische Ziffern und römische Zahlen im Rahmen von Notationssystemen verwendet werden. Bei EDV-geführten Systemen ist jedoch zu berücksichtigen daß nichtlateinische Alphabete in der Regel nicht dargestellt werden, römische Ziffern Sortierprobleme verursachen können.
Entsprechend der verwendeten Zeichen werden Alpha-Notationen (nur Buchstaben), Ziffernnotationen (nur Ziffern) und alphanumerische Notationen (Buchstaben und Ziffern) unterschieden. Sonderformen der Alpha- oder alphanumerischen Notation sind:
– die aussprechbare Notation, bei der versucht wird, nur sprechbare Zeichenkombinationen zuzulassen. Dadurch wird die Zahl der im Rahmen des Notationssystems bildbaren Notationen entscheidend reduziert. Der Bedarf, auf phonetischem Weg über Notationen zu kommunizieren, dürfte eher abnehmen, weshalb es fraglich ist, ob der erzielte Effekt die Einschränkungen lohnt.
– die mnemotechnische Notation, bei der der semantische Gehalt der Klasse in der Notation teilweise erkennbar bleiben soll. Dieser Notationstyp ist verhältnismäßig verbreitet im bibliothekarischen Bereich (vgl. Lit. 27.). Als Mittel zur ersten

Orientierung, z.B. in einer Aufstellungssystematik im Lesesaal, ist diese Methode recht sinnvoll. Für dokumentarische Einsatzfelder ist ihr Nutzen jedoch begrenzt, da auch hier die Notationsbasis (s.u.) stark reduziert wird und mit steigender Zahl der Notationen ihre Nachvollziehbarkeit und damit der mnemonische Effekt abnimmt.

Sonderzeichen in Notationen haben häufig syntaktische Funktion, teilweise werden sie auch nur als optische Gliederungshilfen benutzt, um eine bessere Lesbarkeit zu erreichen (z.B. der Punkt nach jeder 3. Stelle in den Notationen der DK).

B 5.2.5 Unterteilungsmöglichkeiten von Klassifikations- und Notationssystemen

Die Unterteilungsmöglichkeiten von Klassifikations- und Notationssystem werden hier gemeinsam dargestellt, da sie den gleichen Prinzipien folgen. Trotzdem ist zu beachten, daß das Unterteilungsprinzip von Klassifikationssystem und Notationssystem nicht grundsätzlich synchron laufen muß. Im Notationssystem kann, muß aber nicht, die hierarchische Struktur des Klassifikationssystems abgebildet werden.

Bei linearen Notationssystemen wird die hierarchische Struktur des Klassifikationssystems nicht wiedergegeben, sondern durch alle Klassen hindurchgezählt. Durch die Ergänzung eines Ebenenindikators kann auch bei linearen Systemen die hierarchische Stufung ausgedrückt werden. Als Ebenenindikatoren werden in der Regel Ziffern verwendet, die die Hierarchieebenen durchzählen.

Beispiel 8:   Lineare Notation mit Ebenenanzeige

> 017-1 Obstbaum
> 018-2 Kernobstbaum
> 019-3 Apfelbaum
> 020-4 Hochstämmiger Apfelbaum
> 021-4 Halbstämmiger Apfelbaum
> 022-4 Niederstämmiger Apfelbaum
> 023-3 Birnbaum

Bei Systemen, in denen die Notation hierarchische Zusammenhänge ausdrücken soll, entspricht jedem Glied der klassifikatorischen Kette auf seiten des Notationssystems eine Position, die eine oder mehrere Stellen lang sein kann. Positionswechsel bedeutet also Wechsel der hierarchischen Ebene. Beispiel 3 (s.o.) zeigt eine solche Notation.

Bei einer festen Stellenzahl pro Position, ist die hierarchische Ebene an der Länge der Notation abzulesen. Damit sind die Unterteilungsmöglichkeiten pro Ebene ebenfalls beschränkt bei einer Ziffernnotation und einer Stelle z.B. auf maximal zehn Unterteilungen. Ist die Stellenzahl pro Ebene flexibel, sind auch die Unterteilungsmöglichkeiten nicht begrenzt, der Positionswechsel muß dann auf andere Art ausgedrückt werden:
– durch Zeichenwechsel (z.B. A17c5)
– durch Trennzeichen (z.B. 1.17.3.5)

- durch Trennzeichen (z.B. 1.17.3.5)
- durch Ebenenindikator (vgl. Beispiel 8)

Durch den Zeichenvorrat und die Anzahl der Stellen, die pro Position zugelassen sind, bestimmt sich die Notationsbasis, d.h. die Anzahl der Klassen, die pro Ebene/Position darstellbar sind. Um das hierarchische Gefüge eines Klassifikationssystems wiedergeben zu können, muß die Notationsbasis mindestens ebenso groß sein wie die pro Unterteilungsmerkmal zugelassenen Merkmalsausprägungen. Das lineare und das hierarchische Prinzip werden häufig gemischt: für die obersten Hierarchieebenen wird ein hierarchisches Notationssystem gewählt, ab einer gewissen Gliederungstiefe aber nur noch linear durchgezählt.

Nach den Unterteilungsmöglichkeiten bzw. der Notationsbasis sind zu unterscheiden:

- **Dichotomische oder binäre Klassifikation.** Pro Ebene sind nach dem Ja/Nein-Prinzip nur zwei Klassen zugelassen. Deshalb entstehen sehr lange klassifikatorische Ketten, die die Praktibilität stark einschränken. Die Entsprechung im Notationssystem ist die binäre Notation. Sie kann analog zum Dualsystem mit den Zeichen 0 und 1 oder einem anderen Zeichenpaar operieren.
- **Dezimale Klassifikation.** Dieser Untergliederungstyp gehört – vor allem durch den prägenden Einfluß der DK – zu den am weitesten verbreiteten. Die dekadische Notationsbasis ergibt sich aus den Ziffern 0 – 9, die zur Notationsbildung benutzt werden. Pro Ebene wird eine Stelle beansprucht, sodaß die hierarchische Einordnung sofort erkennbar ist. Probleme ergeben sich häufig durch die Beschränkung auf nur zehn Unterteilungsmöglichkeiten, die vor allem auf der obersten Ebene oft nachteilig durchschlägt, da die gesamte Breite des Gegenstandsbereichs in diese zehn Klassen gepreßt werden muß.
- **Nonische Klassifikation.** Sie kann als Variante des dekadischen Typs aufgefaßt werden. Die neun Unterteilungsmöglichkeiten entstehen durch den Verzicht auf eine Ziffer des dekadischen Systems, in der Regel die Null. Diese wird dann teilweise mit syntaktischer Funktion benutzt (z.B. als Anhängezahl) oder zur Einleitung nachträglicher Systemerweiterungen (z.B. Sector device bei Ranganathan).
- **Polydezimale Klassifikation.** Mehr als zehn Untergliederungsmöglichkeiten können erreicht werden durch
  - Die Verwendung von Buchstaben statt Ziffern (26 Möglichkeiten nach deutschen Alphabet)
  - die Verwendung mehrerer Stellen pro Position. Zwei Stellen ergeben bei Ziffern 100, bei der Kombination von zwei Buchstaben bereits 676 Möglichkeiten.

B 5.2.6 Darstellungsmöglichkeiten für syntaktische Beziehungen

Als syntaktische Elemente müssen in erster Linie ausgedrückt werden:

- die Verbindung zwischen Grundnotation und Modifikatoren bzw. die Verknüpfung mehrerer Notationen. Als Ausdrucksmittel können benutzt werden:
  - Sonderzeichen als Kopplungselement oder Modifikator
  - Zeichenwechsel zwischen Grundnotation und Modifikator
  - feste Position für die syntaktischen Elemente innerhalb der Notation;
- die Abfolge bzw. der Neubeginn einer Facette innerhalb der Notation eines facettierenden Klassifikationssystems durch:
  - zwischengeschaltete Trennzeichen
  - feste Länge pro Facette.

B 5.2.7   Hospitalität und Flexibilität von Notationssystemen

Unter Hospitalität wird die Fähigkeit eines Notationssystem verstanden, nachträglich Erweiterungen aufzunehmen sowohl in den klassifikatorischen Ketten als auch den klassifikatorischen Reihen.

B 5.2.7.1   Hospitalität in der Kette

Relativ unproblematisch ist die Erweiterung der Kette nach unten, d.h. die Ausdifferenzierung, zumindest solange keine maximale Anzahl der Hierarchieebenen vereinbart ist. Mehr Schwierigkeiten bereitet das nachträgliche Zwischenschieben zusätzlicher Ebenen und das Einfügen neuer oberster Klassen. Hauptreservoir für Erweiterungen dieser Art sind Lücken, die beim Aufbau des Systems bewußt freigehalten wurden. Dieses Hilfsmittel wird nach einiger Zeit erschöpft sein, Ergänzungen treten vorwiegend da auf, wo kein Platz (mehr) vorhanden ist. Körner (Lit. 14.) schlägt in Anlehnung an Vickery vor, für die Notationsbildung auf keiner Ebene das erste Zeichen des gewählten Zeichenvorrates zu benutzen (also A oder 0). Danach können spätere Einschübe mit diesen Zeichen gebildet werden. So kann vor B AB eingeschoben werden, vor AB AAB usw. Nachteilig ist dabei, daß bei jedem Einschub die Notation um eine Stelle pro Position verlängert werden muß, eine feste Notationslänge also nicht eingehalten werden kann.

B 5.2.7.2   Hospitalität in der Reihe

Ungeachtet der Anzahl von Unterteilungsmöglichkeiten pro Ebene, die vom Notationssystem zur Verfügung gestellt werden, kann immer der Fall eintreten, daß diese Möglichkeiten erschöpft sind. Dann muß zur Einarbeitung der Sachverhalte auf eine der folgenden Methoden zurückgegriffen werden:
- Zusätzliche Verschachtelung durch Einbauen einer weiteren Hierarchieebene (ähnlich wie in Beispiel 6).
- Erweiterung der Notationsbasis z.b. Überwechseln von der dezimalen zur centesimalen Untergliederung durch Einfügen einer zusätzlichen Stelle oder Erweiterung des Zeichenvorrates. Das zieht oft auch eine strukturelle Änderung des Notationsaufbaues nach sich, z.B. Ergänzung eines Trennzeichens zwischen den Ebenen oder Ausweitung aller Notationen um eine Stelle in der betreffenden Position durch Auffüllen mit Null.
- Benutzung von zwei nebeneinander liegenden Klassen zur Untergliederung eines Sachverhaltes.

Beispiel 9:   345
                 3451
                 . . .
                 3459
                 3461
                 . . .

Die zweite Klasse (346 in diesem Beispiel) wird dabei meist nicht belegt. Für die Untergliederung 3461 ff ist die logische Unterordnung unter 345 nicht mehr erkennbar, sie kann nur noch in den Klassifikationstafeln mit typographischen Mitteln ausgedrückt werden. Bei nachträglichen Erweiterungen scheidet diese Methode ohnehin meist aus, da in der Regel 346 bereits mit anderem Inhalt belegt sein wird.

B 5.2.7.3   Flexibilität von Notationssystemen

Neben der Hospitalität gehört zur Flexibilität von Notationssystemen auch die Möglichkeit, Klassen nachträglich zu streichen. Streichungen auf den untersten Ebenen sind unproblematisch. Innerhalb einer Kette können Streichungen Schwierigkeiten bereiten: die der gestrichenen Klasse untergeordneten Klassen müßten eigentlich um eine Stufe angehoben werde, auf der oberen Ebene ist dafür aber meist nicht ausreichend Platz. Als Kompromisse stehen zur Wahl:
-   Man akzeptiert logische Sprünge in der Notationsabfolge (z.B. die Existenz einer Klasse 351 obwohl es keine Klasse 35 gibt).
-   Die zu streichende Klasse bleibt als ,,Platzhalter'' erhalten und wird nur durch einen entsprechenden Hinweis für die Benutzung gesperrt.
Die Expansivität, d.h. die Fähigkeit, das Klassifikationssystem in unterschiedlichen Gliederungstiefen darzustellen und zu benutzen, ist ein weiteres Flexibilitätskriterium. Hierzu ist eine hierarchische Notationsstruktur oder zumindest eine Kennzeichnung der Ebenen erforderlich. Nach dem Prinzip der expansiven Klassifikation sind z.B. die verschiedenen Ausgaben der DK angelegt. Bei der Konzeption von Notationssystemen gilt es einen Konsens zwischen den grunde gegenläufigen Forderungen nach möglichst kurzen, flexiblen Notationen einerseits und andererseits einer größtmöglichen Expressivität der Notation, d.h. der Vermittlung von möglichst viel semantischem und syntaktischem Gehalt, zu finden (vergl. Lit. 12.).

B 5.2.8   Klassenbeschreibung

Da in Klassifikationssystemen der Notation die Rolle des eindeutigen Bezugselementes zukommt, wird die verbale Beschreibung des Klasseninhaltes häufig stiefmütterlich behandelt. Oft treten an die Stelle eindeutiger und prägnanter Bezeichnungen eher vage Umschreibungen des Inhaltes. Teilweise ist es ja auch von Vorteil, wenn für (noch) nicht exakt benennbare Sachverhalte Klassen gebildet werden können. Solange das Klassifikationssystem in der Form gedruckt vorliegender Klassifikationstafeln benutzt wird, sind diese vagen Klassenbeschreibungen verhältnismäßig unproblematisch. Die mangelnde Exaktheit der Klassenbeschreibung kann meist durch den Kontext aufgefangen werden. Berücksichtigt man, daß in Zukunft Klassifikationssysteme verstärkt nicht nur EDV-gestützt erstellt und gepflegt werden, sondern auch als Zugriffsinstrumente in den Bereichen von On-line-Diensten und Telekommunikation eingesetzt werden, muß der dort fehlende Kontext durch

sorgfältig gewählte und auch kontextfrei verständliche Klassenbeschreibungen ersetzt werden.
Schwierigkeiten bereiten können besonders Klassenbeschreibungen, die
– nur komplementär verständlich sind, da sie anderweitig ausgegrenzte Restmengen enthalten.
– die Klassenbeschreibung(en) der übergeordneten Klasse(n) mit implizieren, ohne sie zu benennen.

Beispiel 10: Flurfördermittel
– ohne motorischen Antrieb
– mit motorischen Antrieb
– mit Elektromotor

– Klassenbeschreibungen in der Form von Aufzählungen, die nur beispielhaft, aber nicht vollständig sind.
Ansätze zu terminologisch exakteren Klassenbeschreibungen lassen sich weiter ausbauen, z.B. durch die vermehrte Integration von Synonymen zu den Klassenbeschreibungen, in Richtung auf ein eher thesaurusartiges Instrument. Erste Versuche dieser Art wurden bereits 1970 im THESAUROFACET (Lit. 24.) unternommen.
Im Zusammenhang mit den verstärkten Konvergenztendenzen zwischen künstlich- und natürlich-sprachlich basierten Dokumentationssprachen sind ähnlich angelegte Entwicklungen für die Zunkunft vermehrt zu erwarten.

B 5.3   Prototypische Klassifikationssysteme

B 5.3.1   Die Internationale Dezimalklassifikation (DK)

Die von dem amerikanischen Bibliothekar Melvil Dewey 1876 entwickelte Dewey-Decimal-Classification (DDC) verwirklicht das dezimale Gliederungsprinzip in Reinform. Als Universalklassifikation zur Aufstellung von Buchbeständen in Volksbibliotheken konzipiert, ordnet die DDC das „gesamte menschliche Wissen" in zehn Hauptabteilungen von 0 – 9 an. Durch die fortgesetzte Unterteilung in Zehnerschritten ist das System nach unten unbegrenzt erweiterbar, das Notationsprinzip praktisch selbsterklärend und daher für weite Benutzerkreise einfach in der Handhabung. Eine differenzierte Erschließung von Dokumentinhalten sollte damit nicht bezweckt werden.
Dieser Schritt von der Aufstellungssystematik zum inhaltserschließenden Instrument geht auf die Initiative der Belgier Paul Otlet und Henri Lafontaine zurück, die die DDC mit dieser Zielsetzung ausbauten und so die Universelle Dezimalklassifikation (UDK oder DK) schufen. Sie erweiterten das System beträchtlich: aus den ca. 1000 Klassen bei Dewey waren in der 2. Auflage der DK 1927/33 bereits 70.000 Klassen geworden, die 2. deutsche Gesamtausgabe 1958 ff umfaßt mehr als 130.000 Klassen (Lit. 11.). Viel entscheidender als der quantitative Ausbau sind jedoch die strukturellen Änderungen. Das streng monohierarchische, enumerative System der DDC wird durch die Einführung kombinatorischer, syntaktischer Elemente flexibler, ausdrucksfähiger, aber auch komplizierter.

Das Gesamtgebäude der DK wird von drei verschiedenen Grundelementen gebildet:

- den in den Haupttafeln aufgeführten Klassen, die durch die DK-(Grund-)Zahlen repräsentiert werden. Sie stellen das hierarchische Fundament dar.
- den Anhängezahlen der Hilfstafeln, die eine DK-Zahl ergänzen können und in das hierarchische Grundsystem einen facettierenden Charakter einbringen.
- den Sonderzeichen, mit deren Hilfe zwei oder mehrere DK-Zahlen in Beziehung gesetzt werden können. Sie bilden das syntaktische Gefüge der DK.

Die DK-Haupttafeln umfassen die Hauptabteilungen:

0 **Allgemeines**
1 **Philosophie**
2 **Religion, Theologie**
3 **Sozialwissenschaften, Recht, Verwaltung**
4 **(zur Zeit nicht belegt)**
5 **Mathematik, Naturwissenschaften**
6 **Angewandte Wissenschaften, Medizin, Technik**
7 **Kunst, Kunstgewerbe, Photographie, Musik, Spiel, Sport**
8 **Sprachwissenschaft, Philologie, Schöne Literatur, Literaturwissenschaft**
9 **Heimatkunde, Geographie, Biographien, Geschichte**

Diese Hauptabteilungen werden bis hin zu sehr speziellen Sachverhalten untergliedert.

Beispiel 11 (nach Lit. 11.):

> 3 Sozialwissenschaften, Recht, Verwaltung
> 33 Volkswirtschaft
> 336 Finanzen. Bank- und Geldwesen
> 336.7 Geldwesen. Bankwesen. Börsenwesen
> 336.76 Börsenwesen. Geldmark. Kapitalmarkt
> 336.763 Wertpapiere. Effekten
> 336.763.3 Obligationen. Schuldverschreibungen
> 336.763.31 Allgemeines
> 336.763.311 Verzinsliche Schuldbriefe
> 336.763.311.1 Langfristig verzinsliche Schuldbriefe

Die Gliederung der Hauptabteilungen läßt eines der einschneidendsten Probleme der DK deutlich werden: die Einteilung der Gebiete orientiert sich im wesentlichen am Wissenschaftsbild des 19.Jahrhunderts. Naturwissenschaften und Technik, für die heute ein besonderer Gliederungsbedarf besteht, sind auf nur zwei Hauptabteilungen zusammengedrängt. Daher ist der Ausbaugrad der Hauptabteilungen auch sehr unterschiedlich. In der 2. deutschen Gesamtausgabe (Lit. 09.) sind fast 73.000 der insgesamt über 130.000 Klassen in der Hauptabteilung 6 untergebracht. Dadurch entstehen sehr lange und komplizierte Notationen.

B 5.3.1.1   Die facettierenden Elemente der DK

Die DK unterscheidet zwischen allgemeinen und besonderen Anhängezahlen. Die allgemeinen Anhängezahlen sind in den Hilfstafeln aufgeführt und können an alle

DK-Zahlen als Modifikatoren angehängt werden. Um sie von den DK-Grundzahlen eindeutig unterscheiden zu können, werden sie jeweils durch eine besondere Zeichenfolge eingeleitet. Als allgemeine Anhängezahlen werden Aspekte dargestellt, die bei fast allen Sachverhalten relevant sein können. Sie ähneln von daher den Fundamentalkategorien der Colon Classification (s.u.).

Im einzelnen gibt es allgemeine Anhängezahlen
- der Sprache, in der etwas vorliegt, eingeleitet durch =
- der Form, in der etwas vorliegt, eingeleitet durch (0. . .)
- des Ortes, zur Kennzeichnung der räumlichen Lage, eingeleitet durch (. . .)
- der Rassen und Völker, eingeleitet durch (=. . .)
- der Zeit, eingeleitet durch „. . .‟
- des Gesichtspunktes, eingeleitet durch .00
- der Person, eingeleitet durch −05

Außerdem können Eigennamen oder Abkürzungen zur weiteren Spezifikation direkt an eine DK-Zahl angehängt werden (z.B. 012Hölderlin für eine Hölderlin-Bibliographie).

Die besonderen Anhängezahlen werden mit .0 oder − eingeleitet. Sie sind für spezielle Bereiche konzipiert und dürfen nur an den Stellen verwendet werden, an denen ihre Benutzung explizit erlaubt ist.

Ein weiteres facettierendes Prinzip der DK besteht in dem Verfahren der Parallelunterteilungen. Bestimmte Unterteilungen dürfen von einer Stelle an eine andere Stelle transferiert werden, allerdings nicht beliebig, sondern nur dort, wo dies in den Tafeln ausdrücklich angegeben ist. So bedeutet 377.1 = 371, daß die Klasse 377.1 analog zur Klasse 371 weiter unterteilt werden darf.

B 5.3.1.2 Die syntaktischen Elemente der DK

Als syntaktische Elemente verwendet die DK verschiedene Sonderzeichen, mit denen Beziehungen zwischen den Sachverhalten ausgedrückt werden können. Im einzelnen sind dies:

: Beziehungszeichen, das eine prinzipiell umkehrbare Beziehung zwischen den Sachverhalten anzeigt. Soll die Beziehung nicht umkehrbar sein, wird das Zeichen verdoppelt : :.

+ Beiordnungszeichen, das verschiedene DK-Zahlen in aufzählender Weise miteinander verkettet. (Die Bedeutung von : und + werden nicht mehr von allen Anwendern klar differenziert, so daß teilweise nur eines der beiden Zeichen benutzt wird.)

/ Erstreckungszeichen, mit dem mehrere nebeneinanderstehende DK-Zahlen zusammengefaßt werden können.

’ Zusammenfassungszeichen, mit dessen Hilfe einzelne in der DK vorhandene Komponenten zu neuen Sachverhalten zusammengefügt werden können. Die Anwendung dieses Zeichens ist auf bestimmte Klassen beschränkt.

Auf diesen drei Grundelementen, aus deren Kombination eine unendliche Menge an DK-Zahlen abgeleitet werden kann, beruht die Flexibilität und Ausdrucksfähigkeit der DK. Allerdings ist damit auch ein hoher Grad an Kompliziertheit gegeben.

Für einen Sachverhalt lassen sich mehrere zutreffende DK-Zahlen ableiten, so daß
eine gewisse Beliebigkeit entsteht. In den letzten Jahren wird von den Herausgebern
der DK verstärkt versucht, diesem Nachteil entgegenzuwirken, beispielsweise durch
eine bessere Erschließung der DK durch Register.

B 5.3.1.3   Weiterentwicklung und Pflege der DK

Bei einem so umfangreichen Klassifikationssystem, das international Gültigkeit beansprucht, ist die Weiterentwicklung und Pflege naturgemäß ein schwieriger Prozeß. Die FID (Fédération Internationale de Documentation), bei der die Rechte der
DK liegen, organisiert die Revision der DK. Nachdem das sehr schwerfällige und
zeitraubende Revisionsverfahren einen der Hauptkritikpunkte an der DK bildete,
wurden – basierend auf einer Studie zum DK-Management – eine neue Organisationsstruktur beschlossen, die seit Anfang 1987 in Kraft ist. Von der FID wurde ein
UDC Management Board berufen, das international besetzt ist und als oberstes
Lenkungsgremium fungiert. Eines seiner Subkomites ist speziell für die Bearbeitung der Änderungsvorschläge zuständig. Diese Vorschläge können im Prinzip von
jedem DK-Interessierten eingebracht werden, in der Regel stammen sie aus den nationalen oder fachlichen DK-Gremien. Die angenommenen Vorschläge werden als
,,P-Noten'' veröffentlicht. Bis zu einer bestimmten Frist können Widersprüche,
Änderungen oder Ablehnung zu den Vorschlägen eingereicht werden. Aufgrund
dieser Stellungnahmen wird über die endgültige Einbringung des Vorschlags entschieden. Die positiv verabschiedeten Vorschläge werden in den ,,Extensions and
corrections to the UDC'' veröffentlicht. (Lit. 17.)

B 5.3.2   Colon Classification

Die 1933 von dem Inder S. R. Ranganathan publizierte Colon Classification ver-
folgte als erstes Klassifikationssystem einen durchgehend facettierenden Ansatz.
Außerhalb Indiens hat die Colon Classification zwar kaum Anwender gefunden,
aber als Prototyp einer neuen Form klassifikatorischen Denkens ist sie von beacht-
lichem Einfluß. Die Bezeichnung Colon Classification leitet sich vom Doppelpunkt
(engl. colon) ab, der als Trennzeichen häufig verwendet wird. Das grundsätzlich
Neue an Ranganathans Methode ist der Übergang von der enumerativen zur kom-
binierenden Klassifikation und damit die Möglichkeit, Polyhierarchie und Polydimensionalität abzubilden.
Bei diesem Typ von Klassifikationssystem wird nicht nach dem Schubladenprinzip
ein Sachverhalt in ein vorgefertigtes Raster eingeordnet, sondern mit der Anlayse
des Sachverhaltes begonnen und die dabei gefundenen Elemente (Ranganathan verwendet die Bezeichnung isolates) nach bestimmten Regeln wieder zusammengefügt.
Ranganathan geht von fünf Fundamentalkategorien aus, die als Unterteilungsmerkmale auf sehr abstrakter Ebene betrachtet werden können. Er ordnet sie nach
ihrer Konkretheit an, mit dem Konkretesten beginnend zum Abstrakten fortschrei-
tend kommt er zu der unter der Kurzformel PMEST bekannten Reihenfolge:

P Personalität (Personality)
M Stofflichkeit, Materie (Matter)
E Energie, Dynamik (Energy)
S Raum (Space)
T Zeit (Time)

In etwas modifizierter Form taucht diese Einteilung auch in anderen Bereichen auf, etwa bei den bekannten journalistischen W's, zum Teil wird eine Parallele zu den bei der Konstruktion von Expertensystemen verwendeten Definitionsmechanismen gezogen (Lit. 22.). Diese Ähnlichkeit kann man als Indiz für die grundsätzliche Gültigkeit dieser Kategorien werten. Innerhalb des Klassifikationssystems werden diese Kategorien durch Facetten konkretisiert, die durch die Bildung von Subfacetten in sich einen hierarchischen Aufbau haben können. Aus diesen Facetten wird dann die Notation für einen Sachverhalt zusammengesetzt. Die Colon Classification benutzt für jede Kategorie ein spezielles Sonderzeichen als Indikator oder Trennzeichen:

, für Personalität
; für Stofflichkeit
: für Energie
. für Raum

Zur Zeit liegt die Colon Classification in der 7. Auflage vor, Revisionen erfolgen in größeren Abständen. (Eine ausführlichere Beschreibung s. Lit. 15., Lit. 26.)

B 5.3.3   DK und Colon Classification als Universal-Klassifikationen

Sowohl die Internationale Dezimalklassifikation als auch die Colon Classification erheben den Anspruch, als Universal-Klassifikationen die Gesamtheit des menschlichen Wissens darstellen zu können. Auch wenn wir heute zunehmend skeptisch geworden sind bezüglich der grundsätzlichen Einlösbarkeit dieses Anspruchs, bleibt doch ein fundamentales Bedürfnis nach Universalität zu konstatieren. Bei einer Umfrage zur DK-Nutzung wurde die Universalität als mit Abstand wichtigster Grund für den Einsatz genannt (Lit. 02.). Neben der Rolle als methodische Prototypen liegt daher in der Universalität, die ja ein Reservoir für alle Fälle darstellt, die Bedeutung dieser Klassifikationssysteme. Wenn noch Scibor (Lit. 20.) 1981 die Epoche der Universalklassifikation mit Ranganathan als letztem Vertreter als abgeschlossen betrachtete, so sind doch der neue Bedarf an und die neuen Aufgabenfelder für Klassifikation, die allseits postuliert werden (Lit. 06.; Lit. 16.; Lit. 18.; Lit. 28.), in weiten Teilen wieder auch auf die Universalismusproblematik hin ausgerichtet. Aus diesen neuen Anforderungen können sich möglicherweise Impulse auch für die ,,klassischen'' Klassifikationssysteme ergeben.

B 5.4   Thesaurus

B 5.4.1   Funktion und Merkmale

Die neue Ausgabe der DIN 1463 (Lit. 32.) definiert den Thesaurus im informationswissenschaftlichen Sinne so:
,,Ein Thesaurus im Bereich der Information und Dokumentation ist eine geordnete Zusammenstellung von Begriffen und ihren (vorwiegend natürlichsprachigen) Bezeichnungen, die in einem Dokumentationsgebiet zum Indexieren, Speichern und Wiederauffinden dient. Er ist durch folgende Merkmale gekennzeichnet:
a) Begriffe und Bezeichnungen werden eindeutig aufeinander bezogen (,,terminologische Kontrolle"), indem
   – Synonyme möglichst vollständig erfaßt werden,
   – Homonyme und Polyseme besonders gekennzeichnet werden,
   – für jeden Begriff eine Bezeichnung (Vorzugsbenennung, Begriffsnummer oder Notation) festgelegt wird, die den Begriff eindeutig vertritt,
b) Beziehungen zwischen Begriffen (repräsentiert durch ihre Bezeichnungen) werden dargestellt."
Diese Definition wäre zu ergänzen um
c) Der Thesaurus ist präskriptiv, indem er für seinen Geltungsbereich festlegt, welche begrifflichen Einheiten zur Verfügung gestellt werden und durch welche Bezeichnungen diese repräsentiert werden.
Im folgenden sollen die wichtigsten Elemente und Prinzipien von Thesauri und Thesaurusmethodik vorgestellt werden. Dies kann in diesem Rahmen nur auf eine sehr kursorische und allgemeine Art und Weise geschehen. Auf die Behandlung von Spezialproblemen oder besonderen Thesaurusformen (z.B. mehrsprachige Thesauri) kann hier nicht eingegangen werden, ebenso auf die erweiterten Anforderungen an Thesauri im Kontext von Wissensrepräsentation. Für eine intensivere Auseinandersetzung mit der Thematik wird die Lektüre von Wersig (Lit. 38.) empfohlen, auf den sich auch die folgenden Ausführungen in weiten Teilen stützen. Eine weitere grundsätzliche Einführung in diesen Bereich, allerdings eher ausgerichtet auf die Spezifika des englischen Sprachraums, findet sich bei Lancaster (Lit. 33.).

B 5.4.2   Thesaurusaufbau

Um von der natürlichen Sprache als Ausgangsmaterial zum kontrollierten Vokabular eines Thesaurus zu gelangen, müssen mehrere kontrollierende und definierende Prozesse durchlaufen werden:

B 5.4.2.1   Eingrenzung des Bezugsrahmens

Während die natürliche Sprache für grundsätzlich alle Themen, Situationen Vokabular zur Verfügung stellt, kann ein Thesaurus den Anforderungen bezüglich Eindeutigkeit, Verbindlichkeit und Übersichtlichkeit nur dann gerecht werden, wenn

Beispiel 12: Alphabetischer Thesaurusausdruck

```
0.0058
Magnetband
VB   Magnetbandlaufwerk


0.0045
Magnetbandgerät
BS   Magnetbandlaufwerk        NE7


0.0046
Magnetbandkassette
NO   NE83
BF   Kassette
BF   MB-Kassette
OB   Datenträger
VB   Magnetbandkassettenlaufwerk


0.0051
Magnetbandkassettengerät
BS   Magnetbandkassettenlaufwerk   NE7


0.0050
Magnetbandkassettenlaufwerk
NO   NE7
BF   Magnetbandkassettengerät
BF   MB-Kassettengerät
OB   Datenausgabegrät
OB   Dateneingabegerät
OB   Datenspeichertechnik
VB   Magnetbandkassette


0.0044
Magnetbandlaufwerk
NO   NE7
BF   Magnetbandgerät
OB   Bandgerät
OB   Datenausgabegerät
OB   Dateneingabegerät
OB   Datenspeichertechnik
VB   Magnetband


0.0059
Magnetfeld
NO   WD2
OB   Magnetismus


0.0060
Magnetismus
NO   WD2
BF   Barkhausen-Effekt
BF   Ferromagnetismus
```

```
Magnetismus (Forts.)
BF   Halleffekt
BF   Induktion
OB   Elektrodynamik
UB   Magnetfeld
BIK  Geophysik
     BFK  Erdmagnetismus
BIK  Optik
     BFK  Faraday-Effekt


0.0070
Magnetkarte
NO   NE87
BF   Telefonkärtchen
OB   Datenträger
VB   Kartensystem


0.0073
Magnetkartensystem
NO   EC5
OB   Kartensystem


0.0074
Magnetkartentelefon
NO   GK72
BF   Makatel
OB   Kartentelefon


0.0077
Magnetplatte
NO   NE82
OB   Datenspeicher
OB   Datenträger
VB   Magnetplattenlaufwerk
BIK  Datenspeicher
     BFK  Plattenspeicher


0.0081
Magnetplattengerät
BS   Magnetplattenlaufwerk        NE7


0.0079
Magnetplattenlaufwerk
NO   NE7
BF   Magnetplattengerät
OB   Datenausgabegerät
OB   Dateneingabegerät
OB   Datenspeichertechnik
VB   Magnetplatte
```

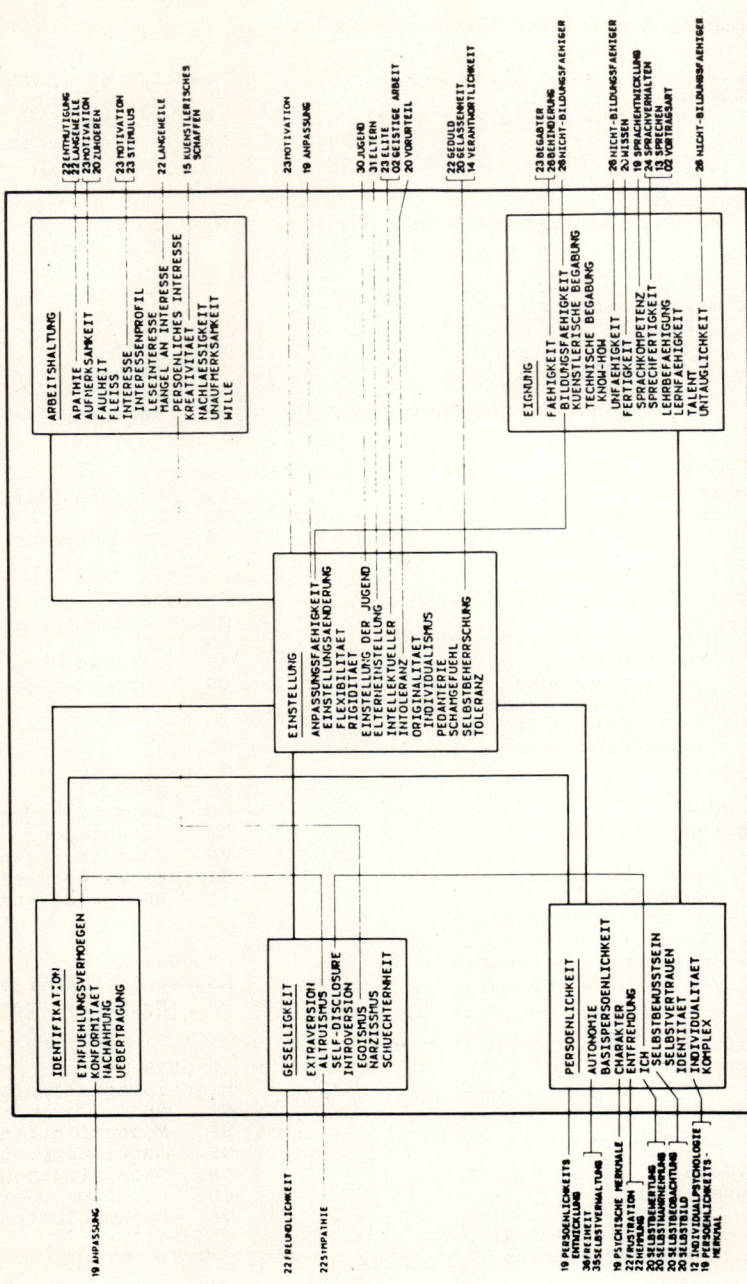

Beispiel 13: Graphische Darstellung eines Thesaurus

der Kontext (universe of discourse), den er abdecken soll, klar umrissen ist. Ein universaler Thesaurus ist zwar zugegebenermaßen faszinierend, aber alle bisherigen Versuche dazu müssen als fehlgeschlagen oder nicht vollendet betrachtet werden. Die folgenden Elemente des Bezugsrahmens sollten zu Beginn der Thesaurusarbeit abgesteckt werden:

- Gegenstandsbereich oder Thematik des Thesaurus (Schwerpunkte, Randgebiete)
- Spezifität des Thesaurus (Begriffe bis zu welcher Spezifität oder bis zu welchem Allgemeinheitsgrad sollen einbezogen werden)
- Sprachstil des Thesaurus (mehr wissenschaftlich orientiert oder auch für Nicht-Fachleute verständlich)
- Umfang des Thesaurus (Umfang des Vokabulars, Umfang der ausgewiesen Begriffsbeziehungen und Beziehungsarten).

Für diese Parameter können keine allgemeingültigen Angaben gemacht werden, vielmehr hängen sie vom Benutzerkreis, den zu erschließenden Dokumenten, der angestrebten Erschließungstiefe ab.

Wenn dieser Rahmen festgelegt ist, kann mit der eigentlichen Erarbeitung des Thesaurus begonnen werden.

B 5.4.2.2   Wortgutsammlung und Bezeichnungskontrolle

Entsprechend der aufgestellten Kriterien für Spezifität, Sprachstil und Umfang des Thesaurus sind die Quellen auszuwählen, denen Wortgut entnommen werden kann.

Geeignete Quellen können sein (nach DIN 1463):
a) potentielle Benutzer und Fachleute
b) international oder national verbindliche Fachwörterbücher und Normen
c) die aktuelle Fachliteratur
d) terminologische Abhandlungen oder Bezeichnungslisten
e) Existierende Therauri oder klassifikatorische Systeme
f) Nomenklaturen
g) Register zu Fachzeitschriften
h) Referatedienste
i) Lehrbücher, Handbücher und Standardwerke
k) Ergebnisse experimentellen Indexierens von Dokumenten.

Jeder Quellentyp bringt natürlich Vokabular unter seinem spezifischen Schwerpunkt ein. Deshalb ist es wichtig, neben Quellen, die die notwendigen Grundbegriffe eines Gebietes recht systematisch, aber eher traditionell, einbringen (z.B. b, d, e, f, i,), auch ausreichend Quellen zu berücksichtigen, die die aktuellen und zukunftsorientierten Bereiche vertreten (z.B. a, c und k).

Bei der Durchsicht der Quellen wird das Wortgut einer ersten Bezeichnungskontrolle unterworfen und über Aufnahme einer Bezeichnung in die Wortgutsammlung entschieden.

Es ist empfehlenswert, eine Grobklassifikation zu entwickeln, der die Bezeichnungen zugeordnet werden. Da eine größere Menge Vokabular kaum überblickt werden kann, sollen dadurch kleinere Einheiten von Vokabular für die weiteren

Bearbeitungsschritte entstehen. Die Klassifikation sollte so gewählt werden, daß die einzelnen Klassen voraussichtlich mit ca. 50 – 150 Bezeichnungen belegt werden. Das aus den Quellen selektierte Wortgut sollte nach einem einheitlichen Erfassungsschema erfaßt werden, das als Kategorien umfaßt:
- Bezeichnung
- Quelle(n)
- Zuordnung zur Grobklassifikation
- soweit in der Quelle vorhanden, die dort ausgewiesenen Begriffsbeziehungen

Weiter ergänzt werden kann das Schema durch zusätzliche Angaben wie Definitionen, Belegungshäufigkeit, Status (Deskriptor oder Nicht-Deskriptor) in der Quelle, Bearbeiterkommentare etc.

Außerdem können auch bereits bestimmte formale Anpassungen (z.B. Vereinheitlichung von Singular/Plural, Auflösung von Abkürzungen) vorgenommen werden.

Dieses erfaßte und einer Bezeichnungskontrolle unterzogene Vokabular sollte alphabetisch und möglichst zusätzlich nach der Grobordnung sortiert werden. In dieser Form bildet das Vokabular die Grundlage für die Terminologische Kontrolle.

B 5.4.3   Terminologische Kontrolle

Die erstellte Wortgutsammlung erhält noch alle Mehrdeutigkeiten und Unschärfen der natürlichen Sprache. Durch die terminologische Kontrolle sollen die Mehrdeutigkeiten aufgelöst und die beziehungslos nebeneinander stehenden Bezeichnungen in das feste Raster der Äquivalenzklassen eingeordnet werden. Hierzu sind als Kontrolläufe notwendig:
- Synonymkontrolle
- Polysemkontrolle
- Zerlegungskontrolle.

In der Regel laufen diese Prozesse nicht nacheinander, sondern gemeinsam ab, da erst die nähere Analyse der Bezeichnungen zeigt, welche Kontrollen hier notwendig sind. Ein erster Schritt wird aber immer das Zusammenbringen von Gleichem oder Ähnlichem sein.

B 5.4.3.1   Synonymkontrolle

Synonymie erscheint in unterschiedlichen Abstufungen:
a) Vollständige Synonymie tritt in Reinform sehr selten auf, in der Regel handelt es sich dabei um Schreibweisenvarianten,

> **z.B.** Photographie – Fotografie
> Friseur – Frisör
> Otto-Motor – Ottomotor

oder der Alternierung zwischen Kurzform und Vollform,

> **z.B.** UN – UNO – Vereinte Nationen.

b) In den meisten Fällen weisen die Synonyme zumindest unterschiedliche Konnotationen auf, gehören verschiedenen Sprachstilen an oder haben eine unterschiedliche räumliche oder zeitliche Verbreitung,

> **z.B.** Pferd – Gaul
> Myopie – Kurzsichtigkeit
> Samstag – Sonnabend
> Schüler – Pennäler

c) Der Bedeutungsunterschied ist so geringfügig, daß er kaum wahrgenommen
werden oder beachtet wird, bzw. eine pars-pro-toto-Übertragung zwischen
Ober- und Unterbegriff stattgefunden hat,

> **z.B.** Schauspiel – Theaterstück
> Rundfunk – Hörfunk

Diese Bezeichnungen werden auch in der natürlichen Sprache als synonym empfunden.
Im Rahmen eines Thesaurus werden darüber hinaus auch Bezeichnungen als Synonyme behandelt, die zwar unterschiedliche Bedeutung haben, diese Bedeutungsdif-
ferenz ist aber unter dem Blickwinkel des Gegenstandsbereiches des Thesaurus so
wenig relevant, daß beide Bezeichnungen zu einer Einheit (d.h. einer Äquivalenzklasse) zusammengefaßt werden sollen

> **z.B.** – unterschiedliche Spezifität
> Sprachwissenschaft – Linguistik
> – Antonyme
> Härte – Weichheit
> – zu spezieller Unterbegriff
> Weizen – Winterweizen
> – Gleichsetzung von Verb und Substantiv bzw. Tätigkeit und Ergebnis oder Ge-
> genstand
> Wohnen – Wohnung

Die Entscheidung, ob zwei Bezeichnungen als Quasisynonyme zu behandeln sind,
ist daher immer nur thesaurusspezifisch zu treffen.
Mit der Zusammenfassung von Bezeichnungen in einer Äquivalenzklasse wird das
Rastermaß bestimmt, nach dem die inhaltliche Erschließung der Dokumente erfolgt.

B 5.4.3.2   Polysemkontrolle

Dabei handelt es sich um den der Synonymkontrolle entgegengesetzten Vorgang:
eine Bezeichnung weist unterschiedliche Bedeutungen auf, die auf mehrere Äquivalenzklassen aufgeteilt werden.
Sprachwissenschaftlich ist zu unterscheiden zwischen
– Homonymen, das sind verschiedene Bezeichnungen, die durch die sprachliche
Entwicklung „zufällig" zur gleichen Zeichenfolge geworden sind. In der Regel
liegen ihre Bedeutungen weit auseinander. Homonymie kann nur auf lautlichen

Ebene vorliegen (Homophone: Lehre − Leere), nur auf der graphischen Ebene
(Homographe: Tenor − Tenor) oder auf beiden Ebenen (Tau, Reif usw.).
− Polysemen, das sind Bezeichnungen, die ausgehend von einer Bedeutung, durch
  Übertragung, Analogie, geschichtliche oder regionale Auseinanderentwicklung
  zu unterschiedlichen Bedeutungen geführt haben (z.B. Fuchs, Leitung), oder so
  allgemein sind, daß sie in ganz unterschiedlichen Kontexten verwendet werden
  (z.B. Verfahren, System).
Polysemie entsteht häufig auch durch umgangssprachliches Weglassen eines ur-
sprünglich vorhandenen spezfizierenden Elements (z.B. Schirm für Regenschirm,
Bildschirm usw.).
Im Thesaurus werden Homonyme und Polyseme jedoch gleich behandelt, weshalb
eine eindeutige Zuordnung zu einem der beiden Typen nicht ausschlaggeben ist.
Daher wird in der Regel einheitlich vom Polysemieproblem gesprochen und Homonymie mit darunter subsumiert.
Eine Behandlung der Polysemie wird erst dann notwendig, wenn innerhalb des Gegenstandsbereichs des Thesaurus beide bzw. alle Bedeutungen auftreten können. Ist
dies der Fall, kann man so vorgehen:
a) nur ein Bedeutungsteil wird im Thesaurus beibehalten, die anderen werden explizit ausgeschlossen. Dies muß für die Benutzer in einer Hinweiskategorie genau erläutert werden (s. u.).
b) Die verschiedenen Bedeutungsteile werden jeweils durch Synonyme ersetzt,

     z.B. statt ,,Boxen" ,,Boxsport" und ,,Stereoboxen".

Fehlt für einen Bedeutungsteil ein geeignetes Synonym, kann dafür auch die polyseme Bezeichnung erhalten werden, muß dann aber in ihrem Bedeutungsumfang erläutert werden.
c) Liegen keine geeigneten nicht polysemen Bezeichnungen vor, auf die man ausweichen kann, muß die polyseme Bezeichnung durch einen ergänzenden Zusatz
   (Qualifikator) in verschiedene Bezeichnungen aufgespalten werden. Als Qualifikator bietet sich entweder der Bereich an, in dem die Bedeutung auftritt, oder
   ein formales Zeichen. Im letzteren Fall muß die Bedeutung allerdings in einer
   Erläuterung dargestellt werden,

     z.B. Morphologie (Biologie)
         Morphologie (Sprachwissenschaft)
     oder Morphologie 1
         Morphologie 2

Während im Synonymfall jede Bezeichnung auf genau eine Äquivalenzklasse verweist, ist dies im Polysemfall nicht mehr gegeben.

B 5.4.3.3   Zerlegungskontrolle

Theoretisch besteht die Möglichkeit, bis hinunter zur spezifischsten begrifflichen
Einheit, alles in den Thesaurus zu integrieren − gerade eine Sprache mit einer starken Tendenz zur Kompositabildung (Donaudampfschiffahrtsgesellschaftskapi-
tän !) verführt dazu.

Dies würde jedoch zumindest zwei Nachteile mit sich bringen:
- Der Thesaurus wird sehr umfangreich und damit sehr unübersichtlich
- Zu den einzelnen Äquivalenzklassen können keine oder nur sehr wenige Dokumente nachgewiesen werden.

Die Gegenpostion wurde bei dem als Thesaurusvorläufer geltenden UNITERM-Verfahren (von Mortimer Taube 1950 entwickelt) vertreten. Dort versuchte man, alle Komposita zu vermeiden und nur Wörter zu verwenden, die nicht weiter in Bedeutungsbestandteile zerlegbar sind; diese Einheiten nannte man Uniterms. Zur Wiedergabe eines Sachverhaltes wurden dann die entsprechenden Uniterms miteinander verkettet (Postkoordination). Nachteil dabei ist, neben oft sehr künstlichen Wortbildungen, eine große Unschärfe beim Retrieval, da aus den Uniterms ganz verschiedene Kombinationen gebildet werden können, im Nachhinein ist jedoch nicht mehr rekonstruierbar, welche der möglichen Kombinationen in einem konkreten Dokument gegeben war. So kann z.B. Baum + Stamm für Baumstamm ebenso wie für Stammbaum stehen.

Die Thesaurusmethode versucht daher, eine mittlere Position zwischen der völligen Postkoordination des UNITERM-Verfahrens und einer extremen Präkombination zu finden. Wann zerlegt werden, wann präkombiniert werden soll, ist daher in den einzelnen Thesauri systemspezifisch zu entscheiden und muß bis zu einem gewissen Grad immer eine subjektive Entscheidung bleiben. Deshalb ist es besonders wichtig, dies im Thesaurus möglichst weitgehend nachvollziehbar zu verankern.

Bei der Zerlegung ist es wichtig zu beachten, daß die vorliegenden Bezeichnungen nur die Repräsentanten der Begriffe sind. Was eigentlich zu zerlegen ist, ist der Begriff in Begriffskomponenten, nicht das Wort in Wortteile.
Die **morphologische Zerlegung** bleibt auf der Wortebene und teilt ein zusammengesetztes Wort in seine Grundwörter auf. Im Thesaurus sollte diese Zerlegungsart nur dann angewendet werden, wenn die Kombination der zerlegten Bestandteile tatsächlich den Begriff des zusammengesetzten Wortes wiedergibt. Dies ist seltener der Fall, als es auf den ersten Blick scheinen mag.
Ein günstigeres Ergebnis liefert die **semantische Zerlegung**, die den von der Bezeichnung repräsentierten Begriff in seiner Begriffsteile zerlegt, diese Begriffsteile werden durch im Thesaurus vorhandene Bezeichnungen ausgedrückt. Es ist daher in den meisten Fällen wenig sinnvoll, einen Begriff zu zerlegen, wenn eigens für diese Zerlegung neue Deskriptoren in den Thesaurus eingeführt werden müßten.
Vorteil der Zerlegungen ist, daß – ohne die Anzahl der Äquivalenzklassen des Thesaurus zu erhöhen – eine Bereicherung des Zugriffsvokabulars erreicht wird. Die Probleme dieser Methode sollten allerdings nicht unterschätzt werden:
- Bei der ,,Rückübersetzung" der zerlegten Teile können falsche Kombinationen entstehen.
- Die mit den beiden Zerlegungsteilen indexierten Dokumente werden auch bei jeder Suche nach nur einem der Teile mitgefunden. Besonders bei morphologischen Zerlegungen wird dies als störend empfunden.
- Die Thesaurusstruktur wird dadurch komplizierter, Indexierer und Benutzer müssen das Zerlegungsprinzip beherrschen.

B 5.4.4   Äquivalenzklasse – Deskriptor

Durch die terminologische Kontrolle wurde die Sammlung von natürlichsprachlichen Bezeichnungen, die den Ausgangspunkt bildete, künstlich verändert:
- Durch die Synonymkontrolle wurden mehrere Bezeichnungen zu einer begrifflichen Einheit zusammengefaßt.
- Durch die Polysemkontrolle wurden Bezeichnungen, die mehrere begriffliche Einheiten beinhalten, entsprechend dieser Einheiten auf voneinander differenzierte Bezeichnungen aufgeteilt.
- Durch die Zerlegungskontrolle wurde versucht, ein für den Gegenstandsbereich des Thesaurus angemessenes Spezifitätslevel der begrifflichen Einheiten zu erreichen und zusätzliche sprachliche Einstiegsmöglichkeiten zu schaffen.

Die so entstandenen begrifflichen Einheiten werden als Äquivalenzklassen bezeichnet, da in ihnen alle für den Geltungsbereich des Thesaurus als in etwa gleich bewerteten Bezeichnungen zusammengefaßt sind. Sie bilden eine Art Schleuse, durch die alle Indexierungsergebnisse und Suchfragen hindurchgeführt werden.

Für die Behandlung und Darstellung der Äquivalenzklassen im Thesaurus bestehen folgende Möglichkeiten:

In einem **Thesaurus ohne Vorzugsbenennung** werden alle Elemente der Äquivalenzklasse gleichbehandelt und können unterschiedslos für Indexierung und Retrieval genutzt werden. Die Äquivalenzklasse wird in diesem Fall von einer Begriffsnummer repräsentiert, die das Bindeglied zwischen den verschiedenen Bezeichnungen bildet. Diese Darstellungsform hat als Vorzüge:
- bei Indexierung und Retrieval können alle Bezeichnungen direkt verwendet werden
- bei einigen Systemen ist es möglich, mit einer gewählten Bezeichnung wahlweise über die gesamte Äquivalenzklasse oder über nur genau diese Bezeichnung zu recherchieren.
- Änderungen innerhalb der Äquivalenzklasse können schnell und einfach vorgenommen werden.

Verloren geht jedoch bei Thesauri dieses Typs weitgehend der präskriptive, sprachnormierende Charakter. Außerdem kann der Bedeutungsumfang der Äquivalenzklasse, der sich ja aus der Summe der Bedeutungen ihrer Elemente zusammensetzt und von der natürlichsprachlichen Bedeutung wegentwickelt haben kann (s. u. Begriffliche Kontrolle), von den einzelnen Elementen mehr oder weniger gut repräsentiert werden, sodaß eine Fehlinterpretation der Bezeichnungen hier leichter gegeben sein kann.

Nach wie vor weiter verbreitet sind daher **Thesauri mit Vorzugsbenennung**. Dabei wird ein Klassenelement der Äquivalenzklasse als Vorzugsbenennung ausgewählt. Dieses ausgewählte Element wird als **Deskriptor** bezeichnet. Alle anderen Elemente haben den Status von Nicht-Deskriptoren oder Synonymen. Sie werden in den Thesaurus aufgenommen, bilden einen Bestandteil des Zugangsvokabulars, können aber selbst nicht zur Indexierung und Recherche verwendet werden, sondern verweisen auf den entsprechenden Deskriptor.

In diesem Fall sind an die zum Deskriptor gewählte Bezeichnung besondere Anforderungen zu stellen und bestimmte formale Kriterien zu erfüllen:

Der Deskriptor sollte
- seine Äquivalenzklasse möglichst umfassend, zweifelsfrei und genau darstellen,
- am Sprachgebrauch des Fachgebietes orientiert sein,
- einprägsam und möglichst unkompliziert sein.

Je besser diese Kriterien erfüllt werden, desto mehr selbsterklärend ist der Thesaurus und kann auf zusätzliche Erläuterungen wie Scope notes und Definitionen verzichten.

Im Gegensatz zum UNITERM-Verfahren können auch Komposita oder Syntagmen als Deskriptoren benutzt werden, es ist jedoch zu beachten, daß je komplizierter die Wortform, desto schlechter die Reproduzierbarkeit, d.h. das spontane korrekte Erinnern bei Indexierung und Retrieval, des Deskriptors.

Für den deutschen Sprachraum hat sich als präferierte Deskriptorenform das Substantiv im Singular durchgesetzt (englische Thesauri bevorzugen häufig den Plural). Daneben sind auch Adjektive und Verben als Deskriptoren möglich, sie sollten bei der Indexierung jedoch nur zusammen mit einem anderen (substantivischen) Deskriptor verwendet werden, da sie meist modifizierenden Charakter haben.

Auch bei Schreibweisenvarianten ist einheitlich zu verfahren (z.B. immer f oder immer ph, Transliteration nach einem Schema). Alle sprachlichen Varianten, die nicht durch eine grundsätzliche Regel ausgeschlossen sind, sollten als Nicht-Deskriptoren in den Thesaurus einbezogen werden.

Eine einheitliche Regelung innerhalb des Thesaurus ist auch erforderlich bezüglich der Einbeziehung von (Eigen-)Namen. Je nach Fachgebiet kann die Einbeziehung von Namen den Umfang des Thesaurus stark ausweiten. Besonders bei Personen- und Institutionennamen ist die Abgrenzung, welche Namen aufgenommen werden sollen und welche nicht, schwierig zu treffen und wird von den Benutzern dann vielfach als willkürlich empfunden.

Wenn Namen erfaßt werden, müssen sie ebenso einer terminologischen Kontrolle unterzogen werden wie Allgemeinbegriffe. Gerade bei Institutionsbezeichnungen erweist sich das Synonymproblem als besonders komplex.

Beispiel:		Bundesminister des Innern
			Der Bundesminister des Innern
			Bundesinnenminister
			Innenminister (Bundesrepublik Deutschland)
			Bundesministerium des Innern
			Bundesinnenministerium
			Innenministerium
			Wolfgang Schäuble
			Innenminister Schäuble
			usw.

Namen sollten innerhalb des Thesaurus als besondere Einheiten selektiert werden können, daneben können sie zusätzlich an den entsprechenden sachlichen Stellen eingebunden werden.

B 5.4.5   Begriffliche Kontrolle

Bei der terminologischen Kontrolle wurde bereits deutlich, daß innerhalb des Thesaurus eine Bedeutungsverlagerung auftreten kann zwischen einer Bezeichnung x
der natürlichen Sprache und dem Deskriptor x eines Thesaurus. Häufig handelt es
sich dabei sogar um einen mehrstufigen Prozeß.

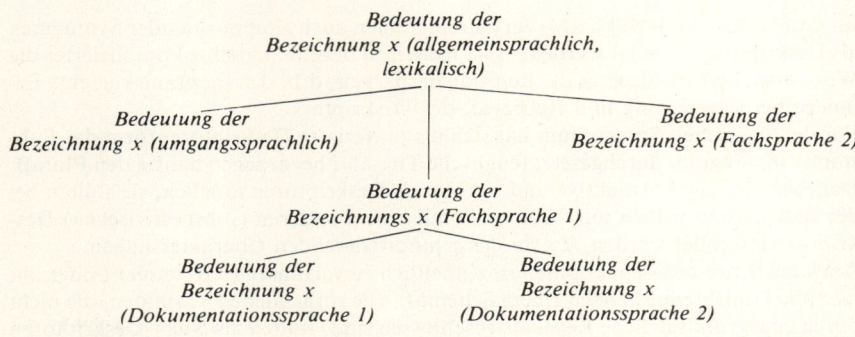

Diese Bedeutungsverschiebungen müssen im Thesaurus behandelt und die in seinem
Bereich gültige Bedeutung muß explizit dargelegt werden.
Fachsprachliche Bedeutungen, die vom eigenen Gebiet weit entfernt sind, können
zwar häufig von einer Behandlung ausgeschlossen werden. Umgangssprachliche
Bedeutungen können zumindest die Präferenz einer Bezeichnung beeinflussen (z.B.
bei positiv oder negativ belegten Konnotationen).Zumindest die Differenz zwischen
Fachsprache und Dokumentationssprache muß aufgezeigt werden, wenn ein Begriff im Thesaurus eingegrenzt oder erweitert wurde. Zum Teil geschieht dies indirekt, indem alle zur Äquivalenzklasse gehörenden Bezeichnungen und alle mit
diesem Begriff in Beziehungen gesetzten Begriffe angezeigt werden. Reicht dies
nicht aus, muß die Bedeutungsveränderung in einem Erläuterungsfeld für den Begriffssatz erklärt werden.

B 5.4.5.1   Beziehungsgefüge des Thesaurus

Als Ergebnis der terminologischen Kontrolle erhält man eine Menge von Äquivalenzklassen, die zunächst noch jeweils für sich isoliert stehen. Bei der begrifflichen
Kontrolle treten Beziehungen zwischen den Begriffen zu Tage. Diese Bezüge sind
in einem weiteren Schritt zu einem umfassenden Beziehungsgefüge auszubauen, so
daß ein semantisches Netz über den Gesamtbereich des Thesaurus entsteht. Dieses
semantische Netz ist nicht zur Befriedigung eines sprachwissenschaftlichen Perfek-
tionismus gedacht, sondern soll primär von einem Einstiegsbegriff ausgehend alternative, für den Sachverhalt möglicherweise zutreffendere Begriffe aufweisen und so
zu besseren Ergebnissen bei Indexierung und Retrieval führen.
Beziehungen zwischen Begriffen können vielfältiger Natur sein, im Rahmen von

Thesauri beschränkt man sich meistens auf wenige Beziehungsarten. DIN 1463 (Lit. 32.) sieht folgende Beziehungsarten oder Relationen vor:
- Äquivalenzrelation
- Hierarchische Relation
- Assoziationsrelation.

Für die Darstellung der Relationen werden in den meisten Fällen Alphakürzel verwendet (DIN 1463 schlägt hier Standardkürzel vor), es ist aber auch möglich, Symbole oder graphische Mittel dafür zu verwenden. Alle Relationen eines Deskriptors bilden gemeinsam mit den ergänzenden Angaben den Deskriptorensatz.

B 5.4.5.2   Äquivalenzrelation

Die Äquivalenzrelation ist streng genommen keine Begriffsrelation, sondern eine innerbegriffliche Relation zwischen Bezeichnungen. Bei Thesauri mit Vorzugsbenennung grundsätzlich in der Form Nicht-Deskriptor → Deskriptor. Die Äquivalenzrelation sollte immer reziprok dargestellt werden, d.h. nicht nur vom Nicht-Deskriptor auf den Deskriptor verweisen, sondern zu jedem Deskripter alle Nicht-Deskriptoren aufweisen, um den vollen Bedeutungsumfang der Äquivalenzklasse darzustellen. Unter Verwendung der Standardkürzel ergeben sich als Einträge:

Sonnabend	**BS**	Samstag
Samstag	**BF**	Sonnabend

Dabei steht **BS** für ,,Benutze Synonym'' und **BF** für ,,Benutzt für''. Im obigen Beispiel verweist also das Synonym Sonnabend auf den Deskriptor Samstag.

Es ist auch möglich, für bestimmte Formen von Synonymen jeweils eigene Synonym-Kategorien und Kürzel festzulegen, z.B. für
- Abkürzungen
- fremdsprachige Synonyme
- Deskriptoren anderer Dokumentationssprachen
- Quasi-Synonyme
- Hinweis auf den Oberbegriff (s. u.), der für diese Bezeichnung verwendet werden soll.

Durch die Aufsplittung der Äquivalenzrelation ergibt sich eine komplexere, aufwendigere Thesaurusstruktur, andererseits sind Überarbeitungen des Thesaurus so oft einfacher und nützliche Nebenprodukte (z.B. Abkürzungsliste oder fremdsprachiges Register zum Thesaurus) können erzeugt werden.
Ein besonderer Fall von Äquivalenzrelation ergibt sich bei Polysemen. Von der polysemen Bezeichnung ausgehend muß nicht auf eine, sondern auf mehrere Vorzugsbenennungen verwiesen werden, die je nach Kontext alternativ zu benutzen sind:

Morphologie	**BS**	Morphologie (Biologie)
	oder	
	BS	Morphologie (Sprachwissenschaft)

Eine analoge Struktur ergibt sich auch, wenn ein allgemeiner Begriff durch einen spezifischeren Unterbegriff ersetzt werden soll. Dann kann statt dem Standardkürzel **BS** auch das exaktere **BSU** ,,Benutze spezifischen Unterbegriff'' und reziprok **BFO** ,,Benutzt für Oberbegriff'' verwendet werden (vgl. Lit. 38, s. 119),

z.B. Naturwissenschaft	**BSU**	Biologie
		Chemie
		Physik
Biologie	**BFO**	Naturwissenschaft

B 5.4.5.3 Hierarchische Relation

Durch die hierarchische Relation wird eine begriffliche Über-/Unterordnung ausgedrückt. Es können zwei Typen der hierarchischen Relation unterschieden werden.

a) Die **Generische Relation** (oder Abstraktionsrelation) wird von DIN 1463 definiert als ,,eine hierarchische Relation zwischen zwei Begriffen, von denen der untergeordnete Begriffe (Unterbegriff) alle Merkmale des übergeordneten Begriffs (Oberbegriff) besitzt und zusätzlich mindestens in ein weiteres spezifizierendes Merkmal''.

Damit entspricht dieser Relationstyp ziemlich genau der Klassenbildung von Klassifikationssystemen. Das dort angeführte Beispiel läßt sich hier übertragen. Das Verfahren, die Unterordnung durch ein zusätzliches Merkmal zum Ausdruck zu bringen, d.h. die Blickrichtung von oben nach unten, ist jedoch problematisch, da jeder Begriff eine Fülle von Merkmalen aufweist. Das Herausgreifen eines Merkmals als Unterteilungskriterium muß immer mit einer gewissen Subjektivität behaftet sein. Angesichts der polyhierarchischen und polydimensionalen Möglichkeiten, die die Thesaurusstruktur bietet, ist dies eine vermeidbare Engführung.

Dem Thesaurusprinzip eher angemessen scheint die Blickrichtung von unten nach oben, bei dem ausgehend vom (merkmalsreicheren, komplexeren) Unterbegriff die (merkmalsärmeren, einfacheren) Oberbegriffe gesucht werden. Diese Methode mag zuerst weniger systematisch und vordergründig pragmatischer erscheinen als das Vorgehen über Merkmalsspezifikation, kann sich aber auf eine lange systematische wissenschaftliche Tradition berufen. So empfiehlt bereits Thomas von Aquin: ,,Aber weil die Wesen jener (einfachen) Substanzen für uns verborgener sind, daher muß man mit den Wesen der zusammengesetzten Substanzen beginnen, damit das Verfahren vom Leichteren her angemessener wird.'' (Lit. 36.).

b) Die **Partitive Relation** oder Bestandsrelation als ,,eine hierarchische Relation zwischen zwei Begriffen, von denen der übergeordnete (weitere) Begriff (Verbandsbegriff) einem Ganzen entspricht und der untergeordnete (engere) Begriff (Teilbegriff) einen der Bestandteile dieses Ganzen repräsentiert.'' (DIN 1463)

    z.B. Baum
- Baumstamm
- Krone
- Wurzel

Die partitive Relation ist durch ihre Definition deutlich abgehoben von der generischen.

Die meisten Thesauri fassen beide Relationen in einer allgemeinen hierarchischen Beziehungsart zusammen, DIN 1463 schlägt hierfür vor:

Obstbaum	**UB**	Steinobstbaum
	(für Unterbegriff)	
Steinobstbaum	**OB**	Obstbaum
	(für Oberbegriff)	
Baum	**UB**	Baumstamm
Baumstamm	**OB**	Baum

Die Beziehung ist grundsätzlich reziprok zu gestalten. Eine getrennte Ausweisung der beiden Relationen kann jedoch durchaus vorteilhaft sein, zumindest in Bereichen, in denen partitive Untergliederungen ein gebräuchliches Denkmuster bilden. Bei einer Aufspaltung auf zwei Beziehungsarten sieht DIN 1463 für die generische Relation vor:

Obstbaum	**UA**	Steinobstbaum
	(für Unterbegriff/Abstraktionsrelation)	
Steinobstbaum	**OA**	Obstbaum
	(für Oberbegriff/Abstraktionsrelation)	
Baum	**TP**	Baumstamm
	(für Teilbegriff)	
Baumstamm	**SP**	Baum
	(für Verbandsbegriff)	

Die Entscheidung, ob die beiden Relationsarten gemeinsam oder getrennt dargestellt werden, ist thesaurus- bzw. fachspezifisch zu treffen. Es gibt Bereiche, die stark partitiv orientiert sind und daher eine Trennung nahelegen (z.B. Chemie), bei anderen Gebieten wirkt eine Trennung oft künstlich. Wichtig ist, daß die gewählte Darstellungsform dann auch im gesamten Thesaurus einheitlich durchgehalten wird.

B 5.4.5.4 Assoziationsrelation

,,Eine Assoziationsrelation ist eine zwischen Begriffen bzw. ihren Bezeichnungen als wichtig erscheinende Relation, die weder eindeutig hierarchischer Natur ist, noch als äquivalent angesehen werden kann." (DIN 1463) Bereits in dieser Definition, die letztlich nur aussagt, was nicht als Assoziationsrelation verstanden wird, kommt die Problematik dieser Relationsart zum Ausdruck. Häufig gerät sie zu einem Sammelbecken, in das alles hineingepackt wird, was im weiteren Sinne mit dem Ausgangsbegriff zu tun hat. Die Beziehungen, die hier verankert sein können, haben ganz unterschiedlichen Charakter (z.B. instrumental, kausal, temporal, Antonymie, Vorgänger-Nachfolger, Rohstoff-Erzeugnis) und oft entstehen lange Reihen solcher ,,verwandter Begriffe". Dabei wird verkannt, daß es im Thesaurus nicht darum gehen kann, möglichst vollständig alle Zusammenhänge auszuweisen, in die ein Begriff gestellt sein kann, vielmehr ist der eigentliche Sinn dieser Relation zusätzlich zur hierarchischen Struktur Querbeziehungen zu anderen, für die Formulierung des Sachverhaltes möglicherweise geeigneten Deskriptoren anzubieten. In einigen Thesauri werden grundsätzlich alle auf der gleichen hierarchischen Ebene (vgl. klassifikatorische Reihe) angesiedelten Deskriptoren untereinander über die Verwandtschaftsbeziehung verknüpft. Dies kann zu einer gewissen Redundanz führen, da dieser Bezug ohnehin auch in einer hierarchischen Thesaurusdarstellung deutlich wird. Für die Benutzer hilfreicher ist meistens, gezielt eine überschaubare Anzahl alternativer Einstiegsmöglichkeiten außerhalb des hierarchischen Thesaurusgefüges anzubieten.

Zur Darstellung der Assoziationsrelation schlägt DIN 1463 das Kürzel VB (Verwandter Begriff) vor, das in beiden Richtungen verwendet wird:

Obst   **VB**   Obstbaum
Obstbaum   **VB**   Obst

Da die eigentliche Assoziationsbeziehung ungerichtet ist, wird in manchen Thesauri auf die Ausweisung der reziproken Beziehungen verzichtet. Das Beziehungsgefüge wird dadurch jedoch leicht unübersichtlich und besonders beim Updating können Probleme auftreten, so daß auch verwandte Begriffe immer reziprok dargestellt werden sollten.

B 5.4.5.5   Begriffskombination

Ein weiterer Relationstyp ergibt sich im Thesaurus, wenn von der Möglichkeit der Begriffskombination Gebrauch gemacht wird. Der zusammengesetzte Begriff, der im Thesaurus durch die Kombination von zwei Deskriptoren wiedergegeben werden soll, ist formal ein Nicht-Deskriptor. Er gehört jedoch nicht den Äquivalenzklassen der Deskriptoren an, durch die er kombiniert wird, vielmehr wäre seine Äquivalenzklasse eine Schnittmenge der beiden Äquivalenzklassen der Deskriptoren. Diese existiert im Thesaurus als solche a priori nicht, sondern wird erst bei der Benutzung einer Kombination gebildet. Deshalb ist es wichtig, die Begriffskombination von der Äquivalenzrelation getrennt zu halten. DIN 1463 schlägt dafür die Kürzel **BK** (Benutze Kombination) und **KB** (Kombinationsbegriff) vor. Die entsprechenden Einträge sehen dann so aus:

Geldbriefträger   **BK**   Briefzusteller + Geldzustellung
Briefzusteller   **KB**   Geldbriefträger
Geldzustellung   **KB**   Geldbriefträger

Dies ist der Mindeststandard an expliziter Darlegung, der auf jeden Fall eingehalten werden sollte.

Aufwendiger, aber exakter und daher zu präferieren, ist die von Wersig (Lit. 38., S. 118) vorgeschlagene Darstellungsform. Dabei wird der reziproke Eintrag in drei Teile zerlegt (für die beiden Kombinationselemente und für den zusammengesetzten

Begriff), so daß von jedem der drei Teile aus der vollständige Zusammenhang erkenntlich ist. (Bei der Kurzform des einteiligen reziproken Eintrags bleibt offen, welches das weiteres Kombinationselement ist. Dazu wäre ein weiteres Nachschlagen unter ,,Geldbriefträger" notwendig.) Der ausführlichere Kombinationseintrag sieht dann so aus:

Geldbriefträger **BK** Briefzusteller + Geldzustellung
Briefzusteller **BIK** Geldzustellung BFK Geldbriefträger
Geldzustellung **BIK** Briefzustellung BFK Geldbriefträger

Hier steht **BIK** für ,,Benutzt in Kombination" und **BFK** für ,,Benutzt für Kombination".

Da bei der Verwendung eines Deskriptors in mehreren Kombinationen der Bezug zwischen **BIK** und **BFK** verwirrend werden kann, sollten die Einträge entweder alternierend dargestellt oder mit Indikatoren versehen werden.

B 5.5 Darstellung des Thesaurus

Die verschiedenen Relationen und sonstige Angaben zur Äquivalenzklasse werden in einem gemeinsamen Satz zusammengefaßt. Da die meisten Thesauri mit Vorzugsbenennungen arbeiten, hat sich dafür die Bezeichnung Deskriptorensatz durchgesetzt. Sowohl für die Darstellung der einzelnen Elemente innerhalb eines Deskriptorensatzes als auch für die Gestaltung des Thesaurus insgesamt sind verschiedene Punkte zu berücksichtigen.

B 5.5.1 Darstellung innerhalb der Deskriptorensätze

Neben den vorstehend beschriebenen Elementen können noch weitere Angaben im Deskriptorensatz hinzutreten.

Für die Handhabung des Thesaurus, besonders beim Updating, ist es sinnvoll, jedem Deskriptorensatz eine eigene **Begriffsnummer** zuzuordnen. Bei maschinell erstellten Thesauri werden meistens Datensatznummern erzeugt, die hierfür verwendet werden können, wenn sichergestellt ist, daß diese bei Update-Läufen nicht automatisch geändert werden.

Außerdem ist es zumindest bei umfangreicheren Thesauri empfehlenswert, eine **Notation** zu verwenden und den Thesaurus klassifikatorisch zu erschließen. Dafür kommen primär Grobklassifikation oder facettierende Systeme in Frage. Über die Klassifikation ist es möglich, den Thesaurus bei Bedarf in kleinere Subthesauri zu portionieren, die dann besser überschaut werden können. Hier kann auch die Verknüpfung mit einem externen Klassifikationssystem erfolgen. Dadurch wird es möglich, von einem Erschließungsmittel auf das andere überzuwechseln und damit das Potential beider Systeme erhöht (vgl. a. Lit. 31.).

Einige Thesauri geben an Stelle einer Notation oder auch zusätzlich neben dem direkten Oberbegriff eines Deskriptors den obersten Begriff innerhalb der hierarchischen Kette an. Dafür wird das Kürzel TT (vom englischen Top Term) verwendet.

Obwohl dies eigentlich eine hierarchische Beziehung ist, wird sie nicht reziprok ausgewiesen, sondern hat nur erläuternden Charakter.

Ein **Einführungs- oder Änderungsdatum** ist für die Thesauruspflege hilfreich und
kann vor allem bei retrospektiven Recherchen die Auswahl geeigneter Deskriptoren
erleichtern.

In der **Scope note** oder Erläuterungskategorie werden Hinweise zum spezifischen
Gebrauch eines Deskriptors festgehalten entsprechend der bei terminologischer und
begrifflicher Kontrolle erfolgten Abweichungen, Einschränkungen oder Auswei-
tungen im Vergleich zum Sprachgebrauch in der natürlichen Sprache.

Während die Definitionen oder Festlegungen in der Scope note immer nur für den
jeweiligen Thesaurus Gültigkeit haben, werden in der Definitionskategorie Begriffsdefinitionen angegeben, die für das Fachgebiet allgemeine Verbindlichkeit haben (etwa aus Normen, Lexika, Handbüchern, Terminologiesammlungen).

Weitgehend durchgesetzt hat sich etwa die folgende Reihenfolge der Angaben im
Deskriptorensatz:

- Begriffsnummer ★
- Notation(en) ★
- Scope note
- Definition ★
- Synonyme
- Oberbegriffe
- Unterbegriffe
- Verwandte Begriffe
- Kombinationsbegriffe ★
- Einführungs- / Streichungsdatum ★

Gemäß den Gegebenheiten kann diese Reihenfolge modifiziert werden, die mit ★
gekennzeichneten Kategorien haben nur fakultativen Charakter. Für die Orientierung innerhalb der Begriffssätze ist es jedoch notwendig, eine verbindliche Abfolge
der Angaben beizubehalten.

Normalerweise wird im Deskriptorensatz nur je eine Hierarchieebene nach oben
und unten angezeigt. Es besteht aber auch die Möglichkeit, alle Ebenen aufzuführen, dann wird vergleichbar dem Ebenenindikator bei Notationssystemen (s. o.)
das Beziehungskürzel um die Ebene ergänzt (OB-1, OB-2 usw.). Eine vollständige
Einbeziehung der Hierarchieebenen ist allerdings nur zu empfehlen, wenn die Anzahl der Ebenen im Thesaurus beschränkt ist (z.B. max. nur 7 Ebenen).

B 5.5.2   Gesamtpräsentation des Thesaurus

Auch wenn heute die meisten Thesauri auf einem Rechner geführt werden, ist parallel dazu eine gedruckte Ausgabe des Thesaurus bereitzuhalten, weil eine Orientierung über größere Mengen an Einträgen hier leichter als am Bildschirm möglich
ist.

Für die Anlage des gedruckten Thesaurus bieten sich alphabetische und/oder systematische Form an. Ist der Thesaurus nicht zu komplex oder umfangreich, kann
auch eine graphische Darstellungsform gewählt werden.

Alphabetische und systematische Ausgaben sind komplementär; wenn der Aufwand einer Ausgabe in beiden Formen nicht geleistet werden kann, sollte zumindest ein Register in der nicht gewählten Form angelegt werden.

Die systematische Thesaurusausgabe kann nach der Grobklassifikation oder facettierenden Klassifikation erfolgen und innerhalb der Klassen dann wieder alphabetisch geordnet werden.

In einer vollständig hierarchischen Thesaurusausgabe wird die gesamte hierarchische Struktur des Thesaurus bei der Anordnung nachvollzogen. Polyhierarchien können hierbei zu Problemen bei der Darstellung führen, da immer nur eine hierarchische Kette sukzessive nach unten verfolgt werden kann. In diesem Fall sind für die an einer Stelle nicht direkt weiterverfolgten Ketten zumindest Verweisungen anzubringen.

Außerdem führen die Polyhierarchien dazu, daß Deskriptorensätze entsprechend ihrer polyhierarchischen Einbindung mehrfach erscheinen, wodurch der Umfang des gedruckten Thesaurus stark erweitert werden kann.

Die eleganteste Lösung für eine systematische Anordnung ist sicher die graphische (Diagramme oder Beziehungsgraphen). Das zweidimensionale Medium Papier beschränkt allerdings die Möglichkeiten, so daß sehr komplexe Strukturen kaum übersichtlich dargeboten werden können.

Der Thesauruszugriff am Rechner erfolgt in der Regel mehr punktuell, so daß alphabetische und systematische Darstellung nicht so stark ins Gewicht fallen. Auch hier sollte aber auf jeden Fall neben dem alphabetischen Zugriff, der dann auch Truncationmöglichkeiten umfaßt, ein systematischer Einstieg angeboten werden. Gerade für den systematischen Thesauruszugriff könnten in der Zukunft rechnergestützte Systeme mit Graphikkomponenten mehr Komfort bieten, da dort (z.B. durch Fenstertechniken, Verschieben) ein Navigieren über den Bildschirm-/Seitenrand hinaus möglich ist.

B 5.6   Thesauruspflege

Daß das einzig Beständige der Wandel ist, gilt gerade auch für Thesauri. Im Gegensatz zur natürlichen Sprache, wo Sprachwandel allein durch Sprachbenutzung mehr oder weniger unbemerkt geschieht, muß im Thesaurus jeder Wandel explizit initiiert und in die Thesaurusstruktur eingepaßt werden. Um im Thesaurus rechtzeitig die erforderlichen Änderungen einbringen zu können, ist zuerst genaues Beobachten nötig und zwar

– Beobachtung der Entwicklung der Forschungsschwerpunkte des Faches
– Beobachtung der fachsprachlichen Entwicklung
– Beobachtung des Indexierungsverhaltens
– Beobachtung der Indexierungsergebnisse
– Beobachtung des Benutzerverhaltens
– Beobachtung der Rechercheergebnisse.

Eine grundlegende Thesaurusrevision sollte in regelmäßigen Abständen durchgeführt werden. In dem Intervall zwischen den Revisionen kann mit einem Kandidatenvokabular gearbeitet werden, d.h. fehlendes Wortgut kann mit einem provisorischen Status eingebracht werden, eine endgültige Einbindung in den Thesaurus bzw. eine Eliminierung muß bei der nächsten Revision erfolgen. Damit das Kandidatenvokabular seinen Zweck erfüllen kann und nicht nur eine ad-hoc-Lösung eines Indexierungsproblems bleibt, muß das Kandidatenvokabular der gesamten Sprachgemeinschaft (Indexierern und Benutzern) des Thesaurus bekannt gemacht werden.

Dafür eignen sich Listen oder bei on-line zugänglichen Thesauri spezielle Hinweise beim Systemstart. Daneben sollten die Kandidaten wenigstens ansatzweise mit vorhandenen Deskriptoren verknüpft werden, da nur so die Notwendigkeit des Deskriptorvorschlages im Gesamtkontext beurteilt werden kann.

Bei der Revision ist neben der letztlichen Entscheidung über das Kandidatenvokabular das gesamte Wortgut zu überprüfen:

- Deskriptoren und Nicht-Deskriptoren, die nicht oder fast nicht benutzt wurden, sollten gelöscht werden.
- Deskriptoren, die sehr häufig bei Indexierung und Retrieval verwendet wurden, sollten durch mehr Vokabular im Umfeld entlastet werden (zusätzliche Unterbegriffe, verwandte Begriffe) bzw. durch eine Einschränkung des Bedeutungsumfangs spezifiziert werden.
- Fehlende Deskriptoren sind zu ergänzen.
- Veraltetes oder nicht benutztes Zugangsvokabular (Nicht-Deskriptoren) ist zu entfernen.
- Fehlendes Zugangsvokabular ist zu ergänzen.
- Fehlende Relationen sind zu ergänzen.
- Überhierarchisierungen und zu extensive Assoziationsrelationen sollten entfernt werden.

Hierbei ist zu berücksichtigen, daß jede Veränderung nicht nur auf der sprachlichen Ebene erfolgt (etwa einer Textkorrektur vergleichbar), sondern einen Eingriff in das begriffliche Gefüge darstellt. Deshalb sollte beachtet werden:

- Jede Löschung eines Deskriptors entspricht dem Herausschneiden eines Knotens aus einem Netz. Danach müssen die losen Enden neu verbunden werden.
- Jede Einfügung erfordert einen Umbau der hierarchischen Verkettung.
- Alle Änderungen müssen reziprok ausgeführt werden.
- Wenn bereits Dokumente mit dem zu löschenden und zu ändernden Deskriptor indexiert wurden, sollte der Sachverhalt neu indexiert werden. Wo dieser Aufwand nicht geleistet werden kann, sollte im Deskriptorensatz zumindest das Änderungsdatum angegeben werden. Gelöschte Deskriptoren müssen ohne Neuindexierung für die Suche trotzdem vorrätig gehalten werden.

Eine Thesauruserstellung und -überarbeitung auf manuellem Wege ist ein mühsames und zeitaufwendiges Unterfangen, es empfiehlt sich daher ein EDV-gestütztes Arbeiten.

Die meisten der größeren on-line-Datenbanksysteme verfügen über eine Thesauruskomponente. Diese ist in der Regel am Retrieval orientiert, während für den Aufbau und die Pflege des Thesaurus weniger Komfort zur Verfügung steht. Einige Systeme ermöglichen die automatische Generierung eines Suchindex aus Texten und bezeichnen dies als Thesaurus oder automatischen Thesaurus; es handelt sich dabei jedoch nicht um ein kontrolliertes Vokabular.

Als vergleichsweise komfortabel und kostengünstig hat sich eine Auslagerung des Thesaurusaufbaus und der Thesauruspflege auf PC's erwiesen. Softwarepakete wie PROTERM (Lit. 30.) oder INDEX (Lit. 34) bieten die Möglichkeit, den Thesaurus losgelöst vom Informationssystem und dessen Beschränkungen zu bearbeiten und das Arbeitsergebnis dann in das Informationssystem einzuspielen bzw. auch Druckausgaben des Thesaurus zu erstellen. Die wichtigsten Vorteile sind:
– automatische Erzeugung der reziproken Einträge
– Verhinderung von Doubletten
– Verhinderung logischer / struktureller Fehler (Plausibilitätskontrollen)
– direkte Ausführung einer Korrektur in allen betroffenen Deskriptorensätzen.

Literatur

zum Abschnitt Klassifikation

01. Belkin, Nicolas J.; Seeger, Thomas; Wersig, Gernot: Distributed expert problem treatment as a model for information system analysis and design. In: J. Inf. Sci. 5 (1983), S. 153 – 167.
02. Burkart, Margarete; Wersig, Gernot: Die Nutzung der DK in der Bundesrepublik Deutschland und Österreich. Berlin 1982, 148 S. (PROGRIS PKS 3/82).
03. Burkart-Sabsoub, Margarete; Wersig, Gernot: Klassifikationssysteme in Information und Dokumentation in der Bundesrepublik Deutschland. Synopse und analytische Beschreibung. Berlin 1982, Teil I 173 S., Teil II 447 S. (PROGRIS PKS 9/82).
04. Burkart-Sabsoub, Margarete; Wersig, Gernot: Kombinatorischer Einsatz von Dokumentationssprachen. Berlin 1982, 23 S. (PPOGRIS PKS 7/82).
05. Dahlberg, Ingetraut: Grundlagen universaler Wissensordnung. Pullach 1974, XVIII, 366 S. (DGD-Schriftenreihe Bd.3).
06. Dahlberg, Ingetraut: Wissensorganisation und Wissensrepräsentation. In: Mitt. d. Ges. f. Bibliothekswesen u. Dokum. d. Landbaues H. 40(1986), S. 55 – 63.
07. Dangelmayr, Siegfried: Methode und System. Wissenschaftsklassifikation bei Bacon, Hobbes und Locke. Meisenheim a. Glan 1974, 137 S. (Monographien zur philosophischen Forschung 118).
08. DIN 32 705. Klassifikationssysteme. Erstellung und Weiterentwicklung von Klassifikationssystemen. Berlin Jan. 1987, 12 S.
09. DK. Dezimalklassifikation. 2. dt. Gesamtausg. Hrsg. DIN Deutsches Institut für Normung. Berlin, Köln 1958- (FID 297).
10. Dobrowolski, Zygmunt: Étude sur la construction des systèmes des classification. Paris, Warschau 1964, XV, 302 S.
11. Fill, Karl: Einführung in das Wesen der Dezimalklassifikation. Berlin u.a. 1969, 102 S. (FID 437).
12. Gutachten zur Frage einer Einheitsklassifikation für die Bibliotheken der Bundesrepublik Deutschland. Vorgel. v. e. Studiengruppe d. Dt. Bibliothekskonf. Berlin 1972, 152 S. (Bibliotheksdienst Beih. 78/79).
13. International Classification and Indexing Bibliography. ICIB.
    Vol 1: Classification systems and thesauri 1950 – 1982. Frankfurt 1982,143 S. (FID 610).
    Vol 2: Reference tools and conferences in classification and indexing. Comp. and ed. by I. Dahlberg. Frankfurt 1984, 140 S.
    Vol 3: Classification and indexing systems. Theory - structure - methodology 1950 – 1982. Comp. and ed. by I. Dahlberg. Frankfurt 1985, 211 S.

14. Körner, Horst G.: Notationssysteme für Dokumentationssprachen und Klassifikationen. München 1980, 135 S. (BMFT-FB-ID 80 – 013).
15. Kumar, K.: Theory of Classification. New Delhi 3. Aufl. 1985.
16. Meder, N.: Artificial intelligence as a tool of classification or: the network of language games as a cognitive paradigm. In: Int. Class. 12(1985)3, S. 128 – 132.
17. Meink, Peter: Änderungen der Organisationsform nationaler und internationaler DK-Gremien. In: DK-Mitt. 30(1986)6, S. 19 – 22.
18. Panyr, Jiri: Vom Wissen zur Information: Notwendigkeit der Kooperation der Fachleute aus dem Bereich der Information-Retrieval-Systeme und der Systeme mit formaler Intelligenz. Vortr. auf dem Dt. Dokumentartag 1987, Bad Dürkheim 23.-
19. PROTERM. PROGRIS-Thesaurus-Software. Version 2. Benutzerhandbuch. Berlin 1987, III, 97 S.
20. Scibor, E.: Universal Classification systems at the start of the Eighties. In: Int. Forum Inf. Docum. 6(1981)1, S. 22 – 23.
21. Sokal, Robert R.: Classification: purposes, principles, progress, prospects. In: Science Vol. 185(1974), No 4157, S. 1115 – 1123.
22. Stiles, William G.: Ranganathan, cognition and expert systems. In: Canadian J. of Inf. Sci. Vol 10(1985), S. 16 – 24.
23. Terminologie der Information und Dokumentation. Red. Ulrich Neveling u. Gernot Wersig. München 1975, IX, 307 S. (DGD-Schriftenreihe Bd 4).
24. Thesaurofacet: A thesaurus and faceted classification for engineering and related subjects. Comp. J. Aitchinson et al. Leicester 1970.
25. Totok, Wilhelm: Wissensordnung und Ordnungswissen zwischen Renaissance und Aufklärung. In: Studien z. Klass. 9(1980), S. 197 – 218.
26. Vickery, B. C.: Facettenklassifikation. München-Pullach 1969, 72 S.
27. Weishaupt, Karin: Sacherschließung in Bibliotheken und Bibliographien. I. Klassifikatorische Sacherschließung. Frankfurt/M. 1985, VII, 175 S.
28. Wersig, Gernot: Die empirische Untersuchung der Nutzung von Klassifikationssystemen in Information und Dokumentation in der Bundesrepublik Deutschland. Berlin 1981, 15 S. (PROGRIS PKS 1/81).
29. Wersig, Gernot: Information - Kommunikation - Dokumentation. München 2. Aufl. 1975, 351 S.

zum Abschnitt Thesaurus

30. Burkart, Margarete: PROTERM - Ein Softwarepaket für Aufbau, Pflege, Handling von Thesauri und anderen Wortgutsammlungen. In: NfD 1988 (4), S. 249
31. Burkart-Sabsoub, Margarete.; Wersig, G.: Kombinatorischer Einsatz von Dokumentationssprachen. Berlin 1982, 23 S (PROGRIS PKS 7/82)
32. DIN 1463 Teil 1: Erstellung und Weiterentwicklung von Thesauri. Einsprachige Thesauri Berlin 1988, 12 S.
33. Lancaster, F.W.: Vocabulary Control for Information Retrieval. 2.ed. Arlington, Vir., 1986, 270 S.
34. Lukas, Ernst: INDEX - Ein Programm zur Erstellung von Wörterbüchern und Dokumentationssprachen auf Personal-Computern. In NFD 1988 (4), S. 253.
35. Roberts, Norman: Historical Studies in Documentation. The pre-history of the information retrieval thesaurus. In: Journal of Documentation 40, 1984, 4, S.271 – 285
36. Thomas von Aquin: De ente et essentia. Das Seiende und das Wesen. Stuttart: Reclam. 2. Aufl. 1987, S. 9
37. Viet, Jean; Slype, Georges van: EUDISED. Mehrsprachiger Thesaurus zur Informationserschließung im Bildungsbereich. Deutsche Ausgabe, Neuaufl., Berlin u.a. 1984, 300 S.
38. Wersig, Gernot: Thesaurus-Leitfaden. 2. erg. Aufl. München u.a., 1985, 394 S.

B 6 Neue Formen der Wissensrepräsentation

Ulrich Reimer

Aufgabe dieses Kapitel ist es, die Grundzüge der wichtigsten Wissensrepräsentationsformate vorzustellen und ihre Anwendbarkeit auf die Probleme des Dokumentationswesens aufzuzeigen. Zum Zwecke der Motivation und einer besseren Anbindung der vorgestellten Formate an traditionelle Verfahren wird eine Unterscheidung von Referenz- und Datendokumentation vorgenommen (vgl. auch Lit. 85.). Die Aufgabe der **Referenzdokumentation** ist die Erstellung von Referenzbeschreibungen für Text-, Bild- und Tondokumente. Während dort somit Hinweise auf (in Dokumenten enthaltenes) Wissen bereitgestellt werden, ist im Rahmen der **Datendokumentation** dieses Wissen selber zu repräsentieren (vgl. auch die Unterscheidung von indikativen und informativen Referaten: Lit. 81.). Der Übergang zwischen den beiden Gebieten ist fließend, so daß Mischformen möglich sind. Das vorliegende Kapitel gliedert sich in drei Hauptabschnitte. Zunächst werden für den Fall der Referenzdokumentation kurz die traditionellen Dokumentationsverfahren vorgestellt. Es werden die Grenzen ihrer Einsatzmöglichkeiten aufgezeigt und der Bedarf nach mächtigeren Ansätzen hergeleitet, die dazu beitragen, der ständig wachsenden Informationsflut Herr zu werden, indem eine möglichst tiefgehende Inhaltsbeschreibung unterstützt wird. Solche Repräsentationsformate werden anschließend diskutiert und an Beispielen ihre Anwendung illustriert. Im zweiten Hauptabschnitt des Kapitels werden dann weitere Wissenrepräsentationsansätze, die speziell für die Datendokumentation heranzuziehen sind, behandelt. Sie erweitern die Darstellungsmächtigkeit der bisher dort zum Einsatz gekommenen Datei- und Datenbanksysteme. Der dritte und letzte Abschnitt rundet die Gesamtdarstellung ab und behandelt qualitative Aspekte von Wissen, wie Unvollständigkeit, Unsicherheit und Widersprüchlichkeit.
Einige der im Text zitierten Aufsätze sind recht spezieller Natur, weil entsprechende Übersichtsartikel kaum existieren. Leser(innen), denen diese Artikel zu sehr ins Detail gehen, seien auf die in Abschnitt B 6.4 erwähnten Werke verwiesen. [Anm. 01]

B 6.1 Repräsentationsformate für die Referenzdokumentation: Thematische Dokumentrepräsentation

B 6.1.1 Traditionelle Verfahren

Zu den traditionellen Verfahren der inhaltlichen Erschließung von Dokumenten gehören die Klassifikationsverfahren (vgl. Lit. 39.). Die **Dezimalklassifikation** ist präkoordinierend und gibt alle für eine Inhaltsbeschreibung verwendbaren Schlagwörter vor. Diese sind in einer Hierarchie immer spezieller werdender Begriffe angeordnet. Die dabei zum Tragen kommende Spezialisierungsbeziehung ist allerdings nicht einheitlichen Typs (z.B. sind die Begriffe *Flüsse* sowie *Ufer und Böschungen* und *Entstehung von Wasserläufen* dem Begriff *Binnengewässer*

(627.1) untergeordnet, vgl. Lit. 39.). Die gravierendsten Nachteile der Dezimalklassifikation sind ihre (für eine manuelle Ablage konzipierte) monohierarchische Ordnung, die eine in manchen Sachgebieten auftretende polyhierarchische Begriffs-
ordnung nur unzureichend wiedergeben kann, sowie ihre geringe Aktualität für sich
schnell entwickelnde Sachgebiete. Ferner kann der oben angesprochenen Forderung nach einer möglichst exakten Dokumentbeschreibung nicht durch ein noch so
detailliertes, vorgegebenes Klassifikationssystem Rechnung getragen werden, da
der Variationsreichtum möglicher Dokumentinhalte viel zu groß ist.
Die **Facettenklassifikation** ist postkoordinierend und gibt Begriffskategorien vor,
die nach bestimmten Regeln (z.B. unter Berücksichtigung einer Rangfolge zwischen
verschiedenen Facettentypen) zur Kennzeichnung eines Dokumentinhalts zusammengesetzt werden (z.B. *Instrument: Glas: Herstellung* für *Die Herstellung von
Glasinstrumenten;* vgl. Lit. 39.). Der wesentliche Nachteil der Facettenklassifikation besteht in der weitgehenden Ignorierung der Art der Beziehung zwischen den
Einzelbegriffen (lediglich die Benennung des Facettentyps macht hierzu gewisse
Angaben). So kann in dem einfachen Beispiel

     Industrieroboter : Herstellung
        P   E

sowohl die Herstellung *von* Industrierobotern als auch die Herstellung *mit* Industrierobotern gemeint sein. Sofern ist mit Hilfe der Facettenklassifikation kaum eine detaillierte Inhaltsbeschreibung zu realisieren.
Ähnliche Kritik trifft auch die Verwendung von *Schlagwörtern* zur Dokumentbeschreibung. Zwar besteht zur Auflösung von Mehrdeutigkeiten die Möglichkeit,
einzelne Schlagwörter um Rollenangaben (roles) zu ergänzen sowie durch Satzbildung (linking, vgl. Lit. 40.) oder durch Verwendung von Indexzahlen (Lit. 31.) die
Zusammengehörigkeit von Schlagwörtern deutlich zu machen, eine Angabe zur Art
der Beziehung zwischen den Schlagwörtern ist damit jedoch ebenfalls nicht möglich. Beispielsweise können die folgenden beiden, jeweils durch Satzbildung aus
zwei Schlagwörtern zusammengesetzten Schlagwortgruppen für denselben Sachverhalt der Herstellung mit Industrierobotern stehen:

    (Herstellung, Industrieroboter) für *Herstellung mit Hilfe von Industrierobotern*
    (Industrieroboter, Herstellung) für *Industrieroboter für die Herstellung*

Die erste Schlagwortgruppe kann aber auch die Bedeutung *Herstellung von Industrierobotern* haben. Es zeigt sich, daß die Mehrdeutigkeit einer Schlagwortgruppe
nicht nur die Precision senkt, sondern auch ein schlechterer Recall dadurch bedingt
ist, daß derselbe Sachverhalt verschieden dargestellt sein kann (in obigem Beispiel
durch die Vertauschung der Schlagwörter). Bei einer Verwendung von Indexzahlen
wären sogar alle drei Inhaltsbeschreibungen durch den einen Ausdruck *Herstellung (1), Industrieroboter (1)* dargestellt.
Die Verwendung eines **Thesaurus** (Lit. 80.) erlaubt eine terminologische Kontrolle
und stellt semantische Relationen zwischen Deskriptoren zur Verfügung. Diese Relationen sind jedoch rein begriffsorientiert und damit völlig unabhängig von dokumentspezifischen Beziehungen zwischen Schlagwörtern. Die Thesaurus-Relationen
unterstützen lediglich eine kontrollierte Vergabe von Schlagwörtern, treten aber sel-

ber nicht als Teil einer Inhaltsbeschreibung in Erscheinung und können so ebenfalls nicht zu einer detaillierten Inhaltsbeschreibung beitragen.

Zusammenfassend läßt sich also feststellen, daß die bisherigen Verfahren zur inhaltlichen Dokumenterschließung unzureichend sind, da sie nicht in der Lage sind, über eine rein syntaktische Gruppierung von Schlagwörtern hinaus dokumentspezifische Beziehungen zwischen Schlagwörtern zu erfassen und in eine Inhaltsbeschreibung aufzunehmen. Daraus resultiert eine geringere Precision beim Retrieval. Darüber hinaus kann trotz Verwendung kontrollierten Vokabulars ein und derselbe Sachverhalt verschieden dargestellt sein (ohne daß die Darstellungen ineinander überführbar wären), falls beispielsweise eine Gruppierung zusammengehöriger Schlagwörter mittels Satzbildung oder Indexzahlen vorgenommen wird. Dies geht zu Lasten des Recall. Abhilfe bringt hier nur eine rigorose Verbesserung der Darstellungsmächtigkeit der benutzten Dokumentationssprache. Da durch die dann steigende Komplexität einer Dokumentbeschreibung der Indexierungsvorgang kaum noch intellektuell durchgeführt werden kann, erscheint nur ein integrierter Ansatz sinnvoll: Mit der Entwicklung neuer Dokumentationssprachen sind gleichzeitig die Indexierungssysteme bereitzustellen, die für ein Dokument automatisch seine Inhaltsbeschreibung erarbeiten. Zugehörige Retrievalsysteme müssen in der Lage sein, die differenzierteren Repräsentationen nutzbar zu machen. Retrievalanfragen sollten aufgrund der dann reicheren Dokumentationssprache sehr viel detaillierter sein können, wodurch der Abgleich zwischen dem Inhalt einer Anfrage und dem Dokumentbestand zwar aufwendiger, aber wesentlich exakter wird.

B 6.1.2   Formate für tiefergehende Repräsentationen: Konzepte, Eigenschaften, semantische Beziehungen

Im folgenden sollen für die Verbesserung der Darstellungsmächtigkeit einer Dokumentationssprache benötigte Repräsentationsformate eingehender betrachtet werden. Es wird dabei in diesem Abschnitt die Einschränkung auf den Fall der thematischen Repräsentation von Dokumenten vorgenommen; weitergehende Ansätze werden in Abschnitt B 6.2 behandelt.

Für eine thematische Dokumentrepräsentation sind folgende Typen von Wissen zu erfassen:

1. Grundlegend ist die Darstellung von **Konzepten**, die z.B. für Personen, Gegenstände, Zustände oder Ereignisse stehen (sie entsprechen den Schlagwörtern in der Dokumentationsterminologie). Die Repräsentation von Konzepten geschieht in einem ersten Ansatz durch einfaches Vermerken des Konzeptnamens sowie eventueller Synonyme und Schreibvarianten.

2. Im Unterschied zu bisherigen Dokumentationssprachen müssen die für ein Dokument spezifischen thematisch relevanten **semantischen Beziehungen** zwischen den Konzepten darstellbar sein. Diese können beispielsweise temporaler (*die während des Besuchs stattfindende Demonstration*), kausaler (*die durch das Schiffsunglück bewirkte Ölverschmutzung*), räumlicher (*das in Hamburg stattfindende Treffen*) oder partitiver [Anm. 02] (*die Arbeitszeitverkürzung als Teil des Tarifabkommens*) Art sein. Neben diesen sehr generellen Beziehungen ist ei-

ne prinzipiell unbeschränkte Zahl spezieller Beziehungen zu erfassen, wie beispielsweise die Lieferungsbeziehung zwischen einem Händler und einem Produkt (*das vom Händler XYZ gelieferte Produkt*), die Beziehung zwischen einem Hersteller und einem Produkt (*das von der Firma ABC hergestellte Produkt*) oder die Beziehung zwischen einem Gut und einem Transportmittel (*der Transport der Chemikalie per Bahn*).

3. Eine thematische Beschreibung kann sich auch auf **Eigenschaften** eines Konzepts beziehen (z.B. *der Weltmarktpreis von Nickel*). Die tatsächlichen Eigenschaften eines Konzepts, über die in einem Dokument eine Aussage wird, sind für eine thematische Charakterisierung nicht primär relevant, sondern es interessiert lediglich, welche Arten von Eigenschaften eines Konzepts Gegenstand eines Dokuments sind. Statt von Arten von Eigenschaften wollen wir im folgenden von **Eigenschaftsklassen** reden und damit eine Menge gleichartiger Eigenschaften meinen, wie z.B. Farbe, Gewicht oder Weltmarktpreis.

Wie weiter unten ausgeführt wird, sind Eigenschaften von Konzepten jedoch dann zu erfassen, wenn sie zu deren Identifikation notwendig sind (z.B. *der Besuch des russischen Generalsekretärs*). An dieser Stelle verwischt die klare Trennung zwischen reiner Referenz- und reiner Datendokumentation, und der Übergang zwischen beiden wird fließend.

Ein für die Erfassung der oben aufgeführten Wissenstypen geeignetes Repräsentationsformat ist das **semantische Netz(werk)** (Lit. 77.; Lit. 01; Kap. C 3), im Datenbankbereich ist ein vergleichbarer Repräsentationsansatz als Entity-Relationship-Modell bekannt (Lit. 15.). Ein semantisches Netz (vgl. *Abb. 1*) besteht aus Knoten, die für Konzepte stehen, und Kanten zwischen den Knoten, die semantische Beziehungen zwischen den Konzepten darstellen. Ein Knoten kann auch eine Eigenschaftsklasse bezeichnen, die mittels einer speziellen Kante (in *Abb. 1 hat-Eigenschaftsklasse*) einem für ein Konzept stehenden Knoten zugeordnet ist. Knoten und Kanten sind mit Bezeichnern versehen, die ihrer Identifikation dienen [Anm. 03].

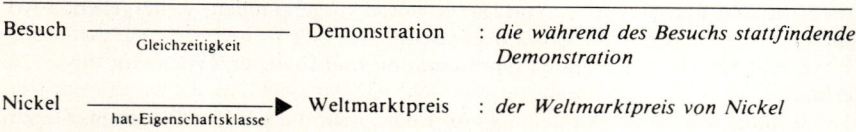

Abb. 1: Zwei einfache Beispiele für ein semantisches Netz und jeweils zugehörige natürlichsprachliche Darstellungen

Die in den Netzdarstellungen in *Abb. 1* verwendeten Konzepte entsprechen direkt denen in der jeweils zugehörigen natürlichsprachlichen Darstellungsform. Um eine möglichst große Flexibilität der Repräsentation zu gewinnen, die eine entsprechende Flexibilität von Retrievalanfragen ermöglicht, sind zusätzlich Ober- und Unterbegriffe von Konzepten zu berücksichtigen (neben einer Erfassung von Synonymen und Schreibvarianten, auf die nicht näher eingegangen wird). *Abb. 2* zeigt eine **Ober-/Unterbegriffsbeziehung** vom *Typ is-a*, die die Menge aller Staatsbesuchskonzepte mit der umfassenderen Menge, die Konzepte des Typs *Besuch* im allgemeinen enthält, relationiert. Man spricht hier von der Spezialisierung der Konzeptklasse *Besuch* auf die Konzeptklasse *Staatsbesuch*. Eine zweite Variante der Ober-/Unterbegriffsbeziehung betrifft die Zuordnung individueller Konzepte zu einer Konzeptklasse und wird hier mit *inst* bezeichnet [Anm. 04] (vgl. ebenfalls *Abb. 2*). Die Darstellung individueller Konzepte ist mit bisherigen Dokumentationssprachen nicht möglich, da diese rein begriffsorientiert sind.

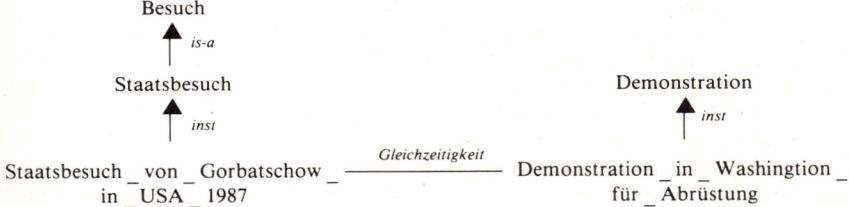

Abb. 2: Spezialisierung von Konzeptklassen und Zuordnung eines individuellen Konzepts zu einer Konzeptklasse.

Die Verwendung von Konzeptnamen wie *Staatsbesuch _ von _ Gorbatschow _ in _ USA _ 1987* in *Abb. 2* ist ein Indikator für ein Repräsentationsdefizit. Die in den Namen hineingenommenen Angaben zur näheren Identifizierung des Konzepts betreffen lediglich den Konzeptbezeichner und sind nicht struktureller Teil der Repräsentation. Daraus folgt insbesondere, daß diese Angaben nicht abrufbar sind und in einer Retrievalanfrage nicht Bezug darauf genommen werden kann, z.B. würde eine Anfrage zu Dokumenten über Staatsbesuche russischer Generalsekretäre in USA in den 80er Jahren die Repräsentation in Abb. 2 nicht als relevant erkennen. Die Verwendung des weiter oben unter Punkt 3. schon eingeführten Konstrukts einer Eigenschaftsklasse bringt hier Abhilfe. Obwohl dieses Konstrukt mit den Mitteln des Netzformats, also mit Hilfe von Knoten und Kanten beschreibbar wäre (siehe *Abb. 1*), wollen wir im folgenden eine üblichere, jedoch gleich mächtige [Anm. 05] Darstellung wählen, die den Vorteil besitzt, anschaulicher zu sein. Ein Knoten eines semantischen Netzes wird im folgenden nicht länger als aus einem einfachen Namen bestehend betrachtet, sondern als eine aus *Eigenschaftsklassen zusammengesetzte Struktur*. Für jede Eigenschaftsklasse ist festgelegt, welche Eigenschaften sie umfaßt; für ein gegebenes Konzept [Anm. 06] zutreffende Eigenschaften sind als tatsächliche Eigenschaften den entsprechenden Eigenschaftsklassen zugeordnet. Das Konzept *Staatsbesuch _ von _ Gorbatschow _ in _ USA _ 1987* könnte dann wie in *Abb. 3* dargestellt werden (sein Name spielt jetzt keine bedeutungstragende Rolle mehr, sondern dient lediglich einer eindeutigen Identifizierung innerhalb der Wissensbasis). Der Name des in *Abb. 3* dargestellten Konzepts lautet *Staatsbesuch-1*, welches die Eigenschaftsklassen *Besucher, besuchtes Land* und *Zeit* besitzt, mit den jeweils zugehörigen tatsächlichen Eigenschaften *Gorbatschow, USA* und *1987*.

Staatsbesuch-1	Besucher	besuchtes Land	Zeit
	erlaubte Eigenschaften: Staatsoberhäupter	*erlaubte Eigenschaften:* Länder	*erlaubte Eigenschaften:* Jahreszahl
	tatsächliche Eigenschaften: Gorbatschow	*tatsächliche Eigenschaften:* USA	*tatsächliche Eigenschaften:* 1987

Abb. 3: Strukturierte Darstellung von Eigenschaftsklassen und Eigenschaften

Es wurde weiter oben unter Punkt 3. ausgeführt, daß in einem Dokument dargestellte Konzepteigenschaften nicht primär Gegenstand einer thematischen Beschreibung dieses Dokuments sind. Trotzdem finden sie immer dann Eingang in eine
thematische Beschreibung, wenn sie zur Identifizierung eines Konzepts benötigt
werden, wie dies für das in *Abb. 3* dargestellte Konzept der Fall wäre.
Unter Eigenschaften haben wir bisher ganz allgemein Angaben zu einem Konzept
verstanden. Bei näherer Betrachtung wird jedoch deutlich, daß das Konstrukt von
Eigenschaftsklassen in zwei Typen zerfällt. So dürfte einmal in der in *Abb. 3* gegebenen Repräsentation die Besucherangabe *Gorbatschow* selber wieder von so zen-
tralem Interesse sein, daß sie als ein eigenständiges Konzept zu repräsentieren ist,
um dazu wiederum Eigenschaften darstellen zu können (vgl. *Abb. 4*; [Anm. 07]).
Dagegen würde die in der Darstellung von *Abb. 3* auftretende Jahreszahl 1987
nicht als ein Konzept repräsentiert werden. Es wird also anhand von *Abb. 4* deutlich, daß manche Eigenschaftsklassen Konzepte umfassen (wie die Eigenschaftsklasse *Besucher* des Konzepts *Staatsbesuch-1*) — also vielmehr Konzeptklassen
darstellen, die einer anderen Konzeptklasse (oder einem individuellen Konzept) zugeordnet sind. Solche Eigenschaftsklassen sollen im weiteren *non-terminale Eigenschaftsklassen* genannt werden. Ein zweiter Typ umfaßt Eigenschaften, die
lediglich als Zeichenketten vorliegen und in ihrer Bedeutung somit nicht näher ausdifferenziert sind (z.B. die Eigenschaftsklasse *Zeit* des Konzepts *Staatsbesuchs-1* in
Abb. 4). Solche Eigenschaftsklassen sowie die zugehörigen Eigenschaften werden
wir als *terminal* bezeichnen. Wenn bestimmte Arten von Eigenschaften, wie z.B.
ein Datum oder der Preis eines Produkts, i.a. als terminal repräsentiert werden, so
ist dies nicht zwangsläufig der Fall. Beispielsweise kann in einer speziellen Anwendung der Preis für ein Produkt derart wichtig sein, daß dazu nähere Angaben dargestellt werden sollen (beispielsweise, ob es sich um einen Brutto- oder Nettopreis
handelt, ob bestimmte Rabatte darin enthalten sind oder seit wann dieser Preis gültig ist).

Staatsbesuch-1	Besucher	besuchtes Land	Zeit
	Gorbatschow	USA	1987

Gorbatschow	Land	Geburtsjahr	Funktion
	Sowjetunion	1931	Generalsekretär

Abb. 4: Zuordnung von Konzepten zu Eigenschaftsklassen anderer Konzepte

Die Definition einer non-terminalen Eigenschaftsklasse für eine Konzeptklasse bedeutet die Relationierung zweier Konzeptklassen miteinander und realisiert damit eine semantische Beziehung zwischen beiden. Analog bedeutet die Zuordnung eines individuellen Konzepts zu einer non-terminalen Eigenschaftsklasse eines anderen individuellen Konzepts keine Eigenschaftsangabe, sondern ebenfalls die implizite Darstellung einer semantischen Beziehung zwischen den beiden beteiligten Konzepten (vgl. *Abb. 5* [Anm. 08]).

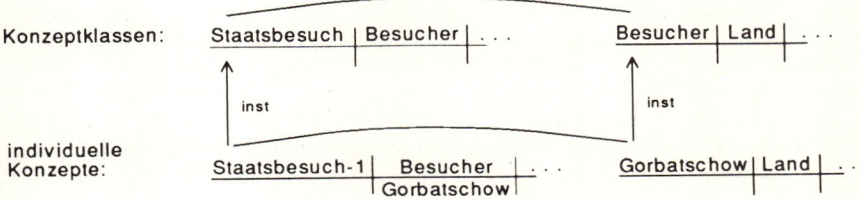

Abb. 5: Non-terminale Eigenschaftsklassen und die durch sie implizit gegebenen semantischen Beziehungen zwischen Konzeptklassen sowie zwischen individuellen Konzepten

Es lassen sich nun zwei Arten der Darstellung von Beziehungen zwischen Konzepten identifizieren: die explizite durch eine Relationskante und die implizite durch die Zuordnung von Eigenschaftsklassen bzw. durch den Eintrag in einer Eigenschaftsklasse. Der technische Unterschied zwischen beiden Varianten liegt darin, daß für die explizite Variante die Existenz einer Relationskante des entsprechenden Typs in der Repräsentationssprache notwendig ist, während die implizite Art der Relationierung innerhalb einer Repräsentation geschieht und keine speziellen Sprachkonstrukte in der Repräsentationssprache benötigt (vgl. *Abb. 6*). Die Einführung einer Relation in eine Repräsentationssprache und ihre Verwendung für die explizite Darstellung von semantischen Beziehungen hat außer der veränderten Struktur einer Repräsentation allein noch keinerlei Auswirkungen auf die repräsentierten Inhalte. Analog zu der oben schon für Konzeptrepräsentationen vorgenommenen Argumentation bedeutet die Tatsache, daß eine Relationskante einen Namen erhält (wie in *Abb. 6 ist-in-Besitz-von*) nicht, daß die Bedeutung der semantischen Beziehung, die durch sie ausgedrückt werden soll, näher erfaßt wird. Dieses müßte entweder zusätzlich als Bestandteil einer Repräsentation erfolgen (unter Verwendung von Inferenzregeln und Integritätsbedingungen, vgl. Abschnitt B 6.2.1) oder im Rahmen der Definition der betreffenden Relation als Teil einer Repräsentationssprache. Die Erfassung der Bedeutung einer semantischen Beziehung bietet einmal einen Vorteil in der Unterstützung der (korrekten) Erkennung von Beziehungen zwischen Konzepten in einem Dokument im Rahmen eines automatischen Indexierungsverfahrens [Anm. 09], da die Vielfalt potentieller Beziehungen und Zuordnungen eingeschränkt wird (z.B. kann eine räumliche Beziehung zwischen zwei Konzepten nur dann bestehen, wenn beide konkreter Natur sind). Ein zweiter Vorteil liegt darin, daß von explizit repräsentierten Beziehungen auf implizit gegebene geschlossen werden kann (ein einfaches Beispiel: wenn Ereignis A zeitlich auf B folgt und C nach B stattfindet, dann findet auch C nach A statt; vgl. Abschnitt B 6.2.1). Dies ist von zentraler Bedeutung für die Steigerung des Recall beim Retrieval.

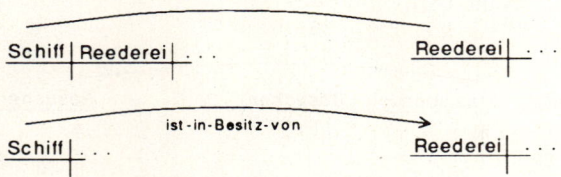

Abb. 6: Implizite und explizite Darstellung von semantischen Beziehungen zwischen Konzepten

Die Einführung und bedeutungsmäßige Ausgestaltung von semantischen Beziehungstypen bringt also erhebliche Vorteile mit sich. Da die Zahl der möglichen Beziehungen zwischen Konzepten jedoch viel zu groß ist, als daß alle in einer Repräsentationssprache vordefinierbar wären (oder eine Bedeutungsrepräsentation innerhalb der Repräsentation selber durchführbar wäre), wird man nur die wichtigsten Typen vorsehen und die Darstellung der übrigen Beziehungen innerhalb der jeweiligen Repräsentation durch Zuordnung von Konzepten zu non-terminalen Eigenschaftsklassen anderer Konzepte realisieren. Zur Illustration ist in *Abb. 7* die

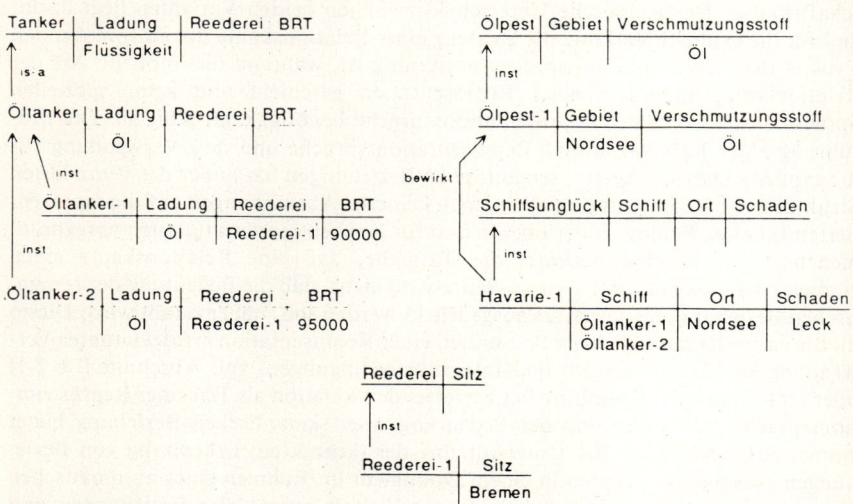

Abb. 7: Eine thematische Dokumentrepräsentation

thematische Repräsentation eines Dokuments gegeben, welches über eine Ölpest an der Nordseeküste handelt, die durch den Zusammenstoß zweier Öltanker derselben Reederei verursacht wurde [Anm. 10]. Die Relationskante *bewirkt* stellt dort eine Kausalbeziehung dar, während die Beziehung zwischen *Öltanker* und *Reederei* sowie die Beziehung zwischen der repräsentierten Havarie und den beteiligten Schiffen implizit über eine Eigenschaftszuordnung erfolgt.

Welche und wieviel Eigenschaftsklassen für ein Konzept zu repräsentieren sind, ist nicht absolut bestimmbar, sondern hängt davon ab, für welche Benutzergruppe und für welches Sachgebiet die (Dokument-)Repräsentation erstellt wird. So kann beispielsweise das Konzept *Schiff* als ein Transportmittel, als ein Produkt oder als ein Besitzgegenstand betrachtet werden. Entsprechend sind unterschiedliche Arten von Eigenschaften von Interesse.

Es kann der Fall auftreten, daß für eine semantische Beziehung Eigenschaften zu repräsentieren sind. So könnte für die in *Abb. 6* gegebene Beziehung *ist-in-Besitz-von* der Zeitpunkt des Erwerbs darzustellen sein. In einem solchen Fall ist eine semantische Beziehung als ein Konzept aufzufassen (vgl. die analoge Diskussion für Eigenschaften weiter oben und den Übergang von *Abb. 3* auf *Abb. 4*). Im Beispiel der Relation *ist-in-Besitz-von* umfaßt ihre Darstellung als Konzept drei Eigenschaftsklassen: zwei non-terminale für die beiden (jetzt implizit) in Beziehung zu setzenden Konzepte und eine terminale für den Erwerbszeitpunkt (siehe *Abb. 8*).

ist-in-Besitz-von	Eigentümer	Eigentum	Erwerbszeitpunkt
	Hansen Reederei	Öltanker-1	1. 3. 81

Abb. 8: Die semantische Beziehung *ist-in-Besitz-von* als Konzept

In der gleichen Weise, wie in *Abb. 8* eine semantische Beziehung zwischen zwei Konzepten dargestellt ist, können semantische Beziehungen zwischen mehreren Konzepten repräsentiert werden (vgl. *Abb. 9*). Werden semantische Beziehungen als Konzepte aufgefaßt, können zwischen ihnen selbstverständlich wiederum semantische Beziehungen dargestellt werden (vgl. *Abb. 10, Abb. 11*).

Lieferung-1	Lieferant	Empfänger	Ware
	Fa. Meier	Fa. Schulz	Motor-1

Abb. 9: Eine semantische Beziehung zwischen mehreren Konzepten

Lieferung-1	Lieferant	Empfänger	Ware	Datum
	Fa. Meier	Fa. Schulz	Motor-1	1. 1. 88

später-als ↑

Lieferung-1	Lieferant	Empfänger	Ware	Datum
	Fa. Meier	Fa. Schulz	Getriebe-1	1. 2. 88

Abb. 10: Semantische Beziehungen als Konzepte und eine Beziehung zwischen diesen Konzepten

später-als		früheres Ereignis				späteres Ereignis			
Liefg.-1	Lieferant	Empfänger	Ware	Datum	Liefg.-1	Lieferant	Empfänger	Ware	Datum
	Fa. Meier	Fa. Schulz	Motor-1	1. 1. 88		Fa. Meier	Fa. Schulz	Getriebe-1	1. 1. 88

Abb. 11: Abb. 10 in der Konzept-Notation

In das gleiche Format wie eine Dokumentrepräsentation (vgl. *Abb. 7*) müssen auch Retrieval-Fragen überführt werden, bevor sie auf einem Dokumentbestand ausgewertet werden können [Anm. 11]. Die folgenden Beispiele für Retrieval-Fragen würden alle das in *Abb. 7* beschriebene Dokument auswählen, sind jedoch verschieden in ihrer Spezifität. Es wird jeweils zunächst eine natürlichsprachliche Frageformulierung gegeben und anschließend die zugehörige Frage-Repräsentation. Es ist zu betonen, daß Konzeptnamen in einer Frage-Repräsentation beim Abgleich mit einer Dokumentrepräsentation keine Rolle spielen (außer es wird direkt nach einem individuellen Konzept, das einen eingeführten Namen besitzt, gefragt). Entsprechend werden in den folgenden Frageformulierungen inhaltsleere Konzeptnamen (wie K-1, K-2) verwendet. Relevanzkriterium für einen Abgleich sind allein die Strukturen der in einer Retrieval-Frage verwendeten Konzepte [Anm. 12]. Die Referenz auf Namen von Konzeptklassen ist allerdings für die Umsetzung einer natürlichsprachlichen Frageformulierung in eine Fragerepräsentation notwendig, um von den in der Frageformulierung verwendeten Begriffen zu den Konzeptstrukturen der zugehörigen Fragerepräsentationen zu gelangen (in den folgenden Beispielen gilt dies für die Konzeptklassen *Schiffsunglück, Ölpest* und *Öltanker*).

● „Dokumente über Tankerunglücke in der Nordsee"

K-1	Schiff	Ort	Schaden
	Tanker	Nordsee	

Das die Frage-Repräsentation ausmachende Konzept paßt strukturmäßig auf das Konzept *Havarie-1* in der Dokument-Repräsentation von *Abb. 7* (die Ober/Unterbegriffsbeziehung zwischen *Tanker* und *Öltanker-1* bzw. *Öltanker-2* wird dabei entsprechend berücksichtigt), so daß das zugehörige Dokument als relevant bestimmt wird.

● „Dokumente über eine Ölpest, die durch ein Schiffsunglück verursacht wurde"

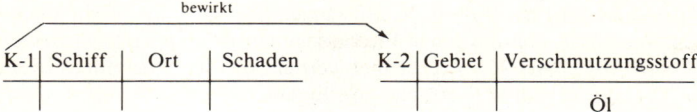

Die beiden Konzepte dieser Frage-Repräsentation passen nebst der Relationskante zwischen ihnen auf die Konzepte *Havarie-1* und *Ölpest-1* in *Abb. 7.*

● „Dokumente, über eine Ölpest, die durch ein Unglück zweier Öltanker derselben Reederei verursacht wurde"

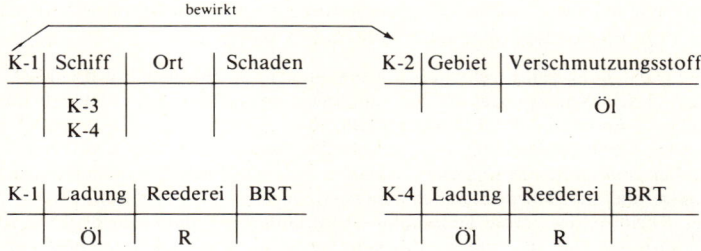

Das Auftauchen desselben Konzeptnamens in der Eigenschaftsklasse *Reederei* von K-3 und K-4 verlangt, daß in einer Dokumentrepräsentation die Konzepte, die mit K-3 und K-4 zusammenpassen, dort jeweils dasselbe Konzept aufweisen. So paßt K-1 auf *Havarie-1*, K-2 auf *Ölpest-1*, K-3 auf *Öltanker-1*, K-4 auf *Öltanker-2* und R schließlich auf *Reederei-1.* Auch diese Frage-Repräsentation bestimmt das in *Abb. 7* dargestellte Dokument als relevant.

Das oben eingeführte Konstrukt strukturierter Knoten eines semantischen Netzes, die sich aus Eigenschaftsklassen und zugeordneten Eigenschaften zusammensetzen, wird häufig als Frame-Konstrukt bezeichnet. Der Begriff eines **Frames** ist aus dem Schema-Begriff der Gestaltpsychologie (Lit. 02., Lit. 52.) entstanden und hat über die Kognitionspsychologie (Lit. 51., Lit. 04., Lit. 35.) Einzug in das Gebiet der Künstlichen Intelligenz genommen (Lit. 45.). Der dem Frame-Begriff zugrundeliegende Gedanke besagt, daß alles Wissen, welches zur Lösung eines Problems (bzw. zur Durchführung einer Kognitionsleistung im weiteren Sinne) benötigt wird, zusammenhängend repräsentiert ist. Die Erkennung der Relevanz des in einem Frame dargestellten Wissens und seine Anwendung erfolgt in einer Art Musterabgleich zwischen der Frame-Struktur und der Struktur der Problembeschreibung nach dem gleichen Grundprinzip, wie oben der Abgleich einer Frage-Repräsentation mit einer Dokumentrepräsentation beschrieben wurde (vgl. mit dem Begriff des ‚Matching' in Lit. 45.). Weiterhin zeichnet sich ein Frame dadurch aus, daß er stereotypisches oder prototypisches Wissen (vgl. Lit. 54., Lit. 64.) darstellt, d.h. nicht nur in jedem Fall relevantes und zutreffendes Wissen erfaßt, sondern auch solches Wissen, das lediglich bestimmten Erwartungshaltungen entspricht. Wissen dieser Art (wie z.b. daß Vögel fliegen können) trifft normalerweise zu, kann aber in einzelnen Fällen auch falsch sein und wird als Default-Wissen bezeichnet (Lit. 59.; siehe auch Abschnitt B 3.2). Weiterhin können einem Frame sogenannte angeheftete Prozeduren (‚attached procedures') (Lit. 86.) zugeordnet werden, die bei bestimmten Ereignissen, z.b. der Abfrage oder dem Eintragen von Eigenschaften, aktiviert werden: Im Falle der Abfrage einer Eigenschaft könnte diese mittels einer angehefteten Prozedur durch Berechnung bestimmt werden, während im Falle eines neuen Eigenschaftseintrags dessen Zulässigkeit geprüft werden könnte.

Der Frame-Begriff besaß ursprünglich also eine recht spezifische (wenn auch nicht exakt gefaßte) Bedeutung. Seine Verwendung ist im Laufe der Zeit allgemeiner geworden und impliziert nicht notwendigerweise alle der oben erwähnten Charakteristika. Es hat sich jedoch eingebürgert, nur dann von einem Frame-Konstrukt zu reden, wenn mindestens die folgenden Merkmale vorliegen:

a) Es wird die Darstellung von Eigenschaftsklassen unterstützt. Für jede Eigenschaftsklasse ist festgelegt, welche Konzepteigenschaften durch sie dargestellt werden können (in der Eigenschaftsklasse *Farbe* sind das z.b. nur Farbangaben). Dies erfolgt für terminale Eigenschaftsklassen durch Aufzählung oder durch die Angabe von Wertebereichen (vgl. *Abb. 12*). Für non-terminale Eigenschaftsklassen sind die Elemente der referenzierten Konzeptklasse die möglichen Eigenschaftsausprägungen (vgl. *Abb. 12*). Eine Eigenschaftsklasse heißt in der Frame-Terminologie **Slot**. Sind die Frames, die als Einträge in einem Slot auftreten können, nicht der Konzeptklasse zugeordnet, die durch den zum Slot namensgleichen Frame beschrieben ist, dann gibt der betreffende Slot eine **Rolle** an, die ein durch einen Slot-Eintrag dort angegebenes Konzept annimmt. In *Abb. 12* sind dies die Slots *Absender* und *Empfänger* im Gegensatz zum Slot *Ware,* der keine Rolle spezifiziert. Nach *Abb. 12* nimmt in einem bestimmten Lieferereignis also eine bestimmte Firma die Rolle eines Absenders an.

Lieferung	Absender	Empfänger	Ware	Datum
	erlaubte Eigenschaften: *Konzeptklasse* Firma	*erlaubte Eigenschaften:* *Konzeptklasse* Firma *Konzeptklasse* Privatperson	*erlaubte Eigenschaften:* *Konzeptklasse* Ware	*erlaubte Eigenschaften:* *Zeichenkette für* Datumsangabe

Abb. 12: Festlegung erlaubter Eigenschaften für terminale und non-terminale Eigenschaftsklassen

b) Es besteht die Möglichkeit, die Menge der für ein Konzept in Betracht kommenden Eigenschaften durch zusätzliche Bedingungen weiter einzuschränken. Ein Beispiel: ,,Ein Schiff, das unter der Flagge des Landes X fährt, gehört einer Reederei, die ihren Sitz in einer Stadt dieses Landes hat''.
Graphisch läßt sich das folgendermaßen illustrieren:

Schiff	Ladung	Flagge	Reederei		
		X	Reederei-1	Sitz	
				Stadt-1	Land
					X

Zur Formulierung solcher Bedingungen sind geeignete Formalismen bereitzustellen, z.B. basierend auf Prädikatenlogik erster Stufe; in vielen Frame-Sprachen erfolgt die Realisierung solcher Einschränkungen mit Hilfe der schon erwähnten ‚attached procedures'.

c) Tatsächliche Eigenschaften eines Konzepts werden durch Einträge in den betreffenden Slots dargestellt.

Eine Frame-Repräsentationssprache [Anm. 13] unterstützt neben dem Frame-Konstrukt zusätzlich mindestens die folgenden Repräsentationskonstrukte:

a) Es können Ober-/Unterbegriffsbeziehungen dargestellt werden (Lit. 08.). Dabei wird unterschieden zwischen der Spezialisierung von Konzeptklassen, entsprechend der schon eingeführten Beziehung *is-a* (wie die Spezialisierung der Konzeptklasse *Schiff* zu *Frachtschiff* in *Abb. 13*), und der Zuordnung individueller Konzepte zu einer Konzeptklasse, wie dies durch die Beziehung *inst* erfolgt (z.B. die Zurordnung von *Fridolin* zur Konzeptklasse *Öltanker* in *Abb. 14*).

b) Besteht eine Ober-/Unterbegriffsbeziehung zwischen zwei Konzepten, resultiert eine **Vererbung** von Eigenschaften und Eigenschaftsklassen vom Oberbegriff zum Unterbegriff. Im Falle der Spezialisierung von Konzeptklassen können die vererbten Eigenschaftsklassen beim Unterbegriff in spezialisierter Form auftreten (in *Abb. 13* die Spezialisierung des Slots *Passagiere* im Frame *Personenbeförderungsmittel* zu *Schulkinder* im Frame *Schulbus*), und/oder es kann der Unterbegriff über zusätzliche Eigenschaftsklassen verfügen. In einer stringenten Interpretation der Konzeptspezialisierung muß der Unterbegriff strukturell in jedem Fall spezifischer sein. Gleiches gilt für die Vererbung von Eigenschaften. Auch sie werden vom Unterbegriff (eventuell in spezialisierter Form: siehe in *Abb. 13* die Spezialisierung des Slot-Eintrags *Flüssigkeit* im Frame *Tanker* zu *Öl* im Frame *Öltanker*) übernommen, und/oder es kann der Unterbegriff über zusätzliche Eigenschaften verfügen (vgl. *Abb. 13*). Es sei darauf hingewiesen, daß in *Abb. 13* der Slot *Ladung* bei der Spezia-

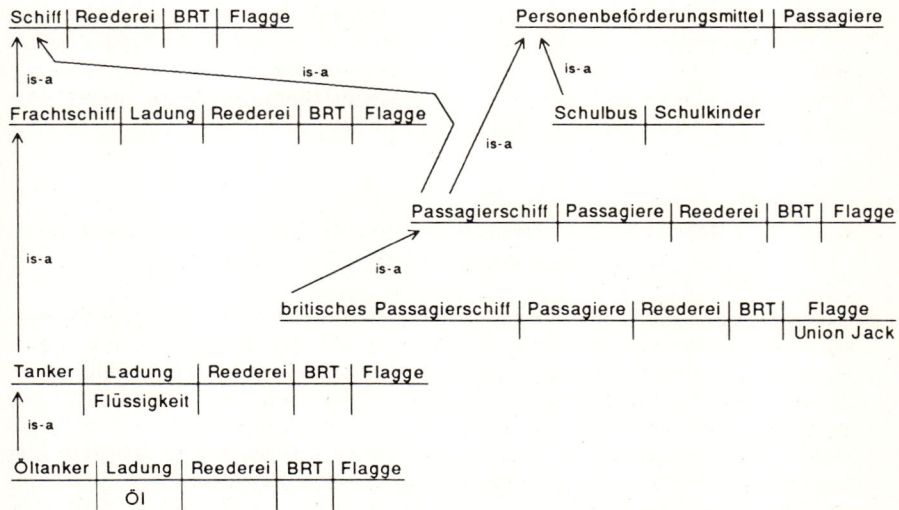

Abb. 13: Vererbung bei der Spezialisierung von Konzeptklassen

lisierung vom Frame *Frachtschiff* zum Frame *Öltankes* deshalb nicht spezialisiert wird
(wie der Slot *Passagiere* auf den Slot *Schulkinder*), damit die durch ihn gegebene Rollen-
angabe (s.o.) erhalten bleibt. Dafür wird eine Spezialisierung durch Hinzufügen bzw.
durch Spezialisieren eines Slot-Eintrags vorgenommen.

Bei der Zuordnung eines individuellen Konzepts zu einer Konzeptklasse (vgl. *Abb.
14*) werden alle Eigenschaftsklassen unverändert übernommen und der Unterbegriff besitzt
keine weiteren Eigenschaftsklassen. In der Konzeptklassenbeschreibung schon festgelegte
Eigenschaften werden ebenfalls übernommen – eventuell in spezialisierter Form (in
Abb. 14 die Spezialisierung des Eintrags *deutsche Reederei* zu *Hermann & Co*.). Es kommen i.a. weitere Eigenschaften beim Unterbegriff hinzu.

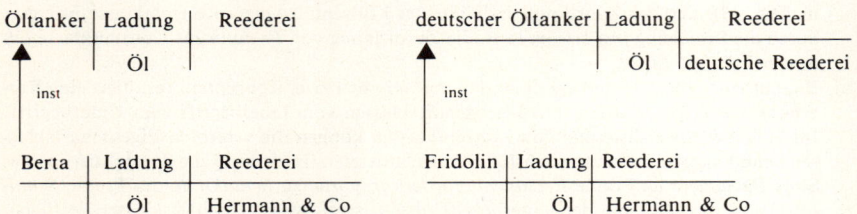

Abb. 14: Vererbung bei der Zuordnung eines individuellen Konzepts zu einer Konzeptklasse

Obwohl Ausgangspunkt der in diesem Abschnitt geführten Diskussion die Belange
der Referenzdokumentation waren, sind die vorgestellten Repräsentationsformate
natürlich universell einsetzbar (wie auch die zunehmend allgemeiner gewordene
Diskussion in diesem Abschnitt erkennen läßt) und sind insbesondere auch für die
im folgenden Abschnitt abgehandelten Anforderungen der Datendokumentation
relevant. Da die wesentlichen Formate zur Repräsentation von Konzepten, Eigenschaften und semantischen Beziehungen mit dem vorliegenden Abschnitt abgehandelt sind, beschränkt sich der Abschnitt zur Datendokumentation auf weitergehende Ansätze zur Erfassung regelhafter Zusammenhänge sowie auf spezielle Ansätze zur Repräsentation von Ereignissen und Ereignisfolgen.

B 6.2   Repräsentationsformate speziell für die Datendokumentation: Regelhafte Zusammenhänge und Ereignisse

Gegenstand des Gebiets der Datendokumentation ist die Darstellung von Sachverhalten im allgemeinen. In öffentlich zugänglichen Datenbanken werden beispielsweise Werkstoffeigenschaften, Patente, DIN-Normen und Wirtschaftsdaten erfaßt. Innerbetriebliche Datenbanken speichern organisationsspezifische Daten, wie
Personal- und Produktionsdaten oder – weniger traditionell – Wissen über organisationelle Abläufe, über Zuständigkeiten von Abteilungen und Mitarbeitern oder
Organisationspolitik widerspiegelnde Entscheidungsfindungsverfahren. Der für
Organisationen ständig steigende Informationsbedarf verlangt nach Informationssystemen, deren Funktionalität nur durch eine stärker ausgebaute Wissenrepräsen-

tationskomponente gewährleistet werden kann. Konventionelle Datei- und Datenbanksysteme genügen diesen Anforderungen nicht, da sie nur Repräsentationskonstrukte recht einfacher Struktur anbieten. So werden frame-artige Strukturen (vgl. Abschnitt B 6.1.2) nur unzureichend unterstützt, und es bestehen keine oder nur sehr eingeschränkte Möglichkeiten zur Repräsentation von regelhaften Zusammenhängen oder von Ereignissen. Dieses sind aber recht häufig auftretende Wissenstypen und werden deshalb den Schwerpunkt der Darstellung in den folgenden Abschnitten bilden.
Gegenstand von Abschnitt B 6.2.1 wird zunächst die Repräsentation regelhafter Zusammenhänge sein, während Abschnitt B 6.2.2 die Darstellung von Ereignissen und Ereignisfolgen zum Thema hat.

B 6.2.1 Regelhafte Zusammenhänge: Automatisches Schlußfolgern

B 6.2.1.1 Inferenzregeln

Die Berücksichtigung regelhafter Zusammenhänge nimmt einen wichtigen Stellenwert in der Repräsentation von Wissen ein. Einem Beispiel für regelhaftes Wissen sind wir schon in Abschnitt B 6.1 mit der Vererbung im Rahmen der Konzeptspezialisierung begegnet. Sie läßt sich folgendermaßen formulieren:
Wenn die Konzeptklasse k über die Eigenschaftsklasse e verfügt, **dann** verfügt auch eine aus k durch Spezialisierung hervorgehende Konzeptklasse über e.
Eine Aussage solcher Art wird **Inferenzregel** genannt [Anm. 14]. Sie weist das Grundmuster
wenn A **dann** B (aus A folgt B)
auf, wobei A *Vorbedingung* und B *Folgerung* heißt. Eine solche Inferenzregel sagt aus, daß Faktum B in dem Faktum A enthalten ist. Durch Anwendung einer Inferenzregel wird es möglich, Wissen, das implizit in dem in einer Wissensbasis vorliegenden Wissen enthalten ist, explizit verfügbar zu machen. Um die praktische Bedeutung von Inferenzregeln zu verdeutlichen, sollen im folgenden zwei Beispiele betrachtet werden.
In einer Datenbank seien u.a. folgende Fakten abgelegt:

- Wagen 123 ist unterwegs nach Köln; sein Entladen wird dort am 3. 2. um 12.00 beendet sein.
- Wagen 123 startet die nächste Fahrt am 4. 2. um 6.00 von Köln aus.
- Eine Fahrt von Köln nach Frankfurt dauert 2.5 Stunden.
- Eine Fahrt von Frankfurt nach Köln dauert 2.5 Stunden.

Eine Anfrage nach denjenigen Wagen, die für einen Transport von Köln nach Frankfurt am 3. 2. eingesetzt werden können, ist unter direkter Verwendung dieser Fakten nicht beantwortbar. Es sind jedoch alle benötigten Angaben vorhanden, um Wagen 123 als Antwort zu bestimmen. Dies wird allerdings erst durch Hinzunahme folgender Regeln möglich:

wenn Wagen W1 unterwegs ist nach O1 und sein Entladen dort zur Zeit Z1 beendet ist, **dann** befindet sich Wagen W1 zur Zeit Z1 in O1 und ist frei zur Zeit Z1
wenn Wagen W2 zur Zeit Z2 sich in O2 befindet und W2 zur Zeit Z2 frei ist und W2 die nächste Fahrt zur Zeit Z3 von O3 aus startet und die Fahrt von O2 nach O4 und von O4 nach O3 nicht länger als Z3 − Z2 dauert, **dann** kann Wagen W2 für einen Transport von O2 nach O4 ab dem Zeitpunkt Z2 verwendet werden

Mit Hilfe der ersten Regel können aus der gegebenen Datenbank folgende zusätzliche Fakten abgeleitet werden

● Wagen 123 befindet sich am 3. 2. um 12.00 Uhr in Köln.
● Wagen 123 ist am 3. 2. um 12.00 frei.

Aus diesen beiden Fakten und den übrigen Fakten kann unter Vewendung der zweiten Regel folgendes hergeleitet werden:

● Wagen 123 kann für einen Transport von Köln nach Frankfurt am 3. 2. ab 12.00 verwendet werden.

Die oben erwähnte Datenbankanfrage kann nach Durchführung dieser Ableitungsschritte mit ,,Wagen 123'' beantwortet werden.
Ein Problem für Material- und Werkstoffdatenbanken besteht darin, daß die abgespeicherten Werte häufig nur für bestimmte Randbedingungen gültig sind. So bezieht sich die Angabe eines Siedepunktes beispielsweise auf einen bestimmten Druck. Eine Datenbankanfrage, die den Siedepunkt eines Stoffes bei einem gegebenen Druck erfragt, muß folglich scheitern, wenn für diesen Druck nicht direkt der entsprechende Wert gespeichert ist. Es kann jedoch für viele Stoffe der Siedepunkt in Abhängigkeit vom Druck nach einer Formel berechnet werden. Damit ist trotz expliziter Speicherung nur eines Wertepaares das Wissen über Siedepunkte auch bei anderen Drücken implizit in der Datenbank enthalten. Durch die Aufnahme der entsprechenden Formel in die Datenbank kann dieses implizit enthaltene Wissen verfügbar gemacht werden. Regelhafte Zusammenhänge können im einfachen Fall also auch durch Berechnungsanweisungen gegeben sein.
Die Darstellung und Berücksichtigung von Inferenzregeln ist in existierenden Datenbanksystemen nur in eingeschränkter Weise mittels Benutzersichten und Integritätsbedingungen (vgl. Abschnitt B 6.2.1.2) möglich (vgl. Lit. 24.; beachte jedoch die Neuentwicklung Postgres: Lit. 76.). Der Schlußfolgerungsmechanismus ist stark eingeschränkt, da die Herleitung von Wissen unter Verwendung einer *Kette* von Inferenzregeln nicht unterstützt wird. Zur Herleitung aller aus einer gegebenen Menge von Fakten und Inferenzregeln folgenden Fakten wird eine automatische Beweiskomponente benötigt, die oft auch Inferenzmaschine genannt wird [Anm. 15].
Regelhafte Zusammenhänge werden häufig auch durch **Produktionsregeln** repräsentiert [Anm. 16]. Eine Produktionsregel besitzt die Grundstruktur
    wenn A **führe** *aus* B
Obwohl auf den ersten Blick einer Inferenzregel recht ähnlich, besteht ein fundamentaler Unterschied darin, daß die Folgerung einer Produktionsregel nicht ein Faktum ist, sondern aus einer durchzuführenden Aktion besteht. Eine Produktionsregel ist somit ein Berechnungskonstrukt. Während Inferenzregeln implizit schon vorhandenes Wissen explizit und damit verfügbar machen, bewirkt die An-

wendung einer Produktionsregel eine Veränderung in der Wissensbasis. Diese Veränderung kann beliebiger Art sein und könnte beispielsweise sogar die Bedingung, die zu ihrer Ausführung geführt hat, durch Löschen entsprechender Fakten aufheben. Eine Inferenzregel

wenn A **dann** B

kann jedoch als eine Produktionsregel

wenn A **führe aus** füge der Wissensbasis B hinzu

dargestellt werden.

B 6.2.1.2 Integritätsbedingungen

Neben Inferenzregeln, die der Herleitung implizit vorhandenen Wissens dienen, stellen einschränkende Bedingungen, im folgenden **Integritätsbedingungen** genannt, eine zweite Klasse regelhafter Zusammenhänge dar. Zu erfassende Einschränkungen können verschiedener Natur sein. Sie können z.b. per Gesetz gegeben sein, eine gesellschaftliche Norm darstellen, organisationspolitischer Art sein oder einfach eine natürliche Gesetzmäßigkeit ausdrücken. Integritätsbedingungen können als logische Formeln gegeben oder auch durch Programmcode realisiert sein, wie das mit den in vielen frame-artigen Repräsentationssprachen vorgesehenen angehefteten Prozeduren der Fall ist (siehe B 6.1 und vgl. Lit. 86.). Zu bevorzugen ist aber eine logik-basierte Form der Darstellung, weil Integritätsbedingungen dann zusammen mit den in Abschnitt B 6.2.1.1 eingeführten Inferenzregeln für ein automatisches Schlußfolgern herangezogen werden können. Bevor dieser Aspekt näher beleuchtet wird, sollen einige Beispiele für einschränkende Bedingungen zusammen mit einer zugehörigen Formulierung in Logik gegeben werden [Anm. 17].

- *Gesetzliche Vorschrift:*
  Einen Führerschein der Klasse 3 darf nur besitzen, wer mindestens 18 Jahre alt ist.

  $\forall_p \epsilon$ *Personen : besitzt_führerschein3* $(p) \Rightarrow alter (p) \geq 18$

- *Organisationsinterne Regelung:*
  Ein nicht-leitender Mitarbeiter besitzt keine Entscheidungsbefugnis bzgl. Dienstreisegenehmigungen.

  $\forall_p \epsilon$ *Nichtleitender-Mitarbeiter:*
  $\forall_d \epsilon$ *Dienstreiseantrag :* $\neg$ *Entscheidungsbefugnis* (p, d)

- *Gesellschaftliche Norm:*
  Eine Person kann höchstens mit einer anderen Person verheiratet sein.

  $\forall_p \epsilon$ *Personen :* $\forall_{p'} \epsilon$ *Personen :*
  $$(verheiratet (p, p') \Rightarrow$$
  $$\neg \exists p'' Personen : (p' \Sigma p'' \wedge verheiratet (p, p')))$$

- *Natürliche Gesetzmäßigkeit:*
  Jedes Kind hat eine leibliche Mutter und einen leiblichen Vater.

  $\forall_p \epsilon$ *Kinder :* $(\exists p' \epsilon$ *Personen: ist_mutter* $(p', p) \wedge$
  $$\exists p'' \epsilon Personen: ist\_vater (p'', p))$$

Integritätsbedingungen werden herangezogen, um unzulässige Aktionen, z.B. das Abspeichern unzulässiger Fakten, zu unterbinden. So darf unter Bezug auf obige Integritätsbedingungen für eine Person, die noch nicht 18 Jahre alt ist, nicht als Faktum in eine Datenbank aufgenommen werden, daß sie einen Führerschein der Klasse 3 besitzt. Neben dieser primären Blockierungsfunktion können Integritätsbedingungen ebenso wie die in Abschnitt B 6.2.1.1 besprochenen Inferenzregeln zum Schlußfolgern benutzt werden – z.T. entspricht ihre äußere Form ja unmittelbar der von Inferenzregeln (a ⇒ b, bzw. wenn a, dann b). Beispielsweise kann aus der Tatsache, daß eine Person einen Führerschein der Klasse 3 besitzt, geschlossen werden, daß sie mindestens 18 Jahre alt ist. Aus der Tatsache, daß ein Mitarbeiter eine nicht-leitende Funktion besitzt, folgt, daß er (oder sie) einen Dienstreiseantrag nicht genehmigt haben kann.

Der Unterschied zwischen Inferenzregeln und Integritätsbedingungen ist folglich ein pragmatischer, d.h. betrifft ihre Verwendung. Integritätsbedingungen dienen in erster Linie der Unterbindung von Aktionen, während Inferenzregeln in erster Linie Wissen herleiten. Beide können jedoch gleichermaßen für einen Schlußfolgerungsprozeß herangezogen werden.

Die in diesem Abschnitt betrachtete Basierung von Integritätsbedingungen auf Formulierungen in klassischer Logik ist erweiterbar um die Berücksichtigung modaler Aspekte. Dafür existieren spezielle Logiken, die die Notwendigkeit, die Möglichkeit oder das Gebotensein einer Bedingung zum Ausdruck bringen können (siehe Lit. 78., (Kap. 2), Lit. 33., Lit. 34., Lit. 87.).

B 6.2.2   Ereignisse und Ereignisfolgen

Für die Repräsentation sich verändernder Situationen werden Konstrukte zur Darstellung von Ereignissen benötigt. Ein Ereignis ist eine derart einem Zeitintervall zuzuordnende Zustandsänderung, daß vor dem Zeitintervall der alte Zustand und nach dem Zeitintervall der neue Zustand besteht. Das zugehörige Zeitintervall kann nicht beliebig in immer kleinere Zeitintervalle unterteilt werden, ohne diese Bedingung zu verletzen. Analog zur Unterscheidung zwischen individuellen Konzepten und Konzeptklassen, die weiter oben in diesem Kapitel eingeführt wurde, sind neben tatsächlichen Ereignissen auch mögliche Ereignisse (bzw. Ereignisfolgen) darzustellen. Dazu muß insbesondere die Berücksichtigung von Vorbedingungen für das Eintreten eines Ereignisses zugelassen werden, womit gleichzeitig auch die Verkettung von Ereignissen zu Ereignisfolgen unterstützt wird. Das in Abschnitt B 6.2.1.1 schon eingeführte Konstrukt einer Produktionsregel erfüllt diese Forderung (vgl. Anm. 16): ist der Bedingungsteil einer Produktionsregel erfüllt, werden die im Aktionsteil der Regel aufgeführten Aktionen in der Reihenfolge ihrer Angabe ausgeführt. Produktionsregeln sind damit zwar primär ein Konstrukt zur Programmierung, unabhängig von einer tatsächlichen Ausführung kann einer Produktionsregel jedoch abgelesen werden, unter welchen Voraussetzungen welche Aktionen stattfinden. Damit können sie auch der Repräsentation möglicher Ereignisfolgen dienen. Die Ordnung der Einzelereignisse in der Ereignisfolge wird einmal durch entsprechende Ausgestaltung der Vorbedingungen in den verschiedenen Produktionsregeln erreicht, zum anderen durch die Reihenfolge der Aktionen im Aktionsteil einer Produktionsregel. Keinen Einfluß auf die Ausführungsreihenfolge besitzt i.a. die Reihenfolge der Notierung der Produktionsregeln in der Wissensbasis. Prinzipiell sind immer alle diejenigen Regeln als ausführbar anzusehen, deren Vorbedingung erfüllt ist (Vorgehensweisen zur Auswahl einer von mehreren ausführbaren Produktionsregeln sind in Lit. 42. beschrieben). Ein Beispiel für die Beschreibung einer möglichen Ereignisfolge durch Produktionsregeln ist in *Abb. 15* gegeben.

---

wenn noch kein Startversuch unternommen **führe aus**
    nimm Gang heraus
    stecke Zündschlüssel in Zündschloß
    drehe Zündschlüssel bis zum Anschlag
    gib etwas Gas

wenn Wagen beim ersten Versuch nicht anspringt **führe aus**
    warte 30 Sekunden
    drehe Zündschlüssel bis zum Anschlag
    gib etwas Gas

wenn Wagen beim zweiten Versuch nicht anspringt **führe aus**
    prüfe, ob genug Benzin im Tank ist

wenn nicht genug Benzin im Tank ist **führe aus**
    fülle Benzin nach
    nimm Gang heraus
    stecke Zündschlüssel in Zündschloß
    drehe Zündschlüssel bis zum Anschlag
    gib etwas Gas

wenn Wagen nicht anspringt und genug Benzin im Tank ist **führe aus**
    rufe Werkstatt an

Abb. 15: Beschreibung einer möglichen, problemlösenden Ereignisfolge durch Produktionsregeln

Zur Repräsentation stereotypischer Ereignisfolgen wurde das Konstrukt eines Scripts entworfen (Lit. 61. (Kap. 7.2.4), Lit. 68.). Ein **Script** ist eine frame-artige Struktur (vgl. Abschnitt B 6.1.2), die spezielle, vordefinierte Kompenenten (in der Frame-Terminologie: Slots) besitzt:

● *Eingangsbedingungen*, die erfüllt sein müssen, damit die durch den Script repräsentierten Ereignisse stattfinden können
● Der *Ergebniszustand*, der eintritt, wenn die durch den Script beschriebenen Ereignisse stattgefunden haben
● *Konzepte*, die an den beschriebenen Ereignissen teilhaben
● *Varianten* der durch den Script dargestellten generischen Ereignisfolge
● die *Ereignisse* in entsprechender Reihenfolge
Die in einem Script zusammengefaßten Ereignisse können jeweils selber wieder Ereignisfolgen bilden und sind dann ebenfalls durch Scripts repräsentiert, oder sie

sind atomar und durch einen speziellen, ,conceptual dependency' genannten Formalismus beschrieben, auf den hier jedoch nicht näher eingegangen wird (vgl. Lit. 66., Lit. 67., Lit. 61. (Kap. 7.2.2)). Durch Hinzufügen geeigneter Vorbedingungen können in einem Script alternative Ereignisfolgen beschrieben werden. Einen beispielhaften Script zeigt *Abb. 16* (eine Repräsentation der in diesem Script zusammengefaßten Ereignisse ist nicht gegeben). Einige von ihnen sind atomar, während andere wiederum durch Scripts beschrieben sind. Die Entscheidung, welche Ereignisse atomar und welche als Scripts zu repräsentieren sind, hängt von ihrem Komplexitätsgrad und von den Anforderungen der Anwendung ab, für die der Script vorgesehen ist.

Script Buchausleihe

Eingangbedingungen:
Bibliothek hat geöffnet, der Ausleiher hat Leseausweis bei sich

Ergebniszustand:
Ausleiher hat Buch bei sich

Konzepte:
Bibliothek, Bibliotheksbesucher, Buch, Katalog, Leseausweis

Varianten:
Präsenzbibliothek: Ein Buch kann nicht aus der Bibliothek entfernt werden; entsprechend gilt ein unterschiedlicher Ergebniszustand: Ausleiher hat Buch (oder Ausschnitte davon) gelesen oder das Buch (oder Ausschnitte davon) kopiert

Ergebnisfolge:
1. Betrete Bibliothek
2. **Script** Standort und Ausleihvermerk im Katalog nachsehen
3. **wenn** Buch als ausgeliehen vermerkt **führe aus**
   Script Buch vormerken
   Schritt 7 ausführen
4. Standort des Buches aufsuchen
5. **wenn** Buch nicht am Standort und es gibt weitere Exemplare des Buches anderen Standorts **führe aus**
   alternativen Standort aufsuchen
   Schritt 5 wiederholen
6. **wenn** Buch am aktuellen Standort vorhanden **führe aus**
   Buch entnehmen
   Script Buch verbuchen lassen
7. Bibliothek verlassen

Abb. 16: Ein Script

Ein Vorteil der Verwendung von Scripts anstelle von Produktionsregeln liegt darin, daß die Darstellung der Ausführungsreihenfolge durch die Angabe einer expliziten Ordnung vereinfacht wird. Ein zweiter, wesentlicher Vorteil ist die Möglichkeit, einzelne Ereignisse wiederum durch Scripts zu beschreiben, wodurch eine Repräsentation wesentlich strukturierter, überschaubarer und einfacher zu erstellen und zu modifizieren ist. Ein Nachteil, den Produktionsregeln und Scripts gleichermaßen aufweisen, ist die fehlende Möglichkeit, potentiell parallel ablaufende Teilereignisfolgen darzustellen. Ein Formalismus, der dieses erlaubt, wird im folgenden vorgestellt. Es wird dabei der für das Gebiet der traditionellen Dokumentation charakteristische Anwendungsbereich vollends verlassen. Da aber beispielsweise die Darstellung typischer, organisationsinterner Entscheidungsabläufe zur Erfassung organisationellen Wissens und damit prinzipiell zu einer innerbetrieblichen Dokumentation im weiteren Sinne gehört, sind dafür geeignete Ansätze diesem Kapitel durchaus als zugehörig zu betrachten.

Eine bevorzugt im Gebiet der Büromodellierung verwendete Klasse von Formaten zur Repräsentation von Ereignisfolgen sind graph-basiert. Die gerichteten Kanten eines Graphen dienen der Darstellung zeitlicher Abfolgen von Ereignissen, die jeweils zu den durch die Knoten beschriebenen Zuständen führen. Es sind hier eine Reihe verschiedener Ansätze zu unterscheiden (vgl. Lit. 62., Lit. 23.). Zur Verdeutlichung der Grundideen soll stellvertretend auf den Ansatz von Zisman (Lit. 91.) näher eingegangen werden. Es werden dort Ereignisfolgen durch Produktionsregeln beschrieben, die in ein Petri-Netz (vgl. Lit. 57.), welches eine Kontrollstruktur realisiert, eingebettet sind. Ein **Petri-Netz** besteht aus Knoten, die über gerichtete Kanten miteinander verbunden sind. Ein Knoten ist entweder eine *Stelle* (für einen Zustand) oder eine *Transition* (für einen Zustandsübergang). Die Stellen, die zu einer Transition hinführen, heißen *Vorstellen*, während die von einer Transition aus erreichbaren Stellen *Nachstellen* genannt werden. Eine Stelle kann *Marken* enthalten. Befindet sich in allen Vorstellen einer Transition eine Marke, ist sie aktiv und kann schalten. Dabei wird eine Marke von jeder Vorstelle entfernt und eine Marke jeder Nachstelle hinzugefügt. Das bedeutet, daß bei Vorliegen der durch die Vorstellen repräsentierten Ausgangssituation die durch die Nachstellen repräsentierten Folgezustände [Anm. 18] erreicht werden. *Abb. 17* zeigt ein einfaches Petri-Netz (aus Lit. 44.). Marken sind durch schwarze Punkte dargestellt, Kreise stehen für Stellen und Balken für Transitionen. In dem dargestellten Zustand kann die Transition t1 schalten, gefolgt von t2 und t3. Erst nachdem t2 und t3 geschaltet haben, sind t4 und t5 aktiv. Von diesen beiden kann nur eine schalten, nicht aber beide, da sich nur eine Marke in den Vorstellen befindet. Schaltet t4 oder t5, befindet sich das Netz wieder in seinem ursprünglichen Zustand.

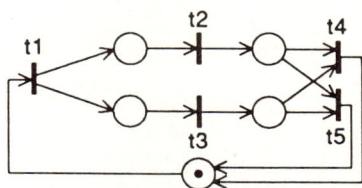

Abb. 17: Ein einfaches Petri-Netz (nach Lit. 44. bzw. Lit. 90.)

In der von Zisman (Lit. 90.) vorgeschlagen Erweiterung von Petri-Netzen werden den Transitionen (eine oder mehrere) Produktionsregeln zugeordnet. Für alle aktiven Transitionen werden die zugehörigen Produktionsregeln auf Ausführbarkeit geprüft. Ist eine Produktionsregel ausführbar, werden die durch sie festgelegten Aktionen durchgeführt, und die zugeordnete Transition schaltet. Der Vorteil dieses Ansatzes besteht darin, daß die Reihenfolge der Überprüfung der Ausführbarkeit von Produktionsregeln durch die Struktur eines Petri-Netzes festgelegt wird. Die Abfolge von und die Interaktion zwischen Regeln kann somit auf recht elegante Weise festgelegt und kontrolliert werden.

Das wichtigste Merkmal des Ansatzes von Zisman besteht darin, daß Ereignisfolgen unterschiedlichen Agenten zugeordnet werden können. Jeder Agent wird durch ein eigenes, um Produktionsregeln erweitertes Petri-Netz beschrieben. Jedes dieser Netze kann von jedem seiner Transitionsknoten aus andere Netze aktivieren (deren Abarbeitung an einem ausgezeichneten Startknoten beginnt) und kann in seiner Abarbeitung auf die Ausführung eines anderen Netzes warten. Das Aktivieren eines anderen Agenten geschieht als Teil einer Produktionsregel-Aktion, während das Warten auf einen Agenten durch eine entsprechende Vorbedingung einer Produktionsregel realisiert ist. Die Untergliederung einer zu repräsentierenden Ereignisfolge in verschiedenen Agenten zugeordnete Teilfolgen trägt zusätzlich zu einer besseren Handhabbarkeit und größeren Übersicht der Repräsentation bei. Vor allem wird dadurch die Möglichkeit eröffnet, parallel ablaufende und asynchron miteinander verkoppelte Ereignisfolgen zu repräsentieren. Ein Beispiel dazu ist in *Abb. 18* gegeben.

Eine weitere, hier nur zu erwähnende Klasse von Formalismen zur Repräsentation von Ereignissen bilden temporale Logiken (vgl. Lit. 78. (Kap. 6), Lit. 72., Lit. 60.). Sie erweitern Prädikatenlogik erster Ordnung und erlauben ein formales Schlußfolgern unter Berücksichtigung zeitlicher Aspekte.

B 6.3   Qualitative Aspekte von Wissen

Neben der in den vorangegangenen Abschnitten vorgenommenen Unterscheidung verschiedener Typen von Wissen lassen sich qualitative Aspekte bestimmen, die für jede Wissensart gleichermaßen relevant sind (eine ausführliche Behandlung ist in Lit. 17.) zu finden, worauf sich die hier gegebene Darstellung weitgehend stützt).

B 6.3.1   Unvollständiges Wissen

Jede Wissensrepräsentation ist ein Abbild eines Realitätsausschnitts und erfaßt immer nur solche Aspekte, die für die Anwendung, zu deren Realisierung sie erstellt wurde, von Relevanz sind. Folglich ist jede Wissensbasis zwangsläufig unvollständig. Über diese prinzipielle Unvollständigkeit hinaus kann aber auch das für eine Anwendung relevante Wissen unvollständig sein. Dies kann beispielsweise seinen Grund darin haben, daß Wissen (noch) nicht verfügbar ist oder daß durch eine Schlußfolgerung hergeleitetes Wissen nur einige der benötigten Fakten zur Verfügung stellt. Wird beispielsweise auf die Existenz eines Liefervorgangs für bestimmte Waren geschlossen, ohne aber Angaben zu Empfänger und Lieferant machen zu

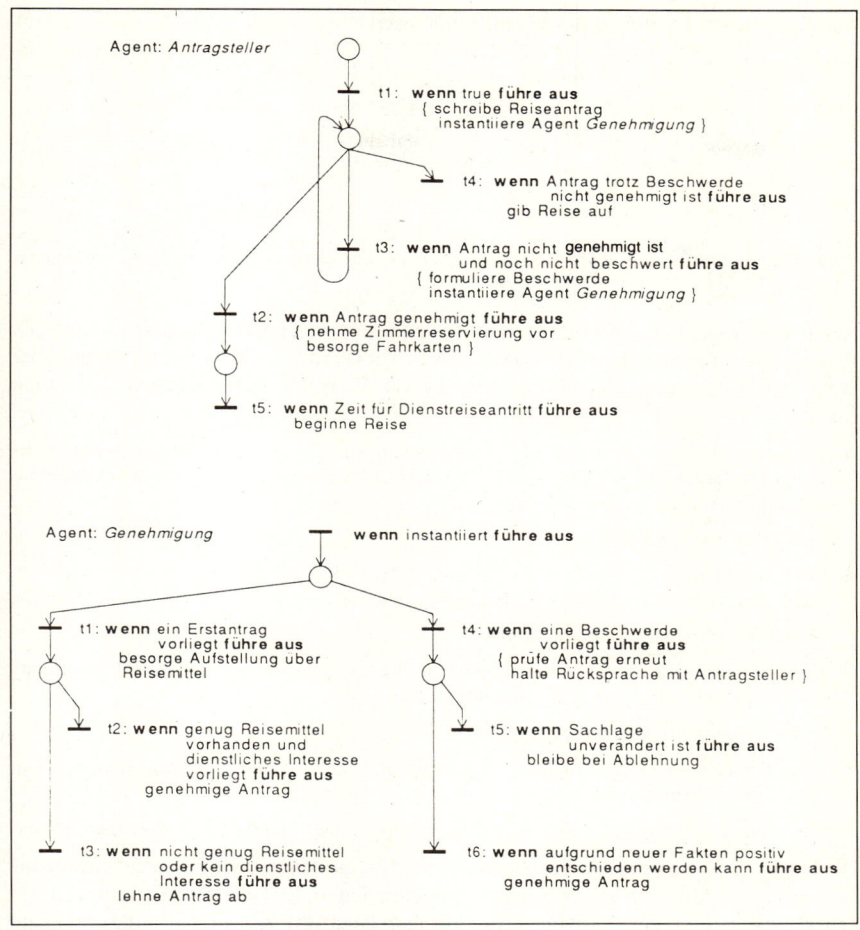

Abb. 18: Zwei Agenten als ein erweitertes Petri-Netz nach dem Ansatz von Zisman (Lit. 90.)

können, ist das Wissen über diesen Liefervorgang unvollständig. Die davon betroffenen Eigenschaftsklassen der Konzeptrepräsentation sind leer (vgl. *Abb. 19* [Anm. 19]). Ist in einem anderen Fall lediglich die Konzeptklassenzugehörigkeit eines individuellen Konzepts bekannt, aber keine seiner Eigenschaften, wird stellvertretend die Konzeptklasse zur Repräsentation herangezogen. Ein Beispiel hierfür ist ebenfalls in *Abb. 19* gegeben, wo die Konzeptklassen *Speicherplatte* und *Magnetband* für die gelieferten, nicht näher bekannten Speicherplatten und Bänder stehen.

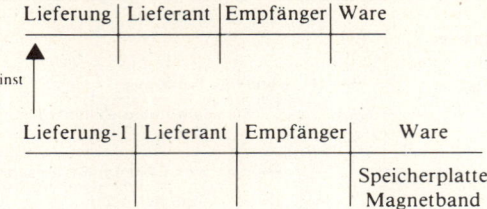

Abb. 19: Die Darstellung eines Konzepts, über das nur unvollständiges Wissen vorliegt

Neben den oben diskutierten Spezialfällen benötigt die Darstellung unvollständigen Wissens im allgemeinen Fall spezielle Ausdrucksmittel, die typischerweise, aber nicht zwangsläufig, logik-basiert sind. Einige Beispiele seien gegeben (vgl. auch Lit. 41.):

● Für ein nicht näher identifizierbares Konzept sind lediglich einige seiner Eigenschaften bekannt (im Gegensatz zu dem in *Abb. 19* dargestellten Fall ist auch die Konzeptklassenzugehörigkeit unbekannt):

$\exists k : (rot\ (k)\ \wedge\ gewicht\ (k)\ >\ 10kg)$

● Ein Konzept gehört zu einer von mehreren gegebenen Konzeptklassen, aber es ist nicht bekannt, zu welcher von ihnen ('V' bedeutet „oder"):

schülerin (Maria) V *studentin (Maria)*

● Es ist bekannt, daß für einige Individuen einer Konzeptklasse eine bestimmte Aussage gilt, aber es ist unbestimmt, welche Individuen dies sind:

$\exists k \in Studenten : ist\_berufstätig\ (k)$

● Eine Aussage macht eine qualitative Angabe, die nicht auf einen exakten, quantitativen Wert zurückgeführt werden kann [Anm. 20]:

Hans ist alt.   Die meisten Bäume sind geschädigt.   Das Medikament wirkt sehr schnell.

Die bisher diskutierten Beispiele behandeln Fälle, in denen über ein gegebenes Konzept unvollständiges Wissen vorliegt. Eine gänzlich anders geartete Situation ist gegeben, wenn über ein (für die Anwendung relevantes) Konzept überhaupt keine Aussage in einer Wissensbasis gemacht ist, d.h. noch nicht einmal seine Existenz festgestellt wird. In einem solchen Fall würde fälschlicherweise von einer unzutreffenden Vollständigkeit des Wissens ausgegangen werden [Anm. 21]. Zur Unterbindung fehlerhafter Schlußfolgerungen, die auf einer falschen Vollständigkeitsannahme basieren, müssen in eine Wissensbasis Angaben über ihren Vollständigkeitsgrad aufgenommen werden. Für die Darstellung solchen Selbstwissens wurden eine Reihe spezieller Formalismen entwickelt (Lit. 41., Lit. 46.). Das folgende Beispiel illustriert das prinzipielle Vorgehen:

Beispiel
In einer Wissensbasis ist nur für Hans und Jutta repräsentiert, daß sie Studenten sind:
student (Hans)
studentin (Jutta)

Eine Anfrage an diese Wissensbasis, ob Karl Student ist, würde unter der Annahme ihrer Vollständigkeit negativ beantwortet werden. Existiert jedoch nicht für alle Studenten eine Angabe in der Wissensbasis, könnte diese Antwort falsch sein. Verhindert wird ein solcher Fehlschluß, indem in die Repräsentation aufgenommen wird, daß die Wissensbasis nicht alle Studenten erfaßt. In dem Formalismus von Levesque (Lit. 41.) geschieht dies unter Verwendung eines Modaloperators K mit der Bedeutung „es ist bekannt daß" (Ka ist dann zu lesen als „es ist bekannt, daß a gilt"):

$$\exists p: (student\ (p)\ \wedge \neg\ K\ student\ (p))$$

B 6.3.2 Widersprüchliches Wissen

In großen Wissensbasen tritt oft das Problem auf, daß das in ihnen enthaltene Wissen widersprüchlich ist. Typische Gründe hierfür sind:

- Es treten Ausnahmen von als universell spezifizierten Regularitäten auf. Es gelte beispielsweise die Regel:
  wenn ein Mitarbeiter den Führerschein der Klasse 3 besitzt,
  dann kann er eine Warenauslieferung per PKW übernehmen.
  Ist für einen Mitarbeiter mit einem Führerschein der Klasse 3 repräsentiert, daß er keine Auslieferung vornehmen kann, z.B. weil er ein Gipsbein hat, steht dies im Widerspruch zu der aus obiger Regel ableitbaren Aussage. Für die adäquate Behandlung solcher widersprüchlichen Konstellationen wurden spezielle Formalismen entwickelt. Sie weichen entweder den Status einer Aussage auf, so daß sie nicht mehr als universell gilt, sondern nur noch als typischerweise zutreffend interpretiert wird (Lit. 12., Lit. 59.), oder lassen explizit die Repräsentation von Ausnahmen zu (Lit. 06.). Annahmen, die unter Verwendung einer Inferenzregel getroffen wurden, müssen beim Bekanntwerden einer Ausnahme zurückgenommen werden. Gleiches gilt für Aussagen, die in weiteren Schlußfolgerungsschritten aus diesen als nicht zutreffend erkannten Annahmen hergeleitet wurden. Ein System, welches dieses leistet, heißt Begründungsverwaltungssystem (‚truth maintenance system' (Lit. 12., Lit. 20.).
- Verschiedene Wissensquellen bringen sich (partiell) widersprechendes Wissen in eine Wissensbasis ein. So könnte folgende Situation gegeben sein:
  Wissensquelle 1: Die Sonne dreht sich um die Erde.
  Wissensquelle 2: Die Erde dreht sich um die Sonne.
  Aufgelöst werden solche Situationen, indem die Wissensbasis in sogenannte Kontexte unterteilt wird (Lit. 30.), so daß verschiedene Sichten (‚beliefs') durch Zuordnung zu unterschiedlichen Kontexten voneinander getrennt repräsentiert werden. Jede Sicht ist für sich betrachtet widerspruchsfrei (Lit. 32., Lit. 07., Lit. 36.).
- Die aus dem Inhalt einer Wissensbasis nicht ableitbare Existenz verschiedener (Zeit-, Ausstattungs-, Entwicklungs-) Versionen von Konzepten (ein Fall von unvollständigem Wissen!) führt zu widersprüchlichen Darstellungen, wenn sich ausschließende Eigenschaften verschiedener Versionen fälschlicherweise *einem* Konzept zugeordnet werden; beispielsweise kann ein Rechnertyp in verschiede-

nen Ausstattungsstufen eine unterschiedliche Zentraleinheit besitzen. Durch die Berücksichtigung von Versionen (vgl. Lit. 84.) und ihre Behandlung als unterschiedliche Konzepte (mit gemeinsamer Basis) entsteht dagegen kein Widerspruch.

Ist die Ursache für einen Widerspruch nicht bestimmbar und er deshalb nicht aufzuheben [Anm. 22], muß er hingenommen werden, bis seine Auflösung vielleicht später möglich wird. Ein alternatives Vorgehen besteht darin, nur die als am wahrscheinlichsten zutreffende Aussage zu repräsentieren und zu vermerken, daß sie als nicht gesichert zu betrachten ist (vgl. nächsten Abschnitt). Stellt sie sich später als korrekt heraus, wird sie als gesichert gekennzeichnet, anderenfalls wird eine entsprechende Korrektur vorgenommen.

Die besondere Problematik widersprüchlichen Wissens liegt darin, daß eine auf logischer Deduktion basierende Schlußfolgerungskomponente einer Wissensbasis, die widersprüchliches Wissen enthält, beliebige Schlüsse ziehen kann [Anm. 23]. Das bedeutet, daß sie funktionsunfähig ist, solange ein Widerspruch besteht. Es existieren jedoch spezielle, vierwertige Logiken, für die Inkonsistenz ein möglicher Wahrheitswert ist, und die bei Vorliegen eines Widerspruchs ein Schlußfolgern noch ermöglichen (Lit. 75.).

B 6.3.3   Unsicheres Wissen

Nicht alles in einer Wissensbasis dargestellte Wissen muß als gesichert gelten. In Abhängigkeit vom Vertrauensgrad, den eine Wissensquelle besitzt, kann das von ihr stammende Wissen mit einem entsprechenden Unsicherheitsfaktor versehen sein. Manchmal ist sogar der Diskursbereich selber durch die Existenz nicht exakter Aussagen charakterisiert, so daß Aussagen zu erfassen sind, die lediglich wahrscheinlich oder nur möglich sind (siehe z.B. Lit. 73., Lit. 22., Lit. 53.). Das ist beispielsweise bei der Repräsentation von Wissen für medizinische Diagnosesysteme der Fall (aus Lit. 43.):

> **wenn** der Organismus gram-negativ ist.
>   und der Organismus stäbchenförmig ist
>   und der Organismus anaerob ist
> **dann** besteht eine leichte Evidenz (0.6), daß der Organismus bakteroid ist

Prinzipiell wird Wissen unterschiedlichen Sicherheitsgrades mit Hilfe einer Abbildung s dargestellt, die jeder Aussage derart eine Zahl zuordnet, daß wenn die Korrektheit einer Aussage a mit größerer Sicherheit angenommen werden kann, als das für eine Aussage a' der Fall ist, $s(a) \geq s(a')$ gilt (Lit. 88., Lit. 48.). Die beiden Hauptprobleme, die in diesem Zusammenhang auftreten, betreffen die Kriterien, nach denen einer Aussage ein konkreter Zahlenwert zuzuordnen ist, sowie das Vorgehen, nach dem ein solcher Wert geändert wird, wenn neue Evidenzen für oder gegen das Zutreffen der Aussage vorliegen. Die Formalismen, die hierfür entwickelt wurden, basieren weitgehend auf der Wahrscheinlichkeitstheorie (Lit. 19., Lit. 21., Lit. 65., Lit. 83., Lit. 89.). Um die Berechnungskomplexität innerhalb realistischer Grenzen zu halten, wird jedoch die (i.a. nicht zutreffende) Annahme gemacht, daß die Zutreffwahrscheinlichkeiten der einzelnen Aussagen (also ihr Sicherheitsgrad) voneinander unabhängig sind. Die ohne diese Annahme benötigten bedingten Wahrscheinlichkeiten wären darüber hinaus ohnehin nicht bestimmbar (für eine vollständig auf Wahrscheinlichkeitstheorie basierende Betrachtung siehe jedoch Lit. 14.).

B 6.4   Ausblick

Die Aufgabe dieses Kapitels bestand darin, einen Einblick in Wissensrepräsentationsformate und ihre Anwendbarkeit für verschiedene Repräsentationsprobleme zu vermitteln. Es konnten in dem gegebenen Rahmen lediglich die Grundprinzipien der wichtigsten Repräsentationsansätze behandelt werden, die angegebenen Literaturhinweise bieten jedoch einen Ausgangspunkt für eine vertiefende Beschäftigung mit einzelnen Themenbereichen. Als ein Lehrbuch zur Wissensrepräsentation kann auf Lit. 56. verwiesen werden, daß sich primär mit semantischen Netzen und Frames beschäftigt, aber auch einen Überblick über das gesamte Gebiet gibt. Für ein Lehrbuch, das sich rein formalen Logiken widmet, siehe Lit. 63.. Empfohlen werden können auch die entsprechenden Kapitel der Lehrbücher zum Gesamtgebiet der Künstlichen Intelligenz (Lit. 61., Lit. 01., Lit. 50., Lit. 69., Lit. 70.) sowie der von Brachman und Levesque herausgegebene Band (Lit. 09.), der die wichtigsten Aufsätze zur Wissensrepräsentation enthält und auch eine umfangreiche, annotierte Bibliographie umfaßt. Einschlägige Aufsätze finden sich ebenfalls in Lit. 03., Lit. 25. und Lit. 13.. Eine Übersicht geben auch Lit. 47. und Lit. 82..

Das Gebiet der Wissensrepräsentation ist – ebenso wie das Gesamtgebiet der Künstlichen Intelligenz, dem es weitgehend zuzuordnen ist – insgesamt noch stark unterentwickelt, was bei seiner kurzen Geschichte nicht verwunderlich ist. Die momentanen Hauptdefizite liegen einmal in einem immer noch relativ geringen Grad an Formalisierung (mit Ausnahme des Gebiets des automatischen Schlußfolgerns) – obwohl sich in dieser Hinsicht in den letzten Jahren sehr viel getan hat – , betreffen die Untauglichkeit der bisherigen Ansätze für eine Darstellung detaillierten, in die Tiefe gehenden Wissens (‚deep modelling‘) sowie liegen in dem fast gänzlichen Fehlen einer Methodenlehre, die Anleitung geben könnte, welche Formate aufgrund welcher Kriterien für ein gegebenes Repräsentationsproblem geeignet sind und wie eine Repräsentation innerhalb eines Formate für einen gegebenen Anwendungsfall konkret aufzubauen ist, d.h. welche Konzepte vorzusehen sind, wie detailliert diese zu beschreiben sind und welche Konstrukte eines Repräsentationsformate für die Darstellung der einzelnen Sachverhalte jeweils am besten geeignet sind und warum. Das Gebiet der Wissensrepräsentation bedarf folglich noch einiges an Entwicklung.

Anmerkungen

[01] Zum Thema Künstliche Intelligenz und Expertensysteme siehe auch Kap. B 9 ,,Expertensysteme als neue Zugangssysteme zur Fachinformation'' in diesem Band.

[02] Diese Relation taucht in manchen Thesauri als Bestandsrelation auf, ist aber, wie oben schon erläutert wurde, nicht für eine Dokumentbeschreibung einsetzbar, sondern dient lediglich der terminologischen Kontrolle, wie die anderen Thesaurusrelationen auch.

[03] Man beachte, daß die Beziehung *hat-Eigenschaftsklasse* durch eine gerichtete Kante dargestellt ist, während die Beziehung *Gleichzeitigkeit* symmetrisch ist und entsprechend durch eine ungerichtete Kante illustriert wird.

[04] Die Ober-/Unterbegriffsbeziehung is-a entspricht der Teilmengenbeziehung zwischen Konzeptklassen, während die Beziehung inst der Zugehörigkeit eines Elements zu einer Menge gleichkommt.

[05] Es ist zu unterscheiden zwischen der Mächtigkeit eines Repräsentationsformats und seiner Natürlichkeit in bezug auf ein gegebenes Repräsentationsproblem. Der hier behandelte Ansatz eines sematischen Netzes kann beispielsweise vollständig im Format eines logik-basierten Formalismus dargestellt werden (z.B. Lit. 18.), und umgekehrt kann ein Netzwerk-Formalismus derart angereichert werden, daß er die Mächtigkeit von Prädikatenlogik erster Stufe besitzt (Lit. 71.). In bezug auf Anschaulichkeit sowie Eignung für ein automatisches Schlußfolgern (vgl. Abschnitt B 6.2.1) unterscheiden sie sich jedoch erheblich.

[06] Der Begriff eines Konzepts wird im folgenden generisch sowohl für den Begriff Konzeptklasse als auch für den Begriff eines individuellen Konzepts verwendet.

[07] Im Unterschied zu *Abb. 3* sind dort nur noch die tatsächlichen Eigenschaften dargestellt.

[08] Es muß der Name einer non-terminalen Eigenschaftsklasse nicht identisch mit dem Namen einer Konzeptklasse sein, sondern es kommt lediglich darauf an, daß die Menge der Konzepte, die als tatsächliche Eigenschaften auftreten können, einer existierenden Konzeptklasse entspricht. Unter Berücksichtigung dieser Tatsache könnte in *Abb. 5* der Name der Konzeptklasse *Besucher* in *Staatsoberhaupt* geändert werden, ohne daß die Darstellung dadurch falsch werden würde.

[09] Es wird hier der Begriff des Indexierens gebraucht, obwohl im Rahmen dieses Kapitels damit eine umfassendere Funktionalität bezeichnet wird als dies in der traditionellen Bedeutung der Fall ist, nämlich jegliche Zuordnung einer thematischen Repräsentation zu einem Dokument.

[10] Da für die thematische Repräsentation die Namen der beteiligten Tanker und der Reederei nicht relevant sind, wurden Kunstnamen für sie gewählt (eine Repräsentation, die die tatsächlichen Namen aufweist, wäre natürlich ebenfalls adäquat, jedoch detaillierter als hier notwendig).

[11] Es kann nicht davon ausgegangen werden, daß ein Benutzer eine Anfrage unmittelbar im zugrundeliegenden Repräsentationsformat formuliert, da dieses i.a. viel zuviel an Vorwissen verlangt und die Fehleranfälligkeit zu groß wäre. Es ist deshalb eher eine natürlichsprachliche (Lit. 79., Lit. 11.) oder graphische Form (Lit. 38.) der Frageformulierung geeignet, möglicherweise auch eine Kombination von beiden.

[12] In einer Repräsentation sollte der verschiedenen Bedeutung zweier Konzeptklassen dadurch Rechnung getragen sein, daß sie unterschiedlicher Struktur sind. Die meisten Repräsentationssprachen verbieten allerdings nicht, daß es zwei verschiedene Konzeptklassen gleicher Struktur gibt (siehe jedoch Lit. 55.).

[13] Gegenstand der Diskussion in diesem Kapitel sind *Repräsentationskonstrukte* als Klassen formaler Strukturen, für die bestimmte Eigenschaften definiert werden. Wie diese im konkreten Fall einer Wissensrepräsentation zu notieren sind, ist für diese Diskussion

belanglos. Sprachelemente zur Formulierung von Wissensrepräsentationen werden durch eine *Repräsentationssprache* zur Verfügung gestellt. Eine für die Zwecke der Dokumentation eingesetzte Repräsentationssprache könnte man unter Verwendung konventioneller Terminologie Dokumentationssprache nennen (allerdings eine neuerer Generation; zum Begriff einer Dokumentationssprache siehe auch Lit. 40.).
Die bekanntesten Frame-Repräsentationssprachen sind beschrieben in Lit. 05., Lit. 27., Lit. 74., Lit. 10., Lit. 26. Ein semantisch ausdifferenziertes und formal spezifiziertes Frame-Modell ist das in Lit. 55. beschriebene FRM.

[14] In der Terminologie mathematischer Logik sind hier zwei Dinge zu unterscheiden. Eine Regel der Art *wenn A, dann B (aus A folgt B;* A ⇒ B) heißt in der Logik **Implikation** und stellt eine Aussage dar, der ein Wahrheitswert zugeordnet ist. Zu einem gegebenen Zeitpunkt kann von A auf B jedoch nur dann geschlossen werden, falls die Bedingung A auch tatsächlich erfüllt ist. Ein Schlußfolgerungsmuster solcher Art, nämlich *A ist erfüllt, und aus A folgt B, also gilt B,* heißt in der Logik **Inferenzregel.** Im Gebiet der Wissensrepräsentation wird diese Unterscheidung nicht immer explizit vorgenommen und häufig schon die Implikation als Inferenzregel bezeichnet.

[15] Es ist im allgemeinen Fall (im mathematischen Sinne) nicht entscheidbar, ob eine Aussage aus einer Menge gegebener Aussagen herleitbar ist. Es können zwar herleitbare Aussagen immer hergeleitet werden, aber es kann die Nicht-Herleitbarkeit i.a. nicht erkannt werden, so daß zu einem gegebenen Zeitpunkt in einem Schlußfolgerungsprozeß nicht bestimmt werden kann, ob die zu beweisende Behauptung in den nachfolgenden Schlußfolgerungsschritten noch hergeleitet wird oder ob dies nicht der Fall ist, weil die Behauptung falsch ist. Aus diesem Grunde und auch aus Effizienzgründen sind die automatischen Beweiser in ihrer Abdeckung auf geeignete Teilklassen eingeschränkt. Bei adäquater Berücksichtigung der von einem Beweiser gemachten Einschränkungen ist die Funktionalität darauf basierender Systeme jedoch nicht prinzipiell eingeschränkt.

[16] Empfehlenswerte Einführungen sind Lit. 49. (Kap. 4), Lit. 01. (Kap. C 4), Lit. 50. (Kap. 1), Lit. 16., Lit. 29., Lit. 37.

[17] Wenn auch an dieser Stelle keine Einführung in Logik gegeben werden kann, so soll doch zumindest erläutert werden, wie die im folgenden benutzten Symbole zu lesen sind:
∀$_e$ ε E : p(e) − für alle *e* aus der Menge *E* gilt *p(e)*
∃ *e* ε E : p(e) − es gibt ein *e* aus der Menge *E*, für das *p(e)* gilt
a ⇒ b − aus *a* folgt *b* (oder: wenn *a*, dann *b*)

¬ bedeutet Negation, ∧ bedeutet eine Und-Verknüpfung, während ∨ für eine Oder Verknüpfung steht.

[18] Da mehr als ein Folgezustand zugelassen ist, besteht die Möglichkeit zur Beschreibung paralleler Ereignisfolgen.

[19] Es wird hier vorausgesetzt, daß jede für ein Konzept vorgesehene Eigenschaftsklasse für dieses Konzept relevant ist. Das mag selbstverständlich erscheinen, ist es aber nicht. Gilt diese Voraussetzung nicht, muß unterschieden werden zwischen Eigenschaften, die relevant und unbekannt sind, sowie solchen, die nicht angegeben werden, weil sie irrelevant für das Konzept sind.

[20] Eine Verbindung zu quantitativen Werten kann hergestellt werden mit Hilfe eines Maßes, welches den Grad an Zugehörigkeit eines quantitativen Wertes zu einem qualitativen Wert festlegt, z.B. wie zutreffend die Aussage „Hans ist alt" für ein Alter von 60 und für ein Alter von 80 ist; vgl. Lit. 90.

[21] Die i.a. zugrundeliegende Annahme, daß in einer Wissensbasis nicht enthaltene oder nicht ableitbare Aussagen nicht gültig sind, heißt ‚closed world assumption' (vgl. Lit. 58.).

[22] Ein Widerspruch kann auch auf der Basis einer rein formalen Betrachtung durch geeignetes Entfernen von Aussagen aus einer Wissensbasis aufgelöst werden (vgl. Lit. 28.,

Lit. 20.), doch geht dabei u.U. (aufgrund der rein formalen Vorgehensweise) relvantes Wissen verloren.

[23] Aus dem Widerspruch $a. \wedge \neg a$ kann eine beliebige Behauptung b mittels Konstruktion der immer gültigen Aussage $(a. \wedge \neg a) \Rightarrow b$ (da die widersprüchliche Prämisse nicht erfüllbar ist) aufgebaut werden: Da aufgrund des Widerspruchs sowohl a als auch $\neg a$ gilt, wird jedoch die Prämisse von einem automatischen Beweiser als erfüllt angesehen und b als gegeben angenommen.

Literatur

01. Barr, A./Feigenbaum, E.A. (eds): The Handbook of Artificial Intelligence, Vol. 1. Los Altos: William Kaufmann, 1981.

02. Bartlett, F.C.: Remembering: a Study in Experimental and Social Psychology. Cambridge: Cambridge University Press, 1932.

03. Bobrow, D.G./Collins, A. (eds): Representation and Understanding. New York: Academic Press, 1975.

04. Bobrow, D.G./Norman, D.A.: Some Principles of Memory Schemata. In: D.G. Bobrow, A. Collins (eds): Representation and Understanding. New York: Academic Press, 1975 pp. 131 – 149.

05. Bobrow, D.G./Winograd, T.: An Overview of KRL, a Knowledge Representation Language. In: Cognitive Science, Vol. 1, No. 1, 1977, pp. 3 – 46.

06. Borgida, A.: Language Features for Flexible Handling of Exceptions in Information Systems. In: ACM Transactions on Database Systems, Vol. 10, No. 4, 1985, pp. 565 – 603.

07. Borgida, A./Imielinski, T.: Decision Making in Committees – A Framework for Dealing with Inconsistency and Non-Monotonicity. In: Proc. Workshop on Non-Monotonic Reasoning, 1984, New Paltz, pp. 21 – 32.

08. Brachman, R.J.: What IS-A Is and Isn't: An Analysis of Taxonomic Links in Semantic Networks. In: IEEE Computer, Vol. 16, No. 10, 1983, pp. 30 – 36.

09. Brachman, R.J./Levesque, H.J. (eds): Readings in Knowledge Representation. Los Altos, Cal.: Morgan Kaufmann, 1985.

10. Brachman, R.J./Schmolze, J.G.: An Overview of the KL-ONE Knowledge Representation System. In: Cognitive Science, Vol. 9, No. 2, 1985, pp. 171 – 216.

11. Brajnik, G./Guida, G./Tasso, C.: An Expert Interface for Effective Man-Machine Interaction. In: L. Bolc, M. Jarke (eds): Cooperative Interfaces to Information Systems. Berlin: Springer-Verlag, 1986, pp. 259 – 308.

12. Brewka, G.: Nichtmonotone Logiken – Ein kurzer Überblick. In: KI 1989, Heft 2, pp. 5 – 12.

13. Cercone, N./McCalla, G. (eds): The Knowledge Frontier. Essays in the Representation of Knowledge. New York: Springer-Verlag, 1987.

14. Cheeseman, P.: In Defense of Probability. In: Proc. Int. Joint Conf. on Artificial Intelligence, 1985 pp. 1002 – 1009.

15. Chen, P.P.: The Entity-Relationship Model – Towards a Unified View of Data. In: ACM Transactions on Database Systems. Vol. 1, No. 1, 1976, pp. 9 – 36.

16. Davis, R./King. J.: An Overview of Production Systems. In: E.W. Elcock, D. Michie (eds): Machine Intelligence. Vol. 8. Chichester: Ellis Horwood, 1977, pp. 300 – 332.

17. Delgrande, J.P./Mylopoulos, J.: Knowledge Representation: Features of Knowledge. In: W. Bibel, Ph. Jorrand (eds): Fundamentals of Artificial Intelligence. Berlin: Springer-Verlag, 1986, pp. 3 – 36.

18. Deliyanni, A./Kowalski, R.A.: Logic and Semantic Networks. In: Communications of the ACM, Vol. 22, No. 3, 1979, pp. 184 – 192.
19. Dempster, A.P.: A Generalization of Bayesian Inference. In: Journal of the Royal Statistical Society, Vol. 30, 1968, pp. 205 – 247.
20. Dressler, O./Freitag, H.: Truth Maintenance Systeme. In: KI 1989, Heft 2, pp. 13 – 19.
21. Dubois, D./Prade, H.: Combination and Propagation of Uncertainty with Belief Functions – A Reexamination. In: Proc. Int. Joint Conf. on Artificial Intelligence, 1985, pp. 111 – 113.
22. Duda, R.O./Hart, P.E./Nilsson, N.J./Sutherland, G.L.: Semantic Network Representations in Rule-Based Inference Systems. In: D.A. Waterman, F. Hayes-Roth (eds): Pattern-Directed Inference Systems. New York: Academic Press, 1978, pp. 203 – 221.
23. Ellis, C.A./ Nutt, G.J.: Office Information Systems and Computer Science. In: ACM Computing Surveys, Vol. 12, No. 1, 1980, pp. 27 – 60.
24. Eswaran, K.P.: Aspects of a Trigger Subsystem in an Integrated Database System. In: Proc. 2nd Int. Conf. on Software Engineering, 1976, pp. 243 – 250.
25. Findler, N.V. (ed): Associative Networks. Representation and Use of Knowledge by Computers. New York: Academic Press, 1979.
26. Fox, M.S./Wright, J.M./Adam, D.: Experiences with SRL: An Analysis of Frame-Based Knowledge Representations. In: L. Kerschberg (ed): Expert Database Systems. Proceedings from the First International Workshop. Menlo Park: Benjamin/Cummings, 1986, pp. 161 – 172.
27. Goldstein, I.P./Roberts, R.B.: Nudge, a Knowledge-Based Scheduling Program. In: Proc. Int. Joint Conf. on Artificial Intelligence, 1977, pp. 257 – 263.
28. Gumb, M.A./Gumb, R.D.: Logical Techniques for Pinpointing Inconsistencies in the Knowledge Base. In: Proc. 41st Annual Conf. of the American Society for Information Science, 1978, pp. 150 – 151.
29. Hayes-Roth, F.: Rule-Based Systems. In: Communications of the ACM, Vol. 28, No. 9, 1985, pp. 921 – 932.
30. Hendrix, G.G.: Encoding Knowledge in Partitioned Networks. In: N.V. Findler (ed): Associative Networks. Representation and Use of Knowledge by Computers. New York: Academic Press, 1979, pp. 51 – 92.
31. Henrichs, N.: Dokumentenspezifische Kennzeichnung von Deskriptorenbeziehungen. Funktion und Bedeutung. In: Deutscher Dokumentartag 1974, Bd. 1. München: K.G. Saur, 1975, pp. 343 – 353.
32. Hintikka, J.: Knowledge and Belief. An Introduction to the Logic of the Two Notions. Ithaca, N.Y.: Cornell University Press, 1962.
33. Hughes, G.E./Cresswell, M.J.: An Introduction to Modal Logic. London: Methuen and Co., 1972.
34. Kalinowski, G.: Einführung in die Normenlogik. Frankfurt: Athenäum, 1973.
35. Kintsch, W.: The Representation of Meaning in Memory. Hillsdale: Lawrence Erlbaum, 1974.
36. Konolige, K.: A Deduction Model of Belief. London: Pitman, 1986.
37. Krickhahn, R./Radig, B.: Die Wissenspräsentationssprache OPS5. Braunschweig: Vieweg, 1987.
38. Kuhlen, R./Hammwöhner, R./Sonnenberger, G./Thiel, U.: TWRM-TOPOGRAPHIC. Ein wissensbasiertes System zur situationsgerechten Aufbereitung und Präsentation von Textinformation in graphischen Retrievaldialogen. In: Informatik Forschung und Entwicklung, Band 4, 1989, pp. 89 – 107.
39. Laisiepen, K.: Klassifikation. In: K. Laisiepen, E. Lutterbeck, K.-H. Meyer-Uhlenried (eds): Grundlagen der praktischen Information und Dokumentation. München: K.G. Saur, 1980, pp. 299 – 350.

40. Lang, F.H.: Inhaltserschließung. In: K. Laisiepen, E. Lutterbeck, K.-H. Meyer-Uhlenried (eds): Grundlagen der praktischen Information und Dokumentation. München: K.G. Saur, 1980, pp. 246 – 298.

41. Levesque, H.J.: The Logic of Incomplete Knowledge Bases. In: M.L. Brodie, J. Mylopoulos, J.W. Schmidt (eds): On Conceptual Modelling. New York: Springer-Verlag, 1984, pp. 165 – 189.

42. McDermott, J./Forgy, C.: Production System Conflict Resolution Strategies. In: D.A. Waterman, F. Hayes-Roth (eds): Pattern-Directed Inference Systems. New York: Academic Press, 1978, pp. 177 – 199.

43. Melle, W. van: the Structure of the Mycin System. In: B.G. Buchanan, E.H. Shortliffe (eds): Rule-Based Expert Systems: The Mycin Experiments of the Stanford Heuristic Programming Project. Reading, Mass.: Addison-Wesley, 1984, pp. 67 – 77.

44. Miller, R.E.: A Comparison of Some Theoretical Models of Parallel Computation. In: IEEE Transactions on Computers, Vol. C-22, 1973, pp. 710 – 717.

45. Minsky, M.: A Framework for Representation Knowledge. In: P.H. Winston (ed): The Psychology of Computer Vision. New York: McGraw-Hill, 1975, pp. 211 – 277.

46. Moore, R.C.: Semantical Considerations on Nonmonotonic Logic. In: Proc. Int. Joint Conf. on Artificial Intelligence, 1983, pp. 272 – 279.

47. Mylopoulos, J./Levesque, H.J.: An Overview of Knowledge Representation. In: M.L. Brodie, J. Mylopoulos, J.W. Schmidt (eds): On Conceptual Modelling. New York: Springer-Verlag, 1984, pp. 3 – 17.

48. Negoita, C.V.: Expert Systems and Fuzzy Systems. Menlo Park: Benjamin/Cummings, 1985.

49. Niemann, H./Bunke, H.: Künstliche Intelligenz in Bild- und Sprachanalyse. Stuttgart: Teubner, 1987.

50. Nilsson, N.J.: Principles of Artificial Intelligence. Palo Alto: Tioga, 1980.

51. Norman, D.A.: Memory, Knowledge and the Answering of Questions. In: R.L. Solso (ed): Contemporary Issues in Cognitive Psychology: The Loyola Symposium. V.H. Winston & Sons, 1973, pp. 135 – 165.

52. Piaget, J.: Psychologie der Intelligenz. Zürich: Rascher, 1947.

53. Puppe, F.: Diagnostisches Problemlösen mit Expertensystemen. Berlin: Springer-Verlag, 1987.

54. Putnam, H.: Mind, Language and Reality. Cambridge: Cambridge University Press, 1975.

55. Reimer, U.: FRM: Ein Frame-Repräsentationsmodell und seine formale Semantik. Zur Integration von Datenbank- und Wissensrepräsentationsansätzen. Berlin: Springer-Verlag, 1989.

56. Reimes, U.: Einführung in die Wissensrepräsentation. Netzartige und strukturierte Repräsentationsformate und ihre Anwendung. Stuttgart: B.G. Teubner, 1990.

57. Reisig, W.: Petrinetze. Eine Einführung. Berlin: Springer-Verlag, 1982.

58. Reiter, R.: On Closed World Data Bases. In: H. Gallaire, J. Minker (eds): Logic and Data Bases. New York: Plenum Press, 1978, pp. 55 – 76.

59. Reiter, R.: A Logic for Default Reasoning. In: Artificial Intelligence, Vol. 13, 1980, pp. 81 – 132.

60. Rescher, N./ Urquhart, A.: Temporal Logic. Wien: Springer-Verlag, 1971.

61. Rich, E.: Artificial Intelligence. New York: McGraw-Hill, 1983.

62. Richter, G.: Netzmodelle für die Bürokommunikation. Teil 1 und Teil 2. In: Informatik-Spektrum, Band 6, Heft 4, 1983, pp. 210 – 220 sowie Band 7, Heft 1, 1984, pp. 28 – 40.

63. Richter, M.M.: Prinzipien der Künstlichen Intelligenz. Stuttgart: B.G. Teubner, 1989.

64. Rosch, E.: Cognitive Representations of Semantic Categories. In: Journal of Experimental Psychology: General, Vol. 104, 1975, pp. 192 – 233.

65. Shafer, G.: A Mathematical Theory of Evidence. Princeton: Princeton University Press, 1976.

66. Schank, R.C.: Conceptual Information Processing. Amsterdam: North-Holland, 1975.

67. Schank, R.C.: Computer, elementare Aktionen und linguistische Theorien. In: P. Eisenberg (ed): Semantik und Künstliche Intelligenz. Beiträge zur automatischen Sprachverarbeitung II. Berlin: Walter de Gruyter, 1977, pp. 113 – 141.

68. Schank, R.C./Abelson, R.P.: Scripts, Plans, Goals and Understanding. Hillsdale: Lawrence Erlbaum, 1977.

69. Shapiro, S.C. (ed): Encyclopedia of Artificial Intelligence. New York: John Wiley, 1987.

70. Schefe, P.: Künstliche Intelligenz – Überblick und Grundlagen. Mannheim: BI Wissenschaftsverlag, 1986.

71. Schubert, L.K.: Extending the Expressive Power of Semantic Networks. In: Artificial Intelligence, Vol. 7, 1976, pp. 163 – 198.

72. Shoham, Y.: Temporal Logics in AI: Semantical and Ontological Considerations. In: Artificial Intelligence, Vol. 33, No. 1, 1987, pp. 89 – 104.

73. Shortliffe, E.H.: Computer-Based Medical Consultations: Mycin. New York: Elsevier, 1976.

74. Sridharan, N.S.: Artificial Intelligence. Representing Knowledge in AIMDS. In: Informatica e Diritto, Florenz, IT 7, 1981, pp. 201 – 221.

75. Stickel, M.E.: Fuzzy Four-Valued Logic for Inconsistency and Uncertainty. In: Proc. 8th Int. Symposium on Multiple-Valued Logic, 1978, pp. 91 – 94.

76. Stonebraker, M./Hanson, E./Hong, C.-H.: The Design of the Postgres Rules System. In: Proc. Third Int. Conf. on Data Engineering, 1987, pp. 365 – 374.

77. Trost, H.: Wissensrepräsentation in der AI am Beispiel Semantischer Netze. In: J. Retti u.a. (eds): Artificial Intelligence – Eine Einführung. Stuttgart: B.G. Teubner, 1984, pp. 47 – 72.

78. Turner, R.: Logics for Artificial Intelligence. Chichester: Ellis Horwood, 1984.

79. Walker, D.E.: The Organization and Use of Information: Contributions of Information Science, Computational Linguistics and Artificial Intelligence. In: Journal of the American Society for Information Science, Vol. 32, No. 5, 1981, pp. 347 – 363.

80. Wersig, G.: Gleichordnende Indexierung (Coordinate Indexing). In: K. Laisiepen, E. Lutterbeck, K.-H. Meyer-Uhlenried (eds): Grundlagen der praktischen Information und Dokumentation, München: K.G. Saur, 1980, pp. 351 – 417.

81. Weßner, B.: Inhaltsangaben zur Kurzorientierung. In: K. Laisiepen, E. Lutterbeck, K.-H. Meyer-Uhlenried (eds): Grundlagen der praktischen Information und Dokumentation, München: K.G. Saur, 1980, pp. 418 – 425.

82. Wettler, M.: Wissensrepräsentation: Typen und Modelle. In: I.S. Batori, W. Lenders, W. Puschke (eds): Computational Linguistics. Ein internationales Handbuch zur computerunterstützten Sprachforschung und ihrer Anwendung. Berlin: W. de Gruyter (erscheint 1989).

83. Whalen, T./Schott, B.: Issues in Fuzzy Production Systems. In: International Journal of Man-Machine Studies, Vol. 19, No. 1, 1983, pp. 57 – 71.

84. Wilkes, W.: Versionsunterstützung in Datenbanken. In: Informatik Spektrum, Band 12, Heft 3, 1989, pp. 166 – 169.

85. Windel, G.: Was ist Information und Dokumentation. In: K. Laisiepen, E. Lutterbeck, K.-H. Meyer-Uhlenried (eds): Grundlagen der praktischen Information und Dokumentation. München: K.G. Saur, 1980, pp. 1 – 77.

86. Winograd, T.: Frame Representations and the Declarative/Procedural Controversy. In: D.G. Bobrow, A. Collins (eds): Representation and Understanding. New York: Academic Press, 1975, pp. 185 – 210.

87. Wright, G.H. von: Handlung, Norm und Intention. Untersuchungen zur deontischen Logik, Berlin: W. de Gruyter, 1977.
88. Zadeh, L.A.: PRUF – a Meaning Representation Language for Natural Languages. In: International Journal of Man-Machine Studies, Vol. 10, 1978, pp. 395 – 460.
89. Zadeh, L.A.: A Theory of Approximate Reasoning. In: J.E. Hayes, D. Michie, L.I. Mikulich (eds): Machine Intelligence, Vol. 9, Chichester: Ellis Horwood, 1979, pp. 149 – 194.
90. Zadeh, L.A.: A Computational Approach to Fuzzy Quantifiers in Natural Languages. In: N.J. Cercone (ed): Computational Linguistics. Oxford: Pergamon Press, 1983, pp. 149 – 184.
91. Zisman, M.D.: Use of Production Systems for Modeling Asynchronous, Concurrent Processes. In: D.A. Waterman, F. Hayes-Roth (eds): Pattern-Directed Inference Systems. New York: Academic Press, 1978, pp. 53 – 68.

B 7   Speicherung

Wolfrudolf Laux

Die gezielte Bereitstellung von Informationen setzt voraus, daß sie, nachdem sie in irgendeiner Form erzeugt, ermittelt oder beschafft worden sind, gespeichert werden. Diese Speicherung muß so erfolgen, daß ein Wiederauffinden der Informationen jederzeit und unter spezifischen Aspekten möglich ist. Neben einer Ordnung der Informationen werden dazu Medien benötigt, die eine befristete oder unbefristete Speicherung von Informationen zulassen.

Hierzu dienen die klassischen Karteien, die in den fünfziger Jahren für Dokumentationszwecke weiterentwickelten Lochkartenverfahren sowie die elektronischen Speicher wie Magnetbänder, Magnetkarten, Disketten.

Angesichts des Einzugs der elektronischen Datenverarbeitung in Bibliotheken und Dokumentationsstellen haben die Lochkartenverfahren an Bedeutung verloren. Sie sollen hier aber Erwähnung finden, weil in vielen Arbeitsbereichen finanzielle, personelle und organisatorische Probleme noch einem EDV-Einsatz entgegenstehen oder Umfang und Benutzungshäufigkeit von Datensammlungen nicht so stark sind, daß größere Investitionen von vornherein sinnvoll erscheinen. Karteien- und Lochkartensysteme können neben der Speicherung von Informationen gleicherweise für die Vorbereitung eines EDV-Einsatzes, bei der Entwicklung der dafür notwendigen Ordnungssysteme und Thesauren dienen, sowie zur Speicherung von in ihrem Umfang oder in ihrer Benutzungshäufigkeit von vornherein begrenzten Datensammlungen. Nicht zu vergessen sei die Bedeutung dieser einfachen Systeme in Bereichen, in denen Grundvoraussetzungen des EDV-Einsatzes wie Stromversorgung, Telefonnetze, Fachpersonal usw. fehlen.

B 7.1   Steilkartei

Die Steilkartei, wie sie z.B. in Form manueller Bibliothekskataloge noch heute weit verbreitet ist, ist fast immer der Ausgangspunkt sich entwickelnder Informations- und Dokumentationssysteme. Sie bleibt als Hilfskartei oder durch Nutzung ihrer Grundprinzipien nie ganz verzichtbar.

Ihr Vorteil, bei systematischer oder alphabetischer Aufstellung (weniger bei numerischer Aufstellung) ein unbegrenztes Zusortieren weiterer Karten zu ermöglichen, wird von dem Nachteil begrenzt, die Karte als Stellvertreter eines Dokumentes nur unter einem einzigen Sachverhalt bzw. Ordnungsmerkmal abstellen bzw. wieder auffinden zu können. Eine Mehrfachabstellung setzt eine Vervielfältigung der Karteikarte für ein Dokument voraus, wodurch die Gesamtkartei jedoch schnell zu arbeitsaufwendigem Umfang anwächst. Die Suche nach kombinierten Sachverhalten ist in Steilkarteien, wenn überhaupt, nur mühsam und zeitaufwendig möglich und setzt Erfahrungen in der Suchstrategie von mit der Kartei eng vertrauten Personen voraus.

Grundsätzlich erfolgt eine Suche nach einer in der Stellkartei gespeicherten Information über den Aufstellungsort der einzelnen Karteikarte. Die Kennzeichnung zusätzlicher Sachverhalte auf einer Karteikarte bzw. in einer Kartei ist nur begrenzt möglich. Unterschiedliche Kartenfarben sind beim Aufblick auf die Kartei schwer erkennbar. Kartenreiter in unterschiedlicher Form und Farbe sind in ihrer Zahl begrenzt durch die Breite der Karteikarte und pflegen beim Einstellen bzw. Herausnehmen von Karten zu wandern. Sie stellen außerdem Anforderungen an die Kartenstärke, die dem Wunsch nach räumlich nicht allzu umfangreichen Karteien zuwiderläuft. Ungeachtet dieser Probleme und weiterer, die sich z.B. aus unterschiedlichen Kartenformaten und dem relativ hohen Aufwand bei ihrer Vervielfältigung ergeben, sind Karteikarten bzw. die Steilkartei nach wie vor ein tägliches Arbeitsmittel.

Der Wunsch, in Steilkarteien einen Zugang zu verschiedenen, auch kombinierten Sachverhalten zu ermöglichen unter Vermeidung der Vervielfältigung und Mehrfachabstellung von Karteikarten, führte zur Entwicklung der Lochkarten (Handlochkarten).

B 7.2   Lochkarten

Unter Handlochkarten verstehen wir Speichermedien, die mit der Hand oder mit einfachen technischen Hilfsmitteln (Bohrer, Lochzange, Kerbzange) bearbeitet werden. Sie lassen sich in drei Karteisysteme unterteilen:
1. Rand-(Kerb-)lochkarten
2. Schlitzloch-(Flächenloch-)karten
3. Sichtlochkarten
Daneben stehen die Maschinenlochkarten und die Lochstreifen, die insbesondere als Eingabemedien für EDV-Anlagen genutzt werden (s. Abschnitt B 7.3.1 und B 7.3.2).

B 7.2.1   Randlochkarten

Eine Randlochkarte verfügt an allen vier Rändern über eine oder zwei vorgestanzte Lochreihen (einreihige, zweireihige Randlochkarte) *(Abb. 1)*. Durch einen Buchstaben- und/oder Zahlenaufdruck ist jede einzelne Lochstelle auf der Karte eindeutig bezeichnet. Mit Hilfe einer Kerbzange kann die Lochstelle zum Kartenrand hin geöffnet (gekerbt) und dadurch markiert werden. Jeder Lochstelle, deren Anzahl durch die Kartengröße begrenzt ist, kann ein Sachverhalt zugeordnet werden.

Zum Zwecke der Informationsspeicherung wird die Randlochkarte wie eine normale Karteikarte beschriftet. Der verfügbare Platz innerhalb der Randlochungen auf der Karte kann auch zur Aufnahme eines Referates, einer Abbildung usw. genutzt werden.

Die auf das Dokument zutreffenden Sachverhalte werden dann am Rand der Karte an den entsprechenden Lochstellen gekerbt bzw. abgelocht. Bei der Suche nach Dokumenten zu einem bestimmten Sachverhalt oder zu einer Kombination von Sach-

Abb. 1: Randlochkarte

verhalten werden eine oder mehrere Suchnadeln in der geschlossen aufgestellten Kartei in die entsprechenden Lochstellen eingeführt. Nach Anheben des von den Suchnadeln erreichten Kartenpakets und ggf. leichtem Rütteln fallen die an der betreffenden Stelle zum Rand hin geöffneten Karten, die die gesuchten Sachverhalte repräsentieren, aus dem Kartenstoß heraus.

Bei Anordnung der gesuchten Sachverhalte an verschiedenen Seiten der Randlochkarte muß der Suchvorgang ggf. wiederholt werden. Es empfiehlt sich, häufig gesuchte Sachverhalte am oberen Kartenrand zu plazieren.

Bei einer Recherche muß stets die gesamte Kartei, die deshalb nicht allzu umfangreich sein sollte, durchsucht werden. Dieser Nachteil wird aufgewogen durch den relativ schnellen Suchvorgang, der durch technische Hilfsmittel (Suchgabel, Rüttelgeräte) noch erleichtert werden kann, und dadurch, daß die Kartei grundsätzlich unsortiert aufgestellt werden kann, so daß das Einstellen benutzter oder neuer Karten ohne Sortieraufwand erfolgen kann.

Voraussetzung dieses Verfahrens, das auch Direktzuordnung genannt wird (jede Lochstelle entspricht einem Sachverhalt), ist die Festlegung der durch die Anzahl der Lochstellen begrenzten Zahl von Sachverhalten.

Die Begrenzung der Zahl der Sachverhalte (je nach Kartentyp zwischen 60 und 100) bei dem Verfahren der Direktzuordnung wird aufgewogen durch die Möglichkeit, beliebig viele der festgelegten Sachverhalte auf den Karten zu markieren und auch wieder abzurufen.

Ist die Anzahl der benötigten Sachverhalte größer als die Zahl der Lochstellen, bieten sich Verfahren der Verschlüsselung an. Dabei werden mehrere Lochstellen zu sog. Lochfeldern zusammengefaßt, die auf den Randlochkarten aufgedruckt sein können. Die Lochfelder ermöglichen die Markierung der Zahlen 0 bis 9 in einem Lochfeld von fünf Lochstellen bei einreihigen und vier Lochstellen bei zweireihigen Randlochkarten. Auf einem solchen Lochfeld kann damit einer von jeweils zehn Sachverhalten eindeutig markiert werden. Durch Kombination mehrerer Lochfelder (Einer, 10er, 100er usw.) können nach dem Dezimalsystem auch mehrstellige Zahlen markiert werden, so daß z.B. bei zweireihigen Randlochkarten in drei Lochfeldern à vier Lochstellen die Zahlen 000 bis 999, also bis zu 1 000 verschiedene Sachverhalte, markiert werden können. Durch geeignete Kombination verschieden großer Lochfelder und entsprechender Anordnung auf den vier Kartenrändern können im Prinzip tausende von Sachverhalten markiert werden.

Der Vorteil dieses erweiterten Fassungsvermögens der Randlochkarte wird durch drei Aspekte eingeschränkt:

1. In jedem Lochfeld bzw. in jeder Lochfeldgruppe kann nur eine der durch die Lochfeldkombination möglichen Zahlen markiert werden.

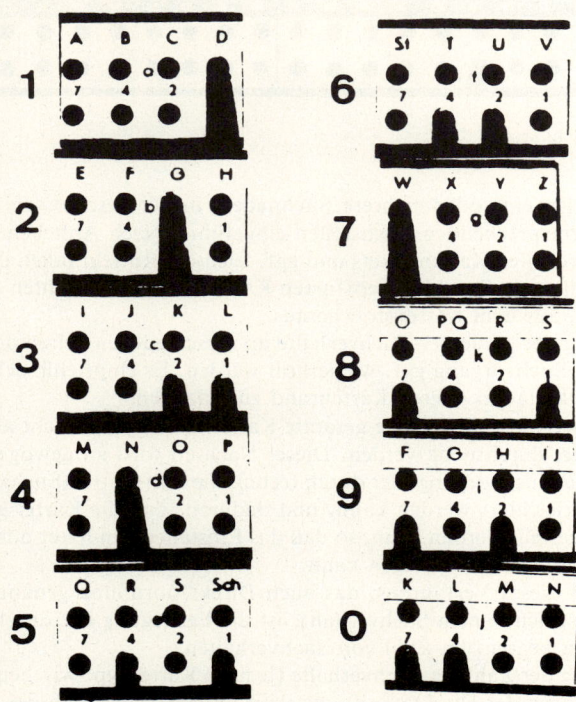

Abb. 2: 1-2-4-7-Schlüssel

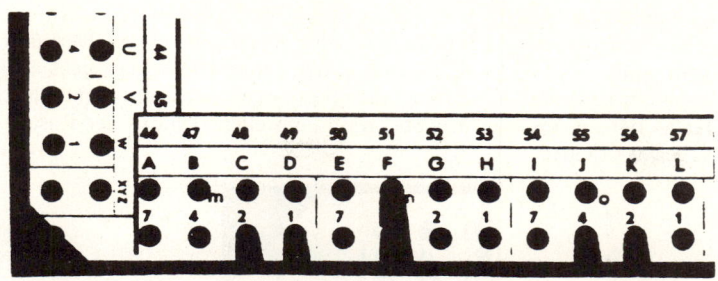

Abb. 3: Lochfelder mit 1-2-4-7-Schlüssel, markiert „346"

So kann z.B. in einer Kombination aus drei Lochfeldern nur eine dreistellige Zahl (= 1 von 1 000 Sachverhalten) markiert werden. Bei Ablochung von mehreren dreistelligen Zahlen in der gleichen Lochfeldgruppe kommt es zu Überlagerungen und damit zu Ballast in so großem Umfange, daß das System insgesamt in Frage gestellt wird. Die Anwendung der Verschlüsselung setzt deshalb voraus, daß die Sachverhalte so strukturiert werden, daß je nach Bedarf kleinere und/oder größere Sachverhaltsgruppen, möglicherweise gemischt mit Direktzuordnungen, auf der Karte untergebracht werden.

2. Vor Einrichtung der Kartei muß ein wohldurchdachtes Schlüsselsystem erstellt sein, wofür ein gewisser intellektueller Aufwand und eine gewisse Voraussicht der Aufgaben, die die Kartei zu erfüllen hat, bzw. der Form der Benutzung, die zu erwarten ist, nötig sind.

3. Das Verfahren der Verschlüsselung erzwingt u.U. auch eine größere technische Ausrüstung, da in jedem Lochfeld möglicherweise mit zwei Nadeln, also bei kombinierten Fragestellungen mit zahlreichen Nadeln gleichzeitig gesucht werden muß. Rüttelgeräte und Suchhilfen, bei denen die gesuchten Zahlenschlüssel durch entsprechendes Stecken der Suchnadeln vorbereitet werden können, sind hier kaum entbehrlich.

Für ein- und mehrlochreihige Randlochkarten sind unterschiedliche Schlüssel entwickelt worden, aber auch der Erfindungsgabe der Anwender, was die Schlüssel selbst oder deren Kombination betrifft, sind kaum Grenzen gesetzt. Sie können in der einschlägigen Literatur nachgelesen werden, so daß hier beispielhaft nur der sog. 1-2-4-7-Schlüssel für zweireihige Randlochkarten und ein Dreiecksschlüssel für das Alphabet erläutert werden sollen. Beim 1-2-4-7-Schlüssel *(Abb. 2)* werden vier Lochstellen mit den Nummer 1, 2, 4 und 7 gekennzeichnet. Zur Markierung einer dieser Zahlen wird die betreffende Lochstelle tief gelocht. Wird eine der übrigen Zahlen (3, 5, 6, 8, 9, 0) benötigt, erfolgt die flache Lochung bei 2 durch Summierung leicht zu merkenden Lochstellen. $3 = 1 + 2$, $5 = 1 + 4$, $6 = 2 + 4$, $8 = 7 + 1$, $9 = 2 + 7$, wobei nur die Stelle 0 $(4 + 7)$ sich diesem Summierungsprinzip entzieht. Die Zahl 346 kann in drei Lochfeldern *(Abb. 3)*, markiert werden. Bei der Suche nach dem mit der Zahl 346 belegten Sachverhalt muß gleichzeitig mit $2 + 1 + 2 = 5$ Suchnadeln gesucht werden.

Dreiecksschlüssel *(Abb. 4)* zur Wiedergabe des Alphabets, aber auch für entsprechende Zahlen, basieren gleicherweise auf einer Kombination von Tief- und Flach-
lochungen, wobei üblicherweise von den in den Rhomben des Dreiecks aufgeführten Zeichen das linke durch Lochung links tief, rechts flach, das rechte durch links
flach, rechts tief markiert wird, wobei die Lochstellen sich aus der Rasterung des
Dreiecks leicht ergeben.

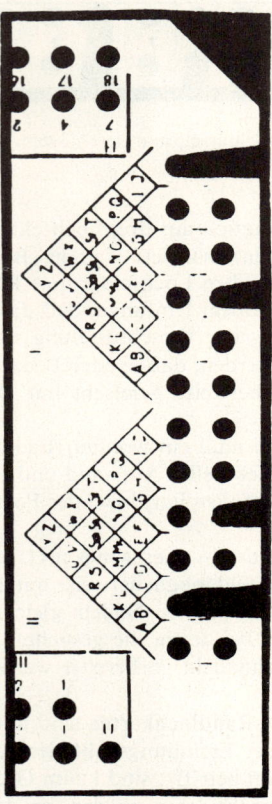

Abb. 4: Dreiecksschlüssel für Alphabet, markiert „M" und „T"

Sortierschlüssel erlauben mit einer Folge von „Such"vorgängen eine (nicht allzu
große) Kartei in eine alphabetische oder numerische Reihenfolge zu bringen.
Da bei jeder Suchfrage die Gesamtkartei durchsucht werden muß, die Anzahl der
an die Kartei stellbaren Fragen also von der Dauer eines Suchganges abhängt, kann
sich die Aufstellung der Kartei in sachlich eindeutig unterscheidbare Teilkarteien
kleineren Umfangs, die dann jeweils schneller zu durchsuchen sind, lohnen.
Die Randlochkarten herstellenden Firmen verfügen im allgemeinen über eine grö-

ßere Anzahl von praktikablen Vordrucken, jedoch können bei einer gewissen Min-
destabnahme auch Spezialvordrucke nach den Wünschen der Besteller hergestellt
werden.

B 7.2.2   Schlitzlochkarten

Die Schlitzlochkartei (und Flächenlochkartei) entspricht in ihren Grundprinzipien
der oben geschilderten Randlochkartei. Die Karte ist ein Stellvertreter des Dokumentes, jedoch ist nicht nur der Kartenrand, sondern ein erheblicher Teil der Kar-
tenfläche mit vorgestanzten Lochungen versehen *(Abb. 5)*. Die Sachverhalte werden aber nicht durch Öffnung von Lochstellen zum Kartenrand hin markiert, sondern durch Verbinden von zwei oder mehr Lochungen in Längsrichtung auf der
Karte.

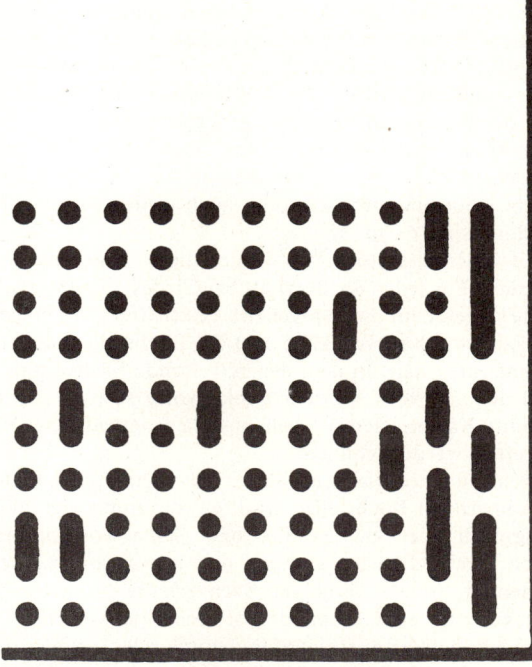

Abb. 5: Schlitzlochkarte, gelocht (Ausschnitt)

Bei der Suche, die je nach Fragestellung mit zahlreichen Nadeln gleichzeitig erfolgt,
werden die Karten zunächst nicht aus dem Karteikasten herausgenommen, sondern
in einem größeren Gerät belassen, aus dem die für eine Suchfrage relevanten Karten
nicht herausfallen, sondern nur um die Höhe des Zwischenraumes zweier Lochstel-

len aus der Gesamtkartei herausrutschen. Erst nach Arretieren der Gesamtkartei und dem Herausnehmen der Suchnadeln können die gesuchten Karten entnommen werden. Da bereits bei leichtem Verkannten, z.b. bei der Suche nach Merkmalen, die nur auf einer Kartenseite markiert sind, dieser Vorgang nicht oder nicht gut funktioniert, muß bei der Festlegung der Sachverhalte auf die Lochfelder bzw. bei der Anlage des Schlüssels dafür auf eine gleichmäßige, evtl. gesplittete Verteilung der Sachverhalts-Schlüsselzahlen über die ganze Karte geachtet werden.

Wegen dieser Schwierigkeiten sowie der nötigen umfangreicheren technischen Hilfsmittel sollte der Einsatz einer Schlitzlochkartei auf Spezialfälle beschränkt werden, in denen ein besonders großes Lochstellenangebot benötigt wird, wie z.b. bei der Ablochung langer Dezimalzahlen.

B 7.2.3   Sichtlochkarten

Die Sichtlochkartei weicht von den bisher genannten und damit auch den vertrauten Formen eines Karteisystems nicht unerheblich ab. Es ist wichtig, sich klarzumachen, daß die Sichtlochkarte nicht ein Stellvertreter des Dokumentes ist, sondern eines Sachverhaltes und die Anzahl der Sichtlochkarten in einer Sichtlochkartei durch die Anzahl der benötigten Sachverhalte gegeben wird.

Die Sichtlochkarte ist mit einem Raster bedruckt, das je nach Kartengröße zwischen 100 und 10.000 Lochstellen bildet, die durch entsprechende Zahlenangaben an den Seiten wie in einem Koordinatensystem oder auch in den Lochstellen einzeln eindeutig gekennzeichnet sind *(Abb. 6)*.

Für die Anlage z.B. einer Literaturkartei werden die zu bearbeitenden Dokumente fortlaufend numeriert. Für jeden Sachverhalt bzw. jedes benötigte Schlagwort wird eine Sichtlochkarte angelegt und entsprechend beschriftet. Mit einem Bohrer wird auf der Sichtlochkarte (= Sachverhaltskarte) die Lochstelle gelocht, deren Nummer dem Dokument entspricht, in dem der betreffende Sachverhalt angesprochen wird. Die Anzahl der Sachverhalte oder Schlagworte sowohl pro Dokument als auch für das gesamte Karteisystem ist beliebig, da jederzeit neue Sichtlochkarten in die Kartei eingefügt werden können.

Für eine Recherche nach einem Sachverhalt wird die betreffende Sichtlochkarte gezogen und die Nummern der Lochstellen ermittelt, die zum Originaldokument führen. Bei der Suche nach einer Sachverhalts- bzw. Schlagwortkombination werden die entsprechenden Sichtlochkarten gezogen und übereinander gelegt. Die Nummern von Dokumenten, die alle gesuchten Sachverhalte enthalten, sind durch die durchgehende Lochung leicht sichtbar (deshalb Sichtlochkarte).

Das Abstellen der Sichtlochkarte erfolgt alphabetisch oder systematisch, wofür eine Schrägbeschriftung und gestaffelte Aufstellung in Spezialkarteikästen nützlich ist. Da Dokumente, z.B. Zeitschriftenartikel in gebundenen Bänden, häufig nicht nach laufender Nummer abgelegt bzw. wiedergefunden werden können, muß oft eine Zwischenkartei geführt werden, die nach numerus currens abgestellt, den Standort des Originaldokumentes und/oder die bibliographischen Angaben usw. enthält. Hierfür kann eine einfache Steilkartei oder auch eine Kladde, die hinter der fortlaufenden Nummer die benötigte Information zum Dokument enthält, dienlich sein.

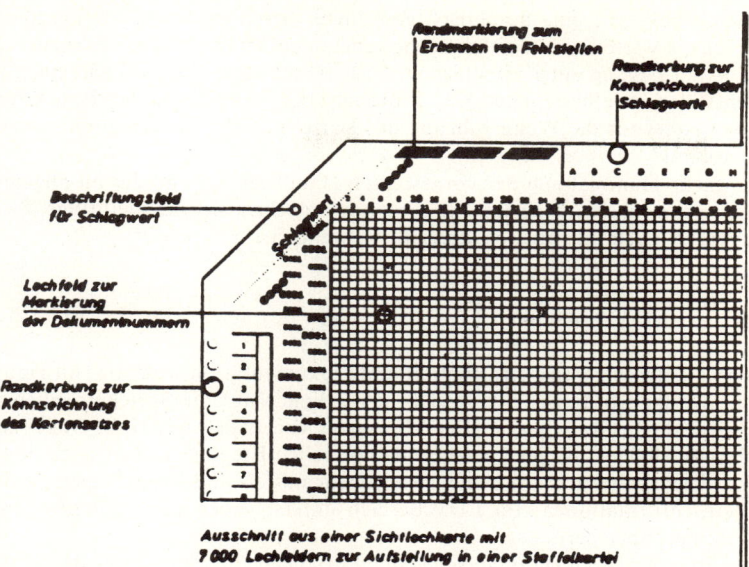

Abb. 6: Sichtlochkarte (Ausschnitt)

Das Führen einer zusätzlichen Kartei oder Kladde ist einer der Nachteile der Sichtlochkartei. Ein anderer, daß nach der Bearbeitung von mehr Dokumenten als die
Sichtlochkartei Lochstellen besitzt, jeweils weitere komplette Sichtlochkartensätze
angelegt werden müssen. Der zu erwartende Umfang an zu bearbeitenden Dokumenten insgesamt oder in gewissen Zeiträumen (Jahre) sollte deshalb bei der Wahl
der Kartengröße bzw. Lochstellenzahl berücksichtigt werden. Bei Verwendung
mehrerer Kartensätze müssen diese eindeutig, z.B. durch Randlochung, voneinander zu unterscheiden sein.
Ein erheblicher Vorteil der Kartei besteht in ihrer Variabilität. Terminologische Änderungen von Sachverhalten bzw. Schlagworten können durch einfache Beschrif-
tungsänderungen vorgenommen werden. Neue Sachverhalte können jederzeit
eingeführt oder Sichtlochkarten von nicht mehr benötigten Sachverhalten zur Entlastung der Kartei eliminiert werden. Auch das Zusammenfassen von Schlagworten
durch Überlochen oder (ein wenig mühsamer) die Aufteilung eines Schlagwortes ist
durch Anlage von zwei oder mehr Karten möglich.
Die Anzahl der zu verwendenden Sichtlochkarten kann gering gehalten werden,
wenn die Möglichkeiten der Begriffskombination genutzt werden.
Durch Abzählen der Lochungen kann mit wenig Aufwand ein Überblick über die
Häufigkeit der verwendeten Schlagworte oder Schlagwortkombinationen gewonnen werden, was z.B. für Thesaurus-Entwicklungen oder statistische Zwecke nützlich sein kann.

Die Notwendigkeit, eine numerisch geordnete Zwischenkartei zu verwenden, erweist sich als Vorteil, wenn zu bereits bestehenden Karteien zusätzlich Sichtlochkarten, d.h. ein Zugang unter verschiedenen Sachverhaltsgesichtspunkten, eingerichtet werden sollen. Die bestehende Kartei braucht dann nur fortlaufend numeriert zu werden, wobei für die Weiterführung der Kartei das gleiche Verfahren verwendet werden kann.

Die einfache Handhabung der vorgestellten Handkarteien und der im allgemeinen geringe technische und finanzielle Aufwand machen sie für vielfältige Zwecke, nicht zuletzt auch im privaten Bereich, verwendbar.

B 7.3   EDV-Speicher

Der Einsatz der EDV für Information und Dokumentation wird u.a. im Hauptkapitel E ausführlich dargestellt, so daß hier lediglich auf die Speichermedien abgestellt wird, die im Rahmen des EDV-Einsatzes von Bedeutung sind. Dabei geht es sowohl um Medien zur geeigneten und rationellen Eingabe von Informationen in EDV-Anlagen, als auch um Dauerspeicher zur mittel- und langfristigen Bereithaltung von Informationen. Im EDV-Bereich unterscheidet man zwischen internen und externen Speichern.

Interne Speicher (auch Hauptspeicher genannt) dienen der Aufnahme der Programme, nach denen die EDV-Anlage arbeitet, sowie der Daten, die während eines Arbeitsvorganges dort verarbeitet werden müssen. Im allgemeinen bestehen die Arbeitsspeicher aus Magnetkernen, die in Gruppen angeordnet sind und durch Veränderung ihrer magnetischen Ausrichtung Informationen speichern bzw. wieder abgeben können, oder aus Halbleitern.

Zur Entlastung der internen Speicher werden z.B. nicht kontinuierlich benötigte Programme, insbesondere aber nicht unmittelbar zu verarbeitende Daten, auf externen Speichern bereitgehalten.

Gleichzeitig dienen externe Speicher zur Eingabe anderweitig erfaßter Informationen in die EDV-Anlage. Insoweit können neben den wichtigsten externen Speichern, wie Magnetbändern und Magnetplatten, auch Maschinenlochkarten und Lochstreifen zu den externen Speichern gerechnet werden.

B 7.3.1   Maschinenlochkarten

Die im Prinzip von Hollerith um 1890 in den USA entwickelte Karte war in der Anfangsphase der EDV-Entwicklung das wichtigste Speichermedium.

Die am häufigsten verwendete Karte enthielt 960 Lochfelder, die in 80 Reihen zu je 12 Feldern (Zeilen) angeordnet waren (Abb. 7). Mit entsprechenden Geräten (Kartenlocher) konnten in die Lochfelder Löcher gestanzt werden, die von Kartenlesern identifiziert und gezählt werden konnten. Mit bis zu drei Lochungen je Zeile konnten die Buchstaben des Alphabets, die Ziffern 0 – 9 und Sonderzeichen so kodiert werden, daß die Lochkarte z.B. als fortlaufende Schriftzeile mit 80 Buchstaben oder Zeichen gelesen werden konnte.

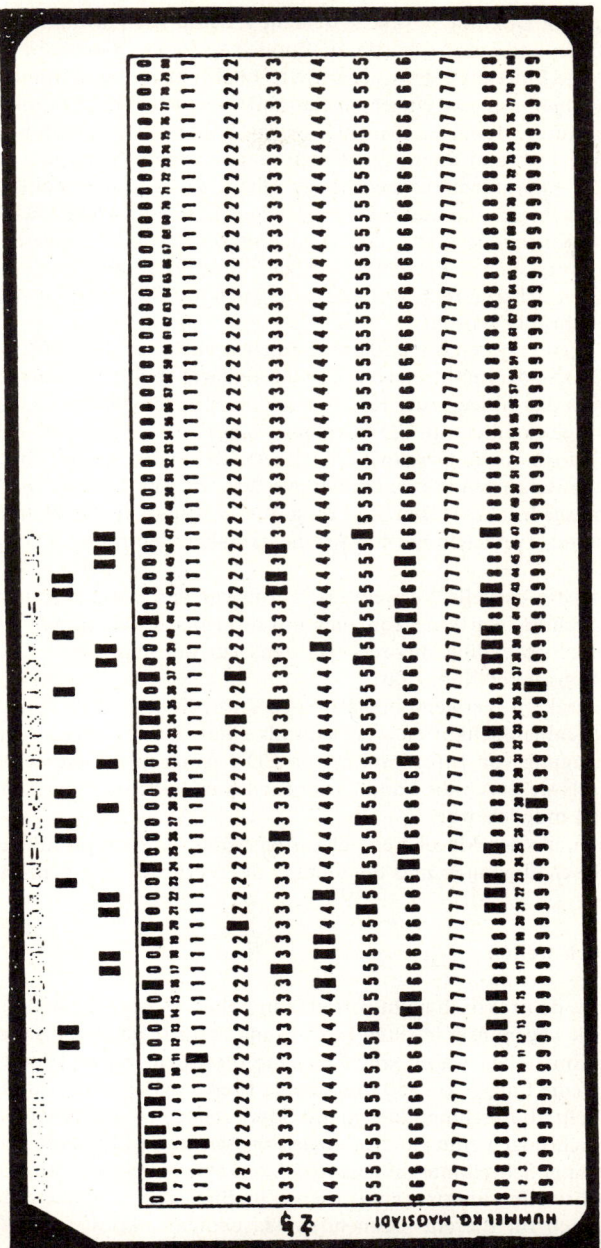

Abb. 7: Maschinenlochkarte

Zur Verwendung in Dokumentationssystemen, z.B. für die Aufnahme von bibliographischen Daten und um die Wiederauffindung spezieller Sachverhalte sicherzustellen, wurde eine Einteilung der Lochkarte in Lochfelder vorgenommen, in denen
spezifische Angaben, z.B. die einzelnen Bestandteile einer bibliographischen Titelaufnahme wie Autor, Jahr, Seitenzahl usw. an eindeutig definierten Stellen der
Lochkarte gespeichert und damit im Prinzip auch suchbar wurden.

Insbesondere für Literaturdokumentationen reichte die mögliche Zahl von 80 Zeichen pro Karte nicht aus, so daß für eine Titelaufnahme mehrere Maschinenlochkarten zu einem Kartensatz verbunden werden mußten. Die Zusammengehörigkeit
mehrerer Karten zu einem Kartensatz wurde durch kennzeichnende Lochungen
bzw. Kodierungen sichergestellt, wodurch aber auch der für Informationen nutzbare Raum eingeschränkt wurde.

Mit Schreiblochern konnten die kodierten Zeichen auch auf die Karte geschrieben
werden, so daß diese die Funktion einer Steilkarteikarte erfüllen konnte. Sortierma-
schinen erlaubten das Ablegen der Karten nach einer durch die Kodierung vorgegebenen Reihenfolge in einer für EDV-Anlagen langsamen, in Hinblick auf Hand-
karteisysteme jedoch hohen Geschwindigkeit. Aufgrund der Sortierfähigkeit konnten auch Kartenmischungen vorgenommen werden und mit Tabelliermaschinen die
Karteninhalte ausgedruckt werden. Auf diese Weise konnte die Herstellung von Registern oder Literaturverzeichnissen in für die damalige Zeit rationeller Weise realisiert werden.

Eine nur kurzfristig aktuelle Verwendungsform war der Einsatz von Maschinenlochkarten als Sichtlochkarten, wenn auch nur mit einer Kapazität von 960 Feldern
sowie die Weiterentwicklung dieses Verfahrens zur automatischen Lochung von
Sichtlochkarten größerer Kapazität.

Neben dieser direkten Verwendung als Speichermedium in der Dokumentation
dienten die Maschinenlochkarten weiterhin als eines der wichtigsten Zugangsme-
dien zur Übertragung von Informationen in EDV-Anlagen mit einer höheren Geschwindigkeit, als sie durch die handbetriebenen Kartenlocher (Schreibmaschinen-
geschwindigkeit) möglich war.

Erhebliche Nachteile der Maschinenlochkarten waren ihre Empfindlichkeit gegen
mechanische Beschädigungen und die Gefahr des Verlustes von Einzelkarten.

B 7.3.2   Lochstreifen

Nicht so flexibel, da praktisch nicht sortierfähig, aber als Eingabemedium in EDV-
Anlagen nützlich wegen ihrer leichten Einführung in normale Organisationsabläufe
in Dokumentationsstellen waren eine Zeit lang die Lochstreifen (Papierlochstreifen). Sie hatten eine Länge von 350 m und eine Breite zwischen 17,5 und 25,4 mm.
Mit Hilfe von Schreibmaschinen, denen mit Sondertasten zu bedienende zusätzliche
technische Einrichtungen zum Lochen angeschlossen waren, konnten im normalen
Arbeitsbetrieb einer Schreibmaschinenaufnahme Texte beliebiger Länge und Struktur auf die Lochstreifen übertragen werden. Für Buchstaben, Zahlen und Sonderzeichen, aber auch für die entsprechenden Maschinenfunktionen wie Groß- und
Kleinschreibung, Wagenrückläufe, Zeileneinschübe usw., wurden Kodierungen

quer zur Laufrichtung in 5 – 8 Spuren (Kanälen) in die Papierlochstreifen eingelocht.
Eine zusätzliche Transportlochung diente der Bewegung des Lochstreifens durch Zahnräder. In einem Lochstreifen von 350 m Länge konnten so bis zu 120.000 Zeichen gespeichert werden. Mit Lochstreifenlesern konnten die Lochungen abgetastet und die Kodierungen rückübersetzt werden und z.b. von einer angeschlossenen Schreibmaschine mit höherer als normaler Schreibgeschwindigkeit wieder ausgedruckt werden. Durch Ausstattung der Lochstreifenschreibmaschinen mit mehreren Lochern oder Lesern konnten Informationen auch von einem Lochstreifen auf einen anderen übertragen werden und z.b. wiederkehrende Informationen automatisch in den Lochstreifen eingespielt oder gesondert zu speichernde Sachverhalte (z.B. Deskriptoren) parallel auf Lochstreifen abgespeichert werden.
Auf diese Weise konnten die Lochstreifen z.B. zur Herstellung von Registern eingesetzt werden.
Ihr Nachteil war, erfaßte Daten nicht sortieren zu können, es sei denn, einzelne Datenfelder wurden durch Zerschneiden des Lochstreifens, manuelles Sortieren und Aneinanderkleben bzw. Einlesen in eine gewünschte Reihenfolge gebracht.
Der Hauptanwendungsbereich der Lochstreifen war die Übertragung von Informationen in EDV-Anlagen, da die Lochstreifen mit Geschwindigkeiten von bis zu 200 Zeichen pro Sekunde optisch gelesen werden konnten.

B 7.3.3   Magnetband

Eines der wichtigsten Speichermedien, auch für Information und Dokumentation, ist das Magnetband. Es ist ein Kunststoffband mit einer Länge von 730 m (Standardband) und einer Breite von 12,7 mm. In Magnetbandgeräten werden auf der magnetisierbaren Beschichtung mit einem Schreiblesekopf in 7 oder 9 parallel zum Band laufenden Spuren Daten als magnetisierte Punkte quer zur Laufrichtung aufgebracht. Wie beim Papierlochstreifen können Texte beliebiger Länge gespeichert werden, wobei je nach technischer Ausstattung die Datendichte zwischen 800 und 6.250 bpi (bit per inch) wechseln kann. Die Aufbringung der Daten auf das Magnetband erfolgt diskontinuierlich in Datenblöcken unterschiedlicher Länge, die durch Blocklücken voneinander getrennt werden. Das Beschreiben und das Lesen der Magnetbänder erfolgt mit einer Geschwindigkeit von mehreren Metern je Sekunde. Allerdings können die Magnetbänder (vorwärts und rückwärts) nur fortlaufend (seriell) gelesen werden, während ein Zugriff zu einzelnen Daten außerhalb der Reihenfolge, in der sie aufgebracht sind, nicht möglich ist. Die Schreib-Lese-Geschwindigkeit kann bis zu 1,2 Millionen Zeichen pro Sekunde betragen. Magnetbänder eignen sich insbesondere als Datenträger für die Datenerfassung, die Aufbewahrung von Daten und den Datenaustausch. Sie lassen sich einfach aufbewahren und transportieren.
In Magnetbanddiensten können umfangreiche Datensammlungen bzw. Datenbasen auf Magnetbändern in aufbereiteter Form Benutzern bzw. Datenbankbetreibern zur Verfügung gestellt werden, so daß eine dezentrale Nutzung der Informationen ohne Datenfernübertragung möglich wird.

B 7.3.4   Magnetkassette

Die Magnetkassette entspricht der allgemein bekannten Tonbandkassette und wird
vergleichbar dem Magnetband, wenn auch mit einfacherer Technik und langsame-
rem Arbeitstempo (bit-serielle Anordnung der Daten), eingesetzt. Die Kapazität beträgt bis zu 350.000 byte. Die Magnetbandkassetten sind besonders preiswert, leicht
handhabbar und für kleinere EDV-Systeme bewährt.

B 7.3.5   Magnetplatte

Die Magnetplatte ist eine beidseitig mit magnetisierbarer Beschichtung versehene
Metallplatte, die in gleicher Weise wie Magnetbänder beschriftet werden kann. Je-
doch erlaubt sie einen Zugriff zu einzelnen Daten in beliebiger Reihenfolge. Die in
Spuren angeordneten Daten können beim Umlauf der Platte mit Hilfe eines
Schreiblesekamms aufgebracht bzw. gelesen werden. Bei einer Umlaufgeschwindig-
keit von mehreren tausend Umdrehungen je Minute erfolgt ein Zugriff zu einzelnen
Daten in der Größenordnung von wenigen Millisekunden. Sie werden deshalb auch
als Direktzugriffsspeicher bezeichnet.
Magnetplatten können als Festplatten in eine EDV-Anlage eingebaut sein. Sie kön-
nen aber auch als Wechselplatten beliebig austauschbar, transportierbar und gesondert aufzubewahren sein. Die Speicherkapazität kann durch Anordnung als Plattenstapel bis zu mehreren Gigabyte (1 GB = 1073741824 bytes) gesteigert werden.
Entgegen dem nur in einer Richtung zu bearbeitenden Magnetband kann es bei der
Magnetplatte zu einer Überschreibung von vorhandenen Daten kommen, sofern
nicht Verfahren der Datensicherung eingesetzt werden.
Die auf Magnetplatte gespeicherten Daten können, wie auch bei anderen Magnet-
speichern, auf einem Terminal angezeigt oder mit Hilfe eines Druckers ausgedruckt
werden.

B 7.3.6   Magnettrommel

Die Magnettrommel ist ein heute nicht mehr häufig verwendeter Magnetspeicher,
der aus einer walzenförmigen, mit magnetisierbarer Oberfläche versehenen Metall-
trommel besteht. Durch Rotation der Trommel können ringförmige Spuren mit
Schreibleseköpfen beschrieben und wieder gelesen werden, wobei die schnelle Zugriffszeit von 5 – 10 Millisekunden der besondere Vorteil der Magnettrommel ist.
Im übrigen entspricht ihre Technik der einer Magnetplatte.

B 7.3.7   Diskette

Die Diskette, auch Floppy-Disk genannt, entspricht in ihrem Aufbau im wesentlichen einer Magnetplatte, jedoch ist sie von kleinerem Format (Standard-Diskette:
∅ 203,2 mm mit 77 Spuren). Sie erlaubt ebenso einen Direktzugriff wie die Magnetplatte, zeichnet sich aber durch ihre Kleinheit und Leichtigkeit und dadurch
leichtere Handhabbarkeit (Postversand!) aus, so daß sie sich als Datenerfassungs-

und Datenaustauschmedium, insbesondere bei kleineren Datenverarbeitungsanlagen, weitgehend durchgesetzt hat. Die Zugriffszeit zu Disketten liegt zwischen 150 und 350 Millisekunden, die Kapazität bei etwa 1 Megabyte (1 MB = 1048576 byte). Diskettenlaufwerke sind heute nicht nur bei Personalcomputern, sondern auch bei besser ausgestatteten Schreibmaschinen im Gebrauch.

B 7.3.8   Compact Disk/CD-ROM

Die in der Unterhaltungselektronik weitgehend bekanntgewordene Compact Disk (CD-Platte) hat in Form der CD-ROM (Compact Disk – Read Only Memory) erhebliche Bedeutung auch im Informations- und Dokumentationsbereich gewonnen. Ihre Vorteile liegen einmal in der optischen Speicherung von Informationen mit Hilfe der Lasertechnik und der dadurch möglichen erheblichen Erhöhung der Speicherkapazität von etwa 600 MB pro Platte.

Wie der Name sagt, kann die CD-ROM vom Endbenutzer lediglich gelesen werden. Dieser Nutzungsmöglichkeit geht ein umfangreicher Verarbeitungsprozeß voraus, bei dem eine vorhandene Datenbasis in ein Format umgesetzt wird, das für die Aufnahme auf eine CD-ROM geeignet ist (Premastering). Aus diesen Daten wird mit Hilfe der Lasertechnik eine Master-Platte erstellt, von der dann Kopien in beliebiger Zahl gezogen werden können, die dem Benutzer zur Verfügung gestellt werden. Die CD-ROM in ihrer gegenwärtigen Entwicklungsstufe eignet sich also für die Bereitstellung umfangreicher Datenbasen in einer leicht handhabbaren und praktisch störungsunanfälligen Form, da die auf den CD-ROM enthaltenen Daten vom Endbenutzer nicht verändert werden können. Die leichte Benutzbarkeit und das hohe Speichervermögen lassen die CD-ROM auch zur Bereithaltung umfangreicher Datensammlungen, wie Nachschlagewerke, Kataloge, Lexika und dergleichen dienen. CD-ROM-Lesegeräte können auf einfache Art und Weise selbst an kleine Personalcomputer angeschlossen werden. Problematisch ist, daß eine Ergänzung oder Aktualisierung auf CD-ROM vorliegender Datenbasen nur mit dem bereits genannten umfangreichen technischen Vorgang, d.h. durch Austausch der veralteten mit einer neuen CD-ROM, möglich ist. Eine kostengünstige Lösung dieses Problems wird sich nur bei hohen Auflagen der zu erstellenden Platten, d.h. bei sehr breiter Benutzung entsprechender Datenbasen, erreichen lassen.

Literatur

01. Arbeitshilfen für Spezialbibliotheken. Bd. 3: Information und Dokumentation (IuD). Berlin, Deutsches Bibliotheksinstitut 1986, 256 S. (dbi-Materialien 61)
02. Bartels, W.: Sichtlochkarten – Kerblochkarten, Vorteile und Grenzen beider Methoden bei der Karteibefragung, dargestellt am Beispiel einer Pflanzenschutz-Literaturkartei. In: Nachr. f. Dokum. 12 (1961) H. 3, S. 137 – 146.
03. Bartels, W.: Vergleiche der Wirtschaftlichkeit von Sichtloch-, Kerbloch- und Steilkarteien. In: Nachr. f. Dokum. 14 (1963) H. 2, S. 65 – 72.
04. Schulze, Hans Herbert: Das rororo computerlexikon, 3. Aufl. Reinbek b. Hamburg, Rowohlt Taschenbuch Verlag 1987.·410 S.
05. Trumpf, H.-J.: Die Lochkartenfibel. Hannover, EKAHA Edler & Krische 1975. 65 S.

B 8 Zugangsverfahren

Wolfgang Ratzek

B 8.1 Integrationsproblem

Die rasante Entwicklung auf dem Gebiet der Informations- und Kommunikationstechnologie (IuK) hat uns in den letzten Jahrzehnten eine Vielzahl von technischen Hilfsmitteln, mehr oder weniger gewollt, an die Hand gegeben, die es zu integrieren und zu bewerten gilt. Online-Datenbanken (auch Informationsbanken genannt), Bildschirmtext, CD-ROM, Expertensysteme, Mikrofiches können hier nur die Problematik andeuten. Für die Beschäftigten im Informationswesen (Informationsvermittler/-produzenten), aber auch für die Benutzer von Informationsdienstleistungen stellt sich nun die Frage, wie all diese Hilfsmittel genutzt und in einem IuK-Netzwerk integriert werden können. Das Ergebnis dieser Überlegung bringt eine Vielzahl neuer Publikationsformen hervor, die in Form von Dokumenten und anderen Daten-/Informationsträgern an Bedeutung gewinnen, da sie gegenüber Büchern und Zeitschriftenaufsätzen einen höheren Aktualitätswert besitzen, z.B. Kongreßschriften, Forschungsberichte (Reports), Patentschriften, Prospekte, Gutachten, sowie Publikationen auf Mikrofilm/-fiche, CD-ROM, Bildplatte. Ohne Zweifel können die Inhalte dieser Dokumente u.a. für Wissenschaftler, Mitglieder von Bürgerinitiativen, Geschäftsleute, Politiker von Bedeutung sein. Die Beschaffung dieser Publikationen bereitet jedoch zunehmend Schwierigkeiten, da diese kaum im offiziellen Verlagsprogramm vertreten sein dürften. Darüber hinaus kommt der harmonischen Einpassung neuer Publikationsformen in einem (EDV-gestützten) Medienverbund große Bedeutung zu. Gerade hier gewinnt die Arbeit der im Informationswesen Beschäftigten ein förderungswürdiges Profil, das sich − stark verkürzt − durch das Erfassen, Ordnen und Erschließen von Dokumenten aller Art sowie deren Nachweis formt. In diesem Zusammenhang könnten die öffentlichen Bibliotheken eine neue bedeutende Rolle spielen, die über den Bildungsauftrag hinausgeht, was hier nur generalisierend mit „Handlungsgrundlagen" angedeutet werden kann. (Lit. 03., S. 1 − 4; Lit. 08., S. 255 − 257; Lit. 11., S. 53 − 54; Lit. 12., S. 28 − 32 u. S. 34 − 39)

B 8.2 Zugangsprämissen

Nun wäre es denkbar, daß Benutzer daran interessiert sein könnten, ein eigenes IuK-Netzwerk aufzubauen, dessen Zentrale z.B. der Schreibtisch am Arbeitsplatz oder das „stille Kämmerlein" ist; dann gilt es, mindestens sechs Prämissen zu beachten:

− Es müssen räumliche Distanzen (vom Benutzer zu den informationsvermittelnden Stellen) überbrückt werden, d.h. Anwesenheit vor Ort, entweder persönlich oder durch Vermittlungstechnologie, wie sie bei Online-Datenbanken Voraussetzung ist (Telefon, Akustikkoppler/Modem, Computer, Kommunikationsprogramm);

- Der physische Zugang zum Informationspotential muß sichergestellt werden, z.B. durch
  Verträge (Paßwort, Benutzer-/Leseausweis), die u.a. die Nutzungsmodalitäten festlegen
  und in der Regel verhindern, das der Benutzer „vor verschlossenen Türen" steht;
- Der monetäre Zugang soll andeuten, daß es ein „freies Gut" Information nicht gibt, son-
  dern Information immer ein knappes Gut darstellt, das einen (subjektiven) Wert besitzt.
  So entsteht der Eindruck, daß z.B. Bibliotheken billig – da die Nutzung auf den ersten
  Blick ohne (direkte) Kosten verbunden ist – Online-Dienste i.d.R. teuer sind, da u.a. für
  Anschlußzeiten, Datennetze Gebühren zu entrichten sind (vertrauensbildende Maßnahmen müssen vom Wert der Informationsdienstleistung überzeugen, d.h. Benutzer müssen
  vorher das Gefühl eines Mangels haben, nachher das Gefühl, diesen kompensiert zu
  haben).
- Der intellektuelle Zugang zum Informationspotential ist insofern von Bedeutung, als hier
  die Benutzer – und ganz besonders die relativ unerfahrenen – eine mehr oder weniger
  vage Vorstellungen von den konkreten Produkten der informationsvermittelnden Stellen
  verinnerlicht haben; so weiß praktisch jeder, was ein Buch oder eine Zeitschrift ist. Anders
  verhält es sich dagegen bei Bezeichnungen wie Current-awareness-Dienste, Intermediary,
  Profildienste, State-of-the-Art-Report, Current content, Front-End-System, Gateway
  („Was bringt mir ein Current-awareness-Dienst?").
- Der direkte Zugriff (Zugang) auf bestimmte Dokumente muß möglich sein, d.h. ein
  Online-Dienst ist nur dann sinnvoll, wenn die entsprechende Retrievalsprache mehr oder
  weniger gut beherrscht wird; hier finden – unter gewissen Vorbehalten – Schulungs-
  maßnahmen und/oder Vermittler ihre Berechtigung.
- Der nutzenorientierte Zugang deutet an „daß das Suchergebnis in einen sinnvollen Zusammenhang mit dem intendierten Endprodukt (z.B. Vortrag, Dissertation, Reisepla-
  nung) gebracht werden muß, „kiloweise" bibliographischer Angaben nutzen hier wenig,
  wenn nicht verstanden wird, wie aus Daten Informationen generiert werden; deshalb ist
  der Haefnersche Computer-Führerschein eine sehr suspekt erscheinende Angelegenheit,
  suggeriert er doch einen Königsweg zum Erfolg, wo Algorithmen statt Kreativität gefragt
  sind.

B 8.3   Zugangsproblematik

Vor diesem Hintergrund können wir uns von der These leiten lassen, daß für Benutzer der Zugang zum Informationspotential entscheidend davon abhängt, inwiefern
sie in der Lage sind, die Kriterien für die Speicherung zu rekonstruieren und diese
in eine Suchstrategie umsetzen können. Oder anders gewendet: Der Sucherfolg
hängt in starkem Maße davon ab, inwieweit die speichernde Stelle über ein realitäts-
nahes Benutzermodell verfügt und der Benutzer ein Modell der speichernden Stelle
verinnerlicht hat. Bei der Breite des heutigen Informationsangebots ist es besonders
für Benutzer mit wenig Erfahrung im Umgang mit informationsvermittelnden Stellen fast unmöglich geworden, das gesamte Angebot zu überblicken und entsprechend einzuschätzen. Unter Berücksichtigung des Zeit- und Kostenfaktors wäre die
Einbeziehung eines professionellen Informationsvermittlers (Information Broker;
Intermediary; Information Consultant) durchaus anzuraten, die gegen Entgelt ein
mehr oder weniger befriedigendes Ergebnis vorlegen.

B 8.3.1   Benutzer

Benutzer werden bei der Inanspruchnahme von Dienstleistungen der informationsvermittelnden Stellen (z.b. Archive, Bibliotheken, Online-Datenbanken) von mehr
oder weniger konkret formulierbaren Informationsbedürfnissen geleitet. Da Informationstätigkeit jedoch in letzter Konsequenz immer dem Benutzer dient, muß bei
den im Informationswesen Tätigen auch eine irgendwie geartete Vorstellung von
Benutzerbedürfnissen existieren, eine sehr schwierige Angelegenheit (Lit. 08.,
S. 229; Lit. 10., S. 162 – 163). So kann es 'den' Benutzer im Grunde genommen
gar nicht geben. Viele Einrichtungen des Informationswesens können schon aus finanziellen Gründen nicht auf einzelne Benutzer eingehen und werden auch nur auf
Benutzergruppen konzipiert. Informationstätigkeit anderer (IuD-)Institutionen
kann sich dagegen – in begrenztem Umfange – den individuellen Informationsbe-
dürfnissen von Benutzern widmen. Grenzen sind allerdings dort gesetzt, wo ein Benutzer von den Mitarbeitern einer Stadtbibliothek die Zusammenstellung einer
Bibliographie zu einem Forschungsthema (z.B. laseroptische Speicher) erwartet.
Hier wären die Mitarbeiter der Technologiezentren oder Fachinformationszentren
(FIZen) bessere Ansprechpartner. (Zum Thema Benutzerforschung vgl. Kap. F 8.)

B 8.3.2   ,,Learning by doing''

Um die Zugangsproblematik zu Informationseinrichtungen näher zu umreißen,
lohnt es sich, immer einen kurzen Blick auf die altehrwürdige Bibliothek zu werfen
und hierbei ganz besonders auf das Regal, das wir als Ausgangspunkt unserer Überlegungen wählen. Das Regal als Aufbewahrungsort von Dokumenten wird hier –
in einem nicht-abwertenden Sinne – als naiver Zugang zum Informationspotential
gesehen. Von hier aus ist der Weg zum manuell erstellten Katalog und Registern
nicht mehr weit, wobei dann auch zugleich eine erste Abstraktionsstufe erreicht
wird. In der Folge ergeben sich durch das Vordringen neuer Informations- und
Kommunikationstechnologien die Möglichkeit, Kataloge, Bibliographien und andere Hilfsmittel EDV-gestützt anzubieten; damit wäre ein möglicher, nachvollzieh-
barer Übergang zu Online-Datenbanken aufgezeigt.
Bibliotheken bieten eine Vielzahl von Möglichkeiten, um Benutzer zu führen, um
ihnen den Weg zu weisen. Das Repertoire reicht hier von Piktogrammen (bildliches
Zeichen festgelegter, verständlicher Bedeutung), die möglicherweise auch zum
,,Stöbern'' (Browsing) anregen, über themenspezifische Listen, die über die entsprechende Signaturen auf einen bestimmten Teil des Bestandes hinweisen oder gar
einen groben Überblick über die Themenbereiche liefern, bis hin zu – selbstverständlich am Eingang präsentierten – Wegweisern, die in Form von Gebäudeplä-
nen zu den Abteilungen und Standorten (z.B. in verschiedenen Farben) eine Orientierung ermöglichen (Lit. 13., S. 428).
Das Regal kann wegen seiner (leichten) Überschaubarkeit als das am häufigsten benutzte Hilfsmittel zur Informationswiedergewinnung betrachtet werden. Unterstützenden Führung und eine sinnvolle Regalanordnung spielen für die Lokalisierung
von Dokumenten (Bücher, Zeitschriften, Filmstreifen, Poster, Schallplatten etc.)

eine wichtige Rolle. Nachteilig wirkt sich dagegen aus, daß Unikate eben nur an einer Stelle im Regal eingeordnet werden können, was besonders bei interdisziplinären Themen Probleme bereiten kann. Die Möglichkeit, das Dokument formal und inhaltlich direkt zu prüfen, ist ein Vorteil, den Kataloge nicht bieten können. Für kleine Sammlungen bietet sich zum Wiederauffinden die direkte Dokumentenanordnung an, wie z.b. in Buchhandlungen, kleinen Spezialsammlungen, kleinen öffentlichen Bibliotheken üblich. Hier verleitet die ,,Überschaubarkeit'' der Sammlung, das Dokument entweder direkt zu lokalisiern oder durch Browsing interessante Entdeckungen zu machen; ein eventuell vorhandener Katalog oder Index würde (ohnehin) nur in Ausnahmefällen benutzt. Große Sammlungen, z.b. eine Staatsbibliothek, lassen sich − wenn überhaupt − unter extrem hohem Zeitaufwand durch Browsing erschließen, mitunter genügt es den Benutzern, eine bestimmte Unterabteilung, z.b. Nordische Philologie, zu erschließen, was dann durch Browsing geschehen kann (Lit. 13., S. 419−420). In der Universitätsbibliothek der Freien Universität Berlin werden die Bücher nach dem Numerus-currens-Verfahren in die Regale eingeordnet, so daß es ein Leichtes ist, die Neueingänge unter Kontrolle zu halten, während Werke von einem Autor oder spezielle Themenbereiche über mehrere Etagen verteilt sind und nur über die Kataloge zusammenzuführen (bibliographic copling) sind.

B 8.3.3   Vom Regal zum Katalog

Dokumentsammlungen, die so umfangreich sind, daß sie nicht mehr über das Browsing erschlossen werden können, benötigen Kataloge und Indizes. Die wichtigste Funktion eines Bibliothekskatalogs ist darin zu sehen, daß der Benutzer in der Lage versetzt werden soll, ein Dokument zu finden, von dem er den Titel oder Autor kennt. Ferner muß ein Katalog nachweisen, was in der Bibliothek von einem bestimmten Verfasser und welche Dokumenten von einem bestimmten Autor die Bibliothek besitzt. Der Weg von Dokument/Regal zum Katalog/Index ist ein entscheidendes Ereignis, da sich hier der Benutzer von der physischen Präsenz der Dokumenten auf eine abstrakte Betrachtung einläßt, die dann über die Kataloge bis hin zur Nutzung von Online-Datenbanken führen kann und sollte. Bei diesem Übergang − vom Konkreten zum Abstrakten − benötigen Benutzer Hilfestellungen, die selbstverständlich auch für den erfahrenen Benutzer, dann vielleicht auf einem anderen Niveau, angeboten werden sollte. EDV-gestützte Suchsysteme haben hierfür in der Regel die ,,help''-Funktion. Auf dieser Ebene wird es dann für die Benutzer sinnvoll, über Ordnung und Systematik nachzudenken (Lit. 13., S. 429).

B 8.4   Speicher

Die Zugangsproblematik besteht u.a. darin, ein Suchverfahren zu finden, das den gezielten Zugriff auf die im Speicher abgelegten Dokumentarischen Bezugseinheiten (DBE), die Originale oder die Dokumentationseinheiten (DE), die reduzierten Abbilder von DBEs, ermöglicht. Daß die Speicher von den verschiedenen informationsanbietenden Institutionen auch verschieden angelegt sind, könnte als Leitthese dienen. Auf einer Makroebene sind hier zuerst gedruckte Dienste und Online-Dienste (inkl. Offline-Dienste), die vielleicht auch als Bildschirmdienste bezeichnet werden könnten, die durch Btx, Videotext ergänzt werden.

Eine Analyse des Prozesses der inhaltlichen Erschließung von Dokumenten hätte zumindest drei Teilkomplexe zu berücksichtigen, die durch menschliche Aktivitäten initiiert werden. Für die speichernde Stelle stellt sich das Problem so dar: Der Dokumentar als Bearbeiter der Dokumente schaltet sich vermittelnd zwischen den Urheber von Dokumenten und den Dokumenten nachfragenden Benutzer ein. Der Dokumentar muß somit für die Indexierung den Inhalt des Dokumentes verstehen und gleichzeitig den nicht selten unscharf formulierten Anfragen der Benutzer im Einklang mit den Dokumenten bringen. Der Verstehensprozeß wird dadurch erschwert, weil alle am Kommunikationsprozeß beteiligten Partner sich einer natürlichen Sprache bedienen, die u.a. uneindeutig ist, also auch Mißverständnisse (durch Konnotation) hervorrufen kann (Lit. 15., S. 14). Eine erfolgreiche Suche in einem Dokumentationssystem hängt auch immer von der Mächtigkeit der systemspezifischen Dokumentationssprache ab, die sowohl der Inhaltserschließung als auch der Formulierung von Suchfragen dient (Lit. 10., S. 248).

Hier wäre dann der Ort, um näher auf eine Ordnung, Systematik oder Klassifikation einzugehen, die den gezielten Zugang zum Speicher und den darin abgelegten DE/BDE erleichtert.

B 8.5   Ordnung

Gezieltes Wiederfinden bedarf einer gewissen Ordnung (Zufall und Chaos; ,,dissipative Struktur'' wird hier eher als Impulsgeber für Ordnung denn als Ordnungskriterium gesehen). In der Bibliothek spiegelt sich diese Ordnung in den Katalogtypen wider, die eine Systematik repräsentieren. Durch eine gewisse Ordnung ergibt sich eine gewisse Struktur, die dann wiederum für die Informationswiedergewinnung (Retrieval) von außerordentlicher Bedeutung ist.

Das Ordnungssystem bestimmt in einem ganz entscheidenden Maße den Aufbau und Nutzen des ,,Dokumentenspeichers'', der die physikalische Schnittstelle zwischen Benutzer und informationsvermittelnder Einrichtung bildet. Der Zugang zum Dokumentenspeicher wird über Dokumentationssprachen ermöglicht, wobei die Technik des Indexierens bzw. Klassifizierens den mehr intellektuellen Zugang definiert. Es leuchtet ein, daß physikalische und intellektuelle Systeme einander beeinflußen (Lit. 10., S. 326).

B 8.5.1   Systematik

Die Vielfalt von Welt kann nur annäherungsweise, also immer unvollständig, erfaßt werden, was auch in den IuK-systemen zum Ausdruck kommt − spätestens dann, wenn sich Informationsanbieter und/oder Benutzer frustriert über Nachfrage bzw. Angebot zeigen. Dennoch wäre es falsch, das gesamte Informationswesen abzulehnen. Die Benutzer täten jedoch gut daran, skeptischer im Umgang mit informationsvermittelnden Stellen zu sein, die Problemlösungen in Fließfertigung unter dem Motto ,,Wir lösen Probleme!'' versprechen. Wenn die Einlösung des Versprechens allein auf Exploitation von Online-Datenbanken beruht, dann kann es nicht verwundern, daß die Benutzer ausbleiben. Diese überkommene Philosophie einer Informationsvermittlung verrät einen kohärenztheoretischen Ansatz (logische Konsistenz), der ein geschlossenes, starres System offenbart. Nicht die Akzeptanz derartiger informationsvermittelnder Stellen sollte gefördert werden, sondern die Bewährung der offerierten Dienstleistungen.

Wie wir aus der Lehre vom Zusammenwirken (Synergetik) und der Theorie der dissipativen Strukturen ableiten können, ist Chaos als ein dynamischer Prozeß zu sehen, der durchaus zu Ordnungsstrukturen führen kann, die jedoch einem steten Wandel unterworfen sind. Mit anderen Worten: Ordnung durch Fluktuation. Vor diesem Hintergrund entspricht eine systematisierte Ordnung, wobei dann auch immer eine gewisse starre, inflexible Komponente mitschwingt, schon eher dem traditionellen Denken des Menschen. Wandel ist somit nur schwerlich durchzusetzen (,,wir haben das doch immer so gemacht!''). Konflikte gehören somit zum Alltag. Auf eine gängige Formel gebracht: Innovation ja, aber nicht bei uns!

Eine Systematik oder Klassifikation muß bereits vor Beginn der Dokumentenaufnahme vorliegen. Systematiken sollten flexibel angelegt sein, so daß bereits ,,vollendete'' Systematiken den Anforderungen des Fortschritts standhalten können. Das heißt dann auch, daß die systematische Erschließung des menschlichen Wissens eben die Perspektive eines Menschen voraussetzt, dessen Blickwinkel die Ordnungsstrukturen bestimmen, so wird z.B. ein Philosoph oder Ägyptologe anders an diese Aufgabe herangehen als ein Informationswissenschaftler oder Informatiker. Selbst die Herangehensweise von Informationswissenschaftlern unterscheidet sich von denen der Informatiker. Während die große Chance für Informationswissenschaftler darin liegt, daß sie das gesamte Informationsspektrum für ihre Informationstätigkeit nutzen, z.B. Bibliotheken, Online-Dienste, Museen, Messen und Austellungen, nutzen Informatiker (Computerwissenschaftler) im Informationswesen digitalisierte Informationsdienste (z.B. Datenbanken, Expertensystemen, CD-ROM, Btx) eben nur einen Ausschnitt des Informationspotentials. Eine verstärkte informationswissenschaftliche Öffentlichkeitsarbeit, die dann auch fächerübergreifend sein muß, wäre wünschenswert.

In einer Systematik wird der Versuch unternommen, ähnliche oder gleiche Sachverhalte oder Objekte in Klassen zusammenzufügen. Dieses Vorhaben kann jedoch nur dann mehr oder weniger erfolgreich sein, wenn bereits Vorstellungen von möglichen Klassen (,,Schubladen'') existieren, was nichts anderes bedeutet, als daß es auf die Perspektive ankommt. Somit haben Systematiken auch immer eine subjektive Basis, die durch Auswahl und Einteilung aufgespannt wird (Lit. 10., S. 303 – 304).

So könnte eine Systematik als der Versuch verstanden werden, mit einem technischen (d.h. konstruierten) System eine Einteilung von Wissensgebieten anzubieten, in dem die Zusammenhänge von einer Makroebene (Disziplinen) bis hin zu einer beliebig fein strukturierten Mikroebene (spezielle Begriffe) gegliedert wird. Die hieraus resultierenden Systemgruppen oder Systemstellen (,,Schubladen'') werden in der Regel durch eine Folge von Buchstaben und/oder Ziffern bezeichnet. Eine so bezeichnete Buchstaben/Ziffern-Folge wird Notation genannt, während die Begriffe die Klassifikation ausmachen. Hier wird dann auch deutlich, daß ein Unterschied zwischen Notationssystem und Klassifikationssystem existiert, der jedoch nicht immer auseinandergehalten wird. Da die Begriffe der Klassifikation in einem Abhängigkeitsverhältnis stehen, wird diese Systematik ,,hierarchische Klassifikation'' genannt. Des weiteren sollte erwähnt werden, daß nicht das Notationssystem die Ordnung schafft, sondern das Klassifikationssystem (Lit. 10., S. 303 – 304, S. 309 – 310; Lit. 08., S. 123 – 125; Lit. 16., S. 16). Eine derart formale Sprache (Notation) hat den Vorteil, daß nunmehr auch problematische Benennungen, wie sie z.B. in Statistiken, chemischen Formeln vorkommen, elegant bearbeitet werden können. Die unterschiedliche Länge und nicht eindeutige Benennungen können durch ein Notationssystem umgangen werden, was außerdem für den Aufbau eines EDV-gestütztes System förderlich ist. Die Zuteilung von Nummern für Deskriptoren eines Thesaurus-Systems ist ein weiteres konkretes Beispiel für den Einsatz von Notationssystemen. Damit kann das Problem der Synonymie und Polysemie (Homonyme) angegangen werden, so erhalten z.B. Polyseme dieselbe Notation, was besonders beim EDV-gestützten Retrieval einige Vorteile bietet, da beim Indexieren und Recherchieren nunmehr die Vorzugsbenennungen verwendet werden (Lit. 10., S. 310).

Dokumente mit interdisziplinärer Thematik müssen dementsprechend auch z.B. im Systematischen Katalog zwei- oder mehrmalig verzeichnet sein, was eben durch die Vergabe von entsprechenden Notationen symbolisiert wird. Während das Buch im Regal steht, also einen fest fixierten Standort besitzt, ist der symbolische Zugang über den systematischen Katalog flexibler gestaltet. Die Problematik der Systematisierung des Weltwissens wird bereits dadurch deutlich, daß bisher keine allgemeingültige und akzeptierte Systematik existiert. Neben eigenen (,,selbstgestrickten'') Systemen existieren auch einige prominente Systematiken, z.B.

– die international verbreitete Dezimalklassifikation (DK), die das menschliche Wissen in zehn Hauptgruppen einteilt und diese jeweils als Ausgangspunkt für eine Feingliederung wählt;
– die Allgemeine Systematik für Öffentliche Bibliotheken (ASB), die in der Bundesrepublik von Öffentlichen Bibliotheken verwendet wird, geht im Gegensatz zur DK von 22 Hauptgruppen aus, die mit Großbuchstaben gekennzeichnet werden;
– die Facettenklassifikation beruht auf dem ,,Prinzip der perspektivischen Ordnung'' (Lutterbeck), das durch die Aufgabe der Monohierarchie zu Gunsten einer ,,freien'' Kombination von Einzelbausteinen zu einem geeigneten Begriffskomplex (Facetten) charakterisiert ist (Lit 08., S. 123 – 125, 128 – 129; Lit. 10., S. 339 – 341).

B 8.5.2   Indexieren

Das Verfahren des Indexieren läuft im Prinzip darauf hinaus, daß jeder als sinnvoll erachteten, inhaltlichen Einheit eines Dokuments Bezeichnungen zugeordnet werden, diese können z.B. Stichwörter, Schlagwörter, Notationen im Rahmen eines Klassifikationssystems, Deskriptoren eines Thesaurus sein. Bei der Anlage der Suchstrategie verknüpft der Benutzer eine Reihe von Bezeichnungen, die dann auf die Begriffe in den entsprechenden Dokumenten verweisen (Lit. 10., S. 427). Diese Verknüpfung ist jedoch nicht unproblematisch, da objektiv nicht angebbar ist, bis zu welchem Grad bei der Prä-Koordination (die Vorher-Verknüpfung), also bei der Inhaltserschließung durch den Dokumentar, die Zerlegung von Komposita in sinntragende Begriffe sinnvoll ist, da bei der Post-Koordination (die Nachher-Verknüpfung), also im Suchprozeß durch den Benutzer, auch irreführenden Begriffe möglich sind. Hier hat sich eine Synthese aus Präkoordination und Präkombination (,,Komposita" einer Dokumentationssprache) hilfreich erwiesen. Letztere Vorgehensweise erlaubt die Benutzung von Komposita und/oder Phrasen (Lit. 10., S. 264 − 265; 416 − 417; Lit. 15., S. 56).

Mit PRECIS (Preserved Context Index System) ist z.B. ein EDV-gestütztes, intellektuelles − aber kein automatisches − Indexierungssysteme verfügbar, das die Integration moderner IuK-Technologien fördert. Das für die englische Sprache ausgelegte System, das nicht für die Online-Recherche eingesetzt wird, ist inzwischen auch für das Deutsche abgesichert. Es handelt sich somit um ein Indexierungswerkzeug, das zur Erleichterung der Arbeit von Indexierern beiträgt, da sie z.b. immer noch für Inhaltsanalyse, Erfassung der sinntragenden Komponenten des Dokumentes und Formulierung der PRECIS-Stränge (eine Art Schlagwortkette), Bestimmung der Termini, unter denen Einträge erfolgen sollen, die Verantwortung tragen. PRECIS verfolgt den neuen Ansatz der linguistischen Grundlage vom Typ präkoordinierende alphabetische Sachklassifikation mit Mehrfachzugriff auf die im Dokuments gespeicherten Inhalte. Präkoordination ist hier jedoch nicht mit der Starrheit einer Standardzitierung zu sehen, wie sie bei der traditionellen Schlagwortmethode verbunden ist. Neue Termini können jederzeit aufgrund eines ,,offenen Vokabulars" aufgenommen werden, wobei gleichzeitig ein EDV-gestützter Thesaurus zur Vokabularkontrolle empirisch aufgebaut wird. Seit mehr als zehn Jahren wird PRECIS genutzt und entwickelt sich in zunehmenden Maße als eine methodische Grundlage zur Vereinheitlichung der Sachkatalogisierung (Lit. 01., S. 264, 266 − 267; Lit. 02., S. 333 − 334; Lit. 09., S. 305).

B 8.6   Register

Ein Register ist ein auf einen Datenträger, z.B. Papier, Mikrofilm o.ä. fixierte Anzahl von Bezeichnungen, die unter anderen Gesichtspunkten geordnet sind als die dazugehörige Sammlung. Mit diesem Hilfsmittel wird die Möglichkeit eines anderen Zugangs zur Sammlung eröffnet, ohne die Sammlung selber umzustrukturieren. Obwohl eine gewisse Ähnlichkeit mit z.B. einem Inhaltsverzeichnis festzustellen ist, ist die Konzeption eines Register jedoch anders. Während ein Inhaltsverzeichnis eine extrem reduzierte inhaltliche Darstellung einer zugehörigen Aufzeichnung ist, z.B. eines Buches, die dem gleichen Ablaufschema folgt wie das Dokument, verweist ein Register auf die Fundstelle. Ein Register ist immer als ein abhängiges Dokument zu einer Aufzeichnung aufzufassen (Lit. 10., S. 427 − 428; Lit. 15., S. 177).

Die Erschließung eines Dokuments mittels Register bietet für die Benutzer einige Vorteile, da hierdurch relevante Sachverhalte relativ schnell und unkompliziert erschlossen werden können. Somit können – je nach Bedarf – entsprechende Register angelegt werden, z.B. Personenregister, Sachregister, Register chemischer Verbindungen (Lit. 10., S. 179 – 181). Weitere Beispiele:

* Das Alphabetische Schlagwortregisters ist ein wichtiges Hilfsmittel zur Erschließung des Systematischen Katalogs, da darin zu jedem Schlagwort die passende Notation des Systematischen Katalogs verzeichnet ist. Mit Hilfe des Schlagwortregister läßt sich die Systemstelle orten, an der die gewünschte Literatur registriert ist (Lit. 08., S. 124).

* Das Zitierungsregister präsentiert gegenüber konventionellen Hilfsmitteln ein interessantes Informationsmittel zur Datensuche, da hier nicht formale oder inhaltliche Merkmale der Dokumente im Vordergrund stehen. Der Science Citation Index (SCI), der Social Science Citation Index (SSCI) und der Arts and Humatities Citation Index (alle vom Institut for Scientific Information/USA erarbeitet), die sowohl in gedruckter Version wie auch als Online-Version verfügbar sind, geben u.a. Auskunft darüber, wer wen in welchem Aufsatz zitiert hat. Damit ist dann auch schon der Grundgedanke eines Zitierungsregister angedeutet: Die Stellung einer wissenschaftlichen Arbeit wird u.a. auch dadurch demonstriert, in dem sie in anderen Arbeiten zitiert wird. Es liegt der Schluß nahe, daß ein Dokument, das ein anderes zitiert, auch in einem inhaltlichen Zusammenhang mit diesem steht (Lit. 10., S. 182 – 183; Lit. 13., S. 331 – 336). Gegenseitiges Zitieren erzeugt jedoch eine künstliche Popularität. Ferner ist auch denkbar, daß relevante Arbeiten nicht wahrgenommen werden, weil eine Integration eine ,,Störung'' des wissenschaftlichen Alltags bedeuteten könnte. In den sog. ,,Orchideenfächern'', in denen nur wenige Wissenschaftler über ein oder zwei Publikationsorgane herrschen, stellen die publizierten und zitierten Arbeiten nicht immer den propagierten Fortschritt dar.

B 8.7   Benutzeroberfläche

Wenn man sich mit benutzerfreundlichen IuK-Systemen beschäftigt, kann und darf es nicht ausbleiben, ein sinnvolles Design für die Benutzeroberfläche dieser Systeme zu entwickeln, damit eine leichte und effektive Kommunikation möglich wird, d.h. konkret: eine Schnittstelle (Interface) zwischen Mensch und technischem System derart zu definieren, daß das technische System dem Menschen untergeordnet ist und nicht umgekehrt. Der zunehmende Einsatz von EDV-gestützten IuK-Systemen in z.B. öffentlichen Bibliotheken erfordert nicht nur technisches Know-how, sondern ein Feingefühl dafür, daß durch bessere Technik noch lange kein besserer Service für die Benutzer (Leser) entsteht. (,,Wenn die Computer ausfallen, hat die Ausleihe Pause''). Somit kommt sowohl der Hardware- wie der Software-Ergonomie (z.B. Dialogsprachen) eine bedeutende Rolle zu.
Eine Dialogsprache sollte so nah wie möglich an die natürliche Sprache angelegt sein, da sie entscheidend dazu beiträgt, ob ein System in Stunden, in Tagen oder erst durch einen Lehrgang genutzt werden kann. Das Angebot an entsprechenden Lehrgängen und Seminaren ist reichhaltig und teuer, so daß der Eindruck entstehen könnte, daß hier zusätzliche Einnahmequellen erschlossen werden. Wenn dann schon von Benutzeroberfläche die Rede ist, dann sollte auch die Benutzerführung nicht zu kurz kommen, die dem Benutzer zeigt, welche Optionen für das weitere Vorgehen offenstehen. Hierbei sollte nicht außer acht gelassen werden, daß vielleicht die Mehrzahl der Benutzer nicht in die Sparte ,,Profis'' gehören; dies gilt

selbstverständlich auch für die Autoren von Benutzerführern und Datenbanken-Handbüchern (Lit. 03.; Lit. 06., S. 26, 29; Lit. 05., S.134; Lit. 11.).

B 8.8   Benutzerführung

Während die Benutzerführung in Bibliotheken bereits zu Beginn dieses Abschnitts angesprochen wurde, sollen an dieser Stelle mit ,,Bildschirmmaske'' ,,Menü'', ,,Front-End-Software'', ,,Benutzerschulung'' und ,,CBT'' fünf Verfahren der Benutzerführung (z.t. auch etwas ausführlicher) angesprochen werden, die im EDV-Bereich von Bedeutung sind:

– Eine Bildschirmmaske (oft nur ,,Maske'' genannt) ist ein auf dem Bildschirm dargestelltes Formular, in das Daten eingetragen werden können.
– Ein Menü präsentiert ein Set von Auswahlmöglichkeiten/Optionen, die durch Betätigung der entsprechenden Taste, z.b. eine Anzahl von Operationen, Instruktionen, Funktionen auslösen, um Benutzer auf eine andere Ebene zu setzen, auf der weitere Optionen angeboten werden. Mit Hilfe der Menütechnik lassen sich benutzerfreundliche, benutzerführende und selbsterklärende Programme aufbauen, die im Dialogbetrieb arbeiten.
– Unter ,,Front-End-Software'' ist eine Terminal-Software-Emulation (d.h. Nachbildung von z.b. Funktionen) zur Unterstützung von Online-Datenbanken-Recherchen, z.b. Offline-Vorbereitung von Suchprofilen, automatisches Log-on.
– Mit der Benutzerschulung wurde ein Weg eingeschlagen, der, einmal abgesehen von Kursen, die nicht immer ihr Geld wert sind, eine Methode entwickelt, die eine systematische und intensive Einführung in die Benutzung eines konkreten IuK-Systems vermittelt, z.B. einer bestimmten Datenbank, einer bestimmten Bibliothek oder eine prinzipielle Einführung in die Online-Recherche. Nicht selten wird bei der Vermittlung der Inhalte das breite Spektrum audiovisueller Medien (z.b. Video, Dias und Tonband, Bildplatte) eingesetzt.
– Mit CBT (Comupter Based Training) wird der Einsatz von EDV-gestützten (Lehr-) Programmen (i. w. S.) signalisiert, die Benutzer mit Hilfe eines Mikrocomputers abrufen können. Mit CBT können Benutzer interaktiv den Umgang mit den verfügbaren Informationsmitteln wie Bibliographien, Kataloge, Nachschlagewerke simulieren. Angesichts der Euphorie, die durch das von Weizenbaum entwickelte ELIZA-Programm ausgelöst wurde, ist eine gewisse Skepsis angebracht. Lernprogramme sollten im Informationswesen sollten immer nur als ein Mittel zur Vorabinformation oder zum Abbau von Schwellenängsten eingesetzt werden (,,erst 'mal gucken, was die so machen!''). Benutzerfreundlichkeit sollte nicht mit Konditionierung im Sinne von Pawlow und Skinner verwechselt werden.

B 8.9   Retrieval

Überall dort, wo Dokumente physisch abgelegt (gespeichert) werden, sollte man sich auch rechtzeitig über deren Wiederauffinden Gedanken machen. Es nutzt nichts, wenn das betreffende Dokument per Zufall wieder auftaucht, sondern der Zugriff auf das Dokument sollte ,,jederzeit'' möglich sein. Handelt es sich um eine geschlossene Sammlung, ist die Frage nach einem hilfreichen Ordnungsprinzip nicht so akut, da z.B. der Bibliothekar, der i.d.R. ausreichend mit den organisatorischen Gegebenheiten vertraut ist, als Intermediary (Mittler) zwischen Benutzer und Speicher i.d.R. keine Probleme mit der Lokalisation von Dokumenten hat. Allgemein zugängliche Sammlungen stellen dagegen ein Problem dar, da von den Benutzern erwartet wird, daß sie das Dokument selbst lokalisieren. Hier muß das Ordnungsprinzip so gestaltet sein, daß es selbsterklärend ist, was eigentlich nur bedeuten kann, daß es auf die Art und Weise abgestimmt ist, wie Benutzer Dokumente suchen. So wäre z.b. zu berücksichtigen, daß möglicherweise Dias sachbezogen (Berlin-Dias) und Periodika titelbezogen (Nachrichten für Dokumentation) bestellt werden. Somit werden Sachtitel bzw. Notation zu Ordnungskriterien der entsprechenden Dokumente. Eine plausible, transparente Ordnung ist nicht nur für die Ortung der spezifischen Dokumente wichtig, sondern soll nach Möglichkeit auch das „browsing" des Benutzers unterstützen, dabei können gemeinsame Merkmale der Dokumente, wie z.B. Verfasser, Titel, Erscheinungsjahr, durchaus hilfreich sein (Lit. 13., S. 419)

Unter Information Retrieval (IR) wird ein EDV-gestütztes Verfahren verstanden, das aufgrund von Algorithmen das gezielte Suchen und Auffinden von Informationen in einem EDV-Speicher während eines Datenverarbeitungsprozesses unterstützt. IR-Strategien können fast fast allen erdenklichen Suchkriterien aufgebaut werden, so z.B. nach Titel, Autor, Zeitraum, Kurzreferat (Abstract), Dokumententext (Volltext). Mit Online- und Offline-Systemen sind zwei verschieden operierende IR-System verfügbar: Bei den nicht-dialogfähigen Offline-Systemen vollzieht sich der Suchlauf, der aufgrund einer Suchfrage initiiert wurde, ohne Eingriffsmöglichkeiten von seiten des Benutzers. Eine flexiblere Handhabung wird durch Online-Systeme erzielt. Diese dialogfähigen Systeme ermöglichen einen modifizierten Direktzugriff auf bestimmte Elemente der durchsuchten Datei, d.h. ein Rechercheergebnis kann unmittelbar direkt verfeinert werden (Lit. 08., S. 256; Lit. 10., S. 188 – 189).

Seit etwa zehn Jahren werden IR-Systeme für Spezialbibliotheken und anderen Informationseinheiten entwickelt, die die Vorteile der EDV u.a. für das Indexieren, für Current-awareness-Dienste (Bulletin, Selective Dissemination of Information (SDI)) ausnutzen. Viele der seinerzeit eingesetzten IR-Systeme waren lediglich als Rationalisierungsinstrument für manuelle Techniken konzipiert, z.B. Katalogisierung. Gleichzeitig boten IR-Systeme eine gewisse Kontrolle über größere Informationsmengen, als sie bei manuell-mechanischen Systemen möglich war, die ein Sieben und die Weiterleitung des Ergebnisses an die Benutzer ermöglichte, und das relativ kostengünstig. Der bedeutendste Vorteil dieser Systeme ist darin zu sehen, daß einmal gespeicherte Daten (Input) durch Kopieren, Kombinieren oder Neuanordnen für eine Reihe von spezialisierten Produkten genutzt werden können. Der Schluß liegt nahe, Software-Pakete zu entwickeln, die den Aufbau von z.B. Online-Katalogen ermöglichten (Lit. 13., S. 381 – 382).

Es lassen sich die unterschiedlichsten Anlässe aufzählen, die den sinnvollen Einsatz von Online-Datenbanken rechtfertigen:

* Jemand möchte wissen, was von einem bestimmten Autor oder zu einem bestimmten Thema veröffentlicht wurde.
* Ein Vollständigkeits-Vergleich oder eine Ergänzung der in Bibliotheken recherchierten Literatur durch eine entsprechend ausgerichtete (z.B. deutschsprachige Länder) Online-Recherche.
* Unternehmer könnten Firmenauskünfte einholen, Markt- und Patenrecherchen in Auf-

trag geben, die zum Ausloten von Absatzchancen innovativer Produkte, Verfahren und Dienstleistungen nützlich sein könnten.

Um ein befriedigendes Rechercheergebnis zu erzielen, bedarf es jedoch einer sorgfältigen Vorbereitung der Suchstrategie. Nicht selten ist der Laie oder der sporadische Benutzer von Online-Datenbanken mit dem Angebot überfordert. Hier kommen dann die informationsvermittelnden Instanzen in das Spiel, z.B. Fachinformationszentren, Information Broker. Besondere Beachtung für einen allgemeinen Zugang zu öffentlich zugänglichen Informationspotential sollten hier – wie bereits erwähnt – die öffentlichen Bibliotheken erhalten (Lit. 03.; Lit. 11.).

Für den Benutzer von Relevanz ist die Bedieneroberfläche einer Datenbank, die durch ein Datenbankmanagementsystem (DBMS) definiert ist, das mittels programmierter Verfahren den Aufbau und die Pflege von Datenbanken sowie den inhaltlichen Zugriff auf Datenbanken unterstützt. Von besonderer Bedeutung sind hier die Datenbeschreibungssprache und die Datenmanipulationsprache (Lit. 04., S. 312).

Heute ist ein breites, expandierendes Spektrum von Online-Datenbanken verfügbar (weltweit etwa 4.000). Nicht selten haben Datenbanken ein gedrucktes Äquivalent. Es lassen sich zwei Typen von Datenbanken unterscheiden: Die bibliographischen Datenbanken und die nicht-bibliographischen Datenbanken (Lit. 13., S. 373).

* Bibliographische Datenbanken ermöglichen die Suche nach Verweisen auf Dokumente, z.B. Zeitschriftenartikel, Konferenzberichte, Bücher, Dissertationen, Patente. Z.B. INFO-DATA, die Datenbank für Informationswissenschaft und -praxis, die nach Auflösung der GID wahrscheinlich beim FIZ Technik aufgelegt wird (Lit. 07., S. 8).
* Nichtbibliographische Datenbanken liefern
  – Fakten, z.B. BIFOS, die (Fakten-)Datenbank des Bundesministerium für Jugend. Familie, Frauen und Gesellschaft (BMJFFG) in Kooperation mit DIMDI (Deutsches Institut für medizinische Dokumentation und Information) zur Drogenproblematik (Lit. 07, S. 8), und
  – Volltexte, z.B. GENIOS-Wirtschaftsdatenbanken, die u.a. das Handelsblatt oder die Wirtschaftswoche online verfügbar halten.

Selbst wenn ähnliche Themengebiete abgedeckt werden, so wird es kaum zwei identische Datenbanken geben. Gerade deshalb ist die vergleichende Evaluierung des Leistungsspektrum von Datenbanken von immenser Bedeutung. Der Informationsvermittler, oder besser: der Information Consultant, findet hier seine Basis für vertrauensbildende Maßnahmen gegenüber seinen Auftraggebern. Die ideale Datenbank gibt es nicht, auch nicht die Datenbank, die für alle Benutzer ein maßgeschneidertes Informationspaket schnürt. Realistischer ist da schon, daß mehrere Datenbanken konsultiert werden.

Eine Vereinheitlichung von Kommandosprachen wäre z.B. eine benutzerfreundliche Maßnahme. Da Hosts mit verschiedener Retrieval-Software arbeiten, ist die Wahrscheinlichkeit groß, daß auch verschiedenen Kommandosprache eingesetzt werden, die von den Benutzern beherrscht werden müssen. Haben dann auch noch Kommandos bei den jeweiligen Hosts andere Bedeutungen, ist die Verwirrung perfekt (Lit. 13., S. 373). Ob Standardisierungsbemühungen auf breiter Front erfolgreich sein werden, sei dahingestellt, da Hosts auch mit Schulungsseminaren Umsatz erzielen können.

Mit der EURONET Common Command Language (CCL) ist ein erster Schritt getan. Einige Datenbankenproduzenten und Hosts haben die CCL akzeptiert. Die
CCL basiert auf einem von Negus ausgearbeitetem Set von vierzehn Kommandos,
das in jeder Online-Kommandosprache enthalten sein sollte. Diese Kommandos
sind:

* CONNECT (Log-on-Prozedur);
* BASE (Auswahl der Datenbasis);
* FIND (Suchen von Zielinformationen);
* DISPLAY (Ausgabe von Suchbegriffen);
* RELATE (Ausgabe logisch verwandter Begriffe);
* SHOW (Ausgabe von Zielinformationen);
* PRINT (Druckauftrag);
* FORMAT (Ausgabe Formatspezifikationen);
* DELETE (Löschen von Profiltabellen oder -einträgen);
* SAVE (Sichern von Profiltabellen);
* OWN (Benutzung eines systemspezifischen Kommandos, falls System auf ein CCL-Kom-
  mando reagiert);
* STOP (Beendigung des Dialogs);
* MORE (Fortsetzen der Ausgabe);
* HELP (Anforderung von Dialogunterstützung) (Lit. 13., S. 372).

Darüber hinaus bietet die CCL weitere normierte Such- und Anzeigenkommandos,
die für eine Retrievalsprache unerläßlich sind, z.B. AU = Author, TI = Titel,
AB = Abstract etc. Weitere Zugriffsmöglichkeiten, die durch Retrievalsprachen
abgedeckt werden, sind: SO (Quelle) = Zeitschrift, Monographie usw.), LA =
Sprache, CT = Thesaurus, SH/FT = Schlagwort/Stichwort (Lit. 14., S. 18).
Unter bestimmten Voraussetzungen könnten Mailboxen und Bildschirmtext (Btx)
als Ergänzung des Online-Datenbanken-Spektrums gesehen werden.

* Mailboxen sind elektronische Speicher (,,Briefkästen''), in denen z.B. Texte von den Teilnehmern abgelegt und gelesen werden können (Lit. 06., S. 153). Bei der entsprechenden
  Hardware- und Software-Ausstattung (z.B. Dbase II oder III, Oracle) könnte ohne weiteres ein elektronischer Informationsdienst (,,Datenbank'') aufgebaut werden oder gar ein
  Übergang (,,gateway'') zu Datenbanken im herkömmlichen Sinne geschaffen werden.
* Bildschirmtext (Btx) ist seit Juni 1984 ein bundesweiter, interaktiver Kommunikationsdienst der Deutschen Bundespost, der über das öffentliche Fernsprechnetz angeboten
  wird. Btx-Teilnehmer können sowohl auf zentrale Informationsbanken wie auf externe
  Rechner zugreifen. Dem Aufbau entsprechend wäre Btx gut geeignet, um z.B. Bibliothekskataloge anzuwählen (Lit. 13., S. 78, 80; Lit. 06., S. 36). Neuerdings ist das Telefonbuch der Deutschen Bundespost mit über 26 Millionen Telefonnummern abrufbar.
  Ebenso scheint mit der Zulassung von ,,Hot Line Telefonsex'' jedes Mittel recht, um die
  Btx-Teilnehmerzahlen zumindest in die Nähe der Prognosen zu steigern. Problematisch
  sind auch die geschlossenen Benutzergruppen (closed user groups), die in einem öffentlich
  zugänglichen Informationsdienst ein Privileg auf Kosten der Allgemeinheit erhalten, nämlich ein Btx-Subsystem aufzubauen und die Teilnehmer selbst zu bestimmen.

B 8.10   Persönliches IuK-Netzwerk

Während eine mehr oder weniger gelungene Formulierung des Informationsbedürfnisses ins Vorfeld der Informationsbeschaffung gehört, wo dann Informationseinrichtungen konsultiert werden, stellt sich nach Erhalt der georderten Informationen die Frage, wie diese nun in den hierfür vorbereiteten Prozeß sinnvoll eingefügt werden können. Mit zunehmender Routine bleibt auch ein Nachdenken in Richtung Integration von unterschiedlichen Publikationsformen zum Zwecke der Mehrfachnutzung nicht aus. Da die Ressource ,,Information'' nicht als Einweg-Gut betrachtet wird, bedarf es deshalb einer Speicherorganisation. Diese Einsicht führt dann auch sogleich zu den manuelle Methoden, die heute bereits zum klassischen Methodenrepertoire des Informationswesens zählen. Der vertiefte Einblick des Benutzers in diese Methoden erleichtert dann auch sogleich die Kommunikation zwischen Informationsproduzenten und -verteilern − im Grunde genommen ist aus dem Benutzer selbst ein Informationsproduzent geworden. Somit wäre das Handwerkzeug des Informationswesen nicht nur geeignet, um entsprechende Instanzen aufzubauen, sondern auch ein vorzügliches Rüstzeug für Leute, die mit Information umzugehen haben, z.B. Journalisten, Studenten, Berater, Politiker. Wie bereits angedeutet, bewegen wir uns keineswegs auf der naturwissenschaftlich-technischen Ebene der Computerwissenschaft (Informatik), sondern auf der kulturwissenschaftlichen Ebene der Informationswissenschaft als Grundlage eines ganzheitlichen Informationsmanagements, in dem nicht die reine Verfügbarkeit von Information zählt, sondern auf die Optionen und deren Konsequenzen zur Gestaltung von Welt abzielt. Zwischen den informationsvermittelnden Stellen und den Benutzern, die sich der Weiterveredelung von Information, besser noch: Daten, widmen, besteht ein enger Zusammenhang.

Ein geplanter Messe-/Museumsbesuch, oder die Teilnahme an Konferenzen sowie das Browsing, oder ganz einfach ein Gespräch mit Freunden oder Kollegen, kann mitunter mehr bewirken, als meterlange Computerausdrucke mit Referenzen auf Dokumente, die in aller Welt verstreut sind, die zwar über Fernleihe und Telefax (Fernkopieren) verfügbar gemacht werden können, aber dabei sollte der Zeit- und Kostenfaktor nicht unterschätzt werden. Information ist eben nicht kostenlos verfügbar, sie ist kein freies, sondern ein knappes Gut. Dieses Faktum gilt es dann auch sowohl bei den Stellen des Informationswesens als bei den Benutzer in Erinnerung zu rufen, indem der Nutzenaspekt deutlicher hervorgehoben wird.

Eine ergebnislose Suche sollte nicht immer als ein Versagen einer Suchstrategie oder mangelnde Kompetenz des Suchenden interpretiert werden. Die berühmte Lücke oder Nische muß ja schließlich erst einmal entdeckt werden, um z.B. einen neuen Informationsdienst aufzubauen.

Literatur

01. Beck, Helmut: PRECIS – eine computergestützte verbale Sacherschließungsmethode auf linguistischer Grundlage (1. Teil). In: Zentralblatt für Bibliothekswesen 100 (1986) H. 6, S. 264 – 267.

02. Beck, Helmut: PRECIS – eine computergestützte verbale Sacherschließungsmethode auf linguistischer Grundlage (2. Teil). In: Zentralblatt für Bibliothekswesen 100 (1986) H. 8, S. 333 – 339.

03. Capurro, Rafael: Informationsethos und Informationsethik – Gedanken zum verantwortungsvollen Handeln im Bereich der Fachinformation. In: Nachr. f. Dokum. 39 (1988) H. 1, S. 1 – 4.

04. Dworatschek, Sebastian: Grundlagen der Datenverarbeitung. 7., aktual. Aufl. Berlin, New York: de Gruyter 1986. 607 S. (De-Gruyter-Lehrbuch).

05. Ellis, Clarance A.; Naffah, Najah: Design of Office Information Systems. Berlin u.a.: Springer 1987. 248. S. (Surveys in Computer Science).

06. Fellbaum, Klaus; Hartlep, Rainer: Lexikon der Telekommunikation. 2., überarb. Aufl. Berlin, Offenbach: VDE 1984. 321. S.

07. Gokl, Reinhold: Neues von Hosts & Datenbanken. In: OLBG-Info (Nachrichtenblatt der deutschen Online-Benutzergruppe in der DGD) 3 (1988) H. 1, S. 7 – 16.

08. Hacker, Rupert: Bibliothekarisches Grundwissen. 4. neubear. Aufl. München usw.: Saur 1983. 340 S. (Uni-Taschenbücher; 148)

09. Hancock, Micheline: Subject Searching Behaviour at the Library Catalogue and the Shelves: Implications for Online Interactive Catalogue. In: Journal of Documentation 43 (1987) No 4, s. 303 – 321.

10. Laisiepen, Klaus; Lutterbeck, Ernst; Meyer-Uhlenried, Karl-Heinrich (Hrsg.): Grundlagen der praktischen Information und Dokumentation. Eine Einführung. 2., völlig neu bearb. Aufl. München u.a.: Saur 1980. 826 S. (DGD-Schriftenreihe Bd. 1).

11. Ratzek, Wolfgang: Die neue Rolle der Bibliotheken. Wirtschaftsinformationen und öffentliche Bibliotheken in den nordischen Ländern. In: Nachr. f. Dokum. 39 (1988) H. 1, S. 53 – 54.

12. Ratzek, Wolfgang: Technik und Anwendung optischer Speicher. Den Daten eine Bleibe geben. In: Cogito 4 (1988) H. 1, S. 28 – 32 u. 34 – 39.

13. Rowley, Jennifer E.: Organising Knowledge. An Introduction to Information Retrieval. Aldershot: Gower 1987. 454 S.

14. Scharna, Dieter; Skalski, Detlef: Online-Recherchen im Bibliographier- und Signierdienst wissenschaftlicher Bibliotheken. Darstellung von Methodik und Einsatzmöglichkeiten. 2., erg. Aufl. Berlin: Verlag A. Spitz: 1986. 120 S.

15. Wersig, Gernot: Thesaurus Leitfaden. Eine Einführung in das Thesaurus-Prinzip in Theorie und Praxis. 2., erg. Aufl. München u.a.: Saur 1985. 394. S. (DGD-Schriftenreihe Bd. 8).

B 9   Expertensysteme als neue Zugangssysteme zur Fachinformation

Ralf-Dirk Hennings

B 9.1   Einleitung

Auch für den Informations- und Dokumentationsbereich kündigt sich zur Bereitstellung von Fachinformation eine neue Art von Software an: die sog. wissensbasierten Systeme oder Expertensysteme. Allerdings wird es in diesem Kontext weniger darum gehen, derartige Systeme zu entwickeln oder weiter zu vervollständigen: im Mittelpunkt steht der Einsatz von Expertensystemen und speziellen sog. Shells. Letztere müssen allerdings noch mit Wissen ,,angefüllt'' werden, wozu dieses intellektuell vorstrukturiert sein sollte, um es in den diversen Repräsentationsschemata abspeichern zu können. Ist einmal ein System relativ vollständig entwickelt, erlaubt es nicht nur einfache Such- oder Retrievaloperationen nach ,,explizit'' abgespeicherten Daten wie beim klassischen Information Storage & Retrieval (abgekürzt IS&R), sondern ermöglicht die Arbeit mit wesentlich komplexerem ,,Wissen'' unter Bereitstellung von Erklärungs- und Dialogkomponenten. Besondere Bedeutung hat die Möglichkeit, ,,neues'' oder ,,implizites'' Wissen aus vorhandenem Wissen mit Hilfe logischer Schlußverfahren abzuleiten. Selbstverständlich sollten Expertensysteme nicht nur quantitativ bzgl. der Wissensmenge wie IS&R-Systemen, sondern auch qualitativ bezüglich der Wissensorganisation erweiterbar sein.

These des Autors ist, daß der heutige Indexierer von Datenbeständen morgen der **Informations- oder Wissensingenieur** im Zusammenhang mit Expertensystemen sein kann.

B 9.2   Von datenorientierten Storage & Retrieval Systemen zu wissensbasierten Expertensystemen

Zur besseren Illustration der Möglichkeiten, die sich mit den Expertensystemen ankündigen, wählen wir als Ausgangspunkt der Betrachtungen die klassischen Information Storage & Retrieval Systeme (abgekürzt IS&RS). Unter diesem Begriff sollen hier alle Formen von Datenbank- und (Management-) Informationssystemen subsumiert werden, weil er beide Seiten, d.h. das Suchen (Retrieval) als auch das Speichern (Storage) derartiger Systeme, anspricht.

Technische Grundprinzipien von IS&R-Systemen, welche sich in den implementierten Indexierungs- und Suchsystemen wiederfinden, sind:

– Orientierung auf Daten und fest oder variabel formatierte Datenstrukturen, wie sie von den klassischen Programmiersprachen zur Verfügung gestellt werden,
– Speicherung der Datenstrukturen (Rekords) auf den klassischen Speichermedien der Datenverarbeitung und
– Zugriff auf einzelne Felder dieser Rekords mit Hilfe mehr oder minder schneller Suchalgorithmen.

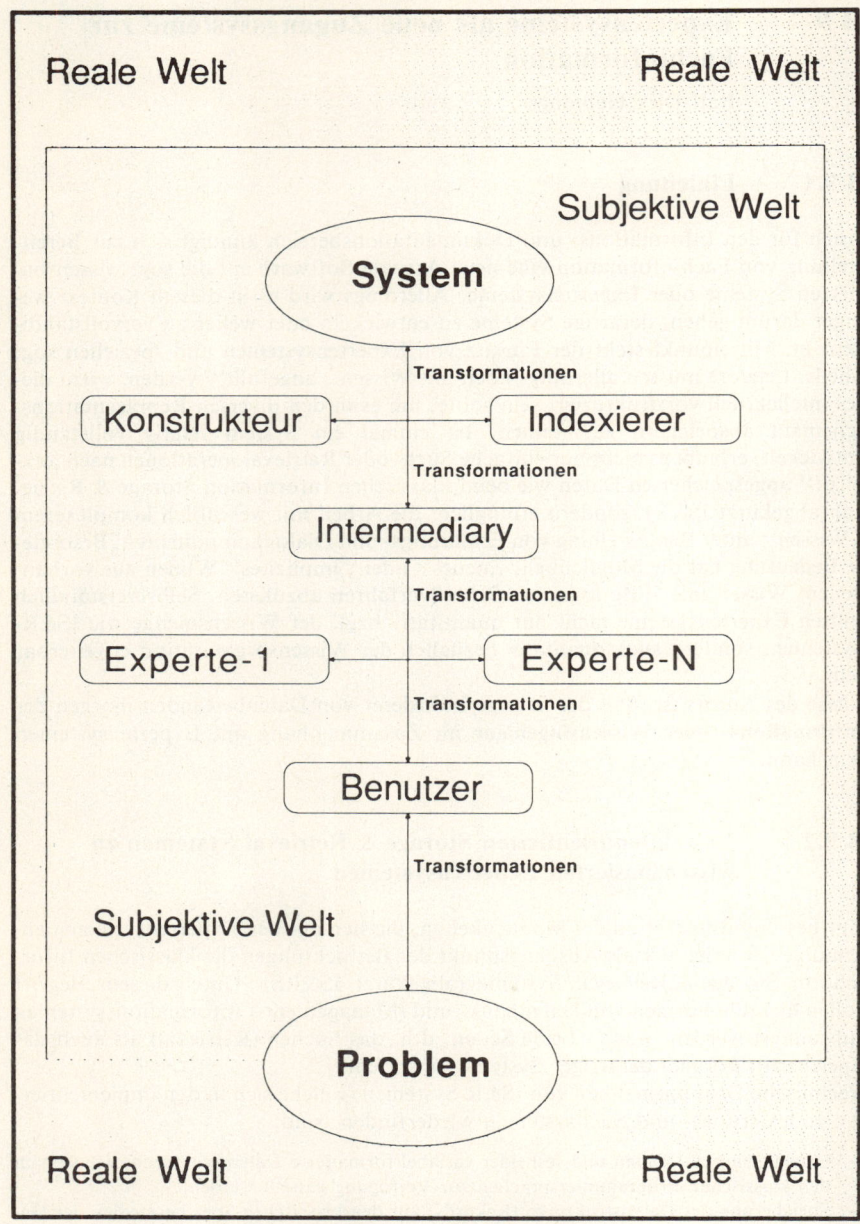

Abb. 1: Transformationen bei klassischen IS&R-Systemen

In der Entwicklungsgeschichte von Information Storage & Retrieval Systemen gab es einen starken Innovationsschub, als begriffen wurde, daß Zahlen mit Textelementen (Worten, Zeichenketten) etwas Gemeinsames haben: nämlich die Eigenschaften von ,,Symbolketten" mit allgemein definierten Operationen: neben den klassischen für die Arithmetik z.b. solche für Zeichen- und Zeichenkettenvergleiche, Verschiebungen und Transfers, sowie effiziente Speicherverfahren.

Diese Überlegungen haben Allen Newell & Herbert A. Simon sehr eindrucksvoll in ihrer Turing Award Lecture mit dem Thema ,,Computer Science as Empirical Inquiry: Symbols and Search" entwickelt. (Siehe Lit. 03.)

Die Effizienz und Akzeptanz von (großen) Information Storage & Retrieval Systemen war/ist jedoch aus mehreren Gründen nicht so, wie dies zunächst erwartet wurde.

Hauptgrund dafür ist die Beschränktheit der Zugriffsmöglichkeiten für Nutzer. Da mehrere Transformationen der Inhalte notwendig sind (vgl. *Abb. 1*), bis diese abgespeichert werden können, sind auch umfangreiche Kenntnisse und Erfahrungen mit der Hardware und dem Betriebssystem sowie der Abfragesprache, den Regeln der Boole'schen Algebra und den retrievalfähigen Begriffen notwendig. Wegen dieses inhärenten Aufwandes ist häufig der Primär-Interessent gar nicht in der Lage, seine Informationen selber zu suchen: er muß dies mit Hilfe von Informationsvermittlern, d.h. Spezialisten für Gerätebenutzung, Abfragesprache und den jeweiligen Datenbestand tun.

Aus diesem Grund sind in der Vergangenheit viele ,,kleine" Systeme zum Teil für sehr komplexe Datenstrukturen aber häufig nur wenig Datensätze entwickelt worden, weil sie für Einzelnutzer noch genügend überschaubar waren/sind bzw. spezielle Anwendungen unterstützten. Kleine Systeme sind auch oft Einzelimplementierungen mit guten Möglichkeiten zum Durchgriff auf höhere Programmiersprachen, um partielle Zusätze selber programmieren zu können.

Andererseits wurden aber auch einige ,,große" Systeme für sehr viele Datensätzen, jedoch nur wenig komplexe Strukturierungsmöglichkeiten der Daten aufgebaut, ohne die Akzeptanzschwelle von Benutzern zu überschreiten, und damit deren Nutzung insgesamt in Frage zu stellen. (Diese Zusammenhänge wurden sehr gut im Kontext der Entwicklung und Diskussion um Einsatzmöglichkeiten der Abfragesprachen GRIPS/DIRS vs. STAIRS bzw. einer Common Command Language, CCL, dokumentiert.)

Dazu kommen noch eine Reihe von weiteren systemimmanenten Eigenschaften der klassischen Information Storage & Retrieval Systeme:

(1) Beschränkungen der zu nutzenden Daten-/Rekordstrukturen. Diese müssen zu Entwicklungsbeginn festgelegt werden, wobei sich drei sehr bekannte Grundmodelle herausbildeten für
  − hierarchische Datenstrukturen,
  − netzwerkartige Datenstrukturen und
  − relationale Datenstrukturen.
  Letzteres bietet die allgemeinsten Möglichkeiten, erfordert aber den höchsten Aufwand. Grundsätzlich gilt für alle Modelle, daß Vergrößerungen/Erweiterungen der gespeicherten Datenstrukturen häufig nicht flexibel erfolgen können und Neustrukturierungen sich nur

mit allergrößtem Aufwand abwickeln lassen: ein Aufwand, der ab einer bestimmten Größenordnung der Datenbestände nicht mehr zu leisten ist.

(2) Beschränkungen der Zugriffsoperationen. Sofern diese auf Boole'scher Logik basieren, müssen die Suchfragen im wesentlichen mit logischem UND, ODER, NICHT formuliert werden. Ergänzungen wie etwa EXCLUSIV-ODER, SAME oder NEAR sowie alle Formen der Trunkierung (Truncation) und Maskierung bieten zusätzlichen Komfort. Jedoch lassen sich nur Begriffe suchen, die vorhanden sind, was häufig zu sehr großen und ungenauen, oder aber zu kleinen und wenig ergiebigen Antworten des Systems führt. Diese als Recall-/Precision-Problematik bezeichnete Schwierigkeit haben auch andere Verfahren, die nicht auf Boole'scher Logik basieren, sondern z.B. mit sog. Ähnlichkeitsmaßen operieren, nicht überwinden können.

(3) Eine nicht zu vernachlässigende Beschränkung liegt schließlich in der fast ausschließlich auf Erfassung nach einmal festgelegtem Schema. Diese Starrheit bei der ständigen Ergänzung und Fortschreibung der Datenbestände wurde durch Unterscheidung von festen und freien Deskriptoren etwas aufgefangen. Jedoch lassen sich die zugrundelegenden Schemata der Datenstrukturen/Rekords (wie unter (1) schon erwähnt) eben häufig nicht veränderten Bedürfnissen anpassen, so daß dann derartige Systeme im allgemeinen leichter durch neue ersetzt werden, was viele heterogene Datenbestände schafft.

(4) Beschränkungen entstanden und entstehen weiterhin durch die genutzten ,,klassischen'' Implementierungssprachen, wie etwa COBOL, PL/1 etc. Diese bieten zwar eine Reihe von sehr geeigneten Funktionen für die Implementierung von Information Storage & Retrieval-Systemen, jedoch nur wenige der Möglichkeiten, wie sie etwa LISP oder PROLOG sowie die auf ihnen basierenden komplexen Spracherweiterungen für Expertensysteme bieten. Auch grafische Erweiterungen sind hierbei im allgemeinen nicht verfügbar.

Nach Erläuterung einer Reihe von technischen Beschränkungen der klassischen Information Storage & Retrieval Systeme bleibt nun die Frage, was wissensbasierte Systeme sind, und welche neuen Möglichkeiten sie bieten.

In erster Näherung besteht ein **Expertensystem oder wissensbasiertes System** aus
(1) einer Wissensbasis und
(2) einem sog. **Inferenzmechanismus**.
Erstere enthält das Wissen in einer beliebigen Repräsentationsform auf die noch im nächsten Abschnitt eingegangen wird. Bei letzterem handelt es sich um Hard- und Software, mit der auf der Wissensbasis operiert werden kann.
Grafisch läßt sich ein Expertensystem und seine Einbettung wie in *Abb. 2* darstellen. Erkennbar ist ein Benutzerinterface, mit dessen Hilfe der Benutzer dem System das Problem ,,schildern'' kann und Erklärung und Beratung erfolgen. Andererseits muß es auch eine Programmierumgebung geben, über die das gesamte System implementiert wurde und ständig mit neuem Wissen versorgt werden kann. Hierbei sollten sowohl Ingenieure des Fachgebietes als auch Spezialisten, die die Umsetzung in das System beherrschen (Wissensingenieure), beteiligt sein.

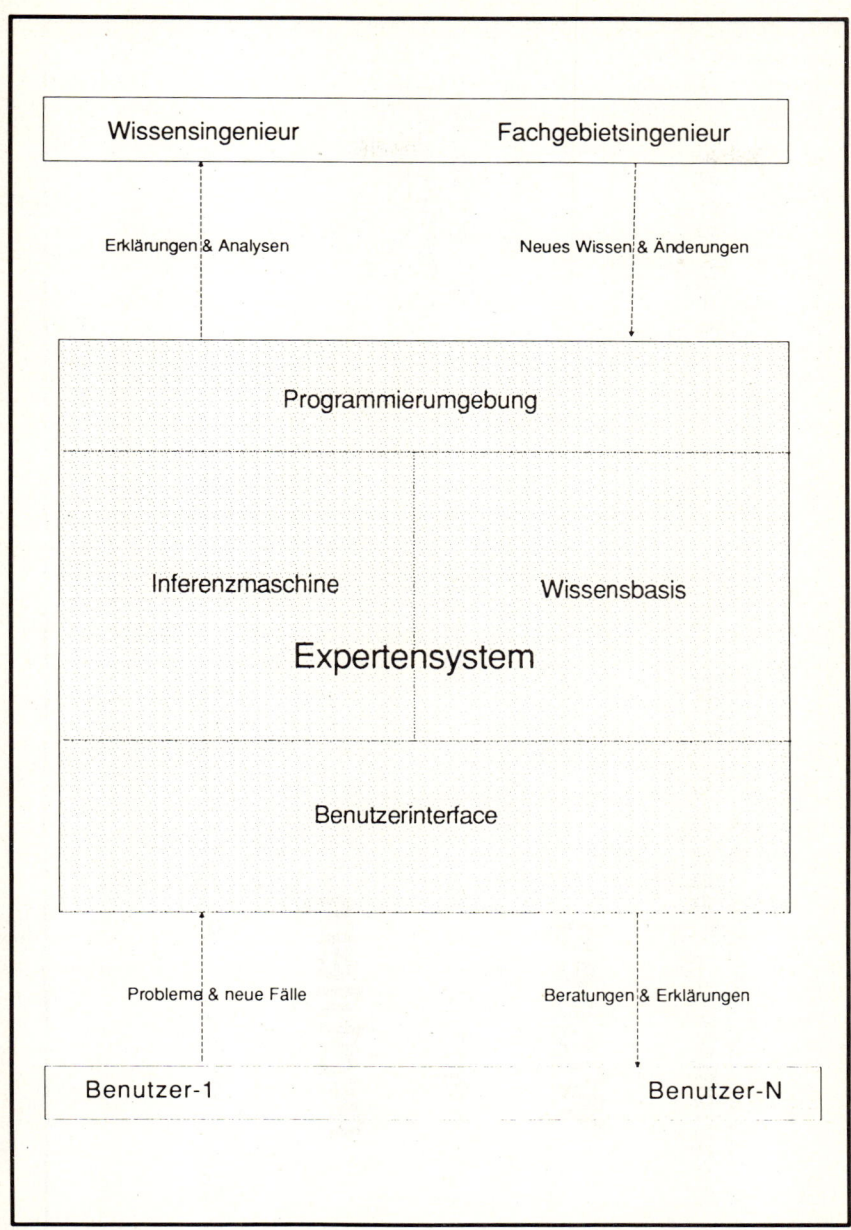

Abb. 2: Module eines Expertensystems

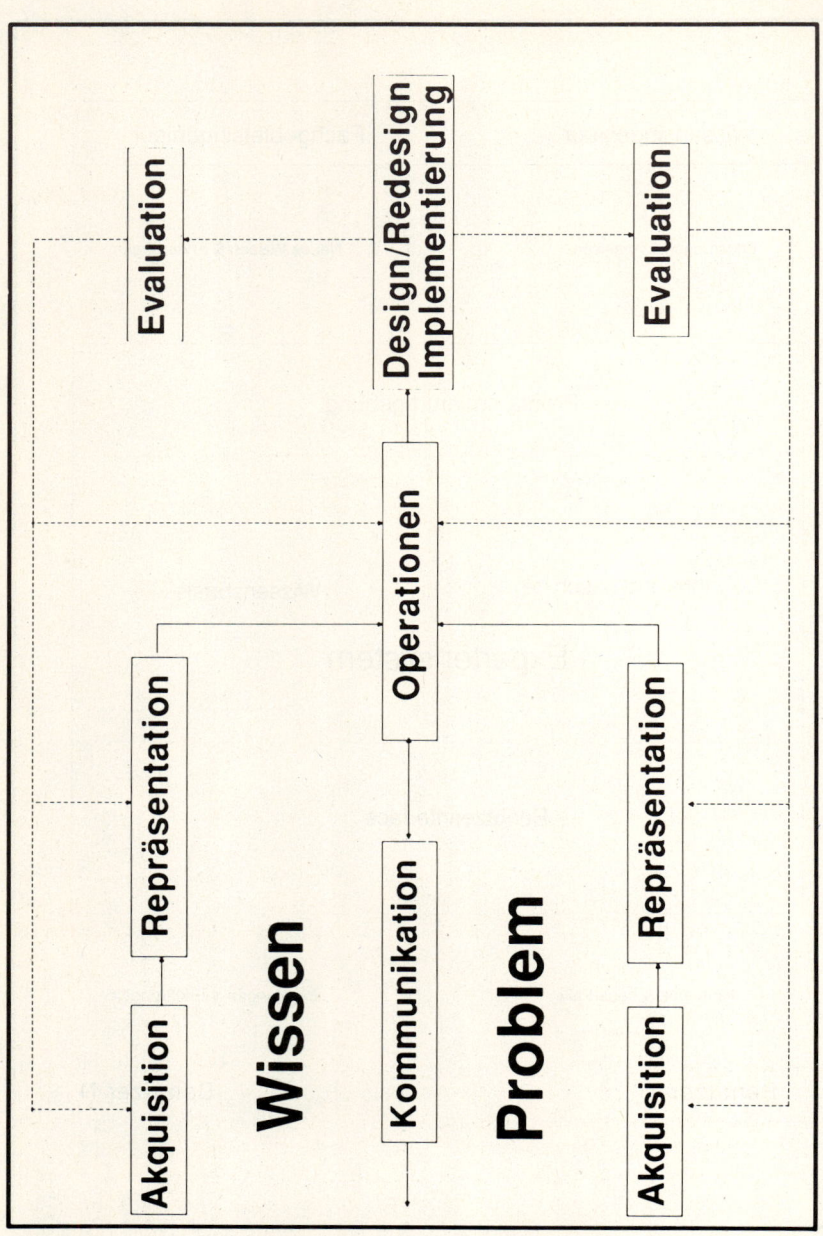

Abb. 3: Wissens- und Problemkreislauf eines Expertensystems

B 9.3 Kreislauf von Daten/Wissen und Fragen/Problemen

Die Funktionsweise von Expertensystemen soll mit Hilfe eines Kreislaufes beschrieben werden, welcher sich im übrigen auch für IS&R-Systeme anwenden läßt. Allerdings sind dann die Begriffe ,,Wissen'' und ,,Problem'' gegen ,,Daten'' und ,,Fragen'' auszutauschen. Die verschiedenen Funktionen können in diesem Modell unter den fünf Themenkomplexen

- Repräsentation von Wissen und Problemen
- Operation auf Wissensrepräsentationen
- Akquisition von Wissen sowie
- Design/Implementierung von und
- Kommunikation mit Systemen

vertieft werden. Ihre Zuordnung ergibt sich aus der Grafik (*Abb. 3*), der eine duale Sichtweise des gesamten Komplexes zugrundeliegt. Analog zu der oben beschriebenen Unterscheidung von Storage und Retrieval, der sich jeweils (System-) Daten und (Benutzer-) Fragen zuordnen lassen, kann auch bei Expertensystemen der Bereich ,,Wissen'' vom Bereich ,,Probleme'', die mit ersterem gelöst werden sollen, getrennt werden. Entsprechend sind die Komplexe komplementär zu untersuchen, was hier allerdings nur partiell geleistet werden kann. Zum Beispiel werden die Module Evaluation und Re-Design hier nicht weiter behandelt. (Lit. 11.)

B 9.3.1 Speicherung: Repräsentation von Wissen

Unter der Bezeichnung *Repräsentation von Wissen* werden die Hilfsmittel und Komponenten zusammengefaßt, die anstelle der realen externen Wissenskonglomerate (,,Chunks of Knowledge'') genutzt werden können, da sie dieses in interne Strukturen mit Objekten, Ereignissen und anderen Einheiten abbilden, die sich geeignet in modernen Computern speichern lassen. Dies ist letztlich die Voraussetzung, wenn es gelingen soll, Teilbereiche einer eben nicht immer in festen Rekordstrukturen abbildbaren Realität zu erfassen.
Um welche verschiedenen Arten von Wissen es sich ohne Anspruch auf Vollständigkeit handeln kann, soll *Abb. 4* andeuten. Hierbei wird das Wissen in verschiedene Kategorien aufgeteilt.
Zum **exakten** Wissen sollen etwa Objekte, Ereignisse, Relationen, Fakten, Regeln, Prozesse aber auch genau beschreibbare Situationen bzw. begrifflich Festlegungen gehören. Anzumerken ist, daß es sich hierbei nicht nur ausschließlich um Reales handeln muß. Auch Irreales kann erfaßt werden, sofern die Beziehungen (Relationen) zwischen den Komponenten diesem Rechnung tragen. Beispielsweise lassen sich bei Objekten unabhängig von der Eigenschaft ,,einzeln'' oder ,,zusammengesetzt'' unterscheiden: konkrete Objekte (etwa Schaltkreise, Personen etc.), abstrakte Objekte (Zahlen), fiktionale Objekte (Asterix und Obelix).

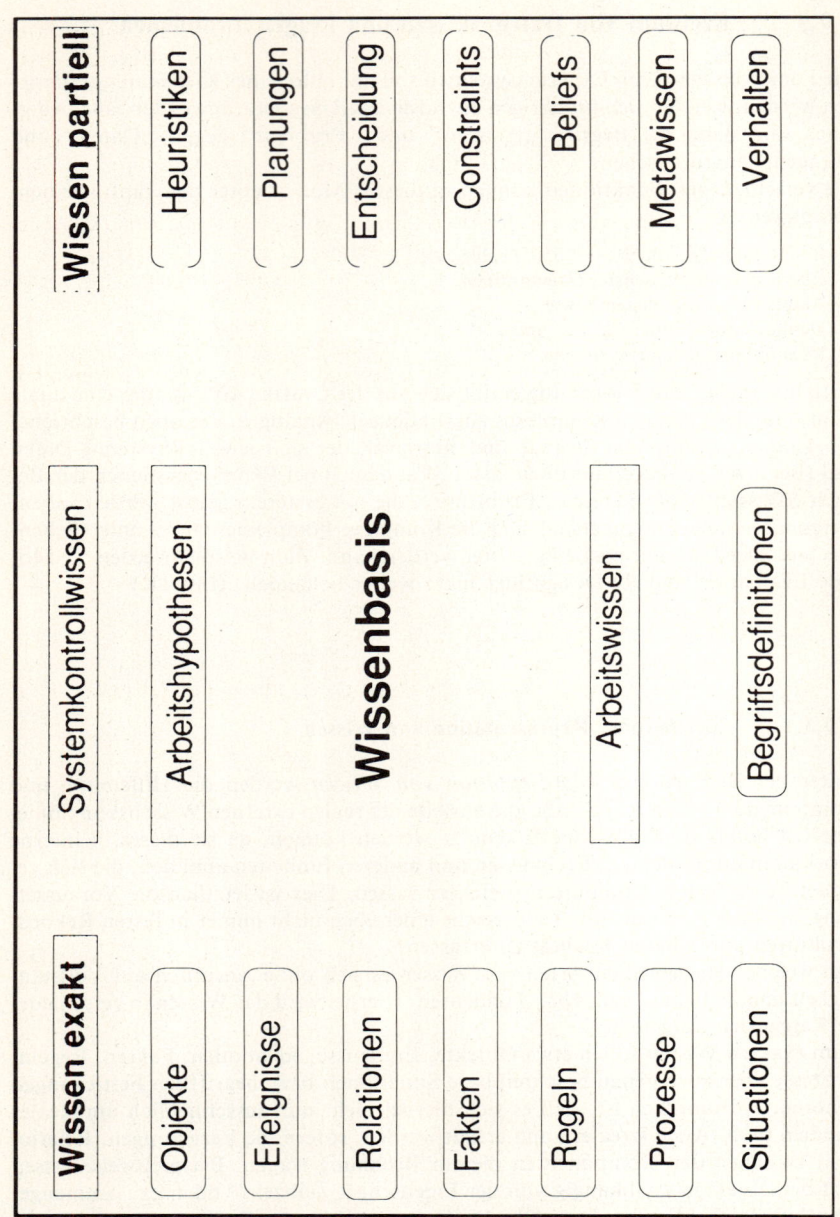

Abb. 4: Verschiedene Arten von Wissen

Der Kategorie **partielles** (vages), d.h. ungenaues, unvollständiges, unsicheres **Wissen** ordnen wir hingegen zu: heuristisches Wissen, d.h. ,,Daumenregeln'', Planungswissen, d.h. Wissen zu Planungen, Kenntnisse zu Entscheidungen mit Beschränkungen/Randbedingungen (,,Constraints''), sowie ,,Beliefs'', d.h. Ansichten und Meinungen (die durchaus widersprüchlich sein können), Metawissen, d.h. Wissen über Wissen, aber auch Wissen über partiell beschreibbares Verhalten. Von diesen beiden Kategorien läßt sich weiterhin das sog. **Arbeitswissen** unterscheiden, also eine Untermenge aus dem exakten und partiellen Wissen, sowie das, was man gerne beweisen möchte, d.h. Hypothesen etc. Schließlich gibt es noch **Wissen über das gesamte System** und dessen Zusammenhalt.

Diesen verschiedenen Arten von Wissen, die in der Wissensbasis zusammengefaßt werden können, müssen nun allerdings noch geeignete **Repräsentationsformen** zugeordnet werden.
Repräsentationen für **exaktes Wissen** sind zum Beispiel
- Merkmalsvektoren,
- Regeln,
- Frames,
- Semantische Netze und
- Logische Ausdrücke,

die in der angegebenen Literatur näher erläutert werden (siehe etwa Lit. 01., Lit. 02., Lit. 04., Lit. 07.).
Während es inzwischen sehr ausgereifte Techniken zur Darstellung von exaktem Wissen gibt, sind auch schon eine Reihe von durchaus erfolgreichen Ansätzen erkennbar, mit den oben aufgeführten Arten von **nicht-exaktem oder partiellem Wissen** umzugehen. Genannt werden können u.a.
- Konfidenzwerte oder Evidenzwerte
- Fuzzy Logik.

Nachteilig sind bei diesen Ansätzen neben den konzeptionellen Schwierigkeiten die erheblich größere Speicherplatzanforderungen und Rechenzeitaufwendungen.

B 9.3.2 Suchen und Ableiten: Operationen auf Wissen

Repräsentation von Wissen ist jedoch nur eine Seite der Problematik des Umganges mit Realität in diesem Zusammenhang. Die andere Seite, d.h. die möglichen **Operationen auf diesen Wissensrepräsentationen**, ist mindestens genau so wichtig, da sonst die mächtigen Repräsentationsmittel keine Auswirkungen auf die Leistungsfähigkeit der Systeme haben.
Die klassischen Information Storage & Retrieval Systeme nutzten bzw. nutzen fast ausschließlich Suchverfahren, in denen zum Beispiel mit Hilfe logischer Operationen das Vorhandensein/Nichtvorhandensein von Begriffen in den jeweiligen Datensätzen abgeprüft wird.
Bei Verfahren, die Ähnlichkeitsmaße verwenden, wird die Menge von Wissen auf Vektoren innerhalb sog. Zustandsräume abgebildet sowie mit gleichem Verfahren die Suchfrage transformiert. Mit Hilfe geeigneter Vergleichsverfahren zwischen den

Vektoren sowie bestimmter Maßzahlen können dann die bezüglich der Suchfrage „ähnlichsten" Dokumente herausgefunden werden.

Expertensystemen nutzen zwar auch die klassische Suche, wichtiger sind allerdings Operationen auf Wissen, die als **Inferenz** bezeichnet werden und letztlich auf logischen Schlußverfahren basieren. Dadurch kann in bestimmten Grenzen logisches Argumentieren/Begründen, d.h. sog. **Reasoning**, nachgebildet werden.

Die meisten der derzeit bekannten Verfahren basieren auf Elementen der Aussagen- und Prädikatenlogik sowie den dort entwickelten Definitionen und Gesetzmäßigkeiten.

Logisches (deduktives) Schließen besteht darin, aus einer oder mehreren gegebenen Aussagen (Prämissen) durch Anwendung von Schlußregeln eine weitere Aussage (Konklusion) zu generieren. Hierzu werden die bekannten aussagenlogischen Schlußregeln, die sich auch auf die Prädikatenlogik übertragen lassen, verwendet. Probleme gibt es allerdings, wenn die Wissensbasis nicht vollständig, nicht konsistent oder nicht widerspruchsfrei ist, was in der Realität häufig der Fall sein kann.

Logische Schlußverfahren lassen sich in den jeweiligen Repräsentationsformen auch auf partielles Wissen (Heuristiken, Metawissen, Planungswissen, Beliefs, Constraints etc.) anwenden, obwohl dies schwieriger ist, weil parallel zu dem logischen Instrumentarium z.B. statistische Verfahren bereitgehalten und angewendet werden müssen.

Neben dieser Art von Operationen bieten Expertensysteme noch **Erklärungskomponenten**, die Fragen nach dem Wie, Warum, Was usw. im Kontext bestimmter Inferenzen beantworten können. Andererseits läßt sich hier auch die **Dialogkomponente** für die Benutzer des Systems einbetten. Da allerdings der Zweck derartiger Module einsichtig ist, die Funktionsweise allerdings kompliziert, soll auf weitere Details hier verzichtet werden.

B 9.3.3   Eingabe/Erfassen: Akquisition von Wissen

Eine weitere wichtige Frage im Zusammenhang mit Expertensystemen betrifft die Akquisition von Wissen. Hierunter werden Aktivitäten zusammengefaßt, wie etwa:

- Erschließung und Beschaffung von Wissensquellen
- Erfassung von Wissen in geeigneten Repräsentationsformen
- Update/Maintenance des erfaßten Wissens
- Transformation des Wissens in andere Repräsentationsformen
- Automatisches Ergänzen des Wissens (Lernfähigkeit).

Die Erschließung und Beschaffung von Wissensquellen erfolgt häufig schon im intellektuellen Vorfeld beim Entwurf und Bau von Expertensystemen, wobei die Wissens- und Fachingenieure hier eng zusammenarbeiten müssen. Wenn dann die Repräsentationsschemata festgelegt sind, kann die konkrete Akquisition von Wissen beginnen. Diese muß im direkten Zusammenhang mit dem Update von schon erfaßtem Wissen und ständigen Konsistenzprüfungen in der gesamten Wissensbasis erfolgen. Letzteres ist besonders wichtig, da sich bei Widersprüchen die oben erläuterten Schlußregeln nicht anwenden lassen.

In diesem Zusammenhang gehört auch die Problematik, daß die Wissensbasen bisher häufig monoton fortgeschrieben wurden. Wenn sich aber die aus altem Wissen abgeleiteten Schlußfolgerungen bei neuen Erkenntnissen als falsch herausstellen, werden Korrekturen an den Altbeständen notwendig, was Menschen gut leisten können, in großen Wissensbeständen allerdings enorme Buchhaltungsfunktion erfordert.

Systeme, die diese Fähigkeit haben, werden als nicht-monoton bezeichnet. Die Entwicklung derartiger Systeme ist allerdings noch nicht sehr weit gediehen, da umfangreiche theoretische und praktische Ergänzungen die Voraussetzung sind.

Als zunehmend wichtig haben sich weiterhin Module zur Transformation von Wissen aus einer Repräsentationsform in andere erweisen. Da die einzelnen Formen jeweils Vor- und Nachteile haben, kann eine Transformation u.U. einen Komplexitätsgewinn erbringen. Expertensysteme werden dann als hybrid bezeichnet, wenn sie unterschiedliche Möglichkeiten anbieten.

Maschinelles Lernen ist schließlich der Oberbegriff aller Aktivitäten, lernfähige Expertensysteme zu entwerfen. Da es sich hierbei um sehr komplexe Vorgänge handelt, die noch nicht einmal in der Psychologie als gelöst betrachtet werden können, sind die derzeitigen Erkenntnisse noch als wenig relevant einzustufen. Häufig werden Systeme schon dann als ,,lernend'' bezeichnet, wenn sie nicht mehr als einen komfortablen Editor zur Erfassung von Wissen haben, der automatische Konsistenzüberprüfungen durchführen kann. Dies reicht aber wohl bei weitem noch nicht aus, lassen sich doch zumindest fünf unterschiedliche Lernformen erkennen:

– Lernen durch Erinnerung oder Auswendiglernen
– Lernen durch Hörensagen/Beratung/Anweisung
– Lernen durch Beispiele
– Lernen durch Analogiebildung
– Lernen durch Beobachtung.

Systeme, die zur induktiven Inferenzbildung in der Lage sind, also aus speziellen Beispielen allgemeine Gesetzmäßigkeiten herleiten können, sind ansatzweise in Sicht (etwa beim System RuleMaster von Radian). Allerdings besteht die Fähigkeit zur Induktion (vom Speziellen zum Allgemeinen) lediglich in der Möglichkeit, Beispiele mit ihren Deskriptoren spaltenweise bestimmten Variablen zuzuordnen, aus denen dann automatisch ein konsistenter Regelsatz erzeugt werden kann.

B 9.3.4   Implementierung: Design von Expertensystemen

Der vorletzte hier betrachtete Komplex betrifft Fragen des Entwurfs und der Implementierung von Expertensystemen. Wie man aus Abbildung 2 zur Grundstruktur von derartigen Systemen erkennen kann, setzt es sich aus diversen Modulen zusammen. Wichtigstes Merkmal ist die Trennung von Wissensbasis, Inferenzmechanismus, Benutzerinterface sowie Programmierumgebung. Dies ermöglicht die Nutzung der gleichen Systeme mit verschiedenen Wissensbasen. Man spricht deshalb auch von Expertensystem-Shells (,,Schalen'')
Als Implementierungssprachen haben zwei Programmiersprachen besondere Bedeutung LISP und PROLOG.

Während LISP schon Ende der 50er Jahr von John McCarthy „erfunden" wurde, begann die Entwicklung von PROLOG erst Anfang der 70er Jahre durch A. Colmerauer u.a. in Marsaille.

LISP ist eine sehr variable höhere Programmiersprache, bei der es keinen Unterschied zwischen Daten und Programmen gibt und deren Hauptstruktur Listen sind. Dadurch eignet sie sich gut für die Speicherung variabler Sachverhalte, die auch beliebig zur Laufzeit der Programme generiert werden können.

Während LISP formal auf dem sog. *Lambda-Kalkül* basiert, ist PROLOG eine Implementierung von Teilen der Prädikatenlogik der ersten Stufe, der sog. *Horn-Klausel Logik*. Diese ermöglicht es, nach Eingabe von Fakten und Regeln sofort Schlußfolgerungen zu ziehen, da die oben beschriebenen Inferenzmechanismen direkt zur Verfügung stehen. Andererseits lassen sich nicht alle Sachverhalte so einfach in PROLOG-Fakten und -Regeln überführen. Deshalb wird derzeit mit großen Anstrengungen an der Integration von PROLOG-Funktionen in LISP-Systemen und umgekehrt gearbeitet. (Einfache Erklärungen zu PROLOG siehe Lit. 15., zu LISP siehe Lit. 11.).

Wie oben angedeutet, gibt es eine Reihe von sehr geeigneten Repräsentationsmechanismen für Wissen. Hierfür wurden auch spezielle Sprachen entwickelt und teilweise in LISP implementiert. Alle haben spezielle Ausrichtungen, die wir hier nicht erläutern können.

Neben dem normalen Ansatz höherer Programmiersprachen, der als Prozedurorientierung bezeichnet wird, sind erwähnenswert Sprachen mit Orientierung auf Regeln, Frames, Netze, Objekte und wie schon oben ausgeführt Logik.

Auf Programmierumgebungen mit derartigen Möglichkeiten bauen dann wiederum Implementierungen von Expertensystem-Shells auf, die den Benutzer von viel Programmierungsarbeit entlasten und häufig eine Reihe von Tools bereitstellen, mit denen die Arbeit mit bzw. an derartigen Systemen so sehr erleichtert wird, daß auch Nicht-Programmierer damit umgehen können. Genannt werden können etwa die folgenden großen kommerziell verfügbaren Systeme:

- OPS 5
- KEE
- ART
- S. 1 und M. 1
- Knowledge Craft
- RuleMaster
- Nexpert
- Twaice.
- Personal Consultant Plus.

Neben diesen gibt es eine Reihe von kleineren Systemen auch schon für Personal Computer. (Siehe Lit. 05., Lit. 07., Lit. 09., Lit. 10., Lit. 13, Lit. 14., Lit. 16.)

B 9.3.5   Kommunikation mit Expertensystemen

Für Anwender von Expertensystemen und Shells stellt sich die Frage nach den Möglichkeiten bei der Ein- und Ausgabe, die stark mit der verwendeten Hard- und Software zusammenhängt. Komfortable Expertensysteme bieten zum Beispiel Grafik mit Windows und Menüs, die sich mit Maus oder Joystick bedienen lassen. Diese Möglichkeiten erleichtern nicht nur die Arbeit bei der Entwicklung sondern besonders den Umgang mit Expertensystemen erheblich.

Auf diese Weise lassen sich Visualisierungen nutzen, etwa bezüglich der Wissenstruktur oder von Ableitungszusammenhängen. Zusätzlich können Windows bei entsprechend hoher Auflösung der Bildschirme auch zum Einblenden von Grafiken, Bildern oder Filmen verwendet werden, was zur Illustration bestimmter mit dem vorhandenen Wissen abgeleiteter Sachverhalte dienen kann. Allerdings sind noch nicht für alle Anwendungen entsprechend ausgerichtete Systeme verfügbar.

B 9.4   Anwendungen und Implikationen

B 9.4.1   Typologie von Expertensystemen

Derzeitig verfügbare Expertensysteme lassen sich mit Bezug zu unterschiedlichen funktionalen Elementen folgenden, allerdings nicht disjunktiven, Aufgaben zuordnen:
- Interpretation
- Design und Konstruktion
- Planung, Vorhersage und Beratung
- Diagnose, Fehleranalyse und -behebung
- Überwachung und Kontrolle
- Computerunterstützte Lernsysteme
- Programmierumgebung und Werkzeug zur Systementwicklung

Bei den folgenden Erläuterungen werden keine Systeme namentlich erwähnt. Eine historische Zuordnung einer Auswahl sowie weitere Details finden sich etwa in Lit. 08., Lit. 07., Lit. 11., Lit. 12., Lit. 13., Lit. 16..

Systeme für retrospektive **Interpretation** werden für die Analyse von Daten benutzt, um deren (symbolische) Bedeutung zu erfassen, d.h. um Situations- oder Systemzustandsbeschreibungen von Beobachtbarem herzuleiten.

Systeme für **Design und Konstruktion** sollen Konfigurationen von Objekten entsprechend bestimmter Randbedingungen entwerfen. Hierzu lassen sich Methoden und Verfahren des computerunterstützten Entwerfens (Computer Aided Design, CAD) nutzen. Diese haben sich schon lange bewährt, arbeiten im allgemeinen aber auf eindeutigen und vollständigen Algorithmen.

Planungssysteme sind Spezialisierungen von Systemen für das Design, die allerdings anstelle von Objekten mit Aktionen befaßt sind. Planungssysteme benutzen Verhaltensmodelle von Agenten, um die Auswirkungen der jeweiligen Aktivitäten derselben abzuleiten, d.h. ein Programm von Aktionen vorzubereiten, mit dem sich bestimmte Ziele erreichen lassen.

Systeme für die **Vorhersage** sollen wahrscheinliche Konsequenzen aus gegebenen Situationen ableiten, d.h. den Verlauf der Zukunft basierend auf Modellen von Ereignissen der Vergangenheit und der Gegenwart vorhersagen. Charakteristisch für Vorhersagesysteme ist die Nutzung von dynamischen parametrischen Modellen, die potentielle Sachverhalte aus den gegebenen Situationen ableiten.

Beratungssysteme müssen eine starke Interpretationskomponente haben, um die Probleme des Ratsuchenden zu verstehen. Dies muß die Transformation in das Bereichswissen des Experten einschließen. Die Lösung des Problems erfordert dann einerseits fakten- und regelartiges Wissen, andererseits aber auch heuristisches Herangehen, wobei der „Standort" des Klienten nicht unwichtig ist (Beliefs). Hier erweist sich Planungs- und Vorhersagekapazität als vorteilhaft, um die potentiellen Lösungen zu generieren, mitzuteilen und zu erläutern.

Systeme für die **Diagnose** werden zum Fehlerfinden in (technischen) Systemen oder für die Bestimmung von Krankheiten bei Menschen benutzt. Hierfür benötigen sie die schon erwähnten Fähigkeiten der Interpretation, Planung und der Vorhersage. Charakteristisch für Systeme dieser Kategorie ist die Fähigkeit, beobachtete Verhaltensunregelmäßigkeiten den verursachenden Gründen zuzuordnen, wobei entweder Tabellen mit Korrelationen von Verhaltensmustern und den entsprechenden Diagnosen oder Wissen über das jeweilige Systemkonzept und mögliche Fehlerfälle die Grundlage bilden.

Systeme des Typs **Fehleranalyse und -behebung** gehören ebenfalls zur Gruppe der Diagnosesysteme. Fehleranalyse und -behebung umfaßt auch „Therapievorschläge" für die fehlerhaften Funktionen, wozu Planungs-, Entwurfs- und Vorhersagefähigkeiten wichtig sind.

Überwachungssysteme müssen Signale interpretieren und Alarme auslösen, wenn ein Eingriff durch Menschen notwendig scheint. Daher ist ein Monitor-System auch ein partielles Diagnosesystem, welches allerdings unter Realzeit-Bedingungen, also nicht retrospektiv, arbeiten muß. Etwas allgemeiner ausgedrückt bedeutet Monitoring oder Überwachung, daß ein Systemverhalten generell im Hinblick auf Anzeichen möglicher Verletztheit/Defekte, die im allgemeinen mit bestimmten Fehlern in Plänen korrespondieren, überwacht wird.

Kontrollsysteme werden von Überwachungssystemen unterschieden, weil sie häufig für eine gesamte Systemsteuerung eingesetzt werden. Wenn also Situationen wiederholt interpretiert, zukünftiges Verhalten vorhergesagt, Probleme diagnostiziert, Pläne ausgeführt und überwacht werden müssen, dann sprechen wir von Kontrollsystemen.

Systeme für **computerunterstütztes** Lernen müssen Fähigkeiten der Diagnose und Fehleranalyse in bezug auf menschliche Benutzer haben, wobei
- Hypothesen über Wissen und Verhalten entwickelt,
- geeignete Hilfsmittel bestimmt,
- tutorielle Interaktionen abgewickelt werden müssen.

In diese Kategorie fallen auch die älteren computerunterstützte Unterrichtssysteme (CUU), obwohl sie damals nicht als Expertensysteme bezeichnet wurden.

Für die **Entwicklung von Expertensystemen** haben sich, wie oben ausgeführt, bestimmte Programmiersprachen als sehr geeignet erwiesen. Trotzdem ist die Implementierung von Expertensystemen mit sehr großem Aufwand verbunden. Wissensbasen und Inferenzmechanismen lassen sich sehr gut unabhängig von einander betrachten. Darum kam man schon bald auf die Idee, verschiedene Wissensbasen mit ein und demselben Inferenzmechanismus zu benutzen.

So entstanden aus der Entwicklung spezieller Expertensysteme wissensbereichsunabhängige Kernsysteme (Shells), d.h. Expertensysteme wurden zum Einsatzgebiet für Expertensysteme. Zusätzlich wurden häufig benutzerfreundliche Umgebungen und Hilfsmittel (Tools) entwickelt, z.b. für die Phase des Wissenserwerbs,
da dieser Vorgang sich als sehr fehleranfällig und zeitaufwendig erwiesen hat.
In der folgenden kleinen Zusammenstellung (*Abb. 5*) werden einige Entwicklungslinien von Shells und Tools dargestellt (siehe auch Lit. 05., Lit. 06., Lit. 07.).

System		Tool/Shell
DENDRAL	→	META-DENDRAL
HEARSAY I + II	→	HEARSAY III
MYCIN	→	TEIRESIAS
MYCIN	→	EMYCIN
EMYCIN	→	KS-300
EMYCIN	→	PERSONAL CONSULTANT
KS-300	→	S. 1, M. 1
PROSPECTOR	→	KAS
CASNET	→	EXPERT
UNITS	→	LOOPS, KEE

Abb. 5: Wissensbereichsunabhängige Systeme und Werkzeuge

Weiterhin ist die Entwicklung spezieller Hardware zu erwähnen, d.h. Computer für
LISP UND PROLOG. Sie bieten eine sehr schnelle Arbeitsgeschwindigkeit, die
sonst nur von sehr großen Allzweck-Maschinen erreicht wird.

B 9.4.2   Ausblick für den IuD-Bereich

Expertensysteme unterscheiden sich erheblich von klassischen Information Storage & Retrieval-Systemen, u.a. wegen:
- Orientierung auf Wissen und die grundeliegenden Wissensstrukturen: dadurch
  werden wesentlich allgemeinere Fälle als bei IS&RS abgedeckt, und zum Beispiel
  auch vages, ungenaues, unvollständiges, unsicheres heuristisches und anderes
  Wissen nutzbar gemacht;
- Darstellung nicht nur von Wissensstrukturen, sondern auch von Problem-
  Strukturen des Benutzers. Hierzu sind ausgefeilte Erklärungs- und Dialogkom-
  ponenten für Benutzer und Benutzergruppen im System integriert;
- Nutzung nicht nur von explizit gespeichertem Wissen (wie bei IS&RS), sondern
  auch implizit vorhandenem Wissen. Letzteres wird mit Hilfe von logischen
  Schlußverfahren (Reasoning) verfügbar gemacht, wobei Verfahren der mathe-
  matischen Logik eingesetzt werden;
- Automatische Erweiterbarkeit der genutzten Wissensstrukturen zu beliebigen
  Zeitpunkten sowie Möglichkeit zur Umstellung auf andere Darstellungsformen,
  wodurch partiell Lernfähigkeit des Systems implementiert ist;

– Nutzung fortgeschrittener Software und Softwaretechnologien einschließlich benutzerfreundlicher Systemoberflächen mit, Windows, Menüs, Grafik, Bildern, Filmen.

Inzwischen gibt es schon eine ganze Reihe von Systemen, von denen allerdings die meisten in einer wissenschaftlichen Umgebung entstanden sind. Der Übergang zur Kommerzialisierung findet derzeit sehr vehement statt. Deutlicher Indikator ist das beinahe monatliche Neuerscheinung von Expertensystemen und auch Expertensystem-Shells auf dem Software-Markt.

Gerade letztere haben das Entwicklungstempo entscheidend beschleunigt, da hier die Hauptarbeit beim Akquirieren des Wissens liegt, was allerdings auch keine einfache Aufgabe ist. Eine größere Anzahl von Systemen ist auch schon für die Personal Computer verfügbar.

Abschließend läßt sich festhalten, daß mit Expertensystemen und besonders den Shells die Entwicklung von neuartiger Software gelang, mit der auch im Bereich der Information und Dokumentation/Fachinformation gearbeitet werden kann. Neben dem Einsatz bei der Bild- und Filmdokumentation könnten spezielle Expertensysteme als Vorsatz beim Zugriff auf herkömmliche Information Storage & Retrieval-Systeme fungieren. Dadurch wäre eine direkte Benutzung der klassischen Systeme durch Endbenutzer möglich, weil diese dann von den oben beschriebenen Schwierigkeiten im Zugang und der Nutzung weitestgehend befreit werden könnten. Sicherlich lassen sich nicht alle Probleme beim Zugang zu (Fach-)Information auf diese Weise lösen, aber eine zusätzliche Hilfe kann geboten werden. Allerdings wird der Einsatz von Expertensystemen auch einen neuartigen Typ von Dokumentar erforderlich machen: den Informations- oder Wissensingenieur.

Literatur

Allgemein zur Künstlichen Intelligenz:

01. Barr, Avron; Feigenbaum, Edward A.: The Handbook of Artificial Intelligence. Volume 1 + 2. Los Altos, California: William Kaufmann Inc., 1981, 1982. 409 + 428 S.
Erster und zweiter Sammelband zu allen Gebieten der Künstlichen Intelligenz, sehr guter Einstieg bei Interesse an Grundlagen, allerdings keine konsistente Gesamtdarstellung.
02. Cohen, Paul R.; Feigenbaum, Edward A.: The Handbook of Artificial Intelligence. Volume 3. Los Altos, California: William Kaufmann Inc., 1982. 640 S.
Dritter Sammelband zu allen Gebieten der Künstlichen Intelligenz, sehr guter Einstieg bei Interesse an Grundlagen, allerdings keine konsistente Gesamtdarstellung.
03. Newell, Allen; Simon, Herbert A.: Computer Science as Empirical Inquiry: Symbols and Search. ACM Turing Award Lecture 1975: In: Communication of the ACM, March 1976. S. 113 – 126.
Nachdruck in: Haugeland, John (Ed.): Mind Design – Philosophy, Psychology, Artificial Intelligence. Bradford Books Publ., MIT Press, Cambridge, Massachusetts, 1981. 368 S.
Richtungsweisende Arbeit zu Programmier-Paradigmen.
04. Rich, Elaine: Artificial Intelligence. 3. Aufl. Singapur: McGraw-Hill Book Co., 1983. 436 S. (International Student Edition)
Sehr gute Monografie zum Gesamtgebiet der Künstlichen Intelligenz, inzwischen auch in Deutsch erhältlich.

Speziell zu Expertensystemen und -Shells:

05. Brownston, Lee; Farrel, Robert; Kant, Elaine; Martin, Nancy: Programming Expert Systems in OPS5. Reading: Addison – Wesley Publ. Co., 1985. 471 S.
Beschreibung eines der ersten erfolgreich kommerziell verfügbaren regelbasierten Expertensystemen: OPS5
06. Buchanan, Bruce G.; Shortliffe, Edward H.: Rule – based Expert Systems. Reading: Addison-Wesley Publ. Co., 1984. 650 S.
Beschreibung eines der ersten im wissenschaftlichen Kontext entwickelten Systeme: MYCIN (Stanford Heuristic Programming Project).
07. Harmon, Paul; King, David: Expertensysteme in der Praxis. München-Wien: Oldenbourg Verlag, 1986. 315 S.
Übersetzung des amerikanischen Buches: Expert Systems – Artificial Intelligence in Business (aus dem Jahr 1985). Sehr übersichtliche und plastische Darstellung des gesamten Komplexes, ausgehend von grundlegenden Konzepten und Techniken, über Sprachen, Werkzeuge und Systeme sowie deren Entwicklung mit Ausführung über den zu erwartenden Markt.
08. Hayes-Roth, Frederick; Waterman, Donald A.; Lenat, Douglas (Eds.): Building Expert Systems. Reading: Addison-Wesley, 1983. 400 S.
Der ,,Klassiker'' unter den Büchern über Expertensysteme, welches den Stand der Entwicklung 1983 wiedergibt. Hat noch etwas den Charakter eines Sammelbandes.
09. Hennings, Ralf-Dirk: Expertensysteme für industrielle Nutzung. In: Nachrichten für Dokumentation 36 (1985) Heft 4/5, S. 179 – 189.
10. Hennings, Ralf-Dirk: Künstliche Intelligenz und Expertensysteme. In: LOG-IN 7 (1987) Heft 1., S. 10 – 18.
11. Hennings, Ralf-Dirk; Munter, Heinz: Expertensysteme. Berlin: MathWare-Verlag, 1985. 352 S. Nachdruck J.F. Lehmanns, Berlin 1988.
Grundlagen, Entwicklungen, Anwendungen, Trends und Konsequenzen von Expertensystemen aus dem Blickwinkel von 1985. Das Buch richtet sich auch an Nicht-Ingenieure, d.h. Sozial-Wirtschafts-, Informationswissenschaftler, Psychologen sowie innovative Laien. Noch erhältlich bei: Freie Universität Berlin, Arbeitsbereich Informationswissenschaft, Malteser Straße 76 – 100, L 625, D – 1000 Berlin 46.
12. Jackson, Peter: Introduction to Expert Systems. Reading: Addison Wesley, 1986. 246 S.
Kompakte Einführung mit konsistenter Beschreibung diverser Systeme.
13. Klahr, Philip; Waterman Donald A.: Expert Systems – Techniques, Tools, and Applications. Reading: Addison Wesley, 1986. 441 S.
Beschreibung diverser Systeme aus dem Blickwinkel der RAND-Corporation.
14. Savory, Stuart E. (Ed.): Künstliche Intelligenz und Expertensysteme., München-Wien: Oldenbourg-Verlag, 1985. 248 S.
Sammelband im Kontext der Entwicklung der Expertensystem Shell Twaice der Firma Nixdorf AG. mit starker Orientierung auf die Sprache PROLOG.
15. Schnupp, Peter; Leibrandt, Ute: Expertensysteme, nicht nur für Informatiker. Berlin: Springer Verlag, 1986. 140 S.
Einführendes Buch für den Nicht-Fachmann. Sehr einfach geschrieben, dabei nicht oberflächlich.
16. Waterman, Donald A.: Guide to Expertsystems. Reading: Addison Wesley Publ. Co.: 1985. 419 S.
Beschreibung diverser Systeme durch einen Spezialisten.

B 10 Linguistisch-technische Aspekte der maschinellen Übersetzung

Harald H. Zimmermann

B 10.1 Einleitung

Betrachtet man die technische Entwicklung in der Informationsindustrie, kommt man nicht umhin festzustellen, daß der Computer in nahezu jeden Bereich menschlicher Tätigkeiten Einzug hält. Auf dem Gebiet der Wort- oder Textverarbeitung wird die Mensch-Maschine-Kommunikation – auf PC-Ebene oder an Workstations anstelle von Schreibmaschinen – der Standard der nahen Zukunft sein, d.h. vom Ende der achtziger Jahre an.

Auf der anderen Seite wird es wegen der Komplexität der natürlichen Sprachen nicht gelingen, das Problem der maschinellen Übersetzung natürlicher Sprache im allgemeinen – ganz zu schweigen von der Erkennung und Übersetzung gesprochener Sprache – im Sinne einer FAHQT (fully automatic high-quality translation, d.h. einer vollautomatischen hochqualitativen Übersetzung) zu lösen. So gibt es also *Grenzen* (mehr oder weniger beim wissenschaftlichen Herangehen an das Problem) und Möglichkeiten der Einbindung technischer Einrichtungen in den Prozeß der (intellektuellen) Übersetzung oder gar des Textverstehens durch Maschinen. Ziel dieses Beitrags ist es, die Möglichkeiten (Stand Okt. 1989) des *praktischen Einsatzes* des Computers im Bereich der maschinellen und maschinengestützten Übersetzung zu erkunden. Wenn es auch einigermaßen verlockend wäre, *grundlegende* Fragen der Übersetzbarkeit von Texten (und des Textverstehens) zu behandeln, so wird doch das Gewicht auf der technischen Übersetzung liegen, d.h. auf der Übersetzung technischer und gemeinsprachlicher Texte.

B 10.2 Systematische Aspekte

Selbst wenn es von einigem Interesse ist, wie maschinelle Übersetzung möglich gemacht wird, so spielen doch die linguistischen Aspekte (insb. die Grammatikmodelle und die möglichen bzw. benutzten Strategien) eine untergeordnete Rolle. Man darf also annehmen, daß es eine Art ,,black box'' gibt, in die ein Text bzw. Wörter einer natürlichen Sprache eingegeben werden und aus der mit oder ohne menschliche Unterstützung eine oder alternative Übersetzungen herauskommen. Die Übersetzung kann aus Sicht des Benutzers gut, brauchbar oder schlecht sein.

Bezogen auf den Nutzen und die Nutzung der maschinellen oder maschinengestützten Übersetzung lassen sich hauptsächlich zwei Benutzergruppen unterscheiden:

(1) der sogenannte *Endnutzer*, d.h. ein Experte, der sich über einen Artikel informieren möchte, der in einer ihm mehr oder weniger unbekannten natürlichen Sprache verfaßt ist; eine Person, die einen Freund/einer Freundin einen Brief in einer fremden Sprache schreiben möchte;. . .und

(2) ein professioneller Benutzer, insb. ein *Übersetzer*, der den Computer bei seiner Arbeit als Werkzeug benutzen möchte.

Unter diesem Aspekt kann man Projekte und Grundlagenforschung zur maschinellen Übersetzung und zum Sprachverstehen außer acht lassen und sich auf praktische Werkzeuge bzw. Systeme konzentrieren.

Zu Beginn ist es wichtig, zwischen den beiden Hauptstrategien zu unterscheiden: maschineller Übersetzung (**MT**) und maschinengestützter Übersetzung (**CAT**).

○ Ein maschinelles Übersetzungssystem (MT-System: Machine Translation) liegt nur dann vor, wenn der Übersetzungsprozeß – ausgehend von einem maschinenlesbaren Quelltext – ohne menschliche Hilfe abläuft und zu einem Zieltext führt, dessen Qualität für Informationszwecke mindestens ,,gut genug'' ist.

○ Ein maschinengestütztes Übersetzungssystem (CAT-System: Computer Aided Translation) liegt dann vor, wenn der Mensch eingreifen muß, damit eine ,,gute'' Übersetzung des Quelltextes (sei er maschinenlesbar oder nicht) erreicht wird.

Es ist offensichtlich, daß ein MT-System zusätzlich als *Komponente* eines CAT-Systems eingesetzt werden kann: ein Text kann vor Beginn der MT ,,angepaßt'' werden (,,pre-editing''), oder der von der Maschine übersetzte Text kann von Übersetzern post-ediert werden, damit eine höhere Qualität erzielt wird.

Es sind bereits zahlreiche MT- und CAT-Systeme auf dem Markt, die von ihren Entwicklern jeweils als das ,,richtige praktische Werkzeug'' dargestellt werden, und es fällt schwer, ohne präzise Kriterien eine Entscheidung zu treffen.

Da es beim Einsatz von MT-Systemen wesentlich auf den Umfang der Computerwörterbücher ankommt, spielt in beiden Alternativen die Erweiterung dieser Wörterbücher (Wörterbuch-Updating) eine wichtige Rolle:

○ ein Konzept sieht vor, daß – besonders im Falle sehr umfangreicher Wörterbucheinträge – der Benutzer, z.B. der Übersetzer, *nicht* selbst am Updating mitwirkt (vgl. z.B. das SYSTRAN-Konzept), so daß die Systemverwaltung Spezialisten für die Verbesserung der Lexikondaten einsetzen muß.

○ der andere Weg besteht darin, es dem professionellen Benutzer zu überlassen, das Systemwörterbuch zu ergänzen oder Spezialvokabulare aufzunehmen (wie es das LOGOS-Konzept vorsieht).

Es gibt weitere Systemmerkmale, die im Entscheidungsprozeß eine wichtige Rolle spielen: die Verfügbarkeit von Sprachpaaren; die Möglichkeit, besondere Texttypen (z.B. Sitzungsprotokolle, Briefe,. . .) zu verarbeiten etc.

B 10.3   Bewertungskriterien

B 10.3.1   Qualität

Obwohl man normalerweise das System als ,,black box'' ansehen kann (oder muß), gibt es doch Unterschiede in der Qualität der ,,reinen'' maschinellen Übersetzungsergebnisse (,,Rohübersetzung''). Es ist nicht leicht, ein genaues Maß anzugeben, aber es soll hier auf einige wichtige Kriterien hingewiesen werden (zu den Einzelheiten vgl. das Konzept von Van Slype (Lit. 04.) und die Beschreibung der beiden SYSTRAN-Evaluationen von Van Slype (Lit. 03.)).

Die Hauptkriterien dabei sind:

(1) Verläßlichkeit und Wiedergabetreue, d.h.: in welchem Maße (schlecht, ausreichend, gut) sind Inhalt/Bedeutung des Originals wiedergegeben.
(2) Verständlichkeit und Lesbarkeit, d.h.: in welchem Maße ist der Benutzer in der Lage, den übersetzten Text zu lesen und zu verstehen.

Dies sieht einfach genug aus, aber die Probleme stecken im Detail: So produziert ein MT-System in syntaktischer und stilistischer Hinsicht normalerweise schlechtere Übersetzungen, als es der Mensch vermag, wohingegen die Übersetzung des Systems auf lexikalischer Ebene, insb. in bezug auf die Erkennung der korrekten Fachbegriffe, sogar präziser und konsistenter sein kann als eine intellektuelle Übersetzung.

B 10.3.2   Anwendungsumgebung

MT oder CAT müssen in einer konkreten Anwendung im Rahmen der Einbettung in eine technische Umgebung gesehen werden. So hängt eine Entscheidung normalerweise nicht nur von der Qualität ab, sondern auch von der Möglichkeit der Integration in ein komplexes Text- oder Wortverarbeitungssystem. In dieser Hinsicht müssen die folgenden Gesichtspunkte beachtet werden:

B 10.3.2.1   Integration in (Literatur- oder Text-) Datenbanken

Heute sind Datenbanken − technisch gesehen − weltweit über Paketvermittlungsnetze und sogar Satellitenkommunikation zugänglich. Dadurch wird die Überwindung von Sprachbarrieren, z.B. der zwischen Englisch und Japanisch, aber auch und gerade auf dem *multilingualen europäischen Markt*, ein äußerst erstrebenswertes Ziel. Experimentelle Bemühungen, MT-Systeme in Informationsprozesse einzubinden, werden in Japan unternommen: als Beispiel mag die INSPEC-Datenbank dienen, die im Original in Englisch vorliegt und auf die über japanische Deskriptoren zugegriffen werden kann. Die Deskriptoren und später die (englischen) Titel werden während des Dialogs ins Japanische übersetzt (vgl. Lit. 02.). Auf ähnliche Art und Weise wird ein anderes MT-System im Batch-Betrieb (mit Postedition) für die deutsch-englische Übersetzung von Titeln aus deutschen Datenbanken eingesetzt (vgl. Lit. 05.).
Es ist offensichtlich, daß die Titel und Abstracts auch von Übersetzern übersetzt werden könnten. Es gibt jedoch Argumente, die für MT und CAT sprechen: Die zu übersetzenden Texte liegen maschinenlesbar vor, so daß eine ideale Grundlage für den Einsatz von Computern existiert; das Fachgebiet der Titel/Texte ist normalerweise ,,physikalisch" markiert, so daß eine Klassifikation oder sogar Thesaurusfunktionen insbesondere für den lexikalischen Transfer (Vereindeutigung von Begriffen) benutzt werden können; das verwendete Vokabular muß äußerst präzise und konsistent sein, was mit Hilfe des Computers erreicht werden kann.

B 10.3.2.2 Automatische Indexierung

Die Indexierung von (Voll-)Texten kann ein wichtiger Nebeneffekt der Verwendung von MT oder CAT sein. Für den lexikalischen Transfer müssen Wortformen in Grundformen überführt werden; Wortzusammensetzungen und -ableitungen müssen erkannt werden; Wortklasseninformationen, Beziehungen zwischen Begriffen werden für die Vereindeutigung benutzt. So können MT-Qutput bzw. Zwischenergebnisse für die Dokumentarchivierung und das Information Retrieval verwendet werden.

B 10.3.2.3 Text- und Wortverarbeitung

Ohne Zweifel spielt die Textverarbeitung in jeder Übersetzungsumgebung eine bedeutende Rolle. Sogar ,,normale'' Übersetzer gehen mehr und mehr zur Textverarabeitung auf PC über, und es ist nur ein kleiner Schritt bis zur Integration von (eigenen) Glossaren oder Wortlisten, die über sogenannte ,,Windows'' auf dem Bildschirm sichtbar gemacht werden, anstelle der Benutzung von Karteikästen. Natürlich werden auch andere Funktionen wie Rechtschreib-, Grammatik- oder Stilhilfen in zunehmendem Maße in solche Prozesse integriert.

Der ,,Quelltext'' liegt als Ergebnis einer Textverarbeitung maschinenlesbar vor. Das MT- oder CAT-System muß jedoch auf die verschiedenen Textverarbeitungssysteme angepaßt werden (Wang OIS ist beispielsweise mit LOGOS und SYSTRAN kombinierbar, WordPerfect mit SYSTRAN). Wenn solche Werkzeuge verfügbar sind, kann zudem die *Postedition* von MT-Ergebnissen durch besondere Editoren unterstützt werden.

Ein Problem ist in diesem Zusammenhang die Verbindung solcher Werkzeuge mit lokal verfügbaren MT-Systemen (vgl. z.B. LOGOS) oder die Verbindung mit einem zentralen Übersetzungsdienst (vgl. z.B. das Konzept des SYSTRAN-Einsatzes in der Europäischen Gemeinschaft oder auch die Nutzung des MINITEL-Systems in Frankreich für maschinelle Übersetzung mit SYSTRAN).

Zweifellos wird der Einsatz von MT und CAT insbesondere in Kombination mit Textverarbeitung und Online-Zugang zunehmen. Die Frage ist im Augenblick noch, ob die existierenden Werkzeuge (was die Qualität anbelangt) mächtig genug sind, um vom Benutzer angenommen zu werden. Besonders die Ergebnisse der MT-Experimente der Fa. Gachot S. A. über MINITEL und über den PC-Zugang mit SYSTRAN werden hier einen wichtigen Beitrag leisten.

B 10.3.2.4 Elektronisches Publizieren

Zu übersetzende Texte (insb. technische Texte wie *Wartungsanleitungen* und *Handbücher*) werden immer öfter mit Hilfe des elektronischen Publizierens (auch: Desktop Publishing) aufbereitet – incl. Abbildungen, Zeichnungen und Tabellen. Firmen, die Aufträge an Übersetzer in ihrer Firma oder nach außerhalb vergeben, wollen sich eine Aufbereitung (oder das Setzen) fertiger Übersetzungen ersparen, zumal wenn in mehr als eine Sprache übersetzt wird.

So müssen große Anstrengungen unternommen werden (vielleicht auf beiden Seiten: von den Herstellern von Desktop-Publishing-Systemen und den Entwicklern von MT- oder CAT-Software), um die Übersetzungshilfen so zu integrieren, daß die Dokumentstruktur nicht zerstört oder auch nur verändert wird. Natürlich gibt es Probleme bei der Zeilen-, Absatz- oder Seitenabstimmung (wegen der unterschiedlichen Längen von Original- und übersetzten Texten), und auch die Umstellung von Phrasen/Wörtern infolge unterschiedlicher Wortstellung in den einzelnen Sprachen wirft das Problem der korrekten Einfügung typographischer Zeichen (Fettdruck, Unterstreichungen etc.) in den Zieltext auf. Wenn diese ,,technischen'' Aspekte des Übersetzungsprozesses nicht dem Übersetzer/Posteditor überlassen werden sollen, muß eine hochstandardisierte Textbeschreibung in das Electronic Publishing integriert werden. Des stellt eine große Herausforderung an die existierenden und die kommenden MT- und CAT-Systeme dar. (Siehe Kap. B 11 und B 12)

B 10.3.3   Benutzerfreundlichkeit

Was die professionellen Übersetzerarbeitsplätze anbelangt, so spielt die *Benutzerfreundlichkeit* auf jeder Ebene der MT und der CAT eine große Rolle. Nicht wünschenswert wäre es, wenn die Benutzung von MT oder CAT dazu führte, daß der Mensch nur noch ,,Sklavenarbeit'' leistet und Tag für Tag die trivialen Fehler im Maschinenoutput korrigiert. Diese Gefahr besteht derzeit, da die verfügbaren Systeme nicht sehr flexibel und anpassungsfähig sind.

Zukünftige Entwicklungen in MT und CAT müssen sich daher darauf konzentrieren, dem Nutzer mehr und direktere Feedback-Möglichkeiten zu geben. Das manchmal in Datenbanksystemen benutzte ,,Privatdateikonzept'', nach dem sich ein Benutzer in einer Datenbank einen ,,privaten Bereich'' anlegen kann, könnte als Beispiel dienen: zumindest auf Wörterbuchebene müßte dem Benutzer die Möglichkeit gegeben werden, – auf der Grundlage existierender Daten – ,,eigene'' Wörterbücher (physikalisch oder logisch) zu kreieren.

Nebenbei gesagt können beide Seiten – der Hersteller des Datenbanksystems und der Nutzer – von einem solchen Konzept profitieren: das Fachvokabular des Systems wird erweitert und der Benutzer hat selbst Einfluß auf die Auswahl der Übersetzungen (aber auch große Verantwortung).

Was für das Lexikon richtig ist, gilt auch für die strukturellen Komponenten (z.B. den Einfluß auf die Satzlänge, stilistische Komponenten etc.). Bestehende Systeme müssen flexibler werden und künftige sollten solche Komponenten von Anfang an einbeziehen.

B 10.3.4   Kosten und Nutzen

Wie überall in der Wirtschaft wird eine Entscheidung für oder gegen Werkzeuge wie MT oder CAT nach Kosten/Nutzen-Analysen getroffen. Im vorliegenden Fall spielen nicht allein die reinen Kosten eine Rolle, denn ,,Zeit ist Geld'' und eine Übersetzung sofort zu bekommen ist einen hohen Preis wert. Letzten Endes jedoch wird die Entscheidung aus wirtschaftlichen Gründen gefällt, wobei soziale und menschliche Gründe mitspielen werden.

Da (wenigstens dem Autor) keine ausreichenden Daten über die Entwicklungskosten von MT- und CAT-Systemen vorliegen, soll das Augenmerk im folgenden den Kosten und Nutzen auf Seiten des Benutzers gelten.

Es scheint im Augenblick so zu sein, daß die Übersetzungsleistung eines Übersetzers (in Seiten pro Tag gemessen) durch Interaktion mit dem Computer und/oder Postediting beträchtlich erhöht werden kann. Wenn man annimmt, daß z.b. die Pflege und technische Unterhaltung eines Systems wie SYSTRAN incl. Computer-Hardware rund 300.000 $ im Jahr kostet und daß im Jahr 300.000 Seiten technisch gesehen übersetzt werden können, sind die Kosten der Rohübersetzung — die Wörterbuchpflege und die Vor- und Nachbereitung der MT-Ergebnisse nicht eingeschlossen — fast zu vernachlässigen (1 $ pro Seite). Die Kosten des gesamten Prozesses (Übersetzung mit Mensch-Maschine-Interaktion) hängen von der gewünschten Qualität ab. Für eine „goodenough", d.h. eine *informative* Übersetzung (z.B. von Arbeitspapieren), ist eine sogenannte schnelle Postedition (rapid postediting) ausreichend, bei der ein Übersetzer ca. 20 Seiten pro Tag produziert (anstelle von 6 – 8 Seiten ohne MT).

Um eine der professionellen intellektuellen Übersetzung vergleichbare hohe Qualität zu erreichen, muß mehr Zeit für die Nachkorrektur angesetzt werden. Es scheint jedoch, als beginne sich der Einsatz vom MT oder CAT in dem Sinne zu rechnen, daß — wenn das Vokabular des MT-Systems an die Bedürfnisse des Benutzers angepaßt ist — die Kosten der Übersetzung deutlich unter denen der intellektuellen Übersetzung liegen, selbst wenn man berücksichtigt, daß die Verwendung von Textverarbeitungssystemen im intellektuellen Übersetzungsprozeß bereits ca. 20 % Zeit spart.

B 10.4 Prinzipielle linguistische und strategische Probleme

Die Frage der Morphologie (d.h. die Probleme der Flexion, Ableitung und Wortzusammensetzung) kann in der MT als gelöst gelten, zumindest für praktische Zwecke in einer Anwendungsumgebung, auch wenn die Übersetzung korrekt zerlegter, abgeleiteter oder zusammengesetzter Wörter nicht immer automatisiert werden kann. Dies ist nicht der Fall für Lösungen auf syntaktischer oder semantischer Ebene. Selbst wenn man annimmt, daß ein Problem wie die Vereindeutigung syntaktischer Homographen wie *plays* in *he plays* und *the plays* durch strenge und voll formalisierte Analysesysteme gelöst werden kann, führt doch die Komplexität der Strukturen der natürlichen Sprache zu einer Explosion der Rechenzeit, wenn man versucht, jede mögliche (Teil-) Struktur zu berücksichtigen und zu verarbeiten. Daher versuchen die kommerziellen Systeme, den Prozeß der Identifikation (oder Disambiguierung) durch besondere deterministische oder probabilistische Regeln abzukürzen. Im Ergebnis laufen sie 10.000 oder 1.000 mal schneller als vollkommen linguistisch orientierte Systeme, aber ihre Ergebnisse erreichen evtl. nicht die gleiche Qualitätsstufe.

Heute spielt Computerrechenzeit zwar nicht mehr die gleiche Rolle wie noch vor einigen Jahren, aber in der maschinellen Übersetzung ist sie bis heute nicht vollkommen zu vernachlässigen. Das gleiche gilt für die Lösung der Probleme der Homonymie, d.h. im Bereich der Semantik. Einerseits bestehen Beschränkungen bei der Verarbeitung der *Text*struktur (im Vergleich zur *Satz*struktur).

In den meisten Fällen ist die Operationsbasis eines MT-Systems die Satzumgebung, d.h. daß Informationen oder Lösungen aus vorangegangenen Sätzen verloren sind und so gut wie nichts über die Textebene bekannt ist. Dies führt zu vielen Fehlern, insbesondere bei der pronominalen Referenz, aber auch bei der Artikelinsertion und der Vereindeutigung von Homonymen. Die existierenden Systeme gehen das Problem der semantischen Mehrdeutigkeiten mit Hilfe semantischer Codes an (die auf einer allgemeineren Ebene auch bei der Vereindeutigung syntaktischer Strukturen eine Rolle spielen), insbesondere mit Fachgebietsmarkierungen, die zur Auswahl des ,,richtigen'' Worts (oder der Wortfolge) in Abhängigkeit von den vom Benutzer vergebenen Fachgebietsparametern verwendet werden. Sie versuchen auch, dieses Problem durch Identifizierung von Wortsequenzen oder Redewendungen im Wörterbuch zu lösen (vgl. z.B. *es regnet Bindfäden*: diese Wendung kann nicht analysiert werden. Sie muß im Lexikon durch *it rains cats and dogs* ersetzt werden).

Seit Chomsky hat der systematische strukturell-semantische Zugang zur Sprachanalyse, zum Sprachverstehen und zur Übersetzung Fortschritte gemacht. So gibt es im Forschungsbereich verschiedene moderne formalisierte Grammatiktypen und Parser. Insbesondere in Japan (vgl. z.B. das MU-System) und Europa (vgl. z.B. die Anstrengungen der Europäischen Gemeinschaft und ihrer Mitgliedstaaten mit dem Europäischen Übersetzungssystem EUROTRA) wird die MT-Forschung vorangetrieben. Es scheint jedoch, als brauche man mehr als eine computerlinguistische Entwicklung: Linguisten, Computerfachleute, Informatiker und Benutzer müssen in Großprojekten zusammenarbeiten, um das Ziel der praktischen Einsetzbarkeit zu erreichen.

B 10.5   Beispiele

Um einen Eindruck vom Entwicklungsstand der sogenannten ,,produktiven'' (nicht unbedingt kommerziellen) Systeme zu vermitteln und um die Anwendbarkeit der genannten Kriterien aufzuzeigen, werden zwei Systeme beschrieben: die MT-Systeme SYSTRAN und SUSY/STS.

B 10.5.1   SYSTRAN

SYSTRAN (die Rechte liegen bei der Fa. Gachot S. A., Soisy, Frankreich) hat – in seiner neuesten Version 3.7 – die folgenden Merkmale:

– Übersetzung von Volltexten. Selbst wenn die Strukturen nicht stimmen oder Wörter falsch geschrieben sind oder nicht im Computerlexikon gefunden werden, wird eine Übersetzung produziert.
– Die Übersetzungsgeschwindigkeit beträgt (in Abhängigkeit von der Rechnerkapazität) bis zu 350.000 Wörter in der Stunde. Damit ist es das schnellste System auf dem Markt.

- Das System ist sprachenpaarorientiert. Übersetzungen können für die Sprachenpaare Englisch ⇒ Französisch, Englisch ⇒ Italienisch, Französisch ⇒ Englisch, Russisch ⇒ Englisch (US-Airforce), Englisch ⇒ Japanisch (SYSTRAN Japan), Englisch ⇒ Arabisch erzeugt werden; entwickelt werden u.a. Englisch ⇒ Deutsch, Französisch ⇒ Deutsch, Deutsch ⇒ Englisch und Deutsch ⇒ Französisch. Die Qualität hängt einerseits von der Verfügbarkeit (fachgebietsorientierter) Lexika ab. Bei der Europäischen Gemeinschaft sind große Anstrengungen unternommen worden, um die SYSTRAN-Wörterbücher zu entwickeln. Für die englisch-französische Übersetzung steht jetzt ein Wörterbuch mit 150.000 Einträgen zur Verfügung. Die gleiche Qualität kann für die Übersetzung Deutsch ⇒ Französisch, die sich noch in der Anlaufphase befindet, nicht erzielt werden.
- Der Einsatz von SYSTRAN erfordert technische Spezialisten (und Systemverwalter). So können nur Firmen, die sich solche Spezialisten leisten können (wie die EG oder die US-Airforce), eine SYSTRAN-Version auf ihrem eigenen Computer halten (wenn es ein IBM- oder IBM-kompatibler Mainframe ist). Es gibt jedoch eine interessante Alternative: das System ist über Telekommunikationsnetzwerke zu nutzen, z.b. über Paketvermittlung (in Deutschland: vom PC aus via DATEX-P) oder − als sehr futuristische Variante − über BTX. In Frankreich ist eine BTX-Anwendung (die die französische BTX-Version namens TELETEL in Verbindung mit einem Telefon über einen Monitor (MINITEL) benutzt) bereits verfügbar (und wird sogar von Schülern genutzt).
- Die SYSTRAN-Wörterbuchpflege muß bis jetzt von Systemexperten vorgenommen werden. Das Hauptproblem liegt nicht in der Kodierung selbst (die sehr komplex ist, aber mittels einer benutzerfreundlichen Schnittstelle bewältigt werden kann und wird), sondern in der Konsistenz der Lexikondatenbank. Die Wörterbücher enthalten Fachgebietscodes, aber diese Komponente muß weiterentwickelt werden, um eine flexible Nutzer- und Nutzungsorientierung zu erfahren.
- SYSTRAN ist wenig portabel. Das bedeutet: die Sprache ist IBM-Assembler, auch wenn die linguistischen Regeln normalerweise in einer besonderen Makrosprache geschrieben sind. Das System selbst benötigt − wie oben erwähnt − einen (IBM- oder Siemens- oder Amdahl-) Mainframecomputer oder Computer gleicher Größe. Eine Softwareumstellung (evtl. auf UNIX) ist allerdings geplant.
- Die Qualität der (Roh-) Übersetzung schwankt, und zwar je nach Sprachenpaar und Lexikonumfang. Für Englisch ⇒ Französisch können etwa die folgenden Prozentzahlen genannt werden: Morphologische Erkennung: etwa 100 %; syntaktische Strukturen: etwa 90 %; semantische Disambiguierung: zwischen 80 und 90 %, in Abhängigkeit von den sogenannten „limited semantics"-Regeln.
- SYSTRAN kann mit verschiedenen Textverarbeitungsumgebungen kombiniert werden. Eine davon ist Wang OIS (die bei der EG eingesetzt wird); es können aber auch (IBM-kompatible) PCs mit Editoren wie WordPerfect oder MS-WORD verwendet werden. Es gibt Anwendungen, bei denen mit Beleglesern WordPerfect-Textdateien erstellt werden, die an ein SYSTRAN-Servicezentrum (z.B. Gachot S. A. in Soisy bei Paris) geschickt werden. Man erhält dann den übersetzten Text über Postleitung und ein Softwaretool zurück, das die Postedition des Textes über einen geteilten Bildschirm erlaubt (mit dem Original in dem einen Fenster und der Übersetzung im anderen).
- Die Nutzung des Übersetzungssystems selbst ist batch-orientiert. Während des Übersetzungsprozesses selbst gibt es keine Möglichkeit der Interaktion (trotz der Tatsache, daß der Systemadministrator in einem Zwischenschritt Übersetzungen für unbekannte Wörter einfügen kann). Andererseits behandelt der Benutzer das System als „black box"; er benötigt keinerlei Kenntnis des Systems.
- Es gibt keine genauen Informationen über die Entwicklungskosten des Systems. Schätzungen bewegen sich zwischen 20 und 50 Millionen Dollar. Die EG-Version allein kostete bislang etwa 4 bis 6 Millionen Dollar. Die laufenden Kosten für die Unterhaltung einer

Komplett-Version (mit mehreren Sprachen, inkl. Hardware, ohne Lizenzgebühren) belaufen sich meiner Meinung nach auf 300.000 Dollar im Jahr. Wenn also (bei der EG) etwa 300.000 Seiten im Jahr übersetzt werden können, betragen die Systemkosten 1 $ pro Seite (Textverarbeitung, Postedition und Computerrechenzeit nicht eingeschlossen). Die Übersetzungskosten bei Benutzung des französischen MINITEL-Systems (BTX) liegen bei 0,10 $ pro „Fenster" (das sind bis zu 10 Zeilen). In dieser Version ist die automatische (Roh-) Übersetzung innerhalb von 20 – 30 Sekunden verfügbar. Auf dem deutschen Markt wird die Übersetzung mit SYSTRAN z.Z. mit 0.09 DM/Wort (Standardpreis) angeboten.

– Dies alles läßt den Schluß zu, daß SYSTRAN endbenutzerorientiert ist, d.h. daß sein Markt in erster Linie die „Informationsgesellschaft" ist, die keine 100%ige Qualität benötigt, sondern eine Übersetzung, die ausreicht, um einen Text in einer dem Benutzer fremden oder so gut wie fremden Sprache zu verstehen. Es besteht jedoch kein Zweifel daran, das SYSTRAN auch gute Chancen hat, in einer professionellen Übersetzungsumgebung als superschnelles Werkzeug und als eine Alternative im Bereich der computergestützten Übersetzung eingesetzt zu werden.

B 10.5.2   SUSY/STS

Das MT-System SUSY wurde im Rahmen eines großen Forschungsprojekts zur Computerlinguistik an der Universität des Saarlandes in Saarbrücken entwickelt und wird nun im Saarbrücker Translationsservice STS zur Übersetzung von Datenbanktexten (Titel/Abstracts) als Produktionssystem benutzt. Dieser Service wurde am Institut der Gesellschaft zur Förderung der Angewandten Informationsforschung (IAI) an der Universität des Saarlandes eingerichtet. Hauptmerkmale von SUSY-STS sind:

– Übersetzung von Volltexten (auf Satzebene) ist möglich. In dieser speziellen Anwendungsumgebung liegt der Schwerpunkt jedoch auf der Übersetzung von Titeln und Abstracts.

– Wie SYSTRAN ist SUSY-STS ein robustes „All-Round"-System: Ein Text wird übersetzt, auch wenn er unbekannte Wörter enthält. In solchen Fällen bleibt das Originalwort im Zieltext stehen.

– SUSY-STS ist ein „multilinguales" MT-System. Nur die Transferkomponente (die eigentliche „Verbindung" zwischen zwei Sprachen) ist zweisprachig, während Analyse und Synthese unabhängig von der jeweiligen Ziel- bzw. Quellsprache ablaufen. SUSY-STS-Anwendungen sind möglich für Deutsch ⇒ Englisch (wird in STS-Verfahren praktisch genützt), Englisch ⇒ Deutsch und Russisch ⇒ Deutsch, ansatzweise auch für Französisch ⇒ Deutsch, Deutsch ⇒ Französisch und Esperanto ⇒ Deutsch. Vor allem wird Deutsch-Englisch übersetzt, wobei ein deutsches Analysewörterbuch mit 150.000 Einträgen, ein Lexikon mit deutschen Komposita (150.000 Einträge) und ein deutsch-englisches Übersetzungslexikon mit 300.000 Einträgen zur Verfügung stehen.

– Wie SYSTRAN muß auch SUSY-STS von gut eingearbeiteten Fachkräften bedient werden. Daher wurde ein Übersetzungsservicekonzept entwickelt. Übersetzungen werden nur im Übersetzungszentrum am IAI in Saarbrücken erstellt. Die Auftraggeber schicken ihre Daten per Magnetband oder Diskette ans IAI und erhalten die übersetzten Daten auf dem gleichen Wege zurück. Hauptanwendung ist, wie erwähnt, die Übersetzung deutscher Titel aus Datenbanken ins Englische. Die zweisprachige Terminologie wird während der Verarbereitung der Daten für die verschiedenen Fachgebiete aufbereitet. Auftraggeber sind u.a.: Das Informationszentrum RAUM und BAU, wo die zweisprachige Datenbank ICONDA produziert wird; das Deutsche Patentamt, dessen deutsches Stich- und Schlagwortverzeichnis übersetzt wurde; das Deutsche Informationszentrum für Technische Regeln, für das die Titel deutscher Industrienormen ins Englische übersetzt werden, die anschließend in die entsprechende Datenbank eingebracht werden; das Informationszentrum Sozialwissenschaften, für das die Titel einer Literaturdatenbank übersetzt werden. Alles in allem sind vom STS bis heute 200.000 Titel übersetzt worden.

- Das System ist unter UNIX verfügbar (und in diesem Sinne auch portabel). Die Programmiersprache ist FORTRAN, einige Routinen sind in C geschrieben. Eine andere Version läuft unter BS2000 auf Siemensrechnern.

- Die Qualität der maschinellen (Roh-) Übersetzung Deutsch ⇒ Englisch ist zufriedenstellend: etwa 99 % der Wörter der Quelltexte werden morphologisch erkannt; was die Erkennung der syntaktischen Strukturen und die semantische Disambiguierung anbelangt, so liegen keine zuverlässigen Statistiken vor. Die Einbeziehung von Fachgebietscodes ist in Entwicklung.

- Der Service setzt in der Regel menschliche Posteditoren ein, um eine hohe Übersetzungsqualität zu erzielen. Als erster Schritt im Übersetzungsprozeß erfolgt die Identifizierung und Korrektur fehlerhafter Wörter mit Hilfe einer Rechtsschreibhilfe. Dann werden unbekannte Wörter (hauptsächlich im Übersetzungswörterbuch) identifiziert und kodiert. Im nächsten Schritt wird der Text maschinell übersetzt und durch die Übersetzer (Posteditoren) am Bildschirm nachredigiert. Nach einer Nachprüfungsphase werden die Daten auf Band oder Diskette zurückgeschickt. Es kann ein automatisches Indexierungssystem integriert werden, d.h. der Analysebaustein von SUSY-STS wird benutzt, um aus den Textwörtern Grundformen zu ermitteln und Komposita oder Ableitungen in ihre Bestandteile zu zerlegen. Dem Posteditor werden neben dem Text noch Wortalternativen angeboten, die er ,,per Knopfdruck'' in den Zieltext einfügen kann.

- Wie SYSTRAN ist SUSY-STS batchorientiert. Die Wörterbuchpflege ist jedoch dialogorientiert, so daß ein entsprechend geschulter Benutzer neue Wörter in die entsprechenden Lexika eintragen kann. Die Postedition erfolgt separat auf PC oder per Terminal direkt mit dem Hostrechner, einer Nixdorf TARGON/35.

- Die Entwicklungskosten des SUSY-Systems betrugen etwa 5 Millionen Dollar (ohne die Grundlagenforschung an der Universität des Saarlandes). Die Anpassung an die Erfordernisse des STS kostete etwa 200.000 Dollar. Die Systemkosten betragen pro Jahr etwa 150.000 Dollar incl. des Bedienungspersonals (ohne die Übersetzer). Der Service arbeitet kostendeckend, wenn im Jahr etwa 4 Millionen Wörter (à 0,12 Dollar) übersetzt werden. STS wird z.Z. mit Fördermitteln des Bundesministers für Forschung und Technologie (BMFT) getestet.

- Zusammenfassend läßt sich sagen, daß SUSY-STS ein spezialisiertes CAT-System ist. Seine Geschwindigkeit (5.000 laufende Wörter pro Stunde CPU-Zeit) ist mit der von SYSTRAN nicht zu vergleichen, und eine Erweiterung um weitere Sprachpaare ist derzeit nicht vorgesehen. Es ist jedoch offensichtlich, daß MT-Systeme bei Ausnutzung ihrer Fähigkeiten und nach Anpassung an besondere Bedürfnisse in der Zukunft eine gute Rolle spielen werden.

Im Rahmen dieses Artikels können ähnliche Beschreibungen anderer existierender Systeme nicht gegeben werden. Zu nennen wären vor allem METAL (Siemens), LOGOS und GAT-Systeme wie ALPS oder TERMEX. Dazu wären auch eine gewisse Vertrautheit mit der Nutzung und gute Kenntnisse der konzeptuellen Ebene erforderlich. Ziel sollte es sein, einige konkrete *Beispiele* zu präsentieren, um einen ersten Eindruck von der Komplexität der Materie zu vermitteln. So erscheint es zu einfach, MT nur aus sprachlicher Sicht zu betrachten (in dem Sinne, daß die Qualität der MT mit der Humanübersetzung vergleichbar oder nicht vergleichbar sei) oder auf der anderen Seite MT als rein technisches Softwarewerkzeug zu behandeln: Fortschritte sind nur dann zu erzielen, wenn die Grenzen und Möglichkeiten der MT in konkreten Anwendungsumgebungen berücksichtigt werden.

B 10.6   Ausblick

Schaut man in eine ferne Zukunft, so scheint sicher zu sein, daß sich die professionelle Übersetzung im Normalfall der MT bedienen wird. Dies wird mehr oder weniger von den ,,geeigneten'' Sprachenpaaren abhängen, von der Vollständigkeit der Maschinenwörterbücher, von der ,,richtigen'' technischen Systemumgebung und nicht zuletzt auch von den Kosten der Systemnutzung.

Daneben werden auch CAT-Systeme als Vokabel- und Terminologiehilfen – in Textverarbeitungssysteme integriert oder an sie angeschlossen – eine wichtige Rolle spielen, insbesondere als Unterstützung bei der Erstellung eines fremdsprachigen Textes durch den Autor selbst oder um einen über Telekommunikation (TELE-TEX) übermittelten Text zu verstehen. Im Büro wird CAT hauptsächlich mit bilingualen Wörterbüchern auf CD-ROM oder Festplatte als Stil- oder Grammatikhilfe benutzt werden.

Im Gegensatz zu Ansichten wie z.B. der von Hutchins (Lit. 01., S. 331 – 334) sehe ich nicht die Notwendigkeit eines besonderen *Übersetzerarbeitsplatzes*, aber es wird besondere Übersetzungshilfe-*Funktionen* geben, die – in leistungsfähige Autoren-Arbeitsplätze integriert – die Nutzung von Fortschritten im Bereich von Computerlexika und -thesauri möglich machen.

Was wird im Hinblick auf technische Übersetzungen mit dem professionellen Übersetzer geschehen? Man kann MT-Systeme als besondere ,,Expertensysteme'' ansehen, wobei angemerkt werden muß, daß sie so gut wie nie die Qualität guter spezialisierter Übersetzer erreichen werden. Um jedoch solche Übersetzungs-Expertensysteme zu entwickeln, zu verbessern und zu unterhalten, werden ,,Sprachtechnologen'' (linguistic knowledge engineers) gebraucht, die in der Lage sind, mit diesen Systemen umzugehen. Was die Komplexität der natürlichen Sprache angeht, wo wird es zur Zusammenarbeit zwischen System und Übersetzer kommen. Und es besteht die gute Chance, daß – falls Übersetzungen billiger und schneller werden – die Nachfrage nach ihnen steigt und letzten Endes die Übersetzer – unter veränderten Bedingungen – nach wie vor eine wichtige Rolle spielen werden.

Literatur

01. Hutchins, W. J.: Machine Translation: Past, Present, Future. Chichester 1986.
02. Nagao, M. et al.: An English-Japanese Machine Translation System of the Titles of Scientific and Engineering Papers. In: COLING 1982, Amsterdam 1982.
03. Van Slype, G.: Deuxième évaluation du système des traduction automatique SYSTRAN anglais-francais de la Commission des Communautés Européennes. Bruxelles 1979.
04. Van Slype, G.: Conception d'une méthodologie générale d'évaluation de la traduction automatique. Multilingua 1 – 4, 1982, S. 221 – 237.
05. Zimmermann, H. H., Kroupa, E., Luckhardt, H.-D.: STS – Das Saarbrücker Übersetzungssystem. Veröffentlichungen der Fachrichtung Informationswissenschaft. Saarbrücken: Universität des Saarlandes 1987.

B 11 Elektronisches Publizieren

Knud Böhle

B 11.1 Was bedeutet „Elektronisches Publizieren"?

Erst Ende der siebziger, Anfang der achtziger Jahre ist „das Publizieren" von Primärinformationen von der Entwicklung der „elektronischen" Informations – und Kommunikationstechnologie (IKT) erreicht worden (zu den Anfängen der Diskussion in der Bundesrepublik vgl. (Lit. 53.; Lit. 60.). Ein Dokumentar oder Informationsvermittler wird dies an der Zunahme von Volltexten (Zeitungen, Zeitschriften, Handbüchern, Enzyklopädien, Newsletter) im Datenbankangebot nationaler und internationaler Hosts, etwa bei GENIOS, MEAD, DIALOG oder NewsNet, ablesen können (s. Lit. 67.).

Betrachtet man die Verlage als Sachverwalter und Vermittler von Primärinformationen, „das Publizieren" als Herzstück verlegerischer Aktivitäten, dann bedeutet „Elektronisches Publizieren" (im weiteren verwenden wir das Kürzel EP), daß Verlage Primärinformationen – Texte und ggf. Grafik – in zentralen Datenbanken speichern und über Telekommunikationsnetze einer Öffentlichkeit anbieten.

Mit dieser ursprünglichen Bedeutung beginnt die Karriere eines Begriffs, der sich in der Folgezeit zunehmend ausweitet – aus guten Gründen, aber auch einfach durch inflationären, unreflektierten Gebrauch. Legt man den spezifischen Begriff zugrunde, der erst in dem Moment entsteht, als Verleger wahrnehmen, daß sie das Potential der IKT für ihre Zwecke nutzen können, versteht man rückblickend, daß die Online-Datenbanken mit Sekundärinformationen, die es ja schon seit zehn Jahren gab, noch nicht als EP aufgefaßt wurden. Es läßt sich hinzufügen, daß selbst eine Volltextdatenbank wie die Rechtsdatenbank LEXIS, die es schon seit 1973 gab, den Begriff EP noch nicht hervorlockte, weil sie nicht von einem Verlag, sondern von einem Seiteneinsteiger aus der Papierindustrie, MEAD Corporation, angeboten wurde. Selbst die ersten Versuche zu „elektronischen Zeitschriften" wurden nicht als EP, sondern elementarer als elektronischer Informationsaustausch begriffen (vgl. Lit. 70.; Lit. 32.). Wenn Publizieren nun darin besteht, Informationen öffentlich anzubieten, dann haben wir es auch in den genannten Fällen schon mit EP zu tun.

Von Vertretern aus dem Verlagsbereich wird angeführt, daß Publizieren (= Verlegen) mehr beinhalte, als nur Informationen anzubieten. Es wird auf die verlegerische Selektionsfunktion hingewiesen, die bewußte Zusammenstellung von Informationen für bestimmte Adressaten (packaging) und die inhaltsbezogene Qualitätssteigerung, etwa durch das Lektorat. Publizieren wird so als Vermittlung und Verbreitung von veredelten (value-added) Informationen angesehen. Damit ist allerdings weder entschieden, daß nur Verlage diese Funktionen wahrnehmen können, noch daß sie es in jedem Fall tun (vgl. zur Diskussion: Lit. 17.; Lit. 28.; Lit. 14.; Lit. 30.). Die Funktionen sind folglich nicht geeignet, verlegerisches und nicht-verlegerisches EP zu differenzieren.

Die Verlagsfunktionen lassen sich allgemeiner dem Kriterium Gebrauchswert zurechnen. Die Gebrauchswertorientierung (vgl. Lit. 39.) steht gegen die zu abstrakte Vorstellung von der Information (als solcher) als Ware. Information ist als Angebot zu gestalten, so daß sich ein möglichst hoher Gebrauchswert daraus ergibt. Der Gebrauchswert elektronischer Angebote hängt − außer von der inhaltlichen Qualität − auch ganz wesentlich von der Präsentation ab. Die Präsentationsform ist entscheidend für die Rezeption der Informationen. So ist es wichtig, dem Nutzer durch verständliche und wirkungsvolle Suchverfahren (Retrievalsoftware + Benutzungsoberfläche) zu helfen, das Wissenswerte im Wißbaren zu finden. Für die Informationsaufnahme sind darüberhinaus aber auch Qualitäten entscheidend, die von den Druckmedien bekannt sind, wie gute Lesbarkeit von Texten, Unterstützung von Texten durch Abbildungen und Grafiken, freie Bewegungsmöglichkeiten im Text (Blättern, Aufschlagen u.a.).

B 11.2   Elektronisches Publizieren und technische Entwicklungen

Eine tatsächliche Differenzierung des EP hat sich infolge technischer Entwicklungen ergeben. Die ursprüngliche Variante des EP unterstellt, daß Informationen zentral (maschinenlesbar) gespeichert und so vorgehalten werden, daß sie mit geeigneten Endgeräten über Telekommunikationsnetze abrufbar sind. Im neueren Fall werden Informationen und Speichermedien − ähnlich wie bei Druckerzeugnissen auch − zunächst vervielfältigt (z.B. durch Kopieren oder Pressen), dann als physische Produkte vertrieben und stehen schließlich lokal (dezentral) als Datenbanken zur Verfügung. Zur ersten Variante gehören die sog. Online-Datenbanken, aber auch die Videotex-Dienste (Bildschirmtext und Videotext in der Bundesrepublik), zur zweiten die Disketten (in verschiedenen Formaten), Magnetbänder und optische Speichermedien wie Bildplatte, CD-ROM oder WORM.
Die beiden Formen lassen sich ggfs. auch kombinieren (sog. Hybridsysteme), etwa Bildplatte und Bildschirmtext oder Online-Datenbank und CD-ROM. Die vom Druck her bekannten Präsentationsformen Text und Grafik lassen sich mit Bewegtbildern und Ton zu multimedialen Angeboten (engl. multimedia documents) integrieren. Die Kombinations- und Nutzungsmöglichkeiten lassen sich noch vervielfachen, wenn man − ,,intelligente" Endgeräte (Mikrocomputer u.a.) unterstellt − die Angebote durch spezielle Software anreichert.
Das Domesday Projekt (vgl. Lit. 68.) ist ein nennenswertes Beispiel. Für die Aufzeichnung von Informationen werden Bildplatten (LV ROM Laservision − Read Only Memory) verwendet. Bislang wurden zwei solcher Platten mit Inhalt gefüllt. Eine, die sog. ,,National Disk", enthält z.B. eine Stunde Tonfilm über die wichtigsten Ereignisse in Großbritannien zwischen 1980 und 1986, Texte, die speziell für das Projekt geschrieben wurden und solche, die aus Veröffentlichungen stammen. Dazu kommt umfangreiches statistisches Material von den verschiedensten Stellen, dessen Präsentationsform über Software im Mikrocomputer gesteuert wird. Eine Statistik läßt sich z.B. in einem Histogramm oder einem Kuchendiagramm darstellen, der Maßstab kann verändert werden u.ä.
Wie die Multimedia-Angebote die Präsentation über die Darstellung von Text hinausführen, so führen Hypertextsysteme über die sequentielle Rezeption hinaus zu

interaktivem Umgang mit in semantischen Netzwerken organisierten Wissenspor-
tionen, und wissensbasierte Systeme versprechen neue Verfahren der individuali-
sierten Wissensgewinnung. Die drei Stränge führen zu Datenbanken neuen Typs,
die man sich auch noch breitbandig vernetzt vorstellen darf (vgl. Lit. 49.; Lit. 08.;
Lit. 75.; Lit. 31.; Lit. 72.; Lit. 69.). Das alles ist noch im Labor- oder Experimen-
tierstadium, und was sich davon durchsetzen und was an neuen Entwicklungen da-
zutreten wird, wird sich zeigen. Sicher aber ist, daß sich das Bild der technischen
Realisierungen von EP damit weiter ausdifferenzieren wird; kurzum: Von der technischen Seite her ist EP offen.

B 11.3   Elektronisches Publizieren als integrierter Publikationsprozeß

„Das Publizieren" kann neben dem Akt des Veröffentlichens auch den gesamten
Publikationsprozeß meinen, was eine entsprechende Erweiterung für das EP impli-
ziert. Der Prozeß soll hier zunächst in vereinfachter Form für das „konventionelle"
Publizieren durchgespielt werden.
Betrachtet man den gesamten arbeitsteiligen Prozeß, so steht das Publizieren am
Ende des Produktionsprozesses von Informationen, setzt da ein, wo Inhalte formu-
liert und aufgezeichnet werden, um sie zu veröffentlichen. Das gemeinsame Interes-
se, etwas veröffentlichen zu wollen, bringt Autoren und Verlage zusammen. Der
Verlag übt ggfs. seine bereits angesprochene Selektionsfunktion aus. Nachdem ein
Manuskript diesen Filter passiert hat, können noch inhaltliche, stilistische und or-
thographische Nachbesserungen vorgenommen werden. Parallel setzt bereits die
Satzvorbereitung ein, der erste Schritt der technischen Herstellung der Publikation.
Der Verlagshersteller versieht das Manuskript mit Satzauszeichnungen (Hervorhe-
bungen, Abstände, Schriftarten etc.), die ähnlich wie Korrekturzeichen dazu dienen, um dem Satzbetrieb mitzuteilen, was er mit dem Manuskript zu tun hat: die
Korrekturen bei der Neuerfassung des Manuskripts auszuführen und die Satzauszeichnungen in Satzbefehle für den Satzrechner umzusetzen. Danach durchläuft
der gesetzte Text noch einige Korrekturschleifen, in die Verlag, Autor und Satzbetrieb einbezogen sind, bis schließlich der Autor sein Imprimatur gibt und der Text
in den Druck gehen kann. In diesem technischen Produktionsprozeß werden die Informationen aufbereitet und in eine marktgerechte Präsentationsform gebracht.
Schließlich fällt dem Verlag noch die Aufgabe zu, die Publikation im Markt zu verbreiten. Nach der Auslieferung gelangen die Informationen dann über Vermittlungsinstanzen wie Buchhandel und Bibliothek an den Konsumenten, den Leser.
Wenn es sich um den Bereich Fachinformation handelt, kann sich die Handlungs-
kette dadurch schließen, daß der Nutzer als Informationsproduzent wiederum den
Publikationsprozeß eröffnet.
An diesem Modell knüpft die Vorstellung vom EP als elektronisch integrierter Publikationskette an, in der alle Etappen − vom Autor bis zum Nutzer − mit Unterstützung von IKT durchlaufen werden. In dieser Vorstellung bilden Produktionsprozeß und Distribution eine Einheit. Das EP hat jetzt zwei Seiten, eine produk-
tionsorientierte und eine lieferformorientierte (vgl. zu der Unterscheidung Lit. 40.).
In der Perspektive integrierter Publikationssysteme taucht die Vorstellung von „pa-

pierlosen" Informationssystemen (Lit. 42.) wieder auf. Auch heute stellt diese Aussicht noch eine Utopie (positiv oder negativ) dar, entspricht ihr wenig in der Realität. Realistischer kann man von einer Differenzierung des gesellschaftlichen Publikationssystems sprechen, wobei die Mehrzahl der elektronischen Angebote heute noch Parallelpublikationen sind, die oftmals aus dem elektronisch gestützten Produktionsprozeß von Druckerzeugnissen quasi abgezweigt werden.

Es wird von Verlagen erkannt, daß EP nicht die Substitution des „herkömmlichen" Publizierens bedeutet, sondern in dreifacher Hinsicht von Nutzen sein könnte: als

1) Rationalisierungsstrategie auf der Produktionsseite,
2) Diversifizierungsstrategie auf der Angebotsseite (Mehrfachverwertung) und
3) Mittel gegen bestehende Probleme mit gedruckten Publikationen („Kopierunwesen", kleine Auflagen, Lagerhaltung, sinkende Bibliotheksetats).

Der dreifache Nutzen läßt sich auf drei evidente Aspekte der elektronisch integrierten Publikationskette beziehen:

1) Es findet kein Medienwechsel (Medienbruch) mehr zwischen Papier und elektronischer Form statt.
2) Der Anfang des technischen Produktionsprozesses wird zum Autor hin verlagert, bzw. bereits der Autor in die technische Produktion einbezogen.
3) Publizieren wird in doppeltem Sinne „database publishing':

   a) produktionsorientiert, insofern der Verlag „seine" Informationen (verschiedenster Autoren) in einer Datenbank organisiert, um sie als elektronischen Stehsatz für spätere – auch überarbeitete – Auflagen verwenden zu können; um aus der Masse der Daten, die bei einem Verlag zusammenkommen, durch Auswahl und Zusammenstellung neue Publikationen zu generieren (Sammelbände, Auswahlbände etc), um ein Dokument erst dann auf Papier auszugegeben, nachdem es angefordert wurde (Printing on Demand);
   b) lieferformorientiert, insofern der Verlag „seine" Informationen in elektronischer Form öffentlich anbietet, sei es für den Online-Zugriff auf verlagseigene Rechner respektive internationale Hosts oder sei es in Form lokaler Datenbanken (z.B. CD-ROM oder Disketten). Zum lieferformorientierten EP vgl. auch das Kapitel B 13 über Electronic Document Delivery.

Es sei im Zusammenhang mit dem Konzept der Mehrfachverwertung darauf hingewiesen, daß häufiger die produktionsorientierten Vorteile den Aufbau einer Verlagsdatenbank motivieren, als die Aussichten elektronischer Diversifizierung. Andererseits ist eine Verlagsdatenbank eine gute Voraussetzung, um im geeigneten Moment in das (lieferformorientierte) EP einzusteigen.

Es sei auch angemerkt, daß die Mehrfachverwertung – die Idee, etwas mehrfach verkaufen zu können, ohne nennenswerte neue Kosten – nicht unbedingt eine verlegerische Leistung darstellt; die läßt sich eher dort ausmachen, wo Verlage die IKT dazu nutzten, bislang (aus technischen Gründen) unveröffentlichte Materialien zu publizieren oder sie sich auf ganz neue Angebots- und Nutzungsformen (z.B. bildschirmorientierte Angebote wie „elektronisches Buch" oder interaktive Zeitschriften) einlassen.

B 11.4   Das Prinzip eines geräte- und anwendungsunabhängigen Formats

Was in dem Idealbild der elektronisch gestützten Publikationskette als Möglichkeit angelegt ist, ergibt sich nicht von selbst, sondern wird punktuell erprobt und eingeführt. EP steckt noch in den Anfängen, befindet sich im Projektstadium. In den Projekten − gefördert oder nicht − werden aus den Versprechungen des EP erst einmal Probleme, für die Lösungsmuster gefunden werden müssen, die vielleicht selbst wieder problematisch sind. Die Projekte konzentrieren sich auf drei Problembereiche:

1) auf Texterstellung, Dokumentenaustausch und -weiterverarbeitung,
2) auf Datenbankaufbau und ,,Document Delivery'' sowie
3) physische Ausgabeformen aus der Datenbasis.

Die Prämisse der Integration legt nahe, daß die Texterfassung bereits so vorgenommen wird, daß sie auch für den Datenbankaufbau geeignet ist und der Datenbankaufbau müßte so erfolgen, daß aus der Datenbank ggfs. direkt geliefert werden kann, aber auch verschiedene physische Ausgabeformen erzeugt werden können. In diesem Problemfeld gibt es viele Wege, aber auch so etwas wie den Königsweg, der über ein geräte- und anwendungsunabhängiges (= neutrales) Format führt. Das Format, das als Standard − und das heißt mit dem Ziel allgemeiner Anerkennung − zu definieren ist, soll

1) den Dokumentenaustausch zwischen verschiedenen Systemen erlauben (z.B. zwischen einem PC-Textverarbeitungssystem und einem Satzsystem)
2) offen sein für verschiedene Wege der Weiterverarbeitung, sprich für verschiedene Anwendungen (Ausgabe auf Papier, Datenbankaufbau, CD-ROM u.a.).

Mit der Zunahme ,,elektronischer Manuskripte'' (vgl. quantiativ für die Bundesrepublik die Ergebnisse einer repräsentativen Autorenbefragung in Lit. 56.) entsteht nicht nur prinzipiell die Möglichkeit, die maschinenlesbaren Daten des Autors für die Weiterverarbeitung in Verlag und Satzbetrieb zu übernehmen, sondern auch Bedarf, die Übernahme zu regulieren. Denn je weniger Datenkonvertierungen und Nacharbeiten mit den ,,elektronischen Manuskripten'' verbunden sind, umso wahrscheinlicher werden Kosten- und Zeitersparnisse bei der Herstellung der Publikation.

Von daher wurden Anstrengungen unternommen, das Übergabeformat (allgemeiner: Austauschformat) für ,,elektronische Manuskripte'' zu standardisieren. Die American Association of Publishers begann 1983 mit der Entwicklung eines solchen Standard (vgl. Lit. 01.; Lit. 02.; Lit. 45.; Lit. 19.). Inzwischen haben andere Länder, darunter Großbritannien (vgl. Lit. 65.; Lit. 66.) und die Bundesrepublik nachgezogen.

Der Börsenverein des Deutschen Buchhandels ließ gemeinsam mit dem Bundesverband Druck einen Standard erarbeiten, der unter dem Namen strukTEXT veröffentlicht wurde und demnächst als DIN-Norm verabschiedet werden soll (vgl. Lit. 10.; Lit. 18.; Lit. 61.). Die Entwicklungen sind im Zusammenhang mit der Entwicklung der **SGML** (**S**tandard **G**eneralized **M**arkup Language, ISO 8879) zu sehen. Die SGML definiert praktisch das Meta-Regelwerk, aus dem konkretere Richtlinien, in unserem Fall für den Publikationsbereich, abgeleitet werden können (vgl. Lit. 34.; Lit. 63.; Lit. 29.; Lit. 05.).

Es sind vor allem zwei Prinzipien (logische Auszeichnung und Beschränkung auf einen allgemein anerkannten Zeichenvorrat), die in ein solches Format bzw. die korrespondierenden Richtlinien, wie z.B. strukTEXT, einfließen.

Ein Text wird als Einheit von Inhalt und Struktur aufgefaßt. Die Struktur eines Textes findet üblicherweise in der Gestaltung ihren Ausdruck (Abstände, Einrückungen, Kursivstellungen, Schriftwechsel etc.). In einem elektronischen Manuskript erscheinen diese Gestaltungsanweisungen als Steuerbefehle. Ihre Gültigkeit haben sie nur in bezug auf das Textverarbeitungssystem und Ausgabegerät am Ort der Manuskripterstellung, sie sind geräteabhängig. Für andere Systeme machen diese Steuerzeichen keinen Sinn, weil sie sie nicht mehr als Gestaltinformationen interpretieren können.

Man sucht nun (erstes Prinzip) dieser Geräteabhängigkeit zu entkommen, indem die Struktur eines Textes abstrakter, als logische Struktur, aufgefaßt wird; d.h. ein Text wird als strukturiertes Ensemble von Dokumentelementen aufgefaßt, die identifiziert und beschrieben werden können: aus einer Kapitelüberschrift, die zuvor als zentriert, fett, in der Schrift Helvetica und der Schriftgröße 16 Punkt sichtbar war, wird nun z.B. das logische Element ,,Kapiteltitel'', dessen Anfang mit $<kapt>$ und dessen Ende mit $</kapt>$ markiert wird; man sagt, der Text wird logisch ausgezeichnet.

Zur besseren Vorstellung mag der Anfang dieses Beitrags – nach strukTEXT ausgezeichnet – als Beispiel dienen:

$<bei>$	Anfang des Beitrags
$<beit>$ *Elektronisches Publizieren*	Anfang Beitragstitel
$</beit>$	Ende Beitragstitel
$<abs>$	Absatzanfang
$<ha>$ *Knud Böhle*	Hervorhebung Typ a
$</ha>$	Ende Hervorhebung Typ a
$</abs>$	Absatzende
$<abst>$ *Was bedeutet*	Anfang Absatztitel
&Anfdt; Elektronisches Publizieren?&Abfdt;	Codierung von An- und Abführungsstrichen
$</abst>$	Ende Absatztitel
$<abs>$	Absatzanfang
$</abs>$	Absatzende
$</bei>$	Ende des Beitrages

Die logische Auszeichnung ist das Mittel, Strukturinformationen geräteunabhängig als Text im Text auszudrücken. Auch der Anspruch der Anwendungsunabhängigkeit wird über die Auszeichnungen eingelöst. Denkt man an Satz als eine Anwendung, so werden aus den Auszeichnungen später Satzbefehle generiert, denkt man an den Aufbau von Datenbanken, so können die Auszeichnungen als Feldbegrenzer interpretiert werden.

Damit ein Dokumentenaustausch von jedem System zu jedem anderen System möglich wird und jedes System die gleichen Möglichkeiten hat, einen Inhalt zu beschreiben, wird ein beschränkter standardisierter Zeichenvorrat empfohlen. Mit diesem Zeichenvorrat werden sowohl der Inhalt als auch die Auszeichnungen beschrieben. Zeichen, die nicht in dem Zeichenvorrat vorkommen, werden codiert,

d.h. durch spezifische Zeichenkombinationen ersetzt. In unserem Beispiel sind die deutschen An- und Abführungszeichen auf diese Weise codiert.
Die logische Textauszeichnung nach einheitlichen Richtlinien ist ohne Zweifel prinzipiell von großem Wert, (wenngleich ihre Akzeptanz in der Verlagswelt gegenüber anderen eingespielten Verfahren der Datenübernahme nur langsam steigt):

– Die Fremddatenübernahme aus verschiedenen Systemen bedarf keiner speziellen Konvertierungen mehr.
– Das Datenmaterial kann leichter für unterschiedliche Ausgabegeräte und -medien aufbereitet werden. Das New Oxford English Dictionary Project (vgl. Lit. 03.) kann hier als Musterbeispiel gelten. Spezielle Software für die strukturierte Erfassung der Einträge des OED, eine Datenbank im neutralen Format (eigene SGML-Anwendung) und Mehrfachverwertung der Daten für verschiedene Angebote (Teilauszüge aus dem Werk z.B.) auf verschiedenen Medien (Papier, CD-ROM) charakterisieren dieses Projekt.
– Die Zusammenführung größerer Bestände, noch über die eines einzelnen Verlegers hinaus, wird erleichtert. In Großbritannien und den USA gibt es Projekte, in denen das versucht wurde. Die Anlage der Projekte ist recht unterschiedlich. Hier sollen uns nur die Ziele der Projekte, nicht ihre tatsächlich wesentlich bescheideneren Resultate interessieren. Im Knowledge Warehouse Projekt (vgl. Lit. 73.; Lit. 74.) wurde mit einer Verlegerdatenbank experimentiert, über die die maschinenlesbaren Daten (i.d.R. Satzbänder) von Verlagen erschlossen und zur Mehrfachverwertung angefordert werden können. Die British Library war an demselben Projekt beteiligt, weil darin ein Ansatz gesehen wurde, ein nationales elektronisches Archiv aufzubauen bzw. die Frage des Pflichtexemplars bei elektronischen Publikationen anzugehen.
In den USA ist es das OCLC (Online Computer Library Center), das in seinem EIDOS Projekt (Electronic Information Delivery Online System) maschinenlesbare Materialien (Text und Graphik) verschiedener Verlage sammelte, um sie (über Bibliotheken vermittelt) einem breiten Publikum online anzubieten (vgl. Lit. 36.; Lit. 37.).
– Die Unabhängigkeit des Datenbestandes von bestimmten Geräten kann auf Dauer gesichert werden. Das ist angesichts der sich schnell verändernden Hard- und Software ein wichtiges Argument für das neutrale Format.

Für die bundesdeutsche Entwicklung ist besonders das von der EG im Rahmen ihres DOCDEL-Programms geförderte Projekte P 14 „Elektronisches Publizieren technisch-wissenschaftlicher Texte", ein wichtiger Kristallisationspunkt für Erfahrungen mit dem integrierten Publikationsprozeß und speziell dem „neutralen" Format gewesen (vgl. Lit. 25.). Dieses Projekt beschränkte sich aber nicht auf die Erprobung verschiedener Wege zum neutralen Format. Es ging auch darum, Text-Bild-Datenbanken aufzubauen und eine Workstation für den Zugriff auf diese Text-Bild-Informationen zu konfigurieren.
So vorteilhaft die strukturierte Texterfassung ist, stellt sie doch den Autor vor völlig neue Probleme. Die Zumutbarkeit, das gewünschte neutrale Format zu erstellen, hängt wesentlich von der Leichtigkeit ab, mit der es fehlerfrei erzeugt werden kann. Das ist nicht zuletzt eine Frage verbesserter Softwareunterstützung. Die meisten heute verbreiteten Texterfassungssysteme unterstützen diese Form der Texterfassung nicht direkt, wenngleich Textbausteine, Funktionstastenbelegung und Such- und Ersetzefunktionen das leidige Problem des fehleranfälligen und aufwendigen Eintippens von Auszeichnungen etwas vermindern können.
Inzwischen kommen sog. syntaxgesteuerte Struktureditoren auch für PCs auf den

Markt, die die Richtlinie quasi ,,kennenlernen'' können und aufgrund dessen die
Auszeichnungsarbeit effizient unterstützen. Ihr derzeitiges Einsatzzentrum ist je-
doch noch nicht der traditionelle Bereich Autor-Verlag, sondern eher der Inhouse-
bereich (vgl. zu den Änderungen für Autoren und die Autor-Verlagsbeziehung
Lit. 09.; Lit. 06.; Lit. 64.; Lit. 13.; zu neueren Entwicklungen im Bereich der Tex-
terfassung und der Computerunterstützung des Schreibprozesses Lit. 11.; Lit. 47.;
Lit. 48.; Lit. 23.; Lit. 33.; Lit. 43.; vgl. auch Kapitel B 12).
Ein Standard wie die SGML, bzw. ein ,,Ableger'' wie strukTEXT, hat den Sinn,
Text in unformatierter Form (ohne Gestaltungsanweisungen) zu übermitteln. An
dieser Stelle ist darauf hinzuweisen, daß damit nicht alle Fragen des Elektronischen
Publizierens beantwortet werden können. Ein Standard wie strukTEXT legt nicht
fest, wie bestimmte Textelemente, speziell Vektor- oder Rastergrafiken, in verbind-
licher Form beschrieben werden können. Es wird ebensowenig festgelegt, wie die
formatierte Form aussehen soll. Beide Gesichtspunkte können u.U. − das hängt
von der Anwendung ab − auch als Mangel empfunden werden. Für diese Bereiche
sind dann andere internationale Normen bedeutsam. Die Office Document Architecture (ODA; Lit. 35.) ist beispielsweise eine Dokumentarchitektur, die sowohl eine
Layoutstruktur von Dokumenten als auch eine (mit der SGML kompatible) logische Struktur beschreiben kann und in der Lage ist, verschiedene Datenformate zu
integrieren (vgl. zur Diskussion und zum Vergleich von ODA und SGML Lit. 59.;
Lit. 57.). In der Praxis kommen für die formatierte, aber geräteunabhängige Aufbereitung von Daten auch Seitenbeschreibungssprachen (wie PostScript oder der
dvi-file von TEX) in Betracht (vgl. Lit. 4.), wie überhaupt die Standards, die das
sog. Desktop Publishing hervorbringt, von nicht zu unterschätzender Bedeutung
für das EP werden können. Diese Aspekte werden wichtig, wenn es um den Aufbau
von Text und Bild integrierenden Datenbanken geht und um Lieferformen aus dieser Datenbank (vgl. Lit. 56.).

B 11.5   Elektronisches Publizieren als sozio-technische Konfiguration

EP ist mehr als eine reine Verfahrensänderung (so rubriziert im Fachinformationsprogramm, vgl. Lit. 21.). So wie ,,herkömmliches'' Publizieren ein ganz bestimmtes Zusammenwirken verschiedener Akteure, mit je eigenen Funktionen und
Qualifikationen, voraussetzt, die die Kommunikation über das Medium Papier ermöglichen, so erzeugt EP seine eigene sozio-technische Konfiguration (Lit. 20.),
die sich aus den Spezifika elektronischer Kommunikation und Informationsverarbeitung ergibt: EP ein Spiel (auch) mit neuen Spielern und veränderten Regeln.
Als neuer Spieler betritt die informationstechnische Industrie das Feld des Publizierens (diesen Aspekt betonen Lit. 26.; Lit. 44.), das ehrwürdige Mittelfeld der Buchhändler und Bibliothekare läuft Gefahr umspielt oder sogar des Feldes verwiesen
zu werden, selbst gerade eingewechselte Spieler wie Informationsvermittlungsstellen sehen ihren Stammplatz bedroht, wenn der sich andeutende Trend, Volltexte
für den Endnutzer zuzuschneiden, sich verstärken sollte. Manche glauben, auf die
Verlage als ,,gatekeeper'' verzichten zu können. Die Spielregeln verändern sich
aber auch für Autoren und Nutzer, die man allerdings nicht auswechseln kann. Das

beginnt mit Veränderungen des Schreibprozesses am Computer und setzt sich mit der Übernahme von Aufgaben im Produktionsprozeß fort. Der Leser, der unter der Hand bereits zum Nutzer geworden ist, muß ein gänzlich neues Informationsverhalten entwickeln. Wo früher dicke Wälzer mit ,,Daumentechnik'' durchsucht wurden, muß nun die boolsche Logik weiterhelfen, statt sich in großen Bibliothekssälen zurechtzufinden, muß nun im symbolischen Raum elektronischer Speicher ,,navigiert'' werden. Die Analogie zum Spiel soll hier abgebrochen werden. Die Veränderungen, die sog. Technikfolgen, die das EP impliziert, sind bereits Gegenstand von Stellungnahmen und Studien geworden (vgl. Lit. 50.; Lit. 52.; Lit. 24.; Lit. 15. und die Berichte eines abgeschlossenen Forschungsprojekts zum EP Lit. 55.; und Lit. 56 a.). Es stellt sich auch allgemein die Frage, wie sich das Publizieren unter geänderten technischen Voraussetzungen auf die Zugänglichkeit und Verfügbarkeit (ggfs. als Barriere) von Publikationen auswirkt (vgl. Lit. 51.). Das Elektronische Publizieren hat selbstverständlich auch rechtliche Konsequenzen, angefangen bei Copyright-Fragen bis zu der Frage, ob eine Publikation erschienen ist, wenn sie in einer Datenbank vorgehalten wird (vgl. zu diesem Fragenkomplex Lit. 27.; Lit. 58.).

B 11.6   Elektronisches Publizieren und Fachkommunikation

Der Wandel im Muster gesellschaftlicher Kommunikation stellt sich nochmals anders dar, wenn man ,,das Publizieren'' funktional auf Fachinformation (vgl. zum Begriff Lit. 12.) bezieht. In dem Kontext ist Publizieren eine Form der Fachkommunikation, die als öffentlich und vermittelt bestimmt worden ist. Ihre Funktion ist aber nicht nur der Informationsaustausch, sondern auch Reputation zu verleihen und indirekt den wissenschaftlichen Forschungsprozeß zu steuern.

Vom Standpunkt der Fachkommunikation aus, d.h. zunächst mal aus der Sicht der Nutzer, sind mit EP Erwartungen verknüpft, generell schneller und zielgenauer an die benötigten relevanten Informationen zu kommen, d.h. im EP wird ein neues Mittel gegen das alte Problem der ,,Informationsflut'' gesehen. Andere Erwartungen zielen auf die spezifischen Nutzungsvorteile elektronischer Angebote, deren wesentliche erhöhte Interaktivität beim (medialen) Informationsaustausch und direkte Weiterverarbeitung der Informationen sind.

Mailboxen, Computer-Konferenzsysteme und Forschungsnetze (z.B. Deutsches Forschungsnetz) sind neue technische Mittel für den Informationsaustausch. Sie sind zugleich aber auch Ansatzpunkte der Selbstorganisation des Wissenschaftsbetriebs im Bereich des stärker formalisierten Informationsaustausches, fungieren also zu einem gewissen Grade als funktionales Äquivalent zum Publizieren. Elektronische Zeitschriften oder Bulletin Boards sind Beispiele für diesen Trend (vgl. im Überblick Lit. 24; kritisch zu frühen Ansätzen Lit. 22). Einerseits ist zu erwarten, daß solche Formen, wenn sie wirklich als Äquivalent zum Publizieren gelten wollen, Funktionen der Qualitätskontrolle, Mechanismen der Reputationsverteilung und allgemein anerkannte Zugangswege werden einrichten müssen. Vielleicht entsteht hier aber auch ein elektronisches Pendant zur ,,grauen Literatur'', die einerseits zwar den Publikationsprozeß entlastet, andererseits aber auch den Zugang der Öffenlichkeit zu den Informationen erschwert.

B 11.7   Elektronisches Publizieren und das Prinzip der Öffentlichkeit

Nachdem EP in immer weiter werdenden Kreisen beschrieben wurde, soll nochmals
betont werden, daß ein Konzept von Publizieren ohne Bezug auf ein Publikum, eine Öffentlichkeit, Nonsens ist. Eine Definition des EP, die das Publizieren ernst
nimmt (vgl. Lit. 52.; Lit. 55.), muß an dem Prinzip der Öffentlichkeit, d.h. dem
prinzipiell allgemeinen und ungehinderten Zugang zu und Austausch von Informationen festhalten.
Darin ist das Prinzip des zeitpunktunabhängigen Gebrauchs enthalten, d.h. die Zu-
gangsmöglichkeit zu Informationen muß auf Dauer gestellt werden; dieser Funktion kamen bislang Bibliotheken, Dokumentationsstellen und Archive nach. Im
Prinzip der Öffentlichkeit ist auch angelegt, daß die Vermittlungsformen und Über-
mittlungsformen sozial anerkannt sein müssen. Das gilt sowohl für die erwartete
spezifische Vermittlungsleistung, die bislang institutionell von Verlagen, Buchhandel, Bibliotheken u.a. erbracht wurde, als auch für die Übermittlungsart, die konventionell an physische Transportmittel gebunden war.
Neben einer Vielzahl unterschiedlichster Definitionen zum EP (vgl. systematisie-
rend Lit. 55.; Lit. 16.) haben sich noch eine Reihe verwandter Begriffe ausgebrei-
tet, in denen der Bezug auf Veröffentlichen nicht zwingend und der Bezug auf
elektronische Dokumente die Ausnahme ist. Häufig fällt im Zusammenhang von
computergestützter Dokumenterstellung das Akronym **CAP** (**C**omputer **A**ided **P**u-
blishing). Mit Blick auf die technische Konfiguration, die dabei zum Einsatz
kommt, lassen sich noch **DTP** (**D**esktop **P**ublishing), das Dokumenterstellung mit
Personal-Computern im Auge hat und Workstation Publishing sinnvoll unterscheiden. **CEP** (**C**orporate **E**lectronic **P**ublishing) verweist auf den Einsatz neuer technischer Verfahren der Dokumenterstellung in Firmen und Organisationen. **ETP**
(**E**lectronic **T**echnical **P**ublishing) ist wiederum eine Teilaktivität des CEP, die den
Bereich der Technischen Dokumentation, angefangen bei Software- über Hardwa-
redokumentation bis zur Dokumentation von Flugzeugen, Panzern etc., umfaßt.
Es handelt sich um Firmeninformationen, die mit anderen Firmenprodukten verkauft werden – nicht um Veröffentlichungen.

B 11.8   Entwicklungen, die sich auf das Elektronische Publizieren auswirken

Die Dynamik des EP ist allerdings keine Frage des Publikationswesens allein. Folgende Trends außerhalb des EP sind in Rechnung zu stellen:

1) Auf der Ebene der infrastrukturellen Voraussetzungen sind der Ausbau der Kommunikationsnetze (vgl. Lit. 41.), die ansteigende Verwendung von Personal Computern für Dokumenterstellung und Kommunikation, die zunehmende ,,computer literacy'' und die
   Standardisierung von Schnittstellen und Anwendungen wesentlich.
2) Neben den Voraussetzungen, die mit der allgemeinen ,,Computerisierung'' und ,,Vernet-
   zung'' der Gesellschaft zusammenhängen, spielen Entwicklungen in der Unterhaltungselektronik und bei den elektronischen Massenmedien noch eine wichtige Rolle, da hier für
   einen Massenmarkt ,,Medien'' entwickelt werden, an die sich das EP anhängen kann. Das

Paradebeispiel für diesen Zusammenhang ist die CD-ROM, die als Speichermedium für das EP in Frage kommt, nachdem sie als Audio-CD, im Grunde dieselbe Technik, einen Massenmarkt erreicht hat.

3) Publikationen gehen letztlich immer auf unmittelbare Produzenten von Informationen, Autoren, zurück; in zunehmenden Maße werden jedoch in Firmen, Ämtern und anderen Organisationen Informationen in Datenbanken gesammelt und organisiert. Das können z.b. Pressedatenbanken oder -archive, Firmendatenbanken, Kataloge von Bibliotheken und Sammlungen statistischen Materials sein. Auch diese Datenbanken können prinzipiell öffentlich gemacht werden und gehören damit zum EP. Daß EP ,,database publishing'' ist, erhält hier eine dritte Bedeutung, die zunehmend wichtiger werden wird.

4) Dem ,,database publishing'' in diesem Sinne gehen Veränderungen in der Dokumenterstellung voraus. Im Pressebereich hängen sie mit der Einführung elektronischer Redaktionssysteme zusammen (vgl. Lit. 71.), in Firmen und Organisationen mit der Einführung elektronischer Bürokommunikationssysteme, weiter noch mit der Vernetzung von z.b. Wissenschaftlerarbeitsplätzen untereinander und mit Abteilungen wie der Hausdruckerei oder der für Technische Dokumentation in einem LAN (Local Area Network).

5) Im Inhouse-Bereich (oft transnationaler Konzerte) stehen technische Probleme an wie die Integration unterschiedlicher Hard- und Softwareausstattungen, die Integration unterschiedlicher Textelemente wie Grafiken, Formeln, Tabellen und Abbildungen in Dokumenten auf höchstem Anspruchsniveau, Probleme wie die Aktualisierung und die damit verbundene Versionskontrolle von Datenbeständen u.a., so daß hier unter der Rationalität eines Betriebs Lösungen entwickelt werden, die später für den – natürlicherweise heterogenen – Publikationssektor Vorbildcharakter haben können.

6) Das Archivieren von Dokumenten auf dem Datenträger Papier ist durch die bei der industriellen Herstellung des Papiers verwendeten Säuren und Bleichmittel, die seine Haltbarkeit befristen, bedroht. Das Archivieren des Datenträgers Papier ist aber auch problematisch geworden, weil die Papierberge (z.B. bei den Patentämtern) die räumlichen und baulichen (baustatischen) Gegebenheiten sprengen. Aus Konservierungs- und Platzgründen wird deshalb intensiv über alternative elektronische Archivmedien nachgedacht. Elektronische Archive aber beinhalten auch die Möglichkeit elektronischer Dokumentlieferung und lassen den Schluß zu, in Zukunft bereits bei der Erstellung der Dokumente elektronische Formen zu wählen.

7) Die Unterscheidung von produktionsorientiertem vs. lieferformorientierten Einsatz der IKT wird in dem Maße an Bedeutung verlieren, in dem die maschinenlesbaren Formate der Produktion auch schon die Lieferformate sind. Ein Beispiel liefern die DTP-Systeme, deren intendierter Zweck die Erstellung von Druckerzeugnissen ist und war. Bei genauerer Betrachtung stellt sich heraus, daß gerade hier neue Ansätze des EP angelegt sind. DTP-Dokumente können zunächst als Dokumente aufgefaßt werden, die verschiedene Datenformate integrieren (Texte, Abbildungen, Vektorgrafiken). Nimmt man nicht das Einzeldokument, sondern eine Vielzahl von Dokumenten zum Ausgangspunkt, enthält DTP einen Ansatzpunkt für Text/Bild-Datenbanken. DTP-Systeme verfügen zudem über Speicherformate für Ausgabegeräte (Drucker, Bildschirme, Belichter u.a.), die sich für die Übermittlung in Netzwerken eignen, die Datenbank kann also Ausgangspunkt für elektronische Dokumentlieferung werden. Und schließlich wurde mit der DTP-Systemen eigenen interaktiven Gestaltung von Textseiten an graphischen Bildschirmen (Schriften am Bildschirm ähneln echten Druckschriften etc.) ein Prinzip eingeführt, das, wenn man an elektronisch gelieferte Dokumente denkt, einen Ansatzpunkt bietet, Dokumente am Bildschirm besser lesen zu können.

B 11.9   Weitere Orientierungshilfen

Einschlägige Informationen finden sich in einigen Datenbanken bzw. den korrespondierenden Referatediensten LISA (Library and Information Science Abstracts der British Library Association) und ISA (Information Science Abstracts der IFI/Plenum Data Company), EPA (Electronic Publishing Abstracts der PIRA und des IEPRC) und INSPEC (hrsg. v. der Institution of Electronical Engineers). INFO-DATA sowie FOGRA (Datenbank der Deutschen Forschungsgesellschaft für Druck- und Reproduktionstechnik) sind für den deutschsprachigen Raum an erster Stelle zu nennen.

Als Foren der Diskussion fungieren verschiedene Zeitschriften: Electronic Publishing-Origination, Dissemination and Design; The Electronic Library; Monitor; Electronic Publishing Business; EP Journal und The Seybold Report on Publishing Systems. Für die deutsche Diskussion ist das Börsenblatt des deutschen Buchhandels wichtig. Daß sich in Zeitschriften für die Online-Szene, für das graphische Gewerbe, für Informatik, in Computermagazinen und in informationswissenschaftlichen Zeitschriften relevante Beiträge finden, versteht sich fast von selbst.

Da das EP sich doch noch weitgehend im Stadium der Projekte befindet, ist es sinnvoll, sich einen Zugang zum EP über diese Projekte zu verschaffen. Das DOCDEL-Programm der KEG ist ein zentraler Ort solcher Projekte gewesen (vgl. Lit. 46.; Lit. 62.; die Aktivitäten des **IEPRC** (International **E**lectronic **P**ublishing **R**esearch **C**enter), das Projekte und Konferenzen durchführt, lohnen es verfolgt zu werden. In der Bundesrepublik wird sich das 1987 gegründete Forschungsinstitut für Integrierte Publikations- und Informationssysteme der **GMD** (**G**esellschaft für **M**athematik und **D**atenverarbeitung) in Darmstadt mit Fragen und Projekten zum EP beschäftigen (Lit. 54.); auf die Ende 1988 zum Abschluß gekommenen ,,Begleit- und Wirkungsuntersuchungen zum EP'', einem vom BMFT geförderten Projekt, wurde bereits verwiesen (Lit. 55.; Lit. 56.; Lit. 56 a.).

Für einen Blick über die Grenzen sei für die USA und Japan auf den Bericht von Klaus und Wattenberg (Lit. 38.). hingewiesen; für Großbritannien auf einen Bericht von Böhle und Gabel-Becker (Lit. 07.).

Literatur

01. Association of American Publishers: Standard for Electronic Manuscript Preparation and Markup. Washington, D.C.: Association of American Publishers 1986.
02. Associaton of American Publishers: Reference Manual on Electronic Manuscript Preparation and Markup. Washington, D.C.: Association of American Publishers 1986.
03. Benbow, Tim; Hodgkin, Adam: Publishing Dictionaries on CR-ROM. In: OPTICA '87. The International Meeting for Optical Publishing and Storage. Amsterdam, 14 – 16 April 1987. Oxford, New Jersey: Learned Information 1987, S. 233 – 239.
04. Blumenfeld, Matthias: Satzsprachen zur Wahl – Welche setzt sich durch?. Chip (Beilage) (1987) 9, S. 16 – 18
05. Böhle, Knud: Markup '86: Markstein auf dem Weg zum Elektronischen Publizieren? In: Nachrichten für Dokumentation 38 (1987) 1, 39 – 44
06. Böhle, Knud; Riehm, Ulrich: Elektronisches Publizieren und Desktop Publishing – Va-

riationen für Schreibende und Publizierende. In: Paul, M. (Hrsg.): GI − 17. Jahrestagung. München 1987. Proceedings. Berlin, Heidelberg: Springer 1987, 252 − 267.

07. Böhle, Knud; Gabel-Becker, Ingrid: Elektronisches Publizieren in Großbritannien − Ergebnisse einer Studienreise. Frankfurt/Main: IDD 1988.

08. Boyd, Alan: The impact of compact disc on DTP. In: Electronic Publishing. Compact
Disk and Corporate Publishing. Proceedings of the conference held in London, October
1986. London New York: Online Publication, S. 103 − 111.

09. Buckingham, Michael C. S.: At The Coalface: Author-Typesetter-Publisher Links. In:
Mastroddi, Franco (Hrsg.): Proceedings of the Symposium held in Luxembourg, 5 − 7
November 1986. London: Kogan Page 1987, S. 143 − 154.

10. Bundesverband Druck, Börsenverein des Deutschen Buchhandels (Hrsg.): Autorensprache strukTEXT. Standard zur strukturierten Texterstellung für Autoren, Verlage und
Druckereien. Entwurf. Wiesbaden: Bundesverband Druck E.V. 1986.

11. Burkhart, H.; Nievergelt, J.: Structure-Oriented Editors. In: Wossidlo. P. R. (Hrsg.):
Textverarbeitung und Informatik: Fachtagung der Gesellschaft für Informatik. Berlin.
Heidelberg New York: Springer Verlag 1980, S. 164 − 181.

12. Capurro, Rafael: Hermeneutik der Fachinformation. Freiburg (Breisgau), München: Alber 1986.

13. Coombs, James H.; Renear, Allen H.; DeRose, Steven J.: Markup Systems and the Future of Scholarly Text Processing. In: Communications of the ACM 30 (1987) Nr. 11,
S. 933 − 947.

14. Coser, Lewis A.; Kadushin, Ch.; Powell, W.: Books. The Culture and Commerce of Publishing. New York: Basic Books 1982.

15. Die Auswirkung elektronischer Technologie: Eine gemeinsame Erklärung der europäischen Bibliothekare und Verleger. In: Bibliotheksdienst 18 (1984) H. 10, S. 997 − 1001.

16. Dijkhuis, Willem; Electronic publishing − a taxonomy of definitions. In: Corporate and
Commercial Publishing. Proceedings of the international conference held in London. Pinner, UK: Online Publications 1985, S. 169 − 181.

17. Ehlers, Hans-Jürgen: Is Electronic Publishing still Publishing? In: Computer Compacts
4 (1986), Nr. 6, S. 202 − 203.

18. Ehlers, Hans-Jürgen: Deutsche Druckindustrie stellt Regelwerk ,,strukTEXT'' vor. In:
Offsetpraxis 28 (1986) Nr. 9, S. 26 − 27.

19. Electronic Publishing Business. Special Issue devoted to the Association of American Publishers' Electronic Manuscript Standard. 4 (1986) Nr. 8.

20. Elias, Norbert: Was ist Soziologie? München: Juventa 1971.

21. Fachinformationsprogramm 1985 − 88 der Bundesregierung. Bonn 1985.

22. Freeman, David T.: The False Start of the Electronic Journal: A Look at Human Factors
and Automation. In: Chen, Ching-Chih (Hrsg.): ASIS '87. Proceedings of the 50th ASIS
Annual Meeting. Boston Mass. October 4 − 8, 1987. Medford NJ: Learned Information
1987. S. 79 − 82.

23. Furuta, Richard; Scofield, Jeffrey; Shaw, Alan: Document Formatting Systems: Survey,
Concepts, and Issues. In: Computing Surveys 14 61982) Nr. 3, S. 417 − 472.

24. Gabel-Becker, Ingrid; Loeben, Manfred: Auswirkungen Elektronischen Publizierens im
technisch-wissenschaftlichen Bereich. Eine Problemskizze. In: Gesellschaft für Information und Dokumentation (GID), Frankfurt a.M. (Hrsg.): Jahresbericht 1985 Frankfurt:
1986, S. 52 − 72.

25. Gewecke, Wolfgang: Electronic Publishing of Technical and Scientific Texts. An Integrated Electronic Publishing and Delivery System. In: Lehmann, K. D.; H. Strohl-Goebel:
The Application of Micro-computers in Information, Documentation and Libraries. Proceedings of the Second International Conference, Baden-Baden, FRG, 17 − 21 March
1986. Amsterdam: North-Holland 1987. S. 277 − 284.

26. Gibbins, Patrick: Electronic Publishing. The future convergence of many disciplines. In: Journal of Information Science 8 (1984) Nr. 3, S. 123 – 129.

27. Goebel, Jürgen W.; Hackemann, Martin; Scheller, Jürgen: Rechtsfragen des Elektronisches Publizierens. Ausgewählte Beiträge zum Recht des Elektronischen Publizierens. 2. Auflage. Frankfurt: IDD 1986.

28. Götze, Heinz: Verlegen ist mehr als Vermarkten. Offener Brief an den Präsidenten des Bundesverfassungsgerichts Prof. Dr. W. Zeidler. In: Börsenblatt 43 (1987) H. 79, S. 2656 – 2657.

29. Goldfarb, Charles F: The Standard Generalized Markup Language. Basic concepts. In: Krückenberg, F.; Schindler, S.; Spaniol, V. (Hrsg.): Offene Multifunktionale Büroarbeitsplätze und Bildschirmtext. Proceedings. Berlin, Heidelberg, New York: Springer Verlag 1985, S. 132 – 140.

30. Goodstein, David H.: Electronic publishing. In: Concise Encyclopedia of Science & Technology (McGraw-Hill CD-ROM Science and Technical Reference Set). New York: McGraw-Hill 1987.

31. Harter, S. P.: On-line encyclopedias. In: Kent, A. (Hrsg.): Encyclopedia of library and information science. Vol. 38, Supplement 3. New York: Dekker 1985. S. 312 – 324.

32. Hiltz, Starr Roxanne; Turoff, Murray: The Network Nation. Human Communication via Computer. Reading, Mass.: Addison-Wesley 1978.

33. Hjerppe, Roland: Electronic Publishing. Writing Machines and Machine Writing. In: Annual Review of Information Science and Technology 21 (1986), S. 123 – 166.

34. International Organisation for Standardization (ISO): ISO 8879. Information processing. Text and Office systems. Standard Generalized Markup Language (SGML). International Organisation for Standardization 1986.

35. International Organisation for Standardization (ISO): ISO/DIS 8613/1 – 6. Information Processing – Text and Office Systems – Office Document Architecture (ODA) and Interchange Format. International Organisation for Standardization 1986.

36. Kilgour, Frederick G.: Beyond bibliography. London: The British Library 1985.

37. Kilgour, Frederick G.: An Essential Information Delivery System. In: Chen, Ching-Chih (Hrsg.): ASIS '87. Proceedings of the 50th ASIS Annual Meeting. Boston Mass. October 4 – 8, 1987. Medford NJ: Learned Information 1987. S. 134 – 137.

38. Klaus, Hans G.; Wattenberg, Ulrich: Elektronisches Publizieren in den Vereinigten Staaten und Japan. Ein kurzer Überblick über aktuelle Entwicklungen Frankfurt/Main: IDD 1986.

39. Köhler, Doris; Nake, Frieder; Schelhowe-Heyl, Heidi; Voet, Ludwig: Orientierung an Gebrauchswerten. Zur Gestaltung von Informationstechnik am Beispiel der Herstellung von Dokumenten. In: Schröder, Klaus Theodor (Hrsg.): Arbeit und Informationstechnik. Proceedings der GI Fachtagung, Karlsruhe, Juli 1986. Berlin, Heidelberg, New York: Springer Verlag 1986, S. 177 – 186.

40. Krüger, Manfred: Zu den Rechenwerken beim herkömmlichen und elektronischen Publizieren. Schlußfolgerungen aus Gesprächen in deutschen Verlagen. Frankfurt am Main: IDD 1986.

41. Kubicek, Herbert; Arno: MIKROPOLIS. Mit Computernetzen in die „Informationsgesellschaft". Pläne der Deutschen Bundespost, wirtschaftliche Hinderungsgründe, Soziale Beherrschbarkeit, Technische Details. 2. Auflage. Hamburg: VSA 1986.

42. Lancaster, Frederick W.: Towards Paperless Information Systems. New York: Academic Press 1978.

43. Lefrere, Paul: Text Processing. In: O'Shea, Tim; Eisenstadt, Marc (Hrsg.): Artificial Intelligence. Tools. Techniques, and Applications. New York: Harper & Row 1984, S. 400 – 422.

44. Look, Hugh E. (Hrsg.): Electronic Publishing. A Snapshot of the Early 1980s. Abingdon: Learned Information 1983.

45. Martin, Sperling J.: Electronic Document Interchange and the AAP Electronic Manuscript Project. In: Library Hi Tech 4 (1986) Nr. 3, S. 31 – 42.

46. Mastroddi, Franco (Hrsg.): Electronic Publishing: The New Way to Communicate. Proceedings of the Symposium Held in Luxembourg, 5 – 7 November 1986. London: Kogan Page 1987.

47. Meyrowitz, Norman; van Dam, Andries: Interactive Editing Systems: Part I. In: Computing Surveys 14 (1982) Nr. 3, S. 321 – 352.

48. Meyrowitz, Norman; van Dam, Andries: Interactive Editing Systems: Part II. In: Computing Surveys 14 (1982) Nr. 3, S. 353 – 415.

49. Nelson, Theodor H: Replacing the printed word: A complete literary system. In: Information Processing 80. Amsterdam: North-Holland 1980, S. 1013 – 1023.

50. Oakeshott, Priscilla: The impact of New Technology on the Publication Chain. Wetherby, West Yorkshire: British Library, British National Bibliography Research Fund Report 11, 1983.

51. Oakeshott, Priscilla; White, Brenda: The Impact of New Technology on the Availability of Publications. Report to the International Federation of Library Assodiations and Institutions. Wetherby, West Yorkshire: British Library, British National Bibliography Research Fund 1984.

52. OAL (Office of Arts und Libraries): The Impact of Electronic Publishing. In: Electronic Publishing Review 3 (1983) Nr. 4, S. 281 – 302.

53. Otten, Klaus: Wissenschaftliche und technische Informationsvermittlung: Neue Perspektiven für Verlagswesen und Buchhandel. In: Börsenblatt für den Deutschen Buchhandel (redaktionelle Beilage) 35 (1979) Nr. 36.

54. o.V.: Vom Verlagswesen der Zukunft bis zu Expertensystemen für Dienstleistungen: Neue Schwerpunkte der Arbeit der GMD. In: Der GMD-Spiegel 1987 H. 1, S. 6 – 8.

55. Riehm, Ulrich; Böhle, Knud; Wingert, Bernd; Gabel-Becker, Ingrid; Loeben, Manfred: Begleit- und Wirkungsuntersuchungen zum Elektronischen Publizieren. Ergebnisse aus Phase I. Karlsruhe: KfK-Primärbericht 1986.

56. Riehm, Ulrich; Böhle, Knud; Gabel-Becker, Ingrid; Loeben, Manfred; Wingert, Bernd: Elektronisches Publizieren erfahren und befragen – vom Schreiber zum Nutzer. Zwischenbericht zur Phase II. Karlsruhe: KfK-Primärbericht 1988.

56a Riehm, Ulrich; Böhle, Knud; Gabel-Becker, Ingrid; Loeben, Manfred; Wingert, Bernd: Endnutzer und Volltextdatenbanken. Empirische Untersuchungen zur Nutzung von Volltextdatenbanken in den Fachwelten Medizin, Recht und Wirtschaft. Karlsruhe: KfK 4586, 1989.

57. Scheller, Angela: Dokumenten-Standards: Stand und Wertung. In: Paul. M. (Hrsg.): GI – 17. Jahrestagung. München 1987. Proceedings. Berlin, Heidelberg: Springer 1987, S. 369 – 381.

58. Scheller, Jürgen: Elektronisches Publizieren – Von juristischem Interesse? In: Computer und Recht 3 (1987) H. 1, S. 13 – 19.

59. Schindler, Siegram; Bormann, Ute; Bormann, C.: Standardized Document Architecture: Office Document Architecture vs. SGML. In: International Conference: Text and Image Processing, Würzburg 1987. Proceedings. Leatherhead: Pira 1987, paper 2.

60. Seidel, Manfred: Datenbanken – mehr Chancen als Gefahren für moderne Fachverlage. Auf dem Weg zum elektronischen Publizieren? In: Börsenblatt 36 (1980) 30.5, S. 1395 – 1529.

61. Seidel, Manfred: strukTEXT: Aufklärung vonnöten. Börsenblatt 43 (1987) 48, S. 1634 – 1635.

62. Slype, George van; Page, John; Halm, Johan von: Evaluation of Experiments in Electronic Document Delivery and Electronic Publishing. Final Report. Brüssel: Commission of the European Communities 1987.
63. Smith, Joan M.: SGML Update II. In: SGML User' Group Bulletin 1 (1986) H. 2, S. 89 – 90.
64. Smith, Joan M.: The Implications of SGML for the Preparation of Scientific Publications. In: Computer Journal 29 (1986) 3, S. 193 – 200.
65. Smith, Joan M.: The Standard Generalized Markup Language (SGML): Guidelines for Editors and Publishers. Boston Spa, Wetherby, W. Yorkshire, UK: British Library Publication 1987.
66. Smith, Joan M.: The Standard Generalized Markup Language (SGML): Guidelines for Authors. Boston Spa, Wetherby, W. Yorkshire, UK: British Library Publication 1987.
67. Tenopir, Carol: Full-Text Databases. In: Annual Review of Information Science and Technology 19 (1984), S. 215 – 246.
68. Tibbetts, M.: The BBC Domesday Project. In: Mastroddi, Franco (Hrsg.): Electronic Publishing: The New Way to Communicate. Proceedings of the Symposium Held in Luxembourg, 5 – 7 November 1986. London: Kogan Page 1987, S. 155 – 160.
69. Tuck, William R.; Kirstein, Peter T.: Research into the Electronic Document. July 1985. London: BLRDD Report No. 5864.
70. Turoff, Murray; Hiltz, Star Roxanne: The Electronic Journal: A Progress Report. In: Journal of the American Society for Information Science 33 (1982) Nr. 4, S. 195 – 202.
71. Weischenberg, Siegfried; Herrig, Peter: Handbuch des Bildschirmjournalismus. Elektronische Redationssysteme. München: Verlag Ölschläger 1985.
72. Weyer, Stephen A.; Borning, Alan H.: A Prototype Electronic Encyclopedia. ACM Transactions on Office Information Systems, 3 (1985) 1, 63 – 88.
73. Williamson, Robin: Publishers databases: co-operative electronic publishing. In: Corporate and Commercial Publishing. Proceedings of the international conference held in London. Pinner, UK: Online Publications 1985, S. 183 – 190.
74. Williamson, Robin: The Knowledge Warehouse. In: Journal of Information Science 13 (1987) Nr. 4, S. 253 – 257.
75. Yankelovich, Nicole; Meyerowitz, Norman; Dam, Andries van A.: Reading and Writing the Electronic Book. In: Computer 18 (1985) Nr. 10, S. 15 – 30.

B 12 Elektronische Textverarbeitung, Editoren

Wolfgang Hilbig

B 12.1 Übersicht

Zu den wichtigen Werkzeugen zur technischen Bearbeitung von Dokumenten gehören seit Ende der siebziger Jahre zweifellos EDV-Systeme, seit Mitte der achtziger Jahre vor allem in Gestalt der Personal-Computer (PC's) oder Geräte der mittleren Datentechnik.

Eine zentrale Rolle spielt dabei eine Klasse von EDV-Programmen, die als Editoren bezeichnet werden und die − bei weitester Fassung der Definition − gestatten, digitale, in EDV-Anlagen oder auf externen elektronischen Trägern gespeicherte Daten gezielt zu verändern.

Wichtig sind dabei in diesem Abschnitt vor allem die Texteditoren, d.h. Programme zur interaktiven Erfassung und Bearbeitung von Textmaterial. Zur Elektronischen Textverarbeitung gehören heute aber auch weitere Klassen von Editoren, die andere Datentypen bearbeiten oder benachbarte Aufgabenbereiche abdecken:

− Programme zur Erfassung, Prüfung und Bearbeitung logisch strukturierter Texte,
− Editoren für graphische Darstellungen in Raster- oder Vektorformat,
− Formatierer, d.h. Programme zur Dokumentaufbereitung als typographischer Satz,
− Programme zur interaktiven Dokumentgestaltung mit typographischer Darstellung am Bildschirm,
− Programme zur Bearbeitung numerischer und textlicher Daten im Bürobereich.

Dabei finden sich jedoch kaum Programme, die allein einer dieser Klassen zuzuordnen sind; die Regel bilden Mischformen, z.B. Editoren mit Formatierungskomponenten oder Editoren für Text und Strichzeichnungen. Die Vielzahl der heute verfügbaren Editoren spiegelt ihren weiten Einsatzbereich, aber auch ihre − gemessen an der Enwicklung der elektronischen Datenverarbeitung − lange Historie wieder.

Schon früh hatten Programmierer sogenannte Batch-Editoren entwickelt, Programme, die Korrekturen an Quellprogrammen auf externen Speichern im Stapelbetrieb ermöglichten und das mühsame Hantieren mit Lochkarten und Lochstreifen ersetzten.

Mit der Einführung von EDV-Anlagen im Mehrbenutzerbetrieb begann am Ende der sechziger Jahre die Ära der interaktiven Bearbeitung von Texten über Datensichtgeräte. Die Textbearbeitung „unter Sichtkontrolle" war erheblich weniger fehleranfällig als der Stapelbetrieb, und die zunehmende Rechnerleistung ermöglichte einen erweiterten Funktionsumfang der Editoren über die Textkorrektur hinaus.

War im Stapelbetrieb eine Korrektur ganzer Zeilen, adressiert über eine Zeilennummer, möglich, verließen spätere interaktive Editoren das Zeilenformat mit festen Längen und die Adressierung konnte kontext-gesteuert erfolgen, d.h. durch Aufsuchen bestimmter Zeichenfolgen.

Die Unterstützung von Sichtgeräten mit „Seitenmodus", d.h. mit der Möglichkeit, die Schreibposition mit einer Markierung (engl. Cursor) über den ganzen Bildschirm bewegen zu können, machte die mühsame Positionierung per Kommando überflüssig. Die Entwicklung gipfelte in der zweiten Hälfte der siebziger Jahre im STAR-Editor der Firma Xerox, der eine völlig neue Benutzeroberfläche, die gewünschte Darstellung von typographisch gestaltetem Text und Strichbild und eine Dokumentverwaltung demonstrierte. Eine ganze Generation von Programmen, von der Macintosh-Oberfläche über MS-Windows bis hin zum Ventura-Publisher, setzt unmittelbar auf diesen Arbeiten auf. Parallel zum Vordringen von PC's und Workstations sehen wir seit Anfang der achtziger Jahre die Entwicklung von schnellen hochauflösenden Bildschirmen, Rasterdruckern und Scannern, die weitere intergrierte Softwaresysteme für die gesamte Palette der Dokumentbearbeitung – Erfassung und Bearbeitung von Text und Bild, Formatierung und geräteunabhängige Ausgabe – möglich gemacht haben.

Im folgenden werden, nach einer Einführung in Datentypen und Dokumentstrukturen, zunächst die ,,klassischen'' Texteditoren ausführlich besprochen. Es schließen sich Abschnitte über DTP- und WYSIWYG-Systeme sowie Satzformatierer an. Abschließend wird versucht, praktische Empfehlungen zur Auswahl von Geräten und Programmen für die Textverarbeitung zu geben.

B 12.2   Datentypen, Dokumentstrukturen

Die hier besprochenen Editoren operieren auf drei grundsätzlich verschiedenen Typen von Daten:

B 12.2.1   Zeichencodierte Daten

Dies ist die übliche und vertraute Form, Texte in Rechnern zu speichern und zu bearbeiten. Dabei meint ,,zeichencodiert'' daß jedes Zeichen des Textes durch eine (im allgemeinen) 8 Bit lange Binärzahl (ein Byte) dargestellt, d.h. codiert ist. International übliche Zusammenstellung von Zuordnungen Binärzahl ←→ Zeichen (sog. Codetabellen) sind z.B. der EBCDI- und ASCII-Code.

Da mit einer 8 Bit langen Binärzahl nur 256 verschiedene Zeichen darstellbar sind und in der Regel ein größerer Zeichenvorrat benötigt wird (fremde Alphabete, mathematische Sonderzeichen usw.), existieren einige Verfahren zur Erweiterung der standardisierten Grundzeichensätze. Eine übliche Methode ist die der Vorschaltzeichen. Dazu wird ein selten benötigtes Zeichen des Grundvorrats ausgewählt und mit jeweils einem nachfolgenden anderen Zeichen gepaart. Diesem Zeichenpaar wird dann eine neue Zeichenbedeutung zugeordnet (Beispiel: #a = α). Das erste Zeichen, also das Vorschaltzeichen, hat dabei eine Funktion, die mit der Versaltaste der Schreibmaschine vergleichbar ist. Anzumerken ist, daß die Zeichenpaare von den üblichen Bildschirmen (mit festen Zeichengeneratoren) nicht in ihrer neuen Bedeutung, sondern eben nur als zwei Zeichen dargestellt werden können. Einige der neueren Geräte lassen eine Erweiterung des direkt darstellbaren Zeichensatzes zu, bei den WYSIWYG-Systemen ist dies (per Definition) der Standard.

B 12.2.2   Graphische Darstellungen im Rastermodus

Die einfachste Form, Bilder im Rechner zu speichern, ist das Rasterbild: Die Bildvorlage wird durch einen sog. Scanner abgetastet, in Bildpunkte (Pixel) zerlegt und als binärer Schwärzungs- bzw. Farbwert pro Bildpunkt gespeichert. Im einfachsten Fall, d.h. bei Schwarz/Weiß-Bildern, wird dazu pro Bildpunkt nur ein Bit benötigt, bei Halbtonbildern muß man im allgemeinen 6 Bit (= 64 Graustufen) investieren, bei Farbbildern kann der Speicherbedarf auf mehrmals 8 Bit pro Bildpunkt steigen. Entscheidend für die Wiedergabequalität so gespeicherter Bilder ist die Feinheit der Abtastung, d.h. wieviele Bildpunkte (oder Linien) pro cm oder inch horizontal und vertikal entstehen. Die Qualität von Fotokopierern wird bei etwa 300 Bildpunkten pro inch (auch **dpi** = **d**ots **p**er **i**nch), also etwa 12 Bildpunkten pro mm erreicht. Dies entspricht auch der Faksimileübertragung besserer Auflösung (Stufe G3), wie sie heute bei vielen Fax-Geräten üblich ist. Druckqualität wird bei 600 dpi (ca. 24 Punkte/mm) erreicht, Lichtsetzmaschinen arbeiten bei 1.200 dpi, d.h. etwa 48 Punkte/mm.

Der große Speicherbedarf dieser Art der Bilddarstellung (eine A4-Seite benötigt in Schwarz/Weiß-Darstellung bei 12 Punkten/mm, d.h. 300 dpi, 210x297x12x12 = 8 981 280 Bit = 1 122 660 Byte) führt zu Verfahren, die Daten im Rechner zu komprimieren. Man nimmt damit aber den Nachteil in Kauf, das Bild vor und nach der Nutzung ,,Aus-'' bzw. ,,Einpacken'' zu müssen, eine bei diesen Datenmengen zeitaufwendige Prozedur.

B 12.2.3   Strichzeichnungen im Vektormodus

Jede Strichzeichnung läßt sich als eine Ansammlung von Strichen und Kurvenstücken verschiedener Stärke, Richtung bzw. Krümmung, etwas verallgemeinernd also als Vektoren, interpretieren. Diese Einzelteile lassen sich bezüglich des Speicherplatzes sehr kompakt beschreiben: ein gerades Linienstück hat einen Anfangspunkt, einen Endpunkt und eine Stärke. Ähnlich können Kurvenstücke durch Parameter von Kegelschnitten oder Folgen kurzer gerader Linienstücke (Polygonzüge) angenähert werden. Diese Art der Darstellung von Strichzeichnungen ist bereits seit vielen Jahren im Bereich der technischen Entwicklung und Dokumentation als **CAD**-Verfahren (**C**omputer-**A**ided **D**esign) bekannt. Vektordarstellungen haben nicht nur den Vorteil, besonders platzsparend zu sein, sie lassen sich auch – im Gegensatz zu Rasterdaten – leicht vergrößern, verkleinern oder rotieren. Vektoren sind im allgemeinen nicht direkt auf den heute üblichen Bildschirmen darstellbar, sie werden bei Übertragung aus dem Speicher zum Bildschirm in Rasterdaten umgerechnet, d.h. es wird durch sog. **RIP**'s (**R**aster **I**mage **P**rozessoren) ein Rasterbild erzeugt.

Die vorstehend beschriebenen Datentypen erfordern zur Bearbeitung im Rechner und durch die Peripheriegeräte grundsätzlich verschiedene programmtechnische Verfahren. Auch ist die dazu notwendige Rechnerleistung unterschiedlich: Sie nimmt von Text- über Vektor- zu Rasterdaten drastisch zu. Analog verläuft die Zunahme des Speicherbedarfs. Ebenso unterschiedlich wie die Datentypen ist die Art der Darstellung von Dokumenten im Rechner. Historisch am ältesten und noch immer üblich ist es, Texte in der durch die Erfassung gegebenen zeilenweisen Struktur zu übernehmen und diese Zeilen in Datensätzen fester oder variabler Länge unterzubringen.

So gespeicherte Dokumente sind nicht ohne weiteres in andere Darstellungsformen zu überführen, denn die einzelnen formal unterscheidbaren Teile eines Dokuments (wie Überschrift, Absatzanfang- u. Ende, Aufzählung, Unterschrift usw.) sind nicht mehr ohne weiteres erkennbar. Viele Editoren lassen deshalb Steuerzeichen zu, die Überschriften, Absätze, Schriftartwechsel usw. markieren, mitgespeichert werden und zur Umformatierung des Dokuments (z.B. auf eine andere Zeilenlänge) verwendet werden können. Bei Verallgemeinerung solcher Überlegungen kommt man zu dem Begriff der Dokumentarchitektur, d.h. der Beschreibung eines Dokuments durch hierarchisch gegliederte Gruppen von Informationen. So kann man das Dokument beschrieben ansehen durch seine logische Struktur, seine Layoutstruktur und seinen Inhalt. Der Inhalt kann aus Text und Bildinformationen in der oben beschriebenen Art bestehen, jeweils mit eigener Struktur, Codierung oder Darstellung. Die Layoutstruktur beschreibt die typographischen Eigenschaften des Dokuments, z.B. in welcher Schriftart und Schriftgröße es gesetzt wird, die Breite der Textspalten, ihre Anordnung auf der Seite, wie Absätze dargestellt und wie Fußnoten und Kolumnentitel positioniert sind. Die logische Struktur macht Angaben über die Teile des Dokuments, wie Kapitel, Überschriften, Absätze oder Fußnoten. Sie kann aber auch eine logische Ebene tiefer ansetzen und, z.B. bei einem Zeitschriftenartikel, Objekte wie Namen, Titel, Orte, Jahr, Abstrakt usw. festlegen.

Jedes Objekt innerhalb einer Struktur kann Eigenschaften haben, sog. Attribute, die je nach Typ in verschiedenen Dimensionen gemessen werden und für das gesamte Objekt gelten. So kann einem Absatz in der Layoutstruktur die Schriftart und Schriftgröße als Attribut zugeordnet sein, einer Überschrift in der logischen Struktur das Attribut ,,obligatorisch'' und die Position am Beginn eines Kapitels.

Dokumentstrukturen finden in diesem Abschnitt Erwähnung, weil sie die notwendige Grundlage zum Verständnis moderner Dokumenteditoren bilden und Anlaß für die Entwicklung von Standards, wie **ODA** (**O**ffice **D**ocument **A**rchitecture, ECMA 101, ISO 8613) und **SGML** (**S**tandard **G**eneralized **M**arkup **L**anguage, ISO 8879) waren, die wiederum unverzichtbare Grundlagen für den Austauch von elektronisch bearbeitbaren Dokumenten bilden.

B 12.3   Texteditoren

Texteditoren bilden die Hauptmenge der im Bürobereich und bei privater Nutzung eingesetzten Software. Im folgenden wird kein bestimmter der ungefähr ein Dutzend allgemein bekannten und verbreiteten (und keiner der vielen hundert sonstigen) Editoren beschrieben, sondern gleichsam ein Prototyp.

Er ist auf üblichen PC's ablauffähig, benötigt ca. 256 KByte Hauptspeicher, zwei Diskettenlaufwerke und, da er nur mit dem Zeichen des Standard-Bildschirms auskommt, keine Graphik-karte. Er druckt über einfache Typenrad- oder Nadel-

drucker aus und hat rudimentäre Formatierfunktionen. Er verfügt, wie alle interaktiven EDV-Programme, über eine **Benutzeroberfläche.**
Sie vermittelt die Kommunikation zwischen dem Benutzer und dem Editor und bestimmt damit die Art und Weise, wie er seine Wünsche an den Editor übermitteln kann: durch Eingabe von Kommandos über die Tastatur, durch Ankreuzen in Anweisungsmenüs auf dem Bildschirm oder durch Positionieren einer blinkenden Markierung (Cursor) auf dem Bildschirm mit speziellen Tasten oder einer sog. Maus, einem Gerät, dessen Rollbewegung über eine Fläche in Bewegungen der Markierung umgesetzt werden.
Die Benutzeroberfläche ist sozusagen das Gesicht des Editors und legt auch das Layout des Bildschirms zur Darstellung der Meldungen des Programms und der Texte selbst fest. In den modernen Editoren können z.B. in mehreren Bereichen des Bildschirms neben- und untereinander (sog. Fenstern) gleichzeitig Meldungen, Menüs oder Texte aus mehreren Dateien gezeigt werden.

Die einfachste Kommunikation mit dem Editor betrifft **organisatorische Grundfunktionen.**
Dazu gehören die Möglichkeit, Dateien, d.h. bestimmte Mengen von Daten auf dem externen Speicher, neu oder wiederzueröffnen, mit einem Namen zu versehen oder diesen zu ändern, sie zu schließen, d.h. bis auf weiteres aus der Nutzung zu nehmen, zu kopieren und zu löschen. Die Namen aller auf einem externen Speicher (z.B. einer Diskette oder einer Festplatte) befindlichen Dateien lassen sich auflisten, wobei neben dem Namen auch z.B. das Erzeugungsdatum oder das Datum der letzten Änderung und die Dateigröße ausgegeben werden.
Zu den organisatorischen Anweisungen gehören u.a. auch die Festlegung von Grundparametern, wie Anzahl der auf dem Bildschirm nutzbaren Zeilen, Zeilenbreite, Tabulatorpositionen oder ob mit automatischer Silbentrennung am Zeilenende gearbeitet werden soll. Auch die Änderung von Code-Zeichen-Zuordnungen, die Zusammenstellung von Zeichen oder Funktionengruppen zum Abruf über nur eine Taste oder ein Kürzel und die Erweiterung des darstellbaren Zeichensatzes kann eine − wenn auch seltene − Grundfunktion sein.

Die Korrektur, Ergänzung oder Löschung von Textdaten setzt voraus, daß die gewünschte Position in den Daten aufgesucht werden kann. Dazu dient die **Positionierung.**
Im einfachsten Fall wird in den Texten vor- und rückwärts geblättert bzw. um eine angebbare Anzahl von Zeilen vor- oder rückpositioniert. Arbeitet der Editor mit einer Zeilen- oder Satznummer, kann meist ein direktes Ansteuern der Zeile durch Eingabe dieser Zahl erfolgen. Anfang und Ende der Datei sind ebenfalls direkt von jeder Position aus zu erreichen. Die meisten Editoren gestatten, die Daten zur Positionierung auf bestimmte Wörter bzw. Zeichenfolgen abzusuchen. Dabei ist es häufig zulässig, Zeichen im Suchmuster indirekt, d.h. mit unbekannten Zeichen, anzugeben. So liefert z.B. das Suchen auf das Muster *('ABC'), '1' alle Textstellen mit der Zeichenfolge 'A 1', 'B 1' oder 'C 1' oder das Muster 'b&&t&&' alle Wörter, die mit dem zeichen 'b' beginnen und an beliebiger Stelle danach ein 't' aufweisen (z.B. bitte, Boot, bereithalten usw.). Die Suche kann meist mit einer Anweisung zum Ersetzen der angegebenen Zeichenfolge gekoppelt werden. So sind

globale Änderungen über einen längeren Text hinweg mit einer einzigen Anweisung möglich, z.B. ändert ´1987´ = ´1988´ im gesamten Text die Jahreszahl 1987 in 1988.

Der Positionierung, d.h. dem Auffinden der zu verändernden Textstelle, folgt die gezielte **Korrektur.**
Hier sind die elementaren Funktionen das Einfügen, Eliminieren und Überschreiben von Zeichen an der Schreibmarkenposition. Alternativ kann Anfangs- und Endpunkt eines Textstücks markiert und nachfolgend bestimmt werden, ob der so markierte Text zu löschen oder an eine noch anzugebende Position unter Löschung am ursprünglichen Ort umgesetzt oder umkopiert werden soll. Viele Editoren haben auch die nützliche Eigenschaft, bei Korrekturen wahlweise den Zeilenfall der aktuellen und der nachfolgenden Zeilen bis zum nächsten Absatz neu zu gestalten, wenn durch Einfügen oder Eliminieren von Text die gerade bearbeitete Zeile zu lang oder zu kurz wird. Erwartet werden kann von neueren Editoren, daß sie gestatten, zwei oder mehr Dateien gleichzeitig im Zugriff zu halten, so daß z.B. das Umkopieren von Textteilen auch quer über Dokumente hinweg möglich wird.

Wenige Editoren verzichten heute auf die Funktion, Dokumente seitenweise aufzubereiten, sie können also **Formatieren.**
Darunter ist nicht nur eine Umformatierung auf angebbare Zeilenlänge und die Verteilung des Textes auf Seiten mit wählbarer Höhe, d.h. Zeilenzahl, zu verstehen, sondern auch Silbentrennung, Auftreiben von Zeilen zu Blocksatz, Auswerten von Absatzmarkierungen und Erzeugen von Leerzeilen bzw. Einzügen am Absatzanfang, Rechts-, Links- oder Mittestellen von Überschriften, Erzeugen von Kolumnentiteln und eine automatische Paginierung zu verstehen. Selten können zur Gestaltung des Dokuments verschiedene Schriften herangezogen werden, man muß sich für die Auszeichnung von Texten auf Unterstreichung oder eine Art von Fettdruck (Doppelanschlag, ggf. mit leicht verschobener Anschlagsposition) beschränken.
Die bei Schreibmaschinen schon gängige Eigenschaft, mit Proportionalschriften, d.h. Schriften mit unterschiedlichen Zeichenbreiten, zu arbeiten, findet sich bei den üblichen Texteditoren bislang fast nie. Sie würde die technisch aufwendige Darstellung von Schriften im sog. Grafikmodus ohne festen Zeichengenerator und mit einer über Software zu verwaltenden Schriftbibliothek voraussetzen – Funktionen, die aus Kostengründen immer noch den DTP-Systemen oder den interaktiven Satzsystemen vorbehalten bleiben.

Es bleibt schließlich bei den Grundfunktionen von Texteditoren die Ausgabefunktionen zu beschreiben, das **Drucken.**
Eine weitgehende Standardisierung sowohl der Zeichensätze als auch der Schnittstellen (d.h. der Kommunikation zwischen Rechner und Drucker auf technischer Ebene) läßt zu, den Ausdruck von Texten mit einer Vielzahl qualitativ, von der Geschwindigkeit her und preislich unterschiedlichen Druckern vorzunehmen. Aus der Sicht des Editors sollte möglich sein, verschiedene Drucker wahlweise (ohne den Editor zu beenden) anzusprechen, das Drucken parallel zur Bearbeitung anderer Texte vorzunehmen und bei formatierten Dokumenten einzelne Seiten oder Seitengruppen ausgeben zu können.

Die Konkurrenzsituation zwischen den vielen Softwarehäusern, die Editoren entwickeln und vertreiben, hat zu einer Fülle von Funktionserweiterungen bei modernen Editoren geführt − teils nützlich, teils aber auch erkennbar überflüssig. Betrachten wir also abschließend in diesem Abschnitt die **Sonderfunktionen.**

Zu den zweifellos nützlichen Funktionen gehört die Silbentrennung, allerdings nur, wenn sie nach einem nicht zu einfachen und auf die deutsche Sprache zugeschnittenen Algorithmus erfolgt, Ausnahmelisten zuläßt und bei Änderung des Zeilenfalls (z.b. durch Korrektur) automatisch nachgeführt wird. Müssen häufig komplizierte Folgen von Kommandos gegeben werden, oder können gleiche Sonderzeichenfolgen, Wörter bzw. Textstücke immer wieder verwendet werden, ist eine sog. Makrofunktion zweckmäßig. Sie gestattet, beliebige Kommandos und Texte in einer Bibliothek abzuspeichern und unter einem Namen wieder aufzurufen. Eine Variante davon sind sog. Textbausteine, mit denen z.B. Briefe oder Verträge aus vorformulierten Textstücken, in die zum Zeitpunkt der Nutzung nur gezielt aktuelle Werte, wie Namen oder Daten einzusetzen sind, zusammengebaut werden. Zumindest teilweise in den kommerziellen Anwendungsbereich gehören die Adreßverwaltung mit Ausdruck von Adreßaufklebern und die Fähigkeit, Serienbriefe durch Einsetzen von Anrede, Namen und Adressen einen festen Brieftext zu erstellen.

Bei der Formatierung längerer Dokumente lassen manche Editoren den Auszug eines Inhaltsverzeichnisses und eines Stichwortregisters aus im Text geeignet markierten Wörtern zu. Da allerdings die nachfolgende Sortierung der Stichwörter in der Regel zu wünschen übrig läßt (Umlaute und ß, Behandlung von Sonderzeichen und Zahlen) und eine Unterscheidung nach Haupt- und Unterstichworten sowie die Behandlung von verschiedenartigen Verweisen nicht vorgesehen ist, sind solche Stichwortregister in der Regel kaum brauchbar. Von ähnlich zweifelhaftem Nutzen sind die sog. Rechtschreibhilfen, die Wörter als möglicherweise fehlerhaft anzeigen, wenn sie nicht in einer Wortliste vorhanden sind. Die mit den Programmen gelieferten Wortlisten sind selten umfangreich genug, es macht erhebliche Mühe, sie selbst angemessen zu erweitern und schließlich kann ein Wort richtig geschrieben, aber trotzdem im Kontext unsinnig sein.
Eine Reihe von Editoren spezialisiert sich auf die Behandlung von Dokumenten naturwissenschaftlich-mathematischen Inhalts. Sie weisen Funktionen zum einfachen Erfassen und Manipulieren von mathematischen und chemischen Formeln auf und unterstützen die Gestaltung von Tabellen. Damit liegen sie auf der Grenze zu den DTP- und WYSIWYG-Systemen (Erläuterungen dazu später), die darüber hinaus die Behandlung von Strich- und Rastergraphik ermöglichen, eine für die Gestaltung wissenschaftlicher Dokumente unverzichtbare Fähigkeit.
Die Standardisierung von Verfahren zur logischen Textgliederung bzw. Dokumentbeschreibung (SGML, ODA) hat den Bedarf für Editoren geweckt, die solche Normen anwenden bzw. unterstützen. So sind seit kurzem SGML-Editoren verfügbar, die gestatten, Texte mit SGML-Auszeichnung zu korrigieren. Dabei geschieht die Korrektur für den Benutzer jedoch nicht auf den Originaldaten (mit den unübersichtlichen SGML-typischen Anfangs- und Endemarkierungen), sondern auf einer aus der SGML-Struktur abgeleiteten formatierten Ersatzdarstellung.

Der Editor überwacht während der Korrektur die Einhaltung der als Parameter hinterlegten SGML-Struktur und weist auf Fehler hin; der integrierte Formatierer läßt die Nutzung der SGML-Struktur zur quasitypographischen Aufbereitung der Texte vor dem Drucken zu. Ähnliche Editoren für nach ODA-Norm gestaltete Dokumente sind noch nicht allgemein verfügbar, da die Norm erheblich anspruchsvoller und auch für die Benutzer im nichtkommerziellen Bereich nicht attraktiv ist.

B 12.4   DTP- und WYSIWYG-Systeme

Der Wunsch, zur Publikation bestimmte Dokumente mit Texteditoren nicht nur im Schreibmaschinen-Modus zu bearbeiten, sondern ihr späteres typographisches Erscheinungsbild festlegen und begutachten zu können, hat parallel zur technischen Entwicklung zu Software geführt, die in vollständiger Ausprägung gestattet, auf Bildschirmen die typographisch gestalteten Seiten eines Dokuments so editieren zu können, wie es mit den üblichen Editoren in einfachen Textdarstellungen (dem 25 Zeilen/80 Spalten-Format und äquidistanter Schrift) bislang möglich war. In diesem Bereich der fortgeschrittenen und technisch erheblich aufwendigeren Textverarbeitung gehören Programme des sog. **D**esk **T**op **P**ublishing (**DTP**) und die **WYSIWYG**-Syteme, die ihren einprägsamen aber häßlichen Namen, von der englischen Floskel ‚What you see is what you get' abgeleitet haben. Damit soll ausgedrückt werden, daß sie Texte auf dem Bildschirm genau so darstellen, wie sie später gedruckt werden − insbesondere mit allen typographischen Merkmalen: In gewünschter Schriftart, Schriftgröße und Zeilenabstand, mit horizontalen und vertikalen Linien, ggf. in mehreren Spalten seitenweise umbrochen und einschließlich der Strich- und Halbtonbilder.

Die Unterschiede zwischen beiden Systemen sind nicht auf den ersten Blick erkennbar, wesentliches Unterscheidungskriterium ist aber die nur bei WYSIWYG-Systemen ausgeprägte Eigenschaft, in der typographischen Darstellung am Bildschirm direkt unbeschränkt korrigieren zu können. Beiden Verfahren liegen deutlich verschiedene interne Dokumentdarstellungen und Arbeitsweisen zugrunde. DTP-Systeme können grob als Batch-Formatierer mit typographischer Ausgabe am Bildschirm klassifiziert werden, sie operieren also auf Daten, versehen mit den aus der klassischen Satzwelt bekannten, nur sequentiell bearbeitbaren Satzmakros.

WYSIWYG-Systeme organisieren die Daten notwendigerweise in Dokumentstrukturen (Kapitel, Überschrift, Absatz usw.) und jedes bearbeitbare Objekt (Textstück, Strichzeichnungen, Rasterbild) führt intern seine wesentlichen Eigenschaften lokal mit. Erzwungen wird dies u.a. durch die interaktive Bearbeitbarkeit: so muß z.B. ein Wort aus einem halbfett gesetzten Absatz seine Schriftart „mitnehmen", wenn es bei der Korrektur in eine Normalschriftumgebung versetzt wird.

Das direkte Arbeiten in den typographisch dargestellten und in der Regel sogar seitenweise umbrochenen Text- und Bilddaten erfordert eine hohe Rechnerleistung, große und schnelle Arbeits- bzw. Bildschirmspeicher und sog. Rasterimageprozessoren (RIP's), die Schriftdaten überführen können. Dies sind technische Voraussetzungen, wie sie bislang noch nicht von PC's, sondern nur von den bis zu zehnmal teuereren sog. Workstations geboten werden.

Die vielfältigen typographischen Möglichkeiten der DTP- und WYSIWYG-Syteme haben notwendigerweise eine parallele Weiterentwicklung der Fähigkeiten von Wiedergabegeräten, also primär Rasterdrucker, nach sich gezogen. Um die Schnittstellen zu den Druckern kompatibel zu halten, hatte schon seit einigen Jahren die Entwicklung sog. Seiten- oder Dokumentsbeschreibungssprachen eingesetzt, die eine vom Drucker unabhängige Formulierung der Gestaltung der zu druckenden Text- und Bilddaten als Seiten eines Dokuments gestatten. Erst 1988 scheint sich entschieden zu haben, daß sich die Sprache POSTSCRIPT der Fa. ADOBE als Quasistandard gegen andere Entwürfe (z.b. INTERPRESS von XEROX) durchsetzen wird.

Was unterscheidet nun auf der anderen Seite Texteditoren der oberen Leistungsklasse von DTP-Systemen?

Etwas vergröbernd kann man sagen: Texteditoren liefern als Endergebnis ein Typoskript hervorragender Qualität. DTP-Systeme erzeugen als Endprodukt einen Ausdruck, der (fast) wie professioneller Satz aussieht – wenn ein geeigneter Drucker zur Verfügung steht. DTP-Systeme erzeugen im Gegensatz zu Texteditoren Darstellungen mit:

- mehreren, nicht äquidistanten, also typographischen Schriften in verschiedenen Größen und Schnitten
- variablen Zeilen/Spaltenraster, also z.b. Leerzeilen beliebiger Höhe und Spalten beliebiger Breite
- horizontalen und vertikalen Linien verschiedener Dicke
- Strichbildern (zuweilen auch mit dem DTP-System konstruiert, meist aus anderen Programmen importierbar) und Rasterbildern (noch bescheidener Auflösung, z.b. 300 dpi).
- Seitenumbruch, auch mehrspaltig einschließlich Erzeugung von Kolumnentiteln und Paginierung.

Die globale typographische Gestaltung des jeweiligen Dokuments wird dem DTP-System ähnlich wie bei Texteditoren als Parameter mitgeteilt: sie legen z.b. Grundschriftart und -größe, Seitenhöhe und -breite, Anzahl, Breite, Höhe und Position von Textkolumnen und Kolumnentitel, Länge, Stärke und Richtung von Linien sowie den Stand der Seitenziffer fest.

Lokale typographische Effekte, wie Schriftartwechsel oder Absatz, müssen durch geeignete Steuercodes im laufenden Text mitgeteilt werden. Da DTP-Programme im Kern Batch-Verarbeiter sind, verfügen sie in der Regel kaum über eigentliche Textbearbeitungsfunktionen. Sie gehen davon aus, daß der zu setzende Text vorher mit einem Texteditor erfaßt und korrigiert wurde. Es ist zu erwarten, daß mit immer leistungsfähigerer Hardware die Grenzen zwischen Texteditoren, DTP-Programmen und WYSIWYG-System allmählich unschärfer werden. Bislang sind Leistungsspektrum und Einsatzbereiche noch deutlich getrennt:

- Texteditoren für die Datenerfassung und Erstellung qualitativ hochwertiger Typoskripte
- DTP-Programme zur Weiterverarbeitung solcher Texte zu typographisch gestalteten Dokumenten bei mittleren Qualitätsanforderungen und geringen Auflagen (Geschäftsberichte, Bedienungsanleitungen, Werbematerial)
- WYSIWYG-Systeme bei anspruchsvollen Satzobjekten mit höherem Tabellen- und Graphikanteil, häufigen oder umfangreichen Korrekturen (auch durch viele Autoren gleichzeitig) und dem Wunsch zur Standardisierung von Dokumentaufbau und Gestaltung (umfangreiche technische Dokumentation, Loseblattwerke, semiprofessionelle Satzarbeiten).

B 12.5   Satzprogramme (Satz-Formatierer)

Etwas am Rande des Themas dieses Abschnitts liegen die Satzprogramme, eine Klasse von textarbeitenden EDV-Programmen, die bis vor wenigen Jahren nur im professionellen Satzgewerbe eingesetzt wurden. Es sind Batch-Programme, die Textdaten so aufbereiten, daß sie auf Lichtsetzmaschinen als Hochqualitätssatz belichtet, d.h. auf Fotopapier oder Film übertragen werden können. Die Filme werden dann im Offsetdruck weiterverarbeitet.

Daß Programme dieses Zuschnitts inzwischen auch im privaten oder semiprofessionellen Bereich eingesetzt werden, haben wir Donald E. Knuth, einem bekannten amerikanischen Informationswissenschaftler, zu verdanken, der Ende der siebziger Jahre – wie es die Legende wissen will, aus Ärger über das, was Setzer aus seinen Manuskripten machten – ein Satzprogramm mit dem Namen TEX entwickelte.

Da das Programm in der auch für kleinere Rechner verfügbaren problemorientierten Programmiersprache PASCAL geschrieben war, für US$ 50, – jedermann zur Verfügung stand und sich vor allem für mathematisch-technischen Satz eignete, gab es bald, vor allem im Hochschulbereich, eine Vielzahl von Anwendern. Heute stehen Versionen von TEX auf PC's mit einfachen Befehlsoberflächen allgemein zur Verfügung.

Satzprogramme wie TEX lassen sich mit DTP-Programmen vergleichen: Eingabedaten sind Texte, in die an allen Positionen, wo sich das beabsichtigte typographische Erscheinungsbild des Textes ändert, sog. Satzbefehle eingefügt sind. Dies sind in der Regel Makroaufrufe für das bearbeitende Satzprogramm, sie stehen als Kurzaufrufe für längere z.T. komplizierte Anweisungen in der Sprache des Satzprogramms und steuern z.B. Satzbreite, Schriftart, Schriftgröße, Textausrichtung, Einzüge oder die Höhe von Leerzeilen. Im Gegensatz zu DTP-Programmen sehen Satzprogramme bislang selten eine Darstellung des Satzes am Bildschirm vor und sie haben keine einfache, auf die Nutzung durch Laien zugeschnittene Sprachoberfläche; auch gehen ihre typographisch-gestalterischen Möglichkeiten unter fast allen Aspekten weit über die DTP-Welt hinaus.

TEX und verwandte Programme werden heute primär genutzt, um bei Publikationen geringerer Auflage die Satzkosten dadurch niedrig zu halten, daß der Autor dem Verlag statt eines Typoskripts die z.B. auf einer entsprechenden Installation an seiner Hochschule mit TEX gesetzten und über einen Rasterdrucker ausgegeben, typographisch gestalteten und praktisch druckreifen Vorlagen zur Verfügung stellt. Einer weiteren Verbreitung solcher Programme wird ihre komplizierte Bedienung und die weitere Ausbreitung von DTP- und WYSIWYG-Systemen im Wege stehen.

B 12.6   Auswahl von Geräten und Programmen

Dieser Abschnitt wird mit dem Versuch beendet, Ratschläge für die Auswahl von Hard- und Software für die Textbearbeitung zu geben – keine leichte Aufgabe angesichts der extrem raschen technischen Entwicklung. Ausgangspunkt der Betrachtung sind zwei Aspekte des Problems: Für welche Arbeiten soll die Installation eingesetzt werden und wie hoch ist der verfügbare Geldbetrag.

Entsprechend sollen drei Szenarien der Nutzung als Prototypen gelten:

* Der private Arbeitsplatz bzw. eine Tätigkeit im beruflichen Bereich, die am Arbeitsplatz von Textverarbeitungstechnik unterstützt werden kann.
* Texterfassung und Erstellung von Druckvorlagen im gewerblichen Bereich.
* Die Erstellung von Druckvorlagen in Setzereien oder industriellen Großbetrieben.

Der **private Arbeitsplatz** wird, bei einem Preisbereich von DM 3.000,– bis 4.000,– (Stand 1988 für diesen und alle nachfolgenden Preise) für die Hardware, einen PC des XT-Typs aus dem schon fast unübersehbaren Angebot der IBM-kompatiblen Geräte mit dem Betriebssystem MS-DOS haben. Er ist mit einem einfarbigen (monochromen) Bildschirm mittlerer Auflösung (640x300 Bildpunkte), zwei 5 1/4-Zoll Diskettenlaufwerken (oder einem Diskettenlaufwerk und einer 20 MByte-Festplatte) und 640 KByte Hauptspeicher ausgestattet, hinzu kommt ein Gerät zur Positionierung der Schreibmarke, eine sog. Maus und zur Ausgabe ein einfacher Typenrad- oder Nadeldrucker. Auf einem solchen PC können bereits die meisten Texteditoren sinnvoll eingesetzt werden – neben weiterer nützlicher Software, wie z.B. Datenbanksysteme. Für einen Editor der mittleren Leistungsklasse kommen dann zu den oben genannten Hardwarekosten ca. DM 800,– hinzu. Ohne Anspruch auf Vollständigkeit seien in *Abb. 1* eine Reihe von Editoren mit Einsatzschwerpunkten und Preis genannt.

Da der Preisbereich für die Software zwischen DM 200,– und DM 3.200,– liegt, lohnt es sich, genau zu prüfen, ob die Funktionen der teureren Versionen wirklich benötigt werden. Worauf ist vor allem zu achten?

– Läuft die Software auf dem PC? Diese triviale Prüfung ist leider wegen der Vielzahl der Hardwarehersteller und Betriebssystemvarianten immer noch nicht überflüssig.
– Werden alle Zeichen, die am Bildschirm sichtbar sind, auch ausgedruckt? Stimmen die Funktionsaufrufe an den Drucker (z.B. Schriftwechsel, Blatteinzug)?
– Hat der Editor eine ansprechende und übersichtliche Bedienungsoberfläche? Dabei sei daran erinnert, daß die Maus- oder Menüsteuerung für den Anfang sehr angenehm – da leicht erlernbar – ist, bei längerer routinierter Benutzung aber störend langsam und umständlich werden kann und dann ein Kommandodialog vorgezogen wird.
– Ist der Editor (weitgehend) fehlerfrei und wie verhält er sich im Störungsfall? Werden regelmäßg die bearbeiteten Daten automatisch auf den externen Speicher zurückgeschrieben, so daß z.B. bei Netzausfall nicht die gesamte Arbeit der letzten Stunden verloren ist?
– Ist das Benutzerhandbuch verständlich und ausführlich?
– Erzeugt der Editor Daten, die von anderen Programmen auf dem PC oder von anderen EDV-Anlagen weiterverarbeitet werden können? Hier hat schon mancher Autor eine Enttäuschung erleben müssen, wenn der Verlag von seinem Vorschlag, statt eines Typoskripts eine Diskette zur Satzverarbeitung zu übernehmen, keinen begeisterten Gebrauch gemacht hat. Es muß, sollte eine Weitergabe von Daten zu diesem Zweck geplant sein (und dies gilt teilweise auch bei Nachverarbeitung durch DTP-Programme), zumindest darauf geachtet werden, daß typographische Steuerzeichen z.B. für Absatzanwahl, Unterstreichungen, Einrückungen usw. noch in den Ausgabedaten vorhanden sind und nicht bei der Druckaufbereitung oder Formatierung ausgewertet und eliminiert wurden.
– Ist die Funktionalität ausreichend, d.h. können Texte von der Art, wie sie mit dem Editor bearbeitet werden sollen, auch einfach behandelt und in ansprechender Darstellung (auf Bildschirm oder Drucker) wiedergegeben werden? Wenige Editoren unterstützen z.B. wirksam die Behandlung von mathematischen Formeln oder Tabellen.

| Textverarbeitungs-programm | Besonders geeignet für | | | | Preis* (in DM) |
	Viel-schreiber	Sachbe-arbeiter	Manager	Layouter	
Agtext 3.4	+ + +	+	–	– –	513
Comfotex 1.0	+ +	+	–	+ + +	1.476
Easywriter II, 3.0	+ +	+ +	–	– –	1.200
Enable 2.0	+	+ + +	+	–	2.503
Euroscript 3.0	+ + +	+ +	–	–	1.425
Framework II, 1.1	+	+ +	+ + +	– –	2.451
Manuscript 1.1	+	+ + +	+	+	1.195
MS-Word 4.0	+ + +	+ + +	+	–	1.699
Pegasus II, 2.1	+ +	+ +	–	– –	1.490
Samna Word IV Plus 1.0	+	+ + +	+	–	2.223
Smart 3.1	+ +	+ + +	+ +	– –	3.174
Toptex 3.5	+ +	+ +	–	–	198
Volkswriter 3, 1.0	+ +	+ +	–	– –	799
Witchpen mal 5	+	+ +	–	–	600
Wordperfect 4.2	+ + +	+ +	–	+	1.297
Wordstar 4.0 Extra	+ + +	+ + +	+	+ +	1.698

Bewertung: + + + ganz besonders gut geeignet   – weniger geeignet
            + +   gut geeignet   – – nicht geeignet
            +   noch geeignet

* ohne Gewähr, Stand Juni 1988

Abb. 1: Editoren mit Einsatzschwerpunkten und Preisen (nach: PC-Welt, H 6, 1988, S. 44).

– Werden Funktionen unterstützt, die für die geplante Nutzung irrelevant und vielleicht für den hohen Preis mitverantwortlich sind? Viele Editoren sind für Nutzer im Bürobereich konzipiert, sie legen also Wert z.B. auf Rechenfunktionen, Auswertung von tabellarisch dargestellten Daten, Kalkulationshilfen, Adreßverwaltung und Serienbriefdruck. Ein Autor wird von diesen Routinen kaum Gebrauch machen.
– Wird das Softwarehaus, das diesen Editor entwickelt hat, morgen noch am Markt sein? Obwohl diese Frage nie sicher beantwortet werden kann, lohnt es sich zu beachten, daß auch PC-Software weiterentwickelt, also neuen Geräten und Betriebssystemversionen angepaßt werden muß.

In jedem Fall lohnt es sich, vor dem Kauf Hard- und Software selbst zu testen, sei es bei einem erfahrenen Nutzer oder beim Händler. Auch ein Blick in die Betriebs- bzw. Bedienungshandbücher gibt oft mehr Hinweise als Anzeigen oder Verkaufsgespräche und nützlich ist es sicher, im Vorfeld des Kaufs Testberichte in einschlägigen Fachzeitschriften zu studieren − und zu vergleichen.

Für den **gewerblichen Bereich** ist häufig weniger die Erfassung und Korrektur von Textmaterial interessant, als deren Weiterverarbeitung zu Berichten, Werbeunterlagen oder Demonstrationsmaterial. Dies ist die Domäne der DTP-Systeme, deren Programme für die obere Preisklasse des PC-Angebots konzipiert sind, d.h. für Geräte des AT-Typs bzw. die neueren 32-Bit-Rechner. Eine Erweiterung des PC's um eine Steckkarte für Graphikdarstellung und der Ersatz des normalen Bildschirms durch einen einfarbigen, hochauflösenden Schirm mit ca. 1.200 Bildpunkten in Längsrichten ist obligat, der Arbeitsspeicher sollte zumindest auf 1 MByte ausgelegt sein. Neben dem Diskettenlaufwerk ist, vor allem bei Graphikanwendungen, eine Festplatte mit einem Volumen bei 70 MByte vorzusehen. Die Peripherie besteht neben der Maus aus einem POSTSCRIPT-fähigen Rasterdrucker (Auflösung 300x300 dpi oder höher) und, falls notwendig, einem entsprechend auflösenden Scanner. Bei dieser Ausstattung liegt der Preis für die gesamte Installation bei ca. DM 45.000, − .

Das Softwareangebot ist für DTP noch lange nicht so umfangreich wie bei den Editoren − was unschwer mit der bisher kürzeren Entwicklungszeit und der geringen Größe des potentiellen Marktsegments erklärbar ist. Zur Zeit sind in Deutschland die Programme PageMaker (Fa. Aldus, Preis ca. DM 2.150, −) und der Ventura Publisher (Fa. Xerox, Preis ca. DM 2.980, −) gut eingeführt. Beim Softwarekauf gelten für DTP-Programme die gleichen Grundregeln wie für die Texteditoren − es kommt nur die Frage hinzu, ob der Benutzer dem Programm gewachsen ist. Die Vielfalt der typographischen Möglichkeiten und die vergleichsweise abstrakte Form der Beschreibung typographische Gegebenheiten macht die Nutzung von DTP-Programmen nicht zu einer Aufgabe, die nebenbei und gelegentlich erledigt werden kann, Grundkenntnisse auf dem Satzbereich sind überdies nützlich bis notwendig.

Anschließend seien noch die WYSIWYG-Systeme als **professionelle Anwendungen** erwähnt, die für Setzereien und vergleichbare Abteilungen der Großindustrie entwickelt wurden. Hier ist schon die Hardware von anderer Größenordnung: Rechner, die der mittleren Datentechnik zuzurechnen sind (auch wenn sie kaum größer als ein PC sind und Arbeitsplatzrechner oder Workstations heißen), ein Betriebssystem aus der UNIX-Familie, Netzwerkfähigkeit, schnelle Hauptspeicher von mindestens 4 MByte, spezielle Prozessoren für die Bildschirmdarstellung (RIP's, Raster Image Prozessoren) und hochauflösende Ganzseitenbildschirme mit ca. 1.600 Bildpunkten vertikal bei A4-Höhe. Ohne weitere Peripherie liegen Geräte dieser Art bereits bei einem Preis oberhalb DM 40.000, − , Scanner und Drucker können durchaus jeweils noch einmal den gleichen Betrag kosten. Nach oben ist bezüglich des Preises kaum eine Grenze − wenn höhere Geschwindigkeit, höhere Auflösung und Farbfähigkeit angestrebt wird.

Kennzeichnend für diese Programme, wie sie z.B. von den Firmen Imagen, Interleaf, Mentor Graphics und Xyvision vertrieben werden, ist ihre Geschwindigkeit, ihre weite Palette typographischer Möglichkeiten, die integrierte Bearbeitung von Strich- und Rasterbildern und die Fähigkeit, große Dokumente seitenweise umbrochen bearbeiten — und dies von vielen Autoren praktisch gleichzeitig — zu können. Bei der Herstellung von Installations- und Wartungshandbüchern für große Geräte oder Anlagen greifen Hersteller schon seit Jahren auf solche Werkzeuge zurück — Kosten für Hardware spielen hier eine untergeordnete Rolle. Solche Anwendungen und Vorarbeiten im Bereich der Bürosysteme haben die Entwicklung dieser Systeme in den letzten Jahren finanziert und vorangetrieben. Ihrer allgemeinen Nutzung steht nur noch der Gerätepreis entgegen.

Literatur

01. *zu Editoren*:
Eine lange, zusammenfassende und durchaus noch aktuelle Darstellung findet sich in:
Meyrowitz, Norman; van Dam, Andries: Interactive Editing Systems I und II, Computing Surveys (ACM), Vol. 14, Nr. 3, S. 321 – 415 (1982).
02. *zu DTP-System, Formatierer, WYSIWYG-Systemen*:
Eine gute Übersicht, auch zu TeX und POSTSCRIPT, unter dem Generalthema ‚Electronic Publishing‘ gibt:
Informationstechnik, Vol. 28, Heft 6, S. 329 – 404 (1986).
03. *zu Normen*:
SGML-Standard Generalized Markup Language, ISO 8879 (1986).
ODA = Office Document Architecture. ECMA 101, ISO 8613 (1986).

B 13   Electronic Document Delivery

Achim Oßwald

B 13.1   Das Problem der Dokumentbeschaffung

Der Ausgangspunkt des Wunsches war alltäglich: Die Existenz eines Dokuments war bekannt, bibliographische Angaben lagen vor, allein: Die Beschaffung (einer Kopie) des Dokumentes würde Geduld, Mühen und Kosten verursachen, die schwer abzuschätzen waren. Eine Erfolgsgarantie konnte nicht gegeben werden.
Was lag näher, als sich ein optimiertes Verfahren auszudenken. Die Möglichkeiten der Telekommunikation boten − zumindest für bestimmte Dokumentarten − Hoffnung auf rasche Überwindung des Raumes. Per Telekopierer oder Datenfernverarbeitung, via Leitung oder gar Satellit. ,,Electronic Document Delivery'', die Elektronische Dokumentübermittlung sollte die Problemlösung sein.

B 13.2   Rückblick auf die Entwicklung einer Idee

All jene, die auf Inhalte von Publikationen zugreifen müssen, kennen dieses Ausgangsproblem. Seine Konsequenzen erfuhren in den 70er Jahren verstärkt Beachtung. Mit Blick auf die Entwicklungs- und Leistungsfähigkeit westlicher Volkswirtschaften wurde eine Rationalisierung der wissenschaftlich-technischen Kommunikation als unabdingbar erachtet. Die Beschleunigung der Dokumentlieferverfahren wurde hierbei als wesentlich mit einbezogen.
Die Kommission der Europäischen Gemeinschaft sowie die EG-Generaldirektion für wissenschaftlich-technische Information und Informationsmanagement nahmen sich in Europa des Problems an. Die 1979 in Auftrag gegebene Analyse ,,Problems of Document Delivery for the EURONET User'' (Lit. 07.) verwies auf den Ansatz einer strukturellen Neukonzeption der Dokumentlieferverfahren. Euronet DIANE (Direct Information Access Network for Europe), das seit 1971 aufgebaute, öffentlich zugängliche Datenübertragungsnetzwerk mit Datenbankdiensten, wurde dabei als technische Voraussetzung mit einbezogen.
Der konzeptionell nächste Schritt erfolgte in einer Studie zu ,,Document Digitalisation and Teletransmission''. Der Auftrag war wie folgt umrissen:

,,ARTEMIS (Automatic Retrieval of Text from Europe's Multinational Information Service, d. Verf.) would be a speedy, comprehensive and economic document delivery service, accepting requests in the form of bibliographic references and fulfilling them by teletransmission from data bases of digitalised documents.'' (Lit. 09.)

Mit ARTEMIS sollten die Euronet-Nutzer nach dem bibliographischen Nachweis aus einer Datenbank nun auch das Dokument selbst über Nacht per Telekommunikation an ihr Terminal geschickt bekommen. Damit nahm man ein entscheidendes Defizit der gängigen Verfahrenskette zur Dokumentbeschaffung in Angriff. Schwächstes Glied dieser Kette war (und ist noch immer) die zeitliche Verzögerung bei der Dokumentübermittlung. Ohne die Anbindung von Verfahren der beschleu-

nigten Dokumentübermittlung sind online-Recherchen in bibliographischen Daten-
banken eben nur optimierte Suchverfahren. Allerdings bewegte man sich mit
ARTEMIS auf der Ebene von Wunschvorstellungen, deren Realisierung von zahl-
reichen technischen und ökonomischen Unwägbarkeiten eingeschränkt wurde.
Beispielhaft für derartige Probleme ist der Verlauf des Projektes ADONIS (kein
Akronym, auch wenn die kursierende Auflösung ,,Article Delivery Over Network
Information Systems'' Sinn ergibt; vgl. Lit. 11.) in seiner ersten Phase. Europäische
Zeitschriftenverlage aus dem wissenschaftlichen, technischen und medizinischen
Bereich hatten sich zu diesem − mittlerweile erfolgreicheren (s.u.) − Projekt zu-
sammengeschlossen. Der Plan, einen privatwirtschaftlichen Dokumentlieferdienst
für Publikationen aus dem Angebot dieser Verlage einzurichten, scheiterte im ersten Anlauf an technischen und wirtschaftlichen Problemen (Lit. 11. und Lit. 4.).
,,A Study of the relationship between user needs und technology options'' (Lit. 06.)
war zusätzlich notwendig, um einen gangbaren Weg für eine nutzerfreundliche und
wirtschaftliche Konzeption zu finden. Zu ihr gehört neben der Einbeziehung bestehender Verfahren der Dokumentlieferung vor allem auch die Berücksichtigung unterschiedlicher Dokumentarten sowie differenzierter Bedarfssituationen.

B 13.3   Electronic Document Delivery − Eine begriffliche Orientierung

Die pragmatische Begriffsübernahme ,,Electronic Document Delivery'' (EDD) verweist aus deutschsprachiger Sicht auf den Vorgang der elektronischen Dokumentbereitstellung und -lieferung. Der hierzu übergeordnete Begriff ,,Übermittlung''
benennt nicht nur die Anpassung an neue technologische Gegebenheiten, sondern
auch den ursprünglichen, physischen Vorgang der Lieferung von Dokumenten.
EDD meint somit einen Sachverhalt, dessen Kern die *elektronische* Bereitstellung
eines anderswo verfügbaren Dokumentinhaltes ist. Hierzu gehören neben der Bestellung und der Übermittlung auch das Ausgangsmedium und die Speicherungsform des übermittelten Dokumentes. *EDD ist somit eine Kette von Verfahrensschritten.* Einzelne Glieder dieser Kette können dabei entsprechend den technischen
Gegebenheiten und dem Nutzerbedürfnis variiert bzw. in einer Übergangsphase
auch nicht-elektronisch ausgestaltet werden.
Der Begriff ,,Dokument'' zielt im vorliegenden Zusammenhang kaum noch auf das
klassisch-juristische Schriftstück mit Beweischarakter. Stattdessen ist die Bezeichnung ,,Text-Bild-Grafik-Daten-Menge'' angebracht. Von ihr wird angenommen,
daß sie auf ein Original-Dokument rückführbar ist. Ein solches ,,Dokument'' ist
mit bibliographischen Kategorien beschreibbar. Seine Verfügbarkeit ist öffentlich.
Hierin unterscheidet es sich von Bürodokumenten. Dennoch ist deutlich hervorzuheben, daß die technischen Verfahren der Dokumentübermittlung in beiden Aufga-
benbereichen prinzipiell ähnlich sind.

B 13.4 Verfahren der Dokumentbeschaffung

In Dokument-Bedarfssituationen prägen die folgenden Fragestellungen die Auswahl eines bestimmten Verfahrens zur Dokumentbeschaffung:

a) Wie kann das Dokumentbedürfnis artikuliert werden?
b) Wo ist das Dokument verfügbar?
c) In welcher Form liegt es dort vor?
d) Unter welchen technischen und wirtschaftlichen Bedingungen kann das Dokument bezogen werden?
e) In welcher Form wird das Dokument dem Besteller zur Verfügung gestellt?

Mangels aktueller wissenschaftlicher Analysen des situations- und nutzerspezifisch differenzierten Bedarfs an elektronisch übermittelten Dokumenten lautet die gegenwärtige, übergreifende Fragestellung (noch) nicht
„In welchen Bedarfssituationen wird welcher elektronische Dokumentübermittlungsdienst genutzt?", sondern
„Welche elektronischen Verfahren können unter welchen technischen und wirtschaftlichen Bedingungen angeboten werden, um Dokumente zu beschaffen?"
Aus dem Spektrum der Möglichkeiten soll eine beispielhafte EDD-Verfahrenskette abgeleitet werden. Die Anwendungsvorteile und -konsequenzen dieser Möglichkeiten werden zuvor aufgezeigt. Sie bilden zugleich Kriterien, die in die situations- und nutzerspezifische Bewertung der Verfahrensschritte eingebracht werden sollten (vgl. z.B. Lit.10.).
Zur vergleichenden Orientierung werden auch konventionelle Verfahrensschritte zur Dokumentbeschaffung dargestellt (vgl. a. Lit. 08.).

B 13.4.1 Bestellung

B 13.4.1.1 Dokumentauswahl und Besteller-Identifikation

Um aus der Vielzahl möglicher Dokumente genau das Gewünschte zu erhalten, ist eine möglichst korrekte bibliographische Beschreibung notwendig. Deren Reduzierung auf eine Dokumentnummer, die ISBN (International Standard Book Number) oder eine Datenbank-spezifische Zugriffsnummer, die z.B. beim sogenannten *online-ordering* (s.u.) eingetragen wird. bedeutet eine optimale Verkürzung des Auswahlvorgangs.
Während durch die prinzipielle Nutzer-Offenheit konventioneller Verfahren Adressangaben bei jeder einzelnen Bestellung unabdingbar sind, ist die Nutzung von elektronischen Diensten, z.B. in Form von online-ordering, dem dialoggeführten elektronischen Bestellverfahren, meist durch einen vorher abgeschlossenen Nutzungsvertrag mit einem Datenbankanbieter vereinfacht. Die Adressangaben des Bestellers sind dann (als Voreinstellung für die Bestellung) schon hinterlegt. Es entfällt die wiederholte, arbeits- und zeitintensive Angabe dieser Daten. Das elektronische Bestellverfahren kann deshalb bis zur bloßen Übernahme von durch online-Recherche gewonnenen Dokumenthinweisen verkürzt werden.

Fast alle Datenbankanbieter bieten für einen Großteil der bei ihnen nachgewiesenen Dokumente online-Bestellung und (E)DD-Dienste an. Die Bestellverfahren unterscheiden sich in vielen Details. Genaue Verfahrensbeschreibungen sind vom jeweiligen Host erhältlich (vgl. z.B. Lit. 02.). Die Dienste können auch ohne Nutzungsvertrag (wenn auch umständlich) in Anspruch genommen werden.

B 13.4.1.2   Übermittlung

Zur Übermittlung einer Bestellung an den (E) DD-Service-Anbieter bzw. Lieferanten stehen die folgenden Verfahren zur Auswahl:

a) Versand der (formularerfaßten) Bestelldaten,
b) fernmündliche Übermittlung ohne Fomular,
c) Übertragung der Bestelldaten per Telekopierer,
d) Übertragung der Bestelldaten per Datenfernübertragung (DFÜ), z.B. Telex,
e) online-ordering (nach einer Datenbankrecherche).

Die vollelektronischen Verfahren d) und e) haben im Gegensatz zu a) − c) vor allem den Vorteil, daß zur elektronischen Weiterverarbeitung keine weitere Umwandlung der versandten (binär codierten) Daten beim Empfänger erfolgen muß. Dies ist die Basis für ein (voll)-automatisiertes Bearbeitungsverfahren.
Hervorstechendes Merkmal der elektronischen Bestellung ist somit die schnelle Übermittlung sowie die Vereinfachung der Bestellabwicklung für Besteller und Empfänger. Voraussetzung hierfür ist (meist) jedoch die vertragliche Vorbereitung sowie eine als unabdingbar und damit selbstverständlich unterstellte technische Grundausstattung (vgl. auch „Kosten").

B 13.4.2   Lokalisierung

Je genauer die bei der Bestellung mitgegebenen Angaben zur lokalen Verfügbarkeit sind desto besser. Die Ermittlung dieser Daten geschieht normalerweise manuell. Mit Hilfe elektronischer Standortnachweissysteme, z.B. der Zeitschriftendatenbank (ZDB), der online-Version des Verbundkatalogs (VK) maschinenlesbarer Katalogdaten deutscher Bibliotheken (beide angeboten vom Deutschen Bibliotheksinstitut; auch als Mikrofiche verfügbar; Lit. 03.) oder der online-Version des BLDSC-Book-Catalogue (Britisch Library Document Supply Centre) beim Host BLAISE-LINE werden solche Angaben leichter erreichbar. Damit ist prinzipiell die Voraussetzung gegeben, daß personal- und zeitintensive Arbeiten für den Standortnachweis bei der Bestellabwicklung an Bedeutung verlieren.
Beim online-ordering kann davon ausgegangen werden, daß das Dokument mit hoher Wahrscheinlichkeit verfügbar ist. Entweder besteht eine zentrale, nationale Sammelstelle, in der Dokumente − in welcher Form auch immer − bereitgehalten werden (z.B. BLDSC in Boston Spa, UK), oder Hosts als Anbieter bibliographischer Daten haben (E)DD-Service-Verträge mit entsprechenden Spezialbibliotheken (z.B. TIB Hannover; Staatsbibliothek Preußischer Kulturbesitz, Berlin;

Zentralbibliothek der Medizin, Köln oder Zentralbibliothek der Wirtschaftswissenschaften, Kiel). In beiden Fällen obliegt die Lokalisierung dem Anbieter dieser Dienstleistung. Der Besteller beeinflußt allenfalls die Dringlichkeit und Lieferart (über seine Bereitschaft zur Übernahme entsprechender Gebühren bzw. Kosten).

B 13.4.3　Speicherungsform des Dokuments

Die möglichen Speicherungsformen eines Dokumentes im Überblick:

a) gedruckt auf Papier,
b) photographiert auf Film/Fiche als Mikroform des Originals,
c) zeichenweise codiert auf elektronischem Datenträger oder
d) gescannt auf elektronischem Datenträger.

Traditionell liegen die bestellten Dokumente auf Papier vor. Aus Platzproblemen entwickelte man photographische Mikroformen, deren Wiedergabe an spezielle Geräte gebunden bleibt.
Mit Einführung der EDV ergab sich eine weitere Miniaturisierung, aber auch qualitativ völlig geänderte Speicherungsform, da der Dokumentinhalt codiert abgespeichert wird. Die zeichenweise Codierung von Texten bedeutet z.B. den Verlust der Original-Darstellungsform, da das Seiten-Layout des Originals nur bedingt wiedergegeben werden kann. Mit der gescannten Speicherung von Originalen entfällt dieses Problem. Allerdings sind die Suchmöglichkeiten reduziert, da üblicherweise suchbare Zeichen oder Zeichenketten (Wörter) in Einzelpunkte aufgelöst werden. Der Zugriff muß daher über zusätzliche Indizes erschlossen werden. Zudem ist das bei diesem Verfahren anfallende Datenvolumen um den Faktor 15 − 20 höher als bei zeichencodierter Speicherungsform (Lit. 05.). Prinzipiell bieten die elektronische Speicherungsformen den Vorteil eines sehr gezielten, raschen und langfristig auch automatisierbaren Zugriffs. Dieser Beschleunigungs- und Rationalisierungseffekt ist besonders für hochaktuelle Veröffentlichungen − auch wirtschaftlich − interessant.

B 13.4.4　Übermittlungsbedingungen

B 14.4.4.1　Technische Verfahren

Im Überblick die prinzipiell möglichen Verfahren:

a) (Express)-Briefpost-Versand des Originals, einer Photokopie, einer Mikroform oder des elektronischen Datenträgers,
b) Telekopie oder
c) Datenfernübertragung.

Zentrale elektronische Anwendung ist die Datenfernübertragung von binär codierten oder gescannten Dokumenten. Diese Übertragungsform auf der Basis internationaler Normen (Protokolle der International Standard Organisation, ISO) und

Datennetze bietet langfristige Perspektiven. Die geplante Erhöhung der Datenübertragungsrate über Kabel bzw. geostationäre Satelliten wird diese Dokumentübermittlung entscheidend beschleunigen und verbilligen. Das Projekt APOLLO der ESA (European Space Agency) gibt für die Übermittlung via Satellit vielversprechende Hinweise. Voraussetzung für den Erfolg der elektronischen Verfahren bleiben jedoch die Bemühungen zur Standardisierung der Übertragungsprotokolle. Ergänzend bietet schon seit Jahren das Telekopieren (Faksimile-Verfahren) eine akzeptable Möglichkeit der schnellen Übermittlung von Dokumenten in Originalform. Einen entscheidenden Qualitätsfortschritt bringen hier die Geräte, deren digitale Übermittlung eine elektronische Weiterverarbeitung von Dokumenten zuläßt (Geräte-Gruppe III und IV gemäß CCITT-Empfehlung, Comite Consultatif International Telegraphique et Telephonique). Auch das umgekehrte Verfahren, die Übermittlung ursprünglich binär codierter oder gescannter Dokumente an Fernkopiergeräte ist möglich. Die Speicherungsform des Dokumentes ist damit prinzipiell kein Hindernis für elektronische Dokumentübermittlung.

Wegen der finanziellen und technischen Voraussetzungen wird die verstärkte Dokumentdistribution über CD-ROM (Compact Disc-Read Only Memory) und verfahrensverwandte Datenträger die Übermittlungsdauer besonders zu zentralen Verteilstellen verkürzen (vgl. ADONIS).

Solange jedoch die (Express)-Briefpost hohe Zuverlässigkeit und relativ schnelle Übermittlung gewährleistet, werden auch weiterhin die weitaus meisten, über einen (E)DD-Service bestellten Dokumente auf diesem Wege zum Besteller gelangen.

B 13.4.4.2 Geschwindigkeit

Ein wesentlicher Vorteil der elektronischen Verfahren ist ihre konkurrenzlose Schnelligkeit − gerade im Vergleich mit traditionellen Verfahren zur Dokumentlieferung.

Dazu trägt entscheidend die innerhalb von Sekunden bis Minuten abgewickelte Übermittlung von Bestell- oder Dokumentdaten bei. Aber auch im Umfeld der Bearbeitung von Bestellung, Lokalisierung und Bereitstellung wird die Dauer der Auftragsabwicklung durch elektronische Übermittlung und Verfügbarkeit der Bearbeitungsdaten ganz beträchtlich vermindert.

Bei der eigentlichen Dokumentübermittlung ist der Faktor Geschwindigkeit selbst bei geringen Übermittlungsraten noch immer so überzeugend, daß Schnelligkeit zum Hauptcharakteristikum der elektronischen Übermittlung wurde (und dabei den Blick auf die synergetischen Möglichkeiten der elektronischen Weiterverarbeitung von Dokumenten oft versperrt).

B 13.4.4.3 Kosten

Die Spanne anfallender Kosten bei elektronischer Dokumentübermittlung ist sehr weit zu ziehen. Diese Kosten sind grob zu gliedern in:

a) **verbrauchsunabhängige Kosten**
   aa) Kosten für den Kauf und/oder die Miete von Geräten, Installationskosten und laufende Servicekosten
   ab) Netzanschlußkosten für Telefon und/oder Datenfernübertragungseinrichtungen
   ac) Kosten für Personal, Ausbildung und Räume etc.
b) **verbrauchsabhängige Kosten**
   ba) effektive Übermittlungskosten bei Bestellung und Übermittlung/Empfang des Dokuments
   bb) dokumentbezogene Kosten (Bezugspauschale, Copyright-Kosten)
   bc) Kosten für Verbrauchsmaterial und andere Betriebskosten.

Auch wenn durch anderweitige Nutzung der tatsächliche Kostenanteil unter a) anteilsmäßig gering ausfällt, bleibt die Gesamtinvestition dennoch ein beachtlicher Faktor, der die Einführung elektronischer Verfahren oft behindert.

Als zentrale, objektbezogene Vergleichsgröße werden zumeist die dokumentbezogenen Kosten unter bb) wahrgenommen. Sie sind mit DM 6, – bis circa DM 30, – (genaue Kosten und Lieferbedingungen vorher beim Anbieter erfragen) weitaus höher als die gängige Fernleih-Gebühr im Deutschen Leihverkehr von DM 1, – . Ein solch oberflächlicher Vergleich berücksichtigt jedoch nicht die spezifische Dienstleistung von EDD. Sie beinhaltet für den Nutzer u.a.:

– individuelle ad-hoc-Bearbeitung der Bestellung,
– hohe Liefersicherheit,
– schnelle, elektronische Bereitstellung,
– spezifische Nutzungsoptionen für das übermittelte Dokument

Der eigentliche Anwendernutzen ist schließlich situationsspezifisch individuell zu bewerten. Seine finanzielle Berechenbarkeit verweist auf eine grundsätzliche Frage der Informationsökonomie (vgl. Kap. F 6 in Band 2).

B 13.4.5   Verfügbarkeitsformen

Direkt abhängig von der Übermittlungsform sind die Formen, in denen die Dokumente später beim Nutzer vorliegen. Die Nutzungsmöglichkeiten von gedruckten Originalen oder papiernen Kopien von Dokumenten ist hinlänglich bekannt. Anders hingegen die von elektronisch verfügbaren Dokumenten. Solange Übermittlung per Datenübertragung noch selten bleibt, werden sich Anwendungen zur Weiternutzung dieser Dokumente auf EDV-Basis nur begrenzt durchsetzen. Gerade hierin ist jedoch zukünftig eine wesentliche Perspektive zu sehen.

So bietet die Übernahme von Textpassagen, Skizzen oder Bildern in hauseigene Dokumente Ansätze zu einer Effektivierung von Informationstransferprozessen sowie dem Einsatz von value-added-services, die bislang bedauerlicherweise zu wenig wahrgenommen werden. Damit einhergehen kann dann auch eine, den neuen Nutzungsmöglichkeiten angepaßte Behandlung des Copyright-Problems.

Der Einsatz von CD-ROM und verfahrensverwandten Datenträgern ergänzt diese Möglichkeiten schon jetzt. Allerdings schränken die dabei anfallenden Kosten den potentiellen Direktnutzerkreis deutlich ein. Für die Endnutzer wird durch CD-ROM die Dokumentbereitstellung zwar beschleunigt, die Verfügbarkeitsform wird aber in erster Linie ,,gedruckt" bleiben (z.B. im Projekt APOLLO).

B 13.4.6   Im Überblick: Prototypische EDD-Verfahrensketten

EDD-Verfahrensketten könnten – auf der Basis der Darstellung in den vorangegangenen Abschnitten – demnach wie folgt aussehen:

Variante 1: Nach einer Datenbank-Recherche bestellt der Nutzer per online-ordering bei einer Spezialbibliothek einen Zeitschriftenaufsatz, der dort gescannt auf einem elektronischen Datenträger vorliegt. Das Dokument wird ihm als Datei via DFÜ übermittelt und an seinem lokalen Arbeitsplatz im Textverarbeitungssystem zur Verfügung gestellt.

Variante 2: Ein Nutzer wird durch die Lektüre einer Fachzeitschrift auf einen Aufsatz hingewiesen, dessen bibliographische Beschreibung durch die Bestellnummer eines EDD-Service-Anbieters ergänzt wird. Er bestellt das Dokument dort fernmündlich und erhält es als Telekopie. Abhängig von seiner technischen Ausstattung kann er die eingegangene Kopie auch als Textdatei aufbereiten.

Selbstverständlich werden weitere Verfahrensvarianten angeboten und genutzt. Dabei wird aus Kostengründen zumeist auf einzelne elektronische Verfahrensschritte verzichtet (z.B. statt Telekopie Versand des Dokumentes mit der ,,Gelben" Post).

B 13.5   EDD-Dienstleistungen – Ein Markt in Wartestellung?

Die Hoffnungen aus den 70er Jahren auf eine rasche Entwicklung umfangreicher und kostengünstiger EDD-Dienstleistungen gingen bislang nur teilweise in Erfüllung. Der Grund: Man hatte vor allem das Ziel, die wünschenswerte Serviceleistung gesehen, ohne die finanziellen und technischen Voraussetzungen sowohl der Anbieter als auch der Anwender zu beachten.

Schließt man die in der Zwischenzeit gewonnenen Erfahrungen mit ein, so sollte das Ziel ein *fachlich vollständiger EDD-Service* sein, der *jederzeit, schnell* und *kostengünstig* genutzt werden kann. Vorleistungen hierfür lohnen sich aus der Sicht eines Anbieters allerdings nur, wenn ein umfangreiches Nachfragepotential besteht, das durch bisherige Dokument-Beschaffungsmöglichkeiten nur unzureichend bedient wurde. Der EDD-Service sollte mindestens dieses unbefriedigte Nachfrage-Potential erreichen. Die Interessenten müssen in hinreichendem Maße über finanzielle Mittel verfügen, um die besondere Serviceleistung honorieren zu können. Für den Erfolg des Service ist aber auch der Durchdringungsgrad mit kommunikationstechnologischer Grundausstattung bei den potentiellen Nachfragern wesentlich. EDD wäre dann eine Erweiterung der Nutzung solcher Ausstattung – u.U. eine sehr wichtige.

In einem derartigen Rahmen ökonomischer Bedingungen werden mittelfristig allerdings nur Wissensgebiete für EDD-Dienste attraktiv sein, in denen die schnelle und aktuelle Umsetzung von Wissen in Information u.a. auch wirtschaftliche Ziele verfolgt. Nur in diesem Rahmen kann vorerst der in den Anfängen der EDD-

Forschung kaum berücksichtigte finanzielle und technische Aufwand für ein erfolgreiches Angebot geleistet werden.

Pionierleistung auf diesem Gebiet wird im Projekt ADONIS erbracht. Durch die Übernahme des aktuellen Inhaltes von 218 wissenschaftlichen Zeitschriften aus dem Bereich Medizin und Biologie auf CD-ROM wird ein EDD-Service aufgebaut, der von zentralen Bibliotheken − in der Bundesrepublik die Universitätsbibliothek und TIB Hannover und die Zentralbibliothek der Medizin, Köln − genutzt wird. In der zweijährigen Testphase (1987 − 1989) wollen die das Projekt mit EG-Unterstützung tragenden zehn internationalen Verlage sowie die angeschlossenen Zentralbibliotheken die Frage beantworten, inwieweit eine schnelle, elektronische Bereitstellung von Dokumenten tatsächlich unter wirtschaftlichen Bedingungen möglich ist (Lit. 11. und Lit. 04.).

Mit den hier gewonnenen Erfahrungen können dann auch Anwendungsbereiche erschlossen werden, bei denen die direkte wirtschaftliche Verwertbarkeit von Wissen nur unzureichend gegeben ist. Das Nachfragepotential dieser Bereiche ist sicher nur sehr schwer einzuschätzen. Allerdings ist wahrscheinlich, daß zumindest Teile einer EDD-Kette in Anspruch genommen werden.

Insgesamt ist mittelfristig aufgrund der bisherigen Erfahrungen und den genannten Rahmenbedingungen zu erwarten, daß *vollständige* EDD-Dienstleistungen von der Masse der Anwender eher selten genutzt werden.

Aus finanziellen Gründen stellen aus der EDD-Verfahrenskette nur die Glieder ,,Bestellung'' und ,,Lokalisierung'' eine Alternative zu Teilen des traditionellen Fernleih-Verfahrens dar. Sie allein erzielen schon einen beachtlichen Beschleunigungseffekt, der auch für universitäre Nutzerkreise attraktiv und erschwinglich sein dürfte. Solche neue Nutzerkreise zu erschließen bedeutet, diese langfristig auch für EDD gewinnen zu können. Dies wird nur möglich sein, wenn das Serviceangebot in Leistung und Preis weiter differenziert werden wird. Außerdem müßten sich die Anbieter von (E)DD-Dienstleistungen dem Kreis der (Noch)-Nicht-Datenbank-Nutzer zuwenden. Durch zentrale Servicestellen, z.B. bei großen Bibliotheken, könnte ein beachtliches Kundenpotential erschlossen werden. Da den ohnehin personell schlecht ausgestatteten Bibliotheken kaum an einer derartigen Erweiterung ihres Dienstleistungsangebotes gelegen sein wird, bietet sich hier eine Chance für private Anbieter.

B 13.6   Zusammenfassung

Electronic Document Delivery ist heute keine Wunschvorstellung mehr, sondern ein konkretes Angebot für spezielle Nutzerbedürfnisse. Die Durchgängigkeit der elektronischen Kette aus Verfahrensschritten zur EDD bietet neben den ursprünglichen Zielen der Beschleunigung und Erleichterung des Verfahrens vor allem den Vorteil der elektronischen Weiterbearbeitung übermittelter Dokumente. Diese Nutzungsoption wird in ihrem vollen Umfang bislang noch zu wenig erkannt, geschweige denn genutzt. Sie birgt aber eine wesentliche Innovationschance bei der Dokumentnutzung, deren synergetische Dimensionen sehr hoch einzuschätzen sind.

Wesentlicher Grund für die geringe Nutzung von EDD-Dienstleistungen bleiben sicher auch mittelfristig die anfallenden Kosten. Sie sollten mit wachsender Nutzungsfrequenz sinken. Unabhängig davon bleibt es jedoch eine wichtige Aufgabe des Marketings für diese Informationsdienstleistungen gedanklich hierauf nur wenig vorbereitete potentielle Nachfrager mit dem Umstand vertraut zu machen, daß bislang fast gebührenfreie Dienstleistungen nun auch Geld kosten (können). Dies wird allerdings nur in einem Gesamtprozeß möglich sein, dessen Kern durch das Verständnis von der *Information als Ware* und ihrer *Beschaffung als Dienstleistung* geprägt ist.

Literatur

01. APOLLO Working Group: The APOLLO concept. Electronic Document Delivery by Satellite. ESA Scientific & Technical Publications Branch. Noordwijk 1983 (esa SP-1048, EUR 8589 EN).
02. Braun, Traute; Tölle, Volker: Document-Ordering über die Online-ZDB jetzt bei 4 Bibliotheken möglich. In: Bibliotheksdienst 21 (1987), H. 11, S. 1123 – 1128.
03. Braun, Traute; Tölle, Volker: Verbundkatalog maschinenlesbarer Katalogdaten deutscher Bibliotheken (VK) online. In: Bibliotheksdienst 21 (1987) H. 10, S. 1015 – 1018.
04. Campbell, Robert M.; Stern, Barrie T.: ADONIS – A New Approach to Document Delivery. In: Microcomputers for Information Management 4 (1987), H. 2, S. 87 – 107.
05. Diebold Deutschland GmbH (Hrsg.): Wälle gegen die Informationsflut. Moderne Massenspeicher bieten wachsenden Informationskomfort. In: Diebold Management Report H. 8, 1985, S. 1 – 5.
06. Gates, Yuri; Thompson, Marjorie; IEPRC (Hrsg.): Electronic Document Delivery, A study of the relationship between user needs and technology options, IEPRC International Electronic Publishing Research Centre, Leatherhead, United Kingdom, 1982.
07. Gillespie, Paul; Katzenberger, Paul; Franklin Insitute GmbH Munich (Hrsg.): Problems of Document Delivery for the EURONET User, Technical Report, Prepared for the Commission of the European Communities, Directorate General for Scientific and Technical Information and Information Management, München: Saur 1979.
08. Martyn, John; Singleton, Alan: Electronic Document Delivery VIII. Final report on Docolsys, Document identification, ordering and location systems. Commission of the European Communities. Oxford and New Jersey 1985. 172 S. (EUR 9187).
09. Norman, Adrian; Little, Arthur D.: Electronic Document Delivery, The ARTEMIS concept for document digitalisation and teletransmission. Commission of the European Communities. Oxford and New Jersey: Learned Information 1981, S. 1 (EUR 7110).
10. Slype, Georges van; Page, John; Halm, Johan van: Evaluation of experiments in Electronic Document Delivery and Electronic Publishing. Final Report. Commission of the European Communities. Brüssel 1987. 178 S. (EUR 11208).
11. Tehnzen, Jobst: Von der Bibliothek zur Discothek? ADONIS nimmt den zweiten Anlauf. In: ABI-Technik 7 (1987), H. 2, S. 171 – 178.

B 14   Bürokommunikation

Joachim Kind

B 14.1   Einführung

Unter Bürokommunikation wird die Gesamtheit aller Bürovorgänge und der sie unterstützenden Bürotechnologien verstanden. Zur Bürokommunikation gehören danach neben den rein kommunikativen Tätigkeiten (Besprechungen, Telefonieren) auch Tätigkeiten wie Lesen, Schreiben, Ablegen, Wiederfinden und Organisieren. Der Fülle dieser Tätigkeiten steht ein entsprechendes Angebot von Bürogeräten und Bürosystemen zur technischen Unterstützung gegenüber.

Ausgangspunkt für die Entwicklung von Bürotechnologien ist die stark angestiegene Zahl von Beschäftigten im Bürobereich und die damit verbundenen sprunghaft angestiegenen Personalkosten *(Abb. 1)*.

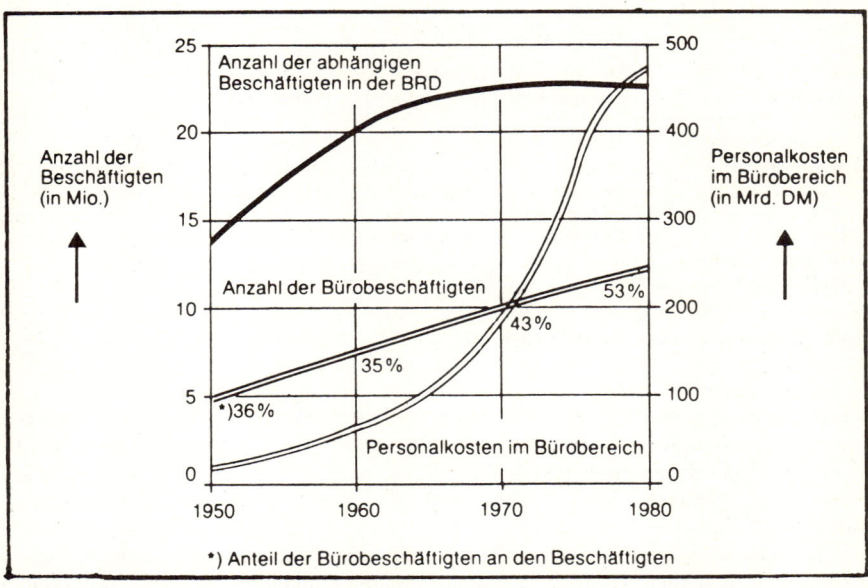

Abb. 1: Beschäftigte im Bürobereich und Personalkosten (Lit. 06.)

Mit der Zunahme der Beschäftigten im Bürobereich nahm der Bedarf an und die Produktion von Informationen in den Verwaltungen der Industrie und der öffentlichen Hand zu. Wie bei den extern erzeugten Informationen kann man bei den internen Informationen von einer ,,Informationsflut von Bürodokumenten'' sprechen. Die Investitionen in komplexe Bürotechnik blieben lange Zeit hinter den Investitionen im Produktionsbereich zurück. Dies hat sich in den vergangenen Jahren in dem

Maße geändert, wie Information als Produktionsfaktor an Bedeutung gewann.
Büroarbeit wurde als Informationsarbeit erkannt, bei der Informationen
○ erzeugt und bearbeitet,
○ abgelegt, gesucht und
○ weitergeleitet werden.
Informationen treten als Daten, Texte, Bilder, Sprache oder deren Mischformen
auf. In *Abb. 2* sind die verschiedenen Informationsphasen und Informationsfor-
men in einer Informationsfeldermatrix dargestellt.

Informations- formen Informations- phasen	Daten	Text	Bild	Sprache
Generierung/ Erstellung	Daten- generierung	Text- generierung	Bild- generierung	Sprach- generierung
Bearbeitung/ Verarbeitung	Datenver- arbeitung	Textver- arbeitung	Bildver- arbeitung	Sprachver- arbeitung
Speicherung/ Retrieval	Daten- speicherung/ Retrieval	Text- speicherung/ Retrieval	Bild- speicherung/ Retrieval	Sprach- speicherung/ Retrieval
Kommunikation (Abgabe/Übermitt- lung/Aufnahme)	Datenkom- munikation	Textkom- munikation	Bildkom- munikation	Sprachkom- munikation

Abb. 2: Informationsfeldermatrix nach (Lit. 04.)

Jede Zeile der Matrix stellt eine spezielle Tätigkeit im Büro dar, die durch entsprechende Technologien unterstützt wird. (Beispiel: Sprachkommunikation wird
durch Telefonanlagen unterstützt). Bürotechnologie wird entweder als Einzelplatz-
gerät (Stand – alone) oder als Bürosystem organisiert. Bürosysteme unterstützen
mit unterschiedlichen Modulen (Textverarbeitung, Kommunikation, Ablage/Wie-
derfinden usw.) die verschiedenen Tätigkeiten einer Vielzahl von Arbeitsplätzen.
In den nachfolgenden Abschnitten soll auf einige Tätigkeiten und die sie unterstützenden Technologien näher eingegangen werden, die für IuD und insbesondere für
die Informationsvermittlung von Bedeutung sind. Da die elektronische Texterstellung und Textbe- und -verarbeitung in Kap. B 12 behandelt wird, werden nachfolgend erörtert:

   Elektronische Ablage und Suche von Bürodokumenten,
   Elektronische Textkommunikation von Bürodokumenten,
   Elektronische Erstellung von Bürographiken (Business Graphic) und
   Elektronische Bildkommunikation.

Im übrigen wird auf die sehr umfangreiche Literatur zum Thema Bürokommunikation verwiesen (Zur kontinuierlichen Information siehe z.B. Lit. 12. und Lit. 13.).

B 14.2   Elektronische Ablage und Suche (Filing/Retrieval)

B 14.2.1   Allgemeines

Während der Erstellung, Bearbeitung und Kommunikation von Büroinformationen von Anwendern und Herstellern entsprechender Bürotechnologien großes Interesse entgegengebracht wird, werden Ablage und Wiederfinden nur nebenbei behandelt. Dies ist umso erstaunlicher, als die Hauptschwachstellen in der Büroarbeit ihre Ursache in einem mangelhaften Filing/Retrieval haben:
In einer Untersuchung bei amerikanischen Führungs- und Fachkräften wurden als Probleme in der Büroarbeit u.a. genannt:

- Beschaffung schwer zugänglicher Informationen,
- Verminderung von Informationsredundanzen,
- Unterstützung des personellen Informationsmanagements und
- Reduzierung irrelevanter Informationen. (Lit. 02.)

In einer zweiten, davon unabhängig durchgeführten Untersuchung bei Unterstützungskräften wurden u.a. folgende Probleme bei der Büroarbeit genannt:

- Beschaffung schwer zugänglicher Informationen,
- benötigtes Verzeichnis nicht auf dem neuesten Stand,
- Unterlagen nicht gefunden und
- viel Zeit für das Suchen von Unterlagen aufgewendet. (Lit. 01.)

Eine ausführliche Darstellung von Filing/Retrieval ist aus IuD-Sicht aus zwei weiteren Gründen wichtig:

- Die erprobte IuD-Methodik kann mit Vorteil verwendet werden und
- Filing/Retrieval ist für die Informationsvermittlung ein geeignetes Mittel, externe Informationen in die innerbetriebliche Informationsbasis zu integrieren.

Die bei konventionellen Ablagen bekannten Schwachstellen sind:

- Mehrfachablagen des gleichen Dokuments an verschiedenen Orten;
- Fehlende Standards bei der Ablage;
- Zeitaufwendiger Zugriff auf abgelegte Dokumente führt zu Verzögerungen bei der Aufgabenbearbeitung;
- Unvollständige Informationsbasis führt zu schlecht fundierten Entscheidungen.

Die obengenannten Schwachstellen werden durch eine elektronische Ablage nur dann beseitigt, wenn bei deren Aufbau die folgenden Aspekte berücksichtigt werden:

- IuD-spezifischer Aspekt (u.a. Auswahl der zu speichernden Dokumente, Festlegung von Standards bei der Erfassung, Art der formalen Kategorien);
- Organisatorischer Aspekt (u.a. Durchführung von Ist-Analysen, Anpassung an vorhandene Organisationsstruktur, Zugriffsberechtigung und Verantwortlichkeiten für den Aufbau und die Pflege der elektronischen Ablage;

– Technologischer Aspekt (u.a. Auswahl der geeigneten Hard- und Software, dediziertes Ablagesystem oder Modul eines Bürosystems, Auswahl der Peripheriegeräte).

B 14.2.2   IuD-spezifischer Aspekt

Ähnlich wie beim Dokumentationsprozess in der Literaturdokumentation kann man bei Bürodokumenten von einem Dokumentationsprozess sprechen. Die einzelnen Stufen werden in *Abb. 3* erläutert:

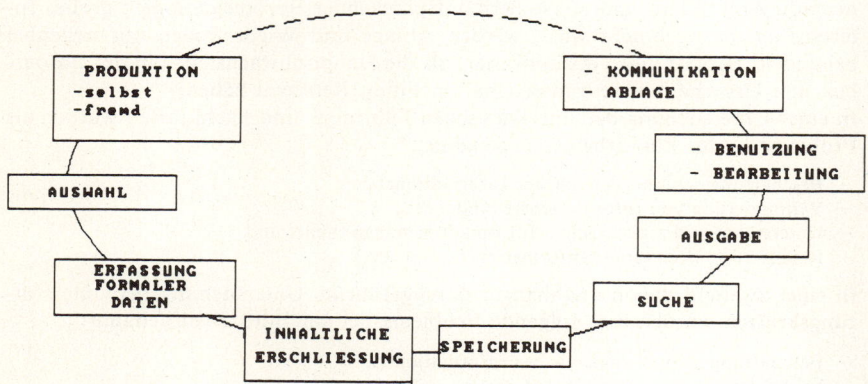

Abb. 3: Dokumentationsprozess bei Bürodokumenten

a. Produktion von Bürodokumenten

Textdokumente werden mit EDV/Textverarbeitung im Unternehmen erstellt und liegen damit in codierter Form (z.B. ASCII) für die Weiterverarbeitung und die Abspeicherung vor. Daneben werden Dokumente in nichtcodierter Form im Unternehmen erzeugt (z.B. handschriftliche Notizen), die vor einer Übernahme in eine elektronische Ablage in codierte Informationen umgewandelt werden müssen.

Von außen ins Unternehmen hereinkommende Textdokumente liegen meistens in nichtcodierter Form vor (z.B. Briefe) und müssen mit Belegleser oder Scanner mit Lesesoftware in codierte Information umgewandelt werden.

b. Auswahl von Bürodokumenten

Für die Auswahl der abzuspeichernden Dokumente müssen Standards erstellt werden. Ein Teil der im Unternehmen erzeugten oder fremdbezogenen Dokumente benötigt keine weitere Bearbeitung bzw. wird bei keiner späteren Bürotätigkeit verwendet. Solche Dokumente mit Tageswert (z.B. Notizen über Terminverschiebungen, Wurfsendungen, Kopien zur Kenntnisnahme) müssen nicht aufgehoben werden.

Dokumente mit Prüfwert (z.B. Mahnungen, Bewerbungsunterlagen) werden nach einer innerbetrieblich festzulegenden Zeitspanne vernichtet.

Dokumente mit Gesetzes- oder Dauerwert (z.B. Handelsbücher, Patente, Bilanzen, Inventarverzeichnisse) müssen entsprechend den gesetzlichen Vorschriften aufbewahrt werden.

c. Erfassung formaler Daten von Bürodokumenten

Die formalen Angaben von Bürodokumenten (z.B. Absender, Empfänger, Erstellungsdatum, Empfangsdatum) müssen unter Berücksichtigung vorhandener Standards (z.B. ODA) erfaßt werden, um in einem späteren Retrieval wieder auffindbar zu sein. Unterschiedliche Bürodokumentklassen haben unterschiedliche formale Angaben.

Um Dokumente, die zu einem Vorgang gehören, in einem späteren Retrieval wieder zusammenführen zu können, müssen entsprechende Vorgangsmerkmale bei der Erfassung vorgesehen werden.

d. Inhaltliche Erschließung von Bürodokumenten

Die inhaltliche Erschließung kann manuell durch die Vergabe freier oder gebundener Schlagworte erfolgen.

Bei der maschinellen Indexierung werden Stichworte aus dem gesamten Dokument oder Teilen des Dokuments unter Berücksichtigung von Stopworten und Häufigkeitsverteilungen gewonnen.

e. Speichern und Suchen von Bürodokumenten

Bürodokumente „normalen" Umfangs werden vollständig elektronisch abgelegt, insbesondere wenn sie bereits in codierter Form vorliegen. In den anderen Fällen wird ein „Stellvertreter" des Bürodokuments erzeugt und dieser abgelegt. In dem Stellvertreter wird ein Verweis auf den Standort des Originaldokuments vorgesehen.

Die Suche in der elektronischen Ablage erfolgt nach formalen Angaben, nach Inhalten, nach Vorgangsmerkmalen und deren Kombinationen. Für die Verknüpfung der Suchmerkmale verwenden die entsprechenden Retrievalprogramme Boolsche Operatoren und Abstandsoperatoren. Maskierung von Suchmerkmalen ist ebenso möglich.

Weiterführende Retrievalprogramme zur Verbesserung des Retrievalergebnisses unter Verwendung komfortabler Methoden der Textanalyse werden in den auf dem Markt angebotenen Bürosystemen kaum angeboten.

B 14.2.3 Technologischer Aspekt

Bei der Realisierung einer elektronischen Ablage ist zu unterscheiden zwischen dedizierten Ablage- und Retrievalsystemen und dem Ablage- und Retrievalmodul als Bestandteil eines integrierten Bürosystems.

a. Dedizierte Ablage- und Retrievalsysteme

Die dedizierten Ablage- und Retrievalsysteme werden als Mehrplatzsysteme realisiert oder stehen als Einzelplatzsysteme dem Benutzer zur Verfügung. Stellvertretend werden die Basiskomponenten eines Einzelplatzsystems nachfolgend genannt:

- Prozessor 80286/386;
- Magnetplatten (20 – 100 MB);
- WORM-Platten (z.B. 5 1/4 Zoll mit 100 – 500 MB);
- WORM-Drive;
- Bildschirm und Drucker im ASCII-PC Standard;

Als optionale Hardwarekomponenten werden typischerweise vorgesehen:

- Blattleser;
- Scanner ggf. mit Lesesoftware;
- Laserdrucker;
- Hochauflösender Bildschirm;
- Juke-Box für 5 1/4 WORM-Platten.

Als Software-Komponenten steht u.a. eine Textretrievalsoftware für die Recherche der gespeicherten Dokumente zur Verfügung. Die Kennzeichen solcher Retrievalsoftware sind u.a.:

- Freitextsuche
- Boolsche Operatoren und Abstandsoperatoren
- Maskierung und Feldqualifizierung.

b. Ablage- und Retrievalmodul als Bestandteil eines integrierten Bürosystems
Integrierte Bürosysteme unterstützen als dezentrale Mehrplatzsysteme mit den verschiedenen Modulen (Textverarbeitung, Business Graphik, Kommunikation, Ablage und Wiederfinden usw.) die Tätigkeiten an den verschiedenen Arbeitsplatztypen.
Bei der Realisierung des Ablagemoduls beschränkt sich ein Teil der Anbieter auf eine elektronische Nachbildung der konventionellen Ablagestruktur. Andere Hersteller gehen davon aus, daß insbesondere für Führungs- und Fachkräften anspruchsvollere Ablage- und Retrievalfunktionen bereitgestellt werden müssen. Bei diesen Bürosystemen ist dann eine Suche nach inhaltlichen und formalen Angaben möglich. Die inhaltskennzeichnenden Schlagwörter werden in der Regel zusätzlich manuell vergeben, einige Systeme erlauben eine Freitextindexierung unter Beachtung einer frei definierbaren Stopwortliste.
Die Verknüpfung der Schlagwörter untereinander oder mit den formalen Angaben erfolgt über Boolsche Operatoren (und, oder, nicht) und Abstandsoperatoren. Endmaskierung ist in Büromodulen ebenfalls realisiert.
Eine vergleichende Untersuchung der Ablagemodule, wie sie in den auf dem Markt angebotenen Bürosystemen realisiert sind, findet sich in (Lit. 05.).

B 14.2.4   Organisatorischer Aspekt

Entsprechend den Organisationsstrukturen haben sich Ablagestrukturen in unterschiedlichen Ebenen des Unternehmens herausgebildet:

- Persönliche Ablage;
- Abteilungsablage;
- Bereichsablage und
- Unternehmensablage.

Elektronische Ablage- und Retrievalsysteme müssen sich den vorhandenen Organisationsstrukturen anpassen. Die Einführung solcher Systeme sollte in folgenden Stufen erfolgen:

- Ist-Analyse;
- Systemkonzeption;
- Systemtechnische Implementierung und
- Organisatorische Implementierung.

Die Einführung sollte in Schritten (Pilotprojekt!) und unter Einbeziehung der Betroffenen bei der Planung und Realisierung erfolgen. Eine intensive Schulung und Betreuung während der Pilotphase sind unverzichtbare Voraussetzungen für die Akzeptanz eines elektronischen Ablage- und Retrievalsystems.

B 14.2.5 Bedeutung der elektronischen Ablage für die Informationsvermittlung

Extern recherchierte Informationen können − nach entsprechender Textbearbeitung − in eine interne elektronische Ablage übernommen werden. Dort können sie mit intern erzeugten Informationen gemischt und/oder verglichen werden. Die elektronische Ablage kann damit − unter Ausschöpfung der externen Kommunikationkanäle − zu einer umfassenden Informationsbasis ausgebaut werden. Die hier gespeicherten Informationen können von den Mitarbeitern elektronisch abgerufen und kommuniziert werden. Eine so verstandenen elektronische Ablage stellt die für ein wirkungsvolles Informatiosmanagement benötigte Informationsbasis dar. Mit den gespeicherten Informationen sind die für die Problemlösungen notwendigen internen und externen Informationen vom Arbeitsplatz abrufbereit und stehen für eine integrierte Vorgangsbearbeitung zur Verfügung.

B 14.3 Elektronische Textkommunikation von Bürodokumenten

B 14.3.1 Allgemeines

Mit der Zunahme der im Büro erstellten Textdokumente wuchs der Wunsch, diese schnell kommunizieren zu können. Das gut ausgebaute Telekommunikationsnetz in der Bundesrepublik machte die Einführung neuer elektronischer Textkommunikationsdienste wie Bildschirmtext, Videotext, Telefax und Teletex möglich. Auf den Teletexdienst soll nachfolgend näher eingegangen werden.

Den Anstoß für den Aufbau des Teletexdienstes gab die Entwicklung elektronischer Speicherschreibmaschinen, die die Durchführung von Textbearbeitungsfunktionen an den im Speicher abgelegten Texten ermöglichte. Für eine elektronische Kommunikation dieser Texte mußte an der Speicherschreibmaschine ein Kommunikationsteil vorgesehen werden. Damit sind die wesentlichen Kennzeichen einer Bürofernschreibmaschine (Teletexendgerät) − auch in Abgrenzung zum Telexgerät − bereits benennbar:

- Das Teletexgerät verfügt über den vollen Zeichensatz einer Büroschreibmaschine. Es erlaubt die komfortable Erstellung und Editierung von Texten und deren elektronische Kommunikation
- Das Teletexgerät soll dezentral am Büroarbeitsplatz aufgestellt sein
- Das Teletexgerät übermittelt die Textinformationen mit einer Geschwindigkeit von 2.400 bit/Sec (1 normal beschriebene DIN A4-Seite wird in 10 sec übermittelt).

Das Teletexendgerät ist als eine kommunikationsfähige Büroschreibmaschine mit Textspeicher zu verstehen.

Abb. 4: Anteil der geschäftlichen Korrespondenz, der für Teletex geeignet ist
(nach KtK-Bericht 1976)

Bei ihrer Bedarfsabschätzung für den Teletexdienst ging die KtK davon aus, daß von den täglich 20 Millionen Geschäftsbriefen (1976) in der Bundesrepublik 8 Millionen an nichtprivate Empfänger gehen (s. *Abb. 4*). Damit wären 40 % der täglichen geschäftlichen Korrespondenz über Teletex elektronisch mit einem Teletexgerät kommunizierbar (s. *Abb. 4*).

B 14.3.2   Aufbau eines Teletexgerätes

Der grundsätzliche Aufbau eines Teletexgeräts ist *Abb. 5* zu entnehmen. Die Funktionen der Bestandteile A – E sind in *Abb. 5* näher beschrieben.

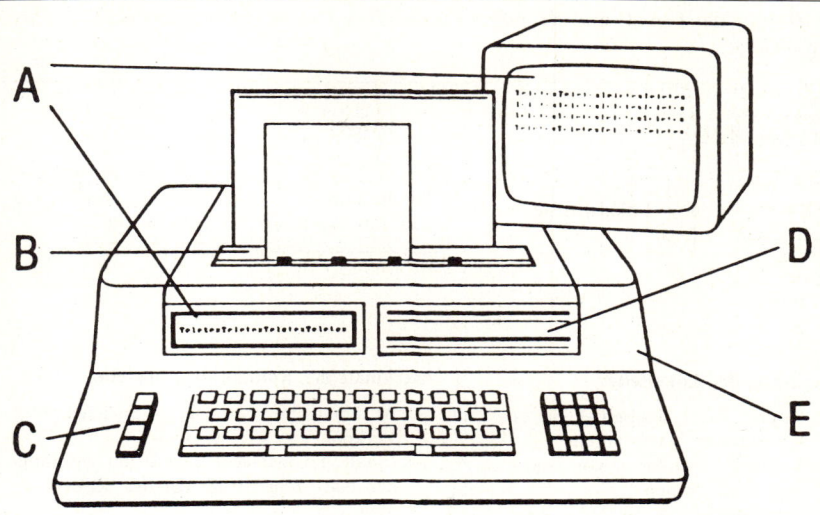

A) **Bildschirm** und Zeilendisplay können vorhanden sein und dienen der Erleichterung der Texterstellung/-bearbeitung. Sie können auch zur Überwachung des Kommunikationsvorgangs dienen.

B) Ein **Drucker** ist bei jedem Teletex-Terminal vorhanden; er dient der lokalen Textausgabe und kann alle Schriftzeichen von Ländern mit lateinischer Sprache auf DIN A4 hoch und quer ausdrucken.

C) Eine **Tastatur** ist bei jedem Teletex-Terminal vorhanden; sie dient der lokalen Texterstellung und -bearbeitung sowie der Steuerung der Kommunikationsfunktionen.

D) Die **Anzeigevorrichtungen** zeigen an, ob z.B. Nachrichten im Speicher eingegangen sind, der Speicher nahezu voll ist, eilige Nachrichten oder Mängel vorhanden sind, Papier fehlt, etc.

E) **Speichereinheiten** sind bei jedem Teletex-Terminal vorhanden: Lokalspeicher unterstützen die lokale Texterstellung und -bearbeitung, Sende/Empfangsspeicher die Textübermittlung im automatischen Speicher-zu-Speicher-Verkehr.

Abb. 5: Aufbau eines Teletexgeräts (Lit. 07.)

B 14.3.3 Lokal- und Kommunikationsseite bei Teletex-Endgeräten

Ein Teletexendgerät weist neben den vielfältigen Möglichkeiten der Textbe- und -verarbeitung die Kommunikationsmöglichkeit als zusätzliche Funktion auf. Die Teletexgeräte müssen also eine ungestörte lokale Texterstellung ermöglichen bei gleichzeitigem Aussenden oder Empfangen anderer Textdokumente. Diese Textdokumente müssen automatisch vom Sendespeicher des einen Teletexteilnehmers zum Empfangsspeicher des anderen Teilnehmers und umgekehrt geschickt werden. Die

Merkmale der Lokal- und Kommunikationsseite eines Teletexgeräts sind in *Abb. 6* aufgeführt.

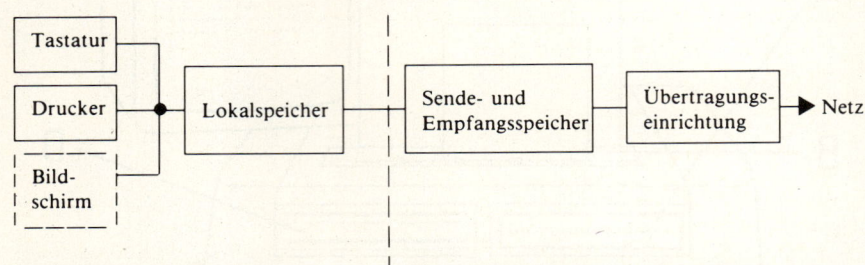

Merkmale der Lokalseite:

– Ungestörter Lokalbetrieb bei ankommenden Nachrichten
– Voller Zeichenvorrat von Büroschreibmaschinen
– Verwendung von büroüblichen Papierformaten (A4 und A4 L)
– Gebrauch der Tastatur bei Texterstellung und -positionierung wie bei normalen Büroschreibmaschinen
– Normale Editier- und Korrekturfunktionen
– Ausbau bis zu großen Textverarbeitungsanlagen möglich

Merkmale der Kommunikationsseite:

– Automatischer Speicher-zu-Speicher-Verkehr
– Inhalt, Format und Layout der empfangenen Nachricht ist mit der des Senders identisch
– Empfang und Darstellung aller Schriftzeichen von Ländern mit lateinischer Sprache
– Übertragungsgeschwindigkeit von 2.400 bit/s, d.h. eine normal beschriebene Seite wird in weniger als 10 Sekunden übermittelt
– Weltweite Kompatibilität mit allen Teletexendgeräten verschiedener Hersteller auf der Basis internationaler Standardisierung

Abb. 6: Lokal- und Kommunikationsseite eines Teletexgeräts

B 14.3.4   Teletex- und Telexdienst

Mit der Einführung des Teletexdienstes sollten deren Teilnehmer Kommunikationsmöglichkeit mit weltweit ca. 1.5 Millionen Telexteilnehmer haben (in der BRD: ca. 160.000). Bei der Realisierung dieser für die Verbreitung von Teletex sicherlich wichtigen Forderung mußten die Unterschiede und Gemeinsamkeiten der beiden Dienste klar definiert werden. Die wichtigsten Unterschiede betreffen

– den Zeichenvorrat (Telex: nur kleine Buchstaben, eingeschränkter Zeichenvorrat; Teletex: voller Zeichenvorrat der Büroschreibmaschine mit Groß- und Kleinschreibung),
– die Übertragungsgeschwindigkeit (Teletex 20 – 30 mal schneller als Telex),
– die Codierung (Telex: 5-Bit-Code, Teletex: 8-bit-Code) und
– das Papierformat (Telex: schmaler als DIN A4 und Endlospapier Teletex: DIN A4, seitenorientiert).

Als Gemeinsamkeiten beider Dienste sind zu nennen:

- digitale Übermittlung von Texten in beiden Diensten und
- die Menge der Telexzeichen ist eine Untermenge der Teletexzeichen.

Der Übergang von einem Netz in das andere wird durch Telex-Teletex-Umsetzer (TTU) vollzogen, die die Umsetzung der Codes, Übertragungsprotokolle und Übertragungsgeschwindigkeiten durchführen.

B 14.3.5   Teletexdienst im Bereich der Informationsvermittlung

Aufgabe der Informationsvermittlung ist die schnelle Suche von relevanten Informationen und deren prompte und zielgerichtete Weiterleitung an den/die Benutzer. Da bei diesen Informationen Textdokumente eine große Rolle spielen, ist nach der elektronischen Suche und deren benutzergerechten Aufbereitung mit einem Textprogramm die elektronische Weiterleitung der konsequente Schritt einer elektronischen Informationsvermittlung ohne Medienbrüche. Die Vermeidung von Medienbrüchen bedeutet Zeitersparnis – in der Informationsvermittlung bei vielen Fragestellungen ein entscheidendes Argument.
Die elektronische Kommunikation von Textdokumenten mit Teletex (oder auch mit Electronic Mail) wird ein selbstverständlicher Bestandteil einer wirklich effizienten und benutzernahen Informationsvermittlung werden.

B 14.4   Elektronische Erstellung von Bürographiken

B 14.4.1   Allgemeines

In vielen Bürobereichen fallen neben Texten vor allen Dingen Zahlen und Daten an. Abteilungen mit hohem Datenaufkommen sind:

- Finanz- und Rechnungswesen,
- Verkaufsabteilung,
- Personalabteilung,
- Produktionsabteilung und
- Marketing- und Marktforschungsabteilung.

Eine anschauliche Darstellung der anfallenden Datenmengen ist für die benötigte Informationstransparenz erforderlich. Visualisierte Daten in Form von Graphiken erleichtern und beschleunigen Entscheidungen und machen „Zahlenwälder'' vom Computerausdrucken überflüssig.
Mit Graphiken an Stelle von Zahlentabellen gelingt den Unternehmen eine überzeugendere Außendarstellung bei den Kunden.
Waren noch vor einigen Jahren leistungsfähige Graphiksoftwarepakete nur auf Großrechnern verfügbar, so gehört heute ein leistungsfähiges Business-Graphic-Programm zum Standard von Stand-alone-Geräten im Bürobereich oder von Bürosystemen.

B 14.4.2   Merkmale von Business-Graphik-Programmen

Merkmale der heute verwendeten Graphikpakete im Bürobereich sind u.a.:

- Erstellung zweidimensionaler Graphiken
- Graphikgrundformen:
  - ○ Kurve
  - ○ Kreis und
  - ○ Tortendiagramm mit einer Vielzahl von Ausformungen
- Erstellung freier Graphiken mit Baustein-Elementen
- Benutzerfreundliche Pull-Down-Menus
- Einbindung von Texten und Beschriftungen
- Auswahl von Schraffuren und Farben
- Durchführung von statistischen Berechnungen mit anschließender Graphikdarstellung

In *Abb.* 7 sind beispielhaft je ein Torten- und Balkendiagramm aufgezeichnet. Die Graphik wurde auf einem Personal Computer mit der Graphiksoftware MS CHART erzeugt.

B 14.4.3   Einsatz von Business-Graphik in der Informationsvermittlung

Online-Datenbanken mit textlich-numerischen oder rein numerischen Informationen spielen in der Informationsvermittlung von Wirtschaftsinformationen eine entscheidende Rolle. Die Zahl und die Nutzung dieser Datenbanken steigen ständig an. Mit Graphikprogrammen werden die recherierten Daten transparent gemacht und führen zu einer größeren Akzeptanz beim Benutzer.
Die erzeugten Graphiken können in vorhandene Text eingebunden werden, so daß mit der elektronischen Suche, der Textbearbeitung und der Textkommunikation die Erstellung von Graphiken mit entsprechenden Programmen ein weiterer Schritt zu einer qualitativ hochstehende Informationsvermittlung sein kann.

B 14.5   Elektronische Bildkommunikation

B 14.5.1   Allgemeines

Neben dem elektronischen Textkommunikationsdienst Teletex hatte die KtK u.a. einen neuen Dienst zur elektronischen Übertragung von Festbildern vorgeschlagen. Der neue Kommunikationsdienst mit Namen Fernkopieren oder Telefax – von der Deutschen Bundespost am 01. 01. 1979 eingeführt – soll die konventionellen Übertragungsmittel von Bildern und Skizzen (u.a. Briefpost, Bote) ersetzen. Schon in den 20er und 30er Jahren hatte man die Faksimile-Übertragung für spezialisierte Anwendungen eingesetzt. Da die Geräte der verschiedenen Hersteller, sog. Gruppe 1-Geräte, nicht miteinander kommunizieren konnten, beschränkte sich der Einsatz auf wenige Spezialanwendungen.
Der nächste Schritt zu einer stärkeren Verbreitung von Telefaxgeräten erfolgte 1979 mit der Einführung von Standards für die sog. Gruppe 2-Geräte. Die Übertra-

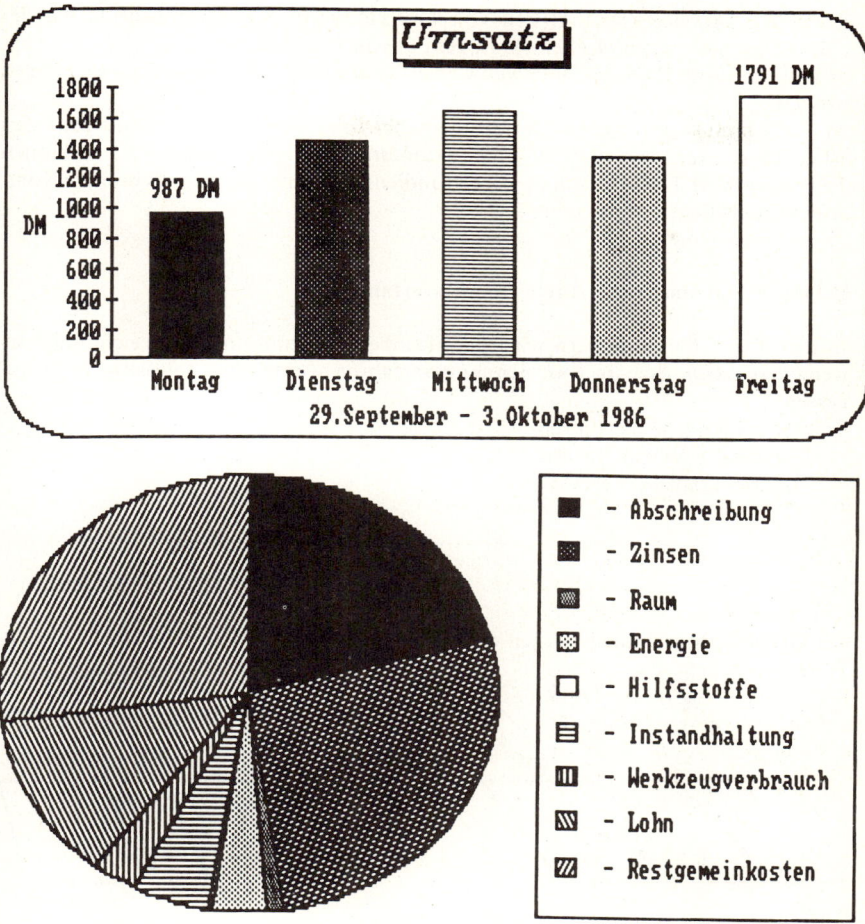

Abb. 7: Business-Graphik: Balken- und Tortendiagramm

gungsdauer bei diesen Geräten betrug drei Minuten für eine DIN A4-Seite mit Text und Graphiken. Die potentiellen Nutzer empfanden dieser Übertragungsdauer immer noch als wenig attraktiv; außerdem war die Bedienung der Gruppe 2-Geräte immer noch zu umständlich. Die seit 1983 auf dem Markt angebotenen Gruppe 3-Geräte haben diese Mängel nicht mehr. Mit diesen Geräten kann eine DIN A4-Seite in 15 bis 30 Sekungs an jeden Telefaxteilnehmer in der Welt übertragen werden, der ebenfalls ein Gruppe 3-Gerät hat.

Der größere Komfort der Gruppe 3-Geräte macht sich auch in der Zahl der installierten Telefaxgeräte bemerkbar. Mitte 1987 waren von den insgesamt 53.000 Telefaxanschlüssen ca. 80 % Gruppe 3-Geräte.

Die Übertragungsgeschwindigkeit von Festbildern wird mit der Einführung des ISDN-Dienstes erhöht werden. Man geht davon aus, daß die dann fälligen Gruppe 4-Geräte eine DIN A4-Seite weltweit in weniger als zehn Sekunden übertragen werden.

Als internationaler Kommunikationsdienst ist Telefax in anderen Industriestaaten erheblich stärker verbreitet als in der Bundesrepublik. Mit weltweit 3.5 Millionen Teilnehmern ist Telefax nach dem Telefondienst der am weitesten verbreitete Kommunikationsdienst.

B 14.5.2   Abtast- und Aufzeichnungsverfahren

In den neuen Fernkopierern wird die Flachbettabtastung und -aufzeichnung verwendet (s. *Abb. 8*). Als Aufzeichnungsverfahren werden bei Telefaxgeräten eingesetzt:
– Elektrostatische Verfahren,
– Thermische Verfahren und
– Thermo-Transfer-Verfahren.

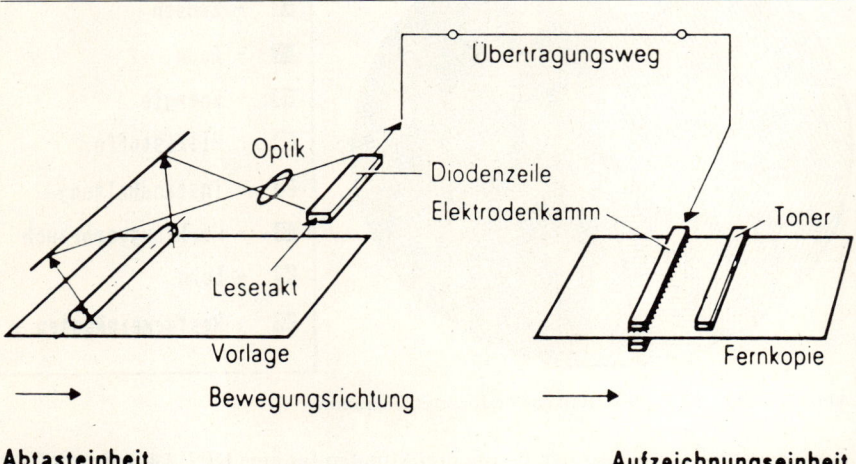

Abb. 8: Prinzip der Flachbettabtastung und -aufzeichnung bei Fernkopierern (Lit. 03.)

Beim Thermo-Transfer-Verfahren und dem zukünftig ggf. eingesetzten Laserdruckverfahren erfolgt die Aufzeichnung auf „Normalpapier". Daneben liefert das Thermo-Transfer-Verfahren besonders gute Kopien.

B 14.5.3   Bedeutung des Telefaxdienstes für die Informationsvermittlung

Die weltweit starke Verbreitung von Telefaxgeräten und deren merkliche Zunahme in der Bundesrepublik machen den Telefaxdienst zu dem geeigneten Telekommunikationsdienst für bereits vorhandener Text- und Bilddokumente. Eine schnelle Übermittlung von recherierten und textlich und graphisch aufbereiteten Informationen ist ebenso sinnvoll wie die prompte Übermittlung von Kopien von Originalbeiträgen aus Fachzeitschriften, von Patentdokumenten und Gebrauchsmustern.

B 14.6   Zusammenfassung

Bürokommunikation und Information und Dokumentation sind zu lange als voneinander unabhängige Bereiche betrachtet worden. Die obigen Ausführungen zeigen, daß IuD und Informationsvermittlung die Instrumente der Bürokommunikation mit Vorteil verwenden können.
Auf der anderen Seite wird Bürokommunikation nur dann gelingen, wenn die für den IuD-Bereich entwickelten Methoden der formalen und inhaltlichen Behandlung von Informationen neben dem technologischen und organisatorischen Aspekt berücksichtigt werden.

Literatur

01. Beckurts, Karl-Heinz; Reichwald, Ralf: Kooperation im Management mit integrierter Bürotechnik. München: CW-Publikationen 1984, Seite 111, 166 S.
02. Culnan, M.; Bair, J.: Human Communication Needs and Organizational Productivity: The Potential Impact of Office Automation. In: Journal of the American Society of Information Science 34 (1983) H. 3, S. 218 – 224.
03. Fellbaum, Klaus; Hartleb, Rainer; Möll, Gerhard; Puhze, Udo; Rüggeberg, Rolf: Elektronische Textkommunikation. Berlin: VDE-Verlag 1983. S. 334.
04. Karcher, Harald: Büro der Zukunft. Baden-Baden: FBO-Verlag 1982. 422 S.
05. Schmidt, Rüdiger de; Hormuth, Gabriele: Elektronisches Archiv in der Bürokommunikation. Marktstudie. CeBK Gesellschaft für Bürokommunikation mbH. Frankfurt, August 1987, 88 S.
06. Siemens-Studie 1982. Produktionssteigerung im Büro. S. 6.

Weiterführende Literatur:

07. Afheldt, Heik; Martin, Horst-Edgar; Schrape, Klaus (Hrsg.): Neue Techniken der Bürokommunikation. Landsberg: Verlag Moderne Industrie 1986. 261 S.
08. Diebold Deutschland GmbH (Hrsg.): Entsorgungsprobleme. Moderne Dokumentations- und Archivierungssysteme erfordern sorgfältige Vorbereitung. Diebold Management Report 11 (1986) S. 1 – 7.
09. Heilmann, Heidi; Bischoff, Rainer; Katzsch, Rolf M.; Nielinger, Horst; Scherff, Jürgen (Hrsg.): Document Retrieval. Handbuch der Modernen Datenverarbeitung. 24. Jg., 3, 1987, 124 S.

10. Lippold, Heiko; Hett, Heinz-Martin: Marktstudie – Retrievalsoftware für die elektroni-
    sche Dokumentenverwaltung BIFOA. Betriebswirtschaftliches Institut für Organisation
    und Automation an der Universität Köln. 1988.
11. Niemeier, Joachim: Aktenordner oder elektronischer Ablagesysteme: die Datenverwal-
    tung im Büro der Zukunft. ONLINE '86, 9. Europäische Kongreßmesse für Technische
    Kommunikation 05. – 08. 02.1986, Hamburg, S.4P1 – 4P13.

Relevante deutschsprachige Fachzeitschriften:

12. Mikrodok. Zeitschrift für Informations-Handling. Baden-Baden: FBO-Verlag.
    (Erscheinungsweise: Sechsmal jährlich)
13. Office Management. Information/Organisation/Kommunikation. Baden-Baden: FBO-
    Verlag.
    (Erscheinungsweise: Monatlich)
(In beiden Fachzeitschriften wird regelmäßig über neue Entwicklungen und Produkte der führenden Hersteller im Bereich Bürokommunikation berichtet; außerdem wird auf neue Bücher-
erscheinungen verwiesen.)

B 15 Bildschirmtext

Dietmar Strauch

B 15.1 Interactive Videotex − Entwicklung und Standards

Der Telekommunikationsdienst Bildschirmtext (**Btx**) − wie er als Fernmeldedienst der Deutschen Bundespost bezeichnet wird − gehört zur Klasse der interaktiven Zweiweg-Kommunikationssysteme (Sammelbezeichnung: Interactive Videotex); diese im allgemeinen öffentlich zugänglichen Dienste zielen auf ein breites Spektrum von Informations- und Datenverarbeitungsmöglichkeiten und können sowohl für den Broker von Spezialinformationen als auch für den Privathaushalt von Interesse sein.

Anfang der siebziger Jahre hatte Sam Fedida − ein Entwickler des British Post Office − die einfache, aber geniale Idee, das normale Fernsehgerät zu einem Telekommunikationsterminal umzufunktionieren, indem er die Telefonleitung als Datenübertragungsverbindung wählte.

Diese Idee wurde von inzwischen mehr als 50 Postverwaltungen aufgegriffen und in Videotex-Systeme umgesetzt. Vor allem in den europäischen Industriestaaten und in Japan, zu geringerem Maße auch in Nordamerika wurden Systeme erprobt und in den Regelbetrieb überführt. In der Bundesrepublik Deutschland gab 1975 die **KtK** − (Kommission für den Ausbau des technischen Kommunikationswesens) eine entsprechende Empfehlung ab, die dann von der Deutschen Bundespost als Netzträger auf der Basis eines Staatsvertrages zwischen den Bundesländern und der Bundesregierung realisiert wurde: Ab 1977 zunächst in einem technischen Versuch Bildschirmtext, 1980 − 1983 in Feldversuchen und schließlich ab Herbst 1983 im Regelbetrieb.

Das Gesicht von Btx hat sich im Laufe der Jahre mehrmals gewandelt: Wollte man ursprünglich in erster Linie den Privathaushalt und den Verbraucher als Informationsnutzer gewinnen, stellten sich bald der geschäftliche Sektor und der ,,semiprofessionelle'' Bereich als eigentlich interessante Zielgruppen heraus. Die Gebührenpolitik der Bundespost spielte dabei sicher eine bestimmende Rolle, denn Btx ist im Vergleich zu anderen Telekommunikationsdiensten deutlich preisgünstiger.

Endgültig kam aber der Durchbruch für die professionelle Nutzung, als ab 1980 auch privat betriebene Datenverarbeitungssysteme als sogenannte Externe Rechner in Btx integriert wurden. Mit diesem Rechnerverbund wurde ein offenes System geschaffen, indem jeder mit jedem kommunizieren kann, ohne Rücksicht auf die eingesetzten Hard- und Software-Systeme. Die Standardisierung der Kommunikationsprotokolle in Btx erlaubt die Verbindung von Rechnern unterschiedlicher Hersteller und die Einbindung von Datenbanken der verschiedensten Anbieter.

Eine besondere Rolle bei der internationalen Harmonisierung von Interactive Videotex spielen die unterschiedlichen Darstellungsstandards. Der erste Standard wurde 1975 in Großbritannien unter dem Namen Viewdata (später auch mitunter **PRESTEL**-Standard genannt) eingeführt; charakteristisch für ihn ist die Block- oder Mosaikgraphik, die in vielen Videotex-Diensten zunächst eingesetzt wurde −

so auch bei Btx (und bei dem Videotext-Dienst, eine in der Austastlücke des Fern-
sehsignals gesendete Einweg-Variante, auch als Broadcast Videotex bezeichnet.)
In Frankreich wurde 1977 unter der Bezeichnung **TÉLÉTEL** ebenfalls ein Alpha-
mosaik-Standard eingeführt, der sich aber von Viewdata unterscheidet und wegen
des großen Erfolges dieses Dienstes in Frankreich auf mehreren Millionen Endgeräten implementiert ist.
Ab 1983 hat die Conferences of European Posts and Telecommunication Administrations (**CEPT**) einen Standard verabscheidet, der die Darstellungsmöglichkeiten
von Viewdata und Télétel vereinigte, aber zusätzlich wiederum eine Reihe von weiteren Verbesserungen bietet. So können alle Zeichen der meisten europäischen
Sprachen, frei definierbare Farben und Grafiken editiert werden, alphageometri-
sche und alphafotografische Übertragungsverfahren werden unterstützt.
Dieser sogenannte CEPT-Standard ist nun Basis des bundesdeutschen Btx, allerdings ohne volle Kompatibilität zu den britischen bzw. französischen Diensten. In
den neunziger Jahren hofft man auf eine europaweite Harmonisierung.

		PRESTEL	CEPT
1.	Auflösung/Bildpunkte pro Matrix	6 x 10	12 x 10
2.	Zeichenzahl pro Seite	960	960
3.	Verfügbare Zeilenzahl	24	20/24
4.	Verfügbare Zeichensätze		
	national	x	–
	ISO-Norm mit 320 Zeichen	–	x
5.	Darstellungsattribute:		
	serielle Kodierung	x	x
	parallele Kodierung	–	x
6.	Farbpalette/Anzahl Farben	8	4096
	Farben je Seite	8	32
	Bildschirm-Gesamteinfärbung	–	x
7.	Bewegungsmodi	1	5
	Blinkmodi	1	3
	Auf- und Abwärtsrollen	–	x
	Dynamischer Seitenaufbau	–	x
8.	Grafische Zeichen:		
	Block-Grafik	x	x
	Linien-Grafik	–	x
	Schrägflächen-Grafik	–	x
	Frei definierbare Zeichen	–	x

Abb. 1: Vergleich der Darstellungsleistung von Btx im PRESTEL- und im CEPT-Standard

B 15.2   Technische Grundlagen

Die technischen Komponenten des Btx-Systems bestehen aus Zentrale(n), Netz und
Endgeräten unterschiedlicher Ausprägung.

In den Btx-Zentralen werden Informationen gespeichert, die von den Anbietern eingegeben worden sind; ferner stellt die Zentrale bei Bedarf oder Wunsch eine Verbindung zu einem Externen Rechner her. Für Btx existiert ein hierarchisches System von Zentralen: In der sogenannten Leitzentrale sind alle Original-Daten abgespeichert, hier erfolgen ferner zentral notwendige Arbeiten wie z.B. die Gebührenabrechnung. Regional verteilte Btx-Vermittlungsstellen mit Datenbank- und Teilnehmerrechnern übernehmen den eigentlichen Dialog mit dem Btx-Teilnehmer und halten die vor Ort benötigten Informationen bereit.

Der Zugang von Teilnehmern und Anbietern zu den Btx-Vermittlungsstellen erfolgt über das öffentliche Fernsprechnetz zum Nahtarif. Zusätzlich werden andere Datennetze – insbesondere das **Datex-P**-Netz – für den Anschluß von Externen Rechnern an die Btx-Zentralen genutzt.

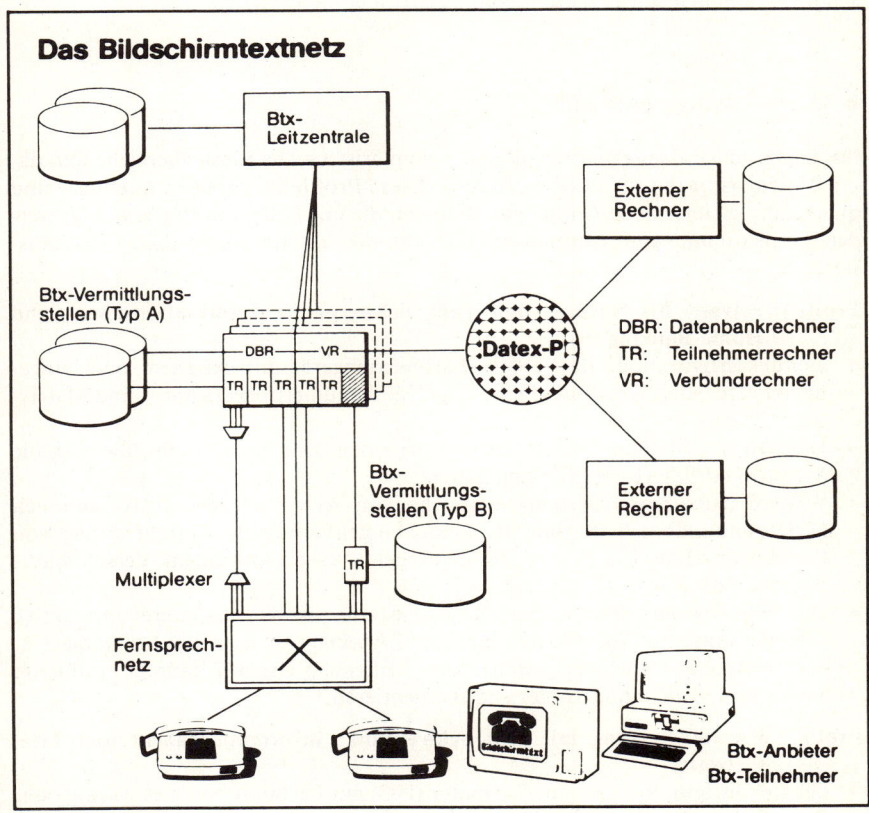

Abb. 2: Das Bildschirmtext-Netz

Die Verbindung zwischen Endgerät und Fernsprechleitung übernimmt ein **Modem**
(**Modulator/Dem**odulator). Der Modem wandelt die Datensignale in Töne um, so
daß sie über die Telefonleitung übertragen werden können. Gleichzeitig stellt er
beim Einschalten des Endgerätes automatisch (in anderen Varianten auch manuell)
die Verbindung zur Btx-Zentrale her; dorthin übermittelt er die Anschlußkennung
als Grundlage für die Teilnehmeridentifizierung und die Gebührenabrechnung.
Btx-Endgeräte existieren für die unterschiedlichsten Bedürfnisse und Einsatzgebiete. Alle gemeinsam haben einen Decoder, der die empfangenen Datensignale interpretiert, speichert und daraus die entsprechende Btx-Seite auf dem Bildschirm
erzeugt. Im Decoder sind die Darstellungseigenschaften nach dem verwendeten
Videotext-Standard festgelegt. Normalerweise sind die Decoder hardwaremäßig als
Mikrochips realisiert, für besondere Anwendungen können sie auch in Form von
Software in das Gerät geladen werden.
Die einzelnen Geräte-Konfigurationen für Endplätze werden im folgenden Ab-
schnitt zusammen mit typischen Nutzungsformen beschrieben.

B 15.3   Nutzungsprofile

Nachfolgend werden szenarioartig und exemplarisch sechs Einsatzbereiche und damit Nutzungsprofile für Btx beschrieben. Diese Profile beschreiben qualitativ und
quantitativ differierende Aufgabenstellungen, die mit Hilfe von Btx bewältigt werden können, und geben Anhaltspunkte für die jeweils notwendige Geräteaus-
stattung.

**Profil 1: Private Btx-Nutzung mit dem Schwerpunkt Informationsabruf und
Home-Banking**
* Gerätekonfiguration: Btx-fähiges Farbfernsehgerät mit externem oder einge-
  bautem Decoder, Btx-Anschlußbox, ggf. alphanumerische Tastatur und Matrix-
  bzw. Thermodrucker.
* Der Nutzer unterhält sein Bankkonto bei einem Institut, das ihm über Btx die
  Möglichkeit des Home-Banking bietet.
* Weitere Nutzungsschwerpunkte bestehen im Abruf aktueller Informationen
  (Telefonnummern, Fahrplan, Pressemeldungen) sowie der Durchführung von
  Buchungen (Reisen z.B.) und Bestellungen (Waren aus einem Versandhaus,
  Broschüren)
* Der Kauf einer alphanumerischen Tastatur eröffnet weitere interaktive
  Informations- und Kommunikationsmöglichkeiten, z.B. Anfrage bei Anbietern,
  Nachrichten an andere Teilnehmer usw. Mit einem Drucker kann er bestimmte
  Seiten − z.B. Kontoauszüge − dokumentieren.

**Profil 2: Private Nutzung mit dem Schwerpunkt Informationsabruf und Tele-
software**
* Gerätekonfiguration: Home Computer (HC) mit Farbmonitor, Btx-Modul oder
  Beistell-Decoder, Drucker, Floppy-Disk
* Mit dem Home Computer besitzt der Benutzer bereits eine Alphatastatur, die

er für den Abruf von Informationen und die Versendung von Mitteilungen einsetzt.

∗ Neben den oben genannten Nutzungsmöglichkeiten können mit Hilfe des Ladens von Telesoftware weitere Aktivitäten wie Textverarbeitung, Spiele oder Adreßverwaltung durchgeführt werden. Telesoftware-Angebote werden speziell für HC-bzw. PC-Besitzer in Btx bereitgehalten.

∗ Durch entsprechende Software für den HC ist auch die Erstellung einfacher Btx-Seiten oder eigener Telesoftware durchführbar.

Profil 3: Gewerbliche Nutzung am Beispiel Verwaltung einer Kundendatei für Außendienstmitarbeiter

∗ Gerätekonfiguration: Personal Computer (PC) mit Btx-Adapter und Decoder-Karte, Anwendungssoftware z.b. für Rundschreiben, Mailbox u.ä.

∗ Der gewerbliche Nutzer ist Versicherungsvertreter im Außendienst mit großem Kundenstamm. Seine Versicherungsgesellschaft ist Btx-Anbieter und hat ihre zentrale Datenbank angeschlossen.

∗ Der Benutzer benötigt Btx für die Verwaltung seiner Kundendatei sowie die Korrespondenz mit Kunden und seiner Gesellschaft. Änderungen von Verträgen kann er direkt in die Datenbank eingeben.

∗ Die Daten seines Kundesstamms kann er von der Datenbank in seinen PC laden und individuell bearbeiten. Außerdem kann er die in einer geschlossenen Benutzergruppe zugänglichen Informationen seiner Gesellschaft abrufen.

∗ Empfang, Speicherung und Versand von Mitteilungen werden durch den PC unterstützt; der Zahlungsverkehr mit seiner Bank wird ebenfalls über Btx abgewickelt.

Profil 4: Btx-Anbieter mit dem Schwerpunkt Aktualisierung und Pflege von Programmen

∗ Gerätekonfiguration: Editierterminal mit Bildschirm, Tastatur, Drucker, Kassettenrecorder bzw. Floppy-Disk; alternativ und komfortabler: PC mit Editiersoftware und Anwendungsoftware

∗ Der Anbieter unterhält ein mittleres Btx-Programm von einigen hundert Seiten, monatlich sind überwiegend Texte zu aktualisieren. Grafiken und kompliziertere Strukturänderungen werden selten editiert, hierfür wird gelegentlich eine Agentur eingeschaltet. Über Antwortseiten eingehende Bestellungen von Broschüren müssen intern an die Versandstelle weitergeleitet werden, Anfragen werden direkt über Btx beantwortet.

∗ Kleinere Textänderungen werden online direkt über den Dialogeditor des Btx-Systems eingegeben. Größere Seitenänderungen werden offline erstellt, intern gespeichert und dann manuell in den Dialogeditor eingespielt.

Profil 5: Btx-Agentur mit dem Schwerpunkt Erstellung von Programmen und Grafiken

∗ Gerätekonfiguration: Nur PC-gestützte Editiersysteme kommen in Frage, z.B. PC mit Festplatte und umfangreicher Editier- und Verwaltungssoftware, Software-Unterstützung bei der Grafikeditierung, evtl. auch weitere Peripherie wie Scanner, Grafiktableau, Maus. Drucker für alle CEPT-Zeichen, schnelles Modem (1.200 bzw. 2.400 Baud).

* Die Agentur erstellt komplette Btx-Programme, editiert Grafiken und verwaltet Programme für ihre Kunden mit Hilfe eines PC.
* Die vorhandene Software bietet neben komfortablen Editiermöglichkeiten auch Optimierungsfunktionen sowie Unterstützung bei Routineaufgaben wie Drukken oder Mailbox-Auslesen. Bulk-Update muß gewährleistet sein.

Profil 6: Anbieter mit eigener EDV-Anlage und Btx-Inhouse-System
* Der Anbieter − z.B. ein Großhändler oder eine Versicherung − will seinen Geschäftspartnern den Zugriff auf die hausinterne DV-Anlage geben und außerdem das System als Inhouse-Rechner für interne Verwaltungsarbeiten nutzen.
* Btx-Inhouse-Systeme werden als private Btx-Zentralen für innerbetriebliche Anwendungen eingesetzt. Sie können als Btx-Vorrechner für bereits vorhandene DV-Anlagen verwendet werden und − angeschlossen an das öffentliche Btx-Netz − über eine Datex-P-Schnittstelle als Externe Rechner den Zugriff auf Informationen oder Datenverarbeitungskapazitäten ermöglichen.
* Inhouse-Systeme bieten zusätzliche Funktionen, wie z.B. Anschluß von Btx-Terminals über Standleitung höherer Datenübertragungsraten mit entsprechend schnellerem Dialog oder zusätzliche Routinen wie Textverarbeitung und alphanumerische Suche.
* Kriterien für die Auswahl eines geeigneten Inhouse-Systems sind die maximale Anzahl möglicher Terminals-Anschlüsse, die Speichergröße, die Kompatibilität zum öffentlichen Netz sowie die Umsetzungsprogramme zu bereits existierenden DV-Anwendungen.

B 15.4   Mediale Charakteristika

Btx ist weniger seiner Technik wegen als Medium auch für Informationssysteme beachtenswert, sondern weil es zwei Eigenschaften der bisherigen Datenfernverarbeitung (z.B. online-Datenbanken) und der Verteilsysteme (z.B. Fernsehen) miteinander kombiniert: Btx ist sowohl interaktiv als auch selbsterklärend.

Die Interaktivität wird durch den „Rückkanal" vom Teilnehmer zur Zentrale gewährleistet und erlaubt die Strukturierung des Dialoges durch den Benutzer. Darüber hinaus ist jeder Btx-Anschluß potentiell eine multifunktional einsetzbare Dateneingabestation.

Daß Btx weitgehend selbsterklärend ist, verdankt es der bis auf ein Minimum reduzierten Steuerbefehle und Dialoganweisungen, die in der Grundversion lediglich aus den Ziffern bestehen. Damit fällt Btx zwar hinter den Standard komplexer Datenbanken zurück, kommt aber dafür ohne umfangreiche Manuals und Benutzerschulungen aus. Der potentielle Benutzerkreis wird in einem bisher nicht gekannten Ausmaß erweitert, auch der „DV-Laie" erlernt der Umgang mit diesem System in sehr kurzer Zeit.

Dazu kommen weitere Charakteristika, die bei der Einsatzplanung dieses Mediums berücksichtigt werden müssen:

− **Ubiquität:** Hohe räumliche und zeitliche Verfügbarkeit; theoretisch von jedem Telefonanschluß aus und rund um die Uhr ist Btx erreichbar.

– **Aktualität:** In Realzeit können Änderungen editiert werden; räumlich disperse Zielgruppen können schnell erreicht werden.
– **Kapazität und Komplexität:** Mengenmäßig sehr große Informationskontingente und funktionsmäßig sehr unterschiedliche Kommunikationsformen können über ein System angeboten werden.
– **Ausbaufähigkeit und Integrativität:** Der Anschluß einer Vielzahl peripherer Speicher- und Verarbeitungsgeräte (Bildplatte, Drucker usw.) erlaubt den Ausbau für spezifische Einsatzzwecke. Die Integration von Btx in die EDV-Logistik erlaubt die Kombination mit anderen Kommunikationsformen wie Datenverarbeitung oder Bürofernschreiben.

Bei der Konzeption des Btx-Einsatzes müssen nun anwenderspezifisch diese einzelnen Charakteristika bewertet, gewichtet und in eine Strategie umgesetzt werden. Für den einen Anwendungsfall wird die Aktualität von besonderer Bedeutung sein, für den anderen vielleicht die räumliche Verfügbarkeit oder die Dialogmöglichkeiten.

Der Gesamtprozeß der Btx-Systemerstellung und -pflege läßt sich etwa mit den folgenden Arbeitsschritten umreißen:

– Inhaltliche Konzeption mit Zielgruppenanalyse/-bestimmung
– Auswahl der Informations- und Dienstkomplexe
– Festlegung der Dienstelemente und der Zielinformationen (also Abrufinformationen, Interaktionsmöglichkeiten, Einbindung externer Datenbanken, Bildung von geschlossenen Benutzergruppen)
– Gestaltung von Text- und Grafikseiten, Layout
– Strukturierung, Benutzerführung, ggfls. Software-Entwicklung
– Editieren (offline/online) incl. Einbindung in die Suchhilfen des Gesamtsystems
– Dokumentation
– Datenpflege, Updating
– Auswertungen im laufenden Betrieb, z.B. Seitenabrufstatistik
– Begleitende Maßnahmen extern orientiert: Marketing, PR; intern orientiert: Schulung von Mitarbeitern, organisatorische Anpassungen.

Der Umfang eines Btx-Angebotes, der Aktualisierungsgrad und die Komplexität haben entscheidenden Einfluß auf den Editier- und Update-Aufwand und determinieren die Auswahl der erforderlichen Hard- und Software, die Ansprüche an die Benutzeroberfläche, die Entscheidung für offline- oder online-Editieren; sie bestimmen ferner die Qualität und den Aufwand für die Dokumentation sowie das Auswertungsinstrumentarium.

B 15.5 Strukturierung von Btx-Systemen und Dialogmethoden

Btx ist in zweierlei Weise selektiv: Zum einen aus der Sicht des Informationsanbieters in der steuerbaren Zielgruppenorientierung, zum anderen aus Sicht des Benutzers in den angebotenen Suchstrukturen. Im allgemeinen wird das Angebot eines Anbieters verschiedene Informationskomplexe enthalten. Der Nutzwert hängt nun entscheidend davon ab, ob der Benutzer in der Lage ist, das Gewünschte auf möglichst kurzem Wege zu finden, und zwar auch noch dann zu finden, wenn er anderen Suchkriterien folgt, als dieses dem Anbieter vielleicht vorschwebt.

Eine der schwierigsten Herausforderungen – insbesondere bei umfangreichen Sei-
tenkontingenten – ist in der Entwicklung der Suchstruktur und in der Benutzerführung zu sehen. Die Schwierigkeit liegt darin, die auf einzelne kleine Segmente
– nämlich die Btx-Seiten – verteilten Informationen so miteinander zu verbinden,
daß sie unterschiedlichen Benutzeranforderungen gerecht werden.
Zu diesem Zweck werden verschiedene Zugriffmethoden eingesetzt, wobei grundsätzlich gilt:

* Die Zielinformationen sind auf Btx-Seiten in der Zentrale gespeichert, d.h. sie sind präfa-
  briziert. Abgesehen vom Aufruf einer Seite und der Übermittlung wird keine weitere
  Rechnerleistung benötigt, um sie auf dem Endgerät darzustellen (zum Sonderfall Externer
  Rechner siehe unten).
* Bestandteil einer Btx-Seite ist neben dem Inhalt und der Benutzerführung eine Adresse –
  die Btx-Seitennummer.
* Die Selektion einer Seite erfolgt im Normalfall über ein selbsterklärendes Führungssys-
  tem, wobei der Benutzer als Befehle im wesentlichen auf die Ziffern und die beiden Btx-
  spezifischen Sonderzeichen * und # beschränkt ist. Die Wahl einer Ziffer bewirkt bei entsprechender Programmierung eine Verknüpfung, d.h. die Adreßverkettung von zwei beliebigen Btx-Seiten.

B 15.5.1   Menu- und Suchbaumtechnik

Die erste Möglichkeit zur Strukturierung besteht in der Anwendung der Menu- oder
Suchbaum-Technik, bei der die Informationsblöcke in einer strengen Baumstruktur
organisiert sind. Beispiel für eine derartige Strukturierung wäre etwa in einem geo-
graphischen Suchbaum die Auswahl auf der ersten Ebene nach Erdteilen (Europa,
Amerika, Afrika usw.), auf der zweiten Ebene nach Einheiten (Westeuropa, Osteu-
ropa), auf der dritten schließlich nach Staaten und weiter bis zur Zielinformation.
Es läßt sich unschwer feststellen, daß hier sowohl für die interne Strukturierung als
auch die Benutzerführung klassifikatorische Prinzipien verwendet werden. Jede der
Auswahlseiten entspricht einer klassifikatorischen Ebene und stellt gleichzeitig das
,,Menu'' dar, aus dem der Benutzer seine Auswahl vornehmen kann. Die Bildung
der begrifflichen Hierarchien ist zugleich Abbild des ,,Suchbaumes''.
Das Bild des Suchbaumes suggeriert eine hierarchische Struktur, die in bestimmten
Fällen (wie im obigen Beispiel) durchaus vorkommt, aber nicht zwangsläufig sein
muß. Zumindest in gewissen Grenzen ist es möglich, auch polyhierarchische Beziehungen abzubilden und damit gewissermaßen mehrere Suchbäume ,,übereinander-
zulegen''.
Man kann ferner durch sogenannte zirkuläre Menus eine verbesserte Dialogfüh-
rung erreichen: Hierbei werden auch Sprünge zwischen den Informationsblöcken
zugelassen. Der Benutzer wird über Schleifen oder zirkuläre Maschen geführt.
Suchprozesse können dadurch abgekürzt und vor allem in gewisser Weise adaptiv
gestaltet werden.

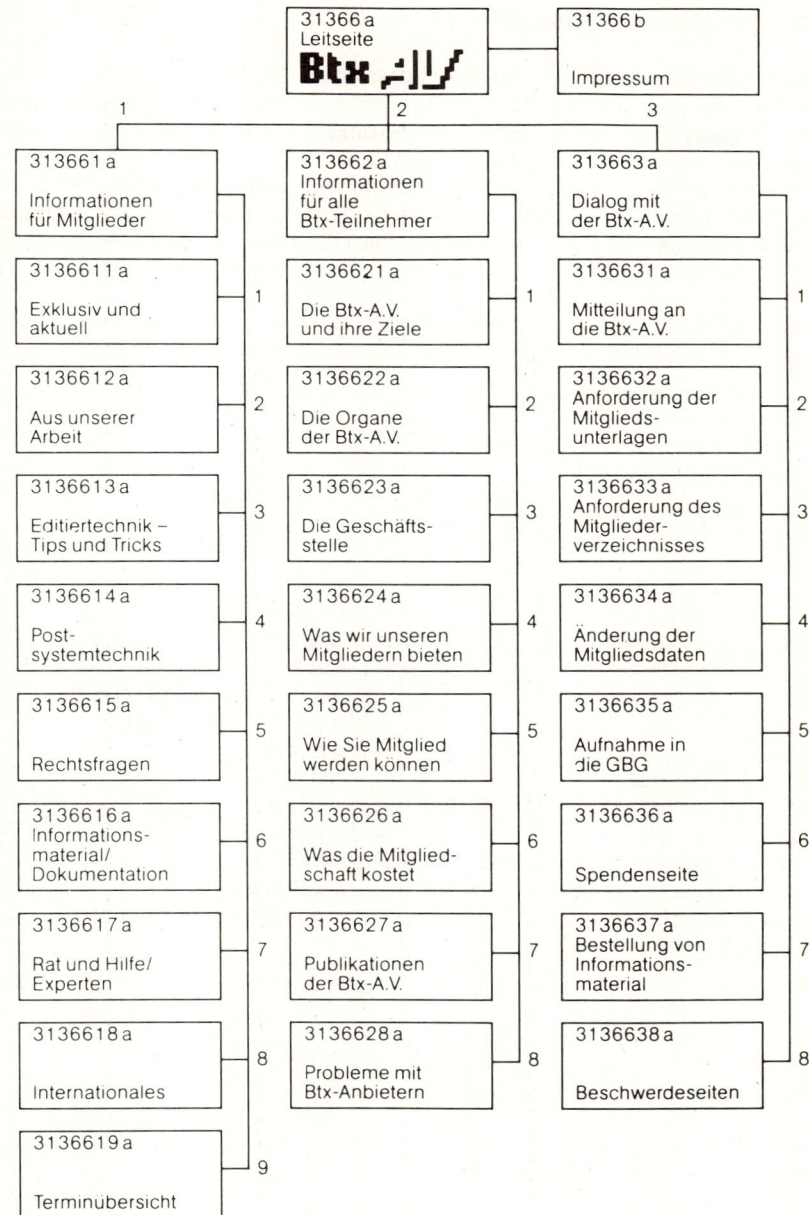

Abb. 3: Beispiel für einen Btx-Suchbaum

B 15.5.2   Aufbau von Registern

Eine weitere − vielfältig verwendete − Möglichkeit der Optimierung des Zugriffs-
vorganges besteht im zusätzlichen Aufbau von Registern, insbesondere alphabetischer Schlagwortsysteme. In geeigneten Fällen lassen sich auch numerische, chronologische oder systematische Register einsetzen.

Da eine direkte alphanumerische Eingabe bei Btx nicht möglich ist (zumindest nicht
auf Anbieterebene), müssen die Schlagworte gewissermaßen in Ziffern „umco-
diert" werden. Bei der Register-Erstellung spielen die klassifikatorischen Probleme
eine untergeordnete Rolle, von Bedeutung sind hier vor allem die Fragen der Vokabularkontrolle, also etwa die Behandlung von Synonymen.

Über sogenannte Matrixdarstellungen können auch in engen Grenzen polydimen-
sionale oder facettierte Zugriffsformen realisiert oder zumindest simuliert werden.

```
Bildschirmtext
Schlagwörter  Aa - Ad


Abbuchungs-                Abrüstung ......  19
  verfahren ......  10    Absatzförderung   20
Abdichtungen ....  11    Absatzmärkte ...  21
Abenteuerreisen   12     Abschleppdienste  22
Abfall-                   Abschreibungen    23
  beseitigung ....  13    Abwasser,
Abfallbörse .....  14      -beseitigung ..  24
Abflußreinigung   15     Accessoires ....  25
Abgaben ........  16     Adoption .......  26
Abgeordnete .....  17    Adreßbücher ....  27
Abonnements               Adressen .......  28
  (Zeitschr.,            Adressenverlage   29
  Zeitung)........  18



99 ←                             → #
                              103100a
```

Abb. 4: Ausdruck einer Btx-Registerseite

B 15.5.3   Nummernsysteme

Ein Sonderfall ist in der Verwendung von Nummernsystemen zu sehen: Die Btx-Seitennummern − im Prinzip willkürlich vergeben − lassen sich so beim Editieren wählen, daß sie wie Kennzahlen verwendbar sind. Aus Sicht des Informationsanbieters wird damit die Notation einer Klassifikation zum Hilfsmittel bei der Systemstrukturierung. Aus Sicht des Benutzers kann über das Nummernsystem jede Btx-Seite auch direkt angewählt werden. Man kann also − wie beim herkömmlichen Einsatz von Klassifikationen − dem Benutzer eine entsprechende Tafel an die Hand geben und ihn die gewünschten Informationen direkt anwählen lassen. Nach diesem Prinzip arbeiten auch die externen, gedruckten Verzeichnisse, die von Verlagen angeboten werden (Vorteil: Verkürzung des Dialoges durch Umgehung vieler Menu-Seiten; Nachteil: System ist nicht mehr selbsterklärend).

B 15.5.4   Rechnergestützte Dialoge mit zentraler Intelligenz

Rechnergestützte Dialoge − z.B. durch Externe Rechner in Btx − bieten insbesondere bei alphanumerischen Eingabeverfahren die Möglichkeit zu echten adaptiven Suchprozessen. Diese Dialoge können zwar auch mit Menu-Technik arbeiten, sind aber nicht mehr so eng wie der statische Btx an einem speziellen Datenbankmodell orientiert. Die primitivste Dialogform − von vielen Online-Datenbanken her bekannt − besteht in postkoordinierten Frageformulierungen, die nach den Methoden der formalen Logik (z.B. Boolesche Algebra) abgearbeitet werden.
Da diese Dialogformen nicht mehr dem Postulat der Selbsterklärungsfähigkeit entsprechen, schalten moderne Verfahren der eigentlichen Datenbankabfrage Verarbeitungsschritte vor, die zunächst eine Übersetzung des vom Benutzer gestellten Problems in die Struktur der Datenbank leisten. Softwaretechnisch gesprochen handelt es sich hierbei um zusätzliche Elemente, wie eine Benutzerführungsschicht und eine Anwendungszwischenschicht, die zwischen Anfrage und Datenbank eingefügt werden. Das beginnt bei relativ trivialen Elementen wie beispielsweise Erkennung und Tolerierung von Tippfehlern, führt über die Einbeziehung von Sprachroutinen − mit der Möglichkeit zu Stichwortanalysen oder Herstellung von Relationen − bis hin zu adaptiven Dialogen, bei denen temporäre Exkurse zur Einholung von Spezialwissen oder Lösung von Teilproblemen ermöglicht werden.

B 15.5.5   Rechnergestützte Dialoge mit dezentraler Intelligenz

Eine Alternative zu den zentral unterstützten Systemen stellen „intelligente" Endgeräte wie etwa Personal Computer dar, bei denen Daten in bestimmten Intervallen aus der Btx-Zentrale ausgelesen (Downloading), vor Ort gespeichert werden und mit benutzereigener Software für das Retrieval zur Verfügung stehen. Verfügt man über diese Möglichkeit, kann man auch zusätzliche Speicherperipherie anschließen und einen integrierten Dialog mit Btx-Informationen und Daten aus dezentralen Speichern (z.B. Bildplatte, CD-ROM) durchführen.

Literatur:

01. Bildschirmtext-Anbieter-Vereinigung: Bildschirmtext komplett. Gezielte Nutzung im Kommunikationsverbund. Berlin 1988. 64 S.
02. Deutsche Bundespost: So benutzen Sie Bildschirmtext. Bedienungsanleitung für den Bildschirmtext der Deutschen Bundespost. 1987. 32 S.
03. Eisenbeis, Manfred; Henrich, Andreas; Marschall, Michael: Programm MOSAIK 2, Handbuch für die Gestaltung von Bildschirmtext. Nürnberg: Müller 1985. 239 S.
04. Lazak, Dieter: Bildschirmtext − Technische Leistung und wirtschaftliche Anwendung neuer Kommunikationstechnik. München: CW-Publikationen 1984. 648 S.
05. Meyer, V. W.; Breinlinger, H. und Gusbeth, H.: Bildschirmtext und seine Anwendung. Loseblattsammlung. Percha: R. S. Schulz 1985 ff
06. Progris GmbH (Hrsg.): Progris Bildschirmtext Report. Btx-Systeme für professionellen Einsatz. Berlin: Progris 1986. 258 S.
07. Strauch, Dietmar; Vowe, Gerhard (Hrsg.): Bildschirmtext − Facetten eines neuen Mediums. München: Oldenbourg 1980. 216 S.

Zeitschriften:

08. Bildschirmtext Aktuell. ISSN 0724-1828. 9. Jahrgang 1988. Ulm: Neue Mediengesellschaft (Newsletter wöchentlich)
09. Btx Praxis − Fachzeitschrift für Bildschirmtext-Anwender. ISSN 0723-7618. Ulm: Neue Mediengesellschaft (monatlich)

Verzeichnisse:

10. ABC Bildschirmtext. Das Anbieter- und Schlagwörterverzeichnis. Frankfurt am Main: Deutsche Postreklame (jährlich)
11. BTX. Amtliches Verzeichnis der Bildschirmtextteilnehmer. Bonn: Deutsche Bundespost (jährlich)
12. Btx adress. Nürnberg: Müller (jährlich)

C   Informationsdienste

C 1   Einleitung und Überblick

Im Hauptkapitel B waren Methoden und Verfahren beschrieben worden, mit denen Wissen − auf Datenträgern fixiert, formal und inhaltlich strukturiert, in Speichermedien und durch Zugangswege organisiert − für diejenigen, die Informationen benötigen, verfügbar gemacht wird.
Darüber hinaus ist Sinn und Zweck professioneller Informationstätigkeit die Informationsversorgung. Dafür sind die bereits vorgestellten Methoden Voraussetzung und das eigentliche Mittel die Informationsdienste und -dienstleistungen. Ihnen ist dieses Hauptkapitel C gewidmet.
Informationsdienste können unter verschiedenen Aspekten betrachtet werden, so z.B. nach ihrer physikalischen Form, ihren Inhalten, Themen, Funktionen, Anwendungszielen. Von einer theoretischen Typologie der Dienste wird hier abgesehen. Die folgende Gliederung ist Ergebnis eines zunächst produktorientierten Ansatzes, der es erlaubt, die unterschiedlichen Aspekte professioneller Erstellung, Nutzung und Anwendung von Informationsdiensten zu verdeutlichen und anhand verschiedener Beispiele die Vielfalt der Dienste und ihrer Auskunfts- und Anwendungsmöglichkeiten zu veranschaulichen.
Die „klassischen IuD-Dienste" werden insbesondere anhand der gedruckten Diensteformen (Produkte) vorgestellt (C 2: Marlies Ockenfeld). Dies geschieht einerseits unter dem Aspekt der Verwendungsziele, andererseits der Dienstetypen, deren Besonderheiten exemplarisch beschrieben werden. Außerdem werden Kriterien für die Herstellung und Qualität von Informationsdiensten genannt.
Auch das Kapital „Online-Dienste" (C 3: Joachim Kind) enthält viele Beispiele, in diesem Falle der elektronischen Informationsprodukte. Ziel dieses Beitrages ist es jedoch vor allem, die Verfahren und Techniken darzustellen, die zur Nutzung von Datenbanken notwendig sind. Er enthält neben einem Überblick über das Datenbankangebot u.a. Hinweise auf die technischen Voraussetzungen (Ausstattung) sowie Beschreibungen der Retrievalfunktionen und Hilfsmittel bei der Recherche.
Datenspezifische Informationsdienste werden am Beispiel „Statistische Information" (C 4: Josef L. Staud) vorgestellt. Dieses Kapitel umfaßt die methodischen und verfahrenstechnischen Besonderheiten der Fakteninformation von der intellektuellen wie auch automatischen Datengenerierung bis zum Retrieval bei Statistischen Datenbanken.
Der technische Aspekt der Informationsdienste (damit auch der Begriff Informationsdienst als informationstechnischer) steht im Mittelpunkt des Kapitels „Neue Diensteformen" (D 5: Dietmar Strauch). Durch die Entwicklung technisch neuer Speichermedien entstehen Informationsprodukte, die veränderte Maßstäbe an Kapazität, Aktualität und Komfort bei der Informationsbeschaffung stellen. Mit den Anwendungen neuer Telekommunikationsdienste erweitern sich auch die Möglichkeiten der Daten- und Informationsver- resp. übermittlung. Die Integration dieser

,,neuen'' Dienstformen ermöglicht es zudem, bei gleichem Inputaufwand mehrere Formen des Outputs zu organisieren und damit aus einem Datenspeicher verschiedenartige (auch technisch) Informationsdienste zu generieren.

,,*Funktionale Dienste*'' ist Thema des letzten Beitrages *(C 6: Ralph Schmidt),* der sich mit integrierten, informationsbezogenen Diensten und Dienstleisungen unter den Aspekten Informationsauftrag, -beschaffung, -aufbereitung sowie Umsetzung und Anwendung von Information beschäftigt. Es werden Bedarfs- und Akzeptanzstrukturen für Dienste unterschiedlicher Qualitätsstufen untersucht, Strategien des Informationsmarketing und Umfeldeinflüsse angesprochen und schließlich auch Qualitätskriterien für moderne, anwendungsgerechte Informationsvermittlungstätigkeit und professionellen Wissenstransfer formuliert.

Weitere Informationsdienste und -dienstleistungen werden auch im anschließenden Hauptkapitel D ,,Informationssysteme'' genannt, dort insbesondere unter dem Aspekt ihrer fachlichen und institutionellen Einbindung.

C 2   Klassische Informationsdienste

Marlies Ockenfeld

C 2.1   Zielsetzung von Fachinformationsdiensten

C 2.1.1   Die traditionellen IuD-Dienste

Dokumentationen und Fachinformationsdienste haben eine Reihe von wichtigen Funktionen beim Prozeß der Wissensvermittlung und Wissensgewinnung. Wesentlich sind die drei folgenden, die auch bereits sehr früh die eigentlichen Triebfedern für die Erstellung von Dokumentationsdiensten waren:

Zum ersten sollen Fachinformationsdienste zu einem Thema, einer Fragestellung, einem Sachverhalt umfassende Information ermöglichen. Sie leisten eine thematische Zusammenschau von einzelnen Angaben, Meinungen, Ergebnissen usw., die aus einer großen Anzahl verstreut vorhandener Quellen zusammengetragen werden. Dadurch können sie jeden, der auf der Suche nach Informationen ist, gleich gut bedienen, unabhängig davon, ob er einfachen Zugang zu einer großen Bibliothek hat oder nicht. So gesehen sind sie auch ein Mittel, um Informationsprivilegien auszugleichen und den Zugang zum gesamten öffentlich verfügbaren Wissen tatsächlich praktisch zu eröffnen.

Fachinformationsdienste ermöglichen außerdem Interessenten, die in der Regel andere Zeitschriften oder Informationsquellen benutzen, den Zugang zu Informationen, an denen sie interessiert sind. Sie machen sie aufmerksam auf Quellen, an die sie vielleicht bisher nicht gedacht haben. Außerdem leisten sie einen Beitrag zum Abbau von Informationsbarrieren, indem sie auch Informationsquellen, die in weniger geläufigen Sprachen abgefaßt sind, auswerten und die wesentlichen Aussagen in einer vertrauten Sprache wiedergeben.

Und drittens haben Fachinformationsdienste auch eine Archivfunktion, indem sie nämlich den Wissensstand zu einem gegebenen Thema oder Sachverhalt zu einem bestimmten Zeitpunkt festhalten, dokumentieren. Solche Dokumentationen werden an Bedeutung in den kommenden Jahren eher zu- als abnehmen, denn die Zunahme an elektronisch ausgetauschten Daten und die Schnelligkeit, mit der Wissen umgeschlagen wird, machen es in hohem Maße erforderlich, den Stand der Dinge zu einem gegebenen Zeitpunkt regelmäßig dingfest zu machen und in einer nicht veränderbaren Form sozusagen als historischen Beleg zu speichern.

Beachtung verdient hier am Rande auch die Tatsache, daß durch das systematische Sammeln von Veröffentlichungen zur Auswertung häufig auch ein Beitrag zur Literaturversorgung geleistet wird.

Fachinformationsdienste lassen sich wie fast alle Dinge unter erdenklich vielen verschiedenen Gesichtspunkten betrachten und einteilen, z. B. nach ihrer Funktion, nach ihrem Herstellungsprozeß, nach ihrem Inhalt, nach ihrem Aufbau oder nach ihrer äußeren Erscheinungsform. Hier wurde aus pragmatisch-historischen Gründen der zuletzt genannte Aspekt gewählt, so daß dieses Kapitel von ,,Gedruckten Diensten'' handelt.

Im Hinterkopf sollten die Leser dieses Kapitels jedoch immer behalten, daß ein bestimmter gedruckter Dienst selbstverständlich immer nur *ein* ausgewähltes Produkt
aus einer Vielzahl von möglichen Fachinformationsdiensten ist, die alle aus ein und
demselben Informationsspeicher, aus ein und derselben Datenbasis, erstellt werden
könnten. Sie haben zwar aufgrund ihrer Eigenschaft, gedruckt, d. h. in papierge-
bundener Form, vorzuliegen, ganz bestimmte Vor- und Nachteile gegenüber anderen, die z.B. als CD-ROM oder als online abfragbare Informationsbank angeboten
werden (vgl. Kap. C 3 und C 4), doch unterscheiden sie sich von deren Produktion
im Grunde oft nur unwesentlich.

Leider ist die Gestaltung vieler gedruckter Fachinformationsdienste sehr leseun-
freundlich. Häufig sind die Schriftgrößen sehr klein, die Druckvorlage entstammt
gelegentlich direkt Schnelldruckern, deren Zeichenvorräte nur über Großbuchstaben und den amerikanischen Zeichensatz verfügen, und der Zeilenabstand ist oft
genug zu gering. Allerdings scheint der Einsatz von Textverarbeitungssystemen und
von Laserdruckern mit einem größeren Vorrat an Schriften hier allmählich Verbesserungen zu bringen.

C 2.1.2   Die ,,neuen'' Dienste

Literatur- und Forschungsdokumentationen sind, im Unterschied zu vielen anderen
Dokumentationsarten, personalintensive und kostenaufwendige Unternehmen, die
in hohem Maße aus Mitteln der öffentlichen Hände direkt oder indirekt subventioniert werden müssen, weil sie sich nur in Ausnahmefällen durch den Verkauf der
erstellten Datenbasen oder Druckerzeugnisse finanzieren lassen. Information und
Dokumentation wurde daher von den öffentlichen Förderern und den von ihnen
getragenen Dokumentationsstellen lange nur unter dem ihnen vertrauten Blickwinkel der Literaturdokumentation gesehen. Erst mit Beginn der Planung von Fachinformationssystemen gegen Mitte der 70er Jahre begann die allen Informationsvermittlern selbstverständliche Erkenntnis, daß es neben der Literaturdokumentation
eine Vielzahl anderer Dokumentationsarten gibt, auch im öffentlichen Bereich allmählich Allgemeingut zu werden. Zu diesen anderen Dokumentationsarten zählen
u.a. die Dokumentation von Terminen, Ereignissen, Personen, Institutionen, Bauwerken, Vorhaben, Produkten, Software, numerischen Daten und Kenngrößen sowie technischen Regeln. Der Bezeichnungswandel weg von IuD hin zur Fachinformation markiert damit einen Begriffswandel, den die öffentlichen mit IuD befaßten Stellen vollzogen haben.

Naturgemäß rückten mit den eine Zeitlang als ,,neue'' Dienste bezeichneten Dokumentationsdiensten auch ihre traditionellen Produzenten, privatwirtschaftliche
Verlage, Verbände, Firmen und Redaktionsbüros bis hin zu Nachrichtenagenturen
in den Blickpunkt. Diese Produzenten, vor allem die Verlage, haben inzwischen in
vielen Fällen die Bezeichnungen Fachinformation und Datenbanken für ihre Verzeichnisse, Loseblattsammlungen und Nachschlagewerke übernommen.

C 2.1.3 Aspekte zur Typisierung der Dienste

Noch vor einigen Jahren war es aufgrund des eingeschränkten IuD-Begriffs und des Standes der Technik recht problemlos möglich, Typologien von Informationsdiensten aufzustellen, die eine einigermaßen eindeutige Charakterisierung der einzelnen Typen und eine eindeutige Zuordnung zu einem bestimmten Diensttyp ermöglichten. Heute fallen solche klaren Trennungen zunehmend schwerer, weil aus einer einzigen Informationsbasis ein ganzes Kontinuum von Informationsdiensten erzeugt werden kann. Dies ist möglich geworden, weil die Informationseinheiten meistens in elektronischer Form gespeichert sind und auch die Kunden zunehmend über komfortable und vielseitige Programmpakete verfügen, mit deren Hilfe sie fast beliebige Zusammenstellungen und Auswahlen aus einer oder mehreren Datenbanken erzeugen können. Diese Informationspakete lassen sich dann entweder in Form von lesefreundlich gestalteten Ausdrucken (Textverarbeitung, Desktop Publishing) oder elektronisch (electronic mail, Mailbox) weiterverteilen oder -verarbeiten.
Trotz dieser fließenden Übergänge sollen einige kennzeichnende Eigenschaften der wichtigsten Arten von Diensten an Beispielen aufgezeigt werden.
Es lassen sich die Dienste z.B. danach einteilen, ob sie

- auf eine eigene Initiative des einzelnen Informationskunden zurückgehen, also angefordert werden,
- von Informationslieferanten für Gruppen potentieller Kunden bereitgestellt werden oder
- aktiv von Informationsvermittlungsinstanzen aufgrund eines allgemeinen Interessenprofils des Kunden angeboten werden.

Zur ersten Gruppe gehören einmalige oder wiederkehrende Recherchen in gedruckten oder elektronischen Informationsspeichern nach einem vom Informationskunden geäußerten Thema oder Sachverhalt. Zur zweiten Gruppe gehören die meisten Nachschlagewerke, Verzeichnisse, Datensammlungen und Literaturnachweisdienste in gedruckter oder elektronischer Form oder Standardprofildienste. Zur dritten Gruppe schließlich zählen Signalinformationen, mit denen Informationsvermittler ihre Kunden auf Neuigkeiten aufmerksam machen, von denen sie annehmen, daß dafür ein Interesse besteht.
Ein anderes Einteilungsmerkmal, nach der Zweckbestimmung der Dienste, führt zu folgender, nicht überschneidungsfreier, Gruppierung in Dienste, die

- laufend einen allgemeinen Überblick ermöglichen und regelmäßig erstellt werden (z.B. Referatedienste, laufende Bibliographien, Forschungsdokumentationen, Datenbanken);
- der Beantwortung einer bestimmten Problemstellung oder Frage dienen und ggf. auch speziell dazu erstellt werden (z.B. Recherchen);
- gezielt eingesetzt werden, um aktiv zu informieren (z.B. Signalinformationen die auf herkömmlichen Kommunikationswegen oder über elektronische Kanäle ihre Empfänger erreichen); und schließlich solche, die
- laufend Hinweise zu einem bestimmten eingeschränkten Themenfeld oder einer bestimmten Fragestellung liefern (z.B. Profildienste).

Im Grunde ist jedoch keine generelle Aussage über die Eignung einzelner Formen von Informationsdiensten für die Erfüllung unterschiedlicher Informationswünsche möglich. Vielmehr muß im Einzelfall fachgebiets- und themenspezifisch, aber auch unter Berücksichtigung von Vorlieben und Abneigungen des Benutzers, zeitlichen Restriktionen oder Kostenbeschränkungen, der bestmögliche Informationsweg gefunden werden.

C 2.2   Arten von gedruckten Fachinformationsdiensten

Die wesentlichen Arten gedruckter Dienste werden im folgenden nach der Funktion, die sie im Prozeß der Wissensvermittlung und der Dokumentation einnehmen, gruppiert. Dabei werden sie primär nach zunehmender Dichte und Benutzerorientierung der vermittelten Angaben geordnet. Deutlich werden sollen die unterschiedlichen Grundsätze, nach denen sie erstellt werden, und die verschiedenen Informationszwecke, denen sie dienen. An Beispielen wird ihre Vielfalt deutlich gemacht. Die eingehende Beschreibung einzelner fachspezifischer Dienste und ihrer Bedeutung innerhalb der fachlichen Informationssysteme folgt in Hauptkapitel D.

C 2.2.1   Current Contents

Current Contents bezeichnet einen recht einfachen, aber nichts desto weniger wirkungsvollen Dienst von hoher Akzeptanz, der ohne große Erklärungen von jedem auf Anhieb benutzt werden kann. Contents steht für Inhaltsverzeichnisse und Current Contents geben regelmäßig die Inhaltsverzeichnisse von Fachzeitschriften wieder.

Dies kann so aussehen, daß die Inhaltsverzeichnisse auf photomechanischem Wege, als Foto-Offset, hintereinander abgedruckt werden oder so, daß die Angaben aus den Inhaltsverzeichnissen noch einmal abgeschrieben und dabei formal vereinheitlicht werden, so daß z.B. Autorennamen, Titel und Seitenzahlen immer gleichartig angeordnet sind, und nicht wie bei den verschiedenen Zeitschriften in den unterschiedlichsten Anordnungen auftreten.

Der bedeutendste derartige Dienst sind die Current Contents[R] des Institute for Scientific Information[R] (ISI[R]) in Philadelphia. Sie erscheinen wöchentlich in sieben verschiedenen Serien, die älteste, Life Sciences, gibt es seit 1958, die jüngste, Arts & Humanities, seit 1979. Jede Serie berücksichtigt etwa 1 000 Zeitschriften. Vor allem im wissenschaftlichen Bereich, in Universitäten, Forschungseinrichtungen und in forschungsintensiven Industriezweigen werden sie viel genutzt. Sie erlauben eine rasche, laufende Information über neue Veröffentlichungen in einer Vielzahl von einschlägigen Fachzeitschriften, die ein Wissenschaftler in der Regel sonst nicht alle in seiner Einrichtung zur Verfügung hat. Je aussagekräftiger der Titel eines Beitrages ist, um so besser läßt sich natürlich eine Entscheidung über die Relevanz des Beitrages fällen. Renommierte Fachzeitschriften achten auf solche präzisen Formulierungen des Titels. Oft läßt sich für den Fachmann auch aus der Kombination Autor und Titel leicht ermessen, ob der Beitrag wichtig für ihn sein könnte oder nicht.

Current Contents-Dienste werden gelegentlich auch von Bibliotheken für ihre Kunden angefertigt. Außerdem gibt es zunehmend Fachzeitschriften, die die Inhaltsverzeichnisse verwandter Periodika regelmäßig abdrucken und so ihren Lesern einen zusätzlichen Service bieten.

Hat der Leser einen Titel entdeckt, der ihn interessiert, so muß er sich den entsprechenden Beitrag auf den üblichen Wegen, auf denen er seine Fachliteraturwünsche befriedigt, besorgen. Im Falle der Current Contents[R] von ISI[R] besteht zusätzlich die Möglichkeit, den Dienst ,,The Genuine Article'' in Anspruch zu nehmen. Auf speziellen Bestellkarten kann man jeden angezeigten Beitrag in Philadelphia bestellen und bekommt ihn dann in Form von aus dem Originalheft herausgerissenen Seiten zugeschickt.

C 2.2.2 Titellisten

Titellisten sind ebenso wie die Current Contents sehr einfache Dienste, die lediglich die bibliographischen Angaben von Beiträgen aus periodischen Publikationen verzeichnen. Dabei fassen sie in ihrem Hauptteil die Beiträge jedoch nicht nach Zeitschriftenheften zusammen, sondern benutzen die Titel der Beiträge zur Ordnung. Um einschlägige Arbeiten finden zu können, verfügen diese Dienste neben einem Autorenregister über eine weitere besondere Form von Registern. Sie entstehen, indem die Titel alphabetisch nach den in ihnen vorkommenden sinntragenden Wörtern angeordnet werden. Satztechnisch geht man dabei so vor, daß jedes der sinntragenden Wörter − in der Regel alle Nomen − einmal in der Mitte der Zeile steht und der übrige Text des Titels dann quasi um dieses Wort herum permutiert wird. Man kann sich das so vorstellen, daß der Titel zu einem Kreis gebogen wird und man sich von diesen Kreisen soviele Exemplare herstellt, wie der Titel sinntragende Wörter enthält. Nun trennt man jeden der Kreise jeweils links vor einem solchen Wort auf und ordnet die so entstandenen Wortfolgen, die permutierten Titel, alphabetisch untereinander. Die dabei entstehenden Wortfolgen werden automatisch auf die Zeilenlänge gekürzt, sodaß von langen Titeln naturgemäß nur jeweils kleine Stücke übrig bleiben. Dieses Verfahren, das dank der elektronischen Datenverarbeitung mühelos angewendet werden kann, nennt man KWIC (Key Word In Context). Die durch die alphabetische Ordnung entstandene Auflistung wird als KWIC-Index bezeichnet. Selbstverständlich steht und fällt der Nutzen eines solchen Registers mit der Aussagekraft und Genauigkeit der Titel. Hat man im KWIC-Index ein Reizwort gefunden, das auch im Zusammenhang des Titels den Verdacht nahelegt, es könnte sich um eine wichtige Arbeit handeln, so kann man im bibliographischen Verzeichnis die kompletten bibliographischen Daten des Beitrages ermitteln und sich die Literatur wie gewohnt beschaffen.

Eine bekannte Titelliste sind die Chemical Titles[R], die seit 1961 erscheint und die weltweit erste Zeitschrift war, die vollautomatisch von einem Computer erstellt wurde. *Abb. 1* zeigt beispielhaft die Eintragungen in den drei Registern der Chemical Titles[R]

Keyword in Context Index

viduct du+ Occurrence of 2-	5A and RNA degradation in the chick o	BICHAW-0027-3246
zation behavior of Metglass	2826A by isochronal and isothermal ann	AMETAR-0036-0795
surface properties of Metglas	2826A by laser irradiation.= +of the	ZPCFAX-0157-0145
modynamic response to SR	42128A in normal and sodium-depleted	JCPCDT-0010-099S
ylation sites in early region	1A proteins of adenovirus type 5 by ami	JBCHA3-0263-6375
tor copper compounds of the	$A^{I}B^{III}C_2{}^{VI}$ type.= +cies in semiconduc	IVNMAW-0024-0567
lized carriers and excitons in	$A^{II}B^{VI}$ piezoelectric solid solutions.=	IANFAY-0052-0691
n spectra of vanadium-doped	$A^{II}B^{VI}$ semiconductor.= +he absorptio	PSSBBD-0146-0613
defects in	$A^{II}B^{VI}$.= Heat of formation of point	IVNMAW-0024-0563
dus isotherms of the systems	A^{III}-B^{III}-C^{V}.= +the liquidus and soli	JCRGAE-0088-0429
ombination in doped p-type	$A^{III}B^{V}$ compounds.= +rband Auger rec	IANFAY-0052-0738
Approximate energy of the	$^{1}A_u(\pi^{*}n)$ electronic state of s-tetrazine	JMOSA3-0129-0140
zeeman effect electrothermal	AAS.= +mium in blood and urine by	IJEAA3-0033-0013

Author Index

Aab A THBRAA-0049-0581
Aagren J AMETAR-0036-0883
Aakesson T ZPCFD2-0038-0015
Aalberse RC MOIMD5-0025-0345
Aardsma GE NIMAER-A267-0486
Aaron JJ ACACAM-0205-0273
POLMAG-0029-0929
Aaronson HI AMETAR-0036-1129
AMETAR-0036-1141
AMETAR-0036-1155
Aarts VM JOIPDF-0006-0079
Aas B NUPABL-A480-0530
Aastedt B FEBLAL-0231-0202
Abachi S PYLBAJ-0205-0111
Abad JA JORCAI-0345-0233
Abadia A PHPLAI-0072-0713
Abreu MC ZPCFD2-0038-0129
Absalan G MICJAN-0037-0212
Abuirjeie MA
TLNTA2-0035-0242
Abuladze NK
JGVIAY-0069-0969
Abumrad NN
JOCRAM-0426-0370
Abusteit EO JOCRAM-0438-0359
Abu-al-Ainen S
KHFID9-0007-0492
Abu-Nasif MA
AIPTAK-0292-0182
Abu-Orabi ST
BMMBES-0039-0140
Accominotti M
Aggerbeck LP
JBCHA3-0263-6249
Agius L BIJOAK-0252-0023
Agmon N BICHAW-0027-3507
Agnistseva TG
PLMSAI-88 04-058
Agosto G ENDOAO-0122-2054
Agrawal DK LIFSAK-0042-2241
Agrawal P BIBIAU-0031-0770
Agrawal R PSSBBD-0146-0097
Agren H JPQCAK-87-12-09C
Agrinskaya NV
PSSBBD-0146-161K
Agterberg M FMLED7-0050-0295
Aguilar J JOBAAY-0170-2159
Aguilar MI JOCRAM-0426-0315

Bibliography

ABCHA6 Agric. Biol. Chem., 52, No. 4 (1988)

0895 Watanabe R, Ogasawara N, Tanaka H, Uchiyama T
Effects of fungal lytic enzymes and non-ionic detergents on the actions of some fungicides against Pyricularia oryzae.= 895–901

0903 Kawakami H, Hiratsuka M, Dosako S
Effects of iron-saturated lactoferrin on iron absorption.= 903–8

0909 Yonehara T, Tani Y
ATP production by a methanol yeast, Candida boidinii (Kloeckera sp.) No. 2201: effects of sorbitol treatment and zinc on cell structure as to ATP production.= 909–14

Abb. 1: Eintragungen in den drei Registern der Chemical Titles[R]

C 2.2.3 Bibliographien, bibliographische Verzeichnisse

Eine traditionsreiche Form der Literaturauskunftsmittel und in gewisser Weise die Wiege der Dokumentation sind Bibliographien. Sie verzeichnen grundsätzlich die Titel von Veröffentlichungen und ermöglichen damit einen Überblick über das von ihnen erfaßte Schrifttum. Bibliographien lassen sich nach vielen verschiedenen Grundsätzen und für viele verschiedene Zwecke erstellen. Je nachdem, ob sie selbständige oder unselbständige, im Buchhandel erhältliche oder graue Literatur verzeichnen, ob sie sich auf bestimmte Literaturgattungen beschränken, kann man sie verschiedenen Gruppen bibliographischer Nachschlagewerke zuordnen. Teilt man sie danach ein, wie ausführlich die Auskunft ist, die sie zu den einzelnen verzeichneten Veröffentlichungen bieten, so lassen sich

– einfache Bibliographien, die sich auf die reinen bibliographischen Angaben beschränken, und
– annotierte Bibliographien, die bei den einzelnen Eintragungen zusätzliche Hinweise geben, unterscheiden. Diese Hinweise können zum Beispiel Empfehlungen über die Eignung der betreffenden Arbeit für bestimmte Lesergruppen (Lesetips) oder zusätzliche inhaltskennzeichnende Sachwörter sein.

Eine andere Einteilung unterscheidet Bibliographien, die

– alphabetisch nach dem Namen der Verfasser oder Herausgeber geordnet sind, und solche, die die verzeichneten Arbeiten
– systematisch ordnen und so in ihrem Hauptteil eine sachliche Zuordnung zu bestimmten Themenkreisen treffen.

Ergänzt werden solche Bibliographien zweckmäßigerweise durch Register, wobei bei alphabetisch geordneten Hauptteilen Sachregister und bei systematisch geordneten Hauptteilen alphabetische Autorenregister angebracht sind.

Hinsichtlich des Inhalts der Bibliographien lassen sich z.B. folgende Einteilungen treffen:

– Bibliographien, die das Schrifttum einzelner Länder verzeichnen. Hierzu zählen beispielsweise die Nationalbibliographien oder Landesbibliographien, wie die Hessische Bibliographie.
– Bibliographien, die einzelne Sprachräume abdecken, wie beispielsweise das Répertoire des Thèses de doctorat soutenues devant les universités de langue française, in dem Dissertationen von etwa 140 französischsprachigen Universitäten in 29 Ländern der Welt verzeichnet werden.
– Bibliographien, die sich auf einzelne Publikationsgattungen spezialisieren. Hierzu gehören zum Beispiel der Bibliographic Guide to Conference Publications, der Konferenzbeiträge verzeichnet, die Patentblätter, die über angemeldete und erteilte Patente berichten, oder der world translations index, ein bibliographisches Verzeichnis von Übersetzungen wissenschaftlich-technischer Veröffentlichungen, die in weniger geläufigen Sprachen erschienen sind.
– Bibliographien, die die Veröffentlichungen einzelner Institutionen, beispielsweise einer Universität, eines Unternehmens oder einer internationalen Organisation (UNESCO etc.) verzeichnen.
– Personalbibliographien, die das Werk einzelner Personen verzeichnen.
– Buchhandelsbibliographien, die das in einem Land im Buchhandel erhältliche Schrifttum nachweisen, wie zum Beispiel das Verzeichnis lieferbarer Bücher, das inzwischen auch in elektronischer Form verfügbar ist.

Die Aktualität von Bibliographien hängt unter anderem davon ab, ob jeweils die Veröffentlichungen eines bestimmten Zeitabschnitts in einem Band zusammengefaßt werden sollen, oder ob sich die Berichtszeiträume in den einzelnen Bänden überschneiden und jeweils nur die bis zum Stichtag erfaßte Literatur aufgenommen wird.

Eine umfassende Übersicht über allgemeine und fachbezogene bibliographische Verzeichnisse bietet das zweibändige Handbuch der bibliographischen Nachschlagewerke (Lit. 06.).

Zugangslisten von Bibliotheken können als bibliographische Zusammenstellungen ebenfalls nützlich für die laufende Information über neue Veröffentlichungen sein. Besonders wertvoll sind solche Zugangslisten, wenn sie von einer Spezialbibliothek oder im Rahmen eines Sondersammelgebiets herausgegeben werden, weil man dann davon ausgehen kann, daß die für das Sammelgebiet einschlägigen Veröffentlichungen umfassend beschafft und nachgewiesen werden. Ein Beispiel sind die Zugangslisten für das Sondersammelgebiet Pharmazie in Braunschweig.

C 2.2.4   Zitierindex

Einen besonderen Zugang zu einschlägigen Veröffentlichungen bieten Zitierindexe. Der erste und bekannteste ist der seit 1961 erscheinende Science Citation Index[R] (SCI[R]) des Institute for Scientific Information[R] (ISI[R]). Ergänzend dazu erscheinen ebenfalls beim ISI[R] seit 1969 der Social Sciences Citation Index[R] und seit 1977 der Arts & Humanities Citation Index[R]. Ausgangspunkt für diese Dienste ist die Überlegung, daß wissenschaftliche Autoren in der Regel diejenigen Arbeiten zitieren, deren Gedanken oder Ergebnisse sie verwenden, weiterentwickeln oder falsifizieren. Der SCI[R] verzeichnet paarweise solche wissenschaftlichen Beiträge und die in ihnen zitierten Arbeiten. Er macht so Beziehungen zwischen einer dem Leser bereits bekannten Veröffentlichung und neueren Arbeiten, in denen diese Veröffentlichung zitiert worden ist, nachschlagbar. So ist es möglich, ausgehend von einer bekannten Veröffentlichung neuere Arbeiten ausfindig zu machen, die thematisch verwandt sind, und ein Zitatennetz zu knüpfen, durch das auch Wissenschaftlergruppen, die sich mit gleichartigen Themenstellungen befassen, erkannt werden können.

Der Aufbau der drei genannten Dienste ist weitgehend einheitlich. Es gibt jeweils drei Hauptteile, den Citation Index, den Source Index und den Permuterm[R] Subject Index. Der Citation Index verzeichnet die zitierten Arbeiten und gibt an, wo und von wem sie zitiert wurden. Eine Altersbeschränkung für die aufgenommenen zitierten Arbeiten gibt es grundsätzlich nicht. Der Source Index enthält die vollständigen bibliographischen Angaben aller im Citation Index vorkommenden Werke alphabetisch nach Autoren oder Herausgebern geordnet. Im alphabetisch nach Stichwörtern geordneten Permuterm[R] Subject Index werden Paare von jeweils zwei sinntragenden Wörtern des Titels oder Untertitels gebildet. Dabei werden in der alphabetischen Folge jeweils die Hauptstichwörter (Primary Terms) aufgeführt und die anderen Stichwörter als Co-Terms beigeordnet, wobei einige Wörter, wie z.B. Methode, sinnvollerweise nur als Nebenstichwort vorkommen können.

Unterschiede gibt es bei den drei Zitierindexen bezüglich der weiteren Suchhilfen und Verzeichnisse. Gemeinsam ist ihnen jedoch ein Corporate Index. Dies ist ein sehr hilfreiches Verzeichnis, weil es die Veröffentlichungen nach der Institutsanschrift des ersten genannten Autors erschließt. Der Corporate Index ist in eine geographische Auflistung und eine Auflistung nach Organisationen unterteilt. Mit seiner Hilfe ist es möglich, Veröffentlichungen etwa aus einer bestimmten Universität oder einem bestimmten Forschungszentrum ausfindig zu machen. Selbstverständlich sind die genannten Zitierindexe auch als Datenbanken verfügbar, was die ständige Benutzung um ein Vielfaches erleichtert, denn Schriftgröße, Anordnung der Einträge und Layout der gedruckten Werke stellen leider sehr hohe Anforderungen an die Konzentrationsfähigkeit und Geduld des Lesers.

C 2.2.5 Kataloge und Verzeichnisse

Sammlungen von Daten und Fakten werden in der Regel in Form von Katalogen oder Verzeichnissen zugänglich gemacht. Wenngleich je nach der Art der Sammlungen spezielle und unterschiedliche Anordnungen und Darstellungsweisen gewählt werden, so sind doch die Grundsätze, nach denen sie aufgebaut werden, weitgehend einheitlich. Die folgende Auswahl beschränkt sich auf einige für alle Fachgebiete gleichermaßen wichtige Beispiele. Spezielle Datensammlungen für die Wirtschaft (Wirtschaftsstatistiken, Bilanzen usw.) werden in Kap. C 4 und D 10 behandelt, auf weitere im Rahmen des Hauptkapitels D hingewiesen.

C 2.2.5.1 Hersteller und Produkte

Angaben über Firmen als Anbieter oder Hersteller bestimmter Produkte, Anlagen oder Dienstleistungen finden sich von jeher in einer Vielzahl gedruckter Verzeichnisse. Sie sind in den letzten Jahren zunehmend in den Blickpunkt der IuD-Fachwelt gerückt, weil sie nun auch in elektronischer Form angeboten werden, und zwar als Datenbank, online oder über Btx, oder als CD-ROM. Zu ihnen gehören die Gelben Seiten (Yellow Pages) mit recht knappen Informationen ebenso wie die durch Register erschlossenen Lieferantenverzeichnisse und Einkaufsführer (z.B. ,,Wer liefert was?'', BDI – Made in Germany) oder Messe-Kataloge. Ein Beispiel für einen solchen auf einem Ausstellungskatalog fußenden Dienst ist DETEQ Dechema Environmental Technology Equipment Databank mit Angaben über etwa 550 Hersteller von Anlagen und technischen Ausrüstungen für den Umweltschutz. Auch Datenbankführer gehören zur Gruppe der Produktverzeichnisse. *Abb. 2* zeigt einen Eintrag aus dem Hauptteil des Directory of Online Databases.

C 2.2.5.2 Firmen

Den Datenbasen über Hersteller und Dienstleistungsunternehmen mit ihren Produkten und Angeboten verwandt, sind Dokumentationsdienste und Datenbasen, die Angaben über Firmen als Teilnehmer am Wirtschaftsleben enthalten. Ein Beispiel für solche Dienste ist das von der Commerzbank herausgegebene ,,wer gehört zu wem'', ein Nachschlagewerk über die wirtschaftlichen Verflechtungen, das in-

ERIC^R (Educational Resources Information Center)
Type: Reference (Bibliographic)
Subject: Education & Training; Library & Information Science
Producer: U.S. Department of Education, Office of Educational Research and Improvement
(OERI)
Online Service: BRS; BRS After Dark; BRS/Colleague; DIALOG Information Services. Inc.
(File 1); Knowledge Index; ORBIT Search Service; University of Tsukuba
Conditions: Access through University of Tsukuba limited to affiliates of the University of
Japan
Content: Contains citations, with abstracts, to both the journal and report literature in the
field of education and education-related areas. Journal literature corresponds to Current In-
dex to Journals in Education (CIJE). Report literature corresponds to Resources in Education
(RIE). Subjects covered include career, adult, vocational, technical, and teacher education;
education of the handicapped, disadvantaged, and the figted; early childhood education; ju-
nior colleges and higher education; reading and communication skills; languages and linguistics; education management; counseling and personnel services; information resources;
urban education; rural education and small schools; science, mathematics and environment;
social studies and social sciences; and tests, measurement, and evaluation.
Language: English
Coverage: Primarily U.S.
Time Span: RIE, 1966 to date; CIJE, 1969 to date.
Updating: About 1200 RIE and 1400 CIJE records a month

Abb. 2: Eintragung im Haupttitel des Directory of Online Databases, Vol. 10, No. 1
(Lit. 02.)

zwischen auch als Datenbank verfügbar ist. Zu nennen sind hier aber auch die Faktendatenbanken über Firmen, z.B. von Creditreform, GBI, Hoppenstedt oder
Ecodata, in denen für jedes der verzeichneten Unternehmen neben sämtlichen für
die Kommunikation mit dem Unternehmen erforderlichen postalischen Angaben
zahlreiche wirtschaftliche Kenngrößen und Angaben über die Geschäftstätigkeit gespeichert sind. *Abb. 3* zeigt eine Eintragung aus dem Handbuch der Großunternehmen 1989.
Häufig können die Anschriften der für bestimmte Zwecke nach ausgewählten
Merkmalen selektierten Firmen direkt auf Adressaufklebern ausgedruckt geliefert
werden. Dies ist zum Beispiel für Direktwerbungen ein nützlicher Dienst.

C 2.2.5.3   Förderungsprogramme und Ausschreibungen

Die Übersicht über die zahlreichen Förderungsprogramme der EG, des Bundes und
der Länder wird heute durch verschiedene Informationsdienste erleichtert. Sie stehen überwiegend als Datenbanken zur Verfügung; Profildienste und Auftragsrecherchen sind jedoch selbstverständlich möglich, zumal die Interessenten häufig
kleinere und mittlere Unternehmen sind, die noch nicht über eigene Erfahrung mit
elektronischen Informationsdiensten verfügen. In der Regel werden neben der Be-

---

Buchhändler-Vereinigung GmbH
Großer Hirschgraben 17 – 21. Postf. 10 04 42,
6000 Frankfurt 1
T: (069) 13 06-0 – TGR: Börsenblatt –
TX: 413 573 buch v d
Telefax: (069) 1 30 62 01
Btx * 20479 #
Branchen-Nr.: 7080
Bk: Deutsche Bk
Gr: 1947
Geschf: W. Robert Müller
Prod: Börsenblatt für den Deutschen Buchhandel (Frankfurter Ausgabe), Deutsche Bibliographie, Frankfurt, Buch Journal, sowie Adreßbücher, Nachschlagewerke, Fachliteratur und Werbemittel für den Buchhandel
Export: Europa und Übersee
Besch. 1987: ca. 150
Firmen-Nr.: 317 228 930 89/2

Abb. 3: Eintragung im Handbuch der Großunternehmen 1989 (Lit. 04.)

zeichnung der Förderungsmaßnahme die zur Antragstellung berechtigten Gruppen, Antragsfristen, Förderungsdauer, Förderungsquoten und die Stelle, an die der Antrag zu richten ist, genannt. Ein Beispiel ist FINUM von der Gesellschaft für Umwelttechnologie (G.U.T.) in Freiburg mit Angaben über Förderungsprogramme des Bundes und einiger Bundesländer im Umweltsektor.

Auch die immense Zahl der täglich neu bekanntgemachten Ausschreibungen ist in vielen verschiedenen Quellen verstreut. Wegen der häufig kurzen Fristsetzung für eine Angebotsabgabe ist es mittels gedruckter Nachweisdienste kaum möglich, den Informationsbedarf angemessen zu befriedigen. Deshalb spielen in diesem Bereich in erster Linie elektronische Verzeichnisse, z.B. TED Tenders Electronic Daily der Kommission der Europäischen Gemeinschaften, eine Rolle.

C 2.2.5.4 Audiovisuelle Materialien

Landesbildstellen und Fernsehanstalten erstellen regelmäßig Verzeichnisse ihrer verfügbaren Filme, Videoaufzeichnungen und Tonträger. Angegeben werden neben dem Titel des Werkes, seinem Autor oder Urheber, Regisseur, Dirigent, Sprecher u.ä. in der Regel die Abspieldauer und technische Daten zu dem Trägermedium. Filme und Videoaufzeichnungen werden auch von vielen Firmen zu Informations-, Lehr- und Werbezwecken erstellt und häufig in eigenen Verzeichnissen aufgelistet (vgl. Kap. D 5).

C 2.2.5.5   Forschungsvorhaben

Zu den traditionellen Dokumentationsdiensten zählen Verzeichnisse über vor allem im öffentlichen Bereich durchgeführte oder mit öffentlichen Mitteln geförderte laufende Forschungsvorhaben. Durch sie soll, schon bevor konkrete Ergebnisse erarbeitet wurden und Berichte oder andere Veröffentlichungen vorliegen, die Kommunikation zwischen Wissenschaftlern und Praktikern, die auf verwandten Gebieten arbeiten, erleichtert werden. Angegeben werden in der Regel die Anschrift der forschenden Stelle, Namen der beteiligten Personen, die Laufzeit des Vorhabens und eine kurze inhaltliche Beschreibung des Projekts und seiner Zielsetzung. *Abb. 4* zeigt beispielhaft eine Eintragung aus dem Verzeichnis Forschungs- und Entwicklungsprojekte in Informationswissenschaft und -praxis.

---

*396	PD840371

1. Forsch.Stelle   Universität Erlangen-Nürnberg, Institut für mathematische Maschinen und Datenverarbeitung
Adresse   Martensstraße 3, D – 8520 Erlangen
Telefon   (0 91 31) 85 77 74
Bearbeiter   Niemann, H., Prof. Dr.-Ing., Projektleiter
Finanz.Stelle   Bundesministerium für Forschung und Technologie (BMFT)
Projektdauer   01/80 – 06/85
Stand am 1. 5. 84 laufend
Projektmittel   **Semantisch-pragmatische Programmbausteine für ein Frage-Antwort-System mit kontinuierlicher Spracheingabe und Sprachausgabe**
Beschreibung   Das Vorhaben soll zu den Bemühungen beitragen, mit Rechnern in natürlicher, kontinuierlich gesprochener Sprache zu kommunizieren. Um Rechner zu befähigen, solche Sprache zu verstehen, ist es erforderlich, ihnen neben Bedeutung und Verwendung von Wörtern auch Wissen zu vermitteln: – über den Anwendungsbereich, in dem sie operieren, – über allgemeine Sachverhalte in der Welt (wie etwa räumliche und zeitliche Verhältnisse), – über Strategien zum Führen natürlicher Dialoge. Im Rahmen des Vorhabens sollen Hilfsmittel entwickelt werden, die es gestatten, solches Wissen formal darzustellen, inhaltlich abzugrenzen und auf dem Computer zu implementieren. Diese Hilfsmittel sollen, prototypisch für andere Anwendungen, in einer automatischen Intercity-Zugauskunft eingesetzt werden.
Schlagwörter   Verarbeitung Gesprochener Sprache * Frage-Antwort-System * Prototyp * Verkehrswesen

---

Abb. 4: Eintragung im Verzeichnis Forschungs- und Entwicklungsprojekte in Informationswissenschaft und -praxis. Ausgabe 8 (Lit. 03.)

C 2.2.6 Referatedienste und Register

C 2.2.6.1 Referatedienste

Referatedienste sind Hinweis- und Nachweisdienste über selbständige und – im Unterschied zu Bibliothekskatalogen und vielen Bibliographien – vor allem unselbständige Veröffentlichungen. Sie sollen das Lesen von Originalveröffentlichungen nicht ersetzen, sondern dienen vielmehr zur Information über die Originalveröffentlichungen, und dies im wesentlichen zu zwei Zwecken. Zum einen sollen sie helfen, die Frage zu beantworten, ob ein bestimmter Sachverhalt oder ein bestimmtes Thema in der Literatur bereits behandelt worden ist, welche einschlägigen Patentschriften es z.B. gibt oder ob eine bestimmte chemische Verbindung bereits in der Literatur beschrieben wurde. Zum anderen sollen sie dem Leser einschlägige Primärdokumente nachweisen und soviel Information darüber vermitteln, daß die Entscheidung getroffen werden kann, ob sich die Beschaffung und eingehende Beschäftigung mit dem Originaldokument lohnt. Die Mehrzahl der Referatedienste ist fachlich ausgerichtet. Ebenso wie bei den bereits erwähnten Bibliographien gibt es jedoch auch hier quellenspezifische Dienste, die über ausgewählte Arten von Veröffentlichungen informieren. Hierzu gehören Patentinformationsdienste, z.B. der World Patent Index von Derwent sowie die Dissertation Abstracts International als Referatedienst über Dissertationen.

C 2.2.6.2 Register und Suchhilfen

Referatedienste weisen ebenso wie Bibliographien große Mengen von Veröffentlichungen nach. Die Referate sind in der Regel im Hauptteil des Dienstes sachlich geordnet. Um gezielt nach diesen in Sachgruppen geordneten Referaten suchen zu können, gibt es verschiedene Register. Sie ermöglichen es primär, die im Hauptteil eines Fachinformationsdienstes verzeichneten Einträge nach einer Reihe verschiedener Suchkriterien ausfindig machen zu können. Während einige Arten von Registern unabhängig vom jeweiligen Fachgebiet sind, z.B. Autorenregister, Ortsregister, Sachregister, Namenregister, Institutionenregister, gibt es auch ganz spezifische Arten von Registern für ganz bestimmte Arten von Informationen, z.B. Patentnummernregister oder Summenformelregister.

Register sind jedoch nicht nur Hilfsmittel zur zeitsparenden und zielgenauen Benutzung der Dienste, sondern sie stellen in einigen Fällen auch eigenständige Informationsquellen dar, wie das untenstehende Beispiel zeigen wird.

Ergänzt werden die Register oft durch weitere Suchhilfen. Üblich sind zum Beispiel Verzeichnisse der verwendeten Abkürzungen für Sprachangaben, Publikationsarten und Zeitschriftentitel, der Ländercodes sowie Listen der laufend beobachteten oder ausgewerteten periodischen Veröffentlichungen. In einigen Fällen werden in einem gesonderten Anhang auch Anschriften von Organisationen und Institutionen, die zu den referierten Arbeiten in engem Bezug stehen, aufgeführt (z.B. Patentämter, Herausgeber, Bibliotheken, die die nachgewiesene Literatur besitzen).

Durch den Einsatz der elektronischen Datenverarbeitung bei der Herstellung der Dienste ist es erheblich einfacher geworden, beliebig viele und tief aufgeschlüsselte Register für einen gedruckten Dienst zu erstellen.

Ein besonders tief gegliedertes und umfassendes System von Registern zeichnet die Chemical Abstracts[R], den führenden Referatedienst der Chemie, aus. Da sich an ihm besonders gut und anschaulich zeigen läßt, wie Register den Zugang zu einschlägigen Publikationen eröffnen können und welche gewissenhafte und kontinuierliche Auswertung andererseits erforderlich ist, um eine wertvolle Informationsbasis schaffen zu können, soll ihm hier ein breiterer Raum gewidmet werden.

C 2.2.6.3   Das Beispiel Chemical Abstracts[R]

Zwar ist das Informationssystem des Chemical Abstracts Service[R] in seiner Gesamtkonzeption und Transparenz leider nicht beispielgebend für andere Referatedienste, doch lassen sich die typischen Eigenschaften des Referatedienstes im engeren Sinn sowie seiner einzelnen Register und ihr Zusammenwirken an diesem Beispiel gut erläutern.

Der CAS[R] hat das Gesamtgebiet der Chemie, über das er referiert, in 80 Sachgebietsgruppen (Sections) eingeteilt, von denen jede einzelne im sog. Subject Coverage Manual genau eingegrenzt und ausführlich beschrieben wird.

Innerhalb der einzelnen Sektionen ist die Reihenfolge der Referate zunächst nach der Art der Publikationen, auf die sie sich beziehen, bestimmt. Hierbei werden sieben Gruppen von Originalarbeiten unterschieden, beginnend mit Zeitschriftenartikeln und endend mit Patentschriften. Dissertationen sowie neue Bücher und audiovisuelle Materialien bilden ebenfalls eigene Gruppen. Innerhalb einer Publikationsart werden die Referate den verschiedenen Untersektionen zugeordnet.

In jedem der wöchentlich erscheinenden Referatehefte sind drei Heftregister enthalten,

- das Stichwortregister (Keyword Index),
- das Patentregister (Patent Index) und
- das Autorenregister (Author Index),

deren Einträge aus dem Referat abgeleitet sind. Sie unterscheiden sich damit qualitativ und quantitativ von den im Halbjahresrhythmus erscheinenden Bandregistern (Volume Index). Diese Bandregister fußen auf der Originalliteratur. Ihre Einträge werden nach dem bis ins einzelne ausgearbeiteten umfassenden Regelwerk des CAS[R] und einem normierten Wortschatz (controlled vocabulary) erarbeitet. Sie bieten daher für die Recherche eine größere Zuverlässigkeit. Alle fünf bis zehn Jahre werden die Bandregister zu einem Sammelregister (Collective Index) vereint.

Den Schlüssel zu den Bandregistern stellt ein regelmäßig fortgeschriebener gesonderter Registerführer, der Index Guide, dar. Er ermöglicht es u.a., Querverbindungen zwischen Trivialnamen, Handelsnamen, Akronymen, Synonymen und Sachverhaltsbezeichnungen mit den im jeweiligen Zeitraum von CAS[R] benutzten Bezeichnungen herzustellen und so zweifelsfrei diejenigen systematischen CA-Verbindungsnamen oder diejenige Sachverhaltsbezeichnung zu finden, die in den zugehörigen Bandregistern verwendet werden.

Sechs einzelne Halbjahresregister bilden zusammen das Bandregister,
- das Allgemeine Sachregister (General Subject Index),
- das Verbindungsregister (Chemical Substance Index),
- das Register der Summenformeln (Formula Index),
- das Verzeichnis der Ringsysteme (Index of Ring Systems),
- das Autorenregister (Author Index) und
- das Patentregister (Patent Index).

Weitere Hilfe auf dem Weg zur Primärinformation bietet der CAS Source Index (CASSI[R]). Dies ist ein Verzeichnis aller für den CAS[R] sowie einige weiteren Informationsdienste (Beilstein u.a.) ausgewerteten Publikationen mit Hinweisen auf Bibliotheken in 28 Ländern, in denen die betreffende Veröffentlichung vorhanden ist. Ferner sind sämtliche Verlage und Vertriebsstellen, deren Publikationen von CAS[R] berücksichtigt werden, mit ihren vollständigen Anschriften aufgeführt.

Weitere Informationsinstrumente des CAS[R] sind das Registry Handbook mit den beiden Teilen Number Section und Common Names sowie das Ring Systems Handbook. Dieser Teil des CAS[R]-Informationssystems ist auch deshalb bedeutsam, weil er – ähnlich wie die Patentregister – die künstliche Trennung zwischen bibliographischen und Fakteninformationsdiensten ad absurdum führt, die in vielen Fachgebieten über lange Zeit eine aus Benutzersicht notwendige gemeinsame Behandlung behindert hat.

Das Registry Handbook verzeichnet alle bisher vergebenen CAS[R]-Registry-Nummern und nennt in seinem Nummernverzeichnis den zugehörigen systematischen CA[R]-Registernamen. Im Namensregister werden zusätzlich auch die halbsystematischen Namen, die die Autoren in der Originalarbeit verwenden, sowie Handels- und Trivialnamen verzeichnet und der zugehörigen Registry-Number zugeordnet. Zur Vorbereitung einer online-Recherche ist dies ein äußerst nützliches Hilfsmittel.

Das Handbuch der Ringsysteme enthält alle bekannten Grundstrukturen von ringförmigen und käfigartigen chemischen Verbindungen. Es besteht aus den drei Teilen
- Verzeichnis der Ringsysteme,
- Register und
- Ergänzungsbände.

Es erlaubt, nicht zuletzt dank der Wiedergabe von Abbildungen der Strukturformeln, den systematischen CA[R]-Registernamen zu ermitteln, bevor eine Suche in den gedruckten oder elektronischen Diensten durchgeführt wird.

C 2.2.7 Verdichtete höherwertige Dienste

Um die bisher genannten Fachinformationsdienste erstellen zu können, sind in der Regel allenfalls inhaltliche Erschließungsarbeiten zu leisten, die sich auf die einzelnen auszuwertenden Arbeiten beziehen. Sie wurden früher zur Unterscheidung von der Primärliteratur gelegentlich unter der Bezeichnung *Sekundärliteratur* zusammengefaßt. Es gibt jedoch darüberhinaus noch eine dritte Verdichtungsstufe der in der Primärliteratur niedergelegten Erkenntnisse und Meinungen, die zur sogenannten Tertiärliteratur führt. Hierunter lassen sich folgende Informationsdienste und Werke zusammenfassen:

Fortschrittsberichte, Literaturberichte, Reviews: Sie beschreiben den Stand der Technik in einem bestimmten Fachgebiet und werden in der Regel von anerkannten Wissenschaftlern oder Fachleuten des betreffenden Gebietes auf der Grundlage der im Berichtszeitraum erschienenen Literatur erstellt. Damit bieten sie einen zwar subjektiv gefärbten, aber kritisch ausgewählten und von einem Fachmann vertretenen Überblick über den veröffentlichten Forschungsstand und die Entwicklungslinien in einem bestimmten, meist eng begrenzten Gebiet. Einige Übersichtsberichte erscheinen jährlich, was sich in Titeln wie ,,Annual review of . . . " äußert. Solche Berichte werden häufig auch von Dokumentationszentren in Ländern der Dritten Welt und in Schwellenländern erstellt, um den einheimischen Forschungseinrichtungen und der einheimischen Industrie den Zugang zum Weltwissen in bestimmten für die eigene Wirtschaftsentwicklung wichtigen Gebieten zu eröffnen. Hierzulande kann man deutsch- oder englischsprachigen Übersichtsberichten über Entwicklungen im ostasiatischen Raum eine ähnliche Rolle zusprechen. Fortschrittsberichte sind aber auch für bestimmte Zielgruppen, wie etwa mittelständische Betriebe, die praxisorientierte Zusammenstellungen brauchen, bedeutsam.

Handbücher: Sie unterziehen die ausgewertete Literatur einer kritisch bewertenden fachlichen Prüfung und treffen im Unterschied zu den meisten Sekundärinformationsdiensten, die die Literatur vollständig verzeichnen wollen, eine Auswahl der wichtigsten Schlüsselveröffentlichungen. Nach strengen formalen Regeln werden die aus der Literatur extrahierten Daten und Sachverhalte in einer sprachlich sehr konzentrierten Form verzeichnet. Beispiele sind das Gmelin Handbuch der Anorganischen Chemie, Beilsteins Handbuch der Organischen Chemie und Landolt-Börnstein mit Zahlenwerten und Funktionen aus Physik, Chemie, Astronomie Geophysik und Technik.
Erstellt werden solche Handbücher ebenso wie die genannten Fortschrittsberichte in der Regel von Wissenschaftlern der entsprechenden Fachgebiete. Daß es sich um wissenschaftliche Arbeit handelt, wird besonders deutlich, wenn man den Bereich der Geisteswissenschaften betrachtet, wo die wissenschaftliche Aufarbeitung eines Themas häufig in ein den naturwissenschaftlich-technischen Handbüchern vergleichbares Werk mündet.

Enzyklopädien: Sie versuchen das gesamte Wissen alphabetisch nach Stichworten und Namen geordnet, so vollständig und komprimiert wie möglich allgemein zugänglich und verständlich darzubieten. Bekanntestes Beispiel ist die 1768 gegründete umfangreiche Encyclopaedia Britannica, die in der aktuellen Auflage 32 Bände umfaßt. Sie ist unterteilt in die Micropaedia und die Macropaedia. Die Micropaedia enthält kürzere Eintragungen zu Personen und Sachverhalten, die Macropaedia ausführlichere, aber präzise und konzentriert geschriebene Beiträge zu allen wichtigen Themen in einer festgelegten sachlichen Ordnung.

C 2.2.8 Gedruckte Dienste aus Datenbanken

C 2.2.8.1 Profildienste

Datenbasen in gedruckter oder elektronischer Form decken zumeist umfangreichere Fachgebiete ab. Wer fortlaufend nur auf einem bestimmten Teilgebiet oder zu einer eng umgrenzten Fragestellung informiert werden möchte, kann dies mit Hilfe eines Profildienstes erreichen; unterschieden werden Standardprofildienste und individuelle Profildienste.

Standardprofildienste werden in der Regel direkt von den Produzenten der Informationsbasen erstellt, indem regelmäßig themenbezogene Auszüge aus einer oder mehreren Informationsbanken zusammengestellt und als eigenständige Druckerzeugnisse vertrieben werden.

Beispiele sind die CA-Selects[R] des Chemical Abstracts Service[R], die es zu fast zweihundert verschiedenen Themen gibt, der sozialwissenschaftliche Fachinformationsdienst SOFID des IZ Sozialwissenschaften zu über 30 Themenbereichen oder die FIZ-Technik-Informationsdienste für etwa 150 Fachthemen.

Individuelle Profildienste sind auf die persönlichen Interessenprofile einzelner Informationskunden zugeschnitten. Werden sie aus Datenbanken erstellt, so erfolgt der Profillauf, d.h. der maschinelle Vergleich der gespeicherten Suchfrage mit den neu in die Datenbank eingespeisten Einträgen, gewöhnlich immer dann, wenn die Datenbank fortgeschrieben wird, wenn also die neuen Einträge eingefügt werden. Der Rhythmus, mit dem der Profildienst erstellt wird, entspricht dann der Fortschreibungsfrequenz der Informationsbank. Profildienste können selbstverständlich auch aus manuell geführten Speichern erstellt werden.

C 2.2.8.2 Standardrecherchen

Den Profildiensten verwandt sind Standardrecherchen. Sie werden von Informationsvermittlungseinrichtungen vorsorglich durchgeführt, wenn aufgrund aktueller Ereignisse und Entwicklungen oder aufgrund der Berufserfahrung angenommen werden kann, daß bestimmte Fragestellungen von vielen Kunden an sie herangetragen werden, oder daß für das Recherchethema Interesse geweckt werden könnte. Solche Recherchen, in die meistens mehrere Informationsbanken einbezogen werden, sind häufig als Druckerzeugnisse erhältlich. Beispiele hierfür sind die IRB-Literaturauslesen, für die Literatur-, Bauobjekt- und Forschungsprojektdatenbanken des Informationszentrums Raum und Bau (IRB) durchsucht werden, oder die FIZ-Technik-Literaturübersichten, die durch die Auswertung der Datenbanken ZDE, DOMA, MEDITEC und BEFO zu aktuellen Themen der Technik entstehen. Es ist jedoch auch möglich, Standardrecherchen seitens der Informationsvermittler beim Host für den Abruf durch Datenbankkunden vorzubereiten. In diesen Fällen kann dann entweder mit einer kurzen Befehlsfolge die vorbereitete Recherche abgerufen werden oder es kann die Suchfrageformulierung aufgerufen, nach eigenen Wünschen modifiziert und anschließend für das Retrieval benutzt werden. Beispiele sind die Standardrecherchen von DIMDI beim Bekanntwerden von Nebenwirkungen bestimmter Wirkstoffe oder beim Auftreten von Seuchen usw.

C 2.3   Herstellung und Qualität von Fachinformationsdiensten

Voraussetzung für den Nachweis von Daten, Fakten, Sachverhalten oder bibliographischen Hinweisen in Informationsdiensten ist, daß diese Angaben zuvor ermittelt worden sind. Dies kann auf unterschiedlichen Wegen erfolgen, die Auswirkungen auf die erreichbare Qualität der Dienste haben. Wichtige Merkmale zur Beurteilung von Informationsdiensten hinsichtlich ihrer Eignung für die Beantwortung bestimmter Fragen sind
− Vollständigkeit,
− Zuverlässigkeit,
− Aktualität und
− Sprache.
Literaturnachweisdienste beruhen zumeist auf der Auswertung einer festgesetzten Menge an periodischen Veröffentlichungen, die regelmäßig bezogen und deren Beiträge dann lückenlos oder in Auswahl erfaßt werden. Auswahlkriterium ist dabei die ‚ Dokumentationswürdigkeit.
Für den Benutzer eines Informationsdienstes ist es wichtig, beurteilen zu können, wie vollständig die für seine Fragestellung einschlägigen Angaben in dem betreffenden Dienst berücksichtigt sind, damit er entscheiden kann, welche weiteren Informationsquellen und -dienste ggf. zusätzlich herangezogen werden müssen. Da die Erstellung von Nachweisdiensten und Verzeichnissen über Institutionen, Personen, Produkte, Veranstaltungen, Forschungsvorhaben und andere Fakten mit sehr unterschiedlichen Methoden erfolgen kann, die wiederum bedeutende Auswirkungen auf die Qualität der Dienste haben können, sollten diese dem Benutzer des betreffenden Dienstes bekannt sein, damit er abschätzen kann, ob der Dienst zur erschöpfenden Beantwortung seiner Frage ausreichen kann oder nicht.
Insbesondere Vollständigkeit und Zuverlässigkeit der nachgewiesenen Angaben hängen in starkem Maße davon ab, wie sorgfältig, sachkundig und verantwortungsbewußt bei der Erhebung von Daten und ihrer Beurteilung im Sinne einer Plausibilitätsprüfung vorgegangen wird. Wesentlich ist auch, daß diese Kriterien, Grundsätze oder Verfahrensweisen dem Benutzer gegenüber offengelegt werden, damit er genau weiß, wie er die Informationsmenge in Bezug auf seine persönlichen Anforderungen beurteilen muß.
Zur Ermittlung der in den Datenbasen zu verzeichnenden Angaben werden im wesentlichen folgende beiden Methoden einzeln oder kombiniert eingesetzt:
− Erhebungen mittels Fragebogen oder formlos (schriftlich, telefonisch, per Telefax oder elektronischer Post) und
− Auswertungen von Quellen (Firmenschriften, Anzeigen, Zeitungsartikel, Programme, andere Veröffentlichungen).
Beides kann zu bestimmten Stichtagen, in größeren Zeitabständen oder fortlaufend erfolgen. Je nach dem Charakter des Dienstes, seiner angestrebten Aktualität und Vollständigkeit sowie der durchschnittlichen Lebensdauer der verzeichneten Anga-

ben ist eine Entscheidung über die geeignetste Vorgehensweise zu fällen. Um bei Erhebungen auch auf neue, bisher nicht berücksichtigte Adressaten aufmerksam zu werden, wird gelegentlich danach gefragt, welche anderen ähnliche, verwandte oder konkurrierende Produkte, Einrichtungen, Veranstaltungen, Vorhaben etc. dem Adressaten bekannt sind.

Vollständigkeit und Zuverlässigkeit
Eine empfindliche Schwachstelle solcher durch Erhebungen zustandegekommenen Verzeichnisse ist jedoch, daß sie ihre Aufnahmekriterien häufig entweder gar nicht offenlegen oder sich z.b. allzu leicht mit dem schlichten Hinweis darauf begnügen, wieviele der ursprünglich in die Erhebung einbezogenen Stellen geantwortet haben. Der Benutzer hat hier keine vernünftige Grundlage, um z.b. beurteilen zu können, ob für ihn wichtige oder weniger wichtige Stellen nicht geantwortet haben und daher nicht einbezogen sind.

Auch werden häufig keine Fehlanzeigen verzeichnet, so daß dem Benutzer nicht klar wird, ob eine ihn interessierende Stelle *nicht* geantwortet hat oder ob sie mitgeteilt hat, daß sie die entsprechenden Veranstaltungen nicht mehr durchgeführt, die erhobenen Produkte nicht mehr herstellt usw.

Um die Preise ihrer Verzeichnisse für die Käufer auf einem vertretbaren Niveau halten zu können, beteiligen Produzenten die verzeichneten Personen oder Einrichtungen und Firmen gelegentlich an den Kosten für die Erstellung ihrer Verzeichnisse. Da die Kosten für die Eintragung im Vergleich mit herkömmlichen Werbemaßnahmen in der Regel gering sind, nehmen viele dieses Angebot wahr. Trotzdem führt eine solche Aufnahmebedingung natürlich dazu, daß eine Auswahl besonderer, aus Benutzersicht gelegentlich willkürlicher, Art getroffen wird, nämlich die Auswahl derjenigen, die bereit sind, für ihre Eintragung z.B. im ,,Who is who'' zu bezahlen. Gefordert werden muß von seriösen Dokumentationsdiensten zumindest, daß sie in ihren Benutzungshinweisen solche Einschränkungen deutlich herausstellen.

Je größer der Bereich ist, der von einem Verzeichnis abgedeckt werden soll — fachlich, zeitlich oder geographisch — umso lückenhafter und unzuverlässiger wird es tendenziell sein müssen. Gerade postalische Angaben (Telefon, Telefax, Postanschrift) und die Namen von Ansprechpartnern unterliegen bekanntermaßen häufigen Änderungen.

Aktualität
Allgemein kann man davon ausgehen, daß gedruckte und gebundene Verzeichnisse schon allein aufgrund ihres zeitaufwendigeren Herstellungs- und Vertriebsprozesses weniger zeitnah sind, als etwa die reinen entsprechenden elektronischen Dienste (Online-Datenbanken, CD-ROM, Btx-Dienste) oder Profildienste aus Datenbanken. Im Unterschied zu den meisten Literaturnachweis- und Referatediensten, die gewöhnlich mindestens einmal im Monat erscheinen, ist ihre Erscheinungsweise daher auch in der Regel auf einen mindestens jährlichen Rhythmus ausgelegt. Zwischendurch werden bei einigen Diensten Ergänzungen (Supplemente) in weniger aufwendiger Aufmachung erstellt. Durch die fortschreitende Entwicklung des computerunterstützten Publizierens und neuer Formen und Verfahren für maßgeschneiderte Informationsdienste könnte gerade in diesem Bereich der Verzeichnis-

se, Lexika, Enzyklopädien, eine stärkere Verschiebung hin zu aktuelleren und inhaltlich zuverlässigeren elektronischen Diensten oder davon abgeleiteten Profildiensten Platz greifen. Bereits jetzt läßt sich feststellen, daß diejenigen Informationsdienste, die auf einem ständig gepflegten und fortgeschriebenen elektronischen Speicher fußen, häufiger erscheinen können als diejenigen, deren Informationsbasis nicht auf dem laufenden gehalten wird, sondern für die jeweils nur zu bestimmten Stichtagen Erhebungen durchgeführt werden.

Die Erstellung eines verläßlichen Dienstes ist auf Dauer nur gewährleistet, wenn die mit seiner Produktion Befaßten in ständigem Kontakt mit den Stellen sind, deren Angaben verzeichnet werden.

Eine sinnvolle und für den Informationsvermittler oder Nutzer sehr günstige Kombination stellen Dienste dar, bei denen mit dem Kauf eines z.B. jährlich erscheinenden umfassenden Verzeichnisses die Möglichkeit geboten wird, die nach Redaktionsschluß neu aufgenommenen Eintragungen in die zugrundeliegende redaktionsinterne Informationsbank bei einem Auskunftsdienst der Redaktion abfragen zu können. Solche Dienste bieten z.B. die Duden-Redaktion oder das Beilstein-Institut, aber auch viele Herausgeber von Loseblatt-Sammlungen oder Zeitschriften.

Sprache

Die zunehmende Kommerzialisierung des Fachinformationsbereichs im Sinne einer Informationsindustrie, die für einen weltweiten Informationsmarkt produziert, hat in den letzten zehn Jahren zu einem schier unlösbaren Dilemma bei Produktion und Nutzung von gedruckten Informationsdiensten geführt oder es zumindest offenkundig werden lassen.

Zwei Zielsetzungen stehen miteinander im Konflikt. Einerseits ist die Geschäftspolitik der Hersteller von Fachinformationsdiensten darauf ausgerichtet, einen ausreichend großen Absatzmarkt bedienen zu können, um die hohen Produktionskosten durch Erlöse decken zu können. Andererseits wird angenommen, daß diese Dienste von großer Bedeutung für die einheimische Wirtschaft sind und nur Unternehmen, die eine gut funktionierende Informationslogistik haben und solche Fachinformationsangebote nutzen, im Wettbewerb bestehen können. Benutzt werden sie aber nur, wenn sie benutzerorientiert, am besten maßgeschneidert, sind, wenn ihr Inhalt problemlos gelesen und leicht erfaßt werden kann. Dies ist aber nur dann uneingeschränkt der Fall, wenn die Information in der Muttersprache vorliegt. Ein deutschsprachiger Dienst läßt sich jedoch auf dem Weltmarkt nicht in ausreichenden Stückzahlen absetzen und die potentiellen Kunden im deutschsprachigen Raum können oder wollen die Produktionskosten alleine über den Kaufpreis nicht aufbringen. Dies führt dazu, daß auch traditionsreiche deutsche Hersteller von Informationsdiensten zunehmend für den internationalen Absatzmarkt in englischer Sprache produzieren. Für viele deutschsprachigen Benutzer sind die Benutzungsschwellen dadurch zur Zeit praktisch unüberwindbar.

Ausblick

Es bleibt abzuwarten, ob automatische Übersetzungssysteme hier in absehbarer Zeit wirksame Hilfe leisten können. Möglicherweise haben gedruckte Dienste im Sinne von sprachgebundenen Diensten ihren Zenit längst überschritten und andere eher sprachfreie oder sprachneutrale Formen der Wissensvermittlung werden in einigen Jahren den Fachinformationsbereich zu erobern beginnen. Zum gegenwärtigen Zeitpunkt böte sich ein Ausweg nur, wenn sich die Träger der Fachinformationspolitik eines anderen besännen und eine stärkere Nachfrageorientierung Platz greifen könnte. Informationsvermittlungseinrichtungen kommt dabei eine zentrale Rolle zu.

Heutzutage bilden die gedruckten Dienste immer noch eine unverzichtbare Grundlage für eine umfassende Informationsvermittlung (Lit. 05.), und dies nicht nur deshalb, weil es viele Informationen noch nicht in elektronischer Form gibt. Auch wer über Zugriffsmöglichkeiten auf elektronische Informationsdienste verfügt, sollte gelegentlich die zugehörigen gedruckten Dienste zur Hand nehmen, weil sie einen ungleich anschaulicheren Eindruck vom Aufbau des Informationsdienstes vermitteln. Das Herumstöbern und Blättern in einem gedruckten Dienst ist dann, wenn die Einträge einigermaßen lesefreundlich gestaltet sind, noch immer weitaus angenehmer als das ,,Browsing'' in einer Datenbank. Die Stärke der in den folgenden Kapiteln beschriebenen elektronischen Dienste liegt in der Schnelligkeit bei der kombinierten Suche nach einer Vielzahl von Merkmalen oder beim gezielten Aufsuchen einer bestimmten Information aus einer großen Menge von Daten. Vieles ist jedoch noch nicht für jeden und an jedem Ort auf einfache, benutzergerechte und aufgabenbezogene Weise elektronisch verfügbar, sodaß die papiergebundenen Dienste nicht nur Tradition, sondern für die absehbare Zeit in der Informationsvermittlung auch noch eine Zukunft haben werden.

Literatur

01. Chemical Abstracts Service (Hrsg.): Information Tools from Chemical Abstracts Service[R] 1989: Columbus, OH, USA: CAS 1988 (CAS 1283).
02. Cuadra (Hrsg.): Directory of Online Databases, Vol. 10, No. 1, January 1989. New York, NY, USA: Cuadra/Elsevier 1989.
03. Gesellschaft für Information und Dokumentation (Hrsg.): Forschungs- und Entwicklungsprojekte in Informationswissenschaft und -praxis. Ausgabe 8 (1984). München; New York; London; Paris: Saur 1984. 393 S. (Informationsdienste 3)
04. Hoppenstedt (Hrsg.): Handbuch der Großunternehmen 1989. 36. Ausgabe. Band 1. Darmstadt; Brüssel; Haarlem; Wien; Zürich: Hoppenstedt 1989.
05. Kaminsky, Rainer: Förderung moderner Informationsvermittlung. In: Nachr. f. Dokum. 40 (1989) H. 2, S. 83 – 86.
06. Totok, Wilhelm; Weitzel, Rolf: Handbuch der bibliographischen Nachschlagewerke. Herausgegeben von Hans J. Kernchen. 6. völlig neubearbeitete Auflage. Band 1. Allgemeine bibliographische Nachschlagewerke. Frankfurt am Main: Klostermann 1984. Band 2. Fachbibliographien und fachbezogene Nachschlagewerke. Frankfurt am Main: Klostermann 1985.

Weiterführende Literatur

07. Reinitzer, Sigrid; Gossler, Marcus: Nachschlagetechniken in der Wissenschaft. Eine praktische Anleitung zur Benutzung von Index- und Abstractswerken und deren Struktur. München; New York; London; Paris: Saur 1988. 230 S.
08. Schulz, Hedda: Von CA bis CAS ONLINE. Die Datensammlungen des Chemical Abstracts Service und deren Nutzung. Weinheim; Deerfield Beach, FL: VCH 1985. IX, 170 S.

C 3   Online-Dienste

Joachim Kind

C 3.1   Einführung

Online-Dienste sind ein Instrument zur Beschaffung extern erzeugter Informationen. Die Beschaffung externer Informationen ist für jedes Unternehmen in Zeiten rasanter technologischer, wirtschaftlicher und politischer Veränderungen sowohl auf der operativen wie auch der strategischen Ebene unerläßlich. Problemlösungen gelingen ohne Inanspruchnahme externer Informationen gar nicht oder nur unvollständig. Eine strategische Planung ohne laufende und umfassende Beobachtung und Auswertung der die Unternehmensumwelt beschreibenden Informationen ist nicht möglich.

Während jedoch intern erzeugte Informationen systematisch aufbereitet, verarbeitet und genutzt werden, wird die Beschaffung und Aufbereitung externer Informationen eher nebenher betrieben – mit oft verheerenden Folgen für einzelne Unternehmen und ganze Branchen. Heute formulierte Informationsmanagementkonzepte machen fast nie eine Aussage, wie externe Informationen systematisch beschafft, ausgewertet und für die speziellen Fragestellungen des Unternehmens aufbereitet werden sollen.

Nachfolgend wird berichtet, welche Hilfestellung Online-Dienste bei der Beschaffung extern erzeugter Informationen bieten. Es wird dargestellt, welche technischen, inhaltlichen und organisatorischen Voraussetzungen für die Nutzung von Online-Datenbanken vom Anwender erfüllt werden müssen und welchen Nutzen dieser aus Online-Datenbanken gewinnen kann.

C 3.2   Komponenten von Online-Diensten

Online-Dienste ermöglichen dem Benutzer den Zugriff auf externe Informationen in elektronischer Form. Zu einer Anfrage des Benutzers werden aus dem elektronischen Speicher die relevanten Informationen zielgenau und schnell herausgesucht und an den Anfragenden übertragen.

Die Leistungsfähigkeit von Online-Diensten wird im wesentlichen von der Ausgestaltung und dem Zusammenspiel der nachfolgenden Komponenten bestimmt:

1. Rechercheur
2. Endgerät
3. Modem
4. Telekommunikationsnetz
5. Host
6. Datenbasis
7. Datenbank (Online-Datenbank)

Abb. 1 macht den grundsätzlichen Ablauf der Nutzung von Online-Diensten deutlich:
Der Informationssuchende (Rechercheur) gibt über sein Endgerät seine Suchfrage ein. Diese wird über das Modem an das Telekommunikationsnetz übertragen und gelangt von dort zu dem Datenbankanbieter (Host). Dieser bietet Datenbanken verschiedenen Inhaltes an. Die Datenbanken werden vom Host mit Datenbankprogrammen aus Informationen aufgebaut, die er von Informationsproduzenten (Datenbasenproduzenten) bezieht. Der Host stellt für die Suche Retrievalprogramme zur Verfügung und führt die Abrechnung der Nutzungszeiten mit entsprechenden Abrechnungsprogrammen durch. Die Suchfrage wird in der (den) relevanten Datenbank(en) durchgeführt. Die gefundenen Informationen werden vom Host an den Rechercheur zurückgeschickt. Einzelheiten zu den 7 Komponenten werden nachfolgend erläutert.

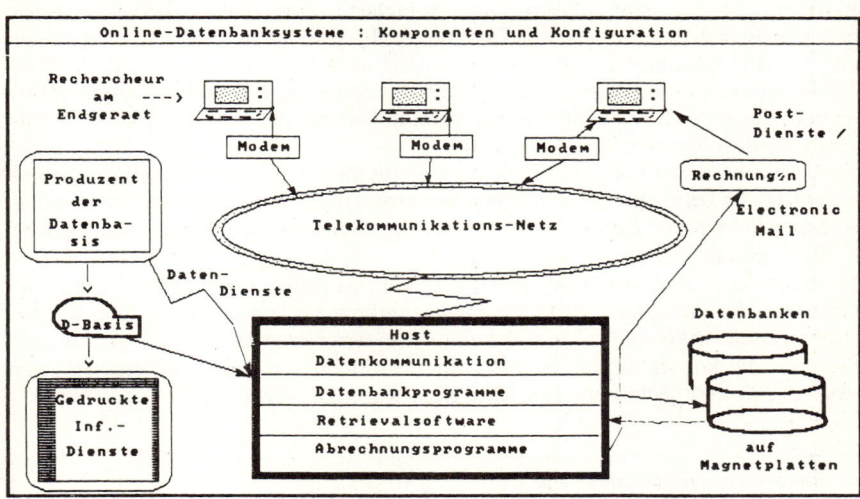

Abb. 1: Komponenten von Online-Diensten

C 3.2.1 Rechercheur

Als Rechercheur kommt der Informationsspezialist (Informationsvermittler, Information-Broker) oder der Endbenutzer in Frage. Der Spezialist kennt die unterschiedlichen Abfragesprachen der verschiedenen Datenbankanbieter sowie Aufbau und Inhalt der für eine Suchfrage relevanten Datenbanken.
Dank dieser Kenntnisse ist er in der Lage, komplexe Suchfragen, ggf. auch fachbereichsübergreifend, in verschiedenen Datenbanken zeit- und kostenoptimal zu recherchieren:
Nachdem sich der Informationsspezialist über die Suchfrage seines Kunden wirklich im klaren ist, wird er diese in zutreffende Suchworte umformen, sie untereinander verknüpfen und als Suchlogik in sein Endgerät eingeben.

Der − gelegentliche − Endbenutzer verfügt über diese Spezialkenntnisse nicht. Mit einer menügeführten Abfragesprache ist aber auch er in der Lage, zu einfacheren Suchfragen relevante Informationen in den Datenbanken zu finden. Für die Suche wird er vermutlich mehr Zeit (Geld) benötigen als der Informationsspezialist.

C 3.2.2   Endgerät

In den Anfangszeiten der Nutzung von Online-Diensten wurden einfache druckende oder mit einem Bildschirm ausgestattete Terminals als Endgeräte verwendet. Über die Tastatur des Terminals wurde die Suchfrage eingegeben, der Bildschirm bzw. die Druckeinheit des Terminals machten Anfrage und Antwort sichtbar. Eine Be- oder Verarbeitung der recherchierten Informationen war wegen der fehlenden Rechnerintelligenz nicht möglich. Diese einfachen (,,dummen'') Terminals wurden in der Zwischenzeit durch Personal Computer (PCs) weitgehend abgelöst. Mit einer auf dem PC installierten Kommunikationssoftware kann jeder ,,normale'' PC in ein kommunikationsfähiges Endgerät für die Nutzung von Online-Datenbanken umgewandelt werden. Komfortable Kommunikationsprogramme weisen u.a. folgende Funktionen auf:
− Abspeichern von Zugangsberechtigungen für die Telekommunikationsnetze und Hosts, die bei Beginn einer Recherche automatisch aufgerufen werden können;
− Mitspeichern der Rechercheergebnisse (downloading) und deren nachträgliche Bearbeitung.
Mit einem zusätzlichen Graphikprogramm können recherchierte Daten in Graphiken umgewandelt werden. PC-Datenbankprogramme erlauben den Aufbau von internen Datenbanken unter Einbeziehung der extern recherchierten Informationen. Eine Standardausstattung eines PC's für die Nutzung von Online-Diensten zeigt *Abb. 2.* (Weitere technische Einzelheiten s. Kap. E 3 und E 4.)

Standardausstattung Hardware:

───────────────────────

− 80286 − Prozessor
− 512/640 KB − Hauptspeicher
− 20 MB Festplatte

Standardausstattung Software:

───────────────────────

− Betriebssystem MS − DOS
− Kommunikationssoftware
− Textverarbeitungssoftware
− Graphiksoftware
− Datenbanksoftware

Abb. 2: Standardausstattung eines PC's für die Datenbanknutzung

C 3.2.3   Modem

Modem ist die Abkürzung für Modulator-Demodulator. Es handelt sich um ein Gerät für die Datenübertragung über das Fernsprechnetz. Die von dem PC als Endgerät abgegebenen digitalen Signale werden durch Modulation in analoge Hochfrequenzsignale umgesetzt. Diese analogen Signale können über die vorhandenen Fernsprechnetze übertragen werden. Umgekehrt werden ankommende Signale vom Modem in digitale Signale umgesetzt und können anschließend vom PC verarbeitet werden.

Für die Nutzung von Online-Diensten werden akustisch gekoppelte Modems (Akustikkoppler) oder galvanisch gekoppelte Modems eingesetzt. Mit Akustikkopplern können Informationen mit einer Geschwindigkeit zwischen 300 bit/sec und 2 400 bit/sec übertragen werden, mit galvanisch gekoppelten Modems sind Übertragungsgeschwindigkeiten bis zu 9 600 bit/sec möglich. (Weitere technische Einzelheiten s. Kap. E 7.)

C 3.2.4   Telekommunikationsnetz

Die modulierten Hochfrequenzsignale werden über das Telekommunikationsnetz zum Host übertragen. Bei dem Datexnetz (Data-Exchange-Netz) mit Leitungsvermittlung (DATEX-L) wird für die Dauer der Datenübertragung eine feste Verbindung zwischen zwei Datenendeinrichtungen aufgebaut. Bei dem Datexnetz mit Paketvermittlung (DATEX-P) werden die Informationen in ,,Datenpakete'' aufgeteilt und mit ,,Datenpaketen'' anderer Endeinrichtungen so geschaltet, daß eine möglichst gute Netzauslastung erreicht wird. Für den Dialogbetrieb und damit auch für die Nutzung von Online-Datenbanken wird bevorzugt das DATEX-P-Netz verwendet. (Weitere technische Einzelheiten s. Kap. E 7.)

C 3.2.5   Host (Datenbankanbieter)

Unternehmen und Institutionen, die dem Rechercheur Online-Datenbanken für die Suche anbieten, heißen Host's. Die recherchierfähige Online-Datenbank baut der Host mit entsprechenden Datenbankprogrammen aus den Informationen auf, die er von einem Informationsproduzenten (Datenbasisproduzenten) kauft (s. Abschnitt C 3.2.6 und C 3.2.7). In der Regel produziert der Host also die von ihm in Online-Datenbanken angebotenen Informationen nicht selbst, sondern kauft diese bei einem Informationsproduzenten. Informationsproduzent ist z.B. eine Dokumentationsstelle, die aus Primärveröffentlichungen Literaturhinweise erstellt. Informationsproduzent ist auch ein Zeitschriftenverlag, der die Artikel in vollem Text an einen Host verkauft. Oder ein Adressbuchverlag, der die Firmeninformationen seiner Handbücher an einen Host zum Aufbau einer Firmen-Datenbank abgibt. Der Rechercheur kann zwischen Host's mit sehr unterschiedlichem Datenbankangebot wählen; hierauf wird im folgenden Unterkapitel eingegangen.

Neben dem Aufbau der Datenbanken muß der Host die Retrievalsprache bereitstellen, die der Rechercheur für die eigentliche Recherche benötigt. Die Retrievalsprachen der verschiedenen Host's haben unterschiedliche Befehle. Auch hierauf wird nachfolgend eingegangen.

C 3.2.5.1   Das Datenbankangebot der Hosts

Weltweit wurden 1988 von mehr als 500 Hosts über 4 000 Online-Datenbanken angeboten. Einzelheiten über die jeweilige Datenbank kann man den Handbüchern (Lit. 02.) und (Lit. 08.) entnehmen. Neben dem anbietenden Host enthält jede Datenbankkurzbeschreibung Angaben über die abgedeckten Fachgebiete, den Umfang der Datenbank, Häufigkeit der Aktualisierung, geografische Abdeckung usw. Für eine erste Groborientierung ist eine Strukturierung der Hosts nach den abgedeckten Fachgebieten und der Art der angebotenen Datenbanken hilfreich.

C 3.2.5.1.1 Fachgebiete

Die Hosts können in zwei große Gruppen eingeteilt werden:
– Spezialisten für bestimmte Fachgebiete und
– ,,Supermärkte'' für alle Fachgebiete.
Konzentriert sich die erste Gruppe der Host's darauf, zu einem bestimmten Fachgebiet (Wirtschaft, Technik, Physik, Chemie, Medizin usw.) ein möglichst vollständiges Datenbankangebot zu haben, versuchen die ,,Supermärkte'' unter den Hosts breitbandig alle Fachgebiete – ggf. unter Verzicht auf Vollständigkeit bei jedem einzelnen Fachgebiet – online anzubieten. Beispiele von Hosts für beide Gruppen sind in *Abb. 3* aufgeführt.

Host's	Fachgebiete	Anzahl der Datenbanken
Spezialisten		
– FIZ Technik, Frankfurt	Technik	> 60
– DIMDI, Köln	Medizin, Biologie	> 60 > 60
– STN, Karlsruhe	Naturwissenschaften	
Supermärkte		
– DIALOG, Palo Alto	Alle	> 350

Abb. 3: Grobstrukturierung von Hosts nach Fachgebieten (Beispiele)

C 3.2.5.1.2 Datenbankarten

Bei der Suche nach externen Informationen kann der Rechercheur unter sehr unterschiedlichen Arten von Datenbanken auswählen. Findet er in der einen Datenbank „nur" Hinweise auf Primärveröffentlichungen, so kann er in einer zweiten Datenbank Export- und Importstatistiken abrufen. In einer dritten Datenbank kann er die genaue Anschrift einer Firma ermitteln, um sich anschließend in einer weiteren Datenbank alle Artikel aus Wirtschaftszeitungen über diese Firma in vollem Text ausgeben zu lassen. Schließlich informieren ihn weitere Datenbanken über die augenblickliche Finanz- und Kurssituation der Firma. Die verschiedenen Datenbankarten lassen sich in einer für den Rechercheur übersichtlichen Weise strukturieren (s. *Abb. 4* und Lit. 01.).
Zu unterscheiden sind die beiden Hauptgruppen:
a. Datenbanken mit Textinformationen (Textdatenbanken)
b. Datenbanken mit numerischen Informationen (Faktendatenbanken).

a. Textdatenbanken

In **Referenzdatenbanken** findet der Rechercheur nicht die eigentliche Information sondern „nur" einen Hinweis auf die Originalinformation. Als eine Art von Referenzdatenbank verweist die *bibliographische Datenbank* mit Kurzfassungen (Literaturhinweisen) auf veröffentlichte Primärveröffentlichungen. Jeder Literaturhinweis enthält neben den bibliographischen Angaben eine kurze Inhaltsbeschreibung der Primärveröffentlichung (Zeitschriftenaufsatz, Forschungsbericht, Konferenzbericht u.a.) und inhaltskennzeichnende Deskriptoren. Deskriptoren werden aus einem kontrolliertem Wortmaterial (Thesaurus) entnommen. In einem Thesaurus sind die zugelassenen Deskriptoren mit ihren Begriffsbeziehungen verzeichnet.
Die zu einem Literaturhinweis gehörenden Angaben sind in Kategorien (Felder) strukturiert. In *Abb. 5* ist ein Literaturhinweis mit seinen Kategorien beispielhaft abgebildet. An Hand solcher Literaturhinweise als Ergebnis einer Recherche kann der Benutzer entscheiden, ob er die Originalveröffentlichung beschaffen will.

Datenbanken mit Text- informationen (Textdatenbanken)	Datenbanken mit numerischen Informationen (Faktendatenbanken)

– Referenzdatenbanken
  – Bibliographische Datenbanken
  – Andere Referenzdatenbanken
  – Volltextdatenbanken
	– Statistische Datenbanken
	– Integrierte Datenbanken
	– Börsendatenbanken
	  (Real-Time-Datenbanken)

Abb. 4: Datenbankarten – Grobstrukturierung (s. auch Lit. 01.)

Datenbank	DB	ZDEE, FIZ Technik Frankfurt: ZDE, Copyright FIZ Technik.
Zugriffsnummer	AN	E80080215024.
Hauptschlagwörter	HJ	PASCAL; Software-Entwicklung.
Alle Dokumenttitel (Super- label für OT + GT + ET)	TI	Pascal and its suitability to microprocessor software development. Pascal und seine Eignung fuer die Entwicklung von Mikroprozessor- Software.
Sprache des Originaldokuments	LG	EN English.
Abstract	AB	In der Arbeit werden einleitend die Gruende genannt, die zur Entwicklung hoeherer Programmiersprachen gefuehrt haben, und erlaeutert, was unter einem strukturierten Programm zu verstehen ist. Im Folgenden stellt der Autor die Programmiersprache Pascal vor, beschreibt ihre Datentypen und Kontrollbefehle und stellt die zur Verfuegung stehenden Operationen in einer Liste zusammen. Weiter wird die Verwendung · von Pascal in speziellen Mikroprozessoren behandelt und die Aufteilung von Pascal- Programmen in einen Programm- und einen Datenteil erklaert. Ein Beispiel fuer ein Pascal-Programm schliesst sich an. Abschliessend geht der Autor auf Pascal-Compiler und Interpretierer-Versionen ein und beschreibt den erreichten Stand der Standardisierung. TIB- Eingang:7.80.
Verfasser	AU	Pfleger-D.
Institution	IN	Motorola Incorporation, Phoenix, USA.
Quelle	SO	Proc of the 6th Arizona technical sympos on microprocessor applications in the 80's, March 12-14, 1980, Tempe, Arizona, USA, (1980), S:85-90, 6S/118/8Q.
Standort des Originaldokuments	AV	TIB-RH7874(6).
Eingabedatum (Jahr, Monat)	ED	8008.
Veröffentlichungsjahr	YR	1980.
Dokumentart	PT	C Conference.
Übergeordneter Titel	TP	Proc of the 6th Arizona technical sympos on microprocessor applications in the 80's, March 12-14, 1980, Tempe, Arizona, USA.
Klassifikation	CC	HMP Programmiersprachen. 1QP8 Programmiersprachen.
Thesaurusbegriffe und freie Begriffe	MN	PASCAL; PROGRAMMENTWICKLUNG; MIKRORECHNER; STRUKTURIERTE- PROGRAMMIERUNG; PROGRAMMBEFEHL; DATENSTRUKTUR; ANWENDUNG; COMPILER; INTERPRETIERER; STANDARDISIERUNG.

Abb. 5: Nachweis aus einer Literaturdatenbank
(Beispiel aus: ZDE-Datenbank, Host: FIZ-Technik)

Die für die Beschaffung notwendigen Angaben (wie Autor, Titel, Name der Zeitschrift, Heftnummer, Seitenzahl) kann er ebenfalls dem Literaturhinweis entnehmen. Bibliographische Datenbanken sind als älteste Datenbankart schon seit lan-
gem im Angebot der Host's. Als Vorteil sind der geringe Speicherplatz und die
– entsprechende Qualität vorausgesetzt – gute inhaltliche Erschließung zu nennen. Nachteilig bei bibliographischen Datenbanken sind deren häufig nicht befriedigende Aktualität und der Zeitbedarf für die Beschaffung der Originalliteratur. Je
nach Host und angebotener Datenbank muß der Rechercheur von einem Zeitverzug
von ein bis vier Monate ausgehen, der insbesondere durch den Zeitaufwand für die
inhaltliche Erschließung (Erstellung der Inhaltsangabe und Vergabe der Schlagworte) bedingt ist. Für die Beschaffung der Originalliteratur muß der Benutzer noch
einmal mit ein bis zwei Wochen Zeitverzug rechnen. Aus den geschilderten Vor-
und Nachteilen folgt, daß bibliographische Datenbanken immer dann geeignet
sind, wenn externe Informationen aus bibliographischen Quellen ohne besonderen
Zeitdruck gesucht werden.
Andere Referenzdatenbanken verweisen u.a. auf
– Projekte,
– Experten,
– Patente,
– Veranstaltungen,
– Firmen.

Die Hinweise der verschiedenen Referenzdatenbanken enthalten sie kennzeichnende, spezifische Kategorien.

In *Projektdatenbanken* (Beispiel s. *Abb. 6*) sind dies u.a.:
- Projektanfang und ggf. Projektende
- Auftraggeber
- Projektnehmer
- Kosten des Projekts
- Projektleiter
- Projektmitarbeiter
- Projektname.

```
ECHO: -ENREP /COPYRIGHT ECHO
ND   : 00020890
CYC  : 280            NFP  : 020890
SY   : 1982    EY  : 1985
AU   : BOSSEL, H., PROF.DR.-ING.
RO   : GESAMTHOCHSCHULE KASSEL, FACHBEREICH 17 MATHEMATIK, INTERDISZIPLINAERE
         ARBEITSGRUPPE MATHEMATISIERUNG
OT   : 'SAURER REGEN' - ERSTELLUNG DER TEILMODELLE ZUR UNTERSUCHUNG DER
         SCHAEDIGUNG VON WALDOEKOSYSTEMEN DURCH 'SAUREN REGEN'
TI   : 'ACID RAIN'- CREATION OF PARTIAL MODELS FOR THE INVESTIGATION OF DAMAGE
         TO FOREST ECOSYSTEMS THROUGH 'ACID RAIN'
AB   : ZUR MATHEMATISCHEN MODELLIERUNG UND COMPUTERSIMULATION DER SCHAEDIGUNG
         VON WALDOEKOSYSTEMEN DURCH SAURE NIEDERSCHLAEGE WERDEN 4 TEILMODELLE
         ERSTELLT: A. BODENCHEMIE: VERAENDERUNG DES MINERALBODENS UNTER DEM
         EINFLUSS SAURER NIEDERSCHLAEGE. B. STICKSTOFFMINERALISIERUNG:
         AMMONIFIKATION UND NITRIFIKATION BEI NATUERLICHER UND KUENSTLICHER
         VERSAUERUNG. C. BODENWASSERHAUSHALT: STEUERUNG DES PH-WERTES UEBER DEN
         WASSERHAUSHALT DES BODENS. D. SYSTEM 'BAUM': FUNKTIONSWEISE DES BAUMES
         UNTER SCHADSTOFFBELASTUNG. DIE TEILMODELLE WERDEN ZU EINEM GESAMTMODELL
         VERKOPPELT, DAS DIE LAENGERFRISTIGE ENTWICKLUNGSDYNAMIK VON
         WALDOEKOSYSTEMEN UNTER DEM EINFLUSS DES 'SAUREN REGENS' BESCHREIBEN
         SOLL. DAS GESAMTMODELL SOLL ES GESTATTEN, INSBESONDERE DIE
         LAENGERFRISTIGE DYNAMIK DER PH-WERT-VERAENDERUNGEN, DER AKKUMULATION
         VON SCHADSTOFFEN UND DES MOEGLICHEN PLOETZLICHEN 'UMKIPPENS' VON
         WALDOEKOSYSTEMEN ZU UNTERSUCHEN. DAS MODELL LAESST DIE MOEGLICHKEIT
         OFFEN, NEUE ERKENNTNISSE ODER HYPOTHESEN MIT EINZUBEZIEHEN UND IHRE
         KONSEQUENZEN FUER DIE SYSTEMENTWICKLUNG ZU ERMITTELN. ES SOLL EINEN
         BEITRAG LEISTEN ZUR BESCHREIBUNG UND ERKLAERUNG DER GEGENWAERTIGEN
         SITUATION UM DIE BEDROHUNG DER WALDOEKOSYSTEME DURCH DEN 'SAUREN
         REGEN'.
CT   : BEWERTUNG UND ANALYSE; OEKOLOGIE; SAEUREABLAGERUNG; WASSERSTOFF;
         MINERALIEN; BODENKUNDE; STICKSTOFF; NITRATE; NITRIERUNG; BODENFEUCHTE;
         BODENKUNDE; SCHADSTOFFCHEMIE SCHADSTOFFZUSAMMENSETZUNG; SIMULATION;
         WALD

ADDR : HEINRICH-PLETT-STR. 40
         KASSEL* , HESSEN , D-3500 , GERMANY, FEDERAL REPUBLIC OF
TEL  : (0561) 8040
```

Abb. 6: Nachweis aus einer Projektdatenbank
(Beispiel aus: ENREP, Host: ECHO, Luxemburg)

In Patentdatenbanken sind Hinweise auf Schutzrechtsschriften enthalten. Der Rechercheur kann z.B. feststellen, ob es zu einem von ihm geplanten Produkt oder Verfahren schon Patent- oder Gebrauchsmusteranmeldungen gibt. Er kann die Entwicklungslinien eines Konkurrenzunternehmens an Hand der getätigten Patentanmeldungen verfolgen und er kann versuchen, Gegenmaterial zu einer störenden Anmeldung zu recherchieren.

```
        Datenbankschluessel      DE-Patentblatt Datum und Woche
AN      159908159 PATDPA;        ED     841004; EW   8440
        (21) Aktenzeichen        Datum der letzten Veraenderung
SN      DE3152498.2;             UP     841004; UW    8440
TI      (541) Bezeichnung der Erfindung/Titel
        (C2)(A1) Zierblende fuer die aussenseitige Verkleidung der Raeder
        eines Kraftfahrzeuges
IN      (72) Erfinder (aktueller Stand und vorheriger)
INC     Burckhardt, Manfred 'Dr.-Ing.' (DE 7050 Waiblingen)
        Schulte, Herbert 'Dipl.-Ing.' (*DE 7057 Leutenbach)
PA      (71/73) Anmelder/Inhaber (gegenwaertiger und vorheriger)
PAC     Daimler-Benz AG (*DE 7000 Stuttgart)
PAT     Patent-Anmelder/Inhaber-Typ
        Juristische Person
SO      Quellenangabe
        Patentblatt 103 (1983) Heft 22, DE A1 Offenlegungs-Schrift, 1.
        Veroeff.; Zeichnungsseiten 1; Textseiten 9; Blattzahl 6;
        Filmlochkarten 2
        Patentblatt 104 (1984) Heft 40, DE C2 Patent-Schrift, 2. Veroeff.
NTE     Ausgewaehlte Rechtsstandsdaten
NTA     810520: ADP   (22) DE Patent-Anmelde-Datum
        810520: FRLD  (60) Erste Bezugs-Anmeldung
        810520: ADIV  (62) Teil aus: 3120021
NTR     830601: AO    (43) Offenlegung der DE Anmeldung
        841004: PG    (45) DE Patent-Erteilung
        841004: SRP   (56) Such-Erg. d. Pruef-Verf. gem. Paragr. 44
LA      (25) Sprache der Ursprungsanmeldung
        German
PIT     (12) Patent-Information Schrift-Typ
        PS Patent-Schrift, 2. Veroeff., Einspr.-Frist 3 Mon.
PI      (10) Patent Information
        DE 3152498    C2 841004 OPP
AI      (20/86) Anmelde - Information
        DE 81-3152498 A  810520
RLI     (60) Zusatz- und Teilunsrelationen
        DE 81-3120021 A  810520 BDIV F
        DE 81-3152498 A  810520 ADIV
PRAI    (30) Prioritaets-Information
        DE 81-3152498 A  810520 IA    F      (35) Inlands-Anmeldung
FI      (40/87) Familien-Information
        DE 3120021    A1 821209 AO         (43) DE Offenlegung
        DE 3152498    C2 841004 PG         (45) DE Patent-Erteilung
RE      (561) Referierte Patent- und Nicht-Patentliteratur (Par.43/44 Patg)
REP     DE 2750426    A      SRP
IC      (51) Int.Cl.-Haupt- und Nebenklasse
ICM     (4I2) B60B007-00            (510) IPC Hauptklasse
ICS     (4I2) B60B019-10            (512) IPC Nebenklasse
        (4I2) B60T005-00            (512) IPC Nebenklasse
AB      (571) Abstract
        (C2) Eine Zierblende fuer die aussenseitige Verkleidung der Raeder
        eines Kraftfahrzeuges wird zusaetzlich zu in der Felgennaehe
        angeordneten Ventilationsoeffnungen im achsnahen Bereich mit
        Luftansaugoeffnungen versehen, von denen aus die von aussen
        angesaugte Luft ueber innenseitig liegende, radiale Schaufeln
        radial nach aussen gefoerdert wird, um zusaetzliche Kuehlung zu
        erreichen.
PST     (551) Passat - Terms
        ACHSNAH; ANORDNEN; ANSAUGEN; ANSAUGOEFFNUNG; AUSSENSEITIG; BEREICH;
        ERREICHEN; FELGE; FELGENNAEHE; FOERDERN; INNENSEITIG;
        KRAFTFAHRZEUG; KUEHLEN; KUEHLUNG; LIEGEN; LUFT; LUFTANSAUGEN;
        LUFTANSAUGOEFFNUNG; LUFTANSAUGUNG; NAEHE; OEFFNEN; OEFFNUNG; RAD;
        RADIAL; SCHAUFEL; SCHAUFELN; VENTILATION; VENTILATIONSOEFFNUNG;
        VERKLEIDUNG; VERSEHEN; ZIERBLENDE; ZUSAETZLICH
FA      Verfuegbarkeit der Informationen
        INC; PAC; AB; RL; ICS; REP
```

Abb. 7: Nachweis aus einer Patentdatenbank
(Beispiel aus: PATDPA, Host: STN, Karlsruhe)

Aus *Abb. 7* gehen die wichtigsten Kategorien eines Hinweises einer *Patentdaten-bank* hervor wie z.B.:
- Anmelder
- Erfinder
- Name der Erfindung
- Anmeldedatum
- Offenlegungsdatum
- Patentdatum
- Patentnummer.

In *Firmendatenbanken* sind in textlich-numerischer Form wichtige Angaben zu der jeweiligen Firma enthalten. Der Detaillierungsgrad reicht von der Nennung der „einfachen" Angaben wie Anschrift, Telefonnummer, Zahl der Angestellten und Umsatz bis hin zu komplexen Kategorien wie Produktcode, Umsatzentwicklung, Vorstands- und Aufsichtsratsmitglieder, Zweigniederlassungen und Beteiligungen.

```
Fachverlag Schiele & Schoen GmbH
Markgrafenstr. 11
1000 Berlin 61
Deutschland

Telephon:  (030) 2 51 60 29
Telex: 181 470
Telegrammadresse: schieleschoen berlin
Telekopie-System: Fax (030) 7 42 50 21

Firmennummer :          315726976

Hauptbranche :          7080 Verlag von Buechern, wissenschaftlichen und
                             Fachzeitschriften
Weitere Branchen :      7081 Verlag von Zeitungen sowie unterhaltende
                             Zeitschriften und Broschueren

SIC Code :              2721; 2731

Geschaeftstaetigkeit:
    Gesch.-Taet: Herausgabe von Fachbuechern und -zeitschriften
Rechtsform:             Gesellschaft mit beschraenkter Haftung - GmbH
Gruendungsjahr:         1946
Beschaeftigte:          25 (1987);23 (1986);23 (1985)
Umsatz:                 Deutsche Mark 4,4 Mio (1986)
Kapital:                Stamm-Kap: Deutsche Mark 0,5 Mio

Bankverbindungen:
    Berliner Bk
     Berlin
Verbandszugehoer.:
    VDZ Verb Deutscher Zeitschriftenverleger, Bonn
    Boersenverein des Dt Buchhandels, Frankfurt (Main)

Leitung:
    Geschaeftsfuehrer:   Schoen, Peter  Berlin

Aktionaer:
    Gessellschafter:  Schoen, Peter
    Gessellschafter:  Schoen, Lisbeth
```

Abb. 8: Nachweis aus einer Firmendatenbank
        (Beispiel aus: Hoppenstedt-Datenbank, Host: DIALOG)

In *Abb. 8* und *Abb. 9* sind zwei Firmenhinweise abgebildet, die durch folgende wesentliche Kategorien beschrieben sind:
- Firmenname
- Vollständige Anschrift
- Vollständige Telefon-, Telefax- und Teletexnummern
- Beschreibung der Geschäftstätigkeit
- Produktbeschreibung und Produktcode
- Umsatz
- Beschäftigtenzahl
- Namen von Vorstands- und Aufsichtsratsmitgliedern
- Zweigniederlassungen und Tochtergesellschaften.

```
--   Datenbank                    DB BCON, FIZ Technik Frankfurt: BUERO-CONTACT, (C)1988/05 COMPUNICATI
--   Zugriffsnummer               AN 201766.
AS   Firmenname                   IN SEV Software-Entwicklung und Vertrieb GmbH.
AS   Postfach/Straße              PS Postfach 5927
                                     Karl-Geusen-Strasse 173.
AS   Land, PLZ, Ort               RE 4000 Duesseldorf 1.
--   Postleitzahl (vierstellig)   PL 4000.
--   Telekommunikative Angaben    TL Telefon:    (0211) 2103107+124.
                                     Telex:      8587798 noel d.
PN   Produktbeschreibung          PE Computervertrieb:
                                     - Mainframesysteme.
                                     - Microsysteme/Personal Computer/Home-Computer.
                                     - Siemens.
                                     Softwarevertrieb: .
                                     Drucker-/Plotter-Vertrieb:
                                     - Fujitsu.
                                     - Hewlett Packard.
                                     - Itoh.
                                     - Matrixdrucker.
                                     - NEC.
                                     - Plotter.
                                     - Siemens.
                                     - Typenraddrucker.
                                     Bildschirmvertrieb:
                                     - Ampex.
                                     - Monobildschirm.
                                     Text-/Schreibsystem-Vertrieb:
                                     - Textsysteme.
                                     Dienstleistungen, Diverses:
                                     - EDV-Moebel.
                                     - EDV-Zubehoer.
                                     - Leasing-Systeme.
PN   Industriegruppen             IC Art des Unternehmens:
                                     - Grosshandel.
                                     - Einzelhandel.
                                     - Import.
                                     - Service/Wartung.
                                     - Softwarehaus.
                                     - Systemhaus.
                                     - EDV-Beratung.
MM   Management                   MM Geschäftsführung: .
FI   Status                       ST Status des Unternehmens:
                                     - Hauptsitz.
                                     - Verwaltung.
                                     - Verkaufsbuero.
                                     - Servicestuetzpunkt.
                                     - Zentrallager.
FI   Gründungsjahr                YR Gegruendet: 1987.
FI   Kapital                      CA Kapital: 200.000 DM.
FI   Verbandsmitgliedschaft       MS Branchen-Verband: .
```

Abb. 9: Nachweis aus einer Firmendatenbank
          (Beispiel aus: BCON, Host: FIZ-Technik)

Datenbanken mit Firmenhinweisen gehören zu der meist genutzten Datenbankart überhaupt. Folgende Fragestellungen kann der Rechercheur u.a. mit ihnen lösen:
- Welche Firmen stellen ein bestimmtes Produkt her?
- Welche Firmen mit einem vorgegebenen Umsatz und einer vorgegebenen Beschäftigtenzahl sind in einer bestimmten Region tätig?
- Welche Person ist in welchen Firmen in Managementfunktionen tätig?
- Welches sind die Hauptkonkurrenten in einem bestimmten Produktbereich und wie lauten deren wichtigste Firmenangaben?

Volltextdatenbanken als zweite Gruppe von Textdatenbanken enthalten den ungekürzten Text der Originalveröffentlichung. So stehen Artikel aus Fachzeitschrifen, Tages- und Wochenzeitungen in Volltextdatenbanken ebenso für die Recherche zur Verfügung wie die Nachrichten der großen Presseagenturen (z.B. DPA, AP). Die Erstellung einer Inhaltsangabe entfällt, Schlagworte stehen in manchen dieser Voll-

---

```
(mit gekürztem Feld TX)

Datenbank                   DB    VDIN, FIZ Technik Frankfurt: VDIN, Copyright VDI-Verlag GmbH.
Zugriffsnummer              AN    198702800205.
Erscheinungsjahr            YR    1987.
Heft-Nummer                 NO    028.
Erscheinungsdatum           PD    870710.
Seite                       PA    002.
Autoren-Code                AC    01.
Alle Titel (RT + HT + UT)   TI    Satelliten uebertragen die Druckvorlagen nach Europa.
                                  Redigiert in Tokio, gedruckt in den Niederlanden.
                                  Europaeische Ausgabe japanischer Wirtschaftszeitung erscheint
                                  vor dem Original - Von M. Grotelueschen.
Abstract, Einleitung        AB    VDI-N, Heerlen, 10.7.87 - Die Nihon Keizai Shimbun, eine der
                                  auflagenstaerksten Wirtschaftszeitungen, wird seit dem 1. Juli
                                  auch in Heerlen gedruckt. Die Druckvorlagen des taeglich in
                                  japanischer Sprache erscheinenden Blattes kommen per Satelliten
                                  von  Tokio  ueber  amerikanische  Zwischenstationen  in  die
                                  Niederlande. Durch die Zeitverschiebung kann die europaeische
                                  Ausgabe eher als die japanische ausgeliefert werden.
Textfeld(er)                TX    Jetzt haben die vielen japanischen Geschaeftsleute, die in
                                  Westeuropa leben und von denen es 25000 geben soll, noch
                                  schneller       weltweite       und       besonders      japanische
                                  Wirtschaftsinformationen zur Hand. Denn Nihon Keizai Shimbun,
                                  die mit einer Auflage von 2,5 Millionen weitverbreitetste
                                  taegliche  Wirtschaftszeitung,  wird  seit  Monatsanfang  im
                                  niederlaendischen Heerlen unweit von Aachen gedruckt. Zuvor
                                  musste die europaeische Ausgabe des Blattes, das sich weder
                                  inhaltlich  noch  in  den  Schriftzeichen  von  der  japanischen
                                  unterscheidet,  auf  dem  zeitraubenden  Luftweg  ueber  Tokio,  wo  die
                                  Verlag Nihon Keizai Shimbun Inc. seinen Sitz und die wichtigste
                                  Druckerei hat, in die Zentren Europas eingeflogen werden.
                                  .....
                                  Die in der Tokioter Zentrale hergestellten Druckvorlagen tastet
                                  ein Scanner ab und setzt sie in digitale Signale um, die ein
                                  ueber dem Pazifischen Ozean positionierter Nachrichtensatellit
                                  Intelsat nach Los Angeles an der amerikanischen Westkueste
                                  uebertraegt. Dort betreibt Nikkeis Vertragspartner Dow Jones &
                                  Company  Inc.,  die  die  Telekommunikationseinrichtungen  zur
                                  Verfuegung stellt, eine eigene Druckerei. Von der Westkueste
                                  gehen  die  Daten  mit  einem  weiteren  Satelliten  ueber  den
                                  Kontinent nach New York, von wo sie ein zweiter Intelsat nach
                                  Rotterdam uebermittelt. Den letzten Weg legen die imaginaeren
                                  Vorlagen  ueber  niederlaendische  Postleitungen  nach  Heerlen
                                  zurueck, wo sie in der Druckerei des "Limburger Tageblattes" zu
                                  Papier gebracht werden.
                                  Von hier aus transportieren Lastwagen die 5500 Zeitungsexemplare
                                  zum Flughafen Bruessel, und von dort aus nehmen sie den Luftweg
                                  nach  europaeischen  Laendern  sowie  dem  Mittleren  Osten  und
                                  Afrika.
                                  .....
```

Abb. 10: Information aus einer Volltextdatenbank
(Beispiel aus: VDI-Nachrichten-DB, Host: FIZ-Technik)

textdaten für die Recherche zur Verfügung (bei DPA z.B. automatisch erzeugte Schlagworte). Die Kosten für den Input sind geringer als bei bibliographischen Datenbanken. Die Aktualität von Volltextdatenbanken liegt in der Größenordnung weniger Stunden. Der Zeitaufwand für die Bestellung der Originalliteratur entfällt bei Volltextdatenbanken. Diesen Vorteilen steht die häufig schlechtere Ausbeute von relevanten Informationen gegenüber, die aus den fehlenden Deskriptoren resultiert. Die Datenbanknutzungskosten können ggf. zunehmen, wenn verstärkt vollständige Texte übertragen werden. In *Abb. 10* und *11* sind zwei Beispiele von deutschsprachigen Volltextdatenbanken abgebildet.

Zi-Nr.: 4, DOK-Nr.: 11479, Seite-Nr.: 1

bas079 4 vm 358 vvvvb dpa 083

Frankreich/Satellit
* ausl wiss
(Zusammenfassung)
Zwilling des Pannen-TV-Sat-1 erfolgreich ins All gebracht = Kourou (dpa) − Der erste direktstrahlende französische Fernsehsatellit TDF-1 ist am frühen Freitag morgen an der Spitze einer Ariane-2-Rakete in den Weltraum befördert worden. Die Rakete hob planmäßig um 0317 MEZ vom europäischen Raumfahrtzentrum in Kourou in Französisch-Guayana ab und setzte ihre Fracht knapp 20 Minuten später auf der vorgesehenen Erdumlaufbahn ab. Der Satellit entfaltete zur großen Erleichterung der Verantwortlichen beide Sonnenpaddel und strebte seinem endgültigen Standort in 36 000 Kilometer Höhe entgegen.
Vor knapp einem Jahr war die deutsche TV-Sat-1 Mission − ein Zwilling des französischen TDF-1 − fehlgeschlagen, weil sich ein Sonnenpaddel aus bislang ungeklärten Gründen nicht entfaltet hatte. der TV-Sat 1 konnte deshalb wegen unzureichender Stromversorgung nicht in Betrieb genommen werden. Wenn beim Zwilling TDF-1 weiterhin alles klar geht, soll er noch vor Ende des Jahres

Fortsetzung J/N, Anweisung,

Zi-Nr.: 4, DOK-Nr.: 11479, Seite-Nr.: 2

betriebsbereit sein. Seine Sendungen könnten dann mit einer kleinen Parabolantenne von rund 400 Millionen Fernsehzuschauern zwischen Portugal und dem Ural sowie in Nordafrika empfangen werden.
Allerdings ist bislang ungeklärt, wer über die fünf Kanäle des Satelliten welche Programme ausstrahlen wird. Die französische Regierung konnte bislang nur auf das Interesse mehrerer ,,seriöser'' Kunden hinweisen. Genannt wurden unter anderen private Fernsehsender, wie das französische ,,Erste'', TF-1, La Cinq und Canal plus, weiterhin der geplante, auf Europa zielende Kulturkanal ,,La Sept'' und die Deutsche Bundespost.
Die nahezu baugleichen Satelliten TV-Sat-1 und TDF-1, deren gemeinsame Entwicklung von Deutschen und Franzosen vor neun Jahren beschlossen worden war, gilt wegen seiner hohen Sendeleistung und der dadurch bedingten, vergleichsweise geringen Zahl von Kanälen als technisch überholt. Der Präsident der europäischen Satellitenorganisation Eutelsat, Andrea Caruso, meinte kürzlich lapidar, der mit vier Jahren Verspätung ins All beförderte TDF-1 sei ,,das Ergebnis einer positiven wissenschaftlichen Forschung, die in der Lage ist zu zeigen, was man nicht tun soll''. TV-Sat-1 und TDF-1 werden mit ihrer neuen Fernsehnorm D2-Mac als Zwischenetappe auf dem Weg zum hochauflösbaren Fernsehen der Zukunft angesehen.

Abb. 11: Information aus einer Volltextdatenbank
(Beispiel aus: DPA-Datenbank, Host: DPA)

b. Faktendatenbanken

Die in Faktendatenbanken gespeicherten Daten können unterschiedliche Fachgebiete betreffen:
Neben physikalischen und chemischen Daten sind technische Daten von Produkten gespeichert. Neben statistischen Daten aus dem Wirtschaftsbereich (Import − und Exportzahlen, Produktionsstatistiken und Branchenstatistiken) können Finanzdaten aus dem Wertpapierbereich recherchiert werden.

A R E M O S   II version 1.20 (11:15:88)
(c) Copyright 1987 WEF Basel A.G.
WHARTON Econometric Forecasting Associates

Existing working file reopened

⇒
> set freq m;
⇒
> set per 87:1 to 88:12;
⇒
> open eurs;
File is Info. conjoncturelle rapide (CRONOS/EUROSAT) Created on 24 SEP 85 Last updated on 21 NOV 88
⇒
> index s??9430400;
Number of objects found 16

⇒
> print „Verbraucherpreisindex" BRD, USA, Japan;

Verbraucherpreisindex

	BRD	USA	Japan
1987			
JAN	120.60	134,96	114,10
FEB	120.70	135.45	114.10
MAR	120.70	136.06	114.60
APR	121.00	136.78	115.60
MAY	121.10	137.27	115.90
JUN	121.30	137.75	115.70
JUL	121.30	138.12	115.10
AUG	121.20	138.85	115.20
SEP	120.90	139.58	116.20
OCT	121.10	139.94	116.20
NOV	121.10	140.06	115.60
DEC	121.30	140.06	115.50

Abb. 12: Statistische Datenbank, Anfrage und Ergebnisse
(Beispiel aus: CRONOS/EUROSTAT, Host: WEFRA)

Im Gegensatz zu den vorher beschriebenen Textdatenbanken liegt der Schwerpunkt bei der Nutzung von *statistischen Datenbanken* nicht auf der eigentlichen Recherche. Diese ist in der Regel einfach durch Eingabe vorher aus entsprechenden Handbüchern ermittelter Nummerncodes und Klassifikationen durchzuführen. Hauptgegenstand der Arbeit mit statistischen Datenbanken ist vielmehr die benutzerspezifische Aufbereitung der recherchierten Statistiken. Dazu verwendet der Rechercheur entweder Statistikprogramme, die auf dem Host zur Verfügung stehen, oder er setzt nach dem Downloaden der Statistiken auf seinen PC geeigente Anwenderprogramme ein.

Ein Beispiel für die Eingabe eines Nummerncodes (in *Abb. 12* ist dies der Befehl 'index s??9430400') und die damit gefundenen Statistiken zeigt *Abb. 12.*

In *Abb. 13* ist eine einfache Analyse der gefundenen Statistiken gezeigt.

```
⇒
> analyze BRD, USA, Japan;

BRD
MONTHLY Data for 45 periods from JAN 1985 to SEP 1988
Mean          121,15              Standard deviation          0.69
Maximum       122.60 in SEP 1988
Minimum       119.90 in NOV 1986

USA
MONTHLY Data for 45 periods from JAN 1985 to SEP 1988
Mean          135.60              Standard deviation          4.75
Maximum       145.40 in SEP 1988
Minimum       128.07 in JAN 1985

Japan
MONTHLY Data for 45 periods from JAN 1985 to SEP 1988
Mean          115.16              Standard deviation          0.74
Maximum       116.90 in SEP 1988
Minimum       113.20 in FEB 1985
```

Abb. 13: Statistische Datenbank, Analyse der Daten
(Beispiel aus: CHRONOS/EUROSTAT, Host: WEFRA)

In den *integrierten Datenbanken* sind die statistischen Informationen häufig in textlichen Informationen eingebettet. Diese Datenbanken erlauben eine Recherche wie in „normalen" Textdatenbanken, gleichzeitig können mit besonderen Suchbefehlen die Statistiken gesondert herausgesucht und anschließend aufbereitet werden. Insbesondere bei Fragen aus dem Bereich Wirtschaft werden integrierte Datenbanken mit großem Vorteil eingesetzt, da eine vollständige Beantwortung der Fragen häufig sowohl die qualitatven Textinformationen als auch die quantitativen statistischen Informationen verlangt.

Ein Beispiel für den Inhalt einer integrierten Datenbank zeigt *Abb. 14.*

3/5/4
02052913
Autokonjunktur hat Gipfel überschritten

Frankfurter Allgemeine October 14, 1988 p. 14
Language: German

W Germany: New family car registrations in 1988 will be 2.75 mil units, according to the
Ifo institute for economic research. The figure will be 2.6 mil units in 1989, compared
with the record level of 2.92 mil units in 1987. In 1987, 4.37 mil family cars were prodoced
in W Germany, Ifo predicts 4.3 mil units in 1988 and 4.1 mil in 1989. Some 10 years ago,
production was 3.9 mil units. In 1987, exports fell by 2.7 % to 2.45 mil units. There was
a considerable decline in deliveries to N America.

PRODUCT: *Automobiles (3711100)
EVENT: *Sales & Consumption (65)
Country: *West Germany (4WGE)

Abb. 14: Integrierte Datenbank
(Beispiel aus: PROMPT, Host: DIALOG)

In *Börsendatenbanken* werden die Kurse von Aktien und anderen Wertpapieren im
Echtzeitbetrieb (Real − Time − Betrieb) dem Benutzer angezeigt. Nutzer von Börsendatenbanken bekommen laufend die aktuellen Börsenkursen von den wichtigsten Börsenplätzen der Welt auf ihren Bildschirm gespielt und können damit
hochaktuelle Entscheidungen über Kauf oder Verkauf von Wertpapieren fällen.

C 3.2.5.2 Retrievalsprachen der Hosts

Für die Suche in Online-Datenbanken muß der Host Retrievalprogramme bereitstellen. Der Rechercheur benutzt für seine Suche einen Satz von Kommandos, die
als Retrievalsprache bezeichnet werden. An dieser Stelle sei betont, daß Retrievalsprachen nichts mit Programmiersprachen zu tun haben. Für das Erlernen von Retrievalsprachen sind keine Programmierkenntnisse notwendig. Trotz Bemühungen
einiger europäischer Hosts gibt es bisher keine allgemein verbindliche Retrievalsprache, sodaß der Rechercheur mehrere Retrievalsprachen beherrschen muß. Gerade aber deswegen ist die Vorgehensweise beim Erlernen einer Retrievalsprache
wichtig:
Auszugehen ist von den Funktionen, die der Rechercheur für eine Recherche benötigt. Unter Funktionen sind die verschiedenen „Schritte" zu verstehen, die der Rechercheur nach Auswahl des geeigneten Host's für eine erfolgreiche Recherche
durchführen muß. Dazu gehören:
− Die Auswahl der richtigen Datenbank: Der Nutzer muß an Hand von Datenbankbeschreibungen entscheiden, in welcher bzw. welchen der vom Host angebotenen Datenbanken er die Recherche durchführen will (s. auch Abschnitt
  C 3.3).

- Das „Blättern in Wörterbüchern" (s. auch Abschnitt C 3.2.7): vor der eigentlichen Suche ist es sinnvoll, in den Wörterbüchern (vergleichbar mit Registern eines Buches) der Datenbank zu „blättern", um das Vorkommen eines bestimmten Suchwortes und dessen Häufigkeit festzustellen.
- Die eigentliche Suche: Hier erfolgt die Verknüpfung der Suchworte mit Operatoren entsprechend der ursprünglichen Fragestellung. Als Operatoren stehen dem Rechercheur in allen Retrievalsprachen die Boolschen Operatoren UND, ODER und NICHT zur Verfügung. Werden Informationen zum Thema „Sonnenheizung von Wohnhäusern" benötigt, könnte eine erste Suchformulierung lauten:
  Suche SONNENHEIZUNG UND WOHNHAUS.
  Damit qualifizieren sich nur die Informationen, bei denen sowohl das Wort SONNENHEIZUNG als auch das Wort WOHNHAUS vorkommt. Ist die Zahl der gefundenen Informationen zu gering, wird der Rechercheur z.B. das Synonym SOLARHEIZUNG mit in die Recherche einbeziehen. Die Suchformulierung lautet dann:
  Suche (SONNENHEIZUNG ODER SOLARHEIZUNG) UND WOHNHAUS.
  Sollen in dem Rechercheergebnis z.B. keine Informationen aus Büchern enthalten sein, so kann man diese durch Verwendung des NOT-Operators ausschließen. (Auf die Verwendung dieser und anderer Operatoren wird in Abschnitt C 3.3 an Hand eines Beispiels eingegangen).
- Die Anzeige der gefundenen Informationen: Nach der Suche können die gefundenen Informationen in unterschiedlichen Formaten auf dem Bildschirm angezeigt bzw. ausgedruckt werden.
- Die Beendigung der Recherche: Bei Beendigung des Online-Dialogs werden dem Benutzer von den meisten Host's die Anschlußzeiten und ungefähren Online-Kosten bekanntgegeben.

Neben diesen Grundfunktionen werden u.a. folgende Zusatzfunktionen in Recherchen benötigt:

- Abspeichern durchgeführter Suchformulierungen
- Prozessieren von gespeicherten Suchformulierungen in einer anderen Datenbank desselben Host's
- Sortieren gefundener Informationen.

In *Abb. 15* sind für drei verschiedene Retrievalsprachen die Kommandos für die Grundfunktionen dargestellt. Die Unterschiedlichkeit der Kommandos bei den drei Sprachen ist augenfällig: Das Kommando für die Auswahl der Datenbank heißt in der Retrievalsprache DIALOG „BEGIN", in der Retrievalsprache GRIPS „BASE" und bei DSO „. . CHANGE". Umgekehrt steht das Kommando „DISPLAY" bei GRIPS für die Funktion „Blättern in Wörterbüchern", während bei DIALOG mit dem gleichen Kommando gefundene Informationen online angezeigt werden.

Für die Suche nach Informationen muß bei DIALOG das Kommando „SELECT" verwendet werden, bei DSO wird mit dem Kommando „. . SEARCH" gesucht, wenn man sich nicht im Suchmodus befindet. Für die Online-Anzeige gibt es in den drei Retrievalsprachen die Kommandos „TYPE oder DISPLAY", „SHOW" und

	Kommandos bei		
Funktion	DIALOG	GRIPS	DSO
Auswahl einer Datenbank	BEGIN	BASE	. . CHANGE
Blättern in Wörterbüchern	EXPAND	DISPLAY	. . ROOT
Suchen	SELECT	FIND	. . SEARCH
Online-Anzeige	TYPE DISPLAY	SHOW	. . PRINT
Beendigung des Online-Dialogs	LOGOFF	STOP	. . OFF

Abb. 15: Funktionen und Kommandos bei drei Retrievalsprachen

,, . . PRINT". Und auch für die Beendigung der Recherche müssen drei verschiedene Kommandos benutzt werden.
Weiterführende Kommandos werden in Abschnitt C 3.3 bei der genauen Besprechung einer Beispielrecherche für eine Retrievalsprache im Detail erläutert.

C 3.2.6   Datenbasis

Unter Datenbasis ist die noch nicht recherchierfähige Sammlung von Informationen zu verstehen, die von einem Datenbasisproduzenten erstellt wird. Die Datenbasis besteht aus Literaturhinweisen oder aus Firmenhinweisen, aus Volltexten oder aus Hinweisen auf Projekte, Patente, Experten usw. Der Produzent der Datenbasis verkauft seine Informationen an den Host, der mit entsprechenden Datenbankprogrammen suchfähige Online-Datenbanken daraus aufbaut. In einigen Fällen ist der Host auch gleichzeitig Produzent einer oder mehrerer Datenbasen. Der Datenbasisproduzent liefert in kontinuierlichen Abständen neue Informationen an den Host, der damit die Online-Datenbank fortschreibt.

C 3.2.7   Online-Datenbank

Eine Online-Datenbank besteht aus mehreren Dateien. Für das Beispiel einer bibliographischen Datenbank sind in *Abb. 16* die verschiedenen Dateien dargestellt (s. auch Lit. 01.).
In der Dokumentdatei sind die eigentlichen Informationen − hier also die Literaturhinweise − gespeichert. Neben der Dokumentdatei sind in jeder Datenbank sog. Wörterbuchdateien (auch abgekürzte Wörterbücher genannt) vorhanden. Die Wörterbücher werden mit dem Aufbau der Dokumentdatei aus dieser erstellt. Dazu

Aufbau einer Online - DATENBANK

Abb. 16: Dokumentdatei und Wörterbuchdateien (s. auch Lit. 01.)

Kategoriename		Inhalt
Langform	Kurzform	
Nr. des Literaturhinweises	NR	0001
Titel	TI	Sonnenenergienutzung in Wohnhäusern
Inhaltsangabe	AB	Mit Sonnenenergienutzung können die
(Abstract)		Energiekosten erheblich gesenkt werden.
Autor	AU	Kuller, M.
Erscheinungsjahr	PY	1988
Quelle	SO	Zeitschrift für Energieeinsparung
		Heft 4, S. 1 – 5
Deskriptoren	DE	Sonnenenergie, Kosten, Energieeinsparung
Nr. des Literaturhinweises	NR	0002
Titel	TI	Bedeutung alternativer Energien
Inhaltsangabe	AB	Alternative Energien wie Sonnenenergie,
		Windenergie und Biowärme stehen in jüng-
		ster Zeit wieder im Mittelpunkt energiepo-
		litischer Diskussionen.
Autor	AU	Knauf, R.
Erscheinungsjahr	PY	1987
Quelle	SO	Energiepolitische Zeitschrift
		Heft 6, S. 13 – 16
Deskriptoren	DE	Sonnenenergie, Windenergie, Energieein-
		sparung, Biowärme

Abb. 17: Literaturnachweis aus einer Datenbank (fiktives Beispiel)

werden die Inhalte der Kategorien der Literaturhinweise (Wörter, Zahlen) (s. *Abb. 5*) in einem Wörterbuch oder mehreren Wörterbüchern in alphabetischer oder chronologischer Reihenfolge sortiert aufgeführt. Zu jedem Eintrag der Wörterbücher wird angegeben, in wievielen Literaturhinweisen das betreffende Wort oder die betreffende Zahl vorkommt. Füllworte wie ,,der, die, das, ein, bei, auf'' usw. werden als sogenannte Stopworte nicht in die Wörterbücher aufgenommen. Für das fiktive Beispiel einer Datenbank mit zwei Literaturhinweisen (s. *Abb. 17*) sind das Wörterbuch der Deskriptoren, das Wörterbuch der Autoren und das Wörterbuch des Erscheinungsjahres in *Abb. 18* dargestellt.

Als inhaltskennzeichnende Wörter stehen für die Suche auch die Wörter aus den Titeln und den Inhaltsangaben zur Verfügung. Diese Wörter werden auch als Freitextworte bezeichnet. Sie entstammen im Gegensatz zu den Deskriptoren keinem kontrollierten Wortmaterial, sondern werden ohne Kontrolle und ohne intellektuelle Bearbeitung aus den Freitextkategorien (Titel, Inhaltsangabe) unter Berücksichtigung vorher definierter Stopworte in ein entsprechendes Hauptwörterbuch (Basis Index) übernommen. Für die Dokumentdatei aus *Abb. 17* ist der zugehörige Basic Index in *Abb. 19* angegeben. Die angenommene Stopwortliste umfaßt folgende Wörter:

in, mit, können, die, erheblich, werden, wie, und, wieder, im.

Alle Einträge aus den Wörterbüchern können in einer Suchformulierung mit Operatoren untereinander verknüpft werden. Durch einen entsprechenden Vorsatz (Präfix) wird in der Suchformulierung angegeben, aus welchem Wörterbuch der betreffende Suchbegriff stammt. Die Suche nach Hinweisen, die den Deskriptor Son-

Wörterbuch der Deskriptoren (DE)	
Wort	Zahl d. Hinweise
Biowärme	1
Energieeinsparung	2
Kosten	2
Sonnenenergie	2
Windenergie	1

Wörterbuch des Erscheinungsjahres (PY)	
Jahr	Zahl d. Hinweise
1987	1
1988	1

Wörterbuch der Autoren (AU)	
Name	Zahl d. Hinweise
Knauf, R.	1
Kuller, M.	1

Abb. 18: Wörterbücher für die Dokumentdatei einer Literaturdatenbank
(entsprechend Beispiel Abbildung 17)

nenenergie haben und vom Auto M. Knauf stammen hat folgende Suchformulierung zur Folge:

Suche CT-Sonnenenergie UND AU = Knauf, R..

Alle Hinweise vom Autor M. Kuller aus dem Jahre 1988 findet man mit der Suchformulierung:

Suche AU = Kuller, M. und PY = 1988.

Will man nach den Freitextworten Biowärme oder Energiekosten suchen, so lautet die Suchformulierung (ein Präfix ist in diesem Fall nicht notwendig):

Suche Biowärme ODER Energiekosten.

In komplizierten Suchformulierungen können auch mehrere Operatoren mehrere Suchworte miteinander verknüpfen, wie nachfolgendes Beispiel zeigt:

Suche (Biowärme ODER CT = Sonnenenergie) UND (Au = Knauf, R. ODER AU = Kuller, M.).

Basic Index	
Wort	Zahl d. Hinweise
alternative	1
altrnativer	1
Bedeutung	1
Biowärme	1
Diskussionen	1
Energiekosten	1
Energien	1
energiepolitischer	1
gesenkt	1
jüngster	1
Mittelpunkt	1
Sonnenenergie	1
Sonnenenergiekosten	1
Sonnenenergienutzung	1
stehen	1
Windenergie	1
Wohnhäusern	1
Zeit	1

Abb. 19: Freitextwörter für den Basic-Index für die Dokumentdatei einer Literaturdatenbank (entsprechend Beispiel Abbildung 17)

Der Host ist dafür verantwortlich, wie für eine bestimmte Datenbasis die Dokumentdatei aufgebaut und welche Wörterbücher angelegt werden. Wenn eine Datenbasis vom Datenbasisproduzenten an mehrere Hosts verkauft wird, können bei den verschiedenen Hosts gegebenenfalls ganz unterschiedlich strukturierte Datenbanken entstehen.

C 3.3   Durchführung einer Recherche

C 3.3.1   Verstehen des Recherchethemas

Der Informationsvermittler, der im Auftrage Dritter Recherchen in Online-Datenbanken durchführt, muß das Recherchethema seines Auftraggebers in vollem Umfang verstanden haben. Der Endbenutzer, der für eine eigene Problemstellung
Informationen in Online-Datenbanken suchen will, muß sich vor der Recherche
über seine Problemstellung wirklich im klaren sein.
Nachfolgende Merkpunkte muß der Informationsvermittler vor Durchführung der
Recherche mit seinem Auftraggeber schriftlich, telefonisch oder mündlich klären,
wenn die Rechercheergebnisse von Nutzen sein sollen. Diese Merkpunkte kann aber
auch der gelegentliche Endbenutzer zur Klärung seiner Problemstellung benutzen.

C 3.3.1.1   Präzisierung der Fragestellung

In vielen Fällen wird der Auftraggeber seine Suchfrage zu breit und zu wenig genau
formulieren. Häufig wird er ein breites Generalthema nennen, was er durch den Zusatz ,,insbesondere . . . '' ggf. eingeengt haben will. Dann wiederum fallen ihm
nur Schlagworte ein, die er dem Informationsvermittler ohne den Kontext nennt.
Der Informationsvermittler soll in einem Gespräch mit dem Auftraggeber die eigentliche Fragestellung herausarbeiten, die dann in zusammenhängendem Text
schriftlich fixiert werden soll. Die Suchfrage muß für den Informationsvermittler
so klar sein, daß es keine Interpretationsmöglichkeiten für ihn gibt. Deutsche oder
englische Fachbegriffe können die Suchfrage ergänzen.

C 3.3.1.2   Nennung der Problemstellung

Kennt der Informationsvermittler das Problem, für das die Informationen benötigt
werden, kann er sehr viel zielgerichteter die geeignete(n) Datenbank(en) auswählen
und die einzelnen Rechercheschritte durchführen. Folgende Fragen sollte er seinem
Auftraggeber u.a. stellen:
– Handelt es sich um ein wissenschaftliches Problem oder ist ein Problem aus der
  Praxis zu lösen?
– Sind beschreibende Informationen (z.B. Aufsätze in einer Zeitschrift oder Kapi-
  tel in einem Buch) ausreichend oder werden konkrete Zahlenangaben wie Stati-
  stiken oder Produktkennzahlen benötigt?
– Betrifft die Problemstellung ein spezielles Fachgebiet oder kann von einem
  Querschnittsgebiet gesprochen werden?

C 3.3.1.3   Nennung relevanter Informationen

Der Informationsvermittler kann sich schneller in eine neue Fragestellung einarbeiten und das Recherchethema besser verstehen, wenn ihm der Auftraggeber bereits bekannte relevante Informationen mitteilt. Dies können Aufsätze sein, die sich mit dem Recherchethema beschäftigen oder Autoren, die zu dem Thema bereits etwas veröffentlicht haben. Aber auch die Nennung einer Firma, die in dem Bereich des Recherchethemas forscht und entwickelt, kann ebenso von Nutzen sein wie die Nennung einer Patentschrift, in der eine relevante Erfindung beschrieben wird.

C 3.3.1.4   Formale Eingrenzung der Suchanfrage

Neben der inhaltlichen Eingrenzung der Suchanfrage muß der Auftraggeber nach formalen Kriterien gefragt werden, mit der eine Eingrenzung möglich ist. Bei der Suche nach Literaturinformationen kann ggf. auf bestimmte Sprachen (nur deutschsprachig), auf bestimmte Quellen (keine Bücher) und auf einen bestimmten Zeitraum (nicht älter als 3 Jahre) eingeschränkt werden.
Bei der Suche nach Patentinformationen sind ggf. nur bestimmte Anmelder oder bestimmte Anmelde- oder Prioritätsdaten zu berücksichtigen.
Werden Firmenhinweise gesucht, so bietet sich häufig eine Einschränkung auf bestimmte Regionen und bestimmte Firmengrößen an, ausgedrückt durch Beschäftigtenzahl oder Umsatzgröße.
Schließlich ist auch die Vorgabe eines bestimmten Kostenrahmens und eines Lieferzeitpunkts für den Rechercheur eine wichtige Information für die Durchführung der Suche.
Ein Rechercheformular mit den angesprochenen Merkpunkten zeigt *Abb. 20*.

C 3.3.2   Auswahl der geeigneten Datenbank(en)

Ist das Thema entsprechend den obigen Merkpunkten definiert, müssen vom Informationsvermittler die geeignete(n) Datenbank(en) ausgewählt werden. Geeignet bedeutet insbesondere, daß das betreffende Fachgebiet abgedeckt ist, daß die geeigneten Informationen (Patentinformationen, Projektinformationen usw.) in den ausgewählten Datenbanken recherchiert werden können, und daß diese Informationen in der benötigten Form (Text, Zahlen) vorhanden sind. Eine Reihe von konventionellen und elektronischen Hilfsmitteln unterstützen den Rechercheur bei der Datenbankauswahl.

C 3.3.2.1   Konventionelle Hilfsmittel für die Datenbankauswahl

(a) Datenbankführer

Als Standardwerke enthalten die in (Lit. 02.) und (Lit. 08.) genannten Datenbankführer Kurzbeschreibungen von Datenbanken für die Bereiche Naturwissenschaft, Technik und Patente beschrieben. Die Datenbankführer enthalten einen Hauptteil mit den eigentlichen Kurzbeschreibungen der Datenbanken und einen umfangrei-

```
Absender(Auftraggeber):                    Name:

                                           Abt.:

                                           Tel.:

                                           Auftr.-Nr.:
```

```
Fachinformationszentrum Technik e.V.
-Informationsvermittlung-
Postfach 60 05 47

6000 Frankfurt 60
```

fiz technik

Auftrag
Literatur-Recherche

```
Gemäß der FIZ-Technik-Preisliste bestellen wir hiermit eine Recherche
zum Thema:
```

_____

_____

_____

```
Gesichtspunkte oder Stichwörter, die das Thema präzisieren:
```

_____

_____

_____

```
Bereits bekannte Veröffentlichungen oder Autoren:
```

_____

_____

_____

```
Sprache der Originalliteratur:            zu berücksichtigender Zeitraum:

0   nur deutsch                           0   die letzten 5 Jahre

0   deutsch und englisch                  0   die letzten 10 Jahre

0   überwiegend englisch                  0   ab 19..

0   keine Einschränkung                   0   von 19.. bis 19..
```

```
Ort, Datum                                Unterschrift
```

Abb. 20: Rechercheformular

chen Registerteil, über den bestimmte Datenbankbeschreibungen auffindbar sind.
Die wichtigsten Merkmale der Datenbankbeschreibungen sind (s. auch *Abb. 21*):
- Sachgebiete, die in der Datenbank abgedeckt sind
- Art der Informationen (Literaturinformationen, Firmeninformationen, Patent-
  informationen usw.)
- Datenbasisproduzent
- Berücksichtigte Quellen
- Umfang
- Häufigkeit der Fortschreibung
- Sprache
- Anbietender Host bzw. anbietende Hosts.

(b) Datenbankkataloge der Hosts

Einzelne Hosts bieten von ihren Datenbanken ebenfalls Kurzbeschreibungen in
Form von Datenbankkatalogen an, die der Host-Nutzer kostenlos zur Verfügung
gestellt bekommt. Diese Kurzbeschreibungen enthalten auch Angaben über die
Online-Kosten der jeweiligen Datenbank (s. Abschnitt C 3.4)

(c) Bluesheets

Zu jeder angebotenen Datenbank wird von dem Host eine ausführliche Datenbankbeschreibung erstellt, die der Nutzer des Host's kostenlos erhält. Im Rahmen eines
Abonnements wird der Nutzer auch über die neuen Datenbanken des Host's aus-
führlich informiert. Die Bluesheets (blaue Seiten, benannt nach den auf blauem Papier gedruckten Datenbankbeschreibungen des Host's DIALOG) umfassen in der
Regel 2 – 4 DIN A4-Seiten, und beinhalten alle für eine Recherche wichtigen Einzelheiten der betreffenden Datenbank. Ohne das genaue Studium des jeweiligen
Bluesheets ist eine effiziente Suche in der betreffenden Datenbank nicht möglich.
Der Aufbau der Bluesheets ist für alle Hosts ähnlich:
Die 1. Seite enthält eine Beschreibung der in der Datenbank enthaltenen Informa-
tionen und die von dieser abgedeckten Fachgebiete. Außerdem ist angegeben, wel-
che Quellen bei dem Aufbau der Datenbank berücksichtigt werden, wie oft die
Datenbank fortgeschrieben wird, welchen Umfang die Datenbank hat und wer der
Datenbasisproduzent ist (s. *Abb. 22*). Auf den nachfolgenden Seiten des Bluesheet
sind u.a. die folgenden, für die Recherche überaus wichtigen Details enthalten:
- Beispiel einer Dokumentationseinheit (z.B. Literaturhinweis, Firmenhinweis,
  Volltextdokument) mit der Nennung der Felder und deren Inhalte;
- Nennung von Wörterbüchern, die in dieser Datenbank für das Blättern und Su-
  chen zur Verfügung stehen;
- mögliche Ausgabeformate, die der Rechercheur für die Online-Ausgabe verwenden kann (s. *Abb. 23*).

C 3.3.2.2   Elektronische Hilfsmittel für die Datenbankauswahl

Die in Datenbankführern enthaltenen Datenbankbeschreibungen sind in elektronischer Form als Datenbank der Datenbanken auf verschiedenen Hosts zugriffsbe-

Pharmaceutical PROSPECTS

BASIC INFORMATION
Name: Pharmaceutical PROSPECTS
Producer: Healthcare Forecasting Inc.
Frequency of database update: annually
Time span covered by database: 1960 to 1995
Approx. size 12/83: 140 forecasts to 1995
Corresponding print products: Pharmaceutical PROSPECTS
Language of database: English
Geographic coverage: USA
Sources of data: the Trend Impact Analysis forecasting technique, and other sources such as evaluations and interviews
Established policy for lease or license: yes
Processed for online searching by: GEISCO
Special features: Data manipulation capabilities include the ability to modify forecast assumptions. Both table and graphic displays are available.

SUBJECT MATTER AND SCOPE
Pharmaceutical PROSPECTS contains forecast data on the pharmaceutical industry covering: industry characteristics; pharmaceutical sales, distribution, and retailing; and national health and demographic data. It is particularly useful for pharmaceutical companies doing strategic planning and market research.

Philadelphia Daily News

BASIC INFORMATION
Name: Philadelphia Daily News
Producer: Philadelphia Newspapers, Inc. (PNI)
Frequency of database update: daily
Time span covered by database: January 1980 to present
Approx. size 12/84: 165,000 records
Approx. annual growth: 35,000
Corresponding print products: Philadelphia Daily News
Language of database: English
Processed for online searching by: VU/TEXT

SUBJECT MATTER AND SCOPE
This file contains the full text of news items and feature stories from The Philadelphia Daily News. The Daily News is a general-circulation newspaper, providing strong local as well as national and international coverage. It is the nation's 3rd largest evening newspaper, with approximate circulation of 295,000. The Daily News database is searchable using Boolean logic and free-search techniques. Every word is indexed. In addition, the text is broken into eight fields that include date, headline, text and key words. Documents can be retrieved in reverse chronological order, by most frequent occurrences of search terms or in chronological order.

INDEXING/CODING/CLASSIFICATION
The following are usually added to each record:
Controlled words or phrases

DATA ELEMENTS
The following data elements are usually present:
Item accession number, unique id
Author(s)
Author address (location and/or affiliation)
Corporate author(s)
Corporate address (location and/or affiliation)
Title of item
Title of source item (journal, proc., etc.)
Page(s), inclusive or total
Date (pub. date, patent date)
Publisher
Refs. cited by source item: total no.
Abstract, summary
Language (of item)
Indication of type of item (article, monograph, etc.)
Treatment code (review, theory, etc.)
Price

Philosopher's Index Database

BASIC INFORMATION
Name: Philosopher's Index Database
Acronym/Short name: Philosopher's Index
Producer: Philosophy Documentation Center
Frequency of database update: quarterly
Time span covered by database: 1940 to present
Approx. no. items in database 12/84: 112,000
Avg. no. items added per year: 6,000
Corresponding print products: The Philosopher's Index (database contains same no. of references)
Language of database: English
Processed for online searching by: DIALOG
Processed for batch searching by: producer

SUBJECT MATTER AND SCOPE
Philosopher's Index covers American philosophy journals and books from 1940 to present and international philosophy journals from 1967 to present.

The database is composed of: 75% journal articles; 25% monographs, proceedings; theses; 300 total journal titles are reviewed for input; 150 journal titles have all articles entered. Source materials are published in English, French, German, Italian, Spanish, and other languages.

INDEXING/CODING/CLASSIFICATION
The following are usually added to each record:
Controlled words or phrases

DATA ELEMENTS
The following data elements are usually present:
Item accession number, unique id
Author(s)
Title of item
Title of source item (journal, proc., etc.)
Bibliographic ref. (volume, ref.)
Page(s), inclusive or total
Date (pub. date, patent date)
Abstract, summary
Language (of item)
Indication of type of item (article, monograph, etc.)

Abb. 21: Auszug aus einem Datenbankführer (aus Lit. 08.)

BLISS Betriebswirtschaft	Die Datenbank liefert bibliographische Hinweise auf die deutesche und internationale Fachliteratur der Betriebswirtschaft. Ab 1984 enthalten die meisten Dokumente ein Abstract in deutscher oder englischer Sprache, überwiegend in deutscher Sprache.	
Inhalt	● Betriebswirtschaftliche Grundlagen ● Führung, Organisation und Planung ● Personal und Arbeit ● Rechnungswesen und Controlling ● Finanzwirtschaft und Investition ● Materialwirtschaft und Logistik ● Produktionswirtschaft ● Marketing und Handel ● Wirtschaftsrecht ● Information und EDV ● Steuern ● Wirtschaftszweige, Unternehmen und Produkte ● Quantitative Verfahren ● Dienstleistung, Verwaltung und Büro ● Banken und Versicherungen	
Quellen	Fachzeitschriften (76 %) Bücher (16 %)	Konferenzberichte (6 %) Dissertationen (2 %)
Datenbestand	Zeitraum: Aktualisierung: Gesamtbestand (08/1987): Jährlicher Zuwachs:	1975 bis heute monatlich 87 000 Dokumente 8 500 Dokumente
Hersteller der Datenbasis	GBI Gesellschaft für betriebswirtschaftliche Information mbH Pariser Str. 42 D – 8000 München 80	Telefon (089) 4 48 28 04
Suchhilfen	● Thesaurus BLISS, Deutsch/Englisch ● Zeitschriftenliste BLISS	

Abb. 22: Beispiel eines Bluesheet, 1. Seite (aus Lit. 04.)

reit. So bietet der Host DIALOG eine ,,database of databases'' an, in der die Datenbankbeschreibungen aus (Lit. 08.) aufliegen. Vom Host ECHO werden die in der EG verfügbaren Datenbanken in der Datenbank DIANEGUIDE nachgewiesen.

Verschiedene Hosts bieten einen elektronischen Gesamtindex aller Indexe der angebotenen Datenbanken an. Hiermit kann der Rechercheur feststellen, wieviel Informationen in den Datenbanken zu einer bestimmten Suchformulierung vorhanden sind. Wie ein solcher elektronischer Gesamtindex arbeitet, ist in (Lit. 03.) angegeben.

AUSGABEFORMAT FÜR ONLINE- UND OFFLINE-PRINTS

Feld:	DB	AN	OT	TI	LG	AB	AU	IN	SO	YR	PT	MN	DE
Format: ALL	●	●		●		●	●	●	●	●		●	●
FREE	●	●		●		●				●		●	●
BIBL	●	●	●				●	●	●				
STD	●	●		●		●	●	●	●	●			
USER	●	●	●				●	●	●				

SPEZIALFUNKTIONEN

Kommando	Funktion	Bemerkung
. . SDI	Monatlicher Suchlauf	möglich
. . ORDER	Volltext-Bestellungen	möglich

IM LIMIT-MODUS ANSPRECHBARE FELDER

Feld	Eingabe	Beispiel
LG Sprachencode	2 alphanumerische Zeichen	DE
YR Veröffentlichungsjahr	4 numerische Zeichen	1985
PT Dokumentart	1 alphanumerisches Zeichen	J

SPRACHE (Feld LG)		DOKUMENTART (Feld PT)	
Code	Langform	Code	Langform
DE	German	B	Book
EN	English	C	Conference
FR	French	D	Dissertation
IT	Italian	J	Journal

Abb. 23: Beispiel eines Bluesheet, Folgeseite (aus Lit. 04.)

C 3.3.3 Umsetzen der Suchanfrage in Suchformulierungen

Wenn der Inhalt der Suchanfrage klar ist und die geeignete(n) Datenbank(en) vom Rechercheur ausgesucht worden (ist) sind, erfolgt die Abbildung der Suchanfrage in Suchwörter und deren Verknüpfung durch Operatoren. Der erste Schritt dahin ist das Herausarbeiten der Aspekte der Suchanfrage. Jeder Aspekt wird anschließend durch eine Reihe von Synonymen abgebildet, die untereinander durch logisches ODER verknüpft werden. Anschließend werden die Aspekte durch UND verbunden. Diese grundsätzliche Vorgehensweise wird nachfolgend an einem konkreten Beispiel erläutert.

Gesucht werden Informationen zum Thema ,,Auswirkungen von Gewaltdarstellungen im Fernsehen auf Kinder''.

In dieser Anfrage sind folgende drei *Aspekte* enthalten:

- Gewalt
- Kinder und
- Fernsehen.

Jeder Aspekt wird für den ersten Suchschritt durch passende Synonyme oder Quasisynonyme dargestellt. Diese zu einem Aspekt gehörenden Worte werden untereinander durch ein logisches ODER verknüpft. Für das vorliegenden Beispiel ergibt sich z.B.:

Aspekt Gewalt:	Suchworte: Gewalt, Verbrechen, Kriminalität ODER-Verknüpfung: Gewalt ODER Verbrechen ODER Kriminalität
Aspekt Kinder:	Suchworte: Kind, Kinder, Kindheit, Kleinkinder ODER-Verknüpfung: Kind ODER Kinder ODER Kindheit ODER Kleinkinder
Aspekt Fernsehen:	Suchworte: Fernsehen, TV, Fernsehsendung, Fernsehprogramm ODER-Verknüpfung: Fernsehen ODER TV ODER Fernsehsendung ODER Fernsehprogramm

Die drei Aspekte bzw. die sie abbildenden ODER − Verknüpfungen werden untereinander durch UND − Operatoren verbunden:

  (Gewalt ODER Verbrechen ODER Kriminalität)
      UND
  (Kind ODER Kinder ODER Kindheit ODER Kleinkinder)
      UND
  (Fernsehen ODER TV ODER Fernsehsendung ODER Fernsehprogramm)

Mit dieser ersten Suchformulierung wird die Recherche begonnen. Ist die Zahl der mit dieser Suchlogik gefundenen Hinweise zu gering, kann man zu den Suchworten der jeweiligen Aspekte weitere Synonyme aus den Freitext- oder Deskriptorenkategorien hinzufügen. Diese zusätzlichen Worte erhält man durch Blättern in den Wörterbuchdateien oder durch Übernahme aus relevanten Hinweisen.

Beispiel: Zum Aspekt *Kinder* wurden die Suchworte Jugendliche, Junge und Mädchen aus relevanten Hinweisen nach dem ersten Suchschritt gefunden.
Zum Aspekt *Gewalt* wurde das Suchwort Jugendkriminalität aus relevanten Hinweisen nach dem ersten Suchschritt gefunden.

Die erweiterten ODER-Verknüpfungen lauten jetzt:

Aspekt Gewalt:	Gewalt ODER Verbrechen ODER Kriminalität ODER Jugendkriminalität
Aspekt Kinder:	Kind ODER Kinder ODER Kindheit ODER Kleinkinder ODER Jugendliche ODER Junge ODER Mädchen

Die veränderte Suchformulierung ist damit: Gewalt ODER Verbrechen
ODER Kriminalität ODER
Jugendkriminalität

U N D

Kind ODER Kinder ODER
Kindheit ODER Kleinkinder
ODER Jugendliche ODER
Junge ODER Mädchen

U N D

Fernsehen ODER TV ODER
Fernsehsendung ODER
Fernsehprogramm

Mit dieser erweiterten Suchformulierung wird die Datenbank erneut durchsucht. Je nach Suchergebnis ist eine nochmalige Veränderung der Suchformulierung notwendig. Durch einen derartigen ,,Dialog'' mit der Datenbank kann der Rechercheur das in den Wörterbüchern der Datenbank aufbereitete Wortmaterial vorteilhaft für eine Verbesserung des Suchergebnisses nutzen. Ist ein Thesaurus der Online-Datenbank hinterlegt, kann der Rechercheur die zugehörigen verwandten Begriffe automatisch in die Suchfrage übernehmen. Steht für die Suche nur das unkontrollierte Wortmaterial aus den Freitextfeldern zur Verfügung (Abstract, Titel usw.), müssen die verschiedenen möglichen Wortformen (Singular, Plural, Synonyme usw.) gesondert berücksichtigt werden. Die Möglichkeit der Maskierung (Truncation) am Wortanfang, in der Wortmitte oder am Wortende ist ein wichtiges Hilfsmittel, um die Verschiedenartigkeit der Schreibweise inhaltsgleicher Wörter zu berücksichtigen. Eine Suchformulierung ,,suche auto$'' ($ = Truncation-Zeichen) findet alle Hinweise, in denen Worte mit dem Wortstamm auto vorkommen. Die Suche ,,suche wom$n'' findet Hinweise, in denen z.B. die Wörter woman oder women vorkommen.

Bei der Verwendung von Freitextworten werden neben den Boolschen Operatoren UND, ODER, NICHT vorteilhafterweise sogenannte Abstandsoperatoren verwendet. Mit diesen Operatoren kann der Rechercheur das Vorkommen zweier Worte in einem bestimmten Abstand in den gesuchten Informationen vorgeben. Sollen in einer Volltextdatenbank alle Informationen zum Thema ,,Einsparung von Energie'' gesucht werden, so findet der Rechner mit der Formulierung ,,suche Einsparung (1w) Energie'' alle Informationen, bei denen Einsparung ein Wort vor Energie steht. Mit dem Abstandsoperator wird nicht nur das Vorkommen der beiden Wörter ,,Energieeinsparung'', ,,Energie'' in der Information verlangt, wie es bei dem ,,normalen'' Boolschen UND der Fall ist. Die beiden Wörter müssen zusätzlich in einem bestimmten Abstand zueinander stehen, in dem Beispiel 1 Wort (1w) voneinander getrennt. Dadurch werden Hinweise unterdrückt, die die Wörter nicht in der sinntragenden Reihenfolge enthalten. Bei den verschiedenen Hosts sind die Abstandsoperatoren mit unterschiedlichen Symbolen und in unterschiedlichem Benutzerkomfort verwirklicht. Der Rechercheur sollte deswegen in den Handbüchern das Kapitel Retrievalsprache mit besonderer Sorgfalt studieren (s. z.B. Lit. 03. und Lit. 04.).

C 3.3.4   Ausgabe von Zielinformationen

Die aus Datenbanken recherchierten Zielinformationen (Literaturhinweise, Volltexte, Firmenhinweise usw.) kann sich der Rechercheur online auf dem PC anzeigen lassen, mitspeichern und nach Beendigung der Recherche mit seinem Drucker ausdrucken. Es ist außerdem möglich, die Rechercheergebnisse offline beim Host ausdrucken und sich per Post zuschicken zu lassen. Das Ausgabeformat der Zielinformationen kann der Benutzer bei allen Retrievalsprachen in bestimmten Grenzen selbst bestimmen. Bei der Definition des Ausgabeformats muß sich der Rechercheur über drei Fragen klar sein:

1. Auf welches Suchergebnis soll sich das Ausgabekommando beziehen?
2. Welche Kategorien der Zielinformationen sollen ausgegeben werden?
3. Welche Zielinformationen des Suchergebnisses sollen ausgegeben werden?

Die drei Fragen werden an einem konkreten Recherchebeispiel erläutert:

```
f all tourismus$
1.00 HITS : 11
?
f all fremdenverkehr$
2.00 HITS : 20
?
f ct = fremdenverkehr
3.00 HITS : 140
?
f all naherholung$
4.00 HITS : 20
?
f 1 or 2 or 3 or 4
5.00 HITS : 158
?
f 5 and all waldsterb$
6.00 HITS : 3
?
```

Abb. 24: Suchformulierung zum Recherche-Beispiel ,,Auswirkungen des Waldsterbens auf Tourismus und Fremdenverkehr'' (ENREP-Datenbank, Host: ECHO)

Es sollen aus der Datenbank ENREP (Host ECHO) Projekthinweise zum Thema ,,Auswirkungen des Waldsterbens auf Tourismus und Fremdenverkehr'' gefunden werden. Nach Einwählen in den Host ECHO und Auswahl der Datenbank ENREP werden die beiden Aspekte der Suchfrage durch passende Suchworte abgebildet und die Suche durchgeführt (s. *Abb. 24*). Das Suchergebnis kann sich der Rechercheur unter Beachtung der obigen drei Fragen in unterschiedlicher Weise anzeigen lassen:

Zu 1.: Im Verlauf der Online-Recherche erhält jede Suchformulierung eine Nummer (Satznummer, Statement-Number), die der Rechercheur im weiteren Verlauf der Recherche und für die Präzisierung der Online-Ausgabe verwendet: das erste Ausgabekommando SHOW S = 3 bezieht sich auf die Suchformulierung mit der Satznummer S3 (s. *Abb. 25*).

Zu 2.: Der Rechercheur legt fest, welche Kategorien einer Zielinformation ausgegeben werden sollen. In *Abb.* 26 werden zur Suchformulierung mit der Satznummer S5 die Titel- und Autorenkategorien ausgegeben.

Zu 3.: Der Rechercheur legt fest, welcher Hinweis zu einer vorher festgelegten Suchnummer in dem vorher definierten Format ausgegeben werden soll. In *Abb.* 27 sind dies die Zielinformationen 1 und 2 der Suchformulierung S6, die mit Titel und Autor ausgegeben werden. Dies sind zugleich zu der oben gestellten Suchfrage passende Projekthinweise.

```
show s = 3
ND               : 139110/02
CYC                208    NFP   :   139110
SY               : 010978    STA   :   PLANNED

AU               : JACOBSEN, N. KINGO; JENSEN, ARNE
RO               : GEOBRAFISK INSTITUT
OT               : GEOGRAFISK-OEKOLOGISKE STUDIER OVER SKALLINGEN
TI               : ECOLOGICAL STUDIES OF SKALLINGEN
AB               : ECOLOGICAL STUDIES OF SKALLINGEN. CLIMATE, SEDI-
                   MENTS, SOILS AND BIOLOGY. A TOTAL SURVEY OF A DYNA-
                   MICAL OFFSHORE BAR COMPRISING THE DUNES, SALT MAR-
                   SCHES AND TIDAL FLAT COMMUNITIES. TEH WEARING EF-
                   FECT OF GRAZING AND TURISTS ARE DEALT WITH ESPE-
                   CIALLY
SC               : LOKALKLIMA, SEDIMENTER, JORDBUND OG BIOLOGI SAMT
                   HYDROGRAFISKE STUDIER AF TIDSVANDSOMRAADET
CT               : LITORALUMGEBUNG + OEKOSYSTEME DER GEMAESSIGTEN
                   ZONEN;  HYDROGRAPHIE;  UEBERSCHWEMMUNGSGEBIET;
                   DUENENLANDSCHAFT; KUESTENGEBIET; LANDSCHAFTSBE-
                   LASTUNG + GRUENLAND; FREMDENVERKEHR; KLIMA; SEDI-
                   MENT; BIOLOGIE; BODENBESCHAFFENHEIT
ADDR             : 68, HARALDSGADE
                   DK-2100 KOEBENHAVN OE, DANMARK
TEL              : (01) 293088
CY               : POLAR  ECOREGIONS;  TEMPERATE  ECOREGIONS;  ATMO-
                   SPHERE; HYDROSPHERE; LITHOSPHERE; GEOSPHERE; WE-
                   STERN EUROPE; ARCTIC AREAS; DENMARK; GREENLAND
```

Abb. 25: Ausgabe-Befehl (SHOW) für die Suchformulierung S3
(Beispiel aus der Datenbank ENREP, Host: ECHO)

```
show s = 5;f = ot;ti;au
5.00/000001 ECHO: -ENREP/COPYRIGHT ECHO
OT                      : GEOGRAFISK-OEKOLOGISKE STUDIER OVER SKALLINGEN
TI                      : ECOLOGICAL STUDIES OF SKALLINGEN
AU                      : JACOBSEN, N. KINGO; JENSEN, ARNE


5.00/000002
TI                      : BUILDING SENSITIVITY IN IRELAND'S LANDSCAPES.
AU                      : GEOGHENAN, P. CORRIGAN, D. BYRNE, E. MULCAHY, S.


5.00/000003
OT                      : BIRMINGHAM JEWELLERY INDUSTRY AND JEWELLERY
                          QUARTER DEVELOPMENT STUDY
AU                      : WICKSTEED, W; SMITH, MS B M D


5.00/000004
OT                      : TOURISM AND REGIONAL DEVELOPMENT
AU                      : HARTLEY, PROF K
```

Abb. 26: Ausgabe von Titel und Autor zur Suchformulierung S5
(Beispiel aus der Datenbank ENREP, Host: ECHO)

C 3.3.5   Speichern von Suchformulierungen

Einmal durchgeführte Suchformulierungen können mit einem Befehl auf dem Host
unter einem Namen gespeichert werden. Anschließend können diese Suchformulierungen z.B. in einer anderen Datenbank desselben Host's prozessiert werden, ohne
daß noch einmal die Suchformulierungen neu eingegeben werden müssen. Mit den
gespeicherten Suchformulierungen (auch Profiltabelle genannt) können auch nach
einer Fortschreibung der Datenbank die passenden, neu hinzugekommenen Zielinformationen ,,automatisch'' herausgesucht werden. In einer Datenbank kann der
Rechercheur demnach auf Anfrage nach rückwärtigen Zielinformationen suchen,
er kann seinen Kunden gleichzeitig über ein ganz bestimmtes Themengebiet mit
dem neuen Material durch einen Abonnementsdienst informieren. Dieser laufende
Informationsdienst wird als individueller Profildienst oder SDI-Dienst bezeichnet
(SDI = Selective Dissemination of Information).
Die für die Speicherung von Suchformulierungen bereitgestellten Befehle lauten für
den Host DIALOG:

– SAVE ,,Name'': Suchformulierungen werden dauerhaft unter einem Namen gesichert,
                 der vom Rechercheur oder von DIALOG vergeben wird. Die Suchfor-
                 mulierungen bleiben so lange gespeichert, bis sie vom Rechercheur ge-
                 löscht werden.
SAVE TEMP: Die Suchformulierungen werden nach 7 Tagen ,,automatisch'' vom
                 Host gelöscht.
SAVE SDI: Die Suchformulierungen werden auf Dauer gespeichert. Bei jeder Daten-
,,Name''   bankfortschreibung werden automatisch die zutreffenden Zielinforma-
                 tionen herausgesucht, beim Host ausgedruckt und dem Rechercheur als
                 SDI-Dienst zugeschickt.

show s = 6;f = ot;ti;au;ab;r = 1 to 2

6.00/000001 ECHO: -ENREP/COPYRIGHT ECHO
OT   : AUSWIRKUNG DES WALDSTERBNES AUF DIE WALDERHOLUNG
TI   : EFFECTS OF FOREST DIE-BACK ON FOREST REGENERATION
AU   : AMMER, U., PROF. DR.
AB   : REPRAESENTATIVES ERFASSEN DES BESUCHER-VERHALTENS IN AUS-
       GEWAEHLTEN WALDSCHADENSGEBIETEN UND ABLEITEN DER AUS-
       WIRKUNGEN AUF DEN OERTLICHEN/REGIONALEN DIENSTLEI-
       STUNGSBEREICH.

6.00/000002 ECHO: -ENREP/COPYRIGHT ECHO
OT   : AUSWIRKUNGEN DES WALDSTERBENS AUF SIEDLUNG, INFRASTRUK-
       TUR UND FREMDENVERKEHR IM BAYERISCHEN ALPENRAUM
TI   : EFFECTS OF THE FOREST DIEBACK ON SETTLEMENT INFRASTRUCTU-
       RE AND TOURISME IN THE BAVARIAN ALPS

AU   : PLOCHMANN, R., PROF. DR.
AB   : DEM FORSCHUNGSVORHABEN LIEGEN FOLGENDE ZIELSETZUNGEN
       ZUGRUNDE: 1.) SCHUTZTECHNISCHER BEREICH: ENTWICKLUNG VON
       SCHADENSVERLAUFSPROGNOSEN FUER DEN BAYERISCHEN ALPEN-
       RAUM ANHAND VON EXPERTENURTEILEN. MATHEMATISCH-
       LOGISCHE VERKNUEPFUNG VON EINFLUSSFAKTOREN, WELCHE DIE
       VERJUENGUNG DER GESCHAEDIGTEN WALDBESTAENDE BEEIN-
       TRAECHTIGEN. ABSCHAETZUNG DER ZU ERWARTENDEN FOLGEVE-
       GETATION UND BEURTEILUNG DER SCHUTZFAEHIGKEIT. ERARBEI-
       TUNG VON EREIGNISPROGNOSEN AUF DER BASIS DETAILLIERTER GE-
       LAENDEAUFNAHMEN. ERSTELLUNG VON PROGNOSEN UEBER MOEG-
       LICHE SCHAEDEN BZW. ABLEITUNG VON MASSNAHMEN ZUR
       KOMPENSATION DER DURCH FORTSCHREITEN DES WALDSTERBENS
       BEDINGTEN VERMINDERUNG DER SCHUTZLEISTUNG. QUANTITA-
       TIV-MONETAERE BEWERTUNG DER AUSWIRKUNGEN. 2.) FREMDEN-
       VERKEHR: BESTIMMUNG DER AUSLASTUNGSGRENZWERTE DES FREM-
       DENVERKEHRSANGEBOTES EINES FREMDENVERKEHRSORTES.

Abb. 27: Ausgabe von Zielinformation 1 und 2 zur Suchformulierung S6
       (Beispiel aus der Datenbank ENREP, Host: ECHO)

C 3.3.6   Downloaden von Recherche-Ergebnissen

Die in Online-Datenbanken recherchierten Zielinformationen können auf dem PC gespeichert und mit entsprechenden Anwenderprogrammen aufbereitet werden. Neben einer textlichen und ggf. graphischen Aufbereitung ist insbesondere die Übernahme der Zielinformationen in eine interne Datenbank eine besonders wichtige Anwendung. Hiermit können firmeninterne Datenbanken aufgebaut, die externe und interne Informationen enthalten. Für die Marketingabteilung kann das interne Markt-Know-How durch externe Marktinformationen ergänzt und mit entsprechenden Textretrievalprogrammen zugriffsbereit gehalten werden. Für Direkt-Wer-

beaktionen können Firmenhinweise aus externen Datenbanken recherchiert werden
und in eine interne Adress-Datenbank übernommen werden. Es gibt eine Fülle von
Retrievalprogrammen und Datenbankprogrammen (z.B. auf relationaler Basis) für
die Verwaltung externer Informationen auf dem Arbeitsplatzrechner.

C 3.4   Kosten von Online-Recherchen

Als Investitionskosten für die Nutzung von Online-Datenbanken treten auf:
- Personal Compuer (Richtpreis in 1988: DM 5 000, –)
- Modem (Richtpreis für einen Akustikkoppler mit 300 Bit/sec in 1988:
  DM 200, –)
- Kommunikationssoftware (Richtpreis in 1988: DM 1.000, –)

Als laufende Kosten sind zu nennen:
- Telekommunikationskosten
  (Da Online-Verbindungen überwiegend über das DATEX-P-Netz abgewickelt
  werden, sind die Kosten sehr stark abhängig von der Zahl der übertragenen
  „Datenpakete". Eine grobe Abschätzung für die Telekommunikationskosten
  ist in (Lit. 05.) enthalten).
- Online-Nutzungskosten
  (Die Datenbankkosten werden von sehr vielen Host's nach der Anschlußzeit berechnet. Typische Werte für eine Anschlußstunde an eine Datenbank liegen je
  nach Datenbanktyp zwischen DM 100, – und DM 350, –).
- Kosten pro angezeigte bzw. ausgedruckte Zierlinformation (Pro Zielinformation, die online angezeigt oder offline gedruckt wird, muß der Benutzer bei den
  gängigen Datenbanken zwischen DM 0,50 und DM 2,50 bezahlen).

Eine erste Abschätzung über die Durchschnittskosten einer Online-Recherche ist
(Lit. 05.) zu entnehmen.

C 3.5   Perspektiven der Online-Dienste

Die Nutzung von Online-Datenbanken hat in der Bundesrepublik in den vergangenen Jahren erheblich zugenommen. Diese generelle Entwicklung wird auch in der
Zukunft anhalten, wobei Wirtschaftsdatenbanken besonders starke Zuwachsraten
haben werden. Die absolute Zahl der Nutzer von Online-Datenbanken wird in der
Bundesrepublik in dem Maße zunehmen, wie nachfolgende Forderungen erfüllt
werden:
1. Die Prozeduren von der Beantragung bis zum Erhalt des Datex-P-Paßwortes
   und der Online-Berechtigung durch die Host's sollten noch weiter vereinfacht
   werden.
2. Die Datenbankbeschreibungen sollten stärker den Nutzen für den Anwender
   darstellen.
3. Der Aufbau neuer Datenbanken sollte stärker an den Bedürfnissen des Marktes
   orientiert sein. Die Einführung neuer Datenbanken sollte durch die bekannten
   Marketingmaßnahmen vorbereitet und begleitet werden.

4. Die Beschaffung externer Informationen muß von den Unternehmen als eine Maßnahme für die Zukunftssicherung des Unternehmens erkannt und mit entsprechender Priorität versehen werden. In diesem Rahmen hat dann auch die Nutzung von Online-Diensten einen wichtigen Platz sowohl im operativen wie auch im strategischen Informationsbeschaffungsprozess.

Literatur

01. Claassen, Walter; Ehrmann, Dietmar; Müller, Wolfgang; Venker, Karl: Fachwissen Datenbanken. Die Information als Produktionsfaktor. 1. Aufl. Essen: Klaes 1986. 238 S.
02. Cuadra Associates Inc. (Hrsg.): Directory of Online Databases. Vol. 6, Nr. 3, Cuadra Associates Inc., Santa Monica, CA, USA, 1987.
03. Dialog Information Services Inc. (Hrsg.): Searching DIALOG. The Complete Guide. Dialog Information Services Inc., Palo Alto, CA, USA 1987.
04. FIZ-Technik (Hrsg.): FIZ-Technik. Online-Service Nutzerhandbuch. Frankfurt a.M.: Fachinformationszentrum Technik e.V. 1987.
05. Löcher, Werner; Schumacher, Frank: Die Nutzung von Datenbanken. Eine Einführung in die Praxis der elektronischen Recherche. 1. Aufl. Düsseldorf: Verl. Wirtschaft und Finanzen 198. 314 S.
06. Schulte-Hillen, Jürgen; Wiersheim, Beatrix von: Handbuch der Datenbanken für Naturwissenschaften und Technik. 1. Aufl., Düsseldorf: VDI-Verlag 1986.
07. Schulte-Hillen, Jürgen; Wiersheim, Beatrix von: Patentdatenbankführer: der direkte Draht zu allen Patentdatenbanken weltweit. 1. Aufl. Düsseldorf: VDI-Verlag 1984.
08. Williams, Martha E.: Computer Readable Databases. A Directory and Data Sourcebook. Bd. 1: Science, Technology, Medicine. Bd. 2: Business, Law, Humanities, Social Sciences. Amsterdam, New York, Oxford: North Holland 1985.

Als weitere Literatur, auch für Einsteiger, wird empfohlen:

09. Ching-chi Chen: Online Bibliographic Searching. A learning Manual. Neal-Schuman Publishers Inc., New York, USA 1984. 227 S.
10. Claassen, Walter; Cornelius, P.; Ehrmann, Dietmar; Fischer, Bernhard; Pichler, Helmut; Schwendler, Erhard; Tanghe, Patrick: Fachwissen Online-Recherche: Suchstrategien in Online-Datenbanken. 1. Aufl. Essen: Klaes 1988. 346 S.
11. Hoover, Ryan E.: Executive's Guide to Online-Information Services. Knowledge Industry Publications. White Plains, NY, USA, 1984. 296 S.
12. Palmer, Roger C.: Online Reference and Information Retrieval. Libraries Unlimited Inc., Littleton, Colorado, USA, 1983. 149 S.

Als Zeitschriften für das Gebiet der Online-Datenbanken sind für die Bundesrepublik Deutschland zu nennen:

13. Cogito – Neue Wege zum Wissen der Welt. Zeitschrift für die Nutzung elektronischer Medien. Darmstadt: Verlag Hoppenstedt.
14. Nachrichten für Dokumentation. Hrsg. von der Deutschen Gesellschaft für Dokumentation e.V. Weinheim: VCH-Verl.Ges.
15. OLBG.Info. Nachrichtenblatt der deutschen Online-Benutzergruppen in der DGD, Frankfurt a.M.
16. Password. Praxisberater für elektronische Informationsbeschaffung. Düsseldorf: Verl. Handelsblatt.

C 4   Statistische Information

Josef L. Staud

C 4.1   Einleitung

Eine der ältesten Informationsarten, die systematisch gesammelt und dokumentiert werden, sind statistische Informationen. Sie spielen, aufbauend auf dem Zahlbegriff, eine zentrale Rolle beim Versuch des Menschen, seine Umwelt zu erfassen und zu modellieren. Wichtigster ,,Erzeuger'' dieser Information sind staatliche Einrichtungen, da es für die Durchführung der notwendigen umfassenden Erhebungen in der Regel staatlicher Machtbefugnisse bedarf. Zu nennen sind vor allem die statistischen Ämter auf nationaler und internationaler Ebene (UN, OECD, EG, u.a.). Doch auch hier gibt es Ausnahmen. So erheben viele Forschungsprojekte in allen Bereichen eigene Daten, z.B. zu sozialwissenschaftlichen und ökonomischen Fragestellungen. Weitere Ausnahmen stellen Marktforschungsinstitute, Unternehmensberatungen und andere Organisationen dar, die ,,ihre'' Daten, aus was für Gründen auch immer, nicht in den amtlichen Statistiken finden und die deshalb selbst erheben. Insgesamt aber machen diese Erhebungen nur einen Bruchteil des statistischen Datenmaterials aus. Die meisten, die neben den ,,amtlichen Erhebern'' noch statistische Daten ,,produzieren'', tun dies auf der Basis der amtlichen Statistik. Sie tragen Daten der statistischen Ämter zusammen (z.B. aus verschiedenen Ländern), führen unter Umständen (falls notwendig und möglich) eine Homogenisierung (Angleichung unterschiedlich definierter Daten) durch und bieten dann diese Information an. In wohl kaum einem anderen Bereich der Informationserfassung und -veredelung wird auf so vielfältige (und oft kaum noch durchschaubare) Weise zusammengepackt, aggregiert (verdichtet!), disaggregiert, verarbeitet, usw.. Es ist deshalb bei allen statistischen Informationen von großer Bedeutung, die ,,wahren'' Quellen zu ergründen und darauf aufbauend die Qualität der Daten einzuschätzen.

Auch wenn es oft getan wird, sollte doch statistische Information nicht mit numerischer gleichgesetzt werden. Zu statistischer Information gehören zentral und an erster Stelle qualitative Merkmale (vgl. die Erläuterung hierzu in Kap. D 10). Sie schaffen mit ihrem kategorialen Charakter die entsprechende Ordnung in den betrachteten Objekten und sind Grundlage aller Informationsverdichtungen.
In erster Linie werden statistische Informationen erhoben, weil die (numerischen) Ausprägungen quantitativer Merkmale spezifische Eigenschaften der Objekte erfassen, die mit keinem anderen Informationstyp erfaßt werden können. Insofern gehören zumindest die numerischen statistischen Informationen, neben der natürlichen Sprache, zum Grundinstrumentarium menschlicher Weltwahrnehmung. Darüberhinaus gewinnt dieser Informationstyp aber noch weitergehende Bedeutung, weil er, in entsprechender Form, die statistische Verarbeitung ermöglicht. Diese erlaubt nicht nur die Gewinnung neuer Information und die Informationsverdichtung, sondern auch die Modellierung bestimmter Aspekte von Weltausschnitten mit den durch den Informationstyp begründeten Möglichkeiten der Modellrechnung (aller Art, z.B. der Prognoserechnung).

Die wichtigste Form der Veröffentlichung statistischer Information ist immer noch die gedruckte Tabelle. Sie erscheint v.a. in den Veröffentlichungen der Statistischen Ämter. Die in Tabellenform gebrachte statistische Information ist nichts anderes als eine bestimmte Auswahl (von vielen möglichen) aus dem gesamten Datenmaterial (dem Merkmalsraum, vgl. unten). Sie stellt eine Auswahl dar in bezug auf die erhobenen Merkmale, die Verdichtung (Aggregation), die berechneten Werte, usw. und gibt damit ein eingeschränktes Bild der Daten und der Objekte. Trotzdem war diese Darstellungsform bis zum Aufkommen der EDV die einzig mögliche, wollte man nicht in einem Berg von Daten die Übersicht verlieren. Statistische Ämter waren dann bei den ersten, die nach dem zweiten Weltkrieg die entstehende leistungsfähige EDV nutzten, die von dem neuen Medium der Informationsabspeicherung und -verwaltung Gebrauch machten. Für die Nutzer statistischer Information ergaben sich dadurch aber noch kaum Unterschiede zur bisherigen Darstellungsform. Diese wurden erst mit dem Aufkommen öffentlicher statistischer Datenbanken wirksam, in denen zwar nicht die Rohdaten, aber doch die aufbereitete statistische Information als Datenbank mit umfassenden Zugriffsmöglichkeiten zur Verfügung gestellt wurde. Auch wenn noch viele Mängel zu verzeichnen sind, z.B. durch eine zu hohe Aggregierung, bedeutet dies doch einen wirklichen Fortschritt. Das „online-Angebot" erlaubt nicht nur, wie bei anderen Informationstypen (Text, Strukturformel, Graphik, usw.) den schnelleren und umfassenderen (durch die Kombinationsmöglichkeiten) Zugriff, sondern es erlaubt Daten zu erheben, die vorher nicht zur Verfügung standen, indem sich der Benutzer eigene Tabellen zusammengestellt. Gemeint sind dabei nicht Datenbanken mit statistischen Daten, die nur die „alten" Tabellen rechnergestützt veröffentlichen, sondern solche, die einen wirklichen Zugriff auf den zugrundeliegenden Merkmalsraum erlauben.

Im Gegensatz zu andern Informationstypen spielt bei statistischer Information aus den genannten Gründen die Weiterverarbeitung eine große Rolle. Statistische Informationen werden in der Regel nicht nur einfach aus dem jeweiligen Speicher (gedruckt oder rechnergestützt) wiedergewonnen, sondern danach auf vielfältige Weise verarbeitet (beispielhaft: Aggregation, Änderung der Periodizität bei Zeitreihen, Berechnung statistischer Kennziffern, Eingabe in ein ökonometrisches Modell mit anschließenden Berechnungen). Bis zum Aufkommen der öffentlichen Datenbanken blieben für den Benutzer die beiden Prozesse Informationsgewinnung und -verarbeitung strikt getrennt (auf die Zwischenform der Auswertung von Magnetbändern, die der Benutzer von den Statistischen Ämtern erhielt, soll hier nicht eingegangen werden): der Erhebung des Datenmaterials aus den gedruckten Veröffentlichungen folgte die Eingabe in das eigene Statistikpaket und die Auswertung damit. Mit den öffentlichen Datenbanken änderte sich dies, weil der Online-Zugriff es möglich machte, die Zugriffssoftware mit Komponenten zur statistischen Auswertung zu ergänzen und damit die beiden Prozesse zu verbinden.

C 4.2   Grundlagen: Merkmal, Merkmalsraum, Zeitreihen

C 4.2.1   Merkmale

Bei statistischer Information spielen Merkmale verschiedener Skalenniveaus eine unterschiedliche Rolle. Qualitative Merkmale dienen in erster Linie der Strukturierung des betrachteten Weltausschnitts: der Festlegung der zu erfassenden Objekte, d.h. der Abgrenzung sowie der Gruppierung, z.B. zum Zwecke der Aggregation. Ähnlich werden Rangmerkmale genutzt, während quantitative Merkmale in der Regel nicht zur Gruppierung dienen, sondern Informationen über die Objekte erfassen, die in einen Zahlenraum abgebildet werden können. Die damit mögliche Anwendung von Rechenregeln erlaubt dann auch für eine Gruppe von Objekten (Aggregate) diese Merkmale neu zu berechnen. Dieser Unterschied zwischen qualitativen Merkmalen und Rangmerkmalen auf der einen und quantitativen Merkmalen auf der anderen Seite führt auch zu einer unterschiedlichen Funktion beim Retrieval. Während erstere eher der Auswahl von Objekten dienen, werden zweitere eher als Ausgabeinformation genutzt. Ein Beispiel soll dies erläutern.

Die folgende (fiktive) Rohdatentabelle erfaßt neben den qualitativen Merkmalen ,,Branche" und ,,Land" auch einige quantitative, die natürlich als Ausprägungen numerische Werte haben. Qualitative Merkmale haben nicht-numerische Ausprägungen, auch wenn sehr oft in Untersuchungen die Ausprägungen numerisch verkodet werden (,,weiblich = 1, männlich = 2").

Unternehmen mit wichtigen Kenndaten

	Branche	Land	Umsatz	Beschäftigte	. . . . . .
Unternehmen 1 Unternehmen 2 Unternehmen 3 Unternehmen 4	Einträge: zu jedem Unternehmen und für jedes Merkmal die zugehörigen Ausprägungen. (Rohdatentabelle)				

In einer solchen Rohdatentabelle ist der beschriebene Unterschied noch kaum erkennbar. Hier werden auch die quantitativen Merkmale, unter Ausnutzung ihrer rangbildenden Eigenschaft, für das Retrieval eingesetzt (,,Unternehmen mit einem Umsatz größer 1 Million und mit mehr als 100 Beschäftigten", usw.) Deutlich wird die unterschiedliche Funktion der beiden Merkmalstypen in der folgenden Tabelle. Man stelle sich vor, die Unternehmen seien nach Bran-

Umsatz und Beschäftigtenzahl nach Branchen und Ländern

		Land 1	Land 2	Land 3 . . . .
Branche 1	Umsatz			
	Beschäftigte	*mögliche Einträge: für jede zusammengefaßte Gruppe*		
Branche 2	Umsatz	*von Unternehmen der neuberechnete Umsatz (z.B.*		
	Beschäftigte	*Durchschnitt) und die neubestimmte Beschäftigten-*		
Branche 3	Umsatz	*zahl (z.B. die Summe)*		
	Beschäftigte	*(Tabelle mit aggregierten Werten)*		
. . . .				

chen und Ländern aggregiert, so daß die zu Land x und Branche y gehörenden Unternehmen jeweils zusammengefaßt sind (Aggregation, siehe unten). Die Zusammenfassung muß mit qualitativen Merkmalen erfolgen (oder mit in Klassen gepreßten und damit ,,kategorial'' gemachten quantitativen). Für die dann neu entstehenden Klassen werden die quantitativen neu berechnet.

Für das Retrieval hat dies die Konsequenz, daß (typischerweise) nach den qualitativen Merkmalen die Suchmenge identifiziert wird und die Ausprägungen der quantitativen Merkmale ausgegeben werden.

Eine andere Form der Darstellung statistischer Information spielt zwar in der Statistik eine zentrale Rolle, nicht aber (derzeit) in Statistischen Datenbanken. Das folgende Beispiel zeigt eine solche Häufigkeitstabelle mit den beiden qualitativen Merkmalen Branchen- und Landzugehörigkeit. Sie sollen sich auf Unternehmen beziehen. Hier könnte eine Tabelle mit einer Häufigkeitsauszählung so aussehen:

Verteilung von Unternehmen nach Branchen und Ländern

	Land 1	Land 2	Land 3	. . . . .
Branche 1				
Branche 2	mögliche Einträge: in jedem Kreuzungspunkt die *Zahl der Unternehmen* die zur jeweiligen Branche und zum jeweiligen Land gehören. (Häufigkeitsverteilung)			
Branche 3				
. . . .				

Diese Tabellen sind Grundlage zahlreicher Verfahren der deskriptiven und schließenden Statistik. Sie können sich auch nur auf qualitative Merkmale beziehen. In diesem Fall stellt die sog. non-parametrische Statistik die entsprechenden ,,schließenden'' Verfahren zur Verfügung. Wie schon erwähnt, spielt diese Datenform derzeit noch keine Rolle in Statistischen Datenbanken. Diese sind entweder ganz auf Zeitreihen ausgerichtet oder auf aggregierte Merkmalsräume (vgl. unten). Zusätzlich gilt, daß die Abfragesprachen, die sich nicht auf Zeitreihen beziehen, keine Möglichkeit der statistischen Auswertung anbieten (vgl. z.B. COMEXT unter AREMOS).

C 4.2.2   Merkmalsräume

Wie oben in den Beispielen schon angedeutet, werden meist in bezug auf die ausgewählten Objekte nicht nur einzelne Attribute erhoben, sondern mehrere. Die Motivation für das Bild des Markmals*raumes* oder mehrdimensionalen Merkmals liegt darin, daß jedem Objekt genau ein n-Tupel (bestehend aus je einer Ausprägung eines jeden Merkmals) zugeordnet werden kann. Ein Merkmalsraum wird insbesondere dann erhoben, wenn die erhobenen Daten statistisch analysiert werden sollen. Im Gegensatz zur Rohdatentabelle wird bei der Vorstellung eines Merkmalsraumes eine Sichtweise eingenommen, bei der durch alle möglichen Kombinationen der Merkmalsausprägungen aller Merkmale (dem kartesischen Produkt) ein Raum aufgespannt wird, in dem jeder Punkt einer Ausprägungskombination des kartesischen

Produkts der Ausprägungen entspricht. Jedem solchen Punkt werden nun genau die Objekte zugeordnet, die eine entsprechende Wertekombination besitzen. In „echten" Merkmalsräumen entstehen dann die bekannten Punktschwärme, die Spiegelbild der Verteilungs- und Zusammenhangsmaße der Statistik sind. In vielen anderen Bereichen der Wirtschaftsinformationen sind diese Daten, v.a. weil Schlüssel aufgenommen wurden, in einer gleichförmigeren Struktur.

C 4.2.3   Aggregierte Daten

Aggregation wurde kurz schon oben tabellarisch dargestellt. Wegen der großen Bedeutung des Aggregationsprozesses und weil die meisten öffentlich angebotenen statistischen Daten aggregiert sind, wird hier vertieft darauf eingegangen. Dies soll anhand eines Beispiels (mit fiktiven Daten) geschehen. In einer Befragung der Statistischen Ämter seien zum Handel von Unternehmen u.a. folgende Merkmale erhoben worden (gegenüber realen Erhebungen stark vereinfacht):

– Ort des verkaufenden Unternehmens
– Wert des Vertragsabschlusses
– Gehandeltes Produkt
– Ort des kaufenden Unternehmens
– Zeitpunkt des Vertragsabschlusses

Diese Merkmale und die anderen erhobenen beziehen sich auf einzelne Unternehmen. Jedes kann für jede beliebige Gruppe von Unternehmen oder für Einzelunternehmen bestimmt werden.

Die Aggregation führt nun zu einer Informationsverdichtung. Dabei werden z.B. alle Vertragsabschlüsse gleichzeitig nach Kauf-/Verkauf, Ländern und Produktklassen zusammengefaßt. So entstehen z.B. aus den vielen einzelnen Abschlüssen in der BR-Deutschland Werte wie „Ausfuhren im März 1985 mit Chemieprodukten nach Frankreich" und „Einfuhren aus Großbritannien mit Automobilen im Juni 1985".

Allgemein gilt: wird nach den Merkmalen M_i ($i = 1, \ldots, n$) aggregiert und hat M_i genau n_i Merkmalsausprägungen (bzw. wird mit n_i Ausprägungsgruppen gearbeitet), dann entstehen $n_1*n_2*n_3* \ldots *n_n$ Teilmengen, die durch das jeweilige n-tupel gekennzeichnet sind.

Angenommen, M_1, M_2, M_3 liegen mit drei, zwei und vier Ausprägungen vor:
M_1 mit (m_{11}, m_{12}, m_{13})
M_2 mit (m_{21}, m_{22}, m_{23}, m_{24}, m_{25})
M_3 mit (m_{31}, m_{32}, m_{33}, m_{34})
M_1 und M_3 seien qualitativ, M_2 quantitativ. Die Aggregation soll nun so erfolgen, daß Objekte mit folgenden Ausprägungen zusammengefaßt werden:
Objekte mit $M_1 = m_{11}$ oder $M_1 = m_{13}$ gegen $M_1 = m_{12}$
Objekte mit $M_3 = m_{31}$ oder $M_3 = m_{32}$ gegen $M_3 = m_{33}$ oder $M_3 = m_{34}$
Die Rohdatenmatrix sei:

	M_1	M_2	M_3
Objekt 1	m_{11}	m_{22}	m_{31}
Objekt 2	m_{12}	m_{21}	m_{34}
Objekt 3	m_{12}	m_{21}	m_{32}
Objekt 4	m_{11}	m_{23}	m_{32}
Objekt 5	m_{13}	m_{25}	m_{33}
Objekt 6	m_{13}	m_{24}	m_{34}
Objekt 7	m_{13}	m_{22}	m_{31}
Objekt 8	m_{12}	m_{21}	m_{34}
Objekt 9	m_{12}	m_{24}	m_{32}
Objekt 10	m_{12}	m_{22}	m_{33}
Objekt 11	m_{12}	m_{21}	m_{31}

▶ qualitativ, zur Bildung der Aggregate
▶ quantitativ, wird neu berechnet
▶ qualitativ, zur Bildung der Aggregate

Damit ergibt sich folgende Einordnung der Objekte (die Ausprägungen sind bereits gruppiert gemäß der gewünschten Aggregation):

	M_3 mit			
	m_{31}	m_{32}	m_{33}	m_{34}
M_1 mit				
m_{11}	01	04	02	
m_{13}	07		05	06
m_{12}	03 011	09	010	08

Bezeichnet man die neuen Ausprägungen mit $m_{11n(eu)}$ und $m_{12n(eu)}$, bzw. mit $m_{31n(eu)}$ und $m_{32n(eu)}$, kann als Ergebnis der Aggregation folgende Matrix angegeben werden:

	M_3 mit	
	m_{31n}	m_{32n}
M_1 mit		
m_{11n}	Klasse 1	Klasse 2
m_{12n}	Klasse 3	Klasse 4

In Klasse 1 sind die ehemaligen Objekte 1, 4 und 7 zusammengefaßt. Z.B. so, daß aus den zugehörigen Ausprägungswerten m_{22}, m_{23}, m_{22} (vgl. Rohdaten) die Summe gebildet wird. Dann würde gelten: Klasse 1 hat den neuen Wert $m_{22} + m_{23} + m_{22}$.

In Klasse 2 sind die ehemaligen Objekte 2, 5 und 6 zusammengefaßt. Klasse 2 hätte dann den Wert (wieder bei Summenbildung angenommen) $m_{21} + m_{25} + m_{22}$.
In Klasse 3 sind die ehemaligen Objekte 3, 9 und 11. Als Wert ergibt sich $m_{21} + m_{24} + m_{21}$.
In Klasse 4 sind die ehemaligen Objekte 8 und 10. Als Wert ergibt sich $m_{21} + m_{22}$.
In den realen statistischen Datenbanken liegen natürlich eine größere Zahl von Aggregationsmerkmalen vor, auch werden meist mehrere quantitative Merkmale neu berechnet (vgl. *Abb. 1* für ein Beispiel).
Bei diesen Erhebungen gehen dann auch viele Informationen verloren, z.b. von Merkmalen, die nicht in den Aggregationsprozeß einbezogen wurden.

C 4.2.4   Zeitreihen

Eine wichtige Form verarbeiteter Informmationen, basierend auf Merkmalsräumen, sind Zeitreihen. Ihre Besonderheit ist, daß in ihrem Merkmalsraum ein Merkmal aus den Beobachtungszeitpunkten besteht. Dieses Merkmal ,,Zeit" spielt eine zentrale Rolle, weil i.d.R. nach ihm die Ausgabe erfolgt. Die Merkmalsausprägungen eines anderen Merkmals (bzw. anderer Merkmale) werden in bezug auf die Zeitpunkte ausgegeben. Das Merkmal Zeit spielt dann die Rolle eines Auswahlmerkmals.

Abb. 1: Zum Zeitreihenbegriff

- In Zeitreihen erfaßte Daten beruhen auf Merkmalen. Es müssen mindestens zwei vorliegen, eines muß aus Zeitpunkten bestehen.
- Die Zeitpunkte betreffen meist die Entstehung oder die Erhebung der Daten.
- Die Zeitpunkte sind meist äquidistant, d.h. die Abstände zwischen den Zeitpunkten sind gleich groß.
- Zeitreihen in öffentlichen Datenbanken sind meist kontinuierlich, d.h. ihre Daten fallen ständig an. Diskret heißt eine Zeitreihen, wenn die Beobachtungen nur zu bestimmten Zeitpunkten erfolgen.
- Zeitreihen in öffentlichen Datenbanken sind meist deterministisch, d.h. ihr Verlauf kann mit entsprechenden Verfahren exakt vorhergesagt werden. Stochastisch heißt eine Zeitreihe, wenn dies nur teilweise möglich ist.
- Zeitreihen in öffentlichen Datenbanken beruhen in der Regel auf aggregierten Daten

Beispiel: die Zeitreihen der Datenbank CRONOS-FRIC können mittels eines numerischen Codes, der auf vier Merkmalen beruht, identifiziert werden.
Diese vier Merkmale sind:
- Meldeland (Land, das der EG Daten meldet)
- Ziel des Handels (Ein- oder Ausfuhr)
- Produktgruppe (Gesamthandel oder eine bestimmte Warengruppe)
- Partnerland (Handelspartner der EG)
Alle Merkmale sind aggregiert. Neu berechnet wurden für die Aggregate:
- Wert (oder Quantität) des Warenflusses.
Mit Hilfe des numerischen Codes (der einem Punkt des Merkmalsraums entspricht) ist es auch möglich, den einzelnen Reihen auf einfache Weise weitere Informationen (Bezeichnungen, evtl. Verarbeitung, usw.) zuzuordnen.

In einer anderen, etwas engeren Sichtweise wird das in einer Zeitreihe niedergelegte Datenmaterial als zweidimensionales Merkmal aufgefaßt. Die Zeit spielt die Rolle der unabhängigen Variablen V, die sich verändernde Größe im Zeitverlauf wird zur abhängigen Variablen Y. Natürlich kann der Merkmalsraum auch so angelegt sein, daß neben den Zeitpunkten nur ein beobachtetes Merkmal vorliegt oder daß nur eines „gesehen wird". Darauf beruht die Definition von Leiner: „Eine Zeitreihe ist formal gesehen eine nach dem Zeitindex (für den man meist das Symbol t verwendet) geordnete Menge von Beobachtungen x_t einer genau definierten Variablen X_t, ..." (Lit. 10., S. 5.3). Daneben finden sich in der Literatur auch etwas unscharfe Definitionen, so z.B. in (Lit. 03., S. 5.15). Hier wird eine Zeitreihe als „eine Sammlung von Daten, die in zeitlicher Folge beobachtet wurden", bezeichnet.

Die im Rahmen von öffentlichen Datenbanken zur Verfügung gestellten Zeitreihen bestehen im Regelfall aus aggregierten Werten. Ausnahmen stellen Angaben in Firmendatenbanken dar, wo oftmals Informationen über einzelne Manager (Gehalt, usw.) zu mehreren Zeitpunkten angegeben werden.

In *Abb.* 2 wird zusammenfassend der Weg von einem Merkmalsraum mit Rohdaten zu den wichtigsten in öffentlichen Datenbanken vorkommenden verarbeiteten Formen dargestellt. Ausgangspunkt sind immer Rohdaten, die auf einer Erhebung beruhen. Sie verändern sich durch Aufbereitung, Homogenisierung, usw., bleiben aber in einer Form entsprechend der Rohdatentabelle. Danach erfolgen die beschriebenen Verarbeitungsschritte. Die Daten werden entweder nur aggregiert oder aggregiert und nach der Zeit geordnet. Andere Formen werden derzeit als Statistische Datenbanken noch nicht angeboten.

C 4.3   Statistische Datenbanken

Es überrascht angesichts der großen Bedeutung statistischer Information nicht, daß dieser Informationstyp auch in zahlreichen öffentliche Datenbanken angeboten wird, mit folgender Besonderheit: Statistische Datenbanken verwalten immer und nur Merkmalsräume: als Rohdaten, als aggregierte Daten ohne Zeitreihencharakter, als Zeitreihen auf der Basis der Rohdaten oder als Zeitreihen auf der Basis aggregierter Werte. Die eigentlichen statistischen Informationen sind (so gut wie nie) vermischt mit anderen Informationstypen wie sonstigen Fakten, Texten, Graphiken usw.. Dabei dominieren zur Zeit zwei Typen: zum einen aggregierte Werte mit Zeitreihencharakter („Zeitreihendatenbanken") und zum anderen solche ohne expliziten Zeitreihencharakter (wenn auch oftmals mit einem Merkmal „Zeitpunkt"). *Das* Beispiel für letztgenannten Typ ist die Datenbank COMEXT von EUROSTAT (Statistisches Amt der Europäischen Gemeinschaft).

Die Datenstruktur statistischer Datenbanken ähnelt auf den ersten Blick der konventioneller Datenbanken (darunter werden im weiteren immer relationale Datenbanken verstanden). Sie besteht aus Merkmalen (Attributen), die eine Klasse von Entities beschreiben, allerdings angeordnet in nur einer „Relation". Erst bei näherem Hinsehen fallen weitere Unterschiede auf: es fehlen i.d.R. Schlüssel, alle „Attribute" bestehen aus Merkmalen im meßtheoretischen Sinn: endliche bzw. genau beschreibbare Menge von Merkmalsausprägungen, deren Konfrontation mit den

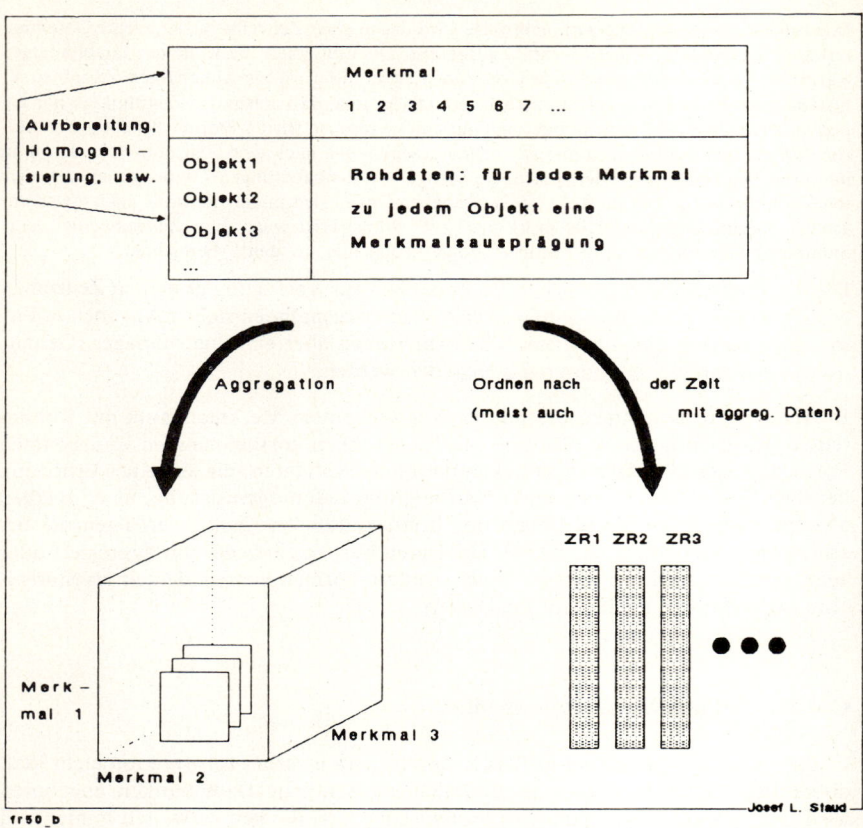

Abb. 2: Datenstruktur in Statistischen Datenbanken

Entities (,,Messung'') zu disjunkten Klassen führt. Wie bei einer Relation gilt (bzw. sollte nach den Normalisierungsschritten gelten), daß alle Merkmale auf alle Entitis anwendbar sind. Außerdem sollten die UND-Verknüpfungen von Merkmalsausprägungen (z.B. bei Außenhandelsdatenbanken: Warenfluß = Ausfuhren UND Einheit = DM UND Land = USA usw.) zu nicht-leeren Schnittmengen führen.

Der Grund für die Einrichtung einer solchen Datenstruktur ist der Wunsch, statistische Verfahren auf die Daten anzuwenden. Ein solcher ,,Merkmalsraum'' ist die Grundlage der Anwendung der meisten Verfahren der parametrischen und nonparametrischen Statistik.
Der in der Literatur zu Datenbanksystemen auftretende gleiche Begriff (,,statistical database'') bezieht sich auf denselben Informationstyp, allerdings im Bereich personenbezogener Informationen und mit einer echten Datenbankstruktur (mehrere Objektklassen, usw.). Der Begriff ,,statistisch'' meint dort, daß diese Daten ,,allein statistischen Zwecken dienen dürfen und keine Rückschlüsse auf Merkmale von Einzelpersonen zulassen sollen'' (Lit. 01., S. 152).

Er ist abgeleitet vom Begriff der „statistischen Information" im Sinne der statistischen Ämter (vgl. z.B. Lit. 09., Lit. 02., Lit. 04.) und die dort angegebenen Verweise). Der hier gewählte Begriff steht auch im Einklang mit dem der Statistischen Informationssysteme. So werden die von den statistischen Ämtern (der Bundesrepublik Deutschland) für ihre Datenbestände erstellten computergestützten Informationssysteme genannt (vgl. z.B. Lit. 24. und Lit. 25., Lit. 05). Während es insoweit keine Schwierigkeiten gibt und die Begriffswahl eher vertraut anmutet, trifft dies für die im Information Retrieval gebräuchlichen Typisierungen nicht zu. Hier ist mit der gängigen Typisierung (vgl. z.B. Lit. 22.) eine Trennung dieses Datenbanktyps von den übrigen Faktendatenbanken nicht möglich. Auch die (knappe) Literatur zu Faktendatenbanken (bzw. nicht-bibliographischen Datenbanken) gibt hier keine Hinweise (vgl. Lit. 07., Lit. 08., Lit. 11., Lit. 23., Lit. 06.).

Kurzname	Name und Inhalt
AMP1	Volkswirtschaftliche Gesamtrechnungen – Konten der institutionellen Sektoren und öffentlichen Verwaltungen
BIF1	
BISE	Produktion und Außenhandel für industrielle Erzeugnisse
COSA	Land- und forstwirtschaftliche Gesamtrechnung
EUROSTATUS	Hauptkonjunkturindikatoren
FINA	Jährliche Finanzdaten
FISH	Fischereistatistik
FRIA	Außenhandel der Europäischen Gemeinschaften (Jahresdaten)
FRIC	Außenhandel der Europäischen Gemeinschaften
FRIM	Besteht nicht mehr
GBOP	Zahlungsbilanzen, global (Global Balance of Payment)
ICG	Konjunkturelle und allgemeinstatistische Information
INDE	Jahreserhebung über die Tätigkeit der Industrie
ISTI	Konjunkturindikatoren der Industrie
PACO	Existiert nicht mehr; Daten jetzt in COSA und PRAG
PRAG	Agrarpreise und Agrarpreisindizes in absoluten Werten
SEC1	Volkswirtschatliche Gesamtrechnung – Gesamtgrößen
SEC2	Volkswirtschaftliche Gesamtrechnung – Waren- und Dienstleistungsaktionen (Daten für wirtschaftliche Analyse)
SIDR	Eisen- und Stahlindustrie
SIPS	Europäisches System der integrierten Sozialschutzstatistik
SOCI	Sozialstatistiken
Zahlungsbilanzen	
ZCA1	Außenhandel der AKP-Staaten und der Länder des südlichen Mittelmeeres
ZCN2	Umbenannt in SEC2
ZEN1	Energiestatistik
ZPA1	Landwirtschaftliche Erzeugnisse
ZPVD	Makroökonomische Indikatoren der Entwicklungsländer
ZRD1	Forschung und Entwicklung

Abbildung 3
Die CRONOS-Datenbanken der EG – Namen und Inhalt

Quelle: Lit. 26. (Eigene Erhebung nach den Datenbankbeschreibungen von EUROSTAT)

Name	Anzahl insges.[1]	primär[2]	davon[3] m	(in Prozent der Gesamtzahl) vj	hj	j	Akt.[4]
AMP1	38.589	26.942	0	0	0	100	6/89
BIF1	7.377	5.063	25	52	1	21	6/89
BISE	93.799	79.240	0	46	0	54	6/89
COSA	45.467	16.896	0	0	0	100	6/89
EUROSTATUS[5]	627	0	84	11	0	5	5/87
FINA	23.540	8.395	0	0	0	100	6/89
FISH	90.672	88.738	1	0	0	99	6/89
FRIA	421	417	0	0	0	100	6/89
FRIC	298.367	282.903	41	22	0	37	6/89
GBOP	18.986	10.015	0	49	0	51	6/89
ICG	72.596	32.512	40	43	0	17	6/89
INDE	94.702	94.058	0	0	0	100	6/89
ISTI	12.412	4.853	42	30	0	28	6/89
PRAG	28.760	19.870	43	0	0	57	6/89
SEC1	13.680	8.708	0	0	0	100	6/89
SEC2	9.946	9.250	0	0	0	100	6/89
SIDR	24.536	15.111	15	43	0	42	6/89
SIPS	k.A.	–	–	–	–	–	–
SOCI	39.233	29.813	8	0	58	34	6/89
Zahlungsbilanzen[6]	80.881	47.178	0	12	–	88	4/86
ZCA1	93.114	92.867	0	0	0	100	6/89
ZEN1	49.123	40.996	12	0	0	88	6/89
ZPA1	62.242	51.449	6	13	0	81	6/89
ZPVD	108.691	106.142	0	0	0	100	6/89
ZRD1	24.788	10.224	–	–	–	–	6/89
Summe	1.441.526	1.081.820					

Anmerkungen:

(1) Gesamtzahl der primären und abgeleiteten Reihen.   (2) Zahl der primären Reihen.   (3) m: monatlich, vj: vierteljährlich, hj: halbjährlich, j: jährlich.   (4) Monat und Jahr der Datenbeschreibung bzw. des von EUROSTAT erstellten Datenbankauszugs.   (5) Zahlenangaben nach den Unterlagen zur Datenbank ICG. EUROSTATUS ist eine Teilmenge der ICG.   (6) Diese Datenbank ist zusammengestellt aus Beständen der Datenbanken GBOP, ZBP1 und ICG zum Thema „Zahlungsbilanzen".

Ich danke dem Statistischen Amt der Europäischen Gemeinschaft (EUROSTAT) für die Erstellung eines Datenbankauszugs, der die Aktualisierung dieser Tabelle ermöglichte.

Abbildung 4
Die CRONOS-Datenbanken der EG – Zahl der Zeitreihen

Quelle: Lit. 26. (Eigene Erhebung nach Unterlagen von EUROSTAT)

Datenbanken dieses Typs sind z.B. die CRONOS-Datenbanken der EG mit Zeitreihen zu einem breiten Spektrum v.a. wirtschaftlicher Themen, die COMEXT-Datenbank mit Daten zum Außenhandel (COMmerce EXTerieur), die mit einer unverfälschten Merkmalsstruktur ebenfalls vom statistischen Amt der EG (EUROSTAT) erstellt wird. Die gleiche Struktur besitzen die CHELEM-Datenbanken von GSI-ECO (französischer Host).

Der Datenbankkomplex CRONOS der Europäischen Gemeinschaft besteht zur Zeit aus 25 Datenbanken (vgl. *Abb. 3* und *4*). Alle haben die Form von Zeitreihen aggregierter Werte. Die Periodizität liegt zwischen monatlich und jährlich. Die Zahl einzelner Zeitreihen in den Datenbanken schwankt zwischen 421 (FRIA) und knapp 300.000 (FRIC). Insgesamt liegen rund 1,5 Millionen Zeitreihen vor.

Daten der EG beziehen sich meist auf die Länder der EG und deren Partnerländer. So geben die Außenhandelsdaten in CRONOS-FRIC, wie *Abb. 5* zeigt, den Handel der EG-Länder (Meldeländer) mit der Welt, nicht aber den zwischen den nicht zur EG gehörenden „Partnerländern" an. Diese EG-Zentriertheit ist natürlich da nicht gültig, wo sich die Datenbank ausdrücklich auf andere Länder bezieht (z.B. die AKP-Staaten).

Abb. 5: Geographischer Bezug der EG-Daten (am Beispiel CRONOS-FRIC)

	EG (Meldeländer)	Nicht-EG-Länder (Partnerländer)
EG	erfaßt Intra-Handel der EG	erfaßt: Handel der EG mit den Nicht-EG-Ländern
Nicht-EG-Länder	erfaßt: Handel der NICHT-EG-Länder mit der EG	nicht erfaßt: Handelsbeziehungen der Nicht-EG-Länder untereinander

Anmerkung: Die Gruppe der Meldeländer wird in letzter Zeit erweitert um weitere von entsprechender Bedeutung, z.B. um die USA, Kanada und Japan bezüglich des Außenhandels.

Der Aufbau dieser Datenbanken kann so gedacht werden, daß die einzelnen Zeitreihen, nebeneinander in einer Datei stehend, über einen Kode (vgl. Abschnitt 4.5) abrufbar sind. Einen anderen Aufbau haben die Datenbanken COMEXT (von EUROSTAT) und CHELEM (von GSI-ECO). Ihre Struktur ist nicht zeitreihenorientiert. Der Merkmalsraum ist noch klar erkennbar, sie haben den Charakter von Querschnittsdaten. Die zur Verfügung stehenden Merkmale sind im Fall der Datenbank COMEXT:

– Meldeland (-länder) der EG
– Partnerland (-länder) der EG
– Handelsfluß (Aus- oder Einfuhren oder beides)
– Produktgruppe
– Art der statistischen Erhebung

– Art der Mengenangabe (in Werten oder Quantitäten)
– Zeitpunkt des Handelsflusses

(vgl. zur genaueren Information die entsprechenden Benutzerhilfen der Datenbankanbieter). Die Merkmale weisen eine unterschiedliche Zahl von Merkmalsausprägungen auf. Meldeländer sind es 10 bzw. 9, Partnerländer über 200. Alle sind verkodet, so daß Codepläne vorliegen müssen. Der Codeplan für die Meldeländer heißt hier ,,Annex 1: Country Codes'' und stammt vom Produzenten der Datenbank (EUROSTAT). Ein weiterer Ländercode liegt für die Partnerländer vor. Es ist die Geonomenklatur der EG, veröffentlicht vom Statistischen Amt der Europäischen Gemeinschaft (Europäische Gemeinschaften – Kommission, Geonomenklatur 1981, Luxembourg: Office des publications officielles des Communautés Europeennes, 1981).

Zur Auswahl der Produktgruppen liegen mehrere Nomenklaturen vor (NIMEXE, SITC) mit jeweils mehreren Tausend Einträgen. Das ,,Warenverzeichnis für die Statistik des Außenhandels der Gemeinschaft und des Handels zwischen Mitgliedsstaaten (NIMEXE)'' liegt als Veröffentlichung der EG in gedruckter Form vor. Es ist mehrstufig und erreicht auf der untersten Ebene eine hohe Feingliedrigkeit.

Die Retrievalsysteme (z.B. MISTRAL von EURIS oder AREMOS (-COMEXT) von CISI-Wharton) erlauben zu jedem der Merkmale die Angabe einer Merkmalsausprägung oder auch mehrerer. Gemäß dieser Anforderung werden entsprechend viele Matrizen herausgegeben, die in den Spalten die Meldeländer und in der Kopfzeile die Partnerländer aufweisen (oder umgekehrt). Sozusagen als Extremfall, wenn die Matrix nur aus einem Feld besteht und mehrere Zeitpunkte erhoben werden, entsteht auch hier eine Zeitreihe. Typischerweise ergeben sich hier somit als Ergebnis einer Recherche Matrizen mit Handelsflüssen zwischen Melde- und Partnerländern zu einem Zeitpunkt. Allgemein gilt: jede Recherche führt zu einer Matrix gleicher oder (im Regelfall) niedriger Dimensionalität als die Datenbankmatrix, wobei Matrizen mit mehr als zwei Dimensionen als wiederholte 2-dimensionale Matrizen ausgegeben werden. Ist z.B. zu Frankreich und Deutschland als Meldeländer sowie USA und Japan als Partnerländer der Handel nicht nur in einer sondern in 5 Produktgruppen gefordert, werden 5 Tabellen ausgegeben. Zur geographischen Abdeckung gilt das für die CRONOS-Datenbanken gesagte. In CHELEM-CIN liegen die Merkmale Einfuhrzonen mit ,,32 zones importations'', Ausfuhrzonen mit ebensovielen ,,zones exportations''und Wirtschaftszweige (,,71 branches produits'') vor. Daneben selbstverständlich noch die Zeitpunkte. Für jede Kombination von Merkmalsausprägungen dieser Merkmale wird der entsprechende Handelsfluß in Millionen US-Dollar (zu laufenden Preisen) bereitgehalten.

Es handelt sich bei diesen Datenbanken somit um klare Merkmalsräume mit verarbeiteten (aggregierten) Daten. Datensätze lassen sich hier ohne weiteres nicht mehr angeben und tauchen auch in den Materialien der Hosts und Produzenten nicht auf. Die angemessene Form der Darstellung des logischen Datenmodells ist die hier gezeigte. Trotzdem läßt sich natürlich eine andere, tabellenartige Darstellung denken, indem die Ausprägungen aller Merkmale in beliebiger Anordnung miteinander kombiniert werden und jede Kombination als Ausprägung eines neuen Merkmals aufgefaßt wird.

C 4.4   Quasi-Statistische Datenbanken

Eine einfache Form der Verwaltung von Merkmalsräumen in öffentlichen Datenbanken besteht darin, einzelne Tabellen aus dem Merkmalsraum in Datensätzen zu erfassen und anzubieten. Zu erkennen sind solche Datenbanken daran, daß nicht ein beliebiger Zugriff auf die Daten, sondern nur ein Abruf der Tabellen möglich ist. Eventuell besteht noch die Möglichkeit, bei der Ausgabe der Datensätze verschiedene Periodizitäten, Zeiträume, usw. anzuwählen. Dies bedeutet dann aber nicht ein Umorganisieren der Zeitreihen, sondern lediglich eine Auswahlmöglichkeit unter verschiedenen, bereits vom Datenbankanbieter berechneten Datensätzen. Diese Datenbanken sollen Quasi-Statistische Datenbanken genannt werden. Die Ursache für diese Form der Abspeicherung liegt in der Unterschiedlichkeit und unterschiedlichen Komplexität von Verwaltungssystemen und Retrievalsprachen (man vergleiche nur die zwei jeweils typischen Retrievalsprachen DIALOG und ARE-MOS) für datensatzorientierte Daten und Merkmalsräumen. In Quasi-Statistischen Datenbanken wird die komplexe Struktur des Merkmalsraums in eine einfache Datensatzstruktur abgebildet. Damit ist es dann möglich, Retrievalsprachen, die eigentlich für bibliographische Datenbanken entwickelt wurden, auch auf diesen Informationstyp anzuwenden.

Dieses Angebot ähnelt sehr dem gedruckten in Statistischen Jahrbüchern, usw.. Als Beispiel sei auf die Datenbank PREDICASTS TIME SERIES verwiesen (vgl. *Abb. 5* für eine Liste der Felder). Die hier erfaßten Zeitreihen betreffen Produktion, Verbrauch, Außenhandel, u.s.w. für Produkte und Branchen. Sie umfassen nicht nur historische Daten, sondern auch Prognosen (für 1985, 1990 und 1995).

Ein weiterer Nachteil dieser Art des Angebots (neben dem eingeschränkten Zugriff) ist, daß mit diesen Daten nicht gerechnet werden kann. Dies liegt nicht allein an der Erfassung in einem Datensatz, sondern auch daran, daß die hier verwendeten Retrievalsprachen (für datensatzorientierte Datenbanken) keine Komponenten für rechnerische Operationen vorsehen. Der Aufbau von Datensätzen dieser Datenbanken ist immer so, daß die im Mittelpunkt stehende Zeitreihe durch verschiedene andere Informationen beschrieben wird. Zentral ist bei der hier gewählten Datenbank der MEASUREMENT NAME, der das Ergebnis der Verarbei-

---

Abb. 6: Felder in einem Datendatz der Datenbank PREDICASTS TIME SERIES

Feldname	Informationstyp
JO (Source Publication):	qualitatives Merkmal
EN (Event Name):	qualitatives Merkmal/Nomenklatur
MN (Measurement Name):	qualitatives Merkmal (Bezeichnung der auf der Basis der Aggregation neu berechneten Werte)
PN (Product Name):	qualitatives Merkmal/Nomenklatur
YR (Year of Data):	Zeitpunkte der Zeitreihe (Rangmerkmal)
GR (Growth Rate):	quantitatives Merkmal
PC (Product Code):	qualitatives Merkmal/Nomenklatur
EC (Event Code):	qualitatives Merkmal (verkodet)/Nomenklatur
MC (Measurement Code):	qualitatives Merkmal

Quelle: Unterlagen von Predicasts (in den Daten der Anbieter liegen zum Teil abweichende Feldbezeichnungen vor).

tung der Rohdaten und der damit zusammenhängenden Neuberechnung von Werten direkt angibt. Abweichend von Datensätzen anderer Datenbanktypen ist, daß hier auch berechnete Werte (Prognosewerte und Wachstumsrate) mitangegeben werden (zumindest intern müssen diese Datenbanken also auch in numerischer Form vorliegen). Sie stellen insofern eine Besonderheit dar, daß sie sich zwar auf den Informationsträger beziehen, aber aus den übrigen quantitativen Merkmalen berechnet (abgeleitet) sind.

C 4.5   Retrieval

C 4.5.1   Retrieval Statistischer Information

Auf das Retrieval dieses Informationstyps wurde schon mehrfach kurz eingegangen. Hier soll nun eine zusammenfassende Darstellung erfolgen.

Das Retrieval von Informationen aus Merkmalsräumen geschieht im ersten Schritt durch Angabe der Merkmalsausprägungen, welche die gewünschte Auswahl klassifizieren. Seien M_1, M_2, M_3 Merkmale mit den Ausprägungen m_{1i} ($i = 1, \ldots, n_1$), m_{2j} ($j = 1, \ldots, n_2$), m_{3k} ($k = 1, \ldots, n_3$) (es gilt: $0 < n_1, n_2, n_3$). Dann werden z.B. durch $m_{15}/m_{22}/m_{34}$ die Elemente angesprochen, die gleichzeitig die angegebenen Eigenschaften besitzen. Dies entspricht einer mehrfachen Anwendung des logischen UND:
$M_1 = m_{15}$ UND $M_2 = m_{22}$ UND $M_3 = m_{34}$.
Den logischen ODER entspricht, wenn mehrere Merkmalsausprägungen eines Merkmals zugelassen werden, z.B. m_{11}. $m_{14}/m_{22}, m_{23}, m_{25}/m_{31}$. Dem entspricht
($M_1 = m_{11}$ ODER $M_1 = m_{14}$) UND ($M_2 = m_{22}$ ODER $M_2 = m_{23}$ ODER $M_2 = m_{25}$) UND ($M_3 = m_{31}$).
Werden Vergleichsgruppen gewünscht, wie in der Statistik üblich (noch nicht aber in öffentlichen Statistischen Datenbanken), erfolgt die Angabe mehrerer Gruppen von Merkmalsausprägungen. Dies könnte z.B. so dargestellt werden (die Ausprägungen der einzelnen Merkmale werden jetzt durch Doppelstriche getrennt):
$m_{11}/m_{24}/m_{31}//m_{12}/m_{21}/m_{33}$.
Während bei einem Merkmalsraum auf der Basis von Rohdaten grundsätzlich jedes Merkmal zur Auswahl und zur Ausgabe geeignet ist, müssen bei aggregierten Daten die Merkmale getrennt betrachtet werden. Die Trennung wird in der Regel schon von den Statistischen Ämtern vollzogen, und zwar in doppelter Hinsicht: in bezug auf die Aggregationsmerkmale (= Auswahlmerkmale) und in bezug auf die Merkmale, welche für die Aggregate berechnet werden. Nach obigem ersten Schritt sind gewisse Objekte der Grundgesamtheit ausgewählt. Dies ist nun aber in der Regel nicht Selbstzweck, sondern es erfolgt, weil über die identifizierten Objekte weitere Informationen erhoben werden sollen. Im Rahmen eines Merkmalsraums sind dies wieder Merkmalsinformationen, im Kontext der statistischen Analyse *abhängige* Variablen genannt. Z.B. könnten für die erste obige Auswahl die Merkmale M4, M5, M6 als Ausgabemerkmale angefordert werden. Insgesamt ergäbe sich dann:
– ausgewählte Objekte $M_1 = m_{15}$ UND $M_2 = m_{23}$ UND $M_3 = m_{34}$
– dafür angeforderte Ausgabemerkmale; M_4, M_5, M_6
Oftmals werden die Ausprägungen der Ausgabemerkmale noch gruppiert, d.h. es werden Ausprägungen zusammengefaßt. Z.B. von M_4 die ersten zwei gegen die nächsten drei. Dies könnte so dargestellt werden: M_4 ($m_{41}, m_{42}/m_{43}, m_{44}, m_{45}$). Dies ist dann möglich und sinnvoll, wenn nicht die Datentabelle (ähnlich der Rohdatentabelle) sondern eine Häufigkeitsauszählung (vgl. Abschnitt C 4.2.1) angefordert wird.

Das Ergebnis des Retrievals in einem Merkmalsraum sind Einzelwerte, Vektoren

oder Matrizen beliebiger Dimension. In weiteren Schritten müssen diese für die tabellarische oder grafische Ausgabe mit Texten versehen werden. Zum Teil kann
dies automatisch geschehen, mit Hilfe der (im Regelfall) abgespeicherten Bezeichnungen für Objektklassen, Merkmale und Merkmalsausprägungen. Zum Teil wird
dies durch den Benutzer erfolgen (Überschriften, Fußnoten, usw.).
In der Regel liegen derzeit noch in öffentlichen Datenbanken nur Merkmalsräume
auf der Basis aggregierter Werte vor, obwohl sie natürlich auf Rohdaten beruhen
und diese auch abgespeichert sind.

C 4.5.2   Retrievalsysteme für Statistische Datenbanken

Während im letzten Abschnitt sozusagen idealtypisch und in starker Anlehnung an
die Vorgänge in Statistikpaketen der Retrievalprozeß beschrieben wurde, soll hier
auf die tatsächlich vorliegenden Retrievalsysteme eingegangen werden. Dazu gehören, um nur einige zu nennen, MAGIC von I.P. Sharp (Reuters), EPS von DRI,
DC-Time von Datacentralen und AREMOS von WEFA.

Für alle diese Retrievalsystemen gelten einige Einschränkungen, die einerseits schmerzlich sind
wegen der damit verlorenen Möglichkeiten, die aber andererseits die Komplexität soweit reduzieren, daß diese Sprachen ohne allzugroßen Aufwand erlernt werden können. Die wichtigste
Einschränkung ist die völlige Konzentration auf Zeitreihen. Die Retrievalbefehle, der sonstige
Befehlssatz, die rechnerischen und statistischen Operatoren, alle Elemente der Sprache sind
auf Zeitreihen aggregierter Werte ausgerichtet. Eine Befehlsfoge $A = B*C$ bedeutet dann
daß zwei Zeitreihen B und C elementweise multipliziert werden und daß daraus die neue Zeitreihe A entsteht. Andere Formen statistischer Information können nur eingeschränkt, über
spezielle Modi (NOTIMESERIES bei MAGIC, Aufruf COMEXT bei AREMOS), verwaltet
werden.
Wie in mehreren Arbeiten des Verfassers dargestellt (vgl. Lit. 12., Lit. 13., Lit. 15., Lit. 18.),
erfüllen die vorliegenden Retrievalsysteme folgende Hauptaufgaben in bezug auf Zeitreihen:
– Retrieval
– rechnerische Verarbeitung
– tabellarische Darstellung
– statistische Verarbeitung
– graphische Darstellung recherchierter (bzw. verarbeiteter) Information.

Das Retrieval erfolgt in all diesen Datenbanken über eine beschränkte Zahl von
Merkmalen. Als Beispiel sei hier der Zugriff auf Zeitreihen in der Datenbank
CRONOS-FRIC (eine Datenbank zum Außenhandel der EG-Länder) dargestellt.
Die Merkmale, in den CRONOS-Datenbanken Unterkodes genannt, sind hier
,,Meldeland'', ,,Handelsströme, Einheit und Periodizität'', ,,Waren und Warenklassen'', ,,Partnerländer und Zusammenfassungen von Ländern''. Jeder Unterkode hat bestimmte Ausprägungen. Für das Retrieval werden nun Ausprägungen
festgelegt, die zusammen eine Zeitreihe identifizieren. In dem hier gewählten Beispiel (vgl. *Abb. 7.* wurde 12, 7, 169, 001 aus der jeweiligen Ausprägungsliste gewählt. Damit entsteht der Kode 127169001, der die ,,Ausfuhren der BR-Deutschland nach Frankreich/Insgesamt'' und damit eine einzelne Zeitreihe identifiziert.
Dies entspricht, wie in der Abbildung rechts unten angedeutet, einer UND-
Verknüpfung der Merkmalsausprägungen.

Die Recherche in einer solchen Datenbank beginnt somit (heute noch) in der Regel mit dem Nachschlagen in einem Code-Plan, dem Verzeichnis der Unterkodes, ihrer Ausprägungen und ihrer Definition.

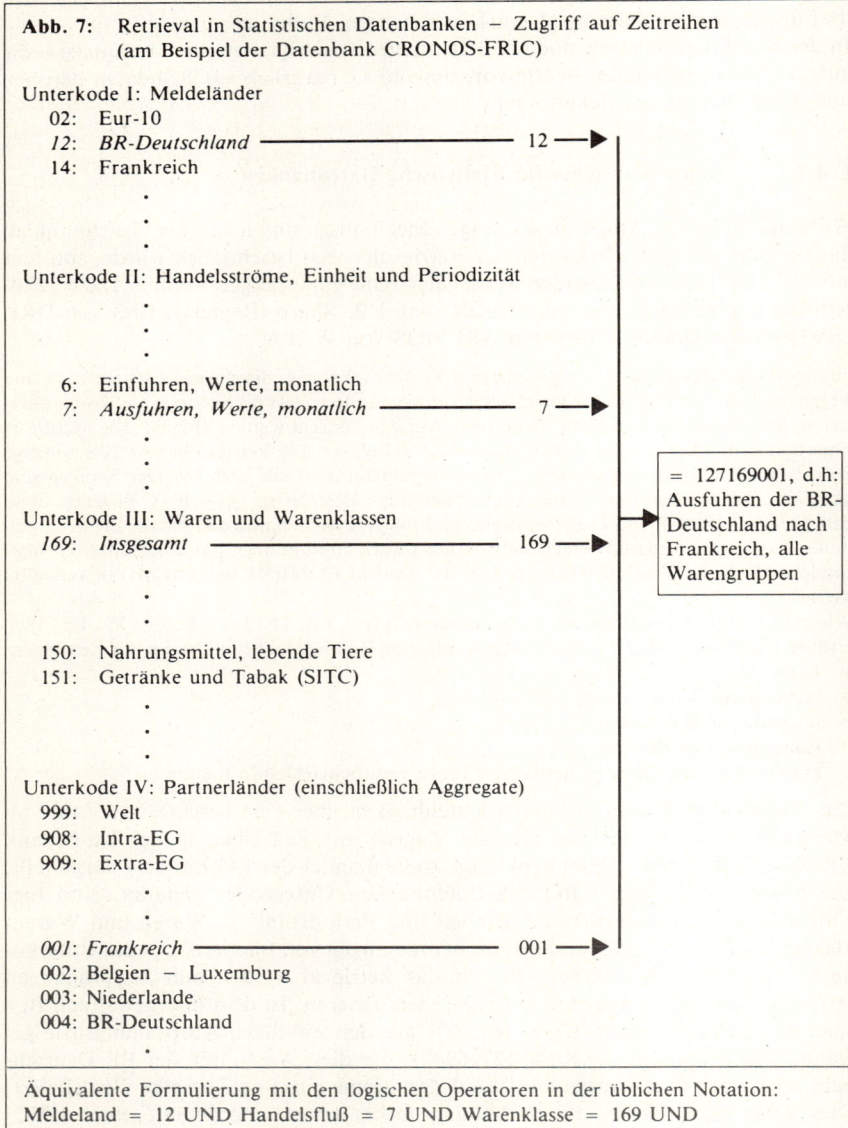

Abb. 7: Retrieval in Statistischen Datenbanken – Zugriff auf Zeitreihen
(am Beispiel der Datenbank CRONOS-FRIC)

Unterkode I: Meldeländer
  02: Eur-10
  12: BR-Deutschland ——————————— 12 ➤
  14: Frankreich
      •
      •
      •

Unterkode II: Handelsströme, Einheit und Periodizität
      •
      •
      •
   6: Einfuhren, Werte, monatlich
   7: Ausfuhren, Werte, monatlich ——————— 7 ➤
      •
      •

Unterkode III: Waren und Warenklassen
  169: Insgesamt ——————————————— 169 ➤
      •
      •
      •
  150: Nahrungsmittel, lebende Tiere
  151: Getränke und Tabak (SITC)
      •
      •
      •

Unterkode IV: Partnerländer (einschließlich Aggregate)
  999: Welt
  908: Intra-EG
  909: Extra-EG
      •
      •
      •
  001: Frankreich ——————————————— 001 ➤
  002: Belgien – Luxemburg
  003: Niederlande
  004: BR-Deutschland
      •

= 127169001, d.h:
Ausfuhren der BR-Deutschland nach Frankreich, alle Warengruppen

Äquivalente Formulierung mit den logischen Operatoren in der üblichen Notation:
Meldeland = 12 UND Handelsfluß = 7 UND Warenklasse = 169 UND
Partnerland = 001

Alle diese Sprachen erlauben, die Zeitreihen rechnerisch zu verarbeiten, wobei die berechnete Reihe natürlich nicht in die (öffentliche) Datenbank kommt, sondern erstmals lediglich im benutzereigenen Arbeitsspeicher festgehalten wird. Darüber hinaus ist es meist grundsätzlich möglich, Zeitreihen aus der Datenbank in Variablen zu spielen. Damit werden sie quasi in den Arbeitsspeicher kopiert und stehen unter dem Variablennamen zur Verfügung. Dies hat nicht nur den Vorteil, daß sie dann unter dem (kürzeren, einprägsamen) Variablennamen zur Verfügung stehen, sondern es verkürzt auch die Zugriffszeit, da dann die Reihe nicht mehr vom peripheren Speicher geholt werden muß, sondern bereits im Arbeitsspeicher steht. Am weitesten in der Vereinfachung der Syntax der Rechenvorgänge ist AREMOS, wo tatsächlich nur, wie oben angedeutet, der entsprechende algebraische Ausdruck eingegeben werden muß, lediglich der Befehl REIHE ist voranzustellen. Also z.B. REIHE A = (100/B) * C, um die prozentualen Anteile der einzelnen Zeitreihenwerte von C an B zu berechnen.

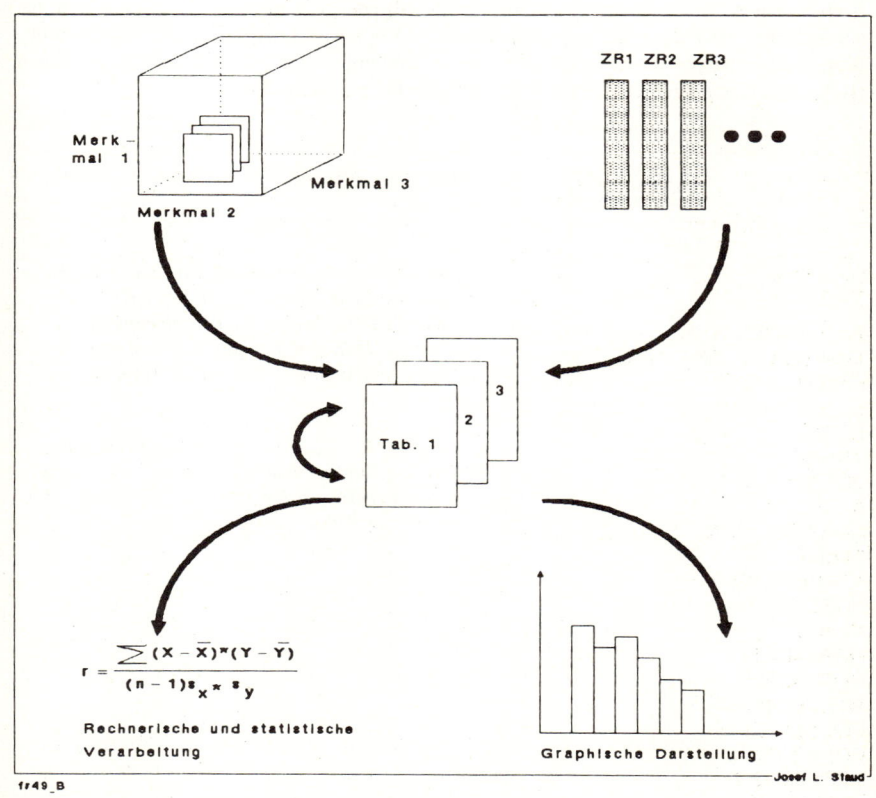

Abb. 8: Retrievalprozeß in Statistischen Datenbanken

Die Ergebnisse einer Recherche in statistischen Datenbanken werden in der Regel in tabellarischer Form ausgegeben. Die rechteckige „flache Tabelle („flat table") mit jeweils einer Dimension über die Spalten und Zeilen ist, wenn auch mit Variationen, die Grundform der Darstellung dieses Informationstyps. Tabellen höherer Dimension werden dabei einfach in solche flachen Tabellen aufgelöst. *Abb. 8* versucht dies grafisch zu veranschaulichen, wobei hier auf die zwei (zur Zeit) dominierenden Formen, Merkmalsräume und Zeitreihen, bezug genommen wird.

Die Gestaltung der Tabelle erfolgt in der Regel so, daß neben den Pflichtparametern (den auszugebenden Zeitreihen) noch ein Vielzahl weiterer Parameter angegeben werden können. Z.B. zur Gesamtüberschrift, zu den Spaltenüberschriften, zur Spaltenbreite, zur Anzahl Dezimalstellen, usw.

Neben der rechnerischen Verarbeitung erfolgt oftmals auch eine statistische. Die Systeme bieten dafür mehr oder weniger große Ausschnitte aus der Zeitreihenstatistik an. Dies reicht von einfachen Korrelations- und Regressionsrechnungen bis zu ökonometrischen Modellen unterschiedlicher Komplexität. Einige Systeme erlauben zusätzlich die Nutzung externer Statistikpakete über eine entsprechende Schnittstelle. Nun einige Beispielsrecherchen. Zerst eine Recherche mit MAGIC von I. P. Sharp (Reuters). Die einzelnen Schritte sind in der Recherche erläutert.

Anmerkung: *Für alle Recherchen gilt: Benutzereingaben sind unterstrichen, Kommentare kursiv gesetzt.*

OPTIONS

TIMESERIES
TIMEFRAME: NOT SET
FISCALSTART 1
SCALE 1000000
BLIND
YEAREND
TOTALS
AUTOCALC
NOAUTOLABEL
STAMP
NOHIGHLIGHT
NOZERO
NOAPL
NORESULT
NOSYNCH
WIDTH 80
COLUMNS 0
COLWIDTH 0
DECIMALS 2
LABELWIDTH 0
PAGEDEPTH 0 66

Mit dem Befehl OPTIONS wird die Einstellung zentraler Systemparameter angezeigt.
TIMESERIES bedeutet „Zeitreihenmodus".
Mit NOTIMESERIES könnte ein Modus für Querschnittstabellen aufgerufen werden.

YEAREND (Gegenstück NOYEAREND) legt fest, ob Jahresendwerte am Schluß einer Tabelle ausgegeben werden (bei einer Periodizität höher als jährlich).

NOYEAREND	*Mit NOYEAREND wird die Ausgabe der Jahresendwerte unterdrückt. Festlegung der Periodizität und der Zeitspanne*
QUARTERLY DATED 1 83 TO 4 83	
TITLE ‚DER AUSSENHANDEL DER BR-DEUTSCHLAND'	*Vergabe des Titel*
3 TITLE ‚(ZU LAUFENDEN PREISEN)'	
LABEL ‚ABSOLUTE WERTE*AUSFUHREN: ‚EINFUHREN'	*Benennung der Spalten*
LABEL ‚BERECHNETE WERTE*SALDO, VERHAELT'	*(siehe unten)*
1 2 PUT BUNDESBAND ‚DA0019, DA0041'	*Kopieren zweier Reihen in den Arbeitsspeicher*
3 PUT (ITEM 1) MINUS (ITEM 2)	*Rechnen*
4 PUT (100 TIMES ITEM 1) DIVIDED BY (ITEM 2)	
‚H' TABLE ITEM 1 THRU 4	*Befehl zur Ausgabe von Zeitreihen*

DER AUSSENHANDEL DER BR-DEUTSCHLAND
(ZU LAUFENDEN PREISEN)

	ABSOLUTE WERTE		BERECHNETE WERTE	
	AUSFUHREN	EINFUHREN	SALDO	VERHAELT
1ST/83	129,700	117,500	12,200	110.38
2ND/83	131,000	119,700	11,300	109.44
3RD/83	129,300	121,800	7,500	106.16
4TH/83	136,500	128,200	8,300	106.47

Das Retrieval erfolgt bei dieser Sprache entweder im PUT-Befehl oder direkt bei der tabellarischen Ausgabe. Obige Recherche demonstriert natürlich nur einen Bruchteil der Leistungsfähigkeit der Retrievalsprache. Dasselbe gilt für die nachfolgende Recherche mit AREMOS. Umfassendere Beschreibungen finden sich in Lit. 18, Lit. 15.
In AREMOS gibt es eine sehr einfache Möglichkeit, Zeitreihen auf Variable zu spielen, die dann im Arbeitsbereich des Benutzers zur Verfügung stehen. Nach Eingabe des Befehls REIHE wird, in der üblichen „Zuweisungsnotation" einem frei gewählten Variablennamen (Deutschland INSgesamt, im hier gewählten Beispiel) eine Zeitreihe zugeordnet.

Zeitreihen auf Variable spielen.
Befehl: REIHE

⇒
REIHE DINS = S122298105

  Frequenz A _ JAEHRLICH   fuer   11 Perioden von 1975 bis 1985

⇒
REIHE DKABEL = S122297105

  Frequenz A _ JAEHRLICH   fuer   11 Perioden von 1975 bis 1985

⇒
REIHE FINS = 142298105

  Frequenz A _ JAEHRLICH   fuer   11 Perioden von 1975 bis 1985

⇒
REIHE FKABEL = S142297105

  Frequenz A _ JAEHRLICH   fuer   11 Perionden von 1975 bis 1985

Die Ausgabe von Tabellen erfolgt hier mit dem Befehl ZEIGE. Für alle Befehle gilt:
sie sind in mehreren Sprachen verfügbar (zur Zeit englisch, französisch, deutsch)
und können entweder direkt (,,an einem Stück'') im sogenannten Expertenmodus
oder ein einem Abfragemodus (,,Konversationsmodus'') eingegeben werden.

⇒
ZEIGE DINS, DKABEL, FINS, FKABEL   *Einfache Tabelle ohne jegliche Ausgestal-*
─────────────────────────────────   *tung und im Befehlsmodus (Exper-*
Frequenz fuer ZUSAMMEN: *tenmodus)*

	DINS	DKABEL	FINS	FKABEL
1975	663.69	55.39	340.39	79.89
1976	897.69	59.09	407.29	90.59
1977	880.09	48.09	432.29	89.89
1978	940.29	70.50	462.39	98.39
1979	1043.50	59.69	521.09	112.70
1980	1020.50	65.00	519.80	131.90
1981	984.00	57.90	527.70	134.40
1982	985.00	59.00	603.70	146.10
1983	1123.00	64.00	611.80	146.20
1984	1146.00	57.00	535.80	130.40
1985	1148.00	56.00	537.30	134.30

Durchführung einfacher Berechnungen
Befehl: REIHE
Neue Reihe: DPR (Prozentwert für
BR-Deutschland).

⇒
REIHE DPR = (100/DINS)*DKABEL

   Frequenz A _ JAEHRLICH   fuer   11 Perioden von 1975 bis 1985

⇒
ZEIGE DPR;

	DPR
1975	8.35
1976	6.58
1977	5.46
1978	7.50
1979	5.72
1980	6.37
1981	5.88
1982	5.99
1983	5.70
1984	4.97
1985	4.88

Einfache Grafik
Befehl: PLOTTE

⇒
PLOTTE

Ueberschrift (in Apostrophen):
‚ALUMINIUMHERSTELLUNG'

Name der Zeitreihe(n):
DINS, FINS

Grafik-Zeichen

Weitere Zeitreihen plotten?

Text fuer die linke vertikale Achse (in Apostrophen):
‚TSD T'

Text fuer die Fussnote (in Apostrophen):

Legende unterdruecken?

N

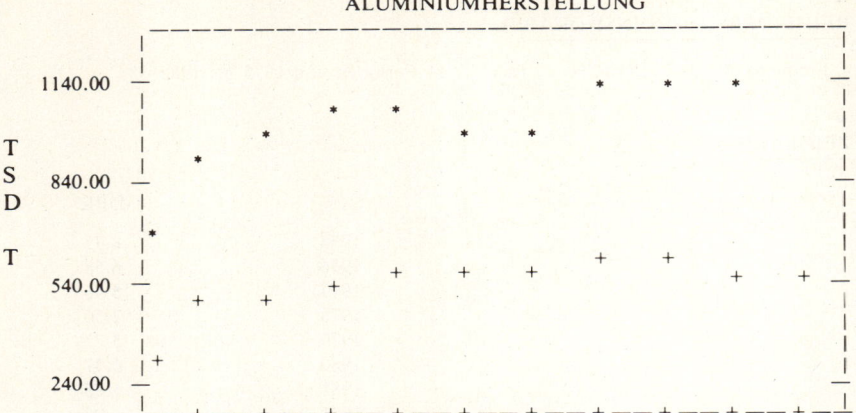

ALUMINIUMHERSTELLUNG

* DINS   + FINS

Neben dieser einfachen „Sternchengrafik", deren Einfachheit durch den Zeilenmodus erzwungen wird, in dem heute noch Retrieval im Regelfall erfolgt, gibt es bei all diesen Hosts ausgefeilte Geschäftsgraphik, die dann allerdings auf Plottern (beim Benutzer oder beim Host) ausgegeben werden muß.

In den letzten Jahren ist eine Tendenz zu beobachten, Teile der Arbeit mit statistischen Daten aus dem Großrechner des Datenbankanbieters heraus und in die Anlage des Benutzers zu verlagern. Dies geschieht auf unterschiedliche Weise. Einige Hosts empfehlen, die Zeitreihen in ein Multifunktionspaket runterzuladen und dort weiterzuverarbeiten. Andere bieten die Großrechnerabfragesprache auch in einer PC-Version an. Zusammen mit einer ebenfalls integrierten Datenfernübertragungskomponente kann dann, nach dem eigentlichen Retrieval im Großrechner, die Leitung zum Großrechner unterbrochen und lokal weitergearbeitet werden. Daneben wird natürlich weiterhin die klassische Lösung, Arbeit mit dem Großrechner, von allen Hosts angeboten. Somit können zur Retrievalsoftware folgende Varianten festgehalten werden:

– umfassende Software auf dem Hostrechner für Retrieval, Darstellung und Verarbeitung (befehlsgesteuert).
– umfassende Software, die (fast) identisch auf dem Hostrechner und dem eigenen Mikrocomputer zur Verfügung steht und die den Zugriff auf die Datenbanken, das Runterladen und die lokale Weiterverarbeitung erlaubt.
– Software zum Runterladen der Daten und zur Aufbereitung für die weitere Arbeit mit einem Statistik- oder Multifunktionspaket.

Die meisten der Retrievalsysteme für Statistische Datenbanken sind befehlsorientiert, weil die Abläufe bei der Arbeit mit statistischen Daten auf Grund ihrer „Unberechenbarkeit" nur schwer in Maskenvorgaben zu pressen sind. Dagegen lassen sich einzelne Aufgaben (eine feste Tabelle, Berechnung, usw.) problemlos maskenorientiert abarbeiten, was in einzelnen Sprachen auch erfolgt (z.B. in AREMOS).

C 4.6   Anbieter und Produzenten Statistischer Datenbanken

Angesichts der Besonderheit dieses Informationstyps ist es sicherlich nicht überraschend, daß die Anbieter und Produzenten dieser Datenbanken andere sind als die sonstigen Anbieter von öffentliche Datenbanken. Anbieter sind hier Firmen wie Data Resources, WEFA, I. P. Sharp (vor kurzem aufgekauft von Reuters), ADP, Datacentralen (um die wichtigsten zu nennen), die fast auschließlich Statistische Datenbanken anbieten. Ihre Herkunft liegt meist im Bereich der EDV-Dienstleistung oder Unternehmensberatung, oftmals bestehen die Hosts hier aus einer Abteilung einer solchen Dienstleistungsfirma. Es dominieren eindeutig US-amerikanische und kanadische Anbieter. Deutsche Anbieter sind nicht im Markt vertreten. Die Produzenten dieser Informationen sind meist Statistische Ämter auf nationaler und internationaler Ebene sowie sonstige internationale zwischenstaatliche Organisationen. Nur solche Organisationen besitzen das Recht und die Mittel, solche Daten umfassend zu erheben. In geringem Umfang führen auch Privatfirmen und Forschungseinrichtungen Erhebungen durch, deren Daten in Statistische Datenbanken gelangen. Diese Erhebungen weisen aber meist nicht die Abdeckung und Kontinuität auf, die statistische Daten aufweisen sollten.

Oftmals treten Organisationen als Produzenten auf (in den Materialien zur Beschreibung der Datenbank), die tatsächlich „nur" bereits erhobene Daten auswerten. So einige internationale Organisationen (z.B. das Statistische Amt der EG, EUROSTAT) und Beratungsfirmen (z.B. Wharton). Erstgenannte erhalten Daten der nationalen Ämter und anderer nationaler und internationaler Quellen und erstellen daraus einen homogenen Datensatz, d.h. sie machen die nationalen Daten vergleichbar. Zweitgenannte sammeln, z.B. für ein ökonometrisches Modell, ebenfalls Daten aus verschiedenen Quellen und bereiten (für die Zwecke des Modells) einen homogenen Datensatz, der dann auch unabhängig vom Modell in einer Statistischen Datenbank angeboten werden kann. Für beide Fälle finden sich Beispiele in den Unterlagen von EUROSTAT und WEFA (Wharton). Produzent ist hier somit nicht gleich Produzent. Es liegt am Informationstyp, der problemlos Verarbeitung, Verdichtung, kurz: Veredelung zuläßt, daß hier oftmals die Organisation, die Fragebogen an die Unternehmen schickt, nicht identisch ist mit der, die als Produzent der Daten auftritt.

Die Homogenisierungsarbeit der internationalen Statistischen Ämter darf nicht unterschätzt werden. Sie ist aufwendig und von großer Bedeutung, v.a. für die Informationsuchenden, die internationale Vergleiche anstellen wollen. Die Angleichung verschiedener nationaler Daten (z.B. zu makroökonomischen Indikatoren) ist für den Einzelnen kaum machbar, da er in der Regel nicht über die desaggregierten Daten verfügt, die notwendig sind, um (zum Beispiel) Lohnangaben für Qualifikationsgruppen vergleichbar zu machen. Daneben exisitieren auch Daten, die (ohne eigene Erhebung) gar nicht vergleichbar gemacht werden können. Hier finden sich dann die unterschiedlichen Definitionen in den Beschreibungen der Datenbank. Beispiele für internationale Organisationen, die statistische Daten veröffentlichen, sind neben dem schon genannten Statistischen Amt der EG (EURSOTAT) in Luxemburg die OECD und die UN. Die beiden erstgenannten sind bereits mit zahlreichen Datenbanken im Informationsmarkt präsent, EUROSTAT mit dem CRONOS Datenbänkkomplex und der umfassenden Außenhandelsdatenbank COMEXT und die OECD mit zahlreichen Datenbanken makroökonomischer Kennziffern der OECD-Länder (z.B. die MEI, Main Economic Indicators).

Die Homogenisierungsarbeit der Internationalen Organisationen hat natürlich auch Nachteile. Diese liegen v.a. darin, daß die Daten i.d.R. nicht mehr so tief gegliedert sind wie die der nationalen Ämter. Dies ergibt sich oft unmittelbar aus der Homogenisierung. Um die Daten vergleichbar zu machen, müssen die einzelnen nationalen Daten im gegenseitigen Vergleich so lange aggregiert werden, bis sie vergleichbar sind. Als Grundregel bei der Suche nach statistischen Informationen (online oder gedruckt) kann daher gelten: werden internationale vergleichende Daten benötigt, führt an den Daten der internationalen Organisationen kein Weg vorbei. Bleibt der Informationswunsch im ,,nationalen Rahmen'', sollten die tiefer gegliederten Daten der nationalen Ämter benutzt werden.

Literatur

01. Bastian, Michael (1982): Datenbanksysteme, Königstein/Ts. 1982.
02. Beck, Leland L. (1980): A Security Mechanism for Statistical Databases. In: ACM Transactions on Database Systems, Vol. 5, No. 3, September 1980, S. 316 – 338.
03. Chatfield, Christopher (1980): Analyse von Zeitreihen. Eine Einführung. Wien 1982.
04. Chin, Francis Y.; Ozsoyoglu, Gultekin (1981): Statistical Database Design. In: ACM Tranactions on Database Systems, Vol. 6, No. 1, March 1981, S. 113 – 139.
05. Christmann, A. (1979): Das Statistische Informationssystem – Thesen und Schlußfolgerungen. In: ÖVD 6/79, S. 8 – 10.
06. Cubillas, Mary M. (1981): Nonbibliographic Databases in a Corporate Health, Safety and Environment Organization. In: Special Libraries, Vol. 72, July 1981, S 243 – 248.
07. Fried, John B. (1975): On-Line Numeric Data Bases. In: Bulletin of the American society for Information Science, Vol. 1, Febr. 1975, S. 17 – 18.
08. Fried, john B.; Luedke, James A.; Rubin, Stephen A. (1977): Online Numeric Database Systems. In: Online 71, 1977, S. 70 – 72.
09. Kam, John B.; Ullman, Jeffrey D. (1977): A Model of Statistical Databases and Their Security. In: ACM Transactions on Database Systems, Vol. 2, No. 1, March 1977, S. 1 – 10.
10. Leiner, Bernd (1982): Einführung in die Zeitreihenanalyse. München, Wien 1982.
11. Luedke, James A. (1977): Numeric Data Bases On-Line. In: Online Review, 1, 1977, S. 207 – 215.
12. Staud, Josef L. (1984a): Statistische Verarbeitung von Informationen in Faktenretrievalsystemen. Am Beispiel der Zeitreihenstatistik in AREMOS. Universität Konstanz, Informationswissen- schaft, Bericht 1/84, März 1984.
13. Staud, Josef L. (1985a): Statistische Datenbanken: Beschreibung, Retrieval, Benutzerschnittstelle. in: Deutsche Gesellschaft für Dokumentation, ,,Deutscher Dokumentartag 1984, Perspektiven der Fachinformation. Programme – Praxis – Prognosen' (bearbeitet von Hilde Strohl-Goebel), München u.a. 1985, S. 362 – 402.
14. Staud, Josef L. (1985b): On-Line Retrieval in Numeric Data Bases: Special Features and Examples. in: IATUL Proceedings Vol. 17, 1985, hrsg. von Nancy Fjällbrant, Göteborg (Schweden) 1985, S. 197 – 228.
15. Staud, Josef L. (1985c): Retrieval in statistischen Datenbanken. Besonderheiten, Beispiele, Vergleich mehrerer Retrievalsprachen. in: Deutsche Gesellschaft für Dokumentation, 7. Frühjahrstagung der Online-Benutzergruppe der DGD, Frank- furt 1985, S. 164 – 225.
16. Staud, Josef L. (1985d): Factual-Type Online Databases for Humanities and Social Sciences: A Survey. Vertrag bei der ICDBHSS/85 Conference in Grinne 11/Iowa (USA),

22. – 24. Juni 1985, erscheint im Tagungsband (auch erschienen als Bericht 12/85 der Informationswissenschaft der Universität Konstanz).

17. Staud, Josef L. (1985d): Typen von Wirtschaftsdatenbanken und Retrievalprozeß. Univeristät Konstanz, Informationswissenschaft, November 1985, Bericht 14/85 (Vertrag beim Deutschen Dokumentartag 1985. Erscheint auch im Berichtsband)

18. Staud, Josef L. (1985e): Retrieval in statistischen Datenbanken. Hauptaufgaben, Vergleich, Ausblick. in: Nachrichten für Dokumentation 36, 1985, Nr. 6, S. 243 – 254.

19. Staud, Josef L. (1986a): Die Welt der öffentlichen Datenbanken. Modellierung, Datenstruktur, und Retrievalprozeß. Nachrichten für Dokumentation, 37, 1986, Nr. 3, S. 139 – 150.

20. Staud, Josef L. (1986b): The universe of Online Databases. Reality and Model(s). Universität Konstanz, Bericht 4/86, July 1986 (Erscheint in überarbeiteter Form im Journal of Information Science).

21. Staud, Josef L. (1986c): ,,Online Wirtschaftsdatenbanken 1986. Mit einem Verzeichnis von Datenbanken, Anbietern und Produzenten./Online Business Databases 1986. With a Directory of Databases, Hosts and Producers. BILINGUAL – ZWEISPRACHIG." Verlag Peter Lang, Frankfurt, Bern, New York 1986.

22. Wanger, Judith; Landau, Ruth N. (1980): Nonbibliographic On-line Data Base Services. in: Journal of the American Society for Information Science, Mai 1980, S. 171 – 180.

23. Wisdom, J. C.; Houghton, B. (1980): Nicht-bibliographische Datenbanken – Eine Untersuchung der Anwendungsmöglichkeiten im Bereich der Betriebs- und Volkswirtschaft. In: Erstes deutsches Online Informationstreffen, Köln, 5. – 8. Mai 1980 (Learned Information).

24. Zindler, Hans-Joachin (1979): Statistische Informationssysteme – Versuch einer Definition, Göttingen 1979.

25. Zindler, Hans-Joachim (1980): Statistiken besser erschließen. Das Statistische Informationssystem im Statistischen Bundesamt. In: data report 15 (1980), Heft 4, S. 14 – 18.

Weiterführende Literatur:

26. Staud, Josef L: Öffentliche Datenbanken – Typen, Themen, Theoretische Grundlagen. (in Vorbereitung).

C 5   Neue Diensteformen

Dietmar Strauch

C 5.1   Entwicklungstendenzen

Eine Vielzahl neuer Informations- und Kommunikationstechnologien befindet sich in den Industriestaaten in der Erprobungs- und Einführungsphase. In der Wissenschaftlichen und politischen Diskussion wird diesem äußerst dynamischem Prozeß eine beträchtliche kulturhistorische Bedeutung beigemessen: Von einer neuen *industriellen Revolution* oder der beginnenden *Informations- und Kommunikationsgesellschaft* wird − je nach Standpunkt − mit positiver Erwartung oder warnendem Unterton gesprochen. Tatsache ist, daß sich technische Innovationen schneller und überraschender durchsetzen, als wir dies bisher gewohnt waren. Prognosen für Informationstechniken und entsprechende Dienstleistungen sind oft bei ihrer Publikation schon von der realen Entwicklung überholt.

Strukturmerkmal der zu beobachtenden Entwicklungstendenzen ist die *Integration* von bisher isolierten Prozessen und Tätigkeitsbereichen − dies gilt für die technische Entwicklung selbst, aber auch für die wirtschaftlichen und die Nutzungsaspekte.

Bisher getrennte Technikbereiche vernetzen zunehmend zu einer Einheit, die als *Telematik* charakterisiert werden kann. Einbezogen in diesen Vorgang sind vor allem
* Herkömmliche technische Kommunikationsmittel wie die Reprographieverfahren, das Telefon oder das Korrespondenzwesen
* Datenverarbeitung und Computerindustrie mit der Entwicklung von Hardware und Software
* Textverarbeitung von der Schreibmaschine über den Kopierer bis zum automatisierten Archiv
* Nachrichtentechnik mit Verfahren und Hilfsmitteln für die Gestaltung von Netzen, Funk- und Satellitentechnik
* und schließlich die Elektronikindustrie mit der Herstellung von Bildschirm- und sonstigen Endgeräten.

Auf der Herstellerseite hat dies zur Folge, daß bisher separierte Märkte der Elektroindustrie, der Datenverarbeitung oder der Fernmeldegeräte-Industrie gegenseitig geöffnet werden und zu einem gemeinsamen Komplex verschmelzen; Unternehmen aus diesen Sektoren entwickeln sich zunehmend zu Mischkonzernen, die Hardware, Software und Kommunikationsschnittstellen − aber auch Dienstleistungen und Informationsinhalte − anbieten und vermarkten.

Dieser Integrationsprozeß findet seine Entsprechung auf der Benutzerseite insofern, als ursprünglich für eine ganz bestimmte Funktion konzipierte Geräte und Einrichtungen nun mehrere Funktionen gleichzeitig wahrnehmen können: der Fernsehempfänger fungiert auch als Datensichtgerät, die Schreibmaschine als Datenkommunikationsgerät oder die Musik-Schallplatte als Datenspeicher.

Katalysatoren dieses Integrationsvorganges sind die einzelnen Basisinnovationen, z.B. in der Computertechnologie der Mikroprozessor, bei den Speichermedien die

Laser-Technik oder in der Nachrichtentechnik die Digitalisierung in Verbindung mit optischen Übertragungsverfahren. An den Schnittstellen dieser einzelnen Bereiche bilden sich neue Formen technischer Kommunikationsmittel heraus, die je nach Blickwinkel als *Neue Dienste* oder *Neue Medien* bezeichnet werden. Als Beispiel sei hier auf die Familie der Videotext-Systeme verwiesen, die zum einen in der Form als interaktive, kabelgebundene Systeme (Btx) auf einer Kombination von Computer, Telefonnetz und Terminal basieren, aber auch als drahtlose Verteildienste (Videotext) als Ergänzung zum Fernsehsystem realisiert sind (näheres zu dieser Thematik vgl. Kap. B 15).

Die gegenseitige Abhängigkeit und gleichzeitig die Ergänzungsfunktion von Datenverarbeitungs- und Speichertechnologien auf der einen Seite sowie der Übermittlungs- und Kommunikationssysteme auf der anderen Seite führt im Bereich der Informationsprodukte ebenfalls zu *neuen elektronischen Diensteformen*.

Diese Diensteformen lassen sich unter drei Gesichtspunkten beschreiben:
* Informationsprodukte werden auf leistungsfähigen *Speichermedien* (insbesondere optischer Art) angeboten und für die dezentrale Verarbeitung vertrieben. Sie stellen damit eine Alternative und Ergänzung zu online-Diensten dar.
* Daneben werden − zumindest für bestimmte Einsatzzwecke − neben Daten und Text auch andere *Repräsentationsformen* wie Grafik, Bild, Ton, Film mit Hilfe entsprechender Speicher in Informationsprodukte einbezogen.
* Durch Kombination konventioneller, dezentraler und zentraler, telekommunikativer Verfahren und Dienste entstehen neuartige *integrierte Dienste*.

Man kann diese beiden Aspekte − eigenständige Neue Dienste und integrierte Dienste − auch als Entwicklungsprozeß interpretieren. Wenn man einmal von drei Generationen der Informations- und Kommunikationstechnologien ausgeht, ergibt sich etwa folgendes Bild:
* Die *erste Generation* mit zentralen EDV-Großanlagen, Verteilnetzen bzw. schmalbandigen Telekommunikationsformen ist in den letzten zwanzig Jahren nahezu flächen- und bedarfsdeckend durchgesetzt worden.
* Die *zweite Generation* − in der wir uns in den 80er Jahren befinden − wurde ermöglicht durch Innovationen im Bereich der integrierten Schaltkreise und Mikroprozessoren, die zu einer drastischen Verbilligung von DV-Anlagen führten und mit dem Personal Computer zunehmend dezentrale und autonome Informationsverarbeitung ermöglichen. Zusammen mit der Verfügbarkeit leistungsfähiger Speicher und dem Ausbau der Telekommunikationsformen wurde die integrierte Text-, Faksimile- und Datenverarbeitung erreicht.
* Die *dritte Generation* schließlich wird in den 90er Jahren die vollständige Integration auf der Basis einer einheitlichen digitalen Übertragungs- und Vermittlungstechnik bringen. Allerdings sind auf diesem Gebiet noch eine Reihe von Arbeiten zu leisten − insbesondere bei der optischen Signalübertragung, der Entwicklung von Chip-Speichern und der Bildschirmtechnik.

C 5.2   Disketten-Dienste

Großrechner und Personal Computer benutzen die *Magnetspeichertechnik* zur vorübergehenden und permanenten Speicherung von Daten und Programmen. Dabei werden in Konkurrenz oder Kombination nebeneinander eingesetzt:

* Magnetplatten (Festplattenspeicher)
* Magnetbänder
* Disketten (Floppy Disks).

Wegen ihres geringen Preises, der inzwischen recht hohen Speicherkapazität (bei sogenannten HDFD-High Density Flexy Disk-Disketten im Bereich von mehreren Megabyte) und nicht zuletzt der problemlosen Versandmöglichkeit eignen sich Disketten für den Einsatz vor allem in dezentralen PC-Systemen. Neben ihrem eigentlichen und ursprünglichen Verwendungszweck – nämlich zur Speicherung und Einspielung von Programmen in Datenverarbeitungsanlagen – werden sie zunehmend auch für den Vertrieb von *Offline-Datenbanken* verwendet.

Insbesondere für Bibliographien, Faktensammlungen oder auch andere periodische Informationsdienste eignen sich Disketten unter bestimmten Voraussetzungen:

* Die Abnehmer und Benutzer verfügen über einen PC mit Festplatte und laden sich ausgewählte Datensätze von den Disketten in ihren eigenen Speicher. Auf diese Art können betriebsinterne oder arbeitsplatzspezifische Datensammlungen ständig erweitert und somit up to date gehalten werden.
* Die angebotenen Daten werden in bestimmten Zeitintervallen geliefert. Es kann sich dabei um Standard-Dienste handeln oder auch um individuelle Profildienste, die nach den speziellen Wünschen des Abnehmers jeweils zusammengestellt werden. Hierbei macht sich günstig bemerkbar, daß die Beschreibung von Disketten nicht sonderlich aufwendig ist und auch in kleinen Stückzahlen zu wirtschaftlichen Bedingungen zu rechtfertigen ist.

Als besonderer Vorteil dieser Distributionsart ist aus Sicht des Benutzers die Unabhängigkeit von online-Hosts anzusehen. Er kann beliebig intensiv und häufig in den Datenbeständen recherchieren, ohne daß Datenübertragungskosten anfallen; ferner kann er die Inhalte im Hinblick auf seine speziellen Bedürfnisse selektieren, umformen oder ergänzen.

Als gewisser Nachteil – zumindest aus Sicht des Anbieters – muß in Kauf genommen werden, daß sich Disketten verhältnismäßig leicht kopieren und vervielfältigen lassen. Insofern bleibt die Kontrolle über die vertriebenen Datenbestände – ähnlich wie bei Datenverarbeitungsprogrammen – ein Problem. Unter anderem aus diesem Grund werden Datenbestände zunehmend auf sogenannten ROM-Speichern (Read Only Memory; vgl. unten) angeboten, die nur noch mit sehr hohem Aufwand dupliziert werden können. Allerdings rentiert sich diese Alternative erst ab höheren Auflagen; für einen kleineren Kreis von Informationsabnehmern wird daher die Diskette auch künftig noch von beträchtlicher Bedeutung bleiben.

C 5.3   Optische Speichermedien

Eine wachsende Bedeutung bei externen Speichermedien nehmen elektro-optische Verfahren ein. Während die Magnetspeicher (Platten, Disketten, Bänder) durch Verbesserung der Aufzeichnungstechniken zwar noch geringe Qualitäts- und Quantitätszuwächse erwarten lassen, sind im Bereich der optischen Speicher ganz neue Dimensionen zur Massendatenspeicherung erreicht bzw. zu erwarten. Die verfügbaren optischen Medien haben gemeinsam, daß sie

* auf der Halbleiter-Lasertechnologie basieren,
* direkten Datenzugriff erlauben,
* sehr hohe Speicherdichten mit hoher Speicherkapazität verbinden,
* als Datenträger schnell und leicht ausgetauscht und transportiert werden können.

Ähnlich wie die CD-Platte (Compact Disk) im Bereich der Unterhaltungselektronik die herkömmliche Schallplatte substituiert, gewinnen die nachfolgend beschriebenen Varianten bei der Durchführung und Unterstützung informationsverarbeitender Prozesse an Bedeutung. Wenn auch die Terminologie nicht einheitlich verwendet wird und damit etwas verwirrend ist, kann man im wesentlichen drei Systeme unterscheiden:

* Bildplatten-Systeme (auch Videoplatte, Laser-Bildplatte oder Video Disk genannt)
* Kompaktplatten-Systeme (CD-ROM für Compact Disk Read Only Memory)
* Datenplatten-Systeme (DOR für Digital Optical Recording bzw. DRAW für Direct Read After Write).

Die Abgrenzung zwischen den einzelnen Typen ist mitunter fließend und von Hersteller zu Hersteller unterschiedlich. Langfristig werden hier noch weitere Mischformen auftreten; erste Produkte dieser Art sind die sogenannte CD-I (für CD-Interactive) sowie die CD-Video, die vor allem für den Massenmarkt konzipiert sind und hier nicht näher behandelt werden.

C 5.3.1   Bildplatten-Anwendungen

Die unter verschiedenen Produktnamen auf dem Markt vorhandenen *Laser-Bildplatten* sind *analoge* ROM-Speichermedien, die vor allem für die Archivierung und Wiedergabe von Video- oder AV-Informationen (Standbild, Bewegtbild, HiFi-Ton) eingesetzt werden; sie sind gewissermaßen als Ergänzung und Erweiterung von Video-Band-Anwendungen anzusehen. Die AV-Informationen werden als analoge Signale in Form kleiner Vertiefungen − sogenannter Pits − durch einen Laser in die fotoempfindliche Schicht einer Bildplatte eingeschrieben. Jede Seite einer Bildplatte hat bis zu 54.000 Rillen und kann damit eine entsprechende Zahl von Einzelbildern speichern; das entspricht etwa 36 Minuten Filmabspielzeit (insbesondere für den Einsatzbereich Unterhaltungselektronik existiert eine Variante mit 60 Minuten Spielzeit pro Seite; diese Plattenart ist aber für Informationssysteme weniger geeignet, da kein bildgenauer Zugriff auf die Informationen möglich ist). Bildplatten werden irreversibel beschrieben. Die Inhalte können also vom Anwender nicht verändert und aktualisiert werden, so daß sich dieses Medium als read-only-Speicher auf Anwendungsbereiche mit halbwegs stabilen AV-Inhalten beschränken muß. Beim Abspiel- und Lesevorgang auf einem Bildplattenspieler tastet ein Laserstrahl die Bildspuren ab, jedes Einzelbild kann mit einer mittleren Zugriffszeit von etwa 1 Sekunde in beliebiger Reihenfolge adressiert und auf einem Monitor dargestellt werden. Die Adressierung eines Bildes bzw. eines Kapitels erfolgt über die Eingabe der entsprechenden Bild- oder Kapitelnummer; weitere Funktionen sind u.a. vorwärts oder rückwärts gerichtetes Anzeigen von Bildern und Bewegtbildsequenzen, Zeitraffer, Zeitlupe, schnelles Scannen, Abspielen in Kombination mit oder ohne Ton.

Anwendungen von derartigen Bildplatten für Retrievalsysteme sind unterschiedlich realisiert. Im einfachsten Fall − z.B. für ein Bildarchiv − wird dem Benutzer ein Katalog mit den entsprechenden Themen und den dazugehörigen Bildnummern an die Hand gegeben. Durch Eingabe über eine Tastatur können die Zielbilder ohne Rechnerunterstützung ausgewählt werden.

Durch einen mit dem Bildplattenspieler gekoppelten Rechner kann darüber hinaus eine inhaltsbezogene Recherche des Bildmaterials in Verbindung mit einer intelligenten Dialogsteuerung erreicht werden. Insbesondere für Lehrprogramme oder AV-gestützte Informationssysteme eignen sich diese rechnergesteuerten *interaktiven Bildplattensysteme*.

Bei *Ausbildungs- und Lehrprogrammen* sowie *Informationsprogrammen* mit Hilfe interaktiver Bildplatten werden Verarbeitungsprogramme eingesetzt, die mit Methoden des computerunterstützten Unterrichts bestimmte Lehrinhalte didaktisch aufbereitet haben. An bestimmten Stellen des Dialoges − z.B. über Menuseiten oder an Verzweigungspunkten − können AV-Informationen ausgegeben werden. Die Besonderheit komplexer Programme besteht darin, daß in einem Medien-Mix sowohl Text- als auch AV-Informationen miteinander überlagert werden können. Auf diese Art ist es auch möglich, die stabilen Bildplatten-Informationen durch aktuelle Informationen z.B. von einer Diskette oder aus einer Datenbank zu ergänzen.

Bei *Retrievalsystemen* im Medienverbund mit Bildplatten werden die vom Benutzer gewünschten Bilder oder Filme mit Hilfe eines Rechnerprogramms aufgrund von Suchfragen und Mengenoperationen konstruiert. Dazu müssen die Bilder inhaltlich indiziert sein; die Deskriptoren sind in einer separaten Datenbank abgelegt und z.B. für Boolesche Anfragen oder die Registersuche zugänglich.

An Anwendungsschwerpunkten für interaktive Bildplattensysteme lassen sich nennen:

* **Informationssysteme in Selbstbedienung:** Stadtinformationen, Informationen in Ausstellungen oder Museen, Produktdarstellungen beim Verkauf
* Beratungsunterstützende Anwendungen: Berufsberatung, Touristikplanung, Energieberatung
* Verkaufsunterstützende Anwendungen: Autovermietung, Flugscheinverkauf (meist gekoppelt mit Buchungsrechnern und Kreditkartenlesegeräten)
* Ausbildungs- und Unterrichtssysteme: Selbstlern- und Übungsprogramme, ,,elektronisches Lehrbuch'' in Verbindung mit Begleitmaterialien.

C 5.3.2   CD-ROM-Anwendungen

Im Unterschied zu der oben beschriebenen analogen Video-Bildplatte handelt es sich bei der CD-ROM um eine rein digitale Speicherplatte, die auf sehr kleinem Raum eine erstaunliche Speicherkapazität von ca. 600 MB bietet. Als read-only-Medium ist ihr Einsatzgebiet ebenfalls auf Anwendungen mit geringerem Akualisierungsgrad bezüglich der gespeicherten Daten wie z.b. Nachschlagewerke, Enzyklopädien, aber auch Datenbanken oder Bibliothekskataloge konzentriert. Die Informationsinhalte von CD-ROM-Platten sind meist Textdokumente. Einzelbilder und Grafiken lassen sich zwar auch abspeichern, allerdings ist wegen der digitalen Speicherung und der damit verbundenen Datenmenge (bei Farbbildern bis zu 2 MB) nur ein verhältnismäßig langsamer Zugriff auf die Zielinformationen möglich.

Der besondere Vorteil von CD-ROM-Datenbanken ist darin zu sehen, daß sie direkt am Arbeitsplatz oder im Inhouse-Betrieb als *Offline-Datenbanken* genutzt werden können. Recherchen können ohne Rücksicht auf Datenübertragungskosten und Host-Gebühren abgewickelt werden.

Die Technik der CD-ROM basiert auf dem gleichen Verfahren wie das für die Compact Disk (CD-Audio) verwendete, so daß bereits bestehende Produktionsanlagen für eine preisgünstige Herstellung und Vervielfältigung sorgen. Allerdings ist der Produktionsprozeß ähnlich kompliziert wie bei der Video-Bildplatte; erst ab Auflagen von einigen hundert bis tausend Exemplaren werden Einzelpreise erzielt, die z.B. mit Disketten vergleichbar sind.

Hauptverwendungsbereich der CD-ROM ist das *elektronische Publizieren* im weitesten Sinne. Verlage oder Datenbank-Produzenten lassen ihre Informationsprodukte auf CD-ROM-Platten pressen und verkaufen diese gemeinsam mit der entsprechenden Retrievalsoftware, ggfls. auch als Komplettsystem mit Laufwerk und PC. Inwieweit auf diesem Wege nennenswerte Konkurrenz für die etablierten online-Datenbanken entstehen könnte, läßt sich nicht präzise abschätzen; immerhin erwarten Prognosen eine Substitution in der Größenordnung von 10 %.

Wahrscheinlich sind es aber neue, spezialisierte Dienste mit Hilfe der CD-ROM, die einen neuen Markt schaffen könnten. Dies gilt für Universallexika, Patentinformationen, medizinische Daten, um nur einige Beispiele zu nennen. Ein interessanter Aspekt wird auch durch die Verknüpfung von Informationen mit graphischen Daten − z.B. Landkarten, Stadtpläne, technische Zeichnungen usw. − eröffnet.

C 5.3.3   Datenplatten-Anwendungen (DOR, DRAW, WORM)

Bei der Familie der Datenplattensysteme handelt es sich ebenfalls um digitale optische Speichermedien. Im Unterschied zu den ROM-Platten erfolgt aber hier die *Aufzeichnung, Speicherung und Wiedergabe* des Informationsmaterials durch ein einziges System. Damit bleiben die beschriebenen Platten zwar immer noch read-only-Speicher, sie ermöglichen aber durch die Bespielbarkeit eine größere Flexibilität. Die hier angewendete Technik wird als *DRAW* (Direct Read After Write) bezeichnet und charakterisiert den Vorgang des Beschreibens und Lesens durch den

Anwender selbst, während bei der CD-ROM und der Video-Bildplatte das Beschreiben bei einem Hersteller in einem Arbeitsgang erfolgen muß und die Inhalte nur über reine Abspielgeräte genutzt werden können.

Da das Bespielen von DRAW-Platten nicht in einem Arbeitsgang erfolgen muß, sondern je nach Anfall des Materials in beliebigen Zeitabständen erfolgen kann, werden diese Systeme dort eingesetzt, wo große Textmengen archiviert und im direkten Zugriff gehalten werden müssen.

Ein typischer Anwendungsfall sind Pressearchive, bei denen Zeitungsausschnitte mit Hilfe von Scannern als Faksimile auf Bildplatten gespeichert werden. Über ein integriertes oder auch separates Retrievalsystem können Recherchen an entsprechend indexiertem Material durchgeführt und die Zieladressen auf der Bildplatte angesprochen werden. In gewisser Weise können diese Systeme als Elektronische Nachfolger der Mikrofilmspeicherung angesehen werden.

DRAW-Systeme sind also für den Einsatz von Einzelanwendungen an einer zentralen Stelle gedacht; will man dagegen an vielen Abspielstellen die gleichen Inhalte zur Verfügung haben, wählt man den Einsatz von CD-ROM-Platten.

Man unterscheidet in diesem Bereich − je nach Hersteller − verschiedene Varianten. Die bekanntesten sind:

* Das *DOR-System* (Digital Optical Recording) bietet bei einem Plattendurchmesser von 30 cm eine Speicherkapazität von 1 Gigabyte pro Seite mit steigender Tendenz.

* Das *WORM-System* (Write Once Read Many Times) wird in unterschiedlichen Plattengrößen und mit entsprechend variablen Speicherkapazitäten angeboten.

Da die einzelnen Varianten − wenigstens bisher − nicht kompatibel sind, müssen spezielle Player oder Laufwerke für den Einsatz verwendet werden. In naher Zukunft sind allerdings sogenannte Omni-Player oder Multi-Laufwerke zu erwarten, die wiederum die Anwendungsmöglichkeiten erweitern werden. Bei der Entscheidung für ein DRAW-System ist nicht nur die entsprechende Plattenvariante von Bedeutung, sondern das komplette Peripheriesystem: Üblicherweise bestehen solche Systeme aus dem eigentlichen Laufwerk, einem Scanner zum Abtasten von Informationsvorlagen (oder auch anderen Input-Komponenten), einem hochauflösenden Bildschirm zum Lesen von Faksimile-Dokumenten, einem Hardcopy-Gerät (möglicherweise ein Telefax-Gerät für die weitere Verteilung der Zielinformationen) sowie einer Schnittstelle zu dem Datenbank- und Retrievalsystem.

Der endgültige Durchbruch für die optischen Speichersysteme wird erwartet, wenn auch löschbare und wiederbeschreibbare Bildplatten auf dem Markt erhältlich sein werden. Diese sogenannten *E-DRAW-Platten* (Erasable DRAW) werden mit Hochdruck von verschiedenen Herstellern entwickelt und könnten auch die heute üblichen Magnetplatten und -bänder in der Datenverarbeitung substituieren. Der technische Unterschied zu den ROM-Platten liegt darin, daß die Informationen nicht mehr in Form von Pits fest in die Platte gebrannt werden, sondern veränderbare magnetische Domänen (magnetic spots) vom Laser-Strahl reversibel polarisiert werden. Die Speicherdichte dieser Platten liegt um den Faktor 100 höher als bei herkömmlichen Magnetplatten.

C 5.4   Telekommunikation

C 5.4.1   Bestehende Telekommunikationsdienste

Während Bildschirmtext (vgl. Kap. B 15) und die zukunftsorientierten Konzepte wie ISDN und Breitbandkommunikation im Anschluß ausführlicher behandelt werden, soll an dieser Stelle ein kurzer Blick auf den sonstigen Telekommunikationsbereich geworfen werden, wie er sich Ende der 80er Jahre darstellt.

Die Nutzung von *Online-Diensten* – sei es über den „traditionellen" Weg oder neuere Formen wie beispielsweise Externe Rechner in Btx – erhält durch den Einsatz des Personal Computers (PC) neue Qualitäten. Auf den ersten Blick scheint die Substitution des Datenendgerätes durch einen mit einem Modem oder Akustikkoppler versehenen PC lediglich dem gleichen Zweck zu dienen – nämlich der Herstellung einer telekommunikativen Verbindung zu einem Host bzw. Datenbankanbieter. Da der PC aber im allgemeinen in Verbindung mit preisgünstiger und leistungsfähiger Speicherperipherie in den Unternehmen und Institutionen als *In-house-Datenbank* genutzt wird, ergeben sich aus seiner Zusatzfunktion als Terminal integrative Nutzungsansätze. War das Terminal in der Vergangenheit der *Endpunkt* einer technisch vermittelten Kommunikation, wird nun der PC zu einem *Bindeglied* zwischen externen Informationsangeboten und internem Informationssystem.

Eine Vielzahl von Software-Produkten für die Recherche-Vorbereitung, das Einlesen von Datenbeständen (downloading) sowie die interne Weiterverarbeitung stehen für den PC zur Verfügung. Damit werden die angebotenen Datenbanken zu einem „Rohstoff", der anwenderbezogen selektiert und für spezifische Zwecke weiterverarbeitet werden kann. In Verbindung mit weiteren Software-Bausteinen zur Textbearbeitung, zum Layout und Satz schließt sich der Kreis zu einem integrierten System der elektronischen Textpublikation.

In diesem Zusammenhang der telekommunikativen Dienste sind auch die sogenannten *Mailbox-Dienste* einzuordnen, die sowohl in Form Privater Service-Angebote als auch als öffentlich zugängliche Dienste existieren. Ähnlich wie bei Online-Diensten oder Btx steht auch hier ein Rechner im Zentrum des Mailbox-Dienstes, auf dem die Kommunikationspartner über die Telefonleitung oder auch andere Datenleitungen in sogenannten „elektronischen Briefkästen" Nachrichten hinterlassen können. Auf dem gleichen Wege können Nachrichten abgerufen werden; dabei ist es möglich, einzelne Benutzer oder auch Gruppen mit Informationen gezielt zu versorgen. Für Informationssysteme sind Mailboxen deswegen interessant, weil auf diesem Wege mit sehr geringem Aufwand auch der Zugriff auf Datenbanken realisiert wird; viele Online-Datenbanken – angefangen von Presseagenturen über das Deutsche Patentamt bis hin zur EG-Kommission – werden zusätzlich über Mailbox-Systeme angeboten. Da Mailbox-Dienste international standardisiert sind, sind sie auch problemlos weltweit verfügbar.

Die sonstigen Telekommunikationsdienste – also insbesondere **Teletex** als Weiterentwicklung des Fernschreibens und **Telefax** als Fernkopierdienst – zielen zunächst auf den Bereich der Büroautomatisierung. Sie ermöglichen eine Übertragung von codierten Texten bzw. Faksimile-Darstellungen von Teilnehmer zu Teilnehmer, erfordern aber in der Regel spezielle Endgeräte. Eingesetzt werden können diese Dienste mittelfristig auch für die Distribution von Informationsprodukten, wenn nämlich im Zuge der weiteren Digitalisierung Kombinationen und Verbindungen dieser Dienste realisiert sein werden.

Mit Hilfe von sogenannten Message Handling Systems (MHS) – die in Ansätzen bereits auf dem Markt existieren, aber noch nicht umfassend standardisiert sind – lassen sich beliebige Konvertierungen von Daten, Texten, Grafiken, künftig auch Ton und Sprache, in andere Repräsentationsformen durchführen. So ist es bereits heute möglich, einen codierten Text beispielsweise mittels eines PC zu erstellen, ihn als Faksimile-Darstellung auszugeben und über den Telefax-Dienst zu versenden.

C 5.4.2   Zukünftige Telekommunikation: ISDN und Breitbanddienste

Die weitere Entwicklung der Telekommunikation wird von der Einführung leistungsfähiger Übertragungsnetze – zunehmend auf Glasfaser-Basis – geprägt sein. Stichwort sind *Digitalisierung, Integration und Übertragungskapazität.* Die Übertragungskapazität wird stufenweise gegenüber den heutigen Möglichkeiten im *ISDN-Netz* (Integrated Services Digital Network) auf 64 kbit/s und im *ISDN-B* (ISDN-Breitbandnetz) auf bis zu 140 MBit/s erhöht werden. Während das schmalbandige ISDN-Netz im Laufe der 90er Jahre flächendeckend für die Bundesrepublik Deutschland zur Verfügung stehen dürfte, wird das ISDN-B wohl erst gegen Ende des Jahrhunderts größere Bedeutung erlangen (das schließt allerdings nicht die Nutzung von Spezialanwendungen wie Bildübertragung oder Bildfernsprechen zu einem früheren Zeitpunkt aus).

Gleichfalls stufenweise wird die Integration der Dienste vorangetrieben. Beim ISDN erfolgt zunächst eine Integration der Übertragungstechnik, die Dienste bleiben aber in ihrer bisherigen Form erhalten; für den Benutzer wird dies die Folge haben, daß er nur noch einen Netzanschluß benötigt und zu besserer Qualität als bisher Telekommunikationsdienstleistungen in Anspruch nehmen kann.

Beim Breitband-ISDN dagegen sind weitergehende Integrationsvorgänge vorgesehen, die ein völlig neues Prinzip des „Dienstes" zur Folge haben werden:

Bei Telekommunikationsdiensten bisheriger Art gilt das Prinzip des *dedizierten* Systems, d.h. für jede Kommunikationsart sind eigene Geräte, eigene Leitungen und Anschlüsse, ggf. auch eigene Netze notwendig. Dies gilt sowohl für die klassischen Fernmeldedienste wie Telefon und Telex, aber auch für die neueren Dienste wie Teletex, Btx oder Online-Datenbanken.

Die konsequente Standardisierung dieser spezialisierten Dienste führte zu einer Situation, die durch weitgehende Heterogenität geprägt ist. Heterogenität bezieht sich einmal auf die verwendete Hard- und Software: Jeder Dienst hat spezifische Endgeräte mit jeweils eigenen Bedienungselementen und Software-Tools. Selbst wenn sich bestimmte Geräte-Komponenten (wie Bildschirme) oder Peripherie-Geräte (wie Drucker) bei mehreren Diensten finden, sind diese nicht (immer) auch mehrfach nutzbar.

Heterogenität bezieht sich aber auch auf weitere Aspekte: Unterschiedliche spezialisierte Arbeitsplätze in Betrieben und Institutionen – Fernschreibstelle, Datensichtgerät für Recherchen, Textbe- und -verarbeitung im Sekretariat usw. – verstärken die Tendenz zu isolierten Systemlösungen. In den Fällen, in denen EDV-Leistungen über den klassischen Terminalanschluß von einem Rechenzentrum bezogen werden, bildeten sich ausgesprochene Insellösungen heraus, die sich mehr und mehr als Kommunikationsbarrieren erwiesen.

Bei der Breitband-Kommunikation werden Integrationsansätze verstärkt angegangen. Allerdings wird als Ausgangspunkt nicht mehr der dedizierte Dienst gewählt, sondern die einzelnen Kommunikations- und Interaktionsformen. Als *Basis-Kommunikationsformen* gelten:

* **Datenkommunikation**, besonders unter dem Gesichtspunkt der verteilten Datenverarbeitung und dem schnellen Datenaustausch durch Rechnerkopplung sowie unter Einbeziehung traditioneller Dienste wie Datenfernverarbeitung usw.
* **Textkommunikation** sowohl in codierter Form unter Einbeziehung von Telex, Teletex, Btx als auch in faksimilierter Form unter Einbeziehung von Telefax und Textfax
* **Festbildkommunikation** an der Schnittstelle der Anwendungen Btx, Telefax und hochaufgelöste Bildübertragung
* **Ton- bzw. Sprachkommunikation**, vor allem in Form des Fernsprechens und der Audio-Ausgabe, perspektivisch auch Sprachein- und -ausgabe
* **Grafikdatenkommunikation** einschließlich dreidimensionaler und dynamischer Grafik
* **Bewegtbildkommunikation** unter Einbeziehung von TV- bzw. HDTV-Anwendungen.

Die einzelnen Kommunikationsformen lassen sich zu Anwendungen kombinieren, wobei die bereits existierenden schmalbandigen Kommunikationsdienste bzw. breitbandigen Verteildienste entweder in ihrer Funktionalität erhalten bleiben oder durch die im Breitband-Netz verfügbaren Möglichkeiten substituiert werden. Dabei lassen sich die folgenden Diensteklassen gliedern:

* Dialogdienste (Teilnehmer – Teilnehmer, Teilnehmer – Rechner, Rechner – Rechner)
* Speicherdienste
* Retrievaldienste
* Verteildienste
* Zugriffsdienste.

Damit nimmt der auf die Kommunikationsformen bezogene Integrationsansatz nicht mehr die einzelne Form (Bild, Text, Sprache usw.) zum Ausgangspunkt für die Definition eines Dienstes, sondern ein integriertes Dokument unter Einschluß unterschiedlicher Repräsentationsformen – ein *Multi-Media-Dokument*.

Auf die Dienstebene bezogen wird es für die Anwendungen Speichern und Retrieval einen *integrierten Dienst* geben, der die Aktionsmöglichkeiten umfaßt, die für die Be- und Verarbeitung von Multi-Media-Dokumenten relevant sind, also

* Editieren (Erfassen, Ändern)
* Speichern (dezentral und zentral)
* Abrufen
* Ausgeben (Anzeigen, Drucken, Übersenden).

C 5.5   Integrierte Informationsdienste

In den vorstehenden Abschnitten ist der Aspekt der Integration vorrangig im EDV-
und nachrichtentechnischen Sinne verwendet worden. Bei Informationsdienstleistungen versteht man nun unter Integration aber auch die organisatorisch-metho-
dischen Gesichtspunkte. Gemeint ist damit der Aufbau von möglichst umfassenden
Speichern, die für verschiedene Zielgruppen, unterschiedliche Informationsdienste
und -produkte genutzt werden können.

Der Idealtyp eines derartigen Informationssystems folgt etwa den folgenden Gestal-
tungsleitlinien:

* **Informationszugriff**: Konfigurierbarkeit des Informationszugriffs (zentral, dezentral, telekommunikativ usw.) in Abhängigkeit von Zielgruppen-Präferenzen
und Verfügbarkeit technischer Infrastruktur

* **Input/Speicherung**: Bevorzugung von Direktinformationen gegenüber Referenz-
informationen und Einbeziehung unterschiedlicher Präsentationsformen (Text,
Grafik, Bild, Ton, Bewegtbild; einzeln oder gemischt) ggf. unter Rückgriff auf
bereits in anderen Zusammenhängen publizierte Informationen

* **Output/Distribution**: Multimediale Umsetzung der Zielinformationen (Printout, Diskette, Datenträger, Softcopy usw.) und Distribution über telekommunikative und konventionelle Medien

* **Methodik**: Verwendung von Benutzeroberflächen, die für unterschiedliche Zielgruppen und Nutzerqualifikationen geeignet sind, vorzugsweise nach dem Prinzip
der Selbsterklärungsfähigkeit. Verwendung spezieller Retrievalinstrumente, die den
Anforderungen an die Kombination von Inhalten und Präsentationsformen entsprechen.

Das technische Konzept eines derartigen integrierten Informationssystems sollte so
angelegt sein, daß mit der Weiterentwicklung der öffentlichen Telekommunikationsdienste eine stufenweise Erweiterung auf neue Leistungsmerkmale möglich
wird. Ein modulares Konzept bietet ferner den Vorteil, bedarfs- und nachfrage-
orientierte Kurskorrekturen vornehmen zu können.

Nach derzeitigem Stand der technischen Möglichkeiten ist folgende Konfiguration
denkbar:

– **Datenbank**: Die Ausgangsbasis bildet eine Online-Datenbank, die auf einem geeigneten Host oder Rechenzentrum aufgelegt ist bzw. über eine gateway zum
Bildschirmtext-System verfügt. Diese Datenbank (Btx)-Lösung kann die Textdien-
ste abwickeln und in gewissem Umfange auch Grafikinformationen zur Verfügung
stellen.

– **AV-Speicher**: Für audiovisuelle Informationen wird eine Lösung mit Hilfe der
Laser-Bildplatte vorgenommen. Filme, Ton-Dia-Shows, Fotos u. dgl. werden in
Kombination mit Text oder Ton zu Informationseinheiten zusammengestellt und
dezentral mit Hilfe einer PC-Steuerung und entsprechender Benutzeroberfläche für
den Benutzer zugänglich gemacht. Diese Methode zur Darbietung von Informationen kann nach heutigem Stand der Technik zwar nicht oder nur mit hohem Aufwand telekommunikativ vermittelt werden, ist aber für Präsentationen im kleineren
Maßstab (Ausstellungen, Seminare, Messen usw.) flexibel und mit geringem Instal-
lationsaufwand einsetzbar.

– **Dokumentspeicher**: Insbesondere für die Speicherung von Volltexten, Dokumenten, Tabellen, Grafiken usw. wird eine optische Speicherplatte (z.b. DOR, WORM) eingesetzt; die zu erfassenden Vorlagen werden mit Hilfe eines Scanners eingelesen und über ein Datenbanksystem retrievalfähig gemacht. Die Ausgabe erfolgt über einen hochauflösenden Bildschirm oder ein Rückvergrößerungsgerät im Faksimile-Modus. Diese Lösung ist immer dann zu präferieren, wenn bereits in anderem Zusammenhang publiziertes Material vorliegt; aus Aufwandsgründen dürfte eine gesonderte intellektuelle Aufbereitung, manuelle Umsetzung und Digitalisierung derartiger Dokumente – vermutlich auch langfristig – nur in Ausnahmefällen möglich sein.

Bei entsprechend hohem Informationsvolumen kann alternativ oder zusätzlich die CD-ROM-Platte als Datenträger eingesetzt werden. Wegen des verhältnismäßig aufwendigen Herstellungsverfahrens ist die CD-ROM allerdings erst bei höheren Auflagen rentabel. Die optischen Speicherplatten lassen sich zwar wie die CD-ROM-Platte ebenfalls nicht überschreiben, durch ihre hohe Speicherkapazität und die Möglichkeit der unmittelbaren Datenerfassung vor Ort können sie aber sehr aktuell gehalten werden.

– **Ausgabemedien**: Abgesehen von den an den Endgeräten vorhandenen Output-Formen (Softcopy und Printout, Speicherung auf Diskette/Platte), sollten für spezielle Einsatzzwecke leistungsfähige Ausgabegeräte zur Verfügung stehen; im einzelnen z.B. für Dokumentation und Weitergabe (Drucker, Laser-Drucker, Farbkopierer, Telefax), Datenträgeraustausch (Disketten-, Band-Überspieleinrichtungen, Schneide- und Mischanlagen) sowie für die Präsentation (Terminals zur Selbstbedienung, Projektionseinrichtungen).

Literatur

01. Inhouse-Kommunikation auf dem Weg zum ISDN. net special. Sondernummer März 1988.
02. Matner, Hans-Joachim: Mailbox ante portas! In: cogito (1988) Heft 2, S. 20 – 31.
03. Ratzek, Wolfgang: Den Daten eine Bleibe geben. Technik und Anwendungen optischer Speicher. In: cogito (1988) Heft 1, S. 28 – 39.
04. Strauch, Dietmar: Benutzeroberflächen für Informations- und Kommunikationsdienste in künftigen Breitband-Netzen. In: ntz, Bd. 40 (1987) Heft 7, S. 500 – 505.

C 6   Funktionale Dienste

Ralph Schmidt

Die zunehmende Differenzierung und Tecnisierung des Informations- und Doku-
mentationsbereiches in den letzten 20 Jahren hat die Entwicklung und Etablierung
einer Vielzahl neuer Tätigkeiten, Dienste und Berufe in diesem Sektor begünstigt.
Im Gegensatz zu den mediengebundenen Informationsdiensten handelt es sich bei
Informationsdienstleistungen um Prozesse, die zur Befriedigung eines individuellen
Informationsbedarfs den gegenseitigen interaktiven Kontakt von Anbieter und
Nachfrager erfordern. Dabei wird in der Informationsdienstleistung die Nutzung
von Informationsquellen und -medien mit der intellektuellen Informationsverarbeitung personengebundenen Wissens zu einem problembezogenen Ergebnis kombiniert. Als ‚funktionale Dienste' oder ‚Informationsdienstleistung' werden im
weiteren alle Verrichtungen und Betätigungen bezeichnet, die von Informationsspezialisten zur Lösung von Informationsproblemen übernommen werden.

C 6.1   Funktionale Informationsdienste und Wissenstransfer

Mit zunehmender technischer Komplexität und struktureller Verflechtung der Informationsinfrastruktur in den industrialisierten Ländern wächst der Bedarf an spezialisierten Informationsexperten und -dienstleistungen. Fachleute, die sich in den
vernetzten Strukturen und Inhalten der weltweit organisierten Fachinformationsbe-
stände auskennen, die das technische und methodische Informationsinstrumentari-
um beherrschen und die zwischen den vielfältigen Informationsangeboten und den
aktuellen wie potentiellen Informationsbedürfnissen beratend vermitteln können,
erweisen sich bereits heute für die effiziente Informationsversorgung von Wissenschaft und Wirtschaft als unentbehrlich.
Noch in den siebziger Jahren orientierte sich das moderne IuD-Wesen im wesentlichen an den Informationsbedürfnissen in Wissenschaft und Technik. Dabei diente
der Nachweis von Fachliteratur als Leistungsmaßstab für die von unterschiedlichen
Institutionen aufgebauten fachspezifischen Datenbanken und Informationssysteme. In neuerer Zeit ist hingegen ein Trend zur Ent-Institutionalisierung von Informationsfunktionen zu beobachten (Lit. 07.), die nicht die Sammlung von Daten und
die Pflege von Informationsbeständen ins Zentrum des Interesses stellen, sondern
die vor allem zur Lösung von wissenschaftlichen, technischen oder wirtschaftlichen
Problemen mit Methoden der Wissensvermittlung beitragen wollen.
Als nachfrage- und problembezogene Unterstützungs- und Beratungstätigkeit sind
die funktionalen Informationsdienste ein Teil des umfassenden Wissenstransfers,
der alle Formen von Informationen, Daten, Bewertungen und Prognosen in ein
wirkungsorientiertes Beratungskonzept integriert. Wissenstransfer zielt darauf ab,
die in wissenschaftlichen, technischen oder praktischen Erkenntnissen enthaltenen
Informationen als Handlungswissen zwischen Produktions- und Anwendungsbereich zu transferieren und für weitergehende Problemlösungen nutzbar zu machen

(Lit. 23.). Dabei sind die bestehenden oder die neu entwickelten funktionalen Dienste insbesondere an den Schnittstellen zwischen Informationsbereichen mit unterschiedlichen Wissensstrukturen und Informationsstandards zu verorten (*Abb. 1*). Im Geflecht der vielfältigen gesellschaftlichen Informationsprozesse erweitern und verbessern die personenorientierten Vermittlungsinstanzen die Nutzungsmöglichkeiten der mediengebundenen Informationsdienste.

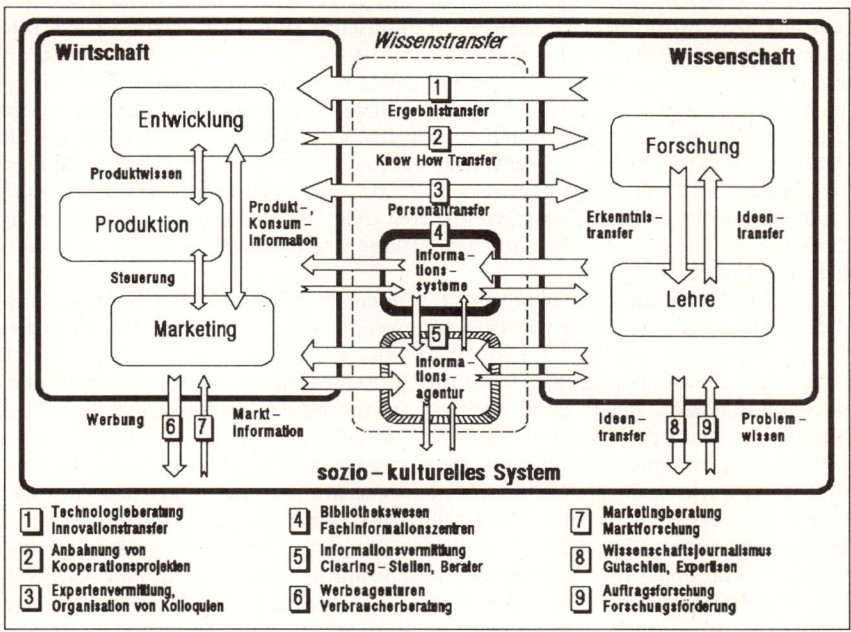

Abb. 1: Informationsdienstleistungen im Wissenstransfer

Während in der Anfangsphase vor allem die Speicherung und Vermittlung von wissenschaftlich-technischer Fachinformation Hauptziel aller IuD-Bemühungen war, geht man in den letzten Jahren verstärkt dazu über, den Wissenstransfer zwischen Hochschule, Forschung und Wirtschaft zu intensivieren. Die Fachinformationspolitik der achtziger Jahre ist maßgeblich von der Idee geprägt, die Innovationsfähigkeit, insbesondere der mittelständischen Wirtschaft, durch geeignete Maßnahmen zur Vermittlung von Fachinformation zu verbessern (Lit. 26.). Nur ein kleiner Teil aller Prozesse im Wissenstransfer stützt sich dabei auf die Hilfsmittel der klassischen Information und Dokumentation; von weitaus größerer Bedeutung ist in diesem Zusammenhang der Informationstransfer aufgrund ,verkörperten Wissens' durch Personaltransfer, Beratungsleistungen oder Kooperationsprojekte. Es ist aus diesem Grund nicht einfach, in der Vielfalt vorhandener Wissenstransferprozesse die funktionalen Informationsdienste von den traditionellen Informations- und Auskunftsdienstleistungen abzugrenzen.

C 6.1.1   Der Begriff der Informationsdienstleistung

Die Terminologie zur Beschreibung funktionaler Dienste erfuhr in den letzten Jahren eine Reihe von Veränderungen. Nachdem der ursprünglich im Bibliotheksbereich verankerte Begriff der Informationsvermittlung auch im privatwirtschaftlichen Dienstleistungssektor Verbreitung fand, nährte bald darauf der aus den USA importierte Begriff ‚Informationsmakler' übersteigerte Hoffnungen und Erwartungen auf neue profitträchtige Dienstleistungsnischen (Lit. 15.). Heute ist das Bild vom technisch versierten Informationsvermittler oder vom online-fixierten Information Broker weitgehend vom Verständnis des beratend wirkenden Informationsunternehmers und Information Consultant abgelöst worden (Lit. 24.). Man sieht die Vermittlung von Fachinformation eher als ‚neo-klassischen' Dienst an, der die Tradition herkömmlicher Wissensvermittlungsaktivitäten lediglich unter geänderten technischen Bedingungen fortsetzt (Lit. 31.). Ein systematischer Vergleich mit anderen Formen von Informationsdiensten zeigt deutlich, daß die Zielsetzung funktionaler Dienste über die reine Vermittlung von Fachinformation weit hinausgeht (s. *Abb. 2*).

Ihrem Produktcharakter entsprechend werden mediengebundene Informationsdienste für einen festgelegten Informationszweck erstellt, sie werden in geeigneter Form verteilt und können vom Nutzer selektiv konsumiert werden. Institutionell gebundene Dienste reagieren auf Informationsanfragen mit Auskünften und Hinweisen auf Wissen, das in dem jeweiligen fachlichen oder sektoralen Rahmen zur Verfügung steht oder beschafft werden kann. Lediglich bei der Inanspruchnahme funktionaler Informationsdienste ist gewährleistet, daß aufgetretene Informationsdefizite in wechselseitiger Problemformulierung und Beratung zwischen Anfrager und Experte erkannt, untersucht und behoben werden können. Da die Funktion des Problemlösens bei dieser Dienstform in der Regel im Vordergrund steht, begnügt sich der funktionale Informationsdienst nicht mit der Beschaffung und Aufbereitung benötigter Information, sondern er sorgt im Idealfall auch dafür, daß die vermittelte Information in eine Problemlösung überführt wird.

Informations-diensttypen Merkmale	papier-gebundene Dienste	ADV-gebundene Dienste	institutionell gebundene Dienste	Funktionale Dienste
Informations-basis der Inf.dienste	Dokumentation	Entwicklung aus gedruckten Inf.dienste	Nutzung von traditionellen & ADV-Diensten	Nutzung aller anderen Informationsdienste
Inform.medien und -quellen	monomedial eine Quelle	monomedial viele Quellen	polymedial viele Quellen	multimedialm Hauptquellen
maßgebliche Wissensinstanz	formale Wissensbasis	technische Wissensbasis	Institutionen-wissen	Experten-wissen
Informations-verarbeitung	standardisiert	modifizierend	qualifizierend	evaluierend

(Fortsetzung)

Informations- diensttypen Merkmale	papier- gebundene Dienste	ADV- gebundene Dienste	institutionell gebundene Dienste	Funktionale Dienste
Schwerpunkt der Auswertung	reproduktiv	synthetisch	synoptisch	analytisch
Aufbereitung des Produkts	systematisch	selektiv	differenziert	komplex
Zugangsmodus zum Dienst	Recherche	Retrieval	Anfrage	Auftrag
Verfügbarkeit des Dienstes	ständig	tageszeitlich	in Dienstzeit	terminabhängig
Reaktionszeit des Dienstes	Stunden	Minuten	Tage	Wochen, Monate
Ergebnis des Dienstes	Referenzen Fakten	Nachweise Daten, Volltexte	Auskunft Hinweise	Beratung Problemlösung
Bedarfs- orientierung	passiv	reaktiv	flexibel	aktiv
Benutzer- orientierung	nutzer- unabhängig	nutzer- angepaßt	nutzer- bezogen	nutzer- orientiert
Steuerungs- möglichkeit	Suchstrategie	maschineller Dialog	Frageformulie- rung im Dialog	begleitender Problemdiskurs
Distribution des Dienstes	Verlagswesen Versand	Hostbetrieb ADV-Vertrieb	Telefonantwort Briefsendung	Gespräch Kooperation
Abrechnung in 10^xDM/ Leistung	Kauf, Abonnem. $10^2 - 10^3$ DM/L	(Host) Gebühren $10^1 - 10^3$ DM/L	Dienstgebühren $10^0 - 10^2$ DM/L	Aufwandskosten $10^3 - 10^5$ DM/L
Hauptziel des Dienstes	Sammlung	Suche	Hilfestellung	Wirkung

Abb. 2: Typologie der Informationsdienste

C 6.1.2 Funktionen der Informationsdienstleistung

In ihrer Grundfunktion dienen funktionale Informationsdienste der Vermittlung von fachlicher Information zwischen Informationsproduzenten, Informationsanbietern und den Endnutzern von Fachinformation (Lit. 05.). Darüber hinaus sind diesem Vermittlungsprozeß drei zusätzliche Funktionen zuzuweisen, die in einem engen gegenseitigen Wirkungsverbund stehen:

- fast immer soll die vermittelte Information zur Lösung konkreter Probleme beitragen, die ohne den Rückgriff auf Einrichtungen der Informationsinfrastruktur nicht zu lösen wären;
- Informationsvermittlung fördert sowohl horizontalen als auch vertikalen
Informations-, Technologie- oder Wissenstransfer und trägt dadurch zur Entstehung innovativer Prozesse bei;
- Informationsvermittlung ist als Teil des fachlichen Kommunikationsprozesses
zu sehen und übernimmt eine zentrale Brückenfunktion zwischen unterschiedlichen sozio-kulturellen Sektoren.

Träger dieser Funktionen sind eine Vielzahl informationsvermittelnder Betriebe
(Lit. 34.) und Unternehmen, Institutionen oder Personen, die als professionalisierte Informationsagenturen ihre Dienste anbieten und auf Informationsnachfragen
reagieren (Lit. 32.).

Da solche Informationsagenturen nicht an ein Institutionenverständnis klassischer
Art gebunden sind und da sie auf ein breites Methodenarsenal der Informationsbeschaffung, -verarbeitung und -beratung zurückgreifen, können sich Informationsagenturen im Gegensatz zu anderen Dienstformen in hohem Maße aktiv verhalten.
Sie reagieren reflexiv auf Interaktionsprozesse im Wissenstransfer, sie sammeln Erfahrungswissen im Rahmen einzelner Tätigkeiten, die sie für folgende Aufträge
nutzen können, und sie stellen sich aktiv auf zukünftige Entwickungen und Anforderungen ihres speziellen Wirkungsfeldes ein.

C 6.2   Komponenten und Kriterien der Informationsdienstleistung

Als ein Bindeglied zwischen Informationsproduzenten und Informationsrezipien-
ten schließen die funktionalen Dienste eine organisatorische Lücke zwischen Informationsangebot und Informationsnachfrage. Die einzelnen Komponenten des
Vermittlungsprozesses werden je nach Art des zu befriedigenden Informationsbedürfnisses und der daraus resultierenden Informationsdienstleistung in unterschiedlicher Form, Intensität und Wirkung realisiert.

C 6.2.1   Informationsanfrage

Eine Informationsanfrage wird in der Regel durch ein subjektiv empfundenes Wis-
sensdefizit bei dem Nutzer einer Informationsdienstleistung ausgelöst; es steht
meist in Zusammenhang mit einem Problem, für dessen Lösung die Nutzung und
Verwertung noch nicht bekannten Wissens erforderlich ist. Anders als bei Nach-
schubproblemen mit Ersatzteilen, Werkstoffen, Maschinen oder Rohprodukten,
anders auch als bei Ermittlungsproblemen von Produktionszahlen, Meßwerten,
verfahrenstechnischen Daten oder Börsenkursen ist bei echten Informationsproblemen nicht nur unbekannt, welchen Inhalt die gesuchte Information hat, sondern es
ist auch oft nicht geklärt, welche Informationen benötigt werden. In den meisten
Fällen kann das beim Informationsnachfrager aufgetretene Informationsdefizit nur
recht vage und unpräzise benannt werden.

Dem Anbieter von Informationsdienstleistungen fällt deshalb bereits im Vorfeld der Problemformulierung die Aufgabe zu, nicht nur das Informationsproblem, sondern die Struktur des zugrundeliegenden Problems zu analysieren und auf die informationsbezogenen Komponenten abzubilden. Der Prozeß des gegenseitigen Erklärens und Verständlichmachens eines Informationsproblems ist äußerst vielschichtig und kann je nach Komplexität des Problems in mindestens elf verschiedene Phasen zerlegt werden. Jede dieser Phasen birgt für die Kommunikation zwischen Klient und Informationsberater eigene Hindernisse und wirkt sich so auf die Qualität des Dienstleistungsproduktes aus:

- Informationsbedürfnis des Klienten (was wird benötigt?);
- Informationsbedarf des Klienten (was wird als nötig empfunden?);
- Frageformulierung (was wird gefragt?);
- Frageinhalt (was war gemeint?);
- Interpretation des Beraters (was wird verstanden?);
- Operationalisierung des Informationsproblems (wo wird gesucht?);
- Codierung des Problems (wie wird gesucht?);
- Resultat einer Informationsrecherche (was wird ermittelt?);
- Form der Präsentation (was wird weitergegeben?);
- Interpretation des Klienten (was wird vom Ergebnis verstanden?);
- Transferprodukt (was hat das Ergebnis bewirkt?).

Allein die hier angedeutete Komplexität einer gemeinsamen Problemanalyse von Klient und Berater macht deutlich, daß die beispielhafte Durchführung von Anfrageinterviews oder die optimale Gestaltung von Anfrageformularen dem zugrundeliegenden Problem nicht gerecht wird. Den individuellen Informationsproblemen derjenigen, die sich ratsuchend an Informationsexperten wenden, muß mit individuellen Methoden der Problemanalyse und -interpretation begegnet werden. Daher ist es selbstverständlich, daß die besondere Beratungsfunktion des Informationsdienstleistenden ein spezielles Vertrauensverhältnis zwischen ihm und dem Klienten voraussetzt. Eine von Vertrauen geprägte Kooperation erscheint auch deshalb unerläßlich, weil in vielen Fällen die Erläuterung von Informationsproblemen der Offenlegung von Betriebs- oder Forschungsgeheimnissen gleichkommt. Die mangelnde Fähigkeit, potentielle Klienten von der Reputation und Seriosität der angebotenen Informationsdienstleistung überzeugen zu können, muß bei manchen gescheiterten Information Brokern als Grund dafür gesehen werden, daß Informationsaufträge aus der Industrie ausblieben.

C 6.2.2   Informationsbeschaffung

Die Vielfalt der elektronischen wie der konventionellen Informationsmöglichkeiten erfordert von einem qualifizierten Informationsberater ein breites Spektrum fachlichen und informationsmethodischen Wissens, um die gesamte Palette der zur Verfügung stehenden Informationsmöglichkeiten effektiv nutzen zu können. Neben die traditionellen Werkzeuge der Informationsbeschaffung wie bibliothekarische, dokumentarische und informelle Informationsquellen sind heute zunehmend neue Verfahren der elektronischen, computer-gestützten und technisch realisierten Informationsbereitstellung getreten (Lit. 27.). Die zahlreichen und sehr unterschiedlichen Zugangsverfahren zu konventionellen Wissensquellen und modernen Fachinformationsbeständen haben die Informationsbeschaffung in den letzten Jahrzehnten zwar nicht einfacher, wohl aber schneller und effizienter gemacht.

Zur Methodik der umfassenden Informationsrecherche, die als zentraler, wenn auch nicht als wichtigster Teil einer Informationsdienstleistung anzusehen ist, gehört die Kenntnis der Fachinformationsorganisation und des Informationszugangs ebenso wie die Fähigkeit, Informationsretrievalsysteme zu bedienen, effiziente Recherchestrategien zu entwickeln oder problemspezifische Informationen zu identifizieren und zu verarbeiten (Lit. 14.). Es muß jedoch berücksichtigt werden, daß die Informationsangebote und technischen Dienstleistungen, die heute von Datenbankproduzenten und -hosts bereitgestellt werden (Lit. 12.), in vielen Fällen nicht den eigentlichen Informationsbedürfnissen der Informationsberater und ihrer Klienten entsprechen. Die ausschließliche Informationsbeschaffung aus Datenbanken ist in der Regel nicht ergiebig genug, um komplexe Informationsprobleme lösen zu helfen.

Nach wie vor nimmt bei der Beschaffung von problemrelevanten Informationen die informelle Anfrage bei Experten, Institutionen und anderen Informationsagenturen für den Informationsberater einen wichtigen Stellenwert in seinem Recherchekalkül ein. Auch wenn sich die neuen Möglichkeiten der technischen Informationsbeschaffung als Instrument zur Qualifizierung und Rationalisierung des Informationszugangs gut eignen, so wird deren rein subsidiärer Charakter oft nicht ausreichend erkannt und berücksichtigt.

C 6.2.3   Informationsaufbereitung

Der Nachweis isolierter Daten, das Auffinden einzelner Fakten, die Recherche nach Referenzen auf Primärinformation oder die Beschaffung von Originaldokumenten reichen in der Regel nicht aus, um den Informationsbedarf anfragender Klienten befriedigen zu können. Je nach Art der Anfrage und Vorkenntnis des Klienten müssen recherchierte Daten zu anwendbaren und nützlichen Informationen komprimiert werden. Insbesondere beim Transfer wissenschaftlicher Ergebnisse und fachspezifischer Informationen in stärker anwendungsorientierte Bereiche kann die inhaltliche Verdichtung, die fachsprachliche Übersetzung und die wirkungsbezogene Aufbereitung von Rechercheergebnissen wesentlich zur Erfolgswirkung einer Informationsdienstleitung beitragen.

Der erforderliche Aufbereitungsgrad der Recherche für einen Klienten hängt dabei von mehreren Faktoren ab: die wissenschaftlichen oder fachlichen Vorkenntnisse des Klienten, sein Auffassungsvermögen und seine Rezeptionsbereitschaft, die Zielsetzung und der Verwendungszweck der Recherche sowie die inhaltliche Struktur des zugrundeliegenden Problems sollten bei der Präsentation und Gestaltung des Rechercheergebnisses ebenso berücksichtigt werden wie die ökonomischen Faktoren Arbeitsaufwand für die Dienstleistung, Verfügbarkeit von Informationsressourcen, zeitliche Rahmenbedingungen und Kosten-/Nutzenkalkulationen. Nach ihrem Komplexitätsgrad und nach ihrer Zielsetzung können funktionale Informa-

tionsdienste in drei unterschiedliche, aber nicht eindeutig voneinander abzugren-
zende Kategorien unterteilt werden:

● Die **synthetische Informationsdienstleistung** stellt die aufgrund einer spezifischen Anfrage recherchierten Daten zu problemorientiert strukturierten Informa-
tionssammlungen zusammen. Das Rechercheergebnis ermöglicht dem Nutzer eine
systematische Orientierung in dem recherchierten Fachgebiet; eine grundlegende
Lösung spezieller Informationsprobleme kann mit einer synthetischen Recherche
nicht erreicht, allenfalls vorbereitet werden. Zu den synthetischen datenbank-ge-
stützten Informationsdienstleistungen ist das Information Brokerage oder die on-
line-bezogene Informationsvermittlung zu rechnen. Im konventionellen Informationsbereich werden dokumentarische Auskunftsdienste, bibliothekarische Dienstleistungen oder fachlich bzw. sektoral gebundene Clearing-Stellen dazugezählt. Als
neuere Entwicklung im Bereich synthetischer Informationsdienstleistungen ist die
Entstehung sogenannter Mehrwert-Informationsdienste (value-added information
services) zu beobachten, die mittels formaler und struktureller Transformation von
recherchierter Fachinformation ein Informationsprodukt erstellen, das von einer
größeren Zielgruppe unmittelbar als Informationsquelle genutzt werden kann. Als
Beispiele für synthetische Mehrwert-Informationsdienste können fachjournali-
stisch aufbereitete Kurzinformationen aus Datenbanken, es können Softwareprodukte mit einem implementierten und regelmäßig aktualisierten Fachinformations-
anteil oder auch thematisch selektierte und aktuell zusammengestellte Informationspakete aus Originaltexten, Statistiken, Graphiken und Literaturhinweisen aufgeführt werden.

● Die **synoptische Informationsdienstleistung** hat das Ziel, zu einem oft interdisziplinären Forschungsgebiet, zu einer fachübergreifenden Fragestellung oder zu einem spezifischen Verfahrensproblem eine aktuelle Wissensübersicht zu geben, die
den anfragenden Wissenschaftler, Techniker oder Manager in die Lage versetzt, anhand einer fachlichen Positionsbestimmung eigene Arbeiten und Zielsetzungen besser dem gegebenen Stand des Wissens anpassen zu können. In Form von Literaturberichten, Fortschrittsberichten, Stand-der-Technik-Übersichten oder thematischen Sachstandsvergleichen (Lit. 17.) bieten komplexe Informationssynopsen ein
Orientierungswissen an, mit dem Einzelfragen in einen umfassenderen Sach- und
Sinnzusammenhang eingeordnet werden können. Prädestinierte Anwendungsgebiete für solche Informationsdienste sind beispielsweise der Bereich der Innovationsförderung oder das Technology Assessment (Lit. 08.)

● Die **analytische Informationsvermittlung** verdichtet recherchierte Daten zu Expertisen, thematischen Studien und wissenschaftlichen Analysen, die auf der
Grundlage der Fakten- und Literaturlage neue Erkenntnisse und mögliche Problemlösungen formulieren (Lit. 01.); diese Form der Wissensaufbereitung und
-verarbeitung gilt als wichtiges Element im Wissenstransfer und bereitet oft weitere
beratungsbezogene Dienstleistungen vor.

C 6.2.4   Umsetzung und Anwendung

Die Übertragung von Forschungs- und Entwicklungsergebnissen in die Anwendungspraxis ist die eigentliche Funktion jener Informationsdienstleistungen, die in den Bereichen Technologie-, Innovations- und Wissenschaftstransfer zum Tragen kommen. Im Gegensatz zu funktionalen Diensten der selektiven Informationsverbreitung, deren Aufgabe mit der Erstellung eines individuell erarbeiteten Informationsergebnisses abgeschlossen ist, zeichnen sich Dienstleistungen im Informationstransfer dadurch aus, daß sie ihre Klienten bei der Umsetzung und Anwendung recherchierter Fachinformation beraten und unterstützen.

Die Übersetzung von Wissensstrukturen von einer Fachsprache in eine andere, die Überführung von Daten, Fakten und Informationen in praxisrelevantes Handlungswissen und die konkrete Hilfestellung zur Anwendung der ermittelten Kenntnisse müssen in diesem Fall als bestimmende Komponenten der beratungsorientierten Informationsdienstleistung gesehen werden (Lit. 10.). Solche Institutionen, die im hier vorgegebenen Zusammenhang als Dienstleistungsunternehmen im Informationstransfer bezeichnet werden, existieren allerdings schon verhältnismäßig lange. Unternehmensberatungen, Technologieberater, Mitarbeiter von Innovationsberatungsstellen, Management Consultants, aber auch Patentanwälte und Steuerberater können in diesem Sinne als Informationsdienstleistungsagenturen bezeichnet werden. Diese Beratungsinstanzen, die Problemlösungsprozesse von auftraggebenden Firmen und Institutionen begleiten, entwickeln und fördern, haben gegenüber einfachen Informationsvermittlern einen Erfahrungsvorsprung, wo und wie unternehmensrelevante Informationen beschafft werden können, und sie genießen aufgrund eines sehr engen Kooperationsverhältnisses das Vertrauen der ratsuchenden Unternehmen, für die sie arbeiten. Für die funktionalen Beratungsdienste ist demzufolge die nachhaltige Wirkung eines Informationstransfers weit wichtiger als das reine Ergebnis einer Informationsrecherche. Dennoch wird in der Technologie- und Innovationsberatung die systematische Informationsbeschaffung durch Online-Dienste zunehmend genutzt (Lit. 09.), um das bereits bestehende beratungs- und informationsbezogene Dienstleistungsangebot erweitern, rationalisieren und verbessern zu können.

C 6.3   Typen der Informationsdienstleistung

Aus drei Gründen erweist sich eine Systematisierung und Typisierung der funktionalen Informationdienste als schwierig:
- Da in einer modernen Dienstleistungsgesellschaft die meisten Dienstleistungsformen in der einen oder anderen Weise die Beschaffung, Verarbeitung und individuelle Verbreitung von Information beinhalten, ist es generell schwer, administrative, organisatorische oder strukturelle Dienstleistungen von den funktionalen Informationsdiensten abzugrenzen.
- Die Palette bestehender, sich entwickelnder oder noch zu etablierender Informationsdienstleistungen ist so umfangreich und reichhaltig, daß kaum geeignete

Klassifizierungsmerkmale für eine logische und sachbezogene Typisierung anzugeben sind.

● Zuletzt sind typische Informationsdienstleistungen in reiner Form nirgends zu finden, da Informationsunternehmen, die ihre Auftraggeber in Informationsangelegenheiten unterstützen, eine Vielzahl von sich durchdringenden funktionalen Diensten anbieten, um ihr Dienstleistungsspektrum für viele potentielle Zielgruppen attraktiv zu machen.

Als geeignetes Merkmal, mit dem funktionale Informationsdienste typisiert werden können, kann die Komplexität funktionaler Dienste herangezogen werden. Dabei bezieht sich dieses Merkmal sowohl auf die Komplexität der Probleme, mit deren Lösung das Unternehmen beauftragt wird, als auch auf die bereitzustellende Informationsverarbeitungskapazität der Dienstleistungsagentur und auf die Komplexität der erarbeiteten Auskunft oder Problemlösung.

In einem Merkmalsraum, der von den drei Dimensionen ‚Kompexität der Informationsleistung‘, ‚Nutzungsintensität von Informationsquellen und -medien‘ und ‚Bearbeitungszeit der Dienstleistung‘ aufgespannt wird, lassen sich verschiedene Typen funktionaler Informationsdienste in ein Verhältnis setzen (*Abb. 3*). Die beiden Pole des langgestreckten Clusters werden dabei von sehr gegensätzlichen funktionalen

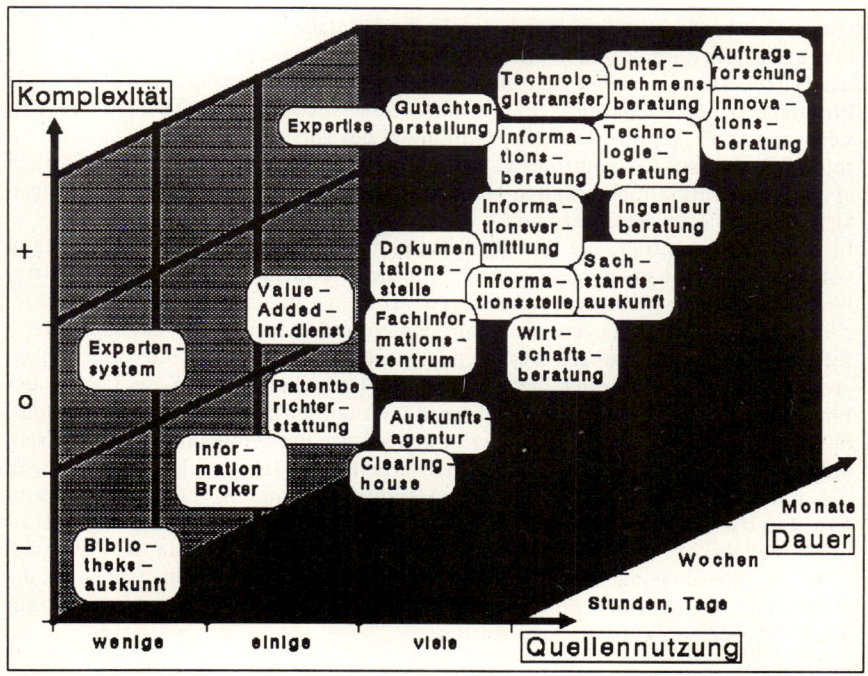

Abb. 3: Zur Typisierung funktionaler Informationsdienste

Diensten besetzt. Während sich die Auskunftstätigkeit in einer Bibliothek auf verhältnismäßig wenige Informationsquellen stützt und in der Regel rasch erfolgt, wird im Rahmen komplexer und langfristiger Forschungsaufträge eine sehr differenzierte und breite Wissensbasis zu Rate gezogen.

Da funktionale Dienste nach dem Grad ihrer Komplexität voneinander unterschieden werden können, sollen Beispiele für Dienstleistungstypen anhand der folgenden Einteilung beschrieben und mit zunehmender Komplexität dargestellt und verdeutlicht werden.

- standardisierte Informationsdienstleistungen, deren Erstellung einem weitgehend systematisierten Schema folgt;
- modifizierende Informationsdienstleistungen, die die aufgefundene Information strukturell den Nutzerwünschen anpaßt;
- qualifizierende Informationsdienstleistungen, die Entscheidungsprozesse des Nutzers informatorisch unterstützen können;
- evaluierende Informationsdienstleistungen, die dem Nutzer die Bewertung und problembezogene Transformation von Informationen abnehmen.

C 6.3.1   Standardisierte Informationsdienstleistung

Die Vermittlung von nicht veränderten Fachinformationen aus konventionellen bibliothekarischen und dokumentarischen Quellen oder aus elektronisch gespeicherten Datenbeständen eignet sich als eigenständige Dienstleistung nur für spezielle Einsatzbereiche. Standardisierte Informationsdienstleistungen, bei denen schematisierbare Rechercheprozesse einen Hauptanteil des Dienstes ausmachen, können in solchen Bereichen gewinnbringend genutzt werden, in denen ein wissenschaftlich geschultes Informationsverhalten vorherrscht und wo regelmäßig größere Mengen an standardisierter Referenz- und Fakteninformation benötigt werden. Informationsvermittler, die ihre Recherchen fast ausschließlich mit der Nutzung von Online-Datenbanken realisieren und die die gefundenen Daten und Literaturreferenzen inhaltlich nicht weiterverarbeiten, arbeiten z.B. als fest angestellte Rechercheure bei größeren Konzernen, Unternehmen und Institutionen. Standardisierte Informationsdienstleistungen werden demzufolge in den Entwicklungsabteilungen großer Maschinenbaufirmen, in chemischen Hochschulinstituten, in Labors der Pharmaindustrie, in Marketingabteilungen internationaler Konzerne, bei der Bonitätsprüfung durch Bankinstitute oder in den Informationsabteilungen der Massenmedien genutzt. Auch bei wirtschaftsnah arbeitenden Infrastruktureinrichtungen wie Industrie- und Handelskammern, Handwerkskammern, Landesgewerbeämtern, Berufs- und Fachverbänden oder Technologiezentren können die angeschlossenen Mitglieder standardisierte Informationsvermittlungsdienste in Anspruch nehmen. Allerdings hat sich in den letzten Jahren gezeigt, daß ein Bedarf für die Vermittlung einfacher Fachinformationsdienste gerade bei kleinen und mittelständischen Firmen so gut wie nicht existiert.

C 6.3.2 Modifizierende Informationsdienstleistung

Als modifizierend können Informationsdienstleistungen bezeichnet werden, die recherchierte Informationen den Nutzerbedürfnissen entsprechend selektiv und strukturell verändern, ohne die Inhalte der Informationen wesentlich zu verarbeiten und zu transformieren. Rechercheergebnisse vorwiegend aus dem Online-Retrieval werden einer themenkritischen Auswahl unterzogen, die gefundene themenrelevante Literatur wird beschafft und das gesammelte Material zu einem strukturierten, aber nicht bewerteten Ergebnis zusammengestellt.

Diese Form der Informationsvermittlung findet sich vor allem bei selbständigen Information Brokern, die ihre Dienstleistungen bevorzugt potentiellen Nutzern aus Wirtschaft und Industrie anbieten. Einen Sonderfall stellen in diesem Zusammenhang Patentberichterstatter dar. Diese Berufsgruppe hat sich darauf spezialisiert, für Patentanwälte oder im Auftrag von Patentabteilungen größerer Unternehmen zum Teil in Patentdatenbanken, zum Teil in den Patentauslegestellen nach gewerblichen Schutzrechten zu suchen, die für Einspruchsverfahren oder für Markt- und Technologieanalysen verwendet werden können. Gerade in diesem Dienstleistungsbereich ist nicht nur das Geschick im Datenbankretrieval und in der Recherchemethodik, sondern auch die langjährige Erfahrung mit Ordnungssystemen und die Fähigkeit zu assoziativem Suchen von grundlegender Bedeutung für den Erfolg der Recherchetätigkeit.

C 6.3.3 Qualifizierende Informationsdienstleistung

Das Endergebnis eines qualifizierenden Informationsdienstes trägt wesentlich zur Vorbereitung und Begründung von informationsabhängigen Entscheidungen bei. Typische Produkte dieser Form funktionaler Dienste sind Expertisen, Dossiers, Fortschrittsberichte oder Übersichtsstudien, die die Resultate umfangreicher Informationsrecherchen systematisieren, zusammenfassen, gewichten und dem Wissensstand des Klienten entsprechend aufbereiten. Diese Dienstleistungen müssen sich inhaltlich und intellektuell intensiv mit den Fragestellungen des Klienten auseinandersetzen und können deshalb nicht standardisiert werden. Andererseits bewirkt das Ergebnis nicht unmittelbar eine konkrete Problemlösung, sondern befähigt den Auftraggeber und Nutzer der Informationsdienstleistung zu qualifizierten Entscheidungen und Argumentationen.

Um Informationsdossiers und Gutachten erstellen zu können, werden neben Online-Datenbanken und traditionellen Informationssystemen auch informelle Informationsquellen wie externes Expertenwissen, Auskünfte durch Fachverbände oder Anfragen bei anderen Informationsagenturen genutzt. Abnehmer für solche Informationsdienste sind große und mittlere Unternehmen, Marktforschungsinstitute, Unternehmensberatungen oder Behörden, die die zu einer Entscheidung notwendigen Daten und Informationen nicht selbst beschaffen können. Da die Bearbeitungszeit für qualifizierende Informationsdienste oft mit mehreren Wochen veranschlagt werden muß, kann für eine umfangreichere Markt- und Technikrecherche durchaus ein Preis von über 10.000 DM verlangt werden (Lit. 16.).

Qualifizierte Informationsdienste werden von selbständigen Informationsberatern, von Recherchebüros, von Beratungsfirmen, in besonderen Fällen aber auch von spezialisierten Forschungsinstituten, von anerkannten Fachgutachtern oder von Expertengremien übernommen. Besonders in angelsächsischen Ländern haben sich größere Informationsunternehmen etabliert, die im Rahmen ihrer Tätigkeit qualifizierende Literaturstudien, Auftragsanalysen oder Fortschrittsberichte erstellen (Lit. 21.). Weitaus stärker als in der BRD ist in Großbritannien und in den USA die Bereitschaft von Industrieunternehmen und Fachinstitutionen vorhanden, Angelegenheiten der Informationsbeschaffung, -verarbeitung und -analyse professionellen Informationsspezialisten zu übergeben.

C 6.3.4   Evaluierende Informationsdienstleistung

Informationsdienstleistungen, die dem Nutzer die problembezogene Bewertung und anwendungsorientierte Transformation von nachgefragten Informationen abnehmen, können als evaluierende funktionale Dienste bezeichnet werden. Die Bewertung von Daten und Fakten und damit die Überführung von Information in Anwendungswissen ist neben der Umsetzung dieses Wissens in Problemlösungen die Endstufe eines Verdichtungsprozesses, den hochqualifizierte Informationsagenturen im Rahmen ihrer Dienstleistungtätigkeit durchführen (*Abb. 4*). Informationsagenturen wirken dabei wie Filter, die aus den Informationsströmen, die auf sie wie auf ihre Klienten einwirken, die problemrelevanten Informationen recherchieren, selektieren und beschaffen, danach verdichten und in einer letzten Phase bewertend umsetzen. Evaluierende Informationsdienste nutzen die so transformierten Informationen als integrierten Bestandteil einer umfassenden Beratungstätigkeit.

Die Integration von Informationsrecherchen in komplexere Aufgabenbereiche der Beratung und Unterstützung hat sich bei privaten Dienstleistungsunternehmen als erfolgversprechendstes Modell der Informationsvermittlung erwiesen. Technische oder betriebswirtschaftliche Unternehmensberatungen, die für größere Betriebe oder für Unternehmen der mittelständischen Wirtschaft arbeiten, sind typische Vertreter dieses Informationsvermittlungsmodells. Die Nutzung von Informationsquellen und -medien geschieht hier in der Regel nur innerbetrieblich und oft kann der Endnutzer einer Informationsdienstleistung nicht erkennen, welche Informationen wie und wo zur Erstellung einer Beratungsleistung recherchiert worden sind (Lit. 11.).
Neben den klassischen Unternehmensberatungen, die immer häufiger auf die Möglichkeiten der Online-Recherche zurückgreifen, sind in den letzten Jahren zahlreiche Institutionen entstanden, die im Rahmen der Wirtschafts-, Innovations- und Technologieförderung beraten, Informationen vermitteln und kleine und mittlere Unternehmen unterstützen. Als Innovations-Beratungs-Stelle, als Technologieberatungsunternehmen oder als Technologie-Transfer-Agenturen bieten diese Stellen innovierenden mittelständischen Firmen, Erfindern mit Patentierungsabsicht, technologieorientierten Unternehmen oder modernisierenden Handwerksbetrieben eine

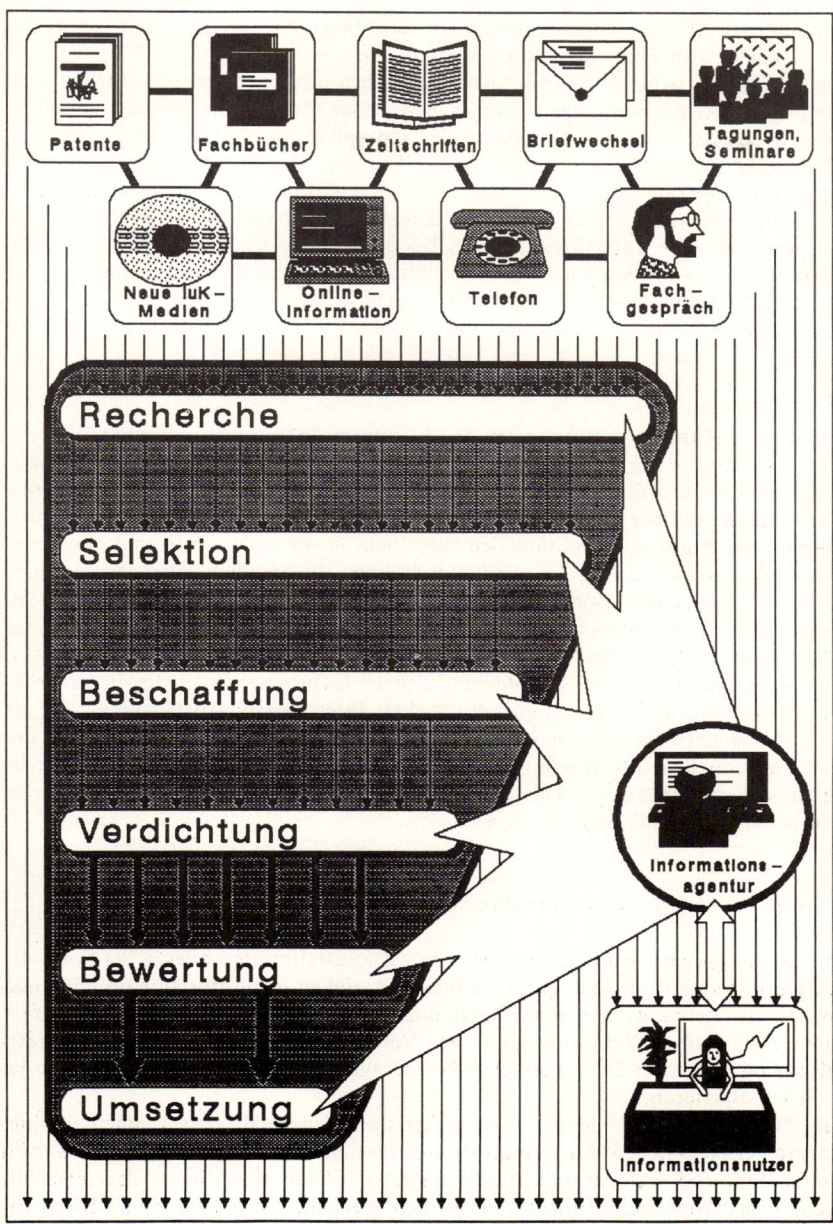

Abb. 4: Funktionale Informationsverarbeitung

weitgefächerte Palette von Beratungsdienstleistungen an, die sich nicht zuletzt auf den Transfer von Fachinformation stützen. Die Motive der beratenden Unternehmen können dabei sehr unterschiedlich sein: Die angeforderten Beratungsleistungen erstrecken sich auf die Bewertung technischer Ideen, Entwicklungsvorhaben oder Umstellungen in technischer und wirtschaftlicher Hinsicht, sie umfassen die Mithilfe bei der Lösung technischer Detailprobleme oder sie bieten zusätzliche Informationen zu bereits konzipierten oder vorgeschlagenen Lösungswegen. Oft reicht es auch aus, wenn die Beratungsagenturen Hinweise auf Hilfestellungen bei der Inanspruchnahme öffentlicher Finanzierungshilfen geben oder wenn sie einmal eingeschlagene Problemlösungswege und Geschäftsstrategien bestätigen oder nachträglich legitimieren (Lit. 06.). Die Zukunftsentwicklung evaluierender funktionaler Informationsdienste ist damit auf lange Zeit gesichert.

C 6.4   Rahmenbedingungen funktionaler Informationsdienste

Probleme der Informationsakzeptanz, des Informationsmarketings, der Informationsqualität oder der Qualifilkationsanforderungen in Dienstleistungsberufen wirken sich auch auf die traditionellen oder neu entstehenden Informationsdienstleistungen nachhaltig aus. So werden zum einen die Möglichkeiten, einen neuen Markt für spezielle Informationsdienste zu entwickeln, oft stark überschätzt. Gleichzeitig werden manche der neuen Dienstleistungen ohne Rücksichtnahme auf tatsächliche Bedarfs- und Akzeptanzstrukturen entwickelt, angeboten und vermarktet. Demzufolge wird die Angebotsseite der Informationsdienste oft von anderen Vorstellungen und Kriterien zur Qualität ihrer Leistungen bestimmt, als die Seite der Nachfrager. Hinzu kommt, daß kommerzielle Informationsdienste mit dem traditionellen Informierungsverhalten von großen Nutzergruppen konkurrieren müssen, die über informelle Informationsnetzwerke ihren subjektiven Informationsbedarf durchaus befriedigen können.

C 6.4.1   Bedarfs- und Akzeptanzstrukturen

Als Beratungsdienstleistung, als klassische Auskunftsfunktion oder in der Form der Fachberichterstattung und gutachterlichen Tätigkeit sind funktionale Informationsdienste bekannt, werden benötigt und sind akzeptiert. Die Akzeptanz neuer Dienste, die auf die Vermittlung und den Verkauf von Online-Informationen festgelegt sind, stößt bei den potentiellen Nachfragern in Wirtschaft und Industrie jedoch auf Barrieren.

Die Nachfrage von kleinen und mittelständischen Betrieben nach onlinerecherchierten Datenbankinformationen ist deshalb noch sehr zurückhaltend, weil die Qualität und Aufbereitung standardisierter Informationsdienste den tatsächlichen Informationsbedürfnissen der Firmen meistens nicht entspricht. Dienstleistungsangebote zur Vermittlung von Online-Information – die eigentliche Domäne der Information Broker – unterschätzen die anwendungsferne Komplexität wissenschaflich-technischer Fakten und Ergebnisse, sie ignorieren die informatorischen Rahmenbedingungen unternehmerischen Informationsverhaltens, und sie verkennen allzu oft den tatsächlichen Informationsbedarf von Klein- und Mittelbetrieben.

Nicht selten wird nämlich übersehen, daß die zur Zeit in online-abrufbaren Datenbanken repräsentierten Fachinformationsangebote kaum auf die Bedürfnisse von Nutzern aus der mittelständischen Wirtschaft oder aus dem Handwerksbereich zugeschnitten sind. Die in Datenbanken recherchierbaren Fachinformationen können lediglich den Rohstoff liefern, der durch intellektuelle Weiterbehandlung und problemorientierte Veredelung zu einem anwendbaren Informationsprodukt verarbeitet werden muß.

Deshalb wenden sich ratsuchende Unternehmen mit ihren Fragen und Problemen in der Regel nur an solche Beratungsagenturen, zu denen sich nach einer längeren Phase der gemeinsamen Problembewertung und Zusammenarbeit ein ausreichendes Vertrauensverhältnis aufbauen läßt (Lit. 19.). Etablierte Beratungsunternehmen mit einem soliden fachlichen Ruf, die auf eine umfangreiche Liste erfolgreich abgeschlossener Referenzprojekte verweisen können und die über ein professionelles Image verfügen, haben dabei die besten Voraussetzungen, den Informationstransfer aus Wissenschaft, Forschung und Entwicklung in den Praxisbereich der kleinen und mittleren Unternehmen zu realisieren.

Neue, modernistische Formen funktionaler Informationsdienste, die oft auf der Grundlage unrealistischer Einschätzungen zu Möglichkeiten und Grenzen der Vermarktbarkeit von standardisierten Online-Diensten entwickelt wurden, können aus eben diesen Gründen auf Dauer nicht rentabel betrieben werden. In letzter Zeit wurden manche Dienstleistungskonzepte zur Informationsvermittlung ohne eine vorhergehende Analyse allgemeiner Informationsprozesse und -bedürfnisse bei der potentiellen Klientel entwickelt. Dabei ist die Kenntnis individueller Informationsstrategien von Unternehmern, Managern, Laborleitern, Entwicklungsexperten, Ingenieuren oder Erfindern notwendige Voraussetzung für die Etablierung neuer und erfolgreicher Informationsdienstleistungen (Lit. 03.).

Das oft euphorisch propagierte Modell des spezialisierten Information Brokers, der den gewinnorientierten Absatz von Online-Recherchen an kleine und mittlere Unternehmen ins Zentrum seiner Geschäftsstrategie stellt, scheitert aus diesen Gründen an der unzureichenden Nachfrage. Auch das Konzept regionaler Informationsvermittlungsstellen, die gewissermaßen als Informationstankstellen für ratsuchende Firmen jederzeit zur Verfügung stehen (Lit. 28.), entspricht nicht im geringsten dem Informationsverhalten des Unternehmers und würde die bestehenden und gut ausgebauten Informationsbeziehungen zwischen kleinen und mittleren Unternehmen kaum ergänzen können.

Es kommt hinzu, daß Dienstleistungen, die ausschließlich die Vermittlung von Informationsrecherchen beinhalten, von den Abnehmern in der Regel als zu teuer eingestuft werden. Da Informationen von potentiellen Kunden selten als käufliches Produkt oder als merkantiles Gut akzeptiert, sondern eher als elementare Infrastrukturleistung aufgefaßt werden, ist die Bereitschaft, die Entstehungs-, Vermittlungs- und Mehrwertkosen für die damit verbundenen Dienstleistungen zu zahlen, sehr gering. Es empfiehlt sich daher, Informationsleistungen und deren Rechnungsstellung in umfassendere Beratungs- und Qualfizierungsleistungen einzubetten, deren Gegenwert sehr viel bereitwilliger von den Klienten erkannt und beglichen wird.

Der kaum adäquat darzustellende Wert der Ware Information ist auch Ursache dafür, daß viele Informationsangebote bei in Frage kommenden Zielgruppen nicht bekannt gemacht werden können. Strategien des Informationsmarketings und damit der Werbung für Informationsdienstleistungen könnten in diesem Fall bei richtiger Gestaltung und Anwendung womöglich zur Abhilfe dieses Problems beitragen. Es hat sich jedoch gezeigt, daß der Erfolg flankierender Maßnahmen zum Informationsmarketing, die den mengenmäßig rentablen Verkauf von Informationsrecherchen unterstützen sollen, im allgemeinen überschätzt wird. Bei der Kundenakquisition führen lediglich solche Marketingmaßnahmen zum Ziel, die den potentiellen Kunden direkt und persönlich erreichen und die geeignet sind, eine größere Klientel langfristig an das Informationsdienstleistungsunternehmen zu binden (Lit. 30.). Andererseits hat sich herausgestellt, daß der Verweis auf firmeninterne Möglichkeiten zur Beschaffung von Fachinformationen aus Datenbanken manchen beratungsorientierten Dienstleistungsunternehmen als imageförderndes Promotion-Argument dient. Solche Unternehmen suchen sich dadurch Wettbewerbsvorteile zu verschaffen, daß sie auf die Vorteile einer eigenen Informationsvermittlungsstelle hinweisen können.

C 6.4.2   Qualität funktionaler Informationsdienste

Eine nachhaltige Akzeptanz funktionaler Dienste, die die Vermittlung von Fachinformation zum Ziel haben, kann nur durch eine deutliche Verbesserung und damit durch eine stärkere Wertschätzung der Dienstleistungen bei den angestrebten Zielgruppen erreicht werden. Als Kriterien für die Qualität von Informationsdiensten werden in erster Linie Merkmale wie Problembezug der Leistung oder Rezipierbarkeit des Informationsprodukts und erst später die Eigenschaften Vollständigkeit und Aktualität genannt.

Der in Zukunft größer werdende Beratungs- und Unterstützungsbedarf in Informationsangelegenheiten aller Art zwingt Informationsagenturen dazu, die Angebotspalette für informationsbezogene Dienstleistungen noch stärker auszuweiten (Lit. 04.). Nur ein vielfältiges, differenziertes Spektrum informationsbezogener Fertigkeiten, Tätigkeiten und Funktionen kann die Marktchancen spezialisierter Informationsunternehmen nachhaltig sichern (s. *Abb. 5*).

Erst ein breit gefächertes Dienstleistungsangebot ermöglicht es dem beratenden Unternehmen, seinen Akquisitionsradius auszuweiten und als vielseitig kompetenter Informationsspezialist und -partner aufzutreten, der den ratsuchenden Klienten Informationsprobleme abnimmt, Problemlösungen ausarbeitet und qualifizierte Resultate präsentiert. Das Zusammenwirken vieler Dienstleistungskomponenten in einem Beratungsvorhaben befähigt den Auftragnehmer, flexibel auf Kundenwünsche einzugehen, und es garantiert dem Auftraggeber ein vollständiges und befrie-

Abstracting	Inhaltsanalyse
Auskunftserteilung	Katalogisierung
Auswahl von IuK-Geräten	Klassifikationserstellung
Beratungsdienstleistung	Literaturbeschaffung
Bibliographienerstellung	Literaturberichterstattung
Bibliographieren	Literaturrecherche
Bibliotheksorganisation	Literaturüberwachung
Datenbankaufbau	Mikroformdienste
Datenfernübermittlung	Online-Retrieval
Datensynopsen	Operations Research
Datenverwaltung	Patentrecherchen
Dokumentenlieferung	Problemstrukturierung
Dokumentationsabwicklung	Profildienste
Elektronische Post	Projektbegleitung
Entwicklungsleistungen	Projektmanagement
Expertenauskunft	Publikationsunterstützung
Faktenrecherchen	Redaktionelle Betreuung
Forschungsleistungen	Referaterstellung
Guachtenerstellung	Referral
Indexierung	Sachstandsauskunft
Information Management	Stand-der-Technik-Expertisen
Informationsauswertung	Statistische Auswertungen
Informationsbedarfsanalyse	Thesaurusentwicklung
Informationsorganisation	Training Informationspersonal
Informationsstrukturierung	Übersetzungsdienste
Informationssystementwicklung	Volltextbeschaffung
Informationsverdichtung	Vortragsvorbereitung

Abb. 5: Komponenten der Informationsdienstleitung

digendes Informationsergebnis. Zwei Schlußfolgerungen für den Grad der fachlichen Orientierung für funktionale Dienste lassen sich demnach ableiten:
- Fachliche Spezialisierung einer Informationsdienstleistung ist dort sinnvoll, wo in einem disziplinär, inhaltlich oder sektoral abgrenzbaren Bereich neue informationsbezogene Dienste die bestehenden Strukturen der Wissensvermittlung aufgreifen, ausweiten und verbessern.
- Methodische Spezialisierung mit nur grober fachlicher Festlegung ist jenen Informationsdienstleistungsunternehmen anzuraten, die sich im Milieu eines allgemein funktional orientierten Informations- und Innovationstransfers ansiedeln.

Die Fertigkeiten und Kenntnisse, die einen Informationsspezialisten für seinen Beruf qualifizieren, umfassen eine breite Skala methodischer, technischer, organisatorischer und sogar psychologischer Erfahrungen und Fähigkeiten (Lit. 20.). Neben dem grundlegenden methodischen Wissen zur Informationstechnik, zu Informationsquellen und zu Informationsstrukturen sind auch solche Eigenschaften vorauszusetzen, mit denen komplexe Problemsituationen erfaßt, analysiert und strukturiert werden können (Lit. 33.). Zusätzlich sollten Informationsberater und -vermittler vertrauensfördernde Beraterqualitäten vorweisen können, sie müssen als

Übersetzer zwischen unterschiedlichen Fachsprachen und Wissensstrukturen vermitteln, sie müssen als Wissensingenieure alle Spielarten der modernen Informations- und Kommunikationstechnik beherrschen, und sie müssen als Pfadfinder im Informationsdschungel die vielfältigen Wege, Kanäle und Quellen der Informationslandschaft kennen, mit deren Hilfe Fachwissen ermittelt werden kann (*Abb. 6*).

Qualifikationen in Informationsberufen

Wissenspfadfinder

Kenntnis von Informationsquellen und – kanaelen

Vertrautheit mit der
Informationslandschaft

Kenntnis wichtiger Informationsagenturen, – Institutionen und – experten

Grundlegendes Wissen zur
Medienkunde und Doku-
mentenbeschaffung

Faehigkeit zur Orientierung in
fremden Wissensbereichen

Informationsberater

Fähigkeit zur ...

Analyse von Informations-
problemen

Umsetzung von Problem-
stellungen in Informationsstrategien

Verdichtung recherchierter
Informationen und Daten
zu Expertisen und Berichten

Beratung bei der Umsetzung
von Rechercheergebnissen
in Problemlösungen

Übersetzer

Vertrautheit mit Sprachstrukturen und Begriffssystemen

Kenntnisse in verschiedenen
Fach – und Fremdsprachen

Fähigkeit zur Uebersetzung
von Informationsproblemen
in andere Terminologien

Fähigkeit zur nutzerorien-
tierten Darstellung fachlicher
Sachverhalte

Wissenstechniker

Vertrautheit mit Informations-
und Datentechnologie, EDV

Grundlegende Kenntnis der
Dokumentationsmethodik

Kenntnis von Informationssystemen und Retrieval-
techniken

Beherrschung grundlegen-
der Wissensrepräsenta-
tionsverfahren

Abb. 6: Qualifikationen in Informationsberufen

In den angelsächsischen Ländern ist dieses weitreichende berufliche Selbstverständnis von Informationsspezialisten, die umfassend ausgebildet in unterschiedlichen Informationsdienstleistungsbereichen eingesetzt werden können, sehr deutlich ausgeprägt (Lit. 18.). Da die Qualität der funktionalen Informationsdienste maßgeblich von der Qualität und den Möglichkeiten einer guten Informationsausbildung bestimmt wird, ist in diesem Punkt ein erheblicher bundesdeutscher Nachholbedarf zu konstatieren.

C 6.5   Strukturen der Informationsdienstleistung

Die sich ändernden Bedingungen im Bereich der Informationsentstehung, -verteilung und -nutzung lassen erwarten, daß der Bedarf für funktionale Informationsdienste in den kommenden Jahren stark anwachsen wird. Während die integrierten Dienstleistungen, die ihre traditionellen Funktionen der Informationsvermittlung und -beratung allmählich den geänderten Bedarfsstrukturen anpassen und mit neuen Techniken weiterführen werden, eine maßgebliche Rolle im Gefüge der Informationsinfrastruktur einnehmen, werden viele modische Spielarten der online-fixierten Informationsvermittlung ein nur vorübergehendes Phänomen bleiben. Die Abkehr von der ‚Online-Euphorie' und die Besinnung auf sinnvolle und funktionsfähige Modelle der Informationsvermittlung zeichnen sich als Perspektivenwechsel auch in Informationswirtschaft und -politik ab. Auf den zunehmenden Beratungsbedarf im Bereich der Informationstechnik, des Informationsretrievals, der Informationsbeschaffung und der Informationsnutzung reagiert die staatliche Förderung mit einem geänderten Maßnahmenkonzept. Nach einer Phase massiver Subventionierung von elektronisch gespeicherten Datenbeständen, scheint sich heute eine Politik zur intensiveren Unterstützung des intersektoralen Wissenstransfers und des Informationsdienstleistungssektors anzubahnen. So könnte der Modellversuch Informationsvermittlung mit der Förderung von Informationsvermittlungsstellen bei privaten Beratungsunternehmen, bei wirtschaftsnah arbeitenden Organisationen und bei wissenschaftlichen Instituten eine nachhaltige Entwicklung einleiten, die auf breiter Basis einer qualifizierenden Informationsberatung den Weg bereitet und die einen wirkungsbezogenen Informationstransfer in den Mittelpunkt ihrer Zielsetzung stellt.
Wenn in absehbarer Zeit durch eine Vereinfachung der Speicher- und Zugriffstechniken für elektronische Informationsbestände mehr und mehr Informationsnutzer Online-Fachinformation direkt abfragen (Lit. 25.), dann könnten online-geschulte Informationsvermittler und Information Broker überflüssig werden; für die effiziente Nutzung der gesamten verfügbaren Informationsressourcen bleiben beratende Informationsfachleute und Informationsdienstleistungsunternehmen jedoch auch weiterhin unentbehrlich.

Literatur

01. Anthonj, Rainer: Erfahrungen mit der Nutzung von Datenbanken. In: Claassen, Walter; Dietmar Ehrmann; Wolfgang Müller; Karl Venker: Fachwissen Datenbanken. Die Information als Produktionsfaktor. Essen: Klaes 1986. S. 203 – 216.
02. Allen, Kevin J.: Online information and the needs of intermediaries. In: Online information 88. 12th International Online Meeting London 6 – 8 December 1988. Proceedings Vol. 1. Oxford: Learned Information 1988, S. 161 – 169.

03. Becker, Jörg; Barbara Mettler-Meibom; Jost Matheisen; Ingeborg Sommer-Becker: Die Kenntnis der individuellen Informationsstrategie; Voraussetzung erfolgreicher Informationsvermittlung. In: Nachrichten für Dokumentation 31 (1980) H. 4./5, S. 265 – 168.

04. Bellomy, Fred O.: Die privatwirtschaftliche Informationsvermittlungsszene (information brokerage) in den USA. In: Nachrichten für Dokumentation 30 (1979) H. 1, S. 17 – 20.

05. Beyer, Wolfgang: Informationsvermittlung in der Bundesrepublik Deutschland. Ein Überblick. Frankfurt: IDD 1982. 68 S. (GID: Aktuelle Beiträge und Berichte der GID 12).

06. Bräunling, Gerhard: Datenbankrecherchen als Hilfsmittel bei der Innovationsberatung. In: Nachrichten für Dokumentation 33 (1982) H. 4/5, S. 152 – 157.

07. Buder, Marianne; Thomas Seeger; Gernot Wersig: Informationsindustrie: Information und Dokumentation. Oder es bleibt so, wie es immer war? Skizzen zur Tätigkeitsentwicklung und Konsequenzen für den Qualifikationsbereich. In: Das Inforum 4 (1982) H. 13, S. 10 – 11.

08. Coenen, Reinhard; Herbert Paschen: Information für Innovation und Technology Assessment. In: Kunz, Werner (Hrsg.): Informationswissenschaft. Stand, Entwicklung, Perspektiven. Förderung im IuD-Programm der Bundesregierung. Ergänzter und erweiterter Bericht der 1. Fachtagung Heidelberg, Juni 1976. München, Wien: Oldenbourg 1978. S. 140 – 149.

09. Donhauser, Rainer: Einsatz von Datenbanken bei der Innovationsberatung. Der Technologieberater als wichtige Schnittstelle bei der Informationsversorgung. In: ONLINE '84; 7. Europäische Kongreßmesse für technische Kommunikation. Berlin 14.-17.02.1984 – Kongreß I. Velbert: ONLINE 1984, S. 3E1 – 3E14.

10. Garvin, Andrew P.: Re-use and re-packaging of information: the information intermediary viewpoint. In: Information Services & Use (1983) H. 3, S. 7 – 9.

11. Graumann, Sabine: Management als Management von Informationen. In: Cogito 2 (1986) H. 4. S. 6 – 7.

12. Hennemann-Böckels, Brigitte: Umgang mit Datenbanken. Gespeichertes Wissen gezielt auswerten. Frankfurt: Frankfurter Allgemeine Zeitung 1984. 71 S.

13. Henrichs, Norbert: Informationsvermittlung durch Wissenschaftliche Bibliotheken. Ein Erfahrungsbericht im Rahmen eines DFG-Förderungsprogrammes. In: ABI-Technik 8 (1988) H. 2, S. 123 – 136.

14. Hübner, Wolfgang; Georg Schmoll: Informationsvermittlung und Informationsverbreitung. Leipzig: Bibl. Institut 1980. 192 S.

15. Informations-Makler. Unternehmenskonzept Nr. 114. In: Die Geschäftsidee (1985) H. 5, S. 27 – 52.

16. Kaminsky, Reiner: Erfahrungen eines privaten Informationsbrokers. In: Nachrichten für Dokumentation 34 (1983) H. 4/5, S. 195 – 200.

17. Koblitz, Josef: Bearbeitung und Verarbeitung von Fachinformationen. Leipzig: Bibl. Institut 1982. 304 S.

18. O'Leary, Mick: The information broker; a modern profile. In: Online 11 (1987) H. 4, S. 24 – 30.

19. Pieper, Antje: Produktionsfaktor Information. Köln: Institut der deutschen Wirtschaft 1986. 112 S. (Beiträge zur Gesellschafts- und Bildungspolitik 119).

20. Reichertz, Peter L.; Birgit Schwarz: Informationsvermittlung aus der Sicht des Informationsvermittlers. Eine Delphi-Studie als Begleituntersuchung zum Projekt DIMDINET. Hannover: Medizin. Hochschule Hannover 1981. 115 S. (BMFT-FB-ID 81 – 004).

21. Rodwell, Daphne: Information brokers – a future in the information market place? In: Information and Library Manager 6 (1987) H. 4, S. 87 – 107.

22. Schmidt, Ralph: Informationsvermittlung im Zeichen des Wissenstransfers – Thesen und Tendenzen im BMFT-Modellversuch. In: Deutsche Gesellschaft für Dokumentation – DGD: 10. Frühjahrstagung der Online-Benutzergruppe der DGD in Frankfurt am Main

von 3. bis 5. Mai 1988. Vorträge. Frankfurt: DGD 1988 (DGD-Schrift [OLBG-9] 1/88), S. 65 – 75.

23. Schmidt, Ralph: Informationssysteme und Datenbanken als Hilfsmittel des Wissenschaftstransfers. In: Schuster, Hermann J. (Hrsg.): Handbuch des Wissenschaftstransfers. Berlin: Springer 1990.

24. Seeger, Thomas; Dietmar Strauch: Aufgaben und Möglichkeiten von Informationsunternehmen. In: Nachrichten für Dokumentation 30 (1979) H. 1, S. 5 – 11.

25. Siitonen, Leena: Online searching: perspectives and research on end users. In: Kent, Allen (Ed.): Encyclopedia of library and information science. Vol. 41; Suppl. 6. New York, Basel: Marcel Dekker 1986. S. 257 – 376.

26. Streit, Manfred E.: Wissenstransfer Hochschule – Wirtschaft. Transfer-Information 3 (1986) H. 1, S. 62 – 68.

27. Strizich, Martha: Information consulting; the tools of the trade. In: Online 12 (1988) H. 3, S. 27 – 31.

28. Teschke, Lothar: Zur Systematisierung der Informationsvermittlung. In: Das Inforum 2 (1980) H. 5, S. 10.

29. Vogel, Horst: Wissenstransfer – Informationsberatung oder Rechercheverkauf. Ein Konzept der Informationsvermittlung. In: Deutsche Gesellschaft für Dokumentation – DGD: 10. Frühjahrstagung der Online-Benutzergruppe der DGD in Frankfurt am Main vom 3. bis 5. Mai 1988. Vorträge. Frankfurt: DGD 1988 (DGD-Schrift [OLBG-9] 1/88), S. 76 – 84.

30. Warnken, Kelly: The information brokers. How to start and operate your own fee-based service. New York, London: Bowker 1981. 184 S. (Information Management Series; 2).

31. Wersig, Gernot: Neue Dienstleistungen und Informationsvermittlung. Gedanken zum Methodischen in der Information und Dokumentation. In: Nachrichten für Dokumentation 31 (1980) H. 4/5, S. 169 – 171.

32. Wersig, Gernot: Information und Handeln; Orientierungsmuster zur Funktion der Informationstätigkeit für individuelle und gesellschaftliche Problembewältigung. Berlin: FU 1982. 238 S. (Informationswissenschaftliche Forschungsberichte aus der Freien Universität Berlin, FUB-IFB 7/82).

33. White, Martin S.: Profit from information. A guide to the establishment, operation and use of an information consultancy. London: André Deutsch 1981. 120 S.

34. Zelewski, Stephan: Der Informationsbroker. In: Die Betriebswirtschaft 47 (1987) H. 6, S. 745 – 748.

D Informationssysteme

D 1 Einleitung und Überblick

Unter Informationssystemen, wie sie hier im Hauptkapitel D beschrieben werden, sollen in erster Linie die organisatorischen Einheiten und strukturellen Zusammenhänge professioneller Informationstätigkeit verstanden werden.

Organisation, Struktur und Tätigkeiten von Informationsinstanzen hängen ab von den Quellen und Inhalten sowie dem Anwendungsspektrum der zu vermittelnden Information und von ihrer institutionellen Einbindung resp. Funktion. Darüber hinaus ist jede Informationseinrichtung geprägt durch ihre historische Entwicklung oder den Auftrag ihres Trägers, die technische Ausstattung, das Know how der Mitarbeiter sowie ihren Leistungsanspruch oder die Leistungsanforderungen der Informationssuchenden.

Die Gesamtheit der in der Praxis auftretenden Informationssysteme ließe sich nur in einer abstrakten Typologie wiederspiegeln. Darauf wird hier verzichtet und stattdessen versucht, anhand verschiedener Beispiele aus der Informationspraxis einen Überblick zu verschaffen. Hierbei gibt es Überschneidungen zum Hauptkapitel C, da die Informationsversorgung durch Informationsdienste und -dienstleistungen die Hauptfunktion der Informationssysteme ist. In besonderen fachlichen Zusammenhängen wird auch – ergänzend zu Hauptkapitel B – auf methodische und technische Aspekte hingewiesen werden. Schwerpunkte dieses Hauptkapitels bilden jedoch die Arbeitszusammenhänge, die Funktionen der Informationstätigkeit und -einrichtungen sowie exemplarisch fachliche und anwendungsspezifische (benutzungsorientierte) Besonderheiten.

Die in der ersten Hälfte des Hauptkapitels D beschriebenen Informationssysteme haben Dokumente als Informationsquellen zum Gegenstand.

Der Beitrag ,,*Bibliographische Systeme*'' *(D 2: Wolfrudolf Laux)* beschreibt die Arbeitsabläufe der klassischen Literaturdokumentation. Diese ,,Urform'' der (meist wissenschaftlich-technischen) IuD-Stelle weist deutlich Verbindungen zum (Spezial-)Bibliothekswesen auf. Die Tätigkeiten und Verfahren entsprechen, wie detailliert in Hauptkapitel B enthalten, dem traditionellen Dokumentationsprozeß (s. Kap. A 1).

Die Verbindung zum Archivwesen zeigt das Kapitel ,,*Schriftgutverwaltung und Archiv*'' *(D 3: Siegfried Büttner)*, das insbesondere die Verfahren und Hilfsmittel der Akten- und Registraturorganisation beinhaltet.

Noch deutlicher wird die Rolle des Anwendungbereiches im Kapitel ,,*Pressedokumentation*'' *(D 4: Marianne Englert)*. Zunächst wird auch hier die Organisation der Dokumente – die Zeitung als Informationsquelle – in Zeitungsarchiven vorgestellt. Die Funktionen der Pressedokumentation und die verschiedenen Formen der Informationstätigkeit leiten sich dann jedoch weitgehend aus den Bedürfnissen der (hier journalistischen) Anwendung ab.

,,*Audiovisuelle Materialien*'' als Datenträger sind Gegenstand des folgenden Beitrages *(D 5: Karl-Heinz Fischer)*. Es werden die verschiedenen Typen der Bild-, Film- und Tondokumente beschrieben, auf die Besonderheiten der Bild- und Tondokumentation hingewiesen und zahlreiche Institutionen genannt.

Mit der „*Objektdokumentation im Museum*" *(D 6: Christof Wolters)* wird ein weiterer Typ von Datenträger behandelt, der sowohl Informationsquelle als auch Objekt der Dokumentation ist.

Die beiden folgenden Kapitel gehören wieder zur wissenschaftlich-technischen Fachinformation. Die „*Patentdokumentation*" *(D 7: Alfred Wittman)* hat eine lange Tradition, in der sich international gültige Erschließungs- und Nachweissysteme herausgebildet haben. Die Patentklassifikation wird hier ebenso beschrieben wie die verschiedenen Arten von Patentdatenbanken und ihre Produzenten.

„*Technische Regeln*" *(D 8: Horst-Werner Marschall)* werden vom Deutschen Informationszentrum für Technische Regeln dokumentiert und als Informationsquellen nutzbar gemacht. Ihre Funktionen, Merkmale und Inhalte der Informationsdienste werden erläutert.

Der zweite Teil des Hauptkapitels D enthält Beispiele für Branchen- resp. Institutionenbezogene Informatiossysteme (was nicht ausschließt, daß auch hier Quellenspezifika berücksichtigt werden).

Der erste dieser Beiträge gibt einen allgemeinen Überblick über „*Fakteninformationssysteme*" *(D 9: Friedrich Mie)*. Er nennt die wichtigsten Unterschiede zur Literaturdokumentation, erläutert die Charakteristika der Datendokumentation und beschreibt Typen und Modelle entsprechender Datenbanksysteme.

Am Beispiel „*Wirtschaftsinformationen*" *(C 10: Josef L. Staud)* werden die Besonderheiten Datenspezifischen Informationssysteme ausführliche vorgestellt. Informationstypen und Datenbanktypen werden hier erklärt, ebenso die Aspekte des Retrieval. Eine detaillierte Auflistung verdeutlicht außerdem die thematische Vielfalt der Wirtschaftsdatenbanken.

Branchenspezifika werden auch im Kapitel „*Chemie-Informationssysteme*" *(D 11: Gesche Berger)* behandelt. Exemplarisch für den wissenschaftlich-technischen Bereich wird einerseits das Informationsangebot vorgestellt, andererseits die Kriterien chemiefachlicher Systeme erläutert, z.B. anhand der strukturellen Informationen.

Anhand der „*Mediendokumentation*" *(D 12: Michael Harms)* wird die inhaltliche und organisatorische Vielfalt von Informationseinrichtungen deutlich. Einerseits einer (fachunspezifischen) „Branche" zugehörig, fassen Informationsstellen im Rundfunk die einzelnen dokumentspezifischen Systeme (siehe D 4 und D 5) zusammen. Zu den archivischen Funktionen für AV-Materialien kommen die der innerbetrieblichen Informationsversorgung.

„*Innerbetriebliche Informationssysteme*" *(D 13: Hartmut Kroll)*, wie sie vor allem in Industrie und Wirtschaft anzufinden sind, werden im folgenden Kapitel beschrieben. Aufbau, Funktionen und Dienstleistungsangebot sowie organisatorische Einbindung sind hier Gegenstand der Betrachtung.

Arbeitsweise und Produkte privater Informationsanbieter werden im Kapitel „*Systeme der privaten Informationswirtschaft*" *(D 14: Karin Frese)* vorgestellt. Am Beispiel eines Verlages wird gezeigt, wie die Verfahren des elektronischen Publizierens (s. Kap. B 10) zu neuen Informationsprodukten insbesondere für die Wirtschaft führen.

Der Beitrag „*Öffentliches Informationssystem*" *(D 15: Karl A. Stroetmann)* gibt abschließend einen Überblick über die Gesamtheit öffentlich finanzierter resp. durch informationspolitische Maßnahmen initiierter Informationsangebote sowie die Struktur und Funktion von Fachinformationssvstemen.

D 2 Bibliographische (Literatur-) Informationssysteme

Wolfrudolf Laux

D 2.1 Einleitung

Unter dem Begriff ,,bibliographische Systeme'' soll die Gesamtheit der Arbeitsvorgänge verstanden werden, die auf dem Wege von einer Quelle (Dokument) zur Bereitstellung von Informationen aus diesem Dokument bzw. dem dafür notwendigen Rückverweis auf dieses Dokument auftreten. Ziel der Arbeit ist es dabei, das in den Dokumenten fixierte Wissen zu ermitteln und verfügbar zu machen. Wenn dabei insbesondere an literarische Quellen (Bücher, Zeitschriften usw.) gedacht wird, handelt es sich um die ,,klassische'' Form der Dokumentation, aus der sich die wesentlichsten Formen der Informationsmethodik entwickelt haben, wie sie auch in modernen (dokumentbezogenen) Informationssystemen vorkommen und wie sie auch auf andere Dokumentformen (Datenträger verschiedenster Art) anwendbar sind.

Je nach Aufgaben, Umfang und den verschiedenen Voraussetzungen, unter denen solche Arbeitsabläufe stattfinden, können unterschiedliche Methoden zur Anwendung kommen. Sie hängen nicht nur von der Form der Dokumente oder der Organisationsform der sie einsetzenden Einrichtung (zentrale oder dezentrale Organisationsformen), sondern auch von den Erwartungen ab, die potentielle Benutzer hinsichtlich Umfang, Qualität, Schnelligkeit, Verläßlichkeit usw. an ein solches System richten.

Im Rahmen solcher Arbeitsvorgänge werden auch Menschen mit unterschiedlichen Qualifikationen tätig, und es ist im Einzelfall abzuwägen, wie ein optimaler Einsatz sowohl eines gegebenen, als auch eines bereitzustellenden Personals gewährleistet werden kann und welche Dokumentationstechniken auch in Abhängigkeit davon einsetzbar sind.

Ein wichtiger Grundsatz für die Organisation eines solchen Arbeitsablaufes ist es, die einzelnen Arbeitsschritte möglichst aufeinander abzustimmen und eine Kontrolle des jeweiligen Leistungsstandes in einzelnen Abschnitten des Ablaufes ebenso wie des Bearbeitungszustandes einzelner Dokumente an möglichst vielen Stellen zu ermöglichen.

Obwohl ein solcher Arbeitsablauf als Einheit angesehen werden muß, ist es sinnvoll, seine Betrachtung in vier Bereiche aufzugliedern:
1. die Beschaffung der Dokumente
2. die Auswertung der Dokumente
3. die Speicherung von Dokumenten und Informationen
4. die aktive und passive Bereitstellung von Dokumenten und Informationen
Im folgenden soll versucht werden, einen solchen Arbeitsablauf zu skizzieren, ohne dabei methodische oder quellenspezifische Einzelheiten zu erörtern.

D 2.2   Beschaffung

Die Beschaffung von Dokumenten, unter denen hier insbesondere Literatur oder
vergleichbare Datenträger verstanden werden, erfolgt mit dem Ziel, diese unmittelbar für die inhaltliche Auswertung bzw. für die spätere Nutzung vorliegen zu haben. Sie erfolgt im allgemeinen durch Kauf, durch Tausch oder durch Ausleihe.
Der *Kauf* setzt das Vorhandensein eines entsprechenden Beschaffungsetats und
Verbindungen zu Buchhandel und Verlagswesen voraus. Der *Tausch* setzt voraus,
daß eine wertmäßig entsprechende Tauschgabe, z.b. eigene Zeitschrift, eine Bibliographie (z.b. als Ergebnis der Dokumentationsarbeit) etc. zur Verfügung steht, die
für Tauschpartner, deren Adressen zu ermitteln sind, bereitgestellt werden kann.
In beiden Fällen gehen die erhaltenen Dokumente in das Eigentum der beschaffenden Stelle über, was auch für die seltenere Möglichkeit der *Schenkung* zutrifft. Das
Dokument steht bei Kauf, Tausch und Schenkung unbegrenzt zur Verfügung.
Für die *Ausleihe* müssen entsprechende Kontakte zur u.U. externen ausleihenden
Stelle (Bibliothek), z.b. durch Zulassung zum Leihverkehr der Bibliotheken, gegeben sein oder entsprechende organisatorische Verbindungen zum Leihgeber bestehen. Die ausgeliehenen Dokumente stehen allerdings nur kurzfristig (zur Auswertung) und meistens relativ verpätet (nach Eigennutzung des Eigentümers) zur Verfügung und können später nur durch erneuten Ausleihvorgang genutzt werden,
weshalb das Verfahren für Dokumentationssysteme weniger zu empfehlen ist. Auf
jeden Fall sollten bei der Ausleihe alle mit dem Leihvorgang verbundenen Daten
(Leihgeber, Standort, Signatur, Ausleihbeschränkungen etc.) vermerkt werden.
Für die Beschaffung unterschiedlicher Dokumentarten (Monographien, Zeitschriften, Konferenzberichte, Jahres- und Tätigkeitsberichte, Separatdrucke, Dissertationen usw.) sind unter Umständen sehr unterschiedliche Beschaffungswege und
Methoden zu nutzen, über die im einzelnen in der Literatur nachgeschlagen werden
kann. (Lit.01.)
Voraussetzung aller dieser Beschaffungsvorgänge ist die Kenntnis oder die Ermittlung der zu beschaffenden Dokumente. Dies kann auf vielfältige Weise geschehen,
z.B. durch Durchsicht von Bibliothekskatalogen, durch Nutzung anderer Informationssysteme, durch kontinuierliche Beobachtung der Verlagsangebote, durch Beratung von Fachkollegen usw.. Hierzu wird vorteilhafterweise Personal mit Fachkenntnissen auf dem zu dokumentierenden Gebiet in Zusammenarbeit mit biblio-
thekarischem Fachpersonal herangezogen.
Ebenso empfiehlt sich die Verwendung bewährter bibliothekarischer Methoden für
die Eingangskontrolle der beschafften Dokumente. Diese Kontrolle soll den vollständigen, kontinuierlichen und schnellen Eingang der Dokumente sicherzustellen,
da nur so eine aktuelle Informationsgewinnung und -bereitstellung möglich ist. Sie
soll aber auch möglichst weit in den Arbeitsablauf hineinwirken und z.B. die Formalbeschreibung (s.u.) und die spätere Bereithaltung der Dokumente organisatorisch vorbereiten. Für Leihgaben ist mit der Eingangskontrolle auch Sorge für eine
sichere und zügige Rückgabe zu tragen. Für die durch Kauf, Tausch und Schenkung eingehenden, also verbleibenden, Dokumente bedient man sich zur Registrierung sinnvollerweise bewährter bibliothekarischer Katalogisierungs- und Erfas-
sungsverfahren: Bibliothekskatalogen, Zeitschriftenverzeichnissen und anderer Re-

gistrierformen. Diese sollten allgemein bekannten Regeln entsprechen oder so einfach organisiert sein, daß auch an ihrer Erstellung nicht beteiligte Personen diese nutzen können.

D 2.3   Auswertung

Die Auswertung der eingegangenen Dokumente soll möglichst unverzüglich nach dem Eingang erfolgen, damit eine schnelle Information sichergestellt wird.
Die Literatur wird unter zwei Gesichtspunkten ausgewertet:
a) der formalen Beschreibung des Dokumentes in Hinblick auf seine Wiederauffindbarkeit in Bibliotheken oder Dokumentenspeichern. Hierfür sollten wiederum die bewährten bibliothekarischen Verfahren angewendet und bibliothekarisch/technisches Personal herangezogen werden.
b) der inhaltlichen Auswertung der Dokumente in Hinblick auf ihre Wiederauffindbarkeit unter sachlichen Gesichtspunkten. Diese Arbeit obliegt ausschließlich Personen mit Fachkenntnissen des zu bearbeitenden Gebietes, ggfs. Fachwissenschaftlern.
In der Praxis erfolgt zuerst die inhaltliche Bearbeitung, indem Fachwissenschaftler zunächst die Dokumente auf ihre Relevanz für das System überprüfen. Die ausgewählten Dokumente sind zu *klassifizieren* oder zu *deskribieren*. Das heißt, der Inhalt des Dokumentes ist durch Klassifikationsmerkmale oder Deskriptoren (Schlagworte) so wiederzugeben, daß das betreffende Dokument unter verschiedenen, ggfs. kombinierten, Sachverhalten wieder aufgefunden werden kann.
Für eine Klassifikation muß ein ausgefeiltes System vorliegen, das das betreffende Fachgebiet je nach seinen spezifischen Bedürfnissen abdeckt. Es empfiehlt sich dabei, (international) gebräuchliche Klassifikationen zu verwenden oder sich an solche möglichst weit anzulehnen.
Für die Deskribierung, die mit Schlagworten bzw. Deskriptoren (u.U. auch Stichworten!) erfolgen kann, sollte eine genormte Wortliste, am günstigsten jedoch ein Thesaurus, vorliegen, um eine unterschiedliche Beschreibung gleicher Sachverhalte (z.B. durch verschiedene Bearbeiter oder zu verschiedenen Zeitpunkten) vermeiden zu helfen. Bei geeigneter Deskriptorenwahl ist es möglich, Dokumente unter Aspekten wieder aufzufinden, die zum Zeitpunkt der Auswertung des Dokumentes nicht erkennbar waren (vgl. Kap. B 5).
Im allgemeinen wird man eine durch Klassifikationsmerkmale und/oder Schlagworte ergänzte Titelaufnahme vornehmen, in der, neben den Autoren des Dokumentes, der Sachtitel des Dokumentes und die bibliographischen Angaben enthalten sind.
Hinsichtlich des Sachtitels und der zu verwendenden Deskriptoren empfiehlt sich die Anwendung der gleichen Sprache, ggfs. durch zusätzliche entsprechende Übersetzungen, um eine Freitextsuche mit Hilfe der EDV in dem erfaßten Datenmaterial zu gewährleisten, die sowohl die vergebenen Deskriptoren als auch die im Sachtitel auftretenden Begriffe (Stichworte) berücksichtigt. Auch die bibliographischen Beschreibungselemente, wie Jahrgang, Zeitschriftentitel, Sprachangabe etc., sind für die spätere Recherche äußerst wichtige Komponenten.

Nach der inhaltsbezogenen Bearbeitung folgt die formale exakte Beschreibung des Dokumentes (vgl. Kap. B 2), möglichst nach bibliothekarischen Regeln. Auf sie ist größter Wert zu legen, da eine Informationsvermittlung sinnlos wird, wenn die betreffenden Dokumente wegen mangelhafter bibliographischer Angaben z.B. in Bibliotheken nicht wieder auffindbar sind.

Hierbei sind gelegentlich Kompromisse zwischen den oft komplizierten bibliothekarischen Regeln und vereinfachten Erfassungsregeln in Dokumentationsstellen zu machen. Vereinfachungen sollten jedoch nicht ohne bibliothekarischen fachlichen Rat zur Anwendung kommen.

Die erfaßten formalen sowie inhaltlichen Angaben sind sodann zu speichern, wozu verschiedene Formen von Speichern (vgl. Kap. B 7) angewendet werden können (Karteikarten, Handlochkarten, Magnetbänder, Disketten, Magnetplatten usw.). Das Speichern kann durch technisches Personal erfolgen, das mit den dafür entwickelten Regeln gut vertraut sein muß.

Mit diesem Vorgang werden das Dokument als Träger der Information einerseits und die Information andererseits voneinander getrennt und müssen für die Bereithaltung und Bereitstellung von Informationen und Dokumenten jeweils gesondert behandelt werden.

Die inhaltliche Beschreibung und die formale Beschreibung (Erfassung) sowie die Speicherung dieser Daten werden im allgemeinen als ,,Input'' bezeichnet. Die Leistungsfähigkeit eines Informationssystems hängt entscheidend von der Exaktheit und der Vollständigkeit der durchzuführenden Arbeiten ab, d.h. von der Genauigkeit, mit der die Inhalte der Dokumente erkannt, beschrieben und/oder klassifiziert worden sind. Es empfiehlt sich, die Exaktheit sowohl der inhaltlichen Beschreibung als auch der formalen Beschreibung durch eingehende Korrekturmaßnahmen sicherzustellen. Für eine Reihe von formalen Prüfungen können Computerprogramme eingesetzt werden, mit denen die Nichteinhaltung von bestimmten Regeln überprüft werden kann. Solche automatischen Kontrollen können auch auf Klassifikationsmerkmale und Deskriptoren ausgedehnt werden, indem auf das Vorhandensein ausschließlich zugelassener Klassifikationsmerkmale und Deskriptoren bzw. deren richtige Schreibweise anhand vorgegebener Listen geprüft wird. Die falsche Vergabe von Klassifikationsmerkmalen und Deskriptoren oder die falsche Schreibweise z.B. von Autoren oder Wörtern in der Titelaufnahme sind nur intellektuell überprüfbar. Korrekturvorgänge sollten hierbei so organisiert werden, daß aufgenommene Titel jeweils von anderen Mitarbeitern korrekturgelesen werden bzw. eine fachliche Korrektur an zentraler Stelle mit dem Ziel einer einheitlichen Deskribierung bzw. Klassifizierung erfolgt.

Es empfiehlt sich, bei der Erfassung der Dokumente verschiedene Kontrollmerkmale anzugeben. So ist z.B. in Dokumentationsstellen mit einem größeren Personalbestand bei der Titelaufnahme durch Kurzzeichen festzuhalten, wer für die fachliche Auswertung und wer für die technische Titelaufnahme verantwortlich ist. Auf dem Dokument selbst sollte vermerkt werden, ob eine dokumentarische Bearbeitung erfolgt ist und neben der Registrierung der Dokumente beim Eingang sollte ihr Durchlauf bei der technischen Bearbeitung nochmals registriert werden, um sicherzustellen, daß die Dokumente lückenlos bearbeitet werden und um gegebenenfalls ein benötigtes Dokument während des Bearbeitungsvorgangs auffinden zu können.

Für jedes aufzunehmende Dokument wird im allgemeinen ein Begleitzettel oder Erfassungsformular erstellt, auf dem z.B. die Klassifikationsmerkmale und/oder Deskriptoren eingetragen werden. Der Begleitzettel muß Vermerke tragen, die eine eindeutige Zuordnung zum auszuwertenden Dokument ermöglichen. Auf dem Begleitzettel können auch technische Bearbeitungsvermerke eingetragen werden. Es empfiehlt sich, auch Bearbeitungsdaten, z.b. für die fachliche Auswertung, anzugeben, um sicherzustellen, daß die Weiterverarbeitung in einem angemessenen Zeitraum erfolgt. In manchen Dokumentationsstellen wird auf dem Begleitzettel die Titelaufnahme insgesamt vorweggenommen. Dies ist eine im allgemeinen vermeidbare Doppelarbeit. Im Prinzip können alle in einem Dokument enthaltenen Angaben und Daten direkt aus diesem in den Speicher übernommen werden, so daß der Begleitzettel nur Daten enthalten muß, die aus dem Dokument selbst nicht oder nicht eindeutig ersichtlich sind.

D 2.4 Speicherung von Dokumenten und Informationen

D 2.4.1 Dokumente

Dokumente, die im Besitz des Systembetreibers sind, müssen in geeigneter Weise bereitgehalten werden. Sie können nach den normalen bibliothekarischen Regeln in einer Bibliothek oder in einer entsprechenden Dokumentsammlung aufbewahrt werden. Hierfür stehen bewährte bibliothekarische Methoden zur Verfügung. Nach Möglichkeit sollte die Eingangsregistrierung der Dokumente bereits auf die spätere Aufbewahrung ausgerichtet sein.
Wichtig ist, daß die Dokumente so geordnet bleiben, daß sie unter unterschiedlichen Aspekten jederzeit wiederaufgefunden werden können. Wenn jedes Dokument eine in sich geschlossene Einheit bildet (nicht bei Zeitschriften und Serien!), kann z.b. eine Abstellung nach fortlaufendem Eingang (numerus currens) erfolgen, wobei eine Dokumentnummer die Verbindung zu den Informationen herstellt. Eine Aufstellung nach Autoren hat den Nachteil, daß sie Zweit- und Drittautoren benachteiligt. Eine Aufstellung unter sehr spezifischen sachlichen Gesichtspunkten empfiehlt sich ebenfalls wenig, weil eine diesbezügliche Suche leichter in der extrahierten Information vorgenommen werden kann.
Der Eingang des Dokuments in die Dokumentsammlung ist ebenso zu kontrollieren wie die korrekte Rückgabe ausgeliehener Dokumente.

D 2.4.2 Dokumentinhalte

Die im Dokument enthaltenen Informationen müssen in Speichern so bereitgehalten werden, daß sie auf beliebige, auch kombinierte, Fragestellungen hin wiedergefunden werden können bzw. die Beschreibungselemente wiedergefunden werden, die zu einem Auffinden des jeweiligen Dokumentes führen. Das bedeutet, daß in dem Informationsspeicher auch Sachverhalte (Standorte, Dokumentnummern etc.) enthalten sein müssen, die einen schnellen und präzisen Zugang zum Originaldokument, z.B. zwecks Ausleihe, Überprüfung, Herstellung von Kopien usw., erlauben. Die für die Bereithaltung eingesetzten Methoden hängen wesentlich von der Menge und dem Umfang der Informationen und der spezifischen Ansprüche an das System, wie z.B. Schnelligkeit des Wiederfindens, ab. Größere Datensammlungen werden heute kaum noch ohne EDV geführt. Als Datenbanken werden sie bei darauf spezialisierten Einrichtungen (Hosts) zugänglich gehalten. Zu ihrer Nutzung sind technische (z.B. Terminals) und administrative (z.B. Zugangsgenehmigungen) Voraussetzungen zu erfüllen. Kleinere Datensammlungen, z.B. in Karteien, haben den (psychologischen) Vorzug eines direkten Zuganges, z.B. zum Blättern und Suchen, stehen aber im Prinzip nur der diese Kartei besitzenden Einrichtung zur Verfügung.

D 2.5 Bereitstellung von Dokumenten und Informationen

D 2.5.1 Dokumente

Die Dokumente sollten Interessenten bei Bedarf zur Verfügung gestellt werden. Dafür sind gegebenenfalls rechtliche Voraussetzungen (Benutzungsordnung, Teilnahme am Leihverkehr der Bibliotheken) zu schaffen. Der Zugriff zu den gespeicherten Dokumenten kann verschiedene Gründe haben. Der wichtigste ist der, daß der Nutzer eines Informationssystems einen unmittelbaren Einblick in das Originaldokument nehmen oder dieses ausleihen möchte. Ein weiterer Grund wäre die Überprüfung von im Informationsspeicher vorhandenen Daten anhand des Originaldokumentes. Für die Bereitstellung der Dokumente bieten sich wiederum die bewährten bibliothekarischen Verfahren zur Ausleihe an, die möglichst durch bibliothekarisch ausgebildetes Personal praktiziert werden sollten. Bei der Dokumentbereitstellung der Ausleihe ist auf eine Registrierung des Benutzers zwecks korrekter Rückgabe zu achten. Da die Suche nach einem Originaldokument, z.B. im Leihverkehr der Bibliotheken, oft ein langwieriges Verfahren ist, ist es für ein Informationssystem von besonderem Nutzen, wenn es darauf verweisen kann, daß es bei Bedarf sämtliche Originaldokumente zu den nachgewiesenen Informationen selbst bereitstellen kann. (Lit. 02.)

D 2.5.2 Dokumentinhalte

Die aus den bearbeiteten Dokumenten erfaßten Sachverhalte, die in Form von Klassifikationsmerkmalen und/oder Deskriptoren vorliegen und/oder die sich aus sonstigen Angaben (Sachtitel, bibliographische Angaben, Beigabenvermerke usw.) ergeben, sind im Speicher so enthalten, daß auf beliebige, auch kombinierte Fragestellungen die entsprechenden Informationen aufgefunden werden können und auf das Originaldokument verwiesen wird. Wenn die erfaßten Informationen, also die Deskriptoren, die Sachtitelangaben, die bibliographischen Angaben, ggfs. ein mitgespeichertes Referat, einen großen Informationswert haben, kann der Benutzer unter Umständen auf die Einsicht in ein Originaldokument verzichten. Auf jeden Fall müssen die bereitgestellten Informationen für den Benutzer eine Selektion der für ihn besonders wichtigen und benötigten Dokumentbeschreibungen ermöglichen. Dafür sollten die Nachweise auch eine ansprechende Druckform haben, die einen schnellen Überblick über die einzelnen Bestandteile (inhaltliche Angaben, formale Angaben) des Nachweises erlaubt.

Der Nachweis selbst erfolgt in Form einer Recherche im jeweiligen Speicher mit den jeweils dafür anzuwendenden Methoden.

Die Recherche kann von der die Datenbasis erstellenden Einrichtung durchgeführt werden für ihren eigenen Bedarf und für Dritte. Wenn die Datenbasis bei einem Datenbankbetreiber (Host) zur Benutzung aufliegt, kann auch eine Direktnutzung durch die Interessenten erfolgen. Dafür benötigen sie eine entsprechende Zulassung zur Datenbasis. Sowohl bei Direktbenutzern der Datenbasis als auch bei Informationsvermittlung durch die die Datenbasis erstellende Stelle oder andere Informationsvermittler müssen entsprechende rechtliche Voraussetzungen (Zulassungsberechtigung usw.) gegeben sein. Auch ist zu prüfen, ob für die Benutzung der Daten Entgelte zu entrichten sind, so daß eine Entgeltordnung zu erstellen ist. Diese muß eindeutig die Rechte und Pflichten der Vertragspartner, insbesondere die Leistungen klarlegen, die der Benutzer für ein bestimmtes Entgelt erwarten kann.

Das Ergebnis einer Recherche, z.B. aus einem EDV-Speicher, kann dem Benutzer unmittelbar zugeleitet werden. Häufig empfiehlt es sich jedoch, eine Kontrolle der ermittelten Daten vorzunehmen, sofern nicht schon beim Recherchevorgang die Relevanz der ermittelten Daten sichergestellt und unnötiger Ballast vermieden werden konnte. Bei Recherchen aus Handkarteien müssen für den Benutzer Kopien der ermittelten Nachweise erstellt werden. Niemals dürfen die originalen Informationsspeicher (Karteikarten usw.) Benutzern zur Verfügung gestellt werden, da sonst leicht unwiederbringliche und unüberprüfbare Verluste eintreten können.

Die genannten Informationsdienstleistungen werden auch als ,,passive" Dokumentation bezeichnet, da hier nur auf Anfrage von Benutzern, z.B. mit der Durchführung einer Recherche, reagiert wird. ,,Aktive" Dokumentation kann die Herausgabe von gedruckten Diensten (Bibliographien, Referateorgane, Karteidienste) sein, denen trotz zunehmender EDV-Datenbasen noch erhebliche Bedeutung zukommt.

Eine Zwischenstellung nehmen SDI-Dienste (Selected Dissemination of Information) ein, bei denen dem Anfragenden zu einem einmal definierten Thema mit EDV-Unterstützung regelmäßig Informationen zugeleitet werden.

Angesichts eines sich entwickelnden Informationsmarktes kann es für die Dokumentationsstelle von Wichtigkeit sein, für ihre Dienstleistungen zu werben. Dabei ist jedoch zu beachten, daß die Anwerbung von Nutzungsaufträgen der Arbeitskapazität der Einrichtung angemessen sein soll. Die beste Werbung für ein Informationssystem bleibt immer die schnelle und präzise Abwicklung eines Rechercheauftrages.

Literatur

01. Arbeitshilfen für Spezialbibliotheken. Band 1: Erwerbung. Berlin: Deutsches Bibliotheksinstitut 1983. (dbi-Materialien 25.)
02. Arbeitshilfen für Spezialbibliotheken. Band 2: Literaturversorgung (Benutzung). Berlin: Deutsches Bibliotheksinstitut 1984. (dbi-Materialien 38.)

D 3   Schriftgutverwaltung und Archiv

Siegfried Büttner

D 3.1   Methodische Grundlagen

Schriftgut und Schriftgutverwaltung bilden das zentrale Element des *innerbetrieblichen bzw. innerbehördlichen Informationssystems*. Sie sind Gegenstand einer besonderen Methodenlehre deshalb, weil die Schriftstücke und Inhalte, um die es hier geht, in besonderer Weise zweck- und zielorientiert betrachtet, bewertet, zugeordnet und gespeichert oder gelöscht bzw. vernichtet werden. Zur Erläuterung dieser Aussage seien einige Thesen an ein Beispiel geknüpft.

Wenn eine Stadtgemeinde unter lebhafter öffentlicher Aufmerksamkeit einen sehr kunstvollen Brunnen auf einem repräsentativen Platz durch einen berühmten Bildhauer anfertigen läßt, so interessiert den Kassen- und Rechnungsführer der Stadtverwaltung dennoch nur, ob der Auftrag korrekt erteilt, die Übereinstimmung der Ausführung mit dem Auftrag vom Kultur- oder Baudezernenten verantwortlich geprüft und ob Formalien der Rechnungsstellung bis hin zu Skonto- und Zahlungsfristenregelungen korrekt sind. Keinem anderen Zweck dienen die möglicherweise umfangreichen Nachweise über den Materialaufwand, die Ausführungsart, die mitwirkenden Werkstätten und dergleichen mehr, die er zu seinen Unterlagen nimmt. Denn:

(These 1) Schriftgutverwaltung ist eine willentlich eindimensionale, eng zweckrationale Form der Dokumentation.

Dementsprechend findet der Kassen- und Rechnungsführer im Bedarfsfall auch nicht das Kunstwerk oder den Künstler, sondern er sucht und findet einen Vormerkungs- und Ausgabeposten eines Haushalts- und Rechnungsjahres unter einem bestimmten Abschnitt des Etats und/oder einer nach Anfall vergebenen Nummer seiner Kontrollisten und Ausgabenachweise. Denn er denkt, ordnet und findet nur als Geldverwalter. Dies will sagen:

(These 2) Ein Grundelement jeder Ordnung von Schriftgut ist die Funktion oder Aufgabe, aus der sich Zweckbezogenheit und Zweckrationalität bestimmen.

Selbst die Privatperson trennt in natürlichem Instinkt Unterlagen zu behördlichen und geschäftlichen Angelegenheiten von rein privater Korrespondenz und verbindet damit nicht nur Ordnungs-, sondern auch Zweck- und Wertvorstellungen: Wertlose Geschäftspapiere, wie z.B. fast alle Werbeschriften, wandern direkt in den Papierkorb, Rechnungen und Quittungen dann, wenn mit Weiterungen nicht mehr gerechnet wird. Mancherlei Urkunden werden getrennt und (hoffentlich) sorgfältig lebenslang aufbewahrt. Aber selbst die rein privaten Briefe werden beim Zuordnen nach der Beantwortung – und eventuell einer Weile Aufbewahrung – bewertet, d.h. in den Papierkorb geworfen oder weiter aufbewahrt, je nach der Bedeutung im persönlichen Lebenskonzept. Für den Beamten im Beispiel ist solches Bewerten weniger komplex: Nach Rechnungslegung und Rechnungsprüfung sind seine Unterlagen zur Vernichtung frei. Findet die Prüfung nicht in jedem Einzelfall statt, sondern ist mit ihr nur als Möglichkeit zu rechnen, so tritt an die Stelle des wertverändernden Ereignisses die Frist, während derer mit dem Ereignis zu rechnen ist, als Aufbewahrungsfrist.

(These 3) Schriftgut unterliegt einer ständigen Wertbeurteilung und einem größerenteils rational nachvollziehbaren Wertwandel, der in Ordnungs- und Organisationsmaßnahmen des Schriftgutverwaltens umgesetzt werden kann, d.h. in einen überwiegend rationalen (Informations-)Bewertungsprozeß.

Im Falle der weitgehend ausdifferenzierten öffentlichen Verwaltung endet dieser Bewertungsprozeß nach Ablauf der behördlichen Aufbewahrung bzw. Aufbewahrungsfrist beim staatlichen oder kommunalen Archiv mit einer Entscheidung über dauernde Aufbewahrung oder Vernichtung (archivische Bewertung). Darauf ist noch zurückzukommen. Den Beginn des Bewertungsprozesses markiert die täglich zu treffende Entscheidung, wer was wissen, erfahren und mitteilen muß, damit im Gesamtergebnis richtige Maßnahmen bzw. Entscheidungen herauskommen. Schriftgut und Schriftgutverwaltung bilden das meistbenutzte Instrumentarium dieses Informations- und Informationsbewertungsprozesses über und zwischen den aufbauorganisatorischen Einheiten der Behörden, Abteilungen und Referate, die von einander durch sachliche Zuständigkeit abgegrenzt sind. Diese sachliche Ausprägung aller Aufgabengliederung in der öffentlichen Verwaltung und die streng sachbezogene Einkleidung aller schriftlichen Äußerungen kann durchaus den Blick dafür verstellen, daß Schriftgut der Ausdruck und Schriftgutverwaltung die Umsetzung eines von Wertvorstellungen gesteuerten Informationsprozesses ist. Dennoch gilt auch:

(These 4) Schriftgutverwaltung ist — insbesondere in ihrer Ausprägung aus deutscher Verwaltungstradition — in besonderer (fast ideologischer) Weise sachbestimmt.

Der schriftliche Anteil sachlich gegliederter und sachzielbestimmter Entscheidungsprozesse wird in Sachakten umgesetzt. Die Doktrin der Sachaktenwelt findet sich formuliert in § 32 der Gemeinsamen Geschäftsordnung der Bundesministerien (und entsprechend in vielen anderen Geschäftsordnungen) unter der eher irreführenden Überschrift ,,Aktenvermerke''. Sie besagt, daß auch über nicht schriftlich mitgeteilte Sachverhalte Notizen (eben: Aktenvermerke) zu fertigen sind; denn ,,der Stand einer Sache muß jederzeit aus den Akten vollständig ersichtlich sein''.

D 3.2   Zentrale Begriffe

D 3.2.1   Sachakte

Eine Sachakte ist eine technische Zusammenfassung von Schriftstücken, in denen ein allgemeiner oder spezieller Sachverhalt angesprochen ist, mit dem eine Behörde bzw. eine Organisationseinheit befaßt ist.

Akten sind zu Recht zum Inbegriff jeden Verwaltungshandelns geworden; und fast immer sind Sachakten damit gemeint. Bereits die sprachliche Urform (acta = Verhandlungen) nimmt Bezug auf behördliche Entscheidungsprozesse. Parallel zur Ausdifferenzierung und sachlichen Spezialisierung von Justiz und Verwaltung vollzog sich die sachliche Abgrenzung der Akten und die Verfeinerung der Ordnungs-

technik von Sachakten, auch die Differenzierung und Vervielfältigung von Sach-
aktenbegriffen bis zu einer heute kaum noch überschaubaren, ungeregelt gewachsenen Begrifflichkeit. Die Sachakte soll das unmittelbare Abbild der Sachbearbeitung
sein.

Im privatwirtschaftlichen Verwalten drückt sich die geringere Ausprägung der
Sach-Ideologie und das Vorherrschen unverblümter Interessen in geringer entwickelter Sachaktenführung aus. Die dort vorherrschende Form der Korresponden-
tenakten (besser Korrespondentenserien; denn es handelt sich eben um eine
formale, nicht aktionsbezogene Struktur) zeigt an, daß es auf widerspruchsfreie
Sachargumentation in verschiedenen Situationen und gegenüber verschiedenen
Partnern weniger ankommt, bzw. daß beides durch Personen verkörpert und gewährleistet, nicht aber durch Organisation gesichert wird. Konsistente, gesetzes-
treue und, insbesondere bei Ministerien, politikkonforme Verwaltungsführung
wird in der Organisation der öffentlichen Verwaltung dagegen ganz überwiegend
bewirkt durch sachliche Aufgabengliederung und fachliche Spezialisierung (wozu
die Fachlaufbahnen im öffentlichen Dienst gehören) einerseits und Dienstwegeprin-
zip und weitgehende Schriftlichkeit andererseits. In der Organisation der Schriftlichkeit spielen Registraturen eine zentrale Rolle.

D 3.2.2   Registratur

Registratur ist heutzutage ein primär organisatorischer Begriff; als solcher bezeichnet er die organisatorische Zusammenfassung von Funktionen sowie dafür eingesetzten Personen und Sachmitteln des Schriftgutverwaltens. Der Begriff wird
immer wieder in der einen oder anderen Richtung einseitig strapaziert, meist indem
nur ein Sachmittel (wie z.B. der in Anspruch genommene Raum oder -besonders
verbreitet – die Aufbewahrungsbehälter und -möbel) gemeint wird. Aber auch die
verschiedenen Funktionen sind nicht immer vollständig im Bewußtsein.

In einer langen und facettenreichen Entwicklung meint der Begriff zunächst die Gesamtheit der behördlichen Register, da in den Anfängen des Verwaltens nur die jeweiligen Entscheidungen des Amts oder Gerichts (da war am Anfang kein
Unterschied) ,,registriert'' wurden. Mit zunehmender Entwicklung und sachlicher
wie hierarchischer Ausdifferenzierung der Verwaltung entsteht das Bedürfnis, auch
Sachverhalte näher zu präzisieren und Motive des Entscheidens festzuhalten. Zu
den Registern und Protokollen (der Kollegialbehörden) treten die ,,acta''. Die Gesamtheit des Schriftwerks wird zunächst noch durch den Schreiber, dann aber
durch einen besonderen Verwalter, den Registrator, geordnet, kontrolliert und aufbewahrt. Und während der Anteil der Akten am behördlichen Schriftwerk seit dem
17./18. Jahrhundert rapide wächst, schrumpfen die Protokolle und *Register* auf
den Begriff von Register, der in diesem Handbuch nunmehr Gegenstand einer eigenen, neuen Methodenlehre ist, dies insbesondere, nachdem die Kollegialbehörden
zugunsten hierarchisch und sachlich stark gegliederter Bürokratie gewichen sind.

Aus der Registraturpraxis schwindet der ursprünglich namengebende Begriff weitgehend: Das chronologische Register des gesamten Schriftwerkes heißt üblicherweise *(Geschäfts-) Tagebuch*, ein Register nach Ausstellungsdaten in Empfang

genommener Briefe Eingangsbuch; im übrigen existieren „Einsenderkarteien" oder „Namenskarteien" verschiedener Art, aber auch Schlag- und Stichwortverzeichnisse unter zum Teil befremdlichen Namen. Mit all diesen Hilfsmitteln verbindet sich allerdings noch die Vorstellung des *Registrierens*, was unter Behördenregistratoren vielfach die irrige Auffassung bewirkt, dies sei ihre einzige oder zumindest ihre Hauptaufgabe. Ein solches Selbstverständnis, das im übrigen meist noch sehr einseitig auf die formale Kontrolle des Schriftgutes abzielt, sollte eigentliche durch die organisatorische Entwicklung lange überholt sein. Denn schon um die Wende vom 19. zum 20. Jahrhundert war die Entwicklung der Sachaktenführung um einen entscheidenden Schritt weitergegangen, nämlich durch die planend sachsystematische Gliederung des gesamten Schriftgutkörpers, d.h. der Gesamtheit der vorhandenen und noch anzulegenden Sachakten einer Behörde durch einen Aktenplan, der als stoffliche Gliederung des Aufgabenbestandes zugleich den direkten sachsystematischen Rückgriff auf den Aktenbestand ermöglicht.

In den zwanziger Jahren wurde im Zusammenhang mit anderen Vereinfachungs- und Vereinheitlichungsbemühungen in der öffentlichen Verwaltung, die sich für die Reichsregierung und -verwaltung im Ergebnis der Gemeinsamen Geschäftsordnung der Reichsministerien (1926) darstellen, dieses Prinzip des sachsystematischen Zuordnens und Wiederfindens (parallel zum sachlichen Gliedern und Adressieren der behördlichen Aufgaben im Organisations- und Geschäftsverteilungsplan) so absolut gesetzt, daß es sinnvoll schien, den *Registrator*, dessen Funktionsbild undeutlich und in einseitiger Weise mit der Registerführung als Kontrollfunktion verknüpft worden war, allgemein wegfallen zu lassen und die Ordnungsfunktion dem Organisator mit der Aufstellung und Fortschreibung des Aktenplans, im übrigen aber dem Bearbeiter (Sachbearbeiter) zu überlassen, dessen Sachkunde und Interesse an übersichtlichen Akten von selbst zu gutem Ordnungsergebnis führen werde. Die anscheinend einzige Funktion des Registrators, den Lauf und Verbleib von Schriftstücken und Akten innerhalb der Behörde zu überwachen, sollte ersetzt werden durch die Inanspruchnahme der Eigenverantwortlichkeit des Bearbeiters und durch das objektive Steuerungsmittel des *Geschäftszeichens*, in das neben den Code für die aufbauorganisatorische Einheit (d.h. die zuständige Stelle) die Notation des *Aktenplans* als „sprechendes" *Aktenzeichen* zur Adressierung der zutreffenden Sachakte eingesetzt wurde. Auf diesem Wege wurde in weiten Bereichen der öffentlichen Verwaltung sinnvollerweise die Registratur als organisatorische Einheit von Funktionen, Personen und Sachmitteln aufgehoben. An ihre Stelle traten der Aktenplan, *Bearbeiterablagen* und der Gebrauch des Geschäftszeichens im Verkehr in und zwischen den Behörden, aber auch im Umgang mit Außenstehenden.

D 3.2.3   Geschäftszeichen

Das Geschäftszeichen ist ein mehrteiliger Code, der auf jedem Schriftstück – es werde hergestellt, ausgesandt oder in Empfang genommen – eingetragen wird. Die einzelnen Teile des Codes sind zuzuordnen der Aufbauorganisation der Behörde, der sachlichen Grundstruktur ihrer Akten (dem Aktenplan), einer bestimmten Sachakte und/oder evtl. einem einzelnen Schriftstück (sofern ein Schriftstücksregister

geführt wird, aus dem die Registernummer entnommen werden kann). Zweck des
Geschäftszeichens ist es, das Schriftstück – sei es als einzelnes oder als integrierter
Teil einer Sachakte – im Geschäftsgang leicht identifizieren und kontrollieren zu
können, vor allem aber seine Zuordnung zur treffenden Organisationseinheit
und/oder Sachakte zu sichern. Dasselbe gilt für Antworten auf ausgegangene
Schreiben, sofern diese auf den Code bezug nehmen.

Die meiste Akzeptanz und den größten Bekanntheitsgrad hat das Geschäftszeichen
im Justizbereich. Einen Hinweis darauf gibt der erfolgreiche Serientitel ,,Aktenzeichen XY ungelöst'' des ZDF. Auch bei Gerichten handelt es sich aber fast immer

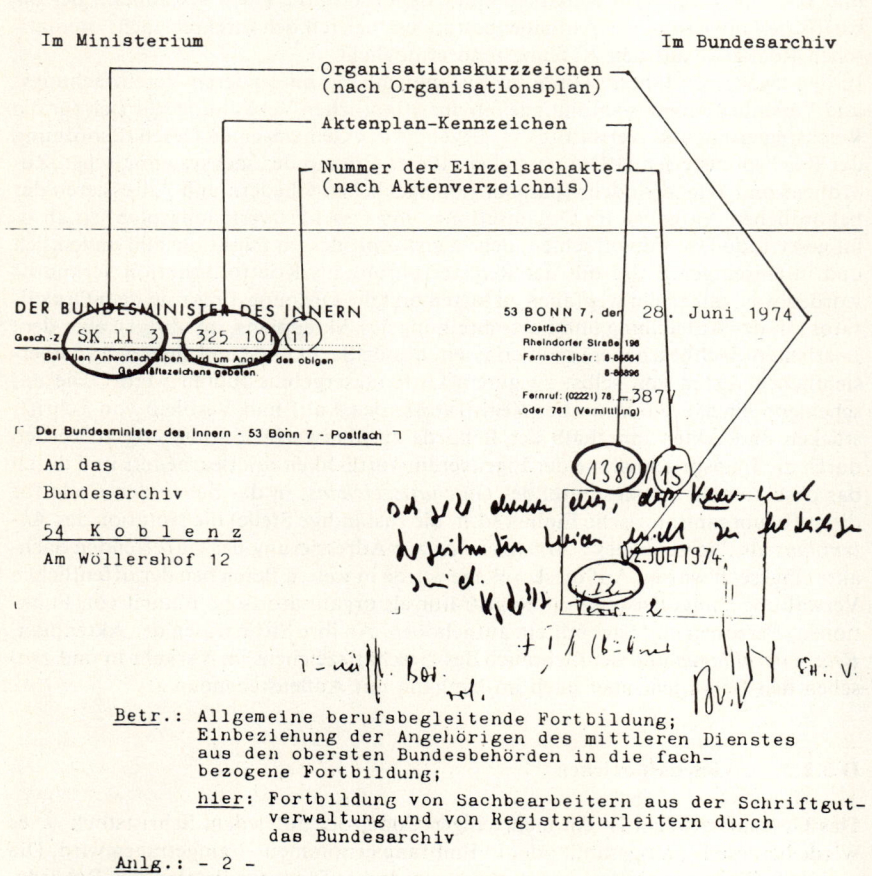

Abb. 1: Das Geschäftszeichen
Beispiel: Bundesministerium des Innern und Bundesarchiv

um einen mindestens zweiteiligen Code, dessen erster Teil die zuständige Geschäfts-
stelle bzw. den Rechtsbereich bezeichnet, indes das eigentliche Kennzeichen für
die Akte (nur das sollte Aktenzeichen heißen) aus einer Registernummer besteht,
die nach Anfall – meist jahrweise – vergeben wird. Da die Verfahrensakten der
Gerichte jeweils einen in aller Regel klar abgegrenzten Fall betreffen, ist diese Form
von Geschäftzeichen recht unproblematisch (aber auch wenig aussagekräftig; bekanntlich werden die Inhalte von Gerichtsverfahren und der zugehörigen Urteile
aufwendig dokumentiert, eben weil eine Sachaktengliederung dafür nicht in Frage
kommt). Wo das Geschäftszeichen das Element der Stoffgliederung der Akten und
die Akte selbst in verschlüsselter Form mit angeben soll, ist seine Anwendung etwas
komplizierter und seine Funktion gefährdeter. Denn der Sachaspekt, unter dem die
Behörde oder Organisationseinheit zuständig ist, muß geprüft und evtl. entschieden
werden, und er kann sich ändern.

Man stelle sich zum Beispiel den Bericht eines deutschen Botschafters über den politischen Umsturz in einem Land vor, aus dem wenig Nachrichten über die Presse zu
uns gelangen. Das Schriftstück wird im Auswärtigen Amt sofort bei Eingang vervielfältigt; denn es sind mehrere Stellen, die unter verschiedenen Aspekten zu prüfen haben, ob und wie gegebenenfalls zu reagieren ist. Je nach Art und Zahl der
mit oder in diesem Land laufenden Maßnahmen (z.B. des Kulturaustausches, der
Projektförderung im humanitären, wissenschaftlichen, wirtschaftlichen oder sonstigen Bereich) wird es bereits Akten geben, zu denen es sich die Berichtskopie als neues Schriftstück fügt und deren Geschäftszeichen es vor allem dann erhalten wird,
wenn nun mit den Partnern dieser Maßnahmen, mit Museen, mit Verbänden oder
Gesellschaften, mit Hochschulen, Firmen die jeweiligen Konsequenzen weiter abzustimmen sind. So stößt dieses eine Schriftstück an zahlreichen Stellen innerhalb und
außerhalb des Auswärtigen Amtes Aktenvorgänge an und wird jeweils unter deren
Geschäftszeichen weitergeführt. So erhalten Schriftstücke, die auf den ersten Blick
sich nur als Kopie einunddesselben Berichtes darstellen, einen unterschiedlichen
Kontext und ein dem entsprechendes Geschäftszeichen, übrigens auch einen unterschiedlichen Aussagewert.

D 3.3   Verfahrensweise und Hilfsmittel

In den Augen des Dokumentars muß es zunächst relativ sinnlos erscheinen, ein
Schriftstück in mehreren Ausfertigungen mehrfach zuzuordnen, anstatt es nur einmal zu speichern und mehrdimensional zu erschließen. Diese Sichtweise wäre jedoch zu einseitig auf Sachinhalte und Sachaspekte gerichtet und würde die
Bedeutung und Qualität des *Informationsbewertungsprozesses* wie auch dessen Dynamik verkennen. Zweckmäßige Verfahrensweisen und Hilfsmittel des Schriftgutverwaltens sind auf Zuwachs und Abgang, auf Zuordnung und Abtrennung sowie
in gewissen Grenzen auf Umstrukturierung (z.B. durch Organisationsänderung)
eingerichtet. Diese Dynamik von Entstehen, Bewerten und Auswerten, Umbewer-
ten und Umstrukturieren auf der Ebene des Einzelschriftstücks in Registern nach-
zuhalten ist lange praktiziert, dann angesichts rapide wachsender Schriftgutpro-

duktionen noch in diesem Jahrhundert weiter versucht, seit den fünfziger Jahren aber durch die formale Kontrolle und inhaltliche Erschließung (nur noch) der *Einzelsachakte* ersetzt worden, wobei die formale Kontrolle mittels des Geschäftszeichens, die inhaltliche Erschließung aber im wesentlichen durch den Aktenplan und das *Aktenverzeichnis* erfolgt. Zwar gibt die maschinelle Datenverarbeitung nunmehr wieder die Möglichkeit, auch für große Massen von Einzelangaben einen Änderungsdienst zu betreiben; der Aufwand dafür steht aber in keinem Verhältnis zu der relativ geringen Mühe, die eine zweckmäßige Führung, Kontrolle und Erschließung von Einzelsachakten verursacht, vorausgesetzt, dies geschieht mit Verstand, nach gewissen gemeinsamen Grundsätzen und gleichbleibend zuverlässig. Verstand, Grundsätze und Zuverlässigkeit sind allerdings in der Organisationspraxis als Kalkulationsgrößen immer weniger beliebt. Darin liegt ein zentrales Problem der Schriftgutverwaltung, insbesondere soweit es um die Organisation sachlich vielfältiger Aufgaben und entsprechender *Sachaktenregistraturen* geht.
Die Verwaltung sachlich vielgegliederter Schriftgutkörper, ihres Zuwachses und Abgangs (durch kontinuierliches Aussondern) ist in der Tat die schwierigste, weil am wenigsten mit Meßzahlen und anderen harten Normen zu lösende, Organisationsaufgabe. Die organisatorischen Instrumente für die Lösung der Aufgabe sind
- der Aktenplan
- Ordnungsgrundsätze für Sachakten
- Aktenverzeichnis(se)
- das Geschäftszeichen
- sowie je nach besonderen Gegebenheiten verschiedene Kontrollhilfsmittel.
Das Regelwerk dazu ist in der Anweisung für die Schriftgutverwaltung *(Registraturanweisung)* enthalten, die ihrerseits Teil der *Geschäftsordnung* einer Behörde ist, die den gesamten Ablauf vom Eingang eines Schriftstückes über die Bearbeitung bis zur Absendung der Post behandelt.

Der **Aktenplan** ist eine aus den Sachaspekten der behördlichen Aufgaben und in Anlehnung an deren Struktur entwickelte Sachklassifikation mit dem Zweck, das Zuordnen und Wiederfinden (weniger von Schriftstücken als) von Sachakten auf einfache Weise (nämlich entsprechend dem sachlich systemtatisch geprägten Aufgabenverständnis der Mitarbeiter) dauerhaft zu gewährleisten sowie durch die Notation als wesentlichem Beitrag zum Geschäftszeichen alle Zuordnungs- und Kontrollfunktionen des Schriftgutverwaltens zu erleichtern.
Entsprechend der sachlich monohierarchischen Aufgabengliederung von Behörden gliedert der Aktenplan zu Recht ebenfalls sachsystematisch-monohierarchisch, allerdings mit einem erheblichen Einschlag von Pragmatismus und sei es auch nur aus Rücksicht darauf, daß die Notation möglichst einfach (d.h. in ihrer Struktur gleichmäßig) und – als ,,sprechendes'' Aktenzeichen – durchsichtig bleibt. Die in den Aktenplan aufgenommenen Sachaspekte (genannt *Betreffeinheiten*) sind stets nur zu verstehen als Aufhänger für die Akten, die aus den jeweiligen Maßnahmen oder Entscheidungen in bezug auf das Sachproblem oder einen Teilaspekt zu einem bestimmten Endzweck angelegt, geführt und geschlossen werden. Die Akten können deshalb auch ausgesondert (und dabei durchaus auch aus dem Aktenplan wieder ausgeklinkt) werden.

```
325
     1  Bundesarchiv

        10  Bundesarchiv im allgemeinen

            100   Bundesarchiv im allgemeinen
            101   Beteiligung in Personalangelegenheiten        *)
            102
            103   Beteiligung in Haushaltsangelegenheiten
            104
            105   Beteiligung in Angelegenheiten der Unterbringung

        11  Organisation des Bundesarchivs

            110   Organisation des Bundesarchivs im allgemeinen
            111   Militärarchiv
            112   Film-, Bild- und Tonarchiv
            113   Ostdokumentation
            114
            115   Außenstelle Frankfurt/Main
            116   Zentralnachweisstelle Kornelimünster
            117
            118   Hauptarchiv (ehem. Preuß. Geheimes Staatsarchiv)

        12  Zwischenarchiv

            120   Zwischenarchiv

        13

        14

        15  Übernahme, Verwaltung und Benutzung von Archivgut

            150
            151   Übernahme von Archivgut durch das Bundesarchiv
            152
            153   Verwaltung des Archivgutes beim Bundesarchiv
            154
            155
            156   Benutzung von Archivalien des Bundesarchivs
            157   Entgeltordnung

        16  Schutz und Sicherung des Archivgutes

            160   Schutz und Sicherung des Archivgutes beim Bundesarchiv im allgemeinen
            161   Sicherungsverfilmung
            162
            163   Schutz des Archivgutes bei bewaffneten Konflikten

        17
```

Abb. 2: Der Aktenplan (Ausschnitt)
     Beispiel: Bundesministerim des Innern (Stand 1964)
     (Aufgabe: Archivwesen; Bundesarchiv – Fachaufsicht)
     *) Markierung bezogen auf Abb. 1.

Eine vollständige Theorie des Aktenplanes ist – nicht zuletzt wegen der zahlreichen pragmatischen Einschläge – relativ kompliziert; die praktischen Regeln für seine Gestaltung sind eher einfach:

Der Aktenplan einer Behörde oder eines Verwaltungszweiges soll alle Aufgaben benennen, also in einem einleitenden Text auch diejenigen, deren Schriftgut außerhalb der Sachgliederung nur nach einfachen Merkmalen zu reihen ist (wie z.B. die Personalakten nach Name oder Nummer), und soll im übrigen die Aufgaben sachsystematisch gegliedert darstellen. Dabei soll er sich streng an den jeweiligen Sachaspekt halten, um Mehrdeutigkeit zu vermeiden (also z.b. Planung nur als Sachproblem, nicht aber als Aufgabe bzw. Funktion ausweisen). Die Gliederung soll aufgabengerecht gewichtet sein und die Gliederungsnotwendigkeit des Schriftgutes berücksichtigen. Jede Betreffeinheit soll Raum bieten für eine überschaubare Menge aufzureihender Einzelsachakten (bei kontinuierlicher Aussonderung kann die Menge auch überschaubar gehalten werden). Die Gesamtstruktur des Aktenplanes soll Raum lassen für einen gewissen Aufgabenzuwachs bzw. eine Aufgabendifferenzierung (maximal ein Drittel der möglichen Positionen sollte in Reserve gehalten werden), aber auch eventueller Aufgabenwegfall ist mit zu bedenken. Als Dienstwerk sollte der Aktenplan möglichst einfach, handlich und übersichtlich sein und auch das gesamte übrige Regelwerk des Schriftgutverwaltens, d.h. die Registraturanweisung, insbesondere aber die speziellen Ordnungsgrundsätze für die Bildung und Abgrenzung von Sachakten, ihre Zuordnung zum Aktenplan und die Führung des Aktenverzeichnisses enthalten.

Für die tägliche Praxis des Umgangs mit dem Geschäftszeichen ist es besonders wichtig, daß die *Notation des Aktenplans* kurz, einfach zu schreiben, leicht durchschaubar, merkfähig und leicht aussprechbar ist. Einheitliche Länge und klare Abgrenzung zum Kennzeichen der Akte durch ein klares Sonderzeichen hilft Mißverständnisse vermeiden.

Die **Ordnungsgrundsätze** für das Bilden und Führen von **Sachakten** sind an sich von der Existenz des Aktenplans weitgehend unabhängig. Überschaubare Mengen von Sachakten (z.B. im ersten Jahr einer neugegründeten Organisationseinheit) können auch durchaus noch ohne Sachsystematik, in einer einfachen Liste festgehalten, nebeneinander bestehen. Entscheidend ist ein klarer Begriff vom Wesen der Einzelsachakte.

Die *Einzelsachakte* ist eine selbständige technische Zusammenfassung von Schriftstücken über einen Sachverhalt zur zweckmäßigen Bearbeitung. Zu ihr gehört ein individuelles Kennzeichen (in der Regel zusätzlich zum Kennzeichen der Betreffeinheit des Aktenplans) und eine Inhaltsangabe (Aktentitel), die den Gesamtinhalt von dem der Betreffeinheit dadurch abgrenzt, daß der bearbeitete Teilaspekt eingegrenzt und/oder die in Gang gesetzte Aktivität (Maßnahme, Funktion, Verrichtung) näher beschrieben wird. Wie die entsprechende Maßnahme und/oder das Objekt hat auch jede Einzelsachakte ein (mehr oder weniger absehbares) Ende. Die Zweckmäßigkeit des Bearbeitens als konstitutives Element der Abgrenzung der Einzelsachakte enthält keineswegs nur individuelle Aspekte, sondern auch generell organisatorische, beispielshalber den Zwang, mit Raum sparsam umzugehen, den Boten nicht mit zu dicken Aktenpaketen (einerseits) und die Registraturkräfte nicht mit zu häufiger Bewegung zu kleinräumig gebildeter Aktenhefte (andererseits) zu belasten. Gute Verwaltungspraktiker beherrschen diese und andere Kriterien mit Augenmaß. Andere leiten aus theoretischen Überlegungen falsche Schlußfolgerungen ab.

Einige der Abgrenzungskriterien führen konsequenterweise zu Sonderformen von Sachakten, wie insbesondere der *Sammel(sach)akte*, die aus verschiedenen Aktivitäten zum gleichen Problem gespeist wird, weil (zunächst) für die Bildung je einer Einzelsachakte einfach nicht genug Schriftgut anfällt bzw. zu erwarten ist. Nach dem andersartigen Kriterium der unterschiedlichen Rückgriffshäufigkeit und/oder Lebensdauer oder zur Erhöhung der Übersichtlichkeit werden Teile einer Einzelsachakte (z.B. aus einem bestimmten besonderen Bearbeitungsschrift oder z.B. bestimmte Arten von Unterlagen) herausgenommen und als *Sonder(sach)akte* zur Einzelsachakte geführt, üblicherweise unter Benennungen wie Beiakte, Nebenakte o.ä.. Ein stets stark gewichteter Faktor der Sachaktenbildung ist (oder sollte zumindest sein) die Begrenzung der Lebens- bzw. *Aufbewahrungsdauer* einer Akte und die leichte *Aussonderung*.

Das **Aktenverzeichnis** ist ein von jeder aktenführenden Stelle (mehr dazu unten) sinnvollerweise zu führendes Verzeichnis der in der Gliederung des Aktenplanes tatsächlich angelegten Akten. Es enthält das individuelle Kennzeichen der Einzelsachakte (und evtl. das Zusatzzeichen der Sondersachakte) sowie insbesondere den „*Aktentitel*" und die Laufzeit (zunächst nur den Beginn). Wird das Aktenverzeichnis, was das Sinnvollste ist, nach dem Aktenplan gegliedert geführt und werden die der Betreffeinheit des Aktenplanes hinzugefügten Akten fortlaufend numeriert, so unterliegt im Laufe der Zeit auch das Aktenverzeichnis − wie die Akten selbst − der Aussonderung, wenn auch mit Verzögerung. Kann doch z.B. für eine längere Zeit auch noch die Archivsignatur einzelner ins Archiv übernommener Akten so evident gehalten werden. Jedenfalls bildet ein zweckmäßig geführtes Aktenverzeichnis die sinnvolle Verbindung zwischen dem prinzipiell statischen Ordnungsrahmen Aktenplan und dem naturgemäß dynamischen Schriftgutkörper. Es ist darüber hinaus ein gutes Hilfsmittel zur Kontrolle des Aktenbestandes und nicht zuletzt ein Instrument rascher Verständigung überall dort, wo Funktionen des Schriftgutverwaltens arbeitsteilig wahrgenommen werden, z.B. zwischen einem Bearbeiter und einem Registrator.

Je nach dem Grad aufbauorganisatorischer Trennung verschiedener Funktionen des Schriftgutverwaltens sind weitere Hilfsmittel, überwiegend zu Kontrollzwecken (z.B. zum Nachweis des Verbleibs eines eingegangenen Schriftstücks bis zur Vereinigung mit der Akte, zum Nachweis der Aktenherausgabe, zur Wahrung von Wiedervorlageterminen) und, nur in sehr begrenztem Umfang, zur zusätzlichen inhaltlichen Erschließung (Stich- und Schlagwortverzeichnis) nötig.

Alle genannten Hilfsmittel, vom Aktenplan über das Aktenverzeichnis bis zu den formalen Kontrollisten können nach heutigem Stand der Entwicklung grundsätzlich (wenn auch noch mit einigen praktischen Schwierigkeiten) IT-gestützt geführt werden. Auch liegt in massenhaft gleichförmigen Unterlagen und Akten *(Fallakten)* eine starke Tendenz zur Überführung in maschinenlesbare Form. Für die beschriebenen Einzelsachakten aber wird es noch lange bei der herkömmlichen Art der Ak-

1 3 8 0	I n h a l t der Akten	Schriftgutverwaltung in obersten Bundesbehörden	
Ordnungs-Nr.	B e t r e f f		
14	Auskunft an Rigsarkivet Kopenhagen über Grundsätze der Aktenplangestaltung	1974 .	*vgl.*
*) 15	Ausbildung von Schriftgutverwaltern im Rahmen der Bundesakademie für öffentliche Verwaltung	1974 – 1982 H/1 1 1983 – H/1 2	*s. auch Beileg* vgl.Nr.20
16	Behandlung des Beschlusses des Haushaltausschusses des Bundestags vom 24.1.74 betr.Vereinheitlichung der Untersuchung der technischen fachneutralen Verwaltungsbereiche der Bundesregierung	1974 .	Altregistratur
17	GGO.I Anweisungen für die Schriftgutverwaltung u.- Herstellung	1975 .	
18	**Erfahrungsaustausch** der Sachbearbeiter für Schriftgutverwaltung der obersten Bundesbehörden	1976 —	
19	Richtlinien der Bundesregierung über Aufbewahrungsfristen von fachneutralen Schriftgut,insbesondere Fortschreibung des Fristenkatalogs	1976 —	
20	Beitrag Schriftgutverwaltung zu Fortbildungsveranstaltungen der BAKÖV	1976 —	vgl.Nr.15
-	Gutachten zum Einsatz technischer Hilfsmittel in der Schriftgutverwaltung des BMI	————	vgl.Az.1448/
21	Fortbildung von Schriftgutverwaltern des mittleren Dienstes im Bereich der Bundeswehrverwaltung	1976	
22	Einführung eines Reg- und Archivdienstes in der mittleren nichttechnischen Verwaltungslaufbahn	1974 — 1981	
23	Informationsunterlagen ü. d. (zwischen-) archivischen Aufg. f. Angeh. oberster Bundesbehörden	1983 .	
24	**Fortbildung auf dem Gebiet der Informationstechnik (Datenverarb.) und Burokommunikation**	1984 – 1987 H/1 1 1988 – H/1 2	
25	Arbeitsgruppe **Organisatorenprofil** im BMI	1985 .	
26	**Neufestsetzung der Fristen für die Altab-**gaben des Bundeskanzleramtes an das Zwischenarchiv	1985 .	

Abb. 3: Das Aktenverzeichnis
Beispiel: Bundesarchiv (Seite 2 von Betriffeinheit 1380)

*) Markierung bezogen auf Abb. 1;
aktenführende Stelle: Hauptdienststelle Koblenz (Zentralregistratur)

tenführung und deshalb auch bei den Grundfunktionen der beschriebenen Hilfsmittel bleiben. Allerdings sind die Grenzbereiche zur automatisierten Registerführung (anstelle von Fallakten) und zur Dokumentation (anstelle von Sondersachakten, die sich zu großen ,,Materialsammlungen'' auswachsen, stets kritisch im Auge zu behalten.

D 3.4   Registraturorganisation

Es versteht sich nicht von selbst, wer für wen sinnvollerweise die Akten führt, aufbewahrt, nachweist und aussondert. Dies muß geprüft und entschieden werden, und zwar unter Umständen für jede dieser Funktionen besonders.
Die größtmögliche Anpassung der Führung von und des Rückgriffs auf Sachakten an den Prozeß der Sachbearbeitung und dessen Dynamik scheint erreichbar zu sein, wenn alle Entscheidungen des Schriftgutverwaltens dem Bearbeiter selbst überlassen bleiben. Doch tendiert eine so weitgehende Dezentralisierung in ,,*Bearbeiterablagen*'' *(Sachbearbeiterablagen)* − selbst unter der Voraussetzung eines strengen Regelwerks (von Aktenplan, Ordnungsregeln und Geschäftsgangsvorschriften), die so einfach perfekt auch nicht herzustellen ist − zu Unordnung und Störung des Geschäftsbetriebes, es sei denn, die zu leistende Ordnungsfunktion ist ausschließlich oder überwiegend auf die Anwendung formaler Kriterien (wie insbesondere bei Schriftstück- und Fallaktenserien) begrenzt. Sind dagegen beim Ordnen vielfältige Sachaspekte im Lichte der jeweiligen Arbeitsziele bzw. Aufgabenstellung zu prüfen, so liegt allein schon in der Entscheidung, was überhaupt zu den Akten zu nehmen ist, ein weiter Ermessensspielraum (meist wird zu viel zu den Akten genommen). Aber auch in der Wahl des treffenden Sachaspektes aus dem Ordnungsrahmen Aktenplan in der Art und Weise, die Wertigkeit des Schriftgutes in differenzierte Sachaktenführung umzusetzen, und auch in der formalen und inhaltlichen Beschreibung der Sachakten im Aktenverzeichnis, stecken Methodenkenntnisse und -erfahrungen, die nicht beliebig multiplizierbar sind. Nicht jeder Bearbeiter bringt in gleicher Weise Neigung und Eignung für das Aktenwesen mit.
Der richtige Grad der Zentralisierung des Schriftgutverwaltens in Registraturen hängt von einer größeren Zahl unterschiedlich zu gewichtender Faktoren ab, wobei die Notwendigkeit geordneten Aussonderns meist ganz vergessen wird. Im allgemeinen tendieren alle Kontrollfunktionen zur Zentralisierung, die Ordnungsfunktionen dagegen zur bearbeiternahen Dezentralisierung. Aufbauorganisatorisch sind deshalb, wo das Ordnungsproblem von Gewicht ist, Mittellösungen bevorzugt. In den Ministerien des Bundes und der Länder herrschen deshalb überwiegend jeweils teilzentrale Registraturen im vollen Wortsinne vor; sie stehen jeweils unter zentraler Leitung. Eine organisatorisch und räumlich zentrale Registratur für einen großen Bereich ist sinnvoll nur als Kontroll- und Aufbewahrungsstelle für Fallaktenserien oder als Altaktenverwaltung. Im übrigen aber muß dem Gewicht des Ordnungsproblems die Qualifikation der Registrators entsprechen, was im BAT (zu den Vergütungsgruppen VIb − Nr. 38 und 40, Vc − Nr. 9 bis 13- und Vb − Nr. 25) relativ deutlich ausgedrückt ist. Doch muß der Registrator auch fähig sein zu sinnvoller

Kommunikation mit dem Bearbeiter über die jeweilige Ordnungsmaßnahme. In der ganz überwiegenden Zahl der Fälle vollzieht sich diese Verständigung übrigens sehr still über das Geschäftszeichen.

Zum Verständnis der Aktenstruktur trägt eine klare Auffassung von der *aktenführenden Stelle* bei: Zentrale oder teilzentrale Registraturen sind grundsätzlich in der Lage, eine Einzelsachakte für mehrere oder alle mitwirkenden Organisationseinheiten zu führen. Die Bearbeiter reichen in diesem Fall die Akte von Hand zu Hand weiter und tragen ihren jeweiligen Sachbeitrag bei. Dezentrale Aktenführung, insbesondere in Bearbeiterablagen, bedeutet dagegen, daß auch innerhalb einer Behörde die verschiedenen Organisationseinheiten sich Briefe schreiben und jede die ihren streng unter ihrem eigenen Sachaspekt zu ihren Akten nimmt. Dadurch wird die Schriftgutmenge zwar größer, aber sie wird nach Sachaspekten schärfer gegliedert und − was schwer wiegt − deutlicher bewertet. Bei richtiger Handhabung kann deshalb die insgesamt größere Zahl der Akten aufs Ganze gesehen kürzer aufbewahrt und einfacher ausgesondert werden. Die scharf aspektbezogene, Referats-,,egoistische'' *Aktenführung* hat sich in der Praxis auch dort weitgehend durchgesetzt, wo teilzentrale Registraturen bestehen. Diese führen die Akten für mehrere Referate nebeneinander.

D 3.5   Aussondern und Archivieren

Ein geregeltes Aussonderungsverfahren (neuerdings auf der Grundlage von Archivgesetzen) und der Übergang eines (kleinen) Teils des Behördenschriftgutes an zuständige *Archive* sind für die öffentliche Verwaltung besonders charakteristisch. Unterlagen, insbesondere Akten, die für Verwaltungszwecke entbehrlich geworden sind, sind dem Archiv anzubieten. Das Anbieten erfolgt zum Teil auf der Basis der Aktenverzeichnisse, zum Teil durch besondere *Aussonderungsverzeichnisse*. Die Archive bewerten das angebotene Schriftgut nach archivischen Kriterien. Diese sind zum Teil unmittelbar aus der Struktur der öffentlichen Aufgaben und des Schriftguts abgeleitet, zum Teil nehmen sie Wertvorstellungen aus der Entstehungszeit auf, im übrigen aber beruhen sie auf dem historisch-wissenschaftlichen Erkenntnisstand der Gegenwart. Für weite Bereiche öffentlicher Aufgaben können verallgemeinerte Bewertungsentscheidungen getroffen werden, die dann in Regelwerke (,,Aufbewahrungs- und Aussonderungsbestimmungen der . . . verwaltung'') eingehen. Solche Regelwerke können nach den Funktionen, nach Klassen von Unterlagen (beides meist gemischt) oder, unter bestimmten Voraussetzungen, nach dem Aktenplan aufgebaut werden. In ihnen wird meist eine zweifache *Bewertung* dargestellt: diejenige unter Verwaltungszwecken, die sich in Aufbewahrungsfristen ausdrückt, und die *archivische* mit der Aussage: Vernichten oder (selten) ins Archiv zu überführen.

Eine Kombination von Funktionen des Schriftgutverwaltens mit solchen des Archivs stellen *Zwischenarchive* dar, in denen zentral für viele Behörden (z.B. die Bonner Ministerien im Bundesarchiv-Zwischenarchiv) Akten bis zum Ablauf der Aufbewahrungsfristen verwaltet werden, um dann nach *archivischer Bewertung* (im einzelnen oder entsprechend den Angaben eines Regelwerkes) vernichtet oder ins (End-)Archiv überführt zu werden.

Vorbereitung und Durchführung der Aussonderung erfordern stets den Einsatz von Registraturkräften. Das unmittelbare Aussondern aus Sachbearbeiterablagen in ein Archiv oder Zwischenarchiv hat noch nirgends befriedigend funktioniert.

D 3.6   Archive

Ein einigermaßen deutlicher Archivbegriff läßt sich am leichtesten für die öffentlichen Archive bilden, da der Archivbegriff ansonsten − nicht zuletzt in der Werbesprache zugunsten der neuen Technologien des Mikrofilms und der Datenverarbeitung − arg strapaziert ist.

Öffentliche Archive sind behördeneigene oder selbständige, auf Verwaltungsbereiche oder -bezirke bezogene, Institutionen zur dauernden Aufbewahrung der historisch wertvollen Überlieferung und zur Durchführung von deren öffentlicher Benutzung. Ihre Aufgabe der Erfassung und Übernahme, der Bewertung, der Aufbewahrung, der Ordnung und Erschließung, der Benutzungsdienste und Auswertung erstreckt sich keineswegs nur, aber doch der Menge nach überwiegend auf Behördenakten. Auch sonstige Überlieferungsformen wie Tonträger, Bild- und Filmmaterial und selbstverständlich auch maschinenlesbare Daten gehören dazu. Öffentliche Archive ergänzen die ihnen aus den Behörden zuwachsenden Bestände mehr oder weniger intensiv durch Erwerb und Sammlung privater Unterlagen und von Druckschriften.

Archivbestände werden archivisch nach den Gesetzen ihrer Entstehung weiterhin behandelt: Sie werden gebildet und abgegrenzt nach dem Grundsatz der Provenienz (der Behörde). Sie werden geordnet (gehalten), soweit tunlich, und erschlossen entsprechend ihrer ursprünglichen Struktur. Rückgriff und Benutzung erfordern dementsprechend genaue Kenntnisse der Verwaltungs- und Behördenentwicklung, der Aufgabenstruktur und des behördlichen Geschäftsganges. Mutatis mutandis gilt dies auch für Nicht-Akten-Bestände.

Nächst der Bewertung stellt die bedarfsgerechte *archivische Erschließung* die höchsten Ansprüche an die archivischen Fachkräfte, da die Bearbeitung angesichts des Umfangs der Bestände in äußerst rationeller Weise erfolgen muß. Die Bewältigung der Aufgabe ist (soweit überhaupt) nur möglich, weil der Archivar − in Umsetzung eines Prinzips der Schriftgutverwaltung − in Akteneinheiten und nicht in Schriftstücken denkt. Um dem Dokumentar eine Vorstellung zu geben, sei erwähnt, daß die Gesamtaktenproduktion von 16 Bundesministerien, die sich auf jährlich über 50.000 Aufbewahrungseinheiten, enthaltend ca. 75.000 Einzelsachakten und Sondersachakten, beläuft, mit etwa vier Mannjahren archivischer Fachkräfte jährlich gesichtet, bewertet und − zum (archivwürdigen) Teil − verzeichnet wird. Dabei müssen zu wesentlichen Teilen die vorgefundenen, in den Registraturen gebildeten Aktentitel als irreführend verworfen und ersetzt werden. Gegen 10.000 Titelaufnahmen müssen geleistet werden. Im übrigen sind die ministeriellen Überlieferungen zwar besonders wichtige, aber keineswegs alle Bestände, deren Bearbeitung einem Häuflein von Archivaren aufgegeben ist, das sich an Zahl kaum mit einer mittleren IuD-Einrichtung messen kann.

Die archivischen Titelaufnahmen werden entsprechend der Aufgabenstruktur der Behörden klassifiziert in bestandsbezogenen „Findbüchern" dargestellt. Indexierungstechniken können nur zusätzlich und in sehr begrenztem Umfang eingesetzt werden; weder ist die Arbeitskapazität dafür vorhanden, noch würde die Rückgriffshäufigkeit sie rechtfertigen.

Noch findet der Archivar im Behördenschriftgut eine Fülle formaler Merkmale in Gestalt von Registratur- und Geschäftsgangsvermerken und insbesondere des Geschäftszeichens, die rasche Orientierung und sicheres Urteil über Inhalt und Schicksal von Akten unterstützen. Insofern leisten Registraturen bzw. alle, die am Schriftgutverwalten beteiligt sind, unschätzbare Vorarbeit für das Archiv. Mit dem weiteren Umsichgreifen der Schematisierung behördlichen Schriftwerks durch IT könnten für die Archive ganz neuartige Probleme entstehen.

Literatur

01. Bibliographie zum Archivwesen. In: Der Archivar 1974 ff.
02. Brecht, A.: Die Geschäftsordnung der Reichsministerien. Berlin 1927.
03. Bundesministerium des Innern (Hrsg.): Gemeinsame Geschäfts-Ordnung der Bundesministerien. Stuttgart: Kohlhammer 1974 ff. (Loseblattsammlung).
04. Enders, G.: Archivverwaltungslehre. 3. Aufl. Berlin (DDR) 1968.
05. Franz, E.: Einführung in die Archivkunde. 4. Aufl., Darmstadt: Wissenschaftliche Buchgesellschaft 1984.
06. Präsident des Bundesrechnungshofes und Bundesminister des Innern (Hrsg.): Empfehlungen für die Schriftgutverwaltung. 2. Aufl. März 1989.
    (zu beziehen durch: Bundesverwaltungsamt. Bundesstelle für Büroorganisation und Bürotechnik.)
07. Schatz, R.: Behördenschriftgut. Aktenbildung, Aktenverwaltung, Archivierung. Boppard: Boldt 1961. (Schriften des Bundesarchivs 8.)

Zeitschriften:

09. Der Archivar. Mitteilungsblatt für deutsches Archivwesen. Düsseldorf 1949 ff.
10. Archivum. Revue internationale Des Archives; publiée sous les auspices du Conseil International des Archives. Paris 1951 ff.
11. BBB-Informationen. Hrsg. vom Bundesverwaltungsamt – Bundesstelle für Büroorganisation und Bürotechnik, Köln.
    (u.a. seit 1988: Beitragsfolge des Bundesarchivs über Schriftgutverwaltung.)

D 4 Pressedokumentation

Marianne Englert

D 4.1 Einleitung

Innerhalb der fachlichen Disziplinen von Information und Dokumentation nimmt die Pressedokumentation eine Sonderstellung ein. Ihre eigenständige Entwicklung begann bereits gut ein halbes Jahrhundert früher als die der naturwissenschaftlich-technischen Fachdokumentation und verlief später parallel zu dieser. Presse- und Redaktionsarchive gab es schon, als von ,,Dokumentation'' im heute üblichen Sprachsinn noch nicht die Rede war. Schon die frühen Zeitungsbändesammlungen belegte man mit dem Namen Pressearchiv, und der Begriff verband sich danach lange ganz allgemein mit dem Zeitungsbändearchiv. Seit etwa der Mitte des vorigen Jahrhunderts bildeten sich dann auch Presseausschnittarchive heraus, verkürzt gleichfalls Pressearchiv genannt. Nun entsteht zwar in Redaktionsarchiven, die die Produkte des eigenen Verlages speichern, auch im engeren Sinn Archivgut, von der Arbeitsmethodik her gesehen ist jedoch die Tätigkeit in einem Pressearchiv eher eine dokumentarische. Daneben enthält sie auch bibliothekarische Elemente und in der Ebene des wissenschaftlichen Medienarchivars und -dokumentars noch eine ausgeprägte journalistische Facette.

Gleich dem das Archiv nutzenden Redakteur muß der wissenschaftlich qualifizierte Medienarchivar oder -dokumentar in einem Pressearchiv seine Themen fachlich beherrschen. Das Erfassen, Analysieren, Ordnen und Klassieren der Zeitungsartikel ist ohne fachliche Kompetenz nicht möglich. Auch bei der Weitergabe von Daten, Fakten und Ereignissammlungen, der Informationsvermittlung, wirkt der Pressedokumentar als Informationsspezialist. Er berät den Nutzer partnerschaftlich mit fachlicher Kompetenz, versteht dessen Informationsbedürfnisse einzuschätzen und nutzt nicht nur die Möglichkeiten der eigenen Dokumentationsstelle, sondern hat auch Mittlerfunktionen beim Abruf von Informationen aus anderen Informationsquellen. Das methodenspezifische Dokumentationswissen, das ihn dazu befähigt, kann zwar auch in Verbindung mit berufsbegleitenden Weiterbildungsmaßnahmen am Arbeitsplatz vermittelt werden, eine qualifizierte und qualifizierende Vorbereitung auf den Beruf über einen entsprechenden Studiengang kann jedoch den beruflichen Einstieg wesentlich erleichtern. Mitgebracht werden müssen das erforderliche Fachwissen und eine gute Allgemeinbildung. Während in kleineren Pressedokumentationsstellen neben der breiten Verfügbarkeit von allgemeinem Wissen vor allem Wendigkeit gefragt ist, muß sich der Pressedokumentar in größeren Dokumentationsstellen fachlich stärker spezialisieren.

Infolge ihrer eigenständigen Entwicklung blieben sich die Pressedokumentation und die Fachinformation lange ziemlich fremd, und erst seit etwa zehn Jahren kommt es zu einer allmählichen Annäherung. Auch die Informations- und Kommunikationswissenschaft nimmt erst seit kurzem von der Pressedokumentation inhaltlich ernsthaft Notiz. Ähnliches gilt für die Publizistik, in deren Einzugsbereich die Pressedokumentation gleichfalls liegt. So sind die Phänomene des Pressearchivwesens wissenschaftstheoretisch noch kaum systematisiert und lassen sich in ihren Abläufen einstweilen nur beschreiben.

D 4.2   Entwicklung und Aufgaben der Pressedokumentation

Die Geschichte der Pressdokumentation setzt Mitte des vorigen Jahrhunderts mit dem Heraufkommen der Redaktionsarchive ein. Einige bedeutende Zeitungen, wie die „Frankfurter Zeitung", die „Neue Zürcher Zeitung", das „Hamburger Fremdenblatt", der Ullstein-Verlag in Berlin oder die „Kölner Zeitung", erkannten damals, daß sie mit einem eigenen Archiv ihre redaktionellen Leistungen verbessern, aber auch dem Leser schneller und gezielter Auskunft über die erschienenen Beiträge liefern konnten. Denn schon von Beginn an kam dem Redaktionsarchiv eine doppelte Aufgabe zu, die ihm bis heute geblieben ist: das Pressearchiv trägt dazu bei, den Informationsbedarf seiner eigenen Redaktionen(en) abzudecken, und es ist gleichzeitig eine der populärsten Anlaufstellen für Auskunftsuchende, über die die Öffentlichkeit verfügt. Der einfache Bürger, der vor dem Besuch einer Buchhandlung oder einer Bibliothek vielleicht zurückschreckt, erwartet von „seiner" Zeitung wie selbstverständlich Auskunft, Rat und Hilfe in vielen Lebenslagen. Damit ist das Redaktionsarchiv nicht nur ein „Bürgerinformationssystem" ersten Ranges, sondern zugleich ein wichtiges Instrument der von den Zeitungen traditionsgemäß intensiv gepflegten Leser-Blatt-Bindung. In jüngster Zeit kommt vielen Pressearchiven daneben noch eine dritte Aufgabe zu: Sie werden zu Teilnehmern des sich allmählich entwickelnden Informationsmarktes, auf dem sie ihre Dienstleistungen als professionelle Informationsvermittler anbieten. Insbesondere andere Informationsbroker lassen sich zunehmend von den Pressearchiven mit thematischen Zusammenstellungen von Material aus den jeweiligen Verlagsprodukten versorgen. Vor diesem Hintergrund sahen sich inzwischen manche Verlage veranlaßt, für die Dienstleistungen ihrer Pressearchive Entgeltforderungen zu stellen, zumal natürlich auch die Pressearchive gehalten sind, Kosten-Nutzen-Relationen Rechnung zu tragen. Pressearchive entwickeln sich so allmählich zum Profit-Center. Dort, wo mehrere Redaktionen auf das gleiche Archiv zugreifen, ist eine Leistungsverrechnung ohnedies unumgänglich. Gleichzeitig wächst aber auch der Zugriff professioneller Informationsbroker auf die Pressearchive. Das veranlaßt inzwischen manche Verlage, auch selbst Entgeltforderungen zu stellen, zumal das Pressearchiv in der Regel gehalten ist, auch Gesichtspunkte der Kosten-Nutzen-Relation Rechnung zu tragen.

Das breit aufgefächerte Spektrum sehr unterschiedlicher Anforderungen macht den eigentlichen Reiz der Tätigkeit in einem Pressearchiv aus, und der Pressedokumentar übt seine Tätigkeit im Spannungsfeld zwischen den verschiedenartigsten Informationsbedürfnissen aus, für deren Erfüllung er zuständig ist.

D 4.3   Typen von Pressearchiven und -dokumentationsstellen

Unterscheiden lassen sich insgesamt vier Formen von Pressearchiven und Pressedokumentationsstellen: Zeitungsbändearchive, Presseausschnittarchive, Registerarchive, Elektronische Datenbanken.

1) Die erste und älteste Form, das **Zeitungsbändearchiv**, begnügt sich mit der bibliothekarischen Titelaufnahme. Diese Form des Zeitungsarchivs ist insbesondere in Bibliotheken anzutreffen und bleibt hier aus den weiteren Betrachtungen heraus.

2) Das **Presseausschnittarchiv** ist die trotz einer wachsenden Zahl elektronischer Pressedatenbanken noch immer gebräuchlichste Form der Pressedokumentation. Presseauschnittarchive werden nicht nur von Verlagen und Rundfunkanstalten unterhalten, sie sind auch in vielen anderen Institutionen angesiedelt, so bei Ministerien, Parteien und Parlamenten, bei Industrie- und Handelskammern, Wirtschaftsverbänden und Unternehmen, vor allem Banken und Versicherungen, und nicht zuletzt auch bei wissenschaftlichen Einrichtungen wie dem HWWA (Institut für Wirtschaftsforschung, Hamburg), dem Kieler Institut für Weltwirtschaft, dem Herder-Institut in Marburg, dem Institut für Auslandskunde in Stuttgart, dem Institut für Zeitgeschichte in München und anderen wissenschaftlichen Institutionen. In allen diesen Pressearchiven und -dokumentationsstellen sind die spezielle Ausrichtung und der Bestandsaufbau bestimmt durch die Interessenlage des Auftraggebers.

3) Das **Registerarchiv**: In manchen Dokumentationsstellen bewahrt man die zu dokumentierenden Zeitungsartikel nicht selbst nach ihren Inhalten thematisch geordnet aus, sondern erschließt sie über Stellvertreter und Register. Man erfaßt die bibliografischen Angaben zu den einzelnen Beiträgen, ordnet diese statt der Ausschnitte und weist damit auf die Fundstellen hin, während sich der volle Text im Zeitungsband, auf dem Mikrofilm oder auch in einer chronologisch geordneten Auschnittsammlung befindet. Bei der Weitergabe der Information an die Redaktion erweist sich dieses Verfahren allerdings als schwerfällig: der Journalist, der auf das Material zugreifen will, sieht sich gezwungen, anhand der karteimäßig erfaßten Angaben in einer Vielzahl von Bänden oder in anderen Unterlagen nachzuschlagen, aus denen er sich die gesuchten Informationen herausziehen muß. Praktikabler ist das Verfahren bei der Informationsvermittlung an den außenstehenden Nutzer. Dieser kann, auch telephonisch, schnell und gezielt Auskunft erhalten, und, nachdem ihm Titel und Erscheinungsdaten mitgeteilt wurden, die Artikel anschließend in einer Bibliothek nachlesen.

Die längere Zeit als veraltet geltende Form der Informationsverarbeitung über Register erfährt unter dem Vorzeichen der Elektronik jetzt eine Renaissance. Unter den *elektronischen Pressedatenbanksystemen* gibt es *Hybridformen*, bei denen lediglich die Suchmerkmale elektronisch erfaßt und in einem Retrievalsystem geladen werden, während der Volltext, mit einer suchbaren Adresse versehen, auf dem Mikrofilm, dem Mikrofiche oder einer Optischen Speicherplatte abgespeichert und bei Bedarf rückkopiert wird. Die Pressedatenbank von Gruner + Jahr, bereits 1972 entstanden und in der zweiten Auflage der „Grundlagen der praktichen Information und Dokumentation" durch Winfried Schmitz-Esser ausführlich beschrieben, verkörpert diesen Typ der *Hybrid-Datenbank*.

4) Die elektronischen Pressedatenbanken, die in der Bundesrepublik, wenn auch mit deutlicher Zeitverzögerung gegenüber anderen Staaten, inzwischen neben den traditionellen Pressearchiven allmählich eingeführt werden, unterscheiden sich in ihrer Konzeption beträchtlich. GENIOS, 1985 ins Leben gerufen, ein Dienst der Verlagsgruppe Handelsblatt, stellt als öffentlicher Anbieter nicht nur das Handelsblatt und die Wirtschaftswoche, sondern auch andere Publikationen der Fach- und Wirtschaftspresse als typische Volltext-Datenbanken bereit, deren Kennzeichen die Suchmöglichkeiten im Freitext sind. Der Bonner General-Anzeiger bietet ein Beispiel dafür, wie sich mit einer für die Herstellung der Zeitung eingesetzten Redaktionselektronik auch Archivdaten verarbeiten lassen, die bei dieser Zeitung überwiegend aus lokalen und regionalen Informationen bestehen. Die Nachrichtendatenbank der Deutschen Presseagentur dpa, gleichfalls eine Volltext-Datenbank, arbeitet über das von Siemens entwickelte Programm PASSAT mit einem *kontrollierten Vokabular*. Das Munzinger-Archiv stellt seine politisch-statistischen Informationen über die Bertelsmann-Informationsdienste BIS Informationen als *Faktendatenbank* zur Verfügung. Die Datenbank Btx Südwest bietet über *Bildschirmtext* eine Reihe von Archivdiensten an. Weitere Formen der elektronischen Informationsvermittlung von Pressetexten, zum Beispiel über die CD-ROM, dürften in absehbarer Zeit zu erwarten sein.

D 4.4   Formen der Informationsverarbeitung

Fachinformation und Pressedokumentation unterscheiden sich in wesentlichen Elementen: Funktionell hat es die Pressedokumentation mit Informationen der unterschiedlichsten Herkunft und Verbreitung zu tun. Die Zahl der zu dokumentierenden Quellen ist unübersehbar, die Thematik der Berichterstattung universell. Die Tätigkeit in einem Pressearchiv muß meist unter hohem Zeitdruck verrichtet werden, und die Nutzerprofile sind differenzierter als bei jeder anderen Art der Informationsvermittlung. Sehr verschiedene Formen des Dokumentierens münden in die Pressedokumentation ein und bilden hier ein geschlossenes Ganzes: die *Ereignisdokumentation*, mit der Vorgänge in ihrem chronologischen Ablauf oft über Jahre hinweg belegt werden müssen, ist darunter die wichtigste. Sachthematisch chronologisch geführte oder auch − wie bei den Biografien oder dem Firmenarchiv − nach formalen Merkmalen erfaßte Sammlungen verbinden sich im Pressearchiv mit einer umfangreichen *Daten- und Faktendokumentation*, zu der noch Formen der bibliografischen Erfassung hinzutreten. Dabei sind die *wesentlichen Arbeitsabläufe* identisch mit denen der Fachinformation: die Informationsermittlung, die Informationserschließung und die Informationsvermittlung bilden auch in der Pressedokumentation Kernpunkte der Tätigkeit, folgen in ihren Abläufen aber den für die Pressedokumentation typischen Mustern.

Ist es Aufgabe der Fachinformation, die relevante Literatur zu *einem* Fachgebiet möglichst *umfassend* zu erfassen, hat es der Pressedokumentar mit viel widersprüchlicheren Anforderungen zu tun. Er muß definieren, *welche Themen* er eingehend behandelt, welche anderen er hingegen eher dilatorisch erfaßt. Dazu gehört der *Mut zur Lücke*. Notwendige Beschränkungen müssen offensiv begründet werden können. Prozesse der *Bewertung* durchziehen die Pressedokumentation in allen ihren Phasen: bei der Festlegung der Quellen, beim Lektorieren, beim Aufbau des Ordnungssystems und bei der Informationsvermittlung muß definiert werden, von welchen Gesichtspunkten sich der Pressedokumentar bei seiner Tätigkeit leiten läßt. Ohne solche Festlegungen widerfährt ihm leicht, daß ihn die Materialfülle erdrückt, die Breite der Thematik erstickt und seine Informationsvermittlungstätigkeit sich ins Uferlose ausdehnt. In größeren Dokumentationsstellen ermöglicht es nur ein den Umfang der Arbeit genau definierender Kriterienkatalog dem einzelnen Mitarbeiter, genauer einzuschätzen, von welchen Gesichtspunkten sich die Gesamtheit aller Dokumentare in dieser Stelle bestimmen läßt, und nur dies befähigt ihn, bei seiner Informationsvermittlungstätigkeit Aussagen konkret zu formulieren.

D 4.5   Informationsermittlung

Woran orientieren sich Pressearchive, wenn sie die Quellen festlegen, die zur Auswertung herangezogen werden und bestimmen, wie dies geschehen soll? Kein Pressearchiv kann es sich erlauben, zu *allen* Themen und Wissensgebieten, die es zu betreuen hat, mit der *gleichen Erschließungstiefe* zu sammeln. Selbst ein großes Pressearchiv würde sich mit der Behauptung unglaubwürdig machen, es verfüge über die Fachkompetenz zur vertiefenden Behandlung aller wissenschaftlichen Disziplinen. Zu Themen und Sachverhalten der Naturwissenschaften, der Medizin oder der Technik wird gesammelt und bis zu einer Tiefe erschlossen, die fachlich noch beherrscht werden kann. Die in Tageszeitungen erscheinenden Berichte, insbesondere die der eigenen Zeitung(en), müssen adäquat nachgewiesen werden können, bei der Auswertung der Fachliteratur hört man dort auf, wo eine korrekte Zuordnung nicht mehr gewährleistet werden kann. Die fachliche Spezialisierung eines Fachinformationszentrums oder -sytems oder einer Fachbibliothek wird weder erreicht noch kann sie auch nur angestrebt werden.
Die Quellen, auf die man bei der Auswertung zugreift, basieren auf den Wünschen der Nutzer, von ihnen gewinnt man die Richtwerte für die Arbeitsorientierung. Dazu muß der Nutzerbedarf zuvor erforscht und analysiert werden: Wie setzt sich der Nutzerkreis zusammen, ist es nur die eigene Redaktion und das hauseigene Management oder sind auch außenstehende Nutzer zu versorgen? Wo liegen Schwerpunkte der Interessen in Politik, Wirtschaft, Kultur und Sport, welche engeren Fachgebiete müssen besonders berücksichtigt werden, über welche fachlichen Spezialisierungen verfügen die Informationssuchenden? Muß das Pressearchiv beim Sammeln sein Hauptaugenmerk der Weltpolitik zuwenden oder spielen regionale Probleme eine größere Rolle? In größeren Pressearchiven ist die ,,Leseliste'', die täglich abzuarbeiten ist, meist umfangreich. Bis zu hundert Tages- und Wochenzeitungen und einige hundert andere Publikationsorgane, Fach-, aber auch Publikumszeitschriften, in bestimmten Fällen auch die Regenbogenpresse, werden erfaßt und ausgewertet, wobei sich unter den zu berücksichtigenden Zeitungen und Zeitschriften je nach der Ausrichtung der Dokumentationsstelle mehr oder weniger viele fremdsprachige befinden. Dazu treten dann noch Korrespondenzen und Informationsdienste, Reports, Geschäftsberichte und andere graue Literatur, Amts-

drucksachen, Sitzungsprotokolle, Monografien und manches andere mehr, das beim Sammeln gleichfalls berücksichtigt wird. In einer großen Pressedokumentationsstelle können am Tag bis zu dreitausend Dokumente anfallen, wobei allerdings Doppelablagen mit berücksichtigt sind. Das 1951 gegründete Pressearchiv der Frankfurter Allgemeinen Zeitung verfügt heute zum Beispiel über eine Sammlung von mehr als zwanzig Millionen Zeitungsausschnitten.

Die eigene Zeitung oder die eigenen Zeitungen, die eigenen Verlagsprodukte ganz allgemein werden bei der Auswertung fast immer besonders berücksichtigt, weil es zu den Aufgaben des Pressearchivs gehört, die im eigenen Blatt erschienenen Beiträge nachzuweisen. Manche Pressearchive begnügen sich ausschließlich damit, diese Aufgabe zu erfüllen. Die eigentliche Dokumentation beginnt allerdings erst dort, wo dieser enge Rahmen gesprengt wird. Pressedokumentationsstellen, die nicht in einem Tageszeitungsverlag angesiedelt sind und daher über keine eigene Zeitung verfügen, mit der sie bei der Auswertung die informationelle Kontinuität gewährleisten können, bestimmen meist eine Zeitung, die sie besonders schätzen, als ,,Basiszeitung''.

Wovon läßt sich der Auswertende bei seiner Tätigkeit leiten? Er trägt aus den ihm zur Verfügung stehenden Quellen *Daten und Fakten* zusammen, mit denen er die politischen, sozialen, wirtschaftlichen, kulturellen, wissenschaftlichen oder sportlichen Ereignisse belegt, sammelt *Berichte und Reportagen*, die ,,Farbe ins Bild bringen'', Vorgänge illustrieren und Stimmungen einfangen, und hält − meist − auch *Kommentare* fest. Bei alledem ist er gehalten, streng auf Neutralität zu achten. Eine einseitige Auswahl von Daten und Fakten führt den Nutzer zu falschen Beurteilungen. Erst recht gilt dies im Kommentarbereich. Wer sich beim Auswerten in dieser Hinsicht nicht streng kontrolliert, handelt gegen das Berufsethos. Es ist nicht die Aufgabe des Pressedokumentars, am *Prozeß der Meinungsbildung aktiv mitzuwirken*, sondern er muß über eine Vielzahl der verschiedenartigsten Informationen, die er zusammenträgt, dem Benutzer ermöglichen, sich selbst eine Meinung zu bilden. Je enger sich eine Pressedokumentationsstelle auf eine bestimmte Nutzergruppe einstellen kann, desto gezielter kann sie bei ihrer Sammeltätigkeit vorgehen. Wer hingegen vielen Auftraggebern zuarbeiten muß, muß seine Sammlungen breiter anlegen. Der Informationssuchende empfindet bei der Recherche die damit verbundene Redundanz dann gelegentlich als Belastung.

D 4.6   Informationserschließung

Der einzelne Zeitungsartikel verfügt nicht über den geringsten materiellen Wert. Dies unterscheidet die Pressedokumentation in einem wesentlichen Punkt von der Film- und Schalldokumentation, der sie sich im übrigen nahe verwandt fühlen kann, denn auch diese verarbeitet publizistisch relevanten Medienstoff (siehe Kap. D 5 und Kap. D 12). Lohnt es überhaupt, auf einen Gegenstand von solch geringem Wert einen erheblichen Erschließungsaufwand zu richten? Das ist eine ernstzunehmende Frage, der sich der Pressedokumentar immer wieder stellen muß. Sie zwingt ihn, über seine Arbeitsmethoden stets von neuem zu reflektieren. Was zählt, ist der *informationelle Wert* eines Zeitungsartikels, nur dieser rechtfertigt den

Erschließungsaufwand. Einer mosaikartigen Zusammenstellung vieler einzelner Meldungen kann ein erheblicher Aussagewert innewohnen.

Aber sind nicht inzwischen die Verfahren der automatischen Indexierung (vgl. Kap. B 4) so weit ausgereift, daß die intellektuelle Indexierung entbehrlich ist? Dies ist vor allem eine Frage des Anspruchs. Es gibt eine Reihe bekannter Pressedatenbanken auf dem internationalen Markt, die ausschließlich auf automatische Volltextinvertierung setzen. Auch eine Recherche in einer Volltext-Freitext-Datenbank führt zu Ergebnissen. Aber sind es immer die relevanten? Im Gegensatz zur Fachinformation hat die Pressedokumentation es *nicht mit einer normierten Fachsprache*, sondern mit der sehr farbigen und die Begriffe bewußt stets wechselnden *Sprache des Journalisten* zu tun. Zwar bleibt dabei die Diktion des Autors − anders als bei der Abfassung von Abstracts − unverändert erhalten, was auch von Vorteil sein kann, doch kann sich der Nutzer in einer solchen Datenbank bei der Recherche nicht auf eine gesicherte Fachterminologie stützen, die eine Freitext-Recherche wesentlich erleichtert, sondern muß sich der Sprachwelt des Autors anpassen. In einer solchen Datenbank kann der Recherchierende niemals sicher sein, ob er nicht mit der von ihm formulierten Frage an der für ihn eigentlich wichtigsten Information *vorbeisteuert*, denn Texte, die die Sachverhalte mit einem anderen als den vom Benutzer verwandten sprachlichen Ausdruck bezeichnen, werden nicht gefunden. Selbst bei einer sorgfältigen Vorbereitung der Suchstrategie und der Suchfragen führt die Suche in einem Volltext-Freitext-System ohne zusätzliche intellektuelle Indexierung immer wieder zu ungewollter Redundanz, und der Recherchierende muß sich vieles für ihn überflüssige anschauen, bis er auf die für ihn relevanten Ergebnisse stößt. Der intellektuelle Aufwand, der sonst auf die Erschließung verwandt wird, muß in einer solchen Volltext-Datenbank in die Recherche hineingenommen werden, und das bedeutet auch, daß dieser Aufwand dann betrieben werden muß, wenn dafür am wenigsten Zeit zur Verfügung steht, nämlich zur Zeit des Bedarfs. Dort also, wo die Ansprüche hoch sind, kann eine Recherche in einem Volltext-System mit Pressetexten nur zu ergänzenden Ergebnissen führen. Es bleibt abzuwarten, in welchem Maße wissensbasierte Systeme hier zu weiteren Verbesserungen und zu einem präziseren Recall führen werden.

Zu weit präziseren Ergebnissen führt die Suche in einer Volltextdatenbank, in der neben der automatischen Textinvertierung mit der Vergabe von *Codes und Schlüsselwörtern* auch ein gewisser intellektueller Aufwand betrieben wird. Hier ist der Nutzer allerdings − wie in bibliografischen Datenbanken auch − gehalten, sich bei einer Recherche des Apparats der Manuals zu bedienen, die er dazu stets zur Hand haben muß.

In einem *konventionell* betriebenen *Pressearchiv* wird die Leistungsfähigkeit des Archivs durch das *Ordnungssystem* entscheidend geprägt, das eine sichere Ablage und damit das Wiederauffindbarmachen des Gesuchten erst ermöglicht. Der die Ordnung gewährleistende, die Sortiervorgänge steuernde Systematische Katalog dient in der Regel zugleich auch als Standortkatalog, legt also auch die Stellordnung der Bestände fest. Das Ordnungssystem bestimmt weit mehr als die Mengen der angehäuften Dokumente den Rang eines konventionellen Pressearchivs. Wie bei vielen anderen Gegebenheiten in der Pressedokumentation ist auch die Konzeption der Systematischen Ordnung abhängig von den Nutzerbedürfnissen und muß

mit diesen korrespondieren. Auch läßt sich ein Ordnungssystem nicht ohne weiteres
von der einen auf eine zweite Pressedokumentationsstelle übertragen, sondern muß
zuvor auf deren speziellen Anforderungskatalog abgestimmt werden.
Da die Systematische Ordnung in einer relativ frühen Anlaufphase der Dokumentationstätigkeit definiert werden muß, zu einem Zeitpunkt also, zu dem das Nutzer-
spektrum noch nicht immer eindeutig festgelegt werden kann, gibt es gerade bei
dieser für die weitere Arbeitsweise des Pressearchivs entscheidenden Festlegung besonders viele Fehlentscheidungen. Die relativ schwerfällige Materie, mit der es der
Pressedokumentar zu tun hat, verhindert dann aber, daß ein Ordnungssystem später noch einmal grundlegend verändert wird, es sei denn, durch einen völligen Neuanfang. Diese Anpassungsschwierigkeiten stellen in der konventionellen Pressedokumentation eines der größten Probleme dar, wenn nicht von Beginn an die Weichen richtig gestellt wurden. Durch genaue Analyse lassen sich jedoch auch bei großen Informationsmengen Ordnungssysteme entwerfen, die allen Anforderungen
eines konventionell geführten Pressearchivs genügen.

Alle in der Fachinformation bekannten *Ordnungsformen* können auch in der Pressedokumentation eingesetzt werden, wenn sie auf deren Bedürfnisse zugeschnitten
werden. Im konventionellen Pressearchiv verwendet man jedoch am häufigsten hierarchisch strukturierte Ordnungssysteme. Klassifikationen, bei denen die Ord-
nungsbegriffe mit Notationen verbunden sind, eigenen sich besonders dazu, begriffliche Unschärfen zu überwinden, die sich stets verändernde Begriffswelt mit ihren die politischen, wirtschaftlichen, sozialen und kulturellen Vorgänge charakteri-
sierenden Schlagworten sinnvoll zu integrieren und journalistisch relevante Sachverhalte sicher zuzuordnen. In der Pressedokumentation darf ein gutes Ordnungssystem nicht starr sein, sondern muß Veränderbarkeit vorprogrammiert haben.
Ordnungssysteme, die nicht neuen Erfordernissen harmonisch angepaßt werden
können, verlieren hier erstaunlich schnell ihre innere Logik. Eine einfache Grundstruktur erleichtert, besonders in größeren Anlagen, die Orientierung. Feinere
Strukturen sollten nur dort angelegt werden, wo die Thematik dies erfordert, grö-
bere dann benutzt, wenn eine stärkere Differenzierung nicht angebracht erscheint.
Der große Vorteil einer hierarchischen Ordnungsstruktur liegt darin, daß Mappen
je nach dem Materialanfall geteilt oder auch wieder zusammengefügt werden können, ohne daß die Klassifikation jede Veränderung der Begriffswelt sprachlich sofort mitmachen müßte, wenn der Bezug zum Oberbegriff erhalten bleibt.
Dieser kann seine Rolle als ,,Auffangbecken'' so lange spielen, bis die Materialum-
fang zu einer feineren Strukturierung zwingt, und die darin enthaltenen Unterbegriffe lassen sich bei entsprechender Definition sowohl vom Indexer als auch vom
Nutzer intellektuell zutreffend erschließen. Zusätzliche Findhilfen können über alphabetisch geordnete Stich- und Schlagwörter gewonnen werden, die auf die Texte
der Klassifikation und auf die Notationen hinweisen. Hierzu eignen sich relativ einfach zu handhabende *elektronische Programme*, die sich bereits auf einem PC installieren lassen, oder auch Karteikarten.
Erschließungsverfahren, die auf der natürlichen Sprache basieren und zu denen der
Thesaurus (vgl. Kap. B 5) gehört, der in der Fachdokumentation für die Erschließung elektronisch gespeicherter Daten herangezogen wird, haben in Pressedatenbanken mit dem Problem zu kämpfen, daß der Sprachgebrauch der Presse weniger

festgelegt ist und sich stärker verändert als der wissenschaftlicher Fachdisziplinen. Daher veralten in der Pressedokumentation Systeme auf rein sprachlicher Basis sehr schnell. Wegen des hohen Aufwandes, der zu ihrer Pflege und Aktualisierung notwendig wäre, haben sie sich kaum durchsetzen können. Daß die Pflege und Fortschreibung des gewählten Ordnungssystems ein Pressearchiv lebendig erhalten, wurde bereits gesagt. Wer das Ordnungssystem verändert, muß auch einschätzen können, welche Wirkungen er damit auslöst. In einer elektronischen Pressedatenbank trennen Veränderungen des Erschließungssystems den Gesamtbestand in Teilbestände, die bei der Recherche nicht mehr zusammenfassend abgefragt werden können. Im konventionell geführten Archiv ist eine nach rückwärts gewandte Anpassung von Suchbegriffen zwar möglich, aber mit viel Aufwand verbunden. Zu entscheiden, wann Anpassungen zwingend vorgenommen werden müssen, wann sie besser unterbleiben sollten, erfordert Kenntnisse und Fingerspitzengefühl. Veränderungen setzen sich mit ihren Wirkungen oft wellenförmig fort. Wer mit der Pflege des Ordnungssystems beauftragt ist, sollte besonders kundig und mit der Gesamtanlage der Dokumentationsstelle bestens vertraut sein. Wird jedoch versäumt, neue Vorgänge und Sachverhalte in der Systematik zu verankern, oder erlaubt das gewählte Ordnungssystem solche Anpassungen nicht, kann nicht mehr sicher zugeordnet werden, und die Bestände werden allmählich indifferent und damit letztlich unbrauchbar.

D 4.7 Informationsvermittlung

Die Fragen, die ein Pressearchiv erreichen, vermitteln in ihrer Gesamtheit ein Spektrum der vielschichtigen Informationsbedürfnisse unserer Zeit, und dabei artikulieren sich die unterschiedlichsten Anforderungen. Insbesondere die sozialen Bedingungen seines Lebens, sein soziales Umfeld, fragt der Leser in ,,seinem'' Pressearchiv ab. Jedoch erreichen das Pressearchiv nicht nur allgemeine Anfragen aus dem engeren Leserkreis. Es sieht sich immer häufiger auch mit fachlich sehr speziellen Anforderungen aus einem immer breiter werdenden Benutzerpublikum konfrontiert und wächst so allmählich in die Rolle eines Kommunikationsberaters hinein. Selbst Journalisten, die ihr eigenes Redaktionsarchiv intensiv nützen, können nicht immer genau einschätzen, in welcher Weise diese Dokumentationsstelle in Anspruch genommen wird, da jeder Journalist nur seinen eigenen Bedarf kennt. Der gleiche Sachverhalt wird auch von den Mitgliedern der gleichen Redaktion nicht immer in der gleichen Weise abgefragt: der Leitartikler verlangt eine andere thematische Zusammenstellung als der Glossenschreiber, dieser benötigt das gleiche Thema in einer anderen Aufbereitung als der Journalist, der beauftragt ist, eine Hintergrunddokumentation zu verfassen, dieser wieder den gleichen Sachverhalt anders als der Lokalredakteur, der das Thema unter lokalen oder regionalen Aspekten behandelt. Bei so unterschiedlicher Inanspruchnahme obliegt es dem Pressedokumentar, seine Materialien so aufzubereiten, wie sie der einzelne Journalist für seine spezielle Arbeit braucht, und dabei alle verfügbaren Mittel auszuschöpfen. Werden zum Beispiel Querschnittsdokumentationen angefordert, wird sich der Dokumentar in der Regel bemühen, die Dokumentation der Vorgänge über seine Presseausschnittsammlung durch die Bereitstellung von Literatur, also von Monografien und von Aufsätzen aus Fachzeitschriften, zu ergänzen, die er aus der eigenen sowie über die örtlichen Bibliotheken oder über die Fernleihe beschafft. Direktbestellungen in den zentralen Fachbibliotheken mit postalischer Auslieferung, aber auch die Dokumentübertragung via Telefax ergänzen diese Möglichkeiten und gewinnen zunehmend an Bedeutung.

Die Art der Beanspruchung des Pressearchivs durch Journalisten weist nur schwer zu überbrückende Widersprüche auf: auf der einen Seite benötigt der Redakteur präzise Fakten und harte Daten. Aber er braucht das Archivmaterial auch dazu, sich einzulesen und sich bereits Bekanntes zu vergegenwärtigen. Solche „weichen" Daten sind eine Besonderheit der Pressedokumentation. Während der Informationssuchende in der Fachdokumentation in der Regel recht genau weiß, was er sucht, und seine Fragen entsprechend präzise formuliert, möchte der Journalist beim *Blättern* in den „Dossiers", wie die Mappen oft altmodisch noch genannt werden, Assoziationen beleben und Denkanstöße erhalten. Daß sich angesichts der elektronischen Datenverarbeitungsmethoden in der Pressedokumentation auch die konventionellen Verarbeitungsmethoden so lange weiter erhielten, beruht vor allem auf diesem Effekt. Am Bildschirm läßt sich nun einmal nicht so gut blättern. Auch kann, wenn zwischen dem Nutzer und dem Pressearchiv keine größeren Wege liegen und dieses à-jour ist, auf alle Unterlagen sofort zugegriffen werden, und da es in der Pressedokumentation auf den Faktor *Zeit* ankommt, spielt auch dieser Gesichtspunkt eine Rolle. Wer binnen einer halben Stunde eine Glosse schreiben soll, hat für zeitraubende Recherchen wenig Geduld, er braucht das Gewünschte binnen Minuten. In einer Tageszeitung oder einer Rundfunkanstalt sind zudem die allerneuesten Informationen häufiger gefragt als lange zurückliegende Ereignisse. Bereits am gleichen Tage müssen die Tagesneuigkeiten für den sofortigen Zugriff bereitstehen. Für ein elektronisches System ist dies noch immer eine hohe und kostspielige Anforderung.

Die Formen, in denen Anfragen entsprochen wird, lassen sich systematisieren: das Verifizieren von Fakten, Daten und anderen Angaben, das Dokumentieren von Vorgängen in ihrem chronologischen Ablauf, die Querschnittsdokumentation, die Sachantwort, das Zusammenstellen und Beschaffen von Literatur, sie alle gehören in dieses Spektrum.

Selbstverständlich beschafft der Pressedokumentar Informationen auch *aktiv*: er hält Kontakt zu vielen Institutionen, zu Parteien und Gewerkschaften, zu Firmen, zu Wirtschaftsverbänden und anderen Körperschaften, zu Hochschulen und den verschiedensten anderen wissenschaftlichen Einrichtungen, zu Gemeinden und zu Gebietskörperschaften, zu den Statistischen Ämtern, zu Archiven und Bibliotheken, um die Informationen zu beschaffen, die er nicht selbst sammeln kann. Je kleiner ein Pressearchiv ist und je geringer der Umfang seiner Sammeltätigkeit, desto stärker ist der Pressearchivar auf die *Beschaffung* angewiesen.

Das *Recherieren* in *elektronischen Datenbanken* gewinnt in der Pressedokumentation an Bedeutung. Hier erwachsenen dem Pressedokumentar neue, interessante Aufgaben, die ihm ermöglichen, den Journalisten seines Hauses Hilfestellung zu geben und die Informationsversorgung seiner Redaktion weiter zu verbessern. Mit dem internationalen Online-Angebot und der Art seiner Nutzung sollte sich heute jeder Pressedokumentar vertraut machen. Die Stärken der elektronischen Datenbank liegen auf einem anderen Felde als die des konventionellen Pressearchivs, und es gilt, beides nutzbringend zu kombinieren. Amerikanische, englische, französische und in einem gewissem Umfang auch deutsche Hosts stellen heute bereits ein breites Spektrum an Informationen zur Verfügung, die das einzelne Pressearchiv in dieser Fülle nicht bereitstellen kann. In bestimmten Fällen kann eine Recherche in den großen internationalen Datenbanksystemen nicht nur zu besseren Ergebnissen führen als das eigene Sammeln, sie kann auch kostengünstiger sein. Wird naturwissenschaftliche, medizinische oder technische Literatur gesucht, ist das Datenbankangebot bereits sehr ergiebig. Wird in einer *Bibliografischen Datenbank* recherchiert, muß allerdings anschließend der Volltext beschafft werden, da sich Journalisten selten mit den bibliografischen Angaben oder den Abstractfassungen allein begnügen. Die Literaturbeschaffung aber braucht eine gewisse Zeit und ist nur bei längerfristigen Planungen möglich. Die schnelle Dokumentlieferung via Telefax oder Direktbestellungen verkürzt die Lieferzeit, ist aber vergleichsweise teuer. Vorteile bieten in diesem Punkt die Volltextdatenbanken. Sie eröffnen den unmittelbaren Zugang zu den Texten, wenn auch bisher noch überwiegend ohne die informativen Tabellen und Graphiken der Originalpublikationen.

Die Frage, ob der Journalist selbst recherchiert oder dies lieber einem Dokumentationsspezialisten überläßt, ist noch nicht ausdiskutiert. Die Schwierigkeiten einer elektronischen Recherche liegen weniger in den unterschiedlichen Retrievalsprachen, sondern vielmehr im unterschiedlichen Aufbau der einzelnen Datenbanken. Hier hilft auch die Menütechnik, die von immer mehr Hosts parallel zu dem ,,Expertenmodus'' angeboten wird, um dem mit der Abfragetechnik weniger Vertrauten das Recherchieren zu erleichtern, nicht weiter. Das *qualifizierte Suchen* wird wohl trotz aller Softwareunterstützung noch für geraume Zeit dem Spezialisten vorbehalten bleiben, der es auch übernimmt, die jedem Paßwortinhaber kontinuierlich zufließenden gedruckten Informationen zu pflegen und bereitzuhalten. In einer Redaktion sollte diese Aufgabe dem fachkundigen und mit den Methoden des Suchens vertrauten Pressedokumentar zufallen. Damit sind jedoch auch Diskussionen über Fragen der Abgrenzung zwischen Journalist und Dokumentar, Statusfragen und Fragen der Verantwortlichkeit für recherchierte Informationen bereits erkennbar verbunden. Auf der anderen Seite wird der Umgang mit Datenbanken auch dem schreibenden Journalisten allmählich vertrauter werden, und viele Journalisten werden in absehbarer Zeit eine oder zwei Datenbanken, die über das engere Fachgebiet informieren, selbst nutzen. Darauf muß sich der Pressedokumentar einstellen.

Literatur

01. Arbeitsgemeinschaft für Kommunikationsforschung (AfK): Modellversuch zur Nutzung von Datenbanken durch Journalisten in der täglichen Praxis – Modellversuch Jour-Fiz-II. In: Presse- und Informationsamt der Bundesregierung (Hrsg.): Kommunikationspolitische und kommunikationswissenschaftliche Forschungsprojekte der Bundesregierung (1978 – 1985). Bonn 1986. S. 773 – 779.
02. Bohrmann, Hans; Englert, Marianne (Hrsg.): Handbuch der Pressearchive. München: Saur 1984.

03. Brüderlein, Paul: Aufbau und Aufgaben von Redaktionsarchiven politischer Tageszeitungen. In: Mantwill, Gerhard (Hrsg.): Medien und Archive. Pullach: Verlag Dokumentation 1974. S. 193 – 199.

04. Chao, Jennifer J.: Fünf Jahre elektronisches Archiv beim Boston Globe. In: Zeitungstechnik – die Monatszeitschrift der IFRA, Februar 1984, S. 4 – 8.

05. Computer-assisted newspaper archives. La documentation automatisée dans la presse. Rechnergesteuerte Zeitungsarchive. IFRA-Symposium über Rechnergesteuerte Zeitungsarchive, Paris 30. 11. – 01. 12. 1978. Symposium 5Y78. Darmstadt: INCA-FIEJ Research Ass. IFRA 1978. o. Pag.

06. Datenbanken. Informationsquelle und Produktalternative für Tageszeitungen. IFRA-Symposium, Genf 14./15. April. Symposium 3Y87. Darmstadt (unveröffentlichte Manuskripte) 1987.

07. Elektronische Zeitungsarchive, IFRA-Symposium, Darmstadt 3./4. April 1984. Darmstadt (unveröffentlichtt) 1984.

08. Englert, Marianne: Anforderungen an den Redaktionsarchivar. In: Mantwill, Gerhard (Hrsg.): Medien und Archive. Pullach: Verlag Dokumentation 1974. S. 44 – 49.

09. Englert, Marianne: Aufbau und Organisation eines Redaktionsarchivs am Beispiel des Zentralarchivs der Frankfurter Allgemeinen Zeitung. In: Der Archivar 31 (1978) Nr. 2, Sp. 203 – 212.

10. Englert, Marianne: Entscheidend ist der schnelle Zugriff. Das Zeitungsarchiv muß von allem etwas, aber nicht alles sammeln. In: Die Zeitung 9 (1981) H. 5, S. 3 und 6.

11. Englert, Marianne: Geschichte und Aufgabenstellung der Pressearchive. In: Bohrmann, Hans; Englert, Marianne (Hrsg.): Handbuch der Pressearchive. München: Saur 1984. S. 7 – 19.

12. Englert, Marianne: Pressearchive. In: Der Archivar 37 (1984) Nr. 3, Sp. 435 – 442.

13. Englert, Marianne: Das Berufsbild des Medienarchivars/-dokumentars. In: Martini, Bernd-Jürgen (Hrsg.): Journalisten-Jahrbuch '86. München: Ölschläger 1985. S. 48 – 50.

14. Englert, Marianne: Berufsbild ‚Pressearchivar'. Grundsätze und Veränderungen. In: Der Archivar 39 (1986) H. 3, Sp. 323 – 334.

15. Enichlmayr, C.: ‚Oberösterreichische Nachrichten' – ein Jahr Erfahrung mit eigener Presse-Volltextdatenbank. In: Fakten, Daten, Zitate 7 (1987) H. 2, S. 14 – 17.

16. Forbildungsprogramm für Medienarchivare/-dokumentare. Hg. von der Fachgruppe Presse-, Rundfunk- und Filmarchivare des VdA. Abgedruckt in: Elektronische Datenverarbeitung in Medienarchiven und Fachinformationssystemen. Protokoll der 38. Tagung der Fachgruppe Presse-, Rundfunk- und Filmarchive im Verein deutscher Archivare in Kassel 4. – 7. Mai 1981. München: Saur 1981. S. 145 – 190.

17. Galrno López, Gabriel: El Servicio de Documentación de Prensa: Funciones y métodos. Barcelona: editorial mitre 1986.

18. Galdón López, Gabriel: Perfil historico de la documentación en la prensa de información general (1845 – 1984). Pamplona: Ediciones Universidad de Navarra 1986.

19. Gasterich, F.-J.: Auswahl medienrelevanter Datenbanken und Hosts. In: Info 7 Jg. 1 (1986) H. 1, S. 12 – 16.

20. Gasterich, F.-J.: Online-Informationsvermittlung für Journalisten. In: Nachrichten für Dokumentation 37 (1986) H. 2, S. 93 – 103.

21. Grotzky, Johannes: Informationsverarbeitung zum Nutzen des Gesamtprogramms – Ein Plädoyer für Pressedokumentare in den Rundfunkanstalten. In: epd/Kirche und Rundfunk Nr. 59 vom 5. August 1978.

22. Grützke, Horst: Die Nutzung des wissenschaftlich-technischen Fortschritts für die journalistische Informationsrecherche. In: Theorie und Praxis des sozialistischen Journalismus 14 (1986) Nr. 4, S. 244 – 247.

23. Habel, Peter: Das Zentrale Dokumentationssystem des Bundespresseamtes. In: Internationale Pressedatenbanken. Berlin: GTF 1981. S. 11 – 22.
24. Hanke, Manfred; Weisser, Wilhelm: Der tägliche Zwiegesang. Institutspublizistik und pressearchivarische Quellen. In: Medienarchive in Gegenwart und Zukunft. München: Saur 1983. S. 45 – 62.
25. Hellack, Georg: Was ist informationspolitisch wichtig? Hinweise für die Auswertung von Periodika. In: Mantwill, Gerhard (Hrsg.): Medien und Archive. Pullach: Verlag Dokumentation 1974. S. 169 – 177.
26. Hermsdorff, Wolfgang: Die speziellen Arbeitsbedingungen von Redaktionsarchiven an Regionalzeitungen. Kassel 1978. Unveröffentlichtes Manuskript.
27. Hertwig, Jens A.: Presseinhalte in elektronischen Datenbanken. In: Höfig, Willi; Ubens Wilbert (Hrsg.): Zeitungen in Bibliotheken. Bericht über ein Stiefkind mit notwendigen Empfehlungen. Berlin: Deutsches Bibliotheksinstitut 1986. S. 243 – 253.
28. Höpfner, Richard: Pressedokumentation an Rundfunkanstalten. In: Fachgruppentagung der Presse-, Rundfunk- und Filmarchive. 31. Essen, 09. – 12. 05.1977. Ms 31, 11.
29. Koszyk, Kurt: Bestandserschließung zwischen Pressearchiven durch Informationsaustausch. In: Fachgruppentagung der Presse-, Rundfunk- und Filmarchivare. 34. Hamburg, 03. 10. 1978. Ms 34,1.
30. Leitfaden der Pressedokumentation. Erarbeitet von einer Arbeitsgruppe der Arbeitsgemeinschaft der Pressereferenten der Obersten Bundesbehörden mit Unterstützung durch Ulrich Neveling und Gernot Wersig. Bonn: Bundesminsterium des Innern 1980. 140 S.
31. Lommatzsch, Rainer: Pressedokumentation bei Krupp. In: Fachgruppentagung der Presse-, Rundfunk- und Filmarchive. 31. Essen, 09. – 12.05.1977. Ms 31, 12.
32. Mantwill, Gerhard (Hrsg.): Medien und Archive. Beiträge zur Rolle moderner Archive in Information und Dokumentation. Pullach: Verlag Dokumentation 1974.
33. Mantwill, Gerhard: Informationserfassung, Informationserschließung und Informationsvermittlung in einem Pressearchiv. In: Mantwill, Gerhard (Hrsg.): Medien und Archive. Pullach: Verlag Dokumentation 1974. S. 178 – 185.
34. Massenberg, Christian: Die Einrichtungen und Arbeitsweise des Redaktionsarchivs der „Nürnberger Nachrichten". In: Fachgruppe Presse-, Rundfunk- und Filmarchivare im Verein deutscher Archivare (Hrsg.): Presse-, Rundfunk- und Filmarchive, Mediendokumentation. München: Saur 1980. S. 121 – 126.
35. McFarland, Paul: Materialauswahl und -aufbereitung für die Zeitungsdatenbank. In: Zeitungstechnik – die Monatszeitschrift der IFRA (März 1985) S. 33 – 35.
36. Der Mediendokumentar/Medienarchivar. Eingangsvoraussetzungen und Tätigkeiten – Ein Beitrag zu einem einheitlichen Berufsbild. In: Nachrichten für Dokumentare 30 (1979) H. 4/5.
37. Der Medienarchivar/Mediendokumentar. Eingangsvoraussetzungen und Tätigkeiten. Ein Beitrag zu einem einheitlichen Berufsbild. In: Der Archivar 32 (1979) H. 2.
38. Medienarchivar/Medienarchivarin. Mediendokumentar/Mediendokumentarin. Ein Beitrag zum Berufsbild. In: Informationen für die Beratungs- und Vermittlungsdienste der Bundesanstalt für Arbeit – ibv –, Nr. 40/1980.
39. Meyer, Werner: Bitte die Antwort schon vor der Frage. Zukunftswünsche der Journalisten an ihr papierenes Gedächtnis. In: Mantwill, Gerhard (Hrsg.): Medien und Archive. Pullach: Verlag Dokumentation 1974. S. 202 – 207.
40. Muziol, Roman: Pressedokumentation. Wegweiser für die Arbeit in Pressearchiven. 3. erw. Aufl. Pullach, Berlin: Verlag Dokumentation 1971.
41. Nürnberger, Albrecht: Der Journalist als Sammler und Jäger. In: Martini, Bernd-Jürgen (Hrsg.): Journalisten-Jahrbuch '86. München: Ölschläger 1985. S. 43 – 47.
42. Presse-, Rundfunk- und Filmarchive – Mediendokumentation. Protokolle der Tagungen

der Fachgruppe Presse-, Rundfunk- und Filmarchivare im Verein deutscher Archivare. Zusammenstellung: Marianne Englert. München: Saur 1979 ff.

43. Pressearchiv – konventionell oder elektronisch? Protokoll eines Rundgesprächs auf der Frühjahrstagung 1986 der Fachgruppe Presse-, Rundfunk- und Filmarchivare in Mainz. In: Info 7 Jg. 1 (1986) H. 2, S. 61 – 73.

44. Roeingh, Friedrich: Aus dem Staub ans Licht. Redaktionsarchive im Lokalen. Eine Vollerhebung aus Nordrhein-Westfalen. Schriftliche Hausarbeit zur Erlangung des Grades eines Diplomjournalisten. Dortmund 1986 (unveröffentlicht): Bibliographie.

45. Schaper, Karl-H. G. F.: Dampfarchiv oder Datenbank. In: Journalist 36 (1985) Nr. 4, S. 43 – 46.

46. Schlüter, Hildegard: Pressearchiv und Dokumentation einer politischen Partei (DCU). In: Mantwill, Gerhard (Hrsg.): Medien und Archive. Pullach: Verlag Dokumentation 1974. S. 213 – 217.

47. Schmitz-Esser, Winfried: Elektronische Datenbanken für Presse- und Funk. Eine internationale Umschau. In: Fachgruppentagung der Presse-, Rundfunk- und Filmarchivare. 33. Marburg, 24. – 27. 04.1978. Ms 33,4.

48. Schmitz-Esser, Winfried: Der Konflikt zwischen Dokumentationssprache und natürlicher Sprache in Medien-Datenbanken. Eine Topografie und ein Katalog von Anforderungen an die Informationslinguistik. In: Medienarchive in Gegenwart und Zukunft. München: Saur 1983. S. 137 – 146.

49. Schmitz-Esser, Winfried: ,,Der Computer in den Archiven der Massenmedien''. Ein Handbuch. IFRA (INCA FIEJ Research Ass.) Darmstadt: Eigenverlag 1986.

50. Schuster, Michael: Das elektronische Archiv beim Bonner General-Anzeiger. Ein Technologie- und Erfahrungsbericht. In: Zeitungstechnik – die Monatszeitschrift der IFRA (Oktober 1984) S. 18 – 21.

51. Seeberg-Elverfeldt, Roland: Archiv- und Dokumentationswesen in der Publizistik (– 1970). In: Muziol, Roman: Pressedokumentation. Wegweiser für die Arbeit in Pressearchiven. 3. erw. Aufl. Pullach: Verlag Dokumentation 1971.

52. Spiegel – Gruner + Jahr. Ein Vergleich zweier Pressedokumentationssysteme. Red.: Thomas Seeger. Berlin: AG Pressedokumentation am Institut für Publizistik und Dokumentationswissenschaft der FU Berlin 1977. 26. Bl. Masch. schr. Ms.

53. Stoessel, F.: Der Einsatz von Personalcomputern im Pressearchiv des Süddeutschen Rundfunks in Stuttgart. In: Info 7 Jg. 2 (1987) H. 1, S. 27 – 29.

54. Ubbens, Wilbert: Presse-, Rundfunk-, Fernseh-, Filmarchive. Internationale Auswahlbibliographie 1971 – 1982 mit Schwerpunkt ,,Pressearchive''. In: Bohrmann, Hans; Englert, Marianne (Hrsg.): Handbuch der Pressearchivare, München: Saur 1984.

D 5 Audiovisuelle Materialien

Karl-Heinz Fischer

D 5.1 Einleitung

Einleitend muß man sagen, daß sich alle audiovisuellen Dokumente mit den üblichen Methoden der Information und Dokumentation beschreiben und erschließen lassen. Alle Schallaufzeichnungen – Geräusche ausgenommen – lassen sich in Zeichen (Buchstaben oder Noten) wiedergeben. Bilddokumente enthalten in der Regel zusätzliche textliche Informationen, durch die eine formale Erfassung zumindest erleichtert wird. Beispiele dafür sind der Vor- oder Nachspann bei Filmen und der Bildtext bei Fotos. Für die Erschließung des Bildinhaltes ist jedoch die Verbalisierung der visuellen Information unumgänglich, wobei die Regel gilt, daß man nur sieht, was man kennt. Für zwei Betrachter kann das gleiche Foto sowohl ,,rotes Auto'' als auch ,,ABC-Sechszylinder 115 PS-Turbo-Diesel, Baujahr 1987'' sein.

D 5.1.1 Terminologie und Typologie

Obwohl Fotografie, Film und Schallplatte ihr hundertjähriges Jubiläum schon hinter sich haben, ist ihre zusammenfassende Benennung als ,,audiovisuelle Materialien'' ebenso neu wie unscharf. 1969 werden ,,audiovisuelle Materialien'' lexikalisch faßbar, daneben bestehen Bezeichnungen wie AV-Materialien, AV-Medien, technische Medien, Unterrichtsmedien, Medien u.a. Im anglo-amerikanischen Sprachgebrauch wird zusätzlich gern (von Bibliothekaren und mit größerem Bedeutungsumfang) von ,,non-book-materials'' (NBM) gesprochen. Was sollen nun ,,audiovisuelle Materialien'' sein? Eine allseits befriedigende Definition ist noch nicht gefunden worden, ebensowenig wie eine schlüssige Klassifikation. Eine Trennung in ,,auditive'', ,,visuelle'' und ,,audiovisuelle'' Materialien ordnet wenig sinnvoll Fotografie und Stummfilm in eine Klasse. Die Norm DIN 1505, Teil 4, bietet folgende Einteilung:

A Audiovisuelle Materialien
  - Bildliche Darstellungen (= Fotos, Graphiken, Kunstblätter, Plakate. – Nicht erwähnt, aber dazugehörig: Stereofotos, Einzelbildfilme)
  - Bildliche Darstellungen zur Projektion
    (= Dias, Arbeitstransparente)
  - Bildplatten
  - Filme (gemeint sind nur kinematographische Filme)
  - Medienkombinationen
  - Tonbildreihen (= Diareihen plus Tonträger)
  - Tonträger (= Schallplatten, Compact Discs, Kompaktkassetten, Magnettonbänder)
  - Videoaufzeichnungen (= Videokassetten, Videomagnetbänder)
B Audiovisuelle Materialien in Mikroform

Über die Logik dieser Aufteilung läßt sich streiten, da sich die Zuordnung nur nach der unterschiedlichen Behandlung bei der Katalogisierung richtet. Zu den audiovi-

suellen Materialien gehören auch die historischen Formen der Ton- und Bildaufzeichnung wie Magnettondraht, Magnettonfolie, Magnettonplatte, Magnetzylin-
der, Papiermusikrolle, Spieldosenplatte und -walze, sowie Tonwalzen. Dagegen
sollten *nicht* zu den audiovisuellen Materialien gerechnet werden: Mikroformen
von Druckwerken, Karten, Globen, Spiele, Modelle, Textplakate, Gemälde, technische Zeichnungen, Briefmarken und Siegel.

D 5.1.2   Technikbezogenheit

Audiovisuelle Materialien (wie auch die Mikroformen) haben ein gemeinsames
Merkmal: Ihr sinnvoller Gebrauch erfordert technische Hilfsmittel für die Wiedergabe. Filme und Fotos erfordern den technischen Prozeß der Negativentwicklung.
Deshalb benötigt der Medienarchivar bzw. -dokumentar gewisse technische Kenntnisse zur sachgerechten Beurteilung der Materialien wie zur einwandfreien Bedienung der Geräte. Auch für die Lagerung und die dauerhafte Erhaltung ist ein
Minimum an physikalischem, chemischem und technischem Wissen erforderlich.
Bei der Katalogisierung müssen die technischen Bedingungen der Reproduzierbarkeit erfaßt und dem zukünftigen Benutzer mitgeteilt werden.

D 5.2   Bildliche Darstellungen

Von allen Arten bildlicher Darstellungen sind Fotos die am weitesten verbreitete.
In Deutschland haben 40 Millionen potentieller Bildproduzenten (= Besitzer von
Fotoapparaten) 1988 ca. 3,1 Milliarden fotografische Aufnahmen gemacht. Auch
für den dokumentationswürdigen Bruchteil dieser Fotos ist das Mengenproblem
das größte Hindernis für eine den Druckschriften entsprechende Erfassung und Erschließung. Wenn man von den privaten Alben mit Familien- und Urlaubsfotos absieht, können die Fotos aufbewahrenden Stellen nach Aufgabenstellung und Arbeitsweise grob wie folgt unterschieden werden (wobei die Grenzen fließend sind):
Bildagenturen – Bildarchive im eigentlichen Sinne – photohistorische Sammlungen – Privatsammlungen.

D 5.2.1   Institutionen

Bildagenturen sind in der Regel kommerziell betriebene, zum Teil aus früheren Redaktionsarchiven hervorgegangene Bildsammlungen, deren Zweck die Versorgung
der Druck- und Funkmedien mit aktuellem und historischem Bildmaterial ist. Private Benutzer sind nur in Ausnahmefällen zugelassen. Typisches Beispiel für eine der
großen Bildagenturen ist der Ullstein-Bilderdienst in Berlin mit einem Bestand von
mehreren Millionen Fotos. Hervorgegangen aus dem Redaktionsarchiv des Verlages Ullstein um die Jahrhundertwende, begann Anfang der 50er Jahre die kommerzielle Nutzung und der Übergang zum Pressebildarchiv. Ähnlich verdankt das
Bildarchiv des Süddeutschen Verlages in München einen großen Teil seines Bestan-

des dem 1958 erworbenen kompletten Bildarchiv des Verlages Scherl mit über zwei Millionen Fotos. Den mehr aktuellen Bedarf an Pressefotos decken die Nachrichtenagenturen wie dpa, UPI, Keystone u.a.

Bildarchive sind meistens Sondersammlungen im Rahmen staatlicher, kommunaler oder wissenschaftlicher Archive. Der Sammelauftrag ist nicht universell, sondern auf Gegenstand oder Region des ‚Mutterarchivs' bezogen. Die ältesten Bildarchive im eigentlichen Sinne sind die Porträtsammlungen großer Bibliotheken. Ein Beispiel für ein staatliches Archiv ist das Bildarchiv des Bundesarchivs in Koblenz. Es gliedert den Hauptteil des Bestandes in eine Biographische Sammlung (ca. 280.000 Nummern), eine Geographische Sammlung (ca. 270.000 Nummern) und eine (im wesentlichen nach historischen Epochen unterteilte) Sachthematische Sammlung (ca. 1.450.000 Nummern). Daneben bleiben geschlossene Komplexe nach dem Provenienzprinzip erhalten, wie z.B. die 2.200 Aufnahmen des Fotografen Dobbertin aus dem früheren Deutsch-Ostafrika der Jahre 1906 – 1915 und andere. Eine Einzelverzeichnung der Fotos findet angesichts dieser Mengen nicht statt.

Das Bildarchiv einer Gemeinde ist von J. Huck ausführlich beschrieben worden (s. Lit. 19.). Bildarchive kleineren Umfangs finden sich auch bei kirchlichen Archiven, Werksarchiven und wissenschaftlichen und anderen Institutionen.

In den **Photohistorischen Sammlungen** ist die Fotografie als solche selbst Sammlungsgegenstand. Sie sind entweder eigenständiges Fotomuseum wie das George Eastman House of Photography in Rochester, USA, 1949 durch die Firma Kodak als Gedenkstätte für ihren Gründer eingerichtet, oder Abteilungen anderer Kunstmuseen, wie zum Beispiel die Abteilung Photographie im Museum Ludwig in Köln. Der Aufbau begann 1977 mit dem Erwerb der ,,Sammlung Gruber'', der 1978 der Nachlaß des Fotografen Chargesheimer folgte. Inzwischen besitzt das Museum über 5.000 Fotos und hat den Bestand in zwei mit wissenschaftlicher Gründlichkeit herausgegebenen Fotobänden erschlossen. Andere deutsche photohistorische Sammlungen sind die Abteilung Fotografie des Deutschen Museums in München (eröffnet 1965), das Photo- und Filmmuseum des Münchner Stadtmuseums (eröffnet 1963) und die fotografischen Sammlungen der Berlinischen Galerie in Berlin und des Museums Folkwang in Essen. Sammlungsgegenstand ist oft auch die fototechnische Ausrüstung, speziell Kameras.

Privatsammlungen sind oft von beträchtlichem Umfang und von großem Wert. Es ist ihr Schicksal, meist nach dem Tode des Sammlers in die erstgenannten Typen von Bildsammlungen überzugehen. Als Beispiele für viele sollen nur genannt werden das Multimediale Chaplin-Archiv von Staudinger in Frankfurt und die Sammlung von Jechow in Berlin, der ab 1937 über 120.000 Ansichtspostkarten gesammelt hat.

D 5.2.2   Arbeitsgänge im Bildarchiv

Die Arbeitsgänge im Bildarchiv sind abhängig vom jeweiligen Zweck des Archivs. Im Prinzip gehören dazu:

1. **Bildauswahl.** Entspricht das Bild dem Sammelauftrag? Ist es ähnlich oder besser schon vorhanden? Genügt die Aufnahmequalität? Ist es eventuell aus rechtlichen

Gründen nicht verwertbar? Diese Schritte entsprechen der Feststellung der Dokumentationswürdigkeit.

2. **Bildtext.** Prüfung des zum Bild gehörenden Bildtextes bzw. Formulierung eines geeigneten Textes. Prüfung der Authenzität des Bildes. Stimmen die angegebenen Personennamen, Aufnahmeorte und -daten?

3. **Technische und Verwaltungsangaben.** Name des Fotografen? Umstände der Aufnahme? Hinweise organisatorischer und technischer Art auf das Negativ, z.B. Schäden, rechtliche Einschränkungen, Inventarnummer.

4. **Klassifizieren**, sofern eine systematische Einordnung vorgenommen wird. Meist ist damit die Zuteilung einer Notation verbunden. Die Alternative dazu ist die Vergabe einer Standortsignatur und das Anlegen von Karteikarten, die alle Angaben zum Sachinhalt enthalten und auf den Standort verweisen. Die benutzten Klassifikationen sind meist selbstentwickelt und haben mit den üblichen Schwierigkeiten von Klassifikationen zu kämpfen (vgl. Kap. B 5). Eine spezielle Bildklassifikation, die internationale Geltung beansprucht, ist die 1973 in Holland entwickelte Klassifikation ICONCLASS (s. Lit. 40.), die sich stark auf die Motivbeschreibung konzentriert. Ein Beispiel dafür:

31 A	Menschlicher Körper
31 A 23	Positionen des menschlichen Körpers
31 A 23 7	Hängender Körper
31 A 23 71 1	An einem Arm aufgehängter Körper

Das Bildarchiv des Westdeutschen Rundfunks verwendet nur leicht merkbare Buchstabenkombinationen. Die Notation ,,I EIS UNTE KRUPP ESSEN 1987" ist aufzulösen in Industrie / Eisenindustrie / Unternehmen der Eisenindustrie / Firma Krupp / Essen 1987. Aus EDV-Gründen verwendet der Ullstein-Bilderdienst eine rein numerische Klassifikation.

Das Ordnungsprinzip bei Personenaufnahmen ist natürlich das Alphabet der Familiennamen, topographische Aufnahmen werden ebenfalls alphabetisch nach Land, Ort und Straße geordnet. Für Ereignisse bietet sich eine chronologische Ordnung an.Eine Kombination aller Methoden ist möglich und üblich.

5. **Katalogisierung**, entweder

a) durch Einstellen an der ,richtigen' Stelle gemäß der vergebenen Notation, wenn der in Karteikästen oder Hängemappen aufbewahrte Bildbestand gleichzeitig der Katalog ist, oder

b) durch Verzeichnen in schriftlich oder elektronisch geführten Hilfsmitteln, wenn die Fotos nach numeraus currens aufbewahrt werden.

Zweckmäßig ist das Herstellen von Querverbindungen durch Verweisungen. Publizierte Bestandskataloge von Bildarchiven gibt es in der Regel nicht. Rühmliche Ausnahme ist der ab 1976 vom Bildarchiv Foto Marburg und dem Rheinischen Bildarchiv gemeinsam herausgegebene ,,Marburger Index". (vgl. Lit.01.; Lit. 17.; Lit. 26.)

Ein Datenträger der Zukunft kann die Bildplatte sein, die bis zu 50.000 Einzelbilder speichern kann. So soll die fotografische Sammlung des George Eastman House auf Bildplatten aufgenommen werden. Ebenfalls Bildplatten als Datenträger verwendet das von der BBC geförderte multimediale ,,Domesday Project'', das Texte, Statistiken, Karten, Fotos und Filmclips auf einer Platte vereinigt. Vom Institut für den Wissenschaftlichen Film in Göttingen ist das Projekt einer ,,Bilddatenbank Meteorologie '' bekannt. Die noch hohen Kosten bei der Bildplattenherstellung lassen eine breitere Anwendung im Archivbereich in den nächsten Jahren kaum erwarten.

D 5.3 Filme

Wenn im folgenden von ,,Filmen'' gesprochen wird, sollen darunter alle Arten ,bewegter Bilder' auf beliebigen Datenträgern verstanden werden, also Spielfilme, Dokumentaraufnahmen, Unterrichtsfilme, Videoclips, Fernsehproduktionen, private Videoaufnahmen u.a.m unabhängig von der Aufzeichnungsart (optisch, elektromagnetisch, oder opto-elektronisch).

D 5.3.1 Institutionen

Die Spielfilmproduzenten gingen in früheren Jahren relativ sorglos mit ihren Produkten um und noch 1931 beklagte Hans Cürlis, daß in keinem europäischen Land wirkliche Filmarchive bestünden. Nach einer UNESCO-Empfehlung von 1980 sollen diejenigen Filme aufbewahrt werden, ,,die wegen ihres erzieherischen, kulturellen, künstlerischen, wissenschaftlichen und historischen Wertes Teil des Kulturerbes eines Volkes sind.'' Wie sah und sieht es in Deutschland damit aus? 1935 wurde in Berlin ein ,,Reichsfilmarchiv'' eingerichtet, das neben Filmen aus staatlicher oder kommunaler Produktion auch Spielfilme sammelte. Die Bestände, mehr als 15.000 Filme, wurden 1945 zum größten Teil von der Sowjetunion erbeutet und später der DDR übergeben. Sie bilden den Grundstock des 1955 errichteten ,,Staatlichen Filmarchivs der DDR'', das 1987 schon über 60.000 Filmtitel in seinen Katalogen nachweisen konnte. Für die von der staatlichen Filmgesellschaft DEFA produzierten Filme besteht eine Abgabepflicht. In der Bundesrepublik Deutschland ist es aus verschiedenen Gründen nach 1945 nicht zu einem zentralen nationalen Filmarchiv gekommen, jedoch sind in Koblenz, Wiesbaden und Berlin umfangreiche Sammlungen entstanden. In Koblenz ist das Filmarchiv des Bundesarchivs, 1954 gegründet, technisch am besten ausgestattet. Sammelschwerpunkt sind dokumentarische Filmaufnahmen (Wochenschauen), die vom Bund oder Bundesbehörden produzierten Filme und schließlich diejenigen Spielfilme, die im Rahmen der kulturellen Filmförderung des Bundes ausgezeichnet oder bezuschußt worden sind. In Wiesbaden betreut das Deutsche Institut für Filmkunde den Filmbestand der Friedrich-Wilhelm-Murnau-Stiftung mit über 1.000 Spielfilmen aus der früher reichseigenen Filmproduktion (UFA, Tobis u.a.), zusammen mit anderen Beständen insgesamt über 5.000 in- und ausländische Spielfilme. In Berlin ist es die seit 1963 tätige, vom Land Berlin finanzierte, Stiftung Deutsche Kinemathek, die − aufbauend auf den privaten Sammlungen Lamprecht, Fidelius und Mamis − derzeit über 3.000 Spielfilme und ca. 3.000 Kurzfilme im Bestand hat. Die erwähnten drei Archive unterzeichneten 1978 ein Verwaltungsabkommen über den Aufbau und die Unterhaltung eines Kinemathekverbundes, womit zwar nicht in idealer Weise, aber doch im Grundsätzlichen der Aufgabenstellung eines zentralen deutschen Filmarchivs für die Bundesrepublik entsprochen wurden. Wiesbaden und Berlin sind für den nichtgewerblichen Verleih von Spielfilmen zuständig – ein erster Verleihkatalog wurde 1986 vorgelegt –, Koblenz in gleicher Weise für Dokumentarfilme und für eigentlich archivische Aufgaben der Filmsicherung.

Über die nationalen Kinematheken des Auslands informiert alljährlich der von Cowie herausgegebene ,,International Film Guide'' (s. Lit. 43).

D 5.3.2   Filmdokumentation

Die Dokumentierung der deutschen Filmproduktion beschränkt sich auf den Spielfilm und ist als Werk mühseligen Forschens von Einzelpersonen lückenhaft und nicht fehlerfrei. Gerhard Lamprecht hat mit Unterstützung der Deutschen Kinemathek ,,Deutsche Stummfilme 1903 – 1931'' katalogisiert. Ähnlich dokumentiert Alfred Bauer im ,,Deutschen Spielfilmalmanach 1929 – 1955'' den Tonfilmbereich. Verdient gemacht hat sich auch die Katholische Filmkommission für Deutschland durch die in mehrjährigen Abständen erschienenen Bände des ,,Handbuchs der Katholischen Filmkritik'', jetzt kumuliert erschienen als ,,Lexikon des Internationalen Films'', das die seit 1945 in der Bundesrepublik gelaufenen 21.000 in- und ausländischen Filme nachweist und auch kritische Inhaltsangaben liefert.

Der schlechte Stand der deutschen Filmdokumentation wird auch deutlich im Vergleich zum Ausland. Der ,,American Film Institute Catalog'' weist in zwanzig gewichtigen Bänden ,Feature Films' von 1893 bis 1970, ,Short Films' von 1911 bis 1970 und ,Newsreels' von 1908 bis 1970 nach, soweit sie in den USA produziert worden sind. Erleichtert wird die amerikanische Filmdokumentation durch das Urheberrecht, weil sich die Filmproduzenten um eine Copyright-Eintragung bei der Library of Congress bemühen müssen. Vierteljährlich erscheint im Rahmen des ,,Library of Congress Catalogs'' die Ausgabe ,,Films and other materials for projection''. Die Hefte werden jährlich und in größeren Abständen kumuliert, so z.B. in ,,Motion Pictures 1912 – 1939'' mit insgesamt 51.000 Filmtiteln. Auch in Großbritannien ist von Denis Gifford mit seinem ,,British Film Catalogue 1895 – 1985'' mit Angaben zu 15.000 Filmen die britische Produktion an Spielfilmen hinreichend dokumentiert worden.

So wertvoll alle diese Publikationen für retrospektive Recherchen sind, sie genügen nicht den Ansprüchen an aktuelle Information. Die Lösung wird wahrscheinlich in Online-Datenbanken liegen, sobald die Nachfrage die Errichtung lohnt. Die Arbeitsstelle Filmgeschichte der Hochschule für Bildende Künste in Braunschweig plant mit ihrem Projekt KINECOM die Entwicklung eines Dokumentationssystems für filmwissenschaftliche Daten auf der Grundlage einer kooperativ errichteten dezentralen Datenbank, die auch auf Personalcomputern betrieben werden kann. Ebenfalls mit Hilfe der EDV will die Freiwillige Selbstkontrolle der Filmwirtschaft (FSK) das Projekt Filmdatenbank entwickeln, das einen Überblick über das gesamte Titelangebot im gewerblichen und nichtgewerblichen Film- und Videoverleih bringen soll, Trailer und Videoclips eingeschlossen. Den Teilbereich der Bildungsmedien dokumentiert die Mediendatenbank des Instituts für Film und Bild in Wissenschaft und Unterricht in Grünwald bei München, aus der schon eine Vielzahl von speziellen Medienkatalogen für den AV-Einsatz im Bildungswesen hervorgegangen sind.

D 5.4   Tondokumente, Tondokumentation

Es gibt zwei Hauptquellen für die Entstehung von Schallaufzeichnungen: Schallplattenindustrie und Rundfunk. Die Firmen der Phono-Industrie produzieren allein in der Bundesrepublik Deutschland jährlich 6 – 7.000 Schallplatten mit rund 50.000 Titeln an Unterhaltungsmusik. Diese Titelflut wird erstaunlich gut und aktuell dokumentiert durch den vom Bundesverband der Phonographischen Wirtschaft initiierten „Gemeinschaftskatalog", der ab 1964 (bis 1972 unter dem Titel „Großer Deutscher Schallplattenkatalog) erscheint, aber nicht kumuliert wird, da er nur als Verkaufshilfe für den Handel dienen soll. Älter, dafür nur eine repräsentative Auswahl von Schallplatten verzeichnend, ist der seit 1952 erscheinende „Bielefelder Katalog", ursprünglich auf klassische Musik beschränkt, jetzt in die Ausgaben „Klassik" und „Jazz" geteilt. Der Gemeinschaftskatalog enthält ähnlich einem Kreuzkatalog in einem Alphabet Obertitel (= Plattentitel), Einzeltitel, Interpreten, Werke und Autoren. „Klassik" ist nach den Komponisten, „Jazz" nach Titeln und Interpreten geordnet. Alle Kataloge enthalten auch Register der Plattenetiketten.

Eine systematische Dokumentation der nationalen Musikproduktion gibt es in der Bundesrepublik Deutschland erst ab 1970, einmal durch die Gründung des Deutschen Musikarchivs in Berlin als Abteilung der Deutschen Bibliothek (wodurch die Arbeit der 1961 in Berlin gegründeten „Deutschen Musik-Phonothek" fortgeführt werden konnte), zum andern durch die Einbeziehung der Musikpublikationen (Tonträger und Noten) in die Pflichtstückablieferung nach dem Gesetz über die Deutsche Bibliothek vom 31. 03. 1969. Ergebnis der bibliographischen Tätigkeit des Deutschen Musikarchivs ist die seit 1974 vierteljährlich, später monatlich erscheinende „Deutsche Bibliographie – Musiktonträgerverzeichnis", in der außer der bundesdeutschen auch die gesamte deutschsprachige Produktion an Musik-Langspielplatten verzeichnet wird. (Die Wort-Langspielplatten dagegen werden von der Deutschen Bibliothek in Frankfurt gesammelt und katalogisiert). Der Archivbestand des Deutschen Musikarchivs umfaßte 1986 ca. 215.000 Tonträger. Es wird angestrebt, den Bestand um die Produktionen der Jahre 1945 bis 1970 zu ergänzen. Das ab 1981 installierte EDV-System wird im Hinblick auf Datenbankdienste zentrale Bedeutung für die Dokumentation deutscher Musikproduktionen gewinnen. Ein zentrales staatliches deutsches Schallarchiv als eigenständige Einrichtung, die auch den Nicht-Musikbereich umfaßt, gibt es nicht. Der Tonträgerbestand im Bundesarchiv ist vergleichsweise äußerst gering (1982: 4.000 Tonträger). Die Situation im Ausland ist sehr unterschiedlich. In Wien wurde schon 1899 das „Phonogrammarchiv der Österreichischen Akademie der Wissenschaften" als nationales Schallarchiv eingerichtet, in Rom entstand 1928 die „Discoteca di Stato", in Paris konstituierte sich 1938 die „Phonothéque Nationale". Relativ spät trat

London 1955 mit dem „British Institute of Recorded Sound" auf den Plan. Die
größte Tonträgersammlung dürfte bei der Library of Congress bestehen, die seit
1927 mehrere 100.000 Tonträger gesammelt hat. Für die historische und ethno-
graphische Forschung sind die Tonaufnahmen mit ‚oral history' der amerikanischen Universitäten von Bedeutung.

D 5.5   Rundfunkarchive

Die Rundfunkanstalten (s. auch Kap D 12) unterhalten in der Regel Archive für alle
drei Medien – Film, Ton, und Bild –, wozu meist noch Archive für Noten, Sende-
manuskripte und Presseausschnitte kommen. Oft ist organisatorisch die Bibliothek
angegliedert. Hauptaufgabe dieser Archive ist die Bereitstellung von Materialien
wie auch von Informationen für die Produktion von Hörfunk- und Fernsehsendungen. Dem gleichen Zweck diente ursprünglich die Archivierung der eigenen Produktionen. Der archivische Auftrag zur Bewahrung des regionalen und nationalen
Kulturerbes im Sinne der UNESCO-Empfehlung ist erst in den letzten Jahren stärker als Verpflichtung empfunden worden. Bedingt durch die Forderung nach äu-
ßerster Aktualität ist die technische Ausstattung der Rundfunkarchive, ihr
Organisationsgrad und damit verbunden die Aufgeschlossenheit gegenüber modernen Methoden der Dokumentation und dem Einsatz der EDV deutlich höher als in
den klassischen Archiven. Eine Katalogisierung, die immer ‚a jour' sein muß, kann
letztlich nicht auf EDV verzichten. Der Westdeutsche Rundfunk beispielsweise hat
seine Fernsehproduktionen seit 1976 in EDV-gerechter Form dokumentiert, seit
1982 ist dort die Fernsehdatenbank RUDI (= Rundfunkdokumentations- und Informationssystem) im Einsatz. Mit RUDI können nicht nur die Archivbestände des
WDR nachgewiesen werden, das System unterstützt auch die Arbeitsabläufe bei der
Erschließung und der Archivverwaltung und liefert schließlich Informationen für
die Planung und Realisierung von Programmen oder für journalistische Recherchen. RUDI ist ein Volltext-Recherchesystem mit maschineller Analyse der Abstracts durch das Programm PASSAT. Für das Retrieval wird GOLEM verwendet.
Wenn auch die Hardware- und Software-Ausstattung der deutschen Rundfunkanstalten unterschiedlich ist, so wurde doch für die Katalogisierung ein einheitliches
internes Regelwerk entwickelt, aufgeteilt in die Bereiche „Fernsehen", „Hörfunk
Wort" und „Hörfunk Musik". Diese Regelwerke behandeln auch diejenigen Datenkategorien, die in den allgemeinen Mediographien nicht zu finden sind. Einige
seien willkürlich genannt: Bei Fernsehsendungen des Erstsendedatum, Bearbei-
tungszustand der filmischen oder elektronischen Träger, Einschaltquote, Angaben
über Rechte, Programmkennung, Zielgruppen, Optionen usw. Bei Hörfunksen-
dungen Kostenstellennummer, Tonträgermarke, Signatur des Notenarchivs, Popu-
lartitel des Musikstückes, Textanfang usw.
Das Mengenproblem im Rundfunk (85-90 % der Produktion gelten substantiell als
archivierungswürdig) mit dem Wunsch nach Kassation älterer Bestände stellt die
Rundfunkarchive vor die Frage, was als Kulturerbe dauerhaft aufgehoben werden
soll. In den „Richtlinien zur Feststellung der Archivwürdigkeit" sind inhaltsbezogene, ästhetische und medienpolitische Kriterien entwickelt worden. Möglich ist

auch die Entlastung der Rundfunkarchive durch eine enge Kooperation mit staatlichen Archiven, die ältere Bestände im Rahmen eines Depositar-Vertrages übernehmen und archivisch betreuen können. Damit wäre auch eine Nutzung für die Wissenschaft und für eine interessierte Öffentlichkeit ermöglicht.

Eine Gemeinschaftseinrichtung mit zentralen Aufgaben der Archivierung und Dokumentation ist das ,,Deutsche Rundfunkarchiv'' (DRA) in Frankfurt a. Main, 1952 als ,,Lautarchiv des Deutschen Rundfunks'' gegründet. Es verfügt über einen Zentralkatalog zum Nachweis der in den Rundfunkarchiven vorhandenen Sendungen. Dokumentiert werden die Sendungen der Dritten Fernsehprogramme (ab 1964), Fernsehspiele (auch für Österreich, die DDR und die deutschsprachige Schweiz ab 1973, für den ARD-Bereich noch früher), Serien (ab 1973) sowie Magazinsendungen, Features und didaktische Sendungen. Eine weitere zentrale Dokumentationsaufgabe ist die ,,Zentrale Schallplattenkatalogisierung'' (ZSK). Für die beteiligten Institutionen (ARD, ZDF, RIAS, SRG) werden Industrietonträger mit U-Musik katalogisiert. Die Datenbank umfaßte 1987 einen Bestand von rund 350.000 Musiktiteln (Jahreszugang 1987: 40.000 Titel). Wöchentlich wird ein Magnetband mit den neuen Titeln ausgeliefert. Mit der Musikdatenbank ,,PHONO'' der Schweizer Rundfunkgesellschaft (SRG) wird kooperiert. Das Deutsche Rundfunkarchiv verfügt auch über eigene Archivbestände, so über 110.000 Tondokumente zur Musik- und Zeitgeschichte.

Schon vor der Computerzeit gab es gedruckte Bestandsverzeichnisse des Rundfunks. Die bei der Reichs-Rundfunk-Gesellschaft archivierten Tondokumente wurden als ,,Schallaufnahmen des Deutschen Rundfunks'' in zwei umfangreichen Verzeichnissen für die Jahre 1929 – 1936 und 1936 – 1939 publiziert. Diese Kataloge enthalten politische und kulturelle Wortsendungen, Hörspiele, Musiksendungen, Sportberichte und den Geräuschfundus mit Angabe des Aufnahmedatums, des Aufnahmeortes und der Spieldauer auch einzelner Sequenzen. Diese Tradition gedruckter Kataloge wird vom Deutschen Rundfunkarchiv und von verschiedenen Rundfunkanstalten fortgesetzt.

Literatur

a) Allgemeines

01. Croghan, A.: A bibliographic system for non-book media. 2. Aufl. London: Coburgh Publ. 1979. 162 S.
02. Croghan, A.: On cataloguing. Non-book media and Anglo-American Cataloguing Rules. London: Coburgh Publ. 1982. 124 S.
03. Fleischer, Eugene; Goodman, Helen: Cataloguing audiovisual materials. A manual based on the AACR 2. New York, London: Neal-Schuman Publ. 1981. 388 S.
04. Fothergill, Richard; Butchart, Ian: Non-Book materials in libraries. A practical guide. 2. Aufl. München u.a.: Saur 1984. 308 S.
05. Frost, Carolyn O.: Cataloging nonbook materials. Problems in theory and practice. Littleton, Col.: Libraries Unlimit. 1983. 390 S.
06. Gasaway, L. N.: Audoivisual material and copyright in special libraries. In: Special Libraries 1983, H. 3, S. 222 – 239.

07. Krueger, W.: Audiovisuelle Materialien in wissenschaftlichen Bibliotheken. In: Zeitschrift f. Bibliothekswesen und Bibliographie. 1982 (Sonderheft), S. 205 – 215.
08. Lewis, Shirley; Macdonald, Janet: Nonbook materials. the organization of integrated collections. München: Saur 1986.
09. Matter, Rosemarie: Der ,,British Catalogue of Audiovisual Materials". In: Nachr. f. Dok. (1981) H. 2, S. 85 – 89.
10. Mihajlov, O. A., u.a.: Audio-visual archives in the USSR. In: UNESCO Journal of Information Sciences, 1982 April-Heft, S. 101 – 106.
11. Rogers, Jo Ann V.: Nonprint Cataloging for Multimedia Collections. A Guide based on AACR 2. Littleton, Col.: Libraries Unlimit. 1982. 191 S.

b) Bildarchive

12. Evans, Hilary: Picture Librarianship. New York u.a.: Saur, Bingley 1980. 136 S.
13. Ferry, Ferréol de: Archives photographiques et photographie dans les archives. In: La Gazette des Archives 1980 S. 240 – 259.
    (Deutsch referiert in: Der Archivar 37 (1984) H. 2, Sp. 270 – 271).
14. Gilbert, K. D.: Picture indexing for local history materials. Monroe, N. Y.: Library Research Assoc. 1973. 36 S.
15. Harrison, Helen P. (Hrsg.): Picture Librarianship. London: Library Assoc. 1981
16. Heusinger, Lutz: Das Bildarchiv Foto Marburg und die Bilddokumentation zur Kunst und Kultur in Deutschland. In: Der Archivar 32 (1979) H. 1, Sp. 95 – 96.
17. Heusinger: Marburger Index. Gebrauchsanleitung. 2. Aufl. München u.a.: Saur 1985. 132 S.
18. Höhne, Hansjoachim: Agenturen für Nachrichtenfotos. In: Höhne, Hansjoachim: Report über Nachrichtenagenturen. 2. Aufl. Baden-Baden 1984, S. 209 – 212.
19. Huck, Jürgen: Das Bildarchiv einer Gemeinde, dargestellt am Beispiel der Stadt Porz. In: Der Archivar 26 (1973), H. 2, Sp. 283 – 296
20. Kebabian, Helen: Administration of historical photograph collections. In: Current Studies in Librarianship 1980 H. 1 – 2, S. 27 f.
21. Kerbs, Diethart: Ehrenkodex für den Umgang mit Fotografennachlässen und historischen Bildbeständen. In: Das Bildarchiv 1 (1987) H. 1, S. 29 – 30.
22. Klemig, Roland: Das Bildarchiv Preußischer Kulturbesitz. In: DGPh Intern 1979 H. 3, S. 27 – 29.
23. Klemig, Roland: Wie ordnet man 100.000 Bilder. Sachsystematik und Ordnungsprinzipien im Bildarchiv. In: Presse-, Rundfunk- und Filmarchive – Mediendokumentation 2. München u.a.: Saur 1980, S. 127 – 156.
24. Korn, Frederick: A classification schedule for photographs by process or apparatur. In: Special Libraries 1977 H. 4, S. 145 – 148.
25. Liening, Rudi: Die Porträtsammlung des Archivs der Hauptstadt der DDR, Berlin. In: Archivmitteilungen 1980 H. 4, S. 144 – 145.
26. Marburger Index. Bilddokumentation zur Kunst in Deutschland. Hrsg. Bildarchiv Foto Marburg und rheinisches Bildarchiv, Köln. (Microfiche-Edition) München u.a.: Saur 1977 – 1982 (Lfg. 1 – 20), 1983 – 1987 (Lfg. 21 – 30 sowie Text-Inventar und Register)
27. Naredi-Rainer, Paul: Das Rheinische Bildarchiv in Köln. In: Der Archivar 33 (1980) H. 4, Sp. 437 – 438.
28. Nicolas, Ilse: Ohne sie läuft garnichts. Ullsteins Text- und Bildarchiv. In: Freyburg, W. (Hrsg.): Hundert Jahre Ullstein. Frankfurt/Main: Ullstein 1977, Bd. 3, S. 171 – 192.
29. Novotny, A. (Hrsg.): Picture sources. 3. Aufl. New York, N. Y.: Special Libraries Assoc. 1975. 408 S.

30. Paravicini, Werner: Die Nationalbibliothek in Paris. München u.a.: Saur 1981. Hier: Departement des Estampes et de la Photographie, S. 87 – 97.
31. Ritzenthaler, Mary Lynn; Munoff, Gerald; Lomg, Margery: Archives and manuscripts. Administration of photographic collections. Chicago, Ill.: Society of American Archivists 1984. 174 S.
32. Romeyk, Horst: Bildliche Darstellungen. Archivarische Erschließung und quellenkritische Bewertung. Düsseldorf: Hauptstaatsarchiv 1975. 83 S.
33. Sachsse, Rolf: Öffentliche Fotosammlungen. In: Professional Camera 1981, H. 3, S. 112 – 114.
34. Sachsse, Rolf: Kölner Symposium der Photo-Sammlungen. In: DGPh Intern 1981 H. 1, S. 25 – 26.
35. Smith, G.: The Radio Times Hulton Picture Library. In: ARLIS Newsletter 1973, März-Heft, S. 28 – 29.
36. Staatliche Archivverwaltung der DDR (Hrsg.): Ordnungs- und Verzeichnungsgrundsätze für die staatlichen Archive der DDR. Ergänzung 3: Fotografische Reproduktionen (Filme). Potsdam: Selbstverl. 1972. 27 S.
37. Staubach, Horst W.: Photographische Bildsammlung des George Eastman House auf Bildplatten. In: DGPh Intern 1982 H. 3, S. 162 – 163.
38. Tansey, L. C.: Classification of research photographs and slides. In: Library Trends 1975 H. 3, S. 417 – 426.
39. Trumpp, Thomas: Zur Geschichte, Struktur und Nutzung der photographischen Überlieferung des Bundesarchivs. Bildarchiv, Bildsammlung oder Bildagentur? In: Der Archivar 36 (1983) H. 4, Sp. 365 – 380. (mit einer Liste der Bildbestände).
40. Waal, Henri van de: Iconclass. An iconographic classification system. Amsterdam: North Holland Publ. 1973.

c) Filmarchive

41. Barkhausen, Hans: Zur Geschichte des ehemaligen Reichsfilmarchivs. Gründung, Aufbau, Arbeitsweise. In: Der Archivar (1960) H. 1, Sp. 1 – 14.
42. Bucher, Peter: Filmbestände in den zentralen deutschen Archiven. In: Schmitt, Heiner (Bearb.): Verleihkopien von Dokumentarfilmen und Wochenschauen 1895 – 1945 im Filmarchiv. Bundesarchiv 1977, S. VI – XXII (Findbücher des Bundesarchivs. 8)
43. Cowie, Peter (Hrsg.): International Film Guide. London, New York: (Erscheint jährlich und enthält Anschriften und knappe Bestandsangaben von Filmarchiven, für die Ausgabe 1987 auf den Seiten 466 – 477)
44. Gartenberg, Jon: Film Cataloguing Manual. A Computer System. New York: Museum of Modern Art 1979. 206 S.
45. Gesek, Ludwig: 25 Jahre Österreichisches Filmarchiv. In: Filmkunst 1980, H. 88, S. 9
46. Harrison, Helen P.: Film Library Techniques. New York 1973. 277 S.
47. Kahlenberg, Friedrich: Die archivische Sicherung der deutschen Spielfilmüberlieferung. Zur Begründung eines Kinemathekverbundes am 8. 12. 1978. In: Der Archivar (1979) H. 1, Sp. 81 – 86.
48. Kahlenberg, Friedrich: Die Filmarchive im Zeitalter der elektronischen Medien und das Medium Film. In: Filmkunst 1980, H. 88, S. 1 – 8.
49. Kahlenberg, Friedrich: Zur Aufgabenstellung von Filmarchiven. In: Boberach, Heinz (Hrsg.), Booms, Hans (Hrsg.): Aus der Arbeit des Bundesarchivs. Boppard 1978, S. 142 – 165 (Schriften des Bundesarchivs. 25)
50. Kahlenberg, Friedrich: Die Erhaltung von Filmmaterialien als Kulturgut. Eine Empfehlung der UNESCO. In: Mitteilungen des Studienkreises Rundfunk und Geschichte (1981) H. 3, S. 148 – 152.

51. Klaue, Wolfgang; u.a.: Das Staatliche Filmarchiv der DDR. In: Archivmitteilungen 1979 H. 5, S. 198 – 200.
52. Kohte, Wolfgang: Über Bild- und Filmarchive. In: Der Archivar (1963), H. Sp. 189 – 198.
53. Kula, Sam (Bearb.): The archival appraising of moving images. A RAMP study with guideline. Paris: UNESCO 1983. 130 S.
54. Niggemeyer, Hannelise: Die Fernsehdatenbank des WDR. Elektronisch unterstützte Archivarbeit. In: Der Archivar (1982) H. 4, Sp. 477 – 479.
55. Oliver, Elizabeth (Hrsg.): Researcher's guide to British film and television collections. London: British Universities Film Council 1981. 174 S.
56. Palmer, Joseph W.: The British Film Institute. Resources, publications, services. In: Special Libraries 1977, H. 9, S. 313 – 319.
57. Perry Ted (Mitarb.): The Museum of Modern Art Department of Film. In: Quarterly Review of Film Studies 1979 H. 1, S. 103 – 106.
58. Schmitt, F.: Le service des archives du film du centre National de la Cinematographie. In: La Gazette des Archives 1980, S. 315 – 333.
59. Terveen, Friedrich: Filmarchivierung in Forschung und Lehre. In: Der Bär von Berlin, Bd 26 (1977), S. 99 – 112 und Bd 27 (1978), S. 139 – 146.
60. Thie, J. M.: Deutsche Filmarchive. In: Filmbeobachter – div. Teile 1981 –
61. Tjagunov, O. N.: Das Zentrale Staatsarchiv für Kino- und Foto-Dokumente der UdSSR. In: Archivmitteilungen 1979 H. 6, S. 216 – 220.
62. Waldmann, Werner: Das Deutsche Institut für Filmkunde. In: Film-Korrespondenz 1975 H. 8, S. 17 – 19.

d) Schallarchive

63. Adler, Wolfgang: EDP and the SFB. In: Phonographic Bulletin 1983 H. 35, S. 38 f.
64. Foyer, Anna Maria: Cataloging radio programs. In: Phonographic Bulletin 1983 H. 35, S. 48 – 51.
65. Gilles, Hans: RUDI, die Fernseharchiv-Datenbank des Westdeutschen Rundfunks. Methodik und Organisation der Fernsehproduktionen, Datenbankkonzeption, -design und -Software. In: Medienarchive in Gegenwart und Zukunft. München: Saur 1983, S. 221 – 234. (Presse-, Rundfunk- und Filmarchive – Mediendokumentation. 4)
66. Jones, Mark: Computer applications in BBC recording services. In: Phonographic Bulletin 1983 H. 35, S. 43 – 44.
67. Kahlenberg, Friedrich: Aufgaben und Probleme der archivischen Sicherung von Tonträgern. In: Mitteilungen des Studienkreises Rundfunk und Geschichte (1978) H. 4, S. 199 – 206.
68. Lance, David (Hrsg.): Sound archives. A guide to their establishment und development. Milton Keynes: IASA 1983. 218 S. (IASA Special Publications. 4)
69. Lanzke, Heinz: Zum gegenwärtigen Stand der internationalen Musikkatalogisierung. In: Forum Musikbibliothek (1984) H. 1, S. 7 – 13.
70. Lerch, Dieter: Die maschinelle Erfassung und Erschliessung von Musikdaten. Grundlagen, Probleme und ein Beispiel. In: Forum Musikbibliothek (1982) H. 2, S. 65 – 90.
71. Lerch, Dieter: Fremddatenbenutzung für die Katalogisierung von Singleschallplatten im Deutschen Musikarchiv. In: Forum Musikbibliothek (1984) H. 4, S. 188 – 189.
72. Lüke. Karl: EDP application in the sound archives. In: Phonographic Bulletin 1983 H. 35, S. 41 – 42.
73. Lüke, Karl: Katalogisierung von Musik-Tonträgern in einer Rundfunkanstalt. In: Forum Musikbibliothek (1981) H. 2, S. 69 – 78.
74. Malina, Peter; Hubert, Rainer: Die Katalogisierung von Tonträgern in Österreich. In: Das Schallarchiv (1978) H. 4, S. 26 – 48.

75. Scharlau, Ulf: EDV in Rundfunkschallarchiven. Möglichkeiten und Konsequenzen, dargestellt am Modell SEKAMOS des Süddeutschen Rundfunks. In: Elektronische Daten verarbeitung in Medienarchiven. München: Saur 1981, S. 111 – 120 (Presse-, Rundfunk- und Filmarchive, Mediendokumentation. 3)
76. Schneider, Klaus (Bearb.): Thesaurus zur Erschließung von Musik nach Anlaß, Zweck und Inhalt. Berlin: Deutsches Bibliotheksinstitut 1982. 132 S.
77. Smiraglia, Richard: Cataloging music. A manual for use with AACR 2. Lake Crystal, Minn.: Soldie Creek Press 1983. 155 S.
78. Soualle, Pierre: Le Centre de Documentation de la Musique contemporaine. In: Revue Internationale de Musique Francaise 1983 H. 12, S. 121 – 124.
79. Stoessel, Klaus: Computereinsatz in der Musikkatalogisierung im Deutschen Rundfunkarchiv. In: Fontes artis musicae 1980, H. 3 – 4, S. 178 – 183.

D 6   Objektdokumentation im Museum

Christof Wolters

D 6.1   Einleitung

Museen sind alles andere als Institutionen mit klar definierten Aufgaben. Hinter der zumeist gebrauchten Formulierung „sammeln, bewahren, vermitteln" verbirgt sich neben einer fast unübersehbaren Zahl von Sammelgebieten eine große Zahl unterschiedlicher Konzepte und Ziele, die zudem selber Gegenstand der Entwicklung sind. Neue Sammelgebiete werden erschlossen, die Vermittlung durch Ausstellungen und durch vielerlei auf das breite Publikum zielende Aktivitäten nimmt an Bedeutung zu.

Eine Typologie von Museen nach Sammelgebieten ist üblich (z.B. Gemäldegalerie, Antikenmuseum etc.), im einzelnen aber etwa ebenso fragwürdig wie eine umfassende Typologie naturgeschichtlicher und menschlicher Produkte (Artefakte). Eine grobe Einteilung nach Wissenschaftsdisziplinen ist möglich (z.B. Kunstgeschichte, Archäologie, Kulturgeschichte. Technikgeschichte, Naturgeschichte), in der überwiegenden Zahl der Fälle handelt es sich aber fast immer um historisch gewachsene Mischungen aus mehreren Gebieten. Das gilt ganz besonders für Museen, deren Sammlungen sich auf bestimmte Orte oder Regionen konzentrieren.

Auch die Ziele dieser Museen sind unterschiedlich. Das Spektrum reicht hier von den an Forschungsinstitute angeschlossenen wissenschaftlichen Sammlungen (z.B. Senckenberg in Frankfurt am Main, Musikinstrumentenmuseum in Berlin, zahlreiche Universitätssammlungen) bis zu Häusern, die sich auf die Veranstaltung wechselnder Ausstellungen konzentrieren.

Die geradezu massenhaften Neugründungen von Museen in den letzten 20 Jahren und die immer noch wachsenden Besuchszahlen zeigen, daß sich das Museum gewandelt hat. Es ist in einem früher unvorstellbaren Maße ins Licht der Öffentlichkeit getreten. Man darf sich die Frage stellen, ob die innere Organisation der Museen mit dieser rasanten Entwicklung Schritt gehalten hat.

Im Rahmen dieses Buches interessieren uns die Museen nur unter dem Aspekt der Information und Dokumentation. Hierfür haben die Museen eine ganze Reihe spezifischer Formen entwickelt. „Informationsdienste" im weitesten Sinne sind neben der ständigen Ausstellung (besonders: Auswahl, Anordnung und Beschriftung der Objekte) die zeitlich befristeten Sonderausstellungen, Führungen (mit einem in den letzten Jahren erheblich erweiterten Spektrum an museumspädagogischen Aktivitäten mit daraus hervorgegangenen Führungsblättern, didaktischen Zonen etc.), Publikationen (Bestandskataloge, Ausstellungskataloge etc.) sowie eine Menge an Einzelberatung (z.B. für Privatsammler) und wissenschaftlicher Korrespondenz. Diese Informationsdienste basieren zu einem erheblichen Teil auf der hausinternen „Dokumentation". Diese Dokumentation wird durch den Charakter der Sammelobjekte bestimmt, aus ihm ergeben sich die Unterschiede zu Archiven und Bibliotheken (Lit. 01.).

D 6.2   Organisatorische Abläufe im Museum

Hinter den für das Publikum sichtbaren und oft genug auch spektakulären Aktivitäten steckt eine Menge diskreter Arbeit an den Sammlungen. Man muß sich einmal vor Augen halten, daß die meisten Objekte nur für den Kenner und Liebhaber einen direkt einsehbaren Wert besitzen. Die meisten Objekte können zur Geschichte des Menschen und der Natur nur dann beitragen und sie auch nur dann veranschaulichen, wenn sie in mühevoller Kleinarbeit erschlossen und erklärt werden.
Die Praxis sieht da meist etwas anders aus. Der unschätzbar großen Zahl von Objekten in unseren Museen steht eine verschwindend kleine Zahl von Mitarbeitern gegenüber. Daraus erklärt sich, daß es im Museum im Gegensatz zu z.B. Bibliotheken nur selten eine klare Arbeitsteilung und damit Spezialisierung für bestimmte Arbeiten gibt. Nur in wenigen großen Museen kann sich ein Wissenschaftler auf sein Spezialgebiet konzentrieren, in den meisten Fällen wird er mehr oder weniger alle Arbeiten, die bei Verwaltung und Ausbau seines Hauses und der Sammlungen, Geldbeschaffung und Öffentlichkeitsarbeit entstehen, selber durchführen oder zumindest verantwortlich organisieren. Für ,,Wissenschaft'' bleibt da oft nur wenig Zeit. Es ist daher nicht weiter verwunderlich, daß es auch im Bereich der Objektdokumentation im Museum noch kaum Ansätze zu einer Spezialisierung und Professionalisierung gibt.
Wissenschaftliche Dokumentation und Objektverwaltung gehören in der Bundesrepublik Deutschland nicht zur Fachausbildung an den Universitäten, entsprechende Kenntnisse werden gewöhnlich erst in der Berufspraxis erworben. Die an amerikanischen Museen übliche Position des ,,Registrar'' gibt es in der Bundesrepublik Deutschland erst in wenigen Museen.
Dabei ist eine ordentliche Inventarisierung ein ziemlich komplizierter Vorgang. Sie beginnt zunächst mit einem Eintrag in das ,,Eingangsinventar'' (ggf. mit Verweisen auf andere Akten und zumindest einer vorläufigen Inventarnummer, in diesem Inventar sollten auch Leihgaben und Stücke, die zur Begutachtung in das Museum gebracht werden, erfaßt werden). Der nächste Schritt ist dann die ,,wissenschaftliche Inventarisierung'' in verschiedenen Formen (Bandkataloge, Karteikarten, ggf. Verzeichnisse und Register). Im Idealfalle entsteht hier der ,,lebende Katalog'', in den auch wissenschaftliche Literatur und Korrespondenzen eingehen.
Es gibt keine nennenswerten deutschsprachigen Handbücher zur Inventarisierung im Museum. Wer sich hier näher informieren will, muß auf englischsprachige Werke zurückgreifen (Lit. 02.).

D 6.3   Welche Informationen werden gesammelt?

Wir lassen hier die Informationen, die zur Anschaffung eines Objekts führen, beiseite. Die eigentliche Objektdokumentation beginnt im Museum mit der ,,Inventarisierung''. Grundlegend hierfür ist eine möglichst genaue ,,Bestimmung'' (,,was ist das?'') und ,,Beschreibung''. Die meisten Objekte sind ,,Einzelstücke'', die als solche verstanden und beschrieben werden wollen. Der oft gebrachte Vergleich mit der ,,formalen Erfassung'' in den Bibliotheken trifft hier nicht zu. Die Objekte haben

weder Titelseiten noch Impressum. Von zentraler Bedeutung sind auch ,,Kontext-
Informationen'', man möchte wissen, woher ein Objekt kam, wer es benutzte, wozu es diente usw. Grundlage sind hier Grabungs- und Expeditionstagebücher, Korrespondenz mit dem Vorbesitzer und last not least quasi kriminalistische Recherchen. Zum Kontext gehören auch Hinweise auf andere Objekte (nicht unbedingt im
Museum). Obwohl es sich in den meisten Fällen um Einzelstücke handelt, stammen
sie doch aus größeren Zusammenhängen: ein Handwerkszeug aus einer Werkstatt,
eine Skulptur von einem Altar usw. Ein Steinbeil ohne Informationen zum ,,Fund-
zusammenhang'' ist bestenfalls als Briefbeschwerer zu benutzen, für die Geschichte
bleibt es stumm.

Neben dieser Textinformation stehen Abbildungen, nicht nur des Objekts, sondern
auch des Kontextes: Fotos, Zeichnungen, Karten und Pläne.

Alle diese Informationen sind natürlich nicht museumsspezifisch, Forschung und
Liebhaberei sind nicht auf das Museum beschränkt. Man muß aber doch feststellen, daß das Museum in den meisten Fällen das erste Glied in der ,,Nahrungskette''
der Objekt-Informationen ist und daß andere Aktivitäten meist auf dem im Museum ermittelten und gesammelten Wissen aufbauen.

Ein Teil dieser Informationen kann nach vorgegebenen Schemata strukturiert werden. Inventarbücher und Karteikarten mit vorgedruckten Einteilungen können eine
grobe Ordnung in die Vielfalt bringen. Im Idealfall sind diese Karteien selber durch
Register erschlossen bzw. durch eine Aufstellung (ggf. von Kopien) nach weiteren
Gesichtspunkten (Fundort, Künstler, Verwendungszweck) geordnet. Diese Strukturen sind gewöhnlich der Ausgangspunkt für den Einsatz moderner Infomations-
techniken. In den Erfassungsschemata des Computers finden wir die ,,Häuschen''
unserer Karteikarten wieder.

D 6.4   Computereinsatz im Museum?

Man kann den Computereinsatz im Museum aus sachlichen Gründen befürworten
oder ablehnen, wahrscheinlich ist, daß er sowieso kommt, daß der Computer angeschafft wird, weil es ihn gibt, wie der Fotoapparat oder das Auto. Die Erwartung,
daß allein durch den Computereinsatz bisher nicht erledigte Arbeiten nun doch zu-
standekämen, ist sicherlich falsch. Obwohl genügend billige und gute Fotoapparate
zur Verfügung stehen und die Kollegen sie auch trefflich zu bedienen verstehen,
sind die meisten Museumsobjekte noch nicht fotografiert.

D 6.4.1   Computereinsatz wozu?

Die Diskussion um den Computer im Museum ist in der Bundesrepublik Deutschland oft noch von übertriebenen Erwartungen oder Befürchtungen gekennzeichnet. Es ist meist nicht bekannt, daß sich erfolgreiche Anwendungen meist durch
klare und relativ einfache Ziele auszeichnen. Diese kann man grob in zwei Gruppen
einteilen:
- **Inhaltliche Erschließung der Bestände** (Lit. 03.) in sehr unterschiedlicher Erfas-

sungstiefe (Zahl bzw. Differenzierung der Aspekte). Extreme Positionen sind hier:
- ○ **Vollständiger Katalog**: alle Informationen zum Objekt
- ○ **Register** (Lit. 04.): Beschränkung auf wenige, für Suchfragen oder eine Sachgruppenordnung wichtige Aspekte
- **Verwaltung des Museums** (Lit. 05.) und **Kontrolle der Bestände** (Inventur, was ist wo im Museum?), Schriftverkehr, Haushalt, Organisation von Ausstellungen, Adressenverwaltung, Schreibarbeiten (Publikationsvorbereitung)

Allgemein läßt sich feststellen, daß in der Praxis die Rationalisierungsaspekte überwiegen. Die Vorstellungen, daß die Auseinandersetzung mit dem Computer der wissenschaftlichen Arbeit völlig neue Perspektiven eröffne, wird zwar gelegentlich leidenschaftlich diskutiert, es mangelt aber bisher an überzeugenden Beispielen.

D 6.4.2   Der Stand der Entwicklung

Es wäre Unsinn zu behaupten, daß sich alle Leute (oder wenigstens Spezialisten) in der Welt darüber einig wären, wie ein sinnvoller Computereinsatz im Museum geschehen sollte. Oberflächlich betrachtet gibt es etwa genau so viele unterschiedliche Systeme wie Anwendungen, die meisten ,,Systeme'' sind gewachsen wie die Lilien auf dem Felde. Sie spiegeln zumeist die verarbeiteten Quellen, im einzelnen Museum spielen grundsätzlich Überlegungen zum System meist eine untergeordnete Rolle.

Bei etwas näherer Betrachtung findet man dann doch eine Menge von Gemeinsamkeiten: nicht alle diese Systeme sind in allen Punkten verschieden, die gleichen Probleme und zumindest ähnliche Lösungen tauchen immer wieder auf. Wir können hier eine ganz einfache Gleichung aufstellen: In Ländern, in denen sich eine hinreichend starke Institution um Forschung und Entwicklung in diesem Sektor kümmerte, erfassen viele Museen ihre Daten zumindest nach einem einheitlichen Kategorienschema. Beispiele sind England mit der ,,Museum Documentation Association (MDA) und Kanada mit dem ,,Canadian Heritage Information Network'' (CHIN). In beiden Ländern gibt es damit eine solide Grundlage für eine weitergehende Zusammenarbeit.

Eine totale babylonische Sprachverwirrung herrscht dann allerdings bei der Frage, was man dann in diese Kategorien hineinschreibt, bei der Terminologie (Lit. 06.). Mit einer einzigen Ausnahme, dem bereits in den 60er-Jahren geplanten großen Kunstinventar in Frankreich (Inventaire Général des Monuments et Richesses Artistiques de la France), sind hier alle ,,pragmatisch'' vorgegangen. Die Franzosen sind die einzigen, die die theoretisch unanfechtbare Reihenfolge ,,erst Sprachregelung, dann Datenerfassung'' in die Praxis umgesetzt haben. Die in den 60er und 70er-Jahren mit großem Kostenaufwand erarbeiteten ,,beschreibenden Codes'' haben eine solide Grundlage geschaffen, auf der heute weitergearbeitet wird.

Diese Sprachverwirrung und die aus ihr resultierenden Kompatibilitätsprobleme machen verständlich, warum die seit zwanzig Jahren immer wieder erhoffte und geforderte nationale oder gar internationale Zusammenarbeit nie zustande gekommen ist. Ohne gemeinsame Sprache gibt es keine Verständigung. Das CIDOC

(Comité International pour la Documentation) im ICOM (International Council of Museums) bemüht sich neuerdings in Zusammenarbeit mit der internationalen Organisation für Normung (ISO) um grundlegende Normen auf diesem Gebiet.
Die Hoffnung, daß sich beim Computereinsatz quasi von selbst eine Zusammenarbeit ergäbe, ist mittlerweile begraben. Die dabei gemachten Erfahrungen haben aber auch eine positive Seite: es gibt einen weitgehenden Konsens darüber, was man mit welcher Methode erreichen kann und was nicht. Das ganze komplizierte Geschäft läuft letztlich darauf hinaus, daß bestimmte, vom Computer erwartete Leistungen nur dann erbracht werden können, wenn die Daten vorher in eine entsprechende Form gebracht wurden. Art und Grad der Formalisierung bestimmen, was ein Computerprogramm dann mit diesen Daten machen kann.
Die Auseinandersetzung zu solchen Fragen entzündet sich zumeist an der Frage einer angemessenen Datenstruktur und damit an Vor- und Nachteilen verschiedener Datenbanksysteme. Es gibt Verfechter von ,,flachen'' und ,,hierarchischen'' Strukturen und natürlich auch Leute, die nur eine ,,relationale'' Lösung sehen wollen. Die bei einer Wiedergabe historischer Daten nicht vermeidbaren Wiederholungen einzelner Felder oder ganzer Feldergruppen führen im Zusammenhang mit nur schwer zu erarbeitenden Begriffsdefinitionen (Beispiel: historische Geographie, was ist ,,Deutschland''?) hier zu oft noch nicht gelösten Problemen.
International läßt sich fast überall eine Hinwendung zum ,,Wortschatz'' und seiner besseren Kontrolle feststellen. Der Streit um die beste Methode ist noch längst nicht entschieden, die meisten Projekte müssen ja versuchen, die schon erfaßten Daten mit möglichst wenig Aufwand in Ordnung zu bringen und so werden die bestehenden Unterschiede weitergetragen. Die meisten Projekte, die sich aktiv mit diesem Problem auseinandersetzen, haben mit dem Aufbau von ,,Thesauri'' begonnen, einer Methode der Sprachregelung, die sich im Dokumentationsbereich bewährt hat und sogar national wie international zu durchaus praktikablen Normen (z.B. DIN 1463) geführt hat.
Im deutschen Sprachbereich hat die bisher verschwindend kleine Zahl von Projekten die Massenproduktion von unterschiedlich strukturierten und formulierten Daten verhindert, das notwendige Problembewußtsein ist daher noch kaum vorhanden. Ein vom Deutschen Museumsbund e.V. 1970 entwickeltes Schema zur ,,Allgemeinen Erfassung'' (Lit. 07.) ist nie systematisch zur Anwendung gekommen. Auch bei uns hat dann doch jeder sein eigenes System entwickelt.

D 6.5   Warum gibt es konkurrierende Systeme?

Wir haben bereits festgestellt, daß Zusammenarbeit einer organisatorischen Grundlage bedarf. Eine zentrale Institution kann zumindest ,,unnötige'' Unterschiede verhindern. Damit ist es aber nicht getan. Das Problem liegt nicht nur auf dieser Ebene.
Der Umstand, daß es konkurrierende Systeme gibt, ist letztlich nicht auf Dummheit oder Böswilligkeit ihrer Autoren zurückzuführen, sondern auf die traditionell verschiedene Anschauung der Objekte selbst in Nachbardisziplinen. Hier spiegeln sich die uns allen vertrauten Verständigungsschwierigkeiten zwischen (z.B.) dem Aus-

gräber prähistorischer Siedlungen, dem Rembrandtforscher und dem Volkskundler, der die Geschichte des ländlichen Handwerks erforscht. Verstärkt wird das durch die unterschiedlichen Aufgabenstellungen der Institutionen (Museum, Denkmalpflege, Universität, Fotoarchiv, Bibliothek).

Wer ein übergreifendes System sucht oder fordert, muß ein Gefühl dafür entwickeln, worauf Verständigungsschwierigkeiten beruhen und daß sie einen Sinn haben. Das soll an drei Beispielen veranschaulicht werden:

- **Archäologische Funde:** sie bestehen zumeist aus anonymen Fragmenten von einfachen, heute nicht mehr üblichen Gebrauchsgegenständen, aus Gebäuderesten, Besiedlungsspuren und dergleichen. Das Grundraster einer archäologischen Dokumentation ist daher zunächst der Fundort bzw. die Landkarte (historische oder moderne Ortsnamen sind dabei eher Orientierungshilfe) sowie die Erfassung der räumlichen Zusammenhänge, der Befund. Es folgen (in absteigender Wichtigkeit) die Charakterisierung des Fundzusammenhangs (z.B. Grab) und die typologische Zuordnung der Fundstücke. Die Individualität des einzelnen Objekts spielt kaum eine Rolle.

- **Kunstwerke:** in unserem Kunstverständnis handelt es sich grundsätzlich um Einzelstücke, originale Schöpfungen einiger weniger großer Meister. Das Grundraster einer kunsthistorischen Dokumentation ist also einerseits der Künstler (ggf. vertreten durch Notnamen oder stilistische Eingrenzungen wie ,,oberrheinisch um 1520''), andererseits das Dargestellte, die Ikonographie. Die Individualität des Kunstwerks steht im Vordergrund des Interesses.

- **Kulturgeschichtliche Sammlungen:** sie beziehen sich in der Mehrzahl auf unsere eigene Geschichte, im Unterschied zu den archäologischen Funden sind viele Objekte nicht anonym, ihre Interpretation beruht nicht nur auf dem Fundzusammenhang. Das Grundraster bei solchen Dokumentationen ist in fast allen Fällen der ursprüngliche Verwendungszweck (z.B. ,,Küferdechsel'') bzw. Funktionszusammenhang (z.B. ,,Schusterwerkstatt''). Es ist überhaupt kein Zufall, daß die großen Systematisierungsvorhaben auf diesem Gebiet sowohl die Grabungsfunde als auch die Kunst praktisch ausklammern. Im Vordergrund steht die auch sprachlich richtige, ggf. regionale Benennung des Objekts.

Entsprechende unterschiedliche Gewichtungen gibt es natürlich in allen Sammelgebieten, naturgeschichtliche und technische Museen haben ebenfalls eigene Ideen zur Datenstruktur. Im Einzelnen wird das Bild noch viel bunter, wenn man sich auf die Ebene von ,,Teildisziplinen'' und eng begrenzten Spezialsammlungen begibt.

Obwohl alle Disziplinen und Istitutionen im Prinzip die gleichen Kategorien benutzen (bei Artefakten z.B. letztlich: wer wann wo was zu welchem Zweck aus was gemacht hat), werden diese Daten bisher noch grundverschieden ermittelt, aufgeschrieben und verarbeitet.

Daraus hat sich eine lange Zeit sehr leidenschaftlich geführte Diskussion über Vor- und Nachteile verschiedener Datenbanksysteme ergeben. Es gibt Verfechter von ,,flachen'' und ,,hierarchischen'' Strukturen und natürlich auch Leute, die nur eine ,,relationale'' Lösung sehen wollen. In den letzten Jahren sind (vor allem im angelsächsischen Bereich) eine ganze Reihe von museumsspezifischen Systemen entstanden, die flexibleren unter ihnen lassen dem Museum die Wahl zwischen verschiedenen Darstellungsformen.

D 6.6   Ausblick

Die immer wieder aufkommende Utopie einer totalen Verfügbarkeit von Informationen zu kulturhistorischen Objekten ist so weit von einer möglichen Realisierung entfernt, daß man eigentlich nicht mehr darüber zu reden braucht. Die bisher gemachten Erfahrungen sind zunächst eine Übung in Bescheidenheit. Dies gilt in ganz besonderem Maße für die Bundesrepublik Deutschland, die sich im internationalen Vergleich der Industrieländer nahezu als Schlußlicht bei den Bemühungen um die Einführung moderner Informationstechnologien im Kulturbereich darstellt.

Die Gründe hierfür sind nicht schwer zu ermitteln. Wie auf allen anderen Gebieten auch erfordert ein sinnvoller Computereinsatz erhebliche Investitionen in Forschung und Entwicklung. Das hier oft anzutreffende Vertrauen in die freie Wirtschaft hat sich im Kulturbereich noch nirgends bewährt. Die grundlegend notwendige Entwicklung einheitlicher Regelwerke ist auf kommerzieller Basis nicht zu verwirklichen. Ein Blick ins Ausland zeigt ganz klar, daß es hier ohne staatliche Hilfen nicht geht, z.B.:

- **USA**: Museen sind mit wenigen Ausnahmen privat und bedienen sich weitgehend „privatwirtschaftlicher" Lösungen, z.B. der sogenannten „computerconsultants". Diese Museen haben alle ihr eigenes System. Staatliche Museen wie die der Smithsonian Institution bauen eigene, z.T. sehr gut ausgestattete Abteilungen auf (Smithsonian ca. 100 Mitarbeiter).
- **Kanada: Canadian Heritage Information Network (CHIN)**, trotz föderativer Verfassung (auch dort ist Kultur „Ländersache") eine Art Zentralinstitut, das den freiwilligen Teilnehmern an der zentralen Datenbank Beratung und erhebliche Serviceleistungen zur Verfügung stellt.
- **England: Museum Documentation Association (MDA)**, ein aus der „Information Retrieval Group of the Museums Association" (IRGMA) hervorgegangener (allerdings staatlich unterstützter) privater Verein, der Museen bei Fragen der Dokumentation durch Entwicklung und Vertrieb konventioneller Karteikarten bzw. durch ein auf diesen aufbauendes Datenbanksystem (GOS bzw. MODES) unterstützt. Die Beratung findet u.a. durch Schulungskurse und reisende Mitarbeiter statt.
- **Frankreich: Inventaire Général des Monuments et Richesses Artistiques de la France (IGMRAF)** umfaßt Denkmalpflege und Museen. Das System profitiert von einer ungewöhnlich systematisch durchgeführten Vorbereitung (man denke an die zahlreichen, in den 60er und 70er Jahren durch Forschungsaufträge entwickelten „beschreibenden Codes") und wird quasi generalstabsmäßig durchgeführt. Die Beratung einzelner Museen ist dabei Nebensache, die Dokumentation der Kulturgüter ist eine Aufgabe des Staates (Kultusministerium), Museen und Denkmalpflege sind gesetzlich zur Mitarbeit verpflichtet.

Abgesehen natürlich von den Privatmuseen in den U.S.A., haben diese Institutionen zwischen 15 und 100 Mitarbeiter, entsprechend ausgestattete Institutionen gibt es in der *Bundesrepublik Deutschland samt Berlin (West)* nicht. Das von seiner Aufgabenstellung her in Frage kommende *Institut für Museumskunde* (2 Mitarbeiter für diesen Bereich) konzentriert sich zur Zeit auf eine Zusammenarbeit mit den Bundesländern (regionale Museumsämter bzw. -verbände), d.h. auf die Ebene übergreifender bzw. „kompatibler" Datenbanken und der für diese unabdingbaren Ordnungssysteme. Diese Arbeiten werden in Form zeitlich befristeter Projekte bzw. in einem 1985 dafür eingerichteten „Arbeitskreis" durchgeführt.

Die bereits in Ansätzen erkennbare massenhafte Anschaffung von relativ billigen

kleinen Computern in deutschen Museen erfordert ein Überdenken des bisherigen, meist zögernden Vorgehens bei den nötigen Investitionen.
Ohne zusätzliche Anstrengungen werden sich notwendigerweise „amerikanische" Verhältnisse ergeben, d.h. es wird sich an der ja auch für konventionelle Dokumentationen geltenden babylonischen Sprachverwirrung wenig ändern, wir werden eine Vielzahl inkompatibler, mit hohen und immer wieder neu anfallenden Entwicklungskosten belasteter Systeme bekommen. Es steht zu hoffen, daß uns eine nachträgliche Reinigung eines solchen Augiasstalls erspart bleibt.
Ein Blick in andere Länder sollte sich aber nicht nur auf die technisch-dokumentarischen Probleme beschränken. Der Computereinsatz im Museum hat in diesen Ländern zunächst einmal zu einer weiteren Spezialisierung geführt. In größeren Museen der U.S.A. hat z.b. der EDV-kundige Registrar den Fachwissenschaftler auf dem Gebiet der Inventarisierung weitgehend ersetzt. Wir sollten aus solchen Entwicklungen lernen und z.b. eine verstärkte Entwicklung benutzerfreundlicherer Systeme betreiben.

Literatur

01. Lesenswert: Johannes Rogalla von Bieberstein, Archiv, Bibliothek und Museum als Dokumentationsbereiche. Einheit und gegenseitige Abgrenzung, in: Bibliothekspraxis Bd. 16, Pullach 1975.
02. Kurz und präzis (und nicht nur für kleine Museen): Daniel B. Reibel, Registration Methods for the Small Museum, American Association for State and Local History, Nashville 1978; vorwiegend aus der Sicht großer Museen: – Dorothy H. Dudley, Irma Bezold Wilkinson and Others. Museum Registration Methods. American Association of Museums, Washington 1979.
03. Hierzu gibt es bereits eine fast unübersehbare Menge von Literatur, einen guten Überlick gibt: Museum Documentation Systems: Developments and Applications, edited by Richard B. Light, D. Andrew Roberts and Jennifer D. Stewart, Butterworths 1986.
04. Der Begriff Register umfaßt hier sowohl das bei nur wenigen Aspekten auf Dauer sinnvolle alphabetische Register als auch eine Sachgruppenordnung. Grundlegende Pflichtlektüre sind die ebenso kurzen wie brillanten einleitenden Kapitel zu: Robert G. Chenhall, Nomenclature for Museum Cataloging, a System for Classifying Man-Made Objects, American Society for State and Local History, Nashville 1978 (Neuauflage: The Revised Nomenclature for Museum Cataloguing, Nashville, Tenn., AASLH, 1988) und Walter Trachsler, Systematik kulturhistorischer Sachgüter: eine Klassifikation nach Funktionsgruppen zum Gebrauch in Museen und Sammlungen, verfaßt im Auftrag des Verbandes der Museen der Schweiz, Bern und Stuttgart 1981. Neben diesen vergleichsweise umfassenden Werken gibt es eine große Zahl solcher Arbeiten für einzelne Sammelgebiete (Architektur, Malerei, Skulptur, Münzen, griechische Vasen etc.)
05. Guter Überblick in: Collections Management for Museums, Proceedings of an International Conference held in Cambridge, England 26 – 29 September 1987, edited by D. Andrew Roberts, Museum Documentation Association 1988.
06. Ein nahezu vollständiger Überblick über Fragen der Terminologie erscheint in Terminology for Museums, Proceedings of an International Conference held in Cambridge, England 21 – 24 September 1988, Museum Documentation Association 1989 (im Druck).
07. Publiziert in: Museumskunde, Heft 3/71, S. 121 – 161.

D 7   Patentdokumentation

Alfred Wittmann

Weltweit werden jährlich rund 500.000 Erfindungen und Verbesserungen bei einem oder mehreren Patentämtern angemeldet. Eine wesentliche Voraussetzung für die Erlangung des Patentschutzes ist es, daß der Erfinder oder Patentanmelder eine strengen Formvorschriften genügende Beschreibung seiner Erfindung einreicht. Diese wird von dem Patentamt als sogenanntes Patentdokument veröffentlicht. Patentdokumente sind „technische" Druckschriften und somit als solche mit anderen Publikationen technischen Inhalts vergleichbar. Die großen Patentämter, nämlich insbesondere das Japanische, das US-amerikanische, das Europäische und das Deutsche Patentamt, publizieren jährlich rund 900.000 Patentdokumente. Patentämter sind somit als Verleger großer Mengen technischer Fachliteratur zu betrachten. Sie stellen von ihren Patentdokumenten viele Exemplare her und verbreiten sie in aller Welt. Diese können von jedermann in technischen Bibliotheken, sogenannten Patentschriften-Auslegestellen und in den Auslegehallen der Patentämter eingesehen werden.

D 7.1   Arten und Aufbau von Patentdokumenten

Zu den Patentdokumenten zählt man die nach formeller Prüfung in der eingereichten Fassung veröffentlichten Patentanmeldungen (Offenlegungsschriften) und Patentdokumente, die sachlich, also gegenüber dem Stand der Technik geprüft sind (Patentschriften oder Auslegeschriften) und Gebrauchsmusterschriften, die man auch als kleine Patente bezeichnet. Die Patentämter der Comecon-Länder geben noch sogenannte Erfinderscheine heraus. Diese entsprechen in ihrem Aufbau und in ihrer äußeren Form den von westlichen Patentämtern herausgegebenen Patentdokumenten.

Die in den Patentdokumenten enthaltenen Informationen sind im wesentlichen einheitlich strukturiert. Man unterscheidet

a) die bibliographischen Daten,

b) die Zusammenfassung, gegebenenfalls ergänzt durch eine schematische Zeichnung,

c) die Beschreibung, meist in Verbindung mit mehreren schematischen Zeichnungen,

d) die Patentansprüche.

Zu den stets auf der ersten Seite (dem Deckblatt) des Patentdokuments abgedruckten bibliographischen Daten gehört die Nummer des Patentdokuments, die Bezeichnung der Erfindung, der Name und die Anschrift des Anmelders und des Erfinders sowie das technische Gebiet, zu dem die Erfindung gehört. Dieses wird durch Symbole der von dem jeweiligen Patentamt verwendeten Patentklassifikation bezeichnet. Die Zusammenfassung ist, falls vorhanden, ebenfalls auf der ersten Seite der Patentdokumente abgedruckt. Um den Benutzer fremdsprachiger

Patentdokumente das „Entziffern" der bibliographischen Daten zu erleichtern, wurde ein Zahlencode entwickelt, der von den meisten Patentämtern angewandt wird. Die Zahl 72 dieses INID-Codes z.B. steht vor dem Namen des Erfinders (vgl. *Abb. 1*).

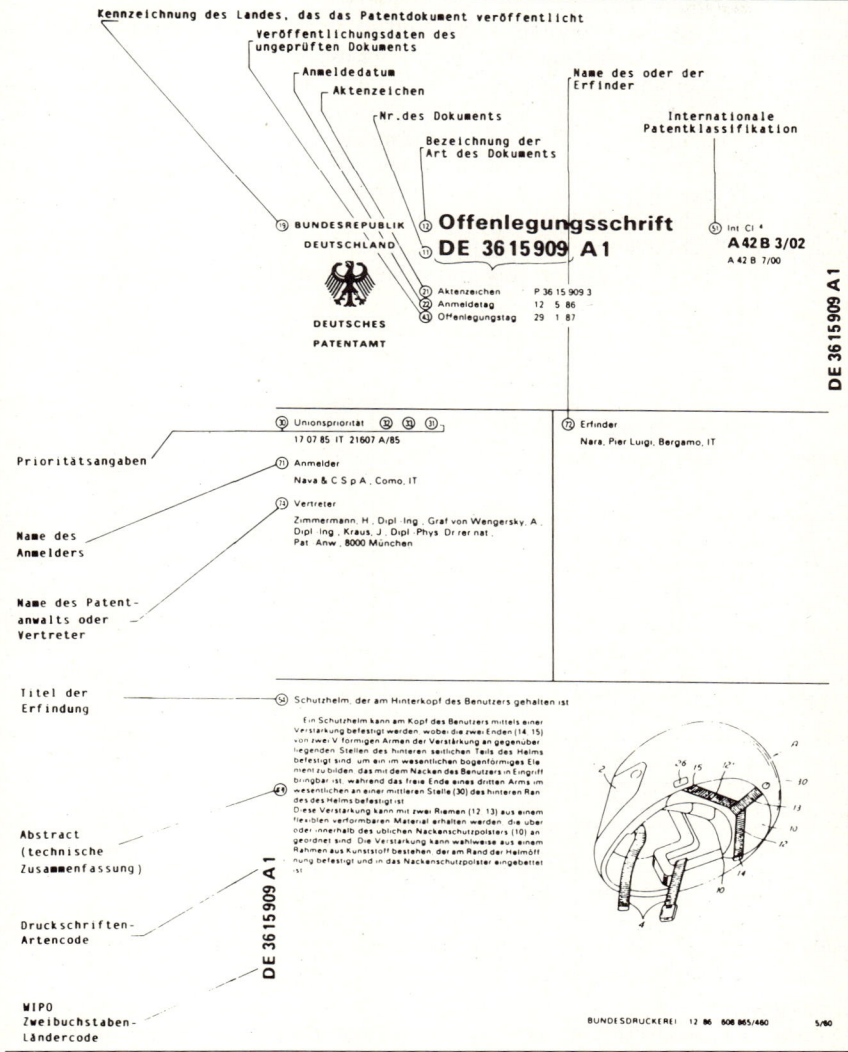

Abb. 1: Deckblatt einer Offenlegungsschrift mit bibliographischen Daten, Abstract (technischer Zusammenfassung) mit dazugehöriger Patentzeichnung und einer Erläuterung der auf dem Deckblatt abgedruckten INID-Codes (z.B. (11), (12) . . .)

Die Beschreibung selbst besteht aus mehreren Teilen. Sie enthält Ausführungen darüber, welche Aufgabe sich der Erfinder gestellt und welchen Lösungsweg er beschritten hat, sowie eine Erläuterung des „Standes der Technik", von dem die Erfindung ausgeht, und stellt heraus, welche Vorteile die Erfindung gegenüber dem Stand der Technik hat.

Die Beschreibung der Erfindung selbst muß so detailliert und genau beschrieben sein, daß sie der „Durchschnittsfachmann" nachvollziehen kann. Meist geschieht dies durch „Ausführungsbeispiele der Erfindung" anhand von mehreren Patentzeichnungen. Charakteristisch für die Beschreibung von Sachverhalten in den Patentdokumenten ist die Verflechtung der textuellen mit den graphischen Informationen. Dies geschieht dadurch, daß die wesentlichen Elemente in den Patentzeichnungen mit sogenannten Bezugzeichen (meist Zahlen) versehen sind, die im Text an den entsprechenden Stellen vorkommen. Diese Darstellungsweise ist den Lesern technischer Fachliteratur meist ungewohnt und viele lehnen sie als „Patentchinesisch" ab. Dennoch ist die Informationsdichte in Patentbeschreibungen sehr hoch.

Jahr \ Sprache	Anteile (%)					Menge (100 %)
	Deutsch	Englisch	Französisch	Japanisch	Russisch	
1980	18		8	41		408.438
1981	16		8	42		404.402
1982	15	25	5	40	15	527.379
1983	15	25	5	43	12	521.848
1984	15	27	4	45	9	538.803
1985	15	27	4	44	10	546.487
1986	13	25	4	49	10	604.603
1987	13	26	3	50	9	639.329
1988	13	26	4	49	9	633.158
Summe	700.078	1.300.874	232.440	2 176.563	414.493	

Abb. 2: Anteile (%) der veröffentlichten Patentdokumente (Erstpublikationen) nach Sprachen (Quelle: INPADOC-Jahresstatistik)

Erläuterungen:
Die vom Europoäischen Patentamt herausgegebenen Patentdokumente enthalten 60 % Schriften in englischer Sprache, 30 % in deutscher und 10 % in französischer Sprache. Die der Prozentrechnung zugrundeliegenden Zahlen sind gerundet. In der Statistik sind die vom Japanischen und Deutschen Patentamt herausgegebenen Gebrauchsmuster-Schriften nicht berücksichtigt.

Die Patentansprüche umreißen den Schutzumfang des gewerblichen Schutzrechts. Je nachdem, ob es sich um eine veröffentlichte Patentanmeldung oder um ein geprüftes Patent handelt, repräsentieren die Patentansprüche ein vorläufiges oder ein endgültiges gewerbliches Schutzrecht.

Technisch wichtige Erfindungen werden in der Regel in mehreren Patenämtern angemeldet und erscheinen daher auch in verschiedenen Sprachen, z.b. in japanischer, deutscher, englischer und französischer Sprache. Die auf eine einzige Erfindung zurückgehenden Patentdokumente bezeichnet man als Patentfamilie. Es ist ohne weiteres möglich, z.b. zu einem in japanischer Sprache herausgegebenen Patentdokument ein in englischer Sprache abgefaßtes Patendokument zu ermitteln, wenn die Erfindung nicht nur in Japan, sondern z.b. auch in den USA oder in Großbritannien angemeldet und veröffentlicht wurde.

Unterteilt man die Patentdokumente nach Sprachen, so stellt man fest, daß nur ein Teil davon in einer ,,westlichen'' Sprache, also insbesondere in englischer, deutscher oder französischer Sprache abgefaßt ist (vgl. *Abb. 2*). Längerfristig ist damit zu rechnen, daß sich mit der zunehmenden Industrialisierung von Ländern der Dritten Welt die Anzahl der in der Patentdokumentation vertretenen Sprachen noch weiter erhöht.

Ebenso wie die technische Fachliteratur nimmt die Anzahl der neu herausgegebenen Patentdokumente exponentiell zu (vgl. *Abb. 3*).

D 7.2 Patentklassifikation

Mit der Gründung der Patentämter – der Vorläufer des Deutschen Patentamts, das Kaiserliche Patentamt, nahm im Jahre 1877 seine Arbeit auf – wurden auch Ordnungssysteme geschaffen, mit deren Hilfe die eingereichten Erfindungen einem genau bezeichneten Sachverhalt und damit einer auf diesem Gebiet sachkundigen Prüfungsstelle zugewiesen werden konnten. Diese Ordnungssysteme bezeichnet man als Patentklassifikationen. Sie hatten zur Zeit der Gründung der Patentämter nur einige hundert Einteilungen. Etwa seit Mitte der 70iger Jahre verwenden die meisten Patentämter die Internationale Patentklassifikation (IPC), die rund 70.000 Unterteilungen aufweist. Die für den Schwerpunkt der Erfindung oder für deren wichtigste Bestandteile maßgebenden Klassifikationssymbole werden auf die Patentdokumente aufgedruckt und sind ein wesentliches Hilfsmittel für das Auffinden von Patentdokumenten auf einem bestimmten, eng umgrenzten technischen Gebiet.

Die IPC wird entsprechend dem sogenannten Straßburger Klassifikationsabkommen von 1971 in internationaler Zusammenarbeit regelmäßig überarbeitet und in fünfjährigem Abstand als Gesamtwerk von der Weltorganisation für Geistiges Eigentum (WIPO) neu herausgegeben. Die erste Fassung der Internationalen Patentklassifikation erschien am 1. September 1968; die fünfte Ausgabe gilt vom 1. Januar 1990 an. Damit das Klassifikationswerk in einem Patentamt verwendet werden kann, muß es auch in der von diesem verwendete Amtssprache abgefaßt sein. Das ist auch der Grund dafür, daß die IPC in mehrere Sprachen übersetzt wird. So gibt es neben den beiden ,,offiziellen'' Fassungen in englischer und franzö-

Ausgabeland Jahr(e)	DE	JP	US	EP
1877 – 1899	109.190			
1900 – 1940	529.767			
1941 – 1950	65.723			
1951 – 1960	489.467			
1961 – 1970	558.163		585.228	
1971 – 1975	448.264		378.362	
1976 – 1980	331.608	778.700	312.486	20.314
1981 – 1985	265.548	1.077.727	229.085	145.444
1986 – 1988	114.901	588.000	1.825.000	129.419
Summe	2.984.631	2.444.427	3.330.161	295.177

Abb. 3: Anzahl der veröffentlichten Patentdokumente (Erstpublikationen) der vier größ-
ten Patentämter einschließlich Gebrauchsmusterschriften bei DE; ohne Ge-
brauchsmusterschriften bei JP; Anzahl der bis Ende 1988 publizierten
US-Patentschriften insges. 4.701.681.
(Quellen: Statistiken des Deutschen Patentamtes (DPA) und INPADOC-
Jahresstatistik)

Erläuterungen:
*   = Japanische Patentschriften
**   = Veröffentlichte japanische Patentanmeldungen
DE = Bundesrepublik Deutschland (Deutsches Patentamt)
JP = Japan
US = USA
EP = Europäisches Patentamt
Erstpublikationen = Veröffentlichte Patentanmeldungen oder Patentschriften, wenn ein Amt
nur geprüfte Patentanmeldungen herausgibt (USA; bis 1968 auch DPA und andere Patent-
ämter).

sischer Sprache auch eine Version in deutscher Sprache und in anderen Sprachen
(Japanisch, Chinesisch, Russisch, Spanisch etc.). Die IPC ist somit auch als mehr-
sprachiger Thesaurus technischer Begriffe verwendbar.
Die IPC gehört zu den monohierarchischen Klassifikationssystemen, in denen die
Sachverhalte vorkoordiniert sind. Die Bestimmung der Klassifikationselemente zu
einer Erfindung erfolgt in der Regel durch die jeweils zuständigen Prüfer des Paten-
tamts. Im englischen Sprachbereich nennt man diesen Vorgang ,,precoordinated
Indexing''.

Die IPC hat vier Einteilungsebenen:
- Sektion (z.B. Sektion A; Täglicher Lebensbedarf)
- Klasse (z.B. A 01; Landwirtschaft, Forstwirtschaft, Tierzucht, Jagen, Fallenstellen, Fischfang)
- Unterklasse (z.B. A 01 B; Bodenbeareitung in Land- und Forstwirtschaft; Teile, Einzelheiten oder Zubehör von landwirtschaftlichen Maschinen oder Geräten allgemein)
- Hauptgruppen und Untergruppen (z.B. A 01 B 1/00; Handgeräte; A 01 B 1/16 Geräte zum Ausreißen von Unkraut.

Die Hauptgruppen (oder 00/Gruppen) sind weiter in Untergruppen aufgeteilt, wobei die Hierarchie innerhalb der Gruppen durch Punkte dargestellt ist. Die in den jeweils niedrigeren Hierarchiestufen einzuordnenden Sachverhalte müssen jeweils die ,,Bedingungen'' der höheren Hierarchiestufen erfüllen, z.B.

Sektion	B	Arbeitsverfahren, Transportieren
Klasse	B 64	Luftfahrzeuge, Flugwesen, Raumfahrt
Unterklasse	B 64 C	Flugzeuge, Hubschrauber, Drehflügelflugzeuge
Hauptgruppe	B 64 C 25/00	Start- bzw. Landegestelle
1-Punktuntergruppe	B 64 C 25/02	. Fahrgestelle
2-Punktuntergruppe	25/08	. . Nicht fest angeordnet; z.B. abwerfbar
3-Punktuntergruppe	25/10	. . . Einfahrbar, ... o. dgl.
4-Punktuntergruppe	25/18	. . . . Betätigungsmittel
5-Punktuntergruppe	25/26	. . . . . Steuerung oder Verriegelung dafür
6-Punktuntergruppe	25/39	. . . . . . Notbetätigung

Innerhalb des Klassifikationssystems sind noch sogenannte Querverweise angeordnet, die darauf hinweisen, daß bestimmte Sachverhalte an einer anderen Stelle eingeordnet sind (z.B. A 01 B 1/00) Handgeräte (Kantenschneider für Rasen A 01 G 3/06).

Von genereller Bedeutung ist auch die Trennung von Funktion und Anwendung. Verfahren und Einrichtungen ,,zum Messen allgemein'' werden in der Unterklasse G 01 B behandelt, während spezielle Meßverfahren wie z.B. das Maßnehmen in der ,,Bekleidungsklasse'' untergebracht sind (A 41 H 1/00).

D 7.3 Ablageorientierte Patentdokumentation

Prüfende Patentämter, wie z.B. das Deutsche, das Europäische und das US-amerikanische Patentamt, verfügen über umfangreiche Sammlungen von Patentdokumenten und Fachliteratur, mit deren Hilfe sie feststellen, ob die angemeldeten Erfindungen gegenüber dem Stand der Technik patentfähig sind. Die Patentdokumentationen der Patentämter stehen mit gewissen Einschränkungen auch der Öffentlichkeit zur Verfügung. Es haben sich zwei Arten von Patentdokumentationen herausgebildet, nämlich die nach Nummern geordnete und die nach technischen Gebieten geordnete, systematische Patentdokumentation.

Die nummernorientierte Sammlung von Patentdokumenten kann aus lose abgelegten einzelnen Exemplaren von Patentdokumenten, aus gebundenen Bänden oder aus Sammlungen von Mikroformen bestehen. Ihr Hauptzweck ist es, Rückvergrösserungen aufgrund eindeutiger bibliographischer Daten bereitzustellen, also z.b. des Ausgabelandes und der Publikationsnummer.

Die systematische Patentdokumentation verwendet ein monohierarchisches Patentklassifikationssystem, das für die Einordnung von Patentdokumenten besonders geeignet ist. Die bewährten ablageorientierten Patentdokumentationen der prüfenden Patentämter bestehen aus etwa 20 bis 25 Mio. Patentdokumenten und Auszügen aus der Fachliteratur, die meist lose in Mappen oder Kassetten abgelegt sind, von denen jeweils eine oder mehrere zu einem Einteilungselement der Patentklassifikation gehören. Die Recherche in dieser systematischen Dokumentation erfolgt dadurch, daß die Druckschriften einer oder mehrerer Mappen nacheinander durchgeblättert werden, wobei die Patentdokumente häufig so gefalzt sind, daß die wichtigste Patentzeichnung obenauf liegt. Diese ,,Bildrecherche'' dient üblicherweise der Vorauswahl. Will sich der Recherchierende genauer informieren, so sucht er in dem Text der ihn interessierenden Patentdokumente die Bezugszeichen der graphischen Darstellungen auf, die auf den gesuchten Gegenstand hinweisen. Die Bezugszeichen sind fettgedruckt, so daß sich die entsprechenden Textstellen ohne Schwierigkeiten auffinden lassen. Ein wesentlicher Vorteil dieser systematischen Patentdokumentation besteht darin, daß sie aus vollständigen Druckschriften besteht. Dadurch entfällt die z.B. nach der Suche in einer Kartei anstehende Beschaffung der vollständigen Patentdokumente bzw. Literaturstellen. Ein weiterer großer Vorteil ist es, daß die systematische Patentdokumentation alle Gebiete der Technik umfaßt. Ein Nachteil der ablageorientierten Patentdokumentation besteht darin, daß sie sehr viel Platz benötigt – die systematische Patentdokumentation des Deutschen Patentamts enthielt am Ende des Jahres 1988 24,4 Mio. Patentdokumente, Referate und Auszüge aus der technischen Fachliteratur und benötigte etwa 3.000 qm Stellfläche. Außerdem ist es häufig erforderlich, daß an verschiedenen, räumlich weit entfernten Stellen der Dokumentation recherchiert werden muß.

Die Benutzung der systematischen Patentdokumentation wird durch eine Reihe von Hilfsmitteln erleichtert, wie z.B. durch ein umfangreiches Schlag- und Stichwörterverzeichnis und durch Register verschiedener Art.

D 7.4   Patentdatenbanken

Der einheitliche Aufbau der Patentdokumente hat es schon frühzeitig ermöglicht, diese EDV-gestützt zu produzieren, so daß insbesondere die bibliographischen Daten etwa seit dem Beginn der 70iger Jahre maschinenlesbar zur Verfügung stehen. Dies ist auch der Grund dafür, daß diese Daten zum Aufbau von Patentdatenbanken verwendet wurden. Gegenüber der klassischen, ablageorientierten systematischen Patentdokumentation haben diese Patentdatenbanken aber den großen Nachteil, daß zur Recherche nur ein Teil der vollständigen Patentdokumente zur

Verfügung steht und zum genauen Studium erforderliche vollständige Patentdokumente mit entsprechender zeitlicher Verzögerung aus den Bibliotheken bereitgestellt werden müssen. Man unterscheidet folgende Arten von Patentdatenbanken:

a) Patentregister, Patentrollen
Die meisten Patentämter sind durch das von ihnen verwaltete Patentgesetz verpflichtet, eine den Verfahrensstand der anhängigen Patentdokumente widerspiegelnde Patentrolle zu führen. Seit dem Beginn der 80iger Jahre stellen die größeren Patentämter ihre Patentrolle als sogenannte Display-Datenbank zur Verfügung. Das bedeutet, daß zum Aufruf des Verfahrensstandes einer Patentanmeldung deren Nummer oder Aktenzeichen bekannt sein muß. Eine Recherche durch logische Verknüpfung von einzelnen bibliographischen Daten ist in der Regel nicht möglich.

b) Patentdatenbanken mit bibliographischen Daten
Die bibliographischen Daten nahezu aller seit dem Jahre 1973 erschienenen Patentdokumente sind in einer von INPADOC (= Internationales Patentdokumentationszentrum, Wien) aufgelegten Datenbasis erfaßt und werden von mehreren Datenbankbetreibern recherchefähig angeboten. Diese Datenbank erlaubt vor allem die Ermittlung der sogenannten Patentfamilien, also aller auf ein und dieselbe Erfindung zurückgehender Patentdokumente. INPADOC gehört zu den größten Datenbasis-Herstellern auf dem Gebiet der Patentdokumentation.

c) Abstract-Patentdatenbanken
Diese enthalten neben den bibliographischen Daten auch die Zusammenfassungen oder Patentansprüche von Patentdokumenten. Hervorzuheben sind Patentdatenbanken mit US-amerikanischen Patentdokumenten ab 1970 (z.B. CLAIMS, PATSEARCH) sowie von Patentdokumenten, die englischsprachige Abstracts von Patentdokumenten enthalten, die nicht in englischer Sprache abgefaßt sind (z.B. DERWENT WPI), aber auch deutschsprachige Patentdatenbanken (PATDPA, PATO).

d) Fachspezifische Datenbanken
Neben den vorstehend genannten Patentdatenbanken, die über alle technischen Gebiete reichen, gibt es eine Vielzahl von Datenbanken, die auf bestimmte technische Gebiete beschränkt sind und sowohl Patentliteratur als auch Fachliteratur umfassen. Soweit sie Abstracts enthalten, sind diese in aller Regel von dem Datenbasishersteller angefertigt worden. Besonders gut ist der Fachbereich Chemie vertreten. Auf diesem Gebiet ist es auch möglich, sogenannte Substruktur-Recherchen nach chemischen Formeln durchzuführen.

e) Volltext-Patentdatenbanken
Von einem US-amerikanischen Datenbankbetreiber (MEAD DATA) wird die Patentdatenbank LEXPAT angeboten, die die vollständigen Texte der seit dem Jahre 1975 erschienenen US-amerikanischen Patentdokumente enthält. Es ist zu erwarten, daß in die Patentdatenbanken zunehmend größere Textanteile der Patentdokumente aufgenommen werden.

f) Graphik-Patentdatenbanken
Im Rahmen eines von der Kommission der Europäischen Gemeinschaften (KEG)

und vom Bundesministerium für Forschung und Technologie (BMFT) geförderten Projekts ist eine Patentdatenbank mit der Bezeichnung PATGRAPH aufgelegt worden, die zum Zeitpunkt ihrer Eröffnung (September 1989) rund 50.000 Patentzeichnungen von Offenlegungsschriften des Deutschen Patentamts enthielt. Die Graphiken entstanden durch Digitalisierung der Patentzeichnungen und anschließender Vektorisierung. Jede Patentzeichnung benötigt einen Speicherplatz von 10 bis 70 KB. Dementsprechend aufwendig ist auch die Übertragung und Reproduktion der Zeichnungen, für die ein Laserdrucker benötigt wird.

D 7.5   Dienstleistungen auf dem Gebiet der Patentinformation

D 7.5.1   Von der öffentlichen Hand bereitgestellte Dienstleistungen

In der Bundesrepublik Deutschland ist es der Benutzer öffentlicher Bibliotheken gewohnt, deren Dienstleistungen kostenlos in Anspruch nehmen zu können. Dies gilt auch auf dem Gebiet der Patentinformation, soweit es sich um die Bereitstellung von druckschriftlichem Material und Mikroformen handelt (Patentdokumente, Fachzeitschriften und Bücher). Das Deutsche Patentamt hält sich an diese Regelung und stellt den Besuchern seiner Auslegehallen in München und Berlin kostenlos eine mehrere Millionen Patentdokumente umfassende, nach technischen Gesichtspunkten geordnete Sammlung von Patentdokumenten des Deutschen und anderer Patentämter kostenlos zum Recherchieren zur Verfügung. Auch die Beschaffung von Material aus dem Bibliotheksmagazin zur Einsicht oder zur Anfertigung von Rückvergrößerungen ist kostenlos; ebenfalls die Benutzung umfangreicher Register. Bezahlt werden muß jedoch u.a. für die Ermittlung von Patentfamilien sowie für die Benutzung von Datenbanken, bei denen das Bibliothekspersonal Hilfestellung leistet. Für die Herstellung von Kopien berechnet das Deutsche Patentamt DM 1,-- pro Seite; und ein beim Schriftenvertrieb des Deutschen Patentamts bestelltes Patentdokument kostet DM 6,65.
Die in den Auslegestellen des Bundesgebiets bereitgehaltenen Dienstleistungen sind zum Teil kostenpflichtig, obwohl deren Träger überwiegend Institutionen der Bundesländer sind.
Für die Durchführung von Auskünften zum Stand der Technik werden stets Gebühren verlangt. Das Deutsche Patentamt berechnet für eine Auskunft zum Stand der Technik DM 850,-- (entsprechend § 29 Abs. 3 des Patentgesetzes); ebenso berechnen die Patentschriften-Auslegestellen Gebühren, die meist dem zeitlichen Aufwand an Recherchezeit entsprechen. Für eine Auskunft aus der Patentrolle wird DM 1,-- berechnet, ebenso für eine Auskunft über Anmeldungen, bei denen der Anmelder Lizenzbereitschaft erklärt hat (Lizenzdienst RALF).

D 7.5.2   Privatwirtschaftlich angebotene Dienstleistungen

Recherchen zum Stand der Technik, Überwachungen der Schutzrechtslage, regelmäßige Einsicht in Patentakten usw. können bei Spezialfirmen und von Patentberichterstattern gegen entsprechende Kostenerstattung in Auftrag gegeben werden.

In diese Kategorie gehören auch die Innovations-Beratungsstellen, die insbesondere für mittelständische Betriebe arbeiten. SDI-Dienste, die auch unter der Bezeichnung Profildienste bekannt sind, werden insbesondere von Datenbankorganisationen bereitgestellt.

D 7.6 Elektronische Patentdokumentation

Obwohl die Ermittlung des Standes der Technik zunehmend durch Recherchen in Datenbanken vorgenommen wird, können diese die konventionelle Ablage-orientierte Patentdokumentation nicht ersetzen. Sie dienen jedenfalls in den prüfenden Patentämtern in aller Regel zur Ergänzung der Recherchen in der Papierdokumentation. Ein Ersatz der Papierdokumentation ist erst zu erwarten, wenn unmittelbar an die Datenbankrecherche auch die Beschaffung der vollständigen Patentdokumente möglich ist. Hierzu gibt es insbesondere im japanischen und US-amerikanischen Patentamt bereits konkrete Lösungsansätze. In den USA sehen die Planungen zu einem ,,Paperless office'' an den Arbeitsplätzen der Prüfer sogenannte Workstations vor, mit deren Hilfe man in einer Volltextpatentdatenbank recherchieren und anschließend aus einer sogenannten Faksimile-Datenbank eine dem Original entsprechende Rückvergrößerung des vollständigen Patentdokuments beschaffen kann. Grundlage der Faksimile-Datenbasis sind die digitalisierten Patentdokumente des sogenannten Patentaltbestands, also die weltweit seit dem Jahre 1920 herausgegebenen Patentdokumente. Wegen des großen Speicherbedarfs (Größenordnung 10^{12} Byte) muß die Faksimile-Datenbasis auf Opto-elektronischen Bildplatten gespeichert werden und mit Hilfe eines sogenannten lokalen Datenübertragungsnetzes dafür gesorgt werden, daß diese Information zwischen der zentralen EDV-Anlage und den Arbeitsplatzstationen ausgetauscht werden. Die zu erwartende Standardisierung der opto-elektronischen Bildplatten führt dazu, daß am Arbeitsplatz zunehmende Mengen an Daten gespeichert und verarbeitet werden können. Besondere Bedeutung haben die unter der Bezeichnung CD-ROM und WORM bekannten Arten opto-elektronischer Bildplatten. Während die CD-ROM von einer ,,Masterplatte'' vervielfältigt wird, kann die WORM-Platte vom Benutzer ,,beschrieben'' werden, bis der vorhandene Speicherplatz aufgebraucht ist.

Anhang:

Anschriften von Datenbankorganisationen, die u.a. Patentdatenbanken anbieten:

1) Bertelsmann InformationsService GmbH, Landsbergerstraße 191 a, 8000 München 81, Telefon 089 57 90, Telefax 089 57 66 93
2) Derwent Publications Ltd., Rochdale House, 128 Theobalds Road, LONDON WC1X8RP, Tel. 00 44 – 1 – 2 42 58 23, England.
3) Deutsches Institut für Medizinische Dokumentation und Information – DIMDI, Weisshausstrasse 27, 5000 Köln 27, Postfach 42 05 80, Telefon 02 21 – 47 24 – 1.

4) DIALOG, Information Retrieval Service, 3460 Hillview Ave, Palo Alto, CA 94304, USA, Tel. (415) 858 – 37 19; Customer Service PO Box 188, Oxford OX15AX, Großbritannien, Telefon 0044-865-73 02 75.

5) Fachinformationszentrum (FIZ) – Energie, Physik, Mathematik GmbH Karlsruhe, D-7514 Eggenstein-Leopoldshafen 2, Telefon 07247-808-0.

6) Fachinformationszentrum (FIZ) – Technik, Ostbahnhofstrasse 13, D – 6000 Frankfurt/Main 1, Telefon 069 – 43 08-1.

7) INPADOC, Internationales Patentdokumentationszentrum, A 1041 WIEN, Postfach 163, Möllwaldplatz 4, Telefon 0043 – 222 – 65 87 84, Österreich.

8) Mead Data Central Inc., 9393 Springboro Pike, Post Office Box 933, DAYTON/OHIO 4 54 01, USA, Telefon (513) 865 – 68 00; Customer Service: Telefon 1 – 488 – 91 87 (Großbritannien).

9) Pergamon Orbit Infoline Ltd., Achilles House, Western Avenue, London W30UA, Großbritannien. Vertretung in der Bundesrepublik Deutschland für Maxwell Online, Hammerweg 6, 6242 Kronberg/Taunus, Telefon 06173-6 30 25

10) STN International, Postfach 24 65, 7500 Karlsruhe 1, Telefon 07247 – 808-666.

11) Télésystémes Questel, 83 – 85 Boulevard Vincent Auriol, 75013 PARIS, Frankreich, Telefon 1 – 45 82 64 64.

Anschriften der Patentauslegestellen:

Aachen. Bibliothek der Technischen Hochschule, Diensträume: Jägerstraße zwischen Haus 17 u. 19, 5100 Aachen, Tel. (0241) 80 44 80

Berlin. Deutsches Patentamt, Dienststelle Berlin, Gitschiner Straße 97 – 103, 1000 Berlin 61, Tel. (030) 25 94 – 1

Bielefeld. Stadtbibliothek Bielefeld, Herforder Straße 4 – 6/Wilhelmstraße 3, 4800 Bielefeld 1, (0521) 51 68 52

Bremen. Hochschule Bremen, Langemarckstraße 116, 2800 Bremen 1, Tel. (0421) 59 05 – 225

Darmstadt. Hessische Landes- und Hochschulbibliothek, Schloß, 6100 Darmstadt, Tel. (06151) 12 54 27

Dortmund. Universitätsbibliothek Dortmund, Patentschriften- und Normenauslegestelle, Vogelpothsweg 76, 4600 Dortmund 50 (Eichlinghofen), Tel. (0231) 7 55 40 14, Telefax: (0231) 75 15 32

Düsseldorf. Patentschriften-Auslegestelle im VDI-Haus, TECHDATA, VDI-Medienvertriebsgesellschaft mbH, Graf-Recke-Straße 84, 4000 Düsseldorf 1, Tel. (0211) 61 88 – 200, Telex: 8 586 525, Telefax: (0211) 6 21 45 75

Hamburg. Handelskammer, Börse, 2000 Hamburg 11, Tel. (040) 36 13 83 76

Hannover. Universitätsbibliothek Hannover und Technische Informationsbibliothek (UB/TIB). Lesesaal PIN (Patente, Informationen, Normen), Welfengarten 1 B, 3000 Hannover 1, Tel. (0511) 71 59 36.

Kaiserslautern. Universitätsbibliothek Kaiserslautern, Patentschriften-Auslegestelle, Gebäude 32, Paul-Ehrlich-Straße, 6750 Kaiserslautern, Tel. (0631) 2 05 21 72

München. Deutsches Patentamt, Zweibrückenstraße 12, 8000 München 2, Tel. (089) 21 95 – 0

Nürnberg. Landesgewerbeanstalt Bayern, Gewerbemuseumsplatz 1, 8500 Nürnberg 1, Tel. (0911) 20 17 – 516, Telefax: (0911) 20 17 – 504

Ratingen. Zentralstelle für Textildokumentation und -information des VTDI e.V., – titus-Textilinform – Schloß Cromford, Cromforder Allee 22, 4030 Ratingen, Tel. (02102) 2 70 51, Telex: 8 585 374 vtdi d

Stuttgart. Landesgewerbeamt Baden-Württemberg, Kienestraße 18, 7000 Stuttgart 1, Tel. (0711) 123 – 25 58

Literatur

01. Cohausz, H. B.: Mit den neuen Personal Computern wird die Recherche preisgünstiger und schneller. In: Handelsblatt Nr. 59, 22. März 1986. S. 22.
02. Internationale Patentklassifikation. Bd 1 – 9, sowie Stich- und Schlagwörterverzeichnis zur Internationalen Patentdokumentation. 4. Ausg. München u.a.: Carl Heymanns Verlag 1984.
03. Stillger, J.: CD-ROM als Datenbank und Dokumentenarchiv. Herstellungsverfahren und Kosten in Abhängigkeit von der Anwendung. In: Mikrodoc 13 (1987) H. 3, S. 16 – 18.
04. Stillger, J.: Integrierte Informationssysteme der Patentdokumentation. Anwendungsspezifische Zugriffsarten und Systembelastung. In: Mikrodoc 12 (1986), H. 3, S. 90 – 94.
05. Wittmann, A.; Schiffels, R.: Grundlagen der Patentdokumentation. Die Patentbeschreibung – Schutzrecht und Informationsquelle. München: Oldenbourg Verl. 1976. 166 S.
06. Wittmann, A.; Schiffels, R.; Hill, M. W.: Patent Documentation. London: Sweet & Maxwell 1976. VII, 196 S.

D 8 Technische Regeln als Quellen wissenschaftlich-technischer Fachinformation

Horst-Werner Marschall

D 8.1 Das System der technischen Regelsetzung

D 8.1.1 Einleitung

DIN-Normen sind in der Bundesrepublik ein Ordnungselement der technischen Welt. Sie wirken in nahezu alle Lebensbereiche hinein. Sie sind Bestandteil der Wirtschafts-, Sozial- und Rechtsordnung unseres Landes. Sie haben Eingang gefunden in die öffentliche Verwaltung, der Gesetzgeber bezieht sich auf sie, wenn er technische Sachverhalte festlegen will. Gerichten in allen Instanzen dienen sie zur Feststellung des Standes der Technik, Vertragsparteien in Industrie und Handel zur Definition ihrer Liefergegenstände. Arbeits- und Umweltschutz, Energieeinsparung, die technische Sicherheit von Anlagen, Gebäuden und Geräten sind ohne Normen nicht denkbar.

DIN-Normen sind für Handwerker, Techniker und Juristen ein Begriff. Einer breiten Öffentlichkeit sind sie zumindest dem Namen nach bekannt. Sie verbindet damit zumeist Dinge aus dem unmittelbaren Erleben, so z.B. die bekannten Papier-Formate (DIN A 4), aus der Zigarettenwerbung die Schadstoff-Kondensate im Rauch – gemessen in „Durchschnittswerten nach DIN" oder die Filmempfindlichkeit („18 DIN") beim Kauf eines Kleinbildfilmes für die Urlaubsfotos (Lit. 07.).

Hinter DIN-Normen steht das DIN Deutsches Institut für Normung, eine private Institution (e.V.), die als Selbstverwaltungsorgan der Wirtschaft und in enger, vertraglich geregelter Zusammenarbeit mit dem Staat als nationale Normenorganisation der Bundesrepublik Deutschland eine Ordnungsfunktion in Industrie und Technik wahrnimmt. Das Wort DIN war ursprünglich die Abkürzung für Deutsche IndustrieNormen (Lit.04.).

Nachdem der „Normenausschuß der deutschen Industrie" 1926 die Bezeichnung „Deutscher Normenausschuß" (DNA) erhalten hatte, wurde DIN lange Zeit und weitverbreitet als „Das Ist Norm" gedeutet (Duden 1970). Heute gilt DIN als Namensbestandteil des Instituts und Verbandskennzeichen für die Normung und das Deutsche Normenwerk. Mit seinen über 20.000 technischen Regeln ist es das bedeutendste und größte deutsche Regelwerk und umfaßt praktisch alle Bereiche der Technik.

Weit weniger bekannt ist die Tatsache, daß Normen Teil eines komplexen Systems der technischen Regelsetzung in der Bundesrepublik sind, zu dem neben dem Deutschen Normenwerk als „hartem Kern" eine Reihe anderer Regelwerke zählen, die von wissenschaftlich-technischen Vereinen, Fachorganisationen und dem Staat erstellt werden. Die Regelwerke dieses Systems lassen sich in folgende Gruppen gliedern:

– **Normen** der deutschen Normenorganisation DIN, aber auch regionaler und internationaler Normenorganisationen wie ISO (International Organization for Standardization, Genf) und CEN (Europäisches Komitee für Normung, Brüssel) (von franz. Comité Européen de Normalisation);

- **technische Regelwerke** von Fachorganisationen und wiss. techn. Vereinen, z.B. Verein deutscher Ingenieure (VDI), Deutscher Verein des Gas- und Wasserfaches e.V. (DVGW), Vereinigung der technischen Überwachungsvereine e.V. (VdTÜV);
- **Rechtsvorschriften** des Staates bzw. der von ihm beauftragten öffentlich-rechtlichen Körperschaften, z.B. Gesetze, Verordnungen, Richtlinien und Unfallverhütungsvorschriften;
- und mit zunehmender Bedeutung für einen europäischen Binnenmarkt auch **Vorschriften** und **Richtlinien** der Europäischen Gemeinschaften.

Ziel dieses Beitrages ist es, die Elemente dieses Systems zu zeigen, sie auf den Begriff zu bringen und das Beziehungsgeflecht der verschiedenen Arten von technischen Regeln aufzuzeigen, soweit es für das Verständnis dieses Systems nötig ist, vor allem aber die Bedeutung technischer Regeln als einer wichtigen, hochwertigen Quelle wissenschaftlich-technischer Informationen hervorzuheben. Der zweite Teil skizziert die eigens dafür geschaffene Fachinformationseinrichtung, das Deutsche Informationszentrum für technische Regeln (DITR) sowie eine Reihe von Besonderheiten und Merkmalen der Informationen und Informationsdienste, was sie bieten und wie sie zu erhalten sind aber auch, wodurch sie sich von der übrigen Literaturdokumentation unterscheiden.

D 8.1.2 Funktion und Bedeutung technischer Regeln/Begriffserklärung

Trotz des hohen ordnungspolitischen Ranges, den technische Regeln in der Technik- und *Rechtsordnung* dieses Landes wie allgemein in hochentwickelten Industriegesellschaften erlangt haben, besteht über die unterschiedliche Bedeutung der häufig synonym gebrauchten Fachbegriffe wie ,,Norm'', ,,technische Regel'', ,,**anerkannte Regeln der Technik**'' in einer breiteren Öffentlichkeit wenig Klarheit. Ursache ist nicht zuletzt die Vielzahl der an diesem System beteiligten großen und kleineren Institutionen mit ihren Regelwerken für die verschiedensten Technikbereiche – eine Folge der historisch-traditionellen Entwicklung der Regelsetzung in Deutschland und sicher auch die Folge des bewußten Verzichts auf eine zentrale, staatliche Normung. Der Staat als Gesetz- und Verordnungsgeber, aber auch als Rezipient der privaten technischen Regeln hat selbst auf eine enumerative Aufzählung dessen, was er in den unterschiedlichsten Technikbereichen als ,,anerkannte Regeln der Technik'' verstanden wissen will, prinzipiell verzichtet und die fachliche Konkretisierung bewußt dem ,,freien Spiel der Kräfte'', den sachverständigen Normen- und Fachorganisationen überlassen.

Rechtssystematisch ist der Begriff ,,anerkannte Regel der Technik'' seit einer Reichsgerichtsentscheidung von 1910 und seither unverändert ein unbestimmter Rechtsbegriff, der in Rechtsnormen mit technischem Bezug als ,,rechtlicher Maßstab für das Erlaubte und Gebotene'' auch in anderen Formulierungen wie ,,allgemein anerkannte Regeln der Baukunst, der Medizin'', ,,*Stand der Technik*'' oder

,,Stand von Wissenschaft und Technik'' auftritt und vielerlei Deutungen unterliegt (Lit. 13., Lit. 03.).

Sprachwissenschaftlich gesehen führt die ursprüngliche Bedeutung des Wortes ,,Norm'' direkt auf die gleichbleibende Bezeichnung ,,Regel'' zurück, denn das lateinische ,,norma'' bedeutet Winkelmaß, Richtschnur, Regel – im Sinne von allgemein anerkannten Regeln der Gesellschaft, von Menschen selbst gesetzt mit dem Willen, sich daran zu halten, sie bei Bedarf und im Konsens aber auch gewandelten Verhältnissen anzupassen. In diesem Sinne kennen, akzeptieren und verändern wir auch heute in der modernen Gesellschaft ethische, juristische und eben auch technische Normen als anerkannte Regeln unserer Rechts- und Gesellschaftsordnung.

Ganz ohne eine zeitgemäße Definition und Konkretisierung des technischen Normenbegriffs geht es freilich nicht, mag es auch plausible juristische Gründe dafür geben, den Begriff ,,Stand der Technik'' wegen des ständigen Wandels der Technik rechtlich unbestimmt zu lassen.

Die großen regelsetzenden Institutionen haben eine pragmatische Lösung gefunden und im ,,Gemeinschaftsausschuß der Technik (GdT)'' technische Regeln als Niederschrift des Standes der Technik erklärt, den sie wie folgt definieren:

,,*Stand der Technik* ist der zu einem bestimmten Zeitpunkt erreichte Stand technischer Einrichtungen, Erzeugnisse, Methoden und Verfahren, der sich nach Meinung der Mehrheit der Fachleute in der Praxis bewährt hat oder dessen Eignung für die Praxis von ihnen als nachgewiesen angesehen wird.

Eine *Anerkannte Regel der Technik* ist die von der Mehrheit der Fachleute als zutreffend erachtete Beschreibung des Standes der Technik zum Zeitpunkt der Veröffentlichung.'' (Lit. 03.)

Erheblich weitergefaßt und unter Berücksichtigung des Ziels, des Zwecks und der Funktion von Normen und Normung definiert das DIN sein Selbstverständnis wie folgt:

,,Normung ist die planmäßige, durch die interessierten Kreise gemeinschaftlich durchgeführte Vereinheitlichung von materiellen und immateriellen Gegenständen zum Nutzen der Allgemeinheit . . . Sie fördert die Rationalisierung und Qualitätssicherung in Wirtschaft, Technik, Wissenschaft und Verwaltung. Sie dient der Sicherheit von Menschen und Sachen sowie der Qualitätsverbesserung in allen Lebensbereichen. Sie dient einer sinnvollen Ordnung und der Information auf dem jeweiligen Normungsgebiet.'' (DIN 820 T1) (Lit. 05.)

Zur Vereinfachung der Begriffsvielfalt und zum besseren Verständnisses wird hier im folgenden nur noch der Begriff ,,*technische Regel*'' gewählt.

Technische Regeln haben kraft Entstehung, Trägerschaft und Inhalt den Charakter von Empfehlungen. Aus sich heraus besitzen sie keine rechtliche Verbindlichkeit. Sie werden nach Regeln aufgestellt, die für eine angemessene Abwägung ihres Inhalts nach technischen, wirtschaftlichen und wissenschaftlichen Gesichtspunkten sorgen. Wer technische Regeln anwendet, folgt einer von der Fachwelt aufgestellten Empfehlung. Ihre Allgemeinwohl-Verpflichtung wie auch ihr Anspruch auf Allgemeingültigkeit bewirken faktisch, daß sie allgemein beachtet werden. In diesem Sinne wirken sie normativ, ohne selbst Rechtsnormen zu sein (Lit. 13.).

D 8.1.3 Das Verhältnis von Rechtsnormen und technischen Regeln

Neben den ca. 45.000 technischen Regeln der privaten Regelsetzer sind weitere rund 5.000 Rechtsvorschriften zu beachten, die juristisch gesehen keine technischen Regeln darstellen, sondern als Rechtsvorschriften des Staates und bestimmter öffentlich-rechtlicher Körperschaften in unserer Rechtsordnung das ,,Recht der technischen Sicherheit'' (kurz das *Technische Recht*) darstellen. Die Fachwelt rechnet sie vereinfachend, aber unpräzise den technischen Regeln zu. Sie gehören jedoch als ein eigener Bereich zum System der technischen Regelsetzung. Das Technische Recht, die Gesamtheit der Gesetze, Verordnungen, Verwaltungsvorschriften, Richtlinien und Erlasse sichert den Schutz der Bürger vor Gefahren, die der Gebrauch von Technik erzeugt. Eine Rechtsordnung, die die Technik erlaubt, muß zugleich auch die technische Sicherheit gewährleisten. Daraus erwächst dem Staat die Aufgabe, Rechtsnormen bereitzustellen, deren Beachtung die erforderliche Sicherheit im Umgang mit der Technik garantiert. Diesem Ziel dienen die Rechtnormen der *technischen Sicherheit*, die sich entsprechend der fortschreitenden Technisierung zu einem umfangreichen, weitverzweigten und komplizierten Rechtsgebiet entwickelt haben (Lit. 09.). *Rechtsnormen* unterscheiden sich von technischen Regeln vor allem durch ihre unmittelbare Bindungswirkung gegenüber jedermann. Sie sind also keine Empfehlungen, sondern *als Normen der Rechtsordnung allgemein und unmittelbar geltendes Recht.*

Das Bindeglied zwischen Rechtsordnung und *Ordnung der Technik* bilden die technischen Regeln. Zwar obliegt es dem Staat als Gesetz- und Verordnungsgeber, die zur sicheren Beherrschung der Technik notwendigen Rechtsnormen zu erlassen. Wollten Rechtsnormen dem Postulat der Rechtssicherheit aber vollkommen genügen, so müßten sie technische Festlegungen bis ins letzte Detail selbst regeln. Dazu fehlt den Gesetzgebungsorganen jedoch in aller Regel der dafür erforderliche Sachverstand. Zudem könnten solche Regelungen mit der rasch voranschreitenden wissenschaftlich-technischen Entwicklung nicht Schritt halten und deshalb würden sie auch den technischen Fortschritt behindern. Ein in starren sicherheitstechnischen Detailvorschriften festgeschriebener Erkenntnisstand wäre schon nach kurzer Zeit überholt. Solche Rechtsvorschriften müßten ständig novelliert werden. Aus diesen Gründen verzichtet der Gesetzgeber weitgehend auf technische Einzelregelungen. Er legt vielmehr den Schutzzweck und das Sicherheitsziel des Gesetzes verbindlich fest und verweist zur Erreichung dieser Ziele in ,,generalklauselhaften'' Formulierungen auf den Stand der Technik, die anerkannten Regeln der Technik, kurz auf die technischen Regeln und Regelwerke der privaten Regelsetzer. Die Vorzüge dieser ,,*Generalklausel-Methode*'' im technischen Recht liegen auf der Hand. Die die Technik betreffenden Rechtsnormen bleiben klar und verständlich, die technische Innovation wird nicht behindert. Die eigentliche Konkretisierung der sicherheitstechnischen Anforderungen erfolgt durch Verweisung und Bezugnahme auf technische Regeln; sie erst enthalten die Detailregelungen zur Lösung technischer Fragen und Probleme. Sie geben dem Rechtsanwender, dem Ingenieur und Handwerker den ,,Verhaltensmaßstab für das Gebotene und Erlaubte'' (Lit. 02.), nach dem sie sich richten können.

Rechtsnormen und technische Regeln stehen somit in einem engen Rechtsverhältnis. Durch die Verweisung der Rechtsnormen auf technische Regeln wird der Inhalt der von privaten Regelsetzern aufgestellten Regeln, die selbst „nur" Empfehlungen sind, in die gesetzliche Regelung „rezipiert" (inkorporiert) und nehmen damit an der rechtlichen Geltung der Rechtsnorm teil. Sie erhalten damit eine wichtige rechtliche Bedeutung. Rechtsnormen und technische Regeln sind also nicht nur eine bedeutende Quelle für wissenschaftlich-technische Informationen, sondern auch wichtige Dokumente zur Ausgestaltung unseres Rechtssystems (siehe auch Abschnitt D 8.2.6).

D 8.2   Das Fachinformationssystem für technische Regeln

D 8.2.1   Anforderungen und Voraussetzungen

Nach der notwendigen Vorklärung der Bedeutung und des Zwecks technischer Regeln richtet sich die Betrachtung in diesem Abschnitt auf die *Fachinformationspraxis* auf diesem Spezialgebiet.

Konventionelle Informationsdienste zu deutschen Regelwerken haben eine lange Tradition. Alle bedeutenden Regelsetzer veröffentlichen seit langen Jahren regelmäßig Kataloge und Verzeichnisse über den jeweils aktuellen Stand ihrer Regelwerke. Die rasant wachsende Vielzahl der Gesamtheit aller technischen Regeln mit ihren vielfältigen Verflechtungen untereinander verlangte bei den Anwendern technischer Regeln jedoch nach mehr Transparenz und einer besseren Übersicht, um sie auch als eine wichtige Wissens- und Erkenntnisquelle für wissenschaftlich-technische Informationen systematisch nutzbar machen zu können. Erforderlich war also eine zentrale Auskunfts- und Clearingstelle, die über alle Fragen nach technischen Regeln Auskunft geben sollte. Diese wie auch die folgenden Gründe legten es nahe, für technische Regeln eine eigens darauf spezialisierte, eigenständige Informationseinrichtung zu schaffen:

- Technische Regeln stellen wie Patente und Rechtsnormen eine quellenspezifische Dokumentart dar, die sich keinem bestimmten Fachgebiet zuordnen läßt;
- die besondere Formaldatenstruktur technischer Regeln wie auch das Erfordernis ständiger Änderungen an den Datensätzen erfordern ein daran ausgerichtetes Datenbank-Konzept mit einem geeigneten „Änderungsapparat";
- Beschaffung und Verteilung technischer Regeln sowie die Beobachtung des „Lieferantenmarktes" folgen anderen Gesetzmäßigkeiten als bei der üblichen Literaturbeschaffung und benötigen die dieser Dokumentart gemäße Akquisitions- und Infrastruktur (Lit. 07.).

D 8.2.2   Das Deutsche Informationszentrum für technische Regeln (DITR)

Diese Überlegungen führten in der Planung und Realisierung des „IuD-Programms" 1979 zur Gründung und zum Aufbau eines Fachinformationszentrums für technische Regeln, dem Deutschen Informationszentrum für technische Regeln (DITR) im DIN. In diesem Hause waren – nicht zuletzt auch aufgrund von langjährigen dokumentarischen Vorarbeiten – die Voraussetzungen gegeben, so daß innerhalb von 5 Jahren (1979 – 1984) über 120 Regelwerke mit insgesamt 50.000 technischen Regeln, einschließlich 5.000 Rechtsvorschriften beschafft, erfaßt und in einer zentralen Datenbank gespeichert wurden. Die Datenbank ist heute komplett und vor allem europäisch wie international ausgerichtet. Aus ihr wurde ein den spezifischen Benutzerbedürfnisse gerechtes Dienstleistungsangebot entwickelt, das sich inzwischen am Markt etabliert hat und zu einer soliden Grundlage der Eigenfinanzierung des DITR geworden ist. Die Verkaufserlöse aus Diensten und Dienstleistungen decken über 70 % des Gesamthaushalts von ca. 6 Mio. DM (Stand 1989).

Der wirtschaftliche Erfolg dieser Fachinformationseinrichtung bestätigt, daß die ursprünglich gesetzten Ziele auch tatsächlich erreicht worden sind. Angestrebt war insbesondere

a) die allgemeine Öffentlichkeit über den Stand der zu beachtenden technischen Regeln zu informieren, dabei insbesondere den Informationsbedarf kleiner und mittlerer Gewerbebetriebe, Handwerks-, Industrie- und Handelskammern, Verbraucherberatungsstellen, Schulen und anderer Bildungseinrichtungen und nicht zuletzt auch einzelner interessierter Bürger zu berücksichtigen, also jenen zu helfen, denen keine eigene Informationseinrichtung zur Verfügung steht;

b) den Staat und seine Behörden, hier vor allem die Gewerbe- und Bauaufsicht, die Genehmigungs- und Überwachungsbehörden, die Träger der gesetzlichen Unfallversicherung über die z.T. von ihnen selbstgesetzten Vorschriften und die für ihren Bereich gültigen Regeln mit ihren vielfältigen Verknüpfungen zu informieren;

c) durch aktuelle, vollständige und zuverlässige Information des Standes der Technik in der Bundesrepublik Deutschland die grenzüberschreitenden Wirtschaftsverbindungen der deutschen Industrie zu ihren europäischen und internationalen Handelspartnern zu verbessern und durch einen von technischen Handelshemmnissen freien Güteraustausch zur internationalen Verständigung gemäß dem GATT-Abkommen (Allgemeines Zoll- und Handelsabkommen; vom engl. General Agreement of Tariffs and Trade) und dem zwischen den westeuropäischen Ländern vereinbarten sog. *EG-Informationsverfahren* beizutragen.

Die regelmäßige Auswertung der *Benutzerstatistik* des DITR gibt Auskunft darüber, daß mehr als 2/3 der Dienste und Dienstleistungen für Betriebe in Industrie und Handwerk erbracht werden. Für diesen Anwenderkreis ist das DITR eine inzwischen selbstverständlich genutzte Informationseinrichtung, die regelmäßig und zu den geforderten Entgelten in Anspruch genommen wird. Wegen der Bedeutung technischer Normen und Vorschriften für einen von Handelshemmnissen freien *europäischen Binnenmarkt* ist das DITR seit 1989 auch die zentrale, offizielle ,,*EG-Beratungsstelle für Unternehmen*'' (auch EURO-INFO-Schalter genannt) für alle Fragen zu europäischen Normen und des technischen Rechts, die sich den besonderen Nutzerbedürfnissen von Klein- und Mittelbetrieben widmet.

D 8.2.3   Dokumentarische Besonderheiten und Merkmale technischer Regeln

Eine umfassende Darstellung des komplexen Dokumentationssytems sowie die
Darstellung der Methoden und Hilfsmittel der dokumentarischen Behandlung technischer Regeln können im Rahmen dieses Beitrags nicht geleistet werden. Ebenso
muß auf die Beschreibung des Datenbanksystems verzichtet werden. Hier sei auf
die weiterführende Literatur zu diesem Kapitel verwiesen.
Hervorgehoben werden sollen vielmehr die Besonderheiten der Dokumentation
technischer Regeln, die zum Verständnis dieser Dokumentart und ihrer Wissensin-
halte nötig sind und durch die sie sich deutlich von der übrigen Literaturdokumentation unterscheiden. Dazu zählen die folgenden Merkmale:

☐ ein auffällig umfangreiches Set an *Formaldaten* je Dokumentationseinheit, hierbei typisch die dominierende Rolle von alphanumerischen Kennungen und Abkürzungen bei den dokument-identifizierenden Kategorien (z.B. DIN 17 100,
Teil 14, Ausgabe Mai 1980, identisch mit ISO 12345);

☐ die vielfältigen Zusammenhänge und Verknüpfungen der Dokumente untereinander, die das System der technischen Regeln durch wechselseitige Bezugnahme
und Verweisung teilweise eng vernetzt (s. *Abb. 1*);

☐ die durch laufende Anpassung an den fortschreitenden Stand der Technik sich
ergebende Dynamik der Regelwerke, die in einer zeitlich definierten Gültigkeit
der Dokumente, aber auch in einem ständigen, erhebliche Änderungsaufwand
in der Datenbank zum Ausdruck kommt;

☐ schließlich die unterschiedlichsten Veröffentlichungsformen von technischen
Regeln, entweder als Einzeldruck, Lieferungswerk, Loseblatt-Ausgabe, Veröffentlichung in Amtsblättern oder Fachzeitschriften sowie die erschwerte Akquisition und Zugänglichkeit, da es sich teilweise auch um ,,graue Literatur''
handelt (Lit. 07.).

D 8.2.4   Informationskategorien

Die praktische Bedeutung der Besonderheiten und Merkmale technischer Regeln
wird für den Benutzer der Informationsdienste deutlich, wenn man den Informationsgehalt eines Eintrags in einem gedruckten Dienst (z.B. dem DIN-Katalog) mit
dem dazugehörenden Stammdatensatz in der Datenbank vergleicht. Der Nutzer
sucht beispielsweise nach der DIN 17 100 und findet im DIN-Katalog dazu den folgenden Eintrag:

> DIN 17 100   01.80
> Allgemeine Baustähle; Gütenorm (11)(En)
> Steels for General Structural Purposes; Quality Standard

Hieraus sind nur bibliographische Daten in knapper Form zu entnehmen. Für eine
schnelle Übersicht reichen solche Angaben zunächst aus und genau diesem Zweck
dienen die gedruckten Dienste des DITR, die in hoher Auflage verkauft werden.
Benötigt der Benutzer hingegen das gesamte dokumentspezifische ,,Umfeld'' zu
diesem Dokument, dann gibt der Stammdatensatz in der Datenbank die gewünschten Informationen in der erforderlichen Tiefe preis (vgl. *Abb. 1*).

DOKART	Norm
DOKNR	DIN 17 100 (Januar 1980)
DTITEL	Allgemeine Baustähle; Gütenorm
	Stels for General Structural Purposes; Quality Standard
AUTOR	NA Eisen und Stahl
HERAUS	DIN Deutsches Institut für Normung e.V.
VERLAG	Beuth Verlag GmbH 19 Seite(n), Preisgruppe 11, Originalsprache:
	deutsch
ERSATZ	DIN 17 100 (1966.09)
IDENT	ISO/R 630(ISO/TC 17)<D>
	EN 25-72
	ISO/DIS 6316(ISO/TC 17)<D>
	ISO/DIS 1052(ISO/TC 17)<D>
AUCHIN	DIN-TAB 181-1982 DIN-TAB 69-1981
	TAB 156-1981 usw.
ZITAT	DIN 1013 Teil 1 DIN 1013 Teil 2
	DIN 1014 Teil 1 DIN 1014 Teil 2 usw.
	EURONORM 20
REGION	BW = Außerkraftsetzung GABl vom 25. 08.1981, S. 71/82
	HA = Einführungserlaß Amtl Anz vom 09. 12. 1980, S. 69/81
	NW = Einführungserlaß MBl vom 25. 08.1980, S. 2010

Abb. 1: Auszug aus dem Datensatz zur DIN 17 100

Der Nutzer erfährt, daß die DIN-Norm 17 100 mit vier ISO- bzw. EN-Normen (Europäische Norm) identisch ist und in diversen DIN-Taschenbüchern veröffentlicht ist. Die Kategorie ZITAT verweist den Benutzer auf 23 weitere Normen, die bei der Anwendung dieser Norm ggf. mitzuberücksichtigen sind. Hinsichtlich der Rechtsverbindlichkeit enthält der Stammdatensatz den deutlichen Hinweis, daß diese Norm als technische Baubestimmung in den dort genannten Bundesländern amtlich eingeführt ist und damit den Charakter einer *Bauvorschrift* hat. Mit solchen gespeicherten Detailinformationen läßt sich über die gesamte Datenbank beispielsweise abfragen:

a) welche technische Regel z.B. in welchen Bundesländern bauaufsichtlich d.h. amtlich eingeführt ist oder

b) welche zusätzlichen Bestimmungen der Baubehörden zu dieser Norm erlassen worden sind

c) welche inhaltlichen Übereinstimmungen es ggf. mit internationalen, europäischen bzw. nationalen Normen anderer europäischer Länder gibt (sog. *EURO-Konkordanzen*).

Das hier stark verkürzte Beispiel läßt sich auf alle Rechtsgebiete erweitern. Es berücksichtigt auch nicht die für die Recherche erforderlichen inhaltskennzeichnenden Kategorien wie Deskriptoren, Klassifikationen und Abstracts, die im Hinblick auf die zunehmende internationale und europäische Bedeutung der DITR-Datenbank grundsätzlich in englischer (z.T. auch französischer) Sprache enthalten sind. Das nachstehend aufgeführte Schema *(Abb. 2)* der wichtigsten abfragbaren Kategorien soll einen allgemeinen Eindruck vermitteln, welches Informationspotenial in der DITR-Datenbank steckt.

Dokument-Art	wie Verordnung, Norm, Entwurf usw.
Dokument-Nr.	z.B. GUV 2.6, DIN 1045
Ausgabe/Fassung	Datum der Ausgabe oder Fassung
Grunddatum	wenn formal ältere Fassung noch gültig
Titel	Sachtitel des Dokumentes in deutscher oder sonstiger Sprache
Englischer Titel	sofern auf dem Dokument oder sonstwie bekannt
Französischer Titel	
Kurztitel	autorisierter Kurztitel des Dokumentes
Abk.-Titel	autorisierter Abkürzungstitel des Dokumentes
Herausgeber	Organisation oder Körperschaft
Autor	i.a. Untergliederung der Organisation
Mitautor	mitzeichnende Organisation oder Körperschaft
Verlag	bei Einzelveröffentlichung
Seiten	Anzahl der Seiten
Auflage	Erstausgabe, Folgeausgabe
Preisgruppe	keine Einzelpreisangabe
Auslieferung	falls der Verlag nicht Vertrieb ist
Quelle	Fundstelle im Publikationsorgan
Auch (abgedruckt)	Sekundärquelle, Nachdruck
Sprache	Originalsprache des Dokumentes
Übersetzung	Sprachen, in die das Dokument übersetzt ist
identisch (mit)	falls Inhalt auch unter anderer Nummer vorhanden, z.B. ISO Standard 123
Mikrofilmcode	für verfilmte Rechtsvorschriften
Deskriptor	freie Suchwörter in der Datenbank
Thesaurus	Thesaurus-Deskriptoren
Register	Schlagwörter für DIN-Katalog
Profilregister	Schlagwörter für Standardprofil
Klassifikation	Dezimalklassifkation (DK)
Gerätesich.-Gesetz	Einteilung im Verzeichnis zum GSG
Juris-Notation	des Juristischen Informationssystems
Patent-Klass.	Internationale Patentklassifikation (IPC)
Regional (gültig)	z.B. in nur einem Bundesland
Bemerkungen	nützliche Hinweise
Einspruch (bis)	Frist bei einem Entwurf
Gültig (ab)	falls nicht ab Ausgabedatum
Ersatz (für)	Nummer des ersetzten Dokumentes
Änderung (von)	Nummer des geänderten Dokumentes
Geändert (durch)	Nummer des ändernden Dokumentes
Ergänzungen	nachträgliche Änderungen usw. des Dokumentes
Zurückgezogen	für Datensatz in der Historischen Datenbank
Ersetzt (durch)	Nummer des ersetzenden Dokumentes
Zitate	anderer technischer Regeln im Dokument
Kurzreferat	Kurzfassung, Anwendungsbereich und Zweck technischer Regeln

Abb. 2: Kategorien in der DITR-Datenbank

D 8.2.5 Dokumentation von Rechtsnormen

Im Abschnitt D 8.1.3 über das Verhältnis von Rechtsnormen und technischen Regeln ist begründet worden, weshalb die vom Staat erlassenen Rechtsvorschriften mit technischen Festlegungen zusammen mit den technischen Regeln dokumentiert und nachgewiesen werden. Das ,,Technische Recht'' ist ein herausragendes Beispiel für die engen Zusammenhänge und die wechselseitige Verflechtung von Technik und Recht in der betrieblichen Praxis. Rechtsvorschriften gelten allgemein als ,,ubiquitäre'' Informationsquellen, doch für den Informationsuchenden sind Suche und Beschaffung solcher Dokumente ohne Hilfe ein mühsames Geschäft. Aufgabe des DITR mit seiner Rechtsdokumentation ist es, speziell hier Abhilfe zu schaffen und neben der (Referenz-) Datenbank auch insbesondere die gewünschten Dokumente im Volltext bereitzuhalten. Diesen Zweck dient die Rechtsdokumentation mit der ,,Sammlung Technisches Recht'' auf Mikrofilm, auf der über 5.000 Rechtsvorschriften mit insgesamt ca. 60.000 Seiten gespeichert sind.

Die thematische Vielfalt dieser als schwierig geltenden Dokumentart erfordert in der Datenbank eine besondere formal-logische Ordnung, die nachstehend kurz erläutert werden soll.

Die Mehrzahl der Vorschriften erfährt im Laufe der Zeit naturgemäß Änderungen und Ergänzungen, die in aller Regel als eigenständige Dokumente erscheinen, folglich in der Datenbank auch als eigenständige Dokumentationseinheit gespeichert sind, die im Stammdatensatz des Ursprungsdokuments aber verankert, d.h. nachgetragen werden müssen. Am Beispiel der Hamburgischen Bauordnung (BauO HA) zeigt das *Abb. 3*.

BauO HA
Hamburgische Bauordnung (HBauO) vom 10. 12. 1969
In: HA GVBl I, 1969, Nr. 50, S. 249 – 280
Geändert durch: BauOÄndG HA vom 6. Februar 1974
BauO/WegeGÄndG HA vom 31. Januar 1975
BauOÄndG HA 3 vom 13. März 1978
BauOÄndG HA 4 vom 12. Juli 1979
BauOÄndG HA 5 vom 02. Juli 1981

Abb. 3: Änderungen im Stammdatensatz des Ursprungdokuments

Zu einzelnen Vorschriften können so im Laufe von Jahren beliebig viele Änderungen ergangen sein, ohne daß zu einer in solchen Fällen dringend gewünschten Neufassung des Ursprungsdokumentes kommt. Im Wege des Datenbank-*Änderungsdienstes* werden solche Nachträge und Ergänzungen dokumentiert. In den gedruckten Standard-Diensten (DIN-Katalog) würden solche endlosen Änderungsvermerke die Übersichtlichkeit beeinträchtigen. Deshalb folgt das DITR der üblichen juristischen Zitierweise, dergemäß nur jeweils die letzte Änderung angeben wird:

BauO HA
Hamburgische Bauordnung (HBauO) vom 10. 12.1969,
zuletzt geändert durch BauOÄndG 5 vom 02. Juli 1981
In: etc.

An diesem Beispiel zeigt sich erneut der Unterschied in der Tiefe der Information zwischen gedruckten Diensten und der Datenbank. Die dort verdeckten Änderungsdaten enthalten meist Hinweise auf materielle Änderungen, die in der Rechtsanwendung von erheblicher Bedeutung sein können. Die Datenbank führt deshalb alle Änderungen im Ursprungsdokument zusammen und ergänzt damit auch die Suchhilfe für die Mikrofilmsammlung, so daß der Benutzer mit dem Hinweis auf die Hamburgische Bauordnung zugleich auch alle Fundstellen und den Volltext aller Änderungsdokumente erhält.

Das Beispiel ist eines von vielen für die Tiefe der Information, die die Datenbank in den Stammdatensätzen enthält. Ähnliches ließe sich auch an den vielen mitgeltenden Vorschriften demonstrieren. Hieraus soll deutlich werden, daß die DITR-Datenbank in Verbindung mit der Sammlung Technisches Recht sowohl für die Rechtsanwender als auch für den Gesetz- und Verordnungsgeber einen praktischen Beitrag zur besseren Nutzung der schwer überschaubaren Rechtsvorschriften und damit zur Transparenz des Systems technischer Regeln leistet, die gerade im Hinblick auf die Besonderheiten des technischen Rechts im europäischen Binnenmarkt dringend erforderlich ist.

D 8.2.6   Fachinformationsdienste

Zu den Besonderheiten technischer Regeln gehört schließlich auch ein Angebot an Informationsdiensten, das sich an einem spezifischen Benutzerbedarf entwickelt hat und insofern eher konventionellen Erscheinungsformen von Printmedien entspricht. Dazu zählen im wesentlichen folgende Dienste:

Der **DIN-Katalog für technische Regeln** enthält die bibliographischen Angaben aller DIN-Normen und aller übrigen technischen Regeln einschließlich der Rechtsvorschriften. Er erscheint jährlich und ist der Gesamtdruck der bibliographischen Daten aller gültigen technischen Regeln in der Bundesrepublik. Er wird ergänzt durch einen monatlich erscheinenden Ergänzungsdienst. Der Katalog erscheint in einer Auflage von ca. 10.000 Exemplaren.

Der **DIN-Anzeiger für technische Regeln** ist gleichsam das „Verkündungsorgan" aller neuerscheinenden technischen Regeln und Regelungsvorhaben in der Bundesrepublik im Rahmen des EG-Informationsverfahrens und enthält auch die Ergebnisse der internationalen und europäischen Normung (ISO, IEC, CEN/CENELEC, CECC u.a.).

Die **Sammlung Technisches Recht** auf Mikrofilm, die *Volltext*sammlung der Rechtsvorschriften aus Bund, Ländern und der Europäischen Gemeinschaften, umfaßt derzeit über 5.000 Dokumente. Sie ist in dieser Form die einzige geschlossene Dokumentensammlung des Technischen Rechts in der Bundesrepublik und vereint in sich die meisten einschlägigen Loseblatt-Sammlungen. Vierteljährliche Ergänzungen und eine praktische Suchhilfe mit Registern aktualisieren und erschließen diesen Informationsdienst.

Neben diesen konventionellen, aber praxisgerechten Verlagsprodukten (des Beuth Verlages, Berlin) bestehen die elektronischen Dienste, vor allem:

Der **Online-Zugang zur DITR-Datenbank.** Er ermöglicht den schnellen, interaktiven Zugriff auf den aktuellen Stand der technischen Regeln über DATEX-P auf den HOST-Rechner beim Fachinformationszentrum Technik (FIZ Technik). Er wird vor allem von solchen Nutzern gewählt, die die schnelle, gezielte Information benötigen. Die Online-Nutzung der DITR-Datenbank ist allerdings bislang weit hinter den Erwartungen zurückgeblieben.

Der **Magnetband-Service.** Er umfaßt auch PC-Disketten und CD-ROM ist unter mehreren Gesichtspunkten eine besonders vorteilhafte Nutzung der Datenbank und wird von Nutzern gewählt, die ein eigenes Datenbank-System betreiben und beispielsweise ihre eigene Normensammlung (Werknormen) mit technischen Regeln und Rechtsvorschriften kombinieren wollen, um auf diese Weise innerbetriebliche Informationsdienste selbst erstellen zu können oder die eigene Normensammlung zu pflegen und zu verwalten. Für den jeweiligen Anwendungsfall werden entweder standardisierte oder individuell gestaltete MB-Formate angeboten. Hierbei kann zwischen Gesamtabzügen der Datenbank in einmaliger oder periodischer Lieferung mit oder ohne den Änderungsdienst und Teilabzügen ausgewählter Fach- oder Querschnittsgebiete gewählt werden. Der MB-Dienst findet bei Groß- und Mittelbetrieben gute Resonanz und nimmt als wichtiger Umsatzträger an Bedeutung zu. Ergänzend zum MB-Dienst ist inzwischen die CD-ROM ,,PERINORM'' entwickelt worden, die auf den Normeninformationsbedarf des europäischen Binnenmarktes und hier speziell auf Klein- und Mittelbetriebe gerichtet ist.

D 8.2.7   Schlußbemerkung

Trotz aller Fortschritte der Informations- und Kommunikationstechnik, z.B. durch bessere Datenübertragungsnetze, hochentwickelte Massenspeicher, billiger und leistungsfähiger (PC-) Endgeräte und komfortablerer Benutzeroberflächen der eingesetzten Retrievalsysteme, dominieren im DITR nach wie vor die Print-Medien vor den elektronischen Informationsdiensten. Dafür gibt es eine Reihe von Gründen technischer und wirtschaftlicher Natur, sicher aber auch so allgemeingültige wie die generelle Akzeptanzproblematik von Referenzdatenbanken und das kurzschlüssige Wunschbild der Datenbankbetreiber von einer sich zukünftig nur online-informierenden Gesellschaft.

Der wirtschaftliche Erfolg, den das DITR mit seinen Print-Medien erzielt hat, ist Ausweis dafür, daß mit konventionellen Informationsdiensten dem spezifischen Benutzerbedarf entsprochen werden kann. *Es muß nicht immer online sein!* Und auch dies ist eine der vielen Besonderheiten der technischen Regeln: Der Benutzer braucht und erhält mit den gedruckten Diensten stets den *Gesamtnachweis* aller gültigen Regeln und Vorschriften, allenfalls den Gesamtnachweis für ein bestimmtes Fachgebiet. Keine der großen Literatur-Datenbanken könnte dies leisten. Es wäre weder sinnvoll noch möglich, dort jährlich den Gesamtbestand auszudrucken und zu vertreiben. Die DITR-Datenbank ist somit ein Baustein in einem breiter, konventionell angelegten Dienstleistungsangebot. Sie ist nicht das alleinige Informationsmedium, sie ist vorrangig Hilfsmittel zur Herstellung konventioneller Dienste.

Der kühl rechnende Nutzer, der ein stets verfügbares Gesamtverzeichnis aller gültigen technischen Regeln in wahrsten Sinne des Wortes in Händen hält, sieht sich somit kaum veranlaßt, ad hoc aufkommenden Informationsbedarf auf dem Wege der immer noch teuren und durch eine Mindestgeräteausstattung technisch aufwendigen Online-Recherche zu decken.

Das Problem der schnellen *Dokument-Versorgung* des Nutzers ist damit freilich nicht gelöst. Auch die Anwender von technischen Regeln erheben die Forderung nach integrierten Nachweis- *und Volltextdatenbanken*. Das erfordert ein neues Konzept einer methodisch-technischen Einheit von Dokumenten-Herstellung, Dokumenten-Nachweis und Dokumentenlieferung. Die sich heute abzeichnende Endgeräte-Technologie wird in naher Zukunft auch die Darstellung, Lieferung und das Retrieval von Volltexten, mathematischen Tabellen und Grafiken erlauben (ISDN in Verbindung mit mixed-mode-Faximilegeräten der Gruppe 4) und damit auch neue Wege des Informationstransfers von technischen Dokumenten eröffnen.

Das 1989 im Rahmen des EG-Förderprogrammes IMPACT begonnene Volltextdatenbank-Projekt über technische Normen in Europa, an dem neben dem DIN die französische Normenorganisation AFNOR mitbeteiligt ist, soll ein erster praktischer Schritt in diese Richtung sein.

Literatur

01. Anleitung zur formalen Erfassung und inhaltlichen Erschließung von technischen Regeln – Indexierungsanleitung. Deutsches Informationszentrum für technische Regeln (DITR) 2. Auflage, Berlin: 1988. 110 S.
02. Budde, Eckart: Die rechtliche Bedeutung der überbetrieblichen technischen Normen. In: DIN-Mitteilungen 53 (1974) Nr. 4, S. 103 – 106.
03. Budde, Eckart; Reihlen, Helmut: Zur Bedeutung technischer Regeln in der Rechtsprechungspraxis der Richter. In: DIN-Mitteilungen 63 (1984) Nr. 5, S. 95 – 97.
04. DIN Deutsches Institut für Normung (Hrsg.): Normung. Geschichtliche Daten. Aufgaben, Organisation und Geschäftsgang. 1. Aufl. Berlin: 1979. 16 S.
05. DIN 820 Teil 1 Normungsarbeit: Grundsätze. Januar 1986.
    DIN Deutsches Institut für Normung, Berlin: Beuth Verlag 1986.
06. DIN Geschäftsbericht 1986/87
    DIN Deutsches Institut für Normung, Berlin: 1987. 34 S.
07. Janke, Eberhard: Nutzung in- und ausländischer Normendatenbanken in Bibliotheken. In: Arbeitsgemeinschaft der Spezialbibliotheken (ASpB): Bericht über die 20. Tagung in Stuttgart. Leverkusen: 1985. S. 124 – 145.
08. Marburger, Peter: Die Regeln der Technik im Recht. Köln, Berlin, München: Carl Heymanns Verlag 1979. 638 S.
09. Marburger, Peter: Technische Normen im Recht der technischen Sicherheit. In: Der Betriebs-Berater (1985) H. 4. S. 119 – 209.
10. Marschall, Horst-Werner: DITR – Technische Regeln im Online-Zugriff. In: Nachr. f. Dok. 36 (1985) Nr. 4/5. S. 203 – 209.
11. Marschall, Horst-Werner: Fünf Jahre DITR – eine Bestandsaufnahme. In: DIN-Mitteilungen 64 (1985) Nr. 1. S. 18 – 25.
12. Marschall, Horst-Werner: Zehn Jahre DITR – Eine Bilanz für Europa. In: DIN-Mitteilungen 70 (1989) Nr. 11. S. 581 – 588.
13. Nicklisch, Fritz: Funktion und Bedeutung technischer Standards in der Rechtsordnung. In: Der Betriebs-Berater (1983) H. 5. S. 109 – 117.

D 9 Fakteninformationssysteme

Friedrich Mie

D 9.1 Faktendokumentation versus Literaturdokumentation

In der Terminologie der Dokumentare und Bibliothekare werden nichtbibliographische Datensammlungen unter dem Begriff *Datendokumentation* zusammengefaßt; letztere ist historisch als Abgrenzung gegenüber der Schriftgutdokumentation zu verstehen. Datendokumentation heißt in erster Linie exzerpieren und ggf. evaluieren von quantitativen Daten aus der Literatur, sowie strukturieren und ordnen dieser Daten nach bestimmten Merkmalen. Dazu zählt auch das *numerische Indexieren*, das Kennzeichnen (flagging und tagging) von quantitativen Daten, z.B. für das Retrieval von Meßdaten in Texten. Seit die Datenverarbeitung Eingang in die Dokumentation gefunden hat und *Texte* in *Daten*banken gespeichert werden, erweist sich die Bezeichnung Datendokumentation in Verbindung mit Datenbanken als nicht trennscharf genug. Im folgenden wird daher nur noch summarisch von Faktendokumentation und Faktenbank gesprochen.

Mit der Wandlung des IuD-Begriffs von der traditionellen Dokumentation hin zur Information gewannen nichtbibliographische Informationsquellen zunehmend an Bedeutung. Heute gibt es bereits mehr nichtbibliographische als bibliographische Datenbanken im Fachinformationsbereich. Auf der anderen Seite sind Kenntnisse über diese neuen Informationsdienste selbst bei Online-Benutzern noch nicht sehr ausgeprägt. Erfahrungen über die Nutzung der vorhandenen Datenbanken bilden eher die Ausnahme. Die allgemeine Unwissenheit und Unsicherheit auf diesem Gebiet hat verschiedene Ursachen. Ein wesentlicher Grund ist, daß diese Datenbanken nicht von Organisationen im IuD-Bereich, sondern überwiegend in wissenschaftlichen Forschungseinrichtungen, statistischen Ämtern und speziellen Daten-Analysezentren entstehen.

In diesen Einrichtungen werden mit viel Aufwand, d.h. auch mit hohen Kosten, in großen Mengen Daten produziert und gesammelt, aber oft nur unter einem bestimmten Aspekt analysiert, bewertet und publiziert, sei es als Zeitschriftenartikel, Fortschrittsbericht, Tabellenwerk oder Katalog. Der potentielle Nutzen vieler Daten für andere als die originären Zwecke wird jedoch dadurch beschränkt, daß das Auffinden spezifischer Daten, selbst wenn sie in der wissenschaftlichen Literatur dokumentiert sind, mit erheblichen Schwierigkeiten und Umwegen verbunden ist. Aufgabe der Faktendokumentation ist es, diesen Engpaß zu überwinden und dem Fragesteller die gewünschten Daten *direkt* bereitzustellen mit dem Ziel, die Suchfragen *richtig, vollständig* und *aktuell* zu beantworten. Die Lösung dieser Aufgabe erfordert ein hohes Maß an fachlicher Kompetenz. Anders als bei der Literaturdokumentation, bei der ein wissenschaftlicher Dokumentar das Dokument inhaltlich erschließt (ohne damit den Inhalt zu bewerten), muß bei der Datendokumentation ein dokumentierender Wissenschaftler die Datenquelle analysieren, die relevanten Daten selektieren und im richtigen Kontext kompilieren. Insbesondere die kritische Bewertung von Daten ist ausschließlich Experten auf dem betreffenden Fachgebiet vorbehalten.

Auch hinsichtlich der Datenpflege gibt es gravierende Unterschiede. Während Datenpflege bei der Literaturdokumentation lediglich das Hinzufügen neuer Dokumentationseinheiten bei unverändertem Altbestand bedeutet, müssen bei der Datendokumentation auch die bereits vorhandenen Datenbestände à jour gehalten werden, um die geforderte Aktualität der Daten zu gewährleisten. (Da neuere Daten in Naturwissenschaft und Technik nicht gleichbedeutend sind mit besseren Daten, sollten DV-gestützte Informationssysteme bei Bedarf auch ältere ,,Versionen'' bereitstellen.)

Aufbau und Pflege einer Datensammlung sind wesentlich stärker als eine bibliographische Dokumentation in die Datenerzeugung eingebunden, sowohl unter dem Aspekt der nicht deutlichen Trennbarkeit von Datenerfassung und Datenerzeugung (als Forschungsprozeß), als auch unter dem Aspekt der notwendigen Kooperation mit dem Datenerzeuger. Damit ist auch die Verantwortung des Systembetreibers für die Korrektheit der gelieferten Daten bei Fakteninformationssystemen wesentlich höher als bei bibliographischen Systemen.

Im folgenden sind die wichtigsten Eigenschaften von bibliographischen Datenbanken und Faktenbanken gegenübergestellt:

Bibliographische Datenbanken	**Faktenbanken**
unformatierte Daten variabler Länge (z.B. Texte)	formatierte Daten fester Länge (z.B. numerische Daten in Fest- und Gleitkommadarstellung)
die Datenelemente zur Beschreibung eines Dokuments sind in einem Datensatz zusammengefaßt (Dokumentationseinheit)	die Datenelemente zur Beschreibung des Objektbereichs werden in verschiedenen Datensätzen abgelegt; der Begriff der Dokumentationseinheit verliert seine Bedeutung
eine einzige einheitlich strukturierte Dokumentdatei, verbunden mit zusätzlichen Suchdateien	komplexe Verknüpfung von mehreren Dateien unterschiedlicher Struktur
Redundanz durch Mehrfachspeicherung von Daten	einmalige Speicherung jedes Datenelements und vielfacher Zugriff durch Datensatzverknüpfungen
die Zielinformationen werden explizit gespeichert (statische Nutzung)	die Zielinformationen können durch den Suchprozeß erzeugt werden (dynamische Nutzung)
für Recherchen in unterschiedlichen Datenbanken wird ein einziges Retrievalsystem verwendet	es sind verschiedene Software-Systeme notwendig, um spezielle Anforderungen zu erfüllen; für spezialisierte Datenbanken ist die Software eng bezogen auf die Natur der gespeicherten Daten
für das Retrieval können alle gespeicherten Datenelemente Suchbegriffe sein (invertierte Datei)	Suchbegriffe sind beschränkt (vorprogrammierte Zugriffspfade)
deskriptororientierte Suchsprache mit Boole'schen Operatoren	mehr natürlichsprachige und/oder stark formalisierte Suchsprache

der Inhalt der Dokumentationseinheit ist zeitinvariant; es gibt keine Updating-Probleme (aber das Hinzufügen neuer Datensätze ist relativ aufwendig)

standardisierte Ausgabeformate bieten nur geringe Variationsmöglichkeiten für den Ausdruck von Zitaten

die Lebensdauer der Daten ist zeitabhängig durch Ermittlung verbesserter Daten; daraus ergeben sich Anforderungen für das Updating (ggf. online und im Mehr-Benutzer-Betrieb)

Selektier-, Sortier- und Mischmöglichkeiten zur Aufbereitung des Outputs; flexibler Reportgenerator für Listen, Tabellen und Graphiken

D 9.2 Charakterisierung und Abgrenzung

Gegenstand der Betrachtung sind nichtbibliographische Datenbanken im Bereich der Fachinformation: Faktenbanken. Faktenbanken enthalten Daten über Sachverhalte. Fakteninformationssysteme liefern ohne den Umweg über eine bibliographische Referenz *direkte* Informationen. Fakteninformation ist die unmittelbare Vermittlung von Wissen über Sachverhalte aus einem Speicher. Man bezeichnet die elektronischen Informationsspeicher auch als *Quellendatenbanken* oder *Frage-Antwort-Systeme*.

Der Begriff *Fakten* soll nicht nur Sachverhalte, sondern auch Gegenstände, Tatbestände, Ereignisse und Vorgänge (Prozesse) umfassen. Fakten selbst, wie z.B. chemische Stoffe und ihre Eigenschaften, sind werden speicherbar noch abrufbar; sie können nur mittels Beschreibung in textueller, codierter oder numerischer Ausprägung erfaßt werden. Strukturiert werden die Informationen in einem Merkmalsraster, meist als *Kategorienschema* oder *Datenkatalog* bezeichnet.

Bei *numerischen Datenbanken* können die Informationen auch mit Hilfe von Auswertungsprogrammen gewonnen werden. Damit sind in erster Linie algorithmische Verfahren zur Lösung deterministischer und stochastischer Probleme gemeint, im Unterschied zu Modellen, z.B. bei *Planungsinformationssystemen* oder zu Regeln auf der Basis von Erfahrungswissen bei *Expertensystemen*.

Referraldatenbanken enthalten ebenfalls Fakten, doch haben diese in der Regel den Charakter von Verweisinformationen. Es sind elektronische Auskunftsmittel, die dem Informationssuchenden einen Überblick über Informationsquellen ermöglichen und ihn zu den gewünschten Informationen führen.

Zwischen Fakten- und Referraldatenbanken läßt sich keine scharfe Trennungslinie ziehen; es hängt vom konkreten Anwendungsfall ab, ob das Ergebnis eines Suchprozesses von dem Fragesteller als erschöpfende Antwort oder als Hinweis für weitere Recherchen interpretiert wird. Schwierig wird auch die Abgrenzung gegenüber *problemorientierten* bzw. *wissensbasierten* Planungs- und Expertensystemen, die in der Regel auf sachverhaltstrukturierten Subsystemen aufsetzen. Das hier skizzierte Umfeld der Fakteninformationssysteme ist in *Abb. 1* schematisch dargestellt.

Als *Faktendokumentation* wird eine nach bestimmten Beschreibungsmerkmalen geordnete Sammlung von Daten über Objekte bezeichnet, beispielsweise ein Verzeichnis oder ein Tabellenwerk.

Wird eine Faktendokumentation auf einem Rechner implementiert und mit Hilfe eines *Datenbanksystems* (DBS) verwaltet und kontrolliert, so daß die Daten über

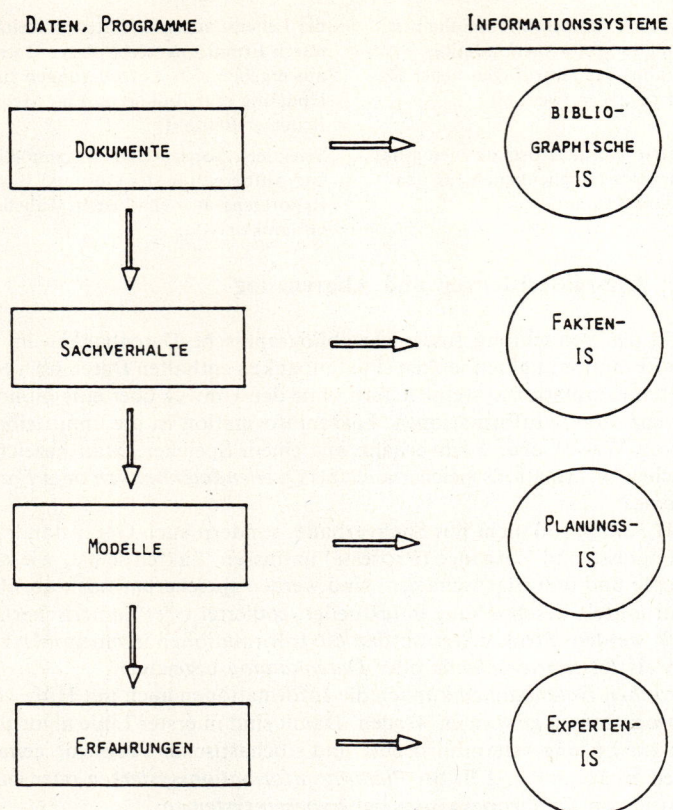

Abb. 1: Umfeld der Fakteninformationssysteme

programmierbare Zugriffspfade abrufbar sind, versteht man darunter eine *Fakten-bank* (factual databank). Das DBS ist ein Bindeglied zwischen Dateien und dem Betriebssystem und ein Hilfsmittel für eine effiziente und einheitliche Darstellung von Verknüpfungen in Anwenderprogrammen. Ist dem DBS ein *Abfragesystem* (query system) aufgesetzt, mit dem ein Benutzer im Dialog online auf die Datenbank zugreifen kann, spricht man von *Fakteninformationssystem*. Der Begriff Fakteninformationssystem impliziert in jedem Fall eine *Benutzerschnittstelle* (user interface) für die Mensch-Maschine-Kommunikation.

In einem Fakteninformationssystem können mehrere unterschiedlich strukturierte Datenbanken zusammengefaßt sein (multi databank), vorausgesetzt, die Datenbanken enthalten Schlüsselfelder, über die Merkmalsinformationen aus verschiedenen Datenbanken verknüpfbar sind (z.B. die CAS Registry Number). Der Begriff Fakteninformationssystem schließt bei numerischen Datenbanken das Vorhandensein von Auswertungsprogrammen ein, die dem Benutzer nach Abfrage bestimmter Parameter neue Daten, z.B. durch Modellrechnungen oder durch Aggregierung von Basisdaten generieren.

Ein Fakteninformationssystem ist demnach definiert als ein integriertes System aus einer oder mehreren Faktenbanken, die von einer Datenbanksoftware verwaltet werden, einschließlich der Abfrage-, Auswertungs- und/oder Ausgabekomponente *(Abb. 2)*. Im Hinblick darauf, daß Datenbanksysteme zukünftig generell mit einem

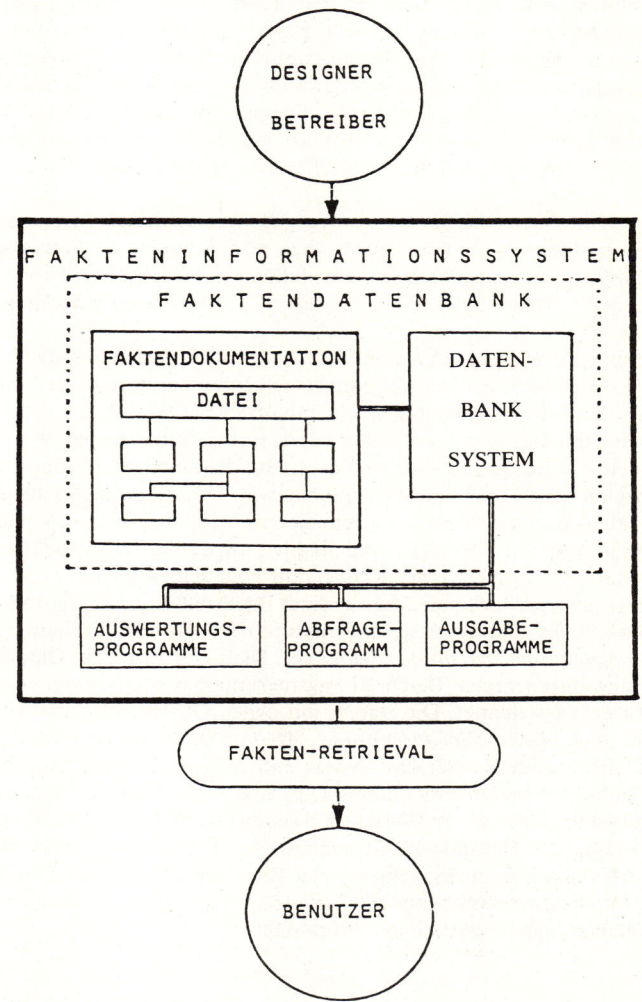

Abb. 2: Elemente eines Fakteninformationssystems

Abfragesystem ausgestattet sein sollen, kann man die Begriffe Faktenbank und
Fakteninformatonssystem synonym verwenden, z.B. die Werkstoffdatenbank X ist
ein Fakteninformationssystem.

D 9.3   Datenmodell und Datenbanksystem

Während bibliographische Datenbanken mit speziell auf die Literaturdokumentation zugeschnittenen Information-Retrieval-Systemen (IRS) implementiert werden,
sind Entwicklung und Aufbau nichtbibliographischer Datenbanken eng gekoppelt
mit dem Einsatz von allgemein verwendbaren Datenbankmanagementsystemen
(DBMS). Die verwendeten Begriffe und Schemata von Datenbankdesignern und
-betreibern sind daher stark von der Informatik geprägt. Zum besseren Verständnis
für DV-Laien werden im folgenden einige Begriffe aus dem Datenbankbereich erläutert.

Entwurf einer Datenbank heißt, einen vorgegebenen *Ausschnitt der realen Welt*,
der für einen bestimmten Anwendungsbereich von Interesse ist (universe of discourse), so im Speicher eines Rechners abzubilden, daß der Informationssuchende
über entsprechende Zugriffspfade die für sein Problem relevanten Daten abrufen
kann.

Dem Abbildungsprozeß liegt ein *Datenmodell* zugrunde. Definieren kann man Datenmodell als ein *Begriffsschema*, das von seinen Inhalten befreit wurde. Es liefert
die Struktur des Informatiossystems, ein inhaltsloses Gerüst, das die Form beschreibt, in der die Daten des betrachteten Ausschnitts der realen Welt erhoben
werden können. Es gibt an, in welcher Form man die Daten, d.h. die Informationen über einzelne reale Objekte (entities) sehen will. Um die Komplexität eines Objektes der realen Welt im Modell zu reduzieren, wird man Klassen von entities
bilden, die bestimmte strukturelle Ähnlichkeiten aufweisen, z.B. Spektren chemischer Verbindungen. Objekte einer Klasse sind vom selben Typ.

Ein Objekt hat gewisse Merkmale, die zu seiner Beschreibung wichtig sind, z.B. das
Molekulargewicht zur Charakterisierung eines Stoffes. Die Beschreibungsmerkmale nennt man *Kategorien, Attribute, Felder* ect. Die Liste aller vom Datenbankent-
wickler als relevant erachteten Beschreibungsmerkmale wird als *Kategorienschema*
oder *Datenkatalog* bezeichnet. Die Daten, mit denen Objekte beschrieben werden,
bezeichnet man als *Merkmalsausprägungen, Attributwerte* oder *Feldinhalte*. In der
Sprache des Informatikers heißt das: Jedem entity-Typ kann man eine Reihe von
Attributen, jedem konkreten entity dieses Typs eine entsprechende Reihe von Attri-
butwerten zuordnen. Mit dieser Wertekombination wird das Objekt eindeutig beschrieben. Analog der Dokumentationseinheit zur Beschreibung eines Dokumentes sind die Merkmale zu einem Objekt (aus Benutzersicht) in einer *Dateneinheit*
bzw. einem *Datensatz* zusammengefaßt. In *Abb. 3* sind die Datenstrukturen verschiedener Datenmodelle beispielhaft dargestellt.

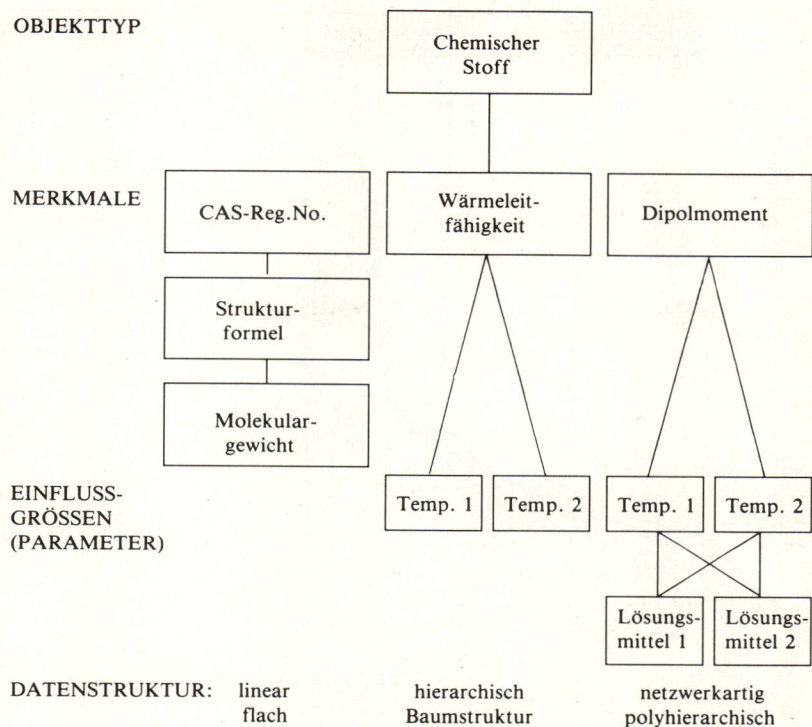

Abb. 3: Grundformen von Datenmodellen

In Wirklichkeit erweisen sich die einzelnen Objekttypen, Objektklassen und deren Beziehungen als sehr komplexe Gebilde, die nach einer logisch-empirischen Vorgehensweise durch immer weiteres Zerlegen in eine formale Struktur überführt werden, die dann als Modell die Wirklichkeit repräsentieren soll.

Am Beispiel Wärmeleitfähigkeit von Kupfer (Lit. 01.) wird deutlich, wie komplex ein relativ enger Ausschnitt der realen Welt sein kann. In der graphischen Darstellung *(Abb. 4)* sind die extrahierten Meßwerte für die Wärmeleitfähigkeit in Abhängigkeit von der Temperatur aus ca. 200 Zeitschriftartikeln und technischen Berichten aufgetragen, wobei jedes Dokument durch eine Nummer an den entsprechenden Meßwerten markiert ist. Eine Datenevaluierung durch das Datenanalysezentrum CINDAS ergab die als Empfehlung (recommended) gekennzeichnete Kurve.

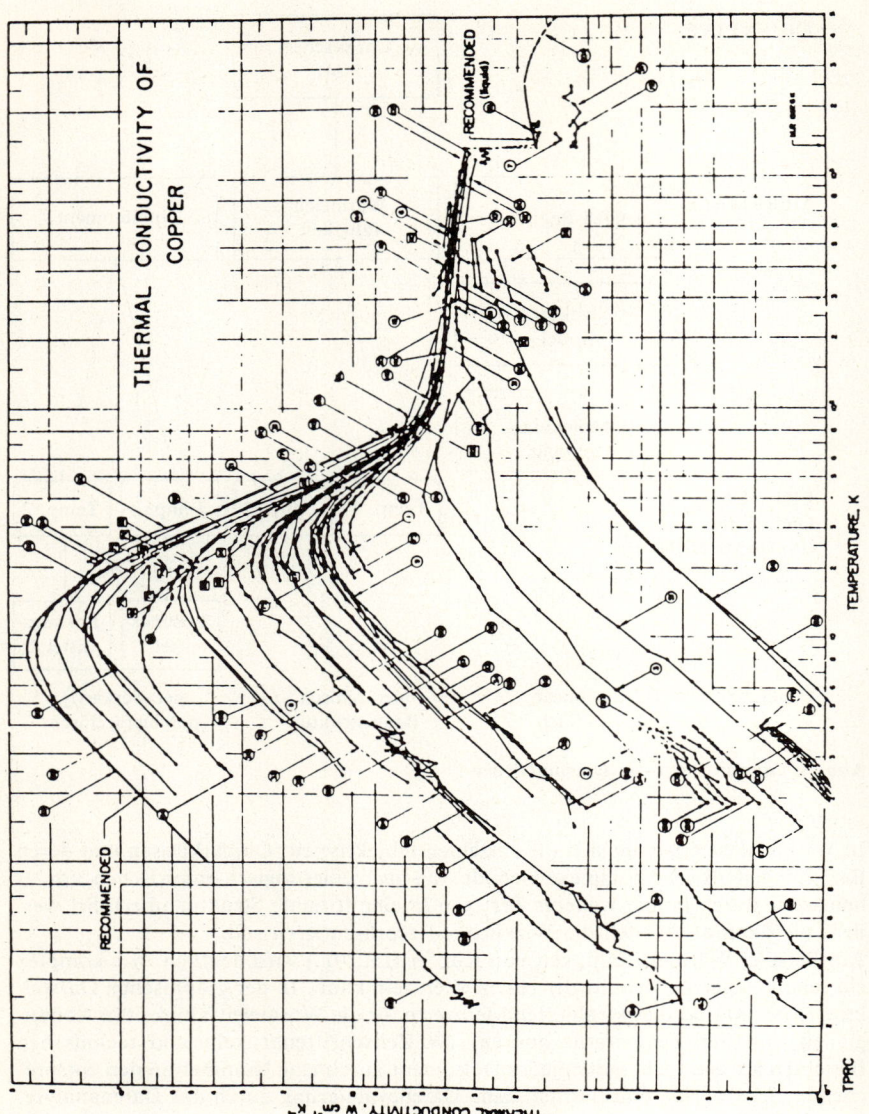

Abb. 4: Wärmeleitfähigkeit von Kupfer in Abhängigkeit von der Temperatur

In dem von Codd entwickelten *relationalen Datenmodell* können die Objekttypen in Form von Tabellen − *Relationen* genannt − dargestellt werden. Die Elemente einer Relation lassen sich anschaulich am Beispiel einer Werkstoff-Normtabelle erläutern *(Abb. 5):*

− Zeile: Objekt/entity/Tupel/data entry
                  hier: Werkstoff (Stahlsorte)
− Spalte: Merkmal/item/Attribut
                  hier: mechanische Eigenschaft
− Unterspalte: Einflußgröße/Parameter mit Wertebereich
                  hier: Geltungsbereich einer Eigenschaft
− Tabellenwert: Merkmalsausprägung/item value/ Attributwert mit Maßeinheit
                  hier: numerischer Sollwert
− Fußnote: Zusätzliche Textinformation:
                  1) zur gesamten Tabelle,
                  2) zu einzelnen Eigenschaften (Spalten)
                  3) zu speziellen Eigenschaftswerten

Mechanische Eigenschaften:

Stahlsorte		obere Streckgrenze K_H[2]					Zugfestigkeit K_{to} für Erzeugnisdicken in mm		
Kurzname	Werkstoff-Nummer	≤ 16	> 16 bis ≤ 40	> 40 bis ≤ 60	> 60 bis ≤ 100	> 100 bis ≤ 150	≤ 60	> 60 bis ≤ 100	> 100 bis ≤ 150
		N/mm^2 min.					für Erzeugnisdicken in mm N/mm^2		
UH I	1.0348	195	185	175	−	−	280 bis 400	−	−
H I	1.0345	235	225	215	200	185	360 bis 480	360 bis 480	350 bis 480
H II	1.0425	265	255	245	215	200	410 bis 530	410 bis 530	400 bis 530
17 Mn 4	1.0481	290	285	280	255	230	460 bis 580	450 bis 570	440 bis 570
19 Mn 6	1.0473	355	345	335	315	295	510 bis 650	490 bis 630	480 bis 630
15 Mo 3	1.5415	275[3]	270	260	240	220	440 bis 590	430 bis 580	420 bis 570
13 CrMo 4 4	1.7335	300	295	295	275	255	440 bis 590	430 bis 580	420 bis 570
10 CrMo 9 10	1.7380	310	300	290	270	250	480 bis 630	460 bis 630	460 bis 630

1) Für Erzeugnisdicken über 150 mm sind die Werte zu vereinbaren.
2) Wenn keine ausgeprägte Streckgrenze auftritt, gelten die Werte für die 0,2 %-Dehngrenze.
3) Für Erzeugnisdicken ≤ 10 mm gilt ein Mindestwert von 285/mm^2.

Abb. 5: Relation am Beispiel Normtabelle für Stähle (Auszug)

Ein Objekttyp in Form einer Relation repräsentiert selbst ein Datenmodell, da es die Beziehungen zwischen seinen Merkmalen (Attributen) beschreibt. Es wird *lineares* oder *flaches Datei-Modell* (flat file model) genannt, weil eine Tabelle flach, d.h. zweidimensional ist. Bibliographische Datenbanken sind typische Vertreter dieses Datenbanktyps.

Aufgabe eines *Datenbankmanagementsystems* ist es dann, für eine Implementierung eines solchen Datenmodells zu sorgen, indem die Strukuren des Modells in die physischen Strukturen des Speichers und die Operationen in physische Operationen des Rechners übersetzt werden. Das geschieht mit Hilfe von *Transformationsregeln*, die festlegen, wie die Objekte und Beziehungen auf konzeptueller Ebene in systeminterne Datensätze und Felder umgeformt werden und umgekehrt. Das *interne Modell* beschreibt die Ebene der Datenorganisation, d.h. die physische Speicherung der Daten. Für den Benutzer wiederum, der bestimmte Informationen abrufen möchte, ist das interne Modell der Daten ohne Interesse. Für ihn liefert das DBMS mittels anderer Transformationsregeln ein seinen Problemen adäquates *externes Modell*. In Verallgemeinerung des Begriffs des logischen Schemas einer Datei spricht man von der *Sicht* (view) der Benutzer auf die Daten (Lit. 03.).

Ein Datenbankmanagementsystem (DBMS) kann als eine Art *Spezifikationssprache* betrachtet werden für die Darstellung der realen Welt (quasi das Material und das Werkzeug, um z.B. ein Regal zu bauen). Das Datenbanksystem (DBS) ist eine konkrete Ausprägung des Datenmodells, das sind die fertigen Programme (in der entsprechenden Spezifikationssprache) für jenen Ausschnitt der realen Welt, der für den Anwendungsbereich relevant ist (quasi das fertige Regal für einen bestimmten Zweck). Werden mit einem solchen Programmsystem konkrete Daten zur Beschreibung des Weltausschnitts verwaltet und kontrolliert (Instanzierung), spricht man von einer *Datenbank* (quasi das mit Büchern zu einem Themenkreis gefüllte Regal).

D 9.4   Typologie

Ausgangspunkt für die Entwicklung einer Typologie ist die Ermittlung geeigneter, d.h. relevanter und anwendbarer Variablen (Merkmale, Aspekte), die zur Beschreibung von Informationssystemen verwendet werden können. Eine Analyse bisheriger Typologien von Staud (Lit. 04.), Swanson (Lit. 05.) und Wanger/Landau (Lit. 06.) zeigt eine überraschende Vielfalt an klassifikatorischen Ansätzen.

Wählt man den Aspekt „Suchprozeß" zur Differenzierung von Faktenbanken, ergibt sich eine relativ stabile Klassifizierung in zwei Gruppen:

– Bei der *statischen* Nutzung sind die Zielinformatinen explizit gespeichert (Datenretrieval). Die Suche erfolgt über Index-Dateien, vergleichbar mit dem Wörterbuch eines Information-Retrieval-Systems. Für Informationssysteme dieser Gruppe wurde die Bezeichnung *Faktenauskunftssysteme* gewählt.

– Bei der *dynamischen Nutzung* werden die Zielinformationen im Laufe des Suchprozesses erzeugt (Datenauswertung). Es handelt sich um *numerische Datenbanken*, die nach der Abfrage Berechnungen mit Hilfe von Auswertungsfunktionen ermöglichen. Daher wurde für diese Gruppe die Bezeichnung *Faktenverarbeitungssysteme* gewählt.

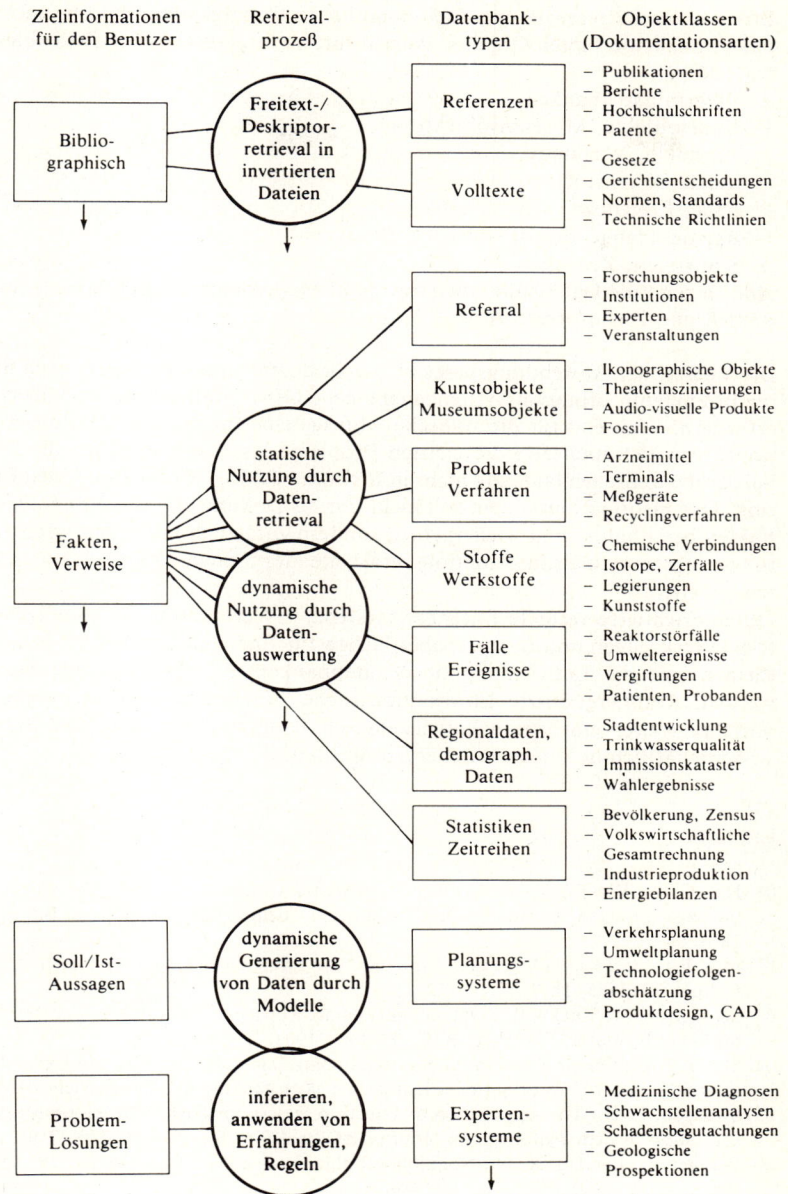

Abb. 6: Typologie von Informationssystemen

Eine weitere Differenzierung nach inhaltlichen Gesichtspunkten, d.h. nach den in Faktenbanken erfaßten Objektklassen, führt zu insgesamt sieben Datenbanktypen (Lit. 02.):
- Referraldatenbanken
- Kunstobjekte, Museumsobjekte
- Produkte, Verfahren
- Stoffe, Werkstoffe
- Fälle, Ereignisse
- Regionaldaten, demographische Daten
- Statistiken, Zeitreihen.

Abb. 6 zeigt die Datenbanktypen mit ihren Merkmalen: Objektklassen, Retrievalprozeß und Zielinformationen.

Die Vielfalt der Anwendungsbereiche macht deutlich, daß die komplexen Strukturen in Fakteninformationssystemen eine neue Generation von Datenbanksystemen erfordern. Während für die statische Abfrage eine Integration der Retrievalfunktionen von IRS und DBS die meisten Probleme lösen würde, gehen die Wünsche bei der dynamischen Nutzung mehr in Richtung CAE — Computer Aided Engineering. Das Informationssystem soll nicht nur als Dokumentationssystem Daten und Fakten bereithalten und wiedergeben, sondern zusätzlich mit integrierten Auswertungsprogrammen als informationsverarbeitendes System ,,neue'' Daten und Fakten generieren.
Objektorientierte verteilte Datenbanksysteme in Verbindung mit intelligenten Retrievalwerkzeugen und Benutzeroberflächen für Endbenutzer sind die Forschungsthemen, die die Entwicklung der Faktenbanken in naher Zukunft bestimmen werden. Rechnergestützte Informationssuche, Analyse der recherchierten Daten und ihre Weiterverarbeitung entwickeln sich damit zu einem integralen Bestandteil wissenschaftlich-dokumentarischer Tätigkeiten.

Literatur

01. HO, C. Y.; Powell, R. W.; Liley, P. I.: Thermal Conductivity of the Elements: A Comprehensive Review. In: Journal of Physical and Chemical Reference Data, Bd. 3, Suppl., 1974.
02. Mie, F.: Zur Terminologie und Typologie von Fakteninformationssystemen. In: Nachr. f. Dok. 36 (1985) H. 2, S. 66 – 72.
03. Schlageter, G.; Stucky, W.: Datenbanksysteme. Konzepte und Modelle. Teubner Studienbücher Informatik, Stuttgart: B. G. Teubner 1983.
04. Staud, J. L.: Online Retrieval in Numerical Data Bases. Pecularities and Examples. Universität Konstanz, Informationswissenschaft, Konstanz Sept. 1984 (Bericht 8/84).
05. Swanson, E. B.: The Application of Function Descriptors to the Development of an Information System Typology. In: Journal of the ASIS 28 (1977) H. 5, S. 259 – 267.
06. Wanger, J.; Landau, R. N.: Nonbibliographic On-line Data Base Service. In: Journal of the ASIS 31 (1980) H. 3, S. 171 – 180.

D 10 Wirtschaftsinformationen

Josef L. Staud

D 10.1 Einleitung und Begriffsklärung

Wirtschaftsinformationen sind Informationen für und über ,,die Wirtschaft''. Im Kernbereich, wo sich die beiden Aspekte überlappen, wird für Wirtschaftspartizipanten aus dem Wirtschaftsgeschehen berichtet. Daneben spielt aber noch der darüberhinausgehende Aspekt des Berichtens ,,für die Wirtschaft'' aus anderen Bereichen wie Rechtssprechung, Gesetzgebung, Wissenschaft, Technik, Sozialwesen, usw. eine wichtige Rolle. Dieses ,,für die Wirtschaft'' scheint auch zu dominieren in den Vorstellung der großen Beratungsfirmen wie z.B. Knowledge Industry Publications, die in einer Marktanalyse zu ,,Business Information Markets 1982 – 87'' Wirtschaftsinformation wie folgt klassifizieren: ,,Business information can be classified not only by medium (magazine, newsletter, book, etc.) but also how it is used in the decision-making process: for a transaction, for skills improvement'' (Lit. 05., S. 1). Hier ist der gesamte Bereich abgedeckt und die Definition erfolgt über die Tätigkeit des in der Wirtschaft handelnden. Das Ziel von Wirtschaftsinformation ist dabei die informationelle Absicherung des im Wirtschaftsgeschehen tätigen und dementsprechend kann sie definiert werden.

Schwierigkeiten bereitet die konkrete Umsetzung der Definition, z.B. beim Versuch, Datenbanken zusammenzustellen mit Wirtschaftsinformationen. Nicht so sehr die engere Definition (,,über''). Hier werden einfach Informationen über das Wirtschaftsgeschehen, seine Objekte (Personen, Firmen, usw.), Subjekte (Produkte, Dienstleistungen, usw.), die Transaktionen und Austauschprozesse (Waren, Geld, Wertpapiere, . . .) zusammengepackt. Diese Informationen bilden Aspekte des Wirtschaftsgeschehens ab; sie modellieren, datenbanktechnisch gesprochen, einzelne Ausschnitte dieser ,,Welt''. Weniger einfach verhält es sich mit der weiter gefaßten Definition (,,für''). Da die Definition nicht von direkten Eigenschaften der Information ausgeht, sondern sich auf deren (mögliche) Funktion beim wirtschaftlich handelnden bezieht, ist jede Abgrenzung subjektiv gefärbt. Z.B. im Bereich technisch-naturwissenschaftlicher Information. Wann ist eine Datenbank über Produkte noch eine Wirtschaftsdatenbank? Wenn sie nur Produktionsziffern angibt, auf Hersteller verweist oder auch noch, wenn sie die Zusammensetzung der Produkte (unter physikalischen oder chemischen Gesichtspunkten) angibt. Wird letzteres bejaht, wie steht es dann mit der Datenbank über die kristalline Struktur?
Jede Abgrenzung ist hier schwierig. Sie wird etwas erleichtert durch ein weiteres Kriterium: Die Verständlichkeit der abgespeicherten Information für die in Leitungsfunktionen Tätigen. Informationen aus Datenbanken, die sehr viel ,,Fachwissen'' erfordern, werden eher nicht zu den Wirtschaftsdatenbanken gezählt, als die anderen, die ,,vom Management'' selbst verarbeitbar sind. Damit ergibt sich eine weitere Trennlinie: die zwischen ,,dem Ingenieur'' (oder sonstigen Wissenschaftler) und seinen Informationsquellen und ,,dem Manager'' mit den Datenbanken zur Absicherung seines Handelns.
In der Praxis des florierenden Marktes für Wirtschaftsinformation erweist sich dieses Problem allerdings als nicht so schwierig. Neue Märkte werden versuchsweise erschlossen und Produkte werden nur weitergeführt, wenn sie Absatz finden. So wird quasi täglich, durch das Marktverhalten, Wirtschaftsinformation neu definiert, beeinflußt von gesellschaftlichen,

technologischen und wirtschaftlichen Entwicklungen. Man beobachte nur die ständigen Versuche, neue Zeitschriften, Öffentliche Datenbanken, Newsletter usw. auf dem Markt einzuführen.

Wirtschaftinformationen werden über eine Vielzahl von Medien angeboten. Neben gedruckten Veröffentlichungen wie Büchern, Zeitungen, Zeitschriften, Magazinen, Newsletter, Loseblatt-Werken (z.B. zu Steuern, Rechtssprechung, Gesetzgebung) werden in entsprechenden Marktanalysen auch ,,face-to-face services'' wie Messen, Seminare und Konferenzen sowie Öffentliche Datenbanken genannt. Hier werden im folgenden die Öffentlichen Datenbanken (auch Online-Datenbanken genannt) im Vordergrund stehen. Sie stellen, als externe (vom Benutzer aus gesehen) und öffentlich verfügbare (deshalb die Begriffswahl ,,Öffentliche Datenbank'') Informationsspeicher ein zentrales Instrument der Informationsversorgung dar mit unmittelbarem Bezug zum Dokumentationswesen.

Betrachtet werden nacheinander die hier auftretenden Informationstypen zusammen mit ihren Retrievalprozessen, die Datenbanktypen und die derzeit abgedeckten Themen. Abschließend wird ein Blick auf die mögliche zukünftige Entwicklung geworfen.

Der Begriff ,,Informationstyp'' wird weitgehend synonym zum datenbanktechnischen Begriff ,,Datentyp'' verwendet. Miteinbezogen werden allerdings Informationstypen wie Graphiken, chemische Strukturformeln, Daten physikalischer Modelle und andere (alle die als ,,Ausprägungen'' von Datentypen bzw. Datenmodellen auftreten), die in Öffentlichen Datenbanken eine wichtige Rolle spielen, die aber nicht ohne weiteres unter den Begriff des Datentyps gefaßt werden können (vgl. näheres hierzu in Lit. 13.; Lit. 14.).

D 10.2   Informationstypen

Erfassung von Information bedeutet immer auch die Notwendigkeit, Information in eine Form zu bringen, die von möglichen Kommunikationspartnern verstanden wird. Geschieht dies zusätzlich für Datenbanken, müssen darüberhinaus Formen gefunden werden, die der gegenwärtigen Datenbanktechnologie entsprechen. In der heutigen Situation bedeutet dies immer noch in erster Linie eine Erfassung durch Attribute (der Begriff wird unten erläutert) und durch Texte. Daneben finden sich aber in öffentlichen Datenbanken (und gerade da) eine Vielzahl weiterer sehr unterschiedlicher Informationstypen. Diese sollen, soweit sie Wirtschaftsinformationen betreffen, ebenfalls betrachtet werden. Texte stehen, da dieses Kapitel im Bereich ,,Daten-/Faktenspezifische Systeme'' angesiedelt ist, hier nicht im Vordergrund. Diese Informationstypen werden hier aus zwei Gründen betrachtet: erstens, weil sie die Abspeicherung, das Retrieval und − vor allem − die möglichen Verarbeitungsschritte der jeweiligen Daten weitgehend festlegen und zweitens, weil damit eine strukturell orientierte Typisierung der Online-Datenbanken möglich wird.

D 10.2.1   Attribute und Merkmale

In der Datenbankliteratur werden Attribute, soweit sie überhaupt definiert werden, entweder mit Merkmalen gleichgesetzt (vgl. Lit. 09., S. 15), mit Beispielen als Felder (eines Datensatzes) definiert (Lit. 01., S. 7) oder vom (umgangssprachlichen) Eigenschaftsbegriff abgeleitet. Dabei werden ,,Entities'' definiert (in Übernahme des ,,entity-Begriffs'' der angelsächsischen Datenbankliteratur), womit ,,wohlunterscheidbare Dinge, welche in der realen Welt existieren'' bezeichnet werden. Die Eigenschaften dieser ,,Entities'' werden dann als ,,Werte'' (vom englischen ,,value'') bezeichnet, die Zusammenfassung aller Werte einer Eigenschaft wird Wertebereich und die so mit Wertebereich und Entities definierten Eigenschaften werden Attribute genannt (vgl. zum Zitat und beispielhaft für diese Ableitung Lit. 18., S. 39).

Etwas abweichend, wenn auch im grundsätzlichen übereinstimmend, definieren Tsichritzis/Lochovsky (Lit. 16.). Ausgehend vom Mengenbegriff definieren sie ,,domains'' als Mengen mit einer bestimmten homogenen Struktur: ,,There are some sets whose members are more or less homogeneous: for example, the set of integers between 10 and 20, the alphabetic strings of length up to 20, and so forth. These homogeneous sets are called domains in data modeling. Domains are used as sets of values from which certain sementically meaningful objects and their properties can take values over time.'' (Lit. 16., S. 23) Sie kommen dann zu der folgenden Definition des Attributsbegriffs: ,,A named domain that represents a semantically meaningful object is called an *attribute* and represents the intension of the domain (e.g., Salary). The extension of the domain corresponds to *(attribute) values* (e.g., salary values). Attributes and their values are interpretations of real-world objects and their properties.'' (Lit. 16., S. 24)

Das Konzept der Attribute stellt damit einen zentralen Aspekt unserer Wahrnehmung dar. Wenn wir Realität wahrnehmen oder, um in der Sprechweise der Datenbanktheorie zu bleiben, einen Weltausschnitt modellieren, nehmen wir zuerst Eigenschaften und Dinge wahr. Die Eigenschaften über die Dinge, die Dinge über die Eigenschaften. Es ist daher nicht überraschend, daß dieser Mechanismus auch in der Erstellung einer Datenbank (Modellierung eines Weltausschnitts) eine Rolle spielt.

In der Statistik und der Meßtheorie ist ein ähnliches, wenn auch stärker ausgearbeitetes Konzept vorhanden, das des Merkmals. Merkmale (s. *Abb. 1*) werden einem bestimmten Weltausschnitt (einer Menge von Objekten: Grundgesamtheit oder Objektklasse) zugewiesen bzw. auf ihn angewandt. Diese Zuweisung bedeutet eine Klassenbildung in einem bestimmten Weltausschnitt. Diese Klassenbildung muß zu disjunkten (sich gegenseitig nicht überlappenden) Teilmengen führen. Jede dieser Teilmengen wird durch eine Merkmalsausprägung klassifiziert, die Zuweisung der Merkmalsausprägungen zu diesen Klassen wird als Messung bezeichnet. Damit ergibt sich für die zugrundeliegende Objektklasse, daß alle Objekte durch das Merkmal meßbar sein müssen.

Einfache Beispiele sind das Merkmal Geschlecht in bezug auf die Objektklasse Menschen mit den Ausprägungen männlich und weiblich und das Merkmal Gehalt in bezug auf die Objektklasse, die aus den Angestellten einer Organisation besteht. Auf dieselbe Weise, wie damit beliebigen Objekten Merkmale zugeordnet werden können, ist dies für die Merkmale selbst der Fall. Eines führt zu der Einteilung von

Merkmalen in qualitative, rangmäßige und quantitative Merkmale (auf die weiteren Ausprägungen wird hier verzichtet). *Qualitative Merkmale* erfassen nur die Gleichheit bzw. Ungleichheit von Objekten, so daß nur die Gleich/Ungleich-Relation betrachtet werden kann. Die Ausprägungen eines solchen Merkmals sind nicht numerisch, sondern begrifflich (,,männlich/weiblich''), sie werden allerdings für die statistische Verarbeitung oft numerisch vercodet. *Rangmerkmale* liefern zusätzlich Informationen über eine bestimmte Rangfolge zwischen den betrachteten Objekten d.h. hier kann auch noch die kleiner/größer-Relation bestimmt werden. Die Ausprägungen sind hier oft begrifflich, z.B. ,,sehr gut/gut/ . . .'', sie können aber auch auf jede Zahlenfolge abgebildet werden, welche die Ordnungsrelation erfüllt. Am weitesten verbreitet außerhalb der Textdatenbanken sind *quantitative Merkmale* mit ihren numerischen Ausprägungen. Sie können weiter danach unterschieden werden, welche Operationen in ihrem Zahlenraum zulässig sind (vgl. für eine fundierte Darstellung Lit. 06.).
Zu einem Merkmal gehören also, neben der Merkmalsbezeichnung, die Merkmalsausprägungen und die Angabe der jeweiligen Objektklasse.

Informationen als Merkmale zu erkennen hat verschiedene Konsequenzen. Eine betrifft das Retrieval dieses Informationstyps (vgl. unten), eine andere hängt mit den Möglichkeiten der rechnerischen und statistischen Verarbeitung zusammen: Aufprägungen qualitativer Merkmale (Nominaldaten) können nicht addiert, multipliziert, usw. werden. Es ist sinnlos, den Mittelwert von 1 und 2 zu berechnen, wenn 1 ,,weiblich'' und 2 ,,männlich'' bedeutet. Dementsprechend sind auch für die übrigen Merkmaltypen nur bestimmte mathematische und statistische Operationen erlaubt.
In der Regel wird bezüglich einer ausgewählten Objektklasse nicht nur ein Merkmal erhoben, sondern mehrere. Insbesondere gilt dies, wenn ein Ziel die statistische Analyse der erhobenen Daten ist und, zum Beispiel, Beziehungen zwischen mehreren Merkmalen von Interesse sind. Ist die Erhebung sinnvoll angelegt, kann jedem Objekt für jedes Merkmal jeweils eine Merkmalsausprägung zugeordnet werden. Ein solches Datenmodell wird *Merkmalsraum* (oder mehrdimensionales Merkmal) genannt. (vgl. auch Kap. C 4)

Die meisten der gegenwärtig in Faktenretrievalsystemen zur Verfügung gestellten numerischen Informationen bestehen aus *aggregierten Daten*. Eine Aggregation bezieht sich auf Merkmalsinformationen im Sinne eines Merkmalsraumes. Dabei wird von der Vielfalt der Merkmalsausprägungen abstrahiert, indem Objekte mit bestimmten Ausprägungstupeln zusammengefaßt werden, z.B. zu nur noch zwei Kassen (bezüglich eines Merkmals) (Dichotomisierung). Dabei erfüllen die Merkmale hier eine unterschiedliche Funktion. Merkmale, die zur Zusammenfassung benutzt werden, sind meist qualitativer Natur. Z.B. wird dann aus einer 30-teiligen Brancheneinteilung eine dreiteilige. Die damit verbundene Gruppenbildung muß alle Objekte erfassen. Sie führt zu disjunkten Teilmengen. Die übrigen Merkmale, die zusammengefaßt werden müssen, müssen nun für die Teilmengen neu bestimmt werden. Sie müssen also von einem Typ sein, der die Zusammenfassung erlaubt. Meist sind sie quantitativ, wodurch Summen, Durchschnitte, usw. berechnet werden können.

Abb. 1: Zum Merkmalsbegriff

- Merkmale werden auf einen Weltausschnitt ,,angewandt", bestimmte Objekte des Weltausschnitts werden mit ihnen ,,gemessen".
- Als Messung wird die Zuordnung der Objekte des Weltausschnitts zu den Merkmalsausprägungen bezeichnet. Die mit ihr zusammenhängenden Fragen sind Gegenstand der Meßtheorie.
- Die ,,Messung" durch solch ein Merkmal führt zu einer Klassenbildung innerhalb der betrachteten Objekte. Die dabei entstehenden Teilmengen müssen disjunkt sein und alle Objekte umfassen.
- Die Charakterisierung der Objekte einer solchen Klasse wird ihre Eigenschaft genannt. Sie entspricht einer Merkmalsausprägung.
- Merkmale von Merkmalen (Meß- oder Skalenniveau):
  - qualitative Merkmale/Nominalskalen
  - rangmäßige Merkmale/Rangskalen
  - quantiative Merkmale
    - intervallskaliert
    - ratioskaliert

Beispiel: Objekte seien Geschäftsabschlüsse von Unternehmen eines Wirtschaftszweiges des Produzierenden Gewerbes.

Mögliche Merkmale:

,,Ziel des Abschlusses" mit den Ausprägungen	– Inland
	– Ausland
,,Art des Abschlusses" mit den Ausprägungen	– Kauf
	– Verkauf
Umfang des Abschlusses" mit den Ausprägungen	– Betrag in DM
,,Zeitpunkt des Abschlusses" mit den Ausprägungen	– Datum des Vertragsabschlusses

Sehr viele Wirtschaftsdatenbanken bestehen aus *Zeitreihen* (meist aus aggregierten Werten). Auch diese beruhen auf Merkmalen, wobei das Merkmal ,,Zeitpunkt" eine besondere Rolle spielt. Eine nähere Beschreibung dieses Informationstyps findet sich im Kap. C 4 Statistische Informationen.

D 10.2.2 Nomenklaturen

Im gesamten Bereich der Wirtschaftsinformationen spielt ein weiterer auf dem Merkmalsbegriff aufbauender Informationstyp eine wichtige Rolle: Nomenklaturen. Sie beruhen auf den vielfältigen, z.T. schon sehr alten und vor dem Entstehen der EDV benutzten Werkzeugen zur mehrstufigen Klassifikation von Objekten. Beispiele im Wirtschaftsbereich sind die Produktklassifikationen der UN für den Aussenhandel (SITC: Standard International Trade Classification) oder die NIMEXE-Klassifikation der EG.

Nomenklaturen bestehen, bei der hier gewählten Sichtweise, auf der obersten Ebene aus einem qualitativen Merkmal mit allen Konsequenzen (Bildung disjunkter

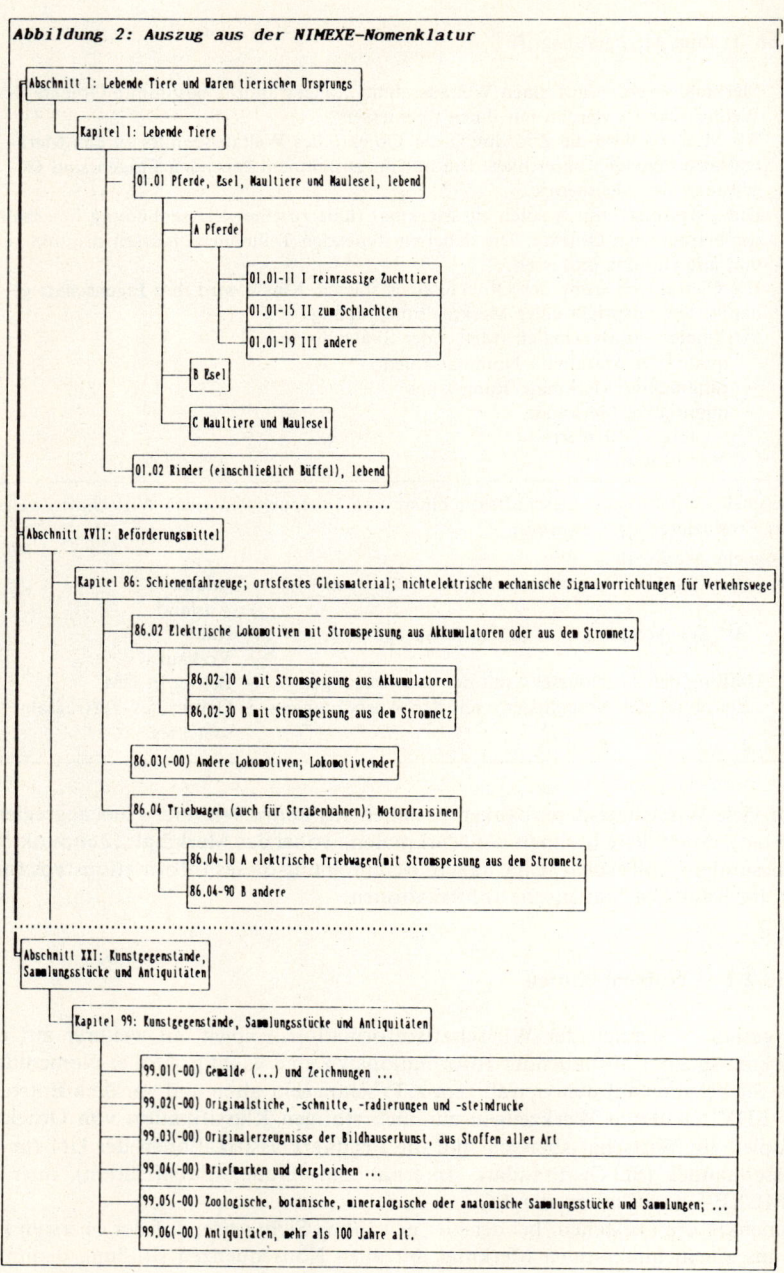

Abbildung 2: Auszug aus der NIMEXE-Nomenklatur

Klassen, . . .). Im Unterschied zu qualitativen Merkmalen werden hier nun aber weitere Ebenen der Klassifizierung eingerichtet. Jede Ausprägung des „obersten" Merkmals wird wiederum unterteilt, gemäß den Anforderungen qualitativer Merkmale. D.h. jede Ausprägung wird zu einem Merkmal für die darunterliegende Ebene, so daß die disjunkte Menge der ersten Ebene wiederum (alle Objekte umfassend) in disjunkte Teilmengen aufgeteilt wird. Dieser Prozeß kann fortgesetzt werden. Viele Nomenklaturen im Bereich der Wirtschaftsinformation weisen bis zu 4 oder 5 Ebenen auf.

Abb. 2 gibt einen Auszug aus der NIMEXE-Nomenklatur an. Sie dient zur Auswahl von Produktgruppen für den Außenhandel der EG. Dieses „Warenverzeichnis für die Statistik des Außenhandels der Gemeinschaft und des Handels zwischen Mitgliedstaaten (NIMEXE)" liegt als Veröffentlichung der EG in gedruckter Form vor (Amtsblatt der Europäischen Gemeinschaften, L 366, 25. Jahrgang, 27. 12. 1982, (Ausgabe in deutscher Sprache) Rechtsvorschriften, „Verordnung (EWG) Nr. 3407/82 der Kommission vom 16. Dezember 1982 zur Änderung des Warenverzeichnisses für die Statistik des Außenhandels der Gemeinschaft und des Handels zwischen ihren Mitgliedstaaten (NIMEXE)"). Sie ist mehrstufig und erreicht auf der untersten Ebene eine hohe Feingliedrigkeit.

D 10.2.3   Texte in Faktendatenbanken

Auch wenn sie im Bereich der Wirtschaftsinformation außerhalb des Literaturbereichs nicht eine zentrale Rolle spielen, tauchen Texte doch in vielerlei Form in Faktendatenbanken auf. Zum einen als längerer Text, der einen Auszug aus entsprechendem Quellmaterial (z.B. aus Geschäftsberichten) darstellt. Dies können dann mehrere Datensätze sein (vgl. z.B. die TEXTUAL ABSTRACTS in der Datenbank Predicasts Annual Reports Abstracts). Zum anderen auch in Form eines kurzen Kommentars, mit einer fixierten Feldlänge. Hier liegt meist auch eine inhaltliche Einschränkung vor (Kommentare zum Geschäftsjahr des Unternehmens, usw.).
In beiden Fällen liegt jedoch eine weniger tiefe Strukturierung vor als bei den oben angeführten (Fakten-)Informationstypen. Retrieval in diesen Feldern, soweit er hier überhaupt angeboten wird, unterliegt den gleichen Gesetzen wie der sonstige Textretrieval.

D 10.2.4   Grafik

Auch graphische Darstellungen finden zunehmend Berücksichtigung in Wirtschaftsdatenbanken. Ein erstes Beispiel liegt mit der graphischen Wiedergabe von Warenzeichen in der Datenbank TRADEMARKSCAN(R) vor (vgl. die Datenbankbeschreibung von Dialog Informations Services, Inc. für einen Beispielsdatensatz). Auf ähnliche Weise werden in Patentdatenbanken auch Graphiken zu Patentzeichnungen erfaßt.

Davon zu unterscheiden ist die graphische Darstellung recherchierter Daten. Diese liegt schon länger für geeignete Informationstypen vor, z.B. für statistische Daten und für chemische Strukturformeln.

Eine höher entwickelte Form der Erschließung von Grafik ist erst in der nächsten Generation von Datenbanksystemen zu erwarten und wird in Öffentlichen Datenbanken noch länger auf sich warten lassen. Gemeint ist die Bereitstellung der Graphik als Datentyp, was sich z.B. so äußern könnte, daß mit Teilen einer Graphik recherchiert werden kann.
Die bei Chemiedatenbanken zum Teil vorliegende Möglichkeit, den Suchbegriff (die Strukturformel) als Graphik zu erzeugen und einzugeben, spielt hier keine Rolle, da Chemiedatenbanken nicht zum engeren Bereich der Wirtschaftsdatenbanken gezählt werden und weil sie in diesem Handbuch an anderer Stelle betrachtet werden (vgl. Kap. D 11).
Abb. 3 faßt die derzeit in Wirtschaftsdatenbanken vorliegenden Informationstypen zusammen. Betont wurde hier auch der Unterschied zwischen dem Modellierungswerkzeug (Merkmal, Merkmalsraum, . . .), der Metainformation und der eigentlichen Information. Letztere (z.B. die ,,Ausprägungen'') wird in der Datenbank abgespeichert und steht für Retrieval und Ausgabe zur Verfügung. Die Metainformation wird entweder im Dateiverzeichnis oder Data Dictionary festgehalten oder sie wird zusammen mit dem Eintrag abgespeichert. Das Wissen um den Daten- oder Informationstyp bzw. das Datenmodell betrifft die semantische Ebene, die in den derzeitigen öffentlichen Datenbanken noch nicht Berücksichtigung findet.

Die Aufnahme weiterer strukturierter (durch eine formale Sprache beschreibbarer) und unstrukturierter Informationstypen auch in Öffentliche Datenbanken ist zu erwarten. Ein ganzer Bereich der gegenwärtigen datenbanktheoretischen Diskussion beschäftigt sich mit den Problemen, die bei der datenbankmäßigen Erfassung und Verwaltung von Graphiken (strukturiert und unstrukturiert), Satellitenbildern, CAD-Zeichnungen, Objekten der Büromodellierung, Bildern, Plänen von Integrierten Schaltkreisen, um nur einige zu nennen, zu lösen sind.

Abb. 3: Informationstypen in gegenwärtigen Wirtschaftsdatenbanken

Ausprägungen von Attributen
Ausprägungen einfacher Merkmale (mit einer festgelegten Menge möglicher Ausprägungen, dem Wertebereich)
Ausprägungen von Merkmalsräumen (mit einer festgelegten Menge möglicher Ausprägungen für jedes Merkmal und mit Kombinationen dieser Ausprägungen)
Ausprägungen von Nomenklaturen (mit einer festgelegten Menge hierarchisch gestufter Ausprägungen).
Text (als Lang- oder Volltext)
Inhalte formatierter Felder (kurzer Text mit fixierter Länge und inhaltlich eingeschränkten Einträgen)
Graphiken (zur Ausgabe)

D 10.3   Retrieval

D 10.3.1   Retrieval von Attributen und Merkmalen

Das Retrieval von Merkmalen ist dadurch gekennzeichnet, daß die Menge der ,,möglichen Werte'', d.h. der Merkmalsausprägungen, eingeschränkt ist. Dies können sehr wenige sein, z.B. beim qualitativen Merkmal ,,Meldeland'' der Datenbank

CRONOS-FRIC (s.u.) oder sehr viele, z.B. bei den ,,Partnerländern'' derselben Datenbank. Immer aber ist die Menge der möglichen Ausprägungen abgrenzbar. Das Retrieval erfolgt dann mit Hilfe der Bezeichnung des Merkmals, der Angabe einer Merkmalsausprägung und dem Abgleich des eingegebenen Ausprägungswerts mit den tatsächlichen Feldeinträgen durch die Retrievalsprache. In der Realität werden allerdings oft mit dem Eintrag auch der Merkmalsname und weitere spezifizierende Information abgespeichert, was das Retrieval vom Abgleich zweier Zeichenketten (,,gleich/ungleich'') in Richtung der eher für Textinformation typischen Zeichenkettensuche (prüfen, ob eine kurze Zeichenkette in einer längeren enthalten ist) hin verändert. (Vgl. weitere Ausführungen hierzu in Lit. 15.)

Typisch für qualitative Merkmale, wie auch und vor allem für die weiter unten diskutierten Nomenklaturen und Merkmalsräume, sind Verzeichnisse der zulässigen Ausprägungen (z.B. Codepläne). Diese dienen der Fixierung der zulässigen Werte und sind eine wichtige Hilfe bei der Recherche. Leider stehen sie im Regelfall noch nicht online zur Verfügung.

Eine gewisse Modifikation ergibt sich, wenn die Menge der Merkmalsausprägungen nicht grundsätzlich, sondern nur zu einem bestimmten Zeitpunkt als abgeschlossen betrachtet werden kann. Zum Beispiel die Namen der Datenbanken in einem Datenbankverzeichnis, die Namen der Firmen in einer Firmendatenbank, usw. Dies sind meist Merkmale mit Schlüsselcharakter (im datenbanktechnischen Sinn).

Ganz ähnliches gilt für Attribute, nur daß hier der kategoriale Aspekt lediglich auf dem Mengenbegriff, der Bildung des kartesischen Produktes von Mengen und der Auswahl einer Teilmenge daraus beruht und nicht auf semantischen Überlegungen.

Für qualitative Merkmale stehen beim Retrieval der Gleichheitsoperator und die logischen Operatoren zur Verfügung. Alle Merkmale mit höherem Skalenniveau erlauben die Anwendung weiterer Operatoren auf die Merkmalsausprägungen. Dies wirkt sich auch auf den Retrievalprozeß aus. So kann z.B. bei Rangmerkmalen zusätzlich der kleiner/größer-Operator in der Suchfrage verwendet werden. Liegt z.B. ein Feld (Rangmerkmal) JAHR vor, können auch (z.B.) Dokumente mit der Eigenschaft JAHR > 1986 gesucht werden. Diese Ausweitung der verwendbaren Operatoren gilt grundsätzlich auch bei höheren Skalenniveaus. Werden z.B. die Abstände zwischen den Ausprägungen (Intervalle einer Skala) interpretierbar, könnte durchaus damit recherchiert werden. Zum Beispiel, indem bei Firmeninformationen nach den Unternehmen (direkt) recherchiert wird, bei denen der Quotient aus dem Jahresumsatz und der Zahl der Beschäftigten einen bestimmten Wert übersteigt. Dies geschieht aber derzeit noch nicht. Die höheren Skalenniveaus (hier als ,,quantitative Merkmale'' zusammengefaßt, vgl. für eine weitere Aufgliederung die Literatur zur sozialwissenschaftlichen Methodenlehre, z.B. Lit. 07.) gewinnen vor allem Bedeutung für die Verarbeitung der recherchierten Information. Dies spiegelt eine wichtige ,,Arbeitsteilung'' zwischen den Merkmalen eines Datensatzes wieder: die qualitativen und rangmäßigen Merkmale dienen der Ansteuerung der Information, die Werte der quantitativen werden ausgegeben.

D 10.3.2   Retrieval in und mit Nomenklaturen

Für Nomenklaturen gelten ähnliche Regeln wie für Merkmale. Die Menge der möglichen Ausprägungswerte ist auf jeder Ebene immer angebbar. Der Retrievalprozeß könnte nun dahingehend unterstützt werden, daß dem System die gesamte Baumstruktur und die Stellung der zuletzt eingegebenen Ausprägung in der Struktur bekannt ist. Damit wäre es möglich, in einem Schritt die jeweils übergeordnete oder eine der untergeordneten Klassen (den übergeordneten oder einen der untergeordneten Knoten) anzusprechen. Dies wird allerdings von den gegenwärtigen Systemen noch nicht geleistet. Ähnlich wie bei Merkmalen ganz allgemein, spielen auch bei Nomenklaturen schriftliche (oder online aufliegende) Verzeichnisse eine entscheidende Rolle. Wünschenswert wäre, daß diese (ähnlich einem Thesaurus in Referenzretrievalsystemen) während der Recherche zum ,,vertikalen und horizontalen Blättern und Suchen'' zur Verfügung stünden.

D 10.3.3   Retrieval von Text

Alle Faktendatenbanken, die Texte enthalten und dies nicht nur zur Ausgabe (wie viele Faktendatenbanken), sondern auch zum Retrieval, erlauben die Suche nach der in den Texten enthaltenen Information mit Hilfe der üblichen Verfahren des Textretrieval, die in diesem Handbuch an anderer Stelle beschrieben werden. Dies gilt gleichermaßen für Texte in Faktendatenbanken, in Volltextdatenbanken, wie in bibliographischen, obwohl hier ein Unterschied hinzukommt: in Fakten- und Volltextdatenbanken beschreibt der Text ein Objekt (oder mehrere) direkt, in bibliographischen Datenbanken beschreibt der Text als Kurzreferat den Text, der erst auf den oder die gesuchten Objekte verweist.
Im Falle eines Textes liegt keine Vorstrukturierung vor, die über die durch die Sprache selbst gegebene hinausgeht. Die Suche nach den im Text enthaltenen Informationen muß sich der üblichen, auf der Kombination von Begriffen beruhenden Suchtechniken bedienen, auf der (technischen) Basis der Zeichenkettensuche (,,string search''), mit Hilfe invertierter Listen oder neuerer Techniken. Ähnliches gilt für kurze Felder, die meist *eine* textlich formulierte Information enthalten. Auch sie sind nur inhaltlich, bzw. in ihrem Bezug (zu einer anderen Information), festgelegt. Darüberhinaus wird textlich gefaßten Informationen oftmals durch inhaltliche und formale Kategorien eine ,,Struktur aufgedrückt''. Da dies aber die Ebene der Datensätze betrifft und nicht die der einzelnen Felder (Informationstypen), spielt es hier, wo Texte nur als Teil einer faktenmäßigen Beschreibung betrachtet werden, keine Rolle.
In *Abb. 4* sind die Beschreibungen der einzelnen Retrievalprozesse vergleichend zusammengestellt.

Abb. 4: Retrieval unterschiedlicher Informationstypen

Informationstyp	Retrieval mit der Hilfe . . .
Voll- bzw. Langtext	. . . des Textes sowie inhaltlicher und formaler Kategorien.
Formatiertes Feld	. . . der Einträge im Feld.
Einzelmerkmal	. . . der Bezeichnung des Merkmals, *dem Wissen um die Menge und Struktur der Merkmalsausprägungen* sowie mit den Ausprägungen selbst.
– Schlüssel	(wie oben; mit der Besonderheit, daß jedes Objekt mit einer einmaligen Aurprägung (skombination) (Merkmale oder Attribute) versehen ist.)
Nomenklatur	. . . der Bezeichnung der Nomenklatur, der einzelnen Werte bzw. Ausprägungen *sowie mit dem Wissen um die Stellung einer Ausprägung in der Baumstruktur der Nomenklatur.*
Merkmalsraum	. . . der Bezeichnung des Merkmalsraumes und einer Kombination von Merkmalsausprägungen in Bezug auf die Auswahl- und Ausgabemerkmale.
– Rohdaten	(wie oben; mit der Besonderheit, daß alle Merkmale zur Auswahl und Ausgabe nutzbar sind).
– aggregierte Merkmale	(wie oben; mit der Besonderheit, daß bestimmte Auswahl- und Ausgabemerkmale festgelegt sind)
– Zeitreihen	(wie oben; mit bestimmten Auswahl- und Ausgabemerkmalen und den Zeitpunkten als Auswahlmerkmal).
Graphiken	. . . von Merkmalen/Attributen, mit denen die Graphik beschrieben wird *und mit Teilen der Graphik.*
Formalismen	. . . der Ausprägungen des Formalismus, der Kenntnis um seinen Zeichensatz, seine Syntax, usw.
mathematisch – naturwissenschaftliche Modelle	. . . von Basiswerten, die das Modell konstituieren und Werten, die auf Grund des Modells bestimmt wurden, basierend auf der Spezifikation des Modells durch Gleichungssysteme.

Anmerkung: Kursiv gesetzte Texte beschreiben Retrievaltechniken, die in den gegenwärtigen Systemen noch nicht realisiert sind, deren Realisierung aber auf Grund der Eigenschaften des Informationstyps wünschenswert ist (vgl. die Erläuterungen im Text). Die zwei letztgenannten Informationstypen werden hier nicht diskutiert, da sie nicht zum zentralen Bereich der Wirtschaftsinformationen gehören (vgl. Lit. 13.; Lit. 14.) für nähere Ausführungen).

D 10.4   Typen von Wirtschaftsdatenbanken

Alle oben eingeführten Informationstypen finden sich in mehr oder weniger großer Häufigkeit und in verschiedenen Formen in Wirtschaftsdatenbanken. Im folgenden wird nun die Ebene der Informationstypen verlassen und betrachtet, in welcher Form (Zusammenstellung) sie sich in den Strukturen der Datenbanken wiederfinden.

Was für die klassische Datenbank gilt, hat auch hier Bedeutung: jede Online-Datenbank modelliert einen bestimmten Weltausschnitt bzw. repräsentiert einen bestimmten Wissensbereich (vgl. hierzu die Literatur zur Datenmodellierung bzw. zum „Conceptual Modeling", beispielhaft Lit. 16.; Lit. 17. (einführend); bezüglich neuerer Ansätze Lit. 02. („Conceptual Modeling") sowie Lit. 03. („Object-Oriented Database Systems")). Im Gegensatz zu den konventionellen Datenbankanwendungen und in großer Nähe zu den seit einigen Jahren verstärkt diskutierten „nicht-konventionellen" Datenbankanwendungen (vgl. z.B. die in den GI-Fachtagungen „Datenbanksysteme in Büro, Technik und Wissenschaft" vorgestellten Systeme (Lit. 08.)) werden Wirtschaftsdatenbanken (wie Öffentliche Datenbanken ganz allgemein) nur teilweise mit Attributen und unter Verwendung eines der üblichen Datenmodelle erstellt, sondern mit anderen Informationstypen, Datenmodellen und Datensatzstrukturen. Die hier zur Modellierung verwendeten Werkzeuge sind (neben Attributen, die immer und grundsätzlich eine wichtige Rolle spielen) auch Merkmale, Merkmalsräume, Nomenklaturen, Graphiken, Texte.

Die im folgenden dargestellt Typisierung beruht im wesentlichen auf den in den einzelnen Datenbanken vorkommenden bzw. dominierenden Informationstypen.

D 10.4.1   „One-Record-Databases" und Datenbanken ohne Datensätze

Auffallend an der Modellierung Öffentlicher Datenbanken im allgemeinen und von Wirtschaftsdatenbanken im besonderen ist, daß sie, soweit sie überhaupt datensatz-orientiert sind, *jedes Objekt und alle mit ihm zusammenhängenden Informationen mit jeweils einem Datensatz beschreiben bzw. darstellen.* Es wird quasi (in der Sprache der relationalen Datenbanktheorie) eine unnormalisierte Universalrelation in einen Datensatz gepackt. Somit entstehen nicht mehrere Relationen, die unter Vermeidung von Redundanz und (Update-, Delete-, Insert-) Anomalien den Weltausschnitt beschreiben. Der Grund für diese Struktur dürfte in der Absicht liegen, den Benutzern eine möglichst einfache Struktur anzubieten, denn es ist einfacher, auf einen Datensatz zuzugreifen, als mehrere (Relationen) in der Abfrage miteinander in Beziehung zu setzen (vgl. beispielhaft SQL mit DIALOG). Es versteht sich von selbst, daß eine solche Struktur meist nur für den Benutzer erzeugt wird. Intern liegt, wie eine Befragung des Verfassers im Sommer 1988 ergab, oftmals eine andere Struktur vor, z.B. eine normalisierte oder eine andere, die, abhängig vom jeweiligen Datentyp, eine einfachere Verwaltung erlaubt.

Diese Regel der „Ein-Datensatz-Struktur" durchbrechen einige Wirtschaftsdatenbanken, bei denen für unterschiedliche Informationstypen jeweils ein Datensatz vorliegt. Sie sind v.a. im Bereich der Firmeninformation anzutreffen und verbinden faktenmäßige Information mit textlicher und statistischer. Diese Integrierten Datenbanken, wie sie hier genannt werden, sind weiter unten beschrieben.

Ganz anders organisiert sind die Datenbanken, die Merkmalsräume verwalten (statistische Datenbanken). Sie weisen keine Datensätze im herkömmlichen Sinn auf, da hier ein beliebiger Zugriff möglich ist. In den Beschreibungen der Anbieter dieser Datenbanken werden dementsprechend nicht Datensätze, sondern die für den Zugriff zur Verfügung stehenden Merkmale angegeben.

D 10.4.2   Hauptgruppen

Die erste grundlegende Unterscheidung in dieser Typisierung ist die zwischen *textbasierten und faktenbasierten Datenbanken* (vgl. hierzu und zur gesamten Typisierung Abb. 5). Dieser Unterschied ist zentral, weil er andere Speichertechniken, andere Datenmodelle und andere Retrievalprozesse bedingt. Er schlug sich im übrigen auch in einer Differenzierung der ,,zuständigen'' Wissenschaftsdisziplinen nieder. Während Texte überwiegend (zumindest in der Vergangenheit) von der Informationswissenschaft und (natürlich) Linguistik ,,bearbeitet'' wurden, sind Fakten zentrales Arbeitsfeld der klassischen Datenbanktheorie (Attribute sind Fakteninformation) und, soweit es um nichtkonventionelle Datenbanken geht, größtenteils Arbeitsgegenstand von Wissenschaftlern innerhalb der jeweiligen Fachdisziplin (Chemie, Physik, . . .). Dies wird sich erst mit den Systemen einer neuen Datenbankgeneration ändern, die sich unter den Schlagworten ,,objektorientierte Datenbanken'', ,,Experten-Datenbanksteme'' und ,,Knowledge-Based Management Systems'' gerade um die Berücksichtigung und Integration ,,nicht-konventioneller'' Informationstypen bemühen.

Ganz allgemein kann der Faktenbegriff so interpretiert werden, daß hinter ihm eine stärker strukturierte Information steht als hinter Texten. Texte sind durch unsere komplexe natürliche Sprache und weitere Konventionen festgelegt. Hinter faktenbasierten Informationen stehen dagegen Konzepte (Attribute, Merkmale, usw.) die eine weitergehende Strukturierung bedingen.

Als dritte Obergruppe in dieser Typisierung von Öffentlichen Datenbanken werden noch *Integrierte Datenbanken* unterschieden.

Alle drei können noch weiter unterteilt werden. Für Wirtschaftsinformationen spielen nur die folgenden Unterteilungen eine Rolle: faktenbasierte Datenbanken in Statistische, Quasi-Statistische und Faktendatenbanken, die textbasierten Datenbanken in volltextdatenbanken und bibliographische Datenbanken. Bei den Integrierten Datenbanken sind es die auf Firmeninformation bezogenen, die Texte, Fakten und Tabellen zusammenfassen (vgl. *Abb. 5*, wo die Wirtschaftsdatenbanken hervorgehoben sind).

D 10.4.3   Statistische Datenbanken

Ein wichtiger Teil der Wirtschaftsdatenbanken besteht aus Merkmalsräumen (und nur aus solchen), in allen oben beschriebenen Varianten. Meist handelt es sich um makroökonomische Daten. Statistische Datenbanken gehören zu den Datenbanken, deren Konzept nicht auf Datensätzen aufbaut (auch wenn letztendlich alle konzeptuellen Strukturen das Schicksal der Abbildung in die heutigen Speichertechniken erleiden). Da Statistische Informationen Gegenstand des Kapitels C 4 sind, wird dort die Beschreibung vertieft.

D 10.4.4   Quasi-Statistische Datenbanken

Informationen aus Merkmalsräumen werden oftmals in Form einzelner Tabellen veröffentlicht. Z.B. in den Jahrbüchern der Statistischen Ämter. Hier werden aus dem Gesamtdatenbestand einzelne, als wichtig erachtete, Tabellen veröffentlicht. Alle anderen möglichen Tabellen sind für den Leser in der Regel nicht erstellbar.

Einen ähnlichen Ansatz findet man auch in Wirtschaftsdatenbanken, wo einzelne Tabellen aus einem Merkmalsraum herausgenommen, mit Attributen und weiteren beschreibenden Informationen versehen und dann in einer datensatzorientierten Datenbank angeboten werden. Diese einzelnen Tabellen können dann wie in solchen Datenbanken üblich abgefragt werden. Dies ist dann auch der einzige Zugriff auf die Daten. Andere Tabellen können nicht extrahiert werden. Wegen dieser eingeschränkten Art des Angebots sollen sie Quasi-Statistische Datenbanken genannt werden. Weitere Ausführungen zu diesem Datenbanktyp mit einem Beispiel finden sich Kap. C 4.

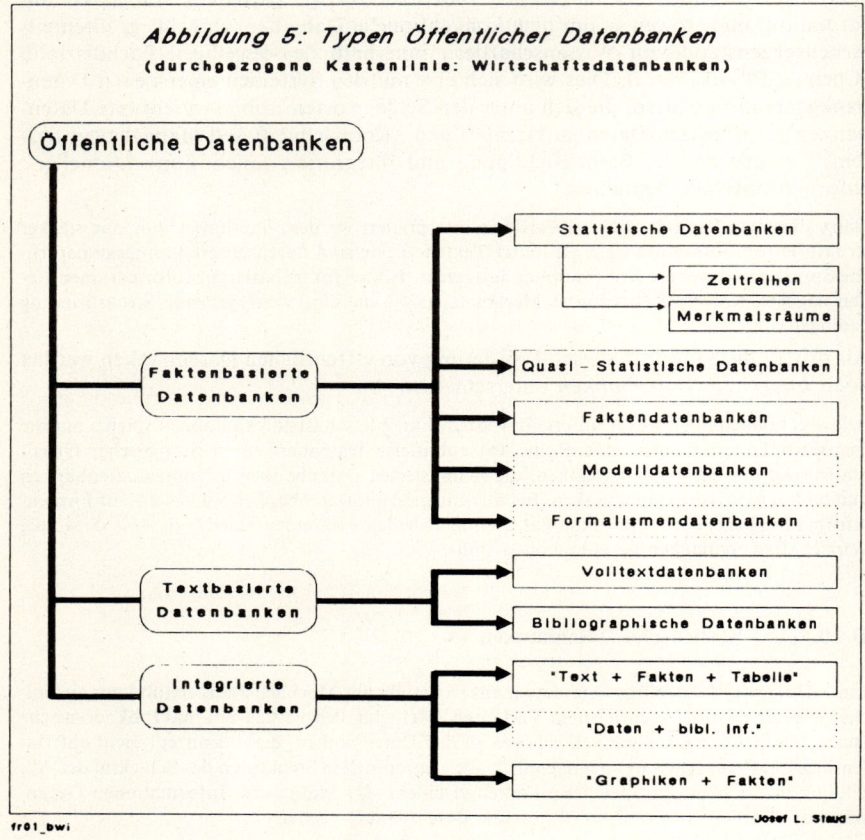

Abbildung 5: Typen Öffentlicher Datenbanken
(durchgezogene Kastenlinie: Wirtschaftsdatenbanken)

fr01_bwi   Josef L. Staud

D 10.4.5   Faktendatenbanken

Eine weitere Gruppe von Wirtschaftsdatenbanken beschreibt ihre Weltausschnitte v.a. mit Attributen, Merkmalen, Nomenklaturen und kurzen Texten. Ziel ist hier eine nichttextliche Beschreibung, wobei nicht auf die Verarbeitungsmöglichkeiten durch Merkmalsräume gezielt wird. Sie sollten Faktendatenbanken genannt werden, nicht zu verwechseln mit der Obergruppe der faktenbasierten Datenbanken (die früher vom Verfasser gewählten Begriffe ,,Textliche Faktendatenbanken'' und ,,Faktendatenbanken im engeren Sinn'' sollen wegen ihrer sprachlichen Umständlichkeit damit abgelöst werden). Den Namen *Fakten*datenbanken erhalten sie, weil aus der großen Gruppe der faktenbasierten Datenbanken vor allem an sie gedacht wird, wenn von Faktendatenbanken die Rede ist.

Die Datenbanken sind datensatz-orientiert (,,record-oriented''). Sie sind allerdings in der Regel nicht normalisiert. Als Beispiel ist in *Abb. 6* eine Liste der Felder in den Datensätzen der Datenbank BUSINESS angegeben. Der Weltausschnitt besteht hier aus ,,Ein- und Ausfuhrmöglichkeiten'', ,,angebotene oder gesuchte Vertretungen'', usw., aus allem, was zu Geschäftskontakten führen kann. Sie dient zur Anbahnung von Geschäftskontakten. Dazu können interessierte Unternehmen Informationen über sich und ihr Angebotsprogramm in die Datenbank eingeben lassen. Zusätzlich können Geschäftsinteressen (Vertretungen/Lizenzen) abgespeichert werden. Die Datenbank dient somit als Vermittlungsagentur für Unternehmen. Sie enthält u.a.

– Firmen- und Produktnachweise
– Angebote von und Nachfrage nach Waren für die Ein- und Ausfuhr
– Vertretungswünsche
– Kooperationswünsche aus in- und ausländischen gedrucken Börsen
– Technologieangebote und -gesuche
– Kontaktadressen zur Unterstützung des Außenhandels
  (z.B. zu Exportförderungsstellen).

Auch in diesem Datensatz ist ein Textfeld enthalten. Es dient der textlichen Beschreibung eines Produktes. Dominierend sind hier allerdings qualitative Merkmale bzw. Nomenklaturen.

Abb. 6: Felder in den Datensätzen der Datenbank BUSINESS

Feldname	Informationstyp
AB (Kurzreferat):	Text
CO (Kontaktadresse):	zusammengesetztes qualitatives Merkmal
SO (Quelle):	qualitatives Merkmal
TI (Titel):	formatiertes Feld
AN (Zugangsnummer):	qualitatives Merkmal/Schlüssel
BC (Code der Institutionen):	Nomenklatur, bzw. qualitatives Merkmal
BN (Name der Institutionen):	qualitatives Merkmal/Nomenklatur
CC (Ländercode):	,, ,, ,,
CN (Länder Name):	,, ,, ,,
LA (Language):	qualitatives Merkmal
PC (Produktcode):	qualitatives Merkmal/Nomenklatur
PD (Publikationsdatum):	Rangmerkmal
PN (Produkt Name):	qualitatives Merkmal mit Mehrfacheinträgen
TC (Art des Angebots, Code):	qualitatives Merkmal/Nomenklatur
TN (Art des Angebote, Name):	,, ,, ,,

Quelle: Eigene Erhebung nach dem Informationsmaterial des Produzenten

Eine Besonderheit dieser Datenbank ist, daß die meisten Nomenklaturen in numerischer und begrifflicher Form angegeben werden. Weitere Modifikationen der einfachen Datensatzstruktur liegen hier insoweit vor, als Mehrfacheinträge qualitativer Merkmale (CN) und ein zusammengesetzes Merkmalsfeld (CO) vorliegen.

Aus der Konfrontation mit bibliographischen Datenbanken (die auf Literatur zum Informationsbedarf weisen) auf der einen und sog. Quelldatenbanken (in denen die Information selbst enthalten ist) auf der anderen Seite wurde die Kategorie der Verweisdatenbanken gebildet. In ihr werden Datenbanken erfaßt, die zwar nicht Quellinformationen enthalten, die aber auch nicht auf Informationen in Literaturstellen verweisen. Gedacht ist an Datenbanken, die Hinweise darauf geben, wo oder mit wessen Hilfe ein Informationsbedarf erfüllt werden kann. Auf die Einbeziehung einer typischen Verweisdatenbank wurde verzichtet, weil die oben angegebenen Datenbanken deren Strukturmerkmale umfassend widerspiegeln. M.a.W., Verweisdatenbanken fallen in der hier dargestellten Typisierung in die Gruppe der Faktendatenbanken.

Ein weiteres Beispiel stellt die Datenbank EK-VDMA dar. Sie ist ein „Einkaufsführer", die Online-Version des gedruckten Einkaufsführers „Wer baut Maschinen" (er wird vom Hoppenstedt Verlag für den Verband Deutscher Maschinen- und Anlagenbau (VDMA) verlegt). *Abb. 7* gibt eine Felderliste an. Auch hier stehen die Informationstypen qualitatives Merkmal, formatiertes Feld und Nomenklatur im Vordergrund. Einen neuen Aspekt trägt diese Datenbank durch das Nomenklaturfeldes bei. Hier sind nicht nur einzelne Einträge, sondern mehrere hintereinander angegeben, wobei die Anzahl der Angaben nicht fix ist. Auch beide hier denkbare Formen sind in dieser Datenbank enthalten. Zuerst die Eingabe quasi im Fließtext: mehrere Begriffe hintereinander, jeweils durch ein Trennsymbol abgegrenzt (hier der Strichpunkt), bis die Zeile voll ist. Dann die Eingabe Zeile für Zeile, je Begriff eine Zeile, wobei hier auch die Vercodung angegeben wird. In beiden Fällen wird eine weitere Dimension eröffnet, wird die Struktur der Informationseinheit als flache Tabelle (flat table) durchbrochen mit den entsprechenden Konsequenzen für das Retrieval. Die Zahl der Sätze ist dabei nicht fest, natürlich können technisch bedingte Höchstgrenzen bestehen (vgl. näheres zur Struktur der Datensätze von Faktendatenbanken in Lit. 15.).

Auf ein weiteres Strukturmerkmal von Informationseinheiten aus öffentlichen Datenbanken macht dieser Datensatz aufmerksam: Teile des Datensatzes können zusammengehörig sein. Hier z.B. der Adressenteil. Während sonst die einzelnen Felder quasi gleichberechtigt nebeneinanderstehen, verbunden durch die „Klammer" der gemeinsamen Datensatzzugehörigkeit, können so Gruppen enger verbundener Felder in einer Informationseinheit bestehen. Dies kann von Bedeutung sein für die Verwaltung und das Retrieval solcher Daten. So ist z.B. denkbar, daß eine solche Feldergruppe geschlossen angesprochen werden kann, was eine entsprechende Kennzeichnung bei der Abspeicherung verlangt.

Abb. 7: Felder im Datensatz der Datenbank EK-VDMA („Wer baut Maschinen")

Feldname	Informationstyp
FIR (Firmenname)	Schlüsselmerkmal
PLZ (Postleitzahl)	qualitatives Merkmal
ORT (Ort (Firmensitz))	qualitatives Merkmal
MGL (Verbandsmitgliedschaft)	qualitatives Merkmal
EXP (Exporthinweise (Auslandsvertretungen))	formatiertes Feld
PKL (Notationen der Produktklassifikationen (alle Gliederungsebenen))	Nomenklatur

Quelle: Eigene Erhebung nach Informationsmaterial von FIZ-Technik

D 10.4.6   Integrierte Datenbanken

Zunehmend taucht ein weiterer Datenbanktyp auf, der mehrere der im letzten Abschnitt eingeführten Informationstypen integriert anbietet und verwaltet. Diese Datenbanken werden Integrierte Datenbanken genannt. Sie sind derzeit v.a. im Bereich der Firmeninformation anzutreffen, wo sie textliche Fakten, Tabellen und Texte integrieren. Weiter ist die Integration bisher noch nicht fortgeschritten. Ein Beispiel ist die Datenbank PREDICASTS ANNUAL REPORTS ABSTRACTS. Diese enthält Informationen, die aus Geschäftsberichten „führender" Unternehmen der USA und ausgewählter internationaler Unternehmen entnommen sind. Die Informationseinheiten sind in die Teile

- Parent Company Abstract
- Textual Abstract und
- Financial Abstract

gegliedert. Der PARENT COMPANY ABSTRACT (*Abb. 8* für die Felderliste, *Abb. 9* für einen Beispielsdatensatz) besteht durchweg aus strukturierten Informationen des Typs Merkmal/Nomenklatur.

Abb. 8: Felder im Datensatz der Datenbank PREDICASTS ANNUAL REPORTS ABSTRACTS, Teil 1: PARENT COMPANY ABSTRACT

Feldnamen	Informationstyp
AB (Abstract, hier Time Series):	Text bzw. Tabelle (!)
AN (Identification Number):	qualitatives Merkmal/Schlüssel
CI (Corporate Information):	Zusammengesetztes Feld aus qualitativen Merkmalen
CN (Country Descriptor & Country Code):	Nomenklatur
CO (Company descriptor):	qualitatives Merkmal/Schlüssel
CS (Corporate Statistics)	Zusammengesetzt aus quantitativen Merkmalen und einem Rangmerkmal
EN (Event Descriptor & Country Code):	Nomenklatur mit Mehrfacheinträgen
PN (Product Descriptor & Event Code):	Nomenklatur mit Mehrfacheinträgen
SE (Stock exchange and symbol):	qualitatives Merkmal
SF (Special feature):	qualitatives Merkmal
SO (Source):	qualitatives Merkmal
TI (Title):	formatiertes Feld
YR (Year of Publication):	Rangmerkmal

Quelle: Eigene Erhebung nach Informationsmaterial von Data Star

Auch hier liegt wieder ein zusammengesetztes Feld vor (CI), das ohne Schwierigkeit in die Form einzelner Merkmale überführt werden kann. Weiter findet sich hier bereits in diesem ersten Teil der Informationseinheit numerische Information im Feld CS (Corporate Statistics). Numerische Informationen in öffentlichen Datenbanken wiederum stellen im Regelfall nichts anderes als Ausprägungen quantitativer Merkmale oder vercodete Ausprägungen qualitativer Merkmale dar. In diesem Fall handelt es sich um klare quantitative Merkmale: SALES (in US-Dollar) und EMPLOYEES, allerdings in einem zusammengehörigen Teil erfaßt.

Abb. 9: Beispielsatz einer Integrierten Datenbank:
PARENT COMPANY ABSTRACT der Datenbank
PREDICASTS ANNUAL REPORTS ABSTRACTS

AN	10046. 8304.	
CI	Anderson Jacobson	ID: 000451
	521 Charcot Ave	
	San Jose, CA 84131	
	United States	408-863-8520
CS	Sales: 50.000.000 US Dollars	Employees: 810.
	Fiscal End: March 31, 1982	
SE	Stock Exchange: ASE	Symbol: AJ
PN	Product Lines:	
	3473 Computers & Auxiliary Equip	
	7376 Computer Leasing	
	35732 Computer Auxiliary Equip	
CN	United States (ClUSA).	
CO	Anderson-Jacobson.	
SF	Corp.	
YR	820331.	

Quelle: Informationsmaterial von Data Star

Die nächste Abbildung *(Abb. 10* für die Felderliste, *Abb. 11* für einen Beispielsdatensatz) zeigt ein sog. TEXTUAL ABSTRACT. In diesem Teil der Gesamtbeschreibung (wovon mehrere vorliegen können) werden einzelne Aspekte der ausgewerteten Materialien (hier: PRODUCT DEVELOPMENT, NEW PRODUCTS) erfaßt. Im Mittelpunkt steht eine textliche Beschreibung, weitere qualitative Merkmale und Nomenklaturen erlauben einen gezielten Zugriff. Damit ist dieser Teil strukturell weitgehend mit den schon besprochenen Datensatzstrukturen identisch. Dies gilt nicht mehr für den dritten Teil, den sog. FINANCIAL ABSTRACT.

Abb. 10: Felder in den Datensätzen der Datenbank PREDICASTS ANNUAL REPORTS
ABSTRACTS, Teil 2, TEXTUAL ABSTRACT

Hier angegebene Felder (Beschreibung siehe Abbildung 8): AN, CI, SO, TI, AB, PN,
EN, CN, CO, SF, YR

Quelle: Eigene Erhebung nach Informationsmaterial von Data Star

---

Abb. 11: Beispielsatz einer integrierten Datenbank:
TEXTUAL ABSTRACT der Datenbank
PREDICASTS ANNUAL REPORTS ABSTRACTS

AN   105878. 8304
CI   Anderson Jacobson.   ID: 000451
SO   Annual Report, 80.03.31   Year end: March 31,
                                        1982

TI   PRODUCT DEVELOPMENT.
AB   As of June 29, 1979 Anderson Jacobson pruchased from California Computer Products, Inc. its development project for a digital telephone and switching system. The agreed purchase prices was $ 500.000 which was paid in
June, and expensed in the year ending March 31, 1980. In addition, the com-
pany has the option of paying Californias Computer Products, Inc. an addi-
tional $ 500.000 prior to June 30, 1981 or installing a telephone system
consisting o0f approximately 960 lines or abandoning the project transferring
all rights back to California Computer Products, Inc. //. . .
PN   PBX-Equipment (P366112).
EN   Product-Development (E331). Management-Policy (E222).
CN   United-States (ClUSA).
CO   Anderson-Jacobson.
SF   Text.
YR   829331.

Quelle: Informationsmaterial von Data Star

Der FINANCIAL ABSTRACTS (vgl. *Abb. 12* für die Felderliste, *Abb. 13* für einen Beispielsdatensatz) stellt den Übergang zu numerischer Information dar. Zwangsläufig ist auch
die Form der Darstellung eine andere. Im Mittelpunkt (als Abstract bezeichnet) steht eine Tabelle, die als Auszug eines Merkmalsraumes gesehen werden kann, hier mit Zeitreihencharakter. Das besondere ist, daß diese Informationen quasi als Text mit beschreibenden Feldern
usw. zur Verfügung stehen. Für den Benutzer erkennbar wird dies, wenn im Abfragesystem
(der Retrievalsprache) dieselben Befehlsteile wie im Referenzretrieval zur Verfügung stehen,
nicht aber die weiteren für quantitative Merkmale. Insoweit ist diese quasi-statistische Form
der Erfassung numerischer Information nicht zufriedenstellend, sie tritt aber gerade bei Hosts
auf, die schwerpunktmäßig bibliographische Datenbanken anbieten, zusätzlich numerische
aufnehmen und diese mit dem gleichen Abfrage- und Verwaltungssystem anbieten.
Zum Teil aus Notwendigkeit, zum Teil wohl aus der Absicht heraus, die Aufteilung der Informationseinheiten benutzerfreundlich zu halten, überschneiden sich die einzelnen Teile. Dies
erleichtert dem Benutzer das Retrieval, indem er sich z.B. auf einen Teil der Informationseinheit beschränken kann.

Abb. 12: Felder in den Datensätzen der Datenbank PREDICASTS ANNUAL RE-
PORTS ABSTRACTS, Teil 3, FINANCIAL ABSTRACT.

Hier angegebene Felder (Beschreibung siehe Abbildung 8): AN, CI, SO, AB (Tabelle),
PN, EN, CN, CO, SF, YR

Quelle: Eigene Erhebung nach Informationsmaterial von Data Star

Abb. 13: Beispielsatz einer integrierten Datenbank: FINANCIAL ABSTRACT der
Datenbank PREDICASTS ANNUAL REPORTS ABSTRACTS

AN	102601. 8309.					
CI	Anderson Jacobson		ID: 000451.			
SO	Annual Report, 83.03.31		Year End: March 31, 1983			
AB		Million US Dollars				
		1983	1982	1981	1980	1979
	REVENUE BY SOURCE	52.847	50.261	49.516	41.377	34.697
	Lease	28.739	30.034	31.112	26.789	23.019
	Sales	24.108	20.227	18.404	14.588	11.678
	OPERATING INCOME	—	1.627	2.931	3.609	2.511
	NET INCOME	1.900	0.910	1.747	2.202	1.760
	TOTAL ASSETS	54.706	37.788	41.095	32.876	30.638
	CAPITAL EXPENDITURES	3.287	1.442	2.259	0.982	—
	PRODUCT DEVELOPMENT	7.013	6.265	5.858	3.865	1.696
	NUMBER OF EMPLOYEES	879.	810.	870.	844.	670.
PN	Computers-Auxiliary-Equip (P3573). Terminals (P357327). Computer-Leasing					
EN	company-sales (EB32). pretax-profits (EB31). employment (E531). expend-f					
CN	United-States (CIUSA).					
CO	Anderson-Jacobson.					
SF	Table.					
YR	830331.					

Quelle: Informationsmaterial von Data Star

Andere Ansätze zur Integration finden sich nur noch in sehr einfacher Form bei
Datenbanken zu Chemie und Physik, indem die eigentlichen Daten ergänzt sind um
Dateien mit bibliographischen Informationen zu Literatur bzgl. der modellierten
Stoffe usw.
In der Zukunft werden solche Datenbanken eine immer wichtigere Rolle spielen,
die zur Modellierung ihres Weltausschnitts alle verfügbaren (und sinnvollen) Infor-
mationstypen (d.h.: informationserzeugenden Werkzeuge) einsetzen. Warum soll-
ten z.B. nicht in einer Datenbank zu bestimmten Produkten die Fakten (im engeren
Sinn) zum Produkt ergänzt werden durch statistische Daten (Herstellung, Ein- und
Ausfuhren, usw.), durch Daten der produzierenden Firmen, durch einschlägige
Rechtsvorschriften (Produktion, Umweltverträglichkeit, usw.), durch Formalis-
men- und Modelldaten der in den Produkten enthaltenen Stoffe, durch Patentinformationen, usw. Die derzeitigen Integrierten Datenbanken sind erste Vorläufer
dieser Entwicklung.

Soweit die Betrachtungen der Typen von Wirtschaftsdatenbanken. In *Abb. 5* sind noch weitere Typen angegeben, die im Bereich der Wirtschaftsinformationen aber keine zentrale Rolle
spielen.

Ein solcher Ansatz zur Typisierung von Datenbanken nach den dominierenden Informationstypen wird immer mit dem Problem zu tun haben, daß die Typisierung
durch die Entwicklung u.U. schnell überholt wird, wenn neue Informationstypen

(Modellierungswerkzeuge) in der Datenbanktheorie und -praxis Einzug halten. Eine einfache Lösung wäre es deshalb, zu jeder Datenbank nur anzugeben, welche Informationstypen sie enthält (vgl. *Abb. 14*, ERSTE DARSTELLUNG). Ordnet man die zentralen Informationstypen auf einer Skala, beginnend mit Texten zu immer strukturierteren Informationen, könnten die Datenbanken auch, wie im unteren Teil der *Abb. 14* gezeigt (ZWEITE DARSTELLUNG), angeordnet werden.

Abb. 14: Typisierung durch Aufzählung (der in der Datenbank enthaltenen Informationstypen) (Auswahl in bezug auf Datenbanken und Informationstypen)

ERSTE DARSTELLUNG:

Datenbank	enthaltene Informationstypen

COMEXT-Datenbank	Merkmalsraum
CRONOS-Datenbanken	Merkmalsraum (Zeitreihen)
Economic Abstracts International	Text, formatiertes Feld, Attribute/Merkmal/Nomenklatur
PTS Annual Reports Abstracts	Text, formatiertes Feld, Attribut/Merkmal/Nomenklatur, Quasi-Statistische Daten
PTS Time Series	Quasi-Statistische Daten
TRADEMARKSCAN (R)	Attribut/Merkmal/Nomenklatur, Grafik
VDI-Nachrichten	Text, formatiertes Feld, Attribute/Merkmal/Nomenklatur

ZWEITE DARSTELLUNG:

Informationstypen				
Text	formatiertes Feld	Attribute/Merkmal/Nomenklatur	Quasi-Stat. Daten	Merkmalsraum

◄───── VDI-Nachrichten ─────►   ◄ CRONOS ─►
◄── Economic Abstracts International ──►   ◄ COMEXT ─►
                                            ◄ CHELEM ─►
                    ◄ PTS Time Series ─►
◄───── Predicasts Annual Reports Abstracts ─────►

Eine solche Zuordnung würde allerdings dann teilweise ihren Wert verlieren, wenn in (ferner) Zukunft Datenbanken alle sinnvollen Informationstypen integriert verwalten. Sie würde dann allerdings Auskunft über die für einen Weltausschnitt sinnvollen Informationstypen geben. Trotz dieser Überlegungen kann natürlich, zu einem bestimmten Zeitpunkt und mit nur zeitweiliger Gültigkeit, die Menge der real vorliegenden Datenbanken unter Hinzuziehung der angeführten und weiterer Kriterien klassifiziert werden.

Die Abbildung soll auch nicht den Eindruck erwecken, die einzelnen Informationstypen ließen sich grundsätzlich in eine Dimension anordnen, z.B. von geringerer zu größerer Komplexität. Dies ist hier ein eher zufälliges Ergebnis, bei dem der Grad der „Strukturiertheit", den der jeweilige Informationstyp erzeugt, Pate stand.

D 10.5   Retrievalsysteme für Wirtschafts-Faktendatenbanken

Aufbau und Funktionsumfang von Retrievalsystemen werden in erster Linie von den folgenden drei Faktoren bestimmt:
- vom verwalteten Informationstyp und dem dadurch determinierten Retrievalprozeß
- den auf diesem verwalteten Informationstyp möglichen (und gewollten) Informationsverarbeitungsprozessen
- dem in bezug auf die Abfrage und Auswertung der Datenbestände vorliegenden Qualifikationsstand der Benutzer.

Wie sehen nun die gegenwärtig angebotenen Retrievalsysteme für Wirtschaftsfaktendatenbanken aus? Grundsätzlich lassen sich drei Typen erkennen:
- Retrievalsysteme von bibliographischen Datenbanken, die auf Fakten angewandt werden
- menügesteuerte Abfragesprachen
- spezielle Retrievalsysteme für Statistische Datenbanken.

Es erscheint auf den ersten Blick nach den Ausführungen der letzten Abschnitte als Widerspruch, wenn Retrievalsysteme für bibliographische Datenbanken als mögliche Verwaltungssysteme für Fakten, insbesondere für Merkmalsräume, bezeichnet werden. Denn wo bleiben hier die Möglichkeiten der Verarbeitung, der tabellarischen und graphischen Darstellung? Und doch liegt genau diese Situation in der Realität unseres Online-Retrievals vor. So kann z.B. die Datenbank Predicasts (PTS) Annual Reports Abstracts mit dem System DIALOG (vom gleichnamigen Datenbankanbieter) recherchiert werden. Gleiches gilt für eindeutig Quasi-Statistische Datenbanken, wie z.B. die PTS US Time Series (vgl. den Beispielsdatensatz bei Dialog Information Services, Inc.). Dies ist möglich, weil der Merkmalsraum oder die Zeitreihen vom Produzenten oder Anbieter in Tabellen zerschlagen werden, auf die allein (als ganze Tabellen) der Benutzer zugreifen kann und die vom System wie ein beliebiger Datensatz behandelt werden. Dabei wird die Tabelle zur recherchierbaren Informationseinheit und wird, entsprechend den sonst üblichen Verfahren, durch inhaltliche und formale Kategorien beschrieben. Eine Verarbeitung ist nicht möglich, auch ist die tabellarische Form fest gegeben. Möglich sind meist verschiedene Ausgabeformen, zum Beispiel mit unterschiedlicher Periodizität der Zeitreihen. Dies geschieht mit dem Befehl, der auch sonst den Umfang bzw. die Art der Ausgabe regelt. In DIALOG also zum Beispiel mit dem Befehl TYPE. Der Unterschied zum Retrieval in statistischen Datenbanken ist, daß hier die Werte quasi als Text und nicht als numerische Werte gehalten werden. Es dürfte schwierig sein, in existierende Retrievalsysteme für bibliographische Datenbanken „echte" Systemteile zu integrieren, wie sie für die adäquate Behandlung statistischer Daten nötig sind.

Die wohl geringsten Ansprüche an das Benutzerwissen stellen menügesteuerte Abfragesprachen, die im Bereich des Faktenretrieval auch anzutreffen sind. Hier kann, auf Grund der Strukturiertheit der Information, in einer baumartigen Struktur in mehreren Schritten die in der Datenbank vorhandene Information erschlossen werden. Dem Benutzer werden entweder Alternativen vorgelegt (mit nur wenigen Ausprägungen) oder er wird um eine Eingabe gebeten (z.B. Name der Firma, über die recherchiert werden soll). Im Bereich der Statistischen Datenbanken existieren solche Systeme allerdings nur da, wo auf Verarbeitung der Information völlig verzichtet wird, wo vom System nur das Retrieval geleistet werden muß. Z.B. für die Datenbank COMEXT unter AREMOS. Dabei werden die Auswahl- und Ausgabemerkmale (sowie weitere Festlegungen) Schritt um Schritt abgefragt, die UND-Verknüpfungen ergeben sich über die verschiedenen Felder hinweg, die ODER-Verknüpfungen (bezogen jeweils auf ein Merkmal) werden durch Eingabe mehrerer Werte bei einem Merkmal angesteuert. Das Ergebnis sind dann die entsprechenden Tabellen. Eine statistische Verarbeitung ist nicht möglich.

Von größter Bedeutung für das Faktenretrieval sind die speziell auf Statistische Datenbanken zugeschnittenen Retrievalsysteme. Sie werden in Kap. C 4 besprochen. Weitere für das Faktenretrieval typische Abfragesysteme liegen in Chemie- und Physikdatenbanken vor, die aber nicht zu den eigentlichen Wirtschaftsdatenbanken gehören.

D 10.6 Themen in Wirtschaftsdatenbanken

Welche Themen werden von den heutigen Wirtschaftsdatenbanken abgedeckt? Zur Beantwortung dieser Frage wurde eine Analyse der Unterlagen aller wichtigen Anbieter vorgenommen. Es wird bewußt das Gesamtspektrum angegeben, da die Abgrenzung von Wirtschaftsdatenbanken gegenüber den anderen fließend ist. Ein Vorschlag des Verfassers ist in den Text integriert, durch Hervorhebung und Kursivsetzung der Themen. Nur hervorgehoben sind dabei die Datenbanken „für die Wirtschaft", zusätzlich kursiv gesetzt sind die „über die Wirtschaft". Die Angabe des Gesamtspektrums erlaubt dem Leser, diese Abgrenzung mit seiner eigenen zu vergleichen.

Zu den deutschen Begriffen werden meist auch die englischen angegeben, da die meisten Datenbanken und Datenbankbeschreibungen in englischer Sprache vorliegen. Der englische Begriff ist oftmals nicht die wörtliche Übersetzung, sondern der in den U.S.-amerikanischen Unterlagen gebräuchliche. Teilweise wurden auch mehrere angegeben, um die Wortwahl in den Unterlagen deutlicher zu machen. In wenigen Fällen wurde auf eine deutsche Übersetzung der englischen Originalbegriffe verzichtet, insbesondere dann, wenn es sich um die Namen spezieller Dienste handelt (vgl. I. Makroökonomie, d. Services).

Die Themenliste beruht auf der Auswertung der Datenbankunterlagen aller wichtiger Anbieter und einiger zentraler Produzenten im Sommer/Herbst 1988.

Eine umfangreiche Gruppe von Themen ist auf das Wirtschaftsgeschehen hin ausgerichtet, d.h. mit den entsprechenden Datenbanken wird das Wirtschaftsgeschehen modelliert. Dies geschieht in sehr umfangreicher Form, d.h. die Datenbanken zu allem was mit dem wirtschaftlichen Handeln von Menschen zu tun hat, liegen sehr zahlreich vor:

I. Wirtschaft

Einen wichtigen und auch stark nachgefragten Bereich innerhalb dieser Gruppe stellen die Firmendatenbanken dar.

A. Firmen [Company Information]
Zum Beispiel:
- *Hersteller-, Lieferantennachweise*
- *Registerauszüge (z.b. Handels- und Genossenschaftsregister)*
- *Firmennamen (Namensprüfung)*
- *Jahresabschlüsse*
- *Bilanzdaten*
- *Verflechtungen*
- *Aktiengesellschaften [Public companies]*

Wie die Beispiele zeigen, ist hier das Angebot recht vielfältig. So liegen Firmenbeschreibungen vor, die in Verbindung mit Produktbeschreibungen als Hersteller- oder Lieferantennachweise dienen. Andere Datenbanken stellen die amtlichen Registereinträge zur Verfügung. In amerikanischen Firmendatenbanken finden sich sehr oft Auswertungen der Geschäftsberichte von Firmen mit entsprechend detaillierten Angaben, z.b. auch zum Führungspersonal. Eine Besonderheit stellt eine Datenbank von ECODATA dar. Hier können Firmennamen abgeprüft werden.

Zwischen den Firmen, bzw. zwischen Firmen und Auftraggebern, mit dem Versuch der Herstellung von Geschäftskontakten, steht eine weitere Gruppe von Datenbanken, die zwar klein ist, in ihrer Bedeutung aber nicht unterschätzt werden sollte.

B. Geschäftskontakte, Ausschreibungen [Business Opportunities/Trade Opportunities, Tenders]

Ein Beispiel für eine sehr effiziente und preiswert zu nutzende Datenbank mit Ausschreibungen für die EG ist die bei ECHO (und anderen Hosts) aufliegende Datenbank TED (Tenders Electronic Daily). Hier finden sich im übrigen auch Datenbanken, deren Nutzung auf ein bestimmtes Land eingeschränkt wird. So z.B. die Datenbank TRADE OPPORTUNITIES (angeboten bei DIALOG), die nur U.S.-Kunden offensteht.

Noch eng mit Firmen hängt der nächste Bereich zusammen, die Datenbanken zum ,,Management'', d.h. zur Führung von Unternehmen, usw.

C. Management [Mangement Information/Corporate Intelligence & Management] (auch Nachweis von Experten)

Hierunter können auch Nachweise von Experten aus diesem Bereich gefaßt werden.
Gewissermaßen die Überleitung von den Firmen zu den Produkten stellen die Datenbanken zum Marketing dar.

D. Marketing [Marketing]

Einen nächsten, ebenfalls deutlich erkennbaren Bereich stellen die Datenbanken zu den Objekten des Wirtschaftsgeschehens, den Produkten und Dienstleistungen dar. Zum Teil spielen Produktinformationen bereits oben bei den Hersteller- und Lieferantennachweisen eine Rolle. Hier soll es nun um Datenbanken gehen, bei denen die Beschreibung (die Modellierung) von Produkten im Vordergrund steht. Hier wird trotzdem die vielfältige Gliederungsmöglichkeit deutlich. Produktinformationen finden sich auch in weiteren Gruppen, die weiter unten angeführt sind. Z.B. in eher ,,technisch'' orientierten Datenbanken (s.u.) oder in inhaltlich definierten Themenbereichen.

E. Produkte
a. Produktverzeichnisse, -ankündigungen [Product Listings & Announcements]
b. Verbraucherinformation (bezüglich Produkten) (Bertelsmann)
   Zum Beispiel:
   − **Computerprogramme**
   − **Reisen [Travel]**

Produkte, Firmen und Konsumenten begegnen sich auf Märkten. Es überrascht daher nicht, daß Datenbanken vorliegen, die sich spezielle einzelnen Märkten widmen.

F. Märkte [Market Information]
Aus einem etwas anderen Blickwinkel, dem der einzelnen Wirtschaftszweige, betrachten die Datenbanken mit Brancheninformation das Wirtschaftsgeschehen. Hier werden zu einzelnen Wirtschaftszweigen Informationen geliefert.

G. Wirtschaftszweige [Industrial/Industry Information]
   Zum Beispiel:
   − **Alle bzw. mehrere Branchen [All Industries]**
   − **Anzeigen [Advertising Industry]**
   − **Bauwesen [Construction]**
   − **Chemie [Chemicals]**
   − **Gesundheitswesen [Health]**
   − **Holzwirtschaft [Forestry and Wood]**
   − **Landwirtschaft [Agriculture]**
   − **Medien [Media Industry]**
   − **Metallverarbeitung [Metals]**
   − **Rüstung [Defense]**
   − **Telekommunikation [Communication and Utilities]**
   − **Transportwesen [Transportation]**
   auch:
   − **Prognosen [Forecasts]**

Die (unvollständige) Liste zeigt die Vielfalt der hier angebotenen Information. Hier tauchen auch zum ersten Mal in der Gliederung Informationen auf, die in die Zukunft deuten: Prognosen für die einzelnen Wirtschaftszweige.
Nachfolgend sollen die Datenbanken angeordnet werden, die sich mit ganzen Ländern befassen. Nicht im Sinne makroökonomischer Kennziffern, sondern im Sinne einer faktenmäßigen und textlichen Beschreibung.

H. Länder
Einen ähnlichen Weltausschnitt beschreiben die Datenbanken mit makroökonomischen Kennziffern. Allerdings wird für sie ein völlig anderer Informationstyp verwendet, der zu statistisch verarbeitbaren Informationen führt. Die makroökonomischen Kennziffern spiegeln in irgendeiner Form das Wirtschaftsgeschehen (einer Volkswirtschaft oder mehrerer) in numerischer Form wider. Oftmals werden diese Daten auch auf der Basis ökonomischer Modellvorstellungen erhoben. Ähnlich wie im ersten Block liegt hier, natürlicherweise, eine enge Verbindung von Datenbanktyp und Thema vor: diese Datenbanken sind fast durchweg Statistische Datenbanken, in Ausnahmefällen auch Quasi-Statistische Datenbanken.

I. Makroökonomie (makroökonomische Daten) [Economics]
   a. nach regionalem Bezug:
     – *International*
     – *National*
     – *Regional*
   b. nach Themen:
     – *Hauptwirtschaftsindikatoren (auch ,,Allgemeine Statistik'' oder volks-*
       wirtschaftliche Kennziffern) [Main Economic Indicators]
     – *Außenhandel [Foreign Trade]*
     – *Bruttosozialprodukt [Gross Domestic Product]*
     – *Energie, Forschung*
     – *Industrial [Activity]*
     – *Konjunkturinformationen*
     – *Gesamtwirtschaftliche Konten [National Accounts]*
     – *Sozialstatistik*
     – *Volkswirtschaftliche Gesamtrechnung*
     – *Zahlungsbilanzen [Balance of Payments]*
   c. nach zeitlicher Dimension der Daten:
     – *Historische Daten*
     – *Prognosen [Forecasts]*
   d. mit ökonometrischen Modellen [,,Services'']
     – *[Centrally Planned Economics Service]*
     – *[Foreign Exchange Service]*
     – *[International Agriculture Service]*
     – *[Latin America Service]*
     – *[Middle East Service]*
     – *[Pacific Basin Service]*
     – *[World Economic Service]*
     – *[Bilateral Trade Service]*

Wie die Auflistung zeigt, lassen sich diese Datenbanken noch mehrfach unterteilen.
a. Zum einen nach dem geographischen Bezug. Es liegt in der Natur dieser Daten, daß sie
sich auf bestimmte geographische Einheiten beziehen. Die internationalen Organisationen
und ihre statistischen Ämter (z.B. UN, OECD, EG) liefern über einzelne Nationalstaaten
hinweg vergleichende Daten. Besonders das Statistische Amt der EG, EUROSTAT, leistet
hier für die EG-Länder und darüberhinaus sehr aufwendige Homogenisierungsarbeit (vgl.
den Datenbankkomplex CRONOS und die Datenbank COMEXT). Diese ist notwendig,
weil die von den nationalen Stellen gelieferten Daten in der Regel nicht gleich definiert
sind. Die nationalen Statistischen Ämter liefern dann (tiefergehende) Daten zu den nationalen Ökonomien und, zum Teil in Zusammenarbeit mit regionalen Statistischen Ämtern
(z.B. den Statistischen Landesämtern der EG), Regionaldaten. Innerhalb der EG liefert
auch EUROSTAT Regionaldaten (vgl. die Datenbank REGIO). Für alle diese Datenbanken gilt, daß überstaatliche vergleichende Information eher bei den Internationalen Stellen
gesucht werden sollte, tiefergehende nationale und regionale Daten aber nur in den nationalen Quellen gefunden werden können. So wird der Informationswunsch nach z.B. detaillierten bundesdeutschen, französischen und britischen Daten nicht ohne die Datenbanken des Statistischen Bundesamtes, des INSEE und des CSO befriedigt werden
können.

b. Die zweite Untergruppe zeigt einige der angetroffenen Themen (eig. Themengruppe) auf. Diese decken weite Bereiche der makroökonomischen Kennziffern ab. Einen eher umfassenden Anspruch haben die Datenbanken, in denen versucht wird, alle wichtigen Wirtschaftsindikatoren zu erfassen. Nur beispielhaft sind dann weitere wichtige hier anzutreffende Themen aufgelistet.

c. Eine weitere Unterteilung betrifft einen Aspekt, der nur bei Statistischen Datenbanken anzutreffen ist: die zeitliche Dimension der Daten. Die meisten Datenbanken enthalten „historische Daten", d.h. Informationen zum Wirtschaftsgeschehen der Vergangenheit, mit einer mehr oder weniger großen Zeitspanne von der Datenerhebung bis zum Anbieten in der Datenbank. Viele enthalten aber auch, ganz oder teilweise, hochgerechnete Werte für den jeweiligen Vorgang. Dies hat teilweise eine solche Bedeutung, daß ein Host wie WEFA seine Datenbanken explizit nach diesem Kriterium unterscheidet.

d. Diese Prognosen entstehen meist nicht auf der Basis einfacher Extrapolationen, sondern mit Hilfe mehr oder weniger umfangreicher ökonometrischer Modelle. Die darauf spezialisierten Hosts (z.B. DRI, WEFA, I.P. Sharp) bieten dann auch die Ergebnisse dieser Modellberechnungen (oder sogar die Modelle selbst) an, meist in gedruckter Form, zunehmend aber auch in Online-Datenbanken. Im vierten Teil des Abschnitts „I. Makroökonomie" sind beispielhaft einige dieser „Dienste", wie sie auch genannt werden, aufgeführt. Es sind sehr oft Modelle, die gewisse Aspekte des wirtschaftlichen Geschehens eines geographischen Raumes zu modellieren versuchen.

Deutlich getrennt (auf Datenbank- und teilweise auch Firmenebene) sind die ähnlich strukturierten Informationen zum Finanzgeschehen.

Es folgen die Datenbanken zur betriebswirtschaftlicher Literatur und solche, mit denen versucht wird, „Prognosen, Trends, Entwicklungen" (vor allem textlich) zu beschreiben.

J. Betriebswirtschaft (als wissenschaftliche Disziplin)

K. Prognosen, Trends, Entwicklungen (auch textlich)

Einen auch quantitativ bedeutsamen Block innerhalb dieser Wirtschaftsdatenbanken stellen die Datenbanken zu den schriftlichen (textlichen) Informationen zum Wirtschaftsgeschehen dar: die Wirtschaftspresse, Nachrichtendienste (Newsletter), die Meldungen von Nachrichtenangenturen, usw:

II. Presse, Nachrichten, Nachrichtendienste (z.B. mit Wirtschaftsrelevanz) . . . [/News]

A. Presse

B. Nachrichten [News]
Zum Beispiel:
- **zu Europa [European News]**
- **zum Wirtschaftsgeschehen [Industrial News]**
- **International [International News]**
- **zu Großbritannien [UK News]**
- **zu den USA [US News]**
- **Wissenschaftliche-Technische Nachrichten [Scientific and Technical News]**

C. Newsletter (meist „zur Wirtschaft")

Bei diesen Datenbanken liegt (natürlich) eine enge Beziehung von Thema und Datenbanktyp vor: es handelt sich um Textdatenbanken, entweder bibliographische oder (zunehmend) Volltextdatenbanken. Hier ist auch ein Hosttyp erkennbar, der schwerpunktmäßig solche Datenbanken anbietet, z.B. VU/TEXT für kanadische und U.S.-amerikanische Zeitungen oder NewsNet mit rund 250 „Newsletters".

Ein zweiter (wesentlich kleinerer) Bereich befaßt sich mit Menschen, ihren Lebensläufen, ihren Tätigkeiten, usw.

In diesem Block finden sich Datenbanken zu beiden Gebieten, Datenbanken „für" bzw. „über die Wirtschaft". Während „Nachrichten zum Wirtschaftsgeschehen" eindeutig zur zweiten Gruppe gehören, sind die übrigen eher (da hier natürlich auch oft Wirtschaftsmeldungen auftauchen) im erstgenannten Bereich anzusiedeln.

Es folgen die Produkte, Verfahren, usw. beschreibenden Datenbanken zu Patenten, Warenzeichen, usw. Ihre Bedeutung braucht sicherlich nicht betont werden. Anzumerken ist hier, daß Patentinformationen nicht nur in den reinen, die Patentdokumente modellierenden Datenbanken vorliegen, sondern auch in anderen. Z.B. in Literaturdatenbanken oder in technischen Datenbanken, die zusätzlich zu anderen Informationen auch noch Patentinformationen anbieten (z.B. die Datenbank DOMA des FIZ-Technik). Zu diesem Bereich des „gewerblichen Rechtsschutzes" gehören natürlich auch die Datenbanken zu Warenzeichen, Gebrauchsmustern, Geschmacksmustern und zum Sortenschutz.

III. Patente, Warenzeichen

A. Patente [Patents]
   a. Patentdokumente
   b. Patentliteratur
   c. Muster

B. Warenzeichen [Trademarks]

Zunehmend wird auch die Bedeutung von Patentdatenbanken als allgemeine Quelle von Wirtschaftsinformationen zu Firmen, Produkten, Verfahren, usw. erkannt und genutzt.

Dieser Bereich dürfte auch in datenbanktechnischer Hinsicht in der nächsten Zukunft interessante Entwicklungen bieten, weil in diesem Weltausschnitt nichttextliche Information (Graphiken, Schaltpläne, usw.) eine große Rolle spielt. Erinnert sei nur an die Erfassung graphischer Information in Patentdatenbanken sowie an die bereits bei DIALOG realisierte Möglichkeit, innerhalb der üblichen Retrievalsprache (allerdings mit spezieller Software im PC des Benutzers) Warenzeichen als Graphik abzurufen (Datenbank TRADEMARKSCAN(R)).

Es folgt der Bereich, der sich im weitesten Sinn des Finanzwesens annimmt. Viele dieser Datenbanken sind Statistische Datenbanken. Hier finden sich auch die (noch) wenigen Realzeitdatenbanken, v.a. für Börsenkurse.

IV. Finanzen, Bankwesen

A. Finanzen [Financial]

B. Börsen [Stock Exchange]

C. Bankwesen

Zur Erinnerung: **Hervorhebung** und *Hervorhebung mit gleichzeitiger Kursivschrift* geben in dieser Gesamtliste (von Themen in <u>allen</u> öffentlichen Datenbanken) die Themen an, die nach Meinung des Verfassers zu den Bereichen „**für die Wirtschaft**", bzw. „*über die Wirtschaft*" gehören.

Es folgen unkommentiert die weiteren Themen, die der Verfasser bei der Analyse der Hostunterlagen finden konnte. Hier häufen sich jetzt die Datenbanken, die vom Verfasser im Sinne einer aussagefähigen Abgrenzung nicht als Wirtschaftsdatenbanken gekennzeichnet wurden.

V. Recht, Regelungen
  A. Recht (Wirtschaftsrecht), [Law, Government],
  B. Normen, Richtlinien, Verwaltungsvorschriften [Standards, Regulations]
VI. Zeitgeschehen, Politik, Biographien
  A. Zeitgeschichte [Current Affairs]
  B. Allgemeine Politik, **Wirtschaftspolitik** [Politics]
  C. Biographien [Biographies, Profiles of People]
VII.   Energie
VIII.   Technik, Ingenieurwesen, Werkstoffe
  A. Technik [Technology]
  B. Luftfahrt, Raumfahrt [Aviation]
  C. Bauwesen [Building and Construction]
    a. Stadtplanung [Town Planning]
    b. Regionalplanung [Regional Planning]
  D. Rüstung [Defense]
  E. Computer/Elektronik [Computer Science, Electronics]
  F. Ingenierwissenschaften [Engineering]
  G. Werkstoffe, [Materials Science/Materials Technology]
IX.   Naturwissenschaften [ohne Chemie], Umwelt
  A. Naturwissenschaften
  B. Geowissenschaften [Earth Science]
  C. Umwelt [Environment/Environmental]
  D. Landwirtschaft, Ernährung [Agriculture, Nutrition, Food]
X.   Chemie
XI.   Medizin, Gesundheitswesen, Pharmazie, Toxikologie
  A. Medizin: Human- und Biomedizin [Medicine, Biomedical Science]
  B. Veterinärmedizin [Veterinary Medicine]
  C. Gesundheitswesen [Health & Safety]??
  D. Pharmazie [Pharmacology/Drug Information]
  E. Toxikologie [Toxicology]
XII.   Mathematik, Statistik
XIII.   Sozialwissenschaften, Sozialwesen
  A. Sozialwissenschaften [Social Sciences]
  B. Sozialwesen, Arbeitsbeziehung [Labour Related Aspects]
  C. Erziehung [Education]
XIV.   Geisteswissenschaften, Linguistik
XV.   Verweise, Verzeichnisse (die nicht thematisch eingeordnet wurden)
  Zum Beispiel:
  − **Verzeichnisse von Online-Datenbanken [Directories of Online Database]**
  − Bibliographien
  − **Informations- und Dokumentationszentren**
  − Forschungsprojekte

XVI. Multidisziplinäre Datenbanken [Multidisciplinary/Interdisciplinary]

XVII. Sonstige

Zum Beispiel:
- Stiftungen, Stipendien [Foundations and Grants]
- **Seminare, Konferenzen [Conferences, Meetings]**, auch zukünftige
- Tagungsbände von Tagungen, Konferenzen und Seminaren [Proceedings from Meetings, Conferences, and Seminars]

XVIII. Hilfs- und Übungsdatenbanken

Die Auflistung macht die Vielfalt der gegenwärtig bereits in Öffentlichen Datenbanken angebotenen Wirtschaftsinformationen deutlich. Sie gibt auch einen Eindruck von der Einbettung der Wirtschaftsinformation in die übrigen Bereiche der Fachinformation.

Nicht nur die Einschätzung, welche Datenbanken Wirtschaftsdatenbanken sind, muß subjektiv gefärbt sein, sondern natürlich auch die Reihenfolge der Themen und diese Liste als Ganzes. Sie ist allerdings insoweit etwas objektiviert, als sie auf einem Zusammenspielen der tatsächlich in den Hostunterlagen genannten Themen beruht, wobei dann natürlich Synonyme, unterschiedliche Abgrenzungen, abweichende Ebenen, usw. berücksichtigt werden mußten. Die hier angegebene Liste ist nur eine Kurzfassung der Gesamtliste, die außerdem durch Beispielsdatensätze veranschaulicht ist. (Die Gesamtliste findet sich in Lit. 13.).

Die Analyse der vorliegenden Öffentlichen Datenbanken zeigt, daß zwischen der thematischen Ausrichtung der Datenbank und dem Datenbanktyp ein enger Zusammenhang besteht. Datenbanken zu volkswirtschaftlichen Themen bestehen vorwiegend aus statistischen Daten, Produktdatenbanken bestehen sehr oft aus Zeitreihen, Firmendaten finden sich meist in Faktendatenbanken usw. (vgl. hierzu die Auszählung zum Stand Sommer 1987 in Lit. 11., S. 202). Die Ursache für diese Abhängigkeit von Datenbanktyp und -thema liegt in der unterschiedlichen Verwendung der jeweiligen Information. Firmendaten werden meist zur einfachen Informierung gebraucht („Ist das Unternehmen solide/liquide/ . . .''), bei Produktinformationen spielen Preise eine wichtige Rolle, diese sind numerisch und werden meist in Zeitreihenform gebracht. Volkswirtschaftliche Information wird meist in das Korsett von Kennziffern gebracht, auch mit dem Ziel der statistisch-/ökonometrischen Auswertung.

Dieser Zusammenhang wird auch in der nächsten Zeit noch bestehen bleiben, auch in der Form der strikten Trennung in Datenbanken mit unterschiedlichen Informationstypen (z.B. Text-, vs. Faktendatenbanken), obwohl die Aufteilung teilweise weder inhaltlich noch strukturell gerechtfertigt ist. Warum sollen z.B. volkswirtschaftliche Informationen unterschiedlicher Art (nicht nur verschiedener Typen, sondern auch z.B. unterschiedlich definierte makroökonomische Indikatoren) nicht in einer Datenbank erfaßt werden.

D 10.7   Anbieter und Produzenten

Fast alle großen Datenbankanbieter bieten auch Wirtschaftsdatenbanken an. Diese machen jeweils einen nicht unerheblichen Teil ihres Angebots aus. Daneben sind einige Firmen ganz auf Wirtschaftsdatenbanken konzentriert, wie z.B. Data Star.

In der Bundesrepublik Deutschland lassen sich außerdem einige Anbieter feststellen, die sich ganz auf den Ausschnitt „deutschsprachige Wirtschaftsinformation" spezialisieren. Eine besondere Rolle spielen die Anbieter Statistischer Datenbanken. Sie bieten nicht nur fast ausschließlich das Wirtschaftsgeschehen an (Statistische Datenbanken betreffen fast ausschließlich Wirtschaftsdatenbanken), sondern sind auch weitgehend auf den Datenbanktyp „Statistische Datenbanken" konzentriert. Dies hat sicherlich zum Teil schlicht historische Gründe, ist andererseits aber sicherlich auch durch den völlig andersartigen Informationstyp begründet (vgl. weitergehende Ausführungen zu den Produzenten Statistischer Datenbanken in Kap. C 4.)

D 10.8 Zukünftige Entwicklung: Wünsche, Hoffnungen, Trends

Wohin geht die Entwicklung im Bereich der Wirtschaftsinformation? Wie kann dieses Instrument der Informationsversorgung besser gestaltet und genutzt werden? Auf welche Entwicklungen kann gehofft werden, welche wären wünschenswert? Ein Trend ist unzweifelhaft: *weg von gedruckter hin zu elektronisch verfügbarer Wirtschaftsinformation*. Dabei besteht elektronisch verfügbare Information nicht nur aus Öffentlichen Datenbanken. Auch andere Angebote, die hier aus Platzgründen nicht betrachtet werden konnten, spielen dabei eine wichtige Rolle. Z.B. das unten noch kurz diskutierte Angebot an CD-ROM's, aber auch Angebote auf konventionellen Medien. So kann seit 1988 eine CRONOS-Datenbank (EUROSTATUS) auf Disketten bezogen werden für „ganz normale" Rechner der AT-Klasse.

Es ist in vielen Gesprächen feststellbar: Die meisten Unternehmen wissen nur ungenügend über elektronisch verfügbare Informationsquellen Bescheid. Wünschenswert wären daher fundierte *Informationsbedarfsanalysen*, die in einem Abgleich des Informationsbedarfs eines Unternehmens mit dem Angebot an elektronisch verfügbarer Information besteht. Dies könnte natürlich nur von kompetenten Fachleuten durchgeführt werden, die das Angebot an elektronisch verfügbarer Information sehr gut kennen und die in der Lage sind, durch Gespräche den tatsächlichen und potentiellen Informationsbedarf eines Unternehmens zu erfragen. Grundlage eines solchen Abgleichs ist eine verbesserte Kenntnis des Angebots. Hier bleibt, insbesondere was den europäischen Online-Markt angeht, noch viel zu tun. Die Forderung geht hier nach *besseren und preiswerteren Verzeichnissen* (vgl. beispielhaft für deutschsprachige Verzeichnisse von Wirtschaftsdatenbanken Lit. 10. und Lit. 11.). Ganz generell fehlen noch Werkzeuge, die dem Informationssuchenden über ein inhaltlich erschlossenes Verzeichnis hinaus Hilfestellung geben, ihm z.B. Hinweise geben, welche Anbieter bei seinen (durchschnittlichen) Informationswünschen „die richtigen" sind.

Die zunehmende Zahl Integrierter Datenbanken gibt Hoffnung, daß es bei Wirtschaftsdatenbanken wenigstens insoweit zu einer *Verbesserung der Modellierung* kommt, daß zunehmend weitere, über den üblichen Kanon hinausgehende Informationstypen Verwendung finden. Dies sollte allerdings nicht in der primitiven Form geschehen, Datensätze einfach nebeneinanderzustellen, sondern mit fortgeschritteneren Techniken der Datenmodellierung. Die dadurch sich ergebende größere Komplexität der Abfrage muß durch *leistungsfähigere Abfragesprachen* abgefangen werden.

Diese Leistungsfähigkeit ist nur mit Mitteln der Künstlichen Intelligenz Forschung, insbesondere aus dem Bereich der Expertensysteme, in vernünftiger Form zu erreichen.

Denn notwendig ist es, das System u.a. mit ,,Wissen'' über folgende Bereiche auszustatten:

a) die in (öffentlichen) Datenbanken grundsätzlich vorkommenden Informationstypen (Text, Merkmal, usw. wie dargestellt). Das System muß diese Informationstypen ,,kennen'', was eine Repräsentation des entsprechenden theoretisch/methodischen Wissens im Rechner verlangt.

b) die tatsächlich in der jeweiligen Datenbank vorliegenden Informationstypen.

c) Funktion und Ablauf von Retrievalprozessen (für die verschiedenen Informationstypen)

d) die grundsätzlich anwendbaren Operatoren (bei den verschiedenen Informationstypen)

e) die Voraussetzungen der Anwendbarkeit statistischer Verfahren (bei Merkmalsräumen).

Mit einer solchen Wissensbasis könnte das System nicht nur den jeweils angemessenen Retrievalprozeß (automatisch) verwenden, sondern auch die für den Informationstyp ,,richtigen'' Retrievaloperatoren (Adjacency-Operatoren nur bei Texten, spezielle boolesche Operatoren bei Merkmalen/Merkmalsräumen, Operatoren zur Bewegung in der Baumstruktur bei Nomenklaturen, usw.) zur Verfügung stellen und deren Anwendung kontrollieren, sondern auch die Informationsverarbeitung (bei allen Typen) in vielfältiger Weise unterstützen: bei der Prüfung der Voraussetzungen, der Anwendung und Auswahl der Methoden. Insbesondere letzteres dürfte große Bedeutung in integrierten Systemen gewinnen, die auch für den Nicht-Fachmann gedacht sind. Denn auf andere Weise wären die vielfältigen Methoden aus unterschiedlichen Bereichen nicht mehr zu beherrschen. In bezug auf Statistische Datenbanken (oder integrierte Datenbanken mit Merkmalsräumen) wäre hier ein maschineller Statistikexperte, der von der Hypothesengenerierung über die Anwendung statistischer Verfahren bis zur Interpretation der Ergebnisse den Benutzer unterstützt, denkbar und wünschenswert (vgl. für ein Konzept eines Expertendatenbanksystems für Faktenretrieval (ES-FAKT) Lit. 13.; Lit. 14.).

In den letzten Jahren begannen insbesondere die auf Wirtschaftsdatenbanken spezialisierten Anbieter ihre Datenbanken thematisch zu bündeln. Dieses *integrierte Angebot thematisch zusammengehöriger Datenbanken* soll dem Benutzer die Suche erleichtern, indem er z.B. zu Firmeninformationen mit einer Abfrage gleich mehrere Datenbanken erreicht. Man vergleiche die ,,Business Connection'' usw. bei DIALOG, die ,,D-S Company Intelligence'', ,,D-S Investment Intelligence'', ,,D-S Market Intelligence'' usw. bei Data Star oder auch die ,,One Search''-Option bei DIALOG, die es erlaubt beliebige Datenbanken zusammen zu recherchieren.

Auch eine andere Entwicklung im Angebot von Öffentlichen Datenbanken hat Auswirkungen auf den Bereich der Wirtschaftsdatenbanken, das *Angebot von Datenbanken auf CD-ROMS*. Bisher liegen vor allem Herstellernachweise bzw. Firmendaten in dieser Form vor. Die CD-ROMS werden in regelmäßigen Abständen vom Produzenten an den Abnehmer geliefert. Sie sind mit einem eigenen Abfragesystem ausgestattet. Sinnvoll sind allerdings, wegen des hohen finanziellen und technischen Aufwands, nur für den, der die betreffende Datenbank intensiv nutzt. Alle anderen, die z.B. ihren Informationswunsch im Regelfall mit Hilfe mehrerer

Datenbanken befriedigen, sind mit dem üblichen Angebot der Online-Datenbank besser beraten. Eine effiziente Nutzung gerade der online verfügbaren Wirtschaftsinformation würde erleichtert, wenn mehrere Datenbanken gemeinsam abgefragt werden könnten. Diese Überlegung steckt auch hinter dem entsprechenden Angebot ,,gebündelter Datenbanken'' (vgl. oben). Dies ist auch hilfreich, ebenso wie die generelle Möglichkeit, mehrere Datenbanken ,,auf einmal'' abzufragen (vgl. Dialog's One-Search). Es stößt allerdings an Grenzen, die wesentlich durch die unterschiedlichen Datenstrukturen in den einzelnen Datenbanken gezogen sind. Schwierigkeiten entstehen bereits bei satzorientierten Datenbanken, wenn die Feldnamen nicht gleich und die Datensätze nicht ähnlich strukturiert sind. Von der Abfrage von Datenbanken unterschiedlicher Datenmodelle (z.B. satzorientierter und statistischer) sind die Systeme noch weit entfernt. Hier erweist sich ein weiteres Mal das *Theoriedefizit*, unter dem Betreiber und Nutzer von Öffentlichen Datenbanken gleichermaßen leiden, als entscheidender Hemmschuh zu einem wirksam verbesserten Angebot und zu besserer Nutzung. Denn Öffentliche Datenbanken im allgemeinen und Wirtschaftsdatenbanken im besonderen erfordern bei ihrem Aufbau und bei der Erstellung ihrer Verwaltungssysteme aufgrund der Vielfalt an Informationstypen und Datenmodellen *mindestens* das theoretische Niveau der generellen datenbanktheoretischen Diskussion. Nur wenn dies erfüllt ist, können adäquate (benutzerfreundliche, leistungsstarke, alle Möglichkeiten des Informationstyps nutzende, mehrere Informationstypen verwaltende) Datenbanken bzw. Datenbanksysteme entstehen (vgl. Lit. 13. für eine Darstellung der Strukturen öffentlicher Datenbanken und ein Konzept eines wissensbasierten Expertendatenbanksystems sowie Lit. 14. für eine Diskussion der theoretischen Grundlagen der entsprechenden Modellierungsschritte). Aber nicht nur die Anbieterseite muß dazu lernen, auch die Nutzer müssen besser ausgebildet werden. Die immer wieder anzutreffende Vorstellung, man könne öffentliche Datenbanken ohne Ausbildung effizient nutzen, ist sehr überraschend (auch wenn sie von vielen Anbietern genährt wird). Die Nutzung von Öffentlichen Datenbanken muß gelehrt und gelernt werden, nur dann können die in diesem Medium schlummernden Möglichkeiten umfassend genutzt werden, nur dann werden Wirtschaftsinformationen von einem Werkzeug der Informationsversorgung zu einem Mittel der umfassenden informationellen Absicherung des Handelns der Wirtschaftspartizipanten.

Literatur

01. Bastian, Michael: Datenbanksysteme, Königstein/Ts. 1982.
02. Brodie, Michael L.; Mylopoulos John; Schmidt, Joachim W. (Hrsg.): On Conceptual Modeling. Perspectives from Artificial Intelligence, Databases, and Programming Languages, New York u.a. 1984.
03. Dittrich, Klaus; Dayal, Umeshwar (Hrsg.): Proceedings International Workshop on Object-Oriented Database Systems, September 23 – 26, 1986.
04. Gebhardt, Friedrich: Dokumentationssysteme. Berlin, Heidelberg, New York 1981.

05. Knowledge Industry Publications: The Business Information Markets 1982 – 87, Knowledge Industry Publications, Inc., White Plains, NY 1982.
06. Pfanzagl, Johann: Theory of Measurement, Würzburg, Wien 1971.
07. Roth, Erwin (Hrsg., unter Mitarbeit von Klaus Heidenreich): Sozialwissenschaftliche Methode. Lehr- und Handbuch für Forschung und Praxis. München 1984.
08. Schek, H.-J.; Schlageter, G. (Hrsg.): Datenbanksysteme in Büro, Technik und Wissenschaft (GI-Fachtagung, Darmstadt, 1. – 3. April 1987, Proceedings), Berlin u.a. 1987.
09. Schlageter, Gunter; Stucky, Wolffried: Datenbanksysteme: Konzepte und Modelle, Stuttgart 1983.
10. Scientific Consulting Dr. Schulte Hillen: Handbuch der Wirtschaftsdatenbanken 1985. Inhalte und Anbieter – weltweit. Darmstadt 1985 (erscheint jährlich neu).
11. Staud, Josef L.: Wirtschaftsdatenbanken 1987. Typen und Themen. In: Deutsche Gesellschaft für Dokumentation e.V., 9. Frühjahrstagung der Online-Benutzergruppe der DGD in Frankfurt am Main vom 12. bis 14. Mai 1987, Frankfurt 1987, S. 191 – 204.
12. Staud, Josef L.: Online Wirtschaftsdatenbanken 1987. Mit einem Verzeichnis von Datenbanken, Anbietern und Produzenten (Bilingual – Zweisprachig). Frankfurt u.a. 1987.
13. Staud, Josef L.: Öffentliche Datenbanken – Typen, Themen, Theoretische Grundlagen. (in Vorbereitung).
14. Staud, Josef L.: (Conceptual) Modeling For Existing and Future Databases. (in Vorbereitung).
15. Staud, Josef L.: Fakten in öffentlichen Datenbanken: Informationstypen und Strukturmerkmale, In: Nachrichten für Dokumentation 1/89.
16. Tsichritzis, Dionysios C.; Lochovsky, Frederick H.: Data Models, Englewood Cliffs, N.J. 1982.
17. Vetter, Max: Aufbau betrieblicher Informationssysteme mittels konzeptioneller Datenmodellierung, Stuttgart 1987.
18. Vossen, Gottfried: Datenmodelle, Datenbanksprachen und Datenbank-Management-Systeme, Bonn u.a. 1987.

D 11 Chemie-Informationssysteme

Gesche Berger

D 11.1 Einleitung

Information und Dokumentation haben auf dem Gebiet der Chemie in Deutschland eine lange Tradition. So erschien schon 1817 – herausgegeben von Leopold Gmelin – das erste Handbuch, in dem Forschungsergebnisse auf dem Gebiet der anorganischen Chemie zusammenfassend dargestellt wurden. Es folgten 1881 das Beilstein-Handbuch der organischen Chemie, dann Referatedienste und schließlich ab etwa 1950 computergestützte Informations- und Dokumentationssysteme. Diese weisen heute einen hohen Entwicklungsstand auf.

Typisch für Informations- und Dokumentationsabläufe in der Chemie ist, daß sie zumeist einen hohen Grad an Komplexität aufweisen. Dieser ist darauf zurückzuführen, daß sich die Chemie als Lehre von den Stoffen, ihren Eigenschaften und Veränderungen mit deren materiellen Erscheinungsformen und Umwandlungen in vielfältigster Weise auseinandersetzt. Schließlich befaßt sich die Chemie auch mit der Erzeugung völlig neuer Stoffe, z.B. der Kunststoffe, neuer Pharmazeutika u.a.m.

Chemische Stoffe zeigen sich uns in einheitlicher Zusammensetzung (Beispiele: Gips, Blei), oder sie sind von uneinheitlichem Aufbau (Beispiele: Granit, Schlamm, Milch). Schon früh war es das Anliegen des Chemikers, natürliche Materialien in ihre Einzelstoffe zu zerlegen. Ein entscheidender Durchbruch gelang hier etwa Mitte des 19. Jahrhunderts, als man erkannte, daß diese Einzelstoffe sich aus chemischen Elementen zusammensetzen. Von da an begann man, Einzelstoffe mit Hilfe von Strukturformeln zu beschreiben. Diesen gilt seitdem das besondere Interesse des Chemikers. Dementsprechend kommt auch in der Chemie-Information der chemischen Strukturformel eine ganz besondere Rolle zu. Sie wird als ein für dieses Gebiet typisches Informationselement in den Mittelpunkt der folgenden Ausführungen gestellt. Auf Wiedergabeformen chemischer Stoffe, die sich nicht durch Strukturformeln beschreiben lassen, wird nicht eingegangen.

Chemische Stoffe sind in allen natur- und ingenieurwissenschaftlichen Fachgebieten vertreten. Die Informationsbedürfnisse des Chemikers erstrecken sich daher oftmals über das Gebiet der Chemie hinaus und betreffen Disziplinen wie beispielsweise die Medizin, die Biologie, die Biotechnologie, die Metallurgie, den Maschinenbau u.a.m. Auf die Probleme, denen sich der Chemiker bei der Benutzung anderer Fachinformationssysteme gegenübersieht, kann jedoch im Rahmen dieser Ausführungen nicht eingegangen werden.

Zu den Abgrenzungen der folgenden Ausführungen gehört weiterhin, daß Faktendaten-Informationssysteme, d.h. Informationssysteme, die beispielsweise Auskunft geben über Eigenschaften von chemischen Verbindungen und Werkstoffen, nicht beschrieben werden. Somit konzentriert sich dieses Kapitel auf Chemie-Informationssysteme, die vorrangig der Speicherung und Recherche von chemischer Fachliteratur dienen.

D 11.2   Problemstellung

Auf dem Gebiet der Chemie und der chemischen Technik werden derzeit weltweit etwa eine halbe Million Publikationen pro Jahr veröffentlicht. Einprägsamer ausgedrückt: jede Minute erscheint eine Publikation, wobei die Anzahl der Veröffentlichungen weiter zunimmt. So brauchte der Chemical Abstracts Service (CAS) – eine Institution in den USA mit weltweiter Bedeutung auf dem Gebiet der Chemie-Information – von seiner Gründung im Jahre 1907 an 65 Jahre, um die ersten 5 Mio. Referate zu publizieren, dann jedoch nur noch 13 Jahre, bis weitere 5 Mio. Referate erschienen waren (Lit. 13.). Man rechnet damit, daß Chemical Abstracts Service im Jahre 2000 ein Publikationsvolumen von 16 Mio. Referaten erreicht haben wird.

Dieses rasante Anwachsen der chemisch-technischen Forschung in den letzten Jahrzehnten macht dem Chemiker das Wiederauffinden veröffentlichter Forschungsergebnisse zunehmend schwerer. Es ist jedoch nicht allein die Informationsflut, die auf dem Gebiet der Chemie sowohl Informations- als auch Kommunikationsprobleme aufwirft. Vielmehr sind es
– spezielle Informationskategorien,
– spezielle Arten von Fragestellungen
  und
– die Art und Weise, wie sich chemiefachliche Informationen in der Literatur darstellen,
die zu einer, dieses Fachgebiet kennzeichnenden, zusätzlichen Problematik führen (Lit. 07.; Lit. 09.)

Insgesamt hat die Chemie-Information vier *Kategorien von Informationen* zu berücksichtigen:
1.) chemische Verbindungen und Verbindungstypen (= *strukturelle* Informationen)
2.) chemische *Reaktionen* und *Reaktionstypen* (= Informationen über das chemische Verhalten)
3.) nichtstrukturbezogene Informationen (= *Sachverhalte*)
    und
4.) die ein Dokument formal kennzeichnenden bibliographischen Daten.

Die beiden zuletzt genannten Informationskategorien finden sich auch in allen Informationssystemen anderer Fachgebiete, während die strukturellen Informationen und die Informationen zu Reaktionen ausschließlich in der Chemie-Information eine Rolle spielen. Sie sollen daher im Mittelpunkt der folgenden Ausführungen stehen.

Zusätzlich zu diesen Informationskategorien sind es die Arten von *Fragestellungen*, welche die hohen Anforderungen an die verwendeten Informationssysteme in besonderer Weise begründen. Ein leistungsfähiges System muß heute – entsprechend der Entwicklung in der Chemie-Information von einer empirischen zu einer deduktiven Suche hin – zwei Typen von Fragestellungen Rechnung tragen: der spezifischen und der allgemeinen Fragestellung.

Mit der *spezifischen Fragestellung* (s. *Abb. 1*) bezweckt man das Wiederauffinden einer Information, für die man eine klare, erschöpfende Definition geben kann. Ein Beispiel hierfür aus der Kategorie 1 wäre die Frage nach einer individuellen chemischen Verbindung, wie z.B. der Salicylsäure mit den systematischen chemischen Namen o-Hydroxybenzoesäure oder 2-Hydroxybenzoesäure und der folgenden Strukturformel:

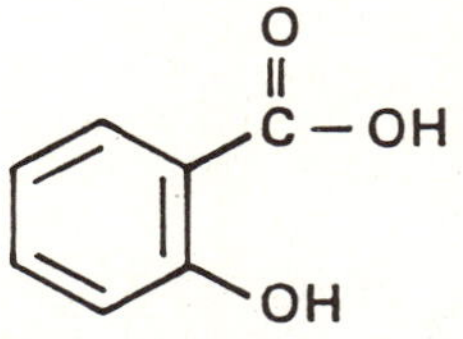

Abb. 1: Strukturformel von Salicylsäure

Eine solche Fragestellung ist schon durch recht einfach ausgelegte Informationssysteme, wie sie beispielsweise Register darstellen, zu beantworten. Sie sind nach einem fest vorgegebenen Ordnungsprinzip (hier den Namen der chemischen Verbindungen) gegliedert und verlangen, daß bei einer Recherche dieses Ordnungsprinzip (= Systematik des entsprechenden Registers) eingehalten wird.
Anders ist dies bei der *allgemeinen Fragestellung* (s. *Abb. 2*). Hier sucht man nicht nach klar abgegrenzten Begriffen, sondern nach Begriffsgruppen wie beispielsweise *Verbindungstypen* (Kategorie 1) oder *Reaktionstypen* (Kategorie 2). Ein Beispiel für eine solche allgemeine Fragestellung wäre die Frage nach einem Verbindungstyp, der sich von der Salicylsäure ableiten läßt und der durch folgende Formelangabe definiert ist:

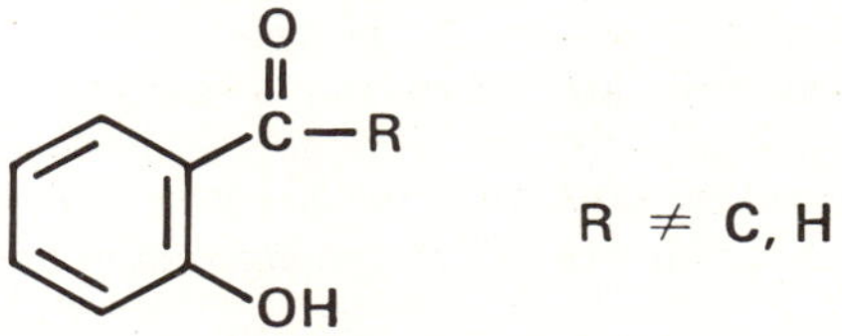

Abb. 2: Beispiel für eine allgemeine Fragestellung

Der Rest R soll ungleich Kohlenstoff (C) und Wasserstoff (H) sein. Man wird als Ergebnis dieser Fragestellung Informationen zu einer Vielfalt von Verbindungen erwarten. Von diesen sei hier nur eine kleine Auswahl wiedergegeben (s. *Abb. 3*).
Fragestellungen solch allgemeiner Art werden heute als ,,Teilstruktur- oder Substruktur-Recherchen'' bezeichnet.

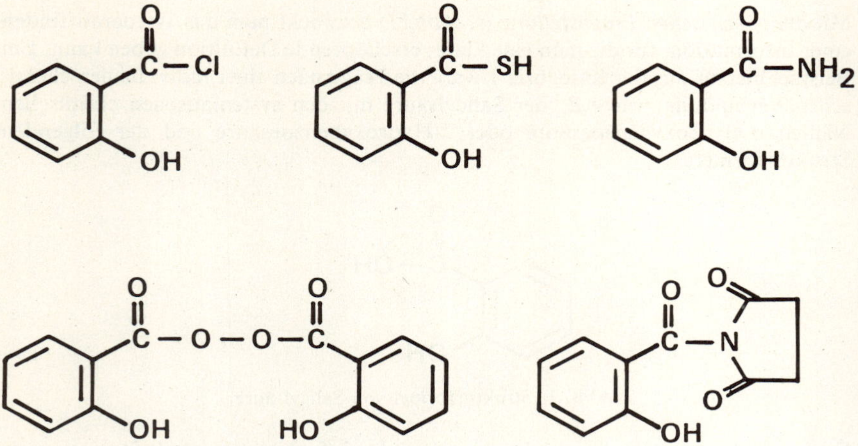

Abb. 3: Mögliche Antworten auf die in Abb. 2 aufgeführte allgemeine Fragestellung

Nicht nur die Fragestellung kann in einer spezifischen oder allgemeinen Weise erfolgen, sondern bereits die *Darstellung im Dokument* weist in der chemiefachlichen Literatur in besonders hohem Maße diese beiden Merkmale auf. Dies ist speziell in der Patentliteratur der Fall. So sind in Patenten in der Regel ganze Verbindungsklassen beansprucht, die dadurch gekennzeichnet sind, daß sie neben gemeinsamen strukturellen Merkmalen, variable Merkmale — wie beispielsweise reaktive Gruppen oder Ringe — aufweisen, die nur alternativ vorkommen. Dieser besondere Typ von struktureller Information wird als „*generische chemische Struktur*" bezeichnet, ihre Wiedergabeform in Dokumenten, nach einem Erfinder, der diese Darstellungsform als erster anwandte, als „*Markush-Formel*" (Lit. 10.).

Die folgende *Abbildung 4* zeigt eine einfache, aber typische Markush-Formel, die zwei variable Reste R_1 und R_2 aufweist, wobei der Rest R_2 nicht nur in seiner chemischen Natur, sondern auch in den Anknüpfungspositionen am Benzolring variieren kann.

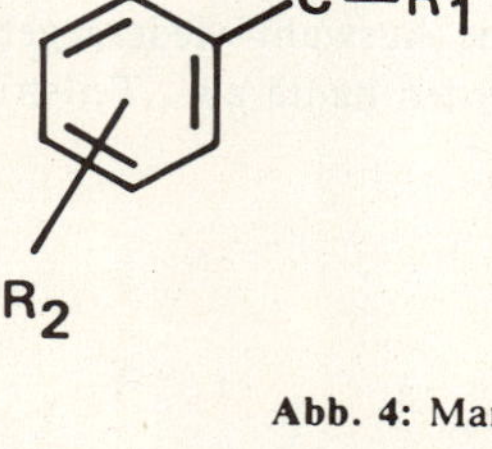

$$R_1 \neq C, H$$

$$R_2 = OH, Cl, NH_2$$

Abb. 4: Markush-Formel

Generische chemische Strukturen werden in ihrer Aussage dann besonders komplex, wenn sie, neben spezifischen strukturellen oder statt spezifischer struktureller Aussagen, *verallgemeinernde strukturelle Angaben*, die sog. *„strukturchemischen Allgemeinbegriffe"*, enthalten. Diese stehen für mehrere, meistens sogar für eine Vielzahl von spezifischen strukturellen Aussagen.

Die in Abbildung 4 dargestellte Markush-Formel kann also in Dokumenten auch auf folgende Weise noch umfassender ausgedrückt sein (*Abb. 5*):

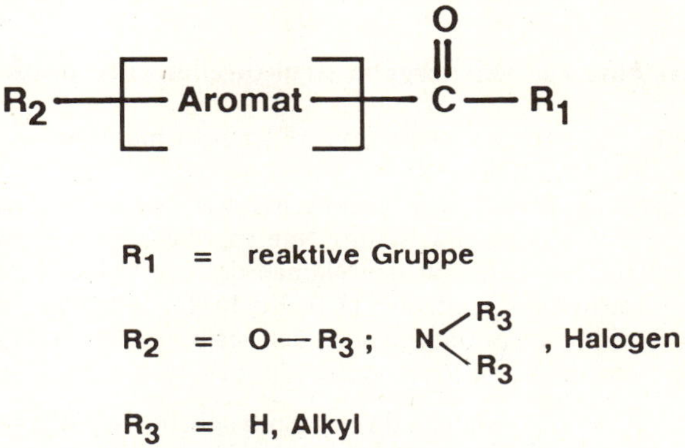

$$R_2 - [\text{Aromat}] - \overset{\overset{O}{\|}}{C} - R_1$$

$$R_1 = \text{reaktive Gruppe}$$

$$R_2 = O - R_3 \,;\quad N\!\!<\!\!\begin{array}{c} R_3 \\ R_3 \end{array} \,,\ \text{Halogen}$$

$$R_3 = H,\ \text{Alkyl}$$

Abb. 5: Markush-Formel mit strukturchemischen Allgemeinbegriffen

Der strukturchemische Allgemeinbegriff „Aromat" steht hier dann nicht mehr nur für den Benzolring , sondern für beliebige isolierte und kondensierte aromatische Ringsysteme, wie beispielsweise das Naphthalin 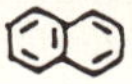 oder das Anthracen 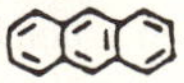 .

Die verallgemeinernde Aussage „Halogen" beinhaltet die Elemente Fluor, Chlor, Brom und Jod, die Aussage „Alkyl" umfaßt die spezifischen Alkyl-Gruppen Methyl, Ethyl, Propyl usw.

Man kann sich nun vorstellen, daß komplexere Markush-Formeln als in diesem Beispiel hundert, tausend, in extremen Fällen auch unendlich viele individuelle chemische Verbindungen repräsentieren können (Lit. 03., S. 58). Von einem modernen Chemie-Informationssystem wird erwartet, daß es in der Lage ist, solche komplexen strukturellen Aussagen zu speichern. Darüberhinaus muß gewährleistet sein, daß gespeicherte „strukturchemische Allgemeinbegriffe" auf solche Fragebegriffe ansprechen, die

— genauso allgemein sind wie der Speicherbegriff,
 oder die
— spezifischer sind als der Speicherbegriff („*Abwärtsrecherche*").

Das gleiche gilt umgekehrt für die „*Aufwärtsrecherche*" (Lit. 06.).

Weiterhin muß sichergestellt sein, daß Fragestellungen auch von solchen generischen Speicherbegriffen erfüllt werden, die nicht in vergleichbarer Abgrenzung wie die Fragestellung selbst formuliert sind.

Die geschilderten strukturellen Informationen bekommen in der chemiefachlichen Literatur erst ihre eigentliche Bedeutung durch ihre Zusammenführung mit Aussagen zu Reaktionsweisen, sowie zu den als Sachverhalten bezeichneten nichtstrukturellen Informationen. Auch diese können – wie in Abschnitt D 11.4 gezeigt werden wird – in Dokumenten auf vielfältigste Weise angesprochen sein. Im folgenden sollen moderne Chemie-Informationssysteme behandelt werden, die der aufgezeigten Problematik gerecht werden.

D 11.3   Systeme zur Wiedergabe struktureller Informationen

Die Notwendigkeit zur Darstellung struktureller Informationen ist schon früh erkannt worden. (Lit. 03., Kapitel 2).

Zunächst wurden zur Bezeichnung chemischer Verbindungen *Trivialnamen* verwendet, d.h. im deutschen Sprachraum Namen, die meist deutsch oder eingedeutscht worden sind, und die auf den Namen des Entdeckers oder eine wichtige Eigenschaft der Verbindung hindeuten (z.B. Kochsalz, Essigsäure, Ätznatron). Sie enthalten jedoch keine Information über den strukturellen Aufbau der Verbindung. Hinzu kommt, daß eine Verbindung mit mehreren Namen belegt sein kann.

Als zu Beginn des 19. Jahrhunderts diese Unzulänglichkeiten der Trivialnamen offenkundig wurden, begann man damit, Zeichnungen zu benutzen, um Aussagen über die Struktur einer chemischen Verbindung anderen Naturwissenschaftlern zu übermitteln. Dies war die Geburtsstunde der chemischen Strukturformeln, bei denen die Anordnung von einzelnen Atomen durch die Stellung ihrer chemischen Zeichen (Elementsymbole), und die Verknüpfungen zwischen den Atomen durch Bindestriche dargestellt werden.

In der modernen Chemie-Information und -Dokumentation werden solche Strukturformeln als *Strukturdiagramme* bezeichnet. Sie sind zweidimensionale Modelle für dreidimensionale Atomanordnungen und werden weltweit einheitlich verwendet und verstanden. Strukturdiagramme lassen sich schwer mündlich weitervermitteln und nicht registermäßig erfassen. Aus diesem Grund hat es eine Vielfalt von Versuchen gegeben, chemische Verbindungen über einen systematischen Namen textlich zu beschreiben. Zwei Nomenklatur-Systeme haben sich auf diesem Gebiet international behauptet: das System von CAS (Chemical Abstracts Service) und das System von IUPAC (International Union of Pure and Applied Chemistry). Beide verfügen über ein immenses Nomenklatur-Regelwerk, das vollständig zu beherrschen nur den Experten vorbehalten bleibt. Nomenklatur-Systeme setzten sich im alltäglichen Gebrauch daher nur für einfache Verbindungen durch. Deshalb wurde weiterhin die Strukturformel als Kommunikationsmittel verwendet. Hinzu kommt, daß die Nomenklatur nur unzulänglich den eingangs geschilderten Informationsbedürfnissen des Chemikers gerecht wird. Eine Suche nach Teilstrukturen beispielsweise ist über Trivialnamen und systematische Namen chemischer Verbindungen nur in wenigen Fällen möglich (Lit. 08.).

So war man auf dem Gebiet der Chemie mit Beginn der 50er Jahre, als die Literaturmengen manuell nicht mehr zu bewältigende Dimensionen annahmen, mit dem

Problem konfrontiert, Informationssysteme zu schaffen, die insbesondere den chemischen Strukturformeln und den auf diese zielenden Fragestellungen gerecht werden. Außerdem sollten sie die Verarbeitung großer Datenmengen mit vertretbarem Aufwand gestatten. Hier bot sich zunächst der Einsatz mechanisierter Karteisysteme (Lit. 01.), mit fortschreitender Computer-Technologie sodann computer-orientierter Informationssysteme, an. Letztere haben heute vorrangige Bedeutung, auf sie wird daher im folgenden besonders eingegangen.

Für die Realisierung computer-orientierter Informationssysteme mußten Verfahren entwickelt werden, die es gestatten, die dreidimensionale Struktur einer chemischen Verbindung mit Hilfe einer computergerechten, d.h. linearisierten Zeichenfolge, wiederzugeben. Drei Arten von Systemen haben sich in der Praxis durchgesetzt:Lineare Notationssysteme (= Linearnotationen), Fragmentierungssysteme, Topologische Systeme.

D 11.3.1   Linearnotationen

Linearnotationen stellen eine chemische Struktur durch eine lineare Folge von Buchstaben, Zahlen und sonstigen Zeichen in kompakter Weise dar. Sie sollten ursprünglich die Schwierigkeiten der Nomenklatur-Systeme überwinden helfen. Außerdem sollten sie ein Verfahren liefern, chemische Verbindungen eindeutig wiederauffindbar in Register einzuordnen.

Die heute am häufigsten verwendete Linearnotation ist die Wiswesser Line-Formula Notation (WLN), in den 50er Jahren entwickelt von William J. Wiswesser (Lit. 03., Kapitel 9). Die Notation wird gebildet, indem man Zeichensymbole für die eine Struktur aufbauenden Atome, funktionellen Gruppen, Ringe etc. aneianderreiht, und zwar in der Reihenfolge, in der sie in der Struktur miteinander verknüpft sind. So wird beispielsweise die Struktur der Salicylsäure in der aus der folgenden *Abbildung 6* ersichtlichen Weise mit der Zeichenfolge Q V R B Q beschrieben.

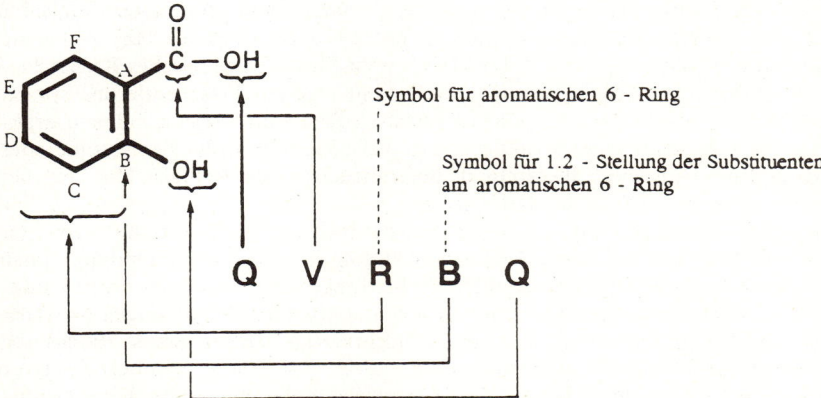

Abb. 6: Wiswesser-Linearnotation von Salicylsäure

Die Reihenfolge, in der die Struktur durchlaufen werden muß, wird durch entsprechende Regeln festgelegt.

Die Wiswesser-Linearnotation stellt eine chemische Verbindung in eindeutig reproduzierbarer Weise dar. Sie wird heute bei einer Vielzahl von Unternehmen sowohl unternehmensintern als auch kommerziell genutzt (siehe auch Abschnitt D 11.6 und Lit. 15.). Sie fand Eingang in Handbücher, Tabellen-Werke, gedruckte und maschinenlesbare Register sowie chemische Datenbanken. Sie kann heute maschinell aus einem über Bildschirm eingegebenen Strukturdiagramm erzeugt werden und hat neuere Bedeutung erlangt in Verbindung mit den ab Seite 602 behandelten topologischen Systemen (Lit. 02.). Sie kann computergestützt recherchiert werden, indem man Techniken nutzt, wie sie für Text-Speicher üblich sind (Wortfragment-Suche = ,,String Search''). Permutiert und sortiert man die chemisch signifikanten Symbole der Struktur maschinell auf geeignete Weise, so können verwandte Verbindungen in entsprechenden Registern zusammengeführt und manuell oder computer-unterstützt recherchiert werden.

Nachteilig ist, daß Teilstrukturen unterschiedliche Kurzbezeichnungen bekommen können, je nachdem, in welcher strukturellen Umgebung sie stehen. Auch bieten Linearnotationen keine befriedigende Lösung für die Speicherung und Recherche von generischen Strukturen, speziell von strukturchemischen Allgemeinbegriffen in generischen Strukturen.

D 11.3.2   Fragmentierungssysteme

Bei den Fragmentierungssystemen werden charakteristische Fragmente einer chemischen Struktur mit Codes beschrieben, welche die Fragmente in strukturelle Klassen einteilen. Diese Codes werden − im Gegensatz zu den Linearnotationen − in beliebiger Reihenfolge aufgezählt. Eines der bekanntesten und industriell genutzten Fragmentierungssysteme ist das von der IDC Internationale Dokumentationsgesellschaft für Chemie m.b.H. in Sulzbach (Taunus) verwendete GREMAS-System (siehe auch Abschnitt D 11.6). Es wurde von R. Fugmann und Mitarbeitern Ende der 50er Jahre entwickelt (Lit. 03., Kapitel 13) und 1967 von der HOECHST AG in die Gründung der IDC eingebracht. GREMAS steht für ,,Genealogisches Recherchieren durch Magnetbandspeicherung'', was besagt, daß das Fragmentierungssystem die Recherche von Verbindungsklassen gestattet. Dies wird erreicht, indem charakteristische Fragmente einer Struktur − wie beispielsweise Kohlenstoffatome oder Ringe − mit Hilfe einer hierarchisch untergliederten, dreistelligen Notation beschrieben werden, dem sog. ,,Dreierterm''.

Das Verschlüsselungsprinzip sei wieder am Beispiel der Salicylsäure aufgezeigt (s. *Abb. 7*). Diese vereinigt zwei Verbindungsklassen in sich, die Verbindungsklasse der organischen Carbonsäuren und die Verbindungsklasse der Hydroxyverbindungen. Organische Carbonsäuren und von ihnen abgeleitete Verbindungen (= Derivate) werden mit einem Dreierterm beschrieben, dessen erster Buchstabe (= Genus-Symbol) ein N ist. Der zweite Buchstabe (= Spezies-Symbol) dient zur weiteren Aufgliederung und damit detaillierten Beschreibung der durch das Genus-Symbol charakterisierten Verbindungsklasse. Er zeigt im Falle der organischen

Carbonsäure, ob es sich um eine freie Carbonsäure (NN) oder um ein spezielles Derivat, z.B. einen Säure-Ester (NO) handelt. Mit Hilfe des dritten Buchstabens (= Subspezies-Symbol) wird eine Aussage über die nähere Umgebung des durch die Genus-Spezies-Folge beschriebenen C-Atoms gemacht. Auf diese Weise wird z.B. unterschieden, ob eine Carbonsäure-Gruppe in eine kettige, d.h. aliphatische (NNA) oder eine aromatische (NND) Umgebung eingebunden ist.

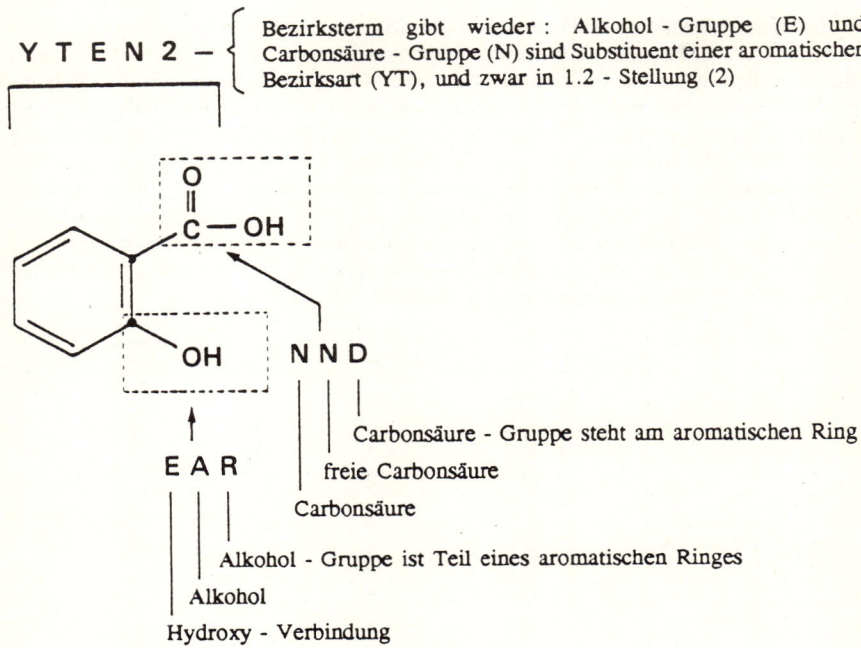

Y T E N 2 – { Bezirksterm gibt wieder : Alkohol - Gruppe (E) und Carbonsäure - Gruppe (N) sind Substituent einer aromatischen Bezirksart (YT), und zwar in 1.2 - Stellung (2)

N N D
Carbonsäure - Gruppe steht am aromatischen Ring
freie Carbonsäure
Carbonsäure

E A R
Alkohol - Gruppe ist Teil eines aromatischen Ringes
Alkohol
Hydroxy - Verbindung

Abb. 7: GREMAS-Code der Salicylsäure

Der GREMAS-Wortschatz in Form seiner Dreierterms sagt nur wenig darüber aus, wie sich die durch ihn beschriebenen Strukturfragmente, der tatsächlichen Struktur entsprechend, zusammenfügen. Diese Lücke in der Wiedergabetreue wird durch den Einsatz einer speziellen „Grammatik" weitgehend geschlossen. Im Prinzip geht man dabei so vor, daß man für bestimmte, in chemischen Strukturen auftretende Bezirksarten (Ketten, Ringe) mit Hilfe der Genus-Symbole aufzählt, welche und wieviele der charakteristischen Strukturfragmente in ihnen vorkommen. Diese Aufzählung geschieht mit einem „Bezirksterm", der durch den Buchstaben Y, im Falle einer aromatischen Bezirksart durch die Buchstabenfolge YT, eingeleitet wird. Verallgemeinerungen innerhalb einer Verbindungsklasse werden mit Hilfe der Ziffer 0 ausgedrückt. So beschreibt der Term N0D aromatische Carbonsäuren und ihre Derivate, der Term NN0 Carbonsäuren allgemein, ohne Abhängigkeit von ihrer Umgebung.

Der GREMAS-Code ermöglicht die Verschlüsselung und Recherche von definierten Verbindungen, aber auch von Teilstrukturen und generischen Strukturen. Nachteilig ist, daß er chemische Strukturen nicht immer eindeutig repräsentiert.

D 11.3.3   Topologische Systeme und erweiterte topologische Verfahren

Topologische Systeme stellen eine chemische Struktur in Form einer Verknüpfungstabelle (s. *Abb. 8*), auch „connection table" oder „topologische Matrix" genannt, dar. Zu diesem Zweck werden alle Atome einer Verbindung (außer den Wasserstoffatomen) in beliebiger Reihenfolge durchnumeriert; anschließend wird für jedes Atom festgehalten, durch welche Bindungsart (Einfachbindung, Doppelbindung etc.) es mit welchen anderen Atomen verknüpft ist. Die so erhaltenen Listen stellen den topologischen Code für die betreffende chemische Struktur dar, wobei je nach der Reihenfolge der Numerierung, unterschiedliche Codes entstehen. Bei der Recherche kann die Struktur in einer ganz anderen Reihenfolge durchnumeriert werden. Durch maschinellen Vergleich wird festgestellt, ob die unterschiedlichen topologischen Codes einander äquivalent sind (Lit. 02.).

Atom-Nr.	Atom-Art	Bindungs-art +)	zu Atom-Nr.	Bindungs-art +)	zu Atom-Nr.	Bindungs-art +)	zu Atom-Nr.
1	O	1	2				
2	C	1	1	2	3	1	4
3	O	2	2				
4	C	1	2	3	5	3	9
5	C	3	4	3	6		
6	C	3	5	3	7		
7	C	3	6	3	8		
8	C	3	7	3	9		
9	C	1	10	3	4	3	8
10	O	1	9				

+) Bindungsarten :

1 = Einfachbindung

2 = Doppelbindung

3 = delokalisierte ringliegende Doppelbindung

Abb. 8: Vereinfachte Form einer topologischen Verknüpfungstabelle für Salicylsäure

Die Erzeugung topologischer Verknüpfungstabellen geschieht heute computerunterstützt, und zwar aus *graphisch* über Bildschirm eingegebenen Strukturen (*Abb. 9*). Eine Recherche wird ebenfalls graphisch formuliert, wobei nicht nur vollständig definierte Verbindungen, sondern auch definierte Teilstrukturen von Verbindungen angefragt werden können.

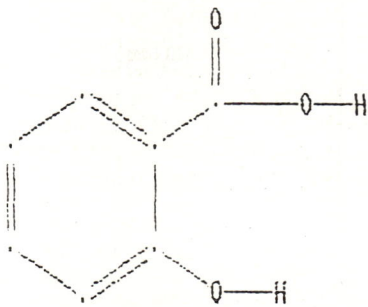

Abb. 9: Graphisch über Bildschirm eingegebene Struktur der Salicylsäure

Früher mußte Atom für Atom und Bindung für Bindung geprüft werden, ob irgendwo in der topologisch gespeicherten Struktur eine Atomfolge vorhanden ist, die nach Art und Anordnung der gesuchten (Teil-)Struktur entspricht. Dieses Verfahren war sehr aufwendig und konnte sich wirtschaftlich erst durchsetzen, als schnelle, leistungsfähige Rechner zur Verfügung standen und zusätzlich wirkungsvolle Vorselektionsverfahren (= *Screens*) angewendet wurden, die den maschinellen Aufwand verringerten. Solche Vorselektionsverfahren können z.b. für topologische Systeme speziell entwickelte Code-Worte sein, die wesentliche Kriterien einer Struktur grob beschreiben. Als ,,Screens'' haben sich aber ganz besonders die bereits beschriebenen linearen Notationen und Fragmentierungscodes bewährt. So wird sowohl die Wiswesser Line-Formula Notation als auch der GREMAS-Fragmentcode als Screenverfahren eingesetzt (siehe auch Abschnitt D 11.6). Sie können aus topologischen Verknüpfungstabellen maschinell erzeugt werden. Bei der Recherche erfolgt zunächst eine Vorprüfung anhand der ,,Screens'', erst bei Erfüllung bestimmter Vorprüfungskriterien wird ein genauer Atom- und Bindungsvergleich durchgeführt. Diese Möglichkeiten werden heute von den verschiedensten chemischen Informationsdiensten genutzt. Sie optimieren die Leistungsfähigkeit ihrer strukturbezogenen Informationssysteme durch die Kombination von topologischen Verfahren mit den beschriebenen Screenverfahren (Lit. 02.)

Über das wirtschaftlich bedeutendste topologische System verfügt der Chemical Abstracts Service (CAS) in Form seiner Registry-Datei (Lit. 13.; Lit. 16.; Lit. 12.). In dieser Datenbase sind derzeit die topologischen Verknüpfungstabellen von über 8 Mio. definierten chemischen Substanzen, die von CAS seit 1965 als neu registriert wurden, gespeichert. Sie enthält außerdem u.a. den systematischen Verbindungsnamen und die sog. CAS-Registry-Number, eine fortlaufende Identifikationsnummer für chemische Verbindungen, die diese eindeutig repräsentiert. Diese beiden Informationselemente ermöglichen den direkten Zugriff auf die zugehörige Verknüpfungstabelle. Mit ihrer Hilfe lassen sich vom Rechercheur Strukturdiagramme am Bildschirm erzeugen.

Ein großer Nachteil topologischer Verfahren ist, daß sie es bisher nicht erlaubten, generische Strukturen (siehe Abschnitt D 11.2) wiederzugeben. Mehrere Gruppen von Wissenschaftlern arbeiten heute an einer Lösung dieses Problems. Als Beispiel sei der Arbeitskreis um Michael F. Lynch, University of Sheffield/England (Lit. 14., S. 151 – 167; Lit. 10.) genannt, der das topologische Verfahren um eine Möglichkeit zur Erfassung generischer Strukturen wie folgt erweitert hat: Er verwendet eine formale Sprache, genannt GENSAL (Generic Structure Language), mit der strukturelle Aussagen und logische Zusammenhänge in generischen Strukturen vollständig und weitgehend exakt dargestellt werden können (siehe die *Abbildungen 10* und *11*). Mittels eines Interpreterprogramms werden diese

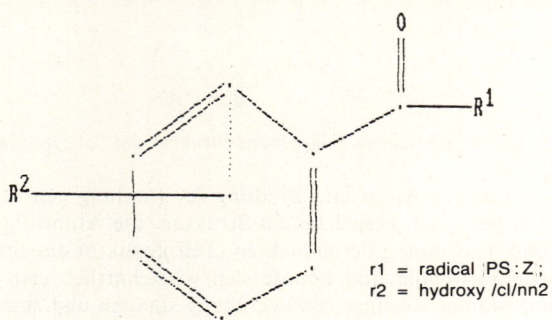

Abb. 10: GENSAL – Formulierung der Markush-Formel aus Abb. 4

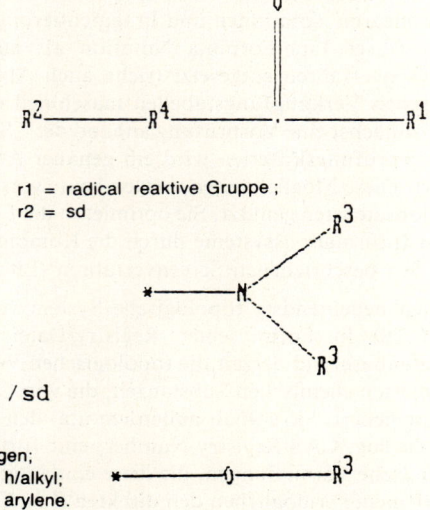

Abb. 11: GENSAL – Formulierung der generischen Struktur aus Abb. 5

GENSAL-Ausdrücke analysiert. Spezifische Teilstrukturen innerhalb einer generischen Struktur werden in Form von Verknüpfungstabellen gespeichert, verallgemeinerte strukturelle Aussagen werden als Parameterliste abgelegt und den Verknüpfungstabellen zugeordnet. Formale Sprachmittel, die der Ausdrucksweise des Chemikers ähnlich sind und deren Anwendung in definierten Syntaxdiagrammen festgelegt ist, geben den Zusammenhang der spezifischen und verallgemeinerten Teilstrukturen zur Gesamtstruktur wieder. Ein Recherchenformalismus soll dafür sorgen, daß Korrespondenz zwischen spezifischen strukturellen Aussagen und den entsprechenden verallgemeinerten Aussagen erkannt werden kann (Lit. 10.; Lit.04.).

Das GENSAL-System wird ab 1989 bei der IDC Internationale Dokumentationsgesellschaft für Chemie m.b.H. in Sulzbach (Taunus) in der Patentdokumentation eingesetzt.

D 11.4 Systeme zur Wiedergabe von chemischen Reaktionen und Reaktionstypen

In einfachster Form können Reaktionen in Publikationen über sie charakterisierende Schlagwörter (z.B. Oxidation, Hydrolyse) oder über den Namen ihrer Erfinder (z.B. Strecker-Synthese) angesprochen sein. Spezifischer jedoch sind Reaktionen durch die Nennung ihrer Ausgangsverbindungen (= Edukte) und/oder der entstandenen Produkte wiedergegeben.

Die Information und Kommunikation auf dem Gebiet der chemischen Reaktionen wird dadurch erschwert, daß es bisher für diese verschiedenen Wiedergabeformen von Reaktionen keine eindeutigen Regelungen gibt, wie man es von den strukturellen Informationen her kennt.

Fragt ein Chemiker nach einem Reaktionstyp, so zielt seine Fragestellung in der Regel zunächst nicht auf die Gesamtstruktur(en) bestimmter Produkte und/oder Edukte, sondern auf die Teilstrukturen (= Partialstrukturen), die sich während der Reaktion verändert haben. Durch sie ist – wie das folgende Beispiel zeigt – der Reaktionstyp (hier die ,,Veresterung'') charakterisiert (s. *Abb. 12*).

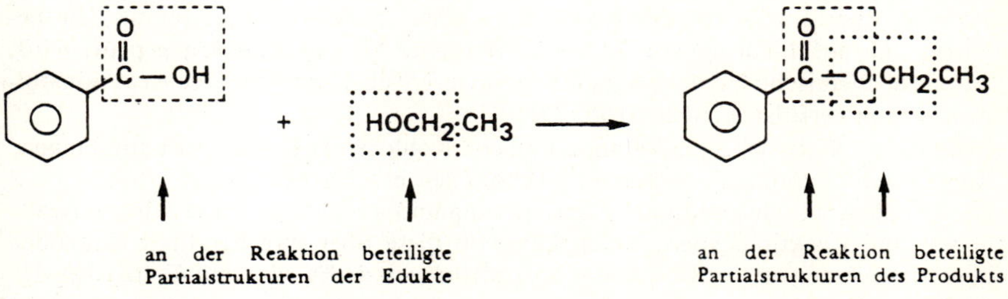

an der Reaktion beteiligte Partialstrukturen der Edukte   an der Reaktion beteiligte Partialstrukturen des Produkts

Abb. 12: Beispiel für die an einer Veresterungsreaktion beteiligten Partialstrukturen

Von einem leistungsfähigen Informationssystem für Reaktionen wird daher erwartet, daß es in der Lage ist, die Formulierung von Suchbedingungen nach solchen Partialstrukturen zu ermöglichen. Darüber hinaus darf sich ein Informationssystem nicht auf die Erfassung der reagierenden Partialstrukturen allein beschränken. Zusätzlich sollten recherchierbar gespeichert sein:
- Produkte/Edukte;
- Reaktionshilfsstoffe, wie z.b. Katalysatoren oder Lösungsmittel;
- Reaktionsbedingungen, wie z.b. Angaben zum Druck und zur Temperatur;
- ggf. reaktionsspezifische Faktendaten.

In den letzten Jahren hat es auf diesem Gebiet eine Vielfalt von Entwicklungsarbeiten gegeben (Lit. 02., S. 203 – 220). Zwei Arten von Systemen haben bisher in der Praxis Bedeutung erlangt. Ihre Grundlage bilden Fragmentierungssysteme oder topologische Systeme. Sie sollen im folgenden näher erläutert werden.

D 11.4.1   Reaktioneninformationssysteme auf Basis von Fragmentierungssystemen

Ein Fragmentierungssystem, das sich auch auf dem Gebiet der Reaktionendokumentation seit nahezu 30 Jahren bewährt hat, ist das von R. Fugmann für die Speicherung und Recherche von strukturellen Informationen entwickelte GREMAS-System (Lit. 06.; s.a. Abschnitt D 11.3.2). Im GREMAS-System werden die an einer Reaktion beteiligten Partialstrukturen (C-Atome, Ringe, Bindungen zwischen Nichtmetallen) in ihrem Ausgangszustand und in dem Zustand, in dem sie nach der Reaktion vorliegen, mit Hilfe der gleichen hierarchisch gegliederten GREMAS-Dreierterms beschrieben, die man auch bei der Strukturenverschlüsselung verwendet. Dreierterms, die zu dem gleichen Reaktionsschritt gehören, werden in einer bestimmten Art miteinander verbunden und einem gemeinsamen Speichersegment zugeordnet. Auf diese Weise wird verhindert, daß verschiedene, in einem Dokument genannte Reaktionen bezüglich ihrer Ausgangs- und Endzustände miteinander vermengt werden. Zusätzlich erhält jedes an der Reaktion beteiligte C-Atom eine Identifikationsnummer (Lit. 19.), die es über Reaktionsfolgen hinweg beibehält (siehe das folgende Beispiel). Damit bleibt es immer identifizierbar. Auf diese Weise ist gewährleistet, daß man sich in der Fragestellung davon unabhängig machen kann, ob ein bestimmtes Edukt einstufig oder mehrstufig in ein bestimmtes Produkt überführt wird. Bei Anwendung einer speziellen Fragetechnik, die bewirkt, daß auf Identität von Kohlenstoff-Identifikationsnummern geprüft wird, kann die chemische Veränderung eines reagierenden C-Atoms über Reaktionsfolgen hinweg verfolgt werden (*Abb. 13*).
In ähnlicher Weise wird die Veränderung von Kohlenstoff-Kohlenstoff-Bindungen, Ringen und Nichtmetall-Nichtmetall-Bindungen beschrieben.
Der GREMAS-Code gestattet die Speicherung und Recherche von beliebigen Reaktionen und Reaktionstypen, gleichgültig, ob diese über ihre Produkte und/oder über ein Schlagwort im Dokument ausgedrückt sind. Es wird mit Erfolg bei der IDC (siehe D. 11.6) eingesetzt. Dort sind ca. 2 Mio. chemische Reaktionen rückwirkend bis 1960 mittels des GREMAS-Systems erfaßt.

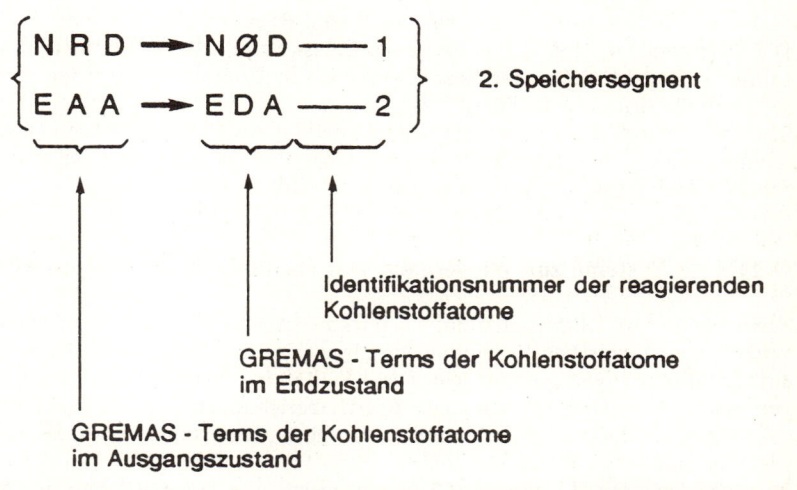

Abb. 13: Beispiel für die GREMAS-Codierung einer Reaktionsfolge

D 11.4.2   Reaktioneninformationssysteme auf topologischer Basis

Die Reaktionendokumentation auf topologischer Basis ist ein junges, aber sich ständig weiter entwickelndes Verfahren. Es stützt sich auf die topologischen Verknüpfungstabellen der Reaktionsprodukte und Edukte (Lit. 16., S. 211 − 214). Mit

Hilfe des Computers werden die gespeicherten topologischen Verknüpfungstabellen zunächst daraufhin analysiert, welche Strukturteile während der Reaktion unverändert geblieben sind. Dieser sehr komplexe Vorgang wird als „structure matching" bezeichnet. Die Strukturteile, die nach diesem Prozeß übrig bleiben, sind die eigentlichen Reaktionszentren (Teilstrukturen), auf deren topologische Matrix bei der Recherche zugegriffen werden kann. Sowohl diese Teilstrukturen als auch die an der Reaktion beteiligten Produkte und/oder Edukte können bei der Recherche über ihre topologischen Verknüpfungstabellen generiert und am Bildschirm in Form ihrer Strukturdiagramme ausgegeben werden. Reagierende Bindungen können – zur Einschränkung der Fragestellung – in den Strukturdiagrammen besonders markiert werden. Damit wird dieses Verfahren der Denkweise des Chemikers besonders gerecht (benutzerfreundliche Oberfläche). Nachteilig ist u.a., daß

– der Werdegang von C-Atomen über Reaktionsfolgen hinweg nicht verfolgt werden kann;
– das „structure matching" zu Fehlschlüssen bezüglich der Reaktion führen kann;
– die Produkte und Edukte nur von spezifischen Verbindungen (nicht von generischen Strukturen) topologisch gespeichert sind;
– der Bestand an gespeicherten Reaktionen z.Zt. noch gering ist (je nach Datenbank zwischen zwanzig- und vierzigtausend Reaktionen).

Die Datenbanken REACCS („Reaction Access System"), SYNLYB („Synthesis Library"), ORAC („Organic Reactions Access by Computer") arbeiten nach dieser Methode (Lit. 17.; Lit. 05.)

Seit 1988 zugänglich ist die Reaktionendatenbank CASREACT von CAS (siehe Abschnitt D 11.6). Sie beschreibt Reaktionen nicht über die beteiligten Teilstrukturen, sondern über Edukte, Produkte und Reaktionshilfsstoffe.

D 11.5   Systeme zur Wiedergabe von chemiefachlichen Sachverhalten

Sachverhalte wie „Eigenschaften", „Wirkungsweisen", „Verwendungsmöglichkeiten" von chemischen Verbindungen können in der chemiefachlichen Literatur auf vielfältigste Weise genannt sein. Diese Vielfalt hat ihre Ursache in der Existenz von Synonymen, Homonymen sowie Begriffsbeziehungen (Lit. 01.). So kann beispielsweise der Begriff „Waschmittel" über Ober-, Unter- und verwandte Begriffe wie „Detergens", „Biowaschmittel", „Seife" und „Textilhilfsmittel" oder den Zugehörigkeitsbegriff „Waschen" angesprochen sein. Die existierenden Chemie-Informationssysteme unterscheiden sich in erheblicher Weise darin, ob sie über ein entsprechendes Ordnungssystem (Thesaurus, siehe Kapitel B 5) verfügen, das diese Vielgestaltigkeit von Sachverhalten berücksichtigt. (Lit. 02., S. 96 – 127).

Als beispielhaft in dieser Beziehung wird im folgenden kurz das Sachverhaltssystem der IDC erläutert (Lit. 11.). Basis dieses Systems ist ein Thesaurus, der Begriffe und Begriffsbeziehungen aus der Chemie und ihren Grenz- und Anwendungsgebieten enthält. Die Begriffsbenennungen wurden maschinell aus dem Dokumentationsspeicher der IDC ermittelt. Der Thesaurus ist mehrsprachig angelegt und wird

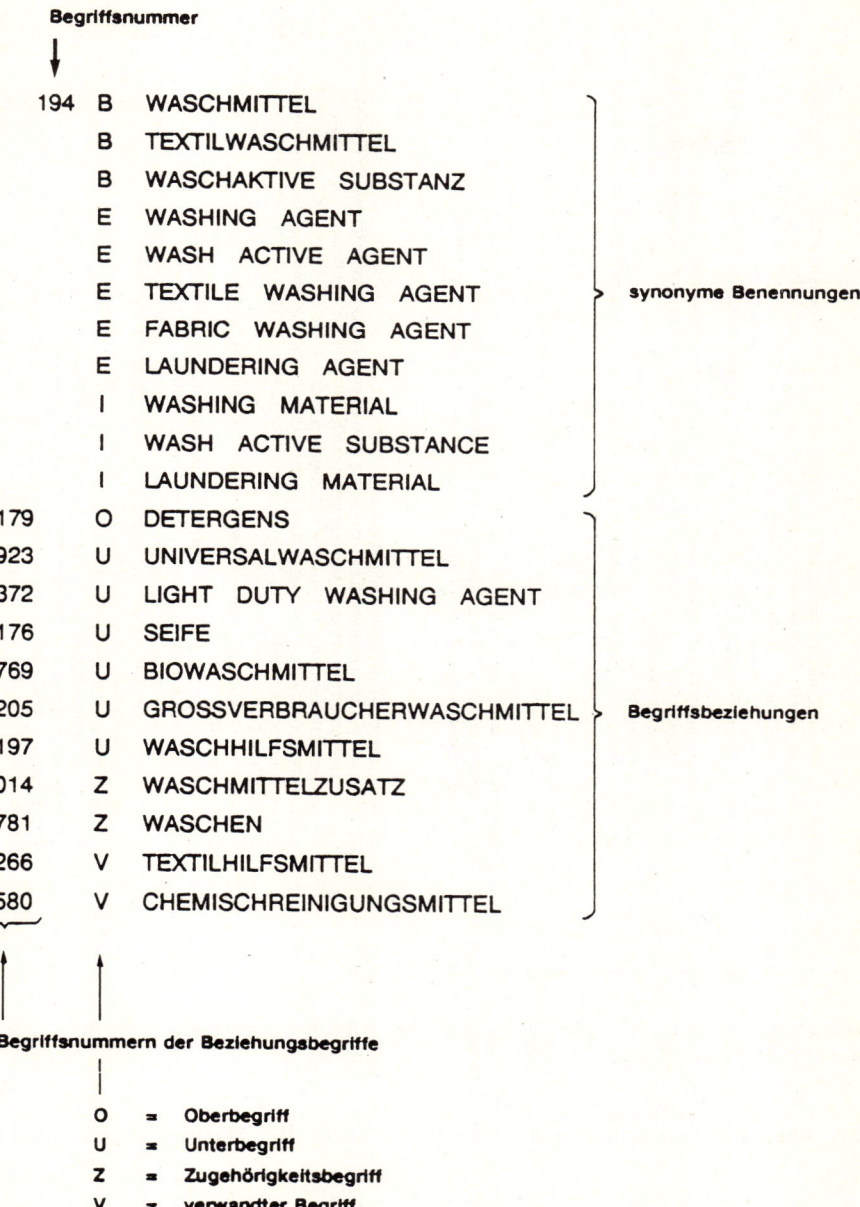

Begriffsnummer

194	B	WASCHMITTEL	
	B	TEXTILWASCHMITTEL	
	B	WASCHAKTIVE SUBSTANZ	
	E	WASHING AGENT	
	E	WASH ACTIVE AGENT	
	E	TEXTILE WASHING AGENT	synonyme Benennungen
	E	FABRIC WASHING AGENT	
	E	LAUNDERING AGENT	
	I	WASHING MATERIAL	
	I	WASH ACTIVE SUBSTANCE	
	I	LAUNDERING MATERIAL	
2179	O	DETERGENS	
5923	U	UNIVERSALWASCHMITTEL	
18372	U	LIGHT DUTY WASHING AGENT	
2176	U	SEIFE	
8769	U	BIOWASCHMITTEL	
9205	U	GROSSVERBRAUCHERWASCHMITTEL	Begriffsbeziehungen
197	U	WASCHHILFSMITTEL	
3014	Z	WASCHMITTELZUSATZ	
2781	Z	WASCHEN	
266	V	TEXTILHILFSMITTEL	
580	V	CHEMISCHREINIGUNGSMITTEL	

Begriffsnummern der Beziehungsbegriffe

O	=	Oberbegriff
U	=	Unterbegriff
Z	=	Zugehörigkeitsbegriff
V	=	verwandter Begriff

Abb. 14: Beispiel eines Begriffssatzes aus dem IDC-Thesaurus

hierarchische Notation	Begriffs-nummer	Begriffsbeziehungen (U = Unterbegriff , Z = Zugehörigkeitsbegriff)
1,0000	194	WASCHMITTEL / TEXTILWASCHMITTEL / WASCHAKTIVE SUBSTANZ / (E) WASHING AGENT / (E) WASH ACTIVE AGENT / (E) TEXTILE WASHING AGENT / (E) FABRIC WASHING AGENT / (E) LAUNDERING AGENT
2,0000	5923	U UNIVERSALWASCHMITTEL / (E) WEISSWASCHMITTEL / KOCHWASCHMITTEL / VOLLWASCHMITTEL / GROBWASCHMITTEL / (E) HEAVY DUTY WASHING AGENT / (E) HEAVY DUTY DETERGENT
3,0000	18372	U SPEZIALWASCHMITTEL / (E) LIGHT DUTY WASHING AGENT / (E) SPECIALITY DETERGENT / (E) LIGHT DUTY DETERGENT
4,0000	18645	U FEINWASCHMITTEL / BUNTWASCHMITTEL / (E) DETERGENT FOR COLORED FABRICS
5,0000	10317	U KALTWASCHMITTEL / HANDWASCHMITTEL / (E) COLD WASHING AGENT / (E) MANUAL WASH DETERGENT / (E) HAND WASHING AGENT
6,0000	3096	U GARDINENWASCHMITTEL
7,0000	2176	U SEIFE / KERNSEIFE / LEIMSEIFE / SCHMIERSEIFE / (E) SOAP / (E) SUPERFATTED SOAP / (F) SAVON
8,0000	2175	U FEINSEIFE / TOILETTENSEIFE / (E) TOILET SOAP
9,0000	5754	Z SEIFENZUSATZ / (E) SOAP ADDITIVE
10,0000	8769	BIOWASCHMITTEL
11,0000	6526	U PHOSPHATFREIES WASCHMITTEL
12,0000	9205	U GROSSVERBRAUCHERWASCHMITTEL
13,0000	197	U WASCHHILFSMITTEL / (E) LAUNDRY AID
14,0000	6447	U1 EINWEICHMITTEL / VORWASCHMITTEL / (E) PRESOAKER / (E) PREWASH AGENT
15,0000	6904	U1 FLECKENENTFERNER / DETACHIERMITTEL / (E) STAIN REMOVER / (E) SPOTTING AGENT
22,0000	1355	U2 WEICHSPUELER / (E) SOFT RINSING AGENT
23,0000	4757	U2 STEIFAPPRETUR / FORMSPUELER / (E) FABRIC STIFFENER / (E) STIFFENER / (E) FABRIC FORMER
24,0000	6017	U2 TEXTILGLEITMITTEL / TEXTILMANGELBESCHLEUNIGER / (E) TEXTILE LUBRICANT
25,0000	5344	U2 WAESCHETROCKNUNGSHILFSMITTEL / (E) TUMBLER ADDITIVE
26,0000	3014	Z WASCHMITTELZUSATZ / WASCHLAUGENZUSATZ / (E) WASHING AGENT ADDITIVE / (E) LAUNDERING ADDITIVE
27,0000	11245	U VERGRAUUNGSINHIBITOR / (E) GREYING INHIBITOR / (E) ANTI-GREYING AGENT / (E) ANTI-RESOILING AGENT
28,0000	5754	U SEIFENZUSATZ / (E) SOAP ADDITIVE
29,0000	2781	Z WASCHEN / TEXTILWAESCHE / (E) WASHING / (E) TEXTILE WASHING / (E) LAUNDERING
30,0000	2084	Z WASCHSUBSTRAT
31,0000	2804	Z WASCHBESTAENDIGKEIT / (E) WASH PROOF PROPERTY / (E) WASH RESISTANCE
32,0000	12095	Z WASCHBESTAENDIGES MATERIAL / WASCHBESTAENDIG / WASCHBAR / (E) WASH RESISTANT MATERIAL / (E) WASH RESISTANT / (E) WASHPROOF / (E) WASHABLE / (E) LAUNDERING RESISTANT MATERIAL / (E) LAUNDERING RESISTANT
33,0000	7191	Z (E) WASH RESISTANCE IMPROVER
34,0000	12471	Z WASCHECHTHEIT / (E) WASHFASTNESS
35,0000	12472	Z WASCHECHTES MATERIAL / WASCHECHT / (E) WASHFAST
36,0000	12473	Z WASCHECHTHEITSVERBESSERER / (E) WASHFASTNESS IMPROVER
37,0000	12209	Z WASCHVORRICHTUNG / TEXTILWASCHVORRICHTUNG / (E) WASHER / (E) LAUNDERING DEVICE
38,0000	16002	Z (E) WASH GLOVE

Abb. 15: Auszug aus der hierarchischen Darstellung des IDC-Thesaurus (vereinfachte Form)

fortlaufend ergänzt und verbessert. Er wird in zwei Ordnungsformen ausgegeben: geordnet nach Begriffssätzen und in einer polyhierarchischen Anordnung. Ein Begriffssatz (siehe *Abb. 14*) gibt die Begriffsbeziehungen immer nur einer hierarchischen Stufe wieder. Jeder Begriffssatz ist durch eine Begriffsnummer gekennzeichnet, die maschinell fortlaufend vergeben wird. Die Begriffsnummer ist Repräsentant eines Begriffs und seiner synonymen Benennungen.

In der hierarchischen Anordnung des IDC-Thesaurus (siehe *Abb. 15*) sind die einzelnen Thesaurus-Begriffe zeilenweise durch eine fortlaufende Hierarchie-Zeilennummer (= hierarchische Thesaurus-Notation), durch die Begriffsnummer und durch ihre synonymen Benennungen in systematischer Reihenfolge wiedergegeben. Die hierarchische Einordnung eines Begriffs ist durch Einrücken des Zeilenbeginns und die Verwendung von Punkten dargestellt. Je mehr Punkte einem Begriff in dieser Anordnung vorangestellt sind, umso hierarchisch tiefer ist er eingeordnet. Die Recherche von Sachverhalten geschieht nicht über ihre Benennungen, sondern unter Verwendung der Begriffsnummern und/oder hierarchischen Notationen. Auf diese Weise werden alle synonymen Benennungen erfaßt. Es können ganze Notationenbereiche (siehe *Abb. 15*) in die Recherche einbezogen werden. Mit dieser Methode kann das Begriffsumfeld eines Begriffs auf einfache Weise systematisch und vollständig in der Recherche berücksichtigt werden.

D 11.6   Die wichtigsten chemiebezogenen Datenbasenproduzenten

Die folgenden Tabellen 1 und 2 (*Abb. 16* und *17*) liefern eine Übersicht über die wichtigsten chemiebezogenen in- und ausländischen Datenbasenproduzenten und die von ihnen verwendeten Informationssysteme. Die erstellten Datenspeicher werden über die verschiedensten Datenbankenbetreiber (= Hosts) in jeweils geringfügig geänderter „Verpackung" angeboten. Eine umfassende Übersicht über Datenbanken, die für den Chemiker besonders interessant sind, findet sich in Lit. 02., S. 77 – 90 und in dem 1986 erschienen Buch „Online Recherchen für Chemiker" von Helmut R. Pichler (Lit. 12.).

D 11.7   Zur Rolle des Fachmanns in der Chemie-Information

Der Schwerpunkt der Informationsnutzung auf dem Gebiet der Chemie liegt im Bereich der Industrie- und Hochschulforschung. Chemiker aus Forschung, Entwicklung, Produktion und Patentwesen stellen das Hauptkontingent der gegenwärtigen Benutzer von Chemie-Informationsdiensten dar. Die von diesen verwendeten Chemie-Informationssysteme stehen hinsichtlich ihrer Leistungsfähigkeit im Spannungsfeld zwischen mehreren Polen:
 − den chemiefachlichen Anforderungen an das System,
 − der Qualität der Recherchen, die das System ermöglicht,
 − der Einfachheit und Benutzerfreundlichkeit des Systems.

Datenbasenproduzent	Datenbase	gelieferte Informationen	vornehmlich verwendete Informationssysteme für		öffentlich zugänglich
			Stoffe	Reaktionen	
BEILSTEIN - Institut Varrentrappstraße 40-42 D-6000 Frankfurt/Main 90	BEILSTEIN	Literaturnachweise und Stoffdaten auf dem Gebiet Organische Chemie	topologisches System, zusätzlich systematischer Verbindungsname, Beilstein-Registry-Number u a m	Kennzeichnung von topologisch beschriebenen Edukten, Produkten, Nebenprodukten u a m	ja
Deutsche Gesellschaft für chemisches Apparatewesen e. V. **(DECHEMA)** Theodor-Heuss-Allee 25	DECHEMA	Literaturnachweise auf den Gebieten - chemische Technik - chemisches Apparatewesen - Biotechnologie	Verbindungsname (Trivial- und / oder Handelsname)	Name der Reaktion (ausschließlich)	ja
D-6000 Frankfurt /Main 97	DETHERM	Stoffdaten chemischer Verbindungen	Verbindungsname und CAS-Registry-Number		
Deutsches Kunststoff-Institut **(DKI)** Schloßgartenstraße 6 R	KUNSTSTOFFE KAUTSCHUK FASERN (KKF)	Zeitschriftenliteraturnachweise auf dem Hochpolymer- und Kunststoffgebiet	Fragmentierungssystem für organische Stoffe, Notation für Polymerklassen	Notation für polymertypische Reaktionen	ja
D-6100 Darmstadt	POLYMAT	Stoffdaten von Kunststoffen			
GMELIN - Institut Varrentrappstraße 40-42 D-6000 Frankfurt/Main 90	GMELIN	Literaturnachweise und Stoffdaten auf dem Gebiet der anorganischen Chemie	topologisches System, zusätzlich systematischer Verbindungsname u a m	Kennzeichnung von Edukten, Produkten u a m	derzeit noch nicht
D-6000 Frankfurt/Main 90	GMELIN Formula Index (GFI)	Zitat im GMELIN-Handbuch	Verbindungsname und Summenformel	—	ja
Internationale Dokumentationsgesellschaft für Chemie m.b.H. **(IDC)** Otto-Volger-Straße 19 D-6231 Sulzbach (Taunus)	IDC - Informationssystem	Literaturnachweise (Schwerpunkt Patentliteratur) auf den Gebieten - organische Chemie - Polymerchemie - anorganische Chemie - Verfahrenstechnik - bibliographische Daten zu Patenten	Fragmentierungssystem GREMAS und topologisches System für organische Stoffe, spezieller Code für anorganische Stoffe	Fragmentierungssystem GREMAS für Reaktionstypen, Edukte, Produkte, Reaktionshilfsstoffe u a m	nein

Abb. 16: Tabelle 1: Die wichtigsten chemiebezogenen Datenbasenproduzenten in Deutschland

Datenbasenproduzent	Für den Chemiker wichtige Datenbasen	gelieferte Informationen	vornehmlich verwendete Informationssysteme für		öffentlich zugänglich
			Strukturen	Reaktionen	
Chemical Abstacts Service **(CAS)** 2540 Olentangy River Road P.O. Box 3012 Columbus, OH 43210 USA	CAS Online CAS REACT	Literatur zur organischen, anorganischen, physikalischen, analytischen Chemie, Biochemie, chemischen Technik	topologisches System zusätzlich sytematischer Verbindungsname, CAS-Registry-Number u.a.m.	Kennzeichnung von topologisch beschriebenen Edukten, Produkten, Reaktionshilfsstoffen u.a.m.	ja
Derwent Publications Ltd. 128 Theobalds Road Rochdale House London WC1X8RP U.K.	World Patents Index (WPI)	Patentliteratur	Fragmentierungssysteme "New Chemical Code" und "Ringcode"	Fragmentierungssystem	ja
	RINGDOC	Pharmazeutische Literatur			
	PESTDOC	Literatur über Pestizide, Herbizide, Pflanzenschutz			
	BIOTECHNOLOGY	Literatur zur Gentechnologie, biochem. Technik u.s.w			
	CRDS (Chem. Reaction Doc. Service)	Literatur zu Reaktionen und Synthesemethoden in der organischen Chemie			
Information of Industry / Plenum Data Corporation **(IFI)** 302 SWANN Avenue Alexandria, Virginia 22301 USA	CLAIMS	u.a. alle chemierelevanten US-Patente	Fragmentierungssystem "Du Pont Code"	—	ja
Institute for Scientific Information **(ISI)** 3501 Market Street Philadelphia, PA 19104 USA	Index Chemicus Registry System (ICRS) Current Chemical Reactions	Literatur zur organischen Chemie, "zu neuen organischen Verbindungen. neuen Synthesen	topologisches System und Wisswesser Line-Formula-Notation	Wisswesser-Line-Formula-Notation	ja
U.S. National Libary of Medicine **(NLM)** Bethesda, MD USA	CHEMLINE TOXLINE MEDLARS (= MEDLINE) CANCERLIT	Terminologie, Toxikologie, Pharmakologie, Eigenschaften chemischer Substanzen	systematischer CA-Verbindungsname, CAS-Registry-Number, Summenformel u.a.m.	—	ja

Abb. 17: Tabelle 2: Die wichtigsten chemiebezogenen Datenbasenproduzenten im Ausland

Nach derzeitigem Entwicklungsstand muß man einem Chemiker, der sicher sein will, einen vollständigen und treffsicheren Überblick über sein Forschungsgebiet zu erhalten, empfehlen, seine Fragestellung an den Informations- und Dokumentationsfachmann zu delegieren. Dieser hat in der Regel sowohl eine chemische als auch eine dokumentations- und informationsfachliche Ausbildung, zudem kommt ihm nach wie vor eine besondere Rolle im Bereich der Informationsvermittlung auf dem Gebiet der Chemie und der chemischen Technik zu. Er muß u.a. sicherstellen, daß die an ihn herangetragene Fragestellung, den Möglichkeiten des zur Verfügung stehenden Systems entsprechend definiert ist. Oft ist dies nicht der Fall. Der IuD-Fachmann muß sich dann als Vermittler zwischen den Wünschen des Fragestellers und den Möglichkeiten des Informationssystems verstehen. Die heute zur Verfügung stehenden Online-Systeme erlauben ihm, sich die entsprechende Orientierung zu verschaffen, und kurzfristig dem Fragesteller Informationen zur Verfeinerung seiner Anfrage zu liefern.

Von zukünftigen Entwicklungen wird erwartet, daß sie die vorgenannten Eigenschaften besser als bisher vereinigen. Schon jetzt zeichnet sich ein Trend dahingehend ab, daß der Chemiker selbst als Endbenutzer des Informationssystems auftritt (Lit. 02., S. 266 – 269). Es wird sich zeigen, ob dies nicht nur für einfache, sondern auch für komplexe Fragestellungen möglich sein wird. Diese Neueinschätzung der Situation führt schon heute zu einem neuen Rollenverständnis des I. u. D.-Fachmanns: Er sieht sich nicht mehr nur als Vermittler, sondern auch als Berater hinsichtlich neuer Technologien der Verarbeitung, Speicherung und Recherche von Informationen.

Grundlegende Literatur

01. Ahrenholz, Gerd M.: Dokumentation. In: Ullmanns Encyklopädie der technischen Chemie. 4. Auflage, Band 4. Verlag Chemie GmbH Weinheim 1974, S. 619 – 644.
02. Ash, Janet E.; Chubb, Pamela A.; Ward, Sandra E.; Welford, Stephen M.; Willet, Peter: Communication, Storage and Retrieval of Chemical Information. Ellis Horwood Ltd., Chichester 1985. 297 S.
03. Ash, Janet E.; Hyde, Ernest (Hrsg.): Chemical Information Systems. Ellis Horwood Ltd., Chichester 1975. 309 S.
04. Barnard, J. M.: Online Graphical Searching of Markush Structures in Patents. In: Database 1987, S. 27 – 34.
05. Borkert, J. H.; Oukes, F., Noordik, J. H.: Chemical Reaction Searching Compared in REACCS, SYNLIB and ORAC. In: J. Chem. Inf. Comput. Sci. 1988, 28, S. 148 – 150.
06. Fugmann, Robert; Bitterlich, Wolfgang: Reaktionendokumentation mit dem GREMAS-System. In: Chem. Ztg. 96 (1972), S. 323 – 329.
07. Fugmann, Robert; Braun, Wilhelm; Vaupel, W.: Zur Dokumentation chemischer Forschungsergebnisse. In: Angew. Chem. 73 (1961), S. 745 – 751.
08. Grünewald, Helmut: Dokumentation in der Chemie. In: Chemie in unserer Zeit 6 (1972), S. 45 – 51.
09. Kresze, Günter: Kommunikation in der Chemie heute. Probleme und Möglichkeiten. In: Angew. Chem. 82 (1970), S. 563 – 568.
10. Lynch, Michael F.: Generic Chemical Structures in Patents (Markush Structures): The Research Projekt at the University of Sheffield. In: World Patent Information, 8 (1986), S. 85 – 91.

11. Meyer, E.; Jansen, R.; Sens, E.: Das IDC-Thesaurus-System. In: Nachr. Dok. 23 (1972) Nr. 5, S. 203 – 211.
12. Pichler, Helmut R.: Online-Recherchen für Chemiker. Eine Einführung. VCH Verlagsgesellschaft mbH, Weinheim 1986. 257 S.
13. Schulz, Hedda: Von CA bis CAS-Online. Die Datensammlungen des Chemical Abstracts Service und deren Nutzung. VCH Verlagsgesellschaft mbH, Weinheim 1985. 170 S.
14. Warr, Wendy A. (Hrsg.): Chemical Structures. The International Language of Chemistry. Springer Verlag Berlin. Heidelberg 1988. 472 S.
15. Warr, Wendy A.: Diverse Uses and Future Prospects for Wiswesser Line-Formula-Notation. In: J. Chem. Inf. Comput. Sci. 22 (1982), S. 98 – 101.
16. Zass, Engelbert: Computer als Hilfsmittel für die Informationsversorgung – Online-Literatur- und Struktur-Recherchen. In: Ziegler, Engelbert (Hrsg.): Computer in der Chemie. Praxisorientierte Einführung. Springer Verlag Berlin. Heidelberg 1984. 280 S.
17. Zass, Engelbert; Müller, Stefan: Neue Möglichkeiten zur Recherche von organisch-chemischen Reaktionen: Ein Vergleich der ,,in-house‘‘-Datenbanksysteme REACCS, SYNLIB und ORAC. In: S. Chimia 40 (1986), S. 38 – 50.

Weiterführende Literatur

18. Fugmann, Robert; Isenberg, Maria; Winter, Jakob H.: Das Suchen nach verallgemeinerten Informationen. Beitrag Nr. 9 zur Theorie von Retrieval Systemen. In: Inf. Classif. 12 (1985), S. 7 – 10.
19. Winter, Jakob H.: Problemlösungen bei der Dokumentation von Synthesewegen. In: Mitteilungsblatt Nr. 14 der Gesellschaft Deutscher Chemiker, Fachgruppe Chemie-Information, 1988, S. 39 – 46.

D 12   Das System der Mediendokumentation

Strukturen und Dienste der Rundfunkarchive

Michael Harms

Die Verschiedenartigkeit der Medien – Film, Ton, Bild, Schrift – kennzeichnet die Dokumentation in Rundfunkanstalten. Vielleicht gilt gerade hier, daß die strengen Unterscheidungen in archivarische, dokumentarische und bibliothekarische Einrichtungen bzw. Tätigkeiten zugunsten einer übergreifenden Funktionsbeschreibung, der *Informationsauswertung* zurücktreten müssen. Informationsauswertung läßt die Aspekte Informationsspeicherung und -pflege, Informationsermittlung, -erschließung und -vermittlung sämtlich anklingen. Der Begriff kennzeichnet sowohl die Verzahnungen und Überschneidungen der archivischen, dokumentarischen und bibliothekarischen Einrichtungen als auch das Zusammenfließen klassischer Berufsqualifikationen zu einem neuen Kompetenzprofil und Berufsbild. Es ist deshalb vielleicht unumgänglich, im Folgenden zwischen archivarischen, dokumentarischen und bibliothekarischen Bezügen häufiger zu wechseln.

D 12.1   Aufbau und Organisation von Rundfunkarchiven

Die Hauptaufgabe der Bereiche Dokumentation und Archive – inzwischen häufiger kurz ,,ABD'' (Archiv-Bibliothek-Dokumentation) genannt, wurde an anderer Stelle (s. Kap. D 5) bereits erwähnt: *Die Bereitstellung von Materialien und Informationen für die Produktion von Hörfunk- und Fernsehsendungen.*
Damit ist der Benutzerkreis der Einrichtungen umrissen: Nutzer sind in der Regel die programmproduzierenden Journalisten. Außerdem ist der Zeittakt gekennzeichnet, nach dem Rundfunkarchive zu funktionieren haben: es geht um den schnellen Zugriff auf das Material und seine rasche Aufbereitung; zwischen Anfrage und Umsetzung in der Sendung liegen oft nur Stunden.
Beide Merkmale – Nutzertyp und Aktualitätsgrad – haben ihre Konsequenzen für Aufbau und Organisation der Rundfunkarchive. Die Struktur des Bereiches bildet ziemlich genau die programmerzeugenden Strukturen der Sender ab. Die Trennungslinie zwischen der Produktion für das Fernsehen und derjenigen für den Hörfunk (und dort die Aufteilung in Musikproduktion und Wortproduktion), aber auch die Unterscheidung zwischen programmschaffenden Abteilungen und den Querschnittseinrichtungen wie Intendanz und Verwaltung sind in der Struktur des Archivwesens wiedererkennbar. Die Nutzung der Archive durch die Intendanzen und Verwaltungen erstreckt sich quantitativ mehr auf die Bereiche ,,Historisches Archiv'' und Pressearchiv; Fernsehjournalisten arbeiten vorwiegend mit Fernseharchiv und Pressearchiv; Hörfunkjournalisten mit Hörfunkarchiv und Pressearchiv.
Das Pressearchiv nimmt – mancherorts sind ihm Recherchestellen für die externe Informationsbeschaffung angeschlossen –, weil es von allen Seiten genutzt wird, im System der Informationsauswertung eine zentrale Stellung ein. Zugleich spei-

chern und vermitteln diese Einrichtungen nicht eigene, d.h. im Haus erzeugte Informationen, sondern sie archivieren und dokumentieren Fremdpublikationen.

Außerdem bestimmt die historische Entwicklung der Medientechnik die Strukturen. Spürbar ist das größere Alter des Hörfunks nicht nur an den logischerweise weiter zurückreichenden Tonträgerbeständen, sondern auch an der größeren Heterogenität der gebräuchlichen Findmittel und – im Vergleich zum Fernsehen – größeren Beständen noch nicht dokumentarisch aufgearbeiteten Materials.

Andererseits führte die rasante technologische Entwicklung in der Bildaufzeichnungstechnik zu speziellen Anforderungen an die Fernseharchivierung, denen gegenüber die Verhältnisse bei der Tonaufzeichnung recht einfach erscheinen. Das modernere Fernsehen verfügt über die fortgeschritteneren Archivierungs- und Dokumentationsmittel.

D 12.2 Archivbestände und Dokumentarische Anforderungen

Die programmversorgende Funktion der Rundfunkarchive führt naturgemäß zu großer stofflicher und thematischer Breite bei den gespeicherten Materialien und Informationen. So wie das Programm in seinen Beiträgen von der Spielshow bis zur Auslandsberichterstattung, vom Krimi bis zur Verbraucherberatung, vom Hörspiel bis zu den Wissenschaftssendungen, stündlichen Nachrichten und Hitparaden täglich die gesamte Bandbreite möglichen Publikumsinteresses abzudecken hat, speichern die verschiedenen Archive Materialien und Informationen in thematisch beinahe universaler Fächerung. Diese Breite des Themenspektrums wird von anderen Medien, große Tageszeitungen und Illustrierte eingeschlossen, kaum erreicht: den unterhaltenden und informierenden Programmteilen werden durch den gesetzlichen Bildungsauftrag des öffentlich-rechtlichen Rundfunks die Telekollegs, Schulfunk- und Schulfernsehsendungen, Sprachkurse etc. noch hinzugefügt.

Eine Folge der Themenbreite ist der weitgehende Verzicht auf Fachdokumentare (eine Ausnahme bilden die Musikdokumentare). Es wäre unmöglich, die im Programm vorkommenden ,,Disziplinen'', hier passender: Ressorts mit der entsprechenden Anzahl dokumentierender Spezialisten zu repräsentieren. Deshalb verläuft generell die Arbeitsteilung nicht entlang der Ressort- und Fachgrenzen, sondern die Medien, d.h. die Informationsträger-Arten (Bildaufzeichnung, Tonaufzeichnung, Druck, Buch, Akten, Noten, Bildschirm-Display . . .) bestimmen die *Spezialqualifikation* der Dokumentare.

Weil die Tiefe der Fachkenntnis die erreichbare Erschließungstiefe bestimmt, kann die Erschließungstiefe in den Rundfunkarchiven diejenige von Facharchiven resp. wissenschaftlich-technischen Dokumentationsstellen nicht erreichen; dieser Sachverhalt korrespondiert zu der ebenfalls geringeren Informationstiefe der Programmbeiträge. Aber man muß hier einschränken: Es findet eine fachlich definierte Schwerpunktbildung statt; sie ergibt sich aus der Aufteilung großer Systematikbereiche unter den Dokumentaren, ist oft aber nicht dauerhaft, sondern vorübergehend, weil sie synchron zu Trends und Moden der Themenbildung in der öffentlichen Diskussion erfolgt. Zum Beispiel haben heute Umwelt-Themen Konjunktur; Folge ist eine Schwerpunktbildung im ökologisch-biologisch-chemisch-technologischen Bereich, verbunden mit größerer Erschließungstiefe und steigender fachlicher Kompetenz des zuständigen Dokumentars. Im Laufe der Jahre flaut das öffentliche Interesse an solchem Schwerpunkt und damit auch das Vorkommen im Programm womöglich wieder ab, und auch das Archiv kehrt

zu einer weniger intensiven Speicherung und Auswertung des Themenkomplexes zurück, was
zu entsprechenden Kompetenzverlusten des bis dahin zuständigen Dokumentars führt, der
sich nun in einen anderen Themenschwerpunkt einzuarbeiten hat.
Hier wird ein Berufsspezifikum deutlich, daß nämlich der Mediendokumentar in einer Rundfunkanstalt nicht nur (sogar weniger) die Ereignisse und Entwicklungen des zu dokumentierenden Gegenstandsbereiches kennen und beobachten muß, sondern auch (und sogar genauer)
das Programmgeschehen seines Senders und dessen Entwicklungstrends. Der Mediendokumentar ist allenfalls im Sinne der Expertenschaft für Programmgeschehen ein Fachdoku-
mentar.
Daneben gibt es in Rundfunkarchiven Teilbestände, die, weil sie für Rundfunkanstalten typische und von Rundfunkanstalten geprägte Betätigungsformen betreffen, für ihr thematisches
Feld doch erhebliche Informationstiefe aufweisen: z.B. Archivbestände und Kataloge zur
Unterhaltungs- und Popmusik, zum Hörspiel, zum Fernsehspiel, zur Mediengeschichte und
Medienpolitik. Besonders materialreiche Teilbestände bilden auch die Biografischen Archive,
Sammlungen von (bereits veröffentlichten!) Informationen über Personen.

D 12.3   Schnittstellen zwischen Archiv und Dokumentation

Das übergeordnete Kriterium sowohl für die Art des Dokumentierens als auch für
die Selektion (Kassation) des Archivmaterials ist die *Wiederverwertung* im Programm. Dieser Gesichtspunkt führt auch zu bestimmten Anforderungen an die *Ma-
gazinierung* des Materials. Ton- und Ton/Bildträger müssen schonend aufbewahrt
werden, d.h. unter besten Bedingungen; außerdem muß die reibungslose Verfügbarkeit des Materials für den Nutzer gewährleistet sein. In großer Anzahl werden
täglich Tonbänder und Platten, Kassetten und Filmspulen den Magazinen entnommen und wieder zugeführt. Die häufige Beanspruchung des Materials (Beispiele für
vielverwendetes Material sind Sketche im Hörfunkbereich und vor allem beliebte
Musikstücke) wirft für die Archivierung Probleme der technischen Qualitätserhal-
tung auf. Das Material muß überprüft werden, Einbußen müssen die Archive durch
geeignete Maßnahmen ausgleichen oder mildern lassen.
Der Gesichtspunkt der Wiederverwertung bedeutet für die Dokumentation, daß sie
produktionsunterstützend erfolgen soll. Dies hat einen technischen Aspekt: der
Nutzer muß erfahren, wie er den Informationsträger abspielen oder kopieren kann,
es muß ihm also beispielsweise das Abspielformat der Ton/Bildkassette mitgeteilt
werden. Wesentlicher ist aber, daß die Dokumentation eine bestimmte Zugriffswei-
se auf die Bestände unterstützt, die für die Rundfunkdokumentation kennzeichnend ist: Der Zugriff soll nicht nur ein definitives Dokument zutagefördern,
sondern häufig einen ganzen Fächer verwandter Dokumente dem Nutzer anbieten.
Eine solche Dokumentenauswahl kann den Umfang eines Katalogs annehmen oder
im Angebot weniger Alternativen bestehen, Voraussetzung ist jedoch stets, daß
nicht nur das Auffinden eines bestimmten Titels, sondern die Sortierung des Ge-
samtmaterials nach vielen unterschiedlichen Kategorien möglich ist. Beispiele wären: 1. Eine Liste der archivierten Werke Beethovens. 2. Auflistung aller Musiktitel
in der Instrumentierung Klavier/Cello/Geige aus dem Bereich der Unterhaltungsmusik ab 1964. 3. Nennung einiger Fernsehbeiträge, die Ansichten der Porta Nigra
in Trier enthalten, z.B. solche mit Autoverkehr und solche ohne Autoverkehr.

Derartige Titellisten unterstützen die kreative Arbeit des Journalisten, indem sie seine Assoziationen anregen und Vergessenes in die Erinnerung rufen. Die Dokumentation soll das kombinatorische Element journalistischer Arbeit unterstützen können. Dabei muß der Dokumentar den Programmzusammenhang, in den das Dokument gestellt werden soll, bis zu einem bestimmten Grad antizipieren. Dieses vorausschauende Element der Dokumentation ist noch stärker bei der notwendigen *aktiven Information* ausgeprägt. Aktive Information heißt, den Journalistenkollegen Dossiers, Kataloge und Dokumentenauswahlen anzubieten zu *möglichen, noch nicht in der Programmplanung festgeschriebenen Themen, die aber voraussichtlich journalistische Relevanz erlangen werden.*

Die Frage, *was* in den Rundfunkarchiven aufgehoben wird, beantwortet sich ebenfalls unter dem Gesichtspunkt der Verwendung und Wiederverwendung; allerdings tritt – verstärkt – auch der Gesichtspunkt der historischen Überlieferung hinzu. Naturgemäß gibt es keine objektiven Kriterien der Selektion. Man war nur bisher übereinstimmend der Meinung, daß die *Totalarchivierung* aus Raumgründen und wegen der zu gewährleistenden Zugriffssicherheit, die ein Minimum formaler Erfassung und inhaltlicher Erschließung voraussetzt, nicht in Frage kommen kann. Übereinstimmung herrscht auch darüber, daß ein gewisser zeitlicher Abstand zwischen dem Entstehungszeitpunkt des Dokuments und der *archivarischen (Selektion-)Bewertung* liegen soll, weil dadurch die Bewertungssicherheit wächst. Über alle anderen Fragen der Kassation wurde und wird kontrovers diskutiert, auch wenn die Rundfunkanstalten in verschiedenen Regelwerken Richtlinien für die Kassation niedergelegt haben. Neuerdings ändert sich unter dem Eindruck miniaturisierender Speichertechniken und weniger komplizierter, sehr schneller und hoch leistungsfähiger Retrievalsysteme die Blickweise auf das Mengenproblem: weniger rigide Kassationsprinzipien werden möglich. Das Nadelöhr der *intellektuellen Verarbeitung durch den Dokumentar* bleibt jedoch unverändert bestehen.

D 12.4 Professionalisierung: Von der Registratur zum Informationsmanagement

Die Geschichte der Rundfunkarchive ist geprägt vom Fortschreiten von der laienhaft geführten Registratur und Ablage der Archivalien durch die Redaktionen oder Sendeleitungen selber, über eine Phase, in der ehemalige Redakteure sich ganz auf das Archivieren konzentrierten, eine weitere Phase semi-professioneller Verhältnisse, in der archivarisch vorgebildete Archivleitungen installiert wurden, bis zu dem heutigen Zustand, der durch professionelle Führung der Archive und fachlich geschulte Mitarbeiter bei hoher Arbeitsteiligkeit gekennzeichnet ist. So sind die Einstellungsvoraussetzungen und Ausbildungsgänge für die meisten Rundfunkarchive mittlerweile genau definiert. Diese Professionalisierung ging Hand in Hand mit der technologischen Entwicklung, die ihrerseits erhöhte Qualifikationsanforderungen stellt.
Eine neue, wesentliche Qualifikation für Archivare und Dokumentare im Rundfunkbereich ist die Kenntnis computergestützter Informationsauswertungstechniken, die das System der Mediendokumentation zunehmend prägen. Die computergestützte Dokumentation hat zu großen Zeitersparnissen bei der Recherche, also der Titelauswahl geführt; gleichzeitig stieg aber der Zeitbedarf für die Titelaufnahme erheblich an. Die Grenzen heutiger Datenverarbeitungstechniken drücken sich

in immer noch komplizierten Erfassungsprozeduren aus, und die Geld- und Zeitinvestitionen für Entwicklung, Installation, Anpassung, Pflege und Austausch (Generationswechsel) der Systeme müssen dem Input-Aufwand hinzugerechnet werden. Vereinfachend gesagt: Das frühere Verhältnis „hoher Rechercheaufwand bei geringerem Verzeichnungsaufwand" hat sich umgekehrt. Die positive Folge ist immerhin, daß der Zeitbedarf nun nicht mehr gerade dann entsteht, wenn der Nutzer in der Tür steht.

War es in der Vergangenheit vielleicht noch vertretbar, die verschiedenen Archivbereiche (Hörfunk-Wort, Hörfunk-Musik, Fernsehen, Presse, Aktenarchive . . .) getrennt zu organisieren, verlangen die modernen Archiv- und Dokumentationstechniken wegen ihrer Komplexität und ihres Investitionswertes eine *integrierte Archivorganisation* , ein System der Informationsauswertung, in dem Fragen der Systemhandhabung und der Systembeschaffung für alle Bereiche gemeinsam und zugleich bedacht werden. Dabei beschränken sich die integrativen Notwendigkeiten gar nicht auf die jeweiligen Rundfunkanstalten allein, sondern betreffen die Kooperation der Sender untereinander und darüber hinaus auch die Kooperation mit externen Informations-Dienstleistern. Fragen der Kompatibilität der Systeme und damit der Kommunikationsfähigkeit der Dienstleister gewinnen im Zeichen der Programmzusammenarbeit − vom bloßen Programmaustausch bis zur gemeinsamen Programmkoordination und -koproduktion, aber auch im Zeichen des Wettbewerbs zwischen öffentlich-rechtlichen und privaten Rundfunkveranstaltern immer größere Bedeutung.

Das praktische, aber noch ferne Ziel solcher Integrationsanstrengungen ist dabei die Vernetzung der Datensammlungen und die Herstellung einer einheitlichen Benutzeroberfläche, die es erlauben, zu jeder Zeit an jedem Senderort über die Archivdaten aller Teilarchive aller Rundfunkanstalten zu verfügen.

Das bisher Gesagte gilt für alle Dokumentationsstellen einer Rundfunkanstalt, gleichgültig, welche Informationsträgerart dort ausgewertet wird. Im folgenden werden die Dokumentationseinrichtungen gesondert betrachtet, um keine allzu abstrakte Darstellung zu geben. Dabei können viele Aussagen und Beschreibungen modifiziert auch auf die übrigen Medien übertragen werden, denn trotz der bestehenden Aufgabenverteilung ist doch immer die Rede von einem S y s t e m der Mediendokumentation.

D 12.5   Schallarchive/Tonträger-Dokumentationsstellen

D 12.5.1   „Musikarchive" bzw. Musik-Dokumentationsstellen

Ausgangspunkt für die Archivierung von Tonträgern war die Musikarchivierung, zunächst von den Musikredaktionen selbst vorgenommen. Mit dem Anwachsen der hauseigenen Tonaufzeichnungsproduktion, vor allem aber mit dem immer reichhaltigeren Schallplattenangebot (Industrietonträger) ergab sich die Notwendigkeit der systematischen Archivierung durch eine gesonderte Archivorganisation. Es entstanden die Schall- oder Lautarchive.

Dabei stand die bloße Aufbewahrung der Tonträger in Magazinregalen noch lange im Vordergrund. Einfache, oft sogar fragmenthafte Titel-, Komponisten- und Interpretenangaben auf Karteikarten oder die Verzeichnung unter dem jeweiligen Tagesdatum der Übernahme ins Archiv in Kladden (Geschäftsbüchern), jeweils unter Hinzufügung einer fortlaufenden Nummer für den hereinkommenden Tonträger waren zunächst die Findmittel.

Auf diesem Stand der Erfassung des Materials spielte das Kopfwissen des Archivars für das Wiederauffinden *bestimmter* Titel eine große Rolle. Die Aufstellung von Titellisten nach gemeinsamen Merkmalen war mühevoll und zeitraubend.

Mit steigendem Anteil vorproduzierter, d.h. auf Tonband konservierter Beiträge mußten sich die Dokumentationstechniken verfeinern. Meist wurden die Produktionen auf verschiedene *Nummernkreise* aufgeteilt und so nach Genres unterscheidbar. Oft standen die den Ziffern vorangestellten Buchstabenelemente der Archivnummer (= Tonträgernummer) als ,, sprechender'' Bestandteil für Sendegattungen, also die *funkische Form*, Abteilungen innerhalb des Hauses, Redaktionen (,,EM'' wie ,,Ernste Musik'') oder Sendereihen bzw. Genres (,,SK'' wie ,,Sonntagskonzert''; ,,KO'' wie ,,Kleines Orchester''). Dabei blieben die Archivnummern immer noch identisch mit den Tonträgernummern, eine Indexierung einzelner Beiträge innerhalb einer geschlossenen Sendung oder innerhalb eines Bandes war nicht üblich.

Mit der Unterscheidung von Nummernkreisen entstanden in den Magazinen in sich geschlossene Teilbestände, für die wiederum Spezialkarteien erstellt werden konnten. Damit wurde das Recherchieren von verschiedenen Ausgangspunkten möglich. Man suchte in Karteien wie ,,Weihnachtslied'', ,,Fastnachtslied'', ,,Ethnische Musik'', . . .

Die Erstellung mehrerer unterschiedlich aufgebauter Karteikarten für ein und denselben Beitrag bedeutete hohen Schreib- und Sortieraufwand, wobei die Anzahl der Zugriffswege sehr begrenzt blieb.

Neben diesen Karteien benutzten die Archivare selbsterstellte und was Schallplatten anging, vor allem die von Handel und Industrie herausgegebenen Kataloge (,,Bielefelder Katalog'', vgl. Kap. D 5). Die Lieferkataloge der Industrie sind nach wie vor wesentliche Hilfsmittel der Informationserschließung.

Mit der Einführung der Hollerithmaschinen und später der elektronischen Datenverarbeitung wuchs die Zahl möglicher Sortierungen der einmal eingegebenen Daten je nach Systemkomfort auf optimale Werte. (Parallel vervielfachte sich der Titelumschlag in der Recherche und im Magazinverkehr durch die größere Anzahl von Radioprogrammen.)

Zugleich bewirkte die EDV, daß hereinkommende Neuproduktionen nun nicht mehr in Teilsammlungen einsortiert, sondern hintereinander weg in die Regale gestellt werden konnten, was eine beträchtliche Raumersparnis und kürzere Transportwege bedeutete. Diese Form der fortlaufenden Archivnummer (jetzt = Tonträgernummer plus Index für Einzelbeiträge) ermöglicht auch die Automatisierung der Tonträgerexpedition aus und in die Magazine (Beispiel: SEKAMOS, vollautomatisches Kassetenabspielsystem, installiert beim Süddeutschen Rundfunk das allerdings wiederum nur einen Teilbestand bearbeitet), die man sich durchaus als zukünftigen Magazinstandard vorstellen kann.

Das Ziel, auch auf die Daten von Musik-Dokumentationsstellen anderer Rundfunkanstalten zuzugreifen, machte zunächst die Standardisierung der Dokumentation durch **Regelwerke** notwendig. Seit 1975 ist das von einer Arbeitsgruppe der

DE-Nr.:   22   **Kurzbezeichnung:** DBTI

DE-Name: Titel der dokumentarischen Bezugseinheit

Titel der gewählten dokumentarischen Bezugseinheit

Regeln und Erläuterungen:

Als dokumentarische Bezugseinheiten können aufgefaßt werden:

1. ein Werk (Werk-Titel)
2. ein Take (Take-Titel)
3. eine vom Dokumentar nach bestimmten Kriterien frei gewählte
   Einheit, die einen Ausschnitt eines Takes/Werkes oder eine
   Zusammenstellung mehrerer Takes/Werke darstellen kann (Dok-
   Titel)

Die jeweils gewählte dokumentarische Bezugseinheit soll durch Vorstellung eines Kürzels kenntlich gemacht werden. "Die AG geht davon
aus, daß die von ZSK ausgelieferten Datensätze im DE 21 ausschließlich Take-Titel enthalten. Vor der Auslieferung von Datensätzen, die
in DE 22 andere als Take-Titel enthalten, ist eine Abstimmung der
Anstalten herbeizuführen."

1. Werk-Titel (WTI):

Vergleiche Richtlinien zur Titelansetzung.
Unter "Werk" kann verstanden werden:

- eine einsätzige/einteilige Komposition, die vom Urheber als ab-
  geschlossenes musikalisches Ganzes konzipiert wurde (z. B. Konzert-
  stück, Romanze für Violine und Orchester, Ballade für Klavier,
  Schlager)

- eine mehrsätzige/mehrteilige Komposition, deren Einzelteile vom Urheber von Anfang an als Einheit konzipiert oder später zu einer
  solchen zusammengefaßt wurden (z. B. Sinfonie, Oper, Kantate, Suite,
  Musical o. ä.)

- eine Komposition, die aus vorliegenden Kompositionen nachträglich zu
  einem neuen, mehr oder weniger fest gefügten musikalischen Ganzen
  zusammengestellt wurde (z. B. Medley, Potpourri, musikalische Revue,
  Pasticcio o. ä.).

Bei mehrsätzigen/mehrteiligen Kompositionen ist jeweils der vom Urheber
gegebene Titel des kompletten Werkes anzusetzen; Ausschnitte werden
durch - dem Werktitel vorgestelltes - "aus: "eingeleitet.

Handelt es sich bei dem zu erfassenden Werk um eine Musik, die für einen
Film oder für die Folge einer Filmserie komponiert worden ist, so kann
in diesem DE der Filmtitel bzw. der Titel der Einzelfolge erfaßt werden.
Die Information wird durch "aus: "eingeleitet und durch das Attribut
"FTI" (= Filmtitel) erläutert.

                                        Muß-Datenelement

                                        Stand: 12.8.1987

Abb. 1: Regelwerk Musik: Beispiel für die dokumentarische Bearbeitung des Datenelementes
       „Titel‟

DE-Nr.   82   Kurzbezeichnung: MAT

DE-Name: Materialart

Art des Materials, auf dem der Titel aufgezeichnet vorliegt, und ggf.
Art des Materials, von dem der Umschnitt erfolgte.

Regeln und Erläuterungen:

Das Material soll in einem dreistelligen Schlüssel angesetzt werden;
die erste Stelle kennzeichnet die Art des vorliegenden Materials, die
zweite Stelle kennzeichnet die Art des Materials, von dem der Umschnitt erfolgte. Die dritte Stelle kann hausintern verwendet werden
(etwa zur Angabe der Kopien-Generation).
In den Fällen, in denen vom dreistelligen Schlüssel kein Gebrauch
gemacht wird, ist zumindest das vorliegende Material zu kennzeichnen.

Schlüssel:

1. Stelle (vorliegendes Material)	2. Stelle (Art des Materials, von dem der Umschnitt erfolgte)	3. Stelle (hausinterne Information)
	0 = Original	
1 = Band	1 = Band	
2 = Platte (analog)	2 = Platte (analog)	
3 = Filmton (Sepmag)	3 = Filmton (Sepmag)	
4 = Videoband	4 = Videoband	
5 =	5 =	
6 = Cartridge-Cassette	6 = Cartridge-Cassette	
7 = Compact Disc	7 = Compact Disc	
8 = CompactCassette	8 = CompactCassette	
	9 = Unbekannt	
D = Draht	D = Draht	
F = Folie	F = Folie	
W = Walze	W = Walze	

Beispiel:

DE 80: 38
DE 82: 17 (= Bandumschnitt von CD)

DE 80: 12
DE 82: 7 (= Compact Disc)

DE 80: 38
DE 82: 142 (Bandumschnitt von Video, 2. Generation)

DE 80: 33
DE 82: 2 (= Platte)

Muß-Datenelement

Stand: 9.7.1987

Abb. 2: Regelwerk Musik: Beispiel für die dokumentarische Bearbeitung des Datenelementes
„Materialart"

ARD und des ORF erstellte „Regelwerk Hörfunk Musik" in Kraft. Es handelt sich um „Richtlinien für die Formalbeschreibung sowie für die Sach- und Inhaltserschließung von Musikproduktionen auf Tonträgern", jetzt in der zweiten, revidierten Auflage (Frankfurt 1987). Diese Richtlinien sind für die beteiligten Rundfunkanstalten verbindlich. Dennoch entstanden überall Anwendungsbesonderheiten, die bei der Formulierung der revidierten Auflage berücksichtigt wurden.

Der Datenaustausch in wöchentlichem Turnus mit dem Deutschen Rundfunkarchiv (DRA) in Frankfurt bei der Zentralen Schallplattenkatalogisierung (ZSK) wurde und wird ebenfalls auf der Basis des Regelwerkes ausgeführt. Im übrigen erscheint das Regelwerk in Lose-Blatt-Form, um ständig weiter ergänzt und aktualisiert werden zu können.

Die Musikdokumentation kennt auch eine *inhaltliche*, d.h. klassifizierende Erschließung ihrer Dokumente durch Kategorien oder Datenelemente wie „Teilbereich" (Folklore, Jazz, Tanzmusik, Chormusik, Militärmusik, . . .) oder „Art/Charakter" (Melodienfolge, Potpourri, Medley, Tango, Twist, Ballade, Slow, . . .).

Die Eingabe der Daten in elektronische Voll-Retrievalsysteme ist, was die Altbestände angeht, bei weitem nicht abgeschlossen. Der Südwestfunk z.B. begann 1970 mit einem einfachen Datensammelsystem, dann installierte man 1980 das EDV-System MUSIS (Musik-Informations-System); es stellte sich heraus, daß in der Anfangsphase der Erfassung, also vor 1980, viele Eingaben noch fehlerhaft oder − gemessen an heutigen Standards − unvollständig erfolgten, was ein Nachdokumentieren notwendig macht. Daneben existieren überall Bestände, meist Spezialsammlungen, die noch nicht übernommen werden konnten, also nach wie vor konventionell verwaltet werden. Titelneuzugänge können jedoch − vor allem dank der ZSK − mengenmäßig bewältigt werden, obwohl es sich jährlich um ca. 65.000 Titel, davon ca. 50.000 Schallplattentitel (für SWF) handelt.

Ein inzwischen altes, aber historisches doch noch junges Arbeitsgebiet des Musikdokumentars ist die Beratung von Fernsehjournalisten bei Planung und Einsatz von Hintergrundmusiken für Fernsehbeiträge, ein Arbeitsgebiet, das wieder die Tätigkeitskomponente *aktive Informationsauswertung* belegt. Obwohl Fernsehbeiträge häufig musikalische Elemente enthalten, gibt es die Berufsrolle „Musikberater für Fernsehjournalisten" nicht; diese im eigentlichen Sinne redaktionelle Aufgabe nehmen in steigendem Umfang Musikdokumentare mit entsprechenden Programmkenntnissen wahr.

Die Musik-Dokumentationsstellen der Rundfunkanstalten verwalten mancherorts außer den Tonträgern auch die Noten-Bestände (vor allem dort wesentlich, wo Rundfunkorchester tätig sind) und das musikbezogene Schrifttum. Oft gibt es eine Musik-Spezialbibliothek; sie kann zur zentralen Bibliothek gehören, bei den Musik-Redaktionen liegen, oder den Musik-Dokumentationsstellen zugeordnet sein.

D 12.5.2   „Wortarchive" bzw. Wort-Dokumentationsstellen

Diejenigen Einrichtungen der Hörfunkarchive, die Wortsendungen archivieren und dokumentieren, haben es im Wesentlichen mit den sendereigenen Hörfunkproduktionen zu tun. Schon deshalb haben die Wort-Dokumentationsstellen nicht das Mengenproblem der Musikdokumentation.

Dafür sieht sich die Wortdokumentation zwei schwierigen Aufgaben gegenüber: Erstens liegt der Anteil sogenannter *weicher Merkmale* höher als bei der Musik; zweitens – beides hängt jedoch zusammen – ist der Anteil noch nicht DV-mäßig erfaßter Beiträge ungleich größer. Die Relation von 6,5 : 1 drückt ungefähr die Titelmengen aus, die von der Musik (6,5) bzw. vom Wort (1) im gleichen Zeitraum dokumentarisch bearbeitet werden können. Die weichen Merkmale bezeichnen Zugriffswege außerhalb der *harten Formaldaten* eines Dokuments wie Autor/Komponist, Titel, Abspieldauer, Interpret, etc., also Zugriffswege über den *Inhalt* des Tondokuments, der nur durch den subjektiven Akt des Interpretierens zu erschließen ist.

Die Inhaltserschließung (die es in der Musikdokumentation in einer begrenzteren Dimension auch gibt) soll dem Rechercheur durch *Abstract* und *Schlagwörter* eine möglichst zutreffende Vorstellung vom Inhalt des Hörfunkbeitrags geben. Außerdem soll sie den Rechercheur auf Besonderheiten wie *Originaltöne* (O-Töne) hinweisen: auf Äußerungen wichtiger Personen, auf das Vorkommen besonderer sprachlicher Prägungen (Beispiel: zum ersten Mal wird der Begriff „Waldsterben" benutzt), auf Reportageteile und dergleichen mehr.

Die Inhaltserschließung nimmt nach einer gern benutzten Faustregel durchschnittlich die dreifache Abspieldauer des Beitrags in Anspruch. Es leuchtet ein, daß die Redaktionen, wenn sie Wortbeiträge ganz oder in Teilen (häufig nur die O-Töne als Einblendungen) wiederholen wollen, auf das Findmittel „Inhaltsdatei" viel stärker angewiesen sind als im Musikbereich, wo die Identifizierung von Musikstücken anhand von Titeln, Interpreten und Komponisten wegen des Werkcharakters des Dokuments, also anhand harter Daten eher möglich ist.

Auch für den Wortbereich wurde ab 1985 ein **Regelwerk** entwickelt. Es gliedert sich in drei Teile:
– Richtlinien und Kriterien zur Feststellung der Dokumentationswürdigkeit von Hörfunkproduktionen,
– die Aufführung der Datenelemente zur formalen Erfassung, sowie deren Definition, Ansetzungsregeln und Ausführungsbestimmungen und
– eine Anleitung zu ihrer dokumentationsgerechten, d.h. strukturierten inhaltlichen Erschließung.

Das Regelwerk Wort entstand in Abstimmung mit den Regelwerken „Musik" und „Fernsehen". Eine theoretische Grundlage bilden die „Deutschen Normen des Bibliotheks- und Dokumentationswesens". Auch das Regelwerk Wort läßt sich, wie „Musik" und „Fernsehen", auf DV-gestützte Dokumentationsverfahren *und* auf konventionelle anwenden. Auch das Regelwerk Wort wird kontinuierlich neuen Bedürfnissen angepaßt und schreibt Dokumentationsregeln verbindlich vor; es werden den beteiligten Dokumentationsstellen aber auch eigene, meist traditionelle Detaillösungen ermöglicht.

Das Regelwerk „Wort" unterscheidet Muß-, Soll- und Kann-Elemente. Die Muß-Elemente sind: Rundfunkanstalt (RFA), Sendehaupttitel (SHTI), Archivnummer (ANR), Geschwindigkeit (GES), Betriebsart (BA) und Materialart (MA). Ohne die Angabe dieser Merkmale, lautet die Vereinbarung, soll das Tondokument nicht in ein (EDV-)Informationssystem übernommen werden.
Die Soll-Datenelemente sind keine Bedingung für eine solche Übernahme, gehören aber wesentlich zur Dokumentbeschreibung. Die Kann-Datenelemente vervollstän-

digen die Dokumentbeschreibung nach den Bedürfnissen der jeweiligen Dokumentationsstelle. Diese und alle übrigen im Regelwerk getroffenen Vereinbarungen dienen dazu, die Dokumentationsleistungen an den verschiedenen Arbeitsplätzen innerhalb der Rundfunkanstalt auf gleichen Standard zu bringen, bezwecken aber auch, den Informationsaustausch zwischen den verschiedenen Rundfunkanstalten schneller und zuverlässiger zu machen.

Gerade im Wortbereich stellt sich wegen der täglich erzeugten Materialmenge die Frage der archivarischen Bewertung, der Kassation. Unter dem Gesichtspunkt der Wiederverwendung erscheinen etwa ,,Berichte zum Tage'' (Aktuelles Zeitgeschehen) eher wertlos. Anders verhält es sich mit Hörspielen oder Sketchen, deren Wiederholung sich von selbst anbietet. Das Regelwerk versucht Kriterien für die Dokumentationswürdigkeit aufzuzeigen: ,,Archivierung, Dokumentation und Bewertung . . . leiten sich einerseits aus den Aufgaben und Interessen der einzelnen Rundfunkanstalten und andererseits aus ihren kulturpolitischen Verpflichtungen aufgrund ihres öffentlich-rechtlichen Status her . . .''

Entsprechend werden *inhaltliche, medienspezifische* und *gestalterische* Kriterien angeführt. Daß *herausragende Ereignisse* dokumentationswürdig sind, und ebenso *Indikatoren längerfristiger Entwicklungen*, ist schnell einsehbar; weniger geläufig ist wohl das Kriterium *Wiedergabe der Alltagsrealität*; es bestimmt den Wert des Tondokuments nach der Wiedergabe bzw. Bearbeitung der Berufswelt, der Freizeit, der Familie, Nachbarschaft, des Brauchtums . . . Einen wichtigen Platz nehmen hier Beiträge zur *oral history* ein.

Die medienspezifischen Kriterien betreffen die Dokumentation der Programm- und Sendergeschichte; die Programmarbeit der Redaktionen soll im Bestand repräsentiert sein, ebenso ,,produktions- und sendetechnische Gegebenheiten und Innovationen'' und alles, was die allgemeine Rundfunkgeschichte belegen kann.

Die ,,gestalterischen bzw. ästhetischen Kriterien'' heben vor allem auf die funkspezifischen Umsetzungs- und Realisierungsmittel und -formen ab. Das Regelwerk verweist hier ausdrücklich auf den Fachbeistand der Redaktionen bzw. Regisseure (es handelt sich in der Regel um Beiträge mit Werkcharakter) zur Beurteilung dieser Eigenschaften.

Auf dem Gebiet der *formalen Erfassung* treten vor allem definitorische Probleme und Fragen der Ansetzung auf.

Die *Inhaltserschließung* soll erfolgen durch eine Kategorisierung des Gebietes, in das der Beitrag thematisch gehört, und der (Funk-)Gattung; durch das Kurzreferat oder Abstract, sowie durch die Schlagwörter oder Deskriptoren.

Zur sachgerechten Inhaltserschließung durch Deskriptoren gehört für viele Dokumentare ein *Thesaurus*, also ein systematisch und hierarchisch strukturierter Wortschatz, der die Deskriptorenwahl vorschreibt und umgekehrt bei der Wahl des zutreffenden Suchbegriffs hilft (vgl. Kap. B 5). Hier sei zu diesem Thema nur bemerkt, daß die verschiedenen Dokumentationsreferate in den Rundfunkanstalten seit Jahren bemüht sind, die Thesaurusfrage auch für die Mediendokumentation im Rundfunk zu lösen. Die größten Schwierigkeiten dabei scheinen zu sein: die thematische Breite des Materials erfordert einen Universal-Thesaurus – ein Anspruch, der bisher nirgends eingelöst wurde und vielleicht niemals einzulösen sein wird; die Pflege eines solchen Thesaurus würde wegen des schnellen begrifflichen Wandels im Journalismus einen sehr hohen Aufwand bedeuten, der unter Umständen größer wäre als der konkrete Nutzen eines kontrollierten Vokabulars.

Es wurde schon erwähnt, daß bei weitem nicht alle Wort-Beiträge EDV-mäßig erfaßt sind. Der tatsächlich voll recherchierbare Anteil ist im Verhältnis zu den noch nicht erfaßten Produktionen eher klein. Man kann deshalb für den Wortbereich feststellen, daß nach wie vor ein gemischt konventionell/elektronisches Arbeiten vorherrscht, wobei die Recherche überwiegend konventionell ablaufen muß, der Input aber DV-gestützt. Es gibt auch Rundfunkanstalten, die bisher keine DV-gestützte Wortdokumentation betreiben, sondern nach wie vor konventionell arbeiten und von anderen Dokumentationsstellen geschätzte Katalogarbeit geleistet haben (z.B. die NDR-Katalogreihe ,,Tondokumente im Schallarchiv des Norddeutschen Rundfunks, Bde. 1 – 17).

Einen mengenmäßig und technisch dem Musikbereich vergleichbaren Datenaustausch über das zentrale DRA gibt es im Wortbereich nicht, wohl aber die Meldung von Daten zu besonders archivierungswürdigen Dokumenten, die dann Eingang in den zentralen Nachweiskatalog und die Katalogveröffentlichungen des DRA finden und so den übrigen Rundfunkanstalten zur Verfügung stehen. Hier zeigt sich die Funktion der Frankfurter Einrichtung als zentrale Dokumentationsstelle besonders deutlich.

Wie für den Musikbereich oder das Fernsehen gibt es im Wortbereich das Arbeiten mit einem Zwischenmagazin, in das die Neuproduktionen zunächst wandern, um dann in das Archiv hinein abgearbeitet zu werden. Dieses Zwischenmagazin stellt einen ,,Verfügungspuffer" dar: das Material wartet dort mehr oder weniger unvollständig, höchstens aber formal erfaßt auf die weitere Bearbeitung, ist jedoch für die rasche Wiederverwendung griffbereit.

Den Wort-Dokumentationsstellen angegliedert ist häufig – wie im Musikbereich das Notenarchiv – das Manuskriptarchiv, wo die Manuskripte von Wortsendungen gesammelt werden.

D 12.6 Fernseharchive bzw. Fernseh-Dokumentationsstellen

Fernseharchive gliedern sich alles in allem in die Bereiche *Dokumentation, Film- und Bildbeschaffung, Programmaustausch und Magazin/Expedition/Zwischenarchiv.*

Je nach Größe der Rundfunkanstalt werden jährlich zwischen 1.000 und 10.000 Einzeltitel nach dem für alle ARD-Anstalten verbindlichen Regelwerk Fernsehen dokumentiert und archiviert. Dies geschieht überwiegend DV-gestützt; neben dem WDR-Informationssystem RUDI (vgl. Kap D 5) ist die Fernsehdatenbank FESAD (Fernseharchivdokumentation) zu nennen, ein Volltextsystem, mit dem der Süddeutsche Rundfunk, der Bayerische Rundfunk, der Norddeutsche Rundfunk, der Saarländische Rundfunk und der Südwestfunk seit 1985 arbeiten (s. *Abb. 3*).

Auch im Fernsehbereich wird aber über weite Strecken noch konventionell dokumentiert bzw. recherchiert, denn es gibt nach wie vor umfangreiche, nach wenigen formalen Kriterien auf Karteikarten erfaßte Bestände aus den früheren Produktionsjahren; häufig reichte auch die Personalkapazität nicht aus, jüngere Produktionen aus Zeiten, als eine DV-gestützte Dokumentation schon möglich war, vollständig in die Fernsehinformationssysteme zu übernehmen. Wie im Hörfunk besteht also auch für das Fernsehen ein von Rundfunkanstalt zu Rundfunkanstalt unterschiedlich großer *Bedarf an Rückwärtsdokumentation.*

```
SRTI Menschen und Straßen                                     Seite  1
PNR 0000284321 ANR 0007498 Btr 99 Dauer  43'44"  ESDT 10.07.1987 ** VWB **
-----------------------------------------------------------------------
```

```
Titel
    SRTI Menschen und Straßen
    SHTI Der dritte Stamm
    UNTI Polizei in Nordirland
```

```
Sendedaten
ESDT  10.07.1987  SWF   2 3      3      1    43'44"
ESDT  25.11.1987  SWF   1 1      5      1    43'44"   0000300852
Urheberschaft / Produktion / Mitwirkung
    RDN Gesellschaft
    REG Palmer, Sarah
    AUT Palmer, Sarah
```

```
Referat und Indexat
    KAT: Politik; Gesellschaft; Dokumentarbericht;

    IND  Irland; Nordirland; Polizei; Royal Ulster Constabulary;
         Belfast; Gewalt; Terror; Attentat;
    KIH  Polizei in Nordirland. Bericht über Lebens- und Arbeitsbe-
         dingungen von Angehörigen der Royal Ulster Constabulary.
    LIH  Gewalt und Gegengewalt kennzeichnet das Verhältnis zwischen
         Katholiken und der überwiegend protestantischen Polizei.
         Seit zwei Jahren verüben auch Mitglieder extremer prote-
         stantischer Gruppen gezielte Anschläge auf Polizisten, ihre
         Familien und ihre Wohnungen. Sarah Palmer zeigt Ursachen für
         die Eskalation der Gewalt auf und fragt Betroffene nach
         ihren Erfahrungen. Gezeigt wird der Arbeitsalltag der
         Polizei in der Polizeistation Woodbourne, eine Festung im
         katholischen Ghetto Lenadoon in West Belfast, und im
         protestantischen Portadown.
    BIH  Beerdigung David Ead (ermordeter Polizeiinspektor): Trauer-
         zug mit Polizeikapelle, Trauergemeinde, Foto s/w David
         Ead / West Belfast: Polizisten auf dem Weg zur Arbeit, Vor-
         beifahrt gepanzerte Polizeiwagen, dazwischen Militärfahr-
         zeug, am Ausguck Soldaten mit schußbereitem Gewehr, junge
         Polizisten in Polizeifahrzeug / Polizeistation Woodbourne
         (West Belfast): automatisches Schließen eines gepanzerten
         Tores, Schwenk festungsähnliche Mauern, Überwachungskamera /
         Archiv s/w: Demonstration von Bürgerrechtlern am 05.10.1987,
         prügelnde nordirische Polizisten (1'08" Weltspiegel NDR) /
         Stat: Polizisten zu ihrer Berufswahl, zu Auswirkungen auf
         ihr Privatleben / Woodbourne: Blick vom Hof der Polizei-
         station auf das benachbarte Wohngebiet Lenadoon (katho-
         lisches Ghetto), Stat: Bewohnerin (zu Ermordung von Ver-
         wandten), Bewohner (zu gewaltsamer Vertreibung aus früheren
         Wohnungen) / Beerdigung des IRA-Mitgliedes Laurence Marley:
         Milltown-Friedhof (West-Belfast) am 07.04.1987: gepanzerte
         Fahrzeuge, Soldaten und Polizisten beziehen Stellung /
         massives Polizeiaufgebot vor dem Haus des Verstorbenen,
         Int: Einsatzleiter der Polizei (Polizeipräsenz soll Zur-
         schaustellung von Symbolen des paramilitärischen Kampfes
         verhindern), Sarg wird aus dem Haus getragen, Polizisten
         bilden Sperre zwischen Sarg und Anhängern der Sinn Fein,
         Gewaltausbruch: Werfen von Steinen und Flaschen, schreiende
         Menschen, Polizisten mit Schlagstöcken, verletzte Poli-
         zistin, Martin Mc Guinness (Vizepräsident Sinn Fein) bei
         Ansprache über Megaphon (Abbruch der Beerdigung), Sarg wird
         im Gedränge zum Haus zurückgetragen / Milltown-Friedhof am
         08.04.1987: Trauerzug, Trauernde und Polizisten drängen sich
```

SRTI Menschen und Straßen   Seite   2
PNR 0000284321 ANR 0007498 Btr 99 Dauer 43'44" ESDT 10.07.1987 ** VWB **
----

um Grabstätte (Grabstelle der Republikaner), Grabrede Martin
Mc Guinness (fordert Anhänger der Sinn Fein auf, den Poli-
isten Gesicht zuzuwenden: "..denn in diesen Gesichtern sehen
sie ihre eigene Niederlage.. wir sind die Menschen, die nie
aufhören werden, Eure Unmenschlichkeit , Euer Unrecht und
Eure Brutalität zu bekämpfen. Und am Ende werden wir Euch
besiegen..") / Autowracks, ausgebrannte Fahrzeuge /
Polizeistreife in West Belfast (Aufnahmen aus gepanzertem
Fahrzeug durch Scheibe mit Einschußloch): anfahrende Autos.
Stat: Polizist zu langsamer Reaktion der Polizei bei nicht-
terroristischen Straftaten (bei jedem Hilferuf muß überprüft werden, ob es sich um einen Lockruf, eine Falle
handelt) / Woodbourne: zwei Nachbarschafts-Polizisten auf
Fußstreife, gesichert von 16 Soldaten mit schußbereitem Ge-
wehr und über ihnen kreisender Armeehubschrauber / Stat:
Polizist (Angst der Menschen vor Kontakt mit der Polizei) /
Ballymena: Protestversammlung am Tag des Trotzes gegen
neues Ordnungsgesetz und anglo-irisches Abkommen (November
1985), Redeausschnitt Ian Paisley (Parlamentsabgeordneter,
Pastor) / Portadown: Traditionneler Umzug der Protestanten
am Ostermontag, Straßensperre (verhindert Umzug durch
katholisches Gebiet), Interviews zu gewaltsamen Auseinandersetzungen zwischen Polizei und Umzugsteilnehmern bei
früheren Umzügen: Augenzeuginnen schildern Gewalttätigkeiten
von Polizisten am 12. Juli 1985, Polizist schildert seine
Verletzung durch Wurfpfeil am 12. Juli 1986 / Portadown:
Nachbarschafts-Polizisten auf Fußstreife (ohne Militär-
schutz), im Gespräch mit alten Leuten, mit Kindern, Graffiti
an Hauswand "RUC out" (Polizei raus), eingeworfene Fenster-
scheiben, Stat: Polizisten (unkenntlich) zu Anschlägen auf
ihre Wohnung, Int: Frauen zu Polizisten als Nachbarn ("..ich
würde nie neben einem Polizisten wohnen, nie, nie - ich kann
ihnen nicht mehr trauen..") / Sicherheitsvorkehrungen im
Haus eines Polizisten: Türschloß, Fenster aus Panzerglas,
Int: Polizisten-Ehefrau (zu Gefahren) / Fotodokumentation
s/w: Terroropfer April 1987 / blumengeschmücktes Grab eines
Loyalisten.

Beh	R	A	B	C	D	E	L-Zeit	Vermerke	Beitrag	Zusätze
01	1	FA	1Z	MAZ	B	MAZS	43'44"	STEREO T		
02	2	FA	16	UO	G	BUO	43'44"	AB		
03	1		16	MF		ST	43'44"			
				+ IT						
04	1		16	MF		IT	43'44"			
05	1		16	MF		SPR				
06	1	FA	16	UD	G	AK				

Rechte
    PE: 1   Anzahl: X
    Copyright: swf 1987
    DV: 9   Prod-stand: 3   POOL: J

Verwendungsbeschränkungen
    Weltspiegel vom 13.10.68: Unruhen in Nordirland (NDR)

    Bearbeiter: ba/me/ja/de/Pl
    Status: 9 1
    1. Änd.datum: 04.12.87

Abb. 3: Ausdruck eines FESAD-Datensatzes

Das **Regelwerk Fernsehen** betont schon im Vorwort den wirtschaftlichen Wert der in den Magazinen lagernden Bestände: ,, . . . (Sie) bilden einen einzigartigen kultur- und zeitgeschichtlichen Fundus, ebenso aber auch ein unersetzliches Programmvermögen, dem im Wettbewerb mit kommerziellen Programmveranstaltern und angesichts der erweiterten Verbreitungsmöglichkeiten von Rundfunk über Kabel und Satellit eine kaum abzuschätzende Bedeutung zukommt.''

Genau wie in den übrigen Regelwerken werden die *formale Beschreibung* und die *inhaltliche Erschließung* geregelt und damit die ,,Richtlinien zur Datenerfassung in Fernseh-Archiven'' von 1973 bzw. deren ergänzende Fassung von 1976 abgelöst. Der Aufbau des Regelwerkes entspricht im Wesentlichen dem der Hörfunk-Regelwerke. Die Anzahl der notwendigen Datenelemente zur vollständigen dokumentarischen Beschreibung der Fernsehbeiträge ist, weil hier Bild *u n d* Ton zu erfassen und die Ton/Bildträger zahlreicher sind, jedoch höher. Außerdem tauchen zusätzliche Kategorien wie ,,Zielgruppe'', ,,Einschaltquote'' oder ,,Auszeichnung für Programmacher'' (preisgekrönte Beiträge) und einige mehr auf, die das Hauptziel der Archivierung – die programmliche Auswertung – noch deutlicher werden läßt als in den Hörfunkregelwerken.

Entsprechend ist die inhaltliche Erschließung angelegt: Neben einer Kategorie ,,Verwendung'', mit der ein Beitrag etwa als Pausenfüller oder als Trailer gekennzeichnet werden kann, tritt zusätzlich zu der aus den Hörfunk-Regelwerken bekannten Inhaltsangabe (sie heißt hier: *sachbeschreibender Text*) die *Bildbeschreibung*. Sie dient dazu, aus archivierten Beiträgen einzelne Bildmotive oder Bildsequenzen zur Illustration für neue Sendungen herausnehmen zu können, um Neuaufnahmen längst vorhandener Motive überflüssig zu machen. Diese Verwendung von Bildmotiven entspricht im Prinzip der von O-Tönen im Hörfunk.

Die Dokumentationsstelle wird von den Programmredaktionen der eigenen, aber auch von denen anderer Rundfunkanstalten für Recherchen genutzt. Bei einer mittleren Rundfunkanstalt werden täglich ca. 45 Anfragen bearbeitet. Ergebnis solcher Recherchen anderer ist häufig die konkrete Anforderung von Programmbeiträgen; diese gehen beim *Programmaustausch* ein, der für die Abgabe der Beiträge an die Partner-Rundfunkanstalten sorgt, wie er umgekehrt die Beiträge von den Partner-Rundfunkanstalten entgegennimmt, diese Leihbestände verwaltet und an die Redaktionen weitergibt. Dem körperlichen Austausch von Beiträgen geht in der Regel die Suche nach dem passenden Material und damit die Recherche, wo im In- oder Ausland sich das Passende finden könnte, voraus. Mit derartigen Recherchen, die sich nicht nur auf Film- und MAZ-Material, sondern auch auf Fotos beziehen können, ist die *Film-, MAZ- und Bildbeschaffung* beschäftigt. Die Bildbeschaffungsstellen ordern ihr Fotomaterial bei Bildagenturen, Fotostellen öffentlicher Einrichtungen wie Bibliotheken und Archive oder auch bei Privaten.

D 12.7   Pressearchiv, Recherchestellen, Bibliothek

Über die Pressedokumentation ist in Kap. D 4 bereits ausführlich berichtet worden. Die Pressearchive in den Rundfunkanstalten sind denen großer Tageszeitungen und Zeitschriften durchaus vergleichbar, sowohl was die auszuwertenden Quellen als auch die Art der an die Dokumentare herangetragenen Fragen angeht. Im Unterschied zur Presse ist jedoch der Anteil von Fragen größer, die sich auf weiter zurückliegende Ereignisse beziehen, weil die entsprechenden Beiträge in Rundfunkprogrammen, insbesondere im Fernsehen, häufiger und meist auch umfangreicher sind als in der Presse. So ergab eine interne Untersuchung beim Südwestfunk (Baden-Baden 1988), daß mittlerweile ein Viertel aller Recherchen des Pressearchivs unter Hinzuziehung von Material erledigt werden muß, das zwischen zwei und zehn Jahren alt ist. Meldungen aus dem Zeitraum bis vor zwei Wochen, also das ganz aktuelle Material, wurden nur in 3 Prozent der Recherchefälle benötigt; 1984 lag dieser Anteil noch doppelt so hoch.

Die **Pressearchive** der Rundfunkanstalten arbeiten in der Hauptsache konventionell; den Schwerpunkt bilden jeweils die Ausschnittarchive, eine geringere Bedeutung besitzen die Ganzstücksammlungen. Die elektronische Datenverarbeitung hat in den Pressearchiven der Rundfunkanstalten bisher nur am Rande Bedeutung, dort nämlich, wo man mit Hilfe von PCs Stichwortkarteien ablösen oder bestimmte ausgewählte Quellen (Beispiel: ,,Spiegel'') differenzierter erschließen möchte. Im übrigen herrschen die traditionellen Mappensysteme mit möglicher Mehrfachablage vor, bei denen der systematische Katalog auch die Ordnung der physischen Aufbewahrung wiedergibt: jede Systemstelle repräsentiert eine Mappe oder ein Fach in einer Mappe. Dort lagert das Material so lange, bis es durchgesehen, kassiert und das Dokumentationswürdige als ,,Altbestand'' abgelegt wird. Die Zeitspanne bis zu dieser Kassation und zur Umwandlung der Mappeninhalte in Altbestand ist von Rundfunkanstalt zu Rundfunkanstalt verschieden; sie dürfte im Schnitt bei eineinhalb Jahren liegen.

Neben dem systematisch geordneten Hauptbestand gibt es in der Regel umfangreiche *Biografische Archive*, also Presseausschnittsammlungen mit personenbezogenen Informationen, die alphabetisch, nur nach Personennamen geordnet sind. Auf biografische Daten zielen ca. 50 Prozent aller Anfragen. Eine ähnliche Behandlung wie die personenbezogenen erfahren die *firmenbezogenen* Informationen; auch auf sie wird häufig zugegriffen.

Eine dritte Art Spezialsammlung stellen die Presseausschnitte zur *Mediengeschichte* und *Medienpolitik* dar, also Informationen, die das Haus unmittelbar betreffen und deshalb bedeutsam sind. Diese Bestände bauen sich aus denselben Quellen wie die übrigen auf; hinzu kommen aber noch die Branchen- und Fachdienste und Fachzeitschriften, die gesondert und mancherorts nach einer eigenen feinmaschigen Systematik ausgewertet werden.

Registerarchive (vgl. Kap. D 4) spielen in den Pressearchiven der Rundfunkanstalten keine größere Rolle. Häufiger wird aber die ,,Graue Literatur'', d.h. Broschüren, Berichte, Drucksachen, Pressedienste, PR-Material etc., auf diese Weise erschlossen und greifbar, dieses auch DV-gestützt.

Unterschiedlich ist die Frage geregelt, ob der Nutzer – der Journalist – mit dem Systematischen Katalog in der Hand selbst in den Mappen recherchiert oder ob dies der Dokumentar für ihn erledigt und ihm eine fertige Auswahl von Presseausschnitten vorlegt. Es gibt beide Praktiken, die aber jeweils immer ergänzt werden durch das Angebot der gemeinsamen Recherche.

Die Pressedokumentationsstellen spielen für die *aktive Information* eine besonders wichtige Rolle. Sie speisen in die Programmproduktion eigeninitiativ mehr oder weniger umfangreiche Sonderdokumentationen zu voraussehbaren Medienereignissen (Beispiel: 200. Jahrestag des Sturms auf die Bastille) und Großthemen ein und informieren so den Rundfunkjournalisten über die wichtigen Beiträge der übrigen Publizistik. Eine andere Form der aktiven Information ist die − journalistisch aufbereitete − Argumentenliste (Beispiel: Mit welchen Argumentationen haben die Tageszeitungen auf Lokalfunkversuche reagiert?)

Probleme der Materialerhaltung stellen sich in den Pressearchiven immer dringlicher. Da das Zeitungspapier irgendwann zerfällt, die Kopierbarkeit des Materials sogar schon vorher verloren geht, müssen die Bestände auf andere Informationsträger übertragen werden. Die Umsetzung auf Mikrofilm bot sich dafür bisher an. In der Zukunft sind auch Bildplatten als Informationsträger oder Magnetbänder hoher Packungsdichte für die digitalisierte Speicherung denkbar. Diese Zukunftslösungen verlangen leistungsfähige Retrievalsysteme und einen sehr hohen Aufwand bei der Erschließung (Codierung, Verschlagwortung) der Dokumente; es stellt sich deshalb die Frage, ob derartige Investitionen an Geld und Arbeitsleistung überhaupt von einzelnen Rundfunkanstalten erbracht werden können.

Die meisten Pressearchive der Rundfunkanstalten verfügen zur ergänzenden Beschaffung von Informationen über **Recherchestellen**, die konventionell oder Online bei externen IuD-Stellen und Datenbankanbietern anfragen. Ausrüstungs-Kernstücke dieser Stellen sind an das Telefonnetz angeschlossene PCs, über die man sich an Tausende Datenbanken anschalten kann; die Erfahrung zeigt, daß diese Stellen mit Spezialisten besetzt sein müssen, die nicht nur die gebräuchlichen Retrievalsprachen beherrschen, sondern vor allem Aufbau und Angebote der zahlreichen wichtigen Datenbanken kennen müssen, um zu einigermaßen vertretbaren Kosten dort recherchieren zu können.

Die **Bibliotheken** in Rundfunkanstalten sind nicht nur zuständig für das Beschaffen, Katalogisieren und Bereitstellen von Büchern und Druckschriften, sondern stehen den Redaktionen auch für die Informationsvermittlung zur Verfügung, die alle Informationen betrifft, die aus Büchern entnommen werden können. Häufig müssen Recherchen in allen drei Pools vorgenommen werden, um zum Ziel zu gelangen: im Pressearchiv und/oder in externen Datenbanken *und* in den Nachschlagewerken und Büchern der Bibliothek. Eine Untersuchung beim Südwestfunk ergab, daß in ca. 13 Prozent aller Auftragsrecherchen auch die Bibliothek zur Informationsfindung herangezogen werden mußte (Baden-Baden, 1988). Diese Zahl zeigt, daß ein organisatorischer und räumlicher Verbund der drei Pools sehr sinnvoll sein kann.

Die Bibliotheken leisten ebenso wie die übrigen Dokumentationsstellen ihren Beitrag zur aktiven Information, beispielsweise durch Verzeichnisse verschlagworteter Buch-Neuerscheinungen oder (Fach-)Aufsatzverzeichnisse, die auch den Partner-Rundfunkanstalten zur Verfügung gestellt werden.

D 12.8   Historisches Archiv

Dieser Bereich archiviert und dokumentiert Akten, Schriften, Fotomaterial, grafisches Material. Das Aktenarchiv übernimmt relevantes Schriftgut aus dem zentralen Aktenmagazin (ein Zwischenmagazin), in das die Abteilungen ihre Altakten abgeben, sowie die Verschlußakten aus der Intendanz, dem Justitiariat, den Direktionen und dem Personalratsbüro. Die Publikationen des Hauses werden meist in eigenständigen Sammlungen geführt und dokumentiert. Sie werden relativ häufig gebraucht und müssen deshalb schnell greifbar sein. Eine parallele Behandlung erfahren meist auch die Publikationen der Partner-Rundfunkanstalten, auf die ebenfalls häufiger zugegriffen wird.

Fotos, am häufigsten Standfotos aus Fernsehproduktionen und Portraits von Schauspielern, Sprechern, Mitarbeitern . . . gehen in die Historischen Bildarchive ein und werden dort personen- oder produktionsbezogen dokumentiert. Das Historische Bildarchiv versorgt die Presse (über die Pressestellen) mit Bildmaterial, liefert für hausinterne Veröffentlichungen zu und stellt Material für Austellungszwecke oder zur wissenschaftlichen Auswertung zur Verfügung.

D 12.9   Zusammenfassung

Es sollte deutlich werden, daß das System der Mediendokumentation im Rundfunk geprägt wird von
- der Vielfalt der Quellen
- der Heterogenität der Informationsträger
- der Breite abzudeckender Themen
- der Kürze der für Recherchen zur Verfügung stehenden Zeit
- der Art der Informationsverwendung durch den Nutzer, den Rundfunkjournalisten
- der wachsenden Professionalisierung
- der zunehmenden Vernetzung der Dokumentationsstellen.

Die Komplexität des Bereiches wird durch die *Außenarchive* noch erhöht, die jede Rundfunkanstalt in ihren Landes- und Regionalstudios unterhält, und die im regen Austausch mit dem Zentralarchiv stehen. Diese Studios unterhalten eigene Fernseh-, Hörfunk- und Pressearchive, jeweils zugeschnitten auf die speziellen Programmerfordernisse vor Ort. Es leuchtet ein, daß die Dokumentationsziele, -verfahren und -instrumente dort und im Zentralarchiv aufeinander abgestimmt sein müssen, und daß bei jeder technischen Innovation Verträglichkeits- und Kommunikationsfragen zu bedenken sind.

Diese Verhältnisse erfordern eine *integrierte Archivorganisation* und zunehmend, wegen der Ausdehnung von Computertechniken, ein modernes Informationsmanagement. Sie erfordern aber auch eine Nachwuchs-Ausbildung, die dem einschlägigen dokumentarischen Handwerkszeug Kenntnisse auf dem Gebiet der Datenverarbeitung und im Bereich der Programmproduktion hinzufügt. Kenntnisse im Bereich der Programmproduktion, das meint nicht nur technische Aspekte, sondern vor allem Vertrautheit mit journalistischen Arbeitsweisen.

Literatur

(siehe auch Literatur zu Kap. D 4 und D 5)

01. Audiovisuelle Überlieferung in den Rundfunkarchiven und wissenschaftliche Forschung. Protokoll eines Rundgesprächs auf der Frühjahrstagung 1987 der Fachgruppe Presse-, Rundfunk- und Filmarchivare in Zürich. In: Info 7. Jg. 2. 1987. H. 2. S. 72 – 84.
02. Die Fernsehdokumentation im DRA. In: DRA-Informationen. Nr. 7. 1986. S. 1 – 5.
03. Dusek, Peter: ORF-Fernseharchiv: Das audiovisuelle Erbe einer Nation. In: Info 7. Jg. 3. 1988. H. 2. S. 53 – 56.
04. Dusek, Peter: Die Geschichtswissenschaft und die Müllhalden der internationalen Medienarchive. In: Medien-Journal. Jg. 8. 1984. Nr. 2. S. 7 – 14.
05. Falkenberg, Hans Geert: Für ein Zentralarchiv der Rundfunkanstalten. Diskussionsbeitrag beim Medien-Hearing II der Berliner Akademie der Künste am 6. Juni 1986 In: Studienkreis Rundfunk und Geschichte. Mitteilungen. Jg. 13. 1987. Nr. 2. S. 167 – 174.
06. Heckmann, Harald: Das Deutsche Rundfunkarchiv – Dokumentationsstelle und historisches Archiv der ARD. In: Dokumentation in Presse und Rundfunk. München/New York/London/Paris 1985.
07. Hempel, Wolfgang; Lange, Eckhard: Kooperation zwischen Rundfunkarchiven und sonstigen Archiven. In: Der Archivar. Jg. 33. 1980. H. 3. Sp. 299 – 306.
08. Huck, Frank Rainer: Hintergrundmusik in Rundfunk-Schallarchiven. Probleme der Katalogisierung und Bereitstellung am Beispiel des Saarländischen Rundfunks. In: Forum Musikbibliothek. 1986. H. 4. S. 252 – 262.
09. Jerger, Artur: Datenbanksysteme in Rundfunkanstalten. In: TV-Courier. Dokumentation. Jg. 25. 1985. Nr. 19. S. 7 – 13.
10. Kahlenberg, Friedrich P.: Thesen zur Erhaltung und Verfügbarkeit des AV-Quellenmaterials in den Rundfunkanstalten. In: Entwicklungsperspektiven zukünftiger Informationssysteme. München/New York/London/Paris 1983. S. 233 – 239.
11. Kahlenberg, Friedrich P.; Schmitt, Heiner: Zur archivischen Bewertung von Film- und Fernsehproduktionen. Ein Diskussionsbeitrag. In: Der Archivar. Jg. 34. 1981. H. 2. Sp. 233 – 242.
12. Lange, Eckhard: Der Dokumentationsredakteur – Überlegungen zu einem neuen Berufsbild. In: Info 7. Jg. 1. 1986. H. 2. S. 40 – 43.
13. Lersch, Edgar: EDV-Anwendungen im Historischen Archiv des Süddeutschen Rundfunks. In: Archiv und Wirtschaft. Jg. 19. 1986. H. 1. S. 20 – 23.
14. Lersch, Edgar: Aufgaben und Probleme der Aktenarchive der Rundfunkanstalten. Ein Erfahrungsbericht. In: Der Archivar. Jg. 36. 1983. H. 2. Sp. 157 – 166
15. Lersch, Edgar: Schriftquellen zur Programmgeschichte. Hinweise auf Aktenbestände der Rundfunkanstalten. In: Studienkreis Rundfunk und Geschichte. Mitteilungen. Jg. 7. 1981. Nr. 4. S. 237 – 244.
16. Pressearchive – konventionell oder elektronisch? Protokoll eines Rundgesprächs auf der Frühjahrstagung 1986 der Fachgruppe Presse-, Rundfunk- und Filmarchivare in Mainz In: Info 7. Jg. 1. 1986. H. 2. S. 61 – 73.
17. Scharlau, Ulf: Probleme und Möglichkeiten der dokumentarischen Bewertung Leichter Musik in den Rundfunkarchiven. In: Musikdokumentation gestern, heute und morgen. Kassel/Basel/London 1984. S. 66 – 70.
18. Scharlau, Ulf: Kooperation als Auftrag. Gedanken zur Organisationsreform der Archive des SDR. In: Fernseh-Informationen. Jg. 33. 1982. Nr. 6. S. 145 – 146.
19. Schmitt, Heiner: Zur Situation der Archivierung des ZDF-Programmvermögens. In: Der Archivar. Jg. 41. 1988. H. 3. S. 361 – 366.

20. Schmitt, Heiner: Richtlinien zur Feststellung der Archivwürdigkeit von Fernsehproduktionen. Zum Stand der Programmbewertung in den deutschen Rundfunkanstalten. In: Der Archivar. Jg. 40. 1987. H. 3. Sp. 405 – 410.
21. Schmitt, Heiner: Universeller Dienst für das ZDF-Programm. Archiv – Bibliothek – Dokumentation. In: ZDF-Jahrbuch 1984. Mainz 1985. S. 168 – 172.
22. Schüller, Dietrich: Konservierung, Restaurierung und Obsoleszenz. Gegenwärtige Bemühungen rund um die technischen Probleme der Langzeitstabilität und -verfügbarkeit audiovisueller Medien. In: Das Schallarchiv. Nr. 22. 1987. S. 27 – 35.
23. Stoessel, Klaus: Computereinsatz in der Musikkatalogisierung im Deutschen Rundfunkarchiv. In: Fontes artis musicae. Vol 27. 1980. Nr. 3/4. S. 178 – 183.
24. Welz, Gerhard: Zur Problematik der Lagerung von Videomagnetbändern. In: Archiv und Wirtschaft. Jg. 19. 1986. H. 4. S. 123 – 137.
25. Wicht, Stefan: Bildschirmtext als Recherche-Instrument – Ein Streifzug durch das nicht mehr ganz neue Medium. In: Info 7. Jg. 1. 1986. H. 2. S. 49 – 59.

D 13   Innerbetriebliche Informationssysteme

Hartmut Kroll

D 13.1   Einleitung

Es würde der Absicht dieses Buches nicht gerecht werden, den Begriff ,,Innerbetriebliche Informationssysteme'' im Sinne der Wirtschafts- bzw. Betriebsinformatik (EDV-orientierte Industriebetriebslehre) zu behandeln. Die Konzeption der nachfolgenden Abschnitte basiert daher bewußt auf dem Begriff ,,Fachinformation''. Dabei ergeben sich freilich naturgemäß auch Informatik-Bezüge (Produktion, Technik, Beschaffung, Kommunikationsfragen usw.). Zur Vertiefung dieser Bezüge wird auf die einschlägige Fachliteratur zur Wirtschaftsinformatik verwiesen.

Innerbetriebliche Informationssysteme sind Bestandteil des Kommunikationssystems innerhalb der Betriebsorganisation und somit wesentlich auch Gegenstand der Betriebswirtschaftslehre. Der Notwendigkeit, innerbetriebliche Informationssysteme zu schaffen, liegen folgende Fakten und Überlegungen zu Grunde.

Die Stärke eines Unternehmens beruht in hohem Maße auf dem Wissen und Können, auf den Erfahrungen und der Kreativität der Mitarbeiter, auf seinen Schutzrechten sowie auf einer zweckmäßigen Organisation. Diese Merkmale stehen in engem Zusammenhang mit dem Begriff Fachinformation. Unter Fachinformation soll diejenige Information verstanden werden, die ein Mitarbeiter benötigt, um eine Aufgabe effizient zu bearbeiten (Planungsinformation, Entscheidungsinformation, Durchführungsinformation, Kontrollinformation u.a.). Fachinformation hat einen *Wert als Ware*, für die ein Preis zu zahlen ist.

Aus betriebswirtschaftlicher Sicht wird Fachinformation daher zunehmend als ein *Produktionsfaktor*, vergleichbar mit den Ressourcen Rohstoffe und Energie, begriffen. Gleichzeitig ist die Ressource Fachinformation eine wichtige Vorgabe für das Führen, Planen, Entscheiden, Steuern und Kontrollieren (*Dispositiver Faktor*). In diesem Zusammenhang wiesen Kroll und Seipel auf neue Anforderungen auch an das betriebliche Controlling hin, das sich, ausgehend von seiner bisherigen hauptsächlichen kurzfristigen Kontrollfunktion im Finanz- und Rechnungswesen (Operatives Controlling), zu einem wichtigen Instrument für die langfristige betriebliche Existenzsicherung (Strategisches Controlling) weiterentwickelt hat (Lit. 08.).

Die Nutzung von Fachinformation ist also eine unternehmerische Aufgabe, wie Hackstein 1985 formulierte (Lit. 02.).

Aus dieser Aufgabenstellung leitet sich die allgemeine Zielsetzung für innerbetriebliche Informationssysteme ab, betriebliche Abläufe, die Erlösoptimierung des Unternehmens, die Sicherung der Position im internationalen Wettbewerb, die Verbesserung der innerbetrieblichen Zusammenarbeit sowie, nach John, betriebswirtschaftliche Entscheidungsprozesse (Lit. 03.) nachhaltig zu unterstützen.

Diese Ziele können erreicht werden, wenn außerbetriebliche und innerbetriebliche Vorgaben berücksichtigt werden. Auf grundsätzliche Probleme dazu sowie auf pra-

xiserprobte Ansätze und Methoden geht Kroll ausführlich ein (Lit. 04.; Lit. 05.).
Zu *außerbetrieblichen Vorgaben* gehören beispielsweise informationspolitische
Tendenzen, Ergebnisse informationswissenschaftlicher Forschung und der Be-
triebsinformatik, Informationstechnik, Fragen des Informationsrechtes, das natio-
nale und internationale Fachinformationsangebot sowie Entwicklungen auf dem
Gebiet des gewerblichen Rechtsschutzes.
Innerbetriebliche Vorgaben werden im Abschnitt D 13.3 abgehandelt.

D 13.2 Das innerbetriebliche Informationsnetz

Traditionelle innerbetriebliche Informationsstellen sind die Bibliothek bzw. die Li-
teraturabteilung, die Normenstelle, die Patentabteilung, die Berichtsstelle sowie das
Archiv. Zunehmend werden auch EDV-gestützte interne Systeme sowie außerbetriebliche Informationsbeschaffungsmöglichkeiten genutzt.
Die steigende Informationsflut und deren effiziente Nutzung bedarf des sinnvollen
Zusammenwirkens und gegebenenfalls der Zusammenfassung der Aktivitäten dieser meist organisatorisch getrennt arbeitenden Informationsstellen. Daher ist es erforderlich, ein möglichst umfassendes betriebliches Informationssnetzwerk zu organisieren (Informationsmanagement).
Für die Einrichtung eines den Aufgaben und Zielen des jeweiligen Unternehmens
angepaßten Informationsnetzwerkes und für den Aufbau der zugehörigen Wissens-
logistik sollten folgende Voraussetzungen gegeben sein:

– Das Vorhandensein eines Informationsbewußtseins im Sinne der Erkenntnis, daß Information, Kommunikation, Qualität, Kosten und Innovationen in *kausalem Zusammenhang* stehen,
– das Vorliegen eines betrieblichen Informationskonzeptes, das ein eventuell bereits vorhandenes EDV-Konzept einbezieht,
– die Schaffung einer *klaren Verantwortlichkeit* für das Netz (koordinierende Funktion mit
  fallweiser Weisungsbefugnis, z.B. Controlling/Informationsmanagement),
– die Festlegung einer zentralen Stelle innerhalb des Netzes mit *Drehscheibenfunktion* für
  innerbetriebliche und außerbetriebliche Wissensressourcen (*Informationsvermittlungsstelle*),
– der Wille zur *organisatorischen Anpassung* bisheriger Strukturen, soweit erforderlich.

Was unterscheidet eine betriebliche Informationsvermittlungsstelle (IVS) von einer
traditionellen Industriebibliothek? Im Gegensatz zu einer Industriebibliothek, die
im wesentlichen beschaffende, verteilende und aufbewahrende Funktion hat und
die sich in ihrer meist reagierenden Tätigkeit überwiegend auf klassische Literatur-
quellen stützt, hat eine IVS weitergehende Aufgaben. Wie bereits die Bezeichnung
,,Informationsvermittlungsstelle'' signalisiert, reagiert die IVS nicht nur, sondern
sie greift unmittelbar in das betriebliche Geschehen ein, *agiert* also. Informationsberatung, maschinelle und manuelle Recherchen und das eingebundene Patentwesen sind ebenso wichtige IVS-Merkmale wie Vorgehensweisen zur zweckmäßigen
Fachinformationssteuerung und zur innerbetrieblichen Zusammenarbeit. Die ebenfalls vorhandenen traditionellen Bibliotheksaktivitäten sind also für die IVS nur ein
Teilaspekt.

D 13.3 Innerbetriebliche Vorgaben für die Informationsvermittlung

Die Arbeitsgestaltung der innerbetrieblichen Informationsvermittlung ist von *betriebsorganisatorischen* Vorgaben und *arbeitspsychologischen* Gegebenheiten abhängig.

Weiterhin muß sich die innerbetriebliche Informationsvermittlung am Informationsbedarf orientieren, der im Unternehmen bei der Bearbeitung seiner Aufgabenfelder, vor allem bei der Planung, bei der Konstruktion, in der Produktion, in der Qualitätssicherung, in der Forschung und Entwicklung und beim Absatz, entsteht.

D 13.3.1 Der Informationsbedarf des Unternehmens

Der wesentliche Informationsbedarf eines Unternehmens resultiert aus seinen Produktions- und Entwicklungszielen, seinen Aufgabenfeldern (Arbeitsgebiete, Produkt- und Verfahrenspalette, Automation, laufende und zukünftige Entwicklungsvorhaben usw.), aus seiner Marktstrategie und aus der Orientierung an externen Entwicklungen (Erfindungen und Innovationen, Marktbewegungen). Dieser Bedarf erfordert sowohl eine langfristige kontinuierliche Versorgung mit Fachinformation als auch ein kurzfristiges Reagieren beim unvorhergesehenen Problemfall.

Der Bedarf an Fachinformation, d.h. an bibliographischen Nachweisen, an Daten, an Fakten, an Konstruktions- und Fertigungszeichnungen, Fließplänen und speziellen Unterlagen, schließt den Bedarf an Informationen allgemeiner firmenpolitischer Bedeutung (Markt, Kunden, Konkurrenz, Verträge, Lizenzen, Beteiligungen, Öffentlichkeit usw.) ebenso ein wie den Bedarf an Informationen, die für die innerbetriebliche Zusammenarbeit von Bedeutung sind (Planungen, Bauten, Investitionen, Sicherheit, Infrastruktur u.a.). Der Bedarf entsteht in praktisch allen Abteilungen, sowohl beim Management als auch beim Facharbeiter.

Dem Informationsbedarf stehen innerbetriebliche und außerbetriebliche Fachinformationsressourcen gegenüber:

1. Interne Ressourcen, darunter das dokumentierte und nichtdokumentierte betriebliche Know-how, ferner das laufende fachliche betriebliche Geschehen.
2. Die klassische Literaturversorgung, wie Bücher, Zeitschriften, Proceedings, die sog. „Graue Literatur" (nicht über Verlage publizierte Fachberichte), Referatedienste, Firmenschriften, Verzeichnisse, Verordnungen, Gesetze usw.
3. Datenbanken, deren Nutzung zweckmäßig im Dialog vom Arbeitsplatz aus (meist innerhalb der IVS) erfolgt.
4. Patente und Gebrauchsmuster als eine der wichtigsten Ressourcen zur Verfolgung des internationalen Standes der Technik, von Trends, zur aktuellen Marktbeobachtung und als Basis für Lizenz- und Kooperationsüberlegungen.
5. Informationen über Möglichkeiten der Zusammenarbeit mit Hochschulen (z.B. Auftragsforschung, Kooperationen).
6. Ergebnisse des Erfahrungsaustausches mit anderen Firmen, Kontakte mit Verbänden, Beratern und Informations-Brokern, die Aufnahme neuer Entwicklungen speziell auch auf dem Fachinformationsmarkt.

D 13.3.2 Firmenorganisation

Die Organisation einer Firma sollte ihrer Aufgabenstellung grundsätzlich angepaßt sein. Änderungen in der Produktpalette, in den Entwicklungszielen, im Dienstleistungsangebot oder Veränderungen bei Beteiligungsgesellschaften erfordern häufig organisatorische und personelle Umstellungen im Unternehmen mit veränderten Zuständigkeiten und Verantwortlichkeiten. Auf derartige Änderungen muß die Informationsvermittlung reagieren, da sie einen geänderten Informationsbedarf nach sich ziehen können.

Die Versorgung der Abteilungen mit Fachinformation setzt sowohl intakte formale Kommunikationswege (durch die Organisation geplanter und strukturierter Informationsaustausch) als auch, ergänzend, eine funktionierende informale Kommunikation voraus, die auf zwischenmenschlichen Beziehungen beruht. Dabei ist zu beachten, daß die informale Kommunikation sowohl Veränderungen durch Mitarbeiterwechsel unterworfen ist, als auch fallweise geplante Informationsflüsse durch Privatflüsse unterlaufen werden können. Ein klares und überschaubares Kommunikationssystem verhindert, daß Informationen einseitig nach Gruppeninteressen interpretiert und häufig einseitig herausgestellt werden.

D 13.3.3 Mitarbeiter

Informations- und Dokumentationstechnik sowie der eingeschaltete Vermittler selbst sind Zwischenglieder, welche ausschließlich dem Endbenutzer dienen. Daher ist die Informationsvermittlung nur dann erfolgreich, wenn die Verhaltensweisen der Mitarbeiter, die Endbenutzer von Fachinformation sind, beachtet werden.
Das Know-how des Unternehmens wird überwiegend von seinen Mitarbeitern erarbeitet. Es liegt als Wissen, Erfahrung und Können vor, das sich u.a. in der Firmenorganisation, in den Produktionsverfahren und in der Produktpalette manifestiert. Es ist teilweise in Berichten, Protokollen, Aktennotizen, Zeichnungen, Vorschriften und Rezepturen festgehalten. Es verbleibt jedoch wichtiges Know-how, das lediglich ,,in den Köpfen'' bewährter Mitarbeiter steckt und anderen nur selten im Detail bekannt ist. Diese nicht dokumentierten Kenntnisse, die durch die Arbeit an zurückliegenden Aufgaben, bei Auslandsaufenthalten, auf der Montage, bei Tätigkeiten in anderen Firmen, Beteiligungsgesellschaften und Niederlassungen, durch den Besuch von Veranstaltungen usw. entstanden sind, stellen eine wichtige Informationsressource dar.

Am gerichteten innerbetrieblichen Fachinformationsfluß nehmen die Mitarbeiter hauptsächlich über Besprechungen und durch Empfangen und Verteilen von Anweisungen und Mitteilungen teil. Häufig liegt es im Ermessen des Absenders, den Empfängerkreis − den sogenannten Verteiler − festzulegen. Dadurch können Privatinformationsflüsse entstehen, die an wichtigen Stellen, dem aktuellen Informationsbedarf und am aktuellen Informationsstand vorbeigehen.
Die innerbetriebliche Informationsvermittlung muß auch berücksichtigen, daß Hoch- und Fachschulabsolventen während ihrer Ausbildung als Naturwissenschaftler oder Techniker nicht immer die Gelegenheit hatten, moderne Informationsbeschaffungsmethoden kennenzulernen, um sich auf ein möglichst rationelles Arbeiten im Beruf vorbereiten zu können.

Für ein Unternehmen ist es wichtig, daß neue Mitarbeiter zügig in einer angemessenen Zeit eingearbeitet werden. Ein neuer Techniker, Meister, Ingenieur oder Laborant benötigt am Anfang vor allem einen Überblick über sein neues Aufgabengebiet. Er sollte zunächst nur wichtige und zielgerichtete Informationen aufnehmen und lernen, wo weiteres Know-how im Bedarfsfalle erhältlich ist. Die Informationsvermittlungsstelle muß für einen möglichst frühen Kontakt sorgen und die Einarbeitung neuer Mitarbeiter unterstützen.

Vor allem junge Mitarbeiter weisen naturgemäß keine oder nur geringe Erfahrungen und Kenntnisse über den gewerblichen Rechtsschutz und die Patentinformation auf. Aber auch bei älteren Mitarbeitern gibt es auf diesem Gebiet vielfach Defizite, Desinteresse, dazu Mißverständnisse und Voreingenommenheit. Die Informationsvermittlung muß sich damit auseinandersetzen und gegebenenfalls Hinweise für die Verbesserung der betrieblichen Patent- und Recherchierarbeit geben. Anregungen dazu gibt u.a. Kroll (Lit. 06.).

D 13.3.4   Zielgruppen für die Fachinformation

Die Anforderungen, die einzelne Abteilungen an die Art der Fachinformation stellen, sind verschieden:

Produktionsabteilungen, deren Arbeit meist durch besonderen Termindruck und kurzzeitige Probleme gekennzeichnet ist, benötigen kurze gezielte Fachinformationen. Zeit zum ausführlichen Studium umfangreicher Unterlagen ist nur selten vorhanden. Hingegen werden schnelle Hinweise zu ,,wer liefert was?'' oder zu ,,wer kann was im Unternehmen?'' verlangt. Promptes Reagieren ist wichtig, um Produktionsunterbrechungen und Qualitätseinbußen zu vermeiden.

Abteilungen, die sich mit der *Planung* neuer Produkte oder mit der *Auslegung* von Verfahren und Anlagen befassen, müssen ständig über den neuesten Stand der Technik und über die aktuelle Schutzrechtssituation ihrer Arbeit informiert sein. Es müssen Erfahrungen, Zeichnungen, Daten und Fakten von früher abgewickelten vergleichbaren Vorhaben des eigenen Hauses in den laufenden Auftrag kostensparend eingebracht werden. Dies gilt sinngemäß auch für die entsprechenden Tätigkeiten im *Marketing-Bereich* und im *Vertrieb*, z.B. für die Akquisition, für die Angebotserstellung und für die Vorbereitungen von Besprechungen und Geschäftsreisen.

In der für die *Qualitätssicherung* des Unternehmens verantwortlichen Abteilung entsteht der Fachinformationsbedarf u.a. bei der Qualitätsplanung, bei der Ausführung von Prüfungen, im Spezifikations- und Zeugnisbereich sowie bei der Qualitätssteuerung insgesamt (Qualitätsregelkreis, Qualitätskostenanalysen, Produzentenhaftung, Qualitätssicherungsprogramme).

Entwicklungsabteilungen, in denen die Innovationen vorbereitet werden, verlangen ausführliche wissenschaftliche Unterlagen, darunter oft schwer beschaffbare ausländische Originalliteratur. Besondere Hilfe wird bei der meist unter Zeitdruck stehenden Umsetzung von Forschungsergebnissen in den Technikums- und darauf folgend in den Produktionsmaßstab erwartet. Die Informationsvermittlung muß im Umsetzungsstadium meist mehrere beteiligte Abteilungen versorgen und ist dabei auch hinsichtlich der Koordination besonders gefordert.

Unternehmen oder Abteilungen, die *Dienstleistungen* anbieten oder im Handel vermittelnd oder beratend tätig werden, benötigen bevorzugt aktuelle Wirtschaftsin-

formationen. Benötigt werden u.a. Statistiken, Marktanalysen, Planzahlen, Hinweise zur Preispolitik und Unterlagen zu Entwicklungs- sowie Verbrauchertrends, ferner Auskünfte über Branchen und konkurrierende Unternehmen (Strukturen, Produktpalette, Marktaktivitäten, Potenz, Bonität usw.).
Andere *Abteilungen mit zentraler Funktion* (Rechts- und Personalabteilung, Normenstelle, Arbeitsvorbereitung, Vertragsvorbereitung usw.) verwerten überwiegend Daten, Fakten, Normen, Regelwerke, Bestimmungen und Vorschriften neuesten Datums, um für Vertragsverhandlungen, für Diskussionen sowie beispielsweise auch für Genehmigungsverfahren optimal vorbereitet zu sein.
Regelmäßig benötigt auch das *Finanz- und Rechnungswesen* Fachinformation, ebenso *der betriebsärztliche Dienst, das Sicherheitswesen* und nicht zuletzt der *Betriebsrat.*
Bei der *Vorbereitung von grundsätzlichen Unternehmensentscheidungen* (strategische Planung) werden ebenfalls vielfältige Auskünfte und Unterlagen verlangt, die Naturwissenschaften, Technik, Wirtschaft und Gesellschaft betreffen können. Die Informationsvermittlung hat ein Großteil dieser Auskünfte und Unterlagen zu beschaffen und aufzubereiten.
Ein bedeutsamer Aspekt ist die fachliche Beratung und Informationsunterstützung von *Lieferanten* und *Zulieferbetrieben* im Interesse des eigenen Unternehmens. Auch hier ist es erforderlich, sich auf die Mentalität und die Möglichkeiten dieser oft sehr kleinen Firmen einzustellen.
Weitere Zielgruppen für Fachinformation sind *Tochtergesellschaften, Niederlassungen, Servicestellen* und fallweise *Kunden.* Als ein Beispiel sei die Ärzte-Beratung im Pharmabereich genannt.

D 13.3.5   Sprachbarrieren

In kleineren, nur produzierenden Unternehmen ohne besondere Forschungs- und Entwicklungsaktivitäten sind infolge der entsprechenden Personalstruktur Fremdsprachenkenntnisse bei relativ wenigen Mitarbeitern vorhanden. Die betriebliche oder betriebsexterne Informationsvermittlung hat sich darauf einzustellen.
Betriebe mit starker Innovationstätigkeit und bedeutendem Forschungs- und Entwicklungsanteil und demgemäß ausgerichteter Mitarbeiterstruktur weisen solche Nachteile nicht auf. Der teilweise hohe Anteil an Hoch- und Fachschulabsolventen garantiert im allgemeinen den ausreichenden Standard in wichtigen Sprachen.

D 13.4   Hauptaufgaben einer innerbetrieblichen Informationsvermittlungsstelle (IVS)

Eine innerbetriebliche Informationsvermittlungsstelle (IVS) kann als eine mit entsprechenden Rechten und Pflichten ausgestattete zentrale Dienstleistungsstelle im Unternehmen definiert werden, die unter Verwendung interner und externer Wissensquellen sowie Anwendung der Informationstechnik

- Fachinformation möglichst umfassend, auch unter Beachtung von Randgebieten des Unternehmens, beschafft, aufbereitet und übermittelt,
- Mitarbeiter qualifiziert berät,
- von sich aus aufgrund umfassender Kenntnis betrieblicher Erfordernisse Anregungen gibt (sog. ,,Impulsinformationen''), und ferner
- den Fachinformationsfluß im Unternehmen fördert.

Bei einer kombinierten Informationsvermittlungs- und Patentstelle (IVS-PAT) ist die betriebliche Patentaktivität, da sie typische Merkmale auch einer Vermittlertätigkeit hat, in die Arbeit eingebunden (Lit. 06.).
Die IVS-PAT ersetzt jedoch keine Organisationsabteilung, keine EDV-Abteilung, keine Arbeitsvorbereitung und keine Stelle für Fertigungssteuerung. Die IVS-PAT hilft und berät hier lediglich. Es gehört jedoch zu ihrer Aufgabe, erfahrungsträchtige Informationen möglichst auch aus diesen Abteilungen herauszuziehen und in den Fachinformationsfluß einzuspeisen.

Aus diesen Gesichtspunkten resultieren die *Hauptaufgaben* einer solchen Stelle:
1. Erfassung, Aufbereitung und Bereitstellung von internem und externem Know-how,
2. Informationstransfer innerhalb des Unternehmens,
3. Informationstransfer von außen in das Unternehmen hinein,
4. Einbindung der Patentaktivitäten des Unternehmens, zumindest unter dem Informationsaspekt,
5. internes Marketing für die Dienstleistungen der Stelle zur Entwicklung des Informationsbewußtseins im Unternehmen insgesamt.

Die erfolgreiche Bearbeitung dieser Hauptaufgaben wird erleichtert, wenn die betriebliche Informationsvermittlungstelle den Status einer *Zentralstelle* hat. Die zentrale Organisation der Fachinformation läßt einheitliche Regelungen zu, die die Beteiligung aller Abteilungen im Unternehmen sichern und die Informationsvermittlungsstelle in die Lage versetzt, aus der Position der betrieblichen Wissenskonzentrierung heraus gezielte und auch möglichst kostenmäßig günstige Beiträge zu Problemlösungen anzubieten. Die enge Zusammenarbeit mit dem Normenwesen sowie mit der Abteilung Öffentlichkeitsarbeit ergibt sich aus der Aufgabenstellung.

D 13.5   Arbeitsgrundsätze

Bei der Informationsvermittlung sollten folgende Arbeitsgrundsätze beachtet werden:
- Die Informationsvermittlung hat sich am Unternehmensbedarf zu orientieren, d.h., sie muß die Aufgabenfelder des Unternehmens ständig intern und außerhalb beobachten.
- Benutzerfreundlichkeit ist entscheidend für die Fachinformationsnutzung, damit die angebotenen Dienstleistungen akzeptiert werden und eine Entlastung der Mitarbeiter erfolgt.
- Für die Sicherstellung der Benutzerfreundlichkeit ist ein enger Dialog mit den Endbenutzern und mit den Anbietern von Fachinformation notwendig, um neue Angebote von Verlagen und Hosts, z.B. auf dem Gebiet des Online-Retrievals, dem Unternehmen zu erschließen.

– Eine schnelle Versorgung mit möglichst umfassender Fachinformation muß Vorrang haben vor übertriebener formaler dokumentarischer Perfektion, die nur Kosten verursacht, ohne die Dienstleistungen und deren Aktualität zu verbessern.

– Die Stelle muß in der Lage sein, stets zu helfen bzw. weiterzuhelfen. Dadurch wird bewirkt, daß sich die Mitarbeiter auch bei schwierigen Sachverhalten vertrauensvoll an den Informationsvermittler wenden.

– Mitarbeiter dürfen nicht mit Papier „zugedeckt" werden. Sie dürfen nur die Fachinformation bekommen, die sie benötigen. Nur aufbereitete konzentrierte Informationen tragen zu einer schnellen Problemlösung bei und vermindern den Bearbeitungsaufwand.

– Die Informationsvermittlungsstelle sollte einen strengen Maßstab an die Wirtschaftlichkeit ihrer Arbeit stellen, da die entstehenden Kosten (Personal, Ausstattung, Mieten) überwiegend von den sogenannten produktiven Kostenstellen des Unternehmens getragen werden.

– Die Qualität der Informationsvermittlung steht und fällt mit den Fähigkeiten und dem Wissen des Vermittlers. Dieser muß agieren, reagieren und sollte sich stets auf der Höhe des betrieblichen und des externen Geschehens befinden, um als Experte akzeptiert zu werden.

– Für die Umsetzung von Fachinformation in ökonomischen Nutzen ist der Endbenutzer verantwortlich. Vermittler und Anbieter tragen jedoch *Mitverantwortung*, da durch sie wichtige Basisinformationen ausgewählt und konzentriert werden, auf die sich der Endbenutzer verläßt. Dabei muß der Vermittler auch die Ambivalenz von Fachinformation (1. manipulierter Aspekt, 2. wahrheitsgemäße, verantwortungsbewußte uneingeschränkte Verbreitung) beachten. Auf ethische Normen in diesem Zusammenhang (u.a.. Wahrheit, Objektivität, Vollständigkeit, Zugänglichkeit) geht Capurro ein (Lit. 01.).

Diese Arbeitsgrundsätze berücksichtigen die Beziehungen der am Informationsvermittlungsprozeß Beteiligten untereinander und gehen von der Mündigkeit des Endbenutzers von Fachinformation aus, der sich in hohem Maße auch selbst informiert.

D 13.6   Das Dienstleistungsangebot

Nachstehend sind Tätigkeiten für die Fachinformationsversorgung, für die Förderung des innerbetrieblichen Fachinformationsflusses sowie für den gewerblichen Rechtsschutz (im Falle einer kombinierten IVS-PAT) zusammengestellt. Aus der Vielzahl der Positionen der Auflistung wird die Komplexität der Informationsvermittlung deutlich:

1. Erfassung, Sicherung und Bereitstellung von firmeneigenem Know-how,
2. Beschaffung von technisch-wissenschaftlicher Literatur sowie von Wirtschaftsinformationen,
3. bibliographische Auskünfte, manuelle Recherchen, Leihe,
4. Zeitschriften-Umlaufdienst,
5. externe periodische Profildienste.

6. externe Auftragsrecherchen,
7. Online-Dialogteilnehmerdienst (direkter Zugang zu technisch-wissenschaftlichen, Wirtschafts- und anderen Literatur- und Faktendatenbanken),
8. Mediothek zur Vorbereitung von Vorträgen und Veröffentlichungen,
9. regelmäßige Herausgabe interner technischer Informationsblätter zu aktuellen Problemstellungen und neuen Aufgaben, um – soweit sinnvoll – das Firmenwissen über die befaßten Abteilungen hinaus für Lösungen einzubeziehen,
10. Durchführung interner Technischer Seminare über Themen vorzugsweise aus den Arbeitsgebieten des Unternehmens, um die Zusammenarbeit und den Fachinformationsfluß zu fördern,
11. innerbetriebliche koordinierende Vorbereitung von Vorträgen für wichtige Kongresse und Tagungen,
12. Beratung und Hilfe bei der Formulierung von Schutzrechten (Erfindermotivation); Anmeldungen im In- und Ausland,
13. Recherchen zum Stand der Technik; Überwachungen, Einsprüche, Stellungnahmen zu Prüfbescheiden, Beschwerden; strategische Patentanalyse,
14. Abwicklungen nach dem Arbeitnehmererfindergesetz, fallweise auch Zusatzprämien für Erfinder (Erfindermotivation),
15. Mitarbeit bei Innovationsüberlegungen und bei Lizenzverhandlungen,
16. Koordinierung der Zusammenarbeit mit Patentanwälten, Patentrechercheuren und anderen Partnern auf dem Gebiet des gewerblichen Rechtsschutzes, wie Patentauslegestellen und dergleichen,
17. Informationen über Anmeldetrends und Marktentwicklungen,
18. Aufbau und Pflege von Patentsammlungen spezieller Thematik als Arbeitsunterlage für die Mitarbeiter in den Abteilungen,
19. Reprographie: Mikroverfilmung auf Planfilm (Mikrofiches), Duplizierung, Rückvergrößerung,
20. Mitarbeit bei brainstormings,
21. auf Wunsch Beratung bei der Einführung abteilungsinterner Ablagesysteme,
22. Kontaktstelle zu wichtigen externen Anbietern und Vermittlern von Fachinformation, Patentauslegestellen, Fachinformationszentren sowie zu Technologietransfer- und -beratungsstellen.

Die Standardtätigkeiten für die Fachinformationsversorgung umfassen die Punkte 1–8. Es folgen die Dienstleistungsangebote für den innerbetrieblichen Fachinformationsfluß (Punkte 9–11, 13, 15, 17, 18) sowie die Arbeiten auf dem Gebiet des gewerblichen Rechtsschutzes im engeren Sinne (Punkte 12, 13, 14, 16). Die Punkte 19–21 stellen ergänzende Dienstleistungen dar, für die auch andere Abteilungen zuständig sein können, die also nicht typisch für die Informationsvermittlungsstelle sind.

Im Rahmen der Standardtätigkeiten, Punkt 1, kann das nichtdokumentierte Mitarbeiterwissen auf folgende Weise erschlossen werden: In einer ersten Stufe wird eine Stichwortliste mit Tätigkeitsmerkmalen des Unternehmens (z.B. Solartechnik, Umwelttechnik Abluft, Preßtechnik, Pumpen, Schweißverfahren, Klima- und Lüftungstechnik, chemische Verfahrenstechnik) erarbeitet. Diese Stichwortliste ist die Grundlage einer Mitarbeiterbefragung (zweite Stufe). Befragt werden alle geeigneten Mitarbeiter (z.B. alle Ebenen bis zum Vorarbeiter), ob zu einzelnen Stichwörtern ein derart ausführlicher Kenntnisstand (theoretisch, praktisch) vorliegt, der für die Beratung anderer nach eigener Einschätzung ausreichend ist. In einer dritten Stufe wird das Ergebnis der Befragung, in die auch besondere Sprachkenntnisse einbezogen

werden sollten, zu „*Know-how-Listen*" zusammengestellt. Diese können für die innerbetriebliche Informationsvermittlung genutzt werden.
Die Gliederung der internen technischen Informationsblätter (Punkt 9) sollte zweckmäßigerweise, als Formular konzipiert, Fragen zur Problemstellung, zu Schwierigkeiten, zur Möglichkeit der Mithilfe und zum Berichtsstand sowie gegebenenfalls zur Patentsituation enthalten.
Die Informationsblätter werden von den Abteilungen, in denen ein bis dahin noch ungelöstes Problem besteht, ausgefüllt und beispielsweise über die IVS an andere geeignete Abteilungen weitergegeben, ebenso an ein gegebenenfalls existierendes zentrales Gremium (FuE-Ausschuß, Arbeitskreise usw.). In vielen Fällen kann bereits die IVS selbst zu Problemlösungen beitragen.

Es ist ein verbreiteter Irrtum, daß Online-Recherchen das Recherchieren in Ressourcen aus der klassischen Literaturversorgung ersetzen könnten. Beide Möglichkeiten haben spezifische Vorteile, die sich vorteilhaft *ergänzen*.
In der Aufbauphase der Stelle, die schrittweise erfolgen sollte, damit nicht vorschnell ein zunächst nicht erfüllbarer Erwartungshorizont entsteht, sollte der Schwerpunkt bei denjenigen Dienstleistungen liegen, die für das Unternehmen Neuland erschließen, ohne zu viel Zeit und Aufwand zu beanspruchen. Dazu gehören für die laufenden Tätigkeiten Profildienste, externe Recherchen und die Durchführung von Seminarveranstaltungen als Beitrag zur Förderung des Fachinformationsflusses. Diese Tätigkeiten werden von den routinemäßigen Bibliotheksarbeiten, wozu auch die eigenen manuellen Recherchen gehören, begleitet. In der Aufbauphase muß der Kontakt zu externen Stellen besonders intensiv gestaltet werden, um z.B. das eventuell geplante Online-Recherchieren vorzubereiten und einzuführen.
In der Ausbau- und Konsolidierungsphase können schrittweise die übrigen aufgelisteten Dienstleistungen eingeführt werden. Besonderes Gewicht sollte auf die Erfassung des Mitarbeiterwissens, auf die Einschaltung aller Abteilungen bei besonderen Problemen sowie auf die weitergehenden Nutzungsmöglichkeiten von Patentschriften als Informationsquelle gelegt werden.

D 13.7 Organisatorisches, Ausstattung und Finanzierung

Die Stelle ist im Organisationsplan des Unternehmens auszuweisen. Aufgaben und Kompetenzen sind in einer Stellenbeschreibung festzulegen. Schael (Lit. 09.) und Zimmermann (Lit. 10.) setzen sich mit dieser Problematik grundsätzlich auseinander. Ebenso ist die Entwicklung der Stelle bzw. sind die beabsichtigten Ausbaustufen als Rahmenvorgabe aufzuzeigen.
Es ist wichtig, daß die Stelle zentral gelegen und für alle Besucher gut erreichbar ist. Neben dem Bibliotheksbereich sollten separate Räume, z.B. für das Online-Recherchieren, für die evtl. vorhandene Reprographie und für das Patentwesen zur Verfügung stehen. Die Ausstattung (Rollregal, Regalsysteme, Reader-Printer, Kopierer, Mikrofiche-Kamera, Dupliziergerät, Terminal-Arbeitsplatz, Mikrocomputer, Telefonnetz, Datensicherungseinrichtung, Registraturen, Katalogschränke, Arbeitsplätze der Mitarbeiter usw.) ist gut zu planen, da sie für die Akzeptanz der Stelle im Unternehmen wesentlich ist. Den Besuchern sollten mehrere Arbeitsplätze zur Verfügung stehen.

Die Informations- und Patentstelle sollte zweckmäßig als Umlagekostenstelle geführt werden, damit der Zwang zur Selbstfinanzierung vermieden wird. Jedoch kann für externe Literaturbeschaffung, periodische Profildienste, externe Auftragsrecherchen, die Online-Inanspruchnahme und bei speziellen Patentvorgängen eine direkte Belastung der kostenverursachenden Stellen erfolgen. Für verschiedene Routine-Dienstleistungen, z.B. beim Zeitschriftenumlauf, werden zweckmäßigerweise Umlageschlüssel erarbeitet.

Während der Einführungsphase sollte die Stelle durch eine feste Umlage bezahlt werden, um einen qualifizierten Start mit einem überzeugenden Dienstleistungsangebot zu ermöglichen.

Nach der Einführungsphase und dem Ausbau des DL-Angebotes kann eine Teilumlage gemäß Frequentierung erfolgen. Die Umlageschlüssel sind jährlich zu aktualisieren. Werden andere Firmen, z.B. Beteiligungsfirmen, mitversorgt, können diese für die Nutzung Pauschalbeträge zahlen. Diese sind ebenfalls regelmäßig zu überprüfen. Für Sachanschaffungen muß im Rahmen der Investitionsplanung ein Budget zur Verfügung stehen.

Im Zusammenhang mit der Investitionsplanung sei angemerkt, daß die Einrichtung eines Online-Arbeitsplatzes nicht nur unter Auslastungsgesichtspunkten erfolgen sollte, sondern vor allem auch als *Vorhaltemaßnahme* für die Bearbeitung überraschender Problemfälle verstanden werden muß. Können durch eine entsprechende Einrichtung Mehrarbeit oder Stillstandszeiten in der Produktion vermieden werden, hat sich die Investition bereits nach wenigen derartigen Vorkommnissen amortisiert.

Aus organisatorischen und Kostengründen ist es zweckmäßig, innerbetriebliche EDV-Einrichtungen in die IVS-Arbeit einzubeziehen (Bibliotheksorganisation, Leihe, Zeitschriftenumlauforganisation u.a.), bei der Literaturbeschaffung fallweise die Möglichkeiten des Online-Ordering zu nutzen und einen Zeitschriftensammelbezug über einschlägige Spezialanbieter zu organisieren. Auf dem Patentsektor empfiehlt es sich, bei hohem Schutzrechtsaufkommen die Abwicklung ebenfalls elektronisch zu organisierten, wobei aus wichtigen Gründen den sogenannten EDV-Insellösungen der Vorzug vor zentralen Lösungen gegeben wird. Ein weiterer Vorteil einer derartigen EDV-Patentorganisation liegt in der Möglichkeit der Integration von betriebsinternen Ressourcen und von Rechercheergebnissen aus betriebsexternen Datenbanken.

Abschließend sollen Gesichtspunkte, die für den bereits erwähnten *Verbund* von einer Informationsvermittlungsstelle mit einer Patentstelle (IVS-PAT) sprechen, behandelt werden.

Die Arbeit einer Patentabteilung beruht zu einem wesentlichen Teil auf dem Umgang mit Fachinformation. Die erfinderische Tätigkeit, der Stand der Technik, Veröffentlichungen, Anregungen, Prüf- und Einspruchsverfahren, Lizenzabkommen und fallweise Auseinandersetzungen mit Patentgegnern basieren im Grunde genommen auf Elementen innerbetrieblicher und außerbetrieblicher Informationsvermittlung.

Diesem Tatbestand kann durch die organisatorische Zusammenlegung der Tätigkeiten der Informationsvermittlungsstelle und der Patentstelle zu einem Verbund Rechnung getragen werden. Praktische Erfahrungen belegen, daß der Zusammenschluß die Effizienz der Arbeit und den Nutzen für das Unternehmen erhöhen kann, da Know-how-Ressourcen und technische Einrichtungen, wie z.B. Online-Anschlüsse, gemeinsam zur Verfügung stehen. Auf die Möglichkeiten der elektronischen Integration der Patentabwicklung, interner Know-how-Ressourcen und von Rechercheergebnissen aus externen Datenbanken wurde bereits hingewiesen. Weitere Vorteile liegen im flexiblen Einsatz des Personals durch den ,,Verbundbetrieb'' und im breiteren Kenntnisstand. Bei der Vorbereitung von Verträgen (Lizenzverträge, Know-how-Verträge u.a.) können diese besonders vorteilhaft eingebracht werden. Sowohl beim Informationsvermittler als auch beim Patentanwalt bzw. -sachbearbeiter muß allerdings Kooperationswillen vorhanden sein. Da der Informationsvermittler vom Selbstverständnis her eine andere Position als der Patentanwalt einnimmt, sind Einfühlungsvermögen und ein gegenseitiges Aufeinander-Zukommen unerläßlich. Die Erschließung des Inhaltes von Patentschriften ist auch für den Informationsvermittler, der kein gelernter Patentfachmann ist, erlernbar. Allerdings muß darauf hingewiesen werden (Lit. 06.), daß die Patentdatenbankrecherche nur eine von zahlreichen *sich ergänzenden* Möglichkeiten darstellt.

D 13.8   Der Mitarbeitereinsatz

Die personelle Entwicklung einer Informationsvermittlungsstelle sowie die Qualifikation ihrer Mitarbeiter müssen sorgfältig überlegt werden. Bei kleinen Firmen wird der prozentuale Anteil des entsprechenden Personalbedarfs in Relation zur Gesamtmitarbeiterzahl des Unternehmens am größten sein. Mit wachsender Unternehmensgröße vergleichbarer Aktivität sinkt er. Ein Unternehmen von ca. 1.500 Mitarbeitern mit starker Forschungs- und Entwicklungstätigkeit kann z.B. in vielen Fällen von einer Informationsvermittlungsstelle (ohne Patentsektor), die einen Personalstand von 4−5 Mitarbeitern (1 Leiter, 1 gelernte Fachkraft auf dem Informations- und Dokumentationsgebiet, 2−3 angelernte Sachbearbeiter/Schreibkräfte) aufweist, ausreichend versorgt werden. Im Zweifelsfall muß Qualität Vorrang vor Quantität bei der personellen Besetzung der Stelle haben.

Im Zuge des Aufbaues einer IVS bzw. IVS-PAT ist es erforderlich, einen Gesamtverantwortlichen zu benennen, der aufgrund seiner Persönlichkeit und seiner Erfahrungen in der Lage ist, die Zielsetzung der Geschäftsführung in bezug auf die Einführung der Stelle im Unternehmen umzusetzen und eventuelle Widerstände zu überwinden vermag. Der Leiter der Stelle sollte daher gegebenenfalls ein langjähriger, erfahrener, qualifizierter und angesehener Mitarbeiter sein (z.B. Naturwissenschaftler, Ingenieurwissenschaftler), der die betrieblichen Vorgänge bereits gut kennt, ideenreich ist, Zielstrebigkeit in der Verfolgung von Aufgaben aufweist, argumentationsstark und kooperationsfähig ist. Er sollte bereits vorhandenes Bibliothekspersonal, Dokumentare und Mitarbeiter der Patentstelle auf die vorgegebene Zielsetzung ausrichten, gegebenenfalls Routineaufgaben neu verteilen (Berücksichtigung in der Stellenbeschreibung) und für die Fortbildung auf dem Gebiet der Informationsversorgung sorgen.

Zum allgemeinen Anforderungsprofil von Informationsvermittlern in einer innerbetrieblichen Informationsvermittlungsstelle gehört außer den üblichen Fachanforderungen und Fremdsprachenkenntnissen auch eine möglichst breite Allgemeinbildung, um unterschiedliche Probleme schnell erfassen und selbständig bearbeiten zu können. Weiterhin sind zügige und dennoch sorgfältige Arbeitsweise, die Fähigkeit zur sachlichen Zusammenarbeit und Zuverlässigkeit notwendig. Der Informationsvermittler ist einerseits ein Informationsmanager. Andererseits muß er jedoch auch

bereit sein, mühselige Kleinarbeit des Alltags zu bewältigen. Sein Wirken erfolgt oft im stillen und ist häufig mit Ärgernissen verbunden. Notwendig sind Ausdauer, Lern- und Leistungsbereitschaft. Vieles im Alltagsgeschäft des Informationsvermittlers ist zwar wichtig, erscheint mitunter jedoch auf den ersten Blick wenig attraktiv. Phantasie, Mut und Ausdauer sind also erforderlich.
Nicht immer sind diese Eigenschaften optimal in einer Person vereint. Sie müssen jedoch zumindest innerhalb der IVS in sich ergänzender Weise vorhanden sein.

Der Verbund mit dem Patentsektor erfordert natürlich auf diesem Gebiet versierte Mitarbeiter. Es kann von Vorteil sein, als Leiter der Informationsvermittlungs- und Patentstelle einen Patentfachmann zu benennen, wenn dieser wesentliche Merkmale des beschriebenen Anforderungsprofils aufweist.

Eine bescheidene Personalausstattung muß kein Mangel sein. Eine gute technische Ausstattung und der Vorteil, betriebliche Abläufe und Erfordernisse genau zu kennen, wirken sich personalsparend aus. Weitere Vorzüge einer kleinen, jedoch fachlich kompetenten Personalbesetzung sind Flexibilität, selbständiges Handeln und größere direkte Verantwortung. Aus diesen Vorteilen erwächst zwangsweise die erforderliche Eigendynamik der Stelle.

D 13.9   Aufbereitung von Fachinformation, Fehler bei der Vermittlung

Eine wichtige Aufgabe des innerbetrieblichen Informationsvermittlers ist die *Aufbereitung von Fachinformation*, die zunächst meist in einer für den Endbenutzer nicht überschaubaren Fülle vorliegt. Diese Fülle muß fallweise eingeengt werden. Je nach Zielgruppe und Fragestellung können unterschiedliche Verdichtungsstufen erforderlich sein.

Ein Physiker, der im Entwicklungsbereich Problemlösungen erarbeitet, wird zwar bereit sein, sich bei der Suche nach Informationen unterstützen und durch eine gewisse Vorab-Auswahl helfen zu lassen, doch wünscht er selbst zu lesen, um sich ein genaues Urteil bilden zu können. Der Ingenieur in der Produktion hingegen, der unter Termindruck z.B. ein Materialproblem zu bewältigen hat, benötigt oft nur kurze ausgewählte Daten und Fakten über im Prinzip vorhandene Problemlösungen. Er will lediglich diese Daten und Fakten ohne Zusatzballast verwenden und allenfalls wissen, ob und bis wann sie erhältlich sind.
Ein Vertriebsmitarbeiter, der eine Reise plant, um z.B. neue Märkte zu erschließen und Kontakte zu knüpfen, benötigt vielfältige fachübergreifende Informationen, z.B. über die Konkurrenzsituation, finanzielle Aspekte, Fakten, Personen, Institutionen, Statistiken, Verfahren, Produkte usw. Hier muß sorgfältig ausgewählt und auch gemeinsam analysiert werden, um das Informationsbündel aussagekräftig und überschaubar zu gestalten.

Die Aufbereitung von Fachinformation für den Endbenutzer ist ein unverzichtbares Element der Informationsvermittlung (s. auch Kap. C 6).
Die Arbeit der Informationsvermittlungsstelle und *Fehler bei der Informationsvermittlung* werden von den Abteilungen des Unternehmens genau beobachtet. Für die Mitarbeiter der Informationsvermittlungsstelle ist es wichtig, einen realistischen Erwartungshorizont zu erzeugen, der erfüllbar ist.

Die Zusammenarbeit mit den Abteilungen hat kollegial zu erfolgen. Informationsvermittlung ist keine ,,Besserwisserei'', sondern hat dienende Funktion. Ständig klagende Mitarbeiter der Stelle haben den Inhalt des Begriffes ,,Dienstleistung'' nicht verstanden und bringen die Arbeit der gesamten Stelle ins Abseits. Dasselbe negative Resultat wird erreicht, wenn durch unselbständiges Arbeiten die Abteilungen, die eigentlich durch die Arbeit der Stelle entlastet werden sollen, sich selbst um Recherchen usw. kümmern müssen. Die Praxis zeigt, daß der eingeräumte Kompetenzrahmen sehr schnell eingeengt und ausgehöhlt wird, wenn er nicht ständig wahrgenommen und ausgefüllt wird.

Die Information muß der Benutzer als sinnvoll empfinden. Die ständige kritiklose Weitervermittlung von Informationen, die für die Lösung eines gegebenen Problemfalles offensichtlich unnütz sind, wirkt belästigend, verursacht unnötige Kosten und schadet nicht zuletzt der Informationsvermittlungsstelle selbst. Sogenannte ,,Impulsinformationen'', also das unaufgeforderte Hinweisen auf Fakten und Vorgänge, können unglaubhaft werden, wenn sie als Instrument der Selbstprofilierung, des sich ständig ,,in Erinnerung bringen'', verwendet werden.

Obwohl Mitverantwortung tragend, kann die Informationsvermittlungsstelle dem Abteilungsleiter bzw. dem Endbenutzer die Entscheidung über die Verwendung der Fachinformation bzw. der gegebenen Empfehlung nicht abnehmen. Erfahrungsgemäß wird der Endbenutzer die vorgetragenen Fakten und Aspekte bedenken und über ihre Verwendbarkeit entscheiden. Ein ,,Hineinregieren'' der Stelle in seine Zuständigkeit wird er jedoch auf keinen Fall zulassen.

Bei der laufenden Arbeit der Stelle bleiben natürlich Irrtümer und Pannen nicht aus. Durch geeignete Arbeitsüberwachung und regelmäßige Arbeitsbesprechungen müssen Fehler, Benutzereigenheiten, Konflikte, aktuelle Schwierigkeiten sowie Einschränkungen der Arbeitsfähigkeit analysiert werden, um Wiederholungen zu vermeiden.

D 13.10   Die Informationsvermittlungsstelle im Bewußtsein des Unternehmens (eigenes Marketing der Stelle)

Das innerbetriebliche Fachinformationsmarketing geht nach Kroll (Lit. 07.) davon aus, daß im Unternehmen ein durch Angebot und Nachfrage charakterisierter Fachinformationsmarkt existiert, der durch Bedarf, Beschaffung, Zielgruppen, Nutzungsverhalten und Kosten gekennzeichnet ist.

Weitere Kennzeichen des betriebsinternen Informationsmarktes sind seine qualifizierten und zeitlich prompten Anforderungen, die fehlende Anonymität, die Hol- und Bringschuld sowie die persönliche Tragweite im Sinne der Mitverantwortung. Das Ziel des innerbetrieblichen Fachinformationsmarketing ist es, innerhalb dieses speziellen Marktes mit seinen Außenbezügen bei allen Fachinformationsnutzern das entsprechende Bewußtsein zu entwickeln, die Akzeptanz von Informationsdienstleistungen zu vergrößern und die Mitarbeitermotivation (Zeit- und Kostenentlastung, Erfolgserlebnisse) zu fördern. Als Instrumente dazu sind vor allem zu verbreitende DL-Verzeichnisse, Kosten-Nutzen-Analysen, aber auch Vorträge, Seminare, Schulungen, Beratung, die Betriebszeitung, die Analyse ärgerlicher Vorkommnisse, auf Informationsdefiziten beruhend, die Auswertung des Nutzerverhaltens und fallweise Brainstormings geeignet. Auch die Einrichtung eines Benutzerrates, in dem Mängel auf dem Info-Sektor oder IVS-Vorhaben diskutiert werden, ist wegen seiner Rückkopplungsfunktion vorteilhaft. Das Controlling sollte solche abteilungsübergreifenden Maßnahmen aktiv unterstützen.

Mit diesen Maßnahmen wird verdeutlicht, daß die IVS eine Dienstleistungsabteilung ist, die materielle und immaterielle Vorteile für das Unternehmen erwirtschaftet. Insofern sind die formalen betriebswirtschaftlichen Begriffe ,,produktiv'' und ,,unproduktiv'' inhaltlich zu relativieren. Es wäre daher eine unternehmerisch falsche Handlungsweise, in wirtschaftlich schwierigen Situationen an einer derartigen Stelle sparen zu wollen.

Ein innerbetriebliches Informationsmarketing kann jedoch nur glaubwürdig und hilfreich sein, wenn das Informationssystem selbst eine Arbeit leistet, die den Erwartungen entspricht.

D 13.11 Die Informationsvermittlung bei sehr kleinen Industrieunternehmen und Handwerksbetrieben

Auch bei ausgesprochenen Kleinbetrieben hat die Versorgung mit Fachinformation eine wachsende Bedeutung für die Erhaltung der Wettbewerbsfähigkeit und der traditionellen Flexibilität dieses Wirtschaftsbereiches, in welchem ein Großteil des Bruttosozialproduktes erarbeitet wird.

Die Erfahrung lehrt, daß Kleinbetriebe die benötigte Fachinformation aus entsprechenden Fachzeitschriften und durch Besuche von Fachmessen, hauptsächlich jedoch von Kammern und Verbänden, abgesehen von Lieferanten, beziehen. Diese Informationswege sind bewährt, reichen jedoch nicht immer aus und können in einzelnen Fällen auch problematisch sein.

Der Schlüssel für eine Verbesserung des Informationsverhaltens dieser Betriebe liegt im gründlichen Studium der vielfältigen dort bestehenden speziellen Strukturen und Verhaltensweisen. Dabei muß berücksichtigt werden, daß sich die Industriementalität grundsätzlich von der im Handwerk herrschenden Mentalität unterscheidet. Die Verhaltensweisen des Handwerksbetriebs stehen vor allem in Verbindung mit der örtlichen bzw. regionalen Wettbewerbssituation. Hat der Bewerber noch Freiräume im Wettbewerb, wird er meist auf das irgendwo gesammelte Wissen zu seinem Problem einfach verzichten und auf herkömmliche Weise verhandeln, arbeiten und produzieren.

Das Abfragen von extern erhältlicher Fachinformation steht und fällt bei diesen Betrieben in besonders hohem Maße mit dem Verhältnis von Suchaufwand bzw. den Suchkosten zum erzielbaren Nutzen, ferner mit der Verständlichkeit und der unmittelbaren Brauchbarkeit der Informationen. Hinzu kommen erhebliche psychologische Barrieren in bezug auf die notwendige Einsichtigkeit und stets auch die knappe personelle Situation.

Daher können die in diesem Kapitel gegebenen Anregungen bei ausgesprochenen Kleinbetrieben naturgemäß nur in geringem Maße angewendet werden. Zu empfehlen ist in diesen Fällen vor allem eine Einschaltung der zahlreichen Beratungsstellen und privaten Broker, die in der Bundesrepublik vermittelnd und helfend insbesondere auch für Kleinfirmen und Handwerksbetriebe zur Verfügung stehen. Auch die Industrie- und Handelskammern unterhalten Beratungsstellen für Innovationsförderung und den Technologietransfer. Diese Stellen erteilen über den Stand der Technik, über den Markt, über Trends, über Möglichkeiten der Lizenznahme bzw. der Anmeldung neuer Produkte sowie über Förderungsmöglichkeiten Auskünfte.

Literatur

01. Capurro, Rafael: Zur Frage der Ethik in Fachinformation und -kommunikation. In: Nachr. f. Dok. 32 (1981) H. 1, S. 9 – 11.
02. Hackstein, Karl-Gerhard: Die Nutzung von Fachinformation – eine unternehmerische Aufgabe. In: Deutsche Gesellschaft für Dokumentation (Hrsg.): 7. Frühjahrstagung der Online-Benutzergruppe der DGD vom 11. – 13. März 1985 in Bad Soden am Taunus. DGD-Schrift (OLBG-6) 5/85, S. 32 – 45.
03. John, Erich: Fachinformation für betriebswirtschaftliche Entscheidungen. Vortrag, geh. am 24. September 1987 anläßlich des Deutschen Dokumentartages 1987 vom 23. – 25. September 1987 in Bad Dürkheim.
04. Kroll, Hartmut: Informationsvermittlung in der Industrie. 2. Auflage, Eschborn, RKW 1986. 122 S.
05. Kroll, Hartmut: Informationsvermittlung in Industrieunternehmen unter besonderer Berücksichtigung der Patentinformation. Dissertation, Phil. Fak. Der Universität des Saarlandes, Saarbrücken 1987, 250 S.
06. Kroll, Hartmut: Kein Kinderspiel für Informationsvermittler: Probleme mit Patenten. In: cogito 2 (1987) S. 55 – 58.
07. Kroll, Hartmut: Marketing einer innerbetrieblichen Informationsvermittlungsstelle. Vortrag, geh. am 8. Mai 1987 anläßlich der 4. Internationalen Fachkonferenz (Veranstalter: DGD-KWID): Marketing für Fachinformation vom 6. – 8. Mai 1987 in Garmisch-Partenkirchen.
08. Kroll, Hartmut; Seipel, Hans: Die Nutzung von Fachinformation – eine wichtige Grundlage für die betriebliche Existenzsicherung. In: controller magazin 12 (1987) H. 4, S. 177 – 183.
09. Schael, Fritz: Praxisnahe Vorschläge für eine innerbetriebliche IVS-Stellenbeschreibung. Vortrag, geh. am 24. September 1987 anläßlich des Deutschen Dokumentartages 1987 vom 23. – 25. September 1987 in Bad Dürkheim.
10. Zimmermann, Dorothea: Die Stellung der Informationsvermittlung im Unternehmen, Fragen der Gehaltsentwicklung. Zwei grundsätzliche Probleme. Vortrag, geh. am 9. 10. 1986 anläßlich des Deutschen Dokumentartages 1986 vom 8. – 10. Oktober 1986 in Freiburg/Brsg.

D 14   System der privaten Informationswirtschaft

Karin Frese

D 14.1   Einführung

Das Wort von der Informationsgesellschaft ist heutzutage im Munde vieler. Information, die zum Beispiel wissenschaftliche Literatur erschließt, Patentschriften zugänglich macht oder Wirtschaftsdaten und Börsenkurse vermittelt, ist zu einer großindustriell hergestellen, mit aufwendiger Technik verfügbar gemachten und zu einem entsprechenden Preis gehandelten Ware geworden. Zu einem Rohstoff gleichermaßen, der gleichberechtigt neben Arbeit, Kapital und Boden tritt.

Eine Ware – so steht zu vermuten – unterliegt auch Marktgesetzen. Und es müßte dementsprechend einen durch Angebot und Nachfrage zusammengeführten Informationsmarkt geben. Das ist aber in der Bundesrepublik aus verschiedenen Gründen (noch) nicht der Fall. Lange Zeit wurde (hier wie anderswo) die Informationsbereitstellung (in Bibliotheken und in herkömmlicher gedruckter Form) als öffentliche Aufgabe angesehen. Und auch mit den als revolutionär zu bezeichnenden Entwicklungen der Informationstechniken, die es ermöglichen, immer mehr Informationen zu produzieren, zu speichern, leistungsfähiger zu verarbeiten und schneller zu übertragen, änderte sich daran im Grundsatz nichts, wenngleich dadurch eine Voraussetzung für die Entstehung der Informationswirtschaft geschaffen war. Noch im ersten IuD-Programm der Bundesregierung nämlich, das eine bessere Versorgung mit Fachliteratur für jedermann anstrebte, war der Aufbau von insgesamt 20 Fachinformationssystemen geplant, die – staatlich subventioniert – die Informationsherstellung, -sammlung, -verarbeitung und -verteilung für verschiedene Fachgebiete (16) und besondere Zwecke (4) übernehmen sollten.

Im zweiten Fachinformationsprogramm (1985 bis 1988) hat sich die (neue) Bundesregierung auch auf diesem Gebiet zur Marktwirtschaft bekannt. Demnach sind Produktion und Vermarktung von Informationsdienstleistungen originäre Aufgaben privater Unternehmen. Und es stellt sich die Frage, wer diese umfangreiche und mit hohen Investitionen verbundene Aufgabe übernehmen soll. Derzeit ist noch ein Nebeneinander von staatlich geförderten und privaten Einrichtungen zu beobachten, die sich mit Produktion und Vertrieb von Information in verschiedener Form befassen. Daß es sich hier um einen sehr vielfältigen und stark expandierenden Informationsmarkt handelt, wird unter anderem auf den Fachmessen deutlich (z.B. Infobase, Frankfurt, Online, London und zunehmend auch Orgatechnik, Köln). Verlage nehmen in diesem Spannungsfeld eine besondere Rolle ein. Von jeher sind sie dafür zuständig, als Unternehmen der „Massendiffusion" als Vermittler zwischen dem Urheber eines Textes, einer Graphik oder einer Komposition (Informationen im weitesten Sinne) und dem Empfänger aufzutreten. Sie fungieren aber auch als Produzenten, Initiatoren und Anreger von Information und legen das Publikationsmedium (Buch, Zeitung, Zeitschrift, Tonträger, Kassette, Notenblatt, Datenbank, Compact Disc) fest. Im Zeichen der neuen Informationstechniken werden sie mit den Möglichkeiten des Elektronischen Publizierens konfrontiert. Welche Konsequenzen das im einzelnen hat, soll im folgenden am Beispiel dargestellt werden.

14.2 Auswirkungen und Chancen des „Elektronischen Publizierens"

Die Zahl der Definitionen für verschiedene Aspekte einer (technischen) Entwicklung, die die Erstellung, Speicherung bzw. Aufbereitung und Verbreitung von Informationen betrifft und gemeinhin als „Elektronisches Publizieren" (vgl. Kap. B 10) bezeichnet wird, ist in etwa so groß wie die Zahl derer, die sie – zu je unterschiedlichen Zwecken – verfaßt haben. Schlagworte wie „Desktop Publishing", „Printing on Demand" oder „Computer Aided Publishing" geistern durch Medien und Fachliteratur; auch nicht eben erhellende Wortschöpfungen wie WYSIWYG tragen ihren Teil zur Verwirrung bei. Einige immer wieder auftauchende und hier wesentlich erscheinende Charakteristika seien daher an dieser Stelle zusammengefaßt:

Elektronisches Publizieren ist gekennzeichnet durch
– die einmalige Erfassung des Textes durch Autor oder Redaktion;
– die Bereitstellung der gesamten Information (Volltext) in maschinenlesbarer Form;
– die Speicherung von Text und Bild geräteunabhängig und vielfach verwertbar in einer Datenbank;
– die Möglichkeit der Erzeugung verschiedener Ausgabeformate der Informationen (Retrievalfähigkeit) und
– die Auslieferung der Texte/Bilder als Papier- oder Bildschirmausdruck oder in jeder anderen Lieferform.

Daran läßt sich bereits ablesen, daß mit dem Begriff „Elektronisches Publizieren" eine ganze Reihe von Techniken gemeint sein können, die nicht nur den Herstellungsprozeß rationalisieren, sondern auch die Entwicklung neuer Informationsprodukte und -dienstleistungen ermöglichen sollen. Welche Auswirkungen die eine oder andere Komponente dieses vielschichtigen Prozesses auf die Veröffentlichung technisch-wissenschaftlicher Literatur (vor allem in Form von Zeitschriften) hat und künftig haben könnte, ist in zahlreichen Studien und durch Verlegerbefragungen erforscht, in vielen Publikationen eingehend erörtert worden. Einig sind sich die Autoren zumindest darin, daß alle diese Entwicklungen die sogenannte *Publikationskette* (Autor/Redaktion – Verlag – Setzerei – Druckerei – Host – Buchhandel – Bibliothek – Leser) und die Aufgaben und Beziehungen der einzelnen Akteure zueinander in naher Zukunft nachhaltig verändern werden.
In diesem Beitrag soll es vorrangig um die herkömmliche und elektronische Publikation von anschließend noch näher definierten „*Wirtschaftsinformationen*" gehen. Am Beispiel eines mittelständischen Verlages soll versucht werden, den jetzigen Stand im oft fälschlich als „Duell" verstandenen Verhältnis zwischen herkömmlichen und elektronischen Angeboten darzustellen und einen Blick in die noch weitgehend ungeklärte Medienzukunft zu werfen.

D 14.3 Beispiel: Informationsdienstleistungen eines Verlages

D 14.3.1 Gründung und Programm

Die handelsregisterliche Eintragung für den Verlag Hoppenstedt erfolgte am 31. Mai 1926 in Berlin. Erklärtes Ziel und bis heute erfolgreiche Devise seiner Gründer war es, ,,gründlich recherchierte und ordentlich dargestellte'' Informationen aus der Wirtschaft für die Wirtschaft zu liefern. Nämlich firmenkundliche Informationen, Zahlen und Fakten: ,,Business-to-Business-Informationen'', wie wir heute sagen würden. Den ersten Schwerpunkt des Verlagsprogramms und Ausgangspunkt aller weiteren Unternehmungen bildeten Informationen, die Finanzen und Börse betrafen. Nach und nach begann man, immer weitere wirtschaftsrelevante Gebiete zu erschließen, teilweise durch Ankauf neuer Titel anderer Verlage (oder der Verlage selbst), teilweise durch Eigenentwicklungen neuer Titel.

Schritt für Schritt kristallisierten sich die ,,drei Säulen'' des Verlages heraus, die das Programm auch heute noch bestimmen:

1. *Finanz- und Börseninformationen*
mit nach wie vor großer Bedeutung; hierzu gehören die traditionellen Nachschlagewerke mit Unternehmensberichten einschließlich Bilanzen über Aktiengesellschaften, aber auch neue Dienste wie Aktien- und Devisencharts, Börsenführer, Sonderpublikationen im Auftrag von Banken und Börsenseminare.

2. *Nachschlagewerke*
mit Firmen- und Produktinformationen in Form von Personenverzeichnissen, firmenkundlichen Nachschlagewerken und Bezugsquellenverzeichnissen in gedruckter und elektronischer Version und schließlich

3. *die Fachzeitschriften,*
die seit über 25 Jahren wesentlicher Bestandteil des Verlagsprogramms sind.

Seit dem endgültigen Umzug nach Darmstadt (zahlreiche Ortsveränderungen hatten durch Kriegswirren und -folgen in Kauf genommen werden müssen) im Jahre 1953 war erstmals wieder der gesamte Verlag einschließlich Druckerei unter einem Dach untergebracht; alle Arbeiten bis zum fertigen Druckwerk (Texterfassung, Satz, Layout, Reproduktion und Druck) wurden hier in Eigenregie erledigt. Zum Einsatz kam damals noch der gute alte Bleisatz.

D 14.3.2 Die neuere Verlagsgeschichte

Verlage zählen — so sagt man — eher zu den konservativen Elementen der Publikationskette. So nimmt es nicht wunder, daß die Einführung der ,,neuen Techniken'' zunächst weniger dem Gedanken an künftige elektronische Produkte, sondern vielmehr der Notwendigkeit entsprang, Kostenentwicklung und Umsatz in gesunder Relation zu halten.

Rationalisierungsmotive waren es denn auch vorrangig, die Mitte der 70er Jahre zu der Entscheidung führten, Print-Produkte über EDV herzustellen. Den Anfang machten die wichtigsten Publikationen aus dem Unternehmensbereich ,,Nachschlagewerke''. Durch den Einsatz neuer Techniken bei der Herstellung der Handbücher und Zeitschriften von der Datenerfassung über das Setzen bis hin zum Druck konnten nach und nach nicht nur höhere Arbeitsmengen bei gleichbleibender Beschäftigtenzahl bewältigt, sondern auch mehr Informationen auf jeder Druckseite untergebracht werden. Und das bedeutete nicht unwesentliche Einsparungen an Papier- und Versandkosten, aber auch an Druckzeiten. Seit 1979 ging man dazu über, die einmal vorhandenen maschinenlesbaren Daten (recherchiert und genutzt für die Printprodukte), wie sie durch den EDV-Einsatz anfallen, in unterschiedlichen Zusammenstellungen und auf verschiedenen Ausgabemedien zu vermarkten. Technische Voraussetzung für eine parallele Nutzung von Informationen für Print- und elektronische Medien war die seit 1975 eingeführte typographisch neutrale und strukturierte Speicherung der Daten − zwar zunächst in erster Linie für die Satzherstellung, aber immer mit Blick auf die intelligente Verarbeitung und zweckmäßige Nutzung der Daten: innerhalb des Verlags und im Kundenauftrag.

Durch die anwendungsneutrale Speicherung der Daten können zusätzlich Programme je nach Verwendungszweck unterschiedlich eingesetzt, Textteile nach Bedarf zusammengestellt werden. Die Verwendung der Daten hängt nicht von einer starren Anordnung ab, und es ist zum Beispiel kein Problem, den gleichen Eintrag für ein firmenkundliches Nachschlagewerk in jeweils anderer Form mehrfach zu verwerten; sei es für alphabetische Verzeichnisse, sachbezogene Verzeichnisse oder Anschriftenetiketten.

Wenn einmal gespeicherte Daten mehrfach verwendet werden, dann bedeutet das vor allem Wirtschaftlichkeit (durch die Vermeidung von Mehrfacherfassung). Aber auch eine Vereinfachung der Redaktion und Schnelligkeit; Redaktionsschluß ist jeweils kurz vor Druckbeginn. Und nicht zu vergessen: der Korrekturaufwand, der nachhaltig verringert wird. Wenn nämlich einmal berichtigte Daten wieder verwendet werden, sind sie gleich an jeder Stelle richtig, an der sie irgendwann einmal erscheinen.

Daß aber der zentrale Datenpool nicht nur verlagsintern von Bedeutung sein kann, sondern auch die Grundlage des Elektronischen Publizierens liefert, sei im folgenden am Beispiel der Firmeninformationen erläutert.

D 14.3.3   Organisation am Beispiel der Firmeninformationen

Der Bereich ,,Nachschlagewerke'' umfaßt bei Hoppenstedt Bezugsquellennachweise, Personenverzeichnisse und firmenkundliche Nachschlagewerke (hier sind in erster Linie der ,,Klassiker'' Handbuch der Großunternehmen und das noch junge Handbuch Mittelständische Unternehmen zu nennen), Benutzer dieser Verzeichnisse sind in aller Regel Entscheider in der Unternehmens- und Bereichsleitung sowie in Marketing und Verkauf.

Im Jahr 1979 wurde die Hoppenstedt Wirtschaftsdatenbank GmbH gegründet, und man begann, die ersten elektronischen Produkte zu entwickeln, die zentrale Datenbank also nicht nur für interne Zwecke einzusetzen, sondern die Informationen auch extern anzubieten. Dabei ging es zunächst um eine Offline-Dienstleistung für Direktanwendungen. Das heißt, die vorhandenen Adressen und Daten z.B. deutscher Großunternehmen werden auf verschiedenen Datenträgern (Etiketten, EDV-Listen, Magnetbändern, Disketten) in verschiedenen Standardzusammenstellungen ausgegeben. Das können die reinen Adressen sein (personalisiert oder unpersonali-

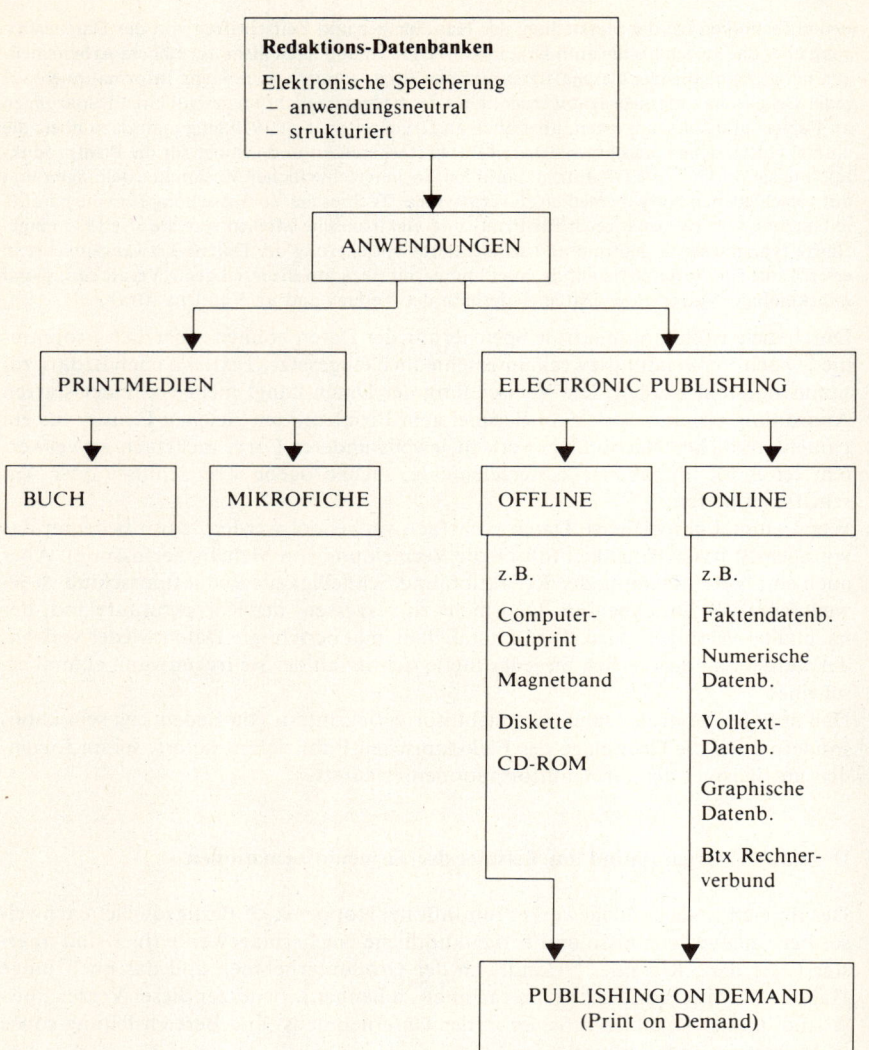

Abb. 1: Diese Darstellung zeigt, wie im Hause Hoppenstedt die Zusammenhänge zwischen der zentralen Datensammlung in den Redaktions-Datenbanken und ihren vielfältigen Anwendungsmöglichkeiten bis hin zum „Publishing on Demand" gesehen werden.

siert) oder auch die Adressen mit firmenkundlichen Zusatzinformationen (wie Umsatz, Beschäftigte, Branchenzugehörigkeit u.ä.). Kunden dieser Anwendungen sind vor allem Firmen, die Direktmarketing im Bereich Business-to-Business einsetzen, wie Verlage, Werbeagenturen, Unternehmensberatungen, Banken etc.

Seit Juli 1983 wird ein weiterer Weg der elektronischen Informationsvermittlung beschritten: Die Daten bestimmter Nachschlagewerke werden auch online über verschiedene Hosts (heute über Data-Star, Genios, FIZ Technik, Dialog, Pergamon Orbit InfoLine, Profile) angeboten, parallel zu den zugrundeliegenden Print-Produkten und dem Offline-Service. Je nach Anwendungszweck können die Kunden wählen zwischen den unterschiedlichen Ausgabemedien. Die neueste Entwicklung auf dem Gebiet des Elektronischen Publizierens betrifft die CD-ROM-Version der Firmendaten.

Nachdem man die Entwicklung dieses neuen Speichermediums aufmerksam verfolgt hatte, wurde Anfang 1986 ein erstes Testprodukt vorgestellt, das nunmehr marktreif ist.

Unsere *Abbildung* verdeutlicht diese Zusammenhänge, deren Ziel das *,,Publishing on Demand"* sein wird.

Mittlerweile gibt es einige Wirtschaftsverlage, die Firmeninformationen sowohl in konventioneller Form (als Printmedium) als auch elektronisch (offline und online) anbieten. In jüngster Zeit sind auch einige Datenbanken als CD-ROM-Version auf dem Markt oder zumindest als Testversion auf den Schreibtischen potentieller Kunden eingetroffen. Noch ist die Zeit für abschließende Beurteilungen der Marktchancen der verschiedenen Medien nicht reif; zu kurz ist die Zeitspanne, die hier bisher zu betrachten ist. Gleichwohl lassen sich einige Tendenzen erkennen, die nicht nur für Hoppenstedt-Produkte, sondern auch für Verlage ähnlichen Angebots Geltung haben mögen.

D 14.4   Printmedien versus elektronische Angebote

Bisher sind zum großen Teil elektronisch aufbereitete Datensammlungen auf dem Markt, die mehr oder weniger den gedruckten Vorlagen entsprechen. Vorteil dieser Angebote ist die beliebige Verknüpfung von Auswahlkriterien, die das Printmedium nicht liefern kann. Die Daten sind also in einer dem Printprodukt überlegenen Form nutzbar. Damit ist ein Stichwort gegeben, das in diesem Zusammenhang eine bedeutende Rolle spielt, aber in sämtlichen Diskussionen einhellig vernachlässigt wird.

Wer nämlich, was immer wieder geschieht, den Untergang des gedruckten Werkes zugunsten der elektronischen Medien beschwört, der hat sich noch keine besonderen Gedanken über die jeweilige Nutzungssituation gemacht. Alle Lieferformen eines Datenbestandes haben ihre Vorteile nur in Bezug auf einen bestimmten Nutzungszweck (wobei Überschneidungen nicht auszuschließen sind).

Ein Beispiel aus dem Bereich der Firmeninformationen mag auch das verdeutlichen: Will man möglichst detaillierte Daten über ein namentlich bekanntes Unternehmen haben, so ist sicher der Griff ins Regal und Blick ins Handbuch der einzig richtige Weg der Informationsbeschaffung. Will man aber darüber hinaus bestimmte Auswertungen vornehmen oder Vergleiche anstellen, die für strategische Planungen oder konzeptionelle Entscheidungen einer Unternehmensführung von Bedeutung sind, dann erst hat die Datenbank unbestreitbare Vorteile. Für eine komplexe Fragestellung, zu deren Beantwortung mehrere Suchkriterien verknüpft werden müssen, ist die Datenbank, die in unglaublichem Tempo auch mehrdimensionale Fragen aus einem Riesenbestand von Informationen beantwortet, unschlagbar. Wollte man zum Beispiel „zu Fuß" herausfinden, ob es Firmen der Elektrotechnik gibt, an denen Siemens, AEG und die Deutsche Bundespost gleichzeitig beteiligt sind, müßte man schon bald resigniert passen – die Datenbank hat die Antwort in Sekundenschnelle parat.

So ist auch die Beobachtung zu erklären, daß mit Einführung der neuen elektronischen Medien der Absatz der Handbücher keineswegs zurückgegangen ist, wie Skeptiker vermutet hatten: Die Anwendungssituationen sind zu unterschiedlich. Eine Konkurrenzsituation könnte schon eher zwischen Online-Angebot und CD-ROM-Version entstehen, da die Nutzungszwecke hier vergleichbar sind. Darauf ist später noch einzugehen.

Noch sind also Datenbanken zumeist Abbild der zugrundeliegenden gedruckten Werke; die Parallel-Publikation überwiegt. Für die Zukunft sind allerdings zunehmend Veröffentlichungen zu erwarten, die ausschließlich in elektronischer Form vorliegen. Langfristig ist eine Auseinanderentwicklung der einzelnen Medien anzustreben und abzusehen, wobei jedes mit unterschiedlichen Inhalten versehen und seinen speziellen Aufgaben und Möglichkeiten angemessen eingesetzt werden kann. Kriterien wie Aktualität und Komplexität der Daten, aber auch Komfort und Kosten der Datenbeschaffung werden dann ausschlaggebend dafür sein, welche Informationen man sich zu welchem Zweck über welches Medium beschafft. So gesehen wird es auch sinnlos, die einzelnen Speichertechniken erbittert gegeneinander auszuspielen und abzuwägen, wie es CD-ROM-, Online- oder Btx-Anhänger gelegentlich tun. Wesentlich interessanter wäre es, die Vorteile der verschiedenen Medien für unterschiedliche Informationstypen herauszuarbeiten.

D 14.5   Motive und Marketing

Bisher hat kaum ein Hersteller oder Anbieter von elektronischen Informationen mit dieser Offerte allein (nennenswerte) Gewinne zu verzeichnen (Ausnahme sind die Anbieter aktueller Börsendaten im internationalen Banken- und Anlagengeschäft). Ganz im Gegenteil müssen im Moment noch erhebliche und zum Teil risikobehaftete Vorinvestitionen auf einem mehr oder weniger unerforschten Markt geleistet werden, in dem ein Bedarf entweder fehlt oder aber nur sehr schwer abzuschätzen ist. Noch gibt es kaum Erfahrungen mit Preisbildung, Marketing und Vertrieb; sicher erscheint lediglich, daß für gedruckte und elektronische Medien ganz unterschiedliche Vertriebs- und Absatzorganisationen vorhanden sein müssen.

Zu den Gewinnaussichten gibt es unterschiedliche Einschätzungen. Allgemein gilt wohl, daß momentan nicht die direkten Einnahmen z.B. aus der Nutzung einer

Online-Datenbank die Verleger animieren, sich mit dem Elektronischen Publizieren überhaupt zu beschäftigen, sondern daß der Datenbankaufbau – wie beschrieben – viel eher im Rahmen betriebsinterner Maßnahmen zur Rationalisierung der Produktion erfolgte und man den Schritt nach außen wagte, um die „Zeichen der Zeit" nicht leichtfertig zu ignorieren. Weitere Motive zum Einstieg ins „elektronische Publikationszeitalter" sind

- Erprobung der Technik (mit der Anschaffung moderner EDV-Anlagen ergaben sich häufig völlig neue Möglichkeiten, die auch genutzt werden sollten);
- hohe Publizität und Werbewirksamkeit elektronischer Produkte (so führt die häufige Berichterstattung in der Presse über Pionierleistungen auf dem Gebiet der Neuen Medien zu einem deutlichen Anstieg in den Verkaufszahlen der Druckwerke: Man ist ins Gespräch gekommen);
- der Wunsch, den Anschluß zu behalten, wenn sich der „Neue-Medien-Zug" in Bewegung setzt und „den Fuß in der Tür zu haben", wenn sich die elektronischen Angebote einmal durchsetzen werden;
- Beteiligung an einem der zahlreichen staatlich geförderten Projekte.

Alle diese, zum Teil eher vagen und nicht empirisch abgesicherten Motive haben auch zur Folge, daß die Produktdiversifikationen in vielen Fällen eher zufällig erfolgte, sich an technischen Gegebenheiten orientierte oder eben auf Rationalisierungsbemühungen beruhte. Das wiederum führt dazu, daß die derzeit existierenden Volltextdatenbanken zum Teil ebenfalls Zufallsprodukte und nicht speziell auf die sie tragenden elektronischen Medien zugeschnitten sind oder deren neuartige Möglichkeiten voll ausschöpfen können.
Diese Faktoren wirken sich auf das – eben erst sich entwickelnde – Marketing für die neuen Produkte aus. Eine ernsthafte Nachfrage nach elektronischen Informationen war – zumindest zu Beginn der Bemühungen – so gut wie nicht vorhanden; man nahm also das Produkt vorweg, um überhaupt erst einmal das Interesse des Marktes zu wecken. Mit diesem Vorgehen machte man dann die ersten Erfahrungen, die natürlich auch in alle Marketingüberlegungen eingehen müssen und sich wie folgt zusammentragen lassen:
- Elektronisches Publizieren (online und offline) führt zu einer Qualitätsverbesserung der Print-Produkte (weil Schwachstellen im Informationsangebot relativ schnell aufgedeckt werden).
- Durch die Online-Datenbank wird (im Gegensatz zum Buch) nicht der Endnutzer, sondern meist ein Vermittler (der jeweilige Spezialist für die Online-Informationsbeschaffung) erreicht.
- Durch das Elektronische Publizieren tritt eine deutliche Internationalisierung ein. Man erreicht neue Kunden im Ausland, die man mit dem Handbuch nicht ansprechen konnte.
- Die Nutzer der elektronischen Produkte entsprechen zum großen Teil den Zielgruppen der Print-Medien.
- Elektronisches Publizieren führt nicht zu einem Umsatzrückgang bei den entsprechenden Printprodukten. Im Gegenteil kann Elektronisches Publizieren bei entsprechender Marketingstrategie sogar zu zusätzlicher Nachfrage nach dem gedruckten Werk führen.

Aus den gesammelten Erfahrungen läßt sich als wichtigstes Marketingziel folgende Forderung ableiten: Es muß dem (potentiellen) Kunden deutlich gemacht werden, daß zwischen den verschiedenen Medien (print, offline, online) keine direkte Konkurrenz besteht, sondern daß (wie oben am Beispiel bereits dargestellt) sich diese Medien je nach Problemstellung sinnvoll ergänzen.

Eine Besonderheit ergibt sich offenbar beim Vertrieb der CD-ROM, da sich hier eine gewisse Konkurrenz zum Online- aber auch Offline-Angebot (Adressenverkauf) abzeichnet. Es muß daher überlegt werden, wie man die jeweiligen Angebote gestalten sollte, um einerseits den Kundenanforderungen gerecht zu werden, andererseits die eigenen Produkte nicht gegeneinander auszuspielen. So wäre zum Beispiel denkbar, zwar sämtliche vorhandenen Daten auf eine CD zu speichern, die man dann aber selektiv verkauft. Ein Kunde könnte dann z.B. nur einen bestimmten, ihn interessierenden Teil der Informationen erwerben, wobei ihm der Zugang zu den übrigen auf der CD-ROM vorhandenen Daten verschlossen bliebe.
Gravierendes und noch nicht eindeutig geklärtes Problem gerade bei der Compakt Disk ist die Preisgestaltung. Hier gibt es bei den existierenden Anwendungen die unterschiedlichsten Erwägungen und Regelungen innerhalb der Verlage und demzufolge auch erhebliche Preisunterschiede, die sicher nicht nur auf unterschiedliche Informationsinhalte der Datenbanken, sondern auch auf die dahinterstehende Verkaufsphilosophie zurückzuführen sind.

D 14.6   Ausblick

Die Entwicklung ist im Fluß. Die Akteure der Publikationskette werden ihre herkömmlichen Rollen erweitern, vielleicht sogar tauschen. Wie das im einzelnen aussehen wird, vermag heute noch niemand mit Bestimmtheit zu sagen. Sicher ist, daß vor allem die Verlage, um die es hier in erster Linie ging, mit dem Schritt ins elektronische Zeitalter neue Aufgaben übernommen haben und zunehmend übernehmen werden. So ist durchaus denkbar, daß sie als Datenbank-Produzenten künftig auch Hostfunktionen übernehmen werden. Wichtig ist hier die Tatsache, daß bei den Volltextdatenbanken im Gegensatz zu den bibliographischen Datenbanken der Verlag ein Mitspracherecht hat, ob eine Datenbank aufgelegt wird oder nicht. Wir haben es also mit einem ganz anderen Verhältnis zwischen Host und Produzent zu tun.
Aber auch die Produktpalette wird sich grundlegend ändern. So können künftig die Wünsche und Bedürfnisse des Kunden bei der Produktgestaltung viel stärker berücksichtigt werden, als das zur Zeit noch der Fall ist. Man kann dem Benutzer individuell gedruckte oder elektronische Informationspakete schnüren, zusammengestellt aufgrund einer bestimmten Fragestellung aus allen verlagsintern vorhandenen Datensammlungen. Ein Verlag (wie Hoppenstedt) könnte zum Beispiel jemandem, der Informationen über eine bestimmte Firma benötigt, nicht nur die Firmenberichte aus den Handbüchern liefern, sondern zusätzlich alle Veröffentlichungen, die hierzu in den Fachzeitschriften erschienen sind oder alle Anzeigen, die diese Firma ebendort aufgegeben hat. Hier tun sich völlig neue Möglichkeiten z.B.

der Konkurrenzbeobachtung auf. Und hier könnte man wirklich von einer in absehbarer Zeit realisierbaren Form des ,,Publishing on Demand" sprechen.
Ansätze der individuellen Kommunikation lassen sich bereits erkennen. Diese Produktentwicklungen stehen eindeutig unter dem Einfluß der zunehmenden Verbreitung von Personal Computern. Es werden nicht länger ausschließlich Daten vorhandener Printprodukte übernommen und in elektronischer Form angeboten, sondern die neuen Produkte sind Komplettlösungen in Form von Informationen plus zugehöriger Software zur Weiterverarbeitung auf dem PC (z.B. zur Vorbereitung einer Direktwerbeaktion).

Beispiel für die individuelle Verarbeitung vorhandener Daten je nach besonderer Problemstellung des Kunden ist auch die Bilanzdatenbank, mit der neben den firmenkundlichen elektronisch aufbereiteten Daten nun auch auf dem Gebiet der Finanz- und Börseninformationen das neue technische Zeitalter anbrechen soll. Hier werden die Bilanzdaten deutscher Gesellschaften über Magnetband, Diskette einschließlich Analysesoftware für den PC und online vertrieben. In Vorbereitung sind ferner elektronische Charts: Aktienkurse, die tagesaktuell auf einem Hostrechner bereit liegen incl. einer PC-Software für Chartsanalysen. In etwas fernerer Zukunft plant man eine Beteiligungsdatenbank, aufbauend auf den zur Zeit gedruckt vorliegenden Schautafeln (Konzerne in Schaubildern).

Für die Zukunft − und das gilt für alle Verlage und am Informationsprozeß beteiligten Akteure − sind nicht Dokumente, sondern Informationen gefragt. Auf Phantasie und Kreativität kommt es an, und die physische Form der Daten(träger) wird eine immer geringere Rolle spielen.

Informationen werden nicht mehr nur als Angebote vom Verlag an den Markt weitergegeben, sondern der Markt kann seine Vorstellungen und Wünsche an den Verlag formulieren, der dann neben der verlegerischen zunehmend eine aktive Informationstätigkeit übernimmt.

Einführende Literatur

01. Claassen, Walter u.a.: Fachwissen Datenbanken. Die Information als Produktionsfaktor, Klaes, Essen 1986.
02. Claassen, Walter u.a.: Fachwissen Online-Recherche. Suchstrategien in Online-Datenbanken, Klaes, Essen 1988.
03. Institut der deutschen Wirtschaft (Hrsg.): Zugriff auf Datenbanken. IW-Dossier 6, Deutscher Instituts-Verlag GmbH, Köln 1988.
04. Kmuche, Wolfgang: Umgang mit externen Datenbanken. Ein praktischer Leitfaden für die maßgeschneiderte Informationsbeschaffung durch externe Datenbanken, WRS Verlag, Planegg/München 1987.
05. Kroll, Hartmut: Informationsvermittlung in der Industrie, RKW, Frankfurt 1985.
06. Löcher, Werner; Schumacher, Frank: Die Nutzung von Datenbanken. Eine Einführung in die Praxis der elektronischen Recherche, Verlagsgruppe Handelsblatt, Düsseldorf 1985.
07. Mathiesen, H.; Palme, K.: Datenbanken im Direktzugriff, Deutscher Instituts-Verlag, Köln 1988.
08. Rompel, Helmut: Mit PCs an Online-Datenbanken, IWT-Verlag, Vaterstetten 1987.

09. Schubert, Steffen: Online-Datenbanken. Zugang zum Wissen der Welt mit Personal Computern, Sybex, Düsseldorf 1986.
10. Wahls, Jürgen: Informationsbeschaffung mit dem PC. McGraw-Hill, Hamburg 1989.

Datenbankführer und Nachschlagewerke

11. AFI/Messe Frankfurt GmbH (Hrsg.): WHO IS WHO − Das Jahrbuch der Online-Szene 88/89, Redaktion und Verlag: b. team, B. Breidenstein GmbH, Frankfurt 1988. Erscheint jährlich im Frühjahr.
12. Cuadra, Carlos: Directory of Online Databases, Elsevier, New York (erscheint zweimal/Jahr mit zwei zusätzlichen Ergänzungslieferungen).
13. Engelhardt, Klaus (Red.): Datenbanken mit Patentinformation, Klaes, Essen 1988.
14. Matner, Hans-Joachim: Produktdatenbank-Führer für Ein- und Verkauf, Verlag TÜV Rheinland, Köln 1988.
15. Gesellschaft für Mathematik und Datenverarbeitung mbH (Hrsg.): Verzeichnis deutscher Datenbanken, Datenbank-Betreiber und Informationsvermittlungsstellen, Saur, München 1988.
16. Scientific Consulting Dr. Schulte-Hillen (Hrsg.): Handbuch der Datenbanken für Naturwissenschaft, Technik, Patente 1988, Verlag Hoppenstedt, Darmstadt 1988. Erscheint jährlich.
17. Scientific Consulting Dr. Schulte-Hillen (Hrsg.): Handbuch der Wirtschaftsdatenbanken 1988, Verlag Hoppenstedt, Darmstadt 1988. Erscheint jährlich.
18. Staud, Joseph L.: Online Wirtschaftsdatenbanken 1987, 2 Bände, Lang, Bern, Frankfurt 1987.

Zeitschriften

19. cogito Neue Wege zum Wissen der Welt. Zeitschrift für die Nutzung elektronischer Medien, Verlag Hoppenstedt, Darmstadt.
20. Information World Review. The Information Community Newspaper, Learned Information Ltd., Woodside.
21. NfD Nachrichten für Dokumentation. Zeitschrift für Information und Dokumentation, Deutsche Gesellschaft für Dokumentation, Frankfurt.
22. OLBG-Info. Nachrichtenblatt der deutschen Online-Benutzergruppe in der DGD.
23. Online Review. The International Journal of Online Information Systems, Learned Information Ltd., Oxford.
24. Password. Praxisberater für elektronische Informationsbeschaffung, Verlagsgruppe Handelsblatt, Düsseldorf.

D 15   Das Öffentliche Informationssystem

Karl A. Stroetmann

D 15.1   Ausgangssituation

Der ‚Sputnik-Schock‘ im Oktober 1957 führte schlagartig dazu, daß auch in der westlichen Welt wissenschaftliche Forschung und Förderung der Technikentwicklung als eine gesamtstaatliche Aufgabe ‚entdeckt‘ und in ihrer strategischen Bedeutung für die wirtschaftliche und gesellschaftliche Entwicklung und internationale Konkurrenzfähigkeit der Nationen erkannt wurde. Damit einher ging die Erkenntnis, daß wissenschaftlicher Information und Dokumentation eine zentrale Bedeutung für diesen Prozeß zukommt, wobei der vermuteten Rolle des All-Unions-Institutes für wissenschaftlich-technische Information (VINITI) in Moskau für den Sputnik-Erfolg sicherlich eine wichtige Anstoßfunktion zukam. In den USA führte dies zu einer Vielzahl von Aktivitäten, die schon nach vier Monaten zu einem Vorschlag für ein von der Bundesregierung einzurichtendes ,,National Technical Information Center‘‘ und 1963 zu dem weltweit Beachtung findenden ,,Weinberg-Report‘‘ führten (Lit. 18.).

In der Bundesrepublik Deutschland nahm sich der Bundesrechnungshof der aufgeworfenen Fragen an und unterstrich 1962, daß die wissenschaftliche Dokumentation eine vorwiegend von staatlicher Seite wahrzunehmende Aufgabe ist: ,,Für die Dokumentation gelten insoweit dieselben Grundsätze wie für die Einrichtung und Unterhaltung wissenschaftlicher Bibliotheken, die überwiegend von der öffentlichen Hand getragen werden müssen. Der Nutzeffekt ist nicht meßbar. Sie bilden aber die Grundlage für wissenschaftliche Arbeit und sind damit für den Staat von wesentlicher Bedeutung. Die öffentliche Hand sollte daher für die Förderung von Dokumentationsstellen Mittel bereitstellen . . .‘‘ (Lit. 13., S. 36). Dieses Gutachten wurde maßgeblich für die weitere Entwicklung. 1964 wurde im Bundesministerium für wissenschaftliche Forschung ein Referat Dokumentation eingerichtet, bereits 1967 verkündete die Bundesregierung offiziell ihre Absicht, ,,die strukturlose Vielfalt der vorhandenen Dokumentationseinrichtungen zu einem integrierten, leistungsfähigen nationalen Dokumentations- und Informationssystem zusammenzufassen und die in weiten Bereichen der Wissenschaften (insbesondere auch der Geisteswissenschaften) und Technik noch fehlenden Dokumentationseinrichtungen beschleunigt aufzubauen‘‘ (Lit. 05., S. 64). Es dauerte jedoch noch fast zehn Jahre, bis das ‚Programm der Bundesregierung zur Förderung der Information und Dokumentation (IuD-Programm) 1974 – 77’ (Lit. 06.) vorlag, das ausführlich zu Zielen, Struktur und geplanter Entwicklung eines öffentlich geförderten Fachinformationssystems Stellung nahm. Über einen ’BMFT-Leistungsplan Fachinformation – Planperiode 1982 – 1984‘ (Lit. 03.) sowie ein ‚Fachinformationsprogramm 1985 – 88 der Bundesregierung‘ (Lit. 04.) wurde dieses Konzept fortgeschrieben und modifiziert.

Auf die Details dieser Entwicklung kann hier nicht eingegangen werden (Lit. 11.). Im folgenden werden vielmehr Ziele, Zielgruppen, Funktionen und Struktur sowie

die Träger des öffentlichen Fachinformationssystems behandelt. Weiterhin wird
kurz auf die Grundlagen staatlichen Handelns in diesem Bereich und abschließend
auf einige Entwicklungsaspekte eingegangen.

D 15.2   Zielsetzungen

Ausgangspunkt staatlicher Bemühungen im IuD-Bereich war die Erfahrung der
späten 50er und frühen 60er Jahre, die − abgeleitet aus dem übergeordneten Ziel,
Forschung durch die Gestaltung eines unterstützenden Umfeldes zu fördern, aber
nicht inhaltlich zu programmieren − zu der Zielsetzung führte, vor allem Wissenschaft und Forschung bei der Bewältigung der Informationsflut einerseits und der
effizienteren Nutzung vorhandener Erkenntnisse andererseits zu fördern. Schon
bald jedoch wurden umfassendere Konzepte staatlicher Forschungs- und Technologiepolitik entwickelt (Lit. 01., Lit. 02.), die tendenziell alle Bereiche menschlichen
Handelns unter dem Aspekt zukünftiger Entwicklungsnotwendigkeiten erfaßten
und die ,Nützlichkeit' von Forschung, nicht den Erkenntnisgewinn als solchen, in
den Vordergrund stellten. Entsprechend wurde auch dem IuD-Programm ein
außerordentlich umfassendes Zielespektrum unterlegt, in dem der ursprüngliche
Ansatz nur noch einen unter mehreren Aspekten darstellte:
− Erhöhung der Effizienz von Forschung, Entwicklung und Ausbildung sowie Beschleunigung der Innovation zur Verbesserung der Lebensqualität
− Stärkung der Leistungs- und Wettbewerbsfähigkeit der Wirtschaft und Technik
  sowie Unterstützung der Berufs- und Arbeitswelt
− Unterstützung der Planungs- und Entscheidungstätigkeit von Parlament, Regie-
  rung, Verwaltung und Rechtsprechung
− Verbesserung der Informationsmöglichkeiten für Bürger wie auch gesellschaftli-
  che Gruppen, vor allem zur Stärkung ihrer Mitwirkungsmöglichkeiten.
Weiterhin sollte ein Beitrag zum internationalen Informationsaustausch und zur
Förderung der europäischen Integration geleistet werden.
In ihrem umfassenden Anspruch, der sich vor allem auch in dem dahinterstehenden
Strukturkonzept ausdrückt − auf das weiter unten eingegangen wird − , stellten
diese Zielsetzungen ein weltweit eimaliges informationspolitisches Konzept dar, das
nur vor dem Hintergrund der gesamtpolitischen Konstellation Anfang der 70er Jah-
re verständlich wird. Jedoch konnten die aus diesen Zielen abgeleiteten Umsetzungs-
aktivitäten weder politisch noch fachlich realisiert werden. Die Haushaltskrise
Anfang der 80er Jahre, sich verändernde politische Prioritäten sowie Kritik aus verschiedenen Lagern, so u.a. vom Bundesrechnungshof (Lit. 14.), führten im ,Fach-
informationsprogramm 1985 − 88' zu einem erheblich reduzierten Zielkatalog:
− Verbesserung der Rahmenbedingungen des Fachinformationsmarktes
− Stärkung des Informationstransfers innerhalb der Wissenschaft und zwischen
  Wissenschaft und Wirtschaft sowie in die staatlichen Bereiche
− Sicherung des grenzüberschreitenden Datenverkehrs auch bei der Fachinformation sowie Stärkung der internationalen Stellung deutscher Informationsan-
  bieter

– Verbesserung von Nutzen und Akzeptanz der Fachinformation in Wissenschaft, Wirtschaft, Medien, Staat und Gesellschaft
– Verbesserung der Marktchancen der deutschen Wirtschaft, Erschließung von Arbeitsplätzen in der Informationswirtschaft.

Der im IuD-Programm formulierte Anspruch, daß es weitgehend eine öffentliche Aufgabe sei, durch planende, organisatorische und finanzielle Maßnahmen ein leistungsfähiges Informationssystem zu schaffen, wird fallengelassen. Der Primat des Marktes, d.h. die Bereitstellung von Informationsdienstleistungen durch Private auf Märkten, bei denen dem Staat lediglich die Aufgabe zufällt, die Rahmenbedingungen zu verbessern, wird herausgearbeitet. Der Staat wird gemäß dem Prinzip der Subsidiarität nur noch dort tätig, wo Privatinitiative nicht greift; dies ist insbesondere im Bereich von Wissenschaft und Forschung der Fall. Daneben treten ressortbezogene Zuständigkeiten, insbesondere Informationspflichten der Bundesregierung.

Diese Zielsetzungen knüpfen, in weiterentwickelter Form, an den Ausgangspunkt der Diskussion Ende der 50er Jahre an. Es muß konstatiert werden, daß es faktisch nicht gelungen ist, ein tragfähiges informationspolitisches Gesamtkonzept für den öffentlichen Bereich zu entwickeln, das z.B. auf in der Verfassung festgelegten Normen aufsetzt. Auch fehlen aus den übergeordneten Zielen der Bildungspolitik, der Sozialpolitik, der Wirtschaftspolitik etc. stringent abgeleitete informationspolitische Zielvorstellungen, die sich in einen Gesamtrahmen einfügen. Ob dies in Anbetracht der konkurrierenden Ressortzuständigkeiten auf Bundesebene, der Kompetenzkonflikte mit den Ländern usw. überhaupt leistbar ist, muß dahingestellt bleiben.

D 15.3   Zielgruppen und Funktionen

Geht man von den Aussagen des IuD-Programms 1974 – 77 aus, so sind Zielgruppen des öffentlichen Informationssystems alle Bürger in ihren jeweils spezifischen Rollen: als Wissenschaftler, als Manager, als Mitglied einer Partei, Gewerkschaft, Kirche usw., als einzelner Konsument etc. Auch gesellschaftliche Institutionen und Gruppen sollen als eigenständige Zielgruppen informiert werden. Grob werden hierbei die folgenden drei Gruppen und die zur Befriedigung ihres Informationsbedarfs wahrzunehmenden Informationsfunktionen unterschieden:

a) Wissenschaftler und Forscher
Grundvoraussetzung wissenschaftlicher Tätigkeit ist die umfassende und aktuelle Information über Forschungsergebnisse der Kollegen, über themenrelevante Daten und Fakten usw. Entsprechend sind vor allem den aktuellen Wissensstand vollständig widerspiegelnde Literaturdatenbanken (national und international), aber auch Fakten- und Daten-Datenbanken eine zentrale Funktion des öffentlichen Informationssystems. Die inhaltliche Erschließung hat den individuellen Bedürfnissen der Wissenschaftler gerecht zu werden, die schnelle Beschaffbarkeit der nachgewiesenen Literatur muß sichergestellt sein, Übersetzungsmöglichkeiten sind vorzuhalten.

b) Praktiker

Hierunter fällt eine breite, heterogene Gruppe von Nutzern wie Entscheidungsträger und Führungskräfte (in Wissenschaft, Wirtschaft, Verwaltung und Politik), Mittel- und Kleinbetriebe (Betriebsingenieure, Meister, . . .), Freiberufler, Multiplikatoren (Redakteure, Lehrer, Sozialarbeiter). Einerseits sind sie durch eine große fachliche Breite des Informationsinteresses, andererseits durch eine Konzentration des Interesses auf Fakten, Daten, Anweisungen bei geringem Interesse an methodischen Fragen gekennzeichnet. Entsprechend sind nicht Fundstellen, sondern Informationen selbst in Form von Fortschrittsberichten, Nachschlagewerken, Fakten- und Daten-Datenbanken bereitzustellen; regionale und/oder branchenorientierte Informationsvermittlungs- und Beratungsstellen werden erforderlich.

c) Bürger und gesellschaftliche Gruppen

Einzelne Bürger und gesellschaftliche Gruppen benötigen zur Erfüllung ihrer Interessen und Aufgaben fachliche Information in allgemeinverständlicher, übersichtlicher und leicht zugänglicher Form. Die Befriedigung dieses Bedarfes wie auch die Sicherstellung des direkten Zugangs zu wissenschaftlicher und technischer Information wurden ebenfalls als eine Funktion des öffentlichen Systems postuliert.

Entsprechend den weniger umfassenden Zielsetzungen und im Einklang mit der faktischen Entwicklung werden im Fachinformationsprogramm 1985 – 88 Funktion und Aufgaben des öffentlichen Informationssystems erheblich reduzierter gesehen; Zielgruppe ist nunmehr der ,,Fachmann''. Die zur Bewältigung seiner Aufgaben nützlichen Informationen (Fachinformation – FI) sollen nunmehr primär über den (privaten) Fachinformationsmarkt und nur subsidiär durch das öffentliche Informationssystem bereitgestellt werden. Die weiten Bereiche der ,,allgemeinen Information'' werden gänzlich ausgeblendet. – Die Funktionen des öffentlichen Systems reduzieren sich entsprechend dominant auf die Produktion von Fakten- und Hinweisdatenbanken – vor allem auch, um einen möglichst vollständigen Nachweis der deutschen wissenschaftlich-technischen Fachliteratur sicherzustellen – sowie auf das weltweite Angebot elektronischer Fachinformation über deutsche Hosts. Die Förderung in anderen Bereichen soll nur anregende oder unterstützende Funktion haben, wie z.B. bei der Produktion von Fachliteratur durch Verlage, bei der Verbesserung der Nutzung von Fachinformation oder bei der Weiterentwicklung der Informationswissenschaft. Ressortbezogene und internationale Aufgaben sind jeweils entsprechend zu berücksichtigen.

D 15.4   Struktur (nach IuD-Programm 1974 – 1977)

Der Mitte der 70er Jahre einsetzenden Planung und Konkretisierung des öffentlichen Informationssystems lag das Strukturkonzept des IuD-Programms zugrunde. Um die Zielsetzungen effizient zu realisieren, sollten auf der Grundlage bereits bestehender Dokumentationsaktivitäten 16 leistungsfähige Fachinformationssysteme (FIS) gebildet werden:

- Gesundheitswesen, Medizin, Biologie, Sport (FIS 1)
- Ernährung, Land- und Forstwirtschaft (FIS 2)
- Chemie (FIS 3)
- Energie, Physik, Mathematik (FIS 4)
- Hüttenkunde, Werkstoffe, Metallbe- und verarbeitung (FIS 5)
- Rohstoffgewinnung und Geowissenschaften (FIS 6)
- Verkehr (FIS 7)
- Bauwesen, Raumordnung, Städtebau (FIS 8)
- Verbrauchsgüter (FIS 9)
- Wirtschaft (FIS 10)
- Recht (FIS 11)
- Bildung (FIS 12)
- Sozialwissenschaften (FIS 13)
- Geisteswissenschaften (FIS 14)
- Auslandskunde (FIS 15)
- Elektrotechnik, Feinwerktechnik, Maschinenbau (FIS 16)

Diese Fachinformationssysteme sollten jeweils alle innerhalb ihres fachlichen Bereiches notwendigen Informationsdienstleistungen überregional erbringen. Ausgehend von dem zunächst konsequent verfolgten Zentralisierungsgedanken – der später zu einem ,,koordinierten Dezentralismus'' modifiziert wurde – war für jedes Fachinformationssystem die Gründung eines Fachinformationszentrums (FIZ) als Kerninstitution geplant.

Daneben waren vier Informationseinrichtungen mit besonderer Zweckbestimmung vorgesehen:

- Informationseinrichtung für Patente (IbZ 17)
- Forschungsinformationsstelle (IbZ 18)
- Informationssystem für Umwelt (IbZ 19)
- Informationseinrichtung für technische Regelwerke (IbZ 20)

Weiterhin sollte die Infrastruktur mit einer Gesellschaft für Information und Dokumentation (GID) an der Spitze ausgebaut werden.

D 15.5 Struktur (nach Fachinformationsprogramm 1985 – 1988)

Dieser gestaltend-integrierende, flächendeckende Ansatz wird inzwischen von der Bundesregierung nicht mehr weiterverfolgt. Die bereits erwähnten, aus unterschiedlichen Zuständigkeiten und Kompetenzfragen resultierenden Probleme, fehlende Finanzmittel und andere Faktoren haben seine konsequente Umsetzung verhindert. Auch wenn das IuD-Programm zu bedeutsamen fachlich-inhaltlichen und institutionellen Anstößen geführt hat, präsentiert sich heute die Struktur des öffentlichen Fachinformationssystems als sehr heterogen. Die folgende Darstellung lehnt sich an das Fachinformationsprogramm 1985 – 88 an, wobei hier jeweils nur auf zentrale Einrichtungen verwiesen wird:

D 15.5.1   Produktion von Fachinformation und Erbringung von Diensten

D 15.5.1.1 Wissenschaftliche und technische Fachinformation

Hier werden alle diejenigen wissenschaftlich-technischen Fachinformationsbereiche zusammengefaßt, die vornehmlich als Teil der wissenschaftlichen Infrastruktur von der öffentlichen Hand gefördert werden:

- Natur- und Ingenieurwissenschaften
  - Chemie (FIZ Chemie GmbH, Berlin)
  - Physik, Mathematik, Informatik, Energie (FIZ Karlsruhe, Gesellschaft für wissenschaftlich-technische Information mbH)
  - Rohstoffgewinnung, Geowissenschaften, Wasserwirtschaft (IZ Rohstoffgewinnung, Geowissenschaften, Wasserwirtschaft (GEOFIZ) bei der Bundesanstalt für Geowissenschaften und Rohstoffe, Hannover)
  - Städtebau, Raumordnung, Bau- und Wohnungswesen (IZ Raum und Bau (IRB) der Fraunhofer-Gesellschaft, Stuttgart)
  - Technik (FIZ Technik e.V., Frankfurt/Main)
  - Technische Regeln (Deutsches Informationszentrum für technische Regeln (DITR) im Deutschen Institut für Normung (DIN) e.V. Berlin)
  - Werkstoffe (FIZ Werkstoffe e.V., Berlin)
- Sozial- und Wirtschaftswissenschaften
  - Sozialwissenschaften (IZ Sozialwissenschaften der Arbeitsgemeinschaft Sozialwissenschaftlicher Institute e.V., Bonn)
  - Wirtschaftswissenschaften (HWWA-Institut für Wirtschaftsforschung, Hamburg)
- Geisteswissenschaften
  Hier fehlt es bisher an einer zentralen Anlaufstelle.

D 15.5.1.2 Ressortorientierte Fachinformation

Hierunter werden alle im Bereich des Bundes verfügbaren Informationen, die zur Erfüllung öffentlicher Aufgaben benötigt werden, verstanden, soweit sie allgemein zugänglich sind. Dominant werden sie jedoch in der Regel ebenfalls vom wissenschaftlich-technischen Bereich sowie der Wirtschaft in Anspruch genommen; insofern ist diese Klassifizierung eher formal-artifizieller Natur. Z.T. handelt es sich um querschnittsorientierte Fachbereiche, die nur recht willkürlich in ein disziplinenorientiertes Schema eingepaßt werden können:

- Natur- und Ingenieurwissenschaften
  - Patente (Deutsches Patentamt, München)
  - Umwelt (Umweltbundesamt, Berlin)
  - Verkehr (Zentrale Informationsstelle für Verkehr (ZIV), Köln)
- Biowissenschaften
  - Ernährung, Land- und Forstwirtschaft (Zentralstelle für Agrardokumentation und -information (ZADI), Bonn)
  - Gesundheitswesen, Medizin, Biologie (Deutsches Institut für medizinische Dokumentation und Information (DIMDI), Köln)
  - Sport (Bundesinstitut für Sportwissenschaft (BISp), Köln)

- Sozial- und Wirtschaftswissenschaften
  - Arbeit und Sozialpolitik (Institut für Arbeitsmarkt- und Berufsforschung (IAB), Nürnberg u.a.)
  - Bildung (Leitstelle Dokumentationsring Pädagogik (DOPAED), Frankfurt/Main)
  - Recht (Juristisches Informationssystem (JURIS) GmbH, Saarbrücken)
  - Staatenkunde, zwischenstaatliche und internationale Beziehungen (Stiftung Wissenschaft und Politik (SWP), Ebenhausen)
  - Statistik (Statistisches Bundesamt, Wiesbaden)

D 15.5.2 Online-Angebot elektronischer Fachinformation

Für die zentrale Bereithaltung elektronischer Fachinformation für den Fernzugriff über die Telekommunikationsnetze werden vier Hosts (Fachinformations-Rechenzentren) unterhalten:

- DIMDI, Köln (Datenbanken zu Medizin/Gesundheit, Biologie, Landwirtschaft, Psychologie, Sport und benachbarten Gebieten)
- JURIS, Saarbrücken (Juristische Datenbanken)
- STN International – Scientific and Technical Information Network, Karlsruhe (Wissenschaftliche und technische Datenbanken); mit weiteren Knoten in Columbus/Ohio (USA) und Tokio (Japan)
- FIZ Technik, Frankfurt, über DATA-STAR, Bern/Schweiz (Wissenschaftlich-technische und Wirtschaftsdatenbanken)

D 15.5.3 Bereitstellung von Fachinformation (Literaturversorgung)

Ein zentrales Element des öffentlichen Informationssystems sind die öffentlich finanzierten Bibliotheken (Lit. 10.), denen u.a. die Funktion der Literaturversorgung obliegt. Hier kann nur beispielhaft auf die zentralen Bibliotheken (Lit. 17.) und die von der Deutschen Forschungsgemeinschaft (DFG) geförderten Sondersammelgebietsbibliotheken verwiesen werden:

Zentrale Bibliotheken
- Deutsche Bibliothek, Frankfurt (Nationale Archivbibliothek)
- Staatsbibliothek Preußischer Kulturbesitz, Berlin
  (Wissenschaftliche Universalbibliothek und Sondersammelgebietsbibliothek)
- Technische Informationsbibliothek, Hannover
- Zentralbibliothek der Landbauwissenschaft, Bonn
- Zentralbibliothek der Medizin, Köln
- Zentralbibliothek der Wirtschaftswissenschaften, Kiel

Sondersammelgebietsbibliotheken
Hierbei handelt es sich um ein System von rund 35 Universalbibliotheken, Zentralen Fachbibliotheken und Spezialbibliotheken, die in einem von der DFG geförderten System die überregionale Literaturversorgung sicherstellen (Lit. 08.).

D 15.5.4 IuD-Infrastruktur

Mit Gründung der Gesellschaft für Information und Dokumentation (GID), Frankfurt, die im Kontext des IuD-Programms aus der Zusammenlegung verschiedener Infrastrukturinstitute entstand, wurden die Voraussetzungen zur Intensivierung von Forschung, Entwicklung, Ausbildung und Standardisierung geschaffen. 1987 wurde die GID wieder aufgelöst und z.T. in die Gesellschaft für Mathematik und Datenverarbeitung (GMD) überführt, z.T. privatisiert. Forschung und Ausbildung verbleiben damit im wesentlichen als eine Aufgabe der Universitäten und Fachhochschulen, wo an verschiedenen Orten in den zurückliegenden Jahren entsprechende Studiengänge und Lehrangebote entstanden sind (Lit. 11.).

D 15.6 Träger

Es gibt keine einheitliche Trägerschaft des öffentlichen Informationssystems in der Bundesrepublik Deutschland. Die ressortorientierten Fachinformationsstellen sind in der Regel der Fachaufsicht des jeweiligen zuständigen Bundesministeriums oder des Bundeskanzleramtes unterstellt; rechtlich handelt es sich um (nachgeordnete) Bundesbehörden, Stiftungen, gemeinnützige GmbH's oder eingetragene Vereine. Fachinformation als Teil der wissenschaftlichen Infrastruktur wird im wesentlichen gemeinsam von Bund und Ländern im Rahmen der ,,Rahmenvereinbarung Forschungsförderung'' auf der Grundlage des Artikels 91 b des Grundgesetzes finanziert. Die rechtliche Trägerschaft teilen sich in der Regel Bund und (Sitz-)Länder; es finden sich jedoch auch rechtliche − und sehr begrenzt finanzielle − Trägerschaften bzw. Beteiligungen von (wissenschaftlichen) Verbänden, Gesellschaften und Institutionen. Im Rahmen der Zuständigkeit der Länder für den Bildungsbereich werden die Bibliotheken überwiegend von diesen getragen, wobei z.T. die DFG-Förderung hinzukommt, welche wiederum von Bund und Ländern gemeinsam aufgebracht wird. Beteiligungen aus dem privatwirtschaftlichen Bereich sind bisher eher die große Ausnahme geblieben.

Das politische Spannungsverhältnis zwischen Bund und Ländern, aber auch Kompetenzwechsel, -lücken und -unklarheiten zwischen den Bundesressorts können und haben sich aufgrund dieser vielfältigen Trägerkonstruktionen z.T. sehr direkt auf Erfolg bzw. Mißerfolg der Fördermaßnahmen im öffentlichen Informationssystem ausgewirkt.

D 15.7 Grundlagen staatlichen Handelns

Ob ein Handlungsbedarf des Staates im (Fach-)Informationsbereich besteht, ist eine Frage, die nicht durch einen wissenschaftlichen Diskurs geklärt werden kann, wie dies versucht wurde (Lit. 14.; Lit. 12.; Lit. 09.); eine solche Diskussion kann Argumente liefern, die Grundsatzfrage jedoch nicht lösen. Sie muß vielmehr politisch beantwortet werden, abgeleitet aus politisch gesetzten Prämissen staatlichen Handelns. Die grundgesetzlich verankerten Rechte der Meinungsfreiheit, der Informationsfreiheit sowie der Freiheit von Wissenschaft und Forschung (vgl. Artikel 5 Grundgesetz) bedürfen in einer demokratisch verfaßten, pluralistischen Gesellschaft nicht nur des (passiven) staatlichen Schutzes, sondern der aktiven Förderung und Ausgestaltung. Für den Staat kann daraus eine originäre (und nicht nur subsidiäre) Verantwortung für den Prozeß der gesellschaftlichen Organisation von Fachinformation abgeleitet werden. Teil unseres Demokratieverständnisses ist es, daß Forschung, Wissenschaft und Bildung öffentlich verfaßt und jedem Bürger zugänglich sind. Die gesellschaftliche Produktion von Wissen, die allgemeine Alphabetisierung, das öffentlich finanzierte Bibliothekswesen und damit die prinzipielle Verfügbarkeit von Information sind zentraler Bestandteil des seit der Aufklärung einsetzenden Demokratisierungsprozesses (Lit. 07.). Auch wenn damit die faktische Verfügbarkeit, d.h. auch die Fähigkeit zur Weiterverarbeitung und Verwertung, nicht für jeden gleichmäßig gegeben ist, so impliziert dies dennoch eine allgemeine Verantwortung des Staates für die Garantierung der demokratischen Zugänglichkeit zur Fachinformation und legitimiert damit sein Handeln in diesem Bereich − wiederum nur im Rahmen der politisch zu setzenden allgemeinen Grundsätze und Grenzen staatlicher Aktivitäten.

D 15.8   Ausblick

Spätestens seit Mitte der 80er Jahre haben die (Fach-)Informationspolitik der Bundesregierung und ihre Umsetzung zu einer Betonung der Funktionen eines privatwirtschaftlich organisierten Informationsmarktes geführt, an dessen Nutzenkriterien sich auch die Institute des öffentlichen Fachinformationssystems zunehmend orientieren sollen (Lit. 15.). Damit einher geht die Gefahr, daß Fachinformation nur noch eindimensional als ein Rohstoff betrachtet wird, der unter wirtschaftlichen Aspekten verwertet werden kann. Fachinformation als Ausdruck nationaler Kultur, als Basis wissenschaftlicher Potenz oder als Medium der Weiterentwicklung der Gesellschaft tritt in den Hintergrund. Da der Zugang zu moderner Fachinformation zunehmend über elektronische Speicher- und Kommunikationsmedien erfolgt, ist statt der vielbeschworenen Informatisierung postindustrieller Gesellschaften eine neue Deinformatisierung und Dedemokratisierung zu befürchten, sofern die elektronische Speicherung zu einer faktischen Reprivatisierung von gesellschaftlich produziertem Wissen führt und interessierte, aber weniger finanzkräftige Wissenschafts- und Bevölkerungskreise vom Zugang zur Fachinformation ausgeschlossen werden.
Neben dem für einen modernen Industriestaat unabdingbaren Aufbau eines privatwirtschaftlichen Informationsmarktes werden in der allgemeinen Diskussion und beim weiteren Ausbau des öffentlichen Fachinformationssystems daher die kulturellen, wissenschaftlichen und gesellschaftlich-demokratischen Aspekte der Fachinformation wieder verstärkt ins Blickfeld rücken (müssen).

Literatur

01. Bräunling, Gerhard; Harmsen, Dirk-Michael: Die Förderungsprinzipien und Instrumente der Forschungs- und Technologiepolititk. Göttingen: Schwartz 1975.

02. Bruder, Wolfgang (Hrsg.): Forschungs- und Technologiepolitik in der Bundesrepublik Deutschland. Opladen: Westdeutscher Verlag 1986.

03. Der Bundesminister für Forschung und Technologie (Hrsg.): BMFT-Leistungsplan Fachinformation – Planperiode 1982 – 1984. Bonn 1982.

04. Der Bundesminister für Forschung und Technologie (Hrsg.): Fachinformationsprogramm 1985 – 88 der Bundesregierung. Bonn 1985.

05. Der Bundesminister für wissenschaftliche Forschung: Bundesbericht Forschung II. Bonn 1967.

06. Bundesministerium für Forschung und Technologie: Programm der Bundesregierung zur Förderung der Information und Dokumentation (IuD-Programm) 1974 – 1977. Bonn 1976.

07. Capurro, Rafael: Informationsethos und Informationsethik – Gedanken zum verantwortungsvollen Handeln im Bereich der Fachinformation. In: Nachrichten für Dokumentation 39 (1988) H. 1, S. 1 – 4.

08. Deutsche Forschungsgemeinschaft, Unterausschuß für die Sondersammelgebiete: Überregionale Literaturversorgung. Index der Sammelschwerpunkte. Bonn 1985.

09. Goebel, Jürgen W.; Schadt, Dieter; Schwuchow, Werner: Zum Verhältnis von Staat und Privatwirtschaft im Bereich der Fachinformation. Frankfurt/Main: Flach 1985 (GID (Hrsg.): Beiträge und Berichte, Reihe A, Nr. 5).

10. Henrichs, Norbert: Wechselbeziehungen zwischen Dokumentation und Bibliotheken. In: Landwehrmeyer, Richard u.a. (Hrsg.): Bibliotheken im Netz – Funktionswandel wissenschaftlicher Bibliotheken durch Informationsverarbeitungsnetze. München u.a.: Saur 1986.

11. Henrichs, Norbert; Scheele, Jürgen (Hrsg.): Die Dokumentation in der Bundesrepublik Deutschland – Rückblicke in ihren Aufbruch. München u.a.: Saur (Veröffentlichung in Vorbereitung).

12. Lenk, Klaus: Anforderungen der Kommunikationsgrundrechte an die Fachinformationsversorgung. In: Archiv für Urheber- Film- Funk- und Theaterrecht 96 (1983), S. 5 – 39.

13. Der Präsident des Bundesrechnungshofes: Untersuchung über die wissenschaftliche Dokumentation in der Bundesrepublik Deutschland. Februar 1962 (Pr 2 – 1011/16 – 01/ 2.62).

14. Der Präsident des Bundesrechnungshofes als Bundesbeauftragter für Wirtschaftlichkeit in der Verwaltung (BWV): Gutachten über die Fachinformation in der Bundesrepublik Deutschland. April 1983 (VII 1 – 90 – 30 – 02).

15. Stroetmann, Karl A.: Fachinformation und Markt: kritische Anmerkungen zu einer auf ökonomische Aspekte reduzierten Diskussion. In: Nachrichten für Dokumentation 37 (1986) H. 1, S. 24 – 28.

16. Williams, Martha E.: Policy Issues for Electronic Databases and Database Systems. In: The Information Society 2 (1984) H. 3/4, S. 381 – 417.

17. Wissenschaftsrat: Stellungnahme zu den zentralen Fachbibliotheken in der Bundesrepublik Deutschland. Köln 1988.

18. Wooster, Harold: Historical Note: Shining Palaces, Shifting Sands: National Information Systems. In: Journal of the American Society for Information Science 38 (1987) H. 5, S. 321 – 335.

E Informationstechnik

E 1 Einleitung und Überblick

Das Hauptkapitel „Informationstechnik" ist den wohl wichtigsten „Werkzeugen" der Informationsarbeit gewidmet: den Rechnern, der IuD-spezifischen Software, den reprographischen und opto-elektronischen (Speicher-)Medien sowie der Datenkommunikation.

In Übereinstimmung mit der Abfolge im „klassischen" Dokumentationsprozess (im Hauptkapitel A kurz erläutert), werden zunächst in Kap. *E 2 „Mittel- und Großrechner" (K. Löns)* behandelt, die als Computer- resp. Multi-User-Systeme für Informationssyteme eingesetzt werden. Dabei werden insbesondere die Bewertungskriterien und Leistungsmerkmale der Hard- und Software vorgestellt.

Die Komponenten und Systemmerkmale der *„Personal Computer"* beschreibt *K.-E. Rieseberg* im anschließenden Kap. *E 3*, ebenfalls bezogen auf Hardware, Betriebssysteme und Mehrplatzsysteme bzw. Netzwerke.

Beiden Rechnerklassen gemeinsam ist, daß sie für verschiedenste Aufgaben im IuD-wesen genutzt werden: für Datenbankaufbau, zur Verwaltung von Wortgut oder Terminen, innerbetrieblichen Datensammlungen usw.

Einen Überblick über IuD-spezifische *„PC-Software"* gibt *K.-E. Rieseberg* in Kap. *E 4*. Aus der breiten Palette von Software-Produkttypen, die in der Praxis der Information und Dokumentation routinemäßig eingesetzt werden, sind Beispiele zu den wichtigsten Anwendungsbereichen − wie Retrieval, Kommunikation und Datenbankmanagement − zu finden.

Den Bereich der Speichertechnologien eröffnet *G. Thiele* mit der Darstellung der wichtigsten Verfahren der *„Reprografie"* (Kap. *E 5*). Der Beitrag steht in enger Beziehung zu Kap. B 7, in dem es insbesondere um die methodischen Zusammenhänge der „Speicherung" innerhalb der Verfahren der IuD-Praxis ging, während hier die technischen Aspekte im Vordergrund stehen.

Gleiches gilt für das Kap. *E 6 „Neue opto-elektronische Technologien"* von *R.-Dirk Hennings.* Auch hier werden die sehr aktuellen Fragen vor allem zu neuen digitalen Speichertechnologien und deren Einsatz aus technischer Perspektive betrachtet. Weitere Hinweise auf Anwendungsbereiche dieser Technologien finden sich im Kap. C 5 „Neue Diensteformen".

Abgeschlossen wird dieses Hauptkapitel mit dem Beitrag von *K. Löns „Datenkommunikation" (E 7)*, in dem die Verfahren und Wege der telekommunikativen Verbindungen zwischen Rechnern und Endgeräten dargelegt werden.

Unter dem Aspekt der Informationsmethoden und -verfahren (Hauptkapitel B) finden sich weitere Hinweise auf technisch integrierte Konzeptionen, in denen die Komponenten Hardware, Software, Speichermedien und Datenkommunikation ebenfalls Beachtung finden. Hier sind besonders die Kap. B 14 „Bürokommunikation" und B 15 „Bildschirmtext" zu nennen.

Weitere Aussagen über künftige Entwicklungen der Informationstechnik resp. absehbare Konsequenzen ihrer Anwendung für die IuD-Praxis sind im Hauptkapitel H ,,Tendenzen der IuD'' zu finden.

E 2   EDV – Mittel- und Großrechner/Multi-User-Systeme

Klaus Löns

E 2.1   Vorbemerkung

Die technische Entwicklung auf dem Gebiet der speicherprogrammierten digitalen Rechenautomaten, welche die Basis für die EDV-Anwendung bilden, verläuft zur Zeit in Innovationszyklen, die in Quartalen (!) gemessen wird. Unabhängig davon, wie und in welche Leistungsklasse ein EDV-System („Rechner") eingestuft wird, ist seine Lebensdauer als vermarktungsfähiges Produkt auf ca. 8 Quartale (also ca. 2 Jahre) begrenzt. Dies bedeutet, daß die Produkte der Hersteller von Computerhardware spätestens nach 2 Jahren vollständig durch modernere Produkte mit erheblich verbesserten Leistungsmerkmalen (bei sinkenden Preisen) ersetzt werden. Die Entwicklung von Systemfamilien mit neuen Architekturmerkmalen nimmt nur noch einen Zeitraum von 3 bis 4 Jahren in Anspruch.

Überlagert mit den unterschiedlichen Rechnerarchitekturen der Hersteller und den spezifischen Anwendungsanforderungen ergibt sich daraus eine Situation, in der die Klassifizierung von EDV-Systemen in „kleine", „mittlere" oder „große" Systeme einer permanenten Revision bedarf.

Der noch vor 10 Jahren verwendete Begriff „Mittlere Datentechnik" hat heute höchstens noch Bedeutung in Hinblick auf spezifische Anwendungen, läßt aber keine detaillierten Rückschlüsse auf die Architektur der verwendeten Computer-Systeme mehr zu.

Für die nachfolgenden Ausführungen wird daher folgende Abgrenzung getroffen: als Mittel- und Großrechner werden Computer-Systeme (Hardware und Software) bezeichnet, die in der Lage sind, simultan die Anforderungen einer großen Zahl (ca. Hundert bis über Tausend) interaktiver Anwender zu erfüllen. Dies beinhaltet den Dialogbetrieb mit Datenendeinrichtungen (Terminals) mittels der Datenfernverarbeitung (s. Kapitel Datenkommunikation).

Für technisch-wissenschaftliche Anwendungen sind Großrechner auch solche Systeme, die auf bestimmte Anwendungsgebiete ausgerichtet nicht unbedingt im direkten Dialog mit dem Anwender arbeiten (dieser Dialog wird von vorgeschalteten „kleineren" Systemen übernommen), sondern z.B. extrem rechenintensive Simulationen physikalischer Systeme mit Verarbeitungsgeschwindigkeiten von über 1 Milliarde Gleitkomma-Operationen pro Sekunde ermöglichen. In diese Leistungsklasse fallen z.B. die sogen. Vektor-Rechner und die Parallelprozessoren.

Im Gegensatz zu diesen oben grob definierten Systemen stehen die Arbeitsplatzrechner („Personal-Computer", PC), welche dedizierte Systeme darstellen, die jeweils nur von einer Person gleichzeitig genutzt werden können. Die sich schnell ausbreitende Klasse neuer Arbeitsplatzrechner mit dem Betriebssystem UNIX (UNIX ist ein Warenzeichen von AT & T) läßt zwar auch den Mehrbenutzerbetrieb im begrenzten Umfang zu, erfüllt jedoch noch nicht alle Leistungskriterien der o.g. Groß-Systeme, die nachfolgend auch als Multi-User-Syteme bezeichnet werden. Die Bezeichnung „Computer-System" wird als globale Bezeichnung für digitale, speicherprogrammierte Rechenautomaten benutzt. In der EDV-Fachwelt und in der Fachliteratur ist auch weiterhin die engl. Bezeichnung „*mainframe*" für Großrechner gebräuchlich.

E 2.2   Bewertungskriterien für Multi-User-Systeme

Die Bewertungskriterien, die im folgenden beschrieben werden, beziehen sich primär auf den Einsatz von Computersystemen als technischer Kernbaustein von Informationssystemen. Die Kriterien beziehen sich sowohl auf die Hardware (das sind die elektronischen und mechanischen Komponenten) als auch auf die Software (das sind die programmtechnischen Komponenten) eines Computer-Systems. Die Leistungsfähigkeit der Software wird zudem noch sehr stark geprägt von den Architektur- und Leistungsmerkmalen der Hardware-Umgebung, für die diese Software speziell entwickelt wurde. Die Bewertungskriterien beziehen sich entweder auf einzelne Systemkomponenten oder deren Zusammenwirken. Diese Komponenten und ihr Zusammenspiel werden daher anschließend erläutert.

E 2.2.1   Hardware

Die Hardware eines Computer-Systems besteht aus einer Zentraleinheit, mindestens einem Ein-/Ausgabe-Werk (E/A-Werk) und externen Geräten (sogen. Peripherie-Geräten), die entweder Eingabegeräte, Ausgabegeräte oder externe magnetische bzw. optische Speichermedien darstellen. Die Zentraleinheit (Abkürzung: ZE; engl. Central Processing Unit, CPU) besteht aus mindestens einem Rechenwerk, einem Steuerwerk (engl. Control Unit) und einem Arbeitsspeicher.
Die elektronischen Verbindungsleitungen zwischen Steuerwerk, Rechenwerk, Arbeitsspeicher und E/A-Werk werden als Bus bzw. Bus-System bezeichnet. Diese Bus-Verbindungen übertragen anwendungsbezogene Daten und Befehle sowie Steuer- und Identifizierungsinformationen für die angesprochenen System-Komponenten.

E 2.2.1.1   Steuerwerk

Aufgabe des Steuerwerks ist die elektronische Koordination zwischen den Aktivitäten des Rechenwerks, des E/A-Werks und des Arbeitsspeichers. Diese Koordination ist insbesondere darum notwendig, weil Rechenwerk und E/A-Werk autonom sind, d.h. physikalisch parallel arbeiten können. *Abb. 1* zeigt ein Blockdiagramm der o.g. Komponenten.

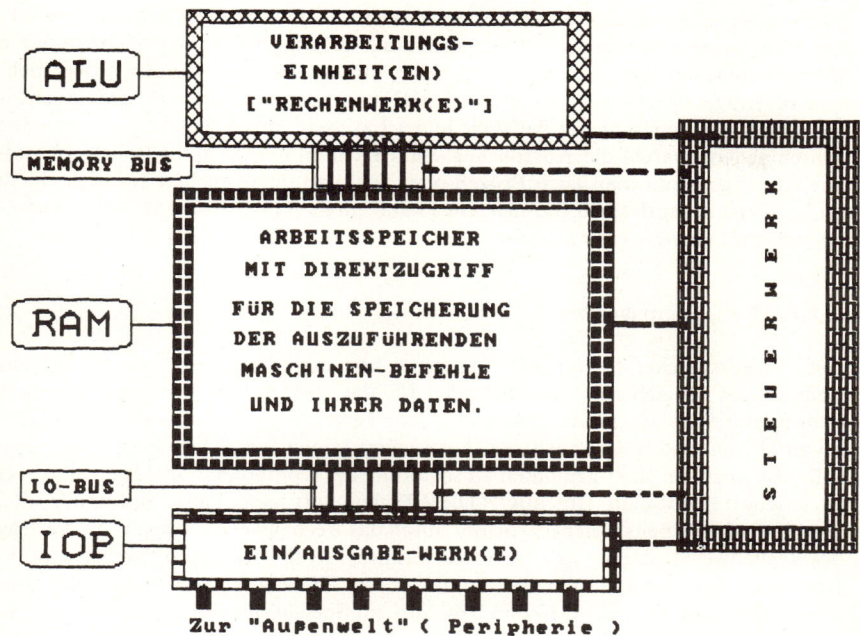

Abb. 1: Hardware-Blockdiagramm eines Computer-Systems

E 2.2.1.2 Rechenwerk

Aufgabe des Rechenwerks (engl. **A**rithmetic and **L**ogical **U**nit, **ALU**) ist die Ausführung von Maschinencode-Befehlen. Diese Befehle wie auch die zu verarbeitenden Daten werden dazu aus dem Arbeitsspeicher über das Bus-System in spezielle Speicherelemente (sogen. Register) des Rechenwerks transportiert. Das Übertragen der Verarbeitungsergebnisse aus den Registern des Rechenwerks in den Arbeitsspeicher sowie die Aktivierung des E/A-Werks ist ebenfalls Aufgabe des Rechenwerks bzw. entsprechender Maschinencode-Befehle. Maschinencodebefehle sind Bitfolgen, die im Rechenwerk elektronisch dekodiert werden und nachfolgend entsprechende Aktivitäten in oder zwischen den auf der *Abb. 1* gezeigten System-Komponenten bewirken. Zahl und Art der Befehle wie auch der Register des Rechenwerks sind ein Architekturmerkmal und damit auch Leistungsmerkmal eines Computer-Systems. Grundsätzlich ist zu bemerken, daß jedes Rechenwerk nicht nur mit Zahlen arithmetische Operationen durchführen kann, sondern auch Registerinhalte bzw. Speicherinhalte logisch verknüpfen kann und, in Abhängigkeit vom Ergebnis der logischen Verknüpfung, unterschiedliche Befehlsfolgen ausführen kann. Das Rechenwerk wird daher besser als Verarbeitungseinheit bezeichnet. Das Erkennen bestimmter Betriebszustände in der CPU und insbesondere im E/A-

Werk ist ebenfalls Aufgabe des Rechenwerks in Verbindung mit dem Steuerwerk.
Bei Mehrbenutzersystemen ist die Grundvoraussetzung, daß Arbeitsaufträge durch
mehrere Benutzer gleichzeitig in Anspruch genommen werden können, wobei mehrere Aufträge simultan im Arbeitsspeicher vorhanden sein können. Das Rechenwerk muß zur Steuerung der Aufträge in der Lage sein, durch einen entsprechenden
Maschinencodebefehl die Ausführung eines rechnerinternen Arbeitsauftrags (solche Aufträge nennt man auch Prozeß oder Task) zu unterbrechen und sich einem
anderen Arbeitsauftrag zu widmen. Dies kann ein neuer Auftrag oder auch ein früher unterbrochener Auftrag sein.

E 2.2.1.3 Arbeitsspeicher

Der Arbeitsspeicher (Synonym: Hauptspeicher, engl.: main memory) dient zur
(temporären) Speicherung von Befehlen für das Rechenwerk sowie zur ebenfalls
temporären Speicherung der Daten (Zahlen, Texte), die durch das Rechenwerk zu
manipulieren sind. Der Arbeitsspeicher verliert seinen Inhalt bei einem Stromaus-
fall, also auch bei einer geplanten Abschaltung des Computers. Speicher mit dieser
Eigenschaft nennt man ,,flüchtig''. Diese Eigenschaft hängt damit zusammen, daß
der Inhalt des Arbeitsspeichers sowohl durch das Rechenwerk wie auch, im Auftrag
des Rechenwerks, durch das E/A-Werk verändert (,,überschrieben'') werden kann.
Der Arbeitsspeicher ist daher ein ,,Schreib-Lese''-Speicher. ,,Schreiben'' bedeutet:
Übertragen von digitalen Daten in bzw. auf ein Speichermedium, ,,Lesen'' bedeutet: Herausholen von digitalen Daten aus einem Speichermedium.

E 2.2.1.4 Digitale Informationsdarstellung

Digitale Computer-Systeme basieren auf der Darstellung aller Informationen im
Computer durch eine endliche Folge von elementaren binären Datenelementen, den
Bits. Ein **Bit** (= **BI**nary digi**T**) ist ein Datenelement mit nur zwei Zuständen bzw.
möglichen Inhalten: den Werten 0 oder 1. Alle modernen Digitalrechner arbeiten
intern mit einer Abbildung aller Informationstypen (das sind Maschinen-Befehle,
Anwenderdaten, systeminterne Daten) auf eine oder mehrere elementare Speicherzellen, sogenannte **BYTES**. Ein Byte ist eine logische wie auch eine physikalische
Folge von 8 Bits, wobei jedes dieser Bits den Wert 0 oder 1 haben kann.
Der Arbeitspeicher eines Digitalrechners ist aus einer Folge von Bytes aufgebaut.
Jedes dieser Bytes kann über eine Nummer, seine sogenannte Speicheradresse, angesprochen (,,adressiert'') werden. Die Zuordnung zwischen Speicheradresse und
physikalischer Lage des Bytes im Arbeitsspeicher wird elektronisch hergestellt, d.h.
die zu einem Byte gehörige Adresse ist nicht mit dem Byte abgespeichert. Damit ist
es möglich, auf jedes Byte im Speicher über die Adresse direkt zuzugreifen, d.h.
dieses Byte zu lesen oder zu überschreiben. Die Zeit zur elektronischen Lokalisierung eines Bytes (oder, bei größeren Systemen, einer Folge von 4 oder 8 Bytes) ist
unabhängig von der Lage (Adresse) dieses Bytes.
Diese sogenannte Zugriffszeit ist damit ein Leistungsmerkmal für den Arbeitsspei-

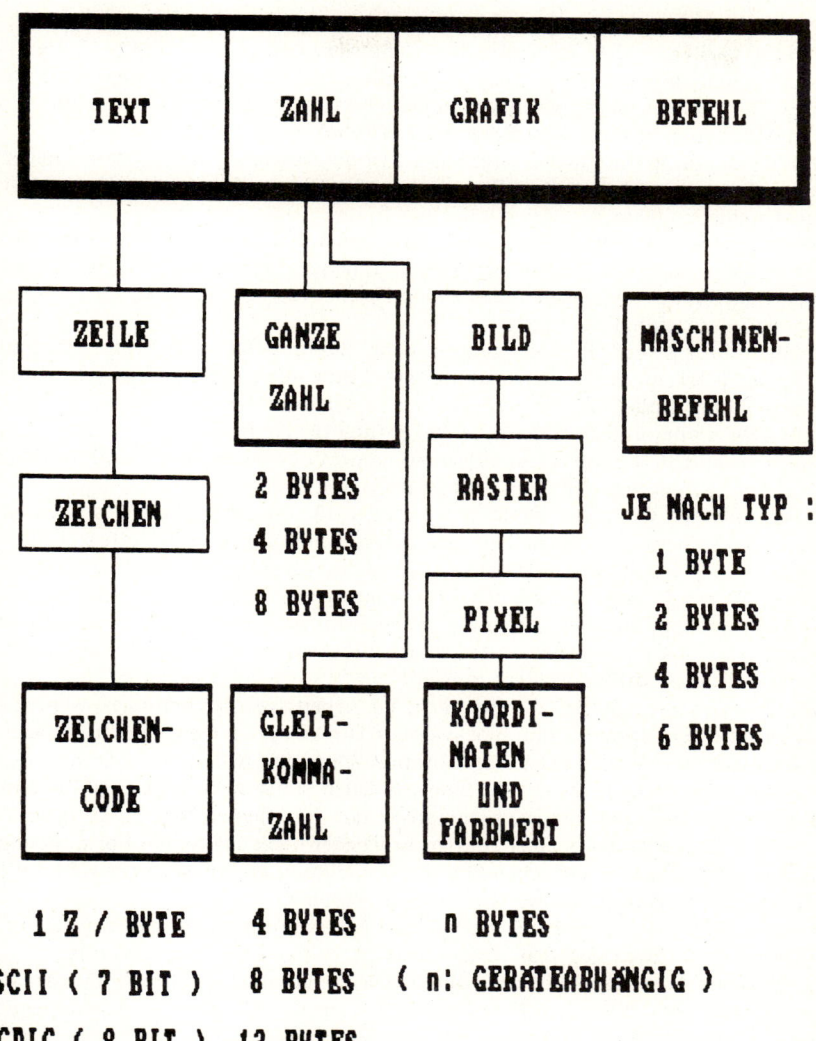

Abb. 2: Informationscodierung

cher, ebenso wie die Maximalzahl der physikalisch speicherbaren Bytes (= Speicherkapazität des Arbeitsspeichers). Der Arbeitsspeicher ist also ein Direktzugriffsspeicher (engl. Random Access Memory, **RAM**), byteweise adressierbar und flüchtig.

Nichtflüchtige Speicher mit byteweisem Direktzugriff heißen **Read-Only-Memory (ROM)**. Sie sind i.d.R. in verschiedene Komponenten eines Computer-Systems integriert und enthalten Steuerprogramme, die zum Starten eines Computer-Systems bzw. der verschiedenen Systemkomponenten erforderlich sind. ROM-Chips verlieren also bei einer Stromabschaltung ihren Inhalt nicht.

Für die digitale Informationsverarbeitung ist die Abbildung folgender 4 Kategorien von ,,Daten'' auf Folgen von Bytes notwendig: Texte, Zahlen, Grafiken, Maschinenbefehle (s. *Abb. 2*).

Während die Darstellung von Zahlen, Grafiken und insbesondere Maschinenbefehlen von der jeweiligen Rechnerarchitektur abhängt, ist die Codierung (d.h. eindeutige Zuordnung) von Zeichen aus einem Zeichenvorrat (,,Alphabet'') zu Byte-Inhalten international normiert.

Während für Zwecke der Datenübertragung und im Bereich der Personalcomputer und der Workstations der sogenannte **ISO-7 Bit Code** (auch **ASCII-Code** genannt) Verwendung findet, ist bei den größeren Systemen die Verwendung des 8 Bit-**EBCDIC-Codes** üblich. **ISO** ist die Abkürzung für die International Standards Organisation; **ASCII** bedeutet American Standard Code for Information Interchange; EBCDIC ist ein von der Firma IBM kreiertes Kürzel.

Alle modernen Computer-Systeme verwenden für die Verwaltung des Arbeitsspeichers das Prinzip der ,,Virtuellen'' Speicherverwaltung. Dieses Verfahren bedeutet, daß der Arbeitsspeicher in Blöcken von aufeinanderfolgenden Bytes, sogenannte ,,Seiten'' (engl.: page), einzelnen Programmen oder Prozessen zugeordnet wird, wobei jedoch die zu einem Programm gehörigen Blöcke beliebig im realen Arbeitsspeicher verteilt sein können und nicht alle Blöcke eines Programms gleichzeitig im Arbeitsspeicher vorhanden sein müssen!

Blöcke eines Programms, die sich nicht im Arbeitsspeicher befinden, werden auf einen externen Speicher mit blockweisem Direktzugriff (Magnetplattenspeicher) ausgelagert und werden bei Bedarf automatisch in den Arbeitsspeicher übertragen. Temporär nicht mehr benötigte Blöcke werden, falls Arbeitsspeicher für andere Programme freizumachen ist, automatisch auf die Magnetplatte ausgelagert. Alle diese Vorgänge laufen in einer für den Anwender nicht sichtbaren Form, gesteuert durch das System der virtuellen Speicherverwaltung, ab. Dieses System bringt insbesondere im Multi-User-Betrieb folgende Vorteile:

Ein einzelnes Programm kann erheblich größer sein (d.h. mehr Speicherplatz beanspruchen) als durch den real vorhandenen Arbeitsspeicher vorgegeben ist,

der gesamte Arbeitsspeicher kann durch viele Programme gleichzeitig in sehr effektiver Weise genutzt werden. Eine Fragmentierung des Speichers in viele unbenutzte Bereiche innerhalb des Speichers entfällt weitgehend.

Die Blockgrößen bei der virtuellen Speicherverwaltung liegen zwischen 2 und 64 KB. Als ,,Block'' bezeichnet man in der EDV grundsätzlich Folgen von Bytes (oder auch Bits), die in einem Übertragungsvorgang zwischen 2 Systemkomponenten physikalisch übertragen werden. *Abb. 3* zeigt schematisch das Prinzip der Virtuellen Speicherverwaltung.

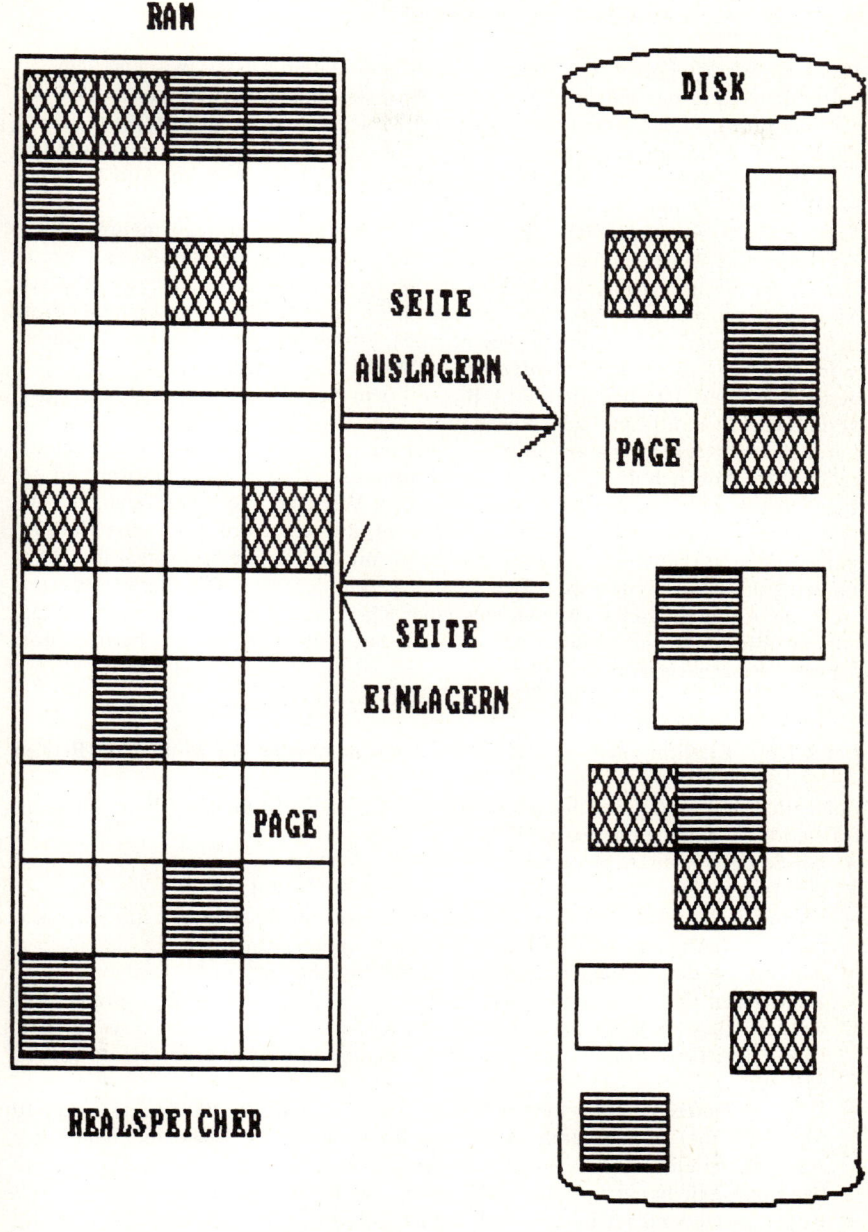

Abb. 3: Prinzip der Virtuellen Speicherverwaltung

E 2.2.1.5   Ein-/Ausgabe-Werk (E/A-Werk)

Das E/A-Werk (engl.: **I/O processor**) dient zum Datentransfer zwischen dem Arbeitsspeicher und den externen Eingabe-, Ausgabe- und Speichergeräten. Die Gesamtheit dieser Geräte nennt man auch Peripheriegeräte oder, in Kurzform, ,,Peripherie''. Großcomputersysteme besitzen i.d.R. mehrere E/A-Werke, um die Geschwindigkeitsdiskrepanz zwischen der Leistung des Rechenwerkes und der Peripheriegeräte auszugleichen.
Leistungsfähige Computer-Systeme lassen sich so ausbauen, daß mehrere E/A-Werke an eine Zentraleinheit anschließbar sind. Dadurch ist der physikalisch simultane Betrieb einer großen Zahl von externen Speichermedien, insbesondere von Magnetplattenspeichern (als physikalischer Kern jedes Informationssystems) möglich. Dies wiederum ist eine der wesentlichen Vorbedingungen für die Gewährleistung angemessen kurzer Anwortzeiten im Multi-User-Betrieb.
Jedes E/A-Werk ist über einen E/A-Bus mit dem Arbeitsspeicher im Direktzugriff verbunden. Es kann einen vom Rechenwerk initiierten Datentransfer autonom und parallel zum Rechenwerk ausführen, wobei die erfolgreiche Beendigung oder der fehlerhafte Abbruch des Datentransfers automatisch durch das Steuerwerk an das Rechenwerk ,,weitergemeldet'' wird. Das E/A-Werk enthält mehrere sogen. Datenkanäle (I/O-Prozessoren im engeren Sinne), die wiederum autonome Übertragungseinheiten darstellen. Jeder Kanal kann mit der Gerätesteuerung eines Peripheriegerätes über systemspezifische Kabel verbunden sein. Die Gerätesteuerung stellt das Anpassungselement zwischen einer Klasse von Peripheriegeräten und der standardisierten Schnittstelle zum E/A-Werk dar. *Abb. 4* gibt einen Überblick über typische Peripheriegeräte.

E 2.2.1.6   Leistungsmerkmale typischer Zentraleinheiten für Multi-User-Betrieb

Folgende Daten sind derzeitig charakteristisch für die im Multi-User-Betrieb mit Informationssytemen eingesetzten CPUs:
* Größe des realen Arbeitsspeichers: 16 bis 256 MB.
* Größe der Seiten des Virtuellen Speichers: 2 bis 64 KB.
* Pufferspeicher (cache memory) zwischen RAM und Rechenwerk mit einer Kapazität zwischen 16 und 64 KB; Zugriffszeit: unter 40 ns.
* Adreßraum des Virtuellen Speichers: 2 GB bis über 800 GB.
* Zugriffszeit (RAM-Rechenwerk) pro Byte: 10 bis 100 ns. Vom Bussystem dabei werden 4 bzw. 8 Bytes parallel zwischen RAM und Rechenwerk transportiert. Eine Zugriffszeit von 100 ns ist gleichbedeutend mit einer Transferrate von 10 MB/sec.
* CPU – Taktzeit: 40 bis 100 ns. Dies bedeutet bei einem 100 ns-Takt, daß 10 Millionen mal pro Sekunde durch das Rechenwerk ein Maschinenbefehl zur Ausführung elektronisch initiiert werden kann. Die für einen einzelnen Befehl benötigte Zeit hängt von den Fähigkeiten des Rechenwerkes ab.
* Registersätze sind im Rechenwerk mehrfach vorhanden, um den Zeitaufwand für den Wechsel zwischen Prozessen zu reduzieren.

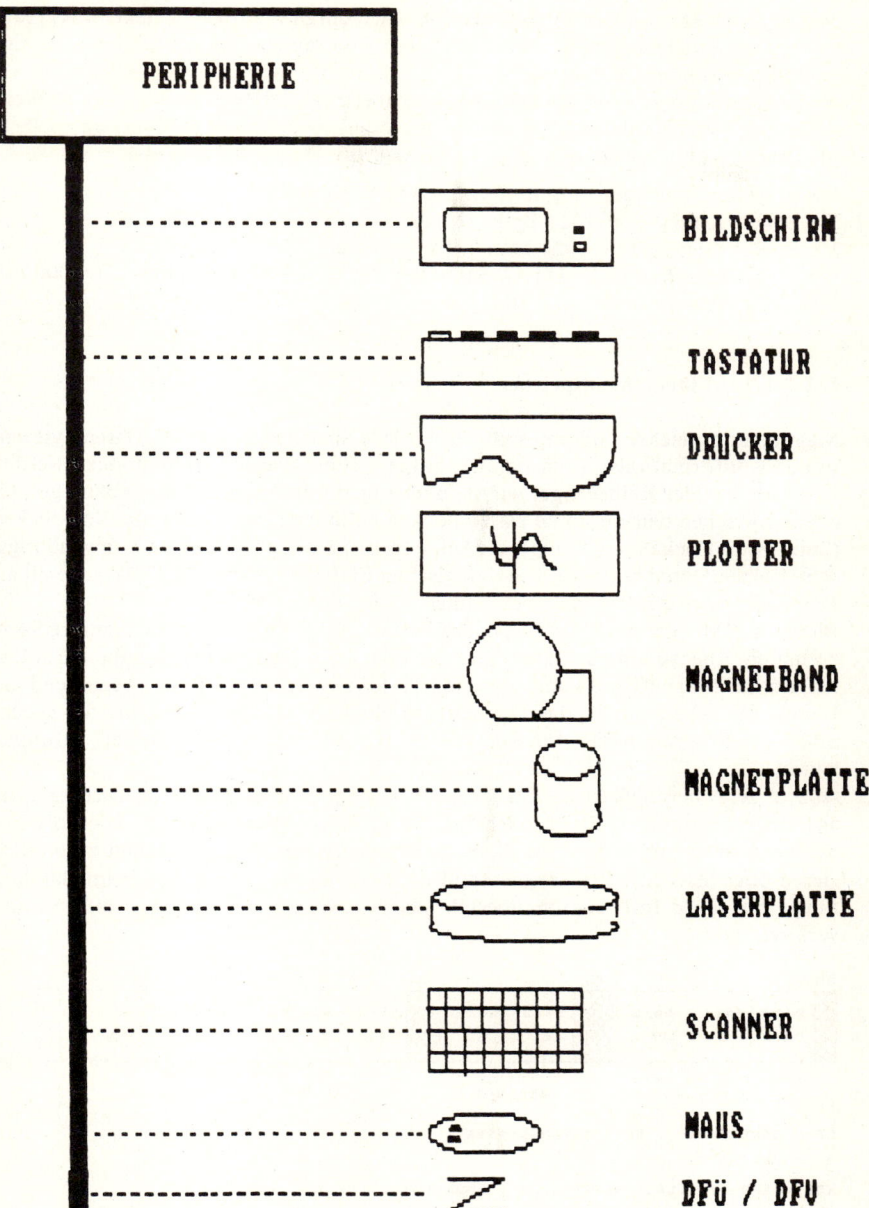

Abb. 4: Typische Peripheriegeräte

* Die Instruktion für den Prozeßwechsel wird durch Hardware (Elektronik) realisiert und nicht durch Software (d.h. ein Programm). Sie benötigt nur wenige Mikrosekunden.
* E/A-Bandbreite (d.h. maximal pro sec. übertragbare Bytes zwischen E/A-Werk und RAM): 20 bis 80 MB/sec.
* Zahl der Daten-Kanäle pro E/A-Werk: 8 bis 48.

Dabei gelten folgende computertechnischen Definitionen:
1 KB = 1 Kilobyte = 1024 Bytes; 1 MB = 1 Megabyte = 1024 KB;
1 GB = 1 Gigabyte = 1024 MB; 1 TB = 1 Terabyte = 1024 GB;
1 ms = 1 Millisekunde = 1/1000 Sekunde; 1 μs = 1 Mikrosekunde = 1/1000 ms;
1 ns = 1 Nanosekunde = 1/1000 μs.

E 2.2.1.7   Magnetbandspeicher

Magnetbandspeicher sind physisch sequentielle Speicher, auf denen Daten byteweise auf 8 Informationsspuren parallel aufgezeichnet werden. Datenblöcke werden sequentiell in der Reihenfoge, wie sie übertragen werden, auf Magnetband gespeichert. Zwischen den einzelnen Datenblöcken befinden sich sogenannte Blocklücken (Start/Stop-Lücken, engl. gap), die keine Information enthalten. Die anwendungsspezifischen Daten befinden sich in logischen Einheiten, die in der EDV generell als Datensatz oder kurz ,,Satz'' bezeichnet werden (engl. record).
Blöcke auf Magnetband können, nach Vorgabe des Programmierers, mehrere Sätze enthalten. Ebenso können Sätze eine feste oder auch variable Länge haben. Ein Datensatz auf Magnetband kann nur dadurch lokalisiert werden, daß, beginnend am Bandanfang (Ladepunkt) das Magnetband blockweise gelesen wird und der Blockinhalt per Programm Satz für Satz überprüft wird, bis der gesuchte Satz gefunden wurde.
Abb. 5 zeigt beispielhaft die Struktur einer Magnetband-Datei. Ein Direktzugriff auf einen bestimmten Block oder Satz ist technisch nicht möglich; ebenso ist es nicht möglich, einen einzelnen Block zu überschreiben (d.h. den Inhalt zu modifizieren oder löschen). Ein Magnetband kann als ganzes, beginnend beim Bandanfang, mit neuer Information überschrieben werden, wobei die alte Information verloren geht.

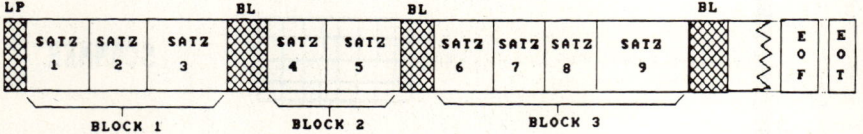

LP = LADEPUNKT (BAND-ANFANGSMARKE)

BL = BLOCKLÜCKE

EOF = END-OF-FILE - MARKIERUNG (ENDE DER DATEI)

EOT = END-OF-TAPE - MARKIERUNG (ENDE DES MAGNETBANDES)

Abb. 5: Struktur einer Magnetbanddatei

Magnetbänder spielen daher in der EDV heute nur noch eine Rolle als billiger, kompakter Speicher zum Archivieren oder Sichern großer Datenbestände. Die Kapazität einer Magnetbandspule von 2400 Fuß (ca. 720 m) Länge beträgt bei einer typischen Aufzeichnungsdichte von 6250 **BPI** (**B**ytes **P**er **I**nch) bis zu 160 MB. Sie ist abhängig von der Länge der Datenblöcke relativ zur Länge der Blocklücke (1,5 cm). Die Magnetbandgeräte für mainframes unterscheiden sich durch die physikalische Größe, durch die hohe Aufzeichnungsdichte (und damit Speicherkapazität) und insbesondere durch die hohe Schreib- bzw. Lese-Geschwindigkeit (KB/sec. bzw. MB/sec) von den preiswerten Kassettenmagnetbandgeräten, die für PCs und Workstations zu Datensicherungszwecken verfügbar sind.

E 2.2.1.8   Magnetplattenspeicher

Magnetplattenspeichergeräte speichern Bytes bitsequentiell auf konzentrischen Spuren auf magnetisierbaren Plattenoberflächen. Die Daten werden mit einem Schreib/Lese-Kopf, der auf die Position der entrechenden Spur positioniert wird, auf die Platte übertragen („geschrieben") oder von der Platte gelesen.
Die Datenspuren sind in Sektoren (Blöcke) fester Länge aufgeteilt. Bei einem Übertragungsvorgang zwischen Magnetplattenspeicher und E/A-Werk werden stets ganze Sektoren, die pro Spur durch eine Identifizierungsnummer selektierbar sind, angesprochen (adressiert). Die Magnetplatte bzw., bei Festplattenlaufwerken (Synonym: engl. hard disk, winchester disk) der Magnetplattenstapel drehen sich mit konstanter Geschwindigkeit (z.B. 3600 U/Min) um die Mittelachse, während der Zugriffskamm mit den Schreib/Leseköpfen jeweils auf eine bestimmte Spur positioniert werden kann (*s. Abb. 6*).
Der Magnetplattenspeicher ist daher ein Speicher mit blockweisem Direktzugriff, wobei ein Datenblock (Sektor) auf einem Plattenstapel identifiziert (und damit adressiert) wird durch die Nr. der Plattenfläche (= Nr. des Schreib/Lese-Kopfes),

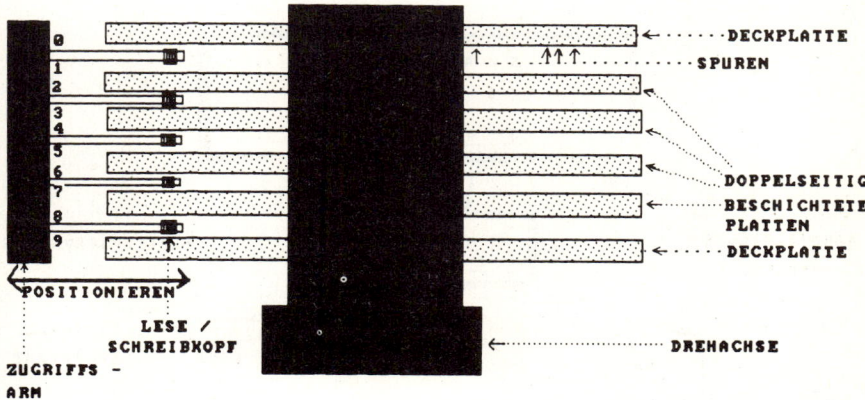

Abb. 6: Prinzip des Magnetplattenspeichers

plus Spur-Nr. auf der Oberfläche plus Sektor-Nr. in der Spur. Die Schreib-Lese-köpfe berühren die Plattenoberfläche nicht, sondern schweben in extrem kurzen Abstand über der Fläche.

Die Magnetplattenspeicher behalten ihren Inhalt auch nach einer Abschaltung des Gerätes (d.h. des Stromes); sie sind also nicht-flüchtige Speicher. Da die Daten eines Sektors auch mit neuen Daten überschrieben werden können, sind sie Schreib/Lese-Speicher. Die Zeit zum Auffinden eines bestimmten Sektors (Datenblockes) ist aber keine Gerätekonstante, sondern ist abhängig von der momentanen Stellung des Zugriffskamms mit den Schreib/Lese-Köpfen relativ zur Position der gesuchten Spur. Die mittlere Zugriffszeit liefert eine Aussage darüber, wie schnell im Mittel ein Block gefunden werden kann. Dies hängt primär von der Positionierungsgeschwindigkeit des Zugriffskamms ab, sekundär aber auch von der Dichte der Spuren auf der Plattenoberfläche und der Umdrehungsgeschwindigkeit des Plattenstapels.

Die Kapazität der Magnetplattenstapel wird in MB angegeben. Während im Bereich der PCs und Workstations typische Plattenstapel z.Z. eine Kapazität zwischen 20 MB und 120 MB haben, liegen die typischen Kapazitäten in der oberen Systemklasse zwischen 300 MB und 1,2 GB pro Plattenstapel.

Typische mittlere Zugriffszeiten betragen 60 ms bei den 20 MB-Laufwerken auf PC-Ebene bis zu ca. 20 ms bei den Laufwerken mit einer Kapazität von 80 MB und mehr. Bei den Laufwerken mit über 500 MB Kapazität werden mittlere Zugriffszeiten von unter 10 ms erreicht, was bedeutet, daß pro Sekunde im Mittel mehr als 100 Zugriffe auf beliebige Sektoren des Plattenstapels durchgeführt werden können.

Langsame Geräte wie z.B. Drucker, Bildschirme, Tastaturen, Abtaster (engl. scanner) und Kurvenzeichner (engl. plotter) werden jeweils über eine dedizierte, in die Geräte integrierte Steuereinheit an einen Kanal des E/A-Werks angeschlossen.

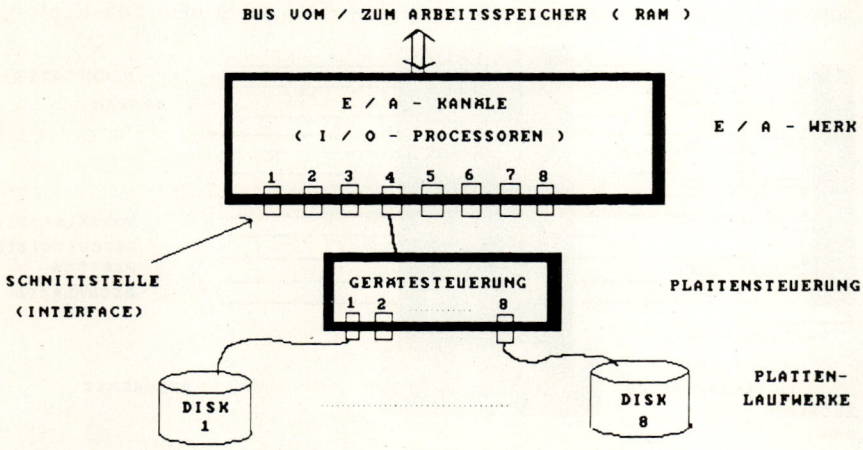

Abb. 7: Anschluß von Magnetplattengeräten an das E/A-Werk

Schnelle Geräte wie Magnetbandspeicher und Magnetplattenspeicher werden i.d.R. gemeinsam in Konfigurationen zu 2, 4 oder 8 Laufwerken an eine Gerätesteuerung angeschlossen. Zu einer Zeit kann jeweils nur eine Steuerung (engl. control unit, controller) von oder zu einem Kanal Daten übertragen. Aus Gründen der Redundanz ist es möglich (und bei Datenbanksystemen die Regel), jeden Magnetplattenspeicher über zwei Steuerungen an zwei verschiedene Datenkanäle anzuschließen. *Abb.* 7 zeigt am Beispiel der Magnetplattengeräte den Anschluß von Peripheriegeräten an ein E/A-Werk.

E 2.2.1.9 Datenfernübertragungs-Steuerung

Zum Anschluß von Datenendgeräten (Terminals) über Postleitungen bzw. Postnetze dienen rechnerseitig Datenübertragungssteuerungen, die an das E/A-Werk angeschlossen sind. Diese Steuerungen sind schon seit über 10 Jahren als autonome dedizierte Computersysteme zur Abwicklung des Datenaustausches mit anderen Computern oder Endbenutzern ausgelegt. Damit entlasten sie, insbesondere bei einer großen Zahl von Terminal-Anschlüssen, den Zentralrechner (d.h. die CPU) wesentlich von Dienstleistungsarbeiten in Zusammenhang mit der **DFÜ (Datenfernübertragung** s. Kap. Datenkommunikation).
Die Datenfernverarbeitungsvorrechner werden auch (engl.) als front end-Prozessoren **(FEPs)** bezeichnet.
In der Regel sind beim Betrieb von Informationssystemen die sogen. Host-Computer (das sind die, bei denen physisch eine Datenbank angelegt ist) mit mehrfachen FEPs und damit redundant ausgelegt. Sämtliche an den Host angeschlossenen Übertragungsleitungen sind bei Ausfall eines Vorrechners auf den oder die noch verfügbaren Vorrechner umschaltbar, sodaß der Betrieb des Informationssystems auch bei Ausfall eines FEPs gewährleistet ist.
Da alle FEPs physikalisch parallel arbeiten, ist durch die Verfügbarkeit mehrerer FEPs an einem Host-Computer auch ein größerer Datendurchsatz und damit ein günstigeres Antwortzeitverhalten des Informationssystems möglich.
An die FEPs sind Datenübertragungsleitungen unterschiedlichen Typs anschließbar, und es werden die gebräuchlichen DÜ-Prozeduren durch die FEPs bedient. Die Behandlung von Datenübertragungsfehlern ist ebenso Aufgabe der FEPs wie die Durchführung gewisser Netzverwaltungsfunktionen und die Kommunikation mit Netzbausteinen (wie Konzentratoren, Netzknoten und Multiplexern).

E 2.2.2 Software

E 2.2.2.1 Grundsätzliches

Unter Software versteht man die programmtechnischen Komponenten eines Computersystems. Diese umfassen in anwendungsbezogene Software, System-Software und Dateien mit Anwendungs- bzw. System-Daten.

Anwendungsbezogene Software dient zur Lösung einer anwenderspezifischen Aufgabenstellung, wie sie sich z.B. auch im Information Retrieval darstellt. Die Systemsoftware dient zum Betrieb eines Computer-Systems und ist damit für die Erstellung und den Ablauf von Anwendungsprogrammen erforderlich. Der Kern der Systemsoftware ist das Betriebssystem (engl. operating system, OS). Alle anderen Programme der Systemsoftware übernehmen Dienstleistungsfunktionen und benötigen, ebenso wie die Anwendungsprogramme, die oft auch als Applikationen bezeichnet werden, das Betriebssystem als Ablaufumgebung.

E 2.2.2.2 Betriebssystem

Ohne Betriebssystem ist ein Computersystem nicht funktionsfähig, da erst das Betriebssystem die ablauftechnische Verbindung zwischen den verschiedenen Hardware-Komponenten, die Ablaufumgebung für Anwenderprogramme und eine Anwender- sowie Bedienungs-Schnittstelle bereitstellt. Ein Betriebssystem ist immer auf die jeweilige Hardware-Architektur (d.h. die Struktur und die elektronischen Funktionen von Rechenwerk, Arbeitsspeicher, E/A-Werk und Steuerwerk) zugeschnitten und als Maschinencodeprogramm voll von dieser abhängig.
Die Hersteller der Hardware von Computer-Systemen liefern daher grundsätzlich mit der Hardware auch mindestens ein Betriebssystem mit, wobei der Kunde z.T. die Wahl zwischen verschiedenen Betriebssystemen mit unterschiedlichen Leistungsmerkmalen hat.
Die Aufgaben des Betriebssystems lassen sich wie folgt klassifizieren:
* Ablaufkoordination und -Steuerung zwischen den Hardwarekomponenten Rechenwerk, Arbeitsspeicher und E/A-Werk unter entscheidender Mitwirkung des Steuerwerks.
* Verwaltung (Zuteilung, Entzug) der Betriebsmittel des Computersystems. Dies sind insbesondere der Arbeitsspeicher, das Rechenwerk und die externen Massenspeicher (Magnetplattenspeicher).
* Verwaltung verschiedener und gleichzeitig miteinander konkurrierender Arbeitsaufträge für das Computer-System. Diese Aufträge werden systemintern in Form von Prozessen oder Tasks vom Betriebssystem nach vorgegebenen aber adaptierbaren Strategien behandelt.
* Bereitstellung von Treiberprogrammen für die Bedienungskonsole, für Magnetplattenspeicher, für Magnetbandgeräte sowie für die Datenfernübertragung als Mindestkomponenten eines Multi-User-Systems.
* Bereitstellung eines Dateiverwaltungssystems (engl. file manager) für Magnetplattendateien, in denen System- und Anwendungsprogramme sowie Datensammlungen gespeichert werden.
* Bereitstellung einer Bediener-Schnittstelle in Form von Kommandos für den Operateur an der Bedienungskonsole des Computersystems.
* Bereitstellung der Ablaufumgebung für die Übersetzungsprogramme höherer Programmiersprachen (Compiler, Interpreter), für Datenbankverwaltungssysteme (engl. **D**ata **B**ase **M**anagement **S**ystems, **DBMS**), Datenübertragungsprogramme und sonstige Dienst- und Hilfsprogramme.

* Bereitstellung einer Schnittstelle zur erweiterten Systemsteuerung. Diese Steuerungssoftware ist für den interaktiven Multi-User-Betrieb unumgänglich. Sie wird daher auch als **Tele**processing Monitor (**TP**-Monitor), Realzeit-Steuerung oder Transaktions-Steuerung bezeichnet.

Abb. 8 zeigt die Stellung der Systemsoftware als Vermittler einer Ablaufumgebung zwischen Hardware und Anwendungssoftware.

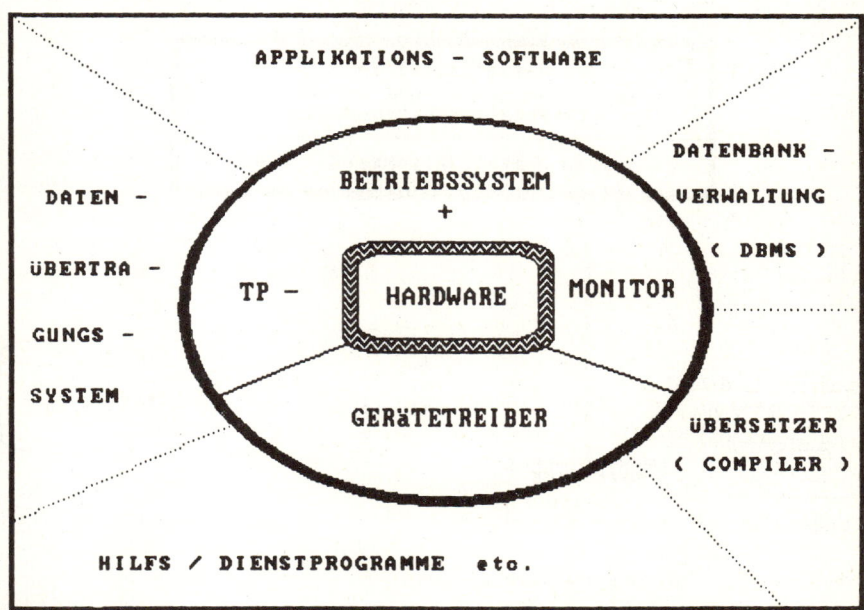

Abb. 8: Komponenten der Systemsoftware

Ein Teil des Betriebssystems (der sogenannte Kern) wird bei Inbetriebnahme eines Computersystems von der Magnetplatte, auf der alle Systemprogramme permanent gespeichert sind, in den Arbeitsspeicher transferiert („geladen"). Die für diesen Start-Prozeß (engl. boot-up genannt) notwendigen Programme befinden sich auf ROM-Chips und sind dort dem Rechenwerk zugänglich. Alle anderen System- und Anwendungsprogrammkomponenten werden während des Betriebes je nach Bedarf zwischen Plattenspeicher und Arbeitsspeicher auf Veranlassung des Betriebssystems hin- und hertransferiert.

Beim Betrieb eines Informations-Systems mit einem mainframe als Host sind neben dem Basis-Betriebssystem und der Transaktionssteuerung im Arbeitsspeicher zusätzlich noch das Datenübertragungssystem (Verbindungssoftware zum FEP) sowie das DBMS ständig im Arbeitsspeicher vorhanden. Die interaktiven Applikationen bedienen sich in Form von Tasks bei der Durchführung ihrer Aufgaben der o.g. vier Softwarekomponenten. Die Transaktions-Steuerung wird daher auch als Multi-

Tasking-Einrichtung bezeichnet. Sie sorgt für die Koordination vieler simultaner
Benutzer-Anforderungen an das DÜ-System und das DBMS. Sie stellt außerdem
Verfahren für die Datensicherung und für den Wiederanlauf nach einem Systemzu-
sammenbruch bereit.
Abb. 9 zeigt eine schematische Darstellung der wesentlichen Komponenten eines In-
formationssystems aus computertechnischer Sicht.

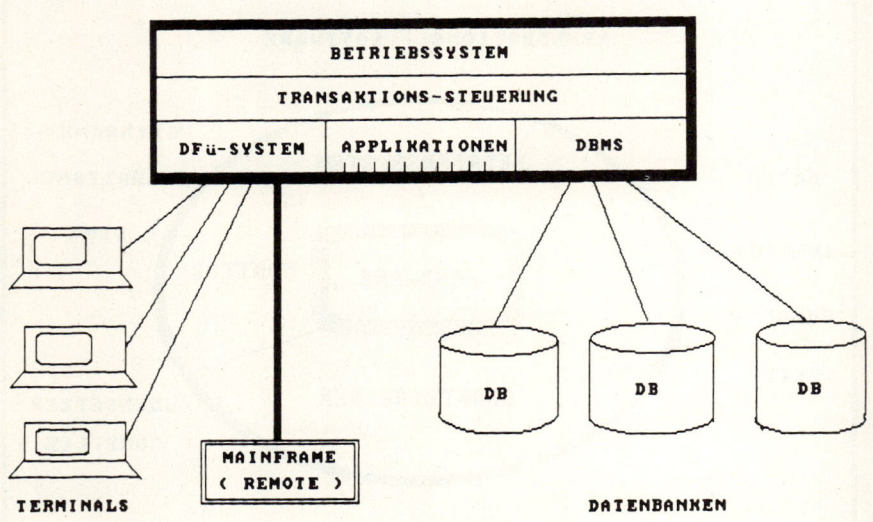

Abb. 9: Komponenten eines Informationssystems

Die Mehrzahl der **B**etriebssysteme **(BS)** für mainframes ist ca. 15 Jahre alt; diese
BS verwalten bestimmte Rechnerfamilien der Firma IBM (Betriebssysteme MVS
und VM in vielen CPU-abhängigen Varianten) und Siemens BS2000). Die
Supermini-Computer-Systeme der VAX-Familie der Firma Digital Equipment werden vom Betriebssystem VMS gesteuert. Die o.g. BS unterstützen die virtuelle Speicherverwaltung. Die DÜ-Systeme und TP-Monitore der o.g. Hersteller sind
separate Software-Produkte (CICS oder IMS/DC für IBM-mainframes, ASMUS
oder UTM für Siemens-mainframes).
Daneben gibt es noch Transaktionssteuerungen für o.g. Betriebssysteme, die von
Softwarehäusern erstellt wurden. Diese TP-Monitore sind auf Datenbankverwaltungssysteme abgestimmt, die von diesen Softwarehäusern angeboten werden (z.B.
der TP-Monitor COM-PLETE und das DBMS ADABAS der Fa. Software AG).

E 2.3 Entwicklungstrends

Im Bereich der Hardware läßt sich die technische Entwicklung kennzeichnen durch:
* Steigerung der maximalen Hauptspeicherkapazität
* Erhöhte Parallelarbeit der Komponenten des Rechenwerkes
* Mehr Parallelarbeit in der CPU durch mehrere Rechenwerke pro CPU
* Steigerung der Kapazität der einzelnen Magnetplattenspeichergeräte
* Einführung der Laser-Plattenspeicher (,,Bildplatte'') auf breiter Basis
* Einführung eines Datenbank-Front-End-Prozessors für die dedizierte Unterstützung der Funktionen relationaler Datenbanksysteme.

Im Bereich der Software gewinnen die relationalen Datenbanksysteme zusammen mit Software-Entwicklungswerkzeugen (sogen. Sprachen der 4. Generation, engl.: **4**th Generation Languages, ,,**4GL**'') zunehmend an Bedeutung; dies gilt insbesondere für Informationssysteme mit verteilten Datenbanken (engl.: distributed data bases).

Ferner zeichnet sich eine Normierung und internationale Standardisierung bei den Betriebssystemen auf der Basis des Multiuser-/Multitasking-Betriebssystems UNIX des US-Konzerns AT&T (Bell Laboratorien) ab. UNIX-Derivate werden heute von fast allen EDV-Herstellern alternativ für ihre Computer-Systeme als Betriebssystem angeboten.

Literatur

01. Bauknecht, K.; Zehnder, C.A.: Grundzüge der Datenverarbeitung. Stuttgart: Teubner 1989.

E 3 Die Technologie der Personal Computer

Klaus-Erich Rieseberg

E 3.1 Hardware-Architektur und Systemmerkmale

Mikrocomputer für die professionelle Informationsverarbeitung im kommerziellen, behördlichen und wissenschaftlich-technischen Bereich, auch ,,Personal Computer" (vom engl. Adjektiv ,,personal") oder kurz ,,PC" genannt, sind autonome und vollständige Computersysteme, die gewöhnlich dezentral als universelle Arbeitsplatzrechner in Fachabteilungen eingesetzt werden. Anfangs in ihrer Bedeutung vielfach unterschätzt, haben sich diese elektronischen Geräte inzwischen weltweit an Millionen Arbeitsplätzen etabliert. Die noch nicht einmal zehn Jahre währende Geschichte der Personal Computer ist die Erfolgsstory eines technischen Produkts, das Organisation, Methoden und Inhalte der Elektronischen Datenverarbeitung stark verändert hat und weiter verändern wird.

Basis der bemerkenswert steilen Karriere des PC bilden die raschen Fortschritte in der Entwicklung der Mikroprozessor- und Speicherchiptechnologie seit den siebziger Jahren, die mit einem drastischen Preisverfall bei allen Hardwarekomponenten einhergingen. Die technischen Eigenschaften der elementaren Elektronik-Bausteine bestimmen Rechnerkonstruktion und Leistungsmerkmale eines Personal Computers. Bei einem typischen Exemplar dieser Rechnerkategorie ist die Hardwarearchitektur äußerlich dadurch gekennzeichnet, daß die CPU (Central *Processing Unit) aus einem Mikroprozessor in Gestalt einer Integrierten Schaltung auf einem Chip besteht, der gemeinsam mit anderen wesentlichen Hardwarekomponenten auf einer Grundplatine (,,Motherboard") untergebracht und über ein sog. Bussystem (Adreß-, Daten- und Steuerbus) mit ihnen verbunden ist. Direkt über den Bus sind die ebenfalls aus Chips aufgebauten RAM- (Random Access Memory) und ROM- (Read Only Memory)-Bereiche* an den Mikroprozessor gekoppelt, während die übrige Peripherie meist über mit Logik-Chips bestückte Controller in Form von Platinen angesteuert wird, die in Bus-Steckplätzen (slots) untergebracht sind.

Die Leistungsparameter der CPU-Chips für Mikrocomputer wie die Datenwortbreite der internen Register, Busbreiten und Taktraten konnten in wenigen Jahren außerordentlich gesteigert werden. Eine Übersicht über die bekanntesten in Personal Computern eingesetzten Mikroprozessoren mit den jeweiligen Leistungsmerkmalen bietet *Abb. 1.*

Auch die Steigerung der Kapazitäten von Speicherchips in den letzten Jahren ist frappant. Durch ständige Verfeinerung des Schaltungsdesigns und mit neuen Halbleitermaterialien werden immer höhere Speicherkapazitäten bei immer kürzeren Signallaufzeiten erreicht. Die Chipgrößen haben sich bei Standardspeicherchips von 16-KBit-RAM im Jahr 1975 auf 4-MBit-RAM im Jahr 1987 erhöht. In den neunziger Jahren werden 16-MBit-Chips produziert werden, von 64-MBit-Chips ist bereits die Rede.

Mit den modernen Elektronikbausteinen lassen sich auf Personal Computern mit entsprechender Systemsoftware heute Betriebsarten und Speichervolumina realisie-

CPU	Jahr	Hersteller	Register-breite Bit	Daten-bus Bit	Adreß-bus Bit	Haupt-speicher physikal.	Taktrate MHZ
8080	1974	Intel	8	8	16	64 KB	2,0
Z80	1976	Zilog	8	8	16	64 KB	2,5
6502	1977	MOS Technol.	8	8	16	64 KB	2,0
8086	1978	Intel	16	16	20	1 MB	10,0
8088	1979	Intel	16	8	20	1 MB	8,0
80286	1982	Intel	16	16	24	16 MB	12,0
68000	1982	Motorola	32	16	24	16 MB	12,5
68020	1984	Motorola	32	32	32	4 GB	16,0
80386	1985	Intel	32	32	32	4 GB	16,0
68030	1987	Motorola	32	32	32	4 GB	16,0
(angekündigt:)							
80486	1989	Intel	32	32	32	4 GB	> 16,0

Abb. 1: Mikrocomputer CPU-Chips 1974 – 1989

ren, die noch vor zehn Jahren der Kategorie der Großrechner vorbehalten waren. Zwar handelt es sich bei den ,,klassischen'' PC um sog. dedizierte Systeme, an denen jeweils nur eine Person eine bestimmte Anwendung nutzen kann (,,Single user/Single tasking-Systeme''). Dieses Charakteristikum ist jedoch angesichts der neuesten, mit 32-Bit-Prozessoren ausgestatteten PC-Generation als obsolet zu betrachten. Auch die technologische Entwicklung auf dem Sektor der Lokalen PC-Netzwerke hat herkömmliche Maßstäbe für die Einteilung von Rechnerkategorien in mancher Hinsicht fragwürdig werden lassen.

Im Leistungsniveau und in technischer Ausstattung entwickeln sich die Personal Computer derzeit rasch auf Standards zu, wie sie für die im technisch-kommerziellen Umfeld eingesetzten und bislang um ein Mehrfaches teureren sog. ,,Workstations'' gelten. Die Minimalanforderungen an ein derartiges Gerät − heutige Workstations leisten erheblich mehr − werden meist in der sog. ,,5-M-Regel'' zusammengefaßt. Danach muß ein solcher Computer

- mehr als 1 MIPS (**M**illion **I**nstructions **P**er **S**econd) CPU-Leistung erbringen,
- eine Hauptspeicherkapazität von mehr als 1 MByte verwalten,
- eine Transferrate von 1 MBite pro Sekunde im lokalen Netz leisten,
- über einen Grafikbildschirm mit mehr als 1 Million Bildpunkten Auflösung verfügen und
- die Betriebsart Multi-Tasking erlauben.

Als neuer Standard in der obersten Leistungsklasse gilt inzwischen der PC mit 32-Bit-Prozessor und einer Taktrate von 25 MHz. Die CPU-Leistung liegt bei solchen Systemen zwischen 5 und 6 MIPS. Gleichzeitig stoßen sie jedoch zunehmend an die Kapazitätsgrenzen der AT-Busarchitektur (**A**dvanced **T**echnology), die mit einem maximalen Speicher- und I/O-Durchsatz (**I**nput/**O**utput) von 2,66 MBit/sec den Anforderungen künftiger zeitkritischer PC-Applikationen besonders in Multiuser-Umgebungen nicht mehr gewachsen sein dürfte. Ein neues Bus-Design, etwa die ,,Flexarchitektur'' des texanischen Herstellers Compaq, oder der als 32-Bit-

Standard deklarierte ,,NuBus'' von Texas Instruments, eingebaut z.B. in den Macintosh II der Firma Apple, konnte sich bisher aber noch nicht durchsetzen. Mit der jüngsten Rechnerfamilie PS/2 (Personal System/2) hat sich IBM von den bisherigen Hardwarestrukturen abgesetzt und den Versuch unternommen, einen neuen PC-Stand zu etablieren. Die gravierendsten Änderungen betreffen dabei die Konstruktion des als ,,Mikrokanal'' bezeichneten Busses, der nicht mehr kompatibel zum AT-Bus und damit beispielsweise zu den bisherigen Steckkarten ist. Der Mikrokanal arbeitet asynchron (unabhängig von der Prozessorgeschwindigkeit) auf der Hauptplatine und erreicht so höhere Transferraten (21,3 MBit Speicherdurchsatz; 4,1 MBit I/0-Leistung) und größere Systemverfügbarkeit als der AT-Bus. Technisch dürfte das PS/2-System in der heutigen Form jedoch nur ein Durchgangsstadium zu noch stärkeren PC sein. Die Möglichkeit, Adapterkarten mit eigenen Prozessoren zu installieren, die den Mikrokanal − anders als sog. Coprozessoren − unabhängig und parallel zum Hauptprozessor benutzen können (,,Busmaster''), weist in diese Richtung.

Das gilt auch für den von einer Gruppe namhafter Computerhersteller bewußt gegen die Strategie des Marktführers vereinbarten EISA-Standard (Enhanced Industry Standard Architecture) für einen 32-Bit-Bus, der die volle Kompatiblität mit dem bisherigen AT-Standard gewährleisten soll.

E 3.2   Peripherie

E 3.2.1   Massenspeicher

(a) Disketten

Im PC-Bereich haben sich bis heute die soft-sektorierten, doppelseitig und mit doppelter Dichte auf bis zu 48 tpi (tracks per inch) beschreibbaren 5 1/4''-Disketten mit einer Kapazität von 362.496 Byte behauptet, da fast alle IBM- bzw. IBM-kompatiblen Pesonal Computer zumindest ein Diskettenlaufwerk mit diesem Standardformat besitzen. Doch sind in die AT-Rechner aufwärtskompatible Laufwerke für 5 1/4''-Disketten, die allerdings die Qualitätsstufe ,,High Density'' besitzen müssen, mit einem Speichervolumen von 1.213.952 Byte (1,2 MByte) eingebaut. Zunächst bei sog. Laptop-Computern, dann bei einigen 80386er-Maschinen und nunmehr für die PS/2-Rechner (Personal System/2) etablierten sich die mechanisch stabileren 3,5''-Disketten mit Kapazitäten von 720 KByte bzw. 1,44 MByte. Im letztgenannten Format wird vielfach der Diskettenstandard der neunziger Jahre gesehen, obwohl inzwischen wieder kleinere Diskettentypen mit noch höherem Speichervolumen entwickelt wurden.

(b) Fest- und Wechselplatten

Mit dem Personal Computer IBM-XT setzten sich am Mikrocomputermarkt sehr rasch Festplatten (Hard Disks) der in den siebziger Jahren entwickelten ,,Winchester"-Technologie als größere Massenspeicher für Personal Computer durch. Heute sind eingebaute oder als Substystem angeschlossene 20- oder 40-MByte-Platten sehr weit verbreitet. Aber auch Platten von 70 bis hin zu mehreren hundert MByte, etwa für die zentralen File-Server-Rechner in Lokalen Netzwerken, sind für Personal Computer erhältlich. Im Netzwerk gelangen häufig auch an DCB (**D**isk **C**oprocessor **B**oards) gekoppelte Platten-Subsysteme mit mehreren Hard Disks zum Einsatz. Die mittlere Zugriffszeit bei PC-Festplatten liegt erheblich niedriger als bei Disketten, etwa zwischen 18 und 45 ms bei Transferraten von über 1 MBit pro Sekunde zwischen Plattencontroller und Bus. Sie kann durch Beschleuniger-Karten sogar noch erheblich gesenkt werden.

Eine Variante der fest eingebauten Platten stellen die sog. Filecards dar. Es handelt sich um mit einer kompletten Hard Disk versehene Platinen, die über einen Steckplatz mit dem PC-Bus verbunden werden und sich insbesondere als zweites Festplattenlaufwerk eignen.

Bisher weniger häufig anzutreffen, aber nützlich für Datensicherung und -austausch sind Wechselplatten-Subsysteme, in denen Platten von 10 bis 30 MByte Speichergröße als Einschubkassetten verwendet werden können. Das erste und bisher bekannteste Produkt dieser Art, die sog. ,,Bernoulli-Box", hat inzwischen mehrere Konkurrenten.

(c) Magnetband

Als wichtigstes Medium für Sicherungskopien beim professionellen PC-Einsatz (das sog. ,,Backup"), aber auch als rationelle Technologie für den Austausch größerer Datenmengen haben sich die Magnetband-Kassetten für ,,Tape Streamer" bewährt. Das sind kleinere, über ein spezielles Interface mit dem PC verbundene Kassettenmagnetbandgeräte, die heute nicht nur als externe Einheit gebaut, sondern einigen PC mit größeren Platten bereits serienmäßig integriert oder als Einbaukomponente angeboten werden. Der Ausdruck ,,Streamer" verdeutlicht die Mechanik bei der Datenaufzeichnung: die Bänder rotieren nicht in der für die blockweise Aufzeichnung charakteristischen ruckweisen Bewegung, sondern nehmen in einem Zug größere Mengen als ,,Datenstrom" auf. Die Kapazität etwa der typischen neunspurigen DC-600-A Kassetten beträgt ca. 150 MByte; es gibt jedoch auch Kassetten, die ein Datenvolumen von 2,2 GByte aufnehmen können. Streamer ermöglichen ein schnelles und sicheres Kopieren aller Daten auch von großen Platten, entweder als komplettes ,,Image" der gesamten Plattenkonfiguration oder als ,,File-by-file"-Kopie, die es später ermöglicht, gezielt einzelne Bereiche (Subdirectories), Dateien (Files) oder Dateigruppen auf dem Band anzusteuern.

(d) Optische Speicher

Zwei Typen von optischen Speichermedien spielen für den PC-Einsatz eine zunehmend wichtige Rolle, obwohl ihre Möglichkeiten mangels geeigneter neuer Anwendungssoftware noch nicht voll erschlossen sind: CD-ROM (**C**ompact **D**isk **R**ead **O**nly **M**emory) und WORM (**W**rite **O**nce **R**ead **M**any)-Disks.

Bei einer formatierten Kapazität von 540 MByte sind die seit 1982 in größeren Stückzahlen gefertigten CD-ROM besonders interesssant für Applikationen mit großen Informationsmengen, deren Inhalte sich nicht kurzfristig wesentlich ändern, z.B. bibliographische oder sonstige Text-Datenbanken. Die Funktionsweise der CD-ROM-Geräte, die über ein spezielles oder standardisiertes Interface mit dem PC-Bus verbunden werden, entspricht weitgehend der der CD-Audio-Player. Die digitale Information wird mit 14 Speicherbits pro 8 Datenbits in konstanter Dichte auf spiralförmigen Spuren aufgezeichnet. Die mittlere Zugriffsgeschwindigkeit wird daher bei Bewegungen des Lesekopfes nach innen von niedrigeren Umdrehungszahlen mitbestimmt und liegt derzeit bei mindestens $0,7 - 1$ Sekunde.

Die in Größen von 12″, 8″ und 5 1/4″ vertriebenen WORM-Disks können vom Anwender einmal mit 2 x 200 MByte bis 2 x 1,6 GByte Daten beschrieben werden. WORM-Disks werden wie die traditionellen magnetischen Platten in Zylinder und Sektoren auf konzentrischen Spuren mit unterschiedlicher Aufzeichnungsdichte formatiert und sind daher derzeit nicht kompatibel mit CD-ROM. Mehrere WORM-Platten können in einer sog. Juke Box untergebracht werden, und bieten so, angeschlossen an einen PC, einen beachtlichen großen Sekundärspeicher insbesondere für die Archivierung größerer Textdatenmengen.

Erasable Optical Memories (EOM) befinden sich zwar noch in der Prototypenphase, Prognosen besagen aber, daß noch in den neunziger Jahren zur Standardausstattung eines Personal Computers ein lösch- und wiederschreibbares optisches Medium von mindestens 1 GByte Kapazität gehören könnte.

E 3.2.2   Sonstige Peripherie

(a) Eingabegeräte

Bei den Eingabegeräten gelten heute komfortable Tastaturen mit abgesetztem Cursor- und/oder numerischem Tastenblock sowie mindestens zehn, oft aber mehr konfigurierbaren Funktionstasten als Norm. Die meisten Tasten lassen sich auf vier Ebenen (Normal, Shift, Alt, Control) mit Codes bzw. Zeichen belegen. Daneben ist insbesondere für Grafik- oder grafikfähige Software die sog. ,,Maus'' weit verbreitet, ein auf der Tischfläche bewegliches, handliches Instrument zur raschen, auch diagonalen oder kreisförmigen bildpunktgenauen Cursorsteuerung mit meist zwei Tasten zur Funktionsauslösung. Die ,,Touchscreen''-Eingabe über berührungsempfindliche Bildschirme und der Lichtgriffel haben bei Softwareherstellern und Anwendern nicht viel Anklang gefunden und konnten sich nicht durchsetzen. Grafik-, Digitalisier- und Sonarzeichentabletts werden praktisch nur im Bereich des kommerziellen und technischen CAD (Computer Aided Design) verwendet, während der sog. ,,Joy-Stick'', eine Art Steuerknüppel, vorwiegend an Homecomputern zur Bedienung von Spielsoftware dient. Technologien zur direkten Spracheingabe befinden sich weitgehend noch im experimentellen Stadium.

(b) Monitore

Beim Monitor, dem wichtigsten Ausgabegerät für Personal Computer, hat die Farbgrafik vielerorts die herkömmlichen monochromen, stark nachleuchtenden Bildschirme verdrängt, während die kostspieligen hochauflösenden Ganzseiten-Monitore mit Schwarz-auf-Weiß-Darstellung erst seit dem Aufkommen der Desktop-Publishing-Software verstärkt eingesetzt werden. Bei den mit Flachmonitoren ausgestatteten Laptops konkurrieren nach wie vor die LCD-Bildschirme (**L**iquid **Cr**ystal **D**isplay), die mittlerweile auch eine kontrastreiche Schwarz-auf-Weiß-Darstellung bieten können, mit den teureren und bislang qualitativ besseren Gasplasma-Displays.

Verwirrend ist die Vielfalt der Standards für Farbgrafikkarten, unübersehbar die Zahl der unterschiedlichen Video-Boards. Der heute übliche PC der AT-Technologie ist mit einer sog. EGA-Karte (**E**nhanced **G**raphic **A**dapter) ausgerüstet, die in 12 verschiedenen Modi nicht nur die MDA-Karte (**M**onochrome **D**isplay **A**dapter) und den niedrigeren Grafikstandard CGA (**C**olour **G**raphics **A**dapter) emulieren, sondern auf einem entsprechenden Monitor auch einen hochauflösenden Grafikmodus mit 640 x 350 Punkten (Zeichenmatrix 8 x 14 Bildpunkte) in 16 Farben darstellen kann. Gleich zwei neue Videostandards hat IBM mit den PS/2-Rechnern eingeführt. Wichtig ist hier der VGA (**V**ideo **G**raphics **A**rray), der neben allen niedrigeren Standards einschließlich EGA nunmehr 640 x 480 Bildpunkte (Zeichenmatrix 9 x 16) mit 16 Farben oder 256 Farben bei 320 x 200 Pixeln bietet. Ein PC-Grafikstandard mit einer Auflösung von über 1 Million Bildpunkten ist nur mehr eine Frage der Zeit.

E 3.3   PC-Betriebssysteme

Wie in allen Rechnerklassen entscheidet das Funktions- und Leistungsspektrum der Betriebssysteme auch im PC-Bereich sehr wesentlich darüber, wie die technischen Möglichkeiten der Hardwarestruktur in adäquate Betriebsarten und effiziente Programmverarbeitung umgesetzt werden. Ein Charakteristikum der Entwicklung der PC-Technologie ist dabei, daß sich die Hardware deutlich schneller modernisiert als die Systemsoftware. Die heute verfügbaren PC-Betriebssysteme nutzen das technische Potential der leistungsfähigen Maschinen nicht aus.

E 3.3.1   MS-DOS

Dies gilt auch und gerade für das heute mit mehreren Millionen Installationen am weitesten verbreitete und als Industrie-Standard für 16-Bit-Rechner etablierte PC-Betriebssystem MS-DOS (**M**icrosoft-**D**isk-**O**peration System). Es ist als Single user/Single tasking-System konstruiert und gilt weithin als akzeptabler Kompromiß zwischen relativer Einfachheit und hoher Funktionalität. In seiner ersten Version glich es noch stark dem damals bei 8-Bit-Rechnern dominierenden und populären Betriebssystem CP/M-80 (**C**ontrol **P**rogram/**M**icrocomputer), setzte sich aber seit der Version 2.00 mit UNIX-ähnlichen Konzepten immer mehr davon ab. Hierzu gehören die hierarchische Directory-Verwaltung, eine relativ komfortable Batch-File-Verarbeitung sowie Redirection- und Piping-Funktionen. Zwei zuletzt allgemein als nachteilig empfundene Limitierungen, die Begrenzung des Hauptspeichers auf maximal 640 KByte und die einer Festplatten-Partition auf 32 MByte, sind mit der Version 4.00 entfallen. Das System unterstützt nun die Lotus Intel Microsoft-Expanded Memory Specification (LIM-EMS 4.0), die es Anwenderprogrammen und Betriebssystems-Erweiterungen ermöglicht, mit ensprechenden Erweiterungsplatinen auf einen größeren Arbeitsspeicher zuzugreifen. Durch 32-Bit-Sektoradressen können nunmehr Plattenfiles mit einer Größe von 2 GByte verwaltet werden. Eine neue graphische Bedienungsoberfläche mit dem Namen ,,DOS-Shell'' vereinfacht die Benutzung des Systems.

E 3.3.2   OS/2

Mit dem Wegfall der bisherigen Speicherbegrenzungen dürfte MS-DOS vorläufig bei einer Vielzahl von Anwendungen ein ernsthafter Konkurrent des vom selben Hersteller angebotenen und auch für die neue Generation der Mikrokanal-Rechner im Jahr 1987 inaugurierten Single-User/Multi-Tasking-Betriebssystem OS/2 (Operating System/2) bleiben. Vorzüge von OS/2 wie die Unterstützung des gesamten vorhandenen Hauptspeichers bis 16 MByte und das virtuelle Speicherkonzept werden dadurch relativiert. Beim einstweilen andauernden Mangel an speziell für das neue Betriebssystem geschriebener Anwendersoftware reicht seine Multi-Tasking--Eigenschaft allein nicht aus, um MS-DOS in kurzer Zeit und auf breiter Basis abzulösen. Die nur für IBM entwickelte und in der SAA-Umgebung (Systems Application Architecture) eingesetzte OS/2 Version Extended Edition 1.1, die einen graphischen ,,Presentation Manager'' ebenso integriert wie einen Texteditor, einen Datenbank- und einen Kommunikationsmanager, könnte allerdings neue Maßstäbe setzen, die Anfang der neunziger Jahre eine zunehmende Migration von DOS auf OS/2 in Gang bringen.

E 3.3.3   UNIX

Augenfällige Schwäche beider PC-Betriebssysteme ist das Fehlen von echten Multi-User-Funktionen, obwohl natürlich beide Systeme in Netzwerk-Umgebungen arbeiten können. Hier hat das aus der Welt der klassischen Minicomputer stammende Multi-Tasking- und Multi-User-fähige UNIX bzw. seine zahlreichen herstellerspezifischen Varianten insbesondere seit dem Auftauchen der 32-Bit-Personal Computer zunehmend an Boden gewinnen können. Erst auf einer solchen Hardware kann im PC-Bereich das komplett in der höheren Programmiersprache C geschriebene und dadurch sowohl horizontal (unterschiedliche Hardware-Hersteller) als auch vertikal (verschiedene Rechnerklassen) portable Betriebssystem seine Stärken ausspielen. Mit virtueller Speicherverwaltung, hierarchischem Filesystem, detaillierten Zugriffskontrollen, Netzwerk- und Electronic-Mail-Funktionen sowie mehr als 200

Dienstprogrammen für das Operating auch im Mehrprogramm- und Mehrplatzbetrieb gehört UNIX zu den mächtigsten Betriebssystemen für Personal Computer. Die drei wichtigsten UNIX-Versionen sind heute das System V des amerikanischen Konzerns AT&T, das für den technisch-wissenschaftlichen Bereich an der University of California in Berkeley entwickelte UNIX 4.1 bsd sowie die PC-Version Xenix von Microsoft. Die Vielzahl divergierender Implementierungen des Betriebssystems, seine komplexe Funktionalität und die wenig bedienerfreundliche Interaktion über die Kommandoschnittstelle ,,Shell'' haben die Popularisierung von UNIX jedoch bisher stark gebremst. Neue graphische Benutzeroberflächen wie X/Windows sollen dem abhelfen.

E 3.3.4   Sonstige PC-Betriebssysteme

Als Pionier der Idee des graphischen ,,User Interface'' hat sich die Firma Apple hervorgetan, die mit ihren auf 68000-Prozessoren basierenden Macintosh-Rechnern erstmals ein Betriebssystem anbot, das sich unter dem Namen ,,Apple Macintosh Toolbox'' nach außen ausschließlich als ,,Window System'' präsentierte. Die Basisfunktionen der Macintosh-Toolbox sind über sog. ,,Manager'' und Programmaufrufe aus C-, Pascal- oder Assembler-Code ansprechbar.

Aus der Vielfalt der übrigen PC-Betriebssysteme, die am Markt derzeit jedoch eine deutlich geringere Rolle spielen als die oben genannten Produkte, sind besonders die DOS-kompatiblen multiuser- und multitasking-fähigen Betriebssysteme auf der Basis der 80 x 86-Prozessoren von Interesse. Dazu gehören Concurrent DOS von Digital Research, PC-MOS/386 von The Software Link und das hierzulande nur einem kleinen Kreis von Anwendern bekannte Wendin-DOS der Wendin Inc. aus Washington. Für das Betriebssystem Prologue der Bull AG für deren PC-kompatible Rechnerfamilie Micral existiert spezielle Anwendersoftware, meist Branchenpakete. Im Jahr 1988 stellte die ,,Gesellschaft für Mathematik und Datenverarbeitung mbH'' ihr für 80386-Prozessoren entwickeltes Mehrplatz-Betriebssystem L3 vor.

E 3.4   Personal Computer in Mehrbenutzerumgebungen

E 3.4.1   Der PC als Mehrplatzsystem

Mehrplatzsysteme kleineren Zuschnitts mit bis zu ca. 15 Arbeitsplätzen waren bisher die Domäne der Hersteller der sog. Mittleren Datentechnik (MDT), die auf ihren Minicomputern entweder hauseigene Betriebssysteme (z.B. MTOS von Kienzle, BOSS von MAI oder NIROS von Nixdorf) oder UNIX-Derivate fahren. Die sog. ,,Supermikros'', d.h. Personal Computer mit 32-Bit-Prozessoren und mehrplatzfähigen Betriebssystemen, machen diesen Konfigurationen zunehmend das Terrain streitig, führen damit aber auch ihren Namen ad absurdum. Als zentrale Rechner mit beispielsweise 10 über serielle Ports angeschlossenen Terminals, von denen aus simultan im Time-Sharing-Verfahren auf integrierte Datenbestände zugegriffen wird, haben sie das Stadium des Personal Computing längst hinter sich gelassen. In der Größenordnung von 5 – 10 Plätzen bietet ein PC-Mehrplatzsystem derzeit die im Preis-/Leistungsverhältnis günstigste DV-Lösung.

E 3.4.2   Lokale Netzwerke auf PC-Basis

In jüngster Zeit hat die Technologie der LAN (Local Area Network) auf PC-Basis starke Innovationsschübe erfahren. Auch angesichts des enormen Preisverfalls bei Personal Computern ist sie zu einer gewichtigen Alternative zu auch größeren Minicomputer-Installationen geworden. Entscheidender Vorteil eines PC-Netzwerks gegenüber der Stand-Alone-Nutzung – die im LAN nicht aufgegeben werden muß – ist die Möglichkeit zum gemeinsamen und simultanen Zugriff auf kollektive Datenbestände, die sich zentral oder verteilt auf im Netzwerk zugänglichen Massenspeichern befinden (,,Data Sharing''). Demgegenüber ist das Motiv des ,,Resource Sharing'', der gemeinsamen Nutzung kostspieliger Peripheriegeräte, angesichts fallender Hardwarepreise von sekundärer Bedeutung. Zunehmend wichtig werden jedoch Funktionen und Dienste, die dem isolierten PC nicht zur Verfügung stehen, wie etwa Dateitransfer und Electronic Mail. Ein PC-LAN besteht aus folgenden Komponenten:

- den einzelnen PC als ,,Workstations'',
- den Netzwerkkarten in den Workstations,
- der Verkabelung, eventuell mit Verteilerboxen und Signalverstärkern,
- (optional) einem oder mehreren zentralen Netzwerkrechnern (,,File Server''),
- dem Netzwerkbetriebssystem.

Neben der gewünschten Anzahl der anzuschließenden Workstations und der größten Entfernung zwischen ihnen bestimmen vor allem die erforderliche Übertragungsgeschwindigkeit sowie die angestrebte Betriebssicherheit die konkrete technische Auslegung eines PC-Netzwerks.

Hierzu gehört zunächst grundlegend die physikalische Struktur oder Topologie des LAN, das als Bus, Ring oder Stern sowie als Variation aus zwei dieser drei Grundtypen, beispielsweise als Bus mit verteilten Sternen (Baum) oder als kombinierte Ring-/Stern-Architektur geschaltet sein kann. Die Verbindungen werden häufig über sog. Basis- oder Breitband-Koaxialkabel, zum Teil speziell verdrillte und doppelt abgeschirmte Ethernet-Kabel, in elektrisch stark gestörten Umgebungen auch mit Glasfaserkabeln hergestellt und können je nach Kabelart bis zu 6,5 km lang sein. Bei den Zugriffsverfahren für die Verkehrssteuerung in PC-Netzwerken haben sich drei Protokolle als maßgebend erwiesen. Beim Token-Ring-Verfahren von IBM, Proteon und anderen Herstellern können viele Nachrichtenblöcke gleichzeitig zwischen den Stationen umlaufen. Es ist für maximale Ausbaustufen der LAN sehr geeignet, erfordert aber einen vergleichsweise hohen technischen Aufwand. Das Token-Passing-Protokoll ist bei relativ preiswerter Vernetzung durch stabil kurze Antwortzeiten auch in größeren Netzen gekennzeichnet. Das bis vor kurzem am häufigste eingesetzte und einfache CSMA/CD-Verfahren (Carrier Sense Multiple

Access/Collision Detect) kann in größeren LAN mit viel Betrieb langsam werden, weil der Datentransfer bei Kollisionen auf der Leitung durch wiederholtes Senden nach Zeitverzögerungen bewerkstelligt wird.
Die Netzwerkkarten der meisten Hersteller werden zunehmend mit leistungsfähigeren Hardwarekomponenten bestückt, z.b. mit eigenen Prozessoren, die wesentliche Aufgaben des Netzwerkmanagements autonom abwickeln und so die CPU-Ressourcen der angeschlossenen Workstations fast ganz für Applikationen freihalten. Als File-Server werden sehr leistungsfähige 16- oder 32-Bit-PC mit größeren Festplattenspeichern eingesetzt.
Auf ihnen sind die Netzwerkbetriebssysteme installiert, die meist erheblich mehr darstellen als Erweiterungen der vorhandenen PC-Betriebssysteme. Für einen schnellen File Service realisieren sie z.b. Plattenzugriffsverfahren, wie sie bisher nur im Großrechnerbereich üblich waren, etwa durch Indizierung der FAT (File Aallocation Table), durch Directory-Hashing und -Caching sowie die Installation mehrerer Plattenkanäle. Datensicherungsfunktionen wie Transaktionsfortschreibung bzw. Roll-Back-Sicherung, automatische Umadressierung fehlerhafter Plattenbereiche sowie die Spiegelung von Plattenkanälen, Festplatteninhalten, ja ganzer File Server entsprechen heute dem Stand der Technik. Darüberhinaus integriert ein LAN-Betriebssytem zahlreiche Dienstprogramme für die Netzwerkverwaltung und den Benutzerservice und unterstützt Protokolle für die erweiterte Vernetzung auch mit Produkten anderer Hersteller. Über sog. Bridges lassen sich PC-Netze untereinander und über spezielle Kommunikationsserver als Gateway-Rechner im Prinzip mit jedem anderen privaten oder öffentlichen Computernetz zum MAN (Metropolitan Area Network) oder gar zum WAN (Wide Area Network) verbinden.

E 3.4.3   PC-Mainframe-Link

Von besonderem Interesse für den Bereich Information und Dokumentation mit seinen (Text-)Datenbanken auf Großrechnern dürften die Möglichkeiten zur direkten Anbindung von Personal Computern an Hostrechner sein. Technisch sind hier zwei Wege möglich: Bei lokalen Anbindungen wird eine spezielle Adapterkarte des PC über Koaxialkabel an einen oft mit Multiplexerports ausgerüsteten Cluster Controller des Großrechners angeschlossen. Diese Verbindung mit synchronem Protokoll und passender Emulationssoftware erlaubt Übertragungsraten von maximal 10 MBit/s. Liegt zwischen PC und Großrechner eine Strecke, die mit Datenfernübertragung (DFÜ) überwunden werden muß, sind derzeit nur Transferraten von 64 KBit/s möglich. Bei Remote-Anbindungen kommuniziert der PC via Adapterkarte, die den Cluster Controller emuliert, direkt mit dem Communication Controller des Host. Beide Anbindungen sind auch von einem PC-LAN aus möglich. In diesem Fall wird ein Netzwerk-PC mit entsprechendem Board als Gateway-Rechner betrieben, über den alle an das Netz angeschlossenen Workstations in bis zu 64 parallelen Host-Sessions mit dem Mainframe kommunizieren können. Logisch reichen die Anwendungen in PC-Host-Kopplungen von der einfachen Terminalemulation über File Transfer bis hin zu hochintegrierten Dateizugriffen, bei denen der Großrechner als Datenbank-Server fungiert. Der Anwender ist so in der Lage, die Ressourcen der Groß-EDV zu nutzen, ohne auf die Vorteile des Personal Computing zu verzichten.

Literatur

Bücher

01. Apple Computer Inc. (Ed.): Inside Macintosh, 5 vols., Reading, MA: Addison Wesley 1986 – 87.
02. Biedermann, Heiner: Microcomputer und Publikation. Ihr Einsatz als Hilfsmittel bei der Arbeit an medizinisch-naturwissenschaftlichen Veröffentlichungen, Stuttgart: G. Fischer 1984. 290 S.
03. Dietrich, Dietmar; Metzendorf, Heinrich (Hrsg.): Personal Computer. Einführung in Technik und Gebrauch, Heidelberg: R. v. Decker's Verlag 1987. 293 S.
04. Feichtinger, Herwig: Arbeitsbuch Mikrocomputer: Funktion und Anwendung von Mikrocomputern, Peripherie und Software. Neubearb. u. erw. Aufl., München: Franzis 1987. 621 S. (Franzis-Elektronik-Nachschlagewerk).
05. Gregor, Bernd; Krifka, Manfred (Hrsg.): Computerfibel für die Geisteswissenschaften. Einsatzmöglichkeiten des Personal Computers und Beispiele aus der Praxis. 2., durchges. Aufl., München: C.H. Beck 1987. 286 S.
06. Halliday, Caroline M.; Shield, James A.: IBM PS/2. Technical Guide, Indianapolis: Howard W. Sams & Co. 1987. 494 S.
07. Kauffels, Franz Joachim: Personal Computer und lokale Netzwerke. Architektur von Rechnernetzen, Aufbau und Wirkungsweise lokaler Netze, Software-Standards, Kommunikation unter UNIX, ausführliche Tests von mehr als 10 LANs, inklusive IBM Token Ring. 2., überarb. u. erw. Aufl., Haar bei München: Markt und Technik Verlag 1987. 286 S.
08. Schnupp, Peter: Standard-Betriebssysteme, München: Oldenbourg 1988. 214 S.

Zeitschriften

09. BYTE. International Edition. Hightstown, NJ: McGraw-Hill. (monatlich)
10. Computer persönlich. München: Markt & Technik. (vierzehntägig)
11. mc. Die Mikrocomputer-Zeitschrift. München: Franzis' Verlag. (monatlich)
12. LAN Technology. The Technical Resource for Network Integrators. Redwood City, CA: M & T Publishing. (monatlich)
13. PC MAGAZINE. The Independent Guide to IBM-Standard Personal Computing. New York: Ziff-Davis Publishing. (vierzehntägig)
14. PC WORLD. San Francisco, CA: PC WORLD Communications Inc. (monatlich)
15. TOOLBOX. Journal für kreative Programmentwicklung. Eschwege: DMV Verlag. (monatlich)

,,There's only one trick in software,
and that is using a piece of software
that's already been written.''

William H. Gates (Microsoft Corporation),
in: Electronics, Vol. 62 (1989) Nr. 6, S. 69.

E 4 PC-Software für Information und Dokumentation

Klaus-Erich Rieseberg

E 4.1 Groß-EDV und Personal Computer

Wie in nahezu allen Bereichen der Datenverarbeitung hat sich das Bild der DV-Anwendungen auch im Sektor ,,Information und Dokumentation'' im Verlauf der achtziger Jahren gründlich geändert, ohne daß dieser Prozeß des rapiden technologischen und organisatorischen Wandels auch nur annähernd als abgeschlossen bezeichnet werden kann. Im Jahrzehnt zuvor verband sich mit dem zentralistischen Konzept der Fachinformationssysteme technisch der Einsatz von Großcomputern in Rechenzentren, ausgestattet mit entsprechend voluminöser Software, vor allem Mainframe-Retrievalsystemen, die über Terminals in Fachabteilungen oder per Datenfernübertragung zu erreichen waren. An die Ausstattung auch kleinerer Dokumentationseinrichtungen mit eigenen Hard- und Softwarekapazitäten war schon aus Kostengründen nicht zu denken. Es kann daher nicht verwundern, daß noch in der zweiten Auflage des vorliegenden Werkes aus dem Jahr 1980 Mikrocomputer an keiner Stelle erwähnt werden (obwohl es sie schon gab) und die damals nächsthöhere Kategorie der ,,Minicomputer'' (32-Bit-Rechner) gerade noch für die Datenerfassung als tauglich befunden wurde.

Der Wandel greift tief. Heute ist der Einsatz von Personal Computern an Millionen Arbeitsplätzen und nicht zuletzt in zahlreichen Einrichtungen in Archiv, Bibliothek und Dokumentation eine Selbstverständlichkeit geworden. Ein großer Teil effizienter Softwarenutzung und DV-Anwendung wird heute ohne Rechenzentrumsunterstützung oder nur Mitwirkung ausgebildeter Informatiker in eigener Regie der Fachabteilungen auf höchst leistungsfähigen PC-Systemen abgewickelt. Vielfach als Befreiung vom vielzitierten ,,Anwendungsstau'' oder gar der Bevormundung durch DV-Fachkräfte empfunden, hat die Autonomie des PC-,,users'' der Datenverarbeitung den Weg in die Fachabteilungen gebahnt. ,,Individuelle Datenverarbeitung'' (IDV) und ,,Downsizing'', also die gezielte Portierung von Applikationen von Großrechnern auf PC's, stellen heute oftmals sinnvolle Lösungen sowohl für Fachabteilungen und – wegen des Entlastungseffekts – auch für Rechenzentren dar, von kleineren informationsverarbeitenden Einrichtungen ohne Rechenzentrumsservice ganz zu schweigen.

Seit dem ersten Boom der Personal Computer hat sich diese Situation jedoch bereits mancherorts wieder gewandelt. Die inzwischen außerordentlich hohe Leistungsfähigkeit der Maschinen und die rasch zunehmende Integration von Einzel-platzinstallationen zu Lokalen PC-Netzwerken hat vielfach zur Implementierung komplexer Multi-User-Systeme auf PC-Basis geführt. Derartige Lösungen stellen jedoch prinzipiell andere Anforderungen an das Systemmanagement als lokale PC-Anwendungen. Ein Verzicht auf bewährte, in der Arbeit von Rechenzentren ent-wickelte Organisationsformen und Verfahrensweisen kann hier langfristig fatale Konsequenzen haben. Die Frage nach dem Verhältnis von IDV zu zentraler DV-Organisation stellt sich damit heute neu und ist mit dem Hinweis auf unterschiedli-che Rechnerklassen, die nach Hardwarekriterien eingeteilt werden, nicht adäquat zu beantworten.

Viel bedeutsamer für die Trennlinie zwischen Individueller Datenverarbeitung und zentraler EDV ist die Kategorie von Software, die Art der Applikation sowie der Datenbestände, mit denen gearbeitet wird. Zugleich gehen gerade von Software-konzepten, die im PC-Umfeld entstanden sind, starke Tendenzen zur Integration von IDV und der Datenverarbeitung auf Großrechnersystemen aus. Mit dem Ent-wurf der SAA (Systems Application Architecture), einer Sammlung von Software-schnittstellen-Konventionen, die auf die anwendungsbezogene Integration von /370-Großrechnern, der /3x-Systeme aus der Mittleren Datentechnik sowie Perso-nal Computern unter OS/2 (Operating System/2) zielt, hat beispielsweise IBM ei-nen Schritt in diese Richtung vollzogen. Es scheint paradox, aber gerade die dyna-mische Entwicklung von Hard- und Software im Bereich der Personal Computer zeigt Grenzen der Individuellen Datenverarbeitung auf.

E 4.2   Das Phänomen der PC-Software

E 4.2.1   Standardsoftware

Der seit etwa 1983 auch in der Bundesrepublik massiv einsetzende Trend zur Ver-wendung von Personal Computern im Bereich Information und Dokumentation hat seine Ursachen nicht nur im außergewöhnlich günstigen und sich stetig verbes-sernden Verhältnis von Maschinenleistung und Kosten in dieser Rechnerklasse, sondern in der wachsenden Popularität und raschen Verbreitung eines Typus von Software, der zunächst im kommerziellen Bereich avancierte und für den Doku-mentationssektor erst recht spät ,,entdeckt'' wurde: Standardsoftware für Personal Computer.

Bei Standardsoftware für Arbeitsplatzrechner handelt es sich um Programme, die weder für eine individuelle Applikation im Einzelauftrag noch für eine spezielle Wirtschafts- oder Berufssparte (,,Branchensoftware'') erstellt, sondern als ausge-sprochene Massenprodukte für einen weiten, möglichst internationalen Kunden-kreis von zahlreichen, darunter heute sehr großen Softwareherstellern in teilweise scharfer Konkurrenz auf den Markt gebracht werden. Die Anwendungsfälle von Standardsoftware sind diesem Ziel entsprechend weit definiert. Textverarbeitung in allen Variationen, Tabellenkalkulation, Grafik, Datenbanken und Programmier-sprachen sind die häufigsten Einsatzgebiete.

Schon die ersten Softwareprodukte dieser Art für Mikrocomputer hoben sich in Funktionalität und Komfort erheblich von den aus der Großrechnerwelt stammenden, für den Nutzer oft umständlich und esoterisch wirkenden Programmen ab. In den Hobbywerkstätten der computerbegeisterten PC-Pioniere wurde von Anfang an mit der Intention programmiert, die Nützlichkeit des Mikrocomputers für jedermann zu beweisen. Anwendersoftware sollte möglichst vielfältig und flexibel einsetzbar sowie bei hoher Leistungsfähigkeit denkbar einfach zu bedienen sein. Nach wie vor gilt das Programm ,,Visicalc'', das Anfang der achtziger Jahre in den USA erheblich zur Ausbreitung der Mikrocomputer beitrug, als einer der Vorreiter für den dabei geschaffenen Typus der ,,user friendly software''.

Der zunehmende Konkurrenzdruck auf dem Softwaremarkt erzwang nicht nur die Herstellung von eindrucksvollen Qualitätsprodukten, sondern nötigt auch heute zu deren ständiger Verbesserung in immer neuen Generationen (Versionen). Neben den großen Softwareherstellern operiert dazu eine schier unübersehbare Zahl kleinerer Anbieter von Spezialprogrammen auf dem Markt. Tausende von oftmals höchst leistungsfähigen ,,Shareware''- und ,,Public Domain''-Programmen werden zu Niedrigstpreisen oder gar nur gegen Erstattung der Versandkosten angeboten.

Begünstigt durch die außerordentlich rasche Fortentwicklung der PC-Technik, brillieren heute die Spitzenprodukte der Software für Personal Computer mit umfangreichem Funktionsangebot, hoher Verarbeitungsgeschwindigkeit und Datenkapazität sowie ausgeklügelten Präsentationsformen, die die Programmbedienung auch dem Computerlaien auf eine bis dahin nicht bekannte Weise erleichtern. Oft lassen sich die Programme durch zahlreiche Konfigurationsparameter vom Nutzer in hohem Maße seinen individuellen Anwendungsfall anpassen, so daß traditionelle Einwände gegen unflexible Standardsoftware entkräftet werden.

E 4.2.4 Benutzeroberflächen

Das wohl auffälligste Phänomen beim Siegeszug der Personal Computer ist die vielfach als ,,Software-Revolution'' apostrophierte Kreation neuartiger Bildschirmtechniken, die die bisherigen Formen des Mensch-Maschine-Dialogs in der Tat beträchtlich verändert haben. Entscheidend ist dabei die Ablösung der an mehr oder weniger komplizierte Befehlssprachen gebundenen traditionellen Systembedienung durch einfache Aktionen in einer auf visuelle Evidenz abhebenden, graphisch gestalteten Umgebung. Zu den modernen Präsentationsmustern, die einen im Wortsinne selbstverständlichen, weil intuitiven Umgang auch mit komplexen Applikations- und Systemumgebungen ermöglichen, gehören insbesondere folgende Verfahren:

○ Die Fenstertechnik (,,Windowing''), die den Bildschirm in unterschiedliche und voneinander unabhängige, sich ggf. überlagernde und bewegliche Ausschnitte für Benutzeraktionen aufteilen kann.

○ Als ,,icons'' bezeichnete Pictogramme, die Hard- und Softwareobjekte sowie -funktionen auf dem Bildschirm visualisieren und als sensitive Bereiche durch Eingabegeräte aktiviert werden können.

○ „Pull down" – und „Pop Up"-Menüs mit Leuchtbalkencursor, Menüleisten, Dialog- und Eingabeboxen sowie Hilfefenster zur direkten Dialogsteuerung.
○ Neuartige Eingabegeräte wie die sog. „Maus", mit der sich ein meist als Pfeil geformter Cursor schnell und punktgenau in beliebiger Richtung auf dem Bildschirm bewegen läßt. Durch „Zeigen" auf Symbole und deren „Anklicken" durch einen Mausbutton lassen sich ganze Programmabläufe völlig kommandofrei steuern.

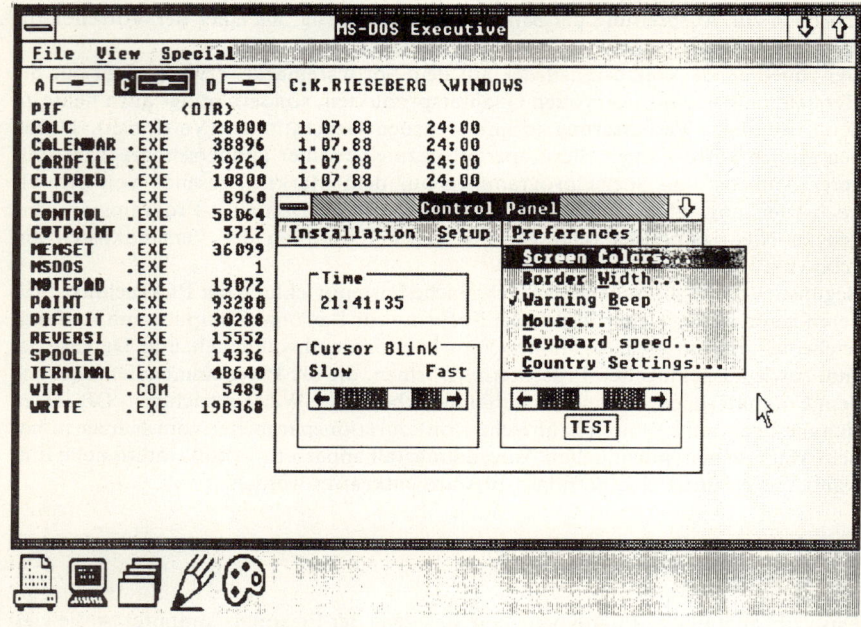

Abb. 1: Graphische Benutzeroberfläche im Programm WINDOWS/286

E 4.3   Anwendungsgebiete in IuD

Bei der Verwendung eines Personal Computers für eine dokumentarische Anwendung gelangt meistens eine Kombination mehrerer PC-Softwareprodukte zum Einsatz. Neben dem PC-Betriebssystem sind es vor allem Hilfsprogramme (sog. „utilities") verschiedenster Art sowie Textverarbeitungsprogramme. Diese eher universellen Hilfsmittel sollen im folgenden nicht behandelt werden. Im Vordergrund stehen die für typisch dokumentarische Aufgaben einsetzbaren Programme. Die wichtigsten Anwendungen für PC-Standardsoftware in IuD sind derzeit:
1. Die Kommunikation mit den Großrechnern von Hosts, auf denen die Online-Datenbanken mit technisch-wissenschaftlichen und ökonomischen Informationen aufliegen;

2. die Speicherung von textuellem Datenmaterial in lokalen Datenbanken mit der Möglichkeit zum Information Retrieval mittels Freitextmustern und Boolescher Logik (Volltext- oder Referenzretrievalsysteme für den Personal Computer);
3. die Speicherung und Auswertung dynamischer und stark strukturierbarer Daten mit Primärinformationen (z.b. Personen-, Institutionen- oder Produktdokumentation) oder komplexer dokumentarischer Objekte (Filme, Musik), für die auf Personal Computern Datenbankmanagementsysteme (DBMS) eingesetzt werden können;
4. der Aufbau und die Verwaltung von IuD-spezifischen Terminologiesystemen wie Klassifikationen und Thesauri auf PC-Basis mit entsprechender Spezialsoftware.

Für diese vier Anwendungsbereiche soll im folgenden der Typus der zu verwendenden Software charakterisiert, einige der erhältlichen Produkte vorgestellt und Trends in der Softwareentwicklung aufgezeigt werden.

E 4.3.1   Kommunikation

Kommunikationsprogramme gehörten zu den ersten Softwareprodukten, die im IuD-Sektor auf Kleincomputern eingesetzt wurden. Für das Information Retrieval auf Großrechnern, insbesondere für die Recherche in Online-Datenbanken der internationalen Hosts über öffentliche Netze wurden als Endgeräte bis vor wenigen Jahren vorwiegend Terminals, oft einfache TTY Printer Terminals verwendet. Diese nahezu ausschließlich auf Aufgaben der Datenübertragung zugeschnittenen und unkomfortablen Geräte (daher sog. ,,dumb terminals'') wurden inzwischen fast überall von Personal Computern mit Kommunikationssoftware abgelöst.

Der Ausdruck ,,Kommunikationssoftware'' ist als Oberbegriff für eine Vielzahl von Softwareprodukten (nicht nur für PC!) aufzufassen, so z.B. Terminalemulationen, Filetransferprogramme, Electronic-Mail-Systeme, Telex-, Telefax- und Btx-Software sowie Programme für Remote-Steuerungen, um nur einige der in IuD weniger bekannten Anwendungsbereiche von Kommunikationsprogrammen zu nennen. Im folgenden ist im wesentlichen nur die Rede von PC-Kommunikationsprogrammen, die für die asynchrone Kommunikation über öffentliche Datennetze eingesetzt werden und dafür die serielle V.24-Schnittstelle des PC verwenden.

Drei Funktionsgruppen müssen Kommunikationsprogramme dieser Art besonders gut unterstützen: Zum einen Funktionen zur Einstellung aller für die Kommunikation wichtigen technischen Konfigurationsparameter (z.B. Baudrate, Wortlänge usw.), zum zweiten Funktionen zur Unterstützung des Recherchedialogs (z.B. Scrolling im Buffer, Highlighting), drittens Operationen mit dem lokalen Betriebssystem während der Online-Phase. Selbst einfachste PC-Kommunikationsprogramme können die Arbeit am Online-Rechercheplatz auf diese Weise effizient unterstützen. Komplizierte Login-Prozeduren können automatisiert, Recherchen offline vorbereitet und kostengünstig abgewickelt, eingehende Hostdaten mitgeschnitten und dauerhaft gespeichert (,,Downloading''), anschließend mit weiteren Programmen komfortabel weiterverarbeitet werden. Drei Grundtypen von Kommunikationsprogrammen sind derzeit auf dem Markt erhältlich.

E 4.3.1.1   Integrierte IuD-Arbeitsplätze

Mit dem Anspruch, jeweils eine Komplettlösung für den Arbeitsplatz des professionellen Informationsvermittlers anzubieten, treten seit längerem die beiden auf IuD-Anwendungen spezialisierten Softwarehäuser Genesys-Software Vertriebs-GmbH mit dem Programm Genesys und Information und Kommunikation mit INFOLOG auf. Die Basis beider Softwarepakete bildet ein jeweils selbstentwickeltes, mit zahlreichen Funktionen (z.b. Online-Editoren) auf Datenbankrecherchen spezialisiertes Kommunikationsprogramm, das mit marktgängiger Standardsoftware anderer Hersteller, insbesondere mit Textverarbeitungs- und Retrievalsystemen, unter einer einheitlichen Bedienungsoberfläche zu einem integrierten Programmsystem verbunden wird. Neben der normalen ASCII-Kommunikation (American Standard Code for Information Interchange) verfügen beide Programme über eine Emulation (Software-Nachbildung) des Grafikterminals Tektronix 4010 für Recherchen in Datenbanken mit chemischen Strukturformeln. Zahlreiche Dienstprogramme, so beispielsweise für die Dublettenelimierung, den Filetransfer von Hostdaten in lokale Retrievalsysteme, die Verwaltung von Nutzerdaten und die Recherchestatistik ergänzen die Grundpakete. Im Preis liegen diese Spezialprodukte deutlich über dem Niveau anderer Kommunikationsprogramme.

E 4.3.1.2   Front-End-Software

Seit kurzem offerieren, wie schon vor mehreren Jahren die US-Datenbankanbieter, auch die europäischen Hosts sog. ,,Front-End-Software". Darunter sind hosteigene Kommunikationsprogramme zu verstehen, die das Retrieval beim jeweiligen Anbieter durch integriertes Login und Hilfeinformationen optimal unterstützen sollen. Im Prinzip sind diese Programme auch für die Kommunikation mit anderen Hostrechnern zu gebrauchen, realiter sind sie jedoch gerade in ihren besonderen Leistungen so stark auf die Datenbanken und das Host-Retrievalsystem des jeweiligen Anbieters hin zugeschnitten, daß ihr Nutzen für andere Systeme eher zweifelhaft ist. Für Kunden mehrerer Hosts mit jeweils unterschiedlicher Front-End-Software ist dieses Angebot unter mehreren Gesichtspunkten problematisch.
Der in Front-End-Software steckende Grundgedanke, mehr ,,Intelligenz" für die Recherche in externen Datenbanken nicht auf die Großrechner der Hosts, sondern in Software der Endgeräte zu verlagern, trug jedoch Früchte. Das längst aufgegebene Projekt einer ,,Common Command Language" (CCL), einer einheitlichen Host-Retrievalsprache, taucht in der Idee einer universellen PC-Bedienungsoberfläche für die Online-Recherche wieder auf.
Ein interessanter Versuch, dieses Problem zu lösen, stellt das Programm TERMINAL-CONTROL mit der Retrievaloberfläche Metalog dar. Recherchefunktionen werden hier als Optionen in einheitlich strukturierten Pull-Down-Menüs angeboten, die sich auf Tastendruck über den Recherche-Bildschirm legen. Metalog transformiert eine ausgewählte Option in den Kommandomodus der Abfragesprache eines Hosts oder einer Mailbox. Auch das im Jahr 1987 initiierte Projekt BENHUR (Benutzeroberfläche für Hosts mit unterschiedlichen Retrievalsprachen), an dem

sich mehrere Hosts, Softwarehäuser und Forschungsinstitute beteiligen, zielt auf eine Vereinheitlichung der Abfragesprachen des Retrievals bei bundesdeutschen Hosts durch PC-Software, die den unterschiedlichen Zugangsweisen des unerfahrenen Datenbanknutzers und des professionellen Rechercheurs gleichermaßen gerecht werden soll.

E 4.3.1.3 Universelle Kommunikationsprogramme

In den USA außerordentlich weit verbreitet ist sog. ,,general purpose communication software". Etwa zwei Dutzend Programme des sehr umfangreichen Angebots von vermutlich insgesamt mehreren hundert Produkten sind führend, darunter Namen wie ASCOM-IV, BitCom, Crosstalk, Freeway Advanced, HyperAccess, Kermit, Mirror II, PC-Blast, PC-Talk, Quicktalk, SideTalk, Smartcom usw. Auf dem US-amerikanischen Markt werden diese Programme auch oft zusammen mit Modemkarten in einem ROM-Baustein (Read Only Memory) ausgeliefert. Kommunikationsprogramme dieses Typs sind insofern als universell zu bezeichnen, als sie in der Regel neben den üblichen Datenübertragungsfunktionen Filetransfer mit diversen Protokollen ebenso einschließen wie Emulationen verschiedendster Terminals und gelegentlich sogar Host-Funktionen besitzen. Die besondere Stärke der Programme liegt darin, daß sie eine eigene Makrosprache enthalten, die wie ein Programmiertool zur Entwicklung anwendungsspezifischer und transparenter Kommunikationsumgebungen genutzt werden kann. Teilweise können die meist als ,,Script Files" bezeichneten Makroprozeduren sogar automatisch generiert werden (z.B. Login-Scripts bei Freeway von Kortek). Einzelne Kommunikationsprogramme werden darüberhinaus komplett im Quellcode angeboten, können vom Benutzer beliebig verändert bzw. in eigene Softwareentwicklungen eingebunden werden (z.B. das Turbo Pascal geschriebene Kermit). Neben seiner universellen Verwendbarkeit hat dieser Typ von Kommunikationsprogramm den Vorteil des meist niedrigen Preises. Ein Nachteil ist darin zu sehen, daß die Programme gewissermaßen ,,roh" geliefert werden und der Nutzer sie für seinen individuellen Bedarf komplett konfigurieren muß.

E 4.3.2 Information Retrieval

Mit den rasch wachsenden technischen Kapazitäten der Personal Computer gerieten Mitte der achtziger Jahre auch Information-Retrieval-Systeme für bibliographische und sonstige Textdaten in das Angebotsspektrum der PC-Software für den Bereich Information und Dokumentation. Auf dem Markt für kommerzielle PC-Standardsoftware spielen diese Programme bisher keine nennenswerte Rolle, da die großen Softwarehersteller die Möglichkeiten, die sich hier vielleicht böten, noch nicht nutzen. In der ,,Marktnische" IuD wird aber inzwischen eine stattliche Anzahl mehr oder weniger leistungsfähiger PC-Retrievalsysteme angeboten. Konzeption, Funktionsweise, Leistungsumfang und Erscheinungsbild dieser Programme

variieren stark, so daß eine Typologie oder Gruppierung schwer möglich ist. Sie sollen hier aus pragmatischen Gründen nur grob klassifiziert werden.
Um als vollwertiges Retrievalsystem zur Installation einer lokalen Datenbank auf einem PC-System gelten zu können, muß ein solches Programm mindestens zwei zentrale Funktionen klassischer Dokument-Retrievalsysteme bereitstellen:
○ Die Repräsentation von Dokumenten, d.h. die Speicherung und Verwaltung von Datenstrukturen für Daten variabler Länge bis hin zum Dokumentvolltext muß gewährleistet sein.
○ Der charakteristische, iterative Retrievaldialog des auch mit vagen Anfragen operierenden Systemnutzers, d.h. die schrittweise Suche nach Text-Informationselementen zumindest mit Booleschen, zusätzlich möglichst mit Kontext-Operatoren in beliebigen Dokumentmengen muß möglich sein. In technischer Hinsicht sind kürzeste Antwortzeiten, die den Dialogbetrieb überhaupt erst möglich machen, unerläßlich.
Der Zugriff auf die gespeicherten Textdaten erfolgt in der Regel über Sekundärindizes in Form von sog. „invertierten Listen", die höchst unterschiedlich organisiert sein können. Wesentlich ist, daß dabei die Antwortzeiten auch für große und wachsende Dokumentmengen niedrig bleiben. Vor dem Retrieval müssen die Indizes – meist im Batchbetrieb – aus den Textdaten generiert werden (Invertierung), die Fähigkeit zum Online-Update der Indizes bei Neuaufnahme von Dokumenten ist eher selten und bei umfangreichen Datenmengen auch nicht zu empfehlen. Die Retrievalschnittstelle der meisten PC-Retrievalsysteme bleibt nach dem Vorbild der Großrechnersysteme kommandoorientiert, moderne Bildschirmtechniken sind nur in einigen wenigen Programmen realisiert.

E 4.3.2.1   Reine Abfragesysteme

Einige der für PC-Anwendungen angebotenen Retrievalsysteme verfügen nicht über eine Komponente für den Aufbau und die Speicherung einer Textdatenbank. Es handelt sich zum einen um reine Abfragesysteme, die auf von anderen Softwaresystemen generierten und verwalteten Datenbeständen operieren. Ein Beispiel hierfür ist das Programm ZyINDEX, das mit Textverarbeitungsprogrammen erstellte Dateien auf der Festplatte eines PC indiziert und anschließendes Retrieval mit mengenlogischen und Kontext-Operatoren über alle Textdateien ermöglicht. Auch bei CD-ROM (Compact Disk-Read Only Memory)-Applikationen mit ihren statischen Datensammlungen wird nur die Abfragekomponente eines Retrievalsystems implementiert. In der Bundesrepublik bekannt ist beispielsweise das Volltext-Retrievalsystem OptiSearch von Lasec, das u.a. für die CD-ROM „Online-Publikumskatalog" der Universität Bielefeld eingesetzt wird.

E 4.3.2.2   Kleinere und deskriptororientierte Retrievalsysteme

Zahlreiche PC-Retrievalsyteme weisen mehr oder weniger rigide Beschränkungen hinsichtlich der zu verarbeitenden Datenmengen auf. Mengenparameter wie die physikalische Größe einer Datenbank, die maximale Zahl der Datensätze, der maximale Umfang eines Datensatzes, die Zahl und Länge seiner Felder sowie zahlreiche quantitative Größen, die sich auf die Indexdateien beziehen, können so begrenzt sein, daß bestimmte Anwendungen im Dokumentationsbereich von vornherein auszuschließen sind. Solche nur eingeschränkt nutzbaren Programme sollen hier der Einfachheit halber als ,,kleinere'' Systeme eingestuft werden. Die Qualität der Retrievalfunktionen kann bei diesen Programmen jedoch durchaus hoch sein. Vielfach beeindrucken sie zudem durch hohe Performance und ebenso effiziente wie einfache Dialogsteuerung.

Unter den Programmen für kleiner dimensionierte Applikationen findet man auch den Typus des deskriptororientierten Retrievalsystems, der dem klassischen Konzept der Informatik für das Information Retrieval folgt. Es ist dadurch charakterisiert, daß nicht der Text des gesamten Dokuments, sondern nur ein sog. Deskribierungsteil invertiert wird. Meist handelt es sich um ein Datenfeld, in die das eigentliche Dokument beschreibende Wörter oder Phrasen eingetragen werden (Lit. 08., S. 5 ff.). Die Konsequenz ist, daß im Unterschied zum Freitext-Retrieval die Suche nur auf den Deskribierungsteil, nicht auf Textelemente des Dokuments selbst zielt, und überhaupt nur feldabhängig möglich ist. Der passende Anwendungsfall für diese Programme ist das Referenzretrieval für kleine bis mittlere Datenbestände.

Zu der so umschriebenen Gruppe von Programmen gehören Produkte wie Cardbox-Plus, DEBIS (DEskriptorenbasiertes Informationssystem), FINDER, LARS (Leistungsstarkes Archivierungs- und Recherchesystem), LIDOS (Literaturdokumentationssystem), sowie die schon älteren Programme Micro-Polydoc, Mirabilis, Sci-Mate und SIRE, um nur einige der bekannteren Namen zu nennen.

E 4.3.2.3   Größere und Volltext-Retrievalsysteme

Für Personal Computer sind auch Retrievalsysteme erhältlich, die solchen auf größeren Rechnern an Funktionsreichtum und Leistungsfähigkeit kaum nachstehen. Dies gilt insbesondere für Systeme, die von Mainframes oder Minicomputern auf PC-Betriebssysteme portiert wurden (BRS/Search, CICADE, STAIRS/PC, STATUS). Die Programme zeichnen sich durch die Fähigkeit zur Volltext-Invertierung auch großer Datenbestände aus, verfügen meist über das gesamte Spektrum der bekannten Retrievalfunktionen, integrieren oft Features zur Verwendung eines Online-Thesaurus und können darüberhinaus in Multi-User-Umgebungen (z.B. Mehrplatzsystemen unter UNIX oder in PC-Netzwerken) eingesetzt werden. Manche Programme verfügen über eine eigene Makrosprache zur Definition einer Benutzerumgebung (STATUS, TEXTO mit Logotel). Hinsichtlich der Portabilität sind in einigen Fällen jedoch Einschränkungen zu verzeichnen. Es kann sein, daß unter dem am weitesten verbreiteten PC-Betriebssystem MS-DOS nicht das volle Funktionsspektrum realisiert wird (z.B. BRS/Search), oder es liegt eine Bindung an eine bestimmte Hardware vor (z.B. STAR von Cuadra).

E 4.3.3   Datenbankmanagementsysteme (DBMS)

Die raschen Fortschritte, die die Datenbanktechnologie und besonders Datenbankmanagementsysteme auf PC-Basis in den letzten Jahren genommen haben, finden auch in der Dokumentation zunehmend Beachtung. Zwar dominieren hier nach wie vor Dateiverwaltungssysteme, deren Datenmodell sich an der klassischen ,,Dokumenteinheit'' orientiert. Die Idee, auch für synthetische ,,dokumentarische'' Objekte die Implementierung von Datenstrukturen vorzusehen, die sich am logischen Datenbankdesign nach den Regeln des Relationen- oder Entity-Relationship-Modells orientieren, wird jedoch mittlerweile immer entschiedener und mit überzeugenden Argumenten vertreten (Lit. 02.; Lit. 09.).

Mit den auf dem Markt für Standardsoftware erhältlichen PC-DBMS stehen für solche Applikationen seit einigen Jahren äußerst leistungsfähige Produkte mit modernen Entwicklungstools zur Verfügung. Im Unterschied zu den vorgenannten Standardsoftwareprodukten handelt es sich daher bei diesen Systemen um ,,Software zur Software-Entwicklung'' nach Art der Programmiersprachen (Lit. 05., S. 49). Zwar verfügen manche DBMS über eine interpretativ arbeitende Kommandoschnittstelle für den Dialogmodus, der eigentliche Sinn von Datenbankmanagementsystemen liegt jedoch in der Möglichkeit zur Entwicklung auch komplexer Informationssysteme, die auf einer strukturierten Datenbasis agieren müssen. Das DBMS selbst stellt hierfür zunächst Module zur Datendefinition bereit und organisiert die physische Datenspeicherung und den Datenzugriff unabhängig vom logischen Modell, teilweise auch über ein aktives Data Dictionary. Die Möglichkeit zur Implementation der Datenbank in Multi-User-Umgebungen ist heute selbstverständlich. Fortgeschrittene Systeme realisieren zur Sicherung der Datenintegrität selbständig Transaktionskonzepte, um die Datenbank auch bei Systemausfällen auf einen intakten Zustand zu setzen.

Für die Entwicklung von Applikationen werden hochproduktive 4GL-(Fourth Generation Language)-Sprachen eingesetzt, die mit ihren nicht-prozeduralen, sog. deskriptiven Konstrukten, mit integrierten und interaktiven Entwicklungsumgebungen aus Masken-, Report- und Programmgeneratoren sowie Programmierschnittstellen zu Hochsprachen wie C, Pascal u.a. als umfangreiche Werkzeuge für den EDV-Spezialisten anzusehen sind.

Zwei Tendenzen lassen PC-DBMS zu einem gewichtigen Faktor bei der Installation auch großer Informationssysteme werden. Die Integration von standardisierten Abfragesprachen wie SQL (Structured Query Language) ermöglicht immer mehr Systemen den transparenten Zugriff auch auf Datenbanken anderer Hersteller. Im Ergebnis kann sogar ein Großrechner als Datenbank-Server für Datenbankmanagementsysteme der PC fungieren. Die zunehmende Portabilität mancher DBMS schafft die entscheidenden Voraussetzungen für das Datenbankmanagement von ,,Verteilten Datenbanken'' auch in ,,mixed-hardware''-Umgebungen.

Zu den PC-Systemen mit solchen Ansprüchen bzw. vergleichbaren Eigenschaften zählen u.a. die Datenbankmangementsysteme DataFlex, dBASE-IV, CLIPPER, Concept16, FoxBase, Informix, INGRES/PC, Oracle/PC, Paradox, Revelation, ZIM.

Davon deutlich abzusetzen sind die überwiegend endbenutzerorientierten Systeme mit DBMS-Eigenschaften für die Individuelle Datenverarbeitung (z.B. F&A, PC-File) auf lokalen PC. Diese auf interaktive Abfragen zugeschnittenen Dateiverwaltungssysteme lassen sich ideal für kleinere Datenbestände in Form von ,,flachen'' Dateien ohne relationale Verknüpfungen einsetzen. Gegenwärtig überwiegt diese Form des Einsatzes von PC-Datenbanksystemen im IuD-Bereich. Einige wenige avantgardistische Projekte und Prototypen von DBMS-Applikationen auf der Basis normalisierter Datenstrukturen bilden die seltene Ausnahme. Gründe hierfür liegen u.a. in der Abstraktheit theoretischer DBMS-Konzepte, die eine breite Rezeption im pragmatisch orientierten IuD-Bereich bisher verhindert hat, sicher aber auch darin, daß bestimmte Probleme relationaler Datenbanken, z.B. das Information Retrieval von Textinformationen, noch nicht befriedigend gelöst werden konnten.

E 4.3.4   Software für Terminologiesysteme

Die in IuD-Einrichtungen verwalteten Dokumentbestände werden vielfach über umfangreiche und differenzierte Ordnungssysteme inhaltlich erschlossen und für die Recherche zugänglich gemacht. Der Aufbau und die Pflege solcher Schlagwortlisten, Thesauri und Klassifikationssysteme mit traditionellen Verfahrensweisen sind außerordentlich zeitaufwendig, mühsam und fehleranfällig. Aktualität, Vollständigkeit und Konsistenz der in der Praxis verwendeten Dokumentationssprachen lassen daher oft zu wünschen übrig. Für die Verwaltung der komplexen Begriffs-, Notations- und Terminologiesysteme lassen sich mit hohem Gewinn PC-Datenbanksysteme einsetzen, die eine Termdatenbank, Texte und beliebige Beziehungen zwischen den Elementen des Systems verwalten können. Auf dem Markt für IuD-Standardsoftware werden zur Zeit nur zwei Produkte für PC mit einem entsprechend spezialisierten Funktionsspektrum angeboten. Andere, nicht datenbankbasierte Systeme wie das in SMALLTALK-80 entwickelte SFL (Synopse-Frame-Language) befinden sich noch im Stadium des Experimentes (Lit. 11.).
Das mit dem PC-Datenbanksystem CLIPPER entwickelte Thesaurusprogramm PROTERM wird in drei Versionen ausgeliefert. Es ermöglicht menügesteuert den Aufbau und die Pflege von Dokumentationssprachen und integriert in der zweiten Ausführung eine Kommunikationskomponente für die Recherche in Online-Datenbanken mit PROTERM-Daten. Die dritte Version unterstützt speziell die Arbeit mit Wörterbüchern und längeren Texten (Lit. 03.).
Das auf Grundlage des relationalen DBMS DataFlex entwickelte Programmpaket INDEX folgt einem anderen Ansatz. Mit einer Termdatenbank, einem semantischen Netzwerk mit Beziehungen zwischen den Elementen der Datenbank sowie einer Wissensbasis, die die Regeln für den Aufbau von Relationen enthält, nähert sich INDEX dem Modell des Expertensystems. Die Inferenzlogik ist hier jedoch noch weitgehend in fixen Algorithmen verankert. Die Dialogschnittstelle des Programms basiert auf modernen Bildschirmtechniken und ist in der neuesten Version als universelle Oberfläche für die Darstellung und Verknüpfung beliebiger Entities, für die ein Datenmodell definiert werden kann, konzipiert (Lit. 06.).

E 4.4   Entwicklungstrends bei PC-Software

Aus der Fülle der Trends und Entwicklungslinien bei der Software für Personal Computer sollen abschließend zwei Konzepte herausgegriffen werden, die möglicherweise langfristig auch den Softwareeinsatz im IuD-Bereich bestimmen werden.

E 4.4.1   Objektorientierte Programmierung und Datenbanken

Die Produktivität der Softwareentwicklung ist der Schlüssel zur Lösung zahlreicher DV-Anwendungsprobleme auch im Bereich der Personal Computer. Mit dem erst vor kurzem erarbeiteten Konzept der ,,Objektorientierten Programmierung" (OOP) scheint ein vielversprechender Weg für neue Methoden der Softwareentwicklung beschritten zu sein. Anders als in herkömmlichen Programmiersprachen, die die Daten und die auf ihnen operierenden Algorithmen scharf trennen, werden in Objektorientierten Sprachen die zu manipulierenden Daten und die für ihre Verarbeitung erforderlichen Prozeduren in einer Einheit, dem Objekt, zusammengefaßt. Objekte können sog. ,,Messages" empfangen, die Operationen des Objekts veranlassen, ohne genaue Anweisungen über das Wie dieser Ausführungen zu enthalten. Objekte können zu Klassen zusammengefaßt werden und Eigenschaften von Vorgänger-Objekten oder Klassen ,,erben" (inheritance). Ähnliche Konstrukte finden sich in Sprache der Künstliche Intelligenz wie LISP, Prolog und SmallTalk. Als eine der ersten weit verbreiteten Programmiersprachen enthält Turbo-Pascal in der Version 5.5 Ansätze zur Objektorientierten Programmierung. Bei dieser Art der Programmierung scheinen der Codieraufwand erheblich geringer und die Flexibilität der Entwicklung durch einfaches Hinzufügen neuer Objekte höher zu sein als bisher. Für den Bereich IuD besonders interessant sind die Versuche, die Paradigma der OOP auch auf Datenbanksysteme zu übertragen, um Restriktionen der bekannten Datenmodelle überwinden zu helfen (Lit. 12.).

E 4.4.2   Hypertext

Für die Information und Dokumentation von großem Interesse sind auch Entwicklungen, die sich unter dem Schlagwort ,,Hypertext" mit einer Kategorie von Daten befassen, die mit herkömmlichen Datenbanksystemen nicht adäquat abgebildet werden können. Gesucht werden neuartige Datenverwaltungskonzepte, die die Speicherung und komfortable Abfrage beliebiger Arten und Mengen von Querverweisen zwischen Texten und unterschiedlichsten Textkomponenten (z.B. Anmerkungen, Kommentare, Fußnoten, Inhaltsverzeichnisse), Graphiken, Bildern und auch numerischen Daten, etwa in Tabellenform, erlauben. Alle miteinander in einem Netzwerk von Beziehungen verknüpften Hypertext-Dokumente sind dabei mit einer Fülle von Attributen, u.a. mit dem Zeitpunkt ihrer Entstehung versehen, so daß jede Textgeneration mit allen ihren Ingredienzen zu jedem beliebigen Zeitpunkt reproduziert werden kann. Als typische Hyper-Medien für große Informationsmengen dieser Art gelten optische Datenträger, die als künftige PC-Massenspeicher vorgesehen sind. Erste kommerzielle Hypertext-Programme, die jedoch bei weitem noch nicht das angestrebte Ziel erreichen, sind mit ,,Guide'' von Owl International und ,,Hypercard'' von Apple auf den Markt gelangt (Lit. 04.).

Literatur

01. Alberico, Ralph: Microcomputers for the Online Searcher, London: Meckler Publ. Corp. 1987.
02. Bantzer, Paul: Toussaint, Claudia: Information Retrieval – relational? In: NfD 38 (1987) Nr. 6, S. 351 – 360.
03. Burkhart, Margarete: PROTERM. Ein Softwarepaket für Aufbau, Pflege, Handling von Thesauri und anderen Wortgutsammlungen. In: NfD 39 (1988) Nr. 4, S. 249 – 252.
04. Fiderio, Janet: A Grand Vision. Hypertext mimics the brain's ability to access information quickly and intuitively by reference. In: Byte 13 (1988) Nr. 10, S. 237 – 244.
05. Gates, William H.; Myhrvold, Nathan: Software für den Personal Computer. In: Spektrum der Wissenschaft (1989) Nr. 3, S. 46 – 55.
06. Lukas, Ernst: INDEX – Ein Programm zur Erstellung von Wörterbüchern und Dokumentationssprachen auf Personal-Computern. In: NfD 39 (1988) Nr. 4, S. 253 – 256.
07. (Micro-Computers) The Application of Micro-Computers in Information, Documentation and Libraries. Proceedings of the Second International Conference on the Application of Micro-Computers in Information, Documentation and Libraries, Baden-Baden, F.R.G., 17 – 21 March, 1986. Ed. Klaus-Dieter Lehmann, H. Strohl-Goebel, Amsterdam (u.a.): Elsevier Science Publ. 1987.
08. Mresse, Moscheh: Information Retrieval – Eine Einführung. Von der Theorie zur Praxis anhand einer Implementierung in UNIX, Stuttgart: Teubner 1984.
09. Neubert,Joachim: Der elektronische Arbeitsplatz in den Geisteswissenscahaften. In: NfD 39 (1988) Nr. 5, S. 291 – 296 und NfD 39 (1988) Nr. 6, S. 357 – 364.
10. Oberhauser, Otto: Downloading und Uploading im IuD-Bereich. Eine Übersicht über technische Probleme und ihre Lösungen. In: ABI-Technik 6 (1986) Nr. 3, S. 177 – 187.
11. Rostek, Lothar; Fischer, Dietrich H.: Objektorientierte Modellierung eines Thesaurus auf der Basis eines Frame-Systems mit graphischer Benutzerschnittstelle. In: NfD 39 (1988) NR. 4, S. 217 – 226.
12. Staud, Josef L.: Objektorientierte Datenbanken. Anmerkungen zu einem Begriff der gegenwärtigen datenbanktheoretischen Diskussion. In: NfD 40 (1989) Nr. 1, S. 56 f.
13. Text Retrieval. A Directory of Software. Ed. C. D. Hamilton, R. Kimberley, C. H. Smith, Aldershot: Gower Publ. 1985.
14. Text Retrieval. A Directory of Software. 1985/86 Supplement. Ed. R. Kimberley, Aldershot: Gower Publ. 1986.
15. (VOGIN) Microcomputer applications for online and local information systems: a test an comparison of 30 software packages. report of a software evaluation by members of VOGIN. Leiden: VOGIN 1987.

E 5   Reprografie

Georg Thiele

E 5.1   Entwicklung und Beschreibung reprografischer Verfahren

Es ist derzeit kaum noch vorstellbar, daß man vor etwa 60 Jahren noch keine Möglichkeit kannte, um von vorhandenen Originalen, z.b. aus Büchern, Kopien anfertigen zu können, – es mußte abgeschrieben oder abgezeichnet werden. Erste Kopiergeräte kamen vor etwa 50 Jahren auf den Markt. Die Herstellung einer einzigen Kopie dauerte damals etwa 20 Minuten, eine Verkürzung der Herstellungsdauer auf etwa eine Minute wurde vor 30 Jahren möglich. Der Kopiervorgang beruhte aber immer noch auf dem reinen Fotoprozeß. Heute können durch den Einsatz anderer Verfahren 100 und mehr Kopien je Minute hergestellt werden und dies mit erheblich geringeren Kosten. Diese Tatsache spiegelt u.a. die Bedeutung und Entwicklung reprografischer Verfahren, – denn, wo könnte heute noch auf Kopien verzichtet werden?

Unter reprografischen Verfahren sind Verfahren zu verstehen, die sich zur Übertragung einer Information von der Vorlage (dem Original) auf einen neuen Informationsträger ausschließlich der physikalisch-optischen Strahlung in irgendeiner Form bedienen. Diese Strahlung kann auch außerhalb des sichtbaren Teils des Spektrums liegen. In den weitaus meisten Fällen wird diese Abbildung unter Verwendung eines Objektivs erzeugt. Hieraus ergibt sich die Möglichkeit diese Wiedergabe auch sehr stark zu verkleinern, wie es für die Mikrofilmtechnik notwendig ist. Der zweite Schritt des reprografischen Prozesses ist die Fixierung dieses flüchtigen Bildes auf einem haltbaren Informationsträger. Hierzu wurden zunächst Verfahren benutzt, die bereits aus anderen Arbeitsgebieten, z.B. der Fotografie und der Lichtpaustechnik bekannt waren und ausschließlich auf chemischen Vorgängen beruhen. Neu hinzugekommen ist als ein physikalisches Verfahren die Elektrofotografie, die bald im Bereich der Reprografie eine dominierende Stellung eingenommen hat und noch weitere wesentliche Entwicklungen auslösen wird. Sie stand bei der Schaffung des Begriffes Reprografie noch in einer frühen Entwicklungsstufe. Die heutigen verschiedenen und vielseitigen Anwendungen reichen von der Herstellung von Kopien über die Mikrofilmtechnik bis zum Laserdruck (Lit. 04.). Da Folgeverfahren sonst kaum verständlich sind, soll die Grundlage der Elektrofotografie nachstehend kurz beschrieben werden.

Bei allen Varianten der Elektrofotografie wird das Bild optisch, also unter Verwendung eines Objektives, erzeugt. Als Aufnahmematerial dient bei diesem Verfahren keine lichtempfindliche chemische Verbindung, sondern eine Beschichtung, die physikalische Foto-Halbleitereigenschaften aufweist. Die Eigenart der hier benutzten Halbleiter besteht darin, daß sie im Dunkeln einen sehr hohen elektrischen Widerstand haben und deshalb elektrisch aufgeladen werden können. Bei einer Belichtung bricht der elektrische Widerstand an den vom Licht getroffenen Stellen zusammen und die elektrische Ladung kann sich ausgleichen. Das elektrostatische Restbild (an den unbelichteten Stellen) kann durch Toner in trockener oder flüssiger Form sichtbar gemacht werden. Dieses „Tonerbild" ist noch verwischbar. Durch eine Fixierung, meist eine Erhitzung, die es fest auf seine Unterlage bindet, kann es dauernd haltbar gemacht werden (s. *Abb. 1*).

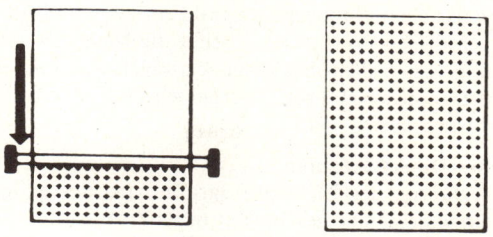

1. Elektrostatisches Aufladen

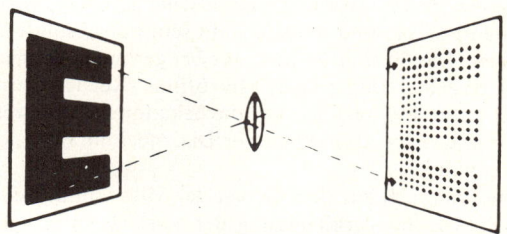

2. Belichten, latentes elektrostatisches Bild

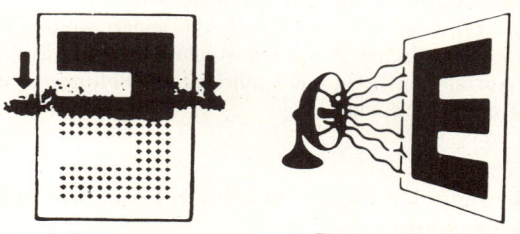

3. Entwickeln   4. Fixieren durch Wärme

Abb. 1: Schematische Darstellung der elektrofotografischen Arbeitsgänge

Auf dieser Basis sind, auf Grund unterschiedlicher Arbeitsgänge, verschiedene Kopierverfahren entwickelt worden.

Tonerbild-Übertragungsverfahren
Im ersten Fall wird das Bild auf einer Halbleiterschicht erzeugt, die auf Metallplatten, -zylinder oder -bänder aufgebracht ist. Häufig wird hierbei als Halbleiter Selen benutzt. Nach der Aufladung und Belichtung der Schicht wird das Bild durch einen pulverförmigen Toner sichtbar gemacht und anschließend auf den endgültigen

Bildträger umgedruckt. Dieser Bildträger kann normales Schreibpapier, Transparentpapier oder eine Papierdruckplatte sein. Das Tonerbild wird durch Erhitzung, bei der thermoplastischer Kunststoff, der dem Toner beigemischt ist, schmilzt, auf der neuen Unterlage fixiert. Die Halbleiterschicht wird dann gesäubert, durch eine Vollbelichtung auch das elektrostatische Restbild entladen und für die nächste Aufnahme benutzt. Nach diesem Verfahren arbeitet die Mehrzahl aller Kopiergeräte. Auch die Herstellung von Mikrofilm-Vergrößerungen auf Papier geschieht nach dem Tonerbild-Übertragungsverfahren. Hierbei wird der Mikrofilm vergrößert auf die Halbleiterschicht projiziert.

Elektrofotografisches Direktverfahren:
Für ein weiteres Verfahren der Elektrofotografie wird der endgültige Bildträger gleich mit einer Halbleiterschicht beschichtet (z.B. Zinkoxid) und das Umdrucken entfällt. Bei diesen Verfahren ist der Toner oft flüssig. Neben apparativer Vereinfachung hat dies außerdem den Vorteil geringer Staubentwicklung im Gerät. Die Kopie behält bei diesem Verfahren die Zinkoxidschicht. Dieses macht sie nicht nur schwer, was für den Postversand unangenehm sein kann, sondern erschwert auch die Beschreibbarkeit. Das Verfahren wird nur bei geringem Kopierbedarf, oder bei der Vergrößerung einzelner Bilder eines Mikrofilms (Reader-Printer) angewendet.
Neben diesen Verfahren sind nach wie vor die bekannten Verfahren der klassischen Fotografie (Silberhalogenverfahren) und der Diazotechnik (als Lichtpausverfahren bekannt) in Anwendung.
Große Fortschritte sind auch auf dem Gebiet der Mikrofilmtechnik erreicht. Während um 1960 eine 15-fache Verkleinerung der Vorlage an der Grenze des Möglichen lag, wurde durch Weiterentwicklung der optischen Systeme und des Filmmaterials eine Auflösung von bis zu 200 Linien/mm erreicht. Das bedeutet, daß einwandfreie Vorlagen heute 40- bis 72-fach verkleinert werden können.
Die Anwendung reprografischer Verfahren ist heute so vielseitig und interessant geworden, daß ein Ausbildungsberuf mit 3-jähriger Ausbildungszeit und anschließender Fachprüfung geschaffen wurde.

E 5.2 Bedeutung der Reprografie für Information und Dokumentation

Die Kommunikation zwischen rein technischen Verfahren und wissenschaftlichen Arbeitsgebieten war immer sehr zögernd. Eine Anwendung moderner Technik wurde immer erst dann in Erwägung gezogen, wenn hergebrachte Arbeitsgewohnheiten quantitativ und qualitativ nicht mehr ausreichten. Wenn die Anwendung reprografischer Verfahren auch um 1935 schon mehrfach empfohlen worden war (Lit. 08.), zum ernsthaften Einsatz im Bibliotheksbereich und damit auch für Information und Dokumentation kam es erst 20 Jahre später. So wurde aus der damaligen Situation heraus bei der Neugründung der DGD im Jahre 1948 als erster Arbeitsausschuß der Ausschuß für Reprografie ins Leben gerufen. Aus dem Bedarf heraus waren hier nach Ende des zweiten Weltkrieges dringende Aufgaben zu lösen. Bibliotheken und Archive waren teilweise durch den Krieg vernichtet worden, oder zeigten auch infolge der mehrjährigen Isolierung bedeutende Lücken. Eine Ergänzung war zunächst nur durch kopieren, oder durch die Rückvergrößerung von vorher zur Sicherheit aufgenommenen Mikrofilmen möglich.

Ein erstes erfolgreiches Beispiel für den flächendeckenden Einsatz reprografischer Geräte war dann etwa um 1960 die Ausstattung deutscher Bibliotheken mit damals modernen Kopiergeräten für die Fernleihe durch die Deutsche Forschungsgemeinschaft. Bis zu diesem Zeitpunkt mußte jeder Auftrag im Bereich der Fernleihe durch Versand der Originalliteratur erfüllt werden, was abgesehen von den Kosten auch den Büchern nicht sehr gut bekommen ist. Seither geht der weitaus größte Teil der Bestellungen als Kopie in den Versand (Lit. 02.).

In neuester Zeit steht nach der Erkenntnis des laufenden Zerfalls des industriell hergestellten Druckpapieres und damit des Verlustes eines bedeutenden Teiles der Literatur, wieder ein Problem an, das nur auf reprografischem Wege einwandfrei gelöst werden kann. Während Literatur und Druckwerke des 18. und früherer Jahrhunderte im allgemeinen gut erhalten sind und sicher auch noch für lange Zeit bleiben werden, ist die Literatur der letzten 150 Jahre vom Verfall bedroht. Die beruht auf der Verwendung des etwa seit 1850 industriell hergestellten (säurehaltigen) Druckpapieres als Informationsträger.

Eine Rettung des Originals ist unmöglich, oder zumindest bei der Masse finanziell nicht erschwinglich. Eine Sicherung des wirklichen ,,Abbildes" des Originales kann aber nur durch reprografische Verfahren ermöglicht werden. Das Kopieren ist eine Möglichkeit, wobei als Kopierpapier jetzt natürlich säurefreies Papier benutzt werden muß, da sonst das gleiche Problem nach einigen Jahren wieder auftritt. Die bessere Möglichkeit, die jetzt in den wissenschaftlichen Bibliotheken, teils mit Unterstützung der VW-Stiftung mit großem Einsatz durchgeführt wird, ist die Herstellung von Microfiche (Mikroplanfilmen) von den gefährdeten Werken (Lit. 06.). Es gilt zu retten, was noch zu retten ist. Eine Verfilmung bietet darüberhinaus die Möglickeit die Sammlungen anderer Bibliotheken zu vervollständigen oder ergänzen zu können ohne die gefährdeten Bücher noch einmal kopieren oder verfilmen zu müssen. Die reprografische Speicherung bietet auch die Möglichkeit später vielleicht doch noch einmal ein Abbild des Originaltextes drucken zu können.

E 5.3 Einsatz reprografischer Vervielfältigung

E 5.3.1 Kopierverfahren

Jede Vervielfältigung von gedruckten oder gezeichneten Vorlagen gehört praktisch in das Gebiet der Reprografie. Am Anfang dieses Jahrhunderts war es noch unmöglich rationell Kopien herzustellen. H. Schubert gibt 1919 in seinem Buch ,,Das Lichtpaus-Verfahren" erste praktische Rezepte zur Herstellung von Lichtpausen. Um 1925 wurde dieses Verfahren durch das sogenannte Trocken-Lichtpausverfahren (Diazokopie) verbessert. Bei diesen Verfahren handelt es sich ausschließlich um Vervielfältigungen von einseitig bezeichneten oder beschriebenen Vorlagen, wie bei technischen Zeichnungen üblich. Mit der Schaffung des ,,Aluna-Reflex"-Verfahren kommen etwa 1940 erstmals Geräte und Materialien auf den Markt, die es erlauben auf rationellem Wege Kopien auch von doppelseitigen Vorlagen herzustellen. Voraussetzung für diese Arbeit ist ein weitgehend abgedunkelter Raum und der nasse Entwicklungsprozeß, wie er aus der klassischen Fotografie bekannt ist. Die Herstellung einer haltbaren Kopie mußte mit mindestens 20 Minuten veranschlagt werden. Durch den rapide ansteigenden Bedarf an Kopien, der auch in den Kriegsfolgen durch verlorene Urkunden und Dokumente und durch vernichtete Bibliotheken und Archive entstanden ist, werden weitere Verfahren entwickelt, so z.B. das „Copyrapid"-Verfahren. Es gelingt aber nicht eine Fotokopie in weniger als einer Minute herzustellen. Erst mit der Einführung der vorstehend beschriebenen Elektrofotografie gelingt es, die Herstellungsgeschwindigkeit und letzthin auch die Qualität erheblich zu verbessern. Von den Problemen der frühen Kopieherstellung bis zu dem heutigen Qualitätsgrad für Kopien ist technisch eine außergewöhnliche Entwicklung. Die herstellende Industrie hat hier, in Erwartung eines kommenden Geschäftes, viel investiert. Heute können moderne Kopiergeräte bis zu 120 Kopien je Minute herstellen und dies bei einer Qualität, die kaum einen Unterschied zwischen Vorlage und Kopie erkennen läßt. Für den Benutzer bieten die heutigen Kopiergeräte wietergehende Möglichkeiten, die allzuoft infolge Unkenntnis nicht genutzt werden. Neben der primären Absicht Kopien herzustellen lassen sich auch noch rationelle Effekte erreichen. Schon bei der Auswahl eines Gerätes sollte man sich über diese Möglichkeiten informieren.

- Bei vielen Geräten gibt es die Möglichkeit einer Größenveränderung. Eine Verkleinerung bringt Platz- und Materialeinsparung, oft kann sie auch einer Portoeinsparung dienen.
- Die Möglichkeit doppelseitig zu kopieren kann dem gleichen Zweck dienen.
- Bei entsprechender Geräteeinstellung ist es möglich, auf dünnen Karton zu kopieren. Dadurch können vorhandene Texte auf Kartei- oder Postkarten übertragen werden.
- An Stelle des weißen Kopierpapieres kann farbiges Papier oder farbiger Karton benutzt werden. Hierdurch kann die spätere Verteilung der Kopien oder Karteikarten vorgegeben werden.
- Auch das Kopieren von (z.B.) Adressen auf selbstklebende Etiketten ist möglich. Die Adressenkarte als Vorlage kann jederzeit ohne Geräte gelesen und mit Schreibmaschine geändert werden.
- Durch Einlage von Schriftfolien auf den Kopierer können Zusätze wie Termine, Absender, Eigentumsvermerke u.a. auf die Kopie gebracht werden.

Außerdem sind unterschiedliche Farbtoner für die Elektrofotografie entwickelt, die eine farbige Schriftwiedergabe ermöglichen und in entsprechenden Geräte auch die Herstellung mehrfarbiger Kopien.

Die Frage einer zentralen oder dezentralen Aufstellung von Kopiermöglichkeiten ist nicht grundsätzlich zu beantworten. Während die zentrale Herstellung von Kopien sicher immer mehr Zeit beansprucht, eine entsprechend größere Anlage voraussetzt und damit den Aufgaben einer Hausdruckerei, die auch zusammentragen und heften kann, sehr nahe kommt, ist es für den Mitarbeiter meistens günstiger, wenn ein Kopiergerät in seiner Nähe steht und er sich selber bedienen kann. Die Herstellung größerer gehefteter Auflagen sollte dann der Hausdruckerei überlassen werden. Diese wird dann, je nach Anlage, bei Aufträgen über etwa 50 Exemplare den Offsetdruck einsetzen.

E 5.3.2   Offsetdruck

Der Offsetdruck ist ein Flachdruckverfahren, bei dem im Gegensatz zu den bekannten Druckverfahren für große Auflagen, dem Hoch- bzw. Tiedruck, die druckenden und nichtdruckenden Teile in einer Ebene liegen. Da es für das Offsetverfahren kein spezielles Setzverfahren gibt, muß – ähnlich wie beim Kopieren – eine Vorlage bereits vorhanden sein. Daher ist dieses Verfahren prädestiniert für Nachdrucke. Die Vorlage wird mit einer Reprokamera oder einem Vergrößerungsgerät auf die Druckform übertragen, wobei auch Größenänderungen möglich sind. Da diese Übertragung auf optischem Wege geschieht, wird der Offsetdruck zu den reprografischen Verfahren gerechnet. Als Druckform beim Flachdruck wurden früher geschliffene Kalksteinplatten benutzt. Heute werden dagegen dünne Zink- oder Aluminiumplatten verwendet, die bereits mit einer strahlungsempfindlichen Substanz beschichtet sind, wobei als Verfahren auch hier in steigendem Maße die Elektrofotografie eingesetzt wird. Hierbei wird die Beschichtung der Druckplatte vor der Belichtung elektrostatisch aufgeladen. Mit Tonung und Fixierung der Platte wird der Arbeitsgang abgeschlossen. Der eigentliche Druckvorgang beruht auf dem Verhalten von Fett (Druckfarbe) zu Wasser. Während des Druckvorganges wird die Druckplatte feucht gehalten, damit sich nur an den mit Druckfarbe belegten Stellen wieder neue Farbe ansetzen kann. Durch diesen gleichmäßig gesteuerten Vorgang können tausende gleicher Drucke erreicht werden. Eine ordnungsgemäß gelagerte Druckplatte kann jederzeit zu Nachdrucken benutzt werden, was besonders beim Formulardruck von Interesse ist.

E 5.3.3   Laserdruck

Im Zuge der Weiterentwicklung elektrofotografischer Verfahren haben wirtschaftliche und auch patentrechtliche Erwägungen dazu geführt, andere Substanzen und Strahlungsquellen, aber auch Verfahrensabläufe im Hinblick auf ihre Anwendungsmöglichkeit zu prüfen. Bei einem üblichen Kopiergerät mit rotierender Halbleitertrommel wird die Vorlage jeweils nur partiell, aber fortlaufend auf die Trommel belichtet. Genau so können aber auch nur einzelne Zeichen, oder Teile von Zeichen nacheinander auf eine Halbleitertrommel belichtet werden. Dies ist das Prinzip beim Laserdruck oder auch beim Lasersatz, der etwa seit 1982 bekannt ist. Kernstück ist auch hier eine rotierende Halbleitertrommel. Nach der Aufladung werden mittels eines gesteuerten Laserstrahls die in einem Computer gespeicherten Zeichen mit großer Geschwindigkeit generiert und auf die Trommel projiziert. Durch den vorgeschalteten Zeichengenerator können verschiedene Zeichensätze (Schriftarten) programmgesteuert in verschiedenen Größen und Ausführungen zur Ausgabe kommen. (Lit. 03.). Durch einen zweiten Laserstrahl können aus einem zweiten Speicher (Formulareinrichtung) zusätzliche Belichtungen wie z.B. Formblätter, Auszeichnungen oder fortlaufende Paginierungen auf die Trommel gebracht werden. Nach der Belichtung wird die Trommel kontinuierlich mit Tonerpulver belegt und dieses Tonerbild auf Endlospapier ausgedruckt, auf dem es dann fixiert wird (s. *Abb. 2*).

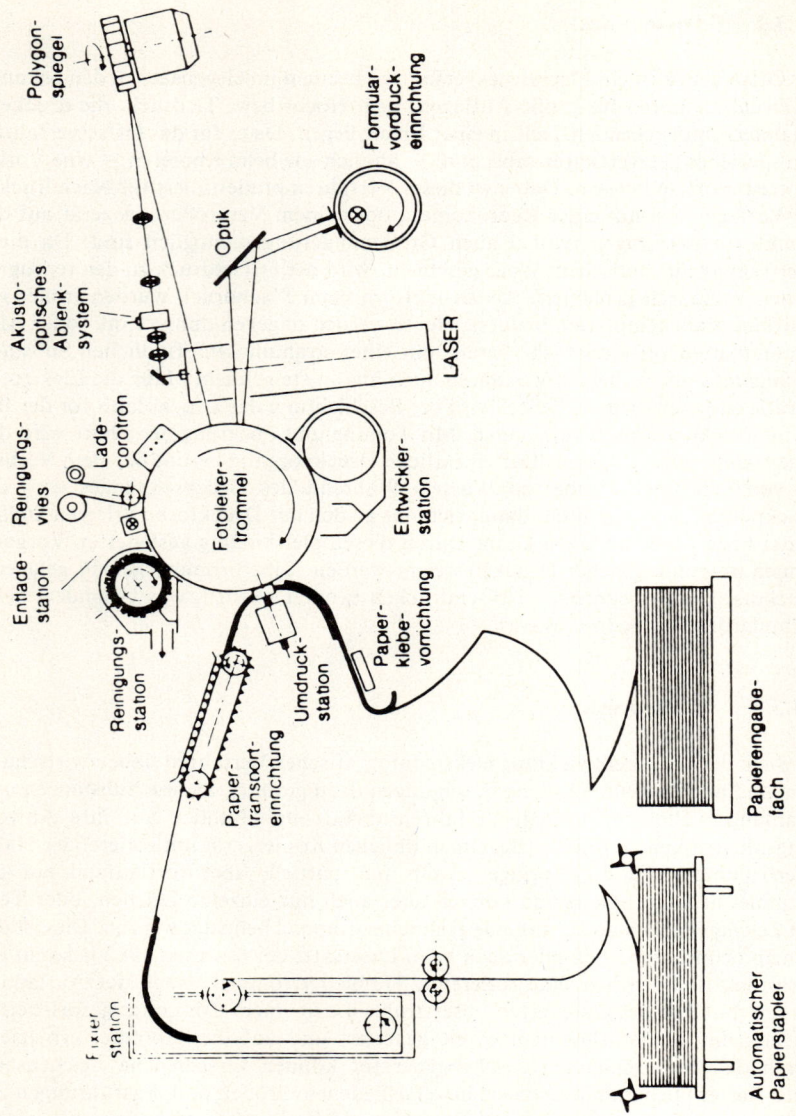

Abb. 2: Schematische Darstellung eines Laserdruckers

Der Laserdrucker bietet durch die Möglichkeit, elektronisch gespeicherten Text jederzeit bei Bedarf ausdrucken zu können, ein echtes ,,on demand publishing". (Lit. 05.). Die Kosten sind hierbei, unabhängig von der Auflagenhöhe, gleich, während bei anderen Druckverfahren der Verleger vorher die mögliche Absatzhöhe schätzen mußte, um die günstigste Preissituation zu erreichen. Wenn man weiterhin berücksichtigt, daß der Laserdruck bei Auflagen unter 1000 Exemplare ohnehin preisgünstiger ist, daß weiterhin Korrekturen und Änderungen jederzeit von einem zum anderen Exemplar möglich sind und daß die schmutzige Arbeit an Druckmaschinen entfällt, so ist vorauszusehen, daß der Laserdruck besonders im Bereich des Berichtswesens und in der Nähe des Büros sich gegenüber anderen Verfahren schnell durchsetzen wird, zumal seine Qualität dem klassischem Druck weitgehend entspricht (s. *Abb. 3*).

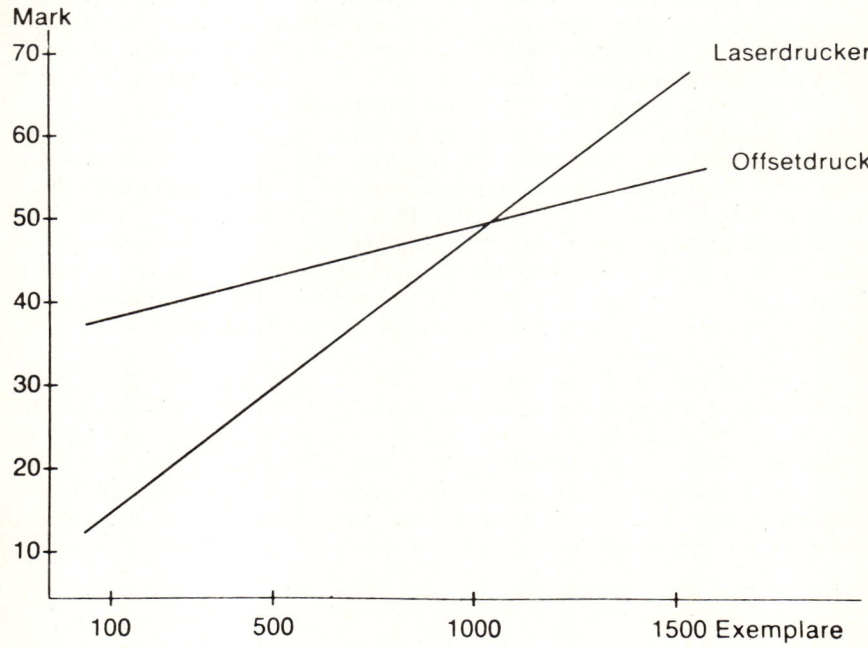

Abb. 3: Druckkosten-Vergleich Offsetdruck/Laserdruck

E 5.4   Einsatz des Mikrofilms im IuD-Bereich

Die Mikrofilmtechnik ist im Laufe der Zeit zu einem modernen reprografischem System ausgebaut, das in steigendem Maße für unterschiedliche Aufgaben, auch in Verbindung mit anderen Verfahren, angewendet wird. Vorteile des Mikrofilms im Vergleich mit anderen Speichermedien sind:

– Der Mikrofilm ist bei entsprechender Lagerung unbegrenzt haltbar.
– Der Mikrofilm ist ein reprografisches Verfahren und bietet daher die Möglichkeit, ein wirkliches ,,Abbild'' der Vorlage, nicht ein codiertes, zu speichern.
– Der Mikrofilm ist unabhängig von der Weiterentwicklung der Hardware. Er kann mit jedem Projektionsgerät (ggf. auch mit einer Lupe) gelesen werden. Daher braucht der Benutzer nicht zu befürchten, daß er, bei Weiterentwicklung der Geräte, ältere Aufzeichnungen nicht mehr benutzen kann (wie bei manchen anderen Verfahren).
– Die Umsetzbarkeit der Information ist in keiner Weise eingeschränkt, da die verfilmte Information in jeder Richtung kompatibel ist. Es können einerseits einzelne Vergrößerungen hergestellt werden, aber auch Nachdrucke mit höherer Auflage sind problemlos möglich. Andererseits ist auch die Kompatibilität mit modernen Medien gesichert, nachdem es möglich ist das Mikrofilmbild über einen Scanner zu digitalisieren und dadurch sowohl für eine elektro-optische Speicherung (z.B. CD-ROM, Bildplatte) als auch für Informationsnetze zu nutzen.
– Auch digital gespeicherte Informationen (Zeichen u. Zeichnungen) lassen sich auf Mikrofilm durch das COM-Verfahren ausgeben.

Der Vorschlag, Dokumente auf fotografischem Wege zu verkleinern, um sie raumsparend unterzubringen und leicht transportieren zu können, geht bis auf den Anfang dieses Jahrhunderts zurück. Besonders auf dem 1. Internationalen Weltkongreß für Dokumentare, 1938 in Paris (Lit. 08.), waren schon einige Vorträge dem Thema Mikrofilm gewidmet. Aus dieser Zeit kennen wir auch die ersten Anwendungen. Der Mikrofilm diente hierbei der raumsparenden Speicherung von Dokumenten und Informationen die durch einen entsprechenden Aufbewahrungsort auch zur Sicherung für den Katastrophenfall ausgelegt werden konnte, also der Archivierung und Sicherstellung.

Heute wird im IuD-Bereich der Mikrofilm besonders für die Literatursicherung, die Informationsspeicherung und -verteilung, sowie auch im Bereich der Datenverarbeitung eingesetzt. Geringe Kosten bei der Herstellung des Mikrofilms wie auch bei seiner Vervielfältigung und Verteilung haben diese Entwicklung günstig beeinflußt. Bei dieser Anwendung ist eine verlustfreie Aufnahme und Wiedergabe der Dokumente Bedingung. Sie wird erreicht durch eine einwandfreie Technik, sowie durch die Beachtung der für die Mikrofilmtechnik entwickelten Normen.

E 5.5   Mikrofilm-Formen

Bei der Mikrofilmtechnik wird unterschieden zwischen Rollfilm und Planfilm. Diese Bezeichnung bezieht sich jeweils auf das fertige Produkt, zumal besonders in der COM-Technik die Mikroplanfilme erst nach der Herstellung aus einem Rollfilm geschnitten werden.

Die in der Mikrofilmtechnik üblichen Rollfilme haben eine Breite von 16 oder 35 mm. Häufig werden diese Filme zur Erleichterung der Benutzung in andere Arbeitsformen überführt. Der in der Mikrofilmtechnik gebräuchlichste Planfilm hat eine Größe von 105 x 148 mm (A6).

E 5.5.1   Mikrorollfilm

Die einfachste Anwendung des Mikrofilms ist die Verfilmung von durchnummerierten oder datierten Vorlagen oder auch von Druckwerken mit fortlaufender Seitenzählung auf Rollfilm. Die Verfilmung und das Wiederauffinden ist bei derartigen Vorlagen fast problemlos. Bei Zeitschriften z.B. werden Titel, Band, Erscheinungsjahr und Heftnummern auf der Archivschachtel, die den Film enthält, angegeben.

Bei laufender Verfilmung von Dokumenten ohne systematischen Zusammenhang auf Rollfilm muß mindestens die Adresse des Dokumentes nach Filmspule und Bildnummer erfaßt sein. Im Bereich der Dokumentation kann diese Adresse in einer Konkordanzliste mit Literaturangabe registriert sein. Bei Verwendung einer Datenverarbeitungsanlage sollte die Adresse im Speicher sein. Für eine schnelle Bereitstellung der Volltextinformation gibt es Lesegeräte, die elektronisch das gesuchte Bild eines Filmes einstellen. Voraussetzung ist jedoch, daß schon bei der Aufnahme unter jedem Bild eine Zählmarke (Blip) in Form eines kleinen rechteckigen schwarzen Feldes aufgenommen ist (s. *Abb. 4*).

Abb. 4: Mikrorollfilm mit Zählmarken (Blips)

E 5.5.2   Mikroplanfilm (Microfiche)

Der Microfiche ist seiner äußeren Form nach eine A6-Karteikarte aus Filmmaterial, kann aber seinem Inhalt nach einen kompletten Bericht umfassen. Nach der ISO-Norm, die auch der deutschen Norm DIN 19054 (Mikroplanfilm für Dokumentation) zu Grunde liegt, wird derzeit international bei Schriftgutverfilmungen eine einheitliche Rasteraufteilung des Microfiche bevorzugt. Neben der ersten Zeile, die den normal lesbaren Titel enthält, hat sie weitere 7 Bildreihen mit 14 Einzel- bzw. 7 Doppelbildern. Bei längeren Berichten können weitere Filme erstellt werden; die Anzahl der Filmblätter eines Berichtes sollte immer aus der ersten Aufnahme eines jeden Filmes zu ersehen sein (z.B. 2 von 7).

Die Zahl der wissenschaftlichen Arbeiten ist in den letzten Jahren stark gestiegen, wobei das Microfiche als Publikationsmittel für Originalveröffentlichungen (und auch für Dissertationen) häufig genutzt wird. Oft sind Berichte auch nur für ein eng begrenztes Fachgebiet interessant und damit für eine Zeitschriftenpublikation ungeeignet. Hier können bereits die Manuskripte auf Microfiche verfilmt werden. Diese können dann sehr schnell dupliziert und an Interessenten oder Abonnenten dieser Berichte in Filmform verteilt werden. Damit ist der interessierte Kreis bereits zu einer Zeit versorgt, in der ein solcher Bericht sonst noch nicht im Druck erschie-

nen wäre. Außerdem können jederzeit Duplikate für Nachbestellungen schnell angefertigt werden. Nach diesem Prinzip arbeitet heute der National Technical
Information Service (N.T.I.S.) (USA) und andere Dokumentationszentralen. Auch
Verlage sind schon dazu übergegangen, Kurzfassungen in Zeitschriftenform zu publizieren und komplette Aufsätze als Microfiche bei Anforderung zu verteilen.
Auch für die Neuauflage vergriffener Werke, die nur einen beschränkten und langsamen Absatz erwarten lassen (Gesetzeskommentare, Bundessteuerblatt, Reichsan-
zeiger u.a.) sind die Verlage dazu übergegangen an Stelle eines Nachdruckes die
Neu-Herausgabe über Mikroplanfilm durchzuführen.
Eine weitere sehr breite Anwendung hat in letzter Zeit das Microfiche im Katalog-
wesen gefunden. So ermöglicht diese Anwendung den Bestand großer Foto-Archive
(Foto Marburg) den Interessenten (Kunstgeschichtler, Lehrer, Journalisten) nahe-
zubringen. Die Bilder erscheinen, jeweils 98 zusammengefaßt, auf Microfiche und
der Interessent kann durch Koordinatenangabe das entsprechende Bild (als Vergrößerung auf Papier, Diapositiv oder Druckvorlage) bestellen.
Die Anwendung des COM-Kataloges kommt auch in steigendem Maße in deutschen Bibliotheken zur Anwendung, da die Erfassung der Titel weitgehend elektronisch erfolgt. Nach der entsprechenden Sortierung und Programmierung kann
dann jederzeit über ein COM-Gerät ein Bibliothekskatalog in Microficheform ausgegeben werden.
Die Entwicklung geht derzeit in die Richtung einer sehr engen Kopplung mit der
DV und dies gilt für alle Filmformen. Für entsprechende Mikrofilmgeräte werden
Daten für Schnittstellen angegeben, durch die sie direkt mit einer DV-Anlage,
gleich welcher Größe, verbunden werden können. Damit wirkt die DV-Anlage direkt auf die Steuerung dieser Geräte. Die Vorteile sind eindeutig:
- DV-Geschwindigkeit beim Retrieval
- Ausgabe der Information im Klartext in Originaldarstellung (auch bei Zeich-
  nungen)
- Für kleinere Nebenanwendungen und bei Ausfällen der DV sind die gespeicherten Dokumente, auf Mikrofilm, auch ohne DV zugänglich.

E. 5.6   Mikrofilm und andere Informationssysteme

E 5.6.1   Mikrofilm als Klartextspeicher einer Datenbank

In der GID (Gesellschaft für Information und Dokumentation, Frankfurt/M.)
wurde bereits 1986 eine Datenbankkonzeption erarbeitet, die auf einer Kombination der Elektronischen Datenverarbeitung für das Retrieval mit der abbildgetreuen
Volltextspeicherung des Mikrofilms beruht. Diese Datenbank wurde als Pilotprojekt mit etwa 3000 Fachaufsätzen aus dem Gebiet der Reprografie und Mikrofilmtechnik betrieben.
Die vorliegenden Fachaufsätze wurden mit einem bewährten Erfassungsbogen erfaßt. Schlagwörter wurden nach einer Schlagwortliste vergeben, die aufgrund der
Erfahrungen im wesentlichen mit reprographischen Fachbegriffen angelegt wurde.

Sie enthielt über 800 Begriffe und kann erweitert werden: Die Erfassungbogen wurden weitgehend bei der Durchsicht von Fachzeitschriften angelegt. Auf die Erstellung von Referaten, die aus Zeitgründen nicht möglich ist, konnte ohne Nachteil
verzichtet werden, da Zusammenfassungen der Aufsatzinhalte durch das angeschlossene Mikrofiche-Retrievalgerät sehr schnell lesbar gemacht werden können
(s. *Abb. 5*).

Als Filmform wurde der Mikroplanfilm (Mikrofiche) gewählt, da hierdurch die
Möglichkeit gegeben ist, Ergänzungen möglichst schnell, etwa schon bei Vorlage
von 90 Seiten Originaltext, in den Bestand aufzunehmen. Bei sehr großem Anfall
aufzunehmender Informationen kann hier sicher eine Entscheidung für Rollfilm
fallen, zumal die Aufnahmekosten dadurch gesenkt werden können. Der Mikro-
filmaufnahme der ausgewählten Zeitschriftenaufsätze wird eine Erkennungsauf-
nahme mit laufender Erfassungsnummer des Jahres vorangesetzt.

Es wurden verschiedene Geräte im Hinblick auf ihre Eignung und auf eine schnelle,
sichere Selektion erprobt. Zu dieser Zeit war es apparativ möglich 30 Mikrofiche,
das sind etwa 3000 Seiten Text in einer Kassette unterzubringen. Heute sind derartige Geräte soweit entwickelt, daß 1000 Fiche (720 000 Seiten bei 48-facher Verklei-
rung) im Gerät ohne Kassettenwechsel kurzfristig im Zugriff stehen.

Bei der Arbeit mit der vorgenannten Datenbank hat sich gezeigt, daß sie Vorteile
bietet, die nur in dieser Kombination gegeben sind:

- die Haltbarkeit der gespeicherten Originalinformationen ist unbeschränkt.
- eine Duplizierung (auch nur teilweise) der gespeicherten Informationen ist sehr
  schnell und preiswert möglich.
- da die Adressen der Informationen bei einer Duplizierung immer die gleichen
  bleiben, können die Unterlagen für das Retrieval in der DV auch übernommen
  werden bzw. kann das Retrieval an einer zentralen Stelle durchgeführt und dessen Ausgabe an die anderen Mikrofilmspeicher weitergegeben werden,
- im Falle der Speicherung von Urkunden und anderen rechtlichen Belegen entspricht eine Vergrößerung des entsprechenden Dokumentes den Vorschriften,
  die für die rechtliche Anerkennung verfilmter Unterlagen auf Mikrofilm gelten,
- Zeichnungen und andere graphische Darstellungen stehen in Originalabbildung
  bereit,
- da nur Schlagwörter und Titelangaben in der DV gespeichert werden, sind hier
  möglicherweise durch geringen Speicherbedarf (PC) Datenverarbeitungskosten
  einzusparen.

E 5.6.2   COM/Lasersatz auf Mikrofilm

Seit die elektronische Datenverarbeitung immer mehr Einfluß auf Arbeitsabläufe
und Arbeitssysteme hat, werden immer schneller immer mehr Daten und damit größere Papiermengen produziert. Die Menge der Ausdrucke, meist auf Endlos-Pa-
pierbändern, das Gewicht, die Anordnung der Daten, haben, bei aller Geschwindigkeit des Rechners und Druckers, das ausgedruckte Ergebnis unhandlich gemacht. Bei der Suche nach einem geeigneterem Medium hat sich der Mikrofilm für
die Datenausgabe in steigendem Maße bewährt. Sehr bald hat sich mit der Entwick-

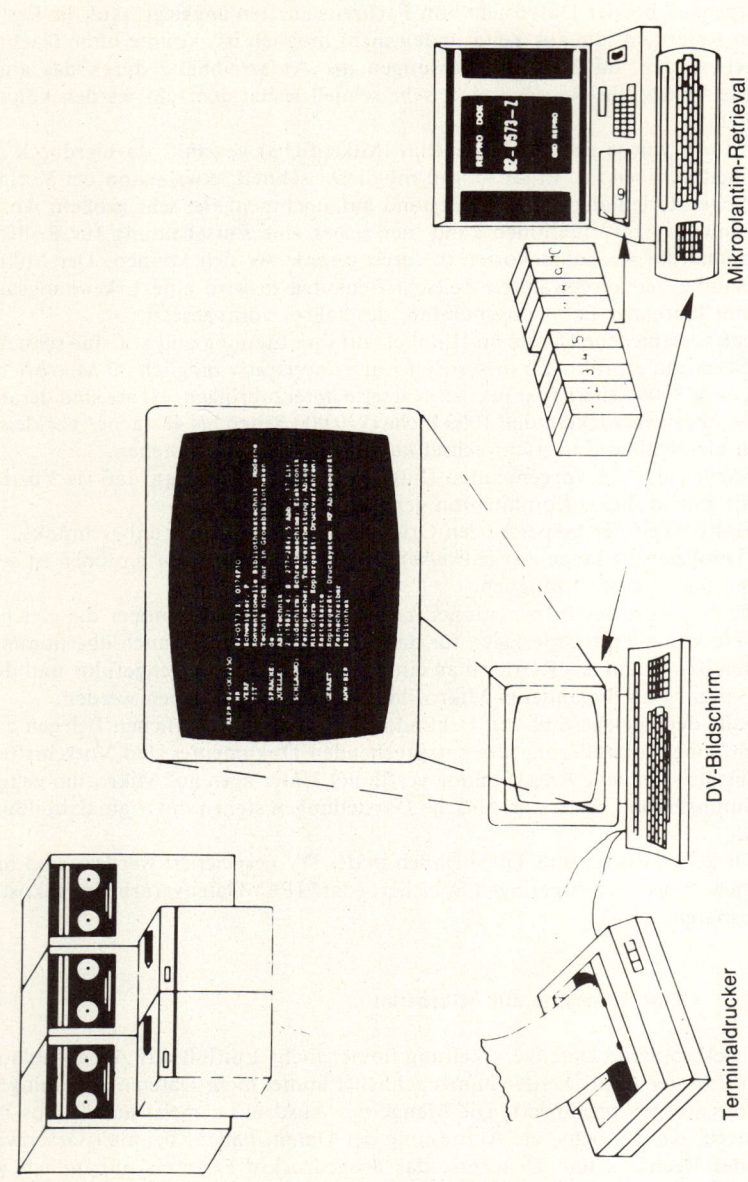

Abb. 5: Microfiche – Datenbank mit EDV-Unterstützung

Mikroplantim-Retrieval

DV-Bildschirm

Terminaldrucker

lung des COM-Verfahrens (Computer Output Microfilm) gezeigt, daß hierdurch noch mehr erreicht werden kann, als nur die vorher auf Papier stehenden Daten und Informationen platzsparend auf Mikrofilm zu bringen.
Als weitere Vorteile zeigten sich:

- Unbeschränkte Haltbarkeit der aufgezeichneten Daten (im Gegensatz zur Magnetspeicherung).
- Die Ausgabeleistung einer COM-Anlage ist erheblich größer als die eines konventionellen DV-Druckers (4 EDV-Seiten je Sekunde). Hierdurch wird Computerzeit eingespart.
- Durch schnelle Duplizierbarkeit der Filme weitere Steigerung der ausgegebenen Datenmenge.
- Durch eine „Formulareinblendung" ist es zunächst möglich, Vordrucke oder sich wiederholende Darstellungen (Satzrahmen, Firmenzeichen u.a.) zusätzlich zu den EDV-gespeicherten Daten einzublenden. Weiterhin können mit dieser Einrichtung grafische Darstellungen, Bilder, technische Zeichnungen in den COM-Ausdruck eingebracht werden.
- Die Raumersparnis gegenüber einer entsprechenden Ausgabe auf Papier beträgt 95 %.
- Das Schneiden und Binden von Papier entfällt.
- Portokosten beim Versand können gegenüber dem Papierversand erheblich gesenkt werden.

Die beiden für COM-Geräte am häufigsten benutzten Systeme arbeiten mit der Kathodenstrahlröhre und mit dem Laserstrahl.
Bei der Aufzeichnung mit einer Kathodenstrahlröhre entsteht durch Aufleuchten der Phosphorschicht auf der Röhrenoberfläche ein Bild, das durch ein Objektivsystem auf den Film übertragen wird. Das Bild kann sich aus Punkten, aber auch aus Streckensegmenten (Vektoren) zusammensetzen. Die interessanteste Möglichkeit ist die Zeichenerzeugung mit dem Charactron-Verfahren, bei dem die Zeichenerzeugung durch eine im Röhrenhals befindliche Vollzeichen-Matrix erfolgt. (*Abb. 6*)
Dieses Verfahren hat den Vorteil, daß jeweils das ganze Zeichen auf einmal belichtet wird, bringt aber auch den Nachteil, daß nur die in der Röhrenmatrix vorgegebenen Zeichen zur Verfügung stehen.
Bei der Aufzeichnung mit dem Laserstrahl wird ein Helium-Neon-Glaslaser verwendet. Der Laserstrahl wird über Schwenkspiegel oder rotierende Spiegel zeilenweise abgelenkt und innerhalb einer Zeile punktweise hell oder dunkel gesteuert, das heißt, die darzustellenden Zeichen werden aus einzelnen Punkten aufgebaut. Durch entsprechende Programmierung können hier neue Zeichen hinzugefügt werden.

E 5.6.3   Netzwerkfähiger Mikrofilm

Die konventionelle Weitergabe von Informationen ist der Postweg, gleich ob Hauspost oder Briefpost. Bei steigendem Informationsbedarf und im Zeitalter immer kurzfristig werdender Entscheidungsbedürfnisse ist eine solche Verzögerung nicht mehr tragbar, zumal die gewünschten Informationen selbst aus den größten Speichern in Sekundenschnelle ausgegeben werden. Für Speicher mit codierten Informationen zeigte sich die Möglichkeit, durch Kabel oder auch drahtlos (via Sattelit) die Datenübertragung in codierter Form erheblich zu beschleunigen. Für den Mikrofilm war diese Möglichkeit zunächst gesperrt.

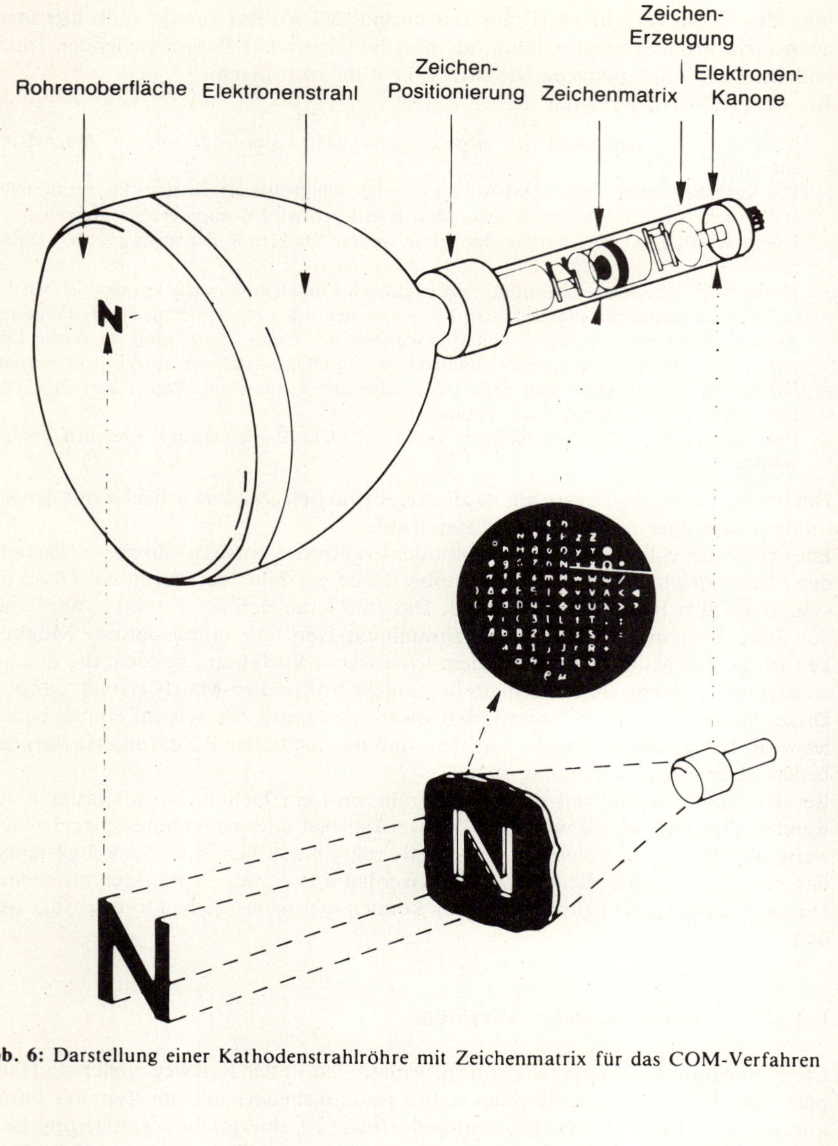

Abb. 6: Darstellung einer Kathodenstrahlröhre mit Zeichenmatrix für das COM-Verfahren

Heute gibt es aber auch hier einen Weg, den Mikrofilm an Übertragungsnetze anzuschließen und dadurch in dieser Hinsicht mit anderen Speichern gleichzustellen. Eine gesuchte, auf Mikrofilm gespeicherte Information wird heute ,,gescannt''. Hierunter versteht man, daß ohne Veränderung des Mikrofilmbildes eine punktuelle
Abtastung durchgeführt wird. So kann in Sekundenschnelle eine Digitalisierung des
Bildes (nicht wie bei anderen Verfahren – des Inhalts) erreicht werden. Dieses digitalisierte Bild kann unschwer über ein Informationsnetz gehen und am Empfangs-
ort wieder aufgebaut werden.

Der Mikrofilm ist somit ein Informations- und Speichersystem, das alle Möglichkeiten bietet. Welches System für eine bestimmte Anwendung das geeignetste ist,
muß ein Vergleich der jeweiligen systemeigenen Eigenschaften ergeben.

Literatur

01. Arbeitskreis COM-Anwendung in der öffentlichen Verwaltung (Hrsg.): Computer-
    Output-Microfilm, Organisation und Anwendung AWV-Schrift 347 Verlag Arbeitsge-
    meinschaft für wirtschaftliche Verwaltung (AWV) Eschborn 1986.
02. Fabian, Bernhard: Buch, Bibliothek und geisteswissenschaftliche Forschung. Göttingen
    V + R 1983, 346 S.
03. Fritz, Erich: Leistungsfähige Laserdrucker und Konvertiersysteme – in der Satzherstel-
    lung integriert? Deutscher Drucker (1985) Nr. 28, S. 14 – 30.
04. Haase, Günter (Hrsg.): Elektrophotographie und Elektrographie in Plenarvorträge
    (S. 59 – 80) und in Fachreferate (S. 91 – 142), beides in: 4. Internationaler Kongreß für
    Reprographie und Information, Hannover 1975. Arbeitsgemeinschaft für wirtschaftliche
    Verwaltung (AWV) Eschborn.
05. Knauel, Hermann: Neuer Weg ins ,,Printing on demand''. Börsenblatt des Deutschen
    Buchhandels H. 11/7. 2. 86, S. 348 – 351.
06. Koßmann, Bernhard; Thiele, Georg: Erhalt und Verfügbarkeit historischer Buchbestände
    durch die Microfiche-Reproduktion. Zeitschrift für Bibliothekswesen und Bibliographie
    36 (1989) H. 2, S. 99 – 108.
07. Laisiepen, Klaus; Lutterbeck, Ernst; Meyer-Uhlenried, Karl-Heinrich (Hrsg.): Grundla-
    gen der praktischen Information und Dokumentation. Eine Einführung. 2. Aufl. Mün-
    chen 1980, 826 S. (DGD Schriftenreihe Bd. 1).
08. Pflücke, Maximilian: Dokumentation – Zugleich ein Bericht über den Weltkongreß der
    Dokumentation vom 16. – 21. August 1937 in Paris. Angewandte Chemie 50 (1937) Nr.
    52, S. 955 – 988.

E 6 **Neue optoelektronische Technologien für integrierte informations- und kommunikationstechnische Anwendungen: Von Daten und Texten zu Bildern mit Sprache & Musik**

Ralf-Dirk Hennings

E 6.1 Einleitung

Bildliche und grafische Darstellungen sind Repräsentationen, die sich gegenüber Text, Sprache und konventionellen Daten durch besonders große Informationsmengen auszeichnen. Während etwa für eine Din A4 Seite Text mit 2000 Zeichen bei Verwendung eines **digitalen** Codes mit 8 Bit pro Zeichen 16 KBit Speicherplatz benötigt werden, erhöht sich diese bei Bildern mit einer Auflösung von 1280 * 1024 Bildpunkten und 10 Bits für jede der Farben Rot, Grün und Blau auf annähernd das Tausendfache, also 16 MBit pro Bild [Anm. 1]. Dies ist allerdings nur eine grobe Überschlagsrechnung, da es inzwischen auch Komprimierungsverfahren gibt, die eine kompaktere Darstellung und Speicherung ermöglicht.

Farbige Bewegtbilder mit hoher Bildauflösung werden derzeit noch hauptsächlich mit **analogen** Technologien aufgenommen (TV-, Videokamera, Filmkamera), gespeichert (Videorekorder und Magnetband, analoger Bildplattenspieler und Bildplatte im Read-Only-Betrieb, Film), übertragen (analoge Breitbandkanäle mit Koaxialkabel und Lichtwellenleiter, Richtfunk, Satelliten) und ausgegeben (High Definition Television und spezielle Projektionsarten mit entsprechenden Geräten). Analoge Repräsentationsmethoden und -technologien sind viel älter als digitale, so daß auch mehr Erfahrung mit hohen Bandbreiten in den genannten Anwendungen vorliegen, wie man etwa im Fernsehbereich sehen kann: Um ein Bild mit normaler Qualität zu erzeugen, wird eine Bandbreite von mindestens 5 Megahertz benötigt, was bei etwa gleicher Qualität einer Bitrate von mindestens 70 Megabit pro Sekunde entspricht und derzeit noch erhebliche technische Aufwendungen erforderlich macht.

Zwar läßt der derzeitige Entwicklungsstand und die Entwicklungsrichtung vermuten, daß eine Digitalisierung der Schlüssel für eine universelle Integration aller möglichen Techniken darstellt. Jedoch gibt es in bestimmten Bereichen (noch) ein Zögern, auf die vollständige Digitalisierung zu setzen, da diese (noch) mit erheblichem Mehraufwand oder aber einem Qualitätsverlust verbunden sein kann.

Dies kann man deutlich in der Bildverarbeitung und Computergrafik sehen: Zwar lassen sich analoge Inhalte/Signale in digitale transformieren, jedoch ist damit derzeit im allgemeinen ein Qualitätsverlust verbunden, etwa wenn nur eine beschränkte Anzahl von Farben generiert werden kann, die Auflösung schlecht ist etc. Aus diesem Grund werden Monitore im professionellen Bereich im allgemeinen noch mit analogen RGB-Signalen versorgt.

Oder wenn etwa eine Bildschirmseite hoher Auflösung zu einem Drucker entsprechender Qualität gesandt werden muß, kann dies erhebliche Zeit in Anspruch nehmen, wenn es digital erfolgt. Aus diesem Grunde wird z.B. der Laserdrucker IBM 4216 noch/wieder analog angesteuert.

Ebenso im Übertragungsbereich: Bei den Breitband-LANS etwa werden noch analoge Übertragungsverfahren benutzt, auch wenn digitale Nutzinformationen aufzumodulieren sind.

Obwohl analoge Signalverarbeitung hier immer noch den Umgang mit Informationsmengen ermöglicht, die mit digitalen Äquivalenten derzeit nur schwer und/oder großem Aufwand zu erreichen sind, kündigen sich im Kontext der Bildverarbeitung im weitesten Sinne grundsätzliche Grenzen an: Für diesen Bereich sind eben ganz andere Leistungsmerkmale erforderlich: nicht nur beim Übertragen, sondern auch beim Speichern, der Ein- und Ausgabe und auch der Verarbeitung mit Spezialcomputern, wenn bestimmte Qualitätsanforderungen eingehalten werden sollen.

Insgesamt sind also höhere Leistungen auf allen Ebenen erforderlich, die mit optischen und optoelektronischen Technologien erreicht werden können (Lit. 01.; Lit. 02.; Lit. 03.; Lit. 04.; Lit. 05).

Die damit verbundenen Veränderungen sind allerdings nicht nur technischer Art und finden auch nicht nur im Hintergrund (um nicht zu sagen ,,Untergrund'') statt: der zunehmende Umgang mit Grafik und Bildern im weitesten Sinne macht gegenüber reiner ,,Textverarbeitung'' nicht nur ganz andere Hilfsmittel erforderlich: Es ergeben sich auch durch das Bereitstellen und/oder Vorhalten ganz anderer Klassen von Leistungsmerkmalen direkte Rückwirkungen und Konsequenzen auf Konzeptionen und Organisationsebenen derer, die damit umgehen: dort, wo früher ausschließlich textuelle Darstellungen und Verarbeitung ausreichend waren, werden jetzt zunehmend Grafik und Bilder(folgen) einsetzbar bzw. schon erwartet.

Dies sind zunächst nur Veränderungen in einem noch ganz konventionellen bzw. konservativen Rahmen. Denkbar werden jedoch inzwischen auch Veränderungen, die unsere gesamte Lebensweise betreffen, tief in das alltägliche Leben eingreifen, erkennbar an dem ,,Aufeinanderzuwachsen'' von Elektronik für den privaten Konsum mit dem gesamten Computerbereich.

Um es weiter zu verdeutlichen, werden wir zum Schluß dieses Artikels einige Anwendungen und Perspektiven schildern, die in Japan ,,gemalt'' wurden, und die selbstverständlich nicht morgen bereits bei uns Realität sein müssen.

Zunächst allerdings wollen wir einen vorsichtigen Überblick über die technischen Veränderungen geben, die die optischen und optoelektronischen Technologien direkt und indirekt schon gebracht haben, bringen oder noch bringen werden. Hierbei haben wir schwerpunktmäßig zunächst die technische Seite im Auge, bei der Computer eine mehr oder minder verdeckte Rolle spielen, weil wir davon ausgehen, daß sich Veränderungen auf den gesamten Bereich der Informations- und Kommunikationstechnologien direkt oder indirekt auswirken.

Entsprechend gliedern wir diesen Artikel: Relevant sind die Bereiche der Ein- und Ausgabe, Speicherung, Verarbeitung und Übertragung.

Den Abschluß bilden dann Ausführungen über alte und neu(artig)e Dienste sowie einige Anwendungen und Perspektiven über weitere Entwicklungen [Anm. 2].

E 6.2   Ein-/Ausgabe mit optoelektronischen Komponenten

E 6.2.1   Eingabe

Der Bereich der Eingabegeräte hat sich mit Orientierung auf Bildverarbeitung ganz allgemein bzgl. optischer und optoelektronischer Hilfsmittel erweitert.

Zwar sind − aus der Zeit der Textverarbeitung kommend − die Tastaturen immer noch die wichtigste Eingabemöglichkeit für Benutzer und meistens direkt verbunden mit einem Monitor/Display, welcher selbst aber ein Ausgabegerät darstellt und deshalb erst im nächsten Abschnitt dieses Kapitels behandelt wird.

Zu dieser Grundausstattung gibt es aber im Hinblick auf Bildverarbeitung inzwischen diverse Zusatzgeräte, die ganz unterschiedliche Funktionalitäten anbieten und auch gleichzeitige mehrfache (parallele) Eingaben ermöglichen. Genannt werden können etwa Maus, Rollkugel (Trackball) und Joystick (Steuerknüppel), Lichtgriffel für Abtastung auf dem Bildschirm oder einem Tablett und natürlich berührungssensitive Bildschirme (Touch Screen), mit denen beliebige Menüs angezeigt werden können, aus denen der Benutzer durch Antippen mit seinen Fingerspitzen, d.h. ohne ein zusätzliches Gerät, auswählen kann (Lit. 06.).

Nicht nur wichtig für die Eingabe von Bildern sind Scanner, die inzwischen auch schon für den PC-Bereich von großem Interesse sind und mit sehr hoher Auflösung arbeiten können (Lit. 07.). Alternativ gibt es für wenig Geld tragbare ,,Handy Scanner''. Diese Technik ist eng verwandt mit der Fotokopiertechnologie, die inzwischen auch in den Farbbereich mit ganz anständigen Ergebnissen vordringt [Anm. 3].

Im Zusammenhang nicht nur mit textuellen Repräsentationen spielt eine Kategorie eine zunehmend wichtige Rolle: die sog. decodierenden oder ,,intelligenten'' Scanner.

Wie schon oben angedeutet, erfordern codierte textuelle Repräsentationen wesentlich weniger Speicherplatz als die äquivalenten ,,Bitmaps'' einer Seite Text etwa. Weiterhin möchte man Text ja auch weiterverarbeiten, was das syntaktische Erkennen der verwendeten Zeichen voraussetzt. Aus diesem Grund ist es nicht ausreichend, wenn Texte nur ,,gescannt'' werden: man muß die Inhalte der Zeichen decodieren. Hierbei gibt es zwei Voraussetzungen, die erfüllt sein müssen, bevor die automatische Decodierung mit nicht zu großer Fehlerrate möglich ist. Zum einen muß das Druckbild ausreichend gut und vollständig sein. Zweitens müssen die dort verwendeten Schriftzeichen nach Art, Größe und Auszeichnung (normal/kursiv, fett/mittel/normal, etc.) dem Dekodierungsalgorithmus bekannt sein oder ,,beigebracht'' werden können. Die Ergebnisse sind in Abhängigkeit von der Qualität der Vorlage derzeit ganz zufriedenstellend, wenn man die Fehlerrate betrachtet. Allerdings ist der zeitliche Aufwand für diese Prozedur nicht zu unterschätzen [Anm. 4].

Wichtig für die Eingabe von Bildern sind zunehmend auch Kameras. Diese Geräte und die dort verwendeten Standards haben sich, ausgehend von der Fotografie über den Fernseh- und Videobereich, mit den dort entwickelten Aufzeichnungsmöglichkeiten in dem Moment als relevant für den Computerbereich dargestellt, als es gelang, analoge Aufzeichnungs-, Verarbeitungs- und Wiedergabestandards in digitale Formen zu überführen. Inzwischen gibt es mit den CCD-Chips Bauteile, die diese Umsetzung wesentlich direkter und mit wesentlich weniger technischem Aufwand ermöglichen, und somit die Grundlage vieler elektronischer Kameras bilden [Anm. 5]. Autofokus mit Infrarot-Technologie, optoelektronische Sucher etc. sind weitere wichtige Bestandteile dieser neuen Generation von Kameras.

Zu den Eingabegeräten gehören natürlich auch die vielfältigen Leser für Magnetstreifen und -karten, sowie neuerdings auch ein Derivat der Video-Technologie, sog. Magnetfotos. Diese werden von sog. Still-Video-Cameras erzeugt, die ihren ,,Output'' nicht auf konventionellem Filmmaterial analog aufzeichnen, sondern digital mit 50 Bilder auf 2 Zoll Disketten auf magnetischem Trägermaterial (Lit. 08.).

Die so gespeicherte Information kann dann über ein Zusatzgerät auf einem Monitor sichtbar gemacht, oder entsprechenden Hochleistungsdrucker ausgegeben werden. Wesentlicher Vorteil ist die beliebige Lösch- und Beschreibbarkeit des Trägermaterials, sowie der Anschluß beliebiger anderer Geräte.

Eine letzte wichtige Gerätegruppe im Zusammenhang mit Bild und Ton sind die allerdings noch analog arbeitenden Mikrofone.

Nicht nur in Bezug auf Bildschirme, sondern auch bzgl. Scanner, Kameras und aller Formen von Lesern ist ein wichtiger Leistungsparameter die sog. Auflösung. [Anm. 6]. Hiermit sind

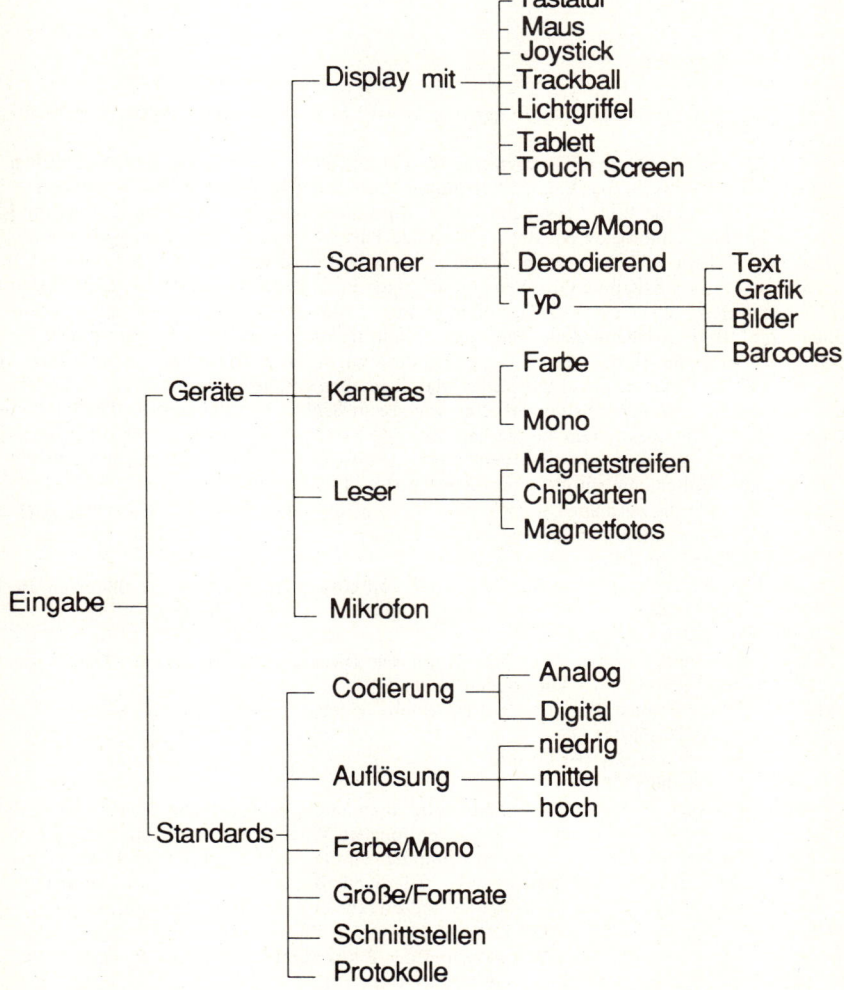

Abb. 1: Eingabegeräte und -standards

bezogen auf Monitore die Anzahl von Bildpunkten horizontal und vertikal gemeint. Entsprechende Angaben können sich auch auf die Anzahl der Zeilen sowie das Seitenverhältnis von Höhe zu Breite des Bildschirms, Bildwiederholfrequenz, Übertragung von Halb- oder Vollbilder in Farbe oder monochrom etc. beziehen.

Eine weitere wichtige Bedeutung haben sog.Schnittstellen und Protokolle,die nach unterschiedlichen (analogen und digitalen) Standards arbeiten können. Sie bilden die Voraussetzung,daß sich bestimmte Geräte zusammenschalten lassen und auch ,,verstehen'' können. Falls sich digitale Standards flächendeckend durchsetzen sollten, würde das einer Integration aller Gerätegruppen starke Impulse vermitteln.

E 6.2.2   Ausgabe

Der Ausgabegerätebereich hat sich in gewisser Weise symmetrisch zum Eingabebereich entwickelt.

Sehr wichtig sind für Benutzer Bildschirme (Monitore, Displays). Hierbei spielen die oben schon genannten Leistungsmerkmale (Auflösung, Format des Bildschirms, Bildwiederholfrequenz, etc.) eine große Rolle. Insgesamt ist im Zusammenhang mit den Informations- und Kommunikationstechnologien ein starker Trend zu Farbfähigkeit zu erkennen, was im Konsumbereich – etwa beim Fernsehen – schon längst Standard ist.

Weltweit gibt es drei bekannte Gruppen von analogen Fernsehstandards. PAL, SECAM und NTSC mit weiteren diversen Modifikationen [Anm. 7, Anm. 8]. Diese beziehen sich u.a. auf Zeilenanzahl, Bildpunkte pro Zeile, Bildwiederholungsfrequenz, Modulation, Bandbreite der Bild- und Tonsignale. In der Entwicklung befindet sich ein High Definition/Quality Television (HDTV/HQTV) mit 1125 (1250) Zeilen, das abgesehen von neuen rechteckigen Bildschirmen auch mit einem anderen Seitenverhältnis waagrecht/senkrecht arbeiten soll. Hier kündigt sich anstelle des alten bekannten 4:3-Verhältnises eine 5,333:3 Relation an, durch die es andere Darstellungsverhältnisse und die Möglichkeit geben wird, auf einem Bildschirm bis zu 4*4 = 12 kleinere Bildschirme simultan einzuspielen (Lit. 11.; Lit. 12.).

Besondere Erwähnung verdienen noch Entwicklungen, die schon 1985 auf der Weltausstellung TSUKUBA in Japan erstmals vorgestellt wurden:
– Mini-Empfänger im Brieftaschenformat
– rechteckige Bildschirme mit einer Gerätetiefe von etwa 5 cm, die sich wie Bilder an die Wand hängen lassen,
– dreidimensionales Fernsehen und
– Großprojektionen, sowie das Jumbotron, mit dem (Fernseh-) Bilder mit einer Größe von 25*40 Metern generiert werden können [Anm. 9].

Flache Bildschirme können derzeit nach drei Techniken gebaut werden (Lit. 16. bis Lit. 20.):
– Liquid-Crystal Display (LCD)
– Electrolumiscent Display (ELD) und
– Gas-Plasma-Discharge Planel.

Für Demonstrationen im großen Maßstab benötigt man häufig eine Ausgabe mit Projektionstechnologien. Dies war bisher mit Hilfe konventioneller Videotechnik möglich. Inzwischen gibt es auch Geräte, die sich direkt an den Computer anschließen lassen: Entweder als LCD-Aufsatz (Lit. 25.) für einen Overhead-Projektor, dann allerdings derzeit meist noch ohne Farbe, oder durch Auskoppeln des RGB-Signals und direkte Projektion mit entsprechenden Systemen (LaserScope) (Lit. 26.) auf die Leinwand, was allerdings in jedem Fall Kompatibilität der Standards, d.h. Anzahl der Bildpunkte und der Bildwiederholfrequenz z.B. nach CGA- oder EGA-Standard etc. (Lit. 21.), voraussetzt [Anm. 10].

Da die Anzeige auf Bildschirmen aber flüchtig ist, werden alle möglichen Formen von (spei-

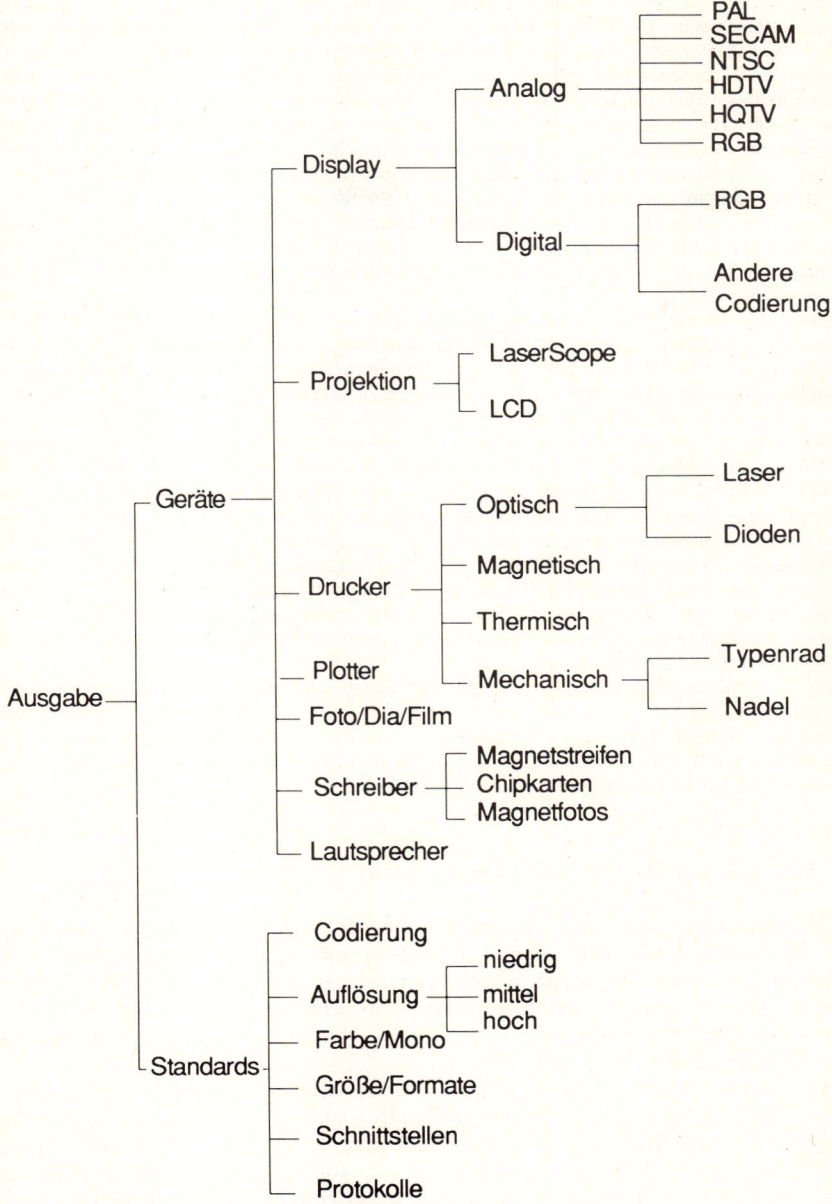

Abb. 2: Ausgabegeräte und -standards

chernder) Ausgabe benötigt. Eine wichtige Gruppe sind alle Formen von Druckern mit diversen unterschiedlichen Technologien (Lit. 01.): mechanisch mit Nadeln (Matrix) oder Typenrad. Es folgten die thermischen Drucker, sowie solche, die magnetische Technologien einsetzen. Inzwischen sind wir bei den optoelektronischen Druckern angelangt, die bisher noch hauptsächlich mit Lasern arbeiten. Allerdings holen Techniken, die mit stark leuchtenden Dioden (Liquid Crystal Shutter, LCS) operieren wegen einer geringerer Anzahl von mechanischen Verschleißteilen stark auf (Lit. 01.; Lit. 27.).

Eine weitere wichtige Gruppe sind die Plotter zur Ausgabe von Bildern und besonders von Grafiken. Sie arbeiten noch mechanisch, allerdings mit hoher Genauigkeit und mit Farbe.

Ausgabe von nicht-textuellen Darstellungen (Faksimiles) gelingt mit entsprechenden Vorsatzgeräten direkt auf Dias und Fotos, wobei als Träger Filmmaterial benutzt wird. (Lit. 28.). Entsprechendes gilt für die Ausgabe von Magnetfotos bzw. allgemeinen Daten auf Magnetkarten/-streifen).

Für Audio-Ausgaben, d.h. Sprache, Musik und Geräusche, benötigt man schließlich Lautsprecher. Zwar kann Sprache, Musik und Geräusch digitalisiert aufgezeichnet, generiert und übertragen werden. Zur Ausgabe muß dann aber ein analoges Signal vorhanden sein, um die Magnetspulen der Lautsprecher richtig ansteuern zu können.

Insgesamt ergibt sich also eine gewisse Symmetrie zwischen Ein- und Ausgabe, wobei bei fast allen Gerätegruppen sowohl Schwarzweiß-, Monochrom- oder Farbgeräte angeboten werden. Über geeignete Standards wird eine Integration verschiedener Funktionen angestrebt, d.h. Multifunktionalität, wenn immer nur ein Dienst zur Zeit genutzt wird, oder aber Mehrfachverarbeitung, wenn mehr als einer zur Zeit verfügbar sein soll.

In diesen Zusammenhang gehören auch die Forderung nach beliebige Anschlußmöglichkeiten aller genannten Ein-, Ausgabegeräte mit den in den folgenden Kapiteln beschriebenen Gerätegruppen. Dies besonders im Hinblick auf die Nutzung von bestimmten Diensten und Anwendungen, wie etwa Videogeräten, Bildschirmtext, Heimcomputern, Kabel- oder Satellitenfernsehen, die nicht zwangsläufig vorhanden, geschweige denn kompatibel sein müssen: dies legen Schnittstellen und Protokolle fest.

Abschließend noch eine Bemerkung zu „reinen" visuellen Wiedergabetechnologien: Diese treten eigentlich nie isoliert auf! Neben den oben erwähnten (Groß-) Bildschirmen werden im allgemeinen Kombinationen verschiedenster audiovisueller Technologien eingesetzt bis hin zur Multivision, d.h. Einsatz aller audiovisueller Techniken für Präsentationen auch in großen Hallen und mit mehreren optischen Zentren.

E 6.3   Speicherung mit (Laser-) Licht

Die Speicherung von Daten begann mit mechanischen Verfahren, es folgten die magnetischen, die bis heute immer noch ihre Position behaupten konnten.

Zunehmende Bedeutung erhalten die elektronischen Verfahren, die auf der Halbleitertechnologie aufsetzen, weil hier die Preise so gesunken sind, daß sich ihr Einsatz auch im Bereich der Massenspeicher lohnt, allerdings nur, wenn eine ständige Stromversorgung sichergestellt ist.

Parallel erobern sich zunehmend optische bzw. optoelektronische Verfahren einen Platz: Sie verbinden den Vorteil von großen Kapazitäten pro Einheit mit permanenter Speicherung. Besondere Bedeutung haben hierbei diejenigen optischen Platten, die sowohl analoge als auch digitale Nutzinformationen sowie neuerdings beliebige Kombinationen abspeichern können. Allerdings besteht noch ein Problem, wenn beliebig häufiges Lesen und Schreiben erforderlich ist (Lit. 29.; Lit. 30.; Lit. 31.).

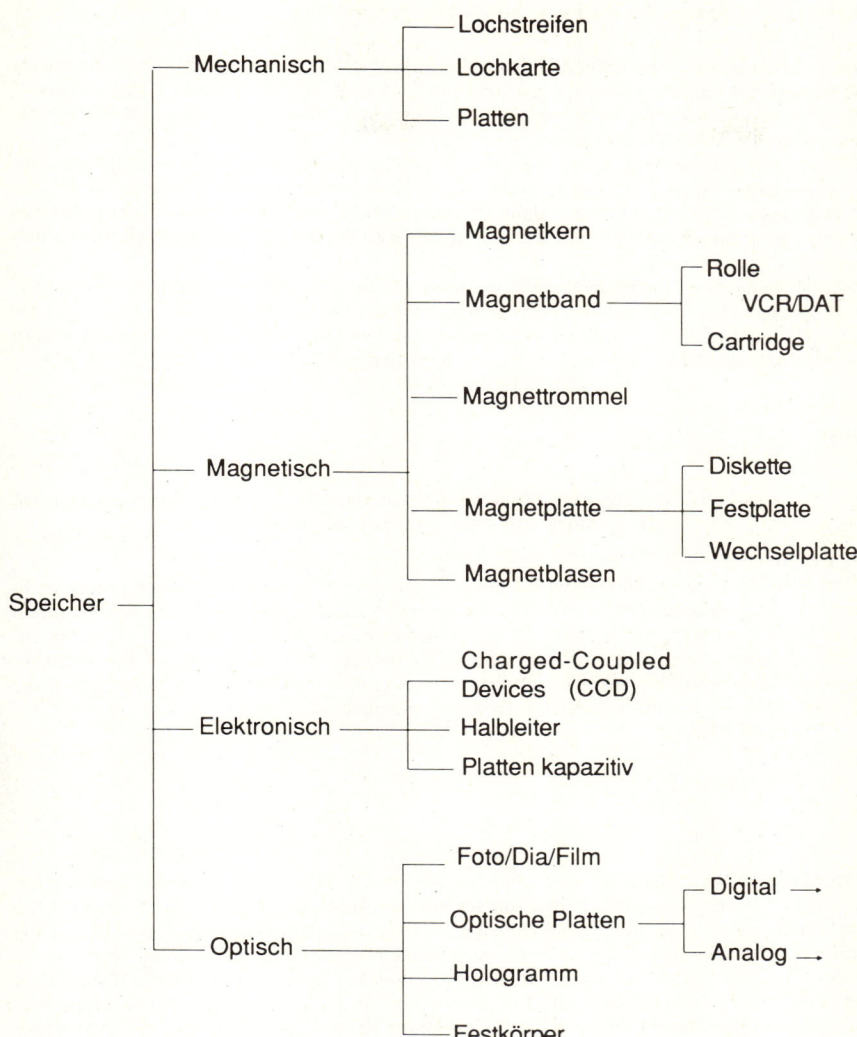

Abb. 3: Speichertechnologien

E 6.3.1   Klassische optische Mikrofilmspeicher

Eine klassische optische Methode ist die Mikrofilmspeicherung [Anm. 11]. Diese hat in den vergangenen Jahrzehnten eine weite Verbreitung gefunden, speziell auch mit ,,Ansteuerung'' durch Computer. Stichworte hierzu sind: Computerunterstützte Suchsysteme, Mikrofilmmagazinablagen, Mikrofilmterminals.

In einem derartigen Magazin können mehr als 20.000 DinA4-Seiten als Kopien mikroverfilmt werden, wobei eine Kassette nicht größer als 10*19*2,5 cm^3 ist.

360 derartige Magazine können sodann in entsprechende Ablagen in Reich-/Sichtweite eines Computerterminals installiert werden, womit sich etwa 7*10^6 DinA4-Seiten Faksimile vorhalten lassen.

Wie im letzten Kapitel angedeutet, gibt es inzwischen direkte Online-Ausgaben auf Filmmaterial. Zusammen mit Möglichkeiten zur Datenkorrektur, Bildverarbeitung etc. ist dies nach wie vor eine interessante und billige Datenspeicherungsmethode, die noch eine Weile bei großen Archiven/Redaktionen Verwendung finden wird [Anm. 12].

E 6.3.2   Aufzeichnung analoger Inhalte

Inzwischen gibt es allerdings eine Reihe von billigen magnetischen Aufzeichnungsverfahren, die ursprünglich für den Audiobereich entwickelt wurden [Anm. 13].

A Videorekorder

Eine Aufzeichnung von Bildern nach analogen Standards gelang zunächst durch Fortentwicklung der magnetischen Basistechniken, wie sie zur Aufzeichnung akustischer Signale schon vor langer Zeit entwickelt wurden und inzwischen einen sehr hohen Standard erreicht haben. Videorekorder (Video Cassette Recorder, VCR) sind seit Anfang der 80er Jahre zu einem Massen-Konsumartikel geworden, obwohl es zunächst unterschiedliche Standards gab, die verschiedene Geräte und Kassetten erforderten, nämlich:

– VHS und VHS-C
– Betamax
– Video 2000
– CVC
– Video-8
– U-MATIC.

Der Markt hat sich allerdings inzwischen für das System VHS ,,entschieden''. Zu diesem Video Home System wurde inzwischen von der in Tokio ansässigen Japan Victor Company (die mehrheitlich zu Matsushita gehört) ein Super-VHS entwickelt, welches das Videobild aus 400 (anstatt bisher 230-240) Zeilen zusammensetzt, wodurch eine Qualität erreichbar wird, die der von den sog. Ein-Zoll-MAZ-Geräten der Fernsehanstalten nach dem U-MATIC-Standard entsprechen soll. Der Superstandard wird zunächst für die amerikanische NTSC-Norm entwickelt, soll aber demnächst auch die Aufzeichnung der analogen PAL- und SECAM-Bilder sowie zusätzlich auch der leicht digitalisierbaren D2-MAC-Bilder von den direktstrahlenden Satelliten ermöglichen. Für Kamerarekorder (Camcorder), d.h. tragbare Kameras mit Rekorder, wird es ebenfalls eine C-Cassette (Baby-VHS) geben.

Ein großer Nachteil dieser Videospeichertechnologie stellt der sequentielle Zugriff auf Teilinformationen dar, was schon bei den magnetischen Tonband- und Kassettengeräten zu langen Zugriffszeiten führte. Vorteil ist allerdings das individuelle/private Aufzeichnen und Wiedergeben, was den Benutzern einen erheblichen Komfortgewinn bringt.

B Analoge optische Platte/Bildplatte/Videodisk [Anm. 14]
Im Audiobereich konnte ein schnellerer (direkter) Zugriff auf Nutzinformationen mit Schallplatten realisiert werden. Entsprechend gab es Versuche mit mechanischen, magnetischen, elektrischen/elektronischen und schließlich optischen Verfahren auch im Videobereich (Lit. 29.).
Die mechanischen Versuche reichen bis ins Jahr 1928 zurück, als J.L. Baird erste Fersehbilder mit seinem System Phonovision mit 30 Zeilen und 12,5 Bildern pro Sekunde aufzeichnete. Ab 1935 gab es sogar einen kleinen Vertrieb derartig produzierter Plattenaufzeichnungen in London.
Anfang der 70er Jahre nahmen Telefunken und Decca Entwicklungen in dieser Richtung wieder auf. Die Aufzeichnung erfolgte auf 21 cm großen thermoplastischen Scheiben, abgespielt wurde mit 1.500/1.800 Umdrehungen pro Minute bei 50/60 Hertz. Bei 140 (später 280) Rillen pro Millimeter ergab sich immerhin eine Spielzeit von 5 bzw. 10 Minuten. Ein dritter ,,mechanischer'' Ansatz folgte 1979 von Matsushita unter der Kurz-Bezeichnung VISC, der später zugunsten des VHD-Ansatzes (siehe unten) aufgegeben wurde.
Ein erster Versuch mit magnetischen Aufzeichnungsverfahren wurde von Ampex unternommen. Ihr System HS-100B konnte allerdings nur 9 Sekunden Fernsehbilder aufzeichnen. Im professionellen Rundfunk- und Fernsehbereich soll es diese Technologie heute immer noch geben. Entsprechende Systeme boten außer Ampex auch Quantel, Precision Echo und Bosch für Floppies mit Durchmessern zwischen 3,25 und 12 Zoll und sogar für Winchester-Platten an, die dann natürlich längere Laufzeiten hatten.
1974 wurde in Cannes für den Konsumbereich ein System unter der Bezeichnung Magnetic Disc Recording (MDR) von der Firma Vidcom vorgestellt, welches auf modifizierten (Audio-) Plattenspielern 12 Zoll Scheiben mit magnetischer Beschichtung zunächst mit 78 (später 156) Umdrehungen/Minute, abspielte. Pro Seite hatte das System eine Laufzeit von 20 Minuten, wobei auch individuelle Aufzeichnungen, wie bei Videorekordern, gemacht werden konnten. Ein Markterfolg wurde das System aber trotz aller Anstrengungen nicht.
Eine dritte Technologie basierte auf elektrisch-kapazitiven Verfahren. Eine Variante, die auch als kapazitiv grooved bezeichnet wurde, funktionierte ähnlich wie bei Schallplatten mit direktem Kontakt zwischen Platte und Abtastkopf entlang einer Rille (grooved) − allerdings nicht auf Grund von Druckschwankungen sondern Änderungen der Kapazität. Gelesen wurde hierbei mit Hilfe eines kapazitiv arbeitenden Lesekopfes, da die Rillen mit einer leitfähigen Substanz überzogen waren. Die Platte konnte mit 220 Rillen pro Millimeter beschrieben werden, drehte sich mit 450 Umdrehungen (bei 60 Hertz). Eine Umdrehung generierte 4 Bilder, so daß sich bei 27.000 Spuren 108.000 Frames also 60 Minuten Abspielzeit ergab.
Diese Technik wurde unter der Bezeichnung Capacitance Electronic Device (CED) seit 1970 entwickelt und unter dem Namen Selectavision 1981 auf den US- und 1983 auf den britischen Markt gebracht. Beteiligt waren außer der Radio Corporation of America (RCA), Zenith und Columbia Broadcasting Systems (CBS) (Lit. 32.).
Ein anderes System wurde unter dem Namen Very High Density (VHD) von der Victor Company of Japan (JVC), General Electric (GE) und Thorn Emi Ltd. entwickelt bzw. vertrieben. Bei diesem erfolgt(e) die Abtastung mit einer Diamant-Gleitnadelspitze ohne mechanische Führungsrille elektrostatisch, d.h. kapazitiv und grooveless (Lit. 33.; Lit. 34.).
Dieses System arbeitete auf einer 10,2 Zoll-Platte mit 750/900 Umdrehungen pro Minute bei 50 Hertz mit PAL-Standard bzw. 60 Hertz mit NTSC-Standard. Es generierte pro Umdrehung zwei Bilder, bei 740 Rillen pro Millimeter und 45.000 Spuren pro Seite ergab das somit ebenfalls 60 Minuten Laufzeit.
Das System konnte weiterhin unterschiedliche TV-Standards automatisch erkennen (sofern der Monitor entsprechende Multi-Synchronisation zuließ) und hatte zwei Audio-Kanäle.
Ein Nachfolgesystem wurde von Thorn Emi Ltd. unter der Bezeichnung Audio High Density (AHD) auf den Markt gebracht. Dieses enthält neben einem Videokanal vier Audiokanäle,

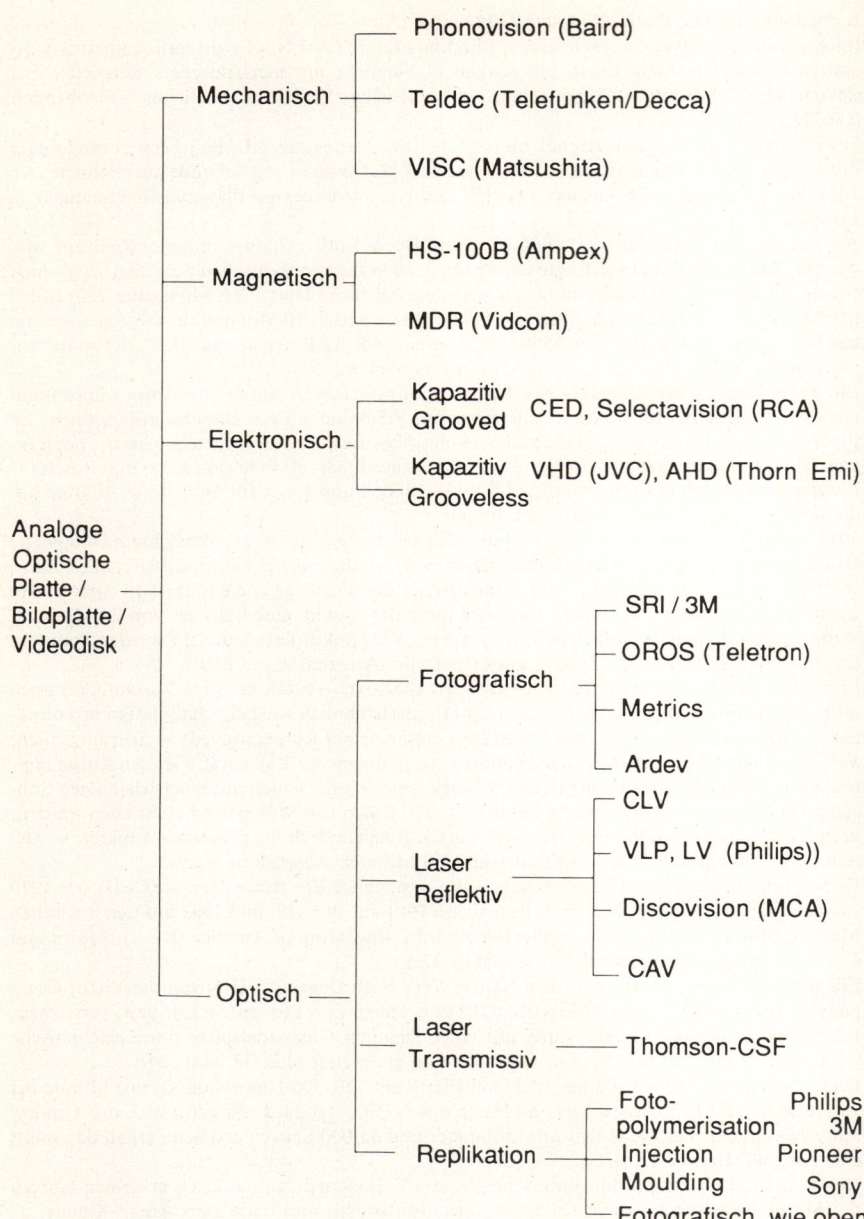

Abb. 4: Analoge optische Platte (Bildplatte/Videodisk)

so daß eine Mischung von Mono-/Stereoton, Mono-/Stereoton und digitalen Standbildern, komprimiertem Audio, Computerdaten und Standbildern und nur Computerdaten gespeichert werden können. (Bezogen auf den letzten Modus ergibt sich eine Kapazität von 2,54 Gigabyte!)

VHD- und AHD-Platten werden ähnlich hergestellt und können auf den gleichen Wiedergabegeräten abgespielt werden. Beide Systeme sind empfindlich gegen Schmutz, Staub, Fingerabdrücke und müssen dagegen in einer Hülle geschützt werden.

Damit kommen wir zu optischen, d.h. optoelektronischen oder elektrooptischen Verfahren. Eine erste Entwicklung gelang mit einem fotografischen System in den frühen 60er Jahren am Stanford Research Institute (SRI) mit der Unterstützung von 3M. Hierbei wurde eine hochauflösende fotografische Platte und eine Quecksilberdampf-Lampe (mit einem sog. Kerr-Zellen-Modulator) benutzt, womit Aufzeichnungen von 30 Minuten Schwarz-Weiß-Fernsehen auf einer 12 Zoll Platte gelangen.

Zwei weitere Entwicklungen erfolgten in den frühen 70er Jahren bei Teletron Data Corp. mit der Unterstützung des US Office of Naval Research bzw. von Metrics. Erstere kam 1973 unter der Bezeichnung Optical Read Only Storage (OROS) auf den Markt.

Die bekannteste und jüngste Entwicklung stammte von Ardev. die 1981 von McDonnell Douglas Corp. übernommen wurde. Bei dieser Technik wurden immerhin 50.000 Spuren pro 13 Zoll-Platte erreicht. Ausgeliefert wurde dieses Gerät in den USA bis 1985.

Bedeutender als die fotografischen Ansätze sind aber die Methoden, die wesentlich auf der Laser-Technologie aufbauen. Diese Entwicklungen begannen in den frühen 70er Jahren. In Europa versuchte Philips die Einführung ihres Systems VideoLongPlay (VLP) und in den USA die Music Corporation of America (MCA) unter Bezeichnung Discovision.

1974 einigten sich die Firmen dahingehend, daß Philips die Hardware und MCA/Philips die Software weiterentwickeln sollte. Das Ergebnis gemeinsamer Bemühungen wurde dann 1978 unter dem Namen LaserVision (LV) auf den Markt gebracht, zum gleichen Zeitpunkt das System Discovision aus dem Markt genommen. (Der Platz von MCA wurde aber von Pioneer mit einer eigenen Geräteentwicklung eingenommen.)

Wesentlicher Vorreiter dieser auf Laserlicht basierenden Technologie war also die Firma Philips: Bei ihrer sog. analogen Bildplatte werden Nutzinformationen zusammen mit Steuerinformationen mit einem sog. ablativen Speicherungsverfahren als unterschiedlich lange Löcher (Pits) in die Plattenfläche eingebrannt und mit Hilfe eines (Helium-Neon-)Lasers wieder abgetastet [Anm. 15].

Zwei Typen wurden entwickelt (Lit. 35.):

– Die eine arbeitet mit konstanter Winkelgeschwindigkeit (Constand Angular Veloci CAV), bei der sich die Platte immer gleich schnell dreht und pro Umdrehung ein Fra gespeichert wird.

– Die andere arbeitet mit konstanter linearer Geschwindigkeit (Constant Linear Velocity, CLV), d.h. die Platte muß sich verschieden schnell drehen, um immer ein gleich langes Stück der Rillen abzutasten. Daher muß sich die Platte bei Abtastung innen (außen) schneller (langsamer) drehen.

CAV-Systeme können 54.000 Bilder/Seite (Frames) speichern, was bei 1.500 (1.800) Umdrehungen/Minute einen PAL-Standard mit 625 Zeilen (bzw. einen NTSC-Standard mit 525 Zeilen) und eine Spieldauer von etwa 30 Minuten/Seite ermöglicht, halb so viel, wie die kapazitiv arbeitenden Geräte von JVC und RCA [Anm. 16]. Dafür sind diese Systeme aber geeignet für variable Abspielgeschwindigkeit, Standbild, langsamen Suchlauf vor- und rückwärts, und lassen sich auch auf verschiedenen Leveln von Computern ansteuern (Lit. 36.; Lit. 37.).

CLV-Systeme haben hingegen den Vorteil, daß sie annähernd doppelt soviel Informationen wie CAV-Systeme auf eine Platte speichern können, d.h. etwa 60 Minuten/Seite, allerdings keine Standbilder oder langsamen Suchlauf ermöglichen und kaum extern ansteuerbar sind, d.h. sie haben keinen wahlfreien Zugriff.

Beide Systeme werden als reflexiv bezeichnet, weil das Auslesen letztlich durch Reflexion des Lichtes an der Oberfläche erfolgt, was ein Umdrehen der Platte zum Lesen der zweiten Seite erforderlich macht.

Das LaserVision (CAV-) System hat gegenüber denen von RCA und JVC den großen Vorteil des wahlfreien Zugriffes, der Erzeugbarkeit von Standbildern, verschleißfreier Abtastung und der Möglichkeit eine Schutzschicht aufzubringen, wodurch es möglich wird, nur eine Informationsschicht in der Mitte der Platte unterzubringen, so daß Schmutz, Staub etc. keine Rolle mehr spielt, allerdings auch die Laufzeit kürzer ist.

Anders bei der als transmissiv bezeichneten Entwicklung von Thomson-CSF in Frankreich, bei der das Laserlicht durch die Platte hindurchfällt, so daß das Umdrehen entfällt.

Die Platte hatte mit 50.000 Spuren/Seite etwa die gleiche Laufzeit wie das CAV-System von Philips, aber keine Schutzschicht, so daß es mit einer Hülle ausgeliefert werden mußte. Thomson verließ den Bildplattenbereich 1983, um sich ganz der Entwicklung der digitalen Laser Disk als Massenspeicher für Computerdaten unter der Bezeichnung Gigadisc zu widmen.

Damit kommen wir zu den notwendigen Replikationsprozessen, wobei drei Entwicklungen erwähnenswert sind:

(1) Die fotografische Methode benutzten SRI, Teletron, Metrics und Ardev.
(2) Die zweite Methode wurde von Philips und 3M entwickelt und besteht aus einem „kalten" Photopolymerisationsprozeß, der als 2P bezeichnet wird.
(3) Pioneer hat als drittes Verfahren bei der Discovision eine Spritzguß-Methode (Injection Moulding) entwickelt, welches inzwischen auch Sony, und Bertelsmann benutzen.

Die generelle Marktentwicklung der analogen Bildplatte verlief nicht ganz so stürmisch wie seit Anfang der 80er Jahre erwartet. Inzwischen gehören aber analoge Bildplattenspieler neben Videorekordern zum Standard vieler Haushalte. Darüberhinaus konnten auch noch neue Einsatzgebiete erschlossen werden, da Techniken entwickelt wurden für

– Kopplung mit Btx, Computer-Grafik, Videorekordern (Lit. 38.; Lit. 39.);
– Selektives Abspielen nach besonderen Interessenprofilen, realisiert durch eine entsprechende Programmierung der Tonspuren oder mit Hilfe von Steckmoduln (EPROMS)
– Abspielen mit unterschiedlich unterlegtem Ton.

Letzteres führt aber u.U. zu einer schlechten Plattenausnutzung, wenn etwa, wie bei Philips, die Tonspuren parallel zu den Bildspuren ständig wiederholt werden müssen, nur um den Ton abspielen zu können.

Hier bietet Pioneer mit den Geräten LD-V6X00 und SSDX eine bessere Alternative der Ton-/Bild-Synchronisation, weil je 8 Tonspuren auf besonders gekennzeichneten (Bild-)Frames mit 3,6 (Ton-)Sekunden gespeichert werden können, die sich beliebig verketten und mit Bildframes abwechseln lassen.

E 6.3.3   Aufzeichnung digitaler Inhalte

Während Videodisks nur ganze Bildsequenzen ansprechen und nach verschiedenen Verfahren wiedergeben können, bieten die digitalen Speicherplatten die Möglichkeit, kleine digitale Informationseinheiten anzusprechen und wiederzugeben. Hierbei sind zwei Richtungen auszumachen: Compact Disk (CD) und Digital Optical Disks (DOD). Erstere haben sich als Audiospeichermedium bereits durchgesetzt und werden zunehmend für Kombinationen von Daten, Text, Ton, Grafik und Bildern mit hohen Speicherkapazitäten (550 Megabyte) und mit interaktiven Zugriffsmöglichkeiten eingesetzt.

Letztere sind eine Spezialisierung der zuvor beschriebenen Bildplatten.

C Digitale optische Bildplatte: einmal beschreibbar bzw. beliebig oft lesbar.

Während im letzten Abschnitt erläutert wurde, wie auf Bildplatten analoge Nutzinformationen digitalisiert mit verschiedenen Techniken gespeichert werden können, geht es nun um die Speicherung für digitale Primär-Daten. Dazu war im wesentlichen ein Mechanismus zu erfinden, der es ermöglicht, daß nicht nur immer ganze (Bild-)Frames (hier mit etwa 260 000 Bits) sondern wesentlich kleinere Informationseinheiten adressiert werden können.

Ein bei Philips entwickeltes Verfahren wurde unter der Bezeichnung Digital Optical Recording (DOR) unter Einbeziehung der Erfahrungen aus dem Bildplattenbereich inzwischen zur Marktreife entwickelt (Lit. 35.).

Diese optische Speicherplatte enthält eine spiralförmige Rille mit insgesamt 45 000 Spurwindungen und jeweils 128 Sektoren, also etwa 5 Millionen Sektoren mit je 1 000 Bit Kapazität. Das entspricht bei 2 Plattenseiten etwa $1,25 \cdot 10^9$ Byte, wobei Formatierung, Adressierung der Sektoren sowie Redundanz für Methoden zur automatischen Fehlererkennung und -korrektur bereits berücksichtigt sind. Jeder dieser etwa 5 Millionen Sektoren kann im wahlfreien Zugriff, also nicht nur mit sequentiellem Schreiben oder Lesen, angesprochen werden.

Die Platte besteht aus einem transparenten Träger, der etwa 1 mm stark ist. Auf dem Träger ist eine sehr dünne tellurhaltige Schicht aufgebracht, wobei auf der Oberfläche der Platte drei Arten von Informationen untergebracht sind. Zunächst hat man zur Aufteilung Adreßinformationen in Form von Vertiefungen in die Platte eingeprägt. Diese Einprägung wird beim Herstellen der Platte durchgeführt.

Dann steht der Sektorbereich zur Verfügung, in dem mit Hilfe eines scharf gebündelten Laserstrahls Löcher (Pits) eingebrannt werden können, die die Nutzinformationen darstellen. Datenbits, die auf diese Weise in die Platte geschrieben worden sind, lassen sich danach allerdings wieder nur lesen. Die Optoelektronik erkennt den Unterschied zwischen dem starken Licht, das von der unzerstörten Reflexionsschicht zurückgeworfen wird, und dem schwachen Licht, das von einem eingebrannten Loch kommt. Die beiden unterschiedlichen Helligkeitsstufen werden in ein binäres elektrisches Signal umgewandelt, wodurch sich die entsprechenden Datenbits wieder regenerieren lassen.

Da die Speicherplatten vorgeprägte Spuren enthalten, und weil die Adressen für die Nutzinformationen bereits beim Herstellen der Platte in die dafür vorgesehenen Sektoren eingeprägt werden, kann das optische System der eingeprägten Rille folgen, unabhängig davon, ob bereits Daten eingeschrieben wurden oder nicht. Zugleich können Adressen gesucht, und gelesen werden, wobei in beiden Betriebsarten der Datenzugriff zu den gewünschten Adressen in beliebiger Reihenfolge möglich ist.

Die Methode, mit der die Datenbits in die Platte gebrannt werden, kennen wir bereits aus dem Bildplattenbereich: sie wird als ablativ bezeichnet. Alternative Verfahren erzeugen Blasen (Bubble Forming) oder ändern nicht-reversibel die Zusammensetzung der Metallbeschichtung aus einem amorphen in einen kristallinen Zustand (Phase Change: amorph-crystal). Alle Methoden zusammen werden als Write Once Read Many (Times) (WORM) bezeichnet, weil die Platten nur einmal beschrieben aber beliebig of gelesen werden können (Lit. 40.; Lit. 41.).

Inzwischen sind nicht nur bei Matsushita digitale Bildplatten in der Entwicklung, die beliebig individuell beschrieben, gelesen und gelöscht werden können und als Erasables oder Rewriteables bezeichnet werden.

Die beliebige Beschreibbarkeit wurde durch Zusätze zur tellurartigen Beschichtung erreicht, so daß beim Beschreiben mit dem Laserstrahl der kristalline Zustand in einen amorphen nicht-kristallinen übergeht und umgekehrt beim Löschen (Reversible Phase Change). Dadurch können Informationen direkt gespeichert und wieder abgerufen werden (Lit. 42.; Lit. 43.).

Andere Firmen, wie etwa Kodak und Verbatim, haben Verfahren entwickelt, die magneto-optisch arbeiten (Lit. 44.).

Digitale Read-Only-Bildplatten eignen sich wegen der enormen Kapazität von bis zu 10^{10} Bit/Platte besonders für Archivsysteme. (Zum Vergleich: die Encyclopedia Britannica enthält „nur" etwa 10^{11} Zeichen).

Eines der ersten war das Megadoc-System, eine gemeinsame Entwicklung von Gruner & Jahr

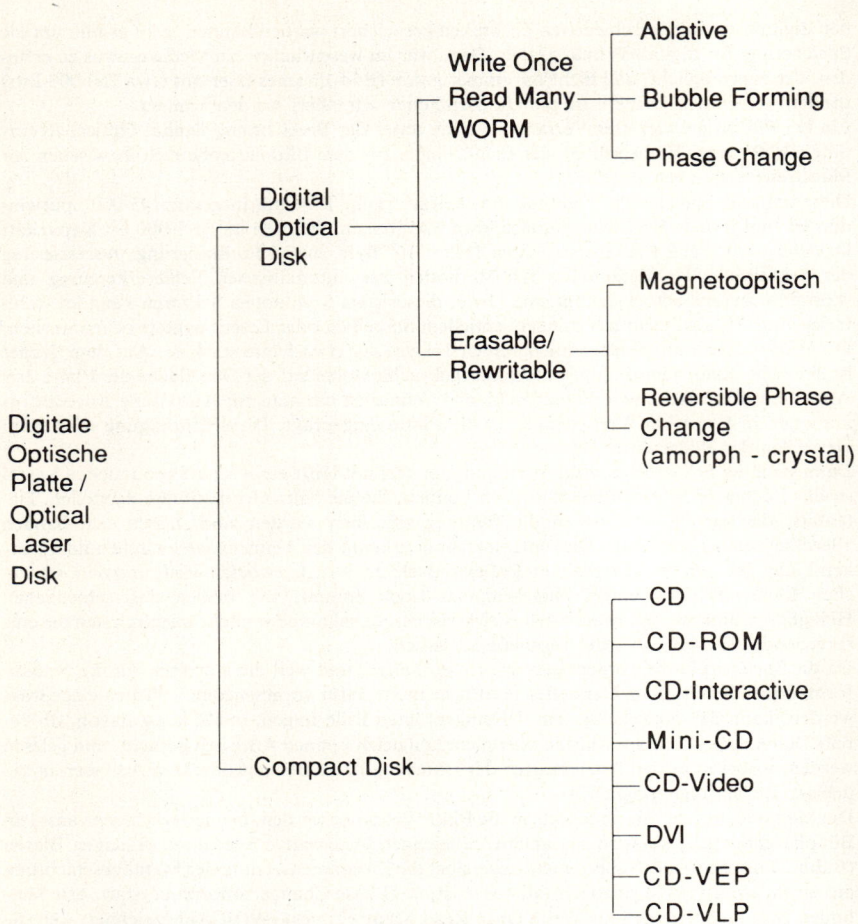

Abb. 5: Digitale optische Platte (Optical Laser Disk)

und Philips, bei dem Text, Grafik und Faksimile mit Hilfe von Scannern erfaßt werden können. Eine DinA4-Seite wird hierbei in 1680*2287 Bildpunkte zerlegt, d.h. ungefähr 3,8 Millionen Bits, die allerdings noch im Verhältnis 1 : 8 oder 1 : 16 komprimiert werden können (Lit. 50.).

Auch Olivetti bietet ein Archivsystem unter der Bezeichnung Filenet an, welches 8 System-Knoten mit je 64 Bildplatten auf bis zu 4 Recordern bedienen kann. Da jede Platte 1 – 2 Gigabyte, d.h. (10^9 Byte) fassen kann, ergibt sich eine Gesamtkapazität von bis zu 10^{12} Bytes. Dies entspricht 2,5 Millionen Seiten pro Knoten, also insgesamt 20 Millionen Seiten, die in 12 Sekunden bei Plattenwechsel zugreifbar sind, wenn pro gespeicherter (Bild-) Seite bzw. Faksimile 50.000 Bytes angenommen werden (Lit. 51.). Sicherheitsanforderungen bei derartigen Systemen finden sich in Lit. 52., weitere Anwendungen in Lit. 53.; Lit. 54.; Lit. 55..

E 6.3.4 Kombinationen von analogen und digitalen Inhalten

D Compact Disks: CD, CD-ROM, CD-I, Mini-CD, CD-V, DVI, CD-VLP, CD-VEP

Schon Anfang der 80er Jahre wurde von Sony in Kooperation mit Philips versucht, das Prinzip der analogen Bildplatten für Audio-Genuß nutzbar zu machen. Diesem Produzentenverbund haben sich im Laufe der Zeit eine Reihe bekannter Firmen angeschlossen. Auf der Softwareseite war der ,,Vorreiter'' PolyGram. Die Einführung der sog. Compact-Disk oder auch **CD-Audio** mit entsprechenden Abspielgeräten erfolgte 1983.

Die Entwicklung wurde von den genannten Firmen in Richtung auf ein System auch für reine digitale Nutz-Informationen (Daten) vorangetrieben. Ende 1984 konnte das Ergebnis unter der Bezeichnung **Compact Disk als Read-Only Memory (CR-ROM)** der Öffentlichkeit vorgestellt werden (Lit. 30.; Lit. 45.; Lit. 46.).

Die CD-Platten sind wesentlich kleiner als die analogen (12 cm gegenüber bis zu 30 cm) und können bis zu 550 Megabyte Daten netto speichern, was 1 000 Floppys mit je 550 KByte gespeicherten Daten entspricht [Anm. 17]. In Kombination mit Mikro-Computern bieten sich hier gänzlich neue Konzeptionen der Datenhaltung und Archivierung.

Laufwerke werden außer von Sony und Philips von verschiedenen Herstellern angeboten, u.a. Denon, Hitachi, Panasonic, und lassen sich entweder an den IBM-PC-Bus anschließen oder die standardisierte SCSI-Schnittstellen, welche sich zunehmend durchsetzen.

CD-ROM ist interessant aufgrund des geringen Preises und der verschiedenen Kombinationsmöglichkeiten. Schwierig ist allerdings manchmal das zielgenaue Suchen einer bestimmten Information ,per Hand'.

Nicht ganz unwichtig für den Erfolg von CD-ROM war die 1985 in einem Hotel mit dem Namen High Sierra entwickelte Norm gleichen Namens für Laufwerke, die von 13 Firmen bestätigt wurde. Dadurch gelang es, die Unsicherheit, die sich etwa im Videobereich durch die unterschiedlichen Standards sehr stark ausgewirkt hat, frühzeitig zu umgehen. Wenn auch nicht alle Probleme schon endgültig gelöst sind, ist doch eine weitestgehende Ruhe auf dem Markt erkennbar.

Letztlich wird aber eine vollständige Integration aller Informationstypen angestrebt, die schon 1983 in entsprechenden Präsentation angedeutet und partiell demonstriert werden konnte [Anm. 18, Anm. 19].

Anläßlich der 1. CD-Konferenz von Microsoft im Jahre 1986 wurde eine neue Variante der Compact Disk unter der Bezeichnung **CD-Interactive** vorgestellt, bei der Standards so vereinheitlicht und angepaßt wurden, daß Kombination von
- digitalem Audio, d.h. Musik hoher Qualität
- Stunden gesprochenen Textes u.U. in mehreren Sprachen,
- Daten bis zu 550 Megabytes bzw. 200.000 Textseiten
- mehrere tausend Einzelbilder und Grafiken, sowie
- zusätzlich Video entsprechend NTSC- oder PAL-Standard möglich sein sind (Lit. 47).

Durch die Definition verschiedener automatisch vom System erkennbarer Audio-Standards, können ganz unterschiedliche Spielzeiten genutzt werden:
- HiFi-Stereo-Musik   74 Minuten
- MidFi-Stereo-Musik, d.h. FM-Rundfunkqualität   288 Minuten
- Sprache in AM-Rundfunkqualität mono   16 Stunden
- Synthetische Sprache   noch mehr.

Wenn Bildgrafiken und Computerdaten hinzukommen, ändern sich diese Spielzeiten entsprechend, zum Beispiel können 350 Standbilder mit 90 Minuten Sprechton kombiniert werden. Allerdings muß sich bei diesen Geräten ein Betriebssystem, wie es für den Betrieb von Computern nötig ist, vorhanden sein. Derzeit ist dieses OS-9 von der Firma Micro-Ware, welches stark den neueren Versionen von MSC entspricht. IBM und andere Computerfirmen bemühen

Typ:	CD-AUDIO	CD-ROM	CD-I	Mini-CD
Platte	12 cm	12 cm	12 cm	3,5 Zoll
Spielzeit [Min]	60 – 74	–	bis 960 Mono Audio	20
Kanäle	2 Stereo	–	bis 8 Audio	2 Stereo
Quantisierung Audio	16 Bit linear	16 Bit linear	16 Bit linear 8 Bit ADM	8 Bit linear
Inhalt	Musik	Daten	Text, Bild, Ton, Daten interaktiv	Musik
Markt	Unterhaltung	Computer	Büro Unterricht Unterhaltung	Unterhaltung
Platten	um 30 DM	um 200 DM	um 50 DM	?
Geräte	CD-LW stationär portable im Auto	CD-ROM-LW Computer Monitor	CD-I-LW Computer Monitor	CD-Walkman CD-LW Combi-LW
Hardware	bis 300 DM	bis 2 000 DM	bis 2 000 DM	bis 450 DM

Abb. 6: Vergleich von CD, CD-ROM, CD-I, Mini-CD [Anm. 24]

Typ:	CD-V	DVI	CD-Video EP	CD-Video LP
Platte	12 cm	12 cm	8 Zoll	12 Zoll
Spielzeit [Min]	20 Ton/Video	60 – 72 Ton/Video	30/Seite	60/Seite
Kanäle	Bild analog Ton digital	Bild digital Ton digital	Bild analog Mono/Stereo digital	Bild analog Mono/Stereo digital
Quantisierung Audio	16 Bit linear	8 Bit nichtlinear	16 Bit linear	16 Bit linear
Inhalt	Musik Videoclips	Bild/Ton interaktiv	Musik Videos	Videofilme
Markt	Unterhaltung	Büro Unterricht Unterhaltung	Unterhaltung	Unterhaltung Unterricht Werbung
Platten	um 15 DM	?	um 60 DM	um 100 DM
Geräte	Combi-LW Fernseher	Einzel-LW Computer/ Monitor	Combi-LW Fernseher	Combi-LW Einzel-LW Fernseher Computer/ Monitor
Hardware	bis 1 500 DM	bis 2 500 DM	bis 1 500 DM	bis 1 500

Abb. 7: Vergleich von CD-V, DVI, CD-VEP und CD-VLP

sich allerdings, daß MS-DOS in die Definition des CDI-Formates („Grün-Buch") aufgenommen wird.

Die Geschäftsidee hinter dieser CD-Version ist die Entwicklung interaktive Programme für Verbraucher, beispielsweise interaktive Reiseführer, Musiksammlungen, Lern- und Weiterbildungsprogramme, aber auch Lesungen von Romanen und Spiele. Allerdings ist das Schreiben und Vorbereiten der Masterbänder zur Replikation nicht ganz einfach.

Ein Wunsch ist weiterhin, den CD- mit dem Bildplattenbereich zusammenzuführen. In diese Richtung zielen die Versuche der Industrie seit 1986, unter der Bezeichnung **CD-Video** die Qualitäten von digital mit Pulscodemodulation gespeichertem Ton zu kombinieren mit Bildern, die mittels Frequenzmodulation analog wie bei den LaserVision-Platten aufgezeichnet wurden. Die Realisierung dieses Vorhabens erfolgt bei Philips Dupont Optical (PDO) im englischen Blackburn; Markteinführung sollt im Herbst 1988 stattfinden.

Integrationsbemühungen der genannten Firmen (Lit. 48.) laufen aber noch in einer anderen Richtung, nämlich auf Entwicklung von Kombinations-Abspielgeräte [Anm. 20]:

- LaserVision Platten mit 30 cm (12 Zoll) Durchmesser (Bezeichnung *CD-Video LP*)
- LaserVision Platten mit 20 cm (8 Zoll) Durchmesser (Bezeichnung *CD-Video EP*)
- CD-Video mit 12 cm Durchmesser
- CD-Audio mit 12 cm Durchmesser
- bzw. Mini-CD-Audio („Single") mit 8,89 cm (3,5 Zoll) Durchmesser, die jüngste Entwicklung im Audiobereich, für 20 Minuten digitalen Musikgenuß [Anm. 21].

Auf der 2. CD-Konferenz von Microsoft im Jahr 1987 wurde eine weitere Entwicklung in diesem Sektor vorgestellt: **Digitales Video Interactiv DVI**. Diese Erfindung erfolgte allerdings nicht im Hause Philips, sondern außerhalb im David Sarnoff Research Center [Anm. 22].

Mit Hilfe einer neuen digitalen Datenverdichtungstechnik erreicht DVI erstaunliche Resultate:

- 60 – 72 Minuten für digitales vollbewegtes Video mit nahezu NTSC-Qualität [Anm. 23]
- standardmäßig Digitalton
- beliebige hochauflösende Einzelbilder
- dreidimensionale Bewegungsgrafiken
- auf eine Standard 12 Zoll Compact Disk
- im CD-ROM Format.

Zur Veranschaulichung dieses Abschnittes über analoge und digitale optische Platten zeigen wir in *Abb. 6* und *Abb. 7* eine Gegenüberstellung der unterschiedlichen Technologien in Tabellenform (Lit. 49.).

Zusammenfassend nun noch einmal die wesentlichen Vorteile der digitalen optischen Speicherplatten etwa im Vergleich zu magnetischen Speichertechnologien:

- Speicherkapazität bezogen auf digitale Daten etwa 1,25 Gigabyte bei der DOD bzw. 550 Megabyte bei der CD-ROM
- Unempfindlichkeit gegenüber äußeren Einflüssen wie Staub, Hitze, Feuchtigkeit, Fingerabdrücke, Magnetismus, Elektrizität etc.
- Verschleißfreie Abspielung, da kein direkter Kontakt
- Relativ geringe Fehlerquote (10^{-12} bis 10^{-9})
- Relativ billige Herstellung, z.B. bei CD-ROM durch Pressen
- Interaktivität durch digitale Steuerungsmöglichkeiten auf verschiedenen Leveln
- Integration in Speicherhierarchie von Computern
- Schneller direkter Zugriff
- Leichte Transportfähigkeit etwa gegenüber magnetischen Wechselplatten
- Einbau in Wechselspieler (Juke Boxes)
- Lange Lagerzeiten (zwischen 10 und 30 Jahren).

E 6.3.5   Holographische Speicher

Nach den recht ausführlichen Erläuterungen zu optischen Plattenspeichern sollen nun noch kurz holografische Speicher beschrieben werden, mit denen auch große Speicherkapazitäten erreichbar sind, allerdings bei nicht zu vernachlässigender Fehlerquote. Aus diesem Grunde war diese Technik bisher nur zeitweise im praktischen Einsatz (Lit. 57.; Lit. 58.).

Holographische Speicher nutzen optisches Trägermaterial und das Prinzip der Holographie aus. Hierbei wird ein Laserstrahl mit den Nutzdaten moduliert und dann auf speziellem fotochromatischen Material als Hologramm aufgezeichnet. Ausgelesen werden die Informationen mit Hilfe von Fotodioden.

Da die Informationen mit hoher Redundanz als Hologramm gespeichert werden, dürfen Teile des Trägermaterials zerstört sein: Trotzdem kann die Information noch vollständig rekonstruiert werden.

Mit Hilfe dieser Technologie kann Information auch reversibel gespeichert werden, d.h. sie kann gelöscht und neu geschrieben werden.

Ein holographischer Speicher besteht aus vier Komponenten:
- einem Laser als kohärente Lichtquelle,
- einem sog. Page-Composer, der das Laserlicht elektronisch gesteuert abblenden kann, wodurch die Daten definiert eingelesen bzw. aufmoduliert werden können,
- einem Feld von Fotosensoren, um Daten auszulesen, sowie
- fotosensitivem Material um die Hologramme zu speichern.

Zum Gesamtsystem gehören dann natürlich noch Laufwerke und Steuerungselektronik.

Als Laser wird bei einem Read-Only-Memory ein billiger Helium-Neon-Laser mit einer durchschnittlichen Lebensdauer von ungefähr 5 000 Stunden verwendet. Für die reversiblen Speicher finden die leistungsfähigeren Argon-Ionen Laser Verwendung, deren Lebensdauer mehr als 3 000 Stunden beträgt.

Der Page-Composer besteht wesentlich aus einem Halbleitermaterial und ist für das gezielte Schreiben von Daten entwickelt worden.

Ein Feld von Fotosensoren dient zum Auslesen der Daten. Die so erzeugten elektrischen Signale können dann beliebig weiter verarbeitet werden.

Das Speichermedium besteht bei Read-Only Systemen aus Fotomaterial mit einer hohen Auflösung auf einem Polyester- oder Acetat-Trägermaterial. Für den reversiblen Speicher muß das von Plessey entwickelte sog. Optape benutzt werden, welches wie folgt genutzt werden kann:
- violettes Licht löscht eine Information;
- geschrieben wird mit blaugrünem Licht;
- gelesen wird ebenfalls mit grünem Licht, aber mit reduzierter Intensität.

Da bei diesem Vorgang ein Teil der gelesenen Informationen zerstört werden kann, muß anschließend wieder neu geschrieben werden. Dieses ‚zerstörende Lesen' ähnelt den Vorgängen bei Magnetkern-Speichern oder auch dynamischen RAMs.

Die Kapazität dieser Speicherart ist sehr groß: auf 100 Meter Trägermaterial können 10^{10} Byte oder 10 Gigabyte untergebracht werden. Allerdings ist wieder nur sequentieller Zugriff möglich.

Bei sehr häufigem Lesen und Schreiben gibt es allerdings Schwierigkeiten mit dem Trägermaterial: Einerseits ist das Verhältnis von Nutz- zu Störsignal nach etwa 10^5 Lesevorgängen nicht mehr besonders gut, andererseits bilden 10^6 Schreibvorgänge eine Leistungsgrenze.

Die Lebensdauer von gespeicherten Informationen ist jedoch besonders hoch: Sie kann nach Schätzungen bis zu 50 Jahren betragen. Magnetbänder müssen in wesentlich kürzeren Zeiteinheiten umgespult und/oder überspielt werden, da sich die berührenden Bandseiten sonst gegenseitig in ihrer Magnetisierung beeinflussen.

Das System arbeitet nach Angaben der Hersteller „relativ" sicher. Dies bedeutet, daß die Fehlerhäufigkeit leider nicht so niedrig ist, daß sie zu vernachlässigen wäre: die eingesetzten Geräte müssen zur Sicherheit im Duplex-Betrieb arbeiten, wodurch sich das Preis-/Leistungsverhältnis so verschlechtert, daß eine weitere Produktion zu teuer war und deshalb eingestellt wurde.

Nach diesen abschließenden Kapitel über holografische Speichermedien soll nun zumindest noch eine weitere Richtung erwähnt werden, die optischen Festkörper. Dieser Speichertyp funktioniert auf ähnlichen Prizipien, wie die im nächsten Abschnitt beschriebenen optischen Prozessoren. Deshalb werden sie hier nicht gesondert behandelt.

E 6.4 Verarbeitung mit optischen Prozessoren

Ähnlich wie der Speicherbereich läßt sich auch der Komplex der Verarbeitung durch Prozessoren unterschiedlichen Technologien zuordnen, von denen die elektromechanischen und elektromagnetischen in diesem Zusammenhang keine Rolle mehr spielen (s. dazu Lit. 59. bis Lit. 70.).

Bei den sog. VLSI-Bausteinen ist inzwischen eine sehr starke Diversifikation vorhanden. Immer wenn sich genügend große Stückzahlen erwarten lassen, werden Chips im allgemeinen nach speziellen Kundenwünschen entwickelt. Dies gilt zum Beispiel besonders für den stark expandierenden Bereich der Bildverarbeitung, für den von allen großen Chip-Herstellern inzwischen Spezialentwicklungen angeboten werden.

Neueste Entwicklungen sind auch hier bei optischen Verfahren zu suchen, weil sich allmählich die Grenzen der Elektronentechnologie abzeichnen.

Nachdem man mit holographischen optischen Elementen etwa im Zusammenhang mit Speichern schon einige Erfahrungen gesammelt hat (siehe letzter Abschnitt), geht es nun um die Entwicklung von

- sog. Transphasoren, oder SEED-Chips (Self Electrooptic Effect Device) als Grund-Verstärker/Schaltelemente, die den klassischen Transistoren entsprechen,
- optischen logischen Schaltelementen für das logische Und, Oder und die Negation,
- bistabilen Speicherzellen und
- eine Logik für ganze Kaskaden von optischen Bauteilen, um schließlich einen ganzen Computer aus optischen Bauteilen aufbauen zu können.

Transphasoren arbeiten ähnlich wie Transistoren. Bei letzteren handelt es sich um drei mit verschiedenen Fremdatomen verunreinigten (dotierten) Halbleiterschichten, z.B. Silizium. Die mittlere Schicht kann den Stromdurchfluß der äußeren Schichten versperren: Erst durch Anlegen einer kleinen Spannung (in der Mitte) wird das „Tor" für den Hauptstrom geöffnet.

Ähnlich arbeiten die Transphasoren, die aus Zinkselenid bestehen, einem Kristall, der sich optisch nicht-linear verhält. Bei diesem kann mit Hilfe eines zusätzlichen Lichtstrahls ein Photonenstrom so gesteuert werden, daß erst bei Überschreiten einer bestimmten Schaltschwelle an Lichtmenge Durchlaß erfolgt.

Während der Transphasor auf rein optischer Basis funktioniert, funktioniert der sog. SEED-Chip nach elektrooptischen/optoelektronischen Prinzipien:

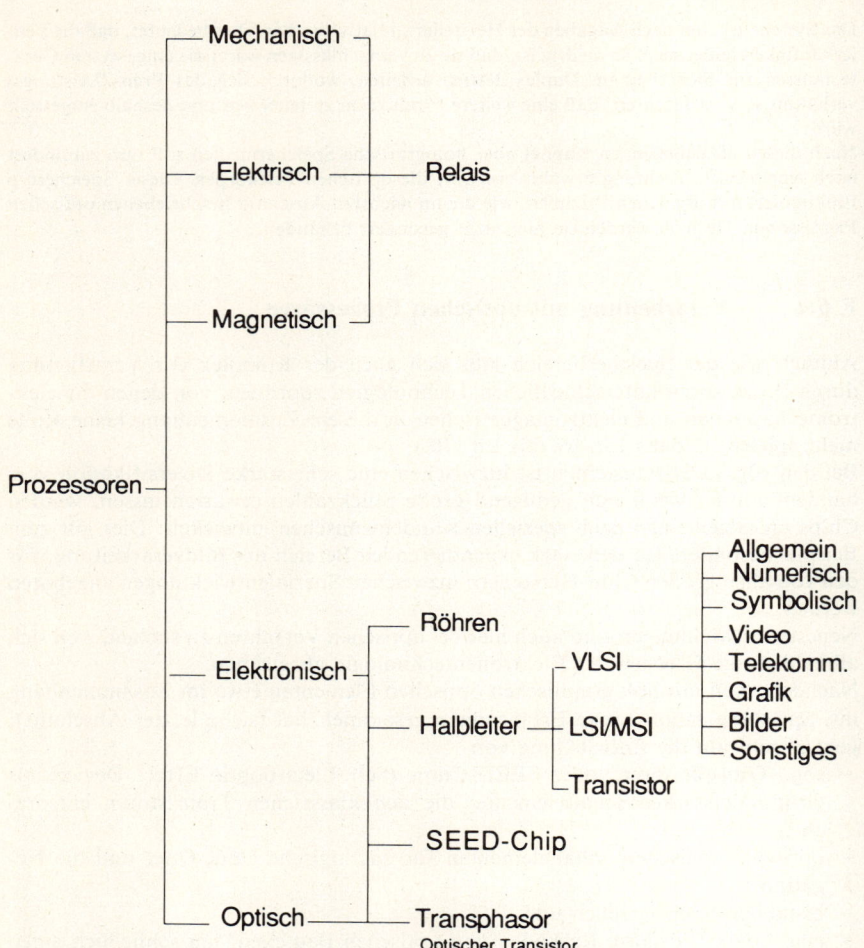

Abb. 8: Prozessortechnologien

Er besteht aus tausenden von hauchdünnen Schichten aus Galliumarsenid und Aluminium-Galliumarsenid und wird für einen Laserstrahl dann durchlässig, wenn die Schichten von elektrischem Strom durchflossen werden.

SEED-Chips schalten auf Grund dieser Prinzipien etwas langsamer als Transphasoren, ermöglichen aber eine leichte Integration von optoelektronischen Komponenten in eine rein elektronische Umgebung. Dadurch wird demnächst der Aufbau von hybriden Computern möglich, in denen z.B. ein optischer Bus oder ein optischer ROM vorhanden sein kann. Auch im Zusammenhang mit Verstärkern bei der

Glasfaser-Kommunikation bieten sich Einsatzmöglichkeiten, was u.a. von AT&T zur Zeit angestrebt wird.

Natürlich ist man hier noch relativ am Anfang, die zu erwartenden Vorteile sind jedoch erheblich.

(1) Schaltzeiten und Rechengeschwindigkeiten
Dies betrifft besonders die Rechengeschwindigkeiten, die aus physikalischen Gründen von der maximalen Geschwindigkeit des Elektronenflusses abhängen.

In dem derzeit billigen Werkstoff Siliziun beträgt diese etwa 60 km/Sekunde, in dem teureren Halbleiterverbindungen wie Galliumarsenid aber 500 km/Sekunde.

Photonen könnten sich in vergleichbaren Anwendungen, wie derzeit die Elektronen, jedoch mit Lichtgeschwindigkeit bewegen, d.h. etwa 300 000 km/Sekunde, womit sich die Schaltzeiten der entsprechenden Bauteile um ein Vielfaches reduzieren würden, d.h. sie kommen in den Bereich von 1 Picosekunde bis 100 Femtosekunden (10^{-12} bis 10^{-13} Sekunden). Derartige Schaltzeiten sind für alle diejenigen Anwendungen von strategischer Bedeutung, bei denen Echtzeitverarbeitung die Voraussetzung darstellt.

(2) Immunität gegen Inferenzen
Elektronen stoßen sich gegenseitig ab, werden in der Luft absorbiert und können in Vakuum oder in leitendem Material durch elektrische oder elektromagnetische Felder leicht abgelenkt werden. Das ist ein Vorteil von Schaltvorgängen, aber ein Nachteil bei der Übertragung von Signalen, da man viele Materialien braucht, um dieses zu verhindern. Auch in hochintegrierten Chips besteht ein großes Problem darin, das Überspringen von Elektronen auf andere Leiterbahnen zu verhindern (das sog. ,,Tunneln''), ein wesentlicher Grund für nicht beliebig dichte Anordnung von Leiterbahnen.

Photonen hingegen können unbeeinflußt von elektrischen und elektromagnetischen Feldern mit wesentlich weniger Verlusten und sogar ohne Bindung an einen individuellen Leiter von Punkt zu Punkt gesandt werden. Photonenbahnen dürfen sich auch beliebig kreuzen, ohne zu interferieren, wodurch sich die Leitungsproblematik beim Design von Chips enorm vereinfacht.

Eine geringe Störanfälligkeit von Photonenströmen ist ein zweiter Aspekt, der diese Technologie für eine Reihe von Anwendungen sehr interessant macht: Allerdings auch für militärische Anwendungen etwa im Weltraum (SDI), weil diese ,,Robustheit'' nicht nur gegen ,,Übersprechen'' oder ,,Anzapfen'' besteht, sondern auch gegen große elektromagnetische Impulse (EMP), wie sie durch Atombombenexplosionen ausgelöst werden.

(3) Sehr große Bandbreite
Neben der hohen Arbeitsgeschwindigkeit und der Immunität gegen alle Arten von Interferenzen ist ein weiterer Vorteil die wesentlich größere Übertragungsmenge von Informationen, die bewältigt werden kann. Die große Bandbreite mit vielen parallelen Kanälen ermöglicht Übertragungskapazitäten, die mit elektronischen Bauteilen nicht erreicht werden können. Dies wird im übrigen auch beim gegenwärtigen Entwicklungsstand der Lichtwellenleiter immer dann deutlich, wenn die optisch übertragenen Informationsmengen in elektronischen Bauteilen verstärkt werden

müssen, um erneut auf eine optische „Reise" zu gehen. Hierbei kann der elektronische Datenfluß mit dem optischen nicht Schritt halten, so daß sich die theoretischen Übertragungsmengen nicht erreichen lassen.

(4) Parallelität und 2D/3D-Übertragung

Ein weiterer Vorteil der optischen Technologien betrifft die Möglichkeiten, einen hohen Grad an Parallelität einzubauen und auszunutzen und so den Flaschenhals der von Neumann-Architekturen zu vermeiden. Ganze Felder von Daten können parallel ausgelesen, übertragen, verarbeitet und wieder eingelesen werden, was allerdings voraussetzt, daß die jeweilige Architektur auf Parallelverarbeitung ausgelegt ist. Hierbei kann auch ausgenutzt werden, daß die Kommunikation verschiedener Bauelemente nicht mehr an Leiter gebunden sein muß, sondern auch durch den freien Raum stattfinden kann. Dadurch wird nicht nur flächiges, sondern sogar räumliches Übertragen möglich. Bei letzterem können die Lichtströme mit holografischen Linsen und Spiegeln umgelenkt, fokussiert, gestreut und sogar ungestört gekreuzt werden, was in der Elektronik – wie bekannt – unmöglich ist. Mit Hilfe von paralleler Adressierung können weiterhin visuelle räumliche Repräsentationen aus Speicherzellen ein- und ausgelesen werden, wodurch sich die Zugriffszeiten weiter stark verkürzen lassen. Dies eröffnet z.B. ganz neue Möglichkeiten für Anwendungen in der Bildverarbeitung und Künstlichen Intelligenz mit zwei- oder dreidimensionalem Pattern-Matching etc.

(5) Problem mit Energiebedarf

Allerdings gibt es noch ein großes Problem im Zusammenhang mit dem Energiebedarf der Laser; sie geben nur 1 % ihrer aufgenommenen Energie in Form von Licht ab, den Rest als Wärme. Zwar lassen sich Transphasoren und SEED-Chips schon mit Laserleistungen im Milliwattbereich schalten, doch würde ein optischer Megabit-Speicher dann immer noch einige Kilowatt Leistung aufnehmen, womit sich ganze Wohnräume heizen ließen. Zur Lösung allein dieses Problems sind noch erhebliche Anstrengungen nötig [Anm. 25].

E 6.5   Übertragung mit Lichtwellenleitern

Übertragungstechnologien können ebenfalls auf unterschiedlichen Verfahren beruhen. Während für geringere Übertragungsmengen bei Daten, Text, Grafik und Ton die elektrischen und elektromagnetischen Technologien bisher ausreichten, kommt man bei der Übertragung von hochauflösenden Festbildern und Bewegtbilder schon an die Leistungsgrenzen (s. dazu Lit. 71. bis Lit. 91.).

Bei der Übertragung erlangen Audio (Sprache, Musik, Geräusche) sowie Sonderformen, die sich nicht eindeutig einer der obigen Gruppen zuordnen lassen, zunehmende Bedeutung. Beispiele sind etwa Meßdaten, Tabellendarstellungen, mathematische und chemische Formeln. Schließlich spielen auch noch sog. transparente Bitströme eine zunehmend wichtige Rolle im Zusammenhang mit der Bewegtbildübertragung (digitalisiertes TV, HDTV, HQTV), da hier nur geringfügig oder gar keine Strukturinformationen übertragen werden müssen.[Anm. 26].

Klassische Netze nutzen elektrische oder elektromagnetische Verfahren, im Nahbereich auch akustische Übertragunstechnologien mit den bekannten Netzarten und Topologien (Lit. 02.). Die hohen Datenraten erfordern aber auch hier den Übergang in den optischen Bereich: d.h. zu Verfahren, die auf Laserlicht und Lichtwellenleitern basieren, und die im folgenden etwas genauer erläutert werden sollen.

E 6.5.1   Grundlagen

Zur optischen Übertragung werden sendeseitig elektrooptische Wandler mit Infrarot-Licht emittierende Dioden (Lumineszenzdioden oder Laserdioden), zur Übertragung Lichtwellenleiter (Lichtleitfaserkabel oder kurz auch ,,Glasfasern'') und empfängerseitig optoelektrische Wandler mit Photodioden benutzt.

Alle Lichtwellenleiter (LWL) bestehen hauptsächlich aus Quarzglas (Siliziumdioxid – SiO_2), das im lichtführenden Kern noch mit Zusätzen von Germanium und Phosphor sowie Bor oder Fluor dotiert ist. SiO_2 ist eine sehr gute Grundlage für die Herstellung hochtransparenter Gläser, weil es Licht sehr wenig absorbiert und sich bei der Halbleiterherstellung als Nebenprodukt durch Abscheidung in einer besonders reinen und homogenen Gasphase gewinnen läßt (Lit. 76.).

Natürliches Siliziumdioxid, das als kristalliner Quarz oder Quarzsand abgebaut wird, ist allerdings wegen der Bestandteile an Metalloxiden nicht direkt zu verwenden. In diesem Kontext sind der geringe Durchmesser und das Gewicht der Lichtwellenleiter (LWL) im Gegensatz zu Kupferleitungen (CU) wichtig, wobei hier die hohe Übertragungsleistung jeder einzelnen Übertragungsstrecke noch zu berücksichtigen ist. Die *Abb. 9* gibt einige Vergleichszahlen an.

Leiteranzahl	Durchmesser (mm)		Gewicht (kg/km)	
	LWL	CU	LWL	CU
50	13,5	17,0	100	295
500	38,0	40,0	1 055	1 985
2 000	66,0	76,5	2 750	7 395

Abb. 9: Leiteranzahl, Durchmesser und Gewicht von Lichtwellen- und Kupferleitungen (Lit. 78.)

Die Informationen werden digital in Form von Lichtimpulsen mit einer sog. Pulscodemodulation (PCM) übertragen. Hierbei wird der optische Sender, der Licht einer bestimmten Wellenlänge bzw. Frequenz ausstrahlt, quasi ein- und ausgeschaltet.

Ein so generierter rechteckige Lichtimpuls verändert sich allerdings in einer Glasfaser in zweierlei Hinsicht: zum einen wird seine Stärke abgeschwächt, zum anderen verbreitert sich der Impuls, wobei er seine Rechteckigkeit verliert, d.h. abgerundet wird. Der erste Effekt entsteht durch die sog. Absorption (Dämpfung), der zweite durch die sog. Dispersion (Streuung) des Lichtes in der Faser.

E 6.5.2   Dämpfung bei der Übertragung

Die Absorption des Lichts wird durch die sog. (Faser-) Dämpfung beschrieben. Sie tritt auch bei herkömmlicher Übertragungstechnologie mit Kupfer- und Koaxialkabeln auf, und hängt bei Lichtwellenleitern von folgenden Faktoren ab:
– Faserlänge,
– Homogenität des Fasermaterials und
– Wellenlänge des Trägersignals d.h. des Laserlichts.
Bei einer homogenen Faser würde sich die Dämpfung proportional zur Faserlänge auswirken. In der Realität treten aber Inhomogenitäten auf, die die Dämpfung variieren.
Durch die Verbesserung und Verfeinerung der Herstellungsverfahren von reinen und homogenen Fasern werden heute jedoch schon sehr geringe Dämpfungswerte erzielt. Deshalb gelten die Konzepte, welche auf der alleinigen Verwendung von drei Wellenlängen des Lichtes bei 840 Nanometer (nm), 1 300 nm und 1 550 nm (den sog. optischen Fenstern) beruhen, heute schon nicht mehr. Zukünftige Übertragungstechniken mit Glasfasern werden mit hoher Wahrscheinlichkeit den gesamten Wellenlängenbereich des Lichtes von 800 – 1 600 nm nutzen können.
Die Dämpfung des Nutzsignals aufgrund dieser drei Ursachen muß also kompensiert werden. Dies geschieht ähnlich wie bei elektrischer Übertragung durch Verstärker in bestimmten Abständen, durch die die ursprüngliche Intensität der Signale jeweils wieder hergestellt werden kann.
Die *Abb. 10* zeigt den Zusammenhang von Entfernung der Regeneratoren (Faserlänge) und übertragbarer Bitrate in Megabit pro Sekunde (MBit/s) für elektrische und optische Übertragung.
Deutlich erkennbar ist die Abnahme des Regeneratorenabstandes bei Erhöhung der Bitrate sowie die Möglichkeit der Übertragung bei wesentlich größeren Distanzen mit Lichtwellenleitern im Gegensatz zu Kupferkabeln.

Kabeltyp	Übertragungs-leistung	Regenerator-abstand	Fernsprechkanäle-digital
Koaxial	34 MBit/s	9 km	480
	140 MBit/s	4,65 km	1920
Glasfaser	34 MBit/s	35 km	480
	140 MBit/s	25 km	1920

Abb. 10: Bitrate und Regeneratorabstand bei Dämpfung

E 6.5.3   Streuung bei der Übertragung

Der zweite Effekt, der auch als Dispersion (Streuung) bezeichnet wird, beeinflußt ebenfalls die maximal übertragbaren Informationsmengen. Ihre Auswirkungen hängen auf komplizierter Weise als bei der Absorption von den Faktoren ab:
– Faserlänge,
– Wellenlänge des Trägersignals,
– Brechungsverhalten des Faserkerns an der Hülle, d.h. vom Fasertyp und -material.
Weiterhin sind die Auswirkungen für das Nutzsignal umso kritischer, je kürzer die einzelnen Lichtimpulse sind, d.h. wie hoch die Bitrate ist.

Zum Fernsprechen wird für einen Kanal eine Bitrate von 64 KBit/s benötigt, was einer Länge des Impulses von 16 Mikrosekunden (μs) entspricht. Änderungen im Nanosekundenbereich wirken sich also nicht aus.

Für bewegte Farbbilder werden bis zu 140 MBit/s verwendet. Gibt es hier Änderungen im Nanosekundenbereich, können die Signale nach einigen Kilometern Übertragungsstrecke nicht mehr eindeutig identifiziert werden. Infolge der Dispersion wird das rechteckige Nutzsignal nämlich abgerundet und verbreitert.

Die Impulsverbreiterung ist proportional abhängig von der Faserlänge, die durch Regeneration wieder kompensiert werden kann. Leider sind die Regenerierungsabstände im Hinblick auf diesen Faktor nicht identisch mit denen infolge der Absorption.

Der zweite Faktor, der die Dispersion beeinflußt, betrifft die Wellenlänge des verwendeten Trägersignals Licht, welche mit dem dritten Faktor, dem Brechungsverhalten des Faserkerns, zusammenwirkt. Das Brechungsverhalten des optischen Materials für Licht wird durch die sog. Brechzahl angegeben, d.h. einen Faktor (N), um den die Lichtgeschwindigkeit in einem optisch dichteren Medium (wie etwa Glas) kleiner ist als im freien Raum (Vakuum). Ist diese Brechzahl in einem Medium etwa nicht konstant, haben die einzelnen Lichtstrahlen bzw. Lichtwellen eine unterschiedliche Ausbreitungsgeschwindigkeit, was eine Ursache für die Dispersion, eben die oben erwähnte Verbreiterung und Abrundung des Nutzsignals, darstellt.

Auf diesem Hintergrund haben sich heute drei Fasertypen für die Übertragung als geeignet herausgestellt:
- die Stufenprofilfaser
- die Gradientenprofilfaser und
- die Monomodefaser.

Alle drei nutzen die sog. Totalreflexion des Faserkerns am Fasermantel aus, wobei die Übertragungskapazität des jeweiligen Leiters auch von den geometrischen Abmessungen abhängt. Die Totalreflexion bewirkt, daß ein Lichtstrahl bei einem bestimmten Einfallswinkel an einer Grenzschicht zu einem optisch dichteren Material (etwa Kern und Hülle eines Lichtwellenleiters, aber auch zwischen Luft und Wasser) vollständig reflektiert wird, so daß der Lichtimpuls fast vollständig im Leiter verbleibt. Dieser Reflektionseffekt ist z.B. an ruhigen Wasserflächen bei einem bestimmten Sonnenstand beobachtbar.

Bei der Stufenprofilfaser handelt es sich um einen Lichtwellenleiter mit einem Stufenprofil bei der Lichtbrechung, d.h. der Kern hat eine bestimmte konstante Brechzahl, die an der Grenzschicht zwischen Kern und Mantel stark abfällt. Die Gradientenprofilfaser hat hingegen ein Brechungszahlprofil, d.h. eine Brechzahl, die sich über die ganze Querschnittsfläche des Kerns ständig ändert.

Die Monomodefaser hat ebenfalls ein Brechungszahlprofil, andererseits einen besonders kleinen Kerndurchmesser und eignet sich für die Übertragung von Licht nur im sog. Grundmodus, wobei große Entfernungen und die höchsten Übertragungsleistungen erzielt werden. Die *Abb. 11* zeigt die Besonderheiten der drei Fasertypen.

Fasertyp	Kern/Material Abmessungen	Übertragungsleistung 1 km Leitung	Regenerator- abstand (km)
Stufenprofil	125/50 μm	20 MBit/s	−
Gradientenprofil	125/50 μm	2 000 MBit/s	25
Monomode	125/5 μm	40 000 MBit/s	200

Abb. 11: Fasertyp, Abmessungen, Übertragungsleistung und Regeneratorabstand infolge Dispersion (Lit. 72.)

Erkennbar ist die hohe Übertragungskapazität der Monomodefaser, die allerdings bei 5 Mikrometern (μm) Durchmesser des Kerns mehr Genauigkeit bei der Herstellung der optischen Verbindungen erfordert. Dieses ist bei Gradientenprofilfasern unkritischer, so daß sich 1920 Fernsprechkanäle (was einem Fersehkanal von 140 MBit/s entspricht) ohne Regeneration infolge der Dispersion 25 km übertragen lassen.
Die theoretisch möglichen Abstände von 200 km für die Monomodefaser lassen sich allerdings wegen der Absorption nicht erreichen. Die Stufenprofilfaser spielt wegen der Übertragungsleistung nur für den Nahbereich eine Rolle.

E 6.5.4   Lichtsender und -empfänger

Als weitere Einflußgröße bei der Übertragung mit Lichtwellenleitern (auch in Bezug auf Dispersion und Absorption) spielt die Art des Lichtsenders und -empfängers eine wichtige Rolle (Lit. 89.).
Als Sender werden – wie bereits genannt – Lumineszenzdioden und Laserdioden sowie zum Empfang Photodioden verwendet. Hierbei handelt es sich um unterschiedliche Halbleiterbausteine, die klein, robust, mit anderen Halbleiterbauelementen kombinierbar sind und einen niedrigen Leistungsverbrauch haben.
Als Sendeelement werden zum einen Lumineszenzdioden verwendet. Dies sind Infrarot-Licht emittierende Dioden (IRED), d.h. grundsätzlich Halbleiterelemente, bei denen Infrarot-Licht durch spontane Emission entsteht, wenn „Ladungsträger injiziert" werden. Dabei kann die Intensität des Lichts direkt über den Diodenstrom gesteuert werden.
Diese Lumineszenzdiode erzeugt inkohärentes Licht, d.h. Licht mit mehr als einer Frequenz/Wellenlänge.
Laserdioden (LD) sind im Prinzip ebenfalls Lumineszenzdioden, wobei zusätzlich noch sog. wellenlängenselektive Elemente (z.B. zwei planparallele halbdurchlässige Spiegel) notwendig sind. Der damit aufgebaute Lichtgenerator bewirkt, daß schon bei geringer Gesamtintensität des Lichts die Intensität einer bestimmten Wellenlänge und Phase groß wird.
Während die oben beschriebene Lumineszenzdiode also Licht über ein breites Frequenzspektrum abstrahlt, senden Laserdioden nur sog. kohärentes Licht mit bestimmten Frequenzen ab, was besonders günstig bei der Kombination mit Monomodefasern ausgenutzt werden kann.
Als Empfangselement werden Photodioden, d.h. auch Halbleiterelemente verwendet, die entsprechend der genutzten Wellenlänge aus verschiedenen Halbleitermaterialien bestehen. Bei

Bitrate MBit/s	Wellenlänge nm	Fasertyp	Sender	Regenerator km	Empfänger
≤ 34	850	Gradient	LD	10 – 13	APD
			IRED	5	APD
	1 300	Gradient	LD	17 – 30	PIN
			IRED	12	PIN
≤ 140	1 300	Gradient	LD	17	PIN
			IRED	7	PIN
		Monomode	LD	20 – 40	PIN
≤ 565	1 300	Monomode	LD	16 – 30	APD/PIN

Abb. 12: LWL-Realisierungen (Lit. 75.; Lit. 79.)

der sog. Avalanchephotodiode (APD) wird noch ein interner Verstärkungsprozeß in Gang gesetzt, der allerdings wieder ein Rauschen bewirkt, was sich beim Verhältnis von Nutz- zu Störsignal negativ bemerkbar macht. Alternativ können auch sog. PIN-Photodiode (PIN) benutzt werden, bei denen eine interne Verstärkung nicht notwendig ist. Typische Entfernungen in Abhängigkeit von den Komponenten zeigt *Abb. 12.*

Zusammenfassend lassen sich folgende Charakteristika von Lichtwellenleitern aufzählen (Lit. 91.):
− Neben der geringen Absorption des Lichtwellenleiters und der unterschiedlichen Dispersion sind die Regeneratorabstände wesentlich größer als bei herkömmlichen Kupferleitungen.
− Auch die Übertragungsleistung ist wesentlich größer.
− Es gibt keine (elektromagnetische) Beeinflussung und kein Außenfeld, wodurch ,,Abhören'' schwierig wird und kein ,,Übersprechen'' auftritt wie bei herkömmlichen Fernsprechverbindungen.
− Es gibt auch keine sog. Potentialprobleme (Erdschleifen).
− Die Lichtwellenleiter sind erheblich dünner und leichter als Kupferleitungen.
− Die Verbindungen lassen sich im Wellenlängen-Multiplex (Wavelength Division Multiplexing, WDM) betreiben, d.h. es können mehrere Signalfolgen gleichzeitig in einem Lichtwellenleiter auf verschiedenen Wellenlängen/Frequenzen übertragen werden.
− Es gibt kein Risiko in explosionsgefährdeten Umgebungen.
− Das Material ist unbegrenzt verfügbar (Lit. 89.).
Bezüglich des Einsatzes von Übertragungssystemen mit Lichtwellenleiter-Übertragungssytemen läßt sich folgendes sagen: Während die 850-nm-Technik mit Gradientenfaser und Lumineszenzdioden mit kurzen Regeneratorabständen für den digitalen Orts- und den unteren Regionalbereich genutzt wird, werden zunehmend auch Strecken für längere Lichtwellen (1 300 nm) mit Laserdioden und Gradientenfaser realisiert.

Eine Reihe von Weitverkehrsverbindungen sind mit diesen Komponenten inzwischen realisiert worden, wobei ein Übergang auf 1.600 nm stattgefunden hat, was höhere Bitraten und größere Regeneratorabstände ermöglicht. Die wesentlichen Probleme (Stecker, Spleiße, Einkopplungsverluste, etc.) im Zusammenhang mit dem Einsatz der Monomodefaser scheinen gelöst zu sein, wie anläßlich der Einweihung der ,,Datenautobahn'' von Stuttgart nach Karlsruhe festgestellt wurde. Mit dieser Strecke wurde wieder ein Stück des sog. Overlaynetzes fertiggestellt, welches inzwischen 29 Städte einbezieht. Während im nördlichen Teil der Trasse zumeist Mehrmodenfasern eingesetzt wurden, ist ab Karlsruhe Einmodenfasereinsatz mit bis zu 565 MBit/s vorgesehen (Lit. 90.; Lit. 91.).
Bis Ende 1987 wurden insgesamt 360.000 km Glasfaser verlegt, davon 85.000 km im Bereich der Ortsnetze. Der Zuwachs soll 1988 etwa 200.000 km betragen. Ende 1990 sollen insgesamt 900.000 km verlegt sein (Lit. 92.).
Zu den Kosten läßt sich folgendes feststellen:
1977 kostete der Meter Glasfaser 100 DM, 1981 etwa 15 − 20 DM. Zukünftig wird ein Preis von 0,30 DM pro Meter erwartet (s. dazu Lit. 85. bis Lit. 88.).
Für das Fernnetz sind die Kosten für Lichtwellenleiter bei Neuverlegung von 70 km Länge nur annähernd halb so hoch wie unter Nutzung von herkömmlicher Technologie, so daß deren ausschließliche Verwendung absehbar ist. Die Erweiterung bestehender Koaxialkabel- und symmetrischer Kupferkabelnetze lohnt sich dagegen, solange noch Kapazitäten frei sind. Die Umrüstung von Analog- in Digitaltechnik

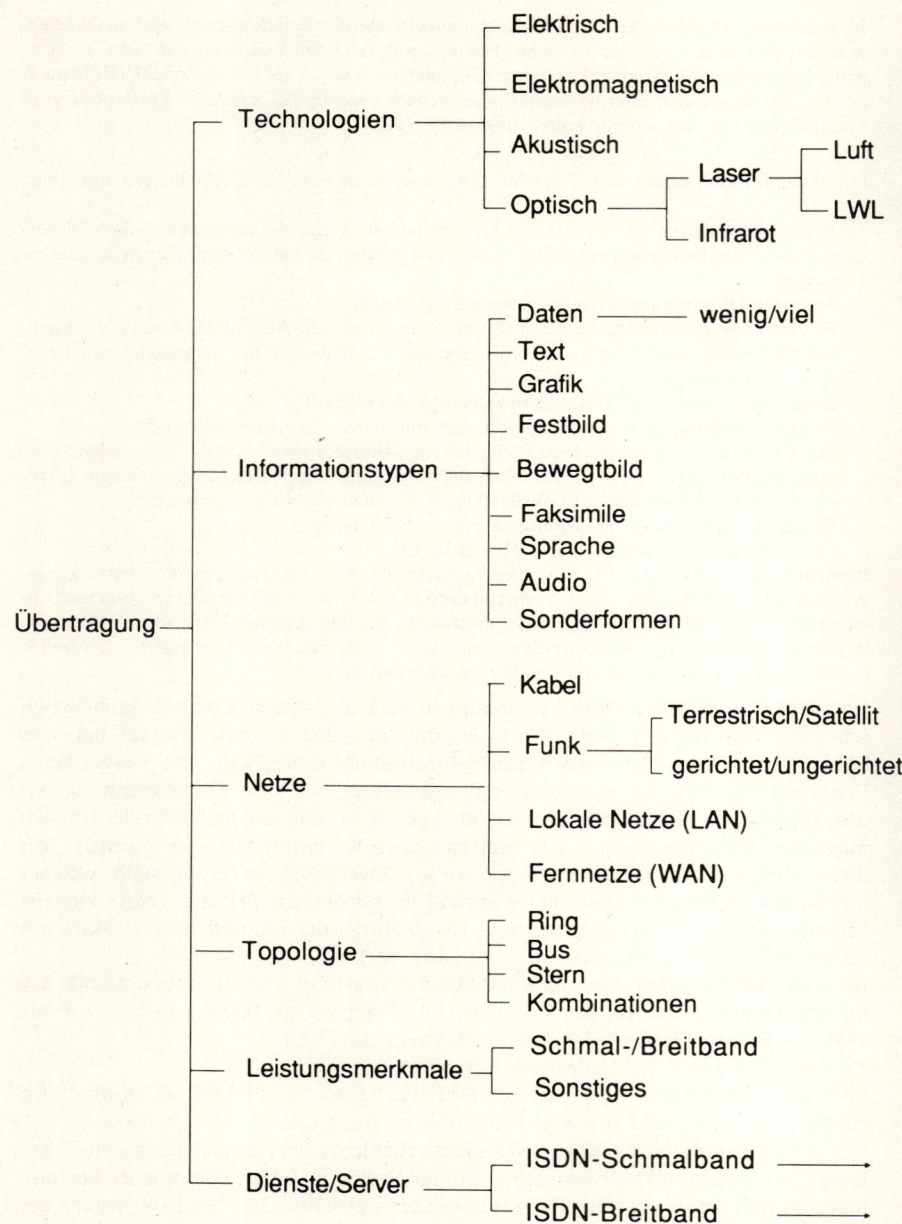

Abb. 13: Übertragungstechnologien

des Fernmeldenetzes lohnt ebenfalls nicht die Neueinführung von LWL. Für Einzelteilnehmeranschluß werden die Kosten allerdings weiterhin im allgmeinen noch zu hoch sein.

Die *Abb.* 13 faßt noch einmal zusammen, welche zu übertragenden Informationstypen es gibt und wie sich die Netze auch im Zusammenhang mit Topologie und Leistungsmerkmalen klassifizieren lassen. Dies leitet über zu ausgewählten Anwendungen und Diensten.

E 6.6 Anwendung von Computergrafik/Bildverarbeitung

Bildplatte, sowohl analoge als auch digitale, sind trotz der enormen Speicherkapazität nur passive (Speicher-) Komponenten. Mit ihrer Hilfe kann nur das auf Wiedergabegeräten reproduziert werden, was zuvor mit Hilfe von Eingabegeräten wie Kameras oder Scannern aufgenommen/eingegeben wurde.

Ganz neue Möglichkeiten ergeben sich bei Nutzung von Grafik- und Bildverarbeitungssystemen, insbesondere, wenn sie in etwa gleiche Qualitätsstandards erfüllen wie die vorhandenen Komponenten zur Ein-/Ausgabe, Speicherung und Übertragung.

Wir wollen uns bei der Beschreibung von Anwendungen auf den Komplex Computergrafik/Bildverarbeitung konzentrieren, weil in ihm eine Reihe von Probleme erkennbar wird, aber auch eine Menge von Impulsen auf den klassischen textuellen Bereich der Informations- und Kommunikationstechnologien ausstrahlen (zu diesem Abschnitt s. Lit. 93. bis Lit. 102.).

E 6.6.1 Simulation, CAD/CAM und Animation

Unter der Bezeichnung Computergrafik/Bildverarbeitung werden grafische Verfahren zusammengefaßt, die mit Computerunterstützung arbeiten. Drei große Gebiete wollen wir hier kurz beschreiben [Anm. 27; Anm. 28]: Simulation, CAD/CAM, Animation.

Simulation
Als Simulation wird die rechnerische Nachahmung eines Geschehens oder eines Problems bezeichnet, wobei häufig Visualisierungen generiert werden. Simulatoren werden meistens dann eingesetzt, wenn die Durchführung oder Produktion eines Modells zu teuer, zu gefährlich oder unüberschaubar wäre.

Zum Beispiel rechnet in einem Windkanalsimulator der Computer automatisch das aerodynamisch günstigste Profil aus, wenn ihm vorher die groben Umrisse und/oder die gewünschten Druckverteilungen eines Objektes mitgeteilt wurden. (Der Preis für einen Tag Arbeit in einem Windkanal beträgt etwa 200.000 DM. Während ein Tag am Computer mit dem „gleichem" Resultat nur ein Bruchteil dessen kostet.)

Ein Fahrsimulator ist ein weiteres Beispiel für den Einsatz dieser Technologie. Darin wird einem Benutzer der Eindruck vermittelt, als säße er in einem echten Fahrzeug und führe herum: Er sitzt auch tatsächlich in einem Auto, welches jedoch auf einer beweglichen Plattform befestigt ist, mit der die originalen Fahrbewegungen nachgeahmt werden können, wobei die „Aussicht" für den Benutzer aus 6 Farbprojektionen auf je 6 m große Leinwände besteht.

CAD/CAM

CAD ist die Abkürzung für Computer-Aided Design (Computerunterstütztes Entwerfen und Gestalten), CAM steht für Computer-Aided Manufacturing (Computerunterstützte Fertigung). Die ersten CAD/CAM-Systeme wurden in den 60er Jahren von der Luft-, und Raumfahrtindustrie zum Entwurf und der Konstruktion von Flugzeugen und Raketen entwickelt. Die Automobilindustrie folgte einige Jahre später nach. Heute kann es sich fast kein derartiges Unternehmen mehr leisten, ohne Computer zu arbeiten, da bis zu 75 % der Zeit gespart wird, wenn ein Auto an einem CAD-Computer entwickelt wird, statt am klassischem Reißbrett. General Motors konnte z.B. duch rechnergesteuerte Konstruktion und Herstellung die Entwicklungszeit neuer Autos von 24 auf 14 Monate senken.

Animation

Animation ist der englische Begriff für Belebung. Computer-Animation bezeichnet Methoden, bei denen Filme mit Hilfe von Computern produziert werden können. Hierbei werden zunächst einzelne Bilder vom Computer erstellt und dann einzeln aufgenommen.

Bei herkömmlichen Zeichentrickfilmen müssen 24 Bilder für eine Filmsekunde mit Hand gezeichnet werden, egal ob es sich um einen Amateurfilm oder eine große Walt-Disney Produktion handelt. Bei Benutzung von Computern muß nur das erste und letzte Bild einer Bewegung erfaßt werden, der Rest wird automatisch erstellt. Auch können verschiedene Hilfsmittel benutzt werden, um Bilder in den Computer „hineinzubringen" [Anm. 29].

Computergrafik und Bildverarbeitung wurde in der letzten Zeit immer besser, vollkommener und wirklichkeitsgetreuer, so daß man ihr Ergebnis teilweise schon nicht mehr von Film- und Fotodarstellungen unterscheiden kann. (Schon bald werden vielleicht Filme zu sehen sein, in denen eine computerisierte Marilyn Monroe mit einem dazugehörendem Humphrey Bogart spielt, wobei das Publikum per Terminal Regieanweisungen geben kann.)

E 6.6.2   Grafiken und Bilder auf Großrechnern und Workstations

Infolge der Digitalisierung und verbesserter Leistungen von Computern sind also besonders im Bereich der Verarbeitung von Bilddaten grundsätzlich neue Möglichkeiten entstanden, wie einleitend ausgeführt wurde.

Die Prozessorleistung hat um viele Größenordnungen, bezogen auf Adressen-/Wortbreite und Verarbeitungsgeschwindigkeit, zugenommen. Mit Spezialprozessoren sind inzwischen nicht nur farbige Grafikverarbeitung, sondern die Erstellung ganzer farbiger Bewegtbildfolgen in guter Qualität auch schon auf kleinen (nicht ganz so teuren) Anlagen möglich geworden. Wo bisher Großrechner, wie etwa die CRAY, eingesetzt werden mußten, können ähnliche Leistungen jetzt auch mit sehr schnellen und leistungsfähigen Einplatzsystemen erreicht werden.

Zum Beispiel hat die Firma Symbolics Workstations für sog. Symbolverarbeitung entwickelt, auf denen mit Programmiersprachen, wie LISP, gearbeitet werden kann, gleichzeitig aber auch mit Hilfe eines Color Graphics Systems beliebige Bitmap-Bilder in Farbe generierbar sind. Diese lassen sich modular aufbauen, über Menue gesteuert entwickeln, haben eine akzeptable Bildauflösung [Anm. 30], bieten beliebige Zeichengeneratoren, erlauben die Kombination und Überlagerung von analog aufgezeichneten Video-Bildsequenzen, ermöglichen direktes Malen und Zeichnen auf dem Bildschirm, 3D-Darstellungen von Objekten und Szenen sowie Animationen. Zusätzlich können Farb-Videokameras angeschlossen bzw. beliebige Farb-Video-Input eingespielt, digitalisiert und verarbeitet und auch in analoger Form wieder in RGB-/PAL-/SECAM-/NTSC-/Composite (RGB) Video-Norm ausgegeben werden. Dadurch ist eine beliebige Verarbeitung analoger/digitaler visueller Repräsentation möglich (Lit. 24.) [Anm. 31].

Der Übergang zu Realzeit Computer Vision (Animation), also farbigen Bewegtbilderfolgen, die unter Echtzeitbedingungen generiert werden (mit 24 Bildern pro Sekunde oder mehr), bringt dann noch weitere Anforderungen, die derzeit nur auf spezialisierten Workstations, wie etwa den Maschinen von Iris, Evans & Sutherland und Digital Equipment, bewältigt werden können.

Die beiden letzten Firmen kündigen derzeit eine neue Klasse von ,,Visualisierungssystemen'' an, die gemeinsam entwickelte VAXstation 8000. Dies ist eine Hochleistungsworkstation für technisch-wissenschaftliche Anwendungen mit einer dreidimensionalen Leistung von 500.000 Vektoren pro Sekunde bei Vektordarstellung von Bildern (gegenüber Rasterdarstellung). Der Hauptspeicher besteht aus einem 16 Megabyte-Modul, wobei die Verbindung zum grafischen Subsystem über eine fest zugeordnete Steuereinheit erfolgt. Letztere hat 4 Megabyte Arbeitsspeicher, Puffer für 58 Bildebenen, sog. Bildpunktverarbeitungsarrays und arbeitet mit zwei 32-Bit-Prozessoren mit je 40 Millionen Operationen pro Sekunde, einer davon ausschließlich für die Wiedergabe, so daß Echtzeitausgaben bei Grafikverarbeitung möglich sind.

Ausgehend von einer Bildauflösung mit 8192 * 6912 Bildpunkten auf einem 19-Zoll-Bildschirm, können auf derartigen Anlagen visuelle Repräsentationen von dynamischen Vorgängen, stereoskopische dreidimensionale Grafiken mit Schattierungen in Echtzeit mit ,,Kinoqualität'' erzeugt werden. Weitere Anwendungen sind zum Beispiel Programme für

– Robotersimulation
– Simulation dynamischer Systeme
– Energieoptimierungen
– Modellierung von Biopolymeren
– Generierung chemischer Strukturen etc. [Anm. 32, Anm. 33].

Programme mit diesen Leistungsmerkmalen waren zunächst nur auf Superrechnern ausführbar, inzwischen gibt es sie auch für die oben erwähnten spezialisierten Workstations. Aber die Entwicklung geht weiter, so daß schon bald einige dieser Leistungsmerkmale auch bei bestimmten Personal Computern (u.U. in abgemagerter Form) verfügbar sein werden.

E 6.6.3   Grafiken und Bilder auf Personal Computern

Die Grafik- und Farbfähigkeit von kleineren Computern stellte zunächst einen Fortschritt dar, jedoch war die Qualität bei Nutzung von Grafik häufig noch recht beschränkt, wie das Beispiel Bildschirmtext letztlich noch zeigt [Anm. 34]. Aufwendigere Anwendungen von Grafik und Farbe sind – wie schon mehrfach ausgeführt – abhängig von der Auflösung auf dem Bildschirm, gemessen in Bildpunkten, was einen entsprechend großen Bildspeicher (mit Direktzugriff) und geeignete Verarbeitungsprozessoren, besonders bei der Verwendung von Farben, erfordert [Anm. 35] (Lit. 98.).

Auch die Software für grafische Anwendungen kann verschieden aufwendig und/oder schnell sein. Zunächst wurden deshalb nur Systeme für sogenannte Business-Grafik in der Form von Kuchendiagrammen, Kurven, Stufen/Flächen, Säulen/Balken, Karten, o.ä. entwickelt. Es folgten Softwarepakete für die Bearbeitung von Bildern. Sogar für dreidimensionale Grafik sind schon eine Reihe von Softwarepaketen auf dem Markt [Anm. 36].

Inzwischen werden nun auch kleine Systeme mit sehr leistungsfähigen, d.h. schnellen Speicherbausteinen und Prozessoren ausgerüstet, so daß einfache CAD/CAE-Aufgaben, d.h. etwa Konstruktion im Maschinen- und Fahrzeugbau, Architektur und Bauwerken, Vermessungswesen, Bilderkennung, Kartenbearbeitung etc., bearbeitet werden können, insbesondere, wenn die Maschinen etwas aufgerüstet werden und/oder beschränkte Arbeitsgeschwindigkeiten vor Ort keine Rolle spielen.

Zunehmende Bedeutung enthält der Bereich Desktop Publishing, bei dem Textverarbeitung mit allen Formen von visuellen Repräsentationen (Grafiken, Bilder, Diagramme etc.) zusammengeführt werden kann [Anm. 37].

Die Entwicklung im PC-Bereich geht inzwischen über Generierung von Standbildern hin zu Faksimile mit sehr hohen Auflösungen, für deren Reproduktion allerdings auch Spezial-Prozessoren benötigt werden.

Um Computeranimationen herstellen zu können, bedarf es nach wie vor einer noch größeren Prozessor- und Arbeitsspeicherkapazität. Allerdings müssen diese ja nicht in Realzeit erzeugt werden, sondern können Bild für Bild generiert und auf Massenspeichern oder mit Video aufgezeichnet werden.

Besonders eindrucksvoll kann die Leistungsfähigkeit kleiner Systeme an einem kleinen Marktsegment nachvollzogen werden: bei Videospielen für Heimfernsehen mit Computer, sowie Bildschirmspielen in öffentlichen Spielsalons.

Um die Auswirkungen der in den bisherigen Kapiteln erläuterten neuen Techniken und Verfahren bei Ein- und Ausgabe, Speicherung, Übertragung und Verarbeitung abzurunden, wird nun ein Überblick über die geplanten schmalbandigen Dienste gegeben. Danach werden einige in die Zukunft weisende Perspektiven breitbandiger Dienste geschildert.

Den Abschluß bildet dann ein (prognostischer) Hinweis auf die Verwischung der klassischen Teilung von Computertechnologie einerseits, Konsum- und Hauselektronik andererseits: Hier scheint ein großer elektrooptischer oder optoelektronischer Komplex heranzuwachsen, der alle Lebensbereiche vollständig durchdringen könnte.

E 6.7   Spektrum alter/neuer schmalbandiger Dienste

Wie schon oben ausgeführt entwickeln sich die unterschiedlichen derzeit verfügbaren Netze zu einem integrierten digitalen breitbandigen Netz, über welches alle Informationstypen übertragbar sein sollen. Besonders interessant sind die neuartigen Anwendungen, von denen einige schon realisiert, andere erst angekündigt sind (s. hierzu Lit. 103. bis Lit. 107.).

Anschließbare Komponenten eines schmalbandigen Integrated Services Digital Network (Diensteintegriertes Digitales Netzwerk, ISDN, mit zwei B-Kanälen mit Bitraten von je 64 KBit/s für Nutzinformationen und einem D-Kanal mit 16 KBit/s für Steuerinformationen) sind alle möglichen multifunktionalen und mehrfach (parallel) nutzbaren Endgeräte für die Tele- und Übermittlungsdienste, aber auch alle Größenordnungen von Rechnern, Massenspeichern, Druckern sowie Server (etwa für die Kommunikations- und Teledienste), Koppler und Gateways zu anderen Rechnern und Netzen wie Fernnetze (Wide Area Networks, WAN), lokale Netze (Local Area Networks, LAN) aber auch andere private und/oder öffentliche schmalbandige ISDN.

Hier ist die Entwicklung enorm in Bewegung, besonders deshalb, weil damit häufig die Umstellung auf digitale Endgeräte verbunden ist; z.B. bietet die Deutsche Bundespost sog. Tele- und Übertragungsdienste an.

Den Telediensten mit Orientierung auf Texte lassen sich das klassische Fernschreiben und der Telegrammdienst, dann aber auch das neuere Bürofernschreiben (Teletex) zuordnen. Unter dieser Kategorie erfassen wir weiterhin: Textverarbeitung; Textkonferenzen einschließlich Telebox, sowie alle Message Handling Systeme (MHS).

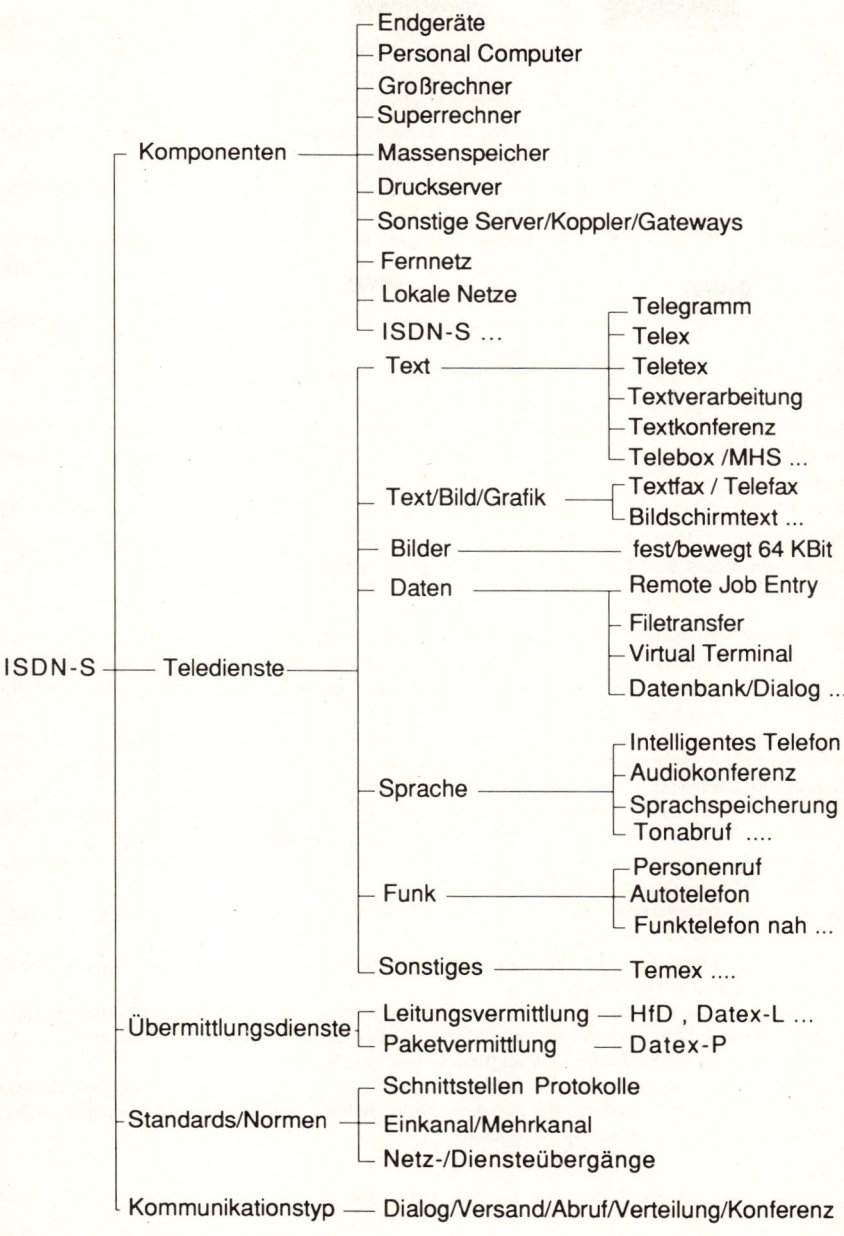

Abb. 14: Schmalbandiges ISDN

Text, Grafik und Bilder nutzen im Rahmen des Teledienstes derzeit Telefax sowie auch Bildschirmtext aus. Standbilder und Bewegtbilder können ebenfalls übertragen werden, soweit die mit 64 KBit/s erreichbare Qualität ausreichend ist.

Die Teledienste könnten auch spezielle Prozeduren zum Umgang mit Daten anbieten, etwa Remote Job Entry (RJE), Filetransfer (FT, FTAM), Virtuelle Terminals (VT), Datenbankzugriff im Dialogbetrieb.

Orientierung auf Sprache haben die Dienste: (intelligentes) Telefon, Audiokonferenz, Sprachspeichersysteme, Personenrufdienste etc.

Schließlich gibt es noch Funk(-dienste): Dieser Mobilkommunikation ordnen wir zu etwa schnurloses Telefon (Funk im Nahbereich) oder aber auch Autotelefon (Funk im Fernbereich).

Den Rest erfassen wir unter Sonstiges: etwa Temex mit Fernwirken und Fernabfragen.

Als Übermittlungsdienste werden die Leitungsvermittlung und die Paketvermittlung (Datex-L, HfD bzw. Datex-P) angeboten.

Bei all diesen Diensten lassen sich bestimmte Kommunikationstypen unterscheiden: Dialoge, (gezielter) Versand, ungezielte Verteilung, Abruf, Konferenz und Sonstige.

Weiterhin haben alle Dienste bestimmte Leistungsmerkmale, die durch Standards und Normen festgeschrieben sind, was sich in den Schnittstellen und den Protokollen wiederfindet und bestimmte Übergänge in andere Netze und Dienste ermöglicht oder auch nicht.

Perspektivisch läßt sich folgende Entwicklung skizzieren:

- Kommunikations- und Informationstechnik wachsen durch die zunehmende Verbreitung von Arbeitsplatzsystemen und multifunktionalen/mehrfachnutzbaren Endgeräten und die Vernetzung zunehmend zusammen.
- Im Inhausbereich wird die Bedeutung von Local Area Networks sehr stark zunehmen.
- Externe Datenkommunikation wird mit wachsendem Volumen über öffentliche Netze abgewickelt werden.
- Hierbei wird die Einführung des öffentlichen ISDN eine integrierende Wirkung haben und den zunehmenden Einsatz von digitalen ISDN-Nebenstellenanlagen fördern.
- Inwieweit durch private ISDN-Leitungen mit 64 KBit/s der Datentransfer über LANs entlastet wird, bleibt abzuwarten.
- Der Einsatzschwerpunkt von ISDN wird komfortable Sprachkommunikation und schnellen Text- und Fax-Verkehr fördern.
- Hieraus ergibt sich bis auf weiteres höchst wahrscheinlich eine Koexistenz von LANs mit ISDN-Nebenstellenanlagen.
- Voraussetzung dafür ist aber, daß die Standardisierung von ISDN in öffentlichen Netzen bis 1990 und dann auch in privaten Netzen zügig vorangetrieben wird, da hier bisher noch sehr viele unterschiedliche Leistungsmerkmale koexistieren.
- Perspektivisch könnte sich eine Integration von LANs mit Hochgeschwindigkeit-ISDNs (Breitband ISDNs) ergeben, die sich dann einheitlich über Glasfasernetze abwickeln ließe, was zum nächsten Abschnitt überleitet.

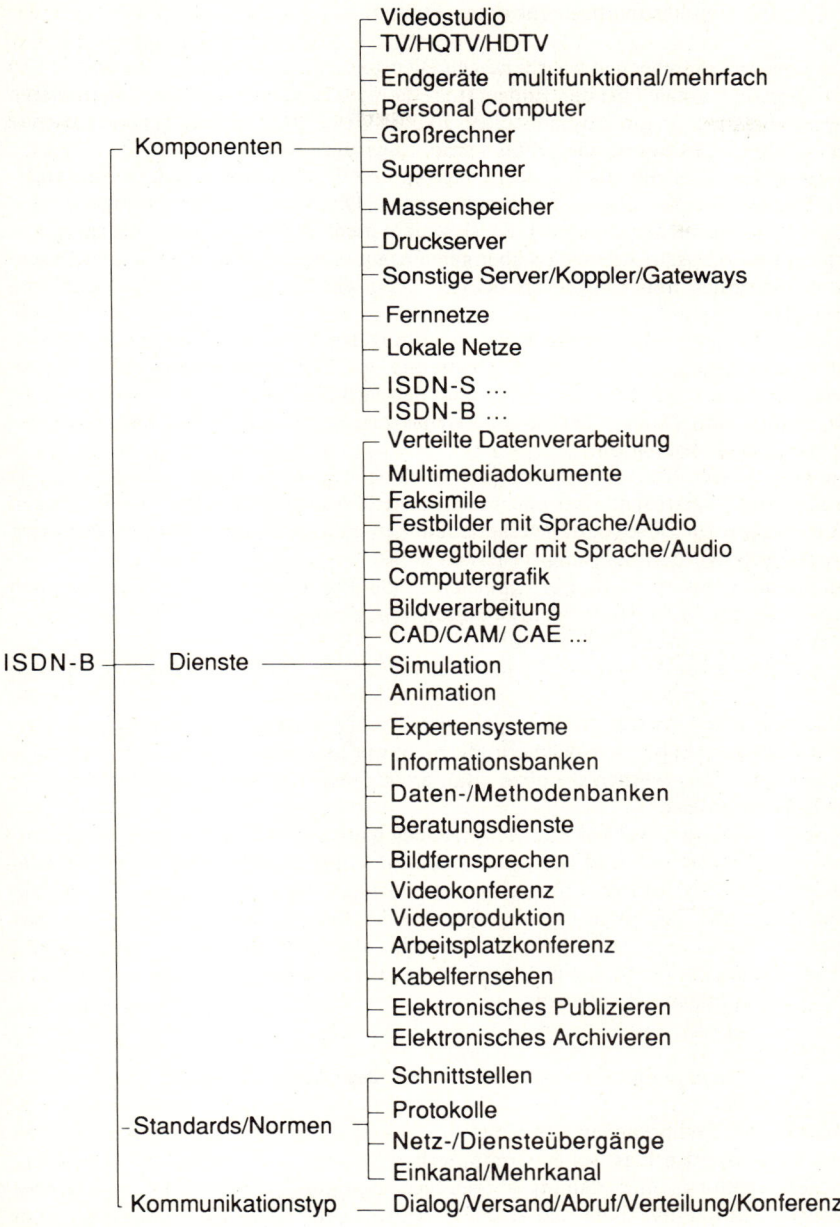

Abb. 15: Breitbandiges ISDN

E 6.8   Spektrum breitbandiger Dienste

Die Komponenten bei den breitbandigen Diensten (s. Lit. 108.; Lit. 109.; Lit. 110.) erweitern sich speziell bei den Endgeräten, da hier als wesentlicher Informationstyp Bewegtbild mit Audio (digitalisiertes TV, HDTV, HQTV) und hochauflösende Faksimile hinzukommt, wie schon vorne ausgeführt wurde.

Weiterhin wird es eine noch größere Vielfalt und Qualität der verschiedenen anderen Dienste – gegenüber den schmalbandigen Diensten – geben. Einige werden sogar Leistungsmerkmale haben, die sich nicht mehr eindeutig einem Informationstyp zuordnen lassen. Allen wird aber gemeinsam sein, daß die notwendigen Datenraten wesentlich höher liegen als bei den klassischen sprach- und textorientierten Diensten.

In diesen Bereich gehört deshalb die verteilte Datenverarbeitung mit hohen Datenraten, Erzeugung, Speicherung, Übertragung von Multimediadokumenten, Faksimile mit hohen Auflösungen, Fest- und Bewegtbilder mit Sprache/Audio, Computergrafik mit Raster-, Vektor- und Objektorientierung, CAD, CAM, CAE, Simulation und Animation.

Auch im Bereich Künstliche Intelligenz, etwa bei Expertensytemen und dem Bilderkennen und -verstehen, sind enorme Rechnerleistung notwendig. Speziell, wenn diese mit großen Daten- und Methodenbanken zusammenarbeiten oder automatische interaktive Beratungsdienste leisten sollen.

Der gesamte Komplex Bildfernsprechen, Videokonferenzen und Kabelfernsehen entwickelt sich in Richtung Mehrkanalnutzung, obwohl es noch erhebliche Probleme bei den sog. Koppelfeldern gibt.

Schließlich ist als Anwendungsbereich auch elektronisches Publizieren zu nennen, welches lokal (Desktop Publishing) oder verteilt (Corporate Publishing) stattfinden kann, sowie der Bereich des elektronischen Archivierens im Hinblick auf das Vorhalten von großen Massenspeichern, die nicht nur im Read-Only-Betrieb zur Verfügung stehen. Hier werden die oben erläuterten optischen Speichermedien eine sehr große Rolle spielen.

Diese Technologien werden zum Beispiel auch ganz neue Möglichkeiten bei der Dokumentation von Fest- und Bewegtbildmaterial schaffen, wobei hier ein großes Einsatzfeld für KI-gestützten Zugangssysteme vorliegt, wie etwa Filmspeicherung mit Bildplatten und Expertensystemen. Speziell für Bewegtbildmaterial von kürzerer Laufzeit, wie es in Wissenschaft und Technik, aber auch im Journalismus anfällt, bieten die neuen Technologien eindeutig ganz neue Dokumentations-, Nutzungs- und Verbreitungsmöglichkeiten.

E 6.9   Zeitprojektion optoelektronischer Anwendungen

Für optische Technologien sind vielfältige Anwendungsgebiete erkennbar: Sie reichen weit über den klassischen Computerbereich hinaus in Büros und Verwaltungen, Entwicklungs- und Planungsabteilungen, Fertigung und Produktion, sowie die Bereiche Publikation (Satz und Druck), Information- und Kommunikation. Aber auch in medizinischen Anwendungen, im Energie- und Meßgerätebereich sowie natürlich dem gesamten Heimelektronikmarkt mit Fernsehen und Video, werden optoelektronische Komponenten eine zunehmend wichtige Rolle spielen. Abschließend zitieren wir in *Abb. 16* eine Prognose von der Electronic Industries Association of Japan (EIJA) mit dem Titel Mittel- und Langfrist-Projektion des einheimischen Marktes für Konsumelektronik (Lit 111.), mit der die totale Durchdringung des Alltags deutlich wird. Wie unmittelbar erkennbar ist, basieren viele der Entwicklungen direkt oder indirekt auf optischen oder optoelektronischen Technologien [Anm. 38].

Fernsehen

HDTV	Hochauflösendes Fernsehen	1990
Flacher Bildschirm	1 m Bilddiagonale, 3 cm dick	+ 1990
Mikro-TV	Scheckkartengröße 3 mm dick	1991

Video

Digital-VCR	Videorecorder mit digitaler Signalverarbeitung	− 1990
Bildplattenrekorder	für Aufnahme/Wiedergabe (Erasable)	1992
Video-Printer	hochauflösend in Fotoqualität	1989
Mini-Videoplayer	Portabel in Taschenbuchgröße	− 1991

Elektronische Kameras

Still-Video-Camera	50 Bilder 2-Zoll-Diskette	− 1988
Optical-Disc-Camera	Filmaufzeichnung direkt auf optische Platte	1994

Audio

DAT-Walkman	Stereo Digital Audio Tape	1989
Funkkopfhörer	Drahtlose Audio-Übertragung (10 m)	1989
Compact DAT-Disk	DAT-Portable	1989
Lautsprecher	Ultradünn zum Aufhängen	1989
Digital-Radio	Empfang von Satellitenfunk	− 1991

Audio & Video

AV-Funk	Audio/Video-Anlage mit drahtloser Übertragung zwischen den Modulen, d.h. ohne Verbindungskabel	1990
Multi-Controller	Fernbedienung gesamte AV-Anlage	− 1990

Informationssysteme

Spracherkennung	Spracheingabe bei Textverarbeitung	1994
Auto-Navigation	Navigationssystem im Auto mit Stadtplänen auf CD-ROM und Geo-Satelliten	− 1991

Telekommunikation

Intelligenter Anrufbeantworter		1993
Bildtelefon		− 1991
Mehrkanaltelefon		− 1996

Hauselektronik

Control-Telefon	Steuerung aller elektrischen und elektronischen Geräte im Haushalt	1990
Fingerabdruckschloß	Schloß mit Fingerabdruck-Speicher	1994
Gesundheitspaß	Persönlichen Chipkarte mit allen medizinisch relevanten Daten	− 1991

Abb. 16: Mittel-/langfristige Projektion Konsumelektronik

Die den digitalen Techniken zugrundeliegenden Prinzipien haben im allgemeinen wesentliche Vorteile gegenüber analogen Übertragungs-, Speicher- und Verarbeitungstechnologien, allerdings mit einer Ausnahme: die analogen Übertragungs-, Aufzeichnungs-, Verarbeitungs- und Wiedergabetechnologien werden häufig noch leichter mit den zu verarbeitenden Informationsmengen fertig. Überhaupt scheint noch nicht endgültig erwiesen zu sein, ob digitale Techniken immer analogen überlegen sind.

Vorteile bieten digitale Techniken allerdings in dem hier betrachteten Gegenstandsbereich, da sie häufig qualitativ besser sind, keine schwierigere Handhabung erforderlich machen, aber ganz neue Möglichkeiten, insbesondere im Hinblick auf Integration sowie Mehrfachverarbeitung bzw. -nutzung, bieten.

Die stürmische Entwicklung der optischen Erfassungs-, Speicher-, Übertragungs-, Verarbeitungs- und Wiedergabetechnologien lassen vermuten, daß sie in den nächsten Jahren den führenden Platz bei einer Reihe von Anwendungen einnehmen werden.

Anmerkungen

[01] Vergleiche Fußnote [30] zur Anzahl der darstellbaren Farben.

[02] Zu allen Bereichen gibt es zusammenfassende grafische Darstellungen am Ende der jeweiligen Kapitel.

[03] Genannt werden können etwa die Farbkopierer von Matsushita und Canon.

[04] Der bekannteste intelligente Scanner kommt derzeit von der Xerox-Tochter Kurzweil. Weniger Leistungsfähigkeit bieten zum Beispiel die Scanner von Datacopy.

[05] Diese CCD-Chips sind in der Lage, ein Bild mit Hilfe von 290.000 Bildpunkten in den PAL- oder NTSC-Standard umzusetzen (Funkschau 8, 8. April 1988).

[06] Bei Lautsprechern ist ein vergleichbar wichtiges Maß der übertragenen Frequenzbereich.

[07] Zu den analogen Standards gehören auch die für das direkte Satellitenfernsehen vorgesehenen Standards C-MAC, D-MAC und D2-MAC (Lit. 13. – Lit. 15.)

[08] Eine kompakte Darstellung mit einer großen Grafik findet sich in Funkschau 8. 8. April 1988. Zu Details der Codierung siehe (Lit. 9., Lit. 10.).

[09] Als kleine Anmerkung am Rande sei darauf hingewiesen, daß Großbildschirme angeblich eine uralte (Fernseh-)Technologie darstellen: Schon während der olympischen Spiele 1936 gab es zwei ,,Groß-''Bildprojektionsschirme in Berlin (Lit. 22. – Lit. 24.).

[10] Eine Zusammenstellung der Geräte findet sich in der Zeitschrift Office Management 1, 1988.

[11] s. auch Kap. ,,Reprografie'' in diesem Band.

[12] s. auch Kap. ,,Pressedokumentation'' in diesem Band.

[13] An dieser Stelle scheint eine kurze Erläuterung notwendig, da die Attribute ,,analog'' und ,,digital'' nicht immer trennscharf zugeordnet werden. Zunächst können sie den jeweiligen Inhalten zugeordnet werden: In diesem Fall repräsentiert ein Bild/Foto oder auch Audio, d.h. Sprache, Musik, Geräusche, einen analogen Inhalt.
Inhalte müssen dann auf elektrische, optische oder andere Trägersignale aufmoduliert werden.
Hierfür gibt es verschiedene Verfahren: Frequenzmodulation, Amplitudenmodulation, Phasenmodulation, Pulscodemodulation etc. Während die ersten drei Modulationsverfahren als analog bezeichnet werden, gilt das letzte als ein digitales (allerdings nicht rein digitales) Verfahren.

Fernsehbilder, die nach klassischem PAL-, SECAM-, NTSC-, aber auch D2-MAC-Standard moduliert werden, gelten als analog klassifiziert. Allerdings kann besonders der letzte Standard leicht mit diversen Codes digitalisiert werden (Lit 14.). Daten, die auf Computern verarbeitet werden sollen, müssen digital vorliegen: sind sie es nicht, benötigt man Analog/Digital- bzw. Digital/Analog-Wandler. Weitere Details hierzu finden sich z.B. in (Lit. 03.).

[14] Speziell bei diesem Abschnitt werden − exemplarisch für alle anderen in diesem Papier beschriebenen Technologien − eine Reihe von Firmen erwähnt, die die jeweiligen Entwicklungen betrieben oder stark beeinflußt haben.

[15] Da diese Löcher unterschiedliche Länge haben, handelt es sich nicht um eine reine Digitaltechnik im Sinne der Fußnote [13], sondern eine digitalisierte Analogtechnologie oder auch analoge Digitaltechnik, was die entsprechende Attributierung dieser Platte ungenau wiedergibt. Vergleiche etwa auch Quellenhinweis (Lit. 29., S. 52).

[16] Das Bildsignal wird mit Frequenzmodulation auf den Träger von 7,5 MHz, die beiden Tonkanäle bei 684 KHz und 1.066 KHz aufmoduliert.

[17] Diese enorme Speicherkapazität kann wie folgt überschlagsweise berechnet werden: Bestimmte CD-Audios haben eine Abspieldauer von 74 Minuten. Bei zwei Kanälen für Stereo, einer Abtastfrequenz von 11,4 KHz und einer Digitalisierung mit 16 Bit ergibt das 6.265.728.000 Bits (2*44,1*1000*16*74*60) oder etwa 783 MByte für 8 Bit-Zeichen, allerdings brutto.

[18] Zum Beispiel konnte schon generiert werden:
− Bild-Grafik mit 288*192 Bildpunkten, d.h. 16 Zeilen a 48 Zeichen (12*6 Zeichenmatrix mit 16 aus 4.096 verschiedenen Farben, was etwa der Qualität von Videospielen entspricht, oder als
− Zeichen-Grafik mit 288*24 Bildpunkten, d.h. 2 Zeilen mit je 48 Zeichen, (12*6 Zeichenmatrix) und 2 aus 8 Farben.
Der Bild- bzw. Zeilenaufbau erfolgte mit 300 Zeichen/Sekunden, so daß ein Bild in unter 3 Sekunden aufbaubar war. Große zusammenhängende einfarbige Flächen ließen sich in 3 Millisekunden pro Bild generieren.

[19] Zur Steuerung werden zwei von den acht sogenannten Buscoding-Kanäle benutzt zum:
− Auslesen des Platteninhaltes
− Anzeige von Titelnummer, Index, Spielzeit
− Suchlauf nach Titeln
− Wiederholung und Überspringen von Stücken, sowie
− sonstige Programmierung.

[20] Diese werden auch als Combi-Spieler bezeichnet, gegenüber den sog. Clip-Spielern für 12 cm Platten.

[21] Die CD-Video Platten mit 12 cm Durchmesser haben eine goldene Oberfläche, um sie von den CD-Audios unterscheiden zu können.
Anzumerken ist hier, daß CD-Videos sowie CD-Video LP und EP zur Kategorie der analogen Bildplatte gehören. Wegen der Kombinationsaspekte führen wir sie aber hier auf.

[22] Dieses Center gehörte zu RCA, welches wiederum kürzlich von General Electric übernommen und zum 1. April 1987 dem Stanford Research Institute (SRI) geschenkt wurde.

[23] 30 Einzelbilder pro Sekunde mit einer Auflösung von 265 * 200 Pixel. Bei Reduktion der Bilderanzahl ist eine Qualitätssteigerung möglich.

[24] In diese Tabelle gehört eigentlich noch die Digitale Optische Platte (DOD), die 12 Zoll Durchmesser hat, eine Adressierung der digitalen Nutzinformation zuläßt, als WORM oder Erasable zur Verfügung steht und in speziellen Laufwerken nur wichtig für den Computerbereich ist. Weiterhin fehlt die sog. optische Smart Card, die ebenfalls etwa 200 MByte pro Seite speichern kann und damit weit jenseits der Magnetstreifen, Mikro-

chipkarten oder etwa der DREXON LaserCard liegt. Eine Vergleichsuntersuchung findet sich in (Lit. 56.).

[25] Im Zusammenhang mit den Forschungsaktivitäten ist aber eine merkwürdige Ruhe in Europa vorhanden, obwohl Forschungsförderung schon seit 1982 betrieben wird. Seit dieser Zeit gibt es das Joint Optical Bistability Project (EJOB), welches von Desmond Smith von der Herio-Watt-University im schottischen Edinburgh initiiert wurde und eine Reihe von Ergebnissen schon auf der Hannover-Messe 1986 gezeigt hat. Inzwischen hat das japanische Industrieministerium (MITI) eine großzügige Forschungsförderung eingeleitet und auch die Amerikaner folgen dicht auf. Nur die europäische Computerindustrie scheint noch zu zögern, obwohl hier ein großer Vorsprung bestand und wohl noch besteht. Aus diesem Grunde hat D. Smith sein Wissen amerikanischen Interessenten zur Verfügung gestellt. Zitat des Luxemburger EG-Beraters Siegfried Neumann: ,,Die Amerikaner werden die Sahne abschöpfen, indem sie uns mit SDI-Geldern die besten Leute wegkaufen...''

[26] Siehe hierzu etwa den Bericht: Lohse K.: Statusbericht des Arbeitskreises 3: Festbild- und Bewegtbildkommunikation im Projekt Berkom. Berlin 1987, der partiell Eingang gefunden hat in den Abschlußbericht (Lit. 108.).

[27] Die Ausführungen zu diesem Punkt stammen aus einem Referat von Jan Hennings, Berlin, 16. 2. 1988.

[28] Genau genommen muß Computergrafik (Computer Graphics) von Bildverarbeitung (Image Processing, Computer Vision) unterschieden werden: Ersteres basiert auf Vektorgrafik, letzteres auf Rastergrafik (,,Bitmaps'').

[29] (a) Man projiziert auf das Modell ein quadratisches Licht-Liniennetz und ,,liest'' es mit Hilfe von zwei Kameras in den Rechner ein. Dieser berechnet dann aus den jeweiligen Kreuzungspunkten ein Bild.

(b) Objekte, die viele Hohlräume haben, werden mit Hilfe von drei Magnetfeldern, die in der X-, Y- und Z-Richtung des Modells angeordnet werden und deren Feldstärke bei zunehmender Entfernung abnimmt, ,,abgetastet''. Letzteres geschieht mit Hilfe eines sog. Taststockes, der drei Sensoren an der Spitze hat und dem Rechner Meßwerte liefert, aus denen dieser die jeweiligen Positionen des Stabes errechnen kann.

(c) Die dritte Möglichkeit ist das ,,Selbermachen''. Man setzt den Körper aus geometrischen Figuren (Quader, Pyramide, Kegel, Zylinder) so zusammen, daß ein Drahtmodell entsteht. Dieses Drahtmodell kann der Computer dann in ein ,,richtiges Modell'' umwandeln, wobei er z.B. bei der sog. Hiddenline-Technik die Linien, die in der Realität nicht sichtbar sind, wegläßt. Er kann auch (was aber wesentlich mehr Zeit kostet) durch Flächengestaltung eine körperhafte Form herstellen, bei der Lichtquellen, Reflexion, Schatten und Durchsichtigkeit berücksichtigt werden.

[30] 1280 * 1024 farbige Bildpunkte mit 8, 16, 24 oder 32 Bit/Pixel ermöglichen z.B. bei 10 Bits pro Farbe Rot, Grün und Blau theoretisch die Darstellung von 10^9 verschiedenen Farben.

[31] Exemplarisch hier die Firma Symbolics: Sie bietet ein vollständiges System für farbige 3D Animation unter der Bezeichnung Color Graphics System an. Die Software alleine kostet in Deutschland 163.000 DM, das Gesamtpaket einschließlich diverser Zusatzgeräte/-komponenten für Ein- und Ausgabe etwa 200.000 US Dollar.

[32] Siehe hierzu diverse Produktunterlagen von: Iris 2011 Stierlin Road, Mountain View, California 94043, oder auch Evans & Sutherland Stahlgruberring 32, D-8000 München 82, Digital Equipment Freischützstraße 92, D-8000 München 81.

[33] Die Marktsituation von Firmen im Animationsbereich wird beschrieben in: Neue Medien Heft 3, 1988.

[34] Bildschirmtext (Btx): Diese Repräsentationsmethode nutzt konventionelle analoge Fernsehtechnologie mit einem Decoder als Zusatzgerät, mit dessen Hilfe seitenweise einfache

grafische und textuelle Information über das analoge Fernsprechnetz digitalisiert abgerufen werden kann. Vgl. auch Kap. B 15 in Band 1.

[35] Zum Beispiel hat ein Bildschirmsystem der Firma Inovion (Layton, Utah) 512*480 Bildpunkte (Pixel) mit 24 Bits/Pixel also 5.898.240 Bit, d.h. fast 6 Megabit/Seite. Diese 24 Bits pro Bildelement werden wie folgt genutzt:
- 3 Bits für Menü und Kursor
- 7 Bits für Rot mit unterschiedlicher Intensität
- 7 Bits für Grün mit unterschiedlicher Intensität
- 7 Bits für Blau mit unterschiedlicher Intensität

Der Bildschirm kann also an 245.760 unterschiedlichen Bildpunkten verschiedene Farben anzeigen.

Jedoch haben die Bildschirmgeräte verschiedener Hersteller sehr häufig unterschiedliche Auflösungen, so daß Hard- und Software nicht automatisch kompatibel sind. Dies könnte allerdings durch Absprachen/Standardisierung/Normung leicht behoben werden. Exemplarisch läßt sich das etwa bei den IBM-Standards CGA, EGA, PGA, VGA sowie denen von Außenseitern wie etwa Hercules etc. studieren

[36] Siehe etwa Produktunterlagen zu einfachen Grafikpaketen wie Firstcad, Generic Cadd, Autosketch, Freelance, Caddy, IN*A*VISION oder aber anspruchsvollere und teuere Produkte wie Autocad, Versacad, Autokey.
Tests finden sich z.B. in Byte, August 1987.
Zur Bildverarbeitung gibt es ebenfalls diverse Angebote. Genannt werden können (ohne Anspruch auf Vollständigkeit) Halo '88, Freelance, Gem Presentation, PC Paintbrush, Microsoft Paint etc.

[37] Auch hier gibt es inzwischen eine große Palette von Produkten. Exemplarisch genannt werden können Ventura Publisher von Xerox, Aldus Pagemaker und Gem Desktop Publisher. Eine umfangreiche Übersicht findet sich in: Holmes, Thom: Make my Page. Byte, May 1987, S. 159 – 165. Vgl. auch Kap. B 11 in Band 1.

[38] Die Studie basiert auf der Expertise von 21 führenden japanischen Elektronikproduzenten. Als erstes wurden Techniker der einschlägigen Firmen und Wissenschaftler von Universitäten befragt. Das Ergebnis war eine Liste von 129 Produktideen, die dann den 32 größten Handelsbetrieben in Japan vorgelegt wurden, um Meinungen über Marktchancen und Preise zu erhalten. Die Liste für wichtig befundenen Zukunftsprodukte bildete schließlich die Grundlage für eine Konsumentenbefragung. Das Ergebnis ist eine Prognose aus japanischer Sicht, läßt sich aber mit bestimmten Abweichungen auf Europa und USA übertragen (Lit. 111.).
Falls die Jahreszahlen mit einem *Minuszeichen* versehen sind, ist die Prognose entweder in Japan, Nordamerika oder Europa schon überholt. Ein *Pluszeichen* signalisiert eine zu optimistische Prognose.

Literatur

01. Hennings, Ralf-Dirk: Neue Aufzeichnungs-, Wiedergabe- und Einzelverarbeitungstechnologien. In: Wersig, G. (Hrsg.): Informatisierung und Gesellschaft, K.G. Saur, München u.a., 1983. Seite 31 – 117.
02. Hennings, Ralf-Dirk: Neue drahtlose Technologien und Dienstleistungen. In: Wersig, G. (Hrsg.): Informatisierung und Gesellschaft, K.G. Saur, München u.a., 1983. Seite 140 – 162.
03. Hennings, Ralf-Dirk: Telekommunikation in den 80er Jahren. In: Petra Schuck-Wersig und Gernot Wersig (Hrsg.): Akzeptanz neuer Kommunikationsformen. Saur Verlag 1985, Seite 28 – 80.

04. Hennings, Ralf-Dirk: Neue optische Technologien für Information und Kommunikation. Nachrichten für Dokumentation, Band 36, Heft 3, 1985, Seite 137 – 144.
05. Hennings, Ralf-Dirk; Schuck-Wersig, Petra; Wersig, Gernot: Entwicklungstendenzen analoger und digitaler visueller Speichermedien. Photomed, Verlag Quintessenz, Berlin, 1988.

Ein- und Ausgabe

06. Hearn, Eldon, D.: Digitizers for Data Entry , Byte, November 1986.
07. McCormick, John: Text Scanners for the IMB PC. Byte, April 1987.
08. HighTech, Das Deutsche Technologie-Magazin,: Fotos von der Floppy. HighTech 5, 1987. Redaktion: Postfach 201229, 8000 München 2.
09. Ciarcia, Steve: Build the GT180 Color Graphics Board. Part 1: Basic Technology: Byte November 1986.
10. Möhrmann, Karl Heinz: Codierung von Videosignalen für die digitale Übertragung. Telcom-Report 10, Heft 6, 1987, Seite 340 – 345.
11. Nadan, J. S.: A Glimpse into Future Television. Byte, Januar 1985. Seite 135 – 150.
12. Bayerischer Rundfunk; Hochauflösendes Fernsehen: High Definition Television. München, Januar 1987.
13. Weinlein, W.: Satelliten-Rundfunk − Signale aus dem All für Jedermann: D2-MAC und DSR. Herausgegeben von: Technische Kommission ARD/ZDF, Juli 1987.
14. Vollmer, Rudolph: Glasfaserübertragung von MAC-Signalen. NTZ Band 41, Heft 2, 1988, Seite 84 – 89.
15. Graf, Peter, H.: Die wichtigsten Eigenschaften der Satelliten-Fernsehnorm D2-MAC/Paket, NTZ Band 39, Heft 1, 1986, Seite 1823.
16. Shuford, R.S.: Two Flat-Display Technologies. Byte, März 1985.
17. ETZ: Farbtaugliche Flachbildschirme. ETZ, Band 106, Heft 6, 1985.
18. HighTech: Die Flachmänner kommen. HighTech 3, 1987.
19. Dichter, Jean-Paul: Qualitätsmerkmale moderner Hochleistungsterminals. CAD-CAM Report Nr. 9, 1985.
20. Adler, Glenn, J.: Liquid-Crystal Displays for Portables, Byte, July 1985,
21. Stewart, George A.: Multiscan Color Monitors. Byte, February 1988.
22. Bruch, Walter: Interview in der Sendung: Fernsehen Anno dazumal: Vor 50 Jahren fing alles an. Zweites Deutsches Fernsehen, 21. 3. 1985.
23. Riedel, Heide: Fernsehen: Von der Vision zum Programm. Deutsches Rundfunk-Museum, Berlin, 1985.
24. Bruch, Walter: Von der Tonwalze zur Bildplatte. Franzis-Verlag, München, Sonderheft 12, 1983.
25. Vom Computer an die Wand. HighTech 4 1987.
26. Sony: Produktunterlage zum VPH-1031QM Multiscan, 1988. Hugo-Eckener-Straße 20, 5000 Köln 30.
27. Cook, Rick, Schauble, Paul: Laser Printing without Lasers. Byte, April 1988.
28. Polaroid: Produktunterlagen zum Palette Computer Bildrekorder, 1985, Postfach 6050, Offenbach a.M. 4. Siehe auch: Personal Computer + PC Soft, Sonderdruck 8, August 1984.

Speicherung

29. Hendley, Tony: Videodiscs, Compact Discs and Digital Optical Discs. CimTech Publication The National Centre for Information Media & Technology. The Hartfield Polytechnic, P.O. Box 109, College Lane, Hatfield Herts AL10 9AB. February 1985.

30. Lambert, Steve; Ropiequet (Hrsg.): CD-ROM – The New Papyrus. Microsoft Press, 1986 620 Seiten.
31. Marsh, Fred E., Jr.: Videodisc Technology. Journal of the American Society for Information Science. Vol. 34, July 1982.
32. Paris, Judith: Basics of Videodisc and Optical Disc Technology. Journal of the American Society for Information Science, Vol. 34, No. 6, December 1983.
33. Victor Company of Japan (JVC): Victor of Japan erschließt den Markt für VHD-Bildplattenspieler. Audio & Video, Dempa-Veröffentlichung zur Funkausstellung Berlin, 1983, Tokyo.
34. JVC: Video High-Density Disk System. Technical Paper, ohne Jahresangabe.
35. Graf, G.: Eine optische Speicherplatte zum Einsatz in Informationsverarbeitungssytemen. Philips im Büro. Siehe auch Presseinformation Nr. 587, ohne Jahresangabe.
36. Daynes, R., Holder, S.: Controlling Videodiscs with Micros. Byte, July 1984.
37. Jarvis, Stan: Videodiscs and Computers. Byte, July 1984.
38. Fernmeldetechniches Zentralamt der Deutschen Bundespost (FTZ): Rahmenbedingungen für Btx-Terminals mit Ergänzungen. (FTZ 157 D2 E), Darmstadt, Februar 1983. Siehe auch: Btx-Praxis Heft 1985.
39. Dornier System GmbH. Produktunterlagen zu Bildschirmtext und Laser-Bildplatte. Postfach 1360, 7990 Friedrichshafen.
40. Warren, Carl: Optical Storage Shines on the Horizon. Mini-Micro Systems, December 1985. Seite 68 – 80.
41. Malloy, Rich: A Roundup of Optical Disk Drives, Byte May 1986.
42. Garner, R.: ‚Erasable‘ Optical Disc from Japan holds Promise of Cheaper Data Storage. Financial Times, April 19, 1983.
43. Rothchild, Edward S.: Optical Memory: Data Storage by Laser, Byte, October 1984.
44. Kodak Mass Memory Devision/Verbatim Corp.: 3.5'' Erasable Optical Technology: Thermo-magneto-optical Technology. Produktunterlage von Eastman Kodak Co. 343 State Street, Rochester, NY 14605; Verbatim Corp.: 435 Indio Way, Sunnyvale, CA 94086.
45. Philips Export B.V.: Philips Compact Disc – The Economic and Flexible Medium for Distributing Information. Compact Disc ROM Group, SPG, VO1, Eindhoven, The Netherlands, 1984.
46. Shuford, Richard, S.: CD-ROMs and their Kin. Byte, November 1985. Seite 137 – 146.
47. Philips New Media Systems:
1. A General Introduction to CD-Interactive
2. Standardization of CD-I
3. CD-I: The Compact Disk goes interactive. P. O. Box 218, 5600 MD Eindhoven, The Netherlands.
48. Funkschau: Optische Speicher: Fürs Audio- und Video-Vergnügen. Funkschau 8, 1988.
49. Clegg, Almon H.: Was die CD alles kann. Audio & Video Spitzentechnologie. JEI Sonderausgabe zur Internationalen Funkausstellung, Berlin, 1987. Modifizierter Nachdruck in: HighTech 1, 1988.
50. Linau, H.-J.: Pilotanwendung eines optischen Massenspeichers (MEGADOC/DOR) in der Textdokumentation des Verlagshauses Gruner & Jahr – Ein Erfahrungsbericht. FIBA-Bildplattencongress. Düsseldorf, November 1984.
51. Informationsarchivierung der neuen Generation: Filenet von Olivetti. Office Management 12, 1984. Siehe auch ÖVD 12, 1984.
52. Kato, Masao: Optical Disk File Systems Safety Needs for Large-Capacity, High-Speed Retrieval. Part 1 + 2: Office Equipment & Products. Februar + April 1985. DEMPA Publication, Tokyo.
53. Desmarais, Norman: Laser Libraries, Byte, May 1986. Seite 235 – 246.

54. Arbeitsgemeinschaft für Datenbanktechnik (ARGE): Lasec Letter Heft 2 1988. c/o: BOS Oberer Erlenbach 9, 6445 Alheim-Obertellenbach.

55. Miller, Charles, R.: IBM InfoWindow – A New Kind of Peripheral. Optical Information Systems. May-June 1987.

56. Russel, Jim: New Optical Memory Card: Hi-Lite. Optical Information Systems. Nov. – Dez. 1987.

57. Plessey Microsystems Div.: Plessey OMA/OMR Optical Memories. Towchester, Northhamptonshire.

58. HighTech: Die Vierte Dimension. HighTech 2, 1987.

Verarbeitung/Prozessoren

59. Abraham, E., Seaton, C.T., Smith, S.D.: The Optical Computer. Scientific American Heft 2, 1983. Deutsch: Spektrum der Wissenschaft, April 1983.

60. Rowell, J.M.: Werkstoffe für die Photonik. Spektrum der Wissenschaft, Dezember 1986. Seite 116 – 128.

61. HighTech: Den Rechnern geht ein Licht auf: HighTech 1, 1988.

62. Sluss, James J.; Veasey, David L.; Batchman, T.E.; Parrish, Edward, A.: An Introduction to Integrated Optics for Computing. Computer December 1987, Seite 9 – 23.

63. Hall, Dennis G.: Survey of Silicon-Based Integrated Optics. Computer, December 1987, Seite 25 – 32.

64. West, Lawrence D.: Picosecond Integrated Optical Logic. Computer, December 1987, Seite 34 – 46.

65. Chiarulli, Donald, M.; Melhem, Rami, G.; Levitan, Steven, P.: Using Coincident Optical Pulses for Parallel Memory Addressing. Computer, December 1987.

66. Warren, M.E.; Koch, S.W.; Gibbs, H.M.: Optical Bistability, Logic Gating, and Waveguide Operation in Semiconductor Etalons. Computer, December 1987, Seite 68 – 81.

67. Sawchuk A.A.; Jenkins, B.K.; Raghavendra, C.S., Varma, A.: Optical Crossbar Networks. Computer, June 1987, Seite 50 – 60.

68. McAulay, Alastair D.: Spatial-Light-Modulator Interconnected Computers. Computer, October 1987. Seite 45 – 57.

69. Berra, Bruce P.; Troullinos, Nikos B.: Optical Techniques and Data/Knowledge Base Machines. Computer, October 1987, Seite 59 – 70.

70. European Joint Optical Bistability Project (EJOB): Background Information, 13. March, Hannover, 1986.

Übertragung

71. Fellbaum, Klaus; Hartlep, Rainer: Lexikon der Telekommunikation. VDE-Verlag, Berlin, Offenbach, 1983. 317 Seiten.

72. Naab A.: Was ist ein integriertes Breitband-Kommunikationsnetz? Elektronische Rechenanlagen Jahrgang 23, Heft 5, 1981.

73. Shuford, Richard, S.: Fiber Optics. Part 1 + 2. Byte December 1984 und January 1985.

74. Siemens AG: Nachrichtenübertragung mit Licht. Telcom Report 6, 1983, Beiheft, München, 1983.

75. Gier, J.; Panzer, K.: Grundlagen der elektrooptischen Signalübertragung. In: Lit. 74.

76. Schneider, H., Zeidler, G.: Herstellverfahren und Ausführungformen von Lichtwellenleitern. In: (74).

77. Weyrich, C., Zschauer, K.-H.: Grundlagen der optischen Signalumwandlung. In: Lit. 74.

78. Mayr, E., Schinko, H., Schäber, G.: Lichtwellenleiter-Bündelkabel im Ortsbereich. In (74).

79. Wolf, E.: Weltweite Einführung von Lichtwellenleitersystemen. In. Lit. 74.

80. Köstler, G.: Lichtwellenleiterprojekte für die Deutsche Bundespost und weitere Anwender in Europa. In: (74).
81. Bark, P.R., Szentesi, O.I.: Lichtwellenleiterprojekte in den USA. In. Lit. 74.
82. Majus, J.; Spaniol, O. (Eds.): Datennetze und Satelliten. Proceedings der GI-Arbeitstagung September 1982, Informatik Fachbericht 67, Springer Verlag, 1983.
83. Baues, Peter: Lokale Netze mit Lichtwellenleitern. Informatik-Spektrum Band 8, 1985, Seite 260 – 272.
84. Chylla, Peter; Hegering, Heinz-Gerd: Ethernet-LANs. Datacom-Buchverlag, Verlagsbüro Klaus Lipinski, Postfach 1156, 5024 Pulheim, 1987, 228 Seiten.
85. Funkschau: Mehr Glas – Weniger Kupfer. Funkschau 13, 1981.
86. Frankfurter Allgemeine Zeitung: Glasfaserkabel bald reif für den Markt. FAZ 10. 9. 1981.
87. Elektronik: Explosives Wachstum auf dem Lichtleitermarkt. Elektronik 8, 23. 4. 1982.
88. Dorn, Reimund: Pulverprozeß für Lichtleitfaser-Vorformen. Net, Heft 6, 1987, Seite 221 – 223.
89. Kurreck, Harald: LWL-Technik: Entwicklung, Konzeption, Perspektiven. Datacom 3, 1988. Seite 30 – 34.
90. Deutsche Bundespost: Digitales Optische Teilnehmer-Anschluß-Netz Dotan. FTZ L 16-4 Nr. Q (04/84), Darmstadt, 1984.
91. Heckmann, Siegfried: Signalqualität realistischer Einmodenfaser-Übertragungssysteme. NTZ Band 41, Heft 2, 1988. Seite 80 – 83.
92. Mierzowski, Kristin: Schnelle Datenverbindungen für die Forschungsstruktur der 90er Jahre. Datacom 3, 1988. Seite 24 – 26.

Anwendungen

93. Scientific American: Special Subject: The Next Computer Revolution. Volume 257, Number 4, October 1987.
94. The Institute of Electrical and Electronics Engineers. Inc. (IEEE): Computer Graphics and Applications. Volume 6 – 8, 1986 – 1988.
95. Newman, William M.; Sproull, Robert F.: Grundzüge der interaktiven Computergrafik. McGraw-Hill, Hamburg u.a., 1986.
96. Willim, Bernd: Computer Grafik in der Kommunikationsgestaltung. Digitale Kreativität, Berlin 1986.
97. vanDam, Andries: Software für Grafik. Spektrum der Wissenschaft, November 1984. Seite 116 – 132.
98. Kerlow, I.V.: The Computer as an Artistic Tool. Byte, September 1984. Seite 189 – 206.
99. Demetrescu, Stefan: Moving Pictures. Byte, November 1985. Seite 297 – 217.
100. Collins, Joan; Tucker, Doug: Laser Graphics and Animation: Byte, September 1984. Seite 177 – 184.
101. Smith, Alvy Ray: Digital Filmmaking: Abacus Volume 1, Number 1. 1983. Seite 28 – 45.
102. Newton, M.: Real-Time 3-D Graphics for Microcomputers. Byte, September 1984. Seite 251 – 286.

Dienste und Perspektiven

103. Bundesminister für Forschung und Technologie: Informationstechnik. Konzeption der Bundesregierung zur Förderung der Entwicklung der Mikroelektronik, der Informations- und Kommunikationstechniken, Bonn, 1984.
104. Walke, B.: Digitale Nebenstellenanlagen und lokale Netze. Informatik-Spektrum Band 11, Seite 9 – 28.

105. Nachrichtentechnische Gesellschaft (NTG) im VDE: Dienste im ISDN. VDE-Verlag, Berlin Offenbach 1986.
106. Siemens AG: Communications International. Special Supplement. October 1987. Infoservice 141/Z140 Postfach 2348, D-8510 Fürth 2.
107. Diebold Deutschland GmbH: Digitale Kommunikationsanlagen – Merkmale, Einsatzbereiche und Anbieterkonzepte. Frankfurt/Main, 1987, 107 Seiten.
108. Detecon – Deutsche Telepost Consulting GmbH: Berkom-Referenzmodell Version 01, Dokument 0075/06/87, Berlin, 4. Juni 1987, 116 Seiten.
109. Möll, Gerhard: Broadcast TV-Transmission in Future Digital Networks. 3rd International Telecommunication Conference. Lüttich, 12.–14. Nobember 1986.
110. Little, A.D.: Strategic Analysis of New Information Technologies. Consensus Document for The Commission of the European Communities (DG XIII), Brüssel, Januar 1983.
111. HighTech: Nippons Wunderhorn – Welche Innovationen bis 1995 aus Japan zu erwarten sind. HighTech 4, 1987.

E 7 Datenkommunikation

Klaus Löns

E 7.1 Aufgabenstellung, Begriffsbestimmung

Datenkommunikation beinhaltet die Kombination von Techniken der EDV und der Datenübertragung mit dem Ziel der dezentralen Nutzung von zentral (d.h. nur an einem Ort verfügbaren) EDV-Ressourcen. Datenkommunikation ist somit die Voraussetzung für die Nutzung von computergestützten Informationssystemen. Benutzern in beliebiger räumlicher Entfernung vom Datenbanksystem ist die gleichzeitige Kommunikation mit einem zentralen Host-Rechner durch die Techniken der Datenübertragung möglich.

Datenübertragung (DÜ) bedeutet den Datentransport zwischen sogenannten Daten-End-Einrichtungen (DEE): Eine DEE ist ein Gerät, das in der Lage ist, Nachrichten in Form digitaler Signale zu empfangen und/oder zu senden.

Die technische Verbindung zwischen verschiedenen DEE erfolgt über ein Datenübertragungs-System, welches somit als Datentransporteinrichtung fungiert. In *Abb. 1* ist dieser Sachverhalt schematisch dargestellt.

Abb. 1: Datenkommunikation

Je nach Anwendung kann eine DEE zum Beispiel ein Datensichtgerät mit Tastatur (Bildschirm-Terminal), ein Home- oder Personal-Computer, aber auch ein Drucker oder eine Datenerfassungstastatur sein. Insbesondere ist ein beliebiger Computer, der mit einem Dü-System kommunizieren kann, eine DEE im Sinne der obigen Definition.

Das Dü-System selbst ist untergliedert in Komponenten zur Anpassung der verschiedenen DEE an die jeweiligen physikalischen Datenübertragungswege und in den Übertragungsweg selbst. Die o.g. Anpassungsgeräte werden Datenübertragungseinrichtungen (DÜE) genannt. Der Übertragungsweg stellt sich dar als ein System (,,Netz") von Bausteinen und Leitungen, welche den Transport von Nachrichten zwischen den DÜE durchführen. Die physikalische Realisierung einer Leitung (z.B. als Kabel, als Richtunkstrecke etc.) bezeichnet man auch als DÜ-Medium. Die Art des DÜ-Mediums ist für die Leistungsfähigkeit eines DÜ-Systems von großer Bedeutung.

Die DÜ-Netze lassen sich in zwei Klassen einteilen: Sogen. lokale Netze (engl. local area network, **LAN**) und in Netze der **Datenfernverarbeitung** (**DFV**-Netze, engl. wide area network, **WAN**). DFV-Netze sind dadurch charakterisiert, daß sie öf-

fentliche Datenübertragungsnetze (engl. puplic data networks) in Anspruch nehmen. In der BRD sind dies die DÜ-Netze bzw. die entsprechenden DÜ-Dienste der
Deutschen Bundespost (DBP). LANs sind private Netze, die ohne Nutzung von öffentlichen DÜ-Netzen betrieben werden. Die Entfernung zwischen den DEE bzw.
den DÜE spielt dabei so lange keine Rolle, wie der Netz-Betreiber sein privates
Grundstück nicht verläßt.
Eine öffentliche Straße z.B., welche zwei Gebäude von einander trennt, impliziert
für die datentechnische Verbindung zwischen DEEs in den beiden Gebäuden bereits
die (zwangsweise) Nutzung von DÜ-Netzen der DBP. LANs nennt man auch ,,in-
house''-Netze. Diese spielen im Anwendungsbereich der sogen. Bürokommunikation eine große Rolle.
Die typischen Merkmale und Techniken der LANs werden am Ende dieses Kapitels
kurz dargestellt.
Nachfolgend werden die wesentlichsten Merkmale von DFV-Systemen unter besonderer Berücksichtigung der Belange der Nutzer von Informations-Systemen beschrieben.

E 7.2   Komponenten der Datenfernübertragung (DFÜ)

Ein Datenfernverarbeitungssystem besteht grundsätzlich aus drei Komponenten:
DEE, DÜE und DÜ-Weg.
Für den DÜ-Weg ist die Bezeichnung ,,DÜ-Netz'' gebräuchlich, weil der DÜ-Weg
physikalisch i.d.R. durch ein Netz von Leitungen und Verbindungsbausteinen
(Netzknoten genannt) realisiert ist. Die Datenübertragungseinrichtungen stellen die
Anpassung der unterschiedlichen DEEs an die durch das jeweilige DÜ-Netz bzw.
durch das verwendete DÜ-Medium festgeschriebenen physikalischen und elektrischen Normen und Übertragungsverfahren dar. Bei der Nutzung des Fernsprechnetzes als DÜ-Medium z.B. sind als DÜE die später beschriebenen Geräte mit der
Bezeichnung ,,MODEM'' bzw. ,,Akustischer Koppler'' notwendig. *Abb. 2* veranschaulicht die Zuordnung der drei Komponenten DEE, DÜE und DÜ-Weg.

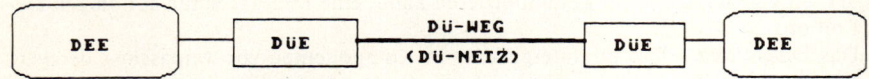

Abb. 2: Komponenten eines DFV-Systems

E 7.3   Technische Merkmale der Datenübertragung (DÜ)

E 7.3.1   Schnittstellen

Während die öffentlichen DÜ-Netze national und in weiten Teilen international
standardisierte Systeme darstellen, sind die DEEs herstellerspezifische Geräte mit
den unterschiedlichsten technischen Charakteristiken. Die Anpassung einer DEE

an ein DÜ-Netz geschieht durch die DÜE, die dazu mit einer normierten DÜ-Verbindung (Schnittstelle, engl. interface) ausgerüstet ist.
Die Schnittstelle beinhaltet die Festlegung der physikalischen Eigenschaften aller Verbindungsleitungen zwischen DEE und DÜE, sowie die Art und die Bedeutung der auf diesen Leitungen ausgetauschten Signale.
DÜ-Schnittstellen-Empfehlungen werden u.a. durch ein Internationales Gremium, das **CCITT** (Comité Consultativ International Télégraphique et Téléphonique) herausgegeben.
Die entsprechenden Normenvorschläge sind durch eine 4- oder 5-stellige Notation gekennzeichnet: Das erste Zeichen ist ein Buchstabe, das zweite Zeichen ist ein Punkt (er wird in Zitaten oft fortgelassen), während die restlichen Zeichen Dezimalziffern sind. Der Kennbuchstabe **V** bedeutet, daß es sich um eine Norm für die Datenübertragung mittels des Fernsprechnetzes handelt, während der Kennbuchstabe **X** die Datenübertragung mittels spezieller, für die Zwecke der Datenkommunikation geschaffener Daten-Netze (z.B. die sogen. DATEX-Netze der DBP) beinhaltet.
Die gebräuchlichste Schnittstelle für das Fernsprechnetz als leitungsvermitteltes Wählnetz ist die **V.24**-Schnittstelle, während die **X.25**-Schnittstelle den Zugang zum DÜ-Netz mit Paketvermittlung (DATEX-P – Netz der DBP) definiert.
In den USA wird der Zugang zum Fernsprechnetz durch eine Schnittstelle geregelt, die mit **RS232C** bezeichnet wird. Die RS232C-Spezifikationen entsprechen den CCITT-Spezifikationen V.24 (physikalische Eigenschaften) plus **V.28** (elektrische Eigenschaften). Aus Anwendersicht werden die Bezeichnungen V.24 und RS232C als globale Synonyme für die serielle Übertragung von Daten mit Hilfe eines Fernsprechweges benutzt.
Die öffentlichen DÜ-Netze wie auch die gebräuchlichsten lokalen Netze übertragen die Bits, die in den DEE in der Form von Bytes parallel in entsprechenden Datenregistern anfallen, in serieller Form; d.h., die 8 Bits des Datenregisters der DEE werden zeitlich nacheinander über eine einzige Datenleitung von der DEE zur DÜE übertragen. Diese Art der DÜ ist eine Kostenfrage. Dort, wo die Geschwindigkeit der DÜ im Vordergrund steht, werden Bits ober sogar Bytes parallel (also über mehrere Leitungen) übertragen, wie es innerhalb der Zentraleinheit jedes Computersystems der Fall ist.

E 7.3.2   Geschwindigkeit der Datenübertragung

Die Geschwindigkeit bei der bitseriellen Datenübertragung wird in der Einheit **Bit/s** (bzw. **KBit/s** oder **MBit/s**) angegeben. Die maximal mögliche DÜ-Geschwindigkeit hängt von dem jeweiligen DÜ-Medium (Art der Leitung), von dem verwendeten Synchronisationsverfahren und der benutzten DÜ-Prozedur (s.U.) ab. Die DÜ-Geschwindigkeit wird oft auch in **Baud (Bd)** bzw. **KBd** angegeben. Baud ist die Einheit für die Schrittgeschwindigkeit bei Modulationsverfahren (s.U.) und bedeutet 1 Modulations-Schritt/s. Unter der Bedingung, daß bei jedem Modulationschritt genau 1 Bit von seiner digitalen Darstellung z.B. in eine Wechselstromdarstellung umgesetzt (,,moduliert'') wird, ist 1 Bd äquivalent zu 1 Bit/s. Bei der Nutzung von

Fernsprechnetzen trifft dies i.d.R. zu. Es ist jedoch zu beachten, daß bei der Datenübertragung nicht nur anwendungsbezogene Bits (z.B. die 7 Bits eines ASCII-Zeichens) übertragen werden, sondern auch Steuer- und Synchronisations-Bits für den Datenübertragungsprozeß. Diese können im Extremfall bis zu 30 % der insgesamt übertragenen Bits ausmachen.

E 7.3.3   Datenübertragungs-Code

Ein Code stellt eine umkehrbar eindeutige Beziehung zwischen den Zeichen (Symbolen) eines Zeichenvorrats (Alphabet) und einer Folge von Bits eines sogen. Codewortes dar. Ein Codewort besteht aus einer fest vorgegebenen Anzahl von Bits; Bei dem für die DÜ gebräuchlichen **ASCII-Code** ist die Länge des Codewortes 7 Bits. Damit lassen sich 128 verschiedene Zeichen darstellen. ASCII steht für ,,American Standard Code for Information Interchange''. Die international normierte Referenz-Version des ASCII-Codes wird auch als **ISO 7 Bit-Code** bezeichnet. Die nationalen Code-Versionen unterscheiden sich von der Referenzversion durch die Darstellung von speziellen Zeichen, wie z.B. die Zeichen Ä, Ö, Ü, ä, ö, ü und ß in der deutschen Sprache. Hier tritt eine Überlappung mit den Symbolen [,], (,) und ~ der ISO-Referenz-Version auf.

DÜ-Terminals arbeiten vorwiegend zeichenorientiert mit dem ASCII-Code; aus diesem Grunde werden sie gelegentlich auch als ,,ASCII-Terminals'' bezeichnet. *Abb. 3* zeigt exemplarisch die Codierung des Großbuchstabens ,,**A**'' im ISO 7 Bit-Code.

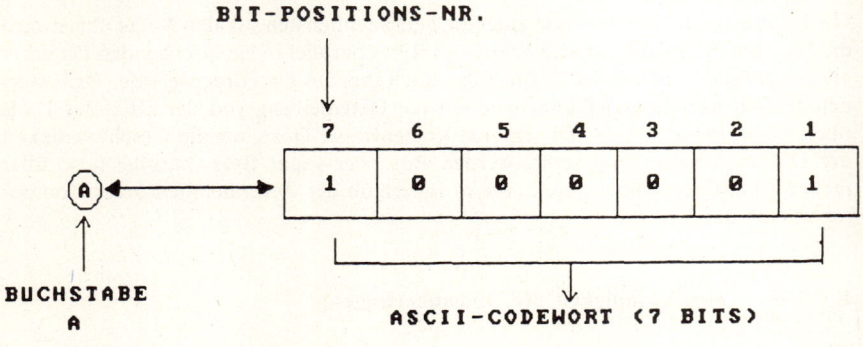

Abb. 3: Darstellung des Zeichens A im ASCII-Code

Der ISO 7 Bit-Code ist mit der CCITT-Code-Empfehlung Nr. 5 identisch. Die deutsche Norm ist durch DIN 66003 definiert.

Neben dem ISO 7 Bit-Code ist noch der **8 Bit EBCDIC-Code** auf den Minicomputern und Mainframes gebräuchlich. Dieser Code stellt eine Erweiterung des bis ca. 1966 in Computern verwandten 6 Bit-Codes (**BCD-Code**) dar. EBCDIC bedeutet ,,**E**xtended **B**inary **C**oded **D**ecimals **I**nterchange Code''.

Der ASCII- wie auch der EBCDIC-Code legen spezielle Steuerzeichen für die Datenübertragung fest; diese Steuerzeichen werden von verschiedenen DÜ-Verfahren für Zwecke der Synchronisation, Fehlersicherung und Ablaufsteuerung benutzt (s.U.).

E 7.3.4   Betriebsarten eines Datenübertragungsmediums

Die Betriebart eines DÜ-Mediums kennzeichnet die Art des Datenflusses zwischen zwei DEE, die über dieses Medium Daten austauschen. Man unterscheidet 3 Betriebsarten, die Simplex-, Halbduplex- und Duplex-Betrieb genannt werden (*s. Abb. 4*).

Beim **Simplex-Betrieb** (sx) ist die Übertragung der Daten in nur einer Richtung möglich; dadurch ist eine DEE als Sender und die andere DEE als Empfänger der Daten gekennzeichnet. Beim **Halbduplex-Betrieb** (hx) ist die Datenübertragung in beiden Richtungen zwischen den DEE möglich. Man nennt diese Betriebsweise daher auch Wechselbetrieb, weil die Umkehr der Übertragungsrichtung je nach Bedarf herbeigeführt werden muß. Der hx-Betrieb ist die am weitesten verbreitete Betriebsweise. Sie findet in der interaktiven Nutzung der Computersysteme (Dialogapplikationen) ihre primäre Anwendung.

Der **Duplex-Betrieb** (dx, Synonym: Voll-Duplex-Betrieb) ermöglicht die gleichzeitige Übertragung von Daten in beiden Richtungen zwischen den DEE. Für diesen Betrieb sind daher 2 separate DÜ-Leitungen oder, falls nur eine DÜ-Leitung vorhanden ist, 2 separate Übertragungs-Kanäle (s. Akustik-Koppler) notwendig.

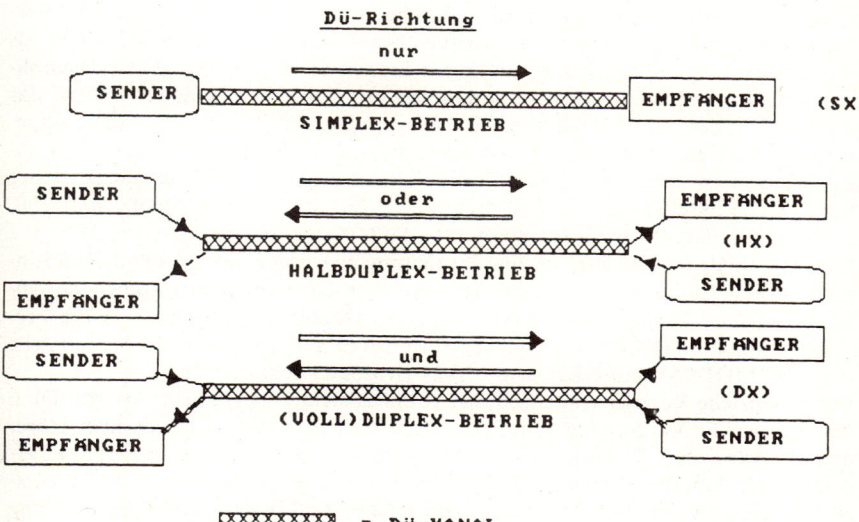

Abb. 4: Betriebsarten eines DÜ-Mediums

E 7.3.5   Datenübertragungs-Einrichtungen

DÜE stellen in jedem DÜ-System die Endpunkte („Leitungsabschlüsse") des DÜ-Weges dar und dienen zur Anpassung der DEE an das DÜ-Netz. Die Art der DÜE ist u.a. abhängig von zwei technischen Merkmalen des DÜ-Netzes:
a) serielle oder parallele Übertragung der Bits eines Zeichens durch das DÜ-Medium und
b) analoge oder digitale Signaldarstellung auf dem DÜ-Medium.
Eine analoge Signaldarstellung liegt vor, wenn ein Signalparameter (z.B. der Amplitude einer Wechselspannung) beliebige kontinuierliche Werte aus einem Wertebereich annehmen kann. Eine digitale Signaldarstellung erlaubt nur eine endliche, diskrete Zahl von Werten (z.B. 2 Werte bei der binären Darstellung) des Signalparameters. Die DÜE an den beiden Endpunkten einer DÜ-Leitung müssen selbstverständlich dieselben Charakteristika aufweisen, damit eine sinnvolle Kommunikation zwischen den DEE stattfinden kann.
Die DÜE, welche die Anpassung an das Fernsprechnetz oder Direktrufnetz der DBP herstellen, werden **MODEM** genannt. Das Wort MODEM ist aus **Mo**dulation/**Dem**odulation abgeleitet und hängt mit der Art zusammen, wie digitale Gleichstrom-Signale (Bits der DEE) in Wechselstromsignale (= analoge Signale) für das Fernsprech- bzw. Direktruf-Netz umgewandelt werden und umgekehrt. Modulation bedeutet die Darstellung eines Bit-Wertes (0 oder 1) durch ein entsprechendes Wechselstromsignal; Demodulation beinhaltet die „Ableitung" eines Bit-Wertes aus einem modulierten Wechselstromsignal − ist also der Umkehrprozeß zur Modulation.
Der Modulationsprozeß kann nur periodisch in endlich großen, vor Beginn der DÜ festgelegten konstanten Zeitintervallen durchgeführt werden. Ein solches Zeitintervall definiert die Dauer eines Taktschrittes. Die Anzahl der Taktschritte/s wird als Taktgeschwindigkeit bezeichnet und in der Einheit Baud (Bd) angegeben. Die üblicherweise verwendeten Modems modulieren pro Taktschritt genau 1 Bit auf das Trägersignal der Fernsprechleitung. Daher ist in diesem speziellen Fall die Taktgeschwindigkeit gleich der Bit-Übertragungsrate: 1 Bd = 1 Bit/s.
Ein Modem ist daher auch durch seine „Baudrate" (= maximal übertragbare Bits/s.) charakterisiert. Typische Baudwerte für das Fernsprechnetz sind 300, 1 200, 2 400 und 4 800 Bd (s. Abschnitt „DFÜ-Netze und Dienste der DBP").
Der Anschluß eines Modems an eine Postleitung bedeutet einen physikalischen Eingriff in diese Leitung und setzt bei der jeweiligen DEE einen entsprechenden Anschluß voraus. Das üblicherweise verwendete Modulationsverfahren ist die Frequenzmodulation (**FSK** = „**F**requency **S**hift **K**eyed modulation"). Die Schnittstelle zwischen MODEM und DEE ist die V.24 (RS232C)-Schnittstelle.
Der Akustische Koppler (engl. acoustic coupler) stellt eine spezielle Art von DÜE dar, bei der die Verbindung zum Fernsprech-Netz der DBP akustisch über Hörer und Mikrofon eines Telephongerätes hergestellt wird. Der Akustikkoppler (AK) arbeitet mit 2 Kanälen nach dem FSK-Verfahren und ist somit für den Vollduplex-Betrieb geeignet. Die Schnittstellenspezifikationen sind in der CCITT-Empfehlung V.21 festgelegt. Da der AK keinen Eingriff in die Postleitungen darstellt, sind AKs auf dem freien Markt käuflich, wobei jedoch für die Geräte eine **FTZ**-Abnahme erforderlich ist (FTZ = **F**ernmeldetechnisches **Z**entralamt der **DBP**).

AKs gibt es in 2 Geschwindigkeits-Varianten: 300 Baud auf beiden Kanälen oder, alternativ, 75 Baud (Senden)/1200 Baud (Empfangen). AKs stellen preiswerte DÜ-Einrichtungen dar, um Wählverbindungen mit geringen Baudraten und noch akzeptablen Fehlerhäufigkeiten zu realisieren.

Die DÜEs für andere Dü-Netze der DBP werden, je nach Leitungsart, als Daten-Anschaltgeräte (**DAG, AGT**), Daten-Fernschaltgeräte (**DFG**) oder, bei Gleichstrom-DÜ-Wegen, als **GDN**-Geräte bezeichnet.

E 7.3.6 Synchronisationsverfahren

Synchronisationsverfahren dienen dazu, eine zeitliche Abstimmung zwischen den miteinander kommunizierenden DEEs mit Hilfe der entsprechenden DÜEs herzustellen. Die empfangende DEE muß im gleichen Zeitraster laufen wie die sendende DEE, damit jedes einzelne Bit genau zu dem Zeitpunkt vom DÜ-Medium abgetastet wird, zu dem es auf das Trägersignal (engl. carrier) des Mediums moduliert wurde. Dieses Erkennen des „richtigen" Zeitpunktes der Bit-Übernahme wird mit Bit-Synchronisation bezeichnet.

Eine weitere Abstimmung ist erforderlich, um das erste Bit aus einer Folge von Bits, die ein Codewort eines Zeichencodes darstellen, zu erkennen. Diese, auf der Bitsynchronisation aufsetzende Synchronisation zwischen Sender und Empfänger nennt man Zeichen-Synchronisation.

Während die Bitsynchronisation auf der physikalischen Ebene zwischen Sender und Empfänger hergestellt wird, gibt es für die Zeichensynchronisation 2 unterschiedliche Verfahren: das sogen. Start/Stop oder Asynchron-Verfahren und das Synchron-Verfahren.

Beim Start/Stop-Verfahren (das auch, etwas irreführend, „Asynchron-Verfahren" genannt wird), wird der Gleichlauf zwischen Sender und Empfänger nur für die Dauer der Übertragung jeweils eines Code-Wortes eines Zeichencodes hergestellt. Zwischen der Übertragung einzelner Zeichen tritt auf der DÜ-Leitung eine „Ruhepause" von der Länge mindestens eines Taktschrittes auf.

Vor dem Senden des ersten Bits eines Zeichens dient ein Startschritt („Startbit") zur elektronischen Abstimmung zwischen Sender und Empfänger. Nach dem letzten Bit eines Codewortes folgen 1 oder 2 Stopschritte („Stop-Bits"), bevor das Startbit für das Senden des nächsten Zeichens erkannt wird. Zwischen dem Senden von 2 Codeworten können beliebig lange Zeitabschnitte vergehen, in denen auf der DÜ-Leitung nur Stop-Bits auftreten. *Abb. 5* veranschaulicht die Datenübertragung nach dem Start/Stop-Verfahren.

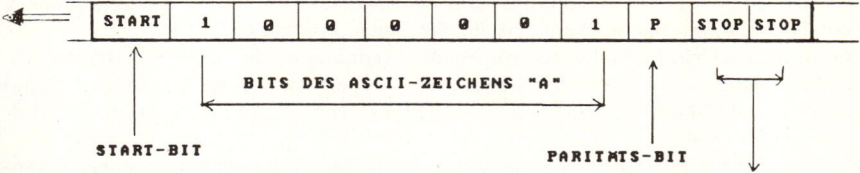

Abb. 5: Start/Stop-Verfahren (Asynchron-Verfahren)

Das Asynchron-Verfahren zeichnet sich dadurch aus, daß es technisch einfach zu realisieren und dadurch billig ist. Es stellt keine hohen Anforderungen an die Qualität der DÜ-Leitung. Andererseits erlaubt es keine hohe DÜ-Geschwindigkeit und verwendet zusätzlich einen signifikanten Teil der Übertragungskapazität für die Zeichensynchronisation.

Das Synchronverfahren stellt eine Abstimmung (Gleichlauf) zwischen Sender und Empfänger für einen Zeitraum her, in dem ein Datenblock (das sind mehrere Zeichen bzw. Codeworte unmittelbar hintereinander) übertragen wird. Synchronisationsmaßnahmen zwischen der Übertragung einzelner Zeichen entfallen. Die Synchronisation auf Blockebene wird durch das Senden mehrerer Synchronisierungs-Zeichen (**SYN**-Codewort gemäß DÜ-Code) vor dem Beginn des Datenblockes erreicht. Der Anfang eines Datenblockes wird durch das **STX**-Codewort (**S**tart of **TeX**t) gemäß DÜ-Code gekennzeichnet. Ebenso wird das Ende eines Datenblocks durch das **ETX**-Codewort (**E**nd of **TeX**t) oder das **ETB**-Codewort (**E**nd of **T**ransmission **B**lock) des verwendeten DÜ-Codes gekennzeichnet.

Das Synchronverfahren erlaubt erheblich höhere DÜ-Raten als das Start/Stop-Verfahren. Außerdem (s. U.) ist eine Fehlersicherung auf Datenblock-Ebene möglich, während beim Start/Stop-Verfahren bestenfalls eine Zeichenparitätsprüfung möglich ist. *Abb. 6* veranschaulicht die DÜ nach dem Synchron-Verfahren.

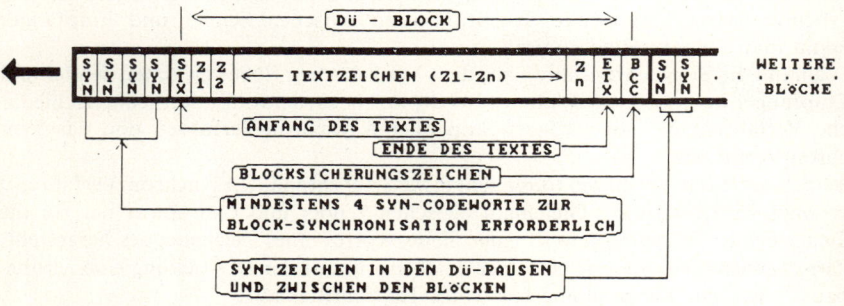

Abb. 6: Synchron-Verfahren der DÜ

E 7.4   Fehlererkennung, Fehlerkorrektur

Bei der Übertragung großer Datenmengen über weite Strecken ist das Auftreten von Übertragungsfehlern infolge nicht richtig erkannter Bits (Bitverfälschung) sehr wahrscheinlich. Fehlererkennungs- und Fehlerkorrekturverfahren kommt daher in der Datenkommunikation eine erhebliche Bedeutung zu.

Grundsätzlich sind 2 Methoden zur Fehlererkennung bei der Datenübertragung zu unterscheiden: die Fehlerkontrolle für einzelne Zeichen (Zeichenparitätssicherung) und die Fehlerkontrolle für eine Folge (Block) von Zeichen, die sogen. Blocksicherung.

Die Zeichenparitätssicherung besteht darin, daß das Codewort eines zu übertragenden Zeichens vor der Übertragung durch ein zusätzliches Bit, das sogenannte Paritätsbit (engl. parity bit) ergänzt wird. Dieses Bit wird aus dem Inhalt des Code-wortes abgeleitet und mit dem Codewort zusammen übertragen. Nach der Übertragung wird aus dem Inhalt des Codewortes erneut das Paritätsbit abgeleitet. Dieses Bit wird mit dem Paritätsbit verglichen, das vor der Übertragung gebildet und zusammen mit dem Codewort übertragen wurde. Stimmen diese beiden Bits nicht überein, dann folgt daraus, daß während der Übertragung entweder eine ungerade Zahl von Bits verfälscht wurde oder daß das Paritätsbit selbst falsch übertragen wurde. Die Wahrscheinlichkeit, daß bei der Übertragung eines Codewortes simultan mehrere Bits in ihrem Wert verfälscht werden, ist erheblich geringer als die Wahrscheinlichkeit für das Auftreten von 1 Bit-Fehlern. Bei zeichenweiser Datenübertragung nach dem Start/Stop-Verfahren genügt daher das Verfahren der Zeichenparitätssicherung i.d.R. den Anwendungsbedürfnissen. Das Paritätsbit wird aus dem Codewort wie folgt abgeleitet: Die im Codewort auftretenden Bits mit dem Wert 1 werden gezählt. Bei dem Prüfverfahren ,,Ergänzung auf gerade Parität'' wird das Paritätsbit auf 1 gesetzt, wenn die Anzahl der 1-er Bits im Code-Wort eine ungerade Zahl ist. Dies bedeutet, daß die Anzahl der 1-er Bits in Codewort + Paritätsbit eine gerade Zahl ist. Bei der alternativ möglichen Ergänzung auf ,,ungerade Parität'' wird das Paritätsbit so gesetzt, daß die Anzahl der 1-er Bits von Codewort + Paritätsbit eine ungerade Zahl ergibt.

Abb. 7 veranschaulicht die Bildung des Paritätsbits für den ASCII-Code des Buchstabens A bei Anwendung des Verfahrens der ,,Ergänzung auf ungerade Parität''.

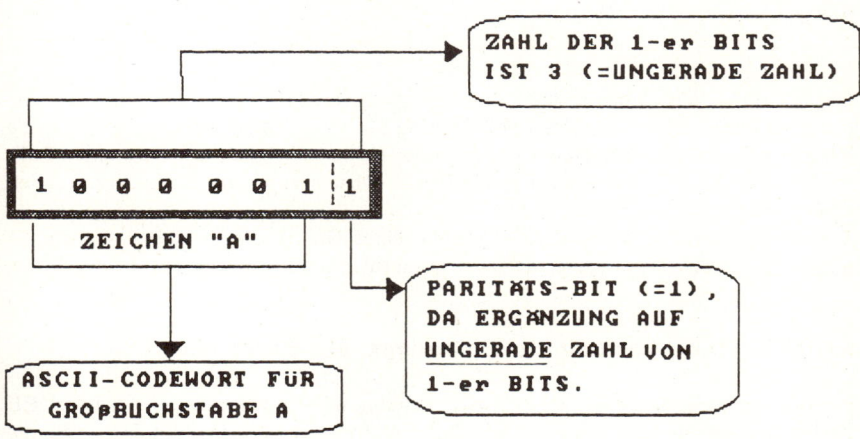

Abb. 7: Fehlersicherung durch Zeichenparitätsprüfung

Bei der blockweisen Übertragung von Codeworten nach dem Synchronverfahren wird i.d.R. nach einem komplexeren mathematischen Verfahren, der sogen. Polynom-Methode, aus den Bits des gesamten zu übertragenden Blockes eine Sicherungsinformation in der Länge von 1 oder 2 Codeworten vor der Übertragung des Blockes hardware- oder softwaremäßig errechnet. Diese zusätzlich erzeugten Sicherungscodeworte werden **B**lock **C**heck **C**haracter (**BCC**) genannt. Die BBC werden jeweils dem Ende eines Übertragungs-Blockes angefügt und nach der Übertragung erneut aus dem Blockinhalt errechnet. Unstimmigkeit bedeutet die Verfälschung von einem oder mehreren Bits des Übertragungsblockes. Die *Abb. 8* stellt das Verfahren der sogen. zyklischen Blocksicherung (engl. cyclic redundancy check, **CRC**) vereinfacht dar.

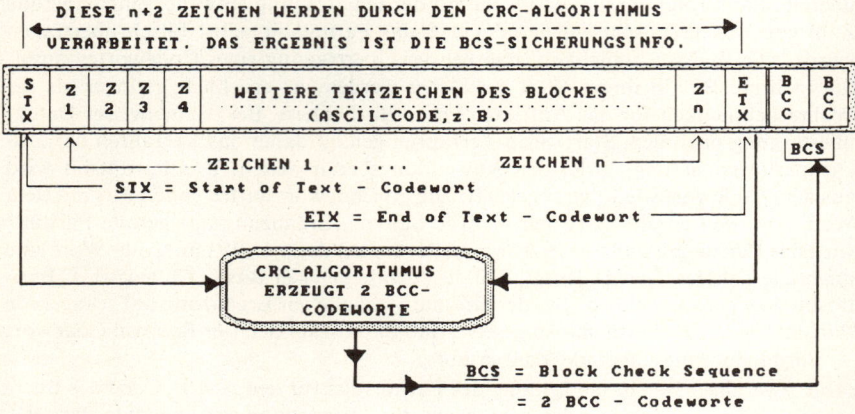

Abb. 8: Zyklische Blocksicherung

Der Grad der Wirksamkeit der Fehlersicherungsverfahren hängt u.a. von der Art (d.h. Qualität) der verwendeten DÜ-Leitung ab. Generell ist festzustellen, daß die Zeichenparitätssicherung eine Reduktion der Fehlerhäufigkeit um etwa einen Faktor 10 bewirkt, während mit der zyklischen Blocksicherung eine Reduktion um den Faktor 100.000 durchaus erreichbar ist.

Welche Konsequenzen aus dem Erkennen eines DÜ-Fehlers gezogen werden, ist durch die jeweils verwendeten DÜ-Prozeduren in allen Einzelheiten festgelegt.

E 7.5   Datenübertragungs-Prozeduren (DÜ-Protokolle)

Für die Datenübertragung zwischen zwei beliebig weit voneinander entfernten DEE sind nicht nur die Schnittstellen, die DÜ-Geschwindigkeit, das Synchronisationsverfahren, der DÜ-Code, die Fehlersicherung und die Betriebsart des DÜ-Mediums festzulegen, sondern es sind insbesondere für beide Kommunikationspartner verbindliche Regeln über den zeitlichen und logischen Ablauf der Datenübertragung festzulegen und technisch in den DEE bereitzustellen.

Solche Ablaufregeln werden als DÜ-Prozeduren oder auch DÜ-Protokolle bezeichnet. Sie sind in den Datenübertragungssteuerungen der DEE in Form von Hardware- und Software-Komponenten realisiert.

Die Datenübertragung gliedert sich in 5 Ablauf-Phasen:

1. Aufbau einer Verbindung zwischen Sender und Empfänger
2. Aufforderung zu Datenübertragung
3. Übertragung der Daten (einzelne Codeworte bzw. Daten-Blöcke)
4. Beendigung der Datenübertragung
5. Abbau der Verbindung zwischen Sender und Empfänger.

Die in der Praxis verwendeten, für den Anwender von Informations-Systemen nicht „sichtbaren" DÜ-Prozeduren lassen sich wie folgt klassifizieren:

1. Zeichenorientierte Prozeduren ohne automatische Fehlerkorrektur.

Anfang bzw. Ende einer Übertragung werden durch die Codeworte STX (Start of TeXt) bzw. ETX (End of TeXt) des jeweils verwendeten DÜ-Codes gekennzeichnet. Als Fehlersicherung wird die Zeichenparitätssicherung und zur Synchronisation das Start/Stop-Verfahren verwendet. Diese Prozeduren werden primär bei DEEs eingesetzt, die nach dem Start/Stop-Verfahren arbeiten, wie z.B. bei einem PC, der als Recherchierterminal benutzt wird.

2. Zeichenorientierte Prozedur mit automatischer Fehlerkorrektur.

Diese Klasse von Prozeduren, die auch „Basic Mode-Prozeduren" genannt werden, ist wie folgt charakterisiert:
Es werden jeweils Blöcke von Zeichen übertragen, die nach dem Verfahren der zyklischen Blocksicherung mit 2 BCC-Codeworten gesichert sind. Als fehlerhaft erkannte Blöcke werden vom Empfänger nicht akzeptiert und der Sender wird aufgefordert, den Block erneut zu übertragen. Als Gleichlaufverfahren wird das Synchron-Verfahren verwandt. Prozeduren dieses Typs werden vor allem in Netzen mit herstellerspezifischen DEEs eingesetzt. Typische Vertreter dieser Prozeduren sind **BSC** (Firma IBM) und **MSV** (Firma Siemens).

3. Bitorientierte Prozeduren mit automatischer Fehlerkorrektur.

Diese Prozeduren übertragen nach dem Synchronverfahren Datenblöcke, die als Bitfolgen behandelt werden. Der vom Anwender eingesetzte DÜ-Code spielt daher für das Protokoll keine Rolle (die Übertragung ist bitfolgenunabhängig). Dadurch sind diese Prozeduren universell einsetzbar. Die Fehlersicherung erfolgt nach dem CRC-Verfahren über 2 BCC-Codeworte zu je 8 Bit. Die übertragenen Blöcke werden automatisch mit einer internen Sequenznummer versehen, womit auch der Verlust ganzer Datenblöcke erkannt und durch Neuübertragung korrigiert werden kann. Typische Vertreter dieser Prozedurklasse sind **SDLC** (Synchroneous **D**ata **L**ink **C**ontrol) der Firma IBM und **HDLC** (High Level **D**ata **L**ink **C**ontrol) als ISO-Standard. Das HDLC-Protokoll wird auch in DÜ-Systemen mit Paketvermittlung (zum Beispiel im DATEX-P-Netz der DBP) eingesetzt.

E 7.6 Arten der Nachrichtenvermittlung

Bei der Nachrichtenvermittlung werden zwei Arten der „Verbindung" zwischen Sender und Empfänger einer Nachricht unterschieden: Der Leitungs-Vermittlung (engl. circuit switching) und der Paket-Vermittlung (engl. packet switching).
Bei der Leitungs-Vermittlung wird in den Nachrichtenvermittlungsstellen der DBP für die Dauer der Verbindung zwischen zwei DEE eine Übertragungsleitung physikalisch „durchgeschaltet". Dies gilt sowohl für das Fernsprech-Netz der DBP als auch für das speziell für Zwecke der DÜ geschaffene **DATEX-L**-Netz der DBP („L" steht für Leitungs-Vermittlung).

Bei der Paket-Vermittlung werden die zu übertragenden Nachrichten in den Vermittlungsknoten des DÜ-Netzes (kurzzeitig) zwischengespeichert. Dazu werden die Daten in Pakete (= Blöcke) mit einer Maximallänge aufgeteilt und von Knoten zu Knoten über sehr leistungsfähige voll-duplex DÜ-Leitungen nach dem HDLC-Verfahren bis zum Netzknoten des Empfängers weitergeleitet. Durch die Zwischenspeicherung der Nachrichten entfällt die Nowendigkeit der Verwendung derselben DÜ-Parameter (wie z.B. DÜ-Code, DÜ-Geschwindigkeit, Protokolltyp) zwischen 2 DEE, die über Paketvermittlungssysteme Nachrichten austauschen.

Ein typisches Netz mit Paketvermittlung ist das **DATEX**-P-Netz der DBP. Die Schnittstelle für den Paket-Zugang zu DATEX-P werden durch die CCITT-Empfehlung X.25 definiert. Das interne, zwischen den DÜ-Knoten verwendete Protokoll, ist das von der ISO genormte o.g. HDLC-Protokoll.

E 7.7   DÜ-Netze und -Dienste der Deutschen Bundespost

E 7.7.1   Fernsprechnetz (Fe-Wählnetz)

Das Fernsprechnetz ist ein Wechselstrom-Netz mit Leitungsvermittlung, das durch die Verwendung eines Modems oder eines Akustikkopplers für Zwecke der DÜ verwendet werden kann. Die Verbindung zwischen den DEE wird dabei durch Anwählen (automatisch oder manuell) des entsprechenden Telefonanschlusses und postseitige Leitungsdurchschaltung hergestellt. Die maximal mit dem Fernsprechnetz erreichbare DÜ-Geschwindigkeit beträgt 4 800 Bit/s. Die von der DBP angebotenen Modems sind für 300 und 1 200 Bit/s (Asynchronverfahren) und für 2 400 und 4 800 Bit/s (Synchronverfahren) verfügbar.

Die Limitierung der DÜ-Rate rührt vom Frequenzbereich (300 bis 3 400 Hz) der Fernsprechleitungen her. Den Übertragungsfrequenzbereich eines Mediums nennt man auch Bandbreite; im Fall des Fernsprechnetzes beträgt dieser nutzbare Bereich 3 400 – 300 Hz, die Bandbreite somit 3 100 Hz. Die mittlere Wahrscheinlichkeit für das Auftreten einer Bitverfälschung durch das Fernsprechnetz (Bitfehlerwahrscheinlichkeit) beträgt 1:50 000, d.h. 1 falsches Bit bei 50 000 übertragenen Bits. Dies würde bei der 7 Bit-ASCII-Codierung nur 50 fehlerhafte Zeichen auf ca. 200 Seiten Text mit 2 200 Zeichen pro Seite bedeuten!

Als DÜ-Code sind die bekannten 5, 6, 7 und 8 Bit Codes zugelassen. Die Vorteile der Nutzung des Fe-Wählnetzes für die DÜ liegen in der Möglichkeit, von einer DEE (z.B. einem Bildschirmterminal) aus temporär Verbindungen zu verschiedenen anderen DEEn (z.B. Datenbank-Hostsystemen) herzustellen. Kosten fallen nur für die Zeiten der Verbindung (d.h. der Leitungsdurchschaltung) an. Die Nachteile liegen in der möglichen Nichtverfügbarkeit der Leitung (der gewählte Anschluß ist besetzt!) und in der relativ geringen Qualität des Wählnetzes. Außerdem sind an die Post zu entrichtenden DÜ-Gebühren abhängig von der Entfernung zwischen den kommunizierenden DEE, der Dauer der Verbindung, der DÜ-Geschwindigkeit, der Tageszeit und dem Wochentag.

E 7.7.2   Telex-Netz

Das Telex-Netz ist das weltweit verbreitete Fernschreibnetz. Wird es für DÜ-Zwecke benutzt, so beträgt die DÜ-Geschwindigkeit 50 Bit/s. Es ist nur Halbduplex-Betrieb möglich und der übliche DÜ-Code ist der 5 Bit-Fernschreib-Code (CCITT-Code Nr. 2). Als Synchronisationsverfahren ist nur der Start/Stop-Betrieb möglich. Die mittlere Bitfehlerwahrscheinlichkeit beträgt 1 : 500 000.

E 7.7.3   Direktrufnetz

Das Direktrufnetz benutzt ebenfalls Fernsprechleitungen für die DÜ, jedoch sind die Leitungen zwischen den DEE als sogenannte Standleitungen fest geschaltet und somit permanent als sogenannter „Hauptanschluß für Direktruf" (HfD) für die DÜ verfügbar. Dementsprechend fallen feste Kosten für die Leitungen unabhängig von ihrer tatsächlichen Nutzung an. Als DÜ-Code sind die o.g. Codes zugelassen. Die Übertragung kann im sx, hx oder dx-Betrieb erfolgen. Die mittlere Bitfehlerwahrscheinlichkeit beträgt nur 1 : 1 Mio. und ist damit um den Faktor 20 geringer als im Fe-Wählnetz.

Die DÜE für das HfD-Netz werden in folgenden Varianten von der DBP angeboten:
HfD 50 : asynchrone DÜ bis zu 50 Bit/s. (AGT)
HfD 300 : asynchrone DÜ bis zu 300 Bit/s. (DFG)
HfD 1 200 : as. oder syn. DÜ bis 1 200 Bit/s. (DAG)
HfD 2 400 : synchrone DÜ bis zu 2 400 Bit/s. (DAG)
HfD 4 800 : synchrone DÜ bis zu 4 800 Bit/s. (DAG)
HfD 9 600 : synchrone DÜ bis zu 9 600 Bit/s. (DAG)
HfD 48 000 : synchrone DÜ bis zu 48 000 Bit/s. (DAG)
Die in Klammern angegebenen Kennzeichen stellen die Notation der DBP für die DÜE-Klasse dar.

Das HfD-Netz wird vorwiegend von dezentral operierenden Organisationen (Banken, Versicherungen, Sicherheitsbehörden, Touristikunternehmen, etc.) zu Herstellung ständig verfügbarer leistungsfähiger Datenverbindungen zwischen dezentral betriebenen Computersystemen (Datenbankhosts) und/oder von den Datenbankhosts zu den Endbenutzern in betrieblichen „Zweigstellen" in beliebiger Entfernung von den Hostsystemen benutzt. Dabei kann ein Host durch die entsprechende Ausstattung der Kommunikations-Vorrechner mit DÜEs sowohl über Standleitungen als auch über Wahlleitungen erreichbar sein.

E 7.7.4   Datex-Netz

Fernsprechnetz, Direktrufnetz und Telexnetz sind klassische Telekommunikations-Netze, die nicht speziell auf die Belange der Datenkommunikation zugeschnitten sind. Sie dienten beim Aufkommen der Datenfernverarbeitung als Platzhalter für noch nicht existente, speziell auf die Belange der DFV ausgerichtete „Daten-Netze". Im Rahmen der Schaffung eines Integrierten Text- und Daten-Netzes

(IDN) hat die DBP Anfang der 70er Jahre mit dem Aufbau der digitalen **DATEX**-Netze begonnen (DATEX steht für **DAT**a **EX**change = Datenaustausch). Die Datex-Netze sind Vermittlungsnetze, d.h. sie erlauben den Datenaustausch zwischen DEE, die mit beliebigen anderen (wählbaren) DEE mit Hilfe von der Post betriebener Vermittlungsstellen (Netzknoten) in Verbindung treten können.

Das Datex-Netz zerfällt in zwei Klassen von digitalen Netzen, die sich in der Art der Nachrichtenvermittlung unterscheiden: Datex-L (mit Leitungsvermittlung) und Datex-P (mit Paketvermittlung).

E 7.7.4.1   Datex-L

Das Datex-L-Netz stellt, analog zum Fernsprechnetz, den Verbindungsaufbau zwischen den DEE mittels Durchschaltung einer Leitung zwischen sendender (,,rufender'') und empfangender (,,gerufener'') DEE her. Über die durchgeschaltete Leitung treffen die gesendeten Daten genau in der Reihenfolge und der Form beim Empfänger ein, wie die Sende-DEE sie abgesandt hat (sogen. ,,transparente'' Übertragung). Dies bedeutet, daß die Art des DÜ-Codes, das verwendete DÜ-Protokoll etc. den Anwendern (also den Betreibern der DEE) überlassen bleibt.

Die DÜE für das Datex-L-Netz, Datenfernschaltgeräte (DFG) genannt, werden in folgenden Varianten von der DBP angeboten:
200 Bit/s., Asynchronverfahren
300 Bit/s., Asynchronverfahren
2 400 Bit/s., Synchronverfahren
4 800 Bit/s., Synchronverfahren
9 600 Bit/s., Synchronverfahren

Das Datex-L-Netz ist voll-duplex-fähig. Analog wie beim Fe-Wählnetz sind die anfallenden Gebühren abhängig von der Entfernung zwischen den kommunizierenden DEE, der Dauer der Verbindung, der DÜ-Geschwindigkeit, der Tageszeit und dem Wochentag.

Die DÜ-Fehlerwahrscheinlichkeit liegt in der Größenordnung von 1 : 500 000 für die asynchrone DÜ mit 200 Bit/s.

E. 7.7.4.2   Datex-P

Das Datex-P-Netz ist ein Netz mit Paket-Vermittlung. Die technischen Merkmale der Paketvermittlung wurden im Abschnitt ,,Nachrichtenvermittlung'' bereits erläutert. Durch das Zwischenspeichern der im Netz transportierten Datenpakete in den Netzknoten kommt eine direkte Verbindung zwischen den DEE nicht mehr zustande. Dies wird von den Anwendern aufgrund der hohen netzinternen DÜ-Raten aber gar nicht bemerkt.

Gegenüber den bisher genannten DÜ-Netzen und -Diensten bietet Datex-P folgende Vorteile:

* Datenübertragung mit Geschwindigkeiten bis zu 48 Kbit/s sowie der Möglichkeit der Geschwindigkeitsumwandlung durch das Netz.

* Durch die Verwendung des HDLC-Protokolls genormte und nach dem CRC-Verfahren gesicherte netzinterne Datenübertragung.
* Bereitstellung standardisierter Anpassungsverfahren für den Zugang zum Netz. Hierzu zählt insbesondere die **PAD**-Einrichtung (PAD = **P**acket **A**ssembly/**D**isassembly), welche die Umsetzung von Daten in die von Datex-P benötigte Paketform durchführt bzw. wieder rückgängig macht, wenn der Zugriff der DEE über andere Netze (z.B. das Fernsprechnetz oder Datex-L) erfolgt.
* Da Paketvermittlungsnetze auch in anderen Ländern (USA, England, Frankreich usw.) vorhanden sind, kann von Datex-P aus auch mit den Netzen dieser Länder über sog. Gateways (das sind Netzknoten, die DÜ-Netze verschiedener Architektur miteinander verbinden) kommunizieren.
* Durch die Paketvermittlungstechnik ist die Verwendung beliebiger Codes, sowie eine Code-, Geschwindigkeits- und Protokollumwandlung zwischen den kommunizierenden DEE möglich. Dies bedeutet eine erhebliche Flexibilität für die Kommunikationspartner.
* Die Gebühren für die Nutzung von Datex-P richten sich primär nach dem Datenvolumen der Nachricht; sie sind geringfügig abhängig von der Tageszeit und der Verbindungszeit.

Für Datenendeinrichtungen, welche direkt mit Datex-P kommunizieren sollen (dies sind paketorientierte DEE), ist die Schnittstelle durch die CCITT-Empfehlung X.25 (duplex, Synchronverfahren) sepzifiziert. Dieser Zugang wird von der DBP als Basisdienst Datex-P10 angeboten. Daneben gibt es noch den Dienst Datex-P20 für den Anschluß asynchroner DEE, sowie weitere Dienste zum Anschluß von IBM-kompatiblen und Siemens-kompatiblen DEEs (BSC- bzw. MSV-Protokoll).

Ein Kennbuchstabe bei der Dienstbezeichnung für Datex-P identifiziert den Zugangsweg der DEE zum Datex-P-Netz:

H = Hauptanschluß für Datex-P (z.B. Datex-P10H)
L = Zugang vom Datex-L-Netz
F = Zugang vom öffentlichen Fernsprechnetz
T = Zugang vom öffentlichen Telexnetz.

Abb. 9 veranschaulicht den Zugang zum Datex-P-Netz der DBP.

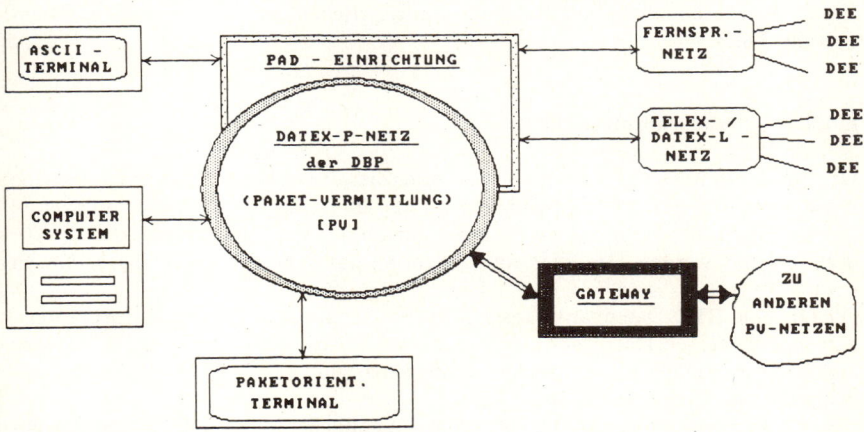

Abb. 9: Zugang zum Datex-P-Netz der DBP

Folgende DÜ-Geschwindigkeiten werden durch die Zugangsmöglichkeiten zum Datex-P-Netz unterstützt:

    300 Bit/s, asynchron
  1 200 Bit/s, asynchron, hx/dx, Fehlerwahrscheinlichkeit 1 : 1 Mio.
  2 400 Bit/s, synchron
  4 800 Bit/s, synchron
  9 600 Bit/s, synchron
48 000 Bit/s, synchron, dx, Fehlerwahrscheinlichkeit 1 : 1 Milliarde.

E 7.7.5   Teletex-Dienst

Teletex ist ein neuer, international standardisierter Fernmeldedienst. Der Teletex-Dienst der DBP wird technisch über das Datex-L-Netz abgewickelt und dient zum ,,Bürofernschreiben'' mit eigens dazu bereitgestellten DEE (Speicherschreibmaschinen, Textverarbeitungssysteme, Personalcomputer.)
Teletex verbindet die Vorteile computergestützter DEEs mit denen der klassischen Fernschreibtechnik. Die DÜ-Geschwindigkeit beträgt 2 400 Bit/s. Dieser Dienst ist erheblich leistungsfähiger und flexibler als der klassische Fernschreibdienst und wird den letzteren in absehbarer Zeit ablösen.

E 7.7.6   Integriertes Text- und Daten-Netz (IDN)

Das IDN umfaßt kommunikationstechnisch die folgenden digitalen Text- und Daten-Netze der DBP:
Telex-Netz, Datex-L-, Datex-P- und Direktruf-Netz. Neben dem IDN existiert noch das Fernsprechnetz sowie die Möglichkeit, mit Stromwegen der DBP private Drahtfernmeldeanlagen zu betreiben.
Abb. 10 veranschaulicht den Zusammenhang zwischen den DÜ-Netzen und -Diensten der DBP.

E 7.7.7   Bildschirmtext-Dienst

Der Bildschirmtext (BTX) -Dienst hat zum Ziel, Texte und einfache graphische Darstellungen über das Fernsprechnetz auf den Bildschirm normaler Fernsehgeräte zu übertragen. Die Fernsehgeräte müssen dazu mit einem Zusatzgerät (BTX-Decoder) versehen werden, das über ein Modem an das Fernsprechnetz angeschlossen wird.
Die DBP hat BTX-Datenbank-Hosts in Betrieb genommen, in denen Informationsanbieter diejenigen Daten ablegen, die der BTX-Anwender sich dann seitenweise auf dem Fernsehbildschirm ansehen kann. Dazu muß er die BTX-Identifikations-Nummer des Anbieters kennen.
BTX ist ein neuer Informations-Dienst, der in ähnlicher Weise auch in anderen europäischen Ländern im Einsatz ist.

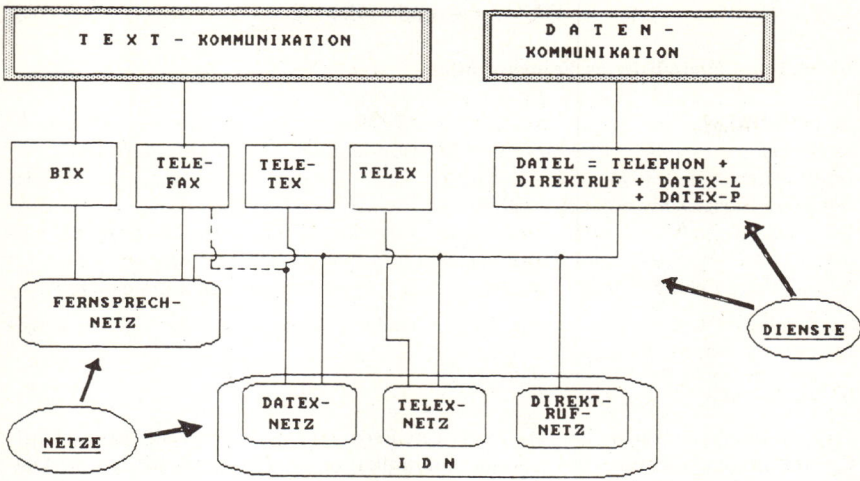

Abb. 10: Datenübertragungs-Netze und -Dienste der DBP

Die Postorganisationen der europäischen Länder sind für Zwecke der Standardisierung des Nachrichtenaustausches in einem Dachverband organisiert, der mit **CEPT** (Conférence Européen des Administrations des Postes et Télécommunications) bezeichnet wird.

BTX als Dienst der DBP hat die hohen Erwartungen, welche die DBP ursprünglich in ihn gesetzt hatte, aufgrund mangelnder Akzeptanz durch den ,,Normalbürger" als Zielgruppe bei weitem nicht erfüllt.

E 7.7.8 Telefax-Dienst

Der Telefax-Dienst wurde 1979 von der BRD zur Übertragung graphischer Informationen (,,Telekopieren") eingeführt. Graphische Vorlagen im DIN A4-Format werden von der sendenden DEE (Telefaxgerät) zeilenweise abgetastet und bei dem empfangenden Telefaxgerät zeilenweise wieder ausgegeben. Die Vorlagen können beliebige Texte, handschriftliche Vermerke, Skizzen oder auch Zeichnungen sein. Die Telefaxgeräte benutzen das öffentliche Fernsprechnetz als DÜ-Netz und sind mit den Geschwindigkeitsvarianten 1 DIN A4-Seite/min. oder 1 DIN A4-Seite/3 min. erhältlich. Das Auflösungsvermögen beträgt dabei 829 Bildpunkte/Zeile und 3,85 Zeilen pro Millimeter. Die Gebührenregelung ist ähnlich der des Fernsprechdienstes.

E 7.8   Konzepte für DÜ-Netze und -Dienste

E 7.8.1   Digitalisiertes Fernsprechnetz

Die DBP ist z.Z. im Begriff, das existierende analoge Fernsprechnetz auf Digital-
techniken umzustellen. Dies bedeutet insbesondere die Anwendung digitaler Übertragungstechniken sowie die Einführung von digitalen Vermittlungsstellen. Die
Übertragungsgeschwindigkeit zwischen den einzelnen Vermittlungsstellen wird 64
Kbit/s betragen. Als Übertragungsmedium werden dabei Kupferkoaxialkabel verwendet. Neben erheblichen ökonomischen und operationellen Vorteilen bietet das
digitalisierte Fernsprechnetz für den Nutzer insbesondere folgende Vorteile:

* Verbesserte Übertragungsqualität und Verständlichkeit auch bei größten Entfernungen
  zwischen den Kommunikationspartnern
* Kürzere Zeiten für den Verbindungsaufbau
* Weniger Blockiersituationen im Netz.

Strategisch und technisch liefert das digitale Fernsprechnetz die Basis für die künftige technische Integration aller Telekommunikationsdienste der DBP, da die DÜ-
Geschwindigkeit von 64 Kbit/s auch für die Übertragung von Text, Einzelbildern
und Daten (d.h. Computerdaten) geeignet ist.

E 7.8.2   Integrated Services Digital Network (ISDN)

Das ISDN ist ein Konzept für die technische Integration der DÜ-Netze für die
Übertragung von Sprache, Text, Daten und Bildern. Dies bedeutet, daß die Dienste
wie Teletex, Telefax, Telex, BTX sowie die Datel-Dienste (Direktruf, Datex-L,
Datex-P und Telefon) über eine einzige Schnittstelle zum Endbenutzer geführt werden. Auf der Grundlage der 64 Kbit/s-Übertragung wird in der ersten Realisierungsphase das sogenannte Basisband-ISDN folgende neue Dienste erbringen:

* ISDN-Fernsprechen (Qualitätsverbesserung der Sprachübertragung)
* ISDN-Teletex (8 mal schnellere Textübertragung als bisher)
* ISDN-Telefax (Qualitätsverbesserung, Reduktion der Übertragungszeit von einigen Mi-
  nuten auf wenige Sekunden)
* ISDN-Textfax (Kombination von Telefax und Teletex speziell für die Anwendung in der
  Bürokommunikation)
* ISDN-Datenübermittlung (Erhebliche Geschwindigkeitserhöhung)
* ISDN-Bildschirmtext (Kürzere Bildaufbauzeiten)
* ISDN-Bildübermittlung (Übertragung von Festbildern und langsamen Bewegtbildern; ca.
  4 sec./Farbbild)

Alle z.Zt. bestehenden Dienste der DBP sowie die bisher unterstützten Endgeräte
werden mit ISDN prinzipiell weiterhin genutzt werden können.
Das Grundkonzept für den ISDN-Standard wurde erstmalig im Jahre 1980 durch
die CCITT-Empfehlung G.705 spezifiziert.
Für die Übertragung bewegter Bilder mit Fernsehqualität werden DÜ-Geschwindigkeiten von mindestens 135 Mbit/s benötigt. Die DBP plant für diese Zwecke die

Einrichtung eines Breitband-ISDN auf der Basis von Glasfaserkabeln mit einer DÜ-Rate von 140 Mbit/s.
Mit der Technik des Breitband-ISDN werden u.a. folgende Dienste geboten:

* Alle Dienste des Basisband-ISDN
* Bildfernsprechen und Dokumentübertragung
* Bildkonferenz
* Bildabruf (z.B. Breitband-BTX)
* schnelle Datenübertragung (für verteilte Datenbanken, lokale Netze)
* Fernsehprogramm-Verteilung
* Kabeltext (Übertragung von Textseiten und Standbildern).

Mit dem Pilotversuch „BIGFON" (Breitbandiges Integriertes Glasfaser-Fernmelde-Orts-Netz) in 7 verschiedenen Städten der BRD werden z.Zt. Systemversuche für das künftige Breitband-ISDN durchgeführt. *Abb. 11* zeigt die Möglichkeiten des künftigen Breitband-ISDN.

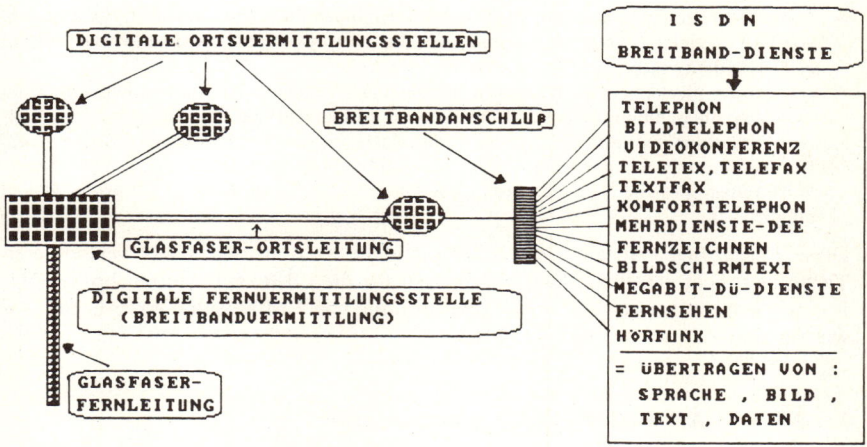

Abb. 11: Geplantes Breitband-ISDN

E 7.9   Lokale Netze (Local Area Network/LAN)

Lokale Netze sind DÜ-Systeme, die ohne Nutzung von öffentlichen DÜ-Netzen bzw. -Diensten realisiert sind. Die englische Bezeichnung Local Area Network, abgekürzt mit **LAN**, weist bereits darauf hin, daß Netze dieser Art vorwiegend zum Nachrichtenaustausch zwischen DEE in begrenzten Bereichen (z.B. in einem Gebäude oder zwischen verschiedenen Gebäuden auf einem Firmengelände) eingesetzt werden.

E 7.9.1   Anforderungen an LAN

Beim Einsatz von LANs sind typischerweise Terminals, PCs, Workstations und auch Multiusersysteme (z.b. Superminicomputer) über ein gemeinsames DÜ-Medium ohne Zwischenschaltung von Netzknoten und ohne die Nutzung von Postnetzen datentechnisch zu verbinden. Da es sich bei den DEE i.d.R. um Geräte verschiedener Hersteller mit unterschiedlichsten Aufgaben (Computer, Speichermedien, Drucker, Abtastgeräte (Scanner), Kurvenzeichner (Plotter) u.ä.) handelt, werden an ein LAN besondere Anforderungen gestellt. Diese lassen sich wie folgt zusammenfassen:

* Beim Anschluß der verschiedenen Geräte an das LAN soll ein Verbindungsauf- und Abbau nicht erforderlich sein. Dies bedeutet, daß die DEE den Datenaustausch ohne Vermittlungsfunktionen vornehmen können.
* Der Datenaustausch soll (muß) in einem für das LAN standardisierten Datenformat stattfinden. Die Anpassung an dieses LAN-spezifische Datenformat findet für die verschiedenen DEE-Geräte durch Anpassungseinrichtungen an der Schnittstelle zwischen DEE und LAN statt.
* Durch die Heterogenität der in einem LAN vertretenen DEE sowie die u.U. hohe Anzahl von DEE in einem LAN sind eine hohe DÜ-Geschwindigkeit und kurze Antwortzeiten von großer Bedeutung bei der Realisierung eines LAN.
* Die bei der physikalischen Realisierung eines LAN verwendeten DÜ-Medien (z.B. Koaxialkabel) müssen billig zu beschaffen und ohne großen Aufwand zu installieren sein. Spätere Erweiterungen und Änderungen in der Netzauslegung müssen leicht möglich sein.
* Die Verbindung zu anderen LAN und die Anbindung an globale Netze (DFV-Netze, WAN) über spezielle Netz-Verbindungs-Knoten (sogen. ,,gateways'') muß grundsätzlich möglich sein.

Diese Forderungen an ein LAN sind durch die z.Zt. in den WAN verwendeten Techniken nicht erfüllbar. Dies gilt speziell für die i.d.R. geforderten hohen DÜ-Raten, die typischerweise in der Größenordnung von 1 Mbit/s und mehr liegen, sowie für den Zugriff auf das DÜ-Medium.

E 7.9.2   LAN-Zugriffs- und Nutzungskonzepte

Bei der Realisierung von LAN haben sich 2 verschiedene Konzepte zur Nutzung eines gemeinsamen Hochgeschwindigkeits-DÜ-Mediums bewährt: Ringleitungen und Bussysteme.
Der Zugriff der DEE auf das DÜ-Medium wird bei diesen Konzepten auf unterschiedliche Weise dezentral durch spezielle Zugriffsverfahren realisiert, die insbesondere das Problem der Kollision (Versuch des gleichzeitigen Sendens durch mehrere DEE) lösen.

E 7.9.2.1   Ringleitung

Ringleitungen sind permanent aktive DÜ-Medien, welche die DEE des Ring-LAN topologisch in Ringform miteinander verbinden, wobei die Nachrichten in einer festgelegten Richtung im Ringnetz zirkulieren und an jeder angeschlossenen DEE durch ,,Repeater" genannte Geräte regeneriert werden. Als physikalisches DÜ-Medium werden Kupfer-Koaxialkabel oder Glasfaserkabel eingesetzt; bei geringen Anforderungen sind auch 2-Draht-Leitungen einsetzbar.

Beim ,,Token Passing" – Zugriffsverfahren, das in den sogen. Token-Ring-LAN verwendet wird, zirkuliert im Netz ein bestimmtes Bitmuster, das als Token bezeichnet wird. Will eine DEE eine Nachricht an das DÜ-Medium abliefern, so entnimmt sie dem DÜ-Medium zuerst das Token, überträgt die zu sendenden Daten auf das DÜ-Medium und fügt am Ende der Daten das Token wieder an. Mit diesem Verfahren ist sichergestellt, daß immer nur eine DEE zu einer Zeit eine Nachricht auf die Ringleitung geben kann, nämlich die DEE, die gerade ,,im Besitz" des Token ist. Hierdurch wird das Auftreten einer Kollision verhindert. *Abb. 12* veranschaulicht das Konzept des Token-Passing-Ring-LAN.

Token-Ring-Systeme werden insbesondere für die Vernetzung von PCs und Workstations auf dem Markt angeboten. Das zu beschaffende Produkt besteht aus Einschubkarten für die PCs bzw. Workstations, die u.a. einen Anschluß für das DÜ-Kabel und damit zu dem DÜ-Medium enthalten. Zusammen mit der Hardware ist natürlich die Treiber-Software für das Token-Passing-Verfahren sowie anwendungsspezifische DÜ-Software zu beschaffen.

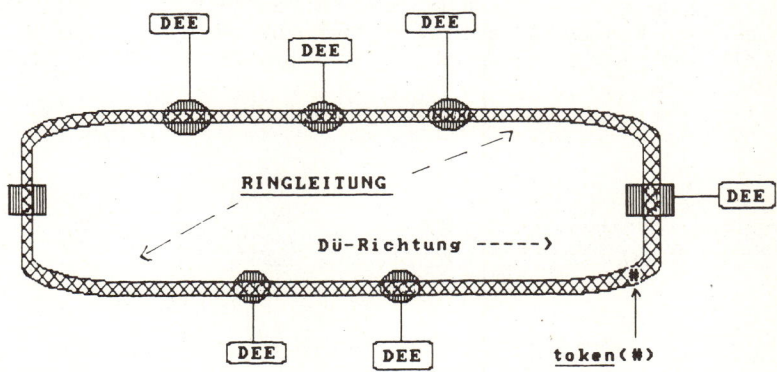

RINGLEITUNG

DÜ-Richtung ----->

token(#)

⬤ = TRANSMITTER/RECEIVER (``TRANSCEIVER'',=SCHNITTSTELLE)

▦ = REPEATER = VERSTÄRKER + TRANSCEIVER

Abb. 12: LAN nach dem Token-Ring-Verfahren

E 7.9.2.2 BUS-Konzept

BUS-Systeme sind topologisch lineare, passive Leitungssysteme ohne zentrale Zugriffskontrolle. Der Anschluß von DEE an ein BUS-LAN erfolgt über spezielle Koppler, wobei als DÜ-Medium Kupfer-Koaxialkabel, Fernsehkabel oder Glasfaserkabel benutzt werden.

Die von einer DEE über den Koppler auf den BUS gesendeten Daten werden vom Koppler aus nach beiden Richtungen durch den BUS übertragen. Damit kann die Nachricht von allen anderen, am BUS-System angeschlossenen DEE grundsätzlich empfangen werden.

Das bekannteste LAN-System nach dem BUS-Konzept ist das von den US-Firmen Digital Equipment, Intel und Xerox gemeinsam entwickelte, **ETHERNET** genannte System. Ein Teil der ETHERNET-Konzeption hat auch Eingang in die Normierungsbestrebungen der ISO für weltweite LAN-Standards gefunden.

Zur Lösung des Kollisionsproblems verwendet ETHERNET ein Verfahren, das **CSMA/CD** (**C**arrier **S**ense **M**ultiple **A**ccess with **C**ollision **D**etection) genannt wird. Dieses Verfahren besteht darin, daß eine DEE, die Daten senden möchte, vor dem Senden „horcht" (carrier sense = Leitung auf Aktivität prüfen), ob bereits eine Datenübertragung über den DÜ-Kanal stattfindet. Ist das der Fall, so wird auf das Ende der DÜ gewartet, bevor mit dem Senden begonnen wird. Im anderen Fall wird sofort mit dem Senden begonnen. Während des Sendens „hört" die sendende DEE auf dem DÜ-Kanal mit, um zu erkennen, ob sich gleichzeitig noch eine andere DEE im Sendezustand befindet. Falls dieser Zustand erkannt wird, bricht die diese Mehrfachzugriffs-Situation erkennende DEE ihren Sendevorgang ab und wiederholt den Sendeprozeß zu einem späteren Zeitpunkt, der durch einen Zufallsgenerator festgelegt wird. Aus diesem Sachverhalt ist ersichtlich, daß ein BUS-LAN durch die Art der Kollisions-Behandlung erheblich aufwendiger ist als ein Token-Ring-LAN. *Abb. 13* zeigt eine typische Netz-Konfiguration nach dem BUS-LAN-Konzept.

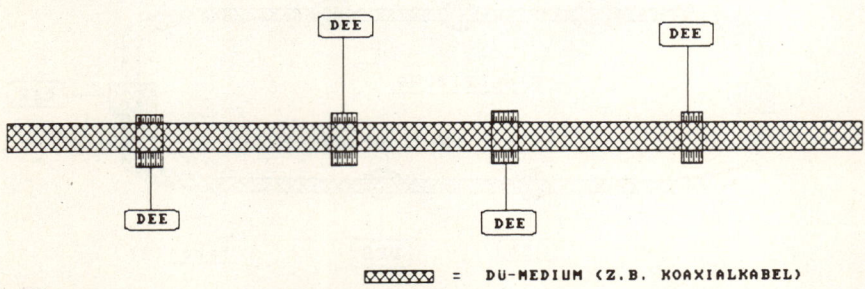

= DÜ-MEDIUM (Z.B. KOAXIALKABEL)

= SCHNITTSTELLE ZUR DEE (TRANSCEIVER)

Abb. 13: Topologie eines LAN nach dem BUS-Konzept

E 7.9.3   Datenübertragungs-Leitungen für Lokale Netze

Leitungen mit verdrillten zweiadrigen Drähten erlauben eine maximale DÜ-Rate von 1 Mbit/s, wobei Fehlerraten von 1 : 1 000 durchaus nicht ungewöhnlich sind. Koaxiale Kupferkabel können mit einer DÜ-Rate von 10 Mbit/s betrieben werden. Typische Fehlerraten liegen bei weniger als 1 : 10 Mio. Bit.

Glasfaserkabel (als optisches Übertragungmedium) erlauben als Breitbandübertragungsmedium DÜ-Raten von über 100 Mbit/s bei Fehlerwahrscheinlichkeiten, die um den Faktor 10 000 unter der Fehlerrate der Kupferkoaxialkabel liegen. Durch spezielle Verstärker-Bausteine ist es technisch möglich, Lokale Netze über mehrere Kilometer lange Strecken zu führen. Gateway genannte Netz-Verbindungsknoten erlauben es, Lokale Netze verschiedener Architektur untereinander zu verbinden; außerdem sind Gateways zu den öffentlichen DÜ-Netzen (wie z.B. Datex-P) im Rahmen eines LAN-WAN-Verbundes möglich.

Literatur

01. Bauknecht, K.; Zehnder, C.A.: Grundzüge der Datenverarbeitung. Stuttgart: Teubner 1985. (Kapitel 8: Kommunikationssysteme)
02. Blomeyer-Bartenstein, H.P.; Both, R.: Datenkommunikation und Lokale Computer-Netzwerke. Haar bei München: Verl. Markt und Technik 1987.
03. Hofer, H.: Datenfernübertragung. Berlin u.a.: Springer 1985. (Heidelberger Taschenbücher Bd. 120.)

F   Infrastruktur der Information und Dokumentation

F. 1   Einleitung und Überblick

In diesem Hauptkapitel werden die wichtigsten Infrastrukturbereiche der Information und Dokumentation behandelt. Sie befinden sich im Schnittfeld zwischen informationspraktischer und wissenschaftlicher Arbeit bzw. bewegen sich in Grenzbereichen zu anderen Disziplinen, aus denen Erkenntnisse, Methoden, Vorgehensweisen und Bewertungskriterien für IuD gewonnen werden. Die folgenden Kapitel beschreiben Arbeitsfelder, die Grundlagen für die praktische Informationstätigkeit schaffen sollen und wichtige Aspekte bei Planung, Entscheidung und Organisation der IuD sind.

Der historisch älteste Bereich, in dem Grundlagen für die Organisation der IuD geschaffen werden, ist der der *„Normung"*. *Eva-Maria Baxmann-Krafft* und *Axel Ermert* geben in Kap. *F 2* Einblick in Abläufe und Zusammenhänge der Normungstätigkeit, wie sie für die Informationsarbeit von Bedeutung sind: Regelungen für Informationsdarstellung, Zeichenzuordnung und Codierungstechnik, Bearbeitung und Gestaltung von Dokumenten und Datenelementen, Regeln für Verwaltungsabläufe und Zusammenhänge der Terminologienormung.

„Informationspolitik" als Ausdruck gesellschaftlicher Etablierung und Orientierung der IuD ist Gegenstand des Kap. *F 3*. *T. Seeger* zeigt die Etappen der IuD-Politik, die staatlichen IuD- resp. Fachinformationsprogramme und ihre Einbindung in Forschungs- und Technologiepolitik. Zunächst als Teilbereich staatlicher Forschungsförderung betrachtet, wird Informationspolitik zunehmend marktorientiert und auf die Entwicklung elektronischer Informationsprodukte ausgerichtet.

In verschiedenen Zusammenhängen gehören die *„Rechtsfragen der Fachinformation"* immer häufiger zum Alltag der IuD. *J.-W. Goebel* behandelt in Kap. *F 4* schwerpunktmäßig die Grundlagen des Urheberrechts, des Datenschutzrechts und des Vertragsrechts.

„Informationsmanagement" ist ein vielfach verwendeter, damit auch sehr schillernder Begriff. Er wird zum Teil als Oberbegriff für die gesamte Informationsarbeit gebraucht, also als Quasi-Synonym zu IuD oder Fachinformation, zum Teil auch als Bezeichnung für die Organisation von Arbeitsabläufen, z.B. in betrieblichen Informationssystemen, verwendet. *E. Vogel* konzentriert sich in ihrem Beitrag *F 5* auf die eigentliche Bedeutung, d.h. auf das Management von Informationsressourcen (wie Wissen, Technologie, Personal etc.). Beschrieben werden u.a. Gegenstand, Aufgaben und Ziele des *Informationsressourcenmanagements*, Einsatz und Gestaltung der Ressourcen, Strategien und Instrumente des Managements.

Die ökonomische Bewertung von Informationsaktivitäten ist ein immer wiederkehrendes Problem bei der praktischen IuD-Arbeit. Deshalb werden die betriebs- und die gesamtwirtschaftlichen Aspekte von IuD resp. Fachinformation sehr ausführlich in Kap. *F 6 „Informationsökonomie"* behandelt. *W. Schwuchow* beschreibt Grundbegriffe, Kriterien und Analysenansätze bei den verschiedensten Untersuchungen über die Wirtschaftlichkeit von Informationseinrichtungen und das Marketing von Informationsdienstleistungen. Außerdem werden unter gesamtwirtschaftlichem Aspekt Funktionen des Staates und des Marktes sowie die Entwicklung des internationalen Online-Marktes betrachtet.

In enger Verbindung zu Fragen der Wirtschaftlichkeit und des Marketing steht auch das Kap. *F 7: H. Kemmler* beschreibt Kriterien, Konzepte und Zielsetzung der für IuD sehr wichtigen *„Öffentlichkeitsarbeit"*.

Auch *„Benutzerforschung"* erfolgt weitgehend im Zusammenhang mit Fragen der Wirtschaftlichkeit. *I. Schäuble* stellt in Kap. *F 8* die verschiedenen Phasen resp. Ansätze der Benutzerforschung vor und erläutert die aktuellen Konzepte, Methoden und Erkenntnisziele.

Das Kap. *F 9* behandelt schließlich die Ausbildungsmöglichkeiten und das Berufsfeld derjenigen, die die fachliche Informationsarbeit professionell durchführen. *T. Seeger* beschreibt Entwicklung und *„Stand der Professionalisierung"*, wobei die Anforderungen an Umfang und Qualität der Leistungen und Zuständigkeiten der Informationsspezialisten vor allem anhand der Fachhochschul-Ausbildung dargestellt werden. Über Lehrangebote und -inhalte der informationswissenschaftlichen Studiengänge gibt das anschließende Hauptkapitel G Auskunft.

F 2 Normung im Bereich Information und Dokumentation

Eva-Maria Baxmann-Krafft, Axel Ermert

F 2.1 Informationskreislauf und Normung

Normen regeln einen sich wiederholenden Ablauf *einmal* auf eine bestimmte Weise verbindlich und bewirken damit, daß zwei Elemente ohne weitere Zwischenschritte zusammenpassen (zu Definitionen und weiteren Eigenschaften s. Lit. 64.; Lit. 70.; zur Funktion und besonders der resultierenden Ordnung auch Lit. 40.). Einen Arbeitsablauf, die Erfüllung einer Aufgabe, mit möglichst wenig Aufwand an Ressourcen zu vollziehen, ist sinnvoll und erlaubt, diese Ressourcen für andere Aufgaben einzusetzen. Den Vorteil der Normung (zur allgemeinen Charakterisierung von Normen s. auch Lit. 83., die darin angegebene Literatur und Lit. 43.; ihre Merkmale und Probleme und speziell Normen des IuD-Bereichs erörtert Lit. 13.) quantifiziert aufzurechnen (sie schlägt sich oft genug in einem nicht mehr direkt sichtbaren Ersparnis-Effekt nieder) ist nicht minder schwierig als ihm die Aufwendungen (z.B. eine große Zahl ehrenamtlich aufgewendeter Arbeitsstunden) gegenüberzustellen (vgl. Lit. 78.). Entsprechend der Art der erzielten Kostenminderung differenziert sich die Gesamtheit der Normen etwa nach Verständigungs-, Sicherheits-, Verfahrens-, Prüf-, Liefer-, Gebrauchstauglichkeitsnormen oder nach ihrem formalen Status (Vor-, Auswahl-, Übersichtsnorm, Fachbericht etc.) (vgl. Lit. 36.). Auch die IuD-Normen können danach unterschieden werden, ob sie Grundlagen für Verfahren systematisch darstellen (z.B. DIN 2330), Verfahren festlegen (DIN 1502, DIN 31 623), Ergebnisse (von ggf. genormten Verfahren) als verbindliche Normprodukte festlegen (ISO 832), Strukturierungen schaffen (E DIN 44 310), zur Verständigung Termini und begriffliche Festlegungen bereitstellen (ISO 5127, DIN 2342/1) oder die Gestaltung technischer Abläufe und Geräte beeinflussen (ISO 8777).

Normen können (gewünschten oder geduldeten) Einfluß auf andere Normen haben; ihre Erstellung hängt von Schritten der Feststellung des Normungsbedarfs und -ziels, möglicher und erstrebter Lösungen, vergleich- oder adaptierbarer anderswo vorliegender Verfahren ab und folgt selbst gewissen zweckmäßigen Verfahrensregeln und -abläufen, so daß Normungsarbeit zur Lösung manchen komplexen Problems und das Ineinandergreifen von dazu entwickelten Regeln gelegentlich sinnvoll als Schritt-für-Schritt-Verfahren erfolgt und die Lösung der Aufgabe als Aufeinanderfolge von abgrenzbaren Teilschritten sowie, wo möglich, ,,Baukasten-Elementen" realisiert (z.B. zunächst Festlegungen zur Klärung begifflicher Grundlagen, Gliederung des Gebietes, dann einzelner Verfahren in ihm . . .) (vgl. Lit. 66.).
Die Normungarbeit ist mit der Erstellung der Norm noch nicht zuende. Normen werden laufend gepflegt, spätestens alle 5 Jahre überprüft hinsichtlich ihrer noch gegebenen technischen Angemessenheit und ggf. aktualisiert (oder zurückgezogen). Die Erarbeitung der Normen erfolgt grundsätzlich durch die fachlich betroffenen, interessierten Kreise, die sich zur Teilnahme an der Normungsarbeit melden; als Publikationen liegen sie vor als Norm-Entwürfe (auf gelbem Papier), zu denen alle Interessierten aus der Öffentlichkeit Stellung nehmen können, und als verabschiedete Normen (auf weißem Papier).

Sofern Informations- und Dokumentationstätigkeit (Fachinformation) schnellen und umfassenden Zugang zu Informationen anstrebt, die für die Erfüllung einer bestimmten Aufgabe nötig sind, fußt sie auf zwei Säulen: Stimulierung von Informationsproduktion und größtmögliche Reibungslosigkeit von Informationsabläufen – das andere Standbein, das dem ersten (Kreativität, Produktion neuen Wissens) zuarbeitet. Gleichartige Verfahren, einheitliche Abläufe von Informationstätigkeit tragen wesentlich dazu bei, Information zuverlässig wiederaufzufinden, verlustfrei verfügbar zu machen und möglichst unkompliziert übermitteln zu können. Schon bei der Produktion bzw. Veröffentlichung der Information bestimmte Regeln einzuhalten, mindert deshalb den später nötigen Aufwand für die Bereitstellung (IuD-Normung allgemein und hierzu im besonderen, s. Lit. 65.).

Vorformen von Normen finden sich in vielfacher Gestalt in den täglichen Arbeitsabläufen von dokumentarischen Institutionen: Vom Datenerfassungsschema (eines Dokumentationszentrums) über den Aktenplan (einer Behörde) bis zur Transkriptionsrichtlinie im Standesamt. Normen zu (be)folgen ist etwas Alltägliches, keineswegs ein ungewöhnlicher Vorgang. Formell niedergelegte ‚Normen' erfordern aber zuweilen auch eine Anpassung, partielle Umstellung, ggf. ein Aufgeben bisheriger (individueller) Arbeitsgewohnheiten. Denn Normen sind Resultat einer Übereinkunft – oft eines Kompromisses – unter für ein Gebiet wichtigen und maßgeblichen Verfahrensweisen und Institutionen; das ist aber auch ihre Stärke, obwohl sie in den meisten Fällen ihrer formellen Rechtsnatur nach nur Empfehlungen sind und in IuD auch nur sein können. Normen sind veröffentlichte Arbeitsanleitungen, sie sollen vereinheitlichte Arbeitsweisen zwischen Institutionen möglich machen, auf nationaler und – zunehmend wichtiger – auf internationaler Ebene.

Die jeweiligen Normungsorganisationen aus der Mehrzahl der Staaten der Erde bilden zusammen die Internationale Organisation für Normung (ISO), die einheitliche Regeln nach Möglichkeit bereits auf weltweiter Basis, als internationale Normen ausarbeitet. Dies geschieht zugleich in Zusammenarbeit mit fachlich betroffenen internationalen Organisationen, in IuD etwa IFLA, FID, International Translation Centre ITC, International Federation of Scientific Editors' Associations IFSEA usw. Die mittlerweile recht beeindruckende Gesamtzahl an Normen (ca. 20.000 DIN-Normen, s. Lit. 21.; Lit. 12.) bezieht sich auf ein großes Umfeld technischer Produkte, Geräte und Verfahren und existiert in einer Vielzahl von technischen Regeln – nicht nur DIN-Normen. Eine der selektiven Informationsverbreitung ähnliche Unterrichtung über Normen zu einem spezifischen Thema ist möglich durch Abonnierung einer bestimmten Sachgruppe von Normen des DIN-Katalogs; fachliche Zusammenstellungen liegen als DIN-Taschenbücher vor. In zahlreichen Auslegestellen, auch in Universitätsbibliotheken oder Patentämtern in der Bundesrepublik und im Ausland, kann das Deutsche Normenwerk komplett eingesehen werden. Sein ineinandergreifendes Geflecht erläutert in einer übersichtlichen, nach Themen gegliederten Darstellung Lit. 45. (Zum Nachweis von Normen und Technischen Regeln siehe auch Kap. D 8.)

Für IuD-Normung wirkten zu Beginn (vgl. Lit. 09.) als zusätzliche Anregung schon vorhandene Festlegungen:
– als organisatorisch-praktische arbeitstechnische Hilfsmittel im Bereich der immer mehr zunehmenden Büroarbeit (vgl. Lit. 52.) die einheitlichen Papierformate nach DIN 476 in den heute überwiegend selbstverständlichen A-, B-, C-Reihen im Jahre 1922;

– das international einheitliche Katalogkartenformat 7,5, x 12,5 cm;
– vereinheitlichte Arbeitsregeln wie die „Instruktionen für die alphabetischen Kataloge der Preußischen Bibliotheken" („Preußische Instruktionen" – PI) von 1899;
– sowie Ansätze zur Schaffung einer Wissensordnung in Gestalt des 1876 von M. Dewey in den USA entwickelten und um die Jahrhundertwende von Otlet/Lafontaine ausgebauten Systems der „Dezimalklassifikation" (DK) (von ihm ging und geht ein enormer Anstoß zu intellektueller Ordnung, mithin grenz- und sprachübergreifender Normung aus).
Die drei letztgenannten Festlegungen nahmen nie die formelle Gestalt von DIN-Normen an (im Gegensatz zu DK-Ausgaben als nationalen Normen z.B. in Großbritannien oder Ungarn), wenn sie auch vollauf eine solche Funktion erfüllten. Die Pflege und Weiterentwicklung (zu den klassifikationstheoretischen Anstößen, Arbeiten und Verfeinerungen in ihrem Gefolge s. Lit. 57.; zur gegenwartsbezogenen informationstechnischen Handhabung s. Lit. 50.) der DK lag aber gerade im deutschsprachigen Raum von Anfang an in den Händen des damaligen „Deutschen Normenausschusses" (DNA) und zeigt auf diese Weise engste Verbindung mit (IuD-)Normung.

Unter den etwa 120 Ausschüssen des DIN werden heute Normen, die für IuD (Informationsübermittlung im weitesten Sinne) relevant sind, von folgenden Normenausschüssen erstellt (mit dem entsprechenden Technischen Komitee (TC) der Internationalen Organisation für Normung ISO):
– Bürowesen (NBü – TC 154),
– Papier und Pappe (NPa – TC 6),
– Druck- und Reproduktionstechnik (NDR – TC 130),
– Bild und Film (photokinonorm – TC 36, 42, 171) (zuständig auch für Mikrofilmtechnik),
– Informationsverarbeitungssysteme (NI – JTC 1),
– Zeichnungswesen (NZ – TC 10),
– Graphische Symbole (NGS – TC 145),
– Terminologie (NAT – TC 37),
– Ausschuß Einheiten und Formelzeichen (AEF – TC 12) (s.a. Lit. 04.),
sowie i.e.S. der Normenausschuß Bibliotheks und Dokumentationswesen (NABD, gegründet 1927 – TC 46), dem Vertreter von Bibliotheken, Verlagen, Informationszentren, Industriedokumentationsstellen, Behörden, Universitäten und wissenschaftlichen Vereinen angehören. Sein Normungsbereich sind Regeln für das Erstellen, Publizieren, Erschließen, Speichern, Wiederauffinden, Vermitteln und die Nutzung von Dokumenten und Daten, insbesondere im Archiv-, Bibliotheks-, Dokumentations-, Museums- und Verlagswesen (vgl. Lit. 59.). Der folgende kurze Umriß dieser Normung im IuD-Bereich erfolgt entlang den entsprechenden DIN-sowie in bestimmten Fällen ISO-Normen. Ein gewisser Kernbestand an IuD-Normen existiert, meist den Themen der entsprechenden ISO-Normen folgend (vgl. Lit. 22.; Lit. 14.), in den meisten Ländern, dennoch sind Abweichungen im einzelnen und weitere, rein national existierende Normen noch immer zahlreich. Die sich entsprechenden Normen der ISO, von DIN, AFNOR (Frankreich) und BSI (Großbritannien) zu identifizieren, hilft die auf CD-ROM verfügbare Datenbank „Perinorm", die von ANSI (USA), die Datenbank „International standards and specifications" (auf „dialogue").

Normen für den IuD-Bereich lassen sich im großen und ganzen den wesentlichen unterscheidbaren Komponenten des Informationskreislaufs (für viele: Lit. 44.; Lit. 46.) zuordnen (aus

den nicht allzu zahlreichen Gesamtübersichten des IuD-Feldes anhand seines Fachvokabulars vgl. Lit. 51.; Lit 62.) – dabei sind fast beliebig viele Zwischenstufen und Feinunterscheidungen (z.b. Qualitätskontrolle durch Referees; Übersetzung, . . .) ohne Beeinträchtigung des Modells integrierbar: seien es
konzipierte, zu übertragende Information – Fixierung der Information – Übertragung – Decodierung – Auswertung/Zusammenstellung – Speicherung – Nutzung;
seien es – Produzent/Autor/Urheber – physischer Hersteller/Produzent/Verbreiter (Verlag) – Speicherer (Bibliothek, Datenbank) – Vermittler (broker, Bibliothek, IuD-Stelle) – Konsument/Nutzer;
oder derselbe Kreislauf als Prozeßabfolge:
Kreierung (Schaffung, Erstellung) – Fixierung/Gestaltung/Herstellung (zur Verbreitung) – Verbreitung – Aufbewahrung/Speicherung – Erschließung/Ordnung – Suche/Wiederauffinden – Nutzung (die bei Kreierung neuer Information den Prozeß wieder von vorn beginnt);
oder nach der Bearbeitungsebene (von den kleinsten zu den größten Einheiten):
– Einzelzeichen – Ersatzzeichen/Codierung/Zeichengruppe – Satz (incl. fomalisierter bibliographischer Beschreibung) – Dokument – vervielfältigtes Dokument – Text – logische Strukturierung (Begriffssystem, Datenelement) – Datenträger – Speicherorganisation (Datenbank, Bibliothek) (auch verfügbare, teilweise schon etwas zurückliegende Gesamtdarstellungen behandeln nicht alle Aspekte in diesem Kreislauf, vgl. Lit. 32.; Lit. 31., berücksichtigen jedoch ausführlich die Rolle von Normen).
Natürlich können auch viele oder alle Komponenten dieses Kreislaufs in einer Institution vereinigt sein (etwa von der Zeichenfixierung über die Übertragung vom Autor bis zur Verbreitung der Information, ihrer Erschließung im Katalog und Speicherung im Archiv z.B. eines Verlags). Neben ,klassischen' IuD-Institutionen sind zunehmend ebenfalls traditionsreiche und langbestehende Institutionen wie Archive, Museen in den Kreislauf und die Geltung der in ihm geschaffenen Arbeitsverfahren einbezogen (zu den grundlegenden Arbeitsverfahren in Archiven vgl. Lit. 02; Lit. 56.).
Eine Norm kann mehrere Komponenten im Informationskreislauf (zu Aspekten des Kreislaufs. Lit. 41.) betreffen, aber auch mehrere Festlegungen (d.h. zu unterschiedlichen Komponenten) enthalten; entsprechend kann sie nach dem genormten Gegenstand oder aber ihrem Anwendungsbereich in eine Gliederung eingeordnet werden (DIN 16 549 gehört nach ihrem Gegenstand zu ,Zeichen', nach ihrem Anwendungsgebiet zu *,Gestaltung von Veröffentlichungen'* bzw. ,Drucktechnik'.) Für die folgende Einteilung und Charakterisierung von Normen wird vom Inhalt ausgegangen; sie gibt dabei auch einen ersten groben Eindruck, wie die bearbeiteten Gegenstände sich Normungsgremien – Normenausschüssen und deren Arbeitsausschüssen – zuordnen. Die Aufstellung der Normen und ihre Titel finden sich im Anhang dieses Beitrags.

F 2.2   Informationsdarstellung und Zeichen

Information wird augenblicks- und gedächtnisunabhängig (nutzbar) in bestimmten Zeichen, in denen sie fixiert wird. Hierzu legen Normen zu verwendende (Mengen von) Zeichen (Zeichenvorräte) fest; DIN 5007 (betr. ,Alphabetisches Ordnen'), so simpel das erscheinen mag, ist zunächst *auch* eine Festschreibung der zum deutschen Alphabet gehörenden Buchstaben, kyrillische und griechische finden sich in

DIN 1460, DIN 31 624 sowie den Teilen von DIN 30 640 und DIN ISO 3098 etc. (je nachdem, ob die Verwendung für Transliteration, EDV-Zeichendarstellung oder Beschriftung angezielt ist); DIN 66 003 ist zunächst eine Auflistung der Zeichen, wie sie in der Grundversion des 7-bit-Codes für elektronische Verarbeitung vorliegen.

Buchstaben geben Gesprochenes graphisch wieder, ihr Lautwert ist jedoch nicht eindeutig (weder innerhalb einer Sprache noch zwischen Sprachen), vielmehr kann derselbe Buchstabe in verschiedenen Kontexten verschiedene Sprechweisen haben. Um Gesprochenes eindeutiger verschriften und umgekehrt die richtige Aussprache von Buchstabenfolgen z.B. in Wörterbüchern darstellen zu können, bestehen daher die unter Zuhilfenahme lateinischer und anderer Alphabetzeichen entwickelten Zeichen des Internationalen Phonetischen Alphabets (IPA). Diese, für entsprechende phonetische Transkription (lexikographische Grundmenge für breite Transkription), sind in E DIN 31 642/1 aufgelistet und zugleich in einer Matrix, in der jedes Zeichen einer bit-Kombination, einer Erweiterung des 7-bit-Codes für elektronische Zeichenverarbeitung, zuordnet. Beispielsweise für die Gestaltung von (insbesondere technischen) Dokumenten, wie technischen Zeichnungen, wird Information nicht nur durch Schriftzeichen dargestellt, sondern auch durch geometrische Elemente wie Punkte, Linien etc. Auch diese Elemente haben unterschiedliche Bedeutung (DIN 15, 16 517, 16 518, 16 521 für Druck) – z.B. die Darstellung von Farben durch unterschiedliche Schraffuren (DIN 201); in festgelegter Weise verkörpern diese Elemente in graphischen Darstellungen z.B. Maßeintragungen (DIN 406).

Und schließlich wird Information durch *Bildzeichen* übermittelt. Sie dienen schneller Orientierung gegenüber einem Sachverhalt und sind sprachunabhängig. Beispielsweise das Bildzeichen Nr. 079 nach E DIN 33 856 (mit seiner DIN-Reg. Nr. 02923, ISO-Reg.Nr. 0668) drückt überall, wo es sinnvoll angewandt werden kann, ,,Vorlage beidseitig beschriftet'' aus. Die Menge von derzeit ca. 3.500 Bildzeichen (s. DIN-FB 4) ist nicht mehr ad hoc überblickbar; ihre Registrierung, Erfassung (ähnlich genormten Begriffen!) nach Symbol und verbaler Beschreibung (Deskriptoren) zwecks Wiederauffindung, interne Konsistenz der Symbolisierungsgestaltung, Vermeidung von Doppelbelegung folgt daher genauen Regeln (nach DIN ISO 3461), ebenso ihre Gestaltung, z.B. auch hinsichtlich Lage-Abhängigkeit, Art der Aufbringung, Verwendung mehrerer Bildzeichen nebeneinander. Im Gegensatz zu Piktogrammen verkörpern abstrakte Zeichen sinnbildlich bestimmte Sachverhalte z.B. in Wörterbüchern (DIN 2336), in Ablaufdiagrammen (DIN 66 001) oder für Planungstechniken nach DIN 69 900/2. Solche Zeichen, um Abläufe auszulösen, sind etwa auch die genormten Korrekturzeichen (für Text und seine Abfolge DIN 16 511, für seine technische Bearbeitung zusätzlich DIN 16 549). Wie durch Normen für Bildzeichen ebenso (durch ihr Urbild) deren äußere Erscheinungsform präzise festzulegen ist, so spielt letztere aber auch (zumal es für jedes Schriftzeichen verschiedenartige graphische Gestalt geben kann) für die Festlegung der anderen Zeichen eine Rolle: Das Erscheinungsbild der Zeichen des lateinischen Alphabets kann z.B. DIN 30 640, DIN 1453/1, DIN 6776 bzw. DIN ISO 3098 folgen – an unterschiedlichem Anwendungszweck, Handschriften DIN 1455, *Maße* von (Druck-)Schriftzeichen DIN 16 507, Klassifikation der Druckschriften DIN 16 518, zu Schrift allgemein DIN 1451/1. Für gewisse Verwendungsweisen ist ausschließlich eine bestimmte Erscheinungsform geeignet (etwa OCR-Schriften DIN 66 223) – exemplarisch für die elektronisch verarbeitbare Form von Zeichen: Hier muß die zu speichernde und verarbeitende Information (Buchstaben, Ziffern, Sonderzeichen etc.) in absolut exakte Zeichen gefaßt, u.z. in solche umgesetzt sein, die als Zeichenvorrat im EDV-Gerät vorhanden sind – in dem sie grundsätzlich nur in der einfachsten Grundform 0/1 (bit) ausgedrückt werden können. Kann so ein solches bit 2 Zustände (Zeichen) ausdrücken, so zwei bit 4 Zustände, ein 5-bit-Code 32 Zustände usw. Um die 26 lateinischen Grundbuchstaben sowie 10 Ziffern und vielleicht noch einige Sonderzeichen

(wie ! ,) auszudrücken, sind also mindestens 40 Ausdrucksmöglichkeiten nötig (mit Kleinbuchstaben entsprechend mehr). Die enorm große Menge an Zeichen für alle vorkommenden
Aspekte von Texten (Kapitälchen, Formeln, tiefgestellte Zeichen, griechische/kyrillische/ara-
bische etc. Schriftzeichen, verschiedene Schriftarten,..; vgl. auch Lit. 30.) gibt eine Vorstel-
lung von der Größe eines potentiell zu codierenden Zeichenvorrats. Für die normalen
Anwendungen der Textdarstellung ist genormt − international − die Zuordnung von 128
Zeichen (94 des lateinischen Alphabets, Ziffern und Sonderzeichen sowie 32 Steuerzeichen wie
,,Textanfang'', ,,Code-Umschaltung'', ,,Ungültig'') im 7-bit-Code zu entsprechenden bit-
Kombinationen, aber z.B. ohne Umlaute (ISO 646/DIN 66 003 als int. äquivalente (IRV-)Ver-
sion und als deutsche leicht abgewandelte (DRV) (vgl. Lit. 79.). Einige Zeichen werden auch
durch Komposition aus ihren Bestandteilen für die Darstellung eingegeben (vgl. DIN 31 628,
E DIN 31 641, ISO 6397/2), also durch Abfolge *mehrerer* bit-Kombinationen wiedergegeben.
Ist der Zeichenvorrat nicht so groß, um z.B. Sonderbuchstaben (mit diakritischen Zeichen)
direkt darstellen zu können, können diese als Protypen verschlüsselt werden) (in denen mehrere der verfügbaren Zeichen ein nicht verfügbares darstellen), etwa č durch c27 (so daß zumindest der Informationsgehalt nicht verlorengeht). Der Zeichenvorrat z.B. des 7-bit-Codes kann
erweitert werden, indem das Zeichen für ,,Code-Umschaltung'' aufgerufen wird und damit
in Verbindung mit einem Ende-Zeichen physisch der Zugang eröffnet ist zu einer anderen Be-
legung der bit-Kombinationen mit Zeichen (DIN 66 203, zu den verschiedenen Arten ansteuer-
barer Erweiterungen und ihren Kommandos): z.B. für afrikanische Sprachen (DIN 31 625),
seltenere Schriftzeichen europäischer Sprachen (DIN 31 624 oder ISO 8859), das Arabische
(ISO 9036) usw. Solche ESC-Umschaltcodierungen werden nach ISO 2375 zentral − von der
European Computer Manufacturers Association ECMA − vergeben und (zusammen mit dem
jeweiligen Zeichensatz) registriert.

Und schließlich bringt sich mit den Festlegungen in den Normen zugleich die Fixierung einer *Ordnung (Abfolge)* dieser Zeichen untereinander in Verbindung, kommt
ihnen eine (feste) Stelle in einem Zeichenvorrat zu. In DIN 5007 z.B. ist dies durch
die einfache Abfolge der Buchstaben in ihrer Auflistung gegeben, in DIN 66 003
durch Zuordnug jedes Zeichens zu seiner Stelle/Nr. in der Matrix im 7-bit-Code:
6/1 für a, 4/1 für A, usw. In Fällen wie diesem ist damit auch eine bestimmte, festgelegte *Beziehung eines Zeichens zu einem anderen* spezifiziert (graphische Erscheinung − bit-Darstellung).

Dies ist auch bei einer Regelung der Fall, die festlegt, wie (u.a. durch welche Zeichen) im kleineren Zeichenvorrat diejenigen Zeichen eines größeren wiedergegeben
werden, die im kleineren nicht direkt darstellbar sind: DIN 13 304 für Ausdruck
tiefgestellter Zeichen auf Einzeilendruckern, DIN 66 030 für Darstellung der Kurzformen von Maßeinheiten z.B. im 7-bit-Code (also etwa ohne griechische Buchstaben) oder sogar ohne Großbuchstaben (etwa telex-Zeichenvorrat) und dabei die
Wiedergabe hochgestellter Zeichen, Multiplikations- und Divisionszeichen etc.,
DIN 66 250 für Darstellung von Zahlenwerten in, je nach Beschränkung, 3 Aus-
tauschstufen gemäß ganzen oder rationalen Zahlen oder Gleitpunktschreibweise.
DIN 31 627 listet eine Gesamtmenge von 240 in DIN-Normen genormten Zeichen
auf (einschl. Satzzeichen, Diakritika, griechischen Buchstaben, Steuerzeichen) und
ordnet in den 5 Stufungen (64, 95, 120, 128, 240 Zeichen − entsprechend den üblicherweise benutzten Datenausgabegeräten) den Zeichen jeweils ihre Ersatzzeichen
zu.

F 2.3   Zeichenzuordnung: Umschrift

Mit den letztgenannten genormten Festlegungen hat sich der enge Zusammenhang mit der Zeichenzuordnung bereits ergeben: Weil sie im Bearbeitungsfeld der Information nicht zu den zugelassenen/verstandenen oder (z.b. im gegebenen Verarbeitungsgang oder der Verarbeitungsanlage) benutzbaren Zeichen gehören oder weil dies aus anderen Gründen gewünscht ist, müssen Zeichen u.U. durch andere Zeichen wiedergegeben, muß eine Ersatzdarstellung für sie ermöglicht werden. Prominentestes Beispiel dafür ist die Umschrift (s. Lit. 77.; Lit. 82.) mit den dazugehörenden Normen, die für nicht-lateinische Alphabete die Wiedergabe in lateinischen Schriftzeichen ermöglicht und umgekehrt. Die Alphabete in ihren Zeichen sind dabei − nach Sprache oder Sprachgruppe − gegeneinander abgeschlossen, nicht einem universell, weltweit gültigen großen gemeinsamen Gesamtzeichenvorrat entnommen, sie werden daher nicht überall (gleichermaßen) verstanden. Mit ihnen (und den aus ihnen gebildeten Wörtern) in der Zielsprache umzugehen wird deshalb auch nicht wesentlich einfacher etwa durch Wörterbücher, in denen der Niederschrift des Wortes in Originalform unmittelbar die Übersetzung, in den Schriftzeichen der Zielsprache, gegenübergestellt ist. Schlecht handhabbar wäre ebenso ein Nebeneinander verschiedener Alphabete z.B. auf Landkarten. Zu bedenken ist bei alledem die große Zahl − Schätzungen bis 4.000 − auf der Welt existierender Sprachen (vgl. Lit. 75.). Durch Umschrift erfolgt daher − die Zeichen in den Alphabeten (Schriften) selbst (in einer Abfolge) mögen als festgelegt gegeben vorausgesetzt sein − die Festlegung der Zuordnung der Zeichen einer Schrift zu denen einer anderen, d.h. welches durch welches andere wiedergegeben wird.

Nach einer Notiz des ‚Guardian' vom 22. Mai 1971 kann der libysche Regierungschef Gaddafi auf 432 verschiedene Weisen (von al-Quaddafhi bis Khadaphey) in englischer Sprache in lateinischem Alphabet wiedergegeben werden. Nicht zufällig führt DIN 1505/1 als Beispiel für (u.a. aus solchen Problemen resultierende) Verweisungen in einem Bibliothekskatalog auf: ,,Fjodossejew s. Fedoseev''. Schreibt man nun ,,tsch'', ,,ch'', ,,č,, für Tschechow? Angesichts der nicht eindeutigen Zuordnung von Buchstaben zu Lautwerten und der verschiedenen Möglichkeiten strenger Buchstabenzuordnung in der Transliteration ergeben sich verschiedene Zeichenzuordnungen und durch diese fehlende Eindeutigkeit Folgen für die Informationsübertragung, und auch für alphabetische Einordnung und Suche, die Anzahl von Verweisungen, benötigte Suchprogramme und den erforderlichen Zeichenvorrat. Titel z.B. sowjetischer oder bulgarischer Literatur können daher auf sehr verschiedene Weise in lateinischen Buchstaben in westlichen Datenbanken, gedruckten Registern von Informationsdiensten usw. auftauchen. Nicht minder ist die − möglichst einheitliche − Form von Bedeutung, in der Personennamen im Ausland in Dokumente eingetragen werden.
Unterschiedliche Wiedergabe des fremdsprachigen Wortes kann die Folge dessen sein, daß nur die *Lautform* des Wortes aus der Ausgangssprache wiedergegeben wird in Anpassung an seinen Klang und das Aussprechen in der Zielsprache, durch die Zeichen, durch die sie in der Zielsprache ausgedrückt würde und die die Benutzer der Zielsprache gewohnt sind − z.B. in westeuropäischen Sprachen meist ohne Diakritika −, ggf. unabhängig von einer evtl. Zeichendarstellung in der ursprünglichen Sprache bzw. ohne immer auf diese Rücksicht zu nehmen. Im Unterschied zu solcher Transkription geschieht ein Durchlaufen des Informationskreislaufs mit möglichst wenig Informationsverlust und bearbeitenden bzw. verändernden Zwischenstufen bei einem streng eindeutigen System: *Transliteration* stellt, nur bei in Buchstabenform existierenden, je einem Zeichen eines Alphabets − streng Buchstabe für Buchsta-

be – das ihm (meist aufgrund der Klangform) zugeordnete der Zielsprache gegenüber. Dies ermöglicht weitestgehende Re-Transliterierbarkeit (originalgetreue Wiederherstellung der Buchstaben des ursprünglichen Textes aus der erstellten Version im lateinischen Alphabet), wissenschaftliche Genauigkeit. Wie das Ausdrücken eines Lautwerts in bestimmten Sprachen (z.B. Französisch, Tschechisch) durch diakritische Zeichen erfolgt, werden diese auch hier bei Zuordnung verwendet, wenn das Zielsprachenalphabet weniger Zeichen hat als das der Ausgangssprache. Nach der anglo-amerkanischen Praxis (die auch durch die Regeln, den erheblichen Datenbestand und die von der LoC gelieferten Titelaufnahmen auf Magnetband etc. beträchtlichen Einfluß ausübt) geschieht dies dagegen auf erheblich unterschiedliche Weise, z.B. ohne diakritische Zeichen.

Dem Bemühen um einheitliche, international akzeptierte und durchgängig anwendbare Umschriftfestlegungen entspricht die Stufenfolge möglicher Zeichenzuordnung je Schriftsystem, die immerhin schon eine gewisse Ordnung in der Vielfalt der Systeme verkörpert (vgl. ISO 7098); jedoch bestehen auf den einzelnen Stufen jeweils unterschiedliche Systeme (einbezogen sind dabei die zwar schon vielfältigen, aber noch immer begrenzten EDV-Zeichenvorräte):
– strenge (reversible) Transliteration,
– ggf. eine vereinfachte Version dieser Transliteration angesichts des Fehlens bestimmter benötigter Zeichen in bestimmten Kontexten,
– nationale Normen, die die (meist durch Transkription begründeten) unterschiedlichen nationalen Praxen/Traditionen festschreiben,
– ,,populäre'' Umschrift, z.B. leicht erkennbare Darstellung ausländischer Namen in Tageszeitungen.
Die Übernahme von im Land der Ausgangssprache festgelegten Regelungen (ähnlich dem Rückgriff auf den Originalnamen bei Sprachen-/Ländercodierung oder Einheitssachtitel im Bibliothekskatalog im Informationskreislauf naheliegend) ist daher nicht o.w. möglich, da sie nicht notwendigerweise den Anforderungen der Eindeutigkeit entsprechen. Für einige bedeutende Sprachen (Griechisch, Arabisch, Hebräisch, Slawisch-Kyrillisch) bestehen DIN-Umschriftnormen (identisch mit Regelungen in Österreich, der DDR und den bibliographischen Vorschriften der RAK), u.z. der ,strengen' Stufe 1 der Transliteration; sie unterscheiden sich darin von den entsprechenden angezielten internationalen, daß die DIN-Normen die strenge Transliteration gemäß der wissenschaftlichen Tradition und der üblichen Verwendung der diakritischen Zeichen festlegen. Die angezielten ISO-Normen handhaben ,streng' im Konfliktfall zuvörderst als nicht von den maschinellen Erfordernissen (einer gegebenen Situation) abweichend (für die nur der Umkreis der diakritischen Zeichen festgelegt sein muß und ihre eindeutige Verwendung, was ggf. ganz unabhängig von der außermaschinell festgelegten Verwendung geschieht). Des weiteren liegt in ISO 7098 die Umschrift des Chinesischen (für das als Silbenschrift keine Transliteration möglich ist) fest, die auch für die deutschen bibliothekarischen Regeln verbindlich wird; ISO 3602 ist die Umschrift des Japanischen.

F 2.4   Codierungstechnik

Sowohl einzelne Zeichen (einschl. sie vertretender Ersatzzeichen) als auch eine Zeichengruppe (z.B. ,,GBP'' durch ISO 4217 als verbindliche Codierung für ,,Britisches Pfund'') können als Codierung einem Gegenstand (meist vertreten durch einen sprachlichen Ausdruck) zu seiner Repräsentierung zugeordnet werden. Die Codierung wird zum ‚Stellvertreter' im Informationskreislauf. Abgesehen von Geheimhaltung (Bankwesen, Geheimdienste) dienen Codierungen (Codes) hauptsächlich und in großem Umfang dazu,

- (Speicher-) Platz einzusparen;
- häufig wiederkehrende gleiche Information kürzer und oft leichter erkennbar darstellen zu können; eine besondere Form ist die Verwendung in Listen, Tabellen, Formularen, in die an der vorgegebenen Stelle jeweils immer nur die Codierung eingetragen wird;
- dieselbe Information stets in absolut derselben Weise darzustellen und, damit verbunden, ggf.
- eine ausführlichere Information ([Objekt-]Bezeichnung im Volltext, für die etwaige Änderungen nur einmal, an einer Stelle zu erfolgen brauchen) an allen Stellen, an denen sie auftritt, durch einen ‚Stellvertreter' zu repräsentieren, den sie dann bei Bedarf (z.B. beim Datenbank-Ausdruck) wieder ersetzen kann; also
- leichtere Verwaltung eines Objekts zu ermöglichen;
- in ihrer äußeren Identifikation gleichlautende unterschiedliche Objekte auseinanderzuhalten: etwa zahllose gleichlautende Zeitschriftentitel in der ISSN-Registrierung (nach DIN 1430); oder Schriften, die (wegen eines verbreiteten Namens und mehrfach auftretenden Sachtitels) identische Verfasser, Titel, Erscheinungsjahr tragen (vgl. auch Lizenz-, Leinen-, Taschenbuchausgaben) und bei zusätzlich fehlender Verlagsangabe bibliographisch nicht unterschieden werden können, umso mehr etwa bei rein formal bestimmten (Reiseführer, Kfz-Reparaturhandbuch), bei nicht-Verlagsobjekten (Selbstverlag) und unselbständigen Beiträgen in Publikationen.

Codes erstrecken sich auf manuelle wie computerisierte IuD-Arbeit. Normen zur Codierung fixieren Aufbau und Gestaltung des jeweiligen Codes, die zu verwendenden Zeichen usw. Einige sind darüberhinaus zugleich die dazugehörigen (vollständigen) (De-)Codierungs-/(Ent-)Verschlüsselungs-/Rückverwandlungstabellen. DIN 2335 bzw. DIN 3166 ordnen 2 Buchstaben i.S. dieser Funktionsweise als Codierung fester Länge etwa Sprachen und Ländern (in der Vorzugsregelung, oder den letzteren 3 Ziffern bzw. 3 Buchstaben) zu. Dies ist ein herausragendes Beispiel für Codes, deren Notwendigkeit und umfassende Anwendung sofort einleuchtet und die wohl am häufigsten und in jedem Dokumentationssystem immer wieder benötigt werden. So sehr also hier fertige Lösungen o.w. adaptiert werden können, so häufig ist der Hang zu ad-hoc-,,Eigenschöpfungen'', nur für den eigenen Bereich gemachte Lösungen ohne Rücksicht auf außerhalb Existierendes.
Aus der Vielfalt möglicher Codierungen muß eine Festlegung getroffen werden nach einem Prinzip, gerade bei Codes, die zur Anwendung im täglichen Leben vorgesehen sind: Bundesrepublik Deutschland − ALL, FRG, RFA, GER, GWE, GEW, DEU . . . welche Codierung auswählen? Sie soll einen Anklang an die uncodierte Form erkennen lassen, und nach Möglichkeit an die originalsprachliche Form. Diese eignet sich besonders als eindeutiges Zuordnungskriterium; denn vom (Namen im) Englischen, Französischen, Deutschen, Spanischen, Chinesischen käme man in vielen Fällen zu jeweils ganz verschiedenen Codierungen, und die Entscheidung für nur eine Sprache − welche auch immer − könnte sich nur durch Konvention begründen. Für die Codierung von Ländernamen reicht dabei die bloße − an sich sinnvolle − Normung etwa eines bereits weit verbreiteten Codes wie der internationalen KfZ-

Kennzeichen nicht aus, weil viele aus alten Namen gebildet, also nicht mehr mnemotechnisch
rückschließbar sind, da viele neue Staaten der Dritten Welt kein festgelegtes oder gemeldetes
Kfz-Zeichen haben usw. Zur Unterscheidung der Codierungen, die in Freitextanwendungen
nicht durch ihre Position oder Kategorienkennung eindeutig identifiziert sind, ist die in den
Normen festgelegte Unterscheidung in Länderzeichen in Groß- und Sprachenzeichen in Kleinbuchstaben besonders wichtig. Ihnen größtmögliche Aktualität zu wahren und sie stets auf
den neuesten Stand zu bringen — wegen des komplizierten Erarbeitungsgangs für Normen
nicht immer einfach zu erreichen — wird hier durch besondere Maßnahmen (u.a. aktive Be-
nutzerbetreuung) sichergestellt. Da nicht nur Codierungen vergeben, sondern die ihnen zugeordneten Objekte auch aufgeführt werden müssen, ergibt sich oft ein Zusammenhang zu
anderen Regelungsaufgaben; hier ist es die (auch mit Transliteration und Terminologiearbeit
verbundene) Bewertung und Koordination autoritativer Quellen für Länder- und Sprachenna-
men, die damit zugleich z.B. auf Arbeiten wie die der UNCGN (United Nations Conference
on Geographical Names) verweist, wo man sich um Regeln für international einheitlich akzeptierte Ortsnamen, Transliteration auf Landkarten usw. bemüht. Die in DIN 3166 festgelegten
Länderzeichen finden Verbreitung weit über den Bereich der Literaturdokumentation hinaus:
etwa in den Regeln der UN für Handelspapiere, bei Markierung von Containern, für Adres-
senspeicherung in Datenbanken, usw. Durch Zufügung eines Buchstabens bildet sich der internationale Währungscode (ISO 4217) aus ihnen. Ebenfalls u.a. für Handelszwecke wurde
auf ihnen aufbauend eine drei Buchstaben umfassende Erweiterung für Häfen, Städte, Flug-
häfen entwickelt (UN-LOCODE), ein entsprechender für Provinzen von Ländern wird erarbeitet. — Noch nicht die Vereinheitlichung der Codierung, aber eindeutigen Informationsaustausch gewährleistet ISO 6523 mit einem Übermittlungsformat für die Codierungen von
Organisationen.

Werden Objekte ebenfalls durch Zuordnung von Zeichen in der Weise unterschieden, daß für jede Codierung die vorangehende und nachfolgende eindeutig fest-
steht und feststellbar ist, liegt eine Codierung in Form eines *Nummerungssystems*
(vgl. DIN 6763) vor. Solche Nummerungssysteme sind in großem Ausmaß anzutreffen, wo IuD für Verwaltung, Lagerhaltung/Logistik von Objekten (industriellen Erzeugnissen, Waren, mechanischen Teilen . . .) erfolgt, d.h. in erheblichem
Ausmaß in Industrie, Handel, Verkehr. Die Familie der auf *Dokumente* bezogenen
Nummerungssysteme (vgl. Lit. 23.; Lit. 24.) umfaßt: Bücher ISBN (DIN 1462),
fortlaufende Sammelwerke ISSN (DIN 1430), Tonaufnahmen ISRC (DIN 31 621),
Internationale Reportnummer, Internationale Musikaliennummer (beide in Vorb.).
Codierung drückt stets anstelle der Klartextidentifikation des Objekts diese aus (ohne sie selbst zu erweitern), also in veränderter Form, stellt ihr etwas Zugeordnetes
zur Seite, etwa eine Nummer. So ist ein Buch mit ,,ISBN 92-67-10071-8'' eindeutig
identifiziert. Solche Benummerung von z.B. Büchern ist sinnvoll für erleichtertes,
rationelleres Bestellwesen bei Verlag, Grossist, Buchhandlung und Bibliothek. Die
unterscheidbare Wiedergabe mehrerer Elemente der Klartextidentifikation erzeugt
dabei eine ,sprechende Codierung': Die Nummernblöcke von ISBN, ISRC geben
z.B. Publikations-Sprachgebiet, Verlag, Einzelobjektnummer wieder, jedoch nicht
alle Angaben, deren Codierung in diesem Zusammenhang u.U. erwünscht sein
könnte (Erscheinungsjahr? Sachgebiet? Preis? Sprache? Herkunftsland? Dokumentart?). Die ISSN ist dagegen eine nicht sprechende, reine Zählnummer. (Die für
dieselbe Funktion, hinsichtlich naturwissenschaftlichen Zeitschriften, 1963 von der
American Society for the Testing of Materials ASTM geschaffene, jetzt von Chemical Abstracts Service CAS geführte, ebenfalls weitverbreitete CODEN beruht nicht

auf explizierter Normung; mit ihren 5 [plus 1 Kontroll-] Buchstaben hat sie eine etwas geringere Kapazität und ihre Kurzformen sind entgegen ursprünglicher Absicht
nicht mehr stets mnemotechnisch.) Alle diese Nummern haben konstante Gesamt-
länge, in ISBN und ISRC können innerhalb dieser die je individuell vergebenen
Teilnummern jedoch variabel lang sein. Diese Familie von Nummerungssystemen
zeichnet sich ferner aus durch Klartext- und Maschinenlesbarkeit (OCR-Schrift
oder Strichcode vorausgesetzt), die Prüfziffer am Ende zur automatischen Fehlerkontrolle, Vergabe weitgehend durch dezentrale Stellen. Im Gegensatz z.B. zum er-
sterwähnten Typus von Codes (Länder-, etc.) gehört zur Funktionsweise der hier
vorliegenden, daß sie ihre Code-Identifizierung (z.B. ,,ISBN'') stets als fest formatierten Vorspann in jeder einzelnen Codierung mit sich führen. Enthalten manche
Codierungsnormen auch die vollständige Codeliste, so liegen in denjenigen für die
Nummerungssysteme nur die Regeln zur Codierung fest vor (in bezug auf die Zeichenzuordnung vielleicht sogar noch eindeutiger als bei den vorerwähnten
Sprachen- und Länderzeichen), die Codeliste wird jedoch fast immer in separaten
Listen geführt und veröffentlicht (auch als Datenbank und auf Mikrofiche etc. zugänglich): Innerhalb ihres − entsprechend groß gewählten − Kapazitätsrahmens
erweitert sich die tatsächliche Codemenge beständig (die aktuellen Elemente werden
erst, stets parallel mit der anwachsenden Objektmenge, erzeugt bzw. besetzt und
vergeben), da sie in ihrem Wesen gerade auf Codierung einer sich stetig vergrößern-
den (open ended) Menge angelegt ist, nicht einer im wesentlichen statisch vorliegenden, die nur ggf. der Anpassung bedarf.

Codierungen werden, in einer Basisliste festgeschrieben, dem zu Codierenden von außen zugeteilt. Eine Codierung muß in sich aus dem zu Codierenden (also ohne die Hilfe einer Decodie-
rungstabelle) keine erkennbare Verbindung zum Codierten haben (auch wenn, z.B. bei
Länder- und Sprachencodierung, versucht wird, diese mnemotechnisch, durch Gedächtnis gut
nachvollziehbar zu gestalten): Lediglich in *Abkürzungen* verbleibt stets etwas aus den Zeichen
des Abgekürzten (die Grenze ist manchmal fließend, z.B. bei US, SU, FR als Länderzeichen
nach DIN 3166). Nach DIN 2340 sollen auch sie stets gleichbleibend verwendet werden, innerhalb eines Gebietes nicht mehrere Bedeutungen haben sowie, wo möglich, so gebildet werden
(nicht nur durch erste/n Buchstaben), daß ein Anklang an die Vollform erhalten bleibt. Nach
Bildungsweise, die diese Forderungen auf verschiedene Art erfüllt, können unterschiedliche
Formen von Abkürzungen unterschieden werden. Ihre ökonomische Funktion kommt z.B.
zum Tragen bei typischen Wörtern (,,Verf.'', ,,Ex.'') in bibliographischen Beschreibungen:
ISO 832 enthält die Regeln hierfür (im wesentlichen identisch mit denen von DIN 1502/ISO
4) und listet die entsprechend gebildeten ca. 7.000 Kürzungen aus 33 europäischen Sprachen
auch auf (zugleich ist Magnetbanddienst geplant). Angesichts der enormen (und stets unabge-
schlossenen) Menge von Zeitschriftentiteln sind diese Abkürzungen dagegen nicht in der
Norm selbst festgeschrieben, sondern DIN 1502/ISO 4 enthalten zwar ebenfalls die Regeln zur
Bildung der Abkürzungen, die Listen sind jedoch wiederum getrennt veröffentlicht. Auch hier
kommt es darauf an, daß die Kurzformen stets gleichlautend sind und verwendet werden (bei
Zitierung in Zeitschriftenaufsätzen durch Autoren, aufgedruckt auf Zeitschriftenheften, in
der internationalen Zeitschriftendatenbank des ISDS usw.) und bereits − nur dadurch wird
dies gesichert − in ihrer Generierung nach den festgelegten Regeln gebildet werden. Diese sind
auch erforderlich, um die vielen entstehenden Einzelfragen eindeutig lösen zu können, etwa,
was der vollständige Titel ist, ob Einwortbenennungen gekürzt werden, wie Diakritika und
Akronyme behandelt werden usw. Auch soll möglichst aus der Kürzung der volle Titel noch
rückerschließbar sein. Eine Anwendung dieser Abkürzungen (und historisch ihr Ausgangs-

punkt) ist das Ordnungsmerkmal (DIN 1501) auf Zeitschriften, kombiniert mit den danach folgenden Zahlen für Jahrgang, Seiten usw., bisweilen auch codiert, wenn die Zusätze ,Bd./H.' etc. entfallen und zu einer Ziffern- und Sonderzeichenfolge kontrahiert sind, wodurch dann aber eine festgelegte Reihenfolge der Elemente unbedingt erforderlich wird.

Und schließlich ist im Bereich der Codierungen eine Fortentwicklung all dessen und ein weiterer Baustein zu einem existierenden System, hier der ISSN, die BIBLID (ISO 9115), die ihre ,,Codierung durch Kontraktion'' verbindet mit der zugeordneten Codierung (ISSN) und die bibliographische Ebene des Zeitschriftenheftes noch unterschreitet, indem sie ebenso einen einzelnen Beitrag darin oder in einem Buch ansprechbar, wiederauffindbar macht. Sie ist klartext-lesbar, vor allem aber ein weiterer großer Schritt in der automatischen Verwaltung bibliographischer Einheiten (Duplizitätskontrolle, Sonderdruckregistrierung, Kopienabforderung − auch elektronischer Publikationen −, Copyrightabrechnungen; darin ähnlich der Aufgabenstellung des ISRC nach DIN 31 621). Der Code ist so gestaltet, daß er auch bei fehlenden Einzelangaben (z.B. Erscheinungsjahr) arbeitsfähig bleibt; Elemente (Titelcodierung, falls mehrere Beiträge auf einer Seite beginnen; volles Datum) können ergänzt werden.

F 2.5   Das Dokument − formale Beschreibung und Vervielfältigung

Die − durch die Codierung bereits angesprochene − Identifizierung zusammen mit der Fixierung der Information auf einem Datenträger konstituiert das Dokument (vgl. Lit. 49.). Diese (meist durch Titel etc. schon vorliegende) Information, die Selbst-Identifikation des Dokuments, wird zugleich dazu benutzt, auch unabgängig von seinem physischen Vorliegen auf das Dokument Bezug zu nehmen; dabei soll sie bereits möglichst viele Angaben für eine Beurteilung und Auswahl vor seiner Konsultation selbst bereitstellen. Auch hier ist also solche ,Meta-Information' wiederum zugleich sein Stellvertreter in vielen Anwendungszusammenhängen. Ein solcher ist die Eintragung in ein Verzeichnis. Spätestens hierfür wird die (als vorliegende: Selbst-) Identifikation so präzise zu fassen gesucht, daß sie unverwechselbar, durch sie das Dokument eindeutig unterscheidbar, unter tausenden anderer herausfindbar ist. Dies ist die *bibliographische Beschreibung* (von Schrifttum; für Schriftgut etc. und andere Dokumente ohne dazugehörigen Titel stellen sich noch andere in IuD relevante Probleme); auch für sie gilt weitestmöglich das für Codierung genannte Kriterium: stets gleichbleibend, hundertprozentig verläßlich denselben Gegenstand auf dieselbe Weise wiederzugeben, damit in der Folge stets die Beschreibung des gesuchten Objekts (Dokuments) und dieses selbst exakt übereinstimmen, deckungsgleich sind, und sie genau zu ihm führt. (Zusätzlich zu den ihr eigenen Spezifika zur Erfüllung dieser Aufgabe nimmt sie auch bestimmte bereits zugeteilte Codierungen, wie ISBN, . . . in sich auf.) Dies ist ein weiterer Grund dafür, daß sie überall, d.h. für jedes Dokument in jeder Bibliothek (als den zuerst hauptsächlich mit Dokumentspeicherung befaßten Institutionen, aber auch in Datenbanken, im Verlag, in Buchhandelskatalogen) gleich sein, d.h. nach gleichen Prinzipien und Verfahren erstellt werden und aus denselben Elementen bestehen soll: es ist rationell und ökonomisch, sie nur einmal (statt in vielen Ländern und

Bibliotheken stets erneut) anzufertigen, aus den festgelegten Elementen und ihrer Abfolge auch für fremde Sprachen die Komponenten (Autor, Verlag, . . .) identifizieren und schließlich die einmal angefertigten Titelaufnahmen durch Magnetbänder etc. weit streuen und international nutzen zu können (vgl. Lit. 03.).

Die Grundzüge dieser bibliographischen Beschreibung finden sich in DIN 1505/1 und in der darauf bezogenen ,,Beispielsammlung'', die die praktische Anwendung und Zweifelsfälle anschaulich erläutert, als Essenz der umfänglichen Regelungen der RAK (zunächst niedergelegt in Lit. 61.), die als einheitliches System für die Bibliotheken des deutschen Sprachraums vorliegen und jetzt in Gestalt der RAK-Familien, RAK-WB, -ÖB, -Körperschaften, -Musik, -AV, -Karten, -UW umfassen (sowie das spezielle Anwendungsgebiet -PB). Dieses Regelwerk seinerseits baut auf den international festgelegten Regelungen der ‚Quasi-Normen' (vgl. Lit. 42.) der IFLA (ISBD/G, M, S, PM, A, NBM, CF, CP . . .) auf, um deren Festschreibung als Grundlage international einheitlicher Katalogisierungspraxis man sich (seit dem Anstoß im Jahre 1961) zunehmend bemühte (eine ihnen − und DIN 1505/1 − entsprechende ISO-Norm gibt es nicht; in vergleichbarer Weise beruhen auf ihnen andere nationale Regelwerke, etwa AACR − Anglo-American Cataloguing Rules, gänzliche Übereinstimmung besteht jedoch noch immer nicht, so daß der arbeitssparende Effekt bisher nicht vollständig zum Tragen kommt). Über die derart genormt festgelegten wesentlichen Bestandteile (Gruppen) dieser bibliographischen Beschreibung (Verantwortlichkeit, Sachtitel, Erscheinungsvermerk, . . .) ist damit wechselseitige Abstimmung hergestellt, im wesentlichen auch über ihre, wie gesagt, bedeutungstragende Abfolge. Entsprechend sind diese Bestandteile zu gliedern, gegeneinander deutlich zu machen: wann, wo und wie auch immer diese angegeben werden, stets geschieht es mit irgendwelchen trennenden/gliedernden Zeichen. Die genormte bibliographische Beschreibung legt diese nun als stets gleiche fest, und sie ‚steuern' sozusagen die Bestandteile in ihrer Darstellung und weiteren Behandlung (weisen sie als adressierbar und weiterverarbeitbar aus); hierfür werden auch im Normaltext übliche Satzzeichen verwendet.

Nur ein Teil der Angaben (etwa die vorgenannten) sind wohl zur zweifelsfreien Identifizierung im Informationskreislauf absolut notwendig (einige Doppelungen ermöglichen als sinnvolle Redundanz Gegenkontrolle, wenn ein Element für die Suche falsch angegeben ist). Für die bibliographische Beschreibung ist aber der Gesichtspunkt vollständiger Beschreibung des Objekts ebenso wichtig, und damit auch eine Reihe weiterer Angaben, die eben im Sinne möglichst umfassender Vorab-Orientierung über das Dokument zugleich nützliche Informationen über es zur Verfügung stellen, z.B. über (körperschaftliche?) Herausgeber, ob das Dokument zu einer Reihe gehört etc. Dem Bedürfnis, möglichst viel über ein Dokument in der Beschreibung zu erfahren (das ja bereits in Richtung einer dokumentarischen Erschließung geht), trägt die genormte bibliographische Beschreibung auch dadurch Rechnung, daß sie z.B. von in dem Dokument durch eigenen Titel identifizierbaren beigefügten Schriften mindestens 1, bei enthaltenen mindestens 2, zweite Titel (Neben-, Originalsachtitel etc.) mit aufnimmt usw. und es unter diesen (sowie Herausgeber, 2. und 3. Verfasser) durch Nebeneintragungen bzw. Verweisungen auffindbar macht.

Dokumente formal zu beschreiben (vgl. insgesamt weiterhin Lit. 38.) schließt aber auch Begrenzung ein. So werden selbst aus der formalen Identifikation des Dokuments nicht alle, sondern nur einige für die Beschreibung als wesentlich angesehene Informationen mit übernommen in die Titelaufnahme; zudem kommt bei jeder Informationsübertragung und Information durch Stellvertreter unvermeidlichen ein gewisser Informationsverlust hinzu: mehr als 3 Verfasser oder Körperschaften werden nicht angegeben; auch die Institutszugehörigkeit des Autors, Rechtsform der Körperschaft, Angabe der Unterreihe (sowie mehrere Orte als Sitz des Verlags) entfallen meist, der 2. Vorname des Verfassers erscheint nur als Initial etc. In der bibliographischen Beschreibung fallen mithin gegenüber Erschließungskategorien z.B. für Dokumentationssysteme u.U. bereits einige zur Dokumentbeurteilung nützliche Informationen weg: Für den Benutzer, und vom dokumentarischen Standpunkt, könnte es in bestimmten Fällen durchaus wichtig sein, z.b. alle weiteren Autoren aufgeführt zu sehen. – Da im Zusammenhang mit der bibliographischen Beschreibung ferner Vorsorge getroffen werden muß für gängige, bewährte konventionelle Präsentationsarten (z.b. Zettelkatalog, Mikrofiche, gedruckte Bibliographie), die die bibliographische Beschreibung nicht mittels Computerterminal abrufen, schaffen die dadurch gegebenen Vorgaben bestimmte Beschränkungen für den Zugriff auf sie; er ist nur möglich von gewissen Aspekten aus, nämlich jenen, die von vornherein und explizit als solche in die durch die physische Organisation der Dokumentverzeichnung bedingte Reihenfolge eingefügt wurden, in ihr addressierbar sind. Beispielsweise kann bei der Angabe „Bezirksverwaltung Hannover des Sozialwerks der DB" nicht auf alle vier logischen Bestandteile zugegriffen werden. – Auch wenn sie an manchen Stellen erforderliche Angaben zur vorgefundenen Identifikation ergänzt, so übernimmt die bibliographische Beschreibung aus Gründen der inneren Konsistenz, der Zusammenführung von Zusammengehörigem, die vorgefundene Identifikation des Dokuments auch nicht immer unverändert, ist also mehr als eine bloße ‚Kopie'; so daß ein Benutzer manchmal das Dokument unter dessen realen Identifikationsbestandteilen in der Abfolge der Dokumentverzeichnung (jedoch durch Verweisungen soweit als möglich zur richtigen Stelle geführt) nicht unmittelbar auffindet: es wird z.b. in einer Stufenfolge von Körperschaften eine einheitliche, logisch aufsteigende Reihenfolge gebildet: „Bezirksverwaltung Hannover des Sozialwerks der Deutschen Bundesbahn" wird angesetzt, und damit in die Abfolge der Dokumentverzeichnung eingeordnet, in der Suchfolge addressierbar, als „Deutsche Bundesbahn/Sozialwerk/Bezirksverwaltung Hannover", „Bundessekretariat des Deutschen Kulturbundes" als „Deutscher Kulturbund", bestimmte Namensformen in grundsätzlich geänderter, einheitlicher Form („Mc" als „Mac") usw.

Eine vergleichbare Art von Abweichungen von vorliegenden Elementen – hier der bibliographischen Beschreibung – kann schließlich auch vorkommen infolge ihrer (zu verwendenden) *Ordnung*, die ja in der konventionellen Präsentationsweise genauestens festgelegt sein muß: E DIN 31 638 fixiert zunächst das formale Kriterium der alphabetischen Ordnung; jedoch ist darin festzulegen, ob z.b. die Leerstelle berücksichtigt wird, und diese sowohl über seinen zunächst gegebenen Erstreckungsbereich auszudehnen, daß alle infragekommenden Zeichen (Ziffern und andere Schriftzeichen als die 26 lateinischen, was geschieht mit „§"?) eine eindeutige Abfolge aufweisen. Wie die Zugriffsbeschränkung durch die Präsentationsweise und die vereinheitlichende Form der Wiedergabe von Zusammengehörigem ist auch dieses Problem der Zeichenordnung in gleicher Weise bedeutsam für vielerlei Arten der Präsentation von Information, z.B. in der Registererstellung, Aufbau von Verzeichnissen bis hin zum Telefonbuch. Sodann werden, ganz im Sinne der Konsistenzerwägung, bestimmte Worte/Zeichen des Anfangs der bibliographischen Beschreibung übergangen bei der alphabetischen Ordnung, z.B. die bestimmten und unbestimmten Artikel („Der", „L", „Eine"): ‚Der Tausendsassa', ‚Eine Rose aus . . .' werden nicht unter diesem jeweiligen ersten Wort, sondern nur durch seine (gedankliche) Weglassung aufgefunden. Die EDV-Verarbeitung dessen wird durch Zufügen der bibliographischen Steuerzeichen nach DIN 31 626 ermöglicht. In manchen Katalogen wird auch z.B. ‚F. Baudelaire' nicht zwischen ‚Enno Baudelaire' und ‚Friedrich Baudelaire' aufgefunden, sondern vor allen ‚Baudelaire' oder allen ‚F. Baudelaire'. Des weiteren muß eine Ordnung festgelegt werden zwischen absolut gleichen Eintragungen: wo ordnet ein Personenname gegenüber völlig gleichem Ortsnamen und Sachschlagwort („Rose") – z.B. in gemischten Katalogen. Dies Problem stellt sich insbesondere dadurch, daß wiederum nach dem Zusammenfügen gemäß einer auch innervollen Abfolge in bestimmten Fällen eine Anordnung dieser Eintragungen nacheinander vorzunehmen ist, die nicht voll alphabetisch ist (die großen nationalen Katalogisierungsregelwerke legen z.B., je verschiedene, Abfolgen dafür fest, wie ‚Werke', ‚Teilsammlungen', ‚Briefe' – und Einzelwerke eines Autors unter ihrem Ansetzungssachtitel – ordnen sollen). Die genormten Festlegungen treffen hierfür die nötigen Regelungen, indem sie die (vier) verschiedenen möglichen Ordnungseinheiten (von Buchstabe bis bibliographische Gruppe) fixieren, Verarbeitungscodes für die maschinelle Sortierung gemäß den festgelegten Kriterien, usw. Eine international einheitliche Festlegung der Ordnungsreihenfolge gibt es noch nicht. Auch bei gleichen Katalogisierungsregeln wird in der LoC anders geordnet als z.B. in der British National Bibliography.

Information, Übermittlung einer Information, Dokumentierung ist in ganz anderer, oft zugleich der einfachsten Weise möglich, wenn Dokumente in ihrem Textbild identisch reproduziert werden können. Dies ist möglich seit dem Entstehen der *Reprographie* (vgl. Kap. E). Ihre eine Verwendungsweise ist (Mikro-)Verfilmung, die andere Erstellung von Papierkopien. Genormte Festlegungen betreffen z.B. Rollfilme (16 mm, 35 mm) und Mikroplanfilm (Mikrofiche) zur Verfilmung von Schriftgut und Schrifttum. Eine, für IuD-Tätigkeit nur in ausgewählten Bereichen relevante, Zwischenstufe sind Verfahren (Photographie), die ohne Hilfsmittel noch erkennbare Bilder − fast immer von Objekten, nicht von Text als Text − fixieren und zu deren Herstellung als Positivbilder dienen (vgl. Lit. 58.), welche Information archivieren oder sie weitergeben als Vorlage in der Herstellung von Dokumenten, etwa eines Buches. Flüchtige Übertragung/Zugänglichkeit von Information ist z.B. Projektion (eines Dias oder Films, vgl. z.B. die Reihen DIN 19 045, 15 571, 108) − die nicht gemäß IuD Speicherung und Retrieval erlaubt, jedoch ihrerseits auf Übertragung von einem festen Dokument, einem Datenträger beruht (zu kinematographischen Filmen z.B. DIN 15 552 und 15 583). Diese bedürfen bestimmter Festlegungen genauso wie zuvor die Gestaltung jener Dokumente, die später durch Mikroverfilmung auf einen anderen Datenträger gebracht und archiviert werden sollen.

F 2.6 Inhaltserschließung, Begriffssysteme und Terminologiearbeit, Definitionen

Sowohl bibliographische Beschreibung als auch Reprographie − in ganz unterschiedlicher Weise − ermöglichen Weitergabe von und Zugang zu Information, u.z. nach formalen, fast ausschließlich *vorliegenden* äußeren Merkmalen; bibliographische Beschreibung soll das Auffinden nach den äußeren Merkmalen charakterisierter *Objekte* ermöglichen, Inhaltserschließung nach der in ihnen enthaltenen Information. Bei Inhaltserschließung (mit der als Kernbereich die Dokumentation einst ihren Anfang nahm) geht es um einen vorliegenden Inhalt, der zugänglich zu machen, zu kennzeichnen und ordnen ist (in Karteien, Verzeichnissen u.a.) − unabhängig von formalen Merkmalen wie z.B. (nichtssagenden, differierenden oder irreführenden) Titeln. Aber sie muß sich vom Dokument als vorliegendem physischen Objekt insofern unabhängig machen, als die inhaltliche Information keinen notwendigen Bezug zu ihrer äußeren Erscheinungsweise und − bei schriftlichen Dokumenten − der verbalen (nicht zuletzt verschiedensprachlichen, vgl. E DIN 1463/2) Gestalt hat, in der die Information vorgefunden wird. Sie muß vielmehr mit dem Vorliegen (ebenso wie der späteren Suche nach) der gleichen (gesuchten) Information unter sehr unterschiedlichen sprachlichen Ausdrucksweisen rechnen. Text (dazu Lit. 20.) ist derzeit noch in ganz überwiegendem Maße der Gegenstand der Inhaltserschließung; sie geht dabei denselben Gegenstand und dasselbe Ziel von verschiedenen Seiten an: Analyse, Verdichtung eines Textes und seine Wiedergabe in einer Kurzbeschreibung, die selbst wieder überwiegend fortlaufender Text ist (Kurzreferat nach DIN 1426; sein Abdruck und Gestaltung dann nach DIN 1428); Aufweis der Inhalte eines Textes in einem ihm beigegebenen Register (Gestaltung nach DIN 31630/1) durch Auflistung von Indextermini/Stichwörtern (ISO 999); Wiedergabe des Inhalts eines Textes durch Verschlagwortung für Katalogkarten oder Datenbanken. Die letzten beiden sind zusammen mit Notationen einer Klassifikation oder Deskriptoren Wiedergabeformen gemäß der allgemeinen Vorgehensweise der Inhaltserschließung nach DIN 31 623/1,2,3 – ISO 5963 (eine entsprechende Arbeitsanleitung enthält auch Lit. 60., die als einheitliche Verfahrensweise für verbale Inhaltserschließung in deutschen Bibiliotheken konzipiert ist) – an der sich solche speziellen Bearbeitungsformen orientieren –, folgend auf den jeweils ersten Schritt des Erkennens, Unterscheidens und der begrifflichen Zuordnung/Zusammenfassung der Dokumentinhalte.

Der umgekehrte, komplementäre Schritt zu diesen Verfahren besteht, statt allein vorliegende Information (Texte) zu bearbeiten, in der Erstellung eines *Systems*, das den Inhalt eines bestimmten Gebiets wiedergibt (und dann wiederum seinerseits zur Inhaltserschließung einzelner Dokumente, ihrer Zuordnung zu bestimmten Inhaltsrepräsentationen dienen kann): etwa nach DIN 1463/1 und 2 die geordnete Wiedergabe der Begriffe (und ihrer Beziehungen) in einem *Thesaurus*, fixiert durch terminologisch kontrollierte Benennungen sowie deren strukturierte Anordnung; genau wie bei der Indexierung als Inhaltserschließung ist hier ein entscheidender Schritt die Festlegung dieser Deskriptoren: angemessene Wiedergabe der Begriffe, zu wählende Wortform usw. Ein entsprechender zweiseitiger Vorgang erfolgt, wenn klassifiziert bzw. eine *Klassifikation* aufgebaut wird (zum Verhältnis Thesaurus/Klassifikation/Terminologie vgl. Lit. 07.). Sie bedient sich meist – noch sprachunabhängiger – einer Codierung (hier: Notation) in nicht-natürlicher Sprache, die den Inhalt unabhängig von Worten und – verschiedenen! – natürlichen Sprachen wiedergibt: ,,DK 025.4''. DIN 32 705 zeigt im einzelnen, wie Begriffe, Arten von Beziehungen sowie Merkmale auch hier entsprechend identifiziert, geordnet und zusammengestellt sowie ausgedrückt und Benennungen Notationen zugeordnet werden; gegenüber den anderen Verfahren kommt es noch entscheidender auf eindeutige Zuweisung jedes Eintrags zu *einer* bestimmten Stelle in der Über- und Unterordnung der Elemente an.

Die geschilderten Verfahren der Inhaltserschließung und -ordnung, die Methode des Herangehens an einen Text (wie auch zuvor das sinnvolle Aufbauen des Erschlossenen, des Textes selbst) drücken in je verschiedenen praktischen Arbeitsschritten aus, was als allgemeine Voraussetzungen (dazu umfassend Lit. 28.; Lit. 81.; Lit. 84.) in den *terminologischen Grundsatznormen* DIN 2330, 2331, ISO 704 umrissen ist. Bei allen im Informationskreislauf auftretenden Arten der Verständigung – besonders wissenschaftlich-technischer – ist Exaktheit der Kommunikation in hohem Maße erforderlich. Probleme bei Übersetzungsarbeit zeigen dies genauso wie der häufig auftretende Umstand, daß für eine genaue Unterscheidung hochspezialisierter technischer Gegenstände die nötigen Wörter nicht vorhanden sind oder, umgekehrt, unter derselben Benennung Verschiedenes gemeint wird, ohne daß die Angemessenheit des einen oder anderen Verständnisses nach der Benennung entschieden werden könnte. Wie in allen bisherigen Bearbeitungsstufen im Informationskreislauf eindeutige Identifizierung und Zuordnung eines der Ziele und Mittel von IuD-Arbeit ist, so auch auf der sprachlichen Ebene, der Terminologiearbeit. Das in Benennungen zu Fassende oder Vorliegende kann dabei hinsichtlich der Angemessenheit und Benennungsbildung sinnvoll bearbeitet werden (eine dieser Formen ist auch die Thesaurusarbeit); das allein genügt jedoch für herzustellende Eindeutigkeit nicht. Ermöglicht Inhaltserschließung Zugriff auf Information unter einem Sach-Gesichtspunkt, so ist der vertiefte Schritt die Bearbeitung der Form in sprachlichem Ausdruck, so daß geordnet dabei Gleiches gleich wiedergegeben und Unterschiedliches getrennt wird. Information unterscheidet sich stets nach der Darstellung in Wörtern — auf der Ebene der Benennungen — und den dahinterliegenden (ausgedrückten) Begriffen, d.h. den Einheiten des Denkens (und bestimmte Präzisierungen können nur auf der Ebene der genauen Beschreibung und Abgrenzung des jeweiligen Begriffs erfolgen). Bestimmte Arten von *Beziehungen* bestehen innerhalb von Begriffen und Benennungen und zwischen beiden: (hierarchische Relationen wie Abstraktions- oder Bestandsrelation, Äquivalenz-, Assoziationsrelation etc.). Die aus der Existenz und dem Zusammenhang von Begriffen sich ergebenden, bereits in Thesauri und Klassifikationen und ihrer Erstellung wesentlichen Relationen sind Gegenstand in DIN 2330 und 2331, in ihrer Verbindung mit Zeichen, Sprache, Wortbildung usw. Für exakte Kommunikation präzisierende Bestimmung der zuvor abgegrenzten Einheiten ist das Hilfsmittel die *Definition* (in der in ihren variierenden Ausprägungen ggf. die Arten von Begriffsbeziehungen wiederkehren): diene sie nun dazu, einzelne Termini bzw. durch einen Text zu übermittelnde gedankliche Gehalte zu verdeutlichen oder darüber hinaus dazu, selbst Begriffssysteme (eines jeden Fachgebiets) zu bilden, deren Elemente präzise abzugrenzen (also die Begriffsbeziehungen — textlich ausformuliert — wiederzugeben) und z.B. als Begriffsnormen niederzulegen. Eine solche Umsetzung der allgemeinen terminologischen Grundlagen in Arbeitsschritte und Gestaltung für Dokumente, die wiederum Terminologie ihrerseits niederlegen, skizziert DIN 2339/1, 2. Definitionen sollen so knapp wie möglich auf das wesentliche Merkmal des definiendum beschränkt sein, dennoch inhaltlich etwas aussagen (also nicht *nur* quasi wie Notationen als ‚Stellvertreter' in einem Begriffssystem fungieren; zum Verhältnis Terminologie/Klassifkation vgl. Lit. 29.). Typische Fehler von Definitionen sind (vgl. DIN 2330) Zirkeldefinitionen, zu enge Definitionen eines weiter gefaßten Gegenstands/Terminus, ‚Verstecken' von definitorischen Festlegungen im Text, in Fußnoten, beiläufigen Erläuterungen, statt sie klar auszuweisen (was die dokumentarische und fachliche Bearbeitung des Textes, ihre Identifizierung und den Rückgriff auf sie, mithin den Informationsaustausch, erheblich erschwert). Auch zu weiteren Fragen formaler Gestaltung (ganze Sätze; Aufteilung nach Kategorien gemäß DIN 2341/1, z.B. Benennung, Synonym, Anmerkung, Quelle; wo irgend möglich Übersetzung der Benennung; im Definitionstext Kennzeichnung der Termini, die an anderer Stelle definiert sind und so benutzt werden — dies erleichtert die Übersicht und hilft definitorische Fehler leichter erkennen; etc.) sind in DIN 2339 Festlegungen getroffen.

Die Festlegungen sind für den gesamten Bereich der Wörterbucherstellung (vgl. Lit. 85.) in dessen zahlreichen Arbeitsschritten (der Sammlung, Fixierung, Einordnung, Umformung des Wortgutes) ebenso bedeutsam, die ja zunächst den Hauptanteil des Materials der terminologischen Arbeit — das Wortgut — bereitstellt; als

Lexikographie (Sammlung der anzutreffenden Verwendung von Benennungen) ist
sie einer der Bereiche, über den sich Terminologiearbeit erstreckt, neben Terminologienormung (vereinheitlichende Festlegung von Benennungen und Begriffen) und
aktiver Terminologiearbeit (planmäßige Erstellung, nach den gegebenen Grundsätzen, korrekter Begriffssysteme und Benennungen, z.b. für neue sich entwickelnde
Sachgebiete, bevor sich unkorrekte Terminologie im Gebrauch bildet oder festigt).
Die die explizierten begrifflichen Systeme als Abfolge von niedergelegten Definitionen verkörpernden ,,*Begriffsnormen*'' (die ausschließlich ,,genormte Begriffe''
[= ,,Benennungen und Definitionen''] zu einem Thema bereitstellen; erforderlich
für die Bedürfnisse präziser fachlicher Arbeit in fast jedem Fachgebiet) fixieren den
realen Inhalt von Begriffssystemen (nämlich die einzelnen Einträge als ihre Elemen-
te, und bei korrekter Definitionstechnik z.T. auch ihre Beziehung untereinander).
Große Begriffsnormen sind z.B. DIN 44 300 (in 11 Teilen)/ISO 2382 (geplant:
28 Teile) – große, rapide wachsende Gebiete wie dieses bedürfen eines solchen
Hilfs- und Ordnungsmittels in besonderem Maße (vgl. Lit. 06.) –, ISO 1087/DIN
2342/1, ISO 4046/DIN 6730, ISO 6196, ISO 9544. Die Begriffsnorm des IuD-
Feldes ist ISO 5127, die nicht nur auf den verbreitetst benutzten Lexika (Lit. 74.,
Lit. 68., Lit. 69., Lit. 26., Lit. 27., Lit. 33., Lit. 34., Lit. 35., Lit. 73., Lit. 01.,
Lit. 39.) fußt und diese – nur zu einem kleineren Teil allerdings – durch Vereinheitlichung ablöst, sondern auch in nationale Normen (s. E DIN 31 639/2) übertragen wird. Ihre nach Fertigstellung 14 Kapitel umfassen den gesamten Dokumentationsprozeß, u.a. Dokumentarten, Katalogisierung, Dokumentationssprachen,
Retrieval, Rechtsaspekte (Patente/Datenschutz), Dokumentkonservierung, künstlerische Dokumente.

F 2.7   Gestaltung von Dokumenten

Bereits in den Festlegungen für die Erstellung von Dokumenten, damit die in ihnen
enthaltene Terminologie in ihrer systematischen Ausarbeitung angemessen zum
Ausdruck kommt, sowie in den Anforderungen durch die Reprographie für spätere
Reproduktion deutete sich die Rolle an, die die Gestaltung von Dokumenten in der
Übermittlung von Information spielt. Regelungen aus allen bisherigen Teilen des
Informationskreislaufs sind vorausgesetzt (und teilweise enthalten) – in genormten
Festlegungen – für die Gestaltung von Dokumenten: die ISBN wird aufgedruckt,
eine Kurztitelaufnahme und ein Kurzreferat beigefügt usw. Einige von ihnen sind
auch die historisch ersten IuD-Normen: es lag nahe, die steigende Zahl von Dokumenten im Informationskreislauf durch zunächst an der äußeren Gestaltung ansetz-
zende Maßnahmen handhabbarer und ihren Inhalt leichter erkennbar zu machen.

Den Anfang bildete das ,Ordnungsmerkmal', das auf der ersten Umschlagseite von Zeitschriftenheften den – stets gleichen – gekürzten Zeitschriftentitel, Heftnummer und Umfang (Sei-
tenangabe), später auch die ISSN, tragen soll für schnellen Überblick, einfache Registrierung
(und Verarbeitung) in Bibliothek (und Buchbinderei) ebenso wie stets gleiche Zitierung durch
den Benutzer. Welchen enormen Vorteil zusätzlich die Zitierleiste auf jeder Seite oder zumindest am Anfang eines Beitrags bietet, ist vielleicht eine mit am unmittelbarsten evidente praktische Regelung (DIN 1503), ebenso das am Anfang dem Beitrag und/oder Heft vorangestellte

Kurzreferat (DIN 1428). Damit überträgt sich zugleich ein Eindruck von der Gestaltung von Dokumenten. Und dem Teilnehmer am Informationskreislauf, der nicht nur Leser, sondern gleichzeitig Informations-/Dokumentproduzent ist, wird dies dann auch Anhaltspunkt zur Orientierung (oder bei Suche nach Hilfestellung) für die Gestaltung seines eigenen Produkts. Den großen Bedarf an derlei Handreichungen, Konventionen, Anweisungen für Autoren zeigt die schier unüberschaubare Anzahl von Handbüchern, ,,Style manuals'', ,,Anleitungen zum Abfassen . . '', ,,Wie verfasse ich ein wissenschaftliches Manuskript?'' u.ä. (schon Literaturverzeichnis von DIN 1505/2 gibt einen Eindruck davon); eine große Zahl davon sind von wissenschaftlichen Vereinigungen, Verlagen und Redaktionen von Zeitschriften als Notwendigkeit empfundene Anleitungen für ihre Autoren jeweils isoliert nur für sich festgelegt (prominente Beispiele, für viele, von autoritativen Anleitungen im Vorfeld der Normung: Lit. 53., Lit. 19., ebenso wie etliche regelmäßig erscheinende Zeitschriften: Scholarly publishing, Journ Techn Writ & Comm etc.).

Die Erstellung eines Dokuments wirft zahlreiche Einzelfragen auf, wie schreibmaschinenschriftliche Gestaltung (Schreibweise), Formeln, Zeilen, Einrückungen, Zitate, fremdsprachige Zeichen, Auszeichnung, Anmerkungen usw. Nach allgemeinen Gesichtspunkten von Lesbarkeit, Einheitlichkeit mit Regeln in internationalen wissenschaftlichen Gesellschaften, Eindeutigkeit, Weiterverarbeitbarkeit gibt es hierzu sinnvolle Hinweise, die die Normen zu vermitteln suchen. Gegenstand der genormten Festlegungen (DIN 1422/1, 5008) für die formale Gestaltung von Dokumenten ist Klartextdarstellung, Layout des Informationsgehalts, Textabfolge (und Gestaltung von Veröffentlichungen *besteht* zu einem entscheidenden Teil auch aus – eingangs skizzierten – Zeichen); sie fungieren ebenso als Checklisten für die Ausarbeitung von Dokumenten. Sie betreffen Manuskripte – die den Inhalt für die Herstellung einer Veröffentlichung enthalten –, die Veröffentlichungen selbst (Zeitschriftenaufsätze, Bücher, Forschungsberichte etc.: Schrifttum) sowie nicht veröffentlichte Dokumente wie Geschäftskorrespondenz u.ä. Schriftstücke (Schriftgut). Die Festlegungen zur Dokumentgestaltung bestehen zunächst allgemein für alle schriftlichen Dokumente (auf ISO-Ebene sind sie eher als Arbeitshilfen für einzelne Dokumentarten zusammengestellt: ISO 7154 für Hochschulprüfungsarbeiten; ISO 5966, DIN 1422/4 für Reports, usw.); die Gesamtdarstellung (DIN 1422/1) zeigt die einzelnen Teile des zu erstellenden Dokuments (vom Vorwort, Kurzreferat, Kurztitelaufnahme bis Anhang, Beigaben etc.) und ihre Erstellung/Behandlung sowie die allgemeinen Aspekte, die dabei wichtig werden (und in einzelnen Normen im Detail geregelt sind, vgl. auch Lit. 25., Lit. 71.): Abschnittsgliederung (DIN 1421), Register (DIN 31 630/1), Formeln (DIN 1338 etc.), statistische Tabellen (DIN 55 301), Literaturangaben (DIN 1505/2, 3).

In letzteren kehren sich durch den Informationskreislauf als Ganzen hindurchziehende Daten wieder, diejenigen der bibliographischen Beschreibung. Sie spielen eine herausragende Rolle auch in der Gestaltung von Dokumenten, in denen derlei *Literaturangaben* enthalten sind. Es ist nach den bisherigen Erwägungen klar, daß sie überall so einheitlich wie möglich gestaltet sein sollen. Ebenso ergibt sich, daß sich diese Einheitlichkeit sinnvollerweise wird erstreckt auf weitestmögliche Übereinstimmung mit der bereits für den Zweck der Beschreibung existierenden Form, der bibliographischen Beschreibung, so daß eine in der anderen wiedererkannt, wiedergefunden, als identisch ermittelt werden kann: Geht es um Konsultation, Beschaffung der durch sie beschriebenen Information, sind Literaturangaben der Ausgangspunkt, von dem aus die bibliographische Beschreibung aufgesucht und mit ihr das Vorhandensein eines Dokuments in der Dokumentverzeichnung einer bestimmten Bibliothek, Region etc. oder auch Buchhandlung ermittelt wird; so wenig wie möglich (zusätzliche) Arbeit soll entstehen zum „Umschreiben" oder Entziffern („Rückübersetzen") von einer Form/Angabe in die andere. Autoren, die für verschiedene (z.B. nationale und internationale) Fachzeitschriften schreiben, sollen so wenig wie möglich stets „umlernen", in feinen Nuancen jeweils anderen Regeln folgen müssen; Schriftleiter, Lektoren und Hersteller sollten sich nicht bei unterschiedlichen Fachgebieten oder Zeitschriften stets wieder auf verschiedene Vorgaben einstellen müssen. Bei regelmäßig wiederholten Auswertungen jeweils einer größeren Anzahl wissenschaftlicher Zeitschriften wurde noch jedesmal eine erhebliche Zahl an Abweichungen in solchen Merkmalen der Gestaltung festgestellt — die ebenso unnötig wie verwirrend sind und nur zusätzlichen Arbeitsaufwand verursachen. Diesen zu beseitigen und nicht zuletzt zumindest zunächst fachspezifisch einheitliche Regeln (etwa 1978 das „Vancouver citation style agreement of biomedical journals") zu stimulieren können und sollen daher nicht unwesentlich Normen, wie ISO 690 zu Literaturangaben, helfen. Grundsätzlich gilt auch für Literaturangaben dieselbe Funktion wie für die bibliographische Beschreibung, nämlich die eindeutige Identifizierung und möglichst ausführliche Information zu geben. Hierzu gehört z.B., nicht „S. 24 ff.", sondern „S. 24 – 93" in der Literaturangabe eines Zeitschriftenaufsatzes anzugeben; dann kann auch mittels BIBLID ISO 9115 eine Kopie des zitierten Aufsatzes in automatischer Weiterverarbeitung beschafft werden.

Nach DIN 1505/2 werden dieselben grundsätzlichen Elemente und weitgehend dieselbe Reihenfolge wie in der bibliographischen Beschreibung nach DIN 1505/1 für die Literaturangabe verwendet (hinsichtlich Hauptelementen ist jedoch etwa der Unterschied bei mehr als 3 Verfassern oder der Stelle der Herausgeber-Angabe relevant) — etliche Bestandteile sind dabei als fakultativ für die Angabe ausgewiesen. Insgesamt sind nicht alle (zuweilen komplizierten) Einzelheiten und Details der bibliographischen Beschreibung übernommen; zumal angesichts der sehr viel weitergehenden Verwendung der Literaturangaben in täglichen Anwendungen nicht nur Bibliothekare, sondern ein insgesamt breiter Kreis von wissenschafltichen Autoren, Herausgebern, Dokumentaren etc. ihre Zielgruppe sind. Und zuweilen müssen selbst in der normgerechten Ausführung manche geforderten Angaben unausgefüllt bleiben, wenn sie dem Autor oder Bearbeiter nicht vorliegen oder im Dokument selbst nicht ersichtlich sind. Dann gilt jedoch wiederum: je besser und korrekter nach festgelegten Regeln die Dokumentgestaltung von Anfang an, vom Punkt der Dokumenterstellung, erfolgt, desto reibungsloser funktioniert der Informationskreislauf.

Für Veröffentlichungen gelten noch eine Anzahl weiterer praktischer Einzelregelungen, etwa die einheitliche Laufrichtung des Dokument-Rückentitels (ISO 6357) von oben nach unten; die Anforderung, daß für Zeitschriften ein Jahresinhaltsverzeichnis zu liefern ist etc. Weiß man, daß fehlende Autorenangabe auf der Haupttitelseite sofort eine andersartige Behandlung in der bibliographischen Beschreibung nach sich zieht, fehlende Angaben auf Titelblättern (DIN 1429) u.U. später mühsam nachermittelt werden müssen, unbedachte Titeländerung bei Zeitschriften zwangsläufig in den Institutionen der nachfolgenden Verarbeitung einen zusätzlichen Arbeitsgang auslöst, dann wird die Wichtigkeit der (Einhaltung der) Regeln klar, die im Informationskreislauf zirkulierenden Angaben sorgfältig auf der Veröffentlichung anzubringen (vgl. die anschauliche Schilderung in Lit. 37.). Wie für Informationsübertragung durch schriftliche Dokumente sind Festlegungen auch

nötig für Gestaltung überwiegend nicht-textlicher Dokumente: Darstellung von
Koordinaten (DIN 461) und Wahl und Darstellung von Maßstäben in Dokumenten
(DIN 5478), besonders für die Gestaltung naturwissenschaftlich-technischer Unter-
lagen. Ein Sonderfall ist die Gestaltung von Formularen – die zwischen Text- und
Zeichnungsdokumenten stehen –, Regelungen enthält ISO 8439, ISO 8440 speziell
zu besonderen, nämlich Handels-Verwaltungsformularen und ihren Boxen für
Code-Eintragung. Häufig wird ein erstelltes Manuskript gleich für die Vervielfältigung (Reprographie) benutzt; dann bestehen besondere Anforderungen an Papier,
Schreibspiegel, Schriftgestaltung (DIN 1422/3). Ähnliches gilt für besondere Dokumentarten, wie z.B. zur Ausführung von technischen Zeichnungen (vgl. Lit. 80.,
Lit. 67.), auch in vervielfältigungsgerechter Form (DIN 6774/1, 4) etc. oder als Ar-
beitstransparente (DIN 6774/5). Für derartige Dokumentformen ebenso wie z.B.
für Dias (Reihe DIN 108) sind gleichfalls Dokumentgestaltungsregeln erforderlich
zur Gewährleistung der Informationsübertragung.

F 2.8   Datenelemente

Für die Bearbeitung, Auswertung, Übermittlung, von (besonders bereits formali-
sierterer) Information (etwa Verwaltungsdokumente, Fachtexte, bibliographische
Beschreibungen) lassen sich kleinste sinnvolle Bestandteile identifizieren, in die sie
zerlegt werden kann. Dies sind Datenelemente. Eine an sie gemahnende Präsentationsweise findet man bereits – zugleich ihre einfachste und unmittelbar anschauliche Form – in tabellarischen Darstellungsformen. Datenelemente erlauben – als
solche gekennzeichnet und einzeln ansteuerbar – einen wesentlich verfeinerten Zugriff und von weitaus mehr Ansatzpunkten aus, als die vorgefundene Anordnung
der Information oder ihrer Stellvertreter (Titel, Schlagwörter . . .) gemäß den physischen Vorgaben ihrer Abfolge in einer konventionell aufgebauten Informations-
verzeichnung – zumal, wenn sie durch ein Recherchesystem abgefragt werden, das
auf jeden beliebigen gekennzeichneten Gesichtspunkt zugreifen kann (d.h. EDV).
Wie Codierungen betreffen auch sie manuelle und computerisierte Dokumentationsarbeit gleichermaßen. Sie können zwar auch als einzelne festgelegt, aus vorhandener Information gebildet werden (vgl. als generisches Datenelement gemäß
einer Einzelnorm: Datumsschreibweise nach ISO 8601, oder diejenigen zur ISSN in
DIN 1430), üblicher- und sinnvollerweise existieren sie jedoch als Zusammenstellung zu ,,Datenelementlisten (-verzeichnissen)'' bzw. ,,Kategorienkatalogen''. Sinn
der Festlegung von Datenelementen – und eines ganzen genormt festgelegten Kategorienkatalogs für einen bestimmten Zweck – ist daher neben der verbesserten
Bearbeitungs- und Zugriffsmöglichkeit innerhalb des eigenen Informationssystems
auch ihre (möglichst unveränderte) Verwendbarkeit in anderen oder neu zu schaf-
fenden Systemen. Der Informationsaustausch wird damit erleichtert, indem ausge-
tauschte Information den gleichen vorgegebenen Kategorien entspricht, so überall
exakt dieselbe Bedeutung hat und auch ohne verändernde Bearbeitung weiter verwendet werden kann.
Datenelemente entstehen aus den bisher beschriebenen Arbeitsschritten (z.B. einer
Gliederung der bibliographischen Beschreibung in Gruppen; viele sind Verkörpe-

rungen der Begriffe, die die Begriffsnorm des IuD-Feldes niederlegt), besonders dem für die Inhaltserschließung aufgezeigten Schritt der genauen begrifflichen Analyse, Zerlegung und Benennung einer vorliegenden Information. Es ist klar, daß zahlreiche allgemeine Datenelemente („Höhe", „Länge") identisch verwendbar sind in vielen Anwendungszusammenhängen und – etwa in technischen Anwendungsfeldern – oft z.B. in Normen festgelegte Benennungen und begriffliche Eingrenzungen verkörpern; ebenso, daß die genormten (Maß-)Einheiten (DIN 1301, 1304, 1313) hier als Bestandteil in den Datenelementen wiederkehren.

Als Generische Datenelemente sind solche von allgemeinster Art, wenn sie in sich vollständig sind, so daß sie für sich allein stehen können und unabhängig von einem bestimmten Anwendungszusammenhang aussagekräftig bleiben. In diesen (wie auch die ihnen komplementären, in Abschnitt F 2.4 „Codierung" erwähnten) kehren die „allgemeinen Aspekte der Form" wieder, wie sie jedem beliebigen – und dokumentierbaren – Gegenstand zukommen (können) – und die ihnen entsprechenden („Hilfs'-) Wissenschaften – und folgerichtig bereits als Teil (Hilfstafeln, Hilfsteil, Allgemeinfacetten) in vielen Klassifikationen/Thesauri enthalten sind: wie Ort (geographische Einordnung), Zeit (geschichtliche Verortung), Sprache, Dokumentart usw. (vergleichbar etwa denen der „Allgemeinen Anhängezahlen der Form" in der DK wie auch einigem des dort in Klasse 0 Aufgelisteten). Diese werden (als stets wiederkehrende Elemente) in vermutlich jedem Informationssystem/Kategorienschema wieder benötigt werden wie in jeglichem Thesaurus und jeglicher Klassifikation, da jedes solcher Instrumente derartige allgemeine Grundlagen abdecken muß, um die Mittel zur (eben auch: allgemeinen) Beschreibung und Einordnung seiner spezifischen Zielobjekte bereitzustellen. Sie bilden damit sozusagen einen Eckpfeiler jeder Dokumentation und sind natürlich als gemeinsam anwendbare ein primär sinnvoller Gegenstand von Vereinheitlichung – und damit Normung. Idealiter könnten sie (da sie sich dem Baukastenprinzip einfügen und so ubiquitär einsetzbar, ungebunden übertragbar sind) als systematische Bausteine – also z.B. das Datenelement „Sprache(nname)" aus einer bestimmten festgelegten Liste (Norm) direkt entnommen – an die erforderliche Stelle eines jeweiligen Systems eingefügt, aus einem beliebigen Zusammenhang entnommen in einen anderen verbracht, übertragen werden.

Einige solcher generischer Datenelemente sind auch enthalten in den als Arbeitshilfen in IuD festgelegten genormten Datenelementverzeichnissen: Adressen-, Zeit-, Ortsangaben kommen in E DIN ISO 7372 „Verzeichnis der Handelsdatenelemente" (von Kategorien für Angaben zu Adressen bis hin zu Rechnungen, Lieferscheinen, Zollangaben, Warendeklarationen) genauso vor wie in ISO 2146 zu (Struktur und Elementen von) Verzeichnissen für dokumentarische Institutionen. Zusammen mit der Festlegung eines Magnetband-Austauschformats (und in gewisser Weise als seine sinnvolle Ergänzung und Grundlage) ist für die Prozesse terminologischer Arbeit des Umgangs mit Benennungen, begrifflicher Analyse im gleichen Atemzug in DIN 2341 eine Aufgliederung in die dabei sich ergebenden Datenelemente mit entwickelt worden, die so sowohl manueller Handhabung/drucktechnischer Layoutgestaltung als auch dem Austausch in elektronischer Form eine sinnvolle, kompatible Strukturierung vorgeben. Der eine zentrale, umfängliche Kategorienkatalog, die Aufgliederung des gesamten Dokumentationsprozesses in die nötigen Kategorien für alle erforderlichen Angaben ist jedoch DIN 31 631 in ihren vielen Teilen (eine Erweiterung, Verallgemeinerung bestehender individueller Kategorienkataloge, die als solche auch z.B. das vormalige ADEK-Projekt ersetzt).

F 2.9 (Dokument-)Übergreifende Prozesse: Verwaltungs- und Planungsabläufe

Die bisherigen Festlegungen zum Informationskreislauf betrafen die einzelne Information, ihre Erstellung, Aufbereitung etc.: ferner muß deren ‚äußere Form', d.h. das Dokument, sichergestellt sein und bleiben: beschafft, gelagert, instandgehalten. Es sind jedoch auch äußere Vorkehrungen erforderlich, die den Rahmen, innerhalb dessen die Bearbeitungsschritte stattfinden und die Abläufe sich vollziehen, organisieren. Beispielsweise die quantitative Komponente (z.B. des Bestandsüberblicks) drückt einen solchen übergreifenden Zusammenhang aus: den der Planung, Ressourcenbereitstellung und -bewirtschaftung, innerhalb dessen die einzelne Information Element in einem Gesamtablauf ist: In einigen Datenelementen des Kategorienkatalogs ISO 2146 (formale Identifizierung der Institution wie Institutionsadresse, organisatorische Einbindung, angebotene Informationsdienstleistungen, entstehende Kosten) ist er bereits verkörpert. Sie kommen zur Anwendung ebenso wie solche zu den einzelnen Dokumenten/Datenträgern in dem Arbeitsgang der statistischen Erhebung. Genormt sind hierzu die Bestimmungen der *Bibliotheksstatistik* (DIN 1425). Die definitorische Festlegung von Komponenten findet sich in den Begriffsnormen; hier erscheinen sie wiederum unter dem Gesichtspunkt der Zählung, als Datenelemente (auch wenn teilweise in Fließtext beschrieben, jedoch überwiegend in Aufzählungen, die schon im nächsten Schritt Umsetzung in Listen erlauben), indem beschrieben wird, was zu erfassen ist, verbunden mit weiteren Anweisungen, wie dem Zählmaßstab (physische Einheit, laufende Meter, etc.), welche gemeinsamen Zählgruppen zu bilden sind usw. Von der zur eindeutigen Abgrenzung hinreichend tauglichen Präzision der Definitionen hängt dabei hier entscheidend das Erreichen des Ziels der Festlegungen ab. DIN 1425 beschreibt einen Rahmen, mit dem das festgelegte Verfahren der Deutschen Bibliotheksstatistik DBS in Beziehung steht, und vollzieht ihrerseits, mit gewissen nationalen Abweichungen, den grundlegenden Aufbau der (auf der UNESCO-Empfehlung beruhenden) internationalen Bibliotheksstatistik gemäß ISO 2789 nach (Einheitlichkeit ist für internationale Vergleichbarkeit von höchster Bedeutung). Letztere ordnet sich in eine Abfolge von Regelungen zur statistischen Erhebung ein, am Ausgangspunkt des Dokumentkreislaufs, der Dokumenterstellung, als Statistik über Buch-/Zeitschriftenproduktion, amtliche Veröffentlichungen usw., zu Anzahl, Auflagenhöhe, Vertriebsstellen, Einordnung der Dokumente in eine Sachgruppeneinteilung (DK-basiert) etc. (ISO 9707, auf der Grundlage der UNESCO-Empfehlung). Kosten der Erwerbung solcher Dokumente (damit zugleich Rückbezug auf die existierenden Bibliotheksbestände) unter Einbeziehung in vergangenen Perioden geleisteter Aufwendungen für diesen Zweck können durch die Methode des Preisindex objektiviert werden (ISO 9230); eine nicht einfache und umso erforderlichere Aufgabe, als unterschiedlichster Herkunft der Dokumente, Kosten in unterschiedlichsten Währungen und laufend sich verändernden ökonomischen Daten (Inflation), dem Unterschied Preis/Kosten, verschiedenen Preisen desselben Objekts (nach Verkaufsland, unterschiedlichen Rabatten, Transportkosten, Zoll etc.) usw. Rechnung getragen werden muß.
In gleicher Weise muß für die *physische Erhaltung*, die sachgemäße Aufbewahrung

von Dokumenten gesorgt sein; diese erfordert einerseits die adäquaten baulichen, temperaturgeregelten etc. Umgebungsbedingungen und ist andererseits von den materiellen Eigenschaften der Datenträger abhängig (zu einem Teil geregelt in genormten Festlegungen für Materialanforderungen, Herstellung und Prüfung); der Kreislauf zur EDV-Handhabung von Information schließt sich da wieder, wo die Speicherung zeichenweise, elektronisch erfolgt. Ein spezielles Beispiel ist die Reihe DIN 19 070: Eigenschaften des Datenträgers Film (wenn bereits belichtet) oder entwickelter photographischer Bilder, die Hersteller bzw. Benutzer prüfen und sicherstellen müssen (Viskosität, Schichthaftung, Dehnung, etc.), und Anforderungen an Aufbewahrungsumgebung (Licht, Klima, . . .) und -mittel. Ein anderes Beispiel ist das Beiblatt zu DIN 66 018 zur Lagerung von Lochkarten. Die zunehmend erforderliche Aufmerksamkeit auf die Beständigkeit, Konservierung der Dokumente wird sich zunächst in Normung (im Rahmen des neugegründeten ISO/TC46/SC 10) für physische Eigenschaften von Datenträgern für Bibliotheksanwendung und Langzeitaufbewahrung (erster Schwerpunkt: alterungsbeständiges Papier), Haftungseigenschaften der auf Datenträger aufgebrachten Beschreibstoffe etc. niederschlagen (vgl. die Reihe ISO 2834 bis 2844), ggf. aber auch Restaurierungs- und Konservierungstechniken umfassen.

Dokumente verkörpern sich auf Datenträgern, elektronische Informationsübertragung geschieht zwischen Installationen, Informationsprozesse/-systeme sind eingefaßt in ein „materielles Gehäuse". Eines davon, in dem sich Aufbewahrung, Bearbeitung, Konsultierung von Dokumenten abspielt, sind Bauten für Bibliotheken. In gewissem Sinne die Kombination der Anforderungen an die Aufbewahrung mit denen an die Umgebung für Zusammenbringen/Aufstellung von Dokumenten, ihre Zugänglichkeit zur Benutzung und des Ortes, innerhalb dessen dies stattfindet, betreffen die Anforderungen − als Planungsgrundlagen, Richtwert, Checkliste − für *Bibliotheksbau* (DIN-FB 13): Festlegungen für (in wissenschaftlichen Bibliotheken) vorzusehende Räume nach bestimmten Moduln und Vorgaben, Sicherheitsabstände, Berechnung (Ansetzung) von Verkehrs-, Nutz- und Funktionsflächen nach DIN 277, Achsabstände zwischen Regalen als Grundmodul der gesamten Raumplanung, bauliche Erfordernisse für bestimmte Lastannahmen nach DIN 1055 − stets unter Berücksichtigung besonderer Nutzung oder besonderer Dokumentarten.

Zu erstellende Einzelinformationen oder Informationen zu einzelnen Sachverhalten, daraus bzw. dafür zu erstellende Dokumente und ihre Handhabung, unter dem Gesichtspunkt, das Ablaufen eines übergeordneten Prozesses sicherzustellen, sind Gegenstand der Festlegungen in DIN 6772, 6786 und 6789, beispielhaft auf eine bestimmte, hier technische, Informationsaufgabe und nicht primär auf Literaturdokumentation bezogen: welche Sachverhalte (und Phasen der Entwicklung) technischer Gegenstände dokumentiert werden müssen (in großer Anzahl technische Zeichnungen, Konstruktionsunterlagen), wie diese verwaltet, freigegeben, wie die Übersicht über sie organisiert wird und welche formalen Verfahren zur Vornahme von Änderungen an ihnen festgelegt werden. Die darin sich bereits andeutende Organisierung von Informationsabläufen als System und (in einer) Organisation findet ihren Ausdruck in Festlegungen über den Betrieb, Arbeitsabläufe von dokumentarischen/informationsvermittelnden Institutionen; Übersicht, wie allgemeiner Aufbau, Struktur, Aufgaben, Einsatzweise eines konkreten *Informationssystems*

beschaffen sind, über die Vorgehensweise zu seiner Errichtung und sonstige generelle Gesichtspunkte für ein Informationssystem gibt VDI 2211/1: Vorarbeiten, zu bearbeitender Informationsbedarf, Organisation für bereitzuhaltende Dokumentarten, Aktualitätsbedarf, usw. Gleiches liegt vor als E VDI 5001 bis 5015 für Planung der Einführung von Bürokommunikation. Ähnlichen ,lehrbuchorientierten' Charakter einer grundlegenden einführenden Darstellung, jedoch nicht im Hinblick auf *eine* bestimmte bereits *spezifizierte* Informationsaufgabe, hat ISO/TR 9007. Auf die Organisation der Information und die entsprechenden Abläufe in Wissenssystemen insgesamt zielen diese Konstruktionsregeln, Ablaufbeschreibungen als Grundlage für deren konzeptionelle Planung, einschl. Berücksichtigung der abstrakt modellierten Außenweltkomponente, Stellung des Informationssystems zur realen Welt (auch in dem Sinne, wie sie als ,,Information'' = Objekt im Informationssystem durch Bezeichnungen abgebildet wird, die dann bearbeitet, in neue Konstellationen gebracht werden können; was ist mögliche Information etc.), Austausch zwischen beiden, die Abbildung von Außenweltobjekten als Entitäten in ,,Namen'', linguistische und lexikalische Objekte, Syntax der Repräsentierung und Bearbeitung dieser Information, Charakteristika von Relationen zwischen ihnen. Abläufe der, und Planungen für, Informationssysteme enthalten auch allgemeinste Bestandteile und Verlaufsformen, die an Ganzem (Zusammenhang interagierender Elemente) und Ablauf (Durchschreiten, durch ein Element wie Dokument/Information, aufeinander bezogener Zustände) generell aufgefunden werden können. Solche Zusammenhänge allgemeinster Art, die auf jeden Prozeß zutreffen, können modelliert werden und sind in dieser Form niedergelegt in *Planungsnormen*, Normen für Planungsprozesse überhaupt, die Verfahren, Techniken des Umgangs mit Bestandteilen aus dieser allgemeinsten, abstraktesten Ebene verkörpern, unabhängig von einem je konkreten Gegenstand der Planung oder des Ablaufs. Ihr Anwendungsfeld sind sowohl der Aufbau neuer als auch das Untersuchen funktionaler/logischer Abläufe in existierenden Informationssystemen/Institutionen. Sie stellen die allgemeinsten Grundlagen für logische und Ablaufanalyse von Prozessen und ihre Strukturierung bereit. Hierzu bestehen z.Zt. die begrifflichen Festlegungen und die zu Darstellungselementen in Netzplantechnik (DIN 69 900), Projektplanung, Wertanalyse (DIN 69 910), Entscheidungstabellen (DIN 66 241).
Die verschiedenen Ebenen informationsdarstellender Zeichenübertragung und der dabei einbezogenen physikalischen Prozesse modelliert der grundlegende Bezugsrahmen von Informationsaustausch in Form der Übertragung digitaler Daten als Kommunikation offener Systeme – OSI – in E DIN-ISO 7498 als Aufbau von 7 Schichten (Bitübertragungs-, Sicherungs-, Vermittlungs-, Transport-, Kommunikationssteuerungs-, Darstellungs-, Verarbeitungsschicht); vor diesem Hintergrund ordnen sich auch wiederum vereinheitlichende Regelungen der IuD-Normung für den und im Rahmen des Informationskreislaufs deutlicher ein.
Wesentliche Teile der Informationsübertragung wie der Rückgewinnung (Retrieval) gespeicherter Information sowie zunehmend der Dokumentherstellung beruhen heute auf EDV-Anwendung. Dokumente existieren nur durch ihren *Datenträger* als die Komponente, auf der die Information fixiert ist. Sofern dies Papier war und ist, haben sich dafür umfangreiche und in der langen Zeit seines Bestehens gebildete Regelungen niedergeschlagen (vgl. Lit. 55.; Lit. 54. und z.B. die in der Reihe DIN

1422 zitierten Papiernormen). Daneben haben elektronische Datenträger enorme Bedeutung gewonnen. Wie bei Papier und Film etc. betreffen Normen auch hier entscheidend Abmessungen, technische Merkmale, Materialeigenschaften, damit auch diese Datenträger für verschiedene Anwendungen und Weiterverarbeitungen kompatibel sind sowie mit den zu ihrer Nutzung bestimmten Geräten (vgl. Lit. 15.; Lit. 16.; Lit. 17.). Solche Festlegungen greifen zuweilen zurück bis zu den Maschinen, auf denen die Datenträger ihrerseits hergestellt werden (im konventionellen Bereich für Begriffe von Druckmaschinen DIN 8730), sie begleiten den Datenträger von seiner Erstellung bis zu seinem Endpunkt, der Vernichtung (DIN 32 757). In der Informationstechnik sind weitere Regelungsbereiche etwa: die (in Abschnitt F 2.2 dargestellten) Zeichenvorräte, Programmiersprachen und Software (vgl. Lit. 63.), Bildschirmarbeitsplätze (vgl. Lit. 08.), physische Voraussetzungen für Datenübertragung wie Geräte, Schnittstellen, physische Übertragungsweise (vgl. Lit. 18.). Bislang ist dabei IuD ganz wesentlich *Anwender* von − an anderer Stelle (v.a. im DIN-NI) getroffenen − für es bedeutsamen Festlegungen zu EDV-Geräten und -Komponenten, technischen Verfahren usw. (Hard-, Software) im Rahmen des Einsatzes von Informationstechnik (vgl. E DIN 44 310). Gegenwärtig geht IuD jedoch stärker von vorgegebener, allenthalben einsetzbarer technologischer Ausstattung zur Nutzung − und Entwicklung − eigener, für es spezifischer EDV-Mittel über. Dies deutet sich einerseits in den im internationalen Rahmen von ISO/IEC/ JTC 1 mit Nachdruck betriebenen Vorhaben an, schwerpunktmäßig auf den Bereich Informationsverarbeitung/Dokumenthandhabung im Bürobereich (zu Bürokommunikation bisher vgl. Lit. 10.; Lit. 11.) bezogen: ODA Office document architecture ISO 8613, DOAM Distributed office applications model, MOTIS Message oriented text interchange system, DFR Document filing and retrieval, FTAM File transfer, access and management, DTAM Document transfer and manipulation, DSSSL Document style semantics and specification language, SPDL Standard page description language, ODIF Office document interchange format usw. Andererseits aber wird ein wichtiger Schwerpunkt genormter Festlegungen für IuD selbst etwa die Verwendung der SGML Standard generalized markup language (ISO 8879) als Anwendung im Verlags-/Autorenbereich zum elektronischen Publizieren aus computergerechten Manuskripten oder OSI-Anwendung für Bibliotheken, darunter Protokolle und Dienste-Definition auf Anwenderebene für bibliographischen Datenaustausch.

Die Weiterentwicklung von Möglichkeiten der technischen Unterstützung für den Informationsprozeß und der dafür geschaffenen Regeln findet ihren Niederschlag auch darin, daß das DIN durch sein Informationszentrum DITR (Deutsches Informationszentrum für technische Regeln) selbst zum Informationsvermittler wird (siehe Kapitel D), indem es das komplizierte Geflecht von Entwurfs-Veröffentlichung, Gültigkeit, Zurückziehung, Verknüpfung mit ISO-Normen bibliographisch erfaßt und inhaltlich erschließt und diese Information zusammen mit solchen über andere technische Regeln (Gesetze, Verordnungen, VDI-Richtlinien etc.) zur Verfügung stellt (vgl. auch Lit. 21.) Zum anderen bedient es sich dafür auch der genannten weiterentwickelten technischen Möglichkeiten durch seine Datenbank und moderner Formen der Informationsverbreitung für Normen (CD-ROM etc).

Anhang: IuD-spezifische DIN- und ISO-Normen

Die folgende Auflistung ist nach Sachgebieten und DIN-Nr. geordnet und stellt der DIN-Norm die jeweilige ISO-Norm zum gleichen Thema gegenüber; dies bedeutet nicht immer volle inhaltliche Übereinstimmung. Von Normenreihen (mehrere Teile zu derselben Norm-Hauptnummer) sind nicht immer alle Teile angegeben. Vollständig aufgeführt sind die Normen des NABD und NAT. T = Teil, P = Part, Bbl. = Beiblatt, V = Vornorm, A = Änderung, E = Entwurf. Die Ziffer in Klammern nach dem Normtitel gibt das DIN- bzw. ISO-Taschenbuch an, in dem die Norm abgedruckt ist, die folgende Abkürzung den zuständigen DIN- bzw. ISO-Ausschuß.

DIN	Ausgabe	Titel	ISO	Ausgabe	Titel
Zeichen, Schriften					
E 201	07.86	Technische Zeichnungen; Schraffuren (NZ)	4069	12.77	(TC 10)
30 601	01.71	Schraffuren für Farbdarstellungen (NGS)	---		
1304 T1	03.89	Formelzeichen; Allgemeine Formelzeichen (153)(AEF)	---		
1451 T1 T1-T3 Bbl.4	05.81	Schriften; Serifenlose Linear-Antiqua (ASchrift)	---		
1455	02.74	Handschriften (ASchrift)	---		
2107	01.86	Büro- und Datentechnik; Schriftfamilien für Maschinen der Textverarbeitung (102, 165, 216) (NAM)	---		
2336	03.79	Lexikographische Zeichen für manuell erstellte Fachwörterbücher (153)(NAT)	1951	11.73	Lexicographical symbols particularly for use in classified defining vocabularies (1) (TC37)
(2338		siehe "Begriffsnormen")			
16 507	12.04	Typographische Maße (153)(NDR)	---		
E 16 507 T2	05.84	Drucktechnik; Typographische Maße und Begriffe; Fotosatz und verwandte Techniken (153)(NDR)	---		
16 511	01.66	Korrekturzeichen (102, 153)(NDR)	5776	12.83	Graphic technology - Symbols for text correction; Trilingual edition (TC130)
16 517	08.59	Schriftmuster-Karteikarte für das graphische Gewerbe (153)(NDR)	---		
16 518	08.64	Klassifikation der Schriften (153) (NDR)	---		
16 521	09.59	Linien im graphischen Gewerbe; Arten und Dicken (153)(NDR)	---		
16 549 T1	05.77	Sinnbilder für Reproduktionstechnik; Korrekturzeichen (153)(NDR)	---		
(19 059		siehe "Mikrofilmtechnik")			
30 600	11.85	Graphische Symbole; Registrierung, Bezeichnung (NGS)	----		
30 602 T1	03.96	Bildzeichenanwendung; Zuordnung von Bildzeichen (NGS)	---		
30 603	11.85	Bildzeichen; Bildzeichen mit Pfeilen; Übersicht und Zuordnung (NGS)	7000	11.89	Graphical symbols for use on equipment - Index and synopsis [Bilingual edition] (TC 145)
E 33 856	06.89	Büro- und Datentechnik; Bildzeichen (NI)	6329	07.89	Duplicators and document copying machines - symbols (JTC 1)
E 40 107 T1	05.89	-; Bildschirmsymbole; Bürofunktionen (DKE)	---		
E ISO 3461 T1	11.85	Graphische Symbole; Gestaltungsregeln für graphische Symbole an Einrichtungen (NGS)	3461 P1	06.88	General principles for the creation of graphical symbols - Part 1: Graphical symbols on equipment (TC 145)
ISO 4196	10.85	Graphische Symbole; Anwendung von Pfeilen (NGS)	4196	08.84	Graphical symbols - Use of arrows

DIN	Ausgabe	Titel	ISO	Ausgabe	Titel	2
---			TR 9973	12.88	Information Processing – Procedures for the registration of graphical items (JTC1)	
6776 T1	04.76	Technische Zeichnungen, Beschriftung, Schriftzeichen (148,170,209) (NZ)				
---			3098 P1	04.74	Technical drawings – Lettering – Part 1: Currently used characters (12) (TC 10)	
ISO 3098 T2	08.87	Technische Zeichnungen; Beschriftung; Griechische Schriftzeichen (148)(NZ)	3098 P2	05.84	–; Part 2: Greek characters (TC 10)	
E ISO 3098 T3	08.85	–; Diakritische und besondere Zeichen in Lateinalphabeten (NZ)	3098 P3	11.87	–; Part 3: Diacritical and particular marks for the Latin alphabet (TC 10)	
ISO 3098 T4	08.87	–; Kyrillische Schriftzeichen (148) (NZ)	3098 P4	05.84	–; Part 4: Cyrillic characters (TC 10)	
30 640 Bbl. 1	06.76	Schriften für die Beschriftung technischer Erzeugnisse; Diakritische Zeichen in Lateinalphabeten und Beispiele (ASchilder)				
30 640 T1	05.75	–; Schriftschnitte, Bezeichnung, Platzbedarf, Lesbarkeit (194, 513) (ASchilder)	---			
30 640 T6	08.71	–; Satzzeichen, mathematische Zeichen, Bildzeichen, Figuren und Maße (ASchilder)	---			
66 001	12.83	Informationsverarbeitung; Sinnbilder und ihre Anwendung (166)(NI)	5807	02.85	Information processing – Documentation symbols and conventions for data, program and system flowcharts, program network charts, and system resources charts (JTC 1)	
66 001 Bbl. 1	12.83	–;–; Anordnung der Sinnbilder auf einer Zeichenschablone (166)(NI)	---			
---			6829	09.83	Flowchart symbols and their use in micrographics (1) (TC 171)	
66 002	06.75	Handschriftliche Darstellung der Ziffer 0 und des Großbuchstabens O (154, 166, 21)(NI)	---			
69 900 T2	08.87	Projektwirtschaft; Netzplantechnik; Darstellungstechnik (38,114,166) (ANPM)	---			

Codierung: Elektronisch verarbeitbare Zeichen

DIN	Ausgabe	Titel	ISO	Ausgabe	Titel	
13 304	03.82	Darstellung von Formelzeichen auf Einzeilendruckern und Datensichtgeräten (166, 202, 210)(AEF)	---			
31 624	05.78	Erweiterter Zeichenvorrat für bibliographische Daten bei Verwendung lateinischer Schriftzeichen (154, 210)(NABD)	5426 2nd ed.	11.83	Extension of the Latin alphabet coded character set for bibliographic information interchange (1) (TC 46)	
31 625	12.78	Erweiterter Zeichenvorrat für afrikanische Sprachen (210)(NABD)	6438	08.83	Documentation – African coded character set for bibliographic information interchange (1) (TC 46)	
31 626	12.78	Erweiterter Steuerzeichenvorrat für bibliographische Daten (NABD)	6630	09.86	Documentation – Bibliographic control characters (1) (TC 46)	
31 627	05.84	Bibliographische Zeichenvorräte; Stufungen und einheitliche Zeichensubstitutionen für die Datenausgabe (154, 210)(NABD)	---			
31 628	10.83	–; Zeichenvorratsstufen für die Dateneingabe (154, 210)(NABD)	---			
31 629	09.82	–; Griechischer Zeichenvorrat (154, 210)(NABD)	5428 2nd ed.	10.84	Greek alphabet coded character set for bibliographic information interchange (1) (TC 46)	
---			5427	09.84	Extension of the Cyrillic alphabet coded character set for bibliographic information interchange (1)(TC46)	
31 632	12.87	Begleitformular für Magnetbänder zum Datenaustausch (154)(NABD)	---			

DIN	Ausgabe	Titel	ISO	Ausgabe	Titel	3

DIN	Ausgabe	Titel	ISO	Ausgabe	Titel
E 31 641	10.87	–; Steuerzeichenvorrat für phonetische Transkriptionszeichen (NABD)	---		
E 31 641 Bbl.	10.87	–;–; Beispielhafte Anwendungen (NABD)	---		
E 31 642 T1	10.87	–; Zeichensatz phonetische Transkriptionszeichen (nach IPA) und deren Erweiterungen; Lexikographische Grundmenge (NABD)	---		
32 743 T8	06.83	Büro- und Datentechnik; Endgeräte für die Textkommunikation; Nationaler Teletex-Zeichenvorrat (166,210,216) (NAM)	---		
32 743 T9	09.89	–;–; Schriftzeichendarstellung bei Geräten mit eingeschränktem Zeichenvorrat (166)(NI)	----		
66 030	11.80	Informationsverarbeitung; Darstellung von Einheitennamen in Systemen mit beschränktem Schriftzeichenvorrat (22,166,210)(NI)	2955 2nd ed.	05.83	Information processing - Representation of SI and other units in systems with limited character sets (JTC 1)
66 003	06.74	Informationsverarbeitung; 7-Bit-Code (125,206,207,208,210,216)(NI)	646 2nd ed.	07.83	Information processing - ISO 7-bit coded character set for information interchange (JTC 1)
66 004 T1	01.83	Informationsverarbeitung; Codierung auf Datenträgern; Darstellung des 7-Bit-Code auf Lochstreifen 25 (208, 210)(NI)	1113 2nd ed.	02.79	Information processing - Representation of the 7-bit coded character set on punched tape (9) (JTC 1)
66 004 T2	09.82	–;–; Darstellung des 7-Bit-Code und des 8-Bit-Code auf Lochkarten (208, 210)(NI)	6586	11.80	Data processing - Implementation of the ISO 7-bit and 8-bit coded character sets on punched cards (9)(JTC 1)
66 004 T3	01.83	–;–; Darstellung des 7-Bit-Code und des 8-Bit-Code auf Magnetband 12 (125, 210)(NI)	962	11.74	–;– and its 7-bit and 8-bit extensions on 9-track 12,7 mm (0,5 in) magnetic tape (9)(JTC 1)
66 004 T4	09.82	–;–; Darstellung des 7-Bit-Code und des 8-Bit-Code auf Magnetbandkassette 3,8 (207, 210)(NI)	3275	11.74	–;– on 3,81 mm magnetic cassette for data interchange (9)(JTC 1)
66 004 T5	08.81	–;–; Darstellung des 7-Bit-Code und des 8-Bit-Code auf Diskette (207, 210)(NI)	5654 P2	12.85	(JTC 1)
66 004 T5 A1	04.88	–;–; Darstellung des 7-Bit-Code und des 8-Bit-Code auf Diskette; Änderung 1 (NI)	--		
66 007	12.77	Schrift CMC 7 für die maschinelle magnetische Zeichenerkennung; Zeichen und Nennmaße (210)(NI)	1004 2nd ed.	04.77	Information processing - Magnetic ink character recognition - Print specifications (9)(JTC 1)
66 008 T1	06.89	Schrift A für die maschinelle optische Zeichenerkennung; Zeichen und Nennmaße (NI)	1073 P1	11.76	Alphanumeric character sets for optical recognition - Part 1: Character set OCR-A - Shapes and dimensions of the printed image (9)(JTC 1)
66 009	09.77	Schrift B für die maschinelle optische Zeichenerkennung; Zeichen, Nennmaße und Anordnung auf Zeichenträger (210)(NI)	1073 P2	12.76	Alphanumeric character sets for optical recognition - Part 2: Character set OCR-B - Shapes and dimensions of the printed image (9)(JTC 1)
66 203	12.75	Informationsverarbeitung; 7-Bit-Code, Regeln zur Erweiterung (210,216)(NI)	2022 3rd ed.	05.86	Information processing - ISO 7-bit and 8-bit coded character sets - Code extension techniques (JTC 1)
66 213	02.76	Graphische Darstellung der Steuerzeichen des 7-Bit-Code (210)(NI)	2047	08.75	Information processing - Graphical representations for the control characters of the 7-bit coded character set (9)(JTC 1)
66 223 T1	03.83	Schriften für die maschinelle optische Zeichenerkennung; Zeichenträger, gedruckte Zeichen, Anforderungen und Prüfung (210, 213)(NI)	1831	10.80	Printing specifications for optical character recognition (9)(JTC 1)

DIN	Ausgabe	Titel	ISO	Ausgabe	Titel	4
66 226	09.87	Informationsverarbeitung; Codierung maschinell lesbarer Zeichen, MICR und OCR (NI)	2033	05.83	Information processing – Coding of machine readable characters (MICR and OCR) (JTC 1)	
66 227	04.78	Informationsverarbeitung; Darstellung von ALGOL 60-Basissymbolen im Zeichensatz des 7-Bit-Code (166,210)(NI)	TR 1672	02.77	Hardware representation of ALGOL basic symbols in the ISO 7-bit coded character set for information processing interchange (9)(JTC 1)	
66 236 T1	08.79	Schrift SC für maschinelle Zeichenerkennung; Zeichen und Modulbreite (210)(NI)	---			
66 236 T4	11.82	–; Lesesymbole mit 8 und 13 Stellen zur Darstellung der Europäischen Artikelnummer (EAN) (210)(NI)	---			
66 236 T7	11.82	–; 2stelliges Anhang-Lesesymbol (2stelliger Add-On) zur Darstellung der Europäischen Artikelnummer (EAN) (210)(NI)	---			
---			2375 3rd ed.	11.85	Data processing – Procedure for registration of escape sequences (JTC 1)	
E 66 254	05.83	Informationsverarbeitung; 7-Bit-Code und 8-Bit-Code; Zusätzliche Steuerungsfunktionen für zeichendarstellende Geräte (JTC 1)	6429 2nd ed.	11.88	Information processing – Control functions for 7-bit and 8-bit coded character sets (JTC 1)	
66 303	11.86	Informationsverarbeitung; 8-Bit-Code (216)(NI)	4873 2nd ed.	07.86	Information processing – ISO 8-bit code for information interchange – Structure and rule for implementation (JTC 1)	
66 266	10.82	–; Umsetzung zwischen dem 7-Bit-Code und dem 5-Bit-Code (ITA2) (206,210, 216)(NI)	6936 2nd ed.	09.88	Information processing – Conversion between the two coded character sets of ISO 646 and ISO 6937-2 and the CCITT international telegraph alphabet No. 2 (ITA 2) (JTC 1)	
---			6937 P1	11.83	Information processing – Coded character sets for text communication – Part 1: General introduction (JTC 1)	
---			6937 P2	12.83	–;–; Part 2: Latin alphabetic and non-alphabetic graphic characters (JTC 1)	
			6937 P2	05.89	Addendum 1 (JTC 1)	
---			7350	03.84	Text communication – Registration of graphic character subrepertoires (JTC 1)	
---			8859 P1	02.87	Information processing – 8-bit single-byte coded graphic character sets – Part 1: Latin alphabet No. 1 (JTC 1)	
---			8859 P2	02.87	–;–; Part 2: Latin alphabet No. 2 (JTC 1)	
---			8859 P3	04.88	–;–; Part 3: Latin alphabet No. 3 (JTC 1)	
---			8859 P4	04.88	–;–; Part 4: Latin alphabet No. 4 (JTC 1)	
			8859 P5	12.88	–;–; Part 5: Latin/Cyrillic alphabet (JTC 1)	
---			8859 P6	07.87	–;–; Part 6: Latin/Arabic alphabet (JTC 1)	
---			8859 P7	11.87	–;–; Part 7: Latin/Greek alphabet (JTC 1)	
---			8859 P8	06.88	–;–; Part 8: Latin/Hebrew alphabet (JTC 1)	
			8859 P9	06.89	–;–; Part 9: Latin alphabet No. 5 (JTC 1)	

DIN	Ausgabe	Titel	ISO	Ausgabe	Titel	5

| --- | | | 9036 | 04.87 | -; Arabic 7-bit coded character set for information interchange (JTC 1) | |

| 66 250 | 05.87 | Informationsverarbeitung; Zahlendarstellung für den Datenaustausch (166)(NI) | 6093 | 10.85 | -; Representation of numerical values in character strings for information interchange (JTC 1) | |

| ISO 7064 | 08.84 | Informationsverarbeitung; Prüfzeichen-Verfahren (166)(NI) | 7064 | 09.83 | Data processing - Check character systems (JTC 1) | |

| --- | | | 9282 P1 | 09.88 | Information processing - Coded representation of pictures - Part 1: Encoding principles for picture representation in a 7-bit or 8-bit environment (JTC 1) | |

Transliteration

| 1460 | 04.82 | Umschrift kyrillischer Alphabete slawischer Sprachen (154)(NABD) | 9 | 09.86 | Documentation - Transliteration of Slavic Cyrillic characters into Latin characters (TC 46) | |

| 31 634 | 04.92 | Umschrift des griechischen Alphabets (154)(NABD) | R 843 | 10.68 | -; Transliteration of Greek characters into Latin characters (1)(TC 46) | |

| 31 635 | 04.82 | Umschrift des arabischen Alphabets (154)(NABD) | 233 | 12.84 | -; Transliteration of Arabic characters into Latin characters (1)(TC 46) | |

| 31 636 | 04.82 | Umschrift des hebräischen Alphabets (154)(NABD) | 259 | 09.84 | -; Transliteration of Hebrew characters into Latin characters (1)(TC 46) | |

| --- | | | 3601 | 09.89 | -; Romanization of Japanese (1)(TC46) | |

| --- | | | 7098 | 08.82 | -; Romanization of Chinese (1)(TC 46) | |

Codierungen: Nummerungssysteme, Abkürzungen

| 2335 | 10.86 | Sprachenzeichen (153)(NAT) | 639 | 04.88 | Code for the representation of names of languages [Bilingual ed.] (1)(TC 37) (incl. Newsletter 1) | |

| 3166 | 03.83 | Codes für Ländernamen (153)(NABD) (incl. Änderungsdienst 1 bis 32) | 3166 3rd ed. | 08.88 | Codes for the representation of names of countries; Bilingual edition (1)(TC46)(incl. Country code Newsletter 1) | |

| --- | | | 4217 3rd ed. | 07.87 | Codes for the representation of currencies and funds; Bilingual edition (1)(TC68)(incl. Amendments 1 to 28) | |

| --- | | | 6709 | 05.83 | Standard representation of latitude, longitude and altitude for geographic point locations (JTC 1) | |

| 199 T3 | 08.78 | Begriffe im Zeichnungs- und Stücklistenwesen; Stücklisten-Verarbeitung, Begriffe in Schlüssel-Systemen (2)(NZ) | --- | | | |

| 1430 | 03.75 | Internationale Standardnummer für Fortlaufende Sammelwerke (ISSN) (153)(NABD) | 3297 2nd ed. | 06.86 | Documentation - International standard serial numbering (ISSN)(1)(TC46) | |

| 1462 | 06.81 | Internationales Standardbuchnummern-System (ISBN) (153)(NABD) | 2108 2nd ed. | 11.78 | Documentation - International standard book numbering (ISBN)(1)(TC46) | |

| 31 621 | 05.84 | Internationaler Standard Ton- u. Bildtonaufnahmeschlüssel (ISRC) (154) (NABD) | 3901 | 11.86 | Documentation - International Standard Recording Code (ISRC) (1)(TC46) | |

| 31 621 Bbl. 1 | 05.84 | -; Benutzerhinweise (154)(NABD) | --- | | | |

| --- | | | 9115 | 07.87 | Documentation - Bibliographic identification (biblid) of contributions in serials and books (1)(TC46) | |

| 6763 | 12.85 | Nummerung; Grundbegriffe (25)(NG) | --- | | | |

| 1502 | 01.84 | Regeln für das Kürzen von Wörtern in Titeln und für das Kürzen der Titel von Veröffentlichungen (153)(NABD) | 4 2nd ed. | 12.84 | Documentation - Rules for the abbreviation of title words and titles of publications (1)(TC46) | |

| --- | | | 832 | 11.75 | Documentation - Bibliographical references - Abbreviations of typical words; Bilingual edition (1)(TC46) | |

DIN	Ausgabe	Titel	ISO	Ausgabe	Titel	6

			International list of serial title abbreviations, ISO/ISDS, 1985, 215 S., ISBN 2-904938-02-8; ISSN 0259-000X

| 2340 | 12.87 | Kurzformen für Benennungen und Namen; Bilden von Abkürzungen und Ersatzkürzungen; Begriffe und Regeln (153)(NAT) | --- |

		(6523	siehe "DV-Anwendungen")

Bibliographie (Formalerschließung)

1427	06.75	Verzeichnisse von fortlaufenden Sammelwerken (periodischen Veröffentlichungen); Regeln (NABD)	---

V 1505 T1	05.84	Titelangaben von Dokumenten; Titelaufnahme von Schrifttum (154)(NABD)	---

	05.84	Titelaufnahme von Schrifttum; Beispielsammlung zu DIN 1505 Teil 1. 2. Aufl. 1984, ISBN 3-410 11713-X

(1505 T2,3		siehe "Gestaltung")

E 31 638	03.88	Bibliographische Ordnungsregeln (154)(NABD)	7154	11.83	Documentation - Bibliographic filing principles (1)(TC46)

			TR 8393	08.85	Documentation - ISO bibliographic filing rules (International Standard Bibliographic Filing Rules) - Exemplification of bibliographic filing principles in a model set of rules (1)(TC 46)

Inhaltserschließung, Dokumentationssprachen

1426	10.88	Inhaltsangaben von Dokumenten; Kurzreferate; Literaturberichte (154) (NABD)	214	03.76	Documentation - Abstracts for publications and documentation (1)(TC 46)
1463 T1	11.87	Erstellung und Weiterentwicklung von Thesauri; Einsprachige Thesauri (154) (NABD)	2788 2nd ed.	11.86	Documentation - Guidelines for the establishment and development of monolingual thesauri (1)(TC46)
E 1463 T2	12.88	Erstellung und Weiterentwicklung von Thesauri; Mehrsprachige Thesauri (154) (NABD)	5964	02.85	Documentation - Guidelines for the establishment and development of multilingual thesauri (1)(TC 46)
31 623 T1	09.88	Indexierung zur inhaltlichen Erschließung von Dokumenten; Begriffe, Grundlagen (154)(NABD)	5963	11.85	Documentation - Methods for examining documents, determining their subjects, and selecting indexing terms (1)(TC 46)
31 623 T2	09.88	-; Gleichordnende Indexierung mit Deskriptoren (154)(NABD)	---		
31 623 T3	09.88	-; Syntaktische Indexierung mit Deskriptoren (154)(NABD)	---		
32 705	01.87	Klassifikationssysteme; Erstellung und Weiterentwicklung von Klassifikationssystemen (154)(NABD)	---		

DK-Fibel für Bibliotheksbenutzer (11.84, Sonderdruck aus "DK-Mitteilungen")(zu beziehen nur über Geschäftsstelle DIN-NABD, Postfach 1107, D-1000 Berlin 30)	---

Terminologische Grundsätze

2330	03.79	Begriffe und Benennungen; Allgemeine Grundsätze (153)(NAT)	704	07.87	Principles and methods of terminology (1)(TC37)
2331	04.80	Begriffssysteme und ihre Darstellung (153)(NAT)			
2332	02.88	Benennen international übereinstimmender Begriffe (153)(NAT)	R 860	10.68	International unification of concepts and terms (1)(TC37)
2333	12.87	Fachwörterbücher; Stufen der Ausarbeitung (153)NAT)	R 919	01.69	Guide for the preparation of classified vocabularies (Example of method) (1)(TC37)
(2335, 2336 2338		siehe "Zeichen", siehe "Begriffsnormen")			

DIN	Ausgabe	Titel	ISO	Ausgabe	Titel	7
2339 T1	05.87	Ausarbeitung und Gestaltung von Veröffentlichungen mit terminologischen Festlegungen; Stufen der Terminologiearbeit (153)(NAT)	R 1149	11.69	Layout of multilingual classified vocabularies (1)(TC37)	
E 2339 T2	08.86	–; Normen (153)(NAT)	---			

Begriffsnormen

DIN	Ausgabe	Titel	ISO	Ausgabe	Titel	
1319 T1	06.85	Grundbegriffe der Meßtechnik; Allgemeine Grundbegriffe (11, 111)(AEF)	---			
2338 T1	07.84	Begriffssystem Zeichen; Allgemeine Grundlagen	---			
2338 T2	07.84	–; Zeichentypologie	---			
E 2342 T1	10.86	Begriffe der Terminologielehre; Grundbegriffe (NAT)	R 1087	01.69	Vocabulary of terminology (1)(TC37)	
6730	08.85	Papier und Pappe; Begriffe (118) (NPa)	4046	11.78	Paper, board, pulp and related terms – Vocabulary; Bilingual ed. (23)(TC 6)	
E 6730 A1	12.86	–; Änderung 1 (NPa)	---			
8730	03.68	Druckmaschinen; Begriffe (NAM)	4218 P 1	09.79	Printing machines – Vocabulary – Part 1: Fundamental terms; Bilingual edition (TC 130)	
16 500	02.79	Drucktechnik (Technik des Druckens); Grundbegriffe (153)(NDR)	---			
16 500 T2	01.87	Drucktechnik; Verfahrensübergreifende Begriffe (153)(NDR)				
16 514	11.82	Drucktechnik; Begriffe für den Hochdruck (153)(NDR)	---			
16 515 T1	10.63	Farbbegriffe im graphischen Gewerbe; Drucktechnik (153)(NDR)	---			
16 515 T2	12.63	–; Photographie (153)(NDR)	---			
16 528	03.88	Drucktechnik; Begriffe für den Tiefdruck (153)(NDR)	---			
16 529	11.82	Drucktechnik; Begriffe für den Flachdruck (153)(NDR)	---			
16 544	04.88	Drucktechnik; Begriffe der Reproduktionstechnik (153)(NDR)	---			
16 609	05.81	–; Durchdruck; Begriffe (153)(NDR)	---			
16 610	12.84	Drucktechnik; Durchdruck; Begriffe für den Siebdruck (153)(NDR)	---			
19 040 Bbl. 1	04.79	Begriffe der Photographie; Übersicht; Alphabetisches Verzeichnis	4246	03.84	Cinematography – Vocabulary [Quadrilingual edition] (17)(TC36)	
19 040 T1–T12	04.79	Begriffe der Photographie (154) (photokinonorm)	---			
E 19 040 T101–T112	04.85	Begriffe der Photographie (photokinonorm)	---			
E 19 040 T113	04.85	Begriffe der Photographie; Mikrographie (154) (photokinonorm)	6196 P1	05.80	Micrographics – Vocabulary – Section 01: General terms; Bilingual edition (1)(TC 171)	
			6196 P2	07.82	–;–; Section 02: Image positions and methods of recording; Bilingual edition (1)(TC171)	
			6196 P3	10.83	–;–; Part 03: Film processing; Bilingual edition (1)(TC171)	
			6196 P4	02.87	–;–; Part 04: Materials and packaging; Trilingual edition (1)(TC 171)	

DIN	Ausgabe	Titel	ISO	Ausgabe	Titel	8
			6196 P5	09.87	-;-; Part 05: Quality of images, legibility, inspection; Trilingual edition (1)(TC 171)	
---			5127 P1	12.83	Documentation and Information - Vocabulary - Part 1: Basic concepts Bilingual edition (1)(TC 46)	
E 31 639 T2	06.89	Fachwörterbuch der Information und Dokumentation; Dokumente; Teil 2: Traditionelle Dokumente (NABD)	5127 P2	12.83	-; Part 2: Traditional documents; Bilingual edition (1)(TC 46)	
---			5127 P3	11.88	-; Part 3: Iconic documents; Bilingual edition (1)(TC 46)	
---			5127 P3a	12.81	-; Section 3 a: Acquisition, Identification, and analysis of documents and data; Bilingual edition (1)(TC 46)	
---			5127 P6	04.83	-; Part 6: Documentary languages; Bilingual edition (1)(TC 46)	
---			5127 P11 2nd ed.	07.87	-; Part 11: Audio-visual documents; Bilingual edition (1)(TC 46)	
			(5138		s. "Büromaschinen")	
V 32 754	09.86	Büro- und Datentechnik; Begriffe (NAM)	---			
V 32 754 A1	10.87	-; Änderung 1, ergänzende Begriffe (NAM)	---			
44 300 Bbl. 2	11.88	Informationsverarbeitung; Begriffe; Alphabetisches Gesamtverzeichnis (25)(NI)				
			TR 12 382	03.89	Permuted index of the vocabulary of information processing (JTC 1)	
44 300 T1 bis T9	11.88	Informationsverarbeitung; Begriffe (25)(NI)	2382 P1- P22	05.76/ 09.84	Data processing - Vocabulary; Bilingual edition (see 10) (JTC 1)	
44 301	11.84	Informationstheorie; Begriffe (25)(NI)	2382 P16	12.78	-;-; Section 16: Information theory; Bilingual edition (10)(JTC 1)	
44 302	02.87	Informationsverarbeitung; Datenübertragung, Datenübermittlung; Begriffe (25)(NI)	---			
44 302 Bbl. 1	11.89	-;-; Fachwörter (NI) [de-en]				
55 350 T11-T31	05.82/ 09.88	Begriffe der Qualitätssicherung und Statistik (223)(AQS)	8402	10.86	Quality - Vocabulary (TC 176)	
66 233 T1	04.83	Bildschirmarbeitsplätze; Begriffe (25,154,194)(NI)	---			
---			TR 9544	07.88	Information processing - Computer-assisted publishing - Vocabulary (JTC1)	
69 900 T1	08.87	Projektwirtschaft; Netzplantechnik; Begriffe (38,114,166)(ANPM)	---			
69 901	08.87	Projektwirtschaft; Projektmanagement; Begriffe (38,114,166)(ANPM)	---			

Gestaltung von Dokumenten (siehe auch "Zeichen ...")

DIN	Ausgabe	Titel	ISO	Ausgabe	Titel	
(108		siehe "Photographie")				
461	03.73	Graphische Darstellung in Koordinatensystemen (202)(AEF)	---			
476	12.76	Papier-Endformate (1,102,111,118, 153)(NBü)	216	05.75	Writing paper and certain classes of printed matter - Trimmed sizes - A and B series (1,23)(TC 6)	
			R 169	12.60	Sizes of photocopies (on paper) readable without optical devices (1)(TC42)	

DIN	Ausgabe	Titel	ISO	Ausgabe	Titel	9
824	03.81	Technische Zeichnungen; Faltung auf Ablageformat (2,111)(NZ)	---			
1338	07.77	Formelschreibweise und Formelsatz (153, 202)(AEF)	---			
1338 Bbl. 1	05.80	-; Form der Schriftzeichen (153, 202)(AEF)	---			
1338 Bbl. 2	12.83	-; Ausschluß in Formeln (153,202) (AEF)	---			
1338 Bbl. 3	05.80	-; Formeln in maschinenschriftlichen Veröffentlichungen (153,202)(AEF)	---			
1421	01.83	Gliederung und Benummerung in Texten; Abschnitte, Absätze, Aufzählungen (102,153)(NABD)	2145	12.78 2nd ed.	Documentation - Numbering of divisions and subdivisions in written documents (1)(TC 46)	
1422 T1	02.83	Veröffentlichungen aus Wissenschaft, Technik, Wirtschaft und Verwaltung; Gestaltung von Manuskripten und Typoskripten (153)(NABD)	---			
1422 T2	04.84	-; Gestaltung von Reinschriften für reprographische Verfahren (153)(NABD)	---			
1422 T3	04.84	-; Typographische Gestaltung (153) (NABD)	---			
1422 T4	08.86	-; Gestaltung von Forschungsberichten (153)(NABD)	5966	03.82	Documentation - Presentation of scientific and technical reports (1)(TC46)	
---			2384	03.77	Documentation - Presentation of translations (1)(TC 46)	
---			7144	11.86	Documentation - Presentation of theses and similar documents (1)(TC 46)	
---			8	09.77	Documentation - Presentation of periodicals (1)(TC 46)	
---			18	12.81	Documentation - Contents list of periodicals (1)(TC 46)	
---			215	11.86	Documentation - Presentation of contributions to periodicals and other serials (1)(TC 46)	
1428	09.71	Inhaltsfahne in Zeitschriften und ähnlichen Veröffentlichungen (NABD)	5122	06.79	Documentation - Abstract sheets in serial publications (1)(TC 46)	
---			7275	12.85	Documentation - Presentation of title information of series (1)(TC 46)	
1429	08.75	Titelblätter und Einbandbeschriftung von Büchern (NABD)	1086	08.75	Documentation - Title-leaves of a book (1)(TC 46)	
			6357	12.85	Documentation - Spine titles on books and other publications (1)(TC 46)	
1450	02.84	Schriften; Leserlichkeit (513)(NZ)	---			
1464	12.76	Loseblattausgaben(-werke); Ergänzungslieferungen, Form und Einordnung (153)(NABD)	---			
1501	09.75	Zeitschriften; Ordnungsmerkmal auf dem äußeren Umschlag (153)(NABD)	R 30	12.56	Documentation - Bibliographical strip (1)(TC 46)	
			(9115		siehe "Codierung")	
1505 T2	01.84	Titelangaben von Dokumenten; Zitierregeln (154)(NABD)	690	08.87 2nd ed.	Documentation - Bibliographic references - Contents, form and structure (1)(TC 46)	
E 1505 T3	04.88	Titelangaben von Dokumenten; Verzeichnisse zitierter Dokumente (Literaturverzeichnisse) (154)(NABD)	---			

DIN	Ausgabe	Titel	ISO	Ausgabe	Titel	10
2142	10.77	Büro- und Datentechnik; Teilungen und Grundzeilenabstände für numerische und alphanumerische Maschinen (102, 216)	4882	07.79	Office machines and data processing equipment - Line spacings and character spacings (JTC 1)	
2336	03.79	Lexikographische Zeichen für manuell erstellte Fachwörterbücher (153)(NAT)	1951	11.73	Lexicographical symbols particularly for use in classified defining vocabularies (1)(TC 37)	
2339 T1	05.87	Ausarbeitung und Gestaltung von Veröffentlichungen mit terminologischen Festlegungen; Stufen der Terminologiearbeit (153)(NAT)	---			
E 2339 T2	08.86	-; Normen (NAT)	---			
4998	06.72	Entwurfsblätter für Vordrucke (102) (NBü)				
E ISO 3535	07.80	Entwurfsblätter für Vordrucke und Layout-Diagramm (NAM)	3535	01.77	Forms design sheet and layout chart (JTC 1)	
E 5007	02.85	Ordnen von Schriftzeichenfolgen (ABC-Regeln) (153,166,210) (NBü)	---			
5008	11.86	Regeln für Maschinenschreiben (102, 165, 216) (NBü) (auch als Taschenausgabe, ISBN 3-410-12004-1)	---			
(E 31 638		siehe "Bibliographie")				
ISO 5455	12.79	Technische Zeichnungen; Maßstäbe (148,153,209)(NZ)	5455	02.79	Technical drawings - Scales (TC 10)	
5478	10.73	Maßstäbe in graphischen Darstellungen (153,202)(NZ)				
6774 T1	12.86	Technische Zeichnungen; Ausführungsregeln; Vervielfältigungsgerechte Ausführung (148,153,209)(NZ)	6428	12.82	Technical drawings - Requirements for microcopying (TC 10)	
6774 T3	06.82	-;-; Gezeichnete Vorlagen für Dias (NZ)	---			
6774 T4	04.82	-;-; Gezeichnete Vorlagen für Druckzwecke (NZ)	---			
6774 T5	05.85	-;-; Arbeitstransparente und Vorlagen für Arbeitstransparente (NZ)	---			
6774 T10	12.84	-;-; rechnerunterstützt erstellte Zeichnungen (148)(NZ)	---			
(8730, 16 500ff.		siehe "Begriffsnormen")				
16 511	01.66	Korrekturzeichen (102,153)(NDR)	5776	12.83	Graphic technology - Symbols for text correction; Trilingual edition (TC 130)	
31 630 T1	06.88	Registererstellung; Formale Gestaltung von gedruckten Registern (153) (NABD)	999	09.75	Documentation - Index of a publication (1) (TC 46)	
32 742 T5	09.82	Büro- und Datentechnik; Fernkopierer; Mindestanforderungen an Übertragungsvorlagen (102, 118,216)(NAM)				
E 33 851	07.87	Büro- und Datentechnik; Fernkopierer und Endgeräte für die Textkommunikation; Schriftstücke zur Übertragung; Gestaltung und Mindestanforderungen (NAM)	---			
55 301	09.78	Gestaltung statistischer Tabellen (224)(AQS)	---			
16 524 T1	11.65	Prüfung von Drucken und Druckfarben des graphischen Gewerbes; Widerstandsfähigkeit gegen verschiedene physikalische und chemische Einflüsse; Wasser-Echtheit, Lösemittel-Echtheit (NDR)	2834 2nd ed.	11.81	Printing inks - Preparation of standardized prints for determination of resistance to physical and chemical agents (TC 130)	

DIN	Ausgabe	Titel	ISO	Ausgabe	Titel	11

16 525   12.65 Prüfen von Drucken und Druckfarben   2835 08.74 Prints and printing inks - Assess-
                  des graphischen Gewerbes; Wider-   ment of light fastness (TC 130)
                  standsfähigkeit gegen verschiedene
                  physikalische und chemische Ein-
                  flüsse; Lichtechtheit (NDR)
(16 524   2836 08.74 Prints and printing inks - Assess-
T1)   ment of resistance to water (TC 130)

(16 524   2837 07.74 Prints and printing inks - Assess-
T1)   ment of resistance to solvents (TC 130)

16 524   11.65 Prüfung von Drucken und Druckfarben   2838 08.74 Prints and printing inks - Assess-
T2   des graphischen Gewerbes; Wider-   ment of resistance to alkalis (TC 130)
                  standsfähigkeit gegen verschiedene
                  physikalische und chemische Ein-
                  flüsse; Alkali-Echtheit, Seifen-
                  Echtheit, Waschmittel-Echtheit (NDR)   2839 08.74 Prints and printing inks - Assess-
                                                                          ment of resistance to soaps (TC 130)

                                                             2840 08.74 Prints and printing inks - Determi-
                                                                          nation of the resistance of prints
                                                                          to detergents (TC 130)

16 524   11.65 Prüfung von Drucken und Druckfarben   2841 07.74 Prints and printing inks - Determi-
T3   des graphischen Gewerbes; Wider-   nation of the resistance of prints
                  standsfähigkeit gegen verschiedene   to cheese (TC 130)
                  physikalische und chemische Ein-
                  flüsse; Käse-Echtheit, Speisefett-
                  Echtheit, Paraffin- und Wachs-Echt-
                  heit, Gewürz-Echtheit (NDR)   2842 08.74 Prints and printing inks - Determi-
                                                                          nation of the resistance of prints
                                                                          to edible oils and fats (TC 130)

(16 524   2843 08.74 Prints and printing inks - Determi-
T3)   nation of the resistance of prints
                                                                          to impregnation by wax or paraffin
                                                                          wax (TC 130)

(16 524   2844 08.74 Prints and printing inks - Determi-
T3)   nation of the resistance of prints
                                                                          to spices (TC 130)

16 538   08.69 Europäische Farbskala für den Buch-   2845 07.75 Set of printing inks for letterpress
                  druck; Normdruckfarben und Druck-   printing - Colorimetric character-
                  reihenfolge (NDR)   istics (TC 130)

16 538   09.69 -; Veranschaulichung der Farben in
Bbl.   Vollton und Rasterton (NDR)

16 539   10.71 - für den Offsetdruck; Normdruckfar-   2846 07.75 Set of printing inks for offset prin-
                  ben (NDR)   ting - Colorimetric characteristics
                                                                          (TC 130)

16 539   10.71 - für den Offsetdruck; Veranschauli-   ---
Bbl.   chung der Farben in Vollton und
                  Rasterton (NDR)

VDI 2770   01.63 Adjektivbildung mit ...los und
                  ...frei; sprachlicher Ausdruck
                  für die Abwesenheit
                                                             5123 08.84 Documentation - Headers for micro-
                                                                          fiche of monographs and serials (1)
                                                                          (TC 46)

                                                             8440 08.86 Location of codes in trade documents
                                                                          (1) TC 154)
(31 632   siehe "Codierung: Elektronisch ..."

Kategorienkataloge

E 2341   10.86 Format für den maschinellen Aus-   6156 01.87 Magnetic tape exchange format for
T1   tausch terminologischer/lexikographi-   terminological/lexicographical re-
                  scher Daten - MATER; Kategorienkata-   cords (1)(TC 37)
                  log (154)(NAT)

31 631   01.84 Kategorienkatalog für Dokumente; Be-   ---
T1   griffe und Gestaltung   (NABD)

31 631   05.85 -; Systematischer Teil (NABD)   8459 07.88 Documentation - Bibliographic data
T2   P1   element directory - Part 1: Interloan
                                                                          applications (1) (TC 46)

DIN	Ausgabe	Titel	ISO	Ausgabe	Titel	12

DIN	Ausgabe	Titel	ISO	Ausgabe	Titel
31 631 T2 Bbl 1	05.85	-; Alphabetisches Register zum systematischen Teil (NABD)			
31 631 T3	02.90	-; Indikator zur Verarbeitungssteuerung von Kategorien (NABD)			
31 631 T4	05.87	-; Codes für Einträge zu Datenkategorien (NABD)			
31 631 T5	09.88	-; Behandlung von Datenkategorien mit einem Eintrag oder mehreren Einträgen in Datenformaten (NABD)	---		
31 631 T6	09.88	-; Kategorienkatalog für die Beschreibung von Institutionen (NABD)	---		
31 631 T7	10.89	-; Kategorienkatalog für die Beschreibung von Projekten (NABD)	---		

DV-Anwendungen in Information und Dokumentation

DIN	Ausgabe	Titel	ISO	Ausgabe	Titel
1506	03.78	Format für den Austausch von bibliographischen Daten (125,154)(NABD)	2709 2nd ed.	10.81	Documentation - Format for bibliographic information interchange on magnetic tape (1)(TC 46)
---			6523	02.84	Data intercange - Structure for the identification of organizations (JTC1)
---			8777	06.90	Documentation - Commands for interactive text searching (TC 46)

Büromaschinen

DIN	Ausgabe	Titel	ISO	Ausgabe	Titel
2137 T1	10.88	Büro- und Datentechnik; Alphanumerische Tastaturen; Deutsche Tastatur für Schreibmaschinen; Belegung mit Schriftzeichen (102)(NI)	2126	11.75	Office Machines - Basic arrangement for the alphanumeric section of keyboards operated with both hands (JTC1)
			2530	07.75	Keyboard for international information processing interchanges using the ISO 7-bit corded character set - Alphanumeric area (JTC1)
2137 T2	10.88	-;-; Deutsche Tastatur für Text- und Datenverarbeitung; Belegung mit Schriftzeichen (102)(NI)	3243	02.75	Keyboards for countries whose languages have alphabetic extenders - Guidelines for harmonization (JTC 1)
			8884	09.88	Information processing - Text and office systems - Keyboards for multiple Latin-alphabet languages - Layout and operation (JTC 1)
2140 T1	09.87	Büro- und Datentechnik; Textsysteme; Begriffe und Einteilung (25)(NI)	---		
E 9762	01.86	Büro- und Datentechnik; Endgeräte; Begriffe und Einteilung (25,216)(NAM)	---		
9767	09.80	-; Bürodruckmaschinen, Paßgenauigkeit; Prüfbedingungen, Prüfungen, Klassifikation (NAM)	3066	12.86	Duplicating machines - Registration (JTC 1)
9774 T1	08.76	-; Klarschriftcodierer; Klassifikation, Begriffe der Maschinenarten (25, 219) (NAM)	---		
9775	04.83	-; Büro-Vervielfältigungsmaschinen; Bürodruckmaschinen, Bürokopiergeräte, Büro-Vervielfältigungsmaschinen mit latentem Speicher; Begriffe und Einteilung (25,102,165)(NAM)	5138 P2	10.80	Office machines - Vocabulary - Section 2: Duplicators - Bilingual edition (JTC 1)
9783	12.85	Büro- und Datentechnik; Bürokopiergeräte; Mindestangaben (165)(NAM)	---		
9784 T1	09.87	Büro- und Datentechnik; Drucker; Begriffe und Einteilung (25, 102)(NAM)	---		
32 742 T1	04.82	-; Fernkopierer; Begriffe und Einteilung (25,102, 216)(NAM)	---		
32 743 T1	12.85	-; Endgeräte für die Textkommunikation; Begriffe und Einteilung (25, 102, 216)(NAM)	---		

DIN	Ausgabe	Titel	ISO	Ausgabe	Titel	13

32748
T1
09.87 -; Arbeitsplatz-Computer; Begriffe
und Einteilung (25,102)(NAM)

(32 754   siehe "Begriffsnormen")

32 757
T1
10.85 Büro- und Datentechnik; Vernichten
von Informationsträgern; Maschinen
und Einrichtungen - Anforderungen
und Prüfung (165)(NAM)   ---

45 635
T19
09.89 Geräuschmessung an Maschinen; Luft-
schallemission, Hüllflächen- und
Hallraumverfahren; Geräte der Büro-
und Informationstechnik (FANAK)

9295 11.88 Acoustics - Measurement of high-fre-
quency noise emitted by computer and
business equipment (TC 43)

9296 04.88 -; Declared noise emission values of
computer and business equipment (TC 43)

VDI
2569
01.90 Schallschutz und akustische Gestaltung im Büro

VDI 3729
B1.1
08.82 Emissionskennwerte technischer
Schallquellen; Büromaschinen;
Rahmen-Richtlinie

VDI 3729
B1.3
08.82 -;-; Vervielfältigungsmaschinen
und Bürokopiergeräte

EDV

E 19 226
T5
09.89 Messen, Steuern, Regeln; Rege-
lungstechnik und Steuerungstech-
nik; funktionelle Begriffe (DKE)

19 233 07.72 Automat, Automatisierung; Begriffe
(25)(FMSR)   ---

E 44 310 02.90 Gliederung der Informationstechnik;
Struktur nach unterschiedlichen Be-
trachtungsweisen (NI)   ---

66 010 09.88 Informationsverarbeitung; Flexible
magnetische Datenträger zur Speicherung und zum Austausch digitaler Daten; Begriffe (25,153)(NI)   ---

66 011
Bbl. 1
09.89 Magnetbänder zur Speicherung digitaler Daten; Hinweise für den Datenträgeraustausch (NI)

66 011
T1
12.86 -; mechanische Eigenschaften (NI)   1864 03.85 (8)(JTC 1)

66 029 09.87 Kennsätze und Dateianordnung auf
Magnetbändern für den Datenaustausch
(166)(NI)

1001 02.86 Information processing - File struc-
2nd ed.   ture and labelling of magnetic tapes
for information interchange (JTC 1)

66 229 03.78 Kennsätze und Dateianordnung auf
Magnetbandkassetten für den Datenaustausch (166,207)(NI)

4341 12.78 -; Magnetic tape cassette and cart-
ridge labelling and file structure for
information interchange (9) (JTC 1)

66 239 07.89 Kennsätze und Dateianordnung auf
Disketten 200 für den Datenaus-
tausch (NI)

7665 12.83 -; File structure and labelling of
flexible disk cartridges for information interchange (JTC 1)

66 239
Bbl. 1
10.84 Kennsätze und Dateianordnung auf
Disketten für den Datenaustausch;
Parameterwerte der Diskettentypen
(207)(NI)   ---

66 269 04.88 Austausch von Texten auf Disketten;
Dateiorganisation und Zeichenvorrat
(NI)   ---

E 66 285 11.89 Informationsverarbeitung; Anwendungs-
sofware; Gütebedingungen und Gütebe-
stimmungen (NI)

9127 09.88 Information processing systems - User
documentation and cover information
for consumer software packages (JTC 1)

66 289 04.88 Kennsätze und Dateianordnung auf
Diskette 130 und 90 für den Datenaustausch (NI)

9293 04.87 -; Volume and file structure of flexible disk cartridges for information
interchange (JTC 1)

DIN	Ausgabe	Titel	ISO	Ausgabe	Titel	14
---			9660	04.88	–; Volume and file structure of CD-ROM for information interchange (JTC 1)	
---			TR 10 149	09.89	Information technology – Data interchange on read-only 120 mm optical data disks (CD-ROM) (JTC 1)	
66 200 T1	10.78	Betrieb von Rechensystemen; Begriffe, Auftragsabwicklung (25,206)(NI)	---			
66 220	05.77	Informationsverarbeitung; Programmablauf für die Verarbeitung von Dateien nach Satzgruppen (166)(NI)	6593	11.85	Information processing – Program flow for processing sequential files in terms of record groups (JTC 1)	
66 230	01.81	Informationsverarbeitung; Programmdokumentation (166)(NI)	6592	11.85	Information processing – Guidelines for the documentation of computerbased application systems (JTC 1)	
66 230 Bbl. 1	01.81	Informationsverarbeitung; Programmdokumentation mit fester Gliederung (166)(NI)	---			
66 231	10.82	Informationsverarbeitung; Programmentwicklungsdokumentation (166)(NI)	---			
66 232	08.85	Informationsverarbeitung; Datendokumentation (166)(NI)	---			
(66 233	T1	siehe "Begriffsnormen")				
66 233 T2	12.84	Bildschirmarbeitsplätze; Übersicht von Begriffen aus anderen Normen (25,194)(NI)	---			
66 234 T1 - T8	12.84	Bildschirmarbeitsplätze; Gestaltung des Arbeitsplatzes (194)(NI)	---			
E ISO 7498	05.82	Informationsverarbeitung – Kommunikation offener Systeme – Basis-Referenzmodell (NI) (überwiegend in Engl.)	7498 (incl. Add.1 and Corr. 1	10.84 07.87 12.88)	Information processing systems – Open Systems Interconnection – Basic reference model (JTC 1)	
			7498 P2	02.89	–;–; Part 2: Security architecture	
			7498 P3	03.89	–;–; Part 3: Naming and addressing	
			7498 P4	11.89	–;–; Part 4: Management framework	
---			8613 P1-P8		Information processing – Text and office systems – Office Document Architecture (ODA) and interchange format	
E 66 293 T1 - T4	06.85	Graphische Systeme der Informationsverarbeitung; Datei für die Speicherung und Übertragung von Bildinformationen (in engl. Sprache) (NI)	8632 P1-P4	08.87	Information processing systems – Computer graphics – Metafile for the storage and transfer of picture description information (JTC 1)	
---			8879	10.86	Information processing – Text and office systems – Standard Generalized Markup Language (SGML) (JTC 1)	
---			9069	09.88	Information processing – SGML support facilities – SGML document interchange format (SDIF) (JTC 1)	
---			9573	12.88	Information processing – SGML support facilities – Techniques for using SGML (JTC 1)	
E 16 556	07.87	Handelsdatenaustausch; EDIFACT – Elektronischer Datenaustausch für Verwaltung, Wirtschaft und Transport; Syntax-Regeln auf Anwendungsebene (NBü)	9735	07.88	Electronic data interchange for administration, commerce and transport (EDIFACT) – Application layer syntax rules (TC 154)	
			(9973		siehe "Zeichen, Schriften")	
E IEC 435/VDE 0805	11.84	Sicherheit von Datenverarbeitungseinrichtungen	IEC 435	00.83	Safety of data processing equipment (with modification 1 of 09.85)	

DIN   Ausgabe Titel   ISO   Ausgabe Titel   15

Photographie, Projektion mit deren Datenträgern und ihrer Konservierung

108   05.88 Diaprojektoren und Diapositive   1755   11.87 Photography – Projector slides – Di-
T1 – T25   (photokinonorm)   2nd ed.   mensions (TC 42)

                                                      7943   05.87 Photography – Overhead projectors –
                                                      P1   Part 1: Projection stages – Dimensions
                                                                    (TC 42)

(19 040   siehe "Begriffsnormen")

19 045   12.81 Lehr- und Heimprojektion für Steh-   ---
T3   und Laufbilder; Mindestmaße für
                kleinste Bildelemente, Linienbreiten,
                Schrift- und Bildzeichengrößen in
                Originalvorlagen für die Projektion

4506   05.88 Photographische Papiere; Papiere in   ---
T1   Blattform für allgemeine Zwecke;
                Maße und Lieferart (photokinonorm)

4518   07.88 Strahlungsempfindliche Materialien   ---
T1   für die Reprographie und Mikrogra-
                phie; Silberhalogenidmaterialien;
                Maße (photokinonorm)

4518   07.88 –; Diazomaterialien; Maße (2) (photo- ---
T2   kinonorm)

15 551   09.83 Strahlungsempfindliche Filme; Sicher- 543   07.74 Cinematography – Motion-picture
T1   heitsfilm; Begriffe, Anforderungen,   safety film – Definition, testing
                Prüfung (photokinonorm)   and marking (17)(TC 36)

15 556   04.86 Lagern und Bearbeiten von strahlungs- 7830   12.83 Photography – Safety photographic
                empfindlichen Filmen und Papieren;   films other than motion-picture films
                Umwelteinflüsse (photokinonorm)   – Material specifications (26)(TC 42)

E 19 069 12.85 Bestimmen des Restgehalts an Thio-   417   10.77 Photography – Determination of thio-
                sulfat und anderer Chemikalien in   sulphate and other residual chemi-
                verarbeiteten photographischen Fil-   cals in processed photographic films,
                men, Platten und Papieren; Die Iod-   plates and papers – Methylene blue
                Stärke-Methode, die Methylenblau-   photometric method and silver sul-
                Methode und die densitometrische Sil-   phide densitometric method (26)(TC42)
                ber-Methode (photokinonorm)

19 070   09.85 Haltbarkeit verarbeiteter strahlungs- 4331   09.86 Photography – Processed photographic
T1   empfindlicher Materialien; Filme vom 2nd ed.   black-and-white film for archival
                Silber-Gelatine-Typ auf Cellulose-   records – Silver-gelatin type on
                ester-Unterlage und auf Polyethylen-   cellulose ester base – Specifica-
                terephthalat-Unterlage; Eigenschaf-   tions (1)(TC 42)
                ten und Prüfung (photokinonorm)

                                                      4332   09.86 –;–; Silver-gelatin type on poly(ethy-
                                                      2nd ed.   leneterephthalate) base – Specifications
                                                                    (1)(TC 42)

19 070   03.79 –; Aufbewahrung verarbeiteter strah- 5466   10.86 Photography – Processed safety pho-
T3   lungsempfindlicher Filme (154)   2nd ed.   tographic film – Storage practices

19 070   05.81 –; Aufbewahrung und Lagerung von   6051   05.86 Photography – Processed photographic
T5   verarbeiteten photographischen   2nd ed.   paper prints – Storage practices (TC42)
                Schwarzweiß-Papierbildern (154)
                (photokinorm)   2803   07.74 Photography – Silver-gelatin type
                                                                    microfilms – Processing and storage
                                                                    for archival purposes (26)(TC 42)

---   3897   09.86 Photography – Processed photographic
                                                      2nd ed.   plates – Storage practices (TC 42)

---   6200   09.79 Micrographics – Density of silver-
                                                                    gelatin type films (1,26) (TC 171)

---   8126   05.86 Micrographics – Diazo and vesicular
                                                                    films – Visual density – Specifica-
                                                                    tions (1) (TC 171)

19 051   09.80 Testvorlagen für die Reprographie;   435   10.75 Documentary reproduction – ISO con-
T1   ISO-Testzeichen Nr. 1 und Nr. 2 als   ventional typographical character for
                Grundelemente für Testfelder (154)   legibility tests (ISO character) (1)
                (photokinonorm)   (TC 171)

DIN	Ausgabe	Titel	ISO	Ausgabe	Titel	1‹
19 051 T2	09.80	–; Testfelder zum Prüfen der Lesbarkeit und Messung des Auflösungsvermögens (154)(photokinonorm)	446	11.75	Microcopying – ISO No. 1 Mire – Description and use in photographic documentary reproduction (1)(TC 171)	
---			3334 2nd ed.	11.89	Micrographics – ISO resolution test chart No. 2 – Description and use (TC 171)	
19 090 T1	03.82	Projektionsgeräte; Begriffe; Zuordnung sicherheitstechnischer Festlegungen (194)(photokinonorm)	---			

Mikrofilmtechnik und zugehörige Datenträger

DIN	Ausgabe	Titel	ISO	Ausgabe	Titel
19 052 T1	10.79	Mikrofilmtechnik, Zeichnungsverfilmung; Mikrofilm 35 mm, Maße (154) (photokinonorm)	3272 P1	06.83	Microfilming of technical drawings and other drawing office documents – Part 1: Operating procedures (1)(TC 171
19 052 T2	10.79	–;–; Mikrofilm 35 mm, Aufnahmetechnik (154) (photokinonorm)	3272 P2	05.89	–; Part 2: Quality criteria (TC 171)
19 052 T3	03.80	–;–; Mikrofilm 35 mm; Verkleinerungs und Vergrößerungsfaktoren (148,154) (photokinonorm)			
19 052 T4	10.79	–;–; Aufnahme in Teilen auf Mikrofilm 35 mm (148, 154)(photokinonorm)	3272 P3	09.75	–; Part 3: Unitized 35 mm microfilm carriers (1)(TC 171)
19 053 T1	11.76	Mikrofilm-Lochkarte für Film 35 mm; Kamerakarte, Montagekarte, Kopierkarte (154,208) (photokinonorm)	---		
19 054	02.86	Mikroplanfilm (Microfiche), Format A6; Allgemeine Anforderungen, Aufnahmearten, Raster- und Titelfelder (25,154,208) (photokinonorm)	2707 3rd ed.	11.80	Micrographics – Transparent A6 size microfiche of uniform division – Image arrangements No. 1 and No. 2 (1)
---			2708 3rd ed.	11.80	Micrographics – Transparent A6 size microfiche of variable division – Image arrangements A and B (1)(TC 171)
---			5126 2nd ed.	11.80	Micrographics – Computer output microfiche (COM) – Microfiche A6 (1)
15 632	02.77		1116	11.75	Microcopying – 16 mm and 35 mm microfilms, spools and reels (1) (TC 171
			(5123		siehe "Gestaltung von Dokumenten")
E 19 055	05.88	Mikrofilmtechnik; Mikroverfilmung von Dokumenten auf Film 16 mm und Film 35 mm (154) (photokinonorm)	---		
19 055 T1	05.76	–; Verfilmung von Schrifttum, Aufnahme von Dokumenten auf Film 35 mm (154)(photokinonorm)	---		
19 055 T2	05.76	–; Aufnahme von Dokumenten auf Film 16 mm (154)(photokinonorm)	---		
19 056	09.79	Mikrofilmtechnik; Diazo-Kopien, Ermittlung der optimalen Belichtung	---		
19 057	07.85	Mikrofilmtechnik; Verfilmung von Zeitungen; Aufnahme auf Film 35 mm (154) (photokinonorm)	4087	04.79	Microfilming of newspapers on 35 mm unperforated microfilm for archival purposes (1)(TC 171)
---			6197 P1	10.80	Microfilming of press cuttings – Part 1: 16 mm Silver-gelatin type roll microfilm (1)(TC 171)
---			6197 P2	07.85	Microfilming of press cuttings – Part 2: A6 size microfiche (1)(TC 171)
19 059 T2	11.85	Mikrofilme; Bildzeichen für die Mikroverfilmung; Anwendung und Übersicht (154,208) (photokinonorm)	---		
19 063 T1	05.89	Mikrofilmtasche (Microfilm-Jacket); Allgemeine Anforderungen (154) (photokinonorm)	6343	10.81	Micrographics – Unitized microfilm carrier (aperture card) – Determination of adhesion of protection sheet to aperture adhesive (1)(TC 171)

19 063 T2	05.89	–; Format 105 mm x 148 mm (A6); Maße (154) (photokinonorm)	8127 P1	08.89	A6 size microfilm jackets – Part 1: Five channel jacket for 16 mm micro- film (TC 171)
19 064 T1	05.76	Mikroplanfilme mit wahlweiser Raster- einteilung, Mikroplanfilm (Microfi- che) 18 x 24; Maße, Aufbau, Verklei- nerungsfaktoren (154) (photokinonorm)	---		
19 071 T1	10.75	Mikrofilm 16 mm, mit Schrittkamera aufgenommen; Maße, Verkleinerungs- faktoren, Lesbarkeit, Optische Dichte	---		
19 071 T2	10.75	–; mit Durchlaufkamera aufgenommen; Maße, Verkleinerungsfaktoren, Lesbar- keit, Optische Dichte (photokinonorm)	---		
19 071 T3	03.79	Mikrofilm 16 mm; Suchmarken, Index- linien und Bildmarken (photokinonorm)	---		
E 19 078 T1	11.87	Mikrofilmtechnik; Mikrofilm-Lesege- räte; Anforderungen an Durchlicht- Mikrofilm-Lesegeräte (photokinonorm)	---		
---			(6829		siehe "Zeichen, Schriften")

Verwaltung; Planungsprozesse

RAL-RG 495	11.69	Bibliotheks-Bucheinbände; Gütebestim- mungen (mit Ergänzung 04.76)	---		
E 821 T3	06.86	Schriftgutbehälter; Begriffe (102) (NBü)	---		
1425	06.81	Bibliotheksstatistik (154)(NABD)	2789 2nd ed.	05.90	International library statistics (TC 46)
1461	09.69	Lochung in Katalogkarten und zugehö- rige Schließstangen (154)(NABD)	---		
1504	05.73	Schrifttumskarten (154)(NABD)	---		
FB 13	00.88	Bau- und Nutzungsplanung wissen- schaftlicher Bibliotheken (ISBN 3-410-12 076-9)	---		
---			2146 2nd ed.	07.88	Documentation – Directories of li- braries, archives, information and documentation centres and their data bases (TC 46)
---			9230	05.90	Determination of price indexes for books and serials purchased by li- braries (TC 46)
---			9707	05.90	Statistics on the production and di- stribution of books, newspapers, pe- riodicals, and electronic publica- tions (TC 46)
E 6772	11.88	Änderungen von Dokumenten und Gegen- ständen; Allgemeine Anforderungen (NZ)	---		
E 6786	11.86	Kennzeichnung technischer Unterlagen für dokumentationspflichtige Teile (NZ)	---		
E 6789 T1	02.86	Dokumentationssystematik; Aufbau Technischer Erzeugnis-Dokumentationen (NZ)	----		
E 6789 T2	12.88	–; Dokumentensätze (NZ)			
VDI 2211 Bl.1	04.80	Datenverarbeitung in der Konstruk- tion, Methode und Hilfsmittel; Auf- gabe, Prinzip und Einsatz von Infor- mationssystemen	---		
66 241	01.79	Informationsverarbeitung; Entschei- dungstabelle, Beschreibungsmittel (166)(NI)	5806	12.84	Information processing – Specifica- tion of single-hit decision tables (JTC 1)
---			TR 9007	07.87	Information processing systems – Concepts and terminology for the conceptual schema and the informa- tion base (JTC 1)

DIN	Ausgabe	Titel	ISO	Ausgabe	Titel	18

69 900　08.87　Projektwirtschaft; Netzplantechnik;　---
T1　　　　　　Begriffe (38,114,166)(ANPM)

69 900　08.87　-; Darstellungstechnik (38,114,166)　---
T2　　　　　　(ANPM)

69 901　08.87　Projektwirtschaft; Projektmanagement;　---
　　　　　　　Begriffe (38,114,166)(ANPM)

69 910　08.87　Wertanalyse (166)(WA)　　　　　　---

E VDI　04.89　Empfehlungen zur Technikbewertung　　---
3780

E VDI　12.87　Bürokommunikation; Management der　　---
5001-5015　　Bürokommunikation

1301　12.85　Einheiten; Einheitennamen; Einheiten-　1000　02.81　SI units and recommendations for the
T1　　　　　zeichen (1,47,153)(AEF)　　　　　　2nd ed　use of their multiples and of cer-
　　　　　　　　　　　　　　　　　　　　　　　　　　　　tain other units (2) (TC 12)

1301　04.82　Einheiten; Einheitenähnliche Namen
T1 Bbl.1　　und Zeichen (22)(AEF)

1313　04.78　Physikalische Größen und Gleichungen;　31　07.81　General principles concerning quan-
　　　　　　　Begriffe, Schreibweisen (22,153)(AEF)　PO　　　tities, units and symbols (TC 12)

1355　03.75　Zeit, Kalender, Wochennumerierung,　8601　06.88　Data elements and interchange for-
T1　　　　　Tagesdatum, Uhrzeit (22,102,153)(AEF)　　　　mats - Information interchange -
　　　　　　　　　　　　　　　　　　　　　　　　　　　　Representation of dates and times
　　　　　　　　　　　　　　　　　　　　　　　　　　　　(1)(TC 154)

VDI　12.89　Untersuchung und Behandlung von　　　---
3798 Bl.1　　immissionsgeschädigten Werkstoffen,
　　　　　　　insbesondere bei kulturhistorischen
　　　　　　　Objekten [de-en-fr]

Literatur

01. ALA glossary of library and information science. Heartsill Young (Hrsg.). 2. Aufl. Chicago: American Library Association, 1983. 245 S. – ISBN 0-8389-0371-1
02. A modern archives reader: basic readings on archival theory and practice. Ed. by Maygene F. Daniels and Timothy Walch. – Washington: National Archives and Record Services, 1984. 357 S. – ISBN 0-911333-12-6
03. Anderson, Dorothy: Universal Bibliographic Control. A long-term policy, a plan for action. Pullach: Verlag Dokumentation, 1974. 87 S. – ISBN 3-7940-4420-7
04. Arbeitsgremien des DIN. Hrsg.: DIN Dt. Inst. für Normung e.V., 17. Aufl. Berlin, Köln Beuth, 1984. 202 S. – ISBN 3-410-11736-9; ISSN 0342-8648
05. Atherton, Pauline: Handbook for information systems and services. Paris: UNESCO, 1977. 259 S. – ISBN 92-3-101457-9
06. Begriffe der Informationstechnik: Normen. Hrsg.: DIN Dt. Inst. für Normung e.V., 7. Aufl. Berlin, Köln: Beuth, 1989. 336 S. (Informationstechnik 1) (DIN-Taschenbuch 25). – ISBN 3-410-12308-3
07. Beling, Gerd: Terminologie, Thesaurus und Klassifikation. Zusammenhänge und Unterschiede. In: Information und Dokumentation im Aufbruch. Festschrift für Hans-Werner Schober. Hrsg. von Wilfried Kschenka u.a. Pullach: Verlag Dokumentation, 1975. S. 192–206. ISBN 3-7940-3395-7
08. Bildschirmarbeitsplätze: Normen, Sicherheitsregeln. Hrsg.: DIN Dt. Inst. für Normung e.V., 2. Aufl. Berlin, Köln: Beuth, 1987. 373 S. (Informationstechnik 5) (DIN-Taschenbuch 194). – ISBN 3-410-12308-3
09. Buder, Marianne: Das Verhältnis von Dokumentation und Normung von 1927 bis 1945 in nationaler und internationaler Hinsicht. Hrsg.: DIN Dt. Inst. für Normung e.V., Berlin, Köln: Beuth, 1976. 144 S. (Normungskunde; 7). – ISBN 3-410-10778-9
10. Bürokommunikation. Endgeräte, textverarbeitende Systeme, Schreibmaschinen: Normen. Hrsg.: DIN Dt. Inst. für Normung e.V. Berlin, Köln: Beuth, 1987. 416 S. (Informationstechnik 11) (DIN-Taschenbuch 216). – ISBN 3-410-12308-3
11. Büromaschinen: Normen. Hrsg.: DIN Dt. Inst. für Normung e.V., 2. Aufl. Berlin, Köln: Beuth, 1987. 349 S. (Informationstechnik 3) (DIN-Taschenbuch 165). – ISBN 3-410-11992-2 (Enthält zusätzlich zu Lit. 10. ,,Bürokommunikation" Normen für Büromaschinen, die nicht Text verarbeiten.)
12. Catalogue 1989/International Organization for Standardization. Geneva: ISO, 1989 (erscheint jährl.). 884 S. – ISBN 92-67-01054-9; ISSN 0303-3309
13. Crawford, Walt: Technical Standards. An introduction for librarians. White Plains, NY (u.a.): Knowledge Industry Publications, 1986. XII, 293 S. – ISBN 0-86729-192-3
14. Data processing = .../International Organization for Standardization. Geneva: ISO, 1. Aufl. 1982.
    (1.) Hardware = . . . 417 S. (ISO standards handbook 8). – ISBN 92-67-10059-9 (Auch in frz. Sprache)
    (2.) Software = . . . 439 S. (ISO standards handbook 9). – ISBN 92-67-10060-2 (Auch in frz. Sprache)
    (3.) Vocabulary = Vocabulaire. 360 S. (ISO Standards Handbook 10). – ISBN 92-67-01024-7 (Zweisprachige Ausgabe)
15. Datenträger . Diskette, Magnetbandkassette: Normen. Hrsg.: DIN Dt. Inst. für Normung e.V. Berlin, Köln: Beuth, 1986. 222 S. (Informationsverarbeitung 8) (DIN-Taschenbuch 207). – ISBN 3-410-11927-2
16. Datenträger. Lochkarte, Lochstreifen, Magnetplatte, Mikrofilm, Identifikationskarte. Normen. Hrsg.: DIN Dt. Inst. für Normung e.V. Berlin, Köln: Beuth, 1986. 220 S. (Informationsverarbeitung 9) (DIN-Taschenbuch 208). – ISBN 3-410-11928-0

17. Datenträger . Magnetband: Normen, Verwaltungsvorschriften. Hrsg.: DIN Dt. Inst. für Normung e.V., 3. Aufl. Berlin, Köln: Beuth, 1986. 250 S. (Informationsverarbeitung 2) (DIN-Taschenbuch 125). − ISBN 3-410-11930-2

18. Datenübertragung, Rechensysteme: Normen, Verwaltungsvorschriften. Hrsg.: DIN Dt. Inst. für Normung e.V. Berlin, Köln: Beuth, 1985. 308 S. (Informationsverarbeitung 7) (DIN-Taschenbuch 206). − ISBN 3-410-11803-3

19. Day, Robert A.: How to write and publish a scientific paper. Cambridge, MA: University Press. 3rd. ed. 1989. 224 S. − ISBN 0-521-36760-3

20. Dijk, Teun A. van: Textwissenschaft. Eine interdisziplinäre Einführung. München: dtv; Tübingen: Niemeyer, 1980. IX, 285 S. − ISBN 3-423-04364-4 (dtv)-ISBN 3-484-10416-3 (Niemeyer)

21. DIN-Katalog für Technische Regeln = DIN catalogue of technical rules. Hrsg.: DIN Dt. Inst. für Normung e.V. Berlin, Köln: Beuth, 1989 (erscheint jährl.). − ISBN 3-410-12261-3; ISSN 0722-9313. Band 1: Sachteil. 16, 1602 S.; Band 2: Register. 628 S.

22. Documentation and information/International Organization for Standardization. 3rd ed. Geneva: ISO, 1988. 1021 S. (ISO Standards Handbook 1) − ISBN 92-67-10144-7 (Auch in frz. Sprache erhältlich. Frühere Ausg. unter d. Titel ,,Information transfer''.)

23. Ehlers, Hans-Jürgen: International standardized numbering systems. In: International Symposium on the cataloguing, coding and statistics of audiovisual materials, 7 − 9 January 1976, Strasbourg. Org. by ISO/TC 46 Documentation in collab. with . . . Proceedings. Paris: UNESCO, 1976. S. 90 − 122. − (UNESCO/UNISIST SC. 76/WS/75)

24. Ehlers, Hans-Jürgen: Machine-readable representation of standardized numbers for libraries and the bookmarket. Stuttgart: Klett, 1976. 37 S. (Arbeitsbroschüre)

25. Einheiten und Begriffe für physikalische Größen: Normen. Hrsg.: DIN Dt. Inst. für Normung e.V., 7. Aufl. Berlin, Köln: Beuth, 1990. 404 S. (AEF-Taschenbuch 1) (DIN-Taschenbuch 22) − ISBN 3-410-12383-0

26. Elsevier's Dictionary of library science, information and documentation in six languages . . . Comp. by W.E. Clason. Amsterdam u.a. Elsevier, 1973. 597 S. ISBN 0-444-41018-X

27. Elsevier's dictionary of the printing and allied industries. F.J.M. Wijnekus (Ed.). 2nd ed. Amsterdam u.a.: Elsevier, 1983. 1026 S. − ISBN 0-444-42249-8

28. Felber, Helmut: Terminology manual. Paris: UNESCO, 1984. 427 S. (UNESCO/PGI-84/WS/21)

29. Felber, Helmut: UDC and terminology. In: International Forum on Information and Documentation. 7. 1983, No. 2, S. 7 − 9. − ISSN 0304-8701

30. Formelzeichen, Formelsatz, mathematische Zeichen und Begriffe: Normen. Hrsg.: DIN Dt. Inst. für Normung e.V. Berlin, Köln: Beuth, 1984. 350 S. (AEF-Taschenbuch 2) (DIN-Taschenbuch 202) − ISBN 3-410-11729-6

31. Gaus, Wilhelm: Dokumentations- und Ordnungslehre. Lehrbuch für d. Theorie u. Praxis d. Information Retrieval. Berlin u.a.: Springer, 1983. 504 S. − ISBN 3-540-12777-1

32. Gebhardt, Friedrich: Dokumentationssysteme. Berlin (u.a.): Springer, 1981. 331 S. − ISBN 3-540-10744-4

33. Glossary of cataloguing terms. Indian Standards Institution. New Delhi: ISI, 1967. 86 S. (Indian Standard 796)

34. Glossary of classification terms. Indian Standards Institution. New Delhi: ISI, 1964. 109 S. (Indian Standard 2550)

35. Glossary of documentation terms = . . ./British Standards Institution. London: BSI, 1976. 81 S. (British Standard 5408) − ISBN 0-580-09407-3

36. Grundlagen der Normungsarbeit des DIN. Hrsg.: DIN Dt. Inst. für Normung e.V., 5., geänd. Aufl. Berlin, Köln: Beuth, 1987. 316 S. (DIN-Normenheft 10). − ISBN 3-410-12044-0N; ISSN 0722-9364

37. Haag, Dietrich: Publication standards and guidelines for periodicals. Pretoria: State Library, 1986. 71 S.
38. Haller, Klaus: Katalogkunde. München u.a.: Saur, 1980. 314 S. – ISBN 3-598-10126-0
39. Harrod, Leonard M.: Harrod's librarian's glossary of terms used in librarianship, documentation and the book crafts, and reference book. Comp. by Ray Prytherch. Brookford, VT: Gower, 6th ed. 1987. 855 S. – ISBN 0-566-03538-3
40. Hartlieb, Bernd; Herbert Nitsche; Werner Urban: Systematische Zusammenhänge in der Normung. Hrsg.: DIN Dt. Institut für Normung e.V. 192 S. (DIN-Normungskunde 18). – ISBN 3-410-11635-4
41. Information und Gesellschaft. Bedingungen wissenschaftlicher Publikation. Marburger Philippikum 1976. Hrsg. von Franz-H. Philipp. Stuttgart: Wissenschaftliche Verlagsges.: Frankfurt/M.: Umwelt und Medizin Verlagsges., 1977. 216 S. – (Marburger Philippikum 10). – ISBN 3-8047-0554-5 (Wiss. Verl.ges.) – ISBN 3-921324-01-1 (Umw. u. Mediz. Verl.ges.)
42. ISBD(G): General international standard bibliographic description. Annotated text, prepared by the Working Group on the General international standard bibliographic description set up by the IFLA Committee on Cataloguing. London: IFLA International Office für UBC, 1977. X, 24 S. – ISBN 0-903043-18-1
43. Kindleberger, Charles F.: Standards as public, collective and private goods. In: Kyklos: Internationale Zeitschrift für Sozialwissenschaften. 36. 1983, No. 3, S. 377 – 396. – ISSN 0023-5962
44. Kinne, Otto: The links of the scientific process. In: Publications as an integral part of scientific research: International Conference of Scientific Editors (5, June 14 – 19, 1987, Hamburg). Proceedings ed. by W.W. Kühnhold, W.P. Kirchner. Hamburg: Bundesforschungsanstalt für Fischerei; London: IFSEA Treasurer, 1988. – 339 S. – Microfiche edition only. S. 233 – 243.
45. Klein, Martin: Einführung in die DIN-Normen. Hrsg. vom DIN Deutsches Institut für Normung e.V. Bearb. von K. G. Krieg . . . Unter Mitwirkung v. P. Böttcher. 10., neubearb. u. erw. Aufl. Berlin, Köln: Beuth; Stuttgart: Teubner, 1989. 1028 S. – ISBN 3-410-12346-6 (Beuth) – ISBN 3-519-46300-8 (Teubner)
46. Krumholz, Walter: Normung, Kompatibilität, Terminologie. In: DK-Mitteilungen 24. 1980, Nr. 4, S. 11 – 13. – ISSN 011-4987 (Zuerst in: Proceedings of the 5th EURIM Conference in Munich 1978.)
47. Kuhlen, Rainer: Informationserarbeitung in Organisationen. Zur Rekonstruktion der Notwendigkeit eines Informationsmanagements in öffentlichen Verwaltungen und privaten Unternehmungen. In: Koordination von Informationen. Die Bedeutung von Informations- und Kommunikationstechnologien in privaten und öffentlichen Verwaltungen. Verwaltungsseminar, Konstanz 5. – 7. Mai 1983. Hrsg. von Rainer Kuhlen. Berlin, Heidelberg, New York: Springer, 1984. S. 1 – 25. (Verwaltungsseminar 9) (Informatik-Fachberichte 81) – ISBN 3-540-12929-4 – ISBN 0-387-12929-4
48. MAB 1: Maschinelles Austauschformat für Bibliotheken. Version 1. Deutsche Forschungsgemeinschaft, Bibliotheksausschuß, Unterausschuß für Datenverarbeitung; Zsstllg.: Ernst Kohl. Berlin: Dbi, 1980. Losebl., 102 S. (Gültig zusammen mit Änderungsprotokoll vom 1984-06-08, Dt. Bibl.)
49. Mayrhöfer, Josef: Theorie des Dokuments, In: Bibliothek, Dokument, Information. Symposium Wien, 27. u. 28. November 1980. Österr. Inst. für Bibliotheksforschung, Dokumentations- u. Informationswesen. München u.a.: Saur, 1981. S. 8 – 28. – ISBN 3-598-10362-X
50. Meink, Peter: Die Dezimalklassifikation auf dem PC. In: DK-Mitteilungen 32. 1988, Nr. 2, Nr. 3, S. 7 – 8, 9 – 11. – ISSN 011-4987

51. Mills, Jack; Daniels, Ruth: A classification of library and information science. London: Library Association, 1975. 127 S.

52. Normen für Büro und Verwaltung. Hrsg.: DIN Dt. Inst. für Normung e.V., 4. Aufl. Berlin, Köln: Beuth, 1989. 363 S. — (DIN-Taschenbuch; 102). — ISBN 3-410-12012-2

53. O'Connor, Maeve: The editing of scientific books and journals. An ELSE-Ciba Foundation guide for editors. 2nd ed. London: EASE Secretariat, 1978. 224 S. — ISBN: 0-272-79517-8

54. Paper, board and pulps = . . ./International Organization for Standardization. Geneva: ISO, 1984. 439 S. (ISO Standards Handbook 23). — ISBN 92-67-10101-3. (Auch in franz. Sprache)

55. Papier, Pappe und Zellstoff: Normen. Hrsg.: DIN Dt. Inst. für Normung e.V. Berlin; Köln: Beuth
(1.) DIN 198 bis DIN 53 122 Teil 2. 3. Aufl. 1986. 378 S. (DIN-Taschenbuch 118) — ISBN 3-410-11896-9
(2.) DIN 53 123 Teil 1 bis . . . DIN-ISO 7213. 1. Aufl. 1986. 386 S. (DIN-Taschenbuch 213). — ISBN 3-410-11897-7

56. Papritz, Johannes: Archivwissenschaft. 2. Aufl. Marburg: Archivschule, 1983. 4 Bände, 1.508 S. — ISBN 3-923833-16-4 (Reprograph. vervielfältigt)

57. Perreault, Jean M.: Towards a theory for UDC. Essays aimed at structural understanding and operational improvement. Hamdon, CT: Archon books; London: Bingley, 1969. 241 S. — ISBN 208-00874-8 (Archon); ISBN 85157-079-8 (Bingley)

58. Photography = . . ./International Organization for Standardization. Geneva: ISO, 1985. 434 S. — (ISO Standards Handbook 26). — ISBN 92-67-10111-0. (Auch in franz. Sprache)

59. Publikation und Dokumentation. Hrsg.: DIN Dt. Inst. für Normung e.V., 3. Aufl. Berlin, Köln: Beuth, 1989.
(1.) Gestaltung von Veröffentlichungen, terminologische Grundsätze, Drucktechnik: Normen. 400 S. (DIN-Taschenbuch 153) — ISBN 3-410-12242-3
(2.) Erschließung von Dokumenten, DV-Anwendungen in Information und Dokumentation, Reprographie, Bibliotheksverwaltung: Normen. 421 S. (DIN-Taschenbuch 154) — ISBN 3-410-12243-1

60. Regeln für den Schlagwortkatalog. RSWK. Bearb. v.d. Komm. d. Dt. Bibliotheksinstituts für Sacherschließung. Red.: Fritz Junginger . . . Berlin: Dbi, 1986. 281 S. — ISBN 3-87068-359-7

61. Regeln für die alphabetische Katalogisierung. RAK. Red. Bearb.: Irmgard Bouvier. Autoris. Ausg. Wiesbaden: Reichert, 1977. XL, 418 S. — ISBN 3-920153-99-5 Lw.

62. Schultz, Claire K.: Thesaurus of information science terminology. 2nd ed. Metuchen: Scarecrow. 288 S. — ISBN 0-8108-1156-1

63. Software-Entwicklung, Programmierung, Dokumentation: Normen. Hrsg.: DIN Dt. Inst. für Normung e.V. 3. Aufl. Berlin, Köln: Beuth, 1989. 403 S. (Informationstechnik 4) (DIN-Taschenbuch 166) — ISBN 3-410-12321-0

64. Standardization and documentation. An introduction for documentalists and librarians = . . . Geneva: ISO, 1983. 93 S. — ISBN 92-67-10071-8 (Auch in franz. Sprache)

65. Standardization for documentation. Ed. by Bernard Houghton. London: Bingley, 1969. 93 S. — ISBN 85157-078-X

66. Susanto, Agus: Methodik zur Entwicklung von Normen. Hrsg.: DIN Dt. Inst. für Normung e.V. Berlin, Köln: Beuth, 1988. 187 S. (DIN-Normungskunde 23) — ISBN 3-410-12091-2; ISSN 0722-9364 Zugl. Berlin, Techn. Univ., Diss. 1987

67. Technical drawings = . . ./International Organization for Standardization. 1st ed. Geneva: ISO, 1982. 341 S. — ISBN 92-67-10068-8 (Auch in franz. Sprache)

68. Terminologie der Information und Dokumentation. hg. v. Komitee für Terminologie und Sprachfragen (KTS) d. Deutschen Gesellschaft für Dokumentation (DGD). Red.: Ulrich Neveling; Gernot Wersig. München: Verlag Dokumentation, 1975. 307 S. (DGD-Schriftenreihe 4) – ISBN 3-7940-3625-5

69. Terminology of documentation. Comp. by Gernot Wersig; Ulrich Neveling. Paris: UNESCO Press; München: Verlag Dokumentation, 1976. 274 S. – ISBN 92-3-001232-7 (UNESCO) – ISBN 3-7940-5150-5 (Verlag Dokumentation)

70. The aims and principles of standardization = . . . ed. by T.R.B. Sanders. Geneva : ISO, 1972. 121 S. (Auch in franz. Sprache)

71. Units of measurement = . . ./International Organization for Standardization. 2nd ed. Geneva : ISO, 1982. 258 S. – ISBN 92-67-10051-3 (Auch in franz. Sprache)

72. UNISIST Guide to Standards for information handling. Prepared by the UNISIST Working Group on Bibliographic Data Interchange, compiled by Erik Vajda. Paris: UNESCO, 1980. 304 S. – ISBN 92-3-101833-7

73. Vocabulaire de la documentation = Glossary of documentation terms/AFNOR. Paris: Association française de normalisation (AFNOR), 1987. 2ème éd. 159 S. (Les dossiers de la normalisation) – ISBN 2-12-484221-8

74. Vocabularium bibliothecarii. Anthony Thompson (comp.). 2nd. ed. Paris: UNESCO, 1962. 627 S.

75. Voegelin, Charles F.; Voegelin, Florence M.: Classification and index of the world's languages. New York; Oxford; Amsterdam: Elsevier, 1977. 658 S. – ISBN 0-444-00155-7

76. Von der systematischen Bibliographie zur Dokumentation. Hrsg. von Peter R. Frank. Darmstadt: Wissenschaftliche Buchgesellschaft, 1978. 556 S. (Wege der Forschung 144) – ISBN 3-534-05579-9

77. Wellisch, Hans H.: Conversion of written scripts. Its nature, history, and utilization. New York: Wiley, 1978. 509 S. – ISBN 0-471-01620-9

78. Wirtschaftlichkeit der Normung. Hrsg.: DIN Dt. Inst. für Normung e.V. Berlin, Köln: Beuth, 1979. (DIN-Normungskunde 13) Enth.: Rationalisierung der Produktion durch industrielle Normung/L. Savelli. – Einflüsse der Normung auf die Wirtschaft und die Verbraucher/C. Collazo. – Zur Finanzierung der Normung/H. Reihlen. – ISBN 3-410-11083-6

79. Zeichenvorräte und Codierung für den Text- und Datenaustausch; maschinelle Zeichenerkennung: Normen. Hrsg.: DIN Dt. Inst. für Normung e.V. Berlin; Köln: Beuth, 1986. 357 S. (Informationstechnik 10) (DIN-Taschenbuch 210) – ISBN 3-410-11929-9

80. Zeichnungswesen. Hrsg.: DIN Dt. Inst. für Normung e.V. Berlin, Köln : Beuth.
(1.) DIN 5 Teil 1 bis DIN 6773 Teil 5: Normen. 10. Aufl. 1988. 366 S. (DIN-Taschenbuch 2) – ISBN 3-410-12170-6
(2.) DIN 6774 Teil 1 bis . . . DIN ISO 8015: Normen. 3. Aufl. 1988. 384 S. (DIN-Taschenbuch 148) – ISBN 3-410-12171-4

Nachträge

81. Arntz, Reiner; Picht, Heribert: Einführung in die Terminologiearbeit. Hildesheim: Olms, 1989. 344 S. (Studien zu Sprache und Technik 2). – ISBN 3-487-07235-1; ISSN 0935-5472

82. Drosdowski, Günter; Henne, Helmut; Wiegand, Herbert E.: Nachdenken über Wörterbücher. Mannheim, Zürich, Wien: Bibliographisches Institut, 1977. 143 S. – ISBN 3-411-00992-6

83. Mangold, Max: Transliteration und Transkription. Mannheim: Bibliographisches Institut, 1965. 17 S. (DUDEN − Beiträge zu Fragen der Rechtschreibung, der Grammatik und des Stils 27).

84. Muschalla, Rudolf: Grundlagen, Beispiele und Forschungsansätze der wissenschaftlichen Begleitung der Normung. In: Technische Normung, ihre Methoden und Wirkungen als Gegenstand von Forschung und Lehre. Hrsg. vom Minister für Wissenschaft und Forschung . . . Dortmund: Rhein-Ruhr Druck Sander, 1980. S. 17−25. (Arbeitsgemeinschaft für Rationalisierung AGR des Landes NRW 210). − ISSN 0402-8066

85. Wiegand, Herbert E.: Definition und Terminologienormung. Kritik und Vorschläge. In: Terminologie als angewandte Sprachwissenschaft. Gedenkschrift für Eugen Wüster. Hrsg. v. Helmut Felber, Friedrich Lang, Gernot Wersig. München (u.a.): Saur, 1979. S. 101−146. − ISBN 3-598-10028-0

F 3 Informationspolitik – IuD-Politik – Fachinformations-politik

Thomas Seeger

F 3.1 Zur Einordnung staatlicher IuD-Programme

Nach fast 15-jährigen programmatischen staatlichen Förderungen des Bereichs Information und Dokumentation (IuD), die federführend vom Bundesministerium für Forschung und Technologie initiiert und ausgestaltet wurden, fällt zunächst einmal auf, daß die Bezugspunkte der Förderung für IuD, ab Anfang der 80er Jahre dann „Fachinformation" genannt, wechselten. Stützt das erste Förderungsprogramm, das sog. IuD-Programm von 1974 (Lit. 09.), in seiner Einleitung sich auf den Bundesbericht Forschung IV von 1972 ab und der darin geäußerten großen Bedeutung der wissenschaftlich-technischen Information für den Fortschritt in allen Bereichen des gesellschaftlichen Lebens und vermerkt, daß dieses Problem – nach dem Umweltschutz – zweite Priorität unter den zu fördernden Programmen genießen sollte, sieht die programmatische Zuordnung zu anderen Programmen staatlicher Forschungsförderung in den späteren Jahren entschieden anders aus. Es haftet diesem Programm von 1974 noch der Charakter des Allgemeingültigen, des Disziplinen-übergreifenden und Grundlagenschaffenden an, das wenige Jahre später in die systematische Nähe der Programmatiken für die Entwicklung der Informations- und Kommunikationstechnologien gestellt wurde, womit ein sicherlich gewollter Zusammenhang zu den seit den 60er Jahren laufenden Datenverarbeitungs-Programmen (DV-Programmen der Bundesrepublik) hergestellt wurde (Lit. 31.). Diese systematische Anbindung an die Entwicklung moderner Informations- und Kommunikationstechnologie ist zumindest für die Anfangszeit der IuD-Förderung einsichtig. Sehr klar wird dieser Zusammenhang in *Abb. 1*, die dem Programm der Bundesregierung zur Förderung von Forschung und Entwicklung im Bereich der Technischen Kommunikation 1978–1982 entnommen wurde (Lit. 10., S. 112).

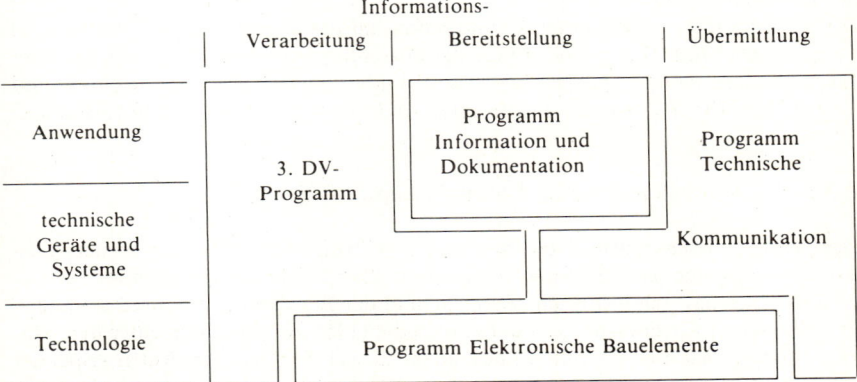

Abb. 1: Das IuD-Programm 1974 im Förderungszusammenhang der Informationstechnik

Fünf Jahre später wird 1983 das nun Fachinformationsprogramm genannte Förderungsprogramm in der Bilanz unter der Überschrift „Programme zur Beschleunigung des Innovationstempos in ausgewählten Schlüsseltechnologiebereichen" in die programmatische Nähe zu den Förderungsprogrammen Informationstechnologie, Biotechnologie, Materialforschung und Fertigungstechnik gestellt (Lit. 08., S. 74. ff.).

Ein anderer Versuch, IuD-Programmatiken systematisch anzubinden, kann unter dem Stichwort Medienpolitik bzw. Kommunikationspolitik vorgenommen werden. In einer 1985 vom Presse- und Informationsamt der Bundesregierung herausgegebenen Broschüre (Lit. 34.) wird unter den Stichworten „Neue Techniken – Neue Medien" das Fachinformationsprogramm von 1985 unter dem Aspekt der Nutzung von Fachinformationen – vergleichbar der Nutzung publizistischer Informationsangebote, die ja gleichermaßen über weltumspannende Technologie-Konfigurationen vermittelt werden – gesehen.

Diese Zuordnung zu den Entwicklungen des grenzüberschreitenden Datenaustausches im Sinne einer internationalen Medien- und Kommunikationsordnung ist angesichts der technologischen Entwicklung seit Ende der 70er Jahre im Gespräch (Lit. 32.) und legt es nahe, die Bereiche Massenkommunikation und Fachinformation als integrale Bestandteile zu begreifen und sie unter einem entsprechenden gemeinsamen Politikverständnis zusammenzufassen. Schließlich geben die jüngsten Diskussionen über mögliche Störungen bzw. Versorgungsverknappungen von elektronischen Informationen im Ost-West-Verhältnis (Lit. 02.) und über mögliche Abhängigkeiten von anglo-amerikanischen Datenbanken Anlaß, den Bereich der Information und Dokumentation nicht nur unter dem Stichwort Forschungs- und Technologiepolitik (Lit. 14.) zu betrachten, sondern auch unter dem Gesichtspunkt des internationalen Kommunikationsgefüges zu begreifen.

Beide Sichtweisen sind einsichtig und begründbar. Sie verdeutlichen beispielhaft, daß die Tätigkeit der Informationsvermittlung im weiteren Sinne von ihrer technisch-methodischen Fundierung her gesehen werden kann, von ihrer Ausrichtung her Sinn für die allgemeine Entwicklung eines Staates bedeuten kann und von ihrer Wirkung her einen Beitrag für den internationalen Austausch von Kommunikationsinhalten leisten kann.

Die im folgenden vorgenommene Anbindung an die allgemeine Forschungs- und Technologiepolitik (F + E-Politik) erfolgt ausschließlich wegen der bis in die 80er Jahre hineinreichenden Zuständigkeit des Bundesministeriums für Forschung und Technologie (BMFT) für die Information und Dokumentation/Fachinformation.

F 3.2   Forschungs- und Technologiepolitik

Der Teil des wissenschaftlich-technischen Fortschritts, der politischen Steuerungen unterliegt, hat sich seit dem Aufkommen staatlicher Förderungsprogramme für einzelne wissenschaftlich-technische Bereiche und der Etablierung eines selbständigen Bundesressorts für Forschung und Technologie (1956 als Vorläufer unter dem Namen Atomministerium gegründet) besonders zu rechtfertigen. Unter den Aspekten der optimalen Forschungsorganisation (Lit. 48.; Lit. 36.), des Einflusses der Politik auf die Wissenschaftsentwicklung (Lit. 23.), der Veränderungen auf die kognitiven Strukturen (Lit. 03.) und der politischen Steuerungen von Wissenschaft (Lit. 17.) sind gerade in den 70er Jahren viele Beiträge erarbeitet worden, die das Verständnis von politischer Gestaltung von Wissenschaft transparenter machten. Der hier vorzunehmende Rückgriff auf ein einfaches Beschreibungsmodell zur Begründung des wissenschafts- und forschungspolitischen Handelns und der Rechtfertigung dient ausschließlich dem Zweck, strukturelle Vergleichbarkeiten unter den verschiedenen Förderungsprogrammen deutlich zu machen. Es ersetzt in keiner Weise andere Aspekte der Forschungs- und Technologiepolitik, die hier nicht vertieft werden können.

In einer vergleichenden Studie, die die Zielkriterien verschiedener staatlicher Förderungsprogramme analysierte, erarbeiteten von den Daele, Kohn und Weingart (Lit. 17.) einen Kriterien-Katalog, der mit kleineren Unschärfen Handlungsziele und Projektionen staatlicher Förderungsprogrammatiken zu beschreiben in der Lage ist.

Hinter jedem Förderungsprogramm liegen

– das Reagieren auf ein soziales Problem (soziale Probleme können sowohl wirtschaftlicher als auch gesamtgesellschaftlicher Natur sein);
– ein technisches Handlungsziel, welches die Aspekte des Problems umsetzt in globale konstruktive Zielorientierungen;
– die Beteiligung von institutionellen Disziplinen bzw. Forschungsfeldern, die für die Bearbeitung des Programmes entweder herangezogen werden können, oder erst durch entsprechende Maßnahmen entwickelt werden müssen;
– problemorientierte Forschungsprogramme: Spezifikationen von abgrenzbaren Aufgabenbündeln bzw. Aspekten der Gesamtthematik.

Am Beispiel der Informatik, deren Anwendungsbezug zur IuD offenkundig ist und in dem die insgesamt drei DV-Förderungsprogramme der Bundesregierung im Förderungszeitraum 1966 – 1979 enthalten sind, können die Ziel- und Handlungskriterien global beschrieben werden wie folgt (Lit. 31.; Lit. 17., S. 36. ff.):

Programm:	Informatik
Soziales Problem:	Wirtschaftliches Wachstum der aufkommenden DV-Industrie; Schaffung der Infrastruktur der DV-Industrie (z.B. Ausbildung usw.).
Techn. Handlungsziel:	Automatische Verarbeitung von Informationen (Daten).
Disziplinen/ Forschungsfelder:	Ingenieurwissenschaften (z.B. Elektrotechnik), angewandte Mathematik, Algebra, Formale Sprachen.
Problemorientierte Forschungsprogramme:	Probleme der theoretischen, systemorientierten und anwendungsorientierten Informatik.

Über dieses einfache Raster hinaus, auf das später bei der Beurteilung der IuD-Programme zurückgekommen wird, soll noch auf die wichtigsten Phasen in der Forschungs- und Technologiepolitik hingewiesen werden sowie die wesentlichen Steuerungsinstrumente für die Erreichung der Forschungsziele staatlicher Programmatiken vorgestellt werden.

Rückblickend können wir global vier Phasen in der Forschungs- und Technologiepolitik der Bundesrepublik Deutschland feststellen, deren genaue zeitliche Abgrenzung durch viele Langzeitprogramme nur annäherungsweise erfolgen kann (Lit. 14.):

– *Die Wiederaufbauphase*, die bis ca. Mitte der 50er Jahre dauerte, ist im wesentlichen gekennzeichnet durch unspezifische Globalförderung und fällt zusammen mit dem Wiederauf- und -ausbau der Grundlagenforschungsinstitutionen.

– *Die Imitations- und Aufholphase*, die von Mitte der 50er Jahre bis zum Ende der 60er Jahre reichte, stand im Zeichen des Nachstellens der Entwicklungen in den USA. Neben der institutionellen Globalförderung werden in diesem Zeitraum auch erstmals institutionell abgesicherte Programmförderungen (wie z.B. Kernforschung) initiiert. Die Steuerung der speziellen Programme erfolgte in der Annahme, daß eine Ausstrahlung der Forschungsergebnisse in die Produktionssphäre naturwüchsig erfolgen wird.

– *Die Nachhol-/Innovations- und Spitzenreiterphase*, die von Mitte der 60er Jahre bis Mitte der 70er Jahre sich erstreckte, war zunächst gekennzeichnet durch die vielen Diskussionen um die „technologische Lücke" und die Sorge, daß ein weiteres Zurückfallen in vielen zukunftsträchtigen F + E-Bereichen weder politisch und wirtschaftlich noch kulturell hinnehmbar wäre. In diese Zeit fällt die Entwicklung spezieller Förderungsprogramme, wie etwa Meeresforschung, Datenverarbeitung, Neue Technologien und Umweltschutz, die insgesamt die Erweiterung staatlicher Förderung bewirkte und ursächlich mit der „technologischen Lücke" nicht notwendigerweise in Beziehung stand. Interessant in dieser Phase ist die Tatsache, daß die F + E-Struktur selbst weitere staatliche institutionelle Förderung erfahren hat, wie z.B. die Fraunhofer-Gesellschaft.

– *Die Effizienzsteigerungsphase*, die ab Anfang der 70er Jahre einsetzte, war und ist dadurch gekennzeichnet, daß die durch die krisenhaften wirtschaftlichen Entwicklungen und die geringen Zuwachsraten des Bruttosozialproduktes ebenfalls stagnierenden Förderungsmittel effizienter angelegt werden sollten. In dieser Phase wurde in die staatliche F + E-Politik zunehmend auch die Innovationspolitik integriert, was zu einer weiteren Ebene in der Förderung führte: auch die Anwendungen von zunächst rein F + E-bezogenen neuen Entwicklungen wurden gefördert. Das Steuerungsbestreben der Politik konzentrierte sich auf jene Bereiche, in denen Unzulänglichkeiten in der Marktsteuerung vermutet wurden (Deutliches Beispiel dafür ist das Programm „Humanisierung des Arbeitslebens").

Zur Steuerung und Durchsetzung forschungs- und technologiepolitischer Zielorientierungen sind den Förderungsinstanzen eine Reihe von Instrumenten an die Hand gegeben, mit denen je nach Aufgabe und Zweckbestimmung diese Ziele eingelöst werden können. Dabei wird grundsätzlich von zwei sehr verschiedenen (theoretischen) Denkmodellen ausgegangen, die beschreiben, wie wissenschaftlich-technischer Fortschritt über die verschiedenen Phasen im technologischen Entwicklungsprozeß (Grundlagenforschung bis hin zu Anwendungsentwicklung etwa) zu Produkt- oder Verfahrensinnovation führt.

Der sog. „Technology-push"-Ansatz geht davon aus, daß im wesentlichen exogene (unbeeinflußbare) Fortschritte in der Erkenntnis über Grundlagen der Natur und Technik hinreichend Substanz für den Transfer in anwendungsorientierte Produktionstechnologie zur Verfügung halten. Er geht davon aus, daß Technologie-Transfer gleichermaßen urwüchsig von den potentiellen Anwendern betrieben wird.

Dem gegenüber steht der Ansatz des „Demand-pull", der davon ausgeht, daß Innovationen in der anwendungsorientierten Entwicklung wegen der Gewinnrealisierungschancen vorangetrieben werden und sich von der Seite der Verwertung Nachfragebereiche an wissenschaftlich-technischen Erkenntnissen einstellen werden.

Staatliche Einwirkungsmöglichkeiten eröffnen sich zwangsläufig dort, wo im Sinne des Ansatzes „Technology-push" Erleichterungen/Subventionen bei der Produktion von F + E gewährt werden können. Andererseits ist es im Sinne des „Demand-pull" ebenfalls möglich, durch geeignete förderungspolitische Maßnahmen dafür zu sorgen, daß die Nachfrage nach High-tech-Gütern stimuliert wird, die ihrerseits Nachfrage nach wissenschaftlich-technischer Innovation schafft.

Ungeachtet der Entwicklungsphasen haben sich – natürlich mit wechselndem Schwerpunkt – Instrumente der Förderungspolitik herauskristalliert, deren Wirkungen und Effektivitäten mehr oder weniger den beiden oben erwähnten Ansätzen zugeordnet werden können.

Innerhalb der Gruppe der *direkten Maßnahmen* kann man zunächst das klassische Instrument des Technology-push ausmachen: die *institutionelle Förderung*.

Empfänger sind u.a. die Max-Planck-Gesellschaft, Großforschungseinrichtungen, Bundesanstalten und Blaue Liste.

Ziel dieser Maßnahmen ist die kontinuierliche Sicherstellung der Grundlagenforschung.

Modalitäten: Vollfinanzierung der Personal- und Sachmittel.

Mögliche Wirkung: Verselbständigung der F + E-Ziele.

Als zweites Instrument der direkten Maßnahmen ist die *projektorientierte Förderung* zu nennen.

Empfänger sind gleichermaßen Forschungsinstitutionen und Wirtschaft.

Ziel dieser Maßnahmen ist es, F + E-Kapazitäten und Investitionen in den Bereichen zu fördern, in denen unter Gewinnmaximierungsgesichtspunkten privatwirtschaftliches Engagement nicht oder nur in einem geringen Umfang erwartet werden kann. Hier ist die zeitliche Begrenzung der Projektförderung ein weiteres Unterscheidungsmerkmal.

Modalitäten: Zuschüsse zu Projekten, Steuererleichterungen für die Wirtschaft, Investitionszulagen.

Mögliche Wirkung: Mit dem Stichwort „Mitnahme-Effekt" wird eine mögliche Gefahr der Fehllenkung dieser Förderung beschrieben, die darin besteht, daß staatliche Hilfen in Bereiche hineinfließen, in denen ohnehin Innovationen notwendig sind.

Als zweite Gruppe sind die *indirekten Maßnahmen* zu nennen.

Empfänger ist die Privatwirtschaft, wobei die Förderungsbedingungen keine Bindung an spezifische Projekte haben.

Ziel dieser Maßnahmen ist es, daß allgemeine Niveau der F + E in der Wirtschaft über eine Veränderung der relativen Preise zu erhöhen, ohne daß Einfluß auf Gegenstand und Zielrichtung des F + E genommen wird.

Modalitäten: Aufwandsbezogene Zuschüsse, Steuererleichterungen, Sonderabschreibungen.

Mögliche Wirkungen: Neben den bereits beschriebenen Mitnahme-Effekten sind
Gießkannen-Wirkungen zu befürchten, ebenso wie der Verdacht naheliegt, daß ge-
samtgesellschaftlich unerwünschte Projekte gefördert werden können.
Als dritte Gruppe können *indirekt-spezifische Maßnahmen* abgegrenzt werden, de-
ren Stellung zwischen direkt-projektorientierten und indirekten Maßnahmen ange-
siedelt weden kann.
Empfänger ist die Privatwirtschaft und hier an erster Stelle die kleinen und mittle-
ren Unternehmen (KMU).
Ziel dieser Maßnahme ist es, den Transfer zwischen Innovation und Produktion im
Sinne der Produkt-Innovation für die Gruppe der zumeist sehr spezialisiert arbei-
tenden KMU zu forcieren.
Modalitäten: Projektbezogene Zuschüsse, Steuererleichterungen, Zuschüsse.
Weitere Wirkungen: Zielgerichtete (d.h. gegenstandsbezogene) Vermittlung von
Know-how in die kleineren und mittleren Wirtschaftsbetriebe zu leisten.

Als letztes Instrument bleibt die Gruppe der *verhaltensregulierenden Maßnahmen*
zu erwähnen, die unter ordnungspolitischen Gesichtspunkten das Patentwesen und
den Bereich von Normen und Standards regelt. Nicht unerheblich hierbei ist die
Tatsache, daß beide Bereiche unter dem Gesichtspunkt der Informationsvermittlung aus der und für die Wirtschaft einen hohen Stellenwert genießen.

F 3.3   Etappen in der Formulierung der IuD-Politik
(Fachinformationspolitik)

Im folgenden sollen chronologisch – und soweit möglich unkommentiert – die
zentralen offiziellen (offiziösen) Aussagen referiert werden, wobei es hier nur darum gehen kann, die konzeptionellen und in förderungspolitische Kategorien um-
setzbaren Ideen zusammenzutragen. Auf eine Referierung der Stellungnahmen aus
der breiten Fachöffentlichkeit ist bewußt verzichtet worden (vgl. dazu etwa
Lit. 16.; Lit. 45.).
Eine offizielle Beschäftigung mit dem damals noch wissenschaftliche Dokumentation genannten Gegenstandsbereich läßt sich in das Jahr 1962 zurückverfolgen. Der
Präsident des Bundesrechnungshofes, in seiner Funktion als Beauftragter für Wirtschaftlichkeit für die Verwaltung, legte ein Gutachten vor, in dem Dokumentation
als kostensparendes Hilfsmittel für die Wissenschaft charakterisiert wurde
(Lit. 35.).
Hervorstechendes Merkmal dieser Studie ist die eindeutige Bestimmung, daß Dokumentation staatliche Aufgabe sei und dies sowohl hinsichtich der Organisation der
,,Landschaft'' als auch der Förderung der Dokumentationsleistungen, auch wenn
finanzielle und praktische Beteiligungen der Wirtschaft explizit nicht ausgeschlossen werden.

Als Organisationsprinzip wird ein Modell der koordinierten Dezentralisation empfohlen, welches an das vorhandene Institutionengerüst der IuD anknüpfen und dieses übergreifend und
flächendeckend weiterentwickeln sollte.
Als Kernaussagen des Gutachtens sind festzuhalten:

- Dokumentation wird als Mittel der Leistungssteigerung in Wirtschaft, Wissenschaft und Verwaltung gesehen.
- Organisation und Förderung der Dokumentation werden wegen des allgemeinen übergreifenden Nutzens als staatliche Aufgabe erklärt, was eine Beteiligung Privater nicht ausschließt.
- Internationale, arbeitsteilige Kooperation mit anderen Ländern wird aus ökonomischen Gründen für sinnvoll und notwendig erachtet.
- Der vorherrschenden Zersplitterung und dem strukturlosen Zusammenhang unter den IuD-Stellen soll durch ein nationales und ausgestaltetes Dokumentationsnetz entgegengewirkt werden.

Ein Jahr vor der Veröffentlichung dieses Gutachtens war unter dem Namen ,,Institut für Dokumentationswesen (IDW)'' in Frankfurt eine Einrichtung der Infrastruktur gegründet worden. Damit war bereits ein Grundstein für die Förderung im Bereich des Dokumentationswesens, ihrer Koordination und ihres institutionellen Zusammenhaltens entstanden. Der Gründung dieser Einrichtung folgte dann 1964 eine weitere: Die ,,Zentralstelle für Maschinelle Dokumentation (ZDM)'', ebenfalls in Frankfurt am Main ansässig, wurde mit der Ausrichtung auf die organisatorisch-methodische Beratung EDV-gestützter Verfahren im Dokumentationsbereich gegründet. Beide Institutionen waren im Umfeld der Max-Planck-Gesellschaft institutionell angesiedelt und sind von daher eindeutig dem Instrument der institutionellen Förderung zuzuordnen.

Die nächste Etappe in der Weckung und Festigung staatlichen Interesses an der Dokumentation kann in der Einrichtung eines Referates für die Dokumentation im damaligen Bundesministerium für wissenschaftliche Forschung (später BMFT) im Jahre 1963 gesehen werden (Lit. 16., S. 114 ff.). Aus diesem Referat sind dann 1964 (Lit. 26.) und vor allem 1967 (Lit. 27.) durch den Referatsleiter H. Lechmann zwei Beiträge entstanden, die die Vorstellung über die Gestaltung einer nationalen IuD-Politik zum Gegenstand hatten. War der Beitrag von 1964 noch von dem Bemühen gekennzeichnet, daß die IuD für die effektive Organisation von Wissenstransfer in den Bereichen Wissenschaft, Wirtschaft und Verwaltung Nutzen bringen und folgerichtig der Staat für diese allgemeine nutzenstiftende Aufgabe die erforderlichen organisatorischen und finanziellen Voraussetzungen schaffen müsse, stellt der Beitrag zwei Jahre später (Lit. 27.) eine Reihe von konkreten Ansätzen für die Entwicklung der IuD-Landschaft vor.

In 20 Leitsätzen werden hier die Konturen eines nationalen Gefüges der IuD-Organisationsstruktur vorgestellt sowie die Bedingungen genannt, die zu erfüllen sind, um auch international eingebunden werden zu können. Vorausgesetzt werden dabei einige Positionen, die im Verlauf der weiteren Entwicklungen Ansatzpunkte zur Kritik gegeben haben:
IuD-Förderung als Staatsaufgabe, Entwicklung eines nationalen Systems auf überregionaler Ebene, Einbindung in das internationale IuD-Gefüge durch das Prinzip der arbeitsteiligen Kooperation.

Neben den Aussagen zur organisatorischen Gliederung dieses Systems, dem ein Muster der koordinierten Dezentralisation zugrunde gelegt wurde, sind diejenigen Aussagen auch heute noch wichtig, die auf die Barrieren für eine weitere Entwicklung hindeuten. Dies waren:

- Zuwächse in der Produktion von Wissen erzwingen maschinelle Verfahren zur deren effektiverer Bewältigung.
- Der Förderung von theoretischen und praktischen Methoden der IuD müsse besondere Aufmerksamkeit geschenkt werden, um die methodische Rückständigkeit auszugleichen.
- Nutzung von Dienstleistungen ist durch Aufklärung der Informationsverbraucher zu fördern.
- Aus- und Fortbildung sei zu entwickeln, ebenso wie der Professionalisierungsgedanke weiter voranzutreiben sei.

Mit diesen hier kurz zusammengefaßten Leitsätzen sind − ausgehend von den Vorstellungen, die im Gutachten des Bundesrechnungshofes bereits vorformuliert waren − Eckpunkte für das erste nationale IuD-Förderungsprogramm 1974 (Lit. 09.) aufgezeigt. Zuvor sollte jedoch − nicht nur der Vollständigkeit halber − eine Initiative erwähnt werden, die, ebenfalls vom Bund angeregt, sich der Gestaltung und Strukturierung des Informationswesens zu Beginn der 70er Jahre annahm.

Am 09. 04. 1970 wurde durch Kabinettsbeschluß die Bildung einer interministeriellen Arbeitsgruppe angeregt, in der Vertreter aus den wichtigsten beteiligten Bundesressorts Vorschläge erarbeiten sollten, wie ein nationales arbeitsteiliges Informationsbankensystem (unter Einsatz modernster Technik und unter Einschluß aller Wissensgebiete und aller denkbaren Nutzerkreise) geplant und realisiert werden könne. Darüberhinaus sollten die Bezüge zu den ebenfalls in Planung befindlichen supranationalen Daten-und Informationsbanken berücksichtigt werden (Lit. 13.).

Neben der Ermöglichung von freiem Zugang zu allen Informationsangeboten bei der Wahrung der Schutzrechte des einzelnen war hervorstechendes Merkmal des Konzeptes des Informationsbankensystems, daß die Trägerschaft kein staatliches Monopol darstellen müsse. Das Organisationsmodell ging von einer Zentralstelle für die Definition der allgemeinen Ziele und der gesamten Koordination aus und setzte sich über ein System von Leitstellen und Fachinformationsbanken, über Bereichsgliederungen bis zu den einzelnen Institutionen in vier-gliedrigem hierarchischen Aufbau fort.

Obwohl es sich bei diesem Systemdesign um ein gemäßigt dezentrales System auf freiwilliger Basis handeln sollte (so zumindest der Anspruch der Planer), ist doch auffallend, daß die Struktur des Organisationskonzeptes eine hierarchische ist, welche in einer Realisierung von der Festlegung der Zielvorgaben auf der obersten Leitungsebene ausging und stufenweise die Zwischenebenen soweit aufbauen sollte, bis die Ebene der bereits vorhandenen Institutionen der praktischen IuD einzubeziehen wären. Für den Planungsverlauf werden 3 bis 5 Jahre angegeben; die Realisierung des Gesamtprojektes hätte nach Angaben der Planer 10 bis 20 Jahre gedauert. Angaben über den zu erwartenden Finanzbedarf fehlen in dem Gutachten völlig. Es ist vielleicht überflüssig zu erwähnen, daß dieses Großprojekt nicht weiter verfolgt wurde und einschlief. Jedoch finden wir in den Grundprinzipien dieser Planungen Elemente, die in den Förderungsplänen des BMFT wieder auftauchen: Alle Bereiche des Wissens, alle denkbaren Benutzergruppen, koordinierter, aber dezentral organisierter und lokalisierter Institutionenaufbau.

Mit der Verabschiedung des IuD-Programms 1974 (Lit. 09.), welches genau als „**Programm der Bundesregierung zur Förderung der Information und Dokumentation" 1974 − 1977"** bezeichnet ist, liegt nun erstmals ein Handlungsmuster für die Entwicklung der IuD-Landschaft in der Bundesrepublik Deutschland vor. Aus der Analyse der zentralen Hemmnisse für eine moderne Entwicklung der IuD im Sinne

dieser Programmabsichten werden Ziele genannt, an denen konkrete Förderungen einsetzen sollen. Zum Zeitpunkt der Verabschiedung dieses Programms wurden Mängel der IuD-Landschaft festgemacht an:
- der strukturlosen Vielfalt der IuD-Einrichtungen,
- ihrer unterschiedlichen Leistungsfähigkeit,
- der mangelnden Zusammenarbeit zwischen Dokumentations- und Bibliotheksdiensten,
- dem unzureichenden Einsatz moderner technischer Hilfsmittel,
- dem erheblichen Forschungs- und Entwicklungsrückstand auf dem Gebiet der IuD,
- dem Mangel bzw. der Nichtverfügbarkeit an qualifiziertem Fachpersonal.

Als Globalziele, die durch die Förderung erreicht werden sollten, werden genannt: Steigender Wissenszuwachs und zunehmender Informationsbedarf erfordern einen Ausbau der Informationsdienstleistungen, zu denen ein leichter Zugang sichergestellt werden müsse, damit das weltweit erarbeitete Wissen zur Lösung der Probleme in der Gesellschaft fruchtbar eingebracht werden kann.

Als weitere Ziele werden genannt:
- Erhöhung der Effizienz von Forschung, Entwicklung und Ausbildung
- Stärkung der Leistungs- und Wettbewerbsfähigkeit der Wirtschaft und Technik
- Unterstützung der Planungs- und Entscheidungstätigkeit von Parlament, Regierung, Verwaltung und Rechtsprechung
- Verbesserte Informationsmöglichkeit für Bürger und die gesellschaftlichen Gruppen.

Um die wenig stimulierende Ausgangssituation der IuD-Praxis mit ihren noch nicht sehr weit entwickelten Methoden und Techniken in Einklang mit den weitgespannten Zielen bringen zu können, müssen Förderungsansätze auf zwei Ebenen gleichzeitig ansetzen:
1. Die Umorganisation und Umgestaltung der ,,strukturlosen'' IuD-Landschaft durch Schaffung leistungsfähiger Betriebseinheiten (Fachinformations-Systeme), die sich zudem auf kompatible Methoden und Technologien für die Erstellung der Informationsdienstleistungen einzustellen haben.
2. Die Schaffung bzw. Verbesserung der Infrastruktur auf breiter Basis, welche im einzelnen bestehen soll aus
- einer zentralen Einrichtung für Infrastruktur mit dem Namen ,,Gesellschaft für Information und Dokumentation (GID)'', die die bisher vom Bund geförderten zentralen Einrichrtungen des IuD-Bereiches zusammenfaßt.
- Stärkung der F + E im Rahmen eines umfassenden F + E-Programm für die IuD (welches zu einem späteren Zeitpunkt ausgearbeitet wurde und Starthilfen für die Entwicklung der Informationswissenschaft an Hochschulen geben sollte (vgl. dazu genauer Lit. 25.).
- Realisierung einer geschlossenen Ausbildungskonzeption für den Gesamtbereich Dokumentation, Bibliothekswesen und Archivwesen.

Hiermit ist also unter der Bezeichnung ,,Strukturkonzept'' die anspruchsvolle Aufgabe formuliert, durch organisatorische und methodische Innovation die bestehenden IuD-Stellen in ein nationales virtuelles Gesamtsystem einzubringen und gleichzeitig F + E-Kapazität aufzubauen, die an der Verbesserung der Methoden und Technologien für das wirkungsvollere Funktionieren dieses noch gar nicht existierenden Gesamtsystems arbeiten sollte. Darüberhinaus war – jedenfalls in nicht nennenswertem Umfang – die Verfügbarkeit der fachlichen Qualifikation, die benötigt wird, um diese neuen Systeme fachgerecht betreiben können, nicht sichergestellt.

Die „Aktionsprogramm" genannte Sach- und Finanzierungsplanung setzte sich zum Ziel
– eine Überführung der bestehenden IuD-Aktivitäten in das Struktur-Konzept zu leisten.
– für die Schaffung der Grundlagen (technisch, methodisch, organisatorisch) für den Auf- und Ausbau effizienter Informationssysteme in Wirtschaft und Technik zu sorgen.
– die Voraussetzungen für die Erfüllung internationaler IuD-Aktivitäten zu schaffen.
Im Mittelpunkt des Aktionsprogrammes steht – abgesehen von der Schaffung des infrastrukturellen Vorlaufes – der sukzessive Aufbau von 16 Fachinformationssystemen und 4 Informationsreinrichtungen mit besonderer Zweckbindung.
Die 16 fachbezogenen Informationssysteme sind
– Gesundheitswesen, Medizin, Biologie, Sport (FIS 1)
– Ernährung, Land- und Forstwirtschaft (FIS 2)
– Chemie (FIS 3)
– Energie, Physik, Mathematik (FIS 4)
– Hüttenkunde, Werkstoffe, Metallbe- und verarbeitung (FIS 5)
– Rohstoffgewinnung und Geowissenschaften (FIS 6)
– Verkehr (FIS 7)
– Raumordnung, Bauwesen, Städtebau (FIS 8)
– Verbrauchsgüter (FIS 9)
– Wirtschaft (FIS 10)
– Recht (FIS 11)
– Bildung (FIS 12)
– Sozialwissenschaften (FIS 13)
– Geisteswissenschaften (FIS 14)
– Auslandskunde (FIS 15)
– Elektrotechnik, Feinwerktechnik, Kraftfahrwesen, Maschinenbau (FIS 16).
Die Informationssysteme mit besonderer Zweckbestimmung sind
– Patente
– Forschungsprojekte
– Umwelt
– Technische Regelwerke.

Die neue Organisationsstruktur sollte die genannten Ziele der flächendeckenden Informationsvermittlung und -versorgung für alle Bürger und die gesellschaftlichen Gruppen einlösen. Instrument der Umsetzung von Modellvorstellung in Realität bildeten die für jedes Fachinformationssystem gebildeten „Fachplanungsgruppen", die sich mit methodischen, technischen, rechtlichen, organisatorischen und bürokratischen Problemen bei der Findung eines gemeinsamen Nenners beschäftigen mußten. Die Ergebnisse dieser Planung wurden in Planungsberichten zusammengefaßt. Von den ursprünglichen 20 geplanten Informationssystemen hatten Anfang 1978 (dem Zeitpunkt des Auslaufens des IuD-Programmes) lediglich einige die formelle Gründung vollzogen – lediglich 10 der 20 Planungsberichte waren zu diesem Zeitpunkt verfügbar.

Auf das in Abschnitt 2 vorgestellte Raster abgebildet kann das IuD-Programm von 1974 folgendermaßen beschrieben werden:

Name IuD-Programm

Soziales Problem
Bewältigung der Informationsflut, die die Grundlage für den wissenschaftlich-technischen Fortschritt für alle Teile der Bevölkerung bildet.

Technisches Handlungsziel
Schaffung einer flächendeckenden Organisationsstruktur für die effektive Informationsvermittlung und gleichzeitig Schaffung der infrastrukturellen Voraussetzung (neue Methoden, Anwendung moderner Techniken, Entwicklung der Informationswissenschaft, Aufbau moderner Ausbildungen).

Disziplinen/Forschungsfelder
- Informatik-Anwendung (Datenbanken, Information Retrieval),
- Informationswissenschaft (im Entstehen),
- eine wenig professionalisierte IuD-Praxis (Handlungslehre Dokumentation).

Problemorientiertes Forschungsprogramm
Entwicklung von neuen Methoden und Techniken für die optimale Gestaltung von Informationssystemen, teilweise nicht ausformuliert.

Vergleicht man dieses mit anderen Förderungsprogrammen (z.B. der Informatik, Lit. 17.; Lit. 31.), so kann als vorsichtiges Resumee gezogen werden:
- Ziel der Bemühungen war eine Verbesserung einer bestehenden alltäglichen IuD-Praxis und nicht das Bemühen, einen neuen strategischen Ansatz für die Erfüllung der Ziele zu finden. Von daher ist das IuD-Programm kaum vergleichbar mit anderen Forschungsprogrammen.
- die zeitgleiche Aufgabenzuweisung an Praxis und Infrastruktur, jeweils auf ihrem Gebiet weitreichende Innovationen anzustellen, hat nicht nur die zumeist bürokratische IuD-Praxis überfordert, sondern ging von einem angenommenen Reifegrad der beteiligten Disziplinen/Forschungsfelder aus, der faktisch nicht erreicht war. Im übrigen ist die kurze, wenig gradlinige Geschichte des Forschungsprogrammes ,,Informationswissenschaft" (Lit. 25.) kein Musterbeispiel einer notwendigerweise auf Kontinuität angelegten Entwicklung, die die in der Wissenschaftsbetrachtung so oft gestellte Frage der autonomen oder finalisierten Steuerung wissenschaftliche Erkenntnisproduktion ,,mangels Masse" einfach nicht zuließ (Lit. 03.).
- Die organisatorischen Strukturvorstellungen waren dem institutionellen Gefüge der traditionellen IuD-Landschaft wohl angemessen und vergleichbar. Das Instrument der institutionellen Förderung ist – abgesehen von den vielen kleinen und input-bezogenen projektorientierten Maßnahmen (vgl. etwa Lit. 20.; Lit. 21.) – das Hauptwerkzeug zur Durchsetzung der globalen Ziele gewesen, wobei offenbar die Vorstellung überwog, daß eine Strukturveränderung nachhaltig durchsetzbar ist, wenn ,,von oben durchgezogen" eine stabile Verwaltungsstruktur errichtet ist.

Natürlich ist ein erstmals aufgelegtes ambitioniertes Programm dieser Art nicht unbestritten: So z.B. sind aus dem Kreis der Profession Einwände seitens der Bibliothekare geäußert worden (Stichwort: Literaturversorgung), von Verlagen und Buchhändlern der Einwand vorgebracht worden, daß mit diesem Programm ein staatlicher Eingriff in ihren angestammten Wirkungsbereich vorgenommen werden

könnte, und auch Insider meldeten sich zu Wort, die Kritik an Anlage und Durchführung übten (Lit. 29.; Lit. 30.; Lit. 39.; Lit. 41. u.a.).
Die wesentlichen Problemzonen bei der Realisierung des Programmes zentrierten
sich um zwei Fragestellungen, die im späteren Verlauf an Bedeutung gewannen:
– Der politisch-rechtliche Komplex, der im wesentlichen mit dem Problem der Abgrenzung von Bundes- und Länderkompetenzen skizziert werden kann und vielfältige Regelungen notwendig gemacht hatte (z.b. der Gesellschaftsvertrag der Gesellschaft für Information und Dokumentation (GID)). Darüberhinaus war das
Axiom der Gründerzeit, „IuD ist Staatsaufgabe", auch unter dem Eindruck des
Einspruchs der Verleger und Buchhändler ins Wanken geraten und hatte den
Grenzverlauf von Staatsaufgaben versus privatwirtschaftlichen Aktivitäten im Sinne eines neuen Schubes der Deregulation neu zu bestimmen (Lit. 30.). Daneben ist
auch für die Zeit Anfang der 80er Jahre festzuhalten, daß die zentrale Zuständigkeit für die IuD auf der Ebene des Bundes nicht mehr weiter wirkte. Es hat eine
Rückverlagerung von IuD-Verantwortlichkeiten in die fachlich zuständigen Bundesressorts stattgefunden, die dem ehemaligen geschlossenen IuD-Strukturkonzept
natürlich widersprach.
– Der Komplex der langfristigen Finanzierung der Dienstleistungen, der mit Einsetzen der allgemeinen Rezession besonders geballt diskutiert wurde. Durch die
Veränderung der politisch-ökonomischen Verhältnisse Ende der 70er Jahre und der
schrittweisen Abkehr von sozialstaatlichen Grundsätzen (etwa im Sinne IuD ist als
Ganzes Staatsaufgabe) ist der Weg hin zu marktwirtschaftlichen Überlegungen ge-
kennzeichnet. Auf der Grundlage eines sich langsam entwickelnden, bescheidenen
Marktes für IuD-Dienstleistungen bildete das zunehmend marktwirtschaftliche
Denken den Ansatzpunkt dafür, die ehemaligen Verpflichtungen für die IuD-
Landschaft über eine gestaffelte Preispolitik von IuD-Leistungen abzumildern, wo-
bei unbestritten ist, daß der Finanzierungsbedarf für eine Vollunterstützung des
IuD-Bereiches langfristig nicht durchzuhalten war (Lit. 01.; Lit. 19.; Lit. 22.;
Lit. 33.; Lit. 42.; Lit. 43.).

Nachdem die oben skizzierte, vitale Diskussion Ende der 70er Jahre/Anfang der
80er Jahre geführt war und die Zwischenphase bis zur Formulierung der folgenden
Förderprogramme durch Fortschreibungen des IuD-Programmes überbrückt wurde (Lit. 22.), wurde 1982 der „**Leistungsplan Fachinformation – Planperiode
1982 – 1984**" veröffentlicht (Lit. 07.).
Offenbar als Brücke zu einem späteren Programm angelegt, beschränkt sich das
Programm in seinen politischen Zielorientierungen auf die Feststellung, daß „Ziele
und Aufgaben dieses Leistungsplans Teil staatlicher Leitvorstellungen über Bedeutung, Entwicklung und Organisation von Informations- und Kommunikationsprozessen [sei], die in der Fachwelt zunehmend unter den Begriff Informationspolitik
zusammengefaßt werden" (Lit. 07., S. 22, siehe dazu auch Abschnitt 1). Dieses
auszuformulieren sei nicht Aufgabe dieses Leistungsplans. Dennoch wird hier –
mit vielen Verweisungen auf privatwirtschaftliches Engagement und dem Aufkommen des sog. Informationsmarktes – eine Zweiteilung in den möglichen Zielsetzungen vorgenommen: Nicht das (auch im alten IuD-Programm enthaltene)
Globalziel, wonach IuD die Leistungsfähigkeit von Wissenschaft, Forschung und

Entwicklung steigere, markiert den Unterschied, sondern der „Zusatz" durch billig verfügbare und bequem nutzbare Fachinformation (Lit. 07.; Lit. 23.). Zudem ist eine Einengung im Gegenstandsbereich zu konstatieren: Es fehlen die expliziten Erwähnungen der Wirtschaft (als potientielle Abnehmer), der Politik und die gesellschaftlichen Gruppen. Der Leistungsplan enthält darüberhinaus Hinweise über das Ausmaß des staatlichen Engagements in Abgrenzung zu kommerziell erschließbaren Teilmärkten am Markt. Für den Teilmarkt der privatwirtschaftlichen Bestätigung gelte es, Investitions- und Risikobarrieren zu vermindern, um ein Engagement des privaten Kapitals zu fördern.

Aus dieser vorsichtigen Zweiteilung der Ziele ergeben sich dann folgerichtig Aufgaben,
– den Leistungsstand der durch das IuD-Programm zusammengefaßten Einrichtungen und Dienste solange zu sichern, bis über höhere Erlöse und breitere Nutzung der Zuschußbedarf entfällt.
– Lücken im bestehenden Dienstleistungsbereich dadurch zu füllen, daß neue Daten- und Fakteninformationsdienste neben den Literaturdatenbanken aufgebaut werden.
– den Einsatz moderner Informations- und Kommunikationstechniken für die Erstellung und die Vermittlung von Diensten vorantreiben.
– die informationswissenschaftliche Forschung und Entwicklung in ihren praxis-relevanten Fragestellungen zu fördern.

Keine Erwähnung finden mehr das Informationswissenschaftliche Forschungsprogramm sowie die drängende Frage der fachspezifischen Ausbildung. Statt dessen wird – gerade in Bezug auf das Aufgabenbündel informationswissenschaftliche F + E – deutlich darauf hingewiesen, daß über das Instrument der Projektförderung Unternehmen und Forschungseinrichtungen aufgefordert werden, sich um entsprechende auf den Kanon der Teilprogramme beziehende Aufträge zu bewerben.

Die institutionelle Förderung wird begrenzt auf die Förderung der Gesellschaft für Information und Dokumentation (GID) sowie 5 Fachinformationszentren und eine technische Informationsbibliothek.

Über das Instrument der Preispolitik (Lit. 07., S. 27. ff.) und der Vermarktung von elektronischen Dienstleistungen werden die Zuschußbedarfe im institutionellen Förderungsbereich zu minimieren versucht.

Entsprechend dieser neuen Zweiteiligkeit gruppieren sich die Förderbereiche des Leistungsplanes um folgende Teilprogramme:
– wissenschaftlich-technische Literaturinformation und -versorgung („Altlasten" des IuD-Programmes).
– Innovationen bei neuen Datenbanktypen durch Förderungen für Daten- und Fakteninformationssysteme.
– Elektronische Informationsverteilung, um technische Beherrschbarkeit der (auch privatwirtschaftlichen, Anbieter) sicherzustellen.
– Erschließung des Marktes für Fachinformation (Rahmenbedingungen für das Eintreten Privater ermitteln und entsprechende Anreize schaffen).
– Grundlagen der Fachinformation, informationswissenschaftliche F + E.

Innerhalb von weniger als acht Jahren haben sich die Prämissen und Ansatzpunkte für staatliche Förderungen erheblich gewandelt. Vom vielleicht recht idealistischen Ansatz, alles Wissen allen ohne Berücksichtigung der Kosten zugänglich machen zu wollen in einem Organisationskonzept, welches als zentralen Ansprechknoten die zuständige IuD-Stelle vorsah und Forschung und Ausbildung an Hochschulen angemessen berücksichtigte, ist nicht viel Übergreifendes übrig geblieben. Der neue

Leistungsplan vermittelt eher den Eindruck eines defensiven Stückwerkes, welches aus den Lektionen der Wandlungen in Politik und Wirtschaft Rücksicht zu nehmen gelernt hat, dem aber (vielleicht aus finanziellen Mitteln) die längere Perspektive fehlt. Daß diese Vermutung auch einen realen Anknüpfungspunkt hat, wird deutlich an den ,,Gutachten des Bundesrechnungshofes über die Fachinformation in der Bundesrepublik Deutschland (Lit. 15.)''. In diesem 1983 veröffentlichten Gutachten wird – unter dem Gesichtspunkt der Wirtschaftlichkeit – die IuD bzw. Fachinformation allgemein (und nicht das IuD-Programm im besonderen) bewertet und Vorschläge für eine Neugestaltung unterbreitet.

Die hier angesprochenen Kritikpunkte zusammen mit der Stellungnahme der Bundesregierung zu diesem Gutachten vom gleichen Jahr (Lit. 11.) und eine vom Wissenschaftsrat gefertigte Stellungsnahme zur Gesellschaft für Information und Dokumentation im Jahre 1984 (Lit. 47.) bilden die Marksteine der Demontage der informationspolitischen Weichenstellung der 70er Jahre und münden über die Neuformulierung der Forschungs- und Technologiepolitik (Lit. 37.; Lit. 08.) in das 1985 veröffentlichte Fachinformtionsprogramm (Lit. 06.).

Doch diese Zusammenhänge sollten in einzelnen Etappen nachvollzogen werden:
Im Gutachten des Bundesrechnungshofes von 1983 geht es im wesentlichen um folgende Grundsatzfragen, von deren Beantwortung eine Neugestaltung der Informationspolitik abhängig gemacht werden müsse:
- Die Notwendigkeit eines staatlichen Engagements ist in der Vergangenheit nicht im gebotenen Maße begründet worden.
- Es wurde in der Vergangenheit von einem Bedarf an Dokumentationen ausgegangen, der nie hinreichend untersucht wurde.
- Das IuD-Programm von 1974 habe zu weitreichende Ziele formuliert (etwa flächendeckende Erschließung der gesamten relevanten Fachliteratur), deren Nicht-Einlösung eine Neuformulierung der Fachinformationspolitik erfordere.
- Zunächst müssen die Grundzüge einer neuen Fachinformationspolitik die Frage klarstellen, ob IuD als Infrastruktur öffentliche Aufgabe sei, oder ein privatwirtschaftlicher Teilmarkt, für den der Staat lediglich die Rahmenbedingungen setzen soll.
- Mit der durch das Scheitern des Sturkturkonzeptes verursachten Aufgabe des flächendeckenden Ansatz muß die Frage beantwortet werden, welche Felder der Privatinitiative vorbehalten bleiben, um Verlegern, Datenbankanbietern, Informationsvermittlern langfristige Orientierungen und Handlungssicherheit zu geben.
- Staatlich finanzierte Datenbankangebote müssen darauf geprüft werden, inwieweit der Bund dafür über Zuständigkeiten verfügt, inwiefern vergleichbare Angebote bereits am Markt existieren; wenn diese nicht existieren, sollten sie in Kooperation mit dem Ausland nach den Kriterien der Kosten-Nutzen Abwägung und unter finanzieller Beteiligung der Nachfrager erstellt werden.
- Zur Frage der Finanzierung der IuD-Dienstleistungen wird das Modell der nachfrageorientierten Finanzierung vorgeschlagen, wobei kostendeckende Entgelte nur in wenigen Bereichen erreichbar sind.
- Die Aufgaben der Gesellschaft für Information und Dokumentation (GID) werden im Sinne der weiteren Standardsierung der Arbeitsmittel und Methoden präzisiert.
- Die Ausbildung von qualifiziertem Fachpersonal wird als notwendig und wichtig dargestellt, jedoch auf die Nicht-Zuständigkeit des Bundes für Ausbildungsfragen verwiesen.

Die in diesem Gutachten genannten Erklärungs- und Entscheidungsdefizite der IuD-Politik stellten nun – nicht unvorbereitet durch Fachbeiträge in der Öffentlichkeit − die Grundlagen und Grundannahmen, auf denen ein jeder Politikbereich nun einmal aufgebaut, in Frage und dies in einer Deutlichkeit und Dringlichkeit, die es einer Widerlegung des Bundesministeriums für Forschung und Technologie im gleichen Jahre sehr schwer machte (Lit. 11.).

Waren im Gutachten des Bundesrechnungshofes die Passagen über die Leistungen der Gesellschaft für Information und Dokumentation (GID) noch recht neutral auf die Präzisierung der Arbeitsschwerpunkte hin ausgerichtet, spricht das 1984 fertiggestellte Gutachten des Wissenschaftsrates ,,Stellungnahme zur Gesellschaft für Information und Dokumentation'' schon eine sehr viel deutlichere Sprache (Lit. 47.). Die Bund-Länder-Komission für Bildungsplanung und Forschungsförderung hatte im Mai 1983 diese Stellungnahme in Auftrag gegeben, um zu prüfen, ob die GID noch die Voraussetzungen für die gemeinsame Förderung durch Bund und Länder erfülle. Nach der Nennung der vielfältigen Gründe für die insgesamt wenig brilliante und im wesentlichen erfolglose Arbeit der GID (mangelnde Qualifikation der Mitarbeiter; mangelnde Kompetenz, zukünftige Entwicklungsaufgaben anzupacken; unklare Aufgabenbeschreibungen und ungenügende Realisierungskontrollen; organisatorische Schwierigkeiten usw.) kommt die Stellungnahme zu dem Schluß, daß die ,,GID'' die Voraussetzungen für die gemeinsame Förderung durch Bund und Länder nicht erfüllt (Lit. 47., S. 77). Den Außenstellen der GID in Tokio und Washington dagegen bescheinigt das Gutachten eine positive Arbeit. Da die Entwicklung der Fachinformation besonders durch die Anwendung moderner Informationstechniken zunehmend komplexer wird, empfiehlt das Gutachten, daß für die Erfüllung der Dienstleistungen und Forschungsaufgaben des Gegenstandsbereiches eine Einrichtung außerhalb der Hochschulen zur Verfügung stehen müsse (Lit. 47., S. 80).
Die Teilung der Infrastrukturaufgaben der GID in ein Konzept Dienstleistungen (Beratung, Praxisorientierte Entwicklung, Vorhaltung bestimmter Standardleistungen etwa) und einen Komplex Forschungs- und Entwicklungsarbeiten, die in dieser Stellungnahme anklingt, ist dann in den späteren Jahren realisiert worden. Die GID wurde schrittweise aufgelöst und − neben anderen kleineren institutionellen Neuzuordnungen − in einem Dienstleistungsbereich mit dem Namen ,,Gesellschaft für Elektronische Medien'' und einem Forschungsbereich in die ,,Gesellschaft für Mathematik und Datenverarbeitung (GMD)'' überführt. Der Forschungszweig der Fachinformation wurde mit dem Namen ,,Institut für integrierte Publikations- und Informationssysteme'' als Forschungsinstitut bei der GMD überführt, wobei der Name des neuen Instituts eine Veränderung im Gegenstandsbereich signalisiert.

In der 1983 erschienen Broschüre ,,Neuorientierungen der Forschungs- und Technologiepolitik'' legt das Bundesministerium für Forschung und Technologie die neuen Ziele und Grundsätze dar (Lit. 08.). In Bezug zu den förderpolitischen Maßnahmen wird deutlich darauf hingewiesen, daß eine Akzentverschiebung von der direkten Förderung von Einzelprojekten in der Wirtschaft zugunsten von Maßnahmen der indirekten und indirekt-spezifischen Forschungsförderungen vorgenommen werden sollte. Insbesondere wird auf die Wiedereinführung der Sonderabschreibungen hingewiesen.

Die Ziele dieser Neuorientierung sind:
- Erweiterung und Vertiefung der wissenschaftlichen Forschung,
- Ressourcen- und Umweltschonung sowie menschengerechte Lebens- und Arbeitsbedingungen,
- Steigerung der wirtschaftlichen Leistungs- und Wettbewerbsfähigkeit.

Ansatzpunkte zur Erreichung dieser globalen Ziele sieht das Ministerium in
- der Stärkung der Grundlagenforschung,
- der Forschung in den Bereichen staatlicher Daseins- und Zukunftsvorsorge (Umwelt, Klima, Gesundheit),
- der ,,Großforschung'' (Weltraum, Energie, Verkehr, Meer),
- Verbesserung der Ausgangs- und Rahmenbedingungen für Innovation in der Wirtschaft,
- Technologische Forschung und Entwicklung in der Industrie.

Als neue programmatische Ideen sind die Punkte Infrastrukturverbesserung in der Forschung und Innovationsbelebung für die Wirtschaft anzusehen, die den Grundsatz der ,,Notwendigkeit einer konsequent marktwirtschaftlich orientierten Politik'' mit verläßlichen wirtschafts-, gesellschafts- und forschungspolitischen Rahmenbedingungen und der Stärkung der Eigeninitiative (Lit. 08., S. 10) bekräftigen.

Entlang dieser Linie der Argumentation neuer Schwerpunkte und wirtschaftsnaher Förderungsmaßnahmen ist dieser Schrift auch der neue Ansatzpunkt für die Weiterentwicklung der Fachinformation zu entnehmen. Mit Hinweis auf das bereits behandelte Gutachten des Bundesrechnungshofes (Lit. 35.) und der Stellungnahme der Bundesregierung zu diesem Gutachten (Lit. 11.) wird sehr deutlich gesagt,
- daß die ,,vollständige Verfügbarkeit der Fachinformation für Wissenschaft, Wirtschaft, Staat und Gesellschaft eine Voraussetzung sein (wird), die internationale Wettbewerbsfähigkeit der Bundesrepublik Deutschland zu erhalten und zu verbessern''.
- daß aber andererseits im Rahmen der sozialen Marktwirtschaft Produktion und Vertrieb von Fachinformationen in der Regel Aufgabe der privaten Wirtschaft ist und damit privater Initiative unterliegt (Lit. 08., S. 74). Diese Dichotomie von Vollständigkeitsanspruch und partiellem Engagement privater Anbieter wird aufgelöst durch die folgende Feststellung, die abgerundet wird durch die Ankündigung, daß der Staat selbst Fachinformation produzieren, verwalten und vertreiben kann. ,,Staatliche Förderung der Fachinformation zur Verbesserung der Rahmenbedingungen und der Infrastruktur für Wissenschaft, Wirtschaft, Staat und Gesellschaft ist in Teilbereichen in Betracht zu ziehen, wenn die im öffentlichen Interesse wünschenswerten Ergebnisse über den Markt nicht zu erzielen sind (Lit. 08., S. 74)''.

Diese Leitgedanken finden dann in dem 1985 vorgelegten ,,**Fachinformationsprogramm 1985 – 1988 der Bundesregierung**'' (Lit. 06.) ihre Präzisierung in der Abgrenzung der Verhältnissen von Staat und Wirtschaft. Die Zuständigkeiten des Bundes sind hier auf die im Grundgesetz ausdrücklich genannten und die ungeschriebenen verfassungsrechtlichen Zuständigkeiten sowie jene Aufgaben begrenzt worden, die sich auf die Zusammenarbeit mit den Ländern beziehen (Lit. 06., S. 15).

Die Ziele der neuen Fachinformationspolitik sind im Sinne der oben genannten Begrenzungen ausgerichtet auf

- die Verbesserung der Rahmenbedingungen des Fachinformationsmarktes,
- die Stärkung des Informationstransfers innerhalb der Wissenschaft und zwischen Forschung und Wirtschaft (über Technologietransfer und Innovationsförderung),
- die Sicherung des grenzüberschreitenden Datenverkehrs,
- die Erhöhung der Nutzung und Akzeptanz der Fachinformation in allen Bereichen der Gesellschaft,
- die Verbesserung der Marktchancen der deutschen Wirtschaft und der Zukunftsicherung der Arbeitsplätze auch in der Informationswirtschaft.

Aus diesen allgemeinen Zielen werden dann fünf Schwerpunkte abgeleitet, die die Grundlage für die neue Ära der Förderung bilden:
- Produktion und Herausgabe von Fachinformation mit Schwerpunkt der Förderung von Faktenbanken in den Bereichen Chemie, Physik, Gesundheitswesen und Umweltschutz (ca. 405 Mio. DM in den Jahren 1985 – 1988. Dies entspricht ca. 45 % der im Berichtszeitraum vorgesehenen Förderungsmittel).
- Angebot der elektronischen Fachinformation mit dem Schwerpunkt der Förderung von internationalen Verbundsystemen für Fachinformation und der Verknüpfung mit dem Deutschen Forschungsnetz (ca. 124 Mio. DM im Förderungszeitraum, was ca. 13 % des Fördervolumens entspricht).
- Nutzung der Fachinformation mit besonderem Schwerpunkt auf Modellversuchen innovationsfördernder Informationsvermittlung (ca. 304 Mio. DM sind im Förderungszeitraum veranschlagt, was einem Anteil von ca. 32 % entspricht).
- Informationswissenschaft mit dem Schwerpunkt auf Projekten über Untersuchungen zu Produkt- und Verfahrensinnovation sowie rechnergestützte Übersetzungssysteme (ca. 106 Mio. DM entsprechen ca. 11 % der vorgesehenen Gesamtsumme).
- Internationale Zusammenarbeit zur Vermeidung von Abhängigkeiten und Verletzlichkeit der Fachinformationsversorgung in der Bundesrepublik Deutschland (hier sind keine gesonderten Mittel ausgewiesen).

Über die Durchschlagskraft dieser neueren Förderungsphilosophie läßt sich zum Zeitpunkt der Abfassung dieses Beitrages wenig sagen. Gespannt kann die Fachöffentlichkeit sein auf die Ergebnisse des „Modellversuchs Informationsvermittlung" (Lit. 24.; Lit. 40.), welcher sich zum Ziel setzte, durch regressive Förderungszuschüsse an private und öffentliche Informationsvermittlungsstellen die Nutzung der Fachinformation zu beleben. Dies wird unter anderen ein Indikator sein können, inwieweit sich ein Inforamtionsmarkt in der Bundesrepublik Deutschland von der Nachfrageseite entwickelt hat.

In der bisherigen Nachzeichnung der Entwicklungen der Informationspolitik ist im wesentlichen von den Fördersummen, die in den einzelnen Förderungszeiträumen zur Verfügung standen bzw. verbraucht wurden, nur in Ausnahmefällen gesprochen wurden. Diese sind hier nachzutragen auf der Grundlage verschiedenster Angaben aus den Quellen des Bundesministeriums für Forschung und Technologie. Die wesentliche Schwierigkeit bei den in den Quellen angegebene Förderungssummen liegt zunächst einmal in der Tatsache, daß es sich in der Regel um Haushaltsansätze für einen mittelfristigen Zeitraum handelt, von denen in den Haushaltszuweisungen der einzelnen Jahre abgewichen werden kann.

Zum anderen ist es von Förderungsperiode zu Förderungsperiode verschieden, welche Mittel aus welchen Bundesressorts in der Förderung berücksichtigt wurden. Handelte es sich ausschließlich um die Förderungsmittel des BMFT oder auch um Mittel anderer Bundesressorts für Zwecke der IuD bzw. Fachinformation. Beispielhaft ist die Trennung nach Bundesressorts im Fachinformationsprogramm von 1985 (Lit. 06., S. 72 ff.) vorgenommen worden, die der bereits kurz erwähnten Tatsache Rechnung trägt, daß ab 1980 die Zuständigkeit für die IuD teilweise in die fachlich zuständigen Bundesressorts rückverlagert wurde. Zum dritten ist es aus den Zahlenwerken nicht immer deutlich zu erkennen, ob die Förderungen der Bibliotheken mit überregionalen Angaben in den Förderungsmitteln enthalten waren oder nicht.

So weist beispielsweise das IuD-Programm (Lit. 09., S. 112) ein Gesamtvolumen von 442 Mio. DM für den Zeitraum von 1973 – 1977 aus; der Leistungsplan 1982 (Lit. 07., S. 33) für die Jahre 1981 – 1984 ein Gesamtvolumen von 313,9 Mio. DM und das Fachinformationsprogramm von 1985 (Lit. 06., S. 74) ein Volumen von 553,8 Mio. DM für die Zeit von 1983 – 1988, die allein aus den Mitteln des BMFT aufgewendet wurden. Die *Abb.* 2 stellt die in den Programmen genannten Zahlen zusammen, zu denen weitere Quellen hinzugezogen wurden.

Trotz dieser nicht eindeutigen Zahlenwelt, deren Zustandekommen zusätzlich zu den bereits genannten, nicht erkennbaren Rechnungsverfahren auch durch implizit vorgenommene Definitionszuwächse erklärt werden kann, ist erkennbar, daß große Beträge in die Förderung der IuD/Fachinformation geflossen sind. Und diese zusätzlich zu den Summen, die für den Betrieb der IuD von Seiten der Länder, der Privatwirtschaft, Stiftungen, Forschungseinrichtungen usw. routinemäßig aufgebracht wurden.

F 3.4   Ausblick

Es ist versucht worden, die Entwicklung von Förderungsprogrammen der Bundesregierung für den Gegenstandsbereich Information und Dokumentation von den politischen Programmatiken her, die jeweils zu der Zeit vorherrschend waren, zu beschreiben. Daß dies alles allein nur verstanden werden kann auf der Grundlage der jeweils vorherrschenden wirtschaftlichen und politischen Großwetterlage, ist selbstverständlich und ist deshalb nicht ausführlich erwähnt worden.

Es soll abschließend versucht werden, den Bezug zu den in Abschnitt 2 dieses Kapitels aufgezeigten Entwicklungslinien der Forschungs- und Technologiepolitik herzustellen.

Das soziale Problem, auf welches im Falle der IuD reagiert wird, ist in der Anfangsphase im Kern charakterisiert worden als die Bewältigung des Erkenntnis- und Wissenszuwachses (Informationsflut) zum Nutzen von Wirtschaft, Wissenschaft, Politik und alle Bürger. Die Beherrschung dieser Flut an wichtigem Wissen wurde im Sinne des technischen Handlungszieles durch den Auf- und Ausbau eines flächendeckenden Netzes von Fachinformationsreinrichtungen und dazugehörige Infrastruktur-Einrichtungen angegangen. Vergröbernd kann dieser Lösungsansatz

	1	2	3	4	5	6
1973	63,7					
1974	76,4 (S)		84,1			31,1
1975	101,5 (S)		115,8		49	48,8
1976	122,0 (S)		122,2		51	51,1
1977	142,2 (S)		133,9		62	57,7
1978			160,4		80	78,7
1979			166,4		94	82,9
1980			181,2		102	83,8
1981		71,3	179,5		113	86 (S)
1982		80,7 (S)	186,6			83,3(S)
1983		82,3 (S)	189,6	68,8 (S)		
1984		79,6 (S)	193,0	73,0		
1985			221 (S)	92 (S)		
1986			235 (S)	101 (S)		
1987			240 (S)	107 (S)		
1988			243 (S)	111 (S)		

1 = IuD-Programm 1974 (Lit. 09., S. 112)
2 = Leistungsplan 1982 (Lit. 07., S. 33)
3 = Fachinformationsprogramm 1985 (Lit. 06., S. 74), alle Ressorts
4 = Fachinformationsprogramm dito, nur BMFT-Aufwendungen nach Mittelfristiger Finanzplanung
5 = Bundesbericht Forschung VI (Lit. 05., S. 44)
6 = Winterhager etal (Lit. 48., S. 83)
(S) = Soll

Abb. 2: Aufwendungen für die IuD bzw. Fachinformation nach verschiedenen Quellen in Mio. DM

– zumindest in der Anfangszeit – als input-orientiert charakterisiert werden, der weitere Dimensionen des Grundproblems weitgehend außer acht ließ: die Verteilung, die bedarfsgerechte und zielgenaue Vermittlung des Rohstoffes „Information" an die Nutzer. Nicht eindeutig ist die Frage beantwortbar, ob mit den Förderungsprogrammen die Bedingungen erfüllt waren (oder werden konnten), die unter dem Aspekt der Spezifizierung der Forschungsprogrammatik gestellt werden müssen. Daß dies in den entsprechenden Teilprogrammen der Förderung für Hochschulen und im Zusammenhang mit der Formulierung entsprechender Schwerpunkte für die GID versucht wurde, ist wohl unbestritten. Zweifel sind wohl angebracht darüber, ob diese Aufgaben zielbestimmt, systematisch aus dem Gegenstand abgeleitet, umfassend und nachvollziehbar waren und ob sie in der Technologieperspektive strategisch angemessen eingeordnet waren. Zweifel an der Fähigkeit, diese mehr oder weniger deutlich formulierten Zielvorgaben umzusetzen, sind an anderer Stelle geäußert worden. (Lit. 47.)

Die Entwicklung in den 80er Jahren ist gekennzeichnet durch eine zunehmende Output-Orientierung; der Hinwendung zur Nutzung der IuD-Dienstleistungen, wie dies in den Konzepten der Informationsvermittlung und des Informationsmarktes zum Ausdruck kommt. Gestützt wird diese Entwicklung durch den partiellen Rückzug des Staates aus der umfassenden Verantwortung für die IuD, der institutionensprengenden Auswirkungen der zunehmenden Anwendungen der Informations- und Kommunikationstechnologien, sowie einem sehr plötzlich einsetzenden „Vertrauen" in die Mechanismen des sich sehr schüchtern entwickelnden Informationsmarktes. (Stichpunkt: marktwirtschaftlich-orientierte Förderungspolitik)
Bezüglich der Zeitphasen in der Formulierung von F + E-Prgrammatiken läßt sich das IuD-Programm von 1974 wohl recht eindeutig in die Nachhol- und Innovationsphase einordnen. Dort wird der Zusammenhang zwischen der Schließung der technologischen Lücke und der Schaffung neuer F + E-Infrastruktur hergestellt. Für die programmatischen Ziele in den 80er Jahren gelten dann allerdings mehr die Merkmale der Effizienzsteigerungsphase; festmachbar z.B. an dem Konzept der Innovationsförderung mit Blick auf die Vermittlung von know-how in die Wirtschaft. Dies ist jedoch nicht so zu verstehen, daß scharfkantig deutliche Umorientierungen feststellbar sind, sondern vielmehr neuere Zielorientierungen zu den bereits bestehenden hinzukamen. Die Ereignisse seit ca. 1983 lassen zudem vermuten, daß durch stärkere Deregulierungen, weiteren Rückzug aus der direkten Verantwortung, institutionelle Neuzuordnungen, Vervollständigung der Rückverlagerung der IuD-Zuständigkeit in die Fachressorts des Bundes u.ä. eine eigenständige Fachinformationspolitik aufgegeben wurde, ohne eine deutliche Perspektive für eine Neuverortung aufzuzeigen.
Durch die schrittweise Einschränkung des ursprünglichen flächendeckenden Konzeptes der Fachinformationsversorgung, welches von einer Vorstellung ausging, daß Information unteilbar und in ihrem Nutzen grundsätzlich gleich ist und deshalb alle Bereiche des menschlichen Wissens einschließen müsse, ist zumindest ein Anzeichen für einen Wechsel in der Begründung des Nutzens festzuhalten. Während das ursprüngliche ganzheitliche Informationskonzept dem Technology-push-Ansatz verpflichtet ist, trägt das in den letzteren Jahren stärker vertretene Konzept der privatwirtschaftlichen Vermarktung von Informationen deutlich die Handschrift des Demand-Pull-Ansatzes, auch wenn hier im Detail noch stärkere Differenzierungen vorzunehmen wären.
In der Frage der Anwendung des förderungspolitischen Instrumentariums ist eine schrittweise und schwerpunktsetzende Verlagerung von den anfänglichen direkten zu den späteren indirekten Maßnahmen zu verzeichnen. Waren es zu Beginn der Förderung im IuD-Bereich zunächst Maßnahmen der institutionellen Förderung,

unterstützt durch projektorientierten Maßnahmen, so wurden in den 80er Jahren indirekte Maßnahmen zusätzlich eingeführt, von denen der Typus der indirekt-spezifischen Maßnahmen dominierte. (Vgl. dazu den Modellversuch Informations-vermittlung als Beispiel für diese Förderungsmodalität, Lit. 40.).

Literatur

01. Augstin, S.: Versagt die marktwirtschaftliche Koordinierung – der Wettbewerb – im Informations- und Dokumentationsbereich? In: Nachrichten für Dokumentation. Vol. 29, 1978. S. 61–67.

02. Becker, J.: Datenbanken im Ost-West-Konflikt. Arnoldshein: Evang. Akademie 1985. 119 S.

03. Böhme, G.: Autonomisierung und Finalisierung. In: Starnberger Studien 1. Die gesell-schaftliche Orientierung des wissenschaftlichen Fortschritts. Frankfurt/M.: Suhrkamp 1978. S. 69–118.

04. Bülow, A. von: Eine Strategie der Schwerpunktsetzung ist notwendig. Zur Forschungspo-litik in der Informationstechnik. In: GMD-Spiegel. Vol. 1982. S. 3–6.

05. BMFT: Bundesbericht Forschung VI. Bonn: BMFT 1979. S. 44 f.

06. BMFT: Fachinformationsprogramm 1985–1988. Bonn: BMFT 1985. 127 S.

07. BMFT: Leistungsplan Fachinformation. Planperiode 1982–1984. Bonn: BMFT 1982. 77 S.

08. BMFT: Neuorientierungen der Forschungs- und Technologiepolitik. Bilanz 1983. Bonn: BMFT 1984. 80 S.

09. BMFT: Programm der Bundesregierung zur Förderung der Information und Dokumenta-tion 1974–1977. Bonn. BMFT 1974. 147 S.

10. BMFT: Programm der Bundesregierng zur Förderung von Forschung und Entwicklung im Bereich der Technischen Kommunikation 1978–1982. Bonn: BMFT 1979. 115 S.

11. BMFT: Stellungnahme der Bundesregierung zum Gutachten des Präsidenten des Bundes-rechnungshofes als Bundesbeauftragter für Wirtschaftlichkeit in der Verwaltung. Hrsg. vom Bundesminister für Forschung und Technologie. Bonn 1983. 72 S.

12. BMFT: Zwischenbilanz 1986 zum Fachinformationsprogramm. In: Fachinformationspro-gramm der Bundesregierung mit Zwischenbilanz 1986. Bonn. BMFT 1987. S. 6–84.

13. BMI (Bundesministerium des Inneren): Das Informationsbankensystem. Bericht der inter-ministeriellen Arbeitsgruppe beim Bundesministerium des Innern an die Bundesregierung. Bd. 1. Bonn: Heymann 1971. 157 S.

14. Bruder, W.: Dose, N.: Forschungs- und Technologiepolitik in der Bundesrepublik Deutschland. In: Bruder, W. (Hrsg.): Forschungs- und Technologiepolitik in der Bundes-republik Deutschland. Opladen: Westdeutscher Verl. 1986. S. 11–75.

15. Bundesrechnungshof: Gutachten über die Fachinformation in der Bunderepublik Deutschland. Bonn 1983. 105 S. u. Anh.

16. Butzek, E.; Windel, G.: Zum Verhältnis von Staat und IuD in der Bundesrepublik Deutschland. In: Bruder, M.; Windel, G. (Hrsg.): Zum Verhältnis von Staat, Wissen-schaft zu IuD. München: Verl. Dokumentation 1978. S. 65–136.

17. Daele, W. van der; Krohn, W.; Weingart, P.: Die politische Steuerung der wissenschaftli-chen Entwicklung. In: dies. (Hrsg.): Geplante Forschung. Frankfurt/M.: Suhrkamp 1979. S. 11–63.

18. Donth, H. H.: Das Programm der Bundesregierung zur Förderung der IuD. In: Gutenberg-Jahrbuch. Vol. 56, 1981. S. 21–45.

19. Donth, H. H.: Grundsätze für die Preispolitik von Fachinformationszentren. In: Deutscher Dokumentartag 1978. München. Saur 1979. S. 141 – 161.

20. GID: Forschungs- und Entwicklungsprojekte in Informationswissenschaft und -praxis 1981. Frankfurt a.M.: IDD Verl. 1981. 271 S.

21. GID: Verzeichnis geförderter Einzelvorhaben der Information und Dokumentation 1978 – 1979. Frankfurt a.M.: GID 1980. 197 S.

22. Güntsch, F. R.: Zur Fortschreibung des IuD-Programms aus der Sicht des BMFT. In: Deutscher Dokumentartag 1979. Willingen. München: Saur 1980. S. 273 – 294.

23. Hirsch, J.: Wissenschaftlich-technischer Fortschritt und politisches System. Frankfurt a.M.: Suhrkamp 1971. 305 S.

24. ISI: Informationsbrief zum Modellversuch ,,Informationsvermittlung" Informationsbrief. . . .Nr. 1, 1987. 21 S.

25. Kuhlen, R.: Die Verwissenschaftlichung von Information . . . In: Bruder, W. (Hrsg.): Forschungs- und Technologiepolitik in der Bundesrepublik Deutschland. Köln: Westdeutscher Verl. 1986. S. 264 – 291.

26. Lechmann, H.: Dokumentation und Information als Anliegen der Bundesrepublik Deutschland. In: Nachrichten für Dokumentation. Vol. 15, 1964. S. 157 – 166.

27. Lechmann, H.: Leitsätze für eine nationale Dokumentations- und Informationspolitik im Bereich der Wissenschaft und Technik. In: Nachrichten für Dokumentation. Vol. 18, 1967. S. 16 – 19.

28. Lechmann, H.: Nationale und internationale Aspekte des IuD-Programms. In: Nachrichten für Dokumentation. Vol. 28, 1977. S. 3 – 10.

29. Lenk, K.: Fachinformationsversorgung im Zeichen des technischen Wandles. In: Nachrichten für Dokumentation. Vol. 33, 1982. S. 3 – 8.

30. Lenk, K.: Information und Dokumentation als öffentliche Aufgabe. In: Schwuchow, W. (Hrsg.): ökonomische Aspekte der Fachinformation. München: Saur 1981. S.37 – 54.

31. Mainzer, K.: Entwicklungsfaktoren der Informatik in der Bundesrepublik Deutschland. In: Daele, W. van der; Krohn, W.; Weingart, P. (Hrsg.): Geplante Forschung. Frankfurt/M.: Suhrkamp 1979. S.117 – 177.

32. Mettler-Meibom, B.; Becker, J.; Matheisen, J.: Information und Dokumentation im Medienverbund. In: Nachrichten für Dokumentation. Vol. 31, 1980. S. 123 – 132.

33. Pflug, G.: Preispolitik für IuD-Dienstleistungen aus der Sicht der Bibliotheken. In: Deutscher Dokumentartag 1978. Frankfurt. München: Saur 1979. S. 181 – 193.

34. Presse- und Informationsamt der Bundesregierung: Medienpolitik. Neue Techniken – Neue Medien. Dokumente zur Medienpolitik. Bonn: Presse- und Informationsamt Aug. 1985. 126 S.

35. Präsident des Bundesrechnungshofes. Untersuchung über die wissenschaftliche Dokumentation in der Bundesrepublik Deutschland. Bonn Feb. 1962. 128 S.

36. Radnitziky G.; Anderson, G.: Wissenschaftspolitik und Organisationsform der Forschung. In: Weinberg, A. (Hrsg.): Probleme der Großforschung. Frankfurt/M.: Suhrkamp. 1970. S. 9 – 64.

37. Riesenhuber,A.: Zukunftkonzept Informationstechnik 2000. In: GMD-Spiegel. 1988, Nr. 2/3. S. 41 – 47.

38. Rilling, R.: Theorie und Soziologie der Wissenschaft. Zur Entwicklung in der BRD und DDR. Frankfurt a.M.: Fischer 1975. 293 S.

39. Samulowitz, H.: IuD Programm und Informationsgesellschaft. In: Nachrichten für Dokumentation. Vol. 31, 1980. S. 144 – 146.

40. Schmidt, R.: Die Modelle verlassen den Laufsteg. Der BMFT-Versuch ,,Informationsvermittlung" nähert sich seinem Ende. In: cogito. Vol. 5, 1988. Nr. 2. S. 28 – 32.

41. Schwab, H.: Das IuD-Programm aus heutiger Sicht. In: Nachrichten für Dokumentation. Vol. 32, 1981. S. 165 – 171.

42. Stegemann, H.: Einige Bemerkungen zur Preispolitik für Dienstleistungen von IuD. In: Nachrichten für Dokumentation. Vol. 30, 1979. S. 231–236.
43. Stegemann, H.: Thesen zur Finanzierung von IuD-Dienstleistungen über Preise. In: Deutscher Dokumentartag 1978. Frankfurt a.M. München: Saur 1979. S. 141–154.
44. Stölting, E.: Wissenschaft als Produktivkraft. München: List 1974. 337 S.
45. Strauch,D.: Zur Rolle von IuD innerhalb der Wissenschaftsentwicklung. In: Buder, M.; Windel, G. (Hrsg.): Zum Verhältnis von Staat, Wissenschaft zu Information und Dokumentation München: Verl. Dokumentation 1978. S. 13–27.
46. Wiegand, J.: Die Gründung der GMD. In: GMD-Spiegel. 1988, No. 2/3. S. 57–66.
47. Wissenschaftsrat. Stellungnahme zur Gesellschaft für Information und Dokumentation (GID). Berlin Nov. 1984. 83 S.
48. Winterhager, M.; Weingart P.: Vermessung der Forschung. Frankfurt: Campus Verl. 1984. 263 S.

F 4   Rechtsfragen der Fachinformation

Jürgen W. Goebel

F 4.1   Einführung

Fachinformationsprozesse schaffen ebenso wie die Produktion und der Vertrieb von Waren sowie die Erbringung von Dienstleistungen eine Reihe von Konflikten, die aus der unterschiedlichen Interessenlage der daran Beteiligten oder davon Betroffenen herrühren. Je mehr sich diese Interessengegensätze im Laufe des weiteren Ausbaus des Fachinformationswesens und dessen verstärkter Kommerzialisierung zuspitzen (man spricht ja bereits von einem ,,Informationsmarkt''), um so mehr erscheint die Schaffung und Anwendung eines rechtlichen Regelwerkes zu deren Befriedung erforderlich.

Von seiten der Rechtswissenschaften ist dabei allerdings nach wie vor im Hinblick auf die Bereitstellung eines spezifischen Instrumentariums ein bemerkenswertes Defizit zu verzeichnen. Sicherlich lassen sich bei entsprechender Neukonkretisierung der herkömmlichen Rechtsnormen und Rechtsinstitute diese auch auf zahlreiche Probleme des Informationswesens anwenden. Eine durchgängige praxisorientierte Vermittlung zwischen der normativen und der tatsächlichen Ebene wurde in diesem Bereich aber bisher kaum in Ansätzen erreicht. Erst recht kann bisher auch nur unter Vorbehalt von einem *Recht der (Fach-)Information* − oder noch globaler: von einem *,,Informationsrecht''* − gesprochen werden. Es lassen sich jedoch immerhin schon verschiedene mehr oder weniger festumrissene Problemfelder erkennen, von denen einige im folgenden kurz erwähnt werden sollen. Die ausführliche Behandlung in den Abschnitten F 4.2 bis F 4.4 beschränkt sich dann auf urheberrechtliche, datenschutzrechtliche und vertragsrechtliche Fragen.

Richtet man den Blick zunächst auf die oberste Ebene unserer Rechtsordnung, nämlich das *Verfassungsrecht*, und sichtet man dabei die einschlägigen Vorschriften des Grundgesetzes für die Bundesrepublik Deutschland (GG), so wird man bereits dort Regelungselemente feststellen, die auch für den Bereich der Fachinformation von Interesse sind. Das beginnt mit organisationsrechtlichen Aspekten, die sich aus der grundgesetzlichen Kompetenzordnung im Hinblick auf die Warhnehmung von Informationsaufgaben durch staatliche und andere öffentliche Funktionsträger ergeben (hierher gehört etwa die Frage, ob der Bund kompetenzrechtlich in der Lage ist, ein umfassendes juristisches Informationssystem, das Bundes- und Länderrecht enthält, zu betreiben), und endet mit der Frage, ob jedermann nach Art. 5 Abs. 1 S. 1 GG berechtigt ist, jede beliebige staatliche oder private Informationseinrichtung zu nutzen. Zutreffenderweise gilt letzteres entsprechend dem Wortlaut dieser Vorschrift nur für Informationsquellen, die nach dem Willen ihrer Begründer und Betreiber ,,allgemein zugänglich'' sind.

Das verstärkte kommerzielle Begreifen von Fachinformation als ,,Rohstoff'' oder ,,Ware'' wirft auch eine ganze Reihe *wirtschaftsrechtlicher Probleme* auf. Dabei fragt es sich zunächst, ob der ,,Stoff'' Information grundsätzlich den gleichen rechtlichen Regeln unterworfen werden kann, die auch für den Waren- und Dienstleistungsverkehr geschaffen wurden. Ist der Bereich der Fachinformation einem dieser Sektoren rechtlich zurechenbar oder sind insofern neue juristische Kategorien zu entwickeln? Im einzelnen ergeben sich Fragen, die vom *Wettbewerbsrecht* (etwa dem Verbot von Preis- und Gebietsabsprachen) bis wiederum in das Verfassungsrecht hinein reichen (z.B. Inwieweit ist der Staat unter Zugrundelegung der Prinzipien des Wirtschaftsverfassungsrechts befugt, in den Informationsbereich direkt oder indirekt einzugreifen?). Ferner ergeben sich vielfältige Einzelfragen im Hinblick auf den Unternehmens-, Namens- und Produktschutz, wie diese auch bei anderen am Wirtschaftsverkehr teilnehmenden Subjekten auftreten.

Steuerrechtliche Fragen stellen sich bei der Tätigkeit von Fachinformationseinrichtungen ebenso (verminderter Umsatzsteuersatz in Höhe von 7 % für gedruckte Dienste, Regelsteuersatz von 14 % für alle anderen Informationsprodukte), wie sich im Einzelfall durch Mißbrauchs- und Schädigungsfälle Bezüge zu den Vorschriften über die *Computer-Kriminalität* (Beispiele: §§ 263a, 303a, 303b Strafgesetzbuch) herstellen lassen. Weitere Detailfragen in der praktischen Arbeit der Fachinformationseinrichtungen können im Einzelfall auch die Bearbeitung abgelegener Rechtsmaterien (etwa die Vorschriften des Außenwirtschaftsgesetzes beim Informationstransfer in Ostblock-Staaten) erfordern. Hierauf kann und soll aber an dieser Stelle nicht näher eingegangen werden.

Die Beschäftigung mit allen diesen Detailproblemen führt zu der über den Einzelfall hinausgehenden generellen Frage, wie solche Rechtsprobleme, die sich aus informationellen Phänomenen ergeben, in Zukunft grundsätzlich behandelt werden sollen. Reicht es aus, einzelfallorientiert und kasuistisch-pragmatisch an die einzelnen Themen heranzugehen oder ist es sinnvoller und effektiver, ein übergreifendes theoretisch fundiertes Gesamtkonzept für alle diese Probleme — eben ein ,,Informationsrecht'' — zu entwickeln?

Gegen letzteres spricht auf den ersten Blick, daß die damit beschriebene Materie sowohl auf der tatsächlichen als auch auf der rechtlichen Seite äußerst vielgestaltig und uneinheitlich erscheint. Dagegen ist aber eingewendet worden, daß alle diese tatsächlichen Phänomene und rechtlichen Regeln doch eine sogenannte *Querschnittmaterie* bilden, die einer übergreifenden Betrachtung zugänglich ist. Mehrere Überlegungen bestätigen dies: Zum einen sei an die zunehmende Bedeutung von (vor allem fachlicher) Information für alle Bereiche von Staat und Gesellschaft erinnert. Diese Gleichzeitigkeit und Gleichgerichtetheit des Bedeutungszuwachses spricht dafür, daß insoweit auch gleichartige, verbindende inhaltliche Phänomene verantwortlich sind und neu entstehen, die auch einer in etwa gleichen rechtlichen Beurteilung zugänglich sind. Es kommt hinzu, daß die Bedeutung der Information inzwischen einen Stellenwert überschritten hat, der durchaus einen Vergleich mit anderen Bereichen wie etwa dem Umweltschutz, der sozialen Sicherung etc. zuläßt. Es liegt dann aber nahe, auch in rechtlicher Hinsicht eine gewisse Vereinheitlichung und Strukturierung der derzeit noch sehr verstreuten Materie vorzunehmen. Eine übergreifende Betrachtung informationeller Probleme aus rechtlicher Sicht erscheint ferner auch deshalb zulässig und notwendig, weil die insofern bisher existenten einschlägigen Rechtsvorschriften doch gewisse strukturelle Ähnlichkeiten aufweisen. Jedenfalls sollten zukünftige informationelle Rechtsregeln eine gewisse

Einheitlichkeit in Sprache, Form und Regelungsinhalt aufweisen. Schließlich ist noch ein weiterer Gesichtspunkt hervorzuheben. Durch die Ausdifferenzierung einer Art ,,Informationsverwaltung'' sowohl im öffentlichen als auch im privaten Bereich wurden tatsächliche Verhältnisse geschaffen, die sich im wesentlichen gleichartig darstellen. Diese strukturelle Ähnlichkeit legt dann aber auch eine gleichartige rechtliche Behandlung der insoweit auftretenden Fragen nahe. Geleistet werden kann dies eventuell über die Entwicklung eines an generellen und einheitlichen Leitlinien orientierten ,,Informationsrechts''. Solange ein solches aber noch nicht anerkannt ist, empfiehlt es sich, nur von den ,,Rechtsfragen des Informationswesens'' (zu dem letztlich auch die Massenmedien zählen) zu sprechen.

F 4.2   Urheberrechtliche Fragen

Besondere Bedeutung für die tägliche Arbeit in Fachinformationseinrichtungen kommt aus juristischer Sicht dem Urheberrecht zu. Es tangiert diesen Bereich nicht nur im Hinblick auf die sogenannte *Kopierproblematik*, sondern hat beispielsweise auch Auswirkungen für die Beantwortung der Frage, unter welchen Voraussetzungen dort geschaffenen Produkten ihrerseits urheberrechtlicher Schutz zukommt.

F 4.2.1   Grundlagen des Urheberrechts

Bei der Abgrenzung von den übrigen privatrechtlichen Rechtsgebieten zeigt sich, daß das Urheberrecht vornehmlich das literarische und künstlerische ,,Eigentum'' schützt. Dieses wird begründet durch die *persönliche geistige Schöpfung* als eine Entäußerung der Persönlichkeit des Urhebers. Daraus resultieren die Individualität und damit die engen geistigen Beziehungen zwischen dem Urheber und seinem Werk. Deshalb ist es ihm letztlich ideell und materiell zugeordnet. Verfassungsrechtlich ist der Schutz der ideellen Interessen des Urhebers in der Würde des Menschen (Art. 1 Abs. 1 GG) und der freien Entfaltung seiner Persönlichkeit (Art. 2 Abs. 1 GG) verankert. Urheber kann dementsprechend auch nur eine natürliche Person sein; bei ihr entsteht originär das Urheberrecht. Die materiellen Interessen des Urhebers finden in vermögensrechtlichen Befugnissen ihren Ausdruck und sind verfassungsrechtlich als *Eigentum* im Sinne des Art. 14 Abs. 1 GG anerkannt.

Seine konkrete Ausgestaltung hat das Urheberrecht im Gesetz über Urheberrechte und verwandte Schutzrechte (Urheberrechtsgesetz = UrhG) vom 09. 09. 1965 gefunden. Danach genießt der Urheber Schutz für seine *Werke*, d.h. für seine persönlichen geistigen Schöpfungen (§ 2 Abs. 2 UrhG). Betont sei an dieser Stelle, daß der Schutz des Urheberrechts nur für die Formgebung und Gestaltung des Werkes gilt, nicht aber für die in dem Werk verarbeitete Idee. Die chemische Formel beispielsweise, die ein Forscher im Labor erarbeitet hat, ist als Gegenstand naturwissenschaftlicher Erkenntnisse urheberrechtlich nicht geschützt, wohl aber die Beschreibung der Experimente, die zu ihrer Entdeckung geführt haben. Keinen urheberrechtlichen Schutz genießen ferner auch Lebensweisheiten, wohl aber Erzählungen, in denen sie verdeutlicht werden. Dasselbe gilt etwa für Zahlenwerte und andere

Einzelinformationen. Im Gegensatz zu diesen selbst kann deren Darstellung in tabellarischer Form und deren Gliederung nach verschiedenen inhaltlichen Gesichtspunkten aber durchaus als eine persönliche geistige Schöpfung anzusehen sein. Der Bundesgerichtshof hat das auch für Computerprogramme bejaht, wenn sie über die geistige Leistung hinaus Raum für die individuelle Gestaltung der Lösung bieten (BGH, Urteil vom 09. 05. 1985, Computer und Recht 1985, S. 22–32).
Entscheidend für die *Urheberschutzfähigkeit* eines Werkes ist jedenfalls eine geistige Leistung, die das Werk über die Trivialität alltäglicher Erscheinungsformen hinaushebt. Voraussetzung dafür ist, daß Möglichkeiten zu individueller Entfaltung bestehen und auch genutzt werden. Darin drückt sich die ,,Schöpfungshöhe'' eines Werkes aus; für diese ist allerdings ausreichend, daß der individuelle Geist des Schöpfers erkennbar wird. Allzu strenge Anforderungen werden insoweit nicht gestellt, wie die im Urheberrecht anerkannte sogenannte *kleine Münze* deutlich macht. Diese dogmatische Figur besagt, daß Urheberschutz schon dann gewährt wird, wenn ein anderer das Werk möglicherweise anders geschaffen hätte. Das kann bereits auf Tabellen, Formulare, Firmenschriften u.ä. zutreffen.

Die Position des Urhebers eines Werkes besteht aus zwei Komponenten, dem *Urheberpersönlichkeitsrecht* und den sogenannten *Verwertungsrechten*. Ersteres beruht darauf, daß das Werk Ausdruck der Persönlichkeit des Urhebers ist. Deshalb kann auch nur er darüber entscheiden, ob und wenn ja, in welcher Form sein Werk veröffentlicht wird. Solange dies nicht geschehen ist, ist es dem Urheber vorbehalten, den Inhalt des Werkes öffentlich mitzuteilen oder zu beschreiben (§ 12 UrhG). Ferner hat der Urheber das Recht auf Anerkennung seiner Urheberschaft nach § 13 UrhG. Dieses Recht schlägt sich etwa in der *Pflicht zur Quellenangabe* im Rahmen der gesetzlich verbürgten *Zitierfreiheit* nieder. Schließlich kann sich der Urheber auch gegen Entstellungen seines Werkes wehren, zum Beispiel gegen eine inhaltlich fehlerhafte Darstellung seines Werkes (§ 14 UrhG).
Bei den *Verwertungsrechten*, dem anderen wichtigen Element des Urheberrechts, sind zu unterscheiden das Recht zur *Verwertung* eines Werkes *in körperlicher Form* (§ 15 Abs. 1 UrhG) und das Recht, ein Werk *in unkörperlicher Form* öffentlich wiederzugeben (§ 15 Abs. 2 UrhG). Zu den erstgenannten Rechten gehören das für die Fachinformationseinrichtungen einschlägige *Vervielfältigungsrecht* (§ 16 UrhG) und das *Verbreitungsrecht* (§ 17 UrhG); von der zweiten Gruppe sei nur das allgemeine *Recht der öffentlichen Wiedergabe* (§ 15 Abs. 2 UrhG) genannt. Diese Rechte sind dem Urheber zur ausschließlichen Nutzung zugewiesen. Er allein ist berechtigt, Dritten die Nutzung zu gestatten oder zu verwehren. Diese Verwertungsrechte kann der Berechtigte auf Dritte (etwa einen Verlag oder einen Host) übertragen. Tut er dies im Hinblick auf ein ,,*einfaches Verwertungsrecht*'' (Beispiel: einmalige Veröffentlichung eines Beitrags in einer Fachzeitschrift), so kann der Dritte dieses Recht seinerseits nicht weiterübertragen. Wird dem Dritten aber ein ,,*ausschließliches Verwertungsrecht*'' eingeräumt, so kann er wie ein Autor frei über die einzelnen Verwertungsarten bestimmen und auch einzelne Rechte oder seine gesamte Rechtsposition weiterübertragen.

F 4.2.2   Die Vervielfältigungsfreiheit

Das Urheberrecht bezweckt aber durchaus nicht nur den Schutz des Urhebers oder eines sonst Verwertungsberechtigten. Es enthält auch Regelungen, die den freien Fluß der Information gewährleisten sollen. So haben insbesondere die Regelungen des § 53 UrhG zum Ziel, einen Ausgleich zwischen den Rechten des Berechtigten und dem freien gesellschaftlichen Informationsfluß zu schaffen. Daneben ist auch § 54 UrhG zu erwähnen, der durch seine *Vergütungsregelung* einen materiellen Interessenausgleich zum Gegenstand hat. Das *Vervielfältigungsrecht* berechtigt in diesem Zusammenhang zur Herstellung von Vervielfältigungsstücken. Dabei ist es völlig unerheblich, welches Verfahren dabei gewählt wird und welche konkrete Gestalt dieses letztlich hat. So macht es keinen Unterschied, ob das Werk durch Abschreiben, im Fotokopierverfahren oder in gedruckter Form, auf Magnetband, Diskette oder in sonstiger Weise vervielfältigt wird. Es kommt auch nicht darauf an, daß das betreffende Trägermaterial nur das jeweilige Werk aufnehmen kann. Für die Annahme einer Vervielfältigung ist ferner nicht erforderlich, daß das Werk unlösbar mit dem Träger verbunden ist. Die Dauer der Fixierung spielt keine Rolle. Ausreichend ist selbst die von vornherein beabsichtigte nur vorübergehende körperliche Festlegung des Werkes. Auch der Datenträger, auf den ein Werk überspielt wurde, stellt mithin ein Vervielfältigungsstück dar.

Die wichtigsten Neuerungen der Urheberrechtsnovelle aus dem Jahr 1985 beziehen sich auf die Vorschriften zur Vervielfältigungsfreiheit. Abgesehen von einer geänderten Systematik der Vorschriften − die Erlaubnistatbestände sind nunmehr in § 53 UrhG zusammengefaßt, die Vergütungspflicht ist in § 54 UrhG geregelt − betrifft die Neufassung den *eigenen Gebrauch* und die *Vergütungspflicht*. Wie früher auch, dürfen einzelne Vervielfältigungsstücke eines Werkes zum privaten Gebrauch gefertigt werden. Die Vervielfältigungsstücke darf der Nutzungsberechtigte auch durch Dritte herstellen lassen. Berechtigt ist jeder, also jede natürliche oder juristische Person oder Personenmehrheit. Nach wie vor dürfen mit Ausnahme der Schulen (§ 53 Abs. 3 UrhG) nur einzelne, d.h. bis zu sieben Vervielfältigungsstücke hergestellt werden. Unverändert geblieben sind im wesentlichen auch die Fälle der Vervielfältigungsfreiheit für den eigenen wissenschaftlichen, archivarischen und sonstigen eigenen Gebrauch. Eigener Gebrauch ist der betriebsinterne Gebrauch im Rahmen der Berufstätigkeit. Die Vervielfältigungsstücke dürfen dabei die Sphäre des Berechtigten nicht verlassen. Ausgenommen sind Zeitungen und vergriffene Bücher, die, wenn sie im Rahmen des § 53 UrhG kopiert wurden, auch verliehen werden dürfen. Dasselbe gilt für Bücher, Zeitschriftenbände etc., in denen beschädigte oder abhanden gekommene Seiten (kleine Teile) durch Vervielfältigungsstücke ersetzt worden sind.

Zulässig ist die Vervielfältigung eines Werkes zum eigenen wissenschaftlichen Gebrauch allerdings nur, wenn die Vervielfältigung auch *geboten* ist. Das beurteilt sich nach dem Aufwand für die Beschaffung des Beitrags und dem Verhältnis, in dem dieser zu den Vervielfältigungskosten steht. Geboten ist danach eine Vervielfältigung, wenn beispielsweise aus einem teuren Sammelwerk nur ein oder zwei Beiträge kopiert werden sollen oder es sich um nicht ausleihbare oder nur unter großem Aufwand beschaffbare Literatur handelt.

Zulässig ist ferner die Herstellung eines Vervielfältigungsstücks zur Aufnahme in ein eigenes Archiv; vorausgesetzt wird auch hier, daß die Vervielfältigung zu diesem Zweck geboten ist. Ferner darf als Vorlage für die Vervielfältigung nur ein eigenes Werkexemplar benutzt werden. Mit dieser Bestimmung wollte der Gesetzgeber insbesondere dem Bedürfnis der Bibliotheken nach einer raumsparenden Archivierung Rechnung tragen. Die Nutzung der als Archivexemplare dienenden Kopien zur Versorgung Dritter mit Fachliteratur war demgegenüber nicht beabsichtigt. Nach § 53 Abs. 2 Nr. 4a UrhG dürfen kleine Teile (d.h. bis zu circa 20 %) eines erschienenen Werkes oder einzelne Beiträge einer Zeitung oder Zeitschrift kopiert werden, ohne daß es auf einen bestimmten Gebrauchszweck ankommt. Allerdings müssen das Werk, die Zeitschrift bzw. Zeitung erschienen sein. Zum sonstigen eigenen Gebrauch dürfen schließlich solche Werke vervielfältigt werden, die seit mindestens zwei Jahren vergriffen sind (§ 53 Abs. 2 Nr. 4b UrhG).
Nach § 53 Abs. 2 UrhG ist zum eigenen wissenschaftlichen und archivarischen Gebrauch sowie zum sonstigen eigenen Gebrauch nach § 53 Abs. 2 Nr. 4b UrhG die Vervielfältigung ganzer Werke zulässig. Für den erstgenannten Fall des wissenschaftlichen Gebrauchs (§ 53 Abs. 2 Nr. 1 UrhG) gilt jedoch eine bedeutsame Einschränkung. Außer durch Abschreiben darf ein Buch oder eine Zeitschrift im wesentlichen vollständig nur mit Einwilligung des Berechtigten vervielfältigt werden (§ 53 Abs. 4b UrhG). Ergänzt sei, daß diese Regelung auch die Vervielfältigung zum privaten Gebrauch gemäß § 53 Abs. 1 UrhG betrifft. Der Gesetzgeber will damit unzumutbare Eingriffe in das Vervielfältigungsrecht des Berechtigten verhindern; insbesondere soll einer Schädigung der Primärliteratur entgegengewirkt werden.

F 4.2.3   Vergütung für Vervielfältigungen

Völlig neu gestaltet hat der Gesetzgeber in der Novelle von 1985 die Vergütungspflicht für die zum privaten und eigenen Gebrauch hergestellten Vervielfältigungsstücke in § 54 UrhG. Dabei soll im folgenden allein die Vergütung für die Vervielfältigung von Werken im Wege der Ablichtung oder in Verfahren vergleichbarer Wirkung (§ 54 Abs. 2 UrhG) dargestellt werden.
Grundlage für die Bemessung der Vergütung sind dabei die *Geräte-* und die *Betreiberabgabe*. Die Geräteabgabe richtet sich gegen die Hersteller und Importeure von Vervielfältigungsgeräten; ausgenommen sind nur die Geräte, die für den Export bestimmt sind (§ 54 Abs. 3 UrhG). Die Betreiberabgabe wird nur von sogenannten *Großkopierern* erhoben. Das sind namentlich Schulen, Hochschulen, Einrichtungen der Berufsbildung, der sonstigen Aus- und Weiterbildung, Forschungseinrichtungen, öffentliche Bibliotheken und solche Einrichtungen, die in ihren Räumen Geräte für die Herstellung von Ablichtungen entgeltlich bereithalten (sogenannte Kopierläden). Von der Betreiberabgabe ausgenommen sind dagegen die Behörden und die gewerbliche Wirtschaft. Für Vervielfältigungen zu gewerblichen Zwecken ist auch sonst − anders als früher − keine besondere Vergütung mehr zu zahlen. Die Vergütungsansprüche werden von *Verwertungsgesellschaften* geltend gemacht;

korrespondierend dazu ist die Auskunftspflicht des Abgabepflichtigen gegenüber den Verwertungsgesellschaften gesetzlich festgeschrieben.

Erfaßt werden durch die Geräte- und Betreiberabgabe nach dem Willen des Gesetzgebers nur Geräte zur reprographischen Vervielfältigung. Dem Wortlaut des Gesetzes zufolge (,,durch Ablichtung eines Werkstücks oder in einem Verfahren vergleichbarer Wirkung'') könnten dagegen auch zum Beispiel Rückvergrößerungen mikroverfilmter Dokumente, im Telekopier-Verfahren gewonnene Vervielfältigungsstücke oder Computerausdrucke dieser Vorschrift unterfallen, die das Originaldokument bildlich wiedergeben.

Die Höhe der Vergütung bemißt sich nach der Art und dem Umfang der Nutzung des Gerätes, die nach den Umständen, insbesondere nach dem Standort und der üblichen Verwendung wahrscheinlich ist (§ 54 Abs. 2 S. 3 UrhG). Es muß also geschätzt werden, wie hoch der Anteil des urheberrechtlich relevanten Materials am Gesamtkopieraufkommen ist. Entsprechend der danach ermittelten Kopienzahl und den in der Anlage zu § 54 Abs. 4 UrhG festgelegten Vergütungssätzen (in der Regel 0,02 DM pro Ablichtung) wird die Vergütung bemessen. Der Anspruch wird in Vertretung der Urheber von Verwertungsgesellschaften geltend gemacht.

F 4.2.4   Urheberschutz für Informationsprodukte

Die vorstehend erläuterten Vorschriften des Urheberrechts sind aber von den Einrichtungen der Fachinformation nicht nur im Hinblick auf fremde Werke zu beachten. Den von ihnen selbst erstellten Produkten (bibliographische Hinweise, Kurzreferate, Referatedienste, Register, Bibliographien, Datenbanken etc.) kann auch selbst ein Urheberschutz zukommen. Das setzt allerdings voraus, daß diese Produkte jeweils selbst den *Werkbegriff* des § 2 Abs. 2 UrhG erfüllen.

Die *Dokumentationseinheit* als solche genießt dabei keinen urheberrechtlichen Schutz, da ihr Aufbau allein Zweckmäßigkeitsgesichtspunkten zu genügen hat und für eine individuelle Gestaltung nur sehr begrenzt Raum läßt. Für ihre einzelnen Kategorien gilt dies ebenfalls, soweit ihre Ausfüllung sich als eher handwerkliche, weniger eigenschöpferische Tätigkeit darstellt. Genannt sei hier die Vergabe von Schlagwörtern, die dem Dokument entnommen werden, oder von Deskriptoren, die aus einem Thesaurus stammen. In der Wahl der Begriffe liegt zwar in gewisser Weise auch eine individuelle, auf Grund der verhältnismäßig beschränkten Möglichkeiten zur Vergabe von inhaltserschließenden Begriffen jedoch keine schutzwürdige eigenschöpferische Leistung. Urheberschutz ist wohl auch Annotationen und Schlagwortreferaten zu versagen. Auch ihnen fehlt die notwendige *Schöpfungshöhe*.

Anders verhält es sich hingegen bei *Kurzreferaten* als Inhaltsmitteilungen oder -beschreibungen. Zwar ist auch bei diesen informativen und indikativen Referaten bzw. deren Mischformen der urheberrechtliche Schutz angesichts ihrer Kürze nicht unproblematisch. Soweit diese dem Urheberschutz aber nicht entgegensteht, ist zu beachten, daß sich zwar die Referate an das Original anlehnen; bei indikativen Referaten geschieht dies beispielsweise dadurch, daß neben dem Hinweis auf die behandelten Sachverhalte auch die Art ihrer Behandlung angedeutet wird. Bei informativen Referaten scheinen die Eigentümlichkeiten des Originals etwa in der Zusammenstellung der mitgeteilten Informationen, den Zielsetzungen und Schlußfolgerungen durch. Gleichwohl können derartige Abstracts aber nicht als ,,abhängige Bearbeitungen" eingestuft werden. Dafür spricht, daß die Inhaltskomponenten und Eigentümlichkeiten des Originals nur in Auswahl den Bedürfnissen des angesprochenen Leserkreises entsprechend übernommen werden können. Der vom Original selbständige Charakter des Referats wird ferner auch dadurch unterstützt, daß die Fachinformationsstellen der Referiertätigkeit in der Regel besondere Auswerterichtlinien zugrundelegen. Indikative und informative Kurzreferate können danach durchaus urheberrechtlichen Schutz als vom Original selbständige Werke beanspruchen. Sie dürfen gemäß § 24 Abs. 1 UrhG ohne Zustimmung des Urhebers des benutzten Werkes veröffentlicht oder verwertet werden.

Die von verschiedenen Fachinformationseinrichtungen angebotenen *Referatedienste* in gedruckter oder in Magnetbandform genießen urheberrechtlichen Schutz, soweit sie als Sammelwerk durch Auslese oder Anordnung der aufgenommenen Referate eine persönliche geistige Schöpfung darstellen (§ 4 UrhG). Voraussetzung ist allerdings, daß die Gestaltung der Gliederung nicht durch fachliche Gesichtspunkte bereits derart festgelegt ist, daß für ihren eigenschöpferischen Aufbau kein Raum mehr bleibt. Auch die Zusammenstellung der Dokumentationseinheiten genießt nur dann Schutz, wenn nicht alle zu dem betreffenden Fachgebiet in einer Datenbank gespeicherten Dokumentationseinheiten aufgenommen wurden; wichtig ist, daß tatsächlich eine Auswahlmöglichkeit bestanden hat und auch in schöpferischer Weise genutzt wurde. Gegebenenfalls scheidet danach ein Urheberschutz für den Referatedienst als Sammelwerk aus, wenn etwa eine strenge fachliche Ausrichtung der Gliederung und Zusammenstellung der Dokumentationseinheiten für eine individuelle schöpferische Leistung keinen Raum läßt. Gleichwohl ist der Referatedienst geschützt, wenn er das Ergebnis wissenschaftlich sichtender Tätigkeit darstellt und sich wesentlich von bisher bekannten Ausgaben der Werke unterscheidet (§ 70 Abs. 1 UrhG).

Gleiches wie für Referatedienste gilt auch für die Anfertigung von *Registern* und *Bibliograhien*. Sofern in ihnen eine eigenschöpferische Leistung des Urhebers zum Ausdruck kommt, genießen sie als Werk im Sinne der §§ 2 Abs. 2 und 4 UrhG den vollen urheberrechtlichen Schutz. Das gilt letztlich auch für den gesamten Inhalt einer *Datenbank*. In ihr kann ein nach bestimmten Kriterien zusammengestelltes und aufbereitetes Sammelwerk gemäß § 4 UrhG gesehen werden.

F 4.2.5   Sonstige Fragen

Ansprechpartner für alle Fragen zur Vervielfältigung von Texten und zur Abführung der Urhebervergütung ist die Verwertungsgesellschaft WORT = VG WORT (Goethestraße 49, 8000 München 2). Sie ist zur Wahrnehmung urheberrechtlicher Verwertungsrechte durch das sogenannte *Wahrnehmungsgesetz* berechtigt. Mit ihr ist auch ein Wahrnehmungsvertrag abzuschließen, wenn eigene Verwertungsrechte geltend gemacht werden sollen. Die Verwertungsgesellschaft ist aber auch einzuschalten, wenn es um die Zahlung der Betreiberabgabe nach § 54 Abs. 2 S. 2 UrhG

geht. Nur sie kann nach § 54 Abs. 6 S. 1 UrhG diese Rechte geltend machen.
Hingewiesen sei schließlich auch noch auf die strafrechtlichen Folgen bei der Nicht-
beachtung urheberrechtlicher Vorschriften. Mit Geldstrafe oder mit Freiheitsstrafe
bis zu einem Jahr wird bestraft, wer vorsätzlich Urheberrechte verletzt, indem er
Werke oder deren Bearbeitungen oder Umgestaltungen rechtswidrig vervielfältigt,
verbreitet oder zur öffentlichen Wiedergabe nutzt (§ 106 UrhG). Handelt der Täter
in den Fällen der Vervielfältigung und der Verbreitung gewerbsmäßig − gedacht
ist dabei vor allem an die Fälle der Videopiraterie und des Vertriebs von Raub-
drucken − erhöht sich das Strafmaß auf bis zu fünf Jahren (§ 108a UrhG).

F 4.3   Datenschutz in Fachinformationseinrichtungen

Auch in Dokumentationsstellen und anderen FI-Einrichtungen werden große Mengen *personenbezogener Daten* verarbeitet. Dabei sind vier Gruppen zu unterscheiden:
1. personenbezogene Daten, die in den zu verarbeitenden Dokumenten selbst enthalten sind;
2. personenbezogene Daten, die Bestandteil der Beschreibungsdaten eines Dokuments sind (Beispiel: Autorenangaben);
3. personenbezogene Daten, die sich auf die Nutzer der Einrichtung beziehen;
4. personenbezogene Daten der Dokumentverwalter, also der Mitarbeiter der FI-
   Einrichtung.
Mit den speziellen Problemen, die sich im Hinblick auf diese Daten aus daten-
schutzrechtlicher Sicht ergeben können, befassen sich die folgenden Ausführungen.
Zuvor werden jedoch noch die Grundlagen des Datenschutzrechts skizziert.

F 4.3.1   Grundlagen des Datenschutzrechts

Die datenschutzrechtliche Problematik ist keine Erfindung der letzten Jahre. Schon
sehr früh in den 50er Jahren hat das Bundesverfassungsgericht entschieden, daß jedem Bürger eine Sphäre privater Lebensgestaltung, ein letzter unantastbarer Bereich menschlicher Freiheit vorbehalten sei, der der Einwirkung der gesamten
öffentlichen Gewalt entzogen ist. Erst in jüngerer Zeit hat das Bundesverfassungsgericht dann im sogenannten *Volkszählungsurteil* wieder betont, daß es verfassungsrechtlich unzulässig sei, den einzelnen Menschen in allen seinen Persönlich-
keitsausprägungen zu erfassen und damit quasi zum Objekt zu machen. Dies ver-
biete das jedem Menschen aus Art. 2 Abs. 1 in Verbindung mit Art. 1 Abs. 1 GG
zustehende *,,Recht auf informationelle Selbstbestimmung''*. Unter anderem führt
das Gericht dazu aus (BVerfGE 65, 42 f.):
,,Freie Entfaltung der Persönlichkeit setzt unter den modernen Bedingungen der
Datenverarbeitung den Schutz des Einzelnen gegen unbegrenzte Erhebung, Speicherung, Verwendung und Weitergabe seiner persönlichen Daten voraus. Dieser
Schutz ist daher von dem Grundrecht des Art. 2 Abs. 1 in Verbindung mit Art. 1
Abs. 1 GG umfaßt. Das Grundrecht gewährleistet insoweit die Befugnis des Einzel-

nen, grundsätzlich selbst über die Preisgabe und Verwendung seiner persönlichen Daten zu bestimmen." Dieser vom Bundesverfassungsgericht mit bindender Wirkung festgeschriebene Maßstab zieht eine Reihe von Konsequenzen nach sich, deren Tragweite bis heute noch nicht völlig geklärt ist. Unter anderem wird es erforderlich werden, durch gesetzgeberische Maßnahmen dafür zu sorgen, daß die informationelle Betätigung von Staat und Privaten eine ausreichende normative Grundlage erhält. Dies gilt auch für das gesamte (Fach-)Informationswesen.

F 4.3.2   Anzuwendende Vorschriften

Welche datenschutzrechtliche Bestimmung im Einzelfall anzuwenden ist (Spezialvorschriften, die Länderdatenschutzgesetze, das Bundesdatenschutzgesetz = BDSG) hängt davon ab, um was für eine Stelle es sich handelt, die die personenbezogenen Daten verarbeitet. Das folgende Schaubild mag das für den Bereich der FI-Einrichtungen verdeutlichen (*Abb. 1*).

Betroffenengruppe / Speichernde Stelle	Behörde des Bundes	Behörde des Landes	Private Stelle eigene Zwecke	Private Stelle fremde Zwecke
Personenbezogene Daten als Dokumenteninhalt	§§ 9-14 BDSG	§§ 9-13 LDSG*	§§ 23-27 BDSG	§§ 32-35 BDSG
Personenbezogene Daten der Dokumentenbeschreibung	§§ 9-14 BDSG	§§ 9-13 LDSG	§§ 23-27 BDSG	§§ 32-35 BDSG
Personenbezogene Daten der Dokumentennutzer	§§ 9-14 BDSG	§§ 9-13 LDSG	§§ 23-27 BDSG	§§ 23-27 BDSG
Personenbezogene Daten der Dokumentenverwalter	§§ 23-27 BDSG (vergl. § 7 Abs. 3 BDSG)	§§ 23-27 BDSG (vergl. § 7 Abs. 3 BDSG und § 2 Abs. 3 LDSG)	§§ 23-27 BDSG	§§ 23-27 BDSG

* hier als Beispiel: Landesdatenschutzgesetz Baden-Württemberg vom 04.Oktober 1979, GBL 1979, S. 534.

Abb. 1: Datenschutzrechtliche Bestimmungen

F 4.3.3   Personenbezogene Daten als Inhalt von Dokumenten

Dokumente als Veröffentlichungen eines Autors werden Gegenstand des Datenschutzes, wenn personenbezogene Daten sachlicher Inhalt des Dokuments sind und dessen Volltextspeicherung in Form einer Datei geschieht. Während die Veröffentlichung als solche sich als Datenübermittlung vom Autor an die Allgemeinheit darstellt und der Autor für deren Zulässigkeit verantwortlich ist, wirft die Volltexterfassung von Veröffentlichungen personenbezogener Daten in Datenbanken datenschutzrechtliche Probleme auf, wie sie aus dem Bereich der Pressearchive durchaus bekannt sind. Insoweit gelten die einschlägigen Vorschriften des Datenschutzrechts uneingeschränkt (Vorschriften ohne nähere Bezeichnung sind im folgenden solche des BDSG):

1. So muß bei der erstmaligen Einspeicherung der Betroffene durch die FI-Einrichtung von diesem Umstand benachrichtigt werden (§§ 26 Abs. 1, 34 Abs. 1 S. 1), es sei denn, er erlangt auf andere Art und Weise Kenntnis von der Speicherung seiner personenbezogenen Daten (private Stellen). Öffentliche Stellen, die entsprechende Dateien führen, trifft die Veröffentlichungspflicht nach § 12 Abs. 1 S. 1.

2. Dem Betroffenen ist über die Daten, die sich auf ihn beziehen, Auskunft zu erteilen (§§ 13 Abs. 1 S. 1, 26 Abs. 2 S. 1, 34 Abs. 2 S. 1).

3. Sind diese Daten unrichtig, hat der Betroffene auch insofern den Berichtigungsanspruch nach §§ 14 Abs. 1, 27 Abs. 1, 35 Abs. 1. Sachgerechter wäre in diesem Zusammenhang wohl ein Anspruch auf Gegendarstellung (§ 35 Abs. 4).

4. Auch kann dem Betroffenen ein Löschungsanspruch nach den einschlägigen Vorschriften zustehen.

F 4.3.4   Beschreibungsdaten der Dokumente

Beschreibungsdaten der Dokumente sind die üblichen bibliographischen Angaben über eine Veröffentlichung. Im Bereich der Fachinformation treten häufig Verständnisschwierigkeiten auf, Autorendaten, die häufig den eigentlichen Inhalt von (bibliographischen) Datenbanken darstellen, als datenschutzrechtlich geschützte personenbezogene Daten zu begreifen. Da aber das BDSG den Begriff ,,personenbezogene Daten'' in keiner Weise mit Attributen wie sensibel, schutzbedürftig oder ähnlichem qualifiziert, muß auch die Angabe, wer was wann veröffentlicht hat, diesem Begriff unterfallen.

Zu erwähnen sind einige spezifische Datenschutzeregelungen in bezug auf diese Daten.

1. *Benachrichtigungsanspruch:* Er entfällt, wenn die Anschrift des Autors unbekannt ist und wohl auch immer dann, wenn die Daten aus öffentlich zugänglichen Quellen entnommen wurden.

2. *Auskunftsanspruch:* Er ist dem Autor gegenüber jedenfalls zu erfüllen, wie auch bei allen anderen Arten personenbezogener Daten gegenüber dem Betroffenen.

3. *Sperrungs-und Löschungsanspruch:* Er ergibt sich aus § 35 Abs. 2 S. 1, Abs. 3 S. 2 für solche Stellen, die dem vierten Abschnitt des BDSG unterfallen, also etwa privatrechtlich organisierte Informationsanbieter. Eine solche Regelung ist natürlich zu den Aufgaben einer solchen Stelle eklatant disfunktional und kann daher nicht angewendet werden. Die Konsequenz daraus ziehen Entwürfe zur Novellierung des BDSG: keine Sperrung bzw. Löschung bei Daten, die aus allgemein zugänglichen Quellen entnommen wurden.

4. Zulässigkeit der *Übermittlung*: Grundsätzlich steht die Weitergabe der Autorendaten nicht im Widerspruch zu datenschutzrechtlichen Regelungen. Insbesondere werden durch die Weitergabe dieser Daten keine schutzwürdigen Belange des Betroffenen beeinträchtigt; dies gilt aber nur, wenn sich die einschlägigen bibliographischen Daten auf das Notwendigste beschränken (Name, Anschrift, evtl.

Anstellungsinstitution des Autors). Für Fachinformationszentren und vergleichbare Einrichtungen muß durch den Gesetzgeber eine datenschutzrechtliche Regelung gefunden werden, die deren spezifischer Aufgabenstellung gerecht wird.

5. *Datensicherungs*probleme treten im allgemeinen nicht auf, da der Schutz der Daten aus wirtschaftlichen Gründen das Schutzbedürfnis aus der Sicht des Datenschutzes jedenfalls übersteigt. Deshalb werden bei solchen Datensammlungen Sicherungsmaßnahmen nach § 6 in Verbindung mit der dazu erlassenen Anlage eine Selbstverständlichkeit sein.

F 4.3.5   Daten der Nutzer von Dokumenten

Die Speicherung und Verarbeitung von *Nutzerdaten* bei Informationsstellen ist datenschutzrechtlich nur im Rahmen des bestehenden Nutzungsverhältnisses zulässig; die Datenübermittlung an Dritte ist grundsätzlich unzulässig. Vorrangige Rechtsvorschriften, die gegebenenfalls eine Pflicht zur Datenübermittlung begründen, sind zu beachten (z.B. richterliche Beweiserhebung).

Der beste Schutz gegen ungewollte, unbewußte und im Zweifel unrechtmäßige Datenübermittlung ist dann gegeben, wenn die Daten zum frühestmöglichen Zeitpunkt gelöscht werden. Ausnahmsweise ist eine Weitergabe listenmäßig zusammengefaßter Daten zulässig, wenn kein Grund zu der Annahme besteht, daß dadurch schutzwürdige Belange des Betroffenen beeinträchtigt werden (§§ 24 Abs. 2 S. 1, 32 Abs. 3).

Der Empfehlung, aktuell nicht mehr benötigte Nutzerdaten sofort zu löschen, kann allerdings die Nowendigkeit zur Speicherung der Daten zur Nutzungsabrechnung aus steuer- oder handelsrechtlichen Gründen entgegenstehen; gleiches gilt für die Speicherung zur Erstellung von Nutzerstatistiken; dazu reichen aber in der Regel auch anonymisierte Daten aus.

Besondere Maßnahmen zur Sicherung der Nutzerdaten gegen unberechtigte Zugriffe sind in Datenbanksystemen erforderlich, die über externe Online-Anschlüsse erreichbar sind.

F 4.3.6   Daten der Verwalter von Dokumenten

Verwalter der Dokumente sind die in der Informationseinrichtung als Arbeitnehmer beschäftigten Personen. Sie sind Objekte der Verarbeitung der auf ihre Person bezogenen Daten durch ihren Arbeitgeber. Die besonderen Probleme des *Arbeitnehmerdatenschutzes* und der Anwendung des § 87 Abs. 1 Nr. 6 Betriebsverfassungsgesetz sind hier nicht zu behandeln; es ergeben sich insoweit keine spezifischen Probleme.

Solche Mitarbeiter sind aktiv mit der Verarbeitung personenbezogener Daten beschäftigt (Autorendaten, Nutzerdaten etc.). Es obliegt ihnen, ,,den Datenschutz'' in bezug auf die ihnen anvertrauten Daten sicherzustellen. Ihre besondere Verpflichtung ergibt sich aus § 5. Sofern die Voraussetzungen gegeben sind, sind gemäß §§ 28, 29, 38 sogenannte betriebliche Datenschutzbeauftragte zu bestellen.

F 4.4   Vertragsrecht

Der Betrieb von Informationssystemen und -einrichtungen wirft auch eine Reihe
von Problemen im Hinblick auf die Richtigkeit der angebotenen Informationen
und die sich daraus ergebenden Haftungskonsequenzen auf. So stellen sich insbesondere die Fragen, ob die die Information anbietenden Stellen für die Korrektheit
der im System enthaltenen Angaben einzustehen haben und welche Rechtsansprü-
che zu gewärtigen sind, wenn diesem Erfordernis nicht genüge getan wurde und aus
der fehlerhaften Information (etwa dem Nutzer) ein Schaden entstanden ist. Welche *Gewährleistungs-* und *Haftungsregeln* im Einzelfall eingreifen, hängt dabei
zum einen von der rechtlichen Konstruktion des Trägers des Systems ab; rechtliche
Auswirkungen gehen aber zum anderen auch von der Art der angebotenen Informationsdienste aus. Wie die Gewährleistung und Haftung für fehlerhafte Informationen im einzelnen ausgestaltet sind, richtet sich nach der Qualifizierung der
Rechtsbeziehung zwischen Informationsanbieter und Benutzer in Abhängigkeit von
der Art des Informationsproduktes. Es soll dabei im folgenden davon ausgegangen
werden, daß die zwischen Informationsanbieter und -nutzer bestehende Rechtsbeziehung (wie in der Regel) privatrechtlicher Natur ist.

F 4.4.1   Gedruckte Informationsprodukte

Verträge über den Bezug solcher Produkte sind bei Entgeltlichkeit *Kaufverträge*
nach § 433 Abs. 1 BGB. Da sich diese Verträge nicht auf ein jeweils ganz bestimmtes Exemplar des jeweiligen Informationsdienstes beziehen, sondern auf irgend ein
Stück der vereinbarten Art, handelt es sich um einen *Gattungskauf.*
Im Falle der Fehlerhaftigkeit eines solchen gedruckten Dienstes stehen dem Benutzer die kaufrechtlichen Gewährleistungsansprüche sowie bei *Mangelfolgeschäden*
(= Schäden, die als Folge aus der fehlerhaften Information entstanden sind) der
Schadenersatzanspruch aus positiver Vertragsverletzung des Kaufvertrages zu. Fehlerhaft kann das Produkt in zweifacher Hinsicht sein. Zum einen kann das äußere
Erscheinungsbild betroffen sein, so z.B. wenn der in Zeitschriften- oder Buchform
herausgegebene Dienst durch fehlerhaften Druck, Unleserlichkeit, Verschmutzung
oder Verheftung derart beeinträchtigt wird, daß er nicht mehr brauchbar ist. In diesem Fall stehen dem Benutzer die kaufrechtlichen Gewährleistungsansprüche zu,
d.h. er kann die Rückgängigmachung des Kaufvertrags, also die *Wandlung* gemäß
§ 462 BGB, die Herabsetzung des Kaufpreises *(Minderung)* oder *Neulieferung* gemäß § 480 Abs. 1 BGB verlangen. Andererseits können Fehler aber auch im inhaltlichen Bereich auftreten (siehe dazu sogleich). Sofern diese Informationsprodukte
kostenlos abgegeben werden, gelten die kaufrechtlichen Gewährleistungsregelun-
gen entsprechend (§ 524 Abs. 2 S. 3 BGB) mit der Einschränkung, daß seitens des
Abgebenden mindestens ein Fall grober Fahrlässigkeit vorliegen muß (§ 524 Abs.
2 S. 1 BGB).
Treten Fehler in den Inhalten des gedruckten Dienstes auf, so ist dieser fehlerhaft
im Sinne des § 459 Abs. 1 BGB, wenn er für den gewöhnlichen Gebrauch untaug-
lich ist, wenn er also die ihm beigelegten Funktionen nicht (mehr) erfüllen kann.

Dem Benutzer stehen in diesem Fall die kaufvertraglichen Ansprüche auf *Wandlung, Minderung* oder *Neulieferung* gemäß §§ 480 Abs. 1, 459 Abs. 1, 462, 465, 467 BGB zu.

Die Haftung des Informationsanbieters für die durch die Schlechtlieferung entstandenen weiteren Schäden richtet sich grundsätzlich nach den Regeln der positiven Vertragsverletzung. Als solche weiteren Schäden sind diejenigen anzusehen, die dem Benutzer infolge der Mangelhaftigkeit des Dienstes an anderen Rechtsgütern, etwa seinem Eigentum oder Vermögen entstehen. Die Voraussetzungen für einen Anspruch aus *positiver Vertragsverletzung* des Kaufvertrags nach §§ 433, 242, 325, 326 BGB analog sind:

1. die Lieferung eines fehlerhaften Produktes;
2. der Eintritt eines Mangelfolgeschadens;
3. die Ursächlichkeit des auf fehlerhaften Informationen beruhenden Verhaltens für den geltendgemachten Mangelfolgeschaden;
4. das *Verschulden*; um zu ermitteln, inwieweit den Informationsanbieter an der Fehlerhaftigkeit des Informationsproduktes ein Verschulden trifft, ist der zum Informationsprodukt führende Verarbeitungsprozeß in seinen einzelnen Phasen auf ein mögliches schuldhaftes Fehlverhalten der Angestellten oder der externen Mitarbeiter des Anbieters hin zu untersuchen; deren Verschulden hat er sich gemäß § 278 BGB zurechnen zu lassen.

Bei fahrlässigem Handeln der informationsverarbeitenden Stelle muß der später eingetretene Schaden schließlich auch voraussehbar und vermeidbar gewesen sein. Die Gewährleistungsrechte sowie die Ansprüche aus positiver Vertragsverletzung des Kaufvertrags verjähren gemäß § 477 BGB in sechs Monaten.

F 4.4.2   Online-Informationsdienste

Werden die den Nutzer interessierenden Informationen von einem Online-System oder über Bildschirmtext angeboten und hat der Nutzer die Möglichkeit, in der entsprechenden Datenbank selbst zu recherchieren, so liegt ein Rechtsverhältnis vor, das hier als ,,Online-Vertrag" bezeichnet werden soll.

Für die vertragstypologische Einordnung des *Online-Vertrags* ist der Stellenwert der abrufbereit gespeicherten Informationen für den Nutzer von besonderer Bedeutung. Es liegt daher nahe, Online-Systeme in erster Linie als Informationssysteme zu verstehen und den Informationsabruf als eine Art automatischer Auskunftserteilung zu begreifen. Für deren rechtliche Bewertung ist von Interesse, daß die Rechtsprechung sich bei der vertragstypologischen Bewertung der Informationserteilung vor allem an der dieser zugrundeliegenden Kommunikationsbeziehung orientiert hat. Das heißt, ausschlaggebend ist nicht die Information selbst, sondern deren individuelle Erarbeitung oder ständige Erbringung bzw. deren Charakter als Massenprodukt. Demgemäß hat die Rechtsprechung die Erteilung einer Auskunft oder die Erstellung eines Gutachtens als *Dienst-* oder *Werkvertrag* und Printerzeugnisse als Gegenstand eines *Kaufvertrags* angesehen und diese Verträge als Ausgangspunkt für die Beurteilung der Sorgfaltspflichten genommen. Soweit dagegen eine derartige Kommunikationsbeziehung nicht vorlag bzw. nicht ausreichte, um die Informationserteilung rechtlich angemessen zu bewerten, wurde auf diese selbst zurückgegriffen.

Ohne nun auf die dogmatischen Einzelheiten einzugehen, sei hier nur hervorgehoben, daß es sich beim Online-Vertrag um eine Art *Nutzungsvertrag* handelt, der dem BGB als Vertragstyp zwar nicht bekannt, im Rahmen der Vertragsfreiheit gemäß § 305 BGB jedoch gleichwohl zulässig ist (sog. Vertrag sui generis). Gerichtet ist dieser Nutzungsvertrag auf die Selektion und Einspeisung der vom Nutzer recherchierten Informationen in das Datenübertragungsnetz. Da dies vollautomatisch geschieht, scheidet eine werkvertragliche Bewertung des Vertrags, die immer auch eine menschliche, schöpferische individuell zu erbringende Leistung voraussetzt, aus.

Im Falle von *Leistungsstörungen* dieses Vertrages gelten zunächst die allgemeinen Vorschriften des BGB. Soweit der Träger des Systems seine Sorgfaltspflichten bei der Inputerstellung bzw. bei der Pflege und Wartung der eingesetzten Soft- und Hardware schuldhaft verletzt, haftet er nach den Grundsätzen der positiven Vertragsverletzung auf Ersatz der daraus resultierenden Schäden des Nutzers. Darüber hinaus steht dem Nutzer bei Entgeltlichkeit nur das in § 320 BGB verbürgte Leistungsverweigerungsrecht zu, wenn die FI-Stelle ihre Leistung nicht ordnungsgemäß erbringt.

Anders ist die Lage hingegen zu beurteilen, wenn durch Eingabefehler, durch Vertauschen der Kategorien beim Ausfüllen der Auswertebögen, im Einzelfall auch bei der Vergabe sachlich völlig verfehlter Deskriptoren oder sonstiger inhaltserschließender Elemente objektiv feststellbare Fehler unterlaufen. In diesen Fällen ist die Gebrauchstauglichkeit des Nachweises für den Nutzer objektiv feststellbar aufgehoben, zumindest aber stark eingeschränkt. Es ist daher interessengerecht, ihm unter diesen Voraussetzungen Gewährleistungsrechte einzuräumen. Insoweit sind nicht die werkvertraglichen, sondern die kaufrechtlichen Grundsätze des Gewährleistungs- und Haftungsrechts anzuwenden (siehe oben F 4.4.1). So haftet der Datenbankanbieter für Schäden, die durch das Fehlen zugesicherter Eigenschaften der angebotenen Datenbanken, etwa deren Aktualität und Vollständigkeit betreffend, auftreten. Sie sind zugesichert, wenn der Anbieter deren Vorhandensein rechtlich verbindlich zusagt, also für die Aktualität der gelieferten Daten oder deren Vollständigkeit auch einstehen will.

Gegen die Annahme einer *Zusicherung* spricht allerdings, daß Vollständigkeit und Aktualität einer Datenbank nicht als absolut verstandene Größen angesehen werden können. Sie hängen ab vom Scope der jeweiligen Datenbank, vom Erfassungszeitraum, von der subjektiv beeinflußten Erschließung und schließlich von dem Zeitpunkt des Erscheinens des auszuwertenden Materials, das die Grundlage für die letzte Aktualisierung der Datenbank (Updating) bildet. Soll eine solche Haftung wegen Zusicherung einer Eigenschaft vermieden werden, sind Beschreibungen und Unterlagen über das Informationsangebot so abzufassen, daß aus ihnen eine rechtlich verbindliche Zusage bestimmter Eigenschaften (Aktualität, Vollständigkeit etc.) nicht entnommen werden kann.

F 4.4.3 Auskunft und Beratung

Auskunft und Beratung sind, soweit sie auf konkrete Einzelanfragen des Benutzers hin entgeltlich erteilt werden, Gegenstand eines *Werkvertrags* nach § 631 BGB. Werden Auskunft und Beratung unentgeltlich erteilt, beurteilt sich das Rechtsverhältnis zwischen Fragendem und Informationseinrichtung nach Auftragsrecht und damit nach §§ 662 ff. BGB.

Um einen *Dienstvertrag* mit Geschäftsbesorgungscharakter (§§ 611, 675 BGB), handelt es sich dann, wenn Auskunft und Beratung an sich laufend, geschuldet werden. In allen genannten Fällen hängt der Anspruch auf Ersatz des durch die Befolgung der fehlerhaften Auskunft erlittenen Schadens vom Verschulden des Mitarbeiters der handelnden Stelle ab. Vor allem folgende Grundsätze sind bei der *Auskunftserteilung* zu beachten:

Die Auskunft muß sorgfältig und gewissenhaft erteilt werden. Das kann auch bedeuten, daß Informationen, die nicht dem eigenen Wissensbereich entstammen, auf ihre Richtigkeit zu überprüfen sind. Der Umfang der Nachforschungspflichten bezüglich der weiterzugebenden Informationen richtet sich nach dem schutzwürdigen Vertrauen des Benutzers, das dieser der auskunftgebenden Stelle angesichts der von ihr zu erwartenden Sachkunde entgegenbringt.

Ist der Auskunftgebende der Richtigkeit einer Information nicht sicher, so muß er einen entsprechenden Vorbehalt machen; ist die Information, die von der betreffenden Stelle nur weitergegeben wird, nicht nachprüfbar, so muß auf die fremde Urheberschaft hingewiesen werden, da sonst die auskunftgebende Stelle für den Inhalt verantwortlich wäre.

Soweit die FI-Stelle Beratung aus eigenem fachlichen Wissen erteilt, muß der Rat richtig, vollständig und unmißverständlich sein. Ist er aber falsch, so haftet die Stelle und muß den Benutzer so stellen, als ob er keine oder eine richtige Beratung oder Aukunft erhalten hätte.

Der Anspruch des Benutzers mindert sich allerdings wegen *Mitverschuldens* nach § 254 Abs. 1 BGB, wenn er beispielsweise trotz gegebenen Anlasses nicht zurückgefragt, oder die Auskunft nicht mit der gebotenen Sorgfalt zur Kenntnis genommen hat.

F 4.4.4 Möglichkeiten der Haftungsbeschränkung

Das sich aus den vorstehenden Grundsätzen ergebende Haftungsrisiko für die jeweilige Stelle kann eingegrenzt werden durch Individualvereinbarungen, *Allgemeine Geschäftsbedingungen* (AGB) oder durch Formularvertrag. Ob es aber empfehlenswert ist, die dadurch eröffneten Haftungsbegrenzungsmöglichkeiten in jedem Fall auszuschöpfen, ist nicht nach juristischen Maßstäben zu entscheiden, sondern ist eine geschäftspolitische Frage, die insbesondere unter Berücksichtigung der Akzeptanz eines Informationssystems beim Nutzer zu beantworten ist. An dieser Stelle soll lediglich der Rahmen des rechtlich Zulässigen aufgezeigt werden.

Der weitestgehende *Haftungsausschluß* kann durch Individualvereinbarungen erreicht werden. So kann die Haftung sowohl für eigenes fahrlässiges (also auch grobfahrlässiges) Fehlverhalten sowie das der Erfüllungsgehilfen, etwa der Angestellten, nach § 278 S. 2 BGB ausgeschlossen werden. Hat der Träger der Informationseinrichtung die Rechtsform einer juristischen Person, so haftet er grundsätzlich für ein Verschulden der verfassungsmäßig berufenen Vertreter, also etwa der Geschäftsführer und Prokuristen. Er kann jedoch die Haftung für fahrlässiges Fehlverhalten dieser Personen in Einzelvereinbarungen, nicht aber durch Satzung ausschließen (§ 40 BGB). Haftungsbeschränkungen können auch in Allgemeinen Geschäftsbedingungen geregelt werden. Gleiches gilt für sogenannte Formularverträge. Auf jeden Fall kann in beiden Fällen zumindest die Haftung der auskunftgebenden Stelle für leicht fahrlässiges, nicht jedoch für grob fahrlässiges Verhalten ausgeschlossen werden.

F 4.4.5   Zurechnungsfragen

Abschließend soll noch auf Kausalitätsfragen, das Problem des Mitverschuldens des Nutzers an dem ihm entstandenen Schaden sowie Beweisfragen eingegangen werden.

Um dem Nutzer von Informationen überhaupt die Möglichkeit zu eröffnen, eine *Kausalität* zwischen einem schuldhaften Verhalten des Informationsproduzenten, einer fehlerhaften Information und einem daraus resultierenden Schaden darzulegen (und eventuell dann auch zu beweisen), muß der Informationsanbieter die Herkunft der von ihm bereitgehaltenen Informationen offenlegen und im Streitfall auch Auskunft über die bei ihm ablaufenden Verarbeitungsvorgänge geben. Aber selbst in diesem idealtypischen Fall wird es nicht immer möglich sein, die Kausalität zwischen fehlerhafter Information und Schaden schlüssig darzulegen. Dies ist jedoch ein Problemfeld, das sich stets, insbesondere bei der Geltendmachung von Schadenersatzansprüchen, ergibt.

Etwas anderes gilt bei Schadenersatzansprüchen für die Frage der Anspruchskürzung wegen eines *Mitverschuldens* des Geschädigten nach § 254 Abs. 1 BGB. Bei der Beurteilung, ob den Geschädigten ein solches Mitverschulden trifft, ist vor allem darauf abzustellen, welches Vertrauen er der informationsliefernden Stelle entgegenbringen konnte; ob er möglicherweise nicht gezielt genug gefragt und seinen Informationswunsch zu wenig spezifiziert hat; ob er möglicherweise zur Informationserlangung auch noch andere Quellen hätte nutzen können, welcher Zeitraum zwischen dem Zeitpunkt der Information und der Geltendmachung eventueller Ansprüche vergangen ist und anderes mehr. Selbstverständlich ist auch stets zu berücksichtigen, welche Sorgfalt der Informationsproduzent und Träger des Systems bei der Erarbeitung und Präsentation seines Informationsangebots an den Tag gelegt hat und wie (seriös) er dem Nutzer gegenüber aufgetreten ist.

Erhebliche Probleme können sich schließlich im Hinblick auf die *beweisrechtliche Situation* ergeben. Will der Benutzer einen gegen die Informationseinrichtung gerichteten Schadenersatzanspruch gerichtlich geltend machen, so gerät er dadurch in eine schwierige Beweislage, daß er das schuldhafte Handeln der Mitarbeiter dieser Stelle beweisen muß. Insofern kommt ihm jedoch der in der Rechtsprechung entwickelte Satz zugute, wonach einer Partei nicht die Beweislast für Umstände auferlegt werden darf, die im Verantwortungsbereich der anderen Partei liegen. Der Benutzer braucht daher nur zu beweisen, daß der Informationsanbieter fehlerhafte Informationen geliefert hat und daß diese für den eingetretenen Schaden ursächlich geworden sind. Dabei genügt er seiner Beweislast, wenn er darlegen kann, daß sein Schaden typische Folge der durch den Informationsdienst gegebenen Fehlinformation ist. Darin kommt die objektive Vertragsverletzung zum Ausdruck. Diese *Beweislastumkehr*, die für Ansprüche aus positiver Vertragsverletzung entwickelt wurde, gilt auch bei Schadenersatzansprüchen aus § 635 BGB. Insgesamt bedeutet diese Beweislastregelung für den Geschädigten eine erhebliche Verbesserung seiner Position.

F 4.5   Schlußbemerkung

Die in den vorangehenden Abschnitten behandelten Bereiche Urheberrecht, Datenschutzrecht und Vertragsrecht stellen sicherlich die wichtigsten Problemfelder der Bereitstellung fachlicher Informationen aus rechtlicher Sicht dar. Wie in der Einführung aber schon angedeutet, ist das sich dabei ergebende Problempotential nicht auf diese drei Schwerpunkte beschränkt. Es können sich im Einzelfall auch Fragen aus dem Strafrecht (Stichwort ,,Computer-Kriminalität'') oder dem Wettbewerbsrecht oder auch aus entlegeneren Rechtsmaterien (etwa dem Außenhandelsrecht beim Export von Informationen in Ostblock-Staaten) ergeben. Insofern wird es sich nicht umgehen lassen, Rechtsexperten zur Lösung der Probleme hinzuzuziehen.

In jedem Fall empfiehlt es sich aber, den Überlick auch über diese Frage zu behalten, um für die gegebenenfalls auftretenden Rechtsprobleme sensibilisiert zu sein. Zur Erreichung dieses Ziels kann die Lektüre der folgenden aufgeführten Überblicksliteratur ebenso beitragen wie die Verfolgung der technischen und rechtlichen Entwicklung in den einschlägigen Fachzeitschriften.

Literatur

Literatur zur Einführung in Rechtsfragen der Fachinformation

01. Burkert, H.; Redeker, H.; Dippoldsmann, P.: Informationsrecht, hrsg. von der Gesellschaft für Mathematik und Datenverarbeitung (GMD), St. Augustin 1985, 78 Seiten.
02. Goebel, J.W.: Rechtsprobleme der Fachinformation. In: Nachr. f. Dokum. 1980, S. 65 – 68.
03. Goebel, J.W.; Höfer-Frey, D.; Scheller, J.: Rechtstatsachen beim Betrieb von Informationssystemen, München 1983, 314 Seiten.
04. Grossfeld, B.: Computer und Recht. In: Juristenzeitung 1984, S. 696 – 699.
05. Hodik, K.H.: Rechtsfragen bei Bildschirmtext und Datenbanken. In: Film und Recht 1984, S. 560 – 563.
06. Kirchner, H.: Bibliotheks- und Dokumentationsrecht, Wiesbaden 1981, 410 Seiten.
07. Scheller, J.: Elektronisches Publizieren – Von juristischem Interesse? In: Computer und Recht 1987, S. 13 – 19.
08. Werckmeister, G.: Informationsrecht. In: Datenverarbeitung im Recht 1978, S. 97 ff.

Literatur zu urheberrechtlichen Fragen

09. Fromm, F.; Nordemann, W.: Urheberrecht, 7. Aufl., Stuttgart u.a. 1988.
10. Hackemann, M.: Information und Dokumentation aus urheberrechtlicher Sicht. In: Gewerblicher Rechtsschutz und Urheberrecht (= GRUR) 1982, S. 262 – 273.
11. Hackemann, M.: Rechtliche Probleme bei der Nutzung von lexikographischen und terminologischen Datenbanken für wissenschaftliche Zwecke. In: Forum der Gesellschaft für linguistische Datenverarbeitung (= LDV-Forum) 1987, S. 71 – 78.
12. Katzenberger, P.: Urherberrechtsfragen der elektronischen Textkommunikation. In: GRUR 1983, S. 895 – 919.
13. MacDonald, D. D.; Rodger, E. J.; Scuires, J. L.: International study of copyright of bibliographic records in machine-readable form, München 1983, 149 Seiten (IFLA Publications 27).
14. Weirich, D.: Die neuen Medien und die Grenzen des Urheberrechts. In: Zeitschrift für Urheber-und Medienrecht (= ZUM) 1985, S. 490 – 494.

Literatur zu datenschutzrechtlichen Fragen

15. Abel, H. G.: Technische und organisatorische Maßnahmen zum Datenschutz beim Betrieb von Datenbanken. In: Datenverarbeitung/Steuer/Wirtschaft/Recht (DSWR) 1985, S. 97 – 100.
16. Goebel, J. W.: Datenschutz in Bibliotheken und Dokumentationsstellen. In: ajdb-Mitteilungen 1986, S. 99 – 111, und 1987, S. 8 – 18.
17. Meilinger, F.: Datenschutz im Bereich von Information und Dokumentation, Baden-Baden 1984, 301 Seiten.
18. Runge, G.: Datenbanken und Datenschutz im Informations- und Dokumentationswesen. In: ABI-Technik 1983, S. 295 – 299.
19. Simitis, S.; Dammann, U.; Mallmann, O.; Reh, H. J.: Kommentar zum Bundesdatenschutzgesetz, 3. Auflage, Baden-Baden 1981.

Literatur zum Vertragsrecht

20. Goebel, J. W.: Die vertragliche Ausgestaltung des Downloading. In: Nachr. f. Dokum. 1986 S. 14 – 18.
21. Hackemann, M.: Fragen des Austauschverhältnisses beim Online-Vertrag. In: Computer und Recht 1987, S. 660 – 671.
22. Hackemann, M.: Haftung von Recherche- und Informationsvermittelungsdiensten für fehlerhafte Auskünfte. In: Nachr. für Dokum. 1988, S. 297 – 301.
23. Redeker, H.: Der Abruf von Informationen im Bildschirmtextsystem als Rechtsgeschäft. In: Der Betrieb 1986, S. 1057 – 1061.

F 5   **Informationsmangement. Stand und Perspektiven des Managements von Informationsressourcen**

Elisabeth Vogel

F 5.1   Einführung

Informationsmanagement (IM) ist bereits seit einigen Jahren in der Diskussion. Ein allgemeingültiges Verständnis dessen, was IM bedeutet und was seine Aufgaben sind, ist jedoch nicht vorhanden. Festzustellen ist, daß die verschiedensten wissenschaftlichen Disziplinen wie auch Praxisbereiche das Gebiet für sich reklamieren und teilweise die Existenz der anderen Blickpunkte ignorieren, wenn nicht gar negieren. Um einer der grundlegenden Ideen des IM, der *ganzheitlichen* Betrachtung der Informationsverarbeitung, zum Erfolg zu verhelfen, muß jedoch ein umfassendes Konzept des IM entwickelt werden, auf das sich dann die verschiedenen Wissenschafts- und Praxisgebiete mit ihren speziellen Beiträgen beziehen können. Mit dieser Sicht ist IM nicht identisch mit der Organisation und Leitung einer innerbetrieblichen Informations- und Dokumentationseinrichtung. Diese Funktion ist nur eine ganz bestimmte Facette des IM, die nur dann maximal ausgestaltet und ausgefüllt werden kann, wenn sie abgestimmt ist mit den organisationsweiten IM-Zielen und -Aktivitäten. Bei der folgenden Bestimmung des Standes und der Entwicklungsrichtungen des IM wird daher ein allgemeinerer Untersuchungsansatz eingenommen, von dem aus zunächst das umfassende Konzept des IM und daran anschließend die Konsequenzen für den Fachinformationsbereich entwickelt werden.

Einen geeigneten Bezugspunkt für die Untersuchung liefert das umfassende **Modell der Informationsverarbeitung** (vgl. *Abb. 1*). Zentral für dieses Modell ist die Unterscheidung von Wissen und Information. Wissen wird dann zu Information, wenn es in einer Problemsituation relevant wird und Unsicherheit reduziert. Die Reduktion von Ungewißheit kann verschiedene Facetten haben. Manchmal wird schon Ungewißheit reduziert, wenn Wissen als relevant für ein bestimmtes Problem identifiziert wird. Manchmal sind darüber hinaus umfangreiche Denkprozesse notwendig, die das Wissen für eine Problemlösung synthetisieren und modifizieren. Der Prozeß der Transformation von Wissen in Information in Problemlösungssituationen, den KUHLEN (Lit. 33.) *Informationserarbeitung* nennt, kann vielfältig gestört werden. So muß die Bereitschaft und Fähigkeit beim handelnden Individuum vorhanden sein, nach problemrelevantem Wissen zu suchen und zu einer Lösung aufzubereiten. Daneben wirken auch organisationelle Bedingungen auf den Prozeß der Informationserarbeitung ein. So bestimmen beispielsweise Organisationsaufbau und Organisationsablauf die Anbindung des einzelnen an die organisationellen Wissensströme. Erarbeitete Information, also mit Blick auf eine bestimmte Problemstellung selektiertes, bewertetes und aufbereitetes Wissen, muß dann auf das reale Problem angewandt werden. Dieser Prozeß wird im folgenden als *Informationsanwendung* bezeichnet. Die Information, die zur Anwendung in einer Problemsituation kommt, wird in der Regel eine Teilmenge der für die Problemstellung erarbeiteten Information sein. Die Qualität der Informationserarbeitung bestimmt daher neben den Umsetzungs- und Durchsetzungsfähigkeiten des handelnden Individuums die Qualität der Informationsanwendung. Die Informationsanwendung führt – je nach Problemstellung – zu Manipulationen an Objekten der materiellen Welt. Deshalb interessieren die Effekte der Informationsanwendung. Die Frage ist, ob und wie mit der erarbeiteten und angewandten Information das Problem tatsächlich gelöst werden kann. Dies ist nicht nur abhängig von der Qualität der erarbeiteten und angewandten Information, sondern auch von der Problemstellung zum Zeitpunkt der versuchten Problemlösung. Diese muß nicht mehr identisch sein mit der Ausgangsproblemstellung. Informationsverarbeitung in Organisationen ist jedoch nicht nur durch den Prozeß der Informationserarbeitung und -anwendung gekennzeichnet, der im folgenden zusammengefaßt auch mit *Informationsprozeß* angesprochen wird. Außerdem müssen Organisationen die erarbeiteten Informationen in den statischen Zustand von Wissen zurückführen, um bei Bedarf erneut darauf zugreifen zu können. Auch diese zweite Transformation, in Anlehnung an KUHLEN die *Wissensverwaltung* genannt, muß unter Optimierung der gleichfalls auf sie einwirkenden individuellen und organisationellen Faktoren adäquat gestaltet sein, um die Erarbeitung von Information in zukünftigen Bedarfsfällen zu ermöglichen. Im Zentrum der Wissensverwaltung stehen *Informationssysteme*. Sie enthalten Wissen, das in Zeichen dargestellt ist. Außerdem bestehen Informationssysteme aus den physischen Trägern der Zeichen und den Verfahren und Hilfsmitteln zur Verarbeitung der Zeichen. Bei den rechnergestützten Informationssystemen werden die Träger und Verarbeitungsverfahren als Informationstechnologien bezeichnet. Beispiele für Informationssysteme sind eine Bibliothek oder eine Registratur, wo Wissen als Schriftzeichen auf dem Träger Buch oder Akte fixiert ist, oder ein computergestütztes Informationssystem, wo Wissen in digitalen Zeichen auf elektronischen Speichern gesammelt und modifizierbar ist. Verfahren und Hilfsmittel sind beispielsweise ein alphabetischer oder systematischer Katalog, ein Aktenplan oder ein Datenbanksystem. Da Information und Kommunikation sich gegenseitig bedingen, umfaßt ein Informationssystem darüber hinaus immer auch eine Kommunikationsfunktion, die technisch möglicherweise über ein eigenes System realisiert ist.

In diesem Modell können nun die **Probleme in der Informationsverarbeitung** lokalisiert werden, die Mitte bis Ende der 70er Jahre offensichtlich wurden und die Forderung nach einem IM begründeten (vgl. ausführlich Lit. 85.). Die Probleme lassen sich drei Bereichen zuordnen. Zum ersten zeigten sich zunehmende Störungen des Prozesses der *Informationserarbeitung und -anwendung*. Das Wissensangebot vergrößerte sich, so daß es von den Individuen nicht mehr aufgenommen, zu Information verarbeitet und auf die Problemsituation angewendet werden kann. Diese Störung ist um so fataler für eine Organisation, als ihr Erfolg aufgrund von schnell wandelnden Umweltbedingungen zunehmend abhängig ist von der Befriedigung des gewachsenen Informationsbedarfs.

Ein zweites Problem zeigte sich mit fortschreitender technologischer Entwicklung und zunehmendem Einsatz von Informations- und Kommunikationstechnologien im Bereich der *Informationsverwaltung*. Probleme liegen hier beim Gestaltungsprozeß der Informationssysteme. Die prinzipiell mögliche Funktionalität der Technologien wird nicht ausgeschöpft, da der komplexe Technologiemarkt eine adäquate Auswahl der Systemkomponenten erschwert, die organisatorisch getrennte Zuständigkeit für einzelne Technologien nicht der zunehmenden Multifunktionalität der Technologien gerecht wird und ein permanenter Mangel an qualifiziertem Personal existiert. Konsequenz ist eine nicht effektive Informationsverwaltung.

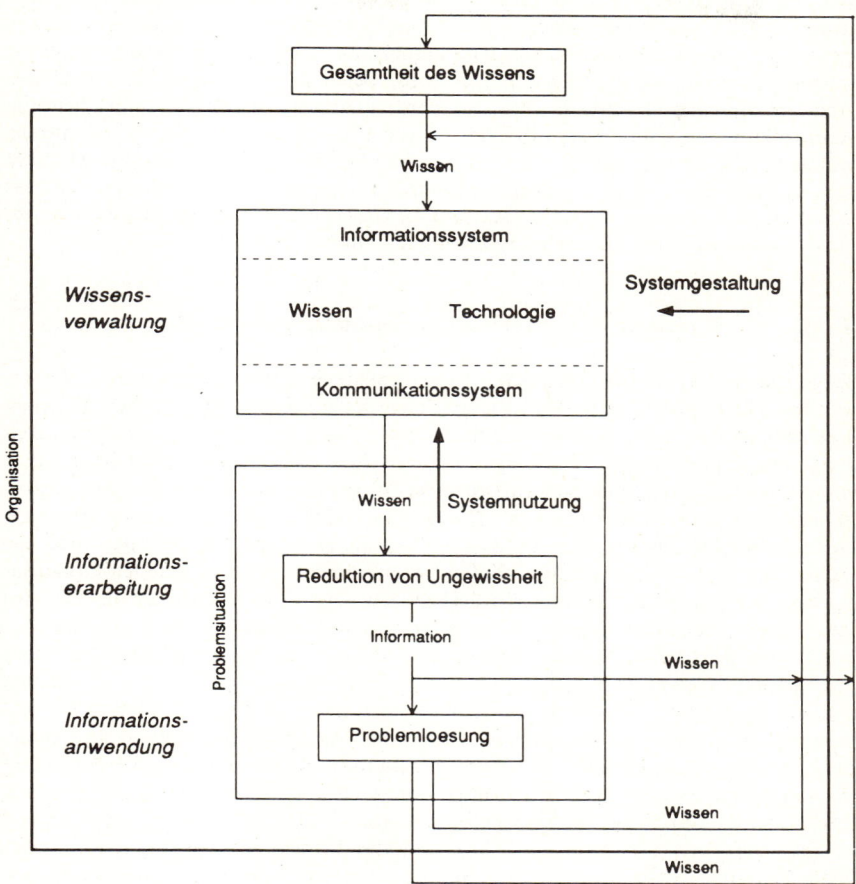

Abb. 1: Modell der Informationsverarbeitung in Organisationen

Ein drittes Problemfeld ist die *Unwirtschaftlichkeit der Informationsverarbeitung:* Hohen Kosten stehen nicht befriedigende Leistungen gegenüber. Diese Situation ist entstanden, weil ungenügendes Kostenbewußtsein, Probleme bei der Leistungs- und Nutzen-Bestimmung der Einführung von Rechnern, von Wissen und Information sowie Probleme bei der eindeutigen Kostenbestimmung bestehen und die wirtschaftliche Kontrolle der Informationsverarbeitung erschweren.

Die Probleme in der Informationsverarbeitung führten zu der Erkenntnis, daß die Informationsverarbeitung nicht sich selbst überlassen bleiben darf. Vielmehr müssen Informationsbedarf, Wissensversorgung und individuelle Wissensverarbeitungskapazitäten und -bereitschaften unter Ausnutzung des verfügbaren technologischen Potentials in einem optimalen Kosten-Nutzen-Verhältnis organisationsweit aufeinander abgestimmt werden. Eine solche Koordination will das IM leisten. Ein generelles wichtiges Mittel ist das der Planung, Kontrolle und Steuerung. Planung ist ein systematischer Entscheidungsprozeß, bei dem zukünftige Entscheidungs- und Handlungsspielräume strukturiert werden (Lit. 80., S. 32). Planung benötigt Kontrolle und ist ohne Überprüfung, ob die Durchführung in Übereinstimmung mit den Plänen steht, sinnlos (Lit. 73., S. 120). Die Steuerung umfaßt alle Aktivitäten, die Kriterien für die unmittelbare Beeinflussung der organisationellen Prozesse und Personen erzeugen (vgl. Lit. 30., S. 54). Diese können aus den Plänen oder aus den Ergebnissen von Kontrollvorgängen gewonnen werden.

F 5.2   Konzepte des Informationsressourcen-Managements

Gegenwärtig stehen zwei grundsätzlich verschiedene Ansätze des IM einander gegenüber. Der erste begreift IM als eine Form des *informationsbewußten allgemeinen Managements* (vgl. Lit. 63.). Innerhalb der gegebenen organisationsstrukturellen Zuständigkeiten werden die auch bisher schon abgewickelten Aufgaben unter einer besonderen Perspektive bearbeitet, wofür möglicherweise der Einsatz spezifischer Instrumente erforderlich ist. Der zweite Ansatz verlangt darüber hinausgehend außerdem organisationsstrukturelle Veränderungen. Sie können durch die Schaffung neuer Aufgaben und Zuständigkeiten in Form von speziellen Organisationseinheiten oder Positionen erforderlich sein. Diese zweite Variante des IM wird hier unter der Bezeichnung *Informationsressourcen-Management* geführt. Sie greift sehr viel stärker in die Strukturen und Abläufe der Organisation ein und steht deshalb im Mittelpunkt. Nicht nur unter ,,IM'', sondern auch unter dem Namen Informationsressourcen-Management verbergen sich verschiedene Ansätze. Sie lassen sich beschreiben hinsichtlich der Ziele und Prinzipien, die verfolgt und eingesetzt werden, und hinsichtlich des Gegenstandsbereichs, auf den die Ziele und Prinzipien angewandt werden. In dieser Darstellung wird mit einem ganzheitlichen Blick auf die Informationsverarbeitung versucht, die Verbindungen und Unterschiede zwischen den bisherigen Ansätzen des Informationsressourcen-Managements aufzuzeigen und sie auf der Basis des umfassenden Informationsverarbeitungsmodells zu bewerten. Darauf aufbauend können die Aufgaben und Instrumente des Informationsressourcen-Managements konkretisiert werden.

F 5.2.1   Ziele und Prinzipien

Aufschluß über die Ziele und Prinzipien des Informationsressourcen-Mangements kann von einer näheren Analyse des **Ressourcen-Begriffs** erwartet werden. Noch immer gilt jedoch die Feststellung LEVITANS (Lit. 38., S. 236), daß explizite Definitionen nur selten zu finden sind. Zwei Ressourcen-Begriffe sind voneinander zu unterscheiden, die im allgemeinen nicht bewußt getrennt werden und so beide mit den Stichwörtern Informationsressourcen-Management, Information Resource(s) Management oder IRM adressiert sein können.

Als Ressource wird zum einen das bezeichnet, was ein *nützliches Potential* und eine besondere Wichtigkeit für die Erreichung eines bestimmten Ziels besitzt und deshalb entsprechend ausgeschöpft werden sollte. Diese Betonung der Mittel-Eigenschaft entspricht dem Alltagsverständnis von Ressource. Im Kontext des IM wird dieser Begriff häufig auf das Wissen, das in Informationssystemen enthalten ist, bezogen. So folgt beispielsweise DANIEL (Lit. 10., S. 222, 224) in der Problematisierung des Verhältnisses von ,,information resources" und ,,information use" diesem Verständnis; ebenso TAYLOR (Lit. 82., S. 8), der durch das Ressourcen-Management die Wahrscheinlichkeit erhöhen will, ,,that the content of formal messages, that is, the information, will be *useful* to a client or a group of clients (. . .)". Auch KUHLENs Ressourcen-Begriff (Lit. 33., S. 15) ist hier einzuordnen, wenn das Ressourcen-Management für die ,,Koordination und Steuerung *an sich verfügbarer Wissensressourcen"* zuständig ist. Bei dem Begriff von LEVITAN (Lit. 39., S. 44) wird ,,Ressource" dahin gehend spezifiziert, daß diese eine gezielte Planung für die Mehrfachnutzung voraussetzt. Sie sieht Informationsressource als ,,stock of information that has been societally *institutionalized for repeated use* by one or many classes of users. That is, what makes it a *re-source"*. Deutlicher werden hier unmittelbar mit dem Ressourcen-Begriff ökonomische Überlegungen verknüpft. Dieser Ansatz leitet über zu dem zweiten, dem ökonomischen Ressourcen-Begriff.

Dieser faßt Ressource als ein *Produktions- oder Hilfsmittel für die wirtschaftliche Tätigkeit,* das in bezug auf seine Kosten und seinen Beitrag zur Leistungsfähigkeit der Organisation bewertet werden muß. Das Management von Ressourcen versucht, Leistung und Nutzen der Ressource mit Blick auf die Organisationsziele zu maximieren, die Kosten von Erwerb, Verarbeitung, Benutzung und Lagerung der Ressource zu minimieren (Lit. 25., S. 35). Unabhängig von Erscheinungsform oder -ort ist sie organisationsweit einem solchen Kalkül zu unterziehen. Zu diesem Zweck wird eine zentrale Rechenschaftspflicht für die effiziente und effektive Nutzung der Ressource errichtet und auf spezielle Personen oder Organisationseinheiten übertragen sowie ein Instrumentarium für die Planung, Steuerung und Kontrolle der Ressource bereitgestellt. Die Informationsverarbeitung ist damit als eigene Ressource neben die traditionellen Ressourcen Finanzen, Material und Personal gestellt (z.B. Lit. 25., S. 32 ff.; Lit. 70., S. 3; Lit. 81., S. 13; Lit. 14., S. 20; Lit. 46., S. 409). Dieses Verständnis wurde, anknüpfend an MCDONOUGH (Lit. 49.), von HORTON und der Commission on Federal Paperwork (Lit. 25.; Lit. 8.) im Rahmen des Bemühens um eine umfassende Planung und Kontrolle der Informationsverarbeitung in der US-amerikanischen Bundesverwaltung geprägt, das schließlich in dem Paperwork Reduction Act von 1980 seinen Niederschlag fand und von verschiedenen Bundesstaaten aufgegriffen wurde (vgl. z.B. Lit. 46., S. 424ff). Um die mit den verschiedenen Ressourcen-Begriffen verbundenen Konzepte besser voneinander und von dem allgemeinen, übergeordneten Begriff Informationsressourcen-Management unterscheiden zu können, wird im folgenden für die spezielle ökonomische Ausrichtung das Kürzel ÖIRM und für das Informationsressourcen-Management, das den Potential-Begriff zugrundelegt, das Kürzel PIRM verwendet.

Während der ökonomische Ressourcen-Begriff am direktesten an das Problem der Wirtschaftlichkeit der Informationsverarbeitung anknüpft, schließt der Potential-Begriff mehr an an das qualitative Problem der Informationserarbeitung und -anwendung. Der Potential-Begriff bezieht den Zweck der Potential-Nutzung nicht ein und gibt daher wenig praktische Handlungsanweisungen. Der ökonomische Ressourcen-Begriff beschreibt spezifischer in wirtschaftswissenschaftlichen Modellen und Konzepten, daß Wirtschaftlichkeit das Ziel ist und wie die Wirtschaftlichkeit der Ressource geplant und kontrolliert werden kann. Trotzdem ist er umfassender als der Potential-Begriff, da er beide Aspekte der Wirtschaftlichkeit, nämlich Leistungs- bzw. Nutzensteigerung und Kostenreduktion prinzipiell berücksichtigt, wenngleich im konkreten Fall eine Priorität gesetzt werden muß (vgl. Lit. 55., S. 7f). Deshalb kann der Ansatz des PIRM ohne substantiellen Verlust unter den ökonomischen Ansatz des ÖIRM subsumiert werden, und beide Orientierungen sollten daher im Informationsressourcen-Management integriert sein. Eine Problematik ist jedoch unmittelbar mit den Vorzügen des ökonomischen Ressourcen-Begriffs verbunden: Gerade der Informationsbereich ist einer wirtschaftlichen Kontrolle bei dem augenblicklichen Stand des Methodeninstrumentariums nur schwer zugänglich. Gegenwärtig kann also im Kontext der Informationsverarbeitung nicht voll realisiert werden, was der ökonomische Ressourcen-Begriff verspricht. Dies sollte jedoch nicht überbewertet werden. Die Probleme in der Informationsverarbeitung sind als so gravierend einzuschätzen, daß eine Grobsteuerung der Informationsverarbeitung auch ohne objektive Ermittlung von Kosten sowie Leistung und Nutzen so große ökonomische Verbesserungen bringt, daß es aus unternehmerischer Sicht fatal wäre, auf eine exakte Kosten- und Leistungsberechnung zu warten (Lit. 66., S. 39ff).

Anknüpfungspunkt für eine weitere Variante des Informationsressourcen-Managements ist die Abhängigkeit des Erfolgs einer Organisation, also ihre Existenzfähigkeit im Umfeld von konkurrierenden Organisationen und Organisationstypen, von einer vollständigen und raschen Aufnahme und Verarbeitung externer Entwicklungen. Dies kann wesentlich durch die umfassende Ausnutzung des Potentials der Informationsverarbeitung unterstützt werden. Je besser die Informationsverarbeitungsfähigkeit entwickelt ist, um so besser gelingt die Anpassung an veränderte Umweltbedingungen und um so konkurrenzfähiger und erfolgreicher ist die Organisation. Die Informationsverarbeitung kann in diesem Kontext als eine der *Ressourcen* betrachtet werden, die *strategischen Ziele zu realisieren* (vgl. z.B. Lit. 18.; Lit. 65.; Lit. 81., S. 27 ff.; Lit. 27.; Lit. 50., S. 99 ff.; Lit. 45., S. 91 ff; Lit. 52.; Lit. 73., S. 58 ff.; Lit. 32.). Der *strategisches IRM* genannte Ansatz faßt all jene Planungs- und Kontrollprozesse zusammen, mit denen die Ressource Informationsverarbeitung im Hinblick auf einen optimalen Beitrag für die Realisierung der strategischen Ziele der Organisation festgelegt wird (Lit. 81., S. 27).

In der allgemeinen strategischen Planung werden Geschäftsfelder, die durch voneinander abgrenzbare Produkt- oder Kundengruppen definiert sind, und die Ziele, denen die Aktivitäten in einem Geschäftsfeld dienen sollen, festgelegt. In Abhängigkeit von den jeweiligen Marktbedingungen und der relativen Wettbewerbsposition können in einem Geschäftsfeld verschiedene Strategien verfolgt werden. In Wachstumsmärkten und gereiften Märkten können Wettbewerbsvorteile durch Kostensenkungen erreicht werden, während in stark expandierenden Märkten die Unterstützung bei der Entwicklung neuer Produkte und Dienstleistungen vorrangig ist (vgl. Lit. 67., S. 34ff). Daraus werden die Entscheidungen über die erforderlichen Ressourcen abgeleitet. Die Gestaltung der Ressource Informationsverarbeitung kann sowohl die Grundstrategie Kostenführerschaft als auch Produktdifferenzierung unterstützen (vgl. Lit. 73., S. 58ff). Eine weitere Strategie macht Leistungen von rechnergestützten Informationssystemen zum Bestandteil einer Marktleistung oder zu einem eigenständigen Marktangebot und unterstützt damit die Grundstrategie der Produktdifferenzierung bzw. Diversifikation. Solche Leistungen können gezielt zur Erreichung von Wettbewerbsvorteilen eingesetzt werden. ESCHENRÖDER (Lit. 14., S. 172) leitet daraus die *aktive Rolle* des strategischen IRM bei der Formulierung, Planung und Gestaltung der Organisationsstrategien ab. Der strategische Plan ist nicht nur die Resultante der Organisationsplanung, sondern auch der Analyse der strategischen Potentiale der Informationsverarbeitung.

Die strategische Dimension wird vermutlich mit zunehmender Komplexität der zu bewältigenden Aufgaben selbstverständlicher Bestandteil des Informationsressourcen-Managements (vgl. Lit. 45., S. 116ff). Empirische Untersuchungen zeigten nicht nur Ansätze zu einer zunehmenden strategischen Orientierung (vgl. Lit. 01.), sondern auch einen (statistischen) Zusammenhang zwischen strategischer Ausrichtung der Informationsverarbeitung und Organisationserfolg (vgl. Lit. 53.). Demnach setzen erfolgreiche Unternehmen rechnergestützte Informationssysteme gerade in den marktnahen Funktionsbereichen zur Verbesserung von Produktqualität, Auftrags- und Lieferservice und Kundenkontakt ein. Weniger erfolgreiche Unternehmungen verwenden rechnerunterstützte Informationssysteme dagegen relativ undifferenziert in allen Funktionsbereichen zur Effizienzsteigerung.

F 5.2.2   Gegenstandsbereich

Auch der Gegenstandsbereich, auf den das Informationsressourcen-Management zielt, ist in der Literatur nicht klar und eindeutig beschrieben. Um einen Bezugspunkt bei der Beschreibung der verschiedenen Ansätze zu erhalten, ist eine Klärung der benutzten Begriffe notwendig. Wie schon die Defizite in der Informationsverarbeitung, können auch die Gegenstände des Informationsressourcen-Managements, die zu steuernden Ressourcen, an dem Modell der Informationsverarbeitung dargestellt werden (vgl. *Abb. 1*). Informationssysteme enthalten Wissen, das mit Hilfe von Medien und Verfahren dargestellt, gespeichert, verarbeitet und übermittelt wird. Individuen mit bestimmten Qualifikationen und Motivationen erarbeiten in einem bestimmten organisationellen Umfeld mit spezifischen Zielen und Organisationsformen aus den von den Informationssystemen zur Verfügung gestellten Wissen Information und wenden sie auf die Problemstellung an. Alle genannten Komponenten der Informationsverarbeitung sind am Erfolg oder Mißlingen der In-

formationserarbeitung und -anwendung beteiligt und bedürfen daher einer gezielten Steuerung, sollen die Defizite der Informationsverarbeitung kompensiert
werden. Sie sollen deshalb im folgenden als *Informationsressourcen* bezeichnet
werden. ,,Informationsressource'' ist hier also ein Oberbegriff und damit nicht
identisch mit der ,,Ressource Information'' (vgl. unten).
Im Kontext des Informationsressourcen-Mangements werden recht unterschiedliche inhaltliche Schwerpunkte gesetzt. Teilweise konzentriert sich die Diskussion
ausschließlich auf die technologische Seite, die die Probleme besonders deutlich vor
Augen führt, oder auf die inhaltliche Seite von Informationssystemen. Es werden
auch beide Komponenten als aufeinander bezogene Informationsressourcen angesehen (vgl. z.B. Lit. 70., S. 5; Lit. 82., S. 8). Insgesamt ist ein Trend zur Einbeziehung *mehrerer Komponenten* der Informationsverarbeitung zu erkennen. So
zählen im ÖIRM bereits die Informationsressourcen Wissen in seinen physischen
Repräsentationen (wie Korrespondenzen, Formulare, Bücher, Datensätze), Technologie und Personal zu den standardmäßig berücksichtigten Ressourcen (vgl. z.B.
Lit. 45., S. 71; Lit. 29., S. 217; Lit. 64., S. 189). Unberücksichtigt bleibt im ÖIRM
allerdings der Bedeutungsgehalt von Wissen. Auch die organisationellen Bedingungen der Informationsverarbeitung sind in den ÖIRM-Ansätzen nicht als eigenständige Informationsressource integriert. Allerdings sind auch hier Tendenzen zu
erkennen, diese Ressource als ökonomischen bzw. strategischen Faktor zu themati-
sieren (Lit. 37., S. 17f; Lit. 05., S. 193; Lit. 69.).

In den ÖIRM-Programmen der öffentlichen Verwaltung der USA, die in der ersten
Hälfte der 80er Jahre in die Praxis umgesetzt wurden, lassen sich noch unterschiedliche inhaltliche Schwerpunkte feststellen (vgl. Lit. 84., S. 83f, 86). Bei den durch
den Paperwork Reduction Act initiierten Maßnahmen für die Behörden des Bundes
liegt der Schwerpunkt auf der Ebene der physischen Repräsentationen von Wissen.
Um durch eine vereinfachte Handhabung von Akten- und Datensammlungen verwaltungsintern und -extern Kosten zu sparen, wurde ihr Umfang reduziert. Das beeinflußt − allerdings nur indirekt − auch die inhaltliche Wissensebene. Indem die
Eliminierung überflüssiger Wissensbestände den Information Overload ein-
schränkt, verbessern sich die Voraussetzungen der Informationserarbeitung und
-anwendung. Die Maßnahmen des Paperwork Reduction Acts beziehen sich dabei
nur auf einen Teilbereich des organisationell relevanten Wissens, nämlich auf die
extern zufließenden Massendaten. Planungs- und entscheidungsbezogenes Wissen
komplexerer Art, das sich nicht aus diesen Massendaten ableiten läßt, gehört auch
nicht zum direkten Gegenstandsbereich. Anders war der Ausgangspunkt beispielsweise im Bundesstaat South Carolina. Hier richtet sich das Interesse primär auf die
Informations- und Kommunikationstechnologie. Die verschiedenen Technologien
und die Informationssysteme, die mit derselben Technologie realisiert sind, sollen
jeweils aufeinander abgestimmt werden. Daneben sollen jedoch auch die individuellen Bedingungen der Informationserarbeitung und -anwendung durch Qualifizierung und Motivierung verbessert werden. Beide Ansätze wollen in einer zweiten
Realisierungsphase auch die Gegenstandsbereiche des jeweils anderen in Angriff
nehmen (vgl. Lit. 84., S. 82f). Diese ,,Vereinigungsmenge'' der bisherigen Gegenstände entspricht dann dem oben abgesteckten Gegenstandsbereich des ÖIRM.

Eine weitere Entwicklung ist in der zunehmenden Akzeptanz einer *Rangfolge* der Informationsressourcen erkennbar. Priorität wird der Ressource „Information" vor allen anderen Informationsressourcen zuerkannt. So unterscheidet ESCHENRÖDER (Lit. 14., S. 90) die primäre Ressource „Information" und die sekundären Ressourcen Technologie und Personal. Sekundär heißen sie deshalb, da sie erst durch „Information" ihre Legitimation erhalten (vgl. z.B. auch Lit. 70., S. 5; Lit. 81., S. 25; Lit. 46., S. 415f). Diesem Verständnis ist vor dem Hintergrund des Modells der Informationsverarbeitung grundsätzlich auch hier zu folgen. Allerdings wird der Begriff Information nicht unbedingt in dem hier eingeführten Sinn gebraucht und ist daher im folgenden klärungsbedürftig.

Mit Ressource „Information" werden verschiedene, analytisch zu trennende Ebenen angesprochen. Die Steuerungsaktivität kann sich zum einen hauptsächlich auf die verdinglichten Repräsentationen von Wissen wie Korrespondenzen, Formulare, Bücher oder Datensätze und auf die zuständigen Organisationseinheiten wie Archiv, Bibliothek und Datenverarbeitung richten. Zum anderen kann sie sich auf der *Bedeutungsebene,* dem abstrakten Gehalt von Zeichen, dem Wissen also, bewegen. Dann stehen Informationsbedarf und die Anbindung der Organisationsmitglieder an die Wissens- und Informationsflüsse im Vordergrund. Wie erwähnt, stehen im Rahmen des ÖIRM im wesentlichen die physischen Repräsentationen von Wissen im Mittelpunkt. Anzustreben ist jedoch ein Ressourcen-Management, das sich auch auf die Bedeutung von Zeichen bezieht und das Wissen nach ökonomischen Prinzipien für die organisationellen Zwecke inhaltlich nutzbar machen will. Eine solche Facette heißt im folgenden *Wissensmanagement* (vgl. *Abb. 2*). Von den ÖIRM-Vertretern wird das Wissensmanagement mit den Prinzipien und Instrumenten eines ökonomischen Ressourcen-Managements gegenwärtig nicht für möglich gehalten und eher als eine Fortentwicklung des ÖIRM betrachtet, die von MARCHAND als „Knowledge Management" (vgl. Lit. 44., S. 24f; Lit. 46., S. 402ff; vgl. auch Lit. 35.) bezeichnet wird. Das Wissen muß aufgrund seiner prioritären Bedeutung jedoch schon jetzt als ein Zielgebiet des Informationsressourcen-Managements einbezogen werden.

Eine weitere Unschärfe des Begriffs Ressource „Information" liegt darin, daß Information oft gleichgesetzt ist mit Wissen, dem statischen Ausgangsmaterial für Information und den daraus gewonnenen Problemlösungen. Als Objekt eines Ressourcen-Managements werden seine Kosten gesenkt oder seine Leistung gesteigert. Dieses verbesserte Kosten-Leistungs-Verhältnis — wie beispielsweise ein vergrößerter interner Bestand an häufiger genutzter Fachliteratur — ist jedoch nur von potentieller Bedeutung für den realen Informationserarbeitungs- und -anwendungsprozeß. Inwieweit tatsächlich das leistungsstärkere Angebot wahrgenommen wird, zu Information und in Problemlösungen umgesetzt wird, ist außerhalb der Betrachtung statischer Ressourcen. MARCHAND (Lit. 43., S. 62ff) isoliert und betont deshalb den *dynamischen Aspekt* als eigenen Gegenstandsbereich des Informationsressourcen-Managements, der ebenfalls erst in der nächsten Phase des Informationsressourcen-Managements, dem „Knowledge Management", zentral sein wird (vgl. Lit. 44., S. 24f). Das *Management der Informationsprozesse* (vgl. *Abb. 2)* beschäftigt sich mit Umfang und Qualität der Nutzung des Wissens durch die Indivi-

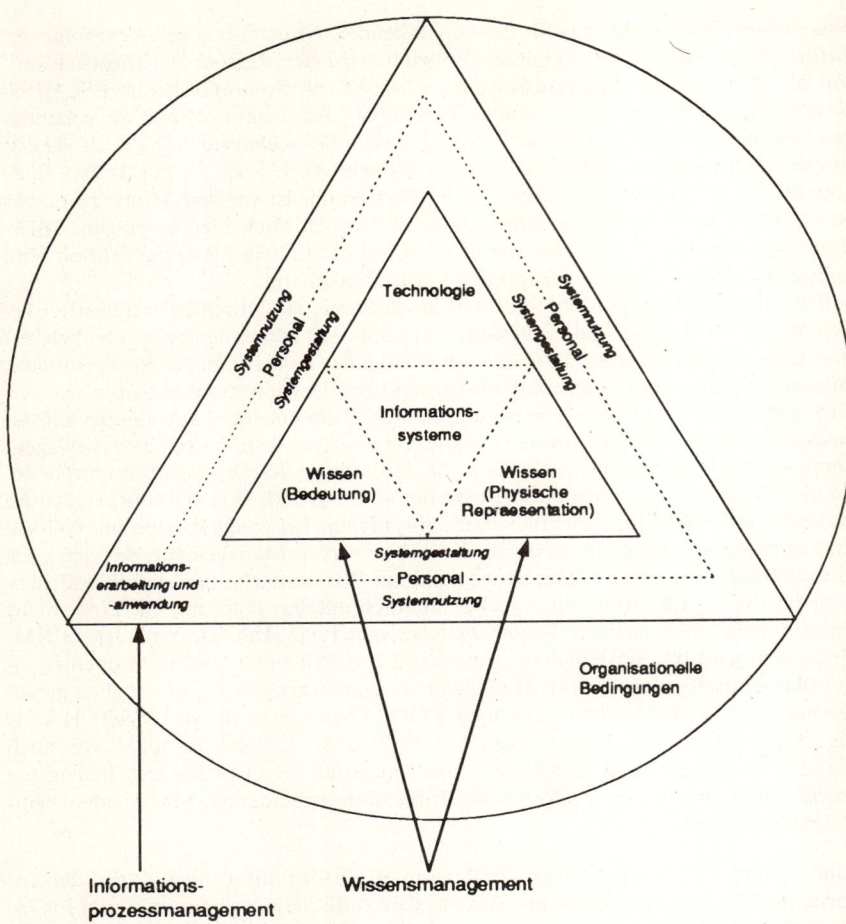

Abb. 2: Gegenstände und zukünftige Prioritäten des Informationsressourcen-Managements

duen und bezieht sich also auf die Informationserarbeitung und -anwendung. Es richtet sich auf den Schnittbereich von Wissen und Personal. Die Betonung des dynamischen Moments der Informationsverarbeitung mündet bei MARCHAND/ HORTON (Lit. 45., S. 80f) deshalb in die Forderung nach einer engen Verknüpfung von Human Resources Management und Informationsressourcen-Management. In diesen Kontext sind auch die Ansätze zu stellen, die die Bedeutung und Steuerungsnotwendigkeit der informellen fachlichen Kommunikation in Organisationen als Ressource hervorheben (vgl. z.B. Lit. 59., Lit. 09.). Neuere Konzepte sprechen von der prioritären Bedeutung der dynamischen Komponente. WOLLNIK (Lit. 87.) tut dies innerhalb einer Dreistufung des Gegenstandsbereichs des

IM. Die oberste ist die des Informationseinsatzes, also der Informationsanwendung, die mittlere die der Informationssysteme und die unterste die der Infrastruktur der Informationsverarbeitung. Die jeweils obere richtet Anforderungen an die nachgelagerte, die ihrerseits Unterstützungsleistung abgibt. KUHLEN/FINKE (Lit. 36., S. 321, 400) machen deutlich, daß es vorrangig um das Ergebnis der Informationsanwendung geht, das sich nicht ausdrückt in den erzeugten Informationsprodukten (Hiermit könnten beispielsweise entscheidungsvorbereitende Berichte oder die darin vorgeschlagene Problemlösung gemeint sein), sondern in der Leistung oder dem Nutzen, die diese erbringen bzw. stiften. Die Einbeziehung und Hervorhebung der dynamischen Komponente korrespondiert voll mit dem umfassenden Modell der Informationsverarbeitung. Dabei ist jedoch zu berücksichtigen, daß wegen der mehrfachen Abhängigkeit von ,,statischen'' Größen und den Problemen, Leistung und Nutzen zu bestimmen, ihre Planung, Kontrolle und Steuerung mit am schwierigsten durchführbar sein dürfte.

Zusammenfassend gibt *Abb. 3* eine Klassifikation der bisherigen Informationsressourcen-Management-Konzepte nach den differenzierenden Merkmalen der verfolgten Ziele und Prinzipien sowie berücksichtigten Gegenstände und zeigt auf, welche Anforderungen an das Informationsressourcen-Management gestellt sind. Daran anknüpfend können nun die zu bewältigenden Aufgaben und einzusetzenden Instrumente des Informationsressourcen-Managements konkretisiert werden.

Ansatz	Ziel			Gegenstand (statisch und dynamisch)							
	Potential-Nutzung	ökonom. Optimierung	strateg. Ausrichtung	Organisation	Personal	Technologie	Wissen (phys. Repräs.)	Wissen (Bedeutung)	System-gestaltung	Informationserarbeitung	Informationsanwendung
PIRM	X		(X)			(X)		X			
ÖIRM		X	(X)		X	X	X		(X)		
Bedarf	X	X	X	X	X	X	X	X	X	X	X

Abb. 3: Klassifikation der bisherigen Informationsressourcen-Management-Ansätze nach Zielen und Gegenständen

F 5.2.3 Aufgaben und Instrumente

Zentrale Aufgabe des Informationsressourcen-Managements ist die Koordination der Informationsverarbeitung. Es lassen sich *vier verschiedene Dimensionen* einer solchen **Koordination** herausarbeiten, die stark ineinandergreifen. Zu koordinieren ist zum ersten der jeweilige *interne Informationsressourcen-Bedarf mit dem externen Ressourcen-Angebot*. Diese Koordination findet ihren Niederschlag in einer bedarfsgerechten und dem Stand der Entwicklung angemessenen Ressourcenausstattung der Organisation. Damit wird auf der einen Seite unnötige Leistung, die unnötige Kosten verursacht, vermieden, auf der anderen Seite die erforderliche Leistung bereitgestellt.

Eine andere Dimension ist die *Vereinheitlichung der Ressourcenausstattungen in den verschiedenen Organisationseinheiten* in den Grundzügen, soweit die spezifischen Aufgaben und Leistungen der Organisationseinheiten dadurch nicht beeinträchtigt werden. Damit wird die Nutzung und Steuerung der Ressource vereinfacht. Konsequenz ist eine verbesserte Kostensituation.

In der dritten, für den Erfolg der Informationsverarbeitung ganz zentralen Dimension sind die *verschiedenen Informationsressourcen aufeinander* abzustimmen mit dem Ziel einer sachlich bestmöglichen Informationserarbeitung und -anwendung. So muß beispielsweise das vorhandene Wissen über geeignete Systeme oder Institutionen auch dem Personal bekannt und verfügbar gemacht werden. Um ein gleiches Ergebnis der Informationserarbeitung zu erhalten, können unter Umständen unterschiedliche Maßnahmen zum Erfolg führen. So könnte bei einer unzureichenden Systemnutzung das Personal geschult oder aber das System benutzerfreundlicher gestaltet werden. Mit der Koordination der Ressourcen untereinander können aufs Ganze gesehen gleichermaßen Effektivität wie Effizienz der Informationsverarbeitung beeinflußt werden.

Eine vierte Dimension begründet sich auf die Tatsache, daß in Organisationen — das betrifft nicht nur privatwirtschaftliche, sondern zunehmend auch öffentliche Institutionen — jede *Leistung in Relation zu den Kosten* ihrer Erstellung gesetzt werden muß. Gestaltungsalternativen müssen in der Regel durch eine Prioritätensetzung auf die Leistungs- oder Kostenseite entschieden werden, da eine gleichzeitige und gleichmäßige Optimierung beider Größen nicht möglich erscheint. Die Kostenüberlegungen bestimmen also neben den aufgabenkontextspezifischen Anforderungen die substantielle Ausgestaltung der Informationsverarbeitung mit und müssen in die Planung und Kontrolle mit einbezogen werden. Es ist also eine Abwägung des Interesses an einer kostengünstigen und des Interesses an einer leistungsfähigen Informationsverarbeitung erforderlich. Soll das Potential, das die Informationsverarbeitung für den Organisationserfolg besitzt, ausgeschöpft werden, muß die Informationsverarbeitung an den Organisationszielen — möglichst an den *langfristigen und strategischen* — ausgerichtet werden (vgl. Lit. 78., S. 28ff; Lit. 45., S. 186ff; Lit. 73., S. 127ff). Diese können durchaus kollidieren mit den *kurzfristigen Bedürfnissen der Organisation,* weshalb auch hier ein Ausgleich stattfinden muß.

Die Dimensionen der Koordination konkretisieren sich in **Aufgaben** des Informationsressourcen-Managements, die auf **drei Ebenen** betrachtet werden können (vgl. *Abb. 4).*

Auf der obersten Ebene sind *ressourcenmanagementstrukturelle Aufgaben* vereinigt. Diese sind charakteristisch für jedes Ressourcen-Management. Es geht dabei um die Schaffung der institutionellen Voraussetzungen für die Arbeit des Informationsressourcen-Managements und die Entwicklung von Instrumenten für Planung, Kontrolle und Steuerung der gesamten Informationsverarbeitung. Dies sind im Prinzip einmalige Aufgaben, eine Wartung und ständige Weiterentwicklung der Instrumente ist jedoch notwendig.

Auf der folgenden Stufe der *ressourcemanagementpraktischen Aufgaben* die Anwendung der Instrumente für Planung, Kontrolle und Steuerung auf die Informationsverarbeitung zusammengefaßt. Hier erfolgt die faktische Koordination der Ressourcen hinsichtlich der ersten drei Dimensionen der Koordination. Spezifisch ist für diese Betrachtungsebene der Aufgaben, daß hier auch die unterschiedlichen betriebswirtschaftlichen Interessen ausgeglichen werden, also auch die Koordination in der vierten Dimension geleistet wird.

Auf der nächsten Ebene werden Aspekte der ressourcenmanagementpraktischen Aufgaben konkretisiert. Diese *informationsressourcenspezifischen Aufgaben* beschreiben wichtige Teilfunktionen der Gesamtkoordination, und zwar der Koordination von Ressourcenbedarf und Ressourcenangebot sowie der verschiedenen Ressourcen aufeinander. Dabei steht die jeweilige Ressource selbst im Vordergrund und weniger die Managementfunktion.

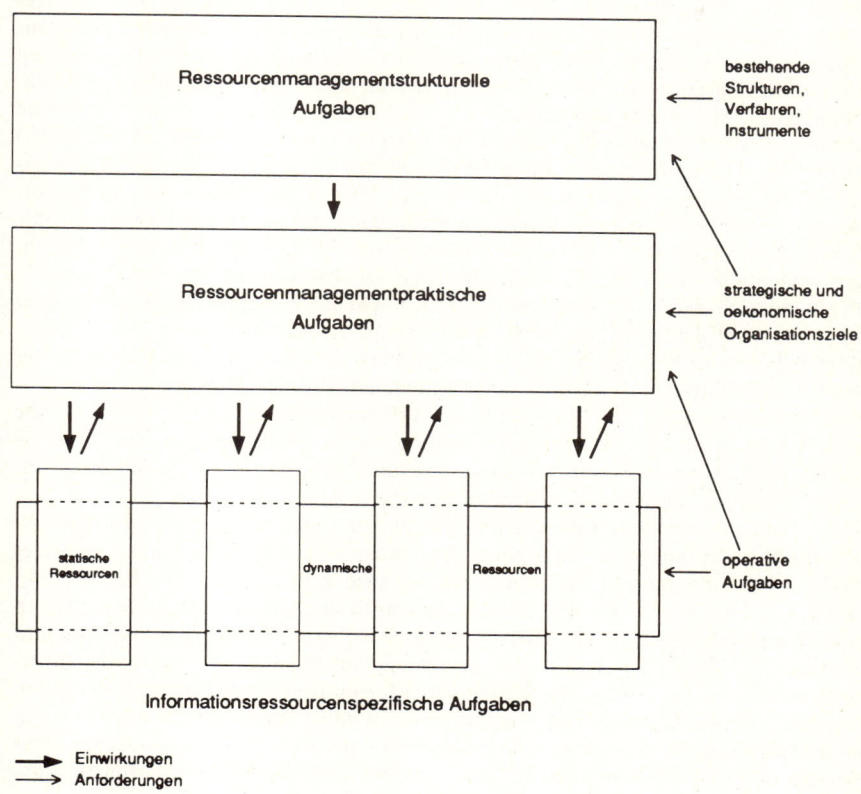

Abb. 4: Koordinative Aufgaben und Gestaltungskriterien im Informationsressourcen-Management

F 5.2.3.1   Informationsressourcen: spezifische Aufgaben

Um den Einsatz der primären Ressource Information, also das **Wissen** in seiner Bedeutungsdimension, zu optimieren, das heißt Über- oder Unterversorgungen mit

Wissen aufzudecken und zu analysieren, bedarf es der Erfassung und Analyse von Informationsbedarf und der internen und externen Informationspotentiale zur Deckung des Bedarf.

Obwohl die *Informationsbedarfsanalyse* eine Schlüsselaufgabe bei der Gestaltung der Informationsverarbeitung (vgl. z.B. Lit. 25., S. 123; Lit. 79., S. 145; Lit. 81., S. 32) zu sein scheint, wurde sie in den Ansätzen des Informationsressourcen-Managements in der ersten Hälfte der achtziger Jahre kaum methoden- und verfahrenstechnisch thematisiert. Erst mit seiner strategischen Ausrichtung gewann die Informationsbedarfsanalyse an Bedeutung für das Informationsressourcen-Management. Es müssen zwei Ebenen des Informationsbedarfs unterschieden werden: zum einen der strategische Informationsbedarf, dessen Deckung den langfristigen Erfolg der Gesamtorganisation beeinflußt, zum anderen der operative Informationsbedarf, der bei der Bewältigung spezifischer Funktionen entsteht. Der erstere kann mit Hilfe strategischer Planungsmethoden (vgl. ausführlich Lit. 85., S. 55 ff.) bestimmt werden. Auf der zweiten Ebene werden Funktionen, die aus Organisationszielen abgeleitet sind, auf die notwendige Zufuhr von Wissen hin untersucht. Auch hier können existierende Planungsmethoden eingesetzt werden (vgl. ausführlich Lit. 85., S. 55 ff.). Entsprechend können die internen und externen Informationspotentiale auf diesen beiden Ebenen analysiert und bewertet werden. Problematisch erscheint, daß das objektiv notwendige Wissen zur Lösung einer Aufgabe nicht eindeutig bestimmt werden kann, und die Verfahren der Informationsbedarfsanalyse größtenteils auf den subjektiven Informationsbedürfnissen der Informationsnutzer aufsetzen. Solange Individuen Problemlösungen erarbeiten – und nicht etwa ausschließlich intelligente Informationssysteme –, sind auch die subjektiven Informationsbedürfnisse wichtig, da sie die Bereitschaft zur Wissensaufnahme und -verarbeitung mitbestimmen, die ihrerseits für eine erfolgreiche Informationsverarbeitung und -anwendung wichtig ist.

Die Erfassung und Bewertung der *internen Informationspotentiale* sowie ihre Abstimmung aufeinander soll zum einen die Transparenz des verfügbaren Bestandes und die Nutzungswahrscheinlichkeit erhöhen (vgl. z.B. Lit. 33., S. 14ff; Lit. 03., S. 58; Lit. 29., S. 216; Lit. 46., S. 421), zum anderen sollen Redundanzen, Lücken und mangelnde Datenintegritäten dezentraler isolierter Wissensbestände erkannt werden (vgl. Lit. 25., S. 3f; Lit. 71., S. 32f). Damit können die Qualität der Informationserarbeitung erhöht, die Kosten für Informationserarbeitung und Bereithaltung der Wissensbestände reduziert werden. In einer frühen Phase des Informationsressourcen-Managements wurden Klassifikationen und Thesauri als ein gutes Analyseinstrument beschrieben (vgl. Lit. 25., S. 76ff). Als Hilfsmittel für die Analyse und die weitere Gestaltung der Bestände kommen auch Informationssysteme in Betracht, die sämtliche Datensammlungen einer Organisation erfassen. In der amerikanischen öffentlichen Verwaltung wurde das Federal Information Locator System institutionalisiert, das alle in den Bundesbehörden gesammelten Datenbestände registriert und beschreibt (vgl. z.B. Lit. 16., S. 15, 25). Ein anderes System, das zunehmend in privatwirtschaftlichen Organisationen Anwendung findet, ist das der Data Dictionaries. Sie enthalten Metadaten über die in einer Organisation gespeicherten Daten. Data Dictionaries ermöglichen, die für alle Funktionen einer Organisation notwendigen Daten nach einem einheitlichen Schema redundanzfrei zu erfassen und kontrolliert für Informationssystem-Anwendungen zur Verfügung zu stellen. Der Ansatz der Datenbankadministration wird zunehmend – insbesondere im privatwirtschaftlichen Bereich – im Zusammenhang des Informationsressourcen-Managements diskutiert (vgl. z.B. Lit. 12.; Lit. 31; Lit. 20.; Lit. 58.; Lit. 45., S. 227ff; Lit. 57.; Lit. 21., S. 96ff, 262ff; Lit. 61.) und gar als „the heart of IRM" (Lit. 31.) gehandelt. Er dürfte Kern eines Informationsressourcen-Managements sein, das ein Wissensmangement anstrebt.

Die Notwendigkeit der Erschließung des *externen Informationspotentials* und dessen Integration in den internen Bestand (vgl. z.B. Lit. 11., S. 226; Lit. 33., S. 14ff; Lit. 03., S. 58; Lit. 45., S. 166f; Lit. 75., S. 77; Lit. 77., S. 262; Lit. 29., S. 216; Lit. 62., S. 203; Lit. 46., S. 421) wird ebenfalls zunehmend mit der strategischen Ausrichtung des Informationsressourcen-Managements erkannt. Bei KUHLEN/ FINKE (Lit. 36.) rückt der externe Informationsmarkt sogar ins Zentrum des IM-Ansatzes. Voraussetzung für die Realisierung dieser Aufgabe ist ein systematischer Überblick über das Informationsmarktangebot hinsichtlich Inhalten, Medien und Zugänglichkeit, das strategisch zu bewerten ist. Recht früh schon wurde von der Informationsvermittlung der Begriff des IM aufgegriffen. Es wurde darunter zunächst das isolierte Mangement einer Informations- und Dokumentationsstelle oder Bibliothek verstanden, bei dem die wirtschaftlichen und personellen Aspekte fast größeren Raum einnehmen als das Bemühen um benutzer- und bedarfsgerechte Informationsdienstleistungen (vgl. z.B. Lit. 47.; Lit. 48.) Dieses Konzept entwickelt sich stärker in Richtung auf eine Unterstützung gesamtorganisationeller Wissens- und Informationsflüsse. IM wird dabei jedoch nach wie vor ausschließlich als Dienstleistungsfunktion begriffen, die sich nicht ableitet aus einer gesamtorganisationellen Planung der Informationsverarbeitung. OTTEN/SCHMIDT-REINDL (Lit. 64., S. 190f) begründen diese Entwicklung „eines Informationsmanagements ‚vor Ort'" mit steigendem Problemdruck in den Fachabteilungen. Erst neuerdings wird das Konzept der Informationsvermittlung als ein in das Informationsressourcen-Management zu integrierendes betrachtet (vgl. Lit. 75., S. 77).

Die Gestaltung der Ressource **Technologie** erfordert einen Überblick über den *internen Bestand technischer Systeme* (vgl. z.B. Lit. 71., S. 31). Die Ergebnisse einer Bestandsaufnahme können in ein fortzuschreibendes Inventarisierungssystem übernommen werden. Analog zur Ressource Wissen bedarf es einer stetigen Beobachtung und Analyse des *informations- und kommunikationstechnologischen Marktes* (vgl. z.B. Lit. 79., S. 146; Lit. 70., S. 6; Lit. 78., S. 87ff; Lit. 45., S. 135f; Lit. 21., S. 63; Lit. 62., S. 203; Lit. 36., S. 401) und einer Ermittlung des grundsätzlichen *Technologiebedarfs* (vgl. Lit. 21., S. 63f). Auch hier können zwei Ebenen differenziert werden. Zum einen müssen die informations- und kommunikationstechnologischen Potentiale ausgemacht werden, die die Wettbewerbsposition der Organisation verbessern können. Zum anderen sind geeignete Komponenten für konkrete Entwicklungsvorhaben auszuwählen. Es werden vier verschiedene Arten von Technologien unterschieden (vgl. Lit. 21., S. 63f), die sich in unterschiedlichem Maß für diese beiden Zwecke eignen. Basistechnologien sind Grundlage der Informationsverarbeitung in jeder Organisation, ihr Veränderungspotential für eine Organisation ist zum gegenwärtigen Zeitpunkt bereits abnehmend. Schlüsseltechnologien haben den Höhepunkt ihres Wirkungsgrades in Organisationen erreicht. Schrittmachertechnologien und noch mehr Zukunftstechnologien haben ihr größtes Veränderungspotential noch nicht erreicht. Für einen strategischen Einsatz kommen eher die letzten beiden Arten von Technologien in Frage. Erfahrungsbarrieren können im Gegensatz zu den ersten beiden Technologien jedoch zunächst einen wirtschaftlichen Einsatz verhindern. Die Erarbeitung von *technischen Standards* (vgl. Lit. 68., S. 14; Lit. 77., S. 262; Lit. 62., S. 203) unterstützt die organisationsweite Integration der technischen Infrastruktur und erleichtert die Auswahl von Komponenten. Sie können wirksam durch die Schaffung einer zentralen informationstechnischen Beschaffungsstelle (vgl. Lit. 16., S. 26f) durchgesetzt werden. Zumindest die interne Bestandserfassung und Standardisierung der technischen Infrastruktur ist ein ganz zentrales − auch systematisch in die Praxis des ÖIRM umgesetztes − Aufgabengebiet des Informationsressourcen-Managements. Vernachlässigt wird dagegen die Frage der *Zugriffsverfahren zu Wissen*. Nachdem HORTON (Lit. 25., S. 76ff) die Bedeutung von Klassifikationen und Thesauri für die Analyse als auch den Zugriff zu Wissen im konkreten Bedarfsfall hervorhob, wurde sie im Kontext des ÖIRM nicht mehr thematisiert. Erst SCHMIDT-REINDL (Lit. 75., S. 77f) bringt die Frage der Wissensorganisation als ein Beitrag der Dokumentations- und Informationswissenschaft zum Konzept des Informationsressourcen-Mangements wieder ins Gespräch. Ähnlich wie die Analyse der Wissens- und Informationsflüsse werden vermutlich die Zugriffsverfahren im Zusammenhang des Wissensmanagements und des zunehmenden Einsatzes intelligenter Informationssysteme, in denen auch die Zugriffsverfahren fortentwickelt werden, verstärkt wieder aufgegriffen.

Aufgabe des Informationsressourcen-Managements ist es auch, die Qualifikation und Motivation des **Personals** im Umgang mit den Informationsressourcen zu erhöhen (vgl. z.B. Lit. 70., S. 6; Lit. 78., S. 173ff; Lit. 45., S. 249ff; Lit. 21., S. 109ff; Lit. 62., S. 203; Lit. 64., S. 191). Führungskräfte sind auf die Unterstützung des Informationsressourcen-Managements hin zu qualifizieren und motivieren, alle Mitarbeiter auf die effiziente und effektive Nutzung der Informationsressourcen. Zunächst ist wiederum der Stand des organisationsinternen Know-Hows zu erfassen, der Bedarf nach Aus- und Fortbildung zu prüfen, sind die einzelnen Maßnahmen zu planen und organisieren. Die Motivation, sich im Sinne einer optimalen Ressourcenausnutzung zu verhalten, wird durch die Schaffung von Anreizen wie Vorschlagsprämierung, Bereitstellung von Arbeitsplatzrechnern für das Selbststudium, entsprechende Anpassung des Entlohnungssystems und der Personaleinsatzplanung sowie der Personalrekrutierung gefördert (vgl. Lit. 45., S. 250ff; Lit. 64., S. 191). Darüber hinaus kann sowohl Motivation als auch Qualifikation der Mitarbeiter durch die Errichtung von sogenannten Informationscentern (vgl. z.B. Lit. 07.; Lit. 17.) gestützt werden (vgl. z.B. Lit. 45., S. 257ff; Lit. 29., S. 218; Lit. 73., S. 159), die im wesentlichen bei der dezentralen Installation von Systemen auf PCs und bei der Nutzung zentraler Informationssysteme beratend tätig sind. Die Personalentwicklung wurde schon recht früh als eine Aufgabe des Informationsressourcen-Managements begriffen und ist heute eine zentrale Komponente des ÖIRM. Wichtig ist jedoch, daß sich die Aufmerksamkeit nicht ausschließlich auf das Personal im Bereich der Informationsverwaltung und dort speziell auf das der Systementwicklung richtet, sondern auch auf die Informationsverwaltung, die dezentral an den einzelnen Arbeisplätzen ausgeführt wird, sowie auf die Informationserarbeitung.

Die Ressource **organisationelle Bedingungen** der Informationsverarbeitung, insbesondere die Organisationsstrukturen und -abläufe, müssen selbst gezieltes Objekt des Informationsressourcen-Managements sein. Dabei sind nicht nur die durch die Organisationsstrukturen vorgegebenen Kommunikations- und Systemnutzungsmöglichkeiten zu beachten, sondern auch die Kommunikations- und Kooperationsbedingungen bei der Systementwicklung. Auch die Arbeitsplätze, also der räumliche Bereich, in dem Mitarbeiter mit den Arbeitsmitteln zusammenwirken (Lit. 22., S. 317), müssen mit Blick auf Gesundheit, Zufriedenheit und optimaler Informationsaufnahme und -verarbeitung gestaltet werden. Damit läßt sich auch die für die Informationserarbeitung wichtige Arbeitsmotivation positiv beeinflussen. Zuständig ist für diese Gestaltung von Strukturen und Prozessen die Funktion der Organisation (,,Organisation'' im Sinne von ,,Organisieren'' und nicht von ,,Institution''). Traditionell beschäftigt sich die Organisationsfunktion bei der Optimierung von Aufbau- und Ablauforganisation immer auch schon mit Fragen der Informationsverarbeitung (vgl. Lit. 04., S. 7). Bei der Organisation des Sachmitteleinsatzes spielt mittlerweile die Informations- und Kommunikationstechnologie eine so große Rolle, daß sich das Gebiet der DV-Organisation verselbständigte (Lit. 83., S. 1676, 1685). Allerdings könnte eine stärkere Verbindung der Organisationsfunktion mit dem Informationsressourcen-Management neue Impulse liefern.

Neben den auf statische Ressourcen gerichteten Aktivitäten sind auch solche im Schnittbereich der statischen Ressourcen zu nennen. Objekte sind die Prozesse der Gestaltung von Informationssystemen und die der Informationserarbeitung und -anwendung, also die Informationsprozesse.

Für beide Prozeßarten ist die organisationsweite Erfassung, Analyse, Bewertung und Ausrichtung der *Wissens- und Informationsflüsse* (vgl. z.B. Lit. 24., S. 16) eine wesentliche Voraussetzung. Unzureichende Wissensversorgung kann durch aufbau- und ablauforganisatorische Gestaltungsmaßnahmen oder veränderte Konzepte der Organisation der Informations- und Kommunikationstechnologien abgebaut werden. Primär liefern Büromodellierungssprachen (vgl. z.B. Lit. 02., Lit. 10.) Ansatzpunkte, um Zusammenhänge, Abläufe und Abhängigkeiten zwischen Aufgabenträgern, Aktionen und Wissensbeständen und anderen Arbeitsmitteln zu beschreiben und zu optimieren. Bisher wurden sie hauptsächlich bei der Planung integrierter Büroinformations- und -kommunikationssysteme thematisiert und eingesetzt. Zum Instrumentarium gehören auch Kommunikationsanalysen (Lit. 28.). Die Wissens- und Informationsflüsse werden − abgesehen von der Erteilung von Zugriffsrechten auf Datenbestände − in Informationsressourcen-Management-Konzepten selten direkt als Aufgabenbereich adressiert. Zwar erwähnt ihn LEVITAN (Lit. 38., S. 248) in ihrem State-of-the-Art-Bericht zum Informationsressourcen-Management, aber in dem Fortsetzungsbericht von LYTLE (Lit 42.) für den Zeitraum von 1981 bis 1986 fehlt diese Thematik vollständig. Diese Entwicklung geht einher mit einer verstärkten Aufmerksamkeit für die Informations- und

Kommunikationstechnik und erklärt sich vermutlich durch den sichtbareren Problemdruck der Technik. Sind hier Lösungen gefunden, kann sich – wie auch MARCHAND (Lit. 44.) und MARCHAND/KRESSLEIN (Lit. 46.) annehmen – das Interesse erneut der Wissensebene zuwenden.

Beim Prozeß der **Systemgestaltung** werden die Ressourcen Wissen und Technologie zu Informationssystemen integriert. Der Gestaltungsprozeß muß selbst schon in bestimmter Weise organisiert sein, damit die Informationssysteme eine Form erhalten, die die Nutzung der Informationssysteme durch das Personal fördern. Zentral dafür ist die *Beteiligung der Benutzer* bei der Gestaltung der Informationssysteme. Sie zielt zum einen darauf, das Wissen um fachliche Problemstellungen und Lösungen des Benutzers in Erfahrung zu bringen und dadurch funktional bessere Systeme zu erhalten. Zum anderen wird über die Beteiligung eine intensivere Identifikation mit dem System selbst als auch mit den damit einhergehenden Veränderungen erreicht. Insgesamt erhöht sich dadurch die Bereitschaft, das Informationssystem dann auch zu nutzen. Aufgabe ist es, die Nutzerbeteiligung durch entsprechende Entwicklungsmethodiken zu unterstützen (vgl. Lit. 78., S. 105ff; Lit. 21., S. 253ff). Neben allgemeinen Techniken der Partizipation (vgl. z.B. Lit. 56.) ist insbesondere die spezielle Technik des Prototyping (vgl. z.B. Lit. 41.) in der Diskussion. Sie vermittelt dem späteren Benutzer in der Form eines Prototypen recht frühzeitig einen Eindruck von dem zukünftigen System, so daß der Benutzerbedarf entsprechend berücksichtigt und der gesamte Entwicklungsprozeß verkürzt werden kann. Dieses Konzept ist auch auf nicht-rechnergestützte Informationssysteme und deren Dienstleistungen zu übertragen. Um den Erfolg des Projekts sicherzustellen, müssen die Benutzer darüber hinaus auch bei dem Projektmanagement beteiligt werden (vgl. Lit. 78., S. 275ff; Lit. 21., S. 122). Hier sind solche Organisationsformen des Projektmanagements zu wählen, bei denen Vertreter des Managements des fachlichen Bereichs und der Informationsverarbeitung neben der Organisationsleitung gleichberechtigt im Projektmanagement vertreten sind. Eine solche Organisationsform ist der sogenannte Lenkungsausschuß (vgl. Lit. 21., S. 117, 122). Voraussetzung für die Steuerung des Systemgestaltungsprozesses ist wiederum eine breite Erhebung der in der Organisation eingesetzten Methoden und Verfahren.

Die Unterstützung der **Informationsprozesse** hat zwei Facetten. Zum einen soll die Nutzung der Systeme, zum anderen die Benutzung des extrahierten Wissens und das Produktivmachen der daraus erarbeiteten Information für die Problemstellungen der Organisation gefördert werden. Maßnahmen systemtechnischer, qualifikatorischer, motivationaler und organisatorischer Art, die im Rahmen der jeweiligen spezifischen Aufgaben bereits aufgezeigt wurden, schaffen die Voraussetzungen dafür. Hier sind weitere Maßnahmen vorzusehen, die direkt den Informationsprozeß unterstützen. Als am weitreichendsten ist die Einrichtung von Instanzen zwischen Informationssystem und Informationsanwender anzusehen, die das Wissen für die spezifischen Problemstellungen aus den Systemen herausziehen, Information erarbeiten und daraus Problemlösungsvorschläge entwickeln und in eine dem Entscheider angemessene Darstellungsform bringen. Diese Funktionen können prinzipiell sowohl durch menschliche *Informationsvermittler* als auch durch *intelli-*

gente Informationssysteme wahrgenommen werden. Während das Konzept der Informationsvermittlung schon seit längerem ein Baustein des Informationsressourcen-Managements ist, das auf die Wissensebene gerichtet ist, wird die Bedeutung der intelligenten Informationssysteme im Informationsressourcen-Management erst ansatzweise thematisiert (vgl. Lit. 34.; Lit. 45., S. 41ff; Lit. 13.). Seitdem empirische Ergebnisse darüber vorliegen, daß eine zu geringe Wissensnachfrage wesentlich beteiligt ist an ineffektiven Informationserarbeitungsprozessen und Steigerungen der Wissensnachfrage geeignet sind, die Effektivität der Informationserarbeitung zu verbessern (vgl. Lit. 86.), liegt es nahe, nach ,,Vitalisierungsmöglichkeiten'' der Wissensnachfrage Ausschau zu halten. Eine solche Variante der Unterstützung der Informationserarbeitung sind die *aktiven Informationsdienste,* die benutzer- und bedarfsbezogen über das intern und extern verfügbare Wissenspotential informieren bzw. dieses direkt zuführen.

F 5.2.3.2   Ressourcenmanagement: strukturelle Aufgaben

Um die Informationsverarbeitung in dieser Weise koordinierend planen und kontrollieren zu können, sind Verfahren und Instrumente notwendig, wie sie jedes Ressourcen-Management einsetzt. Wie OTTEN/SCHMIDT-REINDL (Lit. 64., S. 190) bemerken, sind die Instrumente, die im Informationsressourcen-Management zur Anwendung kommen ,,Abwandlungen bekannter Planungs- und Steuerungsinstrumente aus einer neuen Perspektive und für neue Ziele''. Diese Anpassung bestehender Instrumente an die Anforderungen der Koordination der Informationsverarbeitung sind zentrale Aufgaben des Informationsressourcen-Managements (vgl. weiterführend insbesondere Lit. 21., S. 158ff).

Zu den Aufgaben, die im Zusammenhang der Institutionalisierung des Informationsressourcen-Managements zu bewältigen sind, gehört die Entwicklung einer **Einführungsstrategie für das Informationsressourcen-Management** (vgl. Lit. 68.; Lit. 21., S. 70ff; Lit. 36., S. 402). Da mit der Einführung des Informationsressourcen-Managements große interne Umwälzungen verbunden sind und Änderungen gewachsener Strukturen in Aufbau- und Ablauforganisation nur schwer möglich sind, ist es wichtig, für die Institutionalisierung einen längeren Zeitraum einzuplanen (vgl. Lit. 46., S. 432ff). Zuallererst werden die aufbauorganisatorischen Voraussetzungen für die Durchsetzung einer koordinierten Planung und Kontrolle geschaffen. Ziel ist die Bildung einer *zentralen Verantwortlichkeit* für den Bereich der Informationsverarbeitung (vgl. z.B. Lit. 51.; Lit. 14., S. 106f; Lit. 76., S. 38ff; Lit. 64., S. 190f; Lit. 46., S. 415; vgl. ausführlich Lit. 85.). Nur sie erlaubt die organisationsadäquate Ausgestaltung der Informationsverarbeitung, so daß suboptimale Teillösungen vermieden werden. Zusammenzuführen sind beispielsweise Verantwortlichkeiten für Datenverarbeitung, Telekommunikation, Registratur und Berichtswesen, Bibliothek und wissenschaftliche Informationsdienste, Büroautomation, Statistik, Öffentlichkeitsarbeit. Aufgabe des Informationsressourcen-Managements ist, für die aufbauorganisatorische Integration eine Lösung zu entwickeln und in die Organisation einzuführen. Nachdem alle einschlägigen bisher isolierten organisatorischen Einheiten aufbauorganisatorisch zusammengefaßt und unter eine Leitung gestellt sind, wird nachfolgend auch der Prozeß der Planung und Kontrolle für die verschiedenen Bereiche vereinheitlicht und zusammengeführt (vgl. Lit. 46., S. 418f).

Ein weiteres Aufgabengebiet ist die Entwicklung eines **Planungsinstrumentariums.** Ein Element ist das *Plansystem*. Es soll die Prozesse der Planung formalisieren und systematisieren. Zwei wichtige Aspekte sollte das Plansystem berücksichtigen. Es muß zum einen eine strategische Informationsplanung vorsehen, die topdown verfeinert wird, und es muß die Integration strategischer Organisations- und Informationsplanung erlauben. Zum anderen muß in das Topdown-Verfahren das gegenläufige Bottomup-Vorgehen integriert werden können.

Der Bedarf nach *strategischer Informationsplanung* war begründet durch das große Potential der Informationsverarbeitung für den Erfolg von Organisationen. Strategische Pläne bedürfen einer *stufenweisen Konkretisierung,* wenn sie wirksam umgesetzt werden sollen (vgl. z.B. Lit. 06., S. 39ff; Lit. 71., S. 31; Lit. 46., S. 444). ESCHENRÖDERs Plansystem (Lit. 14., S. 172ff) unterscheidet dabei die nachfolgenden Stufen der dispositiven und der operativen Planung. Während der strategische Plan die strategischen Geschäftsfelder und Aktionen definiert, versucht der dispositive Plan die längerfristig dazu erforderlichen Einsatzfaktoren zu bestimmen. Der dispositive Plan beschäftigt sich daher mit Fragen des Informationsressourcenbedarfs und des Informationsressourcenangebots und ist daher die oberste Ebene, auf der die Beiträge der Informationsressourcen zur Realisierung der Organisationsziele projektiert werden. Im Vergleich zum strategischen Plan ist der dispositive Plan detaillierter und gleichzeitig in seinen Freiheitsräumen eingeschränkter. Der operative Plan konkretisiert die soweit vorstrukturierten Aufgaben weiter in unmittelbar realisierbare Ziele und Aktionsfolgen. Sachlich und zeitlich weist der operative Plan einen hohen Konkretisierungsgrad auf und ist weitgehend vorbestimmt. Hier werden konkrete Realisierungsschritte und Ressourcenanforderungen für eine bestimmte Planperiode fixiert, die sich auf bereits bestehende oder noch zu entwickelnde Informationssysteme beziehen. Die Pläne jeder Planungsebene gliedern sich wiederum in einen Zielplan, einen Maßnahmenplan und einen Ressourcenplan und beziehen sich jeweils − sofern es sich um bereits vorhandene Informationsinfrastrukturen handelt − auf Funktionen, Abteilungen oder Sparten, im anderen Fall auf Projekte.

Ganz entscheidend für den Erfolg des Informationsressourcen-Managements ist die *Integration der strategischen Planung der Informationsverarbeitung in die allgemeine Organisationsplanung* (vgl. Lit. 79., S. 144; Lit. 24., S. 16f; Lit. 06., S. 37ff; Lit. 19., S. 7ff; Lit. 14., S. 169ff; Lit. 45., S. 115f, 138f, 190ff; Lit. 71., S. 27, 30f; Lit. 21., S. 57; Lit. 29., S. 220; Lit. 73., S. 134ff; Lit. 46., S. 415). Sie ist durch verschiedene Verfahren realisierbar (vgl. Lit. 45., S. 191). Wünschenswert ist, daß die Organisationsstrategie direkt die Anforderungen an die Informationsverarbeitung formuliert und also der Plan für die Informationsverarbeitung Teil des Organisationsplans ist. Das oben vorgestellte Plansystem impliziert ein solches Vorgehen. Im Falle getrennter Planung muß zumindest ein sorgfältiger gegenseitiger Check der Pläne erfolgen. Noch schwächere Verknüpfungen von Planung und Plänen − etwa nur die Abstimmung der Terminpläne oder punktuelle Verweise des Plans für die Informationsverarbeitung auf den Organisationsplan – sind nicht zu empfehlen. In diesen Fällen zeigten die Organisationen eine größere Unzufriedenheit mit dem realisierten Ergebnis der Planung.

Planung war bisher als ein Topdown-Prozeß beschrieben worden, bei dem aus extern bestimmten umfassenden Zielen und zugeordneten Maßnahmen und Mitteln immer detailliertere abgeleitet worden waren. Die angemessene Berücksichtigung der Anforderungen der fachlichen Funktionen ist eine wichtige Voraussetzung für Leistungsfähigkeit und Akzeptanz von Informationssystemen. Diese Anforderungen „von unten" müssen daher Eingang in die Planungen finden und als *Bottomup-Ansatz* den Topdown-Ansatz ergänzen (vgl. Lit. 19., S. 7; Lit. 14., S. 222; Lit. 46., S. 444). Diese Integration ist nicht problemlos zu leisten. In den Ansätzen der öffentlichen Verwaltung der USA wird durch eine gezielte Kombination von Topdown- und Bottomup-Verfahren („Bottom-up planning with topdown directives" versucht, den Benutzerbedarf mit den Organisationszielen in Einklang zu bringen. Ähnlich ist das Bestreben auch im privatwirtschaftlichen Bereich. Angewandt wird der Grundsatz, daß auf der höheren Ebene jeweils nur grobe Entscheidungsregeln für nachfolgende Stufen festgelegt werden, die erst auf derjenigen Stufe interpretiert und konkretisiert werden, die dafür über die größte Sachkompetenz verfügt (Lit. 73., S. 153). Die Topdown-Planung beschränkt sich auf die strategische und dispositive Ebene, deren Vorgaben dem fachlich-funktionalen Gestaltungsrahmen großen Raum lassen. Tendenziell wird damit sogar eher eine verstärkte Dezentralisierung der operativen Planung erreicht (Lit. 29., S. 216). Zur Unterstützung der dezentralen Planungen wird jedoch die Einrichtung von Informationscentern DV-technischer Prägung (Lit. 29., S. 216; Lit. 46., S. 426f) und die Bereitstellung von Planungshilfen in Form von Handbüchern (Lit. 74., S. 82) für notwendig erachtet.

Zum bereitzustellenden Planungsinstrumentarium gehören auch *Planungsmethoden*. Dafür existiert kein Standardkatalog. Es können grob solche Methoden, die die inhaltliche Integration von Organisationsstrategie und Informationsverarbeitung leisten, und solche, die organisationsumfassend Schwächen in der Informationsverarbeitung und Ansatzpunkte für Verbesserungen aufdecken wollen, unterschieden werden (vgl. ausführlich Lit. 85., S. 55 ff.).

Des weiteren müssen **Instrumente für Kontrolle und Steuerung** entwickelt werden. Es sind dies Berichtspflichten, Kostenrechnungssysteme und Verfahren der Budgetierung (vgl. Lit. 25., S. 149ff; Lit. 38., S. 249ff; Lit. 42., S. 319ff; Lit. 45., S. 206ff). Diese Instrumente sind auch in Planungsprozessen einsetzbar.

Der Planung muß Kontrolle über den Zielerreichungsgrad der Planung entgegengesetzt werden. Prinzip ist daher, *Berichtspflichten* der sowohl horizontal als auch vertikal an der Planung und Realisierung Beteiligten einzuführen. In einem Informationsfluß von unten nach oben gelangen die für die Steuerung notwendigen Kenntnisse über den Stand der funktionalen Planung und Realisierungen an die zuständige zentrale Verantwortlichkeit.

Untrennbar mit dem Gedanken des Informationsressourcen-Managements ist ein leistungsfähiges *Kostenrechnungswesen* verbunden. Die Problematik der Kosten- und Leistungs-/Nutzen-Bewertung bzw. der Wert-Feststellung von Informationsressourcen, insbesondere von Wissen und Information, wurde schon oben erwähnt. Ausgereifte Kostenrechnungssysteme sind daher nicht verfügbar (vgl. z.B. Lit. 64., S. 191; Lit. 15., S. 55). Dennoch entwickeln sich Ansätze zu partiellen Modifikationen des Rechnungswesens. HORTON (Lit. 25., S. 172ff) fordert die Erfassung interner und externer Kosten. Interne Kosten werden von Organisationseinheiten, die zentral für die Informationsverarbeitung zuständig sind, und von allen dezentralen Aktivitäten der Informationsverarbeitung verursacht. Nach Kostenarten, wie beispielsweise Personal, Arbeitsmittel und Raum, können für jede Organisationseinheit und Aktivität Kosten spezifiziert werden. Externe Kosten sind Kosten, die außerhalb der Organisation durch ihre Aufgabenerfüllung entstehen. Insbesondere indiziert die öffentliche Verwaltung durch die Sammlung von Wissen im Rahmen ihrer Verwaltungsaufgaben Kosten bei Externen – entweder direkt bei Klienten oder bei anderen Behörden. Kostenintensive Bereiche und Aktivitäten müssen – bevor Maßnahmen zur Kostenreduktion eingesetzt werden – im Hinblick auf ihren Leistungsbeitrag und Nutzen untersucht werden. Hier ist gegenwärtig noch kein anwendbares Verfahren in Sicht, um den Wert der intern erzeugten Informationsdienstleistungen und Informationsprodukte zu quantifizieren. Das Prinzip des „Chargeback" (vgl. Lit. 45., S. 222f) sorgt – allerdings nur im Zusammenhang mit einer Budgetierung (vgl. unten) – für eine gewisse Selbstregulation: Indem jeweils den Kostenverursachern, beispielsweise Nutzern von Informationsdienstleistungen, die Kosten für die Erstellung und Distribution der Informationsdienstleistung zugerechnet werden, werden die Nutzer gezwungen, eine wie auch immer geartete Nutzenbewertung vorzunehmen, um ihr begrenztes Kontingent optimal auszunutzen. Das Chargeback kann auf verschiedene Arten erfolgen. HEINRICH/BURGHOLZER (Lit. 21., S. 196ff) stellen die verschiedenen Verrechnungsverfahren über Kostenumlage und Verrechnungspreise vor und kommen zu dem Schluß, daß Verrechnungspreise eine stärkere gestalterische Wirkung haben (und somit eine bessere Leistungs- und Nutzenbewertung der in Anspruch genommenen Ressourcen implizieren). Diese Verfahren sind bisher nur im Rahmen von DV-Systementwicklungs- und DV-Systembetriebsdienstleistungen eingesetzt. Ihre Anwendung müßte auch für alle anderen informationsressourcenbezogenen Dienstleistungen durchgesetzt werden.

Das Verfahren der *Budgetierung* wird im Informationsressourcen-Management auf zwei Ebenen, und zwar auf der finanziellen und substantiellen praktiziert (Lit. 64., S. 191). Die Budgetierung von Finanzen, für bestimmte Zeiträume organisiert, setzt auf der Kenntnis der historischen Kostenentwicklung im Informationsbereich und einer exakten Analyse des Plans für die Informationsverarbeitung auf. Periodische Vergleiche zwischen geplantem und tatsächlichem Ausgabenstand initiieren Maßnahmen zur Einhaltung der Planausgaben. Möglicherweise ist jedoch auch das Budget revisionsbedürftig: Organisationsziele können sich verändert haben, oder der Finanzmittelbedarf kann falsch eingeschätzt worden sein. Auf der substantiellen Ebene werden in der öffentlichen Verwaltung der USA Systeme wie das Information Collection Budget (vgl. Lit. 16., S. 25) eingesetzt, die die Sammlung von Wissen budgetieren. Es legt maximale Belastungen der Bürger und Privatwirtschaft durch die Datenerhebung öffentlicher Institutionen fest, so daß diese gezwungen sind, den Aufwand für die Externen gering zu halten und auf weniger wichtige Datenerhebungen zu verzichten.

Um die Managementaufgaben der Planung, Kontrolle und Steuerung zu unterstützen, hat sich in den letzten Jahrzehnten das **Controlling** als eigenständige Funktion ausdifferenziert. Die vorgenannten Aufgaben unterliegen fachlich dem Controlling. Dieses hat umfassend die innerbetrieblichen Zustände und Abläufe zu erfassen und als Information zur *Unterstützung* der Entscheidungsträger bei *Planung, Kontrolle und Steuerung* gezielt bereitzustellen (vgl. Lit. 54., S. 688). Das Controlling deckt dabei nur einen Teilbereich der Entscheidungsvorbereitung ab, nämlich den auf der Basis monetärer Größen; der fachliche Anteil obliegt den jeweiligen Funktionsbereichen (vgl. Lit. 40., S. 269). Grundfunktion des Controlling ist das Setzen von Zielen und Vorgeben von Plangrößen (Planen), das Messen der Zielerreichung und Feststellen der Abweichung von Soll und Ist (Kontrolle), das Analysieren der Ursachen für die Abweichungen und Ergreifen entsprechender Maßnahmen (Steuern) (vgl. Lit. 21., S. 81f). Das Controlling soll direkt darauf hinwirken, daß die Organisation Gewinn erzielt. ,,Gewinn ist ein Ziel in Zahlen'', weshalb für die Verwirklichung Zahlenwerk auf der Basis des internen Rechnungswesens und der Deckungsbeitragsrechnung wichtiges Hilfsmittel ist (Lit. 26., S. 133). Controlling-Methoden sind selbstverständlich auch auf die Informationsverarbeitung anzuwenden (vgl. Lit. 21., S. 80ff; Lit. 72., S. 128ff). Dabei steht nicht direkt das Ziel der Gewinnmaximierung der Organisation im Vordergrund, sondern inwieweit die Informationsverarbeitung bestimmte, aus den strategischen Zielen der Organisation abgeleitete und heruntergebrochene Funktionen für die Organisation erfüllt. Die Entwicklung eines entsprechenden Controlling-Konzepts ist besonders schwierig. Aus den Zielen, die die Informationsverarbeitung verfolgt, sind Meßvorschriften abzuleiten, die in ein Meßsystem zu integrieren sind (vgl. Lit. 72., S. 134ff). Analog zur Planung muß auch das Meßsystem alle Planungsebenen der Informationsverarbeitung erfassen. Die Meßvorschriften werden dabei von der jeweils höheren Ebene abgeleitet. Hier zeigen sich ähnliche Probleme wie in den Sozialwissenschaften bei der Operationalisierung von theoretischen Fragestellungen für empirische Untersuchungen. ROITHMAYR (Lit. 72., S. 67ff) zeigt auf, daß in der Praxis ein erhebliches Defizit beim Controlling von Informationssystemen besteht. Vor dem Hintergrund des umfassenden Modells der Informationsverarbeitung ist jedoch nicht nur das Controlling der (rechnergestützten) Informationssysteme, sondern der gesamten Informationsverwaltung sowie insbesondere auch der Informationserarbeitung zu fordern. Methodisch dürfte das solang utopisch sein, wie auch ein Wissensmangement, das bedarfsgerecht das einschlägige Wissen lanciert, nicht realisiert werden kann. Will man auch noch die Effekte der Informationsanwendung in der Problemsituation einer Evaluierung unterziehen, sind außerdem methodische Fortschritte des Informationsprozeßmanagements notwendige Voraussetzung.
Über die letzten Jahrzehnte entwickelte sich das allgemeine Controlling von einem historisch orientierten Buchhaltungs-Controlling, das die Einhaltung externer und interner Rechnungslegungsvorschriften prüfte, über ein aktionsorientiertes Controlling, das die Wirtschaftlichkeit betrieblicher Prozesse prüfte und Verbesserungsvorschläge erarbeitete, zu einem managementsystemorientierten Controlling, das Planungs- und Informationssysteme für das Unternehmen entwickelt (vgl. Lit. 23). Hier ist also das Controlling dann nicht mehr nur Instrument des IM, son-

dern deutlich auch *selbst Objekt* des IM. Diese Notwendigkeit wird besonders dann
anschaulich, wenn eine Marktorientierung des Controllers gefordert wird, der unter
Einsatz von Marktforschungs- und Marktsegmentierungsmethoden Informationsdienstleistungen und -produkte für Entscheidungsträger entwickeln und die zu entwickelnden Informationssysteme des Controlling (Frühwarnsysteme, Konkurrenz-
datenbanken, Kennzahlensysteme) auf die Erreichung von Wettbewerbsvorteilen
auslegen soll (vgl. Lit. 40., S. 269). In diesem Zusammenhang sind dann diejenigen
Ansätze des IM zu sehen, die IM als die informationelle Absicherung von Manage-
mentprozessen (vgl. z.B. Lit. 24.) begreifen.

F 5.2.3.3   Ressourcenmanagement: praktische Aufgaben

Unter Anwendung des Ressourcenmanagement-Instrumentariums wird die Informationsverarbeitung nach Maßgabe der funktionalen, strategischen und ökonomischen Anforderungen gestaltet. Wichtige Ecksteine dieser Arbeit sind die Informationspolitik und das Gesamtkonzept für die Informationsverarbeitung als Ergebnis
der Planung und Grundlage für die Kontrolle und Steuerung. Diese können auch
als sekundäre Instrumente von Planung, Kontrolle und Steuerung verstanden
werden.
Informationspolitik als eine wichtige Aufgabe des Informationsressourcen-Managements (vgl. z.B. Lit. 70., S. 5; Lit. 24., S. 15; Lit. 42., S. 318f; Lit. 45.,
S. 194ff; Lit. 68., S. 11f; Lit. 77., S. 262) bezieht sich auf die gesamte Organisation und nicht − wie der strategische Plan − auf einzelne Geschäftsfelder (vgl.
Lit. 73., S. 179). In Abhängigkeit von den Ergebnissen einer Umweltanalyse und
als Bestandteil der Organisationspolitik werden generelle in der Organisation gültige Grundsätze für den Bereich der Informationsverarbeitung festgelegt, mit denen
die Organisationsziele erreicht werden sollen. Informationspolitik definiert wesentlich die Funktion der Informationsverarbeitung sowie die Rolle und erwarteten Leistungen des Informationsressourcen-Managements. Sie gibt damit den Endnutzern
eine Orientierung, was sie von der Informationsverarbeitung erwarten können und
versorgt umgekehrt die am Management der Informationsressourcen Beteiligten
mit Normen, an denen sie ihr Handeln ausrichten können, ohne stets Rücksprache
mit dem Topmanagement nehmen zu müssen (Lit. 60., S. 21). Zentrale Leitsätze
sind sicherlich, daß Wissen und Information kein freies Gut sind und daß sowohl
Führungskräfte als auch Endnutzer verantwortlich sind für die effiziente und effektive Nutzung der Informationsressourcen (Lit. 45., S. 196 f.).
Aus dem strategischen wie funktionalen Bedarf sind die Anforderungen an die Informationsverarbeitung (Soll-Beschreibung) zu definieren. Im Zusammenhang mit
der Kenntnis des externen Marktangebots und der internen Bestände (Ist-Beschrei-
bung) ist dann ein organisations- und alle Informationsressourcen umfassendes **Gesamtkonzept** zu entwickeln. Das Gesamtkonzept gilt als wichtiger Bestandteil des
IM (vgl. z.B. Lit. 79., S. 145; Lit. 70., S. 5; Lit. 24., S. 27; Lit. 29., S. 220). Es
ist das Ergebnis der Anwendung eines Plansystems und bestimmter Planungstechniken. Bestimmt wird über die verschiedenen hierarchischen Planungsebenen die
Infrastruktur der Informationsverarbeitung, das heißt die nutzungsoffene Basis,

die für verschiedene noch unbestimmte Anwendungen einsetzbar ist (vgl. Lit. 87., S. 38). Darauf aufsetzend werden bestimmte Anwendungen, beispielsweise im Bereich der Informationssysteme spezifische Anwendungssysteme, projektiert (vgl. Lit. 21., S. 53 ff.).

F 5.3 Konsequenzen für Fachinformationsbereich und Informationswissenschaft

Um die Probleme in der Informationsverarbeitung zu lösen, bedarf es eines umfassenden Ansatzes des Informationsressourcen-Managements. Ein solcher Ansatz bezieht zum einen alle statischen Objektbereiche, nämlich Wissen als inhaltliches Abstrakt und als physische Abbildungen, Technologie, Personal und organisationsstrukturelle Bedingungen, sowie die dynamischen Objektbereiche, nämlich die Informationsprozesse mit den Komponenten Informationserarbeitung und -anwendung ein. Zum anderen versucht er, diese statischen und dynamischen Ressourcen unter allen prinzipiell möglichen Perspektiven zu optimieren, nämlich unter Abstimmung der kurz- und langfristigen Organisationsziele und Kostensenkungs- und Leistungs- bzw. Nutzensteigerungsinteressen. Die Aufgaben, die auf dieser Basis konkretisiert werden konnten, berühren damit sehr viele wissenschaftliche Objektbereiche wie auch praktische Arbeitsbereiche einer Organisation und sind jeweils sicherlich nur arbeitsteilig zu bewerkstelligen (vgl. ausführlich Lit. 85). Aufgrund der besonderen Zuständigkeit für die beiden prioritären Ressourcen Wissen und Informationsprozeß sind auch Beiträge der Informationswissenschaft und des Fachinformationsbereichs gefordert.

Aufmerksamkeit der **Informationswissenschaft** verdienen insbesondere methodische Lösungen des gegenwärtig defizitären Wissens- und Informationsprozeßmanagements. Wichtig ist die Entwicklung eines Methodeninstrumentariums zur Bestimmung des Informationsbedarfs und der bedarfsgerechten Steuerung von Wissen. Die Verfahren der Informationsbedarfsanalyse sowie der Inhaltserschließung sind so weiter zu entwickeln, daß sie für die *Steuerung des Wissenserwerbs von außen und der internen Wissensorganisation* eingesetzt werden können. Dabei ist ein Rückgriff auf existierende Verfahren, beispielsweise der Büromodellierung, Datenmodellierung, Datenadministration sowie der Wissensrepräsentation und Problemlösung aus der Künstlichen Intelligenz, notwendig. Ein weiteres Forschungsgebiet betrifft die *Unterstützung der Informationserarbeitung,* das in enger Zusammenarbeit mit Informatik, Künstlicher Intelligenz und Sozialwissenschaften anzugehen ist. Hier geht es um die Entwicklung von technologischen Konzepten, wie intelligente Informationssysteme, und von organisatorischen Konzepten, wie vermittelnde Institutionen und Personen. Damit eine Steuerung der Gegenstände und Prozesse nach betriebswirtschaftlichen Kriterien möglich ist, ist zusammen mit der Betriebswirtschaft die Methodik der *ökonomischen und strategischen Bewertung von Wissen und Information* – nicht der gesamten Informationsverarbeitung – ein wichtiges Arbeitsgebiet, in das die Informationswissenschaft ihre spezifische Kompetenz einbringen kann.

Die Praxis ist natürlich zu einem gewissen Teil abhängig von den Ergebnissen der Forschung. Unabhängig davon können im Rahmen des Informationsressourcen-Managements Aufgaben identifiziert werden, bei denen die Mitwirkung des **Fachinformationsbereichs,** also der innerbetrieblichen Informationseinrichtungen, unverzichtbar ist.

Eine wichtige Rolle spielt der Fachinformationsbereich bei dem Teilbereich des Informationsressourcen-Managements, das sich mit der Ressource **Wissen** befaßt. Aufgabe ist die Mitarbeit bei der *Erfassung externer und interner Wissensquellen und -bestände, deren operative und strategische Bewertung und deren Organisation.* Dies stellt einige neue Anforderungen an die innerbetriebliche Informationseinrichtung. Der Fachinformationsbereich ist traditionell zuständig für die Organisation und Bereitstellung von wissenschaftlich-technischem Fachwissen, das in gedruckter Form vorliegt und in der Regel aus öffentlich zugänglichen Quellen stammt. Damit ist nur ein kleiner Bereich von dem abgedeckt, was hier als Ressource Wissen adressiert wurde. Große Bereiche, wie das interne Sachbearbeitungswissen oder das betriebswirtschaftliche entscheidungsbezogene Wissen, für das neben den jeweiligen Funktionsbereichen eher die Datenadministration bzw. das Controlling Verantwortung tragen, liegen außerhalb des Fokus der innerbetrieblichen Fachinformationseinrichtung. Deshalb wird die Integration all dieser verschiedenen Facetten der Ressource nicht der Fachinformationsstelle, sondern der hierarchisch übergeordneten Instanz für die gesamte Informationsverarbeitung unterstehen. Die bereits teilweise praktizierte Öffnung des Fachinformationsbereichs hin zu anderen Wissensarten (Literaturreferenzen und Fakten; naturwissenschaftlich-technisches und nicht-technisches Wissen; forschungsbezogenes und sachbearbeitungs- sowie managementbezogenes Wissen), Medienformen (gedruckte und elektronische Formen) und Wissensquellen (interne und externe Quellen) erleichtert die *Gesamtsicht auf die Ressource.* Dies ist auch dann hilfreich, wenn – wie oben erwähnt – der Fachinformationsbereich nicht die alleinige Verantwortung für die Ressource Wissen hat. Je mehr direkte Kompetenzen bei der Steuerung der Ressource Wissen jedoch angestrebt werden, um so mehr Kenntnisse verschiedener Ausprägungen der Wissensressource müssen beherrscht werden. Neue Anforderungen stellt auch die strategische Ausrichtung der Informationsverarbeitung. War bisher der Fachinformationsbereich bemüht, operativen Informationsbedarf zu befriedigen, müssen nun *auf der Basis strategischer Organisationsziele* die Potentiale des Informationsmarktes identifiziert und bewertet und in den Konzepten für die Informationsverarbeitung berücksichtigt werden. Der Fachinformationsbereich muß sich, wenn er bei diesen Aufgaben kompetent mitwirken will, mit der jeweiligen Organisationsstrategie wie auch mit den Methoden der Organisationsstrategieentwicklung und strategischen Planung der Informationsverarbeitung auseinandersetzen.

Eine andere Aufgabe betrifft die *Entwicklung von Instrumenten für die Koordination der Wissensressource.* Am dringlichsten sind zunächst Instrumente, die die Erfassung und Bewertung der internen und externen Wissensbestände ermöglichen. Da hier ein informationswissenschaftlicher Lösungsvorschlag noch aussteht, muß pragmatisch vorgegangen werden. Ansatzpunkte sind die traditionellen Thesauri, Information Locator Systeme oder Data Dictionaries. Die beiden letzteren können jedoch nicht direkt auf das Gebiet der Fachinformation übertragen werden. Bei dem im Verhältnis zum Sachbearbeitungswissen wenig strukturierten und struktu-rierbaren Wissen, muß ein Beschreibungsniveau des verfügbaren Wissens gefunden werden, das genügend Informationsgehalt, aber trotzdem Transparenz gewährlei-stet. Auch sind die inhaltlichen Verknüpfungen zu den anderen Wissensarten und Medienformen der Wissensressource zu berücksichtigen, so daß tatsächlich ein ganzheitliches Bild von der Ressource entstehen kann.

Die innerbetriebliche Fachinformationseinrichtung sollte sich außerdem beim Ma-nagement der **Informationsprozesse** engagieren und entsprechende organisatori-sche Konzepte entwickeln. Sicherlich können Informationsvermittlung (im Sinne der Wissensbeschaffung) und aktive Informationsdienste weiter auf die Benutzer-bedürfnisse abgestimmt werden. Darüber hinaus ist zu fragen, ob nicht auch eine weitergehende *Unterstützung der Endnutzer bei der Informationserarbeitung und -anwendung* durch die innerbetriebliche Informationsstelle geleistet werden kann. Das Modell der Informationsvermittlung im Sinne der Wissensbeschaffung und an-schließenden Informationserarbeitung (Informationsaufbereitung) durch eine zen-trale Stelle ist nur dann realistisch, wenn ausreichendes problem- und fachspezi-fisches Wissen bei den Informationsvermittlern vorliegt. Die Vermittlung von allge-meinen Wissensbeschaffungs-, Informationserarbeitungs- und Problemlösungs-techniken an Informationserarbeiter und -anwender ist dagegen nicht an diese Bedingung geknüpft und daher auch für eine zentrale Fachinformationseinrichtung ein praktikables Konzept. Eine *organisatorische Integration* der Dienstleistungsan-gebote der Fachinformationsstelle in das Informationscenter DV-technischer Prä-gung, das bisher die Benutzer von PCs bei der Anwendung von Software, der Entwicklung dezentraler Informationssysteme und bei der Nutzung zentraler Infor-mationssysteme berät, könnte darüber hinaus das Bewußtsein über die Existenz der Informationsdienstleistungen stärker, die Nachfrage danach erhöhen und ihre Ak-zeptanz fördern.

Das Informationsressourcen-Management hat den Schwerpunkt bei der strukturel-len Gestaltung der Informationsverarbeitung aus einer gesamtorganisationellen Perspektive. Der Fachinformationsbereich hat einen starken Anteil daran im Be-reich der Ressource Wissen und Information. Ob es ihm gelingt eine aktive und führende Rolle zu übernehmen, wird zu einem hohen Maß davon abhängen, ob und wieweit er sich die Idee der Informationsverarbeitung als Ressource für den Organi-sationserfolg und deren ganzheitliche Betrachtung zu eigen macht und Konsequen-zen für seinen Zuständigkeitsbereich daraus zieht.

Literatur

Eine umfassende Bibliografie mit weiterführender Literatur enthält Lit. 85.
01. Benjamin, R.I. / Dickinson, C. / Rockart, J.F., 1985: Changing Role of Corporate Infor-mation Systems Officer. In: Management Information Systems Quarterly, 9 (1985) 3, 177 – 188.
02. Bracchi, G. / Pernici, B., 1986: Trends in Office Modeling. In: Verrijn-Stuart, A.A. / Hirschheim, R.A. (eds.): Office Systems. Amsterdam: North-Holland, 1986, 77 – 97.

03. Brinckmann, H., 1985: Umgang mit Information und Kommunikation als Führungsaufgabe. Teil 1. In: ÖVD/Online, (1985) 1, 56 – 61.
04. Brölingen, B. / Thom, N., 1980: Berufsbild des Organisators. Ergebnisse einer empirischen Studie. In: Literatur-Berater Wirtschaft, (1980) 5, 3 – 18.
05. Bullinger, H.-J. / Niemeier, J. / Schäfer, M., 1987: Aufbauorganisation des Informationsmanagements. In: Nachrichten für Dokumentation, 38 (1987), 193 – 199.
06. Busch, U., 1983: Konzeption betrieblicher Informations- und Kommunikationssysteme (IKS). Berlin: E. Schmidt, 1983.
07. Christy, D.P. / White, C.E., 1987: Structure and Function of Information Centers: Case Study of Six Organizations. In: Information & Management, 13 (1987), 71 – 76.
08. Commission on Federal Paperwork 1982: The Paperwork Problem. In: Horton, F.W. / Marchand, D.A. (ed.): Information Management in Public Administration. An Introduction and Resource Guide to Government in the Information Age. Arlington, VA: Information Resources Press, 1982, 28 – 44.
09. Compaine, B.M. / McLaughlin, J.F., 1987: Management Information: Back to the Basics. In: Information Management Review, 2 (1987) 3, 15 – 24.
10. Conrath, D.W. / Ang, J., 1987: Office Modeling. Comments about the Present and the Future. In: IEEE Office Knowledge Engineering, 1 (1987), 2 – 10.
11. Daniel, E., 1983: Information Resources and Organizational Structure. In: Journal of the ASIS, 34 (1983) 3, 222 – 228.
12. Davenport, R.A., 1980: Data Administration – The Need for a New Function. In: Lavington, S.H. (ed.): Information Processing 80. Proceedings of IFIP Congress 80, Amsterdam: North-Holland, 1980, 505 – 511.
13. Eliot, L.B., 1987: Information Management and Expert Systems: A Pedagogical Approach. In: Information Management Review, 2 (1987) 3, 63 – 69.
14. Eschenröder, G., 1985: Planungsaspekte einer ressourcenorientierten Informationswirtschaft. Bergisch-Gladbach: Eul, 1985.
15. Finke, W.F., 1988: Informationsmanagement in der öffentlichen Verwaltung. Führungsaufgaben und Organisationsmodelle für eine informatisierte Verwaltung. In: Angewandte Informatik, (1988) 4, 147 – 157.
16. Gesellschaft für Information und Dokumentation mbH. 1985: Informationsmanagement in der öffentlichen Verwaltung der Vereinigten Staaten. Ergebnisse einer Studienreise. Frankfurt: IDD Flach, 1985.
17. Hammond, L.W. / Crouse, R.L. / Ellis, D.A., 1988: Information Centers. In: Rabin, J. / Jackowski, E.M. (eds.), 1988: Handbook of Information Resource Management. New York/Basel: Dekker, 1988, 255 – 292.
18. Hargraves, R.F., 1983: Corporate Strategies and DP Tactics. In: Datamation, (1983) August, 204 – 216.
19. Head, R.V., 1983: Information Resource Planning: In: Journal of Systems Management, (1983) October, 6 – 9.
20. Heimbigner, D. / McLeod, D., 1985: A Federated Architecture for Information Management. In: ACM Transactions on Office Information Systems, 3 (1985) 3, 253 – 278.
21. Heinrich, L.J. / Burgholzer, P., 1987: Informationsmanagement. Planung, Überwachung und Steuerung der Informations-Infrastruktur. München/Wien: Oldenbourg, 1987.
22. Hentze, J., 1977: Personalwirtschaftslehre. Bern/Stuttgart: Haupt, 1977 (2 Bände).
23. Henzler, H., 1974: Der Januskopf muß weg. In: Wirtschaftswoche, (1974) 34, 60 – 63.
24. Höhn, S., 1982: Unternehmensplanung und Konzernsteuerung als Probleme des Informationsmanagements. In: Krallmann, H. (Hrsg.): Unternehmensplanung und -steuerung in den 80er Jahren. Berlin u.a.: Springer, 1982, 1 – 30.
25. Horton, F.W., 1979: Information Resources Management: Concept and Cases. Cleveland, OH: Association for Systems Management, 1979.

26. Horváth, P., 1978: Aufgaben und Stellung des Controllers. In: Zeitschrift für betriebswirtschaftliche Forschung und Praxis, (1978) 2, 129 – 141.

27. Ives, B. / Learmonth, G.P., 1984: The Information System as Competitive Weapon. In: Communications of the ACM, 27 (1984) 12, 1193 – 1201.

28. Kind, J., 1987: Kommunikationsanalysen – eine Voraussetzung für erfolgreiches Informationsmanagement. In: Nachrichten für Dokumentation, 38 (1987), 205 – 209.

29. Klaus, H.G. / Marchand, D.A., 1987: Informationsmanagement in USA. In: Nachrichten für Dokumentation, 38 (1987), 215 – 221.

30. Koreimann, D.S., 1987: Management. München/Wien: Oldenbourg, 1987 (3. Aufl.).

31. Kreitzer, L.W., 1981: Data Dictionaries – The Heart of IRM. In: Infosystems, (1981) 2, 64 – 66.

32. Krüger, W. / Pfeiffer, P., 1988: Strategische Ausrichtung, organisatorische Gestaltung und Auswirkungen des Informationsmanagements. In: Information Management, (1988) 2, 6 – 15.

33. Kuhlen, R., 1984: Zur Rekonstruktion der Notwendigkeit eines Informationsmanagements in öffentlichen Verwaltungen und privaten Unternehmungen. In: Kuhlen, R. (Hrsg.): Koordination von Informationen. Die Bedeutung von Informations- und Kommunikationstechnologien in privaten und öffentlichen Verwaltungen. Proceedings des IX. Verwaltungsseminars, Konstanz, 5. – 7. Mai 1983. Berlin u.a.: Springer, 1984, 1 – 25.

34. Kuhlen, R., 1985: Fortschreibung der Ausbildungskonzeption der Informationswissenschaft an der Universität Konstanz. In: Nachrichten für Dokumentation, 36 (1985) 3, 160 – 165.

35. Kuhlen, R., 1988: Informationsmanagement: Übergang vom Informations-Ressourcen-Management zum Wissensmanagement. Universität Konstanz, Informationswissenschaft. Juni 1988 (CURR-15/88).

36. Kuhlen, R. / Finke, W.F., 1988: Informationsressourcen-Management. Informations- und Technologiepotentiale professionell für die Organisation verwerten. In: Zeitschrift Führung + Organisation, 1. Teil: (1988) 5, 314 – 323, 2. Teil: (1988) 6, 399 – 403.

37. Lamberton, D.M., 1984: The Economics of Information and Organization. In: Annual Review of Information Science and Technology, 19 (1984), 3 – 30.

38. Levitan, K.B., 1982a: Information Resource(s) Management – IRM. In: Annual Review of Information Science and Technology, 17 (1982), 227 – 266.

39. Levitan, K.B., 1982b: Information Resources as ,,Goods'' in the Life Cycle of Information Production. In: Journal of the ASIS, 33 (1982) 1, 44 – 54.

40. Link, J., 1982: Die methodologischen, informationswirtschaftlichen und führungspolitischen Aspekte des Controlling. In: Zeitschrift für Betriebswirtschaft, 52 (1982) 3, 261 – 280.

41. Luqi 1989: Software Evolution through Rapid Prototyping. In: Computer, 22 (1989) 5, 13 – 25.

42. Lytle, R.., 1986: Information Resource Management: 1981 – 1986. In: Annual Review of Information Science and Technology, 21 (1986), 309 – 336.

43. Marchand, D.A., 1982: Information Management in Public Organizations: Defining a New Resource Management Function. In: Horton, F.W. / Marchand, D.A. (eds.): Information Management in Public Administration. An Introduction and Resource Guide to Government in the Information Age. Arlington, VA: Information Resources Press, 1982, 58 – 70.

44. Marchand, D.A., 1984: A Manager's Guide for Implementing Information Resource Management (IRM) in a State Agency. University of South Carolina, Institute of Information Management, Technology and Policy. Columbia, SC, June 1984 (PR-84-1).

45. Marchand, D.A. /Horton, F.W., 1986: Infotrends. Profiting from Your Information Resources. New York u.a.: Wiley, 1986.
46. Marchand, D.A. / Kresslein, J.C., 1988: Information Resources Management and the Public Administrator. In: Rabin, J. / Jackowski, E.M. (eds.): Handbook of Information Resource Management. New York/Basel: Dekker, 1988, 395 – 455.
47. Mason, D., 1978: Information Management. Stevenage, Herts, UK: Peregrinus, 1978.
48. McClure, C.R., 1980: Planung for Library Effectivesness: The Role of Information Resources Management. In: Journal of Library Administration, 1 (1980) 3, 3 – 16.
49. McDonough, A.M., 1963: Information Economics and Management Systems. New York: McGraw-Hill, 1963.
50. McFarlan, F.W., 1984: Information Technology Changes the Way You Compete. In: Harvard Business Review, (1984) May/June, 98 – 103.
51. Mc Kenney, J.L. / McFarlan, F.W., 1982: The Information Archipelago − Maps and Bridges. In: Harvard Business Review, (1982) September – October, 109 – 119.
52. Mertens, P. / Plattfaut, E., 1986: Informationstechnik als strategische Waffe. In: Information Management, (1986) 2, 6 – 17.
53. Meyer-Piening, A., 1987: Informationstechnologie − Was macht Unternehmen erfolgreich. In: Information Management, (1987) 2, 17 – 26.
54. Müller, W., 1974: Die Koordination von Informationsbedarf und Informationsbeschaffung als zentrale Aufgabe des Controlling. In: Schmalenbachs Zeitschrift für betriebswirtschaftliche Forschung, 26 (1974) 10, 683 – 693.
55. Müller-Merbach, H., 1974: Einführung in die Betriebswirtschaftslehre. München: Vahlen, 1974.
56. Mumford, E. / Welter, G., 1984: Benutzerbeteiligung bei der Systementwicklung. Bielefeld: Schmidt, 1984.
57. Navathe, S.B. / Kerschberg, L., 1986: Role of Data Dictionaries in Information Resources Management. In: Information & Management, 10 (1986), 21 – 46.
58. Niedereichholz, J. / Wentzel, C., 1985: Voraussetzungen und organisatorische Wirkungen des Informationsmanagements. In: Angewandte Informatik, (1985) 7, 284 – 290.
59. Orillard, M., 1983: Information Management in Organizations. In: Angewandte Systemanalyse, 4 (1983) 1, 15 – 22.
60. Orna, E. / Hall, G., 1981: Developing an Information Policy. In: Aslib Proceedings, 33 (1981) 1, 15 – 22.
61. Ortner, E. / Söllner, B., 1988: Data Dictionary − ein Werkzeug des Information-Resource-Management. In: Information Management, (1988) 3, 26 – 33.
62. Otremba, G., 1987: Tätigkeitsfelder des Informationsmanagements. In: Nachrichten für Dokumentation, 38 (1987), 201 – 203.
63. Otten, K.W., 1986: Der informationsorientierte Manager. Voraussetzungen für produktives Management im Informationszeitalter. In: Office Management, (1986) 1, 26 – 29.
64. Otten, K.W. / Schmidt-Reindl, K.M., 1987: Instrumente des Informationsmanagements. In: Nachrichten für Dokumentation, 38 (1987), 189 – 192.
65. Parsons, G.L., 1983: Information Technology: A New Competitive Weapon. In: Sloan Management Review, (1983) Fall, 3 – 13.
66. Platz, H.P., 1980: Die Überwindung informationswirtschaftlicher Engpässe in der Unternehmung. Analyse von Möglichkeiten zur Verbesserung des Kosten-/Nutzenverhältnisses. Berlin: Duncker und Humboldt, 1980.
67. Porter, M.W., 1980: Competitive Strategy. Techniques for Analyzing Industries and Competitors. New York: The Free Press, 1980.
68. Ray, M., 1986: Information Resources Management: Four Cornerstones for Implementing IRM. In: Information Management Review, 2 (1986) 2, 9 – 15.

69. Reichwald, R., 1987: Strategische Aspekte der Nutzung neuer Informations- und Kommunikationstechniken in der Unternehmensverwaltung. In: Office Management, (1987) 10, 6 – 15.

70. Reinermann, H., 1981: Verwaltungsaufgaben beim Einsatz der Ressource Information. In: ÖVD, (1981) 1/2, 3 – 8.

71. Rieke, F., 1986: Information Resource Management in einem großen Unternehmen der Chemieindustrie. In: Information Management, (1986) 1, 26 – 35.

72. Roithmayr, F., 1988: Controlling von Informations- und Kommunikationssystemen. München/Wien: Oldenbourg, 1988.

73. Schaufelbühl, K., 1987: Entwicklungsstrategie für Informationssysteme. Dissertation, Wirtschafts- und Sozialwissenschaftliche Hochschule St. Gallen, Schweiz, 1987.

74. Schmidt-Reindl, K.M., 1985: Informationsmanagement in der US-Verwaltung: Das Beispiel South Carolina. In: ÖVD/Online, (1985) 8, 80 – 86.

75. Schmidt-Reindl, K.M., 1986: Informationsmanagement: Eine neue Perspektive für IuD und Fachinformation? In: Deutsche Gesellschaft für Dokumentation (Hrsg.): Fachinformation: Methodik – Management – Markt, neue Entwicklungen, Berufe und Produkte. Proceedings Deutscher Dokumentartag 1985, Nürnberg 1. – 4. Oktober 1985. München: Saur, 1986, 64 – 79.

76. Schneyman, A., 1986: Organizing Information Resources. In: Information Management Review, 1 (1986) 1, 35 – 46.

77. Stibic, V., 1986: The Information Manager – His Role, Functions, Profile, and Education. In: Nachrichten für Dokumentation, 37 (1986), 259 – 266.

78. Synnott, W.R. / Gruber, W.H., 1981: Information Resource Management: Opportunities & Strategies for the 1980's. New York: Wiley, 1981.

79. Szyperski, N., 1980: Strategisches Informationsmanagement im technologischen Wandel. Fragen zur Planung und Implementation von Informations- und Kommunikationssystemen. In: Angewandte Informatik, (1980) 4, 141 – 148.

80. Szyperski, N. / Winand, U., 1980: Grundbegriffe der Unternehmensplanung. Stuttgart: Poeschel, 1980.

81. Szyperski, N. / Eschenröder, G., 1983: Information-Resource-Management. Eine Notwendigkeit für die Unternehmensführung. In: Kay, R. (Hrsg.): Management betrieblicher Informationsverarbeitung. Wirtschaftsinformatik-Symposium der IBM Deutschland GmbH., September 1982 in Bad Neuenahr. München/Wien: Oldenbourg, 1983, 11 – 37.

82. Taylor, R.S., 1986: Value-Added Processes in Information Systems. Norwood, NJ: Ablex, 1986.

83. Thom, N., 1980: Inhalte der Organisationslehre. In: Grochla, E. (Hrsg.): Handwörterbuch der Organisation. Stuttgart: Poeschel, 1980 (2. Aufl.), 1672 – 1691.

84. Vogel, E., 1986: Informationsmanagement und informationswissenschaftliche Ausbildung. Teil 1: Informationsmanagement in der öffentlichen Verwaltung – Konzepte, Berufsbilder, Qualifizierung. In: Nachrichten für Dokumentation, 37 (1986) 2, 79 – 92.

85. Vogel, E., 1989: Informationsmanagement: Berufliche Anforderungen und Konsequenzen für die Ausbildung aus informationswissenschaftlicher Sicht. Dissertation, Universität Konstanz, 1989 (in Vorbereitung).

86. Witte, E., 1972: Das Informations-Verhalten in Entscheidungsprozessen. In: Witte, E. (Hrsg.): Das Informationsverhalten in Entscheidungsprozessen. Tübingen: Mohr, 1972, 1 – 88.

87. Wollnik, M., 1988: Ein Referenzmodell des Informations-Managements. In: Information Management, (1988) 3, 34 – 43.

F 6 Informationsökonomie

Werner Schwuchow

F 6.1 Einführung

,,Welcome to the bewildering world of information economics! It is bewildering because, on the one hand, it is a world without shape or substance, while on the other hand, it belies study within the realm of economics because information per se has no particular value. And, yet, as information is perceived as an increasingly significant ressource for national growth and well-being and the furtherance of an organization's mission, information managers search for measures to calculate its true value, to assess its effectiveness, and to evaluate its impacts." (*Herbert R. Brinberg* 1988, früher u.a. Präsident der Associated Information Managers und der Information Industry Association in den USA)

Dies ist meiner Meinung nach eine durchaus zutreffende Charakteristik des heutigen Standes der Forschung auf diesem Gebiet ,,Informationsökonomie" (,information ecomics' und ,information economy'). Einerseits hat das Gut ,,Information" tatsächlich eine Reihe von besonderen Merkmalen, die es von herkömmlichen Sachgütern und Dienstleistungen unterscheiden und die die Anwendung von herkömmlichen wirtschaftswissenschaftlichen Konzepten, Methoden und Verfahren auf dieses Gut sehr schwierig (teilweise vielleicht sogar unmöglich) machen. Andererseits wird Information jedoch zunehmend als ein wichtiger Faktor (von einigen sogar als der wichtigste Faktor) für das Funktionieren von Organisationen (z.B. Unternehmen und Verwaltungen) und wirtschaftlichen und gesellschaftlichen Gesamtheiten (z.B. Volkswirtschaften, Weltwirtschaft, Staaten) angesehen.

Die wirtschaftswissenschaftliche Beschäftigung mit Information und Informationsaktivitäten begann zunehmend in den 60er Jahren und hat bis heute ein breites Spektrum angenommen, das sich etwa durch eine skizzenhafte Darstellung der folgenden Forschungsbereiche darstellen läßt:

(1) Gesamtwirtschaftliche Aspekte von Information und Informationstechnik. Hierzu gehören z.B.:

- Untersuchung der signifikanten Zunahme von Informationsverarbeitungs- und -vermittlungsaktivitäten in den Volkswirtschaften hochentwickelter Länder (,,Informationssektor" der Volkswirtschaft, Informationswirtschaft, Informationsmarkt, postindustrielle Gesellschaft, Informationsgesellschaft, Informationszeitalter usw.).
- Untersuchung der Auswirkungen des Einsatzes der neuen Informationstechniken in verschiedenen Bereichen von Wirtschaft und Gesellschaft (z.B. Wirkungen auf Konjunktur, Beschäftigung, Wachstum, internationale Wettbewerbsfähigkeit usw.).
- Untersuchung der Vor- und Nachteile einer Organisation des fachlichen Informationstransfers nach marktwirtschaftlichen Prinzipien. Untersuchung der Rolle des Staates in Bereichen wie ,,Fachinformation" und Informationstechnikentwicklung und -einsatz. In welchem Ausmaß hat Information die Merkmale eines ,,öffentlichen Gutes"?

– Globale Untersuchungen der Strukturen und Entwicklungen von Informationsmärkten als Grundlage für informationspolitische Entscheidungen von Regierungen (aber auch z.b. für betriebliche Entscheidungen und Maßnahmen
  einzelner Unternehmen und Anbieter von Informationsdienstleistungen).
– Untersuchung ökonomischer Aspekte der Gesamtplanung und Gesamtorganisation nationaler Informations- und Kommunikationssysteme (z.B. Bestimmung
  des Grades der Zentralisierung bzw. Dezentralisierung bestimmter Informationsaktivitäten, Kooperationsformen zwischen verschiedenartigen Informationseinrichtungen, Informationsnetze und -verbindungssysteme).

(2) Betriebswirtschaftliche Aspekte von Information und Informationstechnik.
Hierzu gehören z.B.
– Untersuchung der Wirtschaftlichkeit von Informationseinrichtungen (wie Fachinformationszentren, konventionelle Dokumentationseinrichtungen, Informa-
  tionsvermittlungsstellen, Verlage, Bibliotheken usw.) auf verschiedenen Ebenen
  (Kosten-Umsatz, Kosten-Leistung, Kosten-Nutzen usw. – vgl. dazu die Ausführungen unter F 6.3).
– Untersuchung der Wirtschaftlichkeit des Einsatzes neuer Informationstechniken
  in verschiedenen Bereichen (z.b. im Bürobereich, in der industriellen Produktion, im Handel, im Verkehrswesen, in der Touristik usw.) – wiederum unter
  Berücksichtigung verschiedener Bewertungsebenen und -kriterien.
– Entwicklung von Marketingkonzepten und -strategien für verschiedenartige An-
  bieter von Informationsdienstleistungen (Entwicklung einer spezifischen Pro-
  dukt-, Distributions-, Kommunikations- und Preispolitik in verschiedenen
  Marktbereichen – vgl. dazu Abschnitt F 6.4 und Kap. F 7).
– Entwicklung von Kriterien, Konzepten und Methoden für das Management von
  Informationseinrichtungen (Bibliotheken, Verlagen, Fachinformationszentren
  usw.).
– Entwicklung von Kriterien, Konzepten und Methoden für die besserer Nutzung
  des ,,Produktionsfaktors Information'' in Produktions- und Dienstleistungsunternehmen, Verwaltungen, Forschungseinrichtungen usw. (Dieser Bereich wird
  häufig mit ,,Informationsmanagement'' bzw. ,,Information Ressources Management'' bezeichnet – vgl. dazu Kap. F 5).
Pioniere in diesem weiten Bereich der ,,Informationsökonomie'' waren z.B. Machlup (Lit. 56.), Marschak (Lit. 57.), Bell (Lit. 03.) und Porat (Lit. 66.).

Es ist zu beobachten, daß zunächst gesamtwirtschaftliche Themen auf diesem Forschungsgebiet im Vordergrund standen, während ab etwa Anfang bis Mitte der 70er Jahre die Literatur
zu betriebswirtschaftlichen Aspekten von Informationsaktivitäten ganz eindeutig dominierte.
In neuerer Zeit gewinnen wieder die gesamtwirtschaftlichen Aspekte an Bedeutung.
Die folgenden Ausführungen konzentrieren sich (dem Titel des Buches entsprechend) auf die
betriebs- und gesamtwirtschaftlichen Aspekte von *Information und Dokumentation* bzw.
Fachinformation. Im Zusammenhang dieses Kapitels ziehe ich den zuletztgenannten Begriff
vor, da IuD (im Zuge des IuD-Programms der Bundesregierung 1974 – 77 entstanden) sich vor
allem auf die wissenschaftliche und technische Literaturinformation bezog, während der Begriff Fachinformation
  – einerseits auch die Bereiche der sozial- und geisteswissenschaftlichen Information, den
    weiten Bereich der Wirtschaftsinformation (Daten über den Binnen- und Außenhandel

über die Entwicklung von Börsenkursen, Kreditinformationen, Produktinformationen, Verbraucherinformationen usw.), die Bereiche von Rechtsinformation, Presseinformation, den Bereich der amtlichen Statistiken usw. umfaßt;
– andererseits von den Informationsproduzenten (z.B. Autoren wissenschaftlicher Veröffentlichungen, Herausgeber usw.) über die verschiedenartigen Vermittlungsinstitutionen (Fachverlage, Fachbuchhandel, Bibliotheken, Datenbasisproduzenten, computergestützte Informationszentren, Dokumentationsstellen, Informationsvermittler, Telekommunikationsnetze usw.) bis hin zum Endbenutzer der verschiedenen Informationsdienste reicht.
Unter ökonomischen Aspekten ist dieser weitere Begriff vor allem wegen der zunehmenden Integration der verschiedenen Stufen des Fachinformationsprozesses durch den verstärkten Einsatz der neuen Informationstechniken und die schnellen informationstechnologischen Entwicklungen vorzuziehen.
Der hier zu behandelnde engere Bereich der Informationsökonomie (,,Ökonomische Aspekte der Fachinformation'', ,,Informationsökonomie als Teilbereich der Informationswissenschaften'' – vgl. Lit. 71. – hat sich insbesondere seit Anfang der 70er Jahre in den USA und Großbritannien – parallel dazu aber auch in der Bundesrepublik Deutschland – entwickelt. Hierzulande waren dafür die Arbeiten der 1973 gegründeten Kommission Wirtschaftlichkeit der Information und Dokumentation (KWID) der Deutschen Gesellschaft für Information und Dokumentation e.V. und die von der Studiengruppe für Systemforschung e.V. in Heidelberg (später von der Gesellschaft für Information und Dokumentation) im Zeitraum von 1974 bis 1984 durchgeführten Forschungsprojekte (sog. WID-Projekte und ihre Nachfolger) maßgebend.
Die im Anschluß an dieses Kapitel aufgeführte Auswahl von Literatur bezieht sich fast ausschließlich auf diesen engeren Bereich der Informationsökonomie. Weitere Literatur zur Informationsökonomie wird an anderer Stelle dieses Buches angegeben.
Es gibt bereits mehrere kritische State-of-the-Art-Reports über den in diesem Kapitel behandelten Ausschnitt der Informationsökonomie: 1974 Flowerdew/Whitehead (Lit. 28.), 1975 Tressel/Brown (Lit. 90.), 1981 Keren (Lit. 39.) und Martyn (Lit. 58.), 1983 Schwuchow (Lit. 82.), 1986 Cronin/Gudim (Lit. 19.) und Repo (Lit. 71.).
Zur Einführung sind außerdem die folgenden Text- bzw. Lehrbücher zu diesem Themenbereich zu empfehlen: King/Bryant (Lit. 44.), Mertens/Schrammel (Lit. 60.), Engelbert (Lit. 24.), Lancaster (Lit. 52.) und folgende Forschungsberichte: BMFT (Lit. 08.; Lit. 09.).

F 6.2   Generelle Probleme der ökonomischen Bewertung von Informations- bzw. Informationstechnikaktivitäten

Die *Wirtschaftlichkeit* einer Aktivität mißt man im allgemeinen an dem Verhältnis zwischen dem damit erzielten Ergebnis (Leistung, Wirkung, Nutzen) und dem dafür getätigten Mitteleinsatz (Kosten), durch das der Ergiebigkeits- und Sparsamkeitsgrad bei der Leistungserstellung durch die betreffende Aktivität bestimmt wird (z.B. Lit. 69.). die Wirtschaftlichkeit zeigt also, inwieweit nach dem sog. ökonomischen Prinzip gehandelt wurde. Der Wirtschaftlichkeitsbegriff ist mit Begriffen wie Effizienz, Produktivität und Rentabilität eng verwandt. Üblicherweise wird versucht, bei der Wirtschaftlichkeitsanalyse in Geldeinheiten zu bewerten.
Die Bestimmung der Wirtschaftlichkeit von *Informationsaktivitäten* (z.B. die Erbringung bestimmter Informationsdienstleistungen) stößt in der Praxis auf erhebliche Meß- und Bewertungsprobleme, Probleme der Erfassung qualitativer Größen

im Kosten- und insbesondere im Leistungs- bzw. Nutzenbereich. Diese Probleme wurden von Reichwald in Bezug auf die Wirtschaftlichkeitsbeurteilung des Einsatzes von Informationstechniken im Bürobereich − in ihrer Allgemeinheit aber auch für die Bestimmung der Wirtschaftlichkeit der Lieferung von Informationsdienstleistungen gültig − wie folgt formuliert (Lit. 69.):

(1) Das Maßgrößenproblem
Es besteht im Auffinden von Maßgrößen (Indikatoren), die die Veränderungen der Wirtschaftlichkeit möglichst genau widerspiegeln. Da sowohl auf der Kosten- als auch auf der Leistungs- und Nutzenseite eine Vielzahl von Maßgrößen denkbar ist, ist häufig eine Auswahl erforderlich.
Besondere Probleme ergeben sich bei der Wahl geeigneter Maßgrößen auf der Leistungs- und Nutzenseite z.b. bei der Messung und Bewertung von Leistungseffekten, die nicht in Geldeinheiten ausgedrückt werden können (s. unten).

(2) Das Situationsproblem
Produktion und Vertrieb von Informationsdienstleistungen geschieht auf höchst unterschiedliche Weise und ist von einer Vielzahl unterschiedlicher situativer Faktoren abhängig: z.b. Informationsbedürfnisse unterschiedlicher Benutzergruppen, unterschiedliche Informationsquellen, unterschiedliche Struktur der aufzubereitenden Daten, unterschiedliche Erschließungs- und Klassifikationsmethoden, unterschiedliche Speicher- und Nachweistechnik, unterschiedliches Management, unterschiedliche rechtliche und politische und gesellschaftliche Rahmenbedingungen.
Die Beurteilung der Wirtschaftlichkeit von Informationseinrichtungen und -aktivitäten sollte daher stets nur situationsbezogen, d.h. unter Berücksichtigung der jeweils vorliegenden besonderen konkreten Bedingungen erfolgen. Eine generelle Wirtschaftlichkeitsbeurteilung von Informationsaktivitäten ist unzulässig (s. unten)

(3) Das Verbundproblem
Die Arbeit in Organisationen und Gesellschaften ist im hohen Maße arbeitsteilig. Stets sind mehrere Stellen an einer Aufgabenentwicklung beteiligt. Dies gilt z.b. auch für Informationsvermittlungsstellen in Unternehmen, für die Arbeitsorganisation in größeren selbständigen Informationseinrichtungen (z.b. Fachinformationszentren mit 300 Mitarbeitern) und schließlich auch für das Zusammenwirken von Informationseinrichtungen im nationalen oder internationalen Maßstab (z.b. bei Informationsverbundsystemen).
Deshalb sind bei Beurteilungen der Wirtschaftlichkeit einzelner Informationsfunktionen, -aktivitäten oder -dienste stets diese Zusammenhänge der arbeitsteiligen Organisation zu berücksichtigen. Eine Nichtbeachtung der Wechselbeziehungen zwischen isoliert betrachteten Teilbereichen und dem Umfeld könnte im Ergebnis zu einer Verschlechterung der Wirtschaftlichkeit führen, obwohl vielleicht im isolierten Bereich ,,produktiver'' gearbeitet wurde.
Gerade im Bereich der neuen Informationstechniken hat das Verbundproblem besondere Bedeutung, da moderne Informationssysteme ihren Nutzen erst dann voll entfalten können, wenn eine große Anzahl von Kommunikationspartnern an ihre ,,Netze'' angeschlossen sind.
Gerade in diesem Bereich sind also stets *ganzheitliche,* den engeren Maßnahmenbereich übergreifenden Wirtschaftlichkeitsbetrachtungen notwendig.

(4) Das Zurechnungsproblem
Das Problem der Zurechenbarkeit von Kosten- und Leistungwirkungen zeigt sich vornehmlich in zwei Formen:
− Kosten- und Leistungseffekte treten zeitlich verzögert auf (z.b. wenn spätere Kosten zum Planungszeitpunkt noch nicht vorhersehbar waren oder wenn Nutzen erst geraume Zeit nach Nutzung eines Gutes eintritt − der für Informationsdienste eigentlich typische Fall).

- Kosten- und Leistungswirkungen treten räumlich verteilt auf (z.b. wenn die Lieferung falscher oder unvollständiger Daten durch einen Datenbasisproduzenten bei einem Informationsanbieter zu imageschädlichen Reklamationen führt oder wenn die Lieferung von Informationen an einen Nutzer positive ökonomische Effekte bei Personen hat, die mit diesem Nutzer in wirtschaftlichen Beziehungen stehen).

(5) Das Innovationsproblem
Innovationen führen meist auch zur Entdeckung *neuartiger* Möglichkeiten (Neue Produkte, neue Anwendungen, neue Arbeitsverfahren), deren ökonomische Wirkungen nicht oder nur schwer voraussehbar sind. Dies macht ökonomische Bewertungen von Informations- bzw. Informationstechnikaktivitäten so schwierig. Wer bei der Bewertung neuartiger Maßnahmen in diesem Bereich davon ausgeht, daß lediglich alte durch neue Prozeduren ersetzt werden (Substitution), wird den wirtschaftlichen Auswirkungen innovativer Ideen, Konzepte und Techniken nicht gerecht.

Diese fünf so von Reichwald formulierten generellen Probleme ökonomischer Bewertungen sind bei der Bestimmung der Wirtschaftlichkeit von Informationseinrichtungen zu beachten. Hinzu kommt aber noch ein weiteres grundsätzliches Problem:
,,Information'' ist nicht ein Gut wie viele andere, sondern hat ganz spezifische Merkmale, die es von herkömmlichen Sachgütern und Dienstleistungen unterscheiden und seine ökonomische Bewertung so schwierig machen.
Ich will an dieser Stelle nur sehr kurz auf diese besonderen Merkmale des Gutes Information eingehen (eine ausführlichere Diskussion findet sich z.B. bei Flowerdew/Whitehead, (Lit. 28., S. 14 – 17)):
- Zum Zeitpunkt des Kaufes ist der Wert einer Information nicht bestimmbar (er zeigt sich – wenn überhaupt – in der Regel erst viel später nach der Nutzung).
- Information hat keinen Wert an sich. Am falschen Platz (oder an einem unbekannten Platz) und zur falschen Zeit ist sie wertlos, unabhängig von den Kosten ihrer Produktion, Speicherung und Vermittlung.
- Information wird durch Konsum nicht ,,verbraucht''. Unter Umständen kann sie ihren Wert sogar durch häufige Nutzung erhöhen. Eigentum an Information muß nicht unbedingt ihren Wert erhöhen.
- Information kann (und wird in der Regel) jedoch ,,veralten''. Wie jedes andere Investitionsgut muß Information im Zeitverlauf ,,abgeschrieben'' werden.
- Der Verkäufer verliert die Information nicht durch den Kaufakt.
- Es gibt bis heute keine eindeutige Maßeinheit für den Informationsinhalt (oder Informationsgehalt). Dies macht die quantitative Bestimmung ihres Wertes oder Nutzens unmöglich.
- Zur Wertbestimmung wäre das einzelne ,,Stück'' an Information häufig auch ziemlich ungeeignet. Die einzelne Information erhält meist erst Wert durch Kombination mit anderen Informationen.
- Kosten und Nutzen von Information sind in der Regel nicht allein ihren Produzenten und Konsumenten zuzurechnen.
Diese verkürzt dargestellten besonderen Merkmale des Gutes Information machen plausibel, wie unmöglich es ist, die für tangible Güter entwickelten herkömmlichen wirtschaftswissenschaftlichen Konzepte und Methoden auf dieses Gut anzuwenden (was mitunter jedoch trotzdem geschieht, vgl. Lit. 39.).

F 6.3 Wirtschaftlichkeit von Informationseinrichtungen

F 6.3.1 Grundbegriffe und Kriterien

Um dem Begriffswirrwarr im Zusammenhang mit der ökonomischen Analyse von Informationseinrichtungen und -aktivitäten zu begegnen, sollen einige Grundbegriffe der ökonomischen Bewertung (bezogen auf Informationsdienste) an den Anfang dieser Ausführungen gestellt werden (vgl. Lit. 08., S. 42 – 44):

Kosten sind der periodenbezogene, in Geld bewertete Verbrauch an Sachgütern und Dienstleistungen (Produktionsfaktoren) zur Erstellung und zum Absatz von Informationsdienstleistungen.

Umsatz ist der monetäre Ertrag (Erlös) aus der in einer Zeitperiode abgesetzten Menge von Informationsdienstleistungen (Menge multipliziert mit dem Preis der Dienstleistungseinheit).

Gewinn ist die Differenz zwischen Umsatz und Kosten (als ein wichtiger Indikator für den wirtschaftlichen Erfolg. Kostendeckungsgrad ist das Verhältnis zwischen Umsatz und Kosten). Er kann auch allgemeiner als Differenz zwischen in Geld bewerteten Leistungen und Kosten definiert werden.

Leistungfähigkeit (performance) eines Gutes (hier: einer Informationsdienstleistung) ist die Gesamtheit derjenigen Eigenschaften, die für die Deckung eines Informationsbedarfs von Bedeutung sind. Die Leistungsfähigkeit ist eine Voraussetzung der Wirkung (beide Begriffe werden häufig unter dem Begriff *Leistung* zusammengefaßt) vgl. unter Abschnitt F 6.3.3. Mit Leistung wird häufig aber auch nur die Menge der in einer Zeitperiode hergestellten Sachgüter und Dienstleistungen bezeichnet.

Wirkung (effect, impact) ist der nach Art und Menge beschreibbare Erfolg (bzw. Mißerfolg), der sich aus der Nutzung einer Informationsdienstleistung im Hinblick auf ein Informationsbedürfnis ergibt. Die Wirkung einer Informationsdienstleistung ist die faktische Grundlage für das Nutzenurteil.

Informationsbedürfnis (information need) ist das Gefühl eines Mangels an Wissen, verbunden mit dem Streben, ihn zu beseitigen. Es entsteht in einem Problemlösungs- und Lernprozeß, begleitet diesen und verändert sich dabei fortwährend.

Informationsbedarf (information requirement) ist das nach Art und Menge beschriebene Wissen (ebenso wie dessen Beschreibung), das zur Befriedigung eines Informationsbedürfnisses als erforderlich angesehen wird. Eine solche in der Regel unvollkommene Beschreibung (oder ,,Spezifikation'') von erforderlichem Wissen entspricht dem dahinterstehenden Informationsbedürfnis und ist insofern dessen mehr oder weniger adäquate Konkretisierung.

Nutzen (utility) einer Informationsdienstleistung (bzw. einer Information) ist das Ausmaß der Befriedigung eines Informationsbedürfnisses.

Monetärer Nutzen (benefit, payoff) einer Informationsdienstleistung (bzw. einer Information) ist der geldlich ausgedrückte Wert ihrer Wirkung, soweit sich die Komponenten der Wirkung monetär bewerten lassen. Nutzen (und monetärer Nutzen) kann sich individuell, gruppenspezifisch, betrieblich und gesellschaftlich manifestieren.

Wirtschaftlichkeit kann auf verschiedenen Ebenen gemessen werden und ist ein Begriff, der verschiedene andere Kriterien umfaßt (z.B. Gewinn, Relation zwischen Kosten und Leistungsfähigkeit bzw. Wirkung, Relation zwischen Kosten und Nutzen bzw. monetärem Nutzen).

Effizienz (efficiency) ist die Relation zwischen Einsatzmengen von Produktionsfaktoren und Menge und Qualität der mit ihnen hergestellten Güter (hier: Informationsdienstleistungen). Auf den Einsatz einzelner Faktoren bezogen, wird hierfür häufig auch der Begriff **Produktivität** verwendet (z.B. Arbeitsproduktivität).

Bemerkung: Auf die Verwendung des Begriffes *Effektivität* (effectiveness) wird hier verzichtet, da er in der Literatur mehrdeutig verwendet wird. Einige Autoren verstehen darunter z.B.

die Relation von Wirkung oder Nutzen und Einsatzmengen oder Kosten. Andere benutzen diesen Begriff als Synonym für Nutzen, Wirkung (oder Wirksamkeit) und Leistung (oder Leistungsfähigkeit).
Rentabilität ist die Relation zwischen Kosten und Gewinn.

Diesen Grundbegriffen entsprechen folgende Ebenen oder Ansätze der ökonomischen Bewertung von Informationseinrichtungen bzw. der von ihnen erstellten Dienste (wobei auf der Inputseite immer von *Kosten* gesprochen wird, andere Begriffe wie Einsatzmengen, bewertete Einsatzmengen, Aufwendungen, Aufwand oder Ausgaben werden hier der Kürze halber nicht eingeführt und auch nicht weiter behandelt — ihre Definitionen sind Allgemeingut der Betriebswirtschaftslehre):

- Kosten — quantitative Leistung (einfachste Form der Wirtschaftlichkeitsanalyse, Stückkostenrechnung)
- Kosten — Umsatz (Gewinn-Verlust-Rechnung)
- Kosten — Leistungsfähigkeit (Effizienzanalyse als systemorientierte Bewertung)
- Kosten — Wirkung (Effizienzanalyse als benutzerorientierte Bewertung)
- Kosten — monetärer Nutzen (Kosten-Nutzen-Analyse)
- Kosten — Nutzen (z.B. Nutzwertanalyse)

Mindestens auf den vier zuletzt genannten Ebenen können (bzw. sollten) beide Seiten der Bewertung weiter differenziert werden — z.B. nach betrieblichen und gesellschaftlichen Kosten und nach individuellem und gesellschaftlichem Nutzen (die gesellschaftlichen Kosten können auch als negativ bewertete ökonomische Wirkungen von Informationsdienstleistungen definiert werden).

Nach den eingangs gemachten Ausführungen ist klar, daß ein Ansatz zur ökonomischen Bewertung von Informationseinrichtungen *situationsbezogen* entwickelt werden muß, d.h. er ist in jedem Fall (will man sich nicht auf die beiden untersten Bewertungsebenen beschränken) zusammen mit den Betroffenen (den Finanzierern, Managern, Mitarbeitern — insbesondere aber den *Benutzern* dieser Einrichtungen) zu entwickeln, wobei z.B. folgende Schritte zu machen sind:

- Festlegung der Bewertungskriterien bzw. -indikatoren,
- Gewichtung dieser Kriterien,
- Auswahl geeigneter Bewertungsskalen,
- Bestimmung der Methoden bzw. Regeln zur Durchführung der Bewertungen,
- Bestimmung der Regeln der Aggregation von Einzelurteilen zu Gesamturteilen.

Ein Verfahren für eine derartige mehrdimensionale Bewertung von Informationssystemen wird im Abschnitt F 6.3.4 vorgestellt.

Die Problematik (bzw. Unmöglichkeit) der Nutzenbewertung aufgrund der besonderen Merkmale des Gutes „Information" (siehe oben) tritt in den Hintergrund, wenn man im Auge behält, daß es im folgenden ja eigentlich nicht so sehr um die Bestimmung des Wertes (oder Nutzens) von Information an sich, sondern um die ökonomische Bewertung ganz konkreter (genau meßbarer) Dienstleistungen von ganz konkreten Einrichtungen geht. Eine gültige Bewertung dieser Dienstleistungen kann letzten Endes nur durch ein Urteil ihrer Benutzer erfolgen (benutzerorientierte Bewertung).

Zu den *Informationseinrichtungen,* auf die sich die folgenden Ausführungen beziehen, gehören z.B. Dokumentationseinrichtungen, Fachinformationszentren, Datenbasisproduzenten, Datenbankanbieter, Informationsvermittlungsstellen, Bibliotheken verschiedener Art, Fachverlage usw..

Da es sich hier um sehr unterschiedliche Arten von Einrichtungen handelt, wird bei der Diskussion konkreter Untersuchungen bzw. von Forschungsergebnissen jeweils gesagt, um welche Art von Informationseinrichtungen es sich handelt.

Im Blickpunkt stehen insbesondere – dem Gesamtthema dieses Buches entsprechend – Informationseinrichtungen (Dokumentationseinrichtungen), die die folgenden Arten von *Informationsdienstleistungen* erbringen (oder Teile davon):

– Recherchen (nach Literatur, Daten, Texten, Experten usw.). Solche retrospektiven Recherchen können manuell oder computerunterstützt durchgeführt werden
– Individuelle oder standardisierte Profildienste (laufende, z.B. vierteljährliche, gezielte Unterrichtung z.B. über die in einem bestimmten Zeitraum zu einem Thema erschienene Literatur – meist in Form von Computerausdrucken)
– Referatedienste (laufende Unterrichtung durch gedruckte Informationsdienste, die Kurzreferate von neu erschienener Literatur in einem bestimmten Zeitraum zu einem Thema oder Sachgebiet enthalten)
– Andere gedruckte Informationsdienste (z.B. Bibliographien, Titellisten, Neuzugangslisten, Zeitschriften, Indizes und Register aller Art)
– Nicht gedruckte Informationsdienste (z.B. Magnetbanddienste, Dienste auf Diskette, optische Speichermedien usw.)
– Informationsanalyse und -beratung (z.B. Weitervermittlung von Informationssuchenden, Nachweis von Informationsquellen, Erstellen von Fortschrittsberichten, Aufbereitung und Zusammenstellung von Informationen aus verschiedenen Quellen, Beschaffen von Literatur aus verschiedenen Quellen, Unterweisung in der Nutzung von Informationsquellen).

F 6.3.2   Kostenuntersuchungen

Die Kostenrechnung bildet die Grundlage für die Bestimmung der Wirtschaftlichkeit von Informationseinrichtungen. Sie dient u.a. der Ermittlung der Kosten für innerbetriebliche Leistungen und für die zum Absatz bestimmten Dienstleistungen und ermöglicht damit zwischenbetriebliche Vergleichsrechnungen, die Ableitung von Kostenrichtwerten für Planungszwecke und die Bereitstellung von Unterlagen für die Kalkulation von Preisen oder Gebühren.

Auf dem Gebiet der Kostenuntersuchungen und Arbeitszeitstudien in einzelnen Informationseinrichtungen und der zwischenbetrieblichen Vergleiche von Kosten und Zeiten für bestimmte Informationsaktivitäten wurden – von allen Teilgebieten der Informationsökonomie – bisher vielleicht die größten Fortschritte hinsichtlich praktikabler Ergebnisse und praktischer Anwendungen gemacht; Schrittmacher in der Methodik waren hier meiner Ansicht nach zwei Projekte der Forschungsabteilung von ASLIB Anfang der 70er Jahre: zu Zeitstudien in Informationseinrichtungen (Lit. 97.) und zu Kostenanalysen und -vergleichen computerunterstützter Informationssysteme in mehreren westlichen Industrieländern (Lit. 92.) – letzteres im Auftrag einer Arbeitsgruppe der OECD (Organisation for Economic Cooperation and Development).

Die hier entwickelte Methodik wurde in der Folgezeit sowohl in Kostenuntersuchungen einzelner Informationseinrichtungen in verschiedenen Ländern als auch in nationalen und internationalen Kostenerhebungen angewendet: z.B. in Belgien, in Frankreich, in der Bundesrepublik Deutschland und in Verbindung mit der Pla-

nung von EURONET (dem Informationsverbundnetz der europäischen Gemein-
schaften).
Dabei wurde diese Methodik z.T. beträchtlich weiterentwickelt bzw. an nationale
Besonderheiten der Kostendefinitionen und der Kostenrechnung angepaßt. Dies gilt
insbesondere für die in der Bundesrepublik im Rahmen der sog. WID-Projekte der
Studiengruppe für Systemforschung durchgeführten diesbezüglichen Arbeiten und
Erhebungen (Lit. 09.).
Man kann heute sagen, daß es auf diesem Gebiet der Informationsökonomie bereits
Ansätze zu Standardverfahren und auch eine Menge von Vergleichsdaten gibt (vgl.
z.B. Lit. 46.).
Bei der Kostenrechnung in einzelnen Informationseinrichtungen und bei zwischen-
betrieblichen Kostenvergleichen treten immer wieder vor allem folgende Schwierig-
keiten auf (Lit. 09.):

– Informationseinrichtungen sind häufig Teil unterschiedlicher Institutionen (Hochschulen,
  Industriefirmen, Regierungsstellen, Forschungseinrichtungen, Berufsverbände usw.) mit
  ganz verschiedenartigen Zielen und Verfahren der Kostenverrechnung. Dies führt dazu,
  daß bestimmte Kostenarten in vielen Fällen gar nicht oder aber in sehr unterschiedlichem
  Grad in den Kosten der Informationsaktivitäten berücksichtigt werden: z.B. Verwaltungs-
  kosten, Grundstücks- und Gebäudekosten.
– In kleineren Informationseinrichtungen üben einzelne Personen oft mehrere Funktionen
  aus. Das erschwert die Zurechnung der Personalkosten auf einzelne Teile des Prozesses
  der betrieblichen Leistungserstellung.
– Werden aus einer bestimmten Datenbasis verschiedene Arten von Informationsdiensten
  angeboten: so z.B. gedruckte Dienste, Online-Recherchen, Profildienste, so ergeben sich
  Probleme der Zurechnung der Inputkosten auf die verschiedenen Dienstleistungsarten.
  Diese Zurechnung wird z.Zt. in der Praxis auf sehr unterschiedliche Art und Weise durchgeführt.

Schon diese wenigen Beispiele zeigen, wie problematisch zwischenbetriebliche Ko-
stenvergleiche sind. Es ist trotzdem gelungen, eine ganze Reihe von Kostenkennziff-
fern für bestimmte Informationsaktivitäten (z.B. Kosten der bibliographischen
Erfassung, der Indexierung, der Erstellung von Kurzreferaten, der maschinellen
Datenerfassung – jeweils pro Dokumentationseinheit) für innerbetriebliche Kontrollen und für Planungsrechnungen zu ermitteln (Lit. 09.). Dabei werden in solchen Kennziffern in der Regel nur die den jeweiligen Informationsaktivitäten direkt
zurechenbaren Kosten berücksichtigt.
Diese Probleme der Kostenerfassung und des -vergleiches sind wohl auch der
Hauptgrund dafür, daß es bis heute in keinem der westlichen Industrieländer gelungen ist, die Gesamtkosten des Fachinformationstransfers (bzw. des Transfers von
wissenschaftlicher und technischer Information) auch nur annähernd genau zu erfassen bzw. abzuschätzen – obwohl bereits Ende der 60er Jahre derartige Untersuchungen von der OECD initiiert wurden (Lit. 32.).

1981 wurde ein Konzept für ein modernes (entscheidungsorientiertes) Kostenrechnungssystem
für Fachinformationseinrichtungen vorgelegt (Lit. 23.), das heute – zumindest teilweise –
in einigen Fachinformationszentren in der Bundesrepublik angewendet wird.
In diesem Zusammenhang sei erwähnt, daß 1984 auch ein Konzept für eine *Betriebsstatistik*
für Fachinformationseinrichtungen vorgelegt wurde (Lit. 26.), auf dessen Grundlage heute

jährliche Erhebungen betriebsstatistischer Daten von Fachinformationseinrichtungen in der Bundesrepublik durchgeführt werden (vgl. Lit. 88.).
Einen Überblick über die Problematik von Kostenuntersuchungen in Bibliotheken und anderen Informationseinrichtungen geben auch die beiden Reader von King und Roberts (Lit. 41. bzw. Lit. 72.) und die Textbücher von Roberts (Lit. 73.) und Lancaster (Lit. 53.). Auch hier wird überwiegend der Mangel an einer einheitlichen Methodik bei bisherigen Kostenuntersuchungen und -vergleichen beklagt und auf darauf zurückzuführende z.t. inadäquate Definitionen und Ergebnisse (die teilweise auch schlecht dokumentiert sind) hingewiesen (vgl. auch Lit. 61.).
Zu erwähnen ist, daß mit der zunehmenden Verbreitung von Online-Informationsdiensten hierfür in größerem Umfang spezielle Kostenuntersuchungen und -vergleiche durchgeführt wurden (vgl. Literaturhinweise bei Schwuchow/Wetzel, Lit. 84.).

F 6.3.3   Effizienz- und Kosten-Nutzen-Untersuchungen

Kosten-Leistungs- (bzw. -Wirkungs) und Kosten-Nutzen-Untersuchungen in Bezug auf alle Arten von Informationseinrichtungen sind inzwischen sehr zahlreich − zumindest was die methodischen Vorschläge zu derartigen Untersuchungen betrifft. Ich denke hier z.B. an die Vielzahl von Theorien und mathematischen Modellen zur Messung von Information und an die vielen methodischen und empirischen Arbeiten auf dem engeren Gebiet der Fachinformation. Von den letzteren will ich nur einige wenige beispielhaft nennen, die für mich Meilensteine waren:

- Die berühmten Cranfield-Projekte in den 60er Jahren, die mit dem Namen Cleverdon (Lit. 10.) verbunden sind und in deren Rahmen viele der heute noch verwendeten Leistungskriterien und Kosten-Leistungs-Maße für Information-Retrieval-Systeme entwickelt wurden (Recall, Precision usw.).
- Die wegweisenden methodischen und empirischen Arbeiten zur ökonomischen Bewertung von Informationseinrichtungen von Lancaster (Lit. 50. ff.) und King (Lit. 41. ff.) in den USA von Ende der 60er Jahren bis heute. Der berühmte Zeitschriftenartikel von Lancaster/Climenson (Lit. 54.) aus dem Jahre 1968 wurde als der informationswissenschaftliche Beitrag mit der bis heute größten Wirkung bezeichnet.
- Die Arbeiten von Wessel/Cohrssen (Lit. 96.) und von Orr (1973) zur ökonomischen Bewertung von Bibliotheken.
- Der bereits zitierte Forschungsbericht von Flowerdew/Whitehead: ,,Cost-effectiveness and cost/benefit analysis in information science", der meiner Ansicht nach wesentlich zur Klärung der Methodik beigetragen hat (Lit. 28.).

In der Einschätzung des Standes der Forschung auf diesem Gebiet der Informationsökonomie muß man feststellen, daß trotz der Literaturfülle *empirische* Ergebnisse der Bewertungen von Informationseinrichtungen und ihren Dienstleistungen immer noch sehr dünn gesät sind. Die Beiträge auf diesem Gebiet waren und sind ganz überwiegend theoretischer und methodischer Art: Ableitung von Bewertungskriterien, Vorschläge von Bewertungsmethoden und -verfahren usw. Die Gründe hierfür liegen in:

- den angedeuteten grundsätzlichen methodischen und definitorischen Schwierigkeiten, die dieser Materie anhaften,
- dem damit zusammenhängenden riesigen Aufwand für empirische Effizienz- oder Kosten-Nutzen-Untersuchungen in Informationseinrichtungen.

Die wenigen *empirischen* Untersuchungen waren naturgemäß vom Ansatz her begrenzt. Ihre Ergebnisse sind nicht oder kaum generalisierbar.
Die bisher vielleicht interessantesten empirischen Studien sind von der Beratungsfirma King Research Inc. in den USA durchgeführt worden (z.B. Lit. 42., Lit. 43., Lit. 45., Lit. 74.).
Die dort benutzten Bewertungsansätze, -kriterien und -methoden werden am besten in der Studie ,,The value of the energy data base'' beschrieben, die im Auftrag des amerikanischen Energieministeriums durchgeführt wurde (Lit. 42.).
In diesen Studien wird der Nutzen (Wert) der Informationsdienstleistungen definiert durch
— die Zahlungsbereitschaft der Benutzer (willingness to pay), gemessen durch die tatsächlichen Zahlungen der Benutzer für Dienste,
— die für das Suchen und Nutzen der Information aufgewendete Zeit (möglichst in Geldeinheiten ausgedrückt) bzw. die Zeitersparnis durch die untersuchte Dienstleistung,
— den sonstigen aus der Informationsdienstleistung ableitbaren Nutzen (möglichst in Geldeinheiten ausgedrückt) — auch soweit er über die eigentlichen Nutzer hinausreicht.
Eine gewisse Zusammenfassung von Ergebnissen aus verschiedenen Studien lieferten King und Griffith im Jahre 1987 (Lit. 45.).
Für verschiedene Berufsgruppen (z.B. Forscher, Mediziner, Juristen, Manager, im Marketing oder in der Verwaltung Tätige, Lehrer usw.) wurde die relative Bedeutung von Information im Vergleich zu anderen Ressourcen (z.B. Zeit, maschinelle Ausstattung, Mitarbeiter) untersucht.
Dabei stand eine Form der Information im Blickpunkt:
Information aus (gedruckten) Dokumenten. Weiter wurden Indikatoren der Wirkung der Information (aus Dokumenten) auf die Kosten und die Leistungen dieser Berufsgruppen (letzteres in Form von Mengen, Qualität und Schnelligkeit) bestimmt. Schließlich wurden auch Indikatoren der Wirkung der Information auf die Produktivität abgeleitet (letztere in Form von Outputmengen, dividiert durch die relevanten Arbeitsstunden, die die Fachleute zu ihrer Produktion benötigten).
Die Kosten der Information (aus Dokumenten) wurden gemessen durch die Kosten der Beschaffung der Dokumente und die Kosten des Lesens (von mehr als Titelseite, Inhaltsverzeichnis, Kurzreferat usw.). Das Verhältnis zwischen Lese- und Beschaffungskosten war ungefähr 5:1. Für verschiedene Berufsgruppen wurden durchschnittliche Mengen- und Zeitangaben für das Lesen ermittelt:

	F&E	Medizin	Recht	Management	Verwaltung	Sonst.
Zahl der gelesenen Dokumente	253	273	281	293	125	209
Zahl der Lesestunden pro Jahr	346	299	423	261	114	232

Ca. 5% des Lesens diente der Unterstützung der eigentlichen Arbeit, ca. 12% der Beratung oder Ausbildung anderer, der Durchführung von Präsentationen usw. und ca. 5% dem Schreiben von Veröffentlichungen, Entwürfen, Plänen usw.. Dies variierte natürlich stark von Berufsgruppe zu Berufsgruppe.

Ein Indikator für den Nutzen des Lesens von Dokumenten ist die Ersparnis (in Geld) durch Vermeidung bestimmter Arbeiten, Modifizierung (z.B. Vereinfachung) bestimmter Arbeiten oder Abbruch unproduktiver Arbeiten. Der Umfang solcher Ersparnisse variierte zwischen den Berufsgruppen und zwischen verschiedenen Typen von gelesenen Dokumenten. Über alle Berufsgruppen und über alle Typen von gelesenen Dokumenten ergab sich dann ein Geldwert, der etwa das Zehnfache der Kosten des Identifizierens, Beschaffens und Lesens der Dokumente betrug! (Diese Kosten-Nutzen-Relation wurde von King Research in drei USA-weiten Befragungen von Wissenschaftlern und Technikern und in elf Fallstudien in Unternehmen und Regierungsstellen ermittelt.)

Ein weiterer Indikator für den Nutzen der Information (aus Dokumenten) ist die Wirkung des Lesens auf die Produktivität der Fachleute. Produktivität wurde dabei gemessen in Outputmengen wie: Anzahl von Schriftstücken (bzw. Seiten), Anzahl von Publikationen, Anzahl von Entwürfen oder Projektvorschlägen, Anzahl von Präsentationen, Anzahl von Beratungsstunden usw. (jeweils dividiert durch die angesetzte Arbeitszeit). In allen Fällen wurde eine positive statistische Korrelation zwischen dem Umfang des Lesens und der Produktivität der Fachleute festgestellt. Ein Indikator der Produktivität ist z.B. die Anzahl formeller Forschungsberichte, dividiert durch die Zeit, die tatsächlich für die betreffende Forschung (und Entwicklung) und für die Niederschrift der Berichte aufgewendet wurde. Bei 101 Forschern ergab sich die folgende Beziehung:

		Produktivität		
		niedrig	hoch	gesamt
Lese-	hoch	17	33	50
um-	niedrig	40	11	51
fang	gesamt	57	44	101

D.h. von den 50 Forschern, die viel lesen, haben wahrscheinlich 33 eine hohe Produktivität. Von den 51 Forschern, die wenig lesen, haben dagegen wahrscheinlich nur 11 eine hohe Produktivität.

Aufgrund dieser Untersuchung glauben King und Griffith eindeutig nachgewiesen zu haben, daß Information (aus gedruckten Dokumenten)

– ein bedeutender Input für wichtige Aktivitäten ist;
– einen wirklichen Wert hat (sonst würden Fachleute nicht einen derart hohen Anteil ihrer Zeit auf das Lesen verwenden);
– zu bedeutenden Geldersparnissen führt (in Personal und Ausstattung);
– zu höherer Qualität und Schnelligkeit der Arbeit führt;
– zu höherer Produktivität der Fachleute führt.

Im folgenden soll versucht werden, einige nach meiner Meinung allgemeingültige Aussagen zu Kriterien und Indikatoren zur Bestimmung von Effizienz und Kosten-Nutzen hinsichtlich der Dienstleistungen von *Dokumentationseinrichtungen* zu machen.

F 6.3.3.1   Leistungsaspekte und -indikatoren

Der Einfachheit halber wird im folgenden anstelle der differenzierteren Begriffe *Leistungsfähigkeit* und *Wirkung* (vgl. die Begriffsbestimmungen unter F 6.3.1) der zusammenfassende Begriff Leistung verwendet.

Die *Leistung* einer Dokumentationseinrichtung wird ganz allgemein danach bemessen, wie weit die Dienstleistungen dieser Einrichtung den Informationsbedarf (bzw. die dahinter stehenden Informationsbedürfnisse) der Benutzer in einer bestimmten Zeitperiode qualitativ und quantitativ befriedigen.

Die *Effizienz* einer Dokumentationseinrichtung ist demnach das Verhältnis zwischen ihrer (quantitativen und qualitativen) Leistung und den zur Erbringung dieser Leistung eingesetzten Mitteln (menschliche Arbeitskraft, Grundstücke und Gebäude, Maschinen, Material, Energie usw.).

Dienstleistungen von Dokumentationseinrichtungen werden heute oft noch unentgeltlich angeboten oder zu Gebühren, die nur einen Teil der Kosten decken. Umsätze oder Gewinne sind daher keine Maßstäbe für die Beurteilung der Leistung oder Effizienz von Dokumentationseinrichtungen. Man muß also nach anderen Maßstäben suchen.

Wooster (Lit. 100.) nennt u.a. folgende Kritieren für die Bewertung der Leistung:
- Welcher Prozentsatz der potentiellen Benutzer einer Dokumentationseinrichtung wird versorgt?
- Wie vollständig ist die vermittelte Information?
- Wie selektiv ist die Informationsversorgung?
- Welcher Prozentsatz der Benutzer benutzt die Dienstleistungen der Einrichtung mehrmals?
- Wurden die Benutzer nach ihren Wünschen gefragt, bevor die Dienstleistungen erstmals angeboten wurden?
- Werden die Benutzer regelmäßig nach der Güte der gelieferten Information gefragt?
- Wie eng ist die Zusammenarbeit zwischen den Benutzern und den Mitarbeitern der Einrichtung bei der Formulierung der Anfragen und der Bewertung der Antworten?
- Welcher Prozentsatz der im Speicher enthaltenen Dokumente wird in einem bestimmten Zeitraum nachgewiesen?

Nimmt man diese und andere Vorschläge aus der Literatur zusammen, so erhält man die folgende Liste von *Aspekten* zur teils qualitativen, teils quantitativen Leistungsbewertung (vgl. die ausführliche Zusammenstellung von Kriterien und Indikatoren im Anhang dieses Kapitels):

Quantität
1. Absatzmenge pro Zeit
2. Verhältnis zwischen tatsächlichen und potentiellen Benutzern

Qualität
1. Schnelligkeit oder Häufigkeit der Information
2. Aktualität der Information
3. Vollständigkeit der Information
4. Selektionsgüte (Grad, in dem relevante Informationsquellen nachgewiesen und nicht relevante nicht nachgewiesen werden)
5. Neuheitswert der Information
6. Einschlägigkeit der Information
7. Benutzerbequemlichkeit (Form der übermittelten Information, Benutzungsaufwand etc.)
8. Zuverlässigkeit der Dienstleistungen
9. Flexibilität des Angebots

Unter einigen dieser Aspekte kann die Leistung quantitativ bestimmt werden. Dazu dienende Meßgrößen bezeichnen wir als Leistungs*indikatoren* (vgl. Anhang). Im folgenden nennen wir einige auf retrospektive Recherchen bezogen Beispiele:

- Die Zahl der jährlich durchgeführten Recherchen;
- der Teil der potentiellen Benutzer, der einen Recherchedienst in Anspruch nimmt;
- die durchschnittliche Zeitspanne zwischen dem Eingang einer Anfrage und der Ausgabe einer Antwort;
- die durchschnittliche Trefferquote (relative Nachweisquote, recall ratio);
- die durchschnittliche Relevanzquote (precision ratio);
- die durchschnittliche Aktualität der gelieferten Nachweise;
- der durchschnittliche Neuheitswert;
- der Anteil der unbeantworteten Anfragen an der Gesamtzahl der Anfragen pro Jahr;
- der mit der Inanspruchnahme der Recherchedienste verbundene Aufwand für die Benutzer (user effort), z.B. der zeitliche Aufwand für die Formulierung der Frage oder für das Aussortieren nichtrelevanter Titel aus dem Suchergebnis.

A. Leistungsbewertung

Unter einigen Aspekten kann die Leistung nicht gemessen, sondern nur qualitativ bewertet werden. Man bedient sich dazu der Abbildung von subjektiven Urteilen auf ordinalen Skalen (vollständig – weniger vollständig – unvollständig; sehr gut – gut – befriedigend – mangelhaft – ungenügend; zufrieden – weniger zufrieden – unzufrieden etc.). Derartige Bewertungen sind auch erforderlich, um
- das Gesamturteil eines Benutzers über eine Dienstleistung durch Aggregation der Urteile über einzelne Aspekte der Dienstleistung zu ermitteln;
- das Gesamturteil aller Benutzer einer Dienstleistung durch Aggregation der Gesamturteile der einzelnen Benutzer zu bestimmen;
- das Gesamturteil aller Benutzer einer Dokumentationseinrichtung durch Aggregation der Urteile über die einzelnen Dienstleistungen zu erhalten.

Eine Anleitung zur Organisation eines solchen mehrstufigen Bewertungsprozesses (Aggregation der Teilurteile zu Gesamturteilen der einzelnen Bewerter und zum Gesamturteil einer Bewertergruppe unter Berücksichtigung subjektiver Gewichtungen der Leistungsaspekte und Dienstleistungsarten) findet man im Abschnitt F 6.3.4.

In der Literatur wird der Bestimmung der Leistung von Dokumentationseinrichtungen unter einzelnen (quantifizierbaren) Aspekten viel Raum gegeben. Vor allem Nachweis- oder Trefferquote (recall ratio) und Relevanzquote (precision ratio) werden zur Bestimmung der Güte von Dienstleistungen (insbesondere retrospektiver Recherchen) benutzt. Dabei wurde eine inverse Beziehung zwischen diesen beiden Meßgrößen nachgewiesen (Recall-Precision-Kurve). Bei gleichbleibendem Speicher führt eine Verbesserung der Nachweisquote, z.B. durch Änderung der Frageformulierung, zu einer Verschlechterung der Relevanzquote und umgekehrt. Diese Eigenschaft macht die Kombination beider Meßgrößen zu einem Gesamtmaß für die Selektionsgüte erforderlich. Abgesehen von den Schwierigkeiten der Bestimmung der Nachweisquote (Abschätzung aller relevanten Dokumentationseinheiten im Speicher), ist es jedoch problematisch, diese und andere Selektionsgütemaße für den Vergleich verschiedener Dokumentationseinrichtungen zu verwenden, denn es ist beispeilsweise leichter, alle relevanten Dokumentationseinheiten (DE) aus einem sehr kleinen Speicher (500 DE) als aus einem sehr großen Speicher (500 000 DE) nachzuweisen.

Abhängigkeiten wie zwischen Treffer- und Relevanzquote gibt es auch zwischen anderen Leistungsaspekten, beispielsweise zwischen der Benutzungsbequemlichkeit und der Selektionsgüte (je schlechter die Relevanzquote, desto größer der Aufwand für die Nachselektion) oder zwischen dem Neuheitswert und der Relevanzquote.
Ein umfassendes Leistungsmaß für eine Dokumentationseinrichtung oder (und nur dies scheint praktikabel) für eine einzelne Dienstleistungsart muß solche Abhängigkeiten berücksichtigen. Es muß außerdem:
– alle Leistungsaspekte umfassen,
– das relative Gewicht der einzelnen Aspekte berücksichtigen.
Diese Anforderungen erfüllt das von uns vorgeschlagene Verfahren zur Leistungsbewertung (Abgabe von Urteilen zu einzelnen Leistungsaspekten auf ordinalen Skalen und mehrstufige Aggregation). Bei seiner Anwendung (vgl. F 6.3.4)
– muß die Bedeutung der Gewichtung der einzelnen Leistungsaspekte den Bewertern vor Augen geführt werden, d.h. die Bewertung muß ,,reflektiert" sein;
– müssen die Aspekte so definiert oder in Teilaspekte zerlegt werden, daß sie unabhängig und für die Urteilsbildung genügend konkret sind.

B. Stufen und Methoden der Leistungsbewertung
King und Bryant (Lit. 44.) unterscheiden zwei Stufen der Leistungsbewertung:

1. Makrobewertung
Hier geht es vor allem um Fragestellungen wie: In welchem Umfang und wie gut wird die Nachfrage der Benutzer befriedigt? In welchem Umfang werden die potentiellen Benutzer bestimmter Dienstleistungen erfaßt? Es werden also lediglich die Quantität und Qualität der Dienstleistungen in Relation zur Nachfrage (einschließlich der latenten Nachfrage) festgestellt, und es genügen z.B. im Fall eines Recherchedienstes Maße wie: Jährliche Zahl der Recherchen, tatsächliche/potentielle Benutzer, durchschnittliche Antwortzeit, Gesamtbeurteilung durch die Benutzer (z.B. auf einer Skala von ,,sehr gut" bis ,,mangelhaft").

2. Mikrobewertung
Hier wird analysiert, wie Qualität und Quantität der Nachfragebefriedigung von der Arbeitsweise der Dokumentationseinrichtung im einzelnen abhängen. Das verlangt die Anwendung genauerer Leistungsmaße und detaillierterer Bewertungskriterien. Die Mikrobewertung betrachtet eine Dokumentationseinrichtung nicht als

„black box", sondern versucht beispielsweise, die Ursachen mangelnder Leistung aufzudecken.
Verschiedenen Leistungsaspekte oder -indikatoren haben in den Augen verschiedener Benutzer oder Benutzergruppen unterschiedliche Prioritäten (Gewichte). Eine Aufgabe der *Benutzerforschung* besteht darin, diese Gewichte sowie subjektive Beurteilungen der Dienstleistungen unter verschiedenen Aspekten zu ermitteln, d.h. die Beziehung zwischen Leistungskennzahlen und dem Grad der Benutzerbefriedigung herzustellen (vgl. dazu Kapitel F 8).

F 6.3.3.2 Ein Systemforschungsansatz zur Leistungs- und Effizienzanalyse von Dokumentationseinrichtungen

Bei einer Mikrobewertung werden die Funktionen einer Dokumentationseinrichtung sowie ihre Beziehungen untereinander und zur „Umwelt" (Informationsquellen, Benutzer) analysiert. Wir unterschieden vier *Grundfunktionen:* Beschaffen, Erfassen und Erschließen, Speichern (die zusammen den Eingabe- oder Inputbereich bilden) sowie die Ausgabe (Output). Jede dieser Funktionen kann je nach Zweck und Tiefe der Analyse beliebig stark untergliedert werden. Von diesen Grundfunktionen werden allgemeine Bereiche oder Tätigkeiten einer Dokumentationseinrichtung unterschieden, die nicht in direktem Zusammenhang mit der Leistungserstellung stehen (z.B. Verwaltung, Forschung, Hilfsbereich).
Wir nennen alle Größen oder Merkmale, die die Beziehungen zwischen den Funktionen eines Systems einerseits und zwischen dem System und seiner Umwelt andererseits charakterisieren, mit Vickery (Lit. 93.) *Systemparameter.* Für den Zweck der Leistungs- und Effizienzanalyse können drei Arten von Systemparametern unterschieden werden:

- **Umweltparameter** sind quantitative oder qualitative Größen, die durch die Umwelt des Systems bestimmt werden. Dazu gehören: Menge, Art und Sprache der Informationsquellen; Benutzerstruktur und Informationsbedürfnisse; politische, öknomische und rechtliche Rahmenbedingungen (Förderungspolitik, Fortschritte in der Dokumentationstechnik, Konjunkturlage und Arbeitsmarktsituation, nationale und internationale Zusammenarbeit, Copyright, Datenschutz). Diese Parameter können durch mehrere Indikatoren gemessen oder bestimmt werden (vgl. Anhang).
- **Institutionsparameter** sind quantitative und qualitative Größen, die – in Abhängigkeit von den Umweltparametern – durch das System (durch seine Manager, Finanzierer, Förderer, Kontrollorgane) selbst bestimmt werden können. Zu ihnen gehören: Organisations- und Rechtsform des Systems, Art der Finanzierung, abzudeckende Fachgebiete (Erfassungsbereich), Aufgaben und Tätigkeiten, Betriebsgröße, Aufbau und Arbeitsorganisation, Qualifikation der Mitarbeiter, Art und Kapazität der maschinellen Ausrüstung. Indikatoren, mit denen diese Größen bestimmt werden können, sind ebenfalls im Anhang genannt.
- **Funktionsparameter** sind quantitative und qualitative Größen, die durch das System selbst bestimmt werden und sich auf die Organisation der Grundfunkionen oder einzelner Tätigkeiten innerhalb dieser Funktionen (z.B. Indexieren innerhalb von „Erfassen und Erschließen") beziehen. Die Liste dieser Parameter und ihrer Indikatoren ist lang (vgl. Anhang). Funktionsparameter hängen von den Institutionsparametern) und direkt oder indirekt (über die Institutionsparameter) von den Umweltparametern ab.

Eine Aufdeckung und möglichst auch Quantifizierung der Wechselbeziehungen zwischen Systemparametern, Leistungsaspekten, Leistungsindikatoren und Kosten bezeichnen wir als „Systemforschungsansatz". Er ermöglicht detaillierte Leistungs- und Effizienzanalysen.

Abb. 1 gibt eine Überblick über die genannten Beziehungen (vgl. Lit. 44., S. 13ff.). Aus Gründen der Übersichtlichkeit haben wir darauf verzichtet, alle Funktionen, Parameter und Variablen zu nennen oder zu definieren. Einzelheiten findet man im Anhang.

Die Funktionsparameter bestimmen auf dem Weg über die organisatorische Gestaltung der Grundfunktionen einerseits die Gesamtkosten des Systems und andererseits die Befriedigung

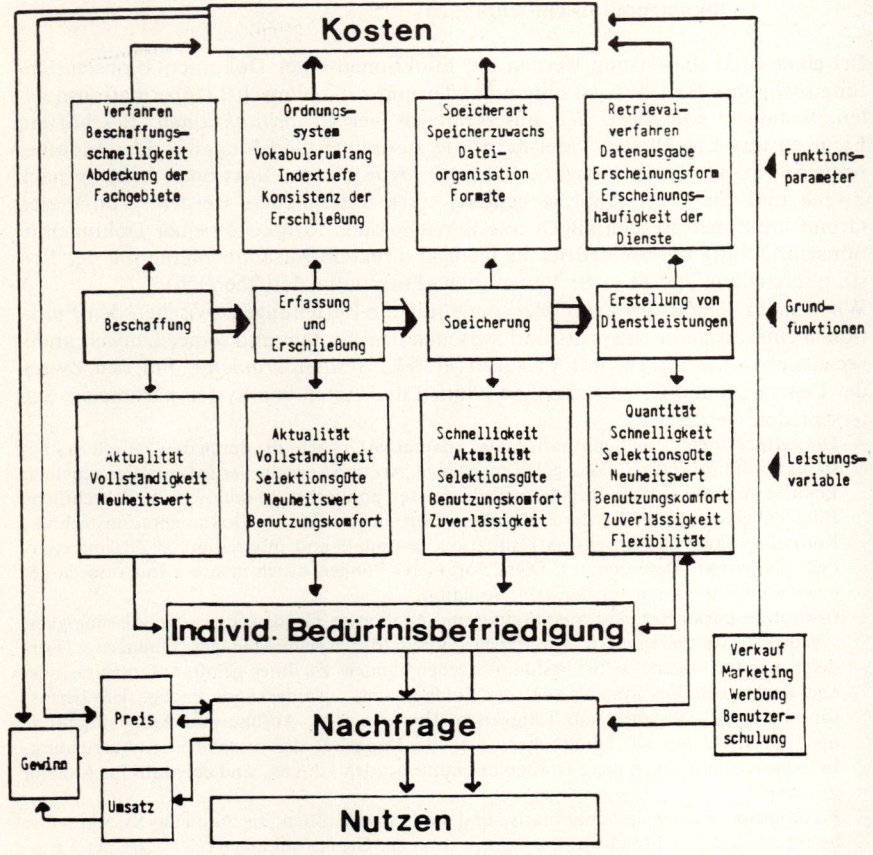

Abb. 1: Beziehungen zwischen Grundfunktionen, Funktionsparametern, Kosten, Leistungs-
variablen, Nutzen (nach King/Bryant 1971, Lit. 44.)

der Nachfrage durch das Dienstleistungsangebot, d.h. die Gesamtleistung des Systems. Von dieser Leistung hängt wiederum der Nutzen des Systems ab. Ursachen für eine mangelhafte Systemleistung oder -effizienz müssen also in der Gestaltung der Systemelemente und in ihrem Zusammenwirken gesucht werden. Eine Änderung der Systemeffizienz ist durch kurz- oder längerfristige Änderungen der Systemparameter möglich. Am kurzfristigsten dürften sich einige Funktionsparameter ändern lassen. Für die Änderung der Institutionsparameter bedarf es in der Regel längerer Zeiträume. Umweltparameter müssen dagegen als fix angenommen werden oder sind nur langfristig zu ändern (z.B. das Verhalten der Benutzer durch Werbung, Benutzerschulung etc.). Will man Leistung und Effizienz eines Systems also kurzfristig verändern, muß man sich auf die Änderung der Funktionsparameter beschränken. Die dabei zu beachtenden Abhängigkeiten zwischen Funktionsparametern, Leistungsindikatoren und Kosten seien an einigen Beispielen verdeutlicht:

– Eine größere Erfassungsquote erhöht die Beschaffungskosten und den jährlichen Speicherzuwachs (höhere Erschließungs- und Speicherungskosten). Gleichzeitig wächst die Vollständigkeit der Information, doch sinkt infolge des größeren Arbeitsanfalls möglicherweise die Aktualität der Information.

– Der Übergang von manuellen zu computerunterstützten Speicherungs- und Retrievaltechniken erhöht die Inputkosten und verringert die Outputkosten. Gleichzeitig wachsen die Schnelligkeit der Dienstleistung, die Selektionsgüte, möglicherweise auch die Vollständigkeit der übermittelten Information und der Neuheitswert. Die Zuverlässigkeit der Dienstleistungen (häufige Unterbrechungen z.B. bei Online-Systemen) und der Benutzungskomfort (schlecht lesbare Computer-Ausdrucke) könnten sich jedoch verschlechtern.

– Eine detailliertere Inhaltserschließung (Verwendung spezifischer Inhaltskennzeichnungen) führt zu höheren Erschließungskosten, erhöht aber auch die durchschnittliche Relevanzquote (und möglicherweise den Neuheitswert) und senkt die durchschnittliche Nachweisquote.

Diese Beispiele zeigen, daß die Änderung eines Parameters Kosten ebenso wie Leistungvariable in unterschiedlichen Richtungen beeinflussen kann. Ob das Resultat eine Verbesserung oder Verschlechterung der Gesamteffizienz des Systems ist, hängt von den Prioritäten ab, welche die Benutzer den einzelnen Leistungsaspekten geben.

F 6.3.3.3 Andere Ansätze zur Leistungs- und Effizienzanalyse von Dokumentationseinrichtungen

Seiler (Lit. 85.) definiert die Kosten-Leistungs-Analyse als ein Verfahren, ,,by which the costs of alternative means of achieving a stated effectiveness, or, conversely, the effectiveness of alternative means for a given cost, are compared in a series of numerical indices''. Die Anwendung dieser Analyse zur Bestimmung der Gesamteffizienz von Dokumentationseinrichtungen setzt ein numerisches Maß (Leistungsindex) für die Gesamtleistung solcher Einrichtungen voraus. Ein solches Gesamtmaß könnte man zu den Kosten in Beziehung setzen und hätte damit einen globalen Indikator, der sich verwenden ließe, um:

– die Organisation einer Einrichtung und ihrer Grundfunktionen so zu gestalten, daß das Verhältnis Leistung/Kosten seinen größtmöglichen Wert erreicht;

– die einzelnen Tätigkeiten nach abnehmendem Verhältnis Leistung/Kosten in eine Rangfolge zu bringen und das Budget nach dieser Rangfolge auszuschöpfen.

Ein ideales Maß für die Gesamtleistung von Dokumentationseinrichtungen gibt es bisher nicht. Dagegen lassen sich zur Bestimmung der Effizienz einzelner Dienstleistungen praktikable Leistungsmaße konstruieren, von denen im folgenden eines vorgestellt werden soll.

Cleverdon (Lit. 10.) hat eine Formel zur Bestimmung der Effizienz von Dokumentationseinrichtungen vorgeschlagen, die nur eine Dienstleistungsart (z.B. nur retrospektive Recherchen oder nur einen individuellen Profildienst) anbieten. Ich bringe diese Formel hier in modifizierter und erweiterter Form:

$$\bar{K} = \frac{1}{a} (K + F_1 b + F_2 c + F_3 t)$$

Hierin sind

$\bar{K}$ – die Stückkosten der relevanten Titel in den Suchergebnissen;

K – die anteiligen Gesamtkosten der Dienstleistung (Inputkosten, Outputkosten und Gemeinkosten);

F_1 – die den Benutzern für das Aussortieren eines nichtrelevanten Titels aus dem Suchergebnis entstehenden Kosten;

F_2 – die Kosten, die den Benutzern dadurch entstehen, daß das System einen relevanten Titel nicht nachweist (Kosten der Benutzung anderer Informationskanäle);

F_3 – die Kosten, die den Benutzern pro Zeiteinheit durch das Warten auf das Suchergebnis entstehen;

t – die durchschnittliche Antwortzeit;

a – die Zahl der relevanten Titel in den Suchergebnissen;

b – die Zahl der irrelevanten Titel in den Suchergebnissen;

c – die Zahl der relevanten Titel im Speicher, die nicht in den Suchergebnissen nachgewiesen wurden (Annahme: alle überhaupt relevanten Titel sind im Speicher enthalten). c kann nur aufgrund von Experimenten oder durch Befragung von Spezialisten, die die Literatur eines Fachgebietes kennen, abgeschätzt werden.

Jede dieser Größen ist als Gesamtzahl innerhalb eines Zeitraumes zu verstehen.

F_1, F_2 und F_3 (= Benutzerkosten) müssen durch Zeitstudien bei den Benutzern bestimmt werden. Die ermittelten Zeiten sind dann mit dem durchschnittlichen Einkommen der Benutzer pro Zeiteinheit zu multiplizieren.

Betrachtet man die Zahl der in einem Zeitraum insgesamt nachgewiesenen relevanten Titel als Maß für die Leistung, so ist $\bar{K}$ der Kehrwert des von uns als Effizienz bezeichneten Quotienten aus Leistung und Kosten und damit ein Effizienzmaß: je kleiner $\bar{K}$, um so größer die Effizienz. $\bar{K}$ enthält einige der von uns genannten Leistungsindikatoren:

– die Absatzmenge,

– die durchschnittliche Antwortzeit,

– den Benutzeraufwand,

– die Selektionsgüte (Nachweis- und Relevanzquote).

Cleverdon hat 1967 eine einfache Version dieser Formel, die nur die beiden ersten Summanden des hier verwendeten Ausdrucks enthielt, zur Bestimmung der Effizienz von fünf Informationszentren des Systems Medlars in den USA benutzt (vgl. Lit. 83., S. 48) und die erhaltenen Werte dann auf das gesamte Medlars-System bezogen. Bei einer durchschnittlichen Nachweisquote von 60%, einer durchschnittlichen Relevanzquote von 50% und mit $F_1 = 0$ berechnete er folgende Stückkosten: 150 US Dollar pro Recherche, 0,74 pro Nachweis, 1,48 pro relevantem Nachweis. Mit $F_1 = 0,10$ Dollar stiegen die Stückkosten pro relevantem Nachweis auf 1,58 Dollar. Er zeigte dann durch eine Reihe von Simulationen, wie diese Stückkosten auf Veränderungen der Nachweis- und Relevanzquoten, der davon abhängigen Gesamtkosten des Systems (insbesondere der Erschließungskosten) und von F_1 reagieren würden.

F 6.3.3.4 Nutzenkriterien und -indikatoren

Dieser Abschnitt behandelt die Möglichkeiten zur Bestimmung des Nutzens, den die Dienstleistungen von Dokumentationseinrichtungen für den einzelnen Benutzer und für die Gesellschaft haben. Dieser Nutzen hängt von der Leistung dieser Einrichtungen ab. Pryor (Lit. 68., S. 515) geht so weit zu behaupten: ,,The value of a scientific and technical information system is ultimately established by how much and how effectively it is used − and not by the potential value of the information itself''.

Der *Nutzen* einer Dokumentationseinrichtung kann definiert werden als der Grad, in dem sie durch ihre Dienstleistungen zur Erreichung bestimmter gesellschaftlicher und indivdueller Ziele beiträgt (vgl. auch die Definition unter F 6.3.1).

Gesellschaftlicher Nutzen (indirekter Nutzen) von Dokumentationseinrichtungen besteht beispielsweise in der Verbesserung der Lebens- und Arbeitsbedingungen der Bürger und in der Erhöhung der Leistungsfähigkeit von Forschung und Entwicklung, Lehre und Ausbildung, Wirtschaft und Regierung etc.

Individueller Nutzen (direkter Nutzen) von Dokumentationseinrichtungen besteht beispielsweise in der Erhöhung von Leistungen, Erträgen, Umsätzen, Gewinnen; in der Förderung der Kreativität und Produktivität von Individuen; in der Verkürzung von Forschungs- und Entwicklungszeit; in der Vermeidung unnötiger Doppelarbeit in der Forschung; in der Verbesserung der Entscheidungsfähigkeit etc.

Gesellschaftlicher und indivdueller Nutzen sind oftmals nicht leicht zu unterscheiden. Beispielsweise kann ein Profildienst dem individuellen Benutzer Arbeitszeit und Geld sparen oder sein Einkommen und sein Sozialprestige erhöhen. Es kann aber auch ein Unternehmen von einem besseren oder schneller erzielten Forschungsergebnis profitieren. Der zusätzliche Firmengewinn kann höhere Steuereinnahmen, bessere Konjunktur, bessere Arbeitsbedingungen etc. bedeuten.

Bei der folgenden Diskussion von Nutzenkriterien und -indikatoren ist daran zu erinnern, daß einige der oben behandelten Leistungsaspekte und -indikatoren im weiteren Sinne auch als Nutzenindikatoren angesehen werden können, nämlich dann, wenn ihre Werte auf subjektiven Beurteilungen der Benutzer beruhen. *Abb. 2* gibt einen Überblick über direkte (individuelle) und indirekte (gesellschaftliche) Nutzen, die aus den Dienstleistungen von Dokumentationseinrichtungen abgeleitet werden können und über einige Kriterien und Indikatoren zu ihrer Abschätzung.

A. Kriterien und Indikatoren für den individuellen Nutzen

Ein relativ gut meßbarer Nutzenindikator sind *Einsparungen von Zeit und Geld,* die sich bei den Benutzern (oder ihren Insitutionen) daraus ergeben, daß Informationen durch Dokumentationseinrichtungen gezielter, schneller, bequemer, billiger etc. zu erhalten sind, als auf anderen Wegen. Es gibt bereits zahlreiche Versuche, solche Einsparungen zu messen oder abzuschätzen, z.B.:

Ein neues Verfahren für Verlustzeitstudien in einer Flugzeugwerft, das durch Literaturnachweis der betrieblichen Dokumentationsstelle angeregt wurde, ersparte 53 Tage oder 85% der für solche Studien geplanten Zeit.
Eine 50-stündige Literaturrecherche ersparte einem Betrieb schätzungsweise 1400 Konstruk-

tions- und Werkstattstunden, was in Geld ausgedrückt einem ,,Nettonutzen'' von ca. 19 000 sfr (1000 sfr Recherchekosten vermieden einen Verlust von 20 000 sfr) entspricht.
Baer schätzte bereits 1959, daß 5 Dokumentarminuten bis zu 1 Konstrukteurstunde ersparen können. 80 Auskunftstage pro Jahr von 2 betrieblichen Dokumentationsstellen ersparten nach seinen Angaben einem Betrieb 450 Manntage Arbeitszeit pro Jahr.

Andere Fälle, in denen Zeit- und Geldeinsparungen durch die Dienstleistungen von Dokumentationseinrichtungen nachgewiesen werden, finden sich in Lit. 09., S. 203 – 205.

	Zeit- und Geldeinsaprungen	
Direkter Nutzen (individuell)	Erhöhung von Lei- stund, Umsatz, Gewinn etc.	Zahlungsbereitschaft von Individuen oder ihren Institutionen
	Stimulierung der Kreativität, Produktivität etc.	
	Höhere Bildungsstand	
Indirekter Nutzen (gesellschaftlich)	Bessere Konjunktur	Zahlungsbereitschaft der öffentlichen Hand
	Höhere Steuereinnahmen	
	Geringere Kosten für Allgemeinheit	

Abb. 2: Kriterien und Indikatoren des Nutzens von Dokumentationseinrichtungen

Es ist jedoch problematisch, aus solchen Einzelfällen auf Einsparungen in Fachbereichen oder gar im nationalen Rahmen zu schließen. Einsparungsmöglichkeiten hängen nicht nur von der Güte der Dienstleistungen, sondern auch von den Verhältnissen in Industriezweigen, wissenschaftlichen Disziplinen, Bereichen der öffentlichen Verwaltung, von den Informationsgewohnheiten und Informationsbedürfnissen der Benutzer, von der Arbeitsorganisation etc. ab.
Als weiterer Nutzenindikator gilt die Reduzierung von Forschungs- und Entwicklungskosten durch Vermeidung unnötiger Doppelarbeit aufgrund der Dienstleistung von Dokumentationseinrichtungen.

Nübling (Lit. 64., S. 152) macht Angaben über die Beträge, die in der chemischen Forschung durch bessere Kenntnis vom Stand der Technik eingespart werden könnten: ,,Ein Laborchemiker (Gehalt, Gehälter der Mitarbeiter, Chemikalien, Geräte, Energie usw.) kostet jährlich etwa 200.000, – DM. Da sich z.Zt. eine effektive jährliche Arbeitszeit von etwa 105.000 Minuten errechnet, kostet eine Laborminute also etwa 2, – DM, eine Laborstunde 120, – DM. Dabei sind Kosten für vermeidbare Patentanmeldungen und -streitigkeiten noch gar nicht berücksichtigt.''
Bello (Lit. 04.) schätzte, daß 10% des Forschungs- und Entwicklungsbudgets der USA für nutzlose Doppelarbeit verwendet wird und 50% dieses Budgets für solche Arbeiten, die bei

ausreichender Kenntnis früherer Arbeiten anders (z.B. in kürzerer Zeit) ausgeführt oder gar nicht unternommen worden wären.

Martyn (Lit. 59.) schätzte nach einer Befragung von 245 englischen Wissenschaftlern, daß der Verlust an Forschungsgeldern infolge mangelhafter Information über bereits publizierte Ergebnisse in England 1962 mindesten 6 Mio britische Pfund betrug, was der Beschäftigung von 750 Wissenschaftlern entsprochen hätte; diese Zahl könne aber mit gutem Grund verdoppelt werden. Sowjetische Experten schätzen, daß in der UdSSR ca. 10% der Forschungs- und Entwicklungsgelder für die Wiederholung bereits ausgeführter Arbeiten ausgegeben werden (vgl. Lit. 09., S. 206).

Nach Lewton (Lit. 55.) sollen sich durch sorgfältiges Literaturstudium vor und während der Durchführung eines Forschungsprojektes durchschnittlich 10% an Arbeit und Geld einsparen lassen.

Grünewald (Lit. 34., S. IV) schätzt, ,,daß in einem Land von der Größe der Bundesrepublik rund ein Drittel der Mittel für Forschung und Entwicklung umsonst ausgegeben werden, weil die gesuchte Lösung eines Problems ganz oder teilweise früher schon einmal geglückt ist, ohne daß der mit der Bewältigung der Aufgaben betraute Wissenschaftler etwas davon weiß''.

Anders als mit den bisher behandelten Nutzenindikatoren ist es sehr schwierig, den Nutzen der Dienstleistungen von Dokumentationseinrichtungen an Kriterien wie
– Steigerung der Produktivität, Kreativität etc.,
– Verkürzung der Forschungszeit, Erhöhung von Erträgen, Umsätzen, Gewinnen etc.

zu messen. Die Förderung der Kreativität, d.h. die Anregung zu neuen Ideen durch Informationsdienstleistungen, läßt sich in der Praxis kaum nachweisen, da Kreativität von zu vielen Faktoren abhängt und der Zusammenhang zwischen einer Erfindung und der Information, die diese Erfindung ausgelöst hat, häufig unklar bleibt oder in Vergessenheit gerät. Außerdem führen Erfindungen meist erst nach Jahren zu neuen Produkten, so daß eine kurzfristige ,,Erfolgsrechnung'' unmöglich wird (Lit. 60.).

Etnyre (Lit. 25.) hat in einer Simulationsstudie für das computerunterstützte Informationssystem einer Erdölfirma in Houston (Texas) nachgewiesen, daß durch schnellere Information bestimmte Forschungsprojekte nach 40% der geplanten Zeit beendet sein könnten. Diese Einsparung gekoppelt mit dem Anstieg der Arbeitskapazität im Labor würde eine durchschnittliche Senkung der Personalkosten für ,,service jobs'' um 10% ermöglichen. Zusätzlich ergäbe sich eine Steiergung des Unternehmensertrages um jährlich 70.000 Dollar dadurch, daß außerhalb des Unternehmens durchgeführte Arbeiten intern erledigt werden könnten.

In der Sowjetunion wurde geschätzt, daß der ökonomische Effekt eingeführter Neuerungen den dafür notwendigen Informationsaufwand um das 15- bis 20-fache übertrifft, und daß 10 bis 20% der eingeführten Neuerungen Informationsdienstleistungen zu verdanken sind (Lit. 09., S. 208).

In einer Modell-Untersuchung schätzen Hayami und Peterson (Lit. 36.) den Nutzen von Informationen über die Produktion und Preisentwicklung landwirtschaftlicher Produkte in den USA anhand der Gewinne und Verluste der Vorratshalter, Produzenten und Konsumenten. Sie kamen auf ein Nutzen-Kosten-Verhältnis von 600:1. Die von ihnen angewendete Methode scheint generell brauchbar zu sein für die Abschätzung des Nutzens (ausgedrückt in Gewinnen oder Verlusten), den ein Industriezweig aus Informationen über Produktions- und Preisentwicklungen oder über kostensenkende oder produktionssteigernde Technologien zieht.

Eine Forschergruppe der Universität Edinburgh (Lit. 99.) hat drei Indikatoren (A, B, D) für den Nutzen von Informationsdienstleistungen kombiniert. Befragt wurden (per Fragebogen)

Mitarbeiter in den Forschungs- und Entwicklungs(F&E)-Abteilungen britischer Firmen verschiedener Industriezweige nach:

A = der Erhöhung ihres Gehaltes, die – wegen der erschwerten Arbeitsbedingungen – nötig wäre, wenn sie auf Informationsdienstleistungen verzichten müßten;

B = dem monetären Wert der durch Informationsdienstleistungen eingesparten Arbeitszeit (es wird unterstellt, daß die eingesparte Zeit für F&E eingesetzt wird und daß eine lineare Beziehung zwischen F&E-Zeit und F&E-Leistung besteht);

D = dem monetären Wert der zusätzlichen Arbeitszeit, die beim Ausbleiben von Informationsdienstleistungen notwendig wäre, um die F&E-Leistung auf gleichem Niveau zu halten (dabei wird die Möglichkeit einer nicht linearen Beziehung zwischen F&E-Zeit und F&E-Leistung unterstellt).

B und D wurden als alternative Maße benutzt. Die erfragten Zeitwerte wurden mit durchschnittlichen Gehaltssätzen des F&E-Personals multipliziert. Bei D bleibt der Freizeitverlust des F&E-Personals unberücksichtigt.

Die drei Nutzenindikatoren wurden in verschiedener Weise zu Nutzenmaßen kombiniert:

$$C_1 = A + B \qquad\qquad E_1 = A + D$$

$$C_2 = A + \frac{3}{4} B \qquad\qquad E_1 = A + \frac{3}{4} D$$

$$C_3 = A + \frac{1}{2} B \qquad\qquad E_3 = A + \frac{1}{2} D$$

$$C_4 = A + \frac{1}{4} B \qquad\qquad E_4 = A + \frac{1}{4} D$$

und diese für die verschiedenen Arten von Informationsdienstleistungen ermittelt. Nach C_1 und E_1 ergab sich (mit einer Ausnahme) die gleiche Rangfolge der Dienstleistungen: 1. Referatedienste, 2. Titellisten, 3. Referate in Fachzeitschriften, 4. individuelle Profildienste und 5. retrospektive Recherchen (steigender Nutzen von 1. bis 5.).

Die folgenden kritischen Anmerkungen wurden zu dieser Untersuchung gemacht (vgl. Lit. 28.):

– individueller Nutzen und Firmennutzen sind nicht voneinander unabhängig, d.h. ihre Summierung ist problematisch;
– es wäre der Fall denkbar, daß eine Informationsdienstleistung für das Individuum einen positiven und für die Firma eine negativen Nutzen hat (z.B. indem ein Wissenschaftler die erhaltene Information nutzt, um sich bei einer anderen Firma zu bewerben);
– Forscher können auf das Ausbleiben von Informationsdienstleistungen unterschiedlich reagieren:
  – sie arbeiten ebensoviele Stunden in der Forschung wie bisher, vielleicht bei sinkender Produktivität;
  – sie verwenden einen Teil ihrer Forschungszeit für die Informationssuche;
  – sie verwenden bei gleichbleibender Forschungszeit einen Teil ihrer Freizeit für die Informationssuche;
  – die Verhaltensweise wechselt.

Jede dieser Verhaltensweisen beinhaltet einen anderen Grad der Überlappung des individuellen Nutzens und des Firmennutzens und erfordert ein anderes Maß für den Nutzenverlust der Firma. Derartig differenzierte Betrachtungen sind aber aufgrund einer Fragebogenaktion nicht möglich.

Lancaster (Lit. 51) analysierte Benutzung und Nutzen von zwei gedruckten Informationsdiensten auf einem Spezialgebiet der Medizin (Neurosciences), nämlich „Parkinson's Disease and Related Disorders: Citations form the Literarture" (im folgenden als PD bezeichnet), eine von der US-National Library of Medicine aus Medlars mit EDV-Unterstützung erstellte und gebührenfrei angebotene Publikation, und „Biogenic Amines and Transmitters in the Nervous System" (im folgenden als BA bezeichnet), eine vom Brain Information Service of the University of California at Los Angeles manuell erstellte und gegen Gebühren angebotene Publikation (Jahresabonnement für den US-Abonnenten: 12 Dollar, für andere: 18 Dollar). Beide Publikationen enthalten keine Kurzreferate. Fragebogen wurden in mehreren Ländern an 949 persönliche Abonnenten von PD hauptsächlich aus Kliniken (488 Antworten) und an 734 persönliche Abonnenten von BA hauptsächlich aus der Forschung (509 Antworten) verschickt.

30 % der PD-Abonnenten und 48 % der BA-Abonnenten gaben an, daß sie aufgrund dieser Publikationen mehr Artikel lesen und weniger (oder gleich viele) Fachzeitschriften durchsehen würden als vorher. Zeitersparnis bei der Information über Neuerscheinungen auf ihrem Fachgebiet gaben 52 %, beträchtliche Zeitersparnis 18 % der PD-Abonnenten an (60 % bzw. 25,7 % der BA-Abonnenten). 36,9 % der PD-Abonnenten fühlten sich *viel* besser informiert als vorher, 43,5 % besser (BA: 43,9 bzw. 39,4 %). Folgende Kriterien gestatten es, den Nutzen der beiden Publikationen einzuschätzen, wobei sich die Kriterien nicht gegenseitig ausschließen:

	PD		BA	
	Zahl	%	Zahl	%
Prevented duplication of research	206	42,2	104	20,4
Saved a significant amount of research time	167	34,2	206	40,5
Significantly changed direction or emphasis of a research project	68	13,9	90	17,7
Contributed directly to patient care	181	37,1	22	4,3
Led to consideration or new viewpoint on research project	313	64,1	310	60,9
Suggested different interpretation of research data	231	47,3	214	42

75,6 % der PD-Abonnenten waren bereit, eine geringe Geführ zu zahlen, 40 % würden jährlich 20 Dollar aufwenden, um den Dienst weiterhin zu beziehen. Die Zahl der BA-Abonnenten ging nach der Einführung von Gebühren auf etwa ein Drittel zurück (wobei 60 % der ehemaligen Abonnenten die Publikation weiterhin über anderer Kanäle benutzten).

Ein weiterer Indikator für den Nutzen von Informationsdienstleistungen ist die Bereitschaft ihrer Benutzer (oder ihrer Institutionen), dafür zu zahlen. Diese Bereitschaft kann durch den Geldbetrag gemessen werden, den die Benutzer (oder ihre Institutionen) für eine bestimmte „Menge" dieser Dienstleistungen höchstens zu zahlen bereit wären.

Dammers (Lit. 20.) hat versucht, das für den individuellen Profildienst des betriebsinternen Dokumentationssystems der Firma Shell in Sittingbourne (England) zu tun. Er befragte Mitarbeiter in der Forschungs- und Entwicklungsabteilung und erhielt Angaben zwischen 35 und 1400 Pfung pro Jahr. Aus dem Bericht über die Untersuchung geht nicht hervor, ob diese Zahlen nur die Bewertung der eingesparten Zeit oder auch weiteren Nutzen (höhere Produktivität, mehr Erfolgserlebnisse, weniger Frustrationen) widerspiegeln. Außerdem wurde zwischen den Annahmen, der Benutzer zahle aus der eigenen Tasche oder seine Firma zahle für ihn, nicht unterschieden.

Moll (Lit. 62.) berichtet über eine Befragung von 246 Benutzern des im Dialogverfahren recherchierbaren Dienstes Medline der US-National Library of Medicine an der Universität von Virginia. Die Befragten hatten den Dienst zwischen September 1972 und März 1973 einmal oder mehrmals benutzt. Eine Frage bezog sich auf die Bereitschaft, den Dienst weiter zu benutzen, falls eine Geführ bon 1,50 Dollar für einfache Anfragen (weniger als 15 Minuten Suchzeit) und von 3 Dollar für schwierige Anfragen zu zahlen sei. 76 % der Befragten (bei

den Hochschullehrern 95 %) antworteten mit ja, 2 % antworteten mit nein, 22 % (insbesondere Studenten und technisches Personal) konnten sich nicht entscheiden.
An der Universität Durham (Lit. 35.) wurden die Angehörigen des Lehrkörpers gefragt,
a) wieviel sie persönlich für einen individuellen Profildienst ausgeben würden,
b) wieviel die Universität dafür zahlen sollte.
Zu a) wurden durchschnittlich 6 britische Pfund angegeben (Spannweite: 0 bis 15 Pfund), zu
b) durchschnittlich 32 Pfund (Spannweite: 0 bis 200 Pfund).

B. Kriterien und Indikatoren für den gesellschaftlichen Nutzen

Der gesellschaftliche (oder indirekte) Nutzen von Informationsdienstleistungen umfaßt alle Vorteile, die Personen oder Institutionen davon haben, obwohl sie nicht
direkte Benutzer dieser Dienstleistungen sind. Gesellschaftlicher Nutzen kann auch
als der Grad definiert werden, in dem Informationsdienstleistungen zur Erreichung
gesellschaftlicher Ziele beitragen, beispielsweise zur
- Verbesserung der Lebens- und Arbeitsbedingungen der Bürger,
- Erhöhung der Leistungs- und Wettbewerbsfähigkeit der Wirtschaft (Verbesserung der Konjunktur, Sicherung von Arbeitsplätzen etc.),
- Erhöhung des allgemeinen Bildungsstandes der Bürger, Sicherung einer größeren Chancengleichheit im Beruf,
- Beschleunigung von Innovationsvorgängen,
- Verbesserung der Planungs- und Entscheidungstätigkeit von Parlamenten, Re-
  gierungen, öffentlichen Verwaltungen, Organen der Rechtsprechung etc.

Der gesellschaftliche Nutzen ist also mehr als die Summe der primären oder direkten Nutzen
von Informationsdienstleistungen. Konkrete Beispiele gesellschaftlichen Nutzens wären:
- ein aufgrund einer Informationsdienstleistung verbessertes Herstellungsverfahren ermöglicht einer Firma die Erzeugung eines billigeren Produktes, wovon alle Konsumenten des
  Produktes einen Vorteil haben, sofern die niedrigeren Produktionskosten zu einem niedrigeren Preis führen;
- eine Informationsdienstleistung sichert einer Firma einen Vorsprung auf dem internationalen Markt, was zu höheren Gewinnen, mehr Arbeitsplätzen, höheren Löhnen etc. führen kann;
- eine Informationsdienstleistung ermöglicht die Entwicklung eines Medikamentes oder Behandlungsverfahrens gegen eine bisher unheilbare Krankheit.

Es ist schwierig, den gesellschaftlichen Nutzen von Informationsdienstleistungen zu
messen oder abzuschätzen. Wie beim individuellen Nutzen besteht ein Problem darin, den Anteil zu definieren, den Informationen an der Verbesserung einer Leistung
haben. Im Gesundheitswesen z.B. genügt die Entwicklung eines neuen Medikamentes oder Behandlungsverfahrens allein noch nicht, um eine Krankheit zu besiegen
oder einzudämmen. Zusätzlich sind beträchtliche Investitionen notwendig, um einen derartigen Erfolg zu erreichen.
Bei der Betrachtung des gesellschaftlichen Nutzens dürfen nicht nur die Vorteile,
sondern müssen auch die möglichen Nachteile („social costs") in Rechnung gestellt
werden, die sich aus Informationsdienstleistungen ergeben. Ein Beispiel: Gelänge
es, ein Verfahren zu entwickeln, mit dem sich aus leicht erhältlichen Stoffen in jeder Küche Heroin produzieren ließe, so wäre die Information über dieses Verfahren
sicher nicht von gesellschaftlichem Nutzen.

Goddard (Lit. 30.) hat versucht, für die öffentlichen Bibliotheken des US-Staates Indiana Kosten und gesellschaftlichen Nutzen in den Bereichen Ausbildung, allgemeine Bildung, Information von Behörden und Wirtschaft, Erholung der Bürger zu analysieren. Er empfiehlt, im Sinne einer rationellen Verwendung der für öffentliche Bibliotheken verfügbaren Mittel eine Konzentration dieser Bibliotheken auf die Ausbildung (für alle Altersklassen) und die Information der Regierung sowie eine Verminderung der Erholungsfunktion und der freien Dienstleistungen für die Wirtschaft.

Auch für den gesellschaftlichen Nutzen kann man die Zahlungsbereitschaft (in diesem Fall: der Gesellschaft oder der öffentlichen Hand) als globalen Indikator betrachten, der einzelne Kriterien (Verbesserung der Konjunktur, Erhöhung des Bildungsstandes, Verminderung von Kosten für die Allgemeinheit etc.) umschließt. Allerdings wird sich diese Zahlungsbereitschaft nicht durch Befragungen bestimmen lassen. Parlamente und Regierungen schätzen den gesellschaftlichen Nutzen von Informationsdienstleistungen intuitiv und setzen daraufhin und nach Vergleich mit ähnlich geschätzten Nutzen anderer öffentlicher Aufgaben den Anteil der öffentlichen Mittel fest, der für Informationseinrichtungen aufzuwenden ist.

Für den individuellen Nutzen von Informationsdienstleistungen gibt es also mehr oder weniger gut meßbare Kriterien und Indikatoren (Zeit- und Geldeinsparungen, Vermeidung unnötiger Doppelarbeit in Forschung und Entwicklung, Erhöhung von Unternehmensgewinnen, Zahlungsbereitschaft).
Der gesellschaftliche Nutzen von solchen Dienstleistungen kann dagegen kaum zuverlässig quantifiziert werden.
Eine Kosten-Nutzen-Analyse für den gesamten Bereich Fachinformation mit dem Ziel, eine Empfehlung über die Höhe der für Fachinformation (in Konkurrenz mit anderen Aufgaben) aufzuwendenden öffentlichen Mittel zu geben, ist daher eher problematisch (vgl. Näheres dazu unter F 6.3.3.5).
Dagegen sind Kosten-Nutzen-Untersuchungen mit dem Ziel, ein bereits festgelegtes öffentliches Budget rationell für die Organisation des Fachinformationsbereiches einzusetzen, sinnvoll. Hiermit könnten Grundlagen geliefert werden für Entscheidungen zu Fragen wie: In welchen Fachbereichen sollten die Informationsaktivitäten auf- oder ausgebaut werden? Wie sind die Informationsaktivitäten in einem Fachbereich am vorteilhaftesten zu organisieren? Welche Dienstleistungen sind vorrangig auf- oder auszubauen? Welche Benutzergruppen sind vorrangig zu bedienen? Wie sind die Dienstleistungen zu finanzieren?

Einen Überblick über die gesamte Problematik der Nutzenbewertung gibt der Bericht über die Fachkonferenz ,,Nutzen der Fachinformation'' vom 9. bis 11. 5. 1983 in Garmisch-Partenkirchen (Lit. 87.). Bemerkenswert sind vor allem die darin enthaltenen Fallstudien von Springe (Lit. 86., über die Bestimmung des Nutzens der Informationsvermittlung innerhalb eines Industrieunternehmens) und Gramm (Lit. 31., über die Bestimmung des Nutzens der Informationsvermittlung innerhalb einer Forschungsorganisation).

F 6.3.3.5   Ansätze von Kosten-Nutzen-Untersuchungen

In den USA hat man die *Kosten-Nutzen-Analyse* (cost-benefit-analysis) zur ökonomischen Bewertung öffentlicher Programme, Projekte oder Dienstleistungen entwickelt. Sie dient zur Vorbereitung von Entscheidungen über den Einsatz öffentlicher Mittel in Bereichen, in denen ein Markt- und Preismechanismus nicht existiert. Angewandt wurde sie mit einigem Erfolg bei Entscheidungen über Investitonen für Straßen- und Brückenbau, Kanalbau, Anlage von Stauseen, etc. Zweifelhaften Erfolg hatte sie im Gesundheits- und Bildungswesen.
In der Bundesrepublik fordern § 6, Abs. 2 Haushaltsgrundsätzegesetz und § 7, Abs. 2 Bundeshaushaltsordnung (vgl. Lit. 38.) seit 1972 Kosten-Nutzen-Analysen „für Maßnahmen von erheblicher finanzieller Bedeutung".
Die wesentlichen Charakteristika der Kosten-Nutzen-Analyse sind:
–   Kosten und Nutzen öffentlicher Maßnahmen oder Vorhaben sind so weit wie möglich in Geldeinheiten auszudrücken. Von mehreren Vorhaben wird dasjenige mit dem größten „Nettonutzen" (Nutzen-Kosten-Differenz) oder dem größten Nutzen-Kosten-Verhältnis verwirklicht. Nicht quantifizierbare und monetär meßbare Kosten und Nutzen sind aufzuführen und bei der Entscheidung zu berücksichtigen. Kritiker bezeichnen die Methode als „Rechenexempel" („was nicht gezählt werden kann, zählt nicht").
–   *Alle* ökonomischen Auswirkungen öffentlicher Maßnahmen oder Vorhaben sind zu berücksichtigen, d.h. nicht nur die direkten (individuellen) Kosten und Nutzen, sondern auch alle indirekten (gesamtwirtschaftlichen und gesellschaftlichen) Auswirkungen sind in die Rechnung einzubeziehen. Solche Auswirkungen sind in den meisten Fällen nur schwer abzuschätzen.
–   Die (individuellen und gesellschaftlichen) Kosten und Nutzen öffentlicher Maßnahmen sind nicht nur für die Periode der Entscheidung, sondern auch für zukünftige Zeiträume in Rechnung zu stellen. Dies bringt Probleme der Abdiskontierung zukünftiger Kosten und Nutzen auf die Gegenwart (Wahl eines geeigneten Diskontsatzes, Berücksichtigung der Inflation) mit sich.
Die Schwierigkeiten der Identifizierung und monetären Messung oder Abschätzung aller Kosten und Nutzen öffentlicher Maßnahmen, die Wahlmöglichkeiten beim Kosten-Nutzen-Vergleich (Kosten-Nutzen-Verhältnis oder Kosten-Nutzen-Differenz als Entscheidungsmaß) und bei der Abdiskontierung zukünftiger Kosten und Nutzen haben die Kosten-Nutzen-Analyse in Mißkredit gebracht. Es wurde daher gefordert, Kosten-Nutzen-Analysen stets von mindestens zwei Stellen durchführen zu lassen oder wenigstens jede von einer Stelle durchgeführte Kosten-Nutzen-Analyse von einer unabhängigen Stelle prüfen zu lassen.
Diese Vorbehalte gelten auch für die Anwendung der Kosten-Nutzen-Analyse im Fachinformationsbereich. Die Schwierigkeiten dürften hier ähnlich groß sein wie in anderen Bereichen (Bildungswesen, Forschungsplanung, Gesundheitswesen etc.). Das ist wohl auch der Grund, warum bisher in keinem Land eine umfassende Kosten-Nutzen-Analyse für den Informationsbereich durchgeführt wurde, d.h. eine Analyse mit dem Ziel der Bestimmung der für Fachinformation (in Konkurrenz mit anderen öffentlichen Aufgaben) aufzuwendenden öffentlichen Mittel und des rationellsten Einsatzes dieser Mittel.

Jedoch gibt es Fallstudien in einzelnen Dokumentationszentren, Informationsanalysezentren, Bibliotheken etc., in denen aber fast immer nur die direkten (individuellen) Kosten und Nutzen berücksichtigt wurden.

Man hat Verfahren zur Nutzenbewertung vorgeschlagen, die die Probleme der klassischen Kosten-Nutzen-Analyse vermeiden sollen. Sie werden als *multidimensionale subjektive Bewertungen* zusammengefaßt und im einzelnen z.B. als ,,Multifaktorenmethode'', ,,Nutzwertanalyse'' oder ,,utility analysis'' bezeichnet. Im Unterschied zur Kosten-Nutzen-Analyse verzichten diese Methoden auf die Bewertung des Nutzens in Geldeinheiten (und damit auch auf ein Abdiskontierung zukünftiger ,,Erträge'' auf die Gegenwart). Stattdessen werden Alternativen unter allen Aspekten nach den subjektiven Wertvorstellungen der Betroffenen bewertet (Punkte auf Urteilsskalen).

Vereinfacht dargestellt verläuft eine Nutzwertanalyse in folgenden Schritten (Lit. 102.):

1. Schritt: Für die zu bewertenden Alternativen wird ein *Zielprogramm* erstellt, d.h. allgemein formulierte Ziele (wie die bessere und rationellere Befriedigung der Informationsbedürfnisse) werden in Unterziele (z.B. schnellerer, vollständigerer, selektiverer, bequemerer, kostengünstigerer Literaturnachweis) zerlegt. Die Unterziele müssen so beschaffen sein, daß ihnen im
2. Schritt: eine Bewertungsskala (ähnlich der Zensurenskala in den Schulen) zugeordnet werden kann, wobei verbal beschrieben werden muß, was ein ,,Punkt'' auf dieser Skala bedeutet: Aus der *Bewertung* durch die Betroffenen ermittelt man die Zielerträge (gewichtete Teilnutzen).
3. Schritt: Mit Hilfe einer *Zielertragsmatrix* werden die Teilnutzen für jede Alternative zu einem Gesamtnutzen aggregiert.
4. Schritt: Nach einer Entscheidungsregel (z.B. ,,Maximiere den Gesamtnutzen'') wird die *optimale Alternative* ausgewählt. Hier kann sich eine Sensitivitätsanalyse anschließen, um die Abhängigkeit der Entscheidung von kleinen Änderungen der Ausgangsdaten zu prüfen.

Bei komplexen Zielsystemen und einer größeren Zahl von Alternativen erfordert die Nutzwertanalyse einen großen Rechenaufwand. Zu diesem Zweck wurde vom WEMA-Institut in Köln ein spezielles EDV-Programm entwickelt (NAPSY = Nutzwert-Analyse-Programm-System, vgl. Lit. 101. S. 244 ff).

Die Nutzwertanalyse kann sich zur Gesamtbewertung einzelner Informationseinrichtungen und größerer Systeme (Fachinformationssysteme, regionale oder nationale Informationszentren und -netze, internationale Verbundsysteme) eignen, denn:

– der Nutzen der Dienstleistung von Informationseinrichtungen entzieht sich weitgehend einer kardinalen Bestimmung; für die Nutzwertanalyse wird nur eine ordinale Bewertung verlangt;
– die mit der Erstellung und Verwertung solcher Dienstleistungen verbundenen Ereignisse (Literaturaufkommen, Informationsverhalten und -bedürfnisse der Benutzer, technische Entwicklungen etc.) sind nicht determiniert, können also nur mit Häufigkeitsverteilungen und Erwartungswerten ausgedrückt werden. Die Nutzwertanalyse kann mit solchen Werten arbeiten;
– individuelle Präferenzen der Benutzer und der Entscheidungsträger (Finanzierer, Management) können berücksichtigt werden, ohne daß ein monetärer Wert angegeben werden muß.

Für eine umfassende und genaue Bewertung bedarf es jedoch der detaillierten Beschreibung aller Faktoren im Prozeß der Erstellung von Informationsdienstleistungen und ihrer wechselseitigen Zusammenhänge. Anders ausgedrückt: Die Bestimmung der Leistung und Effizienz von Informationseinrichtungen mit Hilfe eines Systemforschungsansatzes bildet eine wichtige Grundlage für Nutzwertanalysen zur Entscheidung zwischen alternativen Methoden zur Erstellung von Dienstleistungen bestimmter Menge und Güte.

Auf der Grundlage dieser Erkenntnis wurde eine spezielle Bewertungstechnik entwickelt und ihre Anwendbarkeit am Beispiel von Literaturdokumentationseinrichtungen demonstriert (vgl. dazu die folgenden Ausführungen).

F 6.3.4   Ein umfassendes Bewertungsverfahren für Informationssysteme

Das hier vorgestellte Verfahren wurde 1973 von der Studiengruppe für Systemforschung in Heidelberg entwickelt (Lit. 48.) und ist für die Bewertung aller Arten von Informationssystemen (Dokumentationseinrichtungen, Bibliotheken, unternehmensinterne Informationsaktivitäten, Konferenzen usw.) aber auch aller sonstigen schwierig zu bewertenden Objekte geeignet.

Informationssysteme wurden in der Vergangenheit bezüglich ihrer Zweckerfüllung, ihrer Güte, ihrer Leistung, ihrer Leistungsfähigkeit, ihrer Wirkung, ihrer Wirksamkeit, ihrer Effizienz, ihrer Wirtschaftlichkeit, ihres Nutzens usw. jeweils unter einer Vielzahl von unterschiedlichen Aspekten und unter Zugrundelegung von sehr vielen unterschiedlichen Bewertungskriterien und -indikatoren bewertet.

Derartige Bewertungen sollten die folgenden drei Forderungen erfüllen:

1. Sie sollten umfassend sein, d.h. *alle* in Frage kommenden Bewertungsaspekte berücksichtigen.
2. Sie sollten alle Aspekte einbeziehen, unter denen ein Objekt bewertet wird, auch wenn diese Aspekte nicht auf ,,objektiv'' meßbare Größen abgebildet werden können. ,,In the last analysis, all evaluation is subjective'' (Lit. 93.).
3. Sie sollten explizit, transparent sein, d.h. die Beurteilungsgrundlagen der Bewerter (z.B. ihre ,,Umwelt'') sichtbar und kontrollierbar machen.

Diesen Anforderungen konnten die Bewertungen von Informationssystemen in der Vergangenheit in der Regel nicht genügen:

Zu 1.

Sie haben jeweils die Quantifizierung einzelner Bewertungsaspekte und -kriterien verfolgt (recall, precision, response time, costs, user effort etc.) und kaum berücksichtigt, daß diese in jedem speziellen Fall von ganz unterschiedlicher relativer Bedeutung sind. Dabei ist ein hoher Grad an Meßgenauigkeit für einzelne Bewertungsmaße (recall, precision etc.) umso weniger verständlich, als wichtige Beurteilungsaspekte überhaupt außer Ansatz bleiben. Der Nutzen von Informationssystemen läßt sich nur unvollkommen in physikalischen und monetären Meßeinheiten ausdrücken, sondern vielmehr in dem (subjektiven) Wert der Dienstleistungen für die individuellen Benutzer.

Zu 2.
Sie waren relativ wenig auf die spezifischen Bewertungssituationen abgestimmt. Bei komplexen Bewertungsobjekten wie Informationssystem hat eine weitgehende Differenzierung der Bewertungskriterien zu erfolgen, d.h. diese Kriterien sind über mehrere Stufen in Unterkriterien aufzuspalten. Erst auf der untersten ,,Kriterienstufe'' werden die Urteile abgegeben. Die Grenze dieser Differenzierung ist der Aggregierungsaufwand bei der Bestimmung von Gesamturteilen (vgl. unten). Dabei ist die Zusammenfassung von in unterschiedlichem Grad quantifizierbaren Bewertungsaspekten zu einem ,,Globalmaß'' das Problem.
Zu 2. und 3.
Sie berücksichtigen kaum subjektive Beurteilungen und fußten stattdessen auf der Quantifizierung von Teilaspekten. Sie waren in einem gewissen Sinne ,,undemokratisch'', da sie die Mannigfaltigkeit möglicher Urteile und Beurteilungsaspekte nicht berücksichtigen. Es fehlte eine transparente Bewertungsprozedur (vgl. unten).

Im folgenden wird ein Bewertungsverfahren vorgeschlagen, das den genannten 3 Forderungen entspricht. Die Forderung nach derartigen umfassenden Bewertungen von Informationssystemen auf der Grundlage subjektiver Beurteilungen durch die Benutzer, Betreiber, Manager etc. der Systeme ist natürlich nicht ganz neu (vgl. z.B. Lit. 100.). Doch mangelte es bisher an einem generell anwendbaren Verfahren zur Aufstellung expliziter Bewertungssysteme.

Bewertungsobjekte könnten in unserem Zusammenhang Pläne oder Entwürfe von Informationssystemen, Systeme, die sich noch in einer Aufbauphase befinden oder auch bereits voll funktionierende Informationssysteme sein. Außerdem kann man Gesamtsysteme bewerten (und die Bewertungen verschiedener Systeme miteinander vergleichen) oder Teilsysteme eines Informationssystems bzw. die alternativen Gestaltungen solcher Teilsysteme bewerten.

Bewerter ist der jeweilige, einen Zweck verfolgende Betrachter, d.h. die Urteilsbildung hängt von dem Zweck der Bewertung ab. Im Falle von Informationssystemen können Bewerter sein: die Benutzer, die Betreiber der Systeme (das Systempersonal), die Manager (welche die Operations-Entscheidungen fällen), die Finanzierer, die nicht direkt beteiligte Öffentlichkeit (soweit sie z.B. die Systeme aus Steuermitteln mitfinanziert etc.). In der Praxis wird man sich in der Regel damit begnügen müssen, die Urteile von Repräsentanten dieser Bewertungsgruppen zu berücksichtigen.

Nehmen wir einmal an, zwei in Betrieb befindliche (vergleichbare) *Literaturdokumentationseinrichtungen* sollten durch die in Frage kommenden Personengruppen hinsichtlich ihrer Güte bewertet werden, d.h. die beteiligten Personen dürfen diese Einrichtungen unter allen Aspekten beurteilen, die für sie relevant sind (z.B. nach technischen, wirtschaftlichen, sozialen, rechtlichen, moralischen und sogar ästhetischen Gesichtspunkten). Die einzelnen Schritte des eigentlichen Bewertungsverfahrens sind z.B. anhand der folgenden Darstellung *(Abb. 3)* zu erklären:

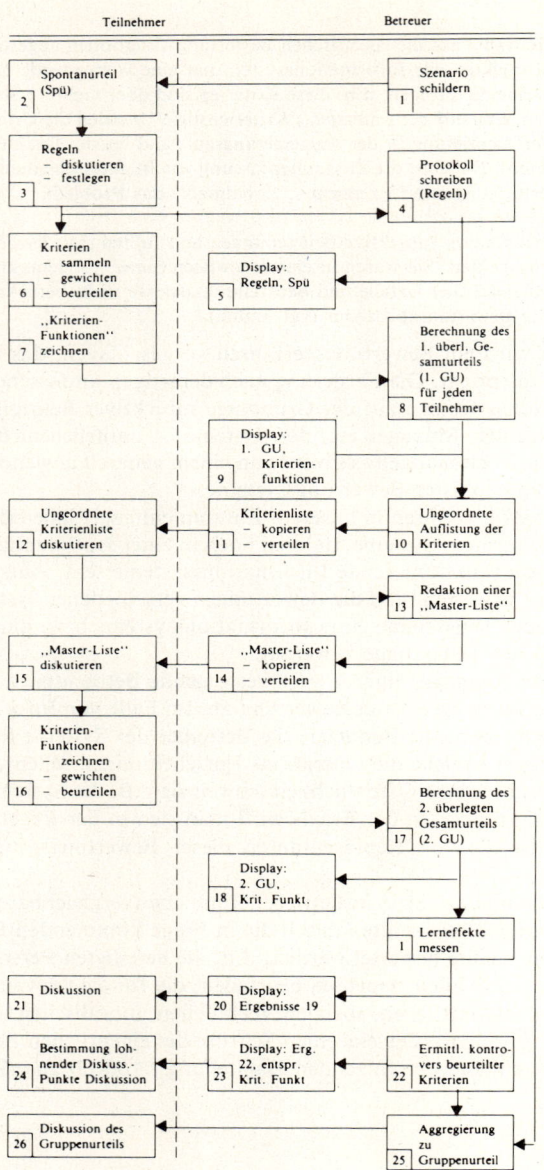

Abb. 3: Ablaufdiagramm „Bewertungsverfahren"

(Quelle: SfS-Mitteilungen Juli 72, S. 18, Studiengruppe für Systemforschung e.V., Heidelberg)

1 Präzise Schilderung des Szenarios (Erläuterung des Bewertungsablaufs, Information über die Bewertungsobjekte etc.).
Weitere Information „von außen" kann bei Bedarf in jedem Bewertungsstadium zugeführt werden.

2 Abgabe von „Spontanurteilen" seitens aller Beteiligten über das zu beurteilende Objekt. Diese Urteile sind „spontan" in dem Sinne, daß sie nicht sukzessive aus Teilurteilen über bestimmte Aspekte des Objekts (Bewertungskriterien) „aufgebaut" werden. Der Vergleich solcher Spontanurteile mit den abzugebenden „überlegten" Urteilen stellt eine Möglichkeit dar, Lerneffekte nachzuweisen.

3 Diskussion und Festlegung von Regeln seitens der Teilnehmer.
Insbesondere sind folgende Fragen zu entscheiden:
  − Nach welchen Regeln sollen die Diskussionen ablaufen?
  − Wie sollen eventuell auftretende Informationslücken geschlossen werden? (Heranziehung von Fachleuten? Zugang zu Informationsquellen?)
  − Sollen die Teilnehmer Pseudonyme verwenden?
  − Auf welcher Skala sollen die Urteile abgegeben werden?
  − Nach welchen Regeln sollen die Teilnehmer die Bewertungskriterien gewichten?
  − Nach welchen Regeln (Formeln) sollen die Gesamturteile der einzelnen Teilnehmer aus ihren Partialurteilen bezüglich bestimmter Kriterien errechnet werden (intraindividuelle Wertsynthese)?
  − Nach welchen Regeln (Formeln) sollen Gruppenurteile bestimmt werden? Sollen bei diesem Aggregationsvorgang Personen unterschiedlich gewichtet werden können? Nach welchen Gesichtspunkten könnte dies geschehen?
  − Wie sollen Lerneffekte gemessen werden?
  − Wieviel Stimmen sollen für die Aufnahme eines Beurteilungskriteriums in die Gesamtkriterienliste erforderlich sein?

6 Kernstück des Verfahrens ist der Aufbau eines *Systems* von *Bewertungskriterien 6, 10, 22, 13, 15.* Zunächst stellt jeder Teilnehmer für sich die Kriterien zusammen, die nach seiner Auffassung für die Bewertung des Objekts relevant sind. Eine Liste möglicher Bewertungskriterien für Literaturdokumentationseinrichtungen, die u.a. auf Wooster, King und Lancaster basiert, finden Sie im Anhang II. Dazu ist zu sagen, daß in der Regel nicht alle dort aufgeführten Haupt- und Unterkriterien für alle Bewerter von Bedeutung sind, z.B. werden die Kosten der Dokumentationseinrichtungen in den Augen der Benutzer dieser Einrichtungen kaum von Bedeutung sein (wenn sie sie nicht tragen müssen).

10 Die individuellen Kriterienlisten werden zusammengeführt, wobei zunächst lediglich darauf zu achten ist, daß jedes Kriterium nur einmal aufgeführt wird. Diese Vereinigungsliste wird in der Regel zwar vollständiger sein als jede individuelle Liste, andererseits aber auch noch zahlreiche Unklarheiten und Überschneidungen aufweisen.

12 In einer ausführlichen (und häufig zeitaufwendigen) Diskussion müssen diese Unklarheiten und Überschneidungen soweit wie möglich beseitigt werden. Am Ende dieser Diskussion sollte (weitgehende) Einigkeit über die inhaltliche Bedeutung der für bewertungsrelevant gehaltenen Kriterien und über die Strukturierung der Liste in Hauptkriterien und Unterkriterien (verschiedener Ordnung) bestehen. Wohlgemerkt: Es gibt keine allgemeingültige Liste von Bewertungskriterien für Informationssysteme (in der Art wie Anhang II). Jede derartige Liste ist spezifisch für einen konkreten Bewertungsvorgang!

13 Die anhand der Diskussionsergebnisse redigierte „Master-Liste" wird noch einmal von den Teilnehmern diskutiert, auf Vollständigkeit geprüft, gegebenenfalls revidiert und dann „verabschiedet" *14, 15.* Sie bleibt aber „offen", kann also auch zu einem späteren Zeitpunkt noch ergänzt werden.

16ff. Die ,,Master-Liste'' dient dann als Grundlage für die Aspekte der ,,überlegten'' Urteile seitens der Bewerter, d.h. für den eigentlichen *Bewertungsvorgang*. Lerneffekte ließen sich nachweisen, wenn die Teilnehmer schon auf der Basis ihrer individuellen Kriterienlisten ,,überlegte'' Urteile abgegeben haben und man diese nun mit den ,,überlegten'' Urteilen auf der Basis des gemeinsam erarbeiteten Kriteriensystems vergleicht.

Diskrepanzen in den Beurteilungen sind oft auf Mangel an Information und/oder auf Mißverständnisse zurückzuführen. Bevor die Bewertungen der einzelnen Bewerter zu einem Gesamturteil aggregiert werden *25,* sollte daher noch einmal die Gruppendiskussion stattfinden *24,* in der versucht werden sollte, insbesondere hinsichtlich der Kriterien, über die sehr kontroverse Urteile abgegeben wurden *22,* eine Annäherung der Standpunkte zu erreichen (Begründung, Zuführen neuer Information etc.). An diese Diskussion wird sich möglicherweise wieder eine Revision der ,,Master-Liste'' und ein neuer Bewertungsdurchgang anschließen. Die in *7* und *16* aufgeführten sog. *Kriterienfunktionen* stellen ein wichtiges Element zur Offenlegung der Urteilsgrundlagen eines Bewerters dar und tragen zur Erfüllung der 2. von uns eingangs erhobenen Forderung bei. Im Idealfall gelingt es, vor der eigentlichen Bewertung bezüglich aller einzelnen Kriterien die für die Bewertung relevanten Eigenschaften bzw. Konsequenzen (d.h. die eingangs erwähnten ,,objektiven'' Kriterien) der Objekte zunächst zu messen (z.B. in physikalischen und monetären Meßeinheiten). Die Kriterienfunktionen koppeln dann diese Meßgrößen mit den Urteilen (transformieren ,,objektive'' in ,,subjektive'' Größen). In *Abb. 4* wird versucht, einige solcher Kriterienfunktionen für Literaturdokumentationseinrichtungen zu skizzieren. Hier wird ein wesentlicher Vorteil dieser Bewertungstechnik deutlich. Im Rahmen des hier vorgestellten Verfahrens können viele der bisher entwickelten ,,konventionellen'' Bewertungsmaßstäbe (wie z.B. die bekannten Leistungskennziffern: Recall, Precision, Coverage, Antwortzeit, Aktualität; oder Maßstäbe der Flexibilität von Informationssystemen, ihrer Anpassungsfähigkeit an Änderungen der Informationsbedürfnisse; oder Maßstäbe der Kompatibilität mit anderen Informationssystemen; oder Kosten-Leistungs- oder Kosten-Nutzen-Maße) eine angemessene Berücksichtigung finden.

Ein großes Problem ist die Zusammenführung der individuellen Gesamturteile der Bewerter zu dem Gruppenurteil aller an der Bewertung Beteiligten, impliziert doch diese *Aggregierung* eine Entscheidung über die Gewichtung der einzelnen Personen (vgl. dazu die weiteren Ausführungen).

Der gesamte Bewertungsprozess stellt sich als ein stufenweiser Deliberationsprozess dar. Die individuellen Beurteilungen und Gewichtungen werden in gewissen Abständen geprüft (vgl. *Abb. 3*). Zu Anfang dieses Prozesses werden noch relativ vorläufige Bewertungen abgegeben und begründet. Im Laufe der Debatte können sich die individuellen Bewertungen ständig ändern bis zur Bestimmung des endgültigen Gruppenurteils. Der Bewertungsprozess kann also unter Umständen langwierig und kompliziert sein. Eine umfassende und allgemeingültige Bewertung von Informationssystemen ist jedoch auf andere Art nicht sinnvoll − wenn man nicht Marktpreise für Informationsdienstleistungen zuläßt, die sich nach Angebot und Nachfrage frei bilden. Außerdem entspricht das hier vorgestellte Verfahren weitgehend der empirischen Vorgehensweise bei der praktischen Entscheidungsfindung, nur daß hier gewisse Vorgänge explizit gemacht werden.

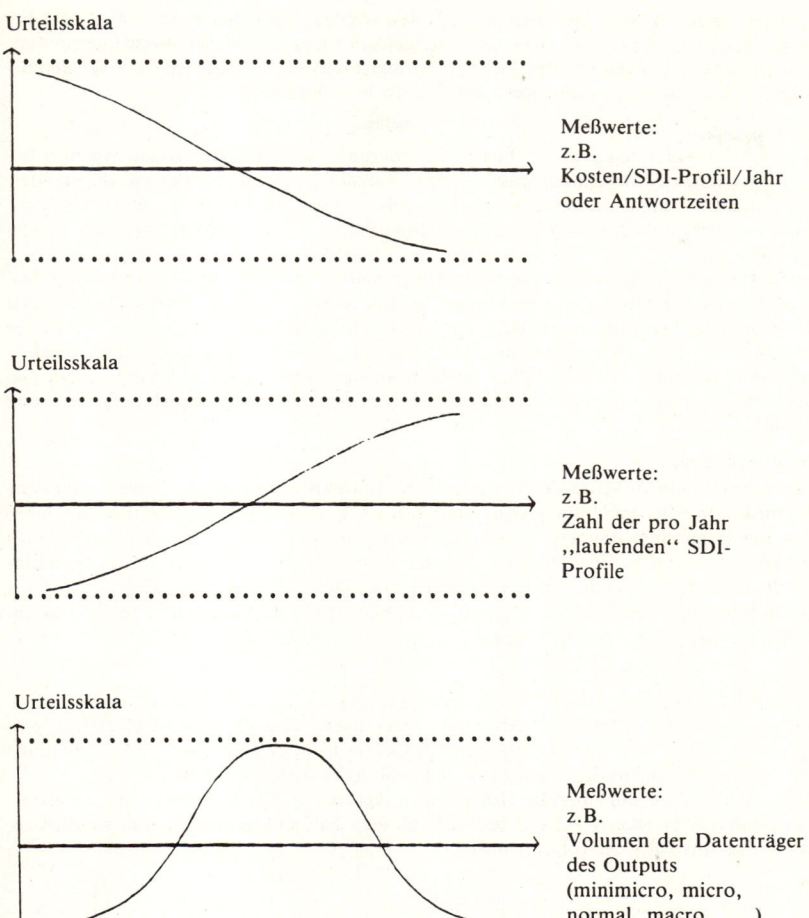

Urteilsskala

Meßwerte:
z.B.
Kosten/SDI-Profil/Jahr
oder Antwortzeiten

Urteilsskala

Meßwerte:
z.B.
Zahl der pro Jahr
,,laufenden'' SDI-
Profile

Urteilsskala

Meßwerte:
z.B.
Volumen der Datenträger
des Outputs
(minimicro, micro,
normal, macro, . . .)

Abb. 4: Beispiele für Kriterienfunktionen

Einige technische Bemerkungen zu kritischen Punkten dieses Bewertungsverfahrens:

Bewertungskriteriensystem
Je komplexer die zu bewertenden Objekte, um so umfangreicher und tiefer (in Unterkriterien
verschiedener Ordnung) gegliedert wird in der Regel das System der Bewertungskritieren sein,
das von der Bewertergruppe aufgestellt wird. Die Liste in Anhang II dürfte nur eine relativ
grobe Darstellung eines entwickelten Kriteriensystems für Literaturdokumentationseinrichtungen sein.

Alle Kriterien müssen möglichst eindeutig definiert werden, um sicher zu sein, daß jeder Bewerter die Kriterien, auf die sich die Gruppe schließlich einigt, in gleicher Weise interpretiert. Für eine „richtige" Bewertung ist es wichtig, die (logischen) Abhängigkeiten zwischen den Bewertungskriterien zu kennen und wenn möglich zu berücksichtigen.

Skalen- und Meßprobleme

Es ist im Sinne unserer eingangs erhobenen 3. Forderung wünschenswert, Skalentypen zu finden, die intersubjektiv anwendbar sind, d.h. die − unabhängig von der Person, die die Messung vornimmt − immer zu den gleichen Ergebnissen führen (abgesehen von Meßfehlern). Das bedeutet nicht unbedingt, daß es sich um quantitiative Skalen (Verhältnis-, Intervallskalen) handeln muß.

In den meisten Fällen werden wenigstens für einige Kriterien solche intersubjektiv anwendbaren Skalen verfügbar sein (in unserem Beispiel: Kosten, Antwortzeit, monetärer und zeitlicher Benutzeraufwand, Outputquantität etc.), für andere wird man „operationale" Unterkriterien finden können. Gibt es für ein Kriterium zum Zeitpunkt der Bewertung keinen intersubjektiv anwendbaren Skalentyp, so kommen unter Umständen psychometrische Methoden zur Gewinnung von (psychometrisch getesten) Skalen in Betracht, die aber ziemlich langwierig und teuer sind.

Kriteriengewichtung

Die Gewichte, die ein Bewerter den Kriterien bzw. Unterkriterien zuordnet, sollen zum Ausdruck bringen, in welchem Umfang sein Urteil über das jeweilige Bewertungsobjekt durch seine Beurteilung einzelner Aspekte des Objekts beeinflußt wird. Im allgemeinen wird einfach so vorgegangen, daß jeder Bewerter eine vorgegebene Punktzahl (z.B. 100 od 10 od. 1) im Einklang mit seinen Präferenzen über die Kritieren bzw. Unterkriterien verteilt.

Dies kann bei einer großen Zahl von Kriterien erhebliche Schwierigkeiten bereiten und zu unkontrollierten Urteilsverzerrungen führen.

Bewertung (Urteilsabgabe)

Je umfangreicher und tiefer gegliedert das der Bewertung zugrundegelegte Kriteriensystem ist, d.h. je häufiger der Bewerter ein Kriterium in Unterkriterien und diese wiederum zerlegt, weil er sich eine spontane Beurteilung eines Gesamtaspektes nicht zutraut, um so mehr spontane Einzelurteile muß er schließlich fällen (vgl. z.B. die Kriterienliste in Anhang II).

Problematisch ist die Benutzung der Urteilsskalen (vgl. oben). Die Bedeutung der „Punkte" auf den verwendeten Skalen sollte in jedem konkreten Fall so verständlich wie möglich gemacht werden. Im Falle der folgenden Skala

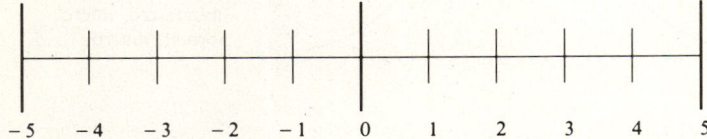

könnten z.B. bedeuten:

+5 (−5) = „könnte in gar keinem Fall besser (schlechter) sein"

0 = „Nichts Besonders in irgendeiner Richtung"

+4 = „Ausgezeichnet, mit ganz geringen Vorbehalten"

Allerdings wird man auch durch noch so wortreiche Erläuterungen zu den einzelnen „Punkten" der Skala kaum erreichen können, daß alle Teilnehmer an der Bewertung beispielsweise unter „ausgezeichnet, mit ganz geringen Vorbehalten" das gleiche verstehen. Es wird hier, wie übrigens bei allen Bewertungen (Zensuren in der Schule, Noten beim Eiskunstlaufen oder Skispringen) immer Ermessensspielräume und Grund zum Streit geben.

Aggregierung

In den Fällen, in denen Partialurteile auf *quantitativen Skalen* abgebildet werden, kann der „Aufbau" des Gesamturteils aus seinen Partialurteilen über eine algebraische Funktion erfolgen. Allerdings ist die Festlegung eines bestimmten Funktionstyps problematisch. Im folgenden seien zwei mögliche Aggregationsfunktionen beispielhaft angeführt:

1. $X = a_1 x_1 + a_2 x_2 + \ldots\ldots + a_n x_n$

   X = Gesamturteil

   x_i = Urteil über i-tes Kriterium

   a_i = Gewicht des i-ten Kriteriums, wobei Σa_i = 100 % bzw. 1 und $a_i \geqq 0$

Hauptcharakteristikum dieses Funktionstyps ist, daß selbst krasse Mängel eines zu bewertenden Objektes hinsichtlich bestimmter Aspekte kompensiert werden können (und umgekehrt). Wie unmittelbar einleuchtet, wird diese Kompensationseigenschaft gerade bei Informationssystemen nicht immer als wünschenswert angesehen werden.

2. $X = (x_i + 5)^{\alpha_1} \cdot (x_2 + 5)^{\alpha_2} \ldots\ldots - 5$

   (wenn $+5$ und -5 die extremen Werte der Urteilsskala sind)

   $\Sigma \alpha_i = 1$

   $\alpha_i \geqq 0$

Im Gegensatz zur Funktion vom 1. Typ ist hier z.B. das Gesamturteil X stets gleich -5, wenn (mindestens) ein X_i gleich -5 ist.

In unserem Fall käme es also darauf an, die Gesamturteile der einzelnen Bewerber einer konkreten Dokumentationseinrichtung durch stufenweise Aggregation von den untersten Stufen des Kriteriensystems ausgehend (vgl. etwas Anhang II) durch Zuhilfenahme solcher Aggregationsfunktionen sukzessive „aufzubauen". Die Gruppe der Bewerter kann sich auf eine Formel einigen, nach der das *Gruppenurteil* als Funktion der individuellen Urteile bestimmt werden soll. Hierzu stehen die gleichen Formeln zur Auswahl, wie sie für die „intraindividuelle Wertsynthese" genannt wurden, z.B.

$$x_G = \sum_{i=1}^{r} w_i x_i \text{ mit } \Sigma w_i = 100 \text{ \% od. 1 } w_i \geqq 0$$

X_G = Gruppenurteil

W_i = Gewichte der Gruppenmitglieder

X_i = Gesamturteile der Gruppenmitglieder

Die Gewichte der Urteile der einzelnen Gruppenmitglieder ließen sich in einer Diskussion der gesamten Gruppe nach verschiedenen Kriterien bestimmen, z.B. nach dem „Sachverstand", der Macht bzw. Verfügungsgewalt (z.B. bezüglich der Finanzierung von Informationseinrichtungen), der demokratischen Legitimation, dem Zweck des zu bewertenden Objektes. Im Fall von Literaturdokumentationseinrichtungen z.B. erscheint es sinnvoll, den Urteilen der *Benutzer* das höchste Gewicht einzuräumen.

Allerdings ist es stets ein problematisches Verfahren, wenn den Teilnehmern an einem Bewertungsprozeß unterschiedliche Gewichte zugeordnet werden. Das unproblematischste Verfahren der Bildung von Gruppenurteilen wäre die Gleichgewichtung aller Teilnehmer (z.B. durch Bildung eines einfachen arithmetischen Mittels der Individualurteile).

Außerdem sollte der Aggregierung zu Gruppenurteilen immer eine ausführliche Diskussion vorgeschaltet werden (vgl. *Abb. 3*), um eine Annäherung der Standpunkte zu erreichen. Diskrepanzen in den Bewertungen sollten aufgedeckt, diskutiert und, wenn möglich, reduziert, nicht aber durch eine mechanische Aggregierung „weggemittelt" werden.

F 6.4   Marketing von Informationsdienstleistungen

Die folgenden Ausführungen orientieren sich sehr eng an dem grundlegenden Beitrag von Weigand (Lit. 95.), der wiederum wesentlich auf dem Gedankengut von Kotler (Lit. 47.) fußt.

Der Begriff ,,Marketing" suggeriert vielfach im Alltagssprachgebrauch noch die Vorstellung von aggressiven Verkaufsmethoden (,,hard selling"), vom Brechen der ,,Kaufwiderstände" potentieller Kunden, um möglichst große Profite zu machen. Dabei ist seit den 60er Jahren (zunächst in den USA) ein grundlegender Wandel des Marketing-Verständnisses zu beobachten. Auf zwei Entwicklungen ist in diesem Zusammenhang besonders hinzuweisen:

- Einmal den Wandel von der Produkt- zur Kundenorientierung (,,consumer satisfaction engineering" anstelle von ,,pushing poducts"),
- zum anderen die Forderung nach Ausweitung des traditionellen Marketing-Konzepts.

Der Wandel von der Produkt- zur Kundenorientierung heißt konkret:

- Marketing soll bei einer Interpretation der qualitativen und quantitativen Bedürfnisse und Wünsche der Kunden ansetzen.
- Marketing soll sich auf alle Aktivitäten erstrecken, die mit dem Fluß der Sachgüter und Dienstleistungen vom Produzenten zum Konsumenten zusammenhängen.
- Marketing soll mit Serviceleistungen enden, die dem Konsumenten helfen, den erwarteten Nutzen aus den gekauften Gütern zu ziehen.

Moderne Marketingkonzeptionen zeichnen sich also dadurch aus, daß Ausgangs- und Endpunkt des Vorgehens der Bedarf bzw. die Nachfrage ist. Während diese Sicht auch hierzulande heute allgemein akzeptiert ist (zumindest in der Erwerbswirtschaft), werden gegen den Versuch der Ausweitung des traditionellen Marketingkonzeptes noch Bedenken erhoben. Dieser Versuch ist jedoch sehr begründet, zielt er doch im wesentlichen auf zwei Punkte ab:

- Einmal die Einbeziehung sog. Nonprofit-Organisationen in die Marketing-Diskussion (Einrichtungen und Organisationen, die nicht zum Bereich der Erwerbswirtschaft gezählt werden, wie z.B. Universitäten, Museen, Krankenhäuser oder Bibliotheken. Auch diese Einrichtungen sind darauf angewiesen und leben davon, daß ihre Angebote in Anspruch genommen werden. Oder anders gesagt: Auch sie müssen sich mit ihren Dienstleistungen auf ,,Märkten" behaupten).
- Zum anderen die Modifikation des traditionellen Produktbegriffs derart, daß er neben den bisher betrachteten Konsum- und Investitionsgütern auch Dienstleistungen, Organisationen, Personen, Standorte, Ideen usw. umfaßt.

Folgerichtig ergibt sich hieraus eine Marketing-Definition höheren Allgemeinheitsgrades, die Kotler (Lit. 47., S. 5f.) wie folgt formuliert hat:

,,Marketing umfaßt die Analyse, die Planung, die Durchführung und die Kontrolle sorgfältig ausgearbeiteter Programme, deren Zweck es ist, freiwillige Austauschvorgänge in spezifischen Märkten zu erzielen und somit das Erreichen der Organisationsziele zu ermöglichen. Dabei stützt sich das Marketing in starkem Maße auf die Gestaltung des Organisationsangebotes mit Rücksicht auf die Bedürfnisse und Wünsche der Zielgruppen sowie auf effektive

Preisbildungs-, Kommunikations- und Distributionsmaßnahmen, durch deren Einsatz die Zielgruppen auf wirksame Weise informiert, motiviert und versorgt werden können."

D.h. Marketing ist nicht nur eine Methode, sondern eine Grundhaltung, eine Organisations„philosophie", deren Anwendung weitreichende Konsequenzen auf Struktur, Angebot und Arbeitsweise einer bestimmten Organisation hat. Wichtig ist das Denken vom Markt her: Nicht der Anbieter selbst bestimmt von vornherein, was er anbietet, sondern die Bedürfnisse, Wünsche, Interessen usw. derer, denen die Organisation zu dienen hat, beeinflussen das Angebot in entscheidender Weise. Sowohl dieses Verständnis von Marketing als einen zweiseitigen Kommunikationsprozeß zwischen Anbietern und Nachfragern zur Feststellung von Bedürfnissen und ihrer bestmöglichen Befriedigung, als auch die Ausweitung der Betrachtung auf so spezifische Produktarten wie „Ideen" kommen der Diskussion und Entwicklung eines „Informationsmarketings" entgegen. Weigand (Lit. 95., S. 17) definierte diesen Begriff folgendermaßen:

„Informationsmarketing umfaßt alle Aktivitäten der bedarfsorientierten Planung, Erstellung, Bereithaltung, Transformation und Nutzungskontrolle von Informationsleistungen, wobei das Ziel der kommunikative Ausgleich zwischen dem Informationspotential auf der einen und einem individuellen und einem gruppenbezogenen Informationsbedarf auf der anderen Seite ist. Hierzu bedarf es einer nutzeradäquaten Leistungsgestaltung sowie wirkungsvoller Distributions-, Promotions- und Preisaktivitäten."

Was sind also „Informationsleistungen" oder „Informationsdienstleistungen", beziehungsweise welche Arten von diesen Dienstleistungen bedürfen welcher Marketingkonzeption?

„In der Diskussion um bestmögliche Marketingkonzeptionen für unterschiedliche Produktarten spielt insbesondere die Unterscheidung in Sachgüter einerseits und Dienstleistungen andererseits eine Rolle. So versteht man unter dem Sachleistungsbereich die Urproduktion, die Konsum- und Investitionsgüterfertigung, unter dem Dienstleistungsbereich Handel, Verkehr, Bankbetriebe und sonstige Dienstleistungen. Die Grenze zwischen Sachleistungen und Dienstleistungen glaubt man relativ einfach ziehen zu können. Dagegen ist eine Abgrenzung der verschiedenen Arten von Dienstleistungen schwierig. Bei einer Definition der Dienstleistungen besteht grundsätzliche Einigkeit über folgende drei Merkmale: die Tatsache,
– daß beim Leisten kein Sachgut entsteht,
– daß das Leistungsergebnis von demjenigen, der die Leistung erbringt, nicht isoliert werden kann und
– daß das Ergebnis der Leistung nicht lagerfähig ist, sondern im Augenblick des Leistens verbraucht werden muß.
Die Aussage im Hinblick auf die Nichtlagerfähigkeit beziehungsweise die Nichtisolierbarkeit der Leistung von Leistenden bedarf insoweit der Modifikation, als es die verschiedensten Formen einer „Materialisierung" von geistigen Tätigkeiten gibt. Zu denken ist dabei an die mediale Speicherung geistiger Leistungen, wie z.B. die schriftlich fixierte Auskunft oder das auf Magnetband gespeicherte EDV-Programm. Die Informationsdienstleistung – soweit sie nicht als reine „face-to-face-Beratung" angelegt ist – gewinnt durch ‚Gerinnen' in materiellen Datenträgern (auch nach traditionellem Verständnis) Produktcharakter." (Lit. 95., S. 18f)

Überlegungen zu einem Marketing von Informationsdienstleistungen haben davon auszugehen, daß sich für einen Kunden ein Produkt (oder eine Dienstleistung) nach Kotler immer in drei Eigenschaftsdimensionen – als „tangible product", „core product" und „augmented product" – darstellt:

,,The tangible product is the physical entity or service that is offered to the target market. It is what is readily recognized as the offer. The core product is the essential utility or benefit that is being offered to, or sought by, the buyer. The augmented product is the totality of benefits and costs that the person receives or experiences in obtaining the product". (Lit. 47., S. 164f.)

Da für den Käufer letztlich immer der Nutzen (core product) beziehungsweise das Nutzen-Kosten-Verhältnis (augmented product) entscheidend ist, hat die ,,äußere Produktgestaltung" (tangible product) einen möglichst hohen ,,inneren Produktwert" anzustreben.

Gerade bei ,,materialisierten Informationsdienstleistungen" (Informationsprodukten) bedarf deshalb die Gestaltung des Mediums (als Ausdruck des ,,tangible product") besonderer Aufmerksamkeit.

Denn im Gegensatz zu herkömmlichen Konsum- und Investitionsgütern genügt hier nicht allein der ,,körperliche" Besitz, sondern kann lediglich der ,,geistige" Besitz des Informationsprodukts zur entsprechenden Nutzenstiftung führen.

Nach Veazie/Conolly (Lit. 91., S. 11) lassen sich vom Marketinggesichtspunkt grundsätzlich zwei Arten von Informationsdienstleistungen bzw. -produkten unterscheiden:

1. ,,Publications"
Hier handelt es sich um eine angebotsorientierte Produktion, bei der regelmäßig oder sporadisch Informationsdienste für
– einen breiten, nur grob definierten Kundenkreis oder
– für ein schmales (genau abgegrenztes) Marktsegment erstellt werden.
2. ,,Inquiry Answering Services"
Hier liegt eine nachfrageveranlaßte (Auftrags-)Produktion vor. Dabei kann die individuelle Nachfrage befriedigt werden durch:
– ein Angebot standardisierter Produkte,
– eine dem individuellen Bedarf entsprechende Produkterstellung oder
– die Zurverfügungstellung eines (nutzerfreundlichen) Produktionspotentials zur Selbstbedienung.

Informationseinrichtungen stehen als Dienstleistungsbetriebe in kommunikativen Verbindungen mit ihren Abnehmern (oder Benutzern) auf einem ,,Absatzmarkt" und mit ihren Lieferanten (oder Informationsquellen) auf einem ,,Beschaffungsmarkt".

Ist eine Informationseinrichtung darüberhinaus (was in der Realität sehr häufig der Fall ist) eine Nonprofit-Organisation, so bedarf es besonderer Kommunikationsbeziehungen zu einem dritten Bereich: Die Informationseinrichtung muß ihre Leistungsfähigkeit gegenüber ihren Trägern ,,verkaufen".

Insoweit erscheint es sinnvoll, für Informationseinrichtungen drei Bereiche von Marketingaktivitäten zu unterscheiden (Lit. 95.): Absatzmarketing – Beschaffungsmarketing – Marketing der Nonprofitorganisation gegenüber ihren Trägern.

F 6.4.1   Absatzmarketing

Dies ist der Marketingbereich, an den man zunächst oder ausschließlich denkt, wenn man sich als Laie mit dem Marketingkonzept befaßt und der auch in der Praxis des Marketings das Hauptinteresse findet.

Zur erfolgreichen Durchführung eines Absatzmarketings bedarf es des effizienten Einsatzes des sog. absatzpolitischen Instrumentariums. Dazu sind Entscheidungen im Bereich der Produkt-, Distributions-, Promotions- (oder Kommunikations-) und Preispolitik erforderlich. Die einzelnen Maßnahmen in diesen vier Bereichen sind dabei aufeinander abzustimmen, wobei das Ziel ein möglichst optimaler sog. *Marketingmix* ist.

F 6.4.1.1 Produktpolitik

Wichtigste Entscheidungen in diesem Bereich sind:
- Entscheidungen zur Produkterweiterung,
- Entscheidungen zur Produktmodifikation und
- Entscheidungen zur Produktelimination.

D.h. es sind einmal Entscheidungen im Zusammenhang mit dem Produktions- bzw. Sortimentsprogramm im Hinblick auf die gesamte sog. ,,Produktlinie'' — ihre Breite, Tiefe und Varianz — und zum anderen Entscheidungen hinsichtlich der Gestaltung einzelner Produkte (bzw. Dienstleistungen) zu treffen.

Für Entscheidungen im Produktbereich einer Informationseinrichtung scheinen insbesondere die folgenden Produkte von Interesse zu sein: ,,Beim Erstellen von Informationsdienstleistungen ist auch bei nur kleinem Produktangebot meist eine hohe Dienstbereitschaft notwendig. Bereits Mindestansprüche an die Qualität von Informationsdiensten im Hinblick auf Umfang, Inhalt und Aktualität erfordern z.B. den Aufbau und das Updating umfangreicher Datenbasen. Die dadurch bedingten hohen Leerkosten lassen sich eventuell durch eine Angebotserweiterung verringern. Dabei bedürfen entsprechende Produktmodifikationen oder auch die Entwicklung neuer Produkte auf der Basis der sich ja nicht verbrauchenden Grunddaten oftmals nur geringer zusätzlicher Investitionen.
Die Aussage, daß bei Dienstleistungsunternehmen allein schon eine quantitative Vermehrung von Diensten bei gleichbleibender Qualität der Basisdienstleistung die Angebotsattraktivität wesentlich steigert, sollte auch für Informationsservices geprüft werden. Weiterhin ist die Beobachtung von Interesse, daß derjenige, der einen externen Informationsservice akzeptiert, eher zu einer Universal- als lediglich einer Spezialnutzung neigt — eine Erscheinung, der man heute z.B. in der Beratungspraxis dadurch Rechnung trägt, daß sich unterschiedliche Beratungsspezialisten wie Rechtsanwälte, Steuerberater, Finanzberater, Organisationsberater, Personalberater etc. zusammenschließen, um ihren Kunden Servicepackages offerieren zu können.'' (Lit. 95., S. 298f.)

Für Informationsdienstleistungsbetriebe gilt es deshalb zu prüfen, inwieweit das eigene Produktionsprogramm sinnvollerweise durch Fremdsortimente ergänzt werden kann (Eigenproduktion versus Fremdbezug).
Für produktpolitische Entscheidungen ist weiterhin relevant, inwieweit Informationsdienstleistungen nur in unmittelbarer (dialogischer) Abstimmung mit dem Nutzer erstellt werden können oder erklärungsbedürftig sind und so der (persönlichen) Interpretation bedürfen. ,,In diesen Fällen ist eine effiziente Kombination zwischen mediatisierter und persönlicher Dienstleistung notwendig'' (Lit. 95., S. 299).
Medienwahl und -gestaltung sind nach Weigand (in Anlehnung an Mc Luhan) weitere wichtige Gesichtspunkte bei Produktentscheidungen in Informationsdienstlei-

stungsbetrieben. Die für die Massenkommunikation formulierte These „the medium is the message" hat auch für die Dienstleistungen von z.B. Dokumentationseinrichtungen, Fachinformationszentren und Bibliotheken Gültigkeit. Da der Zugang zum Inhalt nur über das Medium (bedrucktes Papier oder Mikrofiche oder CD-Rom oder Online-Dienst usw.) möglich ist, kommt dessen Gestaltung im einzelnen erhebliche Bedeutung zu. „Insbesondere bei der Einführung neuer Informationsprodukte kann das Medienkonzept – je nach Prädisposition des Nutzers – akzeptanzhemmend oder – fördernd sein" (Lit. 95., S. 299 f.).

Sowohl die Entscheidung hinsichtlich der effizientesten Kombination zwischen „mediatisierter" und persönlicher Dienstleistung (jeweils für die betrachtete besondere Art von Informationsdienstleistungen) als auch die Wahl des geeignetsten Informationsmediums tangieren die im folgenden zu diskutierenden sog. Distributionsentscheidungen von Informationsdienstleistungsbetrieben.

F 6.4.1.2   Distributionspolitik

Die in diesem Bereich zu treffenden Entscheidungen beschäftigen sich ganz allgemein mit der Frage, wie eine Organisation (hier: eine Informationseinrichtung) ihre Produkte oder Dienstleistungen ihren Kunden verfügbar machen kann. Dabei geht es im einzelnen um

– die Wahl des sog. Distributionskanals,
– die Wahl und Gestaltung des Transportsystems,
– die Art und Qualität des Kundenservices,
– den Einsatz von Distributionsmittlern und die Möglichkeit ihrer Motivation,
– die Standortwahl eventuell notwendiger Verkaufsniederlassungen, Filialen und ähnlichem.

Weigand weist darauf hin, daß die Produktentscheidungen des Informationsdienstleistungsbetriebes zum Teil die entsprechenden Distributionsentscheidungen determinieren. So bestimmt z.B. die notwendige Dienstleistungsintensität die Qualifikation und Organisation des „menschlichen Distributionsmittlersystems" (z.B. von Informationsvermittlungsstellen, die selbständig arbeiten oder in bestimmte Organisationen eingebettet sind).
Oder: Die Art des Informationsprodukts bzw. des gewählten Mediums bestimmt weitgehend die Konzeption des sog. „Distributionskanals" (z.B. bei Online-Diensten).
„Distributionskonzeptionen für Informationsprodukte bedürfen einer besonderen Flexibilität. Sie müssen laufend überprüft und dem sich ändernden Nutzerverhalten angepaßt werden. Dies scheint insbesondere nach einer Phase der Produkt- beziehungsweise Medienakzeptanz – während der sich die Ansprüche des Informationsinteressenten an das Informationsprodukt ändern – notwendig. So braucht der Nutzer dann eventuell nicht mehr die Unterstützung durch menschliche Distributionsmittler, oder er benötigt weniger redundante, seiner fortgeschrittenen Medienkenntnis adäquate Retrievalmechanismen". (Lit. 95., S. 301)
Weigand vertritt die Ansicht, daß solchen Fragen beim Entwurf von insbesondere computerunterstützten Informationssystemen zu wenig Beachtung geschenkt wird.

Eine Überprüfung des Distributionssystems für Informationsprodukte bzw. -dienstleistungen kann immer auch durch technische Innovationen notwendig werden (vgl. z.B. die aktuelle Diskussion um die durch die Einführung des sog. Integrated Services Digital Network – ISDN – zu erwartenden revolutionären Veränderungen im Transport und in der nutzernahen Verarbeitung von elektronischen Informationsdienstleistungen).

Letztlich werden alle Distributionsentscheidungen durch die Regel bestimmt, daß ein Gut, um Nutzen zu stiften, zum rechtlichen Zeitpunkt, am rechen Ort und in der gewünschten Form dem Kunden zur Verfügung stehen muß. Aus den bisherigen Ausführungen unter F 6.2 und F 6.3 geht hervor, daß diese Formel für Informationsdienstleistungen in besonderm Maße gelten muß (vgl. die besonderen Merkmale des Gutes Information).

F 6.4.1.3 Promotionspolitik

Dieser Bereich des Absatzmarketing (oft auch ,,Kommunikationspolitik'', ,,Öffentlichkeitsarbeit'' oder ,,Public Relations'' genannt) stand in der Praxis bei Marketingaktivitäten von Informationseinrichtungen bisher eindeutig im Vordergrund des Interesses (vgl. deshalb die ausführliche Darstellung in Kap. F 7).

Grundsätzlich umfaßt der sog. ,,Promotionssubmix'' alle jene Instrumente des Marketingmix, deren Aufgabe die beeinflussende (persuasive) Kommunikation ist. Promotionsentscheidungen haben deshalb im wesentlichen folgende Fragestellung zum Inhalt (Lit. 95., S. 302);

– Ob und in welcher Form für ein Produkt geworben werden soll,
– ob und in welcher Form ,,Öffentlichkeitsarbeit'' möglich ist,
– wann und in welcher Form ein persönlicher Kontakt zu den – tatsächlichen und potentiellen – Kunden Erfolg verspricht,
– ob und in welcher Form Nutzungsanreize geschaffen werden können,
– welches Leistungs- und Angebotsimage den kognitiven und emotionalen Erwartungen der Nutzer am besten gerecht wird.

,,Da Produkte mit einem hohen ‚Software-Anteil' in besonderem Maße des ‚Vorverkaufens' bedürfen, spielen für Informationsprodukte die Instrumente der Promotionssubmix eine entscheidende Rolle. Der Absatz von Informationsprodukten bedarf des informationsbewußten Nutzers; das heißt, bevor ein erfolgreicher Vertrieb von Informationsprodukten möglich wird, ist es notwendig, daß der (potentielle) Kunde folgende Informationen zur Verfügung hat:

– Informationen über Informationsmöglichkeiten
– Informationen über die Handhabung des Informationsprodukts
– Informationen über die Informationsqualität und
– Maßstäbe zur Einschätzung des Informationswertes.

Die Vermittlung solcher (Meta-)Informationen muß immer unter Beachtung des Tatbestandes erfolgen, daß vor allem die gewohnte Informationsnutzung beziehungsweise Verhaltensnormen die Akzeptanz neuer Informationsquellen bestimmen. Eine ‚aggressive' Werbung, wie sie zum Teil im Konsumgüterbereich betrieben wird, dürfte wenig Erfolg auf Informationsmärkten haben. Sie läuft vielmehr Gefahr, mit Überzeugungen der Angesprochenen in Konflikt zu geraten und Nutzungsbarrieren auf- statt abzubauen.'' (Lit. 95., S. 302f.)

Für ein Marketing von Informationsdienstleistungen schlägt Weigang deshalb in diesem Bereich folgende Instrumente vor:

– ,,Öffentlichkeitsarbeit'' (mass contact) mit Hilfe derer z.B. in Fachzeitschriften,

Vorträgen, auf Konferenzen oder über regelmäßig erscheinende Newsletters ein breit gestreuter Interessentenkreis erreicht werden kann.

– Persönliche Kontaktaufnahme (personal contact), bei der insbesondere durch Vorsprache und konkrete Mitarbeit in Nutzerorganisationen die Chance zur ,,Öffnung'' des Marktes erwartet werden kann. Der persönliche Kontakt ist darüber hinaus zur Analyse der Bedarfssituation und zur Einleitung von Angebotsanpassungen wichtig.

Das soll nicht heißen, daß auf Werbeaktivitäten (im engeren Sinne) bei Informationsdienstleistungen ganz zu verzichten ist. Die Nutzung von Werbeträgern bzw. die Ausprägung eines Werbedesigns sind vielmehr wesentliche Beiträge zum Aufbau eines Leistungs- und Angebotsimages von Informationseinrichtungen. Hierbei sollte die Herausstellung von Eigenschaften, wie etwa Dienstbereitschaft, Leistungsbreite, Flexibilität, Sicherheit, Modernität und ähnliches den Vorzug vor detaillierten Produktdarstellungen haben. Es scheint im übrigen sinnvoll, diese imagebildenden Aussagen auch unmittelbar dem Medium beziehungsweise das Distributionssystem zu implementieren. (Lit. 95., S. 304)

Bei allen Promotionsentscheidungen von Informationseinrichtungen ist zu beachten, daß der eigentliche Absatzerfolg erst mit der erfolgreichen *Nutzung* der vermittelten Information gegeben ist. D.h. der Vertrieb von Informationsdienstleistungen ist zunächst nur Distribution der in ihnen enthaltenen potentiellen Informationsinhalte (vgl. dazu wiederum die Ausführungen zum Charakter des Gutes ,,Information'' und zum Nutzen von Informationsdienstleistungen unter F 6.2 und F 6.3.3.4). Insbesondere die Konzeption von Vertriebs- bzw. Nutzungsanreizsystemen bedarf deshalb gerade in Informationseinrichtungen einer vorsichtigen Handhabung. ,,Weder ein durch hohe Provision motivierter ,Nur-Verkäufer' (hierzu sei z.B. an die langjährige Diskussion über die Vertriebspraktiken von Fernlehrinstituten erinnert) noch der durch Statussymbolverleihung bedingte Nutzungsanreiz (z.B. durch Aufnahme in eine als elitär geltende Referenzliste) werden letztlich den Zielen eines richtig verstandenen Informationsmarketings gerecht. Erfolgversprechende Nutzungsanreize scheinen jedoch über bestimmte Formen der Preispolitik möglich zu sein.'' (Lit. 95., S. 304)

F 6.4.1.4   Preispolitik

Grundsätzlich bestimmen Ertragsziele wie Gewinnmaximierung, Kostendeckung oder Zuschlußminderung auf der einen Seite und Marktziele wie Nachfragesteigerung oder Nachfragereduktion auf der anderen Seite die Preisentscheidungen der Anbieter von Sachgütern und Dienstleistungen.

Bei Informationseinrichtungen, die zu einem hohen Prozentsatz als Nonprofit-Organisationen betrieben werden, sind preispolitische Entscheidungen oft auf die Fragestellung reduziert, ob die betreffenden Informationsdienstleistungen ohne oder gegen Entgelt abgegeben werden sollen. Die Debatte für oder gegen Preise für Informationsdienstleistungen wird seit Jahrzehnten in verschiedenen Ländern mit großer Vehemenz geführt (zunächst in den USA auf die Dienstleistungen von Bibliotheken bezogen, ab etwa Mitte der 70er Jahre in Zusammenhang mit den großen Förderprogramme der Bundesregierung auch hierzulande – vgl. die Darstellung dieser Diskussion bei Schwuchow (Lit. 77.). Die Befürworter von Preisen für Informationsdienstleistungen verweisen im allgemeinen auf die Effizienz marktwirtschaftlicher Ordnungsprinzipien für die Erstellung und Nutzung von Sachgütern und Dienstleistungen (hier: für Informationsdienstleistungen). Die Gegner von Preisen für solche Dienstleistungen verweisen im allgemeinen auf den Charakter von bestimmten Informationsdiensten als sog. „öffentliche Güter" (oder „Kulturgüter"), die ihren Nutzen für die Gemeinschaft erst dann richtig entfalten können, wenn sie möglichst für jedermann öffentlich zugänglich sind und in weitem Umfang genutzt werden.

Gibt eine Informationseinrichtung ihre Dienstleistungen unentgeltlich ab, so besteht die Gefahr (Lit. 95., S. 305), daß

– eine „redundante" Kundennachfrage die Kapazität der betreffenden Einrichtung übermäßig beansprucht,
– die sog. „Null-Tarif-Mentalität" beim Nachfragenden den Blick auf den Wert (Nutzen) der betreffenden Dienstleistung „trübt",
– Mitarbeitern und Management der Einrichtung ein quantitativer Leistungsmaßstab fehlt

Die Entscheidung zur Erhebung eines Leistungsentgelts wirft, da viele Informationseinrichtungen noch keine leistungsfähige Kostenrechnung haben bzw. eine genaue Kostenzurechnung prinzipiell auf Schwierigkeiten stößt, Probleme bei der *Preiskalkulation* auf (vgl. Lit. 77., S. 107ff.). Sieht man von dieser kostenrechnerischen Seite der Preisfestsetzung ab, so sind unter Marketinggesichtspunkten im wesentlichen Entscheidungen zur Preisdifferenzierung relevant (vgl. Lit. 77., S. 128ff.).

Es sind dies Fragen der Preisgestaltung, wie sie sich z.B. stellen

– bei der Einführung von Informationsdienstleistungen,
– hinsichtlich der Gewinnung neuer Kunden,
– im Hinblick auf Groß- und Kleinabnehmer,
– bei Eilaufträgen oder bei Nachfragern in Zeiten hoher oder niedriger Kapazitätsauslastung,
– beim Angebot von Leistungsabonnements.

Weigand (Lit. 95., S.306) weist darauf hin, daß es in jedem Fall sinnvoll ist, sowohl für die Ausbildung eines „Informationswert"-Bewußtseins des Kunden als auch der Mitarbeiter der Informationseinrichtung, wenn auch bei Verzicht auf ein Leistungsentgelt oder bei Erhebung einer Schutzgebühr eine den „tatsächlichen" Wert der betreffenden Informationsdienstleistung (d.h. mindestens den Kosten ihrer Erstellung und ihres Vertriebs) deklarierende Größe ausgewiesen wird.

F 6.4.2   Beschaffungsmarketing

Geht man von dem hier gewählten weiten Markt- bzw. Marketingbegriff aus, so sind auch die Beziehungen der Informationseinrichtungen zu ihrer „Input-Seite", d.h. zu externen Informationsquellen bzw. -einrichtungen, mit Hilfe von Marketingkonzeptionen zu gestalten. Den „Kundensegmenten des Absatzmarktes entsprechen hier Datenquellensegmente mit verschiedenen Eigenschaften wie Preis, Produktqualität, Service- und Garantieleistungen, Leistungspünktlichkeit und ähnliches" (Lit. 95., S. 306).

Je mehr eine Informationseinrichtung auf Fremdbezug von Leistungen angewiesen ist, um so wichtiger ist für sie die Funktion eines Beschaffungsmarketings. Besonders relevant werden Aktivitäten auf diesem Gebiet, wenn, wie dies heute zunehmend zu beobachten ist, Informationseinrichtungen auch ,,informelle" Quellen erschließen wollen (z.b. beim Aufbau von Expertendateien). Gerade im Bereich des Beschaffungsmarketings von Informationseinrichtungen ist deswegen eine besonders hohe Fachkompetenz der Mitarbeiter sowie eine leistungsfähige Organisation der Datenaquisition notwendig. ,,In der Praxis scheint man machmal − die aus dem EDV-Bereich stammende Feststellung ,garbage in − garbage out' ignorierend − der Beschaffungsseite nicht die ihr entsprechende Aufmerksamkeit zu schenken." (Lit. 95., S. 307)

F 6.4.3   Marketing der Nonprofit-Organisationen gegenüber ihren Trägern

Nonprofit-Organisationen bedürfen, wegen der fehlenden Gewinnerzielung als eines überzeugungsstarken Erfolgsnachweises, in besonderem Maße des ,,Verkaufs" ihrer Leistungsfähigkeit gegenüber den Budgetverantwortlichen. Besonders in Zeiten notwendiger Budgetkürzungen besteht oftmals für Informationseinrichtungen die Gefahr überproportionaler Mittelstreichungen (wie z.B. gegenwärtig besonders bei Bibliotheken). In vielen Fällen kommt es zu solchen Reaktionen nur deshalb, weil Informationseinrichtungen es nicht vermögen, die von ihnen erbrachten Leistungen für alle sichtbar darzustellen (vgl. zu den Problemen der Nutzenmessung die Ausführungen unter F 6.3.3.4). Informationseinrichtungen argumentieren häufig nur in den unmittelbar meßbaren Größen wie beantwortete Anfragen, ausgeliehene Bücher, erstellte Fotokopien usw. Eine wirklich erfolgreiche Leistungsdarstellung muß sich jedoch darüberhinaus um einen Nachweis der Nutzenstiftung der Informationsdienstleistung im Bereich der Nutzer bemühen. Hinweise auf die Verkürzung von Problemlösungs- und Entscheidungsprozessen, auf Konfliktlösungen oder Marktanteilvergrößerung und ähnliches als mittelbares oder unmittelbares Ergebnis von Informationsdienstleistungen dürften dabei den höchsten Überzeugungswert besitzen. ,,Ohne Kunden- und Problemnähe sind natürlich die hierfür notwendigen Informationen nicht zu erhalten. Die Installation entsprechender Feedbackmechanismen ist deshalb unumgänglich" (Lit. 95., S. 307).

Eine im Mai 1987 in Garmisch-Partenkirchen durchgeführte Konferenz zum Thema ,,Marketing für Fachinformation" gibt einen Überblick über den aktuellen Stand der Diskussion zum Informationsmarketing (Lit. 22.). Hier wurde auch von verschiedenartigen Anbietern von Informationsdienstleistungen (Fachverlage, Fachinformationszentren, Online-Datenbankanbieter, innerbetriebliche Informationsvermittlungsstellen) über konkrete Marketingstrategien und -aktivitäten berichtet. Auf der anderen Seite wurde das Marketing verschiedener Anbieter aus Nutzer- (bzw. Informationsvermittler)sicht bewertet.
Auch im Bereich des deutschen Bibliothekswesens ist in jüngster Zeit ein Umdenken in Richtung Marketing zu beobachten (vgl. Lit. 06. zur Entwicklung einer Marketingkonzeption für Öffentliche Bibliotheken in der Bundesrepublik).

F 6.5   Gesamtwirtschaftliche Aspekte der Fachinformation

F 6.5.1   Die Rolle des Staates im Fachinformationsbereich

Um die laufenden Diskussionen über die Rollen des Staates einerseits und der privatwirtschaftlichen Initiativen andererseits im Bereich der Fachinformation verstehen zu können, sei ein kurzer historischer Rückblick gestattet.

Informationspolitisch lassen sich in den USA − und mit einiger Zeitverzögerung auch in einigen westeuropäischen Ländern − nach dem 2. Weltkrieg zwei Entwicklungsphasen unterscheiden:

(1) Die Zeit von etwa Ende der 50er Jahre oder Anfang der 60er Jahre in den USA (in der Bundesrepublik Deutschland dauerte diese Phase bis etwa Mitte oder Ende der 70er Jahre an).

In dieser Zeit herrschte die Ansicht vor, daß es sich beim wissenschaftlichen Informationstransfer (und hierum ging es damals im wesentlichen) um eine Aufgabe handelt, die vorwiegend staatliches Handeln erfordert, weil private Träger damit überfordert sind. Diese Phase läßt sich mit dem Klischee *„Informationsexplosion"* oder „Informationslawine" kennzeichnen.

Staatliche Gelder flossen in dieser Phase für die wissenschaftliche und technische Information im Überfluß. Besonders in den USA gab es als Reaktion auf den sog. „Sputnik-Schock" (1957) eine Reihe von staatlichen Förderungsprogrammen für wissenschaftliche und technische Informationsaktivitäten − ausgelöst durch den sog. „Weinberg"-Bericht (Lit. 67.).

(2) Die 2. Phase von etwa Ende der 60er oder Anfang der 70er Jahre in den USA (und von etwa Ende der 70er Jahre in der Bundesrepublik) bis heute könnte mit dem Schlagwort *„Rationalisierung des Informationstransfers"* bezeichnet werden.

Seit dieser Zeit fließen die staatlichen Gelder für den Fachinformationsbereich nicht mehr im Überfluß. Dies hat verschiedene Gründe: Vietnamkrise und Bildungskrise Ende der 60er Jahre in den USA, Beginn der weltweiten Rezession der Volkswirtschaften in den 70er Jahren, die zunehmenden Umweltkrisen, die Grenzen des Wirtschaftwachstums usw.

Staatliche Gelder wurden von den Bereichen „Bildung" und „Information" für andere Zwecke abgezogen. Staatliche Mittel wurden generell immer knapper. Eine Politik der Sparsamkeit und Wirtschaftlichkeit setzte sich auch im Fachinformationsbereich immer mehr durch.

In dieser Phase kam man immer stärker zu der Auffassung, Informationsdienstleistungen soweit als möglich nach privatwirtschaftlichen Maximen zu erbringen. Die sog. „information industry" gewann − zunächst in den USA − immer mehr an Raum und Gewicht. Gleichzeitig wurden aber auch zunehmend in verschiedenen westlichen Industrieländern staatliche „Programme" zur Entwicklung und Rationalisierung des fachlichen Informationstransfers gefordert.

In dieser 2. Phase, also ab etwa Mitte der 70er Jahre, begann die Diskussion über die Rolle des Staates im Bereich der Fachinformation.

Vom Standpunkt der Wirtschaftswissenschaften aus betrachtet, läßt sich die Rolle des Staates prinzipiell unter vier Punkten zusammenfassen (Lit. 27.):

(1) Staaten sind zunächst selbst Produzenten, Vermittler und Konsumenten großer
    Mengen von Fachinformation.
    So könnten sie in einigen Teilbereichen beträchtlichen Einfluß auf die Preise
    von Informationsdienstleistungen nehmen – falls sie dies wünschen.
    Häufig sind dabei jedoch gesamtwirtschaftliche und gesellschaftliche Gesichts-
    punkte zu beachten (z.b. Schutz sozial schwacher Gruppen, freier Zugang zu
    bestimmten Informationen für jeden Staatsbürger).
(2) Staaten könnten Fachinformationsaktivitäten durch Besteuerung einerseits und
    Subventionierung andererseits beeinflussen.
(3) Staaten könnten den Fachinformationsbereich durch ordnungspolitische Maß-
    nahmen beeinflussen:
    z.b. durch Formulierung informationspolitischer Ziele, durch rechtliche Vor-
    schriften (z.b. zum Wettbewerbsrecht, Datenschutzrecht, Grundrecht der frei-
    en Information).
(4) Staaten könnten den Wunsch haben, die verschiedenen Teilnehmer am Infor-
    mationsmarkt (Produzenten, Anbieter, Konsumenten) in ihrem Verhalten zu
    beeinflussen: z.b. durch Aufklärung, Schulung, Ausbildung, Unterstützung
    von Forschung und Entwicklung in diesem Bereich.
Für den Ökonomen stellt sich die Frage, welche dieser staatlichen Rollen – die sich
manchmal widersprechen können – unter bestimmten Voraussetzungen wünschenswert sind.
Um darauf antworten zu können, muß man die grundsätzliche Frage nach dem
Charakter des Gutes „Fachinformation" aufwerfen (vgl. dazu auch die Ausführungen in Abschnitt F 6.2 und F 6.3.3.4).

F 6.5.2   Der besondere Charakter des Gutes „Fachinformation"

Gehören Fachinformationsdienste zu den sog. *öffentlichen Gütern, deren Produktion und Verteilung der staatlichen Kontrolle unterliegen müssen oder sollten* – im
Gegensatz zu den *privaten Gütern,* deren Produktion und Verteilung dann am effizientesten geschieht, wenn man sie privatwirtschaftlichen Entscheidungen und dem
Wirken des sog. Marktmechanismus überläßt?
Ich will jetzt hier nicht zu tief in die ökonomische Theorie der öffentlichen Güter
(vgl. z.B. Lit. 63., S. 8ff.) einsteigen. Stattdessen will ich der Einfachheit halber einige Thesen zur Diskussion stellen, deren genauere Ableitungen Sie an anderer Stelle finden können (Lit. 77.).

Man unterscheidet 2 Arten von öffentlichen Gütern:
(1) Güter, die innerhalb einer staatlichen Ordnung allen im gleichen Umfang zugute kommen
    und von deren Nutznießung sich keiner ausschließen kann bzw. bei denen der Ausschluß
    von Nutznießern aus technischen Gründen nicht oder nur zu unverhältnismäßig hohen
    Kosten möglich ist (es gilt nicht das sog. Ausschlußprinzip). Beispiele für solche Güter:
    nationale Verteidigung, innere Sicherheit, Rechtsschutz, Umweltschutz usw. Marktwirt-
    schaftlich können deshalb solche Güter nicht produziert und angeboten werden, weil die-
    jenigen, die nicht bereit sind, dafür zu zahlen, trotzdem von ihrem Genuß nicht
    ausgeschlossen werden können.

Aus diesem Grund kann kein Produzent eines solchen Gutes mit einem Erlös rechnen, der seine Kosten deckt.

(2) Güter, bei denen das Ausschlußprinzip zwar technisch anwendbar ist, und deren Produktion und Verteilung deshalb auch prinzipiell durch den Marktmechanismus gesteuert werden kann (die also rein technisch als private Güter anzusehen sind), bei denen jedoch die Versorgung über den Markt im Sinne des Gemeinwohls als unzureichend angesehen werden kann (Man spricht hier auch von ,,Marktversagen'' vgl. F 6.5.3). Beispiele: Schulbildung, öffentliche Parks und Sportstätten, Theater, öffentliches Gesundheitswesen, sozialer Wohnungsbau, öffentliche Verkehrsleistungen, Post- und Fernmeldewesen. Man nennt solche Güter auch *,,meritorische Güter''*. Ob und in welchem Umfang der Staat hier eingreifen soll, ist durchaus umstritten.

Solche Güter können von privaten Wirtschaftssubjekten am Markt oft nur zu solchen Preisen angeboten werden, daß bestimmte Gruppen von Staatsbürgern von deren Konsum ausgeschlossen werden.

Bei solchen Sachgütern und Dienstleistungen ist jedoch dem Staat daran gelegen, daß der Benutzerkreis größer ist als er sein würde, wenn nur diejenigen diese Güter in Anspruch nehmen würden, die bereit sind, dafür einen kostendeckenden Preis zu zahlen. Der Grund: Diese Güter stiften neben dem individuellen Nutzen einen besonders großen *gesellschaftlichen Nutzen*.

Aus diesem Grunde greift der Staat hier in die Konsumentensouveränität ein. Er richtet sich nicht nach den in der marktmäßigen Nachfrage zum Ausdruck kommenden Präferenzen der Staatsbürger, sondern bemißt die Produktion und Verteilung solcher Güter nach politischen Gesichtspunkten.

Der Staat hält die Bedürfnisse, die vermittels solcher Güter befriedigt werden können, für wichtiger, als die einzelnen Staatsbürger dies vielleicht tun würden. Er subventioniert deshalb die Produktion von solchen Gütern in irgendeiner Weise, um deren Inanspruchnahme auszuweiten.

Die Beantwortung der Fragen, ob Fachinformationsdienste zu den privaten oder öffentlichen Gütern und gegebenenfalls zu welcher der beiden Arten von öffentlichen Gütern zu rechnen sind, wird durch folgende Umstände erschwert.

Die Grenzziehung zwischen privaten und öffentlichen Gütern bzw. zwischen öffentlichen Gütern erster und zweiter Art ist strittig. Sie ist einerseits fließend und andererseits das Ergebnis politische Entscheidungen, die sich an den Grundwerten der betreffenden Wirtschafts- und Gesellschaftsordnung orientieren. Beispiele für Güter in diesem Grenzbereich: Lehrmittel an Schulen, ärztliche Betreuung. Das Auschlußprinzip trifft hier nur auf Teile des erzielten Nutzens zu, nicht aber auf den Gesamtnutzen, den diese Güter stiften.

Die betroffenen Schüler und Patienten in den genannten Beispielen haben von diesen Gütern zunächst einen unmittelbaren Nutzen. Darüberhinaus gewinnt aber jeder vom Leben in einem Gemeinwesen, dessen Ausbildungsstand und Gesundheitsdienst ein höheres Niveau haben. In vielen Staaten werden deshalb Lehrmittel an Schulen und ärztliche Dienstleistungen vom Staat subventioniert, teilweise werden sie den Benutzern sogar kostenlos zur Verfügung gestellt.

Fachinformationsdienste sind nun genau diesem fließenden Grenzbereich zwischen öffentlichen und privaten Gütern zuzuordnen.

Sie gehören grundsätzlich sicher nicht zu den öffentlichen Gütern erster Art, da sie weder allen innerhalb der staatlichen Ordnung automatisch in gleichem Umfang zugute kommen, noch der Ausschluß des einzelnen von ihrer Nutzung unmöglich ist.

Jedoch gilt das Ausschlußprinzip nicht für den Gesamtnutzen, den Fachinformationsdienste stiften.

Sie kommen in gewissem Umfang über den individuellen Nutznießern hinaus auch der gesamten Gesellschaft zugute: In einer gebildeten und informierten Gesellschaft funktionieren demokratische Staatsformen besser. Ein effizienter Transfer von wissenschaftlicher und technischer Information z.b. in die industrielle Produktion erhöht die internationale Wettbewerbsfähigkeit der nationalen Wirtschaft und wirkt sich positiv auf den Lebensstandard der Staatsbürger aus usw.

Fachinformationsdienste können deshalb generell zu den öffentlichen Gütern zweiter Art (meritorischen Gütern) gerechnet werden.

Die Produktion und Verteilung von Fachinformation sollte deshalb in unseren ,,gemischten Wirtschaftssystemen'' (soziale Marktwirtschaft) *nicht allein* dem Markt überlassen werden.

Fachinformationsdienste sollte man jedoch *nicht pauschal* in eine Kategorie einordnen. Vielmehr sind die unterschiedlichen Arten dieser Dienste an unterschiedliche Stellen auf dem Kontinuum zwischen öffentlichen und privaten Gütern einzuordnen.

Der Bereich der Wirtschaftsinformation z.b. ist hier sicher woanders einzuordnen als andere Bereiche der Fachinformation (z.b. naturwissenschaftliche, medizinische, geisteswissenschaftliche Information).

Im Bereich der Wirtschaftsinformation wird der Staat weniger als Anbieter und Konsument von Informationsdiensten in Erscheinung treten, sondern sich mehr auf seine ordnungspolitische Funktion beschränken.

Eine staatliche Subventionierung der Anbieter von Informationsdiensten in diesem Bereich auf Dauer erscheint aus diesen Gründen nicht angebracht.

F 6.5.3   Das Marktversagen im Fachinformationsbereich

Ich will jetzt versuchen, einige weitere Argumente aufzulisten (neben den bereits genannten: sozialer Nutzen usw.), die für staatliche Eingriffe in eine rein marktwirtschaftliche Regulierung des Fachinformationsbereichs sprechen.

Aus einer Reihe von ,,strukturellen'' Gründen kann nämlich der sog. Marktmechanismus nur sehr eingeschränkt bei der Steuerung der Austauschbeziehungen im Bereich der Fachinformation wirken. Diese Gründe sind:

(1) Die Nachfrage (bzw. der Bedarf) für die meisten Fachinformationsdienste ist von Natur aus relativ begrenzt. Diese Dienste wenden sich in der Regel an ein mehr oder weniger spezialisiertes Fachpublikum – meist auch noch innerhalb eines beschränkten Sprachraumes. Sie sind deshalb relativ teuer (z.b. Fachliteratur im Vergleich zu schöngeistiger Literatur). Der Verkauf dieser Dienste kann deshalb kaum ein ,,Massengeschäft'' werden. Die Nachfrage läßt sich durch Preissenkungen nicht beliebig ausweiten.
Dieses Merkmal gilt sicher mehr für die wissenschaftliche und technische Information und weniger für die Wirtschaftsinformation.

(2) Die Produktion von Fachinformationsdiensten ist mit relativ hohen Investitionen verbunden (Ausrüstung mit EDV-Anlagen, Kosten einer Anlaufphase) und

mit relativ hohen laufenden Fixkosten. Zu den letzteren zählen insbesondere die sog. Inputkosten (alle Kosten bis zur Erstellung der recherchierbaren Datenbanken), die in einer Größenordnung von 70 – 90 % der laufenden Gesamtkosten comptergestützter Informationszentren liegen.

Diese hohen fixen Kosten können in den meisten Fällen nicht durch Markterlöse gedeckt werden, da eine Ausweitung der Absatzmengen nur relativ begrenzt möglich ist.

(3) Der Wettbewerb zwischen einer größeren Zahl von Anbietern gleichartiger oder ähnlicher Informationsdienste ist nur beschränkt möglich.

Die hohen Startkosten und laufenden fixen Kosten einerseits, und die geringen Absatzerwartungen andererseits sind ,,natürliche'' Zugangsschranken zu diesem Markt. Gleichartige Informationsdienste (nach Art, Form, Inhalt, Fachgebiet, Sprachraum usw.) werden deshalb äußerst selten von mehr als einer Institution angeboten.

Mit anderen Worten: Märkte mit vollständiger (oder annähernd vollständiger) Konkurrenz kann es in der Fachinformation kaum geben.

Und nur auf solchen Märkten entfaltet der Marktmechanismus seine segensreichen Wirkungen für alle Beteiligten (die sog. ,,unsichtbare Hand'' von Adam Smith). Vielmehr besteht in der Fachinformation eine Tendenz zu sog. ,,natürlichen'' Monopolen.

Dieses zuletzt genannte Merkmal von Informationsmärkten gilt vielleicht weniger für den englischen Sprachraum, wo doch im Bereich der Online-Dienste eine ganze Reihe von Anbietern miteinander konkurrieren (vgl. dazu F 6.6).

Auch aus diesen Gründen wird also der Privatsektor generell nicht dahin tendieren, ein gesamtgesellschaftlich gesehen optimales Angebot an Fachinformationsdiensten bereitzustellen – mit Einschränkung vielleicht wieder für den Bereich der Wirtschaftsinformation.

Was spricht nun, auf der anderen Seite, gegen ein zu starkes staatliches Engagement im Fachinformationsbereich – oder gegen ein solches Engagement überhaupt (wie einige Kritiker meinen).

F 6.5.4 Das Staatsversagen im Fachinformationsbereich

Hier sind unter anderem die folgenden Gesichtspunkte anzuführen (vgl. Lit. 27.):

(1) Da ist zunächst die Gefahr des Entstehens neuer Bürokratien durch eine zentrale (staatliche) Lenkung der Produktion und Verteilung von Informationen.

Zentrale bürokratische Organisationen haben – im Fachinformationsbereich wie anderswo – vor allem den Nachteil, daß sie wechselnden Bedingungen allenfalls langsam und schwerfällig folgen können. Es besteht außerdem die Gefahr, daß sie den Wettbewerb behindern, die Meinungsvielfalt tendenziell einschränken, die Macht über zentral gespeicherte Daten (über einzelne Bürger z.B.) mißbrauchen.

(2) Andererseits ist sehr fraglich, ob staatliche Informationsanbieter mit privatwirtschaftlichen Anbietern überhaupt konkurrieren können – oder ob sie dazu aus den genannten Gründen zu schwerfällig sind.

(3) Es ist ebenso fraglich, ob die staatliche Bürokratien in der Lage sein werden, die erkannten gesellschaftlichen Ziele (Sicherung der Informationsversorgung für alle, Erreichung eines gesamtgesellschaftlichen Optimums der Informationsversorgung usw.) zu erreichen. Zentrale Kosten-Nutzen-Analysen für den Informationsbereich sind kaum aussagefähig (und außerdem sehr teuer) — vgl. dazu unter F 6.3.3.5.

(4) Außerdem hat in Demokratien jede staatliche Organisation die Schwierigkeit, ihre Ziele exakt zu bestimmen. Sie benötigt für ihre Ziele und Maßnahmen immer einen maximalen gesellschaftlichen Konsens. Dies führt zu einer Tendenz der verschwommenen Formulierung von staatlichen Zielen und Maßnahmen.

(5) Schließlich tendieren staatliche Entscheidungsträger häufig dahin, die gesellschaftlichen Zielsetzungen durch ihre ganz persönlichen Ziele zu ersetzen. Dies ist um so leichter möglich, je verschwommener die gesellschaftlichen Ziele sind.

F 6.5.5   Ein vorläufiges Resümee

Ich will versuchen, aus dem unter F 6.5 bisher Gesagten einige Schlußfolgerungen zu ziehen.

Es bildet sich offenbar zunehmend die Meinung heraus, daß es gesamtwirtschaftlich und gesamtgesellschaftlich betrachtet nicht opportun ist, auf eine staatliche Förderung der Fachinformation ganz zu verzichten (vgl. auch Lit. 39.). Es sieht so aus, als wenn es im Gesamtbereich der Fachinformation (also einschließlich: Verlage, Bibliotheken, Beratungsfirmen usw.) in Zukunft zwei Bereiche nebeneinander geben wird (zumindest auf die Bundesrepublik Deutschland bezogen), d.h. der Fachinformationsbereich selbst wird ein sog. *„gemischtes Wirtschaftssystem"* sein:

(1) Einen Bereich, in dem es genügend Nachfrage nach Fachinformationsdiensten und damit ausreichende Ertrags- und Gewinnaussichten für die Anbieter solcher Dienste geben wird. Hier wird in ausreichendem Maße privatwirtschaftliche Initiative entstehen, um alle Informationsbedürfnisse zu befriedigen (siehe die jüngsten Anstrengungen von Pergamon, Thyssen, Bertelsmann, Gruner & Jahr, Mc Graw Hill, Reuters usw.).
In diesem Bereich wird es genügend Anreize zu Innovationen geben: Auf der Grundlage bestehender Datenbasen werden neuartige Dienste entwickelt, neue Vertriebswege gefunden und immer neue Technologien eingesetzt und miteinander verbunden werden (Stichworte: Veredelung, Verdichtung, Verknüpfung, Interpretation, Informationsvermittlung + Beratung usw.). In diesem Bereich der „Informationsindustrie" werden kapitalkräftige Firmen die Schrittmacher sein (wegen des hohen Kapitalbedarfs infolge der rasanten Fortschritte der Informationstechnologien). Beispiele: Wirtschaftsinformation, technische Information (anwendungsnah), Verbraucherinformation, Kreditinformation, Börseninformation.

(2) Einen Bereich, in dem es auch in Zukunft nur relativ kleine Benutzergruppen geben wird, in dem jedoch eine wirkungsvolle Informationsvermittlung einen hohen Nutzen für die Volkswirtschaft bzw. die Gesamtgesellschaft hat.
In diesem Bereich wird es wegen der geringen Ertrags- und Gewinnaussichten kaum Privatinitiativen geben. Hier werden die Stückkosten der Informationsdienste wegen des geringen Absatzes immer relativ hoch sein, d.h. die Informationsdienste werden hier — trotz verbesserten Marketings — nicht über Verkaufserlöse allein zu finanzieren sein.
In diesem Bereich muß deshalb der Staat auf Dauer finanziell eingreifen. Beispiele: natur-

wissenschaftliche und technische Information (insbesondere Grundlagenforschung), sozial- und geisteswissenschaftliche Information, Information im Gesundheitswesen, im Bildungswesen, Rechtsinformation usw.

F 6.6 Die Entwicklung des internationalen Online-Marktes

Die Informationsmärkte befinden sich in der Bundesrepublik Deutschland (wie auch in anderen Ländern) in einem Umbruch.
Diese Entwicklung ist, z.b. zurückzuführen auf:
- Das Vordringen *neuer Informations- und Kommunikationstechnologien* bei Erstellung und Vertrieb von Informationsdienstleistungen (z.B. Mikro- oder Personal-Computer, neue Softwareprodukte, neue Telekommunikationsnetze und -dienste, neue optische Speichermedien).
- Einer Tendenz zur *Integration* bisher getrennter Produktionsprozesse für Informationsprodukte und -dienstleistungen (z.b. Verbund von gedruckten Diensten, Online-Diensten oder Mikrofilmdiensten bei Literaturnachweis und -versorgung; oder: Gemeinsames Angebot von Literatur, Fakten- und Volltextdatenbasen; oder: Verbund zwischen Bibliotheken, Verlagen, Buchhandel und Datenbanken; oder: ,,electronic publishing'' als integrierter Prozeß vom Autor bis zum Leser; oder: Verbund zwischen Nachweis von Information und Beratung).
- Einer Tendenz zur *Internationalisierung* dieser Märkte (Gründe hierfür sind z.b. der große Kapitalbedarf, die Existenz weltumspannender Telekommunikationsnetze, das Engagement weltweit tätiger Unternehmen in wachstumsträchtigen Branchen – vgl. im einzelnen dazu Lit. 14.).

Einer der Informationsmärkte, die ganz neu entstanden sind, ist der (weltweite) *Markt für Online-Informationsdienste*. Dieser Markt hat heute mit die höchsten Wachstumsraten aller Informationsmärkte. Seine Entwicklung bestimmt heute schon maßgeblich die Strukturen des Fachinformationsbereichs in vielen Ländern und wird die Zukunft dieses Bereichs wahrscheinlich ganz wesentlich mitbeeinflussen.

Aus diesen Gründen sollen im folgenden einige Tendenzen der Entwicklung dieses Marktes kurz dargestellt werden (vgl. Lit. 75., Lit. 81.).

Man sollte der Klarheit wegen von vornherein zwei Arten von Online-Informationsdiensten unterscheiden:

(1) *Online-Datenbank-Dienste* (,,Online Database Services'' oder ,,Historical Database Services'').
Hier kann auf die Inhalte der online verfügbaren Datenbanken zeitlich unbegrenzt (retrospektiv) und wiederholt zurückgegriffen werden.

(2) *Real-Time-Online-Informationsdienste* (,,Realtime Online Services'')
Die hier angebotenen Informationsinhalte ändern sich sehr rasch – im Extremfall in Sekunden (Beispiele: Wertpapier-, Waren- und Devisenkursnotierungen an den Börsen, Pressemitteilungen, andere Finanz- und Wirtschaftsdaten).

Während die meisten der angebotenen Online-Informationsdienste Datenbankdienste sind, haben dennoch die Real-Time-Dienste vom Umsatzvolumen her den weitaus größeren Anteil auf dem internationalen Online-Markt.

Der Online-Markt hat sich in etwa 20 Jahren aus bescheidenen Anfängen zu einer „Industrie" entwickelt, deren Umsätze heute schon in die Milliarden gehen (bemerkenswert, wenn man diese Entwicklung etwa mit der heute ca. 500-jährigen Geschichte gedruckter Publikationen vergleicht!). Dabei sollte jedoch nicht vergessen werden, daß das starke quantitative Wachstum dieses Marktes erst in der ersten Hälfte der 80er Jahre begann (vgl. dazu weiter unten).

Im folgenden werden einige Meilensteine in der Entwicklung dieses Marktes genannt:

1969 – Telerate wurde als einer der ersten Real-Time-Online-Dienste gegründet.

1969 – Dialog (ein heute sehr erfolgreicher Online-Datenbankdienst, von der US Firma Lockheed entwickelt) wurde gegründet und startete seinen kommerziellen Betrieb 1973.

1970 – Medlars startete seinen ersten Online-Dienst (AIM-TWX).

1973 – Der amerikanische Mead-Konzern startete seinen juristischen Online-Dienst LEXIS.

1973 – Die britische Nachrichtenagentur Reuters führte ihr Börseninformationssystem MONITOR ein.

1973 – Ca. 300 Online-Datenbanken waren öffentlich zugänglich.

1977 – 1. Internationale Online-Konferenz in London.

1980 – Mead startete seinen Online-Pressenachrichten-Dienst NEXIS (Volltext).

1985 – Reuters machte weltweit Umsätze von ca. 505 Millionen US-Dollar allein mit Online-Informationsdiensten.

1987 – Mead machte allein mit LEXIS einen Gewinn von ca. 30 Millionen US-Dollar (vor Steuern).

1988 – Mehr als 3700 Online-Datenbanken waren öffentlich zugänglich.

Im Januar 1988 wies das „Directory of Online Databases" von Cuadra/Elsevier bereits insgesamt 3699 öffentlich zugängliche Datenbanken für den Zeitpunkt Dezember 1987 nach. *Abb. 5* zeigt die Entwicklung der Zahl der öffentlich zugänglichen Datenbanken, der Zahl der Datenbasishersteller und der Zahl der Rechenzentren (bzw. Betreiber von Rechenzentren), die den Online-Zugriff auf Datenbanken ermöglichen (sog. „Hosts"). Die Tabelle zeigt von Anfang/Mitte der 80er Jahre z.T. stark abfallende Wachstumsraten. Dabei ist jedoch das absolute Niveau der

Zeitpunkt	Zahl der Online-Daten-banken	Jähliches Wachstum in %	Zahl der Daten-basis-hersteller	Jährliches Wachstum in %	Zahl der Hosts	Jährliches Wachstum in %
Ende 1979	400		221		59	
Ende 1980	600	50	340	54	93	60
Ende 1981	965	60	512	50	170	63
Ende 1982	1 350	40	718	40	213	25
Ende 1983	1 878	40	927	30	272	26
Ende 1984	2 453	30	1 189	23	362	33
Ende 1985	2 901	18	1 379	16	454	25
Ende 1986	3 369	16	1 568	14	528	16
Ende 1987	3 699	8	1 685	7	555	45
Quelle: Cuadra/Elsevier Directory of Online Databases 9 (1988) Nr. 1, January 1988						

Abb. 5: Weltweite Entwicklung des Angebots an Online-Datenbanken

Zahlen, die natürliche Sättigung eines Marktes und insbesondere die Tatsache zu berücksichtigen, daß mit der Zahl verfügbarer Datenbanken noch keineswegs deren Nutzung korreliert sein muß. Und in der Tat: Die Umsätze mit Online-Datenbanken (bzw. -diensten) steigen von Jahr zu Jahr noch gewaltig (vgl. weiter unten). Cronin (Lit. 14.) weist auf die Änderungen im Datenbankangebot hin. Die Online-Datenbanken der ersten Generation waren in der Tendenz:

- staatlich subventioniert,
- vor allem Literaturdatenbanken,
- vor allem aus den Bereichten: Naturwissenschaften, Technik, Medizin, Bildung (bzw. auf die Bedürfnisse dieser Bereiche ausgerichtet),
- vor allem durch Informationsvermittler genutzt.

Heute gehen die Trends zu:

- kommerziellem Angebot (und kommerzieller Produktion) von Online-Datenbanken,
- Volltext- und numerischen Datenbanken,
- Datenbanken aus Bereichen (bzw. für solche Bereiche) wie: Finanzinformation, Wirtschaftsinformation, Börseninformation, Rechtsinformation, touristische Information,
- mehr Benutzern aus der Privatwirtschaft,
- Real-Time-Nutzung und „dynamischer" Nutzung (z.B. mit Hilfe von Verarbeitungsprogrammen),
- Nutzung durch den Endbenutzer (ohne Zwischenschalten eines Informationsvermittlers).

Abb. 6 zeigt die Verteilung der Datenbanken, die Ende 1987 verfügbar waren, nach Herstellerländern.

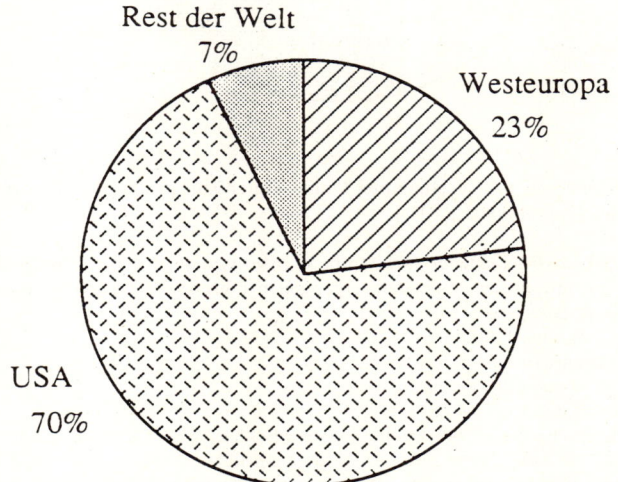

Abb. 6: Zahl der Ende 1987 verfügbaren Online-Datenbanken (3699) nach Herstellerländern
Quelle: Irwin 1988 (Lit. 37.)

Die Bundesrepublik als Herstellerland hatte einen Anteil von ca. 7 % an diesen Datenbanken. Die Vormachtstellung der USA bei der Produktion von Online-Datenbanken impliziert für die anderen Länder folgende Probleme:
– Andere Länder könnten in eine gewisse Abhängigkeit geraten, denn wer garantiert für den immerwährenden freien Fluß der Informationen über die Ländergrenzen und dafür, daß keine Informationen zurückgehalten und zensiert werden?
– Naturgemäß werden US-Quellen in den Datenbanken stärker berücksichtigt. D.h. der Nutzer findet überwiegend US-Produkte, -Methoden und -Institutionen auf wirtschaftlichen, technischen und wissenschaftlichen Gebieten. Dies kann langfristig die Wettbewerbsfähigkeit von Einrichtungen und Personen in den anderen Ländern schwächen.
Die Verteilung der Ende 1987 angebotenen Datenbanken nach Fachbereichen zeigt *Abb. 7.*

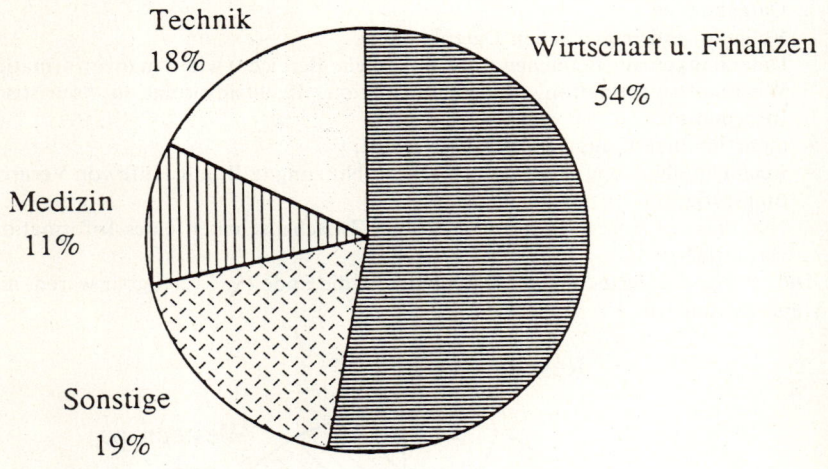

Abb. 7: Zahl der Ende 1987 verfügbaren Online-Datenbanken (3699) nach Fachgebieten
Quelle: Irwin 1988 (Lit. 37.)

Nach den Angaben verschiedener Autoren bzw. Institute haben sich die weltweiten *Umsätze* mit Online-Informationsdiensten in den vergangenen Jahren schätzungsweise (konservativ geschätzt) wie folgt entwickelt:
1985 ca. 2,5 Milliarden US-Dollar
1986 ca. 3,1 Milliarden US-Dollar
1987 ca. 3,7 Milliarden US-Dollar
1988 ca. 4,2 Milliarden US-Dollar
Das sind beträchtliche Wachstumsraten. Es wird geschätzt, daß der Online-Markt in den USA seit den frühen 70er Jahren eine durchschnittliche jährliche Wachstumsrate von ca. 23 % hatte. In den späten 70er Jahren hat diese Rate zwischen 25 und 30 % gelegen. Es wurde vorausgesagt, daß diese Wachstumsrate bis 1990 auf etwa 10 bis 15 % in den USA zurückgehen würde (Business Week vom 25. August 1986).

Für den westeuropäischen Online-Markt (EG-Mitgliedsländer, Skandinavien, Schweiz, Österreich) wird die durchschnittliche jährliche Wachstumsrate zwischen 1982 und 1985 auf ca. 40 % und zwischen 1985 und 1990 auf etwa 30 % geschätzt (vgl. Lit. 75.).

Diese Wachstumsraten liegen z.T. ganz beträchtlich über den Wachstumsraten anderer Wirtschaftssektoren bzw. auch der gesamten Volkswirtschaft in den hochentwickelten Industrieländern. Ein Vergleich der geschätzten durchschnittlichen jährlichen Wachstumsraten verschiedener Wirtschaftsbereiche in der Bundesrepublik Deutschland für die 80er Jahre macht dies sehr deutlich (Angaben aus verschiedenen Quellen):

Gesamtwirtschaft	ca. 2,3 %
Chemische Industrie	ca. 3,0 %
Informations- und Kommunikationstechnologien	ca. 7,5 %
Software-Markt	ca. 25,0 %
Markt für ,,Workstations''	ca. 35,0 %
Markt für Online-Informationsdienste	ca. 35,0 %

Abb. 8 zeigt die Aufgliederung des Weltmarktes für Online-Informationsdienste (1985) nach Ländern.

Auch hier besteht ein großes Übergewicht der USA (72 % der Gesamtumsätze werden allein in den USA getätigt).

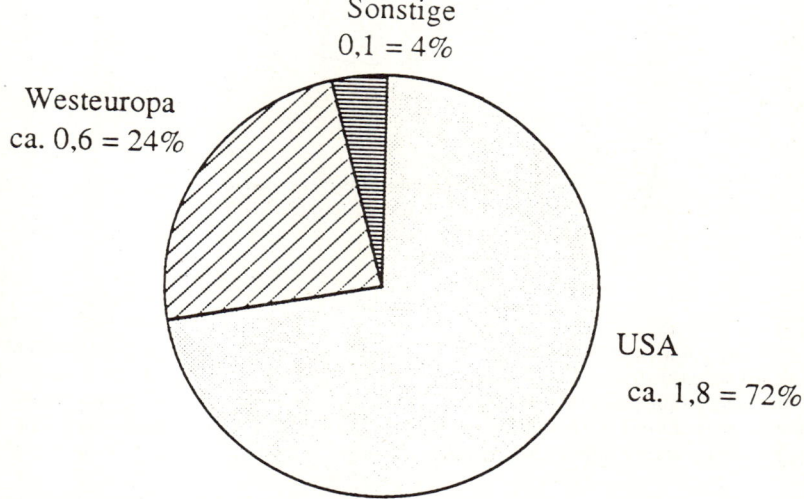

Abb. 8: Umsätze mit Online-Informationsdiensten in verschiedenen Ländern 1985 in Milliarden US-Dollar (Gesamtumsätze: ca. 2,5)
Quelle: Schwuchow 1988 (Lit. 75.)

Die Aufteilung des Online-Marktes in Westeuropa zeigt *Abb. 9.*

Unter den ,,restlichen Ländern'' hat die Schweiz den größten Anteil (dank ihres Hosts DATASTAR).

64 % der Gesamtumsätze 1985 in diesen Ländern wurden dabei allein mit Finanzinformationsdiensten (ganz überwiegend Real-Time-Dienste) gemacht. Weltweit wird der Anteil von Real-Time-Diensten an den Gesamtumsätzen mit Online-Informationsdiensten heute auf etwa 70 % geschätzt.

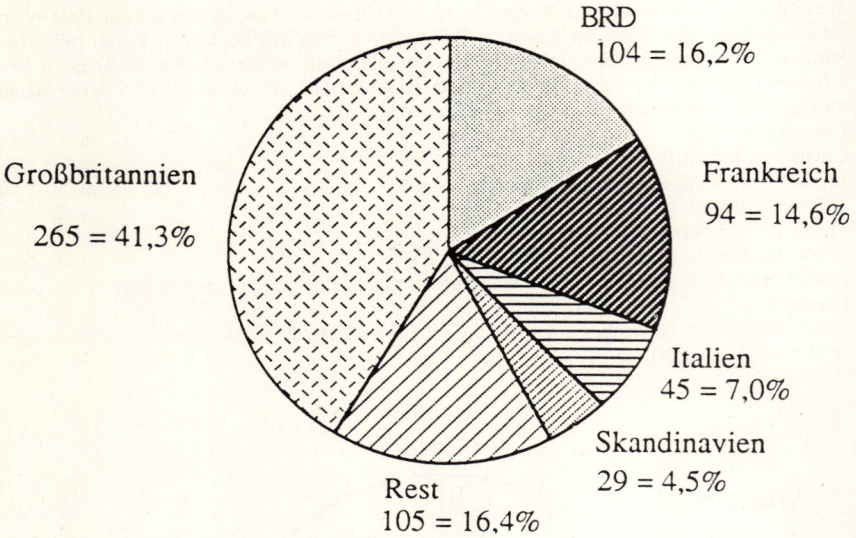

Abb. 9: Umsätze mit Online-Informationsdiensten in verschiedenen westeuropäischen Ländern 1985 in Millionen US-Dollar (Gesamtumsätze: 642)
Quelle: Frost & Sullivan 1986 (Lit. 29.)

Die Konzentration auf dem weltweiten Online-Markt ist heute bereits beträchtlich. 1985 hielten die beiden größten Anbieter (Reuters und Dun & Bradstreet) bereits ca. 33 % dieses Marktes. Die acht größten Anbieter (alle mit damals bereits mehr als 100 Millionen US-Dollar) hatten 1985 einen Marktanteil von ca. 68 % (Business Week vom 25. August 1986). *Abb. 10* zeigt die neun größten Anbieter auf dem Weltmarkt für Online-Informationsdienste im Jahre 1987.

Interessant ist, daß einige dieser Firmen nur einen relativ geringen Anteil ihrer Umsätze mit Online-Diensten machen (jedenfalls bisher). Keine dieser Firmen macht ihre Umsätze mit Literaturinformationsdiensten. Allein drei dieser neun Firmen bieten fast ausschließlich Real-Time-Dienste an (Reuters, Telerate, Dow Jones: Kursnotierungen, Finanzdaten usw.), Dun & Bradstreet macht die hier angegebenen Umsätze ausschließlich mit Kreditinformationsdiensten (und Diensten, die damit in Zusammenhang stehen). Mead bietet vor allem juristische Informationen und daneben Wirtschafts- und andere Nachrichten online an. Mc Graw Hill bietet überwiegend Finanzinformationen online an. Mit Ausnahme der britischen Firma Reuters sind alle hier aufgeführten Firmen US-Unternehmen.

DIALOG, der weltweit umsatzstärkste Anbieter von Online-Literaturinformationen (neben anderen Informationen) hatte 1987 im Vergleich dazu geschätzte Umsätze von 98 Millionen US-Dollar und einen Gewinn von ca. 17 Millionen US-Dollar (vor Steuern).

	Umsätze mit On-line Informations-diensten	% der Gesamt-umsätze	Gewinne mit On-line Informations-diensten
Reuters	1638	100	339
Dun & Bradstreet	1303	37,9	297
Mc Graw Hill	386	22,1	103
Telerate	336	100	75
Citicorp	305	9,9	− 85
Mead	231	5,5	32
Equifax	221	33	52
ADP	220	18,5	
Dow Jones	156	19,2	

Quelle: Irwin 1988 (Lit. 37.)

Abb. 10: Die umsatzstärksten Anbieter von Online-Informationsdiensten 1987 (Umsätze und Gewinne in Millionen US-Dollar)

Die zukünftige Entwicklung des Online-Marktes läßt sich schon heute unter folgenden Aspekten abschätzen (Lit. 81., 1987, S. 35):
– Die ,,Online-Industrie'' startete vor ca. 20 Jahren mit bibliographischen Datenbanken (Ausnahme: Real-Time-Dienste begannen auch damals schon, s.oben). Mit sinkenden Speicherkosten und besseren Abfragemöglichkeiten wurden mehr und mehr Volltext- und Faktendatenbanken aufgelegt. Die Benutzer konnten nach den gewünschten Informationen selbst suchen, anstatt nach Literaturhinweisen. Dieser Trend setzt sich fort.
Die Angebote von Volltext- und Faktendatenbanken zahlen sich für die Hosts in ständig steigenden Benutzerzahlen aus. Die Benutzer wünschen z.B. Weiterverarbeitungsmöglichkeiten für numerische Daten. Die Hosts bieten hierfür geeignete Programme an.

– Die Zahl und die Größe der angebotenen Datenbanken nimmt ständig zu. Es werden immer mehr Fachgebiete abgedeckt und die Tiefe der Erschließung einzelner Gebiete nimmt zu. Heute werden Online-Dienste auf vielen Niveaus angeboten: Zeitungsmeldungen für jedermann, spezifische medizinische oder juristische Informationen, Informationen für den Geschäftsmann, spezielle Technische Daten, Fahrplanauskünfte, Theaterprogramme usw. Dies führt dazu, daß ständig neue Benutzerkreise für Online-Dienste erschlossen werden.
– Die Datenübertragungsnetze (Telekommunikationsdienste) werden immer schneller, zuverlässiger und billiger. Selbst die preiswerte Übermittlung von Bildern über Telekommunikationsleitungen kann in wenigen Jahren erwartet werden.
– Die Benutzersprachen werden ständig verbessert und bieten immer mehr Abfragemöglichkeiten. Andererseits wird der Benutzer immer besser in seiner Recherche unterstützt (durch automatische Online-Instruktionen, Help Desks usw.).
– Neue Dienstleistungen werden zusätzlich zu den klassischen Recherchediensten von den Hosts angeboten: z.B. simultane Recherche in mehreren Datenbanken

(multifile search), Benutzung des Ergebnisses einer Recherche als Input für die nächste (mapping), Sortieren der Rechercheergebnisse nach inhaltlichen Merkmalen (ranking), Formatierungen, Berechnungen, Textverarbeitungen, graphische Darstellungen numerischer Daten.

– Die Verbreitung der Mikrocomputer hat eine Veränderung in der Zusammensetzung der Benutzer von Online-Datenbanken mit sich gebracht: Der Anteil der Endnutzer (im Gegensatz zu den Informationsvermittlern) nimmt ständig zu. Heute werden Online-Dienste direkt am Arbeitsplatz genutzt, zunehmend aber auch in privaten Haushalten oder Schulen aller Art. Die Gewöhnung an den Computer und das allgemeine Informationsbewußtsein (computer literacy) wachsen ständig – und damit auch die Gewöhnung an Online-Dienste.

– Infolge der sinkenden Telekommunikationskosten und der sinkenden Hardware- und Softwarekosten bei den Hosts steigen die Online-Recherchekosten nur relativ langsam – weit unterhalb der allgemeinen Inflationsraten. Die Benutzung von Online-Diensten wird, relativ gesehen, also ständig kostengünstiger. Die Hauptgrundlage für die Preisberechnung von Online-Diensten wird weiterhin die Anschaltzeit sein. Die neuen Trends zur Offline-Frageformulierung und anschließenden schnellen Übermittlung der Suchfrage bzw. des schnellen Downloading der Rechercheergebnisse sind weitere Faktoren für Reduzierungen der Kosten der Nutzung von Online-Diensten.

– In den vergangenen zwei Jahren sind benutzerfreundliche „Gateways" zu den Online-Diensten insbesondere in den USA entwickelt worden (z.B. NewsNet, Easynet, Inet). Diese breiten sich inzwischen mehr und mehr weltweit aus. Easynet z.B. bietet seine Dienste inzwischen auch in Westeuropa an. Diese „Gateways" tragen dazu bei, neue Kunden und Marktsegmente für die Online-Dienste zu erschließen. Sie bieten den Benutzern vor allem einen leichteren und bequemeren Zugang (*ein* Vertrag mit dem „Gateway" für den Zugang zu vielen Hosts, Ersparung des Erlernens mehrerer Retrievalsprachen usw.). NewsNet z.B. bietet heute einen Zugang zu ca. 900 Datenbanken bei 14 Hosts (Finanzinformationen, Fahrplanauskünfte, Flugbuchungen, Ausbildungsdatenbanken, Expertennachweise, electronic banking, electronic shopping usw.).

– Die optischen Speichermedien – insbesondere CD-ROM (Compact Disc-Read Only Memory) – spielen seit Jahren eine zunehmend wichtige Rolle auf den Informationsmärkten. Es ist eine offene Frage, ob und in welchem Umfang diese Medien die Online-Datenbankdienste verdrängen werden. Einige Experten meinen, daß sie eher eine Ergänzung zu Online-Diensten werden könnten. Während erstere ihre Zukunft bei der aktuelleren, sich schnell überholenden Information haben werden – so wird erwartet – könnte die Zukunft des CD-ROM-Marktes eher bei der dauerhaften, sich nur in größeren Abständen ändernden Information (z.B. im Patentwesen, bei allen Arten von Lexika und Handbüchern, im Bibliothekswesen) liegen.

Anhang I: Parameter, Variable und Indikatoren für die Bewertung der Effizienz von Dokumentationseinrichtungen
(Quelle: Lit. 09. (BMFT 1978), S. 319–333)

(1) Parameter und Variable	(2) Indikatoren von (1)
1. Systemparameter = Einflußgrößen auf die Organisation, Leistung und Kosten der untersuchten Einrichtungen, die im Rahmen der Effizienzanalyse als konstant angenommen werden	
1.1 Umweltparameter = Parameter, die durch die „Umwelt" der untersuchten Einrichtungen bestimmt sind	
– Menge, Art und Sprachen der vorhandenen Informationsquellen	– Menge der insgesamt in bem betr. Fachbereich jährlich entstehenden Informationsquellen (Literaturaufkommen) – Anteil der verschiedenen Arten von Primärquellen: Zeitschriftenaufsätze, Bücher, Patentschriften, Forschungsberichte etc. – Anteil der verschiedenen Arten von Sekundärquellen: gedruckte Referatedienste, Magnetbanddienste etc. – Sprachen dieser Informationsquellen (Anteile verschiedener Sprachen) – Formen dieser Informationsquellen: gedruckt, Mikroformen, auf Datenträgern etc.
– Benutzerstruktur und Informationsbedürfnisse	– soziale und individuelle Beschreibungsmerkmale der potentiellen und tatsächlichen Benutzer: Ausbildung, Arbeitsplatz, Wirtschaftszweig, Alter, soziale Stellung etc. – Anzahl von potentiellen Benutzern der einzelnen Dienstleistungen – qualitative und quantitative Anforderungen der Benutzer an die einzelnen Dienstleistungen
– Allgemeine politische, ökonomische, technische und rechtliche Rahmenbedingungen	– staatliche Konzeption der Förderung des Fachinformationsbereichs – insgesamt für Fachinformation aufgewendete finanzielle Mittel – allgemeiner Entwicklungsstand der Fachinformation – Vorhandensein anderer Informationseinrichtungen zur Kooperation – Stand der Informationstechnik – Arbeitsmarktsituation – Copyright-, Datenschutzbestimmungen

(1) Parameter und Variable	(2) Indikatoren von (1)
1.2 Institutionsparameter = Parameter, die durch die untersuchte Einrichtung selbst bestimmt werden können (bzw. durch ihre unmittelbaren Finanzierer) und die auf ihre allgemeine organisatorische Gestaltung einwirken	
– Organisationsform	– selbständige Institution oder Teil einer übergeordneten Organisation (Firma, Universität, Forschungseinrichtung etc.) – mit anderen Institutionen zusammengeschlossen (z.B. mit einer Bibliothek, einem Fachverlag, einer Abteilung für audiovisuelle Hilfsmittel)
– Rechtsform	– verschiedene Formen des privaten und öffentlichen Rechts
– Finanzträger	– Bund, Land, Industrie etc.
– Art der Finanzierung	– öffentliche Subventionierung, Mitgliedsbeiträge von Privaten, Finanzierung durch Gebühreneinnahmen, Höhe und Struktur der Gebühren
– geographischer Standort Erfassungsbereich (scope)	– Spektrum der durch eine Dokumentationseinrichtung abgedeckten Sachverhaltsbereiche (Fachdisziplinen, Querschnittsgebiete, bestimmte Aufgaben, produktionsnahe Gebiete etc.)
– Arten der Dokumentationstätigkeiten	– Anteil an der Gesamttätigkeit von Literatur-, Patent-, Projekt-, Datendokumentation etc.
– Arten der Kooperation	– Art und Struktur der Zusammenarbeit mit in- und ausländischen Informationseinrichtungen: Grad der Zentralisation oder Dezentralisation bestimmter Funktionen, Management des kooperativen Systems, Art der Datenübertragung
– Entwicklungsstand	– Gründungsdatum – Aufbauphase, Umorganisationsphase, Betriebsphase
– Betriebsgröße	– Personalbestand – finanzielles Budget – Speicherumfang (Zahl von DE = Dokumentationseinheiten)
– Arbeitsorganisation, Güte des Management etc.	– Struktur des Management (Organisationsprogramm), Arbeitsorganisation in verschiedenen Abteilungen, Zusammenarbeit der verschiedenen Führungsebenen etc.

(1) Parameter und Variable	(2) Indikatoren von (1)
	– Flexibilität des Management: gewünschte und geplante Veränderungen in Arbeitsorganisation, Dienstleistungsspektrum etc.
	– Zentralisation oder Dezentralisation der Entscheidungen, Informationsflüsse zwischen den betrieblichen Ebenen, Vorhandensein eines betrieblichen Rechnungswesens, externe Durchführung bestimmter Arbeiten etc.
– Qualifikation der Mitarbeiter	– Personalstruktur nach Tätigkeitsmerkmalen: z.B. wissenschaftliches Personal (S, ADO, BAT I-II), qualifiziertes technisches Personal (BAT III-Vb), technisches und sonstiges Personal (BAT Vc-X, MTL)
– Art und Kapazität der maschinellen Ausrüstungen	– EDVA (u. Peripherie), Reprographieausrüstungen, Lochkartenmaschinen und -selektoren, Mikrofilmausrüstungen etc.

1.3 Funktionsparameter
= Parameter, die durch die untersuchte Einrichtung selbst bestimmt werden können und sich auf die organisatorische Gestaltung einzelner Grundfunktionen beziehen
Beschaffung

– Menge und Art der beschafften Informationsquellen	– Anzahl der insgesamt pro Jahr beschafften Quellen
	– Anteil daran von
	  – Zeitschriftenaufsätzen, Büchern, Patentschriften, Forschungsberichten etc.
	  – Referatezeitschriften, Magnetbanddiensten

– Auswahl der Quellen und Art der Beschaffung	– durch Vorausdienste (cataloguing in publication), Beschaffung von ,,grauer Literatur'', Zusammenarbeit mit Bibliotheken bei der Literaturbeschaffung etc. – Orientierung der Beschaffungspolitik an den Benutzerbedürfnissen
– Schnelligkeit der Beschaffung	– Anzahl der Beschaffungen (Bestellungen) von Informationsquellen pro Zeiteinheit, durchschnittliche Beschaffungszeit pro Informationsquelle (von der Abgabe der Bestellung bis zum Eingang)
– Erfassungstiefe (Abdeckung, coverage)	– Erfassungsquote (coverage ratio): der geschätzte %-satz der insgesamt in den bearbeiteten Fachgebieten jährlich erscheinenden Informationsquellen, der von der

(1)	(2)
Parameter und Variable	Indikatoren von (1)

<table>
<tr><td>

Inhaltserschließung
– Menge, Art und Sprachen der ausgewerteten Informationsquellen

– Ordnungssystem (Dokumentationssprache)
– Inhalt der Dokumentationseinheiten (DE)

– Vokabularumfang

– Spezifität der Dokumentationssprache

– Erschließungsbreite

– Erschließungsspezifität

– Erschließungstiefe

</td><td>

untersuchten Einrichtung beschafft und ausgewertet wird die Erfassungsquote wird auch durch die Grundfunktion ,,Erfassung und Erschließung'' bestimmt)

– Anzahl der insgesamt pro Jahr ausgewerteten Quellen
– Anteil daran von
  – Zeitschriftenaufsätzen, Büchern, Patentschriften, Forschungsberichten etc.
  – Referatezeitschriften, Magnetbanddiensten
– Sprachen der ausgewerteten Quellen
– Thesaurus, Klassifikationssystem, kontrollierte oder freie Schlagwörter etc.
– Titel, Autoren, bibliographische Angaben, selbsterstelltes Kurzreferat, Autorenreferat, Graphiken, Schlagwort etc.
– Anzahl der Vorzugsbegriffe im Thesaurus, Anzahl der kontrollierten Schlagwörter, Anzahl der Klassen im Klassifikationssystem etc.
– Anzahl der Begriffsebenen im Thesaurus, Art und Anzahl der semantischen Relationen, Anzahl der Unter- und Oberbegriffe etc.
– gibt bezogen auf den fachlichen Inhalt eines Dokuments den Grad der Erschließung an; sie kommt in erster Annäherung in der durchschnittlichen Anzahl der pro Dokumentationseinheit vergebenen Deskriptoren, Schlagwörter etc. zum Ausdruck
– gibt an, wie allgemein oder wie spezifisch die vergebenen Deskriptoren, Schlagwörter etc. bezogen auf den Inhalt der Dokumente sind; sie kommt in erster Annäherung durch das hierarchische Niveau des Deskriptors etc. zum Ausdruck
– ist eine Kombination von Erschließungsbreite und -spezifität und gibt die Genauigkeit der Wiedergabe des Inhalts der Dokumente durch die Erschließungsergebnisse an. Sie kommt in erster Annäherung durch die Zahl der vergebenen Deskriptoren etc. unter Berücksichtigung ihres hierarchischen Niveaus zum Ausdruck. Dies bedeutet, daß im konkreten

</td></tr>
</table>

(1) Parameter und Variable	(2) Indikatoren von (1)
	Fall von zwei Erschließungsergebnissen des gleichen Dokuments mit gleicher Anzahl von Deskriptoren etc. dasjenige tiefer ist, das die spezifischeren Termini enthält.
– Erschließungskonsistenz	– ist das Maß der Übereinstimmung verschiedener Erschließungsergebnisse des gleichen Dokuments mit derselben Dokumentationssprache. Sie kommt in erster Annäherung zum Ausdruck durch das Verhältnis der gemeinsam vergebenen Deskriptoren etc. zur Gesamtzahl aller vergebenen Deskriptoren.
– Technische Erschließungshilfen	– Ausfüllen vorgegebener Formulare, Reproduktion von Formeln über den Bildschirm etc.
– Sonstige Parameter	– Produktivität des Erschließungspersonals: Anzahl der pro Zeiteinheit pro Kopf erschlossenen Informationsquellen – Anteil der extern durchgeführten Inhaltserschließung – Umfang der Dokumentationseinheit: durchschnittliche Anzahl von alphanumerischen Zeichen (incl. Leerstellen) pro DE

Formale Erfassung
– Menge, Art und Sprachen der erfaßten Informationsquellen
	– Anzahl der insgesamt pro Jahr erfaßten Quellen
	– Anteil daran von
	  – Zeitschriftenaufsätzen, Büchern, Patentschriften, Forschungsberichten etc.
	  – Referatezeitschriften, Magnetbanddiensten
	– Sprachen der erfaßten Quellen

– Technische Erfassungshilfen	– Ausfüllen vorgegebener Formulare (Erfassungsschemata) – selbsterstellte oder Standardschemata (z.B. Allgemeiner Datenerhebungskatalog, Katalogisierungsschemata aus dem Bibliotheksbereich)
– Produktivität des Personals	– Produktivität des Erfassungspersonals: Anzahl der pro Zeiteinheit pro Kopf erfaßten Informationsquellen
Speicherung – Speicherart und -technik	– Steilkartei, Nadellochkarten-, Sichtlochkarten-, Maschinenlochkartensystem, EDV-Speicher, Mikrofilmspeicher etc.

(1) Parameter und Variable	(2) Indikatoren von (1)
	– Art der maschinellen Datenerfassung: on-line, off-line, optisches Beleglesen – Anteil der extern durchgeführten maschinellen Datenerfassung – Speichermedien (bei EDV): Magnetbänder, -platten, -trommeln, -karten etc. – Anlagentyp, Rechner-Konfiguration, Kernspeichergröße, Betriebssystem, Betriebsart, Software (eigene oder fremde) bei EDV – Dateiorganisation (bei EDV): konsekutiv, index sequentiell, direkt (invertiert) – Strukturierung (Gliederung) der Dokumentationseinheiten (z.B. in Kategorien) – bei EDV – Eingabeformat (bei EDV): formatfrei oder formatgebunden, Art der Satzformate – Eingabeart: Klartext oder verschlüsselt, Art der Verschlüsselung – Update-Verfahren (bei EDV) – Ausnutzungsgrad der EDVA – Fehlerrate bei der maschinellen Datenerfassung, Korrekturverfahren – Anforderung der Datensicherung (bei EDV)
– Aktualität des Speichers	– die durchschnittliche Zeitspanne zwischen dem Erscheinen einer Informationsquelle (z.B. eines Fachzeitschriftenartikels) und der retrievalfähigen Speicherung ihres Nachweises
– Speicherzuwachs	– Anzahl der pro Jahr neu eingespeicherten Dokumentationseinheiten (retrievalfähig) – Anteil der fremderstellten Dokumentationseinheiten
– Speicherumfang	– Gesamtzahl eingespeicherter Dokumentationseinheiten zu einem bestimmten Zeitpunkt – Anteil der fremderstellten Dokumentationseinheiten
– Produktivität des Personals	– Produktivität des mit der maschinellen Datenerfassung beschäftigten Personals: Anzahl der pro Kopf in der Zeiteinheit erfaßten Dokumentationseinheiten, Leistung je Erfassungsplatz, durchschnittliche Anschlagsgeschwindigkeit in Zeichen pro Stunde je Datentypist etc.

(1) Parameter und Variable	(2) Indikatoren von (1)
	– Produktivität des mit der Einspeicherung beschäftigten Personals: Anzahl der pro Kopf in der Zeiteinheit eingestellten Karteikarten, Anzahl der pro Kopf in der Zeiteinheit gelochten Karteikarten etc.
Erstellung von Dienstleistungen – Dienstleistungsarten	– allgemeine Dienstleistungen: Referatedienste, Bibliographien, Magnetbanddienste etc. – individuelle Dienstleistungen: retrospektive Recherchen, SDI etc. – Zugänglichkeit der einzelnen Dienstleistungen: für die Allgemeinheit, für bestimmte Benutzergruppen etc.
– Verfahren der Anfrageaufbereitung (Suchfragenformulierung)	– durchschnittliche Anzahl von Suchbegriffen (Deskriptoren etc.) pro Anfrage, durchschnittliche Zeit pro Suchfragenformulierung, durchschnittliche Anzahl von Suchfragenformulierungen in der Zeiteinheit pro Mitarbeiter etc.
– Retrievalverfahren	– manuelles oder maschinelles Retrieval. Bei maschinellem Retrieval: on-line oder off-line
– durchschnittliche Suchzeit	– Anschaltzeit bei on-line-Retrieval, Durchlaufzeit im batch-Verfahren, durschnittliche Zahl von Anfragen pro Retrieval-Lauf im batch-Verfahren etc. – durchschnittliche Zeit pro Anfrage der SDI-Profillieferung, durchschnittliche Zahl von bearbeiteten Anfragen der SDI-Profile in der Zeiteinheit pro Mitarbeiter etc.
– Techniken der Datenausgabe	– on-line über Bildschirm, Schnelldrucker, COM-Ausgabe, Lichtsatz etc.
– Verfahren zur Erstellung von Informationsdiensten (z.B. Referatediensten), qualitative Aufmachung etc.	– Computer- oder Photosatz – Druck im Hause oder extern – Vertrieb über einen Fachverlag – Erscheinungshäufigkeit: monatlich, vierteljährlich, halbjährlich, unregelmäßig etc. – Erscheinungsform: Buchform, Zeitschriftenform (gedruckt, Maschinenschrift geheftet etc.), Karteikarten (lose, zusammengeheftet, perforiert etc.), Mikroformen etc. – qualitative Aufmachung: Art des Drucks, Blätter ein- oder beidseitig bedruckt, ein- oder zweispaltig, Pa-

(1)
Parameter und Variable

(2)
Indikatoren von (1)

pierqualität in Gramm. Zahl der für den
Einband verwendeten Farben, Format
des Dienstes, Art der enthaltenen Register (Autoren-, Sach-, Länderregister
etc.) etc.
— bei Magnetbanddiensten:
Format, Zahl der Spuren, Parität,
Schreibverfahren, Schreibdichte, Code
etc.

— Service-Leistungen und absatzför-
dernde Maßnahmen

— bei individuellen Dienstleistungen: Nachselektion des Suchergebnisses, maschinelle Duplizitätskontrollen, Einholen
und Auswerten regelmäßiger Benutzer-
beurteilungen der Rechercheergebnisse,
Angabe von Standortnachweisen der Literaturangaben im Suchergebnis, auf
Wunsch Lieferung von Kopien der Originalliteratur etc.
— Marketing, Werbung, Benutzerbefra-
gung, Benutzerschulung etc.

2. Operative Variabel
2.1 Kostenvariable
— Investitionskosten:
Vorstudien, Planung, Entwicklung,
Erstausrüstung (Software, Maschinen, Gebäude etc.)
— Betriebskosten:
nach Kostenarten:
(Personal-; Maschinen-; Material-;
Grundstücks-; Gebäude- und Raum-
kosten;
Kosten der Geschäftsausstattung,
Fremdleistungskosten, Post- und
Frachtkosten etc.)
nach Funktionen:
(Beschaffung von Informationsquellen, formale und inhaltliche Erschließung, Speicherung, Erstellung der
verschiedenen Dienstleistungen, allgemeine Tätigkeiten: Leitung; Verwaltung; Unterhalt von Gebäuden;
Einrichtungen und Maschinen; Forschung und Entwicklung; Ausbildung; Öffentlichkeitsarbeit etc.)
2.2 Leistungsvariable
Leistungsaspekte, Leistungskriterien

— die Indikatoren sind hier nach den einzel-
nen Dienstleistungsarten zu spezifizieren
— Quantität der Dienstleistungen
— Menge der in einer Zeiteinheit angebote-

(1) Parameter und Variable	(2) Indikatoren von (1)
	nen Dienstleistungseinheiten: Anzahl der Auskünfte, Vermittlungen, Beratungen etc. Anzahl der retrospektiven Recherchen; Anzahl der individuellen Profile und Standardprofile; Anzahl der Profillieferungen; Auflage der Referatedienste, Bibliographien, Magnetbanddienste etc.; Anzahl der Abonnenten; Anzahl der insgesamt für die einzelnen Dienste ausgelieferten Exemplare (Hefte, Bänder) etc.; Anzahl der durch die verschiedenen Dienstleistungen nachgewiesenen Dokumentationseinheiten; Anzahl der gelieferten Kopien von Originalquellen (z.B. in Seiten DIN A 4); Anzahl der Ausleihungen von Originalquellen etc.
	– Verhältnis zwischen tatsächlichen und potentiellen Benutzern der Dienstleistungen
– Schnelligkeit (Häufigkeit) der Information	– die durchschnittliche Zeitspanne zwischen Eingang der Anfrage und Ausgabe einer befriedigenden Antwort (= durchschnittliche Antwortzeit) bei retrospektiven Recherchen, Auskünften, Vermittlungen, Beratungen etc.
	– die Lieferungsperiode bzw. Erscheinungsperiode (z.B. in Monaten) bei individuellen Profildiensten, Standardprofildiensten, Magnetbanddiensten, Referatediensten, Bibliographien etc.
	– die durchschnittliche Bearbeitungszeit bei Kopieraufträgen (vom Eingang des Auftrags bis zur Lieferung an den Benutzer)
	– die durchschnittliche Bearbeitungszeit beim Ausleihen von Originaldokumenten
– Aktualität der Information (für periodische oder laufende Informationsdienste)	– die durchschnittliche Zeitspanne zwischen dem Erscheinen einer Informationsquelle und ihrem Nachweis durch einen Profildienst, Referatedienst, Magnetbanddienst etc. (Diese Größe hängt von der Art der Quellen, den Beschaffungsmethoden, der Aufbereitung für das Retrieval, den einzelnen Diensten etc. ab)
– Vollständigkeit der Information	– Das Ausmaß, in dem alle zu einer bestimmten Fragestellung überhaupt existierenden relevanten Informationsquel-

(1) Parameter und Variable	(2) Indikatoren von (1)
	len durch eine Dienstleistung nachgewiesen werden. Eine hohe Vollständigkeit wird oft insbesondere von retrospektiven Recherchen erwartet (z.B. Patentrecherchen). Problematisch ist die Bestimmung der existierenden relevanten Informationsquellen. (Diese Vollständigkeitsbewertung wird durch die Breite des Fachgebietsspektrums, die Erfassungstiefe, die Selektionsgüte, die Benutzerbedürfnisse etc. beeinflußt).
– Selektionsgüte (= der Grad, in dem relevante Informationsquellen aus dem Speicher nachgewiesen und nicht relevante nicht nachgewiesen werden)	– Nachweisquote (bei individuellen Dienstleistungen und Standardprofilen): die Zahl der im Suchergebnis nachgewiesenen relevanten Dokumentationseinheiten im Verhältnis zu allen im Speicher befindlichen relevanten Dokumentationseinheiten – bezogen auf bestimmte Anfragen oder Bedarfsprofile oder auf alle Anfragen (Recherchen) oder Profillieferungen in einer bestimmten Zeitperiode (durchschnittliche Nachweisquote) Problematisch ist die Bestimmung der relevanten Informationsquellen im Speicher. – die Relevanzquote oder Präzisionsquote (bei individuellen Dienstleistungen und Standardprofilen): die Zahl der im Suchergebnis nachgewiesenen relevanten Dokumentationseinheiten im Verhältnis zur Zahl der insgesamt nachgewiesenen Dokumentationseinheiten – bezogen auf bestimmte Anfragen oder Profile oder auf alle Recherchen oder Profillieferungen in einer bestimmten Zeitperiode (durchschnittliche Relevanzquote) Die Relevanzquote ergänzt sich mit der sog. Ballastquote zu 1 bis 100 %. – der Selektionsaufwand der Benutzer: die (durchschnittliche) Zeit, die notwendig ist, um den Ballast aus dem Suchergebnis zu entfernen. – der durchschnittliche Anteil von relevanten Nachweisen in einem Referatedienst oder anderen allgemein angebotenen Informationsdiensten in einer bestimmten Zeitperiode.

(1) Parameter und Variable	(2) Indikatoren von (1)
	– die durchschnittliche Suchzeit des Benutzers in einem Referatedienst oder anderen allgemein angebotenen Informationsdiensten in einer bestimmten Zeitperiode, um die für ihn relevanten Nachweise zu finden (hängt von der Klassifikation, den enthaltenen Registern etc. ab – vgl. auch unter Benutzungskomfort)
	– die Anzahl der Nachweise, die der Benutzer im Durchschnitt in einem Referatedienst etc. durchsehen muß, um die für ihn relevanten Nachweise zu finden (vgl. auch Benutzungskomfort)
– Neuheitswert (novelty)	– bei individuellen Dienstleistungen: die Anzahl der den Benutzern noch nicht bekannten relevanten Nachweise im Verhältnis zur Gesamtzahl der in einer bestimmten Zeitperiode gelieferten Nachweise (diese Maßgröße steht im Zusammenhang mit den verschiedenen Indikatoren der Selektionsgüte)
– Einschlägigkeit (pertinence)	– bei individuellen Dienstleistungen: die Anzahl der für die Benutzer neuen Nachweise, die sie zur Lösung ihrer Probleme benutzen, im Verhältnis zur Gesamtzahl der in einer bestimmten Zeitperiode gelieferten Nachweise (diese Maßgröße steht im Zusammenhang mit den verschiedenen Indikatoren der Selektionsgüte und dem Neuheitswert und läßt sich nach einem längeren Zeitraum nach der Dienstleistung bestimmen)
– Benutzungsbequemlichkeit	– inhaltliche Darstellung, Sprache, äußere Form, Zugangsmöglichkeiten etc. bei den verschiedenen Dienstleistungen
	– Inhalt der Suchergebnisse bei individuellen Dienstleistungen: z.B. Erleichterung der Relevanzentscheidung durch Mitlieferung von Kurzreferaten
	– Form der Suchergebnisse bei individuellen Dienstleistungen: z.B. Schnelldruckerausdruck (Lesbarkeit), Karteikartensätze
	– Sprache (oder Sprachen), in denen die Dienstleistungen erbracht werden (möglichst in der Muttersprache der Benutzer)
	– das Verhältnis zwischen der Anzahl von Nachweisen in der Muttersprache der Benutzer und der Anzahl von Nachweisen in fremden Sprachen (in der Zeiteinheit)

(1) Parameter und Variable	(2) Indikatoren von (1)
	– Lesbarkeit von Referatediensten, Biblio-graphien etc. (hängt ab von Art des Drucks, Format, Papierqualität etc. – vgl. oben)
	– Inhalt der Nachweise bei allgemeinen Dienstleistungen (z.b. Kurzreferate, bibliographische Angaben, Bezugsmöglich-keiten der nachgewiesenen Quellen)
	– Zugangsmöglichkeiten bei Referatedien-sten und anderen allgemeinen Diensten: Autorenregister, Schlagwortregister, Zeit-schriftenregister, Sachregister, Konferenz-register, kumulierende Register: Halb-jahres-, Jahres-, 5-Jahresregister etc.
	– das Verhältnis zwischen der Anzahl per-sönlicher Recherchen (durch die Benut-zer selbst) und delegierter Recherchen (durch Mitarbeiter)
	– die Anzahl von Konsultationen der Mit-arbeiter durch die Benutzer in einer be-stimmten Zeitperiode
	– die Möglichkeiten zum ,,browsing" durch die Benutzer (Anregungen durch Blick über die Grenzen des engen Ar-beitsgebietes)
	– der zeitliche oder monetäre Aufwand, der dem Benutzer durch die Inanspruchnah-me einer bestimmten Dienstleistung ent-steht: Aufwand für den Zugang zum System (Fahrtkosten, Fahrtzeit, Tele-phonkosten, Benutzungsgebühren etc.), Suchzeit, Zeit für das Nachselektieren der Suchergebnisse (vgl. Selektionsgüte) etc.
– Zuverlässigkeit der Dienstleistungen	– die Anzahl von Störungen, Unterbre-chungen etc. in einer bestimmten Zeit-periode (kann bei technisch hochgezüchte-ten Systemen – z.B. online-Netzen – von größerer Bedeutung sein)
	– der Anteil von unbeantworteten Anfra-gen an der Gesamtzahl von Anfragen (auf retrospektiven Recherchen) in einer bestimmten Zeitperiode
– Flexibilität des Dienstleistungsan-gebots	– die Schnelligkeit (in Zeiteinheiten), mit der die Literaturdokumentationseinrich-tung auf Wünsche der Benutzer auf Ver-besserung oder Erweiterung bestimmter Dienstleistungen reagiert
	– die Durchführung regelmäßiger Benut-zerbefragungen

Anhang II: Liste von Bewertungskriterien für Literaturdokumentationseinrichtungen

Hauptkriterien	Unterkriterien
1. Kosten (der Einrichtung)	1.1 Planungs- und Entwicklungskosten
	1.2 Umstellungskosten
	1.3 Betriebskosten
	1.3.1 Einmalige Betriebskosten
	1.3.2 Laufende Betriebskosten
	1.3.2.1 Abschreibungen für Kapitalgüter
	1.3.2.2 Miete
	1.3.2.3 Rechenzeit
	1.3.2.4 Personalkosten
	1.3.2.5 Materialkosten
2. Ausbringungsmenge (Outputquantität)	2.1 Zahl der in einer Zeiteinheit (Monat, Jahr) gestellten (beantworteten) Anfragen
	2.2 Zahl der Benutzerprofile bzw. SDI-Benutzer (-Abonnements) pro Zeiteinheit
	2.3 Zahl der in der Zeiteinheit gelieferten Sekundärpublikationen (Referatezeitschriften, Bibliographien etc.)
3. Schnelligkeit der Leistungserbringung	3.1 Aktualität der abrufbaren Daten
	3.1.1 Aktualität der eingespeicherten Daten
	3.1.2 Aufbereitungszeit (z.B. Zeitspanne zwischen Zugang neuer Dokumente oder bibliographischer Daten und abfragbarer Einspeicherung der Dokumentationseinheiten)
	3.2 Antwortzeit bei Recherchen (z.B. Zeitspanne zwischen Eingang der Anfrage und Ausgabe einer befriedigenden Antwort)
4. Vollständigkeit der Leistungserbringung	4.1 Breite des Fachbereichsspektrums (scope)
	4.2 Abdeckungsquote (coverage) (z.B. Anzahl der — auf die in einer bestimmten Periode gestellten Anfragen bezogen — durchschnittlich im Speicher enthaltenen relevanten Dokumente im Verhältnis zu allen existierenden relevanten Dokumenten)
5. Selektionsgüte	5.1 Recall (Nachweisquote)
	5.2 Precision (Relevanzquote)
	5.3 Fallout (Ballastquote)
6. Qualität der übermittelten Daten	6.1 Richtigkeit, Wahrheit, Zuverlässigkeit, Sicherheit, Genauigkeit etc.
	6.2 Verständlichkeit (Darstellungsqualität), Outputform

Hauptkriterien	Unterkriterien

7. Benutzungsaufwand	7.1 Zugangsaufwand
	    7.1.1 zeitlicher Zugangsaufwand
	    7.1.2 monetärer Zugangsaufwand
	7.2 Bedienungsaufwand (incl. Benutzer-
	    schulung)
	7.3 Output-Selektions-Aufwand
	    (screening)

8. Flexibilität	8.1 Anpassungsfähigkeit an Änderungen
	    der Informationsbedürfnisse
	8.2 Zugangsflexibilität
	    8.2.1 logischer Zugang
	    8.2.2 physischer Zugang
	8.3 Kapazitätsflexibilität (Anpassungsfä-
	    higkeit an Änderungen des Benutzungs-
	    umfanges)
	8.4 Strukturflexibilität (Modifizierungsfä-
	    higkeit der Systemstruktur

9. Kompatibilität (mit anderen Informa-
tionseinrichtungen)
	9.1 Technische Kompatibilität
	9.2 Kompatibilität der Daten (Input- und
	    Outputdaten)
	9.3 Kompatibilität der Erfassung, Aufbe-
	    reitung, Erschließung etc.

10. Gesellschaftliche Wünschbarkeit	10.1 Gewährleistung des öffentlichen Zu-
	    gangs (Recht auf Information für alle)
	10.2 Schutz der Intimsphäre (Datenschutz)
	10.3 Gesellschaftlicher oder volkswirtschaft-
	    licher Nutzen der übermittelten Infor-
	    mation

11. Bequemlichkeit der Bedienung, Perfek- tion der technischen Ausrüstungen (An- forderungen an Qualifikation des Pers- onals)	
12. Technische Realisierbarkeit (Operatio- nalität)	
13. Zuverlässigkeit der Leistungserbringung (Kontinuität, möglichst wenig Unterbre- chungen)	
14. Pflegeleichtigkeit	14.1 der Daten und Dateiorganisationen 14.2 der Dokumentationssprache (index language, thesaurus etc.)

Literatur

01. Ackhoff, R.L. et al.: Designing a National Scientific and Technological Communication System (The Scatt Report), Philadelphia/P.A. 1976.
02. Aylward, M.M.: To charge or not to charge – who pays for the information? Aslib Proceedings 34 (1982), H. 2, S. 106 – 122.
03. Bell, D.: The Coming of Post-Industrial Society: a Venture in Social forecasting. New York: Basic Books 1973.
04. Bello, F.: How to Cope with Information. In: Fortune, 62 (1960) H. 3, S. 104 f.
05. Bladgen, J.: Do we really need libraries. London: Clive Bingley 1980.
06. Borchardt, Peter u.a.: Eine Marketingkonzeption für Öffentliche Bibliotheken. Berlin: Deutsches Bibliotheksinstitut 1987 (dbi-Materialien Nr. 71).
07. Brinberg, Herbert R.: Information economics: Forum for discussion. In: Information Management Review, 3 (1988) H. 3, S. 65 – 69.
08. Bundesministerium für Forschung und Technologie (Hrsg.): Wirtschaftlichkeit von Information und Dokumentation II. Ergebnisbericht des WID II – Projektes. Eggenstein-Leopoldshafen 2: FIZ Karlsruhe 1980. 153 S. (Forschungsbericht BMFT-FBID 80 – 003).
09. Bundesministerium für Forschung und Technologie (Hrsg.): Wirtschaftlichkeit von Informations- und Dokumentationseinrichtungen. Eggenstein-Leopoldshafen 2: ZAED 1978. 365 S. (Forschungsbericht BMFT-FBID 77 – 01).
10. Cleverdon, Cyril W.: A cost-effectiveness measure for information retrieval systems. Paper presented at the 2nd International Conference on Mechanized Information Storage and Retrieval Systems. Cranfield, England, 2 – 5 September 1969.
11. Cooper, M.D.: The economics of information. In: Cuadra, C.A. (Hrsg.): Annual Review of Information Science and Technology 8 (1973), S. 5 – 40.
12. Cooper, M.D.: The structure and future of the information economy. In: Information Processing & Management 19 (1983), S. 9 – 26.
13. Cronin, B.: Information accounting. In: Laan Van Der, A. and Winters, A.A. (Hrsg.): The use of information in a changing world. North-Holland: Elsevier Science Publishers B.V.P. 1984, S. 409 – 416.
14. Cronin, B.: Globalisation in the Information and Communication Industries. Paper presented at an International Conference: Information Resources Management. Concepts, Strategies, Applications. Inter-University-Centre of Postgraduate Studies. Dubrovnik, Yugoslavia, June 1 – 5, 1987.
15. Cronin, B.: The economics of information. The Paper presented in the 3rd VALA conference in November 1985. Melbourne, Australia, S. 10.
16. Cronin, B.: The information society. Keynote paper presented at Interact 85. Annual Conference of the British & Irish Computer Societies. Newcastle November 1985.
17. Cronin, B.: Taking the measure of service. Aslib Proceeding 34 (1986), H. 6/7, S. 272 – 294.
18. Cronin, B.: Towards information- based economies. In: Journal of Information Science 12 (1986), S. 129 – 137.
19. Cronin, B.; Gudim, M.: Information and Productivity: A Review of Research. In: International Journal of Information Management 6 (1986) S. 85 – 101.
20. Dammers, Henk F.: Economic Evaluation of Current Awareness Systems. In: EURIM. A European Conference on Research into the Management of Information Services and Libraries, Paris, 20 – 22 November 1973. London: ASLIB 1974, S. 107 – 111.
21. Davenport, L.; B. Cronin: Vertical integration: corporate strategy in the information industry. In: Online Review 10 (1986) H. 4, S. 237 – 247.

22. DGD (Hrsg.): Marketing für Fachinformation, Internationale Fachkonferenz der Deutschen Gesellschaft für Dokumentation e.V. vom 6.–8. Mai 1987 in Garmisch-Partenkirchen. Frankfurt am Main 1988.

23. Eisl, Manfred-Joseph; Lachhammer, Johann: Ein entscheidungsorientiertes Kostenrechnungssystem für Fachinformationseinrichtungen. Die Aufbauorganisation. Frankfurt am Main: IDD Verlag für Internationale Dokumentation Werner Flach KG 1981 (Bd. 1 der Reihe ,,Informationswissenschaft und -praxis''. Hrsg. von der GID).

24. Engelbert, Heinz: Informationsrechnersysteme in der Wissenschaft. Berlin (Ost): Akademie Verlag 1978.

25. Etnyre, V.A.: A case study of improper conclusions drawn from an insufficient analysis of information costs and benefits. In: Waldron, H.J. et al (Ed.): Innovative developments in information systems, their benefits and costs. 36. Annual Meeting of the American Society for Information Science, Westport, Conn. 1973, S. 58–59.

26. Eustachi, Kuno; Gusel, Erwin; Lachhammer, Johann: Konzeption einer Betriebsstatistik für Fachinformationseinrichtungen. Frankfurt am Main: IDD Verlag für Internationale Dokumentation Werner Flach KG 1984 (Bd. 5 der Reihe ,,Informationswissenschaft und -praxis''. Hrsg. von der GID).

27. Flowerdew, Anthony D.J.: The Government's Role in Providing Information: A British Academic's View, University of Kent at Canterburry. OSSMS Discussion Paper No. 47. March 1981.

28. Flowerdew, Anthony D.J.; Whitehead, Christine M.E.: Cost-effectiveness and cost/benefit analysis in information science. London School of Economics and Political Science 1974 (OSTI Report 5206).

29. Frost & Sullivan Inc.: Database Services Market in Europe. New York, July 1986.

30. Goddard, Haynes Carson: A Study in the Theory and Measurement of Benefits and Costs in the Public Library (A Theoretical and Econometric Analysis with Special Reference to Indiana Public Libraries) Ph. D. Dissertation, Indiana University 1970.

31. Gramm, Gerhard: Nutzen für die Forschung am Beispiel der Max-Planck-Institute. In: Stegemann, Hagen (Hrsg.): Nutzen der Fachinformation. Internationale Fachkonferenz der Deutschen Gesellschaft für Dokumentation e.V. vom 5.–11. Mai 1983 in Garmisch-Partenkirchen. München: K.G. Saur 1983, S. 162–178 (Reihe Informationsmanagement Bd. 6).

32. Gresser, Klaus: Paschen, Herbert; Schwuchow, Werner: Die Kosten der wissenschaftlichen Information. München: K.G. Saur 1970.

33. Griffiths, J.-M.: The value of information and related systems, products and services. In: Williams, M.E. (Hrsg.): Annual review of information science and technology. New York: Knowledge Industry Publications 17 1982, S. 269–283.

34. Grünewald, Helmut: Dokumentation in der Chemie. In: Der Mensch und die Technik – Technisch-Wissenschaftliche Blätter der Süddeutschen Zeitung, 15. Jg., 211. Ausgabe, Beilage der SZ, Nr. 95 v. 25. 04.1973, S. IV.

35. Hawgood, John; Morley, R.: Project for Evaluating the Benefits from University Libraries. Durham University, October 1969 (OSTI Report 5056)

36. Hayami, Y.; Peterson, W.: Social Returns to Public Information Services. Statistical Reporting of U.S. Farm Commodities. In: American Economic Review, 62 (1972) H. 1, S. 119–130.

37. Irwin, Fred B.: Einführung und Überblick in Wirtschaftsdatenbanken. Vortrag auf INFOBASE 88, Internationale Ausstellung und Kongreß für Informationsmanagement. 3.–5. 5. 1988 in Frankfurt am Main.

38. Karehnke, H.: Ein Vorschlag für Nutzen-Kosten-Untersuchungen in der Verwaltung. In: Die öffentliche Verwaltung, November 1974, H. 21, S. 737–741.

39. Keren, Carl: Economic aspects of information work. Questions and problems. In: Schwu-

chow, Werner (Hrsg.): Ökonomische Aspekte der Fachinformation. Internationale Fachtagung der Deutschen Gesellschaft für Dokumentation e.V. vom 6. bis 8. Mai 1981 in Garmisch-Partenkirchen. München: K.G. Saur 1981, S. 17 – 33. (Reihe Informationsmanagement Bd. 4).

40. Keren, Carl: Staat und Informationspolitik der Zukunft. In: Deutsche Gesellschaft für Dokumentation e.V. (Hrsg.): Deutscher Dokumentartag 1987 vom 23. – 25. 9. 1987 in Bad Dürkheim. Weinheim: VCH-Verlag 1988, S. 25 – 33.

41. King, Donald W. (Ed.): Key papers in the economics of information. New York: Knowledge Industry Publications 1983.

42. King, Donald W. et al.: Value of the energy data base. Oak Ridge, Tennessee: Technical Information Center, United States Department of Energy 1982.

43. King, Donald W.: The value of libraries as an intermediary information service. Vol. 1 Maryland: King Research Inc. 1984.

44. King, Donald W.; Bryant, Edward C.: The Evaluation of Information Services and Products. Washington D.C.: Information Resources Press 1971.

45. King, Donald W.; Griffith, Jose-Marie: The Information Advantage. Paper presented at the International Conference ,,Information Resources Management. Concepts, Strategies, Applications". Dubrovnik (Jugoslavia), June 1 – 5, 1987.

46. KL-Team: Ermittlung von Kostenkennziffern für den Input von Literaturdokumenten. Eine Untersuchung im Auftrag der Gesellschaft für Information und Dokumentation (GID). Frankfurt am Main: KL-Team 1980.

47. Kotler, Philip: Marketing for non-profit-organizations. Englewood Cliffs, N.J.: 1975. Deutsch: Kotler, Ph.: Marketing für Nonprofit-Organisationen. Stuttgart 1978.

48. Kunz, Werner; Rittel, Horst; Schwuchow, Werner: Zur Bewertung von Informationssystemen. In: EURIM. A European Conference on Research into the Management of Information Services and Libraries. Paris, 20 – 22. November 1973. London: Aslib 1974, S. 5 – 14.

49. Lamberton, D.M.: The economics of information and organisation. In: Williams, M.E. (Hrsg.): Annual Review of Information Science and Technology. New York: ASIS, 19 (1984), S. 3 – 30.

50. Lancaster, F. Wilfrid: The cost-effectiveness analysis of information retrieval and dissemination systems. In: Journal of the American Society for Information Science. Jan.-Feb. 1971, S. 12 – 27.

51. Lancaster, F. Wilfrid: A study of current awareness publications in the neurosciences. In: Journal of Documentation, 30 (1974) H. 3, S. 255 – 272.

52. Lancaster, F. Wilfrid: Information Retrieval Systems: Characteristics, Testing and Evaluation. 2nd Edition. New York: Joahn Wiley & Sons, Inc. 1979.

53. Lancaster, F. Wilfrid: The measurement and evaluation of library services. Washington D.C.: Information Resources Press 1977.

54. Lancaster, F. Wilfrid; W.D. Climenson: Evaluating the economic efficiency of a document retrieval system. In: Journal of Documentation, 24 (1968) H. 1, S. 16 – 40.

55. Lewton, L.O.: The Art of Searching the Literature. In: Journal of Chemical Education, 28 (1951) September, S. 487 – 491.

56. Machlup, F.: The Production and Distribution of Knowledge in the United States. Princeton, NJ: Princeton University Press 1962.

57. Marschak, J.: Economics of Inquiring, Communication, Deciding. In: American Economic Review 9 (1968) H. 2, S. 137 – 174.

58. Martyn, John: Studies of the Economics of Information: A Commentary. London: Aslib Research & Consultancy, October 1981.

59. Martyn, John: Unintentional duplication of research. In: New Scientist, 21 (1964) S. 388 f.

60. Mertens, Peter; Schrammel, Dieter: Betriebliche Dokumentation und Information, 2. Auflage. Meisenheim am Glan: Verlag Anton Hain 1977 (Schriften zur wirtschaftswissenschaftlichen Forschung Bd. 123).
61. Mick, Colin K.: Cost Analysis of Information Systems and Services. In Martha E. Williams (Ed.): Annual Review of Information Science and Technology, Vol. 14. New York: Knowledge Industry Publications 1979. p. 37 – 64.
62. Moll, W.: MEDLINE Evaluation Study. In: Bulletin of Medical Library Association, 62 (1974) H. 1, S. 1 – 5.
63. Musgrave, Richard A.: The Theory of Public Finance. International Student Edition. New York: Mc Graw-Hill 1959.
64. Nübling, Wolfgang: Wie teuer ist Information? Zur Frage der Dokumentationskosten in der Chemie. In: Nachrichten für Dokumentation, 21 (1970) H. 4, S. 152 – 157.
65. Orr, Richard H.: Measuring the goodness of library services: a general framework for considering quantitative measures. In: Journal of Documentation, 29 (1973) H. 3, S. 315 – 332.
66. Porat, M.U.: The information economcy: definition and measurement. Vol. I. Washington D.C.: US Department of Commerce 1977.
67. The President's Science Advisory Comittee; Science, Government and Information. The Responsibilities of the Technical Community and the Government in the Transfer of Information. Washington D.C.: The White House, January 10, 1963.
68. Pryor, H.E.: An Evaluation of the NASA Scientific and Technical Information System. In: Special Libraries, November 1975, S. 515 – 519.
69. Reichwald, Ralf: Ein mehrstufiger Bewertungsansatz zur Wirtschaftlichkeitsbeurteilung der Bürokommunikation. In: Hoyer, Rudolf; Georg Kölner (Hrsg.): Wirtschaftlichkeitsrechnungen im Bürobereich. Konzepte und Erfahrungen. Berlin: Erich Schmidt Verlag 1987 S. 23 – 33 (Reihe: Betriebliche Informations- und Kommunikationssysteme. Herausgeber von Prof. Dr. Hermann Krallmann. Bd. 9).
70. Repo, Aatto J.: Economics of Information. In: Williams, M.E. (Hrsg.): Annual Review of Information Science and Technology. Amsterdam, New York, Oxford, Tokyo: Elsevier Science Publishers, vol. 22, 1987, S. 3 – 35.
71. Repo, Aatto J.: Economics of information in information science. Espoo (Finland): Technical Research Centre of Finland, December 1986 (Research Notes 645).
72. Roberts, Stephen A. (Ed.): Costing and the economics of library and information services. London: Aslib Reader Series, Vol. 5 1984.
73. Roberts, Stephen A.: Cost management for library and information services. Cambridge: Butterworth & Co. 1985.
74. Roderer, Nacy K. et al.: The use and value of defense technical information center products and services. Alexandria, Virginia: Defense Technical Information Center 1983.
75. Schwuchow, Werner: The Development of the International Market for Online Information Services. Paper presented at the 44th FID Congress. Helsinki, Finland, August 28 – September 1, 1988.
76. Schwuchow, Werner: The economic analysis and evaluation of information and documentation systems. In: Information processing and management 13 (1977), H. 5, S. 267 – 272.
77. Schwuchow, Werner: Finanzierung und Preisgestaltung in Information und Dokumentation. München: K.G. Saur 1979 (Reihe Informationsmanagement Bd. 3.)
78. Schwuchow, Werner: Fundamental Aspects of the Financing of Information Centres. In: Information Storage and Retrieval 9 (1973), S. 569 – 575.
79. Schwuchow, Werner: In welchem Umfang ist die Wirtschaftlichkeit von Dokumentationseinrichtungen meßbar? In: Nachrichten für Dokumentation, 23 (1972), H. 1, S. 7 – 11.
80. Schwuchow, Werner: L'informatique documentaire et l'économie de marché. In: L'infor-

matique documentaire. Bulletin du Centre de Hautes Études Internationales d'Informatique Documentaire. Numero Special, 4ième trimestre 1982. C.I.D. Paris 1982.

81. Schwuchow, Werner: Der Markt für Online-Dienste: Ein Milliarden-Dollar-Geschäft. In: Cogito 1987, H. 1, S. 28 – 35.

82. Schwuchow, Werner: Results and questions of research in information economics. In: Taylor, Peter J.; Blaise Cronin (Ed.): Information Management Research in Europe. Proceedings of the EURIM 5 Conference, Versailles, France, May 1982. London: Aslib 1983, S. 10 – 24.

83. Schwuchow, Werner: Zur Messung der Wirtschaftlichkeit von Dokumentnachweissystemen. München: K.G. Saur 1970 (Bericht Nr. 94 der Studiengruppe für Systemforschung).

84. Schwuchow, Werner; Wetzel, Emil L.: Ansätze zu Kostenanalysen bei Online-Informationsverbundsystemen. In: Deutsche Gesellschaft für Dokumentation e.V. (Hrsg.): Deutscher Dokumentartag 1980. Berlin, 29. 9. bis 3. 10.1980. München: K.G. Saur 1981, S. 333 – 362.

85. Seiler, K.: Introduction to Systems Cost-Effecitveness. New York – Sydney – Toronto 1969.

86. Springe, Wolfgang: Nutzen der Fachinformation – Beispiele aus dem Ingenieurwesen. In: Stegemann, Hagen (Hrsg.): Nutzen der Fachinformation. Internationale Fachkonferenz der Deutschen Gesellschaft für Dokumentation e.V. vom 5. – 11. Mai 1983 in Garmisch-Partenkirchen. München: K.G. Saur 1983, S. 94 – 110 (Reihe Informationsmanagement Bd. 6).

87. Stegemann, Hagen (Hrsg.): Nutzen der Fachinformation. Internationale Fachkonferenz der Deutschen Gesellschaft für Dokumentation e.V. vom 5. – 11. Mai 1983 in Garmisch-Partenkirchen. München: K.G. Saur 1983 (Reihe Informationsmanagement Bd. 6).

88. Stein, Adelheid: Betriebstatische Daten von Fachinformationseinrichtungen 1985. Ergebnisse einer Fragebogenerhebung. In: Nachrichten für Dokumentation 39 (1988) H. 1, S. 5 – 14.

89. Strassmann, P.A.: Information Payoff: the Transformation of Work in the Electronic Age. New York: Macmillan 1985.

90. Tressel, George W.; Brown, Patricia L.: A critical review on the economics of the scientific and technical information industry. Columbus (Ohio): Batelle Columbus Laboratories, March 1975. Prepared for the National Science Foundation (Report No. PB 245665).

91. Veazie, Walter H.; Connolly, Thomas F.: The marketing of information analysis center products and services. Washington D.C.: ERIC/ASIS 1971.

92. Vickers, Peter H.: A cost survey of mechanized information systems. In: Journal of Documentation. 29 (1973) H. 3, S. 258 – 280.

93. Vickery, Brian C.: Dokumentationssysteme. München: K.G. Saur 1971 (Reihe UTB Uni-Taschenbücher).

94. Vickery, Brian C.: Methodology in Research. In: Aslib Proceedings, 22 (1979) H. 12, S. 603.

95. Weigand, Karl-Heinz: Informationsmarketing – Relevanz von Methoden und Instrumenten des Konsum- und Investitionsgüter-Marketings für den IuD-Bereich. In: Deutsche Gesellschaft für Dokumentation e.V. (Hrsg.): Deutscher Dokumentartag 1975 vom 29. 9. – 2. 10. 1975 in Bad Kreuznach. München: K.G. Saur 1976, S. 291 – 308.

96. Wessel, C.I.; Cohrssen, B.A.: Criteria for evaluating the effectiveness of library operations and services. ATLIS Reports No. 10, 19 and 21 (1967 – 1969).

97. Wilkin, A.P.; Reynolds, R.; Robertson, S.E.: Standard times for information systems: a method for data collection and analysis. London: Aslib 1971.

98. Wilson, J.H.Jr.: Costs, budgeting and economics of information processing. In: Cuadra, C.A. (Hrsg.): Annual Review of Information Science and Technology 7 (1972), S. 39 – 67.

99. Wolfe, I.N. et al.: The Economics of Technical Information Systems. A Study in Cost-Effectiveness. 3 volumes. Prepared for the OECD by a Research Team from the University of Edinburgh. Edinburgh, 1971.

100. Wooster, Harold: An Information Analysis Center Effectiveness Chrestomathy. In: Journal of the American Society for Information Science 21 (1970) H. 2, S. 149 – 158.

101. Zangemeister, Ch.: Measurement of Effectiveness of Computerized Information Systems from Management Point of View through Utility Analysis. In: Frielink, A.B. (Ed.): Proceedings for the International Symposium on Economics of Informatics, Vol. I, Rom 1974, S. 240 – 250.

102. Zangemeister, Ch.: Nutzenwertanalyse in der Systemtechnik. Eine Methode zur multidimensionalen Bewertung und Auswahl von Projektalternativen. München 1970.

F 7 Öffentlichkeitsarbeit

Heinz W. Kemmler

F 7.1 Der Begriff Öffentlichkeitsarbeit

Zu den Aufgaben, die eine Organisation oder Institution im Rahmen der Kommunikationspolitik zu erfüllen hat, gehört nicht nur das Informieren über Aufgaben, Leistungen oder Produkte, ihre Kommunikation richtet sich auch an andere Gruppen im Umfeld (vgl. Lit. 03., S. 487) und verfolgt andere Zielsetzungen. Allgemeine Ziele sind beispielsweise ein höherer Bekanntheitsgrad oder sehr häufig ein bestimmtes Bild in der Öffentlichkeit (vgl. Lit. 03., S. 487). Die Organisation versucht, ein Bild, welches in der Öffentlichkeit besteht, zu prägen oder nach eigenen Vorstellungen zu gestalten und auch zu beeinflussen. Dabei wird besonders Wert gelegt auf das Kommunikationsmerkmal der Gegenseitigkeit, d.h. es der Öffentlichkeit zu ermöglichen, den Kommunikationsprozeß wechselseitig zu führen (vgl. Lit. 03., S. 487).

Der Teil der Kommunikationspolititik, der sich mit dem generellen Bild einer Organisation in der Öffentlichkeit beschäftigt, wird üblicherweise als ,,Öffentlichkeitsarbeit'' oder ,,Public Relation'' bezeichnet.

Die Definitionen des Begriffs Öffentlichkeitsarbeit sind in der Literatur sehr vielfältig, Formulierungsversuche werden schon seit den 40er Jahren unternommen (vgl. Lit. 05., S. 35). Eine zutreffende Begriffseingrenzung lautet:

,,Die Öffentlichkeitsarbeit bezeichnet die planmäßige systematische und wirtschaftlich sinnvolle Gestaltung der Beziehung zwischen der Betriebswirtschaft – gemeint sind hier vorrangig Unternehmen – und einer nach Gruppen gegliederten Öffentlichkeit (z.B. Kunden, Aktionäre, Lieferanten, Arbeitnehmer, Institutionen, Staat) mit dem Ziel, bei diesen Teilöffentlichkeiten Vertrauen und Verständnis zu gewinnen bzw. auszubauen'' (vgl. Lit. 04., S. 461).

Öffentlichkeitsarbeit ist somit in diesem Verständnis der Kommunikationsprozeß des Unternehmens mit seiner Umwelt im weitesten Sinne.

F 7.2 Adressaten der Öffentlichkeitsarbeit

Zunächst ist zu klären, wer unter ,,Öffentlichkeit'' verstanden wird, welches also die Zielgruppen für öffentlichkeitsbezogene Programme, Maßnahmen und Strategien sind. Prinzipiell sind es alle Menschen, die zu einer festgelegten Gesamt- oder Teilmenge gehören, wobei Größe und Zusammensetzung dieser Teilmenge immer von der jeweiligen speziellen Zielsetzung der Öffentlichkeitsarbeit abhängen (vgl. Lit. 07., S. 8). Da die Öffentlichkeitsarbeit ein Teil des sogen. Kommunikations-Mix ist, dieser aber wiederum einen Bestandteil des Marketing-Mix darstellt, verfolgt sie sehr oft, wenn auch meist nur mittelbar, eine absatzwirtschaftliche Zielsetzung. So kann die Zielgruppe der Öffentlichkeitsarbeit im engeren Sinne ausschließlich beschränkt sein auf aktuelle oder potentielle Absatzmarktpartner (Kun-

den, Käufer, Nutzer). Nur wenn die explizite Aufgabenstellung der Öffentlichkeitsarbeit breit bzw. global beschrieben wird, wie in der obigen Definition, erweitert sich die Zielgruppe also bis zu allen Adressaten, zu denen das Unternehmen Beziehungen unterhält oder unterhalten wird.

F 7.3   Durchführung der Öffentlichkeitsarbeit

Da die Öffentlichkeitsarbeit konkrete Ziele oder Absichten der Organisation im
breiten Bewußtsein erfüllen bzw. erklären soll, ist es plausibel, daß sie prinzipiell
eine Managementfunktion darstellt. Primär ist es daher Aufgabe der obersten Füh-
rungsebene, sowohl das äußere Erscheinungsbild festzulegen, mit dem eine Organisation an die Öffentlichkeit tritt bzw. das in der Öffentlichkeit angestrebt wird, als
auch die generellen Zielsetzungen festzulegen, die dafür gelten sollen (vgl. Lit. 08,
S. 60). Konkrete inhaltliche Aufgabenstellungen in der Ausführung der Öffentlichkeitsarbeit können von verschiedenen Organisationseinheiten übernommen werden, oft ist die Aufgabenzuweisung abhängig von der individuellen Organisationsstruktur. Häufig wird die Öffentlichkeitsarbeit von einem Pressesprecher geleistet.
Vor allem größere Wirtschaftsunternehmen, die Wert auf ein ausführliches, differenziertes Bild in der Öffentlichkeit legen, unterhalten häufig eine eigene PR-
Abteilung, z.B. Presse- und Informationsabteilung (vgl. Lit. 01., S. 98).
Organisatorisch wird eine solche Abteilung in der Regel als Stabstelle dem Lei-
tungsressort Marketing/Vertrieb oder dem Specher des Leitungsgremiums (Vor-
standsvorsitzender) zugeordnet. Personell besetzt ist sie häufig mit ehemaligen
Pressemitarbeitern, Medienfachleuten oder Wirtschaftsjournalisten. Es besteht
auch die Möglichkeit, die Öffentlichkeitsarbeit aus der Organisation auszugliedern
und durch externe Stellen ausführen zu lassen, wie z.B. durch spezielle PR-
Agenturen oder Unternehmensberater (vgl. Lit. 05., S. 158). Für Organisationen,
die von ihrer Größe, ihren finanziellen Möglichkeiten oder ähnlichem her nicht in
der Lage sind, eigene PR zu betreiben, bietet es sich an, eine kollektive Arbeit zu
gestalten, d.h. daß sich mehrere kleine Organisationen zur Erstellung einer
Gruppen-Öffentlichkeitsarbeit zusammenschließen. Des weiteren kann die PR für
diese kleineren Organisationen durch Verbände durchgeführt werden (z.B. Flei-
scherfachgeschäfte oder Elektrohandwerk). An einer solchen Verbands-Öffentlich-
keitsarbeit können auch große Organisationen Interesse haben, wenn dort ihre
Branche in für sie geeigneter Weise dargestellt wird.

F 7.4   Zielsetzung der Öffentlichkeitsarbeit

Obwohl Werbung und Öffentlichkeitsarbeit meist mit den gleichen Mitteln in die
gleiche Richtung arbeiten und deshalb auch oft begriffsmäßig gleichgesetzt werden,
sind sie streng voneinander zu trennen (vgl. Lit. 05., S. 52). Werbung hat die Aufgabe, den potentiellen Nachfrager über die angebotenen Produkte und Leistungen
zu informieren und sie als Käufer oder Nutzer zu gewinnen (vgl. Lit. 07., S. 7).
Öffentlichkeitsarbeit hingegen zielt auf die Meinung oder Haltung bei den Ange-

sprochenen ab, also der Öffentlichkeit gegenüber den Unternehmen. Daneben soll sie einen ständigen Dialog und Informationsaustausch zwischen dem Unternehmen und seiner Außenwelt fördern. Von der Aufgabenstellung her lassen sich zwei Arten von Öffentlichkeitsarbeit unterscheiden:

● *Generelle Öffentlichkeitsarbeit*
Sie wird ohne konkreten Anstoß betrieben und hat zur Aufgabe, regelmäßig Grund- und Zusatzinformationen allgemeiner Art über das Unternehmen zu vermitteln, um ein grundsätzliches und gewolltes Bild des Unternehmens zu zeichnen und zu festigen.

● *Spezielle Öffentlichkeitsarbeit*
Sie hat zur Aufgabe, auf besondere Ereignisse im Umfeld des Unternehmens zu reagieren bzw. spezielle Maßnahmen oder Vorhaben des Unternehmens der Öffentlichkeit näher zu bringen. Dies bedeutet, das Unternehmensbild im Hinblick auf spezielle Ereignisse oder Maßnahmen hin vorzubereiten, zu erklären, zu ergänzen oder zu beeinflussen.

F 7.5 Informationsvermittlung

PR-Informationen müssen verbreitet werden, sie sollen eine möglichst große Anzahl von Menschen, die zu einer festgelegten Zielgruppe gehören, erreichen (vgl. Lit. 06., S. 137). Die Übertragung der PR-Botschaft vom Unternehmen zur Zielgruppe kann durch verschiedenartigste Medien geschehen. Welche Medien im konkreten Einzelfall eingesetzt oder miteinander kombiniert werden, hängt von vierlei Fakten ab, z.B.:
− Art, Größe und Beschaffenheit der Zielgruppe
− Anlaß der Botschaft
− Inhalt der Botschaft usw. (vgl. Lit. 05., S. 98).
Für die Durchführung von PR-Maßnahmen steht eine große Auswahl von Medienalternativen zur Verfügung, die sich untereinander teilweise stark unterscheiden. Die einschlägige Literatur bietet eine Vielzahl von Aufstellungen und Systematiken an, deren Aufbau und Vollständigkeit sehr differieren. Zunächst sind bei einer Aufzählung der PR-Kommunikationsinstrumente (Medien) die persönlichen Kontakte der Organisation zu ihrer Umwelt zu nennen. Bei der mündlichen Form kann es sich sowohl um einzelne Gespräche handeln als auch um Veranstaltungen wie Podiumsdiskussionen, Vortragsreihen, Tage der offenen Tür, Führungen, Ausstellungen und ähnliches mehr (vgl. Lit. 02., Sp. 1796). Mit der Durchführung solcher persönlichen Kontakte mit der Außenwelt werden meist speziell geschulte Mitarbeiter betraut, die ggf. sogar eine eigene Abteilung innerhalb der Organisation bilden (in den Vereinigten Staaten werden solche Abteilungen ,,speakers bureaus" genannt) (vgl. Lit. 01., S. 169).
Den verbalen stehen die unpersönlichen, d.h. visuellen bzw. technischen PR-Kommunikationsmittel gegenüber. Hierzu zählen alle Instrumente, bei denen die Informationen durch Medien übertragen werden, der persönliche Kontakt zwischen der Organisation und der Zielgruppe also ausbleibt. Hierzu gehören zum einen von der Organisation selbst kontrollierte Medien wie Hauszeitungen, spezielle Informa-

tionsschriften, Sozialbilanzen, Geschäftsberichte, Kundenbriefe, Flugblätter und dergleichen mehr.

Zum anderen gehören zu dieser Gruppe auch die nicht von der Organisation unmittelbar beeinflußbaren Medien. Hier sind vor allem die sogenannten Massenmedien wie Hörfunk, Fernsehen, Zeitschriften, Bücher, Filme usw. zu nennen (vgl. Lit. 06., S. 139). Die Öffentlichkeitsarbeit mit den Medien dieser Gruppe ist nicht immer inhaltlich steuerbar. Zwar sind zum Beispiel spezielle PR-Anzeigen in Zeitungen von ihrem Inhalt und ihrer Aufmachung her durch das Unternehmen vorgegeben. Die Fernsehberichterstattung über eine Pressekonferenz oder ähnliches läßt sich jedoch kaum oder nur begrenzt beeinflussen (vgl. Lit. 01., S. 181).

F 7.6   Konzept der Öffentlichkeitsarbeit

An erster Stelle einer Konzeption für Öffentlichkeitsarbeit sollten immer die konkreten Ziele stehen, die mit diesem Kommunikations-Instrument verfolgt werden. Diese lassen sich in der Regel aus den übergeordneten Zielsetzungen bzw. Grundsätzen ableiten. Spezielle Ziele der PR-Programme und -Maßnahmen können zusätzlich sein:
– Verbesserung des allgemeinen Informationsstandes
– Erhöhung des Bekanntheitsgrades
– Abbau von negativen Vorstellungen
– Information über Vorhaben
– Erläuterungen zu Ereignissen usw. (vgl. Lit. 05., S. 177).
An die Festlegung der Ziele schließt sich eine Maßnahmen- und Budgetplanung an. Hier wird zunächst festgelegt, welche Botschaften wann mit welchen Medien welcher Zielgruppe übermittelt werden sollen, immer in Abhängigkeit von den vorher festgelegten Zielen und dem dafür erforderlichen personellen und finanziellen Aufwand.

Für die Planung der zu realisierenden PR-Maßnahmen stellt das benötigte bzw. das zur Verfügung stehende Budget eine Begrenzung dar. Da das Budget das Ausmaß aller PR-Aktivitäten begrenzt, ist es unverzichtbar, daß bei der Ermittlung seiner Höhe auf spezielle Zielsetzung und Erfordernisse der Öffentlichkeitsarbeit bezuggenommen wird. Methoden zur Feststellung, bei denen beispielsweise das PR-Budget an wichtigen wirtschaftlichen Eckwerten (z.B. fester Prozentsatz vom Umsatz oder Gewinn in Unternehmen) festgesetzt wird oder es sich nach dem Vorjahresbudget richtet, sind wenig hilfreich. Zweckmäßiger ist ein Vorgehen, bei dem das Budget aus den konkret festgelegten Zielen und Maßnahmen abgeleitet wird und dem dafür tatsächlich erforderlichen Aufwand. Wenn Ziele, Maßnahmen und Budget für die Öffentlichkeitsarbeit festgelegt sind, ist mit der Ausführung der durch die Planung gestellten Aufgaben zu beginnen. Hierbei ist ein vorher festgelegter Durchführungsplan zu verabschieden, der die genauen Vorgehensschritte im Zeitablauf für alle PR-Maßnahmen enthalten sollte (vgl. Lit. 01., S. 203).

Die Öffentlichkeitsarbeit der Konzeption schließt ab mit einer Kontrolle der Wirkungen und Erfolge, wobei hier der Ist-Zustand nach Ausführung der PR-Maßnahmen mit dem tatsächlich erreichten Sollzustand verglichen wird. Konkretisiert wird dies durch Maßnahmen wie Repräsentativbefragungen, Resonanzerhebungen oder andere Erfolgsmeßmethoden. Die Schwierigkeiten hierbei liegen in der praktischen Ermittlung einer gesicherten Feststellung der jetzt existierenden Einstellung bei den Adressaten, da diese sich in einem ständigen Wandel befindet. Lösungen dieser Schwierigkeit sind beispielsweise laufende Befragungen oder Totalerhebungen oder auch die Festlegung und Beobachtung bestimmter Erfolgsindikatoren wie z.b. Aktienkurse, Anzahl der Stellenbewerbungen, Fluktuationsrate und ähnliches mehr.

F 7.7   Öffentlichkeitsarbeit für Information und Dokumentation

IuD ist als spezielle Dienstleistung zu verstehen, die sich zunächst wie ein anderes Produkt-/Leistungsangebot an Interessenten, Nachfrager oder Nutzer richtet. Dabei ist es zwar eine Besonderheit, daß gewisse technische (z.B. Fachsprache) Voraussetzungen erforderlich sind, dies ist aber keineswegs einzigartig. Ein zweites spezifisches Merkmal könnte die anbietende Organisation auf der einen und die Nachfrager auf der anderen Seite sein. Tatsächlich bestehen die im Markt aktiven Ersteller und Anbieter von IuD-Dienstleistungen aus einer Vielfalt von sehr unterschiedlich großen, vor allem aber unterschiedlich strukturierten und finanzierten Organisationen. Somit können als wesentliche PR-Schwerpunkte nur generelle Zielsetzungen formuliert werden:
- Grundlegende Information über IuD-Produzenten und ihr Marktangebot
- Information über Besonderheiten wie Zugangs- und Nutzungsbedingungen
- Darstellung des individuellen oder kollektiven Nutzens von IuD.

Selbstverständlich gilt auch hier für die Öffentlichkeitsarbeit, daß diese nicht isoliert gesehen werden kann, sondern integraler Bestandteil der gesamten Kommunikationsaktivitäten sein muß. Bei den IuD-Anbietern findet sich ein großes Spektrum von Organisationsgebilden, das von öffentlich-rechtlichen Einrichtungen mit besonderer Zweckbestimmung bis zu kommerziell ausgerichten, privatwirtschaftlichen Firmen reicht.

Ein weiteres Spezifikum, das aber nur als zeitliche Gegebenheit anzusehen ist, besteht darin, daß IuD als eine sehr spezifische Dienstleistung einen sehr geringen Bekanntheitsgrad hat, daß sowohl die IuD-Anbieter wie ihre Leistungen in der breiten Öffentlichkeit nicht bekannt sind. Alle drei genannten Eigenheiten bedingen nicht eine grundlegend andere Form oder abweichendes Konzept für die Öffentlichkeitsarbeit. Sicherlich werden jedoch Ziele, Instrumente und Methoden situationsbedingt festgelegt und eingesetzt werden müssen.

Sinnvoll scheint es für IuD-Anbieter zu sein, bei generellen PR-Vorhaben ähnlich den Gruppen- und Branchenaktionen der Industrie sich zu Gemeinschaftsmaßnahmen zusammenzuschließen. Dem könnten allerdings Wettbewerbssituationen konkurrierender Anbieter entgegenstehen.

Literatur

01. Hoepfner, G.: Public Relations als Stabsfunktion der Großunternehmen. Dissertation, Berlin 1975.
02. Hundhausen, C.: Public Relation. In: Tietz, B. (Hrsg.): Handwörterbuch der Absatzwirtschaft, Stuttgart 1974, Sp. 1791 – 1800.
03. Kotler, P.: Marketing-Management. 4. Auflage, Stuttgart 1982.
04. Meffert, H.: Marketing. 6. Auflage, Wiesbaden 1982.
05. Menckes, H.: Public Relations (PR) als Stabsfunktion der Unternehmensführung. Dissertation, Berlin 1978.
06. Neske, F.: PR-Management. Gernsbach 1977.
07. Oeckl, A.: Öffentlichkeitsarbeit in Theorie und Praxis. Stuttgart 1960.
08. Spindler, G.P.: Das Unternehmen in kritischer Umwelt. Wiesbaden/Frankfurt 1987.

F 8   Benutzerforschung

Ingegerd Schäuble

F 8.1   Einleitung

Auch wenn in manchen Diskussionen dieser Eindruck vermittelt wird, handelt es sich bei der ,,Benutzerforschung'' keinesfalls um eine eigenständige wissenschaftliche Disziplin, sondern vielmehr um einen − noch nicht einmal exakt begrenzten − Problembereich, in dem Erkenntnisse, Konzepte und Methoden der verschiedensten Wissenschafts-Sparten (Soziologie, Psychologie, Ökonomie, Kommunikationswissenschaft und vieles andere mehr) verwendet werden, um die verschiedenen Formen der Nutzung (aber auch Nicht-Nutzung) im Bereich der fachlichen Information und Kommunikation zu beschreiben, zu erklären und ggf. in handlungsrelevante Empfehlungen umzusetzen. Benutzerforschung ist also der Versuch, das, was im Bereich der Nutzung und Nicht-Nutzung von Fachinformations-Dienstleistungen passiert, transparenter zu machen (vgl. Lit. 10.).

Streng genommen ist die Benutzerforschung ein Instrument, um im Rahmen des Marketing bzw. der Informationsversorgung hilfreiche Erkenntnisse zu produzieren, die beim Management der Fachinformation förderlich eingesetzt werden können. Dabei kann man grob zwischen zwei Seiten der Benutzerforschung, nämlich

○ den angebotsorientierten und
○ den benutzer- bzw. rezipientenorientierten

Untersuchungsstrategien unterscheiden.

Erstere reflektieren überwiegend die Perspektive der Produzenten und Anbieter von Fachinformation und befassen sich folglich schwergewichtig mit der technischen, organisatorischen und/oder inhaltlichen Gestaltung von Fachinformations-Dienstleistungen, während sich letztere von der Seite der (tatsächlichen oder potentiellen) Benutzer von Fachinformations-Dienstleistungen her annähern und diese Perspektive ins Zentrum des Interesses rücken.

In der Realität sind natürlich immer beide Perspektiven wichtig und für eine vollständige Beschreibung und Analyse von Informations- und Kommunikationsprozessen unentbehrlich. Es wäre also irreleitend, mit der ,,Benutzerforschung'' nur jene Untersuchungsansätze zu beschreiben, die sich direkt und ausschließlich mit den Nutzern fachlicher Informations-Dienstleistungen auseinandersetzen.

Benutzerforschung wird in erster Linie im Interesse und im Auftrag von privaten, aber auch öffentlichen Anbietern von Fachinformations-Dienstleistungen im Rahmen ihrer

○ Produktpolitik
○ Vertriebspolitik und/oder
○ Kommunikationspolitik

betrieben.

Aber auch die Förderer und Geldgeber von Fachinformations-Einrichtungen haben solche Studien initiiert und verlangt. Deren Motive sind vor allem in zwei Richtungen − der politischen und der wirtschaftlichen − zu suchen:

○ Für die Informationspolitik zuständige Regierungsstellen, die, zeitweise zumindest, sehr viele Gelder in diesen Bereich geleitet haben, sahen dies nicht nur unter dem Blickwinkel des nationalen Fortschritts, sondern auch unter dem Gesichtspunkt der internationalen Systemkonkurrenz, nachdem man sich der Bedeutung der Information als vierter Produktivkraft allgemein bewußt wurde. Benutzerforschung wurde in diesem Sinne in den Produktionswettbewerb einbezogen.

○ Mehr (betriebs-)wirtschaftlich motiviert war und ist der Einsatz der Benutzerforschung in öffentlichen Fachinformations-Einrichtungen, die sich gegenüber ihren Geldgebern zu legitimieren haben. Sie müssen nachweisen – und das geht fast ausschließlich im Wege der Benutzerforschung – daß die ihnen zugeleiteten Gelder sinnvoll, effektiv und wirtschaftlich verwendet worden sind. (Die in diesem Sinne manchmal recht oberflächlich durchgeführten, lediglich Legitimationszwecken dienenden, Studien haben die Benutzerforschung gelegentlich in Mißkredit gebracht und die in vielen Fällen ohnehin vorhandene Abneigung gegen solche wissenschaftlichen Unternehmungen verstärkt.)

Auf welchem Stand die Benutzerforschung heute ist, läßt sich am ehesten verständlich machen, wenn man sich einmal mit der geschichtlichen Entwicklung dieser wissenschaftlichen Bemühungen auseinandersetzt und die historisch entstandenen theoretischen wie auch methodischen Eigenheiten betrachtet.

F 8.2   Historie der Benutzerforschung

Ockenfeld/Schwuchow (Lit. 10.) sprechen von drei Phasen der Benutzerforschung im Bereich Fachinformation/Fachkommunikation, deren erste in den fünfziger Jahren begann. Diese erste Phase läßt sich charakterisieren als large scale science, in der vornehmlich mit standardisierten, quantifizierenden Methoden große Fallzahlen (Dokumente, Dienstleistungen, Benutzer . . .) empirisch bewältigt worden sind.

Der Beginn der zweiten Phase der Benutzerforschung wird in die Mitte der sechziger Jahre gelegt. Hier ändert sich die Schwerpunktsetzung im Zuge des wachsenden politischen Interesses an einer nationalen und strukturierten Planung im Bereich von Information und Kommunikation: gefragt ist nun handlungs- und maßnahmerelevantes Wissen aus der Wissenschaft, möglichst in Form von einfach zu handhabendem Rezeptwissen. Die Benutzerforschung war auf diesen ,,plötzlich" formulierten Bedarf nicht vorbereitet und wurde ihm nur leidlich gerecht.

Eine weitere Korrektur in der grundlegenden Ausrichtung der Benutzerforschung fand in der zweiten Hälfte der siebziger Jahre statt, als sowohl die Planungseuphorie als auch der Bedarf an schnell produziertem, schnell umsetzbarem Wissen abflachte. Eine Rückbesinnung auf die wissenschaftlichen Möglichkeiten der Benutzerforschung, auf mehr Differenzierung in Fragestellung, Konzeption und Methodik und eine intensivere Methoden- und Methodologie-Diskussion haben die Grundlagen der Benutzerforschung verändert. Die zahlreichen – aber lange Zeit nicht beachteten – Erkenntnismöglichkeiten aus small scale Studien wurden wieder gesehen und mehr und mehr genutzt.

Möglicherweise befinden wir uns gerade im Übergang zu einer vierten Phase, in der die relativ starke Dokument-Orientierung abgelöst wird von einer Hinwendung zu den ,,Kommunikations-Prozessen'', um die es ja in allen Fragen der Benutzerforschung geht.

Im einzelnen läßt sich zu den drei — jetzt bereits beschreibbaren — Phasen ausführen:

F 8.2.1 Phase I: Entdeckung und Beschreibung des neuen Forschungsbereiches ,,Information und Dokumentation''

Im Zusammenhang mit der in den Sozialwissenschaften allgemein herrschenden Aufbruchstimmung wird die Benutzerforschung als Abfrageforschung im großen Stil entwickelt. Man ist stolz darauf, nun auch in den Sozialwissenschaften die Maximen zu praktizieren, die allgemein in der Naturwissenschaft gelten: große Zahlen- und Datenberge erlauben komplizierte statistische Operationen und ,,Berechnungen'' und befriedigen das Bedürfnis nach gesetzesmäßigen Erkenntnissen.

Es handelt sich um erste Annäherungsversuche an das Phänomen der fachlichen Information und Kommunikation und folglich war der Nachholbedarf groß. Diese Phase der Benutzerforschung war eng verbunden mit der Entstehung der Wissenschaftsforschung. Die exponential ansteigende Flut von wissenschaftlichen und technischen Publikationen und die Probleme ihrer Bewältigung wurden in beiden Bereichen thematisiert, in der Wissenshaftsforschung allerdings mit Blick auf die Wissenschaftsstruktur (Lit. 03.), in der Benutzerforschung mit Blick auf die Produktions-, Verteilungs- und Versorgungsaspekte.

Wie für neue Forschungsfragestellungen üblich, so waren auch in der Benutzerforschung zunächst beschreibende Untersuchungen gefragt, die einen Überblick über das Forschungsfeld geben konnten. Folgerichtig kamen so fast ausschließlich standardisierte und quantifizierende Methoden zum Einsatz, die den Anforderungen aus der Statistik standhielten und einen hohen Verallgemeinerungsgrad erlaubten.

F 8.2.2 Phase II: Pragmatik-Rezeptwissen

Nachdem der wissenschaftlich-technische Fortschritt in der Phase I vor allem unter strukturellen Gesichtspunkten zum Thema wurde, haben sich in der Phase II die Kapital-Verwertungsinteressen in Hinblick auf die Ressource Information mehr und mehr in der Vordergrund geschoben. ,,Information und Kommunikation'' wurden zunehmend unter dem Gesichtspunkt von nationaler und internationaler Konkurrenz gesehen und entsprechend in politische Planung integriert. Man ging davon aus, daß ,,mehr Information immer besser'' wäre und versuchte entsprechende Versorgungsmodelle zu realisieren. Umsetzungs- und Rezeptwissen war gefragt, wobei man damals noch von der Möglichkeit global gültiger Lösungswege ausging.

In der Bundesrepublik hat sich diese Orientierung im IuD-Programm der Bundesregierung (Lit. 01., Lit. 02.) niedergeschlagen, das auch die dazu unbedingt notwendigen finanziellen Mittel ins Spiel gebracht hat. Die IuD-Praktiker benötigten umgehend dezidiertes und fundiertes Rezept-Wissen aus der empirischen Benutzerforschung, was ihnen aber auf die Schnelle nicht zur Verfügung gestellt werden konnte. Daß das Zusammenspiel von Wissenschaft und Praxis so überhaupt nicht klappte, wurde von beiden Seiten als ein großer Rückschlag empfunden. Schließlich war die Planungseuphorie ja von Wissenschaft und Politik/Praxis geschürt worden. Die damals sehr intensiv geführte Diskussion über die wissenschaftliche Beratung der Politik einerseits und Wissenschafts-Politik andererseits gibt Zeugnis für die großen Unsicherheiten und Hoffnungen, die bestanden haben (vgl. Lit. 04.; Lit. 14.).

Speziell in der Benutzerforschung mußte man einsehen, daß weder die Politiker/ Praktiker in der Lage waren, klare, wissenschaftlich bearbeitbare Fragestellungen zu formulieren, noch die Benutzerforschung einen eindeutigen Standpunkt zwischen wissenschaftlicher und praktischer Orientierung finden und sich mit den gegebenen Sachzwängen arrangieren konnte (Lit. 11.). So wurde einerseits Grundlagenforschung betrieben, die von den Praktikern nicht umzusetzen war und andererseits Legitimations- oder Alibiforschung, die zwar die öffentlichen Geldgeber mehr oder weniger zufrieden stellte, die Sache selbst aber nicht wesentlich weiterbringen konnte.

F 8.2.3   Phase III: Erklärungen und Analysen

Mitte bis Ende der siebziger Jahre findet in der Benutzerforschung eine Rückbesinnung statt, die parallel zu einer Neuorientierung in den Sozialwissenschaften läuft: grobrasterige und oberflächlich handlungsbezogene Untersuchungen werden nun kritisch hinterfragt und das Votum fällt zugunsten eher feinrasteriger Vorgehen aus. Auch die Methodik wird in eine kritische Diskussion einbezogen und das sozialwissenschaftliche Generalproblem ,,qualitative versus quantitative Forschung" auch in der Benutzerforschung aufgegriffen. Bei Wissenschaftlern wie bei Politikern/ Praktikern gewinnt die Einsicht an Boden, daß mit quantitativen Methoden zwar garantiert viele Daten, oft aber nur wenige Erkenntnisse produziert werden. Die Wertigkeit qualitativer Methoden mit ihren beratenden und verstehenden Elementen wird wieder höher angesetzt: small scale Ansätze haben nun wieder größere Chancen, nachdem neben einer Beschreibung nun auch ,,Erklärungen" der Phänomene gefragt sind (vgl. Lit. 17.).

Inhaltlich folgt auf die technisch begründete Dokument- und Anbieter-Orientierung in den Untersuchungen eine stärkere Rezipienten-Orientierung und verhaltens- sowie persönlichkeitsrelevante Variablen gewinnen Aufmerksamkeit (vgl. Lit. 12.). Mit dieser Sensibilisierung geht auch einher, daß

○ verstärkt auf die Komplexität und Vieldimensionalität der Fragestellungen geachtet
○ die Vernetzung der Ereignisse in Betracht gezogen und
○ auf die Tatsache Rücksicht genommen wird, daß soziale Phänomene prozessuale Erscheinungen sind, die laufenden Veränderungen unterliegen, so daß mit Globalrezepten nicht operiert werden kann.

Inhaltlich wurde die handlungsleitende Hypothese (je mehr Informationen, desto besser) korrigiert, weil sich gezeigt hat, daß dies keine quantitative, sondern eine qualitative Frage ist und ,,zu viel Information ebenso schlecht wie zuwenig sein kann".

F 8.2.4   Und nun . . .

Man kann vermuten, daß diese dritte – konzeptionell recht vielversprechende – Phase der Benutzerforschungspraxis bereits wieder abgeschlossen ist. Dafür dürften mehrere Einflußgrößen verantwortlich sein:

○ Die rezessionsbedingt restriktivere staatliche Förderpolitik hat dringend benötigte Mittel aus dem Bereich der Fachinformation abgezogen und andere großtechnologische Forschungsbereiche als dringlicher definiert.

○ Mit den verbleibenden Mitteln wurde vielfach nach dem Motto ,,wir haben nun genug Benutzerforschung betrieben und müssen uns jetzt wieder technischen und technologischen Weiterentwicklungen widmen" verfahren. Insofern kann man heute durchaus von einer gewissen Austrocknung der Benutzerforschung im Bereich Information und Kommunikation sprechen.

○ Außerdem hat sich das Verständnis für den Bereich Information und Kommunikation gründlich geändert: die schwunghafte Weiterentwicklung im Sektor der Medien- und Informationstechnologien macht deutlich, daß eine Konzentration unseres Blickes auf die wissenschaftlich-technische Information und Dokumentation nicht mehr angemessen ist und wir Fachinformations-Prozesse vielmehr in dem breiteren Feld der neuen, allgemein zugänglichen und vernetzten Informations-Technologien zu sehen haben.

Vor diesem neuen gesellschaftspolitischen Hintergrund wird sich auch das Aktivitätsfeld der Benutzerforschung neu strukturieren müssen. Darüber schon konkrete Aussagen zu machen, ist allerdings zu früh.
Wie immer aber diese konzeptionelle Neuorientierung in der Benutzerforschung ausfallen wird, eine Vielzahl der heute noch nicht gelösten wissenschaftlichen Probleme und Unsicherheiten wird die neuen Forschungsaktivitäten begleiten.

F 8.3   Begriffliche Unschärfen in der Benutzerforschung

Der zentrale Begriff der Benutzerforschung, die *Information*, ist bei weitem nicht so leicht greifbar wie das auf den ersten Blick aussieht. In Kap. F 6 hat Werner Schwuchow dazu bereits wichtige Aussagen gemacht. Auch bei Gernot Wersig (Lit. 16., S. 161) wird auf die Problematik einer Begriffsdefinition hingewiesen. Information ist nicht gegenständlich, hat keinen bleibenden Wert an sich, ist flüchtig, wird in der Regel nicht ,,verbraucht" und veraltet in manchen Fällen, in anderen aber nicht. Der Wert einer Information läßt sich nicht ,,objektiv" bestimmen, er variiert von Situation zu Situation, von Nutzer zu Nutzer und je nach dem umgebenden Kontext. Obwohl die wissenschaftliche Forschung zum Thema Information bereits zu Beginn des zwanzigsten Jahrhunderts einsetzte und seither eine lange Tradition hat, angefangen von den einfachen Stimulus-Reaktions-Theorien über das Lasswell'sche Axiom ,,who says what in which channel to whom with what effect?'' (Lit. 07.) über die opinion leader-Theorie und Katz' Theorie des ,,two step flow of information'' (Lit. 06.) bis hin zu Levins (Lit. 08.) Theorem des ,,gate keepers'', ist es immer noch sehr schwierig, diesen Begriff genau zu definieren. Selbst der Begriff des *Benutzers* ist in der Benutzerforschung unterschiedlich festgelegt. So unterscheiden sich z.B.

○ potentielle Benutzer, als alle, die möglicherweise an einer bestimmten Informationsdienstleistung oder Information interessiert sind
○ vermutete Benutzer, das sind alle diejenigen, die theoretisch zu der fraglichen Information bzw. Informationsdienstleistung Zugang haben
○ tatsächliche Benutzer, also alle, die Information erhalten/benutzen, und schließlich
○ diejenigen Benutzer, die aus der erhaltenen/benutzten Information auch tatsächlich einen Nutzen ziehen.

Oft geht es in der Benutzerforschung aber auch gerade um die Nicht-Nutzer oder Noch-nicht-Nutzer, die z.B. im Rahmen von Marketing-Konzepten von den anbietenden Einrichtungen/Betrieben gezielt angesprochen und als Kunden gewonnen werden sollen. In manchen Untersuchungen der Benutzerforschung ist gerade die Unterscheidung zwischen den Nicht-, Einfach-, Mehrfach- und/oder Stamm-Benutzern relevant.

Im Grunde genommen aber ist für die Benutzerforschung jeder Rezipient interessant, der überhaupt Informationen aufnimmt und Kommunikation betreibt.

Eine Klassifizierung der Benutzer zu ,,Typen'' ist immer wieder Ziel vor allem quantifizierender Untersuchungen in der Benutzerforschung, wobei meist drei Kriterien, nach denen klassifiziert wird, im Vordergrund stehen:

○ Position des Benutzers in der Hierarchie der Einrichtung/des Betriebes
○ Art der Tätigkeit des Benutzers (z.B. Forschung, Verwaltung, Lehre, Produktion)
○ Fachgebiet, in dem das Informationsbedürfnis liegt.

Dabei wurde oft übersehen, daß Benutzertypen im strengen Sinne nicht unbedingt eine Menge von Personen bezeichnen, sondern eine aktuell bestehende Menge von Informationsbedürfnissen oder Kommunikationsverhaltensweisen, die permanent im Fluß sind (Lit. 09.).

Um sich ein Bild von Benutzern machen zu können, ist auch wichtig zu wissen, ob es sich um

○ Endbenutzer oder
○ Informationsvermittler

handelt. Die Vermittler haben als Multiplikatoren eine ganz besondere Bedeutung im Informationsprozeß und sicherlich unterscheidbare Bedürfnisse von denen der Endbenutzer.

Damit kommen wir zu einem weiteren, zentral wichtigen Begriff der Benutzerforschung, nämlich dem *Informationsbedürfnis bzw. Informationsbedarf* der Benutzer. Hier hat sich in der rein pragmatisch ausgerichteten Benutzerforschung ein Wust von Klassifikationen und Unterscheidungen eingebürgert, wie z.B.

○ zwischen latenten und manifesten
○ zwischen aktualisierten und ruhenden
○ zwischen speziellen und allgemeinen (,,current awareness information").

Akzeptiert man das Postulat von der Kontext-Gebundenheit der Information, so verkompliziert sich die Sache noch zusätzlich dadurch, daß viele Informationen gar nicht aus sich heraus ein Informationsbedürfnis befriedigen, sondern nur dann, wenn sie in einen bestimmten kommunikativen Kontext eingebunden sind. Die − hochkomplizierte − Diskussion um eine angemessene Definition von Bedürfnis und Bedarf ist beispielhaft von Malte Möhr (Lit. 09.) aufgezeigt worden, der von folgender theoretischer Konstruktion ausgeht: eine spezifische Problemsituation führt zu einem ,,Informationsbedürfnis", das (aber meist nur zu einem Teil) in einen individuell-subjektiven Prozeß der Bedarfsbildung eingeht, aus dem heraus sich der später formulierbare tatsächliche ,,Bedarf" bestimmt. In Verbindung mit ,,Kaufkraft" wird dieser Bedarf dann in ,,Nachfrage" umgesetzt. Trifft diese Nachfrage auf ein bestimmtes Angebot, so läßt sich daraus für die anbietende Einrichtung ein Umsatz ableiten.

Gernot Wersig (Lit. 16.), der sich eben dieser Diskussion auch annimmt, kommt zu folgender definitorischer Lösung: Solange wir von subjektiven, individuellen Äußerungen und Anforderungen von Information ausgehen, spricht Wersig von Informationsbedürfnissen und schlägt vor, den gesellschaftlich als Gesamtgröße erscheinenden Berg von einzelnen Informationsbedürfnissen als Informationsbedarf zu definieren. Bedarf ist also die verallgemeinerte Menge an individuellen Bedürfnissen. Nur wenn diese auf dem Informationsmarkt in Erscheinung treten, läßt sich von Nachfrage sprechen.

Ein weiteres hochkomplexes Thema in der Benutzerforschung wird mit der Frage der *Bewertung* von Informationen und Informationsdienstleistungen angeschnitten. Wer bewertet wie welche Informationen nach welchen Kriterien und wie bemißt sich daraus der ,,Wert" einer Information?
Je nach Untersuchungsziel sind unterschiedliche Vorgehensweisen anzuempfehlen:
○ viele Informationsanbieter gehen davon aus, daß der Wert einer Informationsdienstleistung am zuverlässigsten von ,,neutralen, aber kompetenten" Experten aus dem jeweiligen Fachgebiet bestimmt werden kann. Solche Experten legen als Maßstab den Stand des Wissens in ihrem Fachgebiet an und können auf diese Weise dem Informationsanbieter Hinweise geben, die von der tatsächlichen Benutzerschaft unabhängig sind. Das ist immer dann sinnvoll, wenn nicht unbedingt die bestehende Benutzerschaft noch mehr zufriedengestellt werden soll, sondern z.B. Neue aus der Schar der potentiellen Benutzer gewonnen werden sollen.
○ Sorgt sich ein Informationsanbieter um die Zufriedenheit seiner tatsächlichen Nutzer, so läßt er die Bewertung am besten von diesem Personenkreis selbst vornehmen. An dieser Stelle entzündet sich in der Regel eine heftige Diskussion um die Kriterien, nach denen eine Informationsdienstleistung zu bewerten sei. Gibt es ,,objektive" Gütekriterien oder können immer nur − entsprechend der Kontextgebundenheit von Informationsprozessen − nur subjektive einzelfallorientierte Kriterien ins Spiel gebracht werden? Soll man den befragten Benutzern

Bewertungskriterien vorgeben oder sie selbst die relevanten Merkmale definieren lassen?

○ Andere haben gefordert, die Bewertung einer Informationsdienstleistung zwar aus den Antworten der tatsächlichen Benutzer abzuleiten, die Interpretation und Gewichtung dieser Aussagen aber Wissenschaftlern zu überlassen, die ihren analytischen Sachverstand für eine Vertiefung der Begründungszusammenhänge einbringen.

Die Erfahrung zeigt, daß sich für diesen Fragekomplex keine generalisierten pauschalen Empfehlungen geben lassen, sondern jede Entscheidung von der spezifischen Zielsetzung und den konkret vorgegebenen Untersuchungs-Rahmenbedingungen abhängig gemacht werden muß. Allerdings empfiehlt es sich in jedem Fall, benutzerforscherischen Sachverstand für die Entscheidungsfindung zu nutzen, da erfahrungsgemäß auch sehr interessierte und unterrichtete Laien in der Regel die große Breite der intervenierenden theoretischen, empirischen und organisatorischen Variablen nicht zuverlässig abschätzen können. An der Vielzahl der Dimensionen, auf denen bewertet werden kann, ist ablesbar, wie vielschichtig und interdependent diese Zuammenhänge sind: Bewertet werden kann nach

○ inhaltlichen Gesichtspunkten: Vollständigkeit, Zuverlässigkeit der Angaben, Aktualität u.ä.
○ nach zeitlichen Gesichtspunkten: Pünklichkeit, Schnelligkeit, Aktualität u.a.
○ unter dem Kriterium der vermuteten oder realen Arbeitszeit-Einsparung
○ nach der Treffsicherheit der Information
○ nach der Substituierbarkeit der Dienstleistung
○ nach der Darstellungsform und Aufmachung

und vielen anderen Kriterien mehr.

Der *Nutzen* einer Informationsdienstleistung hängt – das liegt auf der Hand – sehr eng mit seiner Bewertung zusammen. Man unterscheidet dabei zwischen dem

○ volkswirtschaftlich/gesamtgesellschaftlichen
○ betrieblichen und
○ individuellen

Nutzen, der sich meist in Einsparungen von Zeit und Geld und/oder inhaltlichem Fortschritt ausdrücken lassen sollte. Dabei ist es sehr schwierig, für diese Größen übergreifende Maßeinheiten zu definieren, in denen auch die gegenseitigen Überschneidungen berücksichtigt sind. Werner Schwuchow hat sich im vorangegangenen Kapitel intensiv mit dieser Kategorie auseinandergesetzt, so daß an dieser Stelle ein Hinweis auf seinen Text-Teil genügen kann. Global kann hier jedoch festgehalten werden, daß vieles dafür spricht, auch die Definition des Nutzens letztlich als eine analytische Leistung der untersuchenden Wissenschaftler zu sehen, in die die zahlreichen Einflußgrößen aus der umgebenden Situation nach kontrollierbaren Hypothesen einfließen.

Womit es die Benutzerforschung immer zu tun hat, ist das *Informationsverhalten*. Bei der Diskussion des Begriffes Information wurde bereits deutlich gemacht, wie schwierig es ist, ihn in einer verbindlichen Definition festzuhalten. Es darf deshalb nicht verwundern, daß empirische Untersuchungen, die sich mit diesem Gegenstand beschäftigen, sehr leicht in unsicheres Territorium gelangen, wenn der zentrale Begriff der Untersuchung nicht eindeutig vorgegeben werden kann. Das hat sich sehr nachteilig vor allem in den Untersuchungen ausgewirkt, in denen Meinungen und Einstellungen zu diesem ominösen Faktum ,,Information'' eingeholt und später als Basis für die Analyse von Informations- und Kommunikationsverhalten verwendet worden sind.

Mit nur sehr wenigen Ausnahmen ist es unerlässlich, das Informationsverhalten selbst (und nicht die Meinung von Benutzern) zu ermitteln, um fundierte Schlußfolgerungen ziehen zu können. Meinung und Verhalten differieren in der sozialen Wirklichkeit oft sehr stark. Besonders in Untersuchungen, in denen die Befragten ausschließlich nach ihrem Verhältnis und ihrem (Nutzungs-)Verhalten gegenüber einer einzigen Informationsquelle gefragt wurden, zeigten sich eklatante Verzerrungen. Auch kommt normalerweise bei der Meinungsabfrage nicht zur Geltung, unter welchen Verhaltensbarrieren die Befragten ,,leiden'', welche Wahlfreiheit sie haben und welchen Sachzwängen sie sich beugen müssen. Oft wird das Informationsverhalten − wie jedes andere Verhalten auch − durch hartnäckige, manchmal sogar irrationale Gewohnheiten außergewöhnlich stark geprägt. Diese schillernden Erscheinungsformen und Hintergründe lassen sich benutzerforscherisch nur aus der Kenntnis des tatsächlichen Verhaltens und seines Kontextes bestimmen. Deshalb gilt die Aussage: um zuverlässige Informationen in der Benutzerforschung zu gewinnen, ist sowohl der Sachverhalt Information als auch der Sachverhalt Kommunikation im konkreten Verwendungszusammenhang − meist ist dies der Beruf − zu erfassen. Besondere Bedeutung kommt dabei der Analyse der hinter dem Verhalten und den Bedürfnissen stehenden Sinnzusammenhänge zu, auf deren Hintergrund erst Erklärungen für die sozialen Phänomene möglich werden.

Viele Auftraggeber von Benutzeruntersuchungen haben sich gegen diese Erkenntnis zur Wehr gesetzt, weil sie darin einen wissenschaftlichen Umweg − zeit- und kostenintensiv − zu erkennen glaubten und haben sich lieber mit oberflächlichen Meinungsbefragungen zufrieden gegeben. Auf diese Weise sind aber letztlich Erkenntnismöglichkeiten verschenkt worden und es ist nicht auszuschließen, daß darauf basierende Entscheidungen in eine weniger effektive Richtung gegangen sind.

F 8.4 Theoretische Konzepte und Methoden in der Benutzerforschung

So vielfältig Informations- und Kommunikationsverhalten und die Produktion entsprechender Informations-Dienstleistungen ist, so vielfältig sind auch die Fragestellungen, die in der Benutzerforschung bearbeitet werden (können). Um nur einige wenige Forschungstypen aufzuführen, sei hier beispielhaft angeführt:

○ Informationsflußstudien
○ Studien zur Benutzungs-Situation
○ Benutzer-Studien: soziostrukturelle Untersuchungen zur Zielgruppe, Definition von Benutzer-Typen
○ Studien zur Zielgruppe der Nicht-Nutzer von bestimmten Informations-Dienstleistungen
○ Studien über Struktur und Verhaltensgewohnheiten von potentiellen Benutzern

○ Studien zu Nutzungs-Barrieren
○ medienbezogene Studien zur Leistungsfähigkeit von einzelnen Informationsdienstleistungen
○ Multiplikatoren-Forschung u.a.m.

Das Methoden-Instumentarium, das in der Benutzerforchung zur Verfügung steht,
entspricht der ganzen Breite der empirischen Methodik der Sozialwissenschaften.
Daß in der Vergangenheit überdimensional häufig quantitative Methoden verwendet wurden, liegt zu einem großen Teil daran, daß die Benutzerforschung denselben
Modediktaten unterlag wie alle sozialwissenschaftliche empirische Forschung.
So kann die anfängliche Vorliebe für quantitative und standardisierende Methoden
(große Befragungen und Dokumenten-Analysen) nicht weiter überraschen, ebensowenig wie die jetzt sich durchsetzende Orientierung hin zu mehr qualitativen Untersuchungskonzeptionen.

Konkrete Anwendungsbeispiele für empirische Benutzer-Untersuchungen sind an
anderer Stelle gemacht worden (Lit. 12., Lit. 13.).

Dort wurde auch ausgeführt, warum sich in der Benutzerforschung wie in anderen
Sparten sozialwissenschaftlicher Forschung
○ mehrmethodische
○ mehrdimensionale
○ mehrstufige

Untersuchungskonzeptionen am besten bewähren. Wir haben es in allen diesen Fällen mit einer recht komplexen sozialen Wirklichkeit zu tun, die sich durch simplifi-
zierende Vorgehensweisen mit Sicherheit nicht erschließen läßt. Die empirische
Erhebung von Verhaltens-Daten unterliegt völlig anderen Gesetzmäßigkeiten als
die Erhebung von Einstellungs-Daten und wieder andere Möglichkeiten sind für die
Ermittlung von Fakten-Daten gegeben. Die Erhebungsmethodik muß aber auch mit
den Adressaten korrespondieren und variiert daher erheblich je nach Zielgruppe
(Experten aus dem Fachgebiet, Mitarbeiter der anbietenden Einrichtungen, hochqualifizierte Nutzer, weniger qualifizierte Nutzer, um nur einige zu nennen) erheblich. (Wer sich mit der hier angesprochenen Problematik näher beschäftigen
möchte, sei auf die excellente Veröffentlichung von Roland Girtler, ,,Methoden der
qualitativen Sozialforschung. Anleitung zur Feldarbeit'' (Lit. 05.) verwiesen. Anhand seiner eigenen empirischen Erfahrung hat Girtler beispielhaft und leicht lesbar
die Merkmale von qualitativer und quantitativer empirischer Sozialforschung herausgearbeitet.)

Das vielleicht eindeutigste Unterscheidungsmerkmal zwischen quantitativen und
qualitativen empirischen Methoden ist das der Standardisierbarkeit. Während
quantitative Methoden (z.B. schriftliche und mündliche Befragungen) einen hohen
Grad an Strukturierung und vor allem Standardisierung sowohl in den Fragestellungen als auch in den Antwortvorgaben aufweisen und daher die Befragten in das
vom Forscher vorgedachte Konzept hineinzwingen, versucht die qualitative Sozialforschung eben ohne diese zwingenden Vorgaben auszukommen. Stattdessen wird
den an der Erhebung Beteiligten weitestgehend Raum gegeben, um ihre individuelle
Sichtweise zu entwickeln und das in Frage stehende Thema nach ihren eigenen Gewichtungen abzuhandeln.

Die Suche nach Erklärungen für bestimmte Phänomene unterscheidet sich von der quantitativen zur qualitativen Vorgehensweise insofern, als durch standardisierte Erhebungsverfahren lediglich von den Wissenschaftlern bereits vorgedachte Zusammenhangkonstruktionen überprüft werden, während mit Hilfe von qualitativen Untersuchungsmethoden darüber hinaus Zusammenhänge erfaßt werden können, die nicht vorab schon ,,konstruiert'' waren. Etwas überspitzt, aber sehr illustrierend, könnte man auch formulieren: mit standardisierten Methoden werden Konzepte getestet, während in qualitativen Verfahren recht gute Chancen bestehen, ein Stück der sozialen Wirklichkeit einzufangen und zu ,,verstehen''.

Vor allem solche Untersuchungen, in denen erklärt werden soll, warum jemand Informationsdienstleistungen nicht nachfragt oder nutzt, sind in der Regel auf qualitative Methoden angewiesen, weil mit ihrer Hilfe immerhin der Situations-Kontext erfaßt und gegebenenfalls analytische Ableitungen zur Erklärung von Nicht-Nutzung möglich sind, während mit quantitativen Methoden nur Ist-Daten erhoben und unverbindliche Meinungen festgestellt werden können.

Ein Bereich, in dem mit quantitativen Methoden dagegen sehr vorteilhaft operiert werden kann, ist z.B. bei der Auswertung von Nutzer- oder Nutzungs-Statistiken; in der Regel gilt dies auch für Dokument-Analysen und für alle Formen von Befragungen, in denen es auf die verbale Äußerung der Befragten zu bestimmten, exakt definierbaren und wenig komplexen Fragestellungen geht.

F 8.5   Ziele einer erkenntnisorientierten Benutzerforschung

Benutzerforschung ist wie alle Forschung ein zeitintensives und oft auch kostenintensives Unterfangen. In anderen Branchen und Wirtschaftsbereichen wurde allerdings längst erkannt, daß Kosten, die für Marktforschung, Marketing und Produktmanagement aufgewendet werden, die Rentabilität insgesamt dennoch erhöhen. Dasselbe gälte auch für eine systematisch angewandte Benutzerforschung und zwar in öffentlich geförderten Einrichtungen ebenso wie in privat organisierten. Vielleicht klingt das Wort ,,Marktbeobachtung'' vertrauter und insofern ,,besser'' als Benutzerforschung, der dahinter stehende Inhalt ist derselbe. Benutzerforschung – richtig, nicht nur punktuell und nicht nur zu Legitimationszwecken, angewandt – könnte die Zufriedenheit der Nachfrager erhöhen, die Effektivität der informationsanbietenden Stelle steigern und mehr Markttransparenz auf allen Seiten herstellen.

Es müßten allerdings, ganz zielgerichtet und bewußt, solche Konzepte entwickelt werden, die auf Erkenntisgewinn – nicht nur auf Daten-Gewinn – ausgerichtet sind. Legitimationsforschung bringt in diesem Sinne nichts.

Ihre vollen Vorteile kann die Benutzerforschung allerdings nur dann entwickeln, wenn sie kontinuierlich betrieben wird, quasi begleitend zu den Produktentwicklungen der informationsanbietenden Stellen, wenn sie sich laufend um Feedback aus dem Informationsmarkt bemüht, Veränderungen in der Nutzerschaft registriert und ihre Bemühungen möglichst auch in Richtung ,,Beratung'' ausweitet.

Von der Methodik her ist ein Mix aus qualitativen und quantitativen Methoden gefordert, die flexibel je nach Situation einsetzbar und modifizierbar sind. Was immer aber an Methodeninstrumentarium eingesetzt wird, es geht um ein „Verstehen" der sozialen Prozesse und nicht nur um die Beschreibung und Feststellung eines Ist-Zustandes im Informationsmarkt.

Literatur

01. Bundesminister für Forschung und Technologie: Programm der Bundesregierung zur Förderung der Information und Dokumentation (IuD-Programm) 1974 – 1977, Bonn, 1976.
02. Bundesminister für Forschung und Technologie: Fachinformation. Programm der Bundesregierung 1985 – 1988. Bonn, 1985.
03. de Solla Price, Derek J.: Little Science, Big Science. Von der Studierstube zur Großforschung. Frankfurt/Main, 1974.
04. Dietzel, Gottfried T.W.: Wissenschaft und staatliche Entscheidungsplanung. Rechts- und Organisationsprobleme der wissenschaftlichen Politikberatung. Berlin, München, 1978.
05. Girtler, Roland: Methoden der qualitativen Sozialforschung. Anleitung zur Feldarbeit. Wien, Köln, Graz, 1988.
06. Katz, Elihu; Lazersfeld, Paul F.: Personal influence. The Part Played by People in the Flow of Communications. New York, 1955.
07. Lasswell, Harold D.: The Structure and Function in Society. In: L. Bruysen (Hrsg.): The Communication of Ideas, New York, 1948.
08. Lewin, Kurt: Channels of group life. In: Human Relations, 1/1948.
09. Möhr, Malte: Einige Begriffe aus der Informationsökonomie und Benutzerforschung. Forschungsbericht 1/1978 des Projektes „Wirtschaftlichkeit der Information und Dokumentation II" (WID-II Projekt). Frankfurt/Main, 1982.
10. Ockenfeld, Marlies: Schwuchow, Werner: Ziele und Probleme der Benutzerforschung. In: Stegemann/Funk, (s. Lit. 15.), S. 104 – 119.
11. Schäuble, Ingegerd: Zusammenwirkung von Planung und wissenschaftlicher Begleituntersuchung bei der Konzeption von neuen Informationsdienstleistungen. In: Nachrichten für Dokumentation 28, 3/1977, S. 111 – 114.
12. Schäuble, Ingegerd: Sozialwissenschaftliche Methoden zur Analyse und Bewertung von IuD-Dienstleistungen, Forschungsbericht Nr. 2/79 des Projektes „Wirtschaftlichkeit von Information und Dokumentation II" (WID-II-Projekt), Frankfurt/Main, 1982.
13. Schäuble, Ingegerd: Bewertung von Informationsdienstleistungen durch Benutzerrückmeldung. Konzeption und empirische Anwendungen, Frankfurt/Main, 1983.
14. Schmidt, Karl; Riehle, Rainer; Narr, Wolf Dieter; Koch, Claus; Albrecht, Ulrich: Der Staat und die Steuerung der Wissenschaft. Göttingen, 1976.
15. Stegemann, Hagen; Funk, Robert: Informationsmarketing und Benutzerforschung. Aktuelle Probleme in Bibliotheken und Informationseinrichtungen. Berlin 1980.
16. Wersig, Gernot: Informationssoziologie. Hinweise zu einem informationswissenschaftlichen Teilbereich. Frankfurt/Main, 1973.
17. Wersig, Gernot; Windel, Gunther; Plagemann, Susanne: Benutzerforschung im Aufbruch. Stand und Perspektiven von Theorie und Methodik der Benutzerforschung in Information und Dokumentation (Projekt MIB). Forschungsbericht ID 82 – 009 des BMFT. 1982.

F 9 **Zum Stand der Professionalisierung: Ausbildung und Beruf**

Thomas Seeger

F 9.1 Das Tätigkeitsfeld Informationsarbeit im Überblick

War es in den 70ger Jahren noch möglich, das Tätigkeitsfeld „Information" in Kriterien der drei Institutionentypen Archiv, Bibliothek, Information und Dokumentation zu beschreiben (Lit. 24.), so fällt dies heute angesichts des umgreifenden Einflusses der Informations- und Kommunikationstechnologien zunehmend schwerer. Mit dem Aufkommen und der breiteren Nutzung von elektronisch gespeicherten Datenbasen sehr unterschiedlichen Types, der Einbeziehung von Daten/Fakten-Retrievalsystemen, Volltextdatenbanken, dem besonderen Datenbankangebot aus den Bereichen Wirtschaft, Publizistik oder Statistik hat sich der Betrachtungsraum erheblich ausgeweitet. Die anfänglichen Beschränkungen auf die dokumentarische Behandlung von zumeist wissenschaftlich-technischer Literaturauswertung hat schrittweise einem übergreifenden Verständnis von Informationsvermittlung Platz gemacht. War der Blickwinkel auf die Informationsarbeit zunächst gekennzeichnet durch die Orientierung auf den Öffentlichen Dienst und seinen Ebenendifferenzierungen, so zeichnet sich heute eine globalere Betrachungsweise ab, die besonders auch die Informationsarbeit im privatwirtschaftlichen Sektor einbezieht (Lit. 34.). Als Stichworte seien hierfür innerbetriebliche Informationsvermittlung, Informationsmarkt und Informationsmanagement (Lit. 20.; Lit. 35.; Lit. 18.) genannt.

War mit dem Aufkommen der Informationswissenschaft in den 60ger und 70ger Jahren und der Schaffung entsprechender Infrastruktureinrichtungen zunächst noch nicht sehr deutlich, worin sich nun informationswissenschaftliche Tätigkeiten von informationspraktischen unterscheiden, so finden wir heute (betrachtet man die Forschungs- und Entwicklungsarbeiten des letzten Jahrzehntes) wesentlich deutlichere Konturen, die der Informationswissenschaft und -infrastruktur zunehmend die Rolle des prototypischen Vorreiters von breit angelegten Konzepten (z.B. Informatisierung etwa) oder konstruktive Entwicklungen für Zwecke der Informationsarbeit zuweisen. Die drei hier kurz beschriebenen Entwicklungen haben das Tätigkeitsfeld in verschiedene Richtungen hinein breiter erscheinen lassen. Dies jedoch mit der Konsequenz, daß das ehemals kleine, abgeschottete Berufsfeld nun an den neu hinzugetretenen Rändern diffuser wird und zunehmend schwerer abgrenzbarer erscheint.

Wenn im folgenden nicht näher auf die Unterscheidung von Informationswissenschaft/Infrastruktur und Informationspraxis als auseinander zu haltende Tätigkeitsbereiche eingegangen wird, dann geschieht dies aus Gründen der Vereinfachung und folgt einem — der Entstehungsgeschichte der Informationswissenschaft angemessenen — Prinzip: Informationswissenschaft hat ihren Gegenstandsbereich in den gesellschaftlichen, fachlichen Kommunikationsprozessen und den Instanzen, die diese ermöglichen. Von daher ist sie auf einen Ausschnitt gesellschaftlicher Praxis gerichtet und bezieht aus dieser Praxis ihre Legitimation und ihre Fragestellungen. Dabei soll aber nicht unberücksichtigt bleiben, daß Informationswissenschaft Konzepte, Modelle und konstruktive Entwicklungen erarbeiten muß, die sich nicht nur auf Optimierungen bestehender Praktiken beschränken, sondern breitere und zukunftsweisende und übergreifende Aufgaben anzugehen hat, die das Spektrum der Informationsarbeit als Ganzes im Auge behält.

F 9.1.1   Die Tätigkeitsbereiche (Horizontale Differenzierung)

Das Tätigkeitsfeld Informationswesen läßt sich in den institutionellen Kernbereich (Archiv, Bibliothek und IuD-Wesen) und einen bislang erst in Ansätzen vorfindbaren entinstitutionalisierten neuen Tätigkeitsbereich gliedern.

Archiv Bibl. IuD	Neue Technologien	Inf.-Markt	Inf.-Management
Kernbereich der formellen Informierung	Datenbankanbieter, neue Informationssysteme (BTX)	Inf.-Vermittlung, Vermarktung von IuD-Diensten, Inf.-Broker, Inf.-Consultant	„Lenkung" innerorganisatorischer IuK-Flüsse
Traditionelle Institutionen		Neue Tätigkeitsbereiche	

Abb. 1: Tätigkeits- und Berufsfeld des Informationswesens

Wesentlich an den hier grob skizzierten neuen Tätigkeitsbereichen ist die Tatsache, daß die Funktion (im Gegensatz zur Institution etwa) der Informationsarbeit in ganz verschiedenen organisationellen Zusammenhängen auszumachen ist. Dies eröffnet nun weitere Perspektiven für die Entwicklung des Berufsfeldes. Jedoch ist Vorsicht geboten: diese Brufsfelder sind nicht durch einen verbalen Anspruch zu besetzen oder gar zu erobern. In ihnen ist − wie bei allen entstehenden Berufsbereichen − eine Situation der Qualifikationslücke auszumachen, die auszufüllen sich auch andere Berufe und Qualifkationen anschicken.
Es ist sicher nicht übertrieben, wenn in diesem Zusammenhang von den neuen Kommunikationsfunktionen oder den neuen Kommunikationsberufen die Rede ist, die von technischer Seite etwa Teile der Informatik, von inhaltlicher Seite Teile der Publizistik, von gestalterischer Seite Teile des Designs und von informationsmethodischer Seite Teile der IuD zusammengeführt. Dabei ist eine Abgleichung der verschiedenen Partner künftig wohl unausweichlich.

F 9.1.2   Die Tätigkeitsebenen (Vertikale Differenzierung)

Neben der Betrachtung der verschiedenen Tätigkeitsbereiche wird die „Innensicht" der Informationsarbeit nur dann einigermaßen vollständig, wenn die Ebenen hinzukommen, auf denen qualifizierte professionelle Arbeit geleistet wird. Ebenendifferenzierung meint in diesem Zusammenhang allein die qualifikatorischen Voraussetzungen, die in der Regel erfüllt sein müssen oder sollen, um eine bestimmte Qualität oder Funktion der Informationsarbeit erfüllen zu können. Ebenendifferenzierung meint hier nicht ausschließlich die Dienstebenen im Öffentlichen Dienst etwa, sondern beschreibt – mit allen Unschärfen – wie Informationsarbeit arbeitsteilig in der Regel organisiert ist und welche (formalen) Qualifikationen zur Ausführung von bestimmten Arbeitsqualitäten als Vorbedingungen gelten können. Daß dies bei funktionaler und realistischer Betrachtung die Praxis der Stellenbesetzung und -bewertung nicht genau widerspiegelt und hier auch Raum gelassen werden muß für Höherqualifikation durch Berufstätigkeit, kann nicht von der Tatsache absehen, daß für die inhaltliche Ausfüllung von anspruchsvollen Tätigkeiten Qualifikationsanforderungen gestellt werden, die – zumindest für Berufseinsteiger – durch den Nachweis einer erfolgreich abgeschlossenen Ausbildung erbracht werden.

	Qualifikationsabschluss	Entsprechungen im öffentlichen Dienst	IuD-Bezogene Akadem. Grade (A) oder Berufsbezeichnungen (B)
Ebenen			
1	a) Wiss. Hochschule	Höherer Dienst	B: Wissenschaftlicher Dokumentar/in
	b) Post-Graduierten Abschluss		B: Informationswissenschaftler/in
			A: Diplom-Informationswissenschaftler/in
			A: M.A.; Dr.
2	Fachhochschulabschluss	Gehobener Dienst	B: Diplomierter Dokumentar/in
			A: Diplom-Dokumentar/in
			A: Diplom-Informationswirt/in
3	Fachschule	Mittlerer Dienst	B: Dokumentationsassistent/in

Abb. 2: Ebenen der Informationsarbeit (Vertikale Differenzierung)

Aus dieser Gegenüberstellung wird deutlich, daß die Ebenendifferenzierung von der qualifikatorischen Seite die Institutionen des Bildungssystems annähernd abbildet. Akademische Abschlüsse – soweit sie von Fachhochschulen oder wissenschaftlichen Hochschulen vergeben werden – sind erst in den 80ger Jahren durch staatliche Anerkennung durchgesetzt worden, während die Anfänge der Qualifikationsbemühungen im engeren IuD-Bereich überwiegend von privaten Organisationen getragen wurde (Lit. 01.; Lit. 02.).

F 9.2   Anstrengungen zur Professionalisierung in der IuD

Professionalisierung für die Berufsgruppe der IuD-Tätigen, für die sich verschiedene Bezeichnungen eingebürgert haben, meint den Prozess der Verberuflichung in einem sich entwickelten Tätigkeitsfeld:

Dem „Dokumentar" (überwiegend in der Bundesrepublik Deutschland verwendet) steht die Benennung „Dokumentarist" und „Dokumentalist" (zumeist in Österreich und der DDR verwendet) gegenüber. Andererseits wird diese Berufsgruppe je nach ihrem Arbeitsschwerpunkt als „Informationspraktiker" oder „Informationswissenschaftler" oder auch global als „Informationspersonal" bezeichnet. In Anlehnung an die innerhalb der Europäischen Gemeinschaften übliche Bezeichnung „information specialist" soll im folgenden der Ausdruck „Informationsspezialist" als übergeordnete Bezeichnung verwendet werden, wenn keine Differenzierungen in den Berufsrollen ausgedrückt werden sollen.

Eine Ausprägung innerhalb der Berufssoziologie (Lit. 08.; Lit. 16.) hat aus einer Reihe von Analysen von Berufsentstehungen eine typische Abfolge von Maßnahmen und Entwicklungsstufen zur Festigung der Professionalisierung erarbeitet. Dieses Modell wird hier kurz skizziert.

Ausgangspunkt einer beginnenden Professionalisierung ist zunächst ein kollektives Bewußtsein, welches sich auf spezialisierte Aufgaben und Funktionen im Berufsleben bezieht und diese als wesentlich unterschieden von Funktionen und Arbeiten anderer Berufsfelder begreift. Dementsprechend sollen diesen spezifischen Tätigkeiten Geltung und gesellschaftliche Anerkennung verschafft werden. Als typische Abfolge von Maßnahmen, die auf eine professionelle Absicherung zielen, haben sich herausgestellt:

- Gründung eines Berufsverbandes, dessen Ziel es ist, „Unbefugten" (d.h. nicht im Berufsfeld Tätigen) den Zugang zu diesem zu verwehren oder eine gewisse Kontrolle über den Zugang zur Berufsposition zu erhalten.
- Eine einheitliche Berufsbezeichnung wird gewählt, mit der gleichzeitig ein exklusiver Anspruch auf ein Tätigkeitsgebiet angemeldet wird.
- Entwicklung eines Ehrenkodex für die Berufsgruppe.
- Verband erringt staatliche Sanktionierung und Absicherung seiner Maßnahmen.
- Parallel zu diesen Schritten erfolgt die Etablierung und der Ausbau einer Qualifikations(Ausbildungs)Sphäre, die die Zugangskontrolle zur Wahrnehmung des Berufes für den Berufsverband erleichtert.

Verfolgen wir anhand der institutionellen Entwicklung der Information und Dokumentation, inwieweit sich die Gruppe bislang professionalisiert hat.

Als sich in den 40ger Jahren in Deutschland die Deutsche Gesellschaft für Dokumentation (DGD) gegründet hatte (Lit. 22.), die ihrem Anspruch nach sowohl wissenschaftlich als auch praktisch Interessierte an der Dokumentation zu sammeln beabsichtigte, hatte diese sich zunächst mit methodischen, organisatorischen und institutionellen Problemen des Aufbaus der Information und Dokumentation zu beschäftigen. Eine wirksame berufspolitische Interessenvertretung der in der Dokumentation Arbeitenden war in der Konzeption der DGD nicht angelegt. Als etwa um das Jahr 1960 der Auf- und Ausbau der Dokumentation in seinen wesentlichen Zügen konsolidiert war, wurde es offensichtlich, daß es unter denen, die sich die-

sem Arbeits- und Berufsfeld zugehörig fühlten, eine Reihe von sozialen und status-
mäßigen Ungereimtheiten und Ungerechtigkeiten gab, die sich besonders in den
Punkten der Festlegung von Tätigkeitsmerkmalen und der Eingruppierung in den
Bundesangestelltentarif BAT (wenn es sich um Angehörige des öffentlichen Dienstes handelte) kumulierten (Lit. 33.). Diesem Mangel suchte eine Studiengruppe der
DGD abzuhelfen, indem sie zunächst Tätigkeitsmerkmale des Fachpersonals für
die Dienststufen des öffentlichen Dienstes (und somit dem BAT) zu ordnete und damit einen ersten Vorstoß in Richtung staatlicher Anerkennung des Berufes machte
(Lit. 09.).

Damit war eine wesentliche Vorarbeit für den am 14. 04. 1961 in Bonn gegründeten
berufsständischen *Verein Deutscher Dokumentare* e.V. (VDD) geleistet, der von
nun an die berufs- und ausbildungspolitischen Interessen seiner Mitglieder vertreten
sollte (Lit. 14.).

Für die Mitgliedschaft sind ist der Abschluß einer IuD-spezifischen Ausbildung oder gleich-
wertige Kenntnisse Voraussetzung; die Arbeit wird in drei Gremien, dem VDD-Vorstand, Bil-
dungsausschuß und Tarifausschuß geleistet.
Die Aktivitäten des VDD konzentrieren sich in der Folgezeit auf die Bereiche:
- Anpassung der Tätigkeitsmerkmale an die laufende Entwicklung des Tätigkeitsfeldes Information und Dokumenation und an die Erfordernisse und Gegebenheiten des BAT
  (Lit. 32.).
  Daß dies bislang noch nicht zu einem Eingang der Tätigkeiten dieser Profession in den
  BAT geführt hat – wie dies beispielsweise im bibliothekarischen Bereich längst erfolgt ist
  – weist auf die großen Schwierigkeiten der Durchsetzung von berufsspezifischen Interessen hin.
- Die Fortschreibung der Tätigkeitsmerkmale erfuhr in der 4. Ausgabe 1987 (Lit. 34.) eine
  grundlegende Neuerung, weil dort auch außerhalb der Tätigkeiten im öffentlichen Dienst
  analoge Beschreibungen für die Informationsarbeit in der Privatwirtschaft vorgelegt werden konnten. Darüberhinaus ist der Schrift eine wesentliche Aufgabenverbreiterung zu
  entnehmen, die der veränderten Berufswirklichkeit Rechnung trägt und insgesamt breiter
  und umfassender angelegt ist, als das in den früheren Entwürfen der Fall war.
- Umbenennung des VDD in ,,Berufsverband Dokumentation, Information und Kommunikation'' (VDD) im Herbst 1985. Damit ist ähnlich wie bei der DGD, die etwa zeitgleich
  dem traditionellen Kürzel den Untertitel ,,Vereinigung für Informationswissenschaft und
  -praxis'' gab, deutlich zu machen versucht worden, daß die Perspektive der Informationsarbeit ein breiteres Spektrum als die Dokumentation abdeckt.
- Einführungen von Laufbahnverordnungen für Dokumentare im Öffentlichen Dienst, die
  analog zu den Laufbahnbestimmungen der Bibliothekare gestaltet werden sollten. Dies ist
  im wesentlichen erreicht worden, dort, wo eine Laufbahn für Dokumentare sinnvoll und
  machbar erschien. Dies fand die folgerichtige Verlängerung für diesen Teil der Profession
  in der gesetzesmäßigen Verankerung der Ausbildung für diese Laufbahn (Lit. 23.).
- Beteiligung und Beratung für die Konzeption neuartiger Ausbildungsgänge, die unter dem
  Stichwort ,,integrierte Ausbildung'' bibliothekarische und IuD-spezifische Ausbildungsgänge in gemeinsamen Curricula in staatlich anerkannten Fachhochschulen zusammenzuführen bemüht waren (Lit. 07.; Lit. 04.; Lit. 03.). Die Absicherung der IuD-Ausbildung
  im Kanon der Studienrichtungen an Fachhochschulen ist inzwischen an verschiedenen Orten der Bundesrepublik Deutschland erfolgt (Lit. 12.). Damit erfolgte auch die geforderte
  staatliche Anerkennung der IuD-Ausbildung, die es vorher nicht gegeben hatte.
- Konsolidierung des Berufsbildes Dokumentar-Informationswissenschaftler-Informations-
  wirt-Informationsmanager auf den verschiedenen Funktionsebenen. Besonders die An-

passung des Berufsbildes an die rasch fortschreitende Berufswirklichkeit und die Ausbildungsmöglichkeiten stand hier im Vordergrund der Arbeit.
– Weiterentwicklung von Plänen für Weiterbildung auf den verschiedenen Qualifikations- und Funktionsebenen, insbesondere die Durchsetzung der Forderungen nach dauerhafter Absicherung öffentlich finanzierter Fortbildungseinrichtungen.
– Absicherung und staatliche Anerkennung der Ausbildung und des Berufes von Dokumentationsassistenten.
– Zusammenarbeit mit fachlich nahestehenden Berufsverbänden und eine gemeinsame aktive Außendarstellung.

Analoge Interessen und Perspektiven sind von der DGD ausgegangen und durchgesetzt worden. Besonders die längerfristige Absicherung der ,,vorstaatlichen'' Ausbildungsbemühungen, die seit Mitte der 60ger Jahre im Lehrinstitut für Dokumentation (LID), Frankfurt am Main, durchgeführt wurden (Lit. 01.), sind hier zu erwähnen und darauf hinzuweisen, daß die Qualifikationsgänge zum Wissenschaftlichen Dokumentar sowie zum Dokumentationsassistenten unter der Trägerschaft der DGD auch heute noch auf endgültige Zuordnungen warten.
Stellt man die erreichten Ziele, die zur Festigung der Profession nun einmal notwendig sind, den noch sehr vagen Anfängen in den 60ger Jahren gegenüber, dann können doch schon wesentliche Schritte auf dem mühevollen Pfad als erledigt angesehen werden (zumindest was die Anerkennung von Beruf und Ausbildung aus der Sicht des Staates anbetrifft). Andere Punkte – wie etwa das Hineinwachsen in die neuen Tätigkeitsbereiche und deren qualifikatorische Absicherung – müssen weiterverfolgt werden.

F 9.3   Berufssituation in der Information und Dokumentation

Anders als etwa in Großbritannien (Lit. 26.; Lit. 38.), wo kontinuierlich Beschäftigungsstand und Verbleib von Absolventen entsprechender Ausbildungsinstitutionen erfaßt werden, sind die empirischen Belege zur Berufssituation der Informationsprofession in der Bundesrepublik Deutschland eher zufällig und vereinzelt. Sie bieten ein wenig geschlossenes Bild und sind untereinander kaum vergleichbar.
Auf eine Mitgliederbefragung des VDD (Berufsverband Information, Dokumentation und Kommunikation) des Jahres 1982 hatten ca 150 Mitglieder des Verbandes geantwortet, was einer Rücklaufquote von ca 45 % der Angeschriebenen entsprach (Lit. 13.). Wenngleich die Erfordernisse der Repräsentativität für das gesamte Informationspersonal nicht erfüllt sein können, da nur ein Teil von ihnen Mitglieder in dem Verband sind, so sind die globalen Ergebnisse dieser Umfrage vielleicht charakteristisch für den Kernbereich der klassischen Information und Dokumentation:

– Es ist immer noch der Fall, daß der überwiegende Teil der Antworter im Öffentlichen Dienst bzw. in den Institutionen der Forschung und Entwicklung tätig sind (zusammen etwa 65 %); entsprechend dieser Beschäftigungslage werden ca. 60 % nach dem Bundesangestellten-Tarif (BAT) oder entsprechenden Beamtenbesoldungen entlohnt.
– Die Altersgruppenverteilung ist ausgewogen, d.h. es ist keine Dominanz einer Altersgruppe feststellbar. Auffälliger ist jedoch die Geschlechtsverteilung nach Altersgruppen. Während in den Altersstufen 21 – 38 Jahre eine deutliche weibliche Dominanz feststellbar ist,

kann in der Altersgruppe 39 – 48 Jahre ein fast gleichhohes Übergewicht an männlichen Vertretern festgestellt werden.

- Befragt nach den Arbeitsgebieten ist feststellbar, daß klassische dokumentarische Tätigkeiten (Erschließung, Ordnungssysteme, Recherche etwa) im Verhältnis zu den neueren und anspruchsvolleren Tätigkeiten (EDV, Management, Ausbildung, Entwicklung) einen fast gleichen Anteil haben, wobei sich zunehmend Mischtätigen abzeichnen und ,,professionelle Grauzonen'' (fachunspezifische Tätigkeiten) feststellbar sind.
- Die Gehälter bzw. Vergütungen liegen erwartungsgemäß im öffentlichen Bereich niedriger als in der Privatindustrie; ebenso die Tatsche, daß Einkommensspitzen erst mit höherem Alter feststellbar sind.

Aus einer Berufsverlaufsuntersuchung, die bei Absolventen bibliotekarischer und dokumentarischer Ausbildungsgänge im Jahre 1977 (Lit. 07.) durchgeführt wurde, haben wir einige Momentaufnahmen über die innere Beschaffenheit der Informationsberufe verfügbar. Mit der Ausrichtung auf die Absolventen der Diplom-Studiengänge auf Fachhochschulebene wurde durch eine schriftliche und postalische Befragung versucht, die Verweildauer im jeweiligen Tätigkeitsfeld, die Berufszufriedenheit und andere Einstellungen der professionell Tätigen zu erfragen. Dabei lag das Schwergewicht der Untersuchung auf dem Vergleich des bibliothekarischen mit dem dokumenatrischen Tätigkeitsfeld.

Von insgesamt 831 repräsentativ ausgewählten Adressen der Absolventen einschlägiger Ausbildungseinrichtungen, die ihre Ausbildung in dem Zeitraum 1965 und 1975 abgeschlossen hatten, antworteten 336. Dies entspricht einer Rücklaufquote von ca. 41 Prozent. Als wichtigste Ergebnisse hatten sich herausgeschält:

- Die Berufsverweildauer ist in beiden Sparten recht lang, d.h. daß kaum Abwanderer in andere Berufe oder in das Privatisieren feststellbar sind. Hierbei ist die durchschnittliche Verweildauer im Tätigkeitsfeld IuD höher als im bibliothekarischen Bereich.
- Die ,,Berufstreue'' ist ebenfalls – über die Zeit betrachtet – sehr hoch. Nur in wenigen Ausnahmefällen konnte eine Veränderung festgestellt werden. Dies legt den Verdacht nahe, daß es sich hier um ein geschlossenes Tätigkeitsfeld handelt, welches eine Abwanderung in andere Berufsbereiche nicht zuläßt.
- Die interne ,,Mobilität'' in den beiden Tätigkeitsfeldern ist gering ausgeprägt. Es sind nur in geringem Umfang Stellenwechsel registriert worden und wenn, dann nur innerhalb der jeweiligen bibliothekarischen oder dokumentarischen Spezialität.
- Mit einem Beschäftigungsstand von 80 – 90 % aller befragten Absolventen zum Erhebungszeitpunkt drückt sich die damalige gute Berufssituation aus. Den höchsten Beschäftigungsstand mit über 90 % aller befragten Absolventen hatten die dokumenatrisch Tätigen.
- Auf die Fragen der Qualitäten der Informationsarbeit angesprochen, antwortete der überwiegende Teil, daß in der Regel Routinearbeiten verrichtet werden. Dabei war auffällig, daß die bibliothekarisch Tätigen fast ausschließlich in der Auskunft, der Ausleihe und vor allem in der Katalogisierung tätig sind. Im dokumentarischen Bereich dagegen war das Spektrum der Arbeiten weiter gefaßt und erwies sich als weitaus differenzierter. Technologiebezogene Tätigkeiten zum Beispiel wurden nur sehr vereinzelt genannt und wenn, dann fast ausschließlich im Dokumentarionsbereich.
- In der nachträglichen Bewertung der fachspezifischen Ausbildung gaben fast 2/3 aller Befragen an, daß sie ,,ausreichend'' gewesen ist, nur gut 10 % empfanden sie in Bezug auf die Praxisvorbereitung als ,,gut'', während ca. 25 % dies als ,,ungenügend'' einschätzen. Auch hierbei ist auffällig, daß der Teilbereich der Dokumenation allein betrachtet eine deutlich positivere Einschätzung der Praxisverwertbarkeit der Ausbildung abgibt.

– Während gut 80 % aller im Bibliothekswesen Tätigen mit Fachhochschulabschluß Frauen
  sind, sind es im Dokumentationswesen nur 57 %.
– Bibliothekar oder Dokumentar ist weder ein Anlauf- noch ein Auffangberuf. Die erstaunlich hohe Verweildauer in den Teilfeldern Bibliothek und IuD wiederlegt trotz des hohen
  Frauenanteils entsprechende Behauptungen. Die ebenso feststellbare geringe Zahl von
  Studienabbrechern und Berufswechslern bestätigt nicht die Vermutung, daß es sich um einen Auffangberuf handelt.

Eine 1980 vom Institut für Arbeitsmarkt- und Berufsforschung durchgeführte Befragung von Fachhochschulabsolventen des Bibliotheswesen und der Information
und Dokumentation zeigt, daß von den 280 befragten Absolventen 82 % zwei Jahre nach dem Examen im jeweils angestrebten Teilberufsfeld erwerbstätig sind
(Lit. 21.). Auch in dieser Studie wird resumierend festgestellt, daß eine Substitu-
tionsmöglichkeit der Absolventen in vertikaler und horizontaler Hinsicht nur vereinzelt feststellbar ist, d.h. daß Absolventen nur in dem Institutionentyp, für den
sie ausgebildet sind, einen Arbeitsplatz finden. Ein Ausweichen auf die neuen Tätigkeitsfelder findet also im nennenswerten Umfang nicht statt. Durch die relativ
hohe Zahl der Absolventen ist ein größerer Konkurrenzdruck feststellbar, der noch
dadurch verstärkt wird, daß auch andere Qualifikationen als die fachspezifischen
im engeren Sinne nach Arbeitsplätzen im Bereich Bibliothek, Information und Dokumenation streben.
Eine gleichsam vorprogrammierte Berufstreue in Zusammenhang mit einer recht
hohen Verweildauer am Arbeitsplatz geht einher mit der wenig ausgeprägten Neigung, ein weiteres Studium aufzunehmen oder sonstige Zusatzqualifikationen zu
erwerben.
Interessant in diesem Zusammenhang ist eine Verteilung der Studentenzahlen zwischen Bibliothek und Information und Dokumentation auf der Fachhochschulebene. Es wurde für das Jahr 1980 festgestellt, daß 1.565 Studierende im Bibliothekswesen vorfindbar waren, wovon 230 verwaltungsintern ausgebildet wurden.
Dem gegenüber waren lediglich 137 Studierende im Ausbildungsfeld Information
und Dokumentation.
Hier wird deutlich, daß sehr ungleiche Größen in einer statistischen Berufsgruppe
zusammengefaßt wurden, die es nur ansatzweise erlauben, die Teilberufsfelder einzeln und differenzierter zu betrachten. Der Vorbehalt der quantitativen Dominanz
des bibliothekarischen Ausbildungs- und Berufsbereiches trifft auch im folgenden
zu.

Als weiterer Einzelbeleg (Lit. 21.) sei hier noch auf eine Berufsfeldstudie der Bibliothekare
und Dokumentare hingewiesen, die ebenfalls auf dem statistischen Material des Instituts für
Arbeitsmarkt- und Berufsforschung beruhte und zum Jahresende 1984 eine recht umfassende
Zustandsbeschreibung der Informationsberufe ermöglichte. Abgesehen von den Unschärfen,
die sich aufgrund der Selbst-Zuordnung zu den Berufsgruppen allgemein ergeben, konnte
auch auf der Grundlage früher Berufsstatistiken der Einzugsbereiche klassischer Informationsarbeit (Archiv, Bibliothek, Information und Dokumenation) folgendermaßen qualifiziert werden:
– Ca. 30.000 Erwerbstätige waren 1982 statistisch erfaßt.
– Im Vergleichzeitraum 1970 und 1982 war eine Zunahme der qualifiziert Beschäftigen um
  46 % zu verzeichnen.
– Mit einem überdurchschnittlichen Akademikeranteil von 42 % handelt es sich um einen

Hochqualifikationsbereich (vergleiche Bundesdurchschnitt 9 % Akademikeranteil). Seit 1976 ist feststellbar, daß zunehmend mehr Fachhochschul- und Hochschulabsolventen in den Berufsbereich eingetreten sind.

– 15 % der Berufsgruppe verfügt über keine formale Ausbildung. Mit ca. 65 % ist der Anteil der Frauen sehr hoch (Bundesdurchschnitt 38 %).

– Bis 1990 ist durch Altersstruktur und erwartbarer anderer Rückzugsgründe mit einer überdurchschnittlichen Rückzugsquote aus dem Erwerbsleben zu rechnen. Der rechnerisch zu erwartende Einsatzbedarf wird aber (aller Wahrscheinlichkeit nach) durch die Haushaltsrestriktionen der öffentlichen Hand faktisch geringer ausgefallen.

– Ca. 65 % der Berufsgruppen sind im Öffentlichen Dienst, ca. 17 % im Bereich Presse-Verlagswesen und nur 13 % in der Privatwirtschaft tätig.

– Die zu dem Betrachtungszeitpunkt feststellbare Arbeitslosigkeit betraf über 500 Personen mit Hochschulabschluß. Die relative Größe der Akademiker-Arbeitslosigkeit der hier zusammengefaßten Berufsgruppen folgte einem allgemeinen Zuwachstrend und lag mit ca. 4,9 % immer noch deutlich unter dem Bundesdurchschnitt (7,8 %).

– Als qualitative Entwicklungstrends für den Berufsbereich wurden genannt:
  1. Eine stärkere Betonung der Kenntnisse im Dokumentationswesen, in den Bereichen der EDV-gestützten Verfahren der Informationsarbeit sowie spezifische Fachkenntnisse.
  2. Ein kontinuierlicher Personalbedarf ist im IuD-Wesen, nicht aber im Bibliothekswesen feststellbar. Neue Arbeitsmöglichkeiten eröffnen sich bei größeren Industriebetrieben, bei kommunalen Einrichtungen und wissenschaftlichen Institutionen.
  3. Neue Berufsteilfelder sind durch eine stärkere Nutzerorientierung absehbar und versprechen höhere Berufschancen. Insbesonders der Bereich der Informationsvermittlung, Informationsvermittlungsstellen, Technologie-Transfer, Informationsbrokerage und der Bereich der elektronischen Informationsangebote. In Zusammenhang mit dieser Berufssituationsanalyse sind die Personalbedarfsabschätzungen zu sehen.

Zeitlich etwas weiter zurückliegend wurden in der Mitte der 70ger Jahre Personalbedarfsabschätzungen für den engeren Bereich der Information und Dokumentation durchgeführt. Im Auftrag der Kommission der Europäischen Gemeinschaften einerseits (Lit. 11.) und im Auftrag des Bundesministeriums für Forschung und Technologie andererseits (Lit. 15.) wurden fast zeitgleich Bestandserhebungen und künftiger Personalbedarf für das Berufsfeld Information und Dokumentation durchgeführt. Obwohl in Ablage, Methodik und Einzugsbereich nicht identisch, waren die Zahlenwerke annähernd gleich. Beide Studien prognostizieren einen deutlichen Zuwachs des Bedarfes an qualifiziertem IuD-Personal in der Bundesrepublik Deutschland bis Mitte der 80ger Jahre. Als Triebfedern für den hohen Qualifikationsbedarf werden – mit besonderer Berücksichtigung der deutschen Situation genannt:

– Die Initialzündung des IuD-Programmes von 1974 und den vom Bundesministerium für Forschung und Technologie aufgelegten Folgeprogrammen.

– Ein erheblicher Nachholbedarf an ausgebildetem Personal, der durch die Tatsache begründet wurde, daß erst in Ansätzen systematische Ausbildung für den Berufsbereich IuD betrieben wurde.

Für den Betrachtungszeitraum 1976 bis 1985 wurde berechnet, daß, ausgehend von einem Bestand von ca. 9.000 fachspezifisch IuD-Tätigen im Jahre 1976, die Zahl der Beschäftigen sich 1985 auf ca. 12.800 erhöhen wird, wobei der rechnerische Schätzungskorridor zwischen 11.000 und 18.100 angegeben wurde. Ohne die absoluten Zahlen hier bewerten zu können ist jedoch interessant, inwieweit eine Strukturverschiebung innerhalb der einzelnen Qualifikationsebenen prognostiziert wurde.

1976 (Bestand)			1985 (Prognose)		
Qualifikationsebene	Zahl	%	Qualifikationsebene	Zahl	%
Hochschule	3.500	39	Hochschule	3.870	30
Fachhochschule	2.200	25	Fachhochschule	4.700	37
Berufsschule/Fachschule	3.200	36	Berufschule/Fachschule	4.230	33
Summe	8.900	100	Summe	12.800	100

Abb. 3: Prognose der Beschäftigtenzahlen 1976 und 1985 nach Qualifikationsebenen (Lit. 15.).

Auffällig an dieser Modellrechnung ist, daß der Anteil der Hochschulqualifikation am Gesamt in dem relativ kurzen Prognosezeitraum zurückgehen soll, während der Anteil der Fachhochschulqualifikation deutlich zulegen wird.
Grundlage für diese Annahme bietet die Einschätzung, daß eine ausschließliche (auf die Methodik des Dokumentierens angelegte) IuD-Ausbildung für die Erfordernisse der neueren Berufsteilfelder nicht mehr ausreiche. Die Nachfrage nach Qualifikation beziehe sich auf neue Funktionsfelder (Lit. 10.), die sich über die reine IuD-Methodik hinaus etwa auf folgende Tätigkeiten erstreckt:
– Organisationsinternes Management.
– Bewirtschaftung und Vermarktung von Information.
– Stärkere Fachkenntnisse in dem Gebiet, über das informiert wird (und dies auch in den Qualifikationsebenen Fachhochschule und Berufsschule).
– Kenntnisse in EDV-Anwendung; betriebswirtschaftliche und volkswirtschaftliche Kenntnisse und etwa Kenntnisse in der Marktanalyse.
Dieser Projektion zufolge wird der Anteil der Tätigkeiten, die durch reine IuD-Kenntnisse auszufüllen sind, erheblich geringer werden, während der Anteil der Tätigkeiten, in denen kombinierte Fach- und IuD-Kenntnisse erforderlich sind, eine dominierende Stellung einnehmen wird.
Diese nach zwei Richtungen hin wirkende Strukturänderung, die bereits Mitte der 70ger Jahre beschrieben wurde, gewinnt angesichts der jüngeren Konzepte des Informationsmangements, des Informationsmarktes und der Entwicklung der Informationsvermittlung im innerorganisatorischen Bereich von Firmen und Verwaltung immer deutlichere Konturen.

F 9.4 Ausbildung in der Information und Dokumentation

F 9.4.1 Entwicklung der Ausbildung

Im Gegensatz zum Bibliothekswesen kann die informationswissenschaftliche und -praktische Ausbildung nicht auf eine längere Tradition zurückblicken. Erste syste-

matische Ausbildungsbemühungen für den Dokumenationsbereich lassen sich in der Bundesrepublik Deutschland auf das Jahr 1957 zurückverfolgen:
Erster Jahreslehrgang über Dokumenation, der von der Deutschen Gesellschaft für Dokumentation, Kuratorium für Nachwuchsbildung, veranstaltet wurde. In diesem einjährigen Kurs wurden sowohl Hochschulabsolventen als auch Abiturienten mit Praxiserfahrung in theoretischer Hinsicht gemeinsam ausgebildet und auf dokumentarische Tätigkeiten in der Praxis vorbereitet.
Aus diesen ersten Anfängen entstand 10 Jahre später das Lehrinsitut für Dokumentation (LID) in Frankfurt a.M., das bis in die 80ger Jahre informationspraktische Ausbildung für die 3 Qualifikationsebenen durchführt (Fachschulebene, Fachhochschulebene, Hochschulebene). 1967 wurden die Jahreslehrgänge nach den Gruppen wissenschaftlicher Dokumentar und diplomierter Dokumentar, die bislang in gemeinsamen Kursen ausgebildet wurden, getrennt. Darüber hinaus lief im selben Jahr Ausbildung zum Dokumentationsassistenten an (Lit. 02.).
Im Verlauf der weiteren Ausbildungsbemühungen konnte das LID die Aufgabe der Fort- und Weiterbildung für Berufspraktiker zusätzlich übernehmen und flexibel Einzelmaßnahmen für die Qualifizierung besonderer Zielgruppen durchführen.
Die Ausbildung zum ,,diplomierten Dokumentar'' (Fachhochschulebene) wurde zu Beginn der 80ger Jahre eingestellt, weil die Überleitung in eine staatliche Fachhochschule in Aussicht stand, die inzwischen auch erreicht wurde. Bedauerlich ist die Tatsache, daß der Ausbildungszweig Fachschulebene (Dokumentationsassistent) trotz des feststellbaren Bedarfs an dieser Qualifikation nicht langfristig abgesichert ist (Lit. 01.).
Ebenfalls 1957 wurde an der Universität Frankfurt das Lehr- und Forschungsgebiet Dokumentation mit dem inhaltlichen Schwerpunkt anorganische Chemie eingerichtet.
Im selben Jahr begannen an der Freien Universität Berlin, zunächst noch innerhalb des Lehrgebietes Bibliothekswissenschaft, eine Reihe von Lehrveranstaltungen, die sich dem Problem der Dokumenation widmeten. Aus diesen Anfängen gelang es in mehr als 10-jähriger Aufbauarbeit, Dokumentation als wissenschaftliches Lehr- und Forschungsgebiet universitär zu verankern, es unter der Bezeichnung ,,Informations- und Dokumenationswissenschaft'' und schließlich unter der Bezeichnung ,,Informationswissenschaft'' als Haupt- und Nebenfachstudium zu festigen (Lit. 28.).

F 9.4.2   Hochschul- und Fachhochschulausbildung

Aus diesen (rückblickend) sehr bescheidenen Ansätzen, die in der Pionierphase zu einem großen Teil durch das Engagement der Fachgemeinschaften und einzelner Personen getragen wurden, hat sich heute eine beachtliche formelle Ausbildungsstruktur entwickelt, die mit Ausnahme des LID im staatlichen Bildungssystem verankert ist.
Neben dem bereits genannten Lehrinstitut für Dokumentation haben sich Studiengänge bzw. Studienrichtungen informationswissenschaftlichen und informationspraktischen Zuschnitts in folgenden Institutionen eigenständig entwickelt (Lit. 12.).

Hochschule/Universitäten

Universität Düsseldorf: Philosohpische Fakultät. Informationswissenschaft als Nebenfach, im Rahmen der Magisterstudiengänge der Philosophischen Fakultät.

Universität Konstanz: Sozialwissenschaftliche Fakultät. Studiengang Informationswissenschaft, vier-semestriges Diplom-Aufbaustudium mit Abschluß Diplom-Informationswissenschaftler(in).

Universität des Saarlandes: Fachrichtung Informationswissenschaft. Haupt- und Nebenfachstudium im Rahmen des Magister-Abschlusses oder Promotion zum Dr.-phil.

Freie Universität Berlin: Fachbereich Kommunikationswissenschaften. Arbeitsbereich Informationswissenschaft: Haupt- und Nebenfachstudium, der Informationswissenschaft im Rahmen des Magister-Abschlusses oder Promotion zum Dr. phil.

Fachhochschule

Unter den Fachhochschulstudiengängen sind zwei Typen zu unterscheiden:
- Ausbildungsgänge, die verwaltungsintern organisiert werden und im Rahmen einer Beamtenanwärterschaft oft in Verwaltungsfachhochschulen durchgeführt werden.
- Ausbildungsgänge, die als freie Studiengänge an staatlichen Fachhochschulen durchgeführt werden.

Als weiteres Spezifikum ist zu erwähnen, daß informationspraktische-dokumentarische Ausbildung in manchen Fällen integriert mit bibliothekarischen Ausbildung organisiert ist (Lit. 23.).

„Verwaltungsinterne" Ausbildungsgänge (Diplom-Dokumentar)
- Fachhochschule für Bibliotheks- und Dokumenatationswesen in Köln.
- Fachhochschule des Bundes für öffentliche Verwaltung. Fachbereich 1. Abteilung Bibliotheks- und Dokumentationswesen, Köln.
- Fachhochschule für Bibliothekswesen, Stuttgart.

Freie „Verwaltungsexterne" Ausbildungsgänge
- Fachhochschule Darmstadt, Fachbereich Information und Dokumenation (Lit. 27.).
- Fachhochschule Hannover, Fachbereich Bibliothek, Information und Dokumentation (Lit. 03.).

F 9.4.3   Differenzierung in der wissenschaftlichen Hochschulausbildung

Neben bereits genannten Hochschulausbildungen, die je nach institutioneller Zuordnung in verschiedenartigen Fakultäten bzw. Fachbereichen Informationswissenschaft als Haupt- und/oder Nebenfachstudium anbieten, haben sich − teilweise schon seit längerer Zeit − Spezialisierungen herausgebildet, die in Schwerpunkten wichtige Elemente des Informierungsproblems verfolgen.

Wichtigstes Unterscheidungskriterium zu den bereits genannten Einrichtungen ist hier allein die formelle Betrachtung der Eigenständigkeit des Ausbildungsangebotes. Das Angebot der in folgenden genannten universitären Einrichtungen ist sehr unterschiedlich ausgestaltet und kann hier nur global erwähnt werden.

Fächerspezifische Angebote
- Chemie-Information bzw. Informationswissenschaft in der Chemie, J.W. Goethe-Universität, Frankfurt a.M. Fachbereich Chemie.
- Medizinische Informatik und Biometrie (Zertifikat)
- Diplom-Informatiker der Medizin
  Fachhochschule Heilbronn/Universität Heidelberg
  Fachbereich medizinische Informatik.

Linguistische Informationswissenschaft
- Studiengang Linguistik, Universität Bielefeld (Schwerpunkt: Computerlinguistik).
- Studiengang Kommunikationsforschung und Phometik, Universität Bonn (Schwerpunkt: Linquistische Datenverarbeitung).
- Studiengänge Informatik, Wirtschaftsinformatik und Mathematik, Fachbereich Informatik, Technische Hochschule Darmstadt (Schwerpunkt: Information Retrieval und automatische Indexierung).
- Studiengang Angewandte Informatik, Erziehungswissenschaftliche Hochschule Rheinland-Pfalz, Abteilung Koblenz (Schwerpunkt: Linguistik).
- Studiengang Allgemeine Sprachwissenschaft, Universität Regensburg, Fachbereich Sprach- und Literaturwissenschaft (Schwerpunkt: Linguistische Informationswissenschaft).
- Studiengang Informatik, Universität Stuttgart, Fakultät Mathematik und Informatik (Nebenfach Linguistik in Zusammenarbeit mit der Philosophischen Fakultät).
- Studiengang Linguistische Datenverarbeitung, Universität Trier, Fachbereich Sprach- und Literaturwissenschaften).

Über diese hier genannten und genauer in einem aktuellen Ausbildungsführer (s. Lit. 12.) dargestellten Angebote hinaus wären der Vollständigkeit halber noch fast alle Studiengänge der Informatik zu erwähnen, die in ihren Fächerkatalogen informationswissenschaftlich bedeutsame Angebote verzeichnen (z.B. Datenbanksysteme, computergestützte Informationssysteme, Neben- oder Zusatzfächer der medizinischen Statistik und Dokumenation, Datenstrukturen, Informationssysteme, Wissensrepräsentation usw.).
Genauere Auskünfte über informationswissenschaftliche Ausbildung an Hochschulen enthält das Hauptkapitel G.

F 9.4.4   Differenzierung in der Fachhochschulausbildung

In der relativ kurzen Entwicklung der Ausbildungsänge innerhalb der Fachhochschulen sind zwei wesentliche Entwicklungsstränge prägend für die jeweiligen curricularen Ausgestaltungen der Lehrinhalte gewesen:
1. Ende der 70ger und Anfang der 80ger Jahre wurde eine Diskussion über eine Integration von bibliothekarischer und dokumenatrischer Ausbildung auf Fachhochschulebene (Lit. 07.; Lit. 37.) geführt.
Die Grundüberlegung dabei war, daß das Bibliothekswesen und das Informations- und Dokumentationswesen als Spezialisierungen innerhalb des institutionellen Informationssystems aufzufassen wären. Von daher wäre eine Integration beider Spezialisierungen innerhalb eines übergreifenden Konzeptes von Informationsarbeit in seinen spezifischen Ausgestaltungen nicht nur sinnvoll, sondern würde auch im Sinne einer rationellen Ausbilungsorganisation Vorteile bringen. Im Zuge dieser Grundüberlegungen sind an Fachhochschulen entsprechende Maßnahmen zur Integration beider Ausbildungsrichtungen ergriffen worden (Lit. 23.).
Hierbei waren die methodischen und konzeptionellen Arbeiten des ,,Modellversuches Bibliothek, Information und Dokumentation'' an der Fachhochschule Hannover von besonderer Bedeutung, da in diesem Modell die in den 70ger Jahren entwickelten Konzepte in reale Lehrangebote überführt wurden (Lit. 23.).

2. Anfang der 80ger Jahre kam gleichermaßen zentriert auf die Ausbildunggestaltung von Fachhochschulausbildung das Problem der Erweiterung des Lehrstoffes um spezielle Fachanteile auf. Wesentlich beeinflußt von den Überlegungen zum Studiengang Biowissenschafliche Dokumentation der Fachhochschule Hannover und den Ausbildungsstrukturen der Schulen für medizinische Dokumentationsassistenten, schälte sich in der Folge immer deutlicher die Notwendigkeit der Einbeziehung von Fachanteilen in die Informations- und Dokumentationsausbildung heraus. Dieses trägt der Grundüberlegung Rechnung, daß der ,,reine'' IuD-Methodiker in bestimmten Fachinformationsbereichen kein hinreichend breites Einsatzfeld findet, wenn diesem zweifellos notwendigen Qualifikationsprofil nicht ein gewisses Ausmaß von Fachkenntnissen über den Gegenstandsbereich hinzugefügt wird.

Beide Diskussionsstränge haben in konkreten Ausbildungsstrukturen ihre Niederschläge gefunden, die die informationspraktische Fachhochschulausbildung weiter differenzierten. Neben die Ausbildungs- und Studiengänge Allgemeine Information und Dokumentation sind Ausbildungs- und Studiengänge oder Studienrichtungen mit Fachanteil getreten, die versuchen, praxisorientierte Qualifikation für bestimmte Fachinformationsgebiete oder Branchen zu vermitteln.

Diese neuere Entwicklung war in der Lage, die medizinische Dokumentation mit ihren Ausbildungsstrukturen, die in den 60ger- und 70ger Jahren entwickelt wurden, wieder an die informationspraktische Ausbildung des Kernbereiches Information und Dokumentation näher heranzuführen.

Betrachtet man das Ausbildungsangebot der Fachhochschulen oder vergleichbarer Ausbildungsinstitutionen unter diesem Gesichtspunkt, dann sind Ausbildungsgänge (Studiengänge oder Studienrichtungen) in folgender Differenzierung vorhanden (Lit. 12.):
- *Medizinischer Dokumentar:* Schule für medizinische Dokumentationsassistenten, Gießen. Universität Ulm, Schule für medizinische Dokumentation, Ulm.
- *Biowissenschaftlicher Dokumentar:* Fachhochschule Hannover, Fachbereich Bibliothek, Information und Dokumentation.
- *Chemie-Information:* Fachhochschule Darmstadt, Fachbereich Information und Dokumentation, Studienrichtung Chemie-Information.
- *Medien- und Wirtschaftsinformation:* Fachhochschule Darmstadt, Fachbereich Information und Dokumentation, Studienrichtung Medien- und Wirtschaftsinformation.
- *Allgemeine Dokumentation* (bereits erwähnt):
  - Fachhochschule Hannover, Fachbereich Bibliothek, Information und Dokumentation, Studiengang Allgemeine Dokumentation.
  - Fachhochschule des Bundes.
  - Fachhochschule für Bibliotheks- und Dokumentationswesen, Köln.
  - Fachhochschule für Bibliothekswesen, Stuttgart.

F 9.4.5   Differenzierung in der Fachschulausbildung

Auf der Ebene der Fachschulausbildung (oder vergleichbarer Ausbildungsmöglichkeiten) sind derzeit zwei Einrichtungen mit der Qualifizierung von Dokumentationsassistenten befaßt:

- Dokumentationsassistent (Theoretische Ausbildung) am Lehrinstitut für Dokumentation (LID, Frankfurt a.M.).
- Medizinischer Dokumentationsassistent (Theoretische Ausbildung) in der Schule für Medizinische Dokumentation, Universität Ulm.

F 9.4.6 Fort- und Weiterbildung

Analog zu den breit gefächerten formellen Ausbildungsmöglichkeiten existieren eine Reihe von ad-hoc-organisierten und kontinuierlichen Fort- und Weiterbildungsmaßnahmen.
Sie sind in Thema, Länge und Zielgruppen unterscheidbar und decken das Spektrum der Informationsmethodik und der technischen Aspekte der Informationsarbeit ab. Durch den höher gewordenen Technisierungsgrad in der Informationsvermittlung bedingt, sind gegenwärtig Fort- und Weiterbildungsangebote für den Bereich Datenbanken und on-line-Retrieval sowie Anwendungen neuerer Speichertechnologien (CD-ROM u.ä.) dominierend. Daneben ist das Angebot an Informationserfassungs- und -erschliessungsmethoden kontinuierlich erhalten geblieben (Lit. 03.).
Vorbildlich ist das Fortbildungsprogramm für Medienarchivare und -dokumentare (Lit. 17.); Anfang der 80ger Jahre konzipiert, sieht dieses modular organisierte Fortbildungsprogramm eine Reihe von mehrtägigen, thematisch ineinander verflochtenen Einzelveranstaltungen vor, die nacheinander durchlaufen werden. Am Ende eines solchen Zyklus wird ein Zertifikat über den erfolgreichen Abschluß der gesamten Maßnahme erteilt. Auch hier – wie bei anderen Fort- und Weiterbildungsmaßnahmen – liegt die Durchführung in der Regie des Lehrinstituts für Dokumentation (LID) der Deutschen Gesellschaft für Dokumentation (DGD), Frankfurt a.M.

Literatur

01. Anders, A.; Buder, M.; Seeger, T.: 25 Jahre Aus- und Weiterbildung in der DGD. In: Nachrichten für Dokumentation. Vol. 33, 1982. S. 237 – 245.
02. Anders, A.; Seeger, T.: Das Lehrinstitut für Dokumentation und seine Ausbildungsstrukturen In: Krallmann D; Krause J (Hrsg.): Linguistische Datenverarbeitung und Informationswissenschaft. Regensburg: LDV-Fittings 1981. S. 142 – 158.
03. Bock, G.; Hüper, R.: Informationstransfer als Beruf. 2. Aufl. Hannover: FH Hannover 1986. 128 S.
04. Bock, G.; Hüper, R.: Modellversuch, Konzeption und Entwicklung von Studiengängen im Bereich Bibliothek, Information und Dokumentation. Hannover: FH Hannover 1985. 169 S.
05. Buck, H. et al: Bibliothek-Dokumentation-Archiv. Ausbildungs- und Studiengänge. 6. Ausg. In: Nachrichten für Dokumentation, 37, 1986. S. 32 – 38.
06. Buder, M. et al: FIABID TAGEBUCH. Arbeitsverrichtungen in Spezialbibliotheken und Informations- und Dokumentationsstellen . . . Berlin: Freie Universität Berlin 1977. 116 S.

07. Buder, M.; Skalski, D.; Wersig, G.; Dopheide, R.; Neveling, U.; Seeger, T.; Windel, G.: Bibliothek, Information und Dokumentation als gegenwärtiger und künftiger Berufs- und Tätigkeitsbereich. Karlsruhe: BMFT 1980. 393 S.

08. Daheim, H.: Der Beruf in der modernen Gesellschaft. 2. Aufl. Köln: Kiepenheuer & Witsch 1970. 328 S.

09. Deutsche Gesellschaft für Dokumentation (Hrsg.): Tätigkeitsmerkmale für dokumentarisches Personal. Frankfurt a.M.: DGD 1961. (Typoskript) 17 S.

10. Diebold S.A.: Schlechte Zeiten für Dokumentare? in: Diebold Management Report, 1983, No. 6, S. 18 – 19.

11. Frenzel, U.; Blüm, A.: Approximate quantitative forecast of the needs in information science specialists in the countries of the E C in 1985. Frankfurt/M.: Batelle 1976. 65 S.

12. Gaus, W.: Berufe im Archiv-, Bibliotheks- und Informations- und Dokumentationswesen. Heidelberg: Springer 1986. 234 S.

13. Habel, B.: Zur beruflichen Situation der Dokumentare. Bonn: VDD 1984. 26 S.

14. Hansen, K.: Stand der Arbeiten der Sachverständigenkommission beim BMI für die Eingruppierung von Angestellten im Archiv-, Bibliothekar- und Dokumentationsdienst. In: VDD (Hrsg.): Aktuelle Tarif- und Ausbildungsfragen im Dokumentationsbereich. Bonn: VDD 1976. S. 7 – 9.

15. Helm, B.; Adler, G.; Schöpflin, U.: Der Bedarf an Informationswissenschaftlern und Dokumentaren. Karlsruhe: BMFT 1978. 63 S.

16. Hesse, H.A. Berufe im Wandel. 2. Aufl. Stuttgart: Enke 1972. 203 S.

17. Mantwill, G.: Fortbildungsprogramm für Medienarchivare und -dokumentare. In: Der Archivar, 34, 1981. S. 374 – 379.

18. Modellversuch: Neue Berufsbilder. Information in organisationellen Umgebungen. Zwischenbericht 1. 7. 85 – 31.12.86. Konstanz: Uni. Konstanz 1987. ca 80 S.

19. Otremba, G.: Entwicklung und Perspektiven in Dokumentations- und Informationsberufen. In: Nachrichten für Dokumenation, 37, 1986, S. 67 – 72.

20. Otremba, G.: Tätigkeitsfelder des Informationsmanagement. In: Nachrichten für Dokumentation, 38, 1987, S. 201 – 203.

21. Parmentier, K.: Das Berufsbild der Bibliothekare und Dokumentare. In: Nachrichten für Dokumentation, 37, 1986, S. 5 – 9.

22. Pietsch, E.: 25 Jahre DGD. In: Nachrichten für Dokumentation, 24, 1973, S. 145 – 152.

23. Seeger, T.; Anders, A.: Fachhochschulausbildung im BID-Bereich. Frankfurt: DGD 1981, 59 S.

24. Seeger, T.: Ausbildungsgänge in Tätigkeitsbereich Information und Dokumentation. München: Verl. Dokumenation 1977. 183 S.

25. Seeger, T.: Changes in the Occupation and Profession of Information-work. In: Social Science Information Studies, 3, 1983, S. 199 – 208.

26. Seeger, T.: Der Beruf des „Dokumentars" in den angelsächsischen Ländern. In: Deutscher Dokumentartag 1979. München: Saur 1980 S. 383 – 393.

27. Seeger, T.: Der neue Fachbereich Information und Dokumentation an der Fachhochschule Darmstadt. In: Deutscher Dokumentartag 1985. München: Saur 1986, S. 272 – 277.

28. Seeger, T.: Die Entwicklung des Faches Informations- und Dokumentationswissenschaft an der Freien Universität Berlin. In: Kschenka W.; Seeger T.; Wersig G. (Hrsg.): Information und Dokumentation im Aufbruch. Pullach: Verl. Dokumenation 1974. S. 102 – 112.

29. Seeger, T.: Thesen zur Professionalität der Informationsarbeit. In: 9. Frühjahrtagung der ONLINE Benutzergruppe der DGD vom 12. – 14. Mai 1987. Proceedings. Frankfurt a.M.: DGD 1987, S. 108 – 115.

30. Simon, H.R.: Fortbildung On-line 1986. In: Info On-Line Benutzergruppe, 2, 1987, S. 36 – 40.

31. Transbinary Group: Report on the Transbinary Group on Library and Information Studies. London June 1986. 130 S.

32. Verein Deutscher Dokumentare (Hrsg.): Tätigkeitsmerkmale und Tätigkeitsbilder für Angestellte im Dokumenationsdienst v. 16. 7. 1971. Bonn: VDD 1971. 25 S.

33. Verein Deutscher Dokumentare (Hrsg.): Zu Status und Ausbildung des Dokumentars in Deutschland. Bonn: VDD 1965. 18 S.

34. Verein Deutscher Dokumentare (VDD): Tätigkeitsmerkmale und Tätigkeitsbereiche für Angestellte im Dokumentationsdienst. 3. Aufl. Bonn: VDD 1987. 47 S.

35. Vogel, E.: Informationsmanagement und informationswissenschaftliche Ausbildung. Konstanz: Uni Konstanz 1985. 123 S.

36. Vogel, E.: Informationsmanagement und informationswissenschaftliche Ausbildung. T. 1 – 2. In: Nachrichten für Dokumentation, 37, 1986, S. 79 – 85 und 151 – 159.

37. Wersig, G.; Seeger, T.; Windel, G.: Zu einer integrierten Ausbildungskonzeption im Tätigkeitsbereich BID. Karlsruhe: BMFT 1980. 121 S.

38. Wood, F.; Richardson, D.; Schur, H.: Scientists and Information Work: the careers of the 1979 – 1985 MSc graduates . . . In: Journal of Information Science, 13, 1987, S. 297 – 306.

G Informationswissenschaft an Hochschulen

G 1 Einleitung und Überblick

Insbesondere in den Hauptkapiteln E und F, aber auch in vorangegangenen Beiträgen wurde erkennbar, in welchem Maße Fragen der Informationsarbeit zum Gegenstand der Forschung und Entwicklung gehören resp. wieweit Ergebnisse und Erkenntnisse der Forschung (aus zum Teil recht unterschiedlichen Disziplinen) Anwendung in der praktischen Information und Dokumentation finden.

In diesem Hauptkapitel wird nun die Informationswissenschaft durch die Vertreter der einzelnen informationswissenschaftlichen Arbeitsbereiche an den Hochschulen bzw. Universitäten dargestellt.

Mehr noch als verschiedene Definitionen dessen, was unter ,,Informationswissenschaft'' zu verstehen sei, wie der Gegenstandsbereich bestimmt und durch spezielle Forschungs- und Entwicklungsansätze gekennzeichnet werden kann, ist es im Rahmen dieses Handbuches wichtig, aufzuzeigen, was insgesamt in Lehre und Forschung getan wurde und wird. So hat hier die Vorstellung der konkreten Aktivitäten auch Vorrang vor der sonst sehr ehrwürdigen Tradition der Formulierung eines gegenstandsspezifischen Wissenschaftsverständnisses.

Dieses pragmatische Primat ist allerdings auch Hinweis auf die Schwierigkeiten bei der Institutionalisierung resp. Etablierung der Informationswissenschaft an den Hochschulen, wobei die materiellen und personellen Ressourcen eine entscheidende Rolle spielen.

Die zurückliegenden Erfahrungen mit speziellen Förderungsprogrammen für die Informationswissenschaft und den darin angelegten Entwicklungsperspektiven zu ihrer Etablierung sind wohl insgesamt als enttäuschend empfunden worden, weil zumindest die notwendige Kontinuität fehlte. Unter diesen wenig günstigen Voraussetzungen sollten die Einzeldarstellungen aus den Hochschulen gesehen werden.

So wird in Kap. G 2 die Situation an der *Freien Universität Berlin* beschrieben. *G. Wersig* gibt einen Überblick über die zwanzigjährige Geschichte, die Studieninhalte und -organisation sowie die Forschungs- und Projektphasen der Informationswissenschaft an der FU.

An der *Technischen Hochschule Darmstadt* gehört die Informationswissenschaft (im Fachgebiet Datenverarbeitungssysteme II) zum Fachbereich Informatik. *G. Lustig* (Kap. *G 3*) gibt Auskunft über die Studien- und Forschungsschwerpunkte, die sich insbesondere auf die informationslinguistischen Grundlagen der Verfahren und Systeme der Fachinformation beziehen.

An der *Universität Düsseldorf* (Kap. *G 4*) kann Informationswissenschaft als Nebenfach in der Philosophischen Fakultät studiert werden. Geschichte, Studienorganisation und Forschungsinteressen werden von *N. Henrichs* vorgestellt.

R. Kuhlen beschreibt in *Kap. 5* das Konzept des informationswissenschaftlichen Aufbaustudiums an der *Universität Konstanz*, seine Entwicklung und Erkenntnisse im Rahmen eines Modellversuchs sowie Themen und Projekte der Forschung.

In. Kap. *G 6* wird das „Saarbrücker Modell" erläutert. *H. Zimmermann* stellt Studienorganisation, Schwerpunkte und Spezialisierungen der Informationswissenschaft an der *Universität des Saarlandes* vor.

Abgeschlossen wird dieses Hauptkapitel mit einem Beitrag von *G. Wersig*, der sich trotz aller Pragmatismen dem Versuch stellt, eine *„Lokalisation und Gliederung der Informationswissenschaft"* (Kap. *G 7*) vorzunehmen.

G 2 Informationswissenschaft an der Freien Universität Berlin

Gernot Wersig

G 2.1 Informationswissenschaft als Lehrfach

G 2.1.1 Organisation

1954 wird Hans-Werner Schober an der Freien Universität Berlin zum Dr. phil. promoviert (Lit. 10.), mit einer Arbeit über die Dokumentation von Zeitschriften. Die Arbeit entsteht im Fach Publizistik und dieser Zusammenhang bestimmt die organisatorische Entwicklung des Faches. Seit 1957 bietet Schober dann meist im Rahmen der Bibliothekswissenschaft Lehrveranstaltungen zu Themenkomplexen der »Dokumentation« an und beeinflußt, obwohl schwer krank, die Entwicklung des Berliner Informationswesens nicht unerheblich.

1966 wird diese Arbeit in zweierlei Hinsicht gewürdigt: das Lehrfach Dokumentation wurde zu einem eigenständigen Lehr- und Prüfungsfach im Rahmen des seit 1961 bestehenden Studienganges des Magister Artium (M.A.), zunächst noch beschränkt auf ein Nebenfach, und Schober wird eine Honorar-Professur für dieses Fach verliehen. Im Frühjahr 1968 beginnt eine informelle Zusammenarbeit mit dem Institut für medizinische Statistik und Dokumentation und dessen neuberufenem Direktor Prof. Dr. Dr. Günther Fuchs.

Der Beginn des Faches ,,Dokumentation'' ist pragmatisch, zunächst geht es vor allem darum, die Methoden der Literaturerschließung an Studenten weiterzuvermitteln, eine Zeitlang übernehmen dies Schober und die Lehrbeauftragten auch im Rahmen der Berliner Bibliothekarakademie. 1968 versuchen Schober und Wersig diesen Pragmatismus zu überwinden, indem sie auf eine neue Disziplin ,,Informations- und Dokumentationswissenschaft'' hinweisen (Lit. 11.), die im Zuge der Neuorganisation der Freien Universität Berlin 1969/70 auch die Nachfolge der ,,Dokumentation'' antritt, nunmehr als Haupt- und Nebenfach. Das Fach wird als eigenständiger Arbeitsbereich in die Wissenschaftliche Einrichtung ,,Publizistik und Dokumentationswissenschaft'' eingebracht. Das Fach gewinnt bald − im gegebenen bescheidenen Rahmen − eine gewisse Reputation:

- Seit 1970 wird eine Schriftenreihe ,,Beiträge zur Informations- und Dokumentationswissenschaft'' herausgegeben (Folge 13 − Lit. 07. − mit einer Bilanz der Jahre 1969 − 1979 schließt diese Reihe 1979).
- Eine erste Promotion findet 1971, eine erste Habilitation 1972 statt, damit verfügt das Fach über einen Privatdozenten (der hauptamtlich Assistenzprofessor am Institut für medizinische Statistik und Dokumentation ist).
- Wersig wird 1971 mit der Leitung des Ausbildungskomitees der Fédération Internationale de Documentation (FID) betraut (bis 1977). Weiterhin wird er zeitweilig zu Vorarbeiten für das spätere IuD-Programm zum Bundesminister für Forschung und Technologie abgeordnet.

1975 erscheint eine Festschrift für Hans-Werner Schober (Lit. 08.), im gleichen Jahr erliegt er seiner schweren Krankheit. Im Herbst 1977 wird mit Dr. Gernot

Wersig der erste hauptamtliche Hochschullehrer berufen, der seitdem das Fach vertritt. Ein Ausbau wird im Rahmen des IuD-Programms in Aussicht gestellt, aber nie realisiert.

1981 wird die Einrichtung Publizistik und Dokumentationswissenschaft aufgelöst, der ,,Arbeitsbereich Informations- und Dokumentationswissenschaft'' bleibt innerhalb des Fachbereichs Kommunikationswissenschaften freischwebend. In den Jahren 1984/85 gelingt es einigermaßen die Terminologie des IuD-Programms umzusetzen, seit dieser Zeit gibt es den ,,Arbeitsbereich Informationswissenschaft'' und seit 1987 wird auch das Fach unter dieser Bezeichnung geführt.

Mit der Einstellung der Förderung der Informationswissenschaft durch den BMFT im Fachinformationsprogramm 1985 wird die universitätsinterne Situation der Informationswissenschaft an der FU Berlin schwieriger. 1988 wird erwogen, die Informationswissenschaft aus kapazitativen Gründen als Hauptfach zu streichen. 1989 wird im Rahmen der Studienreformbemühungen eine reformierte Studienordnung erlassen.

G 2.1.2   Studienorganisation

Das Studium ist seit 1966 ein Teilstudiengang des Magisterstudiums, das an der FU Berlin entweder aus zwei Hauptfächern (mit je 50 %) oder einem Haupt- und zwei Nebenfächern (letztere mit je 25 %) besteht und ca. 120 – 160 Semesterwochenstunden umfaßt. Als Kombinationsfächer sind frei wählbar alle Fächer der früheren Philosophischen Fakultät (die Diplomfächer jedoch nur als Nebenfächer), seit 1980 sind verstärkt Anstrengungen unternommen worden, hier auch andere Fächer einzubringen (insbesondere Informatik, Betriebswirtschaftslehre, Teilgebiete des Rechts). Grundsätzlich ist dies nun möglich, von der Möglichkeit wird auch zunehmend Gebrauch gemacht.

Neben dem Haupt- und Nebenfachstudium gibt es noch die Möglichkeit des Ergänzungsstudiums in nur einem Fach, wenn bereits ein Abschluß an einer wissenschaftlichen Hochschule (nicht Fachhochschule) vorliegt. Nach der Promotionsordnung von 1986 ist eine Promotion zum Dr. phil. nur möglich, wenn bereits ein Hochschulstudium überdurchschnittlich abgeschlossen wurde.

Das Studium umfaßt eine Regelstudienzeit von acht Semestern (ohne Prüfung). Der erste Teil des Studiums ist das Grundstudium, das mit einer Zwischenprüfung abgeschlossen wird, der zweite Teil das Hauptstudium, an dessen Ende die Magisterprüfung steht, die (im Hauptfach) aus einer schriftlichen Hausarbeit (Magisterarbeit, 5 Monate, ca. 80 Seiten), einer vierstündigen Klausur und einer einstündigen Prüfung besteht.

G 2.1.3   Studieninhalte

Die Studieninhalte reflektieren die Entwicklung, die das Fach durchgemacht hat. Naturgemäß standen am Beginn der Fachentwicklung methodische Fragen der Dokumentation im Vordergrund. Die Berliner Informationswissenschaft hat sich allerdings bereits zu Beginn (Lit. 11.) als Sozialwissenschaft verstanden, die sich vor allem mit den kommunikativen Aspekten befaßt. Von hier aus sind daher zunächst – mit Ausstrahlungseffekt für die gesamte Bundesrepublik Deutschland (und z.T. auch international) – diese beiden Schwerpunkte von Anfang an besonders berücksichtigt worden:

– Zum einen die sozialwissenschaftliche Fundierung der Informationswissenschaft, zunächst durch die Entwicklung des Konzepts der ,,Informationssoziologie'' (Lit. 19.) und der Bereich Benutzerforschung. Dies wurde dann ausgeweitet zu empirisch-sozialwissenschaftlichen Fragen des Fachkräftebedarfs und der Technikfolgeneinschätzung.

– Zum anderen die kommunikativ-kognitive Seite, die in den 70er Jahren ihre besonderen Schwerpunkte in Terminologieforschung und -theorie und der theoretischen Fundierung der Dokumentationssprachen suchte.

Im Zusammenhang mit dem IuD-Programm trat dann der Schwerpunkt ,,Informationspolitik'' hinzu. Bis 1984 blieb das Lehrangebot zentriert auf den Bereich der Fachinformation, auch wenn dieses Feld ab Beginn der 80er Jahre als zu eng erkannt wurde. Bereits zu diesem Zeitpunkt war deutlich geworden, daß ,,Dokumentation'' und ,,Fachinformation'' nur Indikatoren dafür waren, daß die Fragen der Organisation und des Zugriffs auf Wissen/Information auf breiter Basis von den neuen Informations- und Kommunikationstechnologien her neu formuliert werden müßten, und daß ,,Fachinformation'' weder eine wissenschaftliche Disziplin, noch einen erforderlich breiten und anspruchsvollen Tätigkeitsbereich eröffnet.

Der Punkt, an dem sich die Welten dann zu trennen schienen, war der der Kultur. Wissen und Kultur hängen eng zusammen, die neuen Informations- und Kommunikationstechnologien verändern die Rolle des Wissens und somit die Kultur, die Informationswissenschaft als Sozial- und Kommunikationswissenschaft muß sich daher auf diesen Bereich erweitern, Fachinformation wird damit zu einem (wissenschaftlich nicht einmal besonders zukunftsträchtigen) Spezialfall der Anwendung der neuen Informations- und Kommunikationstechnologien.

Der BMFT stellte seine Förderung 1985 ein und das Fach war gezwungen, sich allein auf die Veränderung einzustellen. Es tat dies in Form eines Konzentrationsprogramms, das folgende Schwerpunkte setzte:

Den Kern des Grundstudiums bildete ein Vorlesungszyklus mit den Themen:
– Strukturen der Informationsvermittlung
– Wissensrepräsentations- und -organisation
– Informations- und Kommunikationstechnologien
– Informations-Management
– Informationsgesellschaft: Folgen und Auswirkungen
– Informationsgesellschaft und Informationskultur.

Aufbauend auf den so erarbeiteten inhaltlichen Strukturierungen konnte 1989 das Studium im Grundstudium neu organisiert werden.

Im Hauptstudium werden die folgenden Schwerpunkte gesetzt:
– Wissensbasierte Expertensysteme als technische Fortsetzung der klassischen Retrievalsysteme.
– Kommunikations-Netzwerke und Telekommunikationsdienste als Instrumente zur Intensivierung der personalen Kommunikation (insbesondere Informations- und Kommunikations-Management).
– Technikeinsatz und -folgenforschung zu Informations- und Kommunikationstechnologien (mit Akzenten bei den kulturellen Folgen).

- Visuelle Kommunikation und elektronisches Publizieren (visuelle und optische Technologien, Museen, Desktop Publishing u.ä.).

Der Umstellungsprozeß bedeutete erhebliche Einschnitte: Der Stamm der Lehrbeauftragten mußte fast völlig ausgetauscht werden, neue Mitarbeiter mußten gewonnen werden, die Studenten mußten sich umstellen, und dies alles unter den materiellen Bedingungen von ca. 225 % Überlast und fast vollständiger Isolation von bundesdeutschen und internationalen Entwicklungen. Bis Mitte 1987 war er in einem ersten Anlauf vollzogen, dies bildete dann die Basis für die reformierte Studienordnung.

G 2.1.4   Tätigkeitsfelder

Die damit angezielten Tätigkeitsfelder lassen sich schwerpunktmäßig wie folgt charakterisieren:

- Die Organisations-Kommunikation wird sich drastisch verändern, hier wird Beratungs-, Planungs-, Managementkapazität gebraucht, die sowohl die Technologien als auch die Menschen versteht (Informations- und Kommunikations-Manager).
- Der Einsatz von Expertensystemen wird erhebliche Probleme mit sich bringen. Personen, die an diese Fragestellungen von der Seite des Wissens und seiner Funktionen für Menschen herangehen, aber die Technik und Systeme kennen, sind notwendig (Wissensingenieure).
- Die visuelle Kommunikation stellt eine Form der Wissensvermittlung dar, die immer mehr technisch unterstützt wird. Hier werden Personen gebraucht, die sowohl die Techniken kennen als auch eine gute Kenntnis von visuellen Vermittlungs- und Gestaltungsproblemen haben.
- Die Konsequenzen der neuen Informations- und Kommunikationstechnologien werden erheblich sein. Hier formiert sich langsam ein Bedarf an Beratungskapazität, sowohl im Gesamtkomplex der Technikfolgenabschätzung als auch in den Kultur- und Freizeitinstitutionen.

Natürlich sind dies alles Tätigkeitsfelder, die noch nicht klar umrissen und von der Praxis z.T. noch nicht gesehen und akzeptiert werden. Aber dies war immer das Problem der Informationswissenschaft in Berlin, daß sie – in bester wissenschaftlicher Tradition – versucht, den Entwicklungen immer etwas voraus zu sein, um gerüstet zu sein, wenn sie eintreten.

G 2.2   Informationswissenschaft als universitäre Forschung

Die Anlage des Faches Informationswissenschaft an der Freien Universität Berlin war – schon aufgrund von Kapazitätsengpässen – so gestaltet, daß Forschung und Entwicklung immer zu einem guten Teil in oder in Zusammenhang mit den Lehrveranstaltungen stattfanden oder zu den Forschungstätigkeiten Projektveranstaltungen und Seminare beitrugen. Dabei standen Forschungstätigkeiten und Entwicklung des Faches nicht immer im gleichen Verhältnis zueinander. An der FU Berlin ließen sich etwa folgende Phasen unterscheiden:

G 2.2.1   Die fachwissenschaftliche Formulierungsphase 1968 – 1977

Hier standen vor allem Arbeiten im Vordergrund, in denen es darum ging, ausgehend vom Tätigkeitsbereich ,,Dokumentation'' den Nachweis zu führen, daß hier
Fragestellungen gegeben sind, die eine systematische, wissenschaftliche Untersuchung notwendig machen, Methoden und theoretische Bezüge zu entdecken und
anzuwenden und – von Berlin als damals erstem universitären Schwerpunkt aus
– das Selbstverständnis von Informationswissenschaft als einer sozial- und kommunikationswissenschaftlichen Disziplin zu formulieren.
Diese Selbstbestimmung der Informationswissenschaft konzentrierte sich zunächst
um die ,,Terminologie der Information und Dokumentation'' (Komitee für Terminologie und Sprachfragen der DGD), die natürlich mehr war als eine reiche Sprachregelung, nämlich der Versuch über die Terminologie ein fachsystematisches Gerüst
zu entwickeln. Die beiden Werke, die dabei entstanden, die ,,Terminologie der Information und Dokumentation'' (Lit. 09.) und die ,,Terminology of Documentation'' (Lit. 29.) waren wesentlich von Berlin aus gestaltet und konnten auf dortige
Vorarbeiten zurückgreifen (Lit. 17.). Von hier aus gingen auch Nebenzweige in die
allgemeine Terminologieforschung.
Der Komplex ,,Terminologie'' diente gewissermaßen der Selbstversicherung in systematischer Hinsicht. Diese wurde ergänzt durch die Selbstversicherung in sozialwissenschaftlicher Hinsicht, insbesondere hinsichtlich der Herausarbeitung des
historischen Entwicklungsganges, in dem ,,Dokumentation'' und ,,Information''
stehen. Hier sind wichtige Arbeiten entstanden (Lit. 15.; Lit. 02.), die eine auch
heute noch bedeutsame historische Tradition begründeten (Lit. 05.). Diese historische Dimension wurde benötigt, um den Grundstein für das sozialwissenschaftliche
Selbstverständnis zu legen, das Wersig 1973 unter dem Stichwort ,,Informationsso-
ziologie'' herausarbeitete (Lit. 19.). Diese historisch-sozialwissenschaftliche Tradition ist gewissermaßen der Berlin-spezifische Selbstverständnisanteil an Informationswissenschaft.
Informationswissenschaft hat andererseits in Berlin immer den Anspruch erhoben,
nicht nur eine sich auftuende Lücke in der Wissenschaftssystematik abzudecken,
sondern auch praxisrelevant zu sein. Dazu zählte der Anspruch, der Praxis immer
etwas voraus zu sein. Dies manifistierte sich in dieser Phase vor allem in der Forschung zu Dokumentationssprachen und Thesauri (hier insbesondere das Forschungsprojekt ,,Bundesdachthesaurus'', aus dem einige Beiträge zur heute wieder
akuter werdenden Frage der Kompatibilität von Dokumentationssprachen kamen,
vgl. Lit. 16.). Mit dem ,,Thesaurus-Leitfaden'' (Lit. 22.) schien diese Phase zunächst gewissermaßen abgeschlossen, auch wenn die zweite Auflage zeigte, daß hier
noch neue Forschungsaspekte verborgen liegen.

G 2.2.2   Die informationspolitische Phase 1977 – 1981

Mit dem IuD-Programm schien die Informationswissenschaft akzeptiert und gefördert, die informationspolitischen Fragestellungen zu unterstützen. Die FU Berlin
wagte sich aus ihrer Tradition heraus an eines der schwierigsten Probleme dieses

Kontextes, die Frage, ob und wie eine Ausbildungskonzeption für den gesamten Informationsbereich realisierbar wäre: Forschungsprojekt ,,Integrierte Ausbildungskonzeption für den Tätigkeitsbereich Bibliothek, Information und Dokumentation (FIABID)'', das gemeinsam vom Arbeitsbereich Informationswissenschaft und dem Institut für Bibliothekarausbildung durchgeführt wurde. Während der empirischen Arbeiten kristallisierte sich heraus, daß hier die falsche Frage gestellt war. Es wurde deutlich, daß von den technischen Entwicklungen so viele Veränderungen zu erwarten waren, daß sich der Informationsbereich so verändern würde, daß die Fragen nach Bibliothek und Dokumentation relativ trivial wirkten (Lit. 03.; Lit. 30.).
Nicht sehr viel besser ging es dem zweiten Schwerpunkt des Abschnitts, dem ,,Methodeninstrumentarium der Benutzerforschung''. Hier waren auf der einen Seite die Theoriedefizite in Richtung Handlungsforschung noch zu groß, auf der anderen Seite zeigte sich, daß das Hauptaugenmerk eigentlich der qualitativen Forschungsmethodik zu gelten hatte – Instrumentarien waren nicht möglich und auch durch den sich anbahnenden informationspolitischen Umschwung nicht mehr gefordert (Lit. 32).

G 2.2.3   Die theoretische Nachholphase 1981 – 1984

Es galt gründlicher nachzudenken und das BMFT-Projekt INSTRAT ,,Informationssysteme als informationspolitisches Gestaltungspotential und gesellschaftliche Entwicklungsstrategie'' bot dazu Gelegenheit. Zunächst war es notwendig, Information als Handeln zu begreifen und einen Anschluß an die soziologische Handlungstheorie herzustellen (Lit. 31.). Dann waren die Potentiale der neuen Informations- und Kommunikationstheorien einzuschätzen (Lit. 27.). Schließlich wollte man über ein abstraktes Modell des Informationsvermittlungsmechanismus verfügen, um die Zukunft von Mensch-System-Kommunikation zu planen (Lit. 01.). Dazu brauchte man neue Ansätze zur Kommunikationstheorie. Dies konnte nur teilweise integriert werden (in Lit. 04. und Lit. 20.), bis das BMFT an dieser Form wissenschaftlicher Arbeit keine Freude mehr hatte.
Aber es war nicht nur der BMFT, auch innerhalb des Bereichs Information und Dokumentation schieden sich die Geister, die Frage von 1982 ,,Trennen sich die Wege'' (Lit. 23.) war berechtigt. Die Alternative war: Fachinformations,,wissenschaft'' als Erfüllungsgehilfe der On line-Philosophie oder Erweiterung des Verständnisses von Informationswissenschaft in Richtung der umfassenden Beschäftigung mit der Rolle des Wissens unter den Bedingungen des gravierenden technischen Wandels.

G 2.2.4   Der Neuanfang 1984 – 1988

Die Berliner Informationswissenschaft mußte diese Alternative recht mühselig in sich auskämpfen, bis sie sich für den Neuanfang entschied und damit sehr bald aller Förderungsmittel verlustig ging.

Noch ein kurzer Zeitraum verblieb in einer zweiten INSTRAT-Phase darüber nachzudenken, daß ,,Wissen'' und ,,Kultur'' eng miteinander verbunden sind und Informationswissenschaft sich legitimerweise mit den Fragen des kulturellen Wandels durch das Eindringen der neuen Informations- und Kommunikationstechnologien in das Gebiet der Wissensorganisation und -vermittlung beschäftigen muß (Lit. 14.). Die Veränderungen auf allen Gebieten knüpfen sich immer deutlicher an das Ineinandergreifen dreier Technologiegruppen: der visuellen Technologien, der Künstlichen Intelligenz und der Kommunikations-Netzwerke. Hieraus konnten die folgenden Forschungsbereiche (weitgehend projektfrei) entwickelt werden:

- Wissensorganisation und -repräsentation in Zusammenhängen von Expertensystemen (Lit. 06.). Dies greift die Arbeiten zum abstrakten Wissensvermittlungsmechanismus in INSTRAT wieder auf.
- Organisations-Kommunikation unter Bedingungen neuer Informations- und Kommunikationstechnologien, insbesondere Fragen der Kommunikationsanalyse und des Informations-Management (Lit. 21.; Lit. 25.).
- Einsatz visueller Technologien (Speicherplatten, Schnittstellen, Computer-Grafik) zur Informationspräsentation und -vermittlung (Lit. 28.).
- Wissen und Informationskultur unter den Bedingungen der neuen Informations- und Kommunikationstechnologien (LIt. 18.; Lit. 26.).
- Visuelle Kommunikation und Wissensvermittlung (Lit. 13.) mit einem besonderen Schwerpunkt im Museumsbereich (wo ein Projekt zur Wirksamkeit öffentlichkeitsbezogener Maßnahmen durchgeführt werden konnte, Lit. 12.).

Die Berliner Informationswissenschaft hat in diesen 20 Jahren einen weiten Weg zurückgelegt, ist aber ihrem ursprünglichen Ansatz treu geblieben:
- Sich vergewissern, was der Bereich ,,Information'' ist und das Bereichsverständnis an sich wandelnde Bedingungen anzupassen — es führt ein direkter Weg von der historischen Aufarbeitung über die FIABID-Problematik zur Informationskultur.
- Den theoretischen Bezugsrahmen so abstrakt wie möglich und so breit zu sehen, daß die Bezüge zu den anderen Disziplinen sichtbar werden — von der Terminologie der Information und Dokumentation zu abstrakten Handlungs-, Kommunikations- und Informationsvermittlungsmodellen (Lit. 24.).
- Die Formen von Wissen und Information durch entsprechende theoretische und praktische Entwicklungen verfügbar zu machen — vom Thesaurus zur visuellen Wissenspräsentation und -organisation.
- Den Menschen als den eigentlichen Bezug von Informationswissenschaft zu sehen, auf den hin Techniken und Systeme organisiert werden müssen — von der Informationssoziologie über Benutzerforschung hin zur Organisations-Kommunikation.

Wenn gleichzeitig Kontinuität und Anschluß an die Front der Entwicklung besteht, ist zumindest die konzeptionelle Arbeit nicht umsonst gewesen. Daß die materielle Ausstattung sehr viel mehr als konzeptionelle Arbeit nicht zuließ, darf natürlich nicht verschwiegen werden.

Literatur

01. Belkin, Nicholas, J.; Seeger, Thomas; Wersig, Gernot: Distributed expert problem treatment as a model for information system analysis and design. J. Inf. Sci., Vol. 5/1983, S. 153 – 167.
02. Buder, Marianne: Das Verhältnis von Dokumentation und Normung von 1927 bis 1945 in nationaler und internationaler Hinsicht. Berlin – Köln, 1976.
03. Buder, Marianne et al.: Bibliothek, Information und Dokumentation als gegenwärtiger und zukünftiger Berufs- und Tätigkeitsbereich. BMFT-FB-ID 80-009, Berlin, 1980.
04. Dietschmann, H. J. (Hrsg.): Representation and exchange of knowledge as a basis of information processes. North Holland, 1984.
05. Engel, Uwe-Jens: Wissenschaftliche Kommunikation und wissenschaftliche Revolution. Definition und Institutionalisierung neuzeitlicher Wissenschaft zwischen Humanismus und Frühaufklärung als Kommunikationsproblem. Magisterarbeit FU Berlin, 1985.
06. Hennings, Ralf-Dirk et al.: Künstliche Intelligenz. Expertensysteme. Berlin, 1985.
07. Informations- und Dokumentationswissenschaft an der Freien Universität Berlin. Entwicklung, Stand und Perspektiven nach 10 Jahren. München etc., 1979.
08. Kschenka, Wilfrid; Seeger, Thomas; Wersig, Gernot (Hrsg.): Information und Dokumentation im Aufbruch. Pullach, 1975.
09. Neveling, Ulrich; Wersig, Gernot (Red.): Terminologie der Information und Dokumentation. München, 1975.
10. Schober, Hans-Werner: Dokumentation von Zeitschriften. Eine Studie zur gegenwärtigen Lage in Deutschland. Phil. Diss., FU Berlin, 1954.
11. Schober, Hans-Werner; Wersig, Gernot: Informations- und Dokumentationswissenschaft. Ein Diskussionsbeitrag und theoretischer Ausblick. Nachr. Dok. Jg. 19, 1988, S. 116 – 124.
12. Schuck-Wersig, Petra; Schneider, Martina; Wersig, Gernot: Wirksamkeit öffentlichkeitsbezogener Maßnahmen für Museen und Ausstellungen. Materialien aus dem Institut für Museumskunde, Staatliche Museen Preußischer Kulturbesitz, Berlin, Heft 21, 1988.
13. Schuck-Wersig, Petra; Wersig, Gernot: Das Potential des Bildes. Zur Funktionsveränderung visueller Kommunikation. Rundf. Ferns. Nr. 1/1986, S. 44 – 63.
14. Schuck-Wersig, Petra; Wersig, Gernot; Windel, Gunther: Informationskultur und Kommunikation. Endbericht des Projekts „Die Veränderung der Fachinformation als Kulturfaktor". Berlin: Arbeitsbereich Informationswissenschaft, 1985.
15. Strauch, Dietmar: Wissenschaftliche Kommunikation und Industrialisierung. München 1976.
16. Wersig, Gernot: Experiences in compatibility research in documentary languages. In: A. Neelameghan (Hrsg.): Ordering systems for global information networks. Bangalore, 1979, S. 327 – 430.
17. Wersig, Gernot: Information Kommunikation Dokumentation. Ein Beitrag zur Orientierung der Informations- und Dokumentationswissenschaft. München 1971.
18. Wersig, Gernot: Informations-Explosion oder Quatsch-Explosion. Cogito 1987, Nr. 1, S. 44 – 48, Nr. 2, S. 32 – 35.
19. Wersig, Gernot: Informationssoziologie. Frankfurt, 1973.
20. Wersig, Gernot: Die kommunikative Revolution. Strategien zur Bewältigung der Krise der Moderne. Wiesbaden, 1985.
21. Wersig, Gernot: Organisations-Kommunikation: Die Kunst ein Chaos zu organisieren. Baden-Baden, 1989.
22. Wersig, Gernot: Thesaurus-Leitfaden. Eine Einführung in das Thesaurus-Prinzip in Theorie und Praxis. München – New York, 1978. 2. erg. Aufl., München etc. 1985.

23. Wersig, Gernot: Trennen sich die Wege? Neue Orientierungsmuster der Informationswissenschaft angezeigt. NfD, Jg. 33/1982, S. 213 – 218.
24. Wersig, Gernot: Vorlesung 1: Strukturen der Informationsvermittlung. Berlin: Arbeitsbereich Informationswissenschaft, 1988.
25. Wersig, Gernot: Vorlesung 4: Informations-Management. Berlin: Arbeitsbereich Informationswissenschaft. 1988.
26. Wersig, Gernot: Vorlesung 6: Informationsgesellschaft und Informationskultur. Berlin: Arbeitsbereich Informationswissenschaft, 1987.
27. Wersig, Gernot (Hrsg.): Informatisierung und Gesellschaft. Wie bewältigen wir die neuen Informations- und Kommunikationstechnologien? München etc., 1983.
28. Wersig, Gernot; Hennings, Ralf-Dirk; Schuck-Wersig, Petra: Entwicklungstendenzen analoger und digitaler visueller Speichermedien. Photomed, Jg. 1/1988, S. 149 – 156.
29. Wersig, Gernot; Neveling, Ulrich: Terminology of documentation Paris: Unesco, 1976.
30. Wersig, Gernot; Seeger, Thomas; Windel, Gunther: Zu einer integrierten Ausbildungskonzeption im Tätigkeitsbereich Bibliothek, Information und Dokumentation. BMFT-FB-ID 80-017. Berlin, 1980.
31. Wersig, Gernot; Windel, Gunther: Information science needs a theory of ,,Information actions". Soc. Sci. Inf. Stud., Vol. 5/1985, S. 11 – 23.
32. Wersig, Gernot; Windel, Gunther; Plagemann, Susanne: Benutzerforschung im Aufbruch – Stand und Perspektiven von Theorie und Methodik der Benutzerforschung in Information und Dokumentation. BMFT-ID 82-009. Berlin 1982.

G 3   **Informationswissenschaftliche Lehre und Forschung im Fachgebiet Datenverwaltungssysteme II der Technischen Hochschule Darmstadt**

Gerhard Lustig

G 3.1   Einleitung

Eine der wenigen informationswissenschaftlichen Forschungsgruppen an den wissenschaftlichen Hochschulen der Bundesrepublik Deutschland ist das 1975 an der Technischen Hochschule Darmstadt eingerichtete Fachgebiet Datenverwaltungssysteme II (DVS II), das zum Institut für Informationsverwaltung und interaktive Systeme des Fachbereichs Informatik gehört. Es befaßt sich mit Verfahren und Systemen der Fachinformation sowie den dafür relevanten informationslinguistischen Grundlagen, wobei Information Retrieval und automatische Indexierung die Schwerpunkte sind.

Die in Lehre und Forschung klare informationswissenschaftliche Orientierung des Fachgebietes DVS II steht nicht im Widerspruch dazu, daß auch die *Informatik* permanent beteiligt ist, und zwar hauptsächlich bei Entwurf, Entwicklung und Anwendung der als Experimentierwerkzeug benötigten Software. Es gibt zwischen Informationswissenschaft und Informatik keine scharfe Abgrenzung, sondern mannigfaltige Überschneidungen, die beiden Gebieten stimulierende Wechselwirkungen bringen. Überschneidungen mit der Informationswissenschaft sind auch in anderen Teilen des Fachbereichs Informatik, insbesondere in den Fachgebieten Datenverwaltungssysteme I (Datenbanksysteme), Graphisch-interaktive Systeme und Intellektik (eine weitgefaßte Form der Künstlichen Intelligenz), zu verzeichnen, aber im Gegensatz zum Fachgebiet DVS II mit einem eindeutigen Primat der Informatik.

Zum Fachgebiet DVS II gehören ein Professor (C4) als Leiter, ein Hochschulassistent (C1), zwei wissenschaftliche Mitarbeiter, eine mathematisch-technische Assistentin (1/2 Stelle) und eine Sekretärin. In den Jahren 1978 bis 1987 kamen durch Projektförderung durchschnittlich drei wissenschaftliche Mitarbeiter(innen) und zwei mathematisch-technische Assistenten bzw. Assistentinnen sowie mehrere studentische Hilfskräfte hinzu.

Die am 6. 3. 1979 im Rahmen des damaligen IuD-Programms vom Sachverständigenkreis ,,Ausbildung im IuD-Bereich'' des BMFT ausgegebenen Empfehlungen zur Förderung informationswissenschaftlicher Forschung an wissenschaftlichen Hochschulen hatten sich für die Einrichtung weniger, aber gut ausgestatteter Forschungsgruppen von jeweils mindestens 10 Personen (darunter 3 Professoren) ausgesprochen. Diese Gruppen sollten informationswissenschaftliche Studiengänge entwickeln und laufend unterhalten. Das Fachgebiet DVS II erschien aufgrund seiner Orientierung und seiner bereits laufenden Arbeiten in Lehre und Forschung geradezu prädestiniert, zum Kern einer solchen größeren Forschungsgruppe zu werden, für welche die TH Darmstadt besonders vielfältige Möglichkeiten der Zusammenarbeit mit anderen Gruppen aus ingenieur-, geistes- und sozialwissenschaftlichen Fachbereichen bot. Es wurden entsprechende Studien- und Forschungspläne entworfen (vgl. Lit. 20.) und sowohl innerhalb der TH Darmstadt als auch mit den zuständigen Landes- und Bundesministerien beraten. Die Pläne wurden schließlich vom Fachgebiet DVS II (und damit von der TH Darmstadt) nicht weiterverfolgt, weil die Ministerien keine ausreichende Stellenplanung in Aussicht stellen konnten. Das Fachgebiet DVS II hat danach seine Bemühungen verstärkt, in seinen ursprünglichen Spezialgebieten Forschungsergebnisse von internationalem Niveau zu erzielen und informationswissenschaftliche Lehrveranstaltungen in andere Studiengänge einzubringen. Über diese Arbeiten soll nachstehend ein Überblick gegeben werden.

G 3.2   Informationswissenschaft als Lehrfach

Wie jedes andere Fachgebiet des Fachbereichs Informatik ist auch das Fachgebiet DVS II verpflichtet, für Studierende im Grundstudium reine Informatik-Lehrveranstaltungen durchzuführen. Für das Hauptstudium, d.h. ab dem 5. Semester, bietet das Fachgebiet DVS II dagegen ausschließlich informationswissenschaftliche Lehrveranstaltungen an. Im Mittelpunkt steht der alle 2 – 3 Semester wiederbegonnene dreisemestrige Information-Retrieval-Zyklus, der insgesamt 8 SWS (= Semesterwochenstunden) Vorlesung und 3 SWS Übungen umfaßt. Sein Inhalt sei hier kurz skizziert:
Information Retrieval I (3 SWS Vorlesung + 1 SWS Übungen):
Einführung in die Informationswissenschaft und Informationspraxis. – Einfache Retrievalmodelle. – Dokumentarische Grundlagen. – Retrievalsysteme. – Retrievalpraxis. – Einführung in die automatische Indexierung.
Information Retrieval II (3 SWS Vorlesung + 1 SWS Übungen):
Ergänzungen zu den in Teil I behandelten Themen. – Automatische Indexierung: Pragmatische Voraussetzungen und fehlertolerierende Verfahren, linguistische Hilfsmittel, Entwicklung von Indexierungswörterbüchern, Indexierungsverfahren und -systeme, Anwendungsprobleme. – Vorbereitung, Durchführung und Evaluierung von Retrievalexperimenten.
Information Retrieval III (2 SWS Vorlesung + 1 SWS Übungen):
Probabilistische Modelle für Indexierung und Retrieval. – Rankingverfahren. – Intelligente Verfahren für computergestütztes Indexieren und Retrieval.
Regelmäßig werden ferner angeboten:
– in jedem Semester das Seminar ,,Automatisches Indexing und Information Retrieval'' (3 SWS) und
– aller 2 – 3 Semester ein Information-Retrieval-Praktikum (3 SWS).
Zur Vertiefung werden je nach Aktualität und verfügbarer Kapazität weitere Lehrveranstaltungen – im allgemeinen einmalig – abgehalten, z.B. in den letzten drei Jahren
– Linguistische Ergänzungen zu ,,Information Retrieval II'' (1 SWS Vorlesung + 1 SWS Übungen),
– Ausgewählte Probleme der Implementierung intelligenter Informationssysteme (2 SWS Vorlesung + 1 SWS Übungen),

- Wissensrepräsentationsformen I + II (je 3 SWS Vorlesung + 1 SWS Übungen),
- Wissensbanken (1 SWS Vorlesung + 2 SWS Übungen),
- Seminar ,,Objektorientierte Systeme'' (3 SWS),
- Seminar ,,Conceptual Modeling'' (3 SWS),
- KI-Programmiertechniken (3 SWS Praktikum).

Die angeführten Lehrveranstaltungen setzen Kenntnisse in Informatik und – z.T. indirekt – in Mathematik voraus. Sie werden hauptsächlich von Studierenden der Diplomstudiengänge Informatik, Wirtschaftsinformatik, Mathematik und Mathematik mit Schwerpunkt Informatik besucht, aber in Einzelfällen sind auch andere Studienfächer, z.B. Psychologie oder Datentechnik, vertreten. Insgesamt nehmen durchschnittlich etwa 70 bis 100 Studentinnen und Studenten pro Semester regelmäßig an einer informationswissenschaftlichen Lehrveranstaltung des Fachgebiets DVS II teil. Über den dargebotenen Stoff werden Diplomhauptprüfungen abgehalten, die je nach Studiengang dem Haupt- oder Nebenfach Informatik zugeordnet werden, und zwar als Fach- oder Teilfachprüfung entsprechend dem Umfang der Lehrveranstaltungen. In den letzten 10 Jahren haben sich 353 Studierende einer solchen Prüfung unterzogen.

Den anspruchsvollsten und aufwendigsten Teil des informationswissenschaftlichen Lehrangebots stellt die individuelle Betreuung von Semester-, halbjährigen Studien- und Diplomarbeiten dar. Den Studierenden wird dabei Gelegenheit gegeben, sich an den Forschungsarbeiten des Fachgebietes DVS II zu beteiligen. Die gestellten Aufgaben kombinieren in den meisten Fällen Literaturstudien mit der Vorbereitung, Durchführung und Auswertung von Experimenten, wobei auch die dafür benötigten Programme, soweit nicht schon vorhanden, zu erstellen sind. Allein in den letzten 10 Jahren wurden 27 Diplomarbeiten, 69 Studienarbeiten und 8 Semesterarbeiten angefertigt. Aus solchen Arbeiten sind zahlreiche interessante Forschungsergebnisse hervorgegangen. Z.B. werden allein in Lit. 22. die 5 Diplomarbeiten Lit. 03.; Lit. 10; Lit. 11; Lit. 26. und Lit. 28. sowie die Semesterarbeit Lit. 24. zitiert.

Die Diplom-, Studien- und Semesterarbeiten sind für die Diplomstudiengänge Informatik und Wirtschaftsinformatik generell als Prüfungsleistungen anerkannt. In allen anderen Studiengängen wird über die Zulassung einer informationswissenschaftlichen Prüfungsarbeit von Fall zu Fall entschieden. Alles in allem kann man in die genannten Studiengänge informationswissenschaftliche Anteile beachtlichen Umfanges einbringen. Am meisten gilt das natürlich für die Informatik. Dort kann die Gesamtnote des Diplomabschlusses bis zu 57 Prozent von informationswissenschaftlichen Leistungen abhängen.

G 3.3   Informationswissenschaftliche Forschung

Die Forschungsarbeiten des Fachgebietes DVS II sind seit ihrem Beginn im Jahre 1977 Problemen des Information Retrieval und insbesondere der automatischen Indexierung gewidmet. Die Ausgangslage war durch folgende Tatsachen gekennzeichnet:

- Die in den siebziger Jahren erzielten Fortschritte im *Information Retrieval* beruhten auf der Ausnutzung leistungsfähigerer und preisgünstigerer Hardware (Terminals, Speicher, Datenfernübertragung, Minicomputer), während den Verfahren noch immer die um 1960 für die Batch-Verarbeitung eingeführten Konzepte zugrunde lagen. Der Computer wurde also ausschließlich mit solchen Arbeiten beschäftigt, die in kleineren Systemen manuell von Hilfskräften ausgeführt werden konnten: mit dem Heraussuchen, formalen Vergleichen, Sortieren und Reproduzieren von Daten. Es fehlte an maschinellen Verfahren (bzw. am Nachweis ihrer praktischen Verwendbarkeit) für eine effektivere Arbeitsteilung zwischen Mensch und Computer sowohl beim Aufbau, bei der Unterhaltung und bei der Weiterentwicklung als auch bei der Benutzung von Retrievalsystemen.

- In der *automatischen Indexierung* waren bereits bis zum Anfang der siebziger Jahre gute Laborergebnisse erzielt worden (siehe z.B. Lit. 04.; Lit. 29., Lit. 31.), die sich jedoch nicht überzeugend auf Anwendungen im Großen übertragen ließen (Lit. 19.). Durch das Aufkommen des Computersatzes fielen große Mengen maschinenlesbarer (Referate-)Texte an, für die eine automatische Indexierung von praktischem Interesse war. In der Forschung waren von der automatischen Indexierung auch Impulse für komplexere Probleme der automatischen Inhaltserschließung von Texten − z.B. von Volltexten oder von Retrievalanfragen − zu erwarten.

Die damalige Beurteilung der Retrievalpraxis hat in den vergangenen 12 Jahren weitgehend ihre Gültigkeit behalten. In der Forschung hat sich die Situation inzwischen belebt, wobei in den letzten Jahren das Gebiet der Künstlichen Intelligenz an Einfluß gewonnen hat. Insgesamt steht die Entwicklung intelligenter Retrievalverfahren allerdings noch ziemlich am Anfang (Lit. 23.).

Das Fachgebiet DVS II konzentrierte sich zunächst ganz auf die automatische Indexierung englischer Referatetexte, wobei auf Erfahrungen und Ergebnisse des Autors und von dessen früheren Mitarbeitern aufgebaut werden konnte (vgl. z.B. Lit. 04.; Lit. 14.; Lit. 18.). Als Schlüsselproblem für die weitere Entwicklung wurde das Fehlen von Indexierungswörterbüchern für größere Anwendungsgebiete angesehen. Ein solches Wörterbuch muß möglichst viele (einfache und zusammengesetzte) Fachausdrücke enthalten und durch (quantitativ oder qualitativ) gewichtete Relationen mit den Deskriptoren verbinden. Daher entwickelte das Fachgebiet DVS II in seinem ersten Projekt − *WAI (Wörterbuchentwicklung für automatisches Indexing), 1978−81* − Verfahren zur Gewinnung von Wörterbuchdaten und erprobte sie bei der Herstellung von Indexierungswörterbüchern für die Anwendungsgebiete der Food Science and Technology und der Physik (siehe z.B. Lit. 15.; Lit. 16.; Lit. 21.; Lit. 22.). Dabei kam es nicht nur auf Effizienz an, sondern vor allem auf den Einfluß der mit den einzelnen Verfahren gewonnenen Wörterbuchdaten auf die Indexierungsergebnisse. Zur Durchführung entsprechender Untersuchungen wurden die beiden Indexierungssysteme DAISY (Darmstädter automatisches Indexierungssystem) und ALIBABA (Adaptives lernstichprobenorientiertes Indexierungssystem, basierend auf Beschreibungen abstrakter Objekte) entwickelt und vielfältig angewandt. Die Evaluierung der Indexierungstests erfolgte dabei zu-

nächst durch direkten Vergleich (Konsistenztests) mit der intellektuellen Indexierung. Im Rahmen dieser Arbeiten entstand im Fachgebiet DVS II die erste
Dissertation (Lit. 16.), für die G. Knorz auf dem Deutschen Dokumentartag 1984
mit dem Erich-Pietsch-Preis ausgezeichnet wurde.

In einem zweiten, ebenso wie WAI vom BMFT finanzierten Projekt – *AIR (Weiterentwicklung der automatischen Indexierung und des Information Retrieval),
1981 – 84* – sollte hauptsächlich untersucht werden, ob die Qualität der mit den
entwickelten Verfahren gewonnenen automatischen Indexierung für die Retrievalpraxis ausreicht. Zu diesem Zwecke wurde ein umfangreicher Retrievaltest vorbereitet und durchgeführt. Für 300 Originalfragen und 15000 Dokumente aus der
Physik-Datenbank PHYS des Fachinformationszentrums Karlsruhe wurden die
durch die automatische Indexierung mit den durch die routinemäßige intellektuelle
Indexierung erhaltenen Antworten verglichen. Dabei schnitt die intellektuelle Indexierung zwar besser ab, aber es konnte auch der praktischen Nutzen der automatischen Indexierung nachgewiesen werden (Lit. 05.).
Daraufhin startete das Fachinformationszentrum Karlsruhe das Projekt PILOT-
ANWENDUNG AIR/PHYS, in dem die automatische Indexierung von Oktober
1985 bis Juni 1986 in der Inputproduktion für die Datenbank PHYS eingesetzt wurde. Durch eine Fördermaßnahme des BMFT konnte sich das Fachgebiet DVS II an
dem Projekt beteiligen, indem es die experimentellen Indexierungssysteme DAISY
und ALIBABA zum produktionsfähigen System AIR/PHYS mit einem wesentlich
größeren Indexierungswörterbuch weiterentwickelte und an der Vorbereitung und
Auswertung der Produktionsphase mitwirkte (vgl. Lit. 02.; Lit. 22.; Lit. 25.).
Nach Ablauf des Projekts entschied sich das Fachinformationszentrum Karlsruhe
dafür, das Indexierungssystem AIR/PHYS selbständig auf Dauer einzusetzen. Es
ist beabsichtigt, die automatische Indexierung auch auf andere Datenbanken anzuwenden. Das Fachgebiet DVS II beteiligt sich an der Pflege des Indexierungssystems AIR/PHYS (Lit. 30.).
Die vom Fachgebiet DVS II entwickelten Indexierungsverfahren liefern eine gewichtete Indexierung, indem zu jeder Deskriptorzuteilung die geschätzte Wahrscheinlichkeit ihrer Relevanz angegeben wird. Daraus wird die für die Datenbank
PHYS verwendete ungewichtete Indexierung abgeleitet, indem nur die Zuteilungen
erfolgen, deren Gewicht oberhalb eines gewissen Schwellenwertes liegt. Die Indexierungsgewichte sind aber Ausgangspunkt weiterer Forschungsarbeiten. Sie werden z.B. in Untersuchungen eingebracht, welche die Entwicklung eines intelligenten
interaktiven Indexierungssystems zum Ziel haben (Lit. 23.). In erster Linie stellt
sich jedoch das Problem, die Indexierungsgewichte im Retrievalprozeß für die Anordnung (Ranking) der Antwortdokumente nach ihrer mutmaßlichen Relevanz zu
nutzen. Dieses Problem wird im Fachgebiet DVS II seit einigen Jahren von N. Fuhr
bearbeitet, und zwar durch Untersuchungen bzw. eigene Entwicklungen von mathematischen Indexierungs- und Retrievalmodellen sowie durch ausgedehnte Experimente (Lit. 06. bis Lit. 09.). Fuhr erhielt 1987 für die Arbeit Lit. 09. in ihrer ursprünglichen Fassung als Dissertation den Erich-Pietsch-Preis.
Für zukünftige Anwendungen der automatischen Indexierung ist es wichtig, den
Zusammenhang zwischen dem Entwicklungsaufwand für ein Wörterbuch und der

mit diesem Wörterbuch erreichbaren Indexierungsqualität zu kennen. Im Fachgebiet DVS II hat H. Hüther dieser Problemstellung eine Reihe von Arbeiten gewidmet, unter denen seine Dissertation (Lit. 13.) hervorgehoben zu werden verdient (siehe auch Lit. 12.).

Für eine weitergehende Automatisierung der Inputarbeiten für ein Retrievalsystem kommt neben der Indexierung auch die formale Erfassung bibliographischer Daten in Betracht. An dieser Aufgabe hat das Fachgebiet DVS II im Rahmen des vom BMFT geförderten Projekts – *AUTOCAT (Wissensbasiertes Formalerfassungssystem nach INIS-Regeln am Beispiel von Kernzeitschriften des Faches Physik), 1985 – 87* – gearbeitet (Lit. 17.; Lit. 27.). Das Projekt wurde außerhalb der TH Darmstadt fortgesetzt.

Schließlich sei das vom Bundesministerium für Wirtschaft geförderte Projekt – *WeBeS (Zugang zu Werkstoffdatenbanken. Benutzerforschung und Systementwurf), 1986 – 87* – genannt, in dem der Informationsbedarf und das Verhalten von Benutzern als Ausgangspunkt für die Entwicklung neuer Retrievalverfahren und -systeme untersucht wurden (Lit. 01.).

Literatur

01. Ammersbach, Karin; Fuhr, Norbert; Knorz, Gerhard: Empirisch fundierte Konzeption einer neuen Generation von Werkstoffdatenbanken. In: Deutsche Gesellschaft für Dokumentation (Hrsg.): Deutscher Dokumentartag 1987, S. 251 – 261. Weinheim: VCH Verlagsgesellschaft, 1988.
02. Biebricher, Peter; Fuhr, Norbert; Knorz, Gerhard; Lustig, Gerhard; Schwantner, Michael: Entwicklung und Anwendung des automatischen Indexierungssystems AIR/PHYS. Nachr. Dok. 39 (1988), S. 135 – 143.
03. Ditschke, Christa; Kuhn, Helmut: Grammatische Beschreibung der Formelerkennung im Projekt AIR. Diplomarbeit, TH Darmstadt, Fachbereich Informatik, Fachgebiet Datenverwaltungssysteme II, 1983.
04. Fangmeyer, Hermann; Lustig, Gerhard: Experiments with the CETIS Automatic Indexing System. In: International Atomic Energy Agency (Hrsg.): Proceedings of the Symposium on the Handling of Nuclear Information, 1969, S. 557 – 567. IAEA, Wien, 1970.
05. Fuhr, Norbert; Niewelt, Berndt: Ein Retrievaltest mit automatisch indexierten Dokumenten. In: Deutsche Gesellschaft für Dokumentation (Hrsg.): Deutscher Dokumentartag 1983, S. 319 – 39. München, New York, London, Paris: K. G. Saur, 1984.
06. Fuhr, Norbert: A probabilistic model of dictionary based automatic indexing. In: riao 85 (Recherche d'Informations Assistee par Ordinateur), S. 207 – 216, Grenoble, 1985.
07. Fuhr, Norbert: Rankingexperimente mit gewichteter Indexierung. In: Deutsche Gesellschaft für Dokumentation (Hrsg.): Deutscher Dokumentartag 1985, S. 222 – 238, München, New York, London, Paris: K. G. Saur, 1986.
08. Fuhr, Norbert: Two models of retrieval with probabilistic indexing: In: Rabitti, F. (Hrsg.): Proceedings of the 1986 ACM Conference on Research and Development in Information Retrieval, S. 249 – 257, Pisa, 1986.
09. Fuhr, Norbert: Probabilistisches Indexing und Retrieval. Fachinformationszentrum Karlsruhe, 1988.
10. Giesemann, Klaus G.: Probabilistische Information Retrieval Modelle. Diplomarbeit, TH Darmstadt, Fachbereich Informatik, Fachgebiet Datenverwaltungssysteme II, 1983.

11. Heuler, Michael: Anpassung der Inputprozedur und Entwicklung eines Wirtschaftlich-keitsanalysekonzeptes im Rahmen der Pilotanwendung des automatischen Indexierungs-systems AIR/PHYS. Diplomarbeit, TH Darmstadt, Fachbereich Informatik, Fachgebiet Datenverwaltungssysteme II, 1984.

12. Hüther, Hubert: Zur Aufwandsabschätzung beim Aufbau eines automatischen Indexie-rungssystems. In: Deutsche Gesellschaft für Dokumentation (Hrsg.): Deutscher Doku-mentartag 1984, S. 499 – 515. K. G. Saur Verlag, München, New York, London, Paris, 1985.

13. Hüther, Hubert: Wachstumsfunktionen in der automatischen Indexierung. Dissertation, TH Darmstadt, Fachbereich Informatik, 1989.

14. Jaene, Hartmut; Seelbach, Dieter: Maschinelle Extraktion von zusammengesetzten Aus-drücken aus englischen Fachtexten. (ZMD-A-29), Berlin, Frankfurt: Beuth, 1975.

15. Knorz, Gerhard: ARCHIBALD: Ein Archivsystem als Basis für die automatische Verar-beitung linguistischer Daten. Benutzerhandbuch. (DV II 80-2), TH Darmstadt, FB Infor-matik, Datenverwaltungssysteme II, 1980.

16. Knorz, Gerhard: Automatisches Indexieren als Erkennen abstrakter Objekte. Sprache und Information, Band 8. Tübingen: Niemeyer, 1983.

17. Knorz, Gerhard: Wissensbasierte Formalerfassung und Automatisierung des Inputs in Li-teraturdatenbanken. In: Deutsche Gesellschaft für Dokumentation (Hrsg.): Deutscher Dokumentartag 1987, S. 353 – 360. Weinheim: VCH Verlagsgesellschaft, 1988.

18. Kuhlen, Rainer: Experimentelle Morphologie in der Informationswissenschaft. München: Verlag Dokumentation, 1977.

19. Lustig, Gerhard: Ist die automatische Indexierung bereits anwendbar? Nachr. Dok. 20 (1969), S. 190 – 193.

20. Lustig, Gerhard: Informationswissenschaftliche Lehrveranstaltungen im Diplomstudien-gang Informatik an der Technischen Hochschule Darmstadt. In: Krallmann, Dieter; Krause, Jürgen (Hrsg.): Linguistische Datenverarbeitung und Informationswissenschaft in der Bundesrepublik Deutschland – Studiengänge, Berufsaussichten, Förderung. LDV – Fittings e.V., Essen, Regensburg, 1981.

21. Lustig, Gerhard: Das Projekt WAI: Wörterbuchentwicklung für automatisches Indexing. In: Deutsche Gesellschaft für Dokumentation (Hrsg.): Deutscher Dokumentartag 1981, S. 584 – 598. München, New York, London, Paris: K. G. Saur, 1982.

22. Lustig, Gerhard (Hrsg.): Automatische Indexierung zwischen Forschung und Anwen-dung. Hildesheim: Olms, 1986.

23. Lustig, Gerhard: Automatische Indexierung und Information Retrieval – Erfahrungen und Perspektiven. In: Wille, R. (Hrsg.): Klassifikation und Ordnung. Studien zur Klassifi-kation, Bd. 19. Frankfurt: Indeks, 1989.

24. Müller, Peter: Verbesserte Schätzung für z-Werte durch nichtlineare Regression. Semester-arbeit, TH Darmstadt, Fachbereich Informatik, Fachgebiet Datenverwaltungssysteme II, 1985.

25. Projekt PILOTANWENDUNG AIR/PHYS. Anteil der Technischen Hochschule Darm-stadt. Sachbericht 1984 – 1986. (DV II 87-3), TH Darmstadt, FB Informatik, Datenver-waltungssysteme II, 1987.

26. Putze, Gudrun: Wörterbuchunabhängige Wortklassenbestimmung im Englischen mit heuristischen Methoden. Diplomarbeit, TH Darmstadt, Fachbereich Informatik, Fachge-biet Datenverwaltungssysteme II, 1978.

27. Rauth, Ulrike; Schnellbach, Christina: Das AUTOCAT-Konzept der wissensbasierten Formalerfassung von Zeitschriftenaufsätzen. In: Deutsche Gesellschaft für Dokumenta-tion (Hrsg.): Deutscher Dokumentartag 1987, S. 303 – 318. Weinheim: VCH Verlagsge-sellschaft, 1988.

28. Rubisch, Karl: Untersuchung log-linearer Indexierungsfunktionen. Diplomarbeit, TH Darmstadt, Fachbereich Informatik, Fachgebiet Datenverwaltungssysteme II, 1986.
29. Salton, Gerard: The SMART Retrieval System – Experiments in Automatic Document Processing. Engelwood Cliffs, New Jersey: Prentice Hall, 1971.
30. Schwantner, Michael: Entwicklung und Pflege des Indexierungswörterbuches PHYS/PI-LOT. In: Deutsche Gesellschaft für Dokumentation (Hrsg.): Deutscher Dokumentartag 1987. Weinheim: VCH Verlagsgesellschaft, 1988.
31. Sparck Jones, Karen: Progress in Documentation: Automatic Indexing. Journal of Documentation 30 (1974), S. 393 – 432.

G 4 Informationswissenschaft in Düsseldorf

Norbert Henrichs

G 4.1 Zum Hintergrund

Zum Jahresanfang 1967 begann am Philosophischen Institut der Heinrich-Heine-Universität Düsseldorf der Aufbau einer Dokumentation internationaler philosophischer Zeitschriftenliteratur. Das Unternehmen entsprang fachterminologischem und begriffsgeschichtlichem Interesse im Zusammenhang mit wissenschaftstheoretischen und vor allem hermeneutischen Arbeiten des Instituts. Die herkömmlichen Titelbibliographien wurden für die geplante Dokumentation nicht für ausreichend gehalten, da es hier nicht nur um den Nachweis von Literatur ging, sondern um eine für die Rezeption von philosophischen Positionen wichtige Verfolgungsmöglichkeit synchroner und diachroner thematischer Veränderungen. Angestrebt wurde daher eine Tiefenerschließung der Zeitschriftenartikel auf der Basis der jeweiligen Autorsprache, eine Deskribierung der Artikel unter Kennzeichnung der die dem Text entnommenen Bedeutungsträger kennzeichnenden kontextuellen Verhältnisse (später allgemein als Textwortmethode beschrieben). Das Fehlen einer dieses Vorhaben unterstützenden geeigneten Dokumentationsmethode, wie überhaupt das Fehlen von für geisteswissenschaftliche Anwendungen geeigneten Erschließungsverfahren machte Forschungs- und Entwicklungsarbeiten im methodologischen wie technologischen Bereich erforderlich. Auf diese Weise begleiteten hier die dokumentarische Praxis von Beginn an ein Interesse an der Theorie wie theoretische Arbeiten selbst. Die Philosophie-Dokumentation stützte sich von allem Anfang an auf den Einsatz der automatisierten Datenverarbeitung wie auch auf den Einsatz mikrographischer Verfahren. Der – gemessen am Stand der Dokumentationstechnik – frühe EDV-Einsatz (seit 1969/70 Online-Retrieval) zog zahlreiche Interessenten aus dem In-und Ausland an. Die anfänglich spontanen Besuche dieser Gäste mit ihren sich wiederholenden Methodendiskussionen wurden bald durch organisierte (Ferien-)Praktika ergänzt. Der Grundstein zu einer informationswissenschaftlichen Ausbildung war somit gelegt, zumal die Methodenreflektion in der Vorbereitung dieser Kurse und das Feedback der Teilnehmer den Zwang zur Systematisierung mit sich brachten. Die Idee, den in den Kursen vermittelten Lehrstoff auch den eigenen Studenten anzubieten, war nur konsequent, und so gab es dann seit 1970 regelmäßige informationswissenschaftliche Vorlesungen und Seminare freilich noch im Rahmen des Philosophie-Lehrangebots.

Neben der Förderung der Philosophie-Dokumentation durch das damalige Institut für Dokumentationswesen (IDW) in Frankfurt und das Ministerium für Wissenschaft und Forschung des Landes Nordrhein Westfalen unterstützte dieses Ministerium auch die Anfänge informationswissenschaftlicher Forschung und Lehre durch die Einrichtung einer Professur für ,,Philosophie und Informationswissenschaften''. Seit dem Wintersemester 1974/75 konnte daher die Erprobung eines umfassenden Lehrangebots Informationswissenschaft beginnen – ohne daß freilich eine skeptische geisteswissenschaftliche Fakultät der Gründung eines eigenständigen Faches zustimmte. Das Lehrangebot wurde aber als offen für alle Studierenden im Sinne eines Studium Generale anerkannt. Absolventen konnten im Rahmen ihrer Studienabschlüsse eine (freiwillige) zusätzliche Prüfung ablegen. Mehr als ein entsprechender Vermerk in den Diplomen dieser Absolventen erwies sich bei Bewerbungen ein das informationswissenschaftliche Lehrangebot inhaltlich detailliert darstellendes Schreiben, das ihnen mitgegeben wurde, als nützlich. Informationswissenschaft als Studium-Generale-Fach: Erst zwölf Jahre später änderte sich diese Praxis. Im Rahmen einer an der inzwischen veränderten Arbeitsplatzlage orientierten Revision bzw. Ergänzung des traditionellen Fächerangebots der Philosophischen Fakultät erhielt das Fach Informationswissenschaft den Status eines offiziellen Nebenfachs in allen geisteswissenschaftlichen Magisterstudiengängen.

Dieser Status eines Nebenfachs (8 Semester Regelstudienzeit von mind. 40 Semesterwochenstunden Umfang) entsprach einmal den Auflagen des Minsteriums, angesichts der angespannten Haushaltslage das Fach „kostenneutral" einzurichten, dann aber auch zumal den Vorstellungen der Fakultät, die zwar die Notwendigkeit eines die Berufseingangschancen ihrer Absolventen verbessernden Lehrangebots einsah, sich aber durch die Öffnung für ein neues Hauptfach (und schließlich tatsächlich nachdrängender ähnlicher Vorstellungen für Medienwissenschaft und ein Fach „Interkulturelle Kommunikation" – um nur zwei markante Etablierungsvorhaben zu nennen) in ihrer klassischen Gestalt bedroht sah. Das Nebenfachkonzept für die Informationswissenschaft wurde allerdings auch von den Fachvertretern selbst favorisiert. Die zu vermittelnde Qualifikation, Informationssysteme zu konzipieren und Informationsprozesse zu organisieren, zielt auf lediglich subsidiäre Funktionen in fachlich oder problemorientierten Anwendungsbereichen, die stets primär eine entsprechende fachliche bzw. problemorientierte Professionalität erfordern. Die aus der Perspektive ihrer jeweiligen Hauptfächer an der Informationswissenschaft interessierten Studenten sind im übrigen eine Herausforderung für eine höchst vielseitige interdisziplinäre Behandlung der informationswissenschaftlichen Lehrgebiete.

G 4.2   Das Curriculum

Der Lehrstoff gliedert sich entsprechend einem Vorschlag einer Bund-Länderkommission der späten 70er Jahre in die folgenden Teilgebiete:
   I Theorie und Methodologie der Informationswissenschaft.
  II Fachkommunikation und Informationsprozesse
 III Repräsentation und Transformation von Wissen
  IV Anwendungsmöglichkeiten von Kommunikations- und Informationstechnologien
   V Planung, Organisation und Ökonomie von Informationssystemen und -einrichtungen
  VI Information und Gesellschaft.
Die ersten vier Teilgebiete bilden den Stoff des Grundstudiums. Das Hauptstudium vermittelt neben den übrigen Teilgebieten V und VI vertiefende Aspekte der vorangehenden Themenkomplexe. Im einzelnen ergibt sich folgende Stoffpräsentation:

Grundstudium

1. Grundvorlesung: *Einführung in die Informationswissenschaft*
Gegenstand, Erkenntnisinteresse und Zielsetzung der Informationswissenschaft;
Die informationswissenschaftlichen Teilbereiche und ihre Methoden − Übersicht
über das gesamte Lehrangebot; Begriff und Theorie der Information (Das klassische (nachrichtentechnische) Informationsschema; Das informationswissenschaftlich spezifizierte Informationsschema; Voraussetzungen der Kommunikation; Verschiedene Verwendungen des Informationsbegriffs; Geschichtlicher Hintergrund
des Informationsbegriffs; Meßbarkeit der Information; Die Dokumentation und
ihre Funktion); Die Entstehung der Informationswissenschaft und ihre wissen-
schaftstheoretische Begründung; Die informationspolitische Entwicklung und ihr
Einfluß auf Entstehung und Entwicklung der Informationswissenschaft; Die Struktur der Informationspraxis; Trends in Informationswissenschaft und -praxis; Berufsfelder im Informationsbereich.
Die Vorlesung führt ein in das Studium des Fachs und die Grundlagen der Informationswissenschaft und weist die Notwendigkeit ihrer Entstehung aus der Entwicklung der Informationspraxis nach.

Diese Einführungsvorlesung wird durch eine Reihe von sogen. Proseminaren ergänzt, die z.B.
folgende Titel tragen:
− Grundbegriffe der Informationswissenschaft
  (Weitergehende Diskussion der in der Einführungsvorlesung erläuterten informationswis-
  senschaftlichen Fachtermini und deren Aneignung durch die Lektüre ausgewählter Ab-
  schnitte informationswissenschaftlicher Literatur)
− Wissens- und Wissenschaftssoziologie
  (Darstellung der Wissenschaftsentwicklung sowie der Entwicklung des (wissenschaftlichen) Publikationswesens; Einführung in szientometrische Methoden; Entstehung des
  wissenschaftlichen Bibliotheks- und Dokumentationswesens)
− Berufsfelder im Informationsbereich
  (Erörterung des Aufgabenspektrums verschiedener Informationsberufe in Wissenschaft,
  Wirtschaft und Verwaltung mit Exkursionen zu Bibliotheken, Archiven, IuD-Einrich-
  tungen, Informationsvermittlern, Unternehmensberatungsfirmen, Verlagen, Medienan-
  stalten etc.)

2. Grundvorlesung: *Fachkommunikation und Literaturdokumentation*
Der Dokumentationsprozeß im Überblick; Voraussetzungen der Informationsvermittlung: Informationsermittlung und -verwaltung; Informationsvermittlung (Zielsetzung; Typologie der Informationsdienstleistungen, der Informationsdienste und
-Produkte; Zuordnung der Informationsdienste zu Informationsebenen); Information Retrieval (Grundfunktionen; Retrievalstrategien; Bewertung von Retrievalergebnissen); Darstellung ausgewählter (kommerzieller) Retrievalsysteme; Datenbankangebot und Organisation der Informationsvermittlung; Weiterführende Datenbanknutzung (Anwendung informetrischer Verfahren auf Datenbankinhalte).
Die Vorlesung befaßt sich mit Ziel und Zweck aller Informationsorganisation, d.h.
mit bedarfsgerechter und problembezogener Informationsvermittlung. Aus Moti-
vationsgründen wird bewußt die Nutzung von Informationsdiensten der Darstellung ihrer Aufbauprinzipien und -organisation vorangestellt.

Die Vorlesung wird z.B. durch die folgenden Proseminare und Übungen ergänzt:
- Einführung in die Online-Recherche
  (Übersicht über das Datenbankangebot, Datenbankauswahl für bestimmte Fragestellungen, Recherchesprachen, Rechercheformulierung, Verknüpfungsstrategien)
- Einübung konkreter Retrievalsysteme (großrechnerorientiert)
  (Das Seminar stützt sich auf die vor Ort kostenfrei recherchierbaren Philosophie-Datenbanken und ermöglicht so jedem Teilnehmer zahlreiche Stunden praktischer Recherchetätigkeit am Bildschirm; zugleich erfolgt auch die Einübung von Zugriffen auf externe Hosts in Zusammenarbeit mit der Informationsvermittlungsstelle der Universitätsbibliothek)
- Informationssysteme für Mikrorechner
  (Das Seminar stellt meist in Zusammenarbeit mit Herstellerfirmen Datenbanksysteme für Arbeitsplatzrechner vor, diskutiert die geforderten Datenstrukturen und gibt Gelegenheit zur Einübung der einzelnen Funktionen)

3. Grundvorlesung: *Wissensorganisation*

Zum Begriff der Wissensorganisation; Wissensrepräsentation in der klassischen Dokumentation (Zeichen und Zeichenverwendung; Wörter, Begriffe, Begriffsbeziehungen); Wissensordnung und Dokumentationssprachen (zum Begriff der Ordnung; Klassifikationen (mit geschichtlichem Überblick); Thesauri); Erschließung von Dokumenten (Formalerschließung; Inhaltliche Erschließung (zum Begriff der Indexierung; gleichordnende Indexierung; syntaktische Indexierung); verwandte Verfahren (z.B. citation analysis); Inhaltsverdichtung (Abstracting); computerunterstützte Indexierungsverfahren.

Die Vorlesung vermittelt die semiotischen, begriffs- und ordnungstheoretischen Voraussetzungen der Inputarbeiten für Informationsdienste und -produkte, erörtert die Strukturen von Ordnungssystemen und Dokumentationssprachen und bewertet die verschiedenen Erschließungsverfahren.

Die Vorlesung wird z.B. durch die folgenden Proseminare ergänzt:
- Methoden der Inhaltserschließung
  (Einübung konkreter Erschließungsverfahren an Texten unterschiedlicher Provenienz; Evaluierung der Ergebnisse)
- Ordnungssysteme
  (Vergleichende Behandlung von Klassifikations- und Nummerungssystemen)
- Thesaurusentwicklung
  (Vergleichende Behandlung von konkreten Thesauri und konkrete Arbeit an einem Teilgebiet eines ausgewählten Thesaurus)

4. Grundvorlesung: *Technologie der Fachinformation*

Übersicht über die Einsatzfelder der Informations- und Kommunikationstechnik (informationsverarbeitende Aufgaben); Konventionelle Informationstechniken (Kartteisysteme); Reprographie (Kopier-, insbesondere Telefax-; Drucktechniken); Mikrographie (Mikrofilm-/-fichesysteme; COM); Elektronische Datenverarbeitung (Übersicht über die Großrechner-/PC-Architektur: Zentraleinheiten/Mikroprozessoren, Ein-/Ausgabesysteme, periphere Speicher, insbesondere optische Speichersysteme; Drucker); Kommunikationstechniken (Entwicklungen im Fernsprechbereich; Kabelverteiltechniken (TV, Radio); Bildschirmtext; Videotext; Teletext; Telemetry Exchange; Videokonferenzen etc.); Telematik (Übertragungstechniken und Netzstrukturen).

Die Darstellung der Aufbau- und Funktionsprinzipien der Informations- und Kommunikationstechniken in einer Gesamtschau erfolgt bewußt erst am Ende des Grundstudiums (vgl. auch die im Anschluß aufgeführten Veranstaltungen). Es sei auf den Ausgangspunkt aufmerksam gemacht: Darstellung informationsverarbeitender Aufgaben, die einer informationstechnischen Unterstützung fähig sind. Alle voraufgehenden Vorlesungen reden zwar ständig von der Anwendung dieser Techniken und die Seminare üben sie zumindest teilweise ein, Hardwareaspekte waren dabei aber im allgemeinen nicht zur Sprache gekommen. Vor dem Kenntnishintergrund informationsverarbeitender Aufgaben wird dies nun nachgeholt und wird zudem einsichtig, warum auch Hardwaredetails erörtert werden müssen.

Die Vorlesung wird z.B. durch folgende Proseminare ergänzt:
- Einführung in die IuD-bezogene Nutzung von DV-Systemen (Grundbegriff der DV; Architektur von Rechnersystemen etc.)
- Einführung in verschiedene Betriebssysteme
  (nach Ankündigung erfolgt die Einführung in die Betriebssystemsgrundfunktionen der für die informationswissenschaftliche Ausbildung verfügbaren Rechnersysteme)
- Mikrographie
  (Einübung mikrographischer Grundfunktionen auf den dem Studiengang zur Verfügung stehenden Verfilmungs- und Entwicklungsanlagen).

Parallel zu den gen. vier Grundvorlesungen werden vier weitere Themenkomplexe in zusätzlichen Vorlesungen abgehandelt, die allerdings auch erst im Hauptstudium gehört werden können, nämlich:

1. Internationale Informationsorganisation und -politik
Struktur der Informationspraxis und Prinzipien unterschiedlicher Informationspolitiken; Informationsorganisation und -politik in ausgewählten Ländern (Bundesrepublik Deutschland, europäische Nachbarländer, Übersee, Ostasien, Ostblock); Entwicklung des Informationswesens in den Entwicklungsländern; Chancen für eine Weltinformationsordnung.

2. Faktendokumentation und -retrieval
Daten-/Faktendokumentation in Abgrenzung zu anderen Dokumentationstypen; Variablen zur Klassifizierung von Fakteninformationssystemen; Aufbau von Fakteninformationssystemen (FAKTIS); Abfragesprachen; Benutzeroberfläche von FAKTIS; ausgewählte Beispiele: Referralsysteme, FAKTIS für Kunst- und Museumsobjekte, für Produkte, für Werkstoffe, für Ereignisse und Fälle, für Regionaldaten und demographische Daten, für Statistiken und Zeitreihen, Wirtschaftsdatenbanken.

Diese Vorlesung wird z.B. durch die folgenden Proseminare ergänzt:
- Fachspezifische Informationsprobleme
  (Das Seminar erarbeitet bereichs- und problemspezifische Datentypen, Ermittlungs- und Vermittlungsprobleme und vergleicht sie bereichsübergreifend; das Seminar wird durch Exkursionen zu Informationseinrichtungen ergänzt)
- Übung zum Aufbau einer Faktenbank
  (An einem ausgewählten Beispiel wird unter Nutzung geeigneter Software eine Testdatenbank (z.B. für bestimmte Produkte) aufgebaut).

3. Einführung in die wissensbasierte Informationsverarbeitung
Übersicht über die Zielsetzung der Künstliche-Intelligenz-Forschung; Die Basiselemente der KI (Formen der Wissensrepräsentation, Inferenzverfahren, heuristische Methoden, KI-Sprachen und Tools); Übersicht über wichtige Anwendungsgebiete der KI (Verarbeitung natürlicher gesprochener und geschriebener Sprache, Bildverarbeitung, Expertensysteme, Robotics)

Diese Vorlesung wird durch die folgenden Pro- bzw. Hauptseminare ergänzt:
– Übungen zur Wissensrepräsentation
  (Anwendung der verschiedenen Repräsentationsformen an einem ausgewählten Themenbereich, Verknüpfung der Repräsentationen zu einer Wissensbank, Vergleich mit den klassischen Indexierungsverfahren)
Hauptseminare
– Übungen zum Aufbau eines Expertensystems
  (Einsatz einer verfügbaren Shell, Erprobung der Grundfunktionen)
– Expertensysteme in Anwendung
  (Behandlung operationeller Expertensysteme – Literaturstudium und Exkursionen)
– Wissensbasierte Sprachverarbeitung
  (Zum Stand automatisierter Indexierungs- und Übersetzungssysteme unter Einsatz von KI-Methoden – in Zusammenarbeit mit dem Institut für Allg. Sprachwissenschaft)

4. Datenorganisation
Formen der logischen Datenstrukturierung (Datenarten, Datenauswahl, Datendarstellung); Rechnerbezogene Datenorganisation (Datenstrukturen, Datei-, Datenbankorganisation; Suchverfahren; Sortierverfahren); Speichermanagement.

Die Vorlesung wird durch z.B. folgende Pro- bzw. Hauptseminare ergänzt:
– Einführung in die Nutzung von Editier- und Textverarbeitungssystemen
  (großrechner- wie PC-bezogen)
– Datenstrukturierung und -Erfassung
  (Übungen mit verfügbarer Großrechner- und PC-Software)
Hauptseminare
– Probleme des Elektronischen Publizierens
  (Logische Voraussetzungen, Organisation des Autorarbeitsplatzes, Hard- und Softwarebedingungen, Arbeitsabläufe, Zielsetzungen, Kosten des Elektronischen Publizierens, Informationsprodukte)
– Integrierte Büroautomation
  (Komponenten und Arbeitsweise, organisatorische Anforderungen von Büroinformationssystemen)

Das Grundstudium schließt mit einem mind. zweiwöchigen Praktikum (mind. 80 Std.) – die Nebenfachstudienordnung läßt nicht mehr zu. Dieses Praktikum ist nach Möglichkeit in einer externen Einrichtung zu absolvieren. Beim Studiengang wurde eine Datenbank derjenigen Einrichtungen in der Bundesrepublik aufgebaut, die bereit sind, Praktikanten des Faches Informationswissenschaft aufzunehmen. Aus dieser Datenbank, die ständig gepflegt wird (Anzahl der Praktikantenstellen, Zeitpunkt und Dauer des Aufenthaltes, Anforderungsprofil etc.), werden den Studierenden auf Wunsch Plätze vermittelt. Die Studierenden erfahren so nicht nur in direkter Begegnung (einen Ausschnitt der) Informationspraxis, Einsicht in ihren eigenen Kenntnisstand und erleben nicht nur ihr mögliches späteres Betätigungsfeld, evtl. sogar ihren späteren Arbeitgeber, ihr schriftlich erstatteter Erfahrungsbericht stellt vor allem auch eine wichtige Feedback-Quelle für den Studiengang dar.

Hauptstudium

1. Grundvorlesung: *Informationsmanagement*
Was ist und wozu braucht man Informationsmanagement? (Zielsetzung, Tätigkeitsfelder, erforderliche Qualifikationen); Organisation des Informationmanagements (Aufbau- und Ablauforganisation); Instrumente des Informationmanagements und ihre Anwendung (Systemanalyse: Informations-, Informationsfluß-, Kommunikationanalyse, Analyse der Rahmenbedingungen, Kostenanalyse in gegebener organisationeller Umgebung; Exkurs: Information und Entscheidungsprozesse; Planungstechniken: Planungstheoretische Grundlagen (Was heißt Planung, Aufgaben der Planung und ihr Gegenstand, Phasen des Planungsprozesses, Planungsverlauf; Anhang: Zusammenhang zwischen Planung und Prognose, Planung und Kontrolle, Planung und Rationalisierung); Einsatzplanung für Informationstechnik (Aufgabenstellung und Vorgehensweisen); Zeitplanung (zeitverbrauchende Faktoren, Informationszeitdiagramme, Netzplantechniken); Personalplanung; Finanzplanung; Realisierungstechniken (Realisierungstrategien, Effektivitätsbewertung und -kontrolle)); Modelle des Informationsmanagements und Beispiele (In- und Ausland) samt eingesetzten Technologien.
Ziel der Veranstaltung ist die Darstellung geeigneter Maßnahmen zur Sicherstellung der Informationsversorgung und zur Optimierung von Informationsprozessen und -flüssen in Organisationen, d.h. in Unternehmen, Behörden, Einrichtungen der Wissenschaft, in Verbänden etc.

Die Vorlesung wird durch z.B. die folgenden Hauptseminare ergänzt:
– Projektmanagement
  (Das Seminar macht vertraut mit Methoden des Forschungsmanagements, des Managements des Technikeinsatzes, komplexer Softwareentwicklung etc.)
– Informationssysteme in Organisationen (Entwurfsseminar)
  (Das Seminar befaßt sich mit der detaillierten Planung von Informationseinrichtungen in einer gegebenen organisationellen Umgebung: Aufstellung von Pflichtenheften, Ausschreibungsunterlagen, Kostenplänen, Planung der Personalschulung etc.)
(– Das zur Vorlesung ,,Datenorganisation'' genannte Hauptseminarthema ,,Integrierte Büroautomation'' (s.o.) ist hier ebenfalls einschlägig).

Hauptstudium – 2. Grundvorlesung: *Informationsbedarf und -verhalten*
Bedeutung und Situation der Benutzerforschung; Allgemeine Benutzertypologie (Benutzermodelle); Spezielle Benutzertypologie (fachbezogener, institutionenbezogener, funktionsbezogener Ansatz); Gruppenspezifischer Informationsbedarf; Problemlösungsspezifischer Informationsbedarf (Problemtypenanalyse, Problemlösungsverhalten, Problemlösungsstrategien und Informationsverarbeitung); Informationsbedarf versus Informationsbedürfnis; Meßbare Indikatoren des Informationsbedarfs (Indikatorenbestimmung, Ermittlungsmethoden); Akzeptanzanalyse (Informationsbewußtsein und Informationsignoranz, Innovationsverhalten als Indikator für Informationsverhalten); Konkurrierende Informationsversorgung; Akzeptanzbarrieren gegenüber computerunterstützten Informationssystemen; Rezep-

tionsschwäche (Lesen versus Bildverstehen); Selektions- und Bewertungsschwäche; Learning by doing (handlungs- und wissensvermittelte Lernprozesse); Konsequenzen für die Fachinformationspraxis.

Vor dem Kenntnishintergrund der Aufbauprinzipien und Strukturen von Informationsprodukten, -diensten und -systemen, der Verfahren von Informationsermittlung, -verwaltung und -vermittlung, der Organisation von Informationsprozessen und -flüssen und ihrer technischen Unterstützung werden die schwierigen informationspsychologischen Fragen der Bedarfsermittlung und Akzeptanzanalyse behandelt. Was bei der Planung von Informationsdiensten und -systemen am Anfang steht, kann im Curriculum sinnvoll erst an dieser fortgeschrittenen Stelle vermittelt werden.

Die Vorlesung wird z.B. durch die folgenden Hauptseminare ergänzt:
- Der Informationsbedarf ausgewählter Benutzergruppen
  (Ermittlung und Deskription informationsverarbeitender Situationen gegebener ,,Benutzer''; Analyse konkurrierender Informationskanäle; Ermittlung von Anforderungsprofilen etc.. Das Seminar dient der Einübung von empirischen Ermittlungsmethoden)
- Benutzerfeedback
  (Untersuchungen in der Regel zum Akzeptanzverhalten der Benutzer der Philosophie-Datenbanken in Düsseldorf)

Hauptstudium − 3. Grundvorlesung: *Informationsökonomie*
Das Problem der ökonomischen Analyse von Fachinformationseinrichtungen; Kosten und Kostenrechnung (Zielsetzung und Grundbegriffe, Kostenanalyse wichtiger Funktionen des IuD-Prozesses, Kostenrechnung für herkömmliches und elektronisches Publizieren, Betriebsstatistik für Fachinformationseinrichtungen); Leistung und Effizienz (Leistungsaspekte und Leistungsbewertung von Informationseinrichtungen, -diensten und -produkten, Benutzerrückmeldeverfahren und Leistungsermittlung); Nutzen und Nutzenanalyse (Kriterien für den individuellen/gesellschaftlichen Nutzen von Informationsdiensten, Kosten-Nutzen-Analyse); Der Informationsmarkt und seine Mechanismen; Gebührenpolitik und Preisgestaltung im Fachinformationsbereich; Marketing für Informationsdienstleistungen.

Die Vorlesung befaßt sich mit dem Problem der Wirtschaftlichkeit von Informationseinrichtungen und diskutiert die aus der Betriebswirtschaftslehre verfügbaren Instrumente zu ihrer Feststellung und Bewertung. Ein zweiter Themenkomplex ergibt sich aus dem Warencharakter der Information und befaßt sich mit der Struktur einer sich entwickelnden Informationswirtschaft.

Die Vorlesung wird durch das folgende Hauptseminar ergänzt:
- Information als Ware
  (Diskussion verfügbarer Marktanalysen und Umsatzstatistiken aus dem Verlags- und Medienbereich)

Hauptstudium − 4. Grundvorlesung: *Information und Gesellschaft*
Informatisierung als evolutionäres Geschehen (Evolution und wachsende Komplexität der Informationsverarbeitung, kurzer Abriß der Geschichte der technisch-wissenschaftlichen Kommunikation); Die Herausforderung aller gesellschaftlicher Teilbereiche durch die Informationstechnik (die Betroffenheit sozialer Makro- und Mikrosysteme und deren Beziehungsgefüge, Auswirkungen der Informatisierung

an ausgewählten Beispielen); Produktionsfaktor Information (Informationsabhängigkeit, Auswirkungen der Informationstechnik auf die Wirtschaft, die Rolle der Informationsindustrie); Information und Politik (Information als Gegenstand und Mittel der Politik, der Einfluß der Informationstechnik auf die Politik, gesellschaftsformspezifische Einschätzung der Informatisierung); Humanisierung der Informationswelt (Betroffenheit der Individuen, arbeitsphysiologische und -psychologische Aspekte); Grundzüge einer Informationsanthropologie und -ethik.

Am Ende des Curriculums diskutiert die Vorlesung die erkennbaren, erhofften aber auch befürchteten, die positiven wie negativen Auswirkungen der Entwicklung des modernen organisierten Informationswesens und fragt nach Bewertungsmaßstäben, möglichen Handlungsmaximen und nach der Rolle des Staates.

Die Vorlesung wird z.B. durch die folgenden Hauptseminare ergänzt:
- Fachinformation und Massenkommunikation
  (Veränderung der traditionellen Massenmedien unter dem Einfluß der modernen Informationstechnologien, Bürgerinformationssysteme und Computerdemokratie; Sozialisationspotentiale von Informationssystemen, das Bildungswesen im Informationszeitalter)
- Informationsrecht
  (Verfassungsrechtliche Grundlagen; Schutzrechte: Datenschutzrecht, Urheberrecht; einschlägige Kapitel des Handelsrechts, Vertragsrecht)
- Informationsethik
  (Ethikkonzepte, zum Begriff des Informationshandelns, mögliche Konfliktzonen, Aspekte einer allg. Informationsordnung).

Über das skizzierte informationswissenschaftliche Lehrangebot hinaus besteht für die Studierenden die Möglichkeit anrechenbarer Teilnahme an Veranstaltungen affiner Fächer (z.B. der Bibliothekswissenschaft, der Computerlinguistik, der Medienwissenschaft, des Rechenzentrums).

Allgemeine Charakteristika des Düsseldorfer Curriculums sind
- seine Praxisnähe (Nähe zum Betrieb der Philosophie-Dokumentation, zahlreiche Exkursionen im Rahmen der Seminare, Kolloquien mit Gästen aus der Praxis, externes Praktikum)
- seine organisationstheoretische Ausrichtung (die Darstellung des Lehrstoffes verfolgt die Bereitstellung eines methodischen wie technischen Repertoires zur Verbesserung von Informationsdiffusion und -transfer)
- seine interdisziplinäre und interkulturelle Ausrichtung (Einbeziehung spezifischer Informationsprobleme aus den durch die Studierenden repräsentierten Fachbereichen).

G 4.3   Forschungsinteressen

Einleitend wurde gesagt, daß die Düsseldorfer dokumentarischen wie informationswissenschaftlichen Aktivitäten ihren Ausgangspunkt in den wissenschaftstheoretischen Arbeiten des Philosophischen Instituts haben, in dessen Obhut auch heute noch der Studiengang Informationswissenschaft angesiedelt ist. Näherhin stand hier im Mittelpunkt des Interesses die Problematik der wissenschaftstheoretischen Fundierung der Geisteswissenschaften unter Rückgriff auf die hermeneutische Diskussion, wie sie sich vor allem im 19. Jahrhundert, angefangen mit Schleiermacher über Rickert und Dilthey (Verstehen-Erklären-Kontroverse) entwickelt und sich im 20. Jh. vehement fortgesetzt hat (Heidegger, Gadamer). Geisteswissenschaftliche Arbeit ist weitgehend Arbeit mit und an Texten und bedarf daher einer interpretationstheoretischen Fundierung und Reflexion.

Als neuartige hermeneutische Variante wurden hier informationswissenschaftlich begründete Lösungen der Zugangsproblematik zu Texten eingebracht (indexierungs- und ordnungstheoretische Überlegungen), wobei Texte verstanden wurden als Repräsentanten eines (raum-zeitlich identifizierbaren) kontinuierlichen Diskurses. Als Ziel der informationshermeneutischen Untersuchungen und daraus resultierender Methodenentwicklung wurde nicht lediglich das Auffinden von relevanten Texten zu gegebenen thematischen Aspekten definiert, sondern die Heranführung des Benutzers an den Diskurs selbst oder doch wenigstens die Vermittlung von Orientierungshilfen über den Stand des Diskurses in einzelnen Texten.

Konkret fanden diese Überlegungen ihre Auswirkungen in dem für die Philosophie-Dokumentation entwickelten Indexierungsverfahren. Gewählt wurde ein phänomenologischer Ansatz, ein Verfahren der Tiefenerschließung von Texten unter Verwendung der jeweiligen Autorsprache und unter Kennzeichnung der jeweiligen Kontextualität der den Inhalt beschreibenden selektierten Textelemente. Auf dieser Linie lag folgerichtig auch die Entwicklung eines Verfahrens zur Formulierungsunterstützung im Retrieval und zugleich als Verstehenshilfe für den Bedeutungswandel von Begriffen, abgeleitet vom Verwendungszusammenhang ihrer Benennungen (Kontextwandel).

Das angewandte Verfahren erwies sich im weiteren Verlauf der methodischen Untersuchungen und der Entwicklung von Gewichtungsalgorithmen für Deskriptorenkomplexe als nicht nur hermeneutisch, sondern auch als heuristisch fruchtbar für wissenschaftssoziologische Fragestellungen. So kann z.B. an Ergebnissen retrospektiver Recherchen rechnergestützt argumentativer Wandel bei der Behandlung gegebener Themen nachgewiesen und dargestellt werden. Weitere Untersuchungsgegenstände sind auf der Grundlage des gen. Texterschließungsverfahrens die computergestützte Aufdeckung von

- Problemmigrationen (so läßt sich z.B. feststellen, in welchem zeitlichen Abstand Themen regionale oder disziplinäre Grenzen überschreiten)
- interdisziplinären Abhängigkeiten durch Terminologietransfer (Ideologietransfer, Transfer von Denkmustern durch Terminologieex- und -import)
- Einflußfaktoren fachterminologischer Entwicklungen (Entstehungs- und Verbreitungsgeschichte neuer Terme).

Die zumeist mit clusteranalytischen Verfahren aus dem Datenbankmaterial selektierten Wissenskomplexe bilden die Inputgrundlage für laufende Experimente zu wissensbasiertem Indexing, Abstracting und Retrieval.

Aus dem gen. hermeneutischen Grundinteresse ebenfalls ableitbar – aber erst in Vorüberlegungen steckend – sind Arbeiten zur computerunterstützten wissensbasierten Popularisierung von Fachtexten.

Abschließend sei noch erwähnt, daß neben diesen eher theoretischen Arbeiten ständig auch auf die Praxis der Philosophie-Dokumentation bezogene Projekte laufen (philosophische Epistolographien, biobibliographische Datenbanken mit Hypertext-Systemen; Synonymlexikon mittelalterlicher Autorennamen), in deren Verlauf auch interessierte Studierende miteinbezogen werden.

Informationswissenschaft in Düsseldorf ist damit bei aller inhaltlichen Breite des Lehrangebots eindeutig geisteswissenschaftlich orientiert. Wenn es hier gelingt, nicht nur den methodischen, organisatorischen und technischen Umgang mit Daten zur vermitteln, sondern den professionellen, individuellen und gesellschaftlichen Bedürfnissen adäquaten Umgang mit Wissen, sollte damit eine Qualifikation grundgelegt sein, die sich den Herausforderungen der modernen Informationsgesellschaft zu stellen vermag.

G 5   Lehre und Forschung der Informationswissenschaft an der Universität Konstanz

Rainer Kuhlen

G 5.1   Informationswissenschaft als selbständiges Fach an der Universität

Zum Sommersemester 1988 hat das Ministerium für Wissenschaft und Kunst in Stuttgart entsprechend den Beschlüssen der Sozialwissenschaftlichen Fakultät und des Senats der Universität Konstanz der Einrichtung einer selbständigen Fachgruppe Informationswissenschaft zugestimmt. Bis dahin war die Informationswissenschaft lediglich ein im Universitätsgesetz nicht als autonome wissenschaftliche Einrichtung vorgesehener Lehrstuhlbereich in der Fachgruppe Politik-/Verwaltungswissenschaft. Die Informationswissenschaft hat somit − in der Terminologie des Universitätsgesetzes des Landes Baden-Württemberg von 1982 − den Status einer wissenschaftlichen Einrichtung. In Konstanz werden sie Fachgruppen genannt, an anderen Universitäten sind dies Institute oder Seminare. Wissenschaftliche Einrichtungen „dienen der Durchführung von Forschung, Lehre und Studium" (§ 28 des Universitätsgesetzes).

Natürlich ist die Einrichtung einer selbständigen Fachgruppe zunächst ein formaler Akt. Der Sprecher der Einrichtung kann die Fachangelegenheiten laufend im Fakultätsrat vertreten, und alle Angelegenheiten, die mit Kosten verbunden sind − und davon gibt es in der Konstanzer Informationswissenschaft wegen ihrer experimentellen Ausrichtung sehr viele −, können und müssen mit der Verwaltung von der Fachgruppe selbständig ausgehandelt werden. Für das Fach hat diese Umwandlung in eine Fachgruppe aber auch eine inhaltliche Bedeutung.

Forschung, Lehre und Studium haben sich seitdem zwar nicht grundsätzlich geändert − auch von dem Lehrstuhl aus wurde natürlich Forschung und Lehre betrieben, ja sogar ein eigenständiger Diplom-Aufbaustudiengang angeboten −, jedoch ist die fachliche Selbständigkeit nunmehr verbrieft. Informationswissenschaft existiert als Fach an der Universität Konstanz. Dies ist in der zur Zeit an der Universität Konstanz laufenden Diskussion um die Einrichtung des Faches Informatik ‚politisch' äußerst wichtig. Nach Universitätsgesetz (§ 28) sollen gleiche oder verwandte Fächer in der Regel nur eine wissenschaftliche Einrichtung bilden. So ist es für die meisten Mitglieder der Universität naheliegend − auch in Erwartung einer Ressourceneinsparung −, daß die Informationswissenschaft mit der Informatik zusammengelegt wird. Um ihre Autonomie zu bewahren, muß die Informationswissenschaft erneut, wie schon so oft in der Vergangenheit, ihre Eigenständigkeit gegenüber der Informatik begründen. Aufgrund der Arbeiten der Konstanzer Informationswissenschaft sollte bekannt sein, daß dies keine unproduktive Abgrenzungsstrategie zur Informatik bedeutet. Ganz im Gegenteil, die sehr spät erfolgte Einrichtung der Informatik, für die jetzt drei Lehrstühle bereitgestellt sind, ist sicher auch auf das jahrelange Anmahnen des informationswissenschaftlichen Lehrstuhlinhabers zurückzuführen, nachdem die Konstanzer Universität mit stark naturwissenschaftlicher Ausrichtung sich lange sehr spröde gegenüber der Informatik gezeigt hatte. Eine Universität ohne Informatik schränkt die Möglichkeiten der Informationswissenschaft erheblich ein. Weltweit arbeitet die Informationswissenschaft auf die Dauer nur dort produktiv, wo Kooperationen mit der Informatik möglich sind. Dies darf aber nicht fachliche Vereinnahmung bedeuten. Auch wenn die Situationen in der Bundesrepublik und in den Vereinigten Staaten nicht problemlos vergleichbar sind, so ist für jede/n deutsche/n Informationswissenschaftler/in, der/die zu Tagungen der amerikanischen Gesellschaft für Informationswissenschaft (ASIS) in die USA fährt oder dortige informationswissenschaftliche Forschungs- und Ausbildungsinstitutionen besucht, die institutionelle Kraft und Selbständigkeit der Informationswissenschaft in den USA eine laufende (und dringend notwendige) Ermutigung, auch in der Bundesrepublik nicht aufzugeben, sondern in bescheidenem Umfang die fachliche Selbständigkeit zu bewahren (oder überhaupt erst zu erlangen). Diese wäre bei einer zu erwartenden Anfangsdynamik der Informatik in Konstanz weitaus schwerer zu behaupten, wenn nicht die institutionelle Selbständigkeit einer Fachgruppe eine gewisse Rückendeckung gäbe. Wissenschaftlich und mit Blick auf die Ausbildung muß jedoch diese Selbständigkeit laufend durch Ergebnisse gerechtfertigt oder zumindest belegt werden.

G 5.2 Entwicklung der Informationswissenschaft an der Universität Konstanz

Wir wollen daher im folgenden herausarbeiten, ob die institutionelle Verankerung in einer Fachgruppe Informationswissenschaft auch einhergegangen ist mit einer wissenschaftlichen und curricularen Konsolidierung, oder ob die kritischen Aussagen des Wissenschaftsrates von 1985, anläßlich der Begutachtung der GID, auch noch heute Bestand haben:

,,Im Gegensatz zu der Informatik . . . hat sich die für Information und Dokumentation zentrale Fachrichtung, die Informationswissenschaft, an den Universitäten und Technischen Hochschulen bislang erst in sehr geringem Umfang etablieren können . . . Insgesamt entspricht der Ausbau an den wissenschaftlichen Hochschulen nicht dem Bedarf an Ausbildung, Forschung und wissenschaftlicher Fortbildung und bleibt quantitativ und qualitativ weit hinter den Verhältnissen in anderen Ländern (z.B. Großbritannien, USA) zurück'' (Gutachten S. 49).

Fassen wir in tabellarischer Form einige Daten zu der Entwicklung der Informationswissenschaft in Konstanz zusammen:

Ende 1978 Konstanzer Kolloquium zur Informationswissenschaft mit dem Beschluß der Ausschreibung einer Professur (C4) für Informationswissenschaft (erfolgte 1/1979);
10/1980 Besetzung des Lehrstuhls (R. Kuhlen) und institutionelle Zuordnung zur Fachgruppe Politik-/Verwaltungswissenschaft in der Sozialwissenschaftlichen Fakultät;
mit WS 80/81 informationswissenschaftliche Lehrveranstaltungen zu Themen des Information Retrieval im Studiengang der Verwaltungswissenschaft;
mit WS 82/83 Einrichtung eines 4-semestrigen Aufbaustudiums der Informationswissenschaft (zunächst mit dem Lizentiat-Abschluß, ab WS 83/84 als Diplom-Aufbaustudium) mit den beiden Ausrichtungen ,,Informationsvermittlung'' und ,,Informationsmanagement'' (Lit. 06.; Lit. 24.);

mit 10/81 Durchführung eines BMFT-GID-Projekts zum Aufbau von Lehr- und Forschungs-kapazitäten unter dem Thema ,,Informationsvermittlung'' (5 Wissenschaftler) (Lit. 19.);

Schwerpunkt der Forschung ,,Automatische Textanalyse zum Zwecke der Kondensierung'' (Teilprojekt TOPIC); ergänzt ab 10/83 durch das Teilprojekt TOPOGRAPHIC (graphisches Retrieval); fortgesetzt bis Ende 1988 als TWRM-TOPOGRAPHIC (Textwissens-Rezeptions-maschine) (Lit. 16.);

ab 1/85 informationswissenschaftliches Teilprojekt B3 ,,Informationelle Absicherung von Verwaltungshandeln'' im neugegründeten SFB 221 Verwaltungswissenschaft ,,Verwaltung im Wandel'' (Laufzeit zunächst bis Ende 1989) (Lit. 09.; Lit. 12.);

von 7/85 bis 6/88 Ausbildungs-Modellversuch (finanziert von Bund und Land Baden-Württemberg) zu dem Thema ,,Neue Berufsbilder Information in organisationellen Umge-bungen'' (Lit. 20.);

10/86 Besetzung der zweiten Professur (C3 für Informationssysteme) durch H. Stoyan;

1/1989 Einrichtung einer Fachgruppe Informationswissenschaft in der Sozialwissenschaftli-chen Fakultät;

4/89 Bewilligung einer zweiten Lehrstuhleinheit in der Informationswissenschaft (C4, C2, C1) mit der fachlichen Ausrichtung auf das Informationsmanagement im Rahmen des Überlast-programms des Landes Baden-Württemberg; Ausschreibung der Professur für Informations-management 5/89;

5/89 Senatsbeschluß zur Trennung der Sozialwissenschaftlichen Fakultät und Bildung einer neuen Fakultät, die aus den beiden Fachgruppen Verwaltungswissenschaft und Informations-wissenschaft bestehen soll.

In der Konstanzer Informationswissenschaft sind zur Zeit (SS 89) 2 Professoren, 2 Hochschulassistenten, 1 Akademischer Rat, 2 wissenschaftliche Mitarbeiter, eine Diplom-Dokumentarin sowie eine Sekretärin aus Haushaltsstellen beschäftigt. Dar-über hinaus sind ca. 10 Wissenschaftler (zum Teil auf halben Stellen) durch Dritt-mittel finanziert in Projekten tätig. Wenn 1990 der Lehrstuhlbereich für das Informationsmanagement seine Arbeit aufnehmen wird, verfügt die Konstanzer In-formationswissenschaft mit ihren 3 Professuren und den entsprechenden Folgestel-lungen über eine personelle Ausstattung, mit der sie in mittelfristiger Perspektive ihre fachlichen Aufgaben in befriedigendem Umfang bewältigen kann. Die bisheri-ge Akzeptanz der Studienangebote, die sich in entsprechender Nachfrage, nicht nur im informationswissenschaftlichen Studium, sondern auch in denen benachbarter Fächer, niederschlägt, läßt erwarten, daß auch in Zukunft die Konstanzer Informa-tionswissenschaft in Bewegung bleibt. Dies deutet sich z.B. dadurch an, daß Forde-rungen der Berufspraxis nach einem grundständigen Studiengang der Informationswissenschaft, also eine Ausweitung des Angebots über das Aufbaustu-dium hinaus, immer häufiger werden.

Es sei an dieser Stelle angemerkt, daß von Seiten der Informationswissenschaft die institutionelle Zuordnung zur Verwaltungswissenschaft nie als Behinderung angese-hen wurde. Eher haben sich die laufenden Diskussionen mit der Verwaltungswis-senschaft für die Informationswissenschaft selber insofern als produktiv erwiesen, als die innerorganisationelle Sicht den bislang in der Informationswissenschaft vor-herrschenden Informationssystem- oder Informationsmarkt-Standpunkt um die immer wichtiger werdende Komponente des Informationsmanagement erweitert hat. Möglicherweise war dies auch die Ursache dafür, daß die aus den USA stam-mende Vorstellung vom Informationsmanagement in öffentlichen Verwaltungen und Unternehmungen sich in Konstanz curricular eher niederschlug, als es bis dahin in deutschen informationswissenschaftlichen oder wirtschafts-/verwaltungswissenschaftlichen Studien der Fall war. Jedoch ist nicht zu verkennen, daß das im Vergleich zur Politik-/Verwaltungswissenschaft grundsätzlich andere methodische Vorgehen, die technische Orientierung und auch die auf die Berufspraxis ausgerichteten curricularen Vorstellungen mit einer stärkeren Strukturierung der Studieninhalte doch einige Probleme für die Verwaltungswissenschaft mit sich brachten, so daß es sich fast zwingend ergab, ein autonomes informationswissenschaftliches Studienfach (und dann auch eine eigene Fachgruppe) einzurichten.

G 5.3   Informationswissenschaftliches Curriculum

Die Ausbildungsaktivitäten der Konstanzer Informationswissenschaft beziehen sich auf drei Studiengänge. Daneben sind auf individueller Basis auch andere Fächer, z.B. Psychologie oder Sprachwissenschaft, an Wahlpflichtfachmöglichkeiten interessiert:
Diplom-Aufbaustudium Informationswissenschaft
Diplom-Studium Verwaltungswissenschaft
Diplom-Studium Volkswirtschaftslehre
Umfangmäßig nimmt natürlich das Diplom-Aufbaustudium den größten Anteil ein. Jedoch zieht auch die Verwaltungswissenschaft durch einen umfänglich besuchten Kurs ,,Informations- und Kommunikationstechnologien'' im Grundstudium und durch einen ebenfalls stark nachgefragten Querschnittskurs ,,Informationsverarbeitung in Organisationen'' im Hauptstudium von dem informationswissenschaftlichen Angebot Nutzen und wird dies vermutlich durch Einrichtung eines neuen Studienschwerpunkts ,,Informationsmanagement'' in der Zukunft noch stärker tun (Lit. 14.; Lit. 01.). Dieser Schwerpunkt wird vermutlich ähnlich organisiert sein, wie das schon jetzt bei dem Wahlpflichtfach ,,Informationsmanagement'' im Studium der Volkswirtschaftslehre der Fall ist, bei dem unter dem Thema des Informationsmanagement die folgenden Kurse für wirtschaftswissenschaftliche Studenten/Studentinnen angeboten werden:

- Einführung in die Informations- und Kommunikationstechnologie (Grundstudiumskurs als Voraussetzung für die Teilnahme am Wahlpflichtfach)
- Information-Retrieval-Systeme (Fakten- und/oder Referenz-Retrieval)
- Informationsmarkt
- Büro-Informations- und Kommunikationssysteme (BIKOS)
- Wissensbasierte Systeme
- ein Projektkurs aus dem Gebiet des Informationsmanagements

Dies sind Kurse aus dem laufenden Angebot des Aufbaustudiums. Sie werden bislang nicht gesondert für die Wirtschaftswissenschaftler (und später auch nicht für die Verwaltungswissenschaftler) aufbereitet. Allerdings sollte sich dies spätestens mit der Einrichtung der neuen Arbeitsgruppe ,,Informationsmanagement'' ändern, da von der/dem neuen Lehrstuhlinhaber/in verwaltungs-/wirtschaftswissenschaftliches Fachwissen verlangt wird. Zur Zeit nehmen etwa 5 – 10 Studenten/Studentinnen der Volkswirtschaftslehre pro Jahr dieses Angebot wahr. Bei der Einrichtung eines Schwerpunktfaches Informationsmanagement in der Verwaltungswissenschaft sind pro Jahr etwa 50 – 100 Studierende zu erwarten.

G 5.3.1 Zur Konzeption des informationswissenschaftlichen Aufbaustudiums

Die Ausrichtung eines Studiengangs sollte auch zu einer Standortbestimmung des Faches beitragen. Welches sind die Schwerpunkte, die die Eigenständigkeit einer informationswissenschaftlichen Ausbildung, zumal in einem Diplomstudiengang, nahelegen? Bei allen (weltweiten) Unterschieden in den informationswissenschaftlichen Ansätzen besteht weitgehend Einigkeit über den pragmatischen Primat bei informationeller Arbeit. Der Ausdruck „pragmatisch" bezieht sich hierbei nicht etwa auf ad hoc-Verfahren, sondern auf die nutzungs- und handlungstheoretischen Zusammenhänge. Information – so unsere Konstanzer Formulierung des pragmatischen Primats (Lit. 08.) – ist die Teilmenge von Wissen, die unter Berücksichtigung zahlreicher Rahmenbedingungen, wie z.B. individuelle Informationsverarbeitungskapazität oder organisationelle Zielsetzung, in konkreten Handlungssituationen benötigt wird. Insofern müssen in einer informationswissenschaftlichen Ausbildung ohne Zweifel Verfahren, Methoden und Systeme im Vordergrund stehen, die Beiträge zu dieser Umformung von Wissen in Information leisten können. Nach einem Vorschlag von Robert Taylor kann die Gesamtheit dieser Ansätze mit dem Ausdruck „value-added" oder besser „value-adding" charakterisiert werden. Informationsspezialisten, Informationsvermittler und Informationsmanager sollen in ihrer Arbeit informationellen Mehrwert erzeugen bzw. die Bedingungen dafür schaffen, daß dieser Mehrwert von den Endnutzern von Information genutzt werden kann. Aufgrund unserer Kontakte mit der Berufspraxis haben wir den Eindruck gewonnen, daß sich auch in professionellen Umgebungen der Wirtschaft und der Verwaltung die Einsicht durchsetzt, daß inhaltliche Informationsprobleme zwar wohl kaum noch ohne Informations- und Kommunikationstechnologien gelöst werden können, die Lösungen selbst aber eher davon abhängen, wie z.B. Wissen modelliert und präsentiert wird, welche Ressourcen für welche Zwecke aktiviert und präsent gehalten werden müssen, wie Wissen verdichtet, übersetzt, bewertet und zu situationsangemessenen Informationen umgearbeitet wird. Insofern scheint uns auch der Konstanzer Ausbildungsgang durch den Übergang von einem reinen Technologie-Management zum Ressourcen- und Wissensmanagement gekennzeichnet zu sein (Lit. 10.).

Die Beherrschung von Informationsarbeit (d.i. die methodisch kontrollierte Umarbeitung von latent innerorganisationell oder auf dem Informationsmarkt vorhandenem Wissen in aktuelle Information) wird zunehmend als entscheidender Faktor erkannt, beispielsweise für die Produktivität von Wissenschaft, für den Transfer von Wissen von Hochschulen in Unternehmungen, für die Innovativität und Wirtschaftlichkeit von Unternehmungen oder für die Rationalität von Verwaltungen und politischen Entscheidungen.

Die Technik – so stark sie auch in der Ausbildung betont wird und wie erheblich in sie auch mit dem Aufbau des Ausbildungslabors in Konstanz investiert wurden (vgl. *Abb. 1*) – ist lediglich Funktion der Informationsarbeit bzw. der Operationen über die die Inhalte verwaltenden Wissensressourcen (z.B. Informationsbanken des Marktes oder organisationsinterne Datenbanken). Allerdings haben sich bislang Förderaktivitäten auf dem weiten Gebiet der Information eher auf die technischen Aspekte konzentriert, und auch in der Zukunft wird es wohl nicht sehr viel anders aussehen. Insofern sind wir froh darüber, daß durch die politische Unterstützung des Ministeriums für Wissenschaft und Kunst in Baden-Württemberg die wissenschaftliche und curriculare Behandlung inhaltlicher und politisch-sozialer Informationsthemen gefördert und dies auch durch die Akzeptanz von Seiten der Studenten und der Berufspraxis bestätigt wird. Ganz offensichtlich werden in der Berufspraxis

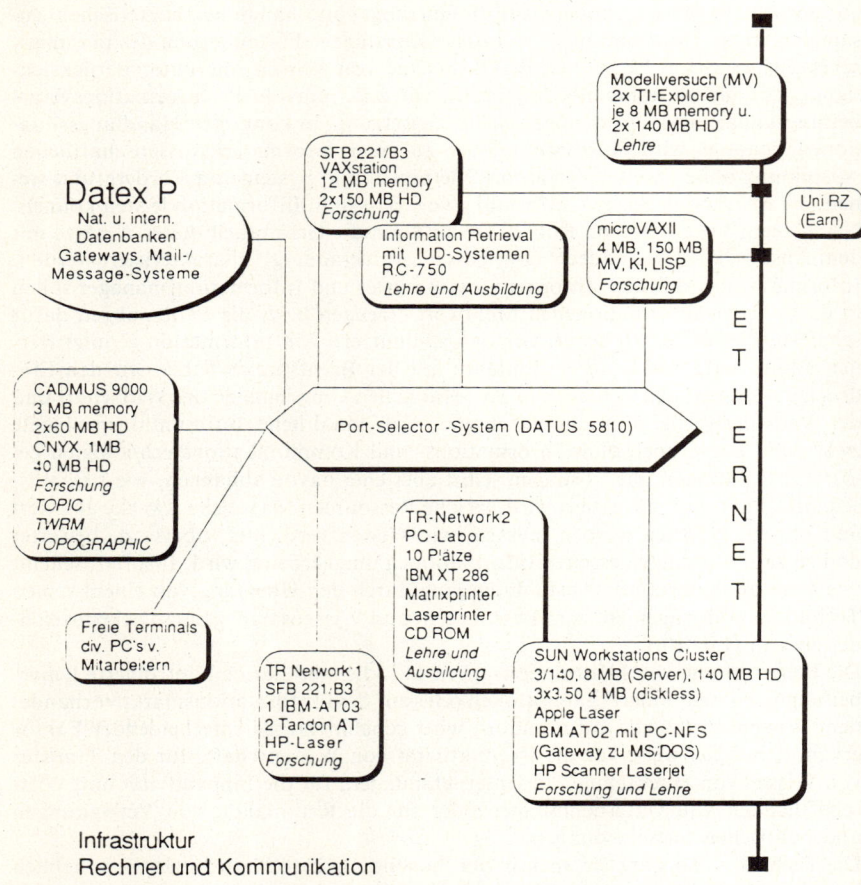

Abb. 1: DV-Labor der Konstanzer Informationswissenschaft (Stand 4/1989)

auch und vermehrt Personen gebraucht, die neben ihrem soliden primären Fachhintergrund informationstechnisch versiert und für die Gesamtheit der den Erfolg von Informationsarbeit ausmachenden Faktoren sensibel sind.

Die Komplexität der Aufgabe von Informationsarbeit, in einem zunehmend umfänglicher und undurchschaubarer werdenden Daten-Angebot die richtigen Informationen zu finden, die also für eine spezielle Person in einer speziellen Organisation, in einer speziellen Situation angemessen sind, legt für uns den Schluß nahe, daß auch in Zukunft Informationsspezialisten gebraucht werden. Sie müssen die gegenwärtigen Unzulänglichkeiten der maschinellen Informationssysteme kompensieren, die in erster Linie auf Defiziten bei der pragmatischen Ausstattung beruhen (die über keine Benutzermodelle verfügen, keine Situationsanalyse leisten können, . . .). Es wird also nach unserer Einschätzung und der der Berufspraxis auch in Zukunft einen erheblichen Bedarf nach menschlichen Informationsspezialisten geben. Wir können dies um so deutlicher sagen, als wir selber hier in Konstanz bei der Entwicklung wissensbasierter Informationssysteme mit entsprechenden leistungsstarken semantischen und pragmatischen Komponenten beteiligt sind (s. unten). Wir haben nicht den Eindruck, daß wir (und andere Forschungsgruppen) uns dadurch selber den Ast absägen, auf dem wir in unserer Eigenschaft als Ausbilder von Informationsvermittlern und Informationsmanagern sitzen.

G 5.3.2   Verwissenschaftlichung von Informationen

Die fortschreitende Informatisierung der Informationsarbeit, also der zunehmende Einsatz von Informations- und Kommunikationstechnologien, begründet mit der Aussicht auf Automatisierung und Rationalisierung, hat faktisch auch einen Professionalisierungsschub in der Informationsdisziplin bewirkt. Im Gefolge der qualitativ anspruchsvollen Beherrschung der technischen Systeme entstand auch eine größere Sensibilität für die Kompliziertheit der methodischen, sozialen, politischen, ökonomischen, kognitiven, organisationstheoretischen und linguistischen Rahmenbedingungen von Informationsarbeit. Die Verwissenschaftlichung der Information hängt sicher nicht von der Technik ab, ist aber von dieser entscheidend ausgelöst worden. Konnte früher (bis etwa in die sechziger Jahre hinein) das Geschäft der Dokumentare weitgehend mit eher handwerklichen (ad hoc) Verfahren erledigt werden, so werden heute wissenschaftlich begründete Verfahren verlangt. Die Orientierung an der Berufspraxis − und diese ist gerade in einem Aufbaustudium wichtig − darf keineswegs die Wissenschaftlichkeit der Ausbildung in Frage stellen. Dabei ist die Bandbreite der in einer informationswissenschaftlichen Ausbildung beteiligten Disziplinen mit ihren vielfältigen Methoden eines der zentralen Probleme einer informationswissenschaftlichen Ausbildung. Es leuchtet ein, daß Studierende eines viersemestrigen Aufbaustudiums nicht gleichermaßen für diese durch eine holistische Sicht auf das Informationsproblem entstandene Bandbreite qualifiziert werden können. Wir können dieses Problem nicht lösen und nur als Kompromiß unsere Studierenden auffordern, sich zwar nach Möglichkeit die gesamte Breite informationswissenschaftlicher Methodik anzueignen, sich aber dann auf eine Spezialisierung einzulassen, bei der das methodische Wissen vom Primärstudienfach

produktiv eingebracht werden kann. So sollten Linguisten in Projekten der automatischen Textkondensierung mitarbeiten; Psychologen mit an der Weiterentwicklung von Wissensrepräsentations-Modellen arbeiten, Ökonomen Teilaspekte des Informationsmanagements, z.B. Controlling, analysieren, . . .
Insgesamt hat sich die Form des Aufbaustudiums in der Verbindung von Fachwissen und informationsmethodischem Wissen bewährt. Wir haben den Eindruck, daß die Studierenden zwar in einem erstaunlich hohen Maße an informationswissenschaftlichen Studieninhalten an sich interessiert sind, daß sie jedoch mit Blick auf eine wissenschaftliche Beschäftigung (in Diplomarbeit oder Dissertation) hauptsächlich auf die in ihrem Erststudium erworbenen Methoden zurückgreifen und bezüglich der beruflichen Tätigkeit bevorzugt Berufsfelder im Blick haben, die ihrer Doppelkompetenz entsprechen. Damit scheint uns das Problem der Verwissenschaftlichung der Ausbildung (als Bedingung für eine Professionalisierung der Informationstätigkeit) aus der Sicht der Studierenden lösbar zu sein.

G 5.3.3   Stand der Schwerpunkte im Diplomaufbaustudium

Das jetzige Aufbaustudium ist in drei Hauptblöcke gegliedert, die in der folgenden Zusammenstellung aus dem Studienplan wiedergegeben sind (vgl. *Abb. 2*).

Themen des informationswissenschaftlichen Aufbaustudiums

(Diesen Themen werden dann jeweils die konventionellen Lehrveranstaltungen, z.T. mit anderen Titeln, zugeordnet.)

Teilbereich A: Methodische Grundlagen
1 Techniken der Systemanalyse, -planung und -implementation
2 Methoden der strukturierten Programmierung
3 Informations- und Kommunikationstechnologien
4 Datenbankmethoden
5 Informationslinguistik

Teilbereich B: Informationssysteme
1 Informationsdienstleistungen
2 Information-Retrieval-Systeme
3 Intelligente Informationssysteme
4 Büroinformations- und Kommunikationssysteme
5 Techniken intellektueller Inhaltserschließung
6 Methoden der Informationsaufbereitung

Teilbereich C: Sozialer und organisationeller Kontext
1 Psychische und soziale Aspekte der Informationsverarbeitung
2 Information und Gesellschaft
3 Informationsmarkt
4 Wirtschaftlichkeit von Information
5 Organisationsspezifische und rechtliche Aspekte der Informationsverarbeitung

Abb. 2: Curriculare Hauptgruppen des Aufbaustudiums

Aus der Sicht der Hochschullehrer und wissenschaftlichen Mitarbeiter stellt sich die Aufgabe der Verwissenschaftlichung bei Einhalten der holistischen Sicht auf die Informationsprobleme als fast unlösbares Problem dar. In Universitäten wird die Entwicklung von Spezialistentum gefördert. Fortschritte in der Wissenschaft geschehen nur auf eng begrenzten Gebieten. Die Lehrenden in der Informationswissenschaft sind angesichts der knappen Personalressourcen gezwungen, Lehrveranstaltungen auch auf Gebieten anzubieten, in denen sie nicht selber forschend aktiv sind. Daß dadurch auf Dauer die Qualität der Ausbildung gefährdet ist, leuchtet unmittelbar ein. Und die Qualität der Ausbildung ist für die berufspraktische Akzeptanz der Berufsbilder entscheidend. Insofern ist es ein Schritt in die richtige Richtung, daß nach Auslaufen des Modellversuchs die bisherigen Stellen nun weitgehend haushaltsmäßig verankert sind und daß vor allem eine neue Arbeitsgruppe für das Informationsmanagement mit wirtschaftswissenschaftlicher Kompetenz eingerichtet werden kann. Die fachliche Verantwortung wird dann besser diversifiziert werden können.

Diese Struktur des Aufbaustudiums hat sich in den letzten fünf Jahren weitgehend bewährt. Allerdings wird es in der Zukunft immer problematischer werden, neu entstehende Kurse mit neuen Themen den bestehenden systematischen Einheiten im Studienplan zuzuordnen. Insofern wird in der näheren Zukunft, nach Einrichtung der neuen Arbeitsgruppe ,,Informationsmanagement'', eine curriculare Reorganisation unumgänglich sein.

G 5.3.4 (Vorläufige) Ergebnisse der curricularen Arbeit im Modellversuch

Nach Abschluß des Mitte 1988 ausgelaufenen Modellversuchs haben wir nicht den Eindruck, daß die fachliche, curriculare und wissenschaftliche Diskussion um den Status der Informationswissenschaft (an der Universität Konstanz) beendet ist, sondern daß sie weitergeht. Trotzdem sollten einige Ergebnisse bzw. Einschätzungen aus dem Modellversuch zusammengestellt werden, weil sie auch allgemeineren Charakter haben.

a) Die Form des Aufbaustudiums hat sich bewährt, weil dadurch die wichtige Kombination von Fachwissen und Methodenwissen verwirklicht werden kann.

b) Der Bedarf nach einem grundständigen Studiengang der Informationswissenschaft läßt sich aus dem Modellversuch nicht zwingend ableiten. Die Frage wird aber von den von uns befragten Experten zumindest für offen gehalten.

c) Die im Modellversuch angelegte konzeptionelle Ausweitung in Richtung ,,Informationsmanagement'' bzw. ,,Informationsverarbeitung in Organisationen'' ist systematisch wohl begründet, wenn sich auch für die Ausbildung die bestehenden Defizite bei einer wissenschaftlich begründeten Methodologie des Informationsmanagement als ausgesprochener Nachteil erweisen. Die bisherigen Veröffentlichungen zum Informationsmanagement sind nach unserer Einschätzung nur sehr unzureichend methodologisch begründet.

d) Bezüglich eines Nebenfachangebots scheint die bisherige Behandlung des Themas des Informationsmanagement eher auf die Bedürfnisse der Wirtschaftswissenschaften zugeschnitten zu sein als auf die der in erster Linie auf die öffentliche Verwaltung ausgerichteten Verwaltungswissenschaft. Die allgemeine These der Diffusionsverzögerung bei der Einführung von Management-Verfahren und Technologien in der öffentlichen Verwaltung gegenüber privaten

		Semesterwochenstunden	
		Vorlesung und Übung	betreute Übung an Rechnern
A	**Einführung**		
1	Informationswissenschaft I	2	–
2	Informationswissenschaft II	2	–
B	**Methodische und Technische Voraussetzungen**		
3	Informations- und Kommunikationstechnologie (Grundbegriffe der technischen Information und Kommunikation)	4	2
4	Methoden der Systemforschung	2	–
5	Strukturierte Programmierung	4	2
6	Software-Engineering	2	2
7	Logische Grundlagen	4	–
8	KI-Programmierung	4	2
9	Erhebungsmethoden	2	2
10	Informationsaufbereitung	2	2
C	**Wissensrepräsentation und Informationslinguistik**		
11	Datenmodellierung (konzeptuell, Datenmodelle)	4	–
12	Office Modeling	2	–
13	Inhaltserschließung	2	–
14	Wissensrepräsentation	4	2
15	Knowledge-Engineering	2	2
16	Wissensakquisition	2	2
17	Lernverfahren	2	–
18	Informationslinguistik (wortorientiert)	2	2
19	Informationslinguistik (satzorientiert)	2	2
20	Informationslinguistik (textorientiert)	2	2
D	**Informationssysteme**		
21	Architektur von Informationssystemen I (Datenbanksysteme, Information-Retrieval-Systeme)	4	–
22	Architektur von Informationssystemen II (Wissensbasierte Systeme)	4	–
23	Datenbanksystem-Praktikum	2	2
24	Praxis des Faktenretrieval	2	2
25	Praxis des Referenz-/Volltextretrieval	2	2
26	Praktikum für Wissensbasierte Systeme	2	2
27	Computergestützte Kommunikationssysteme	2	2
28	Computergestützte Büroinformationssysteme	2	2

Fortsetzung Abb. 3

	Semesterwochenstunden	
	Vorlesung und Übung	betreute Übung an Rechnern

E Gesellschaftliche, organisationelle und psychische Faktoren der Informationsverarbeitung

Informationsmarkt

29 Partizipanten des Informationsmarktes	2	–
30 Informationsprodukte (Typen, Marketing, Kosten)	2	–
31 Politische und gesellschaftliche Faktoren des Informationsmarktes	2	–

Organisation

32 Informationsmanagement I (Theoretische Voraussetzungen und Modelle)	4	–
33 Informationsmanagement II (Methodologie)	4	–
34 Einführungs- und Bewertungsstrategien, Informations-Controlling	2	–
35 Typen innerbetrieblicher Informationssysteme	2	2
36 Innerorganisationelle Kommunikation (lokale und verteilte Netze)	2	2
37 Rechtliche Aspekte der Informationsverarbeitung (Urheberrecht, Datenschutzgesetz, BVG usw.)	2	–
38 Kooperatives Problemlösen	2	–

Individuum

39 Benutzermodelle und -verhalten	2	2
40 Kognitive Modelle der Informationsverarbeitung	2	2
41 Entscheidungstheorien	2	2
	100	42

Abb. 3: Konzept eines informationswissenschaftlichen Curriculums für ein grundständiges Studium

Verwaltungen scheint sich auch bezüglich der Informationsmethodologie zu bestätigen. Gerade deshalb ist aber der entsprechende Ausbildungsbeitrag für die Verwaltungswissenschaft besonders wichtig.

e) Das Berufsbild der Informationsvermittlung bleibt im Zentrum informationswissenschaftlicher Ausbildung und ist besonders geeignet für alle Fächer, in denen die Probleme der Fachinformation und -kommunikation aus einer gesamt-ökonomischen Begründung besonders virulent erscheinen, also alle wissenschaftlich-technischen, medizinischen und ingenieurwissenschaftlichen Fächer.

f) Es spricht aber einiges dafür, daß die ökonomische Begründung für die Wichtigkeit von Informationsvermittlung in der Zukunft nicht die dominierende sein wird. Bei zunehmender Wichtigkeit einer produktiven Gestaltung von Freizeit und bei einer intensiveren Teilhabe der Bevölkerung an der Lösung politischer und sozialer Probleme wird es einen größeren Vermittlungsbedarf nach Wissen aus den geistes- und sozialwissenschaftlichen Bereichen geben. Vermutlich wird der Studiengang deshalb noch stärker auch von Studenten/Studentinnen mit nicht-technischem Hintergrund nachgefragt werden.

g) Eine Ausweitung des Aufgabenspektrums der Informationsvermittlung zeichnet sich vor allem durch die Etablierung eines weltweiten Informationsmarktes mit einer zunehmend diversifizierten Produktpalette ab sowie durch das sich beträchtlich erweiternde Spektrum der Informationsdienstleistungen, die durch integrierte Kommunikationsnetzwerke möglich werden.

h) Die bisherige Berücksichtigung wissensbasierter Methoden in der Ausbildung hat sich im Prinzip bewährt. Die Integration dieser Themen in den Schwerpunkt des Informationsmanagement ist dabei erst ansatzweise vollzogen (vgl. Lit. 20.). Angesichts des wissenschaftlich fortgeschrittenen Standes der Künstlichen Intelligenz ist es aber außerordentlich schwierig, in einem zeitlich knapp bemessenem Aufbaustudium die Kompetenz aufzubauen, die mit Blick auf eine berufliche Tätigkeit und auf eine Mitwirkung der Absolventen in den Konstanzer eigenen Forschungsschwerpunkten (s. unten) erforderlich ist.

Wir haben uns am Ende des Modellversuchs auch Gedanken gemacht, wie ein grundständiges informationswissenschaftliches Studium organisiert werden könnte. Trotz der Vorläufigkeit dieses Entwurfs wollen wir diese curriculare Grobstrukturierung mitteilen, weil wir annehmen, daß angesichts des in der Berufspraxis bestehenden Bedarfs nach wissenschaftlich qualifizierten Informationsspezialisten auch an anderen Stellen überlegt wird, wie ein informationswissenschaftliches Studium aufzubauen oder zu reorganisieren ist. Dazu soll hier Material, wenn auch erst sehr vorläufiges, geliefert werden (vgl. *Abb. 3*).

G 5.3.5 Quantitative Angaben zur Entwicklung des Studiums

Im folgenden stellen wir einige statistische Informationen zu der Entwicklung im Aufbaustudium zusammen. *Abb. 4* zeigt den Stand der Entwicklung der Studentenzahlen vom Studienjahr 1982/83 bis zum Studienjahr 1988/89 (dabei ist zu berücksichtigen, daß ab WS 88/89 eine Zulassungsbeschränkung auf 53 Studierende/Studienjahr erlassen wurde; ab WS 89/90 60 pro Jahr, insgesamt im WS 89/90 230 Studierende).

Das Aufbaustudium ist als Diplomstudium auch für Fachhochschulabsolventen offen. Da dadurch im Prinzip auch die Möglichkeit zur Promotion gegeben ist, zu-

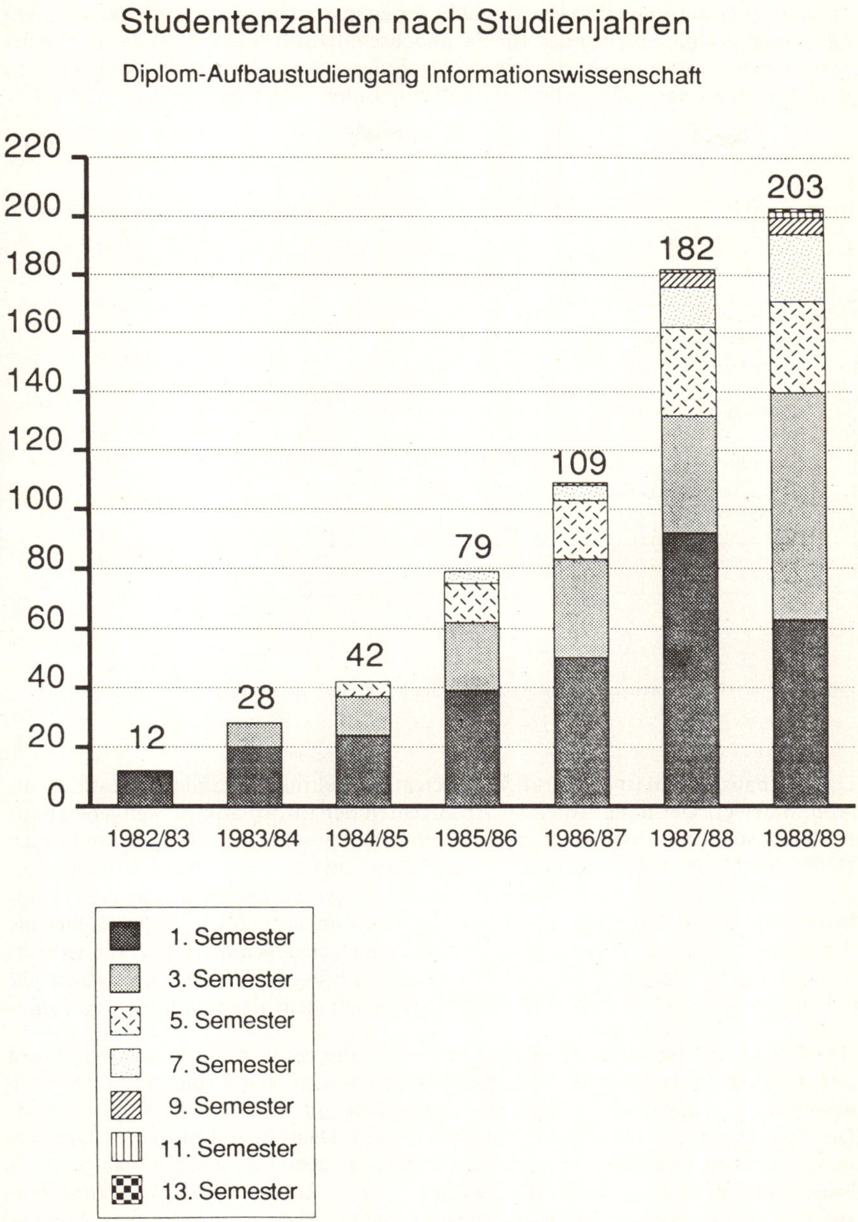

Studentenzahlen nach Studienjahren

Diplom-Aufbaustudiengang Informationswissenschaft

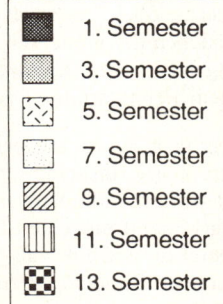

Abb. 4: Entwicklung der Studentenzahlen

mindest aber ein universitärer Abschluß erreicht werden kann, ist dieser Studiengang auch aus diesen Gründen für Fachhochschulabsolventen attraktiv. Dies belegen auch die Zahlen in *Abb. 5.* In der Zulassungssatzung ist nun allerdings geregelt, daß der Anteil der Fachhochschulabsolventen nicht höher als 50 % sein soll.

Erstes Fach-	Art der Hochschule		Gesamt
semester in	Universität	Fachhochschule	
1982/83	12 (100)	-	12 (100)
1983/84	10 (50)	10 (50)	20 (100)
1984/85	15 (63)	9 (37)	24 (100)
1985/86	15 (39)	24 (61)	39 (100)
1986/87	24 (48)	26 (52)	50 (100)
1987/88	36 (39)	56 (61)	92 (100)
1988/89	19 (36)	34 (64)	53 (100)
Gesamt	131 (45)	159 (55)	290 (100)

In Klammern: %-Angaben

Abb. 5: Verteilung nach Universitäts- und Fachhochschulabschluß

Das Aufbaustudium ist ein wirklicher ,,scientific melting pot'', wie die Statistik aus *Abb. 6* belegt. Der hohe Anteil an Absolventen der Informatik ist weitgehend auf Fachhochschulabsolventen zurückzuführen. Nach unserer Erfahrung behindert die Heterogenität der Fächer nicht den Lernerfolg – im Gegenteil, die Auseinandersetzung mit Ansätzen anderer Fächer, die vor allem wegen der zahlreichen, in Gruppen organisierten Übungen und Projektarbeiten unvermeidlich ist, wird eher als Anregung empfunden. Gegen Ende des Studiums versuchen die Studenten jedoch, ihre Stärken aus dem Erststudium zur Geltung zu bringen, d.h. die Diplomarbeiten haben, wie erwähnt, thematisch zumeist etwas mit dem Primärstudium zu tun.

Abb. 7 zeigt die Herkunft der Studenten/Studentinnen nach Bundesländern. Ganz überwiegend ist das Haupteinzugsgebiet Baden-Württemberg (insgesamt zu 47 % direkt aus Konstanz). Diese regionale Begrenzung gilt wohl für alle Universitäten. Die Tatsache, daß es aber in der Bundesrepublik Deutschland nur einen Diplom-Aufbaustudiengang gibt, der stark nachgefragt ist, deutet darauf hin, daß für ähnliche informationswissenschaftliche Studiengänge in anderen Bundesländern durchaus Platz wäre. Hierfür wären allerdings genauere Bedarfsanalysen (des Arbeitsmarktes, nicht nur der studentischen Nachfrage) erforderlich. Die Verbleibsstati-

Erstes Fach-	Studienfach des Erststudiums								Gesamt
semester in	GW	SW	IW	NW	WW	VJ	ID	MI	
1982/83	1 (8)	4 (33)	-	1 (8)	1 (8)	3 (25)	-	2 (17)	12 (100)
1983/84	1 (5)	2 (10)	1 (5)	-	9 (45)	4 (20)	-	3 (15)	20 (100)
1984/85	3 (12,5)	3 (12,5)	1 (4)	4 (17)	4 (17)	6 (25)	-	3 (12,5)	24 (100)
1985/86	4 (10)	3 (8)	5 (13)	3 (8)	6 (15)	3 (8)	1 (3)	14 (36)	39 (100)
1986/87	4 (8)	7 (14)	10 (20)	2 (4)	7 (14)	9 (18)	1 (2)	10 (20)	50 (100)
1987/88	6 (7)	16 (17)	20 (22)	5 (5)	7 (8)	12 (13)	4 (4)	22 (24)	92 (100)
1988/89	5 (9)	6 (11)	8 (15)	4 (8)	7 (13)	4 (8)	2 (4)	17 (32)	53 (100)
Gesamt	24 (8)	41 (14)	45 (16)	19 (7)	41 (14)	41 (14)	8 (3)	71 (25)	290 (100)

In Klammern: %-Angaben

Legende: GW = Geisteswissenschaften; SW = Sozialwissenschaften; TW = Ingenieurwissenschaften; NW = Naturwissenschaften; WW = Wirtschaftswissenschaften; VJ = Verwaltung/Jura; ID = Informations- und Dokumentationswesen; MI = Mathematik/Informatik;

Abb. 6: Fachhintergrund des Primärstudiums

Erstes Fach-	Land der Hochschule											Gesamt
semester in	BW	BY	B	HH	HS	NDS	NRW	RP	SL	SH	AL	
1982/83	9	1	1	-	-	-	1	-	-	-	-	12
1983/84	12	2	3	-	1	-	1	-	-	-	1	20
1984/85	19	-	-	-	1	2	2	-	-	-	-	24
1985/86	26	6	-	-	2	-	2	-	-	-	3	39
1986/87	38	5	1	-	-	-	3	1	1	1	-	50
1987/88	63	4	1	2	4	3	6	4	-	-	5	92
1988/89	34	5	1	-	4	2	2	2	-	-	3	53
Gesamt	201 (69)	23 (8)	7 (2)	2 (1)	12 (4)	7 (2)	17 (6)	7 (2)	1 (0)	1 (0)	12 (4)	290 (100)

In Klammern: %-Angaben

Legende: BW = Baden-Württemberg; BY = Bayern; B = Berlin; HH = Hamburg; HS = Hessen; NDS = Niedersachsen; NRW = Nordrhein-Westfalen; RP = Rheinland/Pfalz; SL = Saarland; SH = Schleswig-Holstein; AL = Ausland

Abb. 7: Einzugsgebiete für das Aufbaustudium

stik der Studenten zeigt z.B., daß die regionale Beschränkung bei der Arbeitsplatzsuche nicht in dem gleichen Ausmaß zutrifft.

Uns hat selber überrascht, daß der Frauenanteil im Studium der Informationswissenschaft insgesamt noch gering ist; über die Jahre gerechnet 26 %, allerdings seit 5 Jahren mit leicht steigender Tendenz, im Studienjahr 1988/89 30 %.

G 5.4   Forschungsansätze und Projekte

Im zweiten Teil dieser Darstellung der Aktivitäten des Konstanzer Informationswissenschaft soll kurz auf die wissenschaftlichen Fragestellungen und Ergebnisse eingegangen werden, wie sie vor allem im Kontext von konkreten Projekten erarbeitet worden sind. Die Darstellung muß im Vergleich zu der Vielzahl der vorgelegten Publikationen knapp bleiben und kann aus Platzgründen auch nur sehr beschränkt mit Referenzen dokumentiert werden.

G 5.4.1   Pragmatisches Primat informationeller Arbeit

Als theoretische gemeinsame Klammer aller Arbeiten kann der pragmatische Primat bei informationeller Arbeit angesehen werden. Für diese handlungstheoretische Begründung, die zumindest der Berliner Informationswissenschaft auch schon seit längerem geläufig ist, haben wir in der letzten Zeit die knappe Formel geprägt: Information ist Wissen in Aktion. Damit ist angedeutet, daß Information als Teilmenge von Wissen verstanden werden kann, die in problematischen Situationen zur Durchführung von physischen oder mentalen Handlungen benötigt wird und in der Regel nicht vorhanden ist. Dabei ist die Verwendung des Begriffs ,,Teilmenge" insofern mißverständlich, als Informationen nicht dadurch gewonnen wird – wie eher statische Modelle des Information Retrieval nahelegen –, daß aus einer Gesamtmenge von Wissen ein Teilbereich lediglich extrahiert wird. Informationsarbeit ist ein Prozeß der Wertschöpfung, bei dem im Ausgang von Wissensstrukturen unterschiedliche Ausprägungen von Information erarbeitet werden.
Informationsarbeit leistet die Transformation von Wissen in Information. Um diese abstrakte Aussage ,hantierbar' zu machen, haben wir analytische Unterscheidungen im Informationsbegriff und im Begriff der Informationsarbeit eingeführt. Wir unterscheiden zwischen:

Wissensobjekten, informationellen Ressourcen, Relevanzinformation, aufbereiteter Information und Handlungsinformation

einerseits und andererseits als Operationen über ihnen zwischen:

Wissensrekonstruktion mit Hilfe von Wissensrepräsentations-Sprachen (als Abbildung von Wissensobjekten auf informationelle Ressourcen); m_j sind entsprechend Methoden der Wissensrekonstruktion;

Informationserarbeitung (als Abbildung von informationellen Ressourcen auf Relevanzinformation); m_k sind die Methoden der Informationsverarbeitung;
Informationsaufbereitung (als Abbildung von Relevanzinformation auf aufbereitete Information); m_l sind die Methoden der Informationsaufbereitung;
Informationsverarbeitung (als Abbildung von aufbereiteter Information auf Handlungsinformation) anderseits; m_m sind die Methoden der Informationsverarbeitung;
Informationsverwaltung (als Abbildung von RI oder AI oder HI auf IR); m_n sind die Methoden der Informationsverwaltung.

Die *Abb. 8* erläutert diesen Zusammenhang graphisch (vgl. Lit. 09.).

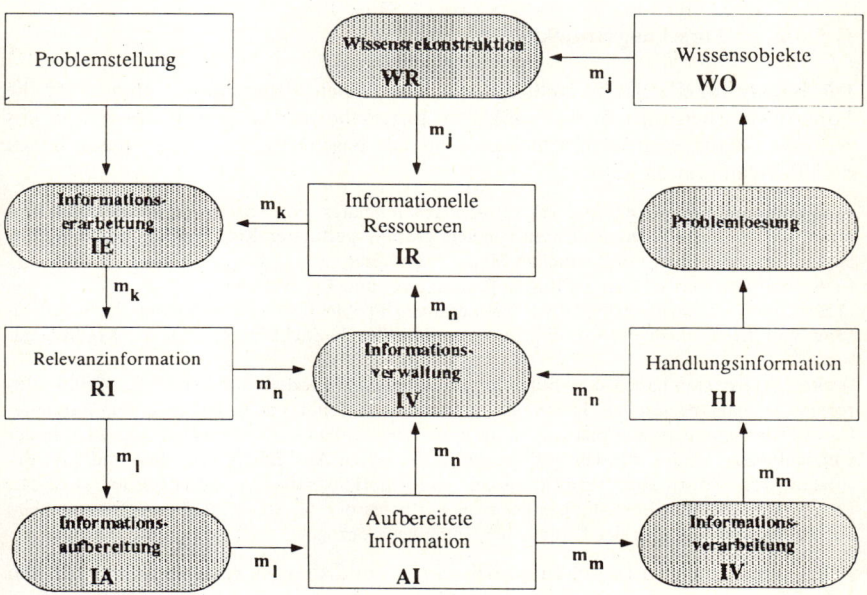

Abb. 8: Unterscheidungen im Informationsbegriff

Komplexer werden die Tätigkeiten informationeller Arbeit unter Anerkennung des pragmatischen Primats dadurch, daß diese nicht abstrakt methodisch definiert werden können, sondern in Abhängigkeit von dem jeweiligen Kontext zu sehen sind. Der Erfolg von Informationsarbeit hängt von verschiedenen *Kontingenzfaktoren* ab. Vergleichbar organisationstheoretischen Ansätzen, nach denen es nicht die eine optimale Organisationsstruktur gibt, vielmehr deren jeweilige Ausprägung eine Funktion vielfältiger Faktoren ist, gibt es auch nicht die beste Information an sich, sondern nur die beste für jemand (der Agent der problematischen Situation), in einer speziellen Situation (der Kontext), zur Erreichung eines bestimmten (individuellen oder organisationellen) Ziels, unter Berücksichtigung der ökonomischen Rahmenbedingungen, der Zeitrestriktionen, . . . Die pragmatisch ausgerichtete Forschung der Künstlichen Intelligenz, Linguistik und Kognitiven Psychologie haben in den letzten Jahren manche Hinweise darauf gegeben, z.b. Arbeiten zu Sprechaktmodellen, Dialogaktplänen, Diskursmodellen oder Benutzermodellen, daß der pragmatische Primat nicht nur ein Postulat ist, der bei maschinengestützten Informationssystemen Utopie bleiben muß, sondern, wenn auch noch sehr vorläufig und eher an Beispielwelten demonstriert als an realistisch großen Domänen der Fachkommunikation, ein realistisches Handlungsregulativ zum Design von Informationssystemen darstellen kann.

G 5.4.2   Forschungsprojekte

Die konzeptionelle Skizze stellt natürlich nur einen allgemeinen Rahmen für die Forschungsarbeit dar. In der konkreten projektbezogenen Arbeit müssen jeweils Aspekte herausgegriffen werden. Das hat zur Beschäftigung mit im wesentlichen drei Problemkreisen geführt:

a) Erarbeitung eines Prototypen zur automatischen Analyse von Texten und zur flexiblen Präsentation von Textwissensstrukturen in einem graphik-gestützten Retrievaldialog und Weiterentwicklung zu einem intertextuellen Hypertextsystem;
b) Aufbau von Wissensbanken durch Textanalyse- und Lernverfahren
c) Erarbeitung eines Prototypen zur kooperativen Problemlösung am Beispiel der Überprüfung von Kreditanträgen von Existenzgründern durch Sachbearbeiter einer Kreditvergabebank.
Weitere Aktivitäten haben sich in den letzten Jahren auf speziellere Aspekte des (Online-)Informationsmarktes bezogen. Hier sind vor allem die Arbeiten von J. L. Staud zum Faktenretrieval, weitgehend am Beispiel von Wirtschaftsdatenbanken, zu nennen (z.B. Lit. 23.). In der Curriculumsforschung wurden Studien von E. Vogel zu Ausbildungsmodellen und zum Berufsfeld von Informationsvermittlern und Informationsmanagern durchgeführt (Lit. 24.; Lit 25.; Lit. 26.). Die Forschungen des zweiten Professors, H. Stoyan, haben sich weitgehend auf Programmierstile in der Künstlichen Intelligenz bezogen.

Allen drei Projekten (a – c) ist gemeinsam – und dies ist kennzeichnend für den experimentellen Ansatz der Konstanzer Informationswissenschaft –, daß die Forschungsarbeiten nicht bei entwickelten theoretischen und empirisch begründeten Modellen stehenbleiben, sondern sich dem Verifikationsanspruch der Software-Realisierung stellen. Dabei stellt die konkrete Software-Entwicklung sicherlich immer nur einen Approximationsprozeß an die erarbeiteten Vorstellungen und Ziele dar.

G 5.4.2.1   Forschungsvorhaben zum Thema Flexibilisierung von Information

Die Arbeiten zu diesem Thema beziehen sich auf die in der Literatur gut dokumentierten Projekte TOPIC (Lit. 04.), TOPOGRAPHIC und TWRM-TOPOGRAPHIC (Lit. 16.).

TOPIC bedeutet Text Oriented Procedures for Information management and Condensation of expository texts; Projektträger GID, FKZ 10200160; TOPOGRAPHIC bedeutet TOPic Operating with GRAPHical Interaction Components; Projektträger GID, FKZ 10200160. Und TWRM bedeutet Text-Wissens-Rezeptions-Mechanismus; Projektträger GID, FKZ 10200181. Die Software von TOPIC wurde in C entwickelt, die der anderen Projekte in C und PROLOG und sind auf UNIX™-Maschinen realisiert.

Benötigt man ein Etikett zur generellen Kennzeichnung eines Forschungsvorhabens, so bietet sich hier entweder das Prinzip des „kaskadierten Kondensierens" (Lit. 07.) oder das von Bates 1986 vorgeschlagene „exploratorische Paradigma" des Information Retrieval an, aufgrund dessen der bislang referentielle oder indirekte Zugriff auf die Wissensobjekte bzw. die Inhalte von Datenbanken über (kommando-orientierte, menü-gesteuerte oder auch natürlichsprachige) Abfragesprachen ersetzt wird durch direktes Navigieren in graphikunterstützten Wissensstrukturen bzw. ihnen zugeordneten informationellen Objekten. TOPIC war ursprünglich als automatisches Abstracting-System konzipiert. Anstelle aber mit der menschlichen Abstracting-Leistung zu konkurrieren, die im wesentlichen darin besteht, aus einem zehnseitigen Text eine möglichst informative zehnzeilige textuelle Zusammenfassung zu liefern, haben wir das zum Gestaltungsprinzip gemacht, was uns die Stärke von maschinellen Verfahren zu sein scheint und was Bedingung für eine variable Anpassungsleistung an variierende Benutzerbedürfnisse ist: die Flexibilität in der Darstellung von Wissensstrukturen bzw. ihnen zugeordneten informationellen Objekten.

Die TOPIC-Analyse stützt sich auf ein Frame-Modell und einen semantischen partiellen Textparser ab und liefert als Ergebnis der Analyse die Beschreibung der Wissensstrukturen eines Textes in Form eines Textgraphen. Die Knoten dieses Textgraphen bilden kohärente Wissensstrukturen innerhalb von Texten ab (wir nennen sie Text- oder Informationseinheiten) und können durch die Dialog- bzw. Retrieval-Maschine von TWRM-TOPOGRAPHIC in unterschiedlichen Repräsentationsformen, z.B. als Graphen, Tabellen, Abbildungen, natürlichsprachigen Zusammenfassungen oder als Volltext, dargestellt werden.

Die folgende *Abb. 9* gibt einen Eindruck von der flexiblen Systemleistung von TWRM-TOPOGRAPHIC.

Mit diesen Systemleistungen meinen wir aufgezeigt zu haben, daß es der heutige Stand der Technik erlaubt, eine Alternative zu den bislang eher starren und linearen Retrievalsystemen anzubieten. Über die zunächst anvisierte Systemleistung der automatischen Textkondensierung hinaus, ist TWRM-TOPOGRAPHIC ein Beispiel für die Flexibilisierung von Wissensstrukturen und die Entlinearisierung von Text. Daher lag es nahe, TOPIC und TWRM-TOPOGRAPHIC als Hypertextsysteme zu reinterpretieren, geht es doch auch bei diesen Systemen in erster Linie um die Bereitstellung flexibler Alternativen zur der linearen Textdarstellung (Lit. 21.). Anders als bei den meisten bisherigen und vor allem kommerziellen Hypertextsystemen, deren Netzwerke weitgehend manuell-intellektuell aufgebaut werden müssen, beruht die Hypertext-Basis der durch TOPIC und TWRM-TOPOGRAPHIC erarbeiteten Einheiten auf einer automatischen Analyse der Ausgangstexte.
Die gegenwärtige Forschung auf diesem Gebiet konzentriert sich − neben der In-

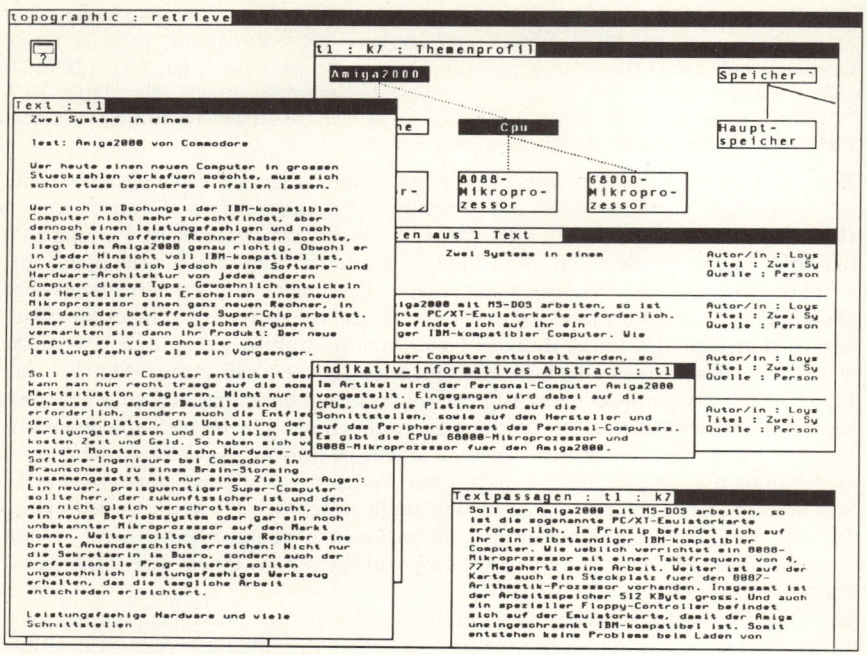

Abb. 9: Systemleistung von TWRM-TOPOGRAPHIC

tensivierung der Textanalysen zur Gewinnung von Wissensstrukturen (s. folgender Abschnitt) — darauf, die bisherige Beschränkung auf Informationseinheiten jeweils eines Textes durch die Erarbeitung von intertextuellen Relationen zu überwinden (Lit. 05.). Bei Hypertext-Systemen, anders als bei Abstracting-Systemen, ist der Benutzer ja nicht primär an der kaskadierten flexiblen Darstellung nur eines Textes interessiert, sondern betrachtet die jeweilige gesamte Wissensdomäne als Gebiet, in dem er auf beliebigen Pfaden manövrieren will. Entsprechend sollen bei einer Fortsetzung der Arbeiten, die in ein HYPER-TOPIC-System münden können, Verknüpfungen zwischen ähnlichen Informationseinheiten bzw. deren verschiedenen Repräsentationsformen hergestellt werden, und zwar nicht nur als vorgegebene Systemverknüpfungen, sondern auch als solche, die entsprechend den jeweiligen Benutzeranfragen abgeleitet werden können (Lit. 18.). Die bisherigen Arbeiten zeigen, daß es unter Ausnutzung der semantischen Eigenschaften der frame-basierten Teiltextgraphen möglich ist, syntagmatische, paradigmatische und pragmatische Relationen auf automatische Weise durch Ausnutzen der semantischen Eigenschaften der im Frame-Modell repräsentierten Konzepte bzw. Textgraphenfragmente herzustellen und den Benutzern anzubieten. Diese Relationen können sowohl zwischen den Informationseinheiten des selben Textes als auch zwischen den Informationseinheiten verschiedener Texte bestehen.

G 5.4.2.2 Aufbau von Wissensbanken

Die langfristige Forschung in diesem (Textanalyse-)Kontext bezieht sich, ebenfalls in Fortsetzung der TOPIC-Arbeiten, auf den automatischen Aufbau von Wissensbanken (Projekt **wit**) (siehe Lit. 17.). Wissensbanken werden in Zukunft neue Informationsdienstleistungen durch Verarbeitung von Wissensstrukturen ermöglichen. Sie werden qualitativ hochstehende Abfragen und eine Weiterverarbeitung durch ,,intelligente" Operationen, wie induktives und deduktives Schließen oder Analogiebildung, aber auch Ausgabeleistungen wie automatische Textgenerierung aus Wissensstrukturen und, in längerer Perspektive, die Produktion von automatischen *state-of-the-art-reports* gestatten. Wissensbanken werden sich von Online-Informationsbanken dadurch unterscheiden, daß in ihnen Wissen rekonstruierende Strukturen direkt (und nicht bloß die Referenzen auf die Originaltexte oder diese selber) gespeichert sind; sie unterscheiden sich von traditionellen Datenbanken durch die Qualität und Differenziertheit des repräsentierten Wissens und durch die Inferenzmöglichkeiten; und sie unterscheiden sich von den in gegenwärtigen Expertensystemen zum Einsatz kommenden Wissensbasen dadurch, daß sie keine vergleichbar ausgebaute Problemlösungskomponente besitzen und daß sie sich auf einen größeren Wissensbereich beziehen und insofern einen, für das Gebiet der Fachinformation zentral wichtigen Quantitätsanspruch haben. Sie sollen sich − darin wieder vergleichbar den Online-Referenz- oder Volltext-Datenbanken − auf die Gesamtheit eines definierten Gegenstandsbereichs beziehen; in ihnen sollen die rekonstruierten Wissensstrukturen eines nicht trivial kleinen Fachgebietes gespeichert werden.

Der Engpaß bei der Realisierung von Wissensbanken stellt die Wissensakquisition dar. Entsprechend unseren bisherigen Forschungen versuchen wir daher diesen Prozeß dadurch zu unterstützen, daß automatische Textanalyse- und Lernverfahren eingesetzt werden. Im Gegensatz zu fachlich engeren Expertensystemen können bei Wissensbanken die Techniken der Befragung von Experten durch ,,Wissensingenieure" oder die direkte Eingabe der Experten selber kaum zum Einsatz kommen. In **wit** soll die Wissensakquisition durch automatische Textanalyse und Lernverfahren geschehen. Erstere beruht weiterhin auf einem semantischen partiellen Parsing, das als Ergebnis (in Frames dargestellte) Wissensstrukturen von Konzepten erarbeitet und diese zum Zwecke der Generalisierung oder Bewertung der Lernkomponente weitergibt. Die folgende *Abb. 10* zeigt die gegenwärtige Modellstruktur von **wit**.

Als besonders gravierend beim Aufbau von Wissensbanken schätzen wir − neben dem unzureichenden Wissen über die Analyse von *Texten* − die Probleme der Validität, der Inkonsistenz und der Unvollständigkeit sowie des Veraltens von Wissen ein.

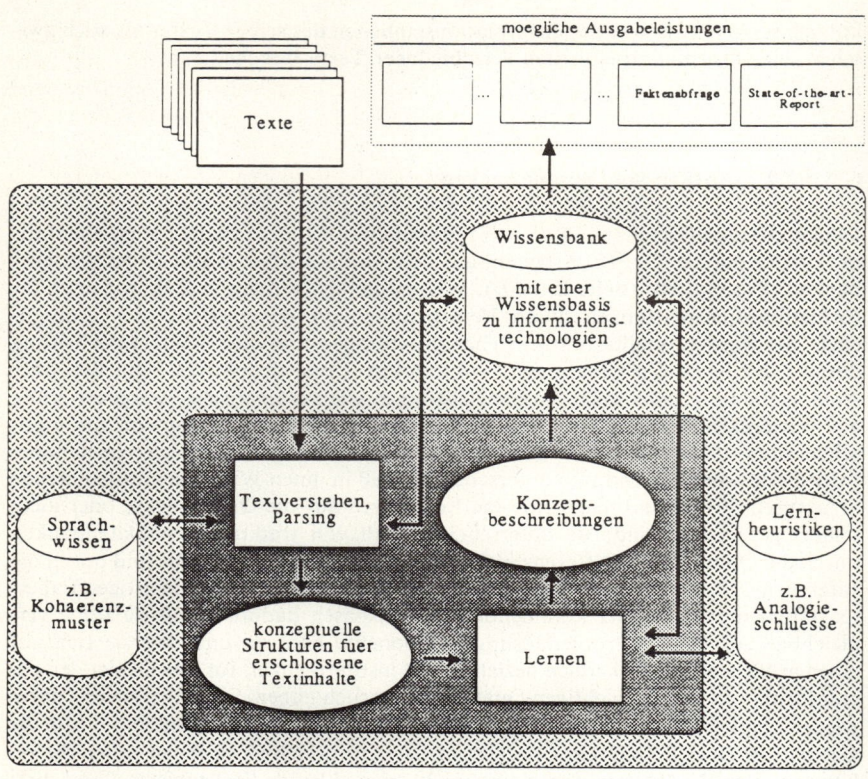

Abb. 10: Systemarchitektur von wit

wit erarbeitet bislang Wissen aus dem Fachgebiet der Informations- und Kommunikationstechnologien. Dadurch, daß für Textanalyse und Lernverfahren nur eine Minimalmenge an Wissensstrukturen intellektuell vorgegeben wird, sollten die Verfahren auf andere Wissensdomänen portierbar sein.

G 5.4.2.3   Informationelle Absicherung von Verwaltungshandeln

Das dritte Projekt ist aus den Kontakten mit der Verwaltungswissenschaft entstanden. Hier geht es um die Modellierung einer Situation aus der Verwaltungspraxis, die uns symptomatisch für komplexe Verwaltungstätigkeiten an sich zu sein scheint. Die Erarbeitung des Prototypen beruht auf sehr detaillierten empirischen Analysen der Tätigkeit eines Sachbearbeiters einer Kreditvergabebank. Dessen

Aufgabe besteht im wesentlichen darin, aufgrund der Daten aus einem Kreditantrag, aus einer Vielzahl angeforderter Gutachten (z.b. von der Industrie- und Handelskammer) und aus ihm ansonsten zur Verfügung stehenden internen und externen informationellen Ressourcen ein Gutachten zu erstellen, das in einer eindeutigen Empfehlung auf Vergabe oder Ablehnung mündet (Lit. 12.).
Die dabei entstehenden Probleme sind mit Blick auf eine maschinelle Simulation äußerst komplex. Wir wollen nur auf zwei Probleme der experimentellen Arbeit und auf eines eher theoretischer Natur hinweisen. Die Schwierigkeit für den Sachbearbeiter besteht zum einen darin, die eingehenden Informationen nicht nur unter Wahrheitsgesichtspunkten betrachten zu dürfen, sondern auch den verschiedenen Interessen der Informationslieferanten Rechnung tragen zu müssen. Eine lokale Industrie- und Handelskammer mag z.B. Interesse daran haben, zum Schutz schon bestehender lokaler Hotels die Existenzgründung eines neuen negativer einzuschätzen, als es nach Sachlage gerechtfertigt wäre. Theoretisch besteht also das Problem in der *Homogenisierung heterogener Meinungen*. Ähnlich gelagert ist das Problem bei der Berücksichtigung prinzipiell möglicher informationeller Ressourcen. Weitere Information wird vom Sachbearbeiter bzw. dann von dem aufzubauenden System (WISKREDAS = wissensbasiertes Kreditabsicherungssystem) angefordert, wenn auf der Grundlage der bislang vorliegenden Daten eine Entscheidung noch nicht gefällt, also ein Gutachten noch nicht erstellt werden kann. Das System sollte auf der Basis von erarbeiteten Modellen über infrage kommende informationelle Ressourcen, z.B. externe Datenbanken, so lange weitere Informationen erarbeiten (und dann bewerten lassen), bis den Kriterien der Entscheidung Genüge geleistet werden kann. Wir haben das System insofern als kooperatives konzipiert, als die endgültige Entscheidung nach wie vor bei dem menschlichen Sachbearbeiter bleibt. Allerdings schätzen wir ein, daß die informationellen Angebote eines maschinellen Systems gut geeignet sind, die Nachteile unzureichender menschlicher Informationsverarbeitungskapazitäten (z.B. zu schnelles Festlegen und Beharren auf eine plausibel erscheinende Alternative) partiell zu kompensieren. Unsere Arbeiten haben allerdings auch erbracht, daß wissensbasierte Systeme in Verwaltungen auch zu erheblichen Akzeptanzproblemen führen können (siehe Lit. 13.; Lit. 11.), z.B. durch mangelnde Transparenz, Verlust an Qualifikation oder Vortäuschen von Rationalität.
Theoretisch ist das Projekt für uns weiterhin deshalb interessant, als wir aus dem Beispiel der Kreditbearbeitung gewisse allgemeine Tendenzen bei der Arbeitsteilung von Informationsarbeit in Verwaltungen ableiten können. Die folgende *Abb. 11* zeigt am konkreten Objekt diese Arbeitsteilung.

Informationelle Arbeitsteilung hat zur Folge, daß die Autonomie der Verwaltung partiell dadurch eingeschränkt wird, daß sie die primäre Informationsarbeit, d.i. die Erarbeitung von Information, weitgehend an externe Partner delegieren muß. Verwaltungsarbeit, die ja in manchen Organisationstheorien auf einer sehr abstrakten Ebene mit Informationverarbeitung gleichgesetzt wird, scheint sich uns hingegen weitgehend auf die Tätigkeiten der Informationsaufbereitung, also auf sekundäre Informationsarbeit, zu beschränken. Diese Tätigkeiten werden aber inzwischen, nicht zuletzt durch informationstechnische und -methodische Unterstüt-

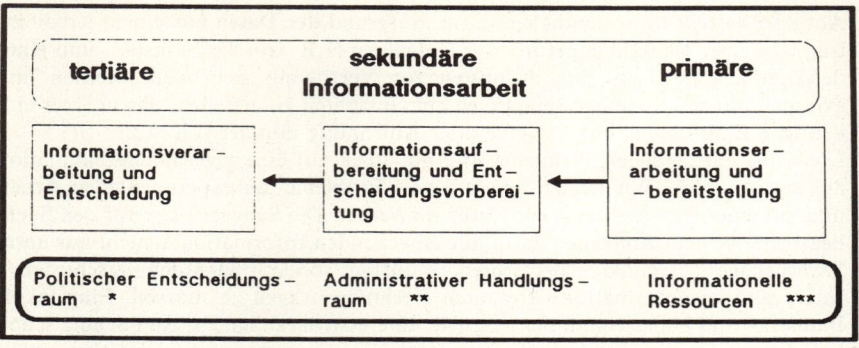

Abb. 11: Informationelle Arbeitsteilung

zung, soweit von ,,der Verwaltung'' beherrscht, daß ihr dadurch ein erheblicher Autonomiegewinn gegenüber der die Verwaltung an sich steuernden und kontrollierenden ,,Politik'' zuwächst. In unserem empirischen Fall ist dies ein nach politischen Kriterien zusammengesetzter Bewilligungsausschuß, dem die von der Verwaltung erarbeiteten Gutachten zur endgültigen Entscheidung vorgelegt werden. Tendenziell hat aber ,,die Politik'' nur wenig Chancen, eigene Vorschläge zu den informationell abgesicherten Vorlagen der Verwaltung zu machen. Auch aus diesen wenigen Andeutungen ist ersichtlich, daß der zunehmende Einsatz von Informations- und Kommunikationstechnologien in Verwaltungen erhebliche Verschiebungen im informationellen (und dann auch Macht-)Geflecht zwischen Politik, Umwelt, Klientel und Informationen zuliefernder Umwelt bewirken wird (vgl. Lit. 09.; Lit. 11.).

Das letzte Projekt ist auch Ausdruck dafür, daß, wie aus der curricularen Diskussion schon ersichtlich, Fragen der Informationsverarbeitung in Organisationen bzw. des Informationsmanagement ins Zentrum des Interesses der Konstanzer Informationswissenschaft gerückt sind. Dazu sind einige theoretische, konzeptionelle Vorarbeiten geleistet worden (Lit. 10.; Lit. 14.; vgl. Kap. F 5 von E. Vogel in diesem Band), die es im weiteren Forschungsprozeß, unter anderem durch die neu einzusetzende einschlägige Forschungseinheit (s.o.), zu konkretisieren gilt. Geht man die bislang vorliegenden Arbeiten durch, z.B. in Zeitschriften wie Information Management Review, Information Management, so findet sich viel Sensibilität für Aufgaben des Informationsmanagement, manche theoretische Gesamtkonzeption und deskriptive Beschreibungen von einzelnen Aspekten, aber wenig methodisch abgesichertes allgemeines Wissen, das auch entsprechend in der Ausbildung zu vermitteln wäre. Wir versuchen zur Zeit diese Defizite auch dadurch abzubauen, daß gezielt Diplomarbeiten und Dissertationen zu Spezialthemen des Informationsmanagement vergeben und bearbeitet werden, z.b. zum Informationscontrolling, zur strategischen Personalplanung, zu Ressourcenmodellen, zu Verfahren der Informationsbedarfsanalyse, der strategischen Systemplanung oder des Marketing. Forschung besteht offenbar weniger darin, auf Probleme verbindliche Antworten zu geben, als bei der Erarbeitung von Problemlösungsvorschlägen auf neue Probleme zu stoßen. So erweitert Forschung gleichermaßen den Bestand des Wissens und den Bestand der ungelösten Probleme. Auf welche Probleme die Informationswissenschaft auch stoßen mag, es scheint ziemlich sicher zu sein, daß der pragmatische Primat beim Entwurf von Informationssystemen bzw. bei informationeller Arbeit allgemein, sei es für Zwecke der Informationsverarbeitung oder des Informationsmanagement oder anderer Bereiche, noch länger für die Informationswissenschaft verbindlich bleiben dürfte.

Literatur

01. Finke, W. F./Kuhlen, R./Vogel, E. (1989): Information management education in economics and public administration programs at the University of Constance. In: Information Management Review, 4 (1989) 2, S. 37 – 48.
02. Hahn, U./Reimer, U. (1986): Semantic parsing and summarizing of technical texts in the TOPIC system. In: R. Kuhlen, (Hrsg.): Informationslinguistik. Theoretische, experimentelle, curriculare und prognostische Aspekte einer informationswissenschaftlichen Teildisziplin. Max Niemeyer Tübingen 1986 [Sprache und Information 15], 153 – 193.
03. Hahn, U. (1987): Lexikalisch verteiltes Text-Parsing – eine objekt-orientierte Spezifikation eines Wortexpertensystems auf der Grundlage des Aktorenmodells. Dissertation. Universität Konstanz, Sozialwissenschaftliche Fakultät, 1987.
04. Hahn, U./Reimer, U. (1989): Das Modell der Textkondensierung im TOPIC-System. Textgraphen als methodische Grundlage für die variable Verdichtung und inhaltliche Ansteuerung von Textwissen in Volltextdatenbanken. In: W. Lenders (Hg.): Linguistische Datenverarbeitung und Neue Medien. Tübingen: Narr, 1989 (= Forum Angewandte Linguistik, Bd. 17), S. 45 – 68.
05. Hammwöhner, R./Thiel, U. (1987): Content oriented relations between text units. A structural model for hypertexts. In: Hypertext'87 Papers. November 13 – 15, 1987. Chapel Hill, N.C.: The University of North Carolina, 1987, S. 155 – 174.
06. Kuhlen, R. (1982): Informationsvermittlung und Informationsmanagement. Zur Konzeption des Aufbaustudiums der Informationswissenschaft in Konstanz. In: Nachrichten für Dokumentation, 33 (1982) 3, S. 103 – 108.
07. Kuhlen (1984): A knowledge-based text analysis system for the graphically supported production of cascaded text condensates. Universität Konstanz, Informationswissenschaft, Mai 1984 (Bericht TOPIC-9/84).
08. Kuhlen, R. (1985): Verarbeitung von Daten, Repräsentation von Wissen, Erarbeitung von Information. Primat der Pragmatik bei informationeller Sprachverarbeitung. In: B. Endres-Niggemeyer/J. Krause (Hg.): Sprachverarbeitung in Information und Dokumentation. Proceedings der Jahrestagung der Gesellschaft für Linguistische Datenverarbeitung (GLDV) in Kooperation mit der Fachgruppe 3 „Natürlichsprachliche Systeme" im

FA 1.2 der Gesellschaft für Informatik (GI), Hannover, 5. – 7. März 1985. Berlin u.a.: Springer, 1985, S. 1 – 22.

09. Kuhlen, R. (1987): Ambivalenz fortgeschrittener informationeller Arbeitsteilung bei komplexen Verwaltungsvorgängen. In: A. Windhoff-Héritier (Hg.): Verwaltung und ihre Umwelt. Festschrift für Thomas Ellwein. Opladen: Westdeutscher Verlag, 1987, S. 234 – 257.

10. Kuhlen, R. (1988): Informationsmanagement: Übergang vom Informations-Ressourcen-Management zum Wissensmanagement. Universität Konstanz, Informationswissenschaft, Juni 1988 (Bericht CURR-15/88).

11. Kuhlen, R. (1989): Rahmenbedingungen der Akzeptanz für den Einsatz wissensbasierter Verfahren. Proceedings Workshop Entscheidungsunterstützung in der öffentlichen Verwaltung – Entmythologisierung von Expertensystemen 29./30. Juni 1989 in Lüneburg.

12. Kuhlen, R./Dambon, P./Glasen, F./Thost, M./Wolf, M. (1989a): WISKREDAS: ein wissensbasiertes Kreditabsicherungssystem Universität Konstanz, August 1989 (Bericht SFB 221 B3-3/89).

13. Kuhlen, R./Dambon, P./Glasen, F./Thost, M./Wolf, M. (1989b): Risks and opportunities of expert systems in the offices of administrative institutions – the case of creditworthiness tests for business founders at a semi-public german bank. In: K. Brunnstein (Hrsg.): ORAIS '89. Proceedings of the International IFIP-GI Conference „Opportunities and Risks of Artificial Intelligence Systems", July 1989, Hamburg. Univ. Hamburg, 1989, S. W4/2, 1 – 7

14. Kuhlen, R./Finke, W. F. (1987): Informationsmanagement. Informationswissenschaftliche Ausbildung im Studium der Verwaltungswissenschaft an der Universität Konstanz. In: H. Strohl-Goebel (Bearb.): Bedarfsorientierte Fachinformation: Methoden und Techniken am Arbeitsplatz. Deutscher Dokumentartag 1986, Freiburg, 8. – 10. Oktober 1986. Weinheim: VCH, 1987, S. 493 – 506.

15. Kuhlen, R./Finke, W. F. (1988): Informationsressourcen-Management. Informations- und Technologiepotentiale professionell für die Organisation verwerten. Teil 1. In: Zeitschrift Führung und Organisation (ZfO), 57 (1988) 5, S. 314 – 323. Teil 2: In: Zeitschrift Führung und Organisation (ZfO), 57 (1988) 6, S. 399 – 403.

16. Kuhlen, R./Hammwöhner, R./Sonnenberger, G./Thiel, U. (1989): TWRM-TOPO-GRAPHIC: Ein wissensbasiertes System zur situationsgerechten Aufbereitung und Präsentation von Textinformation in graphischen Retrievaldialogen. In: Informatik. Forschung und Entwicklung, 4 (1989) 2, S. 89 – 107.

17. Kuhlen, R./Reimer, U./Sonnenberger, G. (1988): Automatischer Aufbau von Wissensbanken aus Texten. Anlage zum Projektantrag „wit". Universität Konstanz, Informationswissenschaft, Oktober 1988 (Bericht 4/88).

18. Kuhlen, R./Yetim, F. (1989): HYPER-TOPIC – a system for the automatic construction of a hypertext base with intertextual relations. Proceedings 13th International Online Information Meeting '89, London, 12 – 14 December 1989, S. 257 – 264.

19. Kuhlen, R. et al. (1986): Diplom-Aufbaustudium Informationswissenschaft an der Universität Konstanz 1982 – 1985. Karlsruhe: FIZ Karlsruhe, 1986 (BMFT-Forschungsbericht BMFT-FB-ID 86-001).

20. Kuhlen, R. et al. (1988): Endbericht Modellversuch: Neue Berufsbilder – Information in organisationellen Umgebungen für die Zeit vom 1. 7. 1985 – 30. 06. 1988. Universität Konstanz, Informationswissenschaft, August 1988 (Bericht CURR-16/88).

21. Kuhlen, R. et al. (1989): Hypertext – Grundlagen und Funktionen der Entlinearisierung von Text. Teil 1: Modellierung und Realisierung einer Hypertextbasis in einem Ausbildungssystem. In: Nachrichten für Dokumentation, 40 (1989) 5, S. 295 – 307.

22. Reimer, U. (1989): FRM: Ein Frame-Repräsentationsmodell und seine formale Semantik. Zur Integration von Datenbank- und Wissensrepräsentationsansätzen. Berlin u.a.: Springer, 1989 (Informatik-Fachberichte; 198).

23. Staud, J. L. (1989): Fakten in öffentlichen Datenbanken: Informationstypen und Strukturmerkmale. In: Nachrichten für Dokumentation, 40 (1989) 1, S. 7 – 14.

24. Vogel, E. (1984): Zur Konzeption, Realisierung und Akzeptanz des Konstanzer Diplom-Aufbaustudiengangs Informationswissenschaft. In: R. Kuhlen (Hg.): Koordination von Informationen. Die Bedeutung von Informations- und Kommunikationstechnologien in privaten und öffentlichen Verwaltungen. IX. Verwaltungsseminar, Konstanz, 5. – 7. Mai 1983. Berlin u.a.: Springer, 1984 (= Informatik-Fachberichte; 81), S. 259 – 275.

25. Vogel, E. (1985): The Konstanz conception for a postgraduate programme in information science. In: Education for Information, 3 (1985) 2, S. 133 – 148.

26. Vogel, E. (1986). Informationsmanagement und informationswissenschaftliche Ausbildung. Teil 1: Informationsmanagement in der öffentlichen Verwaltung. Konzepte, Berufsbilder, Qualifizierung. In: Nachrichten für Dokumentation, 37 (1986) 2, S. 79 – 92. Teil 2: Informationswissenschaftliche Studiengänge. Ziele, Inhalte, Bedarf. In: Nachrichten für Dokumentation, 37 (1986) 3, S. 151 – 162.

G 6   Informationswissenschaft an der Universität des Saarlandes (,,Saarbrücker Modell")

Harald H. Zimmermann

G 6.1   Zur Begriffsbestimmung von Information

Die Bezeichnung *Information* steht für unterschiedliche Bedeutungen: In einer Variante ist sie bis heute durch die Informationstheorie bestimmt als das Kodieren und Dekodieren von Nachrichten in elektromagnetischen Leitern. Von daher ist diese Begriffs- und Bedeutungsvariante indirekt eingegangen in den Terminus *Informatik* als der Wissenschaft der Informationsverarbeitung durch Computer mit mathematischen und physikalischen Komponenten.

Für das Verständnis der *Informationswissenschaft* relevant ist jedoch die Bedeutung Information im Sinne des *(geglückten) Transfers von Wissen bzw. des Prozesses der Wissensvermittlung selbst.* Daher steht die inhaltliche Komponente im Vordergrund. Information in diesem Sinne ist Repräsentation inhaltlich-substantieller Erzeugnisse von Produzenten des Wissens oder auch der Wissensvermittlern, seien es Wissenschaftler, Redakteure, Erfinder oder sonstige Entwickler und ,,Wissensmakler". Diese Erzeugnisse manifestieren sich als (technische) Produkte/Geräte, als Literatur und Bild, als Regeln und Daten (z.B. gespeichert in Computerprogrammen bis hin zu den Expertensystemen . . .). Wissen und Wissensveränderungen bestimmen das Verhalten und die Entscheidungen des Menschen bzw. ggf. auch eines vom Menschen als Hilfsinstrument entwickelten Systems. Der Begriff *Information* wird im folgenden weitgehend synonym mit Wissenstransfer verstanden.

Die Vielfalt von Wissen muß gesammelt, für und durch den (spezifischen) Benutzer selektiert und aufbereitet werden, Wissen kann durch technische Medien (Druck, Datenbank, Bildplatte . . .) repräsentiert, vermittelt und zugänglich gemacht werden. *Informationswissenschaft im allgemeinen Sinn wird dadurch definiert als die Wissenschaft von der Repräsentation und Rezeption, v.a. aber vom Transfer von Wissen.*

Die *Diffusion von Wissen*, z.B. von den Forschern und Forschungszentren in die gewerbliche Nutzung, aber auch in die öffentliche Diskussion, vollzieht sich weitgehend informell und intuitiv und damit wenig ,,strukturiert". Mit informationswissenschaftlich geprägten Methoden und Verfahren soll dieser Prozeß des Wissenstransfers stärker *systematisiert*, v.a. *ökonomisiert* und *zielgerichtet* werden. Dazu gehört es auch (und dies ist ein Schwerpunkt des Saarbrücker Modells), den Wissenstransfer z.B. mit *sprachwissenschaftlichen* und *informationstechnischen Instrumentarien* effizienter zu gestalten.

Wissenstransfer vollzieht sich in vielfältiger Weise; er ist auch herkömmlich schon partiell stärker strukturiert und wissenschaftlich thematisiert worden. *Erziehung* z.B. bedeutet v.a. die Weitergabe ,,gesicherten" bzw. kanonisierten Wissens an die nächste Generation. In *Patentanmeldungen wird technisches Wissen als Verwertungsanspruch eingebracht. Die Bilanz* eines Unternehmens dient u.a. den potentiellen Kapitalanlegern, Partnern oder Kunden als Entscheidungsgrundlage, *Gesetzespublikationen* vermitteln normativ die Ordnung von Staaten oder Gesellschaften usf.

Der Informationswissenschaft kommt zunächst − nach unserem Verständnis − durch ihre relativ ,,neutrale'' Betrachtungsweise des Wissenstransfers eine Brückenfunktion zu. Informationswissenschaft ist dabei systematisch, methodisch und thematisch eng verbunden mit der *Kommunikationswissenschaft*, mit der *kognitiven Psychologie*, der *Informatik* (Computerwissenschaft) und entsprechend spezielleren Ausprägungen der *Wirtschafts-* oder *der Rechtsinformatik*. Da es in der Informationswissenschaft v.a. um *Wissensvermittlung zwischen Menschen* geht, auch darum, den damit verbundenen *Bedarf* zu befriedigen, ggf. auch Bedarf zu wecken, *Akzeptanz* zu schaffen bzw. zu überprüfen, *Barrieren* zu entdecken und zu entschärfen, zählt die Informationswissenschaft im weitesten Sinne zu den *Geistes- und Sozialwissenschaften*.

Die *Informatik* (engl. Computer Science) kann demgegenüber dadurch charakterisiert werden, daß sie mit den Bedingungen und Verfahren der Informationsverarbeitung unter Berücksichtigung der Möglichkeiten des Computers befaßt ist, ohne detailliert auf die Spezifika der Anwendungen einzugehen. *Für die Informationswissenschaft ist der Computer im Prinzip ein Werkzeug neben anderen*, um Wissens*repräsentations-,* Wissens*aufbereitungs-* sowie Wissens*rezeptionsfragen* zu lösen, wenn man auch heute davon ausgeht, daß er zu einem unentbehrlichen Mittel der Forschung und Entwicklung wie auch der späteren beruflichen wie betrieblichen Anwendung (aber sicherlich nicht nur im informationellen Bereich) geworden ist.

G 6.2   Die Spezialisierung: Das Saarbrücker Modell

Die Informationswissenschaft nach dem ,,Saarbrücker Modell'' thematisiert (derzeit) den Gegenstand in vier Bereichen, denen im Bereich der Lehre v.a. die Schwerpunkte im 2. Studienabschnitt gewidmet sind. Drei davon sind − trotz vielfacher Überlagerung − *inhaltlich* generalisierend:
− *Fachinformation und Dokumentation* (vorwiegend individualistischer Transfer von Expertenwissen an Experten)
− *Betriebliche Information und Kommunikation* (Informationsmanagement in der Wirtschaft und in Behörden)
− *Publikumsinformation* (Wissens- und Meinungstransfer an viele, v.a. an eine breitere Öffentlichkeit).
Der vierte Bereich orientiert sich an eher *applikativen* Komponenten:
− *Informationsindustrie* (Organisation, Methoden Verfahrenstechnik, Ökonomie, Akzeptanz der Informationsvermittlung).
Diese Themenschwerpunkte sind durch folgende Schwerpunkte verknüpft − vorwiegend in Ausbildungskomponenten des 1. Studienabschnitts:
− *Wissensrepräsentation* (d.h. Darstellungsfragen)
− *Informationslinguistik* (Anwendung natürlich-sprachlicher Methoden bei der Wissensvermittlung)

– *Informationstechnik*
– *Soziale und psychische Faktoren* von Informationssystemen.
Obwohl es angesichts der anhaltenden technischen Entwicklung schwerfällt, Tech-
nologiefolgen konkret festzuhalten, ist vor allem die letztgenannte Komponente
nicht als Alibifunktion einer Technikideologie, sondern als eigenständige Thematik
und gewolltes Korrektiv zu den eher technisch orientierten Ausbildungsbereichen
zu sehen.

G 6.3   Darstellung der Schwerpunktbereiche

Wenn im folgenden die Schwerpunktbereiche kurz separat vorgestellt werden, so
ist auf folgendes hinzuweisen: Die Grenzen zwischen fachlicher, betrieblicher und
publizistischer Information sind nicht wohldefiniert, vielmehr sind Wissen aus und
für Wissenschaft und Praxis, ist Fach- und Laienwissen vielfältig miteinander verknüpft. Die Schwerpunktbereiche stellen also eher thematische Gewichtungen oder
Exemplifizierungen allgemeiner informationswissenschaftlicher Methoden oder
Verfahren dar, als daß sie isoliert gesehen werden können. Dies gilt v.a. angesichts
der informationstechnischen Entwicklungen, die zum Abbau verschiedener Barrieren beitragen.

G 6.3.1   Der erste Schwerpunktbereich: Fachinformation

Unter *Fachinformation* versteht man die (meist) individuelle Vermittlung von Fachwissen zwischen Experten bzw. zwischen Experten und interessierten Laien. Thematisiert werden insbesondere die Gebiete der manuellen wie maschinellen Indexierung (Datenerschließung und -aufbereitung), der Entwicklung und Nutzung
von Thesauri und von Klassifikationssystemen. Das *Bibliotheks- und Dokumentationswesen*, aber auch die *Verlagsindustrie* sind nach wie vor wichtige organisatorische Träger und Gestalter der Fachinformation.
Einen besonderen Schwerpunkt im Saarbrücker Modell bildet die Einführung in
das sogenannte *Online-Retrieval*, d.h. die Möglichkeiten der Wissensvermittlung in
elektronischen Informationssystemen. Hier spielen Systeme zur automatischen Indexierung und Klassifikation sowie die maschinelle und maschinengestützte Übersetzung zunehmend eine Rolle, so daß zu dem informationslinguistischen Querschnittsbereich besondere Verknüpfungen bestehen.
Mit diesem Schwerpunkt wird u.a. auf die spätere berufliche Praxis vorbereitet, als
Informationsvermittler tätig zu werden, aber auch dahingehend, neue Konzepte,
die sich aus den technischen Möglichkeiten ergeben, in Bibliotheken, Fachinformationsstellen oder Verlagen um- oder einzusetzen.
Die Nutzung von Datenbanken wird inzwischen ergänzt und unterstützt durch Verfahren, bei denen Maschinen so programmiert sind, daß sie aufgrund vorgegebener
Daten und Abfragen selbsttätig Schlußfolgerungen ziehen bzw. in der Interaktion
Mensch-Maschine ihre Entscheidungen „begründen" (sog. *Expertensysteme*). Derartige Verfahren und Möglichkeiten der sinnvollen Nutzung von Expertensystemen

(nicht deren konzeptionelle oder technische Entwicklung: dies ist u.E. eher ein Gegenstand der Informatik) gehen zunehmend in die informationswissenschaftliche Forschung und Lehre ein.

Eine Aufgabe der späteren beruflichen Praxis der bzw. des in Informationswissenschaft Ausgebildeten wird darin bestehen, beim *anwendungsorientierten Design* mitzuwirken, aber auch als ,,Multiplikator'' den Fachmann zu einem ,,Wissensingenieur'' auszubilden bzw. umzuschulen, um diese Systeme fachlich angemessen und informationsgerecht auszugestalten.

Die Einrichtung dieses Schwerpunktbereichs in Saarbrücken ist entstanden im Zusammenhang mit Fördermaßnahmen der Bundesregierung, die u.a. dem Ziel dienten, die fachliche Kompetenz und die Verfahren und Methoden in der fachlichissenschaftlichen Information und Kommunikation zu verbessern. Die fachliche Informationsvermittlung ist ohne sachspezifische Kompetenz des Vermittlers nicht zu bewältigen. Von daher versteht sich auch das Studium nicht als auf die ,,neutrale'' Wissensvermittlung bezogen, sondern fordert zumindest für diesen Bereich auch eine fachliche Ausbildung (in einem Kombinationsstudium).

Der oder die spätere Informationswissenschaftler(in) steht in Zukunft verstärkt im Wettbewerb zu Juristen, Chemikern, Medizinern usf., die neben ihrem Fachstudium ggf. Spezialisierungen etwa in Rechtsinformatik, Medizinischer Information und Kommunikation usf. erworben haben. Dennoch werden (v.a. in größeren Unternehmen) gute berufliche Chancen erwartet. Es wird dabei zukünftig also immer weniger darum gehen, allein die Fertigkeit der Nutzung solcher Systeme zu vermitteln (dies wird über kurz oder lang Allgemeingut aller Studierenden von der Medizin über die Wirtschaft bis hin zu den Juristen sein), Zielsetzung ist vielmehr die Vermittlung einer hochqualifizierten Ausbildung zur Gestaltung, Verbesserung und Nutzung moderner Wissenstransfersysteme.

G 6.3.2 Der zweite Schwerpunktbereich: Informationsmanagement

Unter *Informationsmanagement* wird die Generierung, Planung und Verwaltung von Datenbeständen (,,Wissen'') sowie die Steuerung von Informationsflüssen (,,Informationslogistik'') v.a. im betrieblichen oder behördlichen Bereich verstanden. Es umfaßt z.B. die Aufgaben, die dem Datenbank-Administrator mit Bezug auf ein Datenbank-Management-System zukommen. Aber auch Fragen des Datenschutzes gehen hier ein, vor allem aber die den Nutzer interessierende generelle Frage, *zum richtigen Zeitpunkt genau die relevante ,,Information'' ohne Ballast zu ökonomischen Bedingungen benutzerfreundlich am Arbeitsplatz zur Verfügung haben* — ein trotz moderner Technik und Verfahren nach wie vor — bezogen auf den Idealfall — utopisches Ziel.

Auch hier — wie im übrigen bei der Fachinformation — geht es nicht um die Vermeidung von Doppelarbeit oder ,,Wissenskondensation'' um jeden Preis: Dies wäre in einer pluralistischen Gesellschaft, die entscheidend von den Vorteilen eines gesunden Wettbewerbs profitiert, weder sinnvoll noch durchführbar. Ziel muß es sein, das Potential des Wissenstransfers mit den angegebenen Zielen zu erweitern bzw. zu schaffen, dem Nutzer aber angesichts der objektiven Begrenztheit des menschlichen Wissens verläßliche Selektions- und Entscheidungshilfen zu bieten. Die Entscheidung über die Auswahl bzw. auch die Wissensverdichtung − die ja ggf. einen Wissensverlust mit sich bringen kann − soll weiterhin den Benutzern (bzw. Betroffenen) überlassen bleiben, doch soll auch das Bewußtsein darüber vermittelt werden, welche (z.B. ökonomischen) Konsequenzen die jeweiligen Verfahren nach sich ziehen (können).

Der *Informationsmanager* organisiert in diesem Zusammenhang die Auswahl des Informationssystems, er definiert die externe Sicht der Daten für den (End)Benutzer, bestimmt die Zugriffs- und Distributionsmethoden, wählt die geeignete(n) Dokumentationssprache(n) aus, implementiert und organisiert die Nutzung, ggf. auch die Entwicklung von Klassifikationen, Thesauri oder sonstigen Zugangssystemen. Er berät und wirkt mit bei der Auswahl der relevanten Daten.

Die *Informationslogistik* trägt dazu bei, den Informationsfluß innerhalb eines Betriebes bzw. einer Behörde zu steuern. Es gilt, die optimalen bzw. günstigen − auch ökonomisch vertretbaren − Informationswege in Verwaltungs- und Produktionsvorgängen festzustellen und die nötigen technischen Mittel zur Realisierung bereitzustellen.

Da auch hier die Informationstechnik zunehmend an Boden gewinnt, spielen Fragen der (geeigneten) *Mensch-Maschine-Schnittstellen* (bezogen auf die Funktionalität wie die Oberflächen − und Zugangsgestaltung) eine besondere Rolle. Da betriebliche Information und Kommunikation auch in wesentlichen Teilen durch Außenbeziehungen bestimmt ist, sind die Probleme der Verknüpfung betrieblicher Informationssysteme wie auch die Nutzung außerbetrieblich (weltweit) verfügbarer Informationssysteme ein wichtiges Thema.

Im ,,Saarbrücker Modell'' stehen (aus kapazitären wie standortspezifischen Gründen) Fragen der *Bürokommunikation* im Vordergrund. Thematisch bestehen Verbindungen zur Wirtschaftsinformatik, daher werden z.B. im informationswissenschaftlichen Studium die produktorientierten Informationsprozesse (z.B. Computer Integrated Manufacturing = CIM, Computer Aided Design = CAD . . .) weitgehend ausgeklammert. Hierzu kann auf die Studienmöglichkeiten v.a. in der Wirtschaftsinformatik zurückgegriffen werden.

Eine Kombination des informationswissenschaftlichen Studiums mit Betriebswirtschaft und/oder Politikwissenschaft stellt eine geeignete Grundlage für einen späteren beruflichen Wirkungskreis in diesem Schwerpunkt dar.

G 6.3.3   Der dritte Schwerpunktbereich: Publikumsinformation

Im Bereich der *Publikumsinformation* werden der *Zusammenhang zwischen Information und Kommunikation* und die *Verbindung zwischen Individual- und Massenkommunikation* besonders deutlich.

Bisher sind − v.a. wegen technischer Differenzierungen − Fachinformation als *Dialogverkehr* (,,einer mit einem'') und Publikumsinformation als *Einwegverkehr* (,,einer mit vielen'') unterschieden worden. Dieser Unterschied wird sich aufgrund der Erfahrungen der letzten Jahre in Zukunft relativieren − v.a. im Hinblick auf die Konsequenzen aus den technischen Entwicklungen, die weitgehend mit dem

Schlagwort von den ,,Neuen Medien'' verbunden werden. *Videotex* (in Deutschland Btx) als Dialogsystem wendet sich mit elektronischen Versandhauskatalogen und Reisebuchungssystemen, aber auch mit Bankservice an ein breites Publikum. Auch wenn heute − 1989 − die Nutzungsbreite des Btx-Systems in der Bundesrepublik Deutschland aufgrund verschiedener Faktoren (Preis, technische Komplexität, geringe Geschwindigkeit) noch relativ niedrig ist, so zeigt doch das Beispiel Frankreich (mit mehreren Millionen MINITEL-Anwendern), daß bei Eintreffen neuer Entwicklungen (Beispiel: ISDN) dies schnell nachgeholt werden kann. Umgekehrt ermöglicht beispielsweise die Breitbandkabelübertragung bereits heute eine weitere Regionalisierung des Hörfunk- und Fernsehangebots.

Das im Aufbau befindliche Glasfasernetz der Deutschen Bundespost wird Fernsprechübertragungen und individuelle Bildübertragungen − wie längerfristig auch das öffentliche oder private Fernsehen − in ein gemeinsames Netz integrieren. Das integrierte digitalisierte Daten- und Dienstnetz ISDN, das in den 90er Jahren schrittweise − u.a. im betrieblichen Bereich − wirksam wird, wird alle bestehenden Dienstleistungen der Post (Telefon, Telefax, Bildschirmtext, Datenvermittlung) über ein einziges (schon verlegtes) ,,Telefonkabel'' abwickeln. Die Satelitentechnik (direkt-abstrahlend, aber auch über zentrale Empfangsstationen in die Kabelnetze eingespeist) wird weltweite Informationsverbünde ermöglichen.

Eine wichtige Aufgabe der zukünftigen Planung und Entwicklung wird es sein, die Chancen der freiwerdenden Räume für eine Verbesserung der Wissens- und Meinungsvermittlung in Richtung auf die *Informierte Gesellschaft* zu nutzen und dabei den Anforderungen des Grundgesetzes zur Sicherstellung der Meinungsfreiheit und -vielfalt ebenso gerecht zu werden wie den Interessen einer freien und sozialen Marktwirtschaft zur unternehmerischen Entfaltung.

Auch in der Bundesrepublik Deutschland legt die Mediengesetzgebung Zeugnis von dem Ringen um eine Verbesserung der breit wirkenden Informationen unter Bewahrung der positiven Errungenschaften ab. Kompromisse zwischen z.T. divergierenden wirtschaftlichen und politischen Interessen müssen erarbeitet werden, wobei die hohe Qualität, die der öffentlich-rechtliche bundesdeutsche Rundfunk aufweist, sicherlich nicht aufs Spiel gesetzt werden darf. Diese generelle Thematik verlangt ein fundiertes Wissen um die Fragestellungen und um die Problemlösungen, wobei gerade die Erfahrungen und Verfahren des Auslands (das im Saarland ja hautnah miterlebt wird), aber auch Konzepte mit ,,europäischer'' Zielsetzung mit in die Betrachtungen eingehen.

Ein Schwerpunkt in diesem Teilbereich ist und bleibt die Problematik des *Transfers von Fachwissen an interessierte Laien*. Hier fühlt sich die Saarbrücker Informationswissenschaft v.a. dem sogenannten IuD-Programm (der 70er Jahre) verpflichtet, das hierzu − trotz fehlender Abstimmung zwischen Bund und Ländern sowie mit der Wirtschaft und wegen finanzieller Schwächen − *konzeptionelle Maßstäbe* gesetzt hat. Mit den neuen Techniken wachsen die Chancen des einzelnen, sich individuell fachlich aus- und fortzubilden (Beispiel ,,Fernstudium''). Wenn man die Frage des *mündigen Bürgers* (weiterhin) ernst nimmt, dann müssen hier neue Wege der Information und Kommunikation erschlossen und nutzbar gemacht werden. Grundkenntnisse in der Nutzung der modernen Techniken müssen so weit wie möglich (Beispiel: ,,Informationstechnische Grundbildung an Schulen'' und so früh wie möglich an breite Bevölkerungskreise vermittelt werden. Dazu sind entsprechende Konzepte zu entwickeln und zu realisieren. Wenn man bedenkt, daß durch die traditionellen weltweiten Nachrichtenverbünde täglich über 1.000 mal so viele Meldungen angeliefert werden als die, die durch das Nadelöhr Zeitung/Rundfunk an den potentiellen Interessenten gelangen, so kann man die Brisanz erkennen, die in der Differenzierung – möglich durch moderne Distributionstechniken – liegt.

Die spätere berufliche Praxis, die diesem Schwerpunkt folgt, ist weitgespannt: Fachleute, die qualifizierte Kenntnisse in der Integration oder auch Nutzung neuer Medien aufweisen, sind zunehmend und auf lange Sicht gefragt. Die Nähe dieses Themenbereiches zur Publizistik bietet – auch unter Berücksichtigung der räumlichen Nähe zu öffentlichen und privaten Rundfunkanstalten – Chancen für eine spätere Beschäftigung in diesem sich ausweitenden Anwendungsfeld.

G 6.3.4 Der vierte Schwerpunktbereich: Informationsindustrie

Die Fachinformation ist seit etwa 20 Jahren zum Wegbereiter einer ,,Online-Industrie'' geworden. Zeitschriften-Bibliographien und Referateorgane kennzeichneten das erste Angebot an Datenbanken, das inzwischen über die internationalen Datenbankübertragungsnetze vermittelt wird. Wirtschaftsinformationen wie Börsen- und Rohstoffkurse liefen seit längerer Zeit über das Fernschreibnetz, sind inzwischen aber auch in Datenbankbestände und -dienste integriert, wo sie ,,realtime'' abzufragen sind, d.h. sie enthalten den aktuellen – genauer: den *aktuellsten* – Kurs eines Tages neben älteren Ständen, Wochendaten etc. Durch internationale Bildschirmtext- und Videotextsysteme werden zunehmend elektronische Dienste für die breitere Öffentlichkeit entstehen.

Seit längerem wachsen Datenbanktechnologie und Nachrichtentechnik zusammen. Es entstehen Mischformen und Mehrfachnutzungen von Angeboten und Leitungswegen. Vor allem aber verbinden sich Verlagswesen und EDV-Industrie (Stichwort: Elektronisches Publizieren). Durch den elektronischen Satz stehen heute zumeist die von Druckereien erstellten Dokumente zugleich auf Magnetband oder anderen (modernen) Speichermedien zur Verfügung und können daher online als Datenbank (bzw. auf Bildplatte/CD-ROM) angeboten werden.

Bisher sind es vor allem Wirtschafts- und Firmeninformationen, die schnell bzw. jährlich aktualisiert werden müssen, Vorreiter beim ,,doppelten'' Angebot als Druck-Erzeugnisse und als Datenbank. Mit dem Auftreten der Compact Disk (CD-ROM) als Wissensspeicher und die Verknüpfung mit Abfrage- und Auswertungssystemen auf dem Personal Computer (PC) werden auch die (Zeitschriften-)Verlage die elektronischen Vertriebskanäle nutzen. Desk-Top Publishing, Elektronisches Publizieren, aber auch Kosten-Nutzen-Analyse im Wandel des vormals ,,bleigeprägten'' Verlagswesens zum Hersteller und Distributor der elektronisch gespeicherten Daten bilden einen besonderen Schwerpunkt. Damit wird der industriellen Infrastruktur im Transferbereich Rechnung getragen.

Nicht nur ,,alte'' Dienstleistungen werden sich ändern (bzw. erweitern): Neue Themenfelder, die erst durch die neuen Informationstechniken möglich sind, werden zunehmend erschlossen. Sie sind vor allem verknüpft mit Service aus der Ferne: die

sog. *Mailboxen* – selbst Servicezentren – bilden die Schnittstellen zu weltweiten (neuen) Diensten, etwa dem *Teletranslating*, d.h. der Übersetzung aus der Steckdose (mit oder ohne Unterstützung durch Computer).
In diesen Themenbereich gehören Bedarfs- und Benutzeranalysen, Akzeptanzuntersuchungen, Kosten-/Nutzenanalysen ebenso wie Studien zu den (möglichen) – auch negativen – Folgewirkungen.
Die Ausbildung in diesem Bereich dient der Deckung eines erheblichen Bedarfs an qualifizierten Kräften, etwa in bestehenden Unternehmen, die sich den neuen Möglichkeiten anpassen müssen (oder wollen); daneben öffnet sich ein großer Freiraum für Eigeninitiative im unternehmerischen Sinne.

G 6.4   Studienorganisation

Die Informationswissenschaft in Saarbrücken ist ein Studienfach an der Philosophischen Fakultät. Das Studium wird in der Regel bei einem ersten Studienabschluß mit der Magisterprüfung abgeschlossen, durch die der Grad des Magister Artium resp. der Magistra Artium (abgekürzt: M.A.) erlangt wird.
Liegt bereits ein erster (universitärer) Studienabschluß vor (z.B. ein Diplom, ein Staatsexamen, ein Magister in einem anderen Fach), so kann bei vorhandener Eignung als Abschluß in Informationswissenschaft die Promotion angestrebt werden. In aller Regel ist dies möglichst zu Studienbeginn mit dem zuständigen Hochschullehrer abzustimmen. Selbstverständlich besteht die Möglichkeit, nach einem ersten Studienabschluß (Magister) mit Informationswissenschaft als Haupt- oder Nebenfach die Promotion mit Informationswissenschaft im Haupt- oder Nebenfach anzustreben. Auch hier wird eine besondere Eignung vorausgesetzt und sollte das Vorhaben besprochen werden.
Es würde hier zu weit führen, auf die verschiedenen Möglichkeiten des Studiums (v.a. der Fächerkombinationen im Rahmen des Magisterstudiums) hinzuweisen. Hierzu sei auf die einschlägigen Vorschriften (Studien- und Prüfungsordnungen), aber auch auf den Studienführer zur Informationswissenschaft verwiesen. Der Studienführer ist (gegen einen kleinen Kostenbeitrag) direkt über das Sekretriat der Fachrichtung 5.5 Informationswissenschaft, Universität des Saarlandes, D – 6600 Saarbrücken 11 (Tel. 06 81/3 02-35 37) erhältlich. Dort ist auch die studienspezifische Fachliteratur aufgeführt und kommentiert.

G 7 Lokalisation und Gliederung der Informationswissenschaft

Gernot Wersig

G 7.1 Die Suche nach dem disziplinären Standort

Seitdem etwa zu Beginn dieses Jahrhunderts das Tableau der Wissenschaften unter einem dominierenden Wissenschaftsverständnis geordnet wurde, bewegt sich jeder neue wissenschaftliche Ansatz in einem Feld von Bezügen zu anderen Wissenschaftsdiziplinen. In der Entstehungszeit der Informationswissenschaft war dies zunächst ein Raum, der sich zwischen den Kommunikationswissenschaften (damals repräsentiert durch die Publizistik), die sich überwiegend mit Massenkommunikation befaßten, und der ebenfalls neuen Informatik auftat.

Wissenschaftliche Kommunikation war bis dahin kein sonderlich aufregender Bereich gewesen und da sich Dokumentation zumindest rudimentär damit befaßte, war hier eine Lücke (auf die Schober/Wersig 1968 hinwiesen). Weil sie aber aus ihrem Praxisbereich, der mit der Anlage von Speichern befaßt war, überwiegend konstruktiv ausgerichtet war, geriet sie sehr bald in eine Auseinandersetzung mit der Informatik (auch verursacht durch das Gutachten Lit. 04.).

Diese spielte sich auf mehreren Ebenen ab: In der Öffentlichkeit (z.B. in heftigen Diskussionen über den Vortrag von Wersig auf der Fachtagung der GI ,,Information Retrieval Systeme" Stuttgart 1970, Lit. 11.), im universitären Bereich (die Planungen für ein interuniversitäres Institut zwischen Technischer und Freier Universität scheiterten z.B. daran), im BMFT zwischen Datenverarbeitungs- und Dokumentationsreferat.

Während die Informatik sich auf eine neue Technologie, deren Bedeutung nicht umstritten war, berufen konnte, hatte die Informationswissenschaft kaum Verbündete — keine Industrie, keine Praxis, die das Bedürfnis nach Informationswissenschaft verspürte (im Gegenteil: Ende der 60er, Anfang der 70er Jahre war den meisten Praktikern bereits das Wort ,,Information" ein rotes Tuch), keine akademische Bezugsdisziplin, wie das die Mathematik bei der Informatik war (und teilweise noch ist). Sie hatte sich dagegen mit einem Bezug auseinanderzusetzen, der ihr von der Praxis gewissermaßen aufgezwungen wurde, nämlich der Bibliothekswissenschaft. Diese existierte auch nur rudimentär — meist weil Direktoren von Universitätsbibliotheken mit den Professoren statusgleich sein sollten und von daher zu Honorarprofessoren ernannt wurden — für Bibliotheksgeschichte, Verwaltungslehre, Handschriftenkunde, irgendwann auch einmal ein wenig EDV in Bibliotheken. Profilieren konnte sich Bibliothekswissenschaft bis heute nicht (wohl auch wegen ihrer Bindung an die Bibliothekarausbildung), aber sie war ein von vielen Informationswissenschaftlern akzeptierter Bestandteil des Spektrums von Informationswissenschaft.

Dieser Bezug zur ,,Bibliothekswissenschaft" erleichterte es dann sicher auch, dem Druck des BMFT, sich zu einer Wissenschaft der Informationseinrichtungen weiter-

zuentwickeln, nachzugeben − die Bibliothekswissenschaft war schließlich durch
auch nichts anderes legitimiert, als daß es Bibliotheken als Einrichtungen gab (die
allerdings in der Bundesrepublik weitaus weniger Informationsaufgaben übernah-
men als in den angloamerikanischen Ländern). Da sich die Bibliothekswissenschaft
allerdings zu keiner Zeit zu einer wissenschaftlichen Blüte entfalten konnte (von einer kurzen Beteiligung an der Benutzerforschung (s. Lit. 01.) abgesehen), war sie
eher eine Marginalie, als daß sie ein echtes Disziplinenproblem stellte.

Die erste Hälfte der 70er Jahre war in disziplinärer Hinsicht von drei Tendenzen
gekennzeichnet:
(a) Die Informationswissenschaft begann ihre eigene Wissenschaftlichkeit zu entwickeln und dies auf zwei Feldern, die gewissermaßen axial zueinander standen: Als
Mittel der Theorieentwicklung diente ihr die Terminologie (kulminierend in
Lit. 05.), als Hauptbereich, in dem sich Theorieentwicklung vollzog, der Bereich
der Dokumentationssprachen. Beide Bemühungen brachten einen engen Kontext
zur Terminologieforschung (insbesondere das Komitee Terminologie und Sprachfragen der DGD) und einen sich dann ausbreitenden Überschneidungsbereich mit
der Linguistik. Die erstere Berührung lief irgendwann aus, als ein Grundstock an
informationswissenschaftlicher Theorie terminologisch gefaßt und damit ein theoretischer Grundkonsens erreicht war. Der zweite Bereich, der der Dokumentationssprachen, zerfiel in mehrere Aspekte, die bald kaum noch etwas miteinander zu tun
zu haben schienen (wofür auch andere als wissenschaftsimmanente Gründe verantwortlich sind):
− Die in der ersten Hälfte der 70er Jahre höchst virulente Thesaurusfrage war irgendwann theoretisch einigermaßen gefaßt (Lit. 12.), und zunächst kein diszi-
  plinäres Streitthema mehr.
− Die Klassifikationsfrage, die innerinformationswissenschaftlich der Gegenspie-
  ler zur Thesaurus-Thematik war, zog sich etwas aus der Informationswissenschaft zurück, könnte aber heute unter Gesichtspunkten des ,,Knowledge
  Engineering'' wieder neue informationswissenschaftliche Relevanz erhalten.
− Die sprachlichen Fragen von automatischer Indexierung, Textanalyse, natürlichsprachlichen Abfragesprachen konstituierten einen Querschnittsbereich von
  Informationswissenschaft, Informatik und Lingustik, der zunächst ,,linguisti-
  sche Datenverarbeitung'', aber auch heute noch ,,Informationslinguistik'' benannt wird und die virulente Fortsetzung der Tradition von Informationswissenschaft als Retrieval-Wissenschaft ist.
(b) Da Informatik und Informationswissenschaft ähnliche Terminologiefelder be-
setzten, war ein wesentlicher Bereich der Auseinandersetzung der der Terminologie,
hinter der allerdings die verschiedenen Erkenntnishorizonte deutlich werden konnten (Lit. 09.).
(c) Die nicht konstruktive Seite der Informationswissenschaft und die zunehmende
Vereinnahmung durch den BMFT als Wissenschaft von den Einrichtungen der Informationsvermittlung förderten die Herausbildung weiterer Teildisziplinen, am
entwickeltsten vielleicht der Informationssoziologie (Lit. 10.) als Schnittmenge von
Informationswissenschaft mit der Soziologie mit einem bunten Strauß von Themen
wie Information als Ware, Benutzerforschung, wissenschaftliche Kommunikation.

Informationsökonomie und Informationspolitik waren im Zuge der fortschreitenden Vereinnahmung folgerichtige weitere Differenzierungen.
Bevor es sie eigentlich gab, mußte sich Informationswissenschaft in der Auseinandersetzung insbesondere mit der Informatik aufreiben, sich im Zuge ihrer verwaltungsmäßigen Existenzsicherung in Teildisziplinen zerlegen. Ein früher Versuch, dieses noch wissenschaftlich zusammenzuhalten, zeigt *Abb. 1.*

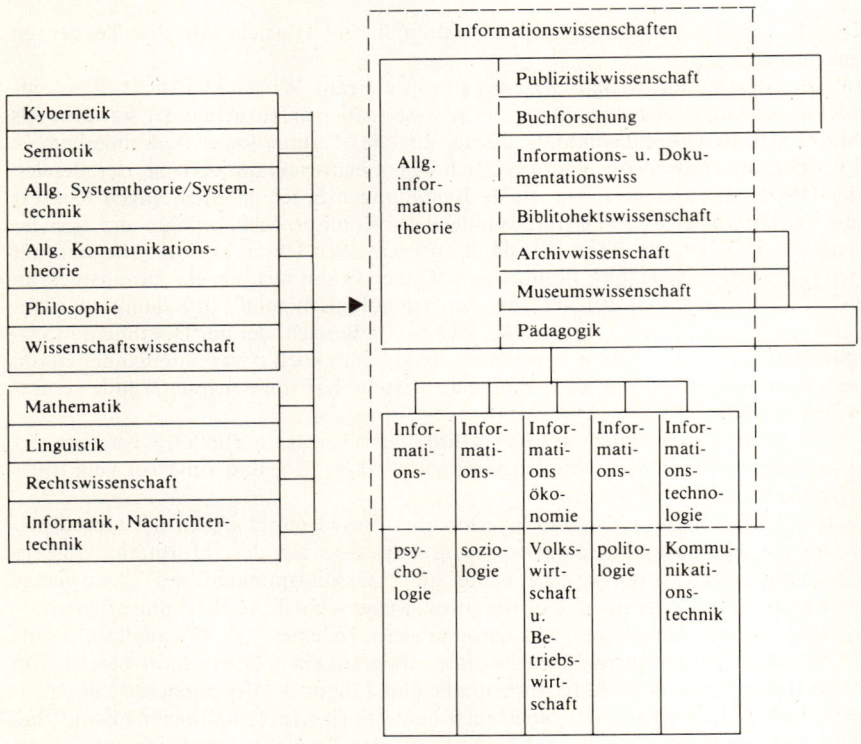

Abb. 1: Zusammenhänge innerhalb der Informationswissenschaften (aus Lit. 10.)

Vielleicht war es die ab Mitte der 70er Jahre dringend werdende Frage nach Kooperationspartnern, die die Informationswissenschaft dazu bewog, sich vor allem als ein Konglomerat von Querschnittsdisziplinen aufzufassen, wie dies in der Studienordnung Informationswissenschaft der Freien Universität Berlin nach 1987 Ausdruck kam:

(1) Informationstheorie:
Theorie und Methodologie der Informationsprozesse und -systeme.

Dazu zählen:
a) wissenschafts- und erkenntnistheoretische Voraussetzungen
b) Theorie der Information (Typologie, Terminologie, Systematik)
c) Theorie der Kommunikations- und Informationsprozesse
d) Theorie der Wissensproduktion und -verwertung.

(2) Informationsmethodik:
Gestaltung und Organisation von Informations- und Kommunikationsprozessen. Dazu zählen:
a) Entwicklung und Bewertung von Kommunikationsformen
b) Verfahren der Sammlung, Erhebung und Gewinnung von Wissen
c) Verfahren der Wissensverwaltung und -verarbeitung
d) Verfahren der Informationsvermittlung und -verarbeitung.

(3) Informationssysteme:
Entwurf, Analyse, Realisierung und Management von Informationssystemen. Dazu zählen:
a) Verfahren der Analyse, des Entwurfs und der Implementierung von Informationssystemen
b) Typologie, Struktur und Architektur von Informationssystemen
c) Problemlösungen in spezifischen Anwendungsbereichen, Problemtypen, Funktionsformen und Institutionentypen.

(4) Informationstechnologie:
Eigenschaften und Einsatzmöglichkeiten von Informations- und Kommunikationstechnologien zur Lösung von Informationsproblemen.
Dazu zählen:
a) Datenverarbeitung (Hard- und Software)
b) Aufzeichnungs-, Speicher- und Wiedergabetechnologien
c) Architektur, Funktionsweise und Leistungsmerkmale von Rechnersystemen
d) Nachrichtentechnologie, Telekommunikation, Netze.

(5) Informationsökonomie:
Betriebs- und volkswirtschaftliche Aspekte der Organisation von Informationssystemen und des Einsatzes von Informations- und Kommunikationstechnologien. Dazu zählen:
a) Kosten-, Nutzen-, Leistungsanalyse in Informationsprozessen
b) Marktanalyse und Marketing bei Informationsdienstleistungen
c) Volkswirtschaftliche Aspekte der Informatisierung
d) Grundbegriffe der politischen Ökonomie.

(6) Informationspsychologie:
Individuelle Bedingungen der Produktion, Speicherung, Verarbeitung und Aufnahme von Wissen und der Umgang mit Informations- und Kommunikationstechnologien. Dazu zählen:
a) Untersuchung und Darstellung kognitiver Prozesse
b) Mechanismen und Bedingungen der individuellen Produktion und Verarbeitung von Wissen
c) Mechanismen und Bedingungen der individuellen Wissensaufnahme
d) Strategien individueller Problembewältigung
e) Mechanismen und Bedingungen des individuellen Umgangs mit Informations- und Kommunikationstechnologien.

(7) Informationslingustik:
Repräsentation und Transformation von Wissen in Informationsprozessen. Dazu zählen:
a) Repräsentation von Wissen
b) Ordnungstheorie
c) Sprache in Informationsprozessen
d) maschinelle Sprachdarstellung (Analyse, Transformation, Synthese).

(8) Informationssoziologie:
Gesellschaftliche Bedingungen der Organisation von Informationsprozessen und des Einsatzes von Informations- und Kommunikationstechnologien. Dazu zählen:
a) Historische Entwicklung des Informationsbereichs
b) Informatisierung der Gesellschaft
c) Methoden und Ergebnisse der Akzeptanz-, Barrieren-, Bedürfnis-, Wirkungs-, Einsatz-, Folgen- und Begleitforschung
d) Mechanismen und Bedingungen gesellschaftlich organisierter Informations- und Kommunikationsprozesse.

(9) Informationspolitik:
Informationssysteme und Informations- und Kommunikationstechnologien als Bestandteil und Instrument politischer Systeme. Dazu zählen:
a) Informationspolitische Situation (national, international, vergleichend)
b) Grundprobleme der Informationspolitik
c) Informatisierung und politisches System.

(10) Informationsrecht:
Rechtsfragen des Einsatzes von Informations- und Kommunikationstechnologien und der Organisation von Informationsprozessen. Dazu zählen:
a) verfassungsrechtliche Grundlagen
b) Persönlichkeitsrecht und Datenschutz
c) Kommunikations-, Medien- und EDV-Recht
d) Rechtsfragen des Umgangs mit Wissen (u.a. Schutz des geistigen Eigentums, Urheberrecht).

(11) Informationspädagogik:
Vermittlung von Grundkenntnissen über die Gestaltung von Informationsprozessen an daran Beteiligte. Dazu zählen:
a) Anleitung zum Gebrauch von Informations- und Kommunikationstechnologien
b) Anleitung zur Lösung von Kommunikationsproblemen.

G 7.2   Das pragmatische Gegenbild USA

Dieses Querschnittsdenken, das in den 70er Jahren entstand, als Personen mit recht unterschiedlichen wissenschaftlichen Grundlagen in die Informationswissenschaft drangen und gewissermaßen ihre originäre Heimat dort auch als Schwerpunkt ausgewiesen sehen wollten, ist eigentlich nie über bloße Deklamationen hinaus zum Tragen gekommen. Auch in dem zitierten Beispiel stand es zwar 1987 noch deklamativ in dem Entwurf einer Studienordnung, wurde aber im Lehr- und Forschungsprogramm längst nicht mehr praktiziert.

Das Überlegen, wie Informationswissenschaft zu allen möglichen anderen Disziplinen steht, das deutsche Bestreben, sie einzuordnen und in sich zu gliedern, blieb abstrakt. In der Realität von Wissenschaft sah die Situation an jedem Ort anders aus, überall mußten andere Koalitionen geschlossen werden – mit der Philosophie, der Linguistik, der Informatik, der Verwaltungswissenschaft, der Wirtschaftswissenschaft, der Publizistik. Wenn es Informationswissenschaft als Bedürfnis gibt, dann ist sie ein Wissenschaftsfeld zwischen den Stühlen und dies sind auch die etablierten Lehrstühle. Wenn sie aus diesem Niemandsland herauswachsen will, muß sie sich selbst entwickeln und nicht ständig auf andere Disziplinen schielen.

Die Amerikaner haben diese Disziplinenbezüge nie so ausweisen müssen, vielleicht weil dort Wissenschaft etwas weniger schubladenhaft betrieben wird. *Abb.* 2 zeigt, wie die thematischen Beiträge der Annual Review of Information Science and Technology 1982 – 86 ,,geordnet'' werden können. Dort werden vier Hauptkategorien unterschieden:

- Planung von Informationssystemen und -diensten, womit gewissermaßen der gesellschaftliche Rahmen der Informationseinrichtungen gemeint ist (und der keine allzugroße Rolle spielt).
- Grundlegende Techniken und Methoden. Hier bildet die klassische Retrievalwissenschaft den Schwerpunkt, ergänzt um deren Fortsetzung in Expertensysteme.
- Anwendungen, wo naturgemäß die Betrachtungen der Informationssituation in verschiedenen Gebieten (Toxikologie, Legislative, Umwelt etc.) im Vordergrund stehen.
- Die Profession, die eigentlich als Kernfrage nur das Informations-Ressourcen-Management ausweist.

Interessant ist das Dreieck, das die ,,klassischen'' Bereiche von Retrieval- und Institutionenwissenschaft zusammenhält: Benutzer — Mensch-Maschine-Kommunikation — Telekommunikationstechniken und -dienste (als Basistechniken: Videotext, Teletext, Informationsverteilungssysteme; als Anwendungen: Primäre Publikationstechniken, Netzwerke, Elektronisches Publizieren, Computergestützte Kommunikationssysteme).

Natürlich ist das kein Programm, die ARIST greift Themen ja erst retrospektiv auf, wenn ein entsprechender Korpus an amerikanischen Arbeiten vorliegt. Die Programmatik wird eher im ASIS-Bulletin getestet, das von daher mehr den Charakter einer Probebühne hat (und sich demzufolge nicht so gut untersuchen läßt). Aber auch dort (Lit. 03.) begnügt man sich mit einer verhältnismäßig pragmatischen ,,Gliederung'':

- Verteilung, Kommunikation und Hardware: Informationszugang, Netzwerke, internationaler Informationsaustausch, Hardware-Systeme, die weltweiten Zugang zu Information erweitern.
- Datenbasen: Organisation und Zugriff: technische, bildungsmäßige, organisatorische und intellektuelle ,,issues'', die Entwurf und Zukunft der Werkzeuge beeinflussen, die die Art und Weise unserer Informationsverarbeitung verändern, einschließlich von Kontroversen um downloading, Entwurf und Probleme von Datenbasenentwicklern.
- Management, Strategie und Politik: informationsbasierte wirtschaftliche, politische, ökonomische und bildungsmäßige Aspekte des Informations-Management; multi-nationale Besitzverhältnisse; Rechtskonflikte von Information und Privatheit.
- Menschliche Faktoren/Mensch-Maschine-Schnittstelle: Benutzer von Informationsgerätschaften und -systemen, benutzerfreundliche Entwicklungen, Auswirkungen auf das Arbeitsleben, soziologische Wirkungen der sich entwickelnden Informationstechnologien, neue Ausbildungsmethoden, Standardisierung.
- Informationsprodukte und -dienste: Entwickler neuer Gerätschaften und Systeme, Produktivitätsfortschritte, Pläne für zukünftige Systeme, Anwendungen von Informationswissenschaft in Bildung, Recht, Medizin und anderen Professionen.

Selbst wenn man Pragmatik mag, ist dies für die Situation der bundesdeutschen Informationswissenschaft ein wenig geeignetes Orientierungsinstrument.

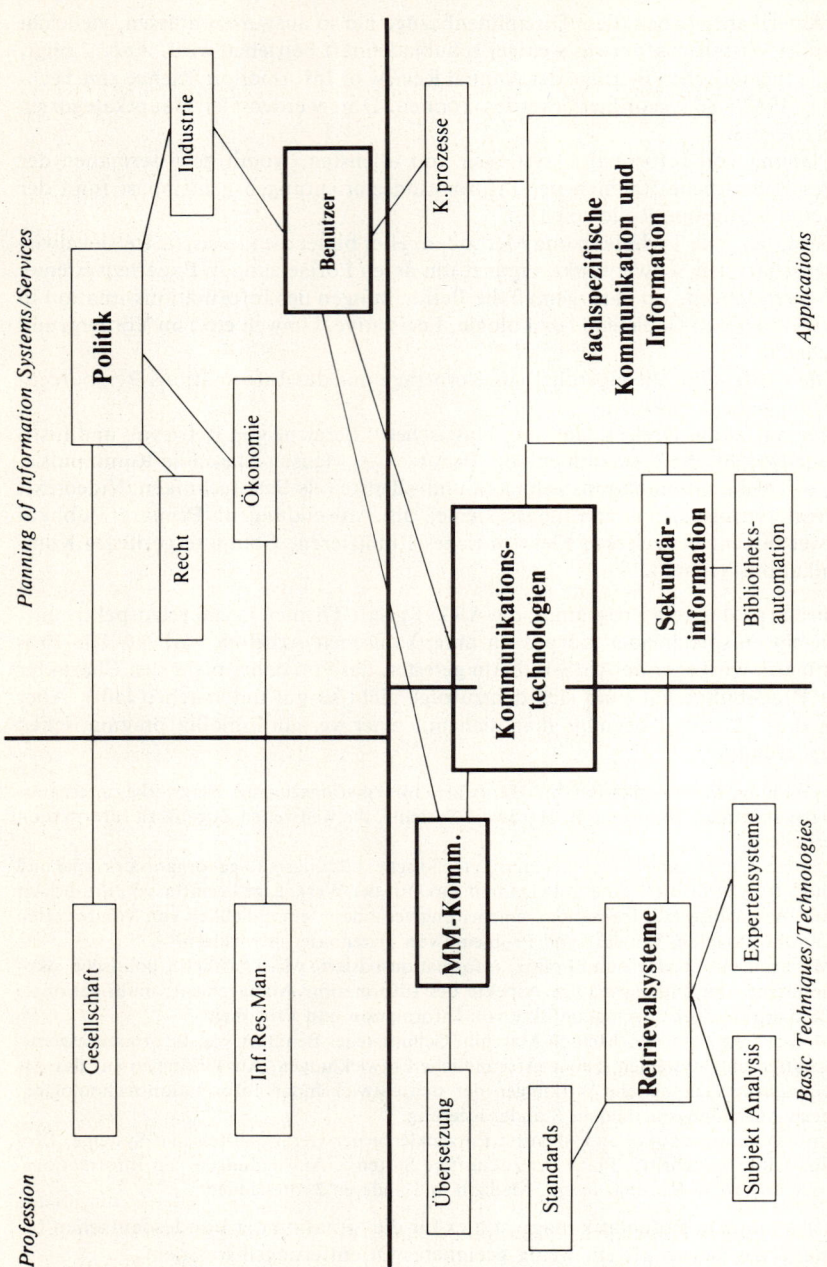

Abb. 2: Ordnung der thematischen Beiträge der Annual Review of Information Science and Technology 1982 – 86

G 7.3   Neue Orientierungskonzepte

Die Informationswissenschaft in der Bundesrepublik kann sich heute weder auf die disziplinären Sandkastenspiele ihrer Frühzeit verlassen, noch den pragmatischen Gemischtwarenladen der USA übernehmen. Wenn sie den Schritt zu einer Disziplin wagen will, die sich des neuen Themas der Interaktion von Wissen/Information, Technologie und Mensch annehmen will, braucht sie Punkte zu ihrer eigenen Orientierung, die nicht notwendigerweise eine strenge Systematik bedeuten müssen, aber immerhin einen Überblick auch für Außenstehende ermöglicht, womit sich diese Informationswissenschaft im einzelnen befaßt.

Geht man auf das z.T. einzig vorliegende Konsensdokument (Lit. 02.) zurück, läßt sich dem etwa – mit aller Vorsicht – die folgende Grundstruktur entnehmen:
(1) *Informatisierung* bedeutet Werkzeugdiversifikation, die im Bereich des Wissens Produktdiversifikation bewirkt. Damit verändert sich die Situation des *Wissens* (Hinzufügen könnte man hier: Und es verändern sich auch Lebens- und Arbeitswelten, sowohl direkt durch die neuen Werkzeuge, als auch indirekt durch die neue Situation des Wissens).
(2) Wissen wird in speziellen Handlungssituationen in Information umgeformt: Dieser Prozeß kann als *,,Informationsarbeit''* verstanden werden. In ihr findet Bildung von *informationellem Mehrwert* statt.
(3) Information suchen (an anderer Stelle ist dafür das Konzept des *Informationshandels* eingeführt worden) benötigt einen *kommunikativen Kontext*.
(4) Wissen benötigt *Präsentationsformen* (im hier angedeuteten Kontext vordringlich Sprache).
(5) Dadurch wird eine *Verarbeitungskette* deutlich, die besteht aus den Verarbeitungsformen
a. Wissensproduktion in Form kommunizierbarer Präsentationsformen.
b. Rekonstruktion von Wissen aus Wissensrepräsentationen.
c. Formen des Zugriffs auf Wissenspräsentationen. Diese Verarbeitungsform schließt die Problematik der Mensch-Computer-Interaktion ein.
d. Erarbeitung von Information und neuen Informationsprodukten.
(6) Verfahren zur Behandlung von Wissen können und müssen *evaluiert* werden.

Natürlich ist dies hier nur ein begrenzter Ansatz, ein Projektantrag, der an sprachlich gefaßtem Wissen ansetzt, aber er hat den Vorteil für sich, daß er vielleicht nach der Definition von Querschnittsbereichen in den 70er Jahren das erste gemeinsame Dokument vieler interessierter Wissenschaftler ist, daß er versucht eine informationswissenschaftliche Thematik aus der Problematik selber zu entwickeln und daß es zumindest ganz am Anfang einen allgemeinen Anspruch formuliert, der das konkrete Thema weit übersteigt.
Man könnte versuchen, hieraus eine Verallgemeinerung zu wagen *(siehe Abb. 3)*.

Wissen ist keine feste Größe, sondern unterliegt vielfältigen Einflüssen, die sich daraus herleiten, daß es ständig benutzt, verändert, transformiert wird. Dabei sind sicherlich vier Faktoren ineinander verwoben: *Technologien* schaffen Potentiale des Umgangs und der Nutzung von Wissen, *Menschen* sind Potentiale des Umgangs und der Nutzung von Wissen, Gesellschaft und Kultur schaffen sich *Steuerungsmechanismen* des Umgangs und der Nutzung von Wissen, unterschiedliche Anwendungsbereiche (hier würde der Autonomiebegriff von Max Weber greifen) schaffen sich eigene Wissensformen und Konventionen des Umgangs. Dieses ist gewisserma-

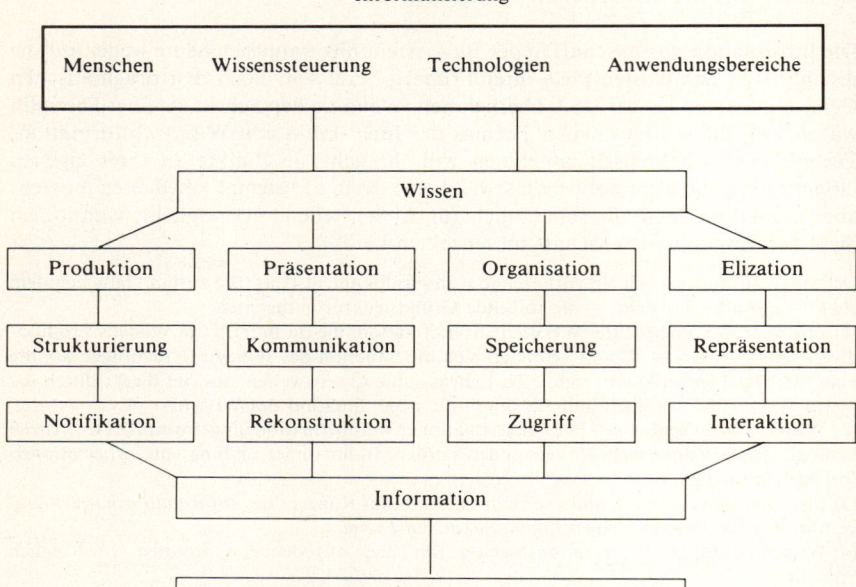

Abb. 3: Der wissenszentrierte Zusammenhang

ßen der Raum, in dem sich Wissen konkretisiert, in dem es zu Information und schließlich Rationalisierung des Handelns wird. In diesen Realisierungsraum von Wissen muß Informationswissenschaft hineingreifen, allerdings ohne den Anspruch erheben zu können, hier ein Monopol zu besitzen. Das hat dann auch den Vorteil, daß sie sich hier immer auf die jeweiligen Tendenzen, die den Nutzungszusammenhang von Wissen, Information und Handeln besonders betreffen, konzentrieren kann.

Wissen erschließt sich uns, je mehr wir die Interaktion von Wissen und Technik betrachten, als eine äußerst variable und vielschichtige Angelegenheit. Ausgehend von der Prozeßkette der DFG-Gruppe könnte man mindestens vier Ketten identifizieren, die eine Rolle spielen und bei denen recht unterschiedliche Techniken, Methoden, Produkte greifen können. Die Tradition der Dokumentation als Retrievalwissenschaft konzentrierte sich auf die Kette Organisation des Wissens, Speicherung und Zugriff auf diese Speicher. Sie tat dies auf der Basis einer anderen Prozeßkette, die sie gewissermaßen voraussetzte, nämlich der Präsentation von Wissen, der Kommunikation dieses präsentierten Wissens und der dann notwendigen Rekonstruktion aus dieser Präsentation (die immer ,,Dokument'' genannt wurde). Die neuen Technologien heben die Trennung zwischen diesen Prozeßketten deutlicher auf als früher, so daß wir im Gesamtprozeß der Nutzung von Wissen diese Ketten als Alternativen, aber auch als mehrfach miteinander kombinierbare Prozeßelemente auffassen können.

Die sogenannten wissensbasierten Systeme rücken allerdings auch zwei weitere Prozeßketten (die hier nicht neu sind) in den Bereich der Aufmerksamkeit: Ein wichtiges Verfahren der Nutzung von Wissen war schon immer das interaktive Befragen
eines Wissenden, dessen Erfolg davon abhing, ob man aus einem Wissenden dessen
Wissen herausholen (Elizitation) und es auch in einer eigenverständlichen Form repräsentieren konnte. Expertensysteme bewegen sich in die Richtung der Entpersonalisierung dieses Prozesses. Dabei wird aber auch deutlich, daß Wissen nicht
gleich Wissen ist. Von der Wissensproduktion geht eine Prozeßkette aus, die zumindest über die Einbindung neu produzierten Wissens in existierende Wissensstrukturen zur Anerkennung dieses Wissens (auf verschiedenen Ebenen) führt, dies
ist hier in Ermangelung eines besseren Begriffs ,,Notifikation'' genannt worden.

G 7.4 Informationswissenschaftliche Teilkomplexe

So interessant diese Überlegungen sind, so wenig lassen sie jedoch zunächst die Ableitung einer eindeutigen Strukturierung der Informationswissenschaft zu (bzw.
diese Struktur wäre so voluminös, daß man damit nicht zu den wahrscheinlich notwendigen strategischen Konzentrationen käme). Aber sie könnte zu einer Bestandsaufnahme führen, die die besonderen Defizite der Gegenwart verdeutlicht und die
Bereiche aufzeigt, in denen Informationswissenschaft besonders gebraucht würde.
Eine solche Bestandsaufnahme soll im Folgenden simuliert werden.

– ,,*Mensch und Wissen*'' ist eine legitime Angelegenheit von kognitiver Psychologie und
Wissenssoziologie. Beide Bereiche sind allerdings recht wenig entwickelt, der erste ist sehr von
den Fragestellungen der Künstlichen Intelligenz dominiert, der zweite immer noch von den
ideologiekritischen Fragestellungen. Im Grunde befinden wir uns hier in einem sehr dünn gefüllten Raum, in dem noch vieles offen ist. Dies gilt insbesondere für die nicht-sprachlichen
Wissensformen.
– ,,*Gesellschaftliche und kulturelle Steuerung des Wissens*'' unterliegt in vielen Teilaspekten
vielen Disziplinen wie Rechtswissenschaft, Politologie, Soziologie, ohne daß dies dort bislang
anders als unter innerdisziplinären Gesichtspunkten thematisiert worden wäre. Hier ist vielleicht weniger eigenständige Forschung zu betreiben, als dem neuen Aspekt des Wissens Geltung zu verschaffen. Dabei wird sich herausstellen, daß die gesellschaftliche und kulturelle
Wissenssteuerung immer nur ein Nebeneffekt ist, d.h. daß das Wissen immer nur von Steuerungsmaßnahmen betroffen, aber kaum jemals Gegenstand der Maßnahmen war. Die Grundlegung für wissensorientierte Strategien wäre eine wesentliche zukunftsorientierte Aufgabe
(vgl. Lit. 08.).
– ,,*Wissen und Technologien*'' ist vielleicht der zentrale Zukunftsaspekt der Informationswissenschaft. Neue Informations- und Kommunikationstechnologien greifen in alle Prozeßketten des Wissens ein, verändern sie, machen Prozeßverkettungen neuer Art möglich. Informationswissenschaft muß daher *alle* neuen Informations- und Kommunikationstechnologien betrachten und auf ihre Wissensrelevanz hin untersuchen. Wissensorientierte Technikbeurteilung wird zu einem auf lange Zeit zentralen Aufgabegebiet der Informationswissenschaft werden müssen.
Dabei muß vor allem die Kenntnis der Prozeßketten und ihre Veränderung durch die Technologien eine zentrale Rolle spielen. Die Betrachtung der Prozeßketten wird als Grundlagenfor-

schung für viele andere Wissenschaftsbereiche immer dringlicher, wobei die Rolle der neuen Technologien, die existierenden Steuerungsmechanismen und die Rezeptions- und Kreativitätspotentiale von Menschen eine wichtige Rolle spielen.

– *Produktion:* Wie produzieren Menschen Wissen, insbesondere wenn sie dabei technisch unterstützt werden? Welche Formen des Wissens gibt es überhaupt, wie wird es strukturiert? Darüber wissen wir praktisch nichts (sofern nicht eher zufällig disziplinenbezogen entstanden). Wie läßt sich Wissen daraufhin einschätzen, welche Notifikationsgrade es erreicht hat, welche Notifikationsgrade gibt es überhaupt, woran sind sie erkennbar? Alles dieses sind offene – und für Wissensingenieure sehr wichtige – Fragen, aber niemand beantwortet sie bisher.

– *Präsentation:* Wie setzt man Wissen um in kommunikationsfähige Präsentationen? Im Textbereich scheint es einen (allerdings auch nicht immer erfolgreichen) Erfahrungsschatz zu geben. Aber wie verhält sich dieser unter neuen Kommunikationsbedingungen, wie unter den vielen Formen der zeitlichen, räumlichen und intellektuellen Virtualität? Wie ist Wissen in multifunktionale und multi-mediale Technologien umzusetzen? Wie können neue Kommunikationstechnologien wissensadäquat eingesetzt werden? Darum kümmern sich einige Leute in einigen Anwendungsbereichen (muß man annehmen): im Bildungswesen, vielleicht auch in der Publizistik. Aber keiner untersucht dies übergreifend.

– *Organisation:* Dies ist zweifellos die ureigene Domäne der Informationswissenschaft und hier muß man ihr nicht viel sagen. Aber vielleicht werden auch hier noch viele Fragen sich öffnen mit neuen Technologien (wie organisiert man am besten Ablagen auf Floppy Disks oder WORM's – Antworten hierauf wären von enorm praktischem Wert). Die technischen und mathematischen Details könnte man ruhig den dafür Berufenen überlassen, die intellektuellen Organisationsfragen, wie denn Wissensspeicher so eingerichtet werden können, daß sie in Information umgesetzt werden können, sind die eigentlich spannenden Fragen, die auch die Informationswissenschaft als Retrievalwissenschaft bei allem mathematischen Aufwand bisher nicht oder nur sehr unzureichend beantwortet hat.

– *Elizitation:* Hier tut sich ein völlig neues Arbeitsgebiet auf. Daß Leute sich unterhalten, galt als etwas völlig normales, die Konversationsforschung hat hier einige nicht sehr weiterführende Akzente gesetzt. Expertensysteme forcieren die Forschung in diesem Bereich, denn sie sind auf das Wissen von Experten angewiesen. Aber wie bekommt man es aus ihnen heraus, wie validiert man einzelne Wissensstatements, wie kategorisiert man sie, wie setzt man sie um in andere Repräsentationsformen, wie integriert man sie in personenunabhängige Interaktionsformen, wie sie Expertensysteme vorsehen? Die Informatik hat äußerlich bestechende Systeme geliefert, aber nun gilt es sie anzuwenden. Dazu ist die Elizitation und die Transformation des elizitierten Wissens in entsprechende Systeme notwendig.

G 7.5   Praxisbereiche

Damit nähern wir uns der Frage, welche Praxisbereiche sich Informationswissenschaft im neuen Selbstverständnis, das nicht mehr einer Disziplinenmischung und -überlagerung entspringt, nähern soll. Diese ergeben sich notwendigerweise aus der Interaktion von Technologieentwicklung und Anwendungsbereichen. Die Fachinformation (als Nachfolge der Dokumentation) war besonders sensibel für neue wissensrelevante Technologieformen und von daher eine Zeit von besonderem Interesse (besonders für die Retrievalwissenschaft). Solange sie auf ihrer on line-Fixierung beharrt, ist sie zwar nach wie vor ein Forschungsgebiet, in dem eine Fülle von Fragestellungen untersucht werden können, das aber an Attraktivität verliert, wenn einerseits die Informationswissenschaft nicht als Partner gesucht wird und andererseits die neueren Entwicklungen nicht absorbiert werden. Außerdem ist in der klassischen Fachinformation vieles methodisch ausgereizt, so daß sich das wissenschaftliche Interesse notwendigerweise verlagern muß.

Für die Zeit bis zum nächsten Jahrtausend drängen sich mindestens die folgenden Bereiche für die Informationswissenschaft auf:

(a) **Wissensanalytik:** Nicht nur mit den Expertensystemen wird das Wissenskonzept vor eine neue Herausforderung gestellt. Wie läßt sich Wissen herausholen, rekonstruieren, umformen, bewerten, portionieren, ordnen? Diese und viele andere Fragen sind von zunehmender Bedeutung nicht nur im Zusammenhang mit dem Aufbau von Wissensbasen, sondern auch bei der Gestaltung von Bildplatten, von Informationsdiensten, des Einsatzes von KI-Verfahren usw. Vielleicht brauchen wir noch etwas Zeit, um einen besseren Ausdruck als den ,,Wissensingenieur'' zu finden, aber das ist etwas, das gebraucht werden wird – der Wissenschaftler, der Wissen und seine Träger zu analysieren versteht und dies umsetzen kann in technische Problemlösungen.

(b) **Visuelle Kommunikationsgestaltung:** Viele der neuen Technologien bringen neue visuelle Angebotsformen (Lit. 07.). Unsere visuelle Welt wird umfänglicher, vielfältiger, aufdringlicher. Welche Chancen liegen darin, Wissen darzustellen und zu vermitteln? Die Werbung hat das bereits erkannt, folgt aber anderen Zielen. Visuelle Wissensvermittlung wird ein wichtiges Thema werden, von Museen, Ausstellungen, Messen über Bildplatten, Computergrafik, Bildspeicher bis hin zu Bildkommunikation, Bildabrufsystemen und Bildanalyse. ,,Kommunikationsdesign'' ist heute in der Werbewirtschaft ein schon bekannter Begriff, visuelle Informationsmittel sind ein nächster Schritt, für den Informationswissenschaft wesentliche Grundlagen liefern könnte (,,Informationsdesign''?).

(c) **Büroautomatisierung:** Über diesen Anwendungsbereich braucht man nicht viele Worte zu verlieren – Büro wird heute meist als Informationsverarbeitung definiert (Lit. 06.) Hier dringen neue Technologien besonders aggressiv ein, hier sind neue Arbeitsformen besonders notwendig. Büroinnovation kann allerdings vieles heißen: neue Technik, neue Arbeitsweisen, neue Organisationsformen, neue Schulungskonzepte, neue Speicher. Der Büro-Innovator wird gesucht werden, wenn er sich anbietet.

(d) **Kommunikationsanalyse:** Die Organisationen sind verunsichert ob der Vielfalt von neuen Informations- und Kommunikationstechnologien, die plötzlich auf sie zukommen (und die meisten kennen sie noch nicht einmal). Hier brauchen sie Sachverstand, der die Technik kennt und in der Lage ist, Technikeinführung und Organisationsumstellung aufeinander zu zu bewegen. Dies kann von einer allgemeinen strategischen Kommunikationsplanung bis zur kleinteiligen Arbeitsplatzanalyse reichen. In der Regel wird die eigentliche Kernfrage sein, wer etwas wissen muß und wie man es ihm mitteilt – dies reicht dann bis zum Netzwerk-Design, das eben nicht nur die Kabel-Ebene betrifft, sondern von den Kabeln bis zu den Arbeitsweisen der vernetzten Mitarbeiter gesehen werden muß (Lit. 13.).

(e) **Elektronisches Publizieren:** Viele Leute betrachten bereits online-Datenbasen als elektronisches Publizieren. Damit wird man aber dem Stand der Technik nicht gerecht. Die Verteilweisen von Nachrichten (um ,,Publizieren'' kurz zu bestimmen) nehmen erheblich zu − CD mit allen Varianten, Bildplatten, Floppy Disk-Vertrieb, Netzwerk-Dienste, Desk Top Publishing, On Demand-Publishing sind alles Komponenten einer grundlegenden Umgestaltung unserer Welt, in der Wissen anderen zur Verfügung gestellt werden soll. Darin wird sich auch das klassische Verlagswesen noch mehr als bisher elektronifizieren müssen. Hier wird übergreifender Sachverstand erforderlich, den Informationswissenschaft vielleicht am ehesten liefern kann.

(f) **Elektronische Kommunikationssysteme:** Neben dem Telefon wachsen neue Kommunikationssysteme − Telex, Telefax, Mail-Box, Electronic Mail, Audio-, Video-, Computerkonferenzen. Dies ist nur eine Auswahl. Sie setzen unterschiedliche Endgeräte-Technologien, unterschiedliche Netzwerke und auch unterschiedliche Software voraus. Sie sind miteinander kombinierbar, aber auch alternativ zu sehen. Die Anwender sind mit diesen vielen Möglichkeiten (neben denen immer noch die klassischen des Telefons, des Briefs, des Reisens stehen, die allerdings auch zum Teil von diesen Technologien infragegestellt werden) verunsichert. Spezialisten, die hier nicht nur die Technik und den Markt kennen, sondern auch die Bedürfnisse der betreffenden Anwender (und deren Informationsgewinnungs- und -austauschmodalitäten verstehen), können hier von wesentlicher Bedeutung sein.

(g) **Mensch-Maschinen-Schnittstellen:** Die klassische Schnittstelle zum Wissen ist der Daumen, der in einem Buch blättert − davon muß man Abschied nehmen. Die neuen Schnittstellen sind meist eine Tastatur oder eine Maus, aber was sie bewirken, ist häufig für den normalen Menschenverstand seltsam genug. Die Schnittstellen zwischen Mensch und elektronischem Gerät oder allgemeiner die Mensch-Maschinen-Kommunikation wird eine entscheidende Rolle bei der Marktdurchsetzung der weit entwickelten Hardware und der entsprechenden Netzwerke spielen. Einigen Informatikern ist hierzu Interessantes eingefallen. Aber hieran wird noch zu arbeiten sein und die Geräteproduzenten sollten hierin ein wesentliches Betätigungsfeld sehen, für das sich Informationswissenschaftler anbieten (bis hin zur Gestaltung von (bisher miserablen), Handbüchern und Schulungskursen).

(h) **Folgenabschätzung:** Gesellschaft ist verunsichert über alles Neue, weil schon das Alte heute bereits so viele verwirrende Folgen mit sich gebracht hat. Die neuen Informations- und Kommunikationstechnologien werden viel verändern und die Abschätzung dieser Veränderungen ist ein gesellschaftliches Problem geworden. Dies ist vielleicht kein Berufsfeld allein für Informationswissenschaftler, aber eine Aufgabe, an der sie verantwortlich teilhaben müssen.

(i) **Kulturberatung:** Durch die neuen Informations- und Kommunikationstechnologien und insbesondere auch durch ihre Bezüge zum Wissen wird Kultur auf eine erhebliche Belastungsprobe gestellt. Dabei bieten die Technologien − richtig verstanden − auch ganz neue kulturelle Artikulationsmöglichkeiten. Die Kulturschaffenden und -verantwortlichen brauchen hier Rat und Innovationshilfen. Der Informationswissenschaftler als Kulturberater wäre die Kulmination des Anspruchs von Informationswissenschaft, bei der Bewältigung des Aufeinandertreffens von Wissen und Technologien hilfreich zu sein.

Dies sind einige der Praxisbereiche, die sich aus der gegenwärtigen Situation der Informationswissenschaft andeuten. Die Informationswissenschaft ist nicht die einzige Partei, die diese Bereiche sieht und anzielen könnte. Sie muß sich also über den oben angedeuteten Konsensbereich hinaus bald erklären, ob und wie sie sich am Wettlauf um diese Praxsbereiche beteiligen will. Schließlich sitzt sie zwischen den Stühlen und damit näher am Boden und kann viele Dinge eher sehen. Aber die auf den Stühlen sind auch nicht blind. Vielleicht entscheidet die thematische Orientierung der Informationswissenschaft über ihr zukünftiges Geschick.

Literatur

01. Heidtmann, Frank: Zur Theorie und Praxis der Benutzerforschung. München – Pullach – Berlin 1971.
02. Information aus sprachlich repräsentiertem Wissen. Antrag zu einem neuen DFG-Schwerpunkt im Schnittbereich von Informationswissenschaft, Linguistik und Informatik. Konstanz 1988.
03. Information Science Today. In: ASIS Bulletin Vol. 12, Dec./Jan. 1986, Nr. 2, S. 7.
04. Kunz, Werner; Rittel, Horst: Die Informationswissenschaften. Mskr. Heidelberg 1969, München 1972.
05. Neveling, Ulrich; Wersig, Gernot (Red.): Terminologie der Information und Dokumentation. München 1976.
06. Rauch, Wolf Dietrich: Büro-Informations-Systeme. Sozialwissenschaftliche Aspekte der Büro-Automatisierung durch Informationssysteme. Wien – Köln – Graz 1982.
07. Schuck-Wersig, Petra; Wersig, Gernot: Das Potential des Bildes. In: Rundf. Ferns. 1986, Nr. 1, S. 44 – 63.
08. Spinner, Helmut F.: Technikfolgenforschung im Überblick. In: Der Hochschullehrer, 1989, Nr. 2, S. 1 – 7.
09. Wersig, Gernot: Information – Daten – Zeichen – Nachricht – Code – Wort. In: Nachr. Dok. Jg. 28/1977, S. 183 – 185, (auch DIN-Mitt. Nr. 6/1977, Angewandte Informatik Nr. 9/1977).
10. Wersig, Gernot: Informationssoziologie. Frankfurt a.M. 1973.
11. Wersig, Gernot: Das Informationssystem als Gegenstand der Informationswissenschaften und der Informatik. In: GI-Fachtagung Information Retrieval Systeme (IRS)/Management Informations Systeme (MIS). Stuttgart 1970, S. 321 – 329.
12. Wersig, Gernot: Thesaurus-Leitfaden. München – New York 1978.
13. Wersig, Gernot: Organisations-Kommunikation: Die Kunst ein Chaos zu organisieren. Baden-Baden 1989.

H   Tendenzen der Information und Dokumentation

H 1   Einleitung und Überblick

Im Rahmen von Planungen und Entscheidungen gehören zu den Grundlagen der Informationspraxis auch Kenntnisse über die künftigen Entwicklungen der Information und Dokumentation. Dieses letzte Hauptkapitel stellt solche absehbaren Tendenzen vor.

Es handelt sich dabei nicht im engeren Sinne um Prognosen, sondern es werden vier Entwürfe zur Bestimmung des Stellenwertes der Informationsarbeit formuliert. Diese befinden sich – weitgehend übereinstimmend bei allen Autoren – im Schnittfeld von Informations- und Kommunikationstechnologien einerseits und einer (wie auch immer definierten) gesellschaftlichen Bedeutung des „Stoffes" Information andererseits.

Unter dem Vorzeichen globaler Sichtweise der Informationstätigkeit stellt *G. Wersig* im Kapitel *H 2 „Informationstechnik und Informationsarbeit"* zentrale Konzepte für die Konstituierung des Gegenstandsbereiches heraus und entwickelt aus ihnen weitreichende Perspektiven künftiger Aufgabenstellungen.

K. Lenk verfolgt in seinem Beitrag *H 3 „Tendenzen der Informationsstrukturen"* die individuelle und gesellschaftliche Bedeutung der Nutzung von Information und leitet daraus Ansätze für eine angemessene Informationspolitik ab.

Im Kapitel *H 4 „Tendenzen der Informationssysteme"* zeigt *N. Fuhr* aus einer speziellen Sicht der Datenverwaltung die sehr wahrscheinlichen Entwicklungen von Rechnersystemen und diskutiert diese technischen Entwicklungen im Hinblick auf ihre Auswirkungen auf die Praxis der Informationsarbeit.

Sind die ersten drei Kapitel weitgehend auf die künftigen Strukturen und Funktionen der praktischen Informationstätigkeit ausgerichtet, so befaßt sich der abschließende Beitrag *H 5* von *G. Wersig* mit den *„Tendenzen der Informationswissenschaft"* als einem wichtigen Teilaspekt der Informationsarbeit, dem gerade mit Blick auf die Zukunft große Bedeutung zukommen kann.

H 2 Informationstechnik und Informationsarbeit

Gernot Wersig

H 2.1 Technik und Informationsarbeit

,,Dokumentation'' hing schon immer sehr eng mit Technik zusammen. Bereits die Notwendigkeit, so etwas wie ,,Dokumentation'' zu betreiben, entstand auch durch die technischen Fortschritte im Bereich des Druckwesens (Schnellpresse, Setzmaschine, Bildrasterung), die die ,,Literaturflut'' im wissenschaftlich-technischen Bereich erst möglich machte.

Daß über lange Zeit das Modell ,,Karteikarte und Klassifikation'' für die Dokumentation prägend war, hängt sicher auch damit zusammen, daß der informationstechnische Standard der ersten Hälfte des 20. Jahrhunderts für Textspeicherungen mit wahlfreiem Zugriff keine bessere Möglichkeit anbot. Reprographie war nach dem 2. Weltkrieg nicht nur deshalb ein Hauptthema der Dokumentation, weil die Bestände an Literatur durch den Krieg erheblich dezimiert waren, sondern auch, weil es sich um eine Technologie handelte, die nun marktreif wurde und die es auszunutzen galt. Die technische Neuerung der Schlitz-, Kerb- und Sichtlochkarten führte zwangsläufig auch zu einer methodischen Umorientierung.

Die Dokumentation zählte dann nicht nur zu den frühen Nutzern der neuen Datenverarbeitungsmöglichkeiten in Form von sortier- und selektierbaren Lochkarten, sondern entwickelte daraus auch ein methodisches Selbstverständnis, das über ca. 20 Jahre vorherrschte und auch heute noch breite Geltungsbereiche hat (die koordinierte Indexierung).

Das IuD-Programm der Bundesregierung von 1975 (Lit. 05.) wäre im Vorfeld beinahe an der technischen Vision des ,,Informationsbankensystems'' (Lit. 13.) gescheitert, sein tatsächliches späteres teilweises Scheitern ist auch darauf zurückzuführen, daß bei den Realisierungsbemühungen die Frage der Nutzung der neuen online-Technik zu sehr im Vordergrund stand und die Neuordnung des Feldes erheblich belastete. Die heutigen öffentlichen Paketvermittlungsdienste wurden ursprünglich in Form von ,,Euronet'' aus dem Informations- und Dokumentationsbereich initiiert. Schließlich hat sich die Fachinformation selbst fast vollständig an das online-Datenbasen-Modell gebunden (Lit. 07.).

Hier ist nicht der Ort der Nachfrage, ob diese Technikbindung immer sinnvoll oder richtig war (vgl. Lit. 24.), sondern es ist nur zu konstatieren, daß Information, Information und Dokumentation, Fachinformation oder wie immer man die gesellschaftlich organisierte Informationstätigkeit gerade genannt hat, sich immer um eine Nutzung der gerade neuesten Informations- und Kommunikationstechnologien bemüht hat, ihr Selbstverständnis aus Techniknutzung schöpft und methodisch durch die Technikentwicklung immer wieder herausgefordert wird.

Auch wenn informationspolitisch eine Bindung der Fachinformation nur an eine bestimmte Technikentwicklung vorgezogen wird, ist für die Informationstätigkeit in ihrer realen Aufgabenstellung die Bindung an die Entwicklung der Informations- und Kommunikationstechnologien nicht zu übersehen. Dies gilt um so mehr in einer Zeit, in der die Informations- und Kommunikationstechnologien der bemerkenswerteste technische Entwicklungzweig sind, der viele Experten dazu veranlaßt, von „Informationsgesellschaft", „kommunikativer Revolution", „Informationszeitalter" u.ä. zu sprechen und zu schreiben. Die technischen Entwicklungen werden einen beherrschenden Einfluß auf Formen und Organisation von „Informationsarbeit" ausüben, von daher ist es geradezu lebenswichtig, ihren Fortgang, ihre Potentiale, ihre Auswirkungen zu studieren und sie innovativ zu nutzen. Wenn es eine „Informationsprofession" gibt, dann ist es für diese besonders wichtig, die neuen Technologien zu nutzen – bevor es andere Professionen tun.

H 2.2   Technikbereiche

Die Dokumentation war über lange Zeit in ihrer Technikorientierung relativ fixiert auf die Speichertechnologien – ob dies nun Karteikarten, Lochkarten oder Datenbanken waren. Mit letzteren hat sie ihr Spektrum etwas erweitert in den Bereich des Terminal-Rechner-Zugriffs (und die meisten Nutzungen eines Dienstebündels wie Bildschirmtext für Zwecke der Fachinformation weisen auch diese Grundstruktur auf). Diese Selbstbeschränkung basierte auf dem dokumentarischen Grundmodell *(vgl. Abb. 1):* Es gibt ein reiches „Quellenwesen", d.h. Tätigkeitsbereiche, die Informationsquellen produzieren, die Informationsarbeit greift diese Quellen, bereitet sie auf und macht sie durch eigene Systeme zugänglich. Die Nutzung dieser eigenen Systeme bleibt den Benutzern vorbehalten.

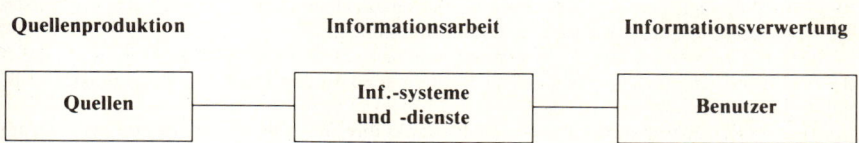

Abb. 1: Dokumentarisches Grundmodell

Ob die Speicherung und Zugänglichmachung der Quellen selber in ihrer physischen Form integraler Bestandteil der Informationsarbeit im engeren Sinne ist, war dabei umstritten. Dieses Grundmodell war so lange nicht weiter problematisch, als die drei Bereiche sich auch technisch voneinander differenzierten: der Drucker von Dokumenten, die Erstellung von Datenbasen, die Nutzung von Ausdrucken und Dokumenten vermittels intellektueller Prozesse zur Gewinnung von Erkenntnis, die wieder zu Dokumenten führen konnten, dies ließ sich hübsch auseinanderhalten. Weder die Techniken noch die Menschen machen auf die Dauer diese Vorstellung mit – die Techniken wachsen immer mehr zusammen, werden mächtiger und oberflächlich identischer, die Menschen wollen sich möglichst wenig um irgendwelche Kompetenzabgrenzungen kümmern, sondern vor allem das Wissen bekommen, von dem sie der Auffassung sind, daß sie es brauchen.

Selbst wenn man bei der Idee des „Informationssystems" bleibt, weil man sich daran gewöhnt hat, ist es wichtig sich vor Augen zu halten, daß der „natürliche" Weg der Information immer noch der des direkten Austauschs von Menschen untereinander ist und „Informationssysteme" lediglich „Krücken" sind, die diesen Prozeß da, wo er nicht naturwüchsig stattfindet, unterstützen oder simulieren (Lit. 14.). Wir müssen also den Gesamtbereich der Kommunikation ins Blickfeld bekommen, wie er etwa in *Abb. 2* dargestellt ist.

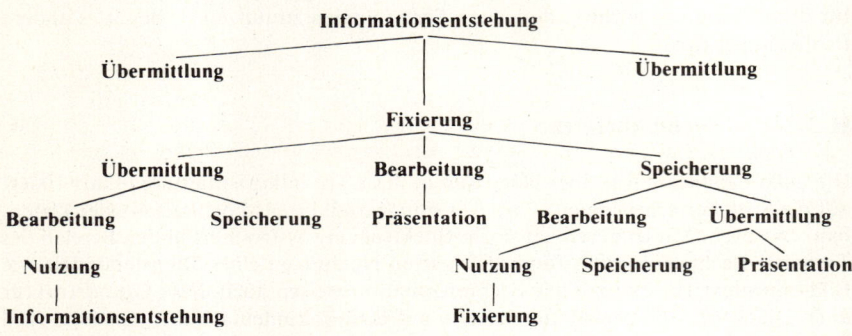

Abb. 2: Informationszusammenhänge

Das Schaubild soll einen Eindruck davon vermitteln, daß der Prozeß, in dem sich Informationsarbeit bewegt, sehr viele Erscheinungsformen annehmen kann, in denen sich verschiedene Komponenten immer wieder neu verknüpfen können:
– *Informationsentstehung:* „Information" (an dieser Stelle kann dieses Konzept noch undifferenziert bleiben) entsteht nicht nur in Köpfen, sondern zunehmend in Technologien, z.B. als Ergebnis eines Rechenprozesses.
– *Fixierung:* „Information" kann zum Zeitpunkt ihres Entstehens genutzt und dann wieder „vergessen" werden (Zwischenstadien von Rechenprozessen oder Meßwerte, die sofort an Aktionseinheiten weitergeleitet werden) oder sie kann fixiert werden, um relativ zeitunabhängig benutzt zu werden.
– *Speicherung:* Darunter wird hier die Aggregation einigermaßen ähnlicher Informationseinheiten in eine physisch integre Umgebung verstanden, wobei die Aggregation die Identität der Informationseinheit nicht aufhebt (wie dies bei Formen der logischen Aggregation z.B. in Form von Statistiken geschieht).
– *Bearbeitung:* Natürlich kann man jede einmal vorliegende Form von „Information" bearbeiten und die Bearbeitung kann ganz unterschiedliche Formen annehmen: Umcodieren, Aggregieren, Selektieren, Kondensieren etc.
– *Präsentation:* Hierunter verstehen wir hier die Aufbereitung von Informationseinheiten in einer Art und Weise, wie sie letztlich dem menschlichen Informationsnutzer übergeben wird, die also seine rezeptiven und kognitiven Möglichkeiten einbezieht.
– *Nutzung:* Damit wird der Bereich angesprochen, der letztlich das Ziel der Informationskette ist, nämlich die Information für bestimmte Zwecke zu verwerten. Diese Verwertungsprozesse werden üblicherweise in Beziehung gesetzt zu dem Begriff der „Intelligenz" und sie sind mindestens der Punkt, an dem aus einmal generierter Information neue Information entstehen kann. Natürlich kann auch an allen anderen Stellen neue Information entstehen, an einem

Speicher verändert sich durch einen Speicherzugang sein Umfang: auch dies kann bereits interessant sein.
– *Übermittlung:* Daß alle diese Prozesse auf Übermittlungsprozessen aufsetzen, ist nicht weiter zu erläutern, bereits die Tastatur eines Personal Computer muß über ein Kabel oder eine Funkstrecke mit der Zentraleinheit verbunden sein.
Alle diese Prozesse wurden und werden technisch unterstützt, das war schon immer so, wenn man bedenkt, daß auch so antiquierte Hilfsmittel wie Federkiel, Tinte und Papier oder Postkutschen bereits recht komplexe Technikleistungen darstellen.

H 2.3   Die neuen Trends

Wenn das schon immer so war, was ist das Neue am ,,Informationszeitalter''? Zunächst muß man sich vergegenwärtigen, daß fast keine der Informations- und Kommunikationstechniken, die die Menschheit ersonnen hat, vollständig von anderen abgelöst worden ist, sondern im extremen Fall nur ihren Funktionsbereich verändert hat (auch heute noch gibt es Steininschriften, wenn auch nur im eingeschränkten Bereich der Grabmale). Unser informations- und kommunikationstechnisches Repertoire hat sich im Laufe der Geschichte erheblich erweitert, wobei es immer eine Zeit brauchte, bis sich das Repertoire in seiner Nutzung neu formierte, wenn eine Innovation hinzukam.
Seit einigen Jahren stehen wir nun vor der Situation, daß eine Fülle neuer Informations- und Kommunikationstechnologien auf uns zukommen, die zum Teil ganz neue Leistungsmerkmale mit sich bringen. Dies beruht auf einigen Basistechnologien, die mit IuK zunächst gar nichts zu tun haben: natürlich die Laser-Technik, mit der Licht zu einem universell verwendbaren Instrument wird, die Festkörperphysik und Materialkunde, die nicht nur immer neue Stufen der Miniaturisierung ermöglichen, sondern auch Werkstoffe mit immer neuen Leitungsmöglichkeiten schaffen. Unser bestehendes Spektrum an Technologien, Geräten und Diensten wird in einem Zeitraum von ca. 20 Jahren enorm erweitert und diese Erweiterung ergreift praktisch alle Wahrnehmungs- und Ausdruckskanäle von Menschen. Diese Erweiterung findet anders statt, als sich bisher das Spektrum erweitert hatte: Die Fotografie hatte eine andere technische Basis als die Presse, das Telefon wieder eine andere etc. Die neuen Technologien sind dagegen technisch ineinander überführbar, da sie nicht mehr auf dem Prinzip der analogen Darstellung beruhen (das klassische Telefon z.B. setzte Schallschwingungen in analoge elektrische Schwingungen um), sondern alles digitalisieren und damit ineinander überführbar machen. Natürlich bieten hier gewisse analoge Darstellungen noch Grenzen, aber es handelt sich um Grenzen, die noch vor einigen Jahren überhaupt ganz utopisch gewesen wären. Die einzelnen Techniken schließen sich immer mehr zu einem zusammenhängenden Informations- und Kommunikationskomplex zusammen, d.h. sie haben einen Hang zur gegenseitigen Integration.
Waren in den ersten Phasen der Datenverarbeitung (als den Vorläufern der neuen IuK-Technologien) diese Anlagen so teuer, daß sie nur an wenigen Orten vorgehalten werden konnten, ist bei allen neuen IuK-Techniken ein zunehmender Trend zur drastischen Verringerung von Preis-Leistungs-Verhältnissen zu beobachten.

Datenverarbeitungsleistungen, die Ende der 60er Jahre mehrere Hunderttausend DM gekostet haben und eigene Räumlichkeiten benötigten, stehen heute für weniger als 10.000 DM auf einem Schreibtisch. Natürlich gibt es auch immer noch Anlagen für viele Millionen DM (Super-Computer wie von Cray), aber auch sie können − wenn man sie benötigt − im Prinzip von einer kleinen Anlage relativ preisgünstig (mehrere 1.000 DM pro Stunde) benutzt werden (ein normaler Mensch wird dazu allerdings kaum jemals Veranlassung haben). Die Geräte und Dienste werden auf fast allen Ebenen so preisgünstig, daß sie praktisch jedermann nutzen kann, wie das etwa das Schlagwort der ,,Masseninformatik'' (Lit. 03.) nahelegt.

Die drei Schlagworte Leistungsexplosion, Integration und Massenstreuung kennzeichnen gewissermaßen die *Megatrends* des Prozesses, den man auch ,,Informatisierung'' (Lit. 16.; Lit. 22.) genannt hat. In diesem Rahmen werden einige Leistungsbündel zu erwarten sein, auf die hier nur schlagwortartig hingewiesen werden kann:

(a) Die Geräte werden intelligenter. Einige Dimensionen von Geräteintelligenz sind an anderer Stelle bereits zusammengefaßt worden (Lit. 25., S. 144/5):

(1) *Zeitpunktunabhängigkeit*, d.h. die betreffende Einrichtung ist nicht an einen bestimmten Zeitablauf gebunden, wenn sie aktiviert wird, sondern kann in Abhängigkeit von bestimmten Eingaben Sequenzen von Aktivitäten ausführen (vgl. z.B. die Verfahren, Videorecorder durch bei Sendebeginn mitgefunkte Steuerzeichen zu aktivieren).

(2) *Speicherfähigkeit*, d.h. die Einrichtung ist nicht wie der Prototyp der mechanischen Einrichtung zu einem Zeitpunkt nur in einem bestimmten Zustand, sondern kann auch auf vergangene oder potentielle Zustände oder zustandsbestimmende Vorgaben zugreifen.

(3) *Wahrnehmungsfähigkeit*, d.h. die Einrichtung ist in der Lage, einzelne Sequenzen von Aktivitäten nicht in einer festen Abfolge durchzuführen, sondern in Abhängigkeit von bestimmten Wahrnehmungen selbst zu starten und zu stoppen.

(4) *Kontrollfähigkeit*, d.h. die Einrichtung ist in der Lage, in Bezug auf ihre Wahrnehmung Interaktionen zu produzieren, die andere Einrichtungen zu Aktivitäten veranlassen.

(5) *Kommunikationsfähigkeit*, d.h. die Einrichtung ist in der Lage, differenzierte Meldungen nach außen zu geben.

(6) *Diagnosefähigkeit*, d.h. die Einrichtung ist in der Lage, Abweichungen vom erwarteten Verhalten zu analysieren und differenziert kundzutun.

(7) *Varietätsfähigkeit*, d.h. die Einrichtung ist nicht nur für eine bestimmte, spezifische Aufgabe eingerichtet, sondern kann unterschiedliche Aufgaben übernehmen.

(8) *,,Mehrfachverarbeitungsfähigkeit''*, d.h. die Einrichtung kann − bezogen auf die menschliche Zeitwahrnehmung − mehrere unterschiedliche Aufgaben zur gleichen Zeit durchführen.

Damit wird die Gerätebedienung teilweise selber automatisierbar: Geräte bedienen Geräte, die Geräte bedienen. Die automatische Fabrik ist ein Beispiel für diese Entwicklung.

(b) Die verfügbare Verarbeitungskapazität nimmt zu. Die Handhabung von Informationen – im Modus der Bearbeitung oder der Übermittlung – stellt an Geräte erhebliche Anforderungen. Es ist noch gar nicht so lange her, daß man von „Textverarbeitungsautomaten" redete, weil die Prozessoren, die verfügbar waren, eben gerade Textverarbeitungsaufgaben übernehmen konnten und damit hatte es sich: Universalrechner, die viele Aufgaben unterschiedlicher Art bearbeiten konnten, waren sehr groß und sehr teuer. Heute sind bereits kleinere Personal-Computer in der Lage, fast alles an Routine-Aufgaben zu bewältigen: Textverarbeitung, Geschäfts- und Präsentations-Grafik, Spiele, Tabellenkalkulation, kleinere Datenbanken etc. Anlagen für spezielle Aufgaben gibt es immer noch (etwa im Bereich des computergestützten Konstruierens), aber auch diese werden immer universeller. Es nimmt daher aber nicht nur die Verarbeitungskapazität und -geschwindigkeit zu, sondern auch die Übertragungskapazität. Noch vor wenigen Jahren dauerte es mehrere Minuten, eine DIN A4-Seite mit schlechter Qualität über das Telefonnetz zu übertragen, heute geht es in weniger als einer Minute, in dem kurz vor der Einführung befindlichen ISDN-Netz (s.u.) dauert es nur noch einige Sekunden, in lokalen Netzwerken geht die Zeit zur Übertragung derartiger Datenmengen bereits in den für Menschen unmerklichen Wahrnehmungsbereich.

(c) Die künstliche Intelligenz ist auf dem Vormarsch. Klassische Datenverarbeitung konnte vor allem vergleichen anhand vorgegebener Vergleichskriterien. Künstliche Intelligenz strebt Systeme mit qualitativ höheren Leistungsfähigkeiten an, die sich den menschlichen Intelligenzleistungen annähern: das Erkennen komplexerer Muster, das Ziehen von logischen Schlüssen, das „Verstehen" von Zeichenbedeutungen, das Integrieren von Datenstrukturen, das Entscheiden in Situationen, in denen Algorithmen nicht verwendbar sind.
Ob dies menschenähnlich gelingen wird und überhaupt wünschbar ist, sind zwar Fragen, die häufig diskutiert werden (Lit. 11.), aber eigentlich nur die KI-Forscher und KI-Philosophen betreffen. Von der Anwendungsseite her muß man sich in jedem Fall darauf einstellen., daß die Systeme, mit denen wir in Zukunft arbeiten können, erheblich intelligenter sein werden als bisher. Wenn ich den XYZ unbedingt erreichen muß, aber nicht weiß wie, werde ich sicherlich irgendwann über ein Expertensystem verfügen, das mit Hilfe des Terminplanexpertensystems von XYZ diesen ausfindig macht und mich mit ihm auf dem besten Weg in Verbindung bringt. Bis dahin wird sicherlich noch viel Zeit vergehen, aber die technischen Grundlagen dafür existieren bereits.

(d) Der Kommunikationskomfort wird zunehmen. Bereiche, in denen diese Zunahme absehbar ist, sind etwa folgende (Lit. 25., S. 146/7):
– Im Aufzeichnungsbereich sind dies Aufzeichnungstechniken hohen vieldimensionalen Komforts (sei es audiovisuell, sei es visuell, sei es auditiv), bzw. hohen Speicherkomforts.
– Im Sendebereich sind dies Geräte, die sowohl aufzeichnen als auch senden.
– Im Übertragungsbereich sind dies neue Nutzungsmöglichkeiten existierender Übertragungskanäle (ermöglicht durch DV-Einsatz); neue weggebundene Kanäle, neue wegungebundene Kanalmöglichkeiten. Insbesondere der letzte Bereich

(Funk) ermöglicht auch erhöhte Mobilität von Sende- und Empfangseinrich-
tungen.

– Im Empfangsbereich sind dies Geräte, die sowohl empfangen als auch aufzeichnen und wiedergeben.

– Im Wiedergabebereich sind dies Wiedergabegeräte hohen vieldimensionalen
  Komforts bei gleichzeitiger technologischer Integration in eine multifunktionale
  Empfangs/Verarbeitungseinheit.

(e) Das Sprechen wird wieder wichtiger. Ein Großteil unseres Umgangs mit Information und anderen Menschen wird auch heute noch über geschriebene Texte vollzogen, die Grenzen des technisch gestützten Sprechens erleben wir meist am eigenen
Leib, wenn wir auf einen Anrufbeantworter sprechen müssen. Auf der anderen Seite sprechen wir häufig mit Partnern die uns nicht antworten können – das Auto,
das vor uns fährt, die Maschine, die gerade irgendwelche Fehlfunktionen zeigt. Die
gesprochene Sprache wird in den neuen IuK-Technologien aus dem schmalen Band
des Telefonierens zu einem Haupt-Kommunikationsfaktor werden. Dafür sprechen
vor allem sechs Entwicklungen: der sprachliche Nachrichtenverkehr (voice mail),
mit dem man anderen Personen sehr viel komfortabler Nachrichten hinterlassen
kann als auf Anrufbeantwortern; das digitale Telefon, das dem alten analogen Telefon viele neue Leistungen zufügt (Anklopfen, Anrufweiterschaltung, Audiokonferenz, Anrufsignalisierung etc.); die zunehmende Verbreitung mobiler Telefone,
z.B. in Form schnurloser Apparate und Autotelefone (D-Netze der 90er Jahre); die
Entwicklung von insbesondere organisationsinternen zweiten und dritten Sprechnetzen neben dem Telefon in Form von Sprechfunknetzen und dedizierten Gegen-
sprechnetzen (Intercom); die Sprachausgabe von elektronischen Systemen, die das
Lesen nicht mehr erforderlich macht; und schließlich die Spracheingabe, zur Zeit
nur auf einige Hundert bis Tausend Wörter beschränkt und dies meist auch spre-
cherabhängig – aber die Zeit ist nicht mehr weit, in der man Maschinen sagen
kann, was sie tun sollen. Die automatische Sekretärin hat man noch lange nicht zu
erwarten, aber andere Sprachleistungen (wie Formularausfüllen) wären technisch
schon möglich.

Die Computerwelt beginnt, sich von ihrer Sprachlosigkeit und der Phase der
Quietsch- und Quaktöne zu entfernen, gewissermaßen überwindet sie das Alter der
Babysprache.

(f) Bilder schieben sich in den Vordergrund. Das Bild stand aus vielen Gründen etwas am Rande – die Computertechnik konnte lange Zeit damit nicht umgehen (vor
allem aus Kapazitätsgründen), die traditionelle Bildtechnik war auf einer ganz anderen Basistechnologie (Chemie) aufgesetzt, das Bild war über die Photographie
zur Illustration herabgesunken (Lit. 18.). Nun strömt das Bildliche auf einer Reihe
von Kanälen neu: Video war ein Anfang, mit dem magnetische Bilder im gewissen
Rahmen in die Eigenvergfübarkeit genommen werden können; die verschiedenen
Formen von Bildplatten treten hier hinzu; die Personal Computer-Oberflächen
werden visuell aussagekräftiger (Ikons, Fenstertechnik); Computer-Grafik wird nahezu jedermann zugänglich; Computer-Animation schafft völlig neue Bilderwelten;
Desktop Publishing gibt der normalen Textkommunikation ein graphisches Gesicht; Scanner machen Bilder verfügbar; Telefax macht sie übertragbar; Ink-Jet-

Drucker und farbige Laser-Kopierer bringen Farbe in das IuK-Geschehen; Telemetrie-Geräte liefern hochqualitative Bilder; Super-Rechner und CAD-Workstations arbeiten an bildlichen Darstellungen; die Magnetfotographie kommt; der flache Bildschirm; hochqualitatives Fernsehen wäre schon möglich; die Einführung von breitbandigen Netzen, die nahezu alle Bildqualitäten in Realzeit übertragen können, steht bevor; die elektronische Bildanalyse macht (unter Zuhilfenahme von Expertensystemen und künstlicher Intelligenz) Fortschritte.

(g) Die Dokumente verändern sich. Die neue Kommunikationswelt wird integrativer und anspruchsvoller: Texte, Sprache, Bilder, Daten werden einander zuordenbar und zu ,,Dokumenten'' kombinierbar, die gleichzeitig mehrere Sinne und die Datenverarbeitungsmöglichkeiten ansprechen. Ein Text kann durch Bilder oder graphische Darstellungen ergänzt werden, dazu gibt es einen gesprochenen Kommentar, die Daten, aus denen die graphische Darstellung abgeleitet wurde, können auch anderweitig transformiert werden, ein mitgeliefertes Programm läßt sie auch anderweitig bearbeiten.

Unsere Vorstellungen von einem Dokument, das einmal publiziert, so ist wie es ist, schwinden. Wenn es einmal elektronisch produziert ist, kann es auch viele andere Formen annehmen, sich ständig weiterentwickeln, vom Rezipienten umgeformt werden, sofern dieser auf die elektronische Fassung zugreifen kann. Der Benutzer von Dokumenten wird diese nicht unverändert lassen und sich darüber Gedanken machen, sondern an ihnen und mit ihnen arbeiten. Die Begriffe ,,Original'' und ,,Kopie'' werden in diesem Zusammenhang sinnlos, man kann nur noch versuchen, ,,Versionen'' zu differenzieren und zu ordnen und die Urheber von Versionen ausfindig zu machen.

Noch braucht der Bearbeiter eine elektronische Fassung des Dokuments, aber auch da geht die Entwicklung weiter: Multifont-Leser sind schon relativ preiswert und relativ gut, die Scanner-Technik entwickelt sich sicherlich noch und irgendwann werden evtl. Expertensystemkomponenten auch Formatierungen automatisch umformatieren. Ein Dokument ist nicht mehr nur ein Dokument (was man eventuell durch eine Speicherkopie nachweisen kann), sondern es wird zu einem Zugriffs- und Bearbeitungsobjekt.

(h) Die Speicher halten Schritt. Dies alles erfordert Speicher, die enorme Anforderungen erfüllen können müssen. Sie müssen immer größere Kapazitäten aufnehmen (insbesondere im Bereich der Bilder), sie müssen unterschiedliche Präsentationsformen wie Sprache, Schrift, Bild, Daten aufnehmen (das ist bei Digitalisierung nicht weiter problematisch, hier sind die Ein- und Ausgabegeräte eher der Problemkreis), und sie müssen organisiert werden.

Die Speichertechnik hat mit diesen Anforderungen Schritt gehalten. Mit der Winchester-Technik sind relativ billige und leistungsfähige Festspeicher verfügbar (deren Entwicklung noch nicht ausgereizt ist), im Diskettenbereich stehen bereits erhebliche Kapazitäten zur Verfügung (für Text und Daten), optische Speicherplatten (s.u.) können erheblich größere Datenmengen aufnehmen. Hier ist allerdings die Entwicklung – so scheint es – eher erst am Anfang, aber die Richtung ist unübersehbar: Speicher mit großen Speicherkapazitäten, wie man sie früher nie geträumt hätte (Mega-Speicher) und Speicher, die – im Verbund mit entsprechenden

Ein- und Ausgabegeräten – ganz unterschiedliche Repräsentationsformen vorhalten und wahlweise selektiv oder integrativ abgeben (Multi-Speicher). Und dies auf einem Preisniveau, das nahe oder unterhalb dem der Unterhaltungselektronik liegt. Für eine Reihe von Wissensvermittlungsformen waren die Speicherkapazitäten bisher der Engpaß, der sich nunmehr zu öffnen beginnt. Damit zeichnet sich allerdings ein anderes Problem ab – wir sind so an die separaten Speicher für Texte, Dokumente, Töne, Bilder, bewegte Bilder, Objekte gewöhnt, daß uns gemischte, multimediale Informationsdienste als Idee noch etwas fremd sind.

(i) Die Welt virtualisiert sich. Die Standardsituation des kommunizierenden Menschen ist seine Position in Raum und Zeit. Dies gilt noch mehr für den handelnden Menschen, er handelt zu einer bestimmten Zeit an einem bestimmten Ort. Diese Festlegung beginnt sich in dreierlei Hinsicht aufzulösen oder zu virtualisieren:

– Man muß nicht mehr an einem bestimmten Ort sein, um etwas zu bewirken, sondern man kann dies aus der Ferne tun: mobile Telefone, Tele-Arbeit, Tele-Kooperation, Tele-Konferenz etc. Leute können von entfernten (remote) Positionen aus mit anderen Leuten auf unterschiedliche Weise kommunizieren, Prozesse in Gang setzen oder blockieren. In gewisser Hinsicht spielt für die Handlungspläne des Einzelnen der Ort, an dem er sich gerade befindet, eine immer geringere Rolle.

– Man ist nicht mehr zwingend an bestimmte Zeitvorgaben gebunden, sondern kann Aktionen zu bestimmten Zeitpunkten festlegen, die dann auch ohne das eigene Zutun zu diesem Zeitpunkt stattfinden. Der programmierbare Videorecorder ist das beste Beispiel, die durch Informations- und Kommunikationstechnologien unterstützte Arbeitszeitflexibilisierung ein anderes. Zeitstrukturen, die bisher unser Leben bestimmt haben, werden weniger dominant.

– Es verstärkt sich so etwas wie eine ,,Virtualisierung der Intelligenz'', d.h. an einem Ort und zu dieser Zeit kann nicht nur die gerade verfügbare menschliche Intelligenz eingesetzt werden, sondern diese kann – in begrenztem Umfang – multipliziert an vielen Orten vorgehalten werden. Dies war in Form von Büchern und Nachschlagewerken bisher auch der Fall, aber deren Aktualität, Benutzerfreundlichkeit und Intelligenzgrad (was ihre Fähigkeit, sich auf konkrete Probleme einzustellen anging) war sehr begrenzt. Die neuen Technologien ermöglichen eine viel intensivere Multiplikation von Intelligenz,die sich mit der lokalen Intelligenz viel angepaßter verbinden und ggf. noch telekommunikativ erweitern läßt.

Was hat das alles mit Informationsarbeit zu tun? Zunächst einmal, daß sich die Felder, in denen Informationsarbeit stattfinden kann, erheblich erweitern: Bilder, Sprache, multimediale Präsentationen, multiplizierte Intelligenz, telekommunikativer Kompetenzzugriff – dies und noch mehr sind neue Informationsvermittlungsformen, in denen die bewährten Formen der Informationsarbeit ihren Platz finden oder auf die sie sich ausdehnen müssen.

H 2.4   Hürden

Die technische Entwicklung ist faszinierend und verspricht viel, und vieles davon könnte unsere Informations- und Kommunikationslandschaft radikal verändern. Der Dokumentar oder Informationsarbeiter mag sich durch die hier angerissenen Perspektiven an die Seite gedrängt fühlen – und irgendwann könnte er es auch werden. Aber die technischen Möglichkeiten allein schaffen noch nicht sofort eine neue Landschaft, es gibt Hürden, die in der Landschaft stehen, und auch solche, die gewissermaßen Bestandteil der Techniken selber sind.

Die neuen Technologien und Dienste treffen nicht auf eine leere Welt, sondern auf eine Welt, die bereits vollgestopft mit Technik ist – wenn man so will, alte Technik, die aber lange Zeit ihren Zweck erfüllt hat: Schreibmaschinen, analoge Telefone, Terminal-Host-Vernetzungen, Mikroverfilmungen etc.

Auf diese Techniken sind die Mitarbeiter und Arbeitsabläufe eingestellt, die Geräte sind vielleicht noch gar nicht abgeschrieben, man hat sich z.T. mühsam daran gewöhnt. Es besteht also objektiv eine Konkurrenzsituation zwischen alten und neuen Technologien, in der zunächst die neuen – obgleich ungleich leistungsfähiger – nicht unbedingt bereits die alten sofort ablösen werden.

Mit dem Neuen haben viele Leute ihre Probleme, d.h. es gibt auch ganz menschliche Innovationsschranken. Viele sind bereits mit der Gewöhnung an die zentrale Datenverarbeitung an die Grenzen geraten, die ihnen im Ablauf von 10 oder 15 Jahren gesetzt sind, viele sind einfach überfordert, sich das Neue, das in diesen Technologien steckt, vorzustellen und kreativ zu nutzen, vielen fehlt auch die Bereitschaft sich einzugestehen, daß eigentlich unwiderruflich das Gewohnte überholt sein wird und daß man sich wieder hinsetzen muß, um sich dieses Neue anzueignen.

Der Bereich der Informationsarbeit ist hier in mehrfacher Hinsicht anfällig: Es besteht für viele Tätige eine enge Beziehung zu dem Bereich, in dem Traditionen und Bindungen an einen klassischen Wissensverbreitungsaspekt und daran orientierten Institutionen eine besondere Rolle spielen – das Bibliothekswesen, das im Unterschied zu den angloamerikanischen Staaten sehr viel mehr am Buch als Wissensträger, als am Wissen, das auch in Büchern gefangen sein kann, hängt. Die Tradition der Dokumentation hängt ebenfalls einerseits am klassischen Publikationswesen und an zentralistischen Informationserschließungs- und -bereitstellungsmodellen.

Daß sich mit den neuen Technologien ganz neue Möglichkeiten eröffnen *können*, ist schwer umzusetzen, weil damit auch das eigene Selbstverständnis ganz erheblich betroffen ist. Alle Berufe, die mit dem Tradieren und Bewahren zu tun haben, scheinen ganz selbstverständlich skeptisch gegenüber den neuen Techniken eingestellt zu sein (obwohl diese auch ganz neue Formen des Tradierens und Bewahrens bereitstellen – aber eben nicht nur diese). Und schließlich sind die „professional leaders" (dies scheint bereits ein sozialwissenschaftliches Gesetz zu werden) auch eher an der Bewahrung des Gesicherten als an der Ausnutzung der technischen Innovationsfronten interessiert – die Fachinformationspolitik geht diesen in der Bundesrepublik voran oder zwingt sie dazu.

Den Innovationsskeptikern liefern die Technologiebereitsteller hinreichend viele Argumente (auch wenn sie diese nur als Oberflächenveredlung benutzen). Die technischen Leistungsmöglichkeiten sind natürlich nicht identisch mit den unter Marktbedingungen angebotenen Produkten. Die im Zuge der Technologieentwicklung angebotenen Produkte sind einerseits eine stetige Innovationsquelle, aber häufig auch genausogut eine Innovationsbarriere.

Die bekanntesten Produktprobleme (abgesehen von ungenügender Fehlerbereinigung, fehlender Sprachanpassung, völlig benutzerfremden Handbüchern) sind:

– *Generationenkonflikte.* Der Wettbewerb zwischen den Geräte- und Diensteanbietern zwingt dazu, am Markt präsent zu sein und dies heißt, auch immer etwas Neues zu präsentieren. Von jedem Gerät gibt es bald wieder eine geringfügig verbesserte Version, die aber dann nicht immer mit allen Peripheriegeräten und Programmen früherer Versionen zusammenarbeitet, von jeder Software gibt es bald halbjährlich neue Releases und da sie – dankenswerterweise – inzwischen aufeinander Bezug nehmen, funktioniert das dann plötzlich zwischen unterschiedlicher Software unterschiedlicher Releases nicht mehr. Wir haben es hier mit Generationenkonflikten zwischen Software und Hardware auch innerhalb eines Herstellers zu tun, die meist nicht aufeinander abgestimmt sind. Welche Release von A sich mit der Release von B verträgt und auf der Hardware von X mit dem Drucker von Y welche Effekte produziert, ist häufig nicht vorhersehbar und erfordert viel Experimentierzeit.

– *Weltenkonflikte.* Der Geräte- und Software-Markt ist ein Wettbewerbsmarkt und zeichnet sich demgemäß durch Produktdifferenzierung aus, mit der die Hersteller und Anbieter die Anwender jeweils im Rahmen ihres Angebots halten wollen. Zwar gibt es internationale Standardisierungen, doch müssen diese meist auf halbem Weg stehenbleiben: die technischen Alternativen sind meist zu groß und in ihren Leistungen jeweils zu unterschiedlich, als daß nur eine Lösung möglich und auch sinnvoll wäre, dann muß auch Rücksicht genommen werden auf die Vielzahl schon vorhandener Geräte, auf nicht zu versperrende Entwicklungslinien, auf Investitionen in Technologien und Generationen usw. So gibt es im Großrechnerbereich (z.T. auch bis hinunter in die PC-Welt) die Dec- und IBM-Welt. Im PC-Bereich kommt noch insbesondere die Apple-Welt hinzu. Hier hatte sich mit IBM-AT für eine Zeit so etwas wie ein Quasi-Standard herausgebildet und mit ihm das Betriebssystem MS-DOS. Dies ist nun aber vom Marktführer selber mit der Systemreihe /PS 2 und dem Betriebssystem /OS 2 wieder in Frage gestellt. Für Betriebssysteme schält sich mit UNIX so etwas wie ein weltweiter Standard heraus (dem allerdings IBM nur zögernd entgegenkommt und in dem es fast so viele Dialekte wie Gerätetypen gibt). Für Netze wird an einem weltweiten Konzept der offenen Kommunikation gearbeitet (OSI – Open Systems Interconnection), aber auch hier sind die Bewegungen in den Dec- oder IBM-Welten noch zögernd, vorläufig wird wohl vor allem die in Richtung OSI ziehende ISDN-Welt organisationsintern noch hinzutreten. Daß innerhalb der Welten auf Dialekte und Generationenunterschiede nicht verzichtet wird, versteht sich beinahe von selbst.

– *Monokulturen.* Wer kein Risiko eingehen will, kann versuchen, sich auf eine Welt zu konzentrieren. Abgesehen davon, daß er dann nach außen hin die Kooperationsfähigkeit mit den anderen Welten verliert, geht er damit auch entgegengesetzte Risiken ein: das Setzen auf ein falsches Pferd (wie es einem Teil des Fachinformationsbereichs mit dem nicht am Markt durchgesetzten PC-Betriebssystem PC/M ging), die plötzliche Einstellung einer Produktlinie (als etwa Erikson an Nokia verkauft wurde), das Verschlafen neuer technischer Entwicklungen im Rahmen der Welt, für die man sich entschieden hat (wer voll auf Dec setzte, mußte lange auf eine leistungsfähige Anlage in der PC-Welt warten), die Bindung an technisch nicht optimale und teure Angebote im Peripherie- und Software-Bereich (wie das in der IBM-Welt durchaus von Zeit zu Zeit passiert).

Betrachtet man somit die Technologien nur von ihrer technischen Seite her, sind die von ihnen versprochenen Innovationen erheblich. Versucht man allerdings, sie in die Praxis umzusetzen, zeigt sich, daß doch mit einer erheblichen Menge von Beeinträchtigungen gerechnet werden muß. Releases von Programmen und Betriebssystemen passen nicht zusammen, Programme und Druckertreiber verstehen sich nicht, Hardware paßt nicht zu Hardware, dieses Programm versteht jenes Datenformat nicht, hier geht kein ß, dort kein Umlaut, dieses Board bricht bei einer bestimmten Konstellation zusammen usw. Vieles geht nicht so, wie es eigentlich nach einem abstrakten Stand der Technik gehen könnte, weil es „die Technik" konkret nicht gibt, sondern immer nur spezifische Technikrealisierungen, die nicht unbedingt zueinanderpassen.

Damit werden technikinhärente Hürden aufgebaut, die das Durchsetzungstempo verringern, die epidemieartige Ausbreitung auf alle Anwendungsmöglichkeiten eindämmen und Überbrückungslösungen herausfordern − weitere Quasi-Standards, die auf höheren Ebenen angelagert sind: auf niedrigeren Ebenen der Datenübertragung ist z.B. Ethernet einer von drei Netzstandards, auf höheren Ebenen etabliert sich als Übergangslösung der Netzstandard des US-Verteidigungsministeriums TCP/IP; im Textverarbeitungsbereich haben sich viele Systeme etabliert, eine Quasi-Standardisierung findet möglicherweise über Desktop Publishing statt, in dem sich bisher zwei angenähert universelle (und teilweise überlappende) Marktführer herauszubilden scheinen (Pagemaker und Ventura Publisher).

Wer die technischen Trends einigermaßen mitbekommen und nutzen will, tut gut daran, sich in seinem Bereich um ausreichende *Redundanz* zu kümmern, d.h. nicht auf eine Monokultur zu setzen, sondern andere (aber auch wieder nicht zu viele) Welten zu verfolgen und miteinander zu verzahnen.

Die hier angeführten Beispiele sind nicht von ungefähr herangezogen worden, sondern sie demonstrieren einen allgemeinen Trend, der die gesamte Informations- und Kommunikationslandschaft schleichend verändert: Datenverarbeitungskapazität war und wird weitgehend von zentralen Universalanlagen bereitgestellt, auf die mit dezentralen Terminals zugegriffen wird; diese zentralen Universalanlagen waren und sind durch Rechnernetze miteinander verbunden. Durch PC's und Workstations werden diese Terminals, die selbst eigentlich nichts anderes sind als ausgelagerte Abfragestationen, ersetzt, Anlagen, die für sich stehend (stand alone) benutzt werden können, weil sie über hinreichende Intelligenz verfügen, ebenso gut als Terminals für Zentralrechner fungieren können und − aufgrund ihrer eigenen Intelligenz − auch mit anderen ähnlichen oder höherkapazitativen Anlagen zu Rechnernetzen verbunden werden können.

Auch wenn diese Entwicklungen aus den angedeuteten Gründen und anderen, auf die noch hingewiesen wird, nicht so schnell vorangehen, wie die Hersteller versprechen, finden sie doch statt − langsam vielleicht, aber unaufhörlich. Auf der Ebene der Organisation ist der Trend der Dezentralisierung und funktionalen und lokalen Strukturierung von DV-Leistungen unübersehbar. Die weltweit sehr zentralisiert arbeitende Fachinformation wird damit eventuell mit einem neuen Organisationsmodell konfrontiert, auf das sie sich bisher noch wenig eingestellt hat. Andere Technologieentwicklungen können diese Entwicklungen unterstützen. Wer die Zukunft der Informationsarbeit einschätzen will, tut gut daran, sich einen möglichst breiten Überblick über die zumindest gegenwärtigen Technologieentwicklungen zu verschaffen, denn letztlich: − sind sie alle irgendwie miteinander verbunden und − sie verändern die Möglichkeiten des Umgangs mit Wissen und Information erheblich.

H 2.5   Ausgewählte Technologieentwicklungen

Die Fülle der Entwicklungen ist manchmal ebenso atemberaubend wie das Tempo, mit dem Versuche, die Entwicklungen einigermaßen überblickshaft darzustellen, durch den realen Stand der Entwicklung überholt werden. Dabei darf man die bisher verdeckt angesprochene Warnung nicht vergessen: natürlich bieten alle Anbieter immer den jweils neuesten Stand der Technik an, natürlich sind auch bei einem Anbieter nicht alle technologischen Entwicklungsstränge miteinander kompatibel. Aber dies sind eher binnenspezifische Produktstrategien und in die Lücken, die sie lassen, springen häufig genug kleine Firmen, die Überbrückungen, Ergänzungen, Über-Systeme, hilfreiche Ideen und vieles mehr liefern. Damit können Lücken geschlossen, aber auch neue aufgerissen werden.
Die folgende Übersicht deutet nur einige Bereiche an, die zu dem hier zu betrachtenden Feld gehören und sie tut das auf sehr allgemeiner Ebene. Darunter verbergen sich viele und manchmal sehr lästige kleinere Probleme, die letztlich irgendwie lösbar sind oder werden. Hier hilft nur intensive Marktbeobachtung, Ausprobieren, Erfahrungsaustausch.

H 2.5.1   Technische Aufrüstung von Arbeitsplätzen

Informationsarbeit konzentriert sich bisher vor allem um den Bereich Wissenschaft und Technik, daher werden im folgenden vor allem Entwicklungen in diesem Komplex betrachtet. Wissenschaft und Technik sind Einrichtungen mit überwiegend hochqualifizierten Arbeitsplätzen. Dies bedingt zweierlei:
- einen starken Trend, immer die neueste Technologie an den wissenschaftlichen Arbeitsplätzen einzusetzen;
- einen Trend, die anderen Arbeitspätze sukzessive aufzurüsten, um keine allzu großen Statusgefälle und Inkonsistenzen entstehen zu lassen.
Die technische Aufrüstung wissenschaftlicher Arbeitsplätze unterliegt zunächt vor allem folgenden Trends:
(a) Ersatz von Schreibmaschinen durch PC's; dadurch werden allerdings eine Reihe von anderen Funktionen an diese Arbeitsplätze reintegrierbar, die bisher außerhalb gelegen haben.
(b) Ersatz von Terminals durch PC's; dadurch werden an den Arbeitsplätzen tendenziell auch andere Funktionen verfügbar, als bisher zentral vorgehalten wurden.
(c) Verbreiteter Einsatz von spezialisierten Workstations, insbesondere im CAD- und Expertensystembereich (wobei die Grenzen zwischen hochgerüsteten PCs und eher universellen Workstations verschwimmen).
(d) Zunehmende Anbindung von datengebenden Stationen an andere DV-Geräte (Meßgeräte, bildgebende Diagnoseeinrichtungen etc.).

H 2.5.2 Belastung klassischer Datenverarbeitung

Damit wird die klassische Datenverarbeitung von mehreren Seiten her einer Belastung ausgesetzt:
- In der Terminalwelt war die Intelligenz zentral vorgegeben und wurde dezentral genutzt. Eine zunehmende und sich differenzierende Vor-Ort-Intelligenz tendiert zum Auseinanderdriften.
- Die klassische Datenverarbeitung war auf Datenverarbeitung eingestellt. Die Möglichkeiten, die sich nun an vielen Arbeitsplätzen ergeben, liegen auf anders angelegten Diensteebenen: Message Handling, Grafische Datenverarbeitung, Desktop Publishing, Corporate Electronic Publishing.
- Die klassische Terminal-RZ-Orientierung wird aufgelöst durch eine Menge von unterschiedlich weiten Punkt-zu-Punkt-Orientierungen. Dazu zählen räumlich und funktional eng begrenzte Vernetzungen einiger PC's, einzelner Funktionseinheiten, funktionseinheitenübergreifende LAN's, Bedürfnisse nach standortweiten Kommunikationsmöglichkeiten, standortübergreifende Übertragungsformen und externe Kommunikationsformen. Diese können sich an den Rechenzentren vorbei entwickeln.

H 2.5.3 ISDN oder LAN

Die standortinterne Situation wird durch das Angebot von ISDN weiter kompliziert. Damit stellt sich in erster Näherung die Frage ISDN oder LAN. Die Literatur ist in dieser Hinsicht eindeutig: In-House-ISDN ist für alle Bedürfnisse dann richtig, wenn Datentransferraten unter 64 Kbit/sek. erforderlich sind, eine Telefonsituation vorliegt und parallele Kommunikationserfordernisse absehbar sind. Damit sind technisch zwei Welten unterschieden: die ISDN-Welt mit notwendigen Übertragungsraten bis 64 Kbit/sek. und die LAN-Welt mit Übertragungsraten von 1 – 10 Mbit/sek. Beide sind darüberhinaus auch noch durch die Realzeitsicherung unterschieden: Sprachkommunikation braucht die Realzeitsicherung (daher Leitungsvermittlung), Datenkommunikation erfordert dies nicht (daher in LANs in der Regel Paketvermittlung).

Daneben deutet sich allerdings eine dritte Ebene an: Bei großen Datenmengen, die häufiger übertragen werden müssen, hochqualitativen Grafiken/Bildern und Bewegtbildern werden in absehbarer Zukunft Datenübertragungsraten im Bereich 10 – 140 Mbit/sek. notwendig (und auch netzmäßig realisierbar). Alle drei Bedingungen deuten sich im Wissenschafts-Bereich an: Die Einrichtungen arbeiten mit Datenkommunikationsgeräten, die immer höhere Datenraten liefern, die bildgebenden Verfahren spielen eine zunehmende Rolle und werden weiter perfektioniert, die Kommunikationsbedürfnisse zwischen dislozierten Forschungspartizipanten nehmen mit den technischen Möglichkeiten zu (wenn Dokumente über Telefax nahezu in Realzeit übertragen werden können, wächst das Bedürfnis, auch über diese sich in Realzeit nicht nur telefonisch auszutauschen).

An den jeweiligen Standorten ist darüber hinaus die Netzhierarchie von Bedeutung. Begrenzte lokale Netze werden eine Selbstverständlichkeit in lokalen Umgebungen

werden. Dabei sind die verschiedenen Welten, die in Wissenschaftseinrichtungen üblicherweise bereits vorhanden sind und für die es auch gute Gründe gibt, zu beachten (Dec und IBM). Netzinseln unterschiedlicher Architektur müssen standortweit gekoppelt werden.
Wir werden in diesem Zusammenhang eine Reihe von Dienstekategorien zu unterscheiden haben.

H 2.5.3.1   Klassische Datenverarbeitungs-Dienste

Die klassischen Dienste der Datenverarbeitung, die auch auf unteren ISO-Schichten angelagert sind:

– **File Transfer.** Dessen Bedeutung wird eher noch zunehmen. Dafür verantwortlich sind die enorme Zunahme an daten- und bildgebenden Verfahren im eigentlichen Wissenschaftsbereich, deren Daten an geeignete Speicher- und Verarbeitungseinrichtungen weitergegeben werden müssen, die zunehmende geographische Verteilung von Aufgaben, der Einsatz von zunächst arbeitsplatzspezifischen Verfahren wie CAD und Expertensystemen, die dann doch mit anderen geteilt werden sollen, wobei das alte Terminal-Host-Schema schon deswegen nicht mehr paßt, weil die anderswo benötigten Files nicht mehr nur zentral, sondern auch dezentral vorgehalten werden, ein Multi-User-Zugriff (Host-Organisation) am Ort des Entstehens und Vorhaltens nicht möglich und notwendig ist, sich die Art und Häufigkeit des Zugriffs nicht standardisieren läßt. Gerade Forschergruppen geraten zunehmend in die Situation, einer anderen Gruppe Zugriff zu Files zu gewähren, wobei das Ziel eigentlich ist, daß die andere Gruppe mit ihrer Hard- und Software die Daten weiterverwertet. Die File-Transfer-Bedürfnisse werden zunehmen (insbesondere im wissenschaftlichen Bereich) und dort auch höhere Übertragungsgeschwindigkeiten erwarten. Hier werden Standardisierungsprobleme auftauchen und Kapazitätsfragen zu lösen sein.
– **Terminalbetrieb.** Dessen Bedeutung wird nicht abnehmen, aber der Dienst wird sich verlagern. Je leistungsfähiger die dezentralen Einheiten werden, desto weniger wird es notwendig, aufwendige Verarbeitungsaufgaben zentral abzuwickeln. Dies berührt natürlich nicht routinisierte Verfahren, bei denen zentrale DV- und Speicherkapazität aufgrund der organisatorischen Vorgaben geboten sind. Auf der anderen Seite werden DV-Anforderungen immer aufwendiger und damit verschieben sich die Gewichte. Früher zentral durchgeführte Aufgaben können nun von der DV-Kapazität der Peripherie her dort durchgeführt werden, dafür treten neue hochkapazitative Aufgaben auf, für die es neue Zentren (wie Superrechner) gibt. Die Anforderungen auf dieser Dienstebene werden daher weniger von der Zahl der Transaktionen her zunehmen, aber die notwendigen Transaktionen werden aufwendiger. Damit steigt auch das Datenübertragungs-Aufkommen – nicht notwendigerweise von der Zahl der Kommunikationsakte her, aber von deren Umfang.

H 2.5.3.2 Serverfunktionen

Mit zunehmender Vernetzungsmöglichkeit ist daran zu denken, Dienste nicht mehr ausschließlich von multifunktionalen Zentren vorzuhalten, sondern an in sich einigermaßen konsistente Arbeitseinheiten abzutreten, in denen zwar die einzelnen Arbeitsplätze nicht mit den Funktionen ausgestattet sind, sondern über sie gemeinsam verfügen. Dies wäre das Konzept, dem u.a. digitale Nebenstellenanlagen und LANs dienen. Zu den Serverfunktionen können gehören
– Sprachspeicherdienste
– Programme
– Drucker
– Speicher.

Während die klassische Datenverarbeitung davon ausgeht, daß eine Zentrale alle Dienste vorhält, auf die dezentral zugegriffen werden kann, zieht die Serverfunktion hier eine neue Ebene ein: dedizierte Anlagen kleinerer Auslegung übernehmen ,,zentrale'' Aufgaben für einen überschaubaren Benutzerkreis. Damit ist natürlich auch ein gewisser Problembereich verbunden: diese Form der Dezentralisierung sichert nicht – wie die klassische Datenverarbeitung – eine Protokollkonsistenz, die außerhalb der relativ engen Serverwelt bedeutsam sein könnte. Hier liegt die Problematik – wie eigentlich immer – im Detail. In manchen Bereichen ist ein klassisches, zentrales Konzept kosten- und/oder aufgabenbezogener, in anderen Bereichen sind die Aufgaben so gestaltet, daß eine gewisse Abgeschlossenheit sogar problemkonformer sein kann. Dies schließt nicht aus, daß auch Lösungen bereitstehen, die den Übergang von einer relativ in sich geschlossenen Welt in die anderen Welten ermöglichen.

H 2.5.3.3 Kommunkationsdienste

Die nicht primär datenverarbeitungsbezogenen Kommunikationsformen verdienen in der nächsten Zeit besondere Aufmerksamkeit, insbesondere bei Organisationen, die sich auf mehreren Ebenen organisieren müssen (geographisch, fachlich, programmatisch, wissenschaftlich/infrastrukturell). Diese Organisationsaufgabe ist nicht nur zwischen Standorten (und Außenstellen), sondern auch innerhalb der Standorte und dort auch zwischen verschiedenen Einrichtungen zu lösen. Dienste, die hier zu beachten sind, sind etwa:

(a) textorientierte Dienste
– *Telex:* Dieser Dienst wird – vor allem nach außen – seine Position behalten, aber zunehmend von Teletex abgelöst. Von besonderer Bedeutung werden Server werden, die den Übergang von anderen Textdiensten in Telex ermöglichen.
– *Message Handling Services* (MHS) bzw. *Electronic Mail* wird schon von den Großrechenanlagen-Benutzern benutzt, müßte aber prinzipiell allen zur Verfügung stehen. Damit ist natürlich – für eine mehrjährige Übergangszeit – auch ein Beratungsaufwand verbunden, dann c. 50 – 70 % der potentiellen Benutzer eines derartigen Dienstes machen davon ,,naiv'' keinen Gebrauch.

– *Textverarbeitung.* Für diese gibt es mehrere Alternativen: Stand alone am Arbeitsplatz, von Netzen oder Teilnetzen vorvorgehaltene Serverfunktion, zentrales Angebot in einem Terminalnetz. Im Wissenschaftsbetrieb wird man auf absehbare Zeit keine dieser Formen ausschließen können. Bei der Vielzahl der häufig vorhandenen Geräte wird eine strikte Standardisierung nicht möglich sein.

– *Textkonferenzsysteme.* Diese bauen in der Regel auf MHS auf, ohne jedoch in den normalen MHS-Features enthalten zu sein. Gerade im wissenschaftlichen Bereich gibt es die Vermutung, daß diese Dienstkategorie eine Bereicherung darstellen wird bei gemeinsamer Arbeit an Problemen und räumlicher Dislozierung. Dienste dieser Art sind zentral vorzuhalten.

(b) sprachorientierte Dienste

– *,,intelligentes'' Telefon.* Dies wird realistisch – sieht man von besonders herausgehobenen Positionen ab – mit der Einführung von in house-ISDN als Problem auftauchen. Inwieweit für Dienste des intelligenten Telefons wirkliche Bedürfnisse vorhanden sind, läßt sich nur arbeitsplatzspezifisch entscheiden.

– *Audiokonferenz.* Diese wird gelegentlich in Form des Freisprechens schon genutzt.

– *Sprachspeicherdienste.* Diese sind bislang individuell (Anrufbeantworter) organisiert, lassen sich mit in house-ISDN allerdings sehr viel eleganter zentral lösen. Allerdings stehen eine Reihe von Ersatzmöglichkeiten zur Verfügung (Sekretariate) bzw. können entwickelt werden (MHS, Telefax).

– *Personenrufdienste.* Diese stellen (bis zum durchgeführten Telefonat) gewissermaßen einen geschlossenen Kreislauf dar. Personenrufdienste sind natürlich nur dort voll nutzbar, wo die Region auch telefonmäßig voll erschlossen ist.

– *Mobilkommunikation* (Autotelefon, schnurloses Telefon, Mobilfunknetze). Hier entscheidet letztlich der Arbeitsplatz.

(c) bildorientierte Dienste

– *Telefax.* Diesem Dienst kommt gegenwärtig eine Schlüsselfunktion zu, da er (auf Stufe 3) schnell und kostengünstig operiert (bei Dokumenten mit wenigen Seiten sogar unterhalb des Kostenrahmens der Briefpost gehalten werden kann), Kopierkosten reduzieren kann, nicht die Anwesenheit des Empfängers erfordert und – bei entsprechenden anschließenden Verteildiensten – auch kein aktives Nachfragen bei einem Briefkasten voraussetzt. Die Lösungen, die z.Zt. realisiert werden, sind suboptimal: ein Gerät für eine größere Einheit erfordert einen anspruchsvollen Verteildienst (der einen Teil der Schnelligkeit wieder zurückfordert), ermöglicht vielen unbefugten Personen Einsicht und bietet viele Verlust- und Inkonsistenzmöglichkeiten; ein Gerät pro Arbeitsplatz ist kostenungünstig und nicht auszulasten.

Gerade Telefax verdeutlicht die Notwendigkeit, in Konzepten der ,,kommunikationskonsistenten'' Gruppen zu denken, die sich eine arbeitsplatznahe Infrastruktur – Telefax, Drucker, Kopierer, Server – teilen.

– *Einfache Computergrafik* (einschließlich Tabellenkalkulation). Diese dringt über PC's zwangsläufig an die Arbeitsplätze vor. Computer-Grafik kann auch, z.B. als GKS, zentral bereitgestellt werden. Auch hier scheint keine Alternative auszuschließen zu sein.

– *CAD-Dateien*. Diese sind bislang in die reinen DV-Organisationsformen eingebunden und an klare Arbeitsplätze und Vorhaben gebunden. Hier entstehen DV-Anforderungen, die nicht unterschätzt werden dürfen. Multifunktionale PC's wachsen immer mehr in den früher sehr funktional spezialisierten Workstation-Bereich (PS/2-80), Workstations werden immer multifunktionaler, so daß eine starke Zunahme komplexer Grafiken anzunehmen ist, die insbesondere von den wissenschaftlichen Arbeitsplätzen ausgehen werden. Hier ist nicht nur eine DV-Problematik zu sehen, sondern auch ein Speicherproblem.

– *Standbilder*. Diese wurden bislang konventionell erstellt und ausgetauscht. In zunehmendem Maße werden jedoch im wissenschaftlichen Bereich bildgebende Verfahren eingesetzt, die digitalisierte Bilddaten liefern. Der Preisverfall bei Scannern läßt auch eine Zunahme übertragbarer Bilder erwarten, bei denen besondere Übertragungswünsche vorauszusetzen sind. Sollte diese Entwicklung sich im hier erwarteten Umfang schnell durchsetzen, sind gegenwärtige LAN's mittelfristig kapazitativ überfordert. Auch hier ist auf die Speicherkapazität zu verweisen.

– *Bewegtbildverteilung* (,,Kabelfernsehen''). Hier sind häufig spezielle Verteilnetze verlegt (Zentralantennen bzw spezielle Netze in den Fällen, in denen nicht alles CATV-Teilnehmer auf das spezielle Programm zugreifen sollen). Auch wenn hier durch Kabelfernsehen eine Reihe von technischen Entwicklungen gelungen sind, die Videokanäle auch als hochkapazitativen Datendienst einsetzen ließen (Downloading), wird diese Möglichkeit selten genutzt, weil noch nicht absehbar ist, ob für die entsprechenden Aufwendungen (Sendezentrale, adressierfähige Peripherie) adäquate Bedürfnisse vorliegen.

– *Videokonferenz*. Dieser Dienst tritt langsam in eine lohnenswerte Phase, in der qualitativ einigermaßen entsprechende Kanäle verfügbar werden und die doch sehr hemmende Vorausbuchung tendenziell entfällt. Sowohl im Management-Bereich als auch in wissenschaftlichen Projekten, die standortübergreifend durchgeführt werden, dürften Videokonferenzen eine wichtige Reiseentlastung und Kommunikationsbereicherung darstellen – allerdings erst nach einer gewissen Lern- und Gewöhnungszeit.

– *Bildfernsprechen*. Dieser Dienst wird bereits für ISDN in sehr rudimentärer Form angekündigt. Ob sich dafür sinnvolle Endgeräte finden, kann nicht gesagt werden. Ausgeschlossen können diese Fälle jedoch nicht für einzelne wissenschaftliche Fragestellungen, etwa Fernbeobachtung nicht zu schnell ablaufender grobstrukturierter Prozesse.

– *ISDN-B*. Diese Postplanung muß in längerfristigen strategischen Kommunikationsplänen durchaus berücksichtigt werden, ohne daß hier bereits ein klarer Überblick vorliegt. Zunächst kann davon ausgegangen werden, daß Übertragungskapazitäten von 140 Mbit/sek. im öffentlichen Netz (entsprechende Gebührenpolitik vorausgesetzt) die Übertragungsengpässe zwischen Zentren beseitigen können. Für andere Potentiale des ISDN-B – Bildfernsprechen, Mehrteilnehmerbildfernsprechen, Bildabrufe, Telemonitoring – lassen sich gerade in verteilten Forschungseinrichtungen viele Einsatzmöglichkeiten vorstellen. Allerdings wird eine Einführung von ISDN-B nicht auf einen Schlag und flächendeckend möglich sein. Die strategische Kommunikationsplanung der Einrichtungen wird daher den Zeitraum der nächsten Jahre auch nutzen müssen, die Bereiche zu identifizieren, bei denen der

Bedarf nach Diensten jenseits der 10 Megabit/sek. höchst virulent ist, und diese Bereiche durch entsprechende Übergangsdienste so vorzubereiten, daß sie zum gegebenen Zeitpunkt als Pilotprojekte dienen können, mit denen man in das ISDN-B-Zeitalter hineinwächst.

H 2.5.3.4   Integrierte Diensteformen

Querliegende oder integrierte Dienstformen entwickeln sich zunehmend und entziehen sich gewissermaßen den vertrauten Kategorien. Einige besonders virulente Formen sind:
- *Desktop Publishing (DTP)*. Dies wird zunächst als Zusatzdienst für PC's angeboten, daneben deutet sich für professionelle Aufgaben die Entwicklung geschlossener Systeme an. DTP erfordert relativ viel Schulung, kann aber auch viel mit sich bringen. Hier sind Kompatibilitätsprobleme besonders wichtig, es handelt sich um einen Bereich, in dem noch das Entstehen von zu viel parallelen Welten verhindert werden könnte. Hingearbeitet werden muß auf eine Gruppennutzung, da einzelne Arbeitsplätze bald überfordert werden (Laser-Drucker, Scanner). DTP-Arbeitsplätze sollten unbedingt zumindest untereinander vernetzt sein, vor allem auch, um Erfahrungen und Dateien teilen zu können, Hilfestellung zu leisten, Fehler korrigieren zu können etc. (aber zumindest über ein gemeinsames MHS verfügen). DTP wird bei einer Einrichtung, die über viele Mitglieder verfügt, deren Hauptbeschäftigungen das Verfassen von gemischten Dokumenten ist, eine wichtige Funktion erhalten.
- *Corporate Electronic Publishing (CEP)*. Während im DTP im wesentlichen ein Autor ein Dokument erstellt, geht CEP von mehreren Autoren mit unterschiedlichen Standorten aus, die gemeinsam ein Dokument erstellen. Dies ist vor allem die typische Berichtssituation, die in der Wissenschaft häufig vorauszusetzen ist. Hier ist eine zentrale Vorhaltung der entsprechenden Software unbedingt anzustreben, die die gängigen Text-, Grafik- und Bildformate verarbeiten können muß (wodurch sich andererseits eine weitere Notwendigkeit für deren Begrenzung ergibt).
- *Zweikanalkommunikation*. Diese wird mit ISDN angeboten und setzt natürlich entsprechende Peripherieausstattung voraus. Anwendungsformen dürfte es grundsätzlich genug geben (z.B. Telefonate über gemeinsam bearbeitete Bilschirme), auch hier empfiehlt sich jedoch intensive Beratung und Evaluation von Erfahrungen.
- *Expertensysteme (XPS)*. XPS werden sich im wissenschaftlichen Bereich mit der Verfügbarkeit relativ billiger XPS-Shells entwickeln, wobei die Gefahr des Software-Wildwuchses besonders groß ist. Da mit XPS viel Manpower verbraucht werden kann, die sich nur dann lohnt, wenn wirklich längerfristig sinnvolle Software- und Wissens-Konzepte zur Anwendung kommen, sind Einrichtungen, die XPS-Interessenten rechtzeitig und gründlich beraten, von besonderer Bedeutung.
- *Neue ROM-Dokumente*. Dazu zählen die zunehmend verbreiteten Video-Disks und CD-ROM, die stand alone oder als PC-Peripherie genutzt werden. Sie sind

als „bibliotheksähnliches" Problem anzusehen: zunächst erscheinen sie (und die Gerätewelt) irgendwo, wo sie benötigt werden, werden ggf. mehrfach angeschafft, weil keiner weiß, daß ein anderer sie besitzt. So entstehen dezentrale Diskotheken etc. Hier ist frühzeitig auf eine gewisse Zentralisierung hinzuwirken, wobei eine Rolle spielt, ob man diese Disks wie Bücher (also im Ausleihbetrieb), wie kopierbare Dokumente (also Downloading) oder als Datenbanken (Dialogbetrieb) behandeln will. Diese Alternativen können auch als aufeinanderfolgende Entwicklungsstufen verstanden werden.

– *Neue Archive.* Mit WORM-Platten dringen Speichermedien vor, die die zunehmenden Datenmengen, die z.B. Grafik und Scanner liefern auch dezentral bewältigen können. Damit reduziert sich etwas der Druck auf die Peripherie, große Datenbestände zentral verwalten zu lassen. Die Kommunikationswege könnten durch die dezentrale Speicherung entlastet (bzw. nicht zusätzlich belastet) werden. Die Probleme der Mehrfachnutzung von Daten, von Übersicht über Archive etc. müßten dann organisatorisch-informatorisch gelöst werden. Dem stünde das Konzept einer (im Prinzip Bestände duplizierenden) zentralen Speicherung aller Daten gegenüber (das dann auch die längerfristige Archivierungsaufgabe übernähme, die die komplette Dezentralisation nicht lösen würde). Konzepte „verteilter Speicherung" könnten hier noch als Alternativen ausgenutzt werden, obwohl deren Robustheit noch nicht ausreichend geklärt zu sein scheint.

– Neue Dokumentationsformen, wie sie sich in Form von „Hyperdokumenten" andeuten, werden eine weitere, sicher noch kaum überschaubare Herausforderung bieten.

Die Informations- und Kommunikationssituation – und das sollte mit diesen kurzen Hinweisen nur angedeutet werden – wird sich besonders im Wissenschaftsbereich durch die neuen Technologien und Dienste gravierend verändern. Und nicht anders sieht es für die Büro-Kommunikation und die Wirtschaftskommunikation aus, und die Verwaltung wird mit dem üblichen Zeitverzug auch nachziehen. Der Zugriff auf Wissen in seinen verschiedenen Erscheinungsformen tritt in ein neues Zeitalter ein.

H 2.6   Das IuD-Dilemma

Da die Information und Dokumentation lange Zeit (bis ca. Ende der 70er Jahre) sehr eng an den technischen Entwicklungsstand gebunden war, muß sie sich auf diese hier umrissenen Perspektiven einstellen. Dabei kann es ihr hilfreich sein, sich ihrer eigenen Entwicklungsdynamik noch einmal zu vergewissern.
Vieles begann mit einem Professor, der die Menge der Fachzeitschriften nicht mehr selber lesen konnte und seine Assistenten beauftragte, dies für ihn zu tun und Kurzreferate anzulegen. Dann traf er auf einem Kongreß einen oder mehrere Kollegen, die ähnliches taten, man beschloß, diese Ergebnisse auszutauschen. Dies waren dezentrale Lösungen, die dann aufgrund der verfügbaren Technologie (Druck) zu zentralistischen Systemen von Verteilcharakter wuchsen (Referateblätter). Durch

technische Fortschritte konnte dieser verteilte dezentrale Prozeß auf der Seite der Erstellung in Datenbasen konzentriert werden, womit auch die dezentrale Nutzungskonzeption eines Referateblattes (einer Bibliographie) umgewandelt werden konnte in eine tendenziell telekommunikative.

Da allerdings weder hinreichend viele Nachfrager in einer Region bereit waren, sich entsprechend technisch auszurüsten, methodisch zu bilden und im jeweiligen Bedarfsfalle dies auch entsprechend zu nutzen, mußte der ursprünglich kollegiale Zusammenhang, der durch die Technik regional bzw. national erweitert wurde, internationalisiert werden. Dies ist die Situation, von der die gegenwärtige Fachinformationspolitik nicht nur in der Bundesrepublik Deutschland ausgeht: Über Telekommunikationsnetze zugängliche internationale Datenbasen, die − im Idealfall − auch durch internationale Kooperation weiter aktualisiert werden.

Für einen Großteil dieser Datenbasen muß man allerdings auf einige Problemzonen hinweisen:
- Sie weisen nur Literatur nach (und die Leute sind anspruchsvoller geworden: sie wollen Antworten auf Fragen)
- Sie haben z.T. erhebliche Time-Lags
- Sie basieren auf Wissensstrukturierungen und Datenformaten der Frühzeit der Dokumentation
- Sie tradieren die Arbeitsmöglichkeiten der 3. Computergeneration (die sie allerdings von den Formatierungen her auch kaum ausnutzen)
- Sie bedienen sich höchst formaler, wenig komfortabler Kommunikations- und Zugriffssprachen.

Um es einmal provokativ auszudrücken: Viele der on line-Systeme sind von ihrer Datenstrukturierung her Systeme der 60er-Jahre, auf die Zugriffssysteme der 70er Jahre aufgesetzt wurden. Dies soll ihren inhaltlichen Wert nicht schmälern, aber auch wenn sie werbemäßig als neueste Entwicklungen angepriesen werden, kann man nicht daran vorbeigehen, daß sie technisch und methodisch beinahe unvermeidlicherweise etwas ins Hintertreffen geraten.
Das ist entwicklungsmäßig nur zu gut verständlich. Als Datenbanken technisch möglich wurden, hat man die manuell geführten und publizierten Sammlungen, die den Strukturierungen der 50er und 60er Jahre folgten, übernommen. Dies in den Komfortkonventionen der 70er Jahre, auf die dann einige der Verbesserungen der 80er Jahre aufgepfropft wurden. Wir leben hier mit einem Generationenmischmasch, zu dem sich dann häufig noch die anderen Probleme von Datenbasen dieser Art hinzugesellen. Die klassischen Datenbanken geraten in die Gefahr als Relikte betrachtet zu werden − und dies in den Zeiten, in denen sich Leute nach erheblichen Marketinganstrengungen beginnen, an sie zu gewöhnen.

Im Lichte der vorne dargestellten technischen Entwicklungslinien kann man diese − insbesondere im BMFT − unpopuläre Idee vielleicht mit folgendem Gedankengang erklären. Kommunikationstheoretisch lassen sich fünf Grundtypen von Kommunikation unterscheiden (Lit. 25.):
- *Intimkommunikation:* Das, was das Individuum mit sich selber und seinem Intimkreis abmacht, aber eben dann doch möglicherweise allgemeiner relevant werden kann: Poesiealbum, Tagebuch, Familienfotos und -filme.
- *Individualkommunikation:* Wo Individuen miteinander kommunikativ in Verbindung tre-

ten, dies z.T. über Netze der allgemeinen Kommunikationsinfrastruktur, der Kommunikationsorganisation (und damit wird dies z.T. auch kontrollierbar).

– *Gruppenkommunikation:* Bisher nur außerhalb der technischen Medien realisierbar, damit auch örtlich gebunden, aber zunehmend technisch und über die Infrastruktur realisierbar (damit leichter, aber auch kontrollierbarer).

– *Wahlkommunikation:* Durch das Vorhalten von Speichern können Leute auf Kommunikationsinhalte ihrer Wahl zugreifen, ihr Partner ist nicht mehr notwendigerweise eine Person (die sich auch verweigern kann), sondern eine Speicherorganisation (die sich anders verweigern kann).

– *Massenkommunikation:* Die man als durch die Formen der Verteilkommunikation realisiert ansehen kann, die die Chance hat, ggfs. durch Kombination verschiedener Verteilmodelle, alle Gesellschaftsmitglieder zu erreichen.

Die frühen Formen der Dokumentation hatten eher den Charakter von Gruppenkommunikation, die sich dann in Form der ,,invisible colleges'' im Wissenschaftsbereich fortsetzten. Die Referatedienste wechselten dann in die Form der Massen- oder Verteilkommunikation, die zentralisierten on line-Dienste bilden eine Informationsvermittlungsweise in Form der Wahlkommunikation. Die Wahlkommunikation (deren Form im übrigen auch das Schema Bibliothek folgt) wird mit den neuen Technologien erstmals technologisiert und daraus mag sich ihr (herber) Zauber für Informationsarbeiter erklären. Dabei darf aber nicht vergessen werden, daß auch für die anderen Kommunikationsformen diese Techniken enorme informationsrelevante Unterstützungen liefern, die das Modell Wahlkommunikation relativieren werden.

(a) Verteilkommunikation und Vor-Ort-Wissen

Menschen greifen in Informationsbedarfssituationen zunächst auf für sie lokale, d.h. vor Ort befindliche Quellen zurück, ein Prinzip, aus dem sich wissensbilanzierende Publikationen wie Lexika und Nachschlagewerke gehalten haben (die nach Strauch (Lit. 19.) auch als frühe Vorläufer von Dokumentation aufgefaßt werden müssen). Diese Bilanzierung war für einige Zeit schwierig und zeitaufwendig geworden, ihre gewissermaßen massenkommunikative Verteilung an lokale Nutzungsstätten konnte durch Drucktechnik nicht mehr hinreichend gestützt und ökonomisch ermöglicht werden (meterlange z.T. bereits überholte Lexika zum Preis von mehreren Tausend DM). Diese Situation beginnt sich umzukehren mit den optischen Speicherplatten, die relativ leicht herzustellen und von der Materialseite her auch recht billig sind (größere Auflagen vorausgesetzt). Noch ist die Entwicklung – unter dem Schlagwort CD-ROM – nur so weit gediehen, daß diese Informationsmittel erst wie die klassischen bilanzierenden Publikationen weitgehend wahlkommunikativ in Bibliotheken u.ä. vorgehalten werden, aber es ist zweifellos nur eine Frage der Zeit, bis wissensbilanzierende Speicher mit Bild, Text, Ton, Daten massenkommunikativ vertrieben werden, vor Ort nutzbar sind und dort in den individuellen Wissensnutzungsprozeß via PC eingebracht werden können.

Bisher werden für diese Formen nur die klassischen Bilanzierungen gewissermaßen technisch neu gefaßt (Lexika und Datenbasen), aber dies wird den Wissensdurstigen auf die Dauer nicht reichen, sie brauchen und wollen besser aufbereitetes bilanzierendes Material. Damit entstehen Zwänge zu anders gearteten Datenbasen: Nicht mehr solche, die primär die Nachschlagewerke klassischer Art substituieren, sondern die so beschaffen sind, daß man aus ihnen beliebige bilanzierende „Publikationen", die vor Ort nutzbar werden, ableiten kann. Die „Chronik"-Publikationen weisen in einer Vor-CD-Form bereits in diese Richtung. Dies sind noch klassische Bücher, die auf klassischen Sammlungen beruhen. Natürlich wird es nach wie vor akute Bedürfnisse geben von Leuten, die diese Datenbasen nicht vor Ort vorhalten und die hier angedeuteten „neuen" Datenbasen sollten der online-Benutzung natürlich offenstehen, aber dies macht dann deutlich, wohin diese im Gesamtzusammenhang gehört – sie wird ein Nebenprodukt des Bemühens um Bilanzierung von Wissen.

(b) Personale Kommunikation und globale Netzwerke
Menschen, die etwas wissen wollen und dies mit den eigenen lokalen Quellen nicht ausfindig machen, bevorzugen häufig den personalen Kontakt mit anderen Menschen, die vielleicht das wissen, was sie wissen wollen. Dies ist ja schon immer die große „Konkurrenz" von Datenbasen gewesen, die nur deshalb als Konkurrenz wenig beachtet wurde, weil
– sie kaum untersucht und bemerkt wird
– sie gegenwärtig auf recht unkomfortable Kommunikationsmittel zurückgreifen muß
– keine allgemeinen Kompetenzregister vorliegen und der Eintritt in ein Kompetenznetzwerk (eines der „invisible colleges") nicht immer einfach ist.
Hier deuten sich grundlegende Änderungen an durch die Kommunikationsmöglichkeiten, die bisher angedeutet wurden: andere Menschen werden leichter und flexibler erreichbar, es wird möglich, weit mehr Kompetenznetzwerke aufzubauen als bisher (und dabei wird man bemerken, daß es auch weit mehr Kompetenz gibt als bisher durch die dubiosen Filter der Cliquen, die die Verfügungsgewalt über das Wissen haben, an die Oberfläche gespült worden sind). Die neuen Telekommunikationsformen schaffen mehr Kontaktmöglichkeiten (wenn auch nicht unbedingt persönlicher Art) und daraus entwickeln sich auch neue Möglichkeiten der Kompetenznutzung auf der Ebene der personalen Kommunikation. Dies mag nicht unproblematisch sein, denn nicht immer ist die auf diesem Wege eingeholte Information richtig, verläßlich, vollständig – aber dies ist sie bei den Datenbasen auch nicht. Da aber der Weg zu dieser Information zu kommen häufig menschlicher ist, mit mehr Spaß verbunden sein kann, Nebeneffekte haben kann, die interessant sind, muß man davon ausgehen, daß Menschen davon noch mehr Gebrauch machen als bisher auch schon. Hier wird eine neue Form eines „grauen Informationsmarktes" entstehen (in vielen Formen schon in dem so begrenzten Dienst Bildschirmtext erkennbar), den zu dokumentieren eine vielleicht viel interessantere Aufgabe als die Dokumentation von Zeitschriftenartikeln wäre (wer hat sich über welches Problem informiert, bei wem, wie waren seine/ihre Erfahrungen).
Hier könnten Kompetenzbörsen entstehen, Informationserfahrungen gesammelt und ausgetauscht werden. Sicherlich werden dabei auch Datenbasen eine Rolle spielen, aber die eigentlichen Akteure werden Menschen sein, die die Filter für die Datenbasen spielen. Informationsvermittler und Transferagenturen könnten ein sinnvoller Schritt in die Richtung der Bildung von zentralen Knoten derartiger Kompetenz-Netzwerke sein, wenn sie nicht als Marketing-Instrumente für Datenbasen betrachtet werden (Lit. 24.).

(c) Intelligenz und Individualisierung

Das Bedürfnis nach Information läßt sich in der Regel irgendwie auf zu bewältigende Probleme zurückführen (Lit. 12.). Datenbasen bewältigen keine Probleme. Der Ansatz von Expertensystemen ist da zunächst viel direkter: Sie konzentrieren sich auf eine kleine Problemklasse, bei der sie tatsächlich Problemlösungsbeiträge liefern. In diesen Bereichen – und sie werden sich ausweiten – werden sie den Wirkungsbereich von Datenbasen einschränken. Sie werden aber auch noch weitere Auswirkungen haben. Zunächst ist interessant, daß die Versuche, aus publizierten Informationsquellen Wissensbilanzen zu gewinnen (das Schlagwort ,,Informationsanalyse'' in den späten 70er Jahren), in den Expertensystemen keine Fortsetzung gefunden haben, sondern daß diese versuchen, das Wissen aus den menschlichen Experten herauszuholen (zu ,,elizitieren''). Sie erkennen somit die Rolle des menschlichen Faktors sehr viel mehr an, als es die ,,Dokumentation'' jemals getan hat.

Der enorme Erfolg von Ratgeberbüchern und -sendungen läßt erwarten, daß irgendwann einmal nicht nur Expertensysteme *für* XYZ, sondern Expertensysteme *von* UVW auf dem Markt sein werden. Hier wird noch einige Zeit vergehen, aber es ist jetzt schon absehbar (und auch methodisch ohnehin zu sehen), daß Expertensysteme die nächste technische Generation der Information und Dokumentation sind – die wie alle neuen Generationen von Techniken die alten nicht ersetzen, aber ihren funktionalen Stellenwert verändern und sich selber in den Vordergrund schieben.

Der zweite Faktor ist möglicherweise viel wichtiger: Expertensysteme sind letztlich offene Systeme – offen für Änderungen in der Wissensbasis und im Regelsystem. Aber sie sind nicht nur offen, sondern sie müssen auch *lernen*. Ob das Lernen nun eine integrierte (und nicht triviale) Funktion des Systems ist oder über benutzerspezifische Ergänzungen und Veränderungen passiert, ist in unserem Zusammenhang nicht so wichtig. Wichtig ist, daß sich Expertensysteme – tendenziell – mit ihrer Benutzung verändern, individualisieren.

Damit wird eine neue Seite im Informationsgeschichtsbuch aufgeschlossen werden: zwei identische Systeme, an zwei verschiedene Benutzer ausgeliefert, werden nach einiger Zeit unterschiedlich werden müssen. Hier ist nicht der Ort, sich Gedanken zu machen, wie dies zu realisieren ist und mit der (noch schattenhaften) Marktsituation von Wissensbasen, Shell-Releases, Datenbankschnittstellen etc. verträglich ist, aber so wird und muß es sich entwickeln. Expertensysteme sind Produkte, die sich viel mehr an ihre Benutzer anpassen müssen als klassische Datenbanken.

Expertensysteme haben eine gute Zukunft (wenn man eine Perspektive von 10 – 20 Jahren akzeptiert) auch außerhalb sehr enger technischer Anwendungsbereiche – und sie stellen einen weiteren Faktor zur Individualisierung von Informationsarbeit (Selbstbedienungsprinzip) dar. Natürlich kann es auch für sie (die Expertensysteme) den Bedarf auf Zugriff auf Datenbasen geben, und das wird zu organisieren sein, aber natürlich wird einem Expertensystem mit einem Hinweis auf eine Literaturstelle nicht viel geholfen sein (dies unterscheidet sie von menschlichen Experten, die daraus meist sehr gute Schlüsse über die Qualität der Datenbasis ziehen können, was ihnen aber häufig in der Sache auch nicht sehr viel weiter hilft, aber den allgemeinen Bildungsstand verbessert).

Diese drei Entwicklungslinien, die sich innerhalb der anderen Kommunikationsformen abspielen, werden unsere Informationswelt zweifellos erheblich verändern. Alle drei Entwicklungslinien können und wollen auf Datenbasen nicht verzichten, aber sie drängen sie gewissermaßen in den Hintergrund. Darüberhinaus gibt es noch einige Entwicklungen, die sich noch nicht so deutlich konturieren, die aber möglicherweise von gleichwertiger Brisanz sein können:

– Das Verschwimmen der Differenz von Publikationswesen und individueller Kommunikation. Durch die Entwicklung eines reichen und breitgefächerten Publikationswesens ist unsere gesellschaftliche Wissensvorstellung sehr lange (und auch zu Recht) an das publizierte Wissen gebunden gewesen, für das die individuellen Wissensaustauschformen meist als Vorfeld angegeben werden. Dies ist durch die Individualisierung der Drucktechnologie in Form von Fotokopierern und Offsetmaschinen bereits seit geraumer Zeit in Frage gestellt (,,graue Literatur'') und wird nun technisch noch weiter getrieben in mehrere Richtungen: Zunächst wird das ,,Publizieren'', d.h. das Herstellen eines Dokuments, das anderen zur Verfügung steht, immer einfacher – Desktop Publishing, On-Demand-Publishing sind entsprechende Schlagworte. Dahinter stehen Technologien, die die Herstellung und Vervielfältigung erleichtern, aber insofern noch klassisch sind, als sie meist Papier oder ähnliche Bedruckstoffe liefern, die dann per Transportmittel verteilt werden. War aber früher ein Manuskript einmal fertig und veränderte sich nicht mehr, wenn es gesetzt war, ist es bei den sich jetzt entwickelnden Technologien in hohem Maße änderungsanfällig, d.h. so erstellte und verteilte Dokumente müssen nicht mehr sich selbst identisch sein, sondern können sich von Tag zu Tag verändern – formal aber auch inhaltlich. Datierungen, Autorenzeichnungen, Änderungsstände werden an Bedeutung zunehmen und ein neues Publikationsbewußtsein erfordern. Schließlich müssen Dokumente auch gar nicht mehr in einer den menschlichen Sinnen wahrnehmbaren Form verteilt werden, sondern können als Files direkt oder auf Disketten übermittelt werden und entstehen dann als Dokumentform erst beim Empfänger, der sich aus ihnen sein eigenes Dokument macht.
Hier wird ein großes Verwirrspiel einsetzen, über dessen Ordnung nachzudenken jetzt schon lohnt. Denn dieser Bereich gewinnt zunehmende Bedeutung: je verbreiteter diese Technologien werden, desto mehr wird das klassische Verlagswesen (was es ja auch heute schon tut) den Kleinauflagenbereich als ökonomisch uninteressant aufgeben und damit auch das eigentliche Feld der Wissensvermittlung (bei den größeren Auflagen müssen dann noch andere Aspekte wie Unterhaltungswert, Personalisierung etc. hinzutreten). Informationsarbeit kann sich dadurch eventuell vom früheren Bezugspunkt des Publiktionswesens loslösen und wichtige Funktionen in dieser elektronischen Grauzone übernehmen.

– Wenn hier über Dokumente geredet wird, dann muß man natürlich darauf aufmerksam machen, daß diese in zunehmendem Maße nicht mehr Dokumente sind, die man ohne technische Hilfsmittel wahrnehmen kann. Es wird viele unterschiedliche Komponenten enthalten, einschließlich der Programme, die es selbst erst rezipierbar machen. Die Dokumente werden zunehmend auf die an verschiedenen Stellen vorhandene maschinelle und künstliche Intelligenz Bezug nehmen. Bisher war der Dokumentenmarkt durch Hardware segmentiert (Schallplatten, Filme, Video etc.), nun wird er in zunehmendem Maße durch Software segmentiert. Bis hier allgemeine Normungsbemühungen greifen (etwa Office Document Architecture oder TOP), kann noch viel Zeit vergehen und ob diese dann am Markt greifen, ist auch noch nicht absehbar. Es werden darüber Dokumentproduktions- und -rezeptionsbereiche entstehen, die sich teilweise zumindest auf gleiche verwendete Technologien einigen. Zwischen diesen Kreisen wird es Gateways geben müssen, es wird Verzeichnisse der Kreise, Kompetenzkataloge etc. geben müssen. Hier bietet sich ein weites Feld für Informationsarbeit ganz anderer Art.

− Daß es solche technisch definierten Kreise bereits gibt, dokumentiert die Literatur, die sich − da es die Netze so noch nicht gibt − zunächst etabliert hat (Fachzeitschriften für die verschiedenen PC-Produktlinien, Zeitschriften, Newsletter und Erfahrungsaustauschgruppen für die Software-Welten). Hier wird es natürlich weitergehen: Mailbox-Systeme, elektronische Blackboards, Konferenz-Systeme beginnen, sich zu stabilisieren. Die Informationslandschaft, die schon zu Beginn unseres Jahrhunderts durch Überangebot zerbröselte und in der Dokumentation ein Versuch war, durch zentralisierende Instanzen noch den Überblick zu gewinnen, zerfällt weiter in zwei Richtungen: *Dezentralisierung* in technisch und interessemäßig gegeneinander abgegrenzte Gruppen und Grüppchen und *Verteilung* von Ressourcen in den Netzen dieser Gruppen (und zu den Ressourcen gehört dann auch das Wissen − verteilte Speicherkonzepte etwa). Auf der reinen Datenkommunikationsebene wird es wohl eine gemeinsame technische Basis geben, wenn auch mit vielen Gateways, und die entstehenden Aufgaben des Netzwerk-Managements werden immer umfangreicher (und noch komplexer wenn die Zahl der Netzbetreiber zunehmen wird).
Die Gateways werden aber nicht nur auf den unteren Protokollebenen benötigt, sondern auch auf den Ebenen, die oberhalb der sieben ISO-Schichten anzusiedeln sind. Ein Mensch, der in diesem Netzwerk- und Gruppendschungel nach bestimmtem Wissen sucht, muß sich gewissermaßen von Sub-Netz zu Sub-Netz (mit wechselnden Technologien, Protokollen, Systemen) vortasten und dazu braucht er intelligente Informationshilfen, gewissermaßen Informations-Gateways zwischen den Gruppen, Pfadfinder, die ihm den Weg weisen, Über-Systeme, die den Überblick über die Gruppen haben etc. Hier entsteht eine dem Netzwerk-Management vergleichbare Management-Aufgabe, ein ganz anderes Verständnis von ,,Informations-Management''.

Wir stehen hier vielleicht zunächst einem Chaos gegenüber (Lit. 26.), das sich im Augenblick beginnt irgendwie selbst zu organisieren. Da zentralisierte Informationsarbeit in absehbarer Zukunft die Informationsquellen nicht mehr wird zentral kontrollieren können, könnte sie diese Management-Aufgabe übernehmen. Die intellektuelle Landschaft wird durch die technischen Vernetzungsmöglichkeiten und Intelligenzzuwächse nicht übersichtlicher − im Gegenteil sie wird virtueller, flexibler, auf mehreren Ebenen strukturierbar (Lit. 21.).

H 2.7   Die Technik setzt noch mehr darauf

Bisher war die Rede nur von den Technologien, von denen wir schon wissen, die
im Labor schon funktionieren, deren Markteinführung bevorsteht und dabei waren
wir schon sehr selektiv. Auch wenn nicht alle technischen Blütenträume reifen und
die Märkte nicht beliebig alles schlucken, können wir getrost davon ausgehen, daß
der Eisberg neue Informations- und Kommunikationstechnologien hier erst zu einem Teil bezogen auf das Jahr 2000 beschrieben worden ist. Wir werden es schwer
haben, uns auf diese neuen Situationen einzustellen und dies wird das Tempo der
Durchsetzung zumindest in einigen Bereichen etwas bremsen.
Dieser Bremsvorgang könnte wünschenswert sein und die Fachinformation könnte
etwas beruhigt sein. Aber sie steht nicht im luftleeren Raum, sondern um sie herum
verändert sich die technische Umgebung ebenfalls, entstehen neue Konfigurationen, die insgesamt einen starken Innovationsdruck ausüben:
- Der Unterhaltungsbereich wandelt sich durch die Technologien ganz erheblich
  (Kabel- und Satellitenfunk, Unterhaltungselektronik).
- Produktions- und Fertigungsprozesse werden immer weiter automatisiert und
  zeigen ähnliche Tendenzen (z.B. flexible Automatisierung, Lit. 09.).
- Neue Sensortechniken werden in viele Lebensbereiche eindringen.
- Die Konsumprodukte werden in zunehmendem Maße intelligenter, elektronischer und informationsintensiver (Lit. 06.).
- Die gesellschaftliche Verbreitung von Routineinformation verlagert sich immer
  mehr in den Realzeitbereich und der vor Ort-Erfassung und -Erledigung und ersetzt damit klassische Medien wie Geld durch Daten (z.B. smart cards und point
  of sale-Erfassungssysteme).

Aber auch dies sind nur Konsequenzen bereits eingeleiteter Marktbewegungen, hinter denen schon wieder neue technische Durchbrüche erkennbar werden, über deren
Zeitpunkt wird noch nichts sagen können, auf die wir uns aber schon heute intellektuell orientieren müssen:
- Die Laser-Technik wird auf Dauer nicht nur die Speicherung und Übertragung,
  sondern auch die Computer selber erreichen. Damit stehen optische Computer
  thematisch an, über die wir noch nicht viel sagen können (ob sie nur schneller
  und leistungsfähiger sein werden oder ob sie auch noch ganz andere Eigenschaften haben werden, Lit. 04.).
- Eine der Möglichkeiten, mit denen man zumindest in diesem Zusammenhang
  rechnen muß, sind Computer, die nicht mehr nur binär, sondern ternär arbeiten, d.h. drei Zustände (oder noch mehr?) einnehmen können (z.B. Quanten-
  effekt-Transistoren, Lit. 02.). Damit bräche eine neue Logik-Ära an, denn unsere vertrauten digitalen Computer basieren auf der vertrauten zweiwertigen Logik. Was werden wir mit einer drei- (mehr-)wertigen Hardware alles anstellen
  können?
- Die klassischen John von Neumann-Rechnerarchitekturen werden heute bereits
  durch Konzepte des Parallel-Computing, in dem mehrere (bis zu vielen Tausend) Prozessoren parallel an speziellen Problemklassen arbeiten, ergänzt. Lö-

sen diese vielleicht unsere universellen Ein-Prozessoren-Anlagen ab (Lit. 08.; Lit. 10.)?
- Eine andere Alternative der Computerarchitektur macht sich in Form der neuronalen Netze bemerkbar, d.h. Computern, die nicht mehr festen Algorithmen folgen, sondern ihre Komponenten auf Problemklassen hin ausrichten (Lit. 20.; Lit. 01.).
- Damit verknüpft ist die Realisierungsmöglichkeit von Einrichtungen, wie sie auch schon Dokumentaren in den 70er Jahren vorschwebte, nämlich assoziativen Speichern, d.h. Speichern, die nicht mehr über Adressen abgefragt werden, sondern über Inhaltskomponenten (eine Speicherform, von der sich offensichtlich die enorme Leistungsfähigkeit des menschlichen Gehirns herleitet, Lit. 17.).

Wir müssen, ob mit oder ohne diese Technologien, wohl damit rechnen, daß neben die rezeptiven und produktiven Fähigkeiten, die die gewohnten Rechner für Bilder und Sprache entwickeln, auch erhebliche Fortschritte in der Bild- und Sprachanalyse treten werden (und daneben die Fortschritte in der Textanalyse weitergetrieben werden).

Wenn der Begriff Informationsarbeit sich noch am klassischen Dokumentar orientieren sollte, dann ist die Zukunft dieser Form von Informationsarbeit gut absehbar: Gegenwärtig werden bereits viele Routinearbeiten automatisierbar, Wissensquellen entziehen sich in zunehmendem Maße einem dokumentarischen Zugriff, es bleibt vielleicht die Verstehensleistung übrig, an der aber auch schon häufig und durchaus erfolgversprechend der Automatisierungszahn nagt.

Eine Parallele könnte der Schuhmacher sein, da fast jeder Mensch Schuhe braucht: Schuhmacher gibt es heute nur noch wenige, das ist automatisiert worden (und wird es weiter). Aber es gibt viele Leute, die sich mit Schuhen beschäftigen: Design, Forschung, Marketing, Materialkunde, Maschineneinrichtung. Vielleicht gibt es heute mehr (und besser gestellte) Schuhspezialisten als früher Schuhmacher. Ein Berufsstand war gezwungen, sich umzustellen.

H 2.8 Perspektiven der Informationsarbeit

Informationsarbeit wird sich nicht nur verändern, indem sie neue Hilfsmittel integriert (das wäre schon anstrengend genug). Bleibt sie in ihrem einmal definierten Bereich (Datenbanken, Fachinformation), wird sie nicht aussterben (zumindest in absehbarer Zeit nicht), aber ihre ökologische Nische wird kleiner. Sie kann sich den Entwicklungen ihres historischen Kernbereichs anpassen (erste ökologische Ebene), dann müßte sie sich für Expertensysteme öffnen und sich dem ,,*Knowledge Engineering*'' verschreiben. Sie könnte das Zusammenwachsen der Technologie ihres historischen Kerns mit anderen Technologien in überschaubaren Zusammenhängen akzeptieren, d.h. also die informationbezogene Technologiebasis erweitern, (zweite ökologische Ebene), dann könnte sie sich als so etwas wie organisationsinternes Informationsressourcen-Management verstehen. Dies sind die Möglichkeiten, die sich bieten, wenn man den klassischen Dokumentationsbereich fortschreibt.

Diesem vorgelagert wurde der Bereiche der *Informationsvermittlung*, der auch Informationsverarbeitung ist, aber in Deutschland keine eigenständige Tradition hat. Dennoch ließe sich dieser Bereich ebenfalls moderat fortschreiben in Tätigkeitsfelder wie

- Informationsagenten, die für wen auch immer und von wo auch immer Information aufspüren
- Informationsberater, die Kunden beraten, wie sie die Lösung von Informationsproblemen in eigene Hände nehmen könnten
- Informationsmarktspezialisten, die Informationsbedürfnisse und -lücken in Publika und Zielgruppen aufspüren
- Informationsdienstberater, die Produzenten von Informationsdiensten daraufhin beraten, wie die Informationsdienste gestaltet werden können, wie sie am Markt zu plazieren sind, wie das jeweilige Marketing auszusehen hat.
- Schnittstellenberater und -entwickler, die die Gestaltung von Mensch-Maschine-Schnittstellen für Informationsübergaben von Seiten der Menschen her zu gestalten versuchen.

Von diesen Traditionen her ließe sich das Bild des *Wissensbilanzierers* entwickeln, dem allerdings in ausgewählten Bereichen Informations- und Verlagswesen schon selber entgegengegangen sind.

Für alle diese Tätigkeiten — immer unter Berücksichtigung aller hier angedeuteter technischer Innovationen — gibt es Bedürfnisse, d.h. sie werden sich so oder so entwickeln. An ihrer Entwicklung kann die Informationsarbeit teilhaben, sie kann sie aber auch anderen überlassen.

Ihre potentiellen Perspektiven reichen aber noch weiter. Es deuten sich zwei Entwicklungsfelder an, für die neben anderen die Informationsarbeit einige Voraussetzungen mitbringt, in die sie also strategisch eindringen könnte.

(a) Organisations-Kommunikation

Die Kommunikations-Situation in Organisationen steht vor einer entscheidenden Wende. Bisher fristeten einerseits Archive und Dokumentationsstellen eine Randexistenz, bestimmten andererseits Rechenzentren die Aufmerksamkeit. Mit neuen Technologien wie Netzwerken und dezentraler Intelligenz nehmen Rechenzentren an Bedeutung ab, werden die jahrelangen Versäumnisse im Bereich des Datenmanagement überdeutlich, wird der Ruf nach einem übergreifenden Informations-Management immer lauter: Die Integration von informationsverarbeitender Hard- und Software unter unternehmensstrategischen Gesichtspunkten steht an — und dies ist, da nunmehr auch die klassischen Archive, Registraturen und ähnliche Speichereinrichtungen technisch unterstützbar werden, eine Aufgabe, die nicht einfach Datenverarbeitung bedeutet. Hier könnte sich Informationsarbeit eine strategische Position erkämpfen (vorausgesetzt, sie ist in der Lage, auch mit den Hard- und Software-Grundlagen umzugehen).

Die Organisations-Kommunikation verkompliziert sich dadurch, daß nicht nur das Informationswesen neu geordnet werden muß, sondern auch das Kommunikationswesen (Lit. 26.). Lokale Netze, neue öffentliche Dienste, neue Netzformen, Sprachnetze — all dieses bedeutet auch, daß bisherige Zuständigkeiten neu zu ordnen sind. Telefon ist nicht mehr Telefon, Datenübertragung wird Kommunikation, jeder soll mit jedem kommunizieren können, gemischte Dokumente tauchen auf, der Briefverkehr und Dokumententransport muß in einem neuen Licht und in Konkurrenz zu den neuen Technologien gesehen werden. Ein übergreifendes (und wirklich übergreifendes: vom Personentransport über Brief- und Paketverkehr bis zur Datenkommuniktion reichendes) Kommunikations-Management wird immer wichtiger. Wenn die Informationsarbeit die intensivierte interpersonelle Kommunikation als einen legitimen Bereich auffaßt, der Wissen vermitteln kann und in Zukunft sehr viel mehr wird, dann hätte sie hier eine strategische Orientierung gefunden, mit der sie – ähnlich dem Informations-Management – nicht nur Lückenökologie betreibt, sondern sich an die Spitze einer Bewegung setzt, die von erheblicher Bedeutung ist. Wenn sie ihre Traditionen richtig deutet, könnte sie in ihnen viele Anknüpfungspunkte finden.

(b) Die gesellschaftliche Wissenssituation
Gesellschaft und das Leben in ihr in allen seinen Aspekten wird immer komplexer. Damit wird einerseits Wissen, das diese Komplexität verständlich und durchschaubar macht, wichtig und Information, die für bestimmte Zusammenhänge und Probleme Wissen operational macht bzw. Wissenskomponenten in Kalküle einbringt, immer bedeutsamer. Die Frage, die hier nur aufgeworfen werden kann, ist die, ob nicht aufgrund der neuen Informations- und Kommunikationstechnologien Wissen in unserer Gesellschaft seine Funktion und seinen Stellenwert verändert.

Die Rolle des Wissens wird von verschiedenen Seiten her verändert. Zunächst einmal werben die Datenbasen damit, daß sie Wissen bereitstellen, und suggerieren damit, daß ihre Nutzung bereits den Zugriff auf das Wissen der Welt sichert. Dabei bieten sie meist lediglich Literaturhinweise an – weder vollständig, noch aktuell, noch nach Richtigkeit und Wichtigkeit bewertet. Ob sie tatsächlich nur ,,Quatsch'' anbieten, wie Weizenbaum (vgl. Lit. 23.) meint, mag dahingestellt bleiben, aber sie bieten letztlich (und mehr können sie auch nicht) nur recht armselige Surrogate zu dem Begriff von Wissen, der sich eine gleiche sprachliche Wurzel mit Weisheit teilt. Auch die Versprechungen der künstlichen Intelligenz, daß sie ,,wissensbasierte Systeme'' entwickeln, verfehlen diesen Bezug – zwar reproduzieren diese Systeme tatsächlich besser und mehr Strukturelemente von Wissen, aber in sehr eingeschränkter, kalkülisierter Form. Der inflationäre Gebrauch des Konzepts ,,Wissen'' für kalkülisierte und trivialisierte Formen von Hintergrundsystemen birgt eine Gefahr des Verlierens von Maßstäben für das, was Wissen tatsächlich sein kann, in sich, die man kulturell nicht unterschätzen sollte.
Von der anderen Seite wurde und wird das Wissenskonzept bereits seit einiger Zeit von uns selber mit dem Konzept der ,,Information'' bedrängt. Wie man ,,Information'' auch versteht, das ist im Detail gar nicht so wichtig, meist ist es doch ein Konzept, das einen Bezug zum Handeln des Menschen in relativ beschreibbaren und im Zweifelsfalle kalkülisierbaren Zusammenhängen hat (Lit. 30.) – deshalb konnte der Begriff des ,,Informationssystems'' sich auch so inflationär ausbreiten.
Ein Aspekt eben der neuen Informations- und Kommunikationstechnologien scheint darin zu liegen, das kulturelle Erbe von Antike, Renaissance und Aufklärung, in dem Wissen als Einheit rationalistischen Kalküls und außer-rationaler Maßstäbe (wie Ästhetik) entwickelt wurde, zu verkehren. Das Produkt dieses Rationalisierungsprozesses war die ,,Wissenschaft'' (und nicht die ,,Informationsschaft''), nun scheint in zunehmendem Maße die ,,Information'' an die Stelle von ,,Wissen'' zu treten – Informationsgesellschaft und Informationszeitalter sind angebrochen.

Das zunehmende Vertrauen in das gegenüber dem ,,Wissen'' eingeschränkte Konzept von ,,Information'' (letzteres könnte man schon noch anders verstehen, siehe Kap. H5) birgt Gefahren in sich wie schwindendes Risikobewußtsein, sinkende Verantwortungsbereitschaft, Auskopplung des Wissens als eines wichtigen Faktors von Selbstbewußtsein und Souveränität (Lit. 23.). Dies wird ohnehin schon häufig genug beklagt.
Die Nutzung dieser neuen Techniken, um mit ihnen neue Formen des Wissens, seiner Verarbeitung und seiner Verwertung zu entwickeln, diese neuen Formen als ein neues Tätigkeitsfeld von Institutionen zu sehen, die sich um Wissenstradition ver-

dient gemacht haben – Universitäten, Verlage und Medien, Museen und Ausstellungen, Messen und Kongresse, wissenschaftliche Gesellschaften – wäre eine wichtige und vielleicht für die Informationsgesellschaft zentrale Aufgabe. Informationsarbeit als informationskulturelle Innovationsaufgabe könnte auf viele Traditionen zurückgreifen, auf die sich in ähnliche Richtung weisende Tendenzen unter dem Schlagwort „Kultur- und Medienmanagement" noch nicht besonnen haben, weil sie eher aus der institutionellen Praxis erwachsen.

H 2.9   Informationsarbeit als „Agonistik"

Die Informationsarbeit bewegt sich in eine schwierige Umbruchsituation. Die technischen Innovationen – noch nicht einmal so simple wie PC und Textverarbeitung – sind längst noch nicht in alle Ecken, in denen Informationsarbeit stattfindet, vorgedrungen. Zum Teil sind dies auch die Ecken unserer Arbeitswelt, die traditionell von Innovationen überhaupt als letzte erreicht werden und von daher ohnehin ein angestaubtes Image haben: Archive, Registraturen, Dokumentationsstellen arbeiten häufig noch wie zu Zeiten ihrer Gründung. Hier muß natürlich der Betrieb – von dem häufig sehr viel mehr abhängt, als dies von außen bewußt wird – weitergehen und funktionieren. Die gute alte Informationsarbeit muß weitergehen in ihrer Ecke.
Selbst wenn sie in ihrer Ecke verbleiben will, muß sie nach und nach die technischen Innovationen, zumindest die ihr von ihrer Umwelt aufgezwungenen, integrieren. Sie muß diese Ecke modernisieren, wenn andere es auch tun.
Die Ecke, selbst wenn sie im Winkel bleibt, steht allerdings vor einem technischen Durchbruch, der vor allem sie betrifft (WORM, Netzanbindungen, Datenbasen) – sie ist also gezwungen, auf sich aufmerksam zu machen als ein Bereich, der speziell und nicht im Gefolge anderer umgerüstet werden muß. Dazu muß sie sich sachverständig machen – nicht nur technisch, sondern vor allem auch methodisch, sie muß die alten Arbeitsformen zunächst gedanklich, dann aber auch tatsächlich umformen in solche, die die neuen Techniken nutzen. Dazu wird sie häufig gezwungen sein, die alten noch mitzuführen, weil sich Speicher z.B. nicht zwangsläufig voll auf neue Technologien umstellen lassen oder dies auch schlicht nicht lohnt (methodisch ist dies an einem Aspekt bei Wersig (Lit. 29., Teil I) angedeutet).
Informationsarbeit muß also selbst im einfachsten defensiven Selbstverständnis eine Spanne von manuellen Verfahren über mittlere technische Modernisierungen bis hin zu den modernsten Techniken beherrschen. Mit dem Erwerb und Einbau neuer Technologie und neuen methodischen Verständnissen ist es aber nicht genug. Die Umwelt der traditionellen Informationseinrichtungen ändert sich drastisch. Das Konzept „Informations-Management" wird realisiert, wenn nicht von Seiten der Informationsarbeit, dann von Seiten der Wirtschaftsinformatik, und es wird zeigen, daß es eine Fülle unterschiedlicher Informationseinrichtungen gibt, von denen nur einige dem Verständnis von Informationsarbeit zugeordnet sind. Hier muß die Informationsarbeit (selbst wenn sie nur in ihren angestammten Nischen verharren will) ihren Stellenwert in den sich herausbildenden übergreifenden Organisations-

Konzeptionen finden, sich strukturell einpassen und verteidigen – z.B. als Langzeit- und Back up-Speicher.

Mit der Intensivierung der Kommunikation durch Netze geraten für Menschen mehr Informationseinrichtungen als bisher in das Blickfeld, Informations-Management wird auf allen Ebenen stärker nach Effizienzkriterien fragen. Informationsarbeit – und das wird in zunehmendem Maße auch für andere als die bisherigen Fachinformationszentren gelten – wird in Zukunft einem stärkeren Wettbewerbsdruck ausgesetzt sein und stärker Erfolgskriterien unterworfen werden. Das bedeutet, sie wird sich relativ weniger an ihren Bezugsquellen und Speichern artikulieren, sondern an Fragen der Kundenbetreuung, des Marketing, des ökonomischen Erfolgs. Dieser Trend ist auch innerbetrieblich nahezu unausweichlich (Lit. 26.).

Informationsarbeit wird also – auch wenn sie nur in ihrer Nische verbleiben will – enorm zu kämpfen haben mit vielen neuen Konzepten, ohne die alten ganz umgehen zu können, sie wird sich in mehrfacher Hinsicht umorientieren müssen, sie wird Koalitionen eingehen müssen, sie wird Phantasie und Kreativität entwickeln müssen, sie wird viel experimenteller werden müssen. Dies ist ein Zustand, den Lyotard (Lit. 15.) ,,Agonistik'' genannt hat, ein für ihn allgemeines Kennzeichen der postmodernen Entwicklung wie er sie sieht (vgl. auch Lit. 28.).

Wenn sich Informationsarbeit ohnehin auf eine längere Phase der Neuorientierung, des Kampfes um den eigenen Stellenwert in einer sich drastisch wandelnden Informationslandschaft und neuen Einbindungen in Märkte und Organisationsformen einstellen muß, dann könnte sie auch diese Situation offensiv nutzen und sich weiterreichende strategische Ziele setzen. Dies wäre nicht nur eine Frage der Selbstbehauptung und des durchaus natürlichen Bestrebens, neue Territorien zu gewinnen.

Es wäre auch von allgemeiner gesellschaftlicher Bedeutung: Es geht bei der Transformation zur Informationsgesellschaft auch darum, die Bedeutung des Wissens für Kultur und Gesellschaft zu erhalten und zu verdeutlichen. Es besteht durchaus die Gefahr, daß das Wissen technisch zerteilt und reduziert wird und letzlich nur noch Objekt des Zugriffs von Systemen wird.

Die technischen Entwicklungen lassen sich nicht nur nicht aufhalten, sondern sie bringen auch viele neue Annehmlichkeiten. Aber sie müssen eingeordnet werden in den Gesamtkomplex Wissen, und Informationsarbeit ist einer der Tätigkeitsbereiche, die eine lange Tradition der Wissensstrukturierung haben. Sie kann ihre Nische verlassen, wenn sie es will.

Literatur

01. Abu-Mostafa, Yaser S.; Psaltis, Demetri: Optische Neuro-Computer. In: Spektrum d. Wiss. Mai 1987, S. 54 – 63.
02. Bate, Robert T.: Der Quanteneffekt-Transistor. In: Spektrum d. Wiss. Mai 1988, S. 112 – 118.
03. Belkin, Nicholas J.; Hennings, Rolf-Dirk; Seeger, Thomas; Windel Gunther; Wersig, Gernot: Mass Informatics and their implementation for every day life. In: R.F.A. Mason (Hrsg.): Information Processing 83. Amsterdam – New York – Oxford 1983, S. 583 – 587.
04. Bell, Trudy E.: Optical Computing. IEEE Spectrum, Bd. 23, Nr. 8, 1986, S. 34 – 57.

05. BMFT: Programm der Bundesregierung zur Förderung der Information und Dokumentation (IuD-Programm) 1974 – 1977. Bonn 1975.

06. Diebold, John: Informationstechnologie und ihre Wirkung auf Wirtschaft und Gesellschaft in einer Situation der Evolution und des Wandels. In: Mensch und Information: Wege in die Zukunft. 4. Workshop des BHW-Forum 5. 11. – 8. 11. 1987. Hameln 1988, S. 10 – 59.

07. Fachinformationsprogramm 1985 – 88 der Bundesregierung. Bonn: BMFT 1985.

08. Fox, Geoffrey C.; Messina, Paul C.: Fortschrittliche Rechnerarchitekturen. In: Spektrum d. Wiss. Dezember 1987, S. 54 – 63.

09. Fröhlich, Friedrich W.: Flexible Automatisierung – das Werkzeug wird intelligent. In: Spektrum d. Wiss. Juli 1988, S. 20 – 24.

10. Hillig, W. Daniel: Ultraschnelle Processor-Netzwerke. In: Spektrum d. Wiss. August 1987, S. 52 – 61.

11. Hofstadter, Douglas R.: Gödel, Escher, Bach. Stuttgart 1985.

12. Information und Handeln. Orientierungsmuster zur Funktion der Informationstätigkeit für individuelle und gesellschaftliche Problembewältigung. Berlin: FU Berlin, Arbeitsbereich Informationswissenschaft, Projekt INSTRAT, 1982.

13. Das Informationsbankensystem. 3 Bde. Köln etc. 1971.

14. Kunz, Werner; Rittel, Horst: How to know what is known: Designing Crutches for Communication. In: H. J. Dietschmann: Representation and Exchange of Knowledge as a Basis of Information Processes. Amsterdam – New York – Oxford 1984, S. 51 – 60.

15. Lyotard, Jean-Francois: Das postmoderne Wissen. Graz – Wien 1986.

16. Nora, Simon; Minc, Alain: Die Informatisierung der Gesellschaft. Frankfurt – New York 1979.

17. Palus, Günther: Assoziation, Gedächtnis und Gehirntheorie. In: Spektrum d. Wiss. Juni 1988, S. 54 – 65.

18. Schuck-Wersig, Petra; Wersig, Gernot: Das Potential des Bildes. In: Rundf. Ferns. Nr. 1/1986. S. 44 – 63.

19. Strauch, Dietmar: Wissenschaftliche Kommunikation und Industrialisierung. München 1976.

20. Tank, David W.; Hopfield, John J.: Kollektives Rechnen mit neuronenähnlichen Schaltkreisen. In: Spektrum d. Wiss. Februar 1988, S. 46 – 55.

21. Vowe, Gerhard; Wersig, Gernot: ,,Kabeldemokratie'' – der Weg zur Informationskultur. In: Pol. u. Zeitgesch. B 34/1983, S. 15 – 22.

22. Wersig Gernot (Hrsg.): Informatisierung und Gesellschaft. München etc. 1983.

23. Wersig, Gernot: Informations-Explosion oder Quatsch-Explosion? In: Cogito 1987, Nr. 1, S. 42 – 48, Nr. 2, S. 32 – 35.

24. Wersig, Gernot: Kann Marketing die Informationsvermittlung retten – Perspektiven eines überschätzten Hobbies? In: Strategien des Informationsmarketing, Düsseldorf 19. – 20. Nov. 1987. Fraunhofer-Institut für Systemtechnik und Innovationsforschung. Stuttgart 1988.

25. Wersig, Gernot: Die kommunikative Revolution. Wiesbaden 1985.

26. Wersig, Gernot: Organisations-Kommunikation: Die Kunst ein Chaos zu organisieren. Baden-Baden 1989.

27. Wersig, Gernot: Vorlesung 1: Strukturen der Informationsvermittlung. Berlin: Arbeitsbereich Informationswissenschaft, 1988.

28. Wersig, Gernot: Vorlesung 6: Informationsgesellschaft und Informationskultur. Berlin: Arbeitsbereich Informationswissenschaft, 1987.

29. Wersig, Gernot; unter Mitarbeit von Petra Schuck-Wersig: Thesaurus-Leitfaden. 2. erg. Aufl. München etc. 1986.

30. Wersig, Gernot; Windel, Gunther: Information Science needs a theory of ,,information actions''. In: Soc. Sci. Inf. Stud. Vol. 5/Nr. 1/1985, S. 11 – 24.

H 3   Tendenzen der Informationsstrukturen

Klaus Lenk

H 3.1   Einleitung und Perspektiven

Unter Informationsstrukturen werden hier Organisationen, Institutionen und Verfahrensweisen zusammengefaßt, die die Gesellschaft für den Umgang mit Informationen ausgebildet hat. Betrachtet werden solche Informationsstrukturen, die (a) sich auf fachliche (wissenschaftliche, berufspraktische, handlungsleitende, im Alltagsleben orientierende) Information beziehen und (b) nicht nur organisationsintern (etwa in einem Unternehmen der chemischen Industrie oder einem Ministerium) von Bedeutung sind.

Will man die künftige Entwicklung solcher Strukturen ergründen, so ist zunächst ein Verständnis der gegenwärtigen Strukturen gefordert, das deren Leistungen (Funktionen) für die Gesellschaft bzw. für gesellschaftliche Subsysteme wie z.b. Wissenschaft und Forschung einschließt. Dieses Verständnis ist nur dann zu erreichen, wenn wir die Erzeugung, Kommunikation und Nutzung von Wissens selbst als ein System betrachten. Eine solche Betrachtung nimmt den Standpunkt des außenstehenden Beobachters ein, der nach der Struktur und den Funktionen des Systems fragt. Damit öffnet sich ein weiteres Blickfeld als es der Fall wäre, wenn wir vom Standpunkt einzelner Elemente des Systems ausgingen, also etwa dem des Informationsproduzenten oder einzelner Glieder in der Informationsversorgungskette (Verlage, Bibliotheken, Dokumentationsstellen, Informationsvermittler). Dann stünden die Problemsichten und internen betrieblichen Vollzüge der genannten Beteiligten und ihre Partikularinteressen im Vordergrund, und es könnten sich Verzerrungen ergeben, die mit ihren Sichtweisen und Interessen zusammenhängen.

Ein ausdifferenziertes System der Informationsversorgung, wie wir es in den Industrieländern beobachten können, deutet auf den Zusammenhang hin zwischen zunehmender gesellschaftlicher Differenzierung bzw. Arbeitsteilung und der Notwendigkeit der Verarbeitung immer größerer Informationsmengen. Information ist, nach einem Wort Norbert Wieners, der Kitt, der eine differenzierte Gesellschaft zusammenhält. Nur bei sehr unentwickelten gesellschaftlichen Verhältnissen kann man davon ausgehen, daß die Übertragung von für den Bestand der Gesellschaft wichtigen Informationen sich ausschließlich in personaler Kommunikation, ohne die Einschaltung von Mittlerinstanzen, vollzieht. Mit der gesellschaftlichen Differenzierung wird auch die fortschreitende Differenzierung und Arbeitsteilung innerhalb und zwischen Einrichtungen der Informationsverarbeitung erforderlich.

In Ergänzung zur personalen Kommunikation entstanden schon in frühen Schriftkulturen Sammlungen geschriebener Dokumente (Bibliotheken) als Hüter des Wissens. Neben der personalen Informationsübertragung (Lehre) waren sie auch Informationsmittler zwischen den Generationen. Nach Erfindung des Buchdrucks werden Bücher und bald auch Zeitschriften zu einem wichtigen Mittel der Wissens- und Informationsübertragung. Buchhandel und Verlage betätigen sich als Informationsmittler-Instanzen. Einen weiteren Schritt stellen Sekundärinformation bzw.

Dokumentation als Hilfsmittel dar, einschließlich aller auf ihnen aufbauenden Verfeinerungen.

In diesem ausdifferenzierten System entstehen nun einige Grundprobleme, die gelöst werden müssen, wenn das System Bestand haben und sich weiterentwickeln soll. Klammert man einmal die Problematik solcher Kommunikationsvorgänge aus, in denen Informationen dem Empfänger zugeleitet werden, ohne daß dieser sich dagegen wehren kann (Massenkommunikation im kommunikationswissenschaftlichen – nicht juristischen! – Sinne) und setzt man weiter voraus, daß der Nutzer – anders als in vielen Bildungsprozessen – selbst initiativ wird, so lassen sich mindestens drei solche Grundprobleme formulieren:

Erstens müssen Fachinformationen in einer Weise produziert werden, daß ihre Einfügung in einen Wissensbestand sowie ihre Nutzung möglich ist. Abgesehen vom Fall der personalen Kommunikation nimmt die Information dabei die Form des Dokumentes an. Dies bedeutet zunächst nur, daß die auf einem Träger verkörperte Information als adressierbare Einheit physisch existiert; je nach der Funktion eines Dokuments kann es allerdings erforderlich werden, den Informationsträger gegen nachträgliche Veränderung (Verfälschung) zu schützen; teilweise wird der Begriff des Dokuments auch in diesem speziellen Sinne gebraucht (Lit. 08.)

Zweitens muß angesichts der anwachsenden und sich stets weiter ausdifferenzierenden Informationsmengen dafür Sorge getragen werden, daß Informationen gespeichert und für die weitere Nutzung bereitgehalten werden. Dies muß nicht unbedingt zentrale Speicherung bedeuten und schließt nicht aus, daß veraltende Informationen von Zeit zu Zeit in ihrer Bedeutung heruntergestuft oder aus der Speicherung herausgenommen werden.

Drittens müssen aus dem angesammelten Gesamtfundus verfügbarer Informationen Verbindungen hergestellt werden zu den spezifischen und begrenzten Informationsbedürfnissen der Nutzer, wobei deren begrenzte Informationsverarbeitungskapazitäten in Rechnung zu stellen sind. Dies impliziert die Chance für Informationsnutzer, von den für sie relevanten Informationen Kenntnis zu erhalten.

In einer stärker analytischen Sicht kann die Erfüllung der drei genannten Grundprobleme auf vier Grundfunktionen reduziert werden:
- *Speicherung;*
- *Transfer* (ggf. nach Vervielfältigung);
- *Nachweis* (der Nutzer muß Kenntnis erhalten von der Existenz des Informationsträgers);
- *Auswahl* (Selektion; wegen seiner beschränkten Informationsverarbeitungskapazität muß der Nutzer unter den Informationen eine Auswahl treffen, im Hinblick auf seinen Bedarf).

In einem formalen Modell ließe sich nun eine Darstellung der Informationsstrukturen dergestalt vornehmen, daß als Systemelemente eine Reihe von Beteiligten aufgelistet werden, also die Produzenten, Nutzer und die Informationsmittler unterschiedlicher Art, und daß Aussagen über die zwischen ihnen bestehenden Beziehungen gemacht werden. Nimmt man dann hinzu, daß Informationsnutzer selbst wieder zu Produzenten werden können, so entsteht ein Kreislaufmodell.

Mit einem solchen formalen Modell ist jedoch für die Voraussage der Weiterentwicklung von Informationsstrukturen wenig gewonnen. Die Informationsversorgung kann nicht als ein in sich geschlossenes gesellschaftliches Subsystem gesehen werden, das zwar Leistungen an die Gesellschaft abgibt, dessen Funktionieren aber von gesellschaftlichen Kräften und Strömungen völlig unabhängig ist. Gesellschaftliche Bestandsprobleme, Strukturbedingungen und Kräfteverhältnisse wirken auf es ein. Das folgt schon daraus, daß die Rollenträger in diesem gesellschaftlichen Subsystem auch in anderer Hinsicht in die Gesellschaft eingebunden sind und als Mitglieder der Gesellschaft vielfältige Interessen verfolgen, beispielsweise durch Anhäufung von Geld, Macht oder Ansehen ihre gesellschaftliche Stellung sichern wollen.

Unser Modell muß daher weiterentwickelt werden, wobei wir die Vorstellung aufgeben müssen, in einem einzigen Modell alles zu erfassen. Denn die Fülle der relevanten Aspekte führt schnell zu einer derartigen Komplexität, daß ein solches Modell nicht mehr handhabbar wäre. Daher bilden wir hier zwei Modelle aus zwei unterschiedlichen Sichten, einer primär individualbezogenen und einer primär gesellschaftsbezogenen. Sie können je für sich zur Aufklärung der Zusammenhänge beitragen, ohne daß zuvor geklärt werden müßte, wie sie sich zueinander verhalten. In einer primär individualbezogenen Sicht steht der Nutzer von Information im Mittelpunkt. Es gilt dafür zu sorgen, daß Information von ihrem Produzenten zu ihrem Nutzer gelangt, wobei letzterer möglichst großen Nutzen bei möglichst geringem Aufwand haben soll. In einer auf die Gesellschaft bezogenen Sicht gilt es hingegen dafür zu sorgen, daß Wissen für die Lösung der Bestands- und Entwicklungsprobleme der Gesellschaft vorhanden ist und genutzt wird.

Beide Sichten auf das Grundproblem der Fachinformationsversorgung, die individualistische und die gesellschaftsbezogene, gehen zunächst davon aus, daß Information nur existiert in der Verbindung von Inhalt und einem Träger, der auch flüchtig sein kann (Schallwellen oder elektromagnetische Wellen). Abgesehen vom Fall der flüchtigen personalen Kommunikation muß der Träger, auf dem Information verkörpert ist, die folgenden Eigenschaften haben:
– er muß unabhängig vom Produzenten existieren,
– er muß speicherbar sein,
– er muß – ggf. nach einem Kopiervorgang – transferierbar sein.

H 3.2   Die individualbezogene Sicht

In der individualistischen Sicht läßt sich nun ausgehend von den vier Grundfunktionen (Speicherung, Transfer, Nachweis, Selektion) ein Markt für Informationen konzipieren. In seiner einfachsten Gestalt liegt die Sorge für Speicherung, Transfer und Nachweis beim Produzenten der Information; die Selektionslast beim Nutzer. Aber es sind auch andere Ausgestaltungen denkbar. Der Produzent kann beispielsweise den Transfer nur bis zu einem bestimmten Übergabepunkt bewerkstelligen; er stellt die Information bereit, und dem Nutzer obliegt die Beschaffung. Auch im Hinblick auf Nachweis und Selektion ist eine gegenüber dem Grundmodell veränderte Lastenverteilung zwischen Produzent und Nutzer denkbar.

Beide – Produzent und Nutzer – können nun Gehilfen einsetzen, die ihnen einen Teil der Arbeit abnehmen:
- Für den Produzenten übernimmt der Verleger Speicherung, Transfer und Nachweis.
- Der Nutzer kann die Informationsauswahl ganz oder teilweise einem Beauftragten überlassen, z.B. einem Informationsvermittler.

Durch das Wirken dieser Gehilfen entsteht eine Informationsversorgungskette mit typischen „Zwischenhändlern", die jeweils Teilfunktionen erfüllen. Weil sie dies in der Regel für eine Vielzahl von Produzenten oder Nutzern tun, können sie ein erhebliches Gewicht erhalten. Durch ihre Handlungsweise können sie die Bedürfnisse der Nutzer prägen, beispielsweise indem sie deren Vorstellungen durch leicht erreichbare Nachweise beeinflussen. Sie können auch auf die Informationsproduktion zurückwirken, indem sie (tatsächliche oder angebliche) Wünsche der Nutzer bündeln und rückmelden.

Betrachtet man heute existierende Informationsversorgungsprozesse in diesem Modell, so wird unmittelbar deutlich, daß es eine erhebliche Konkurrenz im Hinblick auf die Erfüllung der vier genannten Grundfunktionen gibt. Insbesondere die Rolle der Bibliotheken erscheint in der individualistischen Sicht weitgehend als eine Verdoppelung dessen, was die Verleger bereits tun. Ihre spezifische Funktion wird in dieser Sicht noch nicht deutlich. Besonders augenfällig ist die Überschneidung der Rolle einzelner Beteiligter bei der Nachweisfunktion. Diese wird von Verlegern durch Prospekte, durch Verzeichnisse lieferbarer Bücher erfüllt; die Bibliotheken haben als Grundstock für den Nachweis ihre Kataloge. Die Dokumentationsstellen sind auf die Nachweisfunktion (verbunden mit Auswahlfunktionen) spezialisiert.

Der soweit geschilderte modellmäßige Informationsmarkt weist große Ähnlichkeit auf mit Märkten für Sachgüter oder Dienstleistungen. Diese Ähnlichkeiten werden herausgestellt, wenn es gilt, marktmäßige Betätigung zu fördern, Information mithin als Ware zu betrachten. Dies ist aber selbst innerhalb des individualistischen Modells nicht ganz unproblematisch. Information als Ware hat einige besondere Eigenschaften:
- Man kann sie verkaufen und gleichzeitig behalten. Anders als ein paar Schuhe kann sie gleichzeitig von sehr vielen Menschen genutzt werden. Nicht sie selbst, nur ihr Träger ist ein Unikat.
- Information erschöpft sich nicht. Nutzung mindert nicht den Vorrat, wohl aber den Wert der Information, wenn nämlich der Besitz der gleichen Information durch viele Personen Informationsvorsprünge (und damit Wettbewerbsvorteile) einebnet.
- Je nach konkreter Beschaffenheit des (materiellen oder elektronischen) Trägers kann es einfach sein, die Information unentgeltlich zu erlangen. Das kann es erschweren, sie gewinnbringend zu veräußern oder sie geheimzuhalten.
- Will man wissen, ob eine Information ihr Geld wert ist, muß man sie kennen. Vollständige Marktinformation über das Produkt ist bei ihr also gleichbedeutend mit dem Besitz des Produkts.

Wie die Praxis zeigt, sprechen diese Eigenschaften der Information nicht prinzipiell dagegen, sie als Ware zu behandeln. Allerdings erfordern funktionierende Informa-

tionsmärkte rechtliche und technische Rahmenbedingungen. Die rechtlichen Rahmenbedingungen zielen darauf, Nutzungen zu verbieten, die den Markt stören würden. Dem dient vor allem das Urheberrecht, das je nach der konkreten Beziehung zwischen Produzent und Verleger auch den Geschäftsbereich des Verlegers sichern kann. Dieser Fall ist bei wissenschaftlich-technischer Information nicht gerade selten, wo die Informationsproduzenten ihre Anreize zur Produktion nicht über den Informationsmarkt erhalten, sondern über wissenschaftsinterne Anreizsysteme und durch ihre Einbindung in den organisierten Wissenschaftsbetrieb, der sie alimentiert und ihre Arbeitsbedingungen sichert. Sofern auf Autorenhonorare nicht ganz verzichtet wird, stellen sie oft nur einen kleinen Zusatzverdienst dar.
Die Durchsetzung des Urheberrechts wie auch anderer Bestandteile des Informationsrechts ist abhängig von einer bestimmten Beschaffenheit des Informationsträgers und von technischen Vorkehrungen, die über diese Beschaffenheit die Information gleichsam beherrschbar machen. Um beispielsweise unerlaubte Vervielfältigungen und die Weitergabe von Informationen zu erschweren, müssen Ausschlußtechnologien die Rolle einnehmen, die bei Sachgütern dem Besitz zukommt. Solche Ausschlußtechnologien können im Kopierschutz auf Datenträgern oder in technischen Verfahren der Datensicherung bestehen.
Die Wirkung der rechtlichen und technischen Vorkehrungen zum Schutz von Informationsmärkten ist jedoch prekär. Anstrengungen, Nichtzahler vom Genuß der Information auszuschließen, werden immer wieder durch neu auf den Markt drängende technische Produkte unterlaufen. So hat die erleichterte Vervielfältigung durch Fotokopiergeräte zu Befürchtungen der Verleger um ihre Absatzchancen geführt. In den daran anknüpfenden juristischen Diskussionen geht es dann oft darum, bislang gleichsam naturgegebene Schranken des Informationszugangs durch rechtliche zu ersetzen.

Die Entwicklung der Informationstechnik wirkt prinzipiell in Richtung auf eine gesteigerte Verfügbarkeit von Information. Sinken die Kosten für die Erstellung von Informationsträgern und damit für die Vervielfältigung der Information, so werden schließlich die Kosten der Herstellung des Informationsträgers vernachlässigenswert. Ist dies aber der Fall, so nähert sich die verkörperte Information dem ökonomischen Idealfall des reinen öffentlichen Gutes (Lit. 10). Dieses ist zum einen dadurch gekennzeichnet, daß seine Nutzung durch eine Person nicht mit der Nutzung durch andere rivalisiert; was für reine Information (gedanklich losgelöst von ihrem Träger) immer zutrifft. Das zweite Kennzeichen des reinen öffentlichen Gutes liegt darin, daß Nichtzahler von seiner Nutzung nicht ausgeschlossen werden können, es also keine Ausschlußtechnologien gibt. Trifft nur das erstere zu (streben also die Kosten des Informationsträgers gegen Null), so wird normativ gefordert, daß die Versorgung nicht mehr marktmäßig erfolgen soll. Führten die Beteiligten dennoch Ausschlußtechnologien ein, um ihre Stellung am Markt zu halten, so würde damit das wohlfahrtstheoretischem Optimum verfehlt. In dieser Sicht wäre es nur konsequent, angesichts des beständigen Fortschrittes der Informationstechnik stets aufs neue zu überprüfen, in welchen Bereichen der Informationsversorgung eine marktmäßige Betätigung noch sinnvoll ist.
Diese Überlegung zeigt, daß aus einer individualbezogenen Sicht des gesellschaftli-

chen Umgangs mit Information ein öffentliches Interesse an nichtmarktlicher Informationsversorgung begründet werden kann, wenn nämlich Informationsmärkte versagen. Die Wahrscheinlichkeit solchen Marktversagens steigt mit weiteren Fortschritten in der einschlägigen Anwendung der Informationstechnik.

Die noch herrschenden Ansätze der Informationsökonomie verbauen sich den Zugang zu dieser Problematik. Sie sind darauf fixiert, daß den Informationsproduzenten ein Anreiz geboten werden muß, um weiterhin Information zu produzieren. Sie bedenken dabei nicht, daß solche Anreize heute größtenteils aus anderen Märkten bzw. gesellschaftlichen Austauschbeziehungen herrühren, an denen die Informationsproduzenten beteiligt sind, und daß weiterhin die wachsende Diskrepanz zwischen der Menge gespeicherten, in Dokumenten verkörperten Wissens und der Aufnahmekapazität des Nutzers eher dazu führen müßte, über eine Reduktion der Anreize zur Produktion von (wenig verdichteter) Information nachzudenken. So führt das unbefragte Mitschleppen überkommener Prämissen der Informationsökonomie dazu, daß Ansätze, die zu einer Zeit sinnvoll waren, als Forschung stimuliert werden mußte, nun fast ausschließlich den ,,Zwischenhändlern'' der Information zugute kommen.

Nach alldem führen die Überlegungen im Rahmen des individualistischen Modells nicht zu eindeutigen Ergebnissen, was die Rolle von Informationsmärkten im Vergleich zu anderen Informationsstrukturen anlangt. Aus dieser Sicht kann nun lange darüber gestritten werden, welche Anwendungen neuer Techniken zu Marktversagen führen, und es können die allgemein gebräuchlichen Argumente über die jeweiligen Vorzüge marktlicher und staatlicher Aufgabenerfüllung auf die Funktionen im Informationsversorgungsprozeß ausgetauscht werden. Dabei wirft bekanntlich jede Seite der anderen vor, sie stelle am gegnerischen Modell nur die empirischen Schwachstellen schonungslos heraus, lasse es in Bezug auf ihren eigenen Ansatz jedoch bei der von jeder Realität losgelösten, ins Nirwana gehobenen Diskussion der Prinzipien bewenden (Lit. 06.).

Über dieser Debatte, die hier nicht in allen Verästelungen verfolgt werden kann, darf nun nicht vergessen werden, daß es neben Marktversagen offenbar auch andere Gründe für nichtmarktliche Informationsversorgung gibt, die nur in einer gesellschaftsbezogenen Sicht deutlich werden. Das hierauf bezogene Modell sei nunmehr dargestellt.

H 3.3   Die gesellschaftsbezogene Sicht

Eine Gesellschaft muß im Interesse ihrer Bestandserhaltung über Akteure verfügen, die auf Problemlagen hin handeln können. Zudem kann sie sich eine Verfassung geben, die auf die freie und gleiche Mitsprache aller ihrer Glieder bei der Leitung ihrer Angelegenheiten Wert legt. Beides erfordert Information. Im Mittelpunkt des Modells steht daher ein gesellschaftlich verfügbarer Wissensbestand, aus dem die Glieder der Gesellschaft solche Informationen erarbeiten, die sie funktional benötigen. Er sei hier als *imaginäre Bibliothek* bezeichnet. Auch hier ist die Existenz dieses Informationsbestandes nicht unabhängig von den Nutzern zu denken. Diese stehen zwar nicht im Mittelpunkt, ihr Handeln gibt jedoch den Bezugspunkt für die Leistungen des Systems der Informationsversorgung ab.

Die genannten Bestandsprobleme und Verfassungsstrukturen erfordern es dabei, daß die Nutzer von vornherein in bestimmten Rollen gesehen werden, die ihnen von der Gesellschaft zugewiesen werden. So gibt es unterschiedliche Rollen von Problemlösern; die wichtigsten von ihnen sind die des Wissenschaftlers, des Politikers und Administrators, sowie des beruflichen Praktikers. Einige dieser Problemlöser, vor allem die Wissenschaftler, tragen selbst wiederum zur Vermehrung des gesellschaftlichen Bestands an Wissen bei. Aus verfassungsstruktureller Sicht gibt es Informationsnutzer, die über die Leitung des Gemeinwesens zu entscheiden haben (in der Demokratie also alle erwachsenen Staatsbürger) und solche, auf die diese Leitung ganz oder teilweise delegiert wird (Politiker und Administratoren).

Es entspricht nun dem Interesse der Gesellschaft an Bestandserhaltung bzw. den Strukturen der Verfassung, daß die Informationsnachfrage durch die Nutzer in ihren genannten Rollen nicht abhängig sein darf von deren Kaufkraft. Dies schließt zwar eine marktliche Versorgung mit Informationen, die auf Austauschverhältnissen beruht, nicht prinzipiell aus. Diese darf jedoch die Erfüllung der gesellschaftlichen Funktionen nicht in Frage stellen.

In der Praxis haben sich dementsprechend auch Formen der Informationsversorgung herausgebildet, die den genannten gesellschaftlichen Interessen entsprechen. So gibt es eine Informationsversorgung mit wissenschaftlich-technischen Informationen für Wissenschaftler und berufliche Praktiker sowie für Politiker und Administratoren, die sich Marktgesetzen bewußt entzieht.

Solche Informationsstrukturen auf gesellschaftlicher Ebene finden ihre Parallele innerhalb von großen Unternehmen. Auch dort wird die Informationsversorgung von Forschern primär funktional gesehen, nicht etwa im Hinblick auf die Kosten, die die Informationsbeschaffung für diese Forscher verursacht. Weil der Wert von Informationen immer vom Empfänger und seinen Fähigkeiten abhängt, wird man dort auch kaum zu internen Informationsmärkten gelangen können. Man wird vielmehr die Frage stellen, ob besonders gute Forscher und solche Aktivitäten, die im Hinblick auf die Unternehmensziele besonders wichtig sind, privilegiert werden sollen, oder ob eine weitgehende Gleichbehandlung aller Nutzer anzustreben ist.

Ganz ähnliche Fragen wie im Falle der Forschung und Entwicklung stellen sich, wenn es um Informationen geht, deren Vorhandensein wir als Vorbedingung für ein demokratisches Regierungssystem ansehen. Die politische Bedeutung staatsbürgerlicher, zur Steuerung und Leitung des Gemeinwesens befähigender Information führt zu Überlegungen darüber, wie das Leitbild des informierten Bürgers verwirklicht werden kann. Traditionell steht hier der freie Zugang zum Wissen im Mittelpunkt; Freiheit von Zensur, die juristischen Garantien der Tätigkeit von Presse (Buchpresse eingeschlossen) und Rundfunk, das Grundrecht des Informationszugangs legen hiervon Zeugnis ab. Heute freilich muß ein Weiteres hinzukommen. Wissen muß in einer Form verfügbar sein, die es im Hinblick auf bei den Bürgern vorauszusetzende Informationsverarbeitungskapazitäten tatsächlich gestattet, jene Informationen für die politische Orientierung zu erarbeiten, deren die Bürger bedürfen.

Sowohl die Informationsversorgung der Wissenschaft als auch die des politisch ge-
sehenen Bürgers beruht zu einem großen Teil auf der Tätigkeit öffentlicher Bibliotheken. Im gesellschaftsbezogenen Modell erscheinen deren Leistungen als funktional für die Problemlösungsfähigkeit und die Verfassungsstrukturen der Gesellschaft.

Besonders deutlich läßt sich das am Fall der Wissenschaft zeigen. Obwohl Wissenschaft auch im Dienst von Partikularinteressen betrieben wird, betrachten wir sie
ideell immer noch als Gemeinschaftswerk der Menschheit, das arbeitsteilig vorangetrieben wird, wobei jede Generation auf der vorhergehenden aufbaut. Die Wissenschaft ist daher angewiesen auf die Veröffentlichung, Speicherung und
Sammlung der Ergebnisse wissenschaftlicher Arbeit, damit jeweils auf den Grundstock vorhandenen Wissens zurückgegriffen werden kann. Der Zusammenhang
zwischen den einzelnen wissenschaftlichen Aktivitäten wird dadurch hergestellt,
daß Wissenschaftler ihre arbeitsteilig entstandenen Ergebnisse in ein vorgefundenes
System von Veröffentlichungen und Speichermöglichkeiten einspeisen.

Dieses System läßt sich als überindividueller Wissensspeicher, als imaginäre Biblio-
thek darstellen. Seine Funktion ist die Sicherung öffentlichen Zugangs, die den
Nachweis der Dokumente einschließt. Träger dieses Systems ist heute das Netz aller
Bibliotheken. Neben anderen vorfindlichen Speichersystemen (die Gesamtheit der
Lagerbestände der Verleger und Buchhändler ist ein solches System) übernimmt die
Institution Bibliothek sozusagen verbindlich die Speicherung, was in der gesetzlich
vorgesehenen Ablieferungspflicht zum Ausdruck kommt. Insofern hat sie die Funk-
tion eines Auffangnetzes.

Sie hat aber auch in einem andern Sinne eine Auffangfunktion. Mit den öffentlichen Bibliotheken wird ein zweiter Zugang zum System der Fachinformationsversorgung eröffnet, neben der Informationsbedarfsdeckung über Verlage und Buchhandel. Bibliotheken gewährleisten, daß das Funktionieren der Wissenschaft und
der staatsbürgerlich-politischen Information prinzipiell von den Funktionsgesetzen
der Informationsmärkte gelöst wird. Aus individualistischer Sicht könnte man sagen, daß mit den Bibliotheken in ein privatwirtschaftlich arbeitendes System ein
partieller Nulltarif eingebaut ist. Er hat u.a. zur Folge, daß Informationsmärkte
nicht staatlich reguliert zu werden brauchen, um die genannten Funktionen der Informationsversorgung im kollektiven Interesse zu erfüllen. Die Eingriffe in das privatwirtschaftliche Verlagswesen und den Buchhandel können auf ein Minimum
beschränkt werden. Preislimitierungen von Büchern sind überflüssig, solange die
Bibliotheksetats ihre Anschaffung verkraften können. Freilich muß der Nutzer unter Umständen geringeren Komfort in Kauf nehmen, wenn er sich nicht über den
Buchhandel, sondern über Bibliotheken versorgt. Entfiele dieser kostengünstige
zweite Zugangsweg, so müßten die öffentlichen Belange – Information für Wissenschaft und für politische Leitung und Mitsprache – auf andere Weise gesichert
werden.

H 3.4 Die Überlagerung der beiden Sichten in der Realität

Die zwei skizzierten Modelle repräsentieren unterschiedliche Sichten ein und desselben Grundproblems. Diese Sichten sind gleichsam verkörpert in unterschiedlichen Institutionen, die in der Realität nebeneinander existieren. Die gesellschaftliche und politische Wertschätzung dieser Institutionen ist letztlich abhängig von gesellschaftspolitischen Grundentscheidungen, die hier nicht erörtert werden können. So gehen die Rechtfertigungen für eine vorherrschende Ausrichtung der Praxis am individualistischen Modell davon aus, daß dieses zu einer besseren Ausrichtung der Informationsstrukturen an den gesellschaftlichen Bedürfnissen führe, obwohl es nicht primär die Erfüllung dieser Bedürfnisse anstrebt. Eine ,,gesunde Informationswirtschaft" ist dieser Sicht Garant für eine gute und effiziente Informationsversorgung. Daß die Akteure, die am Versorgungsprozeß beteiligt sind, eigennützige Ziele verfolgen, ist nicht nur ein notwendiges Übel, sondern geradezu erwünscht.

Dennoch, auch den Verfechtern dieser Sicht ist der ungebrochene Glaube àn das Wirken einer unsichtbaren Hand verlorengegangen. Daß Märkte kein Selbstzweck sind, sondern daß ihr Funktionieren dem gesellschaftlichen Wohl zu dienen hat, bestreiten sie nicht ernstlich. Mithin dreht sich in individualistischer Sicht alles um die Fragen, wo Märkte versagen und welche Rahmensetzungen erforderlich sind, damit Informationsmärkte gesellschaftlichen Nutzen bringen. Die Antworten auf diese Fragen fallen aber recht undeutlich aus, wenn der Nutzen, den man sich von Informationsmärkten erhofft, nicht genau bestimmt wird. Dann läuft man Gefahr, diesen Nutzen nicht im eigentlichen Systemzweck der Information zu sehen, sondern ganz allgemein in der Förderung der informationstechnischen Entwicklung, damit Europa nur nicht zurückfalle in einem Wettlauf der Nationen, dessen Ziel niemand kennt.

Die ungeklärte Stellung der beiden Sichten zueinander führt zu Konflikten, wenn wegen veränderten Produktionsverhaltens oder veränderter Techniken die eingespielten Verhaltensweisen als ineffektiv oder ineffizient erscheinen. Ein Beispiel ist die erleichterte Vervielfältigung von Informationsträgern, die den Verlegern die ,,Konkurrenz" von Bibliotheken in manchen Sektoren fühlbarer erscheinen läßt. Ein anderes Beispiel ergibt sich aus dem Anwachsen der Zahl der Dokumente. Das Nebeneinander eines Informationsmarkts und einer gesellschaftlichen Institution wie dem Bibliothekswesen trifft heute auf eine sich explosionsartig vermehrende Produktion von Informationsträgern. Dahinter steht jedoch keine ebensolche Vermehrung von Informationsinhalten. Diese tauchen in recht geringfügiger Abwandlung in immer zahlreicheren Dokumenten auf. Diese Zunahme der Publikationen führt dazu, daß neue Selektionsgehilfen dem Nutzer zur Seite treten müssen. So entstanden Nachweisdienste außerhalb der Bibliotheken, zunächst innerbetrieblich, dann aber auch für die Allgemeinheit. Diese übernehmen eine Vorauswahl dessen, was den Nutzer vermutlich interessiert. Hier kann von Dienstleistungen gesprochen werden, für die sich ein neuer Markt bildet, wenn die Dokumentation über die Grenzen von Organisationen hinausgreift. Andererseits könnte aber auch geltend gemacht werden, daß es ureigenste Aufgabe der Bibliotheken sei, nicht nur das verfügbare Wissen zu speichern, sondern auch dafür zu sorgen, daß der Nutzer es finde.

Die Ursachen der Informationsexplosion, die man besser als Dokumentenexplosion bezeichnen sollte, sind in unserem Zusammenhang wichtig, weil sie einen engen Bezug aufweisen zu den technischen Realisationen, die Veränderungen der Informationsstrukturen ermöglichen oder induzieren. Mehrere Ursachen sind auszumachen:

Erstens leben heute mehr Wissenschaftler als je zuvor. Die Anreize für sie sind groß, auch relativ schwach verdichtete Forschungsergebnisse zu publizieren. Es finden sich fast immer Verleger hierfür, nicht zuletzt, weil öffentliche Subventionen winken, entweder unmittelbar als Druckkostenzuschüsse oder mittelbar in Gestalt des Ankaufs fast aller Exemplare einer kleinen Auflage durch die einzelnen Bibliotheken. Demgegenüber sind die Anreize zur Produktion hoch verdichteten Wissens in Gestalt etwa von gediegenen Lehrbüchern oder Sammelrezensionen wesentlich geringer.

Zweitens wird es technisch leichter, Informationsprodukte in die Welt zu setzen. Dies führt zu Formen der Eigenpublikation von Autoren, wobei einzelne Exemplare auf Anfrage herausgegeben werden. Zudem wird immer mehr Wissen unterhalb der Schwelle von Öffentlichkeit verbreitet und gespeichert, die durch ISBN/ISSN markiert ist. Damit entsteht Literatur, deren Öffentlichkeitsbezug nur beschränkt gegeben ist. Die sogenannte graue Literatur steht zwischen der personalen Kommunikation und der umfassenden öffentlichen Kommunikation, bei der der Kreis der Nutzer prinzipiell unbeschränkt ist. Sie wendet sich oft nicht an eine diffuse Fachöffentlichkeit, sondern an eingegrenzte Teilöffentlichkeiten. In der Regel ist nicht beabsichtigt, die breite Öffentlichkeit von der Kenntnisnahme auszuschließen. Dennoch könnte der Zuwachs derartiger Kommunikation dazu führen, daß bestimmte Wissenschaftsbereiche gleichsam im Halbdunkel arbeiten.

Drittens haben die verbesserten Formen des Nachweises (Sekundärdokumentation) Rückwirkungen auf die Menge des Speicherbaren und Wiederauffindbaren. Soweit es weiterhin in Papierform gespeichert wird, kann es leicht die physikalischen Kapazitäten einzelner Bibliotheken übersteigen. Die Technisierung von Nachweis und Speicherung hat die Informationsexplosion erst richtig ermöglicht. Die Miniaturisierung der Speicherung, etwa auf neuen Medien wie CD-ROM, entschärft zwar die Platzprobleme, nicht jedoch die Probleme der Kenntnisnahme durch potentielle Nutzer.

H 3.5 Die Bedeutung der technischen Entwicklung für die Informationsstrukturen

Wenn die Technik bislang die Informationsexplosion eher gefördert als abgemildert hat, wird man die ,,Bewältigung'' der Informationsexplosion durch Technisierung mit Vorsicht betrachten müssen. Dennoch ist die Bedeutung der Informationstechnik für die Informationsstrukturen so groß, daß wir nicht einfach aus den bisherigen Erfahrungen extrapolieren dürfen. Wir stehen gegenwärtig erst am Anfang der Durchdringung unserer Informationsstrukturen mit Informationstechnik. Die bisher dominierenden Formen des Technikeinsatzes betrafen die erleichterte

Handhabung von Informationsträgern, etwa bei ihrer Herstellung, Vervielfältigung oder beim Sortieren. Unser technisches Umgehen mit Information*inhalten* steckt hingegen in den allerersten Anfängen, abgesehen von der Automatisierung von Kalkülen und Kontrollprozessen, die uns die Datenverarbeitung brachte. Für die Informationsstrukturen von ungleicher größerer Bedeutung sind neue Möglichkeiten der Wissensrepräsentation. Ihre Nutzung kann zu weiterer Auffächerung von Informationsinhalten in „kundenspezifischen" Verpackungen führen, aber auch zu einer Verwischung der Grenze zwischen Informationsbereitstellung und Entscheidungsunterstützung.

Damit wird es denkbar, Teile unseres menschlichen Umgangs mit Wissen und mit Informationen an informationstechnische Prozesse zu delegieren, die wir freilich erst ansatzweise beherrschen. Es ist aber ein Irrglaube zu meinen, Fortschritte in der Nutzung moderner Informationstechnik zur Verbesserung des Systems der Informationsversorgung stellten sich von selbst ein, wenn nur die Technik als solche genügend gefördert werde.

Vielmehr gilt es, aus den bisher zu beobachtenden Vorgehensweisen beim Technikeinsatz Lehren zu ziehen und die künftigen Entwicklungen in die richtige Richtung zu lenken. Denn die vielleicht wichtigste Folge der technischen Entwicklung ist die Verbreiterung der Spielräume zur Gestaltung von Informationsstrukturen.

Bislang wurden vor allem solche Teile des Systems der Informationsversorgung technisch unterstützt, für die eine Technik zur Verfügung stand, die ohne großen Anpassungsaufwand durch die Vertreter der schon bestehenden institutionellen Subsysteme angewandt werden konnte. Damit verbunden war in der Regel eine Lenkung der Aufmerksamkeit und auch der Finanzströme in jene Bereiche, die leicht technisch unterstützbar erschienen; die Online-Dokumentation ist ein gutes Beispiel hierfür. Hieraus ergaben sich Teiloptimierungen, deren Rückwirkungen auf das Gesamtsystem erst allmählich deutlich wurden.

Techniken werden im System der Informationsversorgung durch einzelne Akteure aufgegriffen. Diese sind prinzipiell daran interessiert, die Technik im eigenen Interesse einzusetzen. Sie optimieren ihr eigenes Handeln, versuchen teilweise auch, solche Funktionen in der Informationsversorgung an sich zu ziehen, die ihnen bislang noch nicht zukamen. Die Selbsterhaltungstendenz von Institutionen bringt die Möglichkeit mit sich, daß diese mehr Funktionen an sich ziehen, als es einer optimalen Informationsversorgung entsprechen würde.

Neben Partikularinteressen steht hinter solchem Vorgehen auch oft ein Denken, das sich vom jeweils letzten Technikschub die Lösung aller gesellschaftlichen Probleme verspricht. Dieser Wunderglaube ist oft genug enttäuscht worden. Dennoch richten sich weiterhin unvermittelt Hoffnungen auf den jeweils nächsten bevorstehenden Technikschub, ohne die Funktionen der Technisierung im Gesamtsystem zu bedenken.

Eng damit verknüpft sind Szenarien der Technikentwicklung, die in der Regel als Projektion auf der Grundlage des Status quo in die Welt gesetzt werden. Ein Beispiel ist die Vision des papierlosen Büros. Die Art und Weise der gedanklichen Vorwegnahme künftigen menschlichen und technischen Umgangs mit Informationen hat prägende Kraft für Entwicklung und Einsatz der Technik.

Die Problematik liegt mithin in den unbefragten Handlungsmustern, nach denen sich die Entwicklung der Informationsstrukturen bislang vollzieht. Wenn wir die Hoffnung haben, daß die Vermittlung des spezifischen Informationsbedarfs von Nutzern mit dem Gesamtfundus vorhandenen Wissens weitgehend technisch gelöst werden kann, so müssen wir fragen, welche Eigenschaften die hierfür einzusetzende Technik hat bzw. haben muß.

Dies erfordert es, die Multifunktionalität und prinzipielle Gestaltbarkeit unterschiedlicher Ausprägungen der Informationstechnik klar zu fassen. Bislang ist den Kräften noch nicht viel Aufmerksamkeit gewidmet worden, die die Entwicklung der Technik vorantreiben. Welche Vorentscheidungen kultureller, rechtlicher und ökonomischer Art in diese Entwicklung eingehen, ist uns kaum bewußt.

H 3.6   Zur Notwendigkeit einer Informationspolitik

Wenn es nicht ausreicht, für die Verbesserung der Informationsstrukturen auf neue Technik zu hoffen, so ist damit die Notwendigkeit einer strategischen Planung bzw. eines Informationsmanagement auf gesellschaftlicher Ebene gegeben. Diese politische Aufgabe erfordert die Erarbeitung einer Gesamtsicht der gesellschaftlichen Informationsstrukturen, aus der heraus die Bedeutung der vorhandenen Institutionen richtig eingeschätzt werden muß. Nur so läßt sich erkennen, in welchen Bereichen neue technische Entwicklungen dem Ganzen in einer Weise dienstbar gemacht werden können, die die Informationsversorgung insgesamt verbessert.

Die Entwicklung der Informationsstrukturen ist weitgehend abhängig davon, inwieweit es gelingt, eine solche Gesamtsicht konsistent zu entwickeln und auf genügend hoher Handlungsebene (im staatlichen oder europäischen Rahmen oder weltweit) durchzusetzen. Notwendig ist mithin eine Politik der Informationsversorgung, die nicht primär von den Interessen einzelner Institutionen ausgeht, sondern deren Funktion unvoreingenommen im Hinblick auf die Optimierung des Gesamtsystems überdenkt.

Die Notwendigkeit einer bewußten Gestaltung ist mithin offensichtlich. Was jedoch konkret getan werden soll, liegt keineswegs klar zutage, selbst wenn man die Partikularinteressen hintanstellt.

Wir wollen an dieser Stelle die beiden Sichten wieder zusammenführen und den Blick auf mehrere Brennpunkte richten, wobei sich die Konsequenzen der Behandlung jedes dieser Brennpunkte überschneiden.

Die Brennpunkte sind:
– die Zukunft der Bibliotheken,
– Veränderungen im Publizieren,
– die neue Freiheit des Nutzers,
– die Zukunft der Öffentlichkeit,

Die Institution der **Bibliothek** bekommt heute ernstzunehmende Konkurrenz, wenn man sie nur von ihrer Funktion der physischen Speicherung von Informationsträgern her betrachtet. Speicherung und Bereitstellung von Information lassen sich zunehmend dezentral erfüllen. Jede Verlagsgruppe könnte ihre eigene Bibliothek auf optischen Platten anbieten. Auch das Downloading von Bibliotheken ist nur noch eine Frage der Preisentwicklung von Lesegeräten. Die Privatbibliothek des Gelehrten oder die Institutionsbibliothek auf wenigen Scheiben ist in greifbare Nähe gerückt.

Welche Funktion haben daneben große Bibliotheken? Kommt ihnen primär ein Symbolwert zu, wie man dies für das französische Bibliotheksprojekt TGB (Très grande bibliothèque) vermuten mag? Man könnte demgegenüber aus Nutzersicht fragen, ob die Funktion der Bibliothek sich unter den gegebenen Umständen nicht wegverlagern sollte von der physischen Speicherung auf die Ermöglichung von Zugang. Die Speicherung wäre nur dann von Interesse, wenn der Zugang nicht anders zu gewährleisten wäre als durch Rückgriff auf Informationsträger, die im eigenen Wirkungsbereich der Bibliothek liegen.

Die Besinnung auf die Funktion von Bibliotheken führt also dazu, daß die Zugangsfunktion an Bedeutung gewinnt. Wenn Dokumente und ihre dezentrale Speicherung explosionsartig zunehmen, brauchen wir eine imaginäre Bibliothek, die sehr effizient arbeitet.

Zu ganz ähnlichen Überlegungen gelangt man, wenn man die **Veränderung im Publizieren** betrachtet, die sich − anders als die Institution einer imaginären Bibliothek − eher von selbst ergeben. Publizieren bedeutet die Vervielfältigung und den Transfer von Wissen, jedoch mit einem charakteristischen zusätzlichen Moment: dem Öffentlichkeitsbezug. Sieht man die künftige Rolle des Verlegers im Zuschneiden von Information auf Zielgruppen, so wird die juristisch und auch politisch bedeutsame Grenze zwischen Öffentlichkeit und geschlossenen Benutzergruppen zunehmend undeutlich. Der Intention nach ist alles, was dergestalt produziert wird, öffentlich. Dennoch ist die Öffentlichkeit gefährdet, wenn neue Informationsüberlastung daraus entsteht, daß im großen und ganzen die gleichen Inhalte in Dutzenden verschiedener Verpackungen auftauchen. Diese Entwicklung ist freilich nicht nur auf die Informationsverbreitung zurückzuführen, sondern in der Ausdifferenzierung der Wissenschaft selbst angelegt. Man kann von Wissenschaftlern reden, die in Symbiose mit bestimmten Berufsgruppen oder Praxisfeldern leben, oder von Berufsgruppen, die sich ihre Wissenschaftler halten.

Die **neue Freiheit des Nutzers** wird sich in einer Ausdehnung seiner eigenen Verarbeitungsfähigkeiten ausdrücken. Diese kann mit dem Bild eines Tandem von Mensch und Maschine gekennzeichnet werden (Lit. 09.). Der Nutzer hat also seine Informationskapazitäten erweitert, indem er sich einen persönlichen Assistenten schafft, der mit ihm zusammenarbeitet und seinen eigenen Vorstellungen gehorcht, so wie die herkömmliche Organisation ebenso wie die Maschine die physische Kraft des Menschen erweiterte. Das Tandem hat Zugriff zu vernetzten Wissensbasen, die selbst aktiv sind und damit den Nutzer stärker führen können. Die Grenze zwischen dem, was der Nutzer intern speichern kann, und dem (objektiven) Weltwissen kann undeutlicher werden. Man wird sich fragen müssen, was derartig ausgestattete Akteure (Individuen, aber auch Unternehmen) für ihre Umwelt künftig bedeuten werden.

Die **Zukunft der Öffentlichkeit** wird davon abhängen, daß es Formen der Informationsaufbereitung gibt, die eine intelligente und auf absehbare Zeit nur von Menschen zu leistende Verdichtung von Inhalten darstellen. Die Komplexität der Gesellschaft hat einen Grad erreicht, der es unmöglich macht, alles zu durchschauen. Wir verhalten uns nicht wie jene Eskimos, die die von der kanadischen Regierung zur Verfügung gestellten Motorschlitten erst einmal auseinanderbauen, um zu sehen, wie diese funktionieren, bevor sie sich ihnen in der arktischen Wildnis anvertrauen. Wir vertrauen blind den mechanischen und informationellen Teilsystemen der Gesellschaft, die nur noch von wenigen Spezialisten durchschaut werden können, wenn überhaupt. Dennoch schaffen wir uns ein Weltwissen, und wir wollen auf jede Art von Information für dessen Erweiterung zugreifen können. In irgendeiner Form sind wir zudem an der Steuerung des Gemeinwesens beteiligt.

Öffentlichkeit erschöpft sich also nicht mehr im freien Zugang zur Bibliothek oder zum Informationsmarkt. Sie setzt Verdichtungsleistungen voraus. Diese Leistungen werden heute eher beiläufig erbracht, etwa im Wissenschaftsjournalismus. Systematische Überlegungen zur Schaffung von Wissenskondensationsstellen drängen sich freilich auf. Verdichtung und allgemein Repräsentation von Wissen ist primär eine Frage von Institutionen.

H 3.7   Eine neue Architektur

Dem Umbau, aber auch Neubau von Institutionen kommt angesichts der bevorstehenden Veränderungen der Informationsstrukturen ausschlaggebende Bedeutung zu. Die technischen Realisationen werden ihn nicht von selbst, gleichsam als Nebenprodukt, erbringen. Er muß in weiten Teilen bewußt gewollt und geplant werden, wenngleich bei gesellschaftlichen Institutionen nicht alles planbar ist. Die technische Entwicklung erlaubt uns dabei kühne Entwürfe. Es ist eine Aufgabe für die besten Architekten, die Idee offener Netze, allgemeinzugänglicher Wissensspeicher mit einer nutzergerechten Aufbereitung von Wissen zu verbinden. Man mag an das Projekt einer neuen multimedialen Enzyklopädie denken, die vielfach gestuften Zugang zum Weltwissen bietet und dabei der Aktivität ihres Nutzers breiten Raum läßt, ja sie stimuliert. Aber auch anknüpfend an das Vorhandene ließe sich vieles in Richtungen drängen, die die Qualität der Gesellschaft erhöhen. Als Beispiel für eine solche Anknüpfung seien hier nur die Universitäten genannt. Ihre Lehre war immer auch Verbreitung und Kondensierung wissenschaftlicher Erkenntnis, und man könnte daran denken, sie systematisch zu einem Hilfsmittel des Abbaus von Informationsüberlastung beim Nutzer weiterzuentwickeln. Ist die Idee neuer Institutionen einmal gefaßt und zum gesellschaftlichen Konsens geworden, so läßt sich auch der Technikentwicklung und -anwendung eine konsensfähige Richtung vorgeben.

Mühe wird es freilich bereiten, neue Formen der Repräsentation von öffentlich zugänglichem Wissen so zu entwickeln, daß Informationsverdichtung nicht Manipulation bedeutet, im Sinne eines unausgewiesenen Einfließens subjektiver Interessen oder auch herrschender Sichten. Die Instrumente zur Manipulation von Bedeutungskontexten, aber auch zur Steuerung von Informationsflüssen nehmen an

Mächtigkeit bedrohlich zu. Auch brauchen wir Architekten für die Gestaltung eines gesellschaftlichen Subsystems, in dem sich die neue Symbiose von Mensch und Informationstechnik wohl am stärksten bewähren muß.

Literatur

01. Arntz, Helmut: Wege der Informationsdeckung. In: Philipp, Franz-Heinrich (Hrsg.): Information und Gesellschaft – Bedingungen wissenschaftlicher Publikation. Frankfurt/Main 1977, S. 111 – 132.
02. Capurro, Rafael: Informationsethos und Informationsethik – Gedanken zum verantwortungsvollen Handeln im Bereich der Fachinformation. In: Nachr. Dok, 39 (1988), S. 1 – 4.
03. Kuhlen, Rainer: Informationserarbeitung in Organisationen. Zur Rekonstruktion der Notwendigkeit eines Informationsmanagements in öffentlichen Verwaltungen und privaten Unternehmungen. In: ders. (Hrsg.): Koordination von Informationen. Berlin u.a.: Springer 1984, S. 1 – 25.
04. Kuhlen, Rainer: Information in der informierten Gesellschaft. Politische, ökonomische und technische Rahmenbedingungen von Informations- und Dokumentationsprogrammen. In: Gewerkschaftliche Monatshefte 1987, 337 – 352.
05. Lenk, Klaus: Anforderungen der Kommunikationsgrundrechte an die Fachinformationsversorgung. In: UFITA, Archiv für Urheber-, Film-, Funk- und Theaterrecht. Band 96 (1983), S. 5 – 39.
06. Lenk, Klaus: Fachinformationversorgung als öffentliche Aufgabe. In: Kuhlen, Rainer (Hrsg.): Koordination von Informationen. Berlin u.a.: Springer 1984, S. 336 – 347.
07. Lenk, Klaus: Fachinformationsversorgung als öffentliche Aufgabe. Zur zukünftigen Rolle der Bibliotheken. In: Yorck A. Haase; Alexandra Habermann (Hrsg.): Zur Internationalität wissenschaftlicher Bibliotheken. Frankfurt/M.: Klostermann 1987, S. 49 – 58.
08. Mayntz, Renate; Norbert Szyperski: Dokumentation und Organisation. Eine vergleichende Studie zu Primär- und Sekundär-Dokumentationen in Wirtschaft, Wissenschaft und öffentlicher Verwaltung. Bergisch Gladbach: Eul, 1984.
09. Müller-Merbach, Heiner: Der mündige Benutzer als Partner bei der Systemgestaltung. In: IBM-Nachrichten 38 (1988), Special II, S. 7 – 13.
10. Pethig, Rüdiger: On the Production and Distribution of Information. In: Zeitschrift für Nationalökonomie/Journal of Economics. 43 (1983), S. 383 – 403.
11. Schwab, Herbert: Das IuD-Programm aus heutiger Sicht. Voraussetzungen, Mängel, positive Ergebnisse. In: Nachr. Dok. 32 (1981), S. 165 – 172.
12. Wersig, Gernot: Informationssoziologie. Hinweise zu einem informationswissenschaftlichen Teilbereich. Frankfurt/Main: Athenäum, 1973.
13. Wersig, Gernot: Archiv, Bibliothek, Dokumentation unter dem technischen Innovationsdruck – oder: Das Wissen sucht neue Kondensationsräume. Vortrag auf der Veranstaltung ,,Archiv – Bibliothek – Dokumentation: Grenzen und Gemeinsamkeiten'' in der Archivschule Marburg, 2. 6. 1989, 7 S.

H 4 Tendenzen der Informationssysteme

Norbert Fuhr

Für die Verwaltung großer Informationsmengen sind Informationssysteme auf Rechnern ein unverzichtbares Werkzeug in der IuD. Während aber in der Vergangenheit fast ausschließlich Referenzen-Retrieval-Systeme für die Dokumentation von Interesse waren, werden in der Zukunft fast alle Arten von Informationssystemen das Tätigkeitsfeld des Dokumentars tangieren. Im folgenden wird zunächst auf die technischen und methodischen Grundlagen zukünftiger Informationssysteme eingegangen, bevor dann die verschiedenen Typen von Systemen beschrieben werden. Abschließend werden einige der sich für die IuD-Praxis ergebenden Veränderungen aufgezeigt, die aus der Einführung der neuen Systeme resultieren.

H 4.1 Technische Grundlagen zukünftiger Informationssysteme

Die in den siebziger Jahren entwickelten Informationssysteme waren an der damals verfügbaren Hard- und Software orientiert: an einem Zentralrechner mit großer peripherer Speicherkapazität waren zahlreiche Terminals angeschlossen, die den Zugriff auf den zentral verwalteten Datenbestand ermöglichten. Mit der Verbreitung der PCs in den achtziger Jahren wurden für diese Rechner einfacher zu handhabende Informationssysteme entwickelt, die den Aufbau *lokaler Informationssysteme* in Fachabteilungen außerhalb des Rechenzentrums ermöglichten. Diese lokalen Systeme haben allerdings gewisse Nachteile:

- Der Zugriff mehrerer Mitarbeiter von verschiedenen PCs aus auf denselben Datenbestand ist meist nicht möglich.
- Die Verwaltung gleicher oder ähnlicher Daten in verschiedenen Informationssystemen führt zu Mehrarbeit bei der Erfassung und Pflege der Daten und zu Konsistenzproblemen.
- Die meisten Information-Retrieval-Systeme auf PCs bieten bestenfalls die gleiche Funktionalität wie die älteren Großrechnersysteme (die ebenfalls kaum weiterentwickelt wurden), neuere Forschungsergebnisse wurden bei der Entwicklung dieser Systeme nicht berücksichtigt.

Das Entwicklungspotential zukünftiger Informationssysteme liegt daher in der Ausnutzung der durch die verfügbare Hardware und die bekannten methodischen Grundlagen vorgegebenen Möglichkeiten und der stärkeren Berücksichtigung des organisatorischen Kontext, in dem solche Systeme eingesetzt werden.

H 4.1.1 Hardware

Die mit der Einführung der PCs erfolgte Verlagerung der Rechenleistung vom zentralen Rechenzentrum hin zum Arbeitsplatz des Endbenutzers ging einher mit einer drastischen Verbilligung der Rechenleistung. Dadurch wurde die Möglichkeit geschaffen, benutzerspezifische, rechenaufwendige Funktionen (wie z.B. graphische Ein-/Ausgabe) in die PC-Software zu integrieren. Die Steigerung der Leistungsfähigkeit der *dezentralen Systeme* wird für die Weiterentwicklung der Informationssysteme von entscheidender Bedeutung sein.

Der Ende der achtziger Jahre erreichte technische Stand bei lokalen Rechnersystemen (leistungsfähige PCs bzw. *Workstations*) und ihrer Peripherie läßt sich durch folgende Eckdaten kennzeichnen:

- leistungsfähige Prozessoren mit bis zu 10 Mips (Millionen Instruktionen pro Sekunde)
- große Hauptspeicher mit 10 – 100 MB
- Peripheriespeicher mit einer Kapazität von mehreren 100 MB bei Festplatten und einigen GB bei CD-ROMs
- hochauflösende, farbige Graphikbildschirme mit bis zu zwei Millionen Pixels
- Laserdrucker mit einer Auflösung von 300 – 400 Punkten/Zoll zur Ausgabe von Dokumenten in hochwertiger Druckqualität
- optische Leser (Scanner) zum Einlesen von gedruckten Dokumenten
- breitbandige Kommunikationsnetze zur Verbindung der Rechner untereinander (z.B. Ethernet mit 10 MBit/Sekunde).

H 4.1.2   Methodische Grundlagen

Die Gestaltung zukünftiger Informationssysteme wird durch eine Reihe von Forschungsergebnissen aus der Informatik, der Künstlichen Intelligenz und der Informationswissenschaft wesentlich beeinflußt werden:

a. parallel zur Entwicklung breitbandiger Kommunikationsnetze wurden auch **höhere Kommunikationsprotokolle** und *Datenaustauschformate* definiert, die die Zusammenarbeit von Rechnern verschiedener Hersteller ermöglichen. So ist z.B. der Videotext- bzw. Bildschirmtext-Standard ein Beispiel für die Festlegung eines Bildschirm-Ausgabeformats, das deutlich über die Möglichkeiten alphanumerischer Terminals hinausgeht. Ebenso bedeutend für die zukünftige Dokumentationspraxis wird die Standardisierung von Datenaustauschformaten für Dokumente sein. Sogenannte *,Markup Languages'* ermöglichen die Beschreibung der inhaltlichen Struktur und des Layouts von Dokumenten (Lit. 04.). Wird dieser Beschreibungsteil zusammen mit dem eigentlichen Inhalt des Dokumentes von einem Rechner zum anderen übertragen, so kann das Dokument auf dem Zielrechner genauso angezeigt und ausgedruckt werden wie auf dem Rechner, auf dem das Dokument erstellt wurde. Außerdem kann das Dokument auf dem Zielrechner weiter bearbeitet (editiert) werden. ODIF (Office Document Interchange Format) ist z.B. eine standardisierte Strukturbeschreibung von Bürodokumenten. Mit der allmählichen Ausweitung der Standardisierung auf alle möglichen Arten von Dokumenten wird es in Zukunft möglich sein, diese Dokumente zwischen verschiedenen Rechnern (und Informationssystemen) auszutauschen und deren formale Erfassung durch einfache Programme zu bewältigen.

b. Zukünftige Dokumente (und Informationssysteme) werden **multimedial** sein: So wie gedruckte Dokumente neben Text auch Graphiken und Fotos enthalten, so werden in elektronischen Dokumenten zusätzlich auch gesprochene Sprache und Bewegt-Bilder vorkommen. Die Speicherung und die Ausgabe solcher Teile von Dokumenten ist heute technisch kein Problem mehr. Problematisch ist allerdings die Entwicklung von inhaltsorientierten Zugriffsfunktionen auf alle nicht-textuellen Bestandteile von Dokumenten (z.b. Suche nach allen Abbildungen, in denen ein bestimmtes Bauteil vorkommt).

Neben der Integration herkömmlicher Informationsprodukte (gedrucktes Dokument, Tonband, Video) in elektronische Dokumente werden auch völlig neuartige Informationsprodukte entstehen. Mit Hypertext (Lit. 16.) werden z.b. elektronische Dokumente bezeichnet, bei denen die sequentielle Struktur herkömmlicher Dokumente aufgegeben worden ist. Stattdessen folgt der Benutzer einzelnen, ihn interessierenden inhaltlichen Verweisen (wie z.B. in einem Lexikon).

c. Neue **Formen der Wissensrepräsentation** (Lit. 07.; Lit. 17.; Lit. 37.; Lit. 38.) werden speziell bei Faktendatenbanken zunehmend an Bedeutung gewinnen. Ähnlich wie ein Thesaurus die Suche beim Text-Retrieval unterstützt, so wird die Integration von Wissensrepräsentationsformalismen in Datenbank-Management-Systeme die Abspeicherung und die Suche von Faktenwissen erleichtern: Formalismen wie Frames oder semantische Netze dienen dabei zur Beschreibung der Struktur der Daten und der Beziehungen zwischen einzelnen Konzepten. Mit Hilfe von Logik-orientierten Formalismen (z.B. Prolog (Lit. 15.)) können insbesondere sehr komplexe Beziehungen zwischen einzelnen Konzepten dargestellt werden. Durch die Speicherung solcher Beziehungen in der Form von Regeln neben den Fakten kann auch nicht explizit gespeichertes Wissen mit Hilfe der Regeln abgeleitet werden.

d. Verfahren zur **Verarbeitung natürlicher Sprache** (Lit. 24.; Lit. 52.) werden die Erschließung von Texten und die Entwicklung von natürlichsprachigen Zugangssystemen zu Informationssystemen beeinflussen. Im Falle von Text-Retrievalsystemen werden robuste linguistische Verfahren zur Grundformreduktion (Lit. 31.), zur Behandlung von Komposita (Lit. 29.) und zur syntaktischen Analyse (Lit. 21.) zum Einsatz kommen, die größtenteils schon anwendungsreif vorliegen.

Natürlichsprachliche Zugangssysteme mit syntaktischer und semantischer Analyse (und Synthese für die Generierung von Antworten) werden hauptsächlich bei Informationssystemen mit einem eingeschränkten Diskursbereich zum Einsatz kommen, also eher bei einem Fakten-Retrievalsystem mit einem eingeschränkten Umfang von Konzepten als bei einem Text-Retrievalsystem, das einen breiten Wissensbereich abdeckt.

e. Verfahren zur **Erschließung von Dokumenten** werden die weitgehende Automatisierung der Eingabe für Text-Retrievalsysteme ermöglichen. Auf dem Gebiet der Inhaltserschließung wird an Systemen zur automatischen Indexierung (Lit. 34.) und zur automatischen Textkondensierung (Lit. 26.) gearbeitet. Der im Projekt AUTOCAT entwickelte Ansatz zur Formalerfassung (Lit. 20.) basiert auf dem Einlesen gedruckter Dokumente über Scanner mit anschließender Extraktion der bibliographischen Angaben.

f. Neue **Retrievalverfahren** ermöglichen eine wesentlich höhere Qualität beim Text-retrieval als bisher. Beim booleschen Retrieval liefert das Retrievalsystem IRS zwar formal korrekte Antworten, die aber inhaltlich stets nur zum Teil relevant sind. Die Forschung auf dem Gebiet des Information Retrieval hat daher durch die Kombi-nation von statistischen mit einfachen linguistischen Methoden Retrievalverfahren entwickelt, die anstelle einer ungeordneten Antwortmenge eine Rangfolge von Do-kumenten (Ranking) liefern, die nach fallenden Werten für ihre mutmaßliche Rele-vanz bezüglich der Anfrage geordnet sind (Lit. 39.; Lit. 43.). Diese Verfahren basieren auf der Verbesserung von Frageformulierungen durch Termgewichtung (Lit. 14.), speziell durch die Einbeziehung von Relevance Feedback (Lit. 40.), und auf der Gewichtung von Deskriptorzuteilungen (Lit. 22.; Lit. 23.) durch automati-sche Indexierungsverfahren.

g. Bei der **Gestaltung der Benutzerschnittstellen** werden Erkenntnisse aus der Software-Ergonomie und kostengünstige graphische Ein-/Ausgabegeräte zu we-sentlich benutzerfreundlicheren Systemen führen (Lit. 11.). Neben den bekannten Kommandoschnittstellen und Menüführungen wird es natürlichsprachige Zugangs-systeme und graphische Schnittstellen geben. Hochauflösende Graphikbildschirme ermöglichen es, zu den jeweils aktuell betrachteten Objekten auch den Kontext mit anzuzeigen und außerdem in verschiedenen Fenstern mehrere Kontexte gleichzeitig zu betrachten. Dadurch bekommt der Benutzer einen besseren Überblick über den Inhalt des Informationssystems bzw. den gegenwärtigen Stand seiner Recherche.

H 4.2 Typen von Informationssystemen

Grundsätzlich unterscheidet man drei Typen von Informationssystemen: Experten-systeme, Datenbank-Management-Systeme und Information-Retrieval-Systeme. Diese Spezialisierung der Informationssysteme ist aber für viele Anwendungen un-geeignet, für die kombinierte Systeme benötigt werden. Daher gibt es Bestrebungen zur Entwicklung von hybriden Systemen. Im folgenden werden zunächst diese drei Systemtypen einzeln mit ihren sich abzeichnenden Entwicklungstendenzen betrach-tet, anschließend werden verschiedene Arten von hybriden Systemen diskutiert.

H 4.2.1 Basissysteme

Expertensysteme (ES) zeichnen sich durch eine detaillierte Wissensrepräsentation für ein spezielles Aufgabengebiet aus (Lit. 10.; Lit. 28.; Lit. 44.). Dabei liegt der Schwerpunkt auf der Beschreibung der Struktur der Objekte der Anwendung und der Regeln zur Bearbeitung komplexer Problemstellungen. Die Menge des zu be-rücksichtigenden Faktenwissens ist klein im Vergleich zu Datenbank-Management-Systemen. Da die Anwendung von Informationssystemen in der Dokumentation aber überwiegend in Bereichen erfolgt, die ein breites Wissen erfordern, so sind dies kaum geeignete Anwendungen von Expertensystemen. Allenfalls in Spezialfällen, wo kleine Wissensbereiche sehr tief modelliert werden müssen, sind die Vorausset-zungen für die Anwendung von Expertensystemen erfüllt.

Die Forschung auf dem Gebiet der ES versucht in letzter Zeit auch zunehmend breitere Anwendungsgebiete zu behandeln. Um den Aufwand für die Erfassung des in das System einzugebenden Wissens zu reduzieren, werden spezielle Verfahren zur *Wissensakquisition* entwickelt (Lit. 05.; Lit. 25.; Lit. 35.). Es bleibt abzuwarten, inwieweit diese Ansätze zu erfolgreichen Entwicklungen führen, die auch in der Dokumentation eingesetzt werden können. Dabei ist zu beachten, daß der Aufbau von Wissensbasen für Expertensysteme selbst für kleine Anwendungen mindestens den gleichen Aufwand erfordert wie die Entwicklung von Thesauri für ein breiteres Wissensgebiet.

Mit dem Begriff ‚Expertensysteme' werden üblicherweise Programme bezeichnet, die Aufgaben ähnlich gut wie ein menschlicher Experte bearbeiten können. Gibt man aber diesen hohen Anspruch auf, so sind solche wissensbasierte Systeme interessant, die menschliche Routinearbeiten zufriedenstellend erledigen können. Problemfälle, die die Fähigkeiten des Systems übersteigen, sollten dabei nach Möglichkeit automatisch erkannt und dem menschlichen Bearbeiter vorgelegt werden. Gerade für die Lösung des Massenproblems in der Dokumentation erscheinen solche Systeme wie z.B. die oben genannten zur Erschließung von Dokumenten besonders geeignet.

Datenbank-Management-Systeme (DBMS) werden zur Verwaltung großer Mengen von formatierten Daten eingesetzt (Lit. 30.; Lit. 33). Die Daten haben dabei üblicherweise eine einfache, regelmäßige Struktur. Aufgrund dieser einfachen Strukturierung und der (postulierten) Vollständigkeit und Korrektheit der Daten können Anfragen nach bestimmten Fakten stets korrekt und vollständig beantwortet werden. Wegen der hohen Änderungshäufigkeit der Daten in den typischen Anwendungsgebieten von DBMS (z.B. Banken, Buchhaltung, Lagerverwaltung) sind besondere Mechanismen zur Wahrung der Konsistenz der gespeicherten Daten vorhanden.

Gegenwärtig gibt es zwei (für die Dokumentation) bedeutsame Trends zur Erweiterung der Anwendbarkeit von Datenbanken, die unter den Schlagworten ,,*verteilte Datenbanken*'' und ,,*Objektbanken*'' bekannt sind. Die Forschung auf dem Gebiet der verteilten Datenbanken gibt das Prinzip einer einzigen, auf einem zentralen Rechner gespeicherten Datenbank auf. Die logisch zu einer Datenbank gehörenden Daten können nun auf mehrere, möglicherweise sehr unterschiedliche Rechner verteilt sein. Dadurch kann z.B. ein Benutzer sich die ihn interessierenden Daten von der Großrechner-Datenbank auf seinen PC laden und sie dort bearbeiten. Das DBMS muß dafür sorgen, daß auch die Konsistenz der verteilten Datenbank erhalten bleibt.

Mit ,,*Objektbanken*'' werden Erweiterungen von DBMS bezeichnet, die auch die Verwaltung von Daten über Objekte mit komplexer Struktur ermöglichen (Lit. 19.). Herkömmliche DBMS, die ursprünglich für die Verwaltung von kaufmännischen Daten (mit einer relativ einfachen Struktur) entwickelt wurden, sind hier überfordert. Für diese Anwendungen müssen insbesondere spezielle Operationen zum Einfügen, Löschen und Ändern von Objekten bereitgestellt werden, um die Konsistenz der Datenbank zu gewährleisten. Beispielsweise sollen in einer Konstruktionsdatenbank alle Daten über ein Gerät verwaltet werden, an dessen Entwicklung gleichzeitig mehrere Ingenieure arbeiten.

Information-Retrieval-Systeme (IRS) dienen zum Speichern und Wiederauffinden von Texten. Anfragen beziehen sich in erster Linie auf den Inhalt der Texte. Entsprechend der Natur dieser Anfragen kann das System nur näherungsweise Antworten auf das eigentliche Informationsbedürfnis des Benutzers liefern. Rankingverfahren ordnen daher die Antwortdokumente nach fallenden Werten für die mutmaßliche Relevanz bezüglich der Anfrage. Durch die Kombination dieser Retrievalverfahren mit neuen Benutzeroberflächen (Lit. 27.; Lit. 49.) kann die Effektivität und Benutzerfreundlichkeit von IRS wesentlich verbessert werden. Heutige IRS werden hauptsächlich als Referenzen-Retrieval-Systeme eingesetzt, wobei die abgespeicherten Dokumente weitgehend die gleiche Struktur besitzen. Durch die Senkung der Speicherkosten und die Dokumenterstellung auf dem Rechner geht man aber mehr und mehr dazu über, die vollständigen Dokumente in dem IRS zu speichern. Dies erfordert Systeme, die Dokumente unterschiedlichster Struktur verwalten können. Außerdem müssen spezielle Suchfunktionen für den Volltext (und die evtl. vorhandenen anderen Bestandteile der Dokumente wie Graphiken, Abbildungen, Sprache, Video) bereitgestellt werden. Alternativ dazu können auch verbesserte Erschließungsverfahren für die Dokumente entwickelt werden (z.B. automatische Indexierung), die unabhängig von der Darstellung, der Struktur und der Länge eines Dokumentes dessen wesentlichen Inhalt in einheitlicher Form repräsentieren.

H 4.2.2 Hybride Systeme

Seit Beginn der achtziger Jahre wird verstärkt an der Entwicklung sogenannter *Wissensbanken* („Knowledge Base Management Systems", (Lit. 02.; Lit. 08.)) gearbeitet, die detaillierte Wissensrepräsentation mit umfangreichem Faktenwissen in sich vereinigen, also Kombinationen von ES mit DBMS darstellen. Eine wesentliche Forschungsrichtung verfolgt das Ziel, Regel- mit Faktenwissen zu kombinieren, z.B. durch Kopplung eines Prolog-Systems mit einer relationalen Datenbank (Lit. 03.). Durch die zusätzliche Verwaltung von Regeln in der Wissensbank können dann auch Fakten abgeleitet werden, die nicht explizit gespeichert sind. Ein einfaches Beispiel ist eine Datenbank, in der alle Fahrpläne eines Verkehrsverbundes gespeichert sind; gibt man zusätzlich noch einige Regeln zur Herleitung von Verkehrsverbindungen ein, so kann das System dadurch auf eine Anfrage hin die günstigste Verbindung zwischen zwei Stationen (mit Umsteigen) ausgeben. Weitere Forschungsaktivitäten zielen auf die Verwaltung von komplexeren Wissensstrukturen (ähnlich wie bei den Objektbanken) in Kombination mit mächtigen deduktiven Fähigkeiten. Für die Dokumentation interessant sind insbesondere sogenannte hybride Wissensrepräsentations-Systeme, die aus einer Terminologie- und einer Aussagekomponente bestehen (Lit. 06.; Lit. 40.). Die terminologische Komponente stellt dabei einige Konstrukte zur Verfügung, mit deren Hilfe die Begriffe des Anwendungsgebietes definiert werden können. In der Aussagekomponente können sowohl einfache Fakten als auch Regeln eingegeben werden, die sich auf die definierten Begriffe beziehen. Zur Herleitung von Antworten auf Anfragen benutzt das System die Definition der Begriffe.

Kombinationen aus DBMS und IRS erlauben die gleichzeitige Speicherung von Texten und Fakten. Dabei sollen die Vorzüge beider Systeme – die Suche in Texten einerseits, der Zugriff über die Werte formatierter Felder und die Unterstützung von häufigen Änderungen im Datenbestand andererseits – miteinander kombiniert werden (Lit. 18.). Zum Beispiel soll ein Büro-Informationssystem sowohl den inhaltsorientierten Zugriff wie auch die Suche mit formalen Kriterien nach Schriftstücken unterstützen; der Dokumentenbestand ist dabei häufigen Änderungen unterworfen.

Beim Faktenretrieval treten ähnliche Probleme mit der Relevanz von Antworten auf wie beim Textretrieval (Lit. 01.; Lit. 36.), insbesondere wenn Angaben fehlen oder von beschränkter Genauigkeit oder Zuverlässigkeit sind; darüber hinaus liegen auch bei solchen Anwendungen viele Angaben nur in textueller Form vor (z.B. Anmerkungen), die sich nicht weiter formalisieren lassen. Entsprechende integrierte Informationssysteme werden daher adäquate Retrievalverfahren für beide Arten von Daten – Text und Fakten – enthalten müssen.

Zur Kombination von ES mit IRS gibt es innerhalb der Forschung gegensätzliche Meinungen (Lit. 09.; Lit. 41.; Lit. 48.). Trotz zahlreicher Forschungsaktivitäten auf dem Gebiet der wissensbasierten IRS (Lit. 13.; Lit. 46.) werden solche Systeme auf absehbare Zeit wohl nur für Spezialanwendungen in Frage kommen. Eine Herausforderung für die informationswissenschaftliche Forschung besteht in der Entwicklung geeigneter wissensbasierter Benutzerschnittstellen für IRS, die mit neueren Retrievalverfahren (z.B. Ranking, gewichtete Frage- und Dokumentterms) arbeiten.

Ein weitergehendes Ziel der Forschungsarbeiten auf dem Gebiet der Informationssysteme ist die Entwicklung intelligenter Systeme, die die Fähigkeiten von ES, DBMS und IRS in sich vereinigen (Lit. 42.; Lit. 48.). Ein solches ,,intelligentes Informationssystem'' soll in der Lage sein, Texte, Fakten und Regeln zu speichern und auch komplexere Anfragen mit Hilfe ausgeprägter deduktiver Fähigkeiten zu beantworten. Dabei ist zwischen computergestützten und vollautomatischen Verfahren zu unterscheiden. Der Einsatzbereich für vollautomatische Systeme wird entsprechend der Natur der Anwendungen im Dokumentationsbereich relativ begrenzt bleiben. Demgegenüber werden in breiten Anwendungsbereichen computergestützte Verfahren zu einer schrittweisen Automatisierung dokumentarischer Tätigkeiten führen.

H 4.2.3   Informationssysteme als Teil eines wissensverarbeitenden Systems

DBMS werden – im Gegensatz zu den meisten IRS – weniger als alleinstehende Systeme, sondern überwiegend integriert als (zentraler) Teil eines Anwendungssystem eingesetzt. Es ist davon auszugehen, daß diese Art des Einsatzes von Informationssystemen in Zukunft auch für ES und IRS und die hybriden Systeme zunehmend an Bedeutung gewinnen wird (Lit. 47.).

Die Funktionen heutiger IRS beschränken sich im wesentlichen auf die Speicherung und das Retrieval von Informationen, die Bedienung der Systeme erfolgt durch dokumentarisch geschulte Fachkräfte. Die eigentliche Verarbeitung der Informationen, sowohl die Produktion von einzuspeichernden Informationen als auch die Weiterverarbeitung von recherchierten Informationen, wird überwiegend isoliert von IRS durchgeführt. Durch die neuen Möglichkeiten des ,,Electronic Publishing'' wächst jedoch der Bedarf an integrierten Informationssystemen, die neben Funktionen für die Bearbeitung von Dokumenten auch den (inhaltsorientierten) Zugriff auf früher erstellte Dokumente und Ablagefunktionen bieten (z.B. bei Büroinformationssystemen (Lit. 50.)).

Für die Gestaltung der Informationssysteme erfordert diese Entwicklung hin zu *integrierten informationsverarbeitenden Systemen* einerseits eine einfache zu bedienende Benutzeroberfläche, um den Kreis der Benutzer dieser Systeme auch auf nicht speziell geschulte Fachkräfte zu erweitern. Andererseits muß die Funktionalität des Informationssystems entsprechend den Anforderungen des Gesamtsystems (z.B. bezüglich der Datenaustauschformate) erweitert werden. Insbesondere müssen einfache Funktionen zur Einspeicherung neuer Dokumente vorhanden sein, wobei die inhaltliche und formale Erfassung dieser Dokumente weitgehend automatisiert sein sollte.

H 4.3 Auswirkungen auf die Praxis der Informationsvermittlung

Die weitere Entwicklung der Informationssysteme wird wesentliche Veränderungen im gesamten Prozeß der Informationsvermittlung zur Folge haben, insbesondere wird auch das Tätigkeitsfeld der dokumentarisch geschulten Fachkräfte hiervon betroffen sein. Neue Informationstechnologien werden zum Entstehen völlig neuartiger Informationsprodukte führen. Nachfolgend sind drei bereits existierende Beispiele hierfür genannt:

- Datenbanken auf CD-ROMs bieten dem Besitzer eines PCs mit angeschlossenem CD-Laufwerk ein Informationsangebot, das er bisher nur durch das Anwählen eines großen Datenbank-Betreibers erreichen konnte.
- Volltext-Datenbanken bieten im Gegensatz zu bisherigen Referenzen-Datenbanken nicht nur den Nachweis von Dokumenten, sondern zusätzlich auch die Möglichkeiten der Feinrecherche und der Lokalisierung der gesuchten Information im Dokument. Außerdem kann das vollständige Dokument übertragen und am Arbeitsplatz des Benutzers ausgegeben werden.
- Mailboxen sind elektronische Zeitschriften, die dem Informationsaustausch einer Gruppe von Benutzern dienen. Die einzelnen Nummern der Zeitschrift werden als Nachrichten (,,Electronic Mail'') über existierende Datennetze versandt, auf dem gleichen Weg senden die Benutzer ihre Beiträge an den Herausgeber.

Die Struktur zukünftiger Informationssysteme wird durch die drei Schlagworte *Integration, Verteilung* und *Heterogenität* gekennzeichnet sein:

- Als integrierte Systeme werden diese Systeme eine Vielzahl von anwendungsbezogenen Aufgaben neben der reinen Verwaltung der Informationen zu erfüllen haben.
- Das Informationssystem wird über mehrere Rechner verteilt sein: Einerseits sollten innerhalb einer Organisation möglichst viele Informationen von jedem Ar-

beitsplatz aus zugreifbar sein, andererseits erfordert die Verarbeitung der Informationen häufig einen lokalen Zugriff auf die Daten.

– Heterogene Informationssysteme müssen die Verwaltung von multimedialen Dokumenten und Daten mit unterschiedlichster Struktur ermöglichen.

Die oben skizzierten Entwicklungen werden erhebliche Auswirkungen auf das *Tätigkeitsfeld der Dokumentare* haben: Sowohl bei den neuen Informationsprodukten als auch bei zukünftigen Informationssystemen besteht die Gefahr, daß es zu Entwicklungen kommt, die völlig auf die Unterstützung durch dokumentarisch geschulte Fachkräfte verzichten, selbst wenn dies zu Lasten der Qualität der Informationsvermittlung geht: Neue Informationsprodukte und -systeme umgehen den klassischen Weg über das gedruckte Papier, von dem ausgehend die Erschließung und der Aufbau der Datenbasis bisher eine zentrale Aufgabe des Dokumentars war. Zudem mögen sich viele Systementwickler der Illusion hingeben, daß eine inhaltliche Erschließung der Dokumente überflüssig sei, wenn anstelle von Referenzen die vollständigen Dokumente von dem Informationssystem verwaltet werden.

Diesen Rationalisierungstendenzen steht die *mengenmäßige Ausweitung* der zu verarbeitenden Informationen, ihre *anwachsende Komplexität* und die *steigenden Qualitätsanforderungen* an die Leistungen der Informationssysteme entgegen. Auf jeden Fall wird sich die Art der Tätigkeit dokumentarisch geschulter Fachkräfte deutlich ändern: z.B. läßt sich durch elektronische Produkte die formale Erfassung zwar weitgehend automatisieren, aber die Automatisierung erfordert eine entsprechende Spezifikation der Struktur der Eingabe und der darauf anzuwendenden Erfassungsregeln (Lit. 20.). Für beide Aufgaben besitzen Dokumentare die besten Kenntnisse. Ähnlich ist es bei der inhaltlichen Erschließung durch wissensbasierte Systeme, bei denen der Aufbau und die laufende Pflege der Wissensbasis nicht ohne Dokumentare möglich ist (Lit. 45.). Diese Tätigkeiten werden auch bei integrierten informationsverarbeitenden Systemen erforderlich sein, insbesondere zur Strukturierung der durch das System zu verwaltenden Informationen und zur Pflege der zugehörigen Wissensbasis. Das Tätigkeitsfeld des Dokumentars wird sich somit weg von routinemäßigen Arbeiten – speziell bei der Erschließung neuer Informationen – und hin zu anspruchsvolleren Tätigkeiten wie der Spezifikation von Informationsstrukturen und Verarbeitungsregeln verschieben.

Literatur

01. Ammersbach, K.; Fuhr, N.; Knorz, G.: Empirisch gestützte Konzeption einer neuen Generation von Werkstoffdatenbanken. In: Deutsche Gesellschaft für Dokumentation (Hrsg.) Deutscher Dokumentartag 1987, S. 251–261. VCH Verlagsgesellschaft, Weinheim, 1988.

02. Appelrath, H.: Von Datenbanken zu Expertensystemen. Band 102, Springer, Berlin et al., 1985.

03. Bancilhon, F.: Naive Evaluation of Recursively Defined Relations. In: Brodie, M. L.; Mylopoulos, J. (Hrsg.) On Knowledge Base Management Systems, S. 166–178. Springer, Berlin et al., 1986.

04. Blumenfeld, M.: Dokumentarchitektur und Austauschformate. In: Wedekind, H.; Kratzer, K. (Hrsg.): Büroautomation '85, S. 40 – 61. Teubner, Stuttgart, 1985.

05. Botacci, L.: Automatic Knowledge-Base Construction for Expert Systems. Systems Research and Information Science 2, 1986.

06. Brachman, R. J.; Fikes, R. E.; Levesque, H. J.: KRYPTON: A Functional Approach to Knowledge Representation. IEEE COMPUTER 16, S. 67 – 73, 1983.

07. Brachman, R. J.; Levesque, H. J. (Hrsg.): Readings in Knowledge Representation. Morgan Kaufman, Los Altos, Cal., 1985.

08. Brodie, M. L.; Mylopoulos, J. (Hrsg.): On Knowledge Base Management Systems. Springer-Verlag, Berlin et al., 1986.

09. Brooks, H. M.: Expert Systems and Intelligent Information Retrieval. Information Processing and Management 23, S. 367 – 382, 1987.

10. Buchanan, B. G.: Expert Systems: Working Systems and the Research Literature. Expert Systems 3, S. 32 – 51, 1986.

11. Bullinger, H.; Fähnrich, K.: Software-Ergonomie: Stand und Entwicklungstendenzen. In: Schönpflug, W.; Wittstock, M. (Hrsg.) Software-Ergonomie '87, S. 17 – 30. Teubner, Stuttgart, 1987.

12. Ceri, S.; Pelagatti, G.: Distributed Databases. McGraw-Hill, New York et al., 1984.

13. Croft, W. B.: Approaches to Intelligent Information Retrieval. Information Processing and Management 23, S. 249 – 254, 1987.

14. Croft, W. B.; Harper, D. J.: Using Probabilistic Models of Document Retrieval without Relevance Information. Journal of Documentation 35, S. 285 – 295, 1979.

15. Clocksin, W. F.; Mellish, C. F.: Programming in Prolog. Springer, Berlin et al., 2. Aufl., 1984.

16. Conklin, J.: Hypertext: An Introduction and Survey. IEEE Computer 20, S. 17 – 41, 1987.

17. Delgrande, J. P.; Mylopoulos, J.: Knowledge Representation: Features of Knowledge. In: Bibel, W.; Jorrand, P. (Hrsg.): Fundamentals of Artificial Intelligence, S. 3 – 36. Springer, Berlin et al., 1986.

18. Deogun, J. S.; Raghavan, V. V.: Integration of Information Retrieval and Database Management Systems. Information Processing and Management 24, S. 303 – 313, 1988.

19. Dittrich, K.; Dayal, U. (Hrsg.): 1986 International Workshop on Object-Oriented Database Systems, IEEE Computer Society, Los Angeles, 1986.

20. Endres-Niggemeyer, B.: Wissensbasierte Ansätze zur Formalerfassung. In: Deutsche Gesellschaft für Dokumentation (Hrsg.): Deutscher Dokumentartag 1987, S. 295 – 302. VCH Verlagsgesellschaft, Weinheim, 1988.

21. Fagan, J.: Automatic Phrase Indexing for Document Retrieval. In: Yu, C. T.; van Rijsbergen, C. J. (Hrsg.): Proceedings of the Tenth Annual ACM SIGIR Conference on Research & Development in Information Retrieval, S. 91 – 101. ACM, New York, 1987.

22. Fuhr, N.: Rankingexperimente mit gewichteter Indexierung. In: Deutsche Gesellschaft für Dokumentation (Hrsg.): Deutscher Dokumentartag 1985, S. 222 – 238. K. G. Saur, München, New York, London, Paris, 1986.

23. Fuhr, N.: Models for retrieval with probabilistic indexing. Information Processing and Management 25, S. 55 – 72, 1989.

24. Guenthner, F.; Lehmann, H.: Verarbeitung natürlicher Sprache – ein Überblick. Informatik Spektrum 9, S. 162 – 173, 1986.

25. Habel, C.; Rollinger, C.: Lernen und Wissensakquisition. In: Habel, C. (Hrsg.): Künstliche Intelligenz. Repräsentation von Wissen und natürlichsprachliche Systeme. Springer, Berlin et al., 1985.

26. Hahn, U.; Reimer, U.: Semantic Parsing and Summarizing of Technical Texts in the TOPIC System. In: Kuhlen, R. (Hrsg.): Informationslinguistik. Theoretische, experimentel-

le, curriculare und prognostische Aspekte einer informationswissenschaftlichen Teildisziplin, S. 153 – 193. Niemeyer, Tübingen, 1986.

27. Harman, D.: Towards Interactive Query Expansion. In: Chiaramella, Y. (Hrsg.): 11th International Conference on Research & Development in Information Retrieval, S. 321 – 331. Presses Universitaires de Grenoble, Grenoble, France, Juni 1988.

28. Hayes-Roth, F.; Waterman, D. A.; Lenat, D. B.: Building Expert Systems. Addison-Wesley, Reading, Mass., 1983.

29. Jaene, H.; Seelbach, D.: Maschinelle Extraktion von zusammengesetzten Ausdrücken aus englischen Fachtexten. Bericht ZMD-A-29, Beuth, Berlin, Frankfurt, 1975.

30. Korth, H.; Silberschatz, A.: Database Systems Concepts. McGraw-Hill, New York et al., 1986.

31. Kuhlen, R.: Experimentelle Morphologie in der Informationswissenschaft. Verlag Dokumentation, München, 1977.

32. Larson, J. A.; Rahimi, S. (Hrsg.): Distributed Database Management. IEEE Computer Society, Los Angeles, 1985.

33. Lockemann, P. C.; Schmidt, J. W.: Datenbankhandbuch. Springer, Berlin et al., 1987.

34. Lustig, G.: Automatische Indexierung zwischen Forschung und Anwendung. Olms, Hildesheim, 1986.

35. Morik, K.: Acquiring Domain Models. International Journal of Man-Machine Studies 26, S. 93 – 104, 1987.

36. Morrissey, J.; van Rijsbergen, C. J: A formal treatment of missing and imprecise information. In: Yu, C. T.; van Rijsbergen, C. J. (Hrsg.): Proceedings of the Tenth Annual ACM SIGIR Conference on Research & Development in Information Retrieval, S. 149 – 156. ACM, New York, 1987.

37. Mylopoulos, J.; Levesque, H. J.: An Overview of Knowledge Representation. In: Brodie, M. L.; Mylopoulos, J.; Schmidt, J. W. (Hrsg.): On Conceptual Modelling, S. 3 – 17. Springer, New York et al., 1984.

38. Reimer, U.: Neue Formen der Wissensrepräsentation. In: Buder, M.; Rehfeld, W.; Seeger, T. (Hrsg.): Grundlagen der Praktischen Information und Dokumentation. K. G. Saur, München, 1989.

39. Rijsbergen, C. J.: Information Retrieval. Butterworth's, London, 2. Auflage, 1979.

40. Robertson, S. E.; Sparck Jones, K.: Relevance Weighting of Search Terms. Journal of the American Society for Information Science 27, S. 129 – 146, 1976.

41. Salton, G.: Expert Systems and Information Retrieval. SIGIR Forum 21, S. 3 – 9, 1987.

42. Salton, G.: Some Characteristics of Future Information Systems. SIGIR Forum 18, S. 28 – 39, 1985.

43. Salton, G.; McGill, M.: Information Retrieval – Grundlegendes für Informationswissenschaftler. McGraw-Hill, Hamburg, New York, 1987.

44. Schnupp, P.; Leibrandt, U.: Expertensysteme. Nicht nur für Informatiker. Springer, Berlin et al., 2. Ausgabe, 1988.

45. Schwantner, M.: Entwicklung und Pflege des Indexierungswörterbuches PHYS/PILOT. In: Deutsche Gesellschaft für Dokumentation (Hrsg.): Deutscher Dokumentartag 1987, S. 329 – 339. VCH Verlagsgesellschaft, Weinheim, 1988.

46. Smith, L. C.: Artificial Intelligence and Information Retrieval. Annual Review of Information Science and Technology 22, S. 41 – 77, 1987.

47. Sparck Jones, K.: A Look Back and a Look Forward. In: Chiaramella, Y. (Hrsg.): 11th International Conference on Research & Development in Information Retrieval, S. 13 – 29. Presses Universitaires de Grenoble, Grenoble, France, Juni 1988.

48. Sparck Jones, K.: Intelligent Information Retrieval. In: Jones, K. P. (Hrsg.) Proceedings of Informatics, S. 136 – 142. London, 1983.

49. Thiel, U.; Hammwöhner, R.: Information Zooming: An Interaction Model for the Gra-

phical Access to Text Knowledge Bases. In: Yu, C. T.; van Rijsbergen, D. J. (Hrsg.): Proceedings of the Tenth Annual ACM SIGIR Conference on Research & Development in Information Retrieval, S. 45 – 56. ACM, New York, 1987.

50. Tsichritzis, D. (Hrsg.): Office Automation. Springer, Berlin et al., 1985.

51. Vilain, M.: The Restricted Language Architecture of a Hybrid Representation System. In: Proceedings of the Ninth International Joint Conference on Artificial Intelligence, S. 547 – 551. Morgan Kaufman, Los Altos, CA, 1985.

52. Wahlster, W.: Natürlichsprachliche Systeme. In: Bibel, W.; Siekmann, J. (Hrsg.): Künstliche Intelligenz. Frühjahrsschule Teisendorf, März 1982, S. 203 – 284. Springer, Berlin et al., 1982.

H 5   Tendenzen der Informationswissenschaft

Gernot Wersig

H 5.1   Entwicklung in der Bundesrepublik Deutschland

Ende der 60er Jahre setzte nicht nur in der Bundesrepublik, sondern fast gleichzeitig in mehreren Industrieländern eine Bewegung in Richtung ,,Informationswissen-
schaft'' ein: In den USA war eine Diskussion um ,,information science'' entstanden, von der in der Bundesrepublik besonders H. Borko (Lit. 03.) aufgenommen
wurde, in England hatte B. C. Vickery mit seinem Buch ,,On Retrieval System Theory'' einen Markstein gesetzt (Lit. 29.), in der DDR hatte 1967/68 Koblitz die
Informations- und Dokumentationswissenschaft vorgeschlagen (Lit. 13.), in der
UdSSR formierte Michailow die ,,Informatik'' sowjetischer Prägung (Lit. 18.).
Allerdings waren diese Entwicklungen eher Anstoß als Vorbild, in der Bundesrepublik wurde nach eigenen Wegen gesucht. Von Berlin aus propagierten Schober und
Wersig die ,,Informations- und Dokumentationswissenschaft'' als Sozialwissenschaft, die sich der Gestaltung zielgruppenorientierter Informationssysteme widmen sollte (Lit. 22.). Kunz und Rittel verfaßten im Auftrag des Bundesministeriums für Wissenschaft und Forschung das Gutachten ,,Informationswissenschaf-
ten'' (Lit. 14.), das Wissensveränderung von Akteuren durch Informationssysteme
in den Vordergrund stellte und eher in eine ingenieurmäßige Richtung wies. Vorübergehend kam mit Diemers hermeneutischer Informationswissenschaft (Lit. 06.)
noch ein dritter Entwicklungsstrang hinzu, der aber ebenso wenig Dauerhaftigkeit
erreichte wie der Versuch einiger Bibliothekswissenschaftler, diese als spezielle Informationswissenschaft zu etablieren (Lit. 12.).

Die Informationswissenschaft in der Bundesrepublik kam in ihrer ersten Formierungsphase
nicht zu einer gemeinsamen Konzeption, vielleicht weil
– sie eigentlich immer personell unterhalb einer ,,kritischen Masse'' blieb und insofern
  durch die unvermeidlichen Differenzen zwischen den Protagonisten leiden mußte
– die Fachgesellschaft, in deren Rahmen sie sich bewegte, keine wissenschaftliche Gesellschaft war und die Informationswissenschaft eigentlich immer mißtrauisch und als praxis-
  irrelevant behandelte
– sie ihre Formierungsphase parallel zu der der Informatik hatte, die alle Vorteile auf ihrer
  Seite wußte (Mathematik als Vorsprung, Industrie als Verbündeter, politische Interessen
  als Motor), aber dennoch darauf aus sein mußte, potentielle Konkurrenz klein zu halten.

Mit dem IuD-Programm der Bundesregierung wurde dann aber doch die ,,Infor-
mationswissenschaft'' proklamiert und ein Informatik-ähnliches Förderprogramm
angekündigt, das aber nie realisiert wurde. Vordergründig kann dafür eine ver-
schärfte Bund-Länder-Konfrontation am Ende der 70er Jahre verantwortlich gemacht werden, aber dies allein war es nicht. Bis in den Beginn der 80er Jahre
wurden aus dem IuD-Programm informationswissenschaftliche Forschungs- und
Entwicklungsaktivitäten recht gut gefördert (einschließlich der institutionellen Förderung der ,,Gesellschaft für Information und Dokumentation''). Zwar konnte
man zu dieser Zeit (bis etwa 1983) beobachten, daß die Informationswissenschaft

versuchte, ein gemeinsames Profil zu gewinnen (und mit dem International Research Forum on Information Science 5 in Heidelberg 1983, vgl. Lit. 07., schien ihr das sogar zu gelingen), aber letztlich konnte sie zu wenig wissenschaftliche Kapazität anziehen, war die Bundeskompetenz zu ungeduldig, und war die Länderkompetenz zu unbeweglich, als daß in dieser Zeit ein Durchbruch hätte erreicht werden können. Die „kritische Masse" wurde nicht erreicht, die durch die Bundesförderung angestoßenen Landesaktivitäten teilweise eingefroren, ein gemeinsames Artikulationsforum bestand und besteht nicht.

Sicherlich hat die Entscheidung des BMFT von 1984, die Informationswissenschaft nicht weiter zu fördern, von da ab eine wesentliche Rolle gespielt, aber man sollte das auch nicht überbewerten. Informationswissenschaft − in welcher Spielart auch immer − konzentrierte sich irgendwie auf die Rolle des Wissens in der Gesellschaft (und nicht auf Institutionen oder Technologien), auf Methoden der Wissensorganisation, auf Wissensquellen, manchmal sogar auf Menschen mit Informationsbedürfnissen. Dies ist ein neues Thema und eine neue wissenschaftliche Herausforderung, die im System der etablierten Wissenschaften nicht leicht zu plazieren ist, zumal ihr die große außerwissenschaftliche Attraktion (noch) fehlt − d.h. sie hat auch keine Medien- und Politikaufmerksamkeit.

Auch im Ausland ist Informationswissenschaft weit davon entfernt, eine Blüte zu erleben: In England überlebt sie, weil sie sich immer noch mit dem „Brotgeschäft" der (dort allerdings ganz anders eingestellten) Bibliotheken verbindet, in den USA setzt sie meist ebenso auf Bibliotheken oder auf Software-Instituten auf, auch in den ehemals sozialistischen Staaten hat sie zu keiner eigenständigen Wissenschaftlichkeit finden können.

H 5.2   Das informationswissenschaftliche Dilemma

Die Informationswissenschaft stand nicht nur in der Bundesrepublik im Fadenkreuz verschiedener Ansprüche:
- Sie wollte Wissenschaft sein und mußte daher allgemein wissenschaftlichen Ansprüchen genügen − (dies gilt in den angloamerikanischen Ländern besonders, in denen Wissenschaft „science" ist und von den „humanities" und „arts" deutlich getrennt wird)
- Sie entstand aus der Praxis und sollte der Praxis verwertbare Resultate zuliefern
- Sie war − mit wechselndem Nachdruck − informationspolitisch interessant und sollte dafür verwertbar sein
- Sie war − in bestimmter Hinsicht − Pilotanwender von Technologien und mußte sich von daher auch immer dem Technologiekomplex zuordnen.

Die daraus entstehenden Dynamiken waren in den USA, Großbritannien und der Bundesrepublik durchaus vergleichbar. Die Literatur verdeutlicht den Mehrfrontenkampf, in dem sich durchgängig zwei Hauptbewegungen erkennen lassen:

(a) Das Bemühen um eine Demonstration *eigener Wissenschaftlichkeit* in Form der Übernahme von Methoden und Theoriesprengeln wissenschaftlicher Disziplinen. Bis in die Mitte der 80er Jahre halten sich hier etwa sozialwissenschaftliche Methoden (Benutzerforschung, experimentelle Versuchsanordnungen) und mathematische Modelle die Waage, seitdem haben die mathematischen Ansätze ein deutliches Übergewicht (Lit. 04.). Wenn man der Faszination mathematischer Modelle einigermaßen unbeteiligt gegenübersteht, dann muß man allerdings konstatieren, daß sie sich häufig auf sehr eingeschränkte Fragestellungen beziehen, die man auch als peripher bezeichnen kann: Zeitschriftenumlauf, Ausleihvorgänge, Retrievalverfahren, Minimierung von Suchvokabularien, Fuzzy Set-Anwendungen, vor allem aber Bibliometrie und Zitierungsanalysen. Hier keimt gelegentlich der Verdacht, daß Naturwissenschaftler aus ihrem eigenen Gebiet ausgezogen sind, um sich in der Informationswissenschaft ein leichtes Anwendungsfeld zu suchen. Die Literatur ist voll mit Auseinandersetzungen um verschiedene Gesetze wie die von Zipf, Bradford oder Lotka – ein irgendwie entrücktes wissenschaftliches Refugium. Die Zitierungsanalysen weisen allerdings in eine andere Richtung, die der Wissenschaftswissenschaft (Lit. 09.). Sie könnten durchaus eine eigenständige informationswissenschaftliche Methode sein, die dort Anwendung findet. Nur sind auch sie mit den anderen Bezugsfeldern kaum in potentielle Zusammenhänge zu bringen.

(b) Der *Praxisbezug* hat die Informationswissenschaft eigentlich immer und in allen Ländern an das jeweilige Selbstverständnis der Praxis gebunden. Als Praxisbereich wurde wie selbstverständlich der Bereich der Informationseinrichtungen angesehen – Dokumentationsstellen, Bibliotheken, Archive. Mit Bezug auf diese hieß Praxisbezug vor allem Retrieval, Indexierung und in den letzten Jahren natürlich on line-Systeme. Zwischenzeitlich gab es den parallelen Strang der Benutzerforschung, der heute in das Schlagwort „Informationsmarketing" überführt wurde – aber auch hier immer mit dem Bezug auf die Einrichtungen. Ob diese Form von Informationswissenschaft Praxis wirklich beeinflußt hat, ist schwer einzuschätzen. Vielleicht ist das größte Problem von Informationswissenschaft, daß sie bisher keine Praxis schaffen konnte, die sie tatsächlich akzeptiert. Jedenfalls macht die Praxis mehr oder weniger, was sie oder die Technologieproduzenten für richtig halten.

Die Informationswissenschaft stand immer in einem engen Verhältnis zur Informationspolitik, die eine Zeit lang ein aufmerksamer Praxisbereich von Informationswissenschaft war. Mit der zunehmenden Dominanz der Wirtschaftspolitik wird dagegen Informationspolitik zu einem Nebenschauplatz. Die Technologieförderung übernimmt den Taktstock und die eigentlich anwenderorientierte Informationswissenschaft muß sich da einpassen – in der Bundesrepublik deutlicher als anderswo. Informationseinrichtungen sind informationspolitisch von Einrichtungen mit Informationszielen zu ökonomischen Einrichtungen geworden, bei denen das Informationsziel politisch zweitrangig ist.

In den angloamerikanischen Ländern (UK, USA) hat sich die Informationswissenschaft mit teilweise ähnlichen Strategien zu behaupten versucht. Verfolgt man die Zeitschriften „Journal of Information Science" und „ASIS Journal", dann haben sich beide in den letzten Jahren zu weit mehr als 50 % auf zwei Bereiche konzentriert:

– den klassischen Speicherbereich in seiner modernen Version, d.h. Retrievaltheorien, Datenbankaufbau, Indexierungs- und Sprachfragen, on line-Dienste und deren Verbesserung. Darin kommt einerseits die Praxisorientierung zum Ausdruck, andererseits deutet aber auch die Fülle mathematischer Modelle (von denen die meisten wohl keine praktische Durchsetzung erfahren haben) auf den Versuch hin, den „hard sciences" zu imponieren.

– die Anwendung mathematischer Modelle und „Gesetze" in der Informationswissenschaft, wobei vor allem die Zitierungsanalysen im Vordergrund stehen, aber auch andere Bereiche einbezogen sind wie Zeitschriftenumläufe, Ausleihverfahren etc. Dies ist immer noch ein Bereich mit z.T. hitzigen Auseinandersetzungen über mathematische Spezialprobleme, bei denen vielleicht klassische

Wissenschaftlichkeit nachgespielt wird, aber die praktische Relevanz der Ernsthaftigkeit der Auseinandersetzung kaum entspricht.

In den USA wird neben diesem Hauptzweig (das ASIS-Journal ist voll davon) vor allem auf „wissenschaftlich" nicht so akzeptable, aber erfolgversprechende Nebenzweige gesetzt (vor allem im ASIS-Bulletin):
- die Anwendungsmöglichkeiten neuer Informations- und Kommunikationstechnologien (insbesondere Expertensysteme, PCs, Netzwerke, optische Speicher, Electronic Publishing, Sprachverarbeitung)
- die Kritik und Analyse von Informationsquellen (allerdings meist auch eher bibliometrisch oder deskriptiv)
- die Beschäftigung mit Informationsnutzern (dies dann auch überwiegend als on line-Nutzer).

Im United Kingdom ist dies ähnlich, sieht man davon ab, daß dort die Beschäftigung mit den eigenen informationswissenschaftlichen Problemen (Ausbildung, Manpower und etwas Theorie) einen stärkeren Anteil ausweist. In beiden Ländern ist, gewissermaßen als drittes Bein, ein zunehmendes Interesse an zwei Aspekten festzustellen:
- soziale, ökonomische, politische und rechtliche Aspekte des Informationswesens
- Informations-Management und Büro-Kommunikation. Dem Wechsel von den sozialwissenschaftlichen Studien zum Informations-Management demonstriert auch die Überführung der Zeitschrift „Social Science Information Studies" in das „International Journal for Information Management".

Nimmt man in der Bundesrepublik Deutschland die „Nachrichten für Dokumentation" als Indikator, dann zeigt sie einerseits ein ähnliches Bild: Fast die Hälfte aller Beiträge befaßt sich mit den klassischen Retrieval-, Datenbank-, Indexierungs- und on line-Themen. Die Bibliometrie und die um ihrer selbst willen praktizierten mathematischen Methoden haben sich hier wenig durchsetzen können, wahrscheinlich weil hier der Druck zur naturwissenschaftlichen „Wissenschaftlichkeit" geringer ist. Die Nebenzweige der angloamerikanischen Entwicklung werden hierzulande auch reproduziert, vielleicht mit einem etwas stärkeren Engagement bei den juristischen, politischen etc. Problemen. Hier wird deutlich, daß in der bundesdeutschen Informationswissenschaft zwei Wissenschaftsverständnisse nebeneinander standen und immer noch stehen: Informationswissenschaft als Retrievalwissenschaft (Fortsetzung der alten Dokumentation) und Informationswissenschaft als Wissenschaft für und über die Einrichtungen der Fachinformation (gewissermaßen als „Fachinformationswissenschaft" von Gnaden der für Fachinformationseinrichtungen zuständigen Verwaltungseinrichtung).

Dies muß nachdenklich stimmen: Selbst wenn man davon absieht, daß ein Großteil der Publikationen über Datenbasen, Retrievalmodelle etc. wenig praxisbezogen sind, haben Informatik und Künstliche Intelligenz inzwischen gezeigt, daß sie sich dieses Gebiet nicht nur ganz gut angeeignet haben, sondern von der konstruktiven Seite her beherrschen. Natürlich können sie hier Hilfe brauchen, aber diese Hilfe ist selber nicht disziplinbildend. Informationswissenschaft als Retrievalwissenschaft wird ein Teilgebiet der Informatik werden, als Retrievalpraxis kann sie sich kaum wissenschaftlich profilieren. Als Wissenschaft von den und für die Fachinformationseinrichtungen wäre sie ohnehin etwas eng konzipiert gewesen, um sich akademisch zu etablieren. Das Versagen der GID, eine informationswissenschaftliche Entwicklungsstrategie zu realisieren, hat sicherlich auch zu ihrer Liquidierung beigetragen und damit auch diese schmale Basis aufgelöst. Ob es noch einmal ein Fachinformationsprogramm geben wird oder nicht, ist für diese Form von Informationswissenschaft relativ unerheblich – die Fachinformationseinrichtungen sind kein ausreichender Nährboden für eine Wissenschaftsdisziplin.

H 5.3   Neue Bezugspunkte

Informationswissenschaft in der Bundesrepublik Deutschland leidet darunter, daß sie die Diskrepanz zwischen ihrer Hauptströmung – der Retrievalwissenschaft – und den Nebenströmungen, die ihr als Institutionenwissenschaft von politischer Seite aufgedrängt worden waren, lange Zeit einfach so hingenommen hatte und sich darauf verließ, daß diese beiden ,,Geschäftsbereiche'' eine Bestandsgarantie darstellten. Dies muß nicht heißen, daß Informationswissenschaft damit gleichsam zur wissenschaftlichen Sternschnuppe werden muß, die nunmehr verglüht und sich in die umgebenden Luftmassen verdünnt.

Informationswissenschaft hat es allerdings auch nicht leicht gehabt. Sie entstand als ein Indikator dafür, daß die Beherrschung des Wissens nicht mehr möglich ist, ohne alle technischen Fortschritte umzusetzen in Organisations- und Vermittlungsformen, die das Wissen und die Bedürfnisse danach in den Vordergrund stellen. Gerade von 1970 an wurde sie damit in einen Strudel technischer Entwicklungen gerissen, den nicht einmal die amerikanische Informationswissenschaft ohne Blessuren überstanden hat. Wenn sie sich dieser Geschichte wieder besinnt, kann sie daraus auch wieder einen neuen Anfang machen, der in der Situation des raschen technischen Wandels von besonderer Bedeutung wäre.

Sie ist nach wie vor *die* Wissenschaft, die sich zentral mit den Fragen des Aufeinanderprallens von Wissen und neuen wissensrelevanten Technologien befaßt und aus dieser fundamentalen Zukunftsfrage ihre Berechtigung ableiten kann. Schließlich war Vickery's Schlüsselbuch auch eigentlich kein Buch über Retrievalsysteme, sondern eine Auseinandersetzung mit Fragen der Wissensorganisation.

,,Wissen'' ist unzweifelhaft eine Kategorie, die enorm an Interesse gewonnen hat, sicherlich auch und vor allem, weil die Rolle des Wissens mit den neuen Technologien wieder in Frage gestellt wird: Die kognitive Psychologie erlebt wieder einen neuen Aufschwung durch die Notwendigkeit der Auseinandersetzung mit der Künstlichen Intelligenz (Lit. 01.), eine neue Wissenssoziologie entsteht auf höchstanspruchsvoller Basis (Lit. 05., Lit. 08.).

Dabei ist die Konstruktion von Techniken und Systemen eine Aufgabe, die von den konstruktiven Disziplinen einigermaßen gut beherrscht wird. Aber mit einem elektronischen System mit bestimmten Leistungsmerkmalen ist noch nicht Wissen aus den Köpfen der Experten und den Wissensfixierungen vieler Jahrhunderte extrahiert, sind die Fragen von Transformationen des Wissens von einer Repräsentationsform in eine andere, von einem Verwendungszusammenhang in einen anderen nicht gelöst. Aufgaben dieser Art werden aus KI-Sicht verniedlichend als ,,Knowledge Engineering'' bezeichnet, gehen aber weit über die Expertensystemzuliefererrolle hinaus. Visuelle Wissensformen werden immer wichtiger (Lit. 24.), das Interagieren verschiedener Wissensformen (für das der einigermaßen irreführende

Ausdruck ,,Hypertext'' – Lit. 25. – eingeführt wurde) erfordert neue Aufmerksamkeit.

Expertensysteme sperren ganze Wissenskomplexe aus – was passiert mit denen, wie läßt sich personalisiertes Wissen nutzen und bewerten. Das Thema ,,Wissensstrukturen, -präsentation, -transformation- -repräsentation, -organisation, -integration, -nutzung'' ist angesagt und die Informationswissenschaft hat eine enorme Tradition (verglichen mit anderen) anzubieten und einzubringen. Hier läge ein theoretisch-experimenteller Wissenschaftskern, dem nicht ein konstruktiver Praxisbegriff entspräche, sondern ein beratender.

Wissen ist ohne Technologien nicht mehr zu denken und anders herum, die Technologien zielen auf Wissen. Aber wie verhalten sich diese vielen Formen von Technologien und Wissen zueinander? Wie kann man diese Technologien sinnvoll einsetzen, um Wissensprobleme zu bearbeiten? Sicherlich weiß man an einigen Stellen darauf Antworten und die Praxis findet (wie das den Sozialwissenschaften immer geht) durch Versuch und Irrtum auch vieles heraus. Aber der Prozeß der Umsetzung von Wissen in Technologien und der Anwendung von Technologien auf Wissensprozesse darf nicht Versuch und Irrtum alleine überlassen werden, dazu ist Wissen von zu zentraler Bedeutung.

Daß hier wissenschaftliche Probleme vorliegen, soll nur an drei Schlagworten verdeutlicht werden:

– Die Nutzung der neuen Technologien für neue Dienste (und nicht nur für alte im neuen technischen Gewand) bereitet erhebliche Probleme. Hier tauchen in der Tat Fragen auf, die den Begriff Marketing in ein neues Licht stellen – es geht nicht mehr nur um die Versorgung von Gesellschaften mit Gütern und Dienstleistungen, sondern mit Wissensprodukten und -dienstleistungen. Dies wäre ein breit zu verstehendes ,,Informationsmarketing'' (Lit. 32.), bei dem es darum ginge, vor allem Wissensdefizite und -bedürfnisse in der Bevölkerung zu identifizieren und Nutzungsformen der neuen Technologien zu entwickeln, die diesen Defiziten und Bedürfnissen entgegenkommen.

– In organisatorischen Zusammenhängen hängt viel von bestimmten Wissensprozessen ab und deren Organisation wird durch die Potentiale der neuen Technologien erheblich verändert werden (bis hin zu einem neuen Verständnis von Organisation). Die Schaffung neuer Büro-, Produktions- und Organisationsstrukturen zur Bereitstellung von und Verfügung über Wissen ist eine enorme Aufgabe im Begegnungsfeld von Wissen und Technologien. Hieraus ließe sich ein erweitertes Verständnis von ,,Informations- (und -Kommunikations-)Management'' ableiten (Lit. 34; Lit. 37.). Dabei wüde es nicht darum gehen – wie manche Autoren anklingen lassen – nur eine organisationsbezogene Speicherorganisation im Auge zu haben (das wäre gewissermaßen ,,Dokumentation'' wie bisher), sondern Informationsbedürfnisse zu erkennen und die Gesamtmenge der verfügbaren Informations- und Kommunikationstechnologien so zu organisieren, daß sich mit ihnen eine neue Qualität der Kommunikation von Wissen und des Wirkungsgrades von Information realisieren läßt.

– Wachstums- und Diffusionsprozesse des Wissens werden sich verschärfen und verkomplizieren. Bereits jetzt wird aber gewarnt vor ,,Quatsch-Explosion'', ,,informationeller Umweltverschmutzung'', vor der Nicht-Beachtung der Sensibilitäten unserer Wirtschafts- und Gesellschaftsprozesse, die eng miteinander verzahnt sind (Lit. 17.). Die ,,informationelle Technikfolgenabschätzung'' bis hinein in die Fragen, wie sich Kultur durch die neuen Technologien und Wissensformen verändern wird, die Erarbeitung entsprechender Gestaltungsstrategien dürfen nicht aus rein technischer Sicht vorgenommen werden. Dieses Defizit wird wohl selbst von Informatik-Seite ein wenig gesehen.

Diese Bereiche erfordern aber allerdings einen anderen Bezugsrahmen: Ihre Praxis
sind nicht mehr Einrichtungen, sondern *Anwender* der neuen Technologien und
durch sie *Betroffene*, das Produktmodell einer so verstandenen Informationswissenschaft wäre nicht mehr das *System* sondern der gute *Rat* (der sich gelegentlich
natürlich auch in materiellen Produkten niederschlägt). Ihre anwendungsorientierte
Forschung wäre Begleitforschung, Einsatzforschung, Folgenforschung . . . (Lit.
23.).
Wie sieht es hier mit der theoretischen Basis aus? In einem ARIST-Artikel von 1985
konstatieren Boyce und Kraft (Lit. 04.) nüchtern: ,,Unsere Disziplin hat sich mehr
darum gekümmert, Kommunikationsprozesse zu ermöglichen als sie zu erklären.
Eigentlich jede Erklärung, die es hier gibt, stammt ursprünglich aus der Anwendung von Theorien und Modellen, die anderswo für andere Zwecke entwickelt wurden. Wir kennen keine einzige Theorie in der Informationswissenschaft, die ein
testfähiges Phänomen vorschlägt, dessen erfolgreiche Betrachtung ihre Glaubwür-
digkeit erhöht". Dies schreiben sie allerdings mit Bezug auf das naturwissenschaftliche Theoriemodell und die von ihnen festgestellten Theorieüberträge beziehen sich
vor allem auf die klassische Retrievalproblematik, in die allerdings ebensoviel Aufwand verschwendet wurde wie in die Anwendung irgendeines mathematischen Gesetzes an irgendeiner obskuren Ecke. Informationswissenschaft, wenn sie zu dem
Problemkreis des Informationszeitalters beitragen will, bewegt sich in dem Dreieck
Wissen – Informationstechnik – Mensch, das in seiner Grundstruktur sozialwis-
senschaftlich ist und von daher anderen Theorieansprüchen unterliegt. Auch wenn
sich dieses hier dargestellte Paradigma erst seit einigen Jahren herausschält und der
Großteil von Informationswissenschaft mit Retrieval- und Überlebensphänomenen
genug zu tun hatte, muß diese Informationswissenschaft theoretisch nicht am Null-
punkt beginnen.
,,Wissen" und ,,Information" waren bereits in ihrer Frühphase thematisiert
(Lit. 14.; Lit. 31.) und unter dem Druck der wissensbasierten Systeme regt sich hier
ein neues, auch theoriefähiges Interesse, das etwa in die Richtung weist: ,,Wissen
ist also gleichsam mögliche Information. Information ist wirksam gewordenes,
handlungsrelevantes Wissen" (Lit. 20.). In einem umfassenderen Kontext (Lit. 11.)
wird der Zusammenhang etwa folgendermaßen gesehen: Wissen ist ,,Modelle über
Objekte und Sachverhalte" in Individuen, gesellschaftlichen Gruppen, Organisationen, Kulturkreisen und der Menschheit insgesamt. ,,Information ist" die Teilmenge von Wissen . . . , die in konkreten Situationen zur Lösung von Problemen
benötigt wird . . . Information ist Wissen in Aktion." Wissen kann dargestellt
werden, Information übermittelt, wesentliche Instanz für beides ist die natürliche
Sprache. Mit zunehmender Informatisierung kann die ,,aus Wissensstrukturen erarbeitete Information in vielfältiger medialer Weise repräsentiert werden."
Daß dieser theoretische Kontext dann aus pragmatischen Gründen mehr oder weniger in die klassische Retrievalproblematik mündet, soll hier nicht so wichtig sein,
sondern die Tatsache, daß er erstmalig so etwas wie eine gemeinsame Auffassung
eines größeren Kreises darstellt, der auch informationsnahe Informatiker und Linguisten einschließt. Bei aller Vorläufigkeit der Formulierung, an die im einzelnen
auch noch viele Fragen zu richten wären, könnte sich daraus doch so etwas wie ein
informationswissenschaftlicher Wendepunkt entwickeln (vgl. z.B. Lit. 10 a.).

Von mindestens ebensogroßer Bedeutung wie dieser *wissenschaftsstrategische* Aspekt ist der *wissenschaftsimmanente* Aspekt, daß mit einem derartigen Grundverständnis die Öffnung informationswissenschaftlicher Theorieentwicklung in verschiedene Richtungen ermöglicht wird:

- die Einbindung in den Prozeß der Informatisierung (Lit. 19.; Lit. 28.,;Lit. 30.) und damit einen Bereich von Technikreflektion, aus dem sich Informationswissenschaft sehr herausgehalten hatte;
- der Bezug zur Aktion und damit den Handlungstheorien (Lit. 10.) als den die Sozialwissenschaften der Gegenwart besonders prägenden Theoriekomplex (z.B. die Diskussion zwischen Lit. 21. und Lit. 39.);
- die Einbringung des Modellbegriffs in das Wissenskonzept, womit nicht nur die allgemeine Modelltheorie (Lit. 26.) angeschlossen werden kann, sondern auch der Bereich der kybernetischen kognitiven Modelle (Lit. 27.; Lit. 31.);
- die Einbeziehung des Kommunikationskonzepts, womit sich Informationswissenschaft anschließt an den sehr vitalen Wissenschaftsbereich der Kommunikationswissenschaften.

Damit gewinnt auch der Entwurf eines ,,Modellgeflechts der Informationswissenschaft" neue Relevanz, der vom Projekt INSTRAT ,,Informationssysteme als informationspolitisches Gestaltungspotential und gesellschaftliche Entwicklungsstrategie – Informationswissenschaftliche Grundlagen organisierter Information und Kommunikation als Komponenten individueller und gesellschaftlicher Problembewältigung" vorgelegt, aber vom BMFT nie publiziert wurde (Lit. 40.; Lit. 41.). Information und Technisierung werden hierbei gemeinsam auf die menschheitsgeschichtliche ,,Rationalisierung des Handelns" zurückgeführt (Lit. 10.) – Technik als Rationalisierungsmittel, Information als Rationalisierungsgrundlage. Für den Fall der Problembewältigung können Rationalisierungsgrundlagen notwendig werden, um diese zu beschaffen, ist eine spezielle Handlungskategorie, das ,,Informationshandeln", notwendig, das in seinen nach außen gerichteten Formen im wesentlichen kommunikativ ist. Damit wird Kommunikation zur Grundlage von Informationshandeln. Um Mensch-Mensch- und Mensch-Maschine-Kommunikation vergleichbar im Problemkontext zu betrachten, werden nicht nur allgemeine Kommunikationsmodelle abgeleitet, sondern wird auch ein allgemeines Informationsbereitstellungsmodell entwickelt (Lit. 02.).

Dieses Modellgeflecht wird gepflegt und erweitert: Es geht um Typologien von Wissensrepräsentationsformen (Lit. 36.), die Rolle visueller Präsentationen, die Einbindung der neuen Technologien und ihrer Wissensbezüge in kulturelle Entwicklungen (Lit. 38.) und dabei auch um die Frage der Rolle des Wissens in der Postmoderne (Lit. 16.). Von hier aus kann auch wieder Kommunikationstheorie, die über lange Zeit fest an das Konzept ,,Zeichen" gebunden war, erweitert werden einerseits in Richtung komplexer technischer Kommunikationsformen (Lit. 33.), andererseits in eine neue nicht primär zeichengebundene Richtung (Lit. 35.).

H 5.4   Die Methodenfrage

Um die Theorie muß einem für eine wiederbelebte Informationswissenschaft nicht bange sein, es bleibt die immer quälende Frage nach der Methode. Mit einer ganzen Reihe anderer kulturbezogener Wissenschaften teilt die Informationswissenschaft das Los des Methodenpluralismus. Dies bedeutet zunächst, daß sie — je nach Fragestellung — sehr viele wissenschaftliche Methoden einsetzen kann, die ursprünglich an anderer Stelle entwickelt wurden, und dies wird sich auch nicht ändern: Empirische Sozialforschung und Hermeneutik, Sekundäranalyse und Inhaltsanalyse, Experiment und Beobachtung und vieles mehr. Diese Methoden sind aber niemals unabhängig vom Ziel gewesen, d.h. sie wandeln ihren Charakter nicht nur nach Anwendungsart, sondern auch durch ihre Rolle im erkenntnisspezfischen Methodenmix.

Eine revitalisierte Informationswissenschaft steht hier vor einer interessanten Methodenentwicklung. Für ihre Fragestellungen sind spezifische Methodenmixe zu erproben und weiterzuentwickeln. Bleiben wir bei den bisher in die Diskussion geworfenen Schlagzeilen:
- Der Wissenskomplex erfordert die Analyse von Wissensstrukturen und vor allem die Methodik, solche Wissensstrukturen zu ,,elizitieren``, d.h. ans Tageslicht zu bringen und so aufzuzeichnen, daß sie möglichst ohne allzu großen Verlust transformiert werden können. Hier werden Interviews, Beobachtungen, Dokumentanalysen, Experimente einander ergänzen müssen. Die ,,Wissensstrukturanalyse`` wird viele methodische Elemente kombinieren, aber dennoch etwas Eigenständiges werden. Die sich notwendigerweise daran anschließende Wissenstransformation, die derart gewonnene Wissensstrukturen umsetzt in technologisch realisierbare Konzepte, kann hingegen auf wenig methodische Vorbilder zurückgreifen. Hier werden vor allem künstlerische Arbeitsweisen ein gewisses Vorbild liefern, aus dem man explorativ, experimentell, beobachtend Umsetzungsmodelle entwickeln kann.
- In der Informations-Management-Umgebung kann man die hier klassischerweise eingesetzten Methoden der empirischen Sozialforschung und der Betriebsanalyse verwenden. Aber von viel größerer Bedeutung wird es sein, zwei sehr entgegengesetzte und auch noch nicht abgeklärte Methodenkomplexe miteinander zu vermitteln — das (eigentlich ethnologische) Verständnis einer Binnenperspektive und die Einschätzung der Wirkungsmöglichkeiten von Technologien auf Menschen in Organisationszusammenhängen. Auch wenn der Begriff an anderen Stellen viel trivialer verwendet wird, soll er hier eingeführt werden: ,,Kommunikationsanalyse`` wird ein methodisches Kernprojekt werden, in dem die qualitativen Methoden der Sozialforschung eine wichtige Rolle spielen (Lit. 34.).
- Für die Abschätzung der Folgen neuer Informations- und Kommunikationstechnologien auf unsere Wissenswelt gibt es noch keine Methoden, die etwa ähnlichen Fragestellungen in den Wirtschaftswissenschaften wie der Input-Output-Analyse (Lit. 15.) nahekämen. Hier gäbe es eine interessante Spielwiese für die Mathematikfreunde, die sicherlich lohnender wäre als Bradford-Verteilungen.

Die Informationswissenschaft in diesem Sinne kann zwar viele etablierte Methoden integrieren, aber eigentlich steht sie vor dem Problem, daß ihre Fragestellungen so querliegend sind, daß sie eigene methodische Ansätze unter Nutzung des Methodeninventars vor allem der Sozial- und Geisteswissenschaften noch entwickeln muß. Dabei muß von einer Illusion Abschied genommen werden: Es sind nicht die quantitativen, mathematischen Methoden, die diese Informationswissenschaft weiterbringen, sondern die qualitativen, majeutischen, verständnisorientierten. Hier kann die Informationswissenschaft − eben, weil ihr Objekt, so wie es hier gesehen wird, dies erfordert − auch einen erheblichen methodischen Beitrag für andere leisten. So etwas wie eine hier skizzierte Informationswissenschaft ist nötig − praktisch, theoretisch, methodisch. Wenn sie genug daran arbeitet, kann sie auch möglich werden. Dies setzt allerdings den − im Einzelfall immer riskanten − Abschied von Retrieval- und Institutionenwissenschaft voraus. Vielleicht wird man die Informationswissenschaft unter anderem Namen neu erfinden, wenn sie gerade ausgestorben ist.

Literatur

01. Anderson, John Robert: Kognitive Psychologie. Heidelberg 1988.
02. Belkin, N. J.; Seeger, T.; Wersig, G.: Distributed expert problem treatment as a model for information systems analysis and design. Journ. Inf. Sci. Vol. 5/1983, S. 153 − 167.
03. Borko, H.: Informationswissenschaft − was ist das? Nachr. Dok. Jg. 19/1968, S. 59 − 61
04. Boyce, Bert R.; Kraft, Donald H.: Principles and Theories in Information Science. In: Martha E. Williams (ed.): Annual Review of Information Science and Technology. Vol. 20, New York 1985, S. 153 − 178.
05. Bühl, W. L.: Die Ordnung des Wissens. Berlin 1984.
06. Diemer, Alwin: Informationswissenschaft. Nachr. Dok. Jg. 22/1971, S. 105 − 113.
07. Dietschmann, H. J. (Hrsg.): Representation and Exchange of Knowledge as a basis of information processes. North Holland 1984.
08. Foucault, Michel: Die Ordnung der Dinge. Frankfurt a.M. 1971.
09. Garfield, Eugene: Citation Indexing: Its theory and application in science, technology and humanities. New York 1979.
10. Habermas, Jürgen: Theorie des kommunikativen Handelns. 2 Bde. Frankfurt a.M. 1981.
10 a. Hennings, Ralf-Dirk: Informations- und Wissensverarbeitung. Habilitationsschrift FU Berlin 1989.
11. Information aus sprachlich repräsentiertem Wissen. Antrag zu einem neuen DFG-Schwerpunkt im Schnittbereich von Informationswissenschaft, Linguistik und Informatik. Konstanz 1988.
12. Kaegbein, Paul: Bibliotheken als spezielle Informationssysteme. ZfBB Jg. 20/1973, S. 425 − 442.
13. Koblitz, J.: Information und Dokumentation − ein Teilgebiet der wissenschaftlichen Information. ZJJD-Zs. Jg. 95/1967, Nr. 1, S. 2 − 6.
14. Kunz, Werner; Rittel, Horst: Die Informationswissenschaften. Manuskript Heidelberg 1969, erschienen München 1972.
15. Leontieff, Wassili W.: Die Weltwirtschaft im Jahr 2000. Spektrum d. Wiss. Nov. 1986, S. 134 − 146.
16. Lyotard, Francois: Das postmoderne Wissen. Graz − Wien 1986.
17. Mensch und Information: Wege in die Zukunft. 4. Workshop BHW Forum 5. − 8. Nov. 1987 in Poitiers. Hameln BHW-Forum 1988.
18. Michailow, A. I.; Chernyi, A. J.; Giljarewskij, R. S.: Osnowy informatiki. Moskau 1968 (dt. Köln − Opladen 1970).
19. Nora, Simon; Minc, Alain: Die Informatisierung der Gesellschaft. Frankfurt New York 1979.
20. Rauch, Wolf D.: Was ist Informationswissenschaft? Akademische Antrittsrede. Graz 1988.

21. Roberts, Norman: A search for information man. Soc. Sci. Inf. Stud. Vol. 2, 1982, S. 93 – 104.
22. Schober, Hans-Werner; Wersig, Gernot: Informations- und Dokumentationswissenschaft. – Ein Diskussionsbeitrag und theoretischer Ausblick. Nachr. Dok. Jg. 19/1968, S. 116 – 124.
23. Schuck-Wersig, Petra; Wersig, Gernot (Hrsg.): Akzeptanz neuer Kommunikationsformen. Forschung als Begleitung, Programm als Folgenabschätzung? München etc. 1985.
24. Schuck-Wersig, Petra; Wersig, Gernot: Das Potential des Bildes. Zur Funktionsveränderung visueller Kommunikation. Rdf. Ferns. Nr. 1/1986, S. 44 – 63.
25. Smith, John B.; Weiss, Stephen F.: Hypertext. Comm. ACM Vol. 31/1988, S. 816 – 819.
26. Stachowiak, Herbert (Hrsg.): Modelle. Konstruktion der Wirklichkeit. München 1983.
27. Stachowiak, Herbert: Denken und Erkennen im Kybernetischen Modell. Wien – New York 1965.
28. Steinmüller, W.: Die zweite industrielle Revolution hat eben begonnen. Kursbuch 66 Dez. 1981, S. 152 – 188.
29. Vickery, Brian C.: On retrieval system theory. 2nd ed. London 1965.
30. Wersig, Gernot (Hrsg.): Informatisierung und Gesellschaft. München etc. 1983.
31. Wersig, Gernot: Information Kommunikation Dokumentation. Ein Beitrag zur Orientierung der Informations- und Dokumentationswissenschaft. München 1971, 2. Aufl. 1975.
32. Wersig, Gernot: Kann Marketing die Informationsvermittlung retten – Perspektiven eines überschätzten Hobbies? In: Schmidt, Ralph; Müller, Raymund (Hrsg.):Strategien des Informationsmarketings. Praxis, Probleme, Perspektiven. Essen 1989, S. 239 – 248.
33. Wersig, Gernot: Die Kommunikative Revolution. Wiesbaden 1985.
34. Wersig, Gernot: Organisations-Kommunikation. Baden-Baden 1989.
35. Wersig, Gernot: Vorlesung 1: Strukturen der Informationsvermittlung. Berlin: Arbeitsbereich Informationswissenschaft, April 1988.
36. Wersig, Gernot: Vorlesung 2: Wissensorganisation und -repräsentation. Berlin: Arbeitsbereich Informationswissenschaft, August 1987.
37. Wersig, Gernot: Vorlesung 4: Informations-Management. Berlin: Arbeitsbereich Informationswissenschaft, Jan. 1988.
38. Wersig, Gernot: Vorlesung 6: Informationsgesellschaft und Informationskultur. Berlin: Arbeitsbereich Informationswissenschaft, August 1987.
39. Wersig, Gernot; Windel, Gunther: Information science needs a theory of ,,information actions'', Soc. Sci. Inf. Studies Vol. 5/1985, S. 11 – 23 (Diskussion S. 25 – 32).
40. Wersig, Gernot; Windel, Gunther: Informationssysteme und Problembewältigung. Informationswissenschaft als theoretisch-methodische Grundlage. Mskr. Berlin 1984.
41. Wersig, Gernot; Windel, Gunther: Informationssysteme und Problembewältigung. II: Informatisierung als strategisches Gestaltungsproblem. Mskr. Berlin 1984.

Information und Dokumentation im Überblick: Zeittafel

Marianne Buder

Die Zeittafel enthält wichtige Daten aus der (bundes)deutschen IuD-Entwicklung und Ereignisse aus dem Umfeld, die für die fachliche Informationsarbeit von Interesse sind. Entwicklungstrends werden u.a. anhand von Institutionen- und Gremiengründungen deutlich. Kriterien für die notwendige Auswahl waren vor allem Zusammenhänge zu den vorstehenden Autoren-Beiträgen. Einige Daten sind diesen Kapiteln entnommen worden und mit (aus Kap.) gekennzeichnet. Auf weiterführende Ausführungen wird mit (s. Kap.) verwiesen.

1700	Gründung der Kurfürstlich-Brandenburgischen Societät der Wissenschaften
1751 ff.	„Enzyklopädie" von Diderot und d'Alembert herausgegeben
1802	Erfindung der Schnellpresse durch Friedrich Koenig (Verbesserung 1811/12)
1817	Erste Ausgabe von „Gmelins Handbuch der anorganischen Chemie" (Zusammenfassung von Forschungsberichten) (aus Kap. D 11)
1830 ff.	„Chemisches Zentralblatt"
1849	erscheint das erste „Who is who"
1856	„Repertorium der technischen Literatur, die Jahre 1823 bis einschl. 1853 umfassend." 1. Ausg.
.	Verein Deutscher Ingenieure (VDI) gegründet
1870	Melvil Dewey entwickelt für die Public Libraries in den USA die „Decimal Classification"
1877	Reichs-Patentamt gegründet (zur Patentdokumentation s. Kap. D 7)
1881	Erste Ausgabe des „Beilstein-Handbuches" für organische Chemie (aus Kap. D 11)
1884	Erfindung der Zeilensetzmaschine (Linotype) durch Ottmar Mergenthaler
1889	Maschinenlochkarten durch Hermann Hollerith erfunden
1892	Office International de Bibliographie (OIB) in Brüssel von Paul Otlet und Henri Lafontaine gegründet; Plan einer weltweiten universalen Gesamtdokumentation
1893	Normalienbüro der Siemenswerke in Berlin
1895	1. Internationale Konferenz für Bibliographie in Brüssel; Amtliche Anerkennung des OIB durch die belgische Regierung und Gründung des ‚Institut International de Bibliographie' (IIB — später FID); DK wird Ordnungssystem der Universaldokumentation

1899   „Instruktionen für die Alphabetischen Kataloge der Preußischen Biblio-
        theken" (PI); 2. Ausg. 1908

1900   Verein Deutscher Bibliothekare (VDB) gegründet

1902 ff. „International Catalogue of scientific literature" (Royal Society of
        London)

1905   Erste Maschine für Offsetdruck von W. Rubels in den USA gebaut (1907
        in Deutschland eingeführt)

  ·   1. Brüsseler (franz.) internationale Ausgabe der Dezimalklassifikation
        (DK) als Übersetzung und Erweiterung der Dewey Decimal Classification

  ·   Paul Otlet soll zum ersten Mal den Begriff „Dokumentation" definiert
        haben

1905 ff. „Wer ist's" (Zeitgenossen-Lexikon) von H. A. L. Degener

1907 ff. „Chemical Abstracts Service" (CAS) (s. Kap. C 2 und D 11)

1908   4. Internationale Konferenz für Bibliographie und Dokumentation

  ·   Hamburgisches Weltwirtschafts-Archiv (HWWA) gegründet

  ·   Internationales Institut für Techno-Bibliographie e.V. in Berlin (bis 1915)

1909   1. Deutsche Konferenz für Organisation des technischen Auskunftswe-
        sens (Berlin)

  ·   Reichsdeutscher Mittelstandsverband gegründet

1912   Anwendung des Siemens-Schnelltelegraphen

1916   Deutscher Verband Technisch-wissenschaftlicher Vereine gegründet

1917   Im Mai wird der ‚Normalienausschuß für den allgemeinen Maschinen-
        bau' gegründet, im Dezember umgewandelt in den ‚Normenausschuß der
        Deutschen Industrie' (NDI)

1918 ff. „NDI-Mitteilungen" (ab 1927 DIN-Mitteilungen)

1920   Als erste nationale ‚Dokumentationsvereinigung' wird das ‚Nederlands
        Instituut voor Documentatie en Registratuur' (NIDER) gegründet

1921   Reichkuratorium für Wirtschaftlichkeit (RKW) in Berlin gegründet

1924   Interne Umstrukturierung des IIB in eine Vereinigung mit nationalen
        Mitgliedsorganisationen; Deutschland war vertreten durch die Technisch-
        wissenschaftliche Lehrmittelzentrale;
        im IIB wird eine Internationale Kommission für Dezimalklassifikation
        eingesetzt (zur DK s. Kap. B 5)

1926   NDI umbenannt in Deutscher Normenausschuß (DNA)

1927   Fachnormenausschuß (FNA) für Bibliothekswesen im DNA gegründet
        (seit 1969 NABD);
        es werden u.a. Arbeitsausschüsse für Zeitschriftengestaltung und für
        Klassifikation gebildet (zur Normung in der IuD s. Kap. F 2);
        der FNA wird in den 30er Jahren Forum für die ‚Dokumentationsbe-
        wegung‘

1928   Internationale Föderation der Nationalen Normenausschüsse in Prag ge-
        gründet (ISA = International Federation of the National Standardizing
        Associations)

1929   Umbenennung des Fachnormenausschusses in FNA für Bibliotheks-,
        Buch- und Zeitschriftenwesen

1930   Deutscher Ausschuß für Universalklassifikation vom Reichsministerium
        des Innern eingesetzt

1931   10. Tagung des IIB; Beschluß zur Umbenennung in ,,Institut Internatio-
        nal de Documentation‘ (IID);
        das IID setzt einen Ausschuß für technische Hilfsmittel der Dokumenta-
        tion ein.

1932   Deutsche Kurzfassung der DK

1933   S. R. Ranganathan publiziert seine ‚Colon Classification‘ (aus Kap. B 5)

1934   ,,IID-Communications‘‘ (später FID-Communications)

  •   1. Lieferung der Deutschen Gesamtausgabe (3. Internationale Ausgabe)
        der DK (10. = letzte Lieferung 1953)

  •   Konrad Zuse entwirft das erste programmgesteuerte Rechengerät

1935   Reichsfilmarchiv in Berlin eingerichtet (aus Kap. D 5)

  •   Der DNA übernimmt die Funktion einer deutschen Zentralstelle für Do-
        kumentation; er wird als Mitglied beim IID aufgenommen

1936   Der FNA gründet die Arbeitsausschüsse für
        – Zusammenarbeit von Bibliographien und Referateblättern
        – Zusammenarbeit von Schrifttumauskunftsstellen
        – Mikrokopie (später Photographische Vervielfältigungsverfahren)

1937   Weltkongress für Dokumentation (Congrès mondial de la Documenta-
        tion universelle) in Paris;
        dort wird der Beschluß gefaßt, das IID in die ‚Fédération Internationale
        de Documentation‘ (FID) umzuwandeln

  •   Vom DNA wird die erste Norm zur ,,Photographischen Wiedergabe von
        Bild- und Schriftvorlagen, Formate‘‘ (DIN 4520) herausgegeben

1938   ISA-Komitee 46 Dokumentation gegründet

  •   Die DIN-Mitteilungen werden um regelmäßige Mitteilungen über Dokumentation erweitert

1939 ff. „Dokumentation und Arbeitstechnik", zwanglose Mitteilungen, hrsg. vom DNA (seit 1941 DNA und DGD bis 1943)

1941   Gründung der Deutschen Gesellschaft für Dokumentation (DGD);
          1942 werden vom Beirat der DGD Arbeitsausschüsse eingesetzt für
          – Bibliographie und Referateblätter
          – Fachzeitschriftenverzeichnisse
          – Schrifttumauskunftsstellen
          – Beschaffung ausländischer wissenschaftlicher Literatur
          – Zeitungsausschnittsammlungen
          – Photographische Vervielfältigungsverfahren
          – Terminologie der Dokumentation

  •   Erster funktionstüchtiger programmgesteuerter Rechenautomat von Konrad Zuse fertiggestellt

1942   Die DGD übernimmt vom DNA die Funktion der Vermittlungsstelle für den technisch-wissenschaftlichen Quellennachweis

  •   Erweiterte Beiratssitzung der DGD in Salzburg (Vorträge 1943 publiziert unter dem Titel ‚Die Dokumentation und ihre Probleme', unveränd. Nachdruck München 1975)

1943   „Dokumentation" erscheint als Mitteilungsblatt der DGD (bis 1944)

1946   International Organisation for Standardization (ISO)

  •   Offizielles Genehmigungsschreiben (im Dezember) des Alliierten Kontrollrates an den DNA, die Tätigkeit fortzusetzen für das Gebiet aller 4 Besatzungszonen Deutschlands

1947   Rundschreiben und Pressenotiz (im Sept.'47), daß die DGD im Rahmen des DNA ihre Arbeit wieder aufgenommen hat

1948   Mitteilung Nr. 1 (Januar) der DGD im DNA, masch.schr. vervielf. (insgesamt 6 Mitteilungen, die letzte im Mai 1949)

  •   (1.) Tagung der Deutschen Gesellschaft für Dokumentation (DGD) im Dezember in Köln auf dem Hotelschiff ‚Bismarck';
          Beschluß zur Wiedergründung der DGD (s. Kap. A 1)
          Es werden die Ausschüsse gebildet
          – zur Organisation der Dokumentation
          – für Klassifikation
          – für die Normung auf dem Gebiet der Dokumentation
          – für die technischen (photographischen) Hilfsmittel der Dokumentation
          – für Rechtsfragen
          – für Schrifttumergänzungen

1949 Deutscher Dokumentationsdienst GmbH in Frankfurt a.M. gegründet (April 1949 – Juni 1950)

1950 Im Februar 2. Arbeitstagung der DGD in Frankfurt a.M. noch unter Mitwirkung des DNA

· Neugründungsversammlung des Fachnormenausschusses für Bibliotheks-, Buch- und Zeitschriftenwesen im DNA

· Weltweit erscheinen über 100.000 Fachzeitschriften der Naturwissenschaft und Technik (aus Kap. A 2)

1950 ff. ,,Nachrichten für Dokumentation'' (Heft 1 im Juni)

1951 DNA wird Mitglied der ISO

· Gründung der Arbeitsgemeinschaft Dokumentation beim Rationalisierungskuratorium der Deutschen Wirtschaft (RKW) (bis 1953)

· 3. Arbeitstagung der DGD in Stuttgart-Bad Cannstadt:
 – AA für photographische Hilfsmittel,
 – AA für zeitgeschichtliche Dokumentation und
 – DGD-AG Mechanisierung der Dokumentation gegründet

· Weltkongress für Dokumentation in Rom (zugleich 18. internationale Tagung der FID)
(erste internationale Tagung nach dem 2. Weltkrieg, an dem Vertreter aus Deutschland wieder teilnehmen können)

1952 Teilnahme an der (4.) Sitzung des ISO/TC Dokumentation

· DGD-AA zum Studium von Fragen zur Mechanisierung der Dokumentation bildet Untergruppe Sozialwissenschaften

· 4. Arbeitstagung der DGD in Hamburg und Kiel:
 – AA Einsatz photographischer Hilfsmittel und moderner Druckverfahren
 – UA Medizin im A Mechanisierung der Dokumentation durch die Lochkartentechnik
 – AG Photographische Hilfsmittel und neue Vervielfältigungsverfahren.

· ,Lautarchiv des Deutschen Rundfunks' gegründet (heute: Deutsches Rundfunkarchiv/DRA) (aus Kap. D 5)

1953 Mit Erscheinen der 10. Lieferung liegt die Deutsche Ausgabe der DK als vollständiges Werk vor

· Einrichtung einer Sektion Dokumentation für Technik und Wirtschaft im Rahmen des Forschungsinstituts für Rationalisierung an der Technischen Hochschule Aachen

· Seminar für Klassifikation beim DNA im April; im Sept. 2. Seminar für DK und Dokumentation des DNA in Frankfurt a.M.

- Die photographischen und bürotechnischen Hilfsmittel der Dokumentation werden auf der Rationalisierungsausstellung im Juli/August in Düsseldorf vorgestellt.

- 5. Arbeitstagung der DGD in Goslar und Clausthal:
  - AG für akustische bzw. phonetische Dokumentation
  - A für Luftfahrttechnik und
  - Arbeitsgemeinschaft Nachwuchsbildung gebildet

1954 Gründung des Rheinisch-westfälischen Instituts für Instrumentelle Mathematik, Bonn (IIM) und Landesamt für Forschung des Landes NRW (aus Kap. F 3)

- Dissertation von Hans-Werner Schober ‚Dokumentation von Zeitschriften. Eine Studie zur gegenwärtigen Lage in Deutschland'

- Erster ‚Fachlehrgang für die praktische Dokumentation und ihre technischen Hilfsmittel' in der TH Darmstadt

- 6. Arbeitstagung der DGD in Bad Brückenau:
  - Fachausschuß für Eisenbahntechnik (bis 1957)
  - A für Koordinierung von Dokumentationsverfahren

1955 2. Fachlehrgang für die praktische Dokumentation und ihre technischen Hilfsmittel in Essen, Haus der Technik

- 7. Arbeitstagung der DGD in Bad Homburg:
  - A für Dokumentation in der Medizin (aus ihm entsteht 1976 die GMDS)
  - FA Terminologie und Sprachfragen
  - FA für Nachwuchsbildung

- Seit 1950 wurden 158 Dokumentationsstellen gegründet (aus Kap. A 2)

1956 Dokumentationskonferenz der sozialistischen Länder in Berlin/DDR; Institut für Dokumentation der Deutschen Akademie der Wissenschaften in Berlin/DDR gegründet

- Referat für Dokumentation der Grundlagen- und angewandten Forschung bei der DGD begründet

- 8. Arbeitstagung der DGD in Bad Nauheim:
  - A für Kostengrundlagen der Dokumentation

1957 Zentralstelle für Atomkernenergie-Dokumentation (ZAED)

- Lehrgang für klinische Assistenten und andere an der Dokumentation interessierte Mediziner in der Universität Münster

- Erste Lehraufträge für Dokumentation an der Universität Frankfurt a.M. (im Rahmen der Chemie) und der FU Berlin (im Rahmen der Bibliothekswissenschaft)

9. Arbeitstagung der DGD in München:
- AA für Fragen der Patentdokumentation
- AA Biologie

1957/58 1. Systematischer Halbjahres-Fachlehrgang über die Dokumentation, veranstaltet von der DGD; dies ist der Beginn der regelmäßigen Ausbildung für den Bereich der Dokumentation (s. Kap. F 9)

1958 DGD wird assoziiertes Mitglied der FID

Beginn der Herausgabe einer 2. Deutschen Gesamtausgabe der DK

Internationale Konferenz über das wissenschaftliche Informationswesen in Washington

1958 ff. „Life Sciences" – erster wöchentlich erscheinender Informationsdienst des Institute for Scientific Information (ISI) in Philadelphia; es folgen sechs weitere Current Contents, zuletzt seit 1979 die Serie „Arts and Humanities" (aus Kap. C 2)

1959 Unterausschuß Dokumentation beim Gemeinschaftsausschuß der Technik (GdT)

ADIA- (Automatic Documentation in Action) Conference, veranstaltet von DGD, FID, GdT und Gmelin-Institut

Seit Ende der 50er Jahre werden computergestützte Informationssysteme (Datenbanken) eingesetzt; in den USA, z.B. für die Chemie, bereits seit Beginn der 50er Jahre.

Ausschuß für Klassifikation wird eigenständiger Ausschuß im DNA

Die Presse- und Rundfunkarchivare vereinigen sich; sie werden als Fachgruppe (FG 7) in den Verein deutscher Archivare (VdA) aufgenommen

1960 Es werden 357 Dokumentationsstellen verzeichnet (aus Kap. A 2)

1960 ff. Das Begriffspaar „Dokumentation und Information" wird eingeführt; im Laufe der 60er Jahre umgewandelt in IuD

1961 Verein Deutscher Dokumentare (VDD) gegründet (s. Kap. A 1)

Institut für Dokumentationswesen (IDW) in der Max-Planck-Gesellschaft in Frankfurt a.M. gegründet

1961 ff. „Chemical Titles" – weltweit erstes Periodicum, das vollautomatisch vom Computer erstellt wird (aus Kap. C 2)

1961 ff. „Science Citation Index" (SCI) des ISI erscheint als erster Zitierindex; es folgen vom ISI 1969 ff. „Social Science Citation Index" und 1977 ff. „Arts and Humanities Citation Index" (aus Kap. C 2)

1962   Gründung der Bibliothek der DGD, aus der sich das Dokumentationszentrum für Informationswissenschaften (ZDOK) entwickelt

  ·   Bundesrechnungshof: ‚Untersuchung über die wissenschaftliche Dokumentation in der Bundesrepublik Deutschland' veröffentlicht (s. Kap. F 3)

  ·   Deutsches Rechenzentrum (DRZ) gegründet von Bund, Land Hessen und der DFG

1963   Referat für wissenschaftliche Dokumentation und Information im Bundesministerium für wissenschaftliche Forschung (später BMFT) eingerichtet (s. Kap. F 3)

  ·   „Weinberg-Bericht" des ‚President's Science Advisory Committee' in den USA (eine Reaktion auf den sog. ‚Sputnik-Schock' 1957)

  ·   Zentralinstitut für Information und Dokumentation (ZIID) in Berlin/DDR gegründet (gibt Zeitschrift „Informatik" heraus)

  ·   1. Internationaler Reprographiekongress in Köln

  ·   Stiftung Deutsche Kinemathek gegründet (aus Kap. D 5)

1964   Gründung der Zentralstelle für maschinelle Dokumentation (ZMD) in Frankfurt a.M.

  ·   Errichtung der ersten Lehrstühle für medizinische Dokumentation und Statistik

  ·   Berliner Arbeitskreis (BAK) Information als erstes regionales IuD-Gremium gegründet

1965   Zentrale Leitung für gesellschaftswissenschaftliche Information und Dokumentation (ZLGID) in Berlin/DDR

  ·   DGD-Komitee Thesaurusforschung (KTF)

  ·   Gesetz über Urheberrecht und verwandte Schutzrechte vom 9. Sept. (Urheberrechtnovelle 1985) (aus Kap. F 4)

1966   Sekretariat des ISO/TC 46 Dokumentation vom DNA übernommen

  ·   DGD-Komitee Sozialwissenschaften gegründet

  ·   Das Bundesministerium für wissenschaftliche Forschung verkündet die „Leitsätze für eine nationale Dokumentations- und Informationspolitik im Bereich der Wissenschaft und Technik" (1967 in Nachr. f. Dok. publiziert) (s. Kap. F 3)

  ·   In Berlin (Freie Universität) wird zum ersten Mal ein selbständiges Lehrfach „Dokumentationswissenschaft" (zunächst als Nebenfach) gebildet; Vergabe einer Honorarprofessur an Hans-Werner Schober

  ·   ‚Kommission Dokumentation und Information' des Interministeriellen Ausschusses für Wissenschaft und Forschung eingerichtet

- Die ersten Computer der „3. Generation" kommen auf den Markt

1967 Erstes Datenverarbeitungsprogramm (Fünfjahresprogramm zur staatlichen Förderung der Forschung und Entwicklung auf dem Gebiet der Datenverarbeitung 1966 – 1970) vom Bundeskabinett verabschiedet (s. Kap. F 3)

- Lehrinstitut für Dokumentation (LID) in der Deutschen Gesellschaft für Dokumentation (DGD) gegründet

- DK-Handausgabe

1968 Gründung der Gesellschaft für Mathematik und Datenverarbeitung (GMD), Birlinghofen (aus IIM hervorgegangen) (s. Kap. F 3)

- Erste Fassung der Internationalen Patentklassifikation herausgegeben; ab 01. 01. 1990 gilt die 5. Ausgabe (aus Kap. D 7)

- Erste Jahrestagung der Information Industry Association

1969 Erste Schule für Medizinische Dokumentationsassistenten in Ulm eröffnet

- Gründung der Arbeitsstelle für Terminologie und Sprachfragen (ATS) in der DGD (bis 1979)

- Gründung eines bundesdeutschen FID-Komitees

- Gemeinschaftsausschuß der Technik (GdT) ruft zur Institutionalisierung einer nationalen Informations- und Dokumentationsstruktur auf

- FNA f. Bibl.-, Buch- u. Zeitschriftw. umbenannt in Fachnormenausschuß Bibliotheks- und Dokumentationswesen (NABD)

- Beginn der regelmäßigen, z.T. zweckgebundenen IuD-Förderung durch das IDW für das BMFT (1974 formelle Übertragung der Projektträgerschaft)

1969/70 Ab diesem Wintersemester kann ‚Informations- und Dokumentationswissenschaft' als Hauptfach an der FU Berlin studiert werden (seit 1987 ‚Informationswiss.") (s. Kap. G 2)

1970 Einsetzung einer Interministeriellen Kommission zur Planung und Aufbau eines Informationsbankensystems der Bundesrepublik Deutschland (s. Kap. F 3)

- Regelmäßige informationswissenschaftliche Lehrveranstaltungen im Rahmen des Philosophischen Instituts an der Universität Düsseldorf; 1974 Einrichtung einer Professur ‚Philosophie und Informationswissenschaft' mit regelmäßigem Lehrangebot; ab 1986 offizielles Nebenfachstudium (aus Kap. G 4)

- Weltweit erscheinen pro Jahr über 500.000 Buchtitel und mehrere hunderttausend Forschungsberichte (aus Kap. A 2)

1971   Das Informationsbankensystem. Vorschläge für die Planung und den
        Aufbau eines allgemeinen arbeitsteiligen Informationsbankensystems für
        die Bundesrepubik Deutschland

   •   Erste Promotion (1972 erste Habilitation) im Studienfach „Information-
        und Dokumentationswissenschaft" (FU Berlin)

   •   VDD gibt zum ersten Male Tätigkeitsmerkmale und Tätigkeitsbilder für
        Angestellte im Dokumentationsdienst heraus (letzte Ausgabe 1987) (s.
        Kap. F 9)

   •   Anfänge von Euronet DIANE (aus Kap. B 13)

1972   Zweite Schule für Medizinische Dokumentations-Assistenten in Gießen
        eröffnet

   •   Zweites Datenverarbeitungsprogramm der Bundesregierung 1971 – 1975
        verabschiedet

1973   Eingliederung des Deutschen Rechenzentrums in die Gesellschaft für
        Mathematik und Datenverarbeitung (GMD), Birlinghofen und Darm-
        stadt

   •   Gründung des Komitees Wirtschaftlichkeit der Information und Doku-
        mentation (KWID) in der DGD (Nachfolgegremium des K. f. Organi-
        sations- und Kostengrundlagen)

   •   Regelwerk Fernsehen, Richtlinien zur Datenerfassung in Fernseharchi-
        ven; ergänzte Fassung 1976 (aus Kap. D 12)

1974   Programm der Bundesregierung zur Förderung der Information und Do-
        kumentation (IuD-Programm 1974 – 1977) vom Bundeskabinett verab-
        schiedet (s. Kap. D 15 und F 3)

   •   Es gibt ca. 507 IuD-Stellen in der Bundesrepublik (aus Kap. A 2)

1975   DNA umgewandelt in DIN Deutsches Institut für Normung e.V.

   •   An der TH Darmstadt wird das Fachgebiet Datenverwaltungssysteme II
        (DVS II) eingerichtet für Verfahren und Systeme; Schwerpunkte Infor-
        mation Retrieval und automatisches Indexieren (aus Kap. G 3)

   •   Erste Fassung Regelwerk: Hörfunk Musik, Richtlinien für die Formalbe-
        schreibung sowie für die Sach- und Inhaltserschließung von Musikpro-
        duktionen auf Tonträgern; 2. rev. Aufl. 1987 (aus Kap. D 12)

   •   Die Größe von Standardspeicherchips beträgt 16-KBit-RAM; 1987 sind
        es 4-MBit-RAM (aus Kap. E 3)

   •   Die Kommission für den Aufbau des technischen Kommunikationswe-
        sens (KtK) gibt Empfehlungen für die Erprobung und Einführung des
        Videotex-Systems (aus Kap. B 15)

1976   Drittes Datenverarbeitungsprogramm der Bundesregierung 1976–1979

     • Forschungsprojekt Integrierte Ausbildungskonzeption Bibliothek, Information und Dokumentation (FIABID) an der FU Berlin, bis 1979

     • Gründung der Gesellschaft für medizinische Dokumentation und Statistik (GMDS) e.V.

1977   Gründung der ersten Fachinformationszentren (FIZ) (s. Kap. D 15)

     • Einrichtung der ersten hauptamtlichen Hochschullehrerstelle (o. Prof.) für Informations- und Dokumentationswissenschaft im FB Philosophie und Sozialwissenschaften an der FU Berlin (aus Kap. G 2)

     • Gründung der Gesellschaft für Information und Dokumentation (GID) mbH in Frankfurt a.M. (s. Kap. F 3)

     • 1. Internationale Online-Konferenz in London

     • Die Deutsche Bundespost startet technischen Versuch mit Videotex-System (aus Kap. B 15)

1978   Überleitung des ZDOK der DGD in die GID als GID-Informations-zentrum (GID-IZ) (heute in der GMD in Darmstadt)

     • Gründung der Online-Benutzergruppe (OLBG) in der DGD, ebenso

     • Technologie-Vermittlungs-Agentur (TVA) Berlin e.V.,

     • Gesellschaft für Betriebswirtschaftliche Information (GBI), München,

     • Ostbayerisches Technologie Transfer Institut (OTTI) in Regensburg gegründet

1979   Die Deutsche Bundespost führt am 01. 01. Telefax (Fernkopierer) als neuen Kommunikationsdienst ein (aus Kap. E 7)

     • Gründung der DGD-Komitees
       – Technische Kommunikation
       – Linguistische Datenverarbeitung (KLD – wird 1987 von KWV übernommen)
       – Politik, Recht, Wirtschaft, Verwaltung (PRWV – 1984 in KFWG umgewandelt)

     • Gründung der Arbeitsgemeinschaft der Fachinformationszentren (AG-FIZ) auf der Geschäftsgrundlage des IuD-Programms

     • Gründung der Hoppenstedt Wirtschaftsdatenbanken GmbH (aus Kap. D 14)

     • Beginn des Projekts Internationale Aufgaben der DGD, finanziert durch das BMFT; die Finanzierung wird Ende 1990 eingestellt; Mitteilungsblatt „Internationale Aufgaben der DGD"

- Empfehlungen des Sachverständigenkreises „Ausbildung im IuD-Bereich" des BMFT (im Rahmen des IuD-Programms 1974 – 79), u.a. zur Förderung der informationswissenschaftlichen Forschung an Hochschulen

- Deutsches Informationszentrum für technische Regeln (DITR) im DIN gegründet;
es weist 1984 bereits 50.000 technische Regeln und Rechtsvorschriften nach (aus Kap. D 8)

1980   Einrichtung eines Lehrstuhls für Informationswissenschaft an der Universität Konstanz (s. Kap. G 5)

- Anfänge des Elektronischen Publizierens um 1980 (aus Kap. B 11)

- Erstes deutsches Online-Informationstreffen in Köln; danach jährliche Frühjahrstagungen der Online-Benutzergruppe der DGD

- Btx-Feldversuche bis 1983 (aus Kap. B 15)

- Nach einer Studie gibt es ca. 2.500 Informationsvermittlungsstellen (IVS), davon im engeren Sinne 1.300 ‚klassische' IVS (aus Kap. A 2)

1981   Kommission Wirtschaftlichkeit der Information und Dokumentation (KWID) der DGD veranstaltet ihre erste Internationale Fachkonferenz in Garmisch-Partenkirchen; sie findet seitdem alle zwei Jahre statt

1982   BMFT-Leistungsplan Fachinformation, Planperiode 1982 – 1984 (s. Kap. F 3)

- Erster Workshop des DGD-Komitees Technische Kommunikation (KTK) in Frankfurt a.M.

- Einsatz von Lasersatz um 1982 resp. Laserdruck (aus Kap. E 5)

1983   Bundesrechnungshof: Gutachten über die Fachinformation in der Bundesrepublik Deutschland (s. Kap. F 3)

- Stellungnahme der Bundesregierung zum Gutachten des Bundesrechnungshofes (s. Kap. F 3)

- Gründung der Arbeitsgemeinschaft Fachinformation (AFI) e.V. als Nachfolgeeinrichtung der AG-FIZ (das Mitteilungsblatt wird zwei Jahre später „Cogito")

- Internationales Informationsnetz für Wissenschaft und Technologie (ISTN) in Verbindung mit dem Fachinformationszentrum Energie, Physik, Mathematik GmbH (FIZ Karlsruhe) gegründet

- Bildschirmtext wird am 1. September von der Deutschen Bundespost bundesweit eingeführt; Umstellung von Prestel- auf CEPT-Standard (zu Btx s. Kap. B 15)

- Btx-Anwenderclub in der DGD gebildet

- Ca. 650 Dokumentationsstellen verzeichnet (aus Kap. A 2)

- Einführung der Compact Disk (CD) (aus Kap. E 6)

- Im Bereich IuD setzt die Anwendung der Personal Computer (PC) verstärkt ein (aus Kap. E 4)

1984 Informationstechnik. Konzeption der Bundesregierung zur Förderung und Entwicklung der Mikroelektronik, der Informations- und Kommunikationstechniken vom Bundekabinett verabschiedet, hrsg. vom BMFT

- Wissenschaftsrat legt Gutachten über die Gesellschaft für Information und Dokumentation (GID) vor (s. Kap. F 3)

- Gründung des Komitees Fachinformation Wirtschaft und Gesellschaft (KFWG) in der DGD (Nachfolgegremium des PRWV)

- Der Gesamtumsatz der wissenschaftlich-technischen Information beträgt 5,9 Mio DM, der Gesamtumsatz der Wirtschaftsinformation 75,6 Mio DM (aus Kap. A 2)

- Zum Jahresende wird CD-ROM vorgestellt (aus Kap. E 6)

1985 Fachinformationsprogramm 1985 – 1988 der Bundesregierung, vom BMFT herausgegeben (s. Kap. D 15 und F 3)

- VDD umbenannt in VDD – Berufsverband Dokumentation, Information, Kommunikation e.V.

- 1. Fassung vom Regelwerk Hörfunk Wort abgeschlossen (aus Kap. D 12)

- Fachbereich Information und Dokumentation an der Fachhochschule Darmstadt eingerichtet mit den Studienrichtungen
  - Medien- und Wirtschaftsinformation
  - Chemie-Information

- Gründung von GENIOS, Dienst der Verlagsgruppe Handelsblatt; elektronische Pressedatenbanken (aus Kap. D 4)

- Ende des Jahres werden in der Bundesrepublik Deutschland 225 Online-Datenbanken hergestellt (aus Kap. A 2)

1985 ff. ,,Cogito". Neue Wege zum Wissen der Welt. Zeitschrift für die Nutzung elektronischer Medien. Hrsg. vom Verlag Hoppenstedt, Darmstadt

1986 Zwischenbilanz des BMFT zum Fachinformationsprogramm 1985 – 1988 (s. Kap. A 2)

- Komitee Praxis der innerbetrieblichen Informationsvermittlung (KPI) in der DGD gegründet

- Beginn des Modellversuchs ,,Informationsvermittlung", finanziert vom BMFT zur Förderung der Nutzung von Fachinformation

1986 ff. „Info 7", Information der Fachgruppe Presse-, Rundfunk- und Filmar-
          chivare/-dokumentare

1987   Auflösung der Gesellschaft für Information und Dokumentation (GID)
          mbH; Integration von Arbeitseinheiten der GID in die GMD und GEM
          (s. Kap. F 3)

·   Gründung des Forschungsinstituts für Integrierte Publikations- und In-
          formationssysteme der GMD in Darmstadt (GMD – F 4)

·   Gründung der Gesellschaft für elektronische Medien mbH (GEM) in
          Frankfurt a.M. (bis Ende 1989)

·   Komitee Wissensverarbeitung – Künstliche Intelligenz und Informa-
          tionswissenschaft (KWV) in der DGD

·   Die Online-Frühjahrstagung der OLBG in der DGD findet erstmalig in
          Verbindung mit der Fachausstellung Infobase der Frankfurter Messe
          statt

·   Der Gesamtumsatz der wissenschaftlich-technischen Information beträgt
          10,9 Mio DM, der Wirtschaftsinformation 148,7 Mio DM (aus Kap. A 2)

·   Weltweit gibt es ca. 3.500 – 4.000 online-verfügbare Datenbasen (incl.
          elektronisch gespeicherte Referateorgane) (aus Kap. A 2)

·   Allein das Referateorgan „Chemical Abstracts" enthält in diesem Jahr
          knapp 500.000 Dokumentationseinheiten, davon sind ca. 75 % Fachzeit-
          schriftenaufsätze; insgesamt sind bis 1987 ca. 11 Mio DE verzeichnet (aus
          Kap. B 3)

·   Es gibt ca. 53.000 Telefaxanschlüsse; weltweit sind es 1988/89 ca.
          3,5 Mio Telefax-Teilnehmer (aus Kap. B 14)

·   Ca. 360.000 km Glasfaser sind verlegt; für 1990 sind insgesamt
          900.000 km geplant (aus Kap. E 6)

·   Beginn des Projekts BENHUR (Benutzeroberfläche für Hosts mit unter-
          schiedlichen Retrievalsprachen)

1988   Weltweit werden von mehr als 500 Hosts über 4.000 Online-
          Datenbanken angeboten (aus Kap. C 3)

·   Die Dokumentation des Deutschen Patentamtes enthält ca. 24,4 Mio Pa-
          tentdokumente, Referate und Auszüge aus technischen Fachzeitschriften
          (aus Kap. D 7)

1989   1. Europäischer Kongreß für Informationsspezialisten im Oktober in
          Hannover, veranstaltet von Fachbereich BID der Fachhochschule
          Hannover

·   Zum Jahresende gibt es knapp 200.000 Btx-Anschlüsse (aus Kap. B 15)

·   Zum Jahresende sind ca. 800 CD-ROM-Titel auf dem Markt

1990   Vom BMFT liegt der Entwurf für ein neues Fachinformationsprogramm
        1990 – 1994 der Bundesregierung vor

   •   Herbst: Der neue ,,LaiLuMU'' ist endlich da!

Teilbereiche der Dokumentationsgeschichte mit Hinweisen auf die ,Dokumentationsbewegung' beschreiben folgende Veröffentlichungen:

Buder, Marianne: Zum Verhältnis von Dokumentation und Normung von 1927 bis 1945 in nationaler und internationaler Hinsicht. Hrsg. vom DIN Deutsches Institut für Normung. Berlin, Köln: Beuth: 1976. (Normungskunde H. 7.) 144 S.
Henrichs, Norbert: Wechselbeziehungen zwischen Dokumentation und Bibliotheken. In: Landwehrmeyer u.a. (Hrsg.): Bibliotheken im Netz. Konstanzer Kolloquium Febr. 1986. München u.a.: Saur 1986. S. 116 – 147.

Beiträge von Zeitgenossen aus verschiedenen Jahrzehnten sind enthalten in:
Frank, Peter R. (Hrsg.): Von der systematischen Bibliographie zur Dokumentation. Darmstadt: Wiss. Buchges. 1978 (Wege zur Forschung).

Die Entwicklung der Information und Dokumentation in den 50er bis 70er Jahren soll außerdem dargestellt werden in:
Henrichs, Norbert; Scheele, Jürgen (Hrsg.): Die Dokumentation in der Bundesrepublik Deutschland. Rückblick in ihren Aufbruch. München u.a.: Saur; in Vorbereitung.

Über gegenwärtige Institutionen und Vereinigungen der IuD informiert das ,,Verzeichnis deutscher Informations- und Dokumentationsstellen''. Bundesrepublik Deutschland und Berlin (West), Ausgabe 5-1989. Hrsg. von der GMD. München u.a.: Saur 1990.
Über aktuelle Entwicklungen geben die in den Einzelbeiträgen und Kap. A 1 genannten Periodika Auskunft.

Sachregister

Autorenverzeichnis

Eva-Maria Baxmann-Krafft. DIN Deutsches Institut für Normung e.V., NABD, Burggrafenstr. 6, 1000 Berlin 30. (Kap. F 2)

Dr. Gesche Berger. Internationale Dokumentationsgesellschaft für Chemie mbH, Otto-Volger Str. 19, 6231 Sulzbach. (Kap. D 11)

Knud Böhle. Kernforschungszentrum Karlsruhe, Abteilung für Angewandte Systemanalyse (AFAS), Postfach 36 40, 7500 Karlsruhe 1. (Kap. B 11)

Marianne Buder. RIAS Berlin, Abteilung Dokumentation und Archive, Kufsteiner Str. 69, 1000 Berlin 62.

Dr. Siegfried Büttner. Bundesarchiv, Potsdamer Str. 1, 5400 Koblenz. (Kap. D 3)

Margarete Burkart. Sender Freies Berlin, Pressearchiv, Masurenallee 8 – 14, 1000 Berlin 19. (Kap. B 5)

Marianne Englert. Frankfurter Allgemeine Zeitung, Dokumentation und Archive, Postfach 10 08 08, 6000 Frankfurt a.M. 1. (Kap. D 4)

Axel Ermert. DIN Deutsches Institut für Normung e.V., NABD, Burggrafenstr. 6, 1000 Berlin 30. (Kap. F 2)

Karl-Heinz Fischer. Zuletzt: Landesbildstelle Berlin, Wikinger Ufer 7, 1000 Berlin 21. (Kap. D 5)

Dr. Karin Frese. Hoppenstedt Verlag, Havelstr. 9, 6100 Darmstadt 1. (Kap. D 14)

Dr.-Ing. Norbert Fuhr. Technische Hochschule Darmstadt, Fachbereich Informatik, Alexander Str. 22 a, 6100 Darmstadt. (Kap. H 4)

Dr. Jürgen W. Goebel. Melibocusstraße 52 A, 6000 Frankfurt a.M. 71. (Kap. F 4)

Dr. Michael Harms. Südwestfunk, Dokumentation und Archive, Postfach 820, 7570 Baden-Baden. (Kap. D 12)

Dr.-Ing. Ralf-Dirk Hennings, Priv. Doz. Freie Universität Berlin, Arbeitsbereich Informationswissenschaft, Malteser Str. 74 – 100, 1000 Berlin 46. (Kap. B 9; E 6)

Prof. Dr. Norbert Henrichs. Universität Düsseldorf, Philosophisches Institut, Universitätsstr. 1, 4000 Düsseldorf 1. (Kap. G 4)

Wolfgang Hilbig. Satz-Rechen-Zentrum (SRZ), Hartmann + Heenemann, Lützowstr. 105 – 106, 1000 Berlin 30. (Kap. B 12)

Heinz W. Kemmler. KL-Team, Leipziger Str. 10, 6000 Frankfurt a.M. 90. (Kap. F 7)

Prof. Dr. Joachim Kind. Fachhochschule Darmstadt, Fachbereich IuD, Schöfferstr. 8, 6100 Darmstadt. (Kap. B 14; C 3)

Prof. Dr. Gerhard Knorz. Fachhochschule Darmstadt, Fachbereich IuD, Schöfferstr. 8, 6100 Darmstadt. (Kap. B 4)

Uta Krischker. Deutscher Bundestag, Verwaltung, Hochhaus Tulpenfeld, 5300 Bonn 1. (Kap. B 2)

Dr. Hartmut Kroll. DEGUSSA AG, Werk Wesseling, Postfach 1164, 5047 Wesseling 1. (Kap. D 13)

Prof. Dr. Rainer Kuhlen. Universität Konstanz, FG Politik-/Verwaltungswiss., Abt. Informationswissenschaft, Postfach 55 60, 7750 Konstanz 1. (Kap. B 3; G 5)

Prof. Dr. Wolfrudolf Laux. Biologische Bundesanstalt für Land- und Forstwirtschaft, Königin-Luise-Str. 19, 1000 Berlin 33. (Kap. B 7; D 2)

Prof. Dr. Klaus Lenk. Universität Oldenburg, 2900 Oldenburg. (Kap. H 3)

Prof. Dr. Klaus Löns. Fachhochschule Darmstadt, Fachbereich IuD, Schöfferstr. 8, 6100 Darmstadt. (Kap. E 2; E 7)

Prof. Dr. Gerhard Lustig. Technische Hochschule Darmstadt, Fachbereich Informatik, FG Datenverwaltungssysteme II, Alexander Str. 22 a, 6100 Darmstadt. (Kap. G 3)

Horst-Werner Marschall. Deutsches Informationszentrum für technische Regeln (DITR) im DIN Deutsches Institut für Normung e.V., Burggrafenstr. 6, 1000 Berlin 30. (Kap. D 8)

Friedrich Mie. Gesellschaft für Mathematik und Datenverarbeitung (GMD), F 4, Dolivostr. 15, 6100 Darmstadt. (Kap. D 9)

Marlies Ockenfeld. Gesellschaft für Mathematik und Datenverarbeitung (GMD), F 4, Dolivostr. 15, 6100 Darmstadt. (Kap. C 2)

Achim Oßwald. Deutsche Gesellschaft für Dokumentation, Lehrinstitut für Dokumentation, Westendstr. 19, 6000 Frankfurt a.M. 1. (Kap. B 13)

Wolfgang Ratzek. Krüger + Ratzek, Gesellschaft für Consulting + Marketing Kommunikation mbH, Malteser Straße 120, 1000 Berlin 46. (Kap. B 8)

Dr. Werner Rehfeld. Gesellschaft für Mathematik und Datenverarbeitung (GMD), F 4, Dolivostr. 15, 6100 Darmstadt.

Ulrich Reimer. Universität Konstanz, FG Politik-/Verwaltungswiss., Abt. Informationswissenschaft, Postfach 55 60, 7750 Konstanz 1. (Kap. B 6)

Klaus-E. Rieseberg. Frankfurter Allgemeine Zeitung, Zentralarchiv, Postfach 10 08 08, 6000 Frankfurt a.M. 1. (Kap. E 3; E 4)

Ingegerd Schäuble. Schäuble Institut für Sozialforschung, Ickstattstraße 5, 8000 München 5. (Kap. F 8)

Dr. Ralph Schmidt. Fraunhofer Institut für Systemtechnik und Innovationsforschung (ISI), Breslauer Str. 48, 7500 Karlsruhe 1. (Kap. C 6)

Werner Schwuchow. GMD-Forschungsstelle für Informationswirtschaft, Schönhauser Str. 64, 5000 Köln 51. (Kap. F 6)

Prof. Dr. Thomas Seeger. Fachhochschule Darmstadt, Fachbereich IuD, Schöfferstr. 8, 6100 Darmstadt. (Kap. A 1; A 2; F 3; F 9)

Prof. Dr. Josef L. Staud. Fachhochschule für Bibliothekswesen, FB Wissenschaftliches Bibliotheks- und Dokumentationswesen, Wolframstr. 32, 7000 Stuttgart 1. (Kap. C 4; D 10)

Dietmar Strauch. PROGRIS Projektgruppe Informationssysteme GmbH, Auguste-Viktoria-Str. 64, 1000 Berlin 33. (Kap. B 15; C 5)

Dr. Karl A. Stroetmann. Gesellschaft für Mathematik und Datenverarbeitung (GMD), Forschungsstelle für Informationswirtschaft, Schönhauser Straße 64, 5000 Köln 51. (Kap. D 15)

Georg Thiele. Zuletzt: Gesellschaft für Information und Dokumentation mbH (GID), Abt. für Reprotechnik, Frankfurt a.M. (Kap. E 5)

Elisabeth Vogel. Universität Konstanz, FG Politik-/Verwaltungswiss., Abt. Informationswissenschaft, Postfach 55 60, 7750 Konstanz 1. (Kap. F 5)

Prof. Dr. Gernot Wersig. Freie Universität Berlin, Arbeitsbereich Informationswissenschaft, Malteser Str. 74 – 100, 1000 Berlin 46. (Kap. G 2; G 7; H 2; H 5)

Alfred Wittmann. Deutsches Patentamt, Hauptabteilung Information, Zweibrückenstr. 12, 8000 München 2. (Kap. D 7)

Dr. Christof Wolters. Institut für Museumskunde, Referat Museumsdokumentation, In der Halde 1, 1000 Berlin 33. (Kap. D 6)

Prof. Dr. Harald H. Zimmermann. Universität des Saarlandes, FB 5/Fachr. Informationswissenschaft, 6600 Saarbrücken 11. (Kap. B 10; G 6)